제2판

헌법학

CONSTITUTION

정재황

박영사

제2판 머리말

2021년 초판 발행 이후 많은 애정을 받아 2022년에 벌써 제2판을 출간하게 되어 매우 기쁩니다. 더구나 2021년에 헌법 부속법령들로서 중요한 개정(예를 들어 Covid-19연장으로 인한 국회 본회의 원격영상회의 시한 연장 등 국회법 개정, 국회의원·지방자치단체장·지방의회의원의 피선거연령 18세로 인하한 공직선거법 개정, 정당의 발기인·당원 자격을 16세 이상으로 인하한 정당법 개정, 법관임용 소요 최소 법조경력 연장을 한 법원조직법 개정, 군사법원법의 개정, 헌법재판소법 개정, 국가인권위원회에 군인권보호관 및 군인권보호위원회를 신설하는 개정 등)이 있었고 '주민조례발안에 관한 법률'도 제정되었습니다. 헌법재판소 판례도 중요한 결정들(예를 들어 형법상, 정보통신망법상 명예훼손 형사처벌 규정에 관한 합헌결정들, 변호사와 수형자의 접견에 소송계속 사실 소명 자료 제출하도록 한 규정을 위헌이라고 한 결정, 5·18민주화운동 관련 정신적 손해에 대한 재판상 화해 간주의 재판청구권 침해 인정결정, 법관에 대한 탄핵심판에서의 각하결정의 예 등)이 있었습니다. 주로 이러한 법개정, 판례가 이번 개정의 중요내용입니다. 변호사시험에서 최근 판례들을 물어보는 문제들이 계속 나오는 경향이라 최대한 up-to-date한 본 교재가 효율적으로 활용될 것입니다.

이번 개정판 출간에도 안상준 대표님, 조성호 이사님, 편집부의 김선민 이사님의 헌신적 도움이 컸습니다. 감사드립니다. 박영사 70주년도 이 자리를 빌려 축하합니다.

허창환 변호사, 이춘희 박사, 신현석 변호사, 이정민 변호사, 김동욱 법무관의 조언과 기획 참여, 이 분들과 로스쿨 재학생 김성현, 심재홍 제자들의 꼼꼼하고 정성어린 교정 등 이 개정판을 위해 헌신적으로 기여해주어 대단히 고맙습니다.

개정판도 기본권보장의 신장, 입헌주의 발달에 기여해 주기를 기원합니다.

2022년 2월
저자 정재황 씀

머리말

이제 헌법 기본교과서를 출간하게 되어 너무나도 기쁘게 생각합니다. 작년과 금년의 집중작업을 통하여 전문 학술서들의 출간, 그리고 이제 기본 교과서를 출간할 수 있어서 그나마 다행이기도 합니다. 이 교과서는 다음과 같은 지향목표를 설정하여 집필된 것입니다. 그 목표와 그것에 따른 것이기도 한 이 책 활용방식을 먼저 밝혀두고자 합니다.

[이 책의 지향목표]

1. 교과서 기능의 새로운 패러다임 – '이해'하게 하는 교과서 – 헌법법리를 '이해'하게 하는 교과서를 만들고자 했습니다. 교과서는 '항목'이 중요하지 '설명'은 축약될 수 있다고 합니다. 종래 교과서는 항목별로 페이지를 할당하여 작성되었습니다. 이해가 안 되는 부분도 변호사시험에 나온다면 그냥 '외워'버린다는 충격적인 말도 들어 왔습니다. 이를 벗어나고자 했습니다. 이해되지 않는 서술은 요약된 항목나열에 불과한 참고서입니다. 참다운 교과서는 그럴 수 없다고 생각되었습니다. 이해를 이끌어내기 위해 다소 문장이 길어지고 책 분량이 많아지더라도 그 길을 택했습니다. 파격인지 모르나 이는 패러다임의 전환이라고도 볼 수 있습니다. 법리를 이해하게 해주는 교과서로 만들고자 했습니다. 평생 지니고 적용해야 할 헌법이론입니다. 이해는 잊지 않고 습득하는 것이기도 함은 물론이기 때문이기도 하지요.

이해를 충실히 하고자 도해, 도표도 많이 활용하여 넣었습니다.

위의 목표에 따라 본서는 서술이 다소 길어지기도 하여 분량이 늘어났지만 그것을 개의치 않고 새로운 패러다임으로서의 헌법교과서 기능을 보여주고자 했습니다.

어떤 법리를 외우는 것이 아니라 이해하는 좋은 방법은 그 법리가 '왜 필요한가'를 물어보는, 즉 나오게 된 계기, 까닭을 알고자 노력하는 것입니다. 예를 들어 비례원칙은 기본권제한을 최소로 줄이려고 나온 것이니 비례원칙의 개념 속에 침해최소원칙이 들어가게 되지요.

2. 법리의 충실한 이해를 통한 기반형성, 난이도 있는 문제해결능력 배양 – 필수적인 법리를 빠트리지 않고 이해되게 하고자 하였습니다. 항목 제시나 나열에 그치지 않고 제대로 이해되게 하는 서술로 그 법리의 이해와 기초를 다지게 하였습니다. 시험이 어려워지더라도 기초가 단단히 되어 있으면 그 해결이 무난합니다.

3. 적응능력의 배가 – 법리의 설명만이 아니라 관련되는 중요 판례를 빠트리지 않고 다루어 함께 학습하도록 하여 구체적인 사례를 해결하는 적응능력을 배양하고자 했습니다.

4. 판례 – 필수적인 판례로 위헌결정만을 다루지 않았고 법리를 담고 있는 중요한 합헌결정

들도 인용하였습니다. "웬 헌법판례가 이리도 많은가?"라고 한숨짓는 법학도에게 저는 "그러니 빨리 졸업해야겠지요. 판례가 더 쏟아지기 전에요. 여러분들 후배들은요?"라고 답하면 얼굴이 좀 펴지긴 합니다. 힘든 건 사실인데 판례가 현실에서 실제 일어난 사건들이고 헌법법리를 적용하기 위해 이를 담고 있으니 그 이해가 필수적이지요.

 * 유의: 실제 있었던 판례들을 모델로 응용, 변형하는 변호사시험 문제들이 점점 빈번히 출제되고 있습니다. 예를 들어 공정한 재판을 받을 권리(헌법재판관 궐원에 관한 결정, 헌재 2014. 4. 24. 2012헌마2), 행정절차상 변호인의 조력을 받을 권리(헌재 2018. 5. 31. 2014헌마346, 판례변경된 부분), 변호인이 되려는 자의 피의자 접견신청을 불허한 사건(헌재 2019. 2. 28. 2015헌마1204), 수형자와 민사소송 대리인인 변호사간의 접견 시간 및 횟수에 관한 사건(헌재 2015. 11. 26. 2012헌마858) 등입니다.

 특히 쟁점이 있는 판례들은 필수적으로 알아두어야 할 것입니다. 잘 알아두어야 하는데 어디서 무슨 문헌을 찾아 알아둘 것인가요? 판례집이 말해주는가요? 헌법 교과서가 할 일입니다.

 판례는 결정이유뿐 아니라 가급적 그 사안, 사건의 설명도 담고자 했습니다. 어떤 사건 때문에 내려진 판례인지를 앎으로써 "아! 그래서 그런 법리가 그렇게 담겨졌구나"라고 하고 그 법리를 파악하게 하는 것이고 그 판례에 대한 이해가 충분해집니다. 이는 역시 판례에 대해서도 이해가 중요함을 말하는 것입니다. 물론 단순 사건번호 정도만 인용한 경우도 있습니다만, 중요 판례들은 위와 같이 하고자 하였습니다. 안 그런 경우 본문에 요약하기도 하였습니다. 더하여 그 분석과 평석 등을 단 결정들도 있습니다. 이는 판례발전을 위한 것이기도 합니다. 여하튼 그러다 보니 양이 늘어났지요.

 이 책에서 판례는 원칙적으로 2020년 12월까지 판례를 다루고자 했습니다.

 5. One-stop 학습 - 이 교과서 자체에서 이론, 판례, 안목과 비평의식의 습득이 가능하도록 했습니다. 판례는 따로 이를 묶은 책을 통해 학습하기도 하는데 그렇더라도 이론이 현실에 적용되는 것을 보기 위해서라도 그 관련 항목이 서술되고 있는, 바로 그 자리에서 함께 보아 one-stop학습이 가능하도록 하여 다층적, 입체적, 실제적 이해가 가능하도록 했고 이것이 충실한 이해를 위한 것이기도 합니다. 로스쿨의 cases & materials이면서 텍스트북 역할을 하도록 의도했던 면도 있습니다. 그러니 분량이 늘긴 했습니다. 그렇긴 하지만 다각적으로 법학과목 강의에서 교재다운 역할을, 변호사시험에 대비하여서도 해줄 수 있게 되었습니다. multiplayer !

 6. 연결적인 학습 - 제가 강의시간에 "'꼬리'에 '꼬리'를 무는 헌법"이라고도 말하는데 헌법이론이 많은 부분 서로 연관되기도 합니다. 예를 들어 헌법이 무엇이냐 하는 헌법의 개념이 기본권의 개념과 범위에 연관됨은 물론이고 기본권을 구제하는 제도인 절차법적 헌법이론 영역의 헌법소원과 연관됩니다. 시험이나 송무사건에서도 실제 그런 문제들이 대부분이지요.

 그래서 분절이 아닌 연관된 학습을 위해 앞, 뒤 참조표시를 많이 했습니다. 참! 이 자리를 빌어 양해를 구합니다. 자세한 것을 앞 뒤로 참조하라고 해놓고서는 그 부분이 다소 자세하지 않더라도 연결성을 위한 표시의 의미였구나 하고 이해해주시기 바랍니다.

7. 다른 법분야의 복합적 이해 - 헌법이 많은 다른 법분야에 연관을 짓고 있습니다. 헌법이 한 국가의 법제도에서 기본원리들을 담고 있는 최고 기본법이기 때문은 물론이지요. 헌법은 기본권을 두고 더욱 그러합니다. 재산권이란 기본권에 관한 헌법법리가 민법과, 근로3권이란 기본권에 관한 헌법법리가 노동법, 신체의 자유는 형법 등, 연관이 안되는 법분야가 사실 없습니다. 행정법은 말할 것도 없이 연관이 많지요. 더욱이 행정법과의 복합형 문제가 출제되도록 하고 있어서 그 복합적 분야는 특히 유의하도록 표시해두었습니다. 이는 비단 시험만을 위한 것이 아니라 앞으로 송무와 판례의 이해, 사례해결능력의 배양을 위한 것이기도 하지요.

* 결국 위와 같은 목표를 달성할 수 있도록 하다가 보니 다소 페이지 수가 부담을 주긴 합니다만, 교과서의 새로운 역할 위한 시도이자 그동안 헌법이론과 판례의 영역이 방대하게 넓혀졌다는 이유이기도 합니다.

양도 양이지만 방대한 판례들로 분석대상이 광범하여 지난한 작업이 되었고 중도에 그만두고자(솔직히 이 작업을 '내'가 해야 되나 하는) 하는 생각도 여러 차례 했으나 누군가 헌법 teaching 패러다임을 바꾸는 향도가 되어야 한다는 생각에서 버티긴 했습니다. 여러분들의 기대도 버팀목이 되었습니다.

[이 책의 활용을 위한 사전 이해와 읽어두기]

1. 기초이론 부분 - 헌법총론과 기본권총론 부분을 좀더 상세히 하였습니다. 이는 기본적인 헌법법리를 담고 있는 영역이고, 기초법리에 대한 이해는 기초법리로서 앞으로 활용되고 적용될 각론이나 응용 분야를 위해 필수적입니다. 이 곳에서의 법리를 잘 파악하게 되면 각론적인 문제들도 잘 해결할 수 있다고 보아 이 부분은 페이지가 늘어나도 가능한 한 더 자세히 서술하고자 한 것입니다. 다소 길더라도 특히나 차근차근 이해되어져야 할 부분입니다.

2. 판례 - 판례학습에 대해서는 앞서도 언급하였고 중요한 판례는 그것이 관련되는 바로 그곳에서 찾도록 최대한 인용해 두어 이를 꼭 참조할 필요가 있습니다. 결정문이 다소 길게 인용되어 있는 경우 skip도 좋겠고 나중에 정리시에는 그럴 필요가 있겠습니다. 반대로 이 책에 인용된 것보다 더 자세한 것을 알고자 할 때에는 물론 헌재 판례사이트 자체를 통해 보면 되겠고 결국 선택지가 넓혀져 있습니다.

3. 복합형 - 앞서 언급한 대로 다른 법분야와의 복합도 있으나 우선 공법형 시험의 복합형을 일정 비율 필수적으로 출제하는 것이 현실이고 앞으로 실무에서 사건해결능력을 넓히는 의미에서도 헌법, 행정법 복합 영역을 표시해두어서 유의깊게 활용할 수 있겠습니다.

4. 더 많은 논의의 갈증 - 이 교과서에서 기초적인 법리의 충실한 이해는 더 많은 논의나 문제들에 대한 해결능력을 갖추게 하고 그 이전에 이 교과서도 내용이 풍부합니다만 좀더 나아가 더 많은 논의와 특히 판례분석 등 보다 자세한 것은 저자가 그동안 출간한 기본권총론, 국가권력규범론, 헌법재판론 등(물론 그 책들도 교과서로서 활용되어 왔습니다)을 참조하시기 바랍니다. 이 기본서를 바탕으로 한 확장 학습 내지는 이 기본서의 이해를 위한 보조 참조문헌이 되겠습니다.

[감사의 글]

1. 무엇보다도 이 책의 출간을 응원해주고 기다려준 로스쿨 헌법강의 수강 제자들에게 감사합니다. 그 인내가 새롭고 알찬 헌법학습의 길로 이끌고 더 나은 헌법의 보호를 위한 결실을 이끌어내게 하는 교재출간에 기여하게 한 것이어서 너무나 소중하고 그래서 더욱더 그리고 마음 속 깊이 감사합니다.

2. 로스쿨 제자인 김동욱 변호사시험 합격생의 도움을 잊을 수가 없습니다. 이 지난한 작업을 중도포기하려고 할 때 마다 구원투수였습니다. 집필작업에 몰두할 수 있게 학교 학사처리를 희생적으로 도와주고 교정을 도와 준 김지원 조교, 교정은 물론 수험적합도 체크에 애써 준 이정민, 손성원 변호사시험 합격생 제자들의 도움도 컸습니다. 김동욱, 이정민 제자는 박사과정에서 학자로서의 길을 더욱 다지고 있기도 합니다. 모두들 대성할 것을 믿어 의심치 않습니다.

이리도 힘든 작업을 밀어주고 당겨주며 나아가 주신, 출판의 Midas 손을 가지신 김선민 편집이사의 헌신이 드디어 이 아름다운 책이 세상의 빛을 보게 하였습니다. 어떻게 감사드려야 할지 모르겠습니다.

어려운 출판업계 현황에도 흔쾌히 출간해 주신 박영사 안종만 회장님, 안상준 대표님, 너무나 많은 배려로 이 책의 출간을 한국 법문화에 기여하게 해 주신 조성호 이사님, 표지디자인을 해주신 벤스토리 담당자께도 깊이 감사드립니다.

부디 이 교과서가 기본권이 만개하는 행복한 세상을 만드는 데 기여하기를 바랍니다. 여러분들의 건강을 기원합니다.

2021년 3월
저자 정재황 씀

차례

제1부 헌법서설

제2부 한국헌법의 기본원리와 기본질서

제3부 기본권론

제4부 국가권력규범론

제5부 헌법재판

제1부

헌법서설

이 '헌법학'에는 그동안의 저자의 여러 학술서적들(기본권총론, 박영사, 2020; 국가권력규범론, 박영사, 2020; 헌법재판론, 박영사, 2020)에서 옮겨놓은 글과 그림도 있음을 밝혀둔다. 저자의 생각이나 학자로서의 졸견이 일관되지 않으면 몰라도 이를 그대로 옮길 수밖에 없고 그 또한 자연스러운 것이다. 또한 본서는 저자가 이미 출간한 신헌법입문, 박영사 2021, 11판의 문장들을 상당히 그대로 쓰기도 하였다. 원래 본서가 나오고 이를 줄여 신헌법입문을 출간하려 하였으나 순서가 역전되었고 신헌법입문이 오래 많이 읽혀졌기 때문이다. 이상과 같은 사실과 본 책은 교과서로 활용될 목적으로 집필되었다는 점에서 본인의 위 기본권총론, 국가권력규범론, 헌법재판론, 신헌법입문의 문장을 " " 표시 없이 인용하더라도 자기표절이 아님을 밝혀두고자 한다.

제 1 장

헌법규범론

제 1 절 헌법의 개념과 내용

헌법의 이론을 이해하기 위해서는 먼저 헌법이 무엇이고 헌법이 담고 있는 내용이 무엇인가 하는 헌법의 개념과 내용이 파악되어야 한다. 헌법의 개념과 내용이 파악됨으로써, 헌법이 적용되고 헌법이 규율하는 대상이 무엇인지를 알 수 있고, 또한 헌법적 문제의 해결이 요구될 때에 그 해결을 위해 적용될 헌법규범도 찾을 수 있게 된다.

I. 헌법의 내용적 개념

오늘날 헌법을 내용적으로 개념정의하면 헌법이란 국민의 기본권을 보장하는 규범과 국가권력의 조직·행사방법·통제에 관한 규범 등을 그 내용으로 하는 법규범을 말한다.

우리나라는 성문헌법(글로 쓰인 헌법)을 가지고 있어서 우리 성문헌법을 보면 헌법의 내용을 알 수 있기도 하다. 우리 헌법은 총강에 중요한 헌법적 기본원리를, 그리고 제2장부터는 국민의 권리를 규정하고 제3장 이하에서는 국가의 중요한 기관들인 국회, 정부, 법원 등이 가지는 권한과 권한행사방법 및 권한에 대한 통제를 규정하고 있다.

이처럼 헌법은 ① 국민의 기본적인 권리들을 보장하기 위한 규정과 ② 국가의 기본적인 기관들을 조직하는 규정, 그리고 그 국가기관들이 가지는 국가권력의 행사방법과 그 행사의 통제에 관한 규정들을 핵심적 내용으로 한다. 종래 ②를 '통치구조'의 규범이라고 불러왔으나 '통치'라는 용어가 우리에게는 '군림하고 다스린다'는 전근대적인 의미로 다가올 수 있다는 점에서 국가권력규범이라고 부르는 것이 바람직하다(본서에서도 '통치구조규범' 대신 가능한 한 '국가권력규범'이라고 부르고자 한다). 우리나라의 학설들 중에는 헌법의 개념을 국가의 조직규범으로만 파악하는 견해들이 있다.[1] 그러나 국가의 조직규범으로만 헌법을 정의하는 것은 불충분할 뿐

---

1) 예를 들어, 한태연, 헌법학, 법문사, 1985, 1면은 「국가적 조직에 있어서 그 기본이 되는 최고의 규범」이라고 하고, 권영성 교수는 "헌법이란 「국가적 공동체의 존재형태와 기본적 가치질서에 관한 국민적 합의를

아니라 오히려 헌법의 생성을 정확히 파악하지 못하는 것이다. 근대국가에서 헌법을 제정하게 되는 계기나 국가조직 내지 국가권력의 통제규범을 헌법으로 정하게 된 보다 근본적인 이유는 권력남용으로부터 인권을 보호하기 위한 것이기 때문이다. 그 점 권력분립주의라는 국가권력 조직원리가 바로 권력남용을 막기 위한 권력의 분배와 견제균형의 원리라는 점을 상기하면 이해할 수 있다. 프랑스의 1789년 인권선언 제16조도 어떠한 사회이든 권리의 보장이 담보되지 않고 권력분립이 설정되지 않은 사회는 결코 헌법을 가지지 않는다고 규정하고 있음을 볼 수 있다. 근대 헌법이 권력통제규범으로서의 헌법으로서 국가조직에 관한 규정들이 중요하였으나 보다 근본적이고도 핵심적인 관심사는 권력통제를 통하여 종국적으로 기본권을 보장하겠다는 것이었다. 많은 국가의 헌법들이 기본권에 관한 규정들을 담고 있는 것을 보더라도 그러하다. 예를 들어 미국의 경우에 수정헌법(Amendment) 등이 기본권에 관한 규정들을 담고 있는 사실을 보더라도 헌법의 개념에 기본권보장규범의 내용이 포함되어야 하는 것은 물론, 오히려 주된 핵심을 구성한다고 정의된다. 헌법의 개념 내지 성격을 설명하면서 기본권과 통치구조와의 관계에 대해 "종래 헌법학연구에 있어서 기본권(자유)과 정치제도(통치기구)의 관계를 목적과 수단으로 구분하여 정치제도(통치기구)의 기본권 종속성 내지 기속성을 강조하여 왔다. 물론 이를 부정할 수는 없다고 하더라도, 그것은 자칫 헌법학의 본질적 성격에 관한 이해에 있어서 지나치게 기본권(자유와 권리) 중심적인 사고의 틀로 빠져 들어갈 위험이 있다. 그러므로 정치제도론의 연구에 있어서 지나치게 기본권 기속적인 논의의 틀로 한정하는 것은 바람직하지 않다"라고 하는 교과서가 있다.[2] 그러나 기본권 중심적 사고가 왜 위험하고 바람직하지 않다고 보는지 그 이유를 알 수 없다. 위와 같은 견해들은 무엇보다 헌법의 존재근거인 기본권보장을 위한 입헌주의가 자리잡기 위해 출현한 것이 바로 근대 헌법이라는 점에서도 이해가 어렵다.

헌법의 내용은 목적적이고 핵심을 구성하는 기본권규범과 이를 구현하기 위한 국가권력의 조직·행사의 규범을 주축으로 한다. 헌법의 내용적 개념은 이러한데 헌법의 개념은 다른 관점에서 다음과 같이 논의되어 왔거나 파악되기도 한다. ① 헌법이 하나의 사실인가 아니면 하나의 법규범인가 하는 문제가 논의되어 왔다(Ⅱ). ② 헌법의 개념은 형식적인 관점에서 파악될 수도 있고 실질적인 관점에서 파악될 수도 있다(Ⅲ). ③ 헌법은 역사적으로 그 관념이 변천되어 온 것이기도 하다(Ⅳ). 아래에서 각각 살펴본다.

법규범적인 논리체계로 정립한 국가의 기본법」으로 이해하여야 한다"고 하여(권영성, 헌법학원론, 법문사, 2005, 3면) 기본권규정을 개념정의에 포함시키고 있지 않다.

2) 성낙인, 헌법학 제13판, 법문사, 2013, 869-870면.

Ⅱ. 헌법의 개념에 대한 학설 – 헌법은 사실인가 법규범인가?

1. 사실로서의 헌법으로 보는 견해

이는 헌법을 국가나 사회의 사실이나 현상으로 보는 견해이다. 사회학적 헌법론, 결단론, 통합론 등이 그것에 속하는 대표적인 견해들이다.

(1) 사회학적 헌법론
사회학적 헌법론은 헌법이란 사회현상(fait social)이라고 보는 입장이다. 이 이론에 따르면 사회가 존속하기 위해서는 질서가 있어야 하는데 그 질서의 유지를 위해서는 권력이 필요하고 권력도 사회적 현상이므로 이러한 권력에 관한 사항들을 규율하는 헌법도 사회현상이라고 본다. 프랑스의 근대 공법이론을 구축한 대표적인 학자들 중의 한 사람인 레옹 뒤기(Léon Duguit 1859–1928)가 바로 사회학적 헌법관을 대표하는 학자였다. 그는 국가란 힘의 산물, 물리적 강제에 의한 제재력을 갖추고 있는 사실 그 자체라고 보았다.

(2) 결단론
결단론의 대표적인 주장자인 독일의 칼 슈미트(Carl Schmitt 1888-1985)에 따르면, 헌법이란 헌법제정권력자에 의한(헌법제정권력에 대해서는 뒤에서 서술하는 '헌법의 제정' 부분 참조) 국가의 정치적 생활의 종류와 형태에 관한 근본적인 결단이라고 본다. 즉, 이러한 정치적 결단(Politische Entscheidung)이 헌법으로 나타난 것이라고 본다. C. Schmitt도 말했듯이 근본결단은 정치적 사실이므로 결단론은 헌법을 사실로 보는 견해이다.

(3) 통합론
통합론은 독일의 R. Smend가 그 대표적 주장자로서, 정치적 사실적 통합의 과정을 헌법으로 본다. 즉, 하나의 사회공동체에서 그 구성원의 다양한 이해관계와 행동양식 및 행동목표 등을 일정한 가치체계를 토대로 연대감과 일체감에 의하여 통합하여 정치적인 일원체 또는 국가를 형성해가는 과정이 헌법이라고 본다. 그러한 과정은 사실(현상)이므로 통합론은 헌법을 사실로 보는 견해이다.

(4) 권력관계, 통치형태로서의 헌법
헌법의 본질을 국가에 존재하는 사실적 권력관계라고 보는 견해(Lassalle), 헌법을 통치조직의 일정한 형식이라고 보거나 통치형태라고 보는 견해들(Witvogel, Hermens)도 있다. 한 국가의 권력관계, 통치형태가 어떠한지도 현실의 모습이다. 따라서 헌법을 권력관계, 통치형태로 보려는 이러한 견해들도 사실로서의 헌법개념에 입각한 것이다.

2. 법규범으로서의 헌법으로 보는 견해

이는 헌법이란 국가의 정치가 어떻게 이루어져야 하고 국민의 생활을 위한 기본권을 어떻게 보장하여야 하는지에 대한 '있어야 할' 당위로서의 법규범이라고 보는 견해이다. 이에 속하는 대표적인 견해로서 법실증주의와 자연법론이 있는데 서로 그 입장을 달리하고 있다.

(1) 법실증주의
법실증주의는 실정법만이 법이라고 본다. 실정법이란 현재 사회에서 통용되고 있는 법을 말한다. 이에 비해 자연법이란 현재 통용되지 않더라도 원래 자연적으로 있어야 할 법을 말한다. 따라서 법실증주의는 실정헌법 자체만을 헌법규범으로 인정하고 자연법적 헌법규범을 받아들이지 않는다. 또한 자연적 정의(正義)와 같은 문제는 가치판단의 문제로서 주관적이고 상대적인 것이라고 보아 이를 배제하여야 한다고 본다. G. Jellinek, H. Kelsen 등이 법실증주의적 헌법개념을 취하였다. 독일의 G. Jellinek는 국가기관들의 조직과 권한분배에 관하여 그리고 국민이 국가에 대해 가지는 지위(지위론)를 규정하는 규범을 헌법이라고 보았다. 그는 국가법인설을 취하여 국민주권주의를 인정하지 않았다. 그는 '사실의 규범으로서의 효력'을 인정하고 내세움으로써 현실적인 힘이 법규범을 자리잡게 한다고 볼 수 있게 하는 이론을 제시하였다. H. Kelsen은 국가란 법 자체라고 보고 법규범의 단계구조로서 국가를 구성하는 헌법이 최고의 지위에 있는 법규범이라고 보고 그 아래에 법률이 존재한다고 본다.

법실증주의는 실정법이 정하는 내용의 헌법이 존재하는 것이며 실정법에 규정되지 않은 헌법규범이 존재하지 않는다고 본다. 따라서 법실증주의는 실정법에 스스로 갇혀버리게 하는 폐쇄적 법질서를 가질 수밖에 없다.

(2) 자연법론
자연법론의 헌법개념론은 실정헌법 외에 존재하는 자연적인 헌법규범들이 있다고 보고 현세에 통용되고 있는 실정법으로서의 헌법규범만을 헌법이라고 보지 않는다. 자연법론은 법이 '어떠한가' 하는 것을 파악하는 데 머무르지 않고 법이 '어떠하여야 하는가', '어떠한 법이 존재하여야 하는가'를 규명하여야 한다고 보고 법은 정의(正義)를 실현하여야 하는 것이라고 한다. 자연법론적인 이론들에도 이러한 정의가 어디에서 나오는지에 대한 견해를 달리함에 따라 여러 이론들이 있다. 신의 의지에서 나온다고 보는 입장, 그리고 정의가 객관적으로 존재한다고 보는 입장과 주관적인 관점에서 정의와 자연법이 파악되어야 한다는 입장 등이 있다.

자연법론적인 헌법개념은 특히 인간의 기본권의 이론과 사상에서 두드러지게 나타났고 기본권의 발달에 크게 기여하였다. 자연법론은 있어야 할 정의로운 법에 배치되는 실정법에 대해서는 불복종과 저항을 할 수 있다고 본다. 그리하여 자연법론은 정의론에 입각한 권력의 정당성 문제를 다루며, 기본권보장을 위해 권력남용을 막도록 권력에 한계를 설정하고 권력을 통제하는 규범으로서의 헌법이라는 점에 그 기초를 제공하였다.

(3) 권력의 근거·조직규범으로서의 헌법 - 중립적 定義

어느 국가나 사회도 그 영속을 위하여는 국방이나 질서를 유지하여야 하고 국방, 질서를 위해서는 권력이 요구된다. 따라서 어떤 국가나 사회이든 권력이 있게 마련이고 이러한 권력의 조직과 기능, 권력을 행사할 사람의 선임에 관한 방식, 권력의 행사방법을 정한 규범이 필요한 바 그 규범이 바로 헌법이라고 본다. 어느 국가든 권력의 조직과 행사에 관한 원리가 이데올로기와 결부되어 있든 되어 있지 않든 필요하고 또 존재한다는 점에서 이러한 헌법개념은 가치중립적인 관점에서 헌법을 규범으로서 정의하는 개념이다. 이 개념은 뒤에 볼 고유한 의미의 헌법개념과 연관된다.

3. 평가 및 결론

[사실로서의 헌법개념의 문제점] ⅰ) 결단론에는 ① 제정 또는 개정된 헌법의 내용이 국민의 진정한 결단·의사에 부합되는지에 대한 확인 내지 확신이 쉽지 않을 수 있다는 문제점이 있다. ② 또 소수의 정치집단이 자신의 이익을 위한 의사임에도 국민의 의사라고 기만할 수도 있다. 요컨대 그 결단이라는 것이 진정성과 정당성을 가지는 것인지에 대한 검증이 항상 쉽지 않다는 문제가 있다. ⅱ) 통합론은 ① 공동체의 가치체계가 무엇인지 불명확할 수 있고 그 확인도 쉽지 않고 그것이 진실로 국민이 희망하는 것인지 하는 진정성과 정당성에 의문이 있을 수 있다. ② 또 어느 기관에서 그것을 유권적으로 확인할 권한을 가진다고 볼 것인지 하는 문제점을 가지고 있다. ③ 통합은 사회가 지속하고 유지되어야 할 전제적 기초라는 점에서(더불어 살겠다는 유대가 없이 사회가 유지될 수 없다) 오히려 국가나 헌법의 사명의 하나라고 볼 것이지 통합과정 자체가 법규범인 것은 아니다.

[사실로서의 헌법개념에 대한 비판적 분석] 헌법이 사회의 사실에 의해 형성되고 시대적 사회현상을 담고 있기도 하며 헌법이 변하게 되는 동인(動因)으로서 사회현실이 작용하는 것은 인정된다. 그런데 헌법을 사실로 보는 견해는 헌법이 형성되는 과정이나 그 현상에 대한 설명은 할 수 있을 것이지만 헌법이 구현하여야 할 '있어야 할' 상태(당위)를 규정하고 현실을 규율하는 규범으로서 존재하여야 한다는 점을 설명하지 못한다. 시대가 변하더라도 불변하는 가치(예를 들어 인간의 존엄과 가치, 평등원칙 등)가 있다. 또한 정의(正義)에 반하고 국민의사에 부합되지 않는 헌법이 나타날 때 사실을 내세워 그 정당성을 주장할 수는 없다. 국민의 기본권을

박탈하는 국가에서 현실이 그러하다고 하여 기본권을 부정하는 것을 헌법이라고 할 수 없는 것은 물론이다. 그 점 사실로서의 헌법을 강조하는 견해들도 대부분 헌법이 법규범으로서의 성격을 가진다는 것을 아울러 강조하고 있다는 점에서도 나타나고 있다.

[법실증주의의 문제점, 그것에 대한 비판적 분석] 헌법을 법규범으로 보는 견해 중 법실증주의는 현실에 통용되는 헌법규범만을 고집하여 폐쇄적이고 헌법적 가치나 정의관념 등을 배제한다는 문제가 있다. 헌법이 현실세계에서 효과를 내기 위해 실정법으로 규정되는 것이 필요하긴 하다. 그러나 실정법이 정해놓은 것에 안주하여서는 아니되고 있어야 할 헌법규범을 넓혀가야 하며 자연법으로서 헌법이 그 넓혀야 할 영역을 제시하고 또 넓힐 것을 요구할 수 있게 한다.

[결론] 결국 '있어야 할' 법규범으로서의 헌법이 강조되어야 하며 헌법은 자연법적 규범을 내포한다고 보아야 한다.

4. 현행 우리 헌법의 입장

우리 헌법은 어떠한 입장에 서 있는가가 중요하다. 헌법의 핵심적 내용을 이루고 있는 기본권에 관한 원칙규정을 살펴봄으로써 우리 헌법이 어떠한 헌법개념을 취하고 있는지를 파악할 수 있다. 기본권에 관한 원칙규정인 헌법 제10조는 "모든 국민은 인간으로서의 존엄과 가치를 가지며, 행복을 추구할 권리를 가진다. 국가는 개인이 가지는 불가침의 기본적 인권을 확인하고 이를 보장할 의무를 진다"라고 규정하고 있다. 여기서 '인권'이란 실정법에 의해 권리로 인정되는 권리들만이 아니라 인간으로서 자연적으로 가지는 권리들을 포함한다('천부인권'의 준말로서 '인권'). 실정법으로 창설하는 것이 아니라 자연적으로 주어지는 권리를 인식하는 '확인'한다고 규정하고 있다. 따라서 우리 헌법은 자연법적 헌법개념에 입각하고 있다.

Ⅲ. 형식적 의미의 헌법과 실질적 의미의 헌법

헌법의 개념을 논하면서 종래 헌법이 존재하고 있는 형식이나 그 외관(외형) 등을 기준으로 볼 것인가 아니면 헌법이 가지는 내용, 본질, 성질 등을 기준으로 볼 것인가에 따라 형식적 의미의 헌법과 실질적 의미의 헌법으로 나누어 설명되고 있다.

◐ 해설 법학에서의 실질설과 형식설의 대립: 일반적으로 법학에서 어떠한 법적 사항을 두고 개념정의를 할 때 '실질적 의미'와 '형식적 의미'로 구분하여 설명하는 경우가 많고 또는 양자의 견해가 대립되는 경우를 흔히 본다. 여기서 '실질적 의미'라고 할 때의 '실질적'이란 말은 사항의 '내용', '본질', '기능' 등이 어떠한지를 기준으로 하여 정의한다는 뜻이다. 이에 반해서 '형식적 의미'라고 할 때의 '형식적'이란 말은 정의되어야 할 사항의 외형, '외관', 그 사항이 속하는 소재형식이나 '소속체' 등이 어떠한지를 기준으로 정의한다는 뜻이다.

1. 형식적 의미의 헌법

(1) 개념

형식적 의미의 헌법이란 '헌법'이라는 명칭을 가진 성문의 법(글로 명시되어 있는 법), 즉 '헌법전'(憲法典)을 말한다. 예를 들어 "영국에는 헌법이 없다"라고 할 때의 '헌법'이 바로 형식적 의미의 헌법을 의미한다. 영국은 불문헌법국가로서 헌법전이란 명칭의 성문법전이 없기 때문이다.

(2) 개념의 실익

왜 형식적 의미의 헌법이라는 개념을 말하는가? 이에 대해 설명하는 기존 교과서는 찾아보기 어렵다. 형식적 의미의 헌법이라는 개념을 인정하는 실익은 ⅰ) 성문헌법으로서 보다 <u>명확성</u>을 부여한다는 것이다. ⅱ) 또한 그 제정·개정과정이 일반법률에 비하여 특수성 내지 <u>엄격성</u>(곤란성. 이것을 '경성'(硬性)이라고 한다)을 더 가질 수 있다는 데에 있다고 할 것이다. 헌법이 경성을 가져 개정을 어렵게 한 것은 헌법 속에 담긴 기본권규정을 함부로 폐기하지 못하게 하고 한 국가의 최고법을 하위의 법률, 명령 등이 함부로 바꾸지 못하게 하려는 것이다. 개정곤란성이 없다면 이름이 헌법전일지라도 사실 법률과 다를 바 없을 것이다. 헌법전이 특수한 성문법으로서 법률, 명령 등 다른 법규범과 헌법이 구별되고 함부로 개정될 수 없다는 경성을 가짐으로써 헌법이 법률이나 명령 등과 구분되고 형식적 의미가 의의를 가지게 되는 것이다. 즉 많은 성문헌법전의 경우 ① 그 제정이나 개정의 과정이 특수한 기관에 의해 수행되거나(예를 들어 특별히 구성된 의회인 제헌의회나 개헌의회 등), ② 개정절차가 엄격하다(개정의결에 절대다수 또는 가중다수의 찬성이 필요하도록 하거나 최종적으로 국민투표를 거치도록 하는 등의 절차). 개정절차가 엄격하지 않고 법률과 같은 정도의 절차로도 개정이 가능한 성문헌법(이를 '연성헌법'이라 한다)도 존재할 수는 있으나 이례적이고 그 경우에는 형식적 의미가 약화된다.

2. 실질적 의미의 헌법

(1) 개념

실질적 의미의 헌법이란 헌법규범으로서의 내용이나 성질을 가지는 규범들, 즉 국민의 기본권에 관한 규범들이나 국가권력조직에 관한 규범들을 말한다. 실질적 의미의 헌법에는 그 규범들이 담겨져 있는 법의 명칭, 종류, 형식이 어떠하든 상관없이 헌법적 내용을 가진 규범들이 모두 해당된다. 즉 헌법전에 있든 법률에 있든 명령에 있든 조례에 있든, 그리고 성문법이든 불문법이든 상관없이 성문의 헌법전, 법률, 명령 등에 있든 불문법으로서 관습법으로 있든 조리법으로 있든 상관없이 헌법적인 내용을 가진 규범이라면 모두 실질적 의미의 헌법인 것이다.

그리하여 실질적 의미의 헌법은 헌법의 형식면에서 확장성을 가진다. 정부조직, 선거, 정당 등도 국가권력귀속에 관하여 관련이 있으므로 정부조직법, 선거법, 정당법과 같은 법률의 규정들도 헌법에 포함되고 불문법인 관습법에도 헌법적 사항이 있으면 헌법관습법으로서 실질적 의미의 헌법에 포함된다. 반대로 형식적 의미의 헌법인 헌법전에 포함되어 있는 규정들이라고 할지라도 그 규정의 내용이 국민의 권리나 정치권력의 배분 등 헌법적 사항과 관련이 없는 규정일 때에는 — 그런 경우가 드물 것이지만 — 실질적 의미의 헌법개념에서의 헌법에 포함되지 않는다.

(2) 개념의 실익

실질적 의미의 헌법이 가지는 의의는 이를 인정함으로써 ⅰ) 헌법이 존재할 수 있는 법형식의 범위, 즉 <u>헌법의 법원(法源)이 확대</u>된다는 데에 있다(헌법의 법원에 대해서는, 후술 참조). 형식적 의미의 헌법인 '헌법전'이라는 명칭의 법만이 아니라 법률, 명령, 관습법 등에서도 헌법규범을 찾을 수 있기 때문이다. ⅱ) 나아가 헌법이 실질적 의미의 헌법으로 확대된다면 <u>헌법재판의 기준도 확대</u>될 것이다. 이는 헌법재판에서 적용하여 할 기준인 헌법이 확대되기 때문이며 이는 절차법적으로도(헌법재판이라는 절차법적) 의의를 가지는 것이다. ⅲ) 실질적 의미의 헌법은 헌법의 변천과도 관련된다. 이 헌법변천에 대해서는 뒤에서 살펴볼 것인데(후술 참조), 헌법변천은 불문법적인, 특히 헌법관습에 의하여 이루어지는 경우가 많은데 그 경우 실질적 의미의 헌법으로 설명이 가능하다.

(3) 판례

헌법재판소(이하 '헌재'라고도 함)는 '신행정수도의 건설을 위한 특별조치법' 위헌확인결정에서 '실질적 헌법사항'으로서 헌법관습법을 인정하여 실질적 의미의 헌법을 인정하고 있다(아래에 인용한 결정. 필자는 헌법관습법이란 용어가 타당하다고 보나 헌재는 관습헌법이란 말을 사용함 — 이에 대해서는 후술함). 헌재는 "실질적인 헌법사항이라고 함은 널리 국가의 조직에 관한 사항이나 국가기관의 권한 구성에 관한 사항 혹은 개인의 국가권력에 대한 지위를 포함하여 말하는 것"이라고 한다. 이 결정에서 '수도 서울'의 헌법관습법성, 즉 헌법관습법으로서의 효력을 인정하였다. 그리고 수도 외에 국명(國名), 국어(國語) 등도 국가의 정체성에 관한 기본적 헌법사항이라고 본다(◑ 판례 헌재 2004.10.21. 2004헌마554 '신행정수도의 건설을 위한 특별조치법' 위헌확인 결정).

(4) 한계

실질적 의미의 헌법이 가지는 문제점은 불명확성의 여지에 있다. 과연 어느 규정이 헌법적 내용을 가지는 것인지, 그리고 헌법적 차원의 효력을 가지는 것인지에 대한 판단이 객관적으로 명확하지 않을 수 있다. 결국 헌법재판기관이 이를 유권적으로 발견하고, 해석하여 적용하게 될 것이다.

3. 형식적 의미의 헌법과 실질적 의미의 헌법의 관계

(1) 일치 여부

형식적 의미의 헌법과 실질적 의미의 헌법과의 관계를 보면, 형식적 의미의 헌법인 헌법전이 대개는 실질적 의미의 헌법을 규정하여 양자가 일치되는 경우가 많다. 그러나 헌법전에 담긴 규정이어서 형식적 의미의 헌법이나 내용상으로는 실질적 의미의 헌법이라고 볼 수 없는 규정인 경우도 있을 수 있다.

ⅰ) 형식적 의미의 헌법이지만 실질적 의미의 헌법이 아닌 예

▶ **예** 그러한 예는 드물긴 하나 ① 대표적인 일례로, 지금은 폐지된 규정으로 과거 스위스헌법에는 식육동물을 미리 마취시키지 않고서는 도살할 수 없도록 금지한 규정이 있었다. 이 규정은 헌법전에 담겨진 것이었으므로 형식적인 의미의 헌법이긴 하였지만 실질적 의미의 헌법이라고 볼 수는 없었다. ② 또 다른 예로는 주류(술)의 양조, 판매를 금지한 미국연방헌법 제18 수정헌법도 그러한 예로 들려져 왔는데 이 제18 수정헌법은 제21 수정헌법으로 폐지되었다.

ⅱ) 실질적 의미의 헌법이지만 형식적 의미의 헌법에 규정되지 않은 경우   반대로 실질적 의미의 헌법에는 형식적 의미의 헌법인 헌법전에 규정되지 않고 다른 규범, 즉 법률이나 명령, 관습법 등에 있는 헌법규범들도 있다. 따라서 양자가 완전히 합치되지 않을 수 있다.

(2) 양자의 포함관계

실질적 의미의 헌법과 형식적 의미의 헌법의 범위에 관해 실질적 의미의 헌법이 형식적 의미의 헌법보다도 넓다고 보는 것이 현실적일 것이다. 형식적 헌법전에 모든 헌법사항을 전부 담을 수는 없기 때문이다. 그런데 그러한 현실은 형식적 의미의 헌법(헌법전) 외에도 법률, 명령 등의 법규범형식들이 많이 존재하고 있는 경우일 것이다. 사실 대개의 선진국가에서는 그러한 경우이고 실질적 의미의 헌법이 형식적 의미의 헌법보다도 그 범위가 넓은 상황이라고 할 것이다.

Ⅳ. 헌법의 역사적 발전단계에서의 개념

1. 고유한 의미의 헌법

고유한 의미의 헌법이라 함은 국가기관의 권한과 그 행사에 관한 법규범, 즉 국가조직법규범을 말한다. 이를 고유한 의미의 헌법이라고 함은 다음과 같은 이유 때문이다. 국가가 존속되기 위해서는 국가의 안위와 질서를 유지하기 위한 권력이 필요하다는 점에서 어떤 국가, 어떤 시대에도 국가권력은 존재한다. 그리고 이러한 국가권력을 조직하고 행사하는 데에 대한 원칙들이 설정되어 있을 것이 자연히 요구되고 그 조직규범은 헌법으로서 존재한다. 따라서 어느 국가에서든지 고대이든 중세이든 현대이든 어느 시대에서나 존재한다고 하여(예를 들어 고대국가에서도 왕위계승을 위한 규칙이 있었다) 이러한 국가조직법규범을 고유한 의미의 헌법이라고 부르는 것이다. 고유한 의미의 헌법의 개념은 어떠한 이념을 가진 국가에서든 존재한다는 점에서 가치중립적 개념정의(價値中立的 概念定義)(définition neutre)의 헌법개념이고 통시적(通時的)이다.

2. 근대의 입헌주의적 의미의 헌법

인류는 고대, 중세 때 군주가 절대권력을 남용하여 국민의 기본적 인권이 박탈되고 유린되는 것을 경험하였다. 근대에 들어와 시민혁명이 성공하여 절대군주제가 붕괴되었고 국민이 주권자임을 확인하는 헌법이, 그리고 과거의 경험에 비추어 절대권력의 남용을 막아 기본권을 보장하기 위한 권력제한적인 헌법이 자리잡게 되었다. 즉 근대 입헌주의적 헌법은 국민이 주권의 보유자임을 확인하는 국민주권주의와 기본권보장주의를 그 골조로 하여 국민의 주권과 기본권이 침탈되는 것을 막기 위해 권력통제원리로서 권력분립주의를 명시하였다. 또한 이러한 국민주권주의, 기본권보장주의, 권력분립주의를 보다 명백히하기 위하여 성문헌법으로 제정되었고, 국민의 기본권을 보장하는 헌법이 훼손되거나 파괴되는 것을 막기 위해서 헌법개정이 곤란한 경성헌법(硬性憲法)을 채택하는 경우가 많았다. 요컨대 근대 입헌주의적 헌법은 ① 국민주권주의, ② 기본권보장주의, ③ 권력분립주의, ④ 성문헌법, ⑤ 경성헌법을 주된 요소로 하였다.

◗ **해설** 근대의 헌법을 '입헌주의적'이라고 하는 이유: 이전의 고대, 중세에서도 고유한 의미의 헌법이 있었음에도 근대의 헌법을 '입헌주의적'이라고 하는 이유는 다음과 같다. 고대, 중세에서의 고유한 의미의 헌법은 일반적으로 성문의 헌법이 아니었다. 근대 시민혁명의 성공으로 쟁취한 기본적 권리들을 보다 분명히 성문으로 선언하는 것이 필요하다고 보아 권리장전 또는 이를 담은 성문헌법을 제정하고 이러한 '헌법에 입각한' 국가조직과 국가권력통제가 이루어지기 시작했기 때문에 '입헌주의적' 헌법이라고 한다.

근대헌법은 자유주의의 이데올로기를 바탕으로 한 것이다. 근대에서는 시민혁명운동 당시 '자유가 아니면 죽음을 달라'라고 외쳤듯이 무엇보다도 절대권력에 억압되었던 자유를 회복하는 것이 1차적 과제였다. 근대국가에서 권력의 남용으로 국민의 자유를 박탈하지 않도록 국가권력을 분할하여 서로 견제하도록 하는 권력제한적인 원리로서의 권력분립주의가 자리잡은 것도 그것 때문이다. 자유란 국가권력이 개인의 생활에 간섭하지 않음으로써 확보되고 국가의 적극적 개입을 요하지 않고 국가는 가능한 한 국방과 치안유지 등의 소극적인 기능에 머물게 된다. 근대의 헌법은 그 점에서 현대의 헌법이 아래에 보듯이 자유를 넘어서 복지를 지향하고 국가가 적극적으로 경제 등에 관여하도록 하는 것과 차이가 있었다.

3. 현대의 복지주의적 의미의 헌법

근대 말기부터 자본주의경제의 모순이 나타나기 시작하였다. 자본주의경제는 수요와 공급에 따른 가격결정이라는 시장기구가 중심인데 시장을 독과점하는 세력이 나타나 시장이 제 기능을 하지 못하고 자본을 축적한 계층이 더욱 부를 축적하는 이른바 부익부 빈익빈 현상이 나타나 빈곤계층이 형성되었으며 노동자와 사용자 간의 대립과 노동자들의 노동운동이 격화되었다. 이러한 사회적·경제적 모순과 문제점을 극복하고 시대적 요구에 부응하기 위해 복지주의의 이념이 등장하였고 현대의 헌법도 이를 수용하여 오늘날 복지주의적 의미의 헌법이 나타나게 되었다.

그리하여 생활능력과 기반을 가지지 못한 사회구성원들에 대한 국가의 생활보호와 국민의 인간다운 생활을 할 권리를 비롯한 생존권적인 기본권(사회복지적 기본권, 사회적 기본권)들이 강조되어 헌법에 규정되고 있다. 경제적 측면에서는 시장의 독과점을 막는 등 왜곡된 경제구조를 바로잡기 위해 경제에 대한 규제와 조정 등 국가의 개입을 인정하는 규정들이 헌법에 자리잡게 되었다(현대헌법에서 국가의 경제에 대한 규제는 자본주의 경제의 기반(예를 들어 시장기구 등)이 제대로 작동하지 못할 때 이를 제대로 기능할 수 있도록 회복하기 위한 규제여야 하고 이를 벗어나는 규제를 의미하지는 않는다). 아울러 근대에는 개인의 소유권으로서의 재산권이 신성시 내지 절대시되었으나 오늘날에 와서는 재산권행사도 공공복리에 적합하게 행사되어야 한다는 의무가 주어지고 재산권에 대한 제한이 강하게 이루어짐으로써 상대적인 권리로 변화되었다. 평등의 관념도 변화되어 절대적이고 외형적·형식적인 평등의 관념이 아닌 상대적이고 실질적인 평등의 관념이 오늘날의 평등의 개념이다. 즉 국가가 사회복지정책 등을 수행함에 있어서 형식적이고도 일률적인 동일한 조치를 취하는 것이 아니라 각 개인이 처한 구체적 상황에 상응하는 적절한 실질적 조치를 취하는 것이다(예: 생활곤궁자 모두에게 동일한 액수의 생활보조비를 제공하는 것이 아니라 궁핍의 정도에 비례하여 생활비를 차등지급하는 것). 법치주의의 개념도 바뀌었다. 단순히 국회의 법률에 의하면 된다는 근대의 형식적 법치주의가 아닌 그 실질적 내용이 기본권보장규범인 헌법에 부합되는 법률에 의한 국가권력의 행사가 이루어져야 한다는 실질적 법치주의가 현대의 법치주의이다. 실질적 법치주의는 사회적 법치주의(법치국가)라고 불리기도 한다. 이는 현대헌법의 목표와 이념이 사회복지주의이고 따라서 사회구성원들의 실질적인 인간다운 삶과 사회복지를 위한 내용의 법률이 요구된다는 관념에서 '사회적' 법치주의라고 부르기도 하는 것이다. 국민의 복지실현을 위해 국가가 생활보장비를 지급하거나 복지를 위한 시설을 제공하는 등의 공급행정(이를 '급부행정'(給付行政)이라 한다. '급부행정'이란 말은 공급 + 교부를 합친 말이다. 물자를 공급하고 생활비 등 금전을 교부하는 행정을 이렇게 줄여 부르는 것이다. 행정법에서 자주 쓰이는 용어이다)이 요구된다. 급부행정의 발달은 국가의 기능을 근대의 소극적이고 경찰행정적(야경적) 기능에서 적극적인 기능으로 변화하게 하였다. 이러한 급부행정 등 적극적 행정의 증대로 행정권의 확대를 가져와 입법권, 행정권, 사법권 3권의 전통적 권력분립주의의 구도를 오늘날 변화시키고 있다. 헌법의 규범력, 실효성, 강제성을 강화하기 위하여 현대에 와서 헌법위반에 대해 제재를 가할 수 있게 하는 헌법재판제도가 확립되고 더욱 강화되고 있다는 것도 현대적 헌법의 중요한 요소이다.

요컨대 현대적 헌법은 다음과 같은 요소들을 가진다. ① 생존권적(사회적) 기본권의 강조, ② 사회복지·사회보장에 대한 국가의 의무, ③ 경제에 대한 국가의 개입(규제와 조정), ④ 재산권의 상대적 권리화, ⑤ 평등권의 상대적·실질적 관념화, ⑥ 사회적 법치주의, ⑦ 급부행정과 적극적 국가기능, ⑧ 헌법재판의 확립과 발달이 그것이다.

4. 평가

고유한 의미의 헌법개념은 오늘날에도 어느 국가에서든 수용될 수 있는 것이고 또 존재하는 것이다. 다만, 고유한 의미의 헌법규범인 국가권력조직규정이 민주적인 내용을 가진 것인지 하는 것은 그 다음의 헌법가치적 판단의 문제가 된다. 현대의 복지주의적 의미의 헌법에서 근대의 입헌주의의 요소들이 폐기, 부정되고 있는 것은 아니다. 복지주의 헌법도 국민주권주의, 기본권보장주의, 권력분립주의 같은 근대헌법의 원리들을 배척하는 것이 아니라 이를 계승, 유지하고 있다. 다만, 복지주의를 위하여 개인의 권리들이 상대화되고 제한되고 있기에 기본권보장에 관한 근대의 헌법법리가 다소 수정된 것이다.

V. 고유한 의미의 헌법과 실질적 의미의 헌법과의 구별 문제

고유한 의미의 헌법은 특별히 '헌법전'이란 이름의 성문헌법으로 존재하지 않던 고대, 중세 국가에서도 존재하고 성문법, 불문법 그 형식에 관계없이 존재하는 것이므로 성문헌법전에 담겨지지 않더라도 헌법으로 인정하는 실질적 의미의 헌법과 같은 것이거나 또는 중복되는 것이 아닌가 하는 의문이 있을 수 있다. 그러나 고유한 의미의 헌법은 국가기관의 권한과 그 행사에 관한 법규범을 내용으로 하는 것인 반면에 실질적 의미의 헌법은 국가조직규범 외에 기본권규범도 포함한다는 점에 양자 간의 차이를 찾을 수 있다. 그리고 고유한 의미의 헌법은 가치나 이념이 무엇이든 불문하는 가치중립적인 헌법인데 비해 실질적 의미의 헌법은 시대적 요구에 따라 자유주의, 복지주의 등의 이데올로기를 바탕으로 하는 이념성이 중요한 의미를 지닐 수 있다는 점에서도 차이가 있다.

제 2 절 헌법의 체계와 단계구조

Ⅰ. 헌법의 체계 – 의미와 필요성

헌법은 산발적으로 그 규정이 흩어져 있는 것이 아니라 하나의 체계를 이루고 있는 법규범이다. 헌법규범이 체계를 이루고 또 헌법규범을 체계적으로 파악되어야 할 필요성은 다음과 같다. ⅰ) 체계화를 통한 헌법규범의 확대와 치밀성 확보 – 큰 줄기에서 가지를 쳐서 뻗어나가듯이 핵심적인 헌법규범들이 체계적으로 보다 구체화하는 규범들로 파생되어 가면 헌법규범의 확대가 가능하다. 헌법의 목적이자 핵심인 기본권영역에 있어서 보면, 헌법에 직접 명시되지 않은 기본권도 헌법의 핵심적인 기본권에서 체계적으로 파생될 수 있다면 더욱 기본권보호가 확대되고 두텁고도 치밀하게 이루어지게 된다. 예를 들어 우리 헌법이 명시하지 않은 개인정보에 대한 자기결정권을 기본권의 출발점이 되는 헌법 제10조 인간의 존엄가치 규정에서 끌어내어 이를 보호하는 것이다(후술 기본권, 기본권파생 참조). 체계를 이룸으로써 보다 치밀한 헌법적용이 이루어질 수 있다. 이는 마치 그물망(net)이 촘촘하면 치밀해지는 것과 같은 이치이다. ⅱ) 조화균형적 헌법해석·적용 – 헌법해석에 있어서는 헌법의 전반적인 체계를 인식함으로써 균형잡힌 헌법해석, 규범조화적 헌법해석이 가능하게 된다. 헌법의 중요 양대 요소는 앞의 헌법의 내용에서 서술한 대로 ① 기본권규범과 ② 국가권력의 조직·행사에 관한 규범이다. 이러한 양대 요소로 이루어지는 헌법의 체계를 보면 기본권에 관한 규정이 목적적이며 우선적인 지위를 가지고, 국가권력의 조직·행사에 관한 규정들은 국민의 기본적 권리를 위한 수단적·봉사적 지위를 가진다. 이는 헌법이 국민의 기본권을 최대한 보장하는 데 그 주목적을 두고 있기 때문이다. 또 이는 국가권력조직에 관한 헌법규범인 권력분립주의를 예로 들어 생각하면 이해가 된다. 즉 권력남용을 막아 기본권을 보호하기 위해 나온 원칙이 권력분립주의인데 권력분립주의는 국가권력조직에 관한 중요한 헌법원칙이다. 그러므로 결국 권력분립주의라는 국가권력조직에 관한 헌법규범은 기본권보장을 위한 수단으로서의 의미를 가진다.

Ⅱ. 헌법규범의 단계구조

1. 의미와 논의 필요성

헌법규범들 간에도 상하의 우열적 서열관계가 있느냐 하는 문제가 헌법규범의 단계구조의 인정 여부의 문제이다. 이 문제는 다음과 같은 이유로 그 논의가 중요하고 필요하다. ⅰ) 헌법

의 조화적 해석 − 헌법규범들 간에 상호 충돌 또는 모순될 때 어느 헌법규범을 더 우선할 것인
가 또는 서로 조화로운 해석을 위하여 헌법해석을 어떻게 할 것인가 하는 경우에 제기된다. 특
히 기본권규범들 간의 충돌이 나타날 때가 그 대표적인 예이다. A라는 기본권과 B라는 기본권
이 서로 충돌할 경우(예를 들어 타인의 명예에 관한 사실을 언론사가 보도함에 있어서 '명예권'이라는
기본권과 '언론의 자유'라는 기본권이 충돌될 수 있다) 어느 기본권에 관한 헌법규범을 더 우선하여
적용하고 보호할 것인가 하는 상하관계의 해석이 필요하다(기본권의 충돌에 대해서는, 후술 제3부
제4장 제3절 참조).

ⅱ) 헌법개정의 한계 − 또한 헌법규범단계구조 문제는 뒤에 볼 헌법개정의 한계 문제와 결
부된다. 예를 들어 C라는 헌법규범이 D라는 헌법규범 보다도 상위에 있다면 D라는 헌법규범
을 개정함에 있어서 C라는 상위의 헌법규범에 반하는 내용으로 개정될 수는 없다는 헌법개정
의 한계 문제가 나온다(후술 헌법개정 부분의 개정한계 참조).

2. 학설

단계구조가 인정 여부에 대해 학설, 견해가 갈린다.

(1) 긍정설
1) 헌법구성권, 입법권 간 우월 관계 인정
헌법규범 간에 단계구조를 인정하는 긍정설은 헌법규범에도 핵심적 요소인 것이 있고 그렇
지 않은 것도 있어서 서로 우열관계가 있다고 본다. 프랑스에서 일찍이 A. Sieyès의 헌법제정
권력사상의 영향으로 헌법제정권은 일반적 입법권보다 우월하다는 관념이 형성되었고 G.
Burdeau는 헌법을 구성, 형성하는 권력에는 헌법을 제정하는 힘인 시원적 헌법구성권(始原的
憲法構成權. le pouvoir constituant originaire)과 헌법을 개정하는 힘인 파생적(또는 제도화된) 헌법
구성권(le pouvoir constituant dérivé 또는 institué)으로 나누어진다고 보고 전자가 후자보다 상위
의 권력이라고 본다. 그리하여 전자에 의하여 형성된 헌법규범을 후자가 위배할 수 없다는 한
계가 있고 양자에 의한 헌법규범 간에 단계구조를 인정한다. C. Schmitt도 '헌법제정규범→헌
법핵→헌법개정규범→헌법률'의 단계구조를 인정하였다. 헌법핵은 헌법개정으로는 이를 바꿀
수 없는 것이어서 더 우위에 있다고 보고 헌법핵이 아닌 헌법률은 헌법개정으로 바꿀 수 있다
고 보아 헌법규범들 중 헌법률인 헌법규범은 헌법핵인 헌법규범보다 아래에 있다고 보는 것이
다(이러한 단계구조에 대해서는 뒤의 국가론에 주권, 국가권력 부분 참조. 특히 그 곳에 있는 상하관계
도해가 이해에 도움이 되어 필히 참조).

2) 절대설, 상대설
헌법규범들 간의 상하 단계구조를 인정하는 견해들도 다시 나뉜다. 즉 단계구조를 인정하더

라도 그러한 단계구조가 고정적이라고 보는 견해(절대설)와 그 상하관계가 유동적일 수 있다고 보는 견해(상대설)로 나뉜다.

3) 형식적 서열관계, 실질적 서열관계

일반적으로 규범들의 우열관계에 관해서 형식적 서열관계(hiérarchie formelle)로 보는 관점과 실질적 서열관계로 보는 관점으로 나누어지기도 한다. 형식적 서열관계는 법규범이 어떠한 형식인지에 따라 그 우열관계를 인정한다. 즉 헌법이냐 법률이냐 명령이냐 하는 등에 따라 헌법, 법률, 명령의 서열관계를 인정한다. 실질적 서열관계(hiérarchie matérielle)는 법규범의 내용이나 그 법규범이 보장되는 정도가 약한지 강한지에 따라 정립되는 우열관계를 의미한다. 사실 성문헌법 내에 있어서 헌법규범들 간의 서열을 판단함에 있어서는 그 형식은 모두 헌법이라는 점에서 형식적 서열관계보다는 실질적 서열관계를 따지게 된다.

(2) 부정설

논리적으로 부정설을 취하게 되는 대표적인 입장으로 법실증주의를 들 수 있다. 헌법개정에 있어서의 단계구조에 대하여는 헌법제정권력과 헌법개정권력을 구분하지 않으려는 법실증주의적 이론의 입장에서는 이를 부정하게 된다. 법실증주의의 이론을 그대로 따르면 헌법규범들은 전부 실정법에 의한 개정이 가능한 것이라고 보아 헌법개정에 있어 헌법규범들 간에 상하관계를 인정할 수 없다고 보게 되기 때문이다.

3. 사견

생각건대 헌법규범들 간에도 우열관계가 위의 논의의 필요성에서 본 바와 같이 실제적 문제에 있어서 인정될 수밖에 없다. 우선 위에서 본대로 국가권력조직행사에 관한 헌법규범은 국민의 기본권보장규범에 비하여 수단적인 하위의 지위를 가진다. 그리고 기본권규범들 간에 있어서도 기본권의 충돌과 같은 경우에 대등한 관계에 있는지 아니면 우열관계에 있는지에 따라 해결하여야 할 경우가 있으므로 우열관계에 대한 판단을 요구할 경우가 있다(후술 기본권론, 기본권상충 부분 참조). 인간의 존엄가치의 핵심을 이루는 상위의 기본권(예를 들어 생명권 등)은 보통 다른 기본권에 비하여 우위를 점한다. 일반적으로 정신적 기본권이 경제적 기본권보다 중요하여 더 우월하다고 본다. 그러나 인간의 존엄과 가치의 핵심을 이루는 기본권과 같이 강한 우위를 가지는 기본권도 있으나 다른 기본권들에 있어서는 그 서열관계가 고정적인 것이 아니라 사안에 따라 우열관계가 달라질 수 있는 기본권들도 있다.[3]

---

3) 자세한 것은, 정재황, 기본권규범 간의 우열관계 여부에 대한 논의, 세계헌법연구 제4호, 1999, 248-272면 참조.

4. 판례

(1) 헌법재판의 대상 문제에서의 입장

1) 판례

헌법규범들 간에도 상하 차이가 있다는 학계의 이론에 따르면 하위 헌법규범이 상위 헌법 규범을 위배하는 경우에 헌법재판의 대상이 되어야 한다. 그러나 우리 헌법재판소는 헌법규범 이 헌법재판의 대상이 되지 않는다고 한다. 그 법리가 표명된 헌재의 결정의 사안과 주요 결정 이유는 다음과 같다.

　– 군인·군무원 등에 대한 국가배상청구금지(헌법 제29조 제2항): 군인·군무원·경찰공무원 등의 훈련 중 발생한 손해에 대해 법률이 정하는 보상 외에 국가 등에 불법행위책임을 물을 수 없도록 규정한 헌법 제29조 제2항, 그것에 근거한 같은 내용의 국가배상법 제2조 제1항 단서에 대한 헌법소원심판사건이었다. 청구인들은 헌법 제29조 제2항은 더 상위의 규정인 인간의 존엄 과 가치 및 국민의 불가침적 인권을 규정한 헌법 제10조, 평등의 원칙을 규정한 헌법 제11조에 위반되어 무효라고 주장하였다. 그러나 헌재는 헌법규범이 헌법재판의 대상이 되지 않는다고 보면서 헌법 제29조 제2항에 대한 청구를 각하하였다. 헌재의 이러한 입장은 헌법규범단계론을 헌법재판의 대상성 판단 문제에 있어서는 받아들일 수 없다는 입장인 것으로 이해된다. 헌재는 헌법규정이 헌법재판의 대상이 되지 않는 것으로 보는 논거로 ① 제5, 7, 8, 9차 개헌 등이 국민 투표를 경유하고 전면개정이 이루어졌던 점, ② 독일기본법 제79조 제3항과 같은 개정한계에 관 한 규정을 두고 있지 않은 점, ③ 독일기본법 제79조 제1항 제1문과 같이 헌법개정을 법률의 형 식으로 하도록 규정하고 있지도 아니한 점 등을 들고 있고 그리하여 헌법제정권과 헌법개정권 의 구별론이나 헌법개정한계론은 그 자체로서의 이론적 타당성여부와 상관없이 헌법재판소가 헌법의 개별규정에 대하여 위헌심사를 할 수 있다는 논거로 원용될 수 있는 것이 아니라고 아래 와 같이 판시하였다.

● **판례**　헌재 1995.12.28. 95헌바3 국가배상법 제2조 제1항 등 위헌소원
[결정요지] (1) 헌법 제111조 제1항 제1호 및 헌법재판소법 제41조 제1항은 위헌법률심판의 대상에 관하여, 헌법 제111조 제1항 제5호 및 헌법재판소법 제68조 제2항, 제41조 제1항은 헌법소원심판의 대상에 관하여 그것이 법률 임을 명문으로 규정하고 있으며, 여기서 위헌심사의 대상이 되는 법률이 국회의 의결을 거친 이른바 형식적 의미의 법률을 의미하는 것에는 아무런 의문이 있을 수 없다. 따라서 형식적 의미의 법률과 동일한 효력을 갖는 조약 등은 포함된다고 볼 것이지만 헌법의 개별규정 자체는 그 대상이 아님이 명백하다. (2) 그럼에도 불구하고, 이른바 헌법제 정권력과 헌법개정권력을 준별하고, 헌법의 개별규정 상호간의 효력의 차이를 인정하는 전제하에서 헌법제정규범에 위반한 헌법개정에 의한 규정, 상위의 헌법규정에 위배되는 하위의 헌법규정은 위헌으로 위헌심사의 대상이 된다거 나, 혹은 헌법규정도 입법작용이라는 공권력 행사의 결과이므로 헌법재판소법 제68조 제1항에 의한 헌법소원의 대 상이 된다는 견해가 있을 수는 있다. (3) 그러나, 우리나라의 헌법은 제헌헌법이 초대국회에 의하여 제정된 반면 그 후의 <u>제5차, 제7차, 제8차 및 현행의 제9차 헌법 개정에 있어서는 국민투표를 거친 바</u> 있고, 그간 각 헌법의 개정절 차조항 자체가 여러 번 개정된 적이 있으며, 형식적으로도 부분개정이 아니라 전문까지를 포함한 <u>전면개정이 이루어</u> <u>졌던 점과 우리의 현행 헌법이 독일기본법 제79조 제3항과 같은 헌법개정의 한계에 관한 규정을 두고 있지 아니하</u>

고, 독일기본법 제79조 제1항 제1문과 같이 헌법의 개정을 법률의 형식으로 하도록 규정하고 있지도 아니한 점 등을 감안할 때, 우리 헌법의 각 개별규정 가운데 무엇이 헌법제정규정이고 무엇이 헌법개정규정인지를 구분하는 것이 가능하지 아니할 뿐 아니라, 각 개별규정에 그 효력상의 차이를 인정하여야 할 형식적인 이유를 찾을 수 없다. 이러한 점과 앞에서 검토한 현행 헌법 및 헌법재판소법의 명문의 규정취지에 비추어, 헌법제정권과 헌법개정권의 구별론이나 헌법개정한계론은 그 자체로서의 이론적 타당성 여부와 상관없이 우리 헌법재판소가 헌법의 개별규정에 대하여 위헌심사를 할 수 있다는 논거로 원용될 수 있는 것이 아니다. … (6) 따라서 이 사건심판청구 중 헌법 제29조 제2항을 대상으로 한 부분은 부적법하다. * 동지: 헌재 1996.6.13. 94헌바20; 1996.6.13. 94헌마118등; 2001.2.22. 2000헌바38; 2018. 5. 31. 2013헌바22등.

* **추가해설**: 헌법재판 대상이 되지 않으면 청구요건을 갖추지 않은 것이 되어 그 부분 청구를 '각하'하는 결정을 한다(후술, 제5부 헌법재판, 헌법소원 부분 참조). 위 결정 헌법 제29조 제2항에 대한 청구 부분도 그러했다. 그리고 국가배상법 제2조 제1항 단서는 위 "헌법 제29조 제2항에 직접 근거하고, 실질적으로 그 내용을 같이하는 것이므로" 합헌이라고 결정했다.

2) 판례이론에 대한 분석과 비판

위 판례는 문제의 사안이 헌법재판의 대상이 되느냐 하는 것에 주안점이 있었던 것이기에 헌재가 헌법규범단계론 자체를 일반적으로 부정하는 입장을 취하는 것으로 밝힌 결정으로 볼 수는 없다.

위 결정례의 판시에 공감하기 어려운 면이 있다. 비록 헌법재판의 대상성 문제에 국한해서만 의미가 있다고 보더라도 헌법재판의 대상이 되지 않는다는 것은 헌법의 근본가치를 해하는 내용일지라도 헌법재판 대상이 아니어서 헌법재판을 통해 제거할 수 없고 결국 악법도 형식적 헌법에 자리잡고 있다면 아무런 제재를 받지 않아 유효하다는, 정의를 외면하는 법실증주의로 귀결되게 한다. 더구나 위 사안은 1970년대에 대법원에 의하여 위헌판결(대법원 1971.6.22. 70다1010) 받은 국가배상법규정을 위헌시비를 피하기 위하여 유신헌법에 올린 이후 지속되어온 악법규정이므로 그 제거를 위해서도 헌재가 판단대상으로 하였어야 했다. 헌재는 헌법규정을 위헌결정하면 위헌결정된 법은 실효되므로 자신이 권한 없는 헌법개정을 하는 결과를 초래함을 우려하였을 수도 있다. 그러나 헌재는 헌법의 전문적인 최고해석권자로서 어떠한 헌법규정이 상위의 헌법규정에 위배된다는 것을 확인할 의무를 진다. 그러한 확인을 받은 국회나 대통령은 헌법개정을 제안하여 국회가 의결하고 국민이 국민투표로 개정을 확정할 수 있게 그 계기를 마련하여야 할 의무를 진다. 그렇게 되면 헌재가 헌법개정을 한다는 지적도 설 땅이 없게 된다. 그동안 이 헌법 제29조 제2항은 대표적인 악법으로서 헌법개정 대상 0순위로 지목되었다. 헌재도 2018년에 다시 위 조항에 대한 위헌심판을 하게 되어 합헌결정(● 헌재 2018.5.31. 2013헌바22)을 하면서 이번엔 헌법개정의견을 덧붙이기도 하였다.

3) 헌법규정에 대한 위헌성판단을 부정한 또다른 결정례

– 법관정년제(헌법 제105조 제4항) 헌법규정: 헌법규정에 대한 위헌성판단을 부정한 또 다른 판례로 법관정년제에 관한 아래와 같은 결정례도 있었다.

● **판례** 헌재 2002.10.31. 2001헌마557 법원조직법 제45조 제4항 위헌확인

[관련판시] 헌법 제105조 제4항에서, "법관의 정년은 법률로 정한다."라고 규정하여 '법관정년제' 자체를 헌법에서 명시적으로 채택하고 있으며, 다만, 구체적인 정년연령을 법률로 정하도록 위임하고 있을 뿐이다. 따라서 '법관정년제' 자체의 위헌성 판단은 헌법규정에 대한 위헌주장으로, 종전 우리 헌법재판소 판례에 의하면, 위헌판단의 대상이 되지 아니한다(95헌바3; 2000헌바38). 물론 이 경우에도 법관의 정년연령을 규정한 법률의 구체적인 내용에 대하여는 위헌판단의 대상이 될 수 있다. … 우리는 헌법규정 사이의 우열관계, 헌법규정에 대한 위헌성판단을 인정하지 아니하고 있으므로, 그에 따라 헌법 제106조 법관의 신분보장 규정은 헌법 제105조 제4항 법관정년제 규정과 병렬적 관계에 있는 것으로 보아 조화롭게 해석하여야 할 것이고, 따라서, … 이 사건 법률조항은 법관의 신분보장을 규정하고 있는 헌법 제106조에도 위배되지 아니한다.

* **해설:** 위 사안에서 심판대상은 법관의 정년을 규정한 '법원조직법 제45조 제4항'이었고 헌법 제105조 제4항은 아니어서 후자에 대한 각하결정은 없었다. 위 헌법규정들에 대해 헌재가 언급한 것은 위 법률규정이 위헌인지 여부가 정년제의 위헌 여부 자체에 연결되고 따라서 정년제 근거규정인 헌법 제105조 제4항이 법관의 신분보장 규정인 헌법 제106조에 위배되는지가 거론되어야 할 논증구조 상황이었기 때문이다.

(2) 기본권상충에서의 실질적 인정

위 결정례들을 떠나 다른 결정례에서 사실 헌재는 헌법규범들 간 기본권들 간의 우열관계를 인정한 예를 보여주고 있다. 그 결정례를 기본권상충에서 볼 수 있는데 예를 들어 흡연권과 혐연권의 충돌에 있어서 헌재가 후자의 우위를 인정한 아래의 판례를 볼 수 있다.

● **판례** 헌재 2004.8.26. 2003헌마457 기각결정

[판시] 흡연권은 위와 같이 사생활의 자유를 실질적 핵으로 하는 것이고 혐연권은 사생활의 자유뿐만 아니라 생명권에까지 연결되는 것이므로 혐연권이 흡연권보다 상위의 기본권이라 할 수 있다.

(3) 판례에 대한 정리

요컨대 헌재는 헌법규범이 헌법재판의 대상이 되느냐 하는 문제에 있어서는 단계론을 받아들이지 않으나 실질적으로는 서열관계를 인정하는 입장인 것으로 이해된다.

5. 문제되는 헌법조항들

앞서 본대로 판례에서 나타난 것으로는 ① <u>헌법 제29조 제2항</u>[위 (1) 1)에 인용된 95헌바3 결정] 문제되었고 ② <u>헌법 제105조 제4항</u>도[위 (1) 3)에 인용된 2001헌마557 결정] 문제된 바 있다. ③ 그 외에도 문제될 수 있는 것은 <u>헌법 제110조 제4항 단서</u>이다. 헌법 제110조 제4항 본문은 "비상계엄하의 군사재판은 군인·군무원의 범죄나 군사에 관한 간첩죄의 경우와 초병·초소·유독음식물공급·포로에 관한 죄 중 법률이 정한 경우에 한하여 단심으로 할 수 있다"라고 규정하면서 동항 단서가 "다만, 사형을 선고한 경우에는 그러하지 아니하다"라고 규정하고 있는데 이 단서규정이 우리 헌법이 사형제를 인정하는 근거가 된다고 보는 견해들이 있고 그러한 견해를 밝히는 우리 헌재 판례의 법정 합헌의견[4]도 있다. 그러나 헌법 제110조 제4항 단서규

정은 헌법 제10조의 인간의 존엄과 가치 규정보다 하위에 있는 헌법규정이고 헌법 제10조의 인간의 존엄과 가치에 생명권이 최상위 기본권으로서 내포되어 있고 생명권의 박탈을 가져오는 사형제를 긍정하는 헌법 제110조 제4항 단서규정은 이에 배치되어 문제가 있다.

제 3 절 입헌주의

I. 입헌주의의 개념

입헌주의(立憲主義)라 함은 헌법이 국민의 기본권을 보장하기 위한 규범들과 국가권력의 근거·조직·행사에 관한 기본원리를 규정하고 이러한 헌법규범에 따라 국민의 기본권이 최대한 보장되고 국가권력이 조직·행사되며 통제되는 민주적 원리를 말한다. 입헌주의의 핵심은 헌법에 따라 국가권력이 적정하게 행사되고 통제되어 자의적(恣意的)인 권력행사를 방지함으로써 국민의 기본권이 최대한 보장되도록 하여야 한다는 관념에 있다. 입헌주의는 가치개념을 포함한다. 헌법에 입각하기만 하면 입헌주의가 실현된 것이 아니라 국민의 기본권을 보장하기 위한 권력통제적인 민주적 헌법에 따라 국가작용이 이루어져야 입헌주의가 진정으로 구현된다고 할 수 있다. 고대나 중세 때에 입헌주의가 자리잡지 않았다고(또는 매우 드물었다고) 보는 것도 주로 고유한 의미의 헌법이 존재하긴 하였으나 그것은 통치구조에 관한 헌법이었고 기본권을 보장하는 헌법이 아니었기 때문이다. 입헌주의에 입각한 정치체제를 입헌정체라고 한다. 입헌정체에 반하는 권력집중적인 정치체제를 전제정체라고 한다. 입헌주의에 따라 운영되는 국가를 일컬어 헌법국가(Verfassungsstaat)라고도 한다.

II. 입헌주의의 발달

1. 고대, 중세

고대나 중세 때에도 왕위의 계승에 관한 규범이나 국가의 조직에 관한 규범이 존재하였다. 그러나 군주에 권력이 통합, 집중되었고 국가운영이 자의적으로 이루어졌다. 그리스 시대 도편추방제도와 같은 폭군추방제도의 예를 볼 수 있긴 하였으나 고대나 중세 때에는 대체적으로 권력통제가 제대로 이루어지지 않았다. 국민의 권리보장을 위한 약간의 규범이 존재한 국가가 있긴 하였으나 기본권보장규범이나 이를 두고 있는 국가들이 거의 존재하지 않았다. 결국 진정한

---

4) 사형제에 대한 합헌결정들: 헌재 1996.11.28. 95헌바1; 2010.2.25. 2008헌가23.

입헌주의가 아니었다.

2. 근대 입헌주의

근대에서 권력분립적이고 자유주의적인 헌법에 입각한 국가운영의 원리로서 진정한 입헌주의가 자리잡아 갔다. 입헌주의의 관념은 권력제한을 통하여 국민의 자유를 보장하여야 한다고 본 근대 자유주의의 이념을 기저로 하여 나타난 것이다. 계몽시대 때 절대적, 독재적 군주권력을 제한하여야 한다는 사상이 입헌주의의 사고를 싹트게 하였고 헌법관념은 사회계약사상, 대표적으로 로크(J. Locke)의 천부인권사상, 루소(J.-J. Rousseau)의 일반의사이론 등으로부터 힘을 얻었고 그 기초를 제공받았다(사회계약이론에 대해서는 후술, 국가론 참조). 즉 헌법관념의 역사를 보면, 16세기부터 형성되기 시작하여 18세기에 지배적인 사회계몽사상을 이루었던 사회계약사상이 확산되면서 본격화되었다고 볼 것이다. 헌법이 바로 이러한 사회계약의 확인이라고 보았던 것이다. 당시 군주가 절대적인 권력으로 인권을 유린하고 있었고 이를 벗어나 인간으로서의 자유를 누리고자 갈망하였으므로 절대군주에 대한 권력제한이 당시의 관건이자 주된 관심사였다. 권력제한은 곧 국민의 권리와 자유를 보장하기 위한 것이었음은 물론이었다. 그리하여 1776년 미국독립선언, 1776년 버지니아 인권선언, 1789년의 프랑스 대혁명 인권선언 등으로 천부인권, 자연권으로서 인간에게 기본권이 주어졌다는 관념이 뚜렷이 나타났다. 1789년 프랑스 인권선언은 인간의 천부인권성을 강조하였을 뿐 아니라 그 인권선언 제16조는 "권리와 권력분립이 보장되지 않은 어떤 사회도 결코 헌법을 가진 것이 아니다"라고 규정하고 있는데 이러한 규정은 근대입헌주의를 잘 보여주고 있다. 한편 근대 입헌주의는 초기에 본래의 권력제한, 기본권보장의 역할을 제대로 하지 못한 역사를 보여주기도 하였고 과도기적으로 군주입헌제가 자리잡기도 하였다. 사실상 군주의 권한이 여전히 강력하였고 의회제도가 존재하나 의회가 사실상 군주의 독주를 제대로 통제하지 못하였던 상황에서의 입헌주의를 '외견적 입법주의'(外見的 立憲主義)라고 한다. 외견적 입헌주의에서는 국민에게 권리와 자유가 국가의 은혜로서 부여되는 것이지 자연적이고 천부적인 인권으로서 부여되는 것이 아니라고 보았다. 1871년 독일제국, 일본의 명치유신 정부가 외견적 입헌주의의 상태에 있었던 예이다.

근대의 입헌주의는 ① 국민주권주의, ② 국민대표주의, ③ 기본권보장주의, ④ 권력분립주의, ⑤ 법치주의 등을 그 내용적 요소로 한다. 이 요소들에 대해서는 앞서 헌법의 역사적 발전단계에서의 근대 입헌주의적 헌법에서 이미 살펴본 바 있기도 하고 아래의 Ⅲ. 입헌주의의 요소에서 다시 살펴본다. 사실 이 요소들이 헌법의 중요한 내용들이고 따라서 이들 각각에 대해서는 본서에서 각 장별로 별도로 자세히 살펴보게 되는 내용이기도 하다.

3. 현대적 입헌주의

현대에 와서 복지의 실현을 그 이념으로 하는 헌법이 자리잡는다. 근대 말기에 사회적 경제적 모순과 시장경제의 왜곡 등이 나타나고 빈곤층이 생겨 인간다운 생활을 할 권리의 보장 등 사회복지적 기본권들이 요구되면서 현대에 들어서면서 복지주의적 헌법이 요구되었다. 현대의 헌법은 국가에게 사회복지, 사회보장의 의무를 지우고 있다. 이와 같은 현대 입헌주의의 내용에 대해서는 앞서 헌법의 발전단계에서 개념 중에 현대적 복지주의헌법에서 다룬 바 있다.

Ⅲ. 입헌주의의 요소

1. 내용적 요소

입헌주의는 ⅰ) 실질적 국민주권주의, ⅱ) 기본권보장주의, ⅲ) 국민대표주의, ⅳ) 권력분립주의, ⅴ) 법치주의, ⅵ) 복지주의, ⅶ) 헌법재판제도 등을 그 내용적 요소로 한다. ⅰ) 국민이 주권을 실제로 보유하지 못한다면 실질적 입헌주의가 성립단계에서부터 인정될 수 없다. ⅱ) 헌법의 궁극적 목적은 국민의 기본권을 보장하는 데에 있다. 진정한 입헌주의의 종국적인 구현은 바로 국민의 기본권이 실효성 있고 최대한 보장되는 데에 있다. ⅲ) 오늘날 많은 국민과 넓은 지역으로 인하여 다소 직접민주제가 실시되기도 하나 원칙적으로는 일상 간접민주정치를 행할 수밖에 없다. 간접민주정치는 국민이 선출한 국민대표자에 의한 정치이다. 이러한 간접민주정치가 입헌적으로 실현되기 위해서는 무엇보다도 국민대표원리가 헌법에 근거를 두고 국민의 의사가 제대로 반영되는 진정한 대표성을 가진 의원과 국민과의 관계가 되도록 하여야 한다. ⅳ) 권력분립은 국가권력의 조직원리이자 권력남용을 방지하여 국민의 기본권을 보장하는 입헌주의의 중요한 원리이다. ⅴ) 법치주의는 법률이란 국민의 의사표현이라고 볼 수 있다는 점에서 행정 등 국가작용이 법률에 근거하여 이루어져야 한다는 원리를 말한다. 이러한 점에서 법치주의는 주권자인 국민의 의사에 따른 것이라는 점에서 입헌주의의 요소가 된다. ⅵ) 복지주의는 현대적 입헌주의가 가지는 요소이다. ⅶ) 헌법재판제도도 현대의 헌법에서 제대로 정착된 제도인데 헌법보장, 기본권의 보장을 위한 제도로서 오늘날 그 중요성이 증대되는 입헌주의 요소이다. 헌법재판은 헌법위반에 대한 제재를 가져온다는 점에서 헌법의 실효성과 규범력을 증대시킨다.

2. 형식적 요소

국민의 기본권을 보장하는 헌법이 한 국가에서의 최고규범으로서 보호되어야 하기에 입헌주

의는 형식적 측면에서 헌법의 성문화·경성화를 요한다. 영국과 같은 불문헌법국가도 있지만 일
반적으로 성문헌법을 가진 나라에서는 헌법을 성문으로 못박아 두어 헌법의 내용을 보다 명확히
함으로써 헌법의 준엄성과 준수를 보장하려 한다. 또 그 변화가능성을 최대한 적게 하여야 하고
이를 위해 그 개정과 폐지가 곤란하도록 할 필요가 있다. 바로 경성(硬性)의 헌법일 것을 요한다.

Ⅳ. 입헌주의의 현대적 상황변화와 의미 － 실질적 입헌주의

현대의 입헌주의는 복지주의적 헌법, 행정확대에 따른 권력분립주의의 구도의 변화, 헌법재
판의 발달 등의 새로운 양상을 보여주었다. 그렇다고 하여 근대 입헌주의의 원칙들이 폐기된
것은 아니고 기본권보장주의, 국민주권주의, 국민대표주의, 권력분립주의, 헌법의 성문성·경성
성 등은 오늘날에도 여전히 유지되고 있다. 오늘날 법치주의가 실질적 법치주의인 것처럼 입헌
주의도 실질성을 갖추어야 한다. 단순히 헌법에 의한다는 형식적이고 외관적인 사실로 그치지
않고 실제적으로 국민의 기본권을 최대한 강화하여 효율적으로 보장하는 헌법의 임무를 수행
하도록 하는 실질적 입헌주의가 자리잡아야 한다.

제4절   헌법의 사명 및 특성

Ⅰ. 헌법의 사명(기능)

헌법규범은 다음과 같은 사명 내지 기능을 가진다. ① 기본권 보장 기능 － 헌법의 제1차
적 사명은 국민의 기본권을 최대한 보장하는 데 있다. ② 권력통제 기능 － 헌법은 입법, 행정,
사법의 각 권력을 배분하여 각각 다른 국가기관에 분속하여 행사하게 하고 상호 견제를 유지하
도록 하며 권력을 통제하는 기능을 수행한다. ③ 국가조직 기능 － 국가조직의 효율적 운영과
국민의 기본권보장에 효과를 발휘하는 적절한 조직기구, 권한행사방법, 권한행사에 대한 통제
방법 등을 헌법이 규정하여야 한다. ④ 다원주의와 국민유대(통합)의 기능 － 헌법은 다원화된
사회의 다양한 여러 계층들의 이익을 보호하고 상호 간의 이익이 충돌할 때 이를 정당하고도
합리적으로 조절하여야 한다. 소수의 존중도 중요하다. 다수만이 아니라 다양한 계층의 소수자
들을 존중하여야 다원주의가 실질적으로 실현될 수 있기 때문이다. 모든 국민의 인간다운 생활
을 할 권리의 강화 등 복지적 권리의 향유를 통하여 모든 국민이 더불어 살아간다는 공동체의
식, 국민통합을 가져와야 한다.5) ⑤ 그 외 헌법은 국가의 정체성·안정성·영속성의 보장기능,

⑥ 법률 등 하위법체계의 실효성보장기능, ⑦ 주권에 관한 원칙이나 대표주의원칙, 권력분립주의와 같은 중요한 원칙을 설정하는 기능, ⑧ 정치적 권력의 정당화기능 등을 가진다.

II. 헌법의 특성(성격)

1. 규범성

(1) 법규범성
헌법은 그 생성이나 변화에 있어서 사회현상을 반영할 수 있으나 헌법 자체는 어디까지나 당위로서의 법규범이다. 헌법이 사실에 불과하다면 기본권의 보호나 국가권력의 행사가 법적 효과를 가지지 않는다는 결과를 가져온다. 이는 받아들일 수 없다. 헌법은 국민의 기본권을 최대한 보장하며 국가권력의 행사를 규율하고 그 적정성을 담보하는 "있어야 할", 그리고 "준수되어야 할" 규정들을 담고 있다.

(2) 공법(公法)성
전통적으로 법규범을 공법(公法)과 사법(私法)으로 구분하여 왔고 헌법은 공법이라고 보아왔다. 그런데 그 검토가 요구된다.
1) 공 · 사법 구별론
(가) 전래적 구분과 문제점　　공법과 사법의 구분에 관한 이론으로는 ⅰ) 이익설(공공의 이익을 위한 법이면 공법이고, 어느 개인만의 이익을 위한 법이면 사법이라고 보는 설) ⅱ) 주체설(그 주체가 국가나 공법인인 법률관계를 규율하는 법을 공법, 사인(私人)들이 주체가 되는 법률관계를 규율하는 법을 사법이라고 보는 설), ⅲ) 성질설(관계설이라고 함. 상하복종관계를 규율하는 법이면 공법, 대등한 관계를 규율하는 법이면 사법이라고 보는 설) 등이 있다. 그러나 이러한 여러 학설은 각기 문제를 가진다. 공익이 무엇인지 불확정적이고 공익과 사익이 함께 보호되어야 할 경우도 있으므로 이익설에 따른 구분이 항상 명쾌한 구분을 가져오지 않는다. 국가나 공법인에게도 사인들 간에 적용되는 법규범이 적용될 경우도 있다는 점(예를 들어 국가가 사적 거래를 하는 경우(이를 국고관계라 한다)에 사인들에 적용되는 법규범이 적용될 수 있음)에서 주체설도 문제가 있다. 성질설도 예를 들어 상하관계인 아버지와 자녀와의 가족관계에 가족법이 적용되는데 그렇다면 가족법을 공법으로 보아야 하는 모순이 생긴다는 점에서 문제가 있다.

(나) 검토의 요구　　오늘날 공법과 사법의 구분에 대해서는 다시 검토되어야 한다는 지적들이 많다. 실은 이전부터도 일찍이 그 구분에 회의감을 주는 지적도 있었다. 근대 사회과학을 개척한 에밀 뒤르케임(E. Durkheim 1858-1917)은 "모든 법규범은 사회적 삶의 규범으로서 본질

---

5) 그렇다고 하여 헌법이 통합론자들이 말하는 통합과정 자체가 아니다. 통합기능은 헌법이 수행해야 하는 기능, 사명이지 헌법 그 자체인 것은 아니고 헌법 자체는 법규범이다.

상 공적(publique)이다"라고 주장한 바 있다. 사실 사법도 어느 한 개인만 아니라 다른 사회구성원들 간의 관계에서 적용되는 법이므로 한 개인에만 그치는 것이 아니라 그 법적 효과가 공적일 수 있다. 예를 들어 A가 B의 주택을 사고자 계약을 한 것을 두고 보자. 그 주택을 사고파는 계약행위에는 사법이 적용된다. 그러나 그 계약은 당사자들인 A와 B는 물론 다른 모든 사람들에게도 유효하다. 이제 A의 주택이 되었음을 모든 사람이 인정하여야 A의 소유권이 인정되는 것이다. 민법이라는 사법의 규정도 그 효과는 특정한 사람들에게만 미치는 것이 아니다. 주택을 사고 파는 계약행위에 적용되는 민법이라는 사법의 규정은 사는 사람에게만 적용되는 것이 아니고 파는 사람이란 다른 사람에게도 적용되는 것이고 계약의 효과라는 대외적 구속력을 생각하면 공적인 법현상인 것이다. 또한 어느 사항이 절대적으로 공법으로만 해결되어야 하는 것이 아닐 수도 있다. 예를 들어 행정영역에서도 공적 임무를 사법(私法)형식으로 수행하는 행정사법(行政私法)이 나타나고 있다. 한편 오늘날 노동법, 사회보장법 등 사회법(社會法)과 같이 공사법이 혼재하고 있거나 사법의 공법화 현상을 보여주고 있는 예도 있다.

한편 공법, 사법의 구별은 재판관할, 재판의 형식을 결정하기 위해 필요하다. 공법이 적용되는 재판에는 헌법재판, 행정소송이 있고 사법이 적용되는 재판에는 민사, 상사재판이 있다. 여하튼 공·사법 간의 구별을 해야 한다는 이론에 따르면 전래적으로 헌법은 공법적인 법규범이다. 그러나 위에서 본대로 그 구별이론이 각기 문제점들을 가지고 있고 새로운 현상이 나타나고 있어 구별론이 상대화되어가고 있는 점을 간과할 수는 없고 새로운 검토를 요구받고 있다.

2) 관련 문제 – 기본권의 제3자효 등

헌법의 공법성은 후술하는 기본권론에서 다룰 기본권의 제3자효의 문제와 관련된다. 기본권의 제3자효의 문제란 기본권이 국민과 국가 간만이 아니라 사인(私人)들 간에도 효력을 가지는가 하는 기본권의 사인들 간, 대사인적(對私人的) 효력의 문제이다. 이는 기본권은 국가에 대해 국민이 그 보호를 요구할 수 있는 권리로서 국가와 국민 간의 관계에서의 권리인 것은 분명한데 나아가 이러한 기본권이 국가와 국민 간의 관계가 아닌 국민(사인)과 다른 국민(다른 사인) 간에도 권리로서의 효력을 발생하는지 하는 문제이다. 부정설은 헌법이 공법이고 헌법에 의해 보장되는 기본권도 국가에 대한 국민의 관계에서 국민이 그 보호를 국가에 요구할 수 있는 공적 관계에서의 권리라는 점에서 공권(公權)이고 사인들 간의 권리는 사권이고 사법이 적용되어야 하는데 이처럼 공권인 기본권이 사권, 사법이 적용되는 사인들 간에는 적용될 수 없다고 보는 것이다. 그러나 오늘날 사인들 간에도 기본권규정이 적용되어야 한다는 긍정설이 강하다. 그리하여 헌법의 공법성, 기본권의 공권성이 오늘날 다시 검토되어야 한다는 이론이 바로 이러한 기본권의 제3자효 문제 등을 중심으로 논의되고 있는 것이다(자세한 것은 후술 제3부 기본권론의 기본권의 제3자효 부분 참조).

(3) 한 국가 내 최고규범성

1) 의미

한 국가 내에는 헌법 외에도 여러 다른 법형식들, 즉 법률, 명령 등이 있다. 이 다른 법형식들보다 헌법은 상위에 있고 한 국가에 있어서 최고규범으로서의 최정상, 정점(頂點)의 지위에 있다.

2) 최고성의 근거

(가) 기본권보장규범이 헌법이라는 당연논제   헌법이 최고규범성의 위치를 가져야 하는 근거는 민주주의에서 국가의 존립근거와 함께 헌법도 국민의 기본적인 권리를 최대한 보장하는 것을 주목적으로 하므로 헌법이 기본권보장규범을 그 핵심내용으로 하는 데 있다. 헌법이 침해되면 헌법이 담고 있는 기본권보장규범이 침해되고 국민의 기본권이 보장될 수 없기에 헌법이 다른 법령(법률, 명령 등)에 의해 침해되지 않도록 하기 위해서는 다른 법령보다도 우위에 있어야 하기 때문이다. 헌법이 파괴되지 않기 위해서는 법률, 명령 등 다른 국가의 규범은 헌법의 원칙을 준수하고 헌법에 기속되어야 하며 따라서 헌법의 하위에 위치하여야 한다(아래 법단계구조 참조). 요컨대 헌법의 최고성은 헌법이 기본권보장규범이라는 점에 그 근거를 가진다.

(나) 현행 우리 헌법상 최고성의 근거   현행 우리 헌법전에서 헌법의 최고법성을 직접적인 문언으로 명시하고 있지는 않다. 그러나 "법률이 헌법에 위반되는 여부가 재판의 전제가 된 경우에는 법원은 헌법재판소에 제청하여 그 심판에 의하여 재판한다"라고 하여(제107조 제1항) 위헌법률심판제도를 두고, 위헌명령·규칙·처분심사제도를 두고 있다. 이 위헌심사를 두는 이유가 바로 헌법에 법률, 명령, 규칙, 처분이 위반될 수 없다는 헌법의 최고성을 전제로 하고 있는 것이므로 우리 헌법도 헌법의 최고성을 분명히 하고 있다.

3) 최고성의 효과

헌법의 최고규범성은 다음과 같은 결과를 가져온다. i) 헌법이 한 국가 내에서 최고법이므로 그 정당성의 근거를 헌법 자체에서 찾을 수밖에 없다(始原性). 이는 헌법의 자율성을 의미하는 것이기도 하다(자율성). ii) 법률과 명령 등 하위법은 헌법에 근거를 두어야 하고 헌법에 부합하여야 한다는 합헌성의 통제를 받는다.

4) 최고성 효과로서 법단계구조

(가) 여러 법형식들   한 국가에는 여러 형식들(종류)의 법규범이 있다. 우리나라에도 아래에 보듯이 헌법, 법률, 명령(법규명령), 행정규칙 등이 있고 지방자치단체에는 조례가 있다.

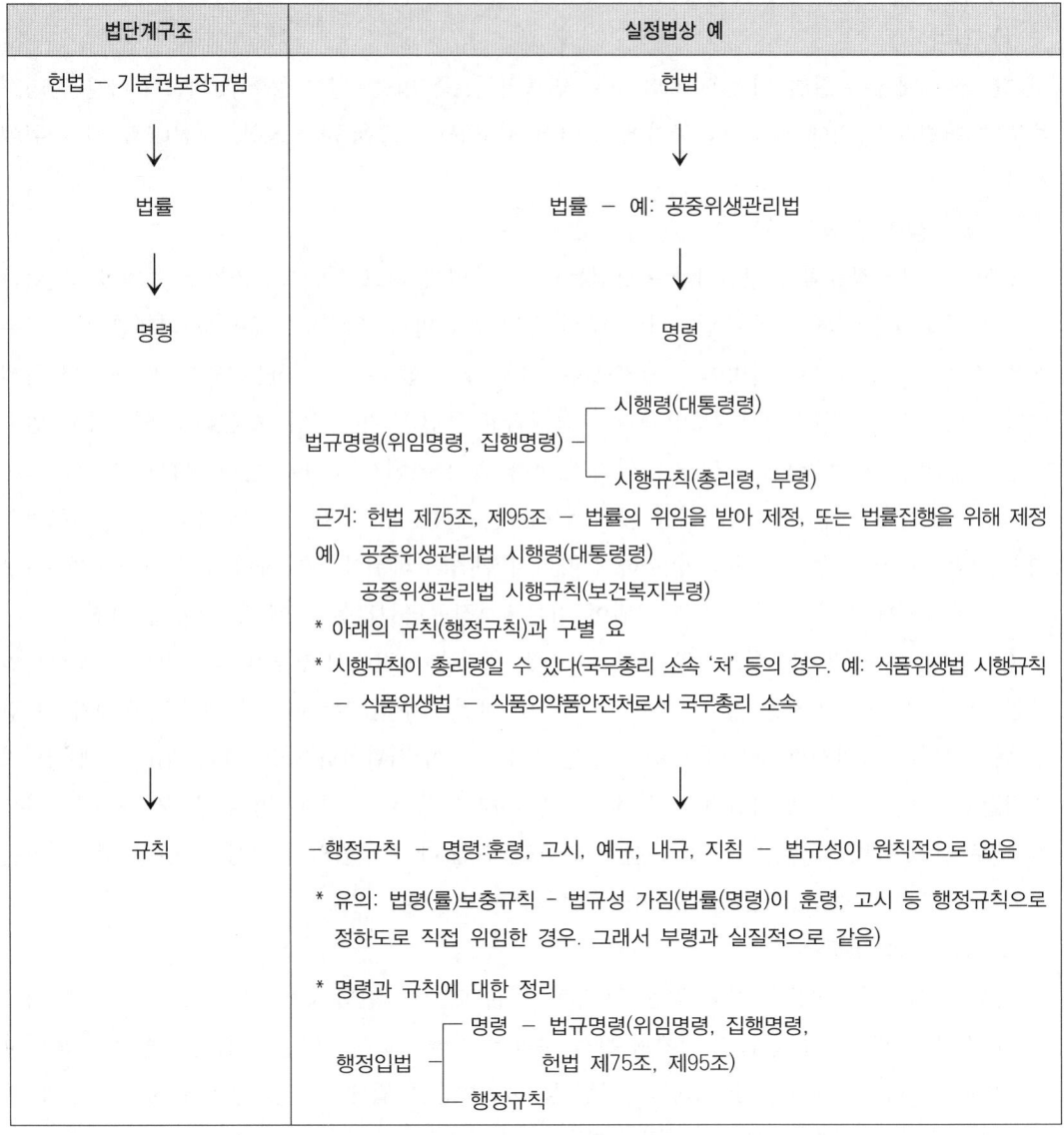

법단계구조	실정법상 예
헌법 – 기본권보장규범 ↓ 법률 ↓ 명령 ↓ 규칙	헌법 ↓ 법률 – 예: 공중위생관리법 ↓ 명령 법규명령(위임명령, 집행명령) ─┬─ 시행령(대통령령) 　　　　　　　　　　　　　　　└─ 시행규칙(총리령, 부령) 근거: 헌법 제75조, 제95조 – 법률의 위임을 받아 제정, 또는 법률집행을 위해 제정 예) 공중위생관리법 시행령(대통령령) 　　　공중위생관리법 시행규칙(보건복지부령) * 아래의 규칙(행정규칙)과 구별 요 * 시행규칙이 총리령일 수 있다(국무총리 소속 '처' 등의 경우. 예: 식품위생법 시행규칙 　– 식품위생법 – 식품의약품안전처로서 국무총리 소속 ↓ －행정규칙 – 명령:훈령, 고시, 예규, 내규, 지침 – 법규성이 원칙적으로 없음 * 유의: 법령(률)보충규칙 – 법규성 가짐(법률(명령)이 훈령, 고시 등 행정규칙으로 　정하도로 직접 위임한 경우. 그래서 부령과 실질적으로 같음) * 명령과 규칙에 대한 정리 　　　　　　　┌─ 명령 – 법규명령(위임명령, 집행명령, 　행정입법 ─┤　　　　　　헌법 제75조, 제95조) 　　　　　　　└─ 행정규칙

❏ 헌법의 최고성 – 법단계구조

(나) 단계구조　　위 도표에 대한 해설

헌법의 최고성을 보면서 우리나라의 법단계구조를 살필 필요가 있겠다. 위 도해가 단계구조를 보여주고 있는데 위에 대해 설명한다.

i) **헌법**　　국가의 최고법으로서 기본권보장규범을 담고 있다.

ii) **법률**　　헌법 아래에 법률이 있는데 법률은 국회에서 제정되고 '법'으로 지칭된다.

iii) **행정입법**　　법률 아래에 주로 행정부에 의해 제정되는 행정입법이 있다. 행정입법에는 명령(법규명령)과 행정규칙이 있다.

① **법규명령**   법규명령은 국민들에게 영향을 미치는 것이라고 하여 '법규'명령이라고 하는 것이다.

> *** 용어:** 법규 – 공법에서 '법규'란 법규범의 준말이 아니라 '국민의 권리나 의무'에 영향을 미치는 내용으로 이루어진 법규범을 특별히 '법규'라고 부른다.

법규명령에는 헌법 제75조, 제95조에 따라 법률의 위임을 받아 제정되는 위임명령과 법률을 집행하기 위하여 필요한 사항을 정하는 집행명령이 있는데 이는 대통령령과 총리령, 부령이다. 그런데 헌법재판소, 대법원, 중앙선거관리위원회 등에서도 제정하는 규칙도 법규명령으로 있긴 한데 주로 대통령령, 총리령, 부령이 많다. 실정법상 법규명령은 대통령이 정하는 대통령령을 '시행령'이라고 부르고(그리하여 도표에서 예로 든 공중위생관리법의 경우 그 하위 대통령령은 '공중위생관리법 시행령'이 된다). 그 하위로 국무총리가 제정하는 총리령과 장관이 제정하는 부령인 법규명령은 시행규칙이라고 부른다(도표에서 예로 든 공중위생관리법의 경우 그 주무부장관의 부령은 '공중위생관리법 시행규칙'이 된다). 이 시행규칙이라고 할 때 '규칙'이란 용어를 다음에 보는 행정규칙의 그것과 혼동해선 안된다. 한편 총리령의 경우는 다음의 경우이다. 부로 되어 있지 않은 중앙기관의 경우(즉, 처, 국무총리 산하 법제처, 식품의약품안전처와 같은 '처'와 공정거래위원회 등의 위원회) 시행규칙이 필요하여 만들려고 하면 부령으로 할 수 없으니 소속 국무총리에 의한 총리령으로 정해진다. 사실 '처'는 여러 '부'들에 관련되는 업무를 행정각부 통할권을 가지는 국무총리 산하에 설치한 결과이기도 하다(예를 들어 위 도표에 나온 식품의약품안전처는 보건복지부뿐 아니라 농림축산식품부도 관련된다)

② **행정규칙**   행정규칙이란 사무처리를 위한 것이어서 행정기관 내부에서만 효력을 가지는 것이므로 원칙적으로 법규성이 없다고 한다(오늘날 있다고 보는 견해들 있음). 행정규칙은 훈령, 고시, 예규, 내규, 지침 등으로 불린다. 일반적인 행정규칙은 법률이나 상위 법규명령(예를 들어 대통령령)의 위임을 받지 않고도 제정될 수 있다.

③ **유의: 법령(률)보충규칙**   행정규칙 중에는 법령(률)보충규칙이라는 것이 있다. 이는 바로 위에서 언급한 대로 일반적인 행정규칙은 법률이나 그 상위 법규명령의 근거가 없어도 정해질 수 있는데 이와 달리 법률에서 예를 들어 "장관이 고시한다"라고 하는 등 어떤 사항을 훈령, 고시, 예규 등으로 정하도록 맡기는, 즉 법률이 위임하여 제정되는 것이다. 유의할 점은 우리 헌법재판소, 대법원은 법령보충규칙은 부령과 같이 법규성을 인정한다는 것이다(따라서 그 효력상 '즉 법령보충규칙 = 부령'이라고 보게 된다)(법령보충규칙에 대한 자세한 것은 뒤의 기본권의 법률유보, 행정입법에의 위임 부분 참조).

5) 헌법의 최고성을 보장하기 위한 제도

헌법의 최고성을 보장하는 방법으로 ⅰ) 헌법보장제도(후술 헌법의 보장 참조), ⅱ) 헌법의 경성(硬性 헌법개정을 일반 법률의 개정보다도 어렵게 하는 특성)을 들 수 있다. ⅲ) 위헌법률심판 등 헌법재판 – 헌법의 최고성을 보장하기 위한 제도로서 오늘날 가장 효율적이고 현실적으로 중요한 것이 위헌법률심판과 같은 헌법재판이다. 헌법재판에 의하여 위헌적인 법률이나 공권력을 무력화함으로써 헌법의 최고성을 보장할 수 있게 되기 때문이다.

6) 최고성과 국제관계, 연방헌법

한 국가의 헌법이 가지는 최고성은 국내에서의 성격이고 국제조약과의 관계 등에서 그 한계여부 문제가 나타날 수 있다(후술 국제질서 참조). 연방국가의 경우 각 개별 주에도 헌법이 있다. 이 개별 주헌법과 연방헌법과의 관계가 논의된다. 연방헌법에서 연방정부나 주정부의 관할을 획정한다.

(4) 규범력(강제력, 실효성)의 강화

과거에는 헌법은 단순한 이념과 구호 또는 국가적 소망을 나타내고, 국가목표 내지 예정표를 담고 있는 것에 불과하다고 보았고 헌법이 시대적, 정치적 상황의 변화에 따라 명멸하여 강제성이나 그 위반에 대한 제재가 약하다고 보았다. 그리하여 헌법도 법인가 하는 물음과 헌법의 규범성에 대해 회의적인 사고들이 많았다. 그러나 오늘날 헌법의 위반에 대한 제재가 마련되어 있으므로 헌법은 구속력, 강제력을 가지고 있다. 그러한 제재로서 가장 효율적이고 중요하며 실제적 기능을 발휘하고 있는 것이 바로 '헌법재판'이다. 현대에서는 기본권과 그것을 규정하고 보장하는 헌법을 보호하기 위하여 헌법에 위반되는 법률이나 공권력 작용들에 대한 헌법재판이 중요한 기능을 수행한다. 헌법재판의 강화는 기본권보장뿐 아니라 헌법의 규범력(規範力)을 강화하는 효과를 가져온다.

2. 내용적 특성

(1) 기본권보장규범성

헌법은 국민의 기본권을 규정하고 이를 보장하는 규범들을 두고 있다. 헌법은 국가권력의 남용으로 기본권이 침해되는 것을 막기 위하여 국가권력의 행사에 대한 제한과 한계를 설정한다. 이 점 때문에 헌법이 아래 (2)에서 언급하는 권력통제규범성을 가지는 것이기도 한 것이다. 반면에 생존권적 기본권(사회적 기본권)과 같은 기본권들의 경우 국가가 사회복지를 위하여 국민생활에 필요한 재화 등을 제공하여야 하는 등 그 보장을 위해서 오히려 국가권력의 적극적인 관여를 요구하기도 한다.

어느 국가기관이나 개인이 기본권을 침해할 때에 법원, 헌법재판소 등과 같은 국가기관들에 의하여 헌법에 따른 기본권보장이 이루어지게 된다.

(2) 국가조직적 · 수권적(授權的) · 권력통제(제한)적 규범성

헌법은 권력이 통합, 집중되어 남용되는 것을 막기 위하여 권력분립원칙에 따라 국가권력을 적절히 배분, 분속하는 규범을 담고 있다. 따라서 헌법은 조직되는 각 국가기관에 대해 권력을 부여하는 수권적 규범이기도 하다. 나아가 헌법은 국가기관에 부여된 권력들의 행사방법을 규정하고 적절히 제대로 행사되는지를 통제하는 장치를 두는 권력제한적 규범이기도 하다.

(3) 이념성, 역사성, 가치추구성

헌법은 시대적인 상황에 따라 그 사회가 요구하는 과제나 지향하고자 하는 기본방향 등을 담고 제시함으로써 이념성을 띠고 있기도 하다. 18세기 근대에는 자유주의가, 19세기 말 현대에서는 복지주의가 헌법이념으로 자리잡았다. 이러한 이념변천에서도 볼 수 있듯이 헌법은 역사적 변천을 반영하는 역사성을 띠게 되기도 한다. 헌법의 이념성과 역사성은 헌법이 가치지향적인 법규범임을 의미하기도 한다.

(4) 추상성, 응축·간결성

헌법규범은 헌법이 규율해야 할 대상이 광범위하기에 다른 법규범들보다 상대적으로 추상성을 더 많이 띤다. 헌법은 국민의 여러 생활영역에서 다양한 기본권들을 보장하는 규범들을 두어야 하고 국가권력에 대해서도 입법, 행정, 사법 등 여러 전반적 영역들에서의 권력행사를 그 규율, 통제의 대상으로 하여 그 대상이 넓다. 반면 조문을 무한정 둘 수 없으므로 헌법에 구체적인 내용을 직접 두어야 할 필요가 있는 경우가 아니라면 응축된 간결한 내용으로 규정될 것이 요구된다. 헌법의 추상성, 응축·간결성으로 인하여 하위규범인 법률 등에 의한 구체화가 필요하다.

(5) 개방성, 유연성

헌법이 모든 사항들을 치밀하게 규정하기도 어렵거니와 그렇게 할 경우에 오히려 경직성을 가져와 해석의 여지를 전혀 주지 않음으로써 적절한 규율과 기본권보장을 어렵게 한다. 그 점에서 헌법은 개방성과 유연성을 필요로 한다. 또한 앞으로 시대적 변화에 부응하는 적절한 규율과 기본권보장을 위한 유연성이 필요하다. 헌법개정도 쉽지 않아 시대변화에 따라가기 힘든 경직성을 가질 수 있으므로 오히려 추상적이거나 여지를 남겨두어 시대적으로 변화되는 데 적용하는 유연성을 주는 것이 좋다.

3. 대상에서의 특성

(1) 정치성

헌법이 규율하는 대상에는 국가의 정치적 권력의 행사가 포함된다. 정치의 장(場)인 국회의 구성에서부터 국회에서의 정치적 활동과 정치활동의 중심단체인 정당, 그리고 국민대표자를 선출하는 선거제도 등이 헌법의 관할대상이 된다. 그렇다고 하여 헌법이 곧 정치인 것은 아니다. 규율대상이 정치적 영역이 많다는 것이다. 헌법은 정치를 법의 규율영역으로 끌어들여 정치적 권력의 행사를 통제하는 법규범이다. 물론 그렇다고 헌법이 규율하는 사항들은 정치적 영역만에 한정되는 것이 아니라 그 외에 경제, 문화, 사회 등 다른 여러 영역들에서의 사항들도 포괄적으로 헌법적 규율의 대상이 된다.

(2) 광범위성

헌법이 규율하는 영역은 어느 한 특정 영역이 아니라 정치, 경제, 사회 등 국가의 모든 영역으로 광범위하다.

4. 변경의 곤란성

모든 헌법이 그러한 것은 아니지만 많은 성문헌법에 있어서 헌법규범은 한 국가의 최고법규범이고 국민의 기본권보장에 관한 규범을 담고 있으므로 그것의 개정, 변경은 일반 하위 법들의 개정, 변경에 비해 어렵도록 하고 있다[헌법의 경성(硬性)].

5. 기타 — 자율성(자기보장성) 등

다른 개별 법률은 상위의 헌법에 의하여 그 근거와 보장이 이루어지기도 하는데 비해 헌법은 국가의 최고법으로서 헌법 자체에 의해 정당화되고 그 침해에 대해서도 자신이 규정하는 내용을 지켜내어야(그 내용이 정당한 것을 전제로) 한다.

한편 헌법이 생활규범성을 가진다는 견해가 있다.[6] 헌법은 국민의 기본권 등 일상에 있어서 중요한 보호를 위한 규범을 담고 있으므로 생활규범으로서의 성격을 가지는 것은 사실이다. 그런데 법규범이 사회규범인지라 그리고 실제 민법, 상법, 행정법 등 다른 법규범들도 생활 속에 밀접히 적용되고 있다는 점에서 생활규범성이 헌법만이 가지는 성격이라고 할 것은 아니다. 다만, 헌법이 관념적이고 이론적인 법규범에 머무는 것이 아니고 생활 속에 자리잡아야 할 규범이란 점을 강조하기 위하여 헌법의 생활규범성을 지적하는 것은 의미가 있다.[7]

---

6) 허영, 전게서, 28면.
7) 허영, 상게서, 같은 면도 "헌법이 관념의 세계에서 가상적으로만 효력을 가지는 것이 아니고 … 헌법이 국민의 생활태도와 행동을 실제로 유도하는 힘을 가져야 한다"라고 한다.

제 5 절 헌법의 분류(유형)

1. 제정주체에 따른 분류

① **흠정헌법**은 군주가 제정한 헌법을 말한다. ② **민정헌법**은 국민이 헌법제정권력자로서 제정한 헌법을 말한다. ③ **협약헌법**은 복수의 헌법제정권력 주체들 간의 합의에 의해 채택된 헌법을 말한다. 아래의 국약헌법도 협약헌법에 들어간다. ④ **국약헌법**은 국가 간의 합의로 이루어진 헌법이다. 연방헌법이 대표적인 예이다(연방을 이루는 주는 국가가 아니라고 보는 견해는 달리 보나 연방국가의 경우 각 주마다 헌법이 있고 각 주도 불완전하나 국가이고 연방 자체도 국가로서 연방의 헌법이 존재하므로 연방헌법은 주들 간의 국약헌법이다).

2. 성문화 여부에 따른 분류

헌법규범이 문장으로 명시되어 있는 헌법을 성문헌법이라고 하고 문장으로 명시되지 않고 관습 등으로 존재할 때 불문헌법이라고 한다. 성문헌법국가일지라도 불문헌법이 있을 수 있다. 반면 불문헌법국가일지라도 실질적인 헌법으로서의 성문의 헌장, 장전, 법률 등이 존재할 수 있다(대표적인 불문헌법국가인 영국에서의 1215년 마그나 카르타, 1689년 권리장전, 1701년 왕위계승법, 1941년 선거법 등이 그 예이다).

3. 개정절차의 난이도에 따른 분류 - 경성헌법과 연성헌법

일반적인 법률 등에 대한 개정의 절차에 비하여 보다 가중되고 엄격한 절차를 거쳐서만 그 개정이 가능한 헌법을 일컬어 경성헌법(硬性憲法)이라고 하고, 일반적인 법률과 같은 정도의 절차로도 개정이 가능한 헌법을 연성헌법(軟性憲法)이라고 한다. 성문헌법의 경우에는 거의 경성헌법이나 성문헌법이면서 연성헌법인 예로 프랑스의 1814년 헌장, 1830년 헌장, 이탈리아의 1848년 헌법, 스페인 1876년 헌법, 이스라엘 1948년 헌법, 중국 1975년 헌법 등을 들 수 있다.

4. 독창적 헌법과 모방적 헌법

이는 K. Loewenstein에 의한 분류이다. 어느 국가의 헌법이 전혀 새로운 내용으로 제정된 것이면 독창적 헌법이라고 하고(독창적 헌법의 예: 전형적인 대통령제를 택한 미국의 연방헌법, 의회 주권적이고 의원내각제 정부형태를 취한 영국의 헌법, 소비에트 독재의 체제를 구성하였던 구 소련의 연방헌법, 입법권, 행정권, 사법권 외에 고시권, 감사권을 규정하였던 1931년 중화민국의 헌법, 이사회정부를 두고 있는 스위스의 연방헌법 등), 다른 국가의 헌법이나 다른 시대에 존재했던 과거 헌법을 따라 유사하게 제정되었거나 본뜬 헌법을 모방적 헌법이라고 한다.

5. 헌법의 현실적 규범력의 정도에 따른 분류

이 분류도 역시 K. Loewenstein이 한 것으로서 그는 헌법을 현실에서의 규범력 정도에 따라 규범적 헌법, 명목적 헌법, 가식적 헌법으로 분류하였다. ① **규범적 헌법**이란 헌법규범이 헌법현실을 제대로 규율하여 헌법규범과 헌법현실 간에 괴리가 없는 헌법을 말한다. ② **명목적 헌법**이란 헌법규범이 이상적인 내용으로 이루어져 있으나 현실을 제대로 규율하지 못하여 명실상부하지 못한 헌법규범을 말한다. ③ **가식적 헌법**이란 헌법현실을 규율하고자 하는 의지 없이 다만 겉으로 타 국가들에 대해 헌법을 보유하고 있음을 나타내려고 제정된 전시효과적 헌법(옷에 비유하면 가장무도회복)을 말한다. ②와 ③의 차이는 ③은 현실규율의 의지조차 없다는 데 있다.

6. 사회경제체제, 권력분산 여부에 따른 분류

경제체제에 따라 ⅰ) 자본주의국가헌법과 ⅱ) 사회주의국가헌법으로 나눌 수 있다. 자본주의국가헌법은 사적 소유와 사적 자치 등 경제적 자유가 인정되고 시장경제체제를 가지는 국가의 헌법이다. 사회주의국가헌법은 사적 소유제와 시장경제체제를 부정하는 구 소련이나 구 동구권 국가들에서의 헌법이다.

국가권력이 분산되어 행사되느냐에 따라 ⅰ) 입헌주의헌법과 ⅱ) 전제주의헌법으로 나눌 수 있다. 입헌주의헌법은 국가권력이 여러 다른 국가기관들 간에 분배, 분산되어 행사되는 권력분립주의가 실현되고 있고 복수정당제가 자리잡고 있는 규범적 헌법이다. 입헌주의헌법을 다원주의헌법(多元主義憲法)으로 부르기도 한다. 전제주의헌법은 권력이 특정인이나 특정기관에 집중되고 통합되며 일당정치가 되고 있는 독재주의 헌법이다.

제 6 절   헌법의 법원(法源)

I. 헌법의 법원의 개념과 논의의 전제와 그 실익

1. 개념과 논의의 전제

ⅰ) 개념 – 헌법의 법원(sources of constitutional law)이라 함은 헌법규범으로서의 내용을

가지는 법규범이 자리잡고 있는 소재(所在, 곳), 장소 내지 법형식을 의미한다. 즉 헌법적 내용의 규범이 어디에 있는가(헌법전에 있는지, 법률에 있는지, 국제법에 있는지, 불문법에 있는지 등)를 찾는 것을 말한다. 따라서 헌법의 법원을 고찰하는 것은 헌법이 어떠한 규범형식으로 존재하는지를 살펴보는 것이다. 헌법의 법원에는 글로 명시된 법규범들인 성문법원(成文法源)과 그러하지 않은 불문법원(不文法源)이 있다. ⅱ) 논의의 전제 – 헌법의 법원은 형식적 의미의 헌법개념만을 헌법개념으로 인정한다면 별다른 논의의 의미가 없다. 성문헌법전만을 헌법으로 보기 때문이다. 따라서 실질적 의미의 헌법을 인정함으로써 형식적 의미의 헌법인 헌법전뿐 아니라 성문헌법 외 다른 성문법원도 있고 또한 성문법원 외에 불문법원도 있는 것이다.

2. 실익

ⅰ) 헌법내용의 규명 – 헌법의 내용을 밝히는 데 기여한다. 헌법이 존재할 수 있는 법형식들을 밝혀냄으로써 존재하고 있는 헌법규범들을 찾아낼 수 있고, 그리하여 그 헌법적 내용들을 파악할 수 있다. ⅱ) 헌법재판기준의 발견 – 헌법재판의 기준으로 적용되어야 할 헌법규범들을 찾기 위해서도 헌법법원을 고찰할 필요가 있다. ⅲ) 기본권·입헌주의의 확장·발전 – 성문헌법전뿐 아니라 다른 법형식에서도 기본권규범 등 헌법규범을 찾아냄으로써 기본권보호의 확장을 가져오고 헌법규범의 확대를 통해 입헌주의를 보다 충실히 구현할 수 있다.

Ⅱ. 성문법원

1. 헌법전

(1) 헌법전문
1) 헌법전문의 법원성 문제
(가) 학설　㉠ 부정설은 헌법전문을 헌법의 역사를 기술하고 이념을 제시하는 하나의 선언 내지 강령으로 보아 법규범으로서의 효력을 인정할 수 없다고 본다. ㉡ 긍정설은 헌법전문은 헌법의 기본적 이념과 원리를 담고 있고 국민이 헌법제정권자, 주권자임을 표명하며 국민의 근본결단을 담고 있다는 점 등에서 법적 효력이 있다고 본다. 우리나라 통설도 긍정설이다.

(나) 우리 헌법재판소 판례　우리 헌재는 헌법전문이 최고 가치규범이라고 보아 그 법적 효력을 인정하는 입장이고 헌법전문을 적용하여 헌법재판을 한 예도 보여주고 있다(바로 아래 참조).

▍ 헌법전문을 적용하여 판단한 헌법재판소 결정례
① 선거운동상 무소속후보자에 대한 차별에 관한 결정례: 헌재는 정당추천후보자에게 별도로 정당연설회를 할 수 있도록 한 구 국회의원선거법 규정이 무소속후보자를 차별하여 헌법전문에 위반된다고 보고 무소속후보자에게도 이에 준하는 선거운동의 기회를 균등하게 허용하지 아니하는 한 위헌이라고 판시한 바 있다(헌재 1992.3.13. 92헌

마37).

② 시 · 도의회의원 선거 후보자의 기탁금(700만원) 규정에 대한 헌법불합치결정례: 헌재는 구 지방의회의원선거법의 이 규정이 자유민주주의 원리에도 합치되지 않고 헌법 전문의 규정취지에도 반한다고 하면서 헌법불합치결정을 하였다(헌재 1991.3.11. 91헌마21).

③ "3 · 1운동으로 건립된 대한민국임시정부의 법통"에 관한 위헌확인결정례: 일본군위안부, 일제강제징병(용)원폭 피해자에 대한 국가보호의무 확인결정 – 헌재는 우리 헌법은 전문에서 "3 · 1운동으로 건립된 대한민국임시정부의 법통"의 계승을 천명하고 있는바, 비록 우리 헌법이 제정되기 전의 일이라 할지라도 국가가 국민의 안전과 생명을 보호하여야 할 가장 기본적인 의무를 수행하지 못한 일제강점기에 일본군위안부로 강제 동원되었던, 그리고 징병(징용)되어 전쟁수행의 도구로 활용되다가 원폭피해를 당한 청구인들의 인간으로서의 존엄과 가치를 회복시켜야 할 의무는 대한민국임시정부의 법통을 계승한 지금의 정부가 국민에 대하여 부담하는 가장 근본적인 보호의무에 속한다고 하고 이 의무를 이행하지 아니하고 있는 피청구인(외교통상부장관)의 부작위가 위헌이라고 확인하였다(헌재 2011.8.30. 2006헌마788; 헌재 2011.8.30. 2008헌마648). 그러나 헌재는 이 결정 이후 일제의 사할린 강제징용자 등이 청구한 같은 성격의 청구에 대해 우리 정부는 2013. 한 · 일 외교당국 간 협의를 개최할 것을 제안했고, 2014.-2015. 몇 차례 각 국장급 면담, 2016.1.21.자 실무협의 등을 했고 설사 그에 따른 가시적인 성과가 충분하지 않다고 하더라도 피청구인(당시 외교통상부장관)이 자신에게 부여된 작위의무를 이행하지 않고 있다고 볼 수는 없다고 하여 작위의무 불이행을 전제로 그것이 위헌임을 주장하는 이 사건 심판청구는 부적법하다고 하여 각하결정하였다(헌재 2019.12.27. 2012헌마939). 과연 위 노력이 2011년의 위헌확인한 부작위를 넘어서는 노력이었는지, 2011년 결정에서 '기본권 침해 구제의 절박성' 등을 언급한 것이 지금에 와서 해소되었다는 것인지 등 의문이 있고 2019년 대법원 강제징용판결로 불거진 한 · 일 간 대립을 고려하지 않을 수 없다는 점에서 설득력이 약하다.

④ "정의 · 인도와 동포애로써 민족의 단결을 공고히"에 관한 합헌결정례: 사할린 지역 강제동원 피해자의 경우 '대일항쟁기 강제동원 피해조사 및 국외강제동원 희생자 등 지원에 관한 특별법'이 1938.4.1.부터 1990.9.30.까지의 기간 중 또는 국내로 돌아오는 과정에서 사망하거나 행방불명된 사람에 한하여 국외강제동원 희생자에 포함된다고 규정한 데 대해 헌재는 구소련에 의하여 강제억류되어 국내로의 귀환이 사실상 어려웠던 사정을 감안하여 한 · 소 수교가 이루어진 1990.9.30. 이전으로 정한 것이고 이를 현저히 자의적이거나 불합리한 것이라고 볼 수 없으므로 "정의 · 인도와 동포애로써 민족의 단결을 공고히" 할 것을 규정한 헌법 전문의 정신에 위반된다고 할 수 없다고 판시하였다(2013헌바11).

⑤ "모든 사회적 폐습과 불의를 타파"에 관한 합헌결정례: '공직선거 및 선거부정방지법'상의 문서 · 도화의 배부 · 게시 등 금지조항(동법 제93조 제1항)이 헌법전문의 이 문언에 반한다는 주장이 있었다. 그러나 헌재는 제93조 제1항은 탈법적인 선거운동행위를 규제하여 선거의 공정성을 확보하는 데에 그 입법목적이 있으므로 위 헌법전문 문언에 부합하는 법 조항이라고 보았다(헌재 2001.8.30. 99헌바92).

(다) 사견   생각건대 헌법전문에는 국민이 주권자이고 헌법제정권자임이 표명되어 있고 그 국가의 중요한 헌법적 이념과 아울러 본문 규정들에 대한 중요한 법적 지침을 담고 있다는 점에서 헌법전문은 법적 효력을 가지고 재판에 적용되는 법규범이다(재판규범성). 기본권을 헌법전문에서 끌어낼 수 있는가 하는 문제는 헌법전문의 각 문언에 따라 개별적으로 판단될 것이나 가능한 한 파생시키는 근원으로서 인정하는 것이 바람직하다.

* **참고:** 프랑스에서는 현행 1958년 제5공화국헌법 본문에는 기본권규정이 많지 않다. 그러나 이 헌법의 전문에서 중요한 기본권을 끌어내고 있는데 이는 헌법전문이 1789년 프랑스 인권선언과, 특히 기본권목록을 많이 두고 있었던 이전의 1946년 제4공화국헌법의 전문, 2004년 환경헌장을 프랑스국민이 엄숙히 고수한다고 하여 여러 기본권들이 담겨져 있는 위 인권선언, 전문 등 규정들이 오늘날에도 효력이 있음을 현행 제5공화국헌법이 인정하고 있기 때문이다. 이렇게 프랑스의 헌법재판소(Conseil constitutionnel)는 1971년 7월 16일 결사의 자유에 관한 결정에서 헌법전문의 법적 효력을 인정한 이래 헌법전문에서 많은 기본권들을 파생시키고 있다. 이런 상황인데도 프랑스헌법은 정치제도만을 담고 있다고 하면 잘못이다.

2) 우리나라 헌법전문의 법적 효력

① 헌법전문에 담긴 우리 헌법의 기본이념이나 핵심적 내용은 헌법 본문의 다른 규정들에 대한 지침이 되므로 헌법전문은 최고규범으로서의 효력을 가진다. 헌법전문의 중요 이념이나 방향이 헌법 본문의 해석에 있어서 지침이 된다(최고규범력과 지침적 효력). ② 헌법전문은 재판에 적용될 수 있는 법규범으로서의 효력을 가진다(재판규범력). ③ 헌법전문의 중요한 핵심적 요소의 규정들은 헌법개정으로도 그 내용을 변경할 수 없다(헌법개정의 한계).

3) 기본권성 도출 문제

헌법전문의 내용에는 기본권에 관한 내용이 담겨져 있다. 예를 들어 "정치 · 경제 · 사회 · 문화의 모든 영역에 있어서 각인의 기회를 균등히 하고"라는 문언에서 평등권 등을 읽을 수 있다. 그런데 헌재는 "헌법전문에 기재된 3 · 1정신"은 우리나라 헌법의 연혁적 · 이념적 기초로서 헌법이나 법률해석에서의 해석기준으로 작용한다고 할 수 있지만(그래서 헌법적 효력은 인정되나 ─저자 주), 그에 기하여 곧바로 국민의 개별적 기본권성을 도출해낼 수는 없다고 한 바 있다(헌재 2001.3.21. 99헌마139). 그리하여 헌법전문의 문언 중에는 내용별로 기본권이 파생되는 것도 있고 그렇지 않은 것도 있다고 보는 것이다. 생각건대 헌법전문의 각 문언에 따라 개별적으로 판단되어질 것이나 가능한 한 파생시키는 근원으로서 인정하는 것이 바람직하다(헌법전문으로부터의 기본권파생(도출) 문제는 후술, 기본권, 기본권규범의 인식(기본권규범의 법원) 부분 참조).

4) 우리나라 헌법전문의 내용

우리 헌법전문에는 헌법제정 · 개정권력자로서의 국민, 제정 · 개정경과의 헌법역사, 역사와 전통, 3 · 1운동으로 건립된 대한민국임시정부 법통 계승[사실상의 정부(gouvernement de facto)로서의 지위를 가졌던 임시정부의 법통 계승을 명시함으로써 그 지위가 헌법적 성격을 가짐을 확인함], 4 · 19민주이념의 계승, 헌법이념과 과제, 헌법의 기본이념과 원리, 기본권에 관한 내용의 문언이 내포되어 있다(헌법전문의 내용에 대한 자세한 것은 제2부 대한민국의 기본질서의 한국 헌법전의 기본구조 부분 참조).

(2) 헌법본문, 부칙

현행 우리 헌법전의 헌법본문은 제1장 총강부터 모두 10개의 장으로 구성되어 있고, 기본권, 국가의 중요조직에 관한 원칙 등이 규정되어 있다. 부칙에는 헌법의 시행시기에 관한 규정, 경과규정 등이 있다.

(3) 헌법규범의 파생

헌법전의 규정에서 헌법규범들을 도출하거나 파생시키기도 한다. 우리 헌재가 헌법 제10조의 인간의 존엄과 가치의 규정 등에서 우리 헌법전이 명시하지 않고 있는 인격권, 성적 자기결정권을, 같은 법 제10조에 있는 행복추구권규정에서 일반적 행동자유권, 개성의 자유발현권 등을 도출·파생시키는 것이 그것이다. 기본권의 파생(후술 제3부 제2장 참조)은 기본권의 확장을 가져온다.

2. 법률

법률은 국민의 기본권을 보장하기 위한 구체적인 규정을 두고, 헌법의 위임을 받아 국가의 중요 권력, 기구들을 조직하는 규정을 둔다. 기본권을 제한하는 경우에는 법률에 의해야 하고(제37조 제2항), 국가권력에 대한 통제도 법치주의가 준수되도록 법률에 의해 이루어져야 한다. 따라서 이 법률규정들은 헌법의 내용을 보다 구체화하여 실질적 의미의 헌법으로서 중요한 법원이 된다. 법률은 헌법의 기본권규범과 헌법적 기본원칙을 확인하고 구체화하는 것이어야 하고 이를 축소·변경하는 것이어서는 아니 된다. 기본권에 관한 법률들은 예를 들어, 언론의 자유를 보장하기 위한 방송법, 재산권을 보장하는 민법, 신체의 자유 보장을 위한 형사소송법, 생존권(사회적 기본권)의 보장을 위한 각종 사회복지 관련 법률 등 많다.

3. 명령, 규칙, 자치법규(조례)

법률 하위의 규범으로서 법규명령과 행정규칙이 있다. 법규명령은 이른바 법규성을 가지는데, '법규성'이란 국민의 권리와 의무에 영향을 미치는 규범으로서의 성격을 말하므로 법규명령은 헌법적 내용을 담고 있는 헌법법원일 수 있다. 대통령령, 총리령, 부령 등이 법규명령인데 법규명령은 주로 법률의 위임을 받아 제정된다(제75조, 제95조). 대법원규칙이나 헌법재판소규칙도 이름은 규칙이나 법규명령의 성격을 가진다. 행정규칙은 훈령, 고시, 예규, 지침 등으로 불리는 것으로 행정조직 내부에서의 사무처리의 기준 등을 담고 있는 규범이기에 행정 외부의 국민의 권리와 의무에 영향을 미치지 않아 법규성이 없다고 보는 경향이므로 일반적으로 법원성이 약하다고 본다(다만 우리 헌재와 대법원은 상위법령의 위임을 받아 제정되는 이른바 '법령보충규칙'은 법규성을 가진다고 본다. 이에 대해서는 헌법의 최고규범성의 법단계구조에서 서술하였다. 전술 참조. 명령, 규칙에 대한 보다 자세한 것은 후술 기본권편, 법률유보 부분, 국가권력규범편의 대통령의 행정입법권 부분 등도 참조).

지방자치단체의 자치법규인 조례도 헌법적 사항을 담을 수 있다. 다만, 주민에 대한 권리제한과 의무부과에 관한 사항일 때에는 법률의 위임이 있어야만 조례를 제정할 수 있다. 그런데 조례에 대한 그러한 사항의 위임은 행정입법에 대한 법률의 위임에서 구체적 위임일 것을 요하는 것과 달리 포괄적 위임이라도 가능하다는 것이 헌법재판소, 대법원의 판례의 입장이다(후술 지방자치 부분 참조).

4. 성문국제헌법규범(조약, 일반적으로 승인된 성문국제법규)

우리나라가 체결한 조약과 일반적으로 승인된 성문의 국제법규도 헌법적 내용을 담을 수 있다. 우리 헌법 제6조 제1항도 "헌법에 의하여 체결·공포된 조약과 일반적으로 승인된 국제법규는 국내법과 같은 효력을 가진다"라고 규정하여 그 국내법적 효력을 인정한다.

Ⅲ. 불문법원

1. 헌법관습법(憲法慣習法)의 법원성

(1) 개념

헌법관습법(la coutume constitutionnelle)이란 헌법적 관례 내지 관행이 오래 지속됨으로써 국민에게 일반적으로 헌법규범으로서 인식되고 받아들여져 헌법이라는 확신이 주어진 법규범을 말한다. 지속성이 없는 선례, 관례, 정치적 관행(pratique politique)과는 구별된다.

> *** 용어의 문제:** '관습헌법'(la constitution coutumière)인가 '헌법관습법'(la coutume constitutionnelle)인가가 문제된다. 관습헌법이란 용어는 헌법 전체가 대체적으로 관습으로 이루어진 것을 의미하는 것으로 이해되게 할 수 있으므로(영국같은 나라의 경우) 성문헌법전을 가지고 있는 나라에서는 성문헌법이 주축이 됨은 물론이고 관습법 중 헌법으로 자리잡은 것으로 인정되는 것은 보충적인 것으로 이를 관습헌법이 아니라 헌법관습법으로 부르는 것이 적절할 것이다. 이처럼 용어부터 명확히 하고자 하는 것은 아래에 보듯이 헌법적인 관습이 법원성을 가지느냐 하는 문제를 두고 논란이 있기 때문이다. 우리나라는 성문헌법국가이므로 여기서는 헌법관습법이라고 칭하여 이를 살펴본다. 우리 헌재 판례는 성문헌법국가인 우리나라의 경우에 있어서도 '관습헌법'이라는 용어를 사용하고 있다.

(2) 인정 여부의 논의
1) 학설

① **부정설** 부정설은 ⓐ 주로 헌법의 형식적 개념에 입각하여 헌법전만을 헌법으로 보는 입장8)에서, ⓑ 헌법관습은 국민들에 의해서가 아니고 헌법기관들 간의 관계 속에서 관행이 계속되어 생겨난 것이므로 국민주권원칙상 받아들일 수 없다고 보는 입장9)에서, ⓒ 성문헌법·경성헌법의 원칙을 들어서, ⓓ 헌법관습의 성립요건인 반복성, 법적 승인의 존재 등이 갖추어졌는지 여부가 불명확하다는 점 등을 들어 헌법관습을 인정하지 않는다.

② **제한적 긍정설**(보충적 효력설) 제한적 긍정설은 헌법관습의 법원성을 인정하되 헌법관습이 성문헌법의 공백이나 그 흠결을 보충하거나 성문헌법규정을 해석하는 역할을 할 수 있음에 그치고 성문헌법규정을 개폐하는 효력을 가질 수는 없다고 보는 견해이다. 성문헌법이 주축

---

8) J. Chevallier, La coutume et le droit constitutionnel français, RDP., 1970, 1378-1379면, 1408면 참조.
9) R. Carré de Malberg, Contribution à la théorie générale de l'Etat, t. Ⅱ, 1922, 582면, note 10.

인 헌법체계에서 성문헌법의 변경이 요구되더라도 명시적으로 하여야 하므로 헌법관습은 필요한 최소범위 내에서 그 명료성이 인정되는 경우에만 이를 인정하여야 한다는 입장이다. 이 설이 많은 지지를 받고 있는 학설이다.[10]

③ **전면적 긍정설**　이 학설은 헌법관습법이 성문헌법의 공백을 보충할 수 있는 효력을 가짐에 그치지 않고 명시적인 성문헌법규정을 개폐하는 효력까지도 가진다고 보는 학설로서 헌법관습법의 법원성을 전면적으로 인정한다. 이 학설에는 ㉠ 법실증주의(현재 통용되는 실정법은 존중되어야 한다는) 입장에 터잡아 ⓐ 헌법관습이 현실적으로 통용된다면 이를 인정하여야 한다는 입장, ⓑ 성문헌법규정에 배치되는 헌법관습도 주권자인 국민이 그것으로 기존의 그 성문헌법규정을 묵시적으로 폐지하고자 희망한 것으로 볼 수 있다는 입장,[11] ㉡ 법규범의 강제력을 사회현상(fait social)에서 추출하려는 L. Duguit의 사회학적 헌법개념의 영향을 받은 입장(사회현상인 헌법관습의 헌법적 효력 인정) 등이 있다.

2) 우리의 판례

우리 헌재는 성문헌법이라고 하여도 그 속에 모든 헌법사항을 빠짐없이 완전히 규율하는 것은 불가능하고 또한 헌법은 국가의 기본법으로서 간결성과 함축성을 추구하기 때문에 형식적 헌법전에는 기재되지 아니한 사항이라도 이를 불문헌법 내지 관습헌법(우리 헌재는 '헌법관습법'을 '관습헌법'이라고 부른다)으로 인정할 소지가 있다고 하면서 '수도 서울'이 헌법관습법임을 인정하는 결정에서 헌법관습법의 존재를 받아들이는 아래와 같은 판시를 하고 있다.

● **판례**　헌재 2004.10.21. 2004헌마554 '신행정수도의 건설을 위한 특별조치법' 위헌확인
[판시] 우리나라는 성문헌법을 가진 나라로서 기본적으로 우리 헌법전(憲法典)이 헌법의 법원(法源)이 된다. 그러나 성문헌법이라고 하여도 그 속에 모든 헌법사항을 빠짐없이 완전히 규율하는 것은 불가능하고 또한 헌법은 국가의 기본법으로서 간결성과 함축성을 추구하기 때문에 형식적 헌법전에는 기재되지 아니한 사항이라도 이를 불문헌법(不文憲法) 내지 관습헌법으로 인정할 소지가 있다. … 그렇다고 해서 헌법사항에 관하여 형성되는 관행 내지 관례가 전부 관습헌법이 되는 것은 아니고 강제력이 있는 헌법규범으로서 인정되려면 엄격한 요건들이 충족되어야만 하며, 이러한 요건이 충족된 관습만이 관습헌법으로서 성문의 헌법과 동일한 법적 효력을 가지는 것이다. … 국민은 최고의 헌법제정권력이기 때문에 성문헌법의 제·개정에 참여할 뿐만 아니라 헌법전에 포함되지 아니한 헌법사항을 필요에 따라 관습의 형태로 직접 형성할 수 있는 것이다. 그렇다면 관습헌법도 성문헌법과 마찬가지로 주권자인 국민의 헌법적 결단의 의사의 표현이며 성문헌법과 동등한 효력을 가진다고 보아야 한다.

* 판례에 대한 분석 – 우리 헌재는 "형식적 헌법전에는 기재되지 아니한 사항이라도 이를 불문헌법 내지 관습헌법으로 인정할 소지가 있다"라고 판시하고 있기에 결국 공백을 메우는 헌법관습법을 인정한다(제한적 긍정설). 법적 공백을 메우는 헌법관습법은 기존의 성문헌법에는 없는 사항에 대한 것이므로 충돌될 기존 성문헌법규정도 없고 따라서 폐기 자체가 있을 수 없다. 결

---

10) 제한적 긍정설을 주장한 프랑스 학설로는, J. Laferrié, Manuel de droit constitutionnel, 2e éd., 1947, 269, 341면; J. de Sotto, Droit constitutionnel et institutions politiques, Cours de droit, 1966-1967, 360-362면 등 그 외 G. Burdeau, J. Cadart, B. Jeanneau, M. Prélot, P. Pactet 등의 학자들이 제한적 긍정설을 취하고 있다.
11) 이러한 학설을 전개한 학자는 R. Capitant이다. R. Capitant, Le droit constitutionnel non écrit, in Mélanges Gény, 1930, t.Ⅲ, 1면 이하, rééd.(재발행판), R.D.P., 1979, 959면 이하, 특히 967면 이하 참조.

국 헌재가 "성문의 헌법과 동일한 법적 효력을 가지는 것"이라고 판시한 것은 기존 성문헌법규정의 폐기가 아니라 헌법관습이 보충적 헌법이긴 하나 어디까지나 헌법적 효력을 가진다는 것을 강조하는 것으로 이해된다.

3) 평가

전면적 긍정설은 명시적 헌법규정까지도 헌법관습에 의해 폐기할 수 있다고 보는데 이는 헌법제정권자인 국민이 주권의 직접적 표현으로서 명시적으로 규정한 것도 관습법으로 폐기할 수 있다고 보는 입장으로 성문헌법국가에서는 이를 받아들일 수 없다. 부정설은 헌법의 형식적 개념에 집착하여 헌법의 개념에 실질적 의미의 헌법도 인정되고 있음을 간과하였다는 문제가 있다. 실질적 의미의 헌법을 인정하는 다음에야 헌법관습법을 전적으로 부정할 수는 없다. 성문헌법에도 공백이 있을 수 있고 더욱이 성문헌법이 제정되었던 당시에 예측하지 못한 헌법현실이나 헌법의 규율대상의 변화가 있을 수 있으며 헌법규범이란 추상성을 띨 수밖에 없다는 점에서 헌법관습을 인정하되 보충적으로만 인정할 필요가 있을 것이다. 즉 성문헌법국가에서는 헌법의 공백을 보충하는 헌법관습법만이 인정된다고 볼 수 있다.

4) 유의점

유의할 것은 ⅰ) 헌법제정권력자의 의사를 무시하는 형태로 성문헌법규정을 폐기하는 것은 헌법의 침해로서 받아들일 수 없고 더구나 헌법의 근본가치는 헌법관습으로 결코 폐기할 수 없다. 특히 집권자가 국민의 법적 승인 없는 관행을 국민의 의사인양 왜곡하여 헌법에 반하는 자의적 권력을 행사하기 위하여 헌법관습을 내세우는 경우에 이를 결코 받아들일 수 없음은 물론이다. 우리는 이러한 점을 미리 경계하고자 헌법관습의 문제를 신중히 연구할 필요가 있음을 이미 오래 전에 경고한 바 있다.[12] ⅱ) 특히 기본권에 관한 헌법규범에 있어서는 기본권을 확장하는 헌법관습만이 인정된다. 개별 기본권에 따라서는 관습법을 배척하는 것을 중요한 법원칙으로 하고 있는 경우를 볼 수 있기도 한데 대표적인 경우로 바로 신체의 자유권의 경우 그 중요한 보호원칙인 죄형법정주의는 관습형법을 금지하고 있다. ⅲ) 헌법의 개념으로 형식적 개념만을 인정하는 입장을 취한다면 헌법관습법을 부정할 수 있다. 그러나 실질적 의미의 헌법개념을 받아들인다면 전면부정할 수 없다. 실질적 의미의 헌법 속에는 헌법관습법도 포함되기 때문이다. 따라서 헌법의 개념을 설명하는 교과서들은 실질적 개념의 헌법 속에 헌법관습법을 특별히 제외한다고 설명하지 않는 한 실질적 헌법개념을 인정하면서 헌법관습법을 부정하는 것은 자체 모순이다. 수도가 서울이라는 것이 '관습헌법'이라는 헌재의 위 결정이 나오자 헌법관습법의 존재 자체가 논란되었다. 그런데 보충적 효력의 헌법관습법을 인정하더라도 그 다음 단계로 어떤 사항이 헌법사항인지, 나아가 사안의 사항이 헌법관습법사항인지 등의 문제들이 남는다. 이러한 다음 단계의 문제들에 대해 부정적이라고 본다고 하여 헌법관습법의 존재 자체를 부정하여야 한다고 보는 것은 논리적이지 못하다. 관습법의 부정은 헌법제정자, 입법자가 법제

---

12) 졸고, 헌법관습과 헌법판례의 불문헌법법원성 여부, 고시계, 1991.10, 104면.

정 후 더 이상 고칠 것이 없는 완벽한 제정을 할 수 있음을 전제로 한다. 공백이 있을 수 있는 것이다. 사안에서 수도가 헌법사항인지 여부, 헌법사항이라면 다음 단계로 서울이 수도라는 것이 헌법관습사항에 해당되는지 하는 등의 문제들이 남는데 이 문제들에 대해 부정적인 입장이라고 하여 당연히 헌법관습법 자체를 부정할 수는 없다.

(3) 성립요건

보충적으로 인정되는 헌법관습법의 성립요건은 다음과 같다. 첫째, 헌법사항에 관한 어떤 관행 내지 관례가 존재하여야 한다. 유의할 점은 헌법적 사항이 아닌 관행은 받아들일 수 없다는 점이다. 둘째, 관행 내지 관례가 반복되어져야 한다. 셋째, 그 반복은 상당한 오랜 기간 이루어져야 한다. 즉 국민이 그 존재를 의식하고 있고 이제 사라지지 않을 관행이라고 인정할 만한 정도의 기간 동안 반복되어야 한다. 그 기간은 관행이나 사항에 따라 다르게 판단되어야 할 것이다.13) 넷째, 그 관행은 지속성을 가져야 한다. 반복 중 그 관행에 반대되는 새로운 관행이나 입법이 이루어지면 그 관행은 헌법관습으로서 더 이상 존재하지 않게 된다. 다섯째, 그 관행은 명확성을 지니고 있어야 한다. 여러 가지 해석이 가능하면 명확성이 없는 모호한 관행으로서 헌법관습으로 받아들일 수 없다. 여섯째, 이러한 관행이 헌법관습으로서 헌법적 효력을 가진다고 보는 국민들의 승인 내지 확신 또는 매우 폭넓은 컨센서스(un très large consensus)를 획득하여야 한다.14) 우리 헌재의 판례도 헌법관습법의 성립요건을 위와 비슷하게 설정하고 있다.

> ● **판례** 헌재 2004.10.21. 2004헌마554
> [판시] 다음으로 관습헌법이 성립하기 위하여서는 관습법의 성립에서 요구되는 일반적 성립 요건이 충족되어야 한다. 이러한 요건으로서 첫째, 기본적 헌법사항에 관하여 어떠한 관행 내지 관례가 존재하고, 둘째, 그 관행은 국민이 그 존재를 인식하고 사라지지 않을 관행이라고 인정할 만큼 충분한 기간 동안 반복 내지 계속되어야 하며(반복·계속성), 셋째, 관행은 지속성을 가져야 하는 것으로서 그 중간에 반대되는 관행이 이루어져서는 아니 되고(항상성), 넷째, 관행은 여러 가지 해석이 가능할 정도로 모호한 것이 아닌 명확한 내용을 가진 것이어야 한다(명료성). 또한 다섯째, 이러한 관행이 헌법관습으로서 국민들의 승인 내지 확신 또는 폭넓은 컨센서스를 얻어 국민이 강제력을 가진다고 믿고 있어야 한다(국민적 합의). 이와 같이 관습헌법의 성립을 인정하기 위해서는 이러한 요건들이 모두 충족되어야 한다.

(4) 근거

헌법관습의 성립요건의 마지막 요건이 국민의 법적 승인이나 확신을 획득할 것이라는 데 있는 것처럼 헌법관습이 헌법적 효력을 가지는 것은 국민이 이를 헌법적 효력을 가지는 것으로 승인, 확신하는 데에 있다. 국민이 주권자로서 헌법제정권력자(헌법개정권력자)이기 때문이다.

---

13) 예를 들어, 영국의 의회제도는 1689년부터 1837년 사이 적어도 150년 가까이 걸려 자리잡게 되었다고 보며, 프랑스에 있어서 장관의 상원에서의 책임제도는 1890년부터 1913년까지 약 25년 가까이 걸려 헌법관습법으로 자리잡게 되었다고 본다(M. Prélot/J. Boulouis, 앞의 책, 219면).
14) 졸고, 헌법관습과 헌법판례의 불문헌법법원성 여부, 앞의 논문.

(5) 내용

1) 헌재 판례

헌재판례가 설정하는 내용과 그 판단기준, 그리고 그 내용, 기준에 따라 수도문제를 기본적
헌법사항으로 보는 입장 등은 아래와 같다.

① **기본적 핵심적 헌법사항**　헌재는 "관습헌법이 성립하기 위하여서는 먼저 관습이 성립하
는 사항이 단지 법률로 정할 사항이 아니라 반드시 헌법에 의하여 규율되어 법률에 대하여 효
력상 우위를 가져야 할 만큼 헌법적으로 중요한 기본적 사항이 되어야 한다"라고 하고, "일반
적으로 실질적인 헌법사항이라고 함은 널리 국가의 조직에 관한 사항이나 국가기관의 권한 구
성에 관한 사항 혹은 개인의 국가권력에 대한 지위를 포함하여 말하는 것이지만, 관습헌법은
이와 같이 일반적인 헌법사항에 해당하는 내용 중에서도 특히 국가의 기본적이고 핵심적인 사
항으로서 법률에 의하여 규율하는 것이 적합하지 아니한 사항을 대상으로 하는 것이다"라고
한다(헌재 2004. 10. 21, 2004헌마554).

② **판단기준**　헌재는 "일반적인 헌법사항 중 과연 어디까지가 이러한 기본적이고 핵심적
인 헌법사항에 해당하는지 여부는 일반추상적인 기준을 설정하여 재단할 수는 없는 것이고, 개
별적 문제사항에서 헌법적 원칙성과 중요성 및 헌법원리를 통하여 평가하는 구체적 판단에 의
하여 확정하여야 한다"라고 판시한 바 있다. 그리하여 헌재는 국가의 정체성(正體性)에 관한 기
본적 헌법사항이 헌법관습사항을 이룬다고 보고 "수도를 설정하는 것 이외에도 국명(國名)을
정하는 것, 우리말을 국어(國語)로 하고 우리글을 한글로 하는 것, 영토를 획정하고 국가주권의
소재를 밝히는 것 등이 국가의 정체성에 관한 기본적 헌법사항이 된다"라고 한다(헌재
2004.10.21. 2004헌마554).

③ **기본적 헌법사항으로서의 수도문제**　헌재는 위와 같은 설시로 이를 긍정한다.

● **판례**　헌재 2004. 10. 21, 2004헌마554.
[판시] 기본적 헌법사항으로서의 수도문제 – 헌법기관의 소재지, 특히 국가를 대표하는 대통령과 민주주의적 통치
원리에 핵심적 역할을 하는 의회의 소재지를 정하는 문제는 국가의 정체성(正體性)을 표현하는 실질적 헌법사항의
하나이다. 여기서 국가의 정체성이란 … 수도를 설정하거나 이전하는 것은 국회와 대통령 등 최고 헌법기관들의 위
치를 설정하여 국가조직의 근간을 장소적으로 배치하는 것으로서, 국가생활에 관한 국민의 근본적 결단임과 동시에
국가를 구성하는 기반이 되는 핵심적 헌법사항에 속하는 것이다. 이와 같이 수도의 문제는 내용적으로 헌법사항에
속하는 것이며 그것도 국가의 정체성과 기본적 조직 구성에 관한 중요하고 기본적인 헌법사항으로서 국민이 스스
로 결단하여야 할 사항이므로 대통령이나 정부 혹은 그 하위기관의 결정에 맡길 수 있는 사항이 아니다.

2) 판례에 대한 비평

헌재가 위와 같은 개별기준론을 제시하고 있으나 여전히 문제는 헌법적 차원의 사항인지
여부에 대한 판단이 쉽지 않을 것이라는 데에 있다. 수도가 가지는 헌법적 의미에 대해서도
의견이 일치될지 의문이다.

3) 중요한계

당장 기본권에 관해서는 헌법관습의 내용이 기본권확장적이어야 하며 축소적이어서는 안

된다.

4) 외국의 관습헌법, 헌법관습법의 예

외국의 경우, 불문헌법국가들에서의 관습헌법에서 그 예를 찾을 수 있다. 영국의 헌법에서 의원내각제, 총선거에서 승리한 다수당의 대표가 수상이 되는 것 등이 그 예이다. 미국의 경우 연방헌법이 명시하지 않았음에도 미국의 법원에 위헌법률심판권을 인정한 예 등을 들 수 있다. 프랑스의 경우 헌법전이 없었던 제3공화국에서 헌법관습법이 많이 인정될 여지가 있었고 예를 들어 의회의원이 대통령이나 수상이 된 경우 의원직은 당연히 사퇴된다는 헌법관습법이 있다.

(6) 효력

1) 성문헌법과의 관계에서의 효력

헌법관습은 성문헌법을 보충하는 효력만이 인정을 가지는 데에 그친다. 따라서 성문헌법의 규정을 폐기하거나 변경하는 헌법관습은 인정될 수 없다.

2) 헌법개정과의 관련

헌법관습법을 변경하기 위해서는 명시적인 헌법개정이 필요한지 여부가 문제된다. 보충적 효력설의 입장에서도 헌법관습법이 보충적 효력을 가짐에 그치더라도 그 보충적 헌법관습법도 어디까지나 헌법규범으로 존재하므로 그것을 명시적으로 변경하거나 폐기하기 위해서는 결국 공식적인 헌법개정이 필요하다고 할 수밖에 없다. 우리 헌재는 헌법관습법의 폐지를 위해서도 헌법개정의 절차를 밟아야 한다고 본다.

> ● **판례** 헌재 2004.10.21. 2004헌마554 위헌결정
> [판시] <u>우리나라와 같은 성문의 경성헌법 체제에서 인정되는 관습헌법사항은 하위규범형식인 법률에 의하여 개정될 수 없다.</u> 영국과 같이 불문의 연성헌법 체제에서는 법률에 대하여 우위를 가지는 헌법전이라는 규범형식이 존재하지 아니하므로 헌법사항의 개정은 일반적으로 법률개정의 방법에 의할 수밖에 없을 것이다. 그러나 우리 헌법의 경우 헌법 제10장 제128조 내지 제130조는 일반법률의 개정절차와는 다른 엄격한 헌법개정절차를 정하고 있으며, 동 헌법개정절차의 대상을 단지 '헌법'이라고만 하고 있다. 따라서 <u>관습헌법도 헌법에 해당하는 이상 여기서 말하는 헌법개정의 대상인 헌법에 포함된다</u>고 보아야 한다. 이와 같이 헌법의 개정절차와 법률의 개정절차를 준별하고 헌법의 개정절차를 엄격히 한 우리 헌법의 체제 내에서 만약 관습헌법을 법률에 의하여 개정할 수 있다고 한다면 이는 관습헌법을 더 이상 '헌법'으로 인정한 것이 아니고 단지 관습'법률'로 인정하는 것이며, 결국 관습헌법의 존재를 부정하는 것이 된다.

3) 헌법변천과의 관련

헌법해석이 굳어져 법적 확신을 얻은 경우에는 헌법관습법이 되고 그것이 헌법변천을 가져올 수 있다. 즉 헌법변천의 동력으로서 헌법관습이 작용한다. 그런데 위에서 본대로 헌법관습법은 보충적 효력만을 인정받으므로 헌법변천도 헌법 보충적인 상태에서 받아들여질 수 있을 뿐이다. 헌법변천이 성문헌법의 명백한 의사에 반하여 그것을 폐기하는 것은 받아들일 수 없다.

(7) 확인주체

헌법관습법은 헌법재판소나 법원이 확인할 권한을 가지고 최종적으로는 헌법재판소가 갖는다. 이 점에서 헌법관습법을 인정하는 헌법판례도 법원성을 가진다.

(8) 한계

성문헌법국가에서의 헌법관습법은 다만 성문헌법의 공백을 보충하거나 불명확한 규정을 해석하는 효력을 가질 뿐이고 성문헌법규범에 반하거나 이를 개정, 폐지할 수 없다. 보충하거나 해석하는 경우에도 헌법제정권력자의 의사인 헌법핵을 침해할 수 없고 헌법의 기본원리, 자연법적인 원리, 특히 기본권의 보장원리에 반하는 보충, 해석은 받아들일 수 없다.

2. 헌법조리법(憲法條理法, 憲法의 一般原則)

일반적으로 조리란 사물의 본질 내지 이치에서 나오는 원칙, 그리고 사회의 통상적인 인간의 건전한 상식, 사회적 정의감 등에 의거하여 볼 때 당연히 그리하여야 한다는 원칙을 말한다. 헌법조리법은 조리법들 중에 헌법적 내용을 가진 법원칙을 말한다. 헌법조리법의 예로는 비례원칙, 평등원칙, 신뢰보호원칙 등을 들 수 있다. 헌법조리법은 이처럼 원칙들로 구성되기에 '헌법의 일반원칙'이라고도 불린다. 평등원칙은 우리 헌법에 직접 명시되어 있기도 하다.

대체적으로 조리법에 대해서는 성문법, 관습법 등이 없는 경우에 발견하여 적용하는 것으로 보아 보충적인 성격을 가지는 것으로 본다. 조리법은 재판에서 적용할 성문법, 관습법 등이 존재하지 않는 경우라 하더라도 사법기관이 재판의 거부 내지 포기에 이를 수 없다는 점에서 나타나기도 한다. 조리법을 적용해서라도 판단이 이루어져야 하기 때문이다. 헌법조리법은 그 법원성이 논란될 수 있기에 법적 확신을 지니도록 가능한 한 성문헌법에서 도출하고 그 헌법적 근거를 찾아 제시하는 노력이 필요하다.

3. 헌법판례의 법원성

(1) 논의

헌법판례란 헌법재판기관이 어떤 공권력작용이 헌법을 위반한 것인지 여부를 판단하거나 헌법적 분쟁을 해결하는 과정인 헌법재판에서 헌법을 해석하고 적용한 결과이다. 따라서 헌법판례는 당연히 헌법적 법리를 포함하고 있다. 헌법재판에서는 단순히 헌법의 기계적 적용이 아니라 추상적인 헌법규정을 보다 명확하게 보완하는 해석과 규정이 불충분하거나 공백인 경우에 이를 보충하는 해석을 하여야 할 경우도 있다. 따라서 헌법판례는 당연히 헌법적 법리를 포함하고 있다. 이처럼 헌법재판을 통해 헌법이 명확해진다는 점에서 헌법판례가 헌법의 법원으로서의 효력을 가진다고 볼 수 있지 않은가 하여 헌법판례의 법원성을 인정하여야 한다는 견해와 이에 반대하는 견해가 대립되어 헌법판례의 법원성(法源性)을 둘러싸고 논란될 수 있다.

(2) 학설

우리나라 학설에서는 헌법판례의 법원성에 대한 논의가 많지 않다.[15] 따라서 부정설, 긍정설의 입장이 명확히 나타나고 있지는 않아 각 설이 취할 것으로 보이는 논거를 고려해 보면 ① 부정설은 헌법판례의 변경가능성을 들어 그 헌법 법원성을 소극적으로 보게 될 것이다. 또한 부정설은 헌법판례의 법원성을 인정하면 헌법재판소가 헌법판례를 통해 실질적으로 헌법개정을 하는 결과를 가져올 수도 있어 헌법개정자가 될 수도 있는 문제제기도 할 수 있을 것이다. ② 긍정설은 선례구속의 원칙(doctrine of stare decisis)에 따라 헌법판례가 헌법 법원성을 가지고 또한 헌법재판의 결정이 가지는 기속력에 의해 국가기관들이 그 결정을 따라야 한다는 점이 헌법판례의 헌법 법원성을 강화하게 된다고 볼 것이다.

(3) 헌법재판소 판례

우리나라의 헌법재판소는 탄핵사유에 관한 설시에서 "헌법은 탄핵사유를 '헌법이나 법률에 위배한 때'로 규정하고 있는데, '헌법'에는 명문의 헌법규정뿐만 아니라 헌법재판소의 결정에 의하여 형성되어 확립된 불문헌법도 포함된다"라고 밝혀(헌재 2004.5.14, 2004헌나1) 자신의 결정이 불문헌법의 형성, 확립을 가져온다고 봄으로써 헌재 판례의 법원성을 인정하는 판시를 한 바 있다.

(4) 검토

① 헌법판례에 법원성을 인정하면 헌재가 헌법개정자가 될 수 있다는 우려는 지나친 점이 있다. 헌법판례가 헌법을 보충하고 명확히 하는 것이 그 소임이고 이에 따라 어떤 헌법규정이 문제가 있다고 지적하는 것은 그 소임에 따른 확인결과이며 헌법개정은 어디까지나 국회와 국민의 몫이다. ② 헌법재판소는 최고의 헌법해석기관이고 모든 국가기관들은 그 결정에 따라야 한다는(기속력) 점에서 헌법판례의 구속력을 부정할 수 없다. 우리나라의 경우 위헌결정에 대해서는 헌법재판소법 제47조 제1항이 명시적으로 국가기관 등에 대한 기속력을 가진다는 것을 규정하고 있는데 이 기속력은 헌법판례의 실질적인 법원성을 강화해준다고 할 것이다. ③ 한편 앞서 본 헌법관습법과 헌법조리법(헌법의 일반원칙) 등이 확인되는 것도 결국은 헌재의 판례에 의한 경우가 보다 실효적일 것이므로 헌법재판소의 판례의 법원성을 부정하게 되면 헌재가 확인하는 헌법조리법, 헌법관습법도 법원성을 가지지 못하는 결과를 가져온다. 따라서 적어도 그러한 범위 내에서는 헌법판례의 법원성이 인정된다고 본다. ④ 한편 시대적 변화에 즉응하기 위해 또 헌법은 개방성을 가지므로 판례를 절대적인 것으로 보기보다는 시대적 상황 등에 대처

---

15) 긍정설로, 김철수, 헌법학개론, 제19 전정신판, 박영사, 2007, 132면.

할 수 있게 변화가능성을 부여할 필요도 있다.

요컨대 헌법판례가 헌법의 법원으로 인정받기에는 취약한 점이 없지 않지만 국민의 기본권을 보장하고 헌법을 명확히하는 판례에 대해서 실질적으로 구속력을 가지는 방향으로 이해할 필요성이 있다고 할 것이다.

4. 불문국제헌법규범(국제헌법관습법 등)

일반적으로 승인된 국제법규(제6조 제1항) 중 조약과 같은 명문의 규정이 아니라 불문의 국제관습법이 존재하고 이 국제관습법 중에 헌법적 내용의 규범으로서 국제헌법관습법이 존재한다.

제 7 절 헌법의 효력

I. 시간적 효력

1. 시행시기, 경과규정 등

헌법의 부칙 등에 효력발생(시행)시기나 경과규정 등을 두게 된다. 1987.10.29.에 공포된 현행 헌법 부칙 제1조는 "이 헌법은 1988년 2월 25일부터 시행한다"라고 그 시행시기를 명시하고 있다. 동조 단서, 부칙 제4조, 제5조, 제6조에는 경과규정을, 부칙 제2조, 제3조에는 대통령, 국회의원의 선거, 임기개시에 대한 규정을 두고 있다.

2. 구 헌법의 효력

개정헌법의 경우 개정이 되었더라도 과거 헌법의 많은 부분을 현행 헌법이 그대로 이어 유지한다. 구 헌법의 효력이 문제되는 경우로는 구 헌법하에서 제정된 법률에 대한 위헌심판 등 헌법재판을 할 경우에 그 심판에서 위헌 여부의 판단을 구 헌법에 비추어 할 것인가 아니면 현행 헌법에 비추어 또는 양자 모두에 비추어 할 것인가 하는 것이다. 생각건대 구 헌법에서라도 정당하고 있어야 할 헌법원칙, 특히 국민의 기본권수호적인 법리, 민주원리 등은 여전히 효력을 가지는 것이고 인권침탈적, 반민주적 악법의 헌법규정들은 폐기되어 적용될 수 없다고 볼 것이다.

헌재는 과거의 헌법들에 비춘 헌법재판을 행한 결정례도 보여준 바 있고 과거 헌법에 비추어 판단하지 않은 결정례도 보여준 바 있다.

● **판례**   * 구 헌법에 비춘 판단이 있었던 예 – 헌재 2012.12.27. 2011헌가5

[판시사항] 국가보안법위반죄 등 일부 범죄혐의자를 법관의 영장 없이 구속, 압수, 수색할 수 있도록 규정하고 있던 구 '인신구속 등에 관한 임시 특례법' 규정의 위헌성 [판시] 이 사건 법률조항은 구 헌법 제9조, 헌법 제12조 제3항에서 정한 영장주의에 위배된다.

● **판례**   * 구 헌법에 비춘 판단을 하지 않은 예 – 긴급조치 위헌결정. 헌재 2013.3.21. 2010헌바132

[판시사항] 대통령긴급조치 제1, 2, 9호의 위헌성. [심사기준에 관한 판시] 이 사건 긴급조치들에 대한 위헌심사 준거규범 – 이 사건 긴급조치들의 위헌 여부를 심사하는 기준은 유신헌법이 아니라 현행헌법이다. 현행헌법은 전문에서 '1948.7.12.에 제정되고 8차에 걸쳐 개정된 헌법을 … 개정한다.'라고 하여, 헌법으로서의 규범적 효력을 가지고 있는 것은 오로지 현행헌법뿐이다. 유신헌법에는 권력분립의 원리에 어긋나고 기본권을 과도하게 제한하는 등 제헌헌법으로부터 현행헌법까지 일관하여 유지되고 있는 헌법의 핵심 가치인 '자유민주적 기본질서'를 훼손하는 일부 규정이 포함되어 있었고, 주권자인 국민은 이러한 규정들을 제8차 및 제9차 개헌을 통하여 모두 폐지하였다. 이미 폐지된 유신헌법에 따라 이 사건 긴급조치들의 위헌 여부를 판단하는 것은, 유신헌법 일부 조항과 긴급조치 등이 기본권을 지나치게 침해하고 자유민주적 기본질서를 훼손하는 데에 대한 반성에 기초하여 헌법 개정을 결단한 주권자인 국민의 의사와 기본권 강화와 확대라는 헌법의 역사성에 반하는 것으로 허용할 수 없다. 한편 헌법재판소가 행하는 구체적 규범통제의 심사기준은 원칙적으로 헌법재판을 할 당시에 규범적 효력을 가지는 헌법이다. 그러므로 이 사건 긴급조치들의 위헌성을 심사하는 준거규범은 유신헌법이 아니라 현행헌법이라고 봄이 타당하다.

II. 공간적(영역적) 효력

헌법은 한 국가의 영역(영토, 영해, 영공) 내에서 효력을 가진다. 한 국가의 영토 내에서 그 나라의 헌법이 효력을 가지는 것은 주권이론에서 주권의 한 내용으로서 영토고권(영역고권)(領土高權, 領域高權. 우리는 지배의 의미를 담은 '고권'이란 용어의 부적절성으로 '지역적 주권'이라고 부르는 것이 낫다고 본다. 후술 국가의 요소, 주권 부분 참조)이라고 한다. 영토의 합병 등으로 헌법의 지역적 효력은 변화를 가져올 수 있다. 한 국가의 헌법은 그 영역에 거주하는 국민에게 적용됨은 물론이고 외국인에게도 적용될 수 있다.

III. 인적 효력

헌법은 해당 국가의 국민에게 효력이 미친다. 따라서 대한민국 헌법은 대한민국 국민에게 효력이 미친다. 외국에 거주하는 한국 국민들에 대해서도 우리 헌법의 효력이 미친다. 우리 현행 헌법 제2조 제2항은 "국가는 법률이 정하는 바에 의하여 재외국민을 보호할 의무를 진다"라고 규정하고 있다. 이처럼 국민이 국내외 어디에 있든 그 나라의 헌법의 효력이 미칠 가능성을 주권이론에서는 영민고권(領民高權. 이 용어는 문제가 있다고 본다. 후술 주권 부분 참조)으로 설명된다. 반면 주권의 영토고권(영역고권)에 입각하여 한국의 영역에 거주하는 외국인에 대해서도 우리 헌법의 효력이 미친다. 한편 외국인에 대해서도 기본권이 인정된다. 다만, 내국인에 비해 기본권 제한의 정도가 강하다(후술 기본권, 기본권 주체 참조).

제 8 절 헌법해석론

Ⅰ. 헌법해석의 의미와 기능

헌법해석이라 함은 헌법규정이 가지는 의미와 내용, 그 효력을 밝히고 명백히하는 과정을 의미한다. 헌법해석은 다음과 같은 이유 때문에 필요하다. ⅰ) 헌법이 추상성을 띠고 있고 확정된 하나의 뜻(一義的)이 아닌 여러 뜻(다의적(多義的))을 지닐 수도 있는 규정으로 자리잡기도 하므로 그 뜻을 밝히는 해석이 필요하다. ⅱ) 헌법은 개방성과 유연성을 가지기에 이를 위한 헌법적용을 적절하게 하는 해석이 필요하다.

Ⅱ. 헌법해석의 유형과 방법

1. 헌법해석의 유형

헌법해석의 유형으로 보통 해석자를 기준으로 ⅰ) 유권해석과 ⅱ) 학리해석으로 나누어진다. ⅰ) 유권해석은 헌법에 의해 그 권한이 부여된 영역을 관할하는 국가기관이 소관사항에 관한 헌법규정에 대해 해석을 수행하는 경우를 말한다. 학리해석은 사적인 지위에서 행하는 해석으로, 주로 학자들이나 변호사 등 민간 법률가가 헌법규정을 해석하는 것을 말한다. 학리해석은 영국과 같이 법원(法源)으로 인정되고 있는 예가 있긴 하나 대륙법계국가들과 우리나라에서는 그러하지 않다.

2. 일반적 헌법해석방법

헌법해석의 일반적인 방법으로는 다음과 같이 문리해석에서부터 여러 많은 해석방법들이 있다.

① **문리적 해석**　　이는 헌법규정의 문언을 충실히 쫓아 그 명시적 규정의 의미를 분명히하는 해석을 말한다. 법규범의 해석은 가능한 한 문리해석에서 종료하는 것이 보다 명쾌한 결과를 가져온다. 그러나 헌법규정은 그 추상성과 간명성으로 인해 서술된 문언의 개념이 여러 가지 다의적(多義的)으로 받아들여질 수 있어서 문리해석으로 그치기 어려울 수 있는 경우가 많다.

② **주관적(입헌의도적)·연혁적(역사적) 해석**　　헌법제정권자의 의사를 파악하거나 헌법이 제정된 당시의 상황 등을 고려하는 해석을 말한다.

③ **체계적·객관적 해석**   헌법은 체계적 법규범이므로 각 개별 규정에 대해 당해 규정이 헌법 전반적인 체계에서 가지는 가치, 기능, 다른 규정들과의 관련성 등을 파악하여 객관적인 의미를 밝히려는 해석이다.

④ **비교법적 해석**   다른 헌법과의 대조와 분석비교를 통하여 헌법규정의 의미를 밝히려는 해석이다.

⑤ **목적론적 해석**   헌법규정이 지향하는 목적이나 가치를 찾아서 그 헌법규정의 내용을 파악하고자 하는 해석이다.

⑥ **헌법현실적 해석(정치적·사회적 해석)**   헌법이 적용되어야 할 현실을 고려한 해석이다. 이는 헌법의 동태적인 측면을 고려하는 해석이다.

가능한 한 문리해석이나 객관적인 해석 정도에서 헌법의 내용을 구체화하고 분명히하는 것이 바람직하겠으나 그러지 못할 경우에는 위와 같은 여러 해석방법들을 명확한 뜻을 밝혀낼 때까지 단계적으로(최대한 적은 단계까지), 그리고 통합적으로 적용할 수 있을 것이다. 그러나 위의 해석방법들 각각이 가지는 한계가 있기에 그러한 한계의 범위 내에서 헌법해석이 이루어져야 한다. 예를 들어 비교법적 해석에서는 비교되는 헌법들 간에 나라마다 그 처한 상황에 차이가 있을 경우에는 평면적 비교가 타당하지 못할 수 있다. 목적론적 해석에서 해석자 자신의 주관적 이해나 정치적 의도가 개입되어서는 아니됨은 물론이다.

3. 헌법해석의 방침

(1) 통일적 해석

헌법은 개별 규정들이 산발적으로 존재하는 것들이 보이더라도 내용적으로는 헌법규정들은 상호 연관성을 가지고 전체적으로도 일정한 방향성과 통일성을 가지는 규범체계를 이루게 된다. 따라서 개별 헌법규정에 대한 해석도 통일체로서의 헌법전반적 구도, 방향, 줄기 하에서 이루어져야 한다.

(2) 체계조화적 헌법해석

헌법은 이처럼 통일체로서의 규범성을 가진다는 점에서도 각 헌법규정들 간에 상호 모순되지 않고 조화를 이룰 수 있도록 하는 통일적·체계조화적 헌법해석이 되어야 한다. 우선 기본권규범에 대해 우선적 지위를 부여하는 체계적 해석이 필요하다. 이는 앞서 헌법의 체계와 헌법규범의 단계구조론에서 보았듯이 국가권력행사에 관한 헌법규범은 기본권의 보장을 위하여 봉사하는 의미를 가지기에 기본권규범이 국가조직이나 국가권력규범보다 우선한다고 보기 때문이다. 기본권규범들 간에도, 그리고 국가권력규범들 간에도 구체적 사안에서 그 우열을 가릴 필요가 있어 그 우열을 판단하면서 체계조화적 해석을 행해야 한다.

(3) 규범력강화적 해석

헌법이 단순한 도덕이나 희망이 아니라 법규범으로서 구속력, 실효성을 가져야 한다. 따라서 헌법의 규범력을 강화하기 위한 해석이 필요하다. 헌법 조문의 문언 자체도 무시하면서 규범력을 약하게 보는 해석이 있다. 대표적인 예로 인간다운 생활을 할 권리가 우리 헌법 제34조 제1항은 분명 '권리'라고 명시하고 있는데도 불구하고 이를 약하게 보려는 해석이 있다. 우리 헌법조문의 문언에 충실한 해석부터가 필요하다. 헌법에서 국가의 노력의무로 규정한 경우에도 가능한 한 직접적인 헌법효력이 인정되게 해석하는 것이 필요하다.

4. 우리 학설

우리나라에서 헌법해석의 방침 내지 원리로서, 헌법규범의 통일성·조화성존중의 원칙, 헌법규범의 기능존중의 원칙, 논리성과 체계성존중의 원칙을 드는 견해(권영성, 전게서, 24면) 통일성의 원리, 실제적 조화의 원리, 기능적 적정성의 원리, 통합작용의 원리, 헌법의 규범력의 원리를 드는 견해(계희열) 등이 있다.

Ⅲ. 헌법해석의 한계

헌법규범을 해석하는 권한을 가진 기관이 결국 헌법제정권자의 의도와 무관하게 헌법을 창설하거나 헌법이 부여하고자 하지 않은 권한을 스스로 부여하는 해석을 함으로써 헌법의 체계나 구도를 변화시켜서는 곤란하다. 헌법의 공백이나 불명확한 부분을 보충하거나 명확히 하는 해석은 긍정적이나 헌법제정자의 의도와 무관한 헌법해석을 하여서는 아니 된다. 이는 곧 국민의 의사에 부합되는 정당성이 있는 헌법해석이어야 함을 의미한다.

기본권확대적·친화적·우선적인 헌법해석이 필요하다. 특히 국가기관에 대한 수권과 그 조직규정은 기본권규정들에 우선할 수 없다는 점을 헌법규정을 해석할 때에 항상 유념하여야 한다.

Ⅳ. 보론: 법률의 해석 − 헌법합치적 법률해석[16)

이는 법률에 대한 해석론이다. 어느 법률이 헌법에 위반되는지를 보려면 헌법해석도 되어야

---

16) 이에 대해서는, 이강국, 헌법합치적 법률해석−서독에 있어서의 이론과 실제−, 고려대학교 박사학위 논문, 1980; 허영, 헌법이론과 헌법(상), 박영사, 1988, 110면 이하; 황우여, 위헌결정의 형식−변형결정−, 법률의 위헌결정과 헌법소원의 대상, 헌법재판연구 제1권, 헌법재판소, 1990, 158면 이하; 신현직, 합헌적 법률해석과 변형결정의 문제점, 헌법재판의 이론과 실제, 금랑 김철수교수 화갑기념논문집, 박영사, 1992, 241면 이하 등 참조.

하지만 법률에 대한 해석도 필요하다. 그리하여 그 법률해석을 어떻게 할 것인가도 논의된다. 대표적으로 법률에 대한 헌법합치적 해석 이론이 논의된다.

1. 헌법합치적 법률해석의 개념

법률이 위헌이라고 보여지더라도 합헌성을 인정할 부분이 있다면 되도록 위헌으로 단언하지 않고 가능한 여러 해석들 중에 위헌인 결과를 가져오는 해석은 배제하고 합헌적 해석을 택하는 것을 법률의 헌법합치적 해석(법률의 합헌적 해석)이라고 한다. 헌법은 주권이라는 국가 최고의 권력과 주권에서 나오는 헌법제정권력을 행사하는 국민이 표출한 최고의 의사로 제정된 것이므로 헌법 하위의 법률을 제정하는 입법자는 헌법을 존중하여야 할 의무를 지는 것은 물론이다. 이러한 의무를 입법자가 이행한다면 입법자가 제정한 법률에 대해서 가능한 한 헌법에 부합된다고 추정하고 이를 쉽게 위헌으로 판단하지 말고 가능한 한 헌법에 부합되도록 해석하는 것이 필요하다고 보는 입장이 헌법합치적 해석의 입장이다. 법률의 헌법합치적 해석의 입장은 독일의 연방헌법재판소, 미국의 연방대법원의 판례에서 형성된 것이다. 우리 헌법재판소도 "일반적으로 어떤 법률에 대한 여러 갈래의 해석이 가능할 때에는 원칙적으로 헌법에 합치되는 해석 즉 합헌해석(合憲解釋)을 하여야 한다"라고 하여 이 방법을 취한다.[17] 미국의 예에서 보듯이 헌법합치적 법률해석은 사법자제적, 헌법문제회피적 경향을 담고 있는 것이기도 하였다.

2. 헌법재판소 판례의 헌법합치적 결정형식

우리 헌재도 헌법합치적 결정들이라 볼 수 있는 한정합헌결정, 한정위헌결정, 헌법불합치결정 등의 변형결정에서 법률의 헌법합치적 해석을 행하고 있고 합헌결정에서도 헌법합치적 해석을 하는 예를 보여주고 있다. 한정합헌결정이란 법률에 대한 여러 해석의 가능성을 가지고 있을 때 그 해석들 중 합헌적인 해석을 택하여 그 해석 하에서는 합헌이라고 선언하는 결정이다. 예를 들어 결정의 주문은 "A법률 제9조는 … 라고 해석하는 한 헌법에 위반되지 아니한다"라고 한다. 한정위헌결정이란 법률에 대한 여러 해석의 가능성을 가지고 있을 때 그 해석들 중 위헌해석을 택하여 그 해석 하에서 위헌이라고 선언하는 결정이다. 주문은 "A법률 제9조는 … 라고 해석하는 한(… 인 것으로 해석하는 한) 헌법에 위반된다"라고 한다(한정합헌, 한정위헌의 결정에 대해서는 후술 헌법재판, 위헌법률심판 부분 참조. 근간에는 한정합헌결정을 찾아볼 수 없다). 부분적인 위헌의 인정은 헌법불합치결정에서도 이루어지고 있다. '헌법불합치결정'이란 위헌성을 인정하면서도 단순위헌결정을 할 경우에 즉시 효력이 상실되어 법적 공백이 생기므로 이를 막기 위하여 일정기간 동안은 그 형식적인 존속만을 인정하고 잠정적으로 계속 적용하도록 하거

---

17) 헌재 1989.7.21. 89헌마38; 2002.11.28. 98헌바101등; 2007.4.26, 2006헌가2 등.

나 아니면 그 적용을 중지하게 하는 변형된 결정을 말한다(본서 뒤의 헌법재판 부분, 정재황, 헌법재판론, 박영사, 2020 위헌법률심판 부분 참조). 한정합헌, 한정위헌의 결정은 해석을 통한 제어를 하면서 문제의 법률규정의 제거가 아닌 존속을 인정하는 헌법합치적 해석인데 비해 헌법불합치결정은 위헌인 부분을 제거하는 입법작업이 이루어진다는 점에서 차이가 난다. 헌법불합치결정은 예를 들면 어느 세금에 관한 법률규정이 명시한 세율이 너무 높다면 법개정을 통해 세율을 부분적으로 조정하게 하는 법률조문의 명시적 변경을 가져오게 하는 것이다.

3. 헌법합치적 법률해석의 논거

(1) 논거이론

법률의 헌법합치적 해석을 뒷받침하는 다음과 같은 논거들이 제시되고 있다. ⅰ) 국가의 법질서는 최고규범인 헌법을 최정상으로 하여 통일적인 체계를 이루어야 한다. 따라서 법률이 헌법에 합치하여야 법질서의 통일성을 가져온다. 그리하여 법질서의 통일성을 위하여 합헌적 해석이 필요하다. ⅱ) 입법자의 소산물인 법률을 위헌이라고 사법(司法)이 해석하면 권력분립원칙을 깨트리게 되므로 되도록 입법권의 판단을 존중하고 사법자제가 필요하다. ⅲ) 법률을 가능한 유지하여 법적 안정성을 가져오기 위하여 필요하고 합헌성이 추정될 필요가 있다.

(2) 판례의 입장

우리 헌재는 합헌적 법률해석을 하는 논거로 "법률의 합헌적 해석은 헌법의 최고규범성에서 나오는 법질서의 통일성에 바탕을 두고, 법률이 헌법에 조화하여 해석될 수 있는 경우에는 위헌으로 판단하여서는 아니된다는 것을 뜻하는 것으로서 권력분립과 입법권을 존중하는 정신에 그 뿌리를 두고 있다"라고 그 근거를 밝히고 있다(헌재 1989.7.14, 88헌가5).

(3) 검토

위에 제시된 논거들에 대해서는 다음과 점을 지적할 수 있다. ⅰ)에 대해서는 법질서의 통일성을 위해서는 위헌성이 제거되어야 하므로 헌법합치적 해석이 위헌성을 남겨놓는다는 소극적인 의미를 가질 것이 아니라 위헌성의 제거라는 적극적인 의미를 가지게 하여야 한다는 점이 지적될 수 있다. ⅱ)에 대해서는 헌법합치적 해석작용을 하는 헌법재판제도가 오히려 입법권에 대한 통제라는 권력분립원칙의 요구에 따라 자리잡은 것이라는 점에서 권력분립주의를 내세워 사법자제를 위한 헌법합치적 해석을 하여야 한다고 보는 것은 설득력을 가지지 못할 수 있다는 점이 지적될 수 있다. 법적 분쟁의 해결이 사법의 본질이라고 보는 실질적 권력분립론에 따른다면 법률의 위헌성심사(위헌법률심판제도. 재판이라는 분쟁해결절차에서 적용되는 법률의 위헌여부가 중요한 사법판단의 대상이 된다)는 당연히 사법(司法)이라고 보게 되므로 위헌성의 적극적 확인이 오히려 실질적 권력분립에는 부합된다는 점 등에서 문제가 있다. ⅲ)에 대해서는 법적 안정이 중요하다고 하더라도 위헌성을 적극적으로 제거하여 정의를 회복하는 것이 더 요구될 수 있다(사회적 이익이 궁극적으로 더 클 수 있다)는 점 등을 지적할 수 있다. 따라서 헌법합치적 해석을 남용하여서는 아니되고 이를 할 필요가 있더라도 위헌적으로 해석되는 부분을 적극적으로 제거하도록 하여야 하며 헌법합치적 해석이 가지는 한계를 지켜야 한다.

4. 기능

위에서 본 논거들마다 문제를 가지긴 하나 일단은 헌법이 다의성, 개방성을 가지므로 헌법내용의 구체화를 위한 헌법해석과 그것을 구현하는 법률에 대한 해석이 필요한데 그 법률해석에서 헌법합치적 해석과 그렇지 않은 해석을 선별하여 가릴 필요는 있다. 그리하여 헌법합치적 해석을 통하여 위헌인 법률을 가능한 한 합헌화한다는 것이 아니라 위헌적 내용을 제거하고 합헌적 내용을 구체화하여 이를 실현한다면 그 긍정적인 기능이 인정된다. 문제는 이러한 위헌적 해석을 적극적으로 제거하고 합헌적 내용을 충실히 구현하여 헌법합치적 해석의 순기능이 제대로 나타날 수 있도록 하기 위해서는 헌법합치적 해석이 남용되지 않아야 함은 물론 그 한계를 유지하여야 한다는 점이다. 따라서 헌법합치적 해석의 논거나 기능보다는 아래에서 보는 그 한계의 설정이 중요한 이유가 여기에 있다.

5. 한계

① 헌법해석상 한계가 있다. 즉 헌법합치적 결과를 끌어내기 위해 헌법 자체에 대한 해석이 왜곡되어서는 아니된다. 법률을 합헌적으로 해석하기 위하여 헌법 자체의 뜻을 법률에 맞추느라 견강부회해서는 아니된다. 법률해석이 헌법해석에 합치되도록 하는 것이며 헌법해석을 법률해석에 맞추는 것이어서는 아니된다. 법률의 합헌성을 끌어내기 위해 헌법규범을 그 뜻을 왜곡되게 확장하여 해석하여서도 아니된다.[18] 헌법이 추구하는 근본이념, 기본원칙, 헌법내재적 한계에 반하는 헌법해석을 하여서는 아니됨도 물론이다. ② 법률문언상 의미의 한계가 있다. 이는 헌법에 부합되지 않으면 위헌으로 선언하여야 하고 법률을 헌법에 맞추기 위해 법률의 문언 자체가 직접 나타내고 있는 명백한 내용과는 다른 또는 이를 벗어나는 내용으로 왜곡되게 해석하여서는 아니된다는 한계를 말한다. 이를 법률문의적(法律文義的) 한계라고 한다. 그리스 신화의 프로크루스테스의 침대(Procrustean bed) 같은 해석은 아니된다. ③ 법목적적 한계가 있다. 헌법에 맞추기 위해 법률이 추구하고 도달하려는 목적과 다른 목적을 가진 법률로 해석하

---

18) 허영, 전게서, 79면은 "법률의 효력을 지속시키기 위해서 반대로 헌법규범의 내용을 지나치게 확대해석함으로써 헌법규범이 가지는 정상적인 수용한계를 넘어서는 아니된다"라고 하면서 이를 '헌법수용적 한계'라고 한다.

여서는 아니된다. ④ 변환금지의 한계 - 결국 ②와 ③의 한계는 법률의 내용이나 목적과 달리 해석함으로써 원래 입법자가 의도하였던 법률이 아닌 다른 법률로의 변환을 초래해서는 아니 된다는 한계를 말한다. ⑤ 한편 헌법합치적 법률해석이 국민의 기본권보장에 있어서 합헌성을 추정하는 식으로 되어 위헌적 법률을 방치하는 사법소극주의로 나가도록 해서는 아니된다. 헌 법합치적 해석이 위헌적 법률의 합헌성추정이 되어서는 아니된다.

    * 우리 헌재도 문의적 한계와 목적적 한계가 있음을 밝히고 있는데 사안은 구 사회보호법 소정의 요건에 해당되면 법관이 재범의 위험성 유무를 가리지 않고 바로 감호처분의 선고를 하 도록 하고 있는 법규정이 문제된 것인데 적법절차 위배, 재판청구권 침해로 위헌이라고 결정된 것이다. 법무부장관은 법원은 동조항의 요건에 해당된다고 하더라도 재범의 위험성이 인정되 지 아니한 때에는 감호청구를 기각할 수 있다고 하는 합헌적 해석이 가능하다고 주장하였으나 헌재는 그러한 해석은 문의를 벗어나는 것이라고 하여 위헌성을 인정한 것이다.

> ● **판례** 헌재 1989.7.14. 88헌가5
> [관련판시] 법률 또는 법률의 위 조항은 원칙적으로 가능한 범위안에서 합헌적으로 해석함이 마땅하나 그 해석은 법의 문구와 목적에 따른 한계가 있다. 즉, 법률의 조항의 문구가 간직하고 있는 말의 뜻을 넘어서 말의 뜻이 완전 히 다른 의미로 변질되지 아니하는 범위 내이어야 한다는 문의적 한계와 입법권자가 그 법률의 제정으로써 추구하 고자 하는 입법자의 명백한 의지와 입법의 목적을 헛되게 하는 내용으로 해석할 수 없다는 법목적에 따른 한계가 바로 그것이다. 왜냐하면, 그러한 범위를 벗어난 합헌적 해석은 그것이 바로 실질적 의미에서의 입법작용을 뜻하게 되어 결과적으로 입법권자의 입법권을 침해하는 것이 되기 때문이다. 그런데 법 제5조 제1항의 요건에 해당되는 경우에는 법원으로 하여금 감호청구의 이유 유무, 즉 재범의 위험성의 유무를 불문하고 반드시 감호의 선고를 하도 록 강제한 것임이 위 법률의 조항의 문의임은 물론 입법권자의 의지임을 알 수 있으므로 위 조항에 대한 합헌적 해석은 문의의 한계를 벗어난 것이라 할 것이다.

6. 기속력의 문제점

    헌법합치적 법률해석의 결과 나온 헌법재판소의 한정합헌이나 한정위헌의 결정은 기속력이 문제된다. 위헌결정에는 기속력(법원 등 타 국가기관이 헌법재판소의 위헌결정에 따라야 한다는 효 력)이 인정되는데(헌법재판소법 제47조 제1항) '한정위헌'결정에 대해서도 우리 헌재는 기속력이 있다고 보나 대법원은 이를 부정한다. 한정위헌결정의 취지를 따르지 않는 법원재판에 대해서 는 헌법소원을 통하여 교정할 수 있어야 하는데 현재 법원재판에 대한 헌법소원이 금지되고 있 어(헌법재판소법 제68조 제1항) 그러하지 못하다[19](한정위헌결정의 기속력 문제에 대해서는 후술 제5 부 헌법재판 부분 참조).

---

19) 이러한 기속력약화, 법원재판 헌법소원금지의 문제에 대해서는, 정재황, 헌법재판소의 한정합헌결정, 법과 사회, 제3호, 법과사회연구회, 1990년, 39면 참조.

제 2 장

헌법의 성립과 변화 –
헌법의 제정과 개정, 헌법변천

* **용어와 논의의 범위:** 헌법은 새로이 만들어지고 그 뒤로 변화하기도 한다. 새로이 헌법이 만들어지는 것을 성문헌법의 경우에만 '제정'이라고 하고 불문헌법의 경우에 제정이라고 하지 않는다면 제정이라는 말이 적절하지 못하다. 그래서 우리는 불문헌법까지도 포함하여서 헌법의 '성립'(새로운 정립)이라고 부르고자 하는 것이다. 성립된 헌법이 이후 변화하는 경우로는 명시적이고도 의식적으로 헌법에서 정해진 절차에 따라 헌법을 바꾸는 헌법의 '개정'이 있고 묵시적인 변화인 헌법의 변천도 있다. 헌법이 제정 이후 바뀌는 것을 헌법의 개정이라고만 하지 않고 헌법의 '변화'라고 하는 것은 이처럼 헌법변천도 있을 수 있기 때문이다. 본서 이 장에서는 성문헌법의 제정과 개정을 중심으로 살펴본다. 이는 우리의 경우 성문헌법을 가지고 있고 성문헌법국가에서는 헌법의 성립과 변화에 있어서 일단은 성문헌법의 제정·개정의 문제가 주로 논의되기 때문이다. 아울러 헌법변천에 대해서도 살펴본다.

* **중요성:** 헌법의 제정, 개정이 너무 헌법이론적이라 변호사시험에서 스킵하려고 할지 모르나 최근에 정부형태 변화, 수도이전, 코로나19 팬데믹 상황에서의 국가체제 변화 등과 관련하여 헌법개정논의가 계속되고 있으므로 특별히 유의할 부분이다.

제 1 절 성문헌법의 제정(制定)

I. 헌법제정의 개념

헌법제정이란 국민의 기본적인 권리들을 확인하고 국가의 보다 기본적인 법질서체계를 형성하는 규범인 헌법규범을 새롭게 정립하는 것을 말한다. 성문헌법의 제정은 헌법을 새로이 만들겠다는 의식적이고도 명시적인 의사에 따라 헌법을 창조하는, 새로운 헌법의 성립이라는 점에서 기존헌법의 변화인 헌법개정(명시적 변화), 헌법변천(묵시적 변화)과는 다르다.

II. 헌법제정권력

1. 개념과 발전

(1) 개념

헌법제정은 헌법제정권력에 의하여 이루어진다. 헌법제정권력은 헌법규범을 새로이 생성하게

하는 원동력이 되는 힘을 의미한다. 헌법제정권력의 이론은 프랑스에서 근대혁명 시에 발달되어
온 것인데 우리나라의 학자들도 일반적으로 이 헌법제정권력이론을 받아들이고 있다. 프랑스
의 헌법이론에서는 – 프랑스 헌법이론을 보는 이유는 헌법기초론에 관하여 프랑스에서 확립
되기 시작한 이론이 중요한 헌법이론으로 현재까지 자리잡고 다른 나라들에도 영향을 미치는
기초이론이기 때문이다 – 헌법제정권력을 '시원적 헌법구성권'(始原的 憲法構成權 le pouvoir
constituant originaire)이라고 부른다. 이전에 이 시원적 헌법구성권을 포함한 전체 국가의 권력
은 ① '헌법구성권'(le pouvoir constituant)과 ② '헌법에 의해 구성되는 권력'(피구성권. le pou-
voir constitué)으로 나누어진다. 아래의 도표를 보면 이해가 쉽다.

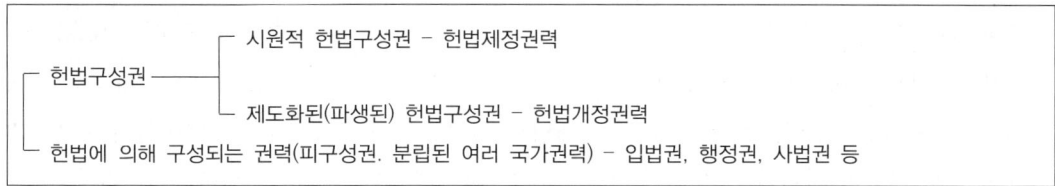

'헌법구성권'이란 헌법을 생성하고 변경하는 특별한 힘을 의미한다. 즉 헌법규범의 중요성
으로 인하여 헌법규정들은 특별한 힘의 행사결과(소산)라고 보고 '헌법구성권'이라는 권력을 인
정하는 것이다. 반면 '헌법에 의해 구성되는 권력'이란 입법권, 행정권, 사법권 등의 권력으로서 헌법
에 의하여 권력분립적으로 나누어져 제도화되는 국가권력을 의미한다. '헌법구성권'은 다시 '시원
적 헌법구성권'과 '제도화된(또는 파생된) 헌법구성권'(le pouvoir constituant institué 또는 dérivé),
두 가지 형태로 나타난다고 보는데, 전자가 바로 헌법제정권력이고, 후자가 헌법개정권력이라
고 한다.[20] '시원적'(始原的)이란 원래부터 헌법이 전혀 없었거나 헌법이 존재하더라도 더 이상
효력을 가지지 못하거나 폐기되고 새로운 헌법을 만들려고 할 때 개입하는 원천적인 권력임을
의미한다. 반면 헌법개정권을 의미하는 제도화된 헌법구성권이란 헌법제정권자가 제정한 헌법
에서 개정절차 등을 제도화함으로써 개정의 권력이 부여된, 헌법에서 파생된 권력을 의미한다.
따라서 제도화된 헌법구성권인 헌법개정권은 제정된 헌법에서 규정하는 한계를 지켜야 하는
제한을 받고 시원적 헌법구성권에 반할 수 없으며 이에 종속된다.

(2) 발전

1) 시에예스의 체계화
헌법제정권력이 일반권력이나 법률제정의 입법권과 다른 특별히 구분
되는 권력이라는 관념은 계몽시대에 싹텄다고 본다. 루소(J–J. Rousseau)가 사회계약론에서 일반의지
라는 국민의사에 의해 국가가 형성되었다고 보는데 이 국민에 의한 힘이라는 것이 국가를 창조하고
헌법을 만드는 것으로 연결되는 것이다. 헌법제정권력의 개념과 이론을 보다 체계적으로 정립한 것은
프랑스 대혁명 시기의 Emmanuel-Joseph Sieyès였다. Sieyès는 「제 3 신분이란 무엇인가?(Qu'est–ce

---

20) G. Burdeau, F. Hamon, M. Troper, Droit constitutionnel, manuel, 26e éd., L.G.D.J., 1999, 40면.

le tiers État?)」라는 그의 저서에서 다음과 같은 논리로 헌법제정권력이 국민에게 있다는 주장을 전개한다. 즉 ① 공권력은 헌법에 의해 규제되고 조직되며, ② 이러한 헌법은 입법권이 아니라 헌법제정권력에 의해 창조되고, ③ 이러한 헌법제정권력의 주체는 국민이라는 논리를 전개하였다. 제3신분이란 귀족, 성직자 외에 삼부회를 구성하였던 시민, 농민 등의 신분을 말한다. 그는 국민이란 "공동의 법률 하에서 살아가고 있고 또 동일한 입법부에 의해 대표되어지는 연합된 구성원들의 집단"이라고 정의하였다.[21] 그리하여 그는 이러한 정의에 따르면 특권을 누리고 공동의 법률 하에서 살아가고 있지 않는 귀족과 성직자는 국민이 아니라고 하였고 제3신분인 시민이 국민이자 결국 전부(tout)이고 헌법제정권력자라고 주장하였다.

2) 법실증주의의 부정론

한편 헌법제정권력의 관념을 부정하는 입장도 있었는바 바로 법실증주의의 입장이 그러하였다. 독일에서 19세기, 20세기 초에 영향력이 강하였던 법실증주의자들(P. Laband, G. Anschütz, G. Jellinek 등)은 헌법제정권력을 하나의 법적 개념의 권력으로 받아들이지 않았다. 국가는 법인으로서 주권은 국민이 아니라 국가에 속한다고 보는 국가법인설, 국가주권설을 취한 법실증주의의 입장은 헌법제정권력이 원천적인 최상의 힘이라고 보는 것은 법적 개념으로서가 아니라 사실상의 힘일뿐이라고 보았다.

3) 승계와 확산

그러나 법실증주의의 영향으로 법적 권력으로서의 헌법제정권력이 부정되는 경향이 강하였던 독일에서도 국민이 결단하는 힘으로서 헌법제정권력을 받아들이는(C. Schmitt, Th. Maunz) 변화가 있었다. 오늘날 우리나라의 학자들도 일반적으로 헌법제정권력이론을 받아들이고 있다.

2. 성격

(1) 본질적 성격

① **시원성(始原性)과 창조성(創造性)**   헌법제정권력은 헌법이 없는 국가에서 헌법을 처음으로 만드는 힘이 되고 모든 국가권력이 헌법제정권력으로 만들어진 헌법에 의하여 창설되고 조직되므로 시원성과 창조성을 가진다. 프랑스의 헌법이론에서는 일반적으로 헌법제정권력을 시원적 헌법구성권(始原的 憲法構成權, le pouvoir constituant originaire)이라고 부른다(후술 국가론, 주권 부분의 그림 참조).

② **자율성(自律性)**   헌법제정권력은 자율성을 가진다. 그 이유는 헌법제정권력은 자신이 만드는 헌법이 최고규범성을 가지고 헌법제정권력도 최고의 권력으로서 한 국가 내에서 더 이상 높은 권력이 없으므로 자기 자신에 의해 정당화될 수밖에 없는 권력이기 때문이다.

---

21) Emmanuel-Joseph Sieyès, Écrits Politiques, choix et présentation Roberto Zapperi, éditions des ar-chives contemporaines, Paris, 1985, 121면. 한국어 번역서로, 박인수, 『제3신분이란 무엇인가?』, 책세상, 2003 참조.

③ 불가분성(不可分性)·통일성   헌법제정권력은 나누어질 수 없고(不可分的) 포괄적이며 통일성을 지닌다고 본다. 이에 반해 헌법제정권력에 의해 비로소 구성되는(만들어지는) 입법권, 행정권, 사법권 등의 국가권력(國家權力)은 나누어질 수 있다(可分的).

④ 항존성(恒存性)·불가양성(不可讓性)   헌법제정권력은 국민에게 있으므로 한번 행사되고 사라지는 것이 아니라 국민이 새로운 정당한 헌법을 요구한다면 그 요구가 있을 때 헌법제정권력이 행사될 수 있어야 할 것이므로 항존성 내지 영구성을 가진다. 헌법제정권력은 주권에서 나오고 민주국가에서 주권은 국민에게 있으며 따라서 헌법제정권력도 주권자인 국민에게 있으므로 국민에게서 주권자가 아닌 다른 주체로 양도될 수 없기에 불가양성을 가진다.

(2) 법적 권력성과 법적 권력인 이유(근거)

전술한 대로 법실증주의와 같은 입장에서는 헌법제정권력이 사실상의 힘에 불과하다고 보아 이를 법적 차원에서는 부정하는 견해도 있으나 헌법제정권력은 법적 개념의 권력으로 보아야 한다. 단순한 사실의 힘이 아니라 법적인 권위와 효력을 가지는 힘이다. 우리나라의 학설에 있어서도 헌법제정권력을 법적 권력으로 보는 견해가 일반적이다.

중요한 것은 헌법제정권력이 법적 개념의 권력인 논리적 이유나 근거를 제시하여야 한다(이에 대한 설명을 우리나라 기존의 헌법교재들에서 찾아보기 힘들다). 그 논거는 만약 법적 권력이 아니라면 헌법제정권력으로부터 태어난 헌법이 법적 규범의 힘을 가지지 못한다는 결과를 가져오기 때문이라는 데에 있다.

(3) 다른 권력과의 관계 내지 차이

1) 주권(主權)과의 관계

주권이나 헌법제정권력이나 모두 한 국가의 시원적인 권력이고 그 보유주체는 민주국가에서 국민이라는 점에서 동위성을 가진다. 그런데 헌법제정권력은 주권의 한 내포이다. 주권은 여러 권력들을 포함하고 그 여러 권력들 중에 국가조직 등을 헌법제정을 통해 행하는 권력이 헌법제정권력이다. 즉 주권이 더 포괄적이다(즉 '헌법제정권력<주권'이다). 학설 중에는 주권과 헌법제정권력을 동일시하는 견해[22]도 있다. 그러나 주권은 헌법제정권력 외에도 다른 권력들도 포함하는, 즉 대외적 독립적 지위를 가지게 하는 힘(대외주권. 대외주권에 대해서는 뒤의 '주권' 부분 참조), 자위권, 외교권, 화폐주조권 등을 포함하는 하나의 국가 내에서 가장 포괄적인 권력이다. 헌법제정권력은 종래 주권의 한 내용을 이루는 자주조직권으로 이해되어 왔다. 만약 헌법제정권력이 주권과 동일한 것이라면 오늘날 국제기구, 초국가구성체에의 주권의 일부 포기 내지 양도가 이루어지는 경우에 한 국가의 국내헌법의 일부를 그 국제기구 등의 구성원국가인 다른 국가들과 더불어 제정될 수도 있다는 결과를(그 다른 국가들이 주권=헌법제정권력을 행사하

---

22) 권영성, 전게서, 51면.

므로) 초래하게 될 것인데 이는 현재의 주권이론에서 받아들일 수 없다.

2) 헌법제정권력과 국가권력

국가권력은 헌법에 의하여 구성되는 '가분적'(可分的)인 권력이다. 입법권, 집행권, 사법권 등 개별권력을 말한다. 종래 국가권력을 통치권이라고 불러왔으나 '통치'라는 용어가 군림하고 다스린다는 전근대적인 말로서 적절하지 못하여 우리는 '국가권력'이라고 부른다. 앞서 언급한 대로 프랑스에서는 '헌법구성권'(pouvoir constituant)과 달리 국가권력을 '헌법에 의해 구성된 권한'(pouvoir constitué)으로 본다. 즉 헌법구성권과 헌법에 의해 구성된 권한으로 나누는데 전자는 헌법을 구성하는 권력을 의미하고, 후자는 헌법에 의해 조직되고 나누어져 제도화된(즉 권력분립이 된) 국가권력을 의미한다고 본다. 국가권력은 헌법제정권력에서 파생되는 권력이고 헌법개정권력이 국가권력의 행사방법, 그 행사의 통제 등에 변화를 가져오게 할 수 있는 것으로서 국가권력은 헌법제정권력, 헌법개정권력의 하위에 있는 권력이다. 단, 국가권력의 본질적 부분이나 국가권력을 규율하는 핵심적 헌법원리인 국가권력분립원칙과 같은 것은 헌법개정으로도 폐지할 수 없다.

3) 정리

이러한 주권과 헌법제정권력, 헌법개정권력, 국가권력과의 관계는 아래의 도표와 같이 나타난다. * 이 도표의 보다 자세한 것은 뒤의 국가론의 주권, 국가권력 부분 참조.

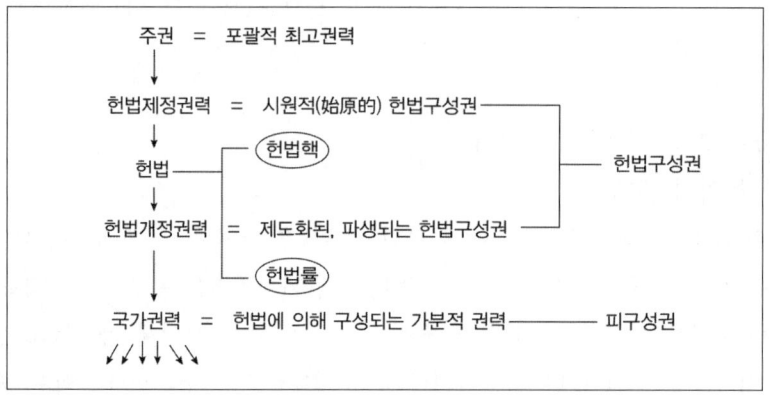

3. 주체

민주국가에서의 헌법의 제정권력주체는 국민이다. 그 외 군주, 복수의 주체(군주와 귀족, 귀족들, 국가들)가 헌법제정권력의 주체인 헌법도 있다. 이에 따라 앞서 헌법의 분류에서 본 대로, 민정헌법(국민), 흠정헌법(군주), 협약헌법·국약헌법(복수의 주체) 등으로 나누어진다. 물론 오늘날 국민의 의사대로 헌법제정이 되어 국민이 실제로 실질적인 헌법제정권력의 주체가 되어야 정당한 헌법이라고 할 것이다. 형식적으로는 주체가 군주이고 군주가 헌법제정을 주관하더라도 실질적으로 국민의 의사에 따라 헌법이 제정되는 경우에는 민정헌법이라고 보아야 할 것이다.

Ⅲ. 헌법제정의 유형과 절차

1. 유형

헌법제정의 유형으로는, ⅰ) 제정의 계기에 따라 ① 신생국가로서 전혀 새로운 헌법이 창조되는 경우와 ② 국가는 이전부터 지속되어 오면서 혁명의 결과 기존의 헌법질서가 무너지고 새로운 헌법이 만들어지는 경우가 있다. 혁명과 같은 급격한 전환이 없더라도 ③ 새로운 시대 상황에 적응하기 위하여 전혀 새로운 헌법을 창설할 수도 있을 것이다. ④ 또한 전쟁에 패배하여 새로운 헌법이 제정되는 경우도 있을 것이다. 대표적인 예가 제2차 세계대전 이후의 일본과 독일통일 전 옛 서독의 경우이다. 이 경우 점령국이나 보호국의 의도에 따라 헌법의 내용이 영향을 받을 수도 있다. ⑤ 한편 과거에 존재했던 헌법이 그 효력이 중단되었다가 훗날에 국가가 복원되어 과거의 그 헌법을 부활하여 다시 적용하는 경우도 있는데 이 경우도 헌법제정권력의 발동에 의해 그 계승을 인정하는 국민의사로 볼 수 있을 것이므로 헌법제정의 한 형태라고 볼 수 있을 것이다. 이러한 경우의 예로서 1945년의 오스트리아의 경우를 들 수 있는데, 1938년 독일과의 합병으로 그 효력이 중단된 1920년의 오스트리아 헌법을 1945년에 다시 효력을 발생하도록 하여 오스트리아 헌법으로 된 예를 볼 수 있다. 이 경우를 특별히 헌법의 부활(復活) 내지 재생(再生)이라고 부를 수 있다. ⅱ) 제정주체에 따라 민정헌법, 흠정헌법, 협약헌법 등을 들 수 있다.

2. 헌법제정의 절차

헌법제정의 절차는 제정을 위한 특별한 의회(제헌의회)를 구성하여 거기서의 의결로 제정이 완료되는 경우, 나아가 국민투표로 확정되는 경우가 있다.

Ⅳ. 헌법제정(헌법제정권력)의 한계

1. 학설 대립

헌법제정, 헌법제정권력은 한계를 가지는가에 대해 견해가 갈린다. 법실증주의적 입장에서 헌법제정권력은 법적인 힘이 아니라 사실상의 힘이라고 하여 그 법적 한계가 없다고 보는 부정설과 헌법을 제정함에 있어서도 실정헌법을 초월하는 근본규범적 가치를 존중하여야 한다는 점을 근거로 법적 한계를 인정하는 긍정설이 대립한다.

2. 우리 학설

우리나라의 학설도 긍정론이 지배적이다. 인격불가침의 기본가치, 법치국가의 원리, 민주주의의 원리 등을 드는 견해(김철수, 전게서, 38면), 국민적 합의에 의한 한계, 초실정법적 시대사상과 보편적인 법원칙들(민주주의·평화주의·법적 안정성·정의·형평의 관념 등)에 의한 한계, 초국가적 자연법원리에 의한 한계, 국제법적 한계 등을 드는 견해(권영성, 전게서, 50면), 이데올로기적 한계, 법원리적 한계, 국제법적 한계를 드는 견해(허영, 전게서, 45-47면), 법리적 한계, 정치이념적 한계, 자연법적 한계, 국제법적 한계를 드는 견해(계희열, 전게서, 101-103면) 등이 있다.

3. 사견

긍정론이 타당하다. 헌법제정권력이 아무리 시원적(始原的)인 힘이라고 할지라도 법적 권력이라는 점에서 규범적 정당성의 문제가 있기 때문이다. 즉, 국민의 근본결단이라고 하더라도 반드시 정당한 내용의 결단이 아닐 경우도 있으며, 인간의 존엄과 가치와 같은 불변의 근본적 헌법가치는 헌법제정권력의 행사에 있어서도 존중되어야 하므로 이러한 근본적 헌법가치가 헌법제정의 한계가 된다. 따라서 헌법의 근본규범·가치를 무시하는 헌법제정권력의 행사는 정당성을 가지지 못한다. 아래에서 헌법제정의 한계문제를 살펴본다.

4. 한계요소

헌법제정의 한계로서는 정당성의 확보, 헌법적 근본규범·근본가치의 존중 등을 들 수 있다.

(1) 정당성
1) 합법성과 정당성

합법성(合法性, légalité)이란 기존의 실정적 헌법질서(l'ordre constitutionnel positif), 헌법규범에 부합되는 법상태를 의미한다. 합법성은 기존의 헌법질서와 부합되기만 하면 획득된다. 이와 달리 정당성(正當性, légitimité)은 기존의 실정적 헌법질서에 부합한다고 하여 반드시 획득되는 것은 아니다. 기존의 실정적 헌법질서, 헌법규범이 부당한 것일 수 있기 때문이다. 따라서 합법성을 가지지 못하는 경우에도 정당성이 인정될 수 있다.

2) 헌법의 제정과 합법성·정당성의 문제

헌법의 제정은 새로운 헌법규범을 설정하거나 기존의 중요한 실정헌법질서의 변동을 가져온다. 따라서 헌법의 제정에는 합법성의 문제는 없고 정당성의 문제가 남으므로 정당성이 헌법제정의 한계를 이루는 것이다. 정당성이 없는 헌법의 제정은 진정한 헌법의 제정이 아니다. 헌법

제정의 한계에서와 달리 뒤에 살펴볼 헌법개정의 한계에 있어서는 정당성의 문제뿐 아니라 합법성의 문제도 있다(후술 '헌법개정의 한계' 부분 참조). 헌법개정에서는 기존의 실정헌법질서나 헌법규범을 변경할 수 있으나 중요한 헌법질서, 헌법규범은 변경할 수 없기 때문이다. 그러한 변경을 가져오는 헌법개정은 결국 헌법제정이 된다. 결국 헌법제정에는 합법성에 의한 제한은 없고 정당성의 한계만을 가진다. 합법성을 가지지 않는 헌법제정도 정당성을 가진 것이라면 헌법제정으로 받아들여지는 것이다.

3) 정당성의 개념준거와 요소

[핵심준거 − 국민의사] 정당성이 위와 같이 헌법제정의 한계를 이루는 것인데 문제는 정당성이 무엇인가 하는 것이다. 정당성이 무엇인지 개념정의를 위해 먼저 그 개념의 준거 내지 근원적 요소들을 살펴볼 필요가 있다. 고대나 중세 때에 혈통을 권력의 정당성 내지 정통성의 근거로 내세워졌지만, 그리고 역사나 전통도 그 근거로 내세워지기도 하였지만, 특히 근대에 와서 국민의 의사에 의한 합의, 지지가 정통성의 근원이 된다.

[정당성의 요소] 이처럼 정당성의 연원이 국민의 의사에 터 잡는 것인데 이러한 국민의 의사를 제대로 담아내기 위한 다음의 정당성의 요소가 갖추어져야 한다.

(가) 민주적 정당성   헌법제정은 먼저 헌법제정권력자는 국민이어야 한다는 점과 헌법제정은 국민에 의해 이루어져야 하며 폭넓은 국민의 의사와 합의에 의하여 이루어져야만 한다는 점을 정당성의 출발점적인 요소로 한다. 이는 민주적 정당성으로서 이러한 민주적 정당성에 헌법제정권력과 헌법제정의 한계가 있다. 국민의 지지에 의한 정당성은 곧 민주주의의 원리에 따라야 함을 의미하므로 민주주의의 원리가 헌법제정의 한계가 된다. 국민의 지지의사는 진정한 국민의사로 나타나야 한다. 집권자의 독재적 의사를 전체 국민의 의사로 호도하고 이에 정당성을 부여하여서는 안 되는 것은 물론이다.

(나) 내용적 정당성 요소   헌법개정은 헌법적인 근본규범, 근본가치를 확인·존중하는 것이어야 하고 이를 무시하여서는 안 된다는 내용적인 정당성의 한계를 가진다(이에 대해서는 아래 (2)에서 살펴본다).

(다) 절차적 정당성 요소   헌법의 제정은 선존하는 헌법에서 그 절차를 미리 규정하고 있다면 그 절차에 따라 제정될 것이지만 헌법제정은 그 절차를 따르지 않고 다른 절차에 따라 이루어질 수도 있다. 다만, 그 과정이 정당하여야 한다. 헌법제정회의에서의 국민의 진정한 의사가 충분히 반영되고 충실한 논의를 거친 제정안이 작성되고 의결되는 절차가 되어야 정당성을 가진다. 헌법제정에 국민투표가 실시되는 경우에 국민투표는 국민의사의 조직화의 곤란성, 가결 또는 부결이라는 일도양단적(一刀兩斷的) 선택, 포퓰리즘의 가능성 등으로 인한 현실적 한계가 나타날 수 있다.

(라) 시기적·상황적 정당성 요소   헌법은 정상적인 상황에서 제정됨으로써 시기적·상황적 정당성을 확보하는 것이 필요하다. 이성적인 헌법제정이 어려운 상황에서 헌법이 제정되면

그 정당성을 담보하기 어렵거나 그 정당성이 논란될 수 있다.

4) 혁명과 쿠데타와 헌법의 제정

기존의 실정헌법질서를 무너트리는 경우로 혁명과 쿠데타(Coup d'État), 군부항명(pronunciamentos, 군부쿠데타)을 들 수 있다. 국민의 지지가 없이 소수의 과격파나 군인들에 의해 권력장악을 위하여 거사된 경우가 쿠데타, 군부항명이다. 집권을 위한 쿠데타를 일으켰으면서도 혁명구호를 외치면서 쿠데타를 혁명으로 위장하는 것이 일반적이다. 혁명은 기존의 실정법질서와 권력관계에 대한 국민의 저항권의 행사로 나타날 수도 있고 국민의 진정한 의사가 결집되어 정치적, 사회적 혁신의 과정으로서 나타날 때 긍정적인 혁명으로 평가된다. 혁명과 쿠데타의 중요한 구분의 기준은 그 지향하는 이념과 목적에 있다고 할 것이다. 국민의 진정한 민주적 의사를 존중하고 폭넓은 지지를 받고 있다는 정당성의 근원을 가질 때에 진정한 혁명이 이루어졌다고 보아야 하고 그러한 혁명의 산물로서 제정된 헌법이 정당성을 가진다. 그러하지 못한 경우는 쿠데타이다.

(2) 근본규범, 근본가치 기속적 한계 − 내용적 정당성

헌법제정은 헌법의 근본규범, 근본가치를 무시하여 이루어질 수 없는 내용적 한계를 가진다. 이러한 근본규범, 근본가치의 내용으로는 인간의 존엄과 가치 등을 들 수 있다. 또한 민주주의의 기본원칙들도 결국 헌법의 근본규범을 이룬다. 법치주의, 입헌주의, 평등원칙 등도 한계를 이룬다.

V. 한국헌법의 제정

1. 헌법제정(개정)권력주체 − 국민

우리 헌법에 있어서도 헌법제정권력의 주체는 물론 주권자인 국민이다. 우리 제1공화국 제정헌법 전문은 "우리들 대한국민은 … 이 헌법을 제정한다"라고 하여 헌법제정권력자가 국민임을 명백히 하고 있고, 현행 헌법 전문은 우리 대한국민은 … 1948년 7월 12일에 제정되고 … 이제 국회의 의결을 거쳐 국민투표에 의하여 개정한다"라고 하여 이를 다시 확인하고 있다.

2. 제정헌법성 여부에 관한 논의

제1공화국 헌법이야 당연히 제정헌법이고 그래서 '제헌헌법'이라고 불리는데 이후 제2, 3, 4, 5, 6공화국 헌법은 제정헌법인가 개정헌법인가 하는 문제가 논란된다. 전자로 보는 제정설과 후자로 보는 개정설이 대립되고 있다. 이는 물론 헌법제정과 헌법개정의 구별기준에 따라 판단된다. 실질적(내용적) 기준과 형식적·절차적 기준에서 제2, 3, 4, 5, 6공화국 각각의 헌법들은 제정헌법이라고 본다. 자세한 것은 아래 헌법의 개정 부분에서 헌법제정과 헌법개정의 구별에서 살펴본다 (후술 참조).

3. 정당한 제정과 비정당한(부당한) 제정

유의할 것은 이처럼 2, 3, 4, 5, 6공화국 각각의 헌법들이 새로운 공화국을 가져온 제정헌법으로 본다고 하여 자칫 위 헌법들 전부에 대해 진정한 제정의 헌법들로 인정하는 것으로 오해하게 할 수도 있다. 위 헌법제정의 한계에서 본 대로 헌법의 제정에도 정당성의 한계가 있다. 위 헌법들이 모두 정당하게 제정된 것은 아니다. 헌법제정권자인 국민의 의사가 충실히 반영된 제정과 그렇지 않은 제정도 있었다. 제3공화국, 제4공화국, 제5공화국의 헌법의 경우 그 제정과정에서부터 정당성을 인정하기 어렵고 헌법제정의 한계를 벗어난 것들이었다.

제 2 절 성문헌법의 개정(改正)

Ⅰ. 헌법개정의 개념

1. 개념정의

헌법개정이란 기존의 헌법전에서 규정하고 있는 헌법개정의 절차와 방식에 따라 명시적으로 헌법전의 특정 조항을 수정 내지 삭제하거나 또는 새로운 조항, 규정을 첨가하는 헌법의 변화를 말한다. 이는 성문헌법의 개정을 의미한다. 헌법현실이 헌법규범이 성립된 당시와 다르게 변화됨에 따라 헌법규범이 헌법현실을 제대로 규율하지 못할 경우에 그 간극을 메우기 위한 방법으로서 명시적인 헌법개정이 이루어지게 된다.

2. 타 개념과의 구별

(1) 헌법변천과의 구별 - 명시성 여부
헌법개정은 헌법변천과 구별되는 개념이다. 헌법개정은 헌법에 정해진 절차에 따른 명시적인 변화(명문규정이 바뀜)인 반면에 헌법변천은 헌법의 해석을 달리 하거나 헌법관습이 정착되어 명시적이지 않은 변화(명문규정은 바뀌지 않음)를 가져오는 것이다.

(2) 헌법의 파기, 폐지 등과의 구별

헌법개정은 헌법의 파기, 폐지, 침해, 정지와 구별된다고 본다. 헌법의 파기란 기존의 헌법 제정권력을 배제한(국민이 군주를 축출하거나 군주가 국민을 배제하는 경우 등) 새로운 헌법제정권력이 기존의 헌법을 없애는 것을 말한다. 헌법의 폐지란 헌법제정권력의 주체는 그대로 둔 채, 즉 헌법제정권력의 교체가 없이 기존의 헌법을 없애는 것을 말한다. 헌법의 침해는 하나의 헌법조항 내지 몇 개의 헌법조항들을 그 효력을 유지하도록 하되 그 조항들에 위배되는 조치를 취하는 것을 의미하고, 헌법의 정지는 일부 또는 많은 헌법조항들의 효력을 잠정적으로 중단하여 적용되지 않게 하는 것을 말한다. 헌법의 파기와 폐지는 기존의 헌법이 소멸된다는 점에서 소멸없이 문언변화를 가져오는 헌법개정과 구분되고, 헌법의 침해와 정지는 침해되거나 정지되는 헌법조항들이 변화 없이 여전히 존재하긴 한다는 점에서 헌법개정과 구분된다.

(3) 헌법제정과의 구별

1) 구별의 필요성

헌법제정과 헌법개정을 구별할 필요성은 헌법의 적용과 그것을 위한 해석에 있어서 나타난다. 헌법이 새로이 제정된 경우라면 새 헌법이 지향하는 이념과 방향에 따라 이전의 헌법에서와는 다른 해석과 적용이 이루어지게 된다. 반면에 헌법이 개정된 정도라면 기존의 헌법이 가지는 이념과 방향을 유지하면서 그것에 따라 해석과 적용이 행해지게 된다. 이처럼 헌법의 지속성 여부가 헌법해석에 영향을 미칠 수 있기 때문에 헌법제정과 헌법개정을 구별할 실익이 있다. 헌법의 제정에는 정당성의 문제만 남지만 헌법개정에는 정당성과 합법성의 문제를 가진다는 점에서도 구별이 필요하다. 합법성이 없는 헌법의 변화도 정당성이 있다면 헌법제정으로 받아들일 수 있기 때문이다.

2) 구별의 준거

헌법제정과 헌법개정의 구별은 형식적·절차적 관점의 기준. 양적인 관점의 기준, 헌법구성권력의 주체라는 관점의 기준, 실질적(내용적) 관점의 기준 등에 따라 달라질 것이다. ⅰ) 형식적·절차적 관점의 기준 — 이에 따른다면 제정이란 명칭으로, 그리고 기존의 헌법이 정해놓은 개정절차에 따른 것이 아닌 제헌의회의 소집, 국민투표확정 등을 통하는 방식 등 보다 가중된 절차를 거친 경우 등은 헌법제정이다(기존 헌법이 헌법개정에도 국민투표절차를 정해놓은 경우라면 헌법개정에도 국민투표확정절차가 있을 수 있다. 그러나 이는 기존 헌법이 정해놓은 절차라는 점에서 차이가 있다). ⅱ) 양적 기준 — 이에 따라 전면개정은 개정이란 명칭에도 불구하고 그 개정대상의 규정의 양이 폭넓다는 점에서 헌법개정이 아니라 헌법제정이라고 보는 견해가 있을 수 있다. 그러나 아래의 실질적 관점의 기준에서 보면 양적 기준에 따른 이러한 견해를 받아들이지 않는 입장을 취하게 된다. ⅲ) 헌법구성권의 주체에서의 변화 — 예를 들어 군주가 국민으로 교체되어 국민에 의해 헌법이 변화된 경우는 헌법의 제정이다. ⅳ) 실질적(내용적) 관점의 기준에 따른 구분 – 외관상·형식상 전면개정이라고 할지라도 내용적으로 별다른 변화가 없는 경우라면 헌법개정에 그친다고 보고 반면 몇몇 특정 조항들의 개정이라 할지라도 내용적으로 중대한 변화가 있다면 헌법제정이라고 보게 된다. 요컨대 제정과 개정의 문제를 양적 문제가 아닌 질적인 문제라고 보는 것이다. 물론 일반적으로 전면개정일 경우에 큰 변화가 올 가능성이 많긴 하다. 프랑스에서는 실질적 관점에 따라 기존의 기본적인 실정헌법질서(l'ordre constitutionnel positif)의 변동을 가져오는 것은 헌법전의 일부규정의 개정이라 할지라도 헌법의 제정으로 보아 프랑스의 1852년 헌법, 1870년의 제3공화국헌법, 1946년의 제4공화국의 헌법, 1958년의 제5공화국헌법을 모두 헌법제정의 결과로 본다. 문제는 어느 정도의 중대한 변화여야 헌법제정으로 볼 것인지, 즉 어떠한 실정헌법규점이 기본적인 것으로서 그것을 깨트린 경우에 중대한 변화로서 헌법개정이라고 할 수 있느냐 하는 것이다.

3) 우리나라 제2, 3, 4, 5, 6공화국 헌법의 경우

앞서 헌법제정에서도 언급한 대로 우리나라 제2, 3, 4, 5, 6공화국 헌법의 경우 헌법제정인지 헌법개정인지를 두고 논란이 있는데 위 기준에 따라 살펴보면 결국 헌법제정이라는 결론에 이른다. ⅰ) 먼저 형식적·절차적 관점에서 보면, 제3, 제4, 제5공화국헌법은 선존 헌법이 규정한 헌법개정절차에 따라 나온 헌법이 아니므로 헌법개정권력이 따라야 할 헌법개정규범을 무시하였으므로 개정헌법이라고 할 수 없다. 즉 제3공화국헌법은 군사쿠데타로 헌법효력이 상실된 상태에서 국가재건비상조치법이라는 초헌법적 법률의 개정이라는 방식으로 헌법을 개정하였고, 그것도 국가재건최고회의라는 군사정권의 집정부제기관의 의결로 헌법개정안이 의결되었던 점에서 선존 헌법의 개정절차를 따르지 않았고, 제4공화국헌법은 헌법의 일부효력정지 하에서 국회가 아닌 비상국무회의에서 개정안을 의결한 점에서 역시 선존 헌법의 개정절차를 따르지 않았으며, 제5공화국헌법의 경우에 이전의 제4공화국 헌법이 대통령이 제안한 헌법개정안은 국회의결 없이 바로 국민투표로 확정되도록 하였으므로 하자가 없어 보이나 제4공화국 유신헌법이 국회를 무시하는 입장을 보였다는 점에서 이성적인 헌법변경이 아니었다. ⅱ) 헌법구성권의 행사주체[헌법제정(개정)권의 행사주체]의 관점에서 보면 제3, 4, 5공화국 헌법들에 있어서는 군사쿠데타정권, 유신정권, 신군부정권이 가져온 헌법변화이고 실질적으로 국민이 헌법제정(개정)권자가 아닌 상태에서 발생한 헌법변화로서 이러한 헌법구성권의 행사주체에 실질적 변경이 있기도 한 것이었다. 제6공화국헌법의 경우 국회의 의결을 거쳐 국민의 투표로 제정되어 다시 국민이 헌법제정(개정)권의 주체의 지위를 실질적으로 회복하였다는 점에서 헌법제정이라고 할 수 있다. ⅲ) 다음으로 실질적 기준에서 보면, 4·19는 저항권행사로서 혁명이었고 그 결과 헌법의 변화가 온 것이라고 본다면 그리고 현행 헌법 전문이 4·19민주이념을 계승한다는 문언을 두고 있기도 하므로 제2공화국헌법은 제정헌법이다. 제3공화국헌법은 군사쿠데타에 의한 헌법으로서 의원내각제에서 대통령제로의 변경이 있었고, 제4공화국헌법은 유신쿠데타로 절대적 대통령제로의 변경을 가져왔고, 제5공화국헌법은 신군부의 쿠데타에 의한 것

으로 국민의사에 반하는 권위주의적 정부를 자리 잡게 한 헌법이었다.[23] 제6공화국헌법은 반
대로 권력분립를 강화하고 대통령을 직선하고 그 권한도 이전보다 약화하여 권위주의정부를
탈피한 중요한 헌법질서의 변동을 가져왔다는 점에서 헌법의 제정이라고 볼 것이다. 또 해당
헌법의 전문에서도 그 점이 분명해진다. 제5차 개헌(제3공)헌법의 전문이 "5·16혁명의 이념에
입각하여 <u>새로운 민주공화국</u>을 건설함에 있어서"라고, 제7차 개헌(제4공)헌법의 전문이 "조국
의 평화적 통일의 역사적 사명에 입각하여 자유민주적 기본질서를 더욱 공고히 하는 <u>새로운
민주공화국</u>을 건설함에 있어서"라고, 제8차 개헌(제5공)헌법의 전문이 "<u>제5민주공화국</u>의 출발
에 즈음하여"라고 명시하고 있었던 점에서도 그러하다.

II. 헌법개정권력

1. 개념

기존의 헌법의 규정들을 명시적으로 변경할 수 있는 힘을 헌법개정권력이라고 한다. 법실증
주의자들은 이를 사실상의 힘으로 보고 법적 권력이 아니라고 하여 부정한다. 오늘날 우리나라
의 학자들은 법적 개념으로서 헌법개정권력을 인정하고 있다.

2. 본질과 효력

(1) 본질
1) 제도화된 권력
헌법제정권력은 한 국가에서 원천적(始原的)인 힘인데 비해 헌법개정권력은 이러한 헌법제정
권력에서 나오는, 헌법제정권력에 의해 만들어진 제도화된 권력이다. 프랑스에서는 '제도화된(또
는 파생된) 헌법구성권'(le pouvoir constituant institué 또는 dérivé)이라고 한다(앞의 헌법제정권 부분
그림, 뒤의 국가론, 주권 부분의 주권·헌법제정권·헌법개정권·국가권력 간의 상하관계 그림 참조).
2) 법적 권력
(가) 학설   헌법개정권력이 법적으로 일반적인 입법권과 구별되고 입법권 보다 우위에 있
는 권력인가에 대해 ⅰ) 부정설과 ⅱ) 긍정설이 대립된다. 부정설은 법실증주의의 입장에서 취
하는데 헌법개정권력이 우월한 힘이라고 보는 것은 사실상의 힘으로서일 뿐이고 법적 차원에
서는 특별한 힘이 아니라고 보고 법적으로는 일반적인 국회의 입법권만이 의미를 가진다고 본
다. 그러나 오늘날 우리나라에서도 헌법개정권력을 법적 힘으로 인정하여야 하고 입법권에 우
월한 권력으로 보는 긍정론이 일반적인 이론이다.

---

23) 대법원의 판례 중에는 제8차 개헌을 제5공화국헌법의 제정으로 본 것이 있다(대판 1985.1.29. 74도3501).

(나) 논거   헌법개정권력은 한 국가에서 국민의 기본권들을 실현하기 위한 규범과 국가권력의 조직·운영, 국가권력행사에 대한 통제 등 중요한 기본원칙들을 담고 있는 헌법규범을 변경할 수 있는 힘인데도 이를 법적 힘이 아니라고 본다면 헌법이 내포하고 있는 위와 같은 규범들도 법적 구속력을 가지지 못한다는 결과를 가져온다. 따라서 헌법개정권력은 법적 권력이다.

(2) 효력

헌법개정권력은 제도화된(또는 파생적인) 헌법구성권으로서 시원적 헌법구성권인 헌법제정권력보다 하위의 효력을 가진다. 헌법개정권은 헌법제정권에 의해 미리 개정절차 등의 제도가 마련되어 구성되는 권력이다. 헌법핵은 헌법제정권자가 설정하고 그 이전에 헌법의 근본핵심규범이므로 헌법개정권력은 이를 폐지할 수 없고 헌법률은 개정할 수 있다. 그러면서 물론 입법권보다는 상위에 있다.

3. 주체

헌법개정권력의 주체도 국민, 군주, 귀족 등이 될 수 있을 것이다. 그러나 민주적 정당성을 가지는 주체는 국민임은 물론이다.

III. 헌법개정의 유형, 대상, 방식, 절차

1. 유형 – 전면개정, 부분개정, 증보

양적으로는 전면개정과 부분개정, 증보 등이 있다. ⅰ) 전면개정 – 성문헌법전의 대부분을 수정하는 것이다. 전면개정은 헌법제정의 결과를 가져올 수도 있다. 그러나 헌법제정과 개정을 실질적 기준에서 구별하면 전면개정이 반드시 헌법제정을 가져오는 것은 아니고 반대로 전면개정이 아니더라도 중요한 내용의 변경을 가져오는 것이라면 제정으로 볼 수 있는 경우가 있다. ⅱ) 부분개정 – 일부 헌법규정의 내용상 변경, 삭제, 첨가로 이루어지게 된다. ⅲ) 증보 – 기존 헌법전의 내용과 순서 등을 그대로 둔 채 거기에 새로운 조항들을 별도로 신설하여 추가하는 개정이다. 미국의 예가 바로 그것인데 미국 연방헌법은 애초에 권리장전이 없었으므로 그 이후 수정헌법조항들(amendments)을 추가로 신설, 증보하였다.

2. 대상

(1) 헌법규정

헌법개정의 대상은 물론 기존의 헌법규정들이다. 헌법전의 본문뿐 아니라 전문이나 부칙에 대한 개정도 이루어질 수 있다. 그러나 헌법핵심적인 규정은 그 자구수정, 개서 정도에 그치는 것은 가능하나 그 내용의 변경을 가져올 수 없고 그러한 변경은 헌법제정이 된다.

(2) 불문헌법의 개정

성문헌법국가에서는 보충적 불문헌법인 헌법관습법에 대한 개정도 헌법에 대한 개정이므로 헌법하위법인 법률에 의해 불문헌법을 개정할 수는 없고 명시적인 헌법개정에 의하여야 한다고 본다. 헌재도 같은 입장이다(헌재 2004.10.21. 2004헌마554).

3. 방식, 절차

(1) 경성헌법과 연성헌법

헌법개정의 방식, 절차는 경성헌법과 연성헌법에 따라 강도가 다르다. 경성헌법은 일반 법률의 개정절차보다도 더 까다로운 방식과 절차에 따라 개정이 이루어진다. 즉 특별한 의회에 의한 심의와 의결을 필수적인 것으로 하거나 개정안의 의결에 단순 다수가 아니라 가중된 찬성(3분의 2 찬성 등)을 요구하거나 또는 국민투표를 거쳐 최종확정을 하도록 한다. 연성헌법의 경우에는 법률의 일반적인 개정절차와 같은 정도의 절차에 따라 헌법개정을 할 수 있다.

(2) 제안

헌법개정의 제안권자는 정부이거나 의회의원들인 경우가 많다. 국민발안(직접민주제의 하나로 국민이 직접 헌법개정을 제안하는 것. 예를 들어 스위스헌법, 우리 헌법의 경우에도 1954.11.29. 2차 개정헌법) 제도를 두는 경우도 있다. 최근 개헌에 이르지는 못했으나 아이슬란드에서 국민참여의 이른바 '크라우드 소싱'(Crowd-sourcing) 개헌안 제안의 시도도 있었다.

(3) 심의, 의결, 확정

헌법개정의 제안이 있게 되면 개정안의 공고, 심의, 의결, 헌법개정확정의 절차를 밟게 된다. 개정안의 의결은 특별한 의회를 구성하여 행하는 경우도 있고 통상의 의회가 의결하는 경우도 있다. 헌법개정의 확정의 방식으로는 의회에서의 의결만으로 종결될 경우도 있고 나아가 국민투표로 확정하는 방식도 있다. 국민투표를 선택적인 것으로 한 예도 있다. 프랑스의 경우가 그 예인데 이 선택은 다만, 대통령이 제안한 헌법개정안에 한하는 것도 특이한데 그가 제안한 헌법개정안이 의회에서 의결되면 이후 대통령이 ① 국민투표에 회부하거나, 아니면 ② 국민투표에 회부하지 않고 대신에 양원합동집회에 부치기로 결정하면 그 양원합동집회에서 5분의 3 이상 찬성을 얻으면 헌법개정이 확정된다(프랑스헌법 제89조 제3항).

(4) 헌법개정에 있어 국민투표의 문제

위에서 언급한 대로 헌법개정에 있어 국민투표를 거치도록 하는 국가의 예들이 있다. 국민의 직접적 의사를 물어보는 절차를 거침으로써 정당성을 더 많이 부여하고자 하는 것이다. 우리도 국민투표까지 거치도록 하는 그러한 예에 속한다. 그러나 헌법개정을 국민투표에 부쳐 확정하는 것이 민주적 정당성을 갖추기 위해서는 국민의 진정한 의사가 표출되는 국민투표일 것을 전제로 한다. 국민투표가 신임투표로 변질되거나 포퓰리즘에 의한 투표가 되어 국민의 진정한 개헌의사와 유리된 개정확정이 될 수도 있다. 또한 국민투표가 찬성 또는 반대라는 양단의 결정을 요구하기에 다양한 의사가 수렴되지 못할 수도 있다. 따라서 헌법개정을 위한 국민투표는 국민의 의사가 충분히 제대로 수렴되고 반영되도록 하는 것이 정당한 헌법개정의 조건이다.

Ⅳ. 헌법개정의 한계

1. 학설

(1) 부정론

부정론은 헌법이 정한 개정절차와 방식에 따르기만 하면 헌법의 어떤 규정도 개정할 수 있다고 보아 헌법개정에는 한계가 없다고 본다. 부정론의 논거들로는 다음과 같은 이론들이 있다. ① 시대적 변화에 따라 헌법제정 당시의 상황과 현실의 상황이 다르게 변화되었으면 헌법개정을 통해 헌법규범이 현실부응성을 확보해야 하므로 헌법개정은 모든 헌법규정에 대해 가능하다고 보아 한계가 없다고 한다(헌법현실부응필요론). ② 법실증주의적 관점에서의 부정론 – ㉠ 개정한계조항의 개정가능성론. 2단계론 – 헌법개정의 한계를 설정하고 있는 헌법상의 명시된 규정이 있더라도 이 한계규정을 개정한 다음에 개정을 하면 개정이 가능하므로 한계가 없다고 본다. ㉡ 헌법제정권력과 헌법개정권력의 구분 부정론 – 헌법개정권력과 헌법제정권력의 상하구분은 물론이고 그 구별 자체를 부정함으로써 헌법제정권력에 구속되는 헌법개정이라는 관념을 인정할 수 없다고 하여 결국 헌법개정에는 한계가 없다고 본다. ㉢ 헌법규범단계 부정론– 헌법개정의 한계를 인정하여 어떤 헌법규정은 개정이 될 수 없다는 것은 헌법규정들 간에 상하 우열관계를 인정하는 결과를 가져오는데 이러한 헌법규범간의 단계구조를 긍정할 수 없다고 하면서 헌법개정에는 한계가 없다고 본다.

(2) 긍정론

긍정론들로는 다음과 같은 이론들이 있다. ① 동질(일)성이론 – 헌법규범의 동일성, 계속성을 파괴하는 헌법개정은 이루어질 수 없다고 보는 이론, ② 근본실정법질서유지론 – 헌법은 국가의 근본적인 체제를 규정하고 있으므로 이러한 근본적인 체제의 변화를 가져오는 것은 헌법개정으로서는 불가능하고 이는 헌법의 제정이 된다고 보아 한계를 긍정하는 이론, ③ 자연법론 − 실정 헌법규범 위에 보다 근본적인 자연법적 규범이 있다고 보고 이를 침해하거나 무시하는 헌법개정을 하여서는 아니 되고 또는 이를 위반하는 헌법개정을 할 수 없다고 보는 이론, ④ 개악금지론 − 헌법규범은 발전적인 개선을 위하여 개정될 수 있을 뿐이고 개악(改惡)을 가져와서는 안 된다는 한계가 있다고 보는 이론, ⑤ 권력단계론 − 헌법개정권력은 헌법제정권력에 의해 만들어진 제도화된 권력이어서 헌법제정권력보다 하위의 권력이므로 헌법개정권력의 발동인 헌법개정에 있어서 헌법제정권자의 의사를 무시해서는 안 된다는 이론, ⑥ 헌법규범단계론에 따른 한계 − 헌법제정자의 의사로 볼 수 있는 헌법핵은 헌법개정으로 변경할 수 없으므로 헌법개정의 한계를 이룬다고 보는 이론(헌법률은 개정가능. 헌법규범단계론에 따른 한계론은 위의 권력단계론에 따른 한계론의 결과이기도 하다) 등이 주장되고 있다.

(3) 사견 − 부정론에 대한 비판

헌법현실부응필요론은 헌법현실의 변화에 따라 모든 헌법규범에 대해 헌법제정 당시 그대로 유지하여야 하는 것으로 볼 수는 없다고 할지라도 시대가 변천하여도 변화시킬 수 없는 헌법제정권자의 핵심적 사항(예컨대 인간의 존엄과 가치와 같은 헌법의 근본가치와 그 보호를 위한 헌법의 근본규범, 그리고 국민주권주의와 같은 근본적 규범원리 등)이 있다는 것을 간과하고 있다는 점에서 문제가 있다.

헌법개정한계조항의 개정가능성이론에 대해서는 법실증주의가 가지는 문제점이 역시 지적될 수 있다. 헌법의 근본규범, 근본가치는 헌법개정뿐 아니라 헌법제정으로도 무시할 수 없다. 인간의 존엄과 가치와 같은 근본적 헌법가치·자연법적 가치를 지켜야 할 한계, 헌법개정권력의 한계 등을 인정하여야 하므로 헌법개정의 한계를 긍정하여야 한다. 우리나라의 학설도 일반적으로 헌법개정의 한계를 인정하고 있다.

2. 한계사유

(1) 헌법명시적 한계(실정법적 한계)

헌법명시적 한계는 성문헌법 자체가 개정대상이 될 수 없다고 명시한 한계를 말한다.

  * **용어의 문제:** 종래 실정법의 한계라고 하면서 헌법전 자체가 예를 들어 공화제, 연방제를 헌법개정으로 폐지할 수 없다고 명시적으로 규정한 경우를 그 예로 들어왔다. 그런데 실정법에는 성문법 외에 관습법, 판례법 등도 있기에 위와 같은 한계는 헌법전 자체가 바로 그 한계를 설정한 것이므로 헌법명시적 한계라고 부르는 것이 보다 더 정확할 것이다.

1) 내용상 한계

내용상 한계로는 ① 국가의 정부형태에 관한 개정금지 − 공화국(공화정체)의 개정금지(프랑스 헌법 제89조 제5항, 터키 헌법 제4조, 이탈리아 헌법 제139조 등), 연방제의 개정금지(독일의 기본법 제79조 제3항, 브라질 헌법 제60조) 등, ② 기본권보장원칙에 관한 개정금지 – 기본권에 관한 개정금지로서 예를 들어 인간존엄성, 인권의 불가침, 기본권의 국가권력기속성, 사회국가원리 등에 대한 금지(독일 기본법 제79조 제3항, 제20조), 개인적 권리들과 그 보장, 직접 · 비밀 · 보통, 정기적 투표 원칙 등에 대한 개정금지(브라질 헌법 제60조), ③ 헌법상 중요원칙에 관한 개정금지 – 국민주권주의(독일 기본법 제79조 제3항, 한국의 제1공화국헌법 제2차 개정헌법(1954.11.29) 제98조 제6항), 권력분립주의(브라질 헌법 제60조) 등을 들 수 있다.

2) 방법, 절차상 한계

헌법개정의 방법, 절차에 있어서 한계가 인정된다.

① 나라에 따라서는 헌법개정의 확정을 국민투표에 부치는 것을 필수적인 요건으로 하는 예도 있다. 우리나라도 그러한 유형에 속한다.

② 방법, 절차상의 한계문제로서 경성헌법에서 연성헌법으로의 개정이 가능한가 하는 문제가 있다. 원칙적으로 후자에서 전자로의 개정은 가능하나 전자에서 후자로의 개정은 어렵다고 볼 것이다(경성헌법을 연성헌법으로 개정하면 헌법의 변화를 용이하게 하여 자칫 기본권보호규범으로서의 헌법을 침해할 위험이 생길 수 있기 때문이다). 다만, 경성을 다소 완화하는 방안을 생각할 수 있다. 서구유럽에서 그런 예를 보듯이 사안에 따라서 국민투표를 거치지 않는 대신 의회의 의결정족수를 가중하여 국민투표를 거치는 경비나 시간을 절약하게 개정절차를 단축하는 방안을 고려할 수 있다. 이러한 변화에는 국민의 진정한 민주적 합의를 전제로 함은 물론이다. 국회만에 의한 개정으로 바꾸는 것을 헌법개정권력의 주체를 교체하는 것이라는 견해(정종섭, 전게서, 104면)가 있으나 국회를 국민의 대표자로 보는 민주적 헌법국가에서 반드시 그렇게 볼 수만은 없다.

③ 우회적인 방법, 예를 들어 헌법개정사실을 밝히지 않으면서 실제로는 헌법에 반하는 법률을 제정하여 헌법의 내용을 사실상 변경하여 적용되도록 하는 개정을 하여서는 아니 된다.

3) 시간적 한계

빈번한 헌법개정을 막아 헌법의 안정성을 도모하도록 하기 위하여 헌법개정이 된 이후 적어도 몇 년의 기간이 경과된 후에만 새로운 헌법개정이 가능하도록 하는(그리스 헌법 제110조 제6항, 포르투갈 헌법 제284조 제1항, 필리핀 헌법 제17조 제2항 등) 등 시간적 한계를 설정하는 경우도 있다.

4) 상황적 한계

영토의 일부가 외국의 점령 하에 있는 경우(프랑스 1946년 제4공화국 헌법 제94조), 영토의 온전성에 훼손을 가져오는 상황에 있는 경우(현행 프랑스헌법 제89조 제4항), 전시상태 등 비상 시(벨기에 헌법 제196조, 스페인헌법 제169조)에 헌법개정은 금지된다고 명시한 헌법의 예가 있다. 이는 이러한 상황이나 시기에 있어서는 헌법개정권자인 국민이 실질적으로 헌법개정권력을 행사할 수 없거나(외국의 점령 하에 있는 경우) 이성적인 헌법개정이 어렵다는 점을 감안한 개정금지이다. 대통령의 궐위와 확정적인 유고가 있는 때에는 헌법개정을 금지하는 조항을 두고 있는 경우도 있다(현행 프랑스헌법 제7조 제11항).

(2) 헌법해석적 한계

헌법에 규정되어 있는 기본규범이나 기본원칙들에 대해 헌법 자체가 개정이 금지된다고 명시적으로 규정하고 있지 않더라도 그 규정에 대한 헌법해석상 개정이 금지된다고 보아야 할 것들이 있다. 민주주의원리, 민주공화국원리, 국민주권주의, 국제평화주의, 영토의 보전원칙, 복수정당제, 기본권보장주의, 자유시장경제원리 등이 그것이다.

(3) 자연법적 한계

헌법에 명시되지 않은 자연법적 근본규범이나 가치도 이를 헌법개정으로 없앨 수 없는 헌법개정의 제한사유가 된다. 인간의 존엄가치성, 평등원칙 등은 우리 현행 헌법은 명시하고 있긴 한데 비록 성문헌법에 규정되어 있지 않더라도 자연법적 규범으로 확인된다. 이를 침해하는 헌법개정은 받아들일 수 없다.

(4) 합법성 한계와 정당성의 문제

앞서 서술한 대로 합법성(合法性)이란 기존의 실정 헌법질서의 부합을 의미한다. 헌법제정은 기존의 헌법규범이 부당하다면 이를 깨트리고 정당한 헌법으로 나아가는 것일 수도 있으므로 헌법제정에는 합법성의 한계가 없고 정당성(正當性)의 문제만 있다. 기존의 헌법규범이 정당한 것인데 이를 깨트리는 헌법제정은 부정당한 헌법제정이 된다. 반면에 헌법개정은 기존의 헌법에 정해진 방법과 절차에 따라 헌법을 변경하여야 하는 것이고 기존의 실정 헌법질서의 핵심적 내용을 건드리지 않고 헌법의 동질성을 유지하는 것이므로 헌법개정에 있어서는 합법성에 의한 한계가 있다. 헌법개정에는 정당성의 문제도 있다. 합법성과 정당성은 일치하지 않을 수도 있다. 합법성은 있으나 정당성이 없을 수 있다. 기존의 헌법의 핵심적 내용이 부당한 것이었다면 그것에 합치되는 내용으로 기존의 헌법이 정한 개정절차에 따라 이루어진 개정이라서 합법성을 가지는 개정일지라도 그 개정은 부정당할 것이기 때문이다. 헌법에 정해진 절차를 거쳐 헌법이 개정되었으나 그 개정내용이 국민적인 지지를 받지 못하는 헌법개정의 경우도 그러하다. 이처럼 헌법개정이 합법성을 가지더라도 정당하지 못한 경우도 있다. 기존의 헌법이 정당하지 못하면 합법성을 깨트리고 정당한 헌법을 회복하여야 한다. 이러한 회복은 헌법개정이 아니라 정당한 헌법제정이 된다.

* 위에서 파악될 수 있듯이 헌법제정과 헌법개정의 구별은 헌법개정의 한계문제와도 연관되어 있는 것이다. 헌법개정의
  한계를 벗어난 것은 헌법제정문제로도 다루어지게 된다.

* 헌법제정과 헌법개정의 정당성, 합법성(중요한 실정헌법규범의 유지, 헌법개정절차의 준수)과 결부한 구분 문제를 도
  해화하면 아래와 같다.

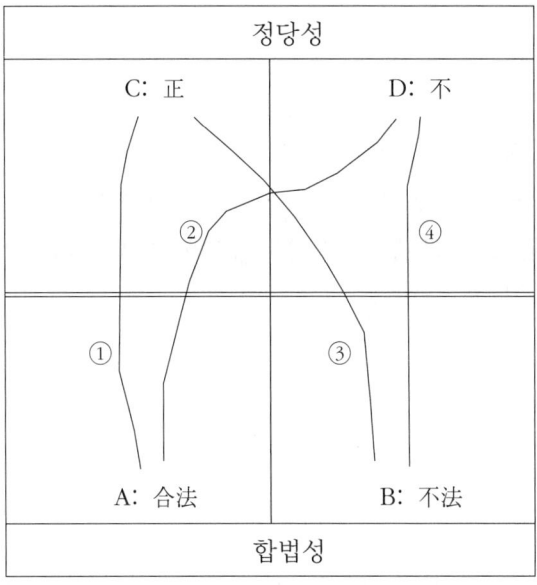

① AC - 정당하고 적법한 헌법개정
② AD - 적법하나 부정당한 헌법개정
③ BC - 불법적이나 정당한 헌법개정(정당한 헌법제정일 수 있음)
④ BD - 불법적이고 부정당한 헌법개정

3. 현실적 문제 - 한계 불준수의 문제

(1) 한계를 벗어난 헌법개정의 효력 문제

그 한계를 벗어난 헌법개정에 대해서는 헌법의 법리적 차원에서는 법적 효력을 인정할 수
없다. 한계를 벗어난 헌법개정이나 국민의 의사에 합치되고 정당성을 가지는 경우에는 헌법제
정으로 인정될 수도 있다.

(2) 제재와 교정

문제는 한계를 벗어난 부당한 헌법개정에 대해 사후적인 제재가 쉽지 않은 데 있다. 이론적
으로는 헌법규범단계론에 따르면 한계를 벗어나 위헌적으로 개정된 헌법률에 대해 위헌심사가
가능하다고 볼 것이다. 그러나 헌법규범단계론을 받아들일 수 없다는 입장을 취하면서, 또는
헌법재판기관이 헌법개정기관이 될 수도 있다는 점 등을 들어 심사를 회피할 수도 있다.

한계를 벗어난 잘못된 헌법개정은 다시 헌법개정을 발의하여 새로운 헌법개정을 통해 교정

할 수 있다. 이는 정상적인 상황에서이고 독재적 정권에 의한 헌법개정에 있어서는 집권자의
거부로 그 교정이 어려울 것이고 이러한 부당한 헌법개정에 맞서 국민의 저항권이 행사되어 교
정되거나 또는 후일 민주화가 되었을 때 교정될 것이 현실적이라 할 것이다.

(3) 예방

정당한 헌법을 부당한 헌법개정에 의한 헌법파괴로부터 막기 위해 결국 예방적 수단으로서
의 헌법보장제도가 현실적으로 중요하다[헌법보장(수호)제도에 대해서는 후술 참조]. 개정과정 중
의 예방책으로는 의회심의 시에 잘못된 헌법개정안이 수정되도록 하거나 결국 국민투표에 부
쳐질 경우에는 국민이 국민투표로 부결함으로써 부당한 헌법개정을 막을 수 있다. 이 역시 정
상적 상황일 경우에서 가능한 일이다.

V. 한국헌법의 개정

1. 개정의 역사

우리나라의 헌법개정역사를 보면 형식적으로는 모두 9차에 걸친 개정이 있었다. 그 중에는
절차적으로는 제3차, 제4차, 제9차를 제외하고는 절차상 하자가 있었거나 기존 헌법이 규정한
개정절차를 따르지 않았다(제1차는 개헌안 불공고, 제2차는 이른바 사사오입 개헌으로 정족수요건 위
반, 제6차는 변칙처리 개헌, 제5차, 제7차, 제8차는 이전 헌법의 개헌절차를 따르지 않거나 실질적으로
따랐다고 보기 힘든 개헌이었음). 한편 제 3 차, 제 5 차, 제 7 차, 제 8 차, 제 9 차 헌법개정은 제 2
공화국, 제 3 공화국, 제 4공화국, 제 5 공화국, 제 6 공화국을 들어서게 한 헌법개정(공식적으로
개정이라고 한 것이다. 그러나 앞서 헌법개정과 제정의 구분기준에 따를 때에는 헌법제정이라고 기술하
였다. 전술 참조)이었다(개정역사에 대해서는, 후술 대한민국 헌법의 역사 참조).

2. 헌법개정권력주체

우리 헌법의 개정권력을 가진 주체는 대한민국 국민임은 물론이다. 현행 헌법전문은 "우리
대한국민은 … 국회의 의결을 거쳐 국민투표에 의하여 개정한다"라고 규정하여 국민이 헌법개
정권력의 주체임을 명시하고 있다.

3. 개정의 절차, 방식

(1) 제안

1) 변천사

헌법개정의 제안권자에 대한 우리의 헌법사를 보면, 1948년 헌법부터 국회의원과 대통령에게 헌법개정제안권을 부여하여 왔다. 그러나 제3공화국 헌법은 대통령제를 취하고 있었음에도 대통령에게 헌법개정제안권을 부여하지 않았고, 않았던 유일한 헌법이었다. 제4공화국 이래 다시 대통령에게도 인정하고 국회의원에 대해 개정제안권을 줄곧 인정해오고 있으며 현행 헌법에서도 그러하다.

제1공화국의 제2차 개정헌법에서는 국민발안제도를 두고 있었다. 즉 1954년 11월 29일에 개정된 2차 개정헌법 제98조 제1항은 "헌법개정의 제안은 대통령, 민의원 또는 참의원의 재적의원 3분지 1 이상 또는 민의원의원선거권자 50만인이상의 찬성으로써 한다"라고 규정하고 있었다. 이 국민발안제도는 제3차 개정헌법, 즉 제2공화국헌법에도 유지되었다. 제3공화국헌법 제119조 제1항에서도 국회의원선거권자 50만인 이상의 찬성으로써 개정제안을 할 수 있게 규정하여 국민발안제도를 두고 있었다. 제4공화국헌법부터는 헌법개정에 있어서의 국민발안제도가 폐지되었다.

2) 현행 헌법에서의 제안권자

현행 헌법은 헌법개정은 국회재적의원 과반수 또는 대통령의 발의로 제안된다고 규정하여 (제128조 제1항) 제안권자를 국회의원과 대통령으로 규정하고 있다. 대통령이 행하는 제안은 국무회의의 심의를 거쳐야 한다(제89조 제3호).

(2) 공고

제안된 헌법개정안은 대통령이 20일 이상의 기간 이를 공고하여야 한다(제129조). 이는 개정될 내용에 대하여 헌법제정권과 헌법개정권을 가진 국민이 충분히 인식할 수 있도록 상당한 기간 널리 알리기 위함이다. 제헌헌법부터 제3공화국헌법까지는 공고기간이 30일 이상이었는데 유신헌법부터 20일 이상으로 줄어들어 현행 헌법에서도 20일 이상이다.

공고기간 20일 이상의 기산점이 분명하지 않다. 제안권자가 제안하는 날로부터 기산되어야 할 것이다.

헌법개정안의 공고는 관보(官報)에 게재함으로써 한다('법령 등 공포에 관한 법률' 제11조 제1항).

(3) 국회의 심의 및 의결

국회는 헌법개정안이 공고된 날로부터 60일 이내에 의결하여야 한다(제130조 제1항). 의결기

간을 두는 이유는 헌법개정논의는 국가의 최고기본법인 헌법의 차원에서의 논의이어서 이를
너무 장기간 계속하거나 방치하면 법적 불안정을 가져올 수 있기 때문에 이를 방지하기 위함이
다. '60일 이내'라는 기간의 기산점은 '공고된 날'이란 점에 유의해야 한다. 공고의 최소 의무
기간인 20일(제129조)이 지난 시점이 아니다.

   국회는 공고된 헌법개정안에 대해 수정의결할 수 있는가 하는 문제가 논란된다. 그런데 헌
법개정안은 일반법률안과 달리 수정하여 의결할 수는 없고 헌법개정안 원안이 전체로서 가부
투표에 회부되어야 한다고 보는 견해들[24]이 있고 국회 사이트에서도 그러한 설명을 볼 수 있
다. 이는 수정안은 공고가 되지 않았기에 헌법개정의 공고원칙에 반한다는 것이 그 이유인 것
으로 보인다.[25] 생각건대 국회는 제안된 헌법개정안을 심의하고 보다 나은 헌법규정으로 하기
위해 헌법개정안을 수정할 수 있다. 공고는 어떠한 헌법규정, 어떠한 헌법적 주제에 대해 개헌
안이 제안되었는지를 국민이 주지하도록 하라는 것이지 그 구체적 개헌안을 대통령이나 국회
의원의 제안을 그대로 따라야 한다고 할 것이 아니라 앞으로 국회에서의 논의 시에 보다 합리
적인 구체적 헌법규정이 나올 수도 있음을[26] 인정하여야 한다. 그렇지 않으면 60일이라는 기
간을 부여하면서까지 하도록 한 국회의 심의가 의미 없다.

   그 의결정족수는 재적의원 3분의 2 이상의 찬성이다. 헌법개정안 의결이란 중요한 사안이므
로 가중정족수로 한 것이다. 국회의 헌법개정안 의결에 대해 대통령은 법률안에 대한 경우와
달리 재의요구권(거부권)을 행사할 수 없다.

(4) 헌법개정의 확정
1) 변천사
(가) 국회 의결에 의한 확정   과거 헌법 중 제1공화국 최초 성문헌법부터 제2공화국헌법
까지는 국회의 의결만으로 헌법개정이 확정되었다. 즉 국회 재적의원 3분의 2 이상의 찬성으로
헌법개정이 확정되었다(양원제가 도입된 제1차 개헌헌법에서부터 제2공화국헌법까지는 양원에서 각각
그 재적의원 3분의 2 이상의 찬성으로 확정됨). 다만, 제2차 개정헌법에서는 대한민국의 주권의 제
약 또는 영토의 변경을 가져올 국가안위에 관한 중대 사항은 국회의 가결을 거친 후에 국민투
표에 부의하도록 하는 제도를 두고 있었다(1954.11.29. 제2차 개정헌법 제7조의2, 제98조 제5항).

(나) 국민투표에 의한 확정   1962.12.26.의 제3공화국헌법 자체도 국민투표로 성립되었지
만 제2공화국헌법은 국회의결로 헌법개정을 확정하도록 하고 있었으므로 이 국민투표는 헌법
에 근거를 둔 것이 아니었다. 헌법 자체가 헌법개정을 국민투표로 확정하는 제도를 두기 시작
한 것은 바로 이 제3공화국헌법부터였다. 제3공화국헌법은 국회의 의결을 거쳐 국민투표로 헌

---

24) 김철수, 전게서, 52면; 권영성, 전게서, 60면.
25) 권영성, 상게서, 60면.
26) 물론 그 반대로 국회 논의의 부정적 결과가 나올 경우도 있을 것이다. 즉 헌법개정 초안 보다 국회논의를
   거치면서 당리당략 등으로 개악될 수도 있을 것이다. 그러나 국민은 국민투표라는 최종결정권을 쥐고 있
   으므로 민의의 전당인 국회가 국민의사를 수렴하는 노력을 하게 될 것을 기대한다.

법개정을 확정하도록 하는 일원적 방식을 취하고 있었다.

(다) 제4공화국의 二元的 방식   제4공화국 유신헌법은 대통령이 제안한 헌법개정안은 국민투표로 확정되고, 국회의원이 제안한 헌법개정안은 국회의 의결을 거쳐 통일주체국민회의의 의결로 확정되도록 규정하여(동 헌법 제124조 제2항) 헌법개정확정에 있어서 이원적 절차를 규정하고 있었다. 이는 대통령이 내린 결단은 국회의 의결대상으로 하지 않고 국민의 직접적인 심판을 받겠다는 것으로, 반면에 국회의원이 제안한 헌법개정은 국민에 의한 직접적 확정인 국민투표가 아닌 통일주체국민회의에서 확정하도록 하여 국회의 위상을 낮추겠다는 의도였다.

2) 현행헌법

(가) 일원적 방식, 국민투표에 의한 확정   제5공화국에 와서 다시 일원적인 방식으로 복귀되었다. 현행 헌법도 국회의 의결을 거친 뒤 반드시 국민투표로 확정하도록 하여 일원적 방식을 취하고 있다(일원적·필수적 국민투표). 헌법개정안은 국회가 의결한 후 30일 이내에 국민투표에 붙여야 하는데(제130조 제2항) 대통령은 늦어도 국민투표일 전 18일까지 국민투표일과 국민투표안을 동시에 공고하여야 한다(국민투표법 제49조). 국민투표에 붙인 결과 국회의원선거권자 과반수의 투표와 투표자 과반수의 찬성을 얻은 경우에 헌법개정은 확정된다(제130조 제2항, 제3항). 우리 헌재는 헌법관습법의 경우에도 그 변경을 위하여서는 국민투표를 실시하여야 한다고 본다(헌재 2004.10.21. 2004헌마554).

헌법 제130조 제2항에 의한 국민투표로만(즉 '국회의결을 반드시 거친'이라는 요건을 갖춘 후의 국민투표로만) 헌법개정이 확정될 수 있을 뿐이고 대통령은 헌법 제72조의 국가안위에 관한 중요정책에 대한 국민투표로 헌법개정을 확정할 수는 없다. 헌법 제72조의 국민투표사유에 헌법개정이 규정되어 있지 않을 뿐만 아니라 만약 이를 허용한다면 국회의결 없이 헌법개정을 할 수도 있도록 하는 것이어서 이는 헌법 제130조 제1항에 반하는 것이기도 하기 때문임은 물론이다.

(나) 유의 – 헌법개정안의 의결과 헌법개정의 확정   유의할 것은 국회의결만으로 헌법개정절차가 완료된 과거 제1, 2공화국헌법에서는 국회의결로 헌법개정이 확정되었으나 국민투표가 필수적인 현행 헌법 하에서는 국회의결은 '헌법개정안'에 대한 의결이고 국민투표에 의한 찬성이 '헌법개정'의 확정이라는 것이다. 즉 '개정안'의 의결과 '개정'의 확정은 구별된다.

(다) 국민투표 소송   헌법개정확정에 관한 국민투표의 결과에 대해서는 민중소송이 채택되고 있다(민중소송이란 직접 자신의 권리침해가 없음에도 제기할 수 있는 소송을 말한다). 즉 국민투표의 효력에 관하여 이의가 있는 투표인은 투표인 10만인 이상의 찬성을 얻어 중앙선거관리위원회위원장을 피고로 하여 투표일로부터 20일 이내에 대법원에 제소할 수 있다(국민투표법 제92조).

* **국민투표무효의 판결:** 대법원은 제92조의 규정에 의한 소송에 있어서 국민투표에 관하여 이 법 또는 이 법에 의하여 발하는 명령에 위반하는 사실이 있는 경우라도 국민투표의 결과에 영향이 미쳤다고 인정하는 때에 한하여 국민투표의 전부 또는 일부의 무효를 판결한다(동법 제93조).

대법원의 국민투표의 전부 또는 일부의 무효판결이 있을 때에는 재투표를 실시하여야 한다(동법 제97조).

공화국	제안자		국회의결		국민투표에 의한 개정확정	통일주체국민 회의에 의한 확정
1	제헌당시 헌법	대통령, 국회의 재적의원 3분지 1 이상의 찬성	재적의원 3분지 2 이상의 찬성	국회의 의결만으로 개정확정	일반적으로 無, 단, 주권의 제약 또는 영토의 변경을 가져올 국가안위에 관한 중대 사항은 국민투표에 부의	
	제1차 개정헌법	대통령, 민의원 재적의원 3분지 1 이상 또는 참의원 재적의원 3분지 2 이상의 찬성	양원에서 각각 그 재적의원 3분지 2 이상의 찬성	* 실제로는 국회가 민의원으로만 구성됨			
	제2차 개정헌법	대통령, 민의원 또는 참의원의 재적의원 3분지 1이상 또는 민의원의원선거권자 50만인 이상의 찬성	양원에서 각각 그 재적의원 3분지 2 이상의 찬성				
2	대통령, 민의원 또는 참의원의 재적의원 3분지 1 이상 또는 민의원의원선거권자 50만인 이상의 찬성		양원에서 각각 그 재적의원 3분지 2 이상의 찬성			
3	국회의 재적의원 3분의 1 이상 또는 국회의원선거권자 50만인 이상의 찬성		"헌법개정안"에 대한 국회의 의결: 재적의원 3분의 2 이상의 찬성		국회의원선거권자 과반수의 투표와 투표자 과반수의 찬성	
4	二元的 절차	대통령	無		국회의원선거권자 과반수의 투표와 투표자 과반수의 찬성	
		국회재적의원 과반수의 발의	"헌법개정안"에 대한 국회의 의결: 재적의원 3분의 2 이상의 찬성		無	통일주체국민회의의 의결로 확정
5	대통령 또는 국회재적의원 과반수의 발의		"헌법개정안"에 대한 국회의 의결: 재적의원 3분의 2 이상의 찬성		국회의원선거권자 과반수의 투표와 투표자 과반수의 찬성	
6	국회재적의원 과반수 또는 대통령의 발의		"헌법개정안"에 대한 국회의 의결: 재적의원 3분의 2 이상의 찬성		국회의원선거권자 과반수의 투표와 투표자 과반수의 찬성	

❑ 역대 및 현행 헌법의 개정절차표

* 국민투표로 헌법개정이 확정된 것은 우리 역사상 모두 5번(1962.12.17, 1969.10.17, 1972.11.21, 1980.10.22, 1987.10.27에 각각 국민투표가 실시되었음)이었다. 1975.2.12에 실시된 국민투표는 새로운 헌법개정안에 대한 국민투표가 아니라 유신헌법의 폐지를 주장하는 여론에 대해 이를 존치시키기 위하여 대통령이 유신헌법에 대한 찬반 여부를 자신의 신임을 연계하면서 물었던 것이다.

(5) 공포

헌법개정이 국민투표로 확정되면 대통령은 즉시 이를 공포하여야 한다(제130조 제3항). 헌법 개정의 공포는 관보(官報)에 게재함으로써 한다('법령 등 공포에 관한 법률' 제11조 제1항). 공포일 은 해당 법령 등을 게재한 관보가 발행된 날로 한다(동법 제12조).

(6) 효력발생

개정이 확정된 헌법의 효력이 발생하는 시기에 대해 공포한 후 즉시 효력을 발생한다고 보는 견해와 일반 법률처럼 특별히 규정함이 없는 경우에는 공포 후 20일이 경과한 뒤에 효력을 발생한다고 보는 견해가 대립될 수 있다. 국가활동의 연속성을 위해서 공포 후 즉시 효력을 발생한다고 보는 것이 바람직하나 국민의 권리를 제한하거나 의무를 부과하는 규정은 공포 후 일정기간이 경과된 이후에 효력을 발생한다고 볼 것이다. 역대 개정헌법들은 부칙에 공포한 날로부터 시행한다는 등으로 그 시행시기를 명시하여 왔다. 현행 헌법의 경우에는 1987년 10월 29일에 공포되었으나 1988년 2월 25일부터 시행한다고 부칙 제1조에 명시하여 시행일이 공포 이후였는데 동 부칙 동조 단서는 "다만, 이 헌법을 시행하기 위하여 필요한 법률의 제정·개정과 이 헌법에 의한 대통령 및 국회의원의 선거 기타 이 헌법시행에 관한 준비는 이 헌법시행 전에 할 수 있다"라고 규정하고 동 부칙 제2조는 "이 헌법에 의한 최초의 대통령선거는 이 헌법시행일 40일 전까지 실시한다", "이 헌법에 의한 최초의 대통령의 임기는 이 헌법시행일로부터 개시한다"라고 규정하여 시행 이전에 선거 등 준비를 하도록 하였다.

4. 개정의 한계

(1) 헌법명시적 한계(실정법적 한계)
1) 과거헌법의 헌법명시적 한계의 예

1954년 11월 29일에 개정공포된 제1공화국 헌법의 제2차 개정헌법 제98조 제6항은 대한민국은 민주공화국이라고 선언한 제1조, 국민주권주의를 천명한 제2조, 대한민국의 주권의 제약 또는 영토의 변경을 가져올 국가안위에 관한 중대사항은 국회의 가결을 거친 후에 국민투표에 부의하여 결정하도록 한 제7조의2의 규정은 개폐할 수 없다고 명시하여 헌법명시적인 실정법적 한계를 규정하고 있었다. 이 한계규정은 제2공화국 헌법에도 그대로 이어졌다가 제3공화국 헌법에서부터 없어졌다.

2) 현행 헌법에서의 부재(不在)

현행 헌법에서는 직접적으로 명시되고 있는 헌법개정한계는 없다. 그러나 학설은 헌법해석적 한계(헌법내재적 한계)를 인정하고 있다.

3) 현행 헌법 제128조 제2항이 개정한계조항인지의 문제

현행 헌법 제128조 제2항은 "대통령의 임기연장 또는 중임변경을 위한 헌법개정은 그 헌법개정 제안 당시의 대통령에 대하여는 효력이 없다"라고 규정하고 있다. 제5공화국 헌법 제129조 제2항도 동일한 문구의 규정을 두고 있었다. 이 조항이 헌법개정의 한계를 이루는 규정인지가 문제된다. 이 문제는 다시 아래의 (가)와 (나) 2가지 문제로 나누어진다.

(가) 임기조항(제70조)에 대한 개정금지 여부 — 개정효력의 인적 범위의 제한 먼저 헌법 제128조 제2항이 대통령 임기 조항인 헌법 제70조를 개정할 수 없도록 금지하는 한계규정인가 하는 문제가 있다.

가) 학설 – 비한계(효력제한조항) 학설은 헌법 제128조 제2항이 대통령의 임기조항인 헌법 제70조에 대한 헌법개정 자체를 금지한 것은 아니고 그 개정은 허용하되 그 개정의 효력을 제한하는 것이라 보는 데 대체적으로 일치하고 있다.[27] 다만, 그냥 개정효력의 제한이라고 설명하는 견해, "개정 자체를 금지한 규정이 아니므로 이를 실정법적 한계라고 하기는 어렵고 헌법개정효력의 소급적용제한이라고" 보는 견해,[28] "헌법개정 제안 당시의 대통령에 대해서만 개정의 효력을 배제한다는 헌법개정효력의 적용대상제한조항"을 의미할 뿐이라는 견해[29] 등이 있다.

나) 사견 이 조항은 "대통령의 임기연장 또는 중임변경을 위한 헌법개정은 … "이라고 하는데 여기서 "헌법개정은 … 효력이 … "라고 운운하는 것도 개정이 가능함을 전제로 하는 것이기 때문에(효력 운운하려면 그 이전의 그 효력발생의 행위는 이루어질 수 있음을 전제로 하여야 한다는 의미이다) 대통령의 임기연장 또는 중임변경으로 헌법개정을 하는 것을 금지하는 것은 아니고 "대통령의 임기는 5년으로 하며, 중임할 수 없다"라는 헌법 제70조에 대한 개정은 가능하다고 볼 것이다. 다만 그 개정을 제안한 당시의 대통령에게는 그 개정의 효과가 미치지 않는다는 것이다. 따라서 헌법 제128조 제2항은 임기조항(제70조) 자체에 대한 헌법개정의 한계는 아니고 제안 당시 대통령에 대해 그 개정효력이 미치지 않는다는 '헌법개정효력의 인적(人的) 범위'를 제한하는 규정이다(헌법개정효력의 인적 범위 제한).

(나) 헌법 제128조 제2항 자체의 개정문제 다음으로 헌법 제128조 제2항 자체를 폐지하여 이러한 인적 효력 범위의 제한 자체를 철폐하는 헌법개정이 가능한가 하는 문제가 있다. 즉 임기연장이나 중임을 허용하는 헌법개정을 할 때 제안 당시의 대통령에게도 그 개정의 효력이 미치는 것으로 하기 위하여 헌법 제128조 제2항 자체를 폐지하는 헌법개정이 가능한가 하는 문제가 논의된다. 이는 동 조항 자체가 개정한계의 대상이 되는지 여부의 문제이다. 이 문제에 대해 찬반 등의 견해대립이 있을 수 있다. 법실증주의의 입장에서는 한계가 되지 않는다고 볼

---

27) 계희열, 전게서 상, 158면; 김철수, 전게서, 53면; 권영성, 전게서, 62면; 허영, 전게서 62면; 성낙인, 전게서, 56면 등.
28) 김철수, 상게서, 같은 면.
29) 권영성, 상게서, 같은 면.

것이다. 그러나 헌법 제128조 제2항을 폐지하는 것은 헌법개정의 한계를 벗어나는 것이므로 부정함이 타당하다. 헌법 제128조 제2항은 장기집권의 폐해를 방지하겠다는 국민의 헌법핵심적 의사를 담고 있는 조항이므로 이를 폐지하는 헌법개정은 할 수 없다고 보아야 한다. 즉 이 규정은 제2차 개헌에서 부칙조항으로 초대대통령에 대해서는 3선금지해제를 한 바 있었고 제6차 개헌으로 개헌제안 당시 대통령의 3선이 가능하도록 하여 장기집권의 길을 열었던 우리 헌법사의 아픈 경험을 되풀이하지 않고 장기집권연장을 방지하기 위하여 헌법개정이 제안된 당시의 대통령에게는 연임이 불가하도록 금지하겠다는 국민의 의사가 헌법 제128조 제2항에 담겨져 있기 때문이다. 따라서 헌법 제128조 제2항은 헌법개정에 관한 한은 한계가 된다. 그런데 만약 민주화가 진전된 오늘날 단임제에도 단점이 있다고 보아 중임으로의 변경이 필요하고 중임으로 변경하더라도 독재의 우려가 없다고 국민들이 판단하여 국민의 진정한 의사가 헌법 제128조 제2항을 폐지하자는 것이어서 이를 폐지한다면 이는 헌법개정이 아니라 헌법제정이 될 것이다(국민의 헌법핵심적 의지의 변경이므로).

(2) 헌법내재적 한계, 헌법초월적(외재적) 한계

우리 현행 헌법은 직접적으로 헌법명시적 한계를 두고 있지 않다. 그러나 대신 우리 학설도 헌법해석을 통한 헌법에 내재하고 있는 한계를 인정하고 또 헌법초월적 한계를 인정한다.

1) 헌법내재적 한계

헌법내재적인 한계의 구체적 내용이 무엇인지에 대해서는 학설마다 다소 차이를 보여주기도 한다. 대체적으로 민주공화국 조항(제1조 제1항), 국민주권주의(제1조 제2항), 복수정당제도(제8조 후문), 기본권 보장주의(헌법 제10조), 국제평화주의(제5조 제1항), 평화적 통일주의(제4조) 등을 헌법개정대상이 될 수 없는 한계조항으로 보고 있는 경향이다.

생각건대, 현행 헌법이 명시적으로 개정대상이 될 수 없다고 규정한 것은 아니지만 해석상 자유민주적 기본질서를 규정한 헌법전문, 대한민국은 민주공화국임과 국민주권주의를 규정한 제1조, 평화적 통일을 천명한 제4조, 국제평화주의를 규정한 제5조, 복수정당제도를 명시한 제8조, 기본권 보장주의를 확인하고 있는 헌법 제10조, 사유재산제와 경제적 자유, 시장경제를 원칙으로 하면서 경제민주화를 위한 국가의 규제조정을 허용하는 이른바 사회적 시장경제주의의 원칙을 밝히고 있는 제119조 등은 그 근본원칙에 대한 개정이 이루어질 수 없는 헌법내재적 한계를 이룬다. 또한 헌법개정절차를 경성헌법적으로 규정하고 있는 제129조, 제130조도 헌법개정에서 준수되어야 할 헌법개정절차이므로 헌법개정권력이 이를 변경할 수는 없다는 점에서 개정의 한계가 된다. 위에서 살펴본 헌법 제128조 제2항 자체도 그러하다. 다만, 이러한 규정들에 대해서는 그 근본적인 내용요소에 변화를 가져오지 않는 범위 내에서 자구의 수정, 문장의 보완 등에 그치는 개정은 가능하다.

2) 헌법초월적(외재적) 자연법적 한계

인간의 존엄과 가치와 같은 자연법적인 근본적 헌법원리는 헌법개정의 대상이 될 수 없다.

이는 사실 헌법개정 이전의 헌법제정에 있어서도 한계가 된다. 인간의 존엄과 가치는 우리 헌법 제10조에 명시되어 있어 우리 헌법의 해석상 한계이기도 하다.

(3) 헌법재판소 판례

우리 헌재는 헌법의 개별규정에 대한 위헌심사가능성에 대하여 "헌법제정권과 헌법개정권의 구별론이나 헌법개정한계론은 그 자체로서의 이론적 타당성 여부와 상관없이 우리 헌법재판소가 헌법의 개별규정에 대하여 위헌심사를 할 수 있다는 논거로 원용될 수 있는 것이 아니다"라고 판시하여 헌법개정의 한계이론을 부정하는 것 같은 판시를 한 바 있다(헌재 1995.12.28. 95헌바3 등). 이러한 판례의 이론에 대해서는 앞서 살펴보았다(판례에 대한 평가, 문제점 등에 대해 앞의 헌법규범론, 헌법의 단계구조 부분 참조).

(4) 한계를 벗어난 개정에 대한 통제, 제재, 시정 문제

가) 개정한계를 벗어난 헌법개정안의 제출에 대한 통제   이에 대해서는 국회에서의 부결, 국민투표에 의한 부결로 통제할 수 있을 것이다. 그러나 역사적 경험을 보면 국회의 의결을 회피하여 국민투표로 바로 가고 현실적으로 국민투표가 신임투표화되고 악용되어 가결되는 경우가 적지 않았다.

나) 개정한계를 벗어난 헌법개정이 확정된 경우   확정되더라도 이는 법적 차원에서 무효이고 이에 대한 법적인 제재와 시정의 방법으로서는 국민투표무효소송, 탄핵소추, 개정된 헌법규정에 대한 위헌법률심판, 헌법소원심판, 권한쟁의심판 등을 생각할 수 있다. 그러나 우리의 과거 헌정사에서 경험한 대로 한계를 벗어난 부당한 개정일 경우에도 현실적으로 집권한 독재세력에 의해 추진되었기에 개헌세력의 집권 중에 탄핵소추와 같은 제재는 현실성이 없는 것이기도 하다. 후일 새로운 헌법개정으로 잘못 개정된 헌법규정을 다시 정당하게 개정하여 시정할 수 있다. 그러나 한계를 벗어난 개정에 대해 바로 그 개정을 추진한 독재체제가 버젓이 존속하는 한 그 제재와 시정이 쉽지 않고 비현실적이라는 점에서 한계를 일탈한 부당한 헌법개정이 나타나지 않도록 예방적인 헌법보장을 기하는 것이 요구되고 그것이 보다 더 현실성을 가지며 중요하다.

제 3 절   헌법변천

I. 헌법변천의 개념

헌법의 변천이란 명시적으로 헌법을 개정하거나 제정하는 것이 아니라 현재의 헌법규정들에 대한 해석 내지 적용을 달리하거나 헌법상 공백인 규정들에 대해 이를 메우는 해석 내지 적용관례를 만들어감으로써 성문헌법 자체의 문언은 그대로 둔 채 실질적으로 헌법이 변화되는 것을 말한다. 헌법변천은 묵시적인 변화라는 점에서 명시적인 헌법의 변화인 성문헌법의 제정, 개정과 구별된다.

II. 헌법변천의 유형과 실제의 예

1. 유형

헌법변천의 유형에는 ① 국가기관들의 해석에 의한 변천, ② 헌법적 관행에 의한 변천, ③ 헌법의 흠결에 대한 보충으로서의 해석·적용에 의한 변천, ④ 국가권력을 행사하지 않은 헌법 부적용(비시행)에 따른 변천 등을 들 수 있다.

2. 실제의 예

헌법변천의 대표적인 예는 불문헌법국가에서 찾을 수 있다. 사실 불문헌법국가에서는 헌법변천에 의한 헌법의 변화가 일반적으로 받아들여질 것이다. 대표적인 불문헌법국가인 영국의 경우 양당제도, 하원의원선거에서 승리한 정당의 당수의 수상 취임, 의원내각제적 운영 등 중요한 국가조직에 관한 헌법규범이 헌법변천의 결과였다.

성문헌법국가에서는 공백인 영역에서의 헌법해석·적용을 통하여 또는 존재하는 헌법규정에 대한 해석·적용을 통하여 헌법변천이 이루어진 예들을 볼 수 있다. 대표적인 예로 미국에서 법원에 대한 위헌법률심사권의 인정을 들 수 있다. 연방헌법에 근거규정이 없음에도 불구하고 연방대법원이 1803년 Marbury v. Madison판결을 통해 위헌법률심사권을 법원에 인정하게 되었다. 미국의 대통령선거도 연방헌법상 주별 선거인단을 선출하여 행하는 간접선거제도로 하고 있지만 오늘날 선거인단선거로 그 결과가 나타나게 되어 실질적으로 직접선거에서와 같은 효과가 나타나게 운용되고 있다는 것도 헌법변천의 예라고 할 것이다. 일본의 경우 일본국헌법 제9조가 전투력의 보유를 금지하고 있음에도 불구하고 헌법해석상 국가의 안보에 대한 자위라는 명목으로 이를 인정하여야 한다고 하여 자위대를 합법화하여 두고 있는 예를 볼 수 있다.

우리나라의 경우 그 뚜렷한 예를 들기 쉽지 않다. 과거 부정적인 예, 즉 국가권력의 불행사의 예로 대표적으로 제1차 개헌에서 민의원, 참의원의 양원제를 도입하였음에도 참의원을 두지 않아 단원제로 운영한 것, 지방자치제를 헌법상 실시하도록 규정되어 있었으나 제3공화국 이래 실시가 이루어지지 않고30) 제6공화국 들어와서까지 오랫동안 중앙집중행정이 이루어졌던 예

---

30) 제3공화국 헌법 부칙 제7조 제3항은 "이 헌법에 의한 최초의 지방의회의 구성시기에 관하여는 법률로 정한다"라고 규정하고 있었으나 그 법률을 제정하지 않았고 급기야 제4공화국 유신헌법 부칙 제10조는 "이

등이 헌법변천인지 논란된다. 그 외에 국무총리 서리제도에 대해 헌법변천으로 설명하려는 견해도 있고 헌법 제3조 영토조항과 제4조 평화통일조항간의 모순이 있다고 하면서 영토조항에 헌법변천을 가져왔다고 설명하려는 견해 등이 있는데 그 긍정여부에 대해 논란된다. 위에서 거론된 예들이 그 단기성, 지속성 등을 두고 볼 때 헌법변천인지 여부가 뚜렷하지는 않다. 앞서 본대로 수도 서울이 헌법관습법이라고 헌재가 본 예는 있다.

Ⅲ. 헌법변천의 긍정 여부

헌법변천은 묵시적 헌법변화인데 이를 헌법적 효력을 가지는 것으로 받아들일 것인가에 대한 논의가 있다.

1. 학설

(1) 부정설

헌법에 배치되는 국가기관의 해석과 관행이 계속 반복되어 존속하더라도 이를 헌법규범으로 인정할 수 없다는 입장이다. 이 견해는 헌법의 합법성을 그 근거로 하는 것으로서 아무리 시대적인 변화에 따라 헌법의 변화가 필요하더라도 헌법이 명시적으로 헌법개정의 길을 열어 놓고 있는 한 헌법개정절차에 의하지 않은 헌법의 변경은 합법으로 인정될 수 없다고 본다.

(2) 긍정설

기존의 헌법에 반하는 국가기관들의 해석과 관행이 반복적으로 계속되어 국민들의 법적 확신을 획득하게 되면 이를 헌법규범으로 인정하여야 하고 따라서 헌법변천을 긍정하여야 한다는 입장이다.

(3) 제한적 긍정설

기존의 헌법이 공백이 있어 이를 메우거나 불명확한 헌법규정을 보완하기 위한 헌법변천(보충적 헌법변천)은 인정될 수 있다는 입장이다.

헌법에 의한 지방의회는 조국통일이 이루어질 때까지 구성하지 아니한다"라고 규정하였으며 제5공화국 헌법 부칙 제10조는 "이 헌법에 의한 지방의회는 지방자치단체의 재정자립도를 감안하여 순차적으로 구성하되, 그 구성시기는 법률로 정한다"라고 규정하였으나 그 법률을 제정하지 않아 오래도록 지방자치가 이루어지지 않았다.

(4) 헌법관습법의 형성 등으로 보는 견해

헌법변천이란 사실상 헌법적인 관습법의 성립으로 이루어지는 것이라고 보는 견해로서 헌법관습법을 긍정하는 한 헌법변천도 긍정하여야 한다는 견해이다.

2. 판례

우리 헌재는 서울이 수도인 사실을 헌법관습법으로 인정함으로써 헌법변천을 인정하는 것으로 볼 수 있다. 그런데 헌재는 "형식적 헌법전에는 기재되지 아니한 사항이라도 이를 불문헌법 내지 관습헌법으로 인정할 소지가 있다"라고 하여(헌재 2004.10.21. 2004헌마554) 모든 헌법관습이나 헌법변천을 받아들이는 것이 아니라 헌법전에 기재되지 않은 사항에 대한, 즉 헌법의 공백을 메우는 헌법변천을 인정한 것으로 볼 수 있다.

3. 평가

성문헌법국가에서는 일반적으로 경성헌법을 원칙으로 하며, 헌법에 변화가 필요하다면 헌법개정에 의하도록 하고 있고, 그것을 위해 헌법개정의 길을 명시적으로 열어두고 있다는 점에서도 헌법변천을 인정하더라도 한정적으로 인정할 수밖에 없다. 그렇지 않으면 헌법의 기본가치나 헌법제정권자의 핵심적 의사까지도 무시하는 헌법침해가 있을 수 있고 헌법적 안정성을 해할 가능성도 있다. 다만, 헌법의 추상성으로 인해 모호한 헌법규정이나 공백규정에 대한 보충의 필요성이 있고 그 보충을 위한 해석과 관행이 상당히 오랜 기간 반복되고 자리잡아 국민의 법적 확신을 얻은 경우에는 헌법규범성을 가지는 헌법변천으로 받아들일 수 있을 것이다.

4. 헌법변천의 성립의 요건과 한계

헌법변천의 성립은 헌법변천을 주도하는 헌법관습법 등의 성립요건에 따른다고 할 것이고 헌법관습법의 성립요건에 대해서는 앞서 살펴본 바 있다(전술 참조). 헌법관습법에 의한 헌법변천 외에 더 넓게 헌법변천을 보는 입장을 취한다면 그 성립요건이 완화되는 것으로 볼 것이긴 하다.

위에서 밝힌 대로 헌법변천은 헌법보충적이라는 제한된 조건 하에 인정된다는 한계가 있다. 따라서 헌법을 적용하지 않아 발생하는 헌법의 비시행(헌법적용 부작위)에 의한 변천은 받아들일 수 없다.

제 3 장

헌법의 보장(수호)

제 1 절 헌법보장(수호)의 개념과 필요성

헌법보장 내지 헌법수호란 헌법규범의 폐기나 침해로부터 헌법규범을 보호하여 존속시키고, 헌법규범의 안정성과 실효성, 헌법의 규범력을 확보하는 것을 말한다.

헌법이 국민의 기본권을 보장하기 위한 법규범이므로 헌법의 위반과 침해는 곧 국민의 기본권의 침해와 박탈을 가져오는 것이므로 헌법보장은 국민의 기본권보장을 위해 필수적이다. 또한 헌법규범의 실효성, 규범성, 안정성을 확보하기 위하여 헌법보장책이 필요하다. 헌법을 위반하는 공권력을 제거함으로써 실효적이고 강제적인 규범으로서의 안정적인 헌법이 유지된다.

제 2 절 헌법보장(수호)의 유형·방법과 헌법보장기관

Ⅰ. 헌법보장(수호)의 유형·방법

1. 보장시기에 따른 유형

(1) 사전적·예방적 보장

이는 헌법이 침해되기 전에 보장하는 것으로 다음과 같은 것들을 들 수 있다. ① 헌법개정 가능성의 명시화(정식의 헌법개정제도를 헌법에 명시하여 그 가능성을 열어두는 것 자체도 헌법의 자의적 침해·변경을 금지함으로써 헌법을 예방적으로 보장하는 방법이 됨), ② 헌법의 경성(硬性)원칙 (헌법개정절차의 곤란성에 의한 보장), ③ 권력분립주의(권력을 배분하여 상호 견제하고 균형을 이루게 하여 권력남용을 막고 권력통제를 하도록 하여 위헌적 공권력 행사를 사전에 막는 보장), ④ 공무원의 헌법수호의무와 직업공무원의 정치적 중립성, 고위공무원 임명에 있어서의 문민원칙(군인은 군인 현직을 유지한 채 고위공무원에 임명될 수는 없도록 하는 금지원칙) 등이 그것이다.

(2) 사후적 보장

이는 헌법의 침해가 있은 후에 하는 교정적 보장방법이다. 위헌법률심판제도 등 헌법재판에 의한 보장이 대표적이다. 그 외에도 위헌적 직무행위를 행한 고위공무원에 대한 탄핵제도, 국가배상제도, 위헌적인 정당에 대한 해산제도, 국가위기시에 발동되는 국가긴급권에 의한 위험 제거와 안전의 회복 등이 있다.

2. 위기상황 여부에 따른 유형

국가위기의 비상상황의 존재 여부에 따른 분류이다. 국가위기 없는 평시의 상황에서 통상적으로 이루어지는 헌법보장인 평시적(平時的) 보장과 국가위기의 상황이 발생하여 이에 대처하기 위한 헌법보장인 비상시적(非常時的) 보장으로 나눌 수 있다. 비상시적 보장의 대표적 보장방법으로 국가긴급권과 국민에 의한 저항권의 행사를 들 수 있다. 평시적 보장방법으로는 위의 1.에서 본 보장방법들 중 국가긴급권, 저항권 등 비상시적 방법을 제외하고 나머지 대부분의 보장방법들이 해당된다.

3. 성격에 따른 유형

헌법보장제도들을 그 성격에 따라 분류하면서 ① 정치성을 가지는 보장과 ② 법적 성격을 가지는 보장으로 나누기도 한다. 정치성을 띠는 보장방법으로는 권력분립제도, 내각불신임제도, 헌법개정을 위한 국민투표제도 등을 들 수 있다고 한다. 법적 성격을 가지는 보장방법으로는 주로 사법적(司法的) 보장을 들 수 있다. 사법적 보장은 법원 또는 헌법재판소에 의한 보장으로서 위헌법률심판, 헌법소원심판, 위헌정당해산심판, 탄핵심판, 기본권실효제도, 선거소송, 법률하위 규범인 명령에 대한 위헌·위법성심사, 행정소송, 국가배상소송 등을 들 수 있다.

4. 조직화(제도화) 여부에 따른 유형

헌법 자체에 규정화되어 있느냐 여부에 따라 조직화된 보장과 미조직적 보장으로 나누어진다. 헌법재판제도나 국민투표제 등이 헌법에 규정되어 있을 경우 조직화된 보장이다. 미조직적인 보장의 예로 저항권을 들기도 한다.

5. 헌법침해의 유형, 헌법침해자에 따른 보장 유형

적극적인 방법에 의한 침해와 부작위에 의한 소극적 침해가 있다. 전자에 대해서는 침해제거의 방법을 후자에 대해서는 오히려 적극적인 보장조치로 나아가야 한다. 국가권력에 의한 하향식 헌법침해, 개인에 의한 상향식 헌법침해로 구분하는 견해도 있으나 국민을 국가권력 보다 아래('하향')에 두는 용어라 적절치 않다. 침해자에 따른 유형으로 입법권, 행정권, 사법권, 사인(私人), 정당 및 단체 등에 의한 헌법침해에 따라 각각 적절한 보장책이 마련되어야 한다.

II. 헌법보장기관

1. 헌법수호자논쟁

헌법보장 역할을 수행할 주체가 어느 국가기관이어야 하는가 하는 문제를 두고 1930년대에 C. Schmitt와 H. Kelsen 간에 '헌법수호자 논쟁'이 있었던 것은 유명하다. C. Schmitt는 사법부는 한계를 가지므로 국민에 의해 선출된 대통령이 중립적인 권력으로서 헌법의 수호자라고 본 반면에 H. Kelsen은 헌법재판소도 헌법의 보장자라고 보면서 특히 헌법재판에 의한 헌법수호의 중요성을 강조하였다. 오늘날 헌법재판에 의한 헌법보장이 강조되고 있다. 그렇더라도 헌법재판소만이 헌법수호의 역할을 수행하는 것은 아니다.

2. 보장기관과 최종적 수호자로서의 국민

의회, 집행부와 그 수반(대통령), 사법부 모두 헌법수호의 역할을 수행하여야 한다. 헌법을 보장할 의무의 주체는 일차적으로 의회, 집행부, 사법부에서 국가의 법을 만들고 이를 집행하는 국가기관과 그 소속 공무원들이라고 할 것이다. 공무원들이 헌법준수의무를 선서하도록 하는 것이나 직업공무원의 정치적 중립성을 보장하도록 하는 것은 공무원의 헌법수호자로서의 역할을 제도화한 것들이다. 그러나 권력을 보유한 국가기관들이 헌법의사에 부합되지 않는 권력행사나 권력남용으로 헌법을 침해할 가능성이 있기에 이들에게만 헌법수호의 역할을 전적으로 맡길 수는 없다. 국가기관들과 공무원의 헌법침해로부터 헌법을 최후에까지 수호하여야 할 곳은 최종적 헌법해석기관인 헌법재판소라고 할 것이다. 그러나 헌법재판의 판결이 다른 국가기관들을 구속하는 힘, 즉 기속력이 약할 경우에 헌법재판소에 의한 헌법수호의 역할에도 한계가 나타날 수 있다. 또한 국가기관의 구성이나 그 구성원의 선출에 있어서 민주적 정당성이 약할 경우에도 국가기관들에 의한 헌법수호 역할수행에 한계가 나타날 수 있다.

결국 헌법을 수호할 최종적인 주체는 바로 헌법을 제정한 국민들이다. 각종 선거를 통하여 호헌의무를 충실히 할 대표자들을 선출하며 그 대표자들과 국가기관, 소속 공무원들이 호헌의무를 다하도록 감시하는 것은 결국 주권자인 국민의 몫이다. 국민들의 투철한 호헌의 의지가 민주적 헌법을 존속시키고 발전시키는 원동력임과 동시에 헌법보장의 보루인 것이다. 국민이 최종적 헌법수호자이기에 저항권을 가진다는 이론이 전개되어 왔다.

제 3 절   우리 헌법상의 헌법보장제도

Ⅰ. 권력분립주의와 정치적 중립성보장

우리 헌법도 입법권, 집행권, 사법권을 별개의 국가기관들에 분속시키고 상호 견제하도록 하는 권력분립제도를 채택하고 있다(제40조, 제66조 제4항, 제101조 제1항). 또한 공무원의 정치적 중립성보장(제7조 제2항), 군인의 정치적 중립성준수(제5조 제2항) 등을 규정하여 정치적 중립성 을 통하여 헌법을 보장하도록 하고 있고, 군인은 현역을 면한 후가 아니면 국무총리, 국무위원 으로 임명될 수 없는 문민원칙(제86조 제3항, 제87조 제4항) 등을 규정하고 있다.

Ⅱ. 국가기관별 보장제도

1. 대통령과 정부에 의한 보장

대통령은 다음과 같은 헌법보장의 임무와 권한을 가진다. 국가의 독립·영토의 보전·국가 의 계속성과 헌법을 수호할 책무(제66조 제2항), 취임시 헌법준수의무의 선서(제69조), 국회의 위헌적인 법률을 막기 위한 법률안거부권(제53조 제2항), 국가위기시 헌법수호를 위한 긴급명 령·긴급재정경제명령·긴급재정경제처분의 발령권(제76조), 계엄선포권(제77조) 등의 국가긴급 권을 가진다. 정부는 그 목적이나 활동이 민주적 기본질서에 위배되는 위헌적인 정당에 대한 해산제소권을 가져(제8조 제4항) 집단적 위헌활동으로부터 헌법을 보장할 수 있다.

2. 국회에 의한 보장

국회는 국무총리·국무위원의 해임건의권(제63조), 탄핵소추권(제65조), 주권의 제약에 관한 조약의 체결·비준에 대한 동의권(제60조 제1항) 등의 헌법수호를 할 수 있는 권한을 가진다. 국 정감사·조사를 통해서도 위헌적인 공권력행사에 대한 진상규명 등을 함으로써 헌법보장을 기 할 수 있다.

3. 헌법재판소에 의한 보장

헌법재판소는 최고의 헌법해석·보장기관으로서 사법적 헌법보장을 위한 여러 권한을 행사한다. 즉 법률이 헌법에 위반되는지 여부를 심사하는 위헌법률심판, 고위공무원의 헌법위반 직무행위에 대한 탄핵심판, 정당에 대한 해산심판, 국가기관 상호 간, 국가기관과 지방자치단체 간 및 지방자치단체 상호 간의 권한쟁의에 관한 심판, 헌법소원심판의 권한을 가진다.

4. 법원에 의한 보장

법원은 위헌법률심판을 헌법재판소에 제청할 권한(제107조 제1항), 명령·규칙 또는 처분이 헌법이나 법률에 위반되는지를 심사하는 권한(위헌·위법명령규칙심사권. 제107조 제2항), 행정재판권(제101조), 공무원의 위헌적인 직무행위로 인한 국가배상에 관한 재판을 담당할 권한(제29조 제1항) 등에 의하여 헌법보장의 역할을 수행한다.

Ⅲ. 사전적 보장제도와 사후적 보장제도

현행 우리 헌법상의 사전적 헌법보장제도로는 ① 헌법개정을 명시하고 법률보다 개정절차를 엄격하게 한 경성헌법(硬性憲法)으로 하고 있는 점(제128조 내지 제130조), ② 권력분립주의의 명시, ③ 공무원의 정치적 중립성보장, 군인의 정치적 중립성준수(제7조 제2항, 제5조 제2항), 문민원칙(제86조 제3항, 제87조 제4항), ④ 대통령의 헌법준수의무의 선서제도(제69조), ⑤ 헌법재판에서의 가처분제도 등을 들 수 있다.

사후교정적 보장제도는 주로 헌법재판에 의한 것으로, 위헌법률심판, 탄핵심판, 위헌정당해산심판, 기관 간 권한쟁의심판, 헌법소원심판 등이 있다. 국가배상제도, 국가위기시의 국가긴급권행사도 사후적 보장방법이다.

Ⅳ. 위기상황에서의 비상시적 보장제도

우리 헌법도 국가위기에 대응하기 위한 국가긴급권제도들을 두고 있다. 현행 우리 헌법은 국가긴급권을 한정하여 헌법에 명시하고 있다. 즉 긴급명령·긴급재정경제명령·긴급재정경제처분의 발령권(제76조), 계엄선포권(제77조) 등의 국가긴급권제도를 두고 그 권한을 대통령에게 부여하되 국회의 승인과 계엄해제요구 등의 통제를 받도록 하고 있다. 국가긴급권제도에 대해서는 대통령의 권한 부분에서 살펴본다.

V. 국민에 의한 보장

국민은 위헌적인 헌법개정안에 대해 국민투표에서 이를 부결함으로써(제130조 제2항) 호헌(護憲)할 수 있다. 그리고 자신의 기본권을 침해하는 법률이나 공권력작용을 무력화하기 위하여 위헌법률심판제청을 신청하거나 헌법소원심판을 청구함으로써 헌법보장에 기여할 수도 있다. 국민은 저항권의 행사라는 최후의 방법으로 헌법을 수호할 수도 있다. 저항권에 대해서는 별개의 절로 아래에서 살펴본다. 헌법의 수호는 최종적으로는 국민의 호헌의지에 달려 있음을 앞서 언급한 바 있다.

제 4 절 저항권

I. 저항권의 의의와 외국 입법례 등

1. 저항권의 개념

(1) 보수적 저항권과 비보수적 저항권

저항권(抵抗權)이란 국민의 기본권을 박탈하거나 입헌민주주의와 법치주의의 기본질서를 침해하는 공권력의 행사에 대하여 기존의 실정법의 방법들로는 대응할 수 없는 경우에 기본권을 구제하고 입헌민주주의·법치주의를 복구·유지하거나 확립하기 위하여 최종적으로 국민이 그 공권력행사에 맞서 대항할 수 있는 권리를 말한다. 저항권의 개념을 좁게 보면 2가지의 경우가 있다. 기존 실정헌법은 정당한 내용으로 되어 있는데 그것을 파괴하고 국민의 기본권을 침탈하는 공권력에 대항하여 헌법을 수호하기 위해 행사하는 권리만을 의미한다고 볼 수 있다. 이를 '보수적 저항권'이라고도 한다. 다른 한편 기존 실정헌법이 부당하고(인권유린적이고 비민주적인 헌법) 집권자가 국민의 기본권을 침탈하고 있어 이에 대항하여 새로운 헌법을 제정하기 위한 저항의 권리만을 의미한다고 볼 수도 있다. 이를 '비보수적 저항권'이라고 부르기로 한다. 저항권의 개념을 넓게 보면 위의 협의의 2가지 경우 모두가 포함된다(광의).

(2) 준법거부운동(시민불복종)과의 구별

시민불복종(civil disobedience)이란 국가의 특정한 조치나 행위에 대하여 실정법을 위반하면 서까지 이를 반대하는 일련의 운동을 말한다. 납세거부운동과 같이 의무이행을 하지 않음으로 써 반대의사를 나타내는 활동이다. 사실 '불복종'이란 용어가 적절하지 않다. 이는 시민이 국가 권력의 행사에 복종하여야 할 하위의 지위에 있음을 전제로 하는 용어이므로 시민의 준법거부 운동 등으로 명명하는 것이 바람직하다. 준법거부운동도 저항의 한 방법을 의미하고 소극적 저 항방법이라고 할 것이다. 준법거부운동은 다음과 같은 점에서 저항권과 차이가 있다. ① 준법 거부운동은 기존의 실정법에 구제수단이 있든 없든 나타날 수 있는 반면에 저항권은 더는 실정 법의 구제수단이 없을 경우에 행사된다. ② 준법거부운동은 비폭력을 원칙으로 한다. ③ 준법 거부운동은 헌법의 기본질서의 부정을 가져오는 상황이 아닌 단순히 일반 법률이나 집행작용, 정책이 정의롭지 못하다거나 부당하다고 하여 행해지기도 한다.

> * 대법원 낙선운동에 대한 부정적 입장: 대법원은 시민단체의 특정 후보자에 대한 낙선운동이 시민불복종운동으로 서 헌법상 정당행위이거나 형법상 정당행위 또는 긴급피난으로서 정당화될 수 있는지 여부에 대해 부정하고 있다.

> ● 판례 대법원 2004. 4. 27. 2002도315.

(3) 혁명권과 쿠데타의 구별

혁명은 불의의 헌법이나 정권을 바꾸고 국민이 정당성을 다시 찾는 것이고 그 점에서 쿠데 타와 다르다. 기존의 실정헌법질서를 바꾸는 것이다. 그 점에서 혁명권은 비보수적 저항권을 전제로 하거나(혁명의 과정으로서의 저항) 저항권과 같은 권리일 수 있다. 반면에 기존의 헌법질 서를 유지하고 다만 이를 회복하려는 보수적 저항권과는 구별된다. 한편 기존의 정당한 헌법을 그대로 두고 독재적인 집권자를 제거하여 민주적 헌정이 되게 하는 것(보수적 혁명)도 넓게 혁 명의 개념 속에 포함하여 본다면 보수적 저항권의 행사도 혁명권의 행사로 파악될 수 있고 보 수적 저항과 혁명의 구분이 모호해질 수 있다.

우리의 4·19의거도 저항의 역사로서 그 결과 제2공화국헌법이 제정되었고 혁명으로 인정 되고 있다. 최근의 2017년 한국의 촛불혁명은 넓은 의미의 보수적 저항권의 행사라고 볼 수 있 을 것이다.

(4) 국가긴급권과 저항권의 관계

국가긴급권을 저항권과 밀접한 관련을 가지는 인접개념으로 다루고 있는 교과서가 있으나 오히려 인과관계이다. 국민의 불만과 저항을 억제하기 위해 독재정권이 기만적으로 거짓의 국 가위기를 핑계로 국가긴급권을 발동하여 인권을 탄압하곤 했던 역사가 있다. 이러한 국가긴급 권 악용에 대항하여 국민이 저항할 수 있다는 점에서 국가긴급권의 발동이 저항의 사유가 될 수 있고 저항권을 국가긴급권의 과잉행사에 대한 대응수단으로 인정된다. 우리 헌법재판소도

"국가긴급권의 과잉행사 때는 저항권을 인정하는"이라고 설시한 바 있다(헌재 1994.6.30. 92헌가18).

한편 정당하지 못한 헌법이 존재하고 독재권력이 폭압정치로 인권을 탄압하는 경우에 국민이 저항하는 것은 그로써 헌법과 국가를 위기에서 구한다는 의미에서 국가긴급권행사의 의미를 가질 수 있다. 이는 독재권력에 의한 초헌법적 긴급권행사와 물론 엄연히 다른 경우이다.

2. 외국의 입법례와 판례

인류의 저항권의 사상은 오래되었다. 고대의 도편추방제, 하느님의 뜻을 거스르는 통치자에 대한 저항을 받아들이는 기독교적 사상에서도 그 기원을 볼 수 있다. 저항사상은 중세에서의 폭군방벌론으로 나타나기도 하였다. 영국의 1215년 Magna Carta는 국왕이 의무를 저버린 경우 귀족들이 저항할 수 있는 권리가 있음을 인정하여 저항권의 성문화의 시초라고 할 수 있다. 계몽시대에 사회계약론, 특히 로크의 일부양도설에 영향을 받아 저항권의 사상이 발달되었다. 근대 시민혁명의 소산인 미국의 독립선언, 미국 주의 헌법 등에 저항권이 명시된 예들이 있다. 프랑스에서는 1789년 인권선언 제2조가 '압제에 대한 저항'(la résistance à l'oppression)의 권리를 규정하였다. 2차대전을 전후하여 우리의 3·1 독립운동과 인도의 간디에 의한 비폭력 저항운동 등도 있었다. 독일의 경우 현행 기본법 제20조 제4항이 모든 독일국민은 민주적이고 사회적인 연방국가의 질서를 폐기하려는 그 어느 누구에 대해서도 구제를 위한 다른 가능한 수단이 없는 경우에는 저항을 할 권리를 가진다고 규정하고 있다. 저항권을 명시적으로 인정한 판례로 독일 연방헌법재판소가 1956년에 공산당에 대해 내린 해산판결(BVerfGE 5, 85[95])이 유명하다. 독일공산당(KPD)이 저항권이론을 내세워 자신에 대한 해산심판청구는 부당하다고 주장한 데 대해 독일연방헌법재판소는 1968년의 헌법개정으로 저항권을 헌법에 명시하기 전에 이미 저항권을 판례로 인정하였다. 이 판결에서 독일연방헌법재판소는 저항권은 법질서의 유지나 재건을 위한 보수적인 의미로서만 존재한다고 보고 저항권의 행사가 최종적으로 남겨진 유일한 수단일 경우여야 한다는 등의 성립요건을 설시한 뒤 독일공산당의 주장은 저항권의 성립요건을 갖추지 못하였다고 하여 이를 받아들이지 않았다.

II. 저항권의 성격과 주체 및 대상

1. 성격

[기본권(자연권)성] 저항권은 기본권으로서의 성격을 가진다. 기본권으로서의 성격에 대해서도 ① 자연권설과 ② 실정권설이 대립된다. ①은 저항권을 천부인권의 자연권으로 보아 헌

법에 명시되고 있지 않더라도 국민에게 당연히 주어지는 권리라고 본다. ②는 법실증주의의 입장에 서는 이론으로 저항권이 초국가적·자연법적 권리라면 이를 인정할 수 없고, 다만 실정법에 의하여 규정될 경우에는 권리로서 인정된다고 본다. 저항권은 자연권이다. 원래 사회계약사상 등의 영향으로 자연권적인 권리로 이해되어 왔다. 대표적으로 1789년 프랑스 인권선언 제2조는 압제에 대한 저항의 권리를 자연적이고 불가침의 권리로 규정하였다.

[헌법수호적 권리로서의 성격] 저항권은 헌법수호의 기능을 수행하는 권리로서의 성격을 가진다.

2. 주체와 대상

저항권은 국민의 기본권으로서 그 주체인 국민이 행사하는 것이고 대상은 정당하지 못한 공권력을 행사한 국가기관, 공권력행사자가 된다.

III. 저항권의 행사의 요건

1. 대상성의 요건

(1) 불법의 중대성
저항권은 단순한 불법(부정의)이 아니라 국민의 중요한 기본권을 침탈하고 근본적인 기본권 보장원칙 및 체계를 파괴하거나 민주주의와 헌법의 중요한 기본질서를 위반하고 이를 배제 내지 폐기하려는 등 공권력의 불법적 행사가 중대한 경우에 이를 대상으로 행사된다.

(2) 객관적 명백성
위와 같은 불법은 명백하여야 한다. 이러한 명백성은 어느 개인의 주관적 판단에 따르는 것이 아니라 객관적으로 보아 불법성이 분명히 드러난 경우임을 의미한다.

2. 목적상 요건

(1) 기본권의 보장과 입헌질서의 수호
저항권의 행사는 기본권과 입헌질서를 회복하고 수호하기 위한 목적을 가진 것이어야 하고 그 궁극적인 목적은 인간의 존엄성을 보호하기 위한 데에 있다. 기본권의 침탈과 입헌주의의 파괴는 결국 국민의 인간으로서 존엄을 침해하기 때문이다.

(2) 보수적 요건(保守的 要件) – 민주적인 기존 헌법의 경우

기존의 헌법이 정당성을 가진 것인데 그 헌법을 파괴하려는 공권력에 대항하여 기존의 헌법을 수호하려는 보수적 저항권은 그 목적요건으로서 현행 헌법을 유지하도록 하거나 헌법이 훼손된 경우 그것을 회복시키는 것으로만 행사되어야 한다는 보수적 요건이 설정된다.

(3) 비민주적인 기존 헌법의 경우

비보수적 저항권은 기존의 비민주적 헌법을 파기하여 정당한 헌법으로 나아가기 위한 것이므로 현행 헌법질서의 유지, 복구라는 보수적 요건을 요구할 수 없다.[31]

3. 방법상 요건

(1) 최후성(보충성)

저항권의 행사는 다른 법적 구제수단이 전혀 없거나 구제수단이 있을지라도 저항목적 달성에 효과가 없을 경우 최후의 수단으로 저항만이 유일한 방법일 경우일 것을 요건으로 한다.

(2) 비례성

위와 같은 요건들을 갖추어 저항권이 행사될 수 있다고 하더라도 과잉의 폭력적인 저항이어서는 아니 되고 저항의 방법과 정도는 목적달성에 필요한 최소한에 그쳐야 한다.

4. 성공가능성 여부

이는 요건이 아니다. 저항권도 기본권인데 기본권이 그 행사의 목적이 달성 가능할 경우에만 그 기본권을 행사할 수 있다고 볼 수 없다. 더구나 위의 보충성요건이 헌법침해세력이 이미 상당히 강하게 자리 잡고 있는 상황을 의미하는 것이기도 하여 성공가능성이 많지 않아 그 요건으로 하는 것은 현실성도 없다.[32]

Ⅳ. 저항권의 행사의 효과와 한계

정당한 보수적 저항권행사는 헌법질서와 기본권을 침탈하는 불법의 독재행위에 대항하는 행위이므로 이는 오히려 적법한 행위로서 실정형법에 의한 처벌을 받지 않는다. 정당한 비보수

---

31) 이 점에서 "새로운 헌법질서나 국가질서를 수립하기 위한 적극적 목적을 달성하는 수단으로 저항권은 인정되지 않는다"라는 견해(정종섭, 전게서, 66면)는 타당하지 못하다. 저항권을 인정하는 다음에는 기존의 부당한 헌법을 폐지하고 새로운 헌법과 국가질서를 수립하여야 함에도 실정법적 방법이 없으면 저항할 권리가 있음을 인정하여야 한다.
32) 부정론: 허영, 전게서, 89면; 장영수, 전게서, 413면.

적 저항권행사는 형식적으로 실정법에는 위반되나 실정헌법이 부당한 것이므로 부당성에 대한 저항으로서 정당성을 가져 역시 처벌될 수 없다.

앞서 본 저항권행사의 요건들이 저항권행사의 한계를 이루는 것이기도 하다.

V. 우리나라에서의 저항권

1. 인정 여부

(1) 학설

우리나라의 학계에서는 저항권을 자연권으로 보아 이를 인정하는 견해들이 많다. 헌법전문의 "불의에 항거한 4·19민주이념을 계승하고"라는 문구가 우리 헌법이 저항권을 인정하는 것을 보여주는 규정이라고 한다. 또한 "3·1운동으로 건립된 대한민국임시정부의 법통 … 을 계승하고"라고 한 문구도 우리 헌법이 저항권을 받아들이는 입장을 보여주는 것이라고 할 것이다. 3·1운동이 일제에 항거한 저항운동이었고 그 결과인 임시정부는 식민상태에서 국권회복을 위한 저항이었기 때문이다. 그런데 이러한 헌법전문에 근거가 있다는 사실이 저항권을 실정권으로 보아야 한다는 것을 의미하는 것이 아니다. 이러한 헌법전문의 문구는 자연권인 저항권의 존재를 확인하는 것이라고 볼 것이다.

(2) 판례
1) 대법원

대법원은 저항권에 대해 "실존하는 헌법적 질서를 무시하고 초법규적인 권리개념으로써 현행실정법에 위배된 행위의 정당화를 주장하는 것은 그 자체만으로서도 이를 받아들일 수 없는 것"이라고 판시하여 저항권을 부정한 바 있다.[33] 또 "저항권이 실정법에 근거를 두지 못하고 오직 자연법에만 근거하고 있는 한 법관은 이를 재판규범으로 원용할 수 없다"라고 하여 저항권을 부정하였다.[34]

2) 헌법재판소

우리 헌재는 저항권의 대상, 요건 등에 대해 일부 설시를 한 바는 있으나 저항권의 침해 자체를 본안판단하여 정당성을 인정하는 위헌결정을 한 바는 아직 없다. 즉 이른바 날치기 통과된 노동관계법의 시행을 저지하기 위한 노동조합의 쟁의행위를 금지해달라고 회사가 제기한 소송에서 법원이 그 쟁의행위는 헌법질서 수호를 위한 저항권의 행사라고 하여 동법에 대하여 직권으로 그 위헌심판을 헌법재판소에 제청한 사건이 있었다(위헌법률심판은 법원의 제청으로 헌

---

33) 대법원 1975.4.8. 74도3323 대통령긴급조치위반 등(민청학련 사건).
34) 대법원 전원합의체 1980. 5. 20, 80도306(김재규내란사건). 이후 동지의 부정하는 판례: 대법원 1980.8.26. 80도1278.

재가 판단하게 됨. 제107조 제1항, 후술 헌법재판 참조). 헌재는 동법의 위헌 여부가 재판전제성을 가지지 못한다고 하여 각하하는 결정을 함으로써 본안판단을 하지는 않았으나 그 각하이유에서 저항권의 대상, 요건 등에 대해 일부 설시를 하였다(헌재 1997.9.25. 97헌가4). 헌재는 "국가긴급권의 과잉행사 때는 저항권을 인정하는 등 필요한 제동장치도 함께 마련해 두는 것이 현대의 민주적인 헌법국가의 일반적인 태도이다"라는 판시도 한 바 있다.[35] 이 판시는 '동원지역 내의 토지 및 시설의 사용과 수용에 대한 특별조치를 할 수 있도록 한' 제5조 제4항에 대한 위헌제청사건에서 나온 것이다. 헌재는 이 특별조치법은 초헌법적 국가긴급권을 대통령에게 부여하고 있다는 점에서 이는 헌법을 부정하고 파괴하는 반입헌주의, 반법치주의의 위헌법률이라고 하면서 그 조항에 대해 위헌의 결정을 하였다.

2. 요건

우리 헌재도 앞서 본 이론 대로 아래의 노동관계법 결정과 통합진보당해산심판의 결정에서 ⅰ) 대상성 요건, ⅱ) 목적상 요건, ⅲ) 방법상 요건이 요구된다고 본다(바로 위 Ⅲ. 저항권의 행사의 요건 참조).

● **판례** ① 노동관계법 결정. 헌재 1997.9.25. 97헌가4
[설시] 제청법원은 피신청인의 쟁의행위가 헌법질서 수호를 위한 저항권 행사로서 이유있다는 주장이 받아들여질 여지가 있다면, 심판대상 개정법의 국회통과절차의 위헌여부는 재판의 전제가 된다고 주장한다. 그러나 저항권이 헌법이나 실정법에 규정이 있는지 여부를 가려볼 필요도 없이 제청법원이 주장하는 국회법 소정의 협의없는 개의 시간의 변경과 회의일시를 통지하지 아니한 입법과정의 하자는 저항권행사의 대상이 되지 아니한다. 왜냐하면 저항권은 국가권력에 의하여 헌법의 기본원리에 대한 중대한 침해가 행하여지고 그 침해가 헌법의 존재 자체를 부인하는 것으로서 다른 합법적인 구제수단으로는 목적을 달성할 수 없을 때에 국민이 자기의 권리·자유를 지키기 위하여 실력으로 저항하는 권리이기 때문이다.

● **판례** ② 통합진보당해산결정. 헌재 2014.12.19. 2013헌다1
이 결정에서 헌재는 저항권의 요건에 대해 "저항권은 공권력의 행사에 대한 '실력적' 저항이어서 그 본질상 질서교란의 위험이 수반되므로, 저항권의 행사에는 개별 헌법조항에 대한 단순한 위반이 아닌 민주적 기본질서라는 전체적 질서에 대한 중대한 침해가 있거나 이를 파괴하려는 시도가 있어야 하고, 이미 유효한 구제수단이 남아 있지 않아야 한다는 보충성의 요건이 적용된다. 또한 그 행사는 민주적 기본질서의 유지, 회복이라는 소극적인 목적에 그쳐야 하고 정치적, 사회적, 경제적 체제를 개혁하기 위한 수단으로 이용될 수 없다"라고 한다.

3. 저항(민주화운동) 억압행위에 대한 판례

국민의 저항권행사를 억압한 쿠데타는 사후에 정당한 정권이 자리잡은 경우에 처벌될 수 있다. 이와 관련된 판례로 헌재와 대법원의 다음의 판결이 있었다. ① 5·18 불기소 헌재결정 - 5·18을 전후한 광주민주화운동 등을 억압한 전직 대통령 등에 대한 내란죄 혐의의 고소사건을 검사가 불기소한 데 대해 헌법소원심판이 청구된 사건에서 성공한 내란에 대한 처벌이 가

---

35) 헌재 1994.6.30. 92헌가18.

능한지 하는 문제가 제기되었다. 이 사건은 심판도중에 청구인의 청구취하로 심판종료가 되었
는데 심판종료에 반대하는 소수의견을 통해, 최종평의 결과 집권에 성공한 내란의 가벌성을 인
정하는 인용의견이 다수의견으로서 인용결정 정족수 6인을 넘어선 다수의견이었던 것으로 취
하가 없었으면 인용결정이 되었을 것임이 밝혀진 바 있다(헌재 1995.12.15. 95헌마221). 그리하여
아쉽게도 심판종료로 이 다수의견이 법정의견이 되지는 못하였다. 이 결정에서 헌재가 저항권
문제에 대해 직접 판단하지는 않았으나 위 다수의견이 앞으로 쿠데타에 대한 저항권의 문제에
대한 개척적인 의견을 내놓은 것이라고 볼 수 있다.

　② 대법원의 전직 두 대통령에 대한 내란죄 유죄판결 - 위 헌재결정 후 대법원은 광주민주
화운동을 진압한 전직 대통령들 등에 대해 내란죄 유죄를 인정하였는데 이 대법원 전원합의체
판결(1997.4.17. 96도3376)에서도 성공한 쿠데타도 군사반란·내란의 죄로 처벌할 수 있다는 입
장을 분명히 하였다.

4. 저항(민주화운동)의 보상(명예회복 등)

　과거의 독재정권 시절 민주화를 위한 활동을 한 데 대해 입법적인 보상이나 명예회복 등이 이루
어져 실질적으로 그리고 입법적으로 저항권을 인정한 결과를 가져왔다. '민주화운동 관련자 명예
회복 및 보상 등에 관한 법률', '5·18민주화운동 관련자 보상 등에 관한 법률', '진실·화해를 위
한 과거사정리 기본법', '동학농민혁명 참여자 등의 명예회복에 관한 특별법' 등이 그것이다.

제 4 장
대한민국 헌법의 역사

Ⅰ. 제1공화국 이전

우리나라 역사에서 고조선, 삼국시대, 고려시대, 조선시대를 거치면서 존재했던 국가들에도 고유한 의미 헌법은 존재했었다. 1897년에 대한제국이 성립되었고 고종 황제가 1899년 대한국 국제(大韓國 國制) 9개조를 반포하였는데 이는 군주의 권한을 열거하여 전제군주제를 규정한 흠정헌법으로서의 성격을 가졌다.

1910년 한일 강제합병으로 주권을 상실하였으나 일제지배 하에서도 1919년 3·1만세운동으로 온 민족의 독립운동이 불타올랐고 대내외에 독립의지를 분명히 하였다. 3·1독립운동의 결과 망명정부인 대한민국임시정부가 수립되었는데 헌법을 두고 있었다. 즉 임시정부는 1919년 4월 11일의 임시헌장, 1919년 9월 11일 임시헌법, 1927년 3월 5일의 임시약헌, 1940년 10월 9일 임시약헌, 1944년 4월 22일 임시헌장 등의 헌법을 두고 있었다. 임시정부의 헌법들은 국민주권주의, 권력분립원리, 기본권의 보장 등 근대입헌주의 헌법이 가지는 기본원칙들을 담고 있었다. 현행 헌법은 '3·1운동으로 건립된 대한민국임시정부의 법통을 계승'함을 명시하고 있다.

Ⅱ. 제1공화국

1. 제1공화국헌법

* 용어의 문제: '제1공화국헌법'을 종래 관례로 '제헌헌법'이라고 하는 데 대해 잘못된 것이라고 하고 '건국헌법'이란 용어를 사용하는 견해도 있으나 우리나라가 제1공화국에서 처음으로 나라가 된 것이 아니므로 문제가 있다. 이후 공화국 차수를 두고도 논란이 될 수 있다. '제1공화국'이란 우리 영역 내에서 국권회복 후 첫 번째로 수립된 공화국이란 의미이다. 이 책에서 인용 등의 이유로 관용되어 온 '제헌헌법'이란 말도 쓰지만 여기서 또 다른 곳에서도 이런 점들을 고려하여 일단 편의상 '제1공화국', '제1공화국헌법' 또는 이 헌법이 제정된 연도인 1948년을 구별지 표로 하여 '48년헌법'이라고도 한다. 제2, 3, 4, 5, 6공화국도 일단은 관용되어 온 데 따라 사용하기로 한다.

(1) 제정과정

1945년 8월 15일 해방 이후 격랑의 파고를 넘어 우리나라 최초 공화국의 성문헌법이 1948년 7월 12일에 제정되고 같은 달 17일 공포되어 시행에 들어갔다.

(2) 내용과 특색

제1공화국 헌법은 전문과 모두 10개의 장, 총 103개조로 규정되어 있었다. 제1장 총강에서
는 대한민국의 국가형태가 민주공화국임을 밝히고 국민주권주의, 국적(국민의 요건)법률주의,
영역, 침략적 전쟁의 부인, 국군의 국토방위의 신성한 의무, 국제조약의 국내법과 동일한 효력
인정 등을 규정하고 있었다. 제2장(국민의 권리의무)에서는 다양한 국민의 기본권들을 규정하고
있었다. 평등권을 규정하였고, 신체의 자유, 거주와 이전의 자유, 통신의 비밀, 신앙과 양심의
자유, 국교부인 및 정교분리원칙, 언론, 출판, 집회, 결사의 자유, 학문과 예술의 자유, 재산권
의 보장 등 자유권을 규정하였고 개별적인 법률유보를 두기도 하였다. 균등하게 교육을 받을
권리, 무상의 초등의무교육제, 근로의 권리, 근로자의 근로3권, 사기업 근로자의 이익분배균점
권, 생활유지의 능력이 없는 자에 대한 국가보호, 혼인의 순결과 가족의 건강 보호 등 생존권
적(사회적) 기본권도 규정하였다. 청구권으로서는 청원권, 재판청구권, 형사보상청구권을 규정
하고 있었고, 공무원선거권, 공무담임권, 국가배상청구권이 규정되어 있었다.

제3장 국회에서는 국회의원의 임기를 4년으로 하였고 단원제국회로 하였으며 국회는 입법
권, 예산안 심의결정권, 중요조약에 대한 동의권, 탄핵소추권을 가졌으며 특히 국정감사권을
가져 대정부통제권이 강한 편이었다. 제4장 정부에서는 대통령, 부통령을 국회에서 선출하도록
하였고(간선제) 임기는 4년, 재선에 의하여 1차중임할 수 있도록 하였다. 정부는 법률안제안권
을 가졌고 대통령은 법률안거부권도 가졌다. 대통령은 긴급재정경제명령·처분권, 계엄선포권
등 국가긴급권도 가졌다. 국무원을 두었는데 이는 대통령과 국무총리 기타의 국무위원으로 조
직되는 합의체로서 대통령의 권한에 속한 중요 국책을 의결하는 기관이었다. 자문기구가 아니
라 의결기관이었다. 국무총리는 대통령이 임명하고 그 임명에 국회의 승인을 얻도록 하였으며
국무회의제도를 두었다. 제5장 법원에서는 대법원장을 대통령이 임명하고 그 임명에 국회의 승
인을 얻어야 한다고 규정하였고, 대법원에 법률의 정하는 바에 의하여 명령, 규칙과 처분이 헌
법과 법률에 위반되는 여부를 최종적으로 심사할 권한을 부여하였다. 그러나 법률에 대한 위헌
심사권은 별도의 기관인 헌법위원회의 관할로 하였다.

제6장 경제에서 대한민국의 경제질서는 사회정의의 실현과 균형 있는 국민경제의 발전을
기함을 기본으로 삼고 각인의 경제상 자유는 이 한계 내에서 보장된다고 규정하였다. 지하자원
등의 국유원칙, 농지의 농민에의 배분, 운수, 통신 등 공공성을 가진 기업의 국영화원칙, 법률
에 의한 사영기업의 국유화 등을 규정하고 있었다. 제7장 재정에서는 조세법률주의, 예산에 관
한 원칙들, 심계원에 의한 수입지출검사 등을 규정하였다. 제8장 지방자치에서는 지방자치단체
의 사무와 자치에 관한 규정(조례)제정권, 지방자치단체의 조직과 운영 등에 관하여 규정하고
있었다. 제9장 헌법개정에서는 헌법개정의 제안은 대통령 또는 국회의 재적의원 3분지 1 이상
의 찬성으로써 하도록 하고 헌법개정의 의결은 국회에서 재적의원 3분지 2 이상의 찬성으로써
하도록 하였으며 국민투표제는 두지 않았다. 헌법보장기관으로서 위헌법률심판권을 가진 헌법

위원회를 두었고 탄핵심판은 별도의 탄핵재판소를 두어 관할하도록 하였다.

부칙에도 본문에 연속하여 조문수를 붙였다. 반민족행위자에 대한 처벌의 근거를 부칙조항에 넣어(제1공화국헌법 부칙 제101조) 일제의 부역자 등을 처벌하여 민족정기를 살리기 위한 청산의 근거를 헌법 자체에 두었다. 헌법부칙은 제헌국회의 의원의 임기를 2년으로 한정하였다(부칙 제102조).

(3) 평가와 헌정

첫 번째 공화국 성문헌법이었음에도 자유권 외에도 비교적 다양한 많은 기본권들을 규정하였다. "대한민국은 정치, 경제, 사회, 문화의 모든 영역에 있어서 각인의 자유, 평등과 창의를 존중하고 보장하며 공공복리의 향상을 위하여 이를 보호하고 조정하는 의무를 진다"라고 하여 자유권, 평등권의 보장, 그것의 조정의무를 국가에 지우는 규정을 총강(제5조)에 둔 것도 특징이다. 평등원칙을 총강에도 둔 것은 그것을 강조하는 것이자 특색이다.

48년헌법은 국민주권주의를 확인하고 있으며, 입법권, 집행권, 사법권의 권한을 규정하고, 상호간 견제 등을 규정하여 권력분립주의를 실현하고자 하였다. 그 점에서 독립된 민주국가의 출범을 위한 헌법규범적 토대가 형성되었다고 할 수 있다. 근로자의 이익분배균점권, 통제경제적 성격 등은 제1공화국헌법의 특색이라고 할 수 있다(근로자의 이익균점권은 제3공화국 헌법에서 폐지되었다). 전반적으로 볼 때 정부형태는 대통령중심제에 다소 의원내각제의 요소가 가미된 것이었다. 의원내각제적 요소로, 국무원제도, 국무총리ㆍ국무위원의 국회출석답변제도, 정부의 법률안제출권 등이 있었다. 정부형태 등에서 있어서 바이마르 공화국 헌법의 영향을 받은 것으로 평가된다.

그러나 이승만의 의견이 반영되어 대통령중심제에 무게를 둔 정부형태를 채택한 것은 근대적 헌정경험이 적은 당시에 집권자의 권력집중과 독재를 가져올 소지를 안고 있었기에 헌법의 앞날이 순탄치만은 않을 것임을 예고하고 있었다. 초기부터 국무총리의 국회인준에 파동을 겪는 등 헌정이 순항하지 못했고 이승만 초대 대통령의 독주경향을 보여주었다.

2. 제1차 개헌 – 이른바 '발췌개헌'

(1) 경위와 주된 내용

1950년 5월 30일에 제2대 국회의원 총선거가 실시되었는데 이승만은 극소수 의원들의 지지만을 받는 상황이었고 얼마 있지 않아 6ㆍ25가 발발하였고 이승만 대통령은 비상계엄령을 선포하고 긴급명령에 의존하는 정치를 하였다. 이승만은 국회에서의 간선으로는 자신이 대통령으로 재선출되기 어렵다고 보아 대통령과 부통령의 국민 직선제도를 도입하고 양원제를 두는 헌법개정안을 정부의 안으로 1951년에 제출하였으나 국회에서 압도적 표수로 부결되었다. 이에 힘을 얻은 야당은 의원내각제로의 개헌을 위한 헌법개정안을 1952년 4월 17일에 제안하였는데 이에 대항하여 이승만 대통령은 앞서 부결된 헌법개정안, 즉 대통령제를 주축으로 하는 헌법개정안을 제출하였고 임시수도인 부산에서 5월 26일부터 국회의원소환운동을 벌이고 폭력집단이 난무하는 공포분위기 가운데 의원들이 강제연행되어 야당안과 정부의 안이 절충된 헌법개정안이 1952년 7월 4일에 의결되었다(이른바 '부산 정치파동'). 이처럼 양안이 절충되어 성립된 헌법개정이기에 제1차 개헌은 '발췌개헌'이라고 불린다.

(2) 제1차 개헌의 문제점

야당안과 정부안이 각각 공고되긴 했으나 발췌된 개헌안은 공고되지 않았고 국회의 독회도 없이 의결된 것으로서 공고절차, 입법절차 등을 위반한 절차상의 하자가 있었다. 또한 공포분위기 속 국회의원들의 토론과 표결의 자유가 박탈된 채 이루어진 위헌적인 개정이었다.

(3) 내용 및 운용

야당이 제안한 의원내각제 개헌안, 정부가 제출한 대통령·부통령직선제 등의 개헌안이 각각 발췌되어 절충된 헌법이다. 즉 국회는 국무총리인준, 국무원불신임 등의 권한을 가지고 대통령·부통령은 직선되도록 하였으며 양원제를 채택하였다. 상당히 혼합정부제적인 정부형태였다. 이승만 대통령은 국민직선으로 당선된 후 국무총리를 지명하지 않고 국회동의가 없는 국무총리 서리제도를 두는 등 국무원제도를 유명무실한 것으로 하였고 국회에서도 1954년 5월 제3대 국회의원총선거(민의원총선거)에서 여당인 자유당이 압도적인 승리로 다수를 차지하여 국무원불신임권이 사실상 행사되지 못하는 상황에 있었다. 참의원선거는 실시하지 않아 국회가 단원제로 운영되었다.

3. 제2차 개헌 – 이른바 '사사오입' 개헌

(1) 경과

1954년 9월 8일 이승만 정권은 대통령 3선을 위한 목적으로 개헌안을 제출하였는데, 그 개헌안은 초대 대통령에 한해 3연임 제한을 없애고 무제한 연임이 가능하도록 하여 대통령제를 강화하고 내각제적 요소를 배제하는 내용으로, 이 개헌안은 동년 9월 8일에 제출되었다. 그러나 국회에서 표결결과 재적의원 203명 중에 찬성 135표로 개헌정족수인 3분의 2 찬성에 1표가 부족하여 부결로 선포되었다. 그러나 이틀 후 여당인 자유당의 국회의원들만이 참석한 가운데 국회를 열어 이른바 '사사오입'론을 내세워 번복하고 개헌안을 가결시켰다.

(2) 문제점

부결로 선포된 것을 번복하여 가결한 점, 사사오입이라는 전대미문의 정족수계산은 인정할 수 없음은 물론이므로 의결정족수에 미달한 위헌적 의결이란 점에서 그 의결이 무효인 절차상 위헌인 개헌이었다. 내용상으로도 위헌이었다. 즉 "재선에 의하여 1차중임할 수 있다"라고 하여 재선만 허용한(3선금지) 헌법 제55조 제1항 규정을 그 부칙조항에서 "이 헌법공포당시의 대통령에 대하여는 제55조 제1항 단서의 제한을 적용하지 아니한다"라고 규정하여 초대 대통령에 대해서만 예외적으로 3선금지를 해제하여 평등원칙을 위배한 헌법개정이었다.

(3) 개정내용

대한민국의 주권의 제약 또는 영토의 변경을 가져올 국가안위에 관한 중대 사항에 대한 국민투표제도를 신설하였다(제2차 개헌헌법 제7조의2). 참의원의 임기, 권한(대법관, 검찰총장 등에 대한 인준권의 부여)에 관한 개정이 있었고, 국무총리제도를 없애고 대통령궐위 시 부통령승계제도를 두어 미국식 대통령제에 가까워졌다. 초대 대통령에 한해 3선금지 규정을 배제하였다(* 이 점에서 유의할 것은 흔히 3선금지 규정의 배제를 위한 헌법개정으로 1969년의 제6차 개헌만 떠올리는데 이승만 정권 때 제2차 개헌에서 이처럼 이미 3선철폐 개헌을 한 바 있다는 사실이다). 군사재판을 관할하는 군법회의의 설치근거를 헌법에 명시하였다. 기본권분야에서의 변화는 별로 없었고, 경제조항은 이전의 통제적 성격을 완화하여 사영기업의 국·공유화의 원칙적 금지를 규정하는 등 자유경제체제로 대폭적인 변경이 있었다. 헌법개정절차에 있어서 헌법개정의 제안은 대통령, 민의원 또는 참의원의 재적의원 3분지 1 이상 외에 민의원의원선거권자 50만 인 이상의 찬성으로써도 할 수 있게 하여 헌법개정에서의 국민발안제도를 도입하였다.

Ⅲ. 제2공화국

1. 4·19혁명

1960년 대통령과 부통령 3·15부정선거에 대한 학생들의 항의시위는 정부의 발포로 악화되어 이후 국민들의 저항이 폭발하였고 정부는 비상계엄을 선포했으나 학생들의 시위는 계속되었으며 급기야 교수들도 시위에 참여하였고 결국 많은 희생을 가져오고서야 이승만 대통령은 사직하였다. 바로 4·19혁명이었다. 이후 국회는 개헌을 통해 시국을 수습하기로 결의하고 5월 2일에는 허정을 수반으로 하는 과도정부가 수립되었다.

2. 제3차 개헌

(1) 경과

국회는 개헌안을 마련하는 작업을 수행할 기초위원회를 구성하였는데 4월 28일에 기초위원들을 선임하여 다음 날부터 기초위원회가 본격적인 활동을 하였다. 드디어 여·야의 합의로 성립된 의원내각제 개헌안이 그 해 6월 11일에 국회에 제출되어 6월 15일에 압도적인 찬성으로 가결되었다.

(2) 개정내용

ⅰ) 기본권규정들이 신장되었다. 개별적 법률유보를 많이 없애고 기본권을 제한하더라도 자유와 권리의 본질적인 내용을 훼손하여서는 아니된다는 규정을 두고 언론, 출판에 대한 허가나 검열과 집회, 결사에 대한 허가를 규정할 수 없음을 명시하는 등 기본권규정들을 강화하였다. ⅱ) 정부형태는 양원제를 취하면서 민의원의 내각불신임권, 국회(민의원)해산제도, 국무원의 연대책임 등 전형적인 의원내각제의 정부형태를 택하였다. 대통령은 국회에서의 간접선거로 선출되었다. ⅲ) 헌법재판소를 창설하였다. ⅳ) 헌법재판소에 의한 정당해산제도를 두었으며, ⅴ) 대법원장, 대법관의 선거제를 채택하였고, ⅵ) 중앙선거위원회를 헌법기관으로 하였으며, 그 외 ⅶ) 지방자치단체장의 주민직선제, 직업공무원제, 경찰의 중립 등을 규정하였다.

(3) 평가와 운용

제3차 개헌은 우리 헌정의 개헌사에 있어서 처음으로 여·야간 합의에 의한 것이었고 또 합헌적인 개정절차를 밟아 이루어진 개정이었다. 국민이 독재정권에 항거하여 쟁취한 저항권행사와 혁명의 결과라는 점과 국민의 기본권의 신장, 의원내각제로의 정부형태의 변화, 헌법재판소제도의 도입 등 중요한 변화들을 고려하면 형식적으로는 제3차 개헌이었으나 이는 실질적으로 개헌이라기보다는 제2(두번째)공화국의 성립을 가져온 것이기도 한 헌법의 제정이라고 볼 것이다.

1960년 7월 29일 민의원, 참의원 양원의원 총선거가 실시되었고 8월 2일 양원합동회의에서 윤보선이 대통령으로 선출되었으며 이후 장면이 국무총리로 국회의 인준을 받아 정부가 출범하였다. 그러나 국민의 절대다수의 지지로 3분의 2 이상의 의석을 가졌던 거대여당 민주당은 신파, 구파로 나누어져 내각의 약체성을 보여주었다.

3. 제4차 개헌 – 부칙개헌

(1) 경과

자유당의 압제에서 벗어나 국민들은 제3공화국헌법이 보장하는 언론의 자유 등을 통하여 의사를 표출하였고 연일 시위가 일어났다. 3·15부정선거를 자행한 원흉들에 대한 처벌이 너무 약하다고 하여 시위가 계속되었고 급기야 데모대 일부는 국회의사당을 점거하는 사건까지 있었으며, 반민주행위자들과 부정축재자들에 대한 처벌을 요구하였다. 이에 의원들은 헌법부칙에 처벌을 위한 특별법제정의 근거를 두는 것을 내용으로 하는 헌법개정안을 제안하였고 1960년 11월 29일에 이러한 제4차 개헌안이 통과되었다.

(2) 내용

제4차 개헌은 3·15부정선거행위자, 반민주행위자, 부정축재자에 대한 소급적인 처벌을 위한 특별법제정의 헌법적 근거를 부칙에 두는 개헌을 하였기에 부칙개헌이라고도 한다. 개헌된 부칙은 3·15선거에서의 부정행위와 그 부정행위에 항의하는 국민에 대하여 살상 기타의 부정행위를 한 자, 1960년 4월 26일 이전에 특정지위에 있음을 이용하여 현저한 반민주행위를 한 자의 공민권을 제한하기 위한 특별법을 제정할 수 있으며 1960년 4월 26일 이전에 지위 또는 권력을 이용하여 부정한 방법으로 재산을 축적한 자에 대한 행정상 또는 형사상의 처리를 하기 위하여 특별법을 제정할 수 있다고 규정하였다. 이러한 특별법은 소급적으로 처벌을 할 수 있도록 한 것이었다. 또한 개헌부칙은 3·15부정선거행위자, 반민주행위자, 부정축재자의 형사사건을 처리하기 위하여 특별재판소와 특별검찰부를 둘 수 있도록 하였다.

(3) 논의점

부칙개헌은 소급입법에 의한 처벌, 참정권, 재산권의 제한이라는 점에서 위헌이라는 논란이 있었다. 그러나 소급입법의 금지는 법적 안정성을 위한 것이고 정의의 구현을 위해 헌법개정권자에 의하여 변경될 수 있다는 점을 생각하면 개정의 정당성을 찾을 수 있다고 할 것이다.

4. 제2공화국헌법의 운명

민주적 합헌적 헌법으로의 변화로서 의미를 가졌던 제2공화국헌법은 1960년 6월 15일에 공포되어 시행에 들어간 뒤 1년도 채 되지 않아 5·16군사쿠데타로 단명한 헌법이 되고 말았다.

Ⅳ. 5·16군사쿠데타와 제3공화국

1. 군사쿠데타정부의 국가재건비상조치법

제2공화국이 채 꽃도 충분히 피워보기도 전에 1961년 5월 16일에 박정희 장군 등 군부에 의한 쿠데타가 일어났고 군사정부는 혁명공약을 발표하고 포고령과 계엄령으로 통치하다가 6월 6일에 국가재건비상조치법을 제정하였다. 동법은 국가권력을 일종의 회의제정부였던 국가재건비상최고회의에 집중시키고 국민의 기본권은 혁명과업수행에 저촉되지 아니하는 범위 내에서 보장된다고 규정하였다. 국회는 해산되었고 정부는 총사퇴하였으며 동법은 국회의 권한은 국가재건비상최고회의가 행사하도록 하였고(동법 제9조), 국무원의 권한은 국가재건최고회의의 지시와 통제 하에 내각이 이를 행하도록 규정하면서 내각수반은 국가재건최고회의가 임명하도록 하여(동법 제13조, 제14조) 사실상 내각을 최고회의가 장악하도록 하였다.

2. 제3공화국헌법 － 제5차 개헌

(1) 경과

국가재건최고회의는 헌법심의위원회를 구성하였고 동 위원회는 10월 새로운 헌법요강을 정하였으며 12월 6일에 최고회의의 의결이 있었고 1962년 12월 17일 국민투표로 제5차 개헌이 확정되었다. 그러나 군사정부는 곧바로 개정헌법의 시행에 들어가지 않고 민정이양을 늦추고 정국이 경색되었었다. 1963년 8월 대통령선거에서 박정희가 대통령으로 선출되었고 이어 국회의원선거에서 여당인 민주공화당이 다수의석을 얻어 개정된 헌법 부칙 제1조 제1항이 "이 헌법은 이 헌법에 의한 국회가 처음으로 집회한 날로부터 시행한다"라는 규정에 따라 1963년 12월 17일에야 제3공화국헌법이 시행에 들어가게 되었다.

(2) 내용

ⅰ) 정당조항을 별도로 두는 등 정당국가화의 경향을 보여주었다. ⅱ) 기본권들을 보다 체계적으로 규정하였다. ⅲ) 정부형태에 있어서 대통령중심제를 채택하고 의원내각제 요소인 국회해산제를 폐지하여 내각제적 요소를 약화시켰다. 그러나 미국식의 대통령제에 있어서 보다 더 강한 권한을 대통령에 부여하였다. 국회는 단원제로 하고 그 권한을 약화시켰다. ⅳ) 법원에 위헌법률심사권을 부여하고 있었다. 대법원장과 대법원 판사의 임명 시 법관추천회의의 제청에 의하도록 하였다. ⅴ) 헌법개정에 국민투표를 필수적인 것으로 하였다. ⅵ) 헌법전문을 제헌헌법 이래로 그대로 두어 오다가 제5차 개헌에서 처음으로 개정하여 4·19, 5·16의 이념을 명문화하여 추가하였다.

(3) 문제점과 성격, 운용

제5차 개헌은 절차적으로 헌법에 정해진 개정절차를 따르지 않았고 군사쿠데타로 일종의 회의제정부인 국가재건최고회의에 의해 개헌안이 작성된 점에서 하자가 있는 위헌적인 개정이었다. 형식적 명칭으로는 제5차 개헌이었으나 위와 같은 점과 실질적으로는 대통령제로의 정부형태의 근본이 이행된 점에서 헌법의 제정(비정당한 제정)이라고 할 것이다.[36)]

군사정권은 이 개헌헌법을 공포해 놓고도 그 시행을 연기하고 군정연장을 하고자 시도하였으나 국민의 반대로 철회하였고 이 개정헌법에 따라 1963년에 대통령선거, 국회의원선거가 실시되었다. 박정희 대통령은 권위주의적으로 권한행사를 하였고 1967년에 재선된 뒤에 더욱더 권위주의적 통치행태를 보여주었다.

3. 제6차 개헌

(1) 경과

여당은 경제건설, 국방을 위해서는 박정희 대통령의 3선이 필요하여 개헌을 하여야 한다고 주장하였지만 이 제6차 개헌은 장기집권을 향해 가기 위한 것이었다. 여당인 공화당의 의원들에 의해 3선개헌안이 발의되었고 1969년 9월 14일 야당의원들이 농성중인 본회의장이 아니라 국회 별관에서 야당의원들이 불참한 가운데 122명의 찬성으로 이 개헌안이 날치기로 통과되었다. 이어 10월 17일에 실시된 국민투표의 결과 65.1%의 찬성으로 개헌이 확정되었으며 1969년 10월 21일에 공포가 되었다. 그리하여 국회의결과 국민투표를 모두 거쳐 확정된 것은 제6차 개헌과 제9차 현행헌법 개정뿐이었는데 6차개헌은 이처럼 국회의결이 불법적이었다.

(2) 내용

ⅰ) 제6차 개헌은 대통령의 3선을 금지한 헌법규정을 개정하여 장기집권을 가능하도록 하기 위한 것이 주목적이었다. 그리하여 제3공화국헌법 제69조 제3항은 "대통령의 계속 재임은 3기에 한한다"라고 개정되었다. 이 개정이 장기집권의 서막이었다. 제6차 개헌으로 그 외 개정된 사항들이 있다. 즉 ⅱ) 국회의원의 상한 정원이 250명으로 확대되었고, ⅲ) 국무총리·국무위원 내각과 국회의원직과의 겸직금지를 삭제하여 겸직이 가능하도록 하였으며, ⅳ) 대통령에 대한 탄핵소추의 발의 및 의결정족수를 강화하였다.

(3) 문제점

야당의원들이 제외된 가운데 국회 별관에서 변칙처리(날치기 통과)되었다는 점에서 절차상

---

36) 국가재건최고회의의 근거법인 국가재건최고회의법은 국가재건비상조치법을 근거로 하는 것이었는데 국가재건비상조치법은 한시법으로서 1963.12.17. 효력이 상실되었다. 따라서 국가재건최고회의법도 폐지되었어야 하였는데 최근 2009년 4월 1일에 와서야 국가재건최고회의법 폐지법률의 공포로 폐지되었다.

의 하자가 있었던 위헌적 개헌이었다. 대통령이 개헌안 제안 이전에 이미 개헌안을 국민투표에
붙여서 부결 시 사임하겠다고 하여 국민투표를 신임투표화한 것도 위헌행위였다.

V. 제4공화국(유신헌법) - 제7차 개헌

1. 배경과 경과

(1) 배경

1971년에 야당은 대통령선거, 국회의원 총선거에서 의외로 많은 득표를 하여 국민의 지지
를 받았는데 박정희 대통령은 북한이 호시탐탐 남침할 기회를 노리고 있는 위험이 있다고 하여
1971년 12월 6일 비상사태를 선포하였다. 그 법적 근거로 12월 27일에 '국가보위에관한특별조
치법'을 국회에서 통과시켰다. 이 조치법은 법률로써 초헌법적인 국가긴급권을 인정하는 위헌
적인 법률이었다.[37] 1972년 7월 4일에는 남북 간 쌍방은 자주적 조국통일을 하고 평화적 방법
으로 통일을 실현하는 등 그리고 남북조절위원회를 구성 운영하기로 하는 남북공동성명을 발
표하였다. 이러한 남북 간 접촉은 평화통일을 위해 필요한 것이었으나 그 헌법적 근거나 정당
성 등이 논란되었고 남북 양측의 체제강화를 위한 목적으로 악용되었다.

(2) 10월유신과 헌정중단

대통령은 1972년 10월 17일에 이른바 '10월유신'이라고 불리는 비상조치를 단행한다는 특별
선언을 통하여 개헌을 할 것임을 밝혔다. 남북대화를 위한 체제개혁이 필요하다는 명분하에 유
신을 정상적인 방법이 아닌 비상조치로 남북대화의 적극적인 전개와 주변정세의 급변하는 사태
에 대처하기 위한 조치라고 밝혔다. 그러나 실제로는 계속집권을 위한 무혈쿠데타라고 평가된
다. 즉 이 10·17선언으로 비상계엄을 선포하고 국회를 해산하였으며 정당 및 정치활동의 중지
등 헌법의 일부 조항의 효력을 중지시켰고 국회의 기능은 비상 국무회의에 의해 수행되도록 하
였고 조국의 평화 통일을 지향하는 헌법개정안을 공고하여 국민투표로 확정하도록 하였다.

(3) 헌법개정의 확정과 시행

비상 국무회의는 10월 26일 헌법개정안을 의결하였다. 이 헌법개정안은 11월 21일에 국민
투표에 붙여져 91.9%투표에 91.5% 찬성으로 헌법개정이 확정되었다. 이후 통일주체국민회의대
의원선거가 실시되어 동 국민회의가 구성된 뒤 대통령이 여기서 선출되었고 다음 해 1973년 2
월 27일에 국회의원선거가 행하여졌다. 제4공화국헌법을 이른바 '10월유신'의 소산이므로 '유

---

37) 후일 제6공화국의 헌법재판소도 이를 위헌으로 보았다. 헌재 1994.6.30. 92헌가18 [판시] 특별조치법은
　　초헌법적인 국가긴급권을 대통령에게 부여하고 있다는 점에서 이는 헌법을 부정하고 파괴하는 반입헌주
　　의, 반법치주의의 위헌법률이다.

신헌법'이라고도 부른다.

2. 제4공화국헌법의 내용

ⅰ) 기본권에 관하여 보면, 개별적 법률유보들을 많이 두어 기본권제한을 보다 쉽게 하였다. 법실증주의적 경향을 보였다. ⅱ) 통일주체국민회의를 신설하였다. 유신헌법 제35조는 "조국의 평화적 통일을 추진하기 위한 온 국민의 총의에 의한 국민적 조직체로서 조국통일의 신성한 사명을 가진 국민의 주권적 수임기관"이라고 규정하였다. 통일주체국민회의는 대통령 및 국회의원 3분의 1을 선출하는 권한을 가졌다. ⅲ) 무엇보다도 대통령의 권한을 지나치게 강화하여 '신대통령제'라고 부를 만하였다. 대통령선거의 직선제를 폐지하고 대통령은 통일주체국민회의에서 간접선출되도록 하였다. 대통령은 입법부, 사법부와 더불어 3권의 한 축이 아니라 그 위에 군림하는 지위를 가졌다. 대통령은 국회의원 3분의 1을 일괄추천할 권한, 국회해산권을 가졌으며 대법원장, 대법관뿐 아니라 일반 법관들도 대통령이 임명하도록 하였다. 대통령은 긴급조치권을 가졌는데 이에 대해서는 사법적 심사의 대상이 되지 아니한다고 헌법 자체가 명시하였다(동 헌법 제53조 제4항). ⅳ) 국회의 회기도 축소되고 국정감사권이 폐지되는 등 권한이 약화되었다. 조문의 배열 자체도 대통령 등 정부 보다 국회에 관한 조문들이 그 후에 배치되었다. ⅴ) 제3공화국에서와 달리 위헌법률심사를 담당하는 별도의 헌법재판기관으로 헌법위원회를 설치하였다.

3. 유신헌법의 비정당성(위헌성)

형식적으로는 제7차 개헌이었으나 절차적으로 당시의 헌법에 정해진 개정절차를 따르지 않았고 비상 국무회의 등을 통한 것이었다는 점에서 위헌적인 개헌이었고, 실질적으로는 권력분립에 있어 유래 없는 대통령에의 지나친 권력집중이 있어 이른바 '절대적 대통령제'라고 불릴 정도로 권위주의적 정부형태였다는 점에서 헌법의 제정(비정당한 제정)이라고 평가될 수 있다.

제7차 개헌은 다음과 같은 위헌성을 가지는 개정이었다. 첫째, 그 목적이 장기집권에 있었고 평화적 정권교체를 어렵게 한 헌법이었다. 당시 정권은 이 헌법개정의 의의를 조국의 평화적 통일이라는 역사적 사명 완수를 지향하고 민주주의의 한국적 토착화를 기하였으며 정치·경제 등의 안정 유지, 번영의 기초를 확고히 하며 국민의 기본권을 우리 실정에 알맞게 최대한 보장한다는 등을 내세웠으나 실제 목적은 장기집권에 있었다. 둘째, 위에서 지적한 대로 절차적 위헌성이 있었다. 셋째, 내용적으로도 대통령의 권한이 절대적으로 강하여 '신대통령제'적이었고, 국회의 3분의 1을 실질적으로 구성할 수 있는 권한을 대통령이 보유하고 국회의 권한을 축소하여 권력분립주의를 위배하였다.

4. 유신헌법의 운용

유신헌법은 대통령의 긴급조치권에 대한 통제가 없었으므로 비민주적 헌법이었고 말기로 가면서 긴급조치에 의한 통치라고 할 정도로 긴급조치의 상시적 활용이 국민의 기본적 인권을 박탈하고 유린하였다. 긴급조치가 제9호까지 발령되었고 학생, 재야, 야당 등의 유신체제반대의 운동과 그것에 대한 탄압 등 혼란한 국내 상황이 연속되었다. 헌법위원회는 단 한 건의 사건도 담당하지 않았다.

VI. 제 5 공화국 — 제 8 차 개헌

1. 배경과 경과

(1) 10 · 26사태와 비상계엄, 정권의 변동

1979년 10월 부마사태(釜馬事態)가 있었고 10월 26일 박 대통령이 살해되었으며 비상계엄이 선포되었다. 이후 최규하가 대통령으로 선출되어 새 정부가 구성되었으며 국회, 정가에서 새로운 헌법질서가 논의되었고 헌법개정의 분위기가 일어났다.

(2) 제8차 개헌의 경과

국회는 헌법개정심의특별위원회를 구성하였고 공청회를 거쳐 국회의 안을 1980년 5월 15일에 마련하였다. 정부도 1980년 3월에 헌법개정심의위원회를 출범하였다. 그러나 12 · 12군사쿠데타로 권력을 장악한 신군부세력이 1980년 5월 17일에 비상계엄확대실시를 하여 5 · 17사태가 일어났고[38] 5 · 18광주민주화항쟁이 발발하였다. 6월에 신군부는 국가보위비상대책위원회를 설치하였고 개헌작업은 신군부의 영향 하에 정부로 넘어가게 되었다. 8월에 최규하 대통령이 사임하고 전두환이 대통령에 보궐되었다. 1980년 9월 정부의 헌법개정심의위원회 전체회의가 헌법개정안을 의결하였다. 이후 국민투표에 붙여 유권자 95.48% 투표에 91.6%의 찬성으로 헌법개정이 확정되었다.

2. 내용

ⅰ) 총강부분에서는 전통문화의 창달규정, 재외국민의 보호규정, 국군의 사명조항, 정당에 대한 국가의 보조금 등이 새로이 두었고, ⅱ) 기본권분야에서는 개별적 법률유보를 많이 삭제

---

38) 후일 제6공화국에 들어와 12 · 12군사쿠데타와 5 · 17사건은 내란행위로 단죄된다.

하였다. 새로이 추가된 기본권조항들로는, 연좌제금지, 사생활비밀보호, 행복추구권, 환경권, 행복추구권, 적정임금보장 등의 규정들이 있다. ⅲ) 정부형태는 대통령중심제가 골격이고 대통령은 유신헌법과 같이 간접선거되었는데 제5공화국에서는 간접선거기관은 통일주체국민회의가 아니라 대통령선거인단이었다. 대통령의 임기는 7년 단임제였다. 대통령의 권한은 유신헌법에 비해 약화되었으나 비상조치권을 가지고, 국회해산권을 가짐으로써 여전히 강력하였다. 이 비상조치권은 국정전반에 걸쳐 필요한 비상조치를 할 수 있고 헌법에 규정되어 있는 국민의 자유와 권리를 잠정적으로 정지할 수 있으며, 정부나 법원의 권한에 관하여 특별한 조치를 할 수 있는 권한이었다. ⅳ) 국회에 관해서는 비례대표제의 헌법적 근거를 처음으로 두었고 국회의원의 임기를 유신헌법의 6년(통일주체국민회의선출 의원은 3년)에서 4년으로 변경하였다. 국회의 권한은 유신헌법에 비하여 상대적으로 회복되었다. 그러나 국정감사권은 여전히 부활되지 않았다. 다만, 종래 학설상 인정해온 국정조사권은 명시하였다. ⅴ) 일반법관에 대한 대법원장의 임명권이 되살아났고, 대법원에 행정·조세·노동·군사 등을 전담하는 부를 둘 수 있도록 하였으며 대법원에 대법원판사가 아닌 법관을 둘 수 있도록 하여 이원화를 가능하게 하였다. 행정심판의 헌법적 근거를 두었다. ⅵ) 경제조항에서는 독과점의 규제, 소비자보호, 중소기업보호에 관한 규정을 신설하였다. ⅶ) 헌법개정절차가 유신헌법의 2원적 절차에서 국회의결 후 국민투표를 거치도록 일원화되었다. ⅷ) 헌법부칙에서 제8차 개헌헌법에 의한 국회의 최초의 집회일 전일까지 국가보위입법회의가 국회의 권한을 대행하도록 하고 정치활동(참정권)의 소급제한 등을 위한 특별법을 제정할 권한을 국가보위입법회의에 부여하였다(동헌법 부칙 제6조 제1, 4항). 국가보위입법회의가 제정한 법률과 이에 따라 행하여진 재판 및 예산 기타 처분 등은 그 효력을 지속하며, 제8차 개헌헌법 기타의 이유로 제소하거나 이의를 할 수 없도록 하였다.

3. 비정당성

형식적으로는 제8차 개헌이었으나 국민의 의사가 수렴·반영되지 않은, 정확히는 그럴 진정한 의사 없는 집권자들에 의한 단기간의 개헌안 마련 등 이성적인 헌법개정과정을 밟지 않았다는 점, 국민의사에 반하는 권위주의적 정부를 자리 잡게 한 헌법이라는 점에서, 그러면서도 유신헌법 전반에 대한 변경을 가한 점, 그리고 제8차 개헌헌법의 전문이 "제5민주공화국의 출발에 즈음하여"라고 명시하고 있음을 보더라도 헌법의 제정(비정당한 제정)이라고 볼 것이다.[39]

4. 운용

국회의 권한이 약하여 정권에 대한 견제가 제대로 이루어지지 못하였고 권위주의적인 통치

---

39) 대법원의 판례 중에는 제8차 개헌을 제5공화국헌법의 제정으로 본 것이 있다(대판 1985.1.29. 74도3501).

를 보여주었다. 각종 이른바 5공비리로 지탄을 받았고 국민의 기본적 인권들이 많은 제한을 받았으며 언론의 자유가 탄압되었다. 사법부도 위헌법률심판제청을 하지 않는 등 소극적이었으며 헌법위원회는 한 건의 사건도 담당하지 않아 휴면기관이었다. 대통령의 간선제도가 출범초기부터 줄곧 논란되었고 국민적 정당성의 문제가 제기되어 직선제 개헌요구가 분출되었다.

Ⅶ. 제 6 공화국 － 제 9 차 개헌

1. 배경과 경과

1985년 2월 12일에 치러진 제12대 국회의원총선거에서 신생야당이 대통령직선제를 구호로 하여 많은 당선이 이루어져 양대 정당체제가 되었다. 1986년 초에 들어와 대통령직선제를 위한 민주헌법쟁취투쟁운동이 각계각층으로 확산되자 국회도 7월 30일에 여·야 합의의 만장일치로 헌법개정특별위원회를 출범시켰다. 하지만 여당은 의원내각제를 고집하여 개헌논의가 순조롭지 못하였고 전두환 대통령은 1987년 4월 13일 일체의 개헌논의를 중단시키고 1988년 2월 정부를 이양하겠다는 호헌조치를 발표하였다. 국민들은 이를 장기집권을 위한 음모라고 거세게 항거하였고 박종철 고문살인은폐조작으로 일어난 6·10항쟁 등 국민들의 개헌요구는 더 이상 이를 거스를 수 없는 것이 되었다. 여당은 결국 1987년 6월 29일에 직선제개헌을 받아들이는 6·29항복선언을 발표함으로써 국회에서 개헌논의가 비로소 실질적으로 시작되어 우리 헌정 역사상 최초로 여·야 합의에 의한 헌법개정 초안이 성사되었다. 10월 12일 국회에서 찬성 254표, 반대 4표로 헌법개정안이 의결되었고 이후 10월 27일 국민투표에서 제9차 개헌이 확정되었으며 10월 29일에 제6공화국헌법으로 공포되었다.

2. 내용

ⅰ) 전문에서 대한민국임시정부의 법통과 불의에 항거한 4·19민주이념을 계승함과 조국의 민주개혁의 사명을 명시하고 있다. ⅱ) 총강에서는 국군의 정치적 중립성, 자유민주적 기본질서에 입각한 평화적 통일 정책의 수립·추진을 명시하고 있다. ⅲ) 기본권조항들에서는 종전부터 학계에서 인정하고 있던 적법절차원칙을 명시하고, 구속이유고지제도를 처음으로 두고 구속적부심사제가 확장되었으며 형사보상제도도 확대되었다. 언론·출판에 대한 허가나 검열과 집회·결사에 대한 허가의 금지를 명시하였다. 범죄피해자구조청구권, 최저임금제의 강제적 실시, 여자의 복지와 권익의 향상, 노인과 청소년의 복지향상을 위한 정책을 실시할 국가의무, 신체장애자에 대한 국가보호, 주택개발정책 등을 통한 쾌적한 주거생활확보노력의무, 모성보호규정 등이 신설되었다. ⅳ) 국회의 권한은 상당히 회복되었다. 우선 국회규정이 대통령 등 정부규정보다 조문배열을 앞에 하였다. 연간 회기규정이 삭제되었고 임시회소집 발의정족수도 재

적의원 4분의 1 이상의 요구로 완화되었다. 국회해산제도를 없앴다. 국정감사권이 부활되었다. ⅴ) 대통령의 선출을 국민의 요구에 따라 직선제로 변경되었다. 5년 단임제를 택하여 장기집권을 막고 정권교체를 가능하게 하고자 하였다. 국정전반에 걸쳐 그리고 국민의 기본권을 잠정정지할 수도 있었던 대통령의 비상조치권을 폐지하고 대신 긴급명령, 긴급재정경제명령·처분 등을 발할 수 있게 하고 국회해산권을 없애는 등 대통령의 권한을 이전보다 축소하였다. ⅵ) 대법관의 임명은 대법원장제청을 조건으로 한 대통령권한에 속하는 것은 그대로이나 그 임명에 국회의 동의를 받도록 하여 그 민주적 정당성을 강화한 점이 달라진 것이다. 일반법관의 임명은 대법원장의 권한에 속하는 것은 그대로이나 그 임명에 대법관회의의 동의를 얻도록 한 것이 달라졌다. 이는 법원의 인사상 민주성과 독립성을 강화하기 위한 것이다. ⅶ) 제6공화국헌법의 가장 중요한 혁신 중의 하나로 헌법재판소의 창설을 들 수 있다. 헌법재판소는 위헌법률심판, 탄핵심판, 정당해산심판, 권한쟁의심판, 헌법소원심판을 담당하여 기본권과 헌법의 보장 및 헌법의 실효성 제고를 담당한다. ⅷ) 경제조항에 있어서는 개인뿐 아니라 기업의 경제상의 자유와 창의를 존중함을 명시하였다. 적정한 소득의 분배, 시장의 지배와 경제력의 남용의 방지, 경제주체간의 조화를 통한 경제의 민주화를 규정하고 있다. 지역 간의 균형 있는 발전을 위하여 지역경제를 육성할 국가의무, 정보 및 인력의 개발을 통한 국민경제의 발전에 노력할 국가의무 등을 명시하고 있다.

3. 시행

제6공화국헌법은 1987년 10월 29일 공포되었고 1988년 2월 25일부터 시행에 들어갔다(부칙 제1조). 다만, 이 헌법을 시행하기 위하여 필요한 법률의 제정·개정과 이 헌법에 의한 대통령 및 국회의원의 선거 기타 이 헌법시행에 관한 준비는 이 헌법시행 전에 할 수 있도록 하였다(부칙 동조 단서). 이에 따라 1987년 12월 16일에 대통령선거가 실시되었고 1988년 4월 26일에는 국회의원선거가 실시되어 신헌법에 따른 헌법기관의 구성이 이루어졌다.

4. 성격

ⅰ) 형식적으로는 제9차 개헌이었으나 권위주의 헌법에서 벗어나 권력분립원리에 비교적 더 충실해지고 대통령의 직선으로 환원되었으며 정권교체가능성이 부여된 점에서 헌법의 중요한 기본적 질서의 변화를 가져왔기에 실질적으로 새로운 헌법의 제정이다.[40] 국민들의 저항에 집권 여당이 굴복한 6·29선언에서 나타난 국민의 의사가 받아들여지고 그 기초를 이룬 헌법이라는 점에서 민주화의 과정의 소산으로서 정당성을 지닌 헌법제정이라는 의미를 지닌다. ⅱ) 우리나라 헌법들 중 제6공화국헌법은 여·야 간의 합의로 국회의결을 거쳐 국민투표로 확정된

---

40) 헌법의 제정이 아니라 헌법의 개혁이라고 부르는 견해도 있다. 허영, 전게서, 126면.

헌법으로서는 최초의 헌법이다. 즉 국회의결 및 국민투표를 모두 거치고 원래 헌법에 정해진 방법대로 헌법이 바뀐 유일한 헌법이다(6차개헌도 국회의결을 거쳤으나 이른바 날치기 변칙적 의결이었다). 이는 절차적 측면에서도 민주적 헌법성을 회복하는 역사적 의의를 가진다. 물론 부족하거나 시대적 상황에 비추어 앞으로 개정되거나 보완되어야 할 규정들이 있다.

5. 개헌의 기운

제6공화국 헌법에 대해서도 개정논의가 있어 왔다. 시대의 변화에 부응하는 새로운 기본권을 강화하고 정부형태에 변화를 가져오게 할 것인가 하는 등의 논의가 있었던 것이다. 한국공법학회, 한국헌법학회 등에서 헌법개정안이 연구되어 제시되었다. 2008년에 국회의장 소속의 헌법연구 자문위원회, 2014년에 국회의장 소속 헌법개정자문위원회에서 헌법개정안을 내놓았다.[41] 이 두 개헌안은 혼합정부제안을 제시하였다. 2014년 위 위원회의 안에는 다양한 기본권들이 보강되었다. 2017년에 국회는 헌법개정특별위원회를 가동하여 헌법개정안을 발의하고자 하였으나 2017년 12월 31일 활동시한이 만료되어 무산되었다. 이 개헌특위에 자문하기 위해 개헌특위에 의해 구성된 자문위원회는 헌법개정안을 제시하였다.[42] 2018년 3월 26일에는 임기 4년 한 번의 연임 등을 골자로 하는 대통령 개헌안이 발의되었는데[43] 여·야 간 합의도 이루어 내지 못하였고 표결 '불성립'으로 처리되었다. 국가인권위원회에서도 기본권 분야에 관한 헌법개정안을 2017년에 제시하였고[44] 2016년에는 대화문화아카데미에서도 개헌안이 나왔다.[45]

VIII. 평가

제1공화국 제1차 개헌은 공고절차 등을 위반하고 국회의원의 토론과 표결의 자유를 박탈한 위헌적 개헌이었으며, 제2차 개헌은 정족수에 미달한 의결을 하였다는 점에서 절차적으로 위헌적 개헌이었다. 제2공화국 제3차 개헌은 헌법개정절차에 따른 합헌적 개헌이었으나 군사쿠데타로 단명하였다. 3공화국 제5차 개헌은 군사정권이 군사쿠데타로 정권을 장악하여 개헌한 것으로 헌법에 정해둔 개정절차에 따르지 않은 위헌적 개헌이었으며, 제6차 개헌은 이른바 날치기 통과된 절차상 불법의 위헌적 개헌이었다. 제7차 유신헌법으로의 개헌은 비상조치를 선포한

---

41) 위 위원회들의 활동 및 위 헌법개정안과 그 해설에 대해서는 국회의장 소속 헌법연구 자문위원회, 『헌법연구 자문위원회 결과보고서』, 2009.8; 2014년 국회의장 소속 헌법개정 자문위원회, 『활동결과보고서』, 2014.5 참조.
42) 이 개헌안에 대해서는 국회 헌법개정특별위원회 자문위원회 보고서, 2018 참조.
43) 이 대통령 발의 개헌안에 대해서는 http://www1.president.go.kr/Amendment 참조.
44) 국가인권위원회, 기본권 보장 강화 헌법개정(연구포럼안) 참조.
45) 대화문화아카데미, 『새헌법안』, 2016 참조.

뒤 절대적 대통령제(신대통령제)라 불릴 정도의 권위주의적 정부형태를 만들었다는 점에서 절차적으로 위헌이었을 뿐 아니라 내용적으로도 정당성 없는 위헌적 개헌이었다. 제5공화국 제8차 개헌 역시 헌법개정절차를 무시하고 권위주의적 정부를 자리잡게 한 것이어서 마찬가지의 위헌적 개헌이었다. 제6공화국 제9차 개헌은 기본권규정의 강화, 국회 권한의 회복, 대통령 권한의 축소, 헌법재판제도의 도입 등을 특징으로 하는 개헌이었다.

제 5 장

국 가 론

제 1 절 국가의 개념과 성격

* **논의의 필요성과 주제:** 대한민국은 하나의 국가이고 국가는 국민의 기본권을 보장하고 질서를 유지하기 위하여 국가권력을 보유하고 행사하며 국가제도를 운영하며 국가는 대외적으로 독립성을 가진다. 따라서 헌법도 대한민국의 국가성, 국가가 가지는 기본권 보장의무, 국가권력, 대외적 독립성 등에 대해 기본적 원리들을 담게 되고 그 원리들을 이해하기 위해서는 먼저 국가가 무엇인지 하는 그 개념과 성격이 파악될 필요가 있다.

I. 국가의 개념

국가란 일정한 지역을 기반으로 하여 결속된 인간들의 집단이 존재하고 있고 그 집단과 지역 내에서 최고의 권력을 보유하고 있는 단체라고 정의된다. 국가는 대외적으로 외국에 대해 독립적이고 대내적으로(국가내적으로) 자치적으로 정치적 의사를 결정할 수 있는 단체이다. 그러나 사실 국가의 개념은 아래에서 보듯이 여러 이론들에 따라 다양하게 정의되고 있다. 즉 국가의 개념, 성격을 국가의 기원을 찾는 데서 파악하려는 사고들도 있었고(II. 1), 국가 자체의 실체를 두고 그 본질을 찾아 이해하려는 견해들도 있다(II. 2). 이러한 사고와 견해들 중 어느 것도 국가의 개념을 완전히 규명하여 주지는 못한다. 물론 위 견해들 중에는 국가의 개념과 본질이 내포하는 요소들의 부분을 밝혀주는 견해들이 있긴 한다. 따라서 결국 국가의 개념과 본질의 파악은 위의 여러 견해들을 복합적으로 파악하여 국가를 다른 사회조직들과 구별되게 하는 개념적 요소들과 특질이 무엇인가를 찾는 데에 달려있고 이것이 실질적으로 중요하다(III). 또한 국가는 법인으로서의 법적 지위를 가진다는 점도(IV) 중요하다. 아래에서 이러한 문제들을 살펴본다.

II. 국가의 기원설과 국가본질론

1. 국가의 기원설

국가의 기원이 무엇인지를 두고 국가를 개념정의하고 그 성격을 규명하려는 고전적인 이론들이 있었다.

(1) 왕권신수설

"권력은 신으로부터 나온다"라는 성 바울(St. Paul)의 말로 시작하여 고대, 중세의 신학자들은 신으로부터 국가의 권력이 나온다고 보았고 이러한 사상이 왕권신수설(神意說)의 기초가 되었다. 13세기 성 토마스 아퀴나스(St. Thomas Aquinas)도 권력은 신으로부터 나오고 신은 그 권력을 구체적으로 행사하는 것을 인간에 맡겼다고 보았다. 보쉬에(Jacques-Bénigne Bossuet, 1627-1704) 등은 이러한 권력은 왕에게 지상의 대표자로서 주어졌다고 보았다.

(2) 가족설, 실력설(정복설), 계급투쟁설, 재산설 등

ⅰ) 가족설   가족에서 씨족으로 씨족에서 부족으로, 부족에서 국가로 확대 발전하였다는 이론이다(Filmer).

ⅱ) 실력설(정복설)   한 종족이 다른 종족을 무력으로 정복해감으로써 국가가 성립하였다고 보는 이론이다(Gumplowicz, Oppenheimer 등).

ⅲ) 계급투쟁설   유산계급이 무산계급을 착취하고 억압하기 위한 수단으로서 국가를 만들었다고 보는 맑스-엥겔스의 이론이다.

ⅳ) 재산설   토지에 대한 지배권의 발달로 토지에 거주하는 사람들에 대한 토지소유자의 지배관계가 형성되면서 국가가 출현하였다고 보는 중농학파들의 이론이다.

(3) 사회계약론
1) 계약론의 발달과 전제(명제)

사회계약이론은 국가는 사회계약의 산물이라고 본다. 국가의 발생기원을 계약사상으로 설명하려는 입장은 16세기경부터도 나타났다. 17세기 들어와 Hobbes, Locke, Rousseau에 의해 본격적으로 영향력 있는 이론으로 사회계약론이 확립되었다. 여러 사회계약론자들에 공통되는 것은 ① 먼저 인간의 자연상태가 어떠하였다는 주장(가설)에서 출발하고 그 자연상태를 전제로 사회계약이론을 전개한다는 점에 있다. 그리하여 다음으로 ② 이 자연상태에서 나아가 보다 나은 인간사회의 보장을 위한 어떠한 내용의 사회계약을 성립시켰다는 주장을 하는바, 이 두 가지 명제를 내세운다.

2) Hobbes, Locke, Rousseau의 사회계약론

사회계약론의 대표적 사상가이었던 홉스, 로크, 루소는 사회계약을 국가의 발생기원으로 보았다. 그런데 각각의 사회계약의 전제인 자연상태, 국가의 모습인 계약의 내용 등은 차이가 있었다.

홉스(1588-1679)는 자연상태는 인간들이 서로 다투는 비참한 무질서상태였다고 보았다(만인에 의한 만인의 투쟁). 바로 이러한 자연상태의 무질서를 벗어나고 안전을 찾기 위한 목적에서 인간들이 사회계약에 의해 사회를 형성하기로 결정한 것이라고 본다. 따라서 사회계약에서 중요한 것은 무질서를 막는 것이고 이를 위해 강력한 통치자를 필요로 한다는 것이다. 결국 홉스는 자연상태의 무질서를 막아야 한다는 필요성을 강력한 통치력의 정당성근원으로 본 것이다. 홉스의 사상에 따르면 사회계약은 무질서를 막아줄 전지전능한 권력자를 신민들이 일방적으로 옹립하는 것이어서 절대권력자(군주)는 계약의 당사자가 아니므로 신민과 절대권력자 간의 쌍방적인 계약이 아니라 신민들 그들 사이에서만 이루어진 계약이다. 따라서 군주가 국민의 의사에 반하는 폭정을 하더라도 계약의 위반이 아니므로 군주를 구속하고 통제할 방도가 없다(저항권의 부정).

로크(1632-1704)는 홉스와 달리 자연상태를 긍정적이고 행복한 상태로 보았다. 로크는 그럼에도 불구하고 보다 권리의 조직화된 보호로 더욱 완전한 선, 더 많은 행복을 누리기 위하여 계약에 의해 사회상태로 이행하게 되었다고 본다. 그리하여 이러한 사회목적을 위하여 국민이 통치자인 왕과 사회계약을 체결하였는데 로크는 사회계약으로 모든 자유의 양도가 아니라 사회적 생활 질서에 필수불가결한 범위 내에서의 최소한의 자유만을 일부 양도하는 것을 인정하였다고 보았다. 이처럼 계약으로 신민은 일부양도를, 통치자는 신민이 가지는 자유와 재산을 보호하는 의무를 지게 된다고 보아 로크의 계약이론은 쌍방계약적인 것이다. 그리하여 통치자가 계약을 위배하는 경우 신민은 그에게 복종할 의무가 없고 권력에 저항할 수 있는 권리를 가진다는 사고가 자리 잡게 되었다(저항권의 인정).

루소(1712-1778)는 자연상태를 자유롭고 평등한 평화로운 상태로 상정하였다. 그러나 인간의 소유욕구로 인해 불평등이 자리 잡게 되자 인간은 원래의 자신의 행복과 그리고 자유를 되찾기 위하여 사회계약의 길을 걷게 된다고 보았다. 루소의 사회계약은 인간이 일반의사(一般意思)(la volonté générale)에 참여하고 복종할 것을 결의하는 것을 의미한다. 일반의사란 사회구성원들의 공동의 의사를 말한다. 구성원들 모두 같은 지위에서 스스로 일반의사를 따를 것을 결정하였기에 일반의사에 복종한다는 것은 자신의 의사에 대한 복종을 의미하므로 결국 각 개인은 자유롭고 또 평등하다고 보았다. 루소의 사상은 이처럼 일반의사에 참여로 사회계약의 산물인 국가가 성립된다고 본 것이다.

 * Hobbes, Locke, Rousseau의 사회계약론에 대해서는 기본권론에서 다시 다루게 되므로 더 자세한 것은 후술 '기본권론' 참조.

(4) 평가

국가의 기원에서 국가개념을 찾으려는 이론들은 성공적이지 못하였다. 왕권신수설은 국가의 개념을 설명하는 것이라기보다 절대권력을 합법화하는 것이었다. 가족설, 실력설(정복설), 계급 투쟁설, 재산설 등도 가족이 아닌 여러 부족들이 모여 국가를 이룬 사실 또는 이민들로 이루어 진 국가들이 있음을 보아도 모든 국가들의 역사적 발생사실과 맞지 않는 것이다. 계약설 역시 역사적으로 사실이 아닌 가정적 이론이다. 다만, 계약설은 국가가 국민의 기본권을 보장할 의무 를 지도록 하는 이론적인 근거를 제시하였다는 점에서 중요한 국가이론으로 작용하였다.

2. 국가의 본질론

국가 그 자체의 본질이 무엇인지를 규명하여 개념정의를 하려는 이론들이 나타났다.

(1) 철학적 국가론 – 형이상학적 국가설, 윤리설

플라톤, 아리스토텔레스, 볼프, 피히테 등은 윤리도덕의 발현이 국가라고 보는 철학적 관점 에서의 국가본질론을 표명하였다. 플라톤은 '국가론(Politeia)'에서 개인의 덕성만이 아니라 사 회의 윤리의 실현으로 정의가 구현된다고 보아 윤리에 입각한 국가를 강조하였고 철인정치를 강조하였다.

근대의 대표적인 철학적 국가론은 헤겔(Georg W.F. Hegel 1770-1831)의 국가이성론에서 나 타난다. 헤겔은 1821년에 발표된 '법철학'에서 국가의 본질을 국가조직이라는 형식적 관점에서 보려는 과거의 입장을 떠나 순수철학적 입장에서 고찰하기 시작하였고 그는 국가의 기능에서 부터 국가의 본질을 규명하려고 하였다. 변증법의 창시자인 헤겔은 근대의 인간은 그의 개인적 이익을 추구하려는 개인주의와 그의 인격은 진정으로 공동이익 속에서만 완성될 수 있다고 느 끼게 하는 그의 이성 간의 모순대립 속에 놓여 있다고 보았다. 그런데 이러한 개인과 공동체 간의 모순대립을 지양하기 위한 타협조절을 수행하는 일이 바로 국가의 기능이라고 보았다. 국 가는 법률에 의해 인간에게 이성에 합치되게 전체이익을 위해 그의 자유의 일부를 희생할 것을 받아들이도록 한다고 본 것이다. 이로써 국가를 윤리적 이념, 이성의 현실상태라고 보았다. 헤 겔의 이러한 이성주의의 영향은 현대의 '사회국가', 이익형량(공익과 사익의 형량, 조절)의 원리 에서도 찾아 볼 수 있다.

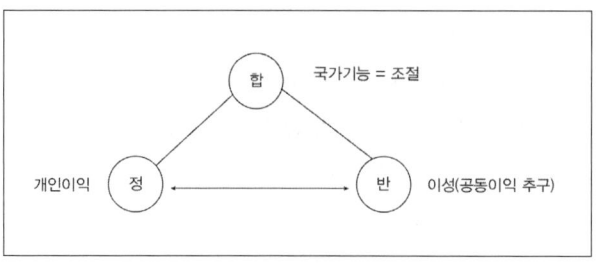

❑ 헤겔의 국가론 도해

(2) 사회학적 국가론

사회학적 국가론은 국가란 하나의 사회현상이고 법은 이 현상을 확인하는 것에 불과하다고 본다. 그리하여 국가란 강제적인 힘을 보유하는 정치적인 단체라는 사회현상이라고 본다. 프랑스의 레옹 뒤기(L. Duguit)는 국가는 힘의 산물이고, 물리적 강제에 의한 제재력을 갖추고 있는 사실 자체가 국가라고 보았다. 국가의 본질은 이러한 독점적인 강제력에 있고 국가가 법에 의해 창조되는 것이 아니라 국가라는 사실의 존재를 법이 확인하는 것일 뿐이라고 보았다. 독일의 막스 베버(M. Weber)도 정당한 물리적 강제의 독점의 요구를 국가의 인식준거로 보았고 그러한 정당성의 근거로 전통적 지배(군주적 정당성), 카리스마적 지배(카리스마적 정당성), 이성에 의한 지배(합리적 정당성)를 들 수 있다고 하였다.

(3) 통합론

루돌프 스멘트(R. Smend)의 통합이론에서는 국가를 하나의 머물러 있는 완결체가 아니라 사회구성원 개인들의 정신적인 유대적 통합의 과정 자체로서 존재하는 현실로 파악한다. 통합론적인 입장도 현실을 중시한다는 점에서는 사회학적 이론에 접근하는 것이라고 할 것이다.

(4) 법적 국가론
1) 법실증주의

법실증주의는 국가란 법규범을 창조하고, 법의 제재력을 확보하는 데에 필요한 존재라고 보아 법규범의 존재에서 국가의 기초 내지 본질을 찾으려는 입장을 취한다. 루돌프 폰 예링(R. von Jhering), 게오르그 옐리네크(G. Jellinek) 등의 독일학자와 레이몽 까레 드 말베르그(R. Carré de Malberg) 등의 프랑스학자가 법실증주의적 국가론을 주장한 학자들이다. 까레 드 말베르그는 실정법체계의 현실 속에서 바람직한 이상적인 법규범이 통용되도록 하기 위해서 국가가 필요하다고 보았다. 즉 실정법의 적용을 담보하는 것이 국가가 가지는 강제적 힘과 의사라는 것이다.

* 오늘날 국가가 법인이라고 보는 이론은 대륙계국가들에서는 일반적인 이론인데(후술, 국가의 법적 지위 – 국가의 법인성 부분 참조) 이는 법적 효과가 국가에 귀속된다는 것을 의미하는 것이고 19세기 법실증주의적 입장에서 국가에 주권이 있다는 입장(국가주권설)에서의 국가법인설과는 다르다. 오늘날 대륙법계국가에서 국가가 법인이라고 보면서도 국가의 주권은 국가가 아닌 국민에게 있다고 보기 때문이다(국민주권설).

* 순수법학파(법질서론) – 우리나라에서 법실증주의의 한 흐름이라고 보는 순수법학파를 형성한 한스 켈젠(H. Kelsen)은 국가는 법규범 자체라고 보았다. 이는 국가의 요소인 국민도 국가법의 적용을 받는 국민이고 영토도 그러하기 때문이라는 것이다. 따라서 그는 결국 국가를 정의하는 것은 곧 법을 정의하는 것을 의미한다고 보았고 국가는 곧 법질서라고 보았다. 법규범

들은 무엇보다도 그것들을 연결하는 단계구조(hierarchy, 서열)를 가진다는 데에 특색이 있다고 보았다.

2) 제도이론

프랑스의 모리스 오류(M. Hauriou)와 같은 학자들은 인간들이 공동의 목적을 추구하기 위해 그 수단으로서 제도들을 창조하였다고 보고 국가도 이들 제도들 중의 하나라고 보았다. 사법분야의 회사 법인체 등, 공법분야의 지방자치단체 등과 같은 제도들처럼 국가도 제도라고 본다. 다만, 사적인 제도는 자본, 인간의 노동 등이 그 구성요소이나 국가는 정치권력을 보유하는 제도라는 점에서 차이가 난다고 본다. 조루쥬 뷔르도(G. Burdeau)는 "국가란 제도화된 권력(le pouvoir institutionnalisé)이다"라고 하였다.

(5) 경제학적 국가론 - 맑스이론

경제적 관점에서 국가의 본질을 찾으려는 이론으로서 맑스주의이론이 대표적이다. 칼 맑스(K. Marx)와 프리드리히 엥겔스(F. Engels)는 유산계급이 생산수단을 독점하고 무산계급을 지배하기 위한 수단으로서 국가가 생겨났고 유지되었다는 데에 국가의 본질이 있다고 본다.

(6) 다원론

다원론이란 국가가 전체사회가 아니라 국가도 다른 사회단체들과 같이 하나의 사회적 집단이라고 보는 이론이다. E. Barker, G.D.H. Cole, H. J. Laski, R. M. MacIver 등이 다원론 주장자들이다. 다원론자들은 국가와 다른 사회단체를 구분하는 논거들에 대해 다음과 같이 반박함으로써 국가를 다른 사회단체와 구분하려 하지 않는 자신들의 주장을 입증하려고 한다. 첫째, 다른 사회단체와 달리 국가에 있어서는 그 가입(국적취득)과 탈퇴(국적탈퇴)가 강제적인 점에서 구별된다고 하나 국적의 취득, 이탈도 자유로울 수 있다. 둘째, 국가는 다른 사회단체와 달리 그 구성원이 다양할 수 없다고 하나 다민족국가가 있을 수 있고 복수국적도 가능하다. 셋째, 국가는 일정한 지역적 한계(영토)를 가진다는 점이 사회단체와 다르다고 하나 특정한 지역에 국한하여 활동하는 단체들도 있다. 넷째, 국가는 일정한 제재와 강제의 힘을 가진다는 점에서 다르다고 하나 사회단체들도 제재력과 강제력을 가질 수 있다. 다섯째, 국가는 영속성을 가지는 점에서 다르다고 하나 사회단체 중에도 영속성을 가지는 단체가 있고 반대로 국가도 소멸될 수 있다. 그리하여 다원론자들은 국가도 학교, 교회, 조합, 정당 등과 같은 다른 사회단체처럼 부분사회의 하나라고 보는 것이다.

(7) 기타

그 외 국가본질론으로는 국민은 국가라는 사회조직체를 구성하나 그 총화인 국가는 별개의 독자적 의사를 지닌 집합체라고 보는 유기체설 등의 이론이 있다 독일의 J. K. Bluntschli, O. F. von Gierke 등이 국가유기체론을 주장하였다.

(8) 소결

위의 여러 본질론들 각각의 이론이 국가의 본질을 부분적으로 파악하고 있긴 하나 어느 이론이든 국가를 완전히 개념정의하지는 못한다. 따라서 우리는 아래와 같이 국가의 존재요건 내지 개념적 요소들과 특질을 파악함으로써 국가를 이해하고자 한다.

Ⅲ. 국가의 성격(존재요건, 특질)

1. 공권력의 보유와 공익성 · 영속성

국가는 법규범을 창설할 수 있는 권력을 보유하고 강제력, 특히 공권력을 가진다. 국가는 최고의 권력인 주권을 가진다. 국가는 공익성을 추구하고 영속성을 가진 공동체이다. 다른 사회단체에서도 공익성과 영속성을 띠는 것이 있으나 국가는 그 정도가 더 강하다고 본다.

2. 인적 요소

국가는 국민이라는 인적 구성요소를 가진다. 그러나 국민은 단순히 군집생활을 하는 인간들의 집단이 아니라 일정한 정체성을 지닌 국가공동체를 구성하는 인적 집단이다.

3. 지역적 기반

국가는 여러 사람들이 함께 살아가는 일정한 지역과 공간을 기초로 한다. 지역적 · 공간적 기반은 그 국가의 공권력이 배타적으로 행사되는 영역(영토, 영해, 영공)을 이룬다. 국가의 지역적 기반은 변화될 수도 있다(영역의 변경).

4. 응집성 - 정신적 요소

국가에는 정체성이 존재하고, 단순한 국민들의 집합이 아니라 구성원들인 국민들이 더불어 국가사회라는 공동체를 구성하고 생활하겠다는 의식, 응집력, 결속이 존재하여야 한다.

Ⅳ. 국가의 법적 지위 - 국가의 법인성(法人性)과 분리이론

[의미] 대륙법계국가와 우리나라의 경우 국가는 하나의 법인격을 가진 법주체로서 법인(法人)의 지위를 가진다고 본다. 따라서 법인인 국가는 하나의 법적 제도이다.

[법인성의 효과] ⅰ) 법적 효과의 국가귀속 − 법인격이란 권리·의무의 주체가 될 수 있는 법적 지위를 말한다. 국가도 사회의 다른 법인들처럼 권리와 의무를 가질 수 있는 것이다. 따라서 국가 자체가 아니라 국가에 소속된 국가기관이 행한 법적 작용의 효과로서 발생하는 권리와 의무가 귀속되는 곳은 국가기관이나 그 기관의 구성자로서 직접 법적 작용을 행한 자연인이 아니라 국가 그 자체이다(예: 관세청의 외국기업 수입품에 대한 관세부과로 생긴 관세수입이 관세청이라는 국가기관이나 관세청장 개인에게 귀속되는 것이 아니라 대한민국이라는 국가에 귀속된다). 국가가 법인이라는 것은 그 구성원인 자연인들과는 별개로 권리능력, 즉 권리의무의 귀속주체가 될 수 있다는 것을 의미한다. * 바로 이 점이 헌법, 행정법, 다른 법에서도 중요하다. 국가가 손해배상책임을 진다거나 소송능력을 가지는 등의 경우가 이 효과로 나타나기 때문이다. ⅱ) 분리이론, 국가의 지속성 − 이는 국가작용의 행위자, 국가권력의 행사자인 자연인, 국가기관과 국가권력의 보유자(주권자인 집단으로서 국민)와의 분리를 의미하는 것이기도 하다. 이로써 국가권력의 탈인격화, 민주화가 이루어지고 주권보유자와 주권행사자의 분리가 국가권력규범론의 국민대표주의이론에 자리 잡게 된다(후술 '국가권력론' 참조). 국가의 법인성은 국가행위의 지속성을 가지게 한다. 공권력을 행사한 공무원의 교체, 변동에 무관하게 그 행사의 효과는 국가의 법인성 때문에 국가에 귀속되므로 지속성을 가지는 것이다. ⅲ) 주권 등 국가요소의 부각 − 국가가 법인의 지위를 가진다고 하나 사회의 다른 단체들 중에는 법인의 지위를 가지는 것이 부지기수다(지방자치단체, 사적 법인 등). 따라서 국가의 법인성이 다른 사회단체와의 구별을 설명하기에는 한계가 있다. 이 점에서 국가의 법인성이 국가의 법적 지위를 이루는 하나의 요소가 될 수는 있어도 국가의 개념 내지 성격을 규정하는 유일한 지표가 될 수 없고 오히려 주권 등의 요소가 더 중시되는 이유가 거기에 있다.

제 2 절   국가의 요소

결국 주권, 국민, 영역이 국가의 요소를 이루는데, 아래에서 각각 살펴본다.

제 1 항   주권(主權)

Ⅰ. 주권의 개념과 발달

(1) 주권의 개념
학설주권의 개념을 정의하는 학설로, ① 최고권한설, 국정의 최종적 권위설, ② 대외적 독립성설, ③ 헌법제정권력설, ④ 통치권설, ⑤ 복합설, ⑥ 권력의 정당화원리설 등이 있다.

생각건대 주권이란 국가의 의사를 결정하는 최고의 연원 내지 원동력으로서 대내적으로는 최고의 권력, 즉 한 국가 내에서의 최고의 권력을 의미하고 대외적으로는 한 국가를 외국에 대하여 독립된 지위에 있게 하는 힘을 의미한다.

(2) 발달

ⅰ) 주권관념의 본격적 발달, 군주주권 – 주권개념은 프랑스의 J. Bodin에 의해 그 이론적 정립이 본격적으로 이루어졌고 또한 발달되었다. 장 보당은 그의 '공화국에 관한 6권'(Les Six livres de la République)이란 1576년의 저서에서 "주권이란 공화국의 절대적이고도 영속(영구)적인 권력을 뜻한다"라는 주권개념을 정립하였다. 즉 한 국가에서 가장 강한 최고권력이 주권으로서 존재한다는 관념을 자리잡게 한 것이다. J. Bodin은 군주의 통치권 강화를 위해 주권개념을 발전시켰기에 군주가 주권을 보유한다는 군주주권론을 주장하였다. 그럼에도 J. Bodin이 오늘날까지 거명되는 것은 바로 주권이란 관념을 자리잡게 했기 때문이다. ⅱ) 국민주권론 – 사회계약론 – 이후 사회계약론에서 국민주권이 주창되었다. Johannes Althusius(1557-1638)는 1603년 그의 저서 "정치학"에서 사회계약론을 바탕으로 국민에게 주권이 있음을 주창하였고 J. Locke는 일부 신탁의 이론, J.-J. Rousseau의 일반의지와 개개인이 주권자가 된다고 보는 인민주권론을 개진하여 사회계약론의 사상들을 바탕으로 하여 근대시민혁명에서 국민주권주의가 활짝 꽃피우게 되었다(사회계약의 이론들에 대해서는 앞의 '국가이론' 참조). 프랑스 대혁명 시기의 A. Sieyès는 군주, 귀족이 아닌 제3신분이 헌법제정의 주체가 되어야 한다고 주장하여 헌법제정권력론을 정립하였고 제3신분이 국민으로서 이 국민이 주권을 보유하는 주체라고 하였다. 근대에 와서 국민이 주권을 가진다는 국민주권설이 주장됨과 아울러 주권이 최고 독립의 권력을 의미한다는 주권개념이 발달되었다. ⅲ) 국가주권설 중간에 군주나 국민이 아니라 국가 자체에 주권이 존재한다는 국가주권설이 주장되기도 하였다(독일의 Laband, Albrecht, Gerber, Jellinek 등 법실증주의자). ⅳ) 현대의 국민주권주의 확립 – 그러나 결국 현대에는 국민주권주의가 확립되면서 국민이 주권의 보유자이어야 함이 국가의 당연한 전제가 되었다.

(3) 대내주권(對內主權)과 대외주권(對外主權) – 주권의 개념지표

주권의 개념지표로서 중요한 것은 국내적으로는 최고의 지위를 가지는 권력이라는 권력의 최고성과 대외적으로는 한 국가의 독립적 지위를 인정하게 하는 권력이라는 점에서의 독립성을 들 수 있다. 주권(sovereignty, souveraineté, Souveränität)은 그 어근으로 보면 우월성을 의미하는 'superanus'라는 라틴어에서 유래하였는데 한 국가의 최고 독립의 지위를 의미하는 것이다. 국내의 최고성과 대외적 독립성은 각각 ① 대내주권(對內主權), ② 대외주권(對外主權)으로 표현되기도 한다. 그러나 대외주권은 오늘날 주권의 제약이 국제 현실에서 이루어지고 있기도 하기에 절대적인 것은 아니다.

II. 주권의 내용과 특성

1. 주권의 내용

(1) 자주조직권

한 국가가 다른 국가의 간섭을 받지 않고 자신의 주도로 자율적으로 국가의 조직을 수행할 수 있는 권력인 자주조직권이 주권에 내포되어 있다. 국가의 조직이 헌법에 의해 구성되므로 자주조직권은 헌법제정권력으로 나타난다. 주권을 헌법제정권력만이라고 보는 견해가 있으나 주권에는 자주조직권 외에도 외교권, 화폐주조권 등 다른 권력도 포함되어 헌법제정권력보다 더 포괄적 권력이다.

(2) 영민고권(인적 주권)

영민고권(領民高權)이란 그 나라의 국민에 대한 지배권을 의미하고 이는 국내에 거주하는 국민들뿐 아니라 해외에 거주하는 국민들에 대해서도 지배권을 가짐을 의미한다고 종래 설명되어 왔다. 그러나 오늘날 국민주권론 하에서 주권자는 국민인데 국민에 대한 '지배'로 설명하는 것은 바람직하지 않다. 주권에 의하여 국민에 대한 보호 및 한 국가의 법적 작용이 국민에게 미친다고 설명함이, 그리하여 '인적 주권'이라고 부르는 것이 바람직하다. 그리하여 영민고권(인적 주권)은 주권의 한 내용으로서 국민이 국내외 어디에 거주하든지 국가가 보호할 의무, 그리고 그 국가의 법이 그 국민들에 미칠 수 있는 가능성을 의미한다.

(3) 영토고권(지역적 주권)

일정한 영역을 다른 국가들로부터 독립하여 배타적이고 독점적으로 지배할 수 있는 (그 국가의 법이 적용되는) 힘으로서 주권의 한 내용을 이루는 것을 영토고권(領土高權)이라고 한다. 따라서 영토고권은 한 국가의 영역 내에 거주하는 사람들에 대하여(외국인에 대해서도, 즉 국민이든 외국인이든 그 국적을 불문하고 그 영역에 거주하는 모든 사람들에 대하여) 그 국가의 법이 적용되게 하고 그 영역 내에 있는 사물들을 지배할 수 있게 하는 힘을 의미한다.

2. 주권의 특성(본성)

(1) 전통적 이론

전통적 주권이론에 따르면 아래와 같은 특성(본성)을 가진다고 본다.

1) 불가분성과 포괄성

주권은 나누어지지 않고(불가분성) 여러 권력들을 함축하고 있으며(포괄성) 주권에서 여러 권력들이 나온다고 본다.

2) 최고성과 시원성, 자율성, 독립성

주권의 개념에서 보았듯이 주권은 한 국가 내에서 최고의 의사결정권이므로 최고성을 가진다. 주권이 한 국가에 있어서 최고의 지위에 있다는 것은 주권 위에 더 높은 권력이 없고 따라서 그 자신이 자신을 스스로 정당화하는 시작점에 있는 권력이라는 것을 의미한다. 그러므로 최고성은 시원성(始原性)을 의미하기도 한다. 주권은 대외적으로 한 국가를 독립적인 지위에 있게 하는 힘이므로 자율적인 독립성을 가진 힘으로서 존재한다.

3) 불가양성(不可讓性)

주권은 국민에 속하는 것이고 어느 국가기관이나 다른 국가에 양도될 수 없다.

4) 항존성(시효불적용성)

주권에는 시효가 적용되지 않고 주권은 국가가 존속하는 한 항상 존재한다.

(2) 현대에서의 주권론의 변화양상

1) 주권의 제약 문제

전통적인 주권이론에선 주권이 불가분·불가양이다. 그러나 오늘날 국제조약에 의하여 한 국가의 주권의 부분적 제한이나 부분적 이전이 이루어지고 있다는 점에서 주권의 불가분·불가양이론에 예외가 현실적으로 나타나고 있다. 예를 들어 유럽연합에서의 구성국가의 주권의 제약이 가해질 수 있고(예: 유럽연합에서의 구성국의 화폐주조권의 이양으로 유럽연합의 공통화폐인 유로화가 만들어짐) 국제기구나 국가들 간 결합체에 일부 이양되는 것을 인정하는 실제의 사례가 나타나고 있다. 연방국가의 경우에는 주가 외교권 등을 가지지 않아 주권의 대외적 독립성에 제한이 가해지고 있다(주가 국가가 아니라는 견해도 있지만 대체적으로 주도 하나의 주권국가이나 대외주권이 제한되는 불완전한 국가로 본다. 후술 '연방국가' 부분 참조).

2) 주권의 제약에 관한 우리 헌법의 입장

우리 현행헌법도 제60조가 국회의 동의를 받아야 하는 중요조약들 중의 하나로 "주권의 제약에 관한 조약"을 명시하고 있다. 바로 이러한 헌법의 명문규정은 우리 헌법이 우리 주권의 자율적인 제약을 예정하고 있음을 보여준다. 우리나라 과거의 헌법에서의 예로, 1954.11.29.의 제2차 헌법개정으로 새로 도입된 제7조의2 제1항이 "대한민국의 주권의 제약"을 가져올 국가안위에 관한 중대 사항을 국민투표에 부하여야 한다고 규정하여 주권제약을 예정하고 있었는데 이 조항은 제2공화국 헌법에도 있었다가 제3공화국 헌법에서부터 없어졌다.

III. 주권보유자로서의 국민의 의미

국민주권주의가 국민이 주권보유자임을 의미하는 것은 물론이지만 그 주권자인 국민이 어떠한 국민을 말하는가에 대해 견해가 갈린다. 국민전체가 주권자라고 보는 '국민주권론'과 국민 개개인이 주권자라고 보는 '인민주권론'의 대립이 그것이다. 양 이론은 간접민주정치를 원칙으로 하는가 직접민주정치를 원칙으로 하는가, 기속위임을 부정하는가 인정하는가 하는 등의 문제에 있어서 차이를 보인다. 우리 헌법은 제46조 제2항, 제7조 제1항 등에서 기속위임을 금지하고 있어서 국민전체가 주권자라는 입장을 취하고 있다. 그러나 우리 헌법은 보통선거제와 직접민주정치제인 국민투표제를 취하고 있기도 한데 그 점에서는 개개인이 주권자임을 인정하는 입장에 서기도 하다. 이에 관한 자세한 것은 후술한다(제2부 제2장 제1절 제2항 국민주권주의 부분 참조).

IV. 주권과 국가권력

1. 국가권력의 개념

주권과 구별되는 관념으로서 '국가권력'이 있다. 국가권력이란 주권으로부터 나오고 주권에 의해 만들어진 권력(피구성권, pouvoir constitué)으로서 국가작용을 행하는 가분적(可分的)(나누어지는) 개별권력을 말한다. 국가권력은 종래 '통치권'(統治權)이라고 불려왔으나 통치라는 용어가 군림하여 다스린다는 전근대적인 의미를 가지고 있어 부적절하기에 국가권력이라고 부른다. 국가권력도 주권에 의해 구성되는 권력이므로 주권의 소산이긴 하지만 국가권력은 실제로 국가의 활동을 위하여 행사되는 보다 직접적인 권력을 의미한다는 점에서 주권과 구별된다. 주권은 불가분적인데 비해 국가권력은 나누어지는 권력이다. 국가권력은 주권에서 파생되어 개별적으로 나누어지고 자신도 또다시 하위의 국가권력들을 파생하여 나오게 할 수 있다.

G. Burdeau 교수 등 프랑스의 학자들은 헌법구성권(pouvoir constituant)과 달리 국가권력은 '구성된' 권력(pouvoir constitué)이라고 한다. 즉 헌법의 권력은 헌법구성권과 헌법에 의해 구성되어지는 권력으로 나누어지는데 전자는 헌법을 구성하는 권력을 의미하고, 후자는 헌법에 의하여 구성되고 제도화된(즉 권력분립이 된) 국가권력을 의미한다고 본다. 그리하여 국가권력은 제도화된 권력, 파생권력, 피구성권력(被構成勸力)이라고 불린다. 주권과 국가권력의 관계를 도해화하면 위와 같다.

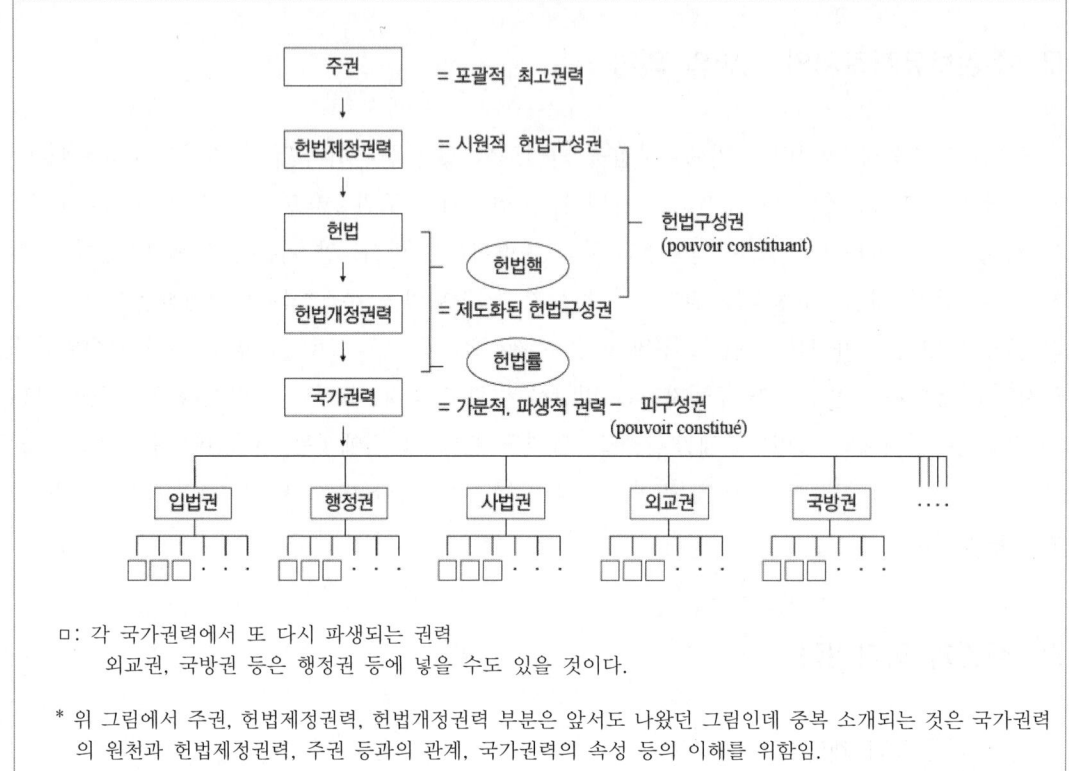

ㅁ: 각 국가권력에서 또 다시 파생되는 권력
　　외교권, 국방권 등은 행정권 등에 넣을 수도 있을 것이다.

* 위 그림에서 주권, 헌법제정권력, 헌법개정권력 부분은 앞서도 나왔던 그림인데 중복 소개되는 것은 국가권력
　의 원천과 헌법제정권력, 주권 등과의 관계, 국가권력의 속성 등의 이해를 위함임.

2. 국가권력 관념의 의미와 우리 헌법규정

(1) 국가권력 관념의 의미

국가권력의 관념은 다음과 같은 이유로 요구된다고 한다. 주권이 그 보유자인 국민에 의해 직접 행사되는 경우가 있긴 하나 일상적으로는 직접행사가 어렵고 따라서 국가기관에 의해 행사된다. 그런데 어느 국가기관이 주권을 행사하면 주권이 포괄적 권력이라서 주권을 집중하여 행사하게 되는 결과를 가져올 것인바 이는 받아들일 수 없고 권력분립주의에 따라 입법권, 행정권, 사법권 등으로 각 분할되어 행사되어야 한다. 그러나 주권은 원칙적으로 불가분이어서 그러한 분할행사가 이루어질 수 없다. 그리하여 가분적인 권력인 국가권력의 관념이 나오게 된 것이다. 국가권력은 국가의 활동을 위하여 실제로 행사되는 보다 직접적이고 가분적 개별권력을 의미한다는 점에서 주권과 구별된다. 그러나 국가권력도 주권에 의해 나누어져 구성되는 권력이므로 어디까지나 주권의 소산이고 국가권력이 국가기관별로 행사됨으로써 주권이 대신 행사된다.

(2) 우리 헌법에 근거한 구분, 국가권력 관념

위와 같은 주권, 국가권력 구분은 우리 헌법의 입장도 그러하고 그렇게 규정하고 있는 우리

헌법의 조항에 터잡은 것이기도 하다. 즉 현행 헌법 제1조 제2항은 전반에 "대한민국의 주권은 국민에게 있고"라고 한 다음에, 후반에 "모든 권력은 국민으로부터 나온다"라고 규정하고 있는데 만약 주권과 국가권력을 구별하지 않는 입장이라면 이처럼 "주권은 있고," "권력은 … 나온다"라고 별도로 규정할 필요가 없을 것이고 단순히 "주권은 국민에게 있다"라고 하는 것으로 그쳤을 것이다. 요컨대 우리 헌법도 주권만이 아니라 국가권력에 대해서도 규정하고 있고, 주권의 내포인 헌법제정권력으로 제정되는 헌법에 의해 구성되는 파생적이고 가분적인 권력인 국가권력들도 국민으로부터 나온다고 하여 그 정당성의 근거, 연원이 국민임을 분명히 하고 있다.

제 2 항 국민

Ⅰ. 국민의 개념과 국적

1. 국민의 개념

(1) 객관적 개념과 주관적 개념

국민이란 한 국가의 인적 구성원들을 말한다. 이러한 국민의 개념에 대해서는 ① 객관적 개념과 ② 주관적 개념이 대조된다. 객관적 개념은 다른 구성원들과 구별되게 하는 일정한 객관적 지표에 따라 파악하려는 것인데 그러한 객관적 지표로, 인종, 언어, 종교, 지리, 혈통, 전통 등을 들 수 있다. 주관적 개념은 정신적인 관점에서 국민을 보는 개념으로서 연대의식을 가지면서 공동으로 더불어 살아가겠다는 주관적 의사를 국민의 개념적 중심요소로 보려는 것이다. 스위스와 같이 다언어를 사용하는 국가라든지 미국처럼 다인종이 모인 나라들을 두고 보더라도 오늘날 주관적 공동체유대의식을 중심으로 보는 주관적 관념이 국민의 개념을 이루는 골간이라고 볼 것이다. 객관적 지표인 인종, 혈통, 언어나 종교를 공통으로 하는 경우에 현실적으로 정신적 유대가 더 강할 가능성이 많아질 것이나 그것 역시 객관적 개념의 지표가 정신적 유대감이라는 주관적 지표에 미치는 영향이 크다는 것을 의미하는 것이고 그것은 종국적으로 정신적·주관적 개념이 중요하고 중심적이라는 것을 인정하게 한다.

(2) 민족, 인민, 시민, 영주권자 등과의 구별

민족이란 특정한 지역을 바탕으로 동일한 생활습속, 언어, 문화, 역사 등을 공유하는 인간의 집단을 의미한다. 인민(people)이란 국가와 관계없이 존재하는 자연인 개개인으로서 어떠한 사회이든지 그 사회의 구성원 개개인을 의미한다는 점에서 차이가 있다. 시민이란 개념은 사회공동체를 이루는 구성원이라는 점을 강조하는 관념이고 공동체 구성에 중요한 주로 선거권과 피선거권을 행사할 수 있는 사람을 말하며 선거권과 피선거권을 국적보유자에게만 부여하고 있는 나라에서는 대개 시민은 국민과 같다. 그러나 외국인에게도 선거권을 부여하는 경우도 있다 (예컨대 유럽연합에서는 구성국가 간에는 상호 지방선거권을 인정한다).

영주권자는 외국에서 오래 거주할 권리를 취득한 사람으로서 국적과 상관없이 영주권이 인정될 수 있기에 국민과 영주권자는 구별된다. 우리나라의 '재외동포의 출입국과 법적 지위에 관한 법률' 제2조 제1호는 '대한민국의 국민으로서' 외국의 영주권(永住權)을 취득한 자를 재외동포에 해당되는 것으로 규정하여 한국 국적을 가지고 영주권을 취득할 수 있음을 보여주고 있다. '재한외국인 처우 기본법'은 외국인 영주권자에 대한 보호를 규정하고 있다(동법 제13조).

2. 국적의 개념·의미와 국적에 관한 입법방식

[국적의 개념] 국민이란 한 국가의 인적 구성원들을 말한다. 국적(國籍)이란 어느 특정 국가의 구성원으로서의 국민이라는 자격이나 지위를 말한다.

[국적의 본질적 의미] 국적은 한 개인이 자신 속한 나라가 어느 국가이고 그 국가의 국민으로서 정체성, 소속감을 가진다는 의미이다. 따라서 국적에 관한 권리는 헌법 제10조의 인간의 존엄과 가치에 근거한다고 볼 것이다(후술, 기본권각론, 인간의 존엄과 가치 부분 참조). 거주와 결부시키는 견해가 있으나 외국에 거주하는 국민을 감안하더라도 정체성 문제가 더 근본적임을 이해할 수 있다.

[국적에 관한 입법방식] 국적을 ① 헌법 자체에 규정하는 경우도 있고(국적헌법주의), ② 헌법이 법률로 정하도록 위임하는 경우(국적법률주의, 국적단행법주의)도 있으며, ③ 특히 민법으로 국적을 정하는 경우도 있다(국적민법주의). 우리나라 헌법 제2조 제1항은 "대한민국의 국민이 되는 요건은 법률로 정한다"라고 규정하여 국적법률주의(국적단행법주의)를 취하여 현재 법률인 국적법이 있다.

Ⅱ. 국적의 취득과 상실

1. 국적의 취득

(1) 선천적 취득
선천적 취득이란 출생에 의하여 국적이 자동적으로 부여되는 것을 의미한다.
1) 선천적 국적 인정의 준거방식
이 방식의 원칙으로는 ① 속인주의(屬人主義, 혈통주의)와 ② 속지주의(屬地主義, 출생지주의)로 나누어지는데 전자는 부모의 국적에 따라 국적취득이 결정되는 방식이고 후자는 탄생지에 따라 국적취득이 결정되는 방식을 말한다. 속인주의에 속지주의를 가미하는 경우도 있는데 우리 현행 국적법도 그런 예이다.

2) 우리 국적법

(가) 원칙 – 속인주의　우리 국적법은 원칙적으로 속인(혈통)주의를 취하고 있다. 즉 국적법 제2조 제1항 제1호는 "출생 당시에 부(父)또는 모(母)가 대한민국의 국민인 자"는 출생과 동시에 대한민국의 국적을 취득한다고 규정하여 속인주의를 취하면서 또한 아버지나 어머니 중 어느 한 사람이라도 우리 국적을 가진 경우에는 국적이 인정되는 부모양계혈통주의를 원칙으로 하고 있다. 구 국적법은 아버지만의 국적에 따라 아버지가 한국인이어야 우리 국적이 인정되고 아버지가 외국인일 경우 어머니가 한국인이더라도 우리 국적을 부여하지 않는 부계혈통주의를 취하였는데 1997년에 양계혈통주의로 변경되었다. 구 국적법의 부계혈통주의에 대해서는 평등권 위반이라는 이유로 헌법불합치결정이 있었다(헌재 2000.8.31. 97헌가12. 헌법불합치결정에 대해서는 앞서 1부, 헌법의 해석에도 나왔고 자세한 것은 후술 헌법재판, 위헌법률심판 부분 참조). 한편 동조 동항 제2호는 "출생하기 전에 부가 사망한 경우에는 그 사망 당시에 부가 대한민국의 국민이었던 자"는 출생과 동시에 대한민국의 국적을 취득한다고 규정하고 있다.

(나) 예외적인 속지주의의 가미　다른 한편 국적법 제2조 제1항 제3호는 "부모가 모두 분명하지 아니한 경우나 국적이 없는 경우에는 대한민국에서 출생한 자"는 출생과 동시에 대한민국의 국적을 취득한다고 규정하고 동조 제2항은 "대한민국에서 발견된 기아(棄兒)는 대한민국에서 출생한 것으로 추정한다"라고 규정하여 부모가 불분명하거나 무국적일 때 그리고 기아(버려진 아이)인 경우에 예외적으로 속지주의를 가미하고 있다.

(2) 후천적 취득

후천적 취득은 출생이라는 사실에 의해서가 아니라 출생 이후에 일정한 행위에 의해서 또는 요건에 해당되는 일정한 사실이 발생한 경우에 국적이 취득되는 경우를 말한다. 우리 국적법은 후천적 취득으로서 인지(認知), 귀화에 의한 취득, 부모의 귀화에 수반하는 자녀의 국적취득, 국적회복에 의한 취득 등을 규정하고 있다(동법 제3조 제1항, 제4조 제1항, 제5조 내지 제7조, 제8조 제1항, 제9조 제1항). 귀화에는 일반귀화, 간이귀화, 특별귀화가 있다(이에 대하여는 동법 제5조 내지 제7조 참조).

2. 국적의 선택, 이탈 등의 문제

(1) 국적선택권의 문제

1) 개념과 기본권성 인정 여부 문제

국적을 선택한다는 의미는 국적이 없던 사람이 어느 나라를 골라서 국적으로는 그 나라 국적을 처음으로 가지거나 지금 가지고 있는 국적을 버리고(이탈하고) 다른 나라 국적으로 변경하는 경우, 또 이중국적으로 택하는 경우 등이 모두 넓게 선택의 범위에 들어갈 것이다. 이 중에 비교적 자유성이 많을 수 있는 것은 국적을 버리는(이탈) 경우일 것이다.

헌재는 "'이중국적자의 국적선택권'이라는 개념은 별론으로 하더라도, 일반적으로 외국인인 개인이 특정한 국가의 국적을 선택할 권리가 자연권으로서 또는 우리 헌법상 당연히 인정된다고는 할 수 없다"라고(헌재 2006. 3. 30. 2003헌마806) 판시한 바 있다. 그러면서도 국적이탈의 자유는 헌법 제14조 거주·이전의 자유에 포함된다고도 한 판시도(헌재 2006. 11. 30. 2005헌마739) 보여준 바 있다. 그렇다면 헌재판례의 입장은 국적이탈의 자유에 대해서는 기본권성을 강하게 보고 일반적인 국적선택권은 그렇게 보지 않는 것으로 이해된다.

새로이 다른 나라 국적을 취득할 자유는 각국의 상황에 따라 쉽지 않을 수 있고 국적이탈도 취득에 비해 덜 하긴 할 것이나 역시 쉽지는 않을 수 있다. 그렇다고 기본권이 아니라고 볼 것은 아니고 정체성에 관한 기본권으로서 자기의 인생에 중요한 영향을 미칠 수 있는 소속 국가를 선택할 권리를 가진다. 1948년의 세계인권선언 제15조는 국적을 가질 권리, 국적을 박탈당하지 않을 권리 그리고 국적변경의 권리를 규정하였다. 그런데 현실적으로 어느 특정 국가의 국적을 원한다고 하여 그 희망만으로 그 국적을 자유로이 가질 수는 없을 것이다. 국적선택권은 다른 국가의 국적의 취득에 요건이 정해져 있고 자국의 국적을 이탈하는 데도 제약이 있기에 현실적으로 제한되고 있다.

2) 헌법적 근거 문제

우리 헌재판례 중에는 국적이탈의 자유를 헌법 제14조가 보장하는 거주·이전의 자유에 포함된다고 보는 것이 있었고(헌재 2006.11.30. 2005헌마739) 그렇게 보는 학설도 있으나 헌법 제10조의 인간의 존엄과 가치를 그 헌법적 근거로 한다고 볼 것이다. 먼저 국적이탈·선택의 권리를 기본권으로 인정하는 입장에서는 그 권리가 위에서 언급한 것처럼 정체성 문제에 직결되어 있으므로 자기결정권에 포함되고 인간의 존엄가치권에 내포된다고 볼 것이기 때문이다(후술 '기본권'편, 인간의 존엄가치에서 '자기결정권' 부분 참조). 다음으로 헌법 제14조는 '자유'라는 소극적인 권리를 규정하고 있는데 국적에 관한 선택권은 적극성을 띨 수도 있는 권리라는 점에서 헌법 제10조를 그 근거로 하는 것이(이는 줄곧 필자가 가져온 견해이다. 예컨대 정재황, 신헌법입문, 박영사, 2017, 7판 388면) 타당하다. 그런데 최근의 헌재 2020.9.24. 2016헌마889 결정에서 헌재는 "'국적이탈의 자유'의 개념에는 '국적선택에 대한 자기결정권'이 전제되어 있으므로"라는 판시를 하였다.

(2) 우리 국적법
1) 원칙 - 국적단일주의(복수국적 보유의 금지)

현행 국적법은 원칙적으로 단일국적주의를 취하여 복수국적의 보유를 인정하지 않고 있다. 대한민국 국적을 취득한 외국인으로서 외국 국적을 가지고 있는 자는 대한민국 국적을 취득한 날부터 1년 내에 그 외국 국적을 포기하여야 한다(동법 제10조 제1항). 사실 대한민국에서 출생한 사람이 외국법과 한국의 국적법에 따라 그 외국국적과 한국국적이 동시에 인정되어 잠정적으로 복수국적을 가지는 경우도 있다. 이 경우에 일정 연령에 이르면 국적선택을 해야 한다(동법 제12조).

2) 복수국적의 예외적 허용

(가) 복수국적 인정 대상   출생에 따른 잠정적(앞으로 하나의 국적을 선택하여야 한다는 의미에서 잠정적) 복수국적의 경우가 아니면서 후천적으로 복수국적을 보유할 수 있도록 한 예외가 2010년 국적법 개정으로 인정되기 시작하였다. 즉 이 개정된 국적법은 대한민국 국적을 취득한 사람으로서 혼인관계를 유지하고 있는 결혼이민자, 대한민국에 특별한 공로가 있거나, 과학·경제·문화·체육 등 특정 분야에서 매우 우수한 능력을 보유한 사람으로서 대한민국의 국익에 기여할 것으로 인정되는 사람으로서 특별귀화한 자 등에 대해서는 법무부장관이 정하는 바에 따라 대한민국에서 외국 국적을 행사하지 아니하겠다는 뜻을 법무부장관에게 서약만 하면 외국국적을 포기하지 아니하고 대한민국 국적이 상실되지 아니하고 복수국적을 가질 수 있도록 하였다(동법 제10조 제2항). 우수 외국인재의 유치·확보를 통하여 국가경쟁력 강화를 가져오겠다는 이유를 내세우면서 도입되었다.

(나) 복수국적자의 법적 지위   출생이나 그 밖에 이 법에 따라 대한민국 국적과 외국 국적을 함께 가지게 된 사람으로서 대통령령으로 정하는 사람(이하 '복수국적자'라 함)은 대한민국의 법령 적용에서 대한민국 국민으로만 처우한다(동법 제11조의2 제1항). 복수국적자가 관계 법령에 따라 외국 국적을 보유한 상태에서 직무를 수행할 수 없는 분야에 종사하려는 경우에는 외국 국적을 포기하여야 한다(동법 동조 제2항).

3) 한국 국적 취득자의 외국 국적 포기 의무

한국 국적을 취득한 외국인으로서 외국 국적을 가지고 있는 자는 한국 국적을 취득한 날부터 1년 내에 그 외국 국적을 포기하여야 한다(동법 제10조 제1항). 포기하지 아니한 채 그 1년이 지난 때에 한국 국적이 상실된다(동법 동조 제3항).

4) 복수국적이 된 자의 국적선택의무

(가) 선택시한   만 20세가 되기 전에 복수국적자가 된 자는 만 22세가 되기 전까지, 만 20세가 된 후에 복수국적자가 된 자는 그 때부터 2년 내에 하나의 국적을 선택하여야 한다(동법 제12조 1항 본문). 다만, 제10조 제2항에 따라 법무부장관에게 대한민국에서 외국 국적을 행사하지 아니하겠다는 뜻을 서약한 복수국적자(위 예외적 복수국적 인정대상자)는 제외한다(동법 동조 동항 단서).

(나) 병역기피 등 방지   현행 국적법은 복수국적자의 병역의무의 기피를 막기 위하여 병역의무 이행 전의 한국 국적의 이탈을 제한하고 있다. 즉 만 20세가 되기 전에 복수국적자가 된 자는 만 22세가 되기 전까지, 만 20세가 된 후에 복수국적자가 된 자는 그 때부터 2년 내에 하나의 국적을 선택하여야 한다는 위 선택시한에도 불구하고 병역법 제8조에 따라 병역준비역에

편입된 자는 편입된 때부터 3개월 이내에 하나의 국적을 선택하거나, 1. 현역·상근예비역·보충역 또는 대체역으로 복무를 마치거나 마친 것으로 보게 되는 경우, 2. 전시근로역에 편입된 경우, 3. 병역면제처분을 받은 경우, 이 세 가지 중 어느 하나에 해당하는 때부터 2년 이내에 하나의 국적을 선택하여야 한다고 규정하고 있다(동법 제12조 제2항). 따라서 병역준비역에 편입된 경우 또는 병역의무를 마쳤거나 병역이 면제된 경우 등 병역문제가 해소된 후라야만 국적을 이탈할 수 있도록 하고 있으며 그 해소된 때부터 2년 이내에 하나의 국적을 선택하여야 한다. 다만, 대한민국 국적을 선택하려는 경우에는 위 각 호의 어느 하나에 해당하기 전에도 할 수 있다. 이 병역기피방지를 위한 위 국적법 규정과 같은 내용의 구 국적법 제12조 제1항 단서(즉 현행 국적법 제12조 제2항 본문)에 대해서는 거주·이전의 자유의 한 내용으로서 국적이탈의 자유를 침해하는 위헌이라는 주장의 헌법소원이 제기되었으나 헌재는 비례(과잉금지)원칙에 합치되는 제한이라고 하여 합헌으로 보아 청구를 기각한 바 있었다(헌재 2006.11.30. 2005헌마739; 2015.11.26. 2013헌마805). 이 결정에서 헌재가 국적이탈의 자유 문제를 거주·이전의 자유 문제로 본 것은 앞서도 언급한 대로 문제가 있다(국적이탈의 자유 문제에 대해서는 '기본권'의 '자기결정권', '거주·이전의 자유' 부분도 참조). 그런데 헌재는 2020.9.24. 2016헌마889 결정에서 판례변경하여 헌법불합치결정을 하였다. 위 규정이 정한 기간 병역의무를 해소하기 전에는 어떠한 예외도 인정하지 않고 국적이탈을 할 수 없도록 제한하여 과잉금지원칙을 위반한다는 취지이다.

● **판례** 헌재 2020.9.24. 2016헌마889

[결정요지] (1) 과잉금지원칙에 위배 여부 (가) 심판대상 법률조항의 입법목적은 병역준비역에 편입된 사람이 병역의무를 면탈하기 위한 수단으로 국적을 이탈하는 것을 제한하여 병역의무 이행의 공평을 확보하려는 것이다. (나) 복수국적자의 주된 생활근거지나 대한민국에서의 체류 또는 거주 경험 등 구체적 사정에 따라서는 사회통념상 심판대상 법률조항이 정하는 기간 내에 국적이탈 신고를 할 것으로 기대하기 어려운 사유가 인정될 여지가 있다(예컨대 주된 생활근거를 외국에 두고 있는 경우). 병역준비역에 편입된 복수국적자의 국적선택 기간이 지났다고 하더라도, 그 기간 내에 국적이탈 신고를 하지 못한 데 대하여 사회통념상 그에게 책임을 묻기 어려운 사정 즉, 정당한 사유가 존재하고, 또한 병역의무 이행의 공평성 확보라는 입법목적을 훼손하지 않음이 객관적으로 인정되는 경우라면, 병역준비역에 편입된 복수국적자에게 국적선택 기간이 경과하였다고 하여 일률적으로 국적이탈을 할 수 없다고 할 것이 아니라, 예외적으로 국적이탈을 허가하는 방안을 마련할 여지가 있다. 그 점에서 피해최소성 원칙에 위배된다. (2) 헌법불합치결정 — 입법자는 주된 생활근거를 외국에 두고 있는 복수국적자에 대해 정당한 경우의 위 예외를 위한 요건, 절차 등을 정함으로써 그 위헌성을 제거할 수 있다. 단순위헌결정으로 효력이 즉시 상실되어 제한도 즉시 사라지게 되어 병역의무의 공평성 확보에 어려움이 발생할 수 있다. 따라서 계속적용의 헌법불합치결정을 한다.

* 과잉금지(비례)원칙(특히 피해최소성원칙)에 대해서는 후술 기본권론, 기본권제한 부분 참조.

한편 직계존속이 외국에서 영주(永住)할 목적 없이 체류한 상태에서 출생한 자도 위와 같이 병역의무 문제가 해소된 경우에만 국적이탈신고를 할 수 있도록 규정하고 있다(동법 제12조 제3항).

사회적 문제가 된 이른바 '원정출산'을 막기 위하여 출생 당시에 모가 자녀에게 외국 국적을 취득하게 할 목적으로 외국에서 체류 중이었던 사실이 인정되는 자는 외국 국적을 포기한 경우에만 대한민국 국적을 선택한다는 뜻을 신고할 수 있도록 규정하고 있다(동법 제13조 제3항).

5) 국적선택명령제도

이전에는 선택기간의 경과로 한국 국적이 자동상실되도록 하였으나 개정된 국적법은 국적선택명령제도를 두고 이 제도에 따라 상실되도록 하고 있다(동법 제14조의2 제1·2항). 국적선택의 명령을 받은 자가 대한민국 국적을 선택하려면 외국 국적을 포기하여야 하며 국적선택의 명령을 받고도 이를 따르지 아니한 자는 1년이 지난 때에 대한민국 국적을 상실한다(동법 제14조의2 제3, 4항).

3. 국적의 상실

(1) 상실의 경우

한국 국적의 상실의 경우로는 ① 외국 국적 취득에 따른 상실, ② 국적선택명령제도에 의한 상실, ③ 복수국적자의 한국 국적 자진 이탈 또는 강제상실결정에 의한 상실, ④ 한국 국적 취득 외국인의 외국 국적 불포기에 따른 상실 등이 있다.

1) 외국 국적 취득에 따른 상실

대한민국의 국민으로서 자진하여 외국 국적을 취득한 자는 그 외국 국적을 취득한 때에 대한민국 국적을 상실한다(동법 제15조 제1항). 이에 대해서는 합헌성을 인정하는 아래의 결정이 있었다.

● **판례** 헌재 2014.6.26. 2011헌마502
[결정요지] 국적법 제15조 제1항의 거주·이전의 자유 및 행복추구권 침해 여부 — 국적은 국가와 그의 구성원 간의 법적 유대(法的 紐帶)이고 보호와 복종관계를 뜻하는바, 국적법 제15조 제1항은 이러한 보호와 복종관계를 복수의 국가가 함께 가질 경우 발생할 수 있는 여러 가지 문제점을 방지하기 위하여, 자진하여 외국 국적을 취득한 자로 하여금 대한민국 국적을 상실하도록 하는 것으로, 그 입법목적의 정당성과 수단의 적합성이 인정된다. 우리 국적법은 복수국적을 예외적으로 복수국적을 허용함과 동시에, 대한민국 국민이었던 외국인에 대해서는 국적회복허가라는 별도의 용이한 절차를 통해 국적을 회복시켜주는 길을 열어둔 점 등을 종합해 볼 때, 국적법 제15조 제1항이 청구인의 거주·이전의 자유 및 행복추구권을 지나치게 제한하여 침해의 최소성원칙을 위반하였다고 볼 수 없다. 또한 공익이 침해되는 사익보다 훨씬 크므로, 국적법 제15조 제1항이 법익의 균형성을 위반하였다고도 볼 수 없다. 따라서 국적법 제15조 제1항은 과잉금지원칙에 반하여 청구인의 거주·이전의 자유 및 행복추구권을 침해하지 아니한다.

* **판례비평**: 거주이전의 자유로 보는 것에 문제가 있다.

대한민국의 국민으로서 다음 각 호의 어느 하나에 해당하는 자는 그 외국 국적을 취득한 때부터 6개월 내에 법무부장관에게 대한민국 국적을 보유할 의사가 있다는 뜻을 신고하지 아니하면 그 외국 국적을 취득한 때로 소급(遡及)하여 대한민국 국적을 상실한 것으로 본다(동법 동조 제2항).

■**법**
1. 외국인과의 혼인으로 그 배우자의 국적을 취득하게 된 자

2. 외국인에게 입양되어 그 양부 또는 양모의 국적을 취득하게 된 자

3. 외국인인 부 또는 모에게 인지되어 그 부 또는 모의 국적을 취득하게 된 자

4. 외국 국적을 취득하여 대한민국 국적을 상실하게 된 자의 배우자나 미성년의 자(子)로서 그 외국의 법률에 따라 함께 그 외국 국적을 취득하게 된 자

2) 국적선택명령제도에 의한 상실

위에서 언급한 바 있다(동법 제14조의2 제1·3·4항).

3) 복수국적자의 한국국적 자진이탈과 강제상실결정

복수국적자로서 외국 국적을 선택하려는 자는 위에서 본 기간(22세가 되기 전까지) 내에 법무부장관에게 대한민국 국적을 이탈한다는 뜻을 신고할 수 있고 이탈신고를 한 때에 대한민국 국적을 상실한다(동법 제14조 1항 본문, 2항).

이러한 자진 이탈과 달리 대한민국 국익 위반행위 등 일정한 사유가 있어서 결정으로 한국국적을 강제적으로 상실하게 하기도 한다(동법 제14조의3).

4) 한국국적 취득자의 외국국적 불포기

대한민국 국적을 취득한 외국인으로서 외국 국적을 가지고 있는 자는 대한민국 국적을 취득한 날부터 1년 내에 그 외국 국적을 포기하여야 한다. 포기하지 아니한 자는 그 1년이 지난 때에 대한민국 국적을 상실한다(동법 제10조 제1, 3항). 이 제10조 제1항을 대상으로 한 헌법소원심판의 청구에 대해 헌재는 외국인이 복수국적을 누릴 자유가 우리 헌법상 행복추구권에 의하여 보호되는 기본권이라고 보기 어려우므로 참정권, 입국의 자유, 재산권, 행복추구권에 관한 기본권주체성 또는 기본권침해가능성이 부정되어 부적법하여 각하한다는 결정(● 헌재 2014.6. 26. 2011헌마502)을 한 바 있다.

(2) 국적상실자의 권리변동

대한민국 국적을 상실한 자는 국적을 상실한 때부터 대한민국의 국민만이 누릴 수 있는 권리를 누릴 수 없다(동법 제18조 제1항). 이러한 한국 국민만이 누릴 수 있는 권리 중 한국 국민이었을 때 취득한 것으로서 양도할 수 있는 것은 그 권리와 관련된 법령에서 따로 정한 바가 없으면 3년 내에 대한민국의 국민에게 양도하여야 한다(동법 동조 제2항).

4. 북한의 주민

(1) 견해

북한주민의 법적 지위에 대해 ① 한국의 국민으로 보는 견해, ② 외국인으로 보아야 한다는 견해(이 견해는 남한으로의 귀순을 위한 망명이나 귀화가 필요하다는 견해이다), ③ 국내법적으로는 우리 국민, 국제법적으로는 사실상 북한국적자라는 이중적 지위를 가지는 것으로 보려는 견해(이 견해는 제3국으로 탈출한 북한주민의 경우 국제법적으로 난민으로 보호받도록 하기 위해서 이중적

지위를 인정한다) 등이 있다.

(2) 대법원 판례, 정부의 유권해석, 사견
대법원은 한국의 국민으로 인정한다.

> ◐ **대법원판례** 대법원 1996.11.12. 96누1221 강제퇴거명령처분무효확인등
> [판시] 남조선과도정부법률 제11호 국적에관한임시조례 제2조 제1호는 조선인을 부친으로 하여 출생한 자는 조선의 국적을 가지는 것으로 규정하고 있고, 제헌헌법은 제3조에서 대한민국의 국민되는 요건을 법률로써 정한다고 규정하면서 제100조에서 현행 법령은 이 헌법에 저촉되지 아니하는 한 효력을 가진다고 규정하고 있는바, 원고는 조선인인 위 소외 1을 부친으로 하여 출생함으로써 위 임시조례의 규정에 따라 조선국적을 취득하였다가 1948.7.17. 제헌헌법의 공포와 동시에 대한민국 국적을 취득하였다 할 것이고, 설사 원고가 북한법의 규정에 따라 북한국적을 취득하여 1977.8.25. 중국 주재 북한대사관으로부터 북한의 해외공민증을 발급받은 자라 하더라도 북한지역 역시 대한민국의 영토에 속하는 한반도의 일부를 이루는 것이어서 대한민국의 주권이 미칠 뿐이고, 대한민국의 주권과 부딪치는 어떠한 국가단체나 주권을 법리상 인정할 수 없는 점에 비추어 볼 때 이러한 사정은 원고가 대한민국 국적을 취득하고, 이를 유지함에 있어 아무런 영향을 끼칠 수 없다.[46]

이러한 대법원의 입장은 우리의 영역이 한반도임을 그 주근거로 하는 것이다.

"외교통상부장관은, 우리의 실효적 지배권이 현실적으로 미치지 못하는 북한지역 거주자 또는 제3국에 체류하는 북한주민들에 대해서 우리 국적을 인정하는 것은 북한당국과의 마찰 또는 제3국과의 관계에서 외교적인 문제가 생길 가능성이 있지만, 최소한 북한주민이 이미 국내에 들어와 있는 경우에 그가 원하는 한 우리 국적을 인정하는 것은 문제가 없다는 의견"을 개진한 바 있다.[47]

생각건대 우리 헌법은 제헌헌법부터 줄곧 "대한민국의 영토는 한반도와 그 부속도서로 한다"라고 규정하여 오고 있어 북한지역에도 우리의 헌법과 법률이 적용되어야 하고 북한의 주민도 조선민족의 후손이므로 북한주민도 북한국적의 취득 여부와 무관하게 우리의 국민으로 보아야 한다. 따라서 탈북한 주민에 대해 별도 인정절차 없이 한국국적이 인정됨은 물론 북한 내 거주 북한주민도 법적으로는 국민이나 그 보호가 현실적으로 어려우므로 실제로는 탈북 이후 한국 내로 진입하면 국민으로서 현실적인 보호를 받게 된다고 할 것이다.

(3) 북한이탈주민의 보호, 남북주민 사이 가족관계 등을 위한 법제
그리하여 탈북한 북한주민에 대해서도 국민과 같은 보호가 필요함은 물론이고 이를 위해 현재 '북한이탈주민의 보호 및 정착지원에 관한 법률'이 시행되고 있다. 동법은 '북한이탈주민'이란 "군사분계선 이북지역(이하 '북한'이라 한다)에 주소, 직계가족, 배우자, 직장 등을 두고 있는 사람으로서 북한을 벗어난 후 외국 국적을 취득하지 아니한 사람"이라고 정의하고 있다(동법 제2조 제1호). 동법은 북한을 이탈한 주민이 정치, 경제, 사회, 문화 등 모든 생활 영역에서

---

46) 비교적 근래의 대법원 판례도 그러하다. 대법원 2009.1.30. 2008도10831, 북한이탈주민보호및정착지원에관한법률위반.
47) 헌재 2000.8.31, 97헌가12.

신속히 적응·정착하는 데 필요한 보호 및 지원에 관한 사항을 규정하고 있다.

남북교류의 증가와 탈북자의 국내입국 증가로 인하여 통일 이전에도 남북 이산가족의 가족 관계 및 상속 등 관련 분쟁이 증가하고 있으나 「민법」은 장기간 분단된 현실을 반영하지 못하여 여러 가지 문제가 있다. 이를 해결하기 위하여 남북 주민 사이의 가족관계와 상속·유증 등에 관하여 분단의 특수성을 반영하여 '남북 주민 사이의 가족관계와 상속 등에 관한 특례법'이 제정되어 있다.

Ⅲ. 국민에 대한 국가보호의무

1. 국내거주국민의 보호

국내에 거주하는 국민에 대한 국가의 보호의무는 국민이 국가가 존재하여야 할 전제이므로 당연한 것이다. 헌법 제10조는 국민에 대한 국가의 기본권보호의무를 명시하고 있다(국가의 기본권보호의무에 대해서는 본서 뒤의 기본권총론 부분, 정재황, 기본권총론, 박영사 2020 참조).

2. 재외국민의 보호

국가의 국민보호의무는 외국에 생활하는 우리 국민들에 대해서도 미친다. 헌법 제2조 제2항은 "국가는 법률이 정하는 바에 의하여 재외국민을 보호할 의무를 진다"라고 규정하여 재외국민에 대한 보호의무를 명시적으로 국가에 지우고 있다.

(1) 재외국민의 개념

재외국민이라 함은 외국에서 영주권을 가지고 생활하거나 또는 장기간 체류하면서 생활하고 있으면서도 대한민국의 국적을 그대로 보유하고 있는 사람들을 의미한다.[48] 재외국민은 보다 넓은 개념인 재외동포와 구별된다. 재외동포는 재외국민뿐 아니라 한국 국민이었다가 외국 국적을 취득한 사람, 부모가 한국인이었던 외국인 등도 포함하는 개념이다. '재외동포의 출입국과 법적 지위에 관한 법률'(이하 '재외동포법'이라 함) 제2조는 동법에서 "재외동포"란 1. 대한민국의 국민으로서 외국의 영주권(永住權)을 취득한 자 또는 영주할 목적으로 외국에 거주하고 있는 자(이하 "재외국민"이라 한다), 2. 대한민국의 국적을 보유하였던 자(대한민국정부 수립 전에 국외로 이주한 동포를 포함한다) 또는 그 직계비속(直系卑屬)으로서 외국국적을 취득한 자 중 대통령령으로 정하는 자(이하 "외국국적동포"라 한다)의 어느 하나에 해당하는 자를 말한다고 규정하고 있다.

---

48) 헌재 2001.12.20. 2001헌바25.

(2) 재외국민보호의무의 내용

1) 법률유보 및 내용

헌법 제2조 제2항은 "법률이 정하는 바에 의하여" 보호할 의무를 진다고 규정하여 국가의 재외국민보호의무의 구체적 내용을 정하도록 입법위임(법률유보)을 하고 있다. 법률로 구현하여야 할 재외국민에 대한 보호의 내용으로 ① 거류국에서의 안전을 보장하고, ② 그 나라에서 최대한의 권리가 보장되도록 하며, ③ 가능한 한 국내거주 국민에 대한 보호에 준하는 보호가 여러 영역에서 재외국민에게도 이루어지도록 하여야 한다. ④ 그리고 ①과 ②를 위한 외교적 노력이 이루어져야 한다.

2) 판례

가) 내용　　우리 헌재는 재외국민보호의 의미(내용)는 "조약 기타 일반적으로 승인된 국제법규와 당해 거류국의 법령에 의하여 누릴 수 있는 모든 분야에서의 정당한 대우를 받도록 거류국과의 관계에서 국가가 하는 외교적 보호와 국외거주 국민에 대하여 정치적인 고려에서 특별히 법률로써 정하여 베푸는 법률·문화·교육 기타 제반영역에서의 지원을 뜻하는 것이다"라고 한다(헌재 1993.12.23. 89헌마189. 이 결정에 대해서는 아래 나)의 ⅱ) 부분 참조).

나) 구체적 결정례들

ⅰ) 위헌성 인정결정례　　헌재는 일본국에 대하여 가지는 일본군위안부, 원폭피해자로서의 배상청구권이 '대한민국과 일본국 간의 재산 및 청구권에 관한 문제의 해결과 경제협력에 관한 협정' 제2조 제1항에 의하여 소멸되었는지 여부에 관한 한·일 양국 간 해석상 분쟁을 위 협정 제3조에 따라 해결의 절차로 나아갈 의무는 헌법 제2조 제2항에 비추어 볼 때 그러하고, 일제강점기에 일본군위안부로 강제 동원되고 징병과 징용으로 일제에 의해 강제이주 당하여 전쟁수행의 도구로 활용되다가 원폭피해를 당한 상태에서 장기간 방치됨으로써 심각하게 훼손된 인간의 존엄과 가치를 회복시켜야 할 의무는 대한민국임시정부의 법통을 계승한 지금의 정부가 국민에 대하여 부담하는 가장 근본적인 보호의무에 속한다고 보아 헌법에서 유래하는 작위의무로서 그것이 법령에 구체적으로 규정되어 있는 경우라고 보았다. 그리하여 헌재는 청구인들의 인간으로서의 존엄과 가치 및 재산권 등 기본권의 중대한 침해가능성, 구제의 절박성과 가능성 등을 널리 고려할 때, 피청구인(외교통상부장관)에게 이러한 작위의무를 이행하지 않을 재량이 있다고 할 수 없으며, 피청구인이 현재까지 이 사건 협정 제3조에 따라 분쟁해결절차를 이행할 작위의무를 이행하였다고 볼 수 없다고 보아 그 의무를 이행하지 아니하고 있는 피청구인의 부작위가 위헌이라고 확인하는 아래의 결정을 하였다.

● **판례**　헌재 2011.8.30. 2006헌마788

[주문] 청구인들이 일본국에 대하여 가지는 일본군위안부로서의 배상청구권이 '대한민국과 일본국 간의 재산 및 청구권에 관한 문제의 해결과 경제협력에 관한 협정' 제2조 제1항에 의하여 소멸되었는지 여부에 관한 한·일 양국 간 해석상 분쟁을 위 협정 제3조가 정한 절차에 따라 해결하지 아니하고 있는 피청구인의 부작위는 위헌임을 확인한다. [결정요지] … 헌법 제10조, 제2조 제2항 및 전문과 이 사건 협정 제3조의 문언 등에 비추어 볼 때, 피청구인이 이 사건 협정 제3조에 따라 분쟁해결의 절차로 나아갈 의무는 헌법에서 유래하는 작위의무로서 그것이 법령

에 구체적으로 규정되어 있는 경우라 할 것이고, 청구인들의 인간으로서의 존엄과 가치 및 재산권 등 기본권의 중대한 침해가능성, 구제의 절박성과 가능성 등을 널리 고려할 때, 피청구인에게 이러한 작위의무를 이행하지 않을 재량이 있다고 할 수 없으며, 피청구인이 현재까지 이 사건 협정 제3조에 따라 분쟁해결절차를 이행할 작위의무를 이행하였다고 볼 수 없다. Ⅲ. 결론 — 결국, 피청구인의 이러한 부작위는 헌법에 위반하여 청구인들의 기본권을 침해하는 것이어서 주문과 같이 위헌임을 확인하는 결정(* 부작위에 대해서는 취소할 작위처분이 없어서 헌법에 위반됨을 '확인'하는 결정을 한다. 뒤의 헌법재판 부분 참조 — 필자 주)을 한다(위 주문 부분 참조).
* 원폭피해자에 대한 동지의 위헌확인결정: 헌재 2011.8.30. 2008헌마648.

＊ 유의: ① 국가의무는 인정하나 그 불이행이 아니라고 본 후행 결정: 그러나 헌재는 위 결정 이후 일제의 사할린 강제징용자 등이 한 같은 취지의 청구에 대해 피청구인(당시 외교통상부장관)이 자신에게 부여된 작위의무를 이행하지 않고 있다고 볼 수는 없다고 하여 작위의무 불이행을 전제로 그것이 위헌임을 주장하는 이 사건 심판청구는 부적법하다고 하여 각하결정하였다(☯ 판례 헌재 2019.12.27. 2012헌마939). ② 작위(국가)의무의 부정과 설령 인정되더라도 작위의무 불이행이 아니라고 본 결정: 한국인 BC급 전범들로 처벌된 사람들(태평양전쟁시 일제의 강제동원으로 연합군 포로감시원으로 근무하다 종전 후 연합군인 영국 등에서 이루어진 전범재판으로 처벌된 사람들)이 그 강제동원으로 입은 피해에 대해 한 같은 취지의 청구에 대해 이렇게 본 4인의 각하의견과 구체적 작위의무를 인정할 수 없다는 1인 각하의견으로 각하결정이 된 결정례도 있었다(헌재 2021. 8. 31. 2014헌마888. 나머지 4인재판관 의견은 위헌확인의견이었다).

＊ 참정권보장 — 재외국민에 대해서도 참정권이 보장되어야 한다. 그동안 선거관계법 규정들에서 재외국민들에 대한 참정권을 부인하여 왔는데 이러한 규정들에 대해 헌법재판이 제기되었고 헌법재판소는 헌법불합치결정들을 한 바 있다. 그런데 헌재는 그 위헌판단에 있어서 국가의 재외국민보호의무의 위반 여부를 다루지는 않고 주로 선거권, 평등권 등의 관점에서 다루었다[헌재 2007.6.28. 2004헌마644등; 2007.6.28. 2005헌마772; 2007.6.28. 2004헌마643(주민투표권)]. 재외국민의 참정권에 관한 위의 결정들에 대해서는 뒤의 기본권 편 참정권 부분에서 살펴본다(후술 참조).

ii) 합헌성 인정결정례   ① 이민기간 보상 제외 — 헌재는 위와 같은 입장에서 강제해직된 공직자에 대한 보상의 범위에서 해외이민을 간 이후 기간의 보상을 배제한 것은 재외국민보호의무를 불이행하는 것이 아니어서 합헌으로 보아 기각결정하였다. 헌재는 그 보상이 사회보장적 목적의 보상이라는 점을 논거로 하였다.[49] ② 헌재는 또한 국내 비거주자에 대하여 상속세 인적공제 적용을 배제한 법률규정에 대해서도 재외국민보호의무의 불이행이 아니라고 보았다.[50] ③ 국제협력요원이 병역의무를 이행하기 위하여 개발도상국 등에 파견되어 일정한 봉사

---

49) 헌재 1993.12.23, 89헌마189 [판시] 헌법 제2조 제2항에 규정한 재외국민을 보호할 국가의 의무에 의하여 재외국민이 거류국에 있는 동안 받는 보호는 조약 기타 일반적으로 승인된 국제법규와 당해 거류국의 법령에 의하여 누릴 수 있는 모든 분야에서의 정당한 대우를 받도록 거류국과의 관계에서 국가가 하는 외교적 보호와 국외거주국민에 대하여 정치적인 고려에서 특별히 법률로써 정하여 베푸는 법률·문화·교육·기타 제반 영역에서의 지원을 뜻하는 것이다. 그러므로 국내에서 공직자로서 근무하다가 자신의 의사에 반하여 해직된 자에 대하여 국가가 사회보장적 목적의 보상을 위하여 제정한 위 1980년해직공무원의 보상 등에 관한 특별조치법과 위 헌법규정의 보호법익은 다른 차원이라고 할 것이다. 따라서 위 특조법에서 이민 간 이후의 보상을 배제하는 규정을 두었다고 하여도 국가가 헌법 제2조 제2항에 규정한 재외국민을 보호할 의무를 행하지 않은 경우라고 할 수는 없다.

50) 헌재 2001.12.20. 2001헌바25 [판시] 헌법 제2조 제2항에서 정한 국가의 재외국민 보호의무에 의하여 재외국민이 거류국에 있는 동안 받게 되는 보호는, … 외교적 보호와 국외 거주 국민에 대하여 정치적인 고려에서 특별히 법률로써 정하여 베푸는 법률·문화·교육 기타 제반영역에서의 지원을 뜻하는 것이므로,

업무에 종사하던 중 사망한 경우에 행정관서요원으로 근무한 공익근무요원과는 달리 국가유공자법에 의한 보상에서 제외한 구 병역법 제75조 제2항 규정이 헌법 제2조 제2항의 재외국민 보호의무에 위반되는지 여부가 논란되었으나 헌재는 외교적 보호나 법률·문화·교육 기타 제반영역에서의 지원이 필요한 것에 관련된 것이 아니라, 보상에 관련된 것이어서 헌법 제2조 제2항의 보호법익이 이 사건에 그대로 적용된다고 보기 어려우므로 재외국민을 보호할 의무를 행하지 않은 경우라고는 볼 수 없다고 판단하였다.[51] ④ 위 일본군위안부, 원폭피해자에 대한 위헌확인결정과 대비되는 결정이 있었다. 그것은 사할린 지역 강제동원 피해자의 경우 '대일항쟁기 강제동원 피해조사 및 국외강제동원 희생자 등 지원에 관한 특별법'이 1938.4.1.부터 1990.9.30.까지의 기간 중 또는 국내로 돌아오는 과정에서 사망하거나 행방불명된 사람에 한하여 국외강제동원 희생자에 포함된다고 규정하고 한국국적을 갖고 있지 아니한 사람을 위로금 지급대상에서 제외하여 규정한 데 대한 합헌결정이었다. 헌재는 구 소련에 의하여 강제억류되어 국내로의 귀환이 사실상 어려웠던 사정을 감안하여 한·소 수교가 이루어진 1990.9.30. 이전으로 한 것은 광범위한 입법재량에 비추어 현저히 자의적이거나 불합리한 것이라고 볼 수 없다고 보았다. 그리고 청구인들 중 한국국적을 가지지 않은 청구인은 재외국민에 해당한다고 보기 어려운데 설령 청구인들에 대한 보호의무가 인정된다고 하더라도, 앞서 보았듯이 "입법재량의 범위를 벗어났다고 할 수 없으므로 심판대상조항이 헌법상 재외국민 보호의무를 위반하였다고 볼 수 없다"라고 판시하였다(헌재 2015.12.23. 2013헌바11).

> * 외국국적동포에 대하여 외국인에 대해서와 같이 부동산실명법 적용의 예외를 인정하면서 재외국민에 대해서는 그러하지 않은 '재외동포의 출입국과 법적지위에 관한 법률' 제11조 제2항 사건을 여기에 인용하는 교과서가 있으나 그 사건에서 청구인은 재외국민에 대한 국가의 외교보호 의무 등의 불이행이 아니라 재외국민이 외국국적동포보다 차별받는다는 평등원칙 위배를 주장하였다. 헌재는 합리적 이유가 있어서 위배되지 않는다고 보았다(헌재 2001.5.31. 99헌가18).

3) 국가의 기본권보호의무

국가의 기본권보호의무는 외국에 생활하는 국민들에 대해서도 미친다. 그 거주하는 외국의 주권, 국가권력행사 또는 상호주의로 인해 기본권의 제한이 따르고 현실적으로 그 보호에 한계가 있을 수 있다.

3. 외국국적 재외동포의 보호

재외국민이 아닌 외국국적동포에 대해서도 한국 내에서 그 법적 보호를 함이 바람직하다. 재외동포체류자격을 가진 외국국적동포의 대한민국에의 출입국과 대한민국 안에서의 법적 지

위 제11조 제1항 부분에 대한 관계에서 이러한 헌법규정의 보호법익은 그대로 적용된다고 보기 어려워, 위 법률조항이 비거주자에 대하여 상속세 인적공제 적용을 배제하였다 하더라도 국가가 재외국민을 보호할 의무를 행하지 않은 경우라고는 볼 수 없다.

51) 헌재 2010.7.29. 2009헌가13.

위를 보장하기 위하여 혜택을 부여하는 '재외동포의 출입국과 법적 지위에 관한 법률'(이하 '재외동포법'이라 함)이 제정되어 있다. 그런데 재외동포법은 그 제정 직후 아래와 같이 헌법불합치결정을 선고받았다. 그 적용대상에서 대한민국정부 수립 이전에 국외로 이주한 동포를 제외하여 평등원칙을 위반하였다는 이유 때문이었다.

● 판례 헌재 2001.11.29. 99헌마494

[결정요지] 국외로 이주한 시기가 대한민국 정부수립 이전인가 이후인가는 결정적인 기준이 될 수 없는데도, 정부수립이후이주동포(주로 재미동포, 그 중에서도 시민권을 취득한 재미동포 1세)의 요망사항은 재외동포법에 의하여 거의 완전히 해결된 반면, 정부수립이전이주동포(주로 중국동포 및 구 소련동포)는 재외동포법의 적용대상에서 제외됨으로써 그들이 절실히 필요로 하는 출입국회와 대한민국 내에서의 취업기회를 차단당하였고, 재외동포법상 외국국적동포에 대한 정의규정에는 일응 중립적인 '과거국적주의'를 표방하고, 시행령으로 일제시대 독립운동을 위하여 또는 일제의 강제징용이나 수탈을 피하기 위해 조국을 떠날 수밖에 없었던 중국동포나 구 소련동포가 대부분인 대한민국 정부수립 이전에 이주한 자들에게 외국국적 취득 이전에 대한민국의 국적을 명시적으로 확인받은 사실을 입증하도록 요구함으로써 이들을 재외동포법의 수혜대상에서 제외한 것은 정당성을 인정받기 어렵다. 요컨대, 이 사건 심판대상규정이 청구인들과 같은 정부수립이전이주동포를 재외동포법의 적용대상에서 제외한 것은 합리적 이유없이 정부수립이전이주동포를 차별하는 자의적인 입법이어서 헌법 제11조의 평등원칙에 위배된다. 헌법불합치를 선고하고, 입법자가 합헌적인 방향으로 법률을 개선할 때까지 2003. 12. 31.을 한도로 잠정적으로 적용하게 한다.

위 결정 이후 법을 개정하여 정부 수립 이전 국외이주동포들도 그 대상으로 하고 있다. 재외동포법은 외국국적동포의 출입국에서의 보호뿐만 아니라 국내에서의 부동산거래, 금융거래 등에서 한국인과 같은 보호를 받도록 하고 있고 건강보험의 적용 등을 받을 수 있게 하고 있다.

Ⅳ. 국민의 헌법상 지위

국민은 헌법상 개인으로서 또 단체로서의 지위를 지닌다.

1. 개인으로서의 국민

국민은 개별적으로 헌법상 지위를 누리는데 이러한 '개인으로서의 국민'의 헌법상 지위로는 다시 ① 기본권주체로서의 국민과 ② 기본의무주체로서의 국민으로 나누어진다. 국민은 각자 자연인으로서 자유권, 평등권, 생존권, 참정권, 청구권 등 여러 가지 기본권들을 누린다. 아울러 국민은 국방의 의무, 교육의 의무, 납세의 의무, 근로의 의무, 환경보전의 의무 등을 각자진다.

2. 단체로서의 국민

국민은 단체로서의 헌법적 지위를 누리기도 한다. 단체로서의 국민은 다시 ① 주권보유자로서의 국민과 ② 주권행사자로서의 국민으로 나누어진다. 주권보유자로서의 국민에는 참정권을 실제로 행사할 기본권행사능력을 가진 국민들은 물론이고 참정권을 행사하지 못하는 선거연령 미만의 국민들도 모두 포함된다. 즉 남녀노소, 행위능력 유무에 관계없이 모든 국민을 의미한다. 주권행사자로서의 국민이란 국민의 대표자를 선출하거나 국민의 의사를 직접 표현하는 국민표결(투표)을 하는 단체로서의 국민을 말한다.

제3항 영역

Ⅰ. 영역의 개념과 내용 및 성격

1. 영역의 개념

영역이란 한 국가가 그 기반을 두고 존립하고 있는 공간으로서 그 국가가 배타적이고도 독점적으로 지배할 수 있는(그 국가의 법이 적용되고 강제될 수 있는) 힘이 미치는 토지, 바다, 하늘의 공간을 의미한다. 우리 헌법 제3조는 '영토'란 용어를 사용하고 있으나 영해, 영공도 포함하는 영역의 의미로 보아야 한다. 영역을 지배할 수 있는 힘은 주권의 한 내용으로서 종래 영토고권(영역고권. 우리는 국민에 군림하는 의미를 지닌 이 '고권'이란 용어 대신에 오늘날 '지역적 주권'이라고 부르는 것이 타당하다는 점을 앞서 주권론에서 지적한 바 있다. 전술 참조) 내지 영역권이라고 불려 왔다.

2. 영역권의 내용

지역적 주권(영토고권, 영역권)은 ① 영역을 유지하고 영역의 자율적인 사용·수익을 할 수 있는 권력과 ② 영역 내에서 인간과 사물들을 보호하고 안전을 위한 규율을 할 수 있는 권력 등을 포함한다.

3. 영역의 성격 - 영역의 온전성

영역의 의미는 단순히 한 국가와 다른 인접국가와의 지역적 경계라는 물리적 의미만을 가지는 것이 아니다. 영역은 한 국가의 영역 내에서 공동체를 구성하여 생활을 영위하는 사람들의 지역적 기반이 역사적으로 형성되어 이어져 왔고 이러한 지역적 기반이 원상 그대로 유지되어야 한다는 당위적 의미에서의 영역의 온전성을 요구하는 개념이기도 하다. 영역의 온전성은 뒤의 한국의 통일 문제에 직결되는 중요한 요체이다.

4. 영토에 대한 기본권의 문제

국민의 기본권으로서 영토권을 인정할 수 있는가 하는 문제에 대해 우리 헌법재판소는 아래 한·일어업협정사건에서 헌법소원의 대상인 기본권의 하나로 간주할 수 있다고 판시한 바 있다.

> **● 판례** 헌재 2001.3.21. 99헌마139
> [관련판시] 영토조항이 국민 개개인의 주관적 권리인 기본권을 보장하는 것으로 해석하는 견해는 거의 존재하지 않는 것으로 보인다. 그러나, 헌법소원심판의 본질은 개인의 주관적 권리구제뿐 아니라 객관적인 헌법질서의 보장도 겸하고 있다고 보아야 한다. 국민의 개별적 주관적 기본권을 실질적으로 보장하기 위해서는 경우에 따라서는 객관적인 헌법질서의 보장이 전제되지 않으면 안되는 상황을 상정해 볼 수 있다. 그 예로서, 헌법 제3조의 영토조항은 우리나라의 공간적인 존립기반을 선언하는 것인바, 영토변경은 우리나라의 공간적인 존립기반에 변동을 가져오고, 또한 국가의 법질서에도 변화를 가져옴으로써, 필연적으로 국민의 주관적 기본권에도 영향을 미치지 않을 수 없는 것이다. 이러한 관점에서 살펴본다면, 국민의 개별적 기본권이 아니라 할지라도 기본권 보장의 실질화를 위하여서는, 영토조항만을 근거로 하여 독자적으로는 헌법소원을 청구할 수 없다할지라도, 모든 국가권능의 정당성의 근원인 국민의 기본권 침해에 대한 권리구제를 위하여 그 전제조건으로서 영토에 관한 권리를, 이를테면 영토권이라 구성하여, 이를 헌법소원의 대상인 기본권의 하나로 간주하는 것은 가능한 것으로 판단된다.
> * 그러나 본안판단결과 기각결정이 되었다.
> * 한·일어업협정이 영토권침해가 아니라고 본 동지의 결정: 헌재 2009.2.26. 2007헌바35.
>
> *** 판례분석:** 이 결정에서 헌재가 영토권을 인정한 결론에는 찬성한다. 다만 헌재가 위 판시에서 "헌법소원의 대상인 기본권"이라고 하였는데 헌법소원의 대상은 기본권이 아니라 기본권을 침해하는 공권력의 행사 또는 불행사이다 (헌법재판소법 제68조 참조). '문제되는 기본권' 또는 "헌법소원의 청구사유로서 침해 여부가 문제되는 기본권"이라고 하는 것이 정확한 판시이다.

II. 영역의 구성과 범위 및 변경

1. 한국의 영토조항 - 한국의 영역의 범위

현행 헌법 제3조는 "대한민국의 영토는 한반도와 그 부속도서로 한다"라고 규정하고 있다. 한반도 전역이 우리의 영역이므로 이북지역에도 우리의 주권이 미치는 지역임을 분명히 하고 있다. 이 조항은 앞서 언급한 대로 우리 영역의 온전성을 의미하는 것이기도 하다.

2. 영역의 구성과 범위

영역은 영토, 영해, 영공으로 이루어진다. 우리 헌법 제3조는 '영토'라고 하나 이는 영역이라고 보아야 한다. 영해, 영공은 영토에 종속되어 있다고 보기에 영토라고만 표기한 것이다.

* **'영역'의 용어:** 우리 헌법 제3조는 '영토'라고 규정하고 있으나 우리 헌법은 다른 조문들에서 '영역'이란 말을 사용하고 있다. 즉 헌법 제27조 제2항은 "대한민국의 영역 안에서는 중대한 군사상 기밀 … "이라고 규정하고, 제60조 제2항은 "국회는 … 외국군대의 대한민국 영역 안에서의 주류에 대한 동의권을 가진다"라고 규정하여 '영역'이란 용어를 사용하고 있다.

(1) 영토

영토란 국가의 주권, 지배권이 미치는 토지(육지)의 범위를 말한다. 다른 나라와의 경계를 국경이라고 한다. 영토에 대한 국가의 지배권은 토지의 표면은 물론이고 지하에도 미친다. 영토에 관해 그 범위를 헌법에 명시하고 있는 나라도 있고 명시하지 않은 나라들도 있다.

(2) 영해
1) 영해의 범위

영해란 국가의 주권, 지배권이 미치는 바다, 즉 육지에 접해 있는 바다의 범위를 말한다. 영해의 범위에 대해 종래 나라마다 3해리, 6해리, 12해리, 200해리 등이 주장되고 있었는데 제3차 유엔해양법회의에서 오랜 협상과정을 거쳐 1982년 12월 10일 채택, 1994년 11월 16일 발효되었고 1996년에 우리나라도 가입한 '해양법에 관한 국제연합 협약'(United Nations Convention on the Law of the Sea) 제3조는 영해의 폭에 관해 "모든 국가는 이 협약에 따라 결정된 기선으로부터 12해리를 넘지 아니하는 범위에서 영해의 폭을 설정할 권리를 가진다"라고 규정하여 12해리 원칙을 확립하고 있다. 우리나라의 '영해 및 접속수역법' 제1조도 동일한 내용을 규정하고 있다.

2) 접속수역

영해에 접속해 있는 수역인 접속수역의 범위도 설정되어야 한다. '해양법에 관한 국제연합 협약' 제33조는 연안국은 관세·재정·출입국관리 또는 위생에 관한 법령의 위반의 방지를 위하여 접속수역을 둘 수 있도록 하면서 그 범위한계를 영해기선으로부터 24해리 이내로 설정하고 있다. 우리나라의 '영해 및 접속수역법' 제3조의2도 동일한 내용을 규정하고 있다.

3) 배타적 경제수역과 대륙붕

'해양법에 관한 국제연합 협약'은 배타적 경제수역(EEZ)을 인정하고 배타적 경제수역에서 연안국은 해저의 상부수역, 해저 및 그 하층토의 생물이나 무생물 등 천연자원의 탐사, 개발, 보존 및 관리를 목적으로 하는 주권적 권리와, 해수·해류 및 해풍을 이용한 에너지생산과 같은 이 수역의 경제적 개발과 탐사를 위한 그 밖의 활동에 관한 주권적 권리 등을 가진다고 규정하고 있다(동 협약 제56조). 배타적 경제수역의 범위한계는 영해기선으로부터 200해리를 넘을 수 없도록 규정하고 있다(동 협약 제57조).

위 협약 제76조는 대륙붕에 대해서도 규정하고 있는데 그 범위를 원칙적으로 영해기선으로부터 200해리까지의 해저지역으로 하고 350해리 또는 수심 2,500m의 등심선으로부터 100해리까지의 해저지역까지 예외적으로 확대될 경우를 규정하고 있다. 대륙붕은 수산자원, 지하자원이 매장되어 있는 곳으로서 연안국은 대륙붕을 탐사하고 그 천연자원을 개발할 수 있는 대륙붕에 대한 주권적 권리를 행사한다(동 협약 제77조 제1항).

우리나라에서도 배타적 경제수역과 대륙붕에 관하여 '배타적 경제수역 및 대륙붕에 관한 법률'이 제정되어 있는데 동법은 그 범위를 대한민국이 행사하는 주권적 권리와 관할권 등을 위 협약의 내용과 같이 규정하고 있다.

이러한 배타적 경제수역은 한반도의 주변국들의 배타적 경제수역과 중복되어 그 주변국들과의 협의를 요하게 한다. 이에 관한 협정으로 대한민국 정부와 중화인민공화국 정부 간의 어업에 관한 협정이 있고, 대한민국과 일본국 간의 어업에 관한 협정 등이 있다. 후자에 대해서는 독도 부근 조업과 관련하여 어민들에 의해 헌법소원심판이 청구되었으나 헌법재판소는 합헌으로 보아 기각결정, 합헌결정을 한 바 있다. 이 결정들에서 독도를 중간수역으로 한 것이 영토권을 침해한다고 주장되었으나 헌법재판소는 영토권이라는 기본권을 인정하였으면서도 문제의 한일어업협정은 어업에 관한 것에 국한되고 배타적 경제수역을 직접 규정한 것이 아닐 뿐만 아니라 배타적 경제수역이 설정된다 하더라도 영해를 제외한 수역을 의미하며, 이러한 점들은 이 협정에서의 이른바 중간수역에 대해서도 동일하다고 할 것이므로 독도가 중간수역에 속해있다 할지라도 독도의 영유권문제나 영해문제와는 직접적인 관련을 가지지 아니한 것임은 명백하다고 판시하였다(● 판례 헌재 2001.3.21. 99헌마139등; 2009.2.26. 2007헌바35. * 판례비평: 그러나 이 결정은 '어업'에 관한 것에 국한한다는 점을 중요논거로 들고 있으나 어업의 보호도 한 국가에서의 영역권 대상에 포함되는 것이라는 점, 배타적 경제수역에 있어서도 영해 기선을 중심으로 하기에 영역에 대한 우리의 주권이 문제되는 것이라는 점, 헌법 제3조가 한반도뿐 아니라 그 '부속도서'를 영토로 하고 있고 독도도 우리의 영토이기에 독도를 중심으로 영해, 배타적 경제수역 등에 대한 판단이 요구된 사안이었으나 그렇지 않았던 점 등에서 이 결정은 문제가 있다).

(3) 영공

영공은 영토와 영해의 상공을 말한다. 주권이 미치는 상공의 범위에 대해서는 무한대라는 학설, 대기권까지 미친다고 보는 학설, 실제적 효력의 지배력이 미치는 상공에 한한다는 학설 등이 있으나 마지막 학설(실제적 효력의 지배력설)이 일반적인 견해이다.

3. 영역권에 대한 제약, 무해항행권

한 국가의 영역권은 배타적이지만 국제협약, 국제규칙 등에 의한 제약이 있을 수 있다. 대표적인 예로 무해통항권(無害通航權, right of innocent passage)과 같은 경우에 의한 제약을 받을 수 있다. 무해통항권이란 외국의 선박이 지나가는 연안국의 질서나 안전을 해치지 않는 한 자유롭게 연안국의 사전승인없이도 그 연안을 항해할 수 있는 권리를 말한다. 우리나라의 '영해 및 접속수역법'도 무해통항권을 규정하고 있다(동법 제5조 제1항).

4. 영역의 변경

영역이 변경되는 경우와 원인으로는 자연현상에 의한 영토의 생성, 화산폭발 등에 의한 영토의 소실 등이 있고 무주지 선점 등이 있으나 흔하지 않다. 그 외 국제조약에 의한 할양(割讓)과 병합이 있다. 할양이란 한 국가가 영역권을 다른 나라에 양도하는 것을 말한다. 병합은 한 국가가 다른 국가에 영토 전부를 양도하여 국가로서의 존립을 잃게 되는 경우이다. 오늘날 UN 헌장 등에 의해 무력에 의한 정복은 국제법적으로 그 효력이 인정되지 않는다고 본다. 영토의 변경에 국민의 투표 등 국민의 승인을 받도록 헌법에 규정하는 예가 있다(프랑스의 제4공화국 1946년 헌법 제27조: 우리나라의 경우 1954.11.29.의 제2차 헌법개정으로 새로 도입된 제7조의2 제1항 - 제3공화국 헌법에서 없어짐).

III. 한국의 분단국으로서의 통일 문제와 영역

1. 헌법 제3조와 제4조의 관계 문제

(1) 문제제기

헌법 제3조는 "대한민국의 영토는 한반도와 그 부속도서로 한다"라고 규정하고 있고 헌법 제4조는 "대한민국은 통일을 지향하며, 자유민주적 기본질서에 입각한 평화적 통일 정책을 수립하고 이를 추진한다"라고 규정하고 있다. 양 조항 간의 관계가 논란되고 있다. 이 문제는 헌법 제4조에 따라 평화통일을 위한 노력을 하기 위해서는 남북 간 교류가 이루어져야 하는데 헌법 제3조에 따르면 북한정부를 불법단체로 보게 되어 이러한 교류를 받아들일 수 없어 모순이 아닌가 하는 의견이 있었기 때문에 제기된 것이다.

(2) 학설

다음과 같은 여러 학설들이 개진되고 있다. ⅰ) 제3조 우위설 - 헌법 제3조가 우위를 가진다고 보고 한반도 전역에 대한민국 헌법의 효력이 미치고 북한지역은 불법단체가 점령하고 있다고 보는 학설이다. ⅱ) 헌법 제4조 우위설 - 오늘날 남북간 교류와 UN 동시가입 등의 현실에 부합되기 위해서는 통일조항인 헌법 제4조가 우선한다고 보아야 한다는 학설이다. 이 학설도 여러 견해들로 나누어지는데 ① 제3조 폐지설(양 조문이 충돌하므로 제3조를 삭제하여야 한다는 설), ② 신법우선설(제4조가 제3조보다 뒤에 규정되어 신법인 제4조가 우선된다고 보는 설), ③ 특별법설(평화통일조항인 제4조가 특별법으로서 우선된다고 보는 설), ④헌법이념설(평화통일이념은 우리 헌법의 기본이므로 헌법 제4조가 우선된다고 보는 설) 등이 있다. ⅲ) 헌법변천설 - 헌법의 현실이 변화함에 따라 헌법의 영토조항이 변천되었다고 보거나 변천과정에 있다고 보는 학설이다. ⅳ) 조화설 – 헌법 제3조와 제4조를 조화롭게 해석하여야 한다는 학설이다. 이 조화설에도 ① 북한지역에 한국의 통치권(국가권력)이 미치지 못함을 인정하면서 조화 있는 적용을 하여야 한다는 설, ② 통일조항에서의 통일은 법률상의 통일이 아니라 사실상의 통일을 의미하는 것이라는 설, ③ 영토조항은 통일이라는 목적과 국가의 통일책임을 설정한 조항이고 통일조항은 그것을 실현하기 위한 방식을 규정한 것으로서 상호조화가 가능하다고 보는 설, ④ 영토조항은 미래지향적이고 미완성의 규정이며 통일조항은 현실적 규정이라는 설 등이 있다. ⅴ) 이중설 – 북한의 정권을 반국가단체로 보면서도 대화와 협력의 동반자로 이중적 성격을 가진 것으로 보아 영토조항과 통일조항의 규범조화적 해석이 가능하고 이러한 이중성에 따라 양 조항의 병존적 적용이 가능하다고 보는 학설이다.52) 이런 의미의 이중설도 조화설의 하나로 볼 수 있다. ⅵ) 그 외 – "헌법 제3조는 법규범적인 성격을 가지는 조항(*de juris*)이고 헌법 제4조는 사실적인 성격을 가지는 것(*de facto*)이어서 이 양자 사이에는 서로 충돌하는 바가 발생하지 않는다"라는 견해53)도 있다.

(3) 사견

다음과 같은 이유로 헌법 제3조와 제4조는 상호 모순되는 조항으로 볼 것이 아니라 조화적으로 해석하여야 할 것이다. ⅰ) 먼저 영토조항의 의미에서 출발하여야 한다. 영토조항은 물리적 영역 그 자체의 의미뿐 아니라 위에서 살펴본 대로 영토의 온전성, 원상의 보존성을 선언한 것이다. 따라서 헌법 세3조는 한반도라는 단순한 물리적 경계를 규정한 것을 넘어서 헌법은 분단은 물론 어떠한 영역침해도 이를 인정하지 않고 통일을 지향하여야 함을 분명히 하고 있는 규정이다. 헌법 제3조가 지역성의 관점에서 한반도를 명시하고 있는 것은 우리 한민족의 터전이 오래전부터 한반도였다는 공동체적 기반을 밝히는 의미를 지닌다는 점에서 역사적으로도 통일지향성을 담고 있는 규정이다. 이처럼 헌법 제3조도 결국 통일이라는 목표지향적 규정으로 해석되어야 하므로 제4조 통일조항에 모순되지 않는다. ⅱ) 헌법 제4조의 의미는 다음의 두 가지이다. ① 통일되지 않은 사실을 현실로 인정하여 통일이 우리의 시대적 헌법적 과제이고 목표임을 분명히 하는 의미를 가진다. ② 아울러 통일의 방법에 관한 규정으로서 통일은 평화적인 방법으로서 무력의 방법이 아니라 자유민주주의의 기본질서를 바탕으로 하는, 즉 다원적(多

---

52) 이상과 같은 여러 견해들에 대해 자세한 것은, 정재황/류지성, 대한민국 통일과도기의 법적 논점, 공법연구, 제46집 제2호, 2017, 435면; 곽상진(발표)/도회근(연구작성), 한국헌법학회 헌법개정연구 제1분과위원회, "제3조(영토조항)와 제4조(통일조항)", 헌법학연구, 제12권 제2호, 한국헌법학회, 2006.6, 11면 이하; 장영수, "헌법총강에 대한 헌법개정", 공법연구, 제34집 제4호 제2권, 한국공법학회, 2006.6, 88면 이하 등 참조.

53) 정종섭, 헌법학원론 제11판, 박영사, 2016, 259면. 그러나 이러한 견해는 헌법 제4조라는 헌법규정을 완전히 사실로서만 보는 것이어서 헌법의 법규범으로서의 의미를 무시하는 주장이다. 분단이라는 현실, 사실을 직시하는 것은 물론 받아들일 수 있으나 이 현실을 벗어나 통일이라는 목표를 향해 나가야 한다는 헌법적 명령은 법적인 것이다.

元的) 자유주의(민주주의) 방식에 의한 평화적인 통일 방법을 취해야 함을 밝히고 있다. 따라서 헌법 제4조는 ①의 의미에서는 영토의 온전성이라는 헌법적 명령, 그 온전성에 내포되고 있는 통일이라는 헌법적 명령을 확인하고 있어 헌법 제3조와 제4조 양자 모두 같은 지향점(통일), 목표를 확인하고 있고 헌법 제4조는 ②의 의미에서는 통일의 방식을 규정하고 있다는 점에서 헌법 제3조의 구현방법을 규정하고 있다. 그리하여 헌법 제3조와 제4조는 상호 모순되지 않고 조화롭게 병존할 수 있다.

2. 북한의 지위

ⅰ) 대한민국 주권의 적용 – 영토의 온전성을 선언하고 있는 헌법 제3조가 밝히고 있는 대로 북한지역에도 우리의 주권이 미친다. 북한의 정권은 대한민국의 단일성에 위배되는 국내법적으로는 주권국가로 볼 수 없는 불법단체이고 북한지역은 미수복지역이다. 대법원 판례도 북한지역에도 대한민국의 주권이 미친다고 본다.[54] ⅱ) 이중적 지위 – 대법원은 북한이 평화적 통일을 위한 대화와 협력의 동반자임과 동시에 적화통일노선을 고수하면서 우리의 자유민주주의 체제를 전복하고자 획책하는 반국가단체의 성격도 아울러 가지고 있다고 본다.[55] 헌법재판소의 판례도 "현단계에 있어서의 북한은 조국의 평화적 통일을 위한 대화와 협력의 동반자임과 동시에 대남적화노선을 고수하면서 우리 자유민주주의체제의 전복을 획책하고 있는 반국가단체라는 성격도 함께 갖고 있음이 엄연한 현실"이라고 한다.[56] ⅲ) UN 동시가입과 북한의 지위 - 헌재는 북한이 UN에 가입하였다고 하더라도 우리 법상 국가로 볼 수 없다고 한다.[57] ⅳ) 특수관계론 – "남북관계 발전에 관한 법률"(이하 '남북관계발전법'이라고 줄여 부르기도 함) 제3조 제1항은 남한과 북한의 관계에 대해 "남한과 북한의 관계는 국가간의 관계가 아닌 통일을 지향하는 과정에서 잠정적으로 형성되는 특수관계이다"라고 규정하고 있다. 위와 같은 판례와 남북관계발전법의 입장은 평화적 통일정책의 추진·달성을 위한 남북 간 협상, 합의와 같은 행위들로 인해 발생할 수 있는 외국과의 관계상 문제 등을 억제하기 위한 것이라고 볼 것이다."[58] 헌

---

54) 대법원 1996.11.12.96누1221 [판시요약] 북한지역 역시 대한민국의 영토에 속하는 한반도의 일부를 이루는 것이어서 대한민국의 주권이 미칠 뿐이고, 대한민국의 주권과 부딪치는 어떠한 국가단체나 주권을 법리상 인정할 수 없는 점에 비추어 볼 때. ….

55) 대법원 2003.9.23. 2001도4328.

56) 헌재 1997.1.16. 92헌바6등.

57) 헌재 1997.1.16. 92헌바6 [관련판시] 비록 남·북한이 유엔(U.N)에 동시가입하였다고 하더라도, 이는 "유엔헌장"이라는 다변조약(多邊條約)에의 가입을 의미하는 것으로서 유엔헌장 제4조 제1항의 해석상 신규 가맹국이 "유엔(U.N)"이라는 국제기구에 의하여 국가로 승인받는 효과가 발생하는 것은 별론으로 하고, 그것만으로 곧 다른 가맹국과의 관계에 있어서도 당연히 상호간에 국가승인이 있었다고는 볼 수 없다는 것이 현실 국제정치상의 관례이고 국제법상의 통설적인 입장이다.

58) 이상은 졸고, 헌법 제3조의 재해석과 현안, 이슈페이퍼, 한국법제연구원, 2018.12.31., 8면을 그대로 옮긴 것임. https://www.klri.re.kr/kor/issueData/P/291/view.do(방문일 2019. 3.28.)

재도 "한민족공동체 내부의 특수관계를 바탕으로"라고 판시하기도 하였다(헌재 1997.1.16. 92헌바6등; 2000.7.20. 98헌바63). ⅴ) 남북기본합의서의 법적 성격 − 「남북 사이의 화해와 불가침 및 교류·협력에 관한 합의서」에 대해 이를 조약으로 볼 것인지에 대해 조약은 국가 간의 합의이므로 조약이 아니라고 보는 견해와 조약은 국가들 간만이 아닌 국제기구 등과도 체결이 가능하다는 이론에 따라 긍정하는 견해로 나누어질 수 있다. 헌재는 "당국간의 합의로서 남북당국의 성의있는 이행을 상호 약속하는 일종의 공동성명 또는 신사협정에 준하는 성격을 가짐에 불과하다"라고 본다.[59] 대법원도 조약이 아니라고 본다.[60] ⅵ) 국가보안법 − 헌재는 구 국가보안법의 일부규정에 대해 죄형법정주의상 명확성원칙에 위배될 소지가 있다는 이유로 한정합헌결정들을 한 바 있긴 하나[61] 이후 국가보안법 규정들에 대해서 "국가의 존립·안전과 국민의 생존 및 자유를 수호하기 위하여 국가보안법의 해석·적용상 북한을 반국가단체로 보고 이에 동조하는 반국가활동을 규제하는 것 자체가 헌법이 규정하는 국제평화주의나 평화통일의 원칙에 위반된다고 할 수 없다"라고 하여 합헌성을 인정하고 있다.[62] 대법원의 판례도 합헌성을 인정하고 있다.[63] 그리고 이적행위를 처벌하는 국가보안법(1991.5.31. 법률 제4373호로 개정된 것) 제7조 제1항 중 '국가의 존립·안전이나 자유민주적 기본질서를 위태롭게 한다는 정을 알면서 찬양·고무·선전 또는 이에 동조한 자'에 관한 부분(이하 '이적행위 조항')이 평화통일원칙을 선언하고 있는 헌법 제4조 및 국제법 준수의무를 규정한 헌법 제6조 제1항에 위배된다는 주장을

---

59) 헌재 1997.1.16. 92헌바6 등; 2000.7.20, 98헌바63 [관련판시] 남북합의서는 남북관계를 "나라와 나라 사이의 관계가 아닌 통일을 지향하는 과정에서 잠정적으로 형성되는 특수관계"(전문 참조)임을 전제로 하여 이루어진 합의문서인바, 이는 한민족공동체 내부의 특수관계를 바탕으로 한 당국간의 합의로서 남북당국의 성의있는 이행을 상호 약속하는 일종의 공동성명 또는 신사협정에 준하는 성격을 가짐에 불과하다.

60) 대법원 1999.7.23. 98두14525 [관련판시] 남북 사이의 화해와 불가침 및 교류협력에 관한 합의서는 남북관계가 '나라와 나라 사이의 관계가 아닌 통일을 지향하는 과정에서 잠정적으로 형성되는 특수관계'임을 전제로, 조국의 평화적 통일을 이룩해야 할 공동의 정치적 책무를 지는 남북한 당국이 특수관계인 남북관계에 관하여 채택한 합의문서로서, 남북한 당국이 각기 정치적인 책임을 지고 상호간에 그 성의 있는 이행을 약속한 것이기는 하나 법적 구속력이 있는 것은 아니어서 이를 국가 간의 조약 또는 이에 준하는 것으로 볼 수 없고, 따라서 국내법과 동일한 효력이 인정되는 것도 아니다.

61) 즉 헌법재판소는 "국가보안법 제7조 제1항 및 제5항(1980.12.31. 법률 제3318호)은 각 그 소정 행위가 국가의 존립·안전을 위태롭게 하거나 자유민주적 기본질서에 위해를 줄 경우에 적용된다고 할 것이므로 이러한 해석하에 헌법에 위반되지 아니한다"라는 한정합헌결정을 한 바 있고(헌재 1990.4.2. 89헌가113), 동지의 합헌결정도 한 바 있다(헌재 1997.1.16. 92헌바6). 위 국가보안법 제7조 제1항, 제5항은 1991. 5. 31.에 헌법재판소의 위 1990년의 89헌가113판결에서의 한정해석을 담는 규정으로 개정된 바 있는데 이 개정규정에 대해서는 단순합헌을 한 바 있다(헌재 1996.10.4. 95헌가2; 1997.1.16, 92헌바6; 2004.8.26. 2003헌바85 등).

62) 헌재 1997.1.16. 92헌바6 [관련판시] "현단계에 있어서의 북한은 조국의 평화적 통일을 위한 대화와 협력의 동반자임과 동시에 대남적화노선을 고수하면서 우리 자유민주주의체제의 전복을 획책하고 있는 반국가단체라는 성격도 함께 갖고 있음이 엄연한 현실인 점에 비추어, 헌법의 전문과 제4조가 천명하는 자유민주적 기본질서에 입각한 평화적 통일정책을 수립하고 이를 추진하는 법적 장치로서 남북교류협력에관한법률 등을 제정·시행하는 한편, 국가의 안전을 위태롭게 하는 반국가활동을 규제하기 위한 법적 장치로서 국가보안법을 제정·시행하고 있는 것으로서, 위 두 법률은 상호 그 입법목적과 규제대상을 달리하고 있는 것이므로 남북교류협력에관한법률 등이 공포·시행되었다 하여 국가보안법의 필요성이 소멸되었다거나 북한의 반국가단체성이 소멸되었다고는 할 수 없다." 국가보안법규정에 대한 동지의 합헌결정들: 헌재 2002.4.25. 99헌바27등; 2003.5.15. 2000헌바66 등.

63) 대법원 2003.9.23. 2001도4328.

헌재는 받아들이지 않는다.[64] ⅶ) 남북교류, 남북관계발전 – 통일을 위한 교류, 대화와 교섭은 헌법 제4조에도 규정되어 있는 대로 평화적 통일정책 수립·추진을 위한 활동이다. 이를 위해 2006년에 제정된 '남북관계 발전에 관한 법률'은 남북관계를 특수관계로 규정하고 있고, 남북 간 거래는 국가 간 거래가 아닌 민족내부의 거래로 본다(동법 제3조). 남북 간의 상호교류와 협력을 촉진하기 위하여 '남북교류협력에 관한 법률'이 있다(이 법률들에 대해서는 아래 3, (5)도 참조). ⅷ) '남북교류협력에 관한 법률'과 국가보안법의 관계 – 양자의 관계에 대해 서로 상충할 수 있고 그 경우 국가보안법이 일반법, '남북교류협력에 관한 법률'이 특별법으로서 전자의 적용이 배제된다는 견해가 있어 논란된 바 있다. 그러나 헌재는 양자는 상호 그 입법목적과 규제대상을 달리하고 있다고 보고(헌재 1993.7.29, 92헌바48), 남북교류협력에 관한 법률은 남·북한간의 상호교류와 협력을 촉진하기 위하여 필요한 사항을 규정할 목적으로 제정된 것인데(제1조) 남북교류와 협력을 목적으로 하는 행위에 관하여는 정당하다고 인정되는 범위 안에서 다른 법률에 우선하여 이 법을 적용하도록 되어 있어(제3조) 이 요건을 충족하지 아니하는 경우에는 이 법률의 적용은 배제된다고 할 것이므로 국가보안법이 이 법률과 상충되는 것이라고는 볼 수 없다고 한다(헌재 1997.1.16. 92헌바6). ⅸ) 북한주민의 법적 지위 – 북한지역도 우리의 주권이 미치는 영역이고 그곳에 있는 북한주민도 한국 국민이므로 탈북한 북한주민에 대해서 별도의 국적인정절차 없이 대한민국 국민으로서 지위가 인정된다(전술, '국민' 부분에서 '북한의 주민' 참조).

3. 평화통일주의

(1) 헌법규정

우리 헌법은 평화적 통일을 위한 여러 규정들을 두어 그 국민적 의지를 천명하고 평화통일주의를 헌법의 중요한 기본원리로 설정하여 그 실현을 위한 원칙과 제도들을 규정하고 있다. ① 전문에서 조국의 평화적 통일의 사명을 명시하고 있고, ② 자유민주적 기본질서에 입각한 평화적 통일 정책을 수립하고 이를 추진할 국가의 의무(제4조), ③ 대통령의 국가의 독립·영토의 보전·국가의 계속성과 헌법을 수호할 책무(제66조 제2항)와 평화적 통일을 위한 성실한 의무(제66조 제3항), ④ 대통령의 취임에서의 평화적 통일노력의무 선서의무(제69조), ⑤ 대통령의 통일에 관한 중요정책 국민투표 부의권(제72조)을 규정하고 있으며, ⑥ 평화통일정책의 수립에 관한 대통령의 자문에 응하기 위하여 민주평화통일자문회의를 둘 수 있도록 하고 있다(제92조).

(2) 통일의 원칙

헌법 제4조는 우리의 통일방식을 자유민주적 기본질서에 입각한 방식으로 하여야 함을 명시하

---

64) 헌재 2015.4.30. 2012헌바95등.

고 있다. 따라서 무력에 의한 통일방식이 아니라 자유민주주의의 다원적인 대화와 평화적인 교류를 통하여 통일을 성취하도록 노력하여야 한다.

(3) 통일에 대한 기본권 인정 문제

헌재는 통일조항으로부터 통일 관련 구체적 기본권이 나오는 것은 아니라고 본다.

● **판례** 헌재 2000.7.20. 98헌바63
[판시] 헌법상의 여러 통일관련 조항들은 국가의 통일의무를 선언한 것이기는 하지만, 그로부터 국민 개개인의 통일에 대한 기본권, 특히 국가기관에 대하여 통일과 관련된 구체적인 행위를 요구하거나 일정한 행동을 할 수 있는 권리가 도출된다고 볼 수는 없다.

(4) 경과(역사)

평화적 통일노력은 정부수립 이전에도 비록 좌절되긴 했으나 김구(金九) 선생 등에 의한 남북협상 시도부터 찾을 수 있다. 1970년대에 들어서 1971년 남북적십자회담이 있었고, 1980년대에 들어와 새로운 탈냉전의 국제 분위기와 고르바초프의 개혁·개방 등 국제환경에 변화가 있었고 1988년에 7·7선언이 있었으며, 남북적십자 본회담의 개최, 고향방문단의 교환과 민간 차원의 교류로 그 폭이 확대되었다. 1990년대에 들어와 「남북 사이의 화해와 불가침 및 교류·협력에 관한 합의서」(1992.2.19. 발효. '남북기본합의서'라 함)가 채택되었다. 2000년대에 들어와 김대중 대통령의 방북으로 6.15 남북정상회담과 남북공동선언(2000년)이 있었고 금강산 관광 등이 이루어졌으며 노무현 대통령의 방북과 남북정상회담(2007년 10월)이 있었다. 그러나 이후 북핵문제 등으로 긴장관계를 보이기도 하였다. 2018년에 들어와 동계올림픽에서 개회식 공동입장 등 해빙무드를 타기 시작했고 4월 27일의 판문점선언, 6월 12일 싱가포르에서 열린 북미회담, 문재인 대통령 방북과 9월 18일에 평양정상회담이 있었다. 불가역적 전면적 핵폐기를 전제로 한 미국, 북한 간 견해 차로 2019.2.27.-28. 베트남 하노이 제2차 북미회담이 별다른 성과를 내지 못하긴 하였으나 남북관계에 새로운 전기가 마련되고 한반도에 평화의 서기가 퍼지고 있었다. 그러나 경색국면이 나타나기도 한다.

(5) 법률에 의한 추진

평화적 통일추진을 위한 법률로 ⅰ) '남북관계 발전에 관한 법률'이 있다. 이 법률은 대북정책의 법적 기초를 설정하는 법률로서 특히 남북 간 합의서에 법적 실효성을 부여함으로써 남북관계의 안정성과 일관성을 확보하고, 남한과 북한의 기본적인 관계, 국가의 책무, 남북회담대표의 임명 및 남북합의서의 체결·비준 등에 관한 사항을 규정하고 있다. ⅱ) 남북 간의 상호교류와 협력을 촉진하기 위하여 필요한 사항을 규정함으로써 한반도의 평화와 통일에 이바지함을 목적으로 하는 '남북교류협력에 관한 법률'이 있다(법 제1조). 남북교류와 협력을 목적으로 하는 행위에 관하여는 동법의 목적 범위 안에서 다른 법률에 우선하여 동법을 적용하는데(동법

제3조) 남·북한 왕래시 통일부장관의 증명서 소지(동법 제9조), 남·북한 주민접촉시 통일부장관에의 사전신고(동법 제9조의2), 남북교류·협력의 촉진을 위한 통신역무의 제공(동법 제22조) 등을 규정하고 있다.

제 3 절 국가형태

Ⅰ. 국가형태의 개념과 분류

1. 개념

국가형태란 무엇을 의미하는가 하는 문제에 대해서는 견해가 일치되어 있지 않고 국가형태를 헌법형태라고 하거나 정부형태라고도 한다. 여기서는 국가형태를 넓게 보아 한 국가에 있어 전체적으로 그 조직, 국가권력의 구조나 국가권력의 행사, 특히 국가의사의 결정방식 등이 어떠한지 하는 그 모습을 의미하는 것으로 보고 그러한 넓은 개념에 비추어 국가형태 문제를 살펴본다.

2. 공화국의 의미

국가형태로 헌법에 공화국임을 밝히고 있는 나라들이 많다. 우리나라도 그러하다(제1조). 공화국이란 말의 개념은 여러 가지 의미를 가진다. 형식적으로는 군주제가 없는 국가를 말한다. 공화국이란 그 연혁을 보면 로마시대에 로마인들이 자신들이 속한 로마국가를 'Res publica'라고 불렀던 데에서 유래하였다. 이처럼 Republic의 어원인 'Res publica'란 'Res'가 사물, 사항을 의미하고, 'publica'란 공적이란 것을 뜻하는바 결국 모든 공적 사항을 의미하는 말이었다. 루소(Rousseau)도 모든 공적 사물을 공화국적인 것이라고 지적한 바 있다. 이는 공공적인 것을 강조하는 것이고 따라서 공화주의는 개인주의와 구별되어 국가의 통합 등을 강조하는 경향을 보여준다.

> * **공화(共和)의 역사:** 사실 공화(共和)라는 말은 일찍이 동양에서 먼저 나온 말이라고 한다. 기원전에 중국 서주(西周)에서 폭정을 하던 "려왕(厲王)이 권좌에서 축출되고 공의 제후(共伯) 화(和)가 왕을 대신하여 정사를 담당했던 역사(BC 841-BC 828)에서 공화라는 말이 유래되었다고 한다. "왕이 없이 정치가 이루어지는 '공화제(共和制)'란 말이 여기에서 비롯되었다"라고 한다(조승래, 공화국과 공화주의, 제51회 전국역사학대회, 2008.5, 14면, 이하도 참조). 그렇다면 동양에서의 공화라는 말도 절대군주가 없는 상태를 의미하였다고 볼 것이다.

오늘날 공화국이란 용어가 인민민주주의공화국의 예에서 보듯이 반드시 민주적 국가임을 보증하지는 않는다. 반대로 군주제를 두고 있다고 하여 비민주적인 것이 아니라 민주적 정체인 국가들도 있다. 결국 공화국이란 종전부터 일컬어져 온대로 군주가 없는 국가라고 할 것이며 공적 사항이라는 중립적 관념을 가지고 따라서 실제적으로 민주성을 가지느냐 하는 가치판단 이 또한 내려져야 하는 문제가 남는다.

민주국가에서 공화주의란 개념에서 강조되어야 할 것은 원래의 의미인 공공성이라고 할 것이다. 그리하여 국가의 주권자로서의 지위를 가지는 국민들의 결속과 국민들에 의해 국가권력의 정당성이 부여되고 그러한 주권과 국가권력을 민주적으로 그리고 공공의 이익과 모든 국민들의 기본적 인권을 보호하기 위하여 행사되어야 함을 의미한다. 진정한 공화주의와 공화국의 실현은 바로 진정한 민주주의의 실현이라고 할 것이다.

> *** '민주'공화제의 용어:** 공화국, 공화정이란 말은 오래 전부터 사용되어 왔으나 민주공화제라는 용어는 그렇지 않다. 바로 1919년 4월 11일 우리 임시헌장이 일찍이 '민주'공화제로 한다고 규정하였다.

3. 분류의 문제 – 국체·정체 구분론 문제

국가형태를 분류함에 있어서 국체와 정체의 구분론이 있었는데 이에 대해서는 문제점이 지적되고 있다.

[구분 개념·기준] 국체에 따른 분류는 주권의 보유자가 누구인가에 따라 파악하는 분류이고 정체에 따른 분류는 주권의 행사가 어떠한 방식으로 이루어지느냐에 따라 파악하는 분류이다. 국체 분류에 따르면 국가형태는 주로 군주국(군주가 주권보유자), 공화국(국민이 주권보유자)으로 구분된다. 정체 분류에 따르면 국가권력이 분산되어 행사되는 입헌정체와 반대로 통합되어 행사되는 전제정체로 국가형태가 구분된다.

[문제점] 그런데 오늘날 군주제를 두고 있어 군주국이라고 불리면서도 주권의 실제 보유자는 국민인 국가들이 있다(예를 들어 영국, 일본 등 국왕을 두고 있는 나라들). 반면 '공화국' 명칭을 사용하는 국가의 경우에도 국민이 진정한 주권자가 아닌 경우가 있다(예를 들어 '인민민주주의공화국'이라는 국명의 공산주의국가). 그리하여 오늘날 국체에 따른 분류가 정확하지 않거나 의미가 없다는 문제점이 지적되고 있다. 결국 공화국이란 명칭이 붙여진 국가라고 하더라도 실질적으로 국민이 주권을 가지느냐 하는 점이 중요하고 주권이 실제로 국민에게 있는 민주국가에서는 주권의 보유자에 따른 분류인 국체의 분류가 사실상 별 의미가 없다. 그리하여 주권이 어떠한 방식으로 민주적으로 행사되느냐 하는 것을 살펴보는 것이 의미있는 주안점이다.

4. 소결 – 민주성(입헌성) 여부에 따른 분류

위에서 살펴본 바를 두고 보면 결국 주권의 소재의 실제성, 실질성 여부, 즉 실제로 주권이 국민에게 있느냐 하는 문제와 그 주권과 주권으로부터 나오는 국가권력이 민주적으로 정당한 헌법에 근거하여 행사되느냐 여부가 중요하다. 따라서 국가형태의 분류도 이러한 관점에서 이루어지는 것이 의미 있고 중요하다는 것을 알 수 있다. 그리하여 아래에서는, 민주성(입헌성) 여부에 따른 국가형태, 그리고 민주적 입헌적 국가형태에도 그 주권행사의 방식에 차이가 있는 데 그 차이에 따른 국가형태의 분류를 살펴본다.

Ⅱ. 민주적 국가형태(입헌정체)와 비민주적 국가형태(전제정체)

1. 입헌정체

(1) 개념과 요소
입헌정체란 국가권력이 여러 국가기관들 간에 분산되어 행사되는 민주적 정체를 말한다. 입헌정체의 요소를 보면, ① 주권자인 국민이 민주적 선거제도를 통해 여러 국가기관들을 선출하여, ② 그 국가기관들에 국가권력을 배분하여 행사하도록 하고 서로 견제와 균형을 이루도록 하며(권력분립), ③ 국민의 표현의 자유가 보장되고, ④ 여러 계층의 국민들의 의사를 수렴할 수 있도록 복수의 정당제도를 인정하며, ⑤ 사유재산과 시장경제를 기초로 하는 경제질서가 자리잡고 있는 정체이다.

(2) 유형
입헌정체에는 ⅰ) 대통령제(대통령이 실질적 권한을 가지고 입법권과 집행권이 엄격하게 분리되어 행사되는 정체), ⅱ) 의원내각제(내각의 존속이 의회의 신임에 달려있는, 내각불신임제와 의회해산제를 중요요소로 하는 정체), ⅲ) 혼합정부제(의원내각제적 요소와 대통령제적 요소가 혼합된 정체. 우리나라에서 이원정부제라 하나 문제가 있고 혼합정부제라 함이 타당함), ⅳ) 스위스연방식의 이사회(내각 합의체)정부제(스위스 연방정부에서는 연방의회에서 선출된 7인의 장관이 합의체인 내각을 이루고 그 7인 중에서 의회가 선임한 사람이 임기 1년의 대통령직을 수행함), ⅴ) 직접민주제(국민이 직접 정치에 참여하는 정체. 현실적으로 인구가 많아 직접민주제를 시행하기가 어렵고 온전히 직접민주제로만 국가운영이 되고 있는 국가를 찾기는 어렵다. 스위스 주 정부 차원에서 몇 개 주에서 매년 일정 시기에 직접민주제가 이루어진다고 하는데(이른바 ‘Landsgemeinde’라고 불림) 중요의제가 대표기관에 의해 준비되고 거수투표로 이루어진다는 등 실질적으로는 한계가 있다고 한다. P. Pactet, 전게서, 90면) 등이 있다. 위와 같은 입헌정체의 각 유형에 대한 자세한 것은 뒤의 국가권력론에서의 정부형태론에서 다루므로 여기서는 중복을 피하기 위해 생략한다(후술 제4부 국가권력규범론 참조).

2. 전제정체

전제정체는 국가권력이 집중되어 행사되는 비민주적 정체를 말한다. 근대 이전의 전제군주제는 물론 이에 속한다. 근대 이후에는 ⅰ) 전체주의(totalitarianism) 정부(국민이 주권자가 아니라 전체를 위한 수단에 불과한 정체. 국민 개인의 기본권은 억제되고 국가의사의 통일을 위하여 복수의 정치적 단체, 정당의 활동을 부정. 독일의 나치스, 이탈리아의 파시스트, 일본의 천황제 정권에서의 정체), ⅱ) 권위주의적 정체(authoritarian regime)(권력이 통치자에 집중되고 국민의 기본권들이 억압되고 있는 정부. 군사쿠데타 등이 빈번했던 1960년대 이후의 중·남미 지역이나 아시아 지역에서 나타남). ⅲ)'신대통령제'(Loewenstein이 명명한 것으로 권위주의정부형태의 하나로 외양은 대통령제이나 대통령에게 권력이 집중되어 있는 정체), ⅳ) 인민공화제, 또는 인민민주주의를 표방하는 공산주의정부(공산당이 국가권력을 독점하여 일당독재가 행해지고 국민의 소유권이 부정되며 시장경제가 아닌 계획경제체제를 두고 있는 정체) 등이 있다.

Ⅲ. 단일국가, 연방국가, 국가연합

1. 단일국가

주권이 하나이고 따라서 헌법도 하나이며 단일한 체계의 국가기구·조직과 중앙정부로 구성되는 국가가 단일국가이다. 단일국가에서는 중앙정부가 있고 지방에는 지방자치단체가 있다. 단일국가에서는 대내적으로 중앙의 입법부와 집행부, 그리고 사법부의 기관들이 단일한 체계를 이루며 법체계가 통일적이다. 지방자치가 이루어지더라도 국가로서의 자치가 아니고 지방자치단체가 주권을 가지지 않으며 지방자치단체의 입법(조례)은 국가법령에 위배될 수 없다. 단일국가에서는 이처럼 대내적으로뿐만 아니라 대외적으로도 단일국가가 국제법적으로 대외주권을 행사하고 법주체가 된다.

2. 연방국가

(1) 개념

복수의 주[州 또는 지방(支邦)]들이 그들 전체의 공동체인 연방을 형성하고자 결합하여 연방헌법을 제정하고 연방 자체도 주권을 가진 국가로서 연방의 국가권력을 행사하며 국제법적으로 주정부가 아니라 연방 자체가 법주체로서 다른 외국들과 외교관계를 가지는 국가가 연방국가(federal state)이다.

(2) 연방의 성립

국가연합에서 결속력이 강화되어 연방으로 이행한 경우가 있고(미국의 경우), 오히려 단일국가가 연방으로 변화된 경우도 있다

(3) 연방국가의 특색

1) 연방의 국가성과 국제법주체성

연방 자체도 주권을 가진 하나의 국가이고 연방내적으로 입법권, 행정권, 사법권 등 국가권력을 행사한다. 즉 연방의회, 연방정부, 연방법원들을 두고 있다. 이 점이 아래에서 보는 국가연합이 그 자체 국가가 아니라는 점에서 양자의 차이가 있다. 연방은 외교권, 국방권, 연방 전체에 걸쳐 필요한 규제권 등을 가지고 주는 이에 관한 권한을 연방에 기탁하고 있다. 연방은 연방 전체의 법질서의 체계를 유지하는, 그리고 주에 자율성을 주면서도 필요에 따라서는 그 통일성을 확보하기 위한 권한을 가지기도 한다.

대외적으로 국제관계에서의 법적인 권리·의무의 주체, 즉 국제법상의 주체가 되는 것은 주가 아니라 연방 자체이고 연방정부가 조약체결권을 가지며 외국들과 외교관계를 맺고 외교권을 행사한다. 예외적으로 주도 외국과의 조약체결권 내지 계약체결의 주체가 될 수 있는 경우(스위스)도 있다.

2) 주(州)의 국가성 여부

연방정부의 주가 하나의 국가인지 아닌지 여부의 문제는 단일국가 내에서의 지방자치단체와의 구분 문제, 아래에서 볼 국가연합의 구성국가와 구별하는 문제로서 연방정부의 속성을 밝히는 의미를 가진다.

(가) 우리나라의 학설   연방을 구성하는 주도 국가인지 여부에 대해 우리나라에서는 논란되고 있다. ⅰ) 부정설은 주는 주권을 가지지 아니한다는 점에서 본래의 국가와는 구별되고 국가가 아니라고 본다. ⅱ) 긍정설은 주도 주권(主權)과 헌법을 가지고 있고 입법, 행정, 사법의 기구들을 두고 있다는 점에서 국가로 본다. 다만, 긍정설은 주가 외교권을 연방에 맡겨 대외주권을 가지지 않는 국가로 본다.

(나) 사견   부정설에는 다음과 같은 문제점이 있다. ① 주의 주권과 헌법제정권이 무시되는 문제가 있다. 주도 헌법을 가지고 있는데(미국, 독일의 각 주가 헌법을 가지고 있음) 이는 주가 헌법제정권을 가지는 것을 의미하는 것이고 헌법제정권이 주권(主權)의 한 내용이라는 점에서 주도 주권을 가진다고 보아야 하므로 주가 국가가 아니라고 보는 것은 모순이다. 연방의 헌법 개정에 주의 동의를 필요로 하는 것도 주가 주권을 가짐을 인정하는 것이다. ② 주를 국가로 보지 않을 경우에 단일국가에서의 지방자치단체와의 구분이 모호해진다.

생각건대 ⅰ) 연방국가에서 주도 주권과 헌법을 가지고 있으며 주마다 의회, 행정부, 사법부를 두어 국가권력(입법권, 행정권, 사법권)을 행사하고 있기 때문에 주의 국가성이 인정된다. 'United States of America'라고 하는 미국의 공식적인 국가명칭에서도 보듯이 국가들의 집적(모임)이 연방이라는 것은 각 주가 국가임을 의미한다. ⅱ) 주는 외교권을 가지지 않는다고 하여 주권국가가 아니라고 하는 견해는 오늘날 주권의 일부제약이나 이양도 인정되므로 받아들이기 힘들다. 주로 주가 외교권을 가지지 않는다는(대외주권이 제약된다는) 점을 들어 국가성을 부정하나 국제법상 대외적으로 완전한 국가로서의 지위를 가지지 못한다고 하더라도 헌법적으로는 국가로서의 성격을 주도 가진다. 결국 연방의 주도 국가이고, 다만 대외주권 등을 행사할 수 없는 불완전한 국가이다. 이러한 불완전한 국가성이 연방국가를 아래에서 볼 국가연합과 구분 짓는 것이기도 하다. 국가연합에서는 구성국가들이 완전한 국가이다. iii) 국약헌법의 예로 연방헌법을 들면서 주가 국가가 아니라고 보는 것은 모순이다. 주가 국가가 아니라면 주들의 합체인 연방의 헌법을 국가들 간의 협약인 국약헌법이라고 할 수는 없기 때문이다. 결국 연방헌법을 국약헌법이라고 분류하는 것도 주가 불완전하나마 국가임을 인정하는 논거가 된다.

3) 법질서의 중첩(superposition)

연방도 하나의 국가로서 주권을 가지고 주도 불완전하나마 하나의 국가로서 자치적인 입법을 행하므로 연방국가 체제에서는 연방차원의 입법과 주 차원의 입법이라는 법질서체계의 중첩이 있게 된다. 따라서 주의 국민들과 사물들은 주의 법률뿐 아니라 연방의 법률의 적용도 받게 된다.

(4) 주와 연방의 운영

주 국가들과 연방의 운영에 있어서의 특색으로서 연방과 주 간에는 권한의 분배와 조정, 통합과 균형의 원칙 등이 적용된다. G. Burdeau 교수 등 프랑스의 학자들은 연방국가의 운영에 관하여 참여의 원칙과 자율성의 원칙을 들고 있다.[65]

1) 분배와 조정의 원칙 – 가장 중요한 연방국가 특징

州도 국가이므로 주에 국가권력이 부여되어야 한다. 이는 연방이 담당하여야 할 영역과 주가 독자적으로 담당할 영역의 배분이 필요하고 이 분배와 조정이야말로 연방국가에 가장 중요한 특징임을 의미한다. 연방국가에서는 연방헌법에서 이러한 연방과 주 간의 권력의 배분과 조정에 관한 원칙을 규정하고 있다. 연방정부가 배타적으로 관할하는 영역의 권한(연방국가마다 차이가 있으나 예를 들어 국방, 외교, 연방 전반적 통일을 기하여야 하는 정책 분야) 외에 주의 관할이 인정된다. 연방과 주 간의 권한 문제를 다루는 헌법재판제도를 갖추고 있는 연방국가들도 있다.

2) 통합과 균형의 원칙

연방에 주 국가들이 통합되어져야 하고 정부와 주 정부 간의 권한이 균형 있게 배분되어야 한다.

3) 참여의 원칙

주는 연방국가의 결정에 참여한다. 연방의회의 상원이 주대표들로 구성되는 것이 바로 그것을 위한 것이기도 하다.

4) 자율성의 원칙

주도 독자적인 헌법을 지니고 법률을 제정하며 이를 집행하고 공무원을 임명하며 사법부를

---

65) G. Burdeau 등, 전게서, 79면.

조직하여 운영하는 자율성을 누린다.

(5) 연방제와 지방분권(지방자치)의 차이 – 연방의 주와 지방자치단체의 차이
1) 주권보유성, 국가성
연방의 주는 불완전하나 주권을 보유하고 헌법을 보유하며 국가로서의 성격을 가지는 반면에 지방자치단체는 그러하지 않다.

2) 조직상 차이
연방의 주도 하나의 국가이므로 독자적인 입법부, 행정부, 사법부를 두고 있다. 지방분권의 경우 지방자치단체에 의결기관인 의회를 두기도 하고 집행기관도 있으나 주의 입법부, 행정부와는 차이가 있고 지방자치단체 별로 중앙의 사법부에서 독립된 법원들이 존재하는 것이 아니라는 차이가 있다. 연방의 경우 중앙정부의 국회에 주의 이익을 대표할 상원을 두기도 한다는 차이도 있다. 그런데 단일국가에서 양원제를 두면서 상원을 지방자치단체의 이익을 대표하도록 하는 국가도 있다(프랑스와 같은 지역상원제 국가들).

3) 권한분배
연방국가에서 연방과 주 간의 권한배분이 문제되는 것처럼 지방분권(지방자치)에 있어서도 중앙과 지방자치단체 간의 권한의 배분이라는 문제가 있으나 지방분권은 단일 국가 내에서 또는 연방의 주 내에서(연방국가에서도 각 주 내에서 지방자치가 이루어질 수 있다) 지방별로 자치권한을 행사하도록 하는 것이라는 점에서 연방에서의 주들로 분권이 되는 것과 다르다.

3. 국가연합

(1) 개념과 성립
국가연합(confederation)이란 여러 국가들이 각각의 주권과 독립성은 그대로 보유한 채 서로 결합하겠다는 목적으로 성립되는 공동체를 의미한다. 연방의 경우 주들이 합의에 의해 헌법을 제정함으로써 연방국가를 성립시키는 것과 달리 국가연합은 조약의 체결로 성립된다. 국가연합의 경우 각 구성국가들은 외교권, 조약체결권을 독자적으로 가지므로 국가연합의 성립은 국가들 간의 조약으로 이루어지는 것이다. 반면 연방국가의 각 주는 독자적인 조약체결권을 가지지 못하므로 연방성립을 위한 합의가 조약으로 될 수는 없는 것이다.

역사적으로 국가연합의 성립의 예를 보면 연방으로 이행되기 전 결속과정으로서 국가연합이 성립된 경우들(미국, 스위스, 독일 등의 예)이 있었다. 역으로 연방국가가 해체되면서 느슨한 관계의 국가연합으로 변화되는 경우[독립국가연합(CIS)의 경우]도 있었다.

* **국가연합의 예**: 고대 그리스의 아케이아동맹, 1781년에서 1787년까지의 북미 13개 주들의 연합, 1815년에서 1848년까지의 스위스연합, 1815년에서 1866년까지의 독일연합 등. 현대에 들어와서 영국 식민지국가들의 영연방, 경제적 통합을 위한 유럽경제공동체[점점 결속이 강해져 초국가구성체(후술 참조)로 이행], 구 소련연방이 해체

되고 1991년에 결성된 독립국가연합(CIS. Commonwealth of Independent States).

(2) 특징

1) 국가연합의 비국가성, 비국제법주체성

국가연합 자체는 국가가 아니고 주권을 가지지도 아니하며 주권은 구성국가 각각에 그대로 보유되고 있다. 이 점이 연방국가에서 연방 자체도 주권을 가지고 있는 것과 다른 것이다. 연방정부에서와 달리 법체계의 중첩도 없다는 점에서 차이가 있다. 국가연합은 국제법상 법주체로서의 지위를 가지지 못하고 각 구성국가가 개별적으로 국제법상 법주체의 지위를 가지므로 개별 구성국가가 독자적으로 외교관계를 다른 국가들과 수립하고 국제법적인 권리와 책임의 주체도 개별 구성국가이다.

2) 권한의 비분배, 연합결정의 구성국가에 대한 비구속성, 군사력 보유 등

국가연합의 구성국가들은 완전한 주권을 보유하고 독자적인 국가권력을 행사하므로 국가연합과 구성국가 간의 권한분배가 없다. 국가연합의 중앙기구의 결정은 개별 구성국가를 구속할 수 없고 개별 구성국가의 승인을 얻어야 그 국가에서 집행될 수 있을 뿐이다. 이 점에서 국가연합의 유약성이 나타난다. 국가연합은 군사력을 직접 보유하지 않고 구성국가들이 개별적으로 보유한다.

3) 국제기구와의 구별

국가연합은 국제기구와도 구별된다. 국제기구는 특정한 목적만을 위하여 형성되고 그 목적을 달성하기 위해 활동하는 국제적 조직이라는 점에서 국가연합과 다르다.

(3) 국가연합과 연방국가의 차이

국가연합과 연방국가의 차이점은 일반적으로 아래와 같이 정리할 수 있다. 다만, 개별 국가연합과 연방국가에 따라 예외가 있을 수 있다.

ⅰ) 성립형식을 보면, 국가연합은 조약에 의해 성립되는 반면 연방국가는 연방헌법을 제정하여 이에 근거하여 성립되고 운영된다.

ⅱ) 국가성과 주권보유에 관하여 보면, 국가연합은 일종의 국가결합체 내지 동맹체이고 국가연합 자체는 국가가 아닌 반면에 연방정부는 그 자체로 참다운 국가이다. 국가연합 자체는 주권을 가지지 않으나 연방정부는 주권을 가진다.

ⅲ) 헌법의 존재여부를 두고 보면, 연방국가에서는 연방차원에서도 완전한 의미의 헌법인 연방헌법이 있다. 원칙적으로 헌법을 개별 국가만이 가질 수 있고 한 국가만의 헌법만을 헌법으로 본다면 국가가 아닌 국가연합은 헌법을 가질 수 없다. 헌법의 개념을 넓게 보아 국가성이 없으나 국가들로 이루어진 공동체도 헌법을 가질 수 있다고 본다면 국가연합헌법이 존재할 수 있을 것이다. 이러한 전제 없이 국가연합이 국가성이 없다는 견해를 취하면서 헌법의 분류 중에 국약헌법의 예로 국가연합헌법을 든다면(앞의 '헌법의 분류' 참조) 이는 모순이다. 국가연합헌법의 예로 독립국가연합(CIS)의 경우 1993년의 정상회담에서 보다 느슨한 관계를 규정한 헌법

을 채택한 바 있다.[66] 한편 국가연합에서는 구성국가 각각이 헌법을 가지므로 복수의 헌법이 있다는 점을 연방과의 차이점으로 들고 있는 견해가 있으나[67] 연방국가의 주들도 헌법을 가지고 있으므로(미국, 독일의 주들도 헌법을 가지고 있다) 연방국가에서도 역시 복수헌법성이 있다. 따라서 이를 차이점으로 볼 수는 없다.

ⅳ) 흔히 존속기간의 차이라고 하면서 국가연합은 일시적, 잠정적이고 연방국가는 영구적이라고 설명이 되고 있다. 그러나 이는 국가연합이 지속적이지 못했던 과거의 역사적 경험과 그 유약성을 염두에 둔 것이나 논리필연적인 것은 아니다. 연방도 한시적일 수 있다.

ⅴ) 권한분배에 관해 보면, 국가연합의 경우 국가연합 자체는 원칙적으로 국가로서의 권한을 가지지 않고(연합조약에서 작은 일부의 사항에 대한 권한을 부여할 수는 있다) 각 구성국가가 개별적으로 국가권력을 행사하므로 국가연합과 구성국가 간의 권한의 분배라는 문제는 없다. 연방국가에서는 연방정부가 외교권, 국방권 등을 가지는 반면에 주 정부도 국가로서 공권력을 행사하므로 연방과의 권한분담의 문제가 있다.

ⅵ) 국제법주체성에 관해 보면, 국가연합은 국가가 아니므로 국제법적으로 국가연합 자체가 아니라 구성국가가 법주체로 인정되어 구성국가가 외교권을 독자적으로 행사하는 반면에 연방국가에서는 주가 아니라 연방 자체가 법주체로서 외교권을 행사한다. 국제법적 책임도 국가연합의 경우에는 국가연합이 아니라 개별 구성국가가 지게 되고 연방국가의 경우에는 연방 자체의 책임은 물론이고 주가 지는 책임도 연방이 아울러 지게 된다.

ⅶ) 군사병력 보유에 관하여 보면, 국가연합의 구성국가가 병력을 개별적으로 보유하는 반면 연방국가에서는 국방에 관하여 주가 아니라 연방정부가 권한을 가지고 병력을 연방 차원에서 보유하고 있다. 그러나 국가연합의 경우에도 집단안보체제의 구축 등이 이루어질 수 있다.

국가형태 구분	연방국가		국가연합	
	연방	주(지방)	연합	구성국가
성립형식	연방헌법		조약	
국가성	○	○ (불완전성)	×	○
주권	○	대내주권 ○ 대외주권 ×	×	○
권한분배	○		×	
국제법주체성 (책임주체)	○	×	×	○
병력보유	○	×	×	○

❑ 연방국가와 국가연합의 차이비교

* 드물긴 하나 국제법주체성을 주에도 인정하는 등의 예외가 있을 수 있으나 위의 비교표는 일반적인 예를 두고 작성된 것임.

---

66) 우크라이나·몰도바·투르크메니스탄은 서명을 하지 않았다.
67) 예를 들어, 권영성, 4판, 113면; 성낙인, 전게서, 103면.

4. 유럽연합

[논의필요성] 오늘날 유럽연합(European Union)이 실질화되어가는 중요한 구성체라는 점에서 [당장 우리와도 중요한 교역상대이다. 예컨대 브렉시트(Brexit) 같은 상황이 현실로 되기도 하였으나 그래도 여전히 중요한 유럽국가들의 결속체이다] 그 고찰의 필요성이 있다. 또한 유럽연합(이하 'EU'라고도 함)은 국가연합과 차이가 있기도 하여 살펴볼 필요가 있다.

[유럽연합의 구조와 성격] 유럽연합(European Union)은 이름이 '연합'이라도 국가연합보다는 구성국가들 간의 결속력이 강하다. 그러나 연방국가보다는 약하다. 국가연합과 달리 유럽연합은 구성국가들로부터 상당한 권력을 위임받은 공동체이고 집행부(집행위원회)와 합의제기관(유럽의회), 재판기관(유럽연합사법재판소)을 두고 있다. 유럽연합의 규범은 구성국가들에도 구속력을 가질 수 있다. 결국 유럽연합의 연합체 성격을 더불어 각 국가형태의 권한과 결속의 강도를 도식화하면 아래와 같다.

단일국가 > 연방국가 > 유럽연합 > 국가연합

---

* EU조직 — EU조직을 좀더 구체적으로 보면, ⅰ) EU정상회의(European Council) — 회원(구성)국가의 정상들이 모여 중요하고 복잡한 정상차원의 의제를 다루는 회의체이다. ⅱ) EU이사회(Council of the European Union) — 각 분야별로 각 회원국의 각료(장관)급으로 구성되는데 집행위원회의 제안을 심의, 의결하는 권한, 회원국 간 조정권을 담당하는 회원국들 간의 협력체로서 중요한 권한을 행사한다. ⅲ) 집행위원회(European Commission) — 집행위원장 1명과 회원국별 1명씩 26명의 집행위원으로 구성된다. 정책과 법안을 제안하고 재정 등 행정을 관리하며 공동정책의 이행을 준수하는지 회원국가에 대해 감독하고 대외협상을 하는 EU의 행정부라고 할 수 있다. ⅳ) 유럽의회(The European Parliament) — 각 회원국 인구수에 비례한 인원을 각 회원국에서 국민의 보통선거로 선출되는 의원들로 구성되어 입법권, 예산확정권, 통제권(집행위원장을 선출할 권한, 집행위원회에 대한 불신임권) 등을 가진다. ⅴ) 유럽연합사법재판소(Court of Justice of the European Communities) — 각 회원국이 임명하는 28명의 법관 등으로 구성되며 EU법의 해석·적용을 담은 판결을 통하여 EU법의 이행을 보장하는 역할을 담당한다.[68]

[변천] 원래 경제공동체로 출범하였으나 1992년 Maastricht조약으로 경제영역을 넘어서 그 목표영역이 확대되었고, 2005년 유럽연합헌법조약이 불발되었으나 수정된 리스본조약(개정조약, the Reform Treaty)이 2009년 12월 1일 발효되어 보다 결속력을 가지게 되었다.

---

68) 외교부사이트(https://www.mofa.go.kr/www/wpge/m_3854/contents.do) 참조. 본서의 위 글도 번역용어 등의 공식성 등을 고려하여 이 사이트에 소개된 것을 주축으로 하되 대폭 요약하고 필자가 다듬은 것이다.

제 5 장 국가론 165

Ⅳ. 대한민국의 국가형태

1. 헌법규정 - '민주공화국' 조항

우리 헌법 제1조 제1항은 "대한민국은 민주공화국이다"라고 규정하고 있다. 이 조항은 우리나라의 이름(國名)이 대한민국이라는 점과 우리의 국가형태가 민주공화국임을 밝히고 있다. 앞서국가형태에서 언급한 대로 공화국, 공화정이란 말은 다른 나라에서도 오래 전부터 사용되어 왔으나 민주공화제라는 용어는 그렇지 않고 바로 1919년 4월 11일 우리 임시헌장이 '민주'공화제로 한다고 하여 일찍이 사용하기 시작하였다. 3·1운동으로 우리나라(조선)가 독립하고 조선인이주인임을 선언하는 데서부터 주권재민, 즉 국민이 주권자인 민주제가, 왕정제와 결별하고, 자리잡음을 선언한 것이고 민주공화제라는 용어가 임시정부의 헌장에 바로 나타나기도 한 것이다.

국민이 주권자이고 그 주권을 행사하는 것이 민주제인 것은 분명한데 이 제1조 제1항에서규정하는 '민주공화국'이 구체적으로 무엇인가 하는 점이 논의되고 있다.

2. 민주공화국의 개념과 헌법 제1조 제1항의 규범성

(1) 학설

헌법 제1조 제1항의 '민주공화국'의 의미에 대해 여러 견해들이 대립되고 있다.

① 국체설 - 제1항의 '민주공화국'은 국체를 의미하는 규정이라고 본다.[69]
② 정체·국체설 - 제1항의 민주공화국의 '민주'는 정체를, '공화국'은 국체를 의미한다고 본다.[70]
③ 정체설 - 민주공화국에서 '민주'는 민주정체를, '공화국'은 공화정체를 의미하여 민주공화국 전체를 정체에 관한 규정으로 본다.[71]
④ 국가형태설 - 국체와 정체에 따라 해석하지 않고 '민주공화국'이라는 규정 자체가 우리나라의 국가형태를 규정하고 있다고 본다. '민주'란 공화국의 정치가 민주적일 것을 요구하는, 즉 공화국의 내용을 규정한 것이라고 본다.

(2) 사견

생각건대 학설 ①, ②, ③은 오늘날 그 한계가 지적되고 있는 국체와 정체의 구분에 집착한 것으로 볼 수 있다. 우리는 민주공화국 전체가 하나의 의미를 가지면서 우리의 국가형태로규정된 것이라고 본다. 그 이유는 아래와 같다. 위 국가형태의 분류 부분에서 살펴본 대로 공화국이란 개념은 군주제가 없는 국가라는 의미를 가졌으나 오늘날 세습군주를 두고 있는 나라도 민주정체로서 자리 잡고 있는 국가들이 있고 반대로 공화국도 전제적 비민주적 공화국

---

69) 문홍주, 전게서, 106-107면.
70) 유진오, 신고 헌법해의, 45면.
71) 박일경, 전게서, 70면.

일 수 있기에 이러한 구분은 형식적이고 외관적인 관념이다. 앞서 공화국 개념에서 살펴본 대로 공화국 내지 공화주의라는 개념에서는 공공성의 의미가 강조되어야 한다. 그리하여 진정한 공화국이란 주권자인 국민들이 공동체를 구성하고 유지하기 위해 결속되고 이러한 국민들로부터 국가권력의 정당성이 나오며 국가권력이 국민적 정당성을 지니는 대표자에 의해 그리고 민주적 방식에 따라 행사되는 국가이다. 공화국의 원리는 진정한 입헌주의의 실현이라는 관점에서 보면 국민이 주권을 가지고 그러한 주권을 공공의 이익과 모든 국민들의 기본적 인권을 보호하기 위하여 권력분립적으로 행사되어야 함을 의미한다. 또한 민주적인 권력행사를 담보하는 권력통제적이며 국민의 정치적 표현의 자유를 보장하고 그리하여 다원주의를 보장하며, 국민의 경제적 자유를 인정하는 체제를 의미한다. 결국 '공화적'이란 공공의 이익을 위한 민주적 정치를 원칙으로 하는 민주주의적 원리를 의미하고 오늘날 공화국이란 민주주의적인 국가를 의미한다. 그렇다면 우리 헌법 제1조 제1항이 명시하고 있는 '민주공화국'이란 '민주'와 '공화국'을 별개로 보기보다는 하나의 의미체로 보는 것이 타당하고도 현실적이다.

(3) 헌법 제1조 제1항의 규범성

대한민국이 민주공화국이라고 천명하고 있는 헌법 제1조 제1항은 헌법핵을 담고 있는 규정으로서 헌법개정으로 폐지할 수 없다(헌법개정의 한계규정). 공화국규정이 개정금지대상임을 헌법이 명시적으로 규정하고 있는 입법례들도 있고 우리나라 과거 제1공화국헌법 제2차 개정헌법에도 있었다(전술 '헌법개정의 한계' 부분 참조. 현행 헌법에는 명시규정 없음). 그러나 이러한 명시적 개정금지규정이 없더라도 헌법개정으로 폐지할 수 없다.

3. 제2항(주권재민조항)과의 관계

"대한민국의 주권은 국민에게 있고, 모든 권력은 국민으로부터 나온다"라고 규정하고 있는 헌법 제1조 제2항과 민주공화국을 선언한 동조 제1항과의 해석상 관계에 대해 위 2. (1)에서 인용한 ②의 설은 제2항이 제1항을 부연하고 있다고 보고, ③의 설은 제1항 전체를 정체에 관한 규정이라고 보면서 제2항은 국체에 관한 규정이라고 본다. 생각건대 군주국과 대비되는 진정한 민주적 공화국의 의미는 주권보유자가 국민이어야 하는 데 있고 제2항은 주권보유자가 국민임을 밝혀 이를 명백히 하고 있으므로 결국 제2항은 제1항의 민주공화국의 의미를 다시 확인하고 있다고 할 것이다.

4. '민주공화국'의 요소

우리 헌법의 민주공화국에서의 요소로는 ⅰ) 군주제의 금지, ⅱ) 국민주권주의의 구현, ⅲ)

국민의 기본권 보장, ⅳ) 국가권력의 분립과 민주적 행사 및 국가권력에 대한 통제 등을 그 요소로 한다.

5. 대한민국의 국가형태의 특색

(1) 단일국가

대한민국은 한반도와 그 부속도서를 영역으로 하는 단일국가이고 연방이나 국가연합의 국가가 아니다. 지방에는 국가적 성격을 가지는 단체가 존재하지 않고 지방의 자치를 구현하기 위한 지방자치단체가 있을 뿐이다.

(2) 입헌주의(입헌정체) 국가형태

대한민국이라는 국가는 헌법에 입각하여 국가권력이 행사되고 통제되며 국민의 기본권이 보장되는 입헌정체국가이다. 현재의 정부는 대통령제를 기본으로 하면서 의원내각제적 요소들이 다소 가미된 정부형태를 취하고 있다.

(3) 간접민주정치와 예외적 직접민주정치

우리 헌법도 국민의 대표기관들을 통하여 주권이 행사되도록 하는 간접민주정치를 원칙으로 하고 있다. 그러나 국가의 중요정책을 위한 국민투표, 헌법개정을 위한 국민투표의 제도를 둠으로써 직접민주정치를 가미하고 있다.

(4) 방어적 민주주의 — 다원주의, 정당제

민주주의는 절대적이고 경직된 이념이 아니라 개방적이고 모든 이데올로기를 수용하는 상대적인 이념이다(민주주의의 상대성, 다원주의). 그러나 민주주의를 파괴하는 이념에 대해서까지도 관용을 베풀 수는 없다. 상대주의에 입각하여 관용을 보이는 민주주의도 민주주의를 파괴하려는 사상에 대해서는 단호히 방어하여야 한다. 모든 사상에 대해 수용하는 자세의 상대주의로 인해 민주주의를 부정하는 사상조차도 수용하게 된다면 결국 민주주의, 다원주의 자체가 무너지게 된다. 민주주의를 부정하는 절대적 사상, 민주주의를 말살하려는 이념에 대해서는 민주주의를 고수하기 위하여 절대적으로 방어를 할 수밖에 없다(민주주의의 방어를 위한 절대성). 이처럼 민주주의를 부정하고 파괴하는 활동을 막고 민주주의를 사수하고자 하는 민주주의를 독일의 용어를 번역하여 '방어적 민주주의'라고 한다.

방어적 민주주의는 특히 집단적 행동에 대응할 것을 요한다. 그 위험성의 정도가 대량적이기 때문임은 물론이다. 정당활동에 있어서 이러한 방어적 민주주의가 강조되고 위헌적인 정당활동에 대한 헌법수호제도가 방어적 민주주의의 제도로서 강조되는 이유도 여기에 있다. 독일에서 방어적 민주주의의 제도로서 헌법재판소에 의한 정당해산심판제도를 두고 있다.[72] 우리 헌법도 정당해산심판제도를 두고 있으므로 이러한 방어적 민주주의를 채택하고 있다고 본다. 헌재도 정당해산심판의 정당성으로서 방어적 민주주의적인 취지의 판시를 한 바 있다(헌재 2014.12.19. 2013헌다1, 통합진보당 해산결정).

> ● **판례**   헌재는 이 결정에서 "민주주의 원리는 하나의 초월적 원리가 만물의 이치를 지배하는 절대적 세계관을 거부하고, 다양하고 복수적인 진리관을 인정하는 상대적 세계관(가치상대주의)을 받아들인다. 이 원리에서는 사회가 본질적으로 복수의 인간'들'로 구성되고 각 개인들의 생각은 서로 상이할 수밖에 없다고 보므로, 결국 정견의 다양성은 민주주의의 당연한 전제가 된다"라고 하면서도 "정당해산심판제도는 정당 존립의 특권, 특히 그 중에서도 정부의 비판자로서 야당의 존립과 활동을 특별히 보장하고자 하는 헌법제정자의 규범적 의지의 산물로 이해되어야 한다. 그러나 한편 이 제도로 인해서, 정당 활동의 자유가 인정된다 하더라도 민주적 기본질서를 침해해서는 안 된다는 헌법적 한계 역시 설정된다 할 것이다"라고 판시하고 있다.

방어적 민주주의에 대해서는 따라서 정당해산제도나 헌법보장제도 등에서도 그 제도들을 고찰함으로써 그 구체적 사항을 살펴보게 된다(후술 헌법의 기본질서, 민주적 기본질서 부분 등 참조). 또한 기본권 상실(실효)제도를 두고 있는 외국헌법의 예도 있다. 즉 독일기본법은 일정한 기본권들에 있어서 실효제도를 명시하고 있다. 즉 표현의 자유, 특히 신문의 자유, 수업의 자유, 집회의 자유, 결사의 자유, 통신의 비밀, 재산권, 망명권 등을 자유민주적 기본질서를 파괴하기 위하여 남용하는 사람의 위의 기본권들을 연방헌법재판소에 의하여 실효시키는 제도를 규정하고 있다(독일기본법 제18조).

(5) 사회복지국가

우리 헌법은 현대적 헌법으로서 사회복지주의를 중요한 헌법적 기본원칙으로 설정하고 있다. 전문에서 '국민생활의 균등한 향상'을 규정하여 복지적 이념을 지향함을 보여주고 있고 헌법 제34조 등에서 인간다운 생활을 할 권리, 사회보장, 사회복지의 권리들을 규정하고 있다. 물론 앞서 언급한 대로 모든 기본권, 즉 평등권, 자유권, 청구권, 참정권 등이 보장되는데 사회복지주의를 특별히 특색으로 언급하는 것은 현대헌법으로서 한국헌법이 기본권 보장에 있어서 국가형태 내지 이념으로서 표방하는 특색이 복지주의를 위한 기본권들의 보장에 있다는 의미이다.

---

72) 독일에서는 1952년 10월 23일의 신나치당(SRP) 해산결정, 1956년 8월 17일의 공산당(KPD) 해산결정이 있었다. 반면에 2001년에 해산심판이 청구된 극우파정당인 독일국가민주당(NPD. Nationaldemokratische Partei Deutschlands)에 대해서는 2003년 3월 18일 해산심판정지결정(BVerfGE 107, 339)을 한 바 있었는데 결국 그 청구에 대해 2017년 1월 17일에 최종결정이 연방헌법재판소 제2부에 의해 내려진 바 독일국가민주당이 그 정당 목적이 위헌적인 것은 인정하였으나 인접한 시일 내에 헌법 적대적인 그 목적 달성을 이룰 가능성이 없다는 이유로 해산청구를 기각하는 결정을 하였다. BvB 1/13. 이 결정에 대해서는 BVerfG, Urteil des Zweiten Senats vom 17 January 2017-2 BvB 1/13-Rn.(1-1010), http://www.bverfg.de/e/bs20170117_2bvb000113.html 참조.

제 2 부

한국헌법의 기본원리와 기본질서

제1장

한국헌법의 기본구조와 기본원리

제1절 한국 헌법전(憲法典)의 기본구조

한국은 성문의, '대한민국헌법'이라는 이름의 헌법전을 두고 있는 국가이다. 대한민국헌법은 전문과 본문 130개조, 부칙 6개조로 구성되어 있다.

Ⅰ. 헌법전문(憲法前文)

1. 헌법전문의 법적 성격과 규범적 효력

헌법전문이 법적 효력 내지 재판규범으로서의 효력을 가지는지에 대해 이를 부정하는 견해들이 있으나 헌법전문도 헌법으로서의 재판규범의 효력을 가지고 따라서 법원(法源)으로 인정된다(전술 헌법의 법원 부분 참조).

2. 헌법전문의 내용

헌법전문은 일반적으로 그 헌법의 제정이나 개정의 역사, 그 헌법이 지향하는 기본적인 이념이나 원리들을 그 내용으로 한다. 우리 헌법의 전문은 다음과 같은 내용들을 담고 있다.

(1) 헌법제정·개정권력자(주체)로서의 국민

헌법전문은 "우리 대한국민은 … 제정되고 8차에 걸쳐 개정된 헌법을 이제 국회의 의결을 거쳐 국민투표에 의하여 개정한다"라고 규정하여 국민이 헌법제정과 개정의 권력주체임을 분명히 하고 있다.

(2) 개정경과 등 헌법역사

"우리 대한국민은 … 1948년 7월 12일에 제정되고 8차에 걸쳐 개정된 헌법을 이제 국회의 의결을 거쳐 국민투표에 의하여 개정한다"라고 우리 헌법의 제정과 개정의 역사를 밝히고 있다.

(3) 역사와 전통

"유구한 역사와 전통에 빛나는 우리 대한국민은"이라고 규정하여 우리의 역사성과 민족의 전통과 정통성을[1] 강조하고 있다.

(4) 3·1운동으로 건립된 임시정부 법통 및 4·19민주이념 계승
1) 3·1운동으로 건립된 임시정부 법통 계승

(가) 의미와 내용   헌법전문은 "3·1운동으로 건립된 대한민국임시정부의 법통과 불의에 항거한 4·19민주이념을 계승"함을 명시적으로 선언하고 있다. 일제식민지에서의 망명정부인 대한민국임시정부의 헌법적 전통을 인정한다. 임시정부들은 사실상의 정부(gouvernement de facto)로서의 지위를 가지고 있었는데 임시정부의 법통의 계승을 명시함으로써 그러한 지위가 헌법적 성격을 가짐을 확인하고 있다. 3·1운동 독립선언문서에는 한국(당시 조선)이 자주독립국이고 국민이 자주민이라고 밝혀[2] 임시정부 헌법들에 주권재민, 민주공화제(황제국이 아닌 공화국으로, 그리고 국민이 주권자인 공화국으로. 1919년 4월 대한민국 임시헌장 제1조는 "대한민국은 민주공화제로 함"이라고 규정함)의 정신이 이어져 왔다.[3] 선언서에는 동양, 세계의 평화를 희구하고 일본으로부터 자주독립되어야 할 중요한 논거로 평화를 강조하고 있다. 3·1운동이 비폭력 저항운동이었고 이는 오늘날 우리 헌법이 국제평화주의(전문 등)를 규정하고 있는 것에 맥이 다 있는 것이며, 평화적 통일조항(제4조)을 두고 있는 것과 시대적 상황이 비슷하게 인식하게 하는 듯하다.

임시정부 법통계승은 사실 제헌헌법에서부터도 규정된 것이다. 즉 제1공화국헌법의 전문은 "기미 삼일운동으로 대한민국을 건립하여 세계에 선포한 위대한 독립정신을 계승하여 이제 민주독립국가를 재건함에 있어서"라고 규정하고 있었다. 결국 3·1운동 정신이 임시정부에 이어

---

1) 일본제국주의의 국권침탈이 시작된 러·일전쟁 개전 시부터 1945년 8월 15일까지 일본제국주의를 위하여 행한 친일반민족행위의 진상을 규명하여 역사의 진실과 민족의 정통성을 확인하고 사회정의 구현에 이바지함을 목적으로 '일제강점하 반민족행위 진상규명에 관한 특별법'(제정 2004.3.22 법률 제7203호)이 제정되어 있다.

2) "吾等은玆에我朝鮮의獨立國임과朝鮮人의自主民임을宣言하노라此로써 … "[네이버 지식백과] 3·1 독립선언서(시사상식사전, pmg 지식엔진연구소).

3) 인터뷰기사, 정재황 성균관대 교수 "3·1운동, 헌법 정신에 녹아 있어" 파이낸셜뉴스 입력: 2019.3.1. 10:59 - 헌법 첫 문장에 3.1운동 명시, - 독립, 주권의식 임시정부 수립 토대 돼, - 임시정부가 만든 헌법에도 영향. 정교수는 "3·1독립선언서는 독립국가와 조선인이 자주민임을 선언한다"며 "이는 오늘날 대한민국 주권은 국민에게 있다는 헌법 정신에 녹아있다"고 말했다. 임시헌장 "1조에서 '민주' 공화국을 언급한건 근대 헌법에서 처음", 정 교수는 "3·1운동 당시 평화를 외쳤다. 이는 평화적 통일을 추진한다는 우리 헌법과 연결된다"며 "한반도 평화정착, 나아가 세계평화 조성이 헌법적 바탕에 있다"고 설명했다.

지고 해방 이후 제헌헌법에도 그러하며 지금까지 연면히 계승되고 있다는 것이 헌법정신이다.

(나) 헌재판례

① **일본군위안부, 원폭피해 강제 피동원자**   헌재는 일본군위안부로 강제동원되었던 청구인들, 강제징병(징용)되어 원폭피해를 당한 청구인들의 인간으로서의 존엄과 가치를 회복시켜야 할 의무는 "대한민국임시정부의 법통"을 계승한 지금의 정부가 국민에 대하여 부담하는 가장 근본적인 보호의무에 속한다고 보았다. 그리고 이 의무를 이행하지 아니하고 있는 외교통상부 장관의 부작위가 기본권의 중대한 침해가능성, 구제의 절박성과 가능성 등을 널리 고려할 때 위헌이라고 확인하였다(● 판례 헌재 2011.8.30. 2006헌마788; 2011.8.30. 2008헌마648. 이 결정에 대한 자세한 것은 앞의 국가론, 국가의 요소, 국민, 재외국민 보호 부분 참조). 그러나 헌재는 이 결정 이후 일제의 사할린 강제징용자 등이 청구한 같은 취지의 청구에 대해 우리 정부는 2013. 한·일 외교당국 간 협의를 개최할 것을 제안했고, 2014.-2015. 몇 차례 각 국장급 면담, 2016.1.21. 자 실무협의 등을 했고 설사 그에 따른 가시적인 성과가 충분하지 않다고 하더라도 피청구인(당시 외교통상부장관)이 자신에게 부여된 작위의무를 이행하지 않고 있다고 볼 수는 없다고 하여 작위의무 불이행을 전제로 그것이 위헌임을 주장하는 이 사건 심판청구는 부적법하다고 하여 각하결정하였다(헌재 2019.12.27. 2012헌마939). 국가의무의 존재는 인정하나 그것의 불이행은 아니라고 본 것이다. 과연 위 노력이 2011년의 위헌확인한 부작위를 넘어서는 노력이었는지, 2011년 결정에서 '기본권 침해 구제의 절박성' 등을 언급한 것이 지금에 와서 해소되었다는 것인지 등 의문이 있고 2019년 대법원 강제징용판결로 불거진 한·일 간 대립을 고려하지 않을 수 없다는 점에서 설득력이 약하다.

② **독립유공자와 그 유족에 대한 응분의 예우를 하여야 할 헌법적 의무**   헌재는 이러한 헌법적 의무를 인정함을 선언하고 있다고 본다. 그러나 구체적인 의무로 인정하는 데는 소극적이다. 즉 "그러한 의무는 국가가 독립유공자의 인정절차를 합리적으로 마련하고 독립유공자에 대한 기본적 예우를 해주어야 한다는 것을 뜻할 뿐이며, 당사자가 주장하는 특정인을 반드시 독립유공자로 인정하여야 하는 것을 뜻할 수는 없다"라고 한다. 이러한 입장의 판시가 나온 결정의 사안은 국가보훈처장이 청구인들의 망부 혹은 친족에 대하여 서훈추천을 하지 않은 부작위가 청구인들의 기본권을 침해하고 피청구인 대통령이 이들에 대하여 영전을 수여하지 않고 있는 부작위가 청구인들의 기본권을 침해한다는 주장의 헌법소원심판사건이었다. 헌재는 그렇게 판시한 뒤 대통령의 영전수여권은 재량적 성격의 것이어서 대통령이 영전을 수여하거나 국가보훈처장이나 장관이 서훈추천을 반드시 해야 하는 의무가 없다고 보아 이를 하지 않은 부작위에 대한 헌법소원심판 청구는 대상성이 없다고 하여 각하결정을 하였다(● 판례 헌재 2005.6.30. 2004헌마859)(* 헌법소원심판의 대상이 되기 위해서는 작위의무가 있음에도 하지 않는 상태이어야 함. 후술 '헌법재판', '헌법소원심판', '공권력불행사' 부분 참조).

③ **이중국적 해소, 국적선택을 위한 특별법 제정의 도출을 부인한 결정**   "헌법 전문의 '대한

민국임시정부 법통의 계승' 또는 제2조 제2항의 '재외국민 보호의무' 규정이 중국동포와 같이
특수한 국적상황에 처해 있는 자들의 이중국적 해소 또는 국적선택을 위한 특별법 제정의무를
명시적으로 위임한 것이라고 볼 수 없고, 뿐만 아니라 동 규정 및 그 밖의 헌법규정으로부터 그
와 같은 해석을 도출해 낼 수도 없다"라고 판시한 결정례(헌재 2006.3.30. 2003헌마806)도 있다.

2) 4·19민주이념 계승

4·19민주이념을 계승한다 함은 4·19가 새로운 민주정부를 탄생시킨 사실을 확인함과 아울
러 4·19가 독재에 대한 국민의 저항권의 행사결과였기에 우리 헌법이 헌법적으로도 저항권을
인정하고 있는 입장임을 의미하고 있기도 하다.

(5) 헌법이념과 과제

1) 해당 전문내용

헌법전문은 "조국의 민주개혁과 평화적 통일의 사명에 입각하여 정의·인도와 동포애로써
민족의 단결을 공고히 하고, 모든 사회적 폐습과 불의를 타파하며, 자율과 조화를 바탕으로 자
유민주적 기본질서를 더욱 확고히 하여 정치·경제·사회·문화의 모든 영역에 있어서 각인의
기회를 균등히 하고, 능력을 최고도로 발휘하게 하며, 자유와 권리에 따르는 책임과 의무를 완
수하게 하여, 안으로는 국민생활의 균등한 향상을 기하고 밖으로는 항구적인 세계평화와 인류
공영에 이바지함으로써 우리들과 우리들의 자손의 안전과 자유와 행복을 영원히 확보할 것"을
선언하고 있다. 이처럼 우리 헌법전문은 정의, 인도, 자율, 조화, 균등, 세계평화 등 헌법의 이
념을 표방하고 있다. 위에서 본, 계승해야 할 4·19민주이념도 있다. 전문은 헌법적 사명과 과
제로서 조국의 민주개혁과 평화적 통일의 사명, 민족의 단결, 사회적 폐습과 불의의 타파, 자율
과 조화를 바탕으로 한 자유민주적 기본질서의 확고화, 생활의 균등한 향상, 세계평화, 인류공
영 등을 제시하고 있다.

2) 헌재 판례

i) 합헌결정례   ① "정의·인도와 동포애로써 민족의 단결을 공고히"에 관한 합헌결정례
− 사할린 지역 강제동원 피해자의 경우 '대일항쟁기 강제동원 피해조사 및 국외강제동원 희생
자 등 지원에 관한 특별법'이 1938.4.1.부터 1990.9.30.까지의 기간 중 또는 국내로 돌아오는 과
정에서 사망하거나 행방불명된 사람에 한하여 국외강제동원 희생자에 포함된다고 규정한 것이
"정의·인도와 동포애로써 민족의 단결을 공고히" 할 것을 규정한 헌법 전문의 정신에 위반된
다고 할 수 없다고 판시하였다(헌재 2015.12.23. 2013헌바11. 앞의 재외국민보호 부분에서 다룬 결정
임). ② "모든 사회적 폐습과 불의를 타파"에 관한 합헌결정례 − 공직선거 및 선거부정방지법
상의 문서·도화의 배부·게시 등 금지조항(동법 제93조 제1항)이 헌법전문의 이 문언에 반한다
는 주장이 있었다. 그러나 헌재는 제93조 제1항은 탈법적인 선거운동행위를 규제하여 선거의
공정성을 확보하는 데에 그 입법목적이 있으므로 위 헌법전문 문언에 부합하는 법 조항이라고

보았다(헌재 2001.8.30. 99헌바92).

ii) 위반인정 결정례　① '자유민주적 기본질서를 더욱 확고히' 관련 결정례: 시·도의회의원 선거 후보자의 기탁금(700만원) 규정에 대한 헌법불합치결정례 – 헌재는 구 지방의회의원선거법의 이 규정이 자유민주주의 원리에도 합치되지 않고 헌법 전문의 규정취지에도 반한다고 하면서 헌법불합치결정을 하였다(헌재 1991.3.11. 91헌마21. * 헌재가 직접적으로는 '자유민주적 기본질서'라고 하지 않고 '자유민주주의'라고 하고 있긴 하나 관련되는 부분이 이 곳이라 보아 여기에 분류한다). ② '각인의 기회를 균등히'에 관한 위헌성 인정 결정례: 선거운동상 무소속후보자에 대한 차별에 관한 결정례 – 헌재는 정당추천후보자에게 별도로 정당연설회를 할 수 있도록 한 구 국회의원선거법 규정이 무소속후보자를 차별하여 헌법전문에 위반된다고 보고 무소속후보자에게도 이에 준하는 선거운동의 기회를 균등하게 허용하지 아니하는 하는 한 위헌이라고 판시한 바 있다(헌재 1992. 3. 13. 92헌마37. * 이 결정에서 그냥 '헌법 전문'에 반한다고 하였으나 사안이 평등원칙 위배 문제라고 이해되어 여기에 분류하였다).

II. 본문

현행 한국헌법의 본문은 제1장 총강(제1조-제9조), 제2장 국민의 권리와 의무(제10조-제39조), 제3장 국회(제40조-제65조), 제4장 정부(제66조-제100조), 제5장 법원(제101조-제110조), 제6장 헌법재판소(제111조-제113조), 제7장 선거관리(제114조-제116조), 제8장 지방자치(제117조-제118조), 제9장 경제(제119조-제127조), 제10장 헌법개정(제128조-제130조)로 규정되어 있다.

III. 부칙

부칙은 모두 6개조로 이루어져 있고 헌법의 시행일(부칙 제1조), 이 헌법에 의한 최초의 대통령선거 실시와 대통령의 임기(부칙 제2조), 이 헌법에 의한 최초의 국회의원선거의 실시와 국회의원의 임기(부칙 제3조), 이 헌법시행 당시의 공무원과 정부가 임명한 기업체의 임원, 일반법관에 대한 이 헌법에 의한 임명 간주, 대법원장 및 감사원장의 후임자 선임 시까지의 직무수행 등(부칙 제4조), 법령·조약의 효력, 기존 기관의 존속 등에 관한 경과규정(부칙 제5조, 제6조) 등을 규정하고 있다.

제 2 절   한국헌법의 기본원리

* 사실 이 기본원리들은 이어 살펴볼 대한민국의 기본질서에서 그리고 기본권론이나 국가권력규범론에서 자세히 다루어지게 되는 것이기도 하다. 그럼에도 여기서 기본원리들을 거론하는 것은 우리 헌법의 전체적인 모습과 그 성격을 파악하고 헌법해석의 기본방향 내지 기본지침을 설정하는 것이 앞으로 구체적으로 살펴볼 우리 헌법의 법리에 대한 이해와 헌법의 해석에 필요하고 그 효율성을 높이는 것이기 때문이다. 따라서 여기서 우리 헌법의 기본원리를 개관한다.

Ⅰ. 국민주권주의

헌법 제1조 제2항은 "대한민국의 주권은 국민에게 있고"라고 규정하여 국민이 대한민국의 주권의 주체임을 명시하고 있다. 헌법전문에서 대한'국민'이 헌법을 제정하고, 개정하였음을 분명히 함으로써 주권의 한 요소인 헌법제정권력을 가지는 주체가 국민임을 밝힌 것도 국민주권주의라는 헌법의 기본원리를 전제로 하는 것이다.

Ⅱ. 기본권보장주의

헌법의 종국적인 존재목적은 기본권의 보장에 있다. 우리 헌법 제10조도 "모든 국민은 인간으로서의 존엄과 가치를 가지며, 행복을 추구할 권리를 가진다. 국가는 개인이 가지는 불가침의 기본적 인권을 확인하고 이를 보장할 의무를 진다"라고 규정하여 기본권보장주의를 천명하고 있다. 우리 헌법은 평등권, 자유권, 생존권, 참정권, 청구권 등 여러 기본권들을 명시하고 있다. 위 헌법 제10조 후문은 기본권보장의 국가의무를 규정하고 있고, 기본권보장을 위하여 현행 헌법에서는 헌법재판소의 헌법소원심판제도와 같은 기본권구제를 위한 헌법재판제도를 두고 이를 실질화하고 있다.

Ⅲ. 자유민주주의

헌법전문은 "자율과 조화를 바탕으로 자유민주적 기본질서를 더욱 확고히 하여"라고 하여 자유민주주의를 기본원칙의 하나로 하고 있다. 헌법은 기본권 장에서 신체의 자유에서부터 직업의 자유, 언론출판의 자유 등 여러 자유권들을 명시하고 있다. 특히 정치적 자유가 보장되도록 하여 자유민주주의를 구현하도록 하고 있다. 그러나 우리 헌법은 자유에 대한 적절한 제한을 가하도록 하고 있다. 헌법전문 자체도 "자유와 권리에 따르는 책임과 의무를 완수하게 하여"라고 하고 있고 헌법 제37조 제2항도 국민의 모든 자유는 국가안전보장·질서유지 또는 공공복리를 위하여 필요한 경우에 한하여 법률로써 제한할 수 있도록 하고 있다.

Ⅳ. 사회복지주의

현대의 헌법은 복지주의를 지향하고 있다. 사회복지주의는 자유주의에 따라 경제적 자유나 경쟁의 자유가 초래하기도 한 모순을 제거하기 위한 것이기도 하다. 우리 헌법도 제34조가 국가의 사회보장·사회복지증진의무를 명시하여 복지주의의 원리를 헌법의 중요한 기본원리로 하고 있다.

우리 헌법은 전문에서 "국민생활의 균등한 향상"을 천명하고, 사회복지를 실현하기 위한 기본권들로 생존권적 기본권들을 적지 않게 명시하고 있다. 즉 인간다운 생활을 할 권리(제34조), 고용증진과 적정임금보장 및 최저임금제(제32조), 여자·노인·청소년의 복지, 신체장애자와 생활능력이 없는 국민에 대한 보호, 재해로부터의 국민보호(제34조 제3, 4, 5, 6항) 등을 규정하고 있다.

Ⅴ. 국민대표주의와 권력분립주의

우리 헌법은 국민이 직접 주권을 행사하고 정치에 참여하는 국민투표제도와 같은 직접민주 정치제도를 두고 있긴 하나 평상적으로 국가활동이 국민이 선출한 국민대표자(기관)에 의해 이루어지도록 하고 주권행사를 대신하게 하는 국민대표제(간접민주정치, 대의제라고 부르기도 한다)를 원칙으로 한다.

권력의 남용을 막기 위하여 국가권력들은 어느 한 국가기관에 통합되어 행사되어서는 아니되고 여러 국가기관들에 분속되어 행사되어야 하며 각 권력들 간에는 상호 균형과 견제가 이루어야 한다는 원리가 권력분립주의이다. 우리 헌법은 입법권은 국회에, 행정권은 대통령을 수반으로 하는 정부에, 사법권은 법관으로 구성된 법원에 속한다고 규정하고(제40조, 제66조 제4항, 제101조 제1항), 위헌법률심판권, 탄핵심판권, 정당해산심판권, 국가기관 상호 간 등의 권한쟁의에 관한 심판권, 헌법소원심판권은 헌법재판소가 행사하도록(제111조 제1항) 권한을 분속함으로써 권력분립주의를 실현하고 있다. 또한 각 국가기관들 간에 권력의 균형과 견제가 이루어지도록 상호 통제의 제도들을 두고 있다(국민대표주의, 권력분립주의에 대해서는, 후술 제4부 제1장 참조).

Ⅵ. 평화통일주의

헌법전문은 "조국의 민주개혁과 평화적 통일의 사명에 입각하여 정의·인도와 동포애로써 민족의 단결을 공고히 하고"라고 하여 통일을 국가사명으로 하고 통일의 방법을 평화적인 것으로 하도록 규정하고 있다. 헌법 제4조는 이러한 사명을 재차 명시하고 있으면서 아울러 그 통일방식에 대해 직접 명시적으로 "자유민주적 기본질서에 입각한 평화적"이라는 방법을 분명히 규정하고 있다. 평화통일주의에 대해서는 앞서 대한민국의 영역에 대한 논의에서 살펴보았다(전술 대한민국의 영역 부분 참조).

Ⅶ. 문화국가주의

헌법 제9조는 "국가는 전통문화의 계승·발전과 민족문화의 창달에 노력하여야 한다"라고 규정하여 우리 헌법이 문화국가주의를 지향하고 이를 헌법의 한 원리로 설정하고 있다. 문화국가주의는 헌법전문에서도 표명되고 있는데 "문화의 … 영역에 있어서 각인의 기회를 균등히 하고"라고 규정하여 문화평등주의를 표방하고 있고, 이는 문화적 생활의 영역에 있어서 차별을 받지 아니한다고 명시한 평등권조항에서도 나타나고 있다(제11조 제1항). 문화국가주의의 구체적인 내용은 뒤의 문화적 질서에서 살펴본다(후술 참조).

Ⅷ. 사회적 시장경제주의

우리나라의 경제질서에 관하여 우리 헌법 제119조 제1항은 "개인과 기업의 경제상의 자유와 창의를 존중함을 기본으로 한다"라고 하여 어디까지나 자본주의경제, 자유주의경제를 원칙으로 한다. 그러나 헌법 제119조 제2항은 "국가는 균형있는 국민경제의 성장 및 안정과 적정한 소득의 분배를 유지하고, 시장의 지배와 경제력의 남용을 방지하며, 경제주체 간의 조화를 통한 경제의 민주화를 위하여 경제에 관한 규제와 조정을 할 수 있다"라고 규정함으로써 자본주의경제의 모순을 시정하고 시장경제의 왜곡을 불식하기 위하여 경제에 대한 국가의 규제와 조정을 허용하고 있다. 자본주의경제를 원칙으로 하면서 경제의 민주화를 이루기 위한 국가의 규제와 조정을 허용하는 경제질서를 일컬어 이른바 「사회적 시장경제질서」라고 부른다(사회적 시장경제질서에 대해서는, 후술 제2장 제5절 제1항 참조. 우리 헌법이 '사회적 시장경제'라는 용어를 명시하지 않고 있다. 일단은 그동안 쓰인 용어로서 그렇게 서술한다).

IX. 지방자치 · 지방분권주의

우리 헌법 제117조는 지방자치단체가 "주민의 복리에 관한 사무를 처리하고 재산을 관리하며, 법령의 범위 안에서 자치에 관한 규정을 제정할 수 있다"라고 규정하여 지방분권주의, 지방자치권을 명시하고 있다. 오늘날 주민의 일상생활에 바로 접해있는 지방행정은 그 역할이 더욱 증대되고 있다(지방자치제도에 관해서는, 후술 제 4 부 제6장 지방자치 참조).

X. 국제평화주의

우리 헌법은 전문에서 "밖으로는 항구적인 세계평화와 인류공영에 이바지함으로써"라고 규정하고 있고 제5조 제1항이 "대한민국은 국제평화의 유지에 노력하고 침략적 전쟁을 부인한다"라고 규정하여 국제평화주의를 천명하고 있다. 헌법 제6조 제1항이 "헌법에 의하여 체결·공포된 조약과 일반적으로 승인된 국제법규는 국내법과 같은 효력을 가진다"라고 규정하여 밝히고 있는 국제법존중주의도 국제평화를 위한 원칙이다. 국제평화주의는 우리의 시대적 헌법사명인 평화통일주의의 실현을 위해서도 중요하다.

제 2 장

한국헌법의 기본질서와 기본제도

[일러두기(이 책의 이용방법)] 이제부터는 헌법재판소의 판례를 인용함에 있어서 결정날짜는 넣지 않고 사건번호만 넣기도 한다. 예를 들어 '헌재 2020.12.23. 2019헌바129'를 '2019헌바129'라고만 기재하는 것이다. 이는 헌재 인터넷 홈페이지 판례검색에 사건번호만 입력하면 쉽게 판례를 찾아볼 수 있기도 하고 결정날짜로 판례인용이 길어져 본문을 읽는데 시야 집중의 방해를 줄이기 위한 것이기도 하다.

제 1 절   민주질서

* 논의범위: 민주질서는 다음의 절들에서 보게 될 법치주의, 정치질서(정당제도, 선거제도), 사회질서 등도 포괄한다. 그러나 여기서는 모든 기본질서의 지침이 되는 민주적 기본질서(민주주의), 국민주권주의에 대해서 살펴보고 각론적 성격의 기본질서인 법치주의, 정치질서 등은 각각 별도의 절로 하여 살펴본다.

제 1 항   민주적 기본질서(민주주의)

* 용어의 문제: 우리 헌법 자체에 '민주주의'란 용어는 제32조 제2항 제2문에 "국가는 근로의 의무의 내용과 조건을 민주주의원칙에 따라 법률로 정한다"라고 하는 규정에서만 나오고 있다. 반면 '민주적 기본질서'라는 용어는 헌법의 전문부터 여러 군데에서 나온다. 민주적 기본질서는 결국 민주주의의 기본요소라고 보아야 한다. 따라서 우리 헌법의 용어인 '민주적 기본질서'에 대한 고찰에 있어서도 민주주의의 중요한 요소들을 살펴보게 된다.

Ⅰ. 민주적 기본질서의 개념

1. 민주주의의 개념의 핵심 - '국민의, 국민에 의한, 국민을 위한' 국가

민주주의(民主主義)의 개념처럼 다양하게 정의되는 헌법개념도 드물 것이다. 고대 그리스 시대부터 민주주의는 민중에 의한 정치를 의미하였다. 민주주의를 가리키는 영어 'democracy'가 그리스어인, 민중을 의미하는 'demos'와 지배, 권력을 뜻하는 'kratia'의 합성어인 'demokratia'에서 유래하였다고 하는데 이는 결국 국민이 국가권력을 보유, 지배, 행사하여야 한다는 것이 민주주의의 개념요소로서 내포되어 있음을 의미한다. 이처럼 민주주의는 무엇보다도 먼저 국민이 주체가 되고 중심이 되는 국가를 의미한다. 이는 미국의 링컨(Abraham Lincoln) 대통령의 유명한 1863년 11월 19일 게티즈버그(Gettysburg)에서의 연설대목인 "인민의, 인민에 의한, 인민을 위한 정부"로 표현된다. 프랑스 헌법 제2조 제5항도 공화국의 원칙은 "인민의, 인민에 의한 그리고 인민을 위한 정부"라고 규정하고 있다. 이처럼 민주주의의 핵심적 개념요소는 국민의 의사에 따른 국민의 이익을 위한 국가활동이어야 한다는 데에 있다. 국민이 대표자를 선출하여 행하든 직접 행하든 그러하다. 민주주의는 국가활동과 정치활동의 이념이자 형태로서의 의미를 가지며 국가의 존립근거이자 정당화근거이다.

이러한 개념의 민주주의의 발달은 언론·출판의 자유의 신장을 바탕으로 하여, 그리고 대중의 정치참여의 확대와 여론을 수렴하고 전달하는 정당제도의 확립에 힘입은 바 크다. 대중민주정치의 확대는 선거제도, 특히 보통선거제도를 통하여 이루어졌다. 모든 국민이 일정한 연령에 달하고 최소한의 조건만 갖추면 선거에 참여할 수 있다는 보통선거원칙으로 대중의 정치참여가 가능해졌기 때문이다.

2. 변천 - 자유주의적 민주주의와 사회복지적 민주주의

민주주의는 군주의 절대권력을 무너뜨리고 국민주권을 확립한 근대 시민혁명의 인권선언에서 잘 나타났듯이 자유를 기초로 한다. 이는 당시 무엇보다 먼저 요구되었던 것이 절대권력의 억압으로부터 자유를 회복하는 것이기 때문이었음은 물론이다. 특히 신체의 자유, 언론의 자유, 재산권의 자유 등이 강조되었다. 언론의 자유는 국민이 자유롭게 의사를 표명하여 정치적 의사를 형성하고 이로써 정치에 참여할 수 있게 하는 것이기에 더욱 중시되었다. 이처럼 근대의 민주주의는 국민의 자유에 중점을 두어 자유주의적 성격을 가졌다(자유주의적 민주주의).

그러나 근대말기에 나타난 사회적·경제적 문제상황은 자유주의가 가지는 한계를 노정하였다. 경제적 자유주의가 부익부 빈익빈을 가져오고 자본주의의 기반인 시장경제원리가 제대로 작동하지 못하는 경우가 생기는 등 모순을 보여주었다. 이를 극복하기 위하여 사회구성원들의 기본적 삶을 영위하도록 하여야 한다는 사회복지주의가 주장되었고 실질적 평등사회를 추구하게 되었다(사회복지적 민주주의). 경제영역에서는 시장기능을 회복하기 위하여 경제의 자유에 대한 제한과 규제가 요구되었다. 그리하여 복지와 경제적 정의관념 등도 민주주의의 요소를 형성하게 되었다.

3. 현대 민주주의의 지표와 요소(자유주의적 요소 + 사회복지적 요소)

사실 민주주의는 그 용어 자체를 정의하기 보다는 그 지향하는 바가 무엇이냐 하는 것과 그 요소가 무엇인가에 대하여 살펴보는 것이 보다 본질적으로 민주주의를 이해하는 길이다. 민주주의의 요소가 무엇인가에 대해서는 여러 가지 견해들이 있을 수 있다. 그렇더라도 다음과 같은 지표와 요소는 공통적으로 인정될 수 있다. 즉 민주주의는 자유와 평등, 복지 등을 그 중요 지표로 한다. 민주주의의 요소는 이 자유, 평등, 복지라는 지표를 구현하기 위한 내용들이다. 이는 위에서 살펴본 자유주의적 민주주의와 사회복지적 민주주의에 해당되는 것이기도 하다.

결국 현대의 민주주의는 자유주의적 민주주의적 요소와 사회복지적 민주주의적 요소를 내용으로 한다. 국가나 시대마다 어느 요소들에 더 비중을 두느냐의 차이가 있겠으나 우리의 헌법도 양자의 요소를 모두 기본이념으로 하고 있다.

4. 민주주의의 방식

(1) 간접민주제와 직접민주제의 가미

민주정치는 주권자이자 정치권력의 연원인 국민이 주권과 정치권력을 직접 행사할 수도 있으나 대중민주정치사회에서 많은 인구가 직접 정치에 참여할 수 없으므로 대표자를 선출하여 행사하도록 하는 간접민주정치(대표주의정치)가 주가 된다. 국민은 이러한 대표자를 선출하는 과정과 예외적으로 직접적으로 의사를 표시하는 국민투표 등과 같은 직접민주주의제도를 통하여 직접 정치에 참여하게 된다.

(2) 현대의 상황 – SNS의 발달, 숙려민주주의

오늘날 인터넷을 통한 국민의 의사가 집약되기도 하고 SNS(Social Network Service)라고 불리는 카톡, 페이스북, 트위터 등의 활용으로 실시간 의사들이 전파되어 정치적인 영향력도 커지고 있다. 오늘날 숙려민주주의(숙의민주주의, deliberative democracy)가 활용되고도 있다.[4] 시민이나 국민이 중요한 공적 의제에 직접 참여하여 의견을 내고, 이를 수렴하여 의사결정을 하는 것이다. 아일랜드는 2018년에는 낙태문제를 국민투표에 부치는 과정에서 시민의회를 구성하도록 한 바 있다. 한국에서도 원자력발전 문제, 대학입시 문제 등에 관해 공론화위원회가 개최된 바 있었다.

II. 우리 헌법의 민주적 기본질서

1. 개념

(1) 문제의 소재 – 헌법규정

우리 헌법은 전문에서 "자유민주적 기본질서를 더욱 확고히 하여"라고 하고, 제4조도 "자유

---

4) 이에 대해서는 2018년 6월 서울에서 개최된 제10회 세계헌법대회(World Congress of Constitutional Law)의 조직위원회 워크숍의 한 주제가 숙려민주주의였는데 그 워크숍 발표, 토론 등 참조.

민주적 기본질서에 입각한 평화적 통일 정책"이라고 하여 자유민주적 기본질서라는 용어를 규정하고 있고, 반면에 헌법 제8조 제4항은 "정당의 목적이나 활동이 민주적 기본질서에 위배될 때에는"이라고 하여 그냥 민주적 기본질서라는 용어를 규정하고 있다. 이처럼 민주적 기본질서라는 용어뿐 아니라 자유민주적 기본질서라는 용어가 규정되고 있어서 민주적 기본질서의 의미가 무엇인지 하는 헌법해석의 문제가 있다.

(2) 학설

민주적 기본질서의 개념에 대해서 우리 학설은 ① 민주적 기본질서는 자유민주주의와 사회민주주의 등을 내포하는 상위개념이며 그 공통개념이라고 보아 민주적 기본질서에는 자유민주적 기본질서는 물론이고 사회복지주의 등 사회민주적 기본질서도 포함된다는 보는 견해,[5] ② 민주적 기본질서를 자유민주적 기본질서와 사회민주적 기본질서를 포괄하는 상위개념이라고 하면서도 헌법 제8조 4항의 민주적 기본질서는 자유민주적 기본질서만이라고 보는 견해,[6] ③ 사회민주주의에서 추구되던 사항들이 이제 자유민주주의의 내용이 되었다고 보아 민주적 기본질서와 자유민주적 기본질서는 같다고 보는 견해,[7] ④ 자유민주주의 속에 사회복지국가원리가 당연히 포함된다고 보아 양자를 상호융합적인 개념으로 보는 견해,[8] ⑤ 헌법 제8조 제4항의 '민주적 기본질서'는 헌법전문의' 자유민주적 기본질서'와 다르지 않다는 견해[9] 등이 대립되고 있다.

(3) 헌법재판소의 판례
1) 국가보안법 결정의 경우

우리 헌재는 민주적 기본질서 전체에 대해 설시한 바는 없고 자유민주적 기본질서에 대해서는 그 개념 정의를 설시한 바 있다. 즉 "기본적 인권의 존중, 권력분립, 의회제도, 복수정당제도, 선거제도, 사유재산과 시장경제를 골간으로 한 경제질서 및 사법권의 독립 등"이라고 설시한 바 있다(● 판례 헌재 1990.4.2. 89헌가113; 2001.9.27. 2000헌마238등). 이러한 설시는 우리 헌재가 민주적 기본질서를 자유민주적 기본질서만으로 보는 입장인 것으로 이해하게 하는가? 그렇지는 않다. 우리 헌재가 이러한 설시를 하게 된 것은 당해 결정의 사안이 표현의 자유와 관련된 것이기도 하여 자유주의적 요소를 설명하게 된 때문이다. 우리 헌재 판례는 민주적 기본질서가 사회민주적 기본질서를 배척하고 자유민주적 기본질서만을 의미한다고 밝힌 바도 없고 (위 결정에서도 그렇게 설시한 바 없다) 앞으로 사회민주적 기본질서에 대해 관련 사안에서 설시할 수도 있으므로 위 결정의 위와 같은 설시를 두고 우리 헌재가 민주적 기본질서를 자유민주적 기본질서만으로 보는 것으로 이해하는 것은 타당하지 않다.

---

5) 김철수, 전게서, 200면.
6) 권영성, 전게서, 161면, 199면.
7) 홍성방, 전게서, 93면.
8) 성낙인, 전게서, 132면.
9) 장영수, 전게서, 282면.

2) 정당해산심판의 경우 – 헌법 제8조 제4항의 '민주적 기본질서': 통합진보당 결정

(가) 판례 헌재는 통합진보당에 대한 해산결정에서 "헌법 제8조 제4항의 '민주적 기본질서'는, 개인의 자율적 이성을 신뢰하고 모든 정치적 견해들이 상대적 진리성과 합리성을 지닌다고 전제하는 다원적 세계관에 입각한 것으로서, 모든 폭력적·자의적 지배를 배제하고, 다수를 존중하면서도 소수를 배려하는 민주적 의사결정과 자유와 평등을 기본원리로 하여 구성되고 운영되는 정치적 질서를 말한다"라고 판시하였다(● 판례 헌재 2014.12.19. 2013헌다1).

(나) 위 판시에 대한 분석 첫째, 헌재가 여기서의 '민주적 기본질서'에 대한 자신의 해석을 "우리 헌법 제8조 제4항이 의미하는 민주적 기본질서는"라고 언급하는 부분을 두고 보면, 헌법 제8조 제4항의 정당해산심판제도와 관련해서라는 것을 이해할 수 있다. 둘째로 "다수를 존중하면서도 소수를 배려하는 민주적 의사결정과 자유·평등을 기본원리로 하여 구성되고 운영되는 정치적 질서를 말하며"라는 판시는 민주적 기본질서에 자유뿐 아니라 평등, 소수존중이라는 사회복지적 요소가 포함됨을 인정하려는 입장이고 '다양한 스펙트럼의 이념적인 지향'이라는 언급도 그러함을 알 수 있게 한다.

(4) 검토(사견)

우리 헌법상 민주적 기본질서는 자유민주적 기본질서뿐 아니라 사회적·복지적 민주적 기본질서(사회민주적 기본질서)도 포함하는 개념이다. 그 논거는 다음과 같이 무엇보다도 헌법규정, 그것도 우리 헌법규정의 해석에서부터 출발하여야 한다. ⅰ) 병용의 의미 – 현행 헌법이 자유민주적 기본질서라는 용어만을 규정하고 있다면 민주적 기본질서를 자유민주적 기본질서로만 볼 여지도 있을 것이나 우리 헌법에는 자유민주적 기본질서라는 용어를 헌법전문과 제4조에서 명시적으로 언급하면서 헌법 제8조 제4항은 자유민주적이 아니라 그냥 민주적 기본질서라고 하여 달리 규정한 것은 헌법제정권자가 자유주의적 요소뿐 아니라 복지주의적 요소도 포함하여 민주적 기본질서라고 규정한다는 의사를 표명한 것으로 보아야 한다. 이는 헌법 전문과 헌법 제4조가 자유민주적 기본질서라고 규정한 의미를 다음과 같이 제대로 파악한다면 이해가 된다. ⅱ) 헌법전문의 '조화' 규정 – 헌법 전문이 자유민주적 기본질서라고 하고 있으므로 민주적 기본질서는 자유민주적 기본질서라고 보는 견해도 있다. 그러나 자유민주적 기본질서라는 용어를 쓰고 있는 전문의 경우에도 단순히 자유민주적 기본질서만을 언급하지 않고 "자율과 조화를 바탕으로 자유민주적 기본질서를 더욱 확고히 하여"라고 하여 자율과 조화를 전제로 하고 있다. 여기서 조화는 사회구성원들 간의 조화를 의미하고 어느 특정 개인의 권리나 자유만을 보호하는 것이 아니라 사회구성원 전체의 이익이나 보호가 필요한 다른 구성원의 사회복지를 위해서 자유를 조절, 제한할 수 있음을 의미한다. 따라서 '조화'는 사회복지적 민주적 기본질서를 의미하고 그리하여 우리 헌법 전문의 해석상으로도 우리 헌법은 사회적·복지적 민주적 기본질서와 함께하는 자유민주적 기본질서를 추구하는 것이지 사회적·복지적 기본질서를 배척하려는 것이 아님을 알 수 있다. 또한 우리 헌법 제37조 제2항도 공공복리를 위한 기본권제한을 명시하고 있다. 오히려 헌법전문이 이렇게 자유민주적 기본질서를 언급하면서 '조화'를 강조한 것은 자유민주적 기본질서 안에 복지주의가 들어가 있는 것이 아니라 민주적 기본질서 안에는 양자가 모두 포괄되어야 함을 명백히 해주고 있는 것이다. 그렇다고 하더라도 전문이 왜 자유민주적 기본질서만 언급한 것인가 하면 우리 공동체 생활에 있어서 일단은 자유로운 삶이 개인의 삶에 출발점이 되고 바탕이 되는 것이기 때문이다. 헌법전문은 자유민주적 기본질서라는 말 이후에 "각인의 기회를 균등히 하고, …국민생활의 균등한 향상"이란 문언을 더하여 균등성에 입각하는 사회복지적 의미를 강조하고 있다는 점도 민주적 기본질서가 자유주의적 기본질서만을 의미하지 않음을 우리 헌법은 전문에서부터 나타내고 있다고 할 것이다. iii) 평화('자유'입각, 무력적화 배격)방식을 강조하는 헌법 제4조 - 헌법 제4조의 경우 '자유'민주적 기본질서라고 한 것은 자유주의방식에 따른 통일, 즉 폭력적 무력통일이 아닌 자유주의에 입각한 평화로운 대화와 교류의 방식으로 통일을 달성하여야 함을 강조하기 위해서이고 결코 민주적 기본질서를 자유민주적 기본질서만에 한정하기 위한 규정이 아니다. iv) 헌법의 사회복지 조항 - 위 헌법전문의 조화정신을 구현하기 위해서도 우리 헌법은 제34조 제2항에서 "국가는 사회보장·사회복지의 증진에 노력할 의무를 진다"라고 규정하여 우리 헌법이 현대적 복지주의적 헌법으로서 복지주의를 헌법의 기본이념의 하나로 하고 있으므로 자유민주적 기본질서는 물론이고 이외에 복지주의 등을 그 내용으로 하는 사회적·복지적 민주적 기본질서를 민주적 기본질서의 중요한 다른 축으로 하고 있다. 우리 헌법은 나아가 사회복지주의를 구현하기 위한 생존권적 기본권들을 제34조 이하에서 규정하고 있다. 또한 사회 구성원들 모두의 복지를 위한 목적 등에서 국가는 균형 있는 국민경제의 성장 및 안정과 적정한 소득의 분배를 유지하고, 시장의 지배와 경제력의 남용을 방지하며, 경제주체간의 조화를 통한 경제의 민주화를 위하여 경제에 대한 규제와 조정을 할 수 있도록 규정하고(제119조 2항) 있기도 하다(후술 이른바 '사회적 경제시장질서' 참조). v) 헌재 판례 - 위에서 본 헌재의 판례는 국가보안법 사안, 헌법 제8조 제4항의 정당해산심판 등 개별영역에서 민주적 기본질서에 대해 판시한 점을 간과할 수 없다. 개별영역에서의 판시도 우리의 위 검토의견과 다르지도 않다.

　　결국 우리 헌법이 내포하는 민주적 기본질서에는 그 해석상 자유민주적 요소 외에 사회적·복지적 민주적 요소가 병존하고 있다(민주적 기본질서 =「자유민주적 기본질서 + 사회적·복지적·민주적 기본질서」를 의미).

　　일설은 헌법 제8조 제4항이 정당해산사유로서 민주적 기본질서를 규정하고 있는데 정당해산의 구실을 극소화하기 위해서라도 민주적 기본질서를 자유민주적 기본질서만을 의미하는 것으로 제한적 해석을 하여야 한다고 본다(권영성, 전게서, 200면). 그러나 이는 받아들일 수 없는 견해이다. 이에 대해서는 정당 부분에 가서 살펴본다(후술 '정치적 기본질서' 참조).

(5) 헌법연혁적 고찰

우리 헌법상 건국 때부터 자유민주적 기본질서를 추구하였다고 하는 견해가 있다. 그러나 우리나라 최초의 성문의 공화국헌법인 1948년 제1공화국헌법에서는 자유민주적 기본질서라는 용어를 규정한 바 없다. 자유민주적 기본질서라는 용어가 처음 등장한 것은 1972년 유신헌법 (제7차개정헌법, 제4공화국제정헌법)에서였다. 유신헌법에서도 전문에만 그 용어가 있었다("자유민주적 기본질서를 더욱 공고히 하는 새로운 민주공화국을 건설 … "). 이어 1980년 제8차개정헌법(제5공화국헌법)에도 그러했다. 이처럼 독재적 헌법이었던 제4공화국헌법에서 시작하여 5공화국헌법에도 규정되었다. 1987년 제6공화국 현행 헌법에서는 전문과 통일원칙을 정한 제4조에 자유민주적 기본질서라는 용어를 규정하고 있다. 현행 헌법의 전문에 있는 자유민주적 기본질서는 그 용어 앞에 "자율과 조화를 바탕으로"라는 문구를 넣은 것이 제4, 5공화국헌법에서와 다르다. 조화를 바탕으로 하는 것은 사회구성원들의 조화를 전제로 하는 하는 자유민주적 기본질서로서 단순한 '자유'민주적 기본질서가 아니라는 것을 밝히고 있는 것이다. 반면 '민주'라는 용어는 제헌헌법에서부터 규정되고 있었으며 민주적 기본질서라는 용어는 1960년 제3차개정헌법 (제2공화국제정헌법)에서 정당해산사유로서 처음 규정되기 시작하였다. 이처럼 우리 헌법규정사를 보더라도 자유민주적 기본질서만을 민주적 기본질서로 보려는 것이 헌법제정자의 생각이 아님을 알 수 있다.

2. 법적 성격

민주적 기본질서 규정은 헌법의 민주주의의 기본원리이므로 헌법개정의 대상이 될 수 없다. 민주적 기본질서는 국민의 자유와 여러 기본권들을 보장하여야 한다는 '보장적' 성격의 기본원리이다. 그러면서도 민주적 기본질서는 기본권을 '제한'하는 사유가 되기도 한다. 우리 헌법 제37조 제2항은 '질서유지'를 위한 기본권제한을 명시하고 있다. 민주적 기본질서의 기본권제한적 성격은 사회복지적 요소의 보장을 위하여 자유주의적 요소에 대한 제한이 필요한 경우가 있을 때 나타난다[예를 들어, 재산권(자유권)의 제한이 되는 조세징수로 복지예산을 확보하는 것]. 민주적 기본질서가 기본권의 내재적 한계라고 보는 이론들이 국내에 있다(권영성, 전게서, 330-331면 등). 그러나 우리 헌법에서 기본권의 내재적 한계를 인정할 수 없으므로(대부분의 학자들의 견해이다. 내재적 한계론에 대해서는 후술 '기본권' 참조) 이는 받아들일 수 없는 견해이다.

3. 요소(내용)

(1) 자유민주적 기본질서의 요소

우리 헌법상의 자유민주적 기본질서의 요소 내지 내용으로 기본권의 존중, 국민주권, 국민

제 2 장 한국헌법의 기본질서와 기본제도 **187**

의 국정참여, 국민대표제, 의회제도(의회주의), 선거제도, 권력분립, 법치주의(행정의 합법성, 법적 예측가능성, 법적 안정성), 책임정치, 복수정당제도, 사유재산제도, 시장경제에 입각한 자유주의경제질서, 사법부의 독립, 정치적 다원주의, 소수의 존중, 평화적 정권교체의 보장 등을 들수 있다. 헌재 판례가 제시하는 내용도 비슷한데 아래와 같이 판시하고 있다.

● **판례** 헌재 1990.4.2. 89헌가113 [판시] "자유민주적 기본질서에 위해를 준다 함은 <u>모든 폭력적 지배와 자의적 지배 즉 반국가단체의 일인독재 내지 일당독재를 배제하고 다수의 의사에 의한 국민의 자치, 자유·평등의 기본원칙에 의한 법치주의적 통치질서의 유지를 어렵게 만드는 것</u>이고, 이를 보다 구체적으로 말하면 기본적 인권의 존중,권력분립, 의회제도, 복수정당제도, 선거제도, 사유재산과 시장경제를 골간으로 한 경제질서 및 사법권의 독립 등 우리의 내부 체제를 파괴·변혁시키려는 것" 동지: 헌재 2014.12.19. 2013헌다1.

기본권보장으로서는 특히 언론의 자유와 정치적 자유가 중요하다. 정치적 사상의 형성과 수렴, 전달이 민주정치에 필수적이기 때문이다. 국민은 주권을 보유하면서 자치적으로 국정에 참여할 수 있어야 한다. 다만, 직접민주제가 어려우므로 대표자를 선출하는 국민대표제가 시행된다. 이러한 선출을 위한 선거제도가 정비되어야 한다. 기초적인 정치참여를 보장하는 것이 선거제도이다. 국민의 의사를 충실히 반영하는 결정과 입법을 가져오기 위해서는 의회주의가 제대로 구현되어야 하는 것이다. 국가권력을 분립하고 균형을 이루며 견제하도록 함으로써 대표자가 행사하는 국가권력이 국민의 자유를 침해하지 못하도록 하여야 한다. 법치주의란 국민의 자유나 권리를 제한하기 위해서는 국민의 의사인 법률에 의하여야 한다는 원리를 말한다. 이는 법적 예측가능성과 법적 안정성을 보장하기 위한 것이기도 하다. 법치주의에 입각한 행정, 책임정치가 이루어져야 한다. 다양한 국민의사를 수렴하기 위하여 복수정당제가 확립되어야 하며 정당의 자유가 보장되어야 한다. 사유재산제와 시장기구가 중심이 되는 자유시장경제체제가 경제질서의 원칙이 되어야 한다. 자유를 침해한 경우에 이를 회복하기 위한 재판제도가 확립되고 사법부의 독립이 확보되어 공정한 재판을 통한 자유와 권리의 구제가 되어야 한다. 위에서 본 자유민주적 기본질서들의 요소들인, 국민주권, 선거제도, 법치주의, 복수정당제, 시장경제질서 등은 기본질서의 각론으로서 앞으로 각 절 별로 자세히 살펴보게 된다(후술 참조). 국민대표, 권력분립, 의회제도, 사법부의 독립 등에 대해서는 국가권력규범론을 다루는 제4부에서 집중적으로 다루게 된다(후술 참조).

(2) 사회복지적 민주적 기본질서의 요소

1) 실질적 평등

오늘날에는 형식적 평등, 외관적 평등이 아니라 실질적 평등이 요구된다. 즉 구체적인 상황에 대응하여 각각에 부응하는 평등한 조치를 강구해야 할 것을 요구한다. 우리 헌법 제11조의 평등원칙도 실질적이고 상대적인 평등이라고 보는 것이 통설이고 헌재의 판례이다(후술 제3부 기본권론, 평등권 부분 참조). * 실질적 평등의 예: 3인 가족에게 부양보조비를 30만원 교부하면 6인 가족에게는 60만원을 교부한다는 것(1인당 생활비가 동일하게 소요된다는 가정하에서) ― 똑같이 30만원 교부는 형식적 평등, 두 배 차이에 따른 차등 지급은 실질적 평등.

2) 복지

현대국가에 들어와서 사회 구성원들 각자의 인간다운 최소한의 생활은 보장되어야 한다는 생존의 보장, 사회보장, 그리고 사회복지의 요구가 헌법의 중요한 이념을 이루고 이를 헌법에 규정하기에 이르렀다. 바로 현대적 복지주의적 헌법이 나타난 것이다(전술 헌법의 역사적 발전단계 참조). 우리 헌법도 사회복지주의를 제34조 등에서 명시하거나 간접적으로 구현하는 규정들을 두고 있다.

3) 생존권적 기본권

우리 헌법은 사회복지를 구현하기 위한 생존권적 기본권(사회적 기본권)들을 규정하고 있다. 인간다운 생활을 할 권리(제34조), 교육을 받을 권리(제31조), 고용증진과 적정임금보장 및 최저임금제(제32조), 근로 3권(제33조) 등을 규정하고 있다(후술 제3부 기본권론, 생존권적 기본권 참조).

4) 사회적 시장경제질서

우리 헌법은 경제활동에 관하여 어디까지나 자유주의·자본주의를 원칙으로 하면서(제119조 제1항 참조) 경제에 대한 국가의 규제와 조정을 가능하게 하고 있다(제119조 제2항 참조). 그리하여 우리 경제질서를 이른바 사회적 경제질서라고 부른다. 이른바 사회적 경제질서가 경제에 대한 규제와 조정을 통하여 사회구성원들의 공익과 복지를 가져오게 하므로 사회복지적 민주적 기본질서의 내용을 이룬다.

5) 국제평화주의, 평화적 생존권 등

국제적인 민주주의를 정착시키기 위해 국제평화주의, 평화적 생존권이 요구된다. 우리 헌법도 제5조 제1항이 "대한민국은 국제평화의 유지에 노력하고 침략적 전쟁을 부인한다"라고 명시적으로 국제평화주의를 규정하고 있다. 오늘날 제3세대 인권으로서 평화적 생존권이 강조되고 있다. 이는 위에서 본 생존권적 기본권에 포함하여 볼 수도 있다. 그러나 우리 헌재는 평화적 생존권을 헌법 제10조와 제37조 제1항에서 나오는 기본권으로 인정하는 판례를 보여주었다가(헌재 2006.2.23. 2005헌마268) 그 뒤 2009년에 판례를 변경하여 지금은 이를 부정하고 있다(헌재 2009.5.28. 2007헌마369. 퇴보한 판례변경이다).

Ⅲ. 민주적 기본질서의 보장방법

우리 헌법 제8조 제4항은 정당의 목적이나 활동이 민주적 기본질서에 위배될 때에는 정부는 헌법재판소에 그 해산을 제소할 수 있고, 정당은 헌법재판소의 심판에 의하여 해산된다고 규정하여 정당해산심판제도에 의해 민주적 기본질서의 위배에 대해 제재를 가하도록 하고 있다. 정당해산심판제도는 민주적 기본질서를 집단적으로 위배하는 것을 막는 보장방법이다. 민주적 기본질서는 헌법에 그 내용이 규정되어 있으므로 헌법의 파괴를 막고 헌법을 보장하는 것이 곧 민주적 기본질서의 보장이다. 따라서 앞서 본 헌법보장방법들(전술 참조)이 민주적 기본질서의 보장방법이 된다(전술 참조). 그러한 헌법보장의 방법들 중에 오늘날 가장 중요하고 실효적인 것은 헌법재판제도이다.

제 2 항   국민주권주의

Ⅰ. 개념과 우리 헌법의 명시적 확인

국민주권주의란 국민이 주권을 보유한다는 원칙을 말한다. 우리 헌법도 제1조 제2항에서 "대한민국의 주권은 국민에게 있고"라고 규정하여 국민주권주의를 명시적으로 확인하고 있다.

Ⅱ. 국민주권주의조항(헌법 제1조 제 2 항)의 법적 성격

ⅰ) 사실 국민주권주의는 명시되지 않아도 국민이 주권자로서 헌법제정권자인 민주국가에서는 당연히 인정되어야 할 헌법규범으로서 우리 헌법 제1조 제2항은 법적 효력을 가지는 법적 성격을 가진다. 만약 국민주권주의조항이 법적 효력을 가지지 않는다면 주권의 행사인 헌법제정행위, 국회 등 대표기관의 국가의사결정행위, 직접민주제인 국민투표의 효력을 모두 법적으로 부정하게 되는데 이를 받아들일 수 없으므로 국민주권주의는 법적 성격을 가진다.

ⅱ) 국민주권주의조항은 근본규범으로서의 성격을 가진다. 따라서 국민주권주의를 선언하고 있는 우리 헌법 제1조 제2항은 헌법개정의 금지대상임은 물론이다.

Ⅲ. 주권의 개념, 내용, 특성 등

주권의 개념, 내용, 특성, 주권과 국가권력(통치권)과의 구별 등에 대해서는 앞서 살펴본 바 있다(전술 헌법서설, 국가론, 주권론 참조).

Ⅳ. 주권자인 국민의 개념

1. 문제의 쟁점과 학설

국민주권주의에서 주권자인 국민은 누구인가, 그 범위가 어떠한가 하는 주권자로서의 '국민'의 개념에 대해 견해가 대립되어 왔다. 이 대립은 주로 주권자인 국민을 하나의 단체로 보아야 하느냐 아니면 국민 개개인으로 보아야 하느냐를 둘러싸고 나타났다. 이 2가지 입장 중 어느 입장을 취하느냐에 따라 주권행사의 방식이나 주권을 행사하는 기관과 국민과의 관계를 보는 입장에서도 차이를 보여준다. 어느 선거구에서 선출된 의원이 자신을 선출한 그 선거구 구민들과 관계는 어떠해야 하는지에 대해서도 다른 입장을 주장한다. 이 문제는 주권행사기관과 국민, 선거민과의 관계에 관한 것이어서 후술하는 국가권력규범론에 있어서 국민대표주의에서도 다루어지는 연관문제이다. 역사적으로 이 양 견해는 각각 국민주권론과 인민주권론으로서 프랑스 대혁명 전후에 대립되어 왔고 이후에도 주류적으로 대립되어 왔으며 오늘날에도 영향을 주고 있다. 아래에서 이 양설에 대해 살펴본다.

2. 국민주권론과 인민주권론

(1) 국민주권론

국민주권론(國民主權論, la théorie de la souveraineté nationale)은 국민전체, 즉 집합적이고 불가분적인 존재로서 그 구성원 개인들과 구별되는 국민전체(Nation)가 주권을 가진다고 보는 이론이다. 국민주권론은 국민전체는 그것을 구성하는 개개인들과는 구별되는 하나의 추상적 실체인 법인(法人, personne morale)으로서 구성원 개개인들의 의사와 독립된 별개의 자체적인 의사를 가지며 그 의사는 대표자에 의해 표명된다고 본다. 그리하여 국민전체에 대해 '국민-법인'(nation-personne)이라고 부르기도 한다. 이처럼 국민주권론은 국민을 구성하는 개개인과는 구별되는 국민전체로서 구성되는 단체인 법인으로서의 국민이 있고 이 법인으로서의 국민에 주권이 속한다고 본다. '국민'(Nation)이라는 용어는 하나의 단체를 지칭하는 용어로 아래의 인민주권론에서 나오는 개개인을 일컫는 '인민'(Peuple)이란 용어와 대비된다.

국민주권론은 대표자를 선출하여 그들로 하여금 주권을 행사하게 하는 간접민주제를 취한다. 이는 국민 개개인이 주권자가 아니라 국민전체를 주권자로 보는 결과이다. 그리고 선거를 선거인들의 권리행사로 보지 않고 간접민주정치를 하기 위해 대표자를 선출하는 기능으로 본다. 국민 각자가 주권자인 것은 아니라고 보기에 권리행사가 아니라고 보는 것이다. 그 결과 선거에 투표할 기회를 반드시 국민 각자 모두에게 부여하지 않아도 된다고 보아 제한선거가 가능하다고 본다. 또한 국민의 대표자는 자신을 선출한 지역구의 선거인들을 대표하는 것이 아니라 국민전체의 의사를 반영하여야 하므로 대표위임(국민전체를 대표하는 위임)이 되어야 하고 대표자인 의원이 자신을 선출한 지역구 선거인들의 지시나 명령에 따라야 한다는 기속위임은 금지되어야 한다고 본다(무기속위임).

(2) 인민주권론

인민주권론(人民主權論, la théorie de la souveraineté populaire)은 국민 개개인이 주권을 가진
다고 본다. 인민주권론은 루소의 사회계약이론에서 그 기원을 찾을 수 있다(「사회계약론」의 제3
편 제1장). 루소는 국민 개개인이 주권에 대한 지분을 가진다고 보았다. 즉 루소는 국가가 만명
의 시민으로 구성되어 있다고 가정할 때 각 개인은 만분의 1씩의 주권지분을 가진다고 설명하
였다. 루소는 이처럼 국민 개개인이 주권의 지분을 가지고 일반의사의 형성이라는 사회계약에
참여한다고 보았다.

인민주권론은 국민 개개인이 주권을 보유한다고 보므로 각자가 주권행사를 하도록 하기 위
해 정치에 직접 참여하는 직접민주제를 원칙으로 한다. 각자가 주권자이고 일반의사에 참여하
기 때문이다. 또한 인민주권론에 따르면 선거가 하나의 기능이 아니라 권리의 행사로 인정된다.
즉 국민 각자가 주권의 일부 지분을 보유하므로 그에게 고유한 권리로서 선거권이라는 권리를
가지는 것이다. 그리하여 국민이라면 누구나 선거권을 가지는 보통선거를 원칙으로 하여야 한
다고 보고 제한선거를 부정한다. 인민주권론은 기속위임(= 강제위임 = 명령위임)을 주장한다.
인민주권론은 직접민주제를 주장하는데 인구가 많아 현실적으로 그것이 어려우므로 위임을 할
수밖에 없다. 그리하여 위임정치를 하되 직접민주정치의 효과를 거두기 위해 대표자가 자신을
선출한 선거인들의 지시나 명령에 따라 그들의 의사를 그대로 전달하도록 하는 기속위임일 것
을 요구하는 것이다.

(3) 양 이론의 대비

양이론을 아래와 같이 표로 대비하여 봄은 그 이해가 보다 선명해질 것이다.

	국민주권론 (la souveraineté nationale)	인민주권론 (la souveraineté populaire)
주요주장자	E.-J. Sieyès	J.-J. Rousseau
주권보유자	국민전체(la nation)인 法人(personne morale)	국민 개개인 (결국 모든 국민들 모두가 각자 주권을 가짐)
정치형태	간접민주정치	직접민주정치*
선거의 성격	기능으로 파악	권리행사로 파악
투표권	제한선거 가능	보통선거(제한선거불가)**
위임형태	대표(=자유?)위임 강제(=기속=명령)위임 금지	강제(=기속=명령)위임이 원칙
권력분립 여부	분립	통합

❑ **국민주권론과 인민주권론의 차이**

▌ **효과 정리**: 오늘날 간접민주제로 국민주권론이 주축이 되나 그렇더라도 인민주권론의 기여도가 있다. 위 *, **
표시가 그 부분이다. *는 직접민주정치를 원칙으로 하는바 국민투표제 같은 것은 직접민주제이므로 인민주권론의
기여이고 **는 보통선거원칙의 확립도 그러하다.

3. 효과

인구가 많고 국가영토가 넓어 간접민주제를 할 수밖에 없는 현실에서 국민주권론은 간접민주제를 정당화하는 데 기여하여 인민주권론보다 우세를 보여주었다. 그렇지만 인민주권론도 직접민주제인 국민투표와 보통선거제도의 채택에 기여하였다고 평가된다. 그리하여 국민주권론, 인민주권론 중 전적으로 어느 한 주권론을 채택하고 다른 하나를 배제할 것은 아니라고 보고 양 이론이 각기 부분적 의미를 가진다고 본다.

4. 국민대표주의와의 연관

위에서 본 대로 주권자인 국민을 어떻게 보느냐, 즉 어느 주권론에 따르느냐에 따라 국민과 대표자의 관계, 선거구민과 대표자의 관계가 어떠하여야 하는가가 달라진다. 그러므로 주권에 관한 위 이론은 국가권력규범론에 있어서 국민대표주의의 법적 성격에 연관되어 있다(후술 제4부 제1장 제1절 참조).

5. 유의점

위 주권이론에 대해 과거이론으로서 오늘날 적실성이 있는가 하는 의문을 제기하는 견해가 있을 수 있다. 심지어 우리나라에서는 프랑스만의 문제라고 보는 견해까지도 있다. 그러나 그 이론들이 프랑스 이론이고 그 시대적 상황이 어떠한 가운데 나온 것이라는 것을 떠나서 대표자와 국민 간의 관계를 어떻게 설명할 것인가 하는 근본적 문제에 대한 헌법 법리이므로 중요하고 이를 살펴볼 필요가 있다. 국회의원이 자신의 지역구만의 이익을 추구하고 전체 국민의 의사나 이익에는 반하는 활동을 할 때 헌법위반성을 어떻게 설명할 것인지 하는 문제, 또 어느 개인이든 주권자임에도 그의 의사와 달리 전체의사가 정해진다면 과연 그 개인이 주권자라고 할 수 있느냐 하는 갈등은 프랑스에서만의 문제가 아니다. 이러한 문제는 모든 나라에서 나타날 수 있는 중요한 헌법적 문제이다. 우리나라와 프랑스의 헌법뿐 아니라 독일기본법 제38조 제1항(하원의 경우), 이탈리아헌법 제67조, 폴란드헌법 제104조, 핀란드헌법 제29조, 포르투갈헌법 152조 제3항 등에서도 기속위임금지를 명시하고 있음을 보더라도 위와 같은 주권이론이 오늘날에도 중요함을 알 수 있다.

V. 국민주권주의의 구현방법과 모습

1. 간접민주제(대표제)

우리 헌법도 간접민주제(대표제)를 원칙으로 하고 있다. 국회, 대통령을 수반으로 하는 정부, 사법부가 주권에서 나오는 가분적 권력인 입법권, 행정권, 사법권을 행사함으로써 국민을 대표하여 주권을 행사한다(제40조, 제66조 제4항, 제101조). 이러한 국가기관, 대표자를 선출하기 위하여 선거제도(제41조, 제67조 제1항) 등을 통하여 국민이 주권을 행사한다.

2. 기속위임의 금지

우리 헌법은 제46조 제2항이 "국회의원은 국가이익을 우선하여 양심에 따라 직무를 행한다"라고 하여 기속위임을 금지하고 있다. 국민의 일부가 아니라 전체인 '국가'의 이익을 우선하라고 규정하고 있기 때문이다. 또한 헌법 제45조는 "국회의원은 국회에서 직무상 행한 발언과 표결에 관하여 국회 외에서 책임을 지지 아니한다"라고 규정하여 대표활동상의 발언·표결에 관하여 선거인에 대한 기속책임이 없음을 밝히고 있다. 헌법 제7조 제1항은 "공무원은 국민전체에 대한 봉사자이며, 국민에 대하여 책임을 진다"라고 규정하고 있다. 따라서 우리 헌법상 기속위임의 금지의 헌법상 근거는 헌법 제46조 제2항과 더불어 제45조, 제7조 등이다.

사례 – 기속위임 금지는 현실적인 문제이기도 하다. 국회의원이 국민전체에 이익이 되지 않는, 자신의 지역구만 챙기는(이른바 '쪽지예산'이 대표적이다) 악습을 막기 위한 것이기도 하다. 아래에 구체적인 예를 들어 기속위임 금지이론을 이해해보도록 하자.

국가예산으로 AI산업 등 첨단과학기술 산업시설을 건립하고자 하는데 A지역과 B지역이 치열한 유치 경쟁을 하고 있다. A지역 주민들은 그 지역 선거구에서 선출된 의원 갑에게, B지역 주민들은 그 지역 선거구에서 선출된 을에게 자신들의 지역에 유치되도록 국회에서 강력히 추진할 것을 요구하고 있다. 위와 같은 국가의사결정에 있어서 갑과 을은 그 요구에 따라야 할 것인가?

인민주권론에 따르면 기속위임이 되어 대표자인 국회의원은 자기를 선출한 지역구 선거민의 지시나 명령에 그대로 따라야 하고 위 사례에서 갑, 을은 자기를 선출한 선거구의 유권자의 의사에 따라 각자 자기 선거구 지역에 위 산업시설을 건립할 것을 주장하여야 할 것이다. 반면에 국민주권론에 따르면 대표위임이 되어 국민 전체의 의사에 따라 정치권력행사가 이루어져야 한다고 보아야 하고 국민의 일부의 지시나 명령에 따라서는 아니 되므로 위 사례에서 갑, 을은 각각의 선거구의 유권자의 의사가 아니라 전체 국민의 의사와 이익에 부합되는 주장을 하

여야 할 것이다.

우리 헌법은 기속위임을 금지하므로 위 갑, 을 모두 국민전체의 의사를 대변하여야 한다. 즉 자신의 지역구의 이익이 아닌 국민전체의 이익에 유리한 결과를 가져올 건립지를 택하여야 한다고 주장하여야 한다.

3. 직접민주제

우리 헌법은 국가안위에 관한 중요정책을 결정하기 위한 국민투표(제72조), 헌법개정을 위한 국민투표(제130조 제2항) 등 직접민주제를 두고 있다.

4. 국민주권실현을 위한 기타의 제도

국민주권주의를 실현하기 위한 그 외의 제도로는 다음과 같은 것들이 있다. ① 대중민주정치에서 국민의사의 전달을 통한 국민주권의 간접적 실현을 위한 정당제도(제8조), ② 청원제도(제26조), ③ 특정 국가기관에 의한 권력독점을 막기 위한 권력분립제(제40조, 제66조 제4항, 제101조), ④ 국민의사에 의한 법률로 국가권력을 행사하게 하는 법치주의원리(제37조 제2항), ⑤ 특히 헌법재판제도, 즉 국민의사에 위반되는 대표기관의 행위에 대한 제재를 가할 수 있는 헌법재판제도(제111조) 등이 있다.

제 2 절   법치주의

제 1 항   법치주의의 개념과 기능

I. 법치주의의 개념과 발달

1. 개념

법치주의란 국가의 작용과 활동은 국회가 미리 제정한 법률에 근거하여 수행되어야 한다는 원리를 말한다. 독일, 프랑스 등에서는 법치국가(Rechtsstaat, État de droit)의 원리라고 부르는데 우리나라에서도 이 용례를 따라 법치국가의 원리라고도 불린다. 여기서의 법률은 국회가 제정한 법률을 의미한다. 그 법률은 국가의 최고규범인 헌법에 합치되는 것이어야 함은 물론이다. 따라서 법치주의는 헌법에의 합치를 전제로 하는 원리이다.

2. 기초와 궁극적 목적

ⅰ) 국민의사성(國民意思性)의 원리   법률은 곧 국민의 의사라는 국민의사성원리에 그 기초가 있다. 국가작용이 국민의 권리 등을 제한함이 필요하다 하더라도 그 제한은 국민 자신의 의사에 의한 것이어야 정당한 것이 되는데 그 국민의사가 바로 대표자들로 구성된 국회에서 제정되는 법률로 나타나고 따라서 법률에 의하는 것이 곧 국민의사에 의한 것이라고 보아[자동성(自同性)원리] 거기서 그 정당성을 인정하려고 한다. 루소의 국민들의 일반의사(la volonté générale)의 표현이 법률이라는 사상이 이를 뒷받침한다. 실상 이는 법률이 제대로 국민의사를 담을 것을 전제로 한다.

ⅱ) 기초이자 궁극적 목적인 기본권보장   법치주의는 국가의 공권력이 자의적으로(마음대로) 행사될 경우 국민의 기본권이 침해될 수 있기에 공권력 행사는 그 발동사유와 행사방법 등을 미리 법률로 정하여 두고 하라는 것이므로 종국적으로는 기본권보장을 위한 것이고 거기에 법치주의의 기초근거가 있다.

3. 발달

(1) 개관

영국에서는 17세기 권리청원, 명예혁명 등을 거치면서 법의 지배(Rule of Law) 사상이 자리 잡았고 그 뒤 의회의 제정법에 따라야 한다고 보아 19세기 A. V. Dicey에 이르러 의회주권적 법의 지배 사상이 자리 잡아갔다. 프랑스의 경우 18세기 J. J. Rousseau의 일반의사론은 법률이 국민의 일반의사라고 하였고 근대 시민혁명이 성공하여 절대군주의 권력을 제한하고 의회가 입법권을 가짐으로써 법률의 우위사상과 법치주의사상이 자리 잡게 되었다. 미국에서는 적법절차(due process of law)의 원칙이 발달되었는데 단순히 절차적 측면뿐 아니라 법률의 실체적 내용까지도 정당할 것을 요구하는 원칙으로 확대되어 실질적인 법치주의의 발달에 기여하였다. 특히 연방대법원에 의한 위헌법률심사제가 일찍이 발달되어 법치주의의 확립에 기여하였다. 형식적 법치주의의 악용과 폐해를 겪은 독일은 제2차 세계대전 이후 실질적 법치주의를 확립하였고 기본법에 사회적 법치주의를 명시하기에 이른다.

근대의 법치주의의 발달에 있어서 실질적인 기능을 한 것은 사법부에 의한 재판제도의 발달과 확립에 있었다. 법률을 위반하는 행정 등에 대하여 재판을 통한 제재가 확충되면서 법률을 지키고 법치주의를 구현하도록 하는 데 기여하였기 때문이다. 특히 현대에 와서 헌법재판제도의 발전은 법치주의를 실질화하는 데 기여하고 있다.

(2) 형식적 법치주의에서 실질적·사회적 법치주의로

1) 형식적 법치주의

국가작용이 근거하여야 하는 규범이 명칭상 법률이면 된다고 보거나 또는 그 내용을 상관하지 않고 의회제정의 법률이면 된다고 보는 법치주의가 형식적 법치주의이다. 인류는 나치시대에 명목만 법률에 의하기만 하면 법치주의를 준수한 것으로 하여 형식적 법치주의로 독재를 합법화하고 기본권을 유린한 역사를 경험한 바 있다. 이의 반성으로 실질적인 법치주의로 나아가게 되었다.

2) 실질적·사회적 법치주의

오늘날 실질적 법치주의, 사회적 법치주의로 변화하고 있다. 실질적 법치주의란 형식만 법률로 할 것이 아니라 내용적으로도 국민의 기본권을 존중하고 헌법의 이념과 원칙에 실질적으로 부합되며 정의를 구현하는 정당한 법률에 따라 공권력이 행사되고 국정이 운영되어야 함을 의미한다(정당성의 추구). 이러한 법률이 제정되기 위해서는 국회의 충실한 법안심의가 전제되어야 한다. 그리고 헌법에 위반되는 법률에 대한 심사가 중요하다. 헌재도 '실질적 법치국가' 이념이라는 용어를 사용하는데 형벌의 비례성 사안들에서 많이 사용하고 있다(◑ 판례 예를 들어 헌재 2016.10.27. 2016헌바31).

오늘날의 실질적 법치주의는 사회적 정의를 구현하고 국가의 적극적인 사회정책을 요구한다는 의미에서 사회적 법치주의라고도 한다.

II. 법치주의의 기능

ⅰ) **기본권의 보장**　　법치주의는 국민의 기본권을 국가가 함부로 제한할 수 없도록 하기 위하여 법률에 의한 국가작용을 원칙으로 하는 것으로서 궁극적으로는 국민의 기본권 보장을 위한 기능을 한다.

ⅱ) **자의의 배제**　　역사적으로 볼 때 자의의 배제가 법치주의를 확립하게 한 중요한 이유였다. 절대권력을 가진 군주에 의해 자의적(恣意的, 독단적)으로 기본권이 침해되었고 이로부터 국민의 권리와 자유를 보장해주기 위하여 법률에 근거한 공권력의 행사를 요구하는 법치주의가 발달하게 된 것이다.

ⅲ) **법적 예측가능성의 부여**　　법률로 금지되는 행위와 그 효과 등을 규정해 두고 있으므로 이러한 법률의 인식을 통해 어떠한 행위를 할 경우 어떠한 법적 효과가 발생하는지를 사전에 예측할 수 있게 하여 법치주의는 법적 예측가능성을 부여하는 기능을 한다. 이 기능은 아래 ④와 연관된 것이다.

ⅳ) **법적 안정성의 보장**　　법치주의는 법적 안정성을 보장하기 위해서 필요하다. 예를 들면

법률이 금지되는 행위, 그리고 그 위반시의 효과를 미리 규정하여 둠으로써 국민이 그 금지되는 행위 외의 행위를 하더라도 불이익이나 제재를 받지 않아 안정적인 생활을 영위할 수 있기 때문이다.

제 2 항   법치주의의 내용

Ⅰ. 법치주의의 중추요소

법치주의의 요소적 내용에는 아래에서 보듯이 여러 가지가 있을 것이나 그 요소들을 이끌어내는 기본적인 중추요소로 아래 두 핵심적 구성요소를 들 수 있다.

ⅰ) 헌법과 법률에 따라 국가권력이 행사되어야 한다는 제1요소   법치주의의 핵심이자 본령은 국가작용이 법률에 합치되게 이루어져야 한다는 데에 있다.

ⅱ) 사법적 통제(司法的 統制)라는 제2요소   위헌·위법적 국가작용에 대한 헌법재판소, 법원의 재판이라는 사법적 통제를 통하여 제재를 받는 것이 전제가 되어야 그것을 막을 수 있을 것이므로 법치주의의 실효성이 보장될 것이기에(그 점에서 제2요소는 제1요소를 담보하기 위한 수단적 요소이다) 사법적 통제가 법치주의의 또 다른 중추요소를 이룬다.

Ⅱ. 법치주의의 요소

1. 입헌주의

법치주의에서 말하는 법률은 헌법에 합치되어야 한다는 점에서부터 입헌주의가 법치주의의 토대이자 그 요소가 된다.

2. 기본권제한의 법률유보 − 기본권보장

헌법은 "국민의 모든 자유와 권리는 국가안전보장·질서유지 또는 공공복리를 위하여 필요한 경우에 한하여 법률로써 제한할 수 있으며, 제한하는 경우에도 자유와 권리의 본질적인 내용을 침해할 수 없다"라고 규정하여(제37조 제2항) 기본권제한을 하기 위해서는 반드시 법률에 근거를 두어야 한다는 원칙을 명시하고 있다. 이 원칙을 '법률유보의 원칙'이라고 한다. 법률에 근거를 두어야 한다는 것이므로 법률유보의 원칙은 법치주의의 요소임은 물론이다. 법률유보원칙의 자세한 것은 기본권의 제한 법리에서 살펴본다(후술 제 3 부 기본권론 제 1 편 제5장 제2항 참조).

3. 권력분립

입법권, 행정권, 사법권(司法權)이 각기 권력을 분담하여 행사하게 하는 권력분립도 법치주의를 실현하기 위한 헌법원칙이다. 이는 입법을 행정에 맡기게 되면 행정이 독단적으로 수시로 법을 만들고 변경하여 자의적이 될 수 있고 이로써 법치주의의 파괴를 가져오기 때문이다. 사법부도 입법권, 행정권으로부터 분립하여 독립성이 보장된 객관적이고 공정한 사법통제(재판)를 수행함으로써 법치주의를 구현하게 된다.

4. 입법권, 행정권, 사법권 3권에서의 법치주의

(1) 입법부에서의 법치주의 – 의회민주주의의 확립

법률이 합헌적 내용을 가지는 것이 법치주의의 전제이다. 따라서 법률의 내용이 국민의 의사를 제대로 반영하여야 한다. 국민의 의사에 반하거나 동떨어진 일부의 이익만을 위하거나 당리당략적인 법률이 제정되지 않아야 한다. 이를 위하여 입법과정이 충실하고 투명하여야 하며 의회민주주의가 제대로 작동하여야 하고 정당이 민주화되어야 한다. 입법과정의 충실성, 투명성을 위하여 국회법에 입법예고제, 법안실명제, 축조심사제, 공청회제도 등 여러 제도들이 규정되어 있다(후술 제4부 국가권력규범론 참조).

(2) 행정영역의 법치주의 = 법치행정의 원칙
1) 법치행정원칙이 강조되는 이유, 재량통제의 필요

행정영역에서의 법치주의를 법치행정원칙이라고 한다. 법치행정원칙이 법치주의의 구현의 가장 큰 비중을 가진다. 그 이유는 법치주의란 법률에 의한 집행이고 법집행을 담당하는 제 1차적 영역이 행정영역이기 때문이다. 그리고 행정이 법집행작용이기에 국민의 일상생활에 입법, 사법보다 가장 먼저 영향을 미칠 수밖에 없기 때문이다. 사실 행정은 행정목적의 적절한 실현을 위해 필요한 유연성, 적응성을 부여하고자 행정에 대한 재량이 인정되기도 한다. 그러나 재량이 자의로 흐르지 않고 법적 예측이 가능하게 법률에 그 근거를 두고 재량통제가 이루어져야 한다.

2) 법치행정의 내용

과거 O. Mayer는 법치행정원리의 요소로, ① 법률우위(행정보다 법률이 우위에 있고 행정은 법률에 반하여서는 아니 된다), ② 법률유보(행정은 법률에 근거를 두어야 한다), ③ 법률의 '법규'창조력(* 선행적으로 이해할 점: '법규'란 국민의 권리나 의무에 영향을 미치는, 따라서 국민을 구속하는 내용을 가진 법규범을 말한다. 이처럼 법규는 국민에게 영향을 미치기에 국민의 의사인 법률에 따라 형성되어야 하고 따라서 법규를 창조할 수 있는 힘은 법률만이 가진다)을 들었다. 우리 행정법이론에서도 대체로 이러한 3요소에 따라 법치행정의 내용을 설명하고 있다.

(3) 사법적 영역 – 사법의 독립

사법적(司法的) 보장은 위에서도 언급하였듯이 법치주의의 성패를 가름하는 중추 요소이다. 법률을 위반한 국가작용에 대한 재판이 존재함으로써 법률위반시에 이에 대한 제재가 있고 이로써 법치주의를 준수하도록 강제할 수 있을 것이기 때문이다. 사법적 보장제도가 실효성있게 이루어지기 위해서는 공정한 재판이 담보되어야 하고 공정한 재판을 위해서는 재판기관의 독립과 법관의 신분상·재판업무상 독립이 보장되어야 한다(사법의 독립에 대한 자세한 것은, 후술 제4부 법원 부분 참조).

5. 사법적(司法的) 보장

(1) 위헌법률심판 등 헌법재판

오늘날의 법치주의는 법률의 내용 자체가 헌법에 부합하는 것을 전제로 한다. 따라서 헌법에 위배되는 법률이 존재한다면 법치주의의 준수를 애초에 기대하기 어렵다. 이에 법원이 위헌인 법률인지 여부를 심판해 줄 것을 헌법재판소에 제청할 수 있고 헌법재판소가 그 심판을 담당한다(제107조 제1항). 이러한 위헌법률심판이 법치주의의 보루로서 자리잡고 있다.

(2) 행정소송 등

헌법 내지 법률을 위반하여 행사되는 공권력작용을 취소하거나 무효임을 확인하는 행정소송제도가 법치주의의 실효성보장을 위한 중요 요소이다. 법률에 위반되는 행정작용에 대해서는 행정재판을 통하여 제재·시정이 이루어져야 하고 그리하여 행정이 법치행정원리를 준수하도록 통제할 수 있기 때문이다. 법률 하위의 명령, 규칙도 헌법에 위반되어서는 아니 되는 것은 물론이고 명령, 규칙은 법률에도 위반되어서는 안 된다. 이를 위해 법원이 위헌·위법명령규칙심사권을 가진다(제107조 제2항).

6. 법치주의 요소로서의 중요 헌법원칙

위에서 본 법률유보원칙, 권력분립원칙, 법치행정원칙 등도 법치주의의 내용으로서의 중요한 헌법원칙들이다. 그 외에 아래에 중요한 헌법원칙들을 본다.

(1) 비례원칙(과잉금지원칙)

비례원칙(과잉금지원칙)이란 국가작용은 그 목적을 수행하기 위하여 필요한 정도에 그쳐야 하고 그 이상의 국가작용은 금지되어야 한다는 원칙으로 공권력의 행사, 특히 기본권의 제한을 가져오는 공권력작용의 한계를 이루는 중요한 원칙이다. 우리 헌법재판소는 목적정당성, 방법 적정성, 피해최소성, 법익균형성의 4가지를 그 요소로 하고 있다(후술 제3부 기본권론 부분 참조).

(2) 적법절차원칙

행정작용 등 국가작용이 이루어지기 전에 일정한 정당한 절차를 거칠 것을 요하는 원칙을 적법절차원칙이라고 한다. 소정의 정당한 절차를 거치도록 함으로써 행정의 자의를 방지하고 공정하고도 객관적인 행정을 통한 법률의 집행, 기본권의 보장이 이루어지도록 하는 적법절차 는 법치주의를 구현하는 데 중요한 원칙이다(적법절차원칙에 대해서는, 후술 제3부 기본권론, 자유권 적 기본권 부분 참조).

(3) 법적 안정성, 예측가능성 보장을 위한 원칙

1) 신뢰보호원칙

기존에 형성된 법률관계가 계속 유지될 것이라고 믿어 온 것을 보호하여야 한다는 원칙이 신뢰보호원칙이다. 따라서 신뢰보호원칙은 법적 안정성을 위한 것으로서 법치주의로부터 나오 는 것이다. 우리 헌재도 신뢰보호의 원칙도 법치주의의 본질적 구성요소로서 수호되어야 할 헌 법적 가치이고(헌재 1993.5.13. 92헌가10) 법치국가의 원칙으로부터 신뢰보호의 원리가 도출(파 생)된다고 본다(헌재 1995.6.29. 94헌바39)(신뢰보호원칙에 대해서는, 후술 제3부 기본권론 참조).

2) 소급효금지원칙

기존의 법률관계 속에 살아가고 있던 국민이 그동안 가지고 있던 권리 등을 새로 만든 법률 이 소급하여(이전으로 거슬러 올라가) 박탈하거나 제한한다면 법적 안정성, 법치주의는 곧 부정 될 것이다. 따라서 소급효가 금지된다. 우리 헌법 제13조도 같은 입장을 명시하고 있다(소급효 금지원칙에 대해서도, 후술 제3부 기본권론 참조).

(4) 자의금지원칙과 평등원칙

행정작용에 있어서 자의가 금지되어야 한다. 자의적인 행정작용은 평등원칙에 반한다. 예를 들어 동일한 잘못으로 행정처분을 받아야 할 두 대상자 A와 B가 있는데 행정청이 자의적으로 A에게는 영업의 정지처분을 하면서 B에게는 아예 허가의 취소까지 한다면 자의금지원칙, 평등 원칙을 위배하는 것이다.

7. 입법부작위(법적 공백)에 대한 적극적 보완

공권력행사의 자의를 막고 통제가 가능하게 하기 위해서, 그리고 특히 국민의 기본권을 보장하기 위해서는 필요한 입법이 없는 공백으로 있지 않도록 하여야 하므로 법치주의는 입법부작위에 대한 보완도 요구한다. 입법을 해야 할 사항에 대해 법이 없는 상태를 입법부작위라고 한다(법에서 필요한 작용이 없는 것을 부작위라고 한다). 입법부는 적극적인 입법보완을 해야 할 의무를 진다(이에 대해서는 뒤의 헌법재판 부분 참조). 입법부작위가 위헌이라고 확인되면 입법자는 입법으로 나아가야 한다.

8. 실질적·사회적 법치주의의 요소

앞서 법치주의의 개념과 그 변천에서 사회적 법치주의를 강조한 대로 이를 간과할 수 없고 실질적·사회적 법치주의의 요소도 법치주의의 요소를 이룬다. 사회복지주의, 생존권적(사회적) 기본권(인간다운 생활을 할 권리 등)의 보장 등이 실질적인 사회적 법치주의의 내용을 이룬다.

9. 헌법재판소 판례에 나타난 원리

앞서 본 여러 요소들 중에도 우리 헌법재판소가 법치주의 요소로 보고 그것에 대해 판시한 것들이 있다. 그 외에 우리 헌법재판소의 판례에 나타난 법치주의의 파생원리들로 아래와 같은 것들이 있다.

(1) 규범체계의 정당성 원리
1) 개념과 헌법적 근거

우리 헌재는 '체계정당성'(Systemgerechtigkeit)의 원리가 법치주의에서 도출된다고 보는데, "체계정당성의 원리라는 것은 동일 규범 내에서 또는 상이한 규범 간에(수평적 관계이건 수직적 관계이건) 그 규범의 구조나 내용 또는 규범의 근거가 되는 원칙 면에서 상호 배치되거나 모순되어서는 안 된다는 하나의 헌법적 요청(Verfassungspostulat)이다"라고 하고, "즉 이는 규범 상호간의 구조와 내용 등이 모순됨이 없이 체계와 균형을 유지하도록 입법자를 기속하는 헌법적 원리라고 볼 수 있다"라고 한다. 헌재는 "법치주의에서 도출하는 이유를 규범 상호간의 체계정당성을 요구하는 이유는 입법자의 자의를 금지하여 규범의 명확성, 예측가능성 및 규범에 대한 신뢰와 법적 안정성을 확보하기 위한 것이고 이는 국가공권력에 대한 통제와 이를 통한 국민의 자유와 권리의 보장을 이념으로 하는 법치주의원리로부터 도출되는 것이라고 할 수 있다"라고 밝히고 있다(헌재 2004.11.25. 2002헌바66).

2) 체계정당성 위반 여부 심사의 의미 - 비례원칙 심사, 자의금지 심사 등으로 가늠

그러나 헌법재판소는 "체계정당성 위반(Systemwidrigkeit) 자체가 바로 위헌이 되는 것은 아니고 이는 비례의 원칙이나 평등원칙위반 내지 입법의 자의금지위반 등의 위헌성을 시사하는 하나의 징후일 뿐이므로 체계정당성위반은 비례의 원칙이나 평등원칙위반 내지 입법자의 자의금지위반 등 일정한 위헌성을 시사하기는 하지만 아직 위헌은 아니고, 그것이 위헌이 되기 위해서는 결과적으로 비례의 원칙이나 평등의 원칙 등 일정한 헌법의 규정이나 원칙을 위반하여야 한다"라고 본다. 또한 헌재는 체계정당성위반을 허용할 공익적인 사유가 존재한다면 그 위반은 정당화될 수 있다고 보고 "체계정당성의 위반을 정당화할 합리적인 사유의 존재에 대하여는 입법의 재량이 인정되어야" 하며 "입법의 재량이 현저히 한계를 일탈한 것이 아닌 한 위헌의 문제는 생기지 않는다"라고 본다(헌재 2004.11.25. 2002헌바66). 물론 입법재량이 좁은 경우 비례원칙 등에 위반되면 체계정당성에 반할 것이다. 헌재는 위 판시를 되풀이하면서, 즉 "청구인은 체계정당성에 위배된다고 주장하나, 체계정당성 위반은 그 자체 헌법위반으로 귀결되는 것이 아니라 비례원칙이나 평등원칙 위반을 시사하는 징후에 불과하다. 청구인의 주장은 심판대상조항이 과잉금지원칙에 위배된다는 주장과 실질적으로 동일하므로, 과잉금지원칙 위반 여부를 판단하는 이상 체계정당성원칙 위반은 별도로 살피지 않는다"라고 한다(헌재 2018.1.25. 2016헌바315). 결국 헌재는 체계정당성심사는 과잉금지원칙심사(비례심사-엄격심사), 자의금지심사(완화심사) 등 기본권제한의 원칙 위배 여부 심사로 이루어진다는 입장인 것으로 이해된다(헌재는 비례심사를 하는 경우 엄격심사, 그렇지 않고 자의금지(합리성)심사에 그치면 완화심사라고 보는데 이러한 기본권제한심사에 대해서는 뒤의 기본권제한 부분 참조).

[판례] 체계정당성 위배 여부 주장에 대하여 위 법리를 적용하여 한 판시가 있었던 결정례들: 헌재 2004.11.25. 2002헌바66; 2005.6.30. 2004헌바40; 2008.11. 13. 2006헌바112; 2018.2.22. 2015헌마552(이해를 위한 한 보기로 이 사안을 소개하면, 청구인은 구법에 의하여 한정면허를 받아 엄격한 요건과 제한된 업무범위에서 해상여객운송사업을 하면 지역농협이 개정된 해운법 부칙 제3조에 의하여 일반면허를 받은 것으로 의제될 경우 농업협동조합법 제5조 제3항에 의한 조합의 영리업무 금지의무와 모순·충돌되므로, 심판대상조항은 입법의 체계적합성 원리에 위반된다는 취지의 주장을 하였는데 헌재는 이를 배척하였다. [판시] 비례의 원칙이나 평등원칙 등 헌법의 규정이나 원칙을 위반하지 않는 것은 앞서 본 바와 같으므로, 청구인의 위 주장도 받아들이지 않는다).

3) 행정입법의 위임관계에서의 체계정당성의 원리

법률이 어떤 사항을 직접 정하지 않고 대통령령(위임명령) 등 행정입법에 위임하여 그것을 정하도록 할 수 있다. 이 경우 헌법 제75조에 따라 포괄위임이 금지된다. 그런데 포괄위임이 아니라 적정한 구체적 위임을 해준 법률이 그 위임에서 정한 범위를 벗어나거나 그 정한 내용과 달리 규정한 위임명령(행정입법)이 있으면 그 모법(률)과 행정입법 간에 모순으로 체계정당성원리에 반하는 결과가 온다는 주장이 있을 수 있다. 헌재는 모법의 위헌성과 수임 행정입법의 위법은 별개의 것이라고 하여 행정입법의 흠이 모법률의 위헌을 가져오는 것은 아니라고 하여(* 이는 헌재의 확립된 판례인데 이에 대해서는 후술 국가권력규범론, 대통령의 권한, 행정입법 부분 참조 – 저자 주) 모법률이 합헌인 이상 그 주장을 받아들일 수 없다는 입장이다. 아래가 그 예이다.

> ● **판례**   헌재 2018.12.27. 2017헌바43
> [판시] 청구인들은, 하위 법령이 규정한 자산에 해당하면 모법이 규정한 비업무용 자산의 개념에 포함되는지 여부와 상관없이 곧바로 비업무용 자산으로 취급되는 결과에 이르게 되는바, 이는 모법과 하위 법령 사이에 모순이 발생하는 것으로서 헌법상 체계정당성원리에 위반된다는 취지로 주장한다. 그런데 앞서 본 바와 같이, 포괄위임금지원칙에 위반되지 않는 이상, 설령 하위 법령에서 비업무용 자산의 해당기준을 개별적·구체적으로 규정하면서 이 사건 법률조항들이 규정한 비업무용 자산에 해당한다고 볼 수 없는 자산까지 규율하고 있다고 가정하더라도, 이는 그 하위 법령이 위임입법의 한계를 일탈한 흠으로 될 수는 있을지언정 그로 인해 이 사건 법률조항들이 위헌으로 되는 것은 아니다. 따라서 체계정당성원리에 위반되어 위헌이라는 청구인들의 주장은 이유 없다.

(2) 명확성원칙

헌재는 "법률 명확성의 원칙은 법치주의와 신뢰보호의 원칙에서 비롯되는 것"이라고 하여 명확성원칙의 근거를 법치주의에서 찾고 있다(2003헌바12).

(3) 자기책임의 원리

헌재는 자기책임의 원리는 법치주의에 당연히 내재하는 원리로 본다.[10] 헌재는 이러한 자기책임원리에 반한다고 하여 양벌규정들에 대해 위헌성을 인정한 결정례들을 많이 내린 바 있다.[11]

(4) 죄질과 책임 간의 적절한 비례관계

헌법재판소는 실질적 법치국가의 이념은 죄질과 그에 따른 행위자의 책임 사이의 적절한 비례관계가 지켜질 것을 요구한다고 본다.[12]

---

10) 헌재 2004.6.24. 2002헌가27 [관련설시] 자기책임의 원리는 인간의 자유와 유책성, 그리고 인간의 존엄성을 진지하게 반영한 원리로서 그것이 비단 민사법이나 형사법에 국한된 원리라기보다는 근대법의 기본이념으로서 법치주의에 당연히 내재하는 원리로 볼 것이고 … . 헌재 2010.12.28. 2010헌가94 [관련설시] 헌재는 "책임없는 자에게 형벌을 부과할 수 없다'는 형벌에 관한 자기책임의 원리는 형사법의 기본원리로서, 헌법상 법치국가의 원리에 내재하는 원리인 동시에, 헌법 제10조의 취지로부터 도출되는 원리이다"라고 한다.
11) 예를 들어, 헌재 2009.7.30. 2008헌가10; 2009.7.30. 2008헌가14; 2009.7.30. 2008헌가16; 2009.10.29. 2009헌가6; 2010.9.2. 2009헌가11; 2010.9.30. 2009헌가23; 2010.10.28. 2010헌가23; 2010.12.28. 2010헌가73; 2010.12.28. 2010헌가94 등 많다.
12) 헌재 1992.4.8. 90헌바24; 2003.11.27. 2002헌바24([관련설시] 우리 헌법은 국가권력의 남용으로부터 국민의 기본권을 보호하려는 법치국가의 실현을 기본이념으로 하고 있고, 법치국가의 개념은 범죄에 대한 법정형을 정함에 있어 죄질과 그에 따른 행위자의 책임 사이에 적절한 비례관계가 지켜질 것을 요구하는 실질적 법치국가의 이념을 포함하고 있다); 2004.12.16. 2003헌가12; 2007.11.29. 2006헌가13; 2008.12.26. 2007헌가10 등.

Ⅲ. 법치주의의 예외

법치주의의 예외란 법률에 의하지 않고 국가작용이 이루어지는 경우를 말한다. 헌법은 이러한 경우를 인정하고 있다.

1. 국제조약

법률에 의하지 않은 국제조약에 의한 규율도 이루어지고 있다. 국회의 동의를 거친 조약은 실질적으로 국내법률과 같은 효력을 가진다(후술 국제질서 참조).

2. 행정입법에의 위임 – 포괄위임금지

오늘날 급부행정 등으로 국가작용이 확대되고 그 전문성도 늘어나 국회가 일일이 모든 사항을 입법할 수 없어 행정입법에 위임할 필요가 있다. 우리 헌법 제75조, 제95조도 법률이 대통령령, 총리령, 부령에 위임할 수 있음을 인정하면서, 다만 "구체적으로 범위를 정하여 위임"하도록 하여 포괄위임이 금지되는 한계를 두고 있다.

3. 특수신분관계 문제

과거 군인, 공무원 등과 국가의 관계를 이른바 '특별권력관계'라고 부르면서 그들의 기본권을 법률에 근거하지 않더라도 제한할 수 있다고 보아 그들의 신분관계에는 법치주의가 적용되지 않는다고 보았다. 그러나 오늘날 특별권력관계이론은 받아들일 수 없고 이들의 대국가관계를 특수신분관계라고 부르면서 일반 국민과 마찬가지로 기본권제한을 헌법과 법률에 의해서 할 수 있기 때문에 법치주의가 그대로 적용되고 법치주의의 예외가 아니다(후술 제 3 부 기본권론 참조).

4. 국가위기와 법치주의

국가의 비상시에 위기를 극복하기에는 법치주의에 따른 평상적인 국가의 대응조치가 어려울 수 있어 국가긴급권이 행사될 수 있고 그리하여 법치주의와 국가긴급권행사와의 갈등이 발생할 수 있다. 그러나 현대 헌법들은 위기에 대처하기 위한 긴급권을 미리 규정하여 두고 있기도 하다. 우리 헌법도 긴급명령, 긴급재정경제명령·처분, 계엄 등의 국가긴급제도를 두고 있다

(제76조, 제77조). 국가긴급권의 발동요건을 준수하여야 하고 남용되어서는 아니 된다.

IV. 법치주의의 현대적 양상과 문제점 및 성공조건

1. 현대적 상황과 문제점

현대에서 법치주의는 다음과 같은 문제양상을 보여주고 있다. ⅰ) 과연 국민의 일반의지, 진정한 국민의사가 제대로 반영된 산물이라고 볼 것인지 하는 문제가 있다. ⅱ) 위임입법이 오늘날 증대되고 있다. 전문성 때문이다. ⅲ) 대표행위의 부족성, 의원자질의 문제가 있다. ⅳ) 국민전체 의사보다는 정당에 유리하고 정략적인 입법, 즉 당리당략적 입법이 나오고 있다. ⅴ) 국내법 외부의 국제법적 초국가적 법규범이 국내법을 구속하기도 한다.

2. 치유책 및 성공조건

(1) 치유책 모색

ⅰ)의 문제점에 대해서는 국민의 의견을 폭넓게 수렴하고 검토하여 국민의 의사에 부합하는 법률안을 마련하는 것이다. ⅱ)의 문제는 위임의 한계원칙인 구체적 위임원칙의 적용과 행정입법에 대한 사후의 통제로 대응하여야 할 것이다. ⅲ)과 ⅳ)의 문제에 대한 대응과 치료제도로는 선거제도의 개선, 의원의 전문성 제고, 정당민주주의의 확립 등과 종국적으로는 잘못된 법률에 대한 재판절차제도인 바로 헌법재판제도가 있다.

(2) 성공조건, 예방적 법치주의

몇 가지를 보면 ⅰ) 공무원의 준법의식과 법적 지식의 교육, 법집행에 대한 감독 등이 중요하다. ⅱ) 국민들의 준법의식이 법치주의의 성공을 가져오는 초석이다. ⅲ) 법교육이 필요하다. 공직자들은 물론이고 일반 국민들에 대하여 법에 대한 교육을 강화함으로써 법에 대한 인식을 높이고 준법의식을 고양하는 것은 법치주의 구현의 기초적인 토양을 형성하는 것이다. ⅳ) 의회민주주의의 확립이 충실한 법률을 만드는 전제조건으로 법치주의를 제대로 실현하게 한다. 준수할 수 있는 법을 제정하여야 한다. 실효성이 없는 전시효과적인 법률을 제정하여 두고 이를 준수하라고 할 수는 없다. ⅴ) 사법제도의 확충과 사법부의 독립을 강화함으로써 사법적 통제를 확대하는 것도 필요하다.

법률위반을 미리 막는 것이 더욱 효과적임은 물론이다. 위의 성공조건에서 언급한 바도 예방적인 측면이 많다. 입법부가 입법을 하여야 하므로 입법에 있어서 헌법에 합치되는지, 위헌의 소지가 없는지를 미리 살펴보아야 하고 행정부도 위헌성이 보이는 법률에 대해서는 그 개정을 위한 노력을 기울어야 한다. 이를 통하여 사후적 법치주의 보다는 사전적·예방적 노력을 통하여 법치주의를 실현하는 것이 더 효율적이다.

제 3 절 정치질서

제 1 항 정당제도

Ⅰ. 서설

1. 정당제도의 발달

(1) 정당의 발달원인

대표제(간접민주제)로 국가의사가 결정되고 국가작용이 이루어지기에 국민의 의사를 수렴하여 전달할 매개가 필요하다. 그리고 현실적으로 많은 대다수의 국민이 일상생활에 매여 있고, 국가영역이 넓기에 국민의사의 형성·표출·수렴이 조직적으로 이루어지기 어렵다. 이 때문에 정당이 발달하게 되었다. 즉 국민들의 의사를 수렴하고 전달하기 위하여 정당이 필요하다.

(2) 정당에 대한 헌법의 태도의 변천

정당은 그 탄생시부터 헌법에 명시된 것이 아니라 점차적으로 헌법에 정당제도를 명시하는 국가들이 나타났다. H. Triepel은 1927년의 그의 저서 「헌법과 정당」에서 국가와 정당과의 관계의 변천과정을 4단계의 시대로 구분하여, ① 정당을 불법시, 적대시하던 시대에서, ② 국가가 정당을 불법시 하지는 않으나 이를 무시하던 시대로 변화되었고, 다음에 ③ 국가가 정당을 법률상 허용하던 시대로, 그 뒤 ④ 정당에 관한 규정을 헌법에 둠으로써 정당을 헌법의 기본질서 속에 편입한 시대로 변화되어 왔다고 설명하고 있다.

(3) 우리 헌법의 정당 규정의 변천

① 제1공화국헌법 – 정당에 관한 아무런 규정을 두지 않아 묵시적 태도를 보였다. ② 제2공화국 – 우리 헌법사에서 정당조항이 처음 헌법에 등장하기 시작한 것은 제2공화국 헌법부터이다. 제2공화국에서는 정당국가화의 경향이 강하지 않았다. 오히려 대통령은 정당에 가입할 수 없도록 금지하고 있었다. 정당의 강제해산제도가 처음으로 도입되기도 하였다. 정당해산심판기관은 헌법재판소였다. ③ 제3공화국 – 정당국가화(政黨國家化)의 경향이 강하였다. 국회의원 후보가 되려 하는 자는 소속정당의 추천을 받아야 하였고, 국회의원은 임기 중 당적을 이탈

하거나 변경한 때 또는 소속정당이 해산된 때에는 그 자격이 상실되도록 하였다. 즉 국회의원의 신분획득과 그 유지에 정당소속을 요구함으로써 정당기속성, 정당국가의 경향을 강화시키고 있었다. 정당해산심판기관은 대법원으로 변경되었다. ④ 제4공화국 - 무소속 국회의원을 인정함으로써 제3공화국에 비해 정당국가화의 경향을 완화하였다. 정당해산심판기관은 헌법위원회로 변경되었다. ⑤ 제5공화국 - 정당운영자금에 대한 국가보조를 할 수 있도록 하는 규정이 추가되었다. ⑥ 제6공화국 - 정당의 조직, 활동뿐 아니라 목적이 민주적이어야 함을 규정하였고 정당해산심판기관은 헌법재판소로 변경되었다.

2. 현대의 정당 - 정당국가화의 경향, 정당의 환경

ⅰ) **정당국가화의 원인**   20세기에 와서 대중민주정치의 시대가 도래하면서 정당의 역할이 중요하게 된 데 있었다. 정당국가화의 보다 근본적인 원인은 대중민주정치를 가져온 보통선거제에 있다. 보통선거의 실시로 국민 대중이 정치에 참여할 기회를 가지게 되었기 때문이다. 그런데 생계를 위한 직업활동 등으로 정치적 활동을 할 수 없는 국민으로서는 직접 정치적 정보를 획득할 수 없고 그들의 의사를 직접 정치에 반영할 수 없어서 그들의 의사가 일정한 정치적 조직이나 제도를 통하여 전달되고 집약될 수밖에 없다. 바로 이 때문에 이러한 역할을 담당하는 정당이 더욱 필요하게 되었고 발달하게 되었다. 그리하여 오늘날 심지어 정당국가화의 경향을 보여주고 있다고 지적된다.

ⅱ) **행태적 의미(「의원선거결과=정책선택투표」)**   정당국가화 경향은 다음과 같은 상황 내지 행태를 야기하고 있다. 먼저 국민들이 선거에 참여하는 것은 정책에 대한 국민의 선택을 의미한다(예를 들어 A정책을 지지하는 甲정당이 아니라 B정책을 지지하는 乙정당이 총선에서 승리하면 B정책을 국민이 지지한 것으로 볼 수 있다는 것). 이는 서로 다른 정책들을 표방하는 정당들을 두고 국민이 선거에서 투표한다는 것은 선거결과가 각 정책에 대한 선택과 지지의 정도를 보여주는 것이기도 하기 때문이다(정당국가적 경향을 강조한 Leibholz 교수는 정당국가적 민주주의는 국민표결적 직접민주주정치의 대용품을 의미한다고 지적한 바 있다). 중요한 국가정책이 헌법기관들과 아울러 정당에 의해 결정된다.

ⅲ) **정당국가화의 폐해**   국민의 의사와 유리된 당리당략적 결정이 이루어질수 있다는 점, 정당민주화가 약한 경우 정당의 수뇌부에 의해 의사결정이 되고 의원들은 정당의 당론에 기속된다는 점 등이다. 이 폐해를 극복하기 위해서는 당내민주화가 강화되어야 하고 의원들이 소속당의 당론과 배치되더라도 자신의 소신이 국민전체의 이익에 부합한다면 반대표를 던질 수 있는 소신표결(cross voting, 자율투표)제도가 인정되어야 한다.

ⅳ) **정당의 환경(SNS 등의 발달)**   오늘날 정치적 의사의 결집에 SNS 등의 활용으로 정당의 역할에 대한 새로운 활로가 모색되어야 할 상황에 있다.

3. 복수정당제도

(1) 기초 – 다원주의

복수정당제도(複數政黨制度)가 필요한 것은 여러 계층의 다양한 국민의 의사를 반영할 수 있어야 하고 이를 위해서는 단일 정당만이 인정되어서는 아니 되기 때문이다. 이는 결국 민주주의에서 요구하는 다원주의(多元主義)가 복수정당제의 기초가 되고 있음을 의미한다.

(2) 성격 – 제도적 보장론, 그 문제점

학설과 판례는 복수정당제의 성격을 제도적 보장이라고 보는 것이 일반적이다(헌재 1999.12.23. 99헌마135). 그러나 정당의 복수성을 보장한다는 것을 하나의 제도적 보장의 정도로 파악하는 것에는 문제가 있다. 전통적 이론에 따르면 제도적 보장이란 법률로써는 폐지하지 못하는 제도의 보장을 말한다(제도적 보장에 대해서는, 후술 제3부 기본권론 참조). 그런데 복수정당제는 다원적 민주주의를 위해서 필수적인 것이므로 법률에 의한 폐지뿐 아니라 헌법개정으로도 없앨 수 없는 헌법개정의 한계를 이룬다고 볼 것이다. 우리 학설도 일치하여 헌법개정의 한계로 본다. 결국 복수정당제의 원칙의 성격은 그 복수성이 헌법개정의 한계(개정금지)를 이루는 헌법의 기본원칙이라는 데에 있다.

II. 정당의 개념과 기능

1. 개념

ⅰ) **개념적 징표요소**   정당이란 국민의 정치적 여론과 의사를 형성하는 데에 참여하고 이러한 여론·의사를 반영, 표현하며 국민의 권익을 위하여 책임성있는 주장을 펼치거나 정책을 추진하고 공직선거에 후보를 추천하여 국민의 지지를 얻음으로써 권력을 쟁취하기 위해 노력하는 자생적인 정치적 집단을 말한다. 국민의 의사형성에 참여함과 정권획득의 목적을 가짐이 정당의 고유한 임무이자 속성이다. 정당의 개념이 내포하는 요소는 다음과 같다. 즉 ① 자발적 조직성, ② 헌법과 민주적 기본질서를 긍정하는 집단, ③ 국민의 권리의 대변과 보장, ④ 정치적 의사형성·수렴·전달에서의 주도적 역할과 직접적 영향력, ⑤ 정강(政綱, 정치적 강령)과 정책의 소유, ⑥ 선거의 참여, ⑦ 지속성이 그것이다.

ⅱ) **정당법 규정과 헌재판례**   현행 정당법 제2조는 "이 법에서 정당이라 함은 국민의 이익을 위하여 책임있는 정치적 주장이나 정책을 추진하고 공직선거의 후보자를 추천 또는 지지함으로써 국민의 정치적 의사형성에 참여함을 목적으로 하는 국민의 자발적 조직을 말한다"라고

정의하고 있다.

헌재는 "우리 헌법 및 정당법상 정당의 개념적 징표로서는 ① 국가와 자유민주주의 또는 헌법질서를 긍정할 것, ② 공익의 실현에 노력할 것, ③ 선거에 참여할 것, ④ 정강이나 정책을 가질 것, ⑤ 국민의 정치적 의사형성에 참여할 것, ⑥ 계속적이고 공고한 조직을 구비할 것, ⑦ 구성원들이 당원이 될 수 있는 자격을 구비할 것 등을 들 수 있다"라고 한뒤 "정당은 정당법 제2조에 의한 정당의 개념표지 외에 예컨대 독일의 정당법(제2조)이 규정하고 있는 바와 같이 "상당한 기간 또는 계속해서" "상당한 지역에서" 국민의 정치적 의사형성에 참여해야 한다는 개념표지가 요청된다"라고 한다.[13]

iii) **공간적 요소의 문제**   상당히 넓은 전국적 범위에서 활동하여야 진정한 정당인지 아니면 어느 특정 지역에서만 활동하는 정당(이른바 지역정당)이더라도 진정한 정당이라고 볼 수 있는지 하는 문제가 있다. 바로 이는 공간적(지역적) 요소도 정당의 개념적 지표요소로 보아야 할 것인가 하는 문제이다. 우리 헌재는 위에서 이미 소개한 대로 "상당한 지역에서" 국민의 정치적 의사형성에 참여해야 한다는 개념표지가 요청된다고 본다. 이 요소는 사실 정당설립의 자유를 제약하는 것이다. 이 요소는 "정당은 5 이상의 시·도당을 가져야 한다"라는 현행 정당법 제17조, "시·도당은 1천인 이상의 당원을 가져야 한다"라는 동법 제18조 제1항의 근거를 이루는 것이기도 하다. 아닌 게 아니라 위 정당법 위 규정들과 동일한 문구의 구 정당법 제25조, 제27조가 정당설립의 자유를 침해하여 위헌이라는 주장의 헌법소원사건이 있었다. 헌재는 이 요소가 정당설립의 자유에 어느 정도 제한을 가하는 점이 있는 것은 사실이나, 지역적 연고에 지나치게 의존하는 정당정치풍토가 우리의 정치현실에서 자주 문제시되고 있다는 점에서 볼 때, 단지 특정지역의 정치적 의사만을 반영하려는 지역정당을 배제하려는 입법목적은 정당한 것이고 5개의 시·도당, 각 시·도당 내에 1,000명 이상의 당원을 요구하는 정도는 입법자의 자의적 판단이라고 볼 수 없고 우리 나라 전체 및 각 시·도의 인구를 고려해 볼 때, 군소정당 또는 신생정당이라 하더라도 과도한 부담이라고 할 수 없다고 보았다. 그리하여 합리적인 제한이라고 할 것이므로, 그러한 제한은 헌법적으로 정당화된다고 보아 비례원칙을 준수한 합헌적 규정이라고 판시하였다.

● **판례** 헌재 2006.3.30. 2004헌마246
[결정요지] 이 법률조항이 비록 정당으로 등록되기에 필요한 요건으로서 5개 이상의 시·도당 및 각 시·도당마다 1,000명 이상의 당원을 갖출 것을 요구하고 있기 때문에 국민의 정당설립의 자유에 어느 정도 제한을 가하는 점이 있는 것은 사실이나, 이러한 제한은 "상당한 기간 또는 계속해서", "상당한 지역에서" 국민의 정치적 의사형성 과정에 참여해야 한다는 헌법상 정당의 개념표지를 구현하기 위한 합리적 제한이라 할 것이므로, 그러한 제한은 헌법적으로 정당화된다.

---

13) 헌재 2006.3.30. 2004헌마246.

2. 기능

정당은 다음과 같은 기능을 수행한다. ① 국민의사의 형성·수렴기능 – 정당은 국민의 의사를 형성하게 하고 다양한 의사를 수렴하는 기능을 수행하여야 한다. ② 매개기능 – 정당은 국민의 의사를 국가권력의 행사자에게 전달하여 정치에 이를 반영하도록 하는 국민과 정치권력 간을 매개(중개)하는 기능을 한다(헌재 1991.3.11. 91헌마21). ③ 정치적 주장과 정책의 추진기능 – 정당은 국민의 권리와 이익을 위한 책임있는 정치적 주장과 정책을 추진하는 기능을 수행한다(정당법 제2조). ④ 선거활동기능 – 선거에서의 후보 추천과 그 당선을 위한 선거운동을 정당이 주체적으로 수행하고 집권을 위한 노력을 한다.

Ⅲ. 정당의 법적 성격과 법적 지위

1. 법적 성격

(1) 법적 성격에 관한 학설이론
1) 헌법기관설(국가기관설)
이 학설은 정당을 하나의 국가기관으로 파악한다. 헌법이 정당에 관한 규정을 특별히 둔 것은 정당이 단순한 사회적 결사체가 아니라 헌법이 부여하는 일정한 기능을 수행하여야 한다는 것을 의미하므로 헌법상의 하나의 국가기관이라고 보는 이론이다.
2) 사법적 결사체설(私法的 結社體說)
정당도 일반적인 사법적인 결사조직으로 보는 견해이다. 이 견해는 그 활동의 목적과 내용이 정치적 의사의 매개라는 것일 뿐이고 조직적 성격은 일반결사와 다름없는 성격을 띤다고 본다. 프랑스에서는 일반결사에 관한 1901년 법률이 그대로 정당에도 적용된다고 보아 정당을 일반결사로 본다.
3) 중간설
정당은 사적인 결사로서의 성격과 아울러 공법적 규율도 받는 중간적인 결사체라고 보는 이론이다. 또는 사적 결사와 헌법제도의 혼성체라고 보는 견해도 있다.
4) 제도적 보장설(중개적 권력설, 매개설)
이 학설은 정당은 헌법상의 국가기관이 아니나 그렇다고 하여 일반적인 사적 조직도 아니라고 보고 국민의 정치적 의사를 전달하는 매개(중개)역할을 하는 하나의 헌법상의 중요한 제도로서 자리잡고 있다고 본다. 그리하여 정당은 헌법에 의해 그 존속이 보장된다고 본다. 이 학설이 우리나라에서 다수설이다.

(2) 판례의 입장

우리 헌재의 판례를 보면 제도적 보장설을 취하는 결정들이 많았다. 즉 헌재는 "정당은 정치적 결사로서 국민의 정치적 의사를 적극적으로 형성하고 각계각층의 이익을 대변하며, 정부를 비판하고 정책적 대안을 제시할 뿐만 아니라, 국민 일반이 정치나 국가작용에 영향력을 행사하는 매개체의 역할을 수행하는 등 현대의 대의제민주주의에 없어서는 안 될 중요한 공적기능을 수행하고 있다"라고 판시하였다(헌재 2006.7.27. 2004헌마655. 동지: 91헌마21; 96헌마18; 96헌마99; 99헌바28; 2008헌바146 등). 한편 헌재의 결정례 중에는 정당의 법적 성격에 대해 "사적·정치적 결사 내지는 법인격 없는 사단으로 파악되고 있고, 이러한 정당의 법률관계에 대하여는 정당법의 관계 조문 이외에 일반 사법 규정이 적용된다"라고 판시한 결정례가 있다(2007헌마1128). 그렇게 보는 근거를 국민의 자발적 조직이라는 점에서 찾고 있는 것으로 이해된다.[14] 이 결정례는 전원재판부 결정이 아니라 지정재판부 결정이었다. 이후의 결정에서도 제도적 보장설을 취하는 결정(2008헌바146)을 계속해서 보여주었다. 그러다가 또 헌재는 정당은 권한쟁의심판의 청구인이 될 수 없다고 보면서 그렇게 보는 이유로 정당은 "그 법적 성격은 일반적으로 사적·정치적 결사 내지는 법인격 없는 사단으로 파악된다"라고 한 바도 있다(헌재 2020.5.27. 2019헌라6 등). 권한쟁의심판의 청구인은 국가기관 또는 지방자치단체인데 정당을 사적 단체로 보면 그 청구인이 될 수 없다는 것이다. 헌재는 통합진보당 해산결정에서는 "비록 정당이 그 구성원들과는 별개인 '비법인사단으로서'"라고 판시한 바 있다(헌재 2014.12.19. 2013헌다1).

(3) 검토

국가기관설은 만약 정당을 국가기관으로 본다면 그 구성원인 당원에게 공무원의 신분을 부여하여야 한다는 결과가 되므로 받아들이기 곤란하다. 사법적 결사체설에 따라 정당을 전적으로 사법적 조직으로만 보게 되면 정당의 목적, 활동내용의 특수성, 특히 오늘날 우리 헌법이 정당에 대한 특별히 보호를 하고 있는(제8조) 헌법의 입장을 제대로 반영하지 못하고 사적 이익단체와 정당 간의 구별이 어렵다는 문제가 있다. 제도보장설은 정당의 수행목적의 특수성, 강한 존속보장(해산의 어려움) 등을 고려할 때 그 본질 내지 핵심을 폐지할 수 없는 제도로 보는 점에서 그리고 정당의 매개기능을 강조하는 점에서 상당한 타당성을 가진다. 그러나 종래 제도적 보장이론에 따르면 제도적 보장의 제도는 법률로써 폐지할 수 없다고 하는데 오늘날 정당제도는 그 헌법적 기능의 중요성에 따라 헌법개정으로도 그 존재를 부정(폐지)할 수 없다. 따라서 제도적 보장으로 보는 것으로는 약하다.

(4) 사견

생각건대 정당의 법적 성격은 ① 정당이라는 제도 그 자체의 성격과 ② 정당이 가지는 기능

---

14) 과거 지방법원의 판례 중에는 사법상의 사단(私法上의 社團)으로 본 판례가 있었다(서울민사지방법원 1979.9.8. 79카21709, 신민당 총재 등 직무집행정지 가처분 사건).

의 성격으로 나누어 규명될 수 있다. 그리하여 제도 그 자체의 성격은 헌법적 제도로서의 성격을 가지고 그 기능적 성격은 일반 결사와 달리 정치적 의사의 형성, 전달, 매개를 하는 특수한 정치적 결사체로서의 성격을 가진다. 결국 정당은 특수한 정치적 결사체로서 헌법제도로서 성격을 가진다. 자발적이라는 점에서 사법성이 있긴 하나 정당이 공적 책임, 선거에의 참여, 국가의 보호, 정당의 의무 등 공법적 성격이 더 강하다. 정당이 운영자금을 국고로부터 지원받는 점, 헌법재판소의 심판으로 강제해산되는 정당의 잔여재산이 당헌이 정하는 바에 따라 처분되지 아니한 것은 국고에 귀속되는 점 등도 일반 사법적 결사와는 차이가 있다. 결국 정당제도가 가지는 헌법적 기능의 중요성을 고려할 때 정당은 공법적 성격이 강한 특수한 형태의 정치적 의사 매개적 결사체로서 헌법개정으로도 폐지될 수 없는 헌법제도로서 보호되는 단체로 볼 것이다.

2. 법적 지위

(1) 특색 – 특별법적 지위(정당과 일반결사의 관계)
우리 헌법은 제21조에서 일반적인 결사의 자유를 규정하고 있는 것과 별도로 헌법 제8조에서 정당에 관한 특별규정을 두고 있고 후자가 우선적으로 적용된다.15) 곧 정당은 일반적인 사적 결사들에 대한 특별법적 지위를 가진다. 일반결사와 달리 정당에 대해서는 국가의 보호가 이루어지고 국가에 대한 보조가 가능하며 그 강제해산도 일반결사와 달리 정당에 대해서는 헌법재판소의 결정에 의해, 그것도 민주적 기본질서의 위배라는 특별한 한정된 사유로만 가능하도록 한 것은 정당의 활동과 존립을 일반결사에 비해 더욱 강하게 보장하려는 것이다.

(2) 기본권주체성
ⅰ) 우리의 학설은 정당도 기본권의 주체가 된다고 본다. 헌재 판례도 정당에 대해 헌법소원심판의 청구인능력을 인정함으로써 정당의 기본권주체성을 긍정한다. 헌법소원심판은 기본권주체가 기본권을 침해받은 경우에 이를 구제받기 위한 심판이므로 헌법소원심판을 청구할 수 있는 능력을 인정함은 기본권주체임을 전제로 하는 것이다. 또한 헌재는 "정당의 자유는 국민이 개인적으로 갖는 기본권일 뿐만 아니라, 단체로서의 정당이 가지는 기본권이기도 하다"라고 판시한 예를 보여주기도 하였다(헌재 2004.12.16. 2004헌마456). 정당은 그 설립이나 활동에 있어서 정치적 자유권을, 그리고 평등권 등을 누린다.
ⅱ) 등록취소된 정당 – 헌재 판례는 등록이 취소된 정당이라도 등록정당에 준하는 권리능력 없는 사단으로서의 실질을 유지하고 있다면 청구인능력을 인정할 수 있다고 하여 등록이 취소된 정당의 기본권주체성을 인정하였다.16)

---

15) 헌재 1999.12.23. 99헌마135 [판시] 헌법 제8조는 일반결사에 관한 헌법 제21조에 대한 특별규정이므로, 정당의 자유에 관하여는 헌법 제8조 제1항이 우선적으로 적용된다.
16) 헌재 2006.3.30. 2004헌마246. 당해 사안에서 본안판단결과 청구가 기각되었다. * 동지: 헌재 2014.1.28.

(3) 비법인사단으로서의 지위

1) 재산관계에서의 법적 지위

헌재는 정당의 법적 형태 내지 지위로서 비법인(非法人)인 사단(社團)으로 보려는 입장을 일찍이 정당의 재산관계에서 뚜렷이 하고 있다. 즉 헌재는 정당의 소유재산의 귀속관계에 있어서 정당이 법인격 없는 사단(社團)이라고 본다. 말하자면 등기를 하지 않은 인간들의 단체로 본다. 그런데 민법은 법인이 아닌 사단의 재산은 그 구성원의 총유(總有)로 보므로(민법 제275조 제1항) 정당의 재산도 결국 구성원의 총유라고 본다. 아래 결정이 정당 지구당의 부위원장을 총유자로 인정하여 그 소속 재산의 재물손괴죄의 피해자로 본 사안에 대한 것으로 바로 위 법리를 헌재가 표명하게 된 바로 그 결정이다.

● **판례** 헌재 1993.7.29. 92헌마262
[사건개요 및 쟁점설명] 공무원들이 정당(당시 지구당)에 설치되어 있던 플래카드를 철거·은닉하여 그 효용을 해하였다고 하여 재물손괴로 그 지구당 부위원장이 그들을 고발하였는데 검사의 범죄혐의 없음의 불기소처분이 있자 이의 취소를 구하는 헌법소원심판이 청구되었다. 재물손괴죄 불기소처분에 대해 지구당 부위원장이 재물손괴죄의 피해자로서 헌법소원심판의 청구인적격을 가지는가가 먼저 문제된 것인데 헌재는 긍정하였다. [결정요지] 정당의 법적 지위는 적어도 그 소유재산의 귀속관계에 있어서는 법인격 없는 사단(社團)으로 보아야 하고, 중앙당과 지구당과의 복합적 구조에 비추어 정당의 지구당은 단순한 중앙당의 하부조직이 아니라 어느 정도의 독자성을 가진 단체로서 역시 법인격 없는 사단에 해당한다고 보아야 할 것이다. 그런데 민법은 법인이 아닌 사단의 재산은 그 구성원의 총유(總有)로 보고, 그 구성원은 정관 기타 규약에 좇아 총유물을 사용·수익할 수 있다고 규정하고 있다(민법 제275조 및 제276조 제2항 참조). 청구인은 위 플래카드의 총유자 중 1인일 뿐만 아니라, 부위원장으로서 위원장의 명에 따라 위 플래카드를 적법하게 설치·관리하던 사람으로서, 그 물건에 대한 재물손괴죄가 성립하는 경우에는 그 피해자에 해당한다고 볼 수 있다. 따라서 청구인은 이 사건 심판청구 중 재물손괴죄 부분에 관하여 청구인적격을 갖추었다고 보아야 할 것이다. * 위 결정은 현재는 폐지된 지구당제도가 있던 시절에 내려진 것이어서 현재로서는 재현되기 드문 사안의 결정이다. 하지만 정당의 재산관계의 법적 성격에 대한 중요한 법리가 담겨진 판례로서 의미를 가진다.

2) 일반화?

정당의 비법인사단이라는 법적 지위를 재산권 외에 넓게 인정할 것인지 하는 점이 논의된다. 헌재는 위 결정 이후 ① 2006년에 등록취소된 정당에 대해서도 헌법소원청구인능력을 인정한 결정에서 "정당의 청구인능력은 정당법상의 등록요건을 구비함으로써 생기는 것이 아니고, 그 법적 성격이 권리능력 없는 사단이라는 점에서 인정되는 것"이라고 설시한 바 있다(2004헌마246). ② 2014년 통합진보당 해산결정에서도 "비록 정당이 그 구성원들과는 별개인 비법인사단으로서"라고 하고(2013헌다1) ③ 앞서 본 대로 정당은 권한쟁의심판의 청구인이 될 수 없다는 헌재 자신의 입장의 논거로 정당은 "그 법적 성격은 일반적으로 사적·정치적 결사 내지는 법인격 없는 사단으로 파악된다"라고 하여(헌재 2020.5.27. 2019헌라6 등) 정당의 법적 형태에 대해 재산권을 넘어서 전반에 있어서 비법인인 사단이라고 보려는 입장을 표명하는 결정들을 상당히 내놓고 있다.

2012헌마431(이 사건에서는 위헌결정이 있었다).

Ⅳ. 정당의 조직

1. 조직의 원리

① 자유적·자주적 조직의 원리 — 우리 헌법 제8조 제1항도 "정당의 설립은 자유이며"라고 규정하고 있다. 당원들의 자주적이고 자율적인 조직이 되어야 한다. ② 민주적 조직의 원리 — 우리 헌법 제8조 제2항도 정당은 그 "조직 … 이 민주적이어야 하며 … "라고 규정하고 있다. 정당은 조직에서부터 그 민주성이 충분하여야 한다. ③ 정치적 의사형성을 위한 조직의 원리 — 우리 헌법 제8조 제2항도 "정당은 … 국민의 정치적 의사형성에 참여하는 데 필요한 조직을 가져야 한다"라고 규정하고 있다.

2. 정당(政黨)의 기본구성과 조직

(1) 기본구성 — 지구당 폐지 — 중앙당과 시·도당

과거 국회의원지역선거구 단위로 두던 지구당 제도는 고비용·저효율의 정치폐단을 가져온다고 하여 이를 폐지하였다. 따라서 현재 정당의 기본적인 구성은 수도에 소재하는 중앙당과 특별시·광역시·도에 각각 소재하는 시·도당(이하 "시·도당"이라 한다)으로 하도록 하였다(정당법 제3조). 이처럼 지구당의 설립을 금지한 정당법 제3조 등의 규정들에 대해 헌재는 본질적 내용침해가 아니며 비례(과잉금지)원칙을 지킨 것이라고 보아 합헌성을 인정하여 기각결정을 한 바 있다(● 판례 헌재 2004.12.16. 2004헌마456).

(2) 법정시·도당과 각 시·도당의 법정 당원 수

정당은 5 이상의 시·도당을 가져야 한다(동법 제17조). 이는 "특정 지역에 지역적 연고를 두고 설립·활동하려는 이른바 '지역정당'을 배제하려는 취지로 볼 수" 있다.[17] 시·도당은 1천인 이상의 당원을 가져야 한다(동법 제18조 제1항). 이는 "아직 당원을 충분히 확보하지 못하여 일정규모 이상 국민의 지지를 받지 못하거나 이익을 대변하지 못한다고 판단되는 이른바 '군소정당'을 배제하려는 취지로 볼 수" 있다.[18] 위 1천인 법정당원수에 해당하는 수의 당원은 당해 시·도당의 관할구역 안에 주소를 두어야 한다(동법 동조 제2항). 위 법정 시·도당 수, 법정 당원 수에 관한 정당법규정에 대해 정당설립의 자유를 침해하여 위헌이라는 주장의 헌법소원이 제기되었으나 헌재는 목적이 정당하고 목적과 수단 간에 비례성을 가진다고 하여 합헌성을 인정하는 기각결정을 한 바 있었다(● 판례 헌재 2006.3.30. 2004헌마246. * 이 결정에 대한 보다 자세

---

17) 헌재 2006.3.30. 2004헌마246.
18) 헌재 2006.3.30. 2004헌마246.

한 요지는 전술 'Ⅱ. 정당의 개념과 기능 및 유형, 1. 정당의 개념 (8) 공간적 요소의 문제'에 인용된 것 참조).

(3) 당원

1) 당원이 되기 위한 요건

16세 이상의 대한민국국민이어야 정당의 발기인 및 당원이 될 수 있다(정당법 제22조. 이전에 19세 이상인 때가 있었는데 그 19세 미만자에 대한 부정의 합헌성을 인정하는 결정이 있었다. 2012헌마287).

2) 당원, 발기인이 될 수 없는 사람

(가) 법규정   정당의 발기인 및 당원이 될 수 없는 사람은 ① 「국가공무원법」 제2조 또는 「지방공무원법」 제2조에 규정된 공무원, 즉 경력직 공무원(일반직, 특정직), 특수경력직공무원(정무직, 별정직)(다만, 대통령, 국무총리, 국무위원, 국회의원, 지방의회의원, 선거에 의하여 취임하는 지방자치단체의 장, 국회 부의장의 수석비서관 …, 국회의원의 보좌관·비서관·비서 …, 국회 교섭단체의 정책연구위원·행정보조요원과 국·공립대학교의 총장·학장·교수·부교수·조교수 및 강사는 발기인, 당원이 될 수 있다), ② 사립의 초·중·고등학교의 교장, 교감, 교사, ③ 법령의 규정에 의하여 공무원의 신분을 가진 자, ④ 공직선거법 제18조 제1항에 따른 선거권이 없는 사람이다(정당법 제22조 제1항 단서). 발기인, 당원이 될 자격이 없는 위 사람들이 발기인, 당원이 된 경우에 처벌이 된다(정당법 제53조). ⑤ 외국인이나 무국적자도 발기인, 당원이 될 수 없다(정당법 제22조 제2항).

(나) ◕ 판례 ⅰ) 합헌성 인정례 ① 공무원의 정당가입금지조항과 그 위반시 제재하는 조항에 대한 합헌결정(2011헌바42). ② 초·중등학교의 교육공무원에 대한 정당가입금지에 대한 합헌성 인정결정(2001헌마710) 등이 있었다. 이 결정들의 요지에 대해서는 제4절 제2항 공무원제도 Ⅲ. 직업공무원제의 정치운동의 금지 부분 참조. ⅱ) 위헌결정례 — 구 정당법에는 경찰청장 또는 검찰총장으로 퇴직 후 2년 이내인 자는 당원이 될 수 없다고 규정하고 있었으나, 이 규정들에 대해 합리성 없는 차별이라는 이유로 위헌결정들이 내려져(97헌마26; 99헌마135) 삭제되었다

3) 이중 당적 금지

누구든지 2 이상의 정당의 당원이 되지 못한다(정당법 제42조 제2항).

(4) 조직기준의 효과

위에서 본 법정시·도당의 수, 시·도당의 법정당원수의 요건을 구비하지 못하게 된 때에는 등록취소가 된다(동법 제44조 제1항 제1호). 단 유예제도를 두고 있는데, 그 흠결이 공직선거의 선거일 전 3월 이내에 생긴 때에는 선거일 후 3월까지, 그 외의 경우에는 요건흠결시부터 3월

까지 그 취소를 유예한다(동법 동조 동항 동호 단서).

V. 정당의 법적 보장의 내용(정당의 권리, 보호), 당원의 권리

1. 정당의 권리와 보호

정당은 자유권, 평등권 등의 권리를 누린다. 정당도 기본권의 주체로 인정된다. 소속 당원들에게도 권리가 보장됨은 물론이다.

(1) 자유권 - 정당의 자유

1) 내용 - 정당의 설립·조직·활동·존속의 자유, 명칭사용의 자유, 합당·분당의 자유

정당은 설립의 자유뿐 아니라 조직 및 활동, 그리고 그 존속 등 모든 단계에서의 자유와 정당명칭사용의 자유 모두가 인정된다. ⅰ) 정당설립·존속의 자유 - 헌재는 정당설립의 자유는 설립에 대응하는 정당해산의 자유, 합당의 자유, 분당의 자유도 포함한다고 본다(● 판례 헌재 2006.3.30. 2004헌마246). 여기서 해산, 합당, 분당을 '대응'이라고 보기 보나 존속여부에 대한 자유의 내용이라고 보는 것이 낫다. ⅱ) 명칭의 자유 - 헌재는 "정당설립의 자유는 자신들이 원하는 명칭을 사용하여 정당을 설립하거나 정당활동을 할 자유도 포함"된다고 한다(● 판례 헌재 2014.1.28. 2012헌마431). ⅲ) 활동의 자유 - 정당활동의 자유의 내용으로서 정당은 의사나 정책형성에 있어서 국가의 간섭을 받지 않을 자유를 가지고 공직선거에서 후보추천을 함에 있어서 자유를 가진다.

2) 헌법적 근거와 성격

헌법 제8조 제1항이 "정당의 설립은 자유이며"라고 규정하여 정당의 설립의 자유는 헌법 제8조 제1항에 명시되어 있다. 그러면 그외 정당의 조직·활동, 존속의 자유에 있어서 그 헌법적 근거는 무엇인가가 논의된다. 정당의 설립은 그 자체로 의미를 가지는 것이 아니라 정당을 설립·조직한 이후 정당으로서의 목적을 달성하기 위해 계속 존속하면서 그 활동을 하는 것에 설립의 종국적 의의가 있는 것이므로 설립의 자유는 조직과 활동의 자유를 전제로 하고 정당이 조직되고 활동하기 위해서는 먼저 설립이 되어야 하므로 정당의 설립, 조직, 활동, 그리고 존속의 자유는 일체를 이루고 설립의 자유 속에 조직과 활동, 그리고 존속의 자유, 명치사용의 자유가 내포된다고 볼 것이다. 헌재도 정당의 설립·조직·활동의 자유, 명칭사용의 자유의 근거가 헌법 제8조 제1항에 있다고 본다(● 판례 헌재 2014.1.28. 2012헌마431).

정당법도 정당은 헌법과 법률에 의하여 활동의 자유를 가진다고 규정하여(정당법 제37조 제1항) 정당활동의 자유를 명시적으로 확인하고 있다.

이러한 정당의 자유는 정당의 기본권으로서의 성격을 가진(2004헌마456). 헌법 제8조 제1항이 총강규정이긴 하나, 그리고 일반적인 결사의 자유인 헌법 제21조도 관련되나 정당의 특수한 보호라는 점에서 그렇게 볼 것이다.

3) 주체와 내용

정당의 자유는 정당을 설립하고 그 정당에서 활동하는 자연인이 그 주체가 되는 자유이지만, 정당 자체가 주체가 될 수도 있다. 자연인인 경우 당원에 한정할 수 없다. 당원이 아닌 상태에서 정당을 설립하려거나 가입하려는 사람도 있기 때문이다. 헌재도 "정당의 자유의 주체는 정당을 설립하려는 개개인과 이를 통해 조직된 정당 모두에게 인정되는 것"이라고 한다(2006헌마14). 정당설립의 자유는 개인이 정당 일반 또는 특정 정당에 가입하지 아니할 자유, 가입했던 정당으로부터 탈퇴할 자유 등 소극적 자유도 포함한다.

4) 관련 판례

[필독: 고민과 이해의 부탁] 헌법의 기본질서를 이루는 민주질서, 정당, 선거 등 정치질서, 경제·사회질서에는 국민의 기본권과 관련되는 사항이 많고 그 사항들에 대해서는 뒤의 기본권편을 학습한 뒤 보는 것이 이해에 좋을 듯하여 기본권 부분으로 미루어야 하나 고민하였다. 그러나 헌법전 앞부분 총강에 나오는 기본제도, 질서라서 미리 살피는 것이 필요하고 따라서 여기서 집중하여 보는 것이 나을 것으로 판단되어 함께 살펴본다. 주로 많이 적용되는 기본권제한법리를 관련될 때마다 살펴보고 뒤의 기본권 부분도 미리 참조하면 이해에 어려움이 없을 것이다. 자주 적용되는 중요한 원칙인 비례원칙을 우선 설명한다(자세한 것은 후술 기본권론 참조). 비례원칙 = 과잉금지원칙이다.
* 비례(과잉금지)원칙 – 빈번히 나오는 헌법원리인데 뒤의 기본권론에서 기본권제한이 헌법이 허용하는 범위 내에 있어야 한다는 기본권제한의 한계 법리의 하나이다. 이를 위반하면 물론 위헌이고 자주 심사된다. 비례원칙은 목적의 정당성(기본권을 제한하려는 목적이 국가안전보장, 질서유지, 공공복리라는 목적을 가져 정당하여야 함을 의미함), 수단의 적합성(그와 같은 정당한 목적을 위해 기본권을 제한하는 수단, 방법이 그 목적을 달성하는 데 효과가 있어야 함을 의미함), 침해의 최소성(그 효과가 있는 방법들 중에 피해가 가장 적은 방법을 택하여야 하고 보다 완화된, 보다 적은 다른 대안이 없어야 함을 의미함), 법익의 균형성(기본권을 제한함으로써 얻어지는 공익이 제한당하는 개인의 사익보다도 더 커야 함을 의미함)을 내용으로 한다.

ⅰ) 선거에서의 의석획득·득표와 정당존속의 연계 문제　　헌재는 국회의원선거에 참여하여 의석을 얻지 못하고 유효투표총수의 100분의 2 이상을 득표하지 못한 정당에 대해 그 등록을 취소하도록 하는 규정이 과잉금지원칙에 위반되어 정당설립의 자유를 침해하는 위헌이라고 보았다. 그리고 이렇게 등록취소된 정당의 명칭과 같은 명칭을 등록취소된 날부터 최초로 실시하는 임기만료에 의한 국회의원선거의 선거일까지 정당의 명칭으로 사용할 수 없도록 한 정당법 규정도 위헌이라고 아래와 같이 결정한 바 있다.

● 판례　헌재 2014.1.28. 2012헌마431
[결정요지] 1. 국민의 정치적 의사형성에 참여할 의사나 능력이 없는 정당을 정치적 의사형성과정에서 배제함으로써 정당제 민주주의 발전에 기여하고자 하는 한도에서 정당등록취소조항의 입법목적의 정당성과 수단의 적합성을 인정할 수 있다. 2. 그러나 정당등록의 취소는 필요최소한의 범위에서 엄격한 기준에 따라 이루어져야 한다. 그런데 일정기간 동안 공직선거에 참여할 기회를 수회 부여하고 그 결과에 따라 등록취소 여부를 결정하는 등 덜 기본권제한적인 방법을 상정할 수 있고, 또한 신생정당의 경우 처음부터 전국적으로 높은 지지를 받기 어렵다는 점을 감안하여 국회의원선거에서 후보자를 추천한 선거구의 개수와 분포 및 그 선거구에서의 득표율 등을 종합하여 등록취소 여부를 결정하는 방법을 고려할 수 있는 등, 다른 방법이 있음에도 불구하고, 단 한 번의 국회의원선거에서

의석을 얻지 못하고 일정 수준의 득표를 하지 못하였다는 이유로 정당등록을 취소하는 것은 침해의 최소성 요건을 갖추지 못하였다. 법익의 균형성 요건도 갖추지 못하였다. 따라서 정당등록취소조항은 과잉금지원칙에 위반되어 청구인들의 정당설립의 자유를 침해한다. 3. 정당명칭사용금지조항도 정당등록취소조항을 전제로 하고 있으므로, 위와 같은 이유에서 정당설립의 자유를 침해한다.

ii) 비례대표국회의원선거에서의 과도한 기탁금의 헌법불합치성   공직선거법 제56조 제1항 제2호는 국회의원선거에서 지역구이든 비례대표이든 중 '비례대표국회의원선거'에 관한 부분 – 헌재는 비례대표 기탁금조항에 관한 구 공직선거법(2010.1.25. 개정된 것) 제56조 제1항 제2호 중'비례대표국회의원선거'에 관한 부분은 과잉금지원칙을 위반하여 국회의원선거에 참여하거나 참여할 정당 및 비례대표국회의원후보자의 정당활동의 자유 및 공무담임권을 침해하는 것으로 보아 헌법불합치결정을 선고하였다(헌재 2016.12.29. 2015헌마509등).

iii) 정당후원회 금지   헌재는 정당이 당원, 후원자들로부터 목적에 따른 활동에 필요한 정치자금을 모금하는 것은 정당의 조직과 기능을 원활하게 수행하는 필수적인 요소이자 정당활동의 자유를 보장하기 위한 필수불가결한 전제로서 정당활동의 자유의 내용에 당연히 포함된다고 본다(헌재 2015.12.23. 2013헌바168). 이러한 법리를 바탕으로 헌재는 정당후원회 금지에 대해 헌법불합치결정을 한 바 있다(후술, 정치자금 부분 참조).

iv) 당원협의회 등 사무소 설치 금지   헌재는 정당의 시·도당 하부조직의 운영을 위하여 당원협의회 등의 사무소를 두는 것을 금지한 정당법 제37조 제3항 단서가 과잉금지원칙을 준수하여 정당활동의 자유를 침해하지 않는다고 합헌결정을 하였다(헌재 2016.3.31. 2013헌가22).

v) 기초지방의회선거에서의 중선거구제에 있어서 4인선거구가 아닌 2인 선거구 분할의 정당활동 자유 침해 여부 문제   "공직선거법은 자치구·시·군의회의원 선거에 있어서 중선거구제를 채택하여 소수정당이 지방의회에 진출할 수 있는 기회를 부여하고자 하였는데, 이 사건 조례는 2인 선거구제를 채택하여 소수정당은 선거참여만 보장될 뿐 정치참여가 배제되게 되었다. 따라서 청구인은 정당활동의 자유를 침해받았다"라는 주장이 제기되었다. 그러나 헌재는 국가에 모든 정당의 의회진출을 하도록 할 의무가 있는 것은 아니라고 하여 주장을 배척하였다(헌재 2009.3.26. 2006헌마14. * 동지: 헌재 2009.3.26. 2006헌마72).

5) 한계

정당의 자유에도 한계가 있을 수 있다. 헌재는 정당의 목적·조직·활동이 민주적이어야 함을 규정하고 있는 헌법 제8조 제2항은 정당의 자유의 근거가 아니고 오히려 그러한 자유의 한계를 설정하고 있는 규정이라고 본다(헌재 2004.12.16., 2004헌마456). 선거에의 참여가 없는 경우에 등록취소가 될 수 있는데(정당법 제44조 제1항 제2호) 이는 정당의 자유에 대한 제한이기도 하다. 이러한 제한은 정당이 국민의 의사형성에 선거를 통하여 참여할 의무를 가지기 때문에 부여되는 것이기도 하다.

(2) 정당의 평등

ⅰ) 설립·활동에서 평등 – 정당은 설립에 있어서나 그 활동에 있어서 다른 정당들 간에 평등하게 대우를 받는다. ⅱ) 특히 선거에서 정당의 평등이 중요하다. 헌재는 기탁금이 과다한 경우에 정당의 기회균등의 권리를 침해하여 위헌이라고 본다(헌재 1991.3.11. 91헌마21). ⅲ) 한편 실질적 평등원칙에 입각하여 차별이 있을 수도 있다. 예를 들어 득표수에 의한 국고보조금의 차등적 지급 등의 경우를 볼 수 있다. 그러나 그 지급기준이 정의로워야 한다. 소수정당에 대한 배려가 항상 필요하다. 다원주의의 원칙상 소수파의 존재가 요구되기 때문이다.

(3) 정당에 대한 보호

정당은 그 존립이 보호되고 국가의 보호를 받으며 특히 국고보조금의 교부 등 재정적 보호를 받는다(제8조 제3항). 단순한 행정처분에 의한 해산이 아니라 헌법재판소의 헌법재판에 의한 해산결정에 의하도록 하는 등의 절차도 정당의 보호를 위한 것이다. 헌법재판소의 해산심판 등을 거치게 하는 것은 그만큼 정당의 소멸을 까다롭게 하는 것이기 때문이다.

2. 국민, 당원의 기본권

일반 국민도 정당설립, 정당에의 가입, 탈퇴 등의 기본권을 가진다. 즉 누구든지 본인의 자유의사에 의하는 승낙 없이 정당가입 또는 탈당을 강요당하지 아니한다(강제입당·탈당의 금지). 헌재도 "정당의 자유는 개개인의 자유로운 정당설립 및 정당가입의 자유, 조직형식 내지 법형식 선택의 자유를 포함한다. 또한 … 정당설립의 자유는 개인이 정당 일반 또는 특정 정당에 가입하지 아니할 자유, 가입했던 정당으로부터 탈퇴할 자유 등 소극적 자유도 포함한다"라고 본다(2004헌마246). 정당법은 "누구든지 본인의 자유의사에 의하는 승낙 없이 정당가입 또는 탈당을 강요당하지 아니한다. 다만, 당원의 제명처분은 그러하지 아니하다"라고 규정하고 있다(정당법 제42조 제1항).

당원은 정치적 권리들을 가지고 정당의 조직, 활동에 참여할 권리들을 누린다. 당원들 간의 평등도 보장되어야 한다.

Ⅵ. 정당의 의무

1. 국가긍정의무와 헌법준수의무

정당은 자신이 존재하는 기반이 되는 국가를 긍정할 의무를 지고 그 조직과 목적 및 활동에 있어서 헌법을 준수할 의무를 진다.

2. 조직의무

정당은 국민의 정치적 의사형성에 참여하는데 필요한 조직을 가져야 한다(제8조 제2항). 정당은 앞서 본 정당법상 요구되는 조직요건을 갖추어야 한다. 조직요건을 갖추지 못한 경우에 등록취소의 대상이 된다(정당법 제44조 제1항 제1호).

3. 민주성의 의무

(1) 조직의 민주성 의무

정당은 그 조직이 민주적이어야 한다(제8조 제2항). 이는 사실 정당활동의 민주성을 위한 선행조건으로서의 의미를 가진다. 조직부터 민주적이어야 그 활동도 민주적일 수 있는 것이다. 앞서 본 정당법상 요구되는 조직요건을 갖추어야 한다. 조직요건을 갖추지 못한 경우에 등록취소의 대상이 된다(정당법 제44조 1항 제1호). 정당법은 정당은 민주적인 내부질서를 유지하기 위하여 당원의 총의를 반영할 수 있는 대의기관 및 집행기관과 소속 국회의원이 있는 경우에는 의원총회를 가져야 한다고 강제화하고 있다(동법 제29조 제1항). 정당지도부의 선출 등이 민주적 방식에 의하여 이루어져야 한다.

(2) 정당의 목적·활동의 민주성 의무

정당은 그 목적·조직과 활동이 민주적이어야 하며, 정당은 그 목적이나 활동이 민주적 기본질서를 준수할 의무를 진다(제8조 제2항·제4항). 여기서의 민주적 기본질서란 헌법의 기본원칙과 기본이념을 포괄하는 것으로 자유주의적 요소뿐 아니라 사회복지주의적 요소를 포괄하는 개념이다(민주적 기본질서에 관해서는, 전술 제2장 제1절 참조). 정당의 목적이나 활동이 민주적 기본질서에 위배될 때에는 정부는 헌법재판소에 그 해산을 제소할 수 있고, 정당은 헌법재판소의 심판에 의하여 해산된다(제8조 제4항).

(3) 당내 민주주의

정당은 민주성이 정당 내부에서 구현되는 당내 민주주의의 의무를 진다. 당내 민주주의는 ① 당 내부조직의 민주성(대의기관, 집행기관, 의원총회의 의무적 설치), ② 당 운영과 재정의 민주성과 공개(투명성. 아래 4), ③ 당 정책결정과정의 민주성, ④ 당지도부·공직선거후보의 선출과정의 민주성, ⑤ 당원의 지위와 권리의 보호 등을 그 내용으로 한다.

4. 투명성 의무

정당은 그 강령(또는 기본정책)과 당헌을 공개하여야 한다(정당법 제28조 제1항). 또한 특히 재정의 투명성이 중요하다. 정당의 재정이 건전해야 하므로 당원의 당비부담에 의하여 정당재정이 운영되어야 하며, 정치자금에 관해서는 정당재정의 투명성 확보를 위하여 정치자금법에 의한 규제가 많다(후술 Ⅷ. 참조).

5. 공직선거 참여의 의무

정당은 공직선거에 참여할 의무를 진다. 이는 사실 의무라기보다 집권이라는 정당의 본질적 존재이유에서 나오는 것이다. 현행 정당법은 아래에 보듯이 소정의 공직선거들에의 참여의무를 두고 있다(동법 제44조 제1항 제2호).

Ⅶ. 정당의 활동

1. 정치의사의 전달·형성과 정책추진 활동

정당은 국민의 정치적 의사를 수렴하고 전달하지만, 다른 한편으로 자신의 정책을 제시하면서 국민의 정치적 의사를 형성하는 활동을 하기도 한다. 정당은 국가의 중요한 정책을 추진하는 데 참여한다.

2. 정당과 선거

(1) 공직선거에의 참여

ⅰ) 의미 – 정당은 다른 단체와 차이 나게 하는 그 개념지표의 하나로서 공직선거를 통해 정권을 획득하고자 하는 의지가 요구된다. 정당은 이 집권 목적을 위해 정당의 기능으로서 공개경쟁기능을 수행하는데 바로 공직선거에의 참여가 그것이다. 정당은 선거참여를 통하여 자신의 정책을 제시하고 그 정책에 대한 국민의 심판을 받으며 국민의사를 수렴하는 기회를 가진다. ⅱ) 현행 정당법 ① 강제규정 – 현행 정당법은 정당이 최근 4년간 임기만료에 의한 국회의원선거 또는 임기만료에 의한 지방자치단체의 장선거나 시·도의회의원선거에 참여하지 아니한 때에 등록을 취소하도록 규정하고 있다(정당법 제44조 제1항 제2호. 뒤의 등록취소 참조). ② 유의점 – 모든 선거가 아니라 위에 정해진 선거들에 참여하지 않은 경우 등록취소되도록 하

고 있다. 상대적으로 중요도가 크다고 보는 공직선거들이라고 하겠다.

(2) 공직선거후보자선출

① 후보자추천권 - 정당은 선거에 있어 선거구별로 선거할 정수범위 안에서 그 소속당원을 후보자로 추천할 수 있다. 다만, 비례대표자치구·시·군의원의 경우에는 그 정수 범위를 초과하여 추천할 수 있다(공직선거법 제47조 제1항). ② 민주적 절차 - 정당이 후보자를 추천하는 때에는 민주적인 절차에 따라야 한다(동법 제47조 제2항). 공직선거후보자 선출에 관한 사항은 당헌에 규정하여야 한다(정당법 제28조 제2항 제8호). ③ 당내경선 - 정당은 공직선거후보자를 추천하기 위하여 당내경선을 실시할 수 있다(공직선거법 제57조의2 제1항). 법은 당내경선을 이처럼 강제적 의무가 아닌 임의적 선택에 맡기고 있으나 중요정당은 당내경선을 실시하고 있다. 당내경선은 당원들이 선거하는 것뿐 아니라 당내경선을 대체하는 여론조사를 포함한다(동법 동조 제2항). 정당이 당내경선을 실시하는 경우 경선후보자로 나섰다가 당해 정당의 후보자로 선출되지 아니한 자는 당해 선거의 같은 선거구에서는 후보자로 등록될 수 없다(동법 동조 제2항 본문, 이른바 '불복'금지조항. 불복이라는 용어가 적절하지는 않으나 편의상 줄여 이렇게 부르기도 한다). 다만, 후보자로 선출된 자가 사퇴·사망·피선거권 상실 또는 당적의 이탈·변경 등으로 그 자격을 상실한 때에는 그러하지 아니하다(동법 동조 동항 단서). 당내경선에서 낙선한 후보가 후보등록을 한 경우에는 등록무효로 하도록 하고(동법 제52조 제1항 제8호) 예비후보등록을 한 경우에는 무효로 하도록 하여(동법 제60조의2 제4항 제3호) 이 금지규정의 강제성을 부여하고 있다. 이 금지규정에 대해서는 위헌여부가 논란된다. ④ 여성후보자할당제 - 여성들의 선출직 공직에의 진출기회가 부족하여 여성들을 위한 대표성이 취약하므로 이를 고치고 여성들의 진출을 도모하기 위하여 공직선거에서 각 정당이 추천하는 후보자들의 일정비율(비례대표의원선거의 경우 100분의 50 이상, 지역구의원선거의 경우 100분의 30 이상)을 여성들로 추천하는 여성후보자할당제가 실시되게 하고 있다(동법 제47조 제3항·제4항·제5항). 그런데 비례대표의원선거의 경우에는 이를 지키지 않은 경우 등록을 무효로 하는 반면(동법 제52조 제1항 제2호) 지역구의원선거의 경우에는 보조금지급에 연계하는 데에 그쳐(정치자금법 제26조 제2항 제1호) 그 강제성이 약하다. ⑤ 장애인추천보조금제도 - 직접적인 할당제는 아니나 장애인의 정계진출을 촉진하기 위하여 임기만료에 의한 지역구국회의원선거, 지역구시·도의회의원선거 및 지역구자치구·시·군의회의원선거에서 장애인후보자를 추천한 정당에 대해서는 법이 정한 기준에 따른 장애인추천보조금을 지급하도록 하고 있다(정치자금법 제26조의2).

(3) 비례대표선거와 정당의 역할 - 정당투표제 부재의 위헌성

비례대표제선거에서는 정당이 그 후보자리스트를 만들고 정당에 대한 지지의 정도에 따라 비례의석이 할당되도록 하는 것이 일반적이다. 그런데 과거 정당에 대한 투표제를 두지 않고,

지역구선거에서 각 정당 후보자에 대해 주어진 투표를 그 소속 정당에 대한 지지득표로 의제하여 그 득표에 따라 배분하도록 하고 있었다. 이에 대해서 당시 헌재는 직접선거의 원칙, 평등선거원칙에 반하여 한정위헌이라고 아래와 같이 결정하였다. 현재는 정당투표제가 있다.

● 판례 헌재 2001.7.19. 2000헌마91등
[결정요지] 1. 정당명부에 대한 별도의 투표가 없어 결국 정당의 명부작성행위가 최종적·결정적인 의의를 지니게 되어 직접선거의 원칙에 위배된다. 2. 정당 없는 무소속후보자에 투표하는 유권자는 자신의 투표가 비례대표의원의 선출에는 전혀 기여하지 못하므로 평등선거원칙에 위배된다.
* '한정위헌결정'이란 결정의 주문이 "~라고 하는 한(또는 ~범위에서) 헌법에 위반된다"라고 하는 문언형식의 결정을 말한다. 후술 제5부 헌법재판 부분 참조.

(4) 정당의 선거운동

정당은 선거운동의 자유를 가진다. 정당의 선거운동은 자당 소속 후보의 당선을 위한 활동임은 물론이고 자당의 정책 홍보, 정책에 대한 국민의 평가, 국민의사수렴 등이 이루어지는 과정이기도 하다.

Ⅷ. 정당의 재정 — 정당의 정치자금

정당도 그의 활동을 수행하기 위하여 재정(財政)이 필요하고 건전하고도 효율적으로 재정이 운용되어야 한다. 정당의 재정 문제가 특히 중요한 것은 정당의 정치자금이 투명하고 적법하게 운용됨으로써 깨끗한 정치가 이루어지기 때문이다.

1. 정치자금에 관한 기본원칙 — 정치자금법

정치자금의 수입, 지출 등에는 다음과 같은 원칙들이 적용되어야 한다. ① 적법성원칙 — 불법자금이 금지됨은 물론 법이 허용하는 방법에 따른 수입, 지출이 이루어져야 한다. ② 목적정당성의 원칙 — 정당의 정치활동을 위하여 지출되어야 한다. ③ 투명성·객관성의 원칙 — 정치자금조달자가 명확하여야 하고 회계 등이 공개되어야 한다. ④ 효율성·건전성의 원칙 — 최소한의 비용으로도 민주적 정치활동을 촉진하는 효과를 거두어야 한다.

정당의 재정의 건전성과 투명성을 보장하기 위하여 정치자금법이 정치자금에 관한 규제를 하고 있다. 정치자금법도 위 원칙 ①, ②, ③을 명시하고 있다(정치자금법 제2조 제1·2·3항). 정치자금법은 일정금액 이상을 초과하여 정치자금을 기부하는 경우에는 실명(實名)이 확인되도록 하고 누구든지 타인의 명의나 가명으로 정치자금을 기부할 수 없도록 하고 있다(동법 동조 제4·5항).

2. 정치자금의 개념

현행 정치자금법은 정치자금이라 함은 당비(가목), 후원금(나목), 기탁금(다목), 보조금(라목), 정당의 당헌·당규 등에서 정한 부대수입(마목), 정치활동을 위하여 정당, 「공직선거법」에 따른 후보자가 되려는 사람, 후보자 또는 당선된 사람, 후원회·정당의 간부 또는 유급사무직원, 그 밖에 정치활동을 하는 사람에게 제공되는 금전이나 유가증권 또는 그 밖의 물건(바목)과 바목에 열거된 사람의 정치활동에 소요되는 비용(사목)이라고 정의하고 있다(동법 제3조 제1호).

3. 당비

당비라 함은 명목 여하에 불구하고 정당의 당헌·당규 등에 의하여 정당의 당원이 부담하는 금전이나 유가증권 그 밖의 물건을 말한다(동법 동조 제3호).

정당법은 당원의 정예화와 당의 재정자립을 도모하기 위하여 정당이 당비납부제도를 설정·운영하여야 한다고 규정하고 있다(정당법 제31조 제1항). 당비납부제도의 실효성을 보장하기 위하여 정당의 당원은 같은 정당의 타인의 당비를 부담할 수 없도록 하고 있으며, 타인의 당비를 부담한 자와 타인으로 하여금 자신의 당비를 부담하게 한 자는 일정 기간 당원자격이 정지되도록 하고 있다(동법 동조 제2항).

4. 후원회

(1) 의의

후원회라 함은 정치자금법의 규정에 의하여 정치자금의 기부를 목적으로 설립·운영되는 단체로서 관할 선거관리위원회에 등록된 단체를 말한다(정치자금법 제3조 제7호). 후원회제도는 "모든 사회구성원들로 하여금 자발적인 정치참여의식을 높여 유권자 스스로 정당이나 정치인을 후원하도록 함으로써 정치에 대한 신뢰감을 높이고 나아가 비공식적인 정치자금을 양성화시키는 계기로 작동되도록 하는 데"에 그 입법목적이 있다고 한다(헌재 2000.6.1. 99헌마576).

(2) 판례
1) 위헌성 인정례

[판례 – 정당후원회 금지의 위헌성] 이전의 정치자금법은 국회의원, 지역구국회의원선거 후보자 등에 대해서만 후원회를 둘 수 있게 하고, 정당에 대한 후원은 이를 금지하고 위반시 형사처벌하도록 하고 있었다. 헌재는 이 금지, 처벌의 규정에 대해 헌법불합치결정을 하였다(헌재 2015.12.23. 2013헌바168). 그 이유로 헌재는 정경유착의 문제는 정당후원회를 통로로 하여 발생했

던 것이 아니라는 점, 불법 정치자금의 수수로 인한 정경유착의 폐해를 방지하기 위해 제한할 필요가 있다 하더라도, 정당후원회 제도 자체를 전면적으로 금지하기보다는 기부 및 모금한도액의 제한, 기부내역 공개 등의 방법으로 정치자금의 투명성을 확보함으로써 충분히 방지할 수 있다는 점 등에서 수단의 적합성과 침해최소성 원칙에 위배되고 법익균형성도 충족되지 않아 과잉금지원칙을 위반하는 것이라고 보았다. 살펴보면, 헌재 자신이 설시하는 대로 정경유착의 문제는 정당후원회를 통로로 하여 발생했던 것이 아니라고 한다면 정당후원회 폐지의 목적정당성부터 없는 것이 아닌가 하는 의문이 든다.

[판례 – 광역지방자치단체장 선거 예비후보자에 대한 금지의 위헌성] 광역자치단체 장선거의 예비후보자를 후원회지정권자에서 제외하는 것에 대해서도 다양한 신진 정치세력의 진입을 막고 자유로운 경쟁을 통한 정치 발전을 가로막을 우려가 있고 국회의원선거의 예비후보자와 광역자치단체장선거의 예비후보자를 달리 취급하는 것은 불합리한 차별에 해당하고 입법재량을 현저히 남용하거나 한계를 일탈한 것으로 평등권침해라고 보아 헌법불합치결정이 있었다(헌재 2019. 12. 27. 2018헌마301, 자치구의회의원선거의 예비후보자 제외에 대해서는 위헌의견 5인의 기각결정이 있었음).

2) 후원회금지에 대한 합헌성 인정결정례

합헌결정들이 적지 않았다. 다음과 같은 것이 있었다. ① 광역지방자치단체장 후원회 금지의 합헌성결정(2000헌바5), ② 기초지방자치단체장과 그 선거의 후보자·예비후보자 후원회 금지(2005헌마1095), ③ 지방의회의원과 그 선거의 후보자에 대한 후원회 금지(99헌마576), ④ 국회의원선거 입후보예정자와 예비후보자에 대한 차별의 합헌성결정들 – ⓐ 구 정치자금법(2004.3.12. 개정되기 전의 것)은 국회의원선거 입후보예정자는 국회의원 후보자등록 후에야 둘 수 있도록 한 규정(96헌마85), ⓑ 구법규정보다 완화된 현행 규정, 즉 선거일 전 120일부터 예비후보자로 등록하면 후원회를 둘 수 있도록 한 규정(2004헌마216), ⑤ 자치구의 지역구의회의원 선거 예비후보자의 후원회지정권자에서의 제외(헌재 2019.12.27. 2018헌마301등).

(3) 후원회를 둘 수 있는 주체, 둘 수 없는 주체

위 정당후원회금지와 광역지방자치단체장 선거 예비후보자에 대한 금지의 위헌성을 인정하여 헌법불합치결정들이 있은 이후 지금은 정당의 중앙당에 한하여(지구당은 없으므로 물론 아니고 시·도당도 아님) 후원회를 둘 수 있게, 그리고 광역지방자치단체장 선거 예비후보자에 대해서도 후원회를 둘 수 있게 법개정이 되었다. 또한 지역구지방의회의원선거의 후보자 및 예비후보자에 대해서도 후원회를 둘 수 있게 법개정이 되었다. 그리하여 현행 정치자금법은 후원회를 지정하여 둘 수 있는 자로 1. 중앙당(중앙당창당준비위원회 포함), 2. 국회의원(국회의원선거의 당선인 포함), 2의2. 대통령선거의 후보자 및 예비후보자, 3. 정당의 대통령선거후보자 선출을 위한 당내경선후보자, 4. 지역선거구 국회의원선거의 후보자 및 예비후보자, 5. 중앙당 대표자 및 중앙당 최고 집행기관의 구성원을 선출하기 위한 당내경선후보자, 6. 지역구지방의회의원선거의 후보자 및 예비후보자, 7. 지방자치단체의 장선거의 후보자 및 예비후보자로 규정하고 있다(정치자금법 제6조). 결국 현재 후원회를 둘 수 없는 사람은 비례대표국회의원선거후보자, 지방자치단체의회의원(광역·기초 모두), 비례대표지방의회의원(광역·기초 모두)선거의 후보자, 지방자치단체의 장이다. * 비례자가 달린 의원선거에서는 예비후보자제도가 없어서 비례국회의원·비례지방의원선거 예비후보자가 아예 해당사항이 있을 수 없음.

(4) 한도액, 후원회의 금품모집방법

정치자금법은 연간모금한도액을 정당(중앙당)후원회, 대통령선거의 후보자 후원회, 지역선거구국회의원선거후보자 후원회 등 후원회별로 설정하고 있다(동법 제12조 제1항). 또 후원회의 금품모집방법도 규정하고 있는데, 다만, 집회에 의한 방법으로는 후원금을 모금할 수 없다(동법 제14조 제1항 단서). 정치자금영수증제도도 두고 있다(동법 제17조).

5. 정치자금의 기탁

정당에 정치자금을 기부하고자 선거관리위원회에 금전 등을 기탁하는 제도도 있다. [기명기탁제] 현행 정치자금법은 검은 정치자금을 막고 투명성을 보장하기 위하여 기명기탁제를 시행하도록 하고 있다. 즉 누구든지 타인의 명의나 가명 또는 그 성명 등 인적 사항을 밝히지 아니하고 기탁금을 기탁할 수 없다(정치자금법 제22조 제3항 본문). [조건부 기명기탁제] 기명기탁을 하되 선관위가 인적 사항을 밝히지 않을 것을 조건으로 하는 조건부 기명기탁은 인정하고 있다(동법 동조 동항 후문). [지정기탁금제도 폐지와 논란] 이 폐지에 대해 자신이 지지하는 정당에 기탁할 수 없고 아래에 보듯이 선관위가 국고보조금 배분율로 기탁금을 배분하는 것은 반민주적이라는 지적이 있다. [기탁금액 한도 및 배분] 그 한도가 설정되어 있고(동법 제22조 제2항). 중앙선거관리위원회는 기탁금의 모금에 직접 소요된 경비를 공제하고 지급 당시 국고보조금 배분율(동법 제27조)에 따라 기탁금을 배분·지급한다(동법 제23조 제1항).

6. 기부

기부라 함은 정치활동을 위하여 개인 또는 후원회 그 밖의 자가 정치자금을 제공하는 일체의 행위를 말한다. 이 경우 제3자가 정치활동을 하는 자의 정치활동에 소요되는 비용을 부담하거나 지출하는 경우와 금품이나 시설의 무상대여, 채무의 면제·경감 그 밖의 이익을 제공하는 행위 등은 이를 기부로 본다(동법 제3조 제2호). 외국인, 국내·외의 법인 또는 단체는 정치자금을 기부할 수 없고, 누구든지 국내·외의 법인 또는 단체와 관련된 자금으로 정치자금을 기부할 수 없다(동법 제31조).

* **노동조합의 경우:** 과거 다른 단체들은 정치자금 기부를 할 수 있도록 하면서도 노동조합에 대해서는 정치자금 기부가 금지되고 있었던 때가 있었는데, 그 금지규정이 1999년에 위헌으로 결정되어(95헌마154) 기부가 가능해졌다. 그러다가 이후 대기업의 불법 정치자금제공이 크게 문제되었기에 이를 원천적으로 막을 목적으로 2004년 정치자금법이 개정되어 노동조합을 포함한 일체의 단체에 대해 정치자금을 기부할 수 없다고 금지하여 현재 노동조합도 기부를 할 수 없게 다시 금지되고 있다. 그런데 이후 헌재는 위 '국내의 단체와 관련된 자금'의 기부금지에 대해 합헌성을 인정하는 결정을 하였다(2008헌바89. 사안은 노동조합 관련 정치자금 문제였음).

7. 국고보조금

(1) 의의와 기능

정당의 건전한 재정을 이끌기 위해 국가의 예산으로 보조하는 제도가 국고보조금제도이다. 현행 헌법 제8조 제3항은 "국가는 법률이 정하는 바에 의하여 정당운영에 필요한 자금을 보조할 수 있다"라고 규정하여 국고보조의 헌법적 근거를 두고 있다. 현행 정치자금법에 따르면 "보조금"이라 함은 정당의 보호·육성을 위하여 국가가 정당에 지급하는 금전이나 유가증권을 말한다(동법 제3조 제6호).

국민의 의사를 결집하기 위한 정당의 운영에는 재정이 소요된다. 복수정당제 하에서 다양한 의사와 정책을 표방하는 정당들이 존재하여야 하는데 정당들이 운영에 소요되는 재원을 조달하지 못하여 그 운영이 어렵게 되면 여러 정당들이 존속하기 어려워져 국민의 다원화된 의사의 수렴도 어려워지고 다원주의의 실현이 취약한 여건에 놓일 수 있다. 정당자금의 많고 적음에 따른 정당 간의 홍보, 선거, 정책개발 등에서의 경쟁에 불평등을 가져올 수도 있다. 이와 같이 정당의 활동을 보장하고 정당 간의 평등을 구현하기 위하여 국가가 재정적 보조를 할 필요가 있다. 또한 국가에 의한 공적인 자금배분이라는 점에서 정당자금의 투명성을 갖추도록 하고 불법자금 등의 유혹에서 정당이 벗어나도록 하기 위한 보조라는 의미도 가진다.

(2) 유형

현행 정치자금법은 ① 평상적으로 매해 예산에 계상되어 지급되는 경상보조금과 ② 선거가 있는 연도에 추가로 예산에 계상되어 지급되는 선거보조금(경상보조금과 선거보조금을 일반 국고보조금이라고 일반 국고보조금이라고 부르기로 한다) 제도 외에 ③ 추천보조금 제도도 두고 있는데 추천보조금 제도로 ㉠ 여성후보자할당제를 촉진하기 위한 여성추천보조금 제도, ㉡ 장애인의 정치적 진출을 지원하기 위한 장애인추천보조금 제도를 두고 있다.

(3) 일반 국고보조금의 계상과 그 배분
1) 계상

정치자금법은 보조금 확보를 위해 먼저 예산에 계상하도록 하고 있다. 아래와 같이 국회의원선거 선거권자 총수에 일정액을 곱하여 계상하도록 하고 있다.

▼ 정치자금법 제25조(보조금의 계상) ① 국가는 정당에 대한 보조금으로 최근 실시한 임기만료에 의한 국회의원선거의 선거권자 총수에 보조금 계상단가를 곱한 금액을 매년 예산에 계상하여야 한다. 이 경우 … . ② 대통령선거, 임기만료에 의한 국회의원선거 또는 「공직선거법」 제203조(동시선거의 범위와 선거일) 제1항의 규정에 의한 동시지방선거가 있는 연도에는 각 선거(동시지방선거는 하나의 선거로 본다)마다 보조금 계상단가를 추가한 금액을 제1항의 기준에 의하여 예산에 계상하여야 한다. ③ 제1항 …

2) 배분

(가) 배분기준 - 일반론　　국고보조금의 배분기준에 대해 우리나라의 현행 정치자금법의 규정을 떠나 일반적으로 세 가지, ① 득표수기준, ② 의석수기준, ③ 병합기준(①＋②)을 들 수 있다. 의석수기준(②)은 의회에서 정당이 실제로 국민의 의사를 대표하는 활동은 의회에서 이루어진다는 점에 그 논거를 둔다. 반면에 득표수기준(①)은 정당보조금을 교부하여 육성하려는 정당의 활동이 의회활동에 그치지 않는다면 그리고 다원주의의 실현을 위해 소수의견의 개진을 위한 정당활동을 가능한 한 보장하기 위한 국가지원 기준이다. 현행 우리 정치자금법은 병합기준을 취하고 있으나 득표율보다는 의석수를 더 중시하는 배분을 하고 있다.

(나) 현행 정치자금법의 배분

가) 배분기준　　원내교섭단체를 구성한 정당에 대해 우선적인 배분을 하는데 아래와 같은 기준에 따라 하도록 규정하고 있다.

▼ 정치자금법 제27조(보조금의 배분) ① 경상보조금과 선거보조금은 지급 당시 「국회법」 제33조(교섭단체)제1항 본문의 규정에 의하여 동일 정당의 소속의원으로 교섭단체를 구성한 정당에 대하여 그 100분의 50을 정당별로 균등하게 분할하여 배분·지급한다.
② 보조금 지급 당시 제1항의 규정에 의한 배분·지급대상이 아닌 정당으로서 5석 이상의 의석을 가진 정당에 대하여는 100분의 5씩을, 의석이 없거나 5석 미만의 의석을 가진 정당 중 다음 각 호의 어느 하나에 해당하는 정당에 대하여는 보조금의 100분의 2씩을 배분·지급한다.
1. 최근에 실시된 임기만료에 의한 국회의원선거에 참여한 정당의 경우에는 국회의원선거의 득표수 비율이 100분의 2 이상인 정당
2. 최근에 실시된 임기만료에 의한 국회의원선거에 참여한 정당 중 제1호에 해당하지 아니하는 정당으로서 의석을 가진 정당의 경우에는 최근에 전국적으로 실시된 후보추천이 허용되는 비례대표시·도의회의원선거, 지역구시·도의회의원선거, 시·도지사선거 또는 자치구·시·군의 장선거에서 당해 정당이 득표한 득표수 비율이 100분의 0.5 이상인 정당
3. 최근에 실시된 임기만료에 의한 국회의원선거에 참여하지 아니한 정당의 경우에는 최근에 전국적으로 실시된 후보추천이 허용되는 비례대표시·도의회의원선거, 지역구시·도의회의원선거, 시·도지사선거 또는 자치구·시·군의 장선거에서 당해 정당이 득표한 득표수 비율이 100분의 2 이상인 정당
③ 제1항 및 제2항의 규정에 의한 배분·지급액을 제외한 잔여분 중 100분의 50은 지급 당시 국회의석을 가진 정당에 그 의석수의 비율에 따라 배분·지급하고, 그 잔여분은 국회의원선거의 득표수 비율에 따라 배분·지급한다.

나) 원내교섭단체 중심의 배분기준의 합헌성 인정　　이처럼 현행 배분기준은 정당득표율도 감안하나 원내교섭단체인지 여부에 따라 더 많은 비율의 배분을 하고 있다. 이에 대해서는 교섭단체를 구성하지 못한 정당이 합리성 없는 차별이라는 주장의 헌법소원심판을 청구하였는데 헌재는 대의민주적 기본질서가 제 기능을 수행하기 위해서는 의회 내에 안정된 다수세력을 확보할 필요가 있으므로 다수 의석의 원내정당을 우대하고자 하는 것으로 합리성이 있다고 보아 합헌성을 인정하였다(● 판례 헌재 2006.7.27. 2004헌마655).

다) 선거보조금의 배분·지급 금지대상 – 선거 비참여 정당   선거보조금은 당해 선거의 후보자등록마감일 현재 후보자를 추천하지 아니한 정당에 대하여는 이를 배분·지급하지 아니한다(동법 제27조 제4항).

(4) 추천보조금과 그 배분
1) 여성추천보조금
[적용대상 선거와 취지] 유의할 점은 지역구 의원(국회의원 및 지방의회의원)의 총선거(즉 임기만료에 따른 선거)에 적용된다는 것이다. 공직선거법이 비례대표의원선거에서는 50%할당제를 준수하지 않으면 등록무효를 하여(공직선거법 제52조 제1항 제2호) 강제적이다. 그러나 지역구의원(국회의원 및 지방의회의원)선거에서는 100분의 30 이상을 여성으로 추천하도록 노력하여야 한다고 하여(공직선거법 제47조 제4항) 권장사항으로 하고 이를 준수하지 않은 경우 등록무효로는 하지 않으면서 정치자금법은 이처럼 위와 같은 노력을 권장·유도하기 위한 인센티브로 공직후보자 여성추천보조금을 두고 있다.

[계상과 배분·지급 비율] ① 계상 – 국회의원선거의 선거권자 총수에 일정 금액을 곱한 금액을 여성추천보조금으로 예산에 계상해야 한다(동법 제26조 제1항). ② 배분·지급 비율 – 30% 추천 여부를 기준으로 그 비율이 달라지도록 하면서도 30% 미만 추천 정당에 대해서 여성추천보조금을 지급하고 있다(동법 동조 제2항).

[용도제한] 여성추천보조금은 여성후보자의 선거경비로 사용하여야 한다(동법 제28조 제3항).

2) 장애인추천보조금
[취지와 적용대상 선거] 장애인의 정치적 진출을 촉진하기 위한 인센티브의 취지를 가진다. 유의할 것은 이러한 장애인추천보조금 제도가 적용되는 선거는 모든 선거가 아니라 지역구국회의원선거, 지역구시·도의회의원선거 및 지역구자치구·시·군의회의원선거로서 이러한 선거들의 총선거(보궐선거, 재선거가 아닌 임기만료로 인한 선거)라는 점이다.

[계상과 배분·지급 비율] ① 계상 – 국회의원선거의 선거권자 총수에 일정 금액을 곱한 금액을 장애인추천보조금으로 예산에 계상해야 한다(동법 제26조의2 제1항). ② 배분·지급 비율 – 장애인후보자를 전국지역구총수의 100분의 5 이상 추천한 정당이 있는 경우와 그런 정당이 정당이 없는 경우로 구분하고 후자인 경우 다시 100분의 3 이상 100분의 5 미만을 추천한 정당과 100분의 1 이상 100분의 3 미만을 추천한 정당으로 비율을 달리하면서 지급한다.

[용도제한] 장애인추천보조금은 장애인후보자의 선거경비로 사용하여야 한다(동법 제28조 제3항).

(5) 위헌성 논란과 개선방향
[문제점과 개선방향] 헌법 자체에 근거규정을 두고 있기에 국고보조가 합헌이나 그 구체적

방법을 법률로 정하도록 맡기고 있으나 그 배분기준이 보다 투명하고 형평성에 맞게 하도록 일정한 지침을 헌법 자체에 두어야 하지 않는가 한다. 한국의 그동안의 현실을 보면 국고보조금을 수령하는 대정당 소속 의원들의 불법 정치자금 수수 등이 문제되었다는 점을 반성하고 정당 스스로 고비용의 정치를 탈피하여 최소한의 운영자금으로 효율성을 보여주는 노력을 기울일 것을 전제조건으로 하여 정당의 정상적 활동을 담보하기 위한 목적으로 적정 범위 내에서 국가 보조가 이루어져야 한다.

[개선안] 2017년 국가인권위원회는 기본권보장강화를 위한 개헌안[19]을 발표하였는데 그 개헌안 제8조 제3항은 현행 헌법 제8조 제3항이 그냥 "국가는 법률이 정하는 바에 의하여 정당운영에 필요한 자금을 보조할 수 있다"라고 규정하고 있는 것을 "국가는 소수자의 보호 등 정당한 목적과 공정한 기준에 따라 정당운영에 필요한 자금을 보조할 수 있다"라고 규정할 것을 제안하고 있다. 국민의 세금으로 지급되는 정당 국고보조금을 배분함에 있어서 소수정당을 보호하고 공정한 기준을 설정하자는 취지인 것이다.

8. 정당재정의 투명성 · 효율성을 위한 제도

불법적인 검은 자금의 유입을 차단하고 투명하며 객관적인 재정운용을 위해서는 먼저 정당의 정치자금에 관한 회계제도가 확립되어야 한다. 우리나라의 정치자금법도 정치자금의 투명성을 위하여 회계장부의 비치 및 기재, 회계보고, 회계장부의 인계 · 보존(동법 제37조, 제40조, 제44조) 등을 의무로 규정하고 있다. 이러한 의무가 이행되도록 강제하기 위해서는 그 위반에 대한 제재, 처벌이 마련되어 있어야 하는데 현행 정치자금법도 회계에 관한 정치자금법의 의무들을 위반한 경우에 처벌규정(동법 제46 내지 49조)을 두어 실효성을 담보하고자 하고 있다. 정당에게 정치자금의 수요가 많아지는 것은 선거과정에서이고 선거자금에 대한 제한은 불법 선거자금의 투입을 차단하고 더불어 공정한 선거를 위하여서도 필요하다. 현재 선거비용의 상한이 설정되고 있고 이를 초과한 경우에 당선무효로 하여 실효성을 보장하고 있다(공직선거법 제121조, 제263조 등 참조).

Ⅸ. 정당의 소멸(해산과 등록취소)

정당은 해산과 등록취소로 소멸된다.

---

19) 이 안은 인권위가 만든 2017년 기본권 보장 강화 연구포럼 위원회(위원장: 정재황, 위원: 김대환, 이발래, 김종철, 오동석, 신옥주, 조규범)에서 연구한 결과를 인권위에서 발표한 것이다.

1. 해산

(1) 해산의 유형

정당의 해산에도 정당 자신의 의사에 의해 이루어지는 자진해산과 정당 자신의 의사에 반하여 국가기관에 의하여 해산되는 강제해산이 있다.

(2) 자진해산

현행 정당법은 그 대의기관의 결의로써 정당이 스스로 해산할 수 있다고 규정하고 있다(법 제45조 제1항). 자진해산의 신고가 있는 때에는 당해 선거관리위원회는 그 정당의 등록을 말소하고 지체 없이 그 뜻을 공고하여야 한다(동법 제47조). 잔여재산은 당헌이 정하는 바에 따라 처분하고 당헌에 따라 처분되지 아니한 잔여재산은 국고에 귀속한다(동법 제48조 제1항·제2항).

(3) 강제해산

1) 헌법재판소의 심판에 의한 강제해산과 그 의의

현재 우리 헌법은 정당에 대해서는 헌법재판소의 심판에 의하여서만 강제해산될 수 있도록 하고 있다(제8조 제4항). 이는 일반적인 행정기관에서의 해산명령처분으로 해산되지 못하도록 함으로써 정당에 대한 보호를 강화하는 의미를 가진다. 우리나라에서는 최초의 정당해산심판 사건으로 2013년에 통합진보당에 대한 해산 및 정당활동정지가처분심판(헌재 2014.12.19. 2013헌다1, 2013헌사907)이 청구되었다. 본안판단결과 8:1로 해산결정이 되었다.

2) 사유(요건)

(가) 대상성　　　정당으로 등록된 단체가 강제해산심판에 제소대상이 된다. 아직 등록은 마치지 않았으나 창당준비위원회도 헌재의 해산심판의 대상으로 제소될 수 있는가에 대해 찬반 대립이 있을 것이나 법이 요구하는 조직을 갖춘 정도에 있다면 정당으로서 보호를 받아야 하고 헌재의 해산심판에 의해서만 해산될 수 있다고 볼 것이다. 다만, 대개 현실적으로는 창당준비위는 아직 정당으로서 본격적인 활동도 하지 않아 그 해산사유인 실질적 위험성을 인정하기 힘들 것이라는 점에서 실익이 분명치 않은 논의이다.

(나) '목적이나 활동'　　　해산사유가 되는 민주적 기본질서에 위배되는 것은 정당의 목적이나 활동이다.

ⅰ) 목적

① **개념과 판단 기준·방법**　　　여기서의 목적은 강령(또는 기본정책)과 당헌과 당이 출간하는 각종 인쇄물, 기간지, 당원들의 교육을 위한 자료 등에 나타난 것과 평소에 당해 정당의 주요 간부 등에 의하여 상당히 일관성 있게 표방된 목표를 말한다.

② 헌재의 판단기준은 아래와 같다.

● **판례** 정당의 목적이란, 어떤 정당이 추구하는 정치적 방향이나 지향점 혹은 현실 속에서 구현하고자 하는 정치적 계획 등을 통칭한다. 이는 주로 정당의 공식적인 강령이나 당헌의 내용을 통해 드러나겠지만, 그밖에 정당대표나 주요 당직자 및 정당관계자(국회의원 등)의 공식적 발언, 정당의 기관지나 선전자료와 같은 간행물, 정당의 의사결정과정에서 일정한 영향력을 가지거나 정당의 이념으로부터 영향을 받은 당원들의 행위 등도 정당의 목적을 파악하는 데에 도움이 될 수 있다. 만약 정당의 진정한 목적이 숨겨진 상태라면 공식 강령은 이른바 허울이나 장식에 불과할 것이고, 이 경우에는 강령 이외의 자료를 통해 진정한 목적을 파악해야 한다(헌재 2014.12.19. 2013헌다1, 통합진보당 해산결정).

ii) 활동

① **개념과 판단 기준·방법**   여기서의 활동이란 그 정당이 주체가 되고 그 효과가 그 정당에 발생할 행사, 예를 들어 전당대회, 대외 선전 등이 해당될 것이다.

② **판례의 판단기준**

● **판례** 정당의 활동이란, 정당 기관의 행위나 주요 정당관계자, 당원 등의 행위로서 그 정당에게 귀속시킬 수 있는 활동 일반을 의미한다. 여기에서는 정당에게 귀속시킬 수 있는 활동의 범위, 즉 정당과 관련한 활동 중 어느 범위까지를 그 정당의 활동으로 볼 수 있는지가 문제된다(헌재 2014.12.19. 2013헌다1 통합진보당 해산결정).

③ **당대표, 당원의 대표, 소속 의원, 소속 단체**   당의 실질적인 대표권한을 가진 당대표, 원내대표 등의 활동이 정당 자체의 활동으로 귀속될 가능성은 많다. 당원의 활동도 개인적 차원에서가 아니라 소속 정당 자체를 위한 활동으로서 그 당원의 영향력의 강도가 강한 지위나 활동이라면 민주적 기본질서에 위배될 수 있다. 당해 정당의 국회의 원내에서의 활동만을 의미하지 않고 원외적인 일련의 정치적 활동도 포함된다. 정당의 활동이 민주적 기본질서를 실질적으로 위배하는 경우여야 해산사유가 된다.

* 헌재의 판단기준은 아래와 같다.

● **판례** 당대표의 활동, 대의기구인 당대회와 중앙위원회의 활동, 집행기구인 최고위원회의 활동, 원내기구인 원내의원총회와 원내대표의 활동 등 정당 기관의 활동은 정당 자신의 활동이므로 원칙적으로 정당의 활동으로 볼 수 있고, 정당의 최고위원 등 주요 당직자의 공개된 정치 활동은 일반적으로 그 지위에 기하여 한 것으로 볼 수 있으므로 원칙적으로 정당에 귀속시킬 수 있을 것으로 보인다. 정당 소속의 국회의원 등은 그들의 활동 중에서도 국민의 대표자의 지위가 아니라 그 정당에 속한 유력한 정치인의 지위에서 행한 활동으로서 정당과 밀접하게 관련되어 있는 행위들은 정당의 활동이 될 수도 있을 것이다. 그 밖의 정당에 속한 개인이나 단체의 활동은 그러한 활동이 이루어진 구체적인 경위를 살펴서 그것을 정당의 활동으로 볼 수 있는 사정이 있는지를 판단해야 한다(헌재 2014.12.19. 2013헌다1).

iii) **목적, 활동의 병합성 여부**   헌법 제8조 제4항이 '목적이나 활동이'라고 규정하고 있는데 그렇다면 민주적 기본질서에 위배되는 부분이 목적만이거나 활동만인 것으로도 해산사유를 인정할 수 있느냐 하는 논의도 있다. 헌재는 "동 조항의 규정형식에 비추어 볼 때, 정당의 목적이나 활동 중 어느 하나라도 민주적 기본질서에 위배된다면 정당해산의 사유가 될 수 있다고 해석된다"라고 한다(헌재 2014.12.19. 2013헌다1).

(다) 민주적 기본질서

ⅰ) 우리 헌법 제8조 제4항의 해석   정당의 목적이나 활동이 민주적 기본질서에 위배될 때가 강제해산의 사유를 이룬다(제8조 제4항). 민주적 기본질서의 개념에 대해서는 ① 자유민주적 기본질서만이라는 견해와 ② 자유민주적 기본질서는 물론이고 사회복지주의 등 사회민주적 기본질서도 포함된다는 견해, ③ 자유민주적 기본질서 속에 사회복지국가원리가 당연히 포함된다고 보는 확장개념적 견해, ④ '민주적 기본질서'가 '자유민주적 기본질서'와 다르지 않다고 보는 견해 등이 대립되고 있다. 이에 대한 자세한 것은 앞서 본 바 있다(전술 제1절 제1항 민주적 기본질서 참조).

생각건대 우리 헌법은 자유민주적 기본질서 외에 복지주의 등을 그 내용으로 하는 사회민주적 기본질서를 민주적 기본질서의 중요한 다른 축으로 하고 있다. 그 이유는 앞의 민주질서에서 자세히 밝힌 대로이다. 이에 대해 다시 언급하는 것을 중복이므로 여기서는 생략한다(전술 참조). 한편 독일기본법이 '자유'민주적 기본질서라고 규정한 점을 들고 한국헌법의 해석에서도 '자유'민주적 기본질서일 뿐이라는 견해도 있다. 독일기본법은 자유주의의 이념에 반하는 전체주의 정당이었던 나치스의 경험 때문에 정당해산에 관하여 그렇게 명시한 것이다. 독일의 경우 규정과 엄연히 달리 우리 헌법의 규정은 '자유'민주적 기본질서라고 하지 않고 그냥 '민주적 기본질서'라고 규정하고 있으므로 이러한 명시적 헌법규정을 벗어난 해석은 받아들일 수 없다. 자유민주적 기본질서의 개념에 포함되지 않는 오늘날의 복지주의를 조직적이고도 지속적으로 부정하는 정당을 우리 헌법상 받아들일 수 없는 것은 우리 헌법 제8조 제4항이 '자유'민주적 기본질서라고 하지 않고 '민주적' 기본질서라고 하고 있기 때문에 문언상 너무나 당연하다.

* 유의점 - 위 ①의 견해를 취하는 입장들 중에는 "정당해산의 구실을 극소화하기 위해서라도 이때의 민주적 기본질서는 자유민주적 기본질서만을 의미하는 것으로 제한적 해석을 하여야 한다"고 보는 견해가 있다(권영성, 전게서, 200면). 그러나 아무리 정당의 보호가 중요하여 정당해산을 어렵게 하여야 한다고 하더라도 바로 이처럼 우리 헌법이 명시하고 있는 사유를 아무런 논리적 이유 없이 독일식으로 한정하여 해석할 수 없다. 프랑스에서처럼 정당의 해산제도를 두지 않으면 몰라도 정당해산제도를 두는 경우에는 헌법 자체가 설정하고 있는 해산사유를 명확하게 인식하여야 한다. 헌법 제8조 제4항이 명백히, 우리 헌법의 기본질서를 내포하는 그리하여 복지주의도 포함되는, '민주적' 기본질서라고 명시하고 있는데 복지주의를 폐기하는 위헌정당까지도 이를 보호하여야 한다고 보는 것은 받아들일 수 없다. 정당해산사유를 좁히는 것이 정당보호에 유리하고 그리하여 민주적 기본질서가 자유주의 요소만을 가진다고 보는 것은 자유주의 요소만을 정당이 지켜야 하고 복지주의요소는 배척해도 우리 헌법을 준수하는 정당이라는 입장이 되는데 자유와 복지가 둘 중 하나를 선택하여야 하는 'all or nothing'이 아니라 병존가능하다는 것을 무시하는 반헌법적 입장이다. 정당이 자유와 복지(=평등) 둘 중 어느 것을 우선하느냐, 어느 것에 더 비중을 두느냐 하는 것이지 우리 헌법 제34조에도 규정된 사회복지를 무시할

수 없는 것이다. 더구나 위헌적 활동을 한 정당이라고 하여 무조건 해산되는 것이 아니다. 즉 위헌성의 정도가 심각한 경우에 해산결정이 내려질 것이다[아래 (다) 참조]. 그러므로 위의 논의에서 어느 정당이 자유만을 강조한다고 또는 반대로 복지만을 강조한다고 하더라도 그것이 실제로 국정으로 연결되지 않거나 상당한 위배가 아니라면 곧바로 해산사유가 될 것은 아니다. 그 점에서 위에서의 극단적인 측면을 들어 논의를 하는 것은 그 실익이 회의적이다.

ii) 우리 헌법재판소의 입장

① 판시

● **판례** 헌재 2014.12.19. 2013헌다1

[민주적 기본질서 부분 판시] (가) 우리 헌법 제8조 제4항이 의미하는 민주적 기본질서는, 개인의 자율적 이성을 신뢰하고 모든 정치적 견해들이 각각 상대적 진리성과 합리성을 지닌다고 전제하는 다원적 세계관에 입각한 것으로서, 모든 폭력적·자의적 지배를 배제하고, 다수를 존중하면서도 소수를 배려하는 민주적 의사결정과 자유·평등을 기본원리로 하여 구성되고 운영되는 정치적 질서를 말하며, 구체적으로는 국민주권의 원리, 기본적 인권의 존중, 권력분립제도, 복수정당제도 등이 현행 헌법상 주요한 요소라고 볼 수 있다. (나) 헌법 제8조 제4항의 민주적 기본질서의 외연이 확장될수록 정당해산결정의 가능성은 확대되고, 이와 동시에 정당 활동의 자유는 축소될 것이다. 민주 사회에서 정당의 자유가 지니는 중대한 함의나 정당해산심판제도의 남용가능성 등을 감안한다면, 헌법 제8조 제4항의 민주적 기본질서는 최대한 엄격하고 협소한 의미로 이해해야 한다. 따라서 민주적 기본질서를 현행 헌법이 채택한 민주주의의 구체적 모습과 동일하게 보아서는 안 된다. 정당이 위에서 본 바와 같은 민주적 기본질서, 즉 민주적 의사결정을 위해서 필요한 불가결한 요소들과 이를 운영하고 보호하는 데 필요한 최소한의 요소들을 수용한다면, 정당은 각자가 옳다고 믿는 다양한 스펙트럼의 이념적인 지향을 자유롭게 추구할 수 있다. 앞서 본 민주적 기본질서의 내용들을 침해하는 것이 아닌 한 그 특정 이념의 표방 그 자체만으로 곧바로 위헌적인 정당으로 볼 수는 없다. 정당해산 여부를 결정하는 문제는 결국 그 정당이 표방하는 정치적 이념이 무엇인지가 아니라 그 정당의 목적이나 활동이 민주적 기본질서에 위배되는지 여부에 달려있기 때문이다.

② 위 판시에 대한 분석   "다수를 존중하면서도 소수를 배려하는 민주적 의사결정과 자유·평등을 기본원리로 하여 구성되고 운영되는 정치적 질서를 말하며"라는 판시는 민주적 기본질서에 자유뿐 아니라 평등, 소수존중이라는 사회복지적 요소가 포함됨을 인정하려는 입장이고 '다양한 스펙트럼의 이념적인 지향'이라는 언급도 그러한 입장임을 알 수 있게 한다.

* 유의점 – 헌재도 "이 민주적 기본질서의 외연이 확장될수록 정당해산결정의 가능성은 확대되고, 이와 동시에 정당 활동의 자유는 축소될 것"이라고 하여 위에서 논의한 정당해산사유 축소를 위한 주장 취지를 공감하는 것으로 이해된다. 그러나 헌재는 위 판시에서 다양한 이념지향을 추구한다는 점을 들고 있는 점에서 자유주의만을 그 내용으로 하지 않는 입장을 분명히 하고 있다. '외연'확장을 반대하는 것이지 사회복지, 평등 요소 자체를 배척하는 것이 아니다. 그 요소는 인정하면서 그것의 위배 판단이라는 구체적 문제에서는 엄격해야 한다는 것이다. 헌재가 바로 이어 "따라서 민주적 기본질서를 현행 헌법이 채택한 민주주의의 구체적 모습과 동일하게 보아서는 안 된다", "최소한의 요소들을 수용한다면"이라고 하는 것이 그 점을 의미한다.

(라) 위배   정당의 중요성에 비추어 볼 때 정당의 활동이 민주적 기본질서를 실질적으로 위배하는 경우에 해산사유가 된다고 볼 것이다. 국민의 의사에 영향을 미치는 정도가 아주 약한 정도인데도 해산시킬 수는 없다. 헌재도 비슷한 취지의 입장을 취하고 있다(2013헌다1, 아래

판시 참조). 객관적으로 그 영향의 정도를 고려하여 해산사유가 된다고 보아야 한다. 사실 민주적 기본질서에 반하는 활동을 한 정당은 그 구체적 활동을 할 때마다 해산결정으로 해산되는 것이 아니라 우선 그 구체적 위배활동의 산물 자체가 위헌결정을 받을 가능성을 가진다. 예를 들어 어느 정당이 공공복리를 침해하는 행위를 하도록 이끌게 하였더라도 정당해산 이전에 그 행위에 대한 법원이나 헌법재판소의 재판에 의하여 위헌상태가 가려지고 제재가 가해질 수 있다. 그러한 위배가 반복적이면 해산심판에 의한 제재가 가해질 것이다. 이 점에서도 여기서의 목적과 활동의 위배성이란 단발적이고 일시적인 위배사실이 아니라 상당한 정도로 일련의 조직적이고 반복적이며 지속성 있는 활동으로 국민에게 중요한 영향을 주는 상태에 있는 정당이 해산대상이 된다고 볼 것이다. 물론 지속적이지 않고 몇 건의 위배사건이더라도 그 위헌성의 정도가 심각한 경우에는 해산사유가 된다고 볼 것이다.

❶ **판례** 헌재 2014.12.19. 2013헌다1
[판시] 정당의 목적과 활동에 관련된 모든 사소한 위헌성까지도 문제 삼아 정당을 해산하는 것은 적절하지 않다. 그렇다면 헌법 제8조 제4항에서 말하는 민주적 기본질서의 위배란, 민주적 기본질서에 대한 단순한 위반이나 저촉을 의미하는 것이 아니라, 민주 사회의 불가결한 요소인 정당의 존립을 제약해야 할 만큼 그 정당의 목적이나 활동이 우리 사회의 민주적 기본질서에 대하여 실질적인 해악을 끼칠 수 있는 구체적 위험성을 초래하는 경우를 가리킨다.

* **독일의 예:** 독일에서는 1952년 10월 23일의 신나치당(SRP) 해산결정, 1956년 8월 17일의 공산당(KPD) 해산결정이 있었다. 반면에 2001년에 위헌 확인 및 해산심판이 청구된 극우파정당인 독일국가민주당(NPD. Nationaldemokratische Partei Deutschlands)에 대해서는 2003년 3월 18일 해산심판중지결정을 한 바 있었는데 결국 그 청구에 대해 2017년 1월 17일에 기각결정이 내려졌다. 이 결정에서 독일 연방헌법재판소는 위헌적인 목적을 인접한 장래 실현할 가능성이 없는 경우라 하더라도 정당해산 사유가 된다고 본 이전 1956년의 독일공산당 판결(BVerfGE 5, 85 <143>)과 달리하는 판례변경을 하였다. 이 결정에서 독일국가민주당이 인접한 시일 내에 헌법 적대적인 목적 달성을 이룰 가능성이 없고 점점 쇠퇴 중인 저조한 조직력, 미미한 사회적 영향력을 보여주고 있다고 하여 청구를 받아들이지 않고 기각하는 결정을 하였다(BvB 1/13).

(마) 보충성원칙 위에서 살핀 대로 정당의 중요성을 감안하면, 그리고 정당의 활동이 민주적 기본질서에 위배되는 것이더라도 먼저 그 구체적 위배활동 자체에 대한 교정수단(위헌법률심판, 헌법소원심판 등)을 통한 합헌성 회복의 노력을 기울이고 그래도 중대한 위배가 계속되면 정당의 강제해산절차에 의하여야 할 것이다.

(바) 비례원칙 우리나라 헌재는 정당해산에 있어서 비례원칙의 적용을 요구한다고 본다.

❶ **판례** 헌재 2014.12.19. 2013헌다1
[판시] 정당해산심판제도에서 비례원칙 준수 여부는 그것이 통상적으로 기능하는 위헌심사의 척도가 아니라 헌법재판소의 정당해산결정이 충족해야 할 일종의 헌법적 요건 혹은 헌법적 정당화 사유에 해당한다. 이와 같이 강제적 정당해산은 우리 헌법상 핵심적인 정치적 기본권인 정당 활동의 자유에 대한 근본적 제한이므로 헌법재판소는 이에 관한 결정을 할 때 헌법 제37조 제2항이 규정하고 있는 비례원칙을 준수해야만 하는 것이다. 따라서 헌법 제37조 제2항의 내용, 침익적 국가권력의 행사에 수반되는 법치국가적 한계, 나아가 정당해산심판제도의 최후수단적 성격이나 보충적 성격을 감안한다면, 헌법 제8조 제4항의 명문규정상 요건이 구비된 경우에도 해당 정당의 위헌적 문제성을 해결할 수 있는 다른 대안적 수단이 없고, 정당해산결정을 통하여 얻을 수 있는 사회적 이익이 정당해산결정으로 인해 초래되는 정당의 정당활동 자유 제한으로 인한 불이익과 민주주의 사회에 대한 중대한 제약이라는 사회적 불이익을 초과할 수 있을 정도로 큰 경우에 한하여 정당해산결정이 헌법적으로 정당화될 수 있다.

* **검토**: 헌재가 정당해산사유로서 비례원칙과 기본권제한사유로서 비례원칙에 차이가 있는 것으로 보는 입장인 것 같다. 피해최소성, 법익균형성도 인정하여 그 차이가 무엇인지 뚜렷하지는 않다. 바로 아래 결론을 보면 중대성, 상황성이 포함되는 것으로 보인다.

* **헌재의 적용과 결론**: 헌재는 1. 위헌적 성격의 중대성, 2. 대한민국이 처해 있는 특수한 상황, 3. 피해의 최소성, 즉 다른 대안적 수단이 존재하지 않으며, 4. 해산결정을 해야 할 사회적 필요성(법익 형량)도 인정된다고 보아 통합진보당 해산결정이 비례원칙에 어긋나지 않는다고 판단하였다.

3) 강제해산의 제소 및 심판절차

정부가 국무회의의 심의를 거쳐 헌법재판소에 정당의 해산을 제소할 수 있고, 정당은 헌법재판소의 심판에 의하여 해산된다(제8조 제4항, 제89조 제14호). 대통령이 아니라 '정부'가 제소권자로 명시되어 있다(* 이 절차에 대한 자세한 것은 본서 후술 헌법재판 부분의 정당해산심판; 정재황, 헌법재판론, 박영사 2020, 정당해산심판 부분 참조).

4) 결정

재판부는 재판관 7인 이상의 출석으로 사건을 심리한다(헌법재판소법(이하 '헌재법'이라 함) 제23조 제1항). 종결되어 헌재가 내리는 결정에는 ① 먼저 청구요건을 갖추지 못한 경우에는 각하결정, ② 정부가 해산을 요구하는 정당의 목적이나 활동이 민주적 기본질서에 위배된다고 헌법재판소가 판단한 때에는 인용결정인 정당해산결정을 한다. ③ 청구가 이유가 없을 때에는 기각결정을 한다.

정당을 해산하는 결정에는 종국심리에 관여한 재판관 6인 이상의 찬성이 있어야 한다(헌법 제113조 제1항; 헌재법 제23조 제2항 제1호). 헌재는 통합진보당사건에서 구체적 위험성을 초래하였다고 판단하고 해산결정은 비례의 원칙에 어긋나지 않는다고 보았다(2013헌다1).

5) 해산결정의 효력

(가) 창설적 효력   정당의 해산을 명하는 결정이 선고된 때에는 그 정당은 해산된다(헌재법 제59조). 헌법재판소의 이러한 해산결정은 창설적 효력을 가진다. 별도의 해산명령 내지 처분을 하여야 해산효과가 있는 것이 아니라 헌법재판소 결정 자체로 그대로 정당이 소멸되기 때문에 창설적 효력이라고 하는 것이다.

(나) 결정의 집행   정당의 해산을 명하는 헌법재판소의 결정은 중앙선거관리위원회가 「정당법」에 따라 집행한다(헌재법 제60조).

(다) 정당법의 해산결정효력규정   헌법재판소의 해산결정의 통지가 있는 때에는 당해 선거관리위원회는 당해 정당의 등록을 말소하고 지체 없이 그 뜻을 공고하여야 한다(정당법 제47조). 헌법재판소의 해산결정에 의하여 해산된 정당의 잔여재산은 국고에 귀속한다(동법 제48조 제2항). 정당이 헌법재판소의 결정으로 해산된 때에는 해산된 정당의 강령(또는 기본정책)과 동일하거나 유사한 것으로 정당을 창당하지 못한다(대체정당의 금지, 동법 제40조). 이는 정당해산결정의 실효성을 위한 것이다. 헌법재판소의 결정에 의하여 해산된 정당의 명칭과 같은 명칭은 정당의 명칭으로 다시 사용하지 못한다(동법 제41조 제2항).

(라) 소속 국회의원, 지방의회의원들의 의원직 자동상실 여부

ⅰ) 학설과 현행법 해석   헌법재판소의 해산결정을 받은 정당에 소속된 국회의원들, 지방의회의원들은 그 해산결정으로 당연히 의원직을 상실하게 되는지에 대해서는 국내에서 ① 긍정설과 ② 부정설이 대립되고 있다. 현행 공직선거법 제192조 제4항 본문은 "비례대표국회의원 또는 비례대표지방의회의원이 소속정당의 합당·해산 또는 제명외의 사유로 당적을 이탈·변경하거나 2 이상의 당적을 가지고 있는 때에는 「국회법」 제136조 또는 「지방자치법」 제78조의 규정에 불구하고 퇴직된다"라고 규정하고 있다. 따라서 정당의 강제해산결정이 있더라도 지역구의원들뿐 아니라 비례대표의원도 의원직이 자동상실되지 않는 것으로 해석된다.

ⅱ) 헌재 판례   그러나 헌재는 공직선거법 제192조 제4항의 규정에서의 해산을 자진 해산의 경우로만 보고 정당해산결정의 실효성을 확보하기 위해서라는 이유로 통합진보당결정에서 아래와 같은 판시로 소속 국회의원들의 의원직 상실을 선고하였다. 헌재는 결국 이 결정에서 다음과 같은 두 가지 입장을 취한다. ① 정당해산결정이라는 강제해산은 기속위임금지원칙을 고려하더라도 정당의 강제해산으로 국회의원이 국민대표자라고 하더라도 정당해산심판제도의 본질로부터 인정되는 기본적 효력으로 그 직이 당연 상실되어야 한다. ② 이러한 자동상실에 있어서 지역구에서 당선되었는지, 비례대표로 당선되었는지에 따라 아무런 차이가 없이, 정당해산결정으로 인하여 신분유지의 헌법적인 정당성을 잃으므로 그 의원직은 상실되어야 한다.

> 🌑 **판례** 헌재 2014.12.19. 2013헌다1
> (1) 헌법재판소의 해산결정에 따른 정당의 강제해산의 경우에는 그 정당 소속 국회의원이 그 의원직을 상실하는지 여부에 관하여 헌법이나 법률에 아무런 규정을 두고 있지 않다. 따라서 위헌으로 해산되는 정당 소속 국회의원의 의원직 상실 여부는 위헌정당해산제도의 취지와 그 제도의 본질적 효력에 비추어 판단하여야 한다. … 해산정당 소속 국회의원의 의원직을 상실시키지 않는 것은 결국 위헌정당해산제도가 가지는 헌법수호의 기능이나 방어적 민주주의 이념과 원리에 어긋나는 것이고, 나아가 정당해산결정의 실효성을 제대로 확보할 수 없게 된다. (5) 이와 같이 헌법재판소의 해산결정으로 해산되는 정당 소속 국회의원의 의원직 상실은 정당해산심판제도의 본질로부터 인정되는 기본적 효력으로 봄이 상당하므로, 이에 관하여 명문의 규정이 있는지 여부는 고려의 대상이 되지 아니하고, 그 국회의원이 지역구에서 당선되었는지, 비례대표로 당선되었는지에 따라 아무런 차이가 없이, 정당해산결정으로 인하여 신분유지의 헌법적인 정당성을 잃으므로 그 의원직은 상실되어야 한다. (다) 소결 — 그러므로 정당해산심판제도의 본질적 효력에 따라, 그리고 정당해산결정의 취지와 목적을 실효적으로 확보하기 위하여, 피청구인 소속 국회의원들에 대하여 모두 그 의원직을 상실시키기로 한다.

* 분석 — ⅰ) 헌재의 논리적 출발은 공직선거법 제192조 제4항이 자진해산의 경우에만 해당되고 따라서 강제해산의 경우에는 규율하는 규정이 없다는 점에서이다. 그러나 위 공직선거법규정이 그냥 '해산'이라고 규정하여 자진해산뿐 아니라 강제해산(즉 헌재의 해산결정으로 해산되는 경우)도 문언상 포함하는데 강제해산을 제외한다고 해석하는 것은 법규정 문언 자체를 벗어난, 해석한계를 벗어난 것으로서 받아들이기 곤란하다(그런데 이 2013헌다1 결정에서 소속 지방의회의원들에 대해서는 상실을 선고하지 않았고 이후 논란이 되고 있다). 헌재의 논리대로 정당해산결정의 실효성을 위한 것이고 그것을 위한 우리 헌법의 해석이 강제해산의 경우 법률에 명시적 규정이 없더라도 의원직 자동상실에 있는 것이라고 본다면 법률에 대한 위헌 여부 결정권을 가

지는 헌재가 그러한 취지를 밝히고 공직선거법 위 규정은 문제가 있다고 결정한 다음 상실선고로 가는 것이 차라리 보다 논리적이었을 것이다. ii) 여하튼 기속위임금지에 예외를 두어가면서까지 위와 같은 논증을 할 것인지 하는 회의는 기속위임금지원칙이 헌법적 원칙(헌법 제46조 제2항)이기 때문임은 물론이다. 아무리 선의라고 하더라도 헌법원칙의 예외를 인정하면 그 원칙의 포기를 가져오게 할 수도 있다. iii) 헌재는 위 판시 이전에 제명제도에 대해 "그 동안의 역사적 경험에 비추어 볼 때 이 역시 기대하기 어렵다"라고 판시하고 있는데 왜 기대하기 어렵다는 것인지 논리적 설명이 없다. 더구나 사안은 소수당이 위헌정당으로 결정이 났는데 왜 국회의 나머지 정당들이 다수파인데 위헌정당으로 결정된 당의 소속 의원들을 국회에서 제명하는 것이 어려운 것인지 설명이 필요하다.

iii) 지방의회의원에 대한 중앙선거관리위원회 결정 한편 지방의회의원들에 대한 의원직 상실에 대해서는 헌재가 주문에서 언급하지 않았다. 아마도 청구취지에 국회의원만 포함되어 있었던 데에 따른 결과라고 짐작들 한다. 그런데 중앙선거관리위원회는 헌재의 결정에 따른다고 하면서 헌법재판소의 위헌정당 해산 결정에 따라 해산된 정당 소속 비례대표지방의회의원은 그 직에서 퇴직된다고 결정했다.[20] 중앙선거관리위원회는 "공직선거법 제192조 제4항은 '비례대표지방의회의원은 소속정당의 합당·해산 또는 제명 외의 사유로 당적을 이탈·변경하는 때에는 지방자치법 제78조(의원의 퇴직)의 규정에 불구하고 퇴직된다."고 규정하고 있고 그 해산은 자진해산을 의미하므로, 헌법재판소의 위헌정당 해산결정에 따라 해산된 정당 소속 비례대표 지방의회의원은 헌법재판소의 위헌정당 해산결정이 선고된 때부터 공직선거법 제192조 제4항에 따라 그 직에서 퇴직된다고 그 이유를 설명하였다. 그리고 통합진보당 소속 지역구지방의회의원들은 무소속으로 남았다. 중앙선거관리위원회의 이 결정도 공직선거법 제192조 제4항의 해산에서 강제해산을 제외하는 문언을 벗어난 해석으로 위의 문제가 역시 지적되고 있다. 이 결정들에 대해서는 행정소송이 제기되었다.

iv) 헌법개정제안 위헌정당에 대해 그 소속 의원들도 위헌활동을 한 것이고 앞으로 위헌활동을 할 가능성이 있으므로 이를 방지하고자 소속 정당이 위헌정당으로 강제해산결정된 다음에야 정당기속을 인정하고 자동으로 의원활동을 상실시킬 필요가 있다면 이는 기속금지라는 헌법적 원칙을 깨트리는 것이므로 이에 대한 헌법규정을 개정으로 삽입한다면 논란이 없어질 수 있다. 통진당결정 이전에 자동상실을 헌법에 규정하자는 제안으로 2014년 국회 헌법개정자문위원회가 "헌법재판소의 심판에 따라 해산된 정당 소속 국회의원은 의원직을 상실하며, 그 밖의 해산 결정의 효력은 법률로 정한다"라고 개정하자고 제안한 바 있다.[21]

---

20) 중앙선거관리위원회 12월 22일 전체 위원회. http://www.nec.go.kr/portal/bbs/view/B000 0342/24914. do?menuNo=200035
21) 2014년 국회 헌법개정자문위원회, 최종결과보고서 1권, 25면.

2. 등록취소

(1) 등록취소의 사유

등록취소사유에는 조직에 관한 사유와 선거참여에 관한 사유가 있다.

1) 조직에 관한 사유

정당이 일정한 조직요건을 갖추지 못한 경우에는 존립의 기반이 불충분하고 국민의 의사를 수렴하는 기능이 약하다고 본다. 우리 헌법 제8조 제2항 후문은 정당은 "국민의 정치적 의사형성에 참여하는데 필요한 조직을 가져야 한다"라고 명시하고 있다. 그 조직요건이 과중하다면 위헌이 된다. 현행 정당법은 정당이 ① 5 이상의 시·도당을 가져야 한다는 법정시·도당수의 요건(정당법 제17조), ② 시·도당은 1천인 이상의 당원을 가져야 하고 이러한 1천인 이상이라는 법정당원수에 해당하는 수의 당원은 당해 시·도당의 관할구역 안에 주소를 두어야 한다는 시·도당의 법정당원에 관한 요건(동법 제18조)을 구비하지 못하게 된 때를 등록취소사유로 규정하고 있다(동법 제44조 제1항 제1호).

> *** 유의할 점:** ① 위 조직요건의 흠결의 경우에는 유예제도를 두고 있다. 즉 그 흠결이 공직선거의 선거일전 3월 이내에 생긴 때에는 선거일 후 3월까지, 그 외의 경우에는 요건흠결 시부터 3월까지 그 취소를 유예한다(동법 제44조 제1항 제1호 단서). ② 또한 정당법은 신설합당의 등록신청시 시·도당의 소재지와 명칭 등 일정 사항을 120일 이내에 보완하지 아니하여 2회 이상 보완을 명하였으나 상당한 기간 내에 보완이 없을 때도 등록취소할 수 있다고 규정하고 있다(동법 제20조 제3항).

2) 선거참여에 관한 사유

정당이 중요한 선거에 참여하지 않은 경우에는 정당의 본연의 임무인 정권획득을 위한 노력의 의사가 없다고 보아 등록을 취소할 수 있는 사유로 하는 예가 있다. 그러나 그 참여해야 할 공직선거나 참여기간, 참여결과 득표율 등을 너무 과다하게 요구한다면 위헌이 된다.

우리 정당법은 참여 자체에 대한 사유와 참여결과 득표율에 관한 사유 두 가지 모두 규정하고 있었다.

(가) 불참　정당법은 "최근 4년간 임기만료에 의한 국회의원선거 또는 임기만료에 의한 지방자치단체의 장선거나 시·도의회의원선거에 참여하지 아니한 때"를 필요적 등록취소사유로 하고 있다(동법 제44조 제1항 제2호).

> *** 유의할 점:** 선거에 불참한 경우에 등록취소되는 경우는 명백히 최근 4년간 불참인 경우이고, 그 불참시 등록취소로 되는 대상 선거로는 모든 선거가 아니라 임기만료에 의한 국회의원선거 또는 임기만료에 의한 지방자치단체의 장선거나 시·도의회의원선거이다. 불참시 등록취소되는 선거에 대통령선거가 포함되어 있지 않은 것에 대해서는 문제가 있다고 지적되기도 한다.

(나) 참여결과 득표율　정당법은 "임기만료에 의한 국회의원선거에 참여하여 의석을 얻지 못하고 유효투표총수의 100분의 2 이상을 득표하지 못한 때"를 필요적 등록취소사유로 규정하고

있었다(동법 제44조 제1항 제3호). 그런데 이 규정에 대해서는 아래와 같이 위헌결정이 있었다.

● **판례** 헌재는 정당설립의 자유를 과잉금지(비례)원칙 중 피해 최소성을 위반하여 침해한다는 이유로, 즉 예컨대 단 한번만의 국회의원선거 결과로 정당을 취소할 것이 아니라 일정기간 동안 국회의원선거 등 공직선거에 참여할 수 있는 기회를 수회 더 부여하고 그 결과에 따라 등록취소 여부를 판단하는 방법을 고려할 수 있음에도 그러하지 않아 침해의 최소성을 결여하고 법익의 균형성도 갖추지 못했다고 하여 헌재가 위헌으로 결정하였고(헌재 2014.1.28. 2012헌마431. 이 결정의 요지에 대해서는 앞의 정당의 자유 부분 참조) 이제는 효력을 상실하였다.

(2) 취소권자

현행 정당법은 당해 선거관리위원회가 등록의 취소를 할 권한을 가지는 것으로 규정하고 있다(동법 제44조 제1항).

(3) 등록취소의 효과

당해 선거관리위원회는 등록을 취소한 때에는 지체 없이 그 뜻을 공고하여야 한다(동법 제44조 제2항). 등록취소된 정당의 명칭과 같은 명칭은 등록취소된 날부터 최초로 실시하는 임기만료에 의한 국회의원선거의 선거일까지 정당의 명칭으로 사용할 수 없다(동법 제41조 제4항).

● **판례** 그런데 이 조항에 대해서는 앞서 언급한 대로 임기만료에 의한 국회의원선거에 참여하여 의석을 얻지 못하고 유효투표총수의 100분의 2 이상을 득표하지 못한 정당에 대한 등록취소가 위헌으로 결정됨에 따라 제41조 제4항 중 제44조 제1항 제3호에 관한 부분(즉 그 경우에 위와 같은 명칭사용금지)도 아울러 위헌으로 결정되었다(헌재 2014.1.28. 2012헌마431).

정당은 당헌에 등록취소시의 잔여재산 처분에 관한 사항을 규정하여 공개하여야 한다(동법 제28조 제2항 제11호·제1항). 정당의 등록이 취소된 때에는 그 잔여재산은 당헌이 정하는 바에 따라 처분하고, 처분되지 아니한 정당의 잔여재산은 국고에 귀속된다(동법 제48조 제1항·제2항).

제 2 항   선거제도

I. 선거의 개념과 법적 성격·기능

1. 개념

선거란 어느 집단을 위한 활동을 대신할 사람이나 집단의 대표자를 뽑는 행위를 말한다. 주로 많이 실시되는 선거는 공직선거이다. 공직선거는 국민이나 주민의 대표자로서 공무를 수행할 사람을 선출하는 행위를 말한다. 아래에서는 공직선거를 살펴본다. 선출방식에는 투표, 추첨, 추대 등 여러 가지가 있을 수 있다. 따라서 투표는 선거의 한 방식을 의미하므로 투표와 선거는 엄밀한 의미에서는 구별된다. 그러나 선거방식으로서 투표가 통상 가장 많이 활용된다.

2. 본질론

(1) 이론
1) 기능론

기능론은 국민이 선거에 참여하는 것은 권리의 행사가 아니라 국민대표자를 선출하는 하나의 기능일 뿐이라고 본다. 프랑스 혁명 시에 주권론 중에 국민주권론이 소위 선거-기능의 관념(la notion d'électorat-fonction)에 터 잡아 이러한 이론을 주장하였음은 앞서 주권론에서 언급한 바 있다(전술 참조).

2) 권리론

권리론은 선거란 주권자인 국민이 자신의 권리로서 대표자를 선출하는 과정에 참여할 수 있는 권리를 행사하는 과정이라고 본다. 프랑스 혁명 시에 주권론 중 인민주권론은 선거를 국민 개개인이 주권자로서 가지는 권리의 행사로 보았다.

(2) 평가

선거행위는 대표자를 선출하는 기능인 것은 사실이나 그 선출행위과정에 참여하여 국민은 선거권이라는 권리를 행사하는 것이기도 하다. 따라서 선거에 참여하는 행위는 기능이자 권리의 행사라는 두 가지 효과를 모두 가지고 선거가 기능이라는 이유로 그 선거에 참여할 수 있는 권리인 선거권을 무조건 제한할 수는 없다. 선거권은 기본권이므로 기본권제한의 법리에 따라 제한될 수 있을 뿐이고 그 최대한 보장이 요구된다(선거권에 대해서는 후술 제3부 기본권론 부분 참조). 오늘날 보통(보편)선거의 원칙이 확립되어 있다.

3. 선거행위의 법적 성격과 기능

(1) 법적 성격

선거행위는 개인으로서는 선거권이란 권리의 행사이지만 대표자의 선출은 선거에 참여한 투표자들의 합성행위의 결과로 나타난다. 이러한 선거행위인 합성행위로 대표자에 대한 국가권력행사를 위임하는 법적 관계를 형성하게 된다.

(2) 기능

선거는 ① 대표자를 선출하는 기능 외에도 ② 대표자의 주권행사를 정당화하는 기능을 한다(민주적 정당성 기능). ③ 민주적인 선거의 실시는 안정적인 정권교체를 가능하게 하며 국민의 의사에 의한 정상적 정권교체는 쿠데타를 방지하는 기능도 수행한다.

II. 선거의 원칙

선거의 원칙으로 보통, 평등, 직접, 비밀, 자유의 원칙이 있다. 우리 헌법은 제41조 제1항이 "국회는 국민의 보통·평등·직접·비밀선거에 의하여 선출된 국회의원으로 구성한다"라고 규정하고 있고, 제67조 제1항이 "대통령은 국민의 보통·평등·직접·비밀선거에 의하여 선출한다"라고 규정하여 4대 원칙을 명시하고 있는데 학설, 판례는 그 외에 자유선거원칙도 포함하여 모두 5대 원칙을 선거원칙으로 본다. 이 선거원칙이 선거권, 피선거권 등 기본권에 중요한 영향을 미침은 물론이다. 그래서 뒤의 기본권의 참정권 부분에서도 살펴보고(후술 참조) 여기서는 개관한다.

1. 보통(보편)선거원칙

(1) 개념
보통(보편)선거의 원칙이란 최소한의 요건만 갖추면, 즉 국적을 보유하고 일정한 연령에 달한 국민이라면 사회적 신분, 성별, 재산, 소득, 인종 등에 관계 없이 선거권을 인정하여야 한다는 원칙이다. 보통선거라고 관용하여 불러오고 있긴 하나 일정한 연령 이상의 국민들에게 투표권이 보편적으로 인정되어야 한다는 점에서 '보편선거'라는 용어가 더 적절하다. 보통(보편)선거의 반대는 제한선거이다. 제한선거는 일정한 재산이나 수입을 가지거나 일정한 능력을 보유한 사람에 대해서만 선거권을 부여하는 것이다.

(2) 판례
① 재외국민 선거(대선, 국회의원총선 등 국정선거권)   헌재는 대통령선거, 국회의원선거의 선거권 행사에 주민등록을 요구하는 구 공직선거법 규정이 주민등록을 할 수 없는 재외국민의 선거권, 평등권을 침해하고 보통선거원칙을 위반하였다고 보아 헌법불합치결정을 하였다. 그리고 재외국민에 대해 부재자신고를 불허하여 외국에서 투표권을 행사할 수 없도록 한 구 공직선거법 규정에 대해서도 국외거주자의 선거권·평등권을 침해하고 보통선거원칙을 위반하였다고 아래의 헌법불합치결정을 한 바 있고 이후 재외선거제가 도입되었다.

● 판례 헌재 2007.6.28. 2004헌마644등
* 이 결정은 이전의 합헌성을 인정한 헌재 1996.6.26. 96헌마200; 1999.1.28. 97헌마253; 1999.3.25. 97헌마99 결정을 변경한 것이다.

② 집행유예자·수형자에 대한 선거권 제한(부정)의 보통선거원칙 위반   헌재는 집행유예기간 중인 자와 수형자의 선거권을 제한(부정)하고 있었던 구 공직선거법 제18조 제1항 제2호 중 '유기징역 또는 유기금고의 선고를 받고 그 집행이 종료되지 아니한 자(이하 '수형자'라 한다)'에 관한 부분과 '유기징역 또는 유기금고의 선고를 받고 그 집행유예기간 중인 자(이하 '집행유예자'라 한다)'에 관한 부분 및 구 형법 제43조 제2항 중 수형자와 집행유예자의 '공법상의 선거권'에 관한 부분이 선거권을 침해하고, 보통선거원칙에 위반하여 평등원칙에도 어긋나는 위헌성이 인정된다고 아래와 같이 결정하였다. 수형자 부분에 대해서는 계속적용의 헌법불합치결정이 있었다.

● 판례 헌재 2014.1.28. 2012헌마409
[결정요지] 1. 범죄자가 저지른 범죄의 경중을 전혀 고려하지 않고 수형자와 집행유예자 모두의 선거권을 제한하는 것은 침해의 최소성원칙에 어긋나고 특히 집행유예자는 교정시설에 구금되지 않고 일반인과 동일한 사회생활을 하고 있으므로, 그들의 선거권을 제한해야 할 필요성이 크지 않으므로 선거권을 침해하고, 보통선거원칙에 위반하여 집행유예자와 수형자를 차별취급하는 것이므로 평등원칙에도 어긋난다. 2. 수형자의 경우 그 위헌성은 지나치게 전면적·획일적으로 수형자의 선거권을 제한한다는 데 있는바 2015.12.31. 시한으로 입법자가 개정할 때까지 계속적용하도록 하는 헌법불합치결정을 한다. * 집행유예 경우의 동지 결정: 헌재 2014. 1. 28, 2013헌마105. * 그리고 위 공직선거법 제18조 제1항 제2호 부분은 이전에 합헌결정들(헌재 2004.3.25. 2002헌마411; 2009.10.29. 2007헌마1462)이 있었는데 모두 판례변경되었다.

2. 평등선거원칙

(1) 평등선거의 개념 – 투표수, 투표가치의 평등
유권자 1인당 동일한 수의 표와 투표가치를 부여하여야 한다는 원칙이 평등선거원칙이다. 평등선거에 반대되는 차등선거는 유권자의 재력, 신분, 학력 등에 따라 더 많은 수의 표를 부여하는 것이다.

평등선거의 원칙과 보통(보편)선거의 원칙은 구별되는 관념의 원칙이다. 보통(보편)선거원칙은 일정한 최소요건을 갖춘 이상 모든 국민에게 투표의 기회를 부여한다면 준수된 것이고 그 표수의 차이는 상관하지 않는다. 반면 평등선거원칙은 표수, 표가치의 동등을 요구하는 원칙이다. 예를 들어 A에게 1표를, B에게 3표를, C에게 5표를 부여할 경우 A, B, C 모두가 적든 많든 투표권을 가져 선거에 참여할 수 있으므로 보편선거원칙은 준수되었으나 표수에 차이가 있으므로 평등선거원칙에는 위배된다.

오늘날 평등선거의 원칙은 표수의 동등성뿐 아니라 표의 가치의 동등성(투표의 등가성)까지도 요구한다. 즉 1인 1표(one man, one vote)뿐 아니라 1표 1가(one vote, one value)가 되어야 한다. 보다 정확한 표현으로는 1인 1표 등가(one man, one vote, equal value)가 되어야 한다.

(2) 판례
i) 인구편차에 관한 판례   투표가치 평등원칙에 관한 대표적인 중요한 문제가 선거구 인

구 편차 때문에 생기는 불평등 문제이다. 선거구 인구가 각 10만명, 20만명인 A, B 각 선거구에서 선거하는 사람 사이에 2배의 편차가 있게 되면 표가치는 B선거구 선거인이 A선거구 선거인 보다 ½의 투표가치를 가지게 된다. 인구편차를 좁게 인정해야 평등선거구현에 바람직하다. 이에 관련하여 국회의원선거, 지방의회의원선거에서 평균인구의 상하 편차를 점차 좁혀온 판례변경을 한 아래의 결정례들이 있었다.

㉠ **국회의원선거의 경우** 첫 결정례로서 60%로 설정한 위헌결정례: 1995.12. 27. 95헌마224 → 50%로 좁힌 헌법불합치결정례: 헌재 2001. 10. 25. 2000헌마92등 → 편차 33⅓%로 좁힌 헌법불합치결정례: 헌재 2014. 10. 30. 2012헌마192등.

㉡ **지방의회의원선거의 경우**

ⓐ 광역지방의회의원선거에서의 60%로 설정한 헌법불합치결정례: 헌재 2007. 3.29. 2005헌마985등 → 50%로 좁힌 기각결정례: 헌재 2018.6. 28. 2014헌마189.

ⓑ 기초의회의원선거에서의 60%로 설정한 헌법불합치와 기각의 결정례: 헌재 2009.3.26. 2006헌마67 → 50%로 좁힌 기각결정례: 헌재 2018. 6.28. 2014헌마166.

인구편차 문제는 매우 중요하여 필히 이해가 요구되는 부분이나 여기서는 자세한 것은 중복을 피하기 위해 자세한 판례소개와 그 논의를 뒤의 기본권, 참정권에 미룬다(후술 참조).

ii) **게리맨더링** 합리적인 이유없이 인접하지 않은 지역을 묶어 하나의 선거구로 획정하는 경우와 같이 자의적인 선거구획정도 평등선거의 원칙에 반한다. 자의적 획정은 위에서 본 선거구 간 인구편차의 문제와는 구별된다. 자의적 획정은 합리적 이유없이 어느 정당, 후보자에 유리하게 서로 떨어져 있는 선거구를 묶는 등 그 구획에 불합리성과 자의(恣意, 독단)성이 있는 경우를 말한다. 아래와 같은 결정례들이 있었다. 역시 자세한 것은 참정권 부분 참조.

> ● **판례** [위헌의 결정례] 헌재는 특단의 불가피한 사정이 있다고 볼만한 사유를 찾아볼 수 없는데도, 충북 옥천군을 사이에 두고 접경지역 없이 완전히 분리되어 있는 충북 보은군과 영동군을 "충북 보은군·영동군 선거구"라는 1개의 선거구로 획정하였는바, 이는 소위 "게리맨더링(Gerrymandering)"의 전형적인 것으로서 재량의 범위를 일탈한 자의적인 선거구획정이라고 결정한 예가 있다(헌재 1995.12.27. 95헌마224).

> [입법재량 범위를 벗어난 자의적 선거구획정이 아니라고 본 예] 헌재 1998.11.26. 96헌마74; 2001.10.25. 2000헌마92; 2014.10.30. 2012헌마192 등.

iii) **비례대표선거에서의 정당투표 부재의 위헌성** 과거의 공직선거및선거부정방지법은 전국비례대표국회의원선거에서 정당에 대한 별도의 투표 없이 지역구 정당후보자에 대한 투표결과를 각 정당의 지지율로 간주하여 그 비례대표의석을 배분하고 있었다. 그런데 이는 무소속후보자를 지지한 유권자의 투표는 그 배분에 기여함이 없게 되어 불평등이라는 취지의 한정위헌결정이 있었다(헌재 2001.7.19. 2000헌마91). 현재는 비례대표제선거에서 지역선거구후보자에 대한 투표 외에 정당에 대한 투표를 별도로 하도록 하고 있다.

iv) **재외국민, 국외 거주자의 선거권제한** 헌재는 ㉠ 대통령선거, 국회의원선거의 선거권 행사에 주민등록을 요구하는 구 공직선거법 규정이 주민등록을 할 수 없는 재외국민의 선거권,

평등권을 침해한다고 보아 헌법불합치결정을 하였다(헌재 2007.6.28. 2004헌마644등. 이 결정에 대해서는 위 보통선거원칙에서도 인용되었다). ㉡ 국내거주자 한정의 부재자신고 허용이 국외거주자의 선거권·평등권을 침해하고 ㉢ 국내거주 재외국민의 지방선거 선거권을 제한하는 것이 국내거주 재외국민의 평등권과 지방의회의원선거권을 침해한다고 보았다(이상 ㉡, ㉢도 헌재 2007.6.28. 2004헌마644등 결정이다).

3. 직접선거원칙

(1) 개념

직접선거란 유권자가 선거에 매개자가 없이 스스로 직접 투표하고 그 투표로 선출을 결정짓는 선거를 말한다. 직접선거에 반대되는 간접선거는 대개 선거인단을 먼저 선출하여 이들이 매개자가 되어 최종적으로 대표자를 선출하는 선거로서 유권자는 선거인단을 선출하는 데 그칠 뿐이다. 물론 선거인단이 유권자와 강제(기속)위임의 관계에 있다면 유권자의 지시에 선거인단이 그대로 따라 최종 선출에 나아가야 할 것이므로 사실상 거의 직접선거에 가까운 결과를 가져오긴 한다. 미국의 대통령선거가 그러한 경우이다(그러나 미국의 경우 간접선거라는 점 자체보다도 승자독식, 즉 한 주에서 단 한 표라도 이기는 제1위 후보자가 그 주의 선거인단을 모두 독식하는 것이 표의 왜곡현상을 가져온다고 하여 문제되고 있다).

(2) 비례대표제선거의 경우

1) 구속식명부제의 문제

비례대표제에서는 각 정당이 작성한 후보자명부에 대해 투표하게 되는데 정당이 정한 그 후보자들의 순위를 유권자가 변경하여 투표할 수 없는 명부제를 구속식명부제(고정명부식)라고 한다. 이러한 구속식명부는 정당의 결정에 유권자가 기속되므로 직접선거에 반하지 않느냐 하는 문제가 있다. 우리 헌재는 정당에 대한 투표를 별도로 하는 것을 전제로 구속식명부제가 위헌이 아니라고 본다(헌재 2001.7.19. 2000헌마91). 헌재의 입장은 고정명부식이라도 정당에 대한 투표가 있다면 비록 후보 각각에 대한 선택권은 인정되지 않으나 여러 정당들의 명부들 중의 선택은 유권자가 할 수 있고 종국적으로 유권자에 의한 결정이 있게 되므로 합헌이라고 보는 것으로 이해된다.

2) 정당에 대한 투표의 필요성

위에서 본 대로 구속식명부제가 합헌이기 위해서는 정당의 후보명부에 대한 별도의 투표가 필요하다. 위에서 언급한 대로 과거에 비례대표후보자명부에 대한 별도의 투표 없이 지역구 정당후보자에 대한 투표를 정당에 대한 투표로 의제하여 비례대표의석을 배분하였는데 헌재가 이는 직접선거의 원칙에 반하여 위헌이라고 보았다(헌재 2001.7.19. 2000헌마91). 이후 정당투표제가 도입되어 시행되고 있다.

4. 비밀선거원칙

비밀선거원칙이란 선거인이 투표를 함에 있어서 공개되지 않고 어느 누구에게 투표하였는지 그 내용이 공개되지 않아야 한다는 원칙을 말한다. 선거인이 소신 있는 투표를 행할 수 있게 하여 선거결과의 공정성과 정확성을 확보하기 위한 것이다. 공직선거법은 비밀선거원칙에 관한 규정을 두고 있다. 즉 "투표의 비밀은 보장되어야 한다"라고 명시하고, 선거인은 투표한 후보자의 성명이나 정당명을 누구에게도 또한 어떠한 경우에도 진술할 의무가 없으며, 누구든지 선거일의 투표마감시각까지 이를 질문하거나 그 진술을 요구할 수 없다고 규정하고 있다(법 제167조 제1항·제2항 본문). 이의 준수를 실효성있게 하기 위하여 위 공직선거법 제167조 규정을 위반한 경우 투표의 비밀침해죄로 처벌하는 규정을 두고 있다(동법 제241조 제1항).

[판례] 공직선거법 제188조 제1항 본문이 지역구국회의원선거에 있어서 당해 국회의원지역구에서 투표율과 관계 없이 무조건 유효투표의 다수를 얻은 자를 당선인으로 결정하도록 하고 최소투표율제도를 도입하지 않아 선거의 대표성의 본질을 침해하는 것이고 따라서 위 규정은 헌법 제1조의 국민주권원리에 위반되는 위헌이라는 주장이 있었다. 그러나 헌재는 최소투표율제도를 도입하게 되면 투표를 강제하게 되어 자유선거원칙 위반의 우려도 있다고 하면서 그 주장을 배척하고 합헌성을 인정하는 기각결정을 하였다.

> ● **판례** 헌재 2003. 11. 27. 2003헌마259. [판시] 차등 없이 투표참여의 기회를 부여했음에도 불구하고 자발적으로 투표에 참가하지 않은 선거권자들의 의사도 존중해야 할 필요가 있다. 만약 청구인들이 주장하는 바와 같은 최소투표율제도를 도입하게 되면 투표실시결과 그러한 최소투표율에 미달하는 투표율이 나왔을 때 그러한 최소투표율에 도달할 때까지 투표를 또 다시 실시하지 않을 수 없게 되는데, 그것을 막기 위해 선거권자들로 하여금 투표를 하도록 강제하는 과태료나 벌금 등의 수단을 채택하게 된다면 자발적으로 투표에 참가하지 않은 선거권자들의 의사형성의 자유 내지 결심의 자유를 부당하게 축소하고 그 결과로 투표의 자유를 침해하여 결국 자유선거의 원칙을 위반할 우려도 있게 된다.

5. 자유선거원칙

자유선거원칙이란 선거인의 선거행위, 투표행위가 공권력이나 사인에 의하여 방해받지 않아야 하고 선거인이 자신의 자유롭고 자율적인 의사에 따라 후보나 정책에 대한 투표를 행할 수 있어야 한다는 원칙을 말한다. 선거인을 폭행·협박 또는 유인하거나 불법으로 체포·감금한 경우에 선거의 자유방해죄로 처벌된다(동법 제237조 제1항 제1호). 또한 투표·개표의 간섭 및 방해죄 등의 규정을 두고 있다(동법 제242조 제1항 등).

[판례] 공직선거법 제188조 제1항 본문이 지역구국회의원선거에 있어서 당해 국회의원지역구에서 투표율과 관계 없이 무조건 유효투표의 다수를 얻은 자를 당선인으로 결정하도록 하고

최소투표율제도를 도입하지 않아 선거의 대표성의 본질을 침해하는 것이고 따라서 위 규정은 헌법 제1조의 국민주권원리에 위반되는 위헌이라는 주장이 있었다. 그러나 헌재는 최소투표율제도를 도입하게 되면 투표를 강제하게 되어 자유선거원칙 위반의 우려도 있다고 하면서 그 주장을 배척하고 합헌성을 인정하는 기각결정을 하였다.

● **판례** 헌재 2003. 11. 27. 2003헌마259. [판시] 차등 없이 투표참여의 기회를 부여했음에도 불구하고 자발적으로 투표에 참가하지 않은 선거권자들의 의사도 존중해야 할 필요가 있다. 만약 청구인들이 주장하는 바와 같은 최소투표율제도를 도입하게 되면 투표실시결과 그러한 최소투표율에 미달하는 투표율이 나왔을 때 그러한 최소투표율에 도달할 때까지 투표를 또 다시 실시하지 않을 수 없게 되는데, 그것을 막기 위해 선거권자들로 하여금 투표를 하도록 강제하는 과태료나 벌금 등의 수단을 채택하게 된다면 자발적으로 투표에 참가하지 않은 선거권자들의 의사형성의 자유 내지 결심의 자유를 부당하게 축소하고 그 결과로 투표의 자유를 침해하여 결국 자유선거의 원칙을 위반할 우려도 있게 된다.

Ⅲ. 선거제도법률(법정)주의

선거제도법률(법정)주의가 선거법제에서 일반적으로 활용되고 있다. 선거제도법률(법정)주의란 헌법 자체에서는 선거제도의 기본원칙을 설정하고 선거의 실시에 관한 구체적인 사항은 법률로 정하도록 하는 것을 말한다. 우리 헌법 제41조 제3항은 "국회의원의 선거구와 비례대표제 기타 선거에 관한 사항은 법률로 정한다"라고 규정하고 있고 제67조 제5항은 "대통령의 선거에 관한 사항은 법률로 정한다"라고 규정하여 역시 선거제도법률주의를 취하고 있다. 선거제도법률주의에 따라 입법자가 상당한 입법형성권과 재량을 가진다. 그러나 그 재량에는 한계가 있다. 즉 입법자는 선거에 대한 규제의 필요성이 있더라도 비례원칙 등을 준수하여야 한다.

Ⅳ. 대표제

1. 개념

대표제란 선거에서 어느 정도의 지지를 받아야 대표자로 선출되는가 하는, 즉 선거에서 당선되기 위하여 필요한 지지의 정도에 관한 제도를 말한다. 다수의 지지를 받아야 당선될 수 있는 제도는 다수대표제이고 소수의 지지로도 당선이 될 수 있는 제도는 소수대표제이며 득표에 비례하여 당선가능성을 가지는 제도가 비례대표제이다. 대표제는 지지의 정도에 따라 당선을 결정함을 의미하므로 대표제는 곧 선거에서 당선자를 결정하는 방식 내지 의석을 배분하는 방식을 의미한다.

2. 다수대표제

(1) 개념 및 장단점

[개념] 다수대표제란 당해 선거구에서 선거인 다수의 지지가 있어야 당선이 될 수 있는 대표제를 말하는 것으로 선거에서 가장 많은 표를 얻은 후보가 당선되는 제도이다. 반면에 소수대표제는 선거인 소수의 지지로도 당선될 수 있는 대표제를 말한다. 다수대표제는 1인의 의원을 선출하는 소선거구제를 취하게 된다. 1인의 의원을 선출하므로 최다득표로 다수의 지지를 얻어야 당선될 수 있을 것이기 때문이다. [장점] 다수대표제는 소선거구에서의 1인 의원의 선출을 가져오는 것이므로 양당제가 자리잡고 있는 나라에서는 양당 중 어느 한 정당이 과반수로 의회의 다수파가 될 수 있고 그 정당이 집권하면 정국의 안정을 가져올 수 있다는 장점이 있다. [단점] 그러나 1위 당선자의 득표가 낮은 경우 사표가 많아지는 단점이 있고 이로써 또한 대표성의 왜곡이 나타날 수 있다고 지적된다(의석수로는 제2위인 정당이 낙선된 지역들에서 득표가 당선득표와 근소한 석패의 경우가 많으면 전체적으로 득표는 제1위일 수 있다). 다수대표제는 소수정당에게 불리하다는 단점이 있다.

[판례 – 헌재의 합헌성 인정] 소선거구다수대표제로 인하여 지역구국회의원선거에서 유효투표의 다수득표자를 당선인으로 결정하도록 하여, 차순위 득표자에게 투표한 청구인의 표가 사표가 되었으므로 청구인의 선거권과 평등권을 침해한다는 주장의 헌법소원심판이 청구되었다. 그러나 헌재는 다수의 사표가 발생한다 하더라도 그 이유만으로 헌법상 요구된 선거의 대표성의 본질을 침해한다거나 그로 인해 국민주권원리를 침해하고 있다고 할 수 없다고 하면서 합헌성을 인정하고 있다.

● **판례** 헌재 2016.5.26. 2012헌마374
[판시] 소선거구 다수대표제는 하나의 지역구에서 1인의 국회의원을 선출하도록 하는 것으로서 선거권자가 후보자를 직접 검증하여 선택할 수 있고, 양대 정당 중심으로 득표가 집중되어 소선거구 다수대표제는 다수의 사표가 발생할 수 있다는 문제점이 제기됨에도 불구하고 정치의 책임성과 안정성을 강화하고 인물 검증을 통해 당선자를 선출하는 등 장점을 가지며, 선거의 대표성이나 평등선거의 원칙 측면에서도 다른 선거제도와 비교하여 반드시 열등하다고 단정할 수 없다. 또한 비례대표선거제도를 통하여 소선거구 다수대표제를 채택함에 따라 발생하는 정당의 득표비율과 의석비율간의 차이를 보완하고 있다. 그러므로 이 사건 법률조항이 소선거구 다수대표제를 규정하여 다수의 사표가 발생한다 하더라도 그 이유만으로 헌법상 요구된 선거의 대표성의 본질을 침해한다거나 그로 인해 국민주권원리를 침해하고 있다고 할 수 없고, 청구인의 평등권과 선거권을 침해한다고 할 수 없다.

(2) 상대다수대표제와 절대다수대표제

다수대표제에도 상대다수대표제와 절대다수대표제가 있다.

1) 상대다수대표제(단기명 1회투표제)

상대다수대표제란 최다득표자가 과반수 득표를 하지 않더라도 경쟁후보들보다 단 1표라도 더 획득한 후보가 당선되는 대표제(선출방식)를 말한다. 예를 들어 유효투표의 30%의 득표를 하였지만 여러 후보들이 난립하였기에 최다득표를 하였다면 당선되는 제도이다. 상대다수대표제는 하나의 선거구에서 단기명투표로 한 명의 의원을 선출하는 소선거구제에 연결되는 것이 일반적이다.

2) 절대다수대표제와 결선투표제

절대다수대표제란 당선을 위해서는 과반수의 표 이상을 획득하여야 하고 단순 다수의 지지만으로는 당선될 수 없는 대표제를 말한다. 절대다수제는 소선거구제에서 실시된다. 절대다수대표제는 1차투표에서 과반수를 획득한 사람이 없어서 당선자가 쉽사리 결정되지 않을 수 있다. 그리하여 절대다수대표제의 경우 다시 투표하여 결정하는 결선투표제도가 마련되어 있다. 절대다수제·결선투표제는 당선자의 민주적 정당성을 강화하기 위하여(과반수 지지) 그리고 양당제가 아니라 여러 정당들이 자리 잡고 있는 양파제에서 각 파의 정당들 간에 결집을 가능하게 하여 정국의 안정을 도모하고자 도입되었다(1차 투표에서 절대다수 득표자가 없어 결선투표로 가면 각 파의 최다득표 후보만 남고 그 파의 다른 정당후보들은 사퇴하여 정당들이 결집하게 됨. 이래 도해 참조. 이와 같은 다수파의 형성이 정국안정에 기여하였다고 평가되는 대표적인 국가가 프랑스이다).

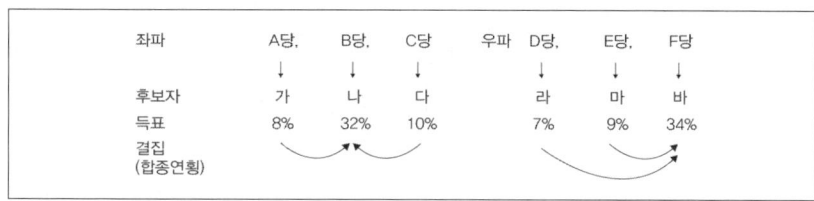

□ 다당제 국가에서의 양당제 효과를 가져오게 하는 결선투표제

* 화살표: 합종연횡 – 1차 투표 후 최다득표 후보자로 결집하도록 다른 후보들 사퇴하고 그 결집대상 후보자에 지지를 호소하는 것을 의미함.
* 2차 결선투표에서 결국 각 파의 두 명을 두고 다수대표로 승부 결정 → 다수파 형성 → 정치의 안정화 도모. 단점: 같은 파이나 다른 당에 몰아주는 표의 거품효과

3. 소수대표제

[개념] 이는 반드시 최다득표가 아니더라도 당선될 수 있는 대표제를 말한다. 소수대표제는 선거구제도로서는 중선거구나 대선거구와 결합된다. 중선거구나 대선거구에서는 여러 명의 의원이 선출됨으로써 최다득표가 아니더라도 당선이 될 수 있기 때문이다. [장단점] 소수대표제는 소정당에게도 의회에 의석을 확보할 수 있도록 하여 소수파의 보호를 도모한다. 그러나 다른 한편 이로써 군소정당의 난립가능성이 있다.

* '소수'의 의미: 소수대표제도 여러명이 득표순으로 당선되므로 다수제라고 볼 수 있다고 하면서 '소수'라는 말을 오해할지 모른다. 그러나 다수대표제가 앞서 최다득표자 1인이 당선되는 대표제라고 개념정의한 데 대해 최다득표자가 아니더라도 차순위의 소수득표라도 당선될 수 있다는 의미로서 다수대표제와 대비하기 위하여 '소수'대표제라고 부르는 것이다. 다수대표제에서의 다수를 최다득표로 보면서도 여러 명이 당선되는 중선거구나 대선거구제에 있어서도 다수대표제가 이루어진다고 말하면 이는 오히려 모순이다.

4. 비례대표제

(1) 개념, 의석배정의 문제(당선기수, 잔수처리)

[개념] 비례대표제란 각 정당이 득표한 비율에 따라 의석이 배분되는 제도를 말한다.

[당선기수, 과제 – 잔수처리] 비례대표제에서는 비례적으로 의석을 할당하므로 먼저 당선기수(quotient)가 설정된다. 당선기수란 하나의 의석의 당선에 요구되는 표수를 말하는 것으로서 한 선거구에서의 유효투표의 총수를 배분해야 할 의석수로 나눔으로써 산정된다. 그리하여 각 정당이 그 선거구에서 득표한 수를 당선기수로 나눔으로써 각 정당에 배분될 비례의석이 할당된다. 문제는 각 정당의 득표수를 당선기수로 나누었을 때 정수(整數)가 되고 나머지가 없다면 그 배분에 어려움이 없겠지만 실제로는 정수 외에 당선기수를 채우지 못하는 나머지 표수가 각 정당에 남고(잔여 표수) 할당되지 않은 의석이 남는 데에 있다(아래 잔수강수방식처리 도표에 보면 잔수를 볼 수 있다).

(2) 의석배분방식 – 잔수처리방식에 따른 유형들

따라서 잔수처리를 어떻게 하여 고르게 배분하느냐가 비례대표제의 관건으로서 중요하고 잔수처리방식에 따라 여러 유형의 비례대표제가 있을 수 있다.

ⅰ) 잔수강수기준방식의 문제점　일단은 잔수가 가장 많이 남은 순서대로 배분하는 잔수강수기준방식을 생각할 수 있는데 이를 적용하면 문제점이 나타난다. 이해를 위해 아래와 같은 가정 하에서의 예를 들어 살펴보자. 한 선거구의 의석할당받을 A, B, C, D, E 5개 정당의 유효득표 총합은 540,000표이고 배분해야 할 비례의석은 9석인데 그 5개의 정당이 각각 아래 표에 표시된 대로 득표를 하였다고 가정했을 때 잔수기준방식과 잔수최강평균기준방식에 따른 배분은 아래와 같다. 당선기수는 물론 540,000÷9＝60,000 표이다.

[잔수강수기준에 따른 배분결과] 잔수강수기준방식으로서 각 정당이 가지는 잔수 표수 자체가 가장 큰 순서로 여석을 배분해주면 아래 도표와 같은 결과가 나온다.

정당	정당별 득표	정수배분(정당별 득표÷당선기수 60,000)	잔수	잔수강수순에 따른 배분	총계
A	150,000	2	30,000		2
B	143,000	2	23,000		2
C	116,000	1	56,000	1	2
D	92,000	1	32,000	1	2
E	39,000	0	39,000	1	1

* 해설: 정수에 따른 5석의 의석이 먼저 배분된 이후 남은 3석을 잔수가 가장 강한 순서대로 C, E, D당이 차례대로 각각 한 석씩을 더 획득하게 된다.

[문제점] 문제는 가장 많은 득표를 한 A당과 네 번째 득표를 한 D당 간에는 당선기수에 가까운 정도의 표의 차이가 있음에도 2석씩 동등하게 배분받고 E당의 득표는 당선기수에 턱없이 부족한데도 1석을 배분받게 하는 것은 비례적이지 않아 적정한 배분이 아니라는 것이다.

ii) d'Hondt식   위와 같은 문제점을 해소하기 위한 대안들이 모색되었다. 많이 사용되어 왔던 d'Hondt식을 보자. 동트방식이란 먼저 각 정당의 득표수를 1부터 할당해야 할 의석수까지로 나눈다. 즉 할당 의석수가 모두 9개라고 가정한다면 각 정당의 득표수를 1, 2, 3, 4, 5, 6, 7, 8, 9로 나누어 리스트를 작성한다. 그렇게 해서 나타난 리스트의 각 수들 중에 가장 큰 개수부터 9순위까지를 찾아서 각 정당별로 9순위에 들어간 개수만큼 의석을 할당받게 된다. 잔수강수방식에 비해 정당 간에 비교적 고르게 배분되는 것을 볼 수 있다.

아래의 도표의 예에서 5개 정당의 득표수를 각각 9까지 순차적으로 나누어 나온 리스트에서 150,000, 143,000, 116,000, 92,000, 75,000, 71,500, 58,000, 50,000, 47,666까지가(밑줄친 숫자들) 9순위까지이므로 결국 A당은 3의석을, B당은 3의석을, C당은 2의석을, D당은 1의석을 할당받게 된다. 잔수강수방식에 비해 정당 간에 비교적 고르게 배분되는 것을 볼 수 있다.

동트방식은 벨기에에서 시행되어 오고 있고 덴마크와 노르웨이, 스웨덴 등 스칸디나비아국가들도 이에 유사한 제도를 시행하고 있다.

우리나라의 비례대표제에서의 비례의석배분은 위에 소개한 여러 방식들과는 다르다.

(2) 선거구에 따른 방식·유형 – 전국적 비례대표제와 단위선거구비례대표제

비례대표제의 선거구에 따른 방식을 보면 ① 먼저 한 국가에서 전국을 전체로 하나의 선거구로 하여 실시되는 전국선거구제의 비례대표제와 ② 전국을 여러 권역의 선거구로, 예를 들어 도 단위로 나눈 선거구로 실시하는 단위선거구비례대표제가 있다.

제수 정당	1	2	3	4	5	6	7	8	9
A	<u>150,000</u>	<u>75,000</u>	<u>50,000</u>	37,500	30,000	25,000	21,428	18,750	16,666
B	<u>143,000</u>	<u>71,500</u>	<u>47,666</u>	35,750	28,600	23,833	20,428	17,875	15,888
C	<u>116,000</u>	<u>58,000</u>	38,666	29,000	23,200	19,333	16,571	14,500	12,888
D	<u>92,000</u>	46,000	30,666	23,000	18,400	15,333	13,142	11,500	10,222
E	39,000	19,500	13,000	9,750	7,800	6,500	5,571	4,875	4,333

(3) 명부의 방식에 따른 유형 – 구속명부식과 가변방식

비례대표제에서 각 정당별로 후보들이 명부로 제시되고 이 명부들을 두고 선거인이 투표를 하게 되는데 이러한 명부식에도 구속명부식과 가변명부식이 있다. 구속명부식은 정당이 정한 후보순위를 변경할 수 없는 방식이다. 구속명부식에 대해서는 정당이 결정한 후보와 순위에 따르게 되므로 이는 정당에 의한 간접선거라는 주장이 제기되고 있다. 우리나라에서도 별도의 정당투표를 실시하지 않고 지역구선거에서의 득표를 기준으로 전국구의석을 배분하여 논란이 되었던 이전의 비례대표전국구국회의원선거제도에 대한 헌법소원심판에서 고정명부식제도가 논란이 되었다. 우리 헌법재판소는 고정명부식제도 자체는 "비례대표후보자명단과 그 순위 등은 선거 시에 이미 확정되어 있고, 투표 후 후보자명부의 순위변경과 같은 사후개입은 허용되지 않는다. 그러므로 비록 후보자 각자에 대한 것은 아니지만 선거권자가 종국적인 결정권을 가지고 있으며, 따라서 고정명부식을 채택한 것 자체가 직접선거원칙에 위반된다고는 할 수 없다"라고 하여 직접선거원칙에 위반되지 않고 합헌이라고 본다. 그러나 정당에 대한 별도의 투표를 인정하는 것을 그 합헌성의 전제가 된다고 보았고 그것이 전제되지 않은 채 지역구국회의원선거에서의 득표수로 비례의석을 할당하는 방식으로 규정한 구법규정은 직접선거원칙, 평등선거원칙 위반의 위헌이라고 결정하였고 또 정당투표제를 규정하지 않았던 구법규정(즉 선거방법으로 투표는 "1인 1표로 한다"라고만 한 구법규정)에 대해 "별도의 정당투표를 허용하지 않는 범위에서 헌법에 위반된다"라고 하는 이른바 한정위헌결정(헌재 2001.7.19. 2000헌마91. 이 결정에 대해서는 아래 (6) 1) (가) 부분에 인용된 것 참조)을 하였다.

가변명부식은 각 정당이 정한 후보의 순위 등을 선거권자가 변경하여 선택할 수 있게 하는 방식이다. 이는 구속명부식에 비해 직접선거의 원칙에 더욱 충실하게 하고 사표를 줄일 수 있으나 그 실시에 있어서 부담이 더 많이 주어진다.

(4) 저지(봉쇄)제도

선거에서 일정 비율 이상의 득표를 올리지 못하거나 일정 수 이상의 의석을 확보하지 못한 정당에 대해서는 의석배분을 하지 않는 제도가 있는데 이를 저지(봉쇄)제도라고 한다. 군소정당의 난립을 막음으로써 의사활동과 국정운영의 안정을 도모하기 위하여 나온 제도이다. 독일의 경우 저지조항(Sperrklausel 봉쇄조항)이 실제 군소정당의 난립을 억제하고 다수세력의 형성을 촉진시켜 오늘날의 독일의원내각제의 안정과 성공에 매우 긍정적인 기여를 하였다고 평가된다.[22] 사실 저지제도는 평등선거원칙(정당의 기회균등권, 투표가치의 평등)과 정당의 자유에 대한 제한이 될 수 있다. 따라서 저지율이 지나치게 높을 경우 위헌일 수 있고 군소정당 내지는 파편(破片)정당의 난립을 방지하기 위한 최소한의 범위 내에서 정해져야 한다. 독일의 경우 전국을 단위로 전체유효투표의 5%이상을 얻었거나 또는 지역구에서 3명 이상의 당선자를 낸 정당만이 비례대표의석의 배분을 받을 수 있는데 연방헌법재판소가 이에 대해 평등원칙과 모순되지 않는다고 보아 합헌결정들을 한 바 있다.[23] 소수민족의 정당들에는 저지조항이 적용되지 않고 1990년 독일통일 직후에 동독 정당들을 보호하기 위해 구 서독지역과 동독지역에 대해서 분리적으로 적

---

22) H. Maurer, Staatsrecht I, 3. Aufl., 2003, S. 407.
23) BVerfGE 1, 208(247 ff.); 4, 31(40); 4, 375(380); 5, 77(83); 6, 84 (92 ff.); 34, 81 (100 ff.).

용된 적이 있었다.24) 프랑스에서는 비례대표제로 실시되는 유럽의회의원선거에 있어서 5% 이상 득표한 정당들에 대해서만 의석배분을 하고 있다. 우리나라의 경우에도 저지조항을 두고 있다(바로 아래 참조).

(5) 비례대표제의 장단점

1) 장점

첫째, 선거인의 투표가 비례적으로 반영되도록 하여 사표를 줄이고 투표의 가치의 평등성을 보장하여 평등원칙에 부합한다. 둘째, 정당이 선거에서 명부작성 등 주도적 역할을 하므로 정당이 중요한 역할을 하는 정당제민주정치를 구현하는 데 기여한다. 셋째, 소수정당이나 소수파에게도 의회진출의 기회를 부여하여 소수파보호라는 다원주의의 민주정치를 실현하는 데 유리하다. 헌재도 그 장점을 그와 같이 설시하고 있다(헌재 2001.7.19. 2000헌마91등).

2) 단점

첫째, 비례대표제는 정당의 후보선정, 특히 정당의 수뇌부에 의한 후보선정이 공정하지 못하다면 결국 국민의 주권이 정당에게 이양되는 결과를 가져오고 정당에 의한 명부작성 등 정당의 의존도가 높다는 점에서 문제점이 지적되기도 한다. 우리 헌재도 "비례대표후보자가 민주적 절차에 따라 결정되지 않고 당지도부의 영향력에 따라 일방적으로 결정된다면 그러한 비례대표국회의원의 민주적 정당성은 대단히 취약할 수밖에 없다"라고 한 바 있다(2000헌마91등). 둘째, 정당명부식에 대해서 우리 헌재는 합헌이라고 보나 여하튼 정당명부식은 정당에 의한 결정이 강하게 작용하여 직접선거원칙에의 부합성이 약한 면이 있다. 셋째, 외국의 경험으로 군소정당도 득표비례에 따라 의회진출이 가능하기에 이로써 안정적 의회운영이 어려웠던 경험도 지적된다. 넷째, 외국의 경험으로, 양대정당 외에 군소정당들이 난립할 경우에 국민들의 의사들에 대해 보다 뚜렷하고 응집된 표식을 보여주지 못하고 여러 정당들이 정국운영에 참여하여 중도파가 주도해가는 양상도 보여주며 정권교체의 가능성도 약화시킨다는 지적이 있다(그러나 다당제가 반드시 부정적이지만은 않다는 지적도 있다). 다섯째, 비례대표제라도 그 잔수처리방식에 따라 차이가 있을 수 있고 당선인의 확정에 차이가 있을 수 있다.

---

24) 1990년 10월 동서독 통일이 있은 직후의 제12대 연방의회의원선거에서 기존의 동독지역을 기반으로 한 정당들은 5%저지조항으로 인해 사실상 연방의회에의 진출이 좌절될 개연성이 컸다. 독일연방헌법재판소는 통독 후 최초의 연방의회선거에서 연방 전 지역에서 5%저지조항을 적용하면 동독지역 기반의 정당들에 불리하므로 5%저지조항을 연방 전지역에서 적용하는 한에서 위헌이라는 결정을 내렸다(BVerfGE 82, 322). 이 결정으로 인해 제12대 연방의회의원선거에서만은 예외적으로 정당별 득표율을 계산함에 있어서 통일전의 서독지역과 동독지역을 분리하여 계산할 수 있게 됨으로써, 5%저지조항으로 인한 동독지역 정당들이 입게될 불이익의 가능성을 최소화할 수 있었고 실제 선거에서 동독 기반 정당들이 의석을 확보할 수 있었다.

(6) 우리나라에서의 비례대표제의 의석배분(당선인 결정)

1) 비례대표국회의원선거의 경우

(가) 저지(봉쇄)규정-할당정당의 제한   공직선거법이 비례대표국회의원선거(정당에 대한 투표)에서 유효투표총수의 100분의 3 이상을 득표하였거나 지역구국회의원총선거에서 5석 이상의 의석을 차지한 각 정당(이하 "비례의석할당정당"이라 함)에 대하여 비례대표국회의원의석을 배분하도록 규정하고 있다(동법 제189조 제1항).

> * **연혁과 법개정:** 이전에 '공직선거 및 선거부정방지법' 제189조 제1항은 정당에 대한 투표를 따로 하지 않고 지역구국회의원선거에서 각 정당의 후보자가 득표한 표수를 그 정당의 지지로 보고 지역구국회의원총선거에서 5석 이상의 의석을 차지하였거나 유효투표총수의 100분의 5 이상을 득표한 각 정당의 그 득표수에 득표비율을 곱하여 비례의석을 할당하였다. 헌재는 이 구법 제189조 제1항의 저지조항이 합헌이기 위해서는 정당에 대한 투표제를 도입하여야 할 것을 전제로 한다고 보고 지역구선거에서 각 정당이 획득한 표수로 전국구비례대표국회의원의 의석을 배분하고 정당에 대한 투표가 없었던 이전의 위 구법 하에서 위와 같은 저지조항 규정에 대해 "불합리한 저지선을 넘지 못하였다 하여 비례대표의석배분에서 제외되는 정당 및 이들에게 투표한 유권자들의 평등권이 침해된다"라고 판시하여 위헌결정을 하였다(단순위헌결정). 또 당시 위 구법 제146조 제2항 중 "1인 1표로 한다" 부분(즉 정당투표 부재 부분)은 국회의원선거에 있어 "지역구국회의원선거와 병행하여 정당명부식 비례대표제를 실시하면서도 별도의 정당투표를 허용하지 않는 범위에서 헌법에 위반된다"라는 한정위헌결정을 아래와 같이 한 바 있다.

> ● **판례** 헌재 2001.7.19. 2000헌마91등
> [결정요지] 일정한 저지선을 두고 이를 하회하는 정당에게 의회참여의 기회를 제한하겠다는 제도는 본질적으로 정당에 대한 국민의 지지도를 정확하게 반영할 것을 전제로 한다. 그런데 현행 1인 1표제 하에서의 비례대표제 의석배분방식은 위에서 본 바와 같이 국민의 정당에 대한 지지도를 정확하게 반영하지 못하며 오히려 적극적으로 이를 왜곡하고 있다. 지역구후보자에 대한 지지는 정당에 대한 지지로 의제할 수 없는데도 이를 의제하는 것이기 때문이다. 지역구선거의 유효투표총수의 100분의 5 이상을 득표한 정당이 그 만큼의 국민의 지지를 받는 정당이라는 등식은 도저히 성립하지 않는다. 그리하여 실제로는 5% 이상의 지지를 받는 정당이 비례대표의석을 배분받지 못하는 수도 있고, 그 역의 현상도 얼마든지 가능한 것이다. 이와 같이 국민의 정당지지의 정도를 계산함에 있어 불합리한 잣대를 사용하는 한 현행의 저지조항은 그 저지선을 어느 선에서 설정하건간에 평등원칙에 위반될 수밖에 없다. <u>불합리한 저지선을 넘지 못하였다 하여 비례대표의석배분에서 제외되는 정당 및 이들에게 투표한 유권자들의 평등권이 침해된다.</u>
> ○ **법개정** 위 결정 이후 법개정이 되어 정당에 대한 별도의 투표제를 도입하여 그러한 위헌성을 제거함과 동시에 위헌선언된 제189조 제1항을 개정하여 100분의 5요건을 100분의 3으로 저지비율을 낮추어 완화하여 오늘에 이루고 있다.

(나) 의석배분

가) 이른바 '준연동제 비례대표제'의 2020년 도입 이전

(a) 득표비율에 따른 배분   비례의석할당정당들 각각 비례대표국회의원선거에서 얻은 득표비율에 따라 비례대표국회의원의석을 배분한다(동법 동조 동항). 위 득표비율은 각 비례의석할당대상 정당의 득표수를 모든 비례의석할당정당들의 득표수의 합계로 나누어 산출하였다(공직선거법 제189조 제2항).

(b) 정수배분, 잔수의 처리   비례대표국회의원의석은 각 의석할당정당의 득표비율에 비례대표국회의원 의석정수를 곱하여 산출된 수의 정수(整數)의 의석을 당해 정당에 먼저 배분하고 잔여의석은 소수점 이하 수가 큰 순으로 각 정당에 1석씩 배분하되, 그 수가 같은 때에는 당해 정

당 사이의 추첨에 의하도록 하였다(동법 동조 제3항). 이러한 우리의 비례대표배분방식은 앞서 본 d'Hondt방식과 같은 방식이 아니라 득표비율잔수강수 방식이라고 할 수 있었다.

나) 이른바 '준연동제 비례대표제'의 2019년 도입 이래 현재

(a) 이른바 연동, 준연동제의 의미　　2020.1.14. 개정된 공직선거법은 비례대표제의 단점을 완화하기 위해 연동제를 부분적으로 비례대표 국회의원 선거에 도입하여, 우리나라 국회의원 선거 방식은 이른바 '준연동형 비례대표제'로 되었다. 연동이란 각 정당이 할당받을 비례대표의석을 자신의 정당투표 득표비율과 지역구 당선인을 연관지워 산정한다는 의미로 이해된다. 준연동이란 독일식의 연동 정도에는 미치지 못하고(아래 독일식 참조) 부분적이라는 의미라고 하겠다. 여하튼 현재의 준연동식은 의석할당정당(전국 유효투표총수의 100분의 3 이상을 득표하거나 지역구국회의원총선거에서 5 이상의 의석을 차지한 정당)이 비례대표국회의원선거에서 얻은 득표비율(정당투표 득표비율)에 따라 그 정당에 배정될 의석수를 산정하고 그 산정된 수에서 그 정당의 지역구 국회의원 당선인 수를 뺀 수의 50%에 미칠 때까지 그 정당에 비례대표의석(연동배분 의석수)을 먼저 배분하는 방식이다. 그 구체적인 산정방식과 잔여의석배분(비례의석 수 미만 배정일 경우), 조정의석수(비례의석 수 초과 배정일 경우)의 산정방식에 관한 공직선거법규정은 아래와 같다. 그리고 중앙선거관리위원회가 사례로 든 예도 첨가한다.[25]

(b) 단계적 배분　　중앙선거관리위원회는 아래와 같이 개요로 설명하고 있다.[26]

〈개　요〉

(1단계)　전국단위 준연동(연동비율 50%) 방식으로 각 정당별 연동배분의석수 산정

(2-1단계) 각 정당별 연동배분의석수의 합계 < 비례대표 의석정수(47석)

　　　▶ 잔여의석에 대해 기존 의석배분방식(병립형) 적용 배분

(2-2단계) 각 정당별 연동배분의석수의 합계 > 비례대표 의석정수(47석)

　　　▶ 각 정당별 연동배분의석수비율대로 배분

---

　a) 각 의석할당정당에 배분할 연동의석수(이하 이 조에서 "연동배분의석수"라 한다)는 다음 계산식에 따른 값을 소수점 첫째자리에서 반올림하여 산정한다. 이 경우 연동배분의석수가 1보다 작은 경우 연동배분의석수는 0으로 한다(동법 제189조 제2항 제1호).

연동배분 의석수 = [(국회의원정수 - 의석할당정당이 추천하지 않은 지역구국회의원당선인수) × 해당 정당의 비례대표국회의원선거 득표비율 - 해당 정당의 지역구국회의원당선인수] ÷ 2

---

25) https://www.nec.go.kr/portal/bbs/view/B0000338/40164.do?menuNo=200185&search
　　Year=&searchMonth=&searchWrd=비례대표&searchCnd=2&viewType=&pageIndex
　　=1&section=&searchOption1=

26) 위 사이트 캡쳐 이하 사례들도 모두 그렇게 캡쳐한 것임.

---

① 의석할당정당 배분 총의석 산정

사례

구분	A당	B당	C당	D당	무소속 등	합계
지역구당선인수	100석	80석	40석	30석	3석	253석
비례득표비율	40%	30%	10%	20%	-	100%
연동배분의석수	9석	5석	0석	15석	-	29석

연동의석수 = $\dfrac{[(국회의원정수\ 300-무소속\ 등3)\ \times\ A당\ 비례득표비율\ 40\%\ -\ A당\ 지역구100]}{2}$

(결과값 소수점 첫째자리에서 반올림, 1보다 작으면 0)

---

b) 잔여의석 경우의 배분 – 제1호에 따른 각 정당별 연동배분의석수의 합계가 비례대표국회의원 의석정수에 미달할 경우 각 의석할당정당에게 배분할 잔여 의석수(이하 이 조에서 "잔여배분의석수"라 한다)는 다음 계산식에 따라 산정한다. 이 경우 정수(整數)의 의석을 먼저 배정하고 잔여의석은 소수점 이하 수가 큰 순으로 각 의석할당정당에 1석씩 배분하되, 그 수가 같은 때에는 해당 정당 사이의 추첨에 의한다(동법 제189조 제2항 제2호).

잔여배분의석수 = (비례대표국회의원의석정수 - 각 연동배분의석수의 합계) × 비례대표국회의원선거 득표비율

---

②-1. 각 정당별 연동배분의석수의 합계 < 비례대표 의석정수(47석)

▶ (잔여배분의석수 산정) 잔여의석은 비례대표국회의원선거의 득표비율에 따라 산정한 의석을 배분

전여배분의석수 = (비례대표국회의원정수 - 각 연동배분의석수의 합계) × 비례대표국회의원선거득표비율

사례

구분	A당	B당	C당	D당	무소속 등	합계
비례득표비율	40%	30%	10%	20%	-	100%
연동배분의석수	9석	5석	0석	15석	-	29석
잔여배분의석수	7석	5석	2석	4석	-	18석

❖ A당 잔여의석수 = [비례정수 47-29(A연동9 + B연동5 + C연동0 + D연동15)] × A당 비례득표비율40%(결과값 정수를 먼저 배정하고, 나머지는 소수점이하 수가 큰 순으로 배분)

---

c) 조정의석수 – 제1호에 따른 각 정당별 연동배분의석수의 합계가 비례대표국회의원 의석정수를 초과할 경우에는 제1호 및 제2호에도 불구하고 다음 계산식에 따라 산출된 수(이하 이 조에서 "조정의석수"라 한다)를 각 연동배분의석 할당정당의 의석으로 산정한다. 이 경우 산출방식에 관하여는 제2호 후단을 준용한다(동법 제189조 제2항 제3호).

조정의석수 = 비례대표국회의원의석정수 × 연동배분의석수 ÷ 각 연동배분의석수의 합계

②-2. 각 정당별 연동배분의석수의 합계 > 비례대표 의석정수(47석)
▶ (조정의석수 산정) 연동배분의석수가 비례대표국회의원 의석정수를 초과할 경우 각 정당별 연동배분의석수비율대로 배분(초과의석 방지 방안)

조정의석 = $\dfrac{\text{비례대표국회의원정수} \times \text{동배분의석수}}{\text{각 연동배분의석수의 합계}}$

사례

구분	A당	B당	C당	D당	무소속 등	합계
연동배분의석수	22석	18석	7석	13석	-	60석
조정의석수	17석	14석	6석	10석		47석

❖ A당 조정의석수 = $\dfrac{\text{비례정수}47 \times \text{A당 연동}22}{\text{각 정당 연동 합계}60}$

(결과값 정수를 먼저 배정하고, 나머지는 소수점이하 수가 큰 순으로 배분)

(c) **2020총선에서의 30석 한정**　다만, 2020년 4월 15일 실시하는 비례대표국회의원선거의 의석배분에 관하여는 47석의 비례대표 의석 중 30석에 관하여만 준연동형 비례대표제를 적용하고 나머지에 대해서는 병립형 제도를 적용하게 되었다(부칙 제4조).

(d) **득표비율의 산정**　위 비례대표국회의원선거 득표비율은 각 의석할당정당의 득표수를 모든 의석할당정당의 득표수의 합계로 나누어 산출한다(동법 동조 3항). 이 득표비율 산정은 이전과 달라지지 않았다.

(e) **비례대표 국회의원 후보자 추천의 민주화 확보**　비례대표국회의원선거에서의 후보자선정 비리가 논란되어 왔다. 그런데 공직선거법은 민주적인 심사절차를 강제하는 제도(추천절차의 구체적인 사항을 중앙선거관리위원회에 서면으로 제출하고, 중앙선거관리위원회는 그 제출여부와 내용을 홈페이지에 게시)를 신설하는(동법 제47조 제2항, 제52조 제4항) 개정을 하였다(2020.1.14.)가 2020.12.29.에 다시 이를 폐지하는 법개정을 하여 지금은 없어졌다.

2) 비례대표지방의회의원선거의 경우

우리나라 현행 지방의회의원선거에 있어서도 비례대표제가 병용되고 있는데 그 의석배분은 다음과 같은 방식으로 한다. 정당투표제를 두고 그 득표에 따라 배분한다. ① 저지규정: 지방비례대표의원선거에서도 저지조항이 있다. 저지율이 국회의원선거에서와 달리 5%이다(공직선거법 제190조의2 제1항). ② 득표비율에 따른 배분, 정수배분: 유효투표총수의 100분의 5 이상을 득표한 각 정당(이하 "의석할당정당"이라 한다)에 대하여 당해 선거에서 얻은 득표비율에 비례대표지방의회의원정수를 곱하여 산출된 수의 정수의 의석을 그 정당에 먼저 배분한다. 득표비율은 각 의석할당 정당의 득표수를 모든 의석할당정당의 득표수의 합계로 나누고 소수점 이하 제5위를 반올림하여 산출한다(동법 동조 동항). ③ 잔수(잔여의석)의 처리: 잔여의석은 단수가 큰

순으로 각 의석할당정당에 1석씩 배분하되, 같은 단수가 있는 때에는 그 득표수가 많은 정당에 배분하고 그 득표수가 같은 때에는 당해 정당 사이의 추첨에 의한다(동법 동조 동항). ④ 비례대표시·도의원선거에 있어서의 배분상한(3분의 2)제를 두고 있다(동법 동조 제2항). 정당에 배분된 비례대표지방의회의원의석수가 그 정당이 추천한 비례대표지방의회의원후보자수를 넘는 때에는 그 넘는 의석은 공석으로 한다(동법 동조 동항).

(7) 비례대표제의 필요성과 가치

위에서 보았듯이 비례대표제가 가지는 단점이 없지 않다고 지적되고 있으나 그럼에도 투표의 등가성의 실현 등에서 비례대표제가 우수성을 가진다. 그리하여 비례대표제가 가지는 장점과 다수대표제가 가지는 장점 등을 취하여 보완하고자 하는 수정적인 비례대표제, 혼합식 대표제가 나타나고 있다.

5. 혼합식(병용식) 대표제

혼합식(병용식) 대표제는 다수대표제 또는 소수대표제에 비례대표제를 함께 활용하는 방식이다. 이러한 방식으로 먼저 ⅰ) 단순 병용제를 들 수 있는데 총의석들 중 일부는 다수대표제로 선출하고 나머지는 비례대표제로 선출하는 방식이다. 다음으로 독일에서 하원선거에서 활용되는 ⅱ) 독일식 혼합제(연동제)를 들 수 있는데, 먼저 정당에 대한 투표에서의 득표비율에 따라 각 정당이 배정받을 총의석 수, Land별로 비례대표의석이 정해지고 그 수에서 지역구선거에서 당선된 의석수를 제하고 나머지를 비례대표제로 정하는 연동제 방식의 혼합대표제이다.

ⅲ) 우리나라의 경우 – 광역지방의회의원선거에 있어서 다수대표제를 하면서도 비례대표제도 두고 있고, 기초지방자치의회의원선거의 경우에 있어서 소수대표제를 하면서도 비례대표제도 두고 있어 단순 병용제라고 할 수 있다. 우리나라의 국회의원 선거도 이전에는 다수대표제 + 비례대표제의 단순 병용제였다가 전술한 바와 같이 2020.1.14. 공직선거법이 개정되어 연동제적 요소가 부분 가미되어 이른바 '준연동식'이 되었다.

6. 직능대표제

직업 내지 산업별로 대표자를 선출하게 하는 제도이다. 즉 각 선거인들을 직업이나 직역별로 나누고 각각 그 대표자를 선출하게 하는 방식이다. 경제적 대표제라고도 할 수 있다. 양원제에서 상원을 직능대표제로 구성하여 경제적 의회로 활동하도록 할 수도 있다.

7. 우리나라 선거에서의 대표제방식

우리나라에서 현재 각종 공직선거에서 채택되고 있는 대표제를 보면 다음과 같다. ① 다수대표제 — 한 선거구에서 1인이 당선되는 제도이므로 ㉠ 대통령선거, ㉡ 지역구국회의원선거, ㉢ 지역구시·도의원선거, ㉣ 시·도지사선거, ㉤ 자치구·시·군의 장 선거에서 실시되고 있다. ② 소수대표제 — 한 선거구에서 여러 명이 당선되는 단기식 투표제도이므로 한 선거구에서 2인 이상 4인 이하 선출하는 선거인 지역구자치구·시·군의원선거는 소수대표제의 선거이다. ③ 비례대표제 — 국회의원선거와 시·도의원선거, 자치구·시·군의원선거에서 지역구선거와 더불어 채택되고 있다. ④ 혼합(병용)제 — ㉠ 다수대표제 + 비례대표제 병용은 국회의원선거(준연동형 — 이에 대해서는 전술하였다), 시·도의원선거에서, ㉡ 소수대표제 + 비례대표제 병용은 자치구·시·군의원선거에서 실시되고 있다.

대표제		선거
다수대표제		대통령선거 지역구국회의원선거 지역구시·도의원선거 시·도지사선거 자치구·시·군의 장선거
소수대표제		지역구자치구·시·군의원선거
비례대표제		비례대표국회의원선거 비례대표시·도의원선거, 비례대표자치구·시·군의원선거
혼합(병용)제	다수·비례병용제	국회의원선거(준연동형) 시·도의원선거
	소수·비례병용제	자치구·시·군의원선거

V. 선거구제도

1. 개념과 유형

선거구란 대표자가 선출되는 지역적 단위를 말한다. 선거구제의 문제는 대표자가 선출되는 단위지역을 작게 나누느냐 아니면 크게 나누느냐 하는 문제가 되고 그 크기에 따라 한 선거구에서 선출되는 의원의 수가 한 명 또는 더 많을 수 있으므로 선거구당 선출되는 의원정수가 결국 유형구분의 기준이 된다. 이에 따라 선거구제는 종래 소선거구제, 중선거구제, 대선거구제의 유형으로 구분되어 왔다. 통상 소선거구제는 하나의 선거구에서 1인의 의원이 선출되는 경우를 말한다. 중선거구제는 한 선거구에서 2인 내지 5인의 의원을 선출하는 선거구제이고, 대선거구제는 그 인원보다 초과하는, 즉 6인 이상의 수의 의원을 선출하는 선거구제이다.

2. 대표제와의 연관성

한 선거구에서의 의원정수가 한 명이냐 아니면 여러 명이냐에 따라 당선에 필요한 지지의 표수가 달라지므로 선거구제는 위에서 살펴본 대표제와 연관된다. 소선거구제에서는 한 선거구에서 1인의 의원을 선출하기에 다수의 지지를 받아야 당선될 수 있으므로 다수대표제로 되고, 중선거구제, 대선거구제에서는 여러 명의 의원들을 선출하기에 소수의 지지로도 당선될 수 있으므로 소수대표제로 된다. 중선거구제나 대선거구제에서도 선거인이 여러 후보에 표를 던지는 연기식의 투표가 이루어진다면 다수대표제가 나타날 수도 있다.

3. 각 선거구의 장단점

아래에서 일반적으로 지적되고 있는 장단점을 본다.

(1) 소선거구제

[장점] ① 양당체제에 친근하고 대정당의 출현이 쉽다. 따라서 군소정당을 억제하여 양대정당이 자리잡게 하여 정국의 안정을 가져올 수 있다. ② 선거구가 작기에 선거관리가 상대적으로 용이하다. ③ 후보자로서는 선거비용이 대선거구에 비하여 적게 든다. ④ 선거구가 작기 때문에 선거인들이 후보와 그의 정견과 공약 등을 파악하기 쉽다. ⑤ 재선거나 보궐선거의 실시와 관리가 쉽다. [단점] ① 소선거구는 상대다수제이므로 근소한 표차로도 낙선될 수 있어 사표(死票)가 많이 나올 가능성이 있어 평등선거원칙에 부합되지 않는 면이 있다. ② 전국적으로 검증된 인물이 아닌 지역적 인사가 당선될 가능성이 많다. ③ Gerrymandering의 가능성이 많다. ④ 지역의 협소성으로 인해 지역적 연고, 정실 등이 작용할 가능성과 소지역성으로 인한 선거매수가 용이하다는 점 등 부정선거의 가능성이 상대적으로 더 많다. ⑤ 선거운동이 과열될 가능성이 상대적으로 더 크다.

[판례 – 헌재의 합헌성 인정] 우리 헌재 판례로 국회의원선거에서 1선거구 1의원이 합헌이라는 결정이 있었다(2012헌마374. 이 결정에 대해서는 앞의 대표제, 다수대표제에서 인용한 바 있다).

(2) 대선거구제

[장점] ① 여러 의원들이 당선되므로 소수의 득표로도 당선될 수 있어 사표(死票)를 줄일 수 있다. ② 전국적인 인물의 당선가능성이 더 크다. ③ 선거운동지역이 넓으므로 상대적으로 선거운동의 과열가능성이 낮다. ④ 선거운동지역이 넓기에 지역적 정실이나 지연이 작용하거나

또는 선거매수 등의 위험의 가능성이 소선거구제에 비해 적다. [단점] ① 소수의 득표로도 당선이 가능하므로 군소정당의 진출이 촉진될 수 있어 이로써 정국의 불안정을 가져올 수 있다. ② 대선거구제는 그 선거관리 대상 구역이 넓기에 선거관리가 어렵고 그 관리비용이 더 많이 소요된다. ③ 후보자의 입장에서도 선거운동구역이 넓어 선거운동비용이 과다하게 지출된다는 등의 문제점이 지적되고 있고 이로써 부정선거의 소지를 가지고 있다고 지적된다. ④ 재선거나 보궐선거의 실시와 관리가 어렵다. ⑤ 후보자들이 많아 유권자들이 후보자들에 대해 잘 인식하지 못할 가능성이 소선거구제에 비해 크고 이로써 선거에 대한 무관심이 나타날 수 있다.

(3) 중선거구제

중선거구제는 소선거구제와 대선거구제의 절충을 기하여 각각의 장점만을 기대한 선거구제이지만 실제로는 소선거구제와 대선거구제가 가질 수 있는 장단점들을 결국 아울러 가질 수도 있다.

4. 우리나라 선거의 경우

우리나라에서 현재 각종 공직선거들에서 채택되고 있는 선거구제들은 다음과 같다. ① 소선거구제(1인선거구제) ― ㉠ 대통령선거(전국선거구), 지역구국회의원선거(당해 지역구), ㉡ 지역구시·도의원선거(당해 시·도의 지역구), ㉢ 지방자치단체의 장선거(당해 시·도, 당해 자치구·시·군), ㉣ 교육감선거(당해 시·도), ② 중선거구제 ― 지역구자치구·시·군의원선거[당해 자치구·시·군의 지역구. 하나의 지역구에서 선출할 의원정수는 2인 이상 4인 이하로 하고 있기(동법 제26조 제2항) 때문에 중선거구제], ③ 비례대표제 ― ㉠ 비례대표국회의원선거(전국선거구), ㉡ 비례대표시·도의원선거(당해 시·도), 비례대표자치구·시·군의원선거(당해 자치구·시·군)에서의 경우이다.

우리나라에서 현재 공직선거에서 시행되고 있는 선거구제들의 위 현황은 아래의 표와 같다.

선거구		선거
소선거구제		대통령선거(전국선거구) 지역구국회의원선거(당해 지역구) 지역구시·도의원선거(당해 시·도의 지역구) 지방자치단체의 장선거(당해 시·도, 당해 자치구·시·군) 교육감선거(당해 시·도)
중선거구제		지역구자치구·시·군의원선거(당해 자치구·시·군의 지역구. 하나의 지역구당 2인 이상 4인 이하 선출)
비례대표제	전국선거구	비례대표국회의원선거
	지방자치단체별	비례대표시·도의원선거(당해 시·도) 비례대표자치구·시·군의원선거(당해 자치구·시·군)
*전국선거구제		대통령선거, 비례대표국회의원선거

VI. 선거제도에 관한 그 외 중요 법리

위에서 본 선거원칙 등의 중요한 법리들 외에 선거에 관련해서 선거권자, 피선거권, 선거운동 등에 관한 중요한 헌법적 원칙과 법리가 다루어져야 한다. 이에 대해서는 기본권의 참정권 부분에서 살펴본다(후술 제3부 참정권 부분 참조).

VII. 우리나라의 선거제도 개관

앞서 우리 선거제도에 대해서는 관련 부분에서 이미 살펴본 바 있다. 여기서는 중요 공직선거들을 개관한다.

1. 대통령선거제도

국민의 보통·평등·직접·비밀선거에 의하여 선출한다(제67조 제1항). 다수대표제·전국선거구제로 실시된다. 결선투표, 간접선거제도도 있다. 즉 헌법 제67조 제2항은 국민의 직접선거에서 최고득표자가 2인 이상인 때에는 국회의 재적의원 과반수가 출석한 공개회의에서 다수표를 얻은 자를 당선자로 한다고 규정하여 국회에서의 간접선거, 결선투표의 경우를 규정하고 있다. 그런데 이러한 결선투표는 국회에서 행해지는 것이고 국민에 의한 결선투표가 아니다. 국회에서 행하는 결선투표는 국민에 의한 것이 아니므로 간접선거이기도 하다. 현행 우리 헌법은 무투표당선을 인정하지 않고 대통령후보자가 1인일 때에도 투표를 시행한다. 즉 대통령후보자가 1인일 때에는 그 득표수가 선거권자 총수의 3분의 1 이상이 아니면 대통령으로 당선될 수 없다(제67조 제3항).

2. 국회의원선거제도

(1) 방식
국회의원선거는 ① 소선거구제·다수대표제의 지역구국회의원선거와 ② 전국 단일의 비례대표제가 병용되는 방식으로 실시된다.

(2) 국회의원 정수
국회의원 전체 정수는 300인(지역구 253인 + 비례대표 47인)이다.

(3) 선거구 획정

국민의 대표성이 보다 정확히 반영되기 위해서는 선거구획정부터 적절하여야 한다. 인구비례 기준 등에 입각하여 충분히 검토할 시간을 가지고 획정이 되어야 한다. 현행 공직선거법은 국회가 국회의원지역구를 선거일 전 1년까지 확정하여야 한다고 규정하고 있다(동법 제24조의 2). * 선거구획정 의무에 관한 각하결정 — 헌재가 이전에 선거구획정이 불평등하다고 하여 헌법불합치결정(2012헌마190)을 한 뒤에 국회가 헌재의 입법시한까지 선거구획정을 새로이 하지 않은 입법부작위에 대한 헌법소원심판이 청구되었는데 헌재는 국회의 헌법상 입법의무가 있음을 인정하고 또 입법의무를 상당한 기간을 넘어 정당한 사유 없이 지체하였다고 보면서도 그 심판청구 이후 국회가 국회의원의 선거구를 획정함으로써 청구인들의 주관적 목적이 달성되어 권리보호이익이 소멸하였다고 청구를 각하하였다(2015헌마1177). 이러한 각하결정은 국회를 사실상 면책하게 하여 결국 향후 국회의 입법지체를 방지하는 데 긍정적이지 못하다.

3. 지방선거제도

(1) 선거방식

지방의회의원선거에서도 비례대표제가 도입되어 있다. 광역자치단체의원선거인 시·도의회의원선거뿐 아니라 기초자치단체의원선거인 자치구·시·군의회의원선거에서도 비례대표제가 실시된다. 결국 지방의회의원선거는 다수·비례병용 또는 소수·비례병용이라고 할 수 있다. 비례대표 시·도의원정수는 지역구시·도의원정수의 100분의 10으로 하고(공직선거법 제22조 제4항), 비례대표자치구·시·군의원정수는 자치구·시·군의원정수의 100분의 10으로 한다(동법 제23조 제3항).

(2) 특색

지방선거에는 다음과 같은 특색이 있다. ① 원칙적으로 지방자치단체의 장선거와 의원선거들이 동시에 이루어진다. ② 지방선거의 경우에는 선거권과 피선거권의 요건으로 거주요건인 당해 지방자치단체의 관할 구역 안에 주민등록이 되어 있을 것을 요한다. 그러나 주민등록을 할 수 없는 국내거주 재외국민의 경우 그들의 의회의원선거권과 참정권을 박탈하는 것이라고 하여 구 공직선거법의 해당 규정들에 대한 헌법불합치결정이 내려진 바 있다(헌재 2007.6.28. 2004헌마644). 이후 국내거주 재외국민에 대해서 주민등록법상 재외국민에 해당하는 사람으로서 주민등록표에 소정 기간 이상 계속 올라 있을 것을 요건으로(원래 국내거소신고인명부에 소정 기간 이상 계속 올라 있을 것을 요건으로 하였으나 재외국민의 국내거소신고제도가 폐지되고 재외국민용 주민등록증을 발급하도록 주민등록법이 개정됨에 따라 2015년에 주민등록표로 바뀜) 선거권을 부여하고 있다(동법 제15조 제2항 제2호). 외국인에 대해서도 소정의 요건을 갖춘 경우 지방선거권을 부여하고 있는 것도 특색이다(동법 동조 제2항 제3호). ③ 선거소청제도가 있고 선거소송에 있어서 고등법원이 1심으로 2심제이다(동법 제219조, 제222조 제2항). 다만, 시·도지사선거, 비례대표시·도의원선거에 관한 소송은 대법원 관할로서 단심이다(동법 제222조 제2항).

제 4 절   행정질서

제 1 항   법치행정의 원리

행정질서에 있어서 법치행정원리가 기본적인 중요한 헌법적 원리이다. 법치행정의 원리는 앞의 법치주의 부분에서 살펴보았다(전술 제2절 제2항 I. 4. 참조).

제 2 항   공무원제도

I. 공무원의 개념과 분류

1. 개념, 핵심요소, 광의의 공무원

[개념] 공무원이란 국가나 지방자치단체와 근무계약관계를 맺고 국민이나 주민을 위한 공공서비스 등 국가와 지방자치단체의 사무를 수행하는 사람을 말한다. 공무원은 국가나 지방자치단체의 기관조직의 인적 구성원이다. [핵심요소] 공무원의 개념에 공공서비스의 봉사자라는 관념이 핵심적 요소가 되어야 한다. 우리 헌법 제7조 제1항이 공무원은 국민전체에 대한 봉사자라고 규정하고 있는 것도 그 점을 밝히고 있는 것이다. [광의] 가장 넓은 의미의 공무원 개념에는 공무원이라는 신분을 가진 사람뿐 아니라 공무원이 아니나 일시적으로 공무를 위탁받아 수행하는 사인(私人, 이른바 '공무수탁사인')도 포함된다. 국가배상책임상 공무원이 바로 이러한 넓은 개념의 공무원에 해당된다.

2. 분류

(1) 국가공무원과 지방공무원

공무원은 국가공무원과 지방공무원으로 나누어진다. 전자는 국가기관에 소속되어 국가목적을 위한 공무를 수행하고, 후자는 지방자치단체에 소속되어 지방자치단체사무에 종사하는 공무원이다. 각각에 대해 국가공무원법과 지방공무원법(이하 '국공법', '지공법'이라 함)이 규율하고 있다.

(2) 경력직 공무원과 특수경력직 공무원

국가공무원과 지방공무원 각각 다시 경력직 공무원과 특수경력직 공무원으로 나누어진다(국공법 제2조 제1항; 지공법 제2조 제1항). 경력직 공무원이란 실적과 자격에 따라 임용되고 그 신분이 보장되며 평생토록 공무원으로 근무할 것이 예정되는 공무원을 말하며 다시 일반직, 특정직 공무원으로 나누어진다(국공법 제2조 제2항; 지공법 제2조 제2항). 특수경력직 공무원이란 경력직 공무원 외의 공무원을 말하며 다시 정무직, 별정직 공무원으로 나누어진다(국공법 제2조 제3항; 지공법 제2조 제3항).

(3) 고위공무원단

고위공무원단을 두고 있다. 이는 국가의 고위공무원을 범정부적 차원에서 효율적으로 인사관리하여 정부의 경쟁력을 높이기 위한 제도이다. 여기서의 '고위공무원단'이란 직무의 곤란성과 책임도가 높은 중앙행정기관의 실장·국장 및 이에 상당하는 보좌기관 등의 직위에 임용되어 재직 중이거나 파견·휴직 등으로 인사관리되고 있는 일반직공무원, 별정직공무원 및 특정직공무원의 군(群)을 말한다(국공법 제2조의2 제1·2항).

Ⅱ. 공무원의 헌법상 지위

1. 국민전체에 대한 봉사자로서의 지위

우리 헌법 제7조 제1항은 "공무원은 국민전체에 대한 봉사자이며"라고 규정하고 있다.

(1) 봉사자의 의미

공무원들은 공익과 국민의 권익을 보장하기 위하여 국민에 대한 공공서비스를 제공하고 국민생활의 안전과 편의를 위한 업무를 수행함으로써 국민에 봉사하여야 한다. 이러한 국민에 대한 봉사자로서의 공무원에는 공무수탁사인도 포함되는 가장 넓은 개념의 공무원이 모두 해당된다.

(2) '국민전체'에 대한 봉사자

우리 헌법은 공무원은 일부 국민이 아니라 '국민전체'에 대한 봉사자라고 규정하고 있다. 따라서 특정한 정당이나 집단, 사회계층, 지역, 종교단체 등의 이익만을 위해 활동하거나 이들의 지시나 명령에 따라서는 아니 되고 국민전체의 이익을 위하여 활동하여야 한다. 즉 기속위임(강제위임)이 금지되고 국민전체를 대표하여야 한다(대표위임)(전술 국민주권주의 부분 참조).

(3) 구현

공무원이 국민에 대한 봉사자로서 활동하도록 하기 위하여 성실의무, 청렴의무 등의 의무를 법적 의무로 지우고 있다(국공법 제56조 등). 이러한 의무에 위반한 경우 아래에 보는 대로 책임과 제재가 따르게 하여 봉사자로서의 지위를 지키도록 실효성을 갖추고자 한다.

2. 국민에 대한 책임

우리 헌법 제7조 제1항은 "공무원은 국민에 대하여 책임을 진다"라고 규정하여 공무원의 국민에 대한 책임을 헌법상 명확히 하고 있다.

(1) 책임의 법적 성격

[학설] 헌법 제7조 제1항에서 말하는 공무원이 지는 책임이 법적 성격을 가지는 것인지 여부에 대해 학설은 ① 법적 책임설과 ② 정치적(이념적·윤리적) 책임설이 대립된다. ①의 견해는 공무원이 주권자인 국민에 대해 지게 되는 책임으로서 공무수행상 잘못이 있으면 법적인 제재를 받게 되므로 법적 책임을 의미한다고 보고, ②의 견해는 국민이 직접 공무원을 소환(파면)할 권리가 인정되지 않으므로 공무원의 책임이란 정치적·윤리적 책임에 불과하고 법적 책임이 아니라고 본다.

[검토] 다음과 같은 이유로 법적 책임설이 우리 헌법에 타당하다. ① 법규범인 헌법 자체가 "책임을 진다"라고 규정하고 있다(제7조 제1항). ② 정치적 책임설이 국민파면(소환)권이 없어 정치적 책임이라고 하나 공무원의 법위반행위에 대한 법적 제재가 아래 (2)에서 보는 대로 마련되어 있기에 정치적(이념적·윤리적) 책임설은 우리 헌법에 타당하지 않다.

[헌재 판례에 대한 비판] 헌재 판례 중에는 헌법 제7조 제1항의 책임을 "국민에 대한 정치적·윤리적 책임이라고 해석되는 이상, 위 규정이 국민소환권이나 국민의 공무원 파면권의 헌법적 근거가 될 수도 없다. 주민소환청구권 자체는 … 법률상의 권리에 불과하다"라고 판시한 결정이 있다(2010헌바368). 이는 주민소환권이 헌법상 기본권이 아니라고 보는 입장의 논거를 밝히기 위한 판시이나 이렇게 윤리적 책임으로 보는 것은 헌법 제7조의 책임에 여러 법적 책임제도들이 있는데(징계, 형사처벌, 행정쟁송, 국가배상 등의 법적 책임규명제도) 이를 무시하는 것으로 논증이 잘못된 것이다. 위 판례에서 헌재는 주민소환권을 기본권으로 볼 수 없다고 하면서 표현의 자유 침해 여부 문제로 판단하고 명확성원칙, 과잉금지원칙을 준수하였다고 하여 합헌 결정을 하였다.

(2) 책임 구현을 위한 법적 제도

1) 징계제도와 형사책임

국가공무원법, 지방공무원법 등에 공무원의 여러 의무를 규정하고 있고 이 의무에 위반되는 경우에 징계를 할 수 있다. 공무원의 위법행위, 의무위반행위가 형사범죄에 해당할 경우에는 형사재판을 통한 형사책임도 물을 수 있다.

2) 행정쟁송과 국가배상책임제도

공무원의 업무로 이루어진 행정처분 등에 대해서는 행정심판과 법원의 행정소송(양자를 합쳐서 행정쟁송이라 함)을 제기할 수 있고 이를 통해 공무원의 업무상 잘못을 가릴 수 있다. 우리 헌법은 "공무원의 직무상 불법행위로 손해를 받은 국민은 법률이 정하는 바에 의하여 국가 또는 공공단체에 정당한 배상을 청구할 수 있다"라고 규정하여 국가배상제도를 두고 있고 이 경우 공무원 자신의 책임은 면제되지 아니한다고 규정하고 있다(제29조 제1항).

3) 탄핵제도

고위공무원의 경우이긴 하나 대통령·국무총리·국무위원·행정각부의 장·헌법재판소 재판관·법관·중앙선거관리위원회 위원·감사원장·감사위원 기타 법률이 정한 공무원이 그 직무집행에 있어서 헌법이나 법률을 위배한 때에는 국회는 탄핵의 소추를 의결할 수 있고 헌재의 심판에 따라 파면 여부가 가려지는 탄핵제도(제65조, 제111조 제1항 제2호)도 책임추궁제도로서 법적인 제도이다.

4) 국무총리·국무위원해임건의제도

국회는 국무총리 또는 국무위원의 해임을 대통령에게 건의할 수 있다(제63조 제1항). 이러한 해임건의를 통해 국무총리, 국무위원에 대한 책임을 규명할 수 있다. 해임건의제를 정치적 책임제도로 보는 견해가 있으나 헌법상의 제도이므로 법적 책임추궁제도이다(후술 제4부 국가권력규범론 참조).

5) 선거

선거는 정치성을 띠긴 하나 선거제도도 법제도인바 선출직 공무원의 경우 차기선거에서 국민의 심판을 받게 되는 것도 하나의 책임추궁제도이다.

6) 청원제도

국민은 위법행위를 행한 공무원에 대하여 파면 등의 징계를 해줄 것을 청원할 수 있다(청원법 제4조 제2호).

7) 기타

지방자치단체 공무원 중 지방자치단체의 장, 지방의회의원(비례대표의원은 제외)은 주민소환을 통하여 책임을 추궁받을 수 있다(지방자치법 제20조; '주민소환에 관한 법률' 제7조). 국민권익위원회를 두어 부패의 발생을 예방하며 부패행위를 효율적으로 규제하도록 하고 있다('부패방지 및 국민권익위원회의 설치와 운영에 관한 법률' 제1조).

3. 공무원의 이중적 지위

헌재는 "공무원은 공직자인 동시에 국민의 한 사람이기도 하므로, 공무원은 공인으로서의
지위와 사인으로서의 지위, 국민전체에 대한 봉사자로서의 지위와 기본권을 향유하는 기본권
주체로서의 지위라는 이중적 지위를 가진다. 따라서 공무원이라고 하여 기본권이 무시되거나
경시되어서도 아니 되지만, 공무원의 신분과 지위의 특수성에 비추어 공무원에 대해서는 일
반 국민에 비해 보다 넓고 강한 기본권제한이 가능하게 된다"라고 한다(헌재 2012.5.31. 2009
헌마705).[27]

Ⅲ. 직업공무원제

1. 개념과 기능, 근본적 목적

(1) 개념과 기능

[개념, 연혁] 직업공무원제란 공무원이 정치적인 압력이나 영향력 등을 받지 않고 공무에
계속해서 종사할 수 있도록, 특히 정권의 변화에도 무관하게 신분을 유지할 수 있도록 직업인
으로서 안정적인 신분을 헌법과 법률에 의해 보장하는 공무원제도를 말한다. 이는 선거에서 승
리한 정당이 승리에 공로가 많은 소속 당원에게 관직을 전리품으로 나누어주는 과거의 폐습인
논공행상의 엽관제(獵官制, spoil system)에 공무원이 제물이 되지 않도록 하기 위한 것이다. 특
히 정당국가라고 불리는 것처럼 정당의 영향력이 큰 경우에 그 중요성이 강조된다.

우리 헌법 제7조 제2항은 "공무원의 신분과 정치적 중립성은 법률이 정하는 바에 의하여 보
장된다"라고 규정하여 직업공무원제를 명시하고 있다. 헌재는 직업공무원제에 대해 "공무원이
집권세력의 논공행상의 제물이 되는 엽관제도를 지양하고 정권교체에 따른 국가작용의 중단과
혼란을 예방하고 일관성 있는 공무수행의 독자성을 유지하기 위하여 헌법과 법률에 의하여 공
무원의 신분이 보장되는 공직구조에 관한 제도"라고 개념정의하고 있다(89헌마32).

[기능] 직업공무원제의 기능을 보면, ① 공무원 개인에 대해서는 신분보장으로 직무에 전념
하게 하고, ② 공무수행의 측면에서는 공무의 공정성, 일관성, 독자성, 상급자의 부당한 지시
등으로부터의 독립성 등을 확보하게 하며, ③ 국정운영의 측면에서는 정권이 교체되더라도 중
단되지 않는 국정운영의 안정성을 유지하게 한다.

---

27) 헌재 2012.5.31. 2009헌마705. [결정요지]는 아래의 공무원의 기본권 부분 등에 인용 참조.

(2) 근본적 목적

근본적으로, 종국적으로 직업공무원제의 실현을 통하여 공무가 공정히, 적법하게 수행됨으로써 공무의 수익자, 수령자인 국민이 자신의 권리를 보호받을 수 있고 침해행정(국민의 권리제한·의무부과를 하는 행정)의 경우에도 공정하게 이루어지게 함으로써 결국 국민의 기본권보장을 위한 것이기도 하다.

2. 성격

(1) 학설과 판례

종래 일반적으로 직업공무원제의 성격을 '제도적 보장'으로 보아 왔다. 제도적 보장이란 헌법 자체에 그 제도의 핵심적 내용을 규정하여 둠으로써 그 제도의 존속을 보호하는 것을 말한다. 즉 그 제도가 중요하므로 이를 계속 유지할 필요가 있는데 최고법인 헌법 자체에 규정을 두게 되면 법률이나 명령으로 이를 폐지할 수 없을 것이고 그 존속이 보장되기 때문이다('제도적 보장'에 대해서는, 후술 제 3 부 기본권론 참조). 우리 헌재도 "헌법 제7조는 공무원의 공무수행의 독자성과 영속성을 유지하기 위하여 공직구조에 대하여 제도적 보장으로서의 직업공무원제도를 마련하도록 규정하고 있다"라고 하여(헌재 1997.4.24. 95헌바48) 같은 이론을 취하고 있다.

(2) 제도적 보장성의 법적 효과 – 넓은 입법형성권의 인정

종래 이론에 따라 직업공무원제가 제도적 보장으로서의 성격을 가진 헌법적 보호를 받는 제도라고 본다면 다음과 같은 법적 효과를 가져온다. 제도적 보장은 기본권의 보장과 달리 최소한 보장으로서 제도의 핵심적 내용요소만 헌법이 보호하고 규정하게 된다. 나머지 그 제도의 시행 등 그 제도에 관한 구체적 사항들은 법률로 형성할 수 있다. 따라서 직업공무원제의 보장이 제도적 보장으로서의 성격을 가진다고 보면 직업공무원제의 핵심적 요소인 신분보장과 정치적 독립이라는 요소를 침해하지 않는 한 직업공무원에 관한 구체적 사항을 법률로 정할 수 있고 그 정함에 있어서 국회의 형성권이 상당히 폭넓게 인정된다고 보게 된다. 우리 헌재도 "제도적 보장의 하나인 직업공무원제도에 관하여 입법자는 '최소한 보장'의 원칙의 한계 안에서 폭넓은 입법형성의 자유를 가진다"라고 본다(헌재 1997.4.24. 95헌바48).

(3) 평가

직업적인 신분보장을 받는 공무원이 되는 것은 국민의 공무담임권(제25조)을 실현하는 중요한 기회이기에 기본권인 공무담임권의 실현을 위한 수단으로서의 직업공무원제를 모든 면에서 제도적 보장으로서 최소한 보장이라고 보는 것은 문제가 있다.

3. 적용범위와 정도

(1) 임시직 공무원, 정치적 공무원에 대한 적용배제

직업공무원제의 적용을 받는 공무원에는 직업공무원제의 요소가 신분보장과 정치적 중립성이므로 애초에 신분보장이 어려운 공무원인 임시직 공무원이나 애초에 정치적 중립성보장을 기대할 수 없는 정치적 공무원은 제외된다(89헌마32).

(2) 정도 - 법관 등에 대한 강한 보장

업무의 중립성, 독립성이 더욱 요구되는 공무원의 경우에 그 보장의 정도가 강해진다. 예를 들어 법관의 경우 재판의 공정성의 요구로 인해 더 강한 보장을 요한다. 우리 헌법 제106조 제1항은 "법관은 탄핵 또는 금고 이상의 형의 선고에 의하지 아니하고는 파면되지 아니하며, 징계처분에 의하지 아니하고는 정직·감봉 기타 불리한 처분을 받지 아니한다"라고 규정하여 법관에 대하여는 별도의 헌법규정을 두어 신분보장을 더 두텁게 하고 있다. 이는 공정한 재판이 국민의 기본권구제에 매우 중요한 것이므로 공정한 재판을 수행할 수 있게 법관에게 신분의 강한 보장을 해줌으로써 결국 국민의 재판청구권을 보장하기 위한 것이라는 의미를 가진다(같은 취지로, 91헌가2).

4. 요소

(1) 2요소 - 신분보장과 정치적 중립성

직업공무원제의 가장 핵심적인 요소는 우리 헌법 제7조 제2항이 명시하고 있듯이 ① 신분보장과 ② 정치적 중립성이다. 위 2요소가 핵심인 이유는 공무원이 신분보장이 되고 정치적으로 독립되어야 국민의 이익을 위한다는 소신에 따른 공정한 공무를 수행할 것이기 때문이다. 그 외에 과학적 직급제, 성적주의, 능률성 등을 요소로 들기도 하나 이 요소는 위 2요소에 포함되는 요소라고 볼 것이다.

(2) 공무원의 신분보장
1) 의의

공무원의 신분획득단계에서부터도 공정성이 요구되는바 능력에 입각한 공무원임용이 이루어져야 한다. 임용 이후에도 능력이나 업적에 따라 승진이 이루어져야 한다. 공무원의 신분보장은 직업공무원이 정당한 사유 없이 공무원의 신분을 박탈당하지 않고 신상의 불이익을 받지 않으며 특히 정권이 교체되더라도 이에 영향을 받지 아니함을 말한다.

2) 공무원의 자격과 결격사유

공무원은 기본적인 소양을 갖추고 업무에 따라 일정한 능력을 갖추고 공익을 위해 봉사하는 기본자세 공정한 직무를 수행하는 윤리성을 갖출 것을 요한다. 공무원의 자격과 결격사유에 대해서는 뒤의 '공무원의 임용' 부분에서 다룬다.

3) 능력주의 · 실적주의

(가) 개념   정실, 연고, 출신의 배경이나 지역 등이 아니라 능력에 따라 공무원으로 임용되고 능력과 실적에 따라 승진 등의 기회가 주어지는 인사가 이루어져야 신분보장에 충실할 수 있다. 따라서 능력주의, 실적주의(성과주의, 성적주의)는 직업공무원제의 한 파생요소가 된다. 공무원법도 공무원의 임용원칙으로서 "공무원의 임용은 시험성적 · 근무성적, 그 밖의 능력의 실증에 따라 행한다"라고 명시하여 공무원의 임용에 있어서의 원칙으로서 능력주의를 설정하고 있다(국공법 제26조 본문, 지공법 제25조 본문). 헌재도 능력주의가 직업공무원제의 기본요소에 포함된다고 본다(● 판례 헌재 1999.12.23. 98헌마363 제대군인 가산점 위헌결정. 동지: 98헌바33; 2010헌마747; 2014헌마274).

성적주의는 임용단계뿐 아니라 임용 후 승진단계에서도 적용되어야 한다.

(나) 능력주의의 예외   i) 취지 – 다만, 장애인 · 이공계전공자 · 저소득층 등에 대한 채용 · 승진 · 전보 등 인사관리상 우대와 실질적 양성평등을 구현하기 위한 적극적 정책의 실시 등 능력주의에 대한 예외가 있을 수 있다(국공법 제26조 단서). 공직진출에 요구되는 능력을 갖추고 배양하기 위해서는 그것에 필요한 내용의 교육을 받을 기회 등을 가져야 할 것인데 그 기회를 가질 비용을 충당할 수 없는 경제적 취약자는 공직자가 되기 어렵다. 바로 그 점을 보완하여 공직기회를 부여하기 위해 능력주의에 예외를 두는 것이다. ii) 능력주의 예외인정(제한)의 한계 – 능력주의의 예외를 인정(즉 능력주의를 제한)하더라도 위에서 말한 실질적인 평등원칙을 오히려 무너뜨리거나 과잉금지원칙을 위배하는 등 그 한계를 벗어나서는 안 된다. iii) 예외 인정의 정당성 부재 – 이 경우 예외 자체에 해당되지 않아 위헌으로 보게 된다. 헌재는 공무원시험에서의 제대군인에 대한 가산점 부여는 "제대군인 지원이라는 입법목적은 예외적으로 능력주의를 제한할 수 있는 정당한 근거가 되지 못하는데도 불구하고, 가산점제도는 능력주의에 기초하지 아니하는 불합리한 기준으로 공무담임권을 제한하고 있다"라고 하여 위헌결정을 한 바 있다(● 판례 98헌마363).

iv) 헌법의 예외인정 – 예외인정으로서 헌법 제11조의 평등을 실질적 평등으로 보아 헌법해석을 통해서 가능할 것이나 헌법이 보다 직접적인 명시적인 예외를 인정하는 규정을 두고 있기도 하다. 그러한 경우로 ① 헌법이 신체장애자 등에 대한 국가의 보호를 규정하고 있는 것을 들 수 있다(제34조 제5항). 국가공무원법도 국가기관의 장은 국회규칙, 대법원규칙, 헌법재판소규칙, 중앙선거관리위원회규칙 또는 대통령령으로 정하는 바에 따라 장애인 · 이공계전공자 · 저소득층 등에 대한 채용 · 승진 · 전보 등 인사관리상의 우대와 실질적인 양성 평등을 구현하기 위한 적극적인 정책을 실시할 수 있다고 규정하여(동법 제26조 단서. 비슷한 취지의 지방공무원법 제25조 단서) 능력에 따른 임용에 예외를 두고 있다. ② 또한 국가유공자·상이군경 및 전몰군경의 유가족은 법률이 정하는 바에 의하여 우선적으로 근로의 기회를 부여받는다고 규정한 헌법 제32조 제6항이다. 이 규정은 국가유공자 등은 국가를 위한 공헌을 함으로써 자신의 근로를 위한 준비, 기회 등을 가지지 못한 데 대한 보상의 의미를 가진다. 전몰군경의 유가족은 더욱 그러하다. 근로기회에는 공무원이 되는 기회도 포함됨은 물론이다. 위 헌법 제32조 제6항에 대한 헌법재판소의 해석이 변경된 바 있다. 문제가 된 것은 국가유공자, 상이군경은 헌법상의 보호대상자로 명시되어 있으나 가족에 대해선 전몰군경의 유가족인 아닌 국가유공자, 상이군경의 가족도 위 헌법조항이 보호하는 대상자인가 하는 점이다. 헌재는 처음에는 위 헌법 제32조 제6항을 넓게 해석하여 이 조항이 국가유공자 본인뿐만 아니라 가족들에 대한 취업보호제도(가산점)의 근거가 될 수 있다고 보았고 그 가산점규정도 합헌이라고 보았었다(헌재 2001.2.22. 2000헌마25). 그러나 그 뒤 오늘날 가산점의 대상이 되는 국가유공자와 그 가족의 수가 비약적으로 증가하고 있는 현실과, 공무원시험의 경쟁이 갈수록 치열해지는 상황을 고려할 때, 위 조항의 폭넓은 해석은 필연적으로 일반 응시자의 공무담임의 기회를 제약하게 되는 결과가 될 수 있으므로 위 헌법조항을 엄격하게 문리해석하여 "국가유공자", "상이군경", 그리고 "전몰군경의 유가족"만 그 헌법상 보호대상자로 봄이 상당하다고 해석을 변경하였다. 그리하여 '국가유공자의 가족'의 경우 가산점의 부여는 헌법이 직접 요청하는 것이 아니고 법률적 차원의 정책적 예외인정이므로 엄밀한 비례성을 지켜야 하는데 그렇지 않아 위헌이라는 취지로 판례를 일부 변경하였다. 그리하여 가산점 비율, 수혜대상자를 축소하는 법개정을 하도록 하는 헌법불합치결정을 하였다(● 판례 헌재 2006.2.23. 2004헌마675).

　　[가산점제도 결정례 정리] (a) 위헌성인정 결정례: ① 위 제대군인가산점 위헌결정(헌재 1999.12.23. 98헌마363), ② 국가유공자의 가족에 대한 가산점제에 대한 헌법불합치결정(헌재 2006.2.23. 2004헌마675) 외에 ③ 법률유보원칙 위반의 가산점조항에 대한 위헌확인결정(법률상 근거규정 없는 교원임용시험가산제 요강조항. 헌재 2004.3.25. 2001헌마882, 2002학년도 대전광역시 공립중등학교 교사임용후보자 선정경쟁시험 시행요강. 시험이 종료되어 취소할 대상이 없으므로 위헌임을 '확인'하는 결정을 한 것이다. 위헌확인 결정에 대해서는 뒤의 헌법재판 부분 참조)이 있다. (b) 한헌성인정 결정례: ① 국가공무원 7급시험에서의 가산점제[국가공무원 7급 시험에서 기능사 자격증에는 가산점을 주지 않고 기사 등급 이상의 자격증에는 가산점을 주도록 한 공무원임용및시험시행규칙(2002.12.31. 행정자치부령 제190호로 개정된 것) 제12조의3 중 별표 10 및 별표 11이 기능사 자격을 가진 사람의 공무담임권을 위헌적으로 침해하는 것은 아니다. 헌재 2003.9.25. 2003헌마30), ② 동점처리자에서의 국가유공자 가족에 대한 우선권 부여의 합헌성 인정(헌재 2006.6.29. 2005헌마44) 등이 있다. 이 결정들에 대해서는 뒤의 '기본권'편, '평등권' 부분 참조.

4) 정년제

공무원의 정년제도는 직업공무원제에 반하지 않는다고 본다. [합헌논거] 헌재는 그 논거로, 정년제가 정년연령까지 근무계속을 보장하여 직무에 전념하게 하고 연령구성의 고령화방지, 조직활성화, 공무능률의 유지·향상으로 직업공무원제를 보완하는 기능을 수행하므로 합헌이라고 본다(96헌바86). [판례] 다음과 같은 합헌성인정 결정들이 있었다. ① 농촌지도사인 6급 이하 공무원에 대하여는 그 정년을 58세(96헌바86), ② 지방공무원의 정년을 6급 이하 57세, 5급 이상 60세로 한 구 지방공무원법 제66조 제1항 제1호등(2005헌마553), ③ 교육공무원의 경우에는 62세(헌재는 활기찬 교육분위기 조성을 위한 교직사회의 신진대사가 필요하다는 이유로 단축된 규정의 합헌성을 인정한 바 있다. 99헌마112)로 정한 규정들에 대한 결정들이었다.

[계급정년제] 또한 헌재는 이른바 계급정년제에 대해서도 입법권자의 입법형성의 재량을 인정하여 그 합헌성을 인정한다(91헌바15).

5) 반의사조치의 금지, 신뢰보호원칙

직업공무원은 그 신분보장을 받아야 하므로 본인의 잘못이 없다면 본인의 의사에 반하여 불리한 신분조치를 받는 것이 금지되어야 한다(反意思身分措置禁止 原則). 국가공무원법은 공무원은 형의 선고, 징계처분 또는 이 법에서 정하는 사유에 따르지 아니하고는 본인의 의사에 반하여 휴직·강임 또는 면직을 당하지 아니한다고 규정하고(동법 제68조 본문), 직권에 의한 면직사유를 제한적으로 열거하고 있다(동법 제70조 제1항. 직제와 정원의 개폐 또는 예산의 감소 등에 따라 폐직 또는 과원이 되었을 때 등). 헌법재판소는 임명권자의 독단적이고 자의적인 불리한 인사는 직업공무원제도의 본질적 내용을 침해하는 것으로 본다(89헌마32등).

공무원으로 임용될 당시에 규정되어 있지 않았으나 이후 새로운 법률규정으로 이미 공무원직을 수행하고 있는 사람을 면직하도록 하는 규정은 신뢰보호원칙에 위반될 수 있다(89헌마32등).

(3) 공무원의 정치적 중립성
1) 개념, 근거 등

[개념과 근거(필요한 이유)] 공무원의 정치적 중립성이란 공무원이 공적 업무의 수행에 있어서 정치적 영향을 받지 않고 정당, 정치조직 등의 정략적 지시나 압력을 받지 않음을 의미한다. 정치적 중립성의 요구는 ⅰ) 공정한 공무집행에 의해 국민의 기본권이 보장되도록 하기 위해, ⅱ) 공무원은 국민전체의 봉사자이므로 정치적 당파적 이익을 위해서가 아니라 국민 전체의 이익을 위하여 봉사할 수 있게 하기 위해, ⅲ) 정권교체가 있더라도 정책의 연속성, 일관성, 안정성이 유지될 수 있게 하기 위해, ⅳ) 민주적, 전문화된 정책과 행정이 가능하도록 하기 위해 필요하다.

헌재는 "공무원은 국민전체에 대한 봉사자이므로 중립적 위치에서 공익을 추구하고(국민전체의 봉사자설), 행정에 대한 정치의 개입을 방지함으로써 행정의 전문성과 민주성을 제고하고 정책적 계속성과 안정성을 유지하며(정치와 행정의 분리설), 정권의 변동에도 불구하고 공무원의 신분적 안정을 기하고 엽관제로 인한 부패·비능률 등의 폐해를 방지하며(공무원의 이익보호설), 자본주의의 발달에 따르는 사회경제적 대립의 중재자·조정자로서의 기능을 적극적으로 담당하기 위하여 요구되는 것(공적 중재자설)"이라고 하면서, 공무원의 정치적 중립성 요청은 결국 위 각 근거를 종합적으로 고려하여 "공무원의 직무의 성질상 그 직무집행의 중립성을 유지하기 위하여 필요한 것"이라고 판시한 바 있다.[28)]

[공무원유형에 따른 정도 차이] 정치적 중립성은 공무원의 유형에 따라 그 정도가 다르다. 법관과 헌법재판관에 대해서는 그 정도가 더욱 강하게 요구된다고 할 것이다. 헌법재판관(제112조 제2항), 대법관, 일반법관, 중앙선거관리위원(제114조 제4항) 등인데 재판, 선거의 중립성을 보다 강력히 보장하기 위한 것임은 물론이다.

2) 정치적 중립성의 내용

[인사상 중립성] 공무원이 선발, 승진 등 인사에 있어서 정치적 개입, 영향력이 없어야 능력주의에 따른 적격, 유능한 인물이 임용되고 적절한 직위에 배치, 승진되며 그로써 공정한 업무수행으로 공익과 국민의 권익이 보호된다.

[업무상 중립성] 직업공무원이 국민전체를 위한 무기속위임의 관계에서 특정한 정치적 이익, 당리당략을 위해 활동해서는 공평무사하게 공익과 국민의 권익을 위해 봉사하여야 한다.

[정치활동에서 중립성] 위의 인사상·업무상 중립성을 실현하기 위해서도 직업공무원은 정치적 영역에서 그리고 활동에 있어서 공무원법이 제한을 가하고 있다(국공법 제65조 제1·2항, 지공법 제57조 제1·2항). 이에 대한 자세한 것은 뒤의 '공무원의 기본권제한' 부분에서 살펴본다.

[선거에서의 중립성] ⅰ) 공직선거법규정 - 동법 제9조 제1항은 "공무원 기타 정치적 중립을 지켜야 하는 자(기관·단체를 포함한다)는 선거에 대한 부당한 영향력의 행사 기타 선거결과에 영향을 미치는 행위를 하여서는 아니된다"라고 명시하고 있다. ⅱ) 적용대상범위 ① 정치적 공무원포함 - 헌재판례는 여기서의 공무원은 좁은 의미의 직업공무원은 물론이고, 적극적인 정치활동을 통하여 국가에 봉사하는 정치적 공무원(예를 들어 대통령, 국무총리, 국무위원, 도지사, 시장, 군수, 구청장 등 지방자치단체의 장)을 포함한다고 본다. ② 제외(의원) - 헌재판례는 다만, 국회의원과 지방의회의원은 정당의 대표자이자 선거운동의 주체로서의 지위로 말미암아 선거에서의 정치적 중립성이 요구될 수 없으므로, 공선법 제9조의 '공무원'에 해당하지 않는다고 본다(헌재 2004.5.14. 2004헌나1). * 유의: 그러나 유의할 점은 헌재는 '공무원 지위이용 선거운동죄 조항'(공직선거법 제85조 제2항과 그 위반에 대해 처벌하는 조항)이 선거에서의 정치적 중립의무를 지지 않는 지방의회의원에 대해서는 적용된다고 한다. 헌재는 공직선거법 제85조 제2항이 확보하고자 하는 선거의 공정성은 정치적 중립성과는 별개의 보호법익으로서 누구든지 준수해야 하기 때문이라고 한다(헌재 2020.3.26. 2018헌바3).

---

28) 헌재 1995.5.25. 91헌마67; 2004.3.25. 2001헌마710 등.

[퇴직 후 일정 기간 공직 제한, 정당 발기인·당원 금지] ⅰ) 취지 – 고위 공직의 경우 퇴임 후 일정 기간 다른 공직 또는 사적 지위에 나아가지 못하도록 하는 경우가 있다. 이는 그 가능성을 열어둘 경우에 그 고위 공직의 업무수행에 있어서 장차 다른 공직에의 임명을 염두에 두고 전념성 내지 공정성, 정치적 중립성을 해칠 우려가 있다는 이유에서이다. ⅱ) 판례 – ① 구 검찰청법 제12조 제4항은 검찰총장은 퇴직일부터 2년 이내에는 공직에 임명될 수 없다고 금지하고 있었는데 헌재는 이 규정들은 비례(과잉금지)원칙에 반하여 참정권(선거권과 피선거권)을 침해하는 위헌이라고 결정하였다(97헌마26). ② 경찰청장은 퇴직일부터 2년 이내에는 정당의 발기인이 되거나 당원이 될 수 없다고 금지한 구 경찰법 제11조 제4항 및 부칙 제2조에 대해 헌재는 공무담임권(피선거권) 침해문제로 보지 아니하고 정당설립 및 가입의 자유 침해문제로 보았는데 그 제한이 수단적합성을 갖추지 않아 그 자유를 침해한 위헌이라고 보았다(99헌마135).

5. 공무원의 임면

공무원의 임명과 면직(합쳐서 임면)이 법적 요건과 절차에 따라 이루어져야 직업공무원제가 제대로 구현된다. 대통령은 헌법과 법률이 정하는 바에 의하여 공무원을 임면한다(제78조).

(1) 임용의 원칙
[능력주의] 공무원의 임용은 시험성적·근무성적, 그 밖의 능력의 실증에 따라 행한다. 다만, 장애인·저소득층 등에 대한 인사관리상 우대와 실질적 양성 평등을 구현하기 위한 적극적인 정책을 실시할 수 있다(국공법 제26조, 지공법 제25조). [평등의 원칙] 공개경쟁에 따른 채용시험은 같은 자격을 가진 모든 국민에게 평등하게 공개하여야 하며 시험의 시기와 장소는 응시자의 편의를 고려하여 결정한다(국공법 제35조; 지공법 제33조).

(2) 요건
1) 공무원의 자격과 결격·당연퇴직사유
ⅰ) 결격사유 – 공무원은 윤리성, 기본적인 소양을 갖추고 업무에 따라 일정한 능력을 갖출 것을 요한다. 현행 국가공무원법 제33조, 지방공무원법 제31조는 공무원이 될 수 없는 결격사유(임용될 수 없는 사유)를 피성년후견인 또는 피한정후견인, 파산선고를 받고 복권되지 아니한 자 금고 이상의 실형을 선고받고 그 집행이 종료되거나 집행을 받지 아니하기로 확정된 후 5년이 지나지 아니한 자, 금고 이상의 형을 선고받고 그 집행유예 기간이 끝난 날부터 2년이 지나지 아니한 자 등으로 규정하고 있다.

ⅱ) 당연퇴직사유 – 공무원 재직 중에 위와 같은 결격사유에 해당되는 때에는(일정 예외 있

음), 그리고 임기제공무원의 근무기간이 만료된 경우에는 당연히 퇴직하게 된다(국공법 제69조;
지공법 제61조).

2) 관련 결정례

(가) 집행유예 관련 결격사유   "금고 이상의 형을 받고 그 집행유예의 기간이 완료된 날로
부터 1년을 경과하지 아니한 자"라고 하여 그 결격기간이 1년으로 현재 보다 짧았던 구 국가공
무원법(1973.2.5. 법률 제2460호로 개정되기 전의 것) 규정과 당시 지방공무원법 규정에 대해 공무
담임권을 침해하는 위헌이라는 주장의 헌법재판이 제기되었으나 헌재는 고도의 윤리성이 요구
된다는 취지로 합헌으로 보았다(헌재 1997.11.27. 95헌바14등).

(나) 선고유예 관련 결격·당연퇴직사유 문제   ⅰ) 임용결격사유로서의 선고유예 사유의 합
헌성 – 금고 이상의 형의 선고유예를 받고 그 기간 중에 있는 자를 임용결격사유로 삼고, 위
사유에 해당하는 자가 임용되더라도 이를 당연무효로 하는 구 국가공무원법(1963.4.17. 법률 제
1325호로 폐지제정되고, 2008.3.28. 법률 제8996호로 개정되기 전의 것. 현행 규정과 같음) 제33조 제
1항 제5호는 공무담임권을 침해하는지 논란되었다. 헌재는 공무원은 국민전체에 대한 봉사자
로서 고도의 윤리·도덕성을 갖추어야 할 뿐 아니라 그가 수행하는 직무 그 자체가 공공의
이익을 위한 것이므로 벌금형이 아닌 금고 이상의 형의 선고유예 판결을 선택하였더라도 범
죄행위에 대하여 사회적 비난가능성을 내포하고 있어서 국민의 신뢰를 손상시키고 나아가 원
활한 공무수행에 어려움을 초래하여 공공의 이익을 해할 우려가 적지 않아 헌법에 위반되지
않는다고 결정하였다(헌재 2016.7.28. 2014헌바437).   ⅱ) 재직 중 공무원의 선고유예의 경우의
당연퇴직규정 ① 무조건적 적용의 위헌성 – 헌재는 지방공무원의 경우 재직 중 금고 이상의
형의 선고유예를 받은 때에 당연퇴직되도록 한 구 지방공무원법(1966.4.30. 법률 제1794호로 개정
된 것) 제61조 중 제31조 제5호 부분에 대해 종전에, 즉 1990.6.25.에 선고한 89헌마220 결정에
서는 합헌이라고 결정한 바 있는데 2002.8.29.에 선고한 2001헌마788 결정에서 범죄의 종류와
내용을 가리지 않고 모두 당연퇴직사유로 규정함으로써 최소침해성을 갖추지 않아 과잉금지원
칙을 위반하여 공무담임권을 침해한 위헌이라고 판례변경을 하여 위헌결정을 하였다. 이후 비
슷한 취지의 규정을 두고 있었던 다른 유형의 공무원들, 즉 국가공무원, 군공무원, 경찰공무원
등에 대해 마찬가지 취지의 위헌결정들을 하였다. 그리하여 ㉠ 위에서 이미 본 지방공무원법
제61조 중 제31조 제5호 부분에 대한 위헌결정(헌재 2002.8.28. 2001헌마788등), ㉡ 구 국가공무
원법 제69조 중 제33조 제1항 제5호 부분에 대한 위헌결정(헌재 2003.10.30. 2002헌마684등), ㉢
자격정지 이상의 형의 선고유예를 받은 경우에 군공무원직에서 당연히 제적하도록 규정한 구
군인사법 제40조 제1항 제4호 중 제10조 제2항 제6호 부분에 대한 위헌결정(헌재 2003.9.25.
2003헌마293등), ㉣ 자격정지 이상의 형의 선고유예를 받은 경우 당연퇴직하도록 규정하고 있는
구 경찰공무원법 제21조 중 제7조 제2항 제5호 부분에 대한 위헌결정(헌재 2004.9.23. 2004헌가
12), ㉤ 향토예비군 지휘관이 금고 이상의 형의 선고유예를 받은 경우에 당연 해임되도록 규정

하고 있는 구 향토예비군설치법시행규칙 제11조 제2항 제1호 중 같은 조 제1항 제1호에 의한 제10조 제3항 제5호 부분에 대한 위헌결정(헌재 2005.12.22. 2004헌마947), ⒝ 금고 이상의 형의 선고유예를 받은 경우에는 군무원직에서 당연히 퇴직하는 것으로 규정한 구 군무원인사법 제27조 중 같은 법 제10조에 의한 국가공무원법 제33조 제1항 제5호 부분에 대한 위헌결정(헌재 2007.6.28. 2007헌가3)을 하였다. ② 현행 규정: 선별적용 – 위 위헌결정들 이후 법개정으로 현재는 이 선고유예 관련 사유를 범죄 종류별로 개별적·선별적으로 퇴직사유로 하고 있다(국공법 제69조 제1호 단서; 지공법 제61조 제1호 단서 – 「형법」 제129조부터 제132조까지, 「성폭력범죄의 처벌 등에 관한 특례법」 제2조, 「아동·청소년의 성보호에 관한 법률」 제2조제 제2호 및 직무와 관련하여 「형법」 제355조 또는 제356조에 규정된 죄를 범한 사람으로서 금고 이상의 형의 선고유예를 받은 경우만 해당). 군인사법 제40조 제1항 제4호 단서, 경찰공무원법 제21조 단서, 군무원인사법 제27조 단서도 선별규정으로 개정하였다. ③ 수뢰죄 적용의 합헌성 인정 – 위 조항들 중 '수뢰죄'(형법 제129조 제1항) 부분에 대해 헌법소원심판이 청구되었으나 헌재는 이 규정이 위 위헌결정(2002헌마684등)의 반복입법이 아니어서 그 기속력에 저촉되지 않고[29] 국민의 신뢰 및 직무의 정상적 운영의 확보라는 목적이 정당하고 당연퇴직의 사유가 직무 관련 범죄로 한정되므로 심판대상조항은 침해의 최소성원칙에 위반되지 않아 과잉금지원칙을 준수하여 합헌이라고 결정하였다(헌재 2013.7.25. 2012헌바409). 무조건적 적용이 아닌 선별적용이므로 선례에도 부합된다.

(다) 법원의 판결 또는 다른 법률에 따라 자격이 상실되거나 정지된 자   헌재는 입법자가 범죄의 죄질 등을 종합적으로 고려하여 자격정지를 규정하게 되고 법원이 이를 선고하는 것은 범행의 동기, 결과 등을 고려할 때 더 이상 공무원으로서 지위를 유지하지 못하도록 하는 것이 타당하다고 판단하였음을 의미하는데 이런 사정을 법원재판에서 고려하므로 절차적 합리성을 갖추어 공무담임권을 침해하지 않는다고 보았다. 또 평등원칙에도 반하지 않는다고 보고 합헌성을 인정하였다(헌재 2005.9.29. 2003헌마127).

(3) 임용(응시)연령 문제

ⅰ) 응시상한연령제한 – 공개경쟁시험을 치를 수 있는 사람의 연령, 즉 응시연령을 제한하고 있는데 대해서는 위헌논란이 있어 왔다. ① 5급 공채 응시상한연령 '32'세 – 헌재는 6급 및 7급 공무원 공채시험의 응시연령 상한을 35세까지로 규정하면서 그 상급자인 5급 공무원의 채용연령을 32세까지로 제한한 것은 합리적이라고 볼 수 없으므로, 최소침해성을 갖추지 않았다고 보아 2008.12.31.을 시한으로 입법자가 개정할 때까지 계속적용된다는 헌법불합치결정(2007헌마1105)을 하였다. 그러나 위 헌법불합치결정 이후 공무원임용시험령 제16조가 개정되어 상한연령은 폐지되었다. ② 9급 공무원의 경우 – 응시연령을 '28세'로 제한한 것에 대해 헌재는 재판관 5인이 위헌의견을 제시하여 위헌의견이 다수였으나 위헌결정에는 6인 이상의 위헌의견

---

29) * 저자 주 – 위 위헌결정(2002헌마684등)의 취지가 범죄의 종류와 내용을 가리지 않고 모두 당연퇴직사유로 규정한 데 비해 수뢰죄로 한정한 점에서 선별적이므로 반복입법이 아니라는 의미로 이해된다.

이 필요하므로 결국 합헌성을 인정하는 결정을 한 바 있다(2005헌마11). 이처럼 합헌결정이 있긴 하였으나 위 합헌결정 이후 9급 공개경쟁채용시험의 공무원임용시험령의 응시 상한연령 규정을 개정하여 응시연령 상한을 32세로 상향하였다가 다시 공무원임용시험령을 개정하여 상한연령을 없앴다. ⅱ) 공무원임용시험 응시상한연령 기준일 설정에서 예측가능성: 철폐 이전 상황 ─ 이전의 공무원임용시험에서 상한연령을 두었던 때에 그 상한연령의 도과 여부를 정하는 기준일이 문제된 바 있었다. 즉 헌재는 공무원임용시험 응시상한연령의 기준일로서의 최종시험시행일은 예측가능성 면에서 부적절하다고 보고 예년보다 늦게 설정된 최종시험시행일은 응시자의 신뢰 및 공무담임권을 침해한다고 판단하여 위헌임을 선언한 바 있다(99헌마123). ⅲ) 현행: 철폐 ─ 현재 공무원임용시험에서의 응시연령 상한제는 철폐되어 논란이 없어졌다. ⅳ) 최소응시연령 ─ 반면 공무원임용시험령은 최소응시연령(최종시험예정일이 속한 연도에 7급 이상은 20세 이상, 8급 이하는 18세 이상에 해당하여야 한다. 동령 제16조 제1항)을 두고 있기도 하다.

(4) 그 외

그 외 임용에 ⅰ) 직무수행 자격요건(국공법 제36조). ⅱ) 병역사항, 재산공개, 인사청문회 등을 요구하기도 한다.

(5) 당연퇴직과 직권면직

공무원은 형의 선고, 징계처분 또는 국가공무원법에서 정하는 사유에 따르지 아니하고는 본인의 의사에 반하여 면직을 당하지 아니한다(국공법 제68조).

1) 당연퇴직의 사유

금고 이상 형의 선고유예의 경우 일률적 당연퇴직사유에 대한 이전의 위헌결정들, 이후 선별적 규정, 수뢰죄 규정 합헌성 등에 대해서는 앞서 살펴보았다. 전술 공무원의 결격·당연퇴직사유 부분 참조.

2) 직권면직 사유

현행 국가공무원법은 본인의사와 관계없이 직권으로 면직할 수 있는 사유를 직제와 정원의 개폐 또는 예산의 감소 등에 따라 폐직(廢職) 또는 과원(過員)이 되었을 때, 휴직 기간이 끝나거나 휴직 사유가 소멸된 후에도 직무에 복귀하지 아니하거나 직무를 감당할 수 없을 때 등으로 규정하고 있다(국공법 제70조 제1항. 지공법 제62조 제1항에도 비슷한 직권면직사유 규정이 있음. 지방자치단체이므로 지방자치단체를 폐지하거나 설치하거나 나누거나 합친 경우로서 직위가 없어지거나 과원이 된 때에도 직권면직시킬 수 있도록 함).

6. 공무원의 권리와 의무

(1) 권리

공무원도 기본권의 주체로서 여러 기본권들을 누릴 수 있다. 공무원은 신분상의 권리, 재산상의 권리를 가진다.

1) 신분상 권리 - 신분유지·직무수행권, 반의사조치금지

[의미와 근거] 신분상의 권리로는 공무원은 형의 선고, 징계처분 또는 법으로 정하는 사유에 따르지 아니하고는 본인의 의사에 반하여 휴직·강임 또는 면직을 당하지 아니하는(국공법 제68조 본문, 반의사조치금지. 1급 공무원과 직무등급이 가장 높은 등급의 직위에 임용된 고위공무원단에 속하는 공무원은 예외임: 동법 동조 단서) 신분유지권, 직무수행권을 가진다. 신분유지권·직무수행권은 공무담임권에서 나오고 공무담임권을 구현하기 위한 수단으로서 직업공무원제의 신분보장원칙으로 구현된다. 헌재판례 중에는 공무담임권을 피선거권과 공직취임의 균등한 기회만을 보장할 뿐이라고 본 판례도 있긴 하나[30] "공무담임권의 보호영역에는 공직취임 기회의 자의적인 배제뿐 아니라, 공무원 신분의 부당한 박탈이나 권한(직무)의 부당한 정지도 포함된다"라고 본 판례들이 많다.[31]

[제한] 신분이 상실되거나 변경되는 경우와 직무가 정지되는 경우가 제한의 경우이다. ⅰ) 신분소멸·변경 - 징계처분인 파면, 해임, 강등이 있고 그 외 의원면직, 직권면직, 정년, 당연퇴직, 강임(국공법 관련규정들) 등이 있다. ⅱ) 직무정지 - 직무수행이 정지되는 다음과 같은 경우가 있다. ① 휴직 - 이에는 의원휴직과 강제휴직이 있다(국공법 제71조; 지공법 제63조). ② 직위해제 - 이는 직무수행 부족, 징계요구 등으로 일정 기간 수행할 직위를 부여하지 않는 것을 말한다. 직위해제는 파면·해임·강등 또는 정직에 해당하는 징계 의결이 요구 중인(감봉·견책은 제외) 공무원에 대해 취해질 수 있는데 징계책임 자체는 아님에 유의해야 한다. 그 외 직위해제사유로 법은 근무성적이 극히 나쁜 자, 형사 사건으로 기소된 자, 고위공무원단 적격심사를 요구받은 자, 금품비위, 성범죄 등 대통령령으로 정하는 비위행위로 인하여 감사원 및 검찰·경찰 등 수사기관에서 조사나 수사 중인 자로서 비위의 정도가 중대하고 이로 인하여 정상적인 업무수행을 기대하기 현저히 어려운 자 등이다(국공법 제73조의3 제1항, 지공법 제65조의3 제1항). 직위해제한 경우에 그 사유가 소멸되면 임용권자는 지체 없이 직위를 부여하여야 한다(동법들 동조들 제2항).

2) 재산상 권리 - 보수(봉급, 수당), 연금 등

[보수결정의 원칙] 공무원의 보수는 원칙적으로 직무의 곤란성과 책임의 정도에 맞도록 계

30) 헌재 1999.5.27. 98헌마214, 공직선거 및 선거부정방지법 제53조 제3항 등 위헌확인.
31) 헌재 2005.5.26. 2002헌마699; 2008.6.26. 2005헌마1275; 2010.3.25. 2009헌마538, 공보 748면; 2010.9.2. 2010헌마418 등.

급별 · 직위별 또는 직무등급별로 정하고, 일반의 표준생계비, 물가수준, 그 밖의 사정을 고려하여 정하되, 민간 부문의 임금수준과 적절한 균형을 유지하도록 노력하여야 한다(국공법 제46조 제1항 · 2항; 지공법 제44조 제1항 · 2항).

[연금의 법적 성격] 공무원연금은 재산권적 성격과 함께 사회보장적 성격도 가진다.[32)

[실비변상, 보상 등] 공무원은 보수 외에 직무 수행에 필요한 실비 변상을 받을 수 있고 직무 외 특수연구과제처리에 대한 보상을 받을 수 있다(국공법 제48조; 지공법 제46조).

(2) 공무원의 기본권 제한의 문제
1) 기본권주체성의 문제 – 이른바 '특별권력관계' 이론의 폐기

과거 이른바 '특별권력관계'의 이론에 따라 공무원 등은 기본권주체성이 부정되었으나 오늘날 특수신분관계 있는 사람도 기본권의 주체가 될 수 있다.

2) 더 넓은 제한의 근거(헌법과 법률)

직업공무원은 행정영역에서 공정한 직무수행을 위하여 일반 국민에 비해 기본권이 더 많이 제한되는 것은 사실이다. 공무원이 일반 국민에 비해 더 넓은 기본권을 제한받아야 할 이유에 대한 학설로 ⅰ) 공무원이 국민전체의 봉사자라는 점을 드는 견해, ⅱ) 담당하고 있는 공무가 특수한 성격을 띤다는 점에서 찾는 견해 등이 있다. 생각건대 ⅰ)의 봉사자설과 ⅱ)의 공무특수성설 모두 논거가 될 수 있다. 다만, 기본권의 제한이 더 많이 이루어질 가능성이 있다고 하더라도 그것은 기본권제한이 더 넓다는 정도의 차이를 보일 뿐 기본권의 제한에 관한 법리가 공무원이라고 하여 달라지는 것은 아니다. 따라서 헌법에 의한 그리고 헌법 제37조 제2항에 따라 법률에 의한 기본권제한이어야 한다는 법리가 공무원 등 특수신분관계자에 대해서도 그대로 적용되어야 한다. 그 점이 법에 근거가 없더라도 공무원의 기본권을 제한할 수 있다고 본 과거의 특별권력관계론과 다르다(이상, 후술 제3부 기본권의 주체 부분 참조).

3) 주요 제한

> * 공무원의 기본권제한 부분은 뒤의 기본권편에서도 다루어야 할 사항들이다. 그리고 기본권제한에 관한 그 곳의 법리가 여기서 많이 적용된다. 예를 들어 과잉금지(비례)원칙, 법률유보원칙, 포괄위임금지원칙, 명확성원칙 등이다. 이러한 기본권제한법리가 나오면 뒤의 기본권편을 참조해서 이해하면 된다. 그럼에도 여기서 다루는 것은 공무원에 관한 판례들을 일목요연하게 정리되게 하기 위함이다.

공무원의 기본권제한 문제로 가장 많이 다루어졌던 영역이 노동운동의 제한[아래 (가)]과 정치운동의 금지[아래 (나)]이다. 집단행동으로 인한 영향력, 직업공무원제에서 요구하는 정치적 중립성 때문에 더욱 중요 문제들이고 관련 법규정, 판례도 많아 주요 제한 문제로 두 문제에 대해 아래에 살펴본다.

---

32) "공무원연금법상의 각종 급여는 퇴직수당과 같이 후불임금의 성격이 강한 것도 있고 그렇지 아니한 것도 있지만, 기본적으로는 모두 사회보장적 급여로서의 성격을 가짐과 동시에 공로보상 내지 후불임금으로서의 성격도 함께 가진다고 할 것이다"(96헌바73; 99헌바53등; 2000헌바57).

(가) 노동운동의 제한

가) 공무원법의 금지조항에 대한 합헌결정들　　헌법 제33조 제2항은 공무원인 근로자는 "법률이 정하는 자"에 한하여 근로3권을 가진다고 규정하고 있다. 국가공무원법과 지방공무원법은 "공무원은 노동운동이나 그 밖에 공무 외의 일을 위한 집단 행위를 하여서는 아니 된다. 다만, 사실상 노무에 종사하는 공무원은 예외로 한다"라고 규정하고 있다(국공법 제66조 제1항; 지공법 제58조 제1항). 국공법 제66조 제1항에 대해서는 논란이 있어왔지만 헌재는 일찍이 직무의 공공성 등을 고려하여 헌법 제33조 제2항이 부여한 입법재량을 벗어나지 않은 것이고 평등원칙도 지킨 것이며 명확성원칙도 준수한 것이라고 보아 합헌결정을 하였고(● 판례 헌재 1992.4.28. 90헌바27), 하여 오고 있다.33)

헌재는 2007.8.30. 2003헌바51 결정에서 다시 국가공무원법 제66조 제1항, 제84조 중 '제66조 제1항' 부분에 대하여 위 90헌바27결정과 같은 취지로 합헌결정을 한 바 있다. 명확성원칙, 평등원칙 등에 대한 판단은 위 90헌바27결정과 다를 바 없이 다루어졌고 그 외에도 신법우선의 원칙에 위배되는지 여부, 언론·출판·집회·결사의 자유를 침해하는지 여부, 국제법규에 위반되는지 여부, 법 제66조 제2항이 포괄위임금지원칙에 위반되는지 여부도 판단되었는데 전부 부정되고 합헌결정이 되었다(● 판례 헌재 2007.8.30. 2003헌바51). * 이 결정 이전에 위 2003헌바51 결정의 심판조항과 같은 내용을 담고 있는 지방공무원법 제58조 제1항, 제82조(현행 제83조) 중 '제58조 제1항' 부분에 대해서도 합헌결정이 있었다(● 판례　헌재 2005.10.27. 2003헌바50; 2008.4.24. 2004헌바47).

나) 사실상 노무종사 공무원에 대한 인정과 그 범위확정　　i) 사실상 노무종사 공무원의 범위 확정의 대통령령 위임 ‒ 국가공무원법 제66조 제1항은 원칙적으로 공무원이 노동운동을 할 경우 형사처벌을 받도록 하면서 다만, '사실상 노무에 종사하는 공무원'은 처벌대상에서 제외하고 있고, 법 제66조 제2항은 이런 사실상 노무에 종사하는 공무원의 범위를 대통령령에 위임하고 있다. 이러한 위임이 포괄위임금지원칙에 반하는 것이 아닌지 논란되었다. 그러나 헌재는 '사실상 노무에 종사하는 공무원'은 그 의미가 명확하여 달리 해석될 여지가 없어 하위법령에서 원래의 취지와 다른 규정을 둘 수는 없음이 명백하고, 위임하는 사항은 사실상 노무에 종사하는 공무원의 '범위'임이 분명하다는 이유로 합헌으로 보고 있다(2003헌바51).

ii) 조례 위임 문제: 부작위 등 ‒ 지방공무원의 경우에 노동운동이나 그 밖에 공무 외의 일을 위한 집단행위가 허용되는 '사실상 노무에 종사하는 공무원'의 범위는 조례로 정하도록 지방공무원법은 규정하고 있다(동법 제58조 제1항 단서, 제2항). 이에 대해서는 세 가지 논점이 다루어졌다. ① 조례에 대한 위임가능성 문제 ‒ 헌재는 지방자치단체의 자치권을 들어 가능하다고 본다(2003헌바50). ② 그 위임은 구체적 위임으로서 예측가능성이 있어야 한다. 이에 관해서 유의할 점이 있다. 법률이 조례에 위임할 때에는 일반적으로 법률이 대통령령, 부령 등 행정입법에

---

33) 공무원의 노동운동, 노동조합에 관한 헌법재판소의 주요 판례들에 대해서는 여기 외에도 생존권적 기본권의 근로3권에서도 다룬다. 후술 참조.

위임할 때와 달리 포괄위임이라도 허용이 된다(92헌마264등). 그러나 형벌에 관한 사항일 경우에는 죄형법정주의원칙상 조례에 위임하는 경우라도 구체적 위임이어야 하는데 바로 이 사실상 노무종사 지방공무원 범위 설정의 조례위임이 그 경우에 해당하는데 헌재는 예측가능한 구체적 위임으로서 합헌이라고 보았다(● 판례 2003헌바50. [판시] 법률에서 범죄의 구성요건은 처벌대상행위가 어떠한 것일 것이라고 예측할 수 있을 정도로 구체적으로 규정하여야 하고, … 이 사건 법률 제58조 제2항에서 위임하는 사항은 사실상 노무에 종사하는 공무원의 '범위'임이 분명하다. 그렇다면, 이 사건 법률 제58조 제2항에서 위임되어 조례에 규정될 내용의 대강을 예측할 수 있다 할 것이므로, 위임입법의 한계를 일탈하였다고 할 수 없다). ③ 조례부작위 – 위 조례가 제정되지 않아 그 부작위에 대한 헌법소원심판이 청구되었고 헌재는 위임으로 그 조례를 제정할 헌법상 의무를 부담함에도 조례제정을 지체함에 정당한 사유가 존재하지 않는다고 보고 그 부작위가 청구인들의 근로3권을 침해함을 확인하는 결정이 실제 있었다(2006헌마358. 이 결정에 대한 자세한 것은 후술 '기본권' 편 '근로3권' 부분 참조. 부작위의 경우 의무의 존재, 지체의 정당한 사유 부존재 등의 요건이 요구되고 위헌으로 인정되면 취소결정이 아닌 확인결정을 한다. 부작위라 취소할 대상이 없는 것이다. 이에 대한 자세한 것은 후술 '헌법재판' 편 참조).

다) 공무원노조의 예외적 인정 위에서 본 일반적인 금지에 불구하고 '공무원의 노동조합설립 및 운영 등에 관한 법률'(이하 '공노법'이라 함)은 공무원노조를 인정하고 있다.

ⅰ) 가입할 수 있는 공무원의 범위 ⓐ 구법의 기준 – 공무원노조가 인정되면서 그렇다고 하여 2021.7.6. 이전에는 모든 공무원에게 가입이 허용되어 있지는 않았고 가입할 수 있는 공무원의 범위는 6급 이하의 일반직공무원, 기능직공무원 등으로 한정되어 있었다. 그러면서도 6급 이하 일반직 공무원 등이라 할지라도 다른 공무원에 대하여 지휘·감독권을 행사하거나 다른 공무원의 업무를 총괄하는 업무에 종사하는 공무원 등은 가입할 수 없었다(구 '공무원의 노동조합 설립 및 운영 등에 관한 법률'(이하 공노법'이라고도 함) 제6조 제1·2항).

* 5급 이상 공무원과 감독직 등 6급 이하 공무원의 노동조합가입 금지의 구법 당시의 규정에 대한 합헌성 인정

위 구 공노법 제6조가 공무원인 청구인들의 단결권을 과도하게 제한하며, 5급 및 감독직 등의 6급 공무원을 합리적 이유 없이 차별하는 등 평등권을 침해하는지 여부가 논란되었다. 그러나 헌재는 이들이 노조에 가입할 경우 예상되는 노조 운영 등에의 지배·개입 등 노조의 자주성을 훼손하는 것을 방지하기 위한 것으로 입법형성재량범위를 벗어나지 않아 노동기본권을 침해하지 않았고 이러한 이유로 합리성도 있으므로 평등원칙을 위배하지 않는다고 보아 합헌성을 인정한 바 있다(● 판례 2005헌마971).

ⓑ 2021년 6급 기준의 철폐 – 2021.1.5.에 이 6급이라는 가입 기준 직급 제한을 철폐하고, 퇴직공무원, 소방공무원 및 교육공무원(교원은 '교원의 노동조합 설립 및 운영 등에 관한 법률'로 별도로 허용. 후술 참조)의 공무원 노동조합 가입을 허용하는 등 공무원의 단결권 보장의 범위를 확

대하였다. 이는 국제노동기구(I.L.O.)의 핵심협약인 '결사의 자유에 관한 협약'의 비준을 추진하면서 이 협약에 부합하는 내용으로 개정한 것이다. 아래가 신법규정이다(시행은 2021.7.6.부터).

■ 법 신 공노법 제6조(가입 범위) ① 노동조합에 가입할 수 있는 사람의 범위는 다음 각 호와 같다. <개정 2011. 5. 23., 2012. 12. 11., 2021. 1. 5.> 1. 일반직공무원 2. 특정직공무원 중 외무영사직렬·외교정보기술직렬 외무공무원, 소방공무원 및 교육공무원(다만, 교원은 제외한다) 3. 별정직공무원 4. 제1호부터 제3호까지의 어느 하나에 해당하는 공무원이었던 사람으로서 노동조합 규약으로 정하는 사람 5. 삭제 <2011. 5. 23.> ② 제1항에도 불구하고 다음 각 호의 어느 하나에 해당하는 공무원은 노동조합에 가입할 수 없다. <개정 2021. 1. 5.> 1. 업무의 주된 내용이 다른 공무원에 대하여 지휘·감독권을 행사하거나 다른 공무원의 업무를 총괄하는 업무에 종사하는 공무원 2. 업무의 주된 내용이 인사·보수 또는 노동관계의 조정·감독 등 노동조합의 조합원 지위를 가지고 수행하기에 적절하지 아니한 업무에 종사하는 공무원 3. 교정·수사 등 공공의 안녕과 국가안전보장에 관한 업무에 종사하는 공무원 4. 삭제 <2021. 1. 5.> ③ 삭제 <2021. 1. 5.> ④ 제2항에 따른 공무원의 범위는 대통령령으로 정한다.

ii) 공무원노조의 권리 　단체교섭권은 인정되나 단체행동권은 부정되고 있다. ① 단체교섭권 – 공무원노조는 단체교섭권을 가진다. 다음과 같은 점들이 문제되었다. ⓐ 단체교섭과 단체협약 체결의 대상: 노동조합에 관한 사항 또는 조합원의 보수·복지 그 밖의 근무조건에 관한 사항이다(공노법 제8조 제1항 본문). ⓑ 단체교섭의 대상이 될 수 없는 사항: 법령 등에 따라 국가나 지방자치단체가 그 권한으로 행하는 정책결정에 관한 사항, 임용권의 행사 등 그 기관의 관리·운영에 관한 사항으로서 근무조건과 직접 관련되지 아니하는 사항이다(공노법 동조 동항 단서). 이 금지 부분에 대해서는 헌재는 근무조건과 직접 관련되지 아니하는 사항에 한정되고 근무조건과 직접 관련되는 사항에 대하여는 단체교섭을 허용하고 있다고 하여 그 합헌성을 인정하고 있다(2005헌마971). ⓒ 교섭창구단일화: 정부교섭대표는 교섭을 요구하는 노동조합이 둘 이상인 경우에는 해당 노동조합에 교섭창구를 단일화하도록 요청할 수 있고, 이상인 경우에는 해당 노동조합에 교섭창구를 단일화하도록 요청할 수 있다(동법 제9조 제4항). 이 조항에 대해 사용자의 교섭거부 권한만을 명시하여, 창구단일화에 어려움을 겪게 하여 '노·노 간의 갈등'을 부추김으로써 종국적으로 사용자에게 교섭의무를 회피할 수 있는 여지를 주어 단체교섭권을 침해하는 위헌이라는 취지의 주장이 제기되었다. 헌재는 복수노조의 경우에 필요하다고 하여 입법재량을 벗어나지 않았다고 판시하였다(2005헌마971). * 요청의 효과 – 이전에는 요청이 있는 경우 "단일화될 때까지 교섭을 거부할 수 있다"라고 규정되어 있었으나 2021년 "단일화된 때에는 교섭에 응하여야 한다"라고 개정되었다(시행 2021.7.6.). ⓓ 단체협약의 효력: 법절차에 따라 체결된 단체협약의 내용 중 법령·조례 또는 예산에 의하여 규정되는 내용과 법령 또는 조례에 의하여 위임을 받아 규정되는 내용은 단체협약으로서의 효력을 가지지 아니한다(동법 제10조 제1항). 이 조항에 대해 단체교섭권 침해라는 주장이 제기되었으나 헌재는 단체협약이 법령·조례에 우선할 수 없다고 하여 배척하였다(2005헌마971).

② 단체행동권(쟁의행위권)의 부정 – ⓐ 공노법은 "노동조합과 그 조합원은 파업·태업 또는 그 밖에 업무의 정상적인 운영을 방해하는 어떠한 행위도 하여서는 아니 된다"라고 규정하여(공노법 제11조) 공무원노조의 단체행동(쟁의행위)권을 금지하고 있다. 이에 대해 위헌주장이

있었으나 헌재는 합헌으로 본다. 헌재의 합헌논거는 ㉠ 공공업무의 속성상 공무원의 파업에 대한 정부의 대응수단을 찾기 어려워 노사 간 힘의 균형을 확보하기 어렵고, ㉡ 헌법 제7조(국민 전체에 대한 봉사자로서의 지위) 및 그에 따른 공무원의 기본적인 성실의무, 직무전념의무 등을 종합하여 볼 때, 그 금지가 헌법 제33조 제2항에 따른 입법형성권의 범위 내에 있다는 것이다 (● 판례 헌재 2008.12.26. 2005헌마971).

ⓑ 벌칙: "제11조를 위반하여 파업, 태업 또는 그 밖에 업무의 정상적인 운영을 방해하는 행위를 한 자"를 처벌하도록 하고 있다(동법 제18조). 이 처벌규정에 대해 죄형법정주의원칙 중 명확성의 원칙에 위배되고, 합리적인 이유 없이 노조와 공무원인 근로자를 정부교섭대표와 차별함으로써 평등권을 침해하며, 형벌이 과도하여 과잉금지원칙에 위배된다는 주장이 제기되었다. 헌재는 받아들이지 않았다(헌재 2008.12.26. 2005헌마971).

라) 교원 ⅰ) 변화 – 교원의 경우에 과거에는 교육공무원이든 사립학교 교원이든 노동조합 결성조차 금지되었었다. 이 금지에 대해서는 합헌결정이 있었다(사립학교 교원의 경우 헌재 1991.7.22. 89헌가106, 교육공무원의 경우 앞서 살펴본 공무원의 노동운동금지에 관한 합헌결정들). 이후 사립학교 교원이든 교육공무원이든 '교원의 노동조합설립 및 운영 등에 관한 법률'(이하 '교원노조법'이라 함)이 노동조합결성과 가입을 인정하고 있고 교원노조의 단체교섭권을 인정하고 있다.

ⅱ) 교원노조의 설립과 가입 – 이에 관해서는 다음의 사항들이 문제되었다. ① 자격(적용대상) – 대학교원 제외의 헌법불합치성: 이전의 교원노조법에서 "교원"이란 「초·중등교육법」 제19조 제1항에서 규정하고 있는 교원을 말한다고 규정하여 대학교원은 교원노조법의 적용대상에서 제외되어 교원노조 설립·가입하여 활동할 수 있는 자격이 없었다. 헌재는 이 규정이 대학 교원들의 단결권을 침해한다는 이유로 헌법불합치(2020.3.31.까지 잠정적용을 명령) 결정을 선고하였다. 이 결정에서 헌재는 교육공무원이 아닌 사립학교 대학교원 등에 대해서는 과잉금지원칙심사를 하였고 교육공무원인 대학교원에 대해서는 입법재량(형성)범위 일탈 여부를 심사하여 그 기준을 달리하였으나 두 경우 모두 위헌성을 인정하였다. 이 결정 이후 2020년에 대학교원을 포함하는 법개정이 있었다.

● **판례** 헌재 2018.8.30. 2015헌가38
[결정요지] (가) 교육공무원 아닌 대학 교원 – 단결권조차 전면적으로 부정한 측면에서 그 입법목적의 정당성을 인정하기 어렵고, 수단의 적합성 역시 인정할 수 없다. 대부분의 학교에서는 대학 측이 교수협의회의 법적 지위를 인정하지 않는 등 교수협의회는 법률상 보호를 받지 못하는 임의단체로 대학 측을 상대로 교섭할 권한이 없어 대학교원의 단결권을 전면적으로 부정하는 것으로 필요 최소한의 제한이라고 보기 어렵고 법익균형성도 없어서 과잉금지원칙을 위배하여 단결권을 침해한다. (나) 교육공무원인 대학 교원 – 이 경우에도 단결권을 전면적으로 부정하여 입법형성의 범위를 벗어난 입법이다. (다) 헌법불합치결정 및 잠정적용명령을 한다.

* 평석 – ⅰ) 헌재 자신도 "근로3권의 핵심적이고 본질적인 권리"라고 보는 단결권조차 인정되지 않으므로 헌법 제37조 제2항 후문에서 금지하는 본질적 내용침해 그 자체로 위헌이고 과잉금지심사에 들어갈 필요조차 없지 않는가 하는 의문이 있다. ⅱ) 과잉금지심사에 있어서도 목적정당성부터 없으면 나머지 요소들 심사에 더 나아갈 심사하는 것이 모순 아니냐 하는 의문이 있어 결론은 타당

하더라도 논증이 적실성을 가지는지 의문이다.

② '법외노조' 문제: 한편 해직교사 참여를 이유로 한 법외노조 통보('노동조합으로 보지 아니함'을 통보) 사건(전교조 법외노조 통보 사건)이 논란되었다. 이에 관한 규정은 구 '교원의 노동조합 설립 및 운영 등에 관한 법률'의 적용을 받는 교원의 범위를 초·중등학교에 재직 중인 교원으로 한정함을 원칙으로 한 동법 제2조였다. 헌재는 최소침해성을 갖추었고 과잉금지원칙을 준수하고 있다고 하여 합헌으로 결정하였다(2013헌마671등). 그러나 이후 대법원은 법외노조 통보에 관한 노동조합 및 노동관계조정법 시행령 제9조 제2항은 법률의 구체적이고 명시적인 위임도 없이 헌법이 보장하는 노동3권에 대한 본질적인 제한을 규정한 것으로서 헌법상 법률유보의 원칙에 위반되어 그 자체로 무효이므로 그에 기초한 법외노조 통보도 법적 근거를 상실하여 위법하다고 판결하였다(대법원 2020.9.3. 2016두32992 전원합의체 판결). 이후 2021.1.5.에 교원노조법은 개정되었는데 '교원으로 임용되어 근무하였던 사람'으로서 노동조합 규약으로 정하는 사람도 노동조합에 가입할 수 있다고 개정되었다(동법 제4조의2 제2호. 시행: 2021.7.6.). 이 개정은 "국제노동기구(I.L.O.)의 핵심협약인 「결사의 자유에 관한 협약」의 비준을 추진하면서 해당 협약에 부합하는 내용으로 법률을 개정하기 위하여"라고 그 개정이유가 소개되어 있다(법제처, 국가법령정보센터). 따라서 법외노조 문제가 해소되었다.

iii) 교원노조의 권리 ─ ① 단체교섭권: 대표자는 그 노동조합 또는 조합원의 임금, 근무조건, 후생복지 등 경제적·사회적 지위 향상에 관하여 다음 각 호의 구분에 따른 자와 교섭하고 단체협약을 체결할 권한을 가진다(동법 제6조 제1항). 그 방식과 내용, 한계와 한계에 대한 보완, 단체교섭결렬시 노동쟁의의 조정신청 등에 대해 동법 제6조, 제7조, 제9조 등이 규정하고 있다. ② 단체행동(쟁의행위)의 금지: 그러나 쟁의행위는 금지되고 있다(동법 제8조). 이 위반에 대해서는 처벌규정도 있다(동법 제15조 제1항).

마) 직장협의회 국가기관·지방자치단체 및 그 하부기관에 근무하는 공무원은 공무원의 근무환경 개선·업무능률 향상 및 고충처리 등을 위한 직장협의회를 설립할 수 있다('공무원직장협의회의 설립·운영에 관한 법률' 제1조, 제2조, 제6조). 직장협의회에 가입할 수 있는 공무원은 6급 이하의 일반직공무원 및 이에 준하는 일반직공무원 등이다(동법 제3조).

(나) 정치운동의 금지

가) 정당·정치단체 결성 관여·가입금지

▼ 국가공무원법 제65조(정치 운동의 금지) ① 공무원은 정당이나 그 밖의 정치단체의 결성에 관여하거나 이에 가입할 수 없다. ② 생략(선거에서의 금지, 후술) ③ 공무원은 다른 공무원에게 제1항과 제2항에 위배되는 행위를 하도록 요구하거나, 정치적 행위에 대한 보상 또는 보복으로서 이익 또는 불이익을 약속하여서는 아니 된다. ④ 제3항 외에 정치적 행위의 금지에 관한 한계는 대통령령등으로 정한다.

직업공무원은 정치적 중립성을 지켜야 하므로 정치운동이나 그것에 관련된 활동, 정치적 기본권이 제한된다. ⅰ) 법규정 ─ 공무원법은 공무원은 정당이나 그 밖의 정치단체의 결성에 관여하거나 이에 가입할 수 없다고 규정하여(국공법 제65조 제1항; 지공법 제57조 제1항) 정당·정치단체활동을 전면적으로 금지하고 있다. 국가공무원법 제65조 제1항에는 두 가지 ① 정당의 결성관여(발기인)·가입금지와 ② 정당 외 정치단체 결성관여·가입금지가 있는데 ①에 대해서는 합헌성을 인정하였고 ②에 대해서는 초·중등교원, 사회복무요원에 대한 금지가 위헌으로 결정된 바 있다(아래 참조). 그래서 두 가지를 나누어 봐야 할 상황이고 아래에 ii), iii)으로 나누어 살펴본다.

ii) 정당의 결성관여(발기인)·가입(당원)금지의 합헌성 – 위 국가공무원법 등의 공무원법 규정 외에 정당법에도 일정 공무원을 제외하고는 대부분 직업공무원(국공법 제2조; 지공법 제2조 공무원)은 정당의 발기인이나 당원이 될 수 없도록 규정하고 있고 그 금지를 위반한 경우에 처벌하도록 규정하고 있다(정당법 제53조 중 '제22조 제1항 단서 제1호 본문'). ① 이 정당법 제53조 중 '제22조 제1항 단서 제1호 본문의 규정을 위반하여 당원이 된「국가공무원법」제2조에 규정된 공무원' 부분, 구 국가공무원법(2008.3.28. 법률 제8996호로 개정되고, 2010.3.22. 법률 제10148호로 개정되기 전의 것) 제84조 중 '제65조 제1항의 정당가입에 관한 부분을 위반한 자' 부분(즉 현행법에도 같은 취지로 존재하는 공무원의 정당가입금지조항들과 그 제재조항들)에 대해서 공무원의 정당가입의 자유를 침해하고 죄형법정주의에 반하는지 여부에 대해 헌재는 과잉금지원칙에 위반되지 않고 죄형법정주의에 반하지 않는다고 판단하여 합헌결정을 한 바 있다. 헌재의 합헌논거는 다음과 같다. 공무원의 행위는 근무시간 내외를 불문하고 국민에게 중대한 영향을 미친다고 할 것이므로, 직무 내의 정당 활동에 대한 규제만으로 근무기강 확립 및 정치적 중립성 확보에 충분하다고 할 수 없고, 정당가입을 금지하고 있을 뿐, 정당에 대한 지지의사를 선거와 무관하게 개인적인 자리에서 밝히는 등 일정 범위 내의 정당 관련 활동은 공무원에게도 허용되고 있어 침해최소성 원칙에 반하지 않아 과잉금지원칙을 준수한 것이다(◑ 판례 헌재 2014.3.27. 2011헌바42. * 분석 – 공무원에게는 정당가입의 자유가 전적으로 인정되지 않고 있다는 점에서 기본권의 본질적 내용 침해 금지의 문제도 따져졌어야 하지 않았나 한다).

② 위 결정 이전에 초·중등 교원의 정당 발기인·가입(당원)금지에 대해 합헌성을 인정한 아래의 결정도 있었다. 헌재의 합헌성 인정논거를 보면, 교원의 정치활동은 교육수혜자인 학생의 입장에서는 수업권의 침해로 받아들여질 수 있다는 점에서 국민의 교육기본권을 더욱 보장함으로써 얻을 수 있는 공익을 우선시해야 할 것이라는 점 등을 종합적으로 감안할 때, 초·중등학교 교육공무원의 정당가입 및 선거운동의 자유를 제한하는 것은 헌법적으로 정당화될 수 있다는 것이다(◑ 판례 헌재 2004.3.25. 2001헌마710. * 분석 – 헌재가 자신의 '결론'에서 "법률로 이들에 대하여 정치적 기본권 중 일부인 정당가입 내지는 선거운동의 자유를 제한한다고 하여 이들 두고 과잉입법금지원칙 … 에 위배되어 위헌이라고 단정할 수는 없다"라고 판시하고 있다. 그러나 정작 그 정당가입자유 제한 문제에 대해 과잉금지원칙의 4요소 준수 여부를 모두 자세히 검토하지는 않아 의아하게 만들었다). * 초·중등 교원의 정당 발기인·가입금지에 대한 합헌성 인정의 동지 결정례: 2018

헌마551(이 결정에서는 '정당' 아닌 '그 밖의 정치단체' 결성 관여, 가입의 금지 규정 부분에 대해서는 아래에 보듯이 위헌결정이 있었다).

③ 사회복무요원이 '정당'에 가입하는 등 정치적 목적을 지닌 행위를 금지한 병역법(2013. 6. 4. 법률 제11849호로 개정된 것) 제33조 제2항 본문 제2호의 '정당' 부분 규정에 대해서 헌재는 어떤 정치적 표현행위가 직무 내의 것인지 직무 외의 것인지 구분하기 어려운 경우가 많아 사회복무요원의 정당가입을 허용하되 직무시간 내의 직무와 관련된 정치적 표현행위만을 금지하는 방법은 기본권을 최소한도로 침해하는 입법대안이 될 수 없다고 보아 침해최소성을 갖추고 법익의 균형성도 지닌 것으로 보아 합헌성을 인정하였다(헌재 2021.11.25. 2019헌마534).

iii) '그 밖의 정치단체' 결성 관여, 가입의 금지의 위헌성 결정 ① 초·중등교육 교육공무원의 '그 밖의 정치단체' 결성 관여, 가입의 금지의 위헌성 결정 – 위 국가공무원법(2008.3.28. 법률 제8996호로 개정된 것) 제65조 제1항에서 '정당' 부분이 아닌, 정당 외 "그 밖의 정치단체의 결성에 관여하거나 이에 가입할 수 없다"는 금지 부분 중 '국가공무원법 제2조 제2항 제2호의 교육공무원 가운데 초·중등교육법 제19조 제1항의 교원에 대한 금지 부분은 위헌이라고 결정되었다. 명확성원칙을 위반한 것 자체가 위헌이고 과잉금지원칙 여부에 대하여는 더 나아가 판단하지 않고도 위헌이라는 3인의견에 명확성원칙 위반에 더하여 과잉금지원칙에도 위배된다는 3인의견을 더하여 6인 위헌의견으로 위헌결정이 된 것이다.

● **판례** 헌재 2020.4.23. 2018헌마551
[결정요지] <3인재판관의 위헌의견 – 명확성원칙 위배만 지적하는 의견> 국가공무원법조항 중 '그 밖의 정치단체'에 관한 부분은 어떤 단체에 가입하는가에 관한 집단적 형태의 '표현의 내용'에 근거한 규제이므로, 더욱 규제되는 표현의 개념을 명확하게 규정할 것이 요구된다. 그럼에도 위 조항은 '그 밖의 정치단체'라는 불명확한 개념을 사용하여, 수범자에 대한 위축효과와 법 집행 공무원의 자의적 판단 위험을 야기하고 있다. 위 조항이 명확성원칙에 위배되어 나머지 청구인들의 정치적 표현의 자유, 결사의 자유를 침해하여 헌법에 위반되는 점이 분명한 이상, 과잉금지원칙에 위배되는지 여부에 대하여는 더 나아가 판단하지 않는다. <또 다른 3인재판관의 위헌의견 – 명확성원칙, 과잉금지원칙 모두 위헌이라는 의견> 엄격한 기준의 명확성원칙에 부합하여야 한다. '정치적 중립성' 자체가 다원적인 해석이 가능한 추상적인 개념이기 때문에, 이에 대하여 우리 사회의 구성원들이 일치된 이해를 가지고 있다고 보기 어렵다. 그렇다면 위 조항은 명확성원칙에 위배된다. 국가공무원법조항 중 '그 밖의 정치단체'에 관한 부분은 입법목적의 정당성이 인정된다. 그러나 위 조항은 위와 같은 입법목적과 아무런 관련이 없는 단체의 결성에 관여하거나 이에 가입하는 행위까지 금지한다는 점에서 수단의 적합성 및 침해의 최소성이 인정되지 않는다. 과잉금지원칙에 위배되어 정치적 표현의 자유 및 결사의 자유를 침해한다.

② 사회복무요원의 '그 밖의 정치단체에 가입하는 등 정치적 목적을 지닌 행위" 금지의 위헌성 – 이 금지를 규정한 병역법(2013. 6. 4. 법률 제11849호로 개정된 것) 제33조 제2항 본문 제2호 규정도 '정치적 목적을 지닌 행위'의 의미를 개별화·유형화하지 않으며, '그 밖의 정치단체'의 의미가 불명확하므로 이를 예시로 규정하여도 '정치적 목적을 지닌 행위'의 불명확성은 해소되지 않는다고 보아 명확성원칙에 위배된다는 6인(이중 3인은 과잉금지원칙에도 위배된다고 봄) 의견으로 위헌결정되었다(헌재 2021.11.25. 2019헌마534). 위에서 본 대로 이 규정의 '정당' 부분에 대해서는 합헌으로 보았다.

나) 선거에서의 운동 등 금지

▼ **국공법 제65조(정치 운동의 금지)** ② 공무원은 선거에서 특정 정당 또는 특정인을 지지 또는 반대하기 위한 다음의 행위를 하여서는 아니 된다.
1. 투표를 하거나 하지 아니하도록 권유 운동을 하는 것
2. 서명 운동을 기도(企圖)·주재(主宰)하거나 권유하는 것
3. 문서나 도서를 공공시설 등에 게시거나 게시하게 하는 것
4. 기부금을 모집 또는 모집하게 하거나, 공공자금을 이용 또는 이용하게 하는 것
5. 타인에게 정당이나 그 밖의 정치단체에 가입하게 하거나 가입하지 아니하도록 권유 운동을 하는 것
③ 공무원은 다른 공무원에게 제1항과 제2항에 위배되는 행위를 하도록 요구하거나, 정치적 행위에 대한 보상 또는 보복으로서 이익 또는 불이익을 약속하여서는 아니 된다.
④ 제3항 외에 정치적 행위의 금지에 관한 한계는 대통령령등으로 정한다.

ⅰ) 내용 선거란 국민이 가지는 주권을 대신 행사할 공직자를 선출하는 과정이므로 적격한 인물을 선출할 수 있도록 선거가 자유롭고도 공정하게 실시되는 것이 국민주권이 실질적으로 제대로 행사될 수 있게 한다. 그런데 선거에서 공무원이 개입하게 되면 그 영향력으로 인해 선거결과가 편파적인 것이 될 가능성이 커진다.

공무원법들도 공무원은 선거에서 특정 정당 또는 특정인을 지지 또는 반대하기 위하여 투표를 하거나 하지 아니하도록 권유 운동을 하는 것, 서명운동을 기도·주재하거나 권유하는 행위 등을 하여서는 아니 된다고 규정하고 있다(위 국공법 제65조 제2항, 지공법 제57조 제2항).

ⅱ) 판례 ① 투표권유금지(위 국공법 제65조 제2항 제1호)의 합헌성 인정 −㉠ 제한되는 기본권-헌재는 이를 금지하는 것은 선거운동의 자유를 제한하는 것이라고 본다. ㉡ 침해 여부 판단 − 정치권의 영향력 가능성은 직급과 직렬을 불문하고 인정되는 것이어서 선거운동을 모두 금지하는 것이 부득이하고 불가피하므로 침해최소성원칙에 위반되지 않고 따라서 과잉금지원칙에 반하지 않는다고 보아 합헌성을 인정한다(● 판례 헌재 2012.7.26. 2009헌바298. 이 국공법 규정과 같은 내용의 지방공무원법 규정인 지공법 제57조 제2항 제1호에 대한 합헌결정도 있었다. 헌재 2008.4.24. 2004헌바47).

② 기부금품모집금지(위 국공법 제65조 제2항 제4호)의 합헌성 인정 − 공무원의 정치적 중립성을 보장하는 문제는 기부금액의 다소에 따라 달리 평가될 수 없으므로, 그 상한액의 한도를 제한하지 않고 기부금을 모집하는 행위 자체를 금지한 것이 과도한 규제가 아니라서 침해최소성원칙에 반하지 않고 따라서 과잉금지원칙에 반하지 않는다고 보아 정치활동의 자유 내지 정치적 의사표현의 자유를 침해하지 않아 합헌성을 인정한다(● 판례 헌재 2012.7.26. 2009헌바298).

③ 그 외: ⓐ 정당가입권유금지(국공법 제65조 제2항 제5호)의 합헌성 인정(2018헌바149. 제한되는 기본권: 정치적 표현의 자유. 합헌이유: 명확성원칙을 준수하였고, 공무원의 모든 정당 가입 권유 운동을 금지하는 것이 아니라, '선거에서 특정정당 또는 특정인을 지지하기 위하여' 타인에게 정당에 가입하도록 권유 운동하는 적극적이고 능동적인 의사에 따른 행위만을 금지함으로써, 그로 인한 정치적 표현의 자유 제한을 최소화하여 침해최소성을 갖추어 과잉금지원칙을 준수함), ⓑ 경선운동금지(공직선거법 제57조의6)의 합헌성 인정 결정이 있었다(2018헌바149. 명확성원칙 준수).

다) 타 공무원에 대한 행위 요구 등 금지   또한 공무원은 다른 공무원에게 위 가)와 나)항에 위배되는 행위를 하도록 요구하거나, 정치적 행위에 대한 보상 또는 보복으로서 이익 또는 불이익을 약속하여서는 아니 된다(국공법 동조 제3항; 지공법 동조 제3항. 위 국공법 제65조 참조).

라) 정치적 행위의 금지 한계에 관한 행정입법위임 문제

i) 법규정과 의문점   위 국가공무원법 제65조 제4항은 "제3항 외에 정치적 행위의 금지에 관한 한계는 대통령령 등으로 정한다"라고 그 위임을 규정하고 있다(위 국공법 제65조 참조). 국가공무원법 제65조 제4항의 위임문구는 다음과 같은 점에서 모호하다. 위임하는 사항이 '금지'가 아니라 금지에 관한 '한계'이다. 그런데 제3항은 금지하는 사항이지 금지에 관한 한계[즉 금지를 벗어난(한계) 금지가 아닌 것]가 아니다. 다시 말해서 제3항이 금지의 한계를 설정한 것이 아니어서 이상한 위임이 된 것이다. 아니면 우리 어문상 '에 관한'이란 말을 '라는' 말로 쓰일 수 있다고 보아 '금지에 관한 한계'를 '금지라는 한계'라고 선해해서 볼 것인지 명확하지 않다. 그렇게 보더라도 '제3항 외에'라는 말은 제3항이 금지하는 "다른 공무원에게 제1항과 제2항에 위배되는 행위를 하도록 요구하거나, 정치적 행위에 대한 보상 또는 보복으로서 이익 또는 불이익을 약속" 그것 외의 금지라는 한계만이 위임되는 사항이고 제1항, 제2항에서 금지되는 행위들의 한계는 위임사항이 아니라는 의미가 된다. 달리 제3항의 요구, 약속 대상인 행위인 제1항, 제2항 행위도 포함된다고 보면 제4항의 문언의 의미를 벗어난 것이 아닌가 한다(이 점에서 지방공무원법 제57조 제4항은 '제1항부터 제3항까지'라고 한 것은 국가공무원법 규정보다 분명하다). 한편 국가공무원법 제67조는 "공무원의 복무에 관하여 필요한 사항은 이 법에 규정한 것 외에는 대통령령등으로 정한다"라고 일반수권을 위임해 주고 있는데 포괄위임금지원칙의 위반 여지가 있다. 정치적 중립성이 그 요소이나 또 다른 한 축으로 신분보장을 요소로 하는 직업공무원제의 본 취지에 오히려 벗어나는 것은 아닌지 하는 의문이 든다.

ii) 판례   위 제4항 위임조항에 대해 헌재는 아래와 같이 넓게 해석하고 예측가능성이 인정된다고 하여 합헌으로 결정한 바 있다(결정 당시 조항이 현행 조항과 다소 차이가 있으나 대통령령에 위임하는 부분 문언은 다를 바 없었다). 이 결정의 사안은 공무원이 정당에 가입하고 정치자금을 기부하여 정당을 지지하는 등 정치운동을 하였다고 하여 국가공무원법 정치운동죄로 기소되어 형사재판이 진행되는 도중에 국가공무원법 제84조 중 '제65조 제4항의 대통령령으로 정하는 정치적 행위의 금지에 관한 한계를 위반한 자' 부분에 대해 위헌소원심판을 청구하여 판단이 있게 된 것이다.

● **판례** 헌재 2014.3.27. 2011헌바42
[판시] (가) … '제3항 외에 정치적 행위의 금지에 관한 한계'의 구체적인 내용이나 태양은 같은 조 제1항이 금지하는 행위(정당 내지 정치단체의 결성 및 가입 행위)나 같은 조 제2항이 금지하는 행위(선거에서 특정 정당 또는 특정인을 지지 또는 반대하기 위한 능동적·적극적 행위)와 그 직접적 관련성과 밀접한 연계의 정도가 제3항의 경우에 이른다고 볼 수 있는 경우로서 공무원의 정치적 중립성을 훼손할 가능성이 큰 행위에 한하여 정해질 것임은 누구라도 충분히 예상할 수 있다. (라) 소결 — 따라서 이 사건 정치행위 규제조항은 포괄위임금지원칙에 위배된다고 볼 수 없다.

iii) **평석**   헌재의 위 판시는 위에서 우리가 지적한 모호성, 즉 금지라고 하지 않고 금지에 관한 한계라고 한 것의 모호성을 인식하지 못한 판시이다. 금지에 관한 한계를 '금지라는 한계'라고 보려는 입장인 것으로 선해한다고 하더라도 왜 제4항이 '제3항' 외에라고만 한 것을 제1항, 제2항 금지행위까지 끌고 들어와 같이 포함하여 위와 같이 해석할 수 있는지 논리적인 설명이 없다. 제3항은 어디까지나 다른 공무원에 대한 제1항, 제2항을 위배하는 행위의 요구, 약속이라는 행위를 금지하는 조문이다. 결국 제4항의 문언이 '제3항 외'라고 했는데도 제1, 2, 3항에 규정된 행위를 구체화하는 위임이라고 보는 헌재의 해석은 문언을 넘어선 해석이 아닌가 하는 의문이 든다. 헌재는 이 결정에서 위와 같은 모호함을 지적하여 앞으로 입법개선이 이루어지도록 했어야 했다.

마) 징계 및 형사책임   위 정치운동 금지 규정을 위반한 자는 징계책임을 지고 형사책임이 부과된다[국공법 제78조 제1항, 제84조: 이에 대해서는 합헌결정이 있었다. 위에서 살펴본 2011헌바42 결정. 지공법 제69조 제1항, 제82조: 이 지공법 제82조 제1항 중 제57조 제2항 제5호의 정당 가입 권유에 관한 부분(지방공무원이 선거에서 특정정당 또는 특정인을 지지하기 위하여 타인에게 정당에 가입하도록 권유하는 행위를 한 경우 3년 이하의 징역형과 자격정지를 병과하도록 규정한 부분)이 책임과 형벌의 비례원칙에 위반되지 않고 형벌체계상 균형을 가져 평등원칙에 위반되지 않아 합헌이라는 결정이 있었다. 2019헌바58].

바) 공무원 노조, 교원 노조 자체의 정치운동 금지   그 구성원인 공무원뿐 아니라, 노동조합 자체, 즉 공무원 노조도 정치활동을 하여서는 아니된다('공무원의 노동조합설립 및 운영 등에 관한 법률' 제4조) 교원노조도 마찬가지로 "교원의 노동조합(이하 "노동조합"이라 한다)은 어떠한 정치활동도 하여서는 아니 된다"고 규정하고 있다('교원의 노동조합 설립 및 운영 등에 관한 법률' 제3조). 이 규정에 대해 '어떠한'이라고 하여 제한이 지나치게 광범위하여 명확성원칙에 반한다는 주장이 있었다. 헌재는 교원노조는 교육 전문가 집단이라는 점에서 초·중등교육 교육정책과 관련된 정치적 의견표명이 정치적 중립성을 훼손하지 않고 학생들의 학습권을 침해하지 않을 정도의 범위 내라면 허용된다고 보아야 하고 이렇게 이 규정의 의미를 한정하여 해석하는 것이 가능한 이상, 명확성원칙에 위반된다고 볼 수 없다고 하여 합헌이라고 보았다(● 판례 헌재 2014.8.28. 2011헌바32).

사) 공직선거법의 규정

ⅰ) **선거중립의무**   ① 법규정 – 선거에서의 공무원의 중립성의무가 공직선거법에 규정되어 있기도 하다. 즉 공직선거법 제9조 제1항은 "공무원 기타 정치적 중립을 지켜야 하는 자(기관·단체를 포함한다)는 선거에 대한 부당한 영향력의 행사 기타 선거결과에 영향을 미치는 행위를 하여서는 아니된다"라고 명시하고 있다. ② 적용범위: 정치적 공무원도 포함 – 문제는 선거의 중립성의무를 지는 공무원으로 직업공무원이 해당되는 것은 물론이나 정치적 공무원도 해당될 수 있느냐 하는 것인데 이 문제는 2004년 대통령에 대한 탄핵소추사건에서 대통령이

기자회견 등에서 특정 정당을 지지하는 발언을 하여 공직선거법 제9조를 위반하였다는 소추사유를 두고 나타났다. 헌재는 자유선거원칙을 위협할 수 있는 모든 공무원을 포함하고 모든 공무원은 사실상 선거에서 부당한 영향력을 행사할 수 있는 지위에 있으므로 결국 여기서의 공무원이란 원칙적으로 국가와 지방자치단체의 모든 공무원 즉, 좁은 의미의 직업공무원은 물론이고, 적극적인 정치활동을 통하여 국가에 봉사하는 정치적 공무원(예컨대 대통령, 국무총리, 국무위원, 도지사, 시장, 군수, 구청장 등 지방자치단체의 장)을 포함한다고 본다. 그리하여 더욱이, 대통령은 행정부의 수반으로서 공정한 선거가 실시될 수 있도록 총괄·감독해야 할 의무가 있으므로, 당연히 선거에서의 중립의무를 지는 공선법 제9조의 '공무원'에 포함된다고 보았고 따라서 대통령이 기자회견에서 대통령직의 정치적 비중과 영향력을 이용하여 특정 정당을 지지하는 발언을 한 것은, 대통령의 지위를 이용하여 선거에 대한 부당한 영향력을 행사하고 이로써 선거의 결과에 영향을 미치는 행위를 한 것이므로, 선거에서의 중립의무를 위반하였다고 판단하였다(헌재 2004.5.14. 2004헌나1). 그러나 헌재는 이러한 위법성을 인정하면서도 탄핵결정(파면)은 중대한 위법의 경우라고 하면서 위의 위법성은 중대하지 않아 파면사유가 아니라고 하여 기각결정을 하였다. 하여간 결론적으로 선거의 경우의 중립성의무를 지는 공무원에는 직업공무원 외에도 정치적 공무원도 해당된다는 것이 헌재판례의 입장이다. ③ 의원에 대한 적용제외 – 다만, 헌재판례는 국회의원과 지방의회의원은 정당의 대표자이자 선거운동의 주체로서의 지위로 말미암아 정치적 중립의무가 요구될 수 없으므로, 공선법 제9조의 '공무원'에 해당하지 않는다고 본다(2004헌나1). * 유의: 지방의회의원에 공무원지위이용 선거운동금지 규정인 공직선거법 제85조 제2항("공무원은 그 지위를 이용하여 선거운동을 할 수 없다")은[이 금지는 바로 아래 ii) ㉠ 참조] 적용된다고 보고 이는 과잉금지원칙을 위반하지 않아 정치적 표현의 자유를 침해하지 않는 합헌이라고 결정했다(2018헌바3).

ii) 공무원의 선거운동 금지   공직선거법은 ㉠ 공무원 등의 선거관여 등 금지 – 공무원 등 법령에 따라 정치적 중립을 지켜야 하는 자는 직무와 관련하여 또는 지위를 이용하여 선거에 부당한 영향력을 행사하는 등 선거에 영향을 미치는 행위를 할 수 없다. 공무원은 그 지위를 이용하여 선거운동을 할 수 없다(동법 제85조 제1항, 제2항 본문). * 헌재는 공무원이 지위를 이용하여 선거에 영향을 미치는 행위를 금지하는 공직선거법 제85조 제1항 중 "공무원이 지위를 이용하여 선거에 영향을 미치는 행위" 부분은 죄형법정주의의 명확성원칙에 위배되지 않아 헌법에 위반되지 않으나(합헌), 그에 관한 처벌규정인 공직선거법 제255조 제5항 중 제85조 제1항의 "공무원이 지위를 이용하여 선거에 영향을 미치는 행위" 부분은 형벌체계상의 균형에 현저히 어긋나므로 헌법에 위반된다고 결정했고(헌재 2016.7.28. 2015헌바6) 법개정이 되었다. ㉡ 공무원 등의 선거에 영향을 미치는 행위금지 – 공무원(국회의원 등 제외) 등은 1. 소속직원 또는 선거구민에게 교육 기타 명목여하를 불문하고 특정 정당이나 후보자(후보자가 되고자 하는 자를 포함)의 업적을 홍보하는 행위, 2. 지위를 이용하여 선거운동의 기획에 참여하거나 그 기획의 실시에 관여하는 행위, 3. 정당 또는 후보자에 대한 선거권자의 지지도를 조사하거나 이를 발표하는 행위 등 법소정의 행위를 하여서는 아니된다(동법 제86조 제1항). * 위 2.에 대해서는 원래 합헌결정이(2004헌바33) 있었다가 2008년에 판례변경을 하여 "공무원의 지위를 이용하지 아니한 행위에 대하여 적용하는 한 헌법에 위반된다"라는 '한정위헌'의 결정을 내린 바 있다(2006헌마1096).

아) 공무원 복무규정   헌재는 공무원에 대하여 국가 또는 지방자치단체의 정책에 대한 반대·방해 행위를 금지하고 직무 수행 중 정치적 주장을 표시·상징하는 복장 등 착용행위를 금지한 '국가공무원 복무규정' 및 '지방공무원 복무규정'은 법률유보원칙, 명확성원칙 및 과잉금지원칙에 반하지 않아 공무원의 정치적 표현의 자유를 침해하지 않는다고 결정하였다. * 이 문제는 후술 공무원의 의무로서 복무의무, 성실의무 등에도 관련되는 문제이기도 하다(헌재 2012.5.31. 2009헌마705).

자) 사적 견해 표명 문제   공무원은 자신의 정치적 견해를 공무와 연관되는 가운데 공무의 중립성을 침해하게 되는 결과를 가져올 수 있게 표명하는 것은 제약된다. 그러나 공무와 무관한 사적인 시간에 공무와 무관하게 사적인 견해를 개진하는 것은 가능하다고 본다. 헌재는 공무원의 경우에도 정치적 견해의 사적 표명은 가능하나 공무와 연관되는 경우에는 제약된다고 보고(2007헌마700. 이에 관해서는 주로 후술 '기본권총론'의 '기본권주체' 부분 참조) 정당가입 금지조항은 공무원이 '정당의 당원이 된다'는 정치적 행위를 금지하고 있을 뿐이므로, 정당에 대한 지지의사를 선거와 무관하게 개인적인 자리에서 밝히거나 선거에서 지지 정당에 대해 투표를 하는 등 일정한 범위 내의 정당 관련 활동은 공무원에게도 허용되고 있다고 본다(2011헌바42).

(다) '공무 이외의 일'을 위한 집단 행위의 금지

가) 법규정과 논란점

▼ **국공법 제66조(집단 행위의 금지)** ① 공무원은 노동운동이나 그 밖에 공무 외의 일을 위한 집단 행위를 하여서는 아니 된다. 다만, 사실상 노무에 종사하는 공무원은 예외로 한다. ② 제1항 단서의 사실상 노무에 종사하는 공무원의 범위는 대통령령 등으로 정한다. <개정 2015.5.18.> ③ 제1항 단서에 규정된 공무원으로서 노동조합에 가입된 자가 조합 업무에 전임하려면 소속 장관의 허가를 받아야 한다. ④ 제3항에 따른 허가에는 필요한 조건을 붙일 수 있다.

지공법 제58조(집단행위의 금지) ① 공무원은 노동운동이나 그 밖에 공무 외의 일을 위한 집단행위를 하여서는 아니 된다. 다만, 사실상 노무에 종사하는 공무원은 예외로 한다. ② 제1항 단서에 규정된 사실상 노무에 종사하는 공무원의 범위는 조례로 정한다. ③ 제1항 단서에 규정된 사실상 노무에 종사하는 공무원으로서 노동조합에 가입한 사람이 조합업무를 전임(專任)으로 하려면 소속 지방자치단체의 장의 허가를 받아야 한다.④ 제3항에 따른 허가에는 필요한 조건을 붙일 수 있다.

위 금지규정에서 집단행위, 공무 외의 일이 불명확하지 않은가, 표현의 자유를 지나치게 제한하지 않는가 등이 논란되었다.

나) 판례의 기본입장 - '공익에 반하는 집단적 행위'   판례는 명확하다고 본다. 대법원은 '공무 이외의 일을 위한 집단행위'에 대해 "공무에 속하지 아니하는 어떤 일을 위하여 공무원

들이 하는 모든 집단적 행위를 의미하는 것이 아니라 언론·출판·집회·결사의 자유를 보장하고 있는 헌법 제21조 제1항과 지방공무원법의 입법취지, 지방공무원법상의 성실의무와 직무전념의무 등을 종합적으로 고려하여 '공익에 반하는 목적을 위하여 직무전념의무를 해태하는 등의 영향을 가져오는 집단적 행위'를 말한다"라고 한다.34) 헌재도 위와 같은 대법원의 해석을 인용하며 같은 입장을 취하면서 명확성원칙에 반하지 않는다고 본다(❶ 판례 헌재 2007.8.30. 2003헌바51. * 지방공무원법 제58조 제1항에 대한 동지의 결정: 헌재 2005.10.27. 2003헌바50).

다) 구체적 판시

i) 집단행위의 명확성   이후 헌재는 "위 선례는 '공무 외의 일을 위한'이 무엇인지를 중심으로 판단하고 있고, '집단 행위'가 무엇인지에 대해서는 구체적으로 판단하고 있지 아니하다"라고 하면서 보다 자세한 입장을 취하였는데 이 입장은 국·공립 초·중·고등학교에 재직하고 있는 전국교직원노동조합(이하 '전교조') 조합원인 교원들이 시국선언(서명운동)을 주도하고 참여한 데 대해 정직처분이 가해지자 이 처분에 대한 취소소송을 제기하였고 이 소송 중에서 국가공무원법 제66조 제1항 중 '집단 행위' 부분과 교원노조법 제3조 중 '일체의' 부분에 대해 위헌소원심판이 청구되어 내려진 결정에서 나왔다. 헌재는 "구체적으로 몇 명을 의미하는 개념이라기보다 어떠한 단체의 구성이나 활동이 그 목적과 행위의 내용에 비추어 공무원의 직무전념성을 해치거나 공무에 대한 국민의 신뢰에 손상을 가져올 수 있는 다수의 결집된 행위로 봄이 상당하다"라고 한다. 그리하여 모임의 형태 외에 연명방식, 집단적 태업 행위(예컨대 일제휴가나 집단퇴장행위, 초과근무거부)도 여기에 포함된다고 하면서 명확하다고 판시한다(❶ 판례 헌재 2014.8.28. 2011헌바32. * 동지의 결정: 2018헌마550. * 지방공무원에 대한 동지의 결정: 2011헌바50).

ii) '공익'의 명확성   위에서 '공무 이외의 일'에 관한 헌재 판례의 기본입장이 '공익'에 반하는 행위라고 하여 그러면 또 '공익'이 무엇인가가 여전히 논란될 수 있다. 헌재는 위 전교조 시국사건 결정에서 "여기서의 공익은 개인 또는 특정 단체나 집단의 이익이 아니라 일반 다수 국민의 이익 내지는 사회공동의 이익을 의미한다"라고 하고 "공무원이라는 집단의 특성, 집단행위를 금지하는 취지, 공무원에게 부여된 업무 등을 종합적으로 살펴 금지되는 행위의 유형을 어느 정도 파악할 수 있다면 명확성원칙에 위반된다고 볼 수 없다"라고 판시하고 있다(위 2011헌바32등; 2018헌마550; 2011헌바50). 그러나 헌재의 판시가 여전히 충분히 선명하게 와 닿지는 않는다. * 지방공무원에 대해서도 위 헌재의 2011헌바32 결정과 동지로 명확성원칙, 과잉금지원칙에 위반되지 않는다고 본 합헌결정이 있었다(❶ 판례 헌재 2014.8.28. 2011헌바50).

* **대법원 판례**: 위 전교조 교원의 시국선언 사건에 대한 대법원의 판결도 있었다. 대법원은 공무원의 정치적 중립의무, 교원의 경우 헌법 제31조 제4항의 교육의 중립성보장을 들어 "정치적 편향성 또는 당파성을 명백히 드러내는 행위 등과 같이 공무원인 교원의 정치적 중립성을 침해할 만한 직접적인 위험을 초래할 정도에 이르렀다고 볼 수 있는 경우"에 국가공무원법 제66조 제1항에서 금지하는 '공무 외의 일을 위한 집단행위'에 해당한다고 보아야

---

34) 대법원 1992.2.14. 90도2310; 1992.3.27. 91누9145 판결; 2004.10.15. 2004도5035; 2005.4.15. 2003도2960; 2011.4.28. 2007도7514; 2012.4.19. 2010도6388 전원합의체.

한다는 입장이다. 이에 비해 반대의견은 '공익에 반하는 목적'의 존재는, 당해 집단행위가 <u>국민전체와 공무원 집단</u> <u>사이에 서로 이익이 충돌하는 경우 공무원 집단의 이익을 대변함으로써 국민전체의 이익추구에 장애를 초래하는</u> <u>등 공무수행에 대한 국민의 신뢰를 현저히 훼손하거나 민주적·직업적 공무원제도의 본질을 침해하는 경우에 한정</u> <u>하여 인정하여야 한다고 본다</u>(대법원 2012.4.19. 2010도6388 전원합의체).

iii) 평가   국가공무원법 제66조 제1항의 적용범위를 적절하게 하는 것이 필요하다. 시국선언과 같은 집단적 의사표시를 국가공무원법 제66조의 '공무 외의 일을 위한 집단행위'에 해당되는 것으로 보았으나 정치적인 의사의 표현과 같은 정치적 활동의 문제로도 다루어질 수 있다. 동법 제65조의 정치운동의 금지조항이 정당·정치단체결성·관여가입금지, 선거와 관련한 금지행위를 규정하고 있다는 점에서 제66조에 비추어 판단되어졌으나 정치적 활동의 관점에서 좀 더 논의가 되었어야 할 사안이었다.

라) 징계 및 형사책임   위 집단행위 금지 규정을 위반한 자는 징계책임을 지고 다른 법률에 특별히 규정된 경우 외에는 형사책임이 부과된다(국공법 제78조 제1항, 제84조의2, 지공법 제69조 제1항, 제83조).

4) 공무원의 기본권 제한의 한계

공무원의 기본권을 제한하더라도 가능한 한 최소한에 그쳐야 하고 기본권제한의 한계를 벗어나서는 안 된다. 따라서 기본권제한의 한계규정인 헌법 제37조 제2항에 따라 국가안전보장, 질서유지, 공공복리를 위한 목적을 가지고 법률에 의한 제한이어야 하며 비례(과잉금지)원칙을 지켜야 하고 본질적 내용을 침해해서는 안 되며 그 외 신뢰보호원칙 등도 준수하여야 한다.

(3) 공무원의 의무

1) 내용

공무원은 공무의 성실하고도 공정한 수행을 위하여 법령준수, 직무전념, 명령복종, 비밀준수, 품위유지 등의 의무를 진다. 국가공무원법과 지방공무원법은 공무원이 준수하여야 할 여러 의무들을 규정하고 있다. 취임할 때에 선서할 의무(국공법 제55조; 지공법 제47조), 성실의무(국공법 제56조; 지공법 제48조), 직무수행에서의 복종의 의무(국공법 제57조; 지공법 제49조), 직장 이탈금지의 의무(국공법 제58조 제1항; 지공법 제50조 제1항), 친절·공정의 의무(국공법 제59조; 지공법 제51조), 종교중립의 의무(국공법 제59조의2; 지공법 제51조의2), 비밀 엄수의 의무(국공법 제60조; 지공법 제52조), 청렴의 의무(국공법 제61조 제1항; 지공법 제53조 제1항), 품위 유지의 의무(국공법 제63조; 지공법 제55조), 영리 업무 및 겸직 금지의 의무(국공법 제64조 제1항; 지공법 제56조 제1항), 정치운동 금지의 의무(국공법 제65조; 지공법 제57조), 집단 행위의 금지의 의무(국공법 제66조 제1항; 지공법 제58조 제1항) 등이다. 공무원의 복무상 구체적 의무는 공무원 복무규정(대통령령)들에 정해져 있다. 위 의무를 위반한 경우에는 징계책임, 형사책임 등을 지게 된다(아래의 공무원의 책임 참조).

2) 판례

ⅰ) 공무원 복무규정 조항들 중 정치적 행위와 관련된 금지(집단적 연서 금지, 정치적 의사표시 복장 금지 등)에 대한 합헌성인정의 결정례가 있었다(헌재 2012.5.31. 2009헌마705. 이 결정에 대해서는 전술 '정치적 행위 금지' 부분 참조).

ⅱ) 품위유지의무 - 국가공무원법 제63조는 "공무원은 직무의 내외를 불문하고 그 품위가 손상되는 행위를 하여서는 아니 된다"라고 규정하고 있고 동법 제78조 제1항 제3호는 "직무의 내외를 불문하고 그 체면 또는 위신을 손상하는 행위를 한 때"를 징계처분 사유로 규정하고 있다. 이 규정들에 대해 헌재는 다음과 같이 합헌으로 본다. ① 입법취지, 용어의 사전적 의미 및 법원의 해석 등을 종합해 보면, 품위손상행위는 공무원이 주권자인 국민으로부터 수임받은 공무를 수행함에 손색이 없는 인품에 어울리지 않는 행위로 공직 전반에 대한 신뢰를 떨어뜨릴 우려가 있는 경우로 해석할 수 있어 그 행위가 무엇인지 충분히 예측할 수 있으므로 명확성원칙에 위배되지 아니한다. ② 지나치게 광범위하게 직무 외의 사적인 행위를 제한한다고 주장하나 공직의 공정성, 도덕성에 대한 국민의 신뢰는 직무와 관련 없는 행위에 의해서도 형성될 수 있다. 품위손상행위의 태양이나 유형은 다양하게 나타날 수 있으나, 영향력의 정도, 행위자의 직위 등 여러 가지 사정을 고려하여 각각 다른 징계처분이 내려질 수 있어 피해최소성에 반하지 않아 과잉금지원칙에 위배되지 아니한다(● 판례 헌재 2016.2.25. 2013헌바435).

3) 각종 신고, 공개 의무

(가) 재산등록·공개　　공직자 및 공직후보자의 재산등록, 등록재산 공개 및 재산형성과정 소명과 공직을 이용한 재산취득의 규제, 공직자의 선물신고 및 주식백지신탁, 퇴직공직자의 취업제한 및 행위제한 등을 규정함으로써 공직자의 부정한 재산 증식을 방지하고, 공무집행의 공정성을 확보하는 등 공익과 사익의 이해충돌을 방지하여 국민에 대한 봉사자로서 가져야 할 공직자의 윤리를 확립함을 목적으로 공직자윤리법이 시행되고 있다(동법 제1조).

> * 주식백지신탁에 관한 결정례(헌재 2012.8.23. 2010헌가65): 국회의원이 보유한 직무관련성 있는 주식의 매각 또는 백지신탁을 명하고 있는 구 공직자윤리법(2008.2.29. 개정된 것) 제14조의4 제1항 본문 제1호 및 제2호 가목 본문 중 제10조 제1항 제1호의 '국회의원' 부분이 과잉금지원칙을 준수하여 당해사건 원고의 재산권을 침해하지 않아 합헌이라고 본 결정이다.

(나) 공직자 및 공직후보자와 그 직계비속의 병역사항 신고 및 공개　　이를 제도화함으로써 공직을 이용하여 부정하게 병역을 벗어나는 것을 방지하고 병역의무의 자진 이행에 기여함을 목적으로 '공직자 등의 병역사항 신고 및 공개에 관한 법률'이 시행되고 있다(동법 제1조). 이 법률은 신고의무자를 열거하고 있고(동법 제2조), 신고할 병역사항(동법 제3조), 공직선거후보자의 병역사항 신고 및 공개(동법 제9조) 신고의무 불이행 등의 죄 등(동법 제17조)을 규정하고 있다.

7. 공무원의 책임

직업공무원은 국민에 대한 봉사자로서 국민전체에 대한 책임을 진다. 이에 관해서는 앞서 서술하였다(전술 Ⅱ 참조). 이하에서는 징계책임, 배상책임 등에 대해 살펴본다.

(1) 징계책임
1) 징계책임의 의의
공무원이 위에서 살펴본 의무를 다하지 않을 경우에 그 의무위반에 대해 가하는 행정적 제재의 책임 징계책임이고 형법상 형벌로 다스리는 형사책임과는 다르다.

2) 징계의 사유와 종류
[징계사유] 국가공무원법 제78조 제1항은 1. 이 법 및 이 법에 따른 명령을 위반한 경우, 2. 직무상의 의무를 위반하거나 직무를 태만히 한 때, 3. 직무의 내외를 불문하고 그 체면 또는 위신을 손상하는 행위를 한 때를 징계사유로 규정하고 지방공무원법 제69조 제1항도 비슷하게 규정하고 있다.

[징계의 종류] 공무원의 징계 종류에는 파면·해임·강등·정직·감봉·견책 등이 있다(국공법 제79조; 지공법 제70조).

3) 징계절차
징계 의결 요구가 있으면 징계위원회의 의결을 거쳐 징계위원회가 설치된 소속 기관의 장이 징계처분을 한다(국무총리 소속으로 설치된 징계위원회에서 한 징계의결에 대하여는 중앙행정기관의 장이 한다. 국공법 제82조 제1항).

4) 징계처분에서의 재량과 그 한계(비례원칙, 평등원칙 준수)
대법원은 "징계사유에 해당하는 행위가 있더라도, 징계권자가 그에 대하여 징계처분을 할 것인지, 징계처분을 하면 어떠한 종류의 징계를 할 것인지는 징계권자의 재량에 맡겨져 있다고 할 것이나, 그 재량권의 행사가 징계권을 부여한 목적에 반하거나, 징계사유로 삼은 비행의 정도에 비하여 균형을 잃은 과중한 징계처분을 선택함으로써 비례의 원칙에 위반하거나 또는 합리적인 사유 없이 같은 정도의 비행에 대하여 일반적으로 적용하여 온 기준과 어긋나게 공평을 잃은 징계처분을 선택함으로써 평등의 원칙에 위반한 경우에는, 그 징계처분은 재량권의 한계를 벗어난 것으로서 위법하다"라고 본다.[35] "여기서 징계처분에서 재량권의 행사가 비례의 원칙을 위반하였는지 여부는, 징계사유로 인정된 비행의 내용과 정도, 그 경위 내지 동기, 그 비행이 당해 행정조직 및 국민에게 끼치는 영향의 정도, 행위자의 직위 및 수행직무의 내용, 평소의 소행과 직무성적, 징계처분으로 인한 불이익의 정도 등 여러 사정을 건전한 사회통념에

---

35) 대법원 1985.1.29. 84누516; 1997.6.14. 96누2521; 1999.11.26. 98두6951; 2017.10.31. 2014두45734 등.

따라 종합적으로 판단하여 결정하여야 한다"라고 한다.36)

(2) 형사책임

위와 같은 의무위반 행위가 징계책임을 질 것이 확정되더라도 형사범죄를 구성할 경우에는 더하여 형사책임도 인정된다. 공무원의 경우에는 가중처벌되는 경우가 많다.

(3) 손해배상책임

공무원의 불법행위로 인한 손해배상 등 민사상 책임도 인정된다. 공무원의 불법행위에 대해 국가가 배상책임을 지더라도 공무원 자신의 책임은 면제되지 아니하기 때문이다(제29조 제1항).

8. 청탁금지 등

[법규정] 이는 앞의 공무원의무 중 청렴의무로도 다룰 사항이다. 공직자 등의 공정한 직무수행을 보장하기 위해서는 공직자 등에 대한 부정청탁 및 공직자 등의 금품 등의 수수(收受)를 금지하여야 하고 이를 위반하는 경우에 제재를 가하는 것을 예정하여야 함은 물론이다. 이를 위한 규율을 하는 법률로서 현재 '부정청탁 및 금품 등 수수의 금지에 관한 법률'이 있다. 이 법은 공공기관, 공무원, 공직유관단체 및 기관의 장과 그 임직원 외에도 학교, 언론사에도 적용되고 그 교직원, 대표자, 임직원 등도 적용대상이 된다(동법 제2조). 이 법은 공직자등에게 인가·허가 등 법령에서 일정한 요건을 정하여 놓고 직무관련자로부터 신청을 받아 처리하는 직무에 대하여 법령을 위반하여 처리하도록 하는 행위 등의 부정청탁을 금지하고 있다(동법 제5조). 또한 공직자등의 금품등 수수행위를 직무관련성이나 대가성이 없는 경우에도 금지하고 있다(동법 제8조). 위반에 대한 제재도 가하고 있다(동법 제22조, 제23조).

[판례] 이 법률규정들 중 언론인 및 사립학교 교원 등이 ① 제5조 제1항 및 제2항 제7호('부정청탁금지조항'), ② 제8조 제1항과 제2항('금품수수금지조항'), ③ 제8조 제3항 제2호, 제10조 제1항('위임조항'), ④ 제9조 제1항 제2호('신고조항'), ⑤ 제22조 제1항 제2호 본문, 제23조 제5항 제2호 본문 중 각 사립학교 관계자와 언론인에 관한 부분에 대해 죄형법정주의 명확성원칙 위반, 과잉금지원칙 위반의 일반적 행동자유권 침해 등의 주장으로 헌법소원심판을 청구하였으나 헌재는 합헌성을 인정하였다(● 판례 헌재 2016.7.28. 2015헌마236등. 이 결정에 대해서는 뒤의 기본권각론, 행복추구권, 일반적 행동자유권 부분 참조).

36) 대법원 2001.8.24. 2000두7704; 2017.10.31. 2014두45734.

9. 고위공직자책임 제도-고위공직자범죄수사처 신설

[취지] 정부에 대한 신뢰를 훼손하고, 공공부문의 투명성과 책임성을 약화시키는 중요한 원인이 되는 고위공직자 등의 범죄를 척결하고, 국가의 투명성과 공직사회의 신뢰성을 높이기 위해 그들의 범죄를 독립된 위치에서 수사할 수 있는 고위공직자범죄수사처가 설치되어 있다('고위공직자범죄수사처 설치 및 운영에 관한 법률' 시행 2020.7.15. 법률 제16863호, 2020.1.14., 제정).

[대상자] 대통령, 국회의장 및 국회의원, 대법원장 및 대법관, 헌법재판소장 및 헌법재판관, 국무총리와 … 여러 부처의 정무직공무원, 검찰총장, 특별시장·광역시장·특별자치시장·도지사·특별자치도지사 및 교육감, 판사 및 검사 … 등이 그 대상이다(동법 제2조 제1호).

[조직] 처장, 차장, 수사처검사, 수사처수사관으로 구성된다.

[직무와 권한] ⅰ) 직무와 독립성 ― 처장은 수사처의 사무를 통할하고 소속 직원을 지휘·감독한다(동법 제17조 제1항). 공수처 수사 대상 범죄, 즉 '고위공직자범죄'는 「형법」 제122조부터 제133조까지의 죄 등으로 동법에 열거되어 있고 관련범죄도 그러하다(동법 제3조 제3호). 수사처검사는 제3조제1항 각 호에 따른 수사와 공소의 제기 및 유지에 필요한 행위를 하고 수사처검사는 고위공직자범죄의 혐의가 있다고 사료하는 때에는 범인, 범죄사실과 증거를 수사하여야 한다(동법 제20조 제1항, 제23조). 수사처 소속 공무원은 정치적 중립을 지켜야 하며, 그 직무를 수행함에 있어 외부로부터 어떠한 지시나 간섭을 받지 아니한다(동법 제22조). ⅱ) 다른 수사기관과의 관계 ― 이를 보면(동법 제24조), 수사처의 범죄수사와 중복되는 다른 수사기관의 범죄수사에 대하여 처장이 수사의 진행 정도 및 공정성 논란 등에 비추어 수사처에서 수사하는 것이 적절하다고 판단하여 이첩을 요청하는 경우 해당 수사기관은 이에 응하여야 한다. 다른 수사기관도 고위공직자범죄등을 인지한 경우 그 사실을 즉시 수사처에 통보하여야 하고 반대로 처장은 피의자, 피해자, 사건의 내용과 규모 등에 비추어 다른 수사기관이 고위공직자범죄등을 수사하는 것이 적절하다고 판단될 때에는 해당 수사기관에 사건을 이첩할 수 있다.

10. 공무원 신분의 소멸

공무원은 정년(다른 법률에 특별한 규정이 있는 경우를 제외하고는 60세. 국공법 제74조, 지공법 제66조), 명예퇴직(국공법 제74조의2 제1항, 지공법 제66조의2), 의원면직, 당연퇴직과 직권면직(전술 참조), 징계책임으로서 파면, 해임 등으로 그 신분이 소멸된다.

11. 직업공무원제에 대한 판례

[현황] 위에서 다룬 판례들을 보면 사실 직업공무원제 자체의 위반 여부에 대해 판단한 판례는 찾아보기 힘들고 주로 공무담임권 등 기본권 침해 여부에 대해 판단한 판례들이 많다. 그 이유는 많이 제기되는 헌법재판은 헌법소원심판으로서 헌법소원심판은 기본권구제를 위한 헌법재판이므로 기본권침해 문제를 주장하여야 하기 때문이고 직업공무원제와 관련성이 많은 기본권은 공무담임권이어서 주로 공무담임권 침해 문제가 판단되어야 했기 때문이다. 제도적 보장은 객관적 규범으로 주관적 권리인 기본권과 구별된다고 보는 것이 전래적 입장(이에 대해서는 뒤의 기본권총론 부분 참조. 이 이론에 대한 비판이 제기되고 있음)이다. 다만, 이에 따르더라도 어떤 법률규정이 헌법에 위배되는지를 살피는 객관적 규범통제로서의 위헌법률심판에서는 헌법의 기본권규정에 위배되는지 하는 문제뿐 아니라 직업공무원제라는 헌법규정에 위배되는지 하는 문제가 판단될 가능성이 있다.

[직업공무원제(능력주의)를 고려한 공무담임권 침해 심사] 공무담임권 침해 여부 심사로서 헌법 제37조 제2항에 따른 과잉금지원칙 위반 여부를 심사할 때 헌법 제7조에서 보장하는 직업공무원제도의 능력주의를 고려할 필요가 있다고 판시한 예가 있다(2017헌마1178). 사안은 변호사, 공인회계사, 세무사 등 관련 자격증 소지자에게 세무직 국가공무원 공개경쟁채용시험에서 일정한 가산점을 부여하는 구 공무원임용시험령(2015. 11. 18. 대통령령 제26654호로 개정된 것)에 대한 헌법소원사건이었다. 헌재는 그 이유로 "이 사건 가산점제도는 가산 대상 자격증을 소지하지 아니한 사람들에 대하여는 공직으로의 진입에 장애를 초래하지만, 변호사, 공인회계사, 세무사의 업무능력을 갖춘 사람을 우대하여 헌법 제7조에서 보장하는 직업공무원제도의 능력주의를 구현하는 측면이 있으므로"라고 판시한다. 아래가 그 결정이다.

● **판례** 헌재 2020.6.25. 2017헌마1178, 기각(합헌성인정)결정
[판시] 가. 제한되는 기본권과 심사기준 … 헌법 제7조에서 보장하는 직업공무원제도의 능력주의를 구현하는 측면이 있으므로 헌법 제37조 제2항에 따른 과잉금지원칙 위반 여부를 심사할 때 이를 고려할 필요가 있다. 나. 과잉금지원칙에 따른 공무담임권 침해 여부 (1) 목적의 정당성 및 수단의 적합성 – 헌법 제7조에서 보장하는 직업공무원제도의 기본적 요소에 능력주의가 포함되는 점에 비추어 공무담임권은 모든 국민이 그 능력과 적성에 따라 공직에 취임할 수 있는 균등한 기회를 보장함을 내용으로 한다(98헌마363). 그런데 국가공무원 공개경쟁채용시험에서 자격증에 따른 가산점을 인정하는 목적은 공무원의 업무상 전문성을 강화하기 위함인바, 심판대상조항은 세무 영역에서 전문성을 갖춘 것으로 평가되는 자격증(변호사, 공인회계사, 세무사) 소지자들에게 세무직 7급 시험에서 가산점을 부여하는 것이어서 그 목적정당성이 인정되고 수단적합성이 인정된다. (2) 피해최소성 – 심판대상조항은, 가산 대상 자격증의 소지를 응시자격으로 하는 것이 아니고, 일정한 요건 하에 가산점을 부여하고 있을 뿐 등 피해의 최소성 원칙에 위배된다고 볼 수 없다. (3) 법익의 균형성 – 법익균형성도 인정된다.

Ⅳ. 국군의 정치적 중립성과 군인공무원

1. 국군의 정치적 중립성 조항의 의미

헌법 제5조 제2항은 "국군은 국가의 안전보장과 국토방위의 신성한 의무를 수행함을 사명으로 하며, 그 정치적 중립성은 준수된다"라고 규정하고 있다. 국군의 신성한 의무를 선언한 문언은 이전 헌법부터 있었던 것이나 정치적 중립성 문언은 현행 헌법에 처음으로 들어온 문언이다. 분단국가에서 군사적 대립이 있어 강해질 수밖에 없었던 군의 힘으로 과거 정권을 장악하고 군인이 정치에 개입하여 이로 인한 독재, 장기집권, 인권유린 등 폐악을 되풀이하지 않고 군인이 진정으로 국민의 안전, 국방을 위한 신성 사명을 전념할 수 있도록 하자는 헌법적 의지에서 창설된 조항이다(2016헌마611; 2016헌바139).

2. 군인공무원

(1) 일반 공무원 보다 강한 정치적 중립성

[강조] 군인공무원도 공무원으로서의 신분과 권한, 의무를 지게 되는데 정치적 중립성이 위에서 언급한 대로 헌법에 명시되어 있으므로 그 정치적 중립성을 준수할 필요성이 일반 공무원에 비하여 더욱 강조된다(2016헌마611).

[일반 병(兵)에도 부과되는 중립성 의무] 헌재는 직업군인이 아닌 일반 병(兵)도 군인이자 공무원이므로 정치적 중립 의무가 있다고 한다(● 판례 헌재 2018.4.26. 2016헌마611).

(2) 기본권의 제한

국군의 정치적 중립성으로 인해 군인의 기본권 등에 대한 제한이 일반 국민이나 공무원에 비해 더 강할 수 있다(2020헌마12). 그러나 그 제한은 헌법과 법률에 의하여야 한다(후술 '기본권'편, '기본권주체' 부분 참조). 헌재는 "국군의 구성원으로서 헌법 제5조 제2항에 따라 그 정치적 중립성을 준수할 필요성이 더욱 강조되므로, 정치적 표현의 자유에 대해 일반 국민보다 엄격한 제한을 받을 수밖에 없다"라고 하고 구 군형법 제94조 중 '연설, 문서 또는 그 밖의 방법으로 정치적 의견을 공표한 사람' 부분 가운데 제1조 제3항 제1호의 군무원에 관한 부분이 군무원의 정치적 표현의 자유를 침해하는지 여부에 대해 과잉금지원칙을 준수하였다고 보아 합헌결정을 하였다(● 판례 헌재 2018.7.26. 2016헌바139. 당해사건은 이른바 군사이버댓글 사건 관련이었음).

헌재는 불온도서의 소지·전파 등을 금지하는 군인복무규율(1998.12.31. 대통령령 제5954호로 개정된 것) 제16조의2가 명확성원칙, 과잉금지원칙 및 법률유보원칙에 위배되어 청구인들의 알 권리를 침해하는지 여부에 대해 부정하는 아래 결정을 하면서 위 취지대로 판시하고 기각결정을 하였다.

● **판례** 헌재 2010.10.28. 2008헌마638

[판시] 군인은 국가의 존립과 안전을 보장함을 직접적인 존재의 목적으로 하는 군 조직의 구성원이므로, 일반인 또는 일반 공무원에 비하여 상대적으로 기본권제한이 가중될 수 있는 것이다. 일반적으로 도서의 소지·취득·독서 등은 개인적인 영역에 속하는 행위이지만, 집체생활을 하는 군인들에게는 구체적인 사회적 위험성의 결과를 가져올 가능성이 있고, 또한 군의 정신전력을 해할 목적으로 도서를 소지, 취득하는 행위가 발생할 가능성이 있음을 부인할 수 없을 것이다. 따라서 국가안전보장과 국토방위라는 군의 헌법적 사명을 수행하는 데 심각한 저해를 가져올 수 있는 경우에는 개개의 군인에 대하여 도서의 취득 등의 제한을 통하여 알 권리를 제한하는 것이 불가피한 측면이 있다 할 것이고, 또 이와 같은 제한은 필요한 범위를 넘거나 지나치게 광범위한 제한이라고 보기 어렵다. 이렇듯 군의 정신전력에 심각한 저해를 초래할 수 있는 범위의 도서로 한정하여 소지 및 취득 등의 금지를 규정하고 있는 법익균형성 원칙에도 위배되지 아니한다.

* 그 외 군인의 기본권에 관한 구체적 판례는 뒤에 기본권주체 부분에서 살펴본다.

제 5 절 경제질서와 사회적 질서(사회복지주의)

제 1 항 경제질서의 헌법적 원칙

I. 사회적 시장경제주의

1. 개념과 발달배경

(1) 개념

이른바 사회적 시장경제주의란 자본주의경제를 원칙으로 하여 개인의 경제적 활동의 자유, 자유경쟁원리를 존중하고 시장경제원리를 경제질서의 기본으로 하면서도 시장의 독점현상 등 경제현실에서의 왜곡과 모순을 시정하기 위하여 국가의 공권력의 개입을 통한 시장경제의 정상적 운용을 보장하고 경제적 정의와 민주화를 실현하려는 헌법적 경제원칙을 말한다. 어디까지나 자본주의를 원칙으로 하되 경제에 대한 국가의 개입과 규제를 인정하는 것이다. 자본주의를 바탕으로 하면서도 자본주의의 모순을 시정하여 사회 구성원들 모두의 공익과 복지를 구현하기 위한 것이라는 점에서 사회적 시장경제주의라고 부르는 것이다. 경제에 대한 공권력의 개입은 결코 시장경제를 파괴하거나 통제경제를 도입하기 위한 것이 아니라 자본주의의 시장기능을 유지하기 위한 것이다.

(2) 발달

근대 시민혁명으로 개인의 재산권이 보장되고 경제의 자유를 찾을 수 있었다. 서구국가들은 19세기에 경찰국가, 야경국가적인 경향을 띠었고 자유방임적 경제체제를 취하였다. 그러나 19세기 말부터 이러한 경제활동을 통해 자산을 축적한 계층이 시장을 지배 내지 독점하게 되었다. A. Smith는 원칙적으로 수요와 공급에 의한 가격조절이 이루어진다는, 이른바 보이지 않는 손에 의한 조절기능을 시장이 수행한다고 보았지만(그도 평등하고 공정하며 평등한 경제질서를 자동조절의 전제로 한다고 지적되기도 한다) 이러한 독점에 의해 시장기능이 제대로 작동하지 않는 현상이 나타났다. 노동자의 실업, 사용자와 노동자 간의 대립, 부익부 빈익빈 현상에 의한 빈부의 격차, 계층 간의 갈등, 그리고 공황의 발생 등 자본주의의 모순과 기능상의 결함을 보여주었다. 이러한 모순을 극복하고 결함을 치유하기 위하여 국가가 시장경제에 개입하여 규제와 조정을 가하게 되었다. 사회적 시장경제원칙이 헌법상 뚜렷하게 규정되기 시작한 것은 제 1 차 세계대전 이후 바이마르공화국 헌법부터라고 일반적으로 보고 있다. '사회적 시장경제'란 용어는 독일의 영향을 받은 것으로 독일어 번역어이다.

2. 내용과 효과

(1) 내용

사회적 시장경제주의는 어디까지나 자본주의를 골조로 하므로 자본주의의 요소를 그 내용으로 하여 사적 소유권의 보장은 물론이고 개인과 기업의 사적 자치와 계약의 자유, 경제적 활동의 자유, 자유경쟁의 원칙, 직업의 자유, 자기책임의 원칙 등이 인정된다. 다른 한편으로 사회적 시장경제주의는 경제적 불의나 불합리를 시정하고 경제적 약자를 보호하기 위하여 경제에 대한 국가의 규제와 조정을 허용할 뿐 아니라 규제와 조정이 국가의 의무이기도 하다. 사회적 시장경제는 시장기구를 원칙으로 하고 시장기능의 왜곡을 가져오게 하는 독과점 등을 막아 경제적 약자를 보호하여 경제적 정의와 민주화를 가져오게 하고 나아가 사회구성원들의 복지를 향상하게 한다. 부의 불균형, 빈부격차를 시정하는 것도 요구된다.

사회적 시장경제주의는 시장의 독점을 막고 자유경쟁체제를 유지하여 경제에의 균등한 참여기회를 모든 국민들에게 열어두고, 소득의 재분배를 가져오게 함으로써 사회구성원들이 경제적 영역에서의 실질적 평등을 누리게 하고 경제적 정의, 사회적 정의, 사회복지를 구현한다.

(2) 효과

사회적 시장경제주의가 정상적인 효과가 나타나면 시장의 본래의 기능을 회복하게 되고 다시 공정한 게임룰에 따른 자유경쟁체제가 자리 잡게 된다. 국가의 경제개입은 그만큼 국가의 활동이나 기능이 확대되는 효과를 가져올 수밖에 없는데 국가의 활동 중에서도 특히 행정기능의 영역이 확대된다. 국민의 생활에 직접 영향이 미치는 1차적 국가작용은 행정이고 경제생활 영역도 그러하기 때문이다.

3. 본질과 한계

국가가 경제에 개입하는 것은 어디까지나 자유시장경제의 시장기구가 제대로 작동하지 않을 때 이를 치유하고 복원하여 정상화하도록 하기 위한 것이지 그것을 폐기하기 위한 것이 아니다.

사회적 시장경제원리의 한계로서는 ① 먼저 사회적 시장경제의 본래의 기능을 벗어나서는 안 된다는 데에서 찾을 수 있다. 즉 사회적 시장경제란 결코 통제경제를 전면화하거나 더구나 계획경제를 도입하는 것이 아니라 자유주의경제의 핵심인 시장기구의 정상화와 사회복지를 위한 국가의 개입이라는 기능을 수행하는 것이므로 국가의 규제와 조정도 자유시장경제기능의 회복과 사회복지 구현이라는 목적을 위하여 하여야 한다(목적상 한계). ② 국가의 경제에 대한 규제와 조정 등 개입이 가능하더라도 그 개입이 지나쳐서는 안 되고 위 ①에서 살펴본 목적의 달성을 위하여 필요한 정도에 그쳐야 한다(정도의 한계). 오늘날 탈규제(deregulation)가 이루어지고 있다. ③ 경제시장에 직접적으로 개입하지 않고 다른 방법으로 경제적 문제를 해결해갈 수 있다면 가능한 한 그 개입을 자제하여야 하고 시장에 개입하지 않고서는 해결하지 못할 경우에 개입하여야 한다(보충성원리 한계 ➊ 판례 헌재 1989.12.22. 88헌가13 [판시] 우리 헌법 제23조 제1항, 제119조 제1항에서 추구하고 있는 경제질서는 개인과 기업의 경제상의 자유와 창의를 최대한도로 존중·보장하는 자본주의에 바탕을 둔 시장경제질서이므로 국가적인 규제와 통제를 가하는 것도 보충의 원칙에 입각하여 어디까지나 자본주의 내지 시장경제질서의 기초라고 할 수 있는 사유재산 제도와 아울러 경제행위에 대한 사적자치의 원칙이 존중되는 범위 내에서만 허용될 뿐이다). ④ 경제활동에 대한 제약은 국민의 경제적 기본권들인 직업의 자유, 재산권 등에 직접적인 영향을 가져오므로 국민의 기본권의 제한에 있어서의 한계원리는 사회적 시장경제원리의 시행에 따른 국가의 규제와 조정이 이루어질 때에도 적용되어야 한다. 따라서 경제의 규제와 조정도 법률에 근거하여야 하고(법률유보) 기본권제한의 한계원리인 비례(과잉금지)의 원칙, 신뢰보호원칙 등을 준수하고 본질적 내용을 침해하지 않도록 하여(제37조 제2항, 후술 제3부 기본권론 참조) 합헌적으로 이루어져야 한다(기본권적 한계).

II. 우리 헌법상의 경제질서

1. 현행헌법상의 경제원칙의 성격

(1) 사회적 시장경제주의 – 경제의 민주화
1) 학설, 판례

학설은 현행 우리 헌법도 자본주의·자유주의 경제를 골조로 하면서도(제119조 제1항) 국가의 경제에 대한 규제와 조정을 인정하여(제119조 제2항) 헌법상 경제원칙을 사회적 시장경제주의로 규정하고 있다고 대체적으로 본다. 헌재의 판례도 그렇게 보는데 아래 그 설시를 한 결정을 인용한다.

> ● **판례** ① 대형마트 의무휴업일·영업시간제한에 관한 유통산업발전법 합헌결정. 헌재 2018. 6.28. 2016헌바77 등. [판시] 우리 헌법은 제119조 제1항에서 "대한민국의 경제질서는 개인과 기업의 경제상의 자유와 창의를 존중함을 기본으로 한다."고 규정하여 자유경쟁을 존중하는 시장경제를 기본으로 하면서도, 같은 조 제2항에서 "국가는 균형있는 국민경제의 성장 및 안정과 적정한 소득의 분배를 유지하고, 시장의 지배와 경제력의 남용을 방지하며, 경제주체간의 조화를 통한 경제의 민주화를 위하여 경제에 관한 규제와 조정을 할 수 있다."고 규정함으로써 우리 헌법의 경제질서가 사회정의, 공정한 경쟁질서, 경제민주화 등을 실현하기 위한 국가의 규제와 조정을 허용하는 사회적 시장경제임을 밝히고 있다. … 제반 사정을 두루 감안하여 시장의 지배와 경제력의 남용 방지, 경제의 민주화 달성 등의 경제영역에서의 국가목표를 이루기 위하여 가능한 여러 정책 중 필요하다고 판단되는 경제정책을 선택할 수 있고, 입법자의 그러한 정책판단과 선택은 그것이 현저히 합리성을 결여한 것이라고 볼 수 없는 한 경제에 관한 국가적 규제·조정권한의 행사로서 존중되어야 한다. ② 2018년, 2019년 최저임금 고시 부분에 대한 기각(합헌성 인정)결정. 2017헌마1366. [판시] 위 결정과 동지. ③ 부정경쟁행위 – 규제(금지청구 등)대상인 이를 "국내에 널리 인식된 타인의 성명, 상호, 표장 … 표자와 동일하거나 유사한 것을 사용하여 타인의 영업상의 시설 또는 활동과 혼동하게 하는 행위"라고 규정하고 있는 '부정경쟁방지 및 영업비밀보호에 관한 법률' 제2조 제1호 나목에 대한 합헌결정(2019헌바217).
> – 비교적 초기 결정들 ① 92헌바47, 축산업협동조합법 제99조 제2항 위헌소원. [쟁점] 조합구역이 같은 경우 같은 업종조합의 복수설립을 금지한 구 축산업협동조합법 규정(위헌결정되었음) [설시] 우리나라 헌법상의 경제질서는 사유재산제를 바탕으로 하고 자유경쟁을 존중하는 자유시장경제질서를 기본으로 하면서도 이에 수반되는 갖가지 모순을 제거하고 사회복지·사회정의를 실현하기 위하여 국가적 규제와 조정을 용인하는 사회적 시장경제질서로서의 성격을 띠고 있다. ② 99헌마553, 농업협동조합법 위헌확인. [쟁점] 축협중앙회의 해산(지역조합으로서 축협은 인정) 및 새로 설립되는 농협중앙회로의 통합 등을 규정하고 있는 농업협동조합법이 축협중앙회 등의 결사의 자유, 직업의 자유, 재산권 등을 과도하게 제한하는 것으로 위헌인지 여부(합헌) ③ 99헌마365, 국민연금법 제75조 등 위헌확인, 국민연금의 강제제도의 사회적 시장경제질서에 부합성 인정. ④ 백화점 셔틀버스 운행금지의 합헌성을 인정한 결정례(2001헌마132).

2) '사회적'이란 용어의 문제

우리 헌법에는 없는 용어인 독일의 '사회적' 시장경제란 말을 사용하는 것이 적절한지 하는 문제제기가 있다. 사실 국가의 경제개입과 그 한계를 우리 헌법이 인정한다는 것을 지적하는 것이 요체이지 이를 사회적으로 부르느냐 아니냐 하는 것이 중요한 것은 아니다. 그렇지만 우리 헌법은 '경제의 민주화'란 말을 사용하는 한편 '사회적 시장경제'란 용어가 우리 헌법에 명시되어 있지 않다는 점에서 우리 헌법의 내용을 보다 적확하게 나타내는 용어를 찾을 필요가 있다. 그런 용어를 찾기 이전에 부득이 그동안 우리 경제질서가 경제에 대한 규제와 조정을 허용하는 질서임을 나타냄에 있어서 그간 학자들, 판례에 의해 관용되어 온 '사회적 시장경제주의'라는 용어를 잠정 사용한다.

3) 국가목표, 공공복리의 구체화

헌재는 우리 헌법이 헌법 제119조 이하의 경제에 관한 장에서 경제주체간의 조화를 통한 경제의 민주화 등의 경제영역에서의 국가목표를 명시적으로 언급함으로써 국가가 경제정책을 통하여 달성하여야 할 '공익'을 구체화하고, 동시에 헌법 제37조 제2항의 기본권제한을 위한 법률유보에서의 '공공복리'를 구체화하고 있다고 본다.

> ● **판례** 헌재 2009.5.28. 2006헌바86
>
> [판시] 헌법은 제119조 이하의 경제에 관한 장에서 '균형 있는 국민경제의 성장과 안정, 적정한 소득의 분배, 시장의 지배와 경제력남용의 방지, 경제주체 간의 조화를 통한 경제의 민주화, 균형 있는 지역경제의 육성, 중소기업의 보호육성, 소비자 보호 등'의 경제영역에서의 국가목표를 명시적으로 규정함으로써 국가가 경제정책을 통하여 달성하여야 할 '공익'을 구체화하고, 동시에 헌법 제37조 제2항의 기본권제한을 위한 일반 법률유보에서의 '공공복리'를 구체화하고 있다. 이 법률조항이 앞서 본 바와 같이 과잉금지의 원칙에 위배되지 아니할 뿐만 아니라, 가스간선시설의 사회간접자본적 성격, 위 법률조항에 의하더라도 가스간선시설에 관한 일부 경영제한 이외의 원칙적인 기업활동이 보장되고 있는 점 등을 종합하여 보면, 이 법률조항이 헌법 제119조의 자유시장 경제질서에 위반된다고 볼 수도 없다. * 국가목표라는 동지의 판시가 나오는 결정: 헌재 96헌가18 자도소주사건 위헌결정; 2001헌바35; 99헌바91; 2016헌바77등 대형마트 의무휴업·영업시간제한에 관한 유통산업발전법 결정; 2017헌마1366등 최지임금 고시 결정 등.

이를 국가목표로 보아야 공익, 공공복리의 구체화가 나타나는지 의문이 없지 않다. 헌법 제119조 이하 조항들도 어차피 추상적이고 헌법 제37조 제2항의 공공복리도 그러한데 결국은 헌재에 청구된 사안에서의 판단이 중요하다. 국가목표라고 보아 특별한 효과가 오는지 의문이다.

(2) 헌법 제119조 경제조항과 기본권

1) 연관성

사실 경제에 대한 규제와 조정은 경제적 기본권들인 재산권이나 직업활동의 자유 등에 제한을 가져오므로 기본권의 제한 문제로 이어질 수 있다.

2) 헌법재판에서의 헌법 제119조 적용심사의 희소 내지 비직접 적용

ⅰ) 헌법소원심판   사실 직업의 자유와 같은 경제적 기본권과 관련한 헌법소원사건에서는 헌법소원사건이 기본권 침해를 위한 심판사건이고 헌법의 경제조항인 제119조는 기본질서조항이기 때문에 그러하기도 하지만 기본권제한의 위헌여부 심사에서 헌법 제119조가 전면에서 직접 심사기준으로 적용되지는 않는 경향을 보여준다.

> ● **판례** 헌재 2009. 11. 26. 2008헌마711
>
> [판시] 헌법 제119조 제1항은 대한민국의 경제질서에 관한 헌법상의 원리나 제도를 규정한 조항인바, 헌법재판소법 제68조 제1항에 의한 헌법소원에 있어서 헌법상의 원리나 헌법상 보장된 제도의 내용이 침해되었다는 사정만으로 바로 청구인의 기본권이 직접 현실적으로 침해된 것이라고 할 수 없으며, 이 사건 법률조항이 헌법 제119조 제1항에 위반되지 않는다는 것은 위에서 본 청구인의 평등권 침해 여부에 대한 판단을 통해 이미 밝혀졌다고 할

것이다. 동지: 2006헌마400; 2017헌마1366.

* 평가 – 헌법상 원리, 제도라는 점을 논거로 하나 죄형법정주의, 무죄추정원칙과 같은 것만 보더라도 원리와 권리를 구분하여 그렇게 볼 수 있는지 의문이다. 뒤의 기본권 부분에서 이런 문제를 다룬다.

ii) **위헌심판**   헌법재판에서 헌법 제119조 적용을 직접하지 않는 이런 태도는 개인의 주관적 권리구제수단인 위 헌법소원심판이 아닌 객관적 위헌성을 가리는 위헌법률심판(권리규범 아닌 객관적 원리규범도 적용한다)에서도 나타나고 있다. 헌재는 아래 '헌바'(위헌소원, * 위헌소원은 실질적으로 위헌심판으로서 이에 대해서는 후술 헌법재판 부분 참조)사건결정의 판시에서 보듯이 "헌법 제119조의 경제질서는 국가의 경제정책에 대한 헌법적 지침으로서 직업의 자유와 같은 경제에 관한 기본권에 의하여 구체화되는 것이다. 따라서 청구인들의 헌법 제119조에 관한 주장 역시 직업의 자유 침해 여부에 대하여 심사하는 것으로 충분하며, 이 부분을 별도로 다시 판단할 필요는 없다"라고 판시하곤 한다.

● **판례** 헌재 2018.6.28. 2016헌바77등
[쟁점 – 청구인주장] 대형마트 등에 대하여 영업시간 제한을 명하거나 의무휴업을 명할 수 있도록 한 유통산업발전법 규정이 헌법상 경제질서에 위배된다고 주장. **[관련판시]** 헌법 제119조의 경제질서는 국가의 경제정책에 대한 헌법적 지침으로서 직업의 자유와 같은 경제에 관한 기본권에 의하여 구체화되는 것이다. 따라서 청구인들의 헌법 제119조에 관한 주장 역시 직업수행의 자유 침해 여부에 대하여 심사하는 것으로 충분하므로 별도로 판단하지 않는다.

3) **헌법 제119조에 비춘 기본권제한 과잉금지심사에서의 기준과 심사강도**
i) **충분한 고려**   위에서 본 대로 헌재는 헌법 제119조 경제원칙의 위배 여부에 대해 별도로 판단하지 않는다고 한다. 그러면서도 경제관련 기본권제한(예를 들어 직업수행의 자유제한)에 대한 위헌심사에서 행하는 과잉금지심사(과잉금지원칙은 기본권제한원칙으로 그 심사는 기본권제한 심사이다. 후술, 기본권총론 부분 참조)에 있어서 "헌법 제119조에 규정된 경제질서 조항의 의미를 충분히 고려하여야 한다"라고 하고 그렇게 판단을 한 예를 보여주기도 했다. 바로 대형마트의 의무휴업일제도를 규정한 유통산업발전법 규정에 대한 결정이 그러한 심사구조를 보여준 예이었다(● 판례 헌재 2018.6.28. 2016헌바77등. 이 결정에 대해서는 아래 사회적 시장경제질서 내용, 사회적 요소 부분 참조). 바로 과잉금지심사에 헌법 제119조 제2항의 취지를 녹여 판단한 것이라고 이해된다. ii) **유연하고 탄력적인 심사의 필요성** – 부정경쟁행위에 관한 합헌결정에서 헌재는 헌법 제119조를 충분히 고려하여야 한다는 위와 같은 취지를 반복하면서 입법자가 부정경쟁방지법의 구체적 내용을 형성함에 있어서는 부정경쟁행위의 실제 양상에 대한 사회적·경제적 평가 … 시장참여자에 미치는 영향 등 제반 사정을 종합적으로 고려하여 결정하여야 할 것이므로, 과잉금지원칙을 적용함에 있어 보다 유연하고 탄력적인 심사가 필요하다고 한다(2019헌바217).
4) **헌법 제119조의 헌법규정화의 필요성 여부** – **경제민주화 조항의 의미**
위에서 본 대로 헌재는 우리 헌법이 헌법 제119조 이하의 경제에 관한 장에서 경제주체간

의 조화를 통한 경제의 민주화 등의 경제영역에서의 국가목표를 명시적으로 언급함으로써 국가가 경제정책을 통하여 달성하여야 할 '공익'을 구체화하고, 동시에 헌법 제37조 제2항의 기본권제한을 위한 법률유보에서의 '공공복리'를 구체화하고 있다고 한다. 그렇다면 사실 경제에 대한 규제, 조정, 경제민주화를 규정한 헌법 제119조 제2항이 없더라도 헌법 제37조에 의한 경제민주화의 구현이 가능하지 않는가 하는 문제가 논의될 수 있다. 위와 같은 상황이라면 헌법 제119조는 없어져야 할 조항인가가 문제되고 실제 폐지설도 있다. 그러나 다른 한편으로 어디까지나 자유주의경제를 원칙으로 하면서도 사회복지 등을 강조하는 경제원칙을 우리 헌법이 채택하고 있음을 명백히 밝히는 점에서는, 그리고 국가가 사회복지적 경제정책을 추진하는데 그 정책의 효과가 국민에 미치긴 하나 직접 어느 특정 국민의 기본권이 구체적으로 문제되지 않는 사안일 수 있는데 그 경우에 헌법 제119조의 한계가 적용되어 정책에 대한 가치판단을 할 수 있게 할 것이라는 점에서 필요하다. 생각건대 경제민주화의 한계 일탈 여부를 결국 기본권제한의 한계원칙을 준수하였는지 여부 문제로 볼 수 있으나 경제민주화라는 방향성, 민주적 경제활동을 보장하려는 헌법적 의지를 강조한다는 점에서 제119조 제2항의 존재의미가 있다. 또한 있던 조항이 헌법개정으로 없어지면 마치 경제질서가 변화된 것으로 오해될 수도 있다는 점에서 앞으로의 헌법개정이 있더라도 그대로 두는 것이 필요하다.

5) 사적 자치의 근거로서 제119조 1항, 제한원리로서의 제119조 제2항

사적 자치의 원칙이란 자신의 의사와 행위에 따라 계약체결 등 법적 관계를 형성할 수 있다는 자율적인 원칙을 말하는 것으로 자본주의 3대 원칙의 하나로 민법 등에서의 핵심적 원칙이다. 사적 자치의 헌법적 근거로 헌재의 일반적이고 주류적인 입장은 사적 자치권을 일반적 행동자유권의 하나라고 본 것도 있고 제10조 행복추구권 자체에서 나온다고 본 것도 있으며 아울러 바로 여기 헌법 제119조 제1항을 함께 그 근거로 들고 있는 것도 있다(후술 '행복추구권'의 '사적자치권' 부분 참조). 여하튼 사적자치의 원칙 내지는 사적자치권이라도 공동체의 전체질서와의 관계에서 제약을 받을 수밖에 없다. 따라서, 그 본질적 부분이 훼손되지 않고 헌법상의 경제적 기본질서를 깨트리지 않는 한, 헌법 제37조 제2항에 규정된 국가안전보장, 질서유지 또는 공공복리를 위하여, 또한 헌법 제119조 제2항의 경제에 대한 규제와 조정의 기본원칙, 즉 "국가는 균형 있는 국민경제의 성장 및 안정과 적정한 소득의 분배를 유지하고, 시장의 지배와 경제력의 남용을 방지하며, 경제주체간의 조화를 통한 경제의 민주화를 위하여 경제에 관한 규제와 조정을 할 수 있다"는 규정에 의하여 제한받을 수도 있으며, 다만 그 제한이 계약의 자유나 소유의 자유 등을 전면적으로 부인하는 결과를 초래한다면, 이는 곧 사적자치의 본질적 내용 침해가 되어 헌법에 위반된다(● 판례 헌재 2001.5.31. 99헌가18).

2. 현행 헌법상의 사회적 시장경제주의의 내용

현행 헌법상 사회적 시장경제주의도 자본주의·자유주의의 요소와 그것의 규제와 조정을 위한 제한적 의미의 사회적 요소를 그 내용으로 한다.

(1) 자본주의·자유주의 경제의 골조

헌법 제119조 제1항은 "대한민국의 경제질서는 개인과 기업의 경제상의 자유와 창의를 존중함을 기본으로 한다"라고 규정하여 자본주의·자유주의를 경제질서의 기본골조로 하고 있다.

1) 사유재산제

헌법 제23조 제1항 전문은 "모든 국민의 재산권은 보장된다"라고 하여 자본주의의 요소인 사유재산제를 인정하고 있다.

2) 시장경제

자본주의·자유주의경제에 있어서는 시장에서의 자유로운 교환과 거래를 통하여 수요와 공급이 형성되며 이를 통한 가격결정 등이 자유로이, 자율적으로 이루어지는 시장기구가 보장되어야 한다. 따라서 시장기구의 보장이 자본주의의 중요한 요소이자 중추임은 물론이고 시장기능은 자본주의·자유경제주의의 핵심이다.

3) 경제활동의 자유, 사적 자치, 계약의 자유, 직업의 자유

경제활동의 자유는 자유주의경제의 기본이다. 개인들의 자유로운 의사에 의한 법적 행위의 형성과 계약을 위해 사적 자치, 계약의 자유, 각자가 원하는 경제활동을 선택하고 이에 종사할 수 있는 자유인 직업의 자유가 인정됨은 물론이다. 헌법 제119조 제1항은 경제활동의 자유를 규정하고 있는데 이 조항은 자유주의경제원칙을 천명한 것으로 사적 자치와 계약의 자유가 자유주의경제의 기초가 됨을 의미한다. 또한 헌법 제15조는 직업의 자유를 명시하고 있다.

> *** 시장경제질서 위배 인정 결정례:** ① 특정의료인 진료방법 등에 관한 의료광고의 일률적 금지 - 표현의 자유와 직업수행의 자유를 침해하는 것을 직접 위헌이유로 하면서도 시장경제질서 위배를 이유에서 언급함(2003헌가3) ② 국제그룹해체지시 - 89헌마31([판시] 피청구인(당시 재무부장관)이 만든 "국제그룹정상화대책" 표제의 보도자료에 의거하여 같은 달 21. 제일은행의 이름으로 언론에 발표하도록 하는 등 국제그룹해체를 위하여 한 일련의 공권력의 행사는 헌법상 법치국가의 원리, 헌법 제119조 제1항·제126조·제11조의 규정을 어겨 청구인의 기업활동의 자유와 평등권을 침해한 것이므로 헌법에 위반된 것임을 확인하며…)

4) 과실책임원칙과 자유시장 경제질서

헌재는 "과실책임원칙은 헌법 제119조 제1항의 자유시장 경제질서에서 파생된 것"으로 본다(헌재 1998.5.28. 96헌가4; 2015.3.26. 2014헌바202 등). 헌재는 과실책임으로 규정하고, 고의 또는 과실의 입증책임을 이사의 책임을 주장하는 자에게 부담시키는 형식으로 규정된 상법규정에 대한 헌법소원심판에서 위와 같이 설시하고 합리적인 입법권행사이고 입법재량을 일탈하였다고 보이지 않는다고 판시하여 재산권을 침해하지 아니한다는 합헌결정을 한 바 있다(2014헌바202 등).

(2) 사회적 요소(제한적 요소)
1) 재산권에 대한 제한

(가) 재산권의 사회적 기속성　헌법 제23조 제2항은 "재산권의 행사는 공공복리에 적합하도록 하여야 한다"라고 하여 오늘날 재산권이 절대적이지 않고 사회적 필요성(사회적 기속성, 의무성, 사회적 유보)에 따라 제한이 이루어질 수 있음을 규정하고 있다. 헌법 제23조 제3항은 공공필요에 의한 재산권의 수용·사용 또는 제한 및 그에 대한 정당한 보상을 규정하고 있다. [판례]: 후술, 기본권각론, 재산권 부분 참조.

(나) 국토의 효율적 이용·개발을 위한 토지소유권의 제한　헌법 제122조는 "국가는 국민 모두의 생산 및 생활의 기반이 되는 국토의 효율적이고 균형있는 이용·개발과 보전을 위하여 법률이 정하는 바에 의하여 그에 관한 필요한 제한과 의무를 과할 수 있다"라고 규정하고 있다. 토지는 공급의 유한성이라는 특성을 가지는 반면 국민의 생활기반이 되기에 사회적 기속성이 강하여 그 소유와 이용에 있어서 다른 재산권에 비해 더 많은 제한이 가능하다고 보는 것이 일반적인 이론이다. 토지공개념에 따라 국토이용관리법, 토지초과이득세법, '택지소유상한에 관한 법률', '개발이익환수에 관한 법률' 등이 제정되었다. 그러나 토지초과이득세법, '택지소유상한에 관한 법률'은 모두 위헌으로 결정되었고 결국은 둘 다 폐지되었으며 현재 국토이용·개발에 관한 법률로는 국토기본법, '국토의 계획 및 이용에 관한 법률', '개발이익환수에 관한 법률', '개발제한구역의 지정 및 관리에 관한 특별조치법', 자연공원법 등이 있다.

[판례] 헌법 제122조를 적용한 헌재판례 ① 토지거래허가제 합헌결정(헌재 1989.12.22. 88헌가13) ② '개발제한구역의 지정 및 관리에 관한 특별조치법'에 의한 개발제한구역훼손부담금 합헌결정(2005헌바47) ③ 기반시설부담금 합헌결정(2007헌바131등) 등.

(다) 농지의 이용: 경자유전원칙 등　헌법은 "국가는 농지에 관하여 경자유전(耕者有田)의 원칙이 달성될 수 있도록 노력하여야 하며, 농지의 소작제도는 금지된다"라고 규정하고 있다(제121조 제1항). 경자유전의 원칙이란 실제로 영농에 종사하고 있는 사람이 그 농지를 소유하도록 하는 원칙을 말한다. 농지소유 등을 규율하는 법률로 농지법이 있다. 동법은 "농지는 자기의 농업경영에 이용하거나 이용할 자가 아니면 소유하지 못한다"라고 규정하면서 예외적으로 국가나 지방자치단체가 농지를 소유하는 경우 등의 예외를 인정한다(동법 제6조). 그러면서도 헌법은 농업의 발전을 위해 건전하고도 필요한 투자는 이를 보장하기 위하여 농업생산성의 제고와 농지의 합리적인 이용을 위하거나 불가피한 사정으로 발생하는 농지의 임대차와 위탁경영은 법률이 정하는 바에 의하여 인정된다고 규정하고 있다(동조 제2항). 농지법은 국가나 지방자치단체가 농지를 소유하는 경우, 상속으로 농지취득하여 소유하는 경우 등 외에는 농지를 임대하거나 사용대(使用貸)할 수 없도록 규정하고 있다(동법 제23조 제1항). 동법은 '위탁경영'과

그 제한에 대해서도 규정하고 있다(동법 제9조).

[판례] 농지이용 관련 헌재판례로는 다음의 결정들을 볼 수 있다. ① 위탁경영금지조항에 대한 합헌결정 – 헌재는 과잉금지원칙을 준수하여 재산권침해가 아닌 합헌이라고 결정하였다(2018헌마362). ② 농지처분명령과 그 이행강제제도 – 헌법 제122조와 경자유전의 원칙 및 소작제도 금지를 규정한 헌법 제121조 제1항에 근거를 둔 정당하고 과잉금지원칙을 준수하여 합헌이라고 결정하였다(2008헌바80등). ③ 자경농지 양도소득세 면제 – 이 면제대상자를 "대통령령이 정하는 바에 따라 농지소재지에 거주하는 거주자"라고 위임한 구 조세특례제한법 규정이 헌법상 경자유전(耕者有田)의 원칙에 위반한다는 주장에 대해 오히려 이는 경자유전원칙을 실현하기 위한 것이라고 합헌결정(2003헌바2 등)을 하였다.

(라) 천연자원의 국유원칙과 특허제도 현행 헌법 제120조 제1항은 "광물 기타 중요한 지하자원·수산자원·수력과 경제상 이용할 수 있는 자연력은 법률이 정하는 바에 의하여 일정한 기간 그 채취·개발 또는 이용을 특허할 수 있다"라고 규정하여 천연자원을 원칙적으로 국유로 하되 예외적으로 특허제도로 그 개발을 허용하고 있다. 헌재는 헌법 제120조 제1항으로 국가의 자연자원에 관한 강력한 규제권한과 자연자원 보호의무를 가지게 된다고 본다.

[판례] 헌재는 위 취지에 따라 지하수의 이용에 관하여 부담금 부과라는 수단을 동원하더라도 헌법적으로 허용되는 것이라고 보고 수질개선부담금을 규정한 구 먹는물관리법 규정에 대해 평등원칙 등을 준수한 합헌이라는 결정을 하였다(98헌가1).

(마) 국유화·공유화의 제한

가) 의미: 소유권의 강제적 이전 금지, 경영불간섭원칙 국방상 또는 국민경제상 긴절한 필요로 인하여 법률이 정하는 경우를 제외하고는, 사영기업을 국유 또는 공유로 이전하거나 그 경영을 통제 또는 관리할 수 없다(제126조). 헌재는 "여기서 '사영기업의 국유 또는 공유로의 이전'은 일반적으로 공법적 수단에 의하여 사기업에 대한 소유권을 국가나 기타 공법인에 귀속시키고 사회정책적·국민경제적 목표를 실현할 수 있도록 그 재산권의 내용을 변형하는 것을 말하며, 또 사기업의 '경영에 대한 통제 또는 관리'라 함은 비록 기업에 대한 소유권의 보유주체에 대한 변경은 이루어지지 않지만 사기업 경영에 대한 국가의 광범위하고 강력한 감독과 통제 또는 관리의 체계를 의미한다"라고 한다(97헌마345).

[판례] ① 운송수입금 전액관리제(사납금제 금지) – 경영불간섭원칙에 대한 위와 같은 해석 하에 헌재는 사납금제를 금지하기 위하여 택시운송사업자의 운송수입금 전액 수납의무와 운수종사자의 운송수입금 전액 납부의무를 규정한 자동차운수사업법 제24조 제3항 등이 헌법 제126조에 위반되지 않는다고 결정하였다(97헌마345). ② 기업해체 지시 – 재무부장관이 대통령에 보고하여 그 지시를 받아 국제그룹해체를 위하여 행한 일련의 공권력의 행사에 대해 헌재는 기업경영 불간섭원칙에 위배된다고 보아 위헌임을 확인한 바 있다(● 판례 헌재 1993.7.29. 89헌마31).

나) 요건과 보상　'국민경제상 긴절한 필요로 인하여'란 국민의 정상적인 경제활동이 어려운 상황이 국공유화가 매우 시급하고도 절실히 취해질 것이 요구되는 상황임을 의미한다. 단순한 어려운 정도로 국공유화는 허용되지 않는다. 법률로 국유화가 이루어지더라도 정당한 보상이 지급되어야 한다(제23조 제3항).

2) 경제민주화와 경제에 관한 규제와 조정

(가) 헌법규정상 개념과 내용범위

가) 헌법규정　헌법 제119조 제2항은 "국가는 균형있는 국민경제의 성장 및 안정과 적정한 소득의 분배를 유지하고, 시장의 지배와 경제력의 남용을 방지하며, 경제주체간의 조화를 통한 경제의 민주화를 위하여 경제에 관한 규제와 조정을 할 수 있다"라고 규정하여 경제민주화를 위한 국가의 경제개입에 대한 헌법적 근거를 두고 있다.

나) 논의점　'경제의 민주화'의 의미 － 헌법 제119조 제2항에 '경제의 민주화'라는 용어 앞에는 '경제주체 간의 조화를 통한'이란 용어 있어서 그 경우에만 경제민주화를 의미하는지 하는 문제가 논의된다. 헌법조문의 불명확성으로 인한 논의이다. 생각건대 경제의 민주화가 경제 영역에서의 민주주의의 구현이라고 보면 그것뿐 아니라 그 앞의 규정하고 있는 균형있는 국민경제의 성장과 안정, 적정한 소득분배 유지 등도 포함되고 사회복지구현 등도 포함된다. 부의 양극화를 극복하여 모든 국민이 적절히 삶을 유지하도록 하는 소득분배가 공화주의, 민주주의에 부합하는 것이다. 경제의 민주화는 사실 사회적 시장경제원리의 구현이 그 내용을 이루는 지침, 방향이라고 할 수 있다. 그 점에서 포괄적으로 볼 것이다. 여하간 여기서는 일단 제119조 제2항이 직접 명시하는 균형있는 국민경제 등 세 가지 그 부분을 중심으로 살펴본다.

(나) 균형있는 국민경제의 성장 및 안정과 적정한 소득의 분배　ⅰ) 의미 － 국민경제의 개념이 뚜렷하지 않다. 다만, 국민의 일상적인 경제생활이 나아지고 불안하지 않은 상태를 의미할 뿐 아니라 균형을 요구하므로 국민들 사이에 부와 문화생활의 양극화현상을 막고 국민들 간의 실질적인 평등과 복지를 지향하고자 하는 헌법의 취지는 뚜렷하다. 국민생활의 발전과 안정이 이루어지고 소득분배가 형평성있게 이루어져야 하는 것을 헌법은 요구한다. ⅱ) 적정한 소득분배 ① 내용 － 부당한 소득의 방지는 경제질서의 침해뿐 아니라 건전한 근로의욕의 상실을 막기 위한 것이기도 하다. 양극화를 없애는 분배정책, 양극화의 간극을 메우는 복지정책 등이 필요하다. ② [결정례] 종합부동산세(보유세) 문제 － 종합부동산세에 대해 헌법 제119조는 국가가 경제에 관한 규제와 조정을 할 경우에도 '소득의 분배'는 할 수 있으나, '자산의 분배'에는 개입할 수 없음을 선언하고 있는데도 자산의 원본인 주택에 고율의 종합부동산세를 부과함으로써 이를 점진적으로 몰수하게 되어 헌법 제119조에 위반된다는 주장이 있었다. 헌재는 헌법 제119조 제2항이 보유세 부과 자체를 금지하지 않는다고 보아 주장을 받아들이지 않았다 (● 판례 헌재 2008.11.13. 2006헌바112 등).

(나) 시장의 지배와 경제력의 남용을 방지　이를 위해 독과점규제가 필요한데 아래에 별도

로 본다.

　(다) 경제주체간의 조화　　이를 근거로 나온 규제법으로 다음과 같은 법들과 결정례들이 있다.

　ⅰ) 법규정, 결정례　　① 대·중소유통업의 상생발전 등을 도모하기 위하여 전통상업보존구역 내 대규모점포 등의 출점제한, 대형마트 및 준대규모점포에 대한 영업시간 제한과 의무휴업일 지정 제도 등을 규정하고 있는 유통산업발전법. [판례] 대형마트 영업시간 제한, 의무휴업일 명령제의 합헌성 인정 － 특별자치시장·시장·군수·구청장(이하 '특별자치시장 등'이라 한다)으로 하여금 이를 수 있도록 한 유통산업발전법 제12조의2 제1항, 제2항, 제3항에 대해 헌재는 그 직업의 자유에 대한 제한이 과잉금지원칙을 준수하여 이를 침해하지 않고 헌법 제119조에 위반되지도 않는다고 보아 합헌성을 인정하였다. 이 사건 판단에서 헌재는 과잉금지심사를 하면서 헌법 제119조 제2항의 의미를 목적정당성, 침해최소성 판단에서 고려하여 판단했다.

> ● **판례**　헌재 2018.6.28. 2016헌바77등
>
> **[결정요지]** 헌재는 헌법 제119조의 경제질서는 직업의 자유와 같은 경제에 관한 기본권에 의하여 구체화되는 것이어서 헌법 제119조에 관한 주장 역시 직업수행의 자유 침해 여부에 대하여 심사하는 것으로 충분하므로 별도로 판단하지 않는다고 하여 직업수행의 자유의 침해 여부를 과잉금지원칙심사를 통해 주로 판단하였다. 헌재는 영업시간 제한의 범위는 소비자의 이용빈도가 비교적 낮은 심야시간 및 아침시간(오전 0시부터 오전 10시까지)에 국한되고, 의무휴업일 지정도 매월 이틀을 공휴일 중에서 지정하는 등 침해최소성을 갖추어 과잉금지원칙에 위배되지 않아 직업수행의 자유를 침해하지 않는다(헌재는 명확성원칙에 위배되지도 않는다)고 판단했다.

　② 대기업과 중소기업 간 상생협력 관계를 공고히 하여 대기업과 중소기업의 경쟁력을 높이고 대기업과 중소기업의 양극화를 해소하여 동반성장을 달성하기 위한 '대·중소기업 상생협력 촉진에 관한 법률' 등을 들 수 있다. 동법은 상생협력 성과의 공평한 배분(동법 제8조), 동반성장위원회 설치(동법 제20조의2), 중소기업의 사업영역 보호[동법 제5장: 중소기업사업조정심의회(동법 제31조), 사업조정 신청 등(동법 제32조), 사업조정에 관한 권고 및 명령(동법 제33조), 대기업사업의 중소기업 이양(동법 제35조), 대기업 사업을 이양하고 받은 대기업, 중소기업에 대한 지원(동법 제36조, 제37조)] 등을 규정하고 있다.

　[그외 판례] ③ 백화점 셔틀버스 운행금지의 합헌성 인정 － 헌재는 경제주체간의 조화를 통한 경제의 민주화라는 우리 헌법상 경제조항이 표방하는 사회적 시장경제질서의 확립이라는 공익을 비교할 때, 이 사건 법률조항은 법익의 균형성을 잃지 않고 있다고 보아 합헌성을 인정하였다(헌재 2001.6.28. 2001헌마132). ④ 부실금융기관에 대한 자본금감소명령의 경제민주화 규정 위배 여부: 무관하다는 헌재판례 － 금융감독위원회로 하여금 부실금융기관에 대하여 자본금감소를 명할 수 있도록 규정한 '금융산업의 구조개선에 관한 법률' 제12조 제3항에 의한 자본금감소명령이 헌법 제119조 제2항의 경제민주화 규정에 반한다는 주장에 대해 헌재는 무관하다고 보아 부정하였다(● 판례 2001헌바35. * 평석 － 위 판시는 수긍할 수 없다. 자본감소명령제도는 부실 금융기관에 대한 규제와 조정이고 헌법 제119조 제2항이 무관한 것은 아니다).

　ⅱ) 경제적 약자의 보호　　경제적 약자가 경제주체로서 참여할 수 있고 소외되지 않도록 하여야 한다.

3) 시장 독과점의 규제, 농수산물 시장의 수급균형·유통구조 개선과 가격안정

ⅰ) 시장독과점의 규제 문제는 위 경제민주화의 시장지배 방지 문제이다. 시장기능이 자본주의의 핵심이므로 이에 대한 침해를 방지하는 것이 중요한 헌법적 요구이다. 따라서 별도 항목으로 강조한다. 시장은 그 실패를 지적하는 견해도 있으나 우리 헌법도 그 골조로 하고 있는 자본주의, 자유주의 경제의 핵심적 기재이다. 그 시장의 본래 기능을 파괴하는 지배와 경제력 남용은 방지되어야 민주화를 이룰 수 있다. 이를 위해 시장독과점의 규제 등이 법으로 마련되어 있다('독점규제 및 공정거래에 관한 법률').

❷ **판례** 이른바 '일감 몰아주기' 규제로서 증여세 일감 몰아주기로 수혜법인의 지배주주 등에게 발생한 이익에 대하여 증여세를 부과도록 한 구 '상속세 및 증여세법' 제45조의3 제1항(특수관계법인과의 거래를 통한 이익의 증여의제)이 재산권을 침해하는지 여부에 대해 헌재는 헌법 제119조 위반 여부 문제로 판단하지는 않았으나 적정한 소득의 재분배를 촉진하고, 시장의 지배와 경제력의 남용 우려가 있는 일감 몰아주기를 억제하려는 것이라고 보고 과잉금지원칙을 준수하였고 관련 규정이 포괄위임금지원칙을 준수하여 합헌이라고 결정하였다(2016헌바347등).

ⅱ) 시장의 독과점세력에 대한 규제는 시장기능의 회복을 위한 것이라는 점에서 자본주의·자유주의경제에 충실한 국가의무의 실현이다.

[판례] 헌재는 자도소주(1도 1소주) 강제구입명령은 이러한 "독과점규제"라는 공익을 달성하기 위한 적정한 조치로 보기 어렵다고 판단하였고 독점화되어 있는 시장구조를 경쟁적인 시장구조로 전환시키기 위하여 적정한 수단으로 볼 수 없으므로 비례(=과잉금지) 원칙에 위반된다고 판단하여 위헌으로 결정하였다.

❷ **판례** 헌재 1996.12.26, 96헌가18
[관련판시] 이 사건 법률조항이 규정한 소주판매업자가 매월 소주류 총구입액의 100분의 50 이상을 자도소주로 구입하도록 하는 구입명령제도는 전국적으로 자유경쟁을 배제한 채 지역 나누어먹기 식의 지역할거주의로 자리 잡게 하고, 그로써 지방소주업체들이 각 도마다 최소한 50%의 지역시장 점유율을 보유하게 하여 지역 독과점적 현상의 고착화를 초래하게 한다. 이로 말미암아 사실상 경쟁이 본래의 기능을 잃고, 경쟁을 통하여 얻으려는 효과는 얻을 수 없게 된다. 그러므로 이 사건 법률조항이 규정한 구입명령제도는 지방소주업체를 경쟁으로부터 직접 보호함으로써 오히려 경쟁을 저해하는 것이기 때문에 공정하고 자유로운 경쟁을 유지하고 촉진하려는 목적인 "독과점규제"라는 공익을 달성하기 위한 적정한 조치로 보기 어렵다. … 구입명령제도는 독점화되어 있는 시장구조를 경쟁적인 시장구조로 전환시키기 위하여 적정한 수단으로 볼 수 없으므로 위 법률조항은 비례의 원칙에 위반된다.

ⅲ) 농수산물시장은 농어민보호가 필요하다. 헌법 제123조 제4항은 "국가는 농수산물의 수급균형과 유통구조의 개선에 노력하여 가격안정을 도모함으로써 농·어민의 이익을 보호한다"라고 규정하고 있다. 이는 힘들게 수확한 농업인의 이익을 매점매석으로 유통단계에서 잠탈하는 것을 막아 농업인의 소득을 보장하면서 일반 국민에게도 원활한 식량공급의 보호를 가져오게 한다. "농수산물의 유통을 원활하게 하고 적정한 가격을 유지하게 함으로써 생산자와 소비자의 이익을 보호하고 국민생활의 안정에 이바지함을 목적으로" '농수산물 유통 및 가격안정에 관한 법률'이 있다.

4) 경제활동, 직업의 자유, 사용자의 자유 등에 대한 제한

헌법 제37조 제2항은 국민의 권리와 자유가 국가안전보장, 질서유지, 공공복리를 위하여 제한될 수 있다고 규정하여 기본권 일반에 대해 그 제한을 인정하고 있는데 경제활동의 자유, 직업의 자유 등에 대해서도 제한이 가능하다. 헌법은 고용의 증진과 적정임금의 보장을 위한 국가의 노력의무, 최저임금제의 필요적 시행, 인간의 존엄성을 보장하는 근로조건의 기준, 여자, 연소자의 근로에 대한 특별한 보호를 규정하고 있다(제32조). 근로자의 사용자에 대한 권리보호를 위하여 근로3권을 규정하고 있다(제33조). 이러한 규정은 사용자의 경영의 자유 등에 대한 제한을 가할 수 있는 헌법적 근거가 된다.

5) 균형(균등)성 – 균형경제, 기회균등, 국토 · 자원의 균형 개발 · 이용, 지역 간 균형발전, 지역 경제육성

(가) 균형경제, 기회균등   헌법전문은 "정치 · 경제 · 사회 · 문화의 모든 영역에 있어서 각인의 기회를 균등히 하고, 능력을 최고도로 발휘하게 하며, 자유와 권리에 따르는 책임과 의무를 완수하게 하여, 안으로는 국민생활의 균등한 향상을 기하고"라고 규정하고 있다. 헌법 제119조 제2항은 균형 있는 국민경제, 소득의 분배, 경제주체간의 조화를 명시하고 있다. 빈곤한 계층에게도 경제적 기회가 주어지는 균형을 갖춘 경제정책이 추진되어야 하고 소득의 적정한 분배를 통한 빈부격차가 해소되어야 한다.

(나) 국토와 자원의 균형 있는 개발 · 이용   헌법 제120조 제2항은 "국토와 자원은 국가의 보호를 받으며, 국가는 그 균형 있는 개발과 이용을 위하여 필요한 계획을 수립한다"라고 규정하고 있다. 또한 위에서 본대로 국가는 국민 모두의 생산 및 생활의 기반이 되는 국토의 효율적이고 균형 있는 이용 · 개발과 보전을 위하여 법률이 정하는 바에 의하여 그에 관한 필요한 제한과 의무를 과할 수 있다(제122조).

균형있는 개발 · 이용의 의미가 논의되어야 할 것이다. 생각건대 ⅰ) 이성적 개발 · 이용이다. 국토가 한정적인데다 한번 개발되면 다시 복구가 어려우므로 난개발 등은 방지하고 후대를 위한 개발이어야 한다. ⅱ) 그 개발은 전체의 pie를 키우고 지역 간에 골고루 그 효과가 주어져야 한다. 사실 이러한 국토의 균형있는 개발 · 이용은 각 지역의 균형있는 발전을 위한 것이기도 하고 그것의 큰 그림이다. 아래에 지역균형발전, 지역경제의 육성 등을 본다.

(다) 지역 간 균형 있는 발전, 지역경제의 육성 등

가) 의미   헌법 제123조 제2항은 "국가는 지역간의 균형 있는 발전을 위하여 지역경제를 육성할 의무를 진다"라고 규정하고 있다. 제119조 제2항도 "균형 있는 국민경제의 성장 및 안정"이라고 규정하고 있다. 헌법 제123조 제2항은 국가의무로 지역경제육성의무로 규정하고 있는데 그 목표는 지역 간 균형 있는 발전이므로 경제뿐 아니라 문화적, 사회적 여러 방면에서 지역 간 균형 있는 발전을 가져와야 한다. 이는 헌법이 전문에서 "국민생활의 균등한 향상을 기하고"라고 규정하고 제8장에서 지방자치를 구현하기 위한 규정을 두고 있는 데서도 확인된다.

나) 특별법   지역 간의 불균형을 해소하기 위하여 국가균형발전특별법, '지방자치분권 및 지방행정체제개편에 관한 특별법' 등이 있다.

다) 판례   헌재는 먼저 헌법 제123조를 아래와 같이 해석한다. 이하 구체적 판례도 살펴본다.

① 헌재 해석   헌재는 이 조항의 지역경제육성의 목적은 국토의 균형 있는 인구분산으로 궁극적으로 경제성장과 안정이라는 경제적 목표를 달성하는데 기여할 뿐만 아니라 전국적으로 균형 있는 경제, 사회, 문화적 관계를 형성하는 사회정책적 목표를 촉진토록 하는 데 있다고 본다(● 판례 헌재 1996.12.26. 96헌가18; 헌재 2011.10.25. 2010헌바126).

② 위헌결정례   헌재는 자도소주 구입명령제가 자도소주제조업체의 존속유지와 지역경제의 육성 간에 상관관계를 찾아 볼 수 없으므로 "지역경제의 육성"은 그 명령제의 기본권침해를 정당화할 수 있는 공익으로 고려하기 어렵다고 하여 위헌이라고 보았다(● 판례 96헌가18).

③ 합헌결정례   ㉠ 제주특별자치도 안에서 생산되는 감귤의 출하조정·품질검사 등에 관한 필요한 조치를 위반한 자에게 과태료를 부과하는 '제주특별자치도 설치 및 국제자유도시 조성을 위한 특별법' 규정이 과태료부과 외 다른 덜 제한적 대안을 찾기 어려우므로, 침해최소성에 위반된다고 할 수 없다고 하여 합헌이라는 헌재의 결정이 있었다(● 판례 헌재 2011.10.25. 2010헌바126).

㉡ 탁주의 공급구역제한제도에 대해서는 위 자도소주 구입명령제와 달리 합헌이라고 본다. 헌재가 그 제한제도는 국민보건위생을 위하고, 탁주제조업체 간 과당경쟁 방지를 통한 국민보건위생을 위하고, 탁주제조업체 간 과당경쟁 방지를 통한 지역경제, 중소기업보호를 위한 정당한 것으로 그 제한정도가 지나치지 않아 합헌이라고 결정하였다(98헌가5. 재판관 5인이 위헌의견을 내었으나 위헌결정에 6인 이상 위헌의견이 있어야 한다는 정족수규정으로 합헌결정이 되었고 법정의견도 소수 4인의 합헌의견이 되었다).

6) 소비자보호

(가) 헌법규정과 의의   헌법 제124조는 "국가는 건전한 소비행위를 계도하고 생산품의 품질향상을 촉구하기 위한 소비자보호운동을 법률이 정하는 바에 의하여 보장한다"라고 규정하고 있다. 이 조항은 상품을 생산·판매하는 대기업이나 불량상품을 제공하여 건강을 해치는 판매자들을 상대로 그 지위가 열악한 소비자들이 단합하여 권리보호를 하고자 하는 운동을 보호하여 소비자의 권익을 보장하며 시장의 기능을 유지하려는 목적을 지닌다. 헌재는 "미약한 소비자들의 역량을 사회적으로 결집시키기 위하여 소비자보호운동을 최대한 보장·촉진하도록 국가에게 요구함으로써, 소비자의 권익을 옹호하고 나아가 시장의 지배와 경제력의 남용을 방지하며 경제주체간의 조화를 통해 균형 있는 국민경제의 성장을 도모할 수 있도록 소비자의 권익에 관한 헌법적 보호를 창설한 것"이라고 한다(2010헌바54).

(나) 법적 성격   위와 같은 헌법 제124조의 소비자보호운동의 보장규정이 소비자의 기본권을 규정한 것인지에 대해서는 긍정설과 부정설이 있다. 헌재의 결정례 중 권리로서의 성격을 인정한 결정례가 있었다(2003헌바92). 그러나 위 헌법 제124조는 문언 자체가 보호운동을 국가가 보장한다는 것이므로 소비자권이란 기본권을 명시한 것은 아니고 소비자보호운동의 권리로

도 규정한 것이 아니다. 소비자의 권리는 헌법 제124조의 경제조항 이전에 헌법 제10조 행복추구권에서 끌어낼 수 있을 것이다. 헌재도 이전에 소비자의 '선택권'을 자기결정권으로 보고 행복추구권에서 파생된다고 본 결정례들을 내놓은 바 있다(96헌가18). 헌법 제124조가 소비자권의 근거가 되지 못한다고 하여 소비자권을 기본권이 아니라고 보는 것은 아니다. 소비자권의 근거규정을 개별 구체적 내용에 따라 헌법 제10조와 개별 기본권규정들에서 찾을 수 있다.

(다) 판례

가) 계약의 자유에 관한 위헌심사에서 소비자보호운동규정의 의의 헌재는 "계약의 자유 제한이 과잉금지원칙에 위배되었는지 여부를 심사함에 있어서는 소비자보호운동을 보장한 헌법 제124조의 취지가 고려되어야 한다"고 한다(● 판례 2015헌바371. [판시] 계약의 자유 제한이 과잉금지원칙에 위배되었는지 여부를 심사함에 있어서는 소비자보호운동을 보장한 헌법 제124조의 취지가 고려되어야 한다. * 계속거래계약을 체결한 소비자에게 일방적 해지권을 부여한 '방문판매 등에 관한 법률' 규정에 대한 것으로 과잉금지원칙을 준수하여 합헌이라고 결정하였다).

나) 구체적 예: 소비자불매운동 – 헌재판례

ⅰ) 소비자불매운동의 개념과 그 성립요건 헌재는 아래와 같이 설시한 바 있다.

● 판례 헌재 2011. 12. 29, 2010헌바54

[설시] 불매운동의 목표로서의 '소비자의 권익'이란 원칙적으로 사업자가 제공하는 물품이나 용역의 소비생활과 관련된 것으로서 상품의 질이나 가격, 유통구조, 안전성 등 시장적 이익에 국한된다. 또한, '소비자불매운동의 대상'은 물품 등을 공급하는 사업자나 공급자를 직접 상대방으로 하는 경우가 대부분이지만, 해당 물품 등의 사업자를 고립시키기 위하여 그 사업자의 거래상대방인 제3자에 대하여 사업자와의 거래를 단절하도록 요구하고 이를 관철하기 위하여 사업자의 거래상대방을 대상으로 불매운동을 실행하는 경우도 예상할 수 있다. 한편, 불매운동이 예정하고 있는 '불매행위'에는, 단순히 불매운동을 검토하고 있다는 취지의 의견을 표현하는 행위뿐만 아니라, 다른 소비자들에게 불매운동을 촉구하는 행위, 불매운동 실행을 위한 조직행위, 직접적으로 불매를 실행하는 행위 등이 모두 포괄될 수 있다.

ⅱ) 소비자불매운동의 헌법적 허용한계: 헌재판례 헌재는 이른바 조·중·동 신문 광고주들에 대한 광고중단압박운동, 불매운동을 위계, 위력에 의한 업무방해죄(형법 제314조 제1항), 강요죄(동법 제324조), 공갈죄(동법 제350조) 등으로 처벌하는 것이 소비자보호운동을 보장하는 헌법 제124조의 취지에 반하는지가 쟁점이 된 헌법소원사건에서 헌재는 먼저 그 허용한계 기준을 ① 객관적으로 진실한 사실을 기초로 행해져야 하고, ② 소비자불매운동에 참여하는 소비자의 의사결정의 자유가 보장되어야 하며, ③ …, ④ 특히 물품 등의 공급자나 사업자 이외의 제3자를 상대로 불매운동을 벌일 경우 그 경위나 과정에서 제3자의 영업의 자유 등 권리를 부당하게 침해하지 않을 것이 요구된다는 등으로 설정하였다. 그리고 이 사건에서 그 정당한 헌법적 허용한계를 벗어난 소비자불매운동행위를 업무방해죄, 공갈죄 등으로 처벌하는 것이라는 이유로 합헌결정을 하였다(● 판례 헌재 2011.12.29. 2010헌바54. * 분석 – 사실상 위 사안은 표현의 자유의 한계로서 불매운동의 한계를 다룰 수도 있었다).

7) 대외무역의 규제·조정

국가는 대외무역을 육성하며, 이를 규제·조정할 수 있다(제125조).

8) 무과실책임과 자유시장경제질서

손해배상의 과실주의책임주의는 일발적으로 적용되고 앞서 헌재는 "과실책임원칙은 헌법 제119조 제1항의 자유시장 경제질서에서 파생된 것"으로 본다(헌재 1998.5.28. 96헌가4; 2015.3.26. 2014헌바202 등). 그런데 오늘날 손해배상책임에서 무과실책임이 인정되는 경우가 나타나고 있다. 이는 원인을 알 수 없으나 원래부터 위험을 안고 있는 상황이라면 과실이 없더라도 배상책임을 인정하려는 것이다. 헌재는 일반적으로 과실책임원리를 기본으로 하더라도 오늘날의 위험원(源) 발달에 따라 특수한 불법행위책임에 관하여 위험책임원리에 기하여 무과실책임을 지우는 것은 자유시장 경제질서를 기본으로 하면서도 사회국가원리를 수용하고 있는 우리 헌법의 이념에 비추어 입법정책에 관한 사항으로서 입법자의 재량에 속하므로 자유시장 경제질서에 반하지 않는다고 본다. 사안은 자동차손해배상보장법 제3조 단서 제2호가 운행자의 고의·과실이 없는 경우에도 운행자에게 무과실책임을 지우고 있어서(무상동승, 호의동승의 경우에도 무과실책임을 지게 됨) 문제된 것이다. 헌재는 위 법리에 따라 헌법 제119조 제1항의 자유시장 경제질서 원칙에 위반되지 않는다고 보아 합헌결정을 하였다(◑ 판례 헌재 1998.5.28. 96헌가4).

9) 농업·어업의 보호

(가) 경자유전의 원칙, 소작금지　경자유전원칙과 소작금지 원칙(제121조 제1항)도 농업, 농업인을 보호하자는 목적을 가진다. 이에 대해서는 앞서 살펴보았다.

(나) 농·산·어촌종합개발 및 농·어업인의 이익보호·자조조직의 육성

가) 농·산·어촌종합개발　헌법은 "국가는 농업 및 어업을 보호·육성하기 위하여 농·어촌 종합개발과 그 지원 등 필요한 계획을 수립·시행하여야 한다"라고 규정하고 있다(제123조 제1항). 이를 위한 법률로 '농어업인 삶의 질 향상 및 농어촌지역 개발촉진에 관한 특별법'이 있다. 경쟁력이 약한 농업과 어업의 육성은 산업의 균형발전을 의미하는 것이기도 하고 오늘날 식량 자원확보가 중요하다는 점에서도 그 개발·지원은 국가의 중요한 과제이다.

나) 농·어업인의 이익보호　국가는 농수산물의 수급균형과 유통구조의 개선에 노력하여 가격안정을 도모함으로써 농·어민의 이익을 보호한다(동조 제4항). 이에 대해서는 앞서 독과점 규제와 더불어 경제민주화에서 언급하였다. [판례] 농민의 이익을 보호할 의무에 관련된 합헌 결정례로, 제주특별자치도 감귤의 출하조정·품질검사 등에 관한 규정에 대한 합헌결정(2010헌바126. 앞의 지역 간 균형발전, 지역경제 육성 등 부분 참조)을 볼 수 있다.

다) 농·어민 자조조직 육성 및 자율적 활동·발전 보장의무　헌법 제123조 제5항은 "국가는 농·어민 … 의 자조조직을 육성하여야 하며, 그 자율적 활동과 발전을 보장한다"라고 규정하고 있다.

318 제 2 부 한국헌법의 기본원리와 기본질서

ⅰ) 취지와 한계 및 사법심사에서의 넓은 재량 인정 ─ 헌재는 이 조항의 취지와 한계를 축협중앙회의 농협중앙회로의 통합을 규정한 농업협동조합법 규정에 대한 합헌성 인정결정에서 협동조합 통합 문제에 대해 넓은 입법재량을 인정한다(99헌마553).

ⅱ) 판례 ─ 축협중앙회의 해산(지역조합으로서 축협은 인정) 및 새로 설립되는 농협중앙회로의 통합 등을 규정하고 있는 농업협동조합법(1999.9.7. 법률 제6018호)이 축협중앙회 등이 가지는 기본권의 본질적인 내용을 침해하거나 결사의 자유, 직업의 자유, 재산권 등을 과도하게 제한하는 것으로 위헌이라는 주장의 헌법소원심판청구가 있었다. 헌재는 자율성 보장을 위한 것이나 그렇다고 하여 고도의 공익성을 위한 조정마저 부정할 수는 없다는 입장을 먼저 제시하여 위 주장을 배척하고 그 합헌성을 인정하는 결정을 하였다(99헌마553).

10) 중소기업의 보호·육성, 중소기업 자조조직의 육성·자율·발전

(가) 헌법규정과 취지　국가는 중소기업을 보호·육성하여야 한다(제123조 제3항). 중소기업은 대기업의 뒷받침을 이루기도 하고 중소기업의 경제적 비중 등의 측면에서 이에 대한 보호·육성이 경제의 활성화를 위하여 중요하다. 중소기업이 강한 건전한 산업구조를 형성하고자 하는 것이다. 중소기업의 육성은 국가경제의 균형화를 위해서도 필요하다. 국가는 중소기업의 자조조직을 육성하여야 하며, 그 자율적 활동과 발전을 보장한다(동조 제5항).

(나) 법률　중소기업의 보호·육성을 위하여 중소기업기본법이 있고, 중소기업의 기술경쟁력 강화를 위하여 '중소기업기술혁신 촉진법'이, 중소기업의 인력수급 원활화 및 인력구조 고도화를 지원하여 중소기업의 경쟁력을 제고하고 고용을 촉진하기 위하여 중소기업인력지원 특별법이, 중소기업의 설립을 촉진하고 성장 기반을 조성하기 위하여 중소기업창업 지원법 등이 있다. 지방의 중소기업의 보호·육성을 위해서는 '지역균형개발 및 지방중소기업육성에 관한 법률'이 있다. 중소기업의 자조조직으로 중소기업협동조합이 있고 그 육성·자율·발전을 위한 중소기업협동조합법이 있다.

(다) 판례　헌재는 중소기업 보호·육성 조항 관련 아래와 같은 사안의 결정들을 한 바 있다.

① **자도소주 구입명령제도**　이 제도가 중소기업의 보호라는 공익을 실현하기에 적합한 수단으로 보기 어렵다고 하여 위헌으로 결정한 바 있다(96헌가18).

② **탁주의 공급구역제한제도**　위 자도소주와 달리 합헌결정을 받았다. 지역경제, 중소기업 보호를 위한 것으로서 합헌이라고 결정하였다(98헌가5. [결정요지] * 전술, 지역경제 부분 참조).

③ **최저임금 고시**　헌재는 계약의 자유와 기업의 자유 침해가 아니라는 판단에서 헌법 제123조 제3항에 반하지 않는다는 것이 이미 밝혀졌다고 하면서 그 합헌성을 인정하였다(● 판례 헌재 2019.12.27. 2017헌마1366).

11) 과학기술의 혁신과 정보 및 인력의 개발

헌법 제127조 제1항은 "국가는 과학기술의 혁신과 정보 및 인력의 개발을 통하여 국민경제의 발전에 노력하여야 한다"라고 규정하고 있다. 오늘날 국민경제의 발전은 과학기술의 혁신과

정보, 인력의 개발을 전제로 한다고 보아 규정된 것이다. 이러한 국가노력을 위해 현재 '기초연구진흥 및 기술개발지원에 관한 법률', '지능정보화 기본법' 등이 있다. 헌법 제127조 제3항은 "대통령은 제1항의 목적을 달성하기 위하여 필요한 자문기구를 둘 수 있다"라고 규정하고 있다. 이 조항에 의해 설치된 자문기구로는 국가과학기술자문회의가 있다(국가과학기술자문회의법 참조).

12) 국민경제자문회의

헌법은 국민경제의 발전을 위한 중요정책의 수립에 관하여 대통령의 자문에 응하기 위하여 국민경제자문회의를 둘 수 있다(제93조 제1항). "둘 수 있다"라고 하여 역시 헌법상 임의적 기관인데 현재 이 헌법규정에 따라 "국민경제의 발전을 위한 중요 정책의 수립에 관하여 대통령의 자문에 응하기 위하여" 대통령을 의장으로 하는 국민경제자문회의를 두고 있다(국민경제자문회의법 참조).

제 2 항 사회적 질서(사회복지주의)

Ⅰ. 개념과 발달배경

1. 개념

사회복지주의란 모든 사회구성원들이 인간으로서 누려야 할 삶을 영위할 수 있도록 생활에 필요한 조건들을 마련하여 주고 나아가 가능한 한 보다 풍요롭고 윤택한 질의 생활을 할 수 있도록 하여야 한다는 원리를 말한다. 사회복지주의를 헌법의 이념으로 설정하여 이를 달성하고자 노력하는 국가를 복지국가라고 한다. 19세기에는 치안 유지가 국가의 주임무였기에 야경국가, 경찰국가라고 하였는데 20세기의 복지국가는 국민의 복지를 실현하기 위하여 국민의 생활과 복지에 필수적인 사회기반시설이나 재화, 서비스 등을 국가가 적극적으로 공급하여야 한다는 적극국가로 나타난다. 이러한 적극적 국가작용으로 행정영역(특히 급부행정)의 확대 등의 현상이 나타나게 되었다.

2. 발달배경

근대말기에 부의 집중(부익부 빈익빈)으로 빈곤계층이 나타나고 노동자와 사용자 간의 대립이 심화되고 독과점세력에 의한 시장기능의 왜곡현상이 생기는 등 경제적 병폐들과 사회적 모순들이 나타났다. 근대에 찾은 경제적 자유가 자유로운 경제활동을 가능하게 하여 그로써 자산을 축적한 사람과 그렇지 못한 사람들 간의 빈부격차를 오히려 더욱 벌려놓은 것이다. 그리하여 빈곤한 사회구성원들에 대한 생존권을 보장해줄 것을 요구하는 목소리가 강해지고, 사회의 복지를 실현해야 한다는 주장이 제기되었다. 이는 특히 후생경제학자들(Pigou, Keynes)에 의한 것이었다. 또한 정치현실에서도 영국의 노동당과 같이 사회민주적 강령을 채택한 정당들의 활동에서 그러한 주장이 나타났고 이들 정당이 집권을 하여 사회복지정책을 추진하기도 한다.

II. 사회복지주의의 기초와 구성요소(내용)

1. 기초와 성격

(1) 기초 - 실질적 평등과 사회적 정의

사회복지주의는 사회구성원들의 평등을 지향한다. 다만, 유의할 점은 평등의 관념이 실질적이라는 것이다. 사회의 구성원들이 복지를 누린다는 것은 인간으로서의 양질이 보장되는 삶을 누릴 수 있다는 것을 의미한다. 이러한 복지는 사회구성원들 중 빈한한 계층의 사람들이라도 인간다운 생활을 할 수 있도록 국가의 생활비 교부 등으로 자력으로 살아가는 다른 구성원들과 더불어 평등하게 삶을 누릴 수 있게 해야 함을 의미한다. 바로 그 점에서 사회복지주의는 과거의 평등이 형식적인 데 머물렀던 것과 달리 실질적인 평등을 기초로 한다. 실질적 평등은 또한 상대적 평등이기도 하다. 각 구성원이 처한 상황의 열악함 정도에 따라 요구되는 국가의 보조가 각각 다를 것이므로 그 차이에 따라 대우를 달리해야 할 것이기 때문이다. 또한 사회복지는 질병, 빈곤, 실업, 재해 등의 사회적 위험으로부터 사회구성원들을 보호하는 사회안전망을 구축하여 모든 사람들이 실질적 평등을 누리게 하고 그리하여 사회적 정의를 구현한다는 목적에서 비롯된 것이다.

(2) 성격

[적극성, 분배의 문제] 복지의 실현은 국가의 적극적인 작용을 요구한다. 복지는 분배의 문제이기도 하다. 어느 계층에 대한 보호가 우선하여야 할 것인지, 국가의 예산을 어느 복지를 위하여 배정하여야 할 것인지 하는 문제, 반대로 복지를 위하여 걷는 조세와 같은 부담을 공평하게 분담하는 문제가 제기된다. 이러한 문제들에 있어서 형평성 고려가 요구된다. 분배결정은 구성원들의 진정의사에 따라야 한다. 그 점에서 민주주의의 원리가 복지주의에서도 요소가 된다.

[자유권과의 상보관계] 사회복지주의가 현대국가에서의 이념이라고 하여 근대의 시민혁명에서 갈구되었던 자유가 중요하지 않다는 것은 아니다. 양자가 충돌될 수도 있으나(복지를 위한 세금의 징수는 세금이 납세자의 재산에서 나온다는 점에서 복지를 위한 개인의 재산권이라는 자유권의 제한이 될 수 있다) 오늘날 자유는 정치적 영역에서의 민주주의를 강화함으로써(언론자유의 신장) 복지정책의 강화를 요구할 수 있게 한다.[37] 또한 양자는 조화와 상보관계를 이룰 수 있다. 복

지의 실현으로 구매력이 확장되면 결국 기업의 자유와 이윤이 확대되고 복지의 실현으로 생존의 어려움에서 해소되면 생활의 여유를 가져오고 이는 정신적인 문화활동의 자유 등 더 많고 나은 자유를 누릴 수 있게 한다.

2. 사회복지의 구성요소(내용)

(1) 생존권적 기본권

먼저 국민의 생존권이 국민의 복지에 직결되기에 생존권과 그 보장수단들이 사회복지의 중요한 구성요소이다. 인간다운 생활을 할 권리를 비롯하여 사회보장수급권, 생활능력이 없는 사람의 보호청구권 등 여러 생존권적 기본권(사회적 기본권)들이 보장되어야 한다(생존권적 기본권들에 대해서는, 후술 제 3 부 기본권론 참조).

(2) 사회보장제도

사회복지주의는 각종 사회보장제도들에 의해 실현된다. 사회보장제도란 질병, 실업 등에 대비하는 건강보험, 실업보험과 같은 사회보험과, 빈곤하거나 생활능력이 없는 사람에 대하여 생활비를 교부하고 자활을 지원하는 공공부조 등을 말한다.

(3) 정신적 복지

오늘날 물질적 복지뿐 아니라 정신적인 복지로서 교육적 복지, 문화적 복지 등이 요구되고 있다. 인간으로서 정신적인 문화적 풍요와 여유를 누리도록 하기 위하여 국가는 교육·문화시설, 교육·문화콘텐츠 등의 제공과 확대를 위해 노력하여야 한다.

(4) 소득을 위한 고용과 교육

사회복지를 이루기 위해서는 먼저 국민이 자신의 생활을 스스로 꾸려갈 수 있도록 소득을 가지게 하여야 한다. 이를 위해 국가는 근로의 기회를 충분히 제공하도록 노력하여야 한다. 개인의 근로기회는 상응하는 근로능력이 갖추어져야 하는데 이를 위해 적절한 직업교육이 제공되어야 한다.

(5) 경제적 규제 – 사회적 시장경제

시장독점, 특히 국민생활에 필수적인 상품의 시장을 독점하는 경제세력은 사회구성원들의 공익, 사회복지의 실현을 방해한다. 이 독점에 대해서 국가가 규제를 가함으로써 공익을 보호하여야 하고 특히 사회구성원들이 요구하는 기본적이고 필수적인 물자와 서비스가 시장을 통

---

37) 복지국가는 전체국가를 배격하고 "따라서 전체주의의 침해를 막기 위한 방어장벽으로서의 시민적 자유와 정치적 민주주의의 존재야말로 복지국가의 중요한 요소이다"라는 지적으로 김철수, 전게서, 214면.

하여 제대로 공급될 수 있도록 하여 사회 구성원들이 인간다운 생활을 누릴 수 있도록 해야 한다. 사회복지구현에 필요하면 경제에 대한 조정도 가해질 수 있다. 바로 앞서 본 사회적 시장경제원칙이 그것인데 사회복지주의의 실현을 위한 방법이 되기도 한다.

Ⅲ. 우리 헌법의 사회복지주의

1. 헌법규정, 판례

[헌법규정] 헌법은 사회복지주의를 중요한 헌법적 이념으로 하고 이를 구현하기 위한 규정들을 두고 있다. 전문이 "국민생활의 균등한 향상을 기하고"라고 규정하고, 헌법 제31조에서 제36조에 이르기까지 여러 가지 생존권적 기본권들을 규정하고 있다. 특히 헌법 제34조는 "① 모든 국민은 인간다운 생활을 할 권리를 가진다. ② 국가는 사회보장 · 사회복지의 증진에 노력할 의무를 진다. ③ 국가는 여자의 복지와 권익의 향상을 위하여 노력하여야 한다. ④ 국가는 노인과 청소년의 복지향상을 위한 정책을 실시할 의무를 진다. ⑤ 신체장애자 및 질병 · 노령 기타의 사유로 생활능력이 없는 국민은 법률이 정하는 바에 의하여 국가의 보호를 받는다. ⑥ 국가는 재해를 예방하고 그 위험으로부터 국민을 보호하기 위하여 노력하여야 한다"라고 규정하여 중요한 생존권과 복지에 관한 국가의 의무를 밝히고 있다. 그리고 근로의 권리(제32조) 등 여러 가지 생존권적 기본권들에 관한 규정들을 두고 있다.

[판례] 헌재도 물론 사회복지주의를 우리 헌법의 중요한 기본원리로 받아들이고 있다. 그런데 헌재는 '사회국가원리'라는 독일식 용어를 표현하기도 한다. 우리 헌법이 이 용어를 명시하지 않고 있는데도 헌재는 우리 헌법이 이를 수용하였다고 하면서 사용하고 헌법 제34조의 사회복지조항뿐 아니라 헌법 제119조 제2항의 경제민주화 조항 등에서 사회국가원리의 헌법적 근거를 찾을 수 있다고 본다(헌재 2002.12.18., 2002헌마52; 1998.5.28. 96헌가4).

2. 사회복지주의의 내용

(1) 실질적 평등 · 자유

우리 헌법도 사회복지주의를 실질적인 평등 · 자유를 구현하기 위한 원리로 설정하고 있다. 우리 헌법전문은 "각인의 기회를 균등히 하고, … 안으로는 국민생활의 균등한 향상을 기하고"라고 규정하고 있다. 헌법 제11조는 평등원칙을 규정하고 있는데 역시 실질적 평등을 그 개념으로 하고 있다. 실질적 평등을 위하여 사회적 약자, 경제적 약자에 대한 배려가 이루어져야 한다. 헌법 제34조 제3항과 제4항은 실질적 평등이 약한 여자, 노인, 청소년에 대해 특별히 그들의 복지를 위한 국가의 노력의무를 명시하고 있다.

(2) 사회안전망의 구축과 사회적 정의

사회구성원들이 실업, 질병, 재난 등으로부터 보호받고 생활능력을 갖추어 인간다운 삶을 누리게 함으로써 위험으로부터 보호되는 사회안전망이 형성되어 사회적 정의가 자리잡아야 한다(헌법 제34조 5항, 6항. 사회보장기본법   제3조 제5호의 '평생사회안전망').

(3) 생존권적 기본권 등

우리 헌법은 인간다운 생활을 할 권리(제34조), 근로의 권리, 완전고용에의 권리, 최저임금제보장 등(제32조), 교육을 받을 권리(제31조), 환경권(제35조), 개인의 존엄과 양성평등을 기초로 한 혼인과 가족생활의 권리(제36조) 등의 생존권들을 규정하고 있다. 또한 문화적 권리들을 보장하여(전문, 제11조, 제22조 등. 후술 제 6 절 문화적 질서 참조) 정신적 복지의 구현을 추구한다.

(4) 사회보장 · 사회복지의 증진

국가는 사회보장, 사회복지의 증진에 힘써야 하는 의무를 진다(제34조 제2항). 이를 위하여 여러 법률들이 시행되고 있다. 사회보장기본법은 "사회보장"이란 출산, 양육, 실업, 노령, 장애, 질병, 빈곤 및 사망 등의 사회적 위험으로부터 모든 국민을 보호하고 국민 삶의 질을 향상시키는 데 필요한 소득 · 서비스를 보장하는 ① 사회보험, ② 공공부조, ③ 사회서비스를 말한다고 규정하고 있다(법 제3조 제1호).

(5) 경제에 대한 규제 · 조정, 경제 민주화(사회적 시장경제질서)

우리 헌법은 자유로운 시장을 바탕으로 하는 자본주의경제를 원칙으로 하면서도 경제의 민주화를 위하여 경제에 대한 국가의 규제와 조정을 인정하고 있는 이른바 사회적 시장경제주의를 채택하고 있다(위의 경제질서 참조). 경제에 대한 규제, 조정은 시장의 독점 등에 대한 규제를 통하여 사회구성원들의 이익과 복지를 도모하는 데에 그 종국적 목적이 있으므로 경제에 대한 규제와 조정이 사회복지주의를 뒷받침하는 요소가 된다.

(6) 재산권의 공공복리적합의무, 공공필요에 의한 제한

개인의 재산권은 근대국가에서와 같이 절대적으로 행사될 수 있는 것이 아니라 사회구성원들의 공공복리에 적합하게 행사되어야 한다(제23조 제2항). 공공필요에 의한 재산권의 수용 · 사용 · 제한도 가능한데 정당한 보상이 따라야 한다(동조 제3항).

3. 개별 법률

현재 우리나라에서 사회보장 · 사회복지를 실현하기 위하여 시행중인 중요한 법률들로는 사회보장기본법, 국민기초생활 보장법, 사회복지사업법, 노인복지법, 장애인복지법, 아동복지법, 청소년복지 지원법, 직업안정법, 청년고용촉진 특별법, '장애인·노인·임산부 등의 편의증진 보장에 관한 법률' 등이 있다.

4. 사회복지주의와 헌법재판

헌법재판에서 헌재는 심사기준으로 사회복지주의를 내세울 경우에 이 원리가 입법재량을 부여한다는 입장에 서서 국가가 그 보호에 관한 입법을 전혀 하지 아니하였다든가 그 내용이 현저히 불합리하여 헌법상 용인될 수 있는 재량의 범위를 명백히 일탈한 경우에 한하여 헌법에 위반된다고 할 수 있다고 하여 최소한의 심사를 하는 경향을 보여준다(2012헌바382; 94헌마33; 2000헌마390 등. * 이러한 판례법리와 구체적 결정례들에 대해서는 후술, 기본권각론, 생존권권 부분 참조).

제 6 절   문화적 질서 – 문화국가원리

I. 문화의 개념과 성격

1. 개념과 내용

문화(文化)란 인간집단이 사회를 이루어 인간들이 더불어 살아가면서 창출한 물질적, 정신적 산물과 습속이나 생활양식을 말한다. 원래 경작을 뜻하는 라틴어 cultura에서 문화(culture)라는 용어가 기원하였다는 데에서 알 수 있듯이 인간이 일구고 가꾸어 만든 산물을 의미한다. 이처럼 문화의 개념 속에는 인간의 물질적인 활동뿐 아니라 지식(지성), 언어, 예술, 신앙, 도덕과 같은 정신적 활동의 산물도 포함된다. 문화기본법은 "이 법에서 '문화'란 문화예술, 생활양식, 공동체적 삶의 방식, 가치 체계, 전통 및 신념 등을 포함하는 사회나 사회 구성원의 고유한 정신적·물질적·지적·감성적 특성의 총체를 말한다"라고 문화를 정의하고 있다(동법 제3조). 헌재는 문화국가원리에서 국가의 육성대상이 되는 문화는 모든 문화를 포함한다고 본다(헌재 2004.5.27. 2003헌가1등).

2. 성격과 이념

(1) 성격
1) 축적성과 다원성, 포괄성
문화란 사회 속에서 인간이 획득한 지식, 습관, 예술 등이 반복되고 축적되어 형성된다. 문화는 예술, 학문, 종교, 윤리도덕 등 여러 지적 영역의 활동이 낳은 결과로 형성된다는 점에서 다양성과 포괄성을 가진다.

2) 창조성·형성성·자율성·고유성·공유성과 전승성·변화성

문화는 다양한 계층의 사회공동체에서 새로이 자율적으로 창조되고 형성되어 가며 각 문화에서의 고유성을 가지기도 한다. 문화는 한 사회의 여러 구성원들이 더불어 참여하여 형성하고 함께 누린다는 점에서 공유성을 지닌다. 문화는 이어져 내려오는 전통성(傳承性)을 가지면서도 변화되어가기도 한다.

(2) 이념

문화기본법은 다음과 같이 규정하고 있다.

> ▼ 문화기본법 제2조(기본이념) 이 법은 문화가 민주국가의 발전과 국민 개개인의 삶의 질 향상을 위하여 가장 중요한 영역 중의 하나임을 인식하고, 문화의 가치가 교육, 환경, 인권, 복지, 정치, 경제, 여가 등 우리 사회 영역 전반에 확산될 수 있도록 국가와 지방자치단체가 그 역할을 다하며, 개인이 문화 표현과 활동에서 차별받지 아니하도록 하고, 문화의 다양성, 자율성과 창조성의 원리가 조화롭게 실현되도록 하는 것을 기본이념으로 한다.

II. 문화국가주의

1. 개념

문화국가주의란 국민이 문화적인 권리와 자유들을 향유함을 보장하기 위하여 그 문화적인 기반시설을 마련하고 문화적 보호·지원·육성을 하며 문화적 서비스를 제공하여 문화의 발전을 지향하는 국가를 말한다. 문화의 개념이 다양하니만큼 국가마다 문화국가의 구체적 개념과 국가의 문화의무의 내용에 차이가 있을 수 있다.

2. 우리 헌법의 문화국가주의 규정

우리 헌법은 다음과 같은 규정들을 통해 문화국가주의를 표방하고 있다. "국가는 전통문화의 계승·발전과 민족문화의 창달에 노력하여야 한다"라고 규정하여(제9조) 국가의 의무로 규정하고 있고, 대통령에게 민족문화의 창달의 노력을 부과하고 이를 취임시 선서하도록 하고 있다(제69조).

헌법은 전문에서 "유구한 역사와 전통에 빛나는"이라고 첫머리를 시작하고 있고 "문화의 영역에 있어서 각인의 기회를 균등히" 하도록 하며, 제11조 제1항에서 "문화적 생활의 영역에 있어서 차별을 받지 아니한다"라고 명시하여 문화평등주의를 지향하고 있다. 또한 학문과 예술의 자유와 저작자·발명가·과학기술자, 예술가의 권리를 보장하고 있으며(제22조),

문화적 생존권은 인간다운 생활을 할 권리(제34조) 속에 풍요로운 문화생활을 누릴 권리로서 보장된다.

3. 문화국가의 전제조건

문화국가를 이루기 위해서는 앞서 본 문화적 기본권들이 제대로 행사될 수 있도록 하고 사회의 다원성이 보장되도록 언론의 자유 등이 보장되어야 할 것이다. 헌재는 헌법은 가족제도를 특별히 보장함으로써, 양심의 자유, 종교의 자유, 언론의 자유, 학문과 예술의 자유와 같이 문화국가의 성립을 위하여 불가결한 기본권의 보장과 함께, 견해와 사상의 다양성을 그 본질로 하는 문화국가를 실현하기 위한 필수적인 조건을 규정한 것이라고 한다(헌재 2000.4.27. 98헌가16). 교육이 문화를 배태시키는 원동력이 될 수 있다. 배우고, 깨치고 알게 됨으로써 문화생활이 확대되고 더 나은 문화로 발전된다.

Ⅲ. 문화적 기본질서의 내용

1. 문화적 기본권

(1) 문화적 기본권의 내용
문화적 질서, 문화적 행정 등의 문화국가활동은 문화적 기본권의 향유를 증대하기 위한 수단(그 효과)으로서의 기능을 가진다. 문화적 기본권에는 ① '문화적 자율권·자유권'(문화적 활동을 자율적으로 영위하고 그 영위함에 있어서 방해받지 않을 권리), ② '문화적 평등권'(문화를 형성해 가고 유지하며 문화생활을 하는 데 있어서 차별받지 않고 평등한 보호를 받을 권리), ③ '문화적 생존권'(문화적 사회권 – 문화적인 인간다운 생활을 할 권리를 향유하기 위하여 적극적으로 문화생활을 향유할 기회를 마련해줄 것을 요구할 수 있는 생존권), ④ '문화적 청구권'(문화적 창작활동 등을 지원해 줄 것을 국가에 대하여 요구할 수 있는 청구권) 등이 있다.

(2) 문화국가원리의 불가결 조건인 기본권들
헌재는 아래 같이 판시한다.

> ● **판례** 헌재 2004.5.27. 2003헌가1
> [판시] 헌법은 문화국가를 실현하기 위하여 보장되어야 할 정신적 기본권으로 양심과 사상의 자유, 종교의 자유, 언론·출판의 자유, 학문과 예술의 자유 등을 규정하고 있는바, 개별성·고유성·다양성으로 표현되는 문화는 사회의 자율영역을 바탕으로 한다고 할 것이고, 이들 기본권은 견해와 사상의 다양성을 그 본질로 하는 문화국가원리의 불가결의 조건이라고 할 것이다.

(3) 문화적 질서와 문화적 기본권

유의할 것은 문화적 질서가 곧 기본권인 것은 아니고 문화적 질서는 기본권을 보장하기 위한 수단으로서 기능하면서 또 국가에 문화적인 의무를 부과하고 인간사회에서의 문화적인 기본질서를 형성하는 효과도 가진다는 점이다.

> * 문화향유에 관한 권리의 침해라고 판시한 예: 학교정화구역내에서 일체의 극장 시설 및 영업을 금지하고 있는 구 학교보건법 규정이 학생의 '자유로운 문화향유에 관한 권리'를 침해한다는 결정이 있었다. 이 사안에서 대학교의 경우 단순위헌이라고 결정하고 초·중·고등학교의 경우 교육에 나쁜 영향을 미치지 않는 극장도 있으므로 나쁜 영향을 미치는 극장만 금지하게 입법개선을 하도록 하기 위한 취지로 헌법불합치결정을 하였다(● 판례 헌재 2004.5.27. 2003헌가1).

2. 전통문화의 계승 · 발전, 민족문화의 창달

(1) 개념과 내용

전통문화란 과거로부터 전래되어 현재까지 이어져 오고 있는 문화를 말하고 민족문화란 우리 한민족이 보유하고 전승해 내려온 민족정체성이 내포된 문화를 말한다. 민족문화는 전승되는 점에서 전통문화를 포함한다. 물적 문화(문화재), 정신적 문화(무형문화재)가 있다.

전통문화의 계승이란 과거로부터 이어져 온 전통문화를 계속 이어가야 함을 의미한다. 계승뿐 아니라 이를 보다 발전시켜야(창달) 할 것을 헌법은 규정하고 있다. 민족문화의 창달이란 민족문화의 가치를 드높이고 더욱 신장해가는 것을 의미한다. 정신적 민족문화의 보존, 창달은 민족의 정통성의 확립과 민족정기의 선양(宣揚)을 가져온다.

(2) 헌법적 가치와 전통문화

1) 헌법합치적 전통문화

전통문화를 계승하고 발전시킨다는 것은 보유하고 이어갈 가치를 지닌 문화를 전제로 하는 것이므로 과거부터 이어져 오는 습속이라고 하여 무조건 전통문화로 존중되고 모두 이어가야 한다는 것이 아니다. 오늘날에 계승하고 발전시켜야 할 전통문화는 헌법은 국가의 최고법으로서 우리 공동체의 최고의 가치를 확인하는 법규범이므로 현시대의 헌법이 채택하고 설정한 기본가치, 보편타당한 기본가치에 부합되는 것이어야 하고 이를 위배하여서는 아니 된다. 헌재도 "헌법 제9조의 정신에 따라 우리가 진정으로 계승 · 발전시켜야 할 전통문화는 이 시대의 제반 사회 · 경제적 환경에 맞고 또 오늘날에 있어서도 보편타당한 전통윤리 내지 도덕관념"이라고 한다(헌재 2005.2.3. 2001헌가9, 호주제에 대한 헌법불합치결정; 1997.7.16. 95헌가6등, 동성동본금혼규정에 대한 헌법불합치결정).

2) 다른 헌법규정과의 관계

헌법가치에 부합하여야 한다고 보는 위와 같은 입장은 헌법 제9조와 다른 헌법조문과의 관계의 문제에서 나타나는 것이기도 하다.

[호주제 헌법불합치결정] 대표적인 예로 호주제에 관한 헌법소원사건을 들 수 있다. 즉 호주제에 대해서는 헌법 제9조의 전통문화 계승규정을 근거로 하여 합헌이라고 주장되었는데 호주제는 가족제도는 양성평등을 기초로 성립되고 유지되어야 한다는 헌법 제36조 제1항에 반하는 문제를 제기한 데 대해 결국 헌법 제9조와의 조화로운 해석이 문제되었던 것이다. 헌재는 가족제도에 관한 헌법이념인 양성의 평등에 반하는 것이어서는 안 된다는 한계를 언급하면서 헌법이념에 반하는 것은 헌법 제9조의 전통문화에 해당하지 않는다고 보는 것이 우리 헌법의 자유민주주의원리, 전문, 제9조, 제36조 제1항을 아우르는 조화적 헌법해석이라 하면서 결국 전래의 어떤 가족제도가 헌법 제36조 제1항이 요구하는 개인의 존엄과 양성평등에 반한다면 헌법 제9조를 근거로 그 헌법적 정당성을 주장할 수는 없다고 보아 호주제에 대해서 헌법불합치로 결정하였다(● 판례 헌재 2005.2.3. 2001헌가9).

(3) 전통문화와 문화적 다원주의 · 다문화사회

헌법 제9조가 전통문화 계승 · 발전이라고 규정하고 있듯이 전통문화는 지금의 시대에서의 계승과 발전을 통해 현대의 문화로 승화하여야 한다. 나아가 현대사회에서의 국민의 정서를 순화하고 질적 생활을 윤택하게 해주는 새로운 문화를 창조해나가야 한다.

문화는 다원성을 인정하는 가운데 형성되는 것이어야 한다. 어느 한 계층이나 집단이 창조하고 축적한 문화에 대해서만 절대적 가치를 인정할 것이 아니라 여러 다양한 문화들의 공존이 이루어져야 한다. 물론 민주주의나 우리의 고유한 민족성을 파괴하는 습속이나 행동양식은 문화라고 인정할 수 없다.

오늘날 외국인들의 국내활동이 늘어나면서 다문화사회(多文化社會)에 관한 문제들이 제기되고 있다. 이러한 문제들은 보다 넓게 보면 전통적인 우리의 문화와 국제사회에서나 다른 국가들의 다원화된 문화와의 상충 또는 공존의 문제를 내포하기도 한다. 그러나 우리 헌법은 "밖으로는 항구적인 세계평화와 인류공영에 이바지"할 것을 다짐하고 있고 국제평화주의를 지향하며(제5조 제1항) 국제법존중주의, 외국인 지위보장을 밝히고 있기에(제6조) 민족적 정체성을 유지하면서 다문화의 수용이 가능하다. 이는 앞서 살펴본 대로 문화 자체가 다양성, 다원적인 성격을 인정하는 가운데 형성될 수 있는 것이기 때문이기도 하다. 다문화가족 구성원이 안정적인 가족생활을 영위할 수 있도록 함으로써 이들의 삶의 질 향상과 사회통합에 이바지함을 목적으로 다문화가족지원법이 제정되어 있다(동법 제1조). 동법은 결혼이민자 등이 대한민국에서 생활하는 데 필요한 기본적 정보를 제공하고, 사회적응교육과 직업교육 · 훈련 등을 받을 수 있게 필요한 지원을 할 수 있도록 하고(동법 제6조), 평등한 가족관계의 유지를 위한 조치(동법 제7조), 가정폭력 피해자에 대한 보호 · 지원(동법 제8조) 등을 규정하고 있으며, 국가와 지방자치단체는 아동 · 청소년 보육 · 교육을 실시함에 있어서 다문화가족 구성원인 아동 · 청소년을 차별하여서는 아니된다고 규정하고 있고(동법 제10조 제1항), 다국어에 의한 서비스 제공(동법 제11조) 등을 규정하고 있다.

(4) 평등한 보호

전통문화의 보호에 있어서도 평등원칙이 적용되어야 한다. 헌재는 전통사찰의 경내지 등에 대한 모든 유형의 소유권변동이 전통사찰을 훼손할 수 있음에도 불구하고, '공용수용'으로 인한 소유권변동에 대해서는 아무런 규제를 하지 아니한 구 전통사찰보존법 규정이 평등원칙에 위반된다고 보았다(● 판례 헌재 2003.1.30. 2001헌바64. 헌법불합치결정).

3. 문화와 언어

언어는 한 국가와 민족의 문화적 소산이어서 헌법의 문화원리에 관련된다. 언어는 문화공동체를 형성하기 위한 소통의 수단이어서 더욱 그러하다. [표준어 사용] 언어사용에 관해서는 특히 표준어사용에 관한 논의가 많다. 국어기본법은 "국어"란 대한민국의 공용어로서 한국어를, "한글"이란 국어를 표기하는 우리의 고유문자를 말한다고 정의하고 있다(동법 제3조 제1·2호). 국어의 발전을 위한 국가와 지방자치단체의 노력이 중요하다.

[결정례] 국어, 한글, 표준어사용에 관한 헌재결정으로 ① 공문서 한글사용, 초중등교과용도서 편찬 등에서 표준어 사용 규정에 대해 과잉금지원칙을 준수한 합헌이라고 본 결정(● 판례 2006헌마618), ② 공문서 한글전용 규정, 초·중등학교에서의 선택적 한자교육에 대해 합헌이라고 본 결정(● 판례 2012헌마854)이 있었다. 그런데 이 결정례들에서 문화국가원리에 대한 설시를 찾기는 힘들다. 기본권구제수단인 헌법소원사건으로서 일반적 행동자유권, 자녀교육권 등의 침해 문제로 다룬 것이다(* 따라서 아래 인용하는 결정들의 보다 더 자세한 요지는 일반적 행동자유권 부분 참조).

[지역언어의 보전] 지역적 언어(방언)도 그 보전이 필요하다. 지역언어는 고유문화이기도 하다. 프랑스 헌법 제75-1조는 "지역 언어는 프랑스의 유산에 속한다"라고 규정하고 있다. 우리 국어기본법도 "국가와 지방자치단체는 변화하는 언어 사용 환경에 능동적으로 대응하고, 국민의 국어능력 향상과 지역어 보전 등 국어의 발전과 보전을 위하여 노력하여야 한다"라고 규정하고 있다(동법 제4조 제1항). 그러면서도 위 결정례 ①에서 보듯이 표준어사용을 위해 제한될 수 있다.

4. 문화창작물의 보호

우리 헌법도 "저작자·발명가·과학기술자와 예술가의 권리는 법률로써 보호한다"라고 규정하고 있다(제22조 제2항). 문화창작물이 문화재로서 자리 잡을 수 있고 인류문화유산은 유네스

코에 의해 지정되고 보호된다.

5. 문화와 교육

문화의 진흥에는 교육을 통한 지식의 전수와 개발이 필요하다. 이 교육에는 공교육 외에도 사회의 교육, 가정에서의 사교육 등도 포함되는 다양한 내용의 교육이 기여하게 된다.

헌재는 대학(원)생이 아닌 사람이 학원, 교습소 외에서 과외교습을 하는 것을 금지[즉 대학(원)생, 학원, 교습소만 허용하고 그 외 나머지 일체의 과외교습을 금지]하는, 그리고 그 금지 위반에 대해 형사처벌하는 '학원의 설립·운영에 관한 법률' 규정들이 창의성, 다양성을 지향하는 문화국가원리에 반한다고 보았다(● 판례 헌재 2000.4.27. 98헌가16).

Ⅳ. 국가의 의무

1. 국가의무의 성격

헌법 제9조는 "국가는 전통문화의 계승·발전과 민족문화의 창달에 노력하여야 한다"라고 규정하고 있다. 국가의 이러한 의무는 헌법 제9조가 "하여야 한다"라고 규정하고 있으므로 입법방침(프로그램)적 의무가 아니라 헌법적 의무이다. 다만 국가는 어떠한 전통문화를 계승·발전시킬 것인가, 또 어떻게 발전시켜 갈 것인가 하는 문제에 대한 재량을 가지고 앞으로의 문화에 대한 형성의 자유를 가진다.

2. 국가의무의 내용

(1) 문화적 기본권의 보장

문화적 질서는 결국 국민의 기본권을 위한 것이고 문화국가주의를 실현해야 할 이유도 결국 국민의 문화적 기본권이 최대한 보장되어 문화적 풍요를 누릴 수 있도록 하는 데에 있다. 따라서 국가의 의무는 바로 문화적 기본권의 신장을 위하여 노력하는 것이다.

(2) 현행 문화기본법의 중요규정

문화에 관한 국민의 권리와 국가 및 지방자치단체의 책임에 대해 문화적기본법에 그 기본 내용이 규정되어 있기도 하다. 동법은 "문화 표현과 활동에서 차별을 받지 아니하고 자유롭게 문화를 창조하고 문화 활동에 참여하며 문화를 향유할" 권리("문화권")를 가진다고 규정하고 있다(동법 제4조). 동법은 국가와 지방자치단체의 책무(동법 제5조) 문화정책 수립·시행상의 기본원칙(동법 제7조. 문화의 다양성과 자율성 존중, 국민의 문화 역량을 높이기 위한 지원, 여건 조성 등), 문화진흥 기본계획의 수립 등(동법 제8조), 문화 진흥 사업에 대한 재정 지원(동법 제13조) 등에 대해 규정하고 있다.

(3) 문화적 자율성의 보장과 문화환경의 조성

1) 자율성 보장

국가는 국민들의 문화활동의 활성화를 위하여 문화단체 등의 자율성을 보장하고 기본권의 제한사유인 국가안전보장, 질서유지, 공공복리의 필요성이 있는 경우에도 최소한의 개입 내지 규제에 그쳐야 한다.[38]

2) 불편부당 원칙

헌재는 "국가가 어떤 문화현상에 대하여도 이를 선호하거나, 우대하는 경향을 보이지 않는 불편부당의 원칙이 가장 바람직한 정책으로 평가받고 있다"라고 판시한 바 있다(2003헌가1등).

3) 문화환경의 조성

국가는 문화활동을 장려하고 적극적인 문화의 형성과 향유를 이끌기 위한 문화환경의 조성을 위해 노력할 의무를 진다. 헌재는 문화국가원리의 이러한 조성적 특성은 "문화의 개방성 내지 다원성의 표지와 연결되는데, 국가의 문화육성의 대상에는 원칙적으로 모든 사람에게 문화창조의 기회를 부여한다는 의미에서 모든 문화가 포함된다. 따라서 엘리트문화뿐만 아니라 서민문화, 대중문화도 그 가치를 인정하고 정책적인 배려의 대상으로 하여야 한다"라고 판시한 바 있다.[39] 문화진흥을 위한 재정을 국가가 확보하도록 노력하여야 하고 국민 일반의 문화향유를 향상하기 위한 재정을 위해 일부 국민들에게 부담을 지우거나 과도한 기금갹출 등을 국가가 강제하는 것은 문화국가주의에 반한다.

* 문예진흥기금 납입금에 대해서 헌법재판소의 위헌결정이 있었다.

● **판례** 헌재 2003.12.18. 2002헌가2
위헌결정. * 이 결정은 8인 재판관의 위헌의견이 있어 위헌결정이 되었는데 위헌의견도 각 4인씩 그 위헌이유가 갈렸다. 문화국가이념에 반한다는 아래의 4인 의견이 있었다. [4인 위헌의견 요약] 현실적으로 문예진흥기금은 문예진흥을 위한 다양한 용도로 사용되고 있다. 문인창작기금지원, 문학작품 창작지원, 문예지원고료지원, 공공문화행정담당자의 문화행정 연수 등의 사업 프로그램을 위하여 사용되기도 한다. 이런 것들을 공연관람자들의 집단적 이익을 위한 사용이라고 말할 수는 없는 것이다. 공연 등을 보는 국민이 예술적 감상의 기회를 가진다고 하여 이것을 집단적 효용성으로 평가하는 것도 무리이다. 공연관람자 등이 예술감상에 의한 정신적 풍요를 느낀다면 그것은 헌법상의 문화국가원리에 따라 국가가 적극 장려할 일이지, 이것을 일정한 집단에 의한 수익으로 인정하여 그들에게 경제적 부담을 지우는 것은 헌법의 문화국가이념(제9조)에 역행하는 것이다. * 나머지 4인 위헌의견은 문예진흥기금의 모금액·모금대행기관의 지정·모금방법 등을 대통령령에 위임하는 문제의 규정들이 포괄적인 위임이라고 하여 위헌으로 보았다.

---

38) 국가의 개입이 자율적 문화형성의 여건을 보강하는 범위 정도에 한정되어야 한다는 견해로, 류시조, 한국헌법상의 문화국가원리에 관한 연구, 헌법학연구, 2008.10. 참조.
39) 헌재 2004.5.27. 2003헌가1 등, 판례집 16-1, 679면.

(4) 문화입법의 형성

국가는 문화국가를 구체적으로 구현하기 위한 입법을 하여야 한다. 문화의 영역은 국민의 문화활동의 자유와 같은 자유권적 권리를 요하기도 하나 보다 적극적인 문화형성에의 참여가 국민에게 주어져야 하므로 생존권적 또는 청구권적 성격의 권리가 요구되기도 하고 이를 위하여 국가작용도 급부(공급과 교부)로 이루어지므로 적극성을 요한다. 그리고 문화는 여러 영역에서 다양한 모습으로 형성될 수 있다. 위 성격 때문에 문화급부나 문화정책의 실현방식과 과정도 다양할 수 있으므로 국가가 어떠한 방식으로 문화급부를 제공할 것인가를 국가가 입법 등으로 구체화하여야 할 사항이 많고 따라서 문화의 영역은 다른 영역들에 비하여 입법상 형성재량이 더 넓게 인정될 수 있는 영역이다.

현재 새로운 문화의 창조, 전통문화의 계승과 발전, 그리고 민족문화 창달을 위하여 제정된 법률들로 문화예술진흥법, 문화산업진흥 기본법, 문화예술교육 지원법, 문화재보호법, '문화유산과 자연환경자산에 관한 국민신탁법', '박물관 및 미술관 진흥법', 방송법, 출판문화산업 진흥법 등이 있다.

(5) 문화행정 – 문화적극국가

국민이 기본적으로 누려야 할 기본적 문화적 수요에 있어서는 그 문화적 생활에의 접근·향유를 자유롭게 함은 물론이고 문화기반을 마련하며 문화생활을 적극 장려하고 지원하는 행정작용(조성행정)이 이루어져야 한다. "문화에 대한 국가적 개입은" "조성적이지만" "사회복지국가원리에서의 국가적 규제나 개입은" "조정적이다"라는 견해(성낙인, 『헌법학』17판, 2017, 304면)가 있으나 후자도 조성적일 수 있고 복지에도 문화복지가 있으므로 타당하지 않은 지적이다. 문화행정에도 조정이 있을 수 있되 조성적 성격이 강함을 지적할 수 있겠다. 문화행정의 내용으로는 문화관리행정(문화재 보호 등), 문화조성행정(문화행사의 장려 등), 문화급부행정(문화시설의 확장, 문화활동 보조비의 지급, 문화행사의 개최) 등을 들 수 있다. 문화조성행정은 문화급부행정과 함께 이루어질 수 있다.

(6) 문화소외의 해소와 문화교육

문화형성의 활동에 참여하지 못하거나 문화를 향유함에 장애를 가지는 소외된 사회계층에 대한 문화적 참여의 기회를 확대할 국가의 의무가 있다. 이는 문화적 영역에서의 실질적 평등원칙을 구현하고 문화적 생존권을 적극적으로 보장할 의무이다.

문화의 소외를 해소하기 위해서도 필요하지만, 다양한 문화가 자라날 수 있게 소양을 갖추고 소질을 발견하게 하는 문화교육을 국가가 적극적으로 수행하는 것이 필요하다. 학교교육에서의 문화교육은 물론, 교육비부담이 많은 소질교육 등이 사교육을 통해 이루어지고 있어서 문화영역에서의 사교육의 격차에 대응한 국가의 정책이 실현되어야 한다. 예를 들어 방과 후 수업 등을 통해 예능교육, 취미·재능교육, 진로교육, 교양교육 등을 실시하여 그 격차를 메워 실질적인 교육평등을 구현하여야 한다.

제 7 절 국제질서

제 1 항 국제평화주의

Ⅰ. 국제적 노력

인간의 존엄을 말살하는 전쟁은 고대, 중세는 물론 근대에 이르기까지 빈번하였다. 세계평화는 오래 전부터 인류의 갈망이었으며, 칸트(I. Kant)는 그의 영구평화론(1795)에서 국제평화를 위한 조건을 제시하기도 하였다. 1차대전 이후에 국제연맹이 창설되어 활동한 바 있으나 미국의 불참 등으로 한계를 보여주었고, 1928년 8월 27일 부전조약(不戰條約)이 프랑스의 파리에서 체결되기도 하였다. 2차대전 이후에 국제연합이 창설되었고 인권의 역사에 있어서도 평화에 대한 권리가 제3세대인권으로서 강조되고 있다. 공동안보를 위하여 국제평화기구에의 주권 일부의 기탁으로 공동방위군의 창설 등이 논의되어 왔고 핵무기의 확산방지를 위한 노력, 군비축소를 위한 노력 등이 기울여져 왔다.

Ⅱ. 헌법적 보장방법

ⅰ) **국제평화주의의 헌법적 천명**   제1차, 제2차 세계대전을 거치면서 인류에게 참화를 안겨준 전쟁으로부터 인류를 보호하기 위해서 국제평화주의를 실현하기 위한 원칙들을 헌법에 규정하는 예들이 나타났다.

ⅱ) **침략전쟁의 금지**   이를 헌법이 명시하는 예로, 우리 현행 헌법 제5조 제1항, 독일기본법 제26조 제1항이 있다. 일본헌법 제9조는 일체의 전쟁, 무력행사의 포기를 규정하고 있다. 이전의 프랑스 1946년 헌법 전문 제14조도 그 예였다.

ⅲ) **국제적 공동노력: 주권의 일부제약(양도)**   국제평화를 위한 국제적 공동노력으로서 예를 들어 공동방위군, 국제평화기구의 창설, 집단안보체제의 구축 등을 하기도 한다. 이를 위한 주권의 일부제약이나 양도 등을 헌법에서 예정할 수 있다. 독일기본법 제24조, 이탈리아헌법 제11조의 예가 있다. 프랑스 1946년 헌법의 전문 제15조도 그 예였다.

ⅳ) **인간존엄성, 평화파괴에 대한 처벌**   인간의 존엄성을 명시하고 인간존엄성과 평화를 파

괴하는 전범에 대한 처벌 등을 규정할 수 있다. 독일기본법 제26조 제1항이 그 예이다.

iv) 기타 그 외 영세중립의 선언이라든지[스위스(스위스연방헌법 제185조), 오스트리아(오스트리아연방헌법 제9a조) 등의 예를 들 수 있다], 군비의 축소·포기(일본헌법 제9조 제2항은 일체의 군사력보유를 금지하고 있다) 등을 들 수 있다.

Ⅲ. 우리 헌법의 국제평화주의

1. 헌법규정 - 국제평화주의의 헌법적 천명

현행 헌법전문은 "밖으로는 항구적인 세계평화와 인류공영에 이바지함으로써 우리들과 우리들의 자손의 안전과 자유와 행복을 영원히 확보할 것을 다짐하면서"라고 규정하여 국제평화주의를 선언하고 있다. 헌법 제5조 제1항은 "대한민국은 국제평화의 유지에 노력하고 … "라고 규정하여 국제평화주의를 천명하고 이를 위한 국가의 노력책임을 명백히 하고 있다.

2. 침략전쟁의 부인

[개념] 헌법 제5조 제1항은 "대한민국은 … 침략적 전쟁을 부인한다"라고 명시적으로 침략적 전쟁을 금지하고 있다. 외세의 침략에 대항하여 국가를 보위, 보존하기 위한 방어전쟁은 가능하다는 것이 헌법학계의 통설이다. 헌재는 "침략전쟁과 방어전쟁의 구별이 불분명할 뿐만 아니라"라고 한 바 있다(2007헌마369).

[사법심사 문제] 헌재는 "전시나 전시에 준한 국가비상 상황에서의 전쟁준비나 선전포고 등 행위가 침략전쟁에 해당하는지 여부에 관한 판단은 고도의 정치적 결단에 해당하여 사법심사를 자제할 대상으로 보아야 할 경우가 대부분일 것이다"라고(2007헌마369) 판시한 바 있다. 고도의 정치적 결단을 통치행위라고 하여 사법심사의 대상이 아니라고 보는 이론이 있다(통치행위에 대해서는 후술, 사법권의 범위와 한계 부분 참조).

[평화적 파병의 국회동의] 국제평화를 위한 국군의 외국에의 파견 또는 외국군대의 대한민국 영역 안에서의 주류에 대해서는 국회의 동의를 받아야 한다(제60조 제2항). 그동안 월남파병, 1993년 소말리아, 2000년 동티모르에 국제연합평화유지군(UN PKO)의 일원으로 파병한 바 있다. 2003년에는 이라크파병을 둘러싸고 논란이 있었는데 대통령의 파견결정이 헌법 제5조에 반한다는 주장의 헌법소원들이 제기되었다. 그러나 아래와 같이 각하한 결정들이 있었다. 결국 헌재가 헌법 제5조에 반하는지 여부에 대한 본안판단을 한 바는 없다.

● **판례** ① 국회의 파견동의를 받은 대통령의 파견결정 - 청구인이 헌법소원청구요건인 기본권침해의 자기관련성이 없음. 2003헌마255 ② 파병 정책을 심의, 의결한 국무회의의 의결 - 국가기관의 내부적 의사결정행위에 불과하여 그 자체로 국민에 대하여 직접적인 법률효과를 발생시키는 행위가 아니므로 헌법재판소법 제68조 제1항에

서 말하는 공권력의 행사에 해당하지 아니함. 2003헌마225. ③ 대통령의 파병결정은 고도의 정치적 결단이 요구되는 사안으로 사법적 판단을 자제함이 타당함. 2003헌마814.

3. 평화통일주의

헌법 제4조는 "대한민국은 통일을 지향하며, 자유민주적 기본질서에 입각한 평화적 통일정책을 수립하고 이를 추진한다"라고 규정하여 공산주의식 적화통일방식이 결코 아니라 자유주의적·다원주의적 방식에 의한, 즉 대화와 협력·개방의 방식으로 평화적 방법에 의한 통일노력을 국가에 대하여 명령하는 규정이다(평화통일주의에 대해 자세한 것은 앞의 1부 영역 부분 참조). 자유민주적 기본질서의 개념은 앞서 살펴보았다(앞의 제1절 참조).

4. 국제법존중주의와 외국인의 지위 보장

국제법을 존중하는 것은 국제질서와 국제평화를 위한 것이다(국제법존중주의에 대해서는 바로 아래의 제2항 참조). 그리고 우리 헌법 제6조 제2항은 외국인은 국제법과 조약이 정하는 바에 의하여 그 지위가 보장된다고 규정하고 있다. 외국인에 대한 법적 지위의 보장은 외국인이 우리 국민과 공존할 수 있도록 함으로써 국제협조주의, 국제평화에 기여하는 것이다. 외국인의 지위 보장에 대해서는 별도의 항에서 살펴본다(후술 제3항 참조).

제 2 항   국제법존중주의

Ⅰ. 헌법규정

헌법 제6조 제1항은 "헌법에 의하여 체결·공포된 조약과 일반적으로 승인된 국제법규(國際法規)는 국내법과 같은 효력을 가진다"라고 규정하여 국제법에 대한 존중의 입장을 우리 헌법도 취하고 있다. 오늘날 국제사회의 발달로 국제규범이 확대되고 인류의 보편타당한 인권의 국제법적 보장이 강화됨에 따라 국제법이 중요해지고 국내법적인 존중이 요구된다.

Ⅱ. 국제법과 국내법과의 관계

국제법존중주의에 따라 국제법이 국내법으로도 효력을 가짐에 있어서 두 가지 문제가 있다. ① 먼저 국제법이 국내에서 직접 바로 효력을 가지는지 아니면 별도의 편입절차를 거쳐야 효력을 가지는 것인지 하는 문제가 있다. ② 다음으로 국내법에도 여러 단계의 효력의 법규범이 있으므로(헌법, 법률, 명령 등) 국제법이 어느 단계의 국내법적 효력을 가지는지 하는 문제가 있다. ①의 문제가 바로 아래에서 살펴보는 일원론과 이원론의 문제이다. ②의 문제는 Ⅲ.에서 집중적으로 다룬다.

1. 일원론과 이원론

ⓐ 일원론(一元論)은 국제법이 국내법과 하나의 통일된 동일의 법체계속에 포함된다고 보는 이론이다. ⓑ 이원론(二元論)은 국제법은 국내법과 서로 별개의 독립된 차원의 법체계를 이룬다고 보기에 국제법이 바로 국내법적 효력을 가지지는 않고 국내법적 효력을 가지기 위해서는 국내법으로 수용을 위한 변형이 필요하다고 본다. 이원론은 각 개별국가의 주권을 존중하겠다는 사고를 바탕으로 하고 있으나 오늘날 국제적 사안이 국내법에서도 관련성을 가지는 사안이 있다는 점에서 국제법, 국내법 체계의 분리가 현실적으로 어려운 상황을 가져올 수도 있다는 한계를 가진다.

2. 국내법우위론과 국제법우위론

국내법우위론은 조약은 국내헌법이 체결권한을 부여하여 성립되므로 국내법이 우위에 있다고 본다. 그러나 국내법우위론은 국제법이 한 국가의 국내법에 의하여 개폐될 수 있다고 보는 점에서 타당하지 않다는 비판을 받고 있다. 국제법우위론은 한 국가가 대외적 독립적 주권, 통치권을 가지는 것도 국제법적으로 인정되는 것이어서 국내법의 타당성도 국제법에 기초하는 것이므로 국제법이 우위에 있다고 본다. 그러나 국제법우위론에 대해서는 국제법에 반하는 국내법을 무효로 할 수 없다는 점에서 한계를 가진다는 등의 비판을 받고 있다. 우리 헌재의 결정례 중에는 "다만 양국간에는 1965년에 체결된 "대한민국과일본국간의어업에관한협정"이 유효함으로 인하여, 국내법에 대한 국제법우위의 원칙에 의해 종전의 영해 및 공해의 수역구분이 유효한 것이었고, 따라서 양국의 어민들은 종전과 마찬가지로 어로활동을 영위할 수 있었다"라고 판시한 결정례(헌재 2001. 3. 21. 99헌마139등)도 있었고 반면에 "우리 헌법은 조약에 대한 헌법의 우위를 전제하고 있으며"라고 한 결정례(헌재 2013.11.28. 2012헌마166)도 있었다 두 결정 모두 그 논거를 명백히 밝히고 있지 않다.

3. 평가 - 개별적 파악의 필요성

위에서 보았듯이 일원론과 이원론이 대립되고 ⓐ 국제법이 국내법으로 편입되는 것인지 아니면 ⓑ 국제법이 국내법적 효력을 가지기 위해 변형을 요하는 것인지에 대해 나라에 따라 차이를[40] 보여줄 수 있긴 하나 어느 이론에 의하든 여하튼 국제법이 국내법적 효력을 가짐이 인정된다. 그런데 다음으로 국내법적으로 그 효력이 인정되는 국제법이 국내법의 어떤 규범에 상응하는 효력을 가지는가 하는 문제, 즉 위 ②의 문제가 대두된다. 국내법에도 여러 단계의 법규범이 있으므로 일률적으로 우위여부를 결정할 수는 없고 개별적으로 살펴보아야 할 것이다. 국제법의 국내법적 효력을 인정하는 다음에야 실질적으로는 개별적으로 국제법이 국내법에 있어서 어느 단계의 어떠한 효력을 가지느냐 하는 것을 살펴보는 ②의 문제가 더 중요한 실제상의 과제로 부각된다. 이는 헌법재판에 있어서 어느 조약이 국내헌법보다 아래의 효력을 가져 심사의 대상이 되느냐 아니면 헌법과 같은 효력을 가져 심사의 기준이 되느냐 하는 등의 문제에 대한 해결을 위한 것이기도 하여 절차법적 측면에서 필요한 과제이기도 하다.

Ⅲ. 한국헌법에서의 효력관계

1. 문제의 소재와 현실적 필요성

우리 현행 헌법 제6조 제1항은 "헌법에 의하여 체결·공포된 조약과 일반적으로 승인된 국제법규는 국내법과 같은 효력을 가진다"라고 규정하여 국제법과 국내법의 관계에 관한 위에서 본 어느 하나의 이론을 택하고 있음을 밝히고 있지는 않으면서 국제법의 국내법적 효력을 인정하고 있다. 그런데 국내법에는 헌법, 법률, 명령 등 여러 법규범들이 있다. 헌법 제6조 제1항은 국내법률과 같은 효력이 아니라 '국내법'과 같은 효력을 가진다고 규정하고 있으므로 과연 조약과 일반적으로 승인된 국제법규가 우리나라의 헌법, 법률, 명령 등의 법규범들 중에서 어느 법규범과 같은 효력을 가지는지는 헌법 자체가 명시하지 않고 있다. 그러므로 그 국내법적 효력에 대한 논의가 필요하다.

아래에 보듯이 우리 헌재에서의 헌법소원심판 등에서 국제조약, 국제법규의 적용여부가 실제로 논의된 판례들이 나타나고 있기에 국제법과 국내법과의 효력관계에 대한 논의가 실제적으로도 필요하다. 한국의 어느 법률이 국제조약에 위배되는지 하는 현실적인 문제가 판단되어질 필요성이 나타나고 있는 것이다.

아래에서 이 문제에 대해 국제조약의 경우와 일반적으로 승인된 국제법규의 경우로 나누어 살펴본다(이하 2., 3.).

---

40) 조약의 경우 "다수국가가 어떠한 국내적 변형도 하지 않고 조약을 그대로 국내법으로서 인정한다"라는 지적으로, 이한기, 국제법강의, 박영사, 147면.

2. 조약의 효력관계

(1) 조약의 개념과 조약의 성립 및 국내법적 효력의 발생

1) 조약의 개념

(가) 조약의 개념과 구별되는 관념(신사협정, 비구속적 합의)   조약이란 국가 간에 법적 효과를 가져오게 하는 명시적인 합의를 말한다. 당사국 간에 권리의무관계를 발생시키지 않는 법적 구속력이 없는 합의는 조약이 아니다. 당사국 간의 신의에 그 이행을 맡기는 합의는 신사협정으로서 조약이 아니라고 본다.

(나) 조약이 아닌 비구속적 합의   헌재는 조약과 비구속적 합의는 구별된다고 보면서 후자에 대해 헌법소원심판의 대상이 아니된다고 본다. 이러한 입장을 명시적으로 보여준 결정은 대한민국 외교부장관과 일본국 외무부대신이 2015.12.28. 공동발표한 일본군 위안부 피해자 문제 관련 합의가 헌법소원심판 청구의 대상이 아니라고 본 결정이다. 이 결정에서 헌재는 먼저 조약과 비구속적 합의의 구분기준을 설정하고 이 기준에 비추어 위 합의가 비구속적 합의로서 헌법소원 대상이 아니라고 하여 각하하였다(헌재 2019.12.27. 2016헌마253).

(다) 조약이 아닌 비구속합의인지 여부에 대한 판단기준   헌재가 설정한 구분기준은 다음과 같다. 즉 헌재는 위 '일본군 위안부 피해자 문제 관련 2015년 합의'사건에서 "합의의 명칭, 합의가 서면으로 이루어졌는지 여부, 국내법상 요구되는 절차를 거쳤는지 여부와 같은 형식적 측면 외에도 합의의 과정과 내용·표현에 비추어 법적 구속력을 부여하려는 당사자의 의도가 인정되는지 여부, 법적 효력을 부여할 수 있는 구체적인 권리·의무를 창설하는지 여부 등 실체적 측면을 종합적으로 고려하여야 한다"라고 한다(● 판례 헌재 2019.12.27. 2016헌마253).

(라) 결정례   헌재가 조약성을 부정한 예로 아래에 보듯이 남북합의서(신사협정), 비구속적 합의, 합의의사록, 공동성명 등이 있다.

① 헌재는 남북합의서를 나라 사이의 조약이 아니라 공동성명 또는 신사협정으로 본다.

> ● **판례**   헌재 1997.1.16. 92헌바6
> [관련판시] 소위 남북합의서는 남북관계를 "나라와 나라 사이의 관계가 아닌 통일을 지향하는 과정에서 잠정적으로 형성되는 특수관계"(전문 참조)임을 전제로 하여 이루어진 합의문서인바, 이는 한민족공동체 내부의 특수관계를 바탕으로 한 당국간의 합의로서 남북당국의 성의있는 이행을 상호 약속하는 일종의 공동성명 또는 신사협정에 준하는 성격을 가짐에 불과하다. 동지: 헌재 2000.7.20. 98헌바63.

> ◐ **대법원판례**   대법원도 비슷한 입장이다. 대법원 1999.7.23. 98두14525 [관련판시] 합의서는 남북관계가 '나라와 나라 사이의 관계가 아닌 통일을 지향하는 과정에서 잠정적으로 형성되는 특수관계'임을 전제로, … 남북한 당국이 각기 정치적인 책임을 지고 상호간에 그 성의 있는 이행을 약속한 것이기는 하나 법적 구속력이 있는 것은 아니어서 이를 국가 간의 조약 또는 이에 준하는 것으로 볼 수 없고, 따라서 국내법과 동일한 효력이 인정되는 것도 아니다.

② '일본군 위안부 피해자 문제 관련 2015년 합의'의 비구속적 합의성   헌재는 이 합의

는 일본군 '위안부' 피해자 문제의 해결을 위한 외교적 협의 과정에서의 정치적 합의이며, 피해자들의 손해배상청구권 등 기본권을 침해할 가능성이 있다고 보기 어려워 이 사건 합의를 대상으로 한 헌법소원심판청구는 허용되지 않는다고 하여 각하결정을 하였다.

● **판례** 헌재 2019.12.27. 2016헌마253

[결정요지] 이 사건 합의는 양국 외교장관의 공동발표와 정상의 추인을 거친 공식적인 약속이지만, 서면으로 이루어지지 않았고, 통상적으로 조약에 부여되는 명칭이나 주로 쓰이는 조문 형식을 사용하지 않았으며, 헌법이 규정한 조약체결 절차를 거치지 않았다. 또한 합의 내용상 합의의 효력에 관한 양 당사자의 의사가 표시되어 있지 않을 뿐만 아니라, 구체적인 법적 권리·의무를 창설하는 내용을 포함하고 있지도 않다. 이 사건 합의를 통해 일본군 '위안부' 피해자들의 권리가 처분되었다거나 대한민국 정부의 외교적 보호권한이 소멸하였다고 볼 수 없는 이상 이 사건 합의가 일본군 '위안부' 피해자들의 법적 지위에 영향을 미친다고 볼 수 없으므로 위 피해자들의 배상청구권 등 기본권을 침해할 가능성이 있다고 보기 어렵고, 따라서 이 사건 합의를 대상으로 한 헌법소원심판청구는 허용되지 않는다.

* 평가: 이 결정은 헌법소원심판의 청구요건으로서(후술 헌법재판 참조) 대상성요건과 기본권침해가능성요건을 뒤섞어 판시하고 있어서 정돈된 논증이 부족하다.

③ 한일어업협정의 합의의사록 − 헌재는 이는 한일 양국 정부의 어업질서에 관한 양국의 협력과 협의 의향을 선언한 것으로서, 이러한 것들이 곧바로 구체적인 법률관계의 발생을 목적으로 한 것으로는 보기 어려우므로, 합의의사록은 조약에 해당하지 않는다고 보았다(헌재 2001.3.21. 99헌마139).

④ 헌재는 '동맹 동반자 관계를 위한 전략대화 출범에 관한 공동성명' − 구체적인 법적 권리·의무를 창설하는 내용을 전혀 포함하고 있지 아니하므로 조약이 아니라고 보았다(헌재 2008.3.27. 2006헌라4).

2) 조약의 성립절차, 국내법적 효력의 발생

헌법 제6조 제1항은 국내법과 같은 효력을 가지는 조약은 "헌법에 의하여 체결·공포된 조약"이라고 규정하고 있다. 조약의 체결·비준은 대통령이 행한다(제73조). 조약안은 국무회의의 심의를 거쳐야 하며(제89조 제3호) 헌법 제60조에 열거된 중요조약에 대해서는 국회의 동의를 받아야 한다(대통령의 조약체결·비준, 국회의 조약체결·비준동의에 대해서는 뒤의 국가권력규범론 부분 참조). 공포는 대통령이 한다(법령 등 공포에 관한 법률 제6조). 통상조약의 체결·비준에 대해서는 그 기본적인 절차를 규정한 별도의 법률이 제정되어 있는데 '통상조약의 체결절차 및 이행에 관한 법률'이 그것이다.

(2) 조약의 국내법적 효력에 관한 학설

1) 법률·명령동위설

[의미] 우리나라의 다수설은 헌법우위설을 취하여 조약은 헌법 아래의 효력을 가지며 조약 중에는 국내의 '법률'의 효력을 가지는 것도 있고 그 보다 아래의 '명령'과 같은 효력을 가지는 것도 있다고 본다.[41] 다수설이 헌법우위설을 취하는 논거를 보면 헌법 제6조 제1항이 유효하

게 성립되지 않은 위헌조약(違憲條約)에 대해서까지 국내법적 효력을 인정하는 것은 아니라고 보아야 하기 때문이라거나[42] 대통령의 조약체결권은 어디까지나 '헌법'이 부여한 권한일 뿐이기 때문이라고 한다.[43]

[법률적 효력·명령적 효력의 구분기준 – 국회동의 여부] 이러한 다수설에 따르더라도 법률적 효력의 조약과 명령적 효력의 조약의 구분기준이 문제될 것이다. 다수설에 속하는 대부분의 학자들의 견해는 '법률'의 효력을 가지는 조약이란 헌법 제60조 제1항에 의한 체결·비준에 국회의 동의를 받아야 하는 조약으로서 그 동의를 얻은 조약을 의미한다고 본다.[44]

2) 단계설

위 법률·명령동위설도 법률, 명령 간 서열을 생각하면 그 두 효력, 즉 법률적 효력의 조약과 명령적 효력의 조약 간에 서열을 인정하는 것이므로 단계설에 속한다. 이 법률·명령동위설과 약간 달리 법률적 효력의 조약과 명령적 효력의 조약으로 나누면서도 국제연합헌장이나 국제인권규약 등은 헌법률(憲法律)과 같은 효력을 가진다고 보아 그 외 헌법적 효력의 조약을 인정하는 견해도[45] 있다.

3) 도해

위 논의를 도해화하면 다음과 같다.

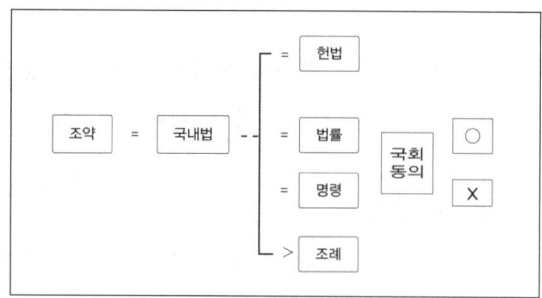

❏ 조약의 국내법 효력관계 도해

* 조례와의 관계에서 조약이 우위에 있는데(>표시) 이에 대해서는 후술함.

(3) 조약의 국내법적 효력에 관한 판례

1) 판례의 주된 경향

헌재판례는 대체적으로 국회동의를 받은 조약은 법률적 효력의 조약을 가진다고 보는 결

---

41) 계희열, 전게서, 187면; 문홍주, 제6공화국 한국헌법, 해암사, 1987, 147면; 구병삭, 신헌법원론 보정판, 박영사, 1989, 249면; 권영성, 신판 헌법학원론, 법문사, 1997, 172면("司法的 審査를 담당하는 기관은 법률과 동일한 효력을 가지는 조약일 경우에는 헌법재판소이지만, 대통령령과 동일한 효력을 가지는 조약(행정협정)일 경우에는 각급법원이다"); 허영, 한국헌법론, 신정 11판, 박영사, 1999, 174면.
42) 문홍주, 상게서, 같은 면; 구병삭, 상게서, 248면; 권영성, 전게서, 180면.
43) 권영성, 전게서, 같은 면.
44) 문홍주, 상게서, 같은 면; 구병삭, 상게서, 251면; 김철수, 전게서, 226면; 허영, 상게서, 같은 면 등.
45) 김철수, 전게서, 226면.

정례를 많이 보여주고 있다(후술 법률적 효력조약으로 본 결정례들 참조).

  2) 구체적 판례

  국제조약의 국내법적 효력에 관한 헌법재판소와 대법원의 판례로는 아래와 같은 것들이 있
었다.

  (가) 헌법적 효력 조약 존재 부정의 결정례 우리 헌재 결정례 중에는 헌법의 조약 우위설
을 취하여 헌법적 효력의 조약을 부정하는 입장을 취하는 판시를 한 결정례가 있다. 헌재는 그
런 입장에서 법률적 효력을 가지는 조약의 체결로 헌법개정절차에서 요구되는 국민투표권이
침해된 것은 아니라고 하여 헌법소원심판에서 청구요건으로서 요구하는 침해가능성 요건(이 요
건에 대해서는 후술 헌법재판, 헌법소원 청구요건 부분 참조)을 부정하여 청구를 각하한 예이다. 사
안은 '대한민국과 미합중국 간의 자유무역협정'(2012.3.12. 조약 제2081호, 이하 '한미무역협정')이
대한민국의 입법권의 범위, 사법권의 주체와 범위를 변경하고, 헌법상 경제조항(제119조 및 제
123조)에 변경을 가져오는 등 실질적으로 헌법 개정에 해당함에도, 국민투표 절차를 거치지 않
은 것은 대한민국 국민인 청구인의 헌법개정 국민투표권을 침해하고 평등권 등도 침해한다는
주장의 헌법소원심판 청구에 대해 위와 같이 법률적 효력의 조약임을 내세워 각하한 것이다(●
판례 헌재 2013.11.28. 2012헌마166).

  * 검토 − ⅰ) 헌재가 헌법적 효력의 조약을 부정하게 하는 논거가 명확하지 않다. 일단 "우
리 헌법은 조약에 대한 헌법의 우위를 전제하고 있으며"라고 하는데 왜 우위인지 이유를 직접
명백히 밝히지는 않고 있다. 이 점을 차치하더라도 ⅱ) 사안은 더구나 '대한민국과 미합중국 간
의 자유무역협정'(2012.3.12. 조약 제2081호)이 심판대상이고 이 협정을 헌재 자신이 헌법 제60조
제1항에 의한 국회동의를 필요로 하는 우호통상항해조약의 하나로서 법률적 효력을 가진 것이
라고 보면서 굳이 위와 같은 설시를 할 이유가 있었는지 그 실익도 의문이다. 다시 말하면 헌법
우위설을 취하지 않아도 해결될 사안이었다. ⅲ) 헌재는 위 결정 이전에 우리 헌법과 '실질적으로
동일한 내용을 규정'한 조약을 인정한 예를 보여주고 있는데(강제노역 금지를 규정한 '시민적 및 정
치적 권리에 관한 국제규약' 제8조 제3항은 역시 강제노역의 금지를 규정한 우리 헌법 제12조 제1항 후문
과 같은 취지라고 할 수 있어 위 규약과 우리 헌법은 실질적으로 동일한 내용을 규정하고 있다 할 것이라
고 판시한 결정례(헌재 1998.7.16. 97헌바23. 아래 (다)에 인용된 것 참조)가 그것이다. 이러한 결정례
는 헌법과 실질적으로 같은 내용의 조약을 인정하는 것이어서 이에 위 결정은 모순된다.

  (나) 국제인권규약 규정 기본권을 제한하는 국내법률이 국제인권규약에 위배되는지가 문
제되면서 그 규약 규정의 국내법적 효력이 논의될 수 있다. 그런 경우에 해당되었던 아래와 같
은 결정례들이 있었다.

  ① **노동조합 결성·가입에 관한 국제인권규약 규정** 교원의 노조설립을 금지하고 있었던 구
사립학교법 규정에 대한 위헌법률심판에서 헌법재판소는 노동조합 결성·가입에 관한 규정들인
'경제적·사회적 및 문화적 권리에 관한 국제규약'[International Covenant on Economic, Social and

Cultural Rights, 1990.6.13. 조약 1006호, 이른바 에이(A)규약] 제4조. 제8조 제1항 A호,' 시민적 및 정치적 권리에 관한 국제규약'[1990.6.13. 조약 1007호, 이른바 비(B)규약] 제22조에의 위배 여부를 판단하면서 그 국내법적 효력에 대해 설시한 바 있다. 헌법재판소는 A규약 제4조가 국내법률로 권리를 제한할 수 있도록 하는 일반적 법률유보조항을 두었다는 이유로, 제8조 제1항 A호가 노동조합의 결성·가입권을 국내법률로 제한할 수 있도록 하는 법률유보조항을 두었다는 이유로 사립학교법의 문제의 규정이 위 국제인권규약 규정들에 위배되지 않는다고 보았다. 그리고 B규약 제22조는 우리의 국내법적인 수정의 필요에 따라 가입당시 유보되었기 때문에 직접적으로 국내법적 효력을 가지는 것도 아니기에 국내법적 효력을 직접적으로 가지지 않는다고 보았다. 그리하여 위 규약이 권리의 본질을 침해하지 아니하는 한 국내의 필요한 범위 안에서 근로기본권의 법률에 의한 제한은 용인하고 있다고 보아 합헌으로 결정하였다(● 판례 헌재 1991.7.22. 89헌가106).

위 헌재의 입장은 "공무원은 노동운동 기타 공무 이외의 일을 위한 집단행위를 하여서는 아니된다"라고 규정한 지방공무원법 제58조에 대한 합헌결정(헌재 2005.10.27. 2003헌바50), "공무원은 노동운동 기타 공무 이외의 일을 위한 집단적행위를 하여서는 아니된다"라고 규정한 국가공무원법 제66조 1항에 대한 합헌결정(헌재 2007.8.30. 2003헌바51), 공무원노동조합의 가입범위를 6급 이하 일반직 공무원 등으로 제한하고 단체교섭권을 제한한 '공무원의 노동조합 설립 및 운영 등에 관한 법률' 규정들에 대한 기각결정(합헌성인정)(헌재 2008.12.26. 2005헌마971)에서도 그대로 이어졌다. 헌재는 결국 위의 국제인권규약 규정들은 국내법에 유보적 효력을 가지는 조약으로 파악하는 입장이다.

② **계약의무 이행불능만을 이유로 한 구금의 금지**   수표 부도 시 처벌하는 부정수표단속법 제2조 제2항이 "어느 누구도 계약상 의무의 이행불능만을 이유로 구금되지 아니한다"라는 '시민적 및 정치적 권리에 관한 국제규약' 제11조에 반하는 것인지 여부가 논란된 바 있었다. 그러나 헌재는 그 죄질에 있어 사기의 요소도 있어 처벌하는 것이고 결코 '계약상 의무의 이행불능만을 이유로 구금' 되는 것이 아니므로 위 규약에 위배되지 않는다고 보았다(● 판례 헌재 2001.4.26. 99헌가13).

③ **알 권리, 표현의 자유와 국제인권규약**   구치소에 수감된 미결수용자가 구독하는 일간지의 일부기사를 삭제한 행위가 알 권리의 침해이고 표현의 자유를 규정한 '시민적 및 정치적 권리에 관한 국제규약' 제19조에 반한다는 주장이 있었으나 헌재는 배척하였다(헌재 1998.10.29. 98헌마4).

④ **양심적 병역거부권과 국제인권규약**   양심상의 이유로 병역을 거부하는 자를 형사처벌하는 것은 우리나라가 가입한, 사상·양심·종교의 자유를 규정한 '시민적 및 정치적 권리에 관한 국제규약' 제18조에 어긋나 헌법 제6조 제1항에 반한다는 주장이 있었다. 헌재는 위 규약 제18조는 물론, 규약의 다른 어느 조문에서도 양심적 병역거부권(right of conscientious objection)을 기본적인 인권의 하나로 명시하고 있지 않고 국제연합인권이사회가 양심적 병역거부권이 규약

제18조에 기초한 정당한 권리행사라는 점을 분명히 하고, 대체복무제를 실시하라는 권고를 하였으나 이는 권고적 효력만 있을 뿐 법적인 구속력을 갖는 것은 아니라고 하여 위 규약에 따라 바로 양심적 병역거부권이 인정되거나, 양심적 병역거부에 관한 법적인 구속력이 발생한다고 보기 곤란하다고 보아 헌법 제6조 제1항의 위반을 인정하지 않았다.46) 그런데 2018년에 와서 헌재의 법정의견은 청구인들이 헌법 제6조 위반(즉 위 국제규약 제18조 위반)이라는 주장에 대해서는 언급하지 하지 않고[UN 자유권규약위원회(Human Rights Committee)가 2015년에 우리나라에 양심적 병역거부자를 석방하고, 그들의 전과기록을 말소하고 적절한 보상을 하며, 민간적 성격의 대체복무제를 도입할 것을 권고하였다는 등의 연혁은 언급함], 양심적 병역거부에 관련된 대체복무제가 없는 병역종류조항은 과잉금지원칙을 위배하여 양심의 자유를 침해한 위헌이라고 하면서 헌법불합치결정을 하였다(헌재 2018.6.28. 2011헌바379등, 병역법 제88조 제1항 등 위헌소원 등. * 이 결정에 대해서는 뒤의 기본권론, 양심의 자유 부분 참조).

(다) 우리 헌법과 실질적으로 동일한 내용의 국제인권규약규정   국제인권규약은 기본권을 담고 있는 규약이기에 국내헌법과 동일한 내용을 규정할 수 있다. 헌재는 이러한 규약에 대한 위반의 소지는 동일한 내용의 우리 헌법 규정에 위반되지 않으면 없다는 입장이다. 그 점을 밝히고 있는 다음과 같은 헌재 결정례가 있었다. '시민적 및 정치적 권리에 관한 국제규약' 제8조 제3항은 법원의 재판에 의한 형의 선고 등의 경우를 제외하고 어느 누구도 강제노동을 하도록 요구되지 아니한다고 규정하고 있다. 그런데 폭행 · 협박 등의 위법행위를 수반하지 않는 단순한 집단적 노무제공의 거부행위를 구 형법 제314조가 규정하는 위력에 해당한다고 보아 정당행위로서 위법성이 조각되지 않는 한 형사처벌할 수 있다는 대법원 판례의 해석방법이 위 규약규정에 위배되는지 여부가 논란이 되었다. 헌재는 위 규약의 조항이 법률과 적법절차에 의하지 않은 강제노역의 금지를 규정한 우리 헌법 제12조 제1항 후문과 같은 취지라고 할 수 있어 위 규약과 우리 헌법은 실질적으로 동일한 내용을 규정하고 있다 할 것이므로 그 해석이 우리 헌법에 위반되지 않는다고 판단하는 이상 위 규약 조항 위반의 소지도 없다고 보았다(● 판례 헌재 1998.7.16. 97헌바23).

(라) 법률적 효력의 조약

가) 판례경향과 법률적 효력 조약의 헌법재판대상성   앞서 밝힌 대로 판례는 국회의 동의를 받은 조약은 법률적 효력의 조약으로 보는 경향이 강하다. 법률적 효력의 조약은 국내의 명령, 규칙, 지방자치단체 조례 등에 비해 상위의 효력을 가진다. 물론 헌법보다 하위의 효력을 가지므로 위헌법률심판이나 헌법소원심판에서 위헌 여부 판단에 적용기준이 되지는 못한다(위헌법률심판과 헌법소원심판에서는 헌법위반 여부가 따져지므로 헌법이 심사기준이 된다). 오히려 그 자체가 헌법재판의 대상이 된다.

나) 헌법재판 기준성 부인된 법률적 효력 조약   그러한 예로 아래와 같은 결정례가 있다.

---

46) 헌재 2011.8.30. 2007헌가12 등. 판례변경되기 전의 합헌결정이었다.

− '아시아·태평양지역에서의 고등교육의 수학, 졸업증서 및 학위인정에 관한 지역협약': 헌재는 이 협약은 "그 법적 지위가 헌법적인 것은 아니며 법률적 효력을 갖는 것이라 할 것이므로 예비시험 조항의 유무효에 대한 심사척도가 될 수는 없고"라고 하였다(◑ 판례 헌재 2003.4.24. 2002헌마611).

다) 법률적 효력 조약에 대한 결정례들

① **SOFA협정**　대한민국과아메리카합중국간의상호방위조약제4조에의한시설과구역및대한민국에서의합중국군대의지위에관한협정(이른바 'SOFA협정') 제2조 제1의 (나)항 위헌제청사건에서 위 협정을 법률적 효력의 조약으로 본 것으로 이해된다(◑ 판례 헌재 1999.4.29. 97헌가14. * 저자 주 − 헌재가 이 SOFA협정에 대해 직접 '법률'의 효력을 가지는 조약이라고 하지는 않았지만 헌재가 이 조약은 국회의 비준동의를 거친 것임을 밝히고 있고 이 사건은 법률을 그 대상으로 하는 위헌법률심판으로서 본안판단에 들어간 점에서 여기에 분류한 것이다). 본안판단결과 합헌결정이 되었다.

② **'대한민국과 일본국 간의 어업에 관한 협정'**　국회동의를 받아 법률적 효력의 조약이라고 하고 본안판단한 결과 기각결정이 되었다(◑ 판례 헌재 2001.3.21. 99헌마139등. [판시] "이 사건 협정은 우리나라와 일본간의 어업에 관해 '헌법에 의하여 체결·공포된 조약'으로서 국내적으로 '법률'과 같은 효력을 가진다. "대한민국과일본국간의어업에관한협정"으로 한일 양국간에 서명되고, 국회의 비준·동의를 받은 후 1999.1.22.에 조약 제1477호로 발효되었다).

③ **국제통화기금(IMF)협정 제9조 제3항, 제8항, 전문기구협약 제4절 본문, 제19절 (a)**　국제통화기금 임직원의 '공적(公的) 행위'에 대한 재판권 면제 등을 규정한 이 사건 조항이 재판청구권의 침해라고 주장하는 헌법소원심판사건이었다. 헌재는 "국회의 동의를 얻어 체결된 것이므로 헌법 제6조 제1항에 따라 국내법적 효력을 가지며, 그 효력의 정도는 법률에 준하는 효력이라고 이해된다"라고 하여 위헌심판대상성은 인정되었으나 한정위헌청구라는 점에서는 부적법하다고 하여 결국 각하결정이 된 것이다(◑ 판례 헌재 2001.9.27. 2000헌바20).

④ **'대한민국과 미합중국 간의 자유무역협정'(2012.3.12. 조약 제2081호. 한미FTA)**　헌재는 "한미무역협정의 경우, 헌법 제60조 제1항에 의하여 국회의 동의를 필요로 하는 우호통상항해조약의 하나로서 법률적 효력이 인정되므로"라고 판시한 바 있다. 그러나 기본권침해가능성이 인정되지 않는다고 하여 결국 각하결정을 하였다(◑ 판례 헌재 2013.11.28. 2012헌마166. 이 결정에 대해서는 위 헌법적 효력 조약 부인 부분도 참조).

⑤ **'국회의 비준동의도 받았으므로 국내법과 같은 효력'이란 판시가 있었던 예**　헌재가 국회의 비준동의를 받은 조약에 대해 '국내법률'이란 말은 하지 않고 "'국내법'과 같은 효력을 가지고"라고 한 예를 볼 수 있다(2016헌마780).

(마) 지방자치단체 조례보다 상위인 조약

가) 조례와 조약의 효력 관계　헌법 제117조 제1항 후문은 "법령의 범위 안에서" 자치에 관한 규정(즉 조례)을 제정할 수 있다고 규정하고 있으므로 조례는 국가의 법령인 헌법, 법률,

명령에 위배되어서는 아니 된다. 그런데 조약은 위에서 살펴본 학설의 우세한 입장에 따르면 국회동의를 받은 경우에는 법률과 같은 효력을, 국회동의를 받지 않은 경우에는 명령과 같은 효력을 가진다. 조례는 명령보다 하위에 있으므로 결국 조례는 국회 비준동의를 받았든 받지 않았든 우리나라가 체결한 조약보다 하위의 효력을 가질 수밖에 없다. 국회 비준동의를 받지 않은 조약이 조례보다 늘 상위에 있다는 점은 지방자치의 확립이라는 관점에서 검토되어야 하고 헌법개정을 통해 시정되어야 할 사항이다.

> ■ 헌법 제117조 ① 지방자치단체는 주민의 복리에 관한 사무를 처리하고 재산을 관리하며, <u>법령의 범위 안에서</u> 자치에 관한 규정을 제정할 수 있다.

"법령의 범위 안에서" = "법령(헌법, 법률, 명령)의 범위 안에서"
‖
조례 〈 헌법, 법률(=국회비준동의 받은 조약), 명령(=국회비준동의 받지 않은 조약)
∴ 조례 〈 조약 (국회의 비준동의 유무 불문 모든 조약이 조례보다 상위)

국내법		조약
헌법	=	헌법적 내용
↓		↓
법률	=	국회 비준동의 ○
↓		↓
명령	=	국회 비준동의 ×
↓		↓
조례		

❏ **국내법, 조례와 조약과의 효력 관계**

나) 실제 대법원판결례　　국회동의가 없었던 조약이어서 명령적 효력 조약인데 조례 보다 상위에 있다고 판단된 판례는 아니나 대법원이 국회의 동의를 얻어 공포·시행된 조약이 헌법 제6조 제1항에 의하여 국내법령과 동일한 효력을 가지므로 지방자치단체가 제정한 조례가 그 조약에 위반되는 경우에는 그 효력이 없다는 판결을 한 예로는 다음의 대법원판결을 들 수 있다. 그 판결의 사안을 보면 어느 지방자치단체의 조례안이 초·중·고등학교 급식을 위해 그 지방자치단체에서 생산되는 우수농산물을 우선적으로 사용하도록 하고 우수농산물을 사용하는 자에 대한 지원을 내용으로 하고 있었다. 대법원은 이 조례안은 내국민대우원칙을 규정한 '1994년 관세 및 무역에 관한 일반협정'(General Agreement on Tariffs and Trade 1994, 'GATT')이 국회의 동의를 얻어 공포·시행된 조약으로서 헌법 제6조 제1항에 의하여 국내법령과 동일한 효력을 가지므로 이 협정에 위반되어 그 효력이 없다고 아래와 같이 판시하였다. 국회동의를 받은 조약은 국내

'법률'로서의 효력을 가진다고 보는 학설이 많은데 대법원은 국회동의를 받은 그 조약의 국내법적 효력을 인정하면서 국내법률이라고 하지 않고 국내 '법령'이란 용어로 판시하면서 여하튼 조례 보다 상위의 효력을 인정한 것이다.

> ◐ **대법원판례** 대법원 2005.9.9. 2004추10 전라북도학교급식조례재의결무효확인
> [판결요지] [1] '1994년 관세 및 무역에 관한 일반협정'(General Agreement on Tariffs and Trade 1994, 이하 'GATT'라 한다)은 1994.12.16. 국회의 동의를 얻어 같은 달 23. 대통령의 비준을 거쳐 같은 달 30. 공포되고 1995.1.1. 시행된 조약인 '세계무역기구(WTO) 설립을 위한 마라케쉬협정'(Agreement Establishing the WTO)(조약 1265호)의 부속 협정(다자간 무역협정)이고, '정부조달에 관한 협정'(Agreement on Government Procurement, 이하 'AGP'라 한다)은 1994.12.16. 국회의 동의를 얻어 1997.1.3. 공포시행된 조약(조약 1363호, 복수국가간 무역협정)으로서 각 헌법 제6조 제1항에 의하여 국내법령과 동일한 효력을 가지므로 지방자치단체가 제정한 조례가 GATT나 AGP에 위반되는 경우에는 그 효력이 없다. [2] 특정 지방자치단체의 초·중·고등학교에서 실시하는 학교급식을 위해 위 지방자치단체에서 생산되는 우수 농수축산물과 이를 재료로 사용하는 가공식품(이하 '우수농산물'이라고 한다)을 우선적으로 사용하도록 하고 그러한 우수농산물을 사용하는 자를 선별하여 식재료나 식재료 구입비의 일부를 지원하며 지원을 받은 학교는 지원금을 반드시 우수농산물을 구입하는 데 사용하도록 하는 것을 내용으로 하는 위 지방자치단체의 조례안이 내국민대우원칙을 규정한 '1994년 관세 및 무역에 관한 일반협정'(General Agreement on Tariffs and Trade 1994)에 위반되어 그 효력이 없다(무효이다).

(4) 사견

우리 헌법이 국제법존중주의를 취하는 점에서 모든 단계의 우리 국내법이 모든 국제조약에 비해 우위를 가진다고 보는 것은 법리적으로 받아들이기 힘들다. 반대로 모든 국제조약이 모든 국내법보다 우위에 있다고 볼 수도 없다. 우리나라에서 조약의 법률·명령 동위설이 다수설이라고 하는데 국회의 동의를 받은 조약은 법률적 효력의 조약으로 보고 국회의 동의를 받지 않은 조약을 명령적 효력의 조약으로 보는 경향이라고 할 수 있다. 이 법률·명령 동위설은 모든 조약을 일률적으로 보지 않고 법률적 효력의 조약과 명령적 효력의 조약을 구분하는 것은 타당한데 헌법적 효력의 조약 내지 법률보다 상위의 조약을 인정하지 않는다는 점에서 문제가 있다고 본다. 오늘날 법률보다 상위의 조약을 실제 인정한다. 예를 들어 유럽연합에서처럼 유럽연합조약에 합치되지 않는 회원국 국내 법률규정에 대해 법원이 적용을 거부할 수도 있는 것처럼 법률 보다 상위의 조약을 인정하고 있는 것을 볼 수 있다. 헌법적 효력의 조약 내지 법률에 우월하는 조약을 인정한다고 하여 조약우위설을 취하는 것은 아니다. 조약에는 그 외 법률동위적 효력의 조약, 법률하위적·명령동위적 효력 등도 있다고 보고 헌법에 반하는 조약을 인정하지 않기 때문이다. 위와 같은 점들을 고려하건대 결국 단계설이 타당하다. 즉 ① 그 내용상 국내헌법이 담고 있는 내용들과 같은 규정을 가진 조약이거나 인간의 보편적 권리를 선언하고 있는 국제연합헌장이나 국제인권규약과 같은 조약의 규정은 헌법적 효력의 조약규정으로 볼 수 있고 법률 상위의 조약이 있다고 볼 수 있다. 그 다음 단계로 ② 국회의 동의를 받아 성립된 법률적 효력의 조약이 있고, ③ 그 다음 아래 단계로 국회의 동의 없이 우리 정부와 다른 국가의 정부 간에 체결한 행정협정과 같이 명령적 효력을 가지는 조약 등이 있는 것으로 구분된다(개별적 단계설).

우리 판례의 경향을 보면 그동안 헌재가 어느 조약이 헌법적 효력을 가져 위헌심판의 기준으로 적용되며 이에 국내법률이 위배되어서는 아니된다고 직접적이고도 정면으로 명확히 밝힌 결정례는 찾기 힘들고 심지어 헌법적 효력의 조약을 명시적으로 부정하는 결정례조차 있었다. 그러나 위에서 본 판례들 중 우리 헌법과 실질적으로 동일한 내용의 국제인권규약규정을 인정하는 판례(97헌바23. 전술 참조)를 두고 보면 간접적으로는 우리 헌재도 헌법적 차원의 국제조약을 인정하는 것으로 이해하게 한다. 하지만 대체적으로 국제인권규약의 규정들에 대해서는 유보조항을 들어 그 위배여부 판단에 소극적인 경향을 보여주고 있다.

3. '일반적으로 승인된 국제법규'의 효력관계

(1) '일반적으로 승인된 국제법규'의 개념

일반적으로 승인된 국제법규란 많은 국가들이 이를 인정하여 국제사회에서 이를 보편타당한 국제법규범으로서 그 효력이 받아들여지고 있는 국제법규를 의미한다. 일반적으로 승인된 국제법규를 국제관습법만으로 보는 견해와 국제관습법뿐 아니라 우리나라가 가입하지는 않았으나 많은 국가들에 의해 널리 승인된 조약도 포함된다는 견해가 대립되나 후설이 타당하다. 따라서 일반적으로 승인된 국제법규에는 두 가지 경우가 있다. ① 국제관습법과 같은 불문법이 포함된다. ② 우리나라가 가입하지 않았으나 많은 국가들이 가입한 조약으로서 널리 일반적이고 보편적인 효력을 가지는 것으로 볼 수 있는 조약도 포함된다. 우리나라가 당사국인 조약의 경우는 위에서 살펴본 '헌법에 의하여 체결·공포된 조약'에 해당할 것이므로 우리나라가 당사국이 아닌 조약이긴 하나 많은 국가들이 가입하여 일반적인 법규범으로서의 효력을 가지는 것으로 인정되고 있는 국제조약들이 우리나라의 입장에서는 일반적으로 승인된 국제법규가 된다. 국내학자들은 일반적으로 승인된 국제법규인 국제관습법으로서는 민족자결의 원칙, 전쟁법의 일반원칙, 국내문제불간섭의 원칙, 조약은 준수되어야 한다는 원칙, 대사나 공사의 법적 지위에 관한 원칙 등을 들고 있다.[47] 그러나 이러한 국제관습법들은 현재 국제조약으로 성문화되어 있고 우리나라도 대부분 가입하고 있다. 국내학자들은 일반적으로 승인된 국제법규인 조약으로서는 유엔헌장(1945)의 일부, 포로에관한제네바협정(1949), 집단살해(Genocide)죄의 방지와 처벌에 관한 협약(1948), 부전조약(1928) 등[48]과, 그 외 국제우편연맹규정[49] 등을 들고 있다. 그러나 포로에관한제네바협정, 집단살해죄의 방지와 처벌에 관한 협약, 국제우편연맹협정(만국우편협약) 등은 우리도 가입한 조약으로서 이들 협정들이 우리에게 일반적으로 승인된 국제법규가 아니라 조약

---

47) 김철수, 전게서, 245면은 "전쟁법의 일반근본원칙, 대사나 공사 등의 법적 지위에 관한 원칙, 조약은 준수되어야 한다는 원칙 등"을 들고 있고, 권영성, 전게서, 178면은 "포로의 살해금지와 그 인도적 처우에 관한 전시국제법상의 기본원칙, 외교관의 대우에 관한 국제법상의 원칙, 국내문제불간섭의 원칙, 민족자결의 원칙, 조약준수의 원칙 등"을 들고 있다.
48) 권영성, 전게서, 178면.
49) 김철수, 전게서, 245면.

이다. 유엔헌장은 우리나라에게 있어서 유엔에 가입하기 이전의 과거에는 일반적으로 승인된 국제법규이었으나 1991년 유엔에 가입한 이후에는 조약으로 바뀌어 더 이상 일반적으로 승인된 국제법규가 아닌 것으로 되었다. 국제인권규약도 1990년에 우리나라가 가입하기 전에는 일반적으로 승인된 국제법규였으나 가입 이후에는 조약으로 바뀌었다.

어느 국제법규가 '일반적으로 승인된' 것인지에 대한 판단을 어느 국가기관이 행할 권한을 가지는지에 대해 우리 헌법은 규정을 두고 있지 않다. 일반적으로 재판에서 법규범을 해석, 적용해야 하는 법원에게 있고 최종적으로는 대법원에 있다. 헌법재판소도 위헌법률심판과 헌법소원심판 등에서 그것을 대상으로 심판하거나 심사기준으로 적용하여야 하므로 그 국내법적 효력에 대한 판단권을 가진다.

(2) 국내법적 효력관계에 관한 학설

일반적으로 승인된 국제법규의 효력에 대해서는 다음과 같은 학설들이 있다.

1) 단계설

국제법규의 단계구조에 따라 이에 상응하는 국내의 헌법률·법률·명령 등과 같은 효력을 가진다라고 보는 견해가[50] 있다. 이 견해는 "일반적으로 승인된 국제법규 중에는 우리나라의 헌법에는 하위이나 국내 헌법률과 같은 효력을 가지며, 일반적인 법률에는 우위라고 볼 수 있는 것도 있다"라고 보면서 그 근거로 "일반적으로 승인된 국제법규는 세계의 대부분의 국가가 승인하고 있는 법규범으로 우리 헌법의 전문(前文)에 따라 헌법의 한 구성원리를 형성하고 있기 때문이다"라고 한다.[51]

2) 헌법하위법설

(가) 헌법하위 법률상위설　획일적으로 판단하기는 어렵다고 하면서도 대체로 헌법보다는 하위이나 법률보다는 상위의 효력을 가진다고 보는 설이 있다.[52]

(나) 국내법률효설　우리나라가 관여하지 않은 일반적으로 승인된 국제법규에 대하여 국내법률과 같은 효력을 인정하는 것은 국제평화를 존중하려는 취지임에 틀림없다고 보는 견해가[53] 있다. 또 국제법규의 국내법적 효력은 헌법보다 하위에 있고 법률과 국제법규는 그 형식적 효력이 동일하므로 양자가 충돌할 경우에는 국내법률 상호간의 경우처럼 신법을 우선하여야 한다는 견해[54]가 있다.

(다) 국내법률 또는 국내명령의 효력설　법률적 효력의 국제법규, 명령적 효력의 국제법규로 나누어 인정하는 견해도 있다.[55]

---

50) 김철수, 전게서, 225면.
51) 김철수, 전게서, 224면.
52) 계희열, 헌법학(상), 박영사, 2005, 184면.
53) 문홍주, 전게서, 149면.
54) 권영성, 전게서, 170면.
55) 구병삭, 전게서, 249면.

(3) 국내법적 효력관계에 관한 판례

일반적으로 승인된 국제법규에 관한 헌재 판례로는 아래와 같은 것들이 있었는데 일반적으로 승인된 국제법규로서 우리나라의 국내법적 효력을 인정한 헌재 판례를 현재로서는 찾기 어렵다.

1) 세계인권선언(국제연합(UN)의 '인권에 관한 세계선언')의 법적 구속력 부정　　　세계인권선언(국제연합 총회에서 채택된 1948년 12월 10일 '인권에 관한 세계선언')에 대해서는 선언적인 의미를 가지고 있을 뿐 그 법적 구속력을 가지지 않는다고 보는 것이 일반적인 이론이다. 헌재도 세계인권선언은 그 전문에 나타나 있듯이 "인권 및 기본적 자유의 보편적인 존중과 준수의 촉진을 위하여 … 모든 국민과 모든 나라가 달성하여야 할 공통의 기준"으로 선언하는 의미는 있으나 그 선언내용인 각 조항이 바로 보편적인 법적구속력을 가지거나 국제법적 효력을 갖는 것으로 볼 것은 아니라고 판시하여 같은 입장이다(89헌가106; 2003헌바50; 2003헌바51등; 2005헌마971).

2) 국제노동기구 조약의 효력

일반적으로 승인된 국제법규인지가 논란이 되었던 판례들로 국제노동기구 조약에 대한 것들이 많았다. 헌재는 ① 국제노동기구(ILO)의 제105호 조약(강제노동의 폐지에 관한 조약. 97헌바23), ② 제87호 협약(결사의 자유 및 단결권 보장에 관한 협약), 제98호 협약(단결권 및 단체교섭권에 대한 원칙의 적용에 관한 협약), 제151호 협약(공공부문에서의 단결권 보호 및 고용조건의 결정을 위한 절차에 관한 협약)(2003헌바50)은 "우리나라가 비준한 바가 없고, 헌법 제6조 제1항에서 말하는 일반적으로 승인된 국제법규로서 헌법적 효력을 갖는 것이라고 볼 만한 근거도 없으므로 이 사건 심판대상 규정의 위헌성 심사의 척도가 될 수 없다"라고 결정한 바 있다. 국제노동기구 가입 이후에도 국제노동기구의 위 제87호 조약, 제98호 조약에 대해 동 조약들을 우리나라가 비준한 바 없다고 하여 그 효력을 부정하는 것이 우리 헌재의 입장이다(헌재 2007.8.30. 2003헌바51).

(4) 사견

헌재 판례가 일반적으로 승인된 국제법규로 인정한 예는 아직 없고 소극적인 입장을 보여주고 있다. 생각건대 일반적으로 승인된 국제법규도 우리 헌법 제6조 제1항이 국제법존중주의에 입각하여 "국내법과 같은 효력을 가진다"라고 명시하고 있기에 일반적으로 승인된 국제법규들 모두가 모든 국내법보다 하위에 있다고 볼 수는 없고 반대로 모든 국내법보다 우위에 있다고 볼 수 없으므로 국내법적인 효력에 있어서 단계적인 효력을 가진다고 볼 것이다. 즉 헌법적 효력의 국제법규, 법률적 효력의 국제법규, 명령적 효력을 가지는 국제법규 등으로 나누어진다. 문제는 그러한 효력단계의 구분에서 '조약'의 경우에는 국회동의를 중요 판단준거로 하였으나 일반적으로 승인된 국제법규의 경우는 그러하지 못하다는 점에 있다. 따라서 내용적으로 파악되어야 할 것이다. 그 국제법규의 내용이 헌법적 차원의 것인지 법률적 차원의 것인지,

명령적 차원의 것인지에 따라 판별하자는 것이다.

4. 국제기구의 권고, 견해

국제기구의 권고의 비구속성, 위헌심사 척도성 부정 – 국제기구가 각종 권고를 할 수 있다. 그동안 거론된 권고에 대해서 헌재는 직접적으로 국내법적인 효력을 가지는 것이라고도 할 수 없다고 하거나(UNESCO, I.L.O. 등의 "교원의 지위에 관한 권고". 89헌가106), 또는 그 권고만으로 위헌심사대상인 우리 국내의 법률조항이 위헌으로서 당연히 효력을 상실하는 것은 아니라고 보거나(OECD 위원회의 공무원노조 관련 권고. 2003헌바50) 그 권고를 위헌심사 척도로 삼을 수는 없다고(I.L.O. 위원회 등의 공무원노조 관련 권고, 교사 노조 관련 권고. 2003헌바51등, 2013헌마671) 보아 국내법적 효력을 부인하는 입장을 보여주고 있다.

국제기구 위원회가 채택한 견해에 대해서도 그 법적 구속력이 주장되나 헌재가 받아들이지 않은 결정례가 있었다(● 판례 헌재 2018.7.26. 2011헌마306. * 양심적 병역거부를 이유로 유죄판결을 받은 청구인들의 개인통보에 대하여 자유권규약위원회(Human Rights Committee)가 채택한 견해, 즉 대한민국이 자유권규약 제18조 제1항을 위반하였으며 대한민국은 청구인들에게 전과기록을 말소하고 충분한 보상을 하는 등의 효과적인 구제조치를 제공할 의무가 있다는 견해(Views)가 법적 구속력이 없다고 보아 각하한 결정이다. 이 각하결정은 양심적 병역거부에 대한 헌법불합치결정이 있은 직후에 내려진 것이긴 하였다).

Ⅳ. 조약에 대한 위헌심사 · 위법심사의 문제

1. 심사가능성에 대한 논의

국제조약이 국내 헌법이나 법률에 위배되는지 여부를 심사할 수 있는지에 대해서는 견해가 갈린다. 현실적으로 보아 국제조약은 한 국가만의 문제가 아니라 다른 조약 체결국가들이 있다는 점에서 심사대상성에 논란이 없지 않은 것이다. 통치행위 이론에 따라 조약은 집행부(대통령)의 고도의 정치적 작용이라고 하여 심사대상성을 부정하는 입장도 있다(통치행위에 대해서는 후술 제4부 '국가권력규범론' 사법부 부분 참조). 그러나 우리 헌재는 그동안 조약에 대한 위헌심판을 한 예를 보여주었다[아래 (2)에 인용된 결정례들 참조]. 조약이 가지는 국내법적 효력이 각 조약에 따라 다르다고 본다면 그리하여 법률적 효력의 조약, 명령적 효력의 조약을 인정하면 그러한 조약들의 국내의 헌법과 법률에의 위반 여부가 심사될 수 있다고 볼 것이다.

2. 심사대상과 방식

(1) 법률적 효력의 조약의 경우

1) 위헌법률심판, 위헌소원심판

법률에 대한 위헌여부 심판이 헌법재판소의 관할이므로 법률적 효력의 조약은 헌법재판소의 위헌법률심판의 대상이 된다. 법원은 위헌심판권이 없고 위헌심판제청권을 가진다. 법원이 직권이나 당사자의 위헌심판제청신청을 받아들여 제청을 하면 위헌심판이 이루어진다(● 판례 - 조약에 대해 법원의 제청이 있어서 행해진 위헌법률심판의 실제례: 대한민국과아메리카합중국간의상호방위조약제4조에의한시설과구역및대한민국에서의합중국군대의지위에관한협정 제2조 제1의 (나)항 위헌제청, 헌재 1999.4.29. 97헌가14. 본안판단결과 합헌결정이 되었다. 이 결정에 대한 자세한 것은 후술, 자기집행조약, 비자기집행조약 부분 참조).

법원이 당사자의 위헌심판제청신청을 받아들이지 않으면 당사자는 헌법재판소법 제68조 제2항에 따라 위헌여부심판을 받기 위한 헌법소원(이른바 '위헌소원', 이에 대해서는 후술 헌법재판 부분 참조)심판을 청구할 수 있다. 이 위헌소원심판에 따라 법률적 효력의 조약에 대해 위헌심판이 이루어질 수도 있다(● 판례 - 조약에 대한 위헌소원심판의 실제례: ① 한일어업협정 위헌소원, 헌재 2009.2.26. 2007헌바35, 합헌결정, ② 국제통화기금조약 제9조 제3항 등 위헌소원, 헌재 2001.9.27. 2000헌바20, 각하결정).

* 조약이 직접 심판대상은 아니나 실질적으로 심사된 결과를 보여준 예: 조약이 위헌법률심판의 대상이 직접된 것은 아니었으나 그 심판대상법률에 조약이 관련성을 가지는 경우 그 법률에 대한 심사가 이루어지는 가운데 그 조약에 대해 헌법재판소가 실질적인 심사를 한 결과를 가져온 것으로 볼 수 있는 결정례가 있었다(● 판례 헌재 1998.11.26. 97헌바65. '마라케쉬 협정' 관련 사건. 이 협정은 심판대상이 아니었지만 이 협정으로 가중처벌을 하게 된 '특정범죄가중처벌 등에 관한 법률' 제6조 등에 대해 합헌으로 결정하여 이 협정도 실질적으로 합헌결정을 받은 것으로 볼 수 있다).

2) 법령소원심판

법률적 효력의 조약 그 자체가 국민의 기본권을 직접 침해하는 경우에는 그 조약 자체를 대상으로 하는 헌법소원(이를 '법령소원'이라 함. '법령소원'에 대해서는 후술 헌법재판 부분 참조)심판을 청구할 수 있는데 이 법령소원심판을 통하여 위헌여부가 심판될 수도 있다. 이 경우 헌법소원심판의 청구요건인 기본권침해의 가능성, 기본권침해의 자기관련성, 직접성, 현재성 등(이에 관해서는 후술 '헌법재판' 부분 참조)을 갖추어야 한다. 헌법재판소는 미군기지이전에 관한 조약들 등에 대한 헌법소원심판의 청구가 이러한 청구요건을 갖추지 못하였다고 하여 각하결정을 한 바 있다(2005헌마268; 2000헌마462). 조약에 대한 법령소원심판으로서 청구요건을 갖추었다고 보아 본안판단까지 가서 기각된 예로는 '대한민국과 일본국간의 어업에 관한 협정' 사건이 있었다(● 판례 헌재 2001.3.21. 99헌마139등).

(2) 명령적 효력의 조약의 경우

명령적 효력의 조약에 대해서는 우리 헌법에 대한 위배 여부(위헌 여부) 심판뿐 아니라 우리 법률에 대한 위배 여부(위법 여부) 심판의 대상이 될 수 있다. 우리 헌법은 명령이 헌법이나 법률에 위반되는 여부가 재판의 전제가 된 경우에는 대법원은 이를 최종적으로 심사할 권한을 가진다고 규정하고 있으므로(제107조 제2항) 명령적 효력의 조약에 대해서는 법원이 우리 헌법이나 법률에 위배되는지 여부를 심사하게 된다. 명령적 조약 자체가 직접 국민의 기본권을 침해하는 경우에는 그 조약 자체를 대상으로 하는 법령소원심판을 헌법재판소에 청구할 수 있는바 헌법재판소도 이 법령소원심판을 통하여 심사하게 된다.

(3) 헌법적 효력의 조약의 경우

ⅰ) 법률,명령에 대한 위헌심사기준으로서 헌법적 효력의 조약 - 헌법적 효력의 조약은 국내의 법률, 명령, 규칙 조례에 대한 심판에 있어서 심사기준(척도)이 된다(이에 대해서는 후술 6. 참조). ⅱ) 위헌심사대상으로서의 헌법적 효력의 조약(헌법률적 효력의 조약) - 헌법규범들 간에도 상하관계가 있음(헌법핵보다 하위의 헌법률이 있음)을 인정하는 단계론에 따르면 헌법률적 효력의 조약이 국내의 헌법핵적인 규범에 반하는지 여부를 심사할 가능성을 인정하게 된다. 그 가능성이 인정된다면 법원의 제청에 의한 위헌심판, 위헌소원심판, 법령소원심판을 통한 심사가능성이 인정될 것이다. 그러나 우리 헌재는 현재까지 헌법규정에 대한 위헌심사가능성을 부정하고 있다.[56)]

3. 국내의 집행법률이 필요한지 여부에 따른 심사가능성: 자기집행적 조약과 비자기집행적 조약

[문제 소재] 조약에는 국내에서 집행을 위한 입법이 마련되지 않아도 그 구체적 효력이 발생되는 조약인 자기집행적 조약(自己執行的 조약, self-executing treaties)과 그 구체적 효력을 발생하기 위해 집행을 위한 국내의 입법이 이루어져야 하는 조약인 비자기집행적 조약(非自己執行的 조약, non-self-executing treaties)이 있다. 따라서 비자기집행적 조약의 경우에는 원 조약과 국내입법이 있게 되는데 집행을 위한 국내입법이 위헌심사의 대상이 되는 것에는 의문이 없지만 원 조약 자체도 대상이 되는지에 대해서는 논란이 될 수 있다.

[검토 - SOFA협정조약의 경우] '대한민국과 아메리카합중국간의 상호방위조약('SOFA'라고도 함) 제4조에 의한 시설과 구역 및 대한민국에서의 합중국군대의 지위에 관한 협정'(1967.2.9. 조약 제232호) 제2조 제1의 (나)항 중 "본협정의 효력발생시에 합중국 군대가 사용하고 있는 시설과 구역은 … 전기 (가)항에 따라 양정부간에 합의된 시설과 구역으로 간주한다"는 부분에 대한 위헌법률심판결정이 있었다. 사안은 SOFA의 위 규정에 따라 자신의 토지가 미군에 의하

---

56) 헌재 1995.12.28. 95헌바3; 1966.6.13. 94헌바20; 1966.6.13. 94헌마118 등.

여 사용되어 왔던 사람들이 대한민국을 피고로 하여, 그 토지들에 관하여 미군의 전용사용권이 존재하지 아니한다는 확인 등을 청구하는 민사소송을 제기하여 소송계속중 위 협정의 위 규정에 대해 법원이 헌재에 위헌여부의 심판을 제청한 것이었다. 헌재는 이 결정에서 위 조약의 시행을 위하여 각종의 입법상, 예산상의 조치 등 국내법상의 조치를 예정하였던 것으로서 문제의 조약조항의 효력에 의하여 그 사인에 대한 관계에서 바로 권리의 변동이 일어난다고 볼 수 없다고 하였다. 그러나 헌재는 그러면서도 위 조약조항에 대해 본안판단을 하고 합헌결정을 함으로써 심판대상이 된다고 보았다(97헌가14).

위 헌재의 논리대로라면 위 조약조항이 권리의 변동을 초래하는 것이 아니라서 위 조약조항이 위헌이라고 보든 아니라고 보든 위 사람들 소유 토지에 대한 위 민사소송의 결과는 달라질 것이 아니라는 결론에 이르게 되고 그렇다면 아예 위 법원재판에서 위 조약조항의 위헌 여부가 재판의 전제성부터 가지지 않는다는 의미로(위헌 여부가 재판의 결론, 내용을 달리하여야 한다는 것이 재판전제성이다. 재판전제성은 위헌심판의 요건으로 이에 대해서는 후술, 제5부 헌법재판, 위헌법률심판 부분 참조) 읽혀 이해가 잘 되지 않는다(재판전제성이 없다고 한다면 본안판단으로 들어가지 않고 따라서 합헌결정도 나올 수 없는데 위 결정은 합헌결정이었다). 여하튼 그 점은 별론으로 하고 위 헌재의 판례는 권리변동을 위해서는 국내 집행입법이 필요한 조약임에도 위헌심사 대상으로 본 예를 보여준 것이라고 이해된다.

[국내 직접적용 가능한 조약 – IMF조약] 그런데 이후 국제통화기금협정 조항에 대한 위헌소원심판사건에서 "이 사건 조항(동 협정의 조항)은 재판권 면제에 관한 것이므로 성질상 국내에 바로 적용될 수 있는 법규범으로서 위헌법률심판의 대상이 된다"라고 판시하였는데[57] 이는 자기집행적 조약이 위헌심판대상이 된다는 것으로 이해하게 한다. 그러나 집행입법이 필요한 비자기집행적 조약을 명시적으로 직접 부정하는 판시를 한 것은 아니므로 앞으로 좀더 헌재의 판례를 기다려 보아야 명확한 입장을 알 수 있다고 할 것이다.

[검토 – 이중 대상 심사의 가능성] 생각건대 비자기집행 조약의 국내 집행을 위해 집행입법이 시행되고 있는 경우에 위헌심사는 집행입법을 대상으로 할 것이고 원 조약(비자기집행 조약)의 위헌여부가 집행입법의 위헌 여부에 영향을 미칠 것이기에 그 집행입법에 대한 위헌심사에서 원 조약의 위헌여부도 살피게 될 것이므로 결국 원 조약도 실질적으로 심판대상이 될 수 있다고 볼 것이다.

4. 조약에 대한 위헌결정의 효력 문제

우리 헌법재판소법 제47조 제1항은 "법률의 위헌결정은 법원 기타 국가기관 및 지방자치단체를 기속한다"라고 하여 기속력(결정을 존중하고 따라야 하는 구속적 힘)을 규정하고 있다. 따라

---

57) 헌재 2001.9.27. 2000헌바20.

서 국내적으로는 위헌으로 결정된 법률적 효력의 조약을 법원이 재판에 적용하면 안 되고 정부
와 국회도 다시 그와 같은 조약을 체결, 비준하거나 동의할 수 없다. 그러나 조약의 상대국가
가 이에 따를지, 또 외국인 그 상대국에 대해서도 기속력이 인정될 것인지 국제관계적으로는
위헌결정된 법률적 효력의 조약에 대한 기속력이 문제된다.

5. 사전심사의 필요성

조약에 대한 위헌심사제는 조약이 시행에 들어간 뒤 행하는 사후심사 보다 이전에 행하는
사전심사가 효율적이다. 왜냐하면 사후심사를 통하여 국내헌법에 합치되지 않는다는 결론에
이르게 되더라도 조약을 체결한 상대국은 여전히 유효한 것으로 주장할 수 있을 것이고 위에서
언급한 대로 이 경우에 조약의 위헌심사결정에 대한 기속력과 국제신의가 문제될 것이기 때문
이다. 광범위한 국가들이 가입한 다자조약의 경우에는 더욱 그러하다. 조약에 대한 사전심사제
를 채택하고 있는 예로 프랑스가 있다. 우리의 경우에도 사전적 · 예방적 조약심사제의 도입이
필요하다.58) 현재의 법상태에서도 헌법소원심판의 청구요건들을 완화하여(그 중 특히 현재성 요
건을 완화하여) 사전적 심사의 효과를 가져오는 것도 검토될 수 있다.

6. 유의점 - 조약에의 위반 여부 심사

위에서 본 조약에 대한 위헌 여부 심사는 조약이 심사대상이 되는 것이고 이와 구별할 것은
역으로 국내법들 중 조약보다 아래의 효력을 가지는 국내법에 대한 조약에의 위반 여부 심사,
즉 국내법(법률, 명령, 규칙, 조례 등)이 심사대상이고 조약이 심사기준(척도)이 되는 경우이다.
ⅰ) 헌법적 효력의 조약 - 먼저 헌법적 효력의 조약이 심사기준이 될 경우는 헌법재판소가 위
헌법률심판이나 법률, 명령에 대한 법령소원심판, 조례에 대한 헌법소원심판을 담당할 경우이
다. 이러한 심판에서 헌법재판소가 위헌심판에 적용될 조약인지, 헌법적 효력을 가지는 등에
대한 판단을 하게 된다. 실제 국제조약에 우리 국내법이 위배된다는 주장이 제기되는 심판들이
있었다. 그런데 잘 받아들여지지 않는 경향이다. 법원은 "명령·규칙 또는 처분이 헌법이나 법
률에 위반되는 여부가 재판의 전제가 된 경우에는" 이를 심사할 권한을 가지므로(명령규칙심사
권, 제107조 제2항) 명령, 규칙이 헌법적 효력의 조약에 반하는지를 심사할 수 있다. 조례에 대
해서도 그러하다. 앞서 조약의 효력관계에서 본 대로 조례가 조약에 위배되는지 여부에 대해
심사한 대법원판례59)가 있다. ⅱ) 법률적 효력의 조약 - 이 경우에 법률 보다 하위의 명령,

---

58) 이 점에 대해서는 정재황, "사전적·예방적 위헌법률심사제도의 도입에 관한 입법론", 헌법재판의 이론과
실제, 금랑 김철수 교수 화갑기념논문집, 박영사, 1993, 346면; 정재황, "헌법재판소의 구성과 헌법재판절
차상의 문제점 및 그 개선방안", 공법연구, 제22집 제2호, 한국공법학회, 1994.6, 60면 등 참조.

59) 대법원 2005.9.9. 2004추10 전라북도학교급식조례재의결무효확인 [판결요지] 앞의 '지방자치단체 조례
보다 상위인 조약' 부분 참조.

규칙, 조례가 그 조약에 반하는지를 법원이 심사하게 되고 그 조약이 심사기준이 될 수 있다.

제3항   외국인의 지위 보장

[의미] 우리 헌법 제6조 제2항은 "외국인은 국제법과 조약이 정하는 바에 의하여 그 지위가 보장된다"라고 규정하고 있다. 이는 외국인에 대한 법적 지위를 보장함으로써 우리 국민, 여러 국가의 국민들이 우리나라에서도 공존할 수 있도록 하여 국제협조주의, 국제평화주의를 구현하는 효과를 가져올 수 있다. "국제법과 조약이 정하는 바에 의하여"라고 한 것을 들어 상호주의를 규정한 것으로 보는 견해들이 있다(권영성, 성낙인). 그러나 우리나라가 체결한 조약뿐 아니라 국제법이 정하는 바에 의하여서도 보장하도록 한 것이기 때문에 그렇게만 볼 수는 없다. 오늘날 상호주의에 대해서는 비판이 가해지기도 한다.

[내용] 재한외국인에 대한 처우 등에 관한 기본적인 사항을 정함으로써 재한외국인이 대한민국 사회에 적응하여 개인의 능력을 충분히 발휘할 수 있도록 하고, 대한민국 국민과 재한외국인이 서로를 이해하고 존중하는 사회 환경을 만들어 대한민국의 발전과 사회통합에 이바지함을 목적으로 현재 '재한외국인 처우 기본법'이 제정되어 있다. 이 법은 재한외국인의 인권옹호 등에 관해 규정하고 있다(후술 '기본권총론' 부분 참조).

외국인에 대한 지방선거권과, 주민투표, 주민소환에서의 투표권이 부여되고 있는데 일정한 요건을 갖춘 외국인에게 부여되고 있다(공직선거법, 주민투표법, 주민소환법 참조, 후술 참정권 부분도 참조).

[판례] 헌법 제6조 제2항에 관한 판례로, ① 외국인 산업연수생에 대하여 근로기준법상 일부 사항에 관하여만 보호대상으로 규정하고 퇴직금, 임금채권 우선변제, 연차유급휴가, 임산부의 보호 등에 관하여는 보호대상으로 규정하고 있지 않고 있는 구 외국인산업기술연수생의 보호 및 관리에 관한 지침(노동부 예규) 제4조, 제8조 제1항, 제17조가 헌법 제6조 제2항에 반한다는 주장의 헌법소원이 제기되었다. 그러나 헌재는 주장을 받아들이지 않았다(2004헌마670).

② 외국인을 포함하여 국내에 주소 등을 두고 있지 아니한 원고에게 법원이 소송비용 담보제공명령을 하도록 한 구 민사소송법 제117조 제1항이 헌법 제6조 제2항에 위반되지 않는다는 헌재의 합헌결정이 있었다.

● **판례** 헌재 2011.12.29. 2011헌바57
[결정요지] 헌법 제6조 제2항에 의하면 외국인은 국제법과 조약이 정하는 바에 의하여 그 지위가 보장되는데, 그런 담보제공명령을 금지하는 국제법이나 조약을 찾아볼 수 없고, 적용대상을 외국인으로 한정하고 있지 않아 외국인의 지위를 침해하는 법률조항이라고 할 수는 없다.

제 3 부

——

기본권론

제 1 편

기본권 총론

헌법과 국가가 존재하여야 할 이유는 종국적으로 국민의 기본적인 권리인 기본권을 보장하는 데에 있다. 따라서 기본권론은 헌법이론에서 핵심적인 내용을 이루고 있고 그 고찰범위도 넓다. 이하에서는 먼저 기본권총론에 대해 살펴보고 다음으로 기본권각론(개별 기본권론)에 대해 살펴본다.

* 이하의 서술에는 정재황, 기본권총론, 박영사, 2020년의 서술과 비슷하거나 그것에 다소 가필, 조정한 부분도 있음을 밝혀둔다.

제1장

기본권의 개념과 성격

기본권이라 함은 국민이나 인간, 또는 집단이 누리는 권리로서 국가에 의하여 그 보호가 이루어지는 권리를 말한다. 일단은 그렇게 개념 정의할 수 있겠으나 그동안 기본권의 개념에 대해서는 여러 견해들이 있어 왔다. 기본권이 무엇인가 하는 것은 기본권이 어떤 성격의 권리인가 하는 것을 내포하므로 기본권의 개념 문제는 기본권의 성격 문제와 결부되어 있다. 그리하여 여기서 함께 살펴보기로 한다.

제1절   기본권의 개념·성격에 관한 이론

* 논의의 실익 – 이는 기초적인 기본권 이론이기도 하지만 기본권의 보호범위가 어떠한지 하는 등의 문제에 있어서 기본권의 개념·성격이 연관되어 판단준거가 된다. 뒤의 헌법재판에서 보는 대로 헌법소원의 청구요건이나 그 심판기준으로서도 연관된다. 헌법소원은 기본권을 침해당한 경우에 제기할 수 있는데 과연 침해되는 기본권이 있는가 하는 청구요건의 판단에 당장 기본권의 개념이 직결된다(실무상 실익).

I. 자연권성 여부

기본권의 성격에 관한 논의에서 무엇보다 먼저 기본권이 자연권인지 아니면 실정권인지를 두고 오랫동안 이론대립이 있어 왔다.

1. 자연권론

[이론] 자연권론은 기본권이란 인간으로서 가지는 권리로서 국가 이전에 인간이 태어날 때부터 가지는(생래적인) 인간에 고유한 천부인권이라고 한다. 자연권론에 따르면 아래에서 보는 실정권론과는 달리 현재 통용되고 있는 실정법이 권리로서 보호하고 있는 권리들만이 기본권이 아니라 실정법이 보호하거나 인정하지 않은 권리들도 기본권으로 인정한다.

[발달 개관]　i) 객관적 자연권론, 주관적 자연권론　　전자는 인간의 본성과 무관하게 객관적으로 존재하는 사물의 본질, 자연의 이치에서 자연권을 찾으려는 입장이다. 아리스토텔레스에서 출발한 고전적 자연법론의 사상이다. 후자는 인간의 본성에서 자연권을 찾아야 한다는 입장으로 고대 플라톤에서 출발하여 고대에서 약하다가 중세를 지나 근세에 이르러 강해져 근대적 자연권이라고 한다. 주관적 자연권론은 사물에 대한 관찰보다는 인간의 이성, 인간에 대한 내면적 성찰로 자연권이 확인된다고 보았고 인간의 계약이 기본권을 확인한다는 17, 18세기의 사회계약론에서 절정에 달하였다. 1789년 인권선에서 '인간'의 권리라고 선언한 것이 그것이고 오늘날에 영향을 미치고 있다.

ii) 사회계약이론의 자연권사상　　아래 사회계약론의 발전과 주요 입장을 정리해둔다.

- **사회계약론과 자연권사상**: 그로티우스(Grotius)가 자연권의 보장을 위한 사회계약론의 틀을 제시하였고, 로크(Locke), 루소(Rousseau) 등의 사회계약이론이 근대적 자연권사상을 자리잡게 하였다. 사회계약론자들은 ① 먼저 인간의 자연의 상태가 어떠하였다고 하는 주장(가설)과 ② 이 자연상태에서 나아가 보다 나은 인간사회의 보장을 위한 어떠한 내용의 사회계약을 성립시켰다는 주장, 이 2가지 명제를 내세운다.

ⅰ) 로크(Locke, 1632-1704년)는 1690년에 나온 그의 주저 「시민정부 2론(Two Treatises of civil government)」에서 자연상태를 인간들이 평화롭고 상호부조하는 행복한 상태로 표현하였는데 그럼에도 불구하고 권리를 보다 조직적으로 보호함으로써 더욱 완전한 선(善), 더 많은 행복을 누리기 위하여 인간은 계약에 의해 사회상태로 이행하게 되었고 그리하여 사회계약은 이러한 목적을 위하여 국민이 통치자와 맺게 되는 계약이라고 보았다. 로크는 이 사회계약으로 사회유지에 필요한 최소한의 힘과 권위의 확립에 소요되는 정도로 자유의 최소한 일부만을 양도하는 것을 인정하였다. 이러한 부분양도의 이론에서 로크의 자연권사상이 정연한 논리를 갖추게 된다. 즉 개인이 권리를 전부 양도하지 않았고 일부를 양도하였을 뿐이기에 사회계약 이후에도 인간은 개인적인 기본적 권리들을 대부분 보유하고 있고 이는 천부의 자연권으로서 개인적 권리들은 국가의 혜택이 아니라 국가 이전에 존재하는 것이라고 보는 사고에 자연권사상이 뚜렷하게 나타나게 된다. 로크의 이러한 사상에 따라 개인은 자신의 권리를 주장할 수 있고 국가의 임무는 국민의 개인적 자유를 보장하는 것이다. 또한 통치자가 계약을 위배하는 경우 신민은 그에게 복종할 의무가 없고 권력에 저항할 수 있는 권리들을 지닌다는 사상이 나타나게 되었다. 개인이 보유하는 권리를 자유로이 자율적으로 행사할 수 있다고 본 점에서 로크의 자연권사상은 개인주의적이고 자유주의적인 권리의 사상이다.

ⅱ) 루소(Rousseau, 1712-1778년)는 그의 「사회계약론(Du Contrat social)」(1762년)에서 ① 인간이 자연상태에서 자유로웠고 평등하였다고 주장하고 ② 그러나 점차 불평등해지고 불행해져 갔다고 보면서 원래의 평등・행복을 되찾을 수 있는 길이 사회계약에 있다고 보았다. 그의 사회계약론에 있어서 핵심은 일반의사(一般意思, la volonté générale)의 이론이다. 일반의사란 사회구성원들의 공동의 의사를 의미하고 사회계약은 바로 이러한 일반의사에 참여하겠다는 약속을 의미한다. 일반의사에 참여하는 사회계약에 의해서 인간은 평등과 자유를 확보할 수 있다고 본다. 왜냐하면 모든 구성원들이 동등하게 일반의사를 수락하고 일반의사에 복종하기에 자연상태에 있을 때처럼 평등을 누리게 되고 모두가 동등한 지위에서 스스로 일반의사에 복종할 것을 결정하였기에 일반의사에 대한 복종은 자신의 의사에 대한 복종을 의미하므로 결국 인간은 자유롭다고 보았기 때문이다. 루소의 이론은 모든 사람의 일반의사에 대한 복종이 평등을 의미하고 이로써 자유로워진다고 하므로 평등을 강조하는 경향을 보여주었다. 루소에게 있어서는 동등하게 일반의사에 참여하여 사회계약을 하기 위하여 구성원은 자신이 가진 바를 모두 양도한다는 전부양도의 입장을 취하게 된다.

위에서 보았듯이 평등을 강조하는 경향은 루소적 영향을 받았고 자유주의적 요소를 강조하는 경향은 로크적인 영향을 받은 것으로 대비된다고 평가된다.

ⅲ) 로크 이전에 홉스(Hobbes)도 사회계약론을 전개하였는데 '만인에 대한 만인의 투쟁'인 무질서의 자연상태를 극복하기 위하여 강력한 권력이 필요하고 이 권력을 창설하기 위하여 사회계약을 성립시켰으며 그 권력에 자신의 자연적 권리 전부를 양도하였다고 보았다. 홉스의 사회계약론은 절대주의를 옹호하는 결과를 가져온 것이었다.

	Hobbes	Locke	Rousseau
자연상태	무질서	善(행복)	행복(평등)
계약	일방적	쌍방적	일반의지(la volonté générale)

❑ **Hobbes, Locke, Rousseau의 사회계약론의 비교**

사회계약이론의 정리 – 자연권론에 보다 많은 영향을 미친 사상가는 로크와 루소이다. 로크의 사상은 자유주의적·개인주의적 권리개념으로, 루소는 일반의사를 강조한 평등의 관념을 중시하여 두 흐름이 근대시민혁명의 인권선언 등에 투영되어 기본권론에 영향을 미쳤다.

iii) 권력분립론과 자연권론   국가권력을 분립, 견제시킴으로써 국가권력이 국민에 대해 간섭하는 것을 막음으로써 자유가 유지된다고 보았던. 몽테스퀴에의 권력분립론도 국민의 자유가 보장될 수 있는 정치제도의 방안으로서 주창된 것이다. 근대 자유주의도 자연권론적 사고를 기초로 하는 것이었으므로 권력분립론이 자연권론을 뒷받침하는 이론의 의미를 가진다.

2. 실정권론

[이론] 실정권론(實定權論)은 실정법이 그 내용을 구체화하고 보장방법 등을 설정할 때 비로소 권리로서의 기본권으로 인정된다는 이론이다. 실정법이란 사회의 현실에서 실제로 통용되고 있는 법을 말한다. 실정법규범이 기본권으로서 보호하고 있는 권리들만이 기본권이라고 보는 이론이다.

> * 실정법이란 성문법과 다른 말이다. 실정법이란 개념은 성문법뿐 아니라 불문법도 포괄하는 보다 넓은 개념이다. 불문법인 조리법, 관습법, 판례도 현재 통용되고 있는 것이라면 실정법에 포함된다.

[발달 개관] 고대 절대왕권 시기에 현실중심이 관념에서 힘이 법이라고 보았고 중세를 지나 근세에 들어와 사조들 중에 실용, 현실 중시 사조의 영향 등으로 법실증주의가 자라났다고 본다. 근대에 실정권론은 G. Jellinek, H. Kelsen, Carré de Malberg 등의 법실증주의이론에 터잡아 주장된 것이다.

> ▪ 옐리네크는 '사실의 규범력'을 주장하여 법실증주의적 입장을 취하였다. 그는 국민이 국가에 대한 지위 내지 상태를 분류하여 설명한 이른바 지위(상태)이론을 취하여 국민이 국가에 대해 가지는 소극적 지위에서 자유권이 나오고, 적극적 지위에서 수익권, 능동적 지위에서 참정권, 피동적 지위에서 의무가 나온다고 본다. 그는 국가법인설(國家法人說)을 주장하여 국가의 구성원인 국민이 국가주권의 보유자로 보지 않고 국가 자체가 주권자라고 보아 국민을 국가의 지배대상으로 보았다. 그의 이론에 따르면 자유란 국가가 개입하지 않음으로 해서 주어지는 국가의 은혜인 것으로 국가는 언제든지 이를 제한할 수 있고 거두어들일 수 있는 것이라고 보게 된다. 옐리네크는 소극적, 적극적, 능동적 지위에서 오는 권리들을 어느 정도는 권리로서 주관적인 공권으로 보긴 하였으나 수익권에서 보듯이 국가의 실정법에 의한 보장이 이루어지는 권리로서 수익권이라고 봄으로써 실정권설의 입장을 취하였다.
> 켈젠은 순수법학을 제창하여 국가는 곧 법규범체계 그 자체라고 보고 따라서 국민의 국가에 대한 관계란 국민이 법질서에 따르는 관계가 되고 법질서에 복종할 의무를 지며 자유도 법이 규율하는 바에 따르게 된다고 본다. 그리하여 국민에게 자유권이란 권리 자체가 주어지는 것이 아니라 국가권력이 규제하지 않는 범위 내에서, 법규범이 금지하지 않은 상태에 따른 반사적 효과로서 자유로운 상태를 누리게 될 뿐이고 기본권이 공권으로서 인정되는 것은

아니라고 본다. 켈젠은 그의 법단계이론에서 최종적으로 근본규범을 상정하기도 하였는데 그렇다면 과연 순수법학
에 철저한지가, 그리고 결국 법철학적 자연법에 의존한 것이 아니냐 하는 점이 논란된다.
프랑스의 까레 드 말베르그는 1789년 인권선언은 철학적 진실의 선언이라는 이론적 의미를 가질 뿐이라고 보면서
1789년 인권선언에 나타나는 권리들은 법률에 의해 효력이 발생하는 법률적 효력의 권리들일 뿐이라고 보아 법실
증주의적 입장을 취하였다.

실정권론은 오늘날 국민주권주의가 자리잡은 마당에 자연권론이 가지는 항의적 성격이 의
미가 없어졌다고 주장하고 권리는 실정법에 근거하여야만 실현될 수 있다고 본다.

3. 자연권론의 회귀와 우세

법실증주의는 법을 여하한 형이상학과도 단절된 상태로 둘뿐 아니라 여하한 도덕적 가치를
고려하지도 않기 때문에[1] 법실증주의는 정규적으로 형성된 법률들은 그 내용이 어떠하든 간에
그 법적 효력을 인정할 수밖에 없다. 바로 이 점에 법실증주의 위험성이 있다. 법실증주의는
이러한 논리의 덫에 걸려 히틀러의 자유박탈 법률들을 정당화하기 위하여 이용되었으며 이러
한 비극적 경험이 법실증주의를 퇴락시켰고 결국 2차대전 이후에 법실증주의를 벗어나 자연권
론으로 회귀하는 경향이 강해졌다. 자연권이 우세를 보이게 된 것은 나치스의 독재라는 역사적
경험에 대한 반성결과뿐 아니라 개방적 권리체계로 기본권의 범위를 확대할 수 있다는 점에서
우월성이 나타났다. 또한 자연권론이 기본권을 자연권으로 본다고 하여 기본권의 실정적 보장
을 배척하는 것이 아니라 오히려 실정화를 통한 현실적 구속력을 갖게 하고 실정화되지 않은
기본권들을 실정화되도록 이끌어가고 강제할 수 있다는 장점을 가진다. 그리하여 대표적으로
1948년 유엔의 인권선언, 1950년의 유럽인권협정, 1966년의 유엔의 2가지 국제인권규정(시민
및 정치적 권리에 관한 인권규정과 경제, 사회, 문화적 권리에 관한 인권규정)이 이러한 자연권의 부
활의 대열에 선 것이다.

4. 통합과정론의 기본권개념

R. Smend는 정치적 사실적 통합의 과정을 헌법으로 본다. 즉 하나의 사회공동체에서 일정
한 가치세계를 토대로 하여 연대감과 일체감에 의하여 그 사회공동체가 지니고 있는 다양한 이
해관계와 그 구성원의 행동양식 및 행동목표 등을 하나로 통합하여 정치적인 일원체 또는 국가
를 형성해가는 과정의 원리를 헌법이라고 본다. 따라서 R. Smend의 통합론에 따른 기본권개념
은 기본권이 사회공동체의 통합에 있어서의 가치체계를 뜻하고 통합과정의 생성원동력, 즉 통
합을 형성해가는 동력을 의미한다고 볼 것이다. R. Smend는 기본권의 권리적 성격보다는 사회
구성원들이 동화를 위하여 준수하여야 할 질서로서의 기본권을 더 강조한다(기본권의 이중성. 후

---

1) G. Lebreton, , Libertés publiques et Droits de l'Homme, 3e éd., coll. U, série ≪Droit≫, Armand
Colin/Masson, Paris, 1997, 26면.

술 참조). 우리나라에서 동화적이란 말을 붙여 동화적 통합론으로 주장하는 견해가 있다. 그 견해는 "우리 헌법은 우리 민족의 동화적 통합을 실현하기 위한 수단으로 우리 사회공동체의 저변에 깔려 있는 가치적인 Konsensus를 기본권의 형식으로 보장한 것"이라고 하고 "기본권이 존중되고 보호된다고 하는 것은 단순한 자연법적 차원을 넘어서 우리 사회가 동화되고 통합되어 가기 위한 불가결의 전제조건이다"라고 본다.[2]

5. 사회학적 실증주의(le positivisme sociologique)

프랑스에서 사회학적 실증주의에 입각한 기본권론을 주장하는 학자도 있다. 사회학적 실증주의(社會學的 實證主義)는 집단적 의식(意識)이 희구하고 갈망하는 것이 기본권으로 나타난다고 보는 이론이다. 사회학적 실증주의는 법실증주의와 달리 법을 막힌 질서로 보지 않고 법은 사회현실에서 나온 것으로 사회현실로부터 차단될 수 없다고 보고 법에 의하여 존중되어야 하는 가치들에 대해서도 관심을 기울인다고 한다. 가치에 대한 관심은 자연권론과 공통성을 보이는 점이나 자연법이론들과 달리 사회학적 실증주의는 신비로운 초월의 세계로부터가 아니라 집단의 의식으로부터 그 가치들을 끌어내는 점이 다르다고 한다.[3]

6. 평가[4]

ⅰ) 실정권론의 문제점 − 법실증주의는 현실에 통용되는 실정법에서 보장하는 기본권만을 인정함으로써 인간의 본질이 요구하고 인간으로서 누려야 할 중요한 권리들이 실정법화되어 있지 않다면 이를 기본권으로 인정하지 않아 타당하지 못하다. 즉 폐쇄성이 가장 치명적인 결함이다. 실정법적 관점에서 보더라도 적어도 근대 이후에는 헌법의 존재목적이 국민의 기본권을 보장하는 데 있다는 점에서도 그리고 헌법의 개념이 오늘날 형식적 개념이 아니라 실질적 개념으로 확대되고 있고 헌법규범의 확대 중에는 기본권규범의 확대가 중심적이라는 점에서도 타당하지 못하다. 자연권론의 항의적 성격이 인간에게 필수적인 권리들의 천부인권성에서 나온 것이라는 점에서, 그리고 국가권력 등에 의한 기본권침해의 가능성이 완전히 사라졌다는 보증이 없는 한 오늘날에도 여전히 의미를 가진다. 이는 국가권력 등에 의해 기본권이 침해되면 이의 구제를 요구할 수 있다는 점에서도 그러하다. ⅱ) 통합론, 사회학적 실증주의 등의 문제

---

2) 허영, 한국헌법론, 전정7판, 박영사, 2011, 238-239면. "통합론적 관점에서 본 기본권이론만이 우리의 기본권에 적용가능한 것으로 남는다"라고 하면서 Smend의 기본권이론은 기본권의 주관적 권리의 성격을 경시하고 있다는 문제점이 있다고 하고 그리하여 "결국 현시점에서 우리 기본권에 적용될 수 있는 가장 적합한 이론은 Hesse의 양면성이론이라고 하겠다"라는 견해로, 계희열, 헌법학(중), 신정2판, 박영사, 2007, 56면.
3) 사회학적 실증주의를 주장하는 G. Lebreton교수의 앞의 책, 30-33면 참조.
4) 자세한 것은, 정재황, 기본권총론, 박영사, 2020, 11-13면 참조.

점 - 이들 기본권론들이 역동적인 기본권이론을 제공하고 기본권규범의 객관적 효력을 강조하여 국가공권력에 대한 기본권기속성을 더욱 강조한 것은 공헌이라고 볼 수 있다. 그러나 다음과 같은 한계를 가진다. ① 통합과정론은 기본권의 주관적 권리성을 약화시키는 문제점을 가진다. R. Smend가 "기본권의 객관적 규범질서의 면과 제도적인 면을 강조하는 반면에 기본권이 가지는 '주관적 권리'의 측면을 너무 소홀하게 다루고 있다는 점"에 비판을 받고 있다. ② 사회의 영속성을 위한 사회적 유대는 당연한 사회의 기초이고, 사회적 유대는 사회규범을 형성하기 위한 당연한 전제적 기초이다. ③ 통합론, 사회학적 실증주의에서 말하는 사회적 유대, 집단의식이 어떠한 것인지 그 불명확성이 문제된다.

7. 우리 헌법의 입장과 결론

위의 여러 이론들이 문제점을 가지고 있기도 한데 위에서 지적된 바를 정리하는 것이 결론을 찾는 길로 나아가는 것이다. 그리고 무엇보다도 중요한 것은 우리 헌법 자체가 어떠한 입장을 취하고 있느냐 하는 것을 살피는 것이고 그것을 기초로 하여 우리의 결론을 맺는 것이 필요하다.

(1) 우리 헌법의 입장

우리 헌법의 입장이 어떠하냐가 중요하다. 다음의 논거로 우리 헌법은 기본권을 자연권으로 본다. ⅰ) (천부)인권성, 불가침성, 확인 - 우리 기본권규정의 출발점이어서 가장 근본적 규정은 헌법 제10조이므로 이의 규정을 살피는 것이 가장 먼저 이루어져야 할 중요한 해석작업이다. 헌법은 제10조 후문에서 "국가는 개인이 가지는 불가침의 기본적 인권을 확인하고 이를 보장할 의무를 진다"라고 규정하여 기본권을 자연권으로 보는 입장을 분명히 하고 있다. 왜냐하면 국민으로서 이전에 인간으로서 가지는 권리라는 의미인 '인권'(人權)이란 용어를 명시하고 있고('천부인권'의 준말), 만약 우리 헌법이 기본권을 실정권으로 본다면 실정법으로 창설해야 할 기본권을 '확인'한다고 규정할 수는 없을 것인데 원래 인간에 존재하는 자연권으로 보기에 이를 '확인'한다고 규정한 것이기 때문이다. ⅱ) 본질적 내용 침해 금지 - 헌법 제37조 제2항은 국민의 자유와 권리를 제한하는 경우에도 "그 본질적 내용을 침해할 수 없다"라고 규정하는데 이러한 본질적 내용은 본래부터 존재하는 것이기에 이 또한 우리 헌법이 기본권을 자연권으로 보는 입장임을 보여주고 있다. ⅲ) '열거되지 아니한 권리'의 확인 - 헌법 제37조 제1항이 "국민의 자유와 권리는 헌법에 열거되지 아니한 이유로 경시되지 아니한다"라고 규정한 것도 우리 헌법이 기본권을 자연권으로 보는 입장을 확인적 의미로 다시 선언하고 있다. 그런데 이 규정이 있기에 우리 헌법이 예정하는 기본권이 자연권으로 되는 것이라고 보는 견해가 있으나 이는 헌법 제37조 제1항이 없으면 자연권이 아니라는 것이니 결국 동 조항이라는 실정법규정이 있어야 한다는 입장이 되어 타당하지 못하다. 그래서 '확인'의 의미라고 한 것이다. ⅳ) 우리 헌재의 판례에 나타나는 기본권의 파생, 확대도 실정법으로 직접 명시하지 않은 기본권을 끌어낸다는 점에서 기본권의 자연권적 성격을 보여준다(기본권의 파생은, 후술 참조).

(2) 사견 - 결론

위에서 여러 이론들이 문제점을 가지고 있음을 보았다. 그러한 점에서 그리고 무엇보다도 우리 헌법은 위에서 살펴 본대로 기본권을 자연권으로 보는 입장을 취하고 있다는 점에서, 또한 ① 현재 실정법으로 보호되지 않고 있더라도 인간에게 '있어야 할' 기본권도 존재함을 인정하여야 한다는 점, ② 이러한 '있어야 할' 기본권도 보장되어야 한다는 점, ③ 국가와 헌법의 존재이유는 국민의 기본권보장에 있으므로 이러한 기본권보장을 확대하여야 한다는 점, ④ 기본권의 실정화를 이끌고 강제할 수 있다는 점[아래의 (3) 보론 참조] 등에서 기본권은 자연권으로 보아야 한다.

(3) 유의(보론) - 실정화와 실정권의 구분

기본권을 자연권으로 본다고 하여 자연권을 실정법으로 실정화하는 것을 배척하는 것이 아니라 오히려 그것이 요구되는 것이다. 실정법으로 그 보장을 현실화하기 때문이다(예를 들어 어떤 기본권이 침해되었을 때 그 침해에 대한 구제를 위한 실정법제도(예를 들어 재판제도)가 마련되어 있어야 그 기본권이 제대로 충분히 보장될 수 있다는 것을 생각하면 알 수 있다). 그러나 실정권과 실정법화는 다르다. 기본권을 실정권으로 보는 입장에서는 현재 실현되고 있는 기본권들 외에 다른 기본권의 실현을 강제할 수 없다. 실정법이 권리라고 규정한 것만 기본권으로 보기 때문이다. 반면 자연권론은 실정법으로 보호되지 않은 기본권도 인정하므로 현재 실정법으로 보호되지 않으나 '보호되어야 할' 기본권이 앞으로 실정법에 의해 현실적으로 보장될 것을 요구할 수 있다. 더 많은 기본권의 확대보장을 요구할 수 있다는 점이 실정권론과 다른 것이다.

II. 주관적 공권성('主觀的' '公'''權'性)

기본권은 주관적 공권이라고 종래 성격규정을 해오고 있다. 이 점에 대해서는 따라서 권리성, 공권성, 주관성이라는 3문제에 대해 살펴보게 된다.

1. 권리성(權利性)

기본권이 권리가 아니라 단순한 이익이라는 견해가 전혀 없지는 않았는데 대표적으로 H. Kelsen은 국가가 곧 법이라고 보고 자유란 국가의 법률이 금지하지 않기에 누릴 수 있는 반사

적 이익이라고 보아 권리가 아니라고 보았다. 그러나 기본권은 국가에 대해 그 보호를 요구할
수 있는 권리로서의 성격을 지닌다. 자유도 그것이 침해되면 국가의 공권력에 의해 그 침해를
제거하여야 한다는 점에서 국가의 보호를 요구할 수 있는 권리라는 점에서도 권리성이 명백히
나타나는 것이다.

　　나아가 자유권 외에도 생존권, 청구권, 선거권(참정권)과 같은 적극적 성격의 기본권들이 있
는데 그것들의 권리성을 부정할 수 없다. 생존권(사회권)에 대해서는 그 권리성을 약하게 보려
는 견해들이 없지 않지만 그 권리성을 부정한다면 국가에 의한 적극적 급부활동 등을 요구하거
나 구체적 실현을 위한 입법조치 등을 요구할 수 없게 되나 현대의 복지주의적 헌법 이념에 따
라 그 권리성을 보장하려고 하고 생존권의 적극적 성격 등이 인정되고 있다. 우리 헌법도 대표
적인 생존권인 인간다운 생활을 할 권리에 대해 헌법 제34조가 국민은 인간다운 생활을 할 '권
리'를 가진다고 그 권리성을 명시하고 있다. 선거권이 법적 권리가 아니라고 하면 국가기관의
선출이 법적 정당성을 가지지 못하고 기본권침해에 대한 구제의 권리인 재판청구권, 국가배상
청구권 등의 청구권도 권리성이 부정된다면 그 침해에 대한 법적 구제가 이루어지지 않아 침해
되는 기본권 자체도 권리로서의 효력을 가지지 못하는 결과를 가져온다. 생존권, 청구권, 참정
권 등의 기본권의 침해에 대해서도 헌법재판 등의 사법적 구제수단이 마련되어 있다는 점에서
권리성이 있다. 기본권의 사법적 구제수단이 강화되어 갈수록 현실적으로 기본권의 권리성이
더욱 강해진다.

2. 공권성 문제(公權性 問題)

　　종래 권리를 공권(公權)과 사권(私權)으로 구별하고 기본권은 공권이라고 보는 것이 전통적
인 이론이다. 그러나 공권이론에 대해서는 오늘날 근본적인 검토가 필요하다.

(1) 공권성의 관념

　　[공권성의 종래 논거] 기본권을 종래 공권으로 보아온 논거는 ① 국민과 국가 간의 관계와
같은 공적 영역에서 공권이 나오고 사인들 간의 사적 영역에서의 권리로서 사권이 나온다는 구
별론(영역론)에 터 잡거나 ② 기본권은 공법인 헌법에 의해 보장된다는 점, ③ 기본권은 국가에
대해 그 보호를 요구할 수 있는 권리라는 점,　④ 기본권의 주체라는 관점(사적인 권리는 그것을
보유하는 특정인들에만 속하는 권리인 반면 기본권은 원칙적으로 모든 사람이 향유할 수 있는 가능성을
가진다는 점에서 차이가 있다고 보는 관점) 등에서 차이가 있다고 보고 기본권을 공권으로 파악하
려는 것이다.

　　[연관성] 기본권의 공권성 문제는 뒤에서 살펴볼 기본권의 제3자적 효력(사인들 간 효력)의
문제에 결부된다. 사인들 간의 권리는 사권인데 기본권이 공권이라면 사인들 간에는 기본권이

그 효력을 발생할 수 없지 않느냐 하는 문제가 제기되기 때문이다(후술 기본권의 효력 중 기본권의 제3자효 참조).

(2) 근본적 검토

공권과 사권의 구별론에 따라 기본권을 공권으로 보는 종래의 관념과 위 종래의 논거에 대해서는 오늘날 새로이 아래와 같은 근본적인 문제제기와 그 검토가 필요하다.

ⅰ) 사적 영역에서의 활동의 자유나 사인들 간의 자율을 보장하는 기본권들도 헌법의 기본권규정에서 도출되고 헌법의 기본권으로서 보호된다. 대표적으로 계약의 자유와 사적 자치권이 그것인데 우리 헌법재판소도 헌법 제10조의 행복추구권 속에 '일반적 행동자유권'이 함축되어 있고 이 일반적 행동자유권에서 계약의 자유가 파생된다고 보고(89헌마204) 사적자치의 원칙(私的自治의 原則)이 이 행복추구권에서 파생된다고 본다(96헌가22). 자유주의경제를 실현하는 데 중요한 요소인 계약의 자유나 사인들 간의 자율적 행위를 보장하는 사적 자치권 역시 자본주의경제에 있어서 중요한 요소로서 사인들 간의 권리이다. 또한 재산권은 사권인데 헌법 제23조 제1항은 "모든 국민의 재산권은 보장된다"라고 하여 재산권을 기본권으로 규정하고 있다. 그렇다면 기본권을 공권으로 보는 종래 관념에 따르면 계약의 자유, 사적 자치권, 재산권은 사권인가 아니면 공권인가? 아니면 사권이자 공권인가? 여기에 공·사권의 구별론에 대한 문제가 제기되는 것이다. 아울러 공·사법 구별론도 그러하고(전술 제1부 참조) 위 논거 ②도 그러하다.

ⅱ) 영역론(위의 논거 ①)에 의한다면 헌법이 기본권으로 인정한 권리인데도 영역에 따라 달라진다는 모순이 생길 수 있다. 예를 들어 노동조합을 설립할 자유와 같은 권리는 분명히 헌법이 보장하는 기본권인데 영역론에 따른다면 공기업에서의 조합설립의 자유는 공권이고 사기업에서의 조합설립의 자유는 사권이 되며 기본권을 공권으로 보는 구별론은 사기업에서의 조합설립의 자유는 기본권이 아니라고 보게 되는 모순이 있게 된다.

ⅲ) 공·사권 구별론이 기본권은 국가에 의한 보호가 주어지는 것을 들어 기본권을 공권으로 인식하려는 것(위의 논거 ③)도 근본적인 검토를 요한다. 왜냐하면 사권도 그 침해에 대해서 결국 공권이 침해된 경우와 같이 법원의 재판 등을 통한 사법적(司法的) 구제라는 국가기능, 국가공권력(司法은 공권력)에 의해 구제될 수 있다는 점(사인이 자신의 사권을 침해받았더라도 침해당한 사인 자신에 의한 무력행사 등을 통한 구제는 원칙적으로 금지되고 공권력에 의한 재판 등의 분쟁처리절차로 구제되어야 한다. 사인에 의한 자력구제는 예외적으로만 인정된다)에서 차이가 없기 때문이다.[5]

ⅳ) 기본권의 주체의 관점에서 구별하는 이론, 즉 사권은 특정인들에만 속하는 권리인 반면 공권은 모든 사람에게 속한다고 보아 구별하는 이론(위의 논거 ④)도 문제가 있다. 이에 따르면 예컨대, 생계보조비를 받을 권리를 일정 수준의 소득을 가지지 못하는 사람들에게만 부여한다고 했을 때 이 권리는 이러한 사람들만이 누리는 것이고 결국 이러한 생계보조비를 받을 권리

---

5) 비슷한 취지로 J. RIvero, Les Libertés publiques, t.1. Les droits de l'homme, 8e éd., P.U.F., Paris, 1997, 20면 참조.

라는 인간다운 생활을 할 권리는 사권이라는 결론에 달할 수 있다.

위와 같은 점들을 고려하면 공권(공법)과 사권(사법)의 구별 자체가 상대화되거나 그 구별을 회의적으로 보게 한다. 위에서 지적된 점들은 사인간의 법적 관계에 대해서도 국민들 간의 합의인 헌법이 설정한 기본원리들이 적용되고 이는 결국 사법과 헌법은 유리된 것이 아니라는 것을 의미하는 것이기도 하다.

3. 주관적 권리성

기본권은 개개인이 보유하고 행사하며 그 침해에 대해서도 개개인이 그 구제를 요구할 수 있는 권리라고 하여 '주권적' 권리, 주관적 공권이라고 한다. 기본권이 모든 인간들에게 인정되어야 한다는 점은 일반성과 보편타당성을 가지는 것인데 그러한 기본권이 개개인의 입장에서는 개별적으로 행사하게 된다는 것이다. 따라서 기본권의 행사에 있어서 개인의 상황에 따라 그 행사의 정도에 차이가 있을 수 있다. 예를 들어 생활보조비를 평등하게 받을 권리란 생활능력이나 소득활동능력이 어느 정도인지에 따라 달라질 수 있다.

III. 이중성의 문제

1. 학설

[논의 내용] 기본권이 권리로서의 성격 외에 객관적 질서로서의 성격도 가지는지, 즉 '기본권=권리＋질서'인지가 논란된다. 우리나라에서 이를 긍정하는 견해와 부정하는 견해가 대립되고 있다.

[긍정설, 부정설의 대립] 긍정설은 기본권이 주관적인 공권이자 객관적인 법질서로서의 이중성을 가진다고 본다.[6] 기본권이 국가권력을 제한하고 국가권력이 기본권을 보장하고 기본권을 존중하면서 행사되도록 하는 원리로서 작용해야 하므로 객관적인 법질서를 이룬다고 보아야 한다는 것이다.

반면 부정설은 기본권 자체의 성격은 어디까지나 권리로서의 성격을 가질 뿐이고 객관적 질서로서의 성격을 가지지 않는다고 본다. 부정설은 기본권 자체는 자연권이나 이것이 실정헌법에 규정됨으로써 헌법규범이 객관적 규범으로서 국가권력을 구속하는 것이기에 권리와 질서의 이분설에 따라 권리적 성격을 강조하는 부정설이 옳다고 본다.[7]

[독일의 이론] 이중성론은 독일헌법이론의 영향을 받아 우리 헌법하에서도 논의된 것이다. 독일에서는 기본법 제1조 제2항이 '모든 인간공동체의 기초'로서(Grundlage jeder menschlichen

---

6) 이중성 긍정론: 권영성, 전게서, 303, 허영, 전게서, 235-237면 등.
7) 김철수, 357면. 그 외 부정론: 문홍주, 전게서, 197면; 성낙인, 전게서, 248-249면 등.

Gemeinschaft)의 불가침, 불가양의 인권을 인정한다고 선언하고 있으므로 객관적 질서로서의 기본권의 성격을 인정하고 있다고 본다. 독일연방헌법재판소도 Lüth 판결[8])에서 기본권의 이중성을 인정하기 시작하였다(Lüth 판결은 기본권의 사인간 효력도 인정한 판결이라서 뒤의 기본권의 사인간 효력 부분에서도 인용한다).

2. 판례

(1) 헌법재판소
1) 판례
헌재는 기본권의 이중성을 인정하는 판시들을 한 결정례들을 보여주고 있다. 검토를 위해 그 중 한 결정례의 관련 판시를 아래에 옮겨본다.

> ● 판례　헌재 1995.7.21. 94헌마125 영화법 제26조 등 위헌확인
> [판시] 헌법 제15조에 의한 직업선택의 자유는 각자의 생활의 기본적 수요를 충족시키는 방편이 되고 개성신장의 바탕이 된다는 점에서 주관적 공권의 성격을 가지면서도 국민 개개인이 선택한 직업의 수행에 의하여 국가의 사회질서와 경제질서가 형성된다는 점에서 사회적 시장경제질서라고 하는 객관적 법질서의 구성요소이기도 하다. 따라서 이와 같은 자유도 다른 기본권의 경우와 마찬가지로 국가의 안전보장·질서유지 또는 공공복리를 위하여 필요한 경우에는 제한이 가하여 질 수 있는 것은 물론이지만 그 제한의 방법은 법률로써만 가능하고 제한의 정도도 필요한 최소한도에 그쳐야 하며 과잉금지의 원칙에 위배되거나 직업선택의 자유의 본질적인 내용을 침해하는 것이어서는 아니된다고 할 것이다(헌법 제37조 제2항). 이 사건 심판대상 규정들이 위 직업선택의 자유에 대한 제한을 함에 있어서 위와 같은 한계를 일탈하였는지의 여부를 순차로 살핀다.

위 결정들 외에 이중성을 설시하고 있는 결정례로는, 헌재 1995.6.29. 93헌바45; 1996.8.29. 94헌마113; 1997.04.24. 95헌마273; 2002.04.25. 2001헌마614; 2004.3.25. 2001헌마710; 2009.05.28. 2006헌바109 등이 있다.

2) 헌재판례이론에 대한 검토
위 판시에서 "직업의 수행에 의하여 국가의 사회질서와 경제질서가 형성된다"는 것은 맞다. 직업의 자유 자체는 권리이고 그 권리의 효과로서 질서가 형성되는 효과가 나타나는 것이기 때문이다. 그러나 바로 이렇게 효과로서 질서성은 타당하나 권리인 기본권 자체가 질서성도 가진다는 점은 문제인데 이는 뒤에서 일괄 지적한다. 헌재는 "객관적 법질서의 구성요소이기도 하다. 따라서 … 국가의 안전보장·질서유지 또는 공공복리를 위하여 필요한 경우에는 제한이 가하여 질 수 있는 것은 물론"이라고 판시하여 이중적 성격이 인정되어야 제한이 가능하다고 이해하게 한다. 그러나 이중성이 인정되지 않아도 우리 헌법 제37조가 법률에 의한 기본권제한을 규정하고 있고 뒤에 보듯이 이중성을 내세워야 기본권제한이 가능하다고 보면 질서를 위한 제한을 명시한 헌법 제37조 제2항에 모순된다. 이중성을 언급한 결정례들이 이중성을 그 판시부분에서 반드시 언급해야 문제해결판단이 되어야 할 것은 아니어서 논증상 필요성이 있는 것인

---

8) BVerfGE 7, 198(204f.).

지 의문이 들게 하고 이해가 되지 않게 한다. 실제 위 94헌마125 결정에서 과잉금지심사를 하여 일반적인 기본권제한 여부 심사를 했다.

(2) 대법원

1) 판례

대법원은 고등학교에서의 종교의 자유와 관련되어 손해배상책임을 인정한 판결에서 이중성을 인정하는 듯한 다음과 같은 판시를 한 바 있다.

> ◑ **대법원 판례** 대법원 2010.4.22. 2008다38288
> [판시] "헌법상의 기본권은 제1차적으로 개인의 자유로운 영역을 공권력의 침해로부터 보호하기 위한 방어적 권리이지만 다른 한편으로 헌법의 기본적인 결단인 객관적인 가치질서를 구체화한 것으로서, 사법(私法)을 포함한 모든 법영역에 그 영향을 미치는 것이므로 사인간의 사적인 법률관계도 헌법상의 기본권 규정에 적합하게 규율되어야 한다"라고 판시한 바 있다.

또한 YMCA 여성회원 총회원 배제에 대인격적 법익을 침해한 불법행위라고 보아 손해배상책임을 인정한 판결(대법원 2011.1.27. 2009다19864), 변호사들의 '인맥지수'를 산출하여 공개하는 서비스를 제공한 행위가 변호사들의 개인정보에 관한 인격권을 침해하는 위법하다고 한 판결(대법원 2011.9.2. 2008다42430), 항공사의 취업규칙에서 직원들이 수염 기르는 것을 전면 금지하는 취업규칙조항이 일반적 행동자유권에 대한 침해로 무효라고 한 판결(대법원 2018.9.13. 2017두38560; 2018.9.13. 2017두62549) 등에서도 위와 비슷한 판시를 한 바 있다(* 이 결정들에 대해서는 뒤의 기본권상충, 대법원판례 부분 참조).

2) 대법원판례에 대한 검토

기본권을 방어적 권리로서 본 것부터도 문제이다. 사안이 종교의 자유라는 자유권이 문제되었으므로 기본권을 방어적 권리라고 언급한 것은 이해가 되나 오늘날 방어권적이지 않은 적극적 기본권들도 많다. 그리고 결단론적으로 본 것도 문제이다. 기본권은 시대에 따라 국민이 그때마다 결단하여야 할 가치 이전에 '있어야 할' 권리이다. 기본권이 사법영역에서도 그 영향을 미친다는 점을 지적한 것은 타당하나 그 논거가 명확하지 않다. 기본권이 객관적 가치질서로서의 성격을 가져야 사법관계에 기본권이 효력을 발휘하는 것은 아니다(후술, 기본권의 사인 간 효력 부분 참조). 대법원의 위 판례가 기본권이 사법에 그 "영향을 미치는 것"이라고 한 것은 '영향'이란 '효과'를 의미하는 것이라는 점에서 기본권의 객관적 가치질서성이 효과로서 나온다고 보는 우리의 입장(후술 참조)에 부합하는 면도 있다.

3. 검토와 결론

(1) 검토

다음과 같은 점에서 이중성론은 문제가 있다. 특히 우리 헌법은 어떠한 입장을 취하는지가 중요한데 이하에서 논증하지만 우리 헌법에 부합되지 않는다.

1) 기본권 자체의 성격과 기본권효과로서의 질서·제도

기본권의 이중성론에 대한 검토에 있어서 먼저 기본권 자체만을 두고 볼 것인지 아니면 기본권의 효과까지 포함하여 볼 것인지에 따라 그 긍정 여부가 달라진다는 점을 이해해야 한다. 기본권 자체로서는 권리로서의 성격을 가지고, 객관적 질서와 제도는 기본권의 효과로서 형성되는 것이다. 예를 들어 재산권이라는 기본권은 그 자체는 권리이고 재산권이라는 권리를 보장하고 뒷받침하기 위하여 사유재산제도라는 제도가 요구되는 것이며 남의 재산권을 침해하여서는 아니되고 존중하여야 한다는 사회·경제질서(자본주의경제질서)가 재산권의 효과로서 형성되어 자리잡고 있는 것이다. 보다 근본적으로 기본권이 효과적으로 보장되기 위해서는 국가의 법제도 내지 법질서의 확충이 필요하다. 국민의 기본권을 보장하는 데 필요한 행정서비스(예를 들어 인간다운 생활을 할 권리를 보장하기 위한 복지행정서비스)가 이루어져야 하고 기본권이 제대로 보장되기 위해서는 기본권이 침해된 경우에 그 구제가 이루어져야 하는데 기본권의 구제를 위해서는 재판제도가 충분히 마련되어 있는 것이 필요하다(권리를 침해받은 데 대해서 재판으로 구제받는다). 그리고 이러한 제도, 질서는 객관적 법규범 내지 질서로서 국가기관과 공권력을 구속하는 힘이 있다(국가가 사유재산제를 파괴해서는 아니되고 지켜야 한다). 이처럼 제도나 질서는 기본권을 보장하기 위한 수단이고 기본권의 효과로서 나타나는 것이다. 한편 질서는 기본권에 대하여 제한하는 효과를 가져오기도 한다. 타인과의 사회생활이 질서를 통해 유지되어야 할 경우가 있고 이 질서를 위하여 기본권이 제한될 수도 있는 것이다(교통질서를 위한 통행의 자유에 대한 제한). 기본권제한도 기본권의 효력이 제한됨을 의미하고 이는 역시 질서성이 효과로서 나타남을 보여준다. 오히려 질서성이 기본권에 내재하고 있다고 보면 기본권의 권리성이 제약을 받고 약화될 수도 있다. 결국 기본권의 개념을 기본권의 보장이나 효과까지도 포함하여 파악한다면 몰라도 기본권 자체를 두고 본다면 기본권의 이중성론은 '기본권' 자체의 성격과 기본권의 보장 문제 내지 기본권이 가지는 효력의 문제까지를 포함하여 보는 혼동을 가져오게 한다. 요컨대 기본권의 효과까지 포함하여 본다면 객관적 질서성이 있으나 기본권 자체로는 권리로서의 성격을 가진다. "기본권을 객관적 질서라고 보면 기본권의 주관적 공권으로서의 성격을 약화시키고 기본권과 제도보장의 구별을 불명료하게 할 우려가 있다"라고 지적되기도 한다.[9]

2) 기본권상충(충돌)에서의 모순

객관적 질서성이 기본권에 내포되어 있다는 이중성이론에 따르게 되면 기본권의 상충현상을 설명할 수 없게 되는 모순의 경우가 나타난다. 기본권의 상충이란 여러 기본권주체(사람)들 간에 각자의 기본권을 주장함으로써 일어나는 충돌을 말한다(후술 기본권의 상충 참조). 이 상충현상에 있어서 기본권이중론자들이 주장하는 객관적 질서가 모든 사회구성원이 준수하여야 할 질서(그래서 '객관적'이다)라면 충돌되는 타인의 기본권을 그 객관적 질서에 따라 적절히 존중하

---

9) 김철수, 전게서, 357면.

게 되어 충돌될 것도 없을 것이기 때문이다. 충돌이 일어나는 까닭은 기본권주체가 서로 자신의 기본권을 권리로서 주장하기 때문이다.

3) 현행 헌법 제37조 제2항과의 모순

이것이 가장 중요한 검토점이다. 현행 우리 헌법 제37조 제2항은 기본권이 '질서유지'를 위하여 제한될 수 있다고 규정하고 있다. 만약 "권리성 + 질서성"이라는 기본권의 이중성을 인정한다면 그 질서가 예를 들어 직업윤리질서와 같이 기본권제약적인 것이라면 그 질서에 의해 기본권제약이 기본권 자체에서 스스로 이루어질 수 있을 것이다. 그러나 우리 헌법 제37조 제2항은 질서유지의 필요가 있더라도 기본권이 스스로 제약되는 것이 아니라 기본권을 '법률'로써 제한할 수 있게 되어 있으므로 우리 헌법 제37조 제2항에 모순된다. 이 점에서 헌법 제37조 제2항은 기본권은 그 자체로는 권리일 뿐이고 질서성을 포함하는 것이 아니라고 보는 것이 우리 헌법의 입장임을 밝혀주고 있는 헌법규정이다. 기본권이 제한된다는 것은 기본권의 효과가 제약을 받는다는 것을 의미하고 질서를 위하여 기본권이 제한된다는 것은 질서성은 기본권 자체의 성격이 아니라 기본권의 효과에 관한 것임을 말한다. 결국 객관적 질서성은 기본권 자체의 속성으로서가 아니라 기본권의 효과로서 나타난다고 볼 것이다.

4) 기본권규범, 기본권효과의 객관성

기본권 자체는 그 주체에게는 각자가 누리는 권리로서 주관적인 것이고 객관적인 것은 기본권에 관한 규범(기본권규범)과 기본권 효과인 기본권보장 제도와 질서이다. 사회규범은 사회공동체에서 구성원 모두에게 적용되므로 객관적 성격을 가진다. 기본권을 보장하는 규범도 법규범이기에 국가기관뿐 아니라 누구나 지켜야 한다는 객관적 성격을 지닌다(흔히 권리 앞에는 '주관적', 법규범 앞에 '객관적'이란 말을 붙인다).

기본권규범은 어떠한 요건을 갖추거나 사유에 해당되면 기본권을 보장하도록 하는 일반적이고 추상적인 객관성을 가진다. 예를 들어 생활보호비를 받을 권리를 실현하기 위한 기본권규범은 그 권리를 받을 요건 등을 객관적이고 추상적으로 규정하지 '홍길동'이라는 특정인에게 바로 그 권리를 부여하도록 규정하지는 않는다(헌법 제34조 제5항은 "생활능력이 없는 국민은 법률이 정하는 바에 의하여 국가의 보호를 받는다"라고 규정하고 있다). 그리하여 모든 사람이 생활보호비를 받는 것은 아니고 받을 사유에 해당되는 사람이 받게 되는데 그 규범에 해당되어 생활보호비를 받는 사람의 입장에서는 개인의 권리로서 지급받게 되어 주관적 권리가 된다. 이는 기본권규범은 객관적이나 그 규범의 요건에 해당되어 그 권리를 누리는 사람의 입장에서는 주관적임을 의미한다. 이는 사법상의 사권(私權)에 있어서도 마찬가지이다. 예를 들어 A라는 사인이 가지는 소유권은 A 자신의 주관적 권리인데 A는 다른 모든 사람에 대해 자신의 권리임을 주장할 수 있고 사권인 그의 소유권을 다른 사람들이 인정해 주어야 효과를 가지므로 다른 사람들에 대해서는 객관성(다른 모든 사람이 인정한다는 것은 객관적으로 나의 소유권이라는 것을 의미한다. 이를 대세효라고 한다)을 가지는 것이다. 요컨대 기본권의 이중성에 입각하지 않더라도 기본권이 실현되도록 강제되는 법규범과 그 효과가 객관적이고 따라서 이중성의 질서성이 인정되어야 기본권이 다른 사람들에 대해 주장되어질 수 있는 것은 아니다.

5) 절차법적 모순

기본권의 이중성을 인정할 경우 절차법적인 측면에서도 다음과 같은 모순을 보이게 된다. 기본권구제를 위한 절차제도인 헌법소원은 우리 헌법재판소의 판례나 기본권의 이중성을 긍정하는 학자들도 기본권구제기능뿐 아니라 객관적 헌법질서의 유지기능도 아울러 가진다고 본다 (후술, 헌법재판 부분 참조). 그런데 기본권 자체가 객관적 헌법질서의 성격을 가진다는 이중성이론에 따른다면 이러한 헌법소원의 이중적 기능을 언급하는 것이 모순이 된다. 이중성론은 기본권 자체에 객관적 헌법질서도 포함된다고 보므로 헌법소원의 기본권구제기능이라고만 하여야 하고 객관적 헌법질서유지기능을 또 별도로 강조하는 것은 모순이다. 기본권 자체는 권리성만을 가진다고 볼 때 헌법소원의 헌법질서유지기능이 기본권구제기능과 더불어 지적되는 것이 논리적이다.

(2) 결론

위 검토에서 살펴보고 밝힌 대로 기본권은 자체의 성격으로는 이중성을 가지지 않고 권리성을 가질 뿐이다. 그렇다고 객관적 질서성을 부정하는 것은 결코 아니고 객관적 질서성도 긍정되어야 하는데 객관적 질서성은 기본권의 효과로서, 기본권보장(기본권제한)에서 나타난다. 기본권의 객관적 효과로서의 기본권보장제도와 질서가 마련되고 질서성으로 인해 기본권을 존중하여야 할 의무가 강제되고 국가권력이 기본권에 기속되며 여러 사람들 사이에서 제한되는 효과도 나오고 객관적인 헌법질서의 유지도 이루어진다.

Ⅳ. 기본권의 개념정의

1. 개념정의

비로소 여기서 기본권의 개념을 정의하고자 한다. 기본권이라 함은 국민이나 인간이 누리는 기본적인 권리로서 국가에 의하여 그 보호가 이루어져야 할 권리를 말한다. 기본권은 그 침해에 대하여 배제를 요구하거나 적극적인 구제를 요구할 수 있는 힘을 가지는 권리이다. 사실 우리 현행 헌법에 직접 '기본권'이라는 용어를 규정한 조문은 없다. 기본권에 관한 우리 헌법의 제1원칙 규정인 헌법 제10조 후문은 '기본적 인권'이란 용어를 사용하고 있다. 우리는 이처럼 우리 현행 헌법이 기본적 인권이라는 말을 규정하고 있기도 하기에 우리 헌법의 의미로 기본권을 천부인권으로서의 자연권으로 파악하고 있으므로 기본권은 기본적 인권의 축약이라고 본다. 결국 헌법에 명시되지 않은 자연권으로서 천부인권을 포함하는 넓은 의미로 기본권이란 용어를 사용한다. 기본권이란 용어는 우리나라와 국제사회에서 보편적인 용어로 사용되고 있고 학술용어로 자리잡았다고도 볼 것이다. 개별 법률에서 기본권이란 용어를 사용하는 경우로는 헌법재판소법 제68조 제1항, 제75조 제2·3항을 볼 수 있다. 동법 제68조 제1항이 '헌법상' 보장된 기본권이라고 하는데 우리 헌재 판례도 헌법에 직접 명시되지 않은 권리들(예를 들어 자기결정권 등)을 기본권으로 인정하므로 기본권이라는 용어를 사용하는 경우에도 넓은 의미로 파악되고 있다.

2. 인접 용어와의 개념적 구분 문제

[인권] '인권'이라는 용어는 자연권적인 의미를 가진다. 인간이 태어나면서(생래적으로) 당연히 누려야 할 권리라는 의미로서 '人'權이란 용어를 사용한다. 인권은 국가의 존재 이전에, 그리고 국민으로서가 아닌 인간으로서 가지는 권리를 말한다. 기본권을 자연권적으로 보는 학자들은 기본권이라는 용어와 인권(人權 droits de l'homme)이란 용어를 동일시하게 된다. 따라서 인권이란 항상 존재하되 어떤 인권적 권리는 실정법적으로 보장되기도 하나 다른 인권적 권리들은 실정법적으로 보장되지 아니하는 경우도 있을 것이다. 바로 이 점 때문에 실정권론의 입장에서는 인권과 기본권이 다른 것으로 보게 된다. 자연권으로서의 인권을 기본권으로 파악하는 우리는 기본권을 인권과 같은 의미로 파악하게 된다.

[시민의 권리] '시민권'이란 용어는 시민으로서 누려야 할 권리인 국적권이라든지 공민으로서 국가의 정치에 참여하는 권리인 참정권 등을 주로 의미하여 왔다. '인권'은 인간에 속하는 것으로 파악되는 모든 권리들을 지칭하는 반면, '시민의 권리'는 사회구성원 내지 국민이란 지위에 결부되어 있는 권리들을 의미한다고 정의하기도 한다. 따라서 시민권의 개념은 기본권의 개념 보다 좁은 개념으로서 기본권 개념 속에 포함된다.

V. 이른바 '제도적 보장'의 이론

종래 '제도적 보장'의 이론이 있어 왔는데 제도적 보장론을 기본권론에서 검토하는 것은 제도적 보장이론에서 말하는 제도가 기본권과 관련이 있기 때문이다(예를 들어 직업공무원제라는 제도가 공무담임권이라는 기본권과 관련된다). 제도적 보장의 이론에 대해서는 재검토를 요한다. 먼저 기존의 제도적 보장론에 대해 살펴본다.

1. 이른바 '제도적 보장'의 이론

(1) 제도적 보장의 개념 - 헌법규정화, 법률·명령폐지 불가

그 개념에는 목적과 그 목적달성을 위한 방법이라는 다음의 2가지 의미 요소가 있다. 즉
ⅰ) 존속보장을 위한 헌법규정화 - 이 세상의 국가와 사회 속에는 많은 제도들이 있다. 제도
적 보장 내지 제도보장이란 사회 내지 국가의 이런 여러 제도들 중에 그 중요성 때문에 헌법적
으로 보장될 필요가 있는 제도에 관해서는 그 핵심을 헌법 자체에 규정함으로써 그 제도들의
존속이 확보되도록 하는 것을 말한다.[10] ⅱ) 헌법 자체에 그 핵심을 규정함으로써 하위의 법률
이나 명령 등으로 그 제도를 폐지할 수 없도록 (헌법이 최고법이라는 점을 상기) 하는 것이다.

우리 헌재 판례도 제도적 보장의 관념을 인정하고 있다(헌재 1997.4.24, 95헌바48).

(2) 제도적 보장의 성격과 효력
1) 객관적 법규범성

제도적 보장의 규범은 권리의 규범이 아니라 객관적으로 존재하여야 할 중요한 제도에 관
한 법규범이라는 점에서 기본권과 차이가 난다. 그리하여 제도적 보장은 객관적 법규범이고
기본권은 개인이 가지는 주관적 권리라는 점에서 양자가 구별된다. 우리 헌재의 판례의 입장
도 그러하다.

● **판례** 헌재 1997.4.24. 95헌바48
[설시] 제도적 보장은 객관적 제도를 헌법에 규정하여 당해 제도의 본질을 유지하려는 것으로서, 헌법제정권자가
특히 중요하고도 가치가 있다고 인정되고 헌법적으로 보장할 필요가 있다고 생각하는 국가제도를 헌법에 규정함
으로써 장래의 법발전, 법형성의 방침과 범주를 미리 규율하려는 데 있다. 이러한 제도적 보장은 주관적 권리가
아닌 객관적 법규범이라는 점에서 기본권과 구별되기는 하지만 헌법에 의하여 일정한 제도가 보장되면 입법자는
그 제도를 설정하고 유지할 입법의무를 지게 될 뿐만 아니라 헌법에 규정되어 있기 때문에 법률로써 이를 폐지
할 수 없고, 비록 내용을 제한한다고 하더라도 그 본질적 내용을 침해할 수는 없다.

2) 효과
(가) 최소한의 보장

가) **핵심(본질)의 보장**   종래 제도적 보장은 제도의 핵심, 본질만을 보장한다는 점에서
기본권이 가능한 한 최대한 보장되어야 하는 기본권의 보장과 다르다고 한다. 따라서 제도적
보장의 정도는 제도의 본질적 내용(핵심)만의 보장이라는 최소한의 보장이라고 한다. 헌법재판
소의 입장도 '최소한 보장의 원칙'이 적용될 뿐이라고 하여 종래 입장과 마찬가지이다.

---

10) 제도적 보장 이론은 독일에서 M. Wolff에 의해 제안되었다. 이를 체계화한 학자는 프랑스의 M. Hauriou
의 제도이론에 영향을 받은 C. Schmitt인데 그는 자유와 제도의 보장을 구별하고 공법적 제도의 보장을
'제도적 보장'으로, 사법적(私法的) 제도의 보장을 '제도보장'으로 구분하여 불렀다.

● **판례** 헌재 1997.4.24. 95헌바48(위 주에 인용한 결정)
[관련설시] 기본권의 보장은 … '최대한 보장의 원칙'이 적용되는 것임에 반하여, 제도적 보장은 기본권 보장의 경우와는 달리 그 본질적 내용을 침해하지 아니하는 범위 안에서 입법자에게 제도의 구체적인 내용과 형태의 형성권을 폭넓게 인정한다는 의미에서 '최소한 보장의 원칙'이 적용될 뿐인 것이다.

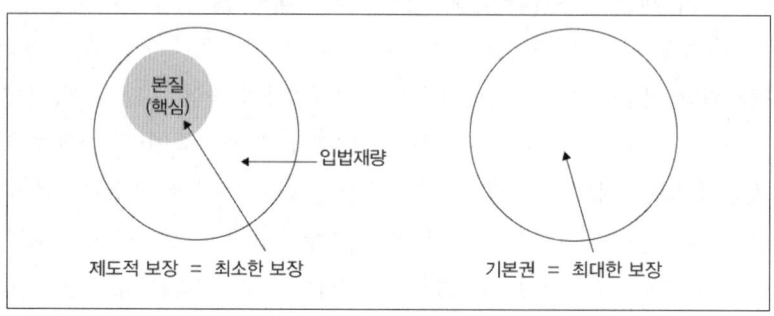

□ **제도적 보장과 기본권보장의 비교 다이어그램**

나) 구체화입법형성 – 넓은 입법재량 인정   이처럼 제도적 보장이론에 따르면 그 대상이 되는 제도의 본질적 내용(핵심요소)만을 헌법이 보호하는 것이므로 법률이 침해, 변경할 수 없는 것은 그 본질적 내용이다. 따라서 본질적 내용을 침해하지 않는 한에서 제도적 보장에서의 핵심, 본질 외의 그 제도의 구체적 내용들은 입법자에 의해 법률로 형성될 수 있다고 본다. 그리하여 이러한 형성은 입법자(국회)의 상당히 폭넓은 입법재량을 인정하게 한다고 본다. 헌재의 판례도 "제도적 보장은 기본권 보장의 경우와는 달리 그 본질적 내용을 침해하지 아니하는 범위 안에서 입법자에게 제도의 구체적인 내용과 형태의 형성권을 폭넓게 인정한다"라고 하여 같은 입장을 보여주고 있다[95헌바48(위 결정)].

(나) 제도적 보장의 산물의 영속성 부정   제도적 보장은 제도의 존속을 보장하기 위하여 그 제도의 본질만을 헌법에서 보호하는 것을 말한다. 따라서 제도적 보장은 제도 자체가 보장되는 것을 의미하는 것이고 제도로 창설된 어느 특정 조직이나 단체도 영구토록 그 존속이 보장되어야 한다는 것을 의미하지는 않는다. 예를 들어 지방자치제도가 제도적 보장으로서 헌법상 보호된다고 하더라도 어느 특정 지방자치단체가 다른 지방자치단체와 통폐합이 필요한 경우 그 통폐합이 가능하다(아래 결정). 예를 들어 지방의 발전을 위한 A시와 B시의 통합을 법률로 하여 두 시가 없어진다고 하여 지방자치제도라는 제도적 보장에 위배되는 것은 아니다.

● **판례** 헌재 1995.3.23. 94헌마175, 경기도 남양주시 등 33개 도농복합형태의 시 설치 등에 관한 법률 제8조 위헌확인, 합헌성을 인정하는 기각결정
[사건] 시, 군 통합을 위한 법률이 주민투표를 거치지 않고 제정되어 군 지역의 주민의 기본권을 침해한다고 하여 청구된 헌법소원심판. [관련판시] 자치제도의 보장은 지방자치단체에 의한 자치행정을 일반적으로 보장한다는 것뿐이고 특정자치단체의 존속을 보장한다는 것이 아니며 지방자치단체의 폐치·분합에 있어 지방자치권의 존중은 위에서 본 법정절차(주민의견조사)의 준수로 족한 것이다.

* 마찬가지로 복수정당제가 제도적 보장으로서 헌법상 보호된다고 하더라도 어느 특정 정

당이 있다가 자진해산하거나 분당되거나 정당들 간 합당도 되며 등록취소, 헌재에 의한 강제해산 등이 될 수 있어(앞의 정당제도 참조) 그 존속이 없어질 수 있다.

3) 재판규범성 문제

(가) 헌법소원의 청구가능성과 재판규범성 문제　위에서 본대로 제도적 보장은 개인의 권리를 보장하는 것이 아니므로 제도적 보장의 규범을 위배하였다고 하여 개인의 권리를 침해하는 것은 아니라고 보는 것이 논리적이다. 반면 헌법소원은 기본권이라는 권리의 침해에 대한 구제의 방법으로 제기하는 헌법재판이다. 따라서 어느 개인이 제도적 보장규범의 위반을 내세워 자신의 기본권구제를 위한 헌법소원심판을 청구할 수는 없다고 보는 것이 일반적인 이론이다. 헌법재판이론에서는 이를 청구인적격이 없다고 한다.

> ▶ **예시:** 지방자치단체인 A시와 B군을 통합하여 '시'로 만들려는 법률이 제정되었다. B군에 거주하는 갑은 도시화로 인해 환경오염이 가속화되는 것을 우려하여 헌법소원을 청구하고자 한다. 갑은 헌법에 지방자치제도라는 제도의 보장을 침해받았다고 주장하면서 청구하고자 한다. 가능할까? 청구할 자격의 문제에서는 원칙적으로 아니다(아래에서 보듯이 직권으로 청구가 적법하다고 볼 수 있는 것은 별론으로 하면). 자신의 환경권이 침해되었다는 주장으로는 가능하다.

(나) 객관적 재판에서의 재판규범성 인정　그러나 제도적 보장 규범도 어디까지나 헌법규범이므로 헌법재판에서 적용되어야 할 재판규범성을 가지는 것은 물론이다. 다만, 위에서 서술한 대로 권리규범이 아니므로 개인의 권리구제를 위한 재판에서는 원칙적으로 적용되지 않으나, 제도적 보장이 객관적 규범이므로 이른바 객관적 위헌·위법성을 따지는 객관적 재판에 있어서는 제도적 보장규범이 재판규범으로 적용될 수 있다. 헌법재판으로서 객관적 재판은 위헌법률심판(위헌소원심판), 권한쟁의심판 등이 있다. 이에 따라 아래와 같은 적용가능성의 경우들이 있다. 한편 개인의 권리구제를 일단 원칙적 목적으로 하는 헌법소원심판은 주관적 재판이다.

① 위헌법률심판, 위헌소원심판 － 위헌법률심판과 위헌소원심판은 법률규정의 위헌 여부를 객관적으로 판단하는 재판과정이기 때문에 적용가능성을 가진다. 헌법 제107조 제1항은 "법률이 헌법에 위반되는 여부가 재판의 전제가 된 경우에는 법원은 헌법재판소에 제청하여 그 심판에 의하여 재판한다"라고 하여 위헌법률심판을 규정하고 있다. 이렇게 법원(헌재가 아님)에서 재판 도중에 적용되는 법률규정이 제도적 보장규범에 위배하여 위헌인지 여부가 그 재판에서 관건이 된다고(이를 재판의 전제성이 있다고 한다) 법원이 헌재에 그 위반 여부에 대한 판단을 제청할 수 있다(그 제청은 법원소송의 당사자의 신청에 의해 또는 법원직권으로 할 수 있다). 이렇게 법원이 제청을 하면 헌재의 위헌법률심판(사건 부호가 '헌가'이다)에서 제도적 보장규범을 적용하여 판단하게 된다. 법원이 제청신청을 기각(또는 각하)하여 제청을 하지 않는 경우 우리 헌법재판소법 제68조 제2항에 따라 제청신청인이 직접 헌재에 헌법소원심판(이는 권리구제형의 본래의 의미의 헌법소원심판이 아니라 위헌법률심판을 위한 제2종 헌법소원심판으로서 '위헌소원'심판이라고 불리고 사건부호는 '헌바'이다)을 청구하여 위헌 여부 판단이 이루어질 수도 있고 마찬가지 가능성이 있다(위헌법률심판, 위헌소원심판에 대해서는 뒤의 헌법재판 부분 참조). 이처럼 법원재판을 계기로

이루어진 위헌법률심판, 위헌소원심판에서 적용가능성이 나타나는 위와 같은 경우가 바로 아래 ④, ⑤의 경우이다.

② 권한쟁의심판에서 적용 – 개인의 권리구제를 위한 재판이 아닌 기관들 간의 권한 다툼을 객관적으로 해결하기 위한 헌법재판인 권한쟁의심판에서도 그 적용가능성이 있다(권한쟁의심판에 대해서는, 뒤의 헌법재판 참조). 어느 지방자치단체가 헌법 제117조가 보장하는 자신의 지방자치권에 따른 권한을 침해하였다고 주장하면서 권한쟁의심판을 청구하면 헌재는 자신도 제도적 보장규정이라 보는 헌법 제117조 등을 적용한 판단이 이루어질 수 있다(아래 그림도 참조).

▶ **예시:** 지방자치단체인 A시가 어느 국가기관의 작용으로 인해 자신의 지방자치권을 침해당하였다고 하여 그 국가기관을 상대로 권한쟁의심판을 청구한 사건에서 헌재는 지방자치권을 규정하고 있는 제도적 보장규범인 헌법 제117조를 적용하여 그 위반 여부를 판단할 수 있다.

● **실제판례** 헌재 2009.5.28. 2006헌라6 서울특별시와 정부 간의 권한쟁의
[사건개요] 행정자치부(현재의 행정안전부) 등 5개 부·청이 2006.9.14.부터 2006.9.29.까지 서울시에 대하여 자치사무 등 해당 분야에 대한 정부합동감사를 실시하였다. 이에 서울시는 2006. 9. 19. 자치사무에 관한 법령위반사실이 밝혀지지 아니하였고 법령위반 가능성에 대한 합리적인 의심조차 없는 상황에서 구 지방자치법 제158조 단서에 위반하여 사전적·포괄적으로 이 사건 합동감사를 실시하는 것은 헌법과 지방자치법이 서울시에게 부여한 자치행정권, 자치재정권 등 지방자치권을 침해하였다'고 주장하며 권한쟁의심판을 청구하였다. [결정요지] 1. 헌법은 제117조와 제118조에서 '지방자치단체의 자치'를 제도적으로 보장하고 있는바, 중앙행정기관의 지방자치단체의 자치사무에 대한 구 지방자치법 제158조 단서 규정의 감사권은 사전적·일반적인 포괄감사권이 아니라 그 대상과 범위가 한정적인 제한된 감사권이라 해석함이 마땅하다. 2. …3. 행정안전부장관 등이 감사실시를 통보한 사무는 서울특별시의 거의 모든 자치사무를 감사대상으로 하고 있어 사실상 피감사대상이 특정되지 아니하였고 행정안전부장관 등은 합동감사 실시계획을 통보하면서 구체적으로 어떠한 자치사무가 어떤 법령에 위반되는지 여부를 밝히지 아니하였는바, 그렇다면 행정안전부장관 등의 합동감사는 구 지방자치법 제158조 단서 규정상의 감사개시요건을 전혀 충족하지 못하였다 할 것이므로 헌법 및 지방자치법에 의하여 부여된 서울특별시의 지방자치권을 침해한 것이다.

③ 기관소송에서 적용 – 지방자치단체의 장이 지방의회의 재의결 사항이 법령에 위반된다고 인정되면 지방자치단체의 장은 대법원(기관소송은 그 담당관할이 헌재가 아니라 대법원임)에 소를 제기할 수 있는데 이것이 행정소송인 기관소송이다[지방자치법 제107조 제3항, 제172조 제3항(2022년 시행 신 지방자치법(이하 '신법') 제120조 제3항, 제192조 제4항)]. 이 기관소송에서 제도적 보장규정으로 보는 지방자치제도에 관한 헌법 제117조 등에 위반되었는지 여부를 대법원이 판단할 수 있다. 그 판단이 이 기관소송이라는 재판에서 제도적 보장규정이 적용됨을 의미하는 것이다(아래 그림 참조).

④ 행정소송, 민사소송에서 이루어진 위헌법률심판, 위헌소원심판에서의 적용가능성 – 행정청의 처분에 대한 행정소송, 처분을 원인으로 한 민사소송에서 위 ①에서 살펴본 위헌법률심판, 위헌소원심판이 이루어지면 거기서 제도적 보장 규범을 적용할 수도 있다(그런 가능성을 엿보게 하는 결정으로, 2007헌바80; 2004헌바44; 2004헌바50 참조).

⑤ 기관소송에서 이루어진 위헌법률심판, 위헌소원심판에서 적용가능성 – 위 기관소송도 대법원에서 담당하는 법원에서의 재판이고 이 재판에서 적용되는 법률규정이 제도적 보장규정에 위배되는지 여부가 위헌심판 문제로서 위 ①에서 살펴본 위헌법률심판이나 위헌소원심판이

이루어지면 그 심판에서 헌재가 그 제도적 보장규정의 위배 여부를 판단하게 되어 제도적 보장
규정이 재판규범으로 적용된다(아래 그림 참조). 아래의 헌재가 그와 같은 위헌소원심판의 실제
례이다(* 기관소송의 경우를 특별히 거론한 것은 공법복합형 법리가 담겨있기 때문임).

● **판례** 헌재 1998.4.30. 96헌바62 지방세법 제9조 위헌소원
[사건개요와 결정] 청구인(인천광역시의회)은 수도권신국제공항건설에 따라 토지를 수용당한 주민에 대하여 주민세를
면제해주는 내용의 인천광역시세감면조례중개정조례안(이하 "이 조례안"이라 한다)을 의결하여 인천광역시장에게 이
송하고, 인천광역시장은 내무부장관(현재의 행정안전부장관)에게 이 조례안개정허가신청을 하였다. 그러나 내무부장
관은 이미 주민세가 과세된 다른 공공사업과 비교할 때 조세형평의 원칙에 어긋나고 국세인 양도소득세는 과세하면
서 그에 부가하여 과세되는 주민세를 면제하는 것은 불합리하다는 이유로 불허가하였다. 인천광역시는 이 조례안에
대한 재의요구를 하고 청구인은 임시회 본회의에서 원안대로 재의결하였다. 이에 인천광역시장은 청구인을 상대로
대법원에 이 조례안은 내무부장관의 사전허가를 얻도록 한 지방세법 제9조 위반으로 위 재의결무효확인소송(기관소
송)을 제기하였다. 청구인은 이 지방세법 제9조에 대한 위헌여부심판제청신청을 하였으나 대법원이 기각하자 헌법재
판소법 제68조 제2항에 따라 헌법소원심판청구를 하였다. 헌법재판소는 판단결과 합헌으로 결정하였다.

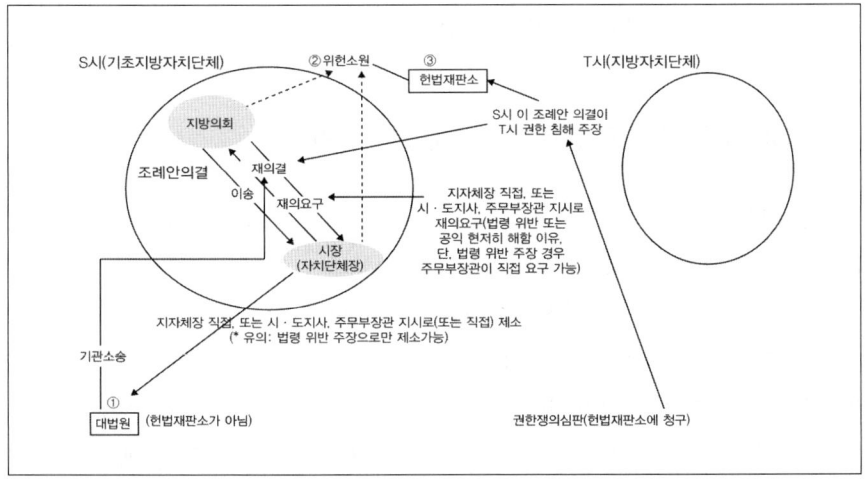

❏ **권한쟁의심판과 기관소송, 위헌법률심판(헌법소원심판)에서의 제도적 보장규정의 적용가능성**

* 제도적 보장규범을 적용 또는 주장(원용)할 경우
  – 대법원이 적용할 경우(그림의 ①): ⓐ 기관소송 판단에서 조례안이 제도적 보장규범을 위배하는 것인지 여부
    판단 ⓑ 기관소송 당사자인 지방의회나 지방자치단체장으로부터 위헌제청신청을 받은 경우
  – 당사자가 위헌소원을 청구하면서 제도적 보장규범 위배 여부를 주장(그림의 ②)
  – 헌재가 적용할 경우(그림의 ③): ⓐ 권한쟁의심판을 판단하면서 ⓑ 위헌소원을 판단하면서

(다) 권리구제형 헌법소원심판에서의 재판규범성　　한편 본래의미의 헌법소원심판인 권리구
제형 헌법소원심판(헌법재판소법 제68조 제1항의 헌법소원심판)에서는 제도적 보장규범이 객관적
법규범이므로 제도적 보장규범의 위반을 이유로 그것을 청구할 수는 없다. 그러나 본래의미의
권리구제형 헌법소원에서도 적용가능성이 있다. 즉 자신의 권리구제를 이유로 헌법소원심판을
청구한 청구인이 자신의 기본권침해의 이유로서 제도적 보장규정의 위반을 주장할 수는 없지
만 헌법소원심판은 <u>객관적 헌법질서유지의 기능</u>도 수행한다고 하므로(학설, 판례의 일치된 견해
임) 그러한 가능성이 있다. 즉 어느 개인의 기본권침해가 있어 일단 청구가 되어 본안판단에

들어가면 헌법재판소가 후자의 기능을 수행하기 위하여 기본권침해의 위헌 여부 외에 필요하다고 인정할 때에는 직권으로 제도적 보장규정의 위반 여부를 따질 수 있다.

구분	기본권	제도적 보장
성격	권리규범	객관적 법규범
보장범위	'최대한 보장의 원칙'	'최소한 보장의 원칙'(본질사항의 보장)
재판을 통한 권리구제성	헌법소원 가능	헌법소원 적격 부정(원칙적)
재판규범성	긍정	긍정

◻ 제도적 보장과 기본권의 차이 - 기존이론의 정리

(3) 제도적 보장의 예

그 동안 우리 헌법재판소의 판례가 제도적 보장으로 본 것으로는 직업공무원제,[11] 의무교육제도,[12] 정당제도(복수정당제),[13] 지방자치제도,[14] 혼인·가족제도[15] 등이 있다. 그 외에 사유재산제도, 언론제도 등도 제도적 보장으로 파악하는 견해들이 있다.

2. 제도적 보장 개념에 대한 근본적 검토 - 문제점과 사견

(1) 근본적 검토와 문제점
1) 제도의 의미 - 기본권보장 수단으로서의 제도

헌법에 규정된 중요한 제도들은 직·간접적으로 기본권을 보장하기 위한 수단으로서 기능하는 의미를 가진다. 예를 들어 정당제도는 정치적 의사표현의 자유라는 중요한 기본권을 실현하는 제도이다. 직업공무원제도를 보면 공무원이 신분보장 속에서 공무수행을 할 수 있게 하여 공무담임권의 보장을 뒷받침하는 것이다(전술, 직업공무원제 참조). 이를 보여주는 예로 제대군인가산점제도가 헌법 제7조에서 보장하는 직업공무원제도의 기본적 요소에 포함되는 능력주의와 무관한 불합리한 기준으로 여성 등의 공무담임권이 침해된다고 하여 위헌결정한 바 있다.[16] 또 지방자치단체의 장은 다른 지방자치단체의 장의 동의를 얻어 그 소속 공무원을 전입할 수 있다고 규정한 지방공무원법규정에 대해 헌법재판소는 "헌법 제7조에 규정된 공무원의 신분보

---

11) 헌재 1997.4.24. 95헌바48.
12) 헌재, 1991.2.11. 90헌가27 [관련판시] 의무교육제도는 교육의 자주성·전문성·정치적 중립성 등을 지도원리로 하여 국민의 교육을 받을 권리를 뒷받침하기 위한, 헌법상의 교육기본권에 부수되는 제도보장이라 할 것이다.
13) 헌재 1999.12.23. 99헌마135; 2004.12.16. 2004헌마456 등.
14) 헌재 1995.3.23. 94헌마175.
15) 헌재 1990.9.10. 89헌마82, 형법 제241조(간통죄)의 위헌여부에 관한 헌법소원; 1997.3.27. 95헌가14,96헌가7(병합), 민법 제847조 제1항 위헌제청; 1997.7.16. 95헌가6 내지 13(병합), 민법 제809조 제1항 위헌제청; 2000.8.31. 97헌가12, 국적법 제2조 제1항 제1호 위헌제청; 2002.3.28. 2000헌바53, 형법 제259조 제2항 위헌소원.
16) 헌재 1999.12.23. 98헌마363.

장 및 헌법 제15조에서 보장하는 직업선택의 자유의 의미와 효력에 비추어 볼 때", 위 법률조
항은 "해당 지방공무원의 동의가 있을 것을 당연한 전제로 하여 그 공무원이 소속된 지방자치
단체의 장의 동의를 얻어서만 그 공무원을 전입할 수 있음을 규정하고 있는 것으로 보는 것이
올바른 해석이다"라고 판시한 바 있다.[17] 위와 같은 판례들은 제도적 보장으로 보아온 직업공
무원제의 보장이 공무담임권, 직업의 자유 등의 기본권과 관련되는 것을 볼 수 있게 하는 예라
고 할 것이다. 이처럼 제도적 보장의 대상인 중요한 제도들이 기본권문제에 결부되어 있다. 그
렇다면 제도적 보장론은 기본권의 문제로 해결될 수 있지 않은가 하여 그 실익에 의문이 제기
될 수 있다.

2) 객관적 법규범의 문제

제도적 보장만이 아니라 기본권을 보장하는 규범도 객관적이다. 기본권은 주관적 권리이나
그것을 보장하는 규범은 객관적이다. 이에 대해서는 전술하였다(그 예로, 재산권이라는 기본권은
그 재산권의 주체 외에 다른 모든 사람들이 그 주체의 재산권이라는 것을 인정하여야 효과가 발생한다는
점에서 객관적이란 예를 들었다). 그 점에서 기본권규정은 주관적인 권리규정이고 제도적 보장
은 객관적 규범이라고 구별하는 것이 의미있는 것인지 하는 의문이 제기된다.

3) 최소한 보장의 문제점

종래 제도적 보장론에 따르면 제도적 보장은 최소한의 보장이라고 한다. 그러나 위에서 살
펴본 대로 기본권보장을 위한 제도적 보장에서의 제도는 기본권을 보장하기 위한 것인데도, 그
리고 종래 이론에 따르면 제도적 보장은 최소한의 보장이고 제도적 보장이라는 이유로 최소한
보장에 그치게 된다는 것은 결국 그 제도가 보장하는 기본권의 최소보장을 가져오게 된다는 문
제가 있다. 종래의 제도적 보장이론이 기본권은 최대한 보장을 요한다고 보아왔는데 제도적 보
장으로 보호되는 기본권이 최소로 보장된다는 모순을 가져오는 것이다. 또한 종래의 이론에 따
르면 제도적 보장은 법률로써는 폐지할 수 없다고 하는데 그렇다면 헌법개정으로는 폐지할 수
있다고 볼 수 있다면 문제가 제기될 제도적 보장이 있다. 예를 들어 복수정당제의 보장은 법률
로써 폐지할 수 없을 뿐 아니라 나아가 헌법개정대상도 되지 않는다고 보는데 종래 복수정당제
의 보장은 제도적 보장으로 분류되어 온 것으로서 이러한 문제를 보여준다.

4) 기본권의 이중성론과 제도적 보장론

객관적 질서를 기본권이 가진다고 보는 앞서 본 이중성론을 취하면서 기본권과 별도로 제
도적 보장을 주장하는 것은 중복의 결과에 이르게 한다.

(2) 결론

제도적 보장 이론이 기본권이 넓게 인정되지 못하던 시대에 그 보완적 역할을 수행한 점은
인정되나 위에서 살펴본 대로 종래의 제도적 보장의 이론은 문제점을 가지고 있고 위와 같은

---

17) 헌재 2002.11.28. 98헌바101 등.

점들을 두고 볼 때 제도적 보장이론에 대한 근본적인 검토가 요구된다. 아울러 그 실익도 많은 지 의문이 든다. 그리하여 종래의 제도적 보장이론을 그대로 받아들일 수는 없다. 다만, 제도적 보장의 대상이 되는 중요한 제도들은 여전히 존재하므로 이를 헌법제도라고 부르고자 한다. 기본권을 보호하기 위한 헌법제도는 그 헌법제도가 보호해야 할 기본권이 어느 정도 중요하냐에 따라 그 헌법제도의 중요도와 그 헌법제도에 대한 보장의 정도가 달리 나타난다고 할 것이다. 아울러 제도가 보장하려는 기본권이 어느 정도의 보장을 요하느냐에 따라 그 제도의 내용을 형성하는 입법자의 입법재량도 달라진다고 보아야 한다.

제 2 절   기본권의 발달과 전개[18]

Ⅰ. 세계적 발달경향

1. 외국의 발달사

고대에도 자연권론이 주장되었으나 중세의 암흑기를 거쳐 17세기 사회계약론에 의한 자연권사상이 전개되었고 근대 시민혁명을 이끌어 천부인권으로서의 기본권이 발달하게 되었다.

영국에서는 1215년의 마그나 카르타(Magna Carta), 1628년의 권리청원(Petition of Right), 1679년의 인신보호법(Habeas Corpus Act), 1689년의 권리장전 등으로 기본권의 보장을 확대하여 왔다.

미국에서는 1776년의 버지니아 인권선언과 미국의 독립선언에서 기본권을 인간의 천부인권으로서 선언하였다. 따라서 미국에서는 자연권으로서 인권을 이해하는 경향이 강하였다. 미국 연방헌법은 제정당시에 기본권에 관한 규정들을 두지 않았다. 그 뒤 1791년에 수정헌법으로서 추가되었는데 종교의 자유, 언론·출판의 자유, 신체의 자유, 적법절차조항 등을 규정하였다.

프랑스에서는 1789년 인권선언에서 천부인권으로서의 인간의 권리들이 천명되었다. 1789년 인권선언은 현행 제 5 공화국 프랑스 헌법에 의해 오늘날도 그 효력이 인정되고 있다. 1848년 헌법의 전문에서는 노동, 교육의 권리 등 생존권적 기본권들을 많이 규정하였다. 그러나 대체적으로 일반적이고 추상적인 규정에 그쳐 실효성이 약하였다. 또한 1946년 헌법(제4공화국 헌법)의 전문에서 생존권적 기본권들이 많이 규정되었는데 현행 프랑스 헌법에 의해 그 효력이 인정되고 있다. 요컨대 과거의 1789년 인권선언과 1946년 헌법전문의 기본권규정들은 현행 헌법에서 이어 받아 오늘날에도 효력을 가지도록 함으로써 기본권확대를 도모하고 있다.

독일에서는 과거에 기본권을 실정권적으로 보는 경향이 강하였다. 1919년 바이마르헌법은 자유권들뿐 아니라 생존권(사회권)적 기본권으로 인간다운 생활을 할 권리를 규정하여 생존권

---

18) 이에 대한 자세한 것은, 정재황, 기본권총론, 박영사, 2020, 35-49면 참조.

에 관한 중요한 모델이 되었다. 나치의 인권유린을 경험한 국가로서 그 뼈아픈 반성으로 1949년의 기본법이 인간의 존엄권과 여러 기본권에 관한 규정들을 많이 두고, 특히 그 기본권들이 직접 효력을 가지는 법으로서 입법, 집행, 사법을 구속함을 분명히 하고 있다. 헌법판례가 기본권이론의 축적에 기여해 오고 있다.

2. 국제적 보장

(1) 국제연합의 세계인권선언, 국제인권규약

인권에 대한 국제적인 보장은 1차 세계대전 이후 각종 인권관련 조약의 체결(노예매매금지, 난민보호, 부녀와 아동의 매매금지, 아편거래금지, 근로자보호 등을 위한 조약)로 나타났다. 보다 본격적인 보장은 2차 세계대전 이후 국제연합(UN)에 의한 노력으로 전개, 발전되었다. 국제연합이 1948년 12월 10일 총회에서 세계인권선언(Universal Declaration of Human Rights)을 채택하였다. 이 세계인권선언은 인간의 존엄성, 인종 등으로 인한 차별을 받지 않을 평등권, 신체의 자유, 고문금지, 공정한 재판을 받을 권리 등을 규정하고 있다. 세계인권선언은 이후의 인권선언과 인권조약에 많은 영향을 미쳤다. 그러나 세계인권선언은 국제연합가입국들에 대한 법적 구속력을 가지지는 않는다는 것이 실무와 학계의 견해이다. 이러한 견해에 대해서는 검토가 필요하다.

세계인권선언과 달리 법적 구속력을 가지는 조약으로서 1966년 국제연합이 12월 16일에 국제인권규약(International Covenant on Human Rights)을 채택하였다. 국제인권규약은 ① 경제적·사회적 및 문화적 권리에 관한 국제규약(A규약), ② 시민적 및 정치적 권리에 관한 국제규약(B규약), ③ B규약 선택의정서, 이 3가지 조약으로 되어 있었는데 2008년에 A규약 선택의정서도 채택된 바 있다. 국제인권규약은 세계인권선언보다 자세한 인권규정들을 두고 파업권, 형사보상청구권, 민사적 구금금지, 소수민족의 보호 등을 추가하여 규정하고 있다. 국제인권규약은 세계인권선언과 달리 가입국가에 대한 의무를 자세히 규정하고 있으므로 비준을 한 국가를 구속하는 법적 강제력을 가진다. 우리나라도 1990년 3월 16일 국회의 비준동의를 받아 국제인권규약에 가입하였다.

(2) 지역적 차원(유럽연합 차원)

유럽에 있어서는 1950년 유럽인권조약이 로마에서 서명되었고 1953년 9월 30일에 발효되었는데 폭넓게 기본적인 인권을 담고 있을 뿐 아니라 인권재판소를 두도록 하였고 인권재판소의 역할이 중요하였다. 1961년에는 유럽 사회헌장이 채택되어 중요한 생존권적 기본권들이 규정되었다. 이후 유럽연합체제에서 중요한 기본권규정들을 담은 획기적인 유럽연합헌법이 제정되어 회원국가들의 승인절차를 거쳐 발효되기로 예정되었으나 네덜란드, 프랑스에서 승인을 위한 국민투표에서 부결되어 좌초되었다. 그 뒤 유럽연합조약을 개정하는 조약(the Reform Treaty)

이 2007년 12월 13일 리스본에서 서명되었고(그리하여 리스본조약이라고도 함) 구성국가들의 비준을 거쳐 2009년 12월 1일에 발효되었다. 그리고 유럽의회에서 위 개정조약 서명 전날인 2007년 12월 12일에 마침내 기본권헌장(la Charte des droits fondamentaux)이 선포되었고 이 기본권헌장은 리스본조약의 발효로 구성국가들을 법적으로 구속하는 힘을 가지게 되어 유럽에서의 핵심적이고 중심적인 인권장전으로서 자리잡았다. 기본권헌장에는 인간존엄, 평등, 자유, 연대, 시민권, 사법적 권리 외에 개인정보보호의 권리, 생명공학에서의 기본권 등 이전의 유럽인권규약에 규정되어 있지 않던 기본권들도 규정되고 있다.

3. 세대론

인권의 발달사를 세대론으로 분석하기도 한다. 인권의 제1세대에서는 근대에 자유권과 평등권, 정치적·시민적 권리가 강조되었다. 제2세대에서는 근대말기에 인간다운 생활, 복지의 개념이 강조되면서 국민의 생존권(사회권), 경제적 기본권들이 강화되었다. 오늘날 인권은 제3세대에 있다. 유대권, 평화에의 권리, 정보에 대한 권리 등이 제3세대인권으로서 강조되고 있다.

4. 기본권의 현대적 보장의 특색

2차 세계대전 이후 기본권의 현대적 보장은 전반적으로 다음과 같은 특색을 보여주고 있다.

(1) 자연권으로의 회귀
반인류적인 세계대전의 영향으로 이전에 성행하였던 실정권적인 관념이 자연권적인 관념으로 회귀하는 경향을 보여주었다. 인간의 존엄성이 전쟁으로 말살되었던 데에 대한 반성으로 인간의 천부인권이 강조되었다.

(2) 생존권의 강조
근대 말기부터 복지주의, 사회보장주의가 주창되면서 오늘날 인간다운 생활을 할 권리 등의 생존권적(사회적) 기본권이 강조되고 있다. 사회보장·사회복지를 위한 생존권의 실현이 현대국가의 중요한 과제가 되고 있다.

(3) 제3세대 인권의 발달
앞서 본 대로 인권의 발달사를 세대별로 볼 때 오늘날은 제3세대에 접어들었고 국제연합에서는 제3세대 인권으로서 유대권(연대권)이 강조되고 있다. 1986년 발전의 권리에 관한 선언, 1992년 환경보호에 관한 리우 선언 등 인류의 발전과 환경 등에 관한 권리로서 유대권의 보장을 위해 노력하고 있다. 유대권에는 ① 개발에 대한 권리, ② 평화에 대한 권리, ③ 의사소통의 권리, ④ 서로 다를 수 있는 권리, ⑤ 건강하고 조화된 환경에서 살 권리, ⑥ 인류공통유산으로부터 이득을 받을 권리, ⑦ 인도적 원조를 받을 수 있는 권리 등이 포함되어 있다.

(4) 정보기본권의 보장 · 발달

오늘날 특히 인터넷 등을 통한 정보의 신속한 유통과 그것에 따른 개인정보의 침해 등 새로운 양상의 기본권상황이 전개되고 있다. 이에 따라 개인정보자기결정권 등 정보기본권이 발달되어 가고 있다.

5. 인공지능(AI) 시대, 팬데믹 상황의 기본권

이른바 제4차 산업혁명의 시대에 기본권 문제가 심각히 논의되어야 할 것이다. 인공지능, 스마트 자동차, 바이오 산업, 인체공학, 인공지능을 장착한 로봇 등등 이미 현실화되어 4차 산업혁명이 장차 도래할 것을 예상하는 정도가 아니라 이미 그 시기에 와 있다. 인공지능 등 과학기술의 발달이 인간의 존엄성 문제, 그리고 그 이전에 기본권주체성 문제까지도 논의대상을 넓히게 하고 있다. 유럽연합의 의회는 2017년 1월에 이른바 AI로봇 결의안, 즉 인공지능(AI) 로봇에게 '전자적 인간성(electronic personhood)'이라는 법적 지위를 부여하고 그 활용에 있어서 지침을 제시하는 결의안을 채택한 바 있다.

Covid-19로 전세계적 대유행질병(pandemic)의 대응이 기본권에 심각한 과제를 던져주고 있기도 하다. 건강권, 생명권이 문제되는 데 나아가 확진자에 대한 추적 등으로 인한 개인정보자기결정권, 신체활동의 자유 등이 문제된다.

II. 한국에서의 발달사

* 이에 대해서는 앞의 제1부 제4장 대한민국 헌법의 역사 부분도 참조.

1. 제1공화국

제1공화국 헌법에서부터 많은 기본권들을 헌법에서 명시하고 있었고 이익균점권 등의 생존권적 기본권(사회적 기본권)을 두었던 것이 특징이다. 그러나 제1공화국 헌법은 기본권을 천부인권이 아니라 실정헌법상의 권리로 보았다고 평가된다. 그 점은 각 개별 기본권마다 법률유보조항을 두어 기본권의 제한가능성을 더 많이 열어 두었다는 데에서 볼 수 있다.

2. 제2공화국

기본권 목록 자체에는 많은 변화가 없었고 개별적 법률유보를 많이 없앴다. 정당에 대한 규정이 신설되었다. 또한 본질적 내용침해금지규정을 제2공화국 헌법에서 명시하기 시작하였다. 제2공화국 헌법은 개별적 법률유보를 많이 없앤 점, 본질적 내용침해금지를 명시한 점 등에서 기본권을 자연권으로 보는 헌법제정권자의 의사가 나타난 점에 의의가 있다. 아울러 언론·출판에 대한 허가·검열, 집회·결사에 대한 허가의 금지를 명시하였다.

3. 제3공화국

기본권보장의 원칙규정("모든 국민은 인간으로서의 존엄과 가치를 가지며, 이를 위하여 국가는 국민의 기본적 인권을 최대한으로 보장할 의무를 진다"라는 규정)을 처음으로 두었다. 신체의 자유에 관하여 고문의 금지, 자백의 증거능력 제한 등 새로운 규정들이 들어 왔다. 그리고 사인(私人)으로부터 신체의 자유의 불법한 침해를 받은 때에도 법률이 정하는 바에 의하여 법원에 구제를 청구할 권리를 새로이 규정하였다. 제2공화국 헌법에 있었던 기본권으로서 제3공화국 헌법에서 삭제된 기본권은 근로자의 이익배분균점권, 공무원파면청원권이다. 직업선택의 자유조항이 새로이 명시되었고 기존의 기본권규정들도, 즉 신체의 자유, 언론·출판·집회·결사의 자유, 재판청구권 등도 보다 상세하게 추완되었다.

4. 제4공화국

개별적 법률유보를 다시 많이 두어 실정권적인 성격을 보여주었다. 본질적 내용침해금지의 규정을 삭제한 것은 더욱 그러하다. 기본권이 많이 후퇴되었다. 특히 신체의 자유에서 구속적부심제도의 폐지, 언론·출판·집회·결사의 자유에서 허가제·검열제금지 규정을 삭제한 것 등은 그 점을 대표적으로 보여준다. 긴급조치로 군법회의의 재판을 받도록 할 수 있게 하는 등 대통령의 긴급조치권으로 기본권의 중요 요소를 제한할 수 있게 하여 기본권이 매우 위축되었다.

5. 제5공화국

인간의 존엄·가치 외에 행복추구권 규정을 신설 추가하였다. 제 5 공화국헌법은 신군부 쿠데타에 의한 집권으로 만들어진 헌법이어서 권력구조를 강하게 하는 반면에 이를 희석하기 위한 새로운 기본권들(사생활의 비밀과 자유, 연좌제의 금지, 형사피고인의 무죄추정권, 평생교육에 관한

권리, 환경권 등)을 명문화하였고 제3공화국 헌법에서의 기본권규정들을 많이 부활시켰다. 그러
나 전시효과적인 규정들이 적지 않았다.

6. 현행 제6공화국

이전 헌법에 비하여 개별적 법률유보를 축소하고 새로운 기본권들(적법절차원칙, 체포·구속
이유와 변호인조력을 받을 권리를 고지받을 권리, 재판절차진술권, 최저임금제의 의무적 실시, 쾌적한 주
거생활을 위한 국가노력의무 등)이 추가되어 기본권의 명시적 헌법규범이 확대되었다. 제6공화국
에 들어와서는 헌법재판소에 의한 헌법재판이 활발히 이루어져 이전 헌법들의 기본권규정들이
규범력이 약했던 현실에서 벗어나 그 규범력과 실효성이 증대되고 있다. 근래에 정보에 대한
기본권 등을 추가하고 새로이 기본권규정들을 보다 체계화하자는 등의 헌법개정논의가 이루어
지고 있다. 기본권규정의 손질도 필요하나 그 이전에 현행 헌법상 기본권규정들을 보다 적극적
으로 실현하기 위한 적극적인 헌법해석과 적용이 있어야 한다. 생존권(사회권) 등의 해석도 우
리 헌법이 어디까지나 복지주의를 중요한 원리로 설정하고 있기에 보다 적극적으로 구현하는
방향으로 이루어져야 한다.

제 2 장

기본권규범의 인식(法源)과 기본권의 분류·체계

제 1 절 기본권규범의 인식(기본권규범의 법원)

기본권에 관련되는 법규범들이 어디에 존재하느냐 하는 문제가 기본권규범의 법원(法源)의 문제이다. 우리의 경우 성문헌법(成文憲法)을 가지고 있고 또 그 성문헌법에 기본권에 관한 규정들이 적지 않게 들어 있다. 그렇더라도 성문헌법전 외의 법규범에서도 기본권에 관련되는 규범들이 존재한다. 기본권의 보장의 범위를 두텁게 하기 위하여 이러한 법원들을 적극적으로 찾아나가는 일이 중요하다. 한편 오늘날 기본권의 침해에 대하여 그 구제를 가져오게 하는 보다 효율적이고 강제성이 있는 제도로 헌법재판이 활용되고 있다. 이러한 헌법재판에서의 적용기준을 설정함에 있어서도 기본권규범을 찾는 일이 중요하다.

Ⅰ. 헌법전

1. 법원으로서의 성문헌법전

성문의 헌법전에서 명시된 기본권은 물론 기본권규범의 법원이 되며 실정법적 효력을 가지고 보다 명확성을 가진다. 그러나 헌법전에 명시되지 않은 자연권적인 권리들도 있고 헌법전에 명시된 기본권들에서 아래에 보듯이 명시되지 않은 기본권들이 파생될 수 있다(아래 Ⅱ. 참조).

2. 헌법전문

헌법전문(憲法前文)도 재판규범이 되는 등 법적 효력을 인정하는 것이 일반적인 이론이고 기본권규범을 헌법전문에서도 인정할 수 있고 또 끌어낼 수도 있다. 그런데 헌법전문의 모든 문언에서 구체적인 개별 기본권이 인정되고 도출되는지는 논란될 수 있다. 우리 헌법재판소판례 중에는 기본권이 인정된다고 본 것도 있고 개별 기본권이 도출되지 않는다고 본 것도 있다. 이에 대해서는 후술한다(아래의 Ⅲ. 기본권 파생 중 4. 헌법전문에서의 도출 참조).

● **판례** * 헌법전문을 적용하여 판단한 헌법재판소 결정례: ① 선거운동 차별에 관한 결정례 – 헌재는 정당추천 후보자에게 별도로 정당연설회를 할 수 있도록 한 구 국회의원선거법 규정에 대한 일부위헌결정례(헌재 1992.3.13. 92헌마37), ② 시·도의회의원 선거 후보자의 기탁금(700만원) 규정에 대한 헌법불합치결정례(헌재 1991.3.11. 91헌마21), ③ "3·1운동으로 건립된 대한민국임시정부의 법통"에 관한 위헌확인결정례(일본위안부로 강제동원된 피해자, 일제강제징병(용)원폭 피해자에 대한 국가보호의무 확인결정(위헌확인결정), 헌재 2011. 8.30. 2006헌마788; 헌재 2011.8.30. 2008헌마648등). ④ "모든 사회적 폐습과 불의를 타파"에 관한 합헌결정례(헌재 2001.8.30. 99헌바92등). 위 결정들과 그 외 헌법전문에 비춘 결정례들에 대해서는, 앞의 제1부 제1장 헌법의 법원 부분; 정재황, 헌법재판론, 박영사, 2020, 위헌법률심판의 기준, 헌법소원심판의 기준 부분 참조.

3. 영토에 대한 기본권

우리 헌법은 제3조에 영토조항을 두고 있다. 헌재는 한·일어업협정에 대한 헌법소원에서, 국민의 기본권 침해에 대한 권리구제를 위하여 그 전제조건으로서 영토에 관한 권리를, 이를테면 영토권이라 구성하여, 이를 헌법소원의 대상인 기본권의 하나로 간주하는 것은 가능한 것으로 판단한 바 있다(● 판례 헌재 2001.3.21 99헌마139. * 검토 – 이 결정에서 헌재가 이처럼 "헌법소원의 대상인 기본권의 하나"라고 판시하였으나 헌법소원의 대상은 기본권을 침해하는 공권력의 행사 또는 불행사이므로(헌재법 제68조 제1항) 여기서는 한·일어업협정이다. 따라서 위 판시는 정확한 것이 아니고 헌법소원의 청구요건으로서 침해되는 기본권, 침해가능성을 드는데 이에 따라 '영토권을 그 침해되는 기본권의 하나'로 간주할 수 있다고 판시하였어야 했다. 여하튼 헌재는 영토권을 하나의 기본권으로 간주한다).

4. 헌법의 기본원리, 제도

[판례] 헌재는 공권력의 행사 또는 불행사로 헌법의 기본원리 혹은 헌법상 보장된 제도의 본질이 훼손되었다고 하여 그 점만으로 바로 국민의 기본권이 현실적으로 침해된 것이라고 할 수는 없다고 한다(90헌마125; 96헌마186; 2008헌마517 등). 그리하여 헌법 제1조 제2항의 국민주권주의와 헌법 제8조 제1항의 복수정당제도가 훼손되었다는 주장의 헌법소원심판에서 청구인들이 주장하는 피청구인의 행위로 국민주권주의라든지 복수정당제도가 훼손될 수 있는지의 여부는 별론으로 하고 그로 인하여 바로 헌법상 보장된 청구인들의 구체적 기본권이 침해당하는 것은 아니라고 판시한 바 있다(96헌마186. 비슷한 취지: 90헌마125; 2008헌마517).

[비평] 그러나 헌법의 기본원리와 제도가 국민의 기본권실현을 위한 수단일 수 있다는 점에서 그것이 훼손된다면 기본권의 침해도 가져올 수 있다. 예를 들어 복수정당제도는 정당의 복수성, 즉 여러 정당이 있어야 국민의 다양한 정치적 의견의 표현과 이의 반영이 이루어지게 된다는 점에서 정치적 기본권을 구현하기 위한 제도이다. 적법절차의 원리는 기본권보장을 위한

중요한 원칙으로서 헌재의 판례 중에도 적법절차의 원리에 반하므로 기본권을 침해하였다고 판시한 것들이 있다.

II. 기본권의 파생(도출)

1. 기본권 파생의 의미

기본권의 파생이란 성문헌법규정에서 직접 명시되어 있지 않은 기본권을 끌어내어 이를 기본권으로 인정하는 것을 말한다. 기본권을 자연권으로 파악하는 우리 헌법으로서는 헌법전에 명시적으로 규정되어 있지는 않으나 헌법이 보호하는 기본권들도 있다. 기본권의 파생은 기본권의 보호영역범위를 확대함으로써 국민의 기본권보장을 더욱 두텁게 강화시키므로 국민의 기본권보장에 매우 중요하다. 우리 헌재도 기본권들을 파생시키고 있는데 주로 헌법 제10조의 인간의 존엄과 가치 및 행복추구권에서 파생시키고 있다. 헌법 제10조에서 기본권이 파생된다는 의미는 헌법 제10조의 인간의 존엄과 가치 및 행복추구권이 헌법에 명시되어 있지 않은 기본권들을 포함하고 있고 이는 곧 인간의 존엄과 가치·행복추구권이 포괄적 기본권임을 의미한다. 헌법 제10조 외에도 다른 헌법조문에서 기본권이 파생될 수 있다.

2. 인간의 존엄과 가치에서 파생되는 기본권들

인간의 존엄과 가치에서 나오는 헌법에 명시되지 않은 기본권들로는 생명권, 인격권, 자기결정권 등을 들 수 있다. 우리 헌재의 판례는 "헌법 제10조의 인간의 존엄과 가치로부터 유래하는 인격권"이라고 판시하여(2000헌마546) 인격권이 헌법 제10조에서 파생됨을 밝히고 있다. 헌재는 인간의 존엄과 가치에서 자기결정권을 끌어내고 있다. 그러한 자기결정권으로 개인의 자기운명결정권과 성적(性的) 자기결정권(89헌마82 등), 알 권리(88헌마22), 개인정보자기결정권(2003헌마282) 등을 들 수 있다. 인간의 존엄·가치 규정에서 파생되는 기본권들에 대해서는 개별 기본권으로서의 인간의 존엄·가치를 살펴볼 때 좀더 자세히 살펴보기로 한다(후술 인간의 존엄과 가치 부분 참조).

3. 행복추구권에서 파생되는 기본권들

행복추구권으로부터 인간을 행복에 이르게 하는 기본권들이 파생된다. 개인이 자신의 요구가 충족되는 상태가 행복이다. 이러한 상태에 이르게 하는 권리로서 자신을 돋보이게 하는 권리, 원하는 상품을 찾아 이를 소비하거나 소유함으로써 만족할 수 있는 권리, 자신의 개성을 창조하고 이를 표출할 권리 등이 바로 행복추구권에서 파생된다.

헌재는 행복추구권 속에 「일반적 행동자유권」, 「개성의 자유로운 발현권」 등 헌법에 명시되지 않은 기본권들이 함축되어 있다고 보아 행복추구권의 포괄적 기본권성을 인정하고 있다. 「일반적 행동자유권」에서 또다시 여러 자유권들이 파생된다고 본다. 일반적 행동자유권(一般的 行動自由權)이라 함은 어느 한 영역에서의 자유권이 아니라 포괄적·전반적으로 인정할 수 있는 자유권을 의미한다고 본다. 헌법에 명시되지 않은 어느 영역에서의 자유권을 끌어내기 위하여 행복추구권에서 나오는 "일반적" 행동자유권을 설정하여 인정하고 있는 것이다. 예를 들어 계약의 자유, 운전할 자유 등을 끌어낸 바 있다. 행복추구권 규정에서 파생되는 기본권들에 대해서는 개별 기본권으로서의 행복추구권을 살펴볼 때 좀더 자세히 살펴보기로 한다(후술 행복추구권 부분 참조).

4. 헌법전문에서 도출 문제

헌법전문(憲法前文)의 문언에서 구체적으로 기본권이 도출되는지 여부가 문제된다. 문언별로 개별적으로 살펴볼 일이다. ⅰ) 적용 결정례 − "정치·경제·사회·문화의 모든 영역에 있어서 각인의 기회를 균등히 하고"라는 헌법전문 문언은 평등권을 담고 있는데 헌법재판소는 이 문언을 적용하여 이의 위배를 인정하는 결정을 한 바 있다.[19] ⅱ) 부정례 − 반면 우리 헌재는 "헌법전문에 기재된 '3.1정신'은 우리나라 헌법의 연혁적·이념적 기초로서 헌법이나 법률해석에서의 해석기준으로 삭용한다고 할 수 있지만, 그에 기하여 곧바로 국민의 개별적 기본권성을 도출해낼 수는 없다"라고 본다.[20] 또한 '대한민국건국60년 기념사업'에 대해 이는 1948.8.15.에야 비로소 대한민국이 건국된 것으로 보므로, 대한민국 정부와 대한민국임시정부가 단절되어 헌법전문이 규정한 대한민국임시정부의 법통을 계승하지 못함으로써 대한민국의 정통성을 부정한다는 주장의 헌법소원심판사건에서 헌재는 기본권침해의 가능성이 인정되지 않는다고 하여 각하결정을 한 바 있다(2008헌마517). ⅲ) 검토 − 그러나 "3·1운동으로 건립된 대한민국임시정부의 법통…을 계승하고"라고 한 문언은 우리 헌법이 저항권을 받아들인다고 이해하는 입장에서는 헌재의 위 판례의 판시가 3·1정신에서는 어떠한 기본권도 도출될 수 없다는 것이라면 위 판시를 이해할 수 없다. 그리고 "3·1운동으로 건립된 대한민국임시정부의 법통"의 계승에서 일본위안부로 강제동원된 피해자, 일제강제징병(용)원폭 피해자에 대한 국가보호의무를 인정하고 위헌임을 확인한 결정들(2006헌마788; 2008헌마648등)과도, 기본권인정문제와 보호의무인정문제라 다르다고 할지 모르나, 차이가 있다.

---

19) 헌재 1992.3.13. 92헌마37.
20) 헌재 2001.3.21. 99헌마139등, 대한민국과 일본국간의 어업에 관한 협정비준 등 위헌확인 참조

5. 헌법 제37조 제1항의 '열거되지 아니한 기본권'

(1) 법적 성격

헌법 제37조 제1항이 "국민의 자유와 권리는 헌법에 열거되지 아니한 이유로 경시되지 아니한다"라고 규정하고 있는데 여기서 기본권이 끌어낼 수 있는지 하는 문제가 있다. 그 이전에 헌법 제37조 제1항의 성격이 어떠한지에 대한 문제가 있다. 실정권설의 입장에서는 이를 창설적 규정으로 보아 헌법이 명시하지 않은 기본권들을 여기서 인정할 수 있다고 보고 반면 자연권설에서는 이를 확인적 규정으로 보아 이 규정이 없더라도 천부인권적 권리들이 헌법에 명시되지 않더라도 인정된다고 본다. 우리는 이를 확인적 규정으로 보는 입장이다. 이에 관해서는 뒤의 자유권 부분에서도 다시 살펴본다(후술 각론의 자유권 총론 부분 참조).

(2) 헌법재판소의 판례
1) 인정요건

헌재는 헌법 제37조 제1항에 말하는 '열거되지 아니한 기본권'을 새롭게 인정하려면, "그 필요성이 특별히 인정되고, 그 권리내용(보호영역)이 비교적 명확하여 구체적 기본권으로서의 실체 즉, 권리내용을 규범 상대방에게 요구할 힘이 있고 그 실현이 방해되는 경우 재판에 의하여 그 실현을 보장받을 수 있는 구체적 권리로서의 실질에 부합하여야 할 것"이라고 한다(◐ 판례 2007헌마369; 2008헌마477등).

2) 헌재가 부정한 예

헌재는 위와 같은 요건에 비추어 ① 평화적 생존권[21], ② '논리적이고 정제된 법률의 적용을

---

21) 헌재 2009.05.28, 2007헌마369 [쟁점] 대통령이 한미연합 군사훈련의 일종인 2007년 전시증원연습을 하기로 한 결정이 헌법 제10조 및 헌법 제37조 제1항으로부터 인정되는 평화적 생존권을 침해하는지 여부(기본권성 부정) [결정요지] 평화적 생존권을 구체적 기본권으로 인정한다고 가정할 때, 그 권리내용이란 우선 "침략전쟁에 대한 것"에서 찾을 수밖에 없을 것이다. 왜냐하면 우리 헌법이 세계평화의 원칙을 규정하면서도 침략전쟁만을 부인하고 있기 때문이다. 따라서 평화적 생존권의 권리내용으로서 상정할 수 있는 것은 "침략전쟁에 강제로 동원되지 아니할 권리", "침략전쟁을 위한 군사연습, 군사기지 건설, 살상무기의 제조·수입 등 전쟁준비 행위가 국민에게 중대한 공포를 초래할 경우 관련 공권력 행사의 정지를 구할 권리" 등일 것이다. 그러나 이에 대하여 평화적 생존권이라는 이름으로 관련 공권력 행사를 중지시키려는 것은 실효적으로 보호받을 가능성을 긍정하기 쉽지 않다. 이러한 사정을 종합적으로 고려해 보면, 평화적 생존권을 헌법에 열거되지 아니한 기본권으로서 특별히 새롭게 인정할 필요성이 있다거나 그 권리내용이 비교적 명확하여 구체적 권리로서의 실질에 부합한다고 보기 어렵다 할 것이다. 결국 청구인들이 평화적 생존권이란 이름으로 주장하고 있는 평화란 헌법의 이념 내지 목적으로서 추상적인 개념에 지나지 아니하고, 평화적 생존권은 헌법상 보장되는 기본권이라고 할 수는 없다. * 이 결정은 평화적 생존권을 기본권으로 인정했던 선례(헌재 2006.2.23. 2005헌마268)를 깨고 판례변경을 한 것이다. * 검토 – 헌재의 "평화적 생존권을 구체적 기본권으로 인정한다고 가정할 때, 그 권리내용이란 우선 "침략전쟁에 대한 것에서 찾을 수밖에 없을 것이다. 왜냐하면 우리 헌법이 세계평화의 원칙을 규정하면서도 침략전쟁만을 부인하고 있기 때문이다"라는 판시는 이해가 어렵다. 헌법 제5조 제1항이 "국제평화의 유지에 노력하고" "침략적 전쟁을 부인한다"라고 하여 양자가 연결되나 후자가 전자의 하나로 포함되는 의미이지 '=' 관계를 말하

받을 권리'22)는 열거되지 아니한 기본권이 아니어서 헌법상 보장되는 기본권이 아니라고 판단하였다. 헌재는 위와 같은 요건을 언급하지 않으면서 ③ 주민투표권23)에 대해서도 부정하였다.

3) 인정례와 분석

헌법재판소가 헌법 제37조 제1항에서 끌어낸 기본권의 예로는, 부모의 자녀교육권24) 및 학교선택권,25) 부모의 자녀 양육권26) 등이 있으나 그 예가 매우 드물다. 헌법재판소는 헌법 제37조 제1항에서 나온다고 보는 이러한 기본권들에 대해 헌법 제37조 제1항만을 그 근거로 하는 것이 아니라 헌법 제10조 등 다른 헌법조문들도 함께 근거로 하여 헌법 제37조 제1항은 다른 헌법조문과 더불어 파생근거가 되는 것으로 보는 경향이다. 그 예로 부모의 자녀교육권에 대해 그 근거로 헌법 제37조 제1항뿐 아니라 혼인과 가족생활을 보장하는 헌법 제36조 제1항, 행복추구권을 보장하는 헌법 제10조도 들고 있다. 이러한 헌법재판소의 태도에 대해서는 정작 교육을 받을 권리인 헌법 제31조 제1항은 빠져있어 문제가 있다. 평화적 생존권에 대해서는 위에서 본 대로 헌법 제37조 제1항에서 끌어낸 선례가27) 있었으나 후의 결정례가 판례변경을 하여 평화적 생존권의 기본권성을 부정하고 있다.

는 것이 아니고 따라서 침략전쟁 부인만이 아니라 국제평화에는 여러 노력이(우리가 전쟁당사국이 아닌 평화협상의 중재자인 경우 등) 있고 이를 헌법이 포함함은 물론이기 때문이다.

22) 헌재 2011.8.30. 2008헌마477 [쟁점] 일반적인 기본원칙만을 규정해야 할 최저임금법에 예외적인 특별조항인, 택시운전근로자의 최저임금에 산입될 임금의 범위를 규정한 것이 일반택시운송사업회사의 '논리적이고 정제된 법률의 적용을 받을 권리'를 침해한다는 주장의 헌법소원사건이었다. [결정요지] 논리적이지 않고 정제되지 않은 법률조항이라고 하더라도 일반적인 법률해석방법에 따른 해석을 통하여 어느 정도의 비논리성이나 비정제성은 해소될 수도 있는 것이고, 이러한 해석을 통해서도 해소할 수 없는 비논리성이나 비정제성이 있는 법률조항이라면 명확성의 원칙 등 기존의 헌법상 원칙에 의하여 위헌선언이 가능할 것이므로 이러한 법률조항의 적용을 배제하기 위하여 굳이 청구인들이 주장하는 기본권을 인정할 필요가 있다고 할 수 없다. 그리고 다른 법률조항들과 어느 정도로 충돌될 때에 논리성이나 정제성을 부인할 수 있는지의 기준이 명확하지 아니할 뿐만 아니라, 단지 다른 법률조항과의 법률체계상 불합치가 있다고 하여 바로 위헌이라고 할 수는 없는 것이어서 이러한 이유만으로 일반 국민이 당해법률조항의 적용을 배제해달라고 요구할 힘을 갖는다고 인정하기도 어려우므로 이러한 권리가 구체적 권리로서 실효적으로 보호받으리라는 가능성도 긍정하기 쉽지 않다. 따라서 헌법 제37조 제1항에 의하여 기본권으로 인정되기 위한 요건을 갖추지 못한 '논리적이고 정제된 법률의 적용을 받을 권리'는 헌법상 보장되는 기본권이라고 할 수 없다.

23) 헌재 2005.12.22. 2004헌마530 [판시요지] 우리 헌법은 주민투표권을 기본권으로 규정한 바가 없고, "주민투표권을 헌법상 보장되는 기본권이라고 하거나 헌법 제37조 제1항의 '헌법에 열거되지 아니한 권리'의 하나로 보기는 어렵다. 주민투표권은 법률(지방자치법)이 보장하는 권리일 뿐이지 헌법이 보장하는 기본권 또는 헌법상 제도적으로 보장되는 주관적 공권으로 볼 수 없다. * 동지: 헌재 2007.6.28. 2004헌마643 (그런데 이 결정은 평등권 침해 문제는 있다고 하여 심사를 한 결과 헌법불합치선언을 하였다).

24) 헌재 2000.4.27. 98헌가16; 2009.5.28. 2006헌마618; 2009.10.29. 2008헌마635 등.

25) 헌재 2012.11.29. 2011헌마827.

26) 헌재 2008.10.30. 2005헌마1156.

27) 헌재 2006.2.23. 2005헌마268.

6. 그 외의 헌법규정에서의 파생

헌법 제10조 외에도 개별 기본권들에 있어서는 개별 기본권의 모(母)기본권을 규정한 조문에서 또다시 여러 세부적 개별 기본권들이 파생될 수 있다. 예를 들어 재판청구권이라는 개별 기본권의 모규정인 헌법 제27조의 재판청구권에서 민사재판청구권, 형사재판청구권, 헌법재판청구권 등이 파생된다.

헌재가 헌법 제10조 외에 다른 헌법조문에서 기본권을 파생시킨 예로는 바로 위에서도 언급한, 혼인과 가족생활을 보장하는 헌법 제36조 제1항에서 부모의 자녀교육권이 파생된다고 본 예[28]도 들 수 있다.

7. 정리

기본권의 파생에 관한 우리 헌재의 판례이론을 정리하는 의미에서 도해하면 다음과 같다.

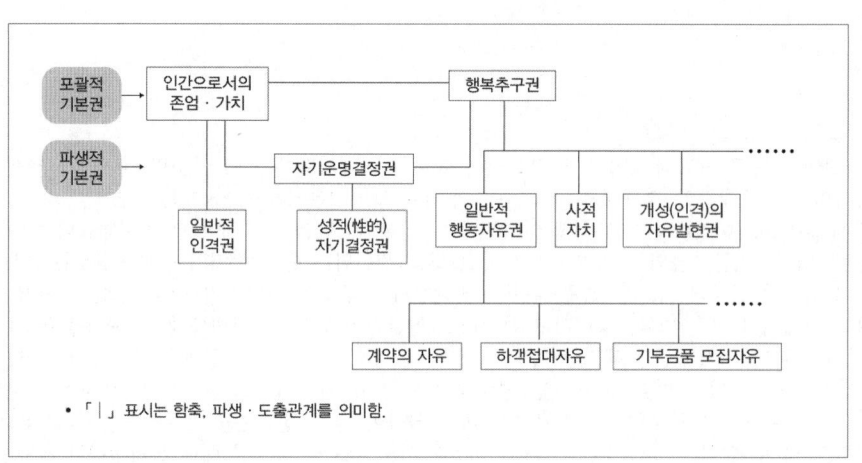

* 「ㅣ」 표시는 함축, 파생·도출관계를 의미함.

* 출전: 신헌법입문, 제11판, 박영사, 2021, 236면.

8. 보충적·포괄적 기본권

위의 기본권의 파생관계에 대해 살펴본 것에 연관하여 보충적 기본권의 문제를 살펴볼 필요가 있다.

(1) 보충적·포괄적 기본권의 개념

개별적 기본권들을 포괄하고 파생시키는 보다 넓은 영역의 기본권이 있다면 그 포괄적 기

---

28) 헌재 2000.4.27. 98헌가16등, 그 외 위에 인용한 결정들.

본권은 개별적 기본권에 대해 보충적 기능을 하게 되어 보충적 기본권이라고 한다. 기본권의 보충과 구별되어야 할 것은 기본권의 병합(병존) 내지 중첩이다. 보충관계는 어느 개별 기본권이 적용되면 그 적용이 없고 개별 기본권만으로 부족할 때 그것을 보강하는 관계이다. 기본권의 병합 내지 중첩은 그 관련되는 기본권들 모두가 적용되는 관계이다.

(2) 보충적·포괄적 기본권 - 행복추구권, 일반적 행동자유권

헌재는 행복추구권, 일반적 행동자유권을 보충적·포괄적 기본권으로 보는 경향이다. 이에 대해서는 행복추구권에서 살펴본다(후술 참조).

Ⅲ. 법률

법률은 헌법의 기본권을 구체화하는 규정들을 둔다. 또한 기본권의 제한은 법률에 의하여서만 가능하므로(제37조 제2항) 기본권에 관한 사항들을 담게 된다. 기본권을 제한하는 법률이 갖추어야 할 요건과 한계 등에 대해서는 뒤의 기본권 제한에서 살펴본다(후술 기본권제한 참조).

Ⅳ. 행정입법, 자치입법

대통령령, 총리령, 부령 등 행정입법은 법률의 위임을 받아 국민의 기본권에 관한 사항을 둘 수 있다(제75조, 제95조). 지방자치단체의 자치입법, 즉 조례도 기본권에 관한 사항을 정할 수 있다. 다만, 조례가 주민의 권리 제한 또는 의무 부과에 관한 사항이나 벌칙을 정할 때에는 법률의 위임이 있어야 한다(지방자치법 제22조 단서, 신법 제28조 제1항)(행정입법, 자치입법에 대해서는, 후술 제4부 국가권력규범론 참조). 조례에 위임은 행정입법에 위임하는 경우와 달리 벌칙 위임이 아닌 일반적 위임은 포괄위임이라도 허용된다는 것이 헌재판례의 입장이다.

Ⅴ. 국제조약 및 일반적 국제법규

우리나라가 체결한 조약, 일반적으로 승인된 국제법규가 기본권사항을 담고 있을 수 있다. 이들 규범들이 가지는 국내법적 효력 등에 대해서는 앞서 살펴보았다(전술 제2부 국제질서 참조).

Ⅵ. 불문규범

헌법관습법, 헌법조리법, 헌법판례에서도 기본권에 관한 사항들을 담고 있을 수 있다. 헌법
판례는 헌법재판이 국민의 기본권보장에 중요한 재판이므로 기본권에 관한 법리를 많이 담고
있다. 또한 국제헌법관습법인 불문국제헌법규범도 기본권 관련 내용을 가질 수 있다. 헌법관습
법, 헌법조리법, 헌법판례 등이 기본권규범으로서의 법원성을 가지는지에 대해서는 견해가 다
를 수 있다. 이에 대해서는 앞서 헌법의 법원(法源)에서 살펴본 바 있다(전술 제1부 헌법의 법원
참조).

제 2 절   기본권의 분류와 체계

Ⅰ. 기본권의 분류

1. 기본권분류의 필요성

기본권에도 여러 종류, 유형이 있다. 기본권의 분류는 각 분류별 개별 기본권의 특성,
상이점을 고려하여 그것에 걸맞게 법적 제도, 이론을 찾아나갈 수 있게 하기 때문에 필요
한 것이라고 본다. 예를 들어 어느 기본권이 분류상 '청구권'에 속한다면 '청구권'이 가지는
성격, 즉 기본권보장을 위한 권리라는 적극적 성격에 적절하게 그 기본권의 적극적인 보장
을 위한 법리를 찾게 된다.

2. 기존의 분류

(1) 지위이론

과거 옐리네크(Jellinek)는 국민이 국가에 대한 지위 내지 상태를 소극적 지위에서 자유권이,
적극적 지위에서 수익권이, 능동적 지위에서 참정권이 나온다고 보았다. 수동적인 지위에서는
의무가 나온다고 보았다. 이러한 옐리네크의 이론은 국가주권설에 입각하였고 실정권론을 바
탕으로 하였다는 점에서 이미 오늘날의 이론으로는 적실성을 가지지 못한다.

(2) 내용에 따른 분류

기본권이 가지는 내용별로 인간의 존엄과 가치ㆍ행복추구권, 평등권, 자유권적 기본권, 생존

권적 기본권(사회적 기본권), 청구권적 기본권, 참정권 등으로 나누는 분류이다.

(3) 법적 성격에 따른 분류
1) 초국가적인 기본권과 국가내적인 기본권

초국가적 기본권은 국가가 있기 이전의 자연권을 의미하고 국가내적인 기본권은 국가가 존재하고 그 국가가 기본권실현을 위한 제도를 마련하여야 그 실현이 가능한 권리를 말한다. 국가내적인 기본권으로는 청구권, 참정권, 생존권적 기본권 등이 해당된다고 보는 견해들이 많다. 예를 들어 청구권의 하나인 재판청구권의 실현을 위해서는 실정법으로 재판제도가 마련되어야 하고, 참정권의 경우에도 선거제도, 생존권적 기본권(사회적 기본권)의 경우에도 복지제도 등이 마련되어야 하기 때문이라고 보는 것이다.

2) 진정한 기본권과 비진정한 기본권

진정한 기본권은 공권으로서의 기본권을 말한다. 비진정한 기본권은 헌법이 일정한 질서나 제도(예를 들어 문화질서, 교육제도 등)를 규정한 데 따른 반사적인 효과로서 누리는 이익을 말한다고 한다(예를 들어 교육시설의 이용권은 교육제도의 효과일 뿐 기본권이 아니라는 것이다).

(4) 주체에 따른 분류

기본권의 주체가 누구인가에 따라 인간의 권리와 국민의 권리, 자연인의 권리와 법인의 권리로 분류하기도 한다.

(5) 법적 효력에 따른 분류
1) 현실적(구체적) 기본권과 비현실적 기본권(Programm적 기본권)

현실적 기본권은 헌법규정 자체로 그 효력이 구체적으로 발생하는 기본권을 말한다. 비현실적 기본권이란 헌법규정 자체는 하나의 입법방침(Programm)으로서 그것으로는 바로 구체적인 권리가 실현될 수 없고 입법에 의한 구체적 조치가 취해질 때 권리로서의 효력이 발생한다고 보는 기본권이다. 이 분류는 비현실적 기본권으로 과거에 생존권적 기본권(사회적 기본권)을 드는 견해가 있었기에 나온 것이다(후술 기본권각론, 생존권 참조).

2) 대국가적 효력만의 기본권과 대사인적(제3자적) 효력도 가지는 기본권

전자는 국가에 대한 구속력만을 가지는 기본권을 말하고 후자는 국가에 대한 구속력은 물론이고 사인들간에도 구속력을 가지고 효력을 발휘하는 기본권을 말한다고 한다. 대사인적 효력 문제는 기본권의 효력 부분에서 중점적으로 다룬다(후술 참조).

3. 검토와 분류의 한계

국가내적 기본권이라는 분류는 기본권이 실정적으로 얼마나 보장되고 있느냐 하는 현실적 관점에서 분류하는 것이지 진정한 기본권의 성격에 따른 분류라고 볼 수 없다. 비진정한 기본권이라는 분류도, 예를 들어 교육시설이용권이 교육제도의 반사적 효과가 아니라 교육을 받을 권리라는 기본권에서 나오는 것이므로 타당하지 않다. Programm기본권이라는 것도 그것이 재정확보라는 현실적 한계에서, 즉 현실적 실현성이라는 관점에서는 그러한 점이 있을 것이나 법리적 관점에서는 그렇게 볼 수 없다. 이처럼 위 분류들에는 한계가 있는 것이다. 내용적 분류에서도 하나의 기본권이 하나의 범주만이 아니라 여러 범주에 해당될 수도 있다(예를 들어 지적재산권과 같은 경우에는 재산권의 가지에도 들어가겠으나 예술·창작의 자유 내지 학문의 자유 등에도 해당될 수 있다)는 복합성의 한계를 가진다. 한편 위와 다른 그 외 분류기준도 다양하게 제시될 수 있다.

4. 본서에서의 서술

내용적 분류가 복합성의 한계가 있음을 인정하면서 주로 어떠한 내용을 강하게 지니는지를 파악하여 그것에 적절한 법리를 찾는 것이 비교적 분류론의 실익을 구현하는 것으로 우선 볼 수 있다. 본서에서도 내용적 분류로, 인간의 존엄과 가치 및 행복추구권, 평등권, 자유권, 생존권(사회권), 선거권·직접민주 참정권·공무담임권(참정권), 청구권 등으로 나누어 기본권각론에서 살펴본다. 기본권총론 부분에서도 개별 기본권을 언급할 경우가 나타나기에 그 이해를 돕기 위해서도 여기서 미리 분류론을 서술한 것이다.

Ⅱ. 기본권의 체계

1. 개념과 실익

기본권은 여러 개개 기본권들이 산발적으로 존재하는 것이 아니라 파생관계와 상호 연관성을 가지는 하나의 계통을 이루는 것이 요구된다. 즉 주된 기본권이 포괄적 기본권으로서 하위의 여러 기본권들을 파생시키고 연관적인 관계를 형성한다. 기본권규범의 체계적 구축의 필요성(실익)은 산발적이고 나열적인 기본권이 아니라 포괄적 기본권에서 보다 구체적인 기본권들이 파생되어 나오는 체계를 이루게 함으로써 기본권이 효과적으로 확장되게 하고 기본권의 보다 치밀한 보호망을 형성하게 하여 보다 충실한 기본권보장을 가져오게 한다는 데에 있다.

2. 주기본권(主基本權, 包括的 基本權)과 파생적 기본권

우리 헌법상 주되는 포괄적 기본권은 헌법 제10조의 인간의 존엄과 가치 및 행복추구권이다. 인간의 존엄과 가치가 기본권이 될 수 없고 이념일 뿐이라는 견해가 없진 않으나 인간의 존엄과 가치도 기본권으로서 인정될 수 있다(헌재판례도 그러하다. 후술 제2편 인간의 존엄과 가치 부분 참조). 이러한 인간의 존엄과 가치, 행복추구권에서 여러 개별 기본권들이 파생될 수 있다. 이 기본권파생에 대해서는 앞서 기본권규범의 인식에서 이미 살펴보았다(제2장 제1절 Ⅱ. 참조).

제 3 장

기본권의 주체

    기본권의 주체 문제는 누가 기본권을 가지고 기본권을 누릴(행사할) 수 있는지 하는 문제이다. 이는 기본권의 인적 효력(人的 效力)의 범위(정도) 문제라고 볼 것이기도 하다.

I. 논의의 실익

    기본권의 주체 문제를 논하는 실익은 물론 누가 기본권의 소지자가 될 수 있는지, 어떤 기본권에 있어서는 누가 그것을 누릴 수 있는 주체가 되는지 하는 실체법적 필요성에 있다. 그뿐 아니라 절차법적으로도 실익을 가진다. 헌법재판 중에 헌법소원심판은 기본권이 침해되었을 때 청구하여 그 구제를 받기 위한 수단으로서의 헌법재판이므로 기본권을 보유하는 사람이어야 기본권 침해도 있을 수 있고 헌법소원심판을 청구할 수 있다. 따라서 기본권주체일 것이 헌법소원심판청구요건의 하나가 되고 그 점에서 기본권주체 문제의 논의가 절차법에 있어서도 그 실익을 가진다.

헌법소원심판 = 기본권침해에 대한 구제

↓

헌법소원심판 청구자격(A) = 기본권침해를 받은 사람(B)

기본권침해 = 기본권주체임(C)에도 기본권 행사 못하거나 제약받는 상태

↓

A = B = C ∴ A = C

헌법소원심판 청구자격(A) = 기본권 주체(C)

❑ 기본권주체론의 절차법적 실익 도해

II. 기본권능력과 기본권행사능력

1. 기본권보유능력

    기본권보유능력이라 함은 기본권을 누릴 수 있는 법적 지위를 말한다. 일반적으로 모든 국

민은 기본권보유능력을 가진다. 민법상의 권리능력을 가진 국민은 물론 기본권보유능력을 가지나 태아(胎兒)도 그리고 죽은 사람(死者)도 기본권보유능력이 인정되는 경우가 있으므로 민법상의 권리능력에 비해 기본권보유능력이 더 넓은 범위에서 인정된다.

2. 기본권행사능력

(1) 기존의 개념
국민은 일반적으로 기본권보유능력을 가지지만 그렇다고 하여 모든 국민이 언제나 기본권을 실제로 행사할 수 있는 것은 아니다. 기본권을 현실적으로 행사할 수 있는 능력을 기본권행사능력이라고 한다. 피성년후견인, 피한정후견인, 제한능력자, 미성년자 등은 기본권을 보유할 수는 있으나 실제로 행사하는 데 제약을 받으므로 기본권행사능력이 제한된다.

기본권보유능력이 일반적인 능력으로 인정되는 것인데 비해 기본권행사능력은 기본권주체에 따라 개별적인 기본권이 실제 행사되기 위해 요구되는 조건을 갖춘 경우에 인정되는 개별적인 행위능력이다. 예를 들어 일반적으로 참정권의 보유능력을 국민이 가지더라도 선거권은 판단능력을 고려하여 일정연령(우리나라는 현재 18세) 이상이어야 선거권행사능력을 인정한다. 피선거권이나 공직자의 경우에도 연령상 한계가 있다(40세 이상이어야 대통령 피선거권을 가지고, 공무원은 60세에 정년하도록 하는 것). 기본권행사능력은 이처럼 개별 기본권에 따라 달라질 수 있다.

(2) 검토
선거권의 연령을 18세나 일정 연령으로 제한한 경우는 기본권행사능력의 문제이기는 하나 기본권의 제한의 문제로도 다룰 수 있다. 판단능력의 불완전함 등을 이유로 법률로써 기본권을 제한하는 것이라고 본다면 기본권행사능력의 문제로 보지 않고 일반적으로 기본권의 제한의 문제로 볼 수도 있다. 어차피 기본권행사능력의 제한도 헌법 또는 법률에 의해 이루어진다.

Ⅲ. 자연인(自然人)

1. 국민

우리 헌법 제10조가 "모든 국민은 인간으로서의 존엄과 가치를 가지며, 행복을 추구할 권리를 가진다"라고 규정하고 있듯이 국민이 기본권주체가 됨은 물론이다.

(1) 아동, 청소년, 미성년자, 노인
[아동, 청소년, 미성년자] ⅰ) 기본권주체 – 어린이, 청소년, 미성년자도 인간의 존엄가치,

행복추구권을 비롯한 여러 기본권의 주체가 될 수 있다. 다만, 선거권을 행사하지 못하거나 민법상의 법적 행위를 함에 있어서 제약을 받는 등 기본권행사능력에 제약을 받는 경우가 많다. 아동, 청소년 등에게는 특히 신체적, 인격적 성장의 발달을 위한 기본권, 즉 교육을 받을 권리 등의 기본권이 중요한 의미를 가진다. 헌재는 초·중·고등학교 학생의 문화향유권을 인정한 바 있다.29) 아동은 신체적 안전 등을 위한 보호 등 특별한 보호의 대상이 되고 아동학대의 금지는 물론 그 예방이 요구된다. 아동, 청소년에 대한 특별한 보호는 성인들의 기본권의 제한을 더 요구하게 되는 결과를 가져온다. 즉 표현의 자유나 영업의 자유 등에 있어서의 아동, 청소년의 보호를 위한 제약을 들 수 있다. 가족에 의한 양육에 있어서 자율성이 또한 최대한 주어지고 가족에 의한 양육이 어려울 경우에 국가가 이를 구조하여야 한다. 아동보호를 위하여 아동복지법 등이 있고 국내법으로 아동복지법은 국제적으로는 우리나라도 가입한 '아동의 권리에 관한 협약'(Convention on the Rights of the Child)이 있다. 아동, 청소년 등은 부모의 동의 등을 조건으로 기본권행사를 할 수 있거나 민법상의 법적 행위를 함에 있어서 제약을 받고 공직선거에서 투표권이 부여되지 않는(18세 이상이 아닌 사람) 등 기본권행사능력이 제한되는 경우가 많다. ⅱ) 청소년 복지향상을 위한 정책 – 헌법 제34조 제4항은 국가는 청소년의 복지향상을 위한 정책을 실시할 의무를 진다고 규정하고 있다. 헌재는 이 조항이 "청소년에 대한 보호의무를 특별히 천명하고" 있고 따라서 국가는 "신체적·정신적·정서적 폭력이나 가혹행위 등으로부터 보호하여야 할 의무가 있다. 즉 성인에 의한 학대로부터 아동을 특별히 보호하는 것은 이 사회가 양보할 수 없는 중요한 법익"이라고 한다(이 판시는 2018헌바388 결정에 나온 것인데 이 결정은 아동학대 신고의무자인 초·중등학교 교원이 보호하는 아동에 대하여 아동학대범죄를 범한 때에는 그 죄에 정한 형의 2분의 1까지 가중하도록 한 '아동학대범죄의 처벌 등에 관한 특례법' 규정이 책임과 형벌 간의 비례원칙을 위배하지 않고 과잉형벌이 아니라고 본 합헌결정이다).

[노인] 노인들에 대하여 국가나 사회는 보호를 제공하여야 한다. 오늘날 의학의 발달 등으로 수명이 연장됨에 따라 노인들에 대한 복지, 근로의 기회보장 등이 더욱더 요구되고 있다. 국가는 노인과 청소년의 복지향상을 위한 정책을 실시할 의무를 진다(제34조 제4항). 현재 노인복지법이 있다.

(2) 태아(긍정), 초기배아(부정)의 경우 – 판례입장

태아도 자연인으로서 기본권의 주체가 될 수 있는지 하는 문제가 있다. 이는 태아의 생명권에 관한 문제로서 많이 논의되어 왔다. 우리 헌재는 태아가 생명권의 주체가 될 수 있다고 본다.30) 민법은 "태아는 손해배상의 청구권에 관하여는 이미 출생한 것으로 본다"라고 규정하여

---

29) 헌재 2004.5.27. 2003헌가1.

30) 헌재 2008.7.31. 2004헌바81; 헌재 2012.8.23. 2010헌바402, 낙태죄 합헌결정, 그리고 이 2010헌바402 합헌결정를 변경한 헌재 2019.4.11. 2017헌바127의 헌법불합치결정에서도 법정의견인 4인의 헌법불합치의견, 2인 재판관의 합헌의견은 태아가 생명권의 주체가 됨을 분명히 하고 있다(3인의 단순위헌의견은 "태아가 생명체라는 점과 별개로, 태아가 과연 기본권 주체로서의 '인간'에 해당하는가에 관하여는 세계적으

(민법 제762조) 태아의 손해배상청구권을 인정하고 있다. 그런데 법원은 태아가 살아서 출생한 경우에는 손해배상청구권을 인정하고 살아서 출생하지 못한 태아(사산아)의 손해배상청구권은 이를 부정하고 있는데 이는 법원이 민법 제762조를 해석함에 있어 사람은 생존한 동안에만 권리와 의무의 주체가 된다고 규정한 민법 제3조를 함께 적용하고 있기 때문이다. 이러한 법원의 해석과 민법 제3조의 위헌성 여부가 논란되었으나 헌재는 국가의 보호의무를 위반한 것이 아니라는 이유로 합헌으로 결정하였다(2004헌바81). 태아는 그 외에도 인지의 대상이 될 수 있는 능력을 가지고(민법 제858조), 상속순위에 관하여는 이미 출생한 것으로 보아 상속에서의 권리능력이 인정되고(민법 제1000조 제3항), 유증의 권리능력(민법 제1064조)을 가진다.

그러나 헌재는 아직 모체에 착상되거나 원시선이 나타나지 않은 초기배아에 대해서는 기본권주체성을 부정하였다.[31]

(3) 사자(死者)

[긍정하는 경우] 사자(死者)에 대해서도 기본권을 인정해야 할 경우가 있다. 예를 들어 저작권의 경우 사후에까지 권리로 인정된다(저작권법 제39조). 형법은 공연히 허위의 사실을 적시하여 사자의 명예를 훼손한 자는 처벌하도록 규정하여(형법 제308조) 사자의 인격권을 보장한다. 저작권법 제14조 제2항은 저작자의 사망 후에 그의 저작물을 이용하는 자는 저작자가 생존하였더라면 그 저작인격권의 침해가 될 행위를 하여서는 아니 된다고 규정하고, 다만 그 행위의 성질 및 정도에 비추어 사회통념상 그 저작자의 명예를 훼손하는 것이 아니라고 인정되는 경우에는 그러하지 아니하다고 규정하고 있다.

[판례] 헌재는 "사자(死者)에 대한 사회적 명예와 평가는 사자와의 관계를 통하여 스스로의 인격상을 형성하고 명예를 지켜온 그들의 후손의 인격권, 즉 유족의 명예 또는 유족의 사자에 대한 경애추모의 정에도 영향을 미친다"라고 한다.[32] 이에 관한 구체적 사안으로 ① 국군포로 예우에 필요한 행정입법(대통령령)을 제정하지 않은 행정입법부작위가 등록포로 등의 가족의 명예권을 침해하여 위헌임을 확인한 결정(2016헌마626), ② "친일반민족행위"를 규정한 '일제강점하 반민족행위 진상규명에 관한 특별법' 규정이 조사대상자인 사자(死者)와 아울러 유족(후손)의 인격권(헌법 제10조에서 유래하는 일반적 인격권)을 제한하는 것이라고 보았지만, 그 제한이

로 많은 논의가 있고…이러한 경우에도 태아의 생명이 소중하고 보호할 가치가 있음은 부정되지 않았다. 태아가 생명권에 대한 기본권 주체가 되는가에 관계없이, 태아는 그 자체로 생명으로서 점차 성장하여 인간으로 완성될 수 있는 존재…"라고 하여 모호한 설시를 하고 있다).

31) 헌재 2010.5.27. 2005헌마346 [결정요지] 초기배아는 수정이 된 배아라는 점에서 형성 중인 생명의 첫걸음을 떼었다고 볼 여지가 있기는 하나 아직 모체에 착상되거나 원시선이 나타나지 않은 이상 현재의 자연과학적 인식 수준에서 독립된 인간과 배아 간의 개체적 연속성을 확정하기 어렵다고 봄이 일반적이라는 점, 배아의 경우 현재의 과학기술 수준에서 모태 속에서 수용될 때 비로소 독립적인 인간으로의 성장가능성을 기대할 수 있다는 점, 수정 후 착상 전의 배아가 인간으로 인식된다거나 그와 같이 취급하여야 할 필요성이 있다는 사회적 승인이 존재한다고 보기 어려운 점 등을 종합적으로 고려할 때, 기본권 주체성을 인정하기 어렵다.

32) 헌재 2011.3.31. 2008헌바111; 2014.6.26. 2012헌마757; 2018.5.31. 2016헌마626 등.

비례(과잉금지)원칙을 준수하여 합헌이라고 결정한 예(2007헌가23) 등이 있다(이 결정들에 대해서는 뒤의 인간의 존엄가치의 인격권(명예권) 부분 참조).

(4) 장애인의 기본권

장애인도 기본권의 주체임은 물론이다. 따라서 여기서 장애인이 기본권의 주체가 될 수 있는가 하는 문제가 아니라 당연히 주체가 되는데 장애인의 기본권을 보다 강화하여야 한다는 점에서 특별히 강조된다. 장애인에 대한 평등권, 복지를 위한 생존권 등이 더욱 강화되어야 한다. 국제적 보장 차원에서 유엔의 국제인권규약인 장애인권리협약이 2007년 3월 31일에 성립되어 앞으로 가입국들이 각국에서 비준을 받으면 효력을 발생하게 되는데 이 협약은 장애인들의 차별을 금지하고 장애인들이 도로, 대중교통 등 공간적인 이동시설에의 접근권 뿐 아니라 정보와 의사소통을 위한 서비스들에 대한 접근권을 보장하도록 하고 있다. 또한 장애인들의 생존권으로서 교육을 받을 권리, 특히 통합교육과 평생교육에 대한 권리와 고용과 개방적인 근로환경의 제공 등을 규정하고 있다.

우리 헌법 제34조 제5항은 신체장애자는 법률이 정하는 바에 의하여 국가의 보호를 받는다고 규정하고 있다. 장애인복지법, '장애인차별금지 및 권리구제 등에 관한 법률', '장애인활동지원에 관한 법률' 등의 법률이 있다.

(5) 소수자의 기본권

소수민족 출신자, 사회에서 소외된 사람 등 소수자에 대해서도 기본권의 보장이 이루어져야 하고 특히 사회적 차별 등이 있어서는 아니된다. 앞으로 다문화사회에서 이들의 기본권보장을 위한 노력이 더욱 절실하다.

(6) 특수신분인의 기본권 문제

과거에 공무원, 군인, 수형자 등에 대해서는 특별권력관계론에 따라 기본권주체성을 부정하였다. 그러나 오늘날 특별권력관계론에 대해서는 비판적인 견해가 강하고 기본권주체성을 인정한다.

1) 과거의 '특별권력관계'론[33)

이른바 특별권력관계론이란 일반 국민들은 국가와 일반적인 권력관계에 있으나 공무원 등 특수한 신분을 가진 사람들(이하 '특수신분인'이라 함)과 국가와의 관계는 공공행정 수행이라는 목적을 위하여 근무하는 관계로 성립되었으므로 이 관계에 있는 특수신분인은 국가권력에 의한 포괄적 지배를 받고 이 포괄권력에 복종하여야 하는 관계에 있게 되어 특별한 권력관계에 있다고 보는 이론이다. 특별권력관계론은 특별관계에서의 법인격의 주체는 국가 자체일 뿐이라

---

33) 이에 대해서는, 정재황, 기본권총론, 박영사, 2020, 77-79면; 행정법 교과서들 참조.

는 사고에 터잡고 있었다. 그리하여 특별권력관계론은, ① 특수신분인은 행정의 영역에서 권리
(법)주체가 될 수 없으므로 기본권의 주체가 될 수 없다고(기본권의 배제) 보았고, ② 국가에 의
한 권리침해가 있더라도 소송을 통해 다툴 수가 없다고(사법심사의 배제) 보았다. 특별권력관계
론은 독일에서 19세기 후반에 형성된 이론으로서 당시 외견적 입헌주의(즉 겉으로는 헌법을 가졌
으나 진정한 국민주권주의가 아니라 군주의 권력이 강한 입헌군주제) 하에서 군주가 의회나 법원으로
부터 군주의 특권과 행정의 자유로운 영역을 가지려고 등장한 이론이다.

2) 독일에서의 변화

독일에서도 2차대전 후 이론의 변화를 보여주었으며 연방헌법재판소가 1972년의 수형자판
결에서 수형자일지라도 기본권을 가지고, 기본권의 제한은 법률에 의하거나 근거해서만 가능
하다고 판결함으로써 특별권력관계이론의 종말이라는 지적이 나올 정도로 새로운 국면을 맞이
하였다. 그리하여 오늘날 독일에서도 종래 특별권력관계라고 불리던 관계에 있다고 하더라도
기본권에 대한 제한은 법률에 근거하여서만 가능하다고 보고 특별권력관계에 있는 사람도 자
신의 권리가 침해되면 소송이 가능하다고 본다.

3) 우리나라의 현재 이론

(가) 학설　　우리나라에서도 현재 부정설[34], 즉 과거의 특별권력관계라고 보았던 권력관계
에서도 기본권의 보장은 이루어져야 하고 기본권의 제한에는 법률의 근거가 필요하다고 보는
견해가 많다.

(나) 판례　　ⅰ) 헌재는 과거의 특별권력관계이론을 부정하는 입장이다. 그 입장을 파악하
기 위해 특수신분인인 수용자에 대한 기본권제한 판례들에서 헌재의 판례 중에는 "과거에는
특별권력관계의 속성을 중시하여 수용자의 기본권을 소홀히 하고 수용자를 교정행정의 객체로
파악하는 경향이 짙었으나, 오늘날은 수용자도 일반 국민과 같이 헌법상 보장된 기본권의 한
주체로 보고 있다"라고 설시한 판례를 볼 수 있다(2001헌마728). 헌재는 과거 특별권력관계론에
서 특별권력관계에 해당된다고 본 특수신분인인 수용자(재소자)에 대한 기본권제한에 관한 판
례들에서 대체적으로 특별권력관계를 언급하지는 않으면서도 그들의 기본권의 제한에 있어서
법률의 근거(법률유보)를 요구해 왔으므로(98헌마4; 2003헌마289) 특별권력관계이론을 부정하는
입장이다.

또 다른 특수신분인인 군인에 대해서도 관련 결정에서 '이른바 특별권력관계'라는 용어를
사용한 예가 있으나 과거 특별권력관계론을 적용하기 위한 것이 아니다. 군인에 대한 기본권제

---

34) 부정설이 많긴 하나 제한적 긍정설이 있고 부정설에도 ⅰ) 형식적 부정설(모든 국가권력에는 법치주의가
　　적용되어야 하므로 아무리 특수신분관계라 할지라도 법치주의의 적용을 받아야 하므로 법치주의의 적용
　　을 받지 않는 특별권력관계를 인정할 수 없다는 입장), ⅱ) 실질적 부정설[일반권력관계나 특별권력관계
　　나 그 본질에서는 차이가 없다고 보아 종래 특별권력관계라고 보아왔던 권력관계를 개별적으로 분석하여
　　일반권력관계 또는 비권력적인 사법적 관계로 돌려(환원하여) 과거 특별권력관계에서 특별히 취급하고자
　　했던 법리를 실질적으로 부정하는 견해], ⅲ) 기능적 재구성설(내부적인 기능관계를 파악하여 그에 상응
　　하는 법리를 구성하고자 하는 이론) 등이 있다.

한에서도 법률유보원칙이 요구되어 그 제한법률에 대해 심사하므로 특별권력관계론을 받아들이지 않는다는 입장이다.

ⅱ) 대법원의 판례도 과거의 특별권력관계 법리를 부정하는 입장이다. 대법원의 판례가 특별권력관계라는 용어를 사용하나 그 의미는 과거의 특별권력관계론이 말하는 그것이 아니라 특수한 신분관계에 있는 사람들의 관계를 지칭하고자 하는 것일 뿐이고 특별권력관계는 행정소송의 관할이라는 점에서 민사관계인 일반관계에 대비되는 것을 나타내기 위해 사용된 것이다.35)

(다) 사견　오늘날 특수신분인(군인, 공무원 등)은 기본권을 누릴 수 있는 주체이고 다만 그들에 대한 기본권제한이 보다 강하다는 점이 문제될 뿐이므로, 기본권주체성 자체를 부정하는 과거의 특별권력관계론은 타당하지 못하다. 특수신분인들도 기본권의 주체가 될 수 있음은 물론이나, 그들은 수행하는 업무와 신분상의 특수성으로 인해 다른 일반 국민에 비하여 더 강한 정도와 범위의 기본권제한을 받는 경우가 많은 것은 사실이다. 그러나 그러한 강한 제한은 헌법과 법률에 근거하여야만 가능하다. 특수신분인에 대한 기본권제한에 있어서도 그 특수업무나 활동상황에 필요한 최소한의 제한에 그쳐야 하고 기본권의 본질적 내용을 침해할 수는 없다. 결국 과거 이른바 특별권력관계에 있는 사람들에게 행정영역에서 기본권을 누리는 것을 부정하거나 기본권을 법률의 근거 없이 제한할 수 있다고 보았던 이론은 부정되고 오늘날 이러한 사람들의 기본권도 그 제한을 위해서는 헌법이나 법률의 근거가 필요하다. 다만, 오늘날에도 군인, 공무원과 같은 신분자들은 여전히 존재하긴 하고 그 관계가 특수하긴 하며 그 관계를 지칭할 필요가 있는 경우도 있긴 하므로 그 관계를 지칭하려면 그 용어를 '특수신분관계'라고 바꾸어 부르는 것이 비교적 합당하다.

(라) 실정법적 현황　사실 오늘날 특수신분관계에 있는 사람들에 대해서는 기본권을 제한하는 경우 개별 법률규정들에 근거를 두고 있다. 예를 들어 공무원에 대해서는 국가공무원법, 지방공무원법 등이, 군인공무원에 대해서는 군인사법이, 수용자에 대해서는 '형의 집행 및 수용자의 처우에 관한 법률' 등이 기본권제한에 관한 규정을 두고 있다.

(마) 이하 고찰대상　아래에서는 위에서 언급되기도 했지만 대표적인 특수신분인인 공무원, 군인, 재소자 등에 대해 구체적으로 살펴본다.

4) 공무원의 기본권 문제

* 이에 관한 자세한 것은 여기에 서술된 것 외에도 앞의 기본질서의 공무원제도, 뒤의 참정권 등 부분도 참조.

공무원도 기본권을 누리는 주체가 된다. 다만, 공무원들은 공무와 관련한 영역과 활동에 있

---

35) 대법원 1995.6.9. 94누10870 [관련판시] 농지개량조합과 그 직원과의 관계는 사법상의 근로계약관계가 아닌 공법상의 특별권력관계이고, 그 조합의 직원에 대한 징계처분의 취소를 구하는 소송은 행정소송사항에 속한다. 대법원 1989.9.12. 89누2103 [판결요지] 서울특별시지하철공사의 임원과 직원의 근무관계의 성질은 지방공기업법의 모든 규정을 살펴보아도 공법상의 특별권력관계라고는 볼 수 없고 사법관계에 속할 뿐만 아니라, … 따라서 이에 대한 불복절차는 민사소송에 의할 것이지 행정소송에 의할 수는 없다.

어서, 그리고 공무가 가지는 공공성, 공익성 때문에 기본권이 제한되는 경우가 많다. 그런데 공무원에 대한 기본권주체성 인정에 관한 헌재판례가 검토되어야 한다.

(가) 헌재판례의 입장과 인정기준: 공·사영역구분론 헌재는 "만일 심판대상 조항이나 공권력 작용이 넓은 의미의 국가 조직영역 내에서 공적 과제를 수행하는 주체의 권한 내지 직무영역을 제약하는 성격이 강한 경우에는 그 기본권 주체성이 부정될 것이지만, 그것이 일반 국민으로서 국가에 대하여 가지는 헌법상의 기본권을 제약하는 성격이 강한 경우에는 기본권 주체성을 인정할 수 있다"라고 한다. 그리하여 "결국 개인의 지위를 겸하는 국가기관이 기본권의 주체로서 헌법소원의 청구적격을 가지는지 여부는, 심판대상조항이 규율하는 기본권의 성격, 국가기관으로서의 직무와 제한되는 기본권 간의 밀접성과 관련성, 직무상 행위와 사적인 행위 간의 구별가능성 등을 종합적으로 고려하여 결정되어야 할 것이다"라고 한다(위 법리를 우리는 '공·사영역구분론'이라고 부르고자 한다). 아래가 그 판시가 나온 결정인데 사안은 대통령이 공무원의 선거중립의무를 규정한 공선법 제9조 제1항이 자신의 정치적 표현의 자유를 침해한다고 주장하고 자신이 어느 모임 등에서 행한 일련의 발언에 대해 중앙선거관리위원회가 공직선거법 제9조 제1항에 위반된다고 판단하여 동 위원회 위원장이 대통령에게 한 2007.6.의 '대통령의 선거중립의무 준수요청 조치'와 '대통령의 선거중립의무 준수 재촉구 조치'도[36) 위헌이라는 주장으로 헌법소원심판을 청구한 사건이다. 헌재는 청구인의 행위가 결국 공·사가 혼재된 영역에서 나온 것이므로 문제의 기본권인 표현의 자유의 주체가 된다고 보면서 그 표현의 자유에 대한 제한이 비례(과잉금지)원칙에 반하지 않는다고 보았다.

● **판례** 헌재 2008.1.17, 2007헌마700
[판시] 그러므로 대통령도 국민의 한사람으로서 제한적으로나마 기본권의 주체가 될 수 있는바, 대통령은 소속 정당을 위하여 정당활동을 할 수 있는 사인으로서의 지위와 국민 모두에 대한 봉사자로서 공익실현의 의무가 있는 헌법기관으로서의 지위를 동시에 갖는데 최소한 전자의 지위와 관련하여는 기본권 주체성을 갖는다고 할 수 있다(헌재 2004.5.14. 2004헌나1 참조). 이러한 기준을 전제로 하여 살펴보면, 이 사건 조치는 청구인의 참평포럼 모임에서의 강연, W대 명예박사학위 수여식에서의 특강, 6·10민주항쟁 기념식에서의 기념사 및 H신문과의 대담 내용 중에서 일부 정당 및 정치인들에 대한 청구인 개인의 정치적인 의견이나 비판, 야당 정치인이 주장하는 정책에 대한 비판 등을 그 대상으로 하고 있다. 그런데 참평포럼 모임 및 W대 박사학위 수여식은 사적인 성격이 강한 행사이어서 그곳에서의 발언이 엄밀한 의미에서 대통령의 직무와 관련하여 행해진 것으로 단정하기 어려울 뿐만 아니라, 이 사건 조치의 대상이 된 발언내용 중 상당 부분이 청구인 개인의 정치적 발언들로서 그 전부가 대통령의 권한이나 직무영역과 밀접하게 관련된 것이라고 보기도 어렵다. 또한 피청구인이 이 사건 조치가 사인이 아닌 대통령에 대한 조치임을 명시적으로 표시하였다 하더라도 기본권 주체성을 판단하기 위하여는 조치의 형식이 아닌 실질을 살펴보아야 하므로 이 사건 조치의 대상이 된 청구인의 행위는 순전히 공적인 직무영역에서 보다는 어느 정도 공·사가 혼재된 영역에서 나온 것이라 할 것이다. 결국 표현의 자유가 헌법상 강하게 보장되고 있는 기본권인 점을 고려할 때, 대통령인 청구인도 제한된 범위 내에서는 표현의 자유를 누릴 수 있는 기본권 주체성이 있다고 할 것이다.

---

36) 중앙선거관리위원회 위원장(피청구인)은 대통령(청구인)이 어느 모임에서 차기 대통령선거에 있어 특정 정당과 후보자가 되고자 하는 자에 대해 발언한 데 대해 공무원의 선거중립의무를 규정한 공직선거법 제9조를 위반한 것이라고 판단하고 2007.6.7.자의 '대통령의 선거중립의무 준수요청 조치'를 하였다. 이후 대통령이 이후 기념사, 신문과의 대담에서 특정 정당을 지지하는 발언을 하였다고 하여 마찬가지로 위 법률 동조를 위반한 것이라고 판단하여 2007.6.18.자의 '대통령의 선거중립의무 준수 재촉구 조치'를 하였다.

* 공·사영역구분론을 직접 언급하여 적용하는 또 다른 결정례로는 위 결정 직후의 것으로, 헌재 2009.3.26. 2007헌마843.

위와 같은 입장은 이전에 대통령 탄핵심판사건에서 이미 표명된 바 있었다(위 판시에서도 2004헌나1, 탄핵심판결정을 옮기고 있다). 그것은 대통령이 기자회견에서 특정정당의 지지발언을 한 것이 선거중립의무를 위반한 것이냐 하는 문제였다. 헌재는 "모든 공직자는 선거에서의 정치적 중립의무를 부과받고 있으며, 다른 한편으로는 동시에 국가에 대하여 자신의 기본권을 주장할 수 있는 국민이자 기본권의 주체이다. 마찬가지로, 대통령의 경우에도 … 대통령은 국가의 원수 및 행정부 수반으로서의 지위에서 직무를 수행하는 때에는 원칙적으로 정당정치적 의견표명을 삼가야 하며, 나아가, 대통령이 정당인이나 정치인으로서가 아니라 국가기관인 대통령의 신분에서 선거관련 발언을 하는 경우에는 선거에서의 정치적 중립의무의 구속을 받는다"라고 보았다. 이 사안에서 헌법재판소는 대통령의 기자회견에서의 지지발언이 국회의원선거를 약 2달 남겨놓은 임박한 시점에서 행해진 것으로 "선거에 대한 부당한 영향력을 행사하고 이로써 선거의 결과에 영향을 미치는 행위를 한 것이므로, 선거에서의 중립의무를 위반하였다"라고 판시하였다.[37] 그러나 헌법재판소는 탄핵(파면)을 하기 위한 사유는 중대한 사유여야 하는데 위 위반은 중대성이 없는 것이라고 하여 탄핵사유로는 보지 않았고 기각결정을 하였다.

(나) 판례에 대한 검토   ⅰ) 위 판례에서 공무원의 기본권주체 여부 자체를 따지는 것부터가 의아스럽게 한다. 뒤에서 보게 되지만 국가, 국가기관은 기본권주체가 아니고 따라서 기본권이 아니라 권한의 침해가 문제될 것이나 자연인으로서 공무원이 헌법소원을 청구한 것은 권한의 침해가 아니라 기본권의 침해에 대해 다투는 것이라 할 것이다. 그렇다면 공무원의 기본권주체성 여부는 그 인정을 전제로 다음 제한되는 기본권이 있는지 있다면 그 기본권의 제한이 합헌적인지 하는 문제로 파악하는 것이 논리적이다. 이것이 앞서 본 대로 특별권력관계를 부정하고 오늘날 자연인으로서 공무원에 대해 기본권주체성을 인정하는 입장에 보다 부응하는 것이다. ⅱ) 또한 헌재의 위 판례의 입장은 공적 영역과 사적 영역의 구분에 따라 판단하려는 것인데 공무원에 따라 그 정치적 영향력 등으로 인해 그 영역구분이 달라질 수 있다(위 탄핵사건 결정에서 감지되듯). 또한 공적 활동이란 공무원이 공무를 수행하는 활동을 포함하는 의미일 것인데 공무원의 공무수행은 공무담임권이라는 기본권의 행사이기도 하므로 공적 활동에서 공무원이 기본권주체가 되지 못한다고 아예 단정해버리는 것은 공무담임권이라는 기본권행사를 부정하는 결과를 가져온다. 위와 같은 점들을 생각하면 공무원에 대하여서도 기본권주체의 문제가 아니라 기본권제한의 문제로 파악하는 것이 실질적이다.

* 실제 － 헌재는 그동안 대통령, 지방자치단체의 장, 지방의회의원 등의 공직자들의 헌법소원심판청구를 적법하게 보아 본안판단까지 한 예들을 보여주어 왔다.[38] 직업공무원도 노조

---

37) 헌재 2004.5.14. 2004헌나1.
38) 위 헌재 2008.1.17. 2007헌마700; 1995.3.23. 95헌마532; 1999.5.27. 98헌마214; 2005.
    5.26. 2002헌마699등. 헌재 2009.3.26. 2007헌마843([판시] 청구인은 선출직 공무원인 하남시장으로서 이

문제, 복무규정 등에 대해 헌법소원을 제기한 사안에서 헌재가 본안판단에 들어가(본안판단에 들어갔다는 것은 기본권주체임을 전제) 결정을 내린 예들(2005헌마971; 2009헌마705 등. 앞의 공무원제도 부분 참조)이 있었다. 이를 보더라도 기본권주체성이 실제 그리 문제가 많이 되지 않기도 하다.

(다) 주요제한　　공무원은 일반 국민에 비해 기본권의 제한 정도가 큰데, 특히 정치운동의 제한, 노동운동의 제한이 많이 가해지고 있다. 이에 대해서는 앞서 살펴본 바 있다(전술 제2부 공무원제도 참조). 공무원의 유형에 따라 제한의 정도도 다를 것이다. 예를 들어 국군의 정치적 중립성으로 인해 군인의 정치적 표현의 자유 등 기본권에 대한 제한이 일반 공무원에 비해 더 강할 수 있다(2016헌바139).

5) 군인

(가) 인정과 특색　　위 특수신분관계에서 본 대로 군인도 기본권의 주체가 될 수 있다. 군인은 국가안전보장, 질서유지 등을 위하여 기본권이 다른 일반인들에 비하여 더 많이 제한될 수 있다. 그러나 그 제한에 법률유보의 원칙이 적용되어야 함은 물론이다.

(나) 판례

가) 법률유보원칙 관련 판례: 군인의 기본권과 법률유보원칙의 문제 – 불온서적 소지 등 금지

법률유보원칙이란 뒤에서 자세히 살펴보지만, 기본권을 제한하기 위해서는 법률에 근거를 두어야 한다는 것으로 우리 헌법도 제37조 제2항에서 이를 명시하고 있다. 그리고 헌재는 법률에 근거를 두는 것은 법률이 행정입법에 위임하는 것도 포함한다고 본다. 그러나 헌법 제75조는 포괄위임을 금지하므로 법률이 행정입법에 포괄위임하면 이는 법률유보원칙에 위배된다. 이와 관련된 군인의 기본권 사안으로 불온서적 소지 등 금지에 관한 결정이 있다. 군인복무규율(대통령령) 제16조의2는 "군인은 불온 유인물·도서·도화 기타 표현물을 제작·복사·소지·운반·전파 또는 취득하여서는 아니 되며, 이를 취득한 때에는 즉시 신고하여야 한다"라고 규정하고 있는데 이러한 불온도서에 관한 기본권의 제한 가능성에 대하여 법률에서 명시적으로 규정하거나, 그 범위를 정하여 위임하고 있지 않다. 그런데 법률인 군인사법 제47조의2는 군인의 복무에 관한 사항으로서 군인사법에 정하지 아니한 사항에 대하여는 따로 대통령령에서 정할 수 있도록 규정하고 있는바 이 군인사법 제47조의2가 헌법 제75조의 포괄위임금지원칙에 위반되는 것인지, 그 법조항이 포괄위임금지원칙에 위반된다면, 군인복무규율의 위 불온도서소지 등의 금지 규정이 법률유보원칙을 위반하는 것이 아니냐 하는 것이 논란되었다. 헌재는 국방의 목적을 달성하기 위하여 상명하복의 체계적인 구조를 가지고 있는 군조직의 특수성을 감안할 때, 군인의 복무 등과 밀접하게 관련되어 있는 부분은 행정부에 널리 독자적 재량을 인정

법률 조항으로 인하여 공무담임권 등이 침해된다고 주장하여, 순수하게 직무상의 권한행사와 관련된 것이라기보다는 공직의 상실이라는 개인적인 불이익과 연관된 공무담임권을 다투고 있으므로, 이 사건에서 청구인에게는 기본권의 주체성이 인정된다 * 이 결정은 기본권주체성을 따지는 관념에 머물러 있다. 위 2007헌마700 결정 직후에 있었던 결정이다) 등.

할 수 있는 영역이라고 할 것이므로, 이와 같은 영역에 대하여 법률유보원칙을 철저하게 준수할 것을 요구하는 것은 합리적인 것으로 보기 어렵다고 하였다. 헌재는 군인사법 제47조의2는 국가의 독립과 영토의 보전 등에 관한 대통령의 헌법상 책무를 다하도록 하기 위하여 헌법이 대통령에게 부여한 군통수권을 실질적으로 존중한다는 차원에서 군인의 복무에 관한 사항을 규율할 권한을 대통령령에 위임한 것이라 할 수 있고, 그 조항이 대통령령으로 규정될 내용 및 범위에 관한 기본적인 사항을 <u>다소 광범위하게 위임하였다 하더라도</u> 이를 헌법 제75조에 어긋나는 것이라고 보기 어렵다고 하면서 법률유보원칙을 준수한 것으로 판단하였다(● 판례 헌재 2010.10.28. 2008헌마638. * 이 결정에서는 알 권리의 침해 여부 판단이 또한 중요하였는데 이에 대한 결정요지는 뒤의 정보기본권, 알 권리 부분 참조). 위 판단의 취지는 헌재는 군인복무에 관하여는 위와 같이 법률유보를 완화하는 입장을 취하고 있다는 것이다.

나) 표현의 자유, 선거운동의 자유　　　표현의 자유가 군인에게도 인정됨은 물론이고 표현의 자유의 중요성이 강조되나 헌법 제5조 제2항은 국군의 정치적 중립성을 규정하고 있으므로 이를 위해 일반 국민에 비해 더 제약적일 수 있다(2016헌바139).

① 병역의무를 이행하는 병(직업군인이 아닌 일반 병 – 필자 주)에 대하여 정치적 중립 의무를 부과하면서 선거운동을 할 수 없도록 하는 국가공무원법 제65조 제2항, 공직선거법 제60조 제1항 제4호, 군형법 제94조 제1항 제4호, 제5호 가운데 제4호에 관한 부분, '군인의 지위 및 복무에 관한 기본법' 제33조 제2항 중 각 병(兵)에 관한 부분이 청구인의 선거운동의 자유를 침해한다는 주장에 대해 헌재는 병이 국토방위라는 본연의 업무에 전념할 수 있도록 하고, 헌법이 요구하는 공무원과 국군의 정치적 중립성을 확보하며, 선거의 공정성과 형평성을 확보하기 위하여 반드시 필요한 제한이므로 과잉금지원칙을 준수하여 합헌이라고 한다(2016헌마611).

② 군무원의 정치적 의견 공표행위 금지 – 연설, 문서 또는 그 밖의 방법으로 정치적 의견을 공표하거나 한 사람은 2년 이하의 금고에 처한다고 규정한 구 군형법 제94조 중 군무원에 관한 부분이 군무원의 정치적 표현의 자유를 침해하는지 여부에 대해 심판이 있었다. 헌재는 명확성원칙에 반하지 않는다고 보았고, 군조직의 질서와 규율을 무너뜨리거나 민주헌정체제에 대한 국민의 신뢰를 훼손할 수 있는 의견을 공표하는 행위에 해당하지 않으면 허용되므로 침해 최소성원칙에 반하지 않아 과잉금지원칙을 준수하였다고 보아 합헌결정을 하였다(● 판례 헌재 2018.7.26. 2016헌바139. 이른바 군사이버댓글사건).

③ 상관명령죄 – "문서, 도화 또는 우상을 공시하거나 연설 또는 그 밖의 공연한 방법으로 상관을 모욕한 사람은 3년 이하의 징역이나 금고에 처한다"라고 규정한 군형법 제64조 제2항의 상관 중 "명령복종 관계에서 명령권을 가진 사람"에 관한 부분이 범죄구성요건으로서 '상관'의 개념이 지나치게 광범위하거나 불명확하여 명확성원칙에 위배되고 표현의 자유를 침해한다는 주장이 있었다. 그러나 헌재는 국군통수권자인 대통령으로부터 바로 위 상급자까지를 말하므로 명확하고 금지하는 것은 상관으로서 대통령에 대한 모욕적 표현일 뿐이지 대통령의

정책이나 국정 운영에 대한 비판이나 의견표명 자체를 금지하는 것은 아니므로 침해최소성원칙에도 반하지 않는 등 과잉금지원칙을 준수하여 합헌이라고 보았다(2013헌바111).

다) 군인들의 성적자기결정권, 사생활의 비밀과 자유 "계간 기타 추행한 자는 1년 이하의 징역에 처한다"라고 규정한 구 군형법(1962.1.20. 법률 제1003호로 제정되고, 2009.11.2. 법률 제9820호로 개정되기 전의 것) 제92조 중 "기타 추행"에 관한 부분이 죄형법정주의의 명확성원칙에 위반되지 않고 평등권을 침해하지도 않으며 과잉금지원칙을 준수하여 성적자기결정권 및 사생활의 비밀과 자유를 침해하지 않는다고 헌재는 본다.

> ● **판례** 헌재 2011.3.31. 2008헌가21
> [결정요지] … (2) 피해 최소성 - 이 사건 법률조항의 입법목적은 군 내부의 건전한 공적생활을 영위하는 것이고, 그 주된 보호법익은 '군이라는 공동사회의 건전한 생활과 군기'라는 사회적 법익이며, '개인의 성적 자유' 등 개인적 법익은 주된 보호법익이 아니므로, 군형법상 피적용자가 행한 추행의 유형이나 그 상대방의 피해상황 등을 구체적으로 구분하지 아니하고 위와 같은 사회적 법익을 침해한 모든 추행행위에 대하여 일괄적으로 1년 이하의 징역형으로 처벌하도록 규정하였다는 사유만으로는 입법재량권이 자의적으로 행사되었다고 보기 어렵다. 다른 법률에 규정된 추행 관련 범죄와 비교하여 그 법정형이 지나치게 무겁다고 볼 수 없으므로 피해최소성원칙에 반한다고 볼 수 없다. (3) 법익균형성 - 일탈하였다고 보기도 어렵다. (4) 소결 - 따라서 과잉금지원칙에 위반하여 군인들의 성적자기결정권이나 사생활의 비밀과 자유를 침해하지 아니한다.

(다) 군인의 기본권 보장에 관한 실정법 "국가방위와 국민의 보호를 사명으로 하는 군인의 기본권을 보장하고, 군인의 의무 및 병영생활에 대한 기본사항을 정함으로써 선진 정예 강군 육성에 이바지하는 것"을 목적으로 '군인의 지위 및 복무에 관한 기본법'이 있다. 이 법률은 "군인의 기본권 보장 및 기본권 침해에 대한 권리구제를 위하여 군인권보호관을 두도록 하고(동법 제42조), 군인권보호관의 조직과 업무 및 운영 등에 관하여는 따로 법률로 정하도록 하고 있다. 그러나, 법률 미비 상태가 계속되어 군인권침해 사건에 대해 효과적으로 대응하지 못하고 있다는 비판"이 제기되었다(이상의 법개정 취지는 법제처, 국가법령정보센터 설명 참조). 그리하여 군인권침해를 예방하고 군인 등의 권리구제를 강화"하고자 국가인권위원회에 군인권보호관 및 군인권보호위원회를 두도록 하고, 군인권침해 사건 조사와 관련된 권한 등을 규정하고 있다(국가인권위원회법 제4장의2 군인권보호관·군인권보호위원회 및 군인권침해의 조사·구제 참조).

6) 재소자(수용자, 수형자)의 기본권 문제

(가) 법규정 교정시설에 수용되어 있는 사람들, 즉 징역형 등의 형이 확정된 수형자, 형이 확정되지 않은 형사피의자, 형사피고인으로 구속 중에 있는 미결수용자(양자를 수용자라 함)의 기본권은 교정의 목적, 안전과 질서의 유지 등을 위하여 여러 제한을 받는데 '형의 집행 및 수용자의 처우에 관한 법률'이 그 제한을 규정하고 있다. 수용자의 인권도 최대한 존중되어야 하고 미결수용자는 무죄추정을 받으므로 상응한 처우가 이루어져야 한다(동법 제4조, 제79조).

(나) 판례 재소자(수용자, 수형자) 관련 결정들로 위헌성이 인정된 영역과 결정례들은 변호인과의 접견교통권, 서신수발, 금치처분 등 그동안 적지 않은 문제들에 대한 결정들이 있었다. 앞으로 기본권각론에서 구체적으로 보게 될 것이다.

7) 특수신분인의 기본권 제한의 한계

위에서 살펴본 특수신분인의 기본권을 제한하더라도 기본권의 한계규정인 헌법 제37조 제2
항에 의한 한계가 있다. 따라서 국가안전보장, 질서유지, 공공복리를 위한 목적을 가지고 법률에
의한 제한이어야 하며 비례(과잉금지)원칙을 지켜야 하고 본질적 내용을 침해해서는 아니된다.

(7) 재외국민과 외국국적동포

헌법 제2조 제2항은 "국가는 법률이 정하는 바에 의하여 재외국민을 보호할 의무를 진다"라
고 그 보호의무를 명시하고 그 보호의 내용을 법률에 위임하고 있다(재외국민의 보호에 대해서는,
전술 제 1 부 제5장 제 2 절 제2항 Ⅲ. 참조). 그동안 재외국민에 대한 기본권의 제한으로 논란이 된
중요한 문제가 재외국민에게 투표권을 부여하지 않은 것이었다. 그런데 헌재는 대통령선거, 국
회의원선거의 선거권과 국민투표권, 지방선거에서의 선거권과 피선거권, 주민투표권을 부정하
고 있었던 구 공직선거법, 국민투표법, 주민투표법 등의 규정에 대해 헌법불합치결정을 한 바
있다(헌재 2007.6.28. 2004헌마644 등). 이후 재외선거를 인정하는 법개정이 있었다(재외국민의 선
거권 등에 대해서는, 후술 참정권 참조).

외국국적동포에 대해서는 '재외동포의 출입국과 법적 지위에 관한 법률'에 따라 출입국과
한국에서의 활동에 혜택이 주어지고 있다. 이 법률은 제정당시에는 그 수혜범위에서 정부수립
이전에 국외에 이주하여 외국국적을 취득한 사람들(중국, 구 소련지역 동포들)을 제외함으로써
평등권을 침해하였다고 하여 헌재가 헌법불합치결정을 하였는데(99헌마494) 그 후 개정되어 시
정되었다.

2. 외국인

(1) 학설

1) 부정론   ① 법실증주의 - 법실증주의자들은 기본권이 국내 실정법에 의하여 인정되
는 권리라고 보므로 그 국내의 실정법이 국민에게 적용되는 것이 원칙이어서 외국인에 대해서
는 실정법으로 인정되는 기본권주체성을 원칙적으로 인정하지 않는 입장을 취하게 된다. ② 헌
법문언설 - 우리 헌법 제10조의 문언이 "국민"이라는 점을 들어 외국인에 대해 부정하는 이론
이다. 이 견해도 법실증주의의 입장이다. ③ 통합론 - R. Smend의 통합론에 따르면 사회가
통합되어가는 공동의 가치질서를 기본권이라고 보는 것이므로 외국인에 대해서는 기본권주체
로서의 지위를 인정하지 않게 된다.

2) 긍정론

① 자연권론 - 기본권을 천부인권으로 파악하고 '인간'의 권리로 보는 자연권론에서는 논
리적으로 외국인과 무국적자들에 대하여 기본권주체로서의 지위를 인정함은 물론이다. ② 결

단론적 입장 - 결단론자인 C. Schmitt와 같은 입장에서는 국가 이전의 천부인권적인 권리는 외국인에게도 그 주체성을 인정하게 된다(천부인권으로 보지 않는 참정권, 사회적 기본권은 부정). ③ 기본권성질설 - 기본권을 그 성질에 따라 인간의 권리와 국민의 권리로 분류하는 기본권성질설은 외국인에게도 인간의 권리에 관해서는 그 기본권주체성을 인정하여야 한다고 본다. ④ '동화적' 통합이론 - 외국인도 우리 사회에의 동화에 필요한 범위 내에서 기본권주체가 될 수 있다고 본다.

긍정론들 간에도 긍정의 정도에 차이를 보여주게 되어 자연권론에서는 넓게 긍정하게 되고 동화적 통합론처럼 범위를 제한하게 되는 입장도 있다.

(2) 판례

우리 헌재도 외국인이 기본권의 주체가 될 수 있음을 인정한다(헌재 1994. 12.29. 93헌마120; 2001.11.29. 99헌마494; 2014.4.24. 2011헌마474등). 그러나 헌재는 국민에 비해 외국인에 대해 기본권 보장범위를 좁게 본다(아래 (4) 참조).

(3) 사견 및 기본권제한 문제로의 인식전환

[사견] 우리는 ① 기본권을 인간의 권리인 자연권이라고 파악하므로 외국인도 기본권의 주체가 된다고 보고, ② 우리 헌법 제6조 제2항이 "외국인은 국제법과 조약이 정하는 바에 의하여 그 지위가 보장된다"라고 규정하고 있고 여기의 법적 지위에 기본권주체로서 지위도 포함된다고 해석되므로 그러하다.

[기본권제한문제로 파악될 필요성] 외국인에 대해서도 기본권주체가 되고 다만 그 보장범위가 국민에 비해 다르다고 본다면 아예 기본권을 누릴 지위를 가지느냐 아니냐 하는 주체 문제에서 출발할 것이 아니다. 주체는 되나 그 제한의 문제로 귀결시켜 보는 것이 더 적확하고 이런 인식전환이 필요하고 기본권친화적이기도 하다.

(4) 외국인의 기본권의 보장범위
1) 학설과 판례

[학설] 외국인의 기본권이 어느 정도 보장되는가에 대해 학설은 자연권설을 취하는 경우에 가장 넓게 인정될 것이고 기본권성질설, 동화적 통합이론에 따를 때 제한적이 될 것이다. [판례 - 성질설] 헌재는 외국인에게 모든 기본권이 보장되는 것이 아니라 '국민의 권리'가 아닌 '인간의 권리'의 범위 내에서만 인정될 것이라고 본다. 인간의 권리여야 한다는 것도 기본권성질이 그러한 것이어야 한다는 의미이므로 판례는 대체적으로 성질을 기준으로 한다고 보인다. 아래 판시가 전형적이다.

● **판례** 헌재 2018.5.31. 2014헌마346

[판시] 청구인은 외국인이다. 헌법재판소법 제68조 제1항의 헌법소원은 기본권의 주체만 청구할 수 있는데, 단순히 '국민의 권리'가 아니라 <u>'인간의 권리'</u>로 볼 수 있는 기본권에 대해서는 외국인도 기본권의 주체이다. 청구인이 침해 받았다고 주장하는 변호인의 조력을 받을 권리는 성질상 인간의 권리에 해당되므로 외국인도 주체이다(. 따라서 청구인의 심판청구는 청구인 적격이 인정된다. * 동지: 2004헌마670; 2007헌마1083; 2008헌마430 등.

* **검토**: ⅰ) 헌재는 "'국민의 권리'가 아니라"라고 하는데 국민의 권리 중에 인간의 권리도 있으므로 "'국민의 권리'로서만이 아니라"라고 하여야 정확한 것이다. ⅱ) '청구인 적격'이란 용어 보다 '청구인 능력'이란 용어가 정확하다.

판례, 기본권성질설에 따를 때 '인간의 권리'를 얼마나 넓게 보느냐에 따라 그 보장범위가 달라질 수 있다는 문제가 있다. 아래에서 각 기본권별로 살펴본다.

2) 인간의 존엄과 가치, 행복추구권

인간으로서의 존엄과 가치이고, 행복을 추구하는 것은 인간의 당연한 욕구이므로 외국인에게도 인정되는 기본권이다. 우리 헌재도 "인간의 존엄과 가치, 행복추구권은 대체로 '인간의 권리'로서 외국인도 주체가 될 수 있다고 보아야 하고"라고 하여 명시적으로 긍정하고 있다(헌재 2001.11.29. 99헌마494).

3) 평등권

[판례의 조건] 외국인에 대해서도 원칙적으로 가능한 한 평등한 대우를 해주어야 한다. 현실적으로 국가 간 상호주의에 따라 보호의 정도가 달라지기도 한다. 우리 헌재도 평등권은 인간의 권리로서 외국인에게도 보장되는데 상호주의에 따른 제한(그리고 성질상 인정될 수 없는 기본권에 관한 평등권 부정)이 있을 수 있을 뿐이라고 본다. 상호주의란 어느 외국이 우리 국민을 대우하는 정도만큼 우리나라에서도 그 외국의 국민을 대우한다는 원칙이다.

● **판례** 헌재 2014.4.24. 2011헌마474등

[설시] 평등권은 원칙적으로 인간의 권리에 해당되지만, 참정권과 같이 관련 기본권의 성질상 외국인에게 인정되지 아니하는 기본권에 관한 평등권 주장은 허용되지 아니하고, 상호주의에 따른 제한이 있을 수 있다. 동지: 99헌마494.

[평등권 심사기준] 일반적으로 비례심사를 하는 엄격심사, 합리성(자의금지)심사에 그치는 완화심사로 나누어지는데(후술 평등권 참조) 외국인의 입국에 관한 사항 등과 같은 정책재량이 넓은 영역에서 평등권제한에 대한 심사기준은 완화심사를 취한다는 것이 헌재의 입장이다.

4) 망명권(망명비호권), 난민의 보호

[개념과 인정논거] 망명권(비호권)이란 정치적인 활동 등으로 박해를 받은 외국인이 다른 나라의 보호를 받는 권리를 말한다. 프랑스 헌법 제53−1조 제2항은 자유를 위한 행위를 이유로 또는 다른 사유로 프랑스의 보호를 요구하는 모든 외국인에 대하여 망명권을 부여할 수 있다고 명시하고 있고 독일기본법 제16a조 제1항도 정치적 박해를 받는 사람들은 망명권을 향유한다고 규정하고 있다. 우리 헌법은 이에 관한 명시적 규정이 없다. 국적의 선택 등은 자연권으로서 보편적 권리로 볼 수 있는 점, 우리 헌법 제6조 제2항의 외국인지위보장의 정신을 보거나 인권의 국제적 보장의 확대 경향을 고려하여, 그리고 헌법전문이 표방하는 "세계평화와 인류공

영"의 이념에 비추어 망명권을 인정하는 것이 우리 헌법해석에서도 가능하다고 본다.

[난민보호] 망명자, 난민을 보호하기 위한 국제조약들이 적지 않게 체결되어 있다. 우리나라도 1992년 12월 3일 '난민의 지위에 관한 협약'(1951.7.28), '난민의 지위에 관한 의정서'에 가입하였다. 현재 출입국관리법은 난민보호에 관한 규정들을 두고 있다. 동법 제2조 제2의2호는 "난민"이라 함은 '난민의 지위에 관한 협약' 제1조 또는 '난민의 지위에 관한 의정서' 제1조의 규정에 의하여 동 협약의 적용을 받는 자를 말한다고 정의하고 있다.

[난민인정기준(사유)] ⅰ) 중요한 것은 난민인정사유이다. '난민의 지위에 관한 협약'은 '인종, 종교, 민족, 특정 사회집단의 구성원 신분 또는 정치적 의견을 이유로 박해를 받을 우려가 있다는 충분한 근거 있는 공포'를 인정요건으로 한다. ⅱ) 대법원 판례 – 대법원은 난민은 국적국을 떠난 후 거주국에서 정치적 의견을 표명하는 것과 같은 행동의 결과로서 '박해를 받을 충분한 근거 있는 공포'가 발생한 경우에도 인정될 수 있는 것이고, 난민으로 보호받기 위해 박해의 원인을 제공하였다고 하여 달리 볼 것은 아니라고 한다. 대법원은 이때 그 외국인이 받을 '박해'라 함은 '생명, 신체 또는 자유에 대한 위협을 비롯하여 인간의 본질적 존엄성에 대한 중대한 침해나 차별을 야기하는 행위'라고 할 수 있고, 그러한 박해를 받을 '충분한 근거 있는 공포'가 있음은 난민 인정의 신청을 하는 외국인이 증명하여야 할 것이나, 난민의 특수한 사정을 고려하여 그 외국인에게 객관적인 증거에 의하여 주장사실 전체를 증명하도록 요구할 수는 없고, 그 진술에 일관성과 설득력이 있고, 입국 경로, 입국 후 난민 신청까지의 기간, 난민 신청 경위, 국적국의 상황, 주관적으로 느끼는 공포의 정도, 신청인이 거주하던 지역의 정치·사회·문화적 환경, 그 지역의 통상인이 같은 상황에서 느끼는 공포의 정도 등에 비추어 전체적인 진술의 신빙성에 의하여 그 주장사실을 인정하는 것이 합리적인 경우에는 그 증명이 되었다고 할 것이라고 본다.

◑ **대법원 판례** 대법원 2012.3.29. 2010두26476
[대법원의 판단] ▷ 관련 법리 – 위 본문에서 정리한 바 그대로임. ▷ 판단 – 원심이 특히 이슬람교에서 기독교로 개종한 경우 사형에 처해질 수도 있는 사정 등에 비추어 원고에게는 귀국하면 당국에 의하여 기독교 개종자라는 이유로 박해를 받을 충분한 근거 있는 공포가 있다고 판단한 것은 정당하다(상고기각).

종교적 박해[39]나 성적 자기결정권, 인간의 존엄성의 침해·박탈을 이유로 한 난민지위를 인정한 행정법원의 판례도 있었다.[40]

[난민법 등] 난민보호를 위한 기본법률로 2012년에 난민법이 제정되었는데 난민법은 난민 등에 대한 정의, 강제송환의 금지, 난민인정 신청과 심사의 절차, 난민인정자 등의 처우(사회보장, 기초생활보장, 교육의 보장 등)에 대해 구체적 규정을 두고 있다. '재한외국인 처우 기본법'은

---

39) 위 대법원의 2010두26476 판결도 종교적 박해를 이유로 난민지위를 인정한 예인데 그 외 종교적 박해를 이유로 난민지위를 인정한 행정법원의 판례들: 서울행정법원 2007.1.9. 2006구합28345; 2010.4.1. 2009구합38312 등.

40) 서울행정법원 2008.9.25. 2007구합31911; 서울행정법원 2008.2.20. 2007구합22115; 2006.
2.3. 2005구합20993 등.

난민법에 따라 난민의 인정을 받은 자가 대한민국에서 거주하기를 원하는 경우에는 국어교육, 대한민국의 제도·문화에 대한 교육 등을 통하여 대한민국 사회에 빨리 적응하도록 지원할 수 있도록 규정하고 있다(동법 제14조 제1항).

5) 자유권적 기본권

① 양심의 자유, 종교의 자유, 신체의 자유, 사생활의 비밀과 자유, 통신의 비밀, 주거의 자유(2008헌마430), 학문과 예술의 자유 — 이 자유권들은 대체적으로 국민과 같은 수준의 자유를 누린다. 신체의 자유에 관련되는 헌법 제12조 제4항의 변호인의 조력을 받을 권리는 "성질상 인간의 권리에 해당되므로 외국인도 주체"라고 헌재는 본다(2008헌마430; 2014헌마346). ② 거주·이전의 자유 — 국가의 안전보장 등을 위한 제한이 있다. 사증(査證, visa)을 발급받아야만 입국이 가능하므로 일반적으로 입국의 자유가 부정된다(2007헌마1083; 2009헌마351; 2011헌마502). 출국의 자유는 인정된다. ③ 직업의 자유 — 직업의 자유에 있어서 외국인에 대한 제한이 적지 않다(예: 도선사(導船士)가 되려면 대한민국 국민이어야 하고 외국인은 될 수 없다(도선법 제6조 제1호)). 직업의 자유 중 직장 선택의 자유에 대해서는 헌재는 외국인도 제한적으로라도 이를 향유할 수 있다고 한다[2007헌마1083(외국인근로자의 사업장 이동을 3회로 제한한 구 '외국인근로자의 고용 등에 관한 법률 규정에 대한 합헌성 인정), 2009헌마351(외국인 근로자의 사업장 변경허가 기간을 신청일로부터 2개월로 제한한 구 동법 규정에 대한 합헌성 인정), 2020헌마395(외국인근로자의 사업 또는 사업장 변경의 사유를 제한한 동법 제25조 제1항, 그 관련 고용노동부고시 규정에 대한 합헌성 인정)]. ④ 재산권 — 외국인에 대한 재산권은 상호주의에 의한 제한이 있다('부동산 거래신고 등에 관한 법률' 제7조). ⑤ 표현의 자유 — 외국인도 언론·출판·집회·결사의 자유를 일반적으로 가진다. 외국인에 대한 제한으로서 지상파방송사 등의 법인의 대표자, 방송편성책임자가 될 수 없도록 하고 있다(방송법 제13조 제3항 제1호).

6) 생존권적 기본권(사회적 기본권)

[논의] 외국인에 대한 생활보조금을 부여하는 국가들도 있긴 하나 우리의 경우에는 부정적 견해가 많다. 건강권, 환경권 등 제한된 범위 내에서 인정된다는 견해도 있다. 생존권을 자연권으로 인식하는 입장에서는 외국인에게도 생존권의 보장을 인정하여야 논리적이다. '인간'다운 생활권이므로 인정되어야 한다고도 본다. 그러나 각국의 재정형편을 고려하여 국민을 우선시할 수밖에 없는 현실적 한계가 있다. [판례] 헌재는 "국가에 대하여 고용증진을 위한 사회적·경제적 정책을 요구할 수 있는 권리는 사회권적 기본권으로서 국민에 대하여만 인정해야 하지만, 자본주의 경제질서 하에서 근로자가 기본적 생활수단을 확보하고 인간의 존엄성을 보장받기 위하여 최소한의 근로조건을 요구할 수 있는 권리는 자유권적 기본권의 성격도 아울러 가지므로 이러한 경우 외국인 근로자에게도 그 기본권 주체성을 인정함이 타당하다"라고 한다. 헌재는 근로의 권리가 "일할 자리에 관한 권리" + "일할 환경에 관한 권리"도 함께 내포하고 있는바, "일할 환경에 관한 권리"(건강한 작업환경, 일에 대한 정당한 보수, 합리적인 근로조건의 보장

등을 요구할 수 있는 권리 등)는 근로자가 기본적 생활수단을 확보하고 인간의 존엄성을 보장받기 위한 것으로서 자유권적 기본권의 성격도 아울러 가지므로 외국인도 그 주체가 될 수 있다고 본다.

● **판례** ① 헌재 2007.8.30. 2004헌마670, 산업기술연수생 도입기준 완화결정 등 위헌확인사건, [쟁점과 결정] 실질적인 근로관계에 있는 경우에도, 근로기준법이 보장한 근로기준 중 주요사항을 외국인 산업연수생에 대하여만 적용되지 않도록 하는 것은 합리적인 근거를 찾기 어렵고 행정규칙에서 규정하고 있으므로 법률유보의 원칙에도 위배되어 노동부 예규가 청구인의 평등권을 침해한다고 하여 위헌결정을 하였다. ② 헌재 2016.3.31. 2014헌마367, 외국인근로자 출국만기보험금 지급시기 제한 사건 [쟁점과 결정] 외국인근로자의 해외계좌로 입금하는 등 출국만기보험금이 빠짐없이 지급될 수 있는 조치들을 강구하고 있어서 근로의 권리를 침해하지 않고 퇴직금 지급 요건이 퇴직이고, 외국인근로자의 경우는 체류기간 만료 즈음이 퇴직일이 될 것이므로 퇴직금에 상응하는 출국만기보험금을 출국 후 14일 이내로 정한 것은 합리적이어서 평등원칙 위반이 아니라고 보아 기각결정을 하였다.

7) 참정권적 기본권

참정권은 국민주권의 실현이기에 외국인에 대한 부여에 어려운 점이 많다는 것이 일반적인 이론이다. 우리 헌재도 참정권에 대해서는 성질상의 제한이 있다는 입장을 보여주고 있다(99헌마494, 명시적으로 부정하는 판시를 한 결정례 - 2007헌마1083; 2011헌마502). 그런데 국가전체의 대표자인 대통령, 국회의원의 선거에서는 주권의 문제가 있으나 지방선거의 경우에는 그 지방의 주민으로서 생활하고 의무를 지는 외국인에 대해 선거권을 부여하는 것이 필요하다. 우리나라에서도 2005년 공직선거법을 개정하여 일정한 자격을 갖추고 일정 기간 이상 국내에 거주한 외국인에 대하여 지방선거와 주민투표, 주민소환 등에서의 선거권과 투표권을 부여하기 시작하였다. 그러나 우리나라에서 현재 외국인의 정당가입은 여전히 금지되고 있고(정당법 제22조 제2항), 지방선거에서의 선거권은 위와 같이 부여하나 피선거권은 부여하지 않고 있다.

8) 청구권적 기본권

청구권적 기본권은 기본권을 침해받은 경우에 그것을 구제하는 기본권이므로 외국인의 경우에도 인정된다(2008헌마430). 특히 재판청구권, 청원권 등은 외국인들에게도 중요한 기본권으로서 보장되어야 한다. 국제인권규약도 외국인의 재판청구권이 보장된다고 규정하고 있다. 다만, 상호주의에 입각한 제한의 경우가 있는데 국가배상청구권, 범죄피해자구조청구권이 그러한 경우로 외국인이 피해자일 때에는 해당 국가의 상호보증이 있는 때에 인정하도록 하고 있다(국가배상법 제7조, 범죄피해자 보호법 제23조).

(5) '재한외국인 처우 기본법'

이 법률은 재한외국인 등의 인권옹호(법 제10조), 재한외국인의 사회적응 지원(법 제11조), 결혼이민자 및 그 자녀의 지원(법 제12조), 영주권자에 대한 대한민국으로의 입국·체류 또는 대한민국 안에서의 경제활동 등의 보장(법 제13조), 난민에 대한 지원(법 제14조, 전술) 등을 규정하고 있다.

Ⅳ. 법인(法人), 단체

1. 기본권주체성

오늘날 법인 내지 사회적 단체들이 집단으로 다양한 사회적 활동을 하고 있고 법률관계를 실제로 형성하는 주체로서 활동하고 있기에 법인의 기본권주체성의 문제가 중요하다. 법인의 기본권주체성을 헌법이 명시적으로 규정하고 있는 예도 있으나 우리 헌법에는 명시적인 규정이 없다. 법인의 기본권주체성 문제에서 먼저 그 의미를 명확히 할 것은 법인의 소속 구성원의 기본권의 문제가 아니라 구성원들을 떠나 법인 그 자체가 기본권을 누릴 수 있는가 하는 점이다.

> ▶ 예시: S법인 → 자연인 갑, 을, 병 등으로 이루어진 단체
>   법인의 기본권주체성 문제 = S법인 자체의 (예를 들어) 표현의 자유
>   ≠ 갑, 을, 병의 각각의 표현의 자유

□ **법인의 기본권주체성 문제의 개념도**

* **유의:** 법인(단체)이 자신의 기본권침해가 아니라 소속 구성원의 기본권침해에 대해 헌법소원심판을 청구하면 우리 헌재는 기본권침해의 자기관련성이 없다고 하여 청구인적격을 부정한다. 그 논거는 현행의 우리나라 법제가 단체와 그 구성원을 서로 별개의 독립된 인격체로 인정하고 있기 때문이라고 본다(2007헌마1092 등 이를 밝히고 있는 결정례들은 많다. 뒤의 헌법재판 부분 참조).

(1) 학설

[부정론] 독일의 경우 과거 바이마르헌법 하에서는 법인의 기본권주체성을 부인하는 이론이 일반적이었다. 그 부인론을 보면, ① 자연인주체설(기본권의 발달사를 보면 인권이란 자연인에게 부여되는 권리였으므로 법인은 기본권주체가 아니라는 설), ② 법인부인설(법인의 실체 내지 본체는 법인 그 자체가 아니라 법인으로부터 이익을 향유하는 구성원 개인들이나 법인의 일정한 목적에 바쳐진 재산에 있다는 설)과 법인의제설(法人擬制說, 의사를 가질 능력이 없기에 그 자체로는 권리·의무의 주체가 될 수 없는 법인이 권리·의무의 주체가 될 수 있는 것은 법률에 의해 권리능력을 가지는 것으로 의제하기 때문일 뿐이므로 법인 그 자체가 기본권의 주체가 될 수 있는 것은 아니라는 설) 등이 있다. 이 부정설들은 결국 법인구성원인 자연인에 대한 기본권인정으로 족하고 법인 자체의 기본권을 인정할 필요는 없다고 본다. ③ C. Schmitt의 결단론에서와 같이 초국가적, 즉 국가 이전의 권리로서의 기본권으로 보는 입장에서는 국가실정법으로 비로소 그 존재를 인정하게 되는 법인에게는 기본권주체성을 인정하기 곤란하다는 입장을 취하게 된다.

[긍정론] 긍정론으로는, ① 법실증주의(권리주체성은 실정법으로 부여될 수 있으므로 법인도 실

정법으로 기본권주체성을 인정할 수 있다는 설), ② 법인실재설(法人實在說, 구성원인 자연인과 별개로 오늘날 법인 자체가 실체를 가지고 권리·의무의 주체가 될 수 있으므로 기본권주체가 될 수 있다는 설), ③ 귀속설(법인의 활동의 효과는 결국 구성원인 자연인에게 돌아가게 되므로 법인에도 성질상 가능한 한 기본권이 인정되어야 한다는 설), ④ 통합론에 입각한 긍정설 등이 있다.

(2) 판례

우리 헌재 판례는 "본래 자연인에게 적용되는 기본권규정이라도 언론·출판의 자유, 재산권의 보장 등과 같이 성질상 법인이 누릴 수 있는 기본권은 당연히 법인에게도 적용하여야 할 것으로 본다"라고 하여 긍정설의 입장을 취한다(90헌마56). 그 긍정의 논거는 명백히 밝히고 있지는 않다.

(3) 사견

법인의 구성원이 아니라 법인 그 자체의 기본권주체성을 인정하는 것은 법인 자체의 활동성과 중요성 때문이다(법인현실성설). 오늘날 법인이 사회적 활동을 통하여 자연인의 활동의 범위를 넓혀주고 그 활동을 보완, 촉진하여 자연인의 기본권향유를 보다 실효화하는 등 그 사회적 기여와 가치를 가지므로 법인의 구성원인 자연인 외에 법인 자체에 대한 기본권의 향유능력을 인정하는 것이 필요하다. 우리 헌법상의 근거로는 헌법 제21조의 결사의 자유를 들 수 있다. 법인을 설립할 수 있는 자유도 결사의 자유에 포함되므로 법인이 결사체로서 기본권의 주체가 될 것을 전제로 하고 설립될 것이기에 법인이 기본권을 누리지 못한다면 법인이 가지는 결사로서의 법적 의미가 없게 될 것이기 때문이다. 결사의 자유에는 결사활동의 자유가 포함됨은 물론이다. 자연권설의 입장에서는 인간의 천부인권이 기본권이라는 입장이므로 법인의 기본권주체를 인정하기 힘들지 않는가 하는 의문이 있다. 그러나 인간이 집단을 이루어 더불어 살고자 하는 군집성은 인간의 본성이기도 하다. 그 점에서 자연권론에서도 법인의 기본권주체성을 인정할 수 있게 된다. 이는 사단법인의 기본권주체성을 뒷받침하는 데 더 직접적인 논거가 된다. 출연된 재산을 요소로 하여 설립된 법인인 재단법인의 경우에는 헌법 제23조의 재산권규정에서도 헌법적 인정의 근거를 찾을 수 있다.

오늘날 법인의 기본권주체성을 인정하는 가운데 중요한 것은 실질적으로 어떤 법인들에 어떠한 기본권들이 어느 정도 주어지는가 하는 문제이다.

2. 기본권주체인 법인(단체)의 범위

(1) 사법인(私法人), '법인 아닌 사단·재단'

사법상(私法上)의 법인이 기본권주체가 되는 것이고 공법상의 법인은 아래에서 보듯이 기본권주체성이 원칙적으로 부정되고 있는 경향이다. 사법인에도 사람들의 집단인 '사단법인'과 재산의 출연으로 이루어진 '재단법인'이 있다. 기본권주체가 될 수 있는 법인의 범위는 넓다. 헌재도 사단법인·재단법인 또는 영리법인·비영리법인을 가리지 아니하고 인정된다고 한다. 또한 '법인 아닌 사단·재단'이라고 하더라도 대표자의 정함이 있고 독립된 사회적 조직체로서 활동하는 때에는 성질상 법인이 누릴 수 있는 기본권의 주체가 될 수 있다고 하여(90헌마56) 기본권주체인 단체의 범위를 넓게 인정하고 있다(법인 아닌 사단·재단의 기본권주체성에 대해서는 아래 3.에서 별도로 또 살펴본다).

(2) 사적 외국법인

생각건대 사적 외국법인(私的 外國法人)의 경우 두 가지 제약이 따르게 된다. ① 자연인이 누릴 수 없는 기본권은 외국법인도 누릴 수 없고(이는 국내 법인의 경우에도 마찬가지이다), ② 외국인이 누릴 수 없는 기본권은 외국법인도 원칙적으로 누릴 수 없다고 볼 것이다. 외국법인에 대해 영업의 자유, 재산권, 재판청구권 등의 기본권이 인정된다고 볼 것이다. 외국인에 대한 것처럼 기본권주체성이 인정되고 다만 그 제한이 강하게 이루어질 수 있다. 정치자금법은 외국법인의 정치자금 기부를 금지하고 있다(동법 제31조 제1항).

(3) 국가(국가기관)·공법인(공법인기관)의 기본권주체성 부인

공법상의 법인은 원칙적으로 기본권주체가 될 수 없다고 보는 것이 일반적인 이론이다. 국가도 공법인(公法人)이므로, 국가 자체나 그 소속 국가기관들이 기본권을 누릴 수는 없고 공법인인 지방자치단체나 그 소속 기관들도 기본권의 주체가 될 수 없다. 헌재도 같은 견해를 취한다. 국가(국가기관), 지방자치단체(지방자치단체기관)는 기본권주체성이 부정되므로 헌법소원심판을 청구할 수는 없고 청구한다면 각하결정을 받게 된다.

1) 부인의 논거

국가 등 공법인이 원칙적으로 기본권의 주체가 될 수 없는 논거는 다음과 같다. ⅰ) 이들은 오히려 국민의 기본권을 보호할 책무를 진다. 헌재도 "국가나 국가기관 또는 국가조직의 일부나 공법인은 기본권의 '수범자'(Adressat)이지 기본권의 주체로서 그 '소지자'(Träger)가 아니고 오히려 국민의 기본권을 보호 내지 실현해야 할 '책임'과 '의무'를 지니고 있는 지위에 있을 뿐이다"라고 판시하여(93헌마120) 같은 입장이다. ⅱ) 국가기관들이 가지는 것은 권리가 아니라 공권력 또는 권한이다. 예를 들어 국가기관이 가지는 허가권은 허가권리가 아니라 허가할 수 있는 권한을 의미한다. 국회의원 질의권·토론권·표결권 침해주장의 헌법소원에서 권한이라는 이유로 각하한 결정(90헌마125, 바로 아래 ② 결정)도 마찬가지 의미이다.

2) 국가(국가기관)

그동안 판례상 국가기관으로서 기본권의 주체가 될 수 없다고 본 예로는, ① 국회상임위원회 중 하나인 노동위원회가 동위원회 위원장의 증인 출석 요구를 받고도 증인으로 출석하지 않은 사람에 대해 '국회에서의 증언·감정 등에 관한 법률' 위반죄로 고발하였으나 검사가 혐의없음의 불기소처분을 하자 이에 대해 검사를 피청구인으로 헌법소원을 제기한 사안에서 헌재가 노동위원회는 국가기관인 국회의 일부조직일 뿐 기본권주체가 아니고 따라서 헌법소원을 제기할 수 없다고 하여 헌법소원을 각하한 판례가 있다(● 판례 헌재 1994.12.29. 93헌마120).

② 국회의원의 경우 여당의 이른바 법안의 날치기 통과에 대하여 야당의원들이 자신들의 입법권을 침해하였음을 이유로 헌법소원을 제기하였으나 헌재는 "입법권은 헌법 제40조에 의하여 국가기관으로서의 국회에 속하는 것이고, 국회의원이 국회 내에서 행사하는 질의권·토론권 및 표결권 등은 입법권 등 공권력을 행사하는 국가기관인 국회의 구성원의 지위에 있는 국회의원에게 부여된 권한으로서 국회의원 개인에게 헌법이 보장하는 권리, 즉 기본권으로 인정된 것이라고 할 수는 없다"라고 판시하여 청구를 각하한 판례가 있다(90헌마125).

3) 지방자치단체(지방자치단체기관)

지방자치단체도 하나의 공법인이다(지방자치법 제3조 제1항). 지방자치단체나 그 소속의 지방자치단체장, 지방의회는 자신들의 사무 내지 업무와 관련하여 공권력 행사자로서의 지위에 있는 것이고 기본권의 주체의 지위에 있는 것은 아니라는 것이 헌재의 기본입장이다(헌재 1997.12.24. 96헌마365). 따라서 이들은 업무와 관련한 사안으로 기본권보장수단인 헌법소원심판을 청구할 수는 없다. 그런데 오늘날 예외적으로 지방자치단체에 대해서도 헌법소원심판청구권을 부여할 필요가 있다는 주장도 나오고 있다. 지방자치단체가 권한쟁의심판을 청구할 수는 있다.

① 지방자치단체장이 헌법소원심판을 청구하여 각하된 판례로는 행정청은 행정소송을 제기하지 못하도록 한 것이 자치권의 침해라고 하여 지방자치단체장이 제기한 헌법소원사건에서 내려진 각하결정이 있었다(● 판례 헌재 1997.12.24. 96헌마365 구 행정심판법 제37조 제1항 위헌확인).

② 지방의회도 지방자치단체의 소속 기관으로서 기본권주체가 아니다. 지방의회가 헌법소원심판을 청구하여 각하된 판례로는 총정원을 초과하여 사무직원을 증원하기 위해서는 내무부(현재 행정안전부)장관의 사전승인을 받게 한 규정이 지방의회의 자치입법권을 제한한다고 하여 어느 지방의회가 제기한 헌법소원사건에서 각하된 결정(● 판례 헌재 1998.3.26. 96헌마345)이 예이다.

4) 그 외 공법인(公法人)

(가) 공법인으로서의 성격을 가지는 단체인지 판단기준 법률상 명시적으로 공법인으로 지정되어 있는 단체는 기본권주체가 될 수 없는 것은 물론인데 법률상 공법인으로 직접 명시되어 있지 않더라도 법해석 등을 통하여 그 단체가 성격상 공법인이라고 판단될 때에도 그 단체의 기본권주체성을 인정할 수 없다. 이처럼 법률에 명시되지 않은 경우에 공법인성을 가지는지 여부를 판단하는 기준이 문제된다. 주로 그 설립과 존속이 강제되거나 활동이 공익을 위한 단체일 때 공법인성이 인정된다고 할 것이다.

(나) 결정례 헌재는 ① 농지개량조합에 대해 사법인적 성격도 없지 않으나, 존립목적, 조직과 재산의 형성 및 그 활동전반에 나타나는 매우 짙은 공적인 성격을 고려하여 공익적 목적을 위하여 설립되어 활동하는 公法人이라고 보아 기본권주체성을 부정한 바 있다(● 판례 99헌마190). ② 직장의료보험조합도 공법인으로서 기본권의 주체가 될 수 없다고 판시한 바 있다(99헌마289).

5) 유의

(가) 위헌소원심판의 청구가능성 지방자치단체 소속 기관이 기본권주체가 아니므로 기본권구제를 위한 본래의미의 헌법소원은 청구할 수 없으나 위헌법률심판을 위한 이른바 '위헌소원'(헌법재판소법 제68조 제2항에 의한 헌법소원)은 청구할 수 있음에 유의하여야 한다. 행정처분을 대상으로 한 행정소송이나 그 행정처분을 원인으로 한 민사소송에서 지방자치단체 장이 당사자나 보조참가자가 되어 그 재판의 전제가 되는 법률규정의 위헌여부의 심판을 제청신청했으나 법원이 그 신청을 기각(각하)하면 위헌소원심판을 청구할 수 있다(그런 가능성으로 2007헌바80; 2004헌바44 참조). 기관소송의 경우도 마찬가지이다(* 그러한 예로, 헌재 1998.4.30. 96헌바62. 이런 가능성들에 대해 앞의 제도적 보장 부분 참조, 더 자세한 것은, 정재황, 헌법재판론, 박영사, 2020, 872-877면 참조).

(나) 공법상 단체, 공법인도 향유하는 기본권이 인정된 예 헌재는 공법상 영조물이라고 보는 서울대학교가, 그리고 공법인인 국립 세무대학이 대학의 자율권이라는 기본권을 누린다고 보았다(92헌마68; 99헌마613. 이에 대해서는 후술함).

6) 국가와 공법인의 기본권주체성 부인에 대한 검토 – 예외적 인정 문제

다음과 같은 점들이 고려되어야 한다. ⅰ) 모든 공적 기관들에 대한 기본권주체성을 전면적으로 부인할 것은 아니다. 국가기관, 공법인기관, 공공단체 중에는 그 임무와 활동의 특수성으로 인해 기본권을 향유할 수 있는 것들도 있다. 예를 들어 국·공립대학교(학문의 자유), 국·공영방송사(언론의 자유) 등에 대해서는 그 기관들의 고유한 목적과 기능의 수행에 관한 기본권들을 누릴 수 있는 주체임을 인정하는 경향이다. 이에 대해서는 별도로 서술한다(후술 Ⅴ. 참조). ⅱ) 사실 국가나 지방자치단체는 재산을 소유할 수 있다(국유재산, 공유재산). 재산권은 헌법상의 기본권이고 그렇다면 재산권이라는 기본권에 관해서는 국가나 공법인도 기본권주체가 될 수 있다고 볼 것인가 하는 문제가 제기된다. 특히 우리 헌재는 국가나 지방자치단체의 재산(구법상의 분류로 행정재산, 보존재산, 잡종재산) 중 잡종재산은 私法上의 거래대상이 된다고 보므로[국유의 잡종재산은 사경제적 거래대상이고 그 처분·보존 등 행위는 사법(私法)상의 행위인데도 국유의 잡종재산에 대해서는 시효취득을 금지한 것은 합리적 근거없이 국가만을 우대하는 불평등한 규정으로서 평등의 원칙, 사유재산권 규정 등에 위반된다는 헌재의 결정이 있었다(89헌가97)] 잡종재산의 관계에 있어서는 사인과 같은 지위를 가진다고 본 것이었다(지금은 잡종재산이라는 분류가 없어졌다). 그러나 헌재는 지방자치단체가 자신의 재산권이 침해되었다고 하여 헌법소원심판을 청구한 경우에 공법인은 기본권주체가 될 수 없기에 그 침해주장에 대해 살피지 않는다는 입장을 표명한 결정을 한 바 있다(이 사안은 농지개량조합에의 지방자치단체의 권리의무 포괄승계 문제에 관한 것이었다. 2004헌바 50). 그런데 위 결정 이후 아래 (4)에서 보듯이 공법인이라도 사경제 주체로서 활동하는 경우에 는 기본권주체성을 인정하는 결정례들이 나오고 있다. ⅲ) 국가나 지방자치단체도 계약의 당사 자로서 행위하는 경우가 있고 계약의 자유도 누릴 수 있을 것이다('국가를 당사자로 하는 계약에 관한 법률'). ⅳ) 재판청구권도 국가나 지방자치단체가 본래의미의 헌법소원을 청구할 수 없다는 것 이 헌재의 입장이나 권한쟁의심판을 청구할 수 있고 국가나 지방자치단체도 국고작용과 관련하 여 민사소송 등을 제기할 수 있다. 현재 '국가를 당사자로 하는 소송에 관한 법률'이 있다. 또한 앞서 본대로 위헌법률심판제청을 신청하거나 위헌소원심판을 청구할 수는 있다.

(4) 공법인의 사경제 주체로서 활동하는 경우 등의 기본권주체성 인정

공법인의 경우 위에서 그 기본권주체성의 부정에 대한 검토를 이미 하였지만 헌재는 사경 제 주체로서 활동을 하는 경우 등에 긍정하는 판례를 보여주고 있다.

(가) 판례의 긍정 – 사경제(私經濟)주체 등의 공법인의 주체성 긍정   [헌재의 기준] 헌재는 다음과 같이 인정기준을 설정하고 있다. "공법인이나 이에 준하는 지위를 가진 자라 하더라도 공무를 수행하거나 고권적 행위를 하는 경우가 아닌 ① 사경제 주체로서 활동하는 경우나 ② 조직법상 국가로부터 독립한 고유 업무를 수행하는 경우, 그리고 ③ 다른 공권력 주체와의 관 계에서 지배복종관계가 성립되어 일반 사인처럼 그 지배하에 있는 경우 등에는 기본권 주체가 될 수 있다. 이러한 경우에는 이들이 기본권을 보호해야 하는 국가적 기능을 담당하고 있다고 볼 수 없기 때문"이라고 본다.

[판례] 위 판시는 공법상 재단법인인 방송문화진흥회가 최다출자를 하여 설립된 방송사업자 (문화방송사)가 청구한 헌법소원심판의 결정에서 보인 바 있고 그 결정에서 그리하여 문화방송 사의 기본권주체성을 인정하였다. 그 사안을 보면, 한국방송광고공사와 이로부터 출자를 받은 회사가 아니면 지상파방송사업자에 대해 방송광고 판매대행을 할 수 없도록 규정하였던 구 방 송법 규정 등에 대해 헌재가 헌법불합치결정(2006헌마352)을 한 뒤 2012년 말에 '방송광고판매 대행 등에 관한 법률'이 제정되었고 이 법률은 이전의 독점제를 없애어 방송광고 판매 대행업 에 허가제를 도입함으로써 복수의 방송광고 판매 대행업체가 존재할 수 있게 하였다. 그러나 동법은 방송문화진흥회가 최다출자자인 방송사업자(문화방송사) 등의 경우 구 한국방송광고공 사의 후신인 한국방송광고진흥공사가 위탁하는 방송광고에 한하여 방송광고를 할 수 있도록 하여 문화방송사가 헌법소원심판을 청구한 것이다. 본안판단에서 헌재는 과잉금지원칙을 준수 하였다고 하여 합헌으로 판단하였다.

● **판례** 헌재 2013.9.26. 2012헌마271
[결정요지] 다만 공법인이나 이에 준하는 지위를 가진 자라 하더라도 공무를 수행하거나 고권적 행위를 하는 경우 가 아닌 사경제 주체로서 활동하는 경우나 조직법상 국가로부터 독립한 고유 업무를 수행하는 경우, 그리고 다른

공권력 주체와의 관계에서 지배복종관계가 성립되어 일반 사인처럼 그 지배하에 있는 경우 등에는 기본권 주체가 될 수 있다. 이러한 경우에는 이들이 기본권을 보호해야 하는 국가적 기능을 담당하고 있다고 볼 수 없기 때문이다. 청구인의 경우 공법상 재단법인인 방송문화진흥회가 최다출자자인 방송사업자로서 방송법 등 관련규정에 의하여 공법상의 의무를 부담하고 있지만, 상법에 의하여 설립된 주식회사로 설립목적은 언론의 자유의 핵심 영역인 방송사업이므로 이러한 업무 수행과 관련하여 당연히 기본권 주체가 될 수 있고, 그 운영을 광고수익에 전적으로 의존하고 있는 만큼 이를 위해 사경제 주체로서 활동하는 경우에도 기본권 주체가 될 수 있는바, 이 사건 심판청구는 청구인이 그 운영을 위한 영업활동의 일환으로 방송광고를 판매하는 지위에서 그 제한과 관련하여 이루어진 것이므로 그 기본권 주체성을 인정할 수 있다.

* 동지의 판시가 있었던 결정례: 헌재 2015.7.30. 2014헌가7 학교안전법 사건
[결정요지] (학교안전)공제회는 이처럼 공법인적 성격과 사법인적 성격을 겸유하고 있는데, 공제회가 일부 공법인적 성격을 갖고 있다고 하더라도 공무를 수행하거나 고권적 행위를 하는 경우가 아닌 사경제주체로서 활동하는 경우나 조직법상 국가로부터 독립한 고유 업무를 수행하는 경우, 그리고 다른 공권력 주체와의 관계에서 지배복종관계가 성립되어 일반 사인처럼 그 지배하에 있는 경우 등에는 기본권 주체가 될 수 있다.

* 판례분석: 위 문화방송 사건의 경우에 광고판매라는 영업활동은 사경제작용이라고 하고 그래서 기본권주체가 된다고 하였어도 충분하였다. 그러면서도 "청구인의 경우 … 상법에 의하여 설립된 주식회사로 설립목적은 언론의 자유의 핵심 영역인 방송사업이므로 이러한 업무 수행과 관련하여 당연히 기본권 주체가 될 수 있고"라고 한 부분을 보면 사경제주체에 대한 기본권주체성 판시가 굳이 필요했는지도 의아스럽다. 명쾌한 판결이 아쉽다. 학교안전법 공제회 사건의 판시에 대해서도 사실 공법인적 성격 부분에서 사경제적 활동이 있는 사안이라면 굳이 공사법인 겸유성을 운위할 필요조차 없었다.

(나) 검토   사경제적 작용 등에서 공법인의 기본권주체성을 인정하는 것은 뒤에서 살펴보는 대로 행정작용 중에 비권력적 작용이나 국고작용(사법(私法)이 적용되는 작용에 대해서도 기본권의 효력이 미친다는 입장(후술 기본권의 효력 부분 참조)에 부합한다, 그리고 사경제작용이 사인간 작용일 수 있는데 현재 기본권의 사인간 효력을 인정하려는 입장에서도 문제가 없다. 그런데 기준 ③ "다른 공권력 주체와의 관계에서 지배복종관계가 성립되어 일반 사인처럼 그 지배하에 있는 경우"란 그 의미도 불명확하고 의아스럽게 한다.

(5) 특수법인(공·사법성 겸유의 법인), 공사혼합기업의 기본권주체성 인정
[특수법인(공·사법성 겸유의 법인)] 한편 헌재는 공법적 성격뿐 아니라 사법적 성격도 아울러 가지는 법인이나 단체의 경우에는 기본권주체성이 인정된다고 본다.
① 헌재는 축산업협동조합에 대해 공·사법성을 겸유한 법인으로 보아 기본권주체성을 인정한 바 있다.

● **판례** 헌재 2000.6.1. 99헌마553. [판시] 축협중앙회는 지역별·업종별 축협과 비교할 때, 회원의 임의탈퇴나 임의해산이 불가능한 점 등 그 공법인성이 상대적으로 크다고 할 것이지만, 이로써 공법인이라고 단정할 수는 없을 것이고, 이 역시 그 존립목적 및 설립형식에서의 자주적 성격에 비추어 사법인적 성격을 부인할 수 없으므로, 축협중앙회는 공법인성과 사법인성을 겸유한 특수한 법인으로서 기본권의 주체가 될 수 있다.

② 헌재는 학교안전법상 공제회는 공법인적 성격과 사법인적 성격을 겸유하고 있다고 본다.

그런데 일부 공법인적인 성격이 있더라도 사경제주체로서 활동하는 등의 경우(이에 대해서는 위 (4) 전술 참조)라 기본권주체성이 인정된다고 본다는 법리도 아울러 판시했다(◐ 판례 헌재 2015.7.30. 2014헌가7).

[공사혼합기업] 헌재는 또 공사(公私)혼합기업, 즉 그 예로서 국가가 대주주로 참여한 한국 전력공사도 계약의 자유, 경영의 자유 등의 기본권주체가 될 수 있다고 본다(◐ 판례 2001헌바 71. 이 결정은 5인의 위헌의견 결정이었으나 6인 위헌의견에 이르지 못하여 합헌결정이 된 것이었고 4인 합헌의견이 법정의견이 된 결정이었다. 공사혼합기업이 기본권주체가 된다는 점에서는 법정의견이나 위 헌의견이나 다를 바 없었다).

3. 권리능력(법인격) 없는 사적 사단, 재단

(1) 개념

실질적으로 사단, 재단이라고 할 수 있으나 법인으로 허가를 받지 않거나, 등기가 되어 있지 않거나 설립 중에 있어 권리능력, 법인격없는 사단, 재단(비법인 사단, 재단)인 사적 단체라도 대 표자를 두고 일정한 사회적 활동을 하고 있는 경우에는 기본권의 주체로서의 지위가 인정된다.

  * 법인 아닌 사단으로 종중, 교회가 대표적이라고 하고 대법원판례가 인정한 예로 자연부락, 주택조 합, 신도회, 회사 채권자들로 구성된 청산위원회 등이 있고 법인 아닌 재단의 예로 육영회(장학재 단)가 있다.[41]

(2) 판례의 인정기준

헌재도 이를 인정하는데 다음과 같은 기준을 설정하고 있다.

[헌재의 인정기준] 2가지 조건: 헌재는 "법인아닌 사단·재단이라고 하더라도 ① 대표자의 정함이 있고 ② 독립된 사회적 조직체로서 활동하는 때에는 성질상 법인이 누릴 수 있는 기본 권을 침해당하게 되면 그의 이름으로 헌법소원심판을 청구할 수 있다"라고(헌재 1991.6.3. 90헌 마56 등) 한다.

[실제례] ⓐ 헌재가 권리능력 없는 사단으로서 기본권주체성을 인정한 단체의 예로 법리 이 해를 위해 아래에 하나를 드는데, 한국신문편집인협회를 가 경우에 해당되어 기본권주체로 인 정된 예이다(* 그 외 권리능력없는 사단으로 인정된 단체들의 예들은, 정재황, 헌법재판론, 박영사, 2020, 973면 이하 참조).

  ◐ 판례 헌재 1995.7.21. 92헌마177
  [판시] 청구인협회(한국신문편집인협회)는 언론인들의 협동단체로서 법인격은 없으나, 대표자와 총회가 있고, 단체의 명칭, 대표의 방법, 총회 운영, 재산의 관리 기타 단체의 중요한 사항이 회칙으로 규정되어 있는 등 사단으로서의 실체를 가지고 있으므로 권리능력 없는 사단이라고 할 것이고, 따라서 기본권의 성질상 자연인에게만 인정될 수 있

41) 송덕수, 민법강의(상), 박영사, 2004, 333, 337면 참조.

는 기본권이 아닌 한 기본권의 주체가 될 수 있으며, 헌법상의 기본권을 향유하는 범위 내에서는 헌법소원심판청구능력도 있다고 할 것이다. * 그런데 청구인협회의 심판청구는 헌법소원의 다른 요건(자기관련성 요건)을 갖추지 못하여 결국 부적법하다고 각하되었고 편집국장의 청구에 대해서 본안판단하였는데 기각결정이 되었다. 사안은 여론조사 공표금지에 대한 헌법소원사건이었다.

ⓑ 등록이 취소된 정당(政黨)에 대해 취소 이후에도 '등록정당'에 준하는 '권리능력 없는 사단'으로서의 실질을 유지하고 있다고 볼 수 있어 헌법소원의 청구인능력을 인정한 예(헌재 2006.3.30. 2004헌마246)가 있다.

[비법인 사단·재단 부정례] 고등학교 야구부 선수의 학부모회 – 헌재는 그 회칙 및 목적, 금품을 모으고 이를 제공한 경위 등을 고려할 때 비법인 사단 또는 재단 등 독립한 단체로서의 조직과 독자성을 갖추었다고 보기 어렵다고 한다(2020헌마1008).

4. 사법인의 기본권향유의 범위

(1) 범위설정의 기준

대체적으로 성질설에 따라 법인이 가지는 기본권을 인정한다. 즉 기본권별로 그 성질이 법인에게도 그 향유가능성이 인정되는 기본권인지, 자연인만이 향유할 수 있는 것인지를 판단하여 사법인의 기본권향유의 범위를 설정하자는 이론이다. 예를 들어 인간의 내심의 자유는 법인에게 인정되지 않는다는 입장을 들 수 있다. 독일 기본법 제19조 제3항은 "기본권은 그 성질이 허용하는 한 국내법인들에도 마찬가지로 적용된다"라고 규정하여 성질설을 취하고 있다. 우리 헌재도 "본래 자연인에게 적용되는 기본권규정이라도 언론·출판의 자유, 재산권의 보장 등과 같이 성질상 법인이 누릴 수 있는 기본권은 당연히 법인에게도 적용하여야 할 것으로 본다"라고 판시하여(90헌마56; 2009헌가27) 성질설을 취하고 있다.

(2) 사법인의 기본권범위

1) 인정되지 않는 기본권 – 자연인에게만 인정되는 신체의 자유 등

사법인에 인정되지 않는 기본권은 성질상 자연인만이 누릴 수 있고 법인은 누릴 수 없는 기본권들이다. 따라서 인간의 육체, 심성의 발현 등에 관련되는 기본권들로서 신체의 자유, 교육을 받을 권리 등은 법인이 누릴 수 없는 기본권들이다. 인간으로서의 존엄과 가치는 인간이어야 누릴 수 있는 것이므로 법인에게 인정될 수 없다는 견해가 지배적이다. 그러나 명예권 등에 대해서는 검토할 점이 있다(아래 3) 참조). 또한 혼인과 가족생활 기본권, 인간이 투표자인 경우의 선거권, 자연인이 공무담임을 하는 권리, 형사보상청구권도 법인이나 단체가 구금될 수 없으므로(제28조) 법인에 인정될 수 없다. 범죄피해자구조청구권도 생명·신체에 대한 피해를 그 요건으로 하므로(제30조) 법인에 인정될 수 없다.

[판례상 부정된 예] ① 생명권, 신체안전의 기본권(2008헌마419), ② 인간으로서의 존엄과

가치(2004헌바67. 그러나 인간의 존엄과 가치에서 나오는 명예권 등 인격권에 대해서는 긍정적인 헌재 판례가 있음, 후술 참조), ③ 행복추구권 - 법인이나 단체가 행복추구권을 누릴 수 있는지에 대해서는 긍정론, 부정론이 있으나 헌재 판례는 부정설을 취하고 있다(2004헌바67; 2009헌바40).

2) 법인에 인정되는 기본권

(가) 평등권　법인은 다른 법인 또는 개인 간에 합리성 내지 비례성 없는 차별을 받지 않을 평등권을 누린다.

> ● **판례**　① 헌법불합치결정례: 헌재 2002.9.19. 2000헌바84, 약사법 제16조 제1항 등 위헌소원. 이 판례에 대해서는 바로 아래의 직업자유 부분 참조. ② 법인의 평등권에 관한 합헌결정례: 구 법인세법 규정이 법인은 오로지 장부가액만을 비용으로 공제하고 있었던 사건. 헌재는 개인보다 우월한 법인의 경제적 지위나 자금동원능력 등을 고려할 때 우리 사회에서 법인의 부동산 투기를 규제할 공익적 요청이 더욱 크므로 법인과 개인을 불합리하게 차별하여 법인의 평등권을 침해하고 있다고도 볼 수 없다고 판시하였다. 헌재 2011.10.25. 2010헌바21.

(나) 자유권

ⅰ) 직업의 자유　① 법인은 직업의 자유를 가질 수 있다. 법인의 직업의 자유를 침해하여 헌법불합치결정이 있었던 예로 자연인인 약사만이 약국을 개설할 수 있고 설령 약사들만으로 구성된 법인일지라도 약국을 개설할 수는 없도록 금지한 구 약사법 규정에 대한 아래 헌법불합치결정을 들 수 있다.

> ● **판례**　헌재 2002.9.19. 2000헌바84
> **[결정요지]** 본래 약국의 개설권이 있는 약사들이 모여 구성한 법인 즉, 구성원 전원이 약사들인 법인에게까지 약국의 개설을 금지하는 것은 이러한 법인의 직업수행의 자유와 법인의 구성원인 개개의 약사들이 법인을 설립하는 방법으로 그들의 직업을 수행하는 자유를 합리적 이유없이 과도하게 침해하는 것이라고 보지 않을 수 없다. 직업수행의 방법으로 법인을 설립하여 운영할 수 있는 자유는 그 직업수행의 자유 속에 내포된 본질적 부분의 하나인데, 이에 대한 침해를 정당화할 공익상의 이유가 별로 없기 때문이다. 그렇다면, 이 법률조항이 구성원 전원이 약사인 법인 및 그러한 법인을 구성하여 약국업을 운영하려고 하는 약사 개인들의 헌법상의 기본권인 직업선택(직업수행)의 자유를 제한함에 있어 입법형성권의 재량의 범위를 명백히 넘어 제한의 방법이 부적절하고 제한의 정도가 과도한 경우로서, 헌법 제37조 제2항 소정의 과잉금지의 원칙에 위배되어 헌법 제15조에서 보장하고 있는 직업선택의 자유의 본질적 내용을 침해하였다.

② 후술하는 각론에서 보겠지만 직업의 자유에는 직업선택단계에서의 자유와 선택된 직업에 종사할 자유가 있다. 법인의 직업의 자유도 마찬가지이다. 어떤 직업의 활동을 하기 위하여 법인을 설립한다는 것은 직업의 자유 중에서 직업선택의 자유를 구현한다는 의미를 가지기도 한다.[42]

ⓐ 법인의 직업선택의 자유에 관한 헌재결정례　바로 위의 2000헌바84 결정도 법인의 직업선택(약국업선택)의 금지에 대해 헌법불합치결정을 한 것이다.

ⓑ 법인의 직업수행의 자유　㉠ 헌법불합치결정례 - 위 2000헌바84 결정(직업수행의 자유도 함께 언급). ㉡ 합헌결정례 - 헌재 2003.10.30. 2000헌마563, 약사법 제21조 제8항 등 위헌확인([쟁점 및 기각결정] 의약분업을 위해 의료법인 기관인 병·의원이 외래환자에 대한 조제행위를 할

---

42) 헌재 1996.4.25. 92헌바47 [판시] 법인의 설립은 그 자체가 간접적인 직업선택의 한 방법이다.

수 없게 금지하고 있는 약사법(2000. 1. 12. 법률 제6153호로 개정되어 2000. 7. 1.부터 시행된 것) 제21
조 제8항이 의료법인의 직업수행의 자유를 지나치게 제한하는 것인지 여부가 쟁점이었다. 헌재는 그러한
금지가 비례원칙을 준수하여 합헌이라고 보아 기각결정을 하였다); 헌재 2000. 2. 24, 98헌바94등([쟁
점 및 합헌결정] 법인의 '비업무용 토지'에 대한 중과세가 법인의 직업수행의 자유를 침해하는지가 쟁점
이었다. 헌재는 비례원칙을 준수하였다고 하여 합헌결정을 하였다).

ⓒ 헌재는 직업선택인지 직업수행인지 구별하지 않고 그냥 직업의 자유가 제한된다고 하면서
그 제한을 합헌이라고 결정한 예도 있다. 사안은 안경사 면허를 가진 자연인에게만 안경업소의
개설등록 등을 할 수 있도록 하여 자연인 안경사는 법인을 설립하여 안경업소를 개설할 수 없고,
법인은 안경업소를 개설할 수 없으며, 안경사들로만 구성된 법인일지라도 안경업소 개설을 못하
도록 금지하고 이를 위반한 경우 이 사건 처벌조항에 의하여 형사처벌하는 조항인 '의료기사 등
에 관한 법률' 제12조 제1항, 제30조 제1항에 대한 위헌소원심판사건이었다. 4인 합헌의견에 따
라 합헌결정(2017헌가31)을 하였다("영리 위주의 안경 판매로 인한 국민보건상의 부작용 및 소비자 후
생 감소 등을 방지하기 위해서 자연인 안경사만이 안경업소를 개설할 수 있도록 하고, 이를 위반한 경우를
형사처벌하는 것이 달성하려는 입법목적에 비하여 과도한 조치라고 할 수 없다"라고 침해최소성을 인정함.
* 평가 — 이는 입법목적이지 보다 피해가 적은 대안이 없어야 할 것을 요하는 침해최소성 이유 설시로는
부적절하고 그 입법목적을 실현하는, 덜 피해를 주는 방법이 없다고 설시하는 것이 나았다).

ii) 거주·이전의 자유　　법인도 활동의 중심지, 사무소를 두고, 이를 이동할 수 있기에 거
주·이전의 자유를 가진다. 대도시 내에 기업법인의 설립에 따른 부동산등기에 대하여는 통상
세율의 5배에 해당하는 등록세를 중과할 수 있도록 규정하고 있는 구 지방세법 제138조 제1항
제3호는 직업수행의 자유와 거주·이전의 자유의 본질적 내용을 침해하고 과잉금지원칙에 반
한다는 주장이 있었으나 헌재는 합헌으로 보았다.

● 판례　헌재 1996.3.28. 94헌바42 지방세법 제138조 제1항 제3호 위헌소원
[결정요지] 어떠한 법인이라도 위 조항이 정하는 중과세의 부담을 감수하기만 한다면 자유롭게 대도시 내에서 설립
과 그에 필요한 부동산등기도 할 수 있는 것이므로, 거주·이전의 자유가 형해화할 정도에 이르러 그 본질적인 내
용이 침해되었다고 볼 수 없다. 과잉금지의 원칙에 위배되었는지의 여부를 본다. 위 조항은 인구와 경제력의 대도
시 집중을 억제함으로써 대도시 주민의 생활환경을 보존·개선하고 지역간의 균형발전 내지는 지역경제를 활성화하
려는 복지국가적 정책목표에 이바지하는 규정이므로 그 목적의 정당성이 인정된다. 법인의 대도시 내 활동을 직접
제한하지 아니하고 법인이 대도시 내에서 그 설립 등을 위하여 하는 부동산등기에 대하여 통상보다 높은 세율의
등록세를 부과함으로써 간접적으로 이를 억제하려는 방법을 선택하고 있고, 중과세가 대도시내에 위치한 고가의 부
동산을 취득할 정도의 재정능력을 갖춘 법인에 대한 것이라는 점에 비추어 볼 때, 그 정도가 통상세율의 5배라고
하여 반드시 그 목적 달성에 필요한 정도를 넘는 자의적인 세율의 설정이라고 볼 수도 없으므로 그 수단의 상당성
과 침해의 최소성도 충족되어 있다. 법익의 균형성도 갖추었다. 같은 취지: 97헌바79; 2001헌바24등.

iii) 통신의 비밀보장　　법인의 경우에도 통신의 비밀보장이 요구될 수 있다.

iv) 언론·출판의 자유　　언론과 출판의 자유가 법인에게 인정됨은 물론이다(90헌마56). 법인
의 의사표시를 위하여, 그리고 오늘날 집단에 의한 의사표현의 필요성 때문에 그 의의가 더욱
더 커져가고 있고, 특히 방송사, 신문사 등 언론법인의 경우 표현의 자유가 핵심적인 것은 물

론이다.

v) 집회의 자유   법인도 집회의 자유를 가지는데 2가지 경우가 있을 수 있다. 법인 자체가 집회를 개최할 수도 있고(집회개최의 자유) 법인이 집회에 참여할 수 있는 자유도 인정된다(집회참여의 자유. 이 참여는 법인대표자의 참석을 통하여 이루어질 것이다).

vi) 결사의 자유   ① 다른 결사의 조직·가입여부의 자유 — 법인 자체가 결사체이므로 그 법인이 또다른 결사를 형성할 수 있는가 하는 논의가 있을 것이나 가능하다고 보아야 한다. 예를 들어 전국에 있는 여러 개별 법인들이 회원으로 참여하는 중앙회라는 법인을 구성할 수 있다. 헌재는 사립학교법인들은 교원노조와 개별적으로 단체교섭을 할 수 없고 반드시 연합하여 단체교섭에 응하도록 한 '교원의 노동조합설립 및 운영 등에 관한 법률' 규정이 교원노조와의 단체교섭을 위하여는 전국단위 또는 시·도 단위의 교섭단의 구성원으로 사실상 강제로 참여해야 하는 것이므로 청구인 사립학교법인들의 결사에 가입하지 아니할 자유라는 '소극적 의미'의 결사의 자유를 제한하고 있다고 보았다. 그러나 그 제한이 비례원칙을 준수하여 합헌이라고 결정하였다(2004헌바67). ② 중앙회의 결사의 자유 — 반대로 중앙회 경우 개별 회원법인들 외에 중앙회도 결사의 자유의 주체가 될 수 있는가 하는 문제가 있는데 중앙회가 지부회를 결성하는 것이 아니어서 부정하는 견해가 있을 수 있다. 그러나 결사의 자유에는 결사의 활동과 존속(단체활동·존속)의 자유도 포함되고 중앙회의 활동, 존속도 요구되므로 긍정된다. 헌재도 업종별·지역별 축협(회원조합)들 외에 축산업협동조합중앙회 자체도 결사의 자유의 주체로 인정되는가 하는 문제에 대해 "결사체(축산업협동조합중앙회)도 그 조직과 의사형성에 있어서, 그리고 업무수행에 있어서 자기결정권을 가지므로 결사의 자유의 주체가 된다"라고 하여 긍정한 바 있다(99헌마553).

vii) 종교의 자유   법인의 종교집회, 종교의식의 자유 등도 인정된다. 이는 특히 종교적 법인의 경우에 더욱 중요하다.

viii) 학문과 예술의 자유   대학법인, 연구단체법인 등은 학문의 자유를 누리고 예술가단체인 법인 등도 예술창작발표의 자유 등을 누린다.

ix) 재산권   법인도 재산권을 가질 수 있고(90헌마56) 재산권을 사용·처분할 수 있다. 특히 재단법인의 경우에는 재산의 출연으로 설립되므로 재산권이 핵심적 기본권이 된다.

(다) 생존권(사회권)   노동조합도 법인일 수 있는데('노동조합 및 노동관계조정법' 제6조 1항) 근로3권(단결권·단체교섭권 및 단체행동권)을 가진다. 환경권이 법인에게도 인정되는지에 대해 긍정설, 부정설이 있다.

(라) 청구권   법인은 자신의 권리구제를 위하여 청원권, 재판청구권, 국가배상청구권 등의 청구권을 가진다.

3) 법인의 명예권, 인격권 문제

(가) 판례   우리 판례는 이를 인정한다.

[대법원 판례] 대법원의 판례는 법인도 명예훼손의 대상이 될 수 있음을 인정하여 법인의 명예를 보호하고 있다(대법원 1996.6.28. 96다12696).

[헌재 판례] 헌재도 인정하며 그 인정한 예들은 아래와 같다. ① 사죄광고 강제 위헌성 인정 결정에서 법인의 인격권을 인정하는 설시가 있었다(헌재 1991.4.1. 89헌마160). ② <u>공정거래위원회의 시정명령을 받은 것을 공표하는 것만으로 입법목적이 달성될 수 있음에도 법을 위반하였다는 사실을 인정하는 것까지 공표하게 하는 것은 법위반 여부에 관하여 공정위와 판단을 달리하는데도 강제하여 사업자단체(법인) 명예권을 지나치게 제한하여 위헌</u>이라고 판결한 바 있다.

> ● 판례   헌재 2002.1.31. 2001헌바43
> [쟁점] 사업자단체의 구성원인 사업자의 사업내용 또는 활동을 부당하게 제한하는 행위를 한 경우에 공정거래위원회가 당해 사업자단체에 대하여 "법위반사실의 공표"를 명할 수 있도록 한 구 '독점규제 및 공정거래에 관한 법률' 제27조 중 "법위반사실의 공표"부분이 인격발현 혹은 사회적 신용유지를 위하여 보호되어야 할 명예권을 위헌적으로 침해하는 것인지 여부(위헌결정) [판시] 만약 행위자가 자신의 법위반 여부에 관하여 사실인정 혹은 법률적용의 면에서 공정거래위원회와는 판단을 달리하고 있음에도 불구하고 불합리하게 법률에 의하여 이를 공표할 것을 강제당한다면 이는 행위자가 자신의 행복추구를 위하여 내키지 아니하는 일을 하지 아니할 일반적 행동자유권과 <u>인격발현 혹은 사회적 신용유지를 위하여 보호되어야 할 명예권</u>에 대한 제한에 해당한다고 할 것이다.… '법위반으로 공정거래위원회로부터 시정명령을 받은 사실의 공표'로서도 입법목적을 충분히 달성할 수 있음에도 불구하고 굳이 나아가 공정거래법을 위반하였다는 사실을 인정하여 공표하라는 의미의 이 사건 '법위반 사실의 공표' 부분은 기본권제한 법률이 갖추어야 할 수단의 적합성 및 침해의 최소성 원칙과 법익균형성의 원칙을 지키지 아니한 것이어서, 결국 헌법 제37조 제2항의 과잉입법금지원칙에 위반하여 행위자의 일반적 행동의 자유 및 <u>명예</u>를 지나치게 침해하는 것이라 할 것이다. * 이 결정의 사안은, 공정거래법의 문제의 조항이 사업자단체를 그 수범자로 하고 있고 위 사안에서 청구인은 사업자단체로서 대한의사협회라는 사단법인이었기에 법인의 명예권이 바로 문제된 사안이었다.

③ 또한 헌재는 심의규정을 위반한 방송사업자가 '<u>시청자에 대한 사과</u>'를 하도록 명할 수 있게 한 방송법규정이 '시청자에 대한 사과'는 방송통신위원회라는 행정기관에 의해 결정됨에도 불구하고 시청자들로 하여금 방송사업자가 객관성이나 공정성 등을 저버린 방송을 했다는 점을 스스로 인정한 것으로 생각하게 만듦으로써 방송사업자의 사회적 신용이나 명예를 저하시키고 법인격의 자유로운 발현을 저해하여 법인의 인격권을 제한하고 그 제한이 과잉하여 위헌이라고 결정하였다.

> ● 판례   헌재 2012.8.23. 2009헌가27
> [판시] 이 사건 심판대상조항에 의한 '시청자에 대한 사과'는 사과여부 및 사과의 구체적인 내용이 방송통신위원회라는 행정기관에 의해 결정됨에도 불구하고 마치 방송사업자 스스로의 결정에 의한 사과인 것처럼 그 이름으로 대외적으로 표명되고, 이는 시청자 등 국민들로 하여금 방송사업자가 객관성이나 공정성 등을 저버린 방송을 했다는 점을 스스로 인정한 것으로 생각하게 만듦으로써 방송에 대한 신뢰가 무엇보다 중요한 방송사업자의 사회적 신용이나 명예를 저하시키고 법인격의 자유로운 발현을 저해한다. 법인도 법인의 목적과 사회적 기능에 비추어 볼 때 그 성질에 반하지 않는 범위 내에서 인격권의 한 내용인 사회적 신용이나 명예 등의 주체가 될 수 있고 법인이 이러한 사회적 신용이나 명예 유지 내지 법인격의 자유로운 발현을 위하여 의사결정이나 행동을 어떻게 할 것인지를 자율적으로 결정하는 것도 법인의 인격권의 한 내용을 이룬다고 할 것이다. 그렇다면 이 사건 심판대상조항은 방송사업자의 의사에 반한 사과행위를 강제함으로써 방송사업자의 인격권을 제한하는바, 이러한 제한이 그 목적과 방법 등에 있어서 헌법 제37조 제2항에 의한 헌법적 한계 내의 것인지 살펴본다. * 위헌성 인정.

④ 또한 선거기사심의위원회가 불공정한 선거기사를 보도하였다고 인정한 언론사에 대하여

언론중재위원회를 통하여 <u>사과문을 게재할</u> 것을 명하도록 하는 공직선거법 규정은 언론사의 인격권을 침해하므로 헌법에 위반된다는 결정도 하였다.

● **판례** 헌재 2015.7.30. 2013헌가8

[쟁점] 선거기사심의위원회가 불공정한 선거기사를 보도하였다고 인정한 언론사에 대하여 언론중재위원회를 통하여 사과문을 게재할 것을 명하도록 하는 구 공직선거법(2009.7.31. 법률 제9785호로 개정된 것) 제8조의3 제3항 중 '사과문 게재' 부분 등이 언론사의 인격권을 침해하는지 여부 [결정요지] (목적의 정당성 및 수단의 적절성) 이 사건 법률조항들은 언론사가 대의민주주의를 실현하는 수단인 선거와 관련된 보도를 함에 있어 공적인 책임의식을 높이고 선거에 관한 공정하고 자유로운 여론이 형성될 수 있도록 하기 위한 것으로서 그 입법목적의 정당성과 수단의 적절성은 인정된다. (침해의 최소성) 그러나 사과문 게재 명령 외에도 정정보도문의 게재 명령이나 해당 언론사가 '공정보도의무를 위반하였다는 결정을 선거기사심의위원회로부터 받았다는 사실을 공표'하도록 하는 방안, 사과의 의사표시가 필요한 경우에도 사과의 '권고'를 하는 방법을 상정할 수 있다. 그럼에도 이 사건 법률조항들은 국민의 기본권을 덜 제한하는 방법으로도 동일한 입법목적을 실현할 수 있음에도 불구하고 더 제한적인 방법을 선택하였으므로, 기본권 제한입법이 준수하여야 할 침해최소성 원칙에 위배된다. (법익의 균형성) 언론에 대한 신뢰가 무엇보다 중요한 언론사에 대하여 그 사회적 신용이나 명예를 저하시키고 인격의 자유로운 발현을 저해함에 따라 발생하는 인격권 침해의 정도는 이 사건 법률조항들이 달성하려는 공익에 비해 결코 작다고 할 수 없다.

(나) 헌법적 근거에 대한 검토와 사견　　이처럼 판례가 법인의 명예권, 인격권을 인정하는데 그렇다면 법인의 명예권, 인격권의 헌법적 근거를 어디에서 찾을 것인가가 문제된다. 자연인의 경우 명예권, 인격권이 인간의 존엄과 가치에서 나온다고 보는데 법인에게는 인간으로서의 존엄과 가치가 인정될 수 없다는 견해가 지배적이기 때문이다. 생각건대 법인에게도 평판이나 사회적 신용, 명예 등은 필요한 것인데 그 헌법적 근거는 헌법 제10조보다는 헌법 제21조의 결사의 자유나 헌법 제23조의 재산권에서 찾을 수 있을 것이다.

V. 대학, 정당, 노동조합, 국·공영방송사 등

1. 대학(大學)

[기본권주체성] 사립대학교의 경우에 기본권주체성을 인정받는 데에 별다른 어려움이 없다. 국·공립대학의 경우에는 위에서 본 대로 국가기관 내지 공법인에 대한 기본권주체성이 부정됨을 고려하더라도 논란이 있을 수 있다. 학문의 전당으로서 학문의 자유가 대학의 생명이라는 점은 국립, 사립을 불문하는 것이기에 학문의 자유나 대학교육의 자율권(제31조 제4항) 등을 국립대학이더라도 기본권으로서 누린다고 본다. 헌재의 판례도 교육의 자주성이나 대학의 자율성을 헌법 제22조 제1항이 보장하고 있는 학문의 자유의 확실한 보장수단으로 꼭 필요한 것으로서 이는 대학에게 부여된 헌법상의 기본권이라고 보아 교육자주성, 대학자율성에 있어서 대학의 기본권주체성을 인정한다(헌재 1992.10.1. 92헌마68). 이 판례는 대학의 기본권으로서 교육의 자주성과 대학의 자율성을 들고 있는데 그 외 국립대학이 누리는 기본권들이 있는지, 즉 국립대학의 기본권이 어느 범위에 걸치는지에 대한 판례의 입장이 아직 분명하지 않다.

[판례] ⅰ) 국립대에 관한 판례: 여하튼 국립대학이 대학의 자율성이라는 기본권의 주체가 됨을 인정한 판례들로는 다음의 결정들이 있었다. ㉠ 합헌성 인정례 ① 서울대입시에서 일본어를 제외하여 문제된 사안에서 학생의 선발, 학생의 전형도 대학의 기본권인 대학의 자율권에 속한다고 하고 청구를 기각한 결정(바로 위의 92헌마68), ② 세무대학 폐지로 대학의 자율성이 침해되는 것은 아니라고 보고 기각한 결정(99헌마613) 등이 있었다. ㉡ 위헌성 인정례: 교육부장관의 국립대 법학전문대학원 신입생 1명의 모집을 정지하도록 한 행위가 과잉금지원칙에 반하여 헌법 제31조 제4항이 정하는 대학의 자율권을 침해한다고 하여 위헌확인과 취소를 하는 결정이 있었다(● 판례 헌재 2015.12.23. 2014헌마1149). ⅱ) 사립대에 관한 판례: 법학전문대학원의 입학 제한(여성만을 입학자격요건으로 하는 입학전형계획) — 대학의 자율성과 직업의 자유의 충돌이 있는데 과잉금지원칙이 준수되어(우리 헌재는 기본권 충돌을 대개 과잉금지원칙으로 해소하는 경향이다. 후술 기본권충돌 부분 참조) 양자의 합리적인 조화가 이루어졌다고 보아 기각한 결정(2009헌마514) 등이 있었다.

2. 정당

정당(政黨)은 국민의 정치적 의사를 수렴하고 형성, 유도해가는 활동을 하는 단체이므로 정치적 표현의 자유권의 행사가 필수적이고 정당들 간에 평등한 대우를 받을 권리 등을 가져야 한다. 따라서 정당의 기본권주체성이 인정된다. 헌재가 정당이 기본권주체로서 향유하는 기본권으로 확인한 예를 보면, ① 정당 설립·조직·활동의 자유(2004헌마456, 지구당의 폐지규정에 대한 것인데 헌재는 비례원칙에 반하지 않는다고 하여 기각(합헌성인정)결정을 하였다), ② 선거에 있어서 기회균등의 보장을 받을 수 있는 헌법적 권리(91헌마21, 시·도의회의원선거 후보자의 700만원의 기탁금 조항에 대한 헌법불합치결정) ③ 정당의 소유재산의 귀속관계에 있어서는 법인격 없는 사단으로 보아 그 구성원의 총유라고 하여 정당이 재산권의 주체가 된다고 본 결정(92헌마262, 지구당 소유물에 관한 재물손괴죄 등 불기소처분에 대한 헌법소원, 기각결정) 등을 들 수 있다(정당에 관한 결정들은 앞의 정치질서, 정당 부분 참조).

3. 노동조합

노동조합은 근로자의 근로조건의 향상을 위하여 활동하는 단체로서 역시 기본권을 행사할 수 있다(95헌마154 참조). 노동조합도 기본권주체이므로 자신의 기본권이 침해되었을 때에 헌법소원심판을 청구할 능력을 가진다. 실제 노동조합이 헌법소원심판을 청구한 예가 있다(노동단체의 정치자금 기부를 금지한 구 '정치자금에 관한 법률'(1980.12.31. 법률 제3302호로 제정된 것. 현재 정치자금법) 제12조 제5호에 대한 위헌결정인 95헌마154 등).

4. 국 · 공영방송사

헌재는 한국방송공사의 수신료에 관하여 법률로 정하지 않아 법률유보원칙에 반한다고 판단한 결정에서 다음과 같이 판시하여 공영방송사의 언론자유 주체성을 명시적으로 밝힌 바 있다.

● **판례** 헌재 1999.05.27. 98헌바70
[판시] 공사가 공영방송사로서의 공적 기능을 제대로 수행하면서도 아울러 언론자유의 주체로서 방송의 자유를 제대로 향유하기 위하여서는 그 재원조달의 문제가 결정적으로 중요한 의미를 지닌다. 공사가 그 방송프로그램에 관한 자유를 누리고 국가나 정치적 영향력, 특정 사회세력으로부터 자유롭기 위하여는 적정한 재정적 토대를 확립하지 아니하면 아니되는 것이다.

문화방송의 경우 "상법에 의하여 설립된 주식회사로 설립목적은 언론의 자유의 핵심 영역인 방송사업이므로 이러한 업무 수행과 관련하여 당연히 기본권 주체가 될 수 있고"라고 판시하여 기본권주체성을 인정한 결정이 있다(2012헌마271). 이 결정에 대해서는 앞서 보았지만 상법상 주식회사로서 사업을 하므로 기본권주체라는 건지 언론의 자유 핵심인 방송사업을 수행하므로 기본권주체라는 건지 불분명하긴 하다.

VI. 기본권주체에 관한 종래이론에 대한 검토

기본권을 자연권으로 파악한다면 모든 인간에 대하여 기본권을 인정하여야 하므로 앞서 주체 문제로 주로 다루어진 공무원(특수신분인) 등이나, 외국인 등의 경우에도 주체성을 인정하여야 하는 것도 당연하다. 다만, 특수신분인은 공공성 때문에, 그리고 외국인에 대해서는 국내의 국가이익이나 현실 때문에 그들의 기본권행사에 일반국민 보다 더 많은 제약이 따른다. 그렇다면 이들에 대해서는 기본권주체 문제가 아니라 기본권의 제한의 정도 문제로 환원하는 것이 논리적이다.[43] 기본권의 제한 정도는 기본권의 효력범위의 문제이다. 기본권의 제한문제에서는 제한을 가능한 한 억제하여 최대한으로 기본권을 보장하도록 하는 문제가 중요하다는 점을 생각하면 위와 같이 제한의 문제로 파악함으로써 특수신분인, 외국인 등에 대해서도 최대한 기본권을 보장한다는 입장을 견지하는 것이 되어 헌법의 정신에 보다 더 부응하는 것이다. 보다 근본적으로 주체의 문제 보다 제한의 문제로 귀결시키자는 것이다.

---

43) 리베로(J. Rivero) 교수는 기본권 행사에 있어서 공무원, 외국인에 관한 문제를 기본권의 제한문제로 보면서 이들에 가해지는 제한을 상대적 제한으로 본다. 그는 기본권제한을 절대적 제한과 상대적 제한으로 나누어 전자는 모든 사회구성원에 대해 모든 일반적 상황에서 가해질 수 있는 제한이라고 하고 후자는 일반적인 제한이 아니라 시간적, 장소적 또는 인적(人的)인 사유로 가해지는 제한이라고 보며, 인적 제한 등 상대적 제한은 사실의 확인을 반영하는 것이라는 견해를 피력하고 있는데 이러한 견해도 맥락을 같이하는 것이라고 할 것이다. J. Rivero, 앞의 책, 171-173면.

위와 같은 근본적인 검토를 염두에 두면서 다만, 특수신분자, 외국인 등에 대한 기본권주체 인정 여부를 둘러싼 기존의 논의들도 살펴보아야 하겠고 기본권주체성을 인정하여야 할 것인가 하는 문제가 제기되는 경우도 있기에(태아, 사자, 법인 등의 경우. 외국인의 경우 참정권에 있어서는 주권 문제와 충돌하여 그 인정에 어려움이 있기도 하다) 기본권주체라는 제목을 달긴 하였지만 더불어 "기본권의 人的 效力의 정도"라는 문제로도 파악하고자 것이다.

제 4 장

기본권의 효력

제 1 절 기본권의 대국가적 효력

I. 기본권의 대국가적 효력의 개념

기본권은 국가 등의 작용으로 인해 기본권이 침해되었을 때 그 침해를 제거하여 기본권을 구제해줄 것을 국가에 요구할 수 있고, 국가가 적극적으로 기본권이 실현될 수 있도록 보호해줄 것을 요구할 수 있는 힘을 가진다. 이러한 힘은 국가를 향한 기본권이 가지는 효력을 의미하므로 이를 대국가적(對國家的) 효력이라고 한다. 또한 국가는 기본권을 보장하고 존중할 의무를 지고 기본권규범에 따라야 하므로 대국가적 효력을 국가에 대한 기본권기속력(基本權羈束力)이라고 표현하기도 한다.

II. 기본권의 대국가적 효력의 범위

1. 기본권별 효력 개관

각 개별 기본권들이 국가에 대해 가지는 효력을 살펴보면, 먼저 인간의 존엄과 가치는 국가가 보장하여야 할 가장 원초적인 기본권으로서, 국가가 인격권 등을 침해하는 법률을 제정하거나 조치를 취해서는 아니 된다. 자유권은 국가의 간섭을 배제하는 효과를 가진다. 국가가 국민의 일상적인 자유로운 상태에 간섭하고 규제할 경우에 국민은 그 배제를 요구할 수 있는 방어권을 가진다. 생존권과 청구권도 국가에 의한 보장이 요구되는데 이 권리들은 국가에 의한 적극적인 조치를 필요로 하는 기본권들이다. 국민의 인간다운 생활을 위하여 국가가 적극적으로 생활여건을 마련하는 급부행정을 하여야 하고 생활비 등을 교부하여야 하며 국민은 국가에 대하여 이를 요구할 수 있다. 참정권도 국민들이 일정한 조건을 갖춘 한에서는 국가의 정치에 직접·간접적으로 참여할 수 있도록 하고, 이를 위한 선거제도 등의 완비를 위해 국가가 적극적으로 노력하도록 요구할 힘을 갖는다.

2. 국가기관별 효력 개관 및 지방자치단체기관에 대한 효력

국회의 입법권, 정부의 집행권, 법원의 사법권은 국민의 기본권보호를 위하여 행사되어야 하며 기본권에 기속된다. 국회는 기본권을 침해하는 법률을 제정할 수 없고 기본권침해의 법률은 위헌법률심판의 대상이 된다. 정부의 집행권은 국민의 기본권에 직접 영향을 미칠 가능성이 제일 높다. 집행작용은 법률과 달리 국민의 권리와 의무에 바로 영향을 미치는 작용, 즉 구체적인 처분의 효과를 가져오는 작용이기 때문이다. 집행작용이 국민의 기본권을 침해한 경우에 행정쟁송(행정심판과 행정소송) 또는 헌법소원에 의하여 구제된다. 사법권도 국민의 기본권을 침해하는 재판을 행하여서는 안 된다는 구속을 받게 된다.

지방자치단체의 기관에 대해서도 기본권의 효력이 미침은 물론이고 지방자치단체의 기관도 주민의 기본권을 침해해서는 아니 되고 보호할 의무를 진다.

3. 기본권효력이 미치는 국가작용의 범위

(1) 문제의 소재

ⅰ) 비권력작용 − 현대의 국가작용은 그 영역이 넓고 다양한 형태로 이루어짐에 따라 국가(지방자치단체 포함)의 작용에는 권력적(강제적) 작용만이 아니라 공법이 적용되나 비권력적인 작용도 있고, 공법이 아닌 사법(私法)이 적용되어 비권력적인 작용도 있다. 이러한 비권력적 국가작용에도 기본권규범의 대국가적 효력이 인정되는지가 문제된다. 이러한 논의는 권력작용이 아무래도 기본권의 침해를 가져올 가능성과 정도가 더 크다는 관념, 그리고 사법작용은 사법이 적용되는데 기본권규범을 담고 있는 헌법은 공법이라는 점 등으로 인한 것이라고 볼 것이다. ⅱ) 통치행위, 국가긴급권 등 − 한편 이른바 '통치행위', 재량행위, 국가긴급권 등에 대한 기본권적용의 문제도 있다.

아래에 차례로 살펴본다.

(2) 권력적 공법작용

국가가 행사하는 공권력들은 기본권을 존중하고 보호하여야 할 의무를 가지며 기본권은 이들 공권력들을 구속하는 힘을 가지고 공권력행사에 대해서는 대국가적 효력을 가지는 것은 물론이다. 공권력작용은 국민의 권리에 미치는 영향이 더욱 크므로 더구나 그러하다. 기본권의 보장역사를 보더라도 기본권의 요구가 국민을 강제하는 공권력작용에 의한 기본권박탈(신체의 자유의 박탈 등)에 대항하여 이루어진 경우가 많았다.

(3) 비권력적 국가작용 – 비권력적 공법작용, 국고작용
1) 유형

비권력적 국가작용에는 비권력적 공법작용(비권력적 작용은 이른바 '관리작용'이라고도 불림)과 사법이 적용되는 국고작용이 있다. 비권력적 공법작용은 행정청이 국민과 대등한 입장에서 계약을 체결하거나 강제력을 동원하지 않고 국민의 자발적 참여, 동의, 협력 등을 통하여 행정목적을 달성하는 작용이다(예: 행정지도). 사법이 적용되는 비권력적 국가작용으로서 국고작용(國庫作用)에는 조달행정작용, 영리활동이 있다. 조달행정작용이란 행정청에 사무용품 등의 물자를 공급하는 매매계약, 청사건립을 위한 토지매입과 같이 공적 임무의 수행을 위한 조성작용이다. 영리활동이란 공적 행정의 수행이 아니라 이익을 거두기 위해 사적인 회사를 운영하거나 사기업에 주주로 참여하는 등의 영리추구활동을 말한다.

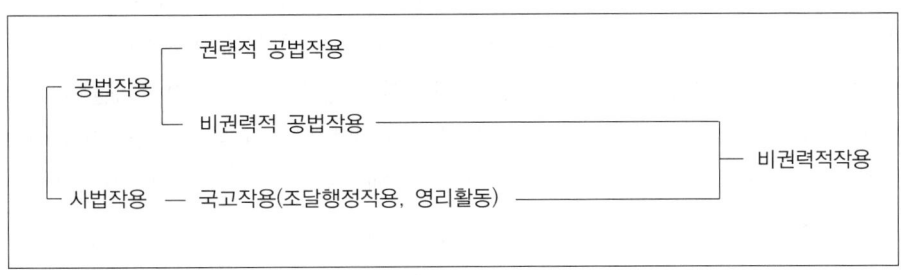

❏ 국가작용의 범위와 유형

2) 기본권효력의 인정

부정설은 비권력적 공법작용은 공법이 적용되긴 하나 권력적 요소가 없다는 이유로, 국고작용은 물론 비권력적이고 사법형식으로 이루어진다는 이유로 기본권의 적용을 부인한다. 그러나 다음과 같은 논거로 비권력적 공법작용과 국고작용에도 기본권의 효력이 미치는 것으로 보아야 한다(긍정설).

* 긍정의 논거 – ① 비권력적 공법작용도 당연히 공법이 적용되는 국가작용이므로 공법인 헌법에 의해 보장되는 기본권의 효력이 미친다. 기본권의 대국가적 효력이지 대공권력적 효력이 아니다. ② 우리 헌법 제10조 후문은 국가가 기본권을 보장하여야 할 의무를 진다는 것을 명시하면서 국가가 지는 그 보호의무의 영역 내지 대상을 권력적 작용에 국한하고 있지 않으므로 비권력적 국가작용에 대해서도 당연히 기본권의 효력이 미친다. ③ 비권력적 작용이나 국고작용에 기본권의 구속력이 인정되지 않는다면 행정작용이 비권력적 공법작용이나 사법에로의 도피 현상이 나타날 수 있다. ④ 기본권의 침해로부터의 보호의 필요성은 침해작용이 권력적이든 비권력적이든 공법작용이든 사법작용이든 모두 인정된다. ⑤ 국고작용에는 사법이 적용되어 사법관계를 형성하게 되나 아래에서 살펴볼 기본권의 제3자적 효력(사법관계에도 기본권의 효

력이 미친다는 것)이 인정되는 이상 기본권의 효력이 사법작용인 국고작용에도 미친다는 것을 인정하여야 한다(자세한 것은 정재황, 기본권총론, 141면). 오늘날 긍정설이 일반적인 견해로 자리 잡고 있다.

3) 비권력작용의 기본권침해에 대한 구제방법

ⅰ) 헌법소원 (ㄱ) 부정적 결정례 - 헌재법 제68조 1항은 "공권력의 행사 또는 불행사"를 헌법소원의 대상으로 하고 있는데 비권력적 국가작용은 개념대로라면 공권력을 행사하지 않는 것이므로 원칙적으로 헌법소원의 대상으로 하기가 어려울 것이다. 그 예로 헌재는 구 '공공용지의 취득 및 손실보상에 관한 특례법'(폐지된 법률임)에 의한 토지 등의 협의취득은 사법상의 매매계약이므로 협의취득에 따르는 보상금의 지급행위는 사법상의 행위로서 공권력행사가 아니고 하천관리청의 하천부지교환의무불이행도 비슷한 취지로 공권력의 불행사가 아니어서 헌법소원심판의 대상이 되지 않는다고 보아 각하결정을 한 바 있다(90헌마160). 서울특별시장이 위 법률의 환매권 행사를 부인하는 어떤 의사표시를 하였다 하더라도, 이는 환매권의 발생 여부 등에 관한 사법관계의 다툼을 둘러싼 주장에 불과하여 헌법소원심판의 대상이 되는 공권력행사가 아니라고 본 결정례(92헌마283)도 있다. (ㄴ) 적극적 구제의 필요성 - 그런데 비권력적 작용에 대해서도 공법적 규율이 가해진다고 보는 점,[44] 헌법소원제도가 기본권구제의 사각지대를 없앤다는 취지에서 도입되었다는 점을 고려하더라도 가능한 한 대상성을 넓히려는 적극성이 필요하다. (ㄷ) 법률 등의 개입, 부작위 - ① 비권력적 작용에 법률이 개입하여 기본권을 침해하거나 ② 또는 오히려 법률이 개입하여야 함에도 개입하지 않아(입법부작위) 기본권침해가 있는 경우에는 헌법소원의 제기가 가능하다. 법률도 공권력작용이기 때문이고 법률 외 공권력작용의 개입이나 부작위도 그러하다. ①의 예로 국유재산 중 사법적(私法的) 거래대상인 잡종재산에 대해서도(국유재산에는 행정재산, 보존재산, 잡종재산이 있는데 그 중 잡종재산) 시효취득을 금지한 구 국유재산법 규정에 대한 일부위헌결정(현 헌재 인터넷사이트에는 '한정위헌결정'으로 그 분류를 바꾸어 놓음), 국채증권 멸실의 경우에 공시최고에 의한 제권판결제도를 배제한 국채법규정에 대한 위헌결정 등을 볼 수 있다. 아래에 인용한다. 모두 국가우대의 평등원칙 위반이 위헌이유였다.

● **판례** 헌재 1991.5.13. 89헌가97

[사안] 구 국유재산법 제5조 제2항이 "국유재산은 민법 제245조의 규정에 불구하고 시효취득의 대상이 되지 아니한다."라고 규정하여 잡종재산도 시효취득의 대상에서 제외하여 위헌심판이 이루어진 사안. [주문] 국유재산법(1976.12.31. 법률 제2950호) 제5조 제2항을 동법의 국유재산 중 잡종재산에 대하여 적용하는 것은 헌법에 위반된다. [결정요지] 국유잡종재산(國有雜種財産)은 사경제적(私經濟的) 거래의 대상으로서 사적 자치의 원칙이 지배되고 있으므로 시효제도의 적용에 있어서도 동일하게 보아야 하고, 국유잡종재산에 대한 시효취득을 부인하는 동 규정은 합리적 근거없이 국가만을 우대하는 불평등한 규정으로서 헌법상의 평등원칙과 사유재산권 보장의 이념 및 과잉금지원칙에 반한다. * 지방자치단체의 공유잡종재산에 대한 동일한 규정인 구 지방재정법 제74조 제2항에 대한 비슷한 취지와 주문의 결정: 헌재 1992.10.1. 92헌가6.

● **판례** 헌재 1995.10.26. 93헌마246 위헌결정

---

44) 홍정선, 행정법원론(상), 박영사, 2011, 504면.

[사건개요와 쟁점 및 결정]   청구인은 보관중이던 국채증권을 도난당하였으나, 공시최고절차에 의한 증서의 실효에 관한 민법 제521조의 적용을 배제하는 구 국채법 제7조 때문에 구제받을 수 없게 되어 헌법소원심판을 청구하였다. 헌재는 위헌결정을 하였다. **[심판대상규정과 관련조문]** 심판대상규정: 구 국채법 제7조(멸실한 국채 등의 효력) "민법 제521조의 규정은 국채증권 및 이권에는 이를 적용하지 아니한다." 관련조문: 민법 제521조(공시최고절차에 의한 증서의 실효) "멸실한 증서나 소지인의 점유를 이탈한 증서는 공시최고의 절차에 의하여 무효로 할 수 있다." **[결정요지]** 이 사건 규정은 원래 입법취지라고 생각되는 국채의 상품성과 유통성 제고에 별다른 기여를 하지 못하고 오히려 국채증권이 멸실된 경우 그 채권자의 권리행사의 길을 완전히 봉쇄함으로써 채무자인 국가가 합리적 이유없이 국민에 대한 채무를 면하게 하는 부당한 효과만을 낳게 하고 있을 뿐이다. 또한 비록 국가라 할지라도 채권채무관계와 같은 민사관계에 있어서는 일반인과 같은 원칙적으로 대등하게 다루어져야 하며 국가라고 하여 우대하여서는 안 될 것임(89헌가97 결정 참조)을 감안할 때 이 조항은 국가에 대하여 비합리적인 우대조치를 하는 것이라고 하지 않을 수 없다. 그렇다면 멸실된 국채 채권자의 재산권을 불합리하게 침해하므로 평등원칙에 부합되지 아니한다.

ii) 행정소송, 민사소송 − 비권력적 작용의 기본권침해에 대해서는 행정소송이나 민사소송에 의해 구제가 이루어질 수 있다. 민사소송, 행정소송을 담당하는 법원에서 기본권이 문제되는 사안이라면 기본권규범을 적극적으로 적용하여야 한다. 기본권효력을 부인하거나 비적용하는 민사소송, 행정소송의 판결에 대해서는 헌법소원으로 다툴 수 있어야 하는데(법원판결도 공권력행사이다) 현재 법원재판에 대한 헌법소원이 금지되어 있어(헌재법 제68조 제1항) 문제이다.

iii) 국가배상 − 헌법 제29조 제1항은 공무원의 직무상 불법행위로 손해를 받은 국민은 법률이 정하는 바에 의하여 국가 또는 공공단체에 정당한 배상을 청구할 수 있다고 규정하고 있다. 국가배상제도란 불법행위는 공무원이 하였으나 배상책임은 국가가 지는 제도이다(후술 기본권각론 청구권 부분 참조). 여기의 직무가 어느 범위까지를 포함하느냐에 따라 비권력적 작용으로 인한 손해발생에 대한 국가의 배상책임이 인정된다. 공법상 권력작용만을 뜻한다는 협의설(이를 주장하는 학자는 없다), 나아가 비권력적 공법작용도 포함한다는 광의설, 나아가 사법상의 작용까지도 포함된다는 최광의설이 있다. 판례[45]는 광의설을 취하고 있고 행정법학계의 지배적 학설도 광의설이다. 광의설에 따르면 비권력적 공법작용에 대해 국가배상청구가 가능할 것이나 사법형식의 국가작용에 대해서는 국가나 공공단체가 아닌 불법행위를 한 가해자를 상대로 한 민법상 손해배상을 청구할 수 있을 뿐이다.

(4) 이른바 '통치행위', 재량행위, 국가긴급권에 대한 효력

고도의 정치적 성격을 띠는 국가작용에 대해서는 사법(司法)의 심사대상이 아니라고 보는 이론이 통치행위이론이다. 그리하여 기본권을 침해하는 통치행위에 대해서는 사법적 구제를 받을 수 없어 통치행위에 대해서는 기본권의 효력이 발휘될 수 없는지 하는 문제가 있다. 그러나 통치행위의 인정 자체도 문제이고 종래 이론에 따라 통치행위라고 분류되는 국가작용에 대해서도 기본권의 대국가적 효력이 인정된다고 보아야 한다. 통치행위이론에 대해서는 뒤의 사

---

45) 대법원 2004.4.9. 2002다10691. 국가배상법이 정한 손해배상청구의 요건인 '공무원의 직무'에는 국가나 지방자치단체의 권력적 작용뿐만 아니라 비권력적 작용도 포함되지만 단순한 사경제의 주체로서 하는 작용은 포함되지 않는다.

법부 영역에서 집중적으로 살펴보는데 기본권과 직접 관련되는 경우에는 통치행위를 부정하는 것이 헌재 판례이다(후술 제 4 부 법원, 사법권의 범위와 한계 참조). 재량행위는도 어디까지나 국민의 기본권을 최대한 보장하는 범위 내에서 인정되어야 하고 기본권규범에 기속된다(평등원칙, 비례원칙 등은 재량행위에도 적용된다). 국가긴급권에 의한 기본권제한이 예외적으로 이루어질 수 있으나 국가긴급권의 발동은 헌법과 법률이 정한 요건에 따라 이루어져야 하는 만큼 기본권제한도 그러한 요건을 갖추어야 한다.

4. 헌법개정권력에 대한 효력

헌법개정권력의 행사도 국민의 기본권을 신장하는 방향으로 이루어져야 하고 기본권을 침해하고 기본권상황을 악화하는 헌법개정이 이루어져서는 아니된다(전술 헌법개정의 한계 참조).

제 2 절 기본권의 대사인적 효력

제 1 항 개념과 문제의 소재

Ⅰ. 개념과 용어

사인들 사이의 관계에서 기본권규범이 적용되고 기본권이 효력을 가질 때 그 효력을 기본권의 대사인적(對私人的, 사인 간) 효력이라고 한다. 위에서 살펴본 대로 기본권이 국가에 대한 구속력을 가지고 국가가 그 보장을 위한 의무를 지는 대국가적 효력을 가지는데 이러한 기본권이 사인(私人)들 간에도 그 효력을 가지고 사인들의 관계에서도 헌법상의 기본권의 규정들이 적용되는지가 논의되고 있다. 기본권의 대사인적 효력을 제 3 자적 효력이라고도 한다.

용어설명: '제 3 자적'이라고 부르는 것은 기본권주체인 국민이 국가와 가지는 관계에서의 대국가적 효력이 양자적인데 비해 국민과 또 다른 국민 간의 관계에서는 국가를 두고 볼 때 제 3 자 간이 된다고 보기 때문이다.

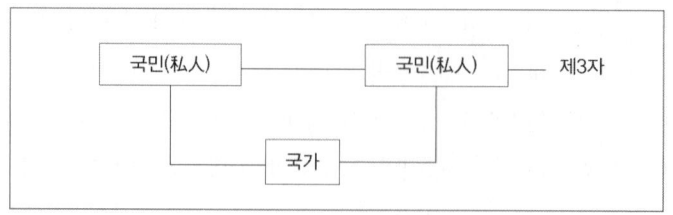

❏ **기본권 제3자적(사인 간) 효력 개념도**

* 출전: 신헌법입문, 제11판, 박영사, 2021, 261면.

Ⅱ. 문제의 소재와 실익

1. 문제의 소재

기존의 이론에서 기본권의 대사인적 효력을 당연히 긍정하지 못하고 이에 대한 논의가 있게 된 연유는 다음과 같다. ① 공법·사법의 구분 때문이다. 기본권이 공법인 헌법에 의해 보장되는 공권이라는 전래적 이론에 따르면 국가와의 공법적 관계에만 적용될 수 있을 뿐이므로 이 기본권이 사법이 적용되는 사인들 간에도 적용될 수 있겠느냐 하는 문제가 제기된 것이다. 즉 공법인 헌법의 기본권규정이 사법관계에 적용되면 전통적인 공법·사법의 체계의 구분을 흔들어 놓게 되는 우려가 있는데 그럼에도 대사인적 효력을 인정할 것인지, 인정한다면 어떻게 인정할 것인지를 논의하여 왔던 것이다. ② 사인들 간에는 사적 자치의 원칙이 적용되어야 한다는 관념도 기본권의 대사인적 효력에 대하여 소극적으로 보는 데 기여하였다. 사적 자치에 맡길 사인들 관계 문제에 기본권이 적용되게 함으로써 국가가 개입하게 되면 사적 자치를 침해할 수 있고 사적 자치 영역에는 사법이 적용되어야 한다는 사고로, 위 ①의 근저를 이루는 이유이다.

한편 기본권의 대사인적 효력을 헌법에 명시한 예가 있긴 하다(명시하고 있는 예로, 포르투갈 헌법 제18조 제1항, 스위스 연방헌법 제35조 제3항). 그런데 드물다. 우리의 헌법도 이를 일반적으로 명시하고 있지 않아[46] 헌법해석을 통해 해결하여야 한다.

우리는 보다 근본적인 의문을 가지고 있다. 그것은 과연 기본권의 대사인적 효력 문제를 제3자적 효력이라고 부르면서 특별히 별도로 다룰 필요가 있는 것인가 하는 의문이다. 이 의문에 따른 새로운 논의를 하기 전에 먼저 기존의 이론을 살펴본다.

2. 실익

기본권의 대사인적 효력의 문제는 오늘날 국가조직에 못지않은 대기업 등의 거대 사적 조직이 출현하여 활동하고 있고 이러한 거대 사적 단체, 조직의 출현하여 실제로 기본권의 침해를 가져오는 사례들이 나타나고 있기에(예를 들어 대기업에 의한 오염물질의 대량배출 등으로 인한 환경권침해, 시장의 독과점 등), 그리고 사적 단체나 개인들 간에 기본권이 충돌되는 현상이 나타나기에(예를 들어 언론기관에 의한 명예훼손의 문제, 사용자 기업과 근로자 단체의 대립, 사기업에서의 임금이나 노동 문제 등) 부각되는 문제이기도 하다(기본권상충에 대해서는 후술 참조). 이러한 현실

---

46) 우리나라의 경우 과거 개별기본권(신체자유)의 예는 있었다. 즉 제3공화국헌법 제10조 제5항 후문이 "사인으로부터 신체의 자유의 불법한 침해를 받은 때에도 법률이 정하는 바에 의하여 구제를 법원에 청구할 권리를 가진다"라고 규정하여 그 예가 있긴 하다. 현행 헌법에도 헌법해석을 통해 제3자효가 인정되는 조문이 있다고 본다. 그렇긴 하나 우리 헌법상 이전에도 그랬고 현행 헌법에도 기본권 제3자효가 일반적으로 명시되고 있지 않다.

적 문제에 대한 해결을 위해 기본권의 대사인적 효력이 인정되어야 한다. 또한 국가와 헌법의 존재근거는 기본권의 최대한의 보장에 있고 기본권의 최대한의 보장은 국민의 행복을 증대시킨다. 이러한 필요성은 사인들 간에서도 마찬가지로 요구되는 것이고 기본권이 사인들 간에도 충실히 보장될 때 국민의 기본권보장이 더욱 철저해진다.

제2항 기존의 이론

Ⅰ. 기본권의 대사인적 효력에 관한 외국의 이론

1. 독일의 이론

(1) 부정설
부정하는 이론으로는 ① 공사법체계유지설(공법과 사법은 체계를 달리하는데 공법규 범인 기본권규범이 사인들 간에도 적용된다면 사인들 간에 적용되어야 할 사법체계에 혼란이 오게 되므로 공법인 헌법의 기본권규범이 사인 간에 적용되어서는 안 된다는 이론), ② 대국가적 효력설(기본권은 국가에 대하여서 효력을 가지는 권리이므로 사인들 간에는 효력을 가지지 않는다고 보아야 하고 따라서 제3자효를 인정할 수 없다는 설), ③ 사적 자치설(사인들 간의 행위는 사인들 스스로의 의사와 그들 간의 합의에 의해 결정되므로 기본권규정이 적용되어야 하는 것은 아니라는 설), ④ 법률적 보호설(법률에 의한 기본권보호가 가능하고 충분하다는 설) 등이 있다. 이러한 부정설은 오늘날 사인에 의한 기본권침해가 중요한 문제가 되고 있어 사적 자치에만 맡겨둘 수 없고 법률에 의해 해결될 수 없는 경우에 기본권보장의 공백이 생기므로 비판을 받고 있고 대부분의 학설도 대사인적 효력을 인정한다.

(2) 제한적 직접적용설
이 학설은 헌법의 기본권규정들 중에 일부가 사인들의 관계에도 직접적용이 된다고 보는 학설이다. 헌법의 기본권규정들 모두가 전면적으로 사인들 간에도 직접적용된다고 보는 이론은 찾기 어렵다.

(3) 간접적용설 – 공서양속설(매개설)
헌법의 기본권규정이 사인들 간에 바로 적용되는 것이 아니라 중간 매개인 사법의 적용을 통하여 헌법의 기본권규정의 효과가 나타난다는 이론이다. 이 이론은 기본권규범이 사법관계에 직접적용되는 것이 아니라 공서양속(公序良俗), 신의성실 등 사법(私法)의 일반원칙조항을 통하여 간접적으로 적용된다고 본다(G. Dürig). 즉 사법의 일반원칙 속에 헌법의 기본권보호규범의 내용을 담아 어디까지나 직접적용되는 것은 사법의 일반원칙조항이지만 그 적용을 통하여 그 내용인 기본권규범이 결국 간접적이나마 실질적으로 적용되는 결과를 가져온다고 보는 이론이다. 기본권규정이 이처럼 사법관계에도 미치는 효력을 방사효과(放射效果, 파급효과)라고 하는데 이는 기본권이 국가의 존재정당성을 제공하고 생활공동체의 기초를 형성하기 때문이라고 보며 사법의 일반원칙조항이 이러한 방사효의 창의 기능을 한다고 본다. 방사효로 사법관계로의 기본권의 확장효가 나타난다고 본다. 그리하여 사법상 계약일지라도 기본권을 침해하는 법률행위는 사법(민법)의 공서양속조항(독일 민법 제138조; 우리 민법 제103조)의 위반으로서 무효라고 보기에 이 이론을 공서양속설이라고도 하고 이러한 사법조항의 매개에 의한다고 하여 매개설이라고도 한다. 독일에서 G. Dürig 이래 많은 학자들, 연방헌법재판소의 판례는 1958년 Lüth판결[BVerfGE 7, 198〔206〕. 이 결정의 사건개요, 결정요지 등에 대해서는, 기본권총론, 148-149면 참조] 이래 간접적용설을 취해오고 있다.

2. 미국의 이론 - 국가행위의제이론

미국에서는 원래 인권보장규정인 수정헌법 제14조 제1항이 주의 행위, 즉 국가행위(state action)에 적용되고 사인의 행위에는 적용되지 않는다고 보아왔다. 그러나 흑인에 대한 차별 등 사회적 문제가 일어났고 대기업 등 조직화되고 큰 사회적 단체들이 나타나 개인의 권리를 침해할 가능성이 높아지면서 사인(私人)들의 행위가 국가행위로 전환되어 인권조항이 적용되어야 할 필요성, 즉 국가행위의 확대필요성이 생겨났다. 그리하여 1940년대 이후 연방대법원의 판례이론으로 사인의 행위일지라도 특정한 경우, 즉 국가의 개입이 있거나 국가와 관련이 있는 경우 등에는 국가행위로 전환되어 국가행위가 있다고 보아 기본권규범이 적용되어야 한다고 보는 이론들이 형성되었다. 한국에서는 이를 국가행위의 의제(擬制)라고 소개하여 왔으며 사인이라도 그 행위가 국가의 행위에 유사한 것으로 보려는 국가유사론(looks-like government theory, 정부동시설)으로도 소개되어 왔다. 여하튼 어떠한 사인의 행위를 국가행위로 볼 것인지에 대한 기준이 명확한 것은 아니고 그 기준공식을 명확히 유형화하는 것은 어렵다. 그동안 그 기준에 관한 이론들이라고 한국에서 소개된 것으로는 국가원조론, 국유재산이론, 특권부여이론, 사법적 강제집행이론, 통치대리(기능)이론 등이 있었는데47) 아래에 미국판례이론들을 개관한다.

ⅰ) 긴밀 관련성이론 - 국가(주, State)와 긴밀한 관련을 가지는 사인의 행위를 국가행위로

---

47) 한국에서 위와 같이 국가원조론, 국유재산이론, 통치대리이론 등 기존의 설명만으로는 미국의 state ac-tion이론에 대한 정확한 이해가 어렵고 오해의 소지가 있다고 하면서 미연방대법원의 국가행위 관련 선례들을 검토하여 공적 기능이론, 공생관계이론, 긴밀 관련성이론, 강제 및 조장이론 4가지로 나누어 설명하는 연구로, 이노홍, 미국연방헌법상 국가행위이론에 관한 연구, 이화여자대학교 박사학위논문, 2001, 2면 이하; 이노홍, 미연방대법원의 국가행위심사기준 중 긴밀관련성(Close Nexus)이론에 관한 고찰, 헌법논총, 제15집, 헌법재판소, 2004, 478면 이하 참조.

보아 이러한 사인행위에 대해서는 기본권규정이 적용된다고 보는 이론이다. 이에도 다음의 이론이 있다. ① 국가원조론 – 국가의 특별한 원조(재정지원 등)를 받은 사인의 활동은 그 원조로 인해 일정한 요건 하에 국가기관으로서 활동하는 것으로 간주될 수 있다고 보고 따라서 그 사인의 활동으로 다른 사인 간에 형성된 법적 관계에 기본권규정이 적용된다고 보는 이론, ② 특권부여, 규제의 이론 – 국가로부터 일정한 특혜나 특별한 권한을 부여받은 사인이 국가로부터 폭넓은 규제를 받고 국가와 밀접한 관계를 유지하고 있는 특정한 사적 단체의 활동은 국가의 행위와 동일한 것으로 보는 이론이 있다. ⅱ) 공생관계·공동참여이론, 국유재산의 이론 – 공생관계·공동참여이론은 국가소유의 건물 등을 임차한 사인의 행위, 국가가 수익을 누리는 사인의 행위, 국가가 공동참여적인 관계에 있는 사인의 행위를 국가행위로 보는 이론이다. ⅲ) 강제·조장이론, 사법적 강제집행이론 – 주가 자신의 권한행사를 통해 사인의 행위를 강제하거나 조장하는 경우 그 사인의 행위가 국가행위가 되고 따라서 헌법을 준수하여야 한다는 이론이다. 사인의 기본권침해행위가 법원의 소송의 대상이 되었을 때 법원의 판결이 그것을 용인한다면 국가권력인 사법권의 집행으로 주(국가)의 행위가 되고 사인들 간의 기본권침해를 실현하는 것이 되므로 그러한 사인의 기본권침해행위를 인정하는 사법적 판단과 집행이 이루어져서는 안 된다는 이론이다. ⅳ) 통치대리(기능)이론, 공적 기능이론 – 국가의 통치기능을 대신 수행하는 사인이나 사적 단체의 행위를 국가행위로, 국가의 기능과 같은 사인의 행위를 "공적 기능"을 행하는 것으로 보아 국가의 행위로 간주할 수 있다는 이론이다(* 미국의 위 이론의 보다 자세한 설명과 그 해당 판례에 대해서는, 정재황, 기본권총론, 149-152면 참조).

Ⅱ. 한국에서의 학설과 판례

1. 학설

한국의 학설도 기본권의 사인 간 효력을 긍정하는 견해가 대세이다.

(1) 대사인적 효력 인정근거에 관한 논의
1) 일반론
공법체계와 사법체계의 유지를 위해서는 공권인 기본권의 효력이 사인간에 미치지 않는다고 보아야 하나 사적 조직, 사인에 의한 기본권침해가 오늘날에 나타나고 있으므로 대사인적 효력의 인정이 필요하다고 본다. 이는 법현실필요론이라고 할 것이다.
2) 동화적 통합이론
동화적 통합이론은 "기본권에 내포된 '주관적 공권' 외에 그 통합촉진적인 '객관적 질서성'을 중요시하는 이른바 '양면성'의 논리를 받아들이지 않고는 헌법이론적으로 기본권의 대사인

적 효력을 논증하기 어렵다"고 한다(허영, 전게서, 245면). 동화적 통합이론은 이처럼 기본권의
이중적 성격에 근거하여 기본권의 대사인적 효력을 인정하는 입장이다.

3) 분석

기본권의 이중성론을 취하는 견해는 기본권 자체가 객관적 질서성을 가진다는 것을 받아들
여야만 대사인적 효력을 인정할 수 있다고 한다. 그러나 앞서 이중성이론 문제를 살펴볼 때 지
적한 대로 기본권 자체는 주관적 권리이고 객관적 질서성을 내포하지 않으나 객관적 질서성은
기본권의 효과로서 나타난다고 보므로 이중성을 인정하지 않는 입장이더라도 객관적 질서성의
효과가 있어 대사인적 효력을 인정할 수 있다. 기본권이 기본권주체 개인에게 있어서는 주관적
권리이나 그 효과로서 객관적인 질서를 형성하고 적용되는 것이라면 사인들 간의 사회질서도
객관적 질서이므로 사인들 간에서도 기본권이 적용되고 효력을 발휘하여야 한다. 결국은 기본
권의 대사인적 효력이 대국가적 효력과 같이 당연히 나온다고 볼 것이다. 따라서 기본권의 이
중성(양면성)이론을 인정하여야만 대사인적 효력을 인정할 수 있다고 볼 것은 아니고 기본권의
효과로 사인들 간에도 당연히 기본권이 적용된다고 보면 된다. 이상의 지적 등 기본권의 대사
인적 효력의 인정논거에 대한 자세한 검토는 대사인적 효력의 근본적 검토에서 다루고자 한다
(후술 참조).

(2) 인정범위 – 학설

1) 3분법

우리 헌법학계에서는 기본권의 대사인적 효력의 인정범위에 대해 직접적용되는 기본권, 비
적용 기본권, 그 외에는 간접적용되는 기본권들로 3분하는 이론이 많다.

(가) 직접적용되는 기본권

가) 학설　학자들마다 다르다. 직접적용되는 기본권으로 ① 근로3권, 언론·출판의 자유,
협의의 인간의 존엄과 가치·행복추구권, 참정권을 드는 견해(김철수, 전게서, 311면), ② 근로3
권만을 드는 견해(권영성, 전게서, 317면), ③ 언론·출판의 자유만 드는 견해(허영, 전게서, 253면)
등이 있다. 유의할 것은 위의 ①의 견해가 인간의 존엄과 가치·행복추구권을 들고 있는데 이
는 포괄적인 인간의 존엄과 가치·행복추구권을 의미하지 않고 '협의'의 인간의 존엄과 가치·
행복추구권, 즉 예를 들어 인격권과 같은 경우에 한정하고 있다는 점이다.

나) 검토(사견)　ⅰ) 직접적용의 의미 – 헌법규정에서 사인들 간의 직접적 효력이 나온다는
의미가 헌법규정이 없으면 사인들 간에 자연권적인 성격의 기본권의 효력을 인정하기 힘들다는
실정권론적 입장은 받아들일 수 없다. 직접적용설을 취하면서 기본권을 헌법상에 명시되지 않은
자연권에 확장하고 그 자연권에 헌법적 효력을 확장하는 입장이라면 몰라도 그렇지 않으면 실
정권적 결과를 가져올 것이다. ⅱ) 연원상 3자효인 기본권 – 연원상 근로3권은 헌법에 직접효
가 명시되지 않더라도 직접적용되어야 할 기본권임을 알 수 있다. 왜냐하면 근로3권은 근로자

라는 사인과 사기업을 경영하는 사용자라는 또다른 사인들 간에서 약자인 근로자의 권익보호를 위하여 단결권, 단체교섭권, 단체행동권이 인정된 것이므로 결국 사인간의 기본권으로 출발한 것이라고 보아야 한다. 물론 국가가 사용자, 근로자간의 근로3권에 관한 활동에 개입하여 제약할 경우에 그 제약에 대응할 권리로서 대국가적 효력도 가진다. ⅲ) 헌법 제21조 제4항 − 이 항은 "언론·출판은 타인의 명예나 권리 또는 공중도덕이나 사회윤리를 침해하여서는 아니된다"라고 규정하여 언론·출판의 자유의 제한을 헌법이 직접 규정한 것이지 언론·출판의 자유의 제3자적 보호 효력을 직접 규정한 것은 아니다. 이 헌법 제21조 제4항이 직접적 보호 효력을 규정한 기본권은 타인의 명예나 권리 등 인격권이다. 결국 헌법 제21조 제4항이 기본권의 대사인적 효력을 직접 규정한다고 하는 것(또는 직접 명시하고 있다는 것)은 맞으나 그 직접 보호의 대상이 인격권이고 언론·출판의 자유의 입장에서 보면 그 제한의 효력을 규정한 것이다.

(나) 적용이 부인(否認)되는 기본권

가) 학설 국가에 대해서만 요구할 수 있는 기본권은 그 성격상 아예 사인간의 적용이 있을 수 없다고 본다. 청원권, 국가배상청구권, 형사보상청구권, 범죄피해자구조청구권, 형사피해자의 재판절차상 진술권 등이 그 예라고 한다. 사법절차적 기본권과 그것을 구현하기 위한 헌법원칙은 범죄수사, 형사재판 등 사법절차를 수행하는 국가권력을 상대로 하여 요구되는 것이라는 이유로 사인들 간의 효력을 부정하는 견해들이 많다. 그러한 기본권과 원칙으로 죄형법정주의,[48] 무죄추정원칙, 이중처벌금지원칙, 영장에 관한 권리와 사전영장원칙, 불리한 진술의 거부권, 체포·구속의 이유를 알 권리, 변호인의 조력을 받을 권리, 구속적부심사청구권, 고문을 받지 아니할 권리, 자백의 증거능력제한, 군사법원의 재판을 받지 아니할 권리 등을 들 수 있다고 한다.

나) 검토 그 성질과 내용상 사인 간에는 적용될 수 없는 기본권이 있다 그러나 다음 점들에 유의할 일이다. ⅰ) 사법절차적 기본권이라고 하여 모두 사인간 효력을 부정할 것인지는 검토를 요한다. 대표적인 것으로 무죄추정원칙은 어느 사인이 유죄판결이 있기 전까지는 무죄로 추정하는 것이 오늘날 사인들 간에도 매우 중요하다. 예를 들어 재판이 확정되기 전에 사적 언론기관이 유죄인 것으로 보도하는 경우에 문제가 된다. ⅱ) 대국가적일 뿐이라는 것은 그 기본권의 내용이 실현되는 것은 국가에 대해서라는 것이지 사인에 의해 그 기본권의 행사가 방해되어서는 아니된다는 효력은 사인들 간에도 발생하고 만약 방해되어 행사를 할 수 없어서 손해가 발생한 경우에 사인에 대한 배상책임 등의 법적 효과가 발생할 수는 있음을 유의하여야 한다.

---

48) 형벌불소급의 원칙, 죄형법정주의는 기본권이 아니라 법원칙 또는 법원리일 뿐이라고 보는 견해가 있는데[권영성, 330면 주 1)] 이 견해는 형벌불소급원칙, 죄형법정주의가 아예 기본권이 아니므로 사인간 적용이 되지 않는 것으로 보나 신체의 자유라는 기본권을 보장하기 위한 법원칙이라고 보아야 한다[허영 교수는 "이들 법원칙 내지 법원리는 결코 자기목적적인 것이 아니고 人身權이라는 기본권을 보호하기 위한 것"이라고 한다. 267면 주 1)] 그렇지 않다면 죄형법정주의를 위배하는 법률에 대하여 기본권보장제도인 헌법소원을 청구할 수 없다는 결과를 초래할 것이나 죄형법정주의 위반 여부를 다툰 헌법소원사건들이 많이 있다. 법원칙이라서 사인들 간에 적용되지 아니한다고 보는 것은 타당하지 못하다.

예를 들어 어느 사인이 국가배상청구권, 청원권, 재판청구권을 행사하고자 하는 것을 어느 다른 사인이 방해하는 경우에 그러한 청구권들은 사인 간에 방해배제와 손해배상의 책임이라는 효과를 가진다. 그러나 이러한 효과는 적용이 부인되는 기본권 그 자체의 효과가 아니라 방해함으로써 발생한 효과이다.

(다) 간접적용　애초부터 성격상 국가에 대해서만 요구되어 대사인적 효력이 없는 기본권이나 직접적용되는 기본권들을 제외한 나머지 기본권들은 간접적용된다고 보는 것이 우리 학설의 일반적인 입장이다. 우리 대법원의 판례도 아래에서 보듯이 간접적용설을 취하고 있다.

2) 문제점과 결론

ⅰ) 우리 학설이나 독일 학설이나 결국 간접적용설을 주로 적용하는 상황인데 간접적용설은 민법 등 사법조항에 기본권을 담는 것이어서 헌법이 보호하는 기본권을 헌법이 아니라 사법인 법률에 맡겨버리고 의존하고 이는 결국 대사인효를 헌법적 효력이 아니라 법률적 효력으로 낮추는 결과를 가져온다는 점에서 비판의 여지가 있다. 기본권을 담아 적용되게 하는 그릇인 법률의 규정이 일반조항, 불확정개념을 지니는 것이라면 기본권에 관한 헌법규정의 구체적인 간접적용이 거부되거나 일관성이 결여될 수도 있다. 사법을 적용하는 법원의 재판에서 적극적으로 이를 수용하지 않을 경우에 사인들 간의 기본권효력은 충분히 구현되지 못할 수 있다. ⅱ) 직접적용된다고 보아야 할 기본권들에 대해 논란이 있는 것처럼 그 구분이나 식별이 학자들마다 다르다. 그 구분을 위한 객관적 기준이 있는 것도 아니다. 간접적용된다고 하여 직접적용되는 경우에 비해 사인간의 기본권의 보호가 약하다면 모르되(직접적용이라고 보든 간접적용이라고 보든 결국 재판에서의 법관의 판단에 맡겨진다) 결국은 적용효가 있는 것이어서 그 구분의 실익이 얼마나 있는지도 의문이다. 따라서 우리는 후술하는 대로 보다 근본적으로 제3자효의 논의 자체에 대한 재검토를 하여야 한다고 본다.

2. 한국의 판례

(1) 헌법재판소
1) 직접적이고 명시적 판시의 부재

우리나라의 헌재가 제3자효이론을 명시적으로 인정하여 적용한 판결의 예는 아직 없다. 그러나 헌재는 헌법 제10조 제2문의 기본권보호의무 선언의 의미에 대해서 "국가가 국민과의 관계에서 국민의 기본권보호를 위해 노력하여야 할 의무가 있다는 의미뿐만 아니라 국가가 사인 상호 간의 관계를 규율하는 사법(私法)질서를 형성하는 경우에도 헌법상 기본권이 존중되고 보호되도록 할 의무가 있다는 것을 천명한 것이다"라고 판시하여 사인 간의 효력을 인정하는 듯한 입장을 보인다(헌재 2008.7.31. 2004헌바81).

2) 부재의 이유

우리 헌재가 직접 제3자효를 언급한 것을 찾기 힘든 것은 헌법재판소에서의 헌법재판의 대상은 주로 법률(위헌법률심판과 헌법소원심판의 경우)이나 행정작용(헌법소원심판의 경우) 등 공권력작용이기 때문이다. 이러한 법률이나 행정작용 등이 사인들 간의 기본권 문제에 대해 규율하는 것이라고 하더라도 그것은 어디까지나 국가의 공권력(법률)에 의한 제한으로서 대국가적 효력에 관한 것이 문제되고 기본권의 대사인적 효력 문제로 다루어지지 않게 되기 때문이다.

3) 시도 - 헌재의 소수의견

한편 사법관계에서의 행위를 공권력작용에 준하는 것으로 보아 헌법소원의 대상으로 하고 그 사법관계에서 기본권적용 문제를 다룬다면 실질적으로 대사인적 효력 문제를 다루는 경우가 될 수 있을 것이다. 헌법재판소의 판례 중에 그러한 취지의 소수의견이 개진된 예가 있었다. 헌법재판소는 한국방송공사의 예비사원 채용공고 사건에서 그 공고를 사법행위로 보아 헌법소원대상이 아니라고 하였는데 소수 반대의견은 '국가행위이론(state action doctrine)'이나 '기본권의 대사인적 효력 이론'을 거론하면서 공권력에 준하는 것으로 보아 헌법소원대상으로 보자고 주장한 바 있다.[49] 여하튼 헌법소원의 경우 원칙적으로 공권력행사(불행사)를 심판대상으로 하므로 그 예가 드물 것이다.

헌재가 이를 다룰 가능성이 없는 상황인 점 등에서도 사인들 간의 분쟁사건인 민사사건 등을 담당하는 법원에서 주로 제3자효가 구현되어야 할 것이다. 그리고 제3자효를 적용하지 않은 법원판결에 대한 헌법소원이 가능하도록 해야 할 것이다. 문제는 법원재판은 헌법소원대상이 아니라는 것이다(헌재법 제68조 제1항).

---

49) 헌재 2006.11.30. 2005헌마855 [판시사항] 한국방송공사의 '2006년도 예비사원 채용공고' 중 "병역필 또는 면제받은 분. 단, 2005. 12. 31. 이전 전역 예정자는 응시 가능합니다." 부분이 헌법소원의 대상이 되는 공권력의 행사에 해당하는지 여부(소극) [결정요지] 한국방송공사의 이 사건 공고 내지 직원 채용은 피청구인의 정관과 내부 인사규정 및 그 시행세칙에 근거하여 이루어질 수밖에 없다. 그렇다면 한국방송공사의 직원 채용관계는 특별한 공법적 규제 없이 한국방송공사의 자율에 맡겨진 셈이 되므로 이는 사법적인 관계에 해당한다고 봄이 상당하다. 또한 채용시험의 응시자격을 정한 이 사건 공고 또한 사법적인 성격을 지닌다고 할 것이다. 이 사건 공고는 헌법소원으로 다툴 수 있는 공권력의 행사에 해당하지 않는다. [재판관 조대현, 재판관 이동흡, 재판관 목영준의 반대의견] 오늘날 국가기능의 확대 내지 민간화 추세에 따라 국가기관은 아니면서 그 기능의 일부를 대신하거나 공익적 업무를 수행하는 공공기관 내지 공법인이 늘어나고 있다. 이런 연유로 국민의 기본권은 주로 국가에 의해 침해될 수 있다는 전통적 이론도 새로운 관점에서 재조명해 볼 필요성이 대두되었다. 미국, 독일 등에서는 이미 산업사회의 발달과 더불어 사적 집단이나 세력에 의한 기본권 침해가 증대될 수 있다는 측면을 중시하여 이른바 '국가행위이론(state action doctrine)'이나 '기본권의 대사인적 효력 이론' 등을 들어서 헌법상 기본권이 사인 상호 간의 법률관계에도 적용될 수 있는 방안을 모색하고 있는 추세이다. 방송법에 따르면 한국방송공사는 국가기간방송으로 방송의 공정성과 공익성을 실현하고, 그 자본금 전액을 정부가 출자하고 재원도 주로 국민이 납부하는 텔레비전 방송수신료로 충당되고 있으며, 한국방송공사는 공법인 중에서도 특히 공공적 성격이 강하다고 할 수 있을 뿐만 아니라, 이미 채용된 직원의 근무관계는 사법적인 관계에 해당하므로 법원에 민사소송을 제기함으로써 구제받을 수 있는 것과 달리 단지 입사지원을 준비하는 당사자가 일반법원에 채용공고의 무효확인소송을 제기하여 구제된 사례를 발견할 수도 없다. 그렇다면 이 사건 공고는 공권력 행사에 준하는 것으로 보아 이 사건을 각하할 것이 아니라 본안에 들어가 위헌 여부를 판단하는 것이 옳다.

(2) 대법원

[부정례] 대법원의 판례는, 예를 들어 헌법상의 기본권으로서의 환경권에 관한 규정(헌법 제35조 제1항)만으로서는 개개의 국민에게 직접으로 구체적인 사법상(私法上)의 권리를 부여한 것이라고 보기는 어렵고, "사법상의 권리로서의 환경권이 인정되려면 그에 관한 명문의 법률규정이 있거나 관계법령의 규정취지나 조리에 비추어 권리의 주체, 대상, 내용, 행사방법 등이 구체적으로 정립될 수 있어야 할 것"이라고 하는 판결[◐ 대법원판례 대법원 1995.5.23. 94마2218. * 동지: 대법원 2006.6.2. 2004마1148, 1149(이 결정은 도롱뇽 사건 결정이었다)]이 있었는데 이 판결은 기본권의 사법관계에의 직접적 적용에 대해 부정적 입장을 보여주는 것이었다(* 반면, 공해물질 배출공장주에 대해 헌법 제35조와 환경보전법 제60조에 비추어 주민들에 대한 손해배상책임을 인정한 판례(대법원 1991.7.26. 90다카26607, 26614)도 있긴 하다).

대법원의 다른 판례 중에는 "신앙을 가지지 않을 자유를 침해하지 않는 범위 내에서 학생들에게 종교교육을 함으로써 진리·사랑에 기초한 보편적 교양인을 양성하는 데 목표를 두고 있다고 할 것이므로, 대학예배에의 6학기 참석을 졸업요건으로 정한 위 대학교의 학칙은 헌법상 종교의 자유에 반하는 위헌무효의 학칙이 아니라고" 판단한 예가 있는데[50] 여기서 대학생과 대학교 간의 민사관계로서가 아니라 학칙 자체에 대해 헌법상 종교의 자유규정 위반 여부를 바로 판시한 점에서는 이 판결이 직접적용을 한 것으로 볼 수 있게도 한다. 그러나 명백하지 않다.

[긍정례] 그런데 대법원이 학생의 종교의 자유가 문제된 사안에서 간접적용을 한다는 보다 명시적 판시를 한 예가 있어서 우리 대법원이 기본권의 사인들 간의 효력을 인정하되 간접적용설에 따라 인정하는 입장을 보여주고 있다. 아래의 판례가 그것이다.

◐ **대법원판례** 대법원 2010.4.22. 2008다38288 손해배상(기)
[판시] "헌법상의 기본권은 제1차적으로 개인의 자유로운 영역을 공권력의 침해로부터 보호하기 위한 방어적 권리이지만 다른 한편으로 헌법의 기본적인 결단인 객관적인 가치질서를 구체화한 것으로서, 사법(私法)을 포함한 모든 법영역에 그 영향을 미치는 것이므로 사인간의 사적인 법률관계도 헌법상의 기본권 규정에 적합하게 규율되어야 한다. 다만 기본권규정은 그 성질상 사법관계에 직접 적용될 수 있는 예외적인 것을 제외하고는 사법상의 일반원칙을 규정한 민법 제2조, 제103조, 제750조, 제751조 등의 내용을 형성하고 그 해석기준이 되어 간접적으로 사법관계에 효력을 미치게 된다. 종교의 자유라는 기본권의 침해와 관련한 불법행위의 성립 여부도 위와 같은 일반규정을 통하여 사법상으로 보호되는 종교에 관한 인격적 법익침해 등의 형태로 구체화되어 논하여져야 한다." * 이 판결에 대한 자세한 것은 뒤의 기본권상충, 대법원판례 부분 참조.

* 위 대법원 판례는 그러나 제3자적 효력의 근거를 기본권의 객관적 가치질서에서 찾고 있는 것으로 보이는데 객관적 가치질서라면 사인들 간에도 직접 적용되면 될 것이지 왜 굳이 민법규정을 통하여 간접적용되어야 하는지에 대한 설명이 없어 문제이다. 기본권의 이중성론에 대해서 논할 때도 지적하였지만 근본적으로 기본권 자체의 성격에 객관적 가치질서성을 인정하는 것부터가 문제이다(전술 참조).

* 같은 취지의 판결: ① 대법원 2011.1.27. 2009다19864 - 서울YMCA가 남성 회원에게는

---

50) 대법원 1998.11.10. 96다37268 학위수여이행.

별다른 심사 없이 총회원 자격을 부여하면서도 여성 회원의 경우에는 총회원 자격심사에서 배제하여 온 데 대해 손해배상책임을 인정한 판결이다. ② 대법원 2011.9.2. 2008다42430 전원합의체 — 인맥지수판결: 변호사들의 개인신상정보를 기반으로 변호사들의 '인맥지수'를 산출하여 웹사이트에 공개하는 서비스를 제공한 행위는 변호사들의 개인정보에 관한 인격권을 침해하는 위법한 것이라고 판단한 판결이다. ③ 대법원 2018.9.13. 2017두38560 — 항공운송업 등을 영위하는 사기업인 항공사의 취업규칙에서 직원들이 수염 기르는 것을 전면 금지하는 조항이 일반적 행동자유권에 대한 침해로 무효라고 한 판결이다(* 이 2017두38560 판결과 동지: 대법원 2018.9.13. 2017두62549. * 위 결정들에 대해서는 뒤의 기본권상충, 대법원판례 부분 참조).

3. 국가인권위원회에 의한 구제

국가인권위원회법 제30조 제1항 제2호와 제1호는 사적 법인, 사적 단체, 私人으로부터 차별행위를 당한 경우, 초·중등교육법 제2조, 고등교육법 제2조와 그 밖의 다른 법률에 따라 설치된 '사립' 초·중·고등학교·대학의 업무 수행과 관련하여 대한민국 헌법 제10조부터 제22조까지의 규정에서 보장된 인권을 침해당하였거나 차별행위를 당한 경우에 인권침해나 차별행위를 당한 사람 또는 그 사실을 알고 있는 사람이나 단체는 위원회에 그 내용을 진정할 수 있다고 규정하고 있고 동법 동조 제3항은 위원회는 진정이 없는 경우에도 인권침해나 차별행위가 있다고 믿을 만한 상당한 근거가 있고 그 내용이 중대하다고 인정할 때에는 직권으로 조사할 수 있도록 하고 있다. 이는 사인들 간 기본권침해에 있어서 국가기구에 의한 보호를 실정화한 예이다. '장애인차별금지 및 권리구제 등에 관한 법률'은 사적 생활영역에서 장애를 이유로 한 차별을 금지하고 있고 동법에서 금지하는 차별행위로 인하여 피해를 입은 사람 또는 그 사실을 알고 있는 사람이나 단체는 국가인권위원회에 그 내용을 진정할 수 있도록 하고 있다(동법 제1조, 제38조).

제 3 항   기존논의에 대한 검토, 새로운 시각의 근본적 검토·모색

I. 기존논의에 대한 검토

1. 기본권의 이중성을 인정해야만 해결된다는 견해에 대한 검토

기본권의 대사인적 효력의 논의는 전통적인 공·사권 구별론에 따른 데서 비롯된 것인데 그렇다면 기본권이 객관적 질서성을 가짐으로 해서 기본권이 사권화된다면 문제해결이 될 것이나 그렇지 않다. 오히려 문제는 기본권의 양면성을 인정하여 기본권 자체에 객관적 질서성이

있다고 본다면 기본권규정이 사인들 간에도 원칙적으로 간접적용될 것이 아니라 직접적용된다
고 보아야 할 것인데도 기본권 이중성설을 취하면서도 간접적용설을 취하는 견해들이 있는데
이는 논리적 일관성이 문제된다는 것이다.

2. 간접적용설의 문제점

간접적용설은 헌법의 기본권의 구현을 법률에 맡겨버리는 문제점이 있다. 이에 대해서는 앞
서 3분설을 살펴볼 때 지적한 바 있다(전술, 1 (2) 2) 참조).

II. 새로운 시각에서의 근본적인 검토 · 모색

기본권의 사인 간 효력의 인정논거를 위에서 본 긍정론이나 간접적용론 등을 떠나 아래와
같이 근본적인 또는 새로운 시각에서 찾을 수 있다.

1. 자연권론

기본권을 자연권론으로 보는 입장에서는 기본권이 인간의 권리로서 초국가적, 국가 이전의
권리이니 국가와 무관하게 기본권이 주어지는 것이고 따라서 기본권의 효력을 대국가적 효력
에 국한할 이유가 없다는 논리가 가능하다.

2. 사적 자치론을 내세운 소극론에 대한 검토

사인 간의 기본권효력에 대해 소극적으로 본 이유는 공 · 사법의 구별론에 터잡은 것이고 이
는 보다 근본적으로 사인들의 법관계는 사인들 스스로의 의사결정, 즉 사적 자치에 맡겨야 한다
는 관념에서 나온 것이다. 그러나 헌법의 기본권이 사적 자치를 부정하려는 것이 아니고 오히려
사적 자치권도 기본권으로서 헌법이 보장하는 기본권이다. 우리 헌재도 기본권으로 인정한다(이
에 관한 결정례는 많다. 2007헌바135 등). 따라서 사인들 간의 사적 자치가 제대로 구현되도록 하기
위하여 사적 자치권이라는 기본권을 사인들 간에 적용되도록 하는 기본권의 사인 간 효력이 인
정되어야 한다. 기본권이 사법관계에 적용되면 사법질서에 혼란이 온다고 하나 이처럼 사적 자
치도 기본권이므로 그러한 혼란이 올 수 없다. 한편 아무리 사적 자치라고 하더라도 절대적이
않고 민법 제103조가 공서양속에 반하는 법률행위는 무효라고 규정하고 있는 대로 질서유지,
공공복리 등을 위해 제한될 수 있다. 이는 사적 자치권도 하나의 기본권이므로 제한될 수 있다

는 것이지 결코 사적 자치를 부정하거나 혼란을 가져오게 하는 것은 아니다. 기본권이 절대 사적 자치를 부정하는 것이 아니라 사적 자치권도 기본권으로서 보장되고 부득이 필요한 경우 다른 기본권처럼 제한되며 그 제한에 한계가 있는 것이고 따라서 사적 자치가 사인 간에 기본권적용을 거부하여야 할 논거가 될 수 없다.

3. 공사권구별론에 대한 문제제기

기본권의 사인간 적용 문제를 둘러싼 논란을 배태한 공·사권, 공·사법 구별론에 대해서는 앞의 기본권성격에서 다룬 대로 새로운 검토를 요구받고 있고 그 구별이 상대화되거나 그 구별을 회의적인 것으로 보게 한다(전술 제1장 참조). 그렇다면 기본권의 사인간 효력은 당연히 또는 어렵지 않게 인정될 수 있게 된다.

4. 기본권의 효력의 객관성과 대사인적 효력

앞서 기본권의 성격에서 분석한 대로 기본권 자체는 주관적이나 그 효력은 객관적인 것으로 누구도 어느 특정인의 기본권을 무시하지 못하고 이를 존중하여야 한다(전술 참조). 이는 바로 기본권의 효력이 가지는 객관성이 제3자 사인들에게도 그 효력이 미치는 기본권의 대사인적 효력을 확인해준다. 이러한 기본권효과의 객관효에 터잡아 사인간 기본권효력이 인정된다면 굳이 공법질서·사법질서의 구분에 집착할 이유도 없다.

5. 침해자 구분의 불요성

기본권이 제대로 효력을 발생하기 위해서는 기본권이 침해되었을 때에 그것을 구제해주는 힘을 가져야 한다. 그 점에서도 기본권의 효력 문제에 있어서 기본권의 침해가 제3자에 의한 침해인가 국가에 의한 침해인가를 구분하는 것이 의미가 없다. 예를 들어 신체의 자유도 국가로부터도 그러하지만 타인(사인)으로부터도 신체활동을 방해받지 않을 권리이다. 우리 헌법 제12조는 "누구든지 법률에 의하지 아니하고는 … 강제노역을 받지 아니한다"라고 규정하고 있는데 여기서의 강제노역은 국가에 의한 것만을 의미하고 사인에 의한 것은 제외한다고 명시한 것은 아니다.

6. 기본권상충에서 조절과 대사인적 효력

사인들이 기본권 주체들로서 그들 간에 각자의 기본권을 주장하여 충돌이 일어나는 상충이 발생할 수 있고 이를 해결하기 위해 사인들 간의 기본권의 인정을 어느 정도로 할 것인가 하는 문제가 있을 수 있다. 이 경우 기본권의 사인간 효력을 바탕으로 조절이 이루어져야 할 상황이다. 제3자효는 사인들 간 기본권충돌(상충)과 조절의 문제가 발생하는 것을 인정하는 전제가 된다. 사인들 간 기본권효력을 부정하면 그들 간의 상충, 조절의 문제도 발생하지 않기 때문이다 (기본권상충(충돌)과 대사인적 효력의 관계에 대해서는 뒤의 기본권상충 부분에서 다룬다).

III. 우리 헌법규정에 근거한 검토

우리나라의 헌법규정을 바탕으로 검토하는 노력이 필요하다.

1. 헌법 제10조 기본권 출발규정의 문언

우리 헌법 제10조는 모든 국민은 '인간'으로서의 존엄과 가치를 가지며, 행복을 추구할 권리를 가진다고 규정하고, 국가는 개인이 가지는 불가침의 기본적 '인권'을 확인하고 이를 보장할 의무를 진다고 하여 인간의 권리로서의 기본권을 강조하고 있으므로 국가 이전에 기본권이고 따라서 대국가적 효력 뿐아니라 사인간의 효력도 가진다고 보는 입장이다.

2. '권리를 가진다'라는 기본권규정의 문언형식

우리 헌법의 많은 기본권규정들은 "모든 국민은 … 권리(자유)를 가진다"라는 문언형식을 띠고 있고 국가에 대한 명령규정이나 국가에 대한 권리만의 문언형식으로 되어 있는 것이 아니다. 이는 곧 기본권의 효력을 대국가적인 것으로만 볼 것이 아님을 의미하고 보다 근본적으로 결국 대사인적 효력을 별도로 논의하는 데 대한 실질적 필요성에 대해서도 재고를 요하게 하는 것이다.

3. 사적 자치(私的 自治), 사권(私權), 사법(私法)의 헌법적 근거

위에서 언급한 대로 우리 헌재는 사적 자치권을 기본권으로 인정하는데 그 근거를 우리 헌법규정들에 두고 있다. 또한 민사상의 재산권의 내용의 정립을 법률에 맡긴 것도 헌법규정이다 (헌법 제21조 제1항). 결국 사인 간의 법적 관계에 대해서도 사인인 국민들 간의 합의인 헌법이 그 기본원리들을 두고 있고 이는 결국 사법과 헌법은 유리된 것이 아니라는 것을 의미한다. 따라서 헌법이 사인 간에 적용될 수 없다는 관념은 우리 헌법의 규정 자체나 그 체계를 깊이 있게 분석하지 않는 결과로 볼 여지를 준다.

헌재의 판례 중에 호주제에 대한 결정례는 "헌법은 한 국가의 최고규범으로서 입법·행정·사법과 같은 모든 공권력의 행사가 헌법에 의한 제약을 받는 것은 물론, 사법(私法)상의 법률관계도 직·간접적으로 헌법의 영향을 받게 된다"라고 판시한 바 있다(2001헌가9).

4. 기본권보장의 국가의무의 포괄성

먼저 헌법 제10조 후문의 규정은 "국가는 개인이 가지는 불가침의 기본적 인권을 확인하고 이를 보장할 의무를 진다."라고 규정하고 있는데 이 문언은 국가의 보장의무가 국가공권력에 의한 기본권의 침해에 대해서만 보장할 의무로만 규정된 것이 아니므로 사인(私人)에 의한 기본권의 침해에 대한 국가보장의무를 배제하고 있지 않다.

5. 위헌법률심판의 대상으로서의 사법(私法)

우리 헌법 제107조 제1항은 "법률이 헌법에 위반되는 여부가 재판의 전제가 된 경우에는 법원은 헌법재판소에 제청하여 그 심판에 의하여 재판한다"라고 규정하고 있다. 여기서 그냥 '법률'이라고 규정하고 있지 종래 공법적이라고 파악되어 온 법률만에 대하여 헌법위반여부를 심판한다고 한정하고 있지 않다. 사법(私法)인 법률들도 헌법에의 그 위반여부가 심사될 수 있는 것이다. 실제 민법규정이 위헌심사가 되어 위헌성을 인정하는 결정까지 받은 예들이 있다. 몇 가지 예를 아래에 인용한다. 합헌결정례들도 물론 있었다.

> ● **판례** ① 임대차존속기간을 20년으로 제한한 민법(1958.2.22. 법률 제471호로 제정된 것) 제651조 제1항에 대한 위헌결정, 헌재 2013.12.26. 2011헌바234. ② 호주제를 규정한 민법조항들에 대한 헌법불합치결정, 헌재 2005.2.3. 2001헌가9. ③ 친생자부인소송 제기간의 단기성에 대한 헌법불합치결정, 헌재 1997.3.27. 95헌가14. ④ 명예훼손 회복에 적당한 방법으로 사죄광고 강제를 인정하는 것은 양심의 자유 침해로 위헌이라고 본 결정, 헌재 1991.4.1. 89헌마160(한정위헌결정) 등이 있다.

그렇다면 이는 종래 사법적이라고 파악되어 오던 법률들도 헌법과 헌법상의 기본권규정에 합치되어야 함을 의미한다. 이는 결국 헌법상의 기본권규정을 사법과 사법이 적용되는 사인들 간에도 적용되어야 함을 의미한다.

Ⅳ. 결론

우리의 의견도 제3자적 효력을 인정하는 것인데 그 인정논거는 위의 검토에서 지적된 점들에 비추어 보거나 토대가 되는 기본시각으로 하여 생각해보면 직접효력설이나 간접효력설 등의 종래의 이론에 근거하는 것이 아니라 결국 헌법 자체, 기본권 자체의 효력으로서의 제3자적 효력을 인정하는 것이 자연스럽다는 것이다. 물론 성질상 사인들 간에 관계 없는 기본권의 경우는 그렇지 않은데 이는 기본권의 효력 때문이 아니라 기본권이 적용되는 대상 내지는 방향이 다르기 때문이다. 예를 들어 국가배상청구권은 그 권리가 지향하는 방향 내지 대상 자체가 국가이므로(국가에 대해 배상해달라고 요구하는 것이다) 사인들 간에 적용되지 않는다. 국가배상청구권을 어느 사인이 행사하지 못하도록 막는다면 그것은 물론 사인 간에도 효력이 적용될 것이다. 그러나 그것은 국가배상청구권 자체의 효력은 아니다.

제 4 항   제3자적 효력의 담보 및 실현방법

기본권의 제3자효가 위와 같이 이론적으로 인정되는 데 문제가 없으나 실제로 부정적 견해가 있어 그 담보의 방안을 고민하기도 해야 한다. ⅰ) 헌법에 의한 방법 ‒ 헌법개정에 의해 제3자효를 확충하는 방안이 있겠으나 헌법개정이 쉽지 않다는 현실적인 어려움이 있다. ⅱ) 법률에 의한 방법 ‒ 법률이 일반적으로 국민들을 대상으로 하고 국가기관들에 대한 명령규범으로 작용한다는 점에서 법률에 의한 해결이 보다 객관적이고 영향이 크다. ⅲ) 행정에 의한 방법 ‒ 행정작용을 함에 있어서도 가능한 한 사인들 간에도 기본권이 효력을 발휘할 수 있게 하는 것이 필요하다. ⅳ) 사법에 의한 방법 (ㄱ) 기본권보루로서 재판 ‒ 사실 법원재판이 기본권보장의 보루이다. 그런 점에서도 법원재판에서 기본권규범이 적용되어야 한다. (ㄴ) 법원재판에 대한 헌법소원의 필요성 ‒ 법원재판에서 기본권규범이 적용되지 않은 경우, 현재는 금지되어 있으나 법원재판에 대해 헌법소원이 가능하도록 하여야 한다. 그럼으로써 법원의 민사재판 등에서 기본권규범을 적용하지 않을 수 없게 강화하게 된다.[51] ⅴ) 국가권력의 불개입(부작위)의 경우 ‒ 사인간의 기본권의 다툼에 대해 그 해결을 국가가 해줄 것을 요구할 경우에 국가의 개입이 없다는 부작위에 대한 헌법소원심판이 필요하다. 그런데 헌재는 모든 부작위에 대해 헌법소원심판대상성을 인정하고 있지 않다(후술 헌법재판 부분 참조).

51) 이러한 주장을 저자는 일찍이 헌법재판소 출범초기부터 해오고 있다. 졸고, "헌법재판소의 한정합헌결정", 법과 사회, 제3호, 1990; 졸고, "헌법재판소의 권한과 일반소송", 한·독 국제학술대회, 공법연구, 제24집 제1호, 한국공법학회, 1996; 졸고, "헌법개정과 기본권", 저스티스, 제134권 제2호, 2012년 한국법학원 법률가대회 발표논문, 한국법학원 등.

제3절 기본권의 인적 효력, 시적 효력의 문제

I. 기본권의 인적 효력

기본권이 자연인에게 인정되어야 하고 성질이 허용하는 한 법인에게도 인정된다. 우리는 앞서 기본권의 주체문제에서 외국인에 대해서도 기본권의 주체가 됨은 자연권론의 입장에서 당연히 인정하여야 한다면 외국인의 기본권 문제는 외국인이 국민에 비해 기본권의 제한이 더 많이 되는 등의 문제로 보아야 하고 이는 외국인이라는 인적 요소에 의한 효력상의 차이라고 볼 수 있다. 공무원 등 특수신분관계에 있는 국민도 기본권제한이 일반 국민에 비해 더 많이 된다는 것이지 기본권주체가 되지 않는다는 것은 결코 아니므로 역시 인적 요소에 의한 기본권의 효력상의 차이가 있다는 것이다. 요컨대 외국인, 특수신분관계에 있는 국민 등은 기본권의 인적 효력에 있어서 일반 국민에 비해 축소되거나 차이를 가질 수 있다.

II. 기본권의 시적(時的) 효력

기본권주체가 생존하고 존속해 있는 동안에 그의 기본권의 효력이 존재한다. 기본권 주체의 사후에도 일정 기간 동안 효력을 지속하는 기본권의 예가 없지는 않다(지적 재산권). 기본권주체가 생존하고 있는 경우에도 일정한 기본권이 일정한 경우에 박탈되도록 하는 제도를 두고 있는 외국의 입법례(독일기본법의 기본권 실효제도. 아래 5절 참조)를 볼 수 있다.

한편 우리 헌법은 참정권과 재산권에 대해서는 소급박탈의 금지를 헌법이 명시하고 있다(제13조 2항).

제4절 이른바 '기본권의 포기'론과 기본권 실효제도

I. '기본권의 포기'론

1. 개념

기본권의 포기 이론을 기본권이론의 하나로 제시하고 다루는 교재들이 있다. 그 교재에 따르면 기본권의 포기란 기본권주체가 자신의 어느 기본권을 행사하지 않겠다는 명시적 또는 묵시적인 의사를 표명함으로써 그 기본권이 보호하는 법익 등의 향유를 스스로 받지 않는 것을 의미한다. 기본권의 제한은 다른 기본권주체와의 충돌 등의 제한원인이 있어서 그 효력의 일부가 행사되지 못하는 경우이나 기본권의 포기는 그러한 상황이 아님에도 스스로의 의사에 의한 불행사라는 점에서 차이가 있다.

2. 인정 여부

(1) 학설
기본권포기론을 소개하는 교재에 따르면 기본권포기를 둘러싸고 긍정설, 부정설, 절충설이 대립되고 있다고 한다(이러한 학설은 정종섭, 전게서, 315면 이하 참조).

(2) 검토와 사견
자신의 기본권을 스스로 처분하고자 하는 것도 결국 기본권의 자율적인 행사 여부의 결정권을 의미하는 것이고 따라서 기본권의 자율권, 자기결정권, 일반적 행동자유권 등의 문제로 파악하면 되는 것이고 이를 특별한 별도의 이론으로 구성하는 것이 필요한지 하는 의문이 제기된다. 필요성 이전에 '포기'라고 하는 용어가 기본권의 적극적이고 최대한의 보장이라는 명제에 부합되는 것인지 하는, 그리고 기본권의 가치를 하락시키는 이미지를 가지는 이론으로 받아들여질 수 있다는 문제가 있다. 그나마 헌법이론적으로 의미를 가지는 것은 개별 기본권들 중에는 기본권주체에 의한 자율적 처분, 즉 포기가 받아들여지지 않는 기본권들이 있다는 사실에 따라 이를 강조하는 데에 있다. 예를 들어 투표권행사를 스스로 하지 않겠다고 할 수 있는지 아니면 그 행사를 강제할 수 있는 것인지 하는 문제이다. 그러나 이러한 문제는 기본권의 제한과 제한의 한계로서 본질적 내용침해 문제로 다루어도 충분히 해결될 문제이다. 어떤 기본권이 주체가 스스로 제한될 수 없다는 것은 포기할 수 없는 본질적 내용만으로 이루어져 있음을 의미한다(생명권).

3. 한계

(1) 한계로서의 요건
기본권포기론의 특별한 이론으로서 설명하고 있는 견해들에 따르면 포기의 요건들을 설정하는데 이 요건들은 포기의 한계가 될 것이다. 그런데 포기를 위해서는 먼저 기본권의 주체일 것을 요하는데 기본권의 포기론자들이 말하는 기본권포기의 개념 속에는 기본권주체가 포기한다는 의미가 내포되어 있으므로 이를 특별히 하나의 요건이라고 할 것은 아니다.

(2) 전부포기의 부정

기본권전부를 포기하는 것은 기본권주체로서의 지위를 포기하는 것이고 이는 인간으로서의 지위를 자기부정하는 것이므로 받아들일 수 없다.

(3) 기본권의 자율성, 자기결정성의 한계

우리는 위에서 밝힌대로 기본권의 포기가 아닌 자율성이나 자기결정성 등의 문제로 파악하고자 한다. 따라서 기본권을 포기할 수 있는 것도 기본권의 자율권이라는 기본권적 속성을 의미한다면 포기에 대한 제한도 가능할 것이고 그것은 곧 기본권의 제한의 문제로 환원된다. 그리하여 기본권포기도 비례(과잉금지)원칙과 본질적 내용침해금지 등도 적용될 수 있으면 이는 기본권포기의 한계가 된다고 할 것이다.

4. 효과와 구체적 문제

(1) 효과

포기론을 설명하는 교재에 따르면 기본권포기는 기본권침해가 되지 않는다(기본권침해의 부인). 포기의 철회, 취소가 가능하다는 것, 포기요건을 갖추지 못한 경우에는 그 포기는 무효라는 것을 포기의 효과로 들고 있다(정종섭, 318면).

(2) 구체적 문제
1) 실정법적 예

실정 법률이 인정하는 예로 '언론중재 및 피해구제에 관한 법률' 제5조 제2항은 인격권 침해가 사회상규에 반하지 아니하는 한도 안에서 피해자의 동의에 의하여 이루어진 경우에는 법률에 특별한 규정이 없는 한 언론이 그 보도내용과 관련하여 책임을 지지 아니한다고 규정하고 있는 것을 볼 수 있다.
2) 재판청구권, 참정권 등

자신의 권리구제를 위한 제소를 포기할 수 있는지 하는 문제가 있다. 참정권의 경우에도 투표참여의 포기가 가능한지 하는 문제가 있는데 이는 참정권의 의무성과 관련하여 뒤에서 다루게 된다.

Ⅱ. 기본권의 실효제도

기본권의 실효(失效)제도란 중요한 기본권으로서 그 남용으로 인해 민주질서와 같은 사회의 기본적인 질서를 파괴할 위험성이 있는 경우에 그것을 막기 위해 남용하는 사람이 그 기본권을 행사하지 못하게 하는 제도를 말한다. 독일기본법은 일정한 기본권들에 있어서 실효제도를 명시하고 있다. 즉 표현의 자유, 특히 신문의 자유, 수업의 자유, 집회의 자유, 결사의 자유, 통신의 비밀, 재산권, 망명권 등을 자유민주적 기본질서를 파괴하기 위하여 남용하는 사람에 대해서는 위의 기본권들을 실효시키는 제도를 두고 있다. 기본권의 실효와 그 범위에 대해서는 연방헌법재판소가 선고하도록 하고 있다(독일기본법 제18조).

제 5 절 기본권의 경합과 상충

제 1 항 기본권의 경합

Ⅰ. 개념과 실익 및 사례

1. 개념

(1) 기본권경합(경쟁)의 의미

기본권의 경합이란 어떤 사안에 있어 어느 한 기본권의 주체에 대해 여러 기본권이 적용될 수 있어 그 주체가 여러 기본권들의 보호를 요구할 수 있는 상황을 말한다. 기본권의 제한의 경우에도 경합이 나타날 수 있는데 어느 한 기본권주체에 대해 어떤 국가권력작용에 의한 제한이 가해져 그 당해 기본권주체의 여러 기본권이 동시에 영향을 받게 될 경우이다. 예를 들어 화가 A의 전시된 작품을 철거하는 행위는 화가 A의 표현의 자유와 아울러 재산권의 침해도 있게 되는바 이러한 경우에 경합문제가 나온다. 또한 이와 같은 상황에서 어느 한 기본권주체에 대한 기본권제한이 합헌인지를 심사할 때 여러 기본권이 심사대상으로 나타난다. 기본권의 경합을 기본권의 경쟁이라고 부르기도 한다. 기본권의 경합은 어느 한 기본권주체에 있어서 발생하는 상황이고, 다음에 살펴볼 기본권의 상충은 복수의 서로 다른 기본권주체 간에 각자의 기본권이 서로 충돌되는 상황이라는 점에서 구분된다.

(2) 기본권경합의 개념과 범위

위에서 경합의 의미를 밝히기 했으나 그 개념이 보다 명확히 될 필요가 있다. 경합의 개념을 정의하는 문제는 경합이 가지는 의미의 범위 문제에 직결된다. 기본권경합의 개념과 관련하여 다음과 같은 점들이 논구되어야 할 것이다.

1) 경합관계

(가) 경합관계의 의미　　먼저 경합이란 말을 적용(심사)가능성이 있는 여러 기본권들이 존재하는 자체를 의미하는 것으로 그치는가 아니면 그 여러 기본권들 중 어느 기본권을 심사(적용)할 것이라는 선택까지 포함하여 볼 것인가 하는 문제이다. 일단은 경합관계란 여러 기본권들의 적용가능성이 있는 상태, 그 선택가능성이 있다는 것 자체를 의미한다고 볼 것이다. 실제 선택은 그 다음의 문제로 볼 것이다.

(나) 포괄적·보충적 관계의 포함 여부

가) 논의의 소재 – 포괄적·보충적·일반적 기본권과 파생적·개별적·특별적 기본권들 간의 관계에서의 경합관계 여부　　개별적으로 적용될 지위에 있는 기본권들 간의 관계에 있어서는 경합관계가 나타난다고 보는 데 이견이 없다. 그런데 일반적·포괄적·보충적 기본권과 특별·파생적·개별적 기본권들 간의 관계에 있어서도 경합관계로 볼 것인가 하는 문제가 있다. 즉 영향을 받는 어느 한 기본권주체의 기본권들 중에 보다 일반적이거나 포괄적인 기본권이 있고 아울러 다른 특별하거나 파생적, 개별적인 기본권이 있다면 이 일반적 기본권과 개별적 기본권들 간의 관계가 경합관계인가 하는 문제이다. 판례가 포괄적·보충적 기본권으로 인정한 기본권은 행복추구권, 일반적 행동자유권이다.

나) 견해와 판례　　i) 견해대립가능성 – 위의 문제에 대해서는 긍정설과 부정설이 있을 수 있다. 긍정설 중에는 '법조경합'이라고 보아 경합이 된다고 보는 견해도 있다.

ii) 판례 – 판례의 대체적인 경향은 행복추구권은 포괄적·보충적 기본권으로서 행복추구권 외에 다른 개별적 기본권 예를 들어 직업의 자유와 같은 개별적 기본권이 있으면 행복추구권에 대해서는 별도로 심사하지 않는다고 하는 입장을 보여주어 보충적 적용설을 취하고 있다(보충적 적용설을 취한 판례는 많다. 대표적으로 아래의 2000헌가5 등). 판례가 보충적 관계에 있는 행복추구권에 대해서도 경합관계로 인정하는 것이 일반적 경향인양 소개하고 있는 잘못된 자습서가 있다. 유의할 일이다.

다) 검토　　i) 기본권의 파생관계에서 포괄적 기본권과 개별적 기본권과의 관계에 대해서는 앞서 살펴본 바 있다(전술 기본권규범의 인식 부분 참조). 포괄적 기본권과 개별적 기본권의 관계에 대해서 직접관련성에 있어서 개별 특수적 기본권이 보다 강하고 개별 기본권이 구체적이어서 기본권보장의 실효성에 낫다고 보아 개별 기본권이 우선해서 적용되고 포괄적 기본권은 보충적으로 적용된다고 본다. 먼저 직접적으로 선택·적용되는 것은 파생적·개별적 기본권이고 이 개별적 기본권이 적용되는 경우에는 포괄적·보충적 기본권은 적용되지 않는다.

> ● **판례**　헌재 2002.8.29. 2000헌가5등 [판시] 행복추구권은 다른 개별적 기본권이 적용되지 않는 경우에 한하여 보충적으로 적용되는 기본권으로서, 이 사건에서 제한된 기본권으로서 결사의 자유나 재산권이 고려되는 경우에는 그 적용이 배제된다. * 동지: 헌재 2012.6.27. 2011헌바34; 2014.9.25. 2011헌마414; 2018.6.28. 2011헌바379등.

그러므로 애초에 선택의 대상 자체도 아니므로 양자의 관계는 경합관계가 아닌 것이다. 포괄적 기본권은 개별 기본권을 포함하고 보충(보완)하는 관계이므로 경합의 관계로 볼 것은 아니다. 예를 들어 보충적 기본권인 행복추구권과 개별적 기본권인 직업의 자유와의 관계에서는 직업의 자유가 적용되면 보충적 기본권인 행복추구권은 적용이 아니되므로 관련되는 모든 기본권이 일단은 적용될 상황인 경합하고는 다른 것이다. 요컨대 경합관계가 적용가능성을 의미한다면 적용가능성을 가지지 않는 포함관계를 경합관계로 인정하지 않는 것이 논리적이다. 개별 기본권이 선택되어 적용된다는 점에서 경합을 논할 실익부터 없다. 헌재 결정례들 중에는 "어떠한 법령이 수범자의 직업의 자유와 행복추구권 양자를 제한하는 외관을 띠는 경우 두 기본권의 경합 문제가 발생하는데, 보호영역으로서 '직업'이 문제되는 경우 행복추구권과 직업의 자유는 서로 일반특별관계에 있어 기본권의 내용상 특별성을 갖는 직업의 자유의 침해 여부가 우선하여 행복추구권 관련 위헌 여부의 심사는 배제되어야 하는 것"이라고 판시한 예(2002헌마 519; 2007헌바3 등)가 있다. 결론은 받아들일 수 있으나 행복추구권 심사가 배제된다고 하면서 '경합'이란 말을 사용한 것은 적절하지 못했다.

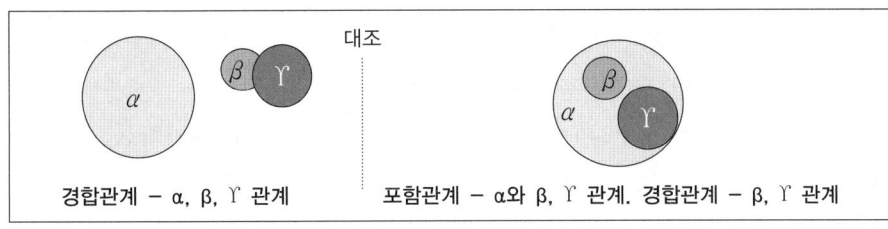

□ **경합관계 포괄관계의 구분도**

ⅱ) 일반적 기본권과 개별적 기본권과의 관계도 위와 같이 보면 된다. 그 예로 헌재는 공무담임권과 직업선택의 자유와의 관계를 그렇게 보고 후자는 일반적 기본권으로서 적용이 배제되고 전자가 특별기본권으로서 적용된다고 본다.

● **판례** 헌재 2000.12.14. 99헌마112등
[판시] 공직의 경우 공무담임권은 직업선택의 자유에 대하여 특별기본권이어서 후자의 적용을 배제 …

라) 병존관계, 경합관계의 독자적 포괄적 기본권　유의할 점은 포괄적 기본권이라도 그 자체가 좁은 의미의 독자적 기본권으로서 직접 적용되어야 할 사안에 있어서는 포괄적 기본권이 아니라 하나의 개별적 기본권으로서 다른 기본권들과 병존관계나 경합관계에 있을 수 있다. 예를 들어 기소유예처분을 받은 어느 피의자가 자신은 혐의가 없다고 주장하였음에도 혐의있다고 인정하는 그 기소유예처분으로 인해 억울한 누명을 썼다고 하는 사안에서 독자적 기본권으로서의 행복추구권을 인정하고 평등권과의 병존적 침해를 인정하는 우리 헌재의 판례사안을 볼 수 있다(2005마1089; 2005마58 등. 그 예가 많다). 또한 평등권, 공무담임권 등과 더불어 행복추구권 침해 문제를 판단한 결정례가 있다(2005헌마44). 그런데 이러한 경우는 병존적용의 경우로서 아래의 2)에서 살펴보는 바 경합관계는 아니다. 그러나 행복추구권이 병존적용의 가능성을 가

지는 상황에서 행복추구권과 다른 개별 기본권들 간에 선택적인 경합관계가 될 경우도 있을 것이다. 일반적·포괄적 기본권으로서 일반적 행동자유권(후술 행복추구권의 일반적 행동자유권 참조)이 독자적 의미를 가지는 경우에 경합이 인정된 예(2001헌마447)도 볼 수 있다.

2) 병존적용과 경합

[양자의 구별] 경합이란 말과 병존적용이란 말은 구별되어야 한다. 기본권의 경합은 여러 기본권들이 문제될 때 어느 기본권을 선택하는 것을 염두에 둔 용어이고 병존적용은 문제되는 기본권들이 모두 적용되는 것(여기서 혼동을 하지 말 것은 병존적용과 병존적용의 '가능성'이다. 여기서 말하는 구별이란 경합이란 여러 적용가능한 기본권들을 선택하는 데 핵심이 있고 병존적용은 이러한 선택을 하지 않고 모두 적용된다는 점에서 구별이다. 경합도 그 점에서 병존적용가능성을 전제하는 것인데 선택하여 적용한다는 것이다). 우리 헌재는 '경합'이란 말을 사용하면서도 병존적용의 판단을 한 판례를 보여주고 있기도 하다. 공립 중등학교 교사 임용후보자 선정경쟁시험에서 복수·부전공자에 대한 가산점 부여가 문제된 사안인데 헌재는 공무담임권과 평등권의 제한이 '경합'적으로 문제된다고 하면서도 그 위헌여부를 함께 모두 판단한 결정례가 그것이다(2005헌가13; 2005헌마44). 이 판례사안의 경우 병합 내지 병존적용이란 용어를 사용하는 것이 타당하다. 그렇지 않으면 경합이론을 별도로 인정할 이유가 없다.

[혼성적 = 경합관계 + 병존적용관계] 양자가 혼성상황일 수 있다. 예컨대 A, B, C, D, E 기본권들 중 A, C, E가 경합관계이고 B, D는 병존적용관계일 수 있다. 이 경우 A, C, E 경합에서 C가 선택되면 C와 B, D의 병존작용이 있을 수 있다.

3) 평등권의 경우

평등권과의 경합을 인정한 이례적 판례들이 있긴 하였으나 판례의 대체적인 경향은 평등원칙에 대한 판단은 경합 관계에서 빼내어 별도로 판단하는 것이다. 아마도 평등원칙은 헌법의 주된 일반원칙이기도 하다고 보는 관념이 자리잡은 결과라고 이해된다.

* 이례적 판례: 헌재가 평등권과 다른 어느 개별 기본권 간의 경합관계로 본다고 한 예들이 있었다(2005헌가11; 2004헌마675 등).

* 경합이란 말을 직접 명시하지 않고 평등권과 사회적 기본권 중 평등권심사로만 판단한 예도 있다(2008헌바128).

* 차별의 문제가 어느 기본권의 제한에 따라 부수적으로 일어난다고 하면서 평등권 문제에 대해 별도로 판단하지 않는다고 판시한 예(2010헌마47)도 있었다. 평등권침해의 문제는 다른 개별 기본권의 한계 문제로 포섭되거나 환원되는 문제라고 보아 이를 다루지 않은 예도 있었다(2009헌마705).

4) 진정경합과 부진정경합의 구분론

외관적으로는 여러 기본권들이 문제되어 기본권의 경합으로 보이지만 실제로는 경합이 아닌 경우가 있다고 하여 이를 진정경합과 구분하여 유사경합(부진정경합)이라고 부르기도 한다.

유사경합보다는 부진정경합, 표현경합(表現競合)이 적절한 용어로 보인다.

2. 경합이론의 실익

(1) 기본권의 최대보장

기본권경합이론은 보다 강한 보호를 받아야 할 기본권을 찾아 보호하고 제한의 경우에는 보다 피해가 적은 기본권을 찾아 제한함으로써 가능한 한 기본권보호를 최대화한다는 점에 실익을 가진다. 어느 기본권의 보장이 더 중요시되느냐를 판단하여 가능한 한 그 기본권을 보장하고 그 기본권의 제한을 막거나 최소화함으로써 기본권의 최대보장을 가져올 수 있을 것인데 이를 위해 경합론은 먼저 경합관계에 있는 기본권들을 살펴보도록 한다는 데 의미가 있다.

(2) 절차법적 실익

절차법적 실익으로 헌법재판의 경제성을 들 수 있다. 헌법재판의 경우에는 역으로 경합 중인 기본권들 중 가장 중요시되는 기본권의 제한이 헌법위반인 제한이 아닌지를 먼저 따져보고 위헌이라고 결론이 나면 다른 기본권의 제한에 대한 심사를 하지 않아도 위헌결정을 내릴 수 있다는 경제적이고 집약적인 효과를 발휘할 수 있다(헌법재판의 경제성과 집약성).

3. 사례

기본권경합의 구체적 사례로, ① 출판업을 금지함으로써 언론출판의 자유를 제한하고 직업선택의 자유를 제약하며, 출판사의 상호를 사용할 수 없게 함으로써 상호권이라는 재산권을 제한하는 경우, ② 전시된 예술작품을 강제철거하여 압수함으로써 작가의 예술표현의 자유와 재산권을 함께 제약하는 경우, ③ 교사에 기간임용제를 실시함으로써 직업의 자유, 학문의 자유, 수업의 자유 등을 함께 제약하는 경우, ④ 어느 단체가 주최한 집회에 참석하고자 하는 사람들을 방해하고 구속하여 결사활동의 자유, 집회의 자유, 신체의 자유를 함께 제한하는 경우, ⑤ 어떤 종교단체의 종교행위를 방송하는 데에 대한 제한은 종교의 자유와 언론의 자유가 함께 제한되는 경우, ⑥ 어떤 종교를 믿는 사람들에 대해서는 공무수행의 직을 수행할 수 없도록 하여 종교의 자유와 공무담임권이 함께 제한되는 경우, ⑦ 어떤 재해로 인해 생활능력을 상당히 상실한 사람에 대해 보상을 위한 조치가 없기에 인간다운 생활권과 아울러 재산권이 제한되는 경우, ⑧ 국가배상청구의 기회를 제한함으로써 청구권과 재산권이 아울러 제한되는 경우 등을 들 수 있다.

466 의 1 편 기본권 총론

II. 해결(선택)방식에 대한 학설과 판례

경합은 있는 것이므로 이를 해결하여 경합이 없는 상태로 되게 한다는 것은 있을 수 없으므로 여기서 해결방식이라 함은 경합관계들에 있는 기본권들 중 어느 기본권을 적용할 것인가 하는 선택의 방식을 의미한다. 기본권경합에 있어서 어느 기본권을 심사할 것인가에 대해 여러 이론들이 있어 왔다.

1. 학설

(1) 독일의 이론

기본권경합의 해결에 관한 독일이론으로는 ① 최약설(서로 경합하는 기본권들 중에 제한을 받을 가능성과 그 제한정도가 가장 큰 기본권, 즉 가장 약한 효력의 기본권을 우선하여 보장하여야 한다는 이론. 보장 → 최약기본권, 제한 → 최강기본권. 독일의 소수설), ② 최강설(서로 경합하는 기본권들 중에 제한의 가능성과 정도가 가장 적은 기본권, 즉 가장 강한 효력의 기본권을 우선하여 보장하여야 한다는 이론. 보장 → 최강기본권, 제한 → 최약기본권. 독일의 다수설)이 있다.

(2) 한국의 이론

국내의 이론은 사안의 직접적 관련성을 먼저 따져보고 최강설에 따라 판단하여야 한다는 이론이 많다. 즉 ① "(ㄱ) 여러 기본권 중에서 문제의 사안과 직접적인 관련이 있는 기본권이 우선적으로 적용되고(직접관련기본권적용의 원칙), (ㄴ) 사안과의 관련성이 동일한 경우에는 그 효력이 가장 강력한 기본권이 적용되며(최강력기본권적용의 원칙), (ㄷ) 문제의 사안의 관련이 있는 모든 기본권의 효력이 동일한 경우에는 관련이 있는 기본권 모두가 적용될 수밖에 없을 것이다(관련기본권전부적용의 원칙)"라는 설(권영성, 334면), ② "가장 직접적인 관계가 있는 기본권을 중심으로 해서 최강효력설에 따라 풀어나가려는 융통성 있는 자세가 필요하다"고 하면서 "경쟁하는 기본권간의 효력의 우열은 기본권을 주장하는 기본권주체의 의도와 기본권을 제한하는 공권력의 동기를 감안하여 개별적으로 판단하되 기본권의 효력이 되도록 강화되는 방향의 해결책을 모색하는 것이 가장 바람직하다"고 보는 설(허영, 256면) 등이 있다.

2. 판례

(1) 판례이론

헌재가 기본권경합의 해결방안으로 취하는 이론을 보여주는 전형적인 판시로, 경합이론이 적용될 대표적 심판사건인 위헌법률심판제청사건(판례 1)과 헌법소원심판사건(판례2) 각각에 하나씩 결정례를 아래에 인용한다.

● **판례 1 위헌제청사건의 경우 - 헌재 1998.4.30. 95헌가16**
[사건개요] 출판사 또는 인쇄소의 등록을 한 자가 "음란 또는 저속한 간행물이나 아동에 유해한 만화 등을 출판하여 공중도덕이나 사회윤리를 침해하였다고 인정되는 경우"에는 그 등록을 취소할 수 있도록 규정한 구 '출판사 및 인쇄소의 등록에 관한 법률' 제5조의2에 따라 출판사등록을 취소하는 처분을 받았는데 이 처분에 대한 행정소송에서 위 규정에 대한 법원의 위헌심판제청이 있었다. [판시] 출판사등록취소제와 제한되는 기본권 - 등록취소라는 규제는 당해 출판사의 합헌적인 표현에 대한 언론·출판의 자유를 제약할 뿐만 아니라 당해 출판사에 대해 재등록에 소요되는 일정기간 동안 출판업을 못하게 함으로써 직업선택의 자유를 제약하고, 또 그 출판사의 상호를 사용할 수 없게 함으로써 상호권이라는 재산권을 제약한다고 하겠다. 그러므로 이 사건 법률조항은 언론·출판의 자유, 직업선택의 자유 및 재산권을 경합적으로 제약하고 있다. 이처럼 하나의 규제로 인해 여러 기본권이 동시에 제약을 받는 기본권경합의 경우에는 기본권침해를 주장하는 <u>제청신청인과 제청법원의 의도 및 기본권을 제한하는 입법자의 객관적 동기 등을 참작하여 사안과 가장 밀접한 관계에 있고 또 침해의 정도가 큰 주된 기본권을 중심으로</u> 해서 그 제한의 한계를 따져 보아야 할 것이다. 이 사건에서는 제청신청인과 제청법원이 언론·출판의 자유의 침해를 주장하고 있고, 입법의 일차적 의도도 출판내용을 규율하고자 하는 데 있으며, 규제수단도 언론·출판의 자유를 더 제약하는 것으로 보이므로 언론·출판의 자유를 중심으로 해서 이 사건 법률조항이 그 헌법적 한계를 지키고 있는지를 판단하기로 한다.

● **판례 2 헌법소원심판사건의 경우 - 헌재 2002.4.25. 2001헌마614**
[판시] 하나의 규제로 인해 여러 기본권이 동시에 제약을 받는다고 주장하는 경우에는 기본권침해를 주장하는 청구인의 의도 및 기본권을 제한하는 입법자의 객관적 동기 등을 참작하여 먼저 사안과 가장 밀접한 관계에 있고 또 침해의 정도가 큰 주된 기본권을 중심으로 해서 그 제한의 한계를 따져 보아야 한다. 이 사건의 경우 청구인들의 주장취지 및 앞에서 살펴본 입법자의 동기를 고려하면 이 사건 법률조항으로 인한 규제는 직업의 자유와 가장 밀접한 관계에 있다고 할 것이다. 따라서 이 사건 법률조항이 직업의 자유를 제한함에 있어 그 헌법적 한계를 지키고 있는지를 먼저 살핀다. * 동지: 2006헌마1096; 2005헌마1156; 2007헌마991; 2018헌마566 등

결국 헌법재판소의 판례는 밀접성과 침해의 정도를 그 판단기준으로 하고 사안의 밀접성과 침해의 정도가 가장 큰 주된 기본권인지는 제청신청인, 제청법원의 의도(위헌법률심판사건의 경우), 청구인의 의도(헌법소원심판의 경우), 입법자의 객관적 동기 등을 참작하여 파악하여야 한다는 입장이다.

(2) 판례이론에 대한 검토

밀접성의 정도를 파악함에 있어서 제청신청인, 제청법원, 청구인의 의도 등에 대한 파악이 명확하지 않을 수 있다. 이는 물론 주관성을 띨 수 있기 때문이다.

3. 헌법재판소 판례가 인정한 대표적 구체적 경합사례

(1) '경합' 명시적 판례

우리 헌재의 판례가 인정한 경합의 예들이 적지 않다. 대표적인 그 예들을 본다. ① <u>음란물 출판사 등록취소</u> - 언론·출판의 자유, 직업선택의 자유 및 재산권의 경합 - 언론·출판의 자유를 중심으로 심사한 예,52) ② <u>경비업 겸영의 제한</u>(경비업을 전문으로 하는 별개의 법인을 설립

하지 않는 한 경비업과 그 밖의 업종을 겸영하지 못하도록 금지하는 경비업법 규정) ─ 직업의 자유와 재산권 등의 경합 ─ 직업의 자유의 침해를 심사한 예,[53] ③ 학교 정화구역 내에서의 극장시설 및 영업의 금지 ─ 직업의 자유, 행복추구권, 표현의 자유, 예술의 자유의 경합 ─ 직업의 자유의 침해여부를 중심으로 살피는 가운데 표현·예술의 자유의 침해여부에 대하여도 부가적으로 살펴본 예,[54] ④ 공무원의 선거운동 기획 참여 금지 ─ 정치적 표현의 자유와 공무담임권의 경합 ─ 정치적 표현의 자유가 사안에 더 밀접한 관계에 있다고 하여 이의 침해여부를 판단한 예,[55] ⑤ 남성 단기복무장교의 육아휴직 제외 ─ 양육권, 인격권, 교육권 등의 경합 ─ 양육권만에 대해서 판단한 예,[56] ⑥ 대통령선거 5억 원의 기탁금 규정 ─ 직업선택의 자유, 공무담임권, 재산권 간 경합 ─ 공무담임권 제한문제만을 판단한 예,[57] ⑦ 최고보상제도(산업재해보상보험법상) ─ 경합인 기본권이 뚜렷하게 판시된 것으로 보이지 않으나 여하튼 평등권을 언급하면서도 재산권의 침해를 핵심적 쟁점으로 보아 판단한 예,[58] ⑧ 특수경비원에 대한 일체의 쟁의행위 금지 ─ 집회결사의 자유와 단체행동권의 경합 ─ 공항·항만 등 국가중요시설의 경비업무를 담당하는 특수경비원에게 경비업무의 정상적인 운영을 저해하는 일체의 쟁의행위를 금지하는 경비업법 조항에 대해 그러한 경합을 헌재가 인정하면서 단체행동권에 한정해 판단한 예,[59] ⑨ 택시운전근로자들의 최저임금에 산입되는 임금의 범위는 생산고에 따른 임금을 제외한 임금으로 한다는 내용의 최저임금법(2008. 3.21. 법률 제8964호로 개정된 것) 제6조 제5항이 청구인들의 계약의 자유와 영업의 자유를 침해하는지 여부가 문제된 사안 ─ 계약의 자유와 영업의 자유의 경합 ─ 헌재는 영업의 자유와 계약의 자유가 제한된다고 보면서 영업의 자유가 제한되는 것은 계약의 자유가 제한됨에 따른 결과에 불과하다고 하여 계약의 자유를 중심으로 침해 여부를 살펴보았고 합헌성을 인정하여 기각결정을 한 예,[60] * 계약의 자유와 직업(영업)의 자유 경합을 인정하면서 앞 결정례와 달리 반대로 후자를 중심으로 본 예(직업의 자유와 계약의 자유의 경합 ─ 신탁업탁자가 신탁재산을 고유재산으로 하거나 이에 관하여 권리를 취득하는 것을 금지한 구 신탁법 규정[61]), ⑩ 국민주택채권 매입강제 ─ 계약체결의 자유(사적 자치권)와 재산권의 경합 ─ 국가나 지방자치단체에 등기를 신청하는 국민에게 국민주택채권을 매입하도록 하는 주택법 규정이 헌법상 계약체결의 자유(사적 자치권)와 및 재산권 양자를 모두 제한하는 경합관

---

52) 헌재 1998.4.30. 95헌가16. [판시] * 위 판례이론에 이미 인용된 부분 참조.
53) 헌재 2002.4.25. 2001헌마614.
54) 헌재 2004.5.27. 2003헌가1등. 대학교의 정화구역의 경우 위헌결정. 유치원 및 초·중·고등학교의 정화구역의 경우 헌법불합치결정.
55) 헌재 2008.5.29. 2006헌마1096.
56) 헌재 2008.10.30. 2005헌마1156.
57) 헌재 2008.11.27. 2007헌마1024.
58) 헌재 2009.5.28. 2005헌바2.
59) 헌재 2009.10.29. 2007헌마1359 [판시] 청구인은 경비업법 제15조 제3항으로 인하여 행복추구권, 평등권, 집회결사의 자유 및 단체행동권을 침해받았다고 주장하나 이 조항과 가장 밀접하게 관련되고 가장 침해의 정도가 큰 기본권은 근로3권의 하나인 단체행동권이므로 이에 한정하여 판단하기로 한다.
60) 헌재 2011.8.30. 2008헌마477.
61) 헌재 2018.3.29. 2016헌바468.

계에 있다고 본 뒤 계약체결의 자유의 침해 여부를 판단한 결정례[62] 등이 있었다. 또한 ⑪ 공무원 복무규정[집단적 의사표현 행위('집단·연명으로 또는 단체의 명의를 사용하여' 행하는 행위) 금지, 정치적 주장을 표시·상징하는 복장 등 착용 금지] – 집회의 자유와 표현의 자유의 경합 – 표현의 자유의 제한으로 판단한 예가 있는데[63] 이 판례는 집회의 자유와 표현의 자유와의 관계에 대해 경합 관계로 본 것이라 할 것이다. 그러나 집회의 자유는 표현의 자유의 하나라고 보는 것이 낫고 그렇게 보아 경합관계가 아니라 포괄관계로 보는 것이 낫다(우리는 언론·출판의 자유와 집회·결사의 자유를 묶어 '표현의 자유'라고 부른다. 헌재의 이 부분 판시는 표현의 자유는 언론·출판의 자유만을 의미한다고 보는 입장이 되는데 집회도 표현의 수단이므로 이 판시는 사실 이해가 되지 않는다). ⑫ 임대차존속기간의 20년 한정규정 – 계약의 자유와 재산권의 경합 – 헌재는 석조건물 등 소유 목적의 일정한 토지임대차를 제외한 임대차의 존속기간을 20년으로 제한한 구 민법 제651조 제1항이 위헌심사대상이 되었는데 헌재는 그 심사에 있어서 제한되는 기본권을 경합이론으로 정리하여 계약의 자유 침해 여부만 판단하였고 비례(과잉금지)원칙을 위배하여 계약의 자유를 침해한다고 판단하였다.[64] ⑬ 직업선택의 자유, 행복추구권, 교육받을 권리, 학문의 자유, 평등권 간의 경합으로 보면서 직업선택의 자유 침해를 중심으로 판단한 예(㉠ 법학전문대학원에 입학할 수 있는 자는 학사학위를 가지고 있거나 법령에 따라 이와 동등 이상의 학력이 있다고 인정된 자로 한다고 규정한 '법학전문대학원 설치·운영에 관한 법률' 제22조가 학사학위가 없는 자의 직업선택의 자유를 침해하지 않는다고 본 결정[65]; ㉡ 법학전문대학원으로 하여금 필수적으로 외국어능력을 입학전형자료로 활용하도록 규정하고 있는 위 법률 제23조 제2항 해당규정이 역시 직업선택의 자유를 침해하지 않는다고 본 결정.[66] 위 결정들에서 행복추구권, 평등권도 경합으로 보는 듯한데 이는 자신의 주류적 판례가 달라 이해하기 어렵다(후술 행복추구권 참조), ⑭ 재산권, 직업선택의 자유와 결사의 자유를 제한하며, 자기책임의 원칙 및 사적자치의 원칙의 경합에서 재산권을 침해하는지 여부를 중심으로 판단한 예(헌재 2016.11.24. 2014헌바203. 변호사법 제58조 제1항 중 법무법인에 관하여 합명회사 사원의 무한연대책임을 정한 상법 제212조, 신입사원에게 동일한 책임을 부과하는 상법 제213조, 퇴사한 사원에게 퇴사등기 후 2년 내에 동일한 책임을 부과하는 상법 제225조 제1항을 준용하는 부분에 대한 합헌결정),[67] ⑮ 일반적 인격권과 이에 포함되는 명예권 및 직업수행의 자유, 행복추구권을 제한한다고 하면서 그중 징계결정 공개조항과 가장 밀접하게 관련되고 가장 침해 정도가 큰 기본권은 일반적 인격권이므로 이를 중심으로 과잉금지원칙위반 여부를 판

---

62) 헌재 2011.9.29. 2010헌마85.

63) 헌재 2012.5.31. 2009헌마705등,

64) 헌재 2013.12.26. 2011헌바234 [판시] 이 법률조항에 대한 청구인의 주장, 입법자의 입법동기 등을 고려하면, 임대차존속기간 제한은 계약의 자유와 가장 밀접한 관계에 있고, 재산권에 대한 제한은 계약의 자유에 대한 제한에 부수하여 2차적으로 발생하는 것에 불과하므로, 계약의 자유를 중심으로 해서 이 법률조항이 그 헌법적 한계를 지키고 있는지를 판단하기로 한다.

65) 헌재 2016.3.31. 2014헌마1046.

66) 헌재 2016.12.29. 2016헌마550.

67) 헌재 2016.11.24. 2014헌바203등.

단한다고 하고 동 원칙을 준수하여 합헌이라고 본 결정(변호사에 대한 징계결정정보를 인터넷 홈페이지에 공개하도록 한 변호사법조항과 징계결정정보의 공개범위와 시행방법을 정한 변호사법 시행령 징계결정 공개조항에 대한 결정)[68] 등이 있다.

(2) '경합' 비명시적 판례

경합이란 말을 직접 언급하지 않고 여러 기본권이 문제될 수 있음을 판시한 다음의 예들도 있었다. 이 판례들도 경합에 관한 판례들인 것은 분명하다. ① 금치처분 수용자에 대한 집필금지의 위헌결정에서 학문의 자유, 예술의 자유, 직업의 자유, 통신의 자유, 재판청구권, 인격권이 연관될 수 있다고 하면서 표현의 자유를 직접적으로 제한되는 기본권으로 보아 판단한 예[69]가 있다. ② 양심적 병역거부자에 대한 결정들에서 양심의 자유와 종교의 자유를 거론한 뒤 양심의 자유 하나의 기본권 문제로만 판단하였다.[70] ③ 수혜법인의 지배주주 등에게만 고율의 증여세를 부과하여 재산권, 기업의 자유, 계약의 자유를 침해하고 조세평등주의, 실질과세원칙, 이중과세금지원칙에 위반된다는 주장에 대해 헌재는 재산권에 대해서만 판단한 예도 있다.[71] ④ 변호사가 비변호사로부터 법률사건 등의 수임을 알선받는 행위를 금지하고 이를 위반한 경우 처벌하는 '변호사법' 제34조 제3항 및 제109조 제2호 가운데 해당 규정('알선수임금지 조항')이 "알선"에 집단소송 등에서 변호사가 소송에 참여할 당사자를 모집하기 위하여 광고하는 데 도움을 주고받는 행위까지도 포함되는 것으로 해석하는 한 청구인의 언론·출판·집회·결사의 자유를 침해한다는 주장 – 헌재는 동법 제23조 제1항은 변호사가 업무의 홍보에 필요한 사항을 광고하는 것을 허용하고 있다. 이 부분 청구인의 주장은 결국 "알선"을 금지하는 알선수임금지 조항이 과잉금지원칙에 위배하여 청구인의 직업수행의 자유를 침해한다는 취지이므로, 언론의 자유 등 침해 여부에 대해서는 별도로 다시 판단하지 아니한다고 판시하였다.[72] ⑤ 검사를 받지 아니한 홍삼의 판매금지와 판매목적 진열을 금지하는 인삼산업법 규정에 대한 헌법소원사안에서 직업의 자유와 재산권이 문제된다고 보면서 전자의 문제로만 판단한 예가 있었다.[73] ⑥ 교원노조 명단 공개 금지 – 학부모의 교육권과 알 권리의 경합 – 공시대상정보로서 교원의 교원단체 및 노동조합 가입현황(인원 수)만을 규정할 뿐 개별 교원의 명단은 규정하고 있지 아니한 구 '교육관련기관의 정보공개에 관한 특례법 시행령' 별표 규정이 과잉금지원칙에 반하여 학부모들의 알 권리를 침해하는지 여부가 문제된 사안이었다. 헌재는 교육권은 위 정보에 대한 알 권리의 충족 여부에 따라 간접적으로 영향받는 것이라고 보아 알 권리를 택하여 그 침해 여부를 판단한 예도 있다.[74] ⑦ 직업의 자유와 사립유치원 운영(사학운

---

68) 헌재 2018.7.26. 2016헌마1029.
69) 헌재 2005.2.24. 2003헌마289.
70) 헌재 2018.6.28. 2011헌바379등.
71) 헌재 2018.6.28. 2016헌바347등.
72) 헌재 2018.7.26. 2018헌바112.
73) 헌재 2008.4.24. 2006헌바68.

영)의 자유 – 청구인들은 유치원의 학교에 속하는 회계의 예산과목 구분을 정한 '사학기관 재무·회계 규칙'(2017.2.24. 교육부령) 규정이 자신들의 직업의 자유를 침해한다고 주장하였으나, 헌재는 위 규정이 사립유치원 운영의 자유와 가장 밀접한 관계에 있다고 보아 판단하고 직업의 자유에 대한 침해여부는 따로 판단하지 않았다.[75] ⑧ 일정한 한약서에 수재된 처방에 해당하는 품목의 한약제제를 의약품 품목허가·신고를 위한 안전성·유효성 심사대상에서 제외하고 있는 '한약(생약)제제 등의 품목허가·신고에 관한 규정'(2015. 9. 21. 식품의약품안전처고시 제2015-62호) 제24조 제1항 제4호, 제5호가 생명·신체의 안전에 관한 권리, 알권리, 자기결정권을 침해한다는 주장에 대해 보건권 침해 여부에 대해서만 판단한 예[76]도 있다.

　＊ 복수의 기본권제한을 함께 판단한 예 – 헌재는 문제되는 여러 기본권들에 대해 경합이론에 따라 하나의 기본권만의 문제로만 판단하지 않고 그 기본권들을 묶어서 판단하기도 한다. 그러한 예로 몇 가지를 보면, ① 인터넷게시판 본인확인제에 대한 위헌결정을 들 수 있다. 헌재는 이 결정에서 익명표현의 자유와 개인정보자기결정권에 대해 판단하였다.[77] ② 위에서 본 학교 정화구역 내에서의 극장시설 및 영업의 금지에 대한 위헌·헌법불합치결정에서 헌재는 직업의 자유의 침해여부를 중심으로 살피는 가운데 표현·예술의 자유의 침해여부에 대하여도 부가적으로 살펴보았다.[78] ③ 의료법인·의료기관 또는 의료인이 '치료효과를 보장하는 등 소비자를 현혹할 우려가 있는 내용의 광고'를 한 경우 형사처벌하도록 규정한 의료법(2010.7.23. 법률 제10387호로 개정된 것) 제89조 중 제56조 제2항 제2호 부분에 대해서 표현의 자유, 직업수행의 자유 침해 여부를 함께 살펴본 예도 있다.[79]

Ⅲ. 해결(선택)이론에 대한 검토와 정리

1. 해결(선택)이론에 대한 검토

ⅰ) 첫째, 보호되어야 할 기본권을 찾음에 있어 기본권주체의 의도와 더불어 입법자의 의도도 고려해야 하는데 후자는 객관성을 가질 것이나 전자는 주관성이 많아 판단이 쉽지 않을 수 있다. 헌법재판이 가지는 헌법해석기능, 그 효과 등의 관점에서도 고려하여야 할 것이고 공통분모를 찾기 어려울 때 무리한 선택을 할 수 없고 병존판단이 적절할 수도 있을 것이다. 그러면서도 생명권이나 인간의 존엄·가치와 같은 보다 우월한 객관적 가치의 기본권은 우선적으로 보장되어야 할 것이다. ⅱ) 여하튼 일단은 기본권보호를 위한 경우에는 가장 강하게 보호되어

---

74) 헌재 2011.12.29. 2010헌마293.
75) 헌재 2019.7.25. 2017헌마1038등.
76) 헌재 2018.5.31. 2015헌마1181.
77) 헌재 2012.8.23. 2010헌마47.
78) 헌재 2004.5.27. 2003헌가1등 [판시] 위 주 부분 참조.
79) 헌재 2014.9.25. 2013헌바28 합헌결정.

야 할 기본권을 찾아야 하고 기본권제한에 있어서는 기본권주체에게 가장 피해가 적은 기본권에 대한 제한이 이루어져야 하기에 경합관계에 있는 기본권 간에 우열이 따져져야 한다. 보다 우월한 객관적 가치의 기본권 외에 기본권은 사안에 따라 우열관계가 달라질 수 있다. 보호나 제한을 하게 되는 객관적 의도도 함께 고려되어야 할 것이다.

2. 기본권경합과 기본권상충의 병존

기본권의 경합 문제는 사실 경합 자체로 끝나는 것이 아니라, 다른 기본권주체의 기본권들과 상충할 때가 나타날 수 있다. 이 경우에는 경합에서의 선택 뿐아니라 기본권의 상충에 있어서 조절도 이루어져야 한다. 예를 들어 甲에게 직업의 자유와 표현의 자유라는 두 기본권이 경합되는 가운데 甲의 기본권행사로 인해 乙의 사생활의 자유가 문제될 때 甲의 기본권경합 해결과 乙과의 상충에 있어서의 조절이 이루어져야 할 것이다.

3. 정리 ─ 판단기준·과정

그 판단기준은 먼저 ① 객관적 가치를 가지는 상위의 기본권(인간의 존엄·가치성)을 우선해서 고려하고, ② 기본권주체의 의도와 기본권제한의 객관적 목적(동기)을 살펴보아, ③ 사안에서 기본권주체에게 있어서 보다 직접적인 관련성이 있는 기본권들을 차례로 그 침해와 정도 문제를 심사하고, ④ 기본권경합의 상황을 겪고 있는 기본권주체에게 가장 적은 희생, 피해최소가 되도록(기본권보호의 경우 가장 강한 정도의 보호가 되도록) 고려하여 판단하는 것이 필요하다.

제 2 항   기본권의 상충[80)]

I. 개념과 실익

1. 개념

i) 기본권주체의 복수성, 주장의 대향성   기본권의 상충(충돌)이란 하나의 같은 사안에서 서로 다른 복수의 기본권주체들이 요구의 방향이 대립되는 각자의 기본권을 주장함으로써 각 기본권주체가 국가에 대하여 각자의 기본권의 보호를 요구하고 있는 상황을 말한다. 헌재도

---

80) 이에 관한 자세한 것은, 졸고, 기본권의 상충에 관한 연구, 성균관법학, 제19권 제2호, 2007.8, 15면 이하 참조. 본서의 이하의 글들도 이 논문을 주로 옮겨놓고 약간 가필, 수정·보완한 것이다. 판례는 이 논문에 수록된 것 보다 더 증보된 것이다. 이는 물론 시간이 흘렀기 때문이다.

"기본권의 충돌이란 상이한 복수의 기본권주체가 서로의 권익을 실현하기 위해 하나의 동일한 사건에서 국가에 대하여 서로 대립되는 기본권의 적용을 주장하는 경우를 말하는데, 한 기본권주체의 기본권행사가 다른 기본권주체의 기본권행사를 제한 또는 희생시킨다는 데 그 특징이 있다"라고 한다(2002헌바95). 기본권의 상충은 복수의 기본권주체 간의 문제, 즉 기본권주체의 복수성이라는 점에서 어느 한 기본권주체에 있어서 그의 여러 기본권들이 아울러 영향을 받는 경우인 기본권경합과는 구별된다.

> *** 용어문제:** 한국에서 교과서나 헌재판례에서 '충돌'이란 말을 많이 사용한다. 생각건대 기본권충돌은 서로 다른 방향으로 마주 향하면서 대립되는 충돌을 의미한다. 따라서 서로 마주보며 충돌한다는 의미를 담기 위해서 상충이란 말을 우리는 더 쓰기도 한다.

ii) 보호범위 내 기본권들 간 충돌 상충되는 권리는 기본권으로서 보호되는, 즉 기본권의 보호범위 내에 들어가는 기본권들 간의 충돌이어야 한다. 어느 기본권주체가 자신의 기본권의 보호범위 내에 들어가지 않는 행위를 행하면서 다른 기본권주체의 기본권과 상충이 있다고 하여 자신의 기본권의 보호를 요구할 수는 없다(예를 들어 ① 대가를 받고 생명권을 박탈하는 살인을 한 자가 살인청부업도 직업의 자유가 보호하는 직업이라고 하면서 기본권상충을 주장하는 것은 살인청부가 직업의 보호범위에 들어가지 않아 이를 받아들일 수 없음은 물론이고 이는 타인의 본질적 내용으로만 이루어진 생명권의 박탈로 당연히 금지되어야 할 행위이다. ② 파업권을 행사하면서 인간의 생명, 안전을 해하는 행위까지도 이를 할 수 있다고 주장하는 경우 이는 이미 정당한 파업권의 범위를 벗어난 것이므로 충돌이라고 할 수 없다). 이를 유사충돌이라고 부르기도 하나 이러한 경우에는 기본권의 보호를 받지 못하기에 애초에 충돌의 문제가 아니므로 '비'상충이다.

iii) 국가의 개입 기본권충돌 자체는 현상이고 사실로서 법적 분쟁화되지 않을 수 있다. 기본권상충이 법적 분쟁의 문제로 전개되면 기본권주체가 국가에 그 분쟁해소를 위한 개입을 요구하거나 국가가 필요에 의해 개입하게 되어 국가권력에 의한 조절이 이루어지는 헌법적 문제로 부각된다. 따라서 헌법적 문제로서의 기본권상충의 개념은 국가가 그 분쟁해소를 위하여 개입하는(입법, 법원재판 등) 상황에 있는 것을 포함하는 것으로 볼 것이다.

* 정리 – 개념3요소 요컨대 헌법적 문제해소를 요하는 기본권의 상충은 ① 복수의 기본권주체의 존재, ② 충돌되는 진정한 기본권(보호범위 내의 권리)의 존재, ③ 국가에 대한 보호요구가 있을 것을 그 개념요소로 한다.

2. 기본권상충과 기본권의 이중성, 제3자효

(1) 기본권상충과 기본권 이중성

기본권의 이중성을 인정하여 객관적 질서로서의 기본권이 사인 간에도 제3자적 효력을 가지는 것으로 보게 되고 기본권상충문제가 헌법적 문제로 부각되었다고 보는 설명[81])이 있다. 그러나 앞서 기본권의 제3자효에서 검토한 대로 객관적 질서성을 인정해야 제3자효를 인정할 수 있는 것으로 보는 것부터 이러한 견해는 문제가 있고 사인들 간의 기본권의 충돌은 기본권이 각자의 주관적 권리이고 이 주관적 권리를 각 기본권 주체가 주장하다 보니 충돌이 발생한다고 보아야 한다. 오히려 기본권이중론자들이 주장하는 객관적 질서가 모든 사회구성원이 준수하여야 할 질서(그래서 '객관적'이다)라면 충돌되는 타인의 기본권을 자신의 기본권에 내재하는 그 객관적 질서에 따라 적절히 존중하게 되어 충돌될 것도 없다(자동조절). 따라서 기본권의 이중성을 인정하여야만 기본권상충문제가 헌법적 문제로 부각된다고 하는 것은 타당하지 않고 혼란만 가져올 수 있다.

(2) 기본권상충과 기본권의 제3자효

기본권상충은 기본권주체들 간의 문제이므로 사인들 간의 문제이기도 하다. 그리하여 사인들 간에 기본권의 효력이 미친다는 대사인적(제3자적) 효력이 요구되는 문제상황과 기본권상충의 문제상황이 서로 다른 성격의 것인지 여부가 논의되고 있다. 양자는 구별되어야 한다는 견해[82]가 있다. 그러나 기본권의 사인들 간의 효력을 인정하지 않는다면 충돌상황에 있는 사인들이 각각 주장하는 권리가 기본권으로서 보호되지 않는 것이라는 결론에 이르게 되므로 기본권상충의 문제를 논할 수 없게 된다. 그 점은 오히려 기본권의 제3자효가 기본권상충의 전제가 되는 것을 의미한다. 기본권상충 문제는 국가의 개입을 요한다는 점에서 다르다고 하는 견해도 있다. 그러나 국가가 아닌 사인과 또다른 3자인 사인 간, 즉 사인들인 기본권주체들 간에 아무런 분쟁이 없다면 물론이고 분쟁이 있더라도 그들 간의 자율적으로 평화롭게 해소되는 경우라면 국가와 헌법이 개입할 것은 아니고 헌법적 문제가 되지 않을 것이다. 기본권의 제3자효가 문제되는 상황도 헌법적 문제가 되는 것은 사인들 간 자율해소가 아닌 국가에 의한 기본권의 보호가 요구될 때의 상황이므로 양자 모두 국가의 개입(입법, 법원재판 등)에 의한 해소가 필요하기에 문제의 성격이 다르지 않다(그리하여 '사인 – 국가 – 사인' 관계이므로 '제3자적' 효력 관계라고 한다는 점을 상기). 대법원의 판례에서도 기본권의 사인간 효력과 충돌 문제를 함께 지적하기도 한 예를 볼 수 있다(대법원 2010.4.22. 2008다38288, 이 판결에 대한 자세한 것은 뒤의 기본권상충, 대법원판례 부분 참조).

3. 기본권상충이론의 실익

기본권은 국가나 헌법의 존재목적이고 인간의 생활에 기본적인 권리이므로 최대한의 보장이 요구됨은 물론이다. 따라서 기본권의 상충에 있어서 그 해결을 위하여 상충되는 기본권들을 불가피하게 희생시킬 수밖에 없더라도 이러한 희생을 최소화하도록 조절함으로써 가능한 한 상충되는 기본권들을 최대한 보장할 수 있는 방법을 찾아야 한다. 기본권이 상충할 때 어느 기

---

81) 권영성, 전게서, 321-322면.
82) 권영성, 헌법학원론, 법문사, 2007, 335면.

본권주체의 어떠한 기본권들이 어느 정도 충돌되고 있는지를 파악하는 일은 기본권의 조절을 위한 전제적 과제이다. 기본권의 조절은 어느 한 기본권을 전적으로 희생시키는 것이 아니고 각 기본권주체들이 가능한 한 조금씩 최소한의 양보 내지 희생을 통하여 결국 전체적으로 기본 권보호의 양을 최대화하여 최적의 상태(optimum)를 실현하기 위한 것인데 이러한 조절을 위해 서는 어떠한 기본권들이 어느 정도 충돌되고 있는가를 파악하여 그 우선순위와 희생의 정도를 가늠하여야 할 것이다. 바로 여기에 상충론이 오늘날 기본권의 조절을 위한 방법론으로서의 실 익이 있다. 문제는 기본권상충에서 해결방법이 기본권제한의 방법들과는 별개의 것인가 하는 데에 있다(후술 참조).

II. 유형 및 사례

1. 유형

(1) 동종(同種) 기본권들 간의 상충

같은 종류에 속하는 기본권들 간의 충돌(예컨대 어느 일간지의 주간, 논설위원, 편집장, 기자들 간에 어떤 사건보도를 두고 견해차이가 있을 경우에는 같은 종류의 기본권인 언론의 자유에 있어서 상 충)이다.

(2) 이종(異種) 기본권들 간의 상충

다른 종류의 기본권들 간의 충돌(예컨대 특정인에 대한 언론보도에 있어서 언론의 자유와 사생활 의 비밀의 충돌)이다. 이러한 상충의 경우가 많다.

(3) 자유권과 생존권 간의 상충 내지 갈등관계

異種 기본권들 간의 상충으로 자주 나타나는 예로 자유권과 생존권 간의 상충의 예를 볼 수 있다. 어느 한 개인의 재산권(자유권)을 제한함으로써 타인들의 인간다운 생활을 할 권리(생존 권)의 실현에 도움을 주는 경우, 예컨대 A의 소유로 되어 있는 토지를 수용하여 여러 사람의 주거를 마련하여 인간다운 생활을 할 수 있게 하는 경우, 그것은 자유권의 희생에 따른 생존권 의 보장이 되고 자유권과 생존권 간의 갈등관계가 나타난다. 사실 오늘날 생존권, 사회적 권리 들이 사회적 약자들을 보호하여 다른 사회구성원들과 같이 인간다운 생활을 할 권리를 보장하 기 위한 권리이기에 모든 사회구성원들 간에 실질적 평등의 이념을 구현하는 것이다. 그렇다면 생존권은 평등을 지향하여 자유권과 생존권의 갈등관계는 자유권과 평등권의 갈등관계로 볼 수 있다. 그러나 생활조건의 향상이 자유를 제대로 행사할 수 있게 한다는 점에서 자유와 평등 내지 생존권이 반드시 대립이나 긴장의 관계에만 있는 것은 아니고 상호보완관계(相補關係)가

될 수도 있다(후술 생존권 부분 참조).

2. 사례

사인들 간의 기본권의 상충현상은 일상에서 의식적이든 무의식적이든 빈번하게 일어날 수 있고 어렵지 않게 찾아볼 수 있다. 예를 들어 ① 공직자의 재산공개에 있어서 국민의 알 권리와 사생활비밀·자유권 간의 상충, ② 언론사가 보도 등에서 어느 사람의 명예에 관한 언급을 한 경우의 언론·출판의 자유와 명예권·인격권 간의 상충, ③ 소음을 발생하는 공장의 운영으로 인근 주민이 숙면을 방해받는 경우에 공장운영이라는 영업의 자유와 쾌적한 환경에서 생활할 권리(숙면권) 간의 상충, ④ 교사가 자신의 신앙이나 사상을 수업에서 강조할 경우의 교사의 종교 내지 사상의 자유와 학생들의 교육을 받을 권리의 상충, ⑤ 기업이 사원의 채용에 있어서 특정한 신조를 가진 사람에 대해서는 채용을 거부한 경우에 기업의 경영의 자유와 특정 지원자들의 근로의 권리, 사상의 자유와의 상충, ⑥ 어느 단체의 집회와 시위 때문에 통행권이 방해될 경우에 집회의 자유와 왕래(통행)의 권리의 상충, ⑦ 흡연권과 혐연권 간의 충돌 등을 들 수 있다.

위의 사례에서 ③, ④, ⑤의 사례는 환경권, 교육을 받을 권리, 근로의 권리가 생존권에 해당되기에 위의 1. (3)에서 살펴본 유형인 자유권과 생존권 간의 상충의 예들이다.

Ⅲ. 해결방법에 관한 학설·이론

용어의 문제 – 먼저 기본권충돌의 '해결'이란 말에 오해의 소지가 있다. 충돌이 사라지도록 한다는 해결이 아니다. 충돌은 주어진 상황 하에서는 어쩔 수 없이 그대로 남아 있을 수밖에 없다. 따라서 여기서의 '해결'이란 충돌되는 기본권들 간에 각 기본권을 어느 정도로, 어떻게 제한하여 가장 원만한 결과를 가져오게 할 것인가 하는 문제이다. 즉 충돌되는 기본권 간의 '조절'을 의미한다.

1. 해결방법들

우리나라에서는 그동안 기본권상충의 해결방법으로 아래와 같은 방안들이 제시되어 왔다. 그 방안들은 독일에서 많이 거론되어 온 것들이다. 해결방법으로서 입법의 자유영역이론, 기본권의 서열이론, 법익형량론, 실제적 조화(규범조화)이론 등이 제시되고 있다.[83]

---

83) 이러한 독일의 이론에 대해서는, 계희열, 헌법학(중), 신정판, 박영사, 2004, 124면 이하; 성정엽, 기본권 충돌에 대한 헌법이론적 접근, 공법학연구, 창간호, 1999, 945면 이하; 홍성방, 기본권의 경합과 충돌, 안암법학, 제9호, 1999, 5면 등 참조.

(1) 여러 방법들

1) 규범내용확정론

제 1 차적 해결준거로서 충돌되는 기본권의 내용의 확정을 들고 있는 이론이 있다. 이는 사안에서 기본권의 보호영역(규범내용)이 무엇인지를 먼저 파악하고 그 보호를 주장하는 것이 기본권의 이 보호영역에 들어가는 것인지를 살펴보아 들어가지 않으면 배제함으로써 충돌을 해소할 수 있다는 이론이다.

2) 입법의 자유영역이론

헌법에서 기본권상충의 해결에 관한 규정을 두고 있지 않을 때에는 원칙적으로 기본권충돌의 해결을 입법자의 자유로운 형성에 맡겨야 하고 법원이나 헌재의 해석에 의해서 해결하는 것은 적절하지 않다고 보는 이론이다. 이 이론에 대해서는 무엇보다도 다양한 기본권충돌현상이 많은데 이에 대해 일일이 입법이 정형화하여 정하는 것이 어렵고 기본권충돌의 해결문제는 헌법해석의 문제인데 헌법해석은 입법자만이 아니라 법원, 헌법재판소도 행하는 것이라는 점에서 비판을 받고 있다.[84]

3) 서열이론

기본권들 간에는 상하의 우열관계가 있다고 보고 충돌하는 기본권 중 상위의 기본권을 하위의 기본권에 우선하여 보호하여야 한다는 이론이다.

4) 법익(이익)형량론

상충되는 각 기본권의 법익(이익)을 서로 비교하여 보다 더 큰 법익(이익)을 가진 기본권을 우선하여 보호한다는 방법론이다. 이익형량에 있어서 어느 기본권을 우선할 것인가 하는 기준에 관한 국내학설로는 ㈀ 생명권·인격권우선의 원칙, ㈁ 생존권우선의 원칙, ㈂ 자유권우선의 원칙 등을 제시하는 견해를 들 수 있다.[85] 또한 상하기본권의 상위의 기본권에 우선적 효력이 인정되는데 "'인간의 존엄성' 또는 '생명권'과 같은 기본권질서의 가치적인 핵이 다른 모든 기본권보다 상위에 있다"고 보고, 동위기본권간의 상충시에는 ① 인격적 가치우선의 원칙(재산적 가치를 보호하기 위한 기본권 보다 인격적 가치를 보호하기 위한 기본권을 우선시키자는 것), ② 자유우선의 원칙(평등은 그 자체에 의미가 있는 것이 아니라 자유를 실효성있게 하는 조건이므로 평등보다 자유를 우선시키자는 것)에 따라 이익형량이 행해질 수 있다는 견해[86]가 있다.

5) 규범조화적 해석(실제적 조화의 원리)

이는 충돌되는 기본권들 중 어느 한 기본권을 전적으로 희생시키지 않고 양 기본권이 최대한 존중되도록 하는 조화로운 방안을 찾아야 한다는 것이다. 규범조화적 해석(실제적 조화)의 방법론으로는 ① 비례(과잉금지)원칙의 방법(상충하는 기본권을 모두 양립되게 하는데 각 기본권을 필요최소한으로 제약하는 선에서 그치도록 하는 방법. 비례(과잉금지)원칙에 대해서는, 후술 기본권제

---

84) 계희열, 위의 책, 125면 등 참조.
85) 권영성, 전게서, 327면.
86) 허영, 전게서, 259면.

한의 한계 부분 참조), ② 상충되는 어느 기본권도 희생시키지 않는 대안에 의한 해결, ③ 최후
수단의 억제방법[87] 등이 제시되고 있다.

6) 형평성의 원칙

이 이론은 위의 실제적 조화의 원리에 유사한 이론으로 보인다. 이 이론은 "충돌하는 기본
권 모두가 최대한으로 그 효력을 유지할 수 있게 함으로써, 각 기본권간에 형평이 유지될 수
있도록 하는 원칙"이라고 하며, 이 원칙을 위한 방법으로 "모든 기본권에 비례적으로 공평하게
제약을 가함으로써 각 기본권의 핵심영역을 유지함은 물론 기본권 모두의 효력을 양립시키려
는" 공평한 제한의 원칙, "공평한 제한까지도 수용하기 어려울 경우에는, 기본권 모두의 효력
을 유지하는 대안 내지 절충안을 찾아내는 방법"을 말하는 대안(代案, 折衷案)발견의 원칙, 두
가지 방법을 들고 있다.[88]

(2) 국내의 학설의 입장

국내에서는 위의 여러 방법론들 중에 어떠한 방법으로 기본권상충을 해결할 것인지에 대해
여러 견해들이 표명되고 있다.

① "기본권충돌의 문제를 그래도 가장 적절하게 해결해 주는 방법은 충돌하는 기본권을 어
느 하나도 희생시키지 않고 모두 최대한 실현시키는 실제적 조화의 원리에 따른 해결이라고 하
겠다"라는 견해,[89] ② "상충하는 기본권의 문제는 '이익형량'과 이들 '규범조화적 해석방법'을
모두 동원해서 다각적인 검토를 해야 하는 매우 복합적인 성질의 사안"이라는 견해,[90] ③ 제1
차적 해결준거로 규범내용확정에 따라 해결하고, 이로써 해결되지 않으면 제2차적 해결준거로
법익형량원칙과 형평성원칙으로서의 공평한 제한의 원칙, 대안(절충안)발견의 원칙을 적용하고,
이로써도 해결되지 아니할 경우에 최종적으로 제3차적 해결준거인 입법에 의한 해결을 할 수
밖에 없다고 보는 견해,[91] ④ "이익형량의 방법을 적용하되, 가치서열이론에 따라 기본권을 위
계질서화하여 비교·형량하여야 하며, 궁극적으로는 규범조화적 해석을 통해 기본권의 최적화
를 기해야 할 것이다"라는 견해,[92] ⑤ "기본권의 충돌의 경우에 어느 것이 우선하는가는 구체
적인 경우마다 비교형량(이익형량, 법익형량)에 따른다"라는 견해,[93] ⑥ "과잉금지의 원칙이나
비례의 원칙 등에 입각하여 규범조화적인 해석을 하는 것이 바람직할 것이나, 실제로는 이를
통해서도 명확한 결론을 도출하기란 쉽지 않다"라는 견해,[94] ⑦ 실제적 조화의 이론에 따라 해
결되는 것이 바람직하다는 견해,[95] ⑧ "현재 실질적인 비중을 갖고 있는 것은 실제적 조화와

---

87) 허영, 전게서, 267-268면.
88) 권영성, 앞의 책, 341면.
89) 계희열, 앞의 책, 128면.
90) 허영, 앞의 책, 268면.
91) 권영성, 앞의 책, 339-342면.
92) 윤명선, 기본권 충돌시의 효력문제, 고시연구, 1996.4, 81면.
93) 양건, 헌법강의 Ⅰ, 법문사, 2007, 247-248면.
94) 성낙인, 헌법학, 제7판, 법문사, 2007, 276면.

법익형량의 두 가지라고 할 수 있다"라는 견해,[96] ⑨ 사안관련성에서 가장 직접적인 기본권을 고려하되 법익형량에 의하여 양자택일을 할 수밖에 없는 경우에는 우월한 지위에 있는 기본권을 보호하고 그렇게 할 수 없는 경우에는 비례적 제한원칙에 따라 적정한 조화점을 찾아내게 되는데 이 과정에서 대안을 마련하는 방식도 고려되고 대안마련이 어려운 경우에는 결국 특정 기본권을 불가피하게 후퇴시킬 수밖에 없는데, 이런 때에는 과잉금지원칙에 합치하여야 한다는 견해[97] 등이 있다.

2. 각 해결방법들에 대한 평가

(1) 규범내용확정론

규범영역의 확정은 규범영역에 속하지 않는 경우 충돌이 아니라 하여 배제하는 것이므로 근본적으로 상충이 존재하는지 여부를 가리기 위한 전제적 판단이지 이것이 해결 자체를 가져오는 것은 아니다. 기본권규범의 보호범위에 들어가지 않는 사안의 경우에는 상충이 애초에 없는 상황이므로 규범내용의 확정이 상충 자체의 해결과정의 하나가 되는 것은 아니다. 상충문제에 해당되지 않는 사안을 거르는 과정은 될 것이다. 더구나 기본권상충의 개념에서 기본권규범의 보호영역을 벗어난 경우의 충돌은 기본권상충이 아니라고 보면서 규범내용의 확정을 기본권상충해결의 준거로 보는 견해는[98] 논리적으로 모순이다.

(2) 입법의 자유영역이론

이는 상충해결의 방식에 관한 이론이 아니라 그 해결을 할 임무를 누가 수행하는가 하는 해결의 주체문제에 관한 것이므로 애초에 해결방법들 중의 하나로 보기 힘들다. 물론 입법자가 기본권상충해결의 임무를 수행하는 주체들 중 하나이다. 그러나 기본권상충의 해결을 '어떻게' 할 것인가 하는 것이 해결방식의 문제이므로 상충을 해결하는 입법을 함에 있어서 어떤 방법을 취할 것인가가 제시되어야 하는데 아무런 해결기준을 제시하지 않고 그냥 입법에 해결을 맡긴다고만 하는 것은 결국 전혀 문제해결을 가져오게 하는 것이 아니라 문제를 그대로 남겨두는 것이다. 따라서 입법의 자유영역론은 기본권상충을 해결하기 위한 방법이나 준거는 아니다.

(3) 서열이론

ⅰ) 서열이론이 항상 어느 기본권이 다른 기본권보다 어떠한 상황관계에서도 우선한다고

---

95) 홍성방, 헌법학, 개정4판, 현암사, 2006, 311면.
96) 장영수, 헌법학, 제2판, 홍문사, 2007, 505-506면.
97) 정종섭, 헌법학원론, 제2판, 박영사, 2007, 296면.
98) 예를 들어, 권영성, 앞의 책, 336면("기본권을 주장하는 자의 행위가 당해 기본권규정의 보호범위를 벗어난 것인 때에는 진정한 의미에서의 기본권충돌의 문제는 발생하지 않는다"), 340면("일단 (제1차적으로는) 기본권의 규범내용을 해석론을 통하여 확정하는 작업의 차원에서 해결의 실마리를 찾아야 할 것이다").

보는 고정적 서열관계를 전제하는 입장이라면 이는 받아들이기 곤란하다. 물론 인간의 생명권, 존엄권과 같이 어느 나라, 어느 시대에서나 객관적으로 상위의 기본권으로서 자리잡고 있는 기본권이 있다. 그러나 항상 기본권들의 상하의 자리매김이 고정적으로 확정되어 있는 것은 아니라고 볼 것이다. ⅱ) 일률적으로 상위 기본권은 전적으로 보장하고 하위 기본권은 무조건 이를 희생시키는 양자택일식, 승자독식적인 적용을 하여야 한다는 서열이론이라면 이를 받아들일 수 없다. 이는 기본권의 최대보장의 원칙에 반한다. 하위의 기본권이기에 상위의 기본권을 위하여 희생이 된다고 할지라도 전적인 희생이 불가피한 경우(이러한 경우에도 기본권의 본질적 내용은 침해될 수 없기에 전적인 희생이라는 표현이 부적절한 면이 있긴 하다. 원칙적으로 본질적 내용을 제외한 완전한 희생을 의미한다)가 아니라면 완전한 희생을 가져오지 않고 상위의 기본권의 행사에 방해가 되지 않는 범위 내에서 최대한 이를 보장해줄 수 있을 것이고 보장해주어야 할 것이기 때문이다. ⅲ) 그렇다면 개별 충돌사안마다 그 실질적인 우열관계 내지 중요도를 따지고 실질적인 우열의 판단결과 우열관계가 나타나는 경우에 열위의 기본권을 전적으로 희생시키지 않는다면 상충되는 각 기본권의 우열관계 내지 상대적 중요도를 따지는 판단과정은 타당성을 가진다. ⅳ) 중요도나 서열에 대한 판단과정은 다음 단계의 과정인 법익형량에 있어서 상충되는 기본권들의 이익을 비교하기 위한 과정으로서의 의미를 가진다. 이는 법익형량이 상충되는 각 기본권의 법익의 양과 비중을 상대적으로 측정·비교하는 것인데 이러한 상대적 측정을 위해 먼저 어느 기본권이 실질적으로 더 우선적이고 중요한 것인가를 파악하는 것이 필요하기 때문이다.

(4) 법익(이익)형량론

법익(이익)형량론의 의미 내지 기능이 어떠하다고 보는가에 따라 그 적용의 가치성이 달라진다. ⅰ) 법익형량이론에 대해서는 법익이 큰 기본권을 택하고 적은 기본권을 희생하여야 한다는 점에 문제가 있다는 지적들이 우리나라에서 있다. 그러나 법익형량론이 형량 결과 이익이 적은 기본권을 언제나 완전히 희생하는 것으로 보는 양자택일식의 방법이라면 이를 받아들이기 곤란하다. 이는 역시 기본권의 최대보장원칙에 부합하지 않기 때문이다. 그러나 법익형량의 방법이 쌍방의 적절한 양보를 통한 최적치를 찾기 위하여 조금씩 양보하게 하는 방법으로 활용한다면 이는 타당하다. ⅱ) 상충하는 기본권 각각을 어느 정도 희생, 양보하게 하느냐를 가늠하기 위해서 이익(법익)형량이 필요하다. 법익형량 자체가 해결의 종료를 가져오는 것은 아니다. 법익형량은 이를 통해 상충하는 기본권들 각각에 대해 어느 정도의 보호, 희생을 가져오게 하는지 그 양 내지 범위를 측정하게 된다. 법익형량의 결과 어느 한 기본권을 위해 다른 기본권이 (본질적 내용을 제외하고) 전적으로 희생되어야 할 경우가 아니라면 각 기본권이 가지는 이익의 정도에 상응하여 각 기본권이 희생하게 될 것인데 여기서 그 희생이 최소한으로 되도록 하는 방안(예를 들어 100 중 60 정도의 희생으로 문제해소가 되면 40정도는 보장되어야 한다는 의미이다)을 찾아야 한다. iii) 그 점에서 결국 법익형량은 최소희생을 찾는 것을 그 기능적 목적으로 하는 비례원칙을 적용하기 위한 과정이 된다. 우리 헌재가 기본권제한의 한계로서 확립하여 빈번히 적용하고 있는 비례(과잉금지)원칙의 요소들의 하나로서 법익균형성이 있는바 이것도 또한 이익형량론이 필요함을 보여준다.

(5) 실제적 조화원리(규범조화적 해석), 형평성원칙

ⅰ) 실제적 조화원리는 그것 자체가 해결을 가져오게 하는 구체적 방법이 아니라 지향하고 달성하여야 할 목표 내지 결과이다. 규범조화적 방법이라는 설명 아래 다시 규범조화를 가져오는 방법으로 비례(과잉금지)원칙, 대안식 해결방법 등을 구체적인 방법으로 제시하고 있다는 것은 규범조화적 해석이 하나의 방법이라기보다 해결방향 내지 목표임을 보여주는 것이다.

ⅱ) 서열이론이나 법익형량론, 비례(과잉금지)원칙이 실제적 규범조화에 이르기 위한 판단과정이고 규범조화를 이루기 위한 방법이 된다. 상충되는 기본권들 간의 실질적인 중요도를 따지고 각 기본권의 법익을 측정·비교하여 가능한 한 어느 한 쪽을 일방적으로 희생시키지 않고 각 법익에 상응하는 보호와 제한을 가져오게 하고 각 기본권이 희생되는 정도가 최소화되도록 비례원칙에 따른 해결방안을 찾는 것은 상충되는 기본권들의 보장에 있어서 최적치를 찾아 조절하는 과정 내지 방법이기 때문이다. 사실, 규범조화적 해석을 위한 방법론의 하나로 들려지고 있는 과잉금지의 방법은 우리 헌재가 기본권제한의 법리로서 확립하여 적용하고 있는 것이다. 이처럼 규범조화적 방법의 하나인 과잉금지(비례)원칙이 사실상 기존에 기본권제한의 한 원칙으로서 자리잡고 있다. 이는 기본권상충의 경우에도 결국 기본권제한의 법리가 적용된다는 것을 의미한다. 우리 헌재판례 중에도 "조화로운 방법을 모색하되(규범조화적 해석), 법익형량의 원리, 입법에 의한 선택적 재량 등을 종합적으로 참작하여 심사하여야 할 것이다"라고 설시하면서 결국 비례성심사를 한 예가 있다.[99]

iii) 실제적 조화의 한 방법이라고 하는 대안식 해결에 대해 검토가 필요하다. 규범조화적 해석의 한 방법으로서의 대안해결에서 말하는 대안이란 상충되는 기본권들 어느 것이나 건드리지 않는 방법으로서의 대안을 의미하는 것으로 이해된다. 그런데 상충되는 상황을 그대로 둔채 어느 기본권도 다치지 않게 하는 대안을 찾을 수는 없다. 그러한 대안이 발견될 수 있다면 이는 애초에 충돌의 문제가 발생하지 않을 경우라는 것을 의미한다. 원래의 상황을 변화시키면서 해결하는 대안은 있을 수 있다.

예를 들어 비좁은 노상에서의 행상의 영업이 통행에 방해가 된다고 할 때 그 상황을 그대로 둔 상태에서 충돌되는 통행의 자유와 행상의 자유 어느 것이나 건드리지 않고 해결을 할 수는 없을 것인데 상황을 바꿀 수 있는 경우 예를 들어 도로의 확장 내지 광장의 건설로 상황이 변화될 수 있다면 두 자유권이 모두 충분히 보장될 수 있을 것이다. 그러나 상황의 변화를 가져

---

99) 헌재 2007.10.25. 2005헌바96.

올 수 없는 경우에 어느 기본권도 영향을 받지 않게 해결하는 대안을 찾을 수 없다. 이는 아래에서 살펴볼 우리 헌법재판소의 결정례에서도 나타난 사례인 흡연권과 혐연권의 충돌사안에서 별도의 흡연구역이나 금연구역의 설정이 상충상황 자체에서의 대안이라고 볼 수 없다는 사실에서도 파악된다. 흡연구역이나 금연구역은 흡연자와 비흡연자가 함께하지 않는 공간이므로 당연히 충돌이 없기 때문이다. 충돌이 있게 되는 상황인 흡연자와 비흡연자가 함께하는 상황에서는 두 주체의 흡연권과 혐연권이라는 두 기본권을 모두 건드리지 않는 대안은 있을 수 없고 우월한 기본권인 건강을 위한 혐연권을 보장하고 흡연권을 부정할 수밖에 없다. 대안에 의한 해결의 또다른 예로 수혈거부자에 대해 친족회 동의로 수혈을 하는 방안을 예로 드는 견해들이 있다. 그러나 이는 기본권상충문제의 해결을 가져온 대안이 아니다. 결국 수혈거부자의 종교의 자유는 침해된 것이기 때문이다. 혼인을 이유로 한 퇴학제에 대해서 휴학을 조건으로 하는 혼인허용이 대안이라는 견해도 있으나 휴학은 학업과 혼인의 병행이 아니라 학업의 중단이라는 점에서 문제해결이 되는 대안이 아니다.

iv) 형평성원칙에서 말하는 절충식 해결방법도 특별한 별도의 의미를 가지지 못한다. 이는 상충하는 기본권들에 대해 각각 가장 적게 희생하게 하는 방안을 찾는 것이므로 비례(과잉금지)원칙이 내포하는 최소침해원칙의 적용을 의미하고 이는 결국 규범조화의 방법론이 그 구체적 방법으로 제시하는 대안식 방법 외에 또 다른 방법인 과잉금지원칙의 적용에 해당되는 것이기 때문이다.

Ⅳ. 판례

1. 헌법재판소 판례

(1) 해결방법

헌재는 "두 기본권이 충돌하는 경우 그 해법으로는 기본권의 서열이론, 법익형량의 원리, 실제적 조화의 원리(= 규범조화적 해석) 등을 들 수 있다"라고 한다. 그리하여 자신이 "기본권 충돌의 문제에 관하여 충돌하는 기본권의 성격과 태양에 따라 그때그때마다 적절한 해결방법을 선택, 종합하여 이를 해결하여 왔다"라고 한다(헌재 2005.11.24. 2002헌바95). 그리고 기본권의 서열이나 법익의 형량을 통하여 어느 한 쪽의 기본권을 우선시키고 다른 쪽의 기본권을 후퇴시킬 수 없는 경우에는 "헌법의 통일성을 유지하기 위하여 상충하는 기본권 모두가 최대한으로 그 기능과 효력을 발휘할 수 있도록 조화로운 방법을 모색하되(규범조화적 해석), 법익형량의 원리, 입법에 의한 선택적 재량 등을 종합적으로 참작하여 심사하여야 할 것이다"라고 한다(헌재 2007.10.25. 2005헌바96).

(2) 구체적 판례

기본권상충의 문제가 다루어진 헌재 판례로는 아래와 같은 것들이 있었다.

1) 반론권(인격권)과 보도기관의 언론의 자유의 충돌

정기간행물의 보도에 의한 인격권 등의 침해를 받는 피해자에게 반론의 게재를 요구할 수 있는 반론권은 보도기관에 대해서는 언론의 자유에 대한 제약이 된다. 따라서 헌재는 이러한 반론권(인격권)과 보도기관의 언론의 자유가 충돌한다고 보고 "이와 같이 두 기본권이 서로 충돌하는 경우에는 헌법의 통일성을 유지하기 위하여 상충하는 기본권 모두가 최대한으로 그 기능과 효력을 나타낼 수 있도록 하는 조화로운 방법이 모색되어야 할 것이고, 결국은 이 법에 규정한 정정보도청구[100]제도가 과잉금지의 원칙에 따라 그 목적이 정당한 것인가 그러한 목적을 달성하기 위하여 마련된 수단 또한 언론의 자유를 제한하는 정도가 인격권과의 사이에 적정한 비례를 유지하는 것인가의 여부가 문제된다"라고 보았다. 결국 헌법재판소는 반론권과 언론자유 간의 충돌에 있어서 그 해결방법으로 이처럼 과잉금지원칙을 적용하였다. 그리하여 과잉금지원칙심사의 결과 "정정보도청구권제도는 그 명칭에 불구하고 피해자의 반론게재청구권으로 해석되고 이는 언론의 자유와는 비록 서로 충돌되는 면이 없지 아니하나 전체적으로는 상충되는 기본권 사이에 합리적인 조화를 이루고 있는 것으로 판단된다"라고 하여 합헌결정을 하였다(● 판례 헌재 1991.9.16. 89헌마165).

2) 명예권(인격권)과 표현의 자유의 충돌 – 모욕죄

헌재는 공연히 사람을 모욕한 자는 처벌되도록 한 형법 제311조 모욕죄 조항에 대해 이는 "외부적 명예를 보호하기 위함이다. 그와 반면에 심판대상조항은 표현의 자유를 제한하고 있으므로 결국 심판대상조항에 의하여 명예권과 표현의 자유라는 두 기본권이 충돌하게 된다"라고 본다. 그리하여 헌재는 "이와 같이 두 기본권이 충돌하는 경우 헌법의 통일성을 유지하기 위하여 상충하는 기본권 모두 최대한으로 그 기능과 효력을 발휘할 수 있도록 조화로운 방법이 모색되어야 할 것이고, 결국은 과잉금지원칙에 따라서 심판대상조항의 목적이 정당한 것인가, 그러한 목적을 달성하기 위하여 마련된 수단이 표현의 자유를 제한하는 정도와 명예를 보호하는 정도 사이에 적정한 비례를 유지하고 있는가의 관점에서 심사하기로 한다"라고 하여 판단결과 비례원칙을 준수하여 합헌이라고 결정하였다(● 판례 헌재 2013.6.27. 2012헌바37. 이 결정에 대해 표현의 자유 참조).

3) 흡연권과 혐연권(건강권)의 충돌

흡연권과 혐연권(비흡연자가 담배연기를 꺼리고 흡연으로부터 자유로울 권리)가 서로 상충한다. 헌재는 흡연권은 헌법 제10조, 제17조에 근거하고 혐연권(비흡연자가 담배연기를 꺼리고 흡연으로

---

100) 이 결정이 있었던 당시에 '정기간행물의 등록 등에 관한 법률'은 '정정보도청구권'제도를 규정하였고 바로 이 결정에서 그것이 문제되었는데 헌법재판소는 명칭에 불구하고 이를 실질적인 '반론권'제도로 보고 판단하였다. 그 뒤 동법이 개정되어 '반론권'으로 변경되어 규정되었고 현재는 '언론중재 및 피해구제 등에 관한 법률'이 반론권제도에 대해 규정하고 있다.

484 제 1 편 기본권 총론

부터 자유로울 권리)은 헌법 제10조, 제17조, 나아가 건강권과 생명권에 기하여서도 인정된다고
보았다. 그리하여 헌재는 혐연권은 이처럼 사생활의 자유뿐만 아니라 생명권에까지 연결되는
것이므로 혐연권이 흡연권보다 상위의 기본권이라고 보면서 "상하의 위계질서가 있는 기본권
끼리 충돌하는 경우에는 상위기본권우선의 원칙에 따라 하위기본권이 제한될 수 있으므로, 결
국 흡연권은 혐연권을 침해하지 않는 한에서 인정되어야 한다"라고 보았다. 이 결정은 서열이론
을 적용한 것이다. 그러고도 헌재는 흡연권의 제한이 비례(과잉금지)원칙을 위반하였는지를 심
사하였는데 금연구역지정의 의무를 부과하지 않고 있는 점 등 흡연자들의 흡연권을 최소한도로
침해하고 있다고 하여(이는 충돌해결보다는 흡연권 자체의 제한에 대한 판단이다) 이를 위반하지 않
았다고 판단하여 합헌성을 인정하였다(● 판례 헌재 2004.8.26. 2003헌마457 기각).

4) 근로자 단결권과 노동조합 단결권[조직강제(Union Shop)권] 간의 충돌

근로자가 노동조합에 가입할 것을 고용조건으로 하고 가입하지 않은 것을 해고사유로 하는
이른바 유니언숍(Union Shop)은 근로자 개인의 기본권인 단결하지 않을 권리나 노동조합선택
권 등의 단결권과 상충한다. 바로 이러한 문제가 헌법재판의 대상이 된 바 있다. 즉 구 '노동조
합 및 노동관계조정법' 제81조 제2호 단서가 노동조합이 당해 사업장에 종사하는 근로자의 3분
의 2 이상을 대표하고 있을 때에는 근로자가 그 노동조합의 조합원이 될 것을 고용조건으로 하
는 단체협약의 체결은 부당노동행위에서 제외하여 단체협약을 매개로 한 조직강제(유니언숍)협
정의 체결을 용인하고 있었다. 이 단서규정이 근로자의 단결권을 보장한 헌법 제33조 제1항 등
에 위반되는지 여부가 논란되어 헌법재판이 제기되었다. 헌재는 충돌이론을 적용하여 심사하
여 합헌으로 결정한 바 있다. 헌재는 이 결정에서 아래에서 보듯이 노동조합의 단결권(조직강제
권)과 충돌되는 개별 근로자의 단결권이 ⅰ) 단결하지 아니할 자유 또는 ⅱ) 단결선택권 두가
지라고 보아 이 두 기본권별로 각각 나누어 판시하였다.

(가) 근로자의 단결하지 아니할 자유와 노동조합의 적극적 단결권 간의 충돌　헌재는 개별 근
로자가 노동조합에 가입하지(단결하지) 않을 자유는 헌법 제33조 제1항의 근로3권규정에 포함
되지 않고 헌법 제10조의 행복추구권에서 파생되는 일반적 행동자유 또는 제21조 제1항의 결
사의 자유에서 그 근거를 찾을 수 있다고 보아 소극적, 보충적 자유라고 본다. 반면에 단결권
은 '사회적 보호기능을 담당하는 자유권'으로서의 성격을 가지고 일반적인 시민적 자유권과는
질적으로 다른 권리로서 설정되어 헌법상 그 자체로서 결사의 자유에 대한 특별법적인 지위를
가진다고 보고 근로자의 노동조합의 조직강제권도 자유권을 수정하는 의미의 생존권(사회권)적
성격을 함께 가지는 만큼 노동조합의 적극적 단결권은 근로자 개인의 단결하지 않을 자유보다
중시된다고 본다. 그리하여 헌법재판소는 "노동조합에 적극적 단결권(조직강제권)을 부여한다고
하여 이를 두고 곧바로 근로자의 단결하지 아니할 자유의 본질적인 내용을 침해하는 것으로 단
정할 수는 없다"라고 판시하였다.

● **판례** 헌재 2005.11.24. 2002헌바95등

[심판대상조문] 노동조합및노동관계조정법 제81조(부당노동행위) 사용자는 다음 각 호의 1에 해당하는 행위(이하 "부당노동행위"라 한다)를 할 수 없다. 1. 생략 2.……. 다만, 노동조합이 당해 사업장에 종사하는 근로자의 3분의 2 이상을 대표하고 있을 때에는 근로자가 그 노동조합의 조합원이 될 것을 고용조건으로 하는 단체협약의 체결은 예외로 하며, 이 경우 사용자는 근로자가 당해 노동조합에서 제명된 것을 이유로 신분상 불이익한 행위를 할 수 없다. [결정요지] 근로자의 단결하지 아니할 자유와 노동조합의 적극적 단결권이 충돌하는 경우 단결권 상호간의 충돌은 아니라고 하더라도 여전히 헌법상 보장된 일반적 행동의 자유 또는 결사의 자유와 적극적 단결권 사이의 기본권 충돌의 문제가 제기될 수 있다. 살피건대, 근로자는 노동조합과 같은 근로자단체의 결성을 통하여 집단으로 사용자에 대항함으로써 사용자와 대등한 세력을 이루어 근로조건의 형성에 영향을 미칠 수 있는 기회를 갖게 된다는 의미에서 단결권은 '사회적 보호기능을 담당하는 자유권' 또는 '사회권적 성격을 띤 자유권'으로서의 성격을 가지고 있고(헌재 1998.2. 27. 94헌바13등) 일반적인 시민적 자유권과는 질적으로 다른 권리로서 설정되어 헌법상 그 자체로서 이미 결사의 자유에 대한 특별법적인 지위를 승인받고 있다. 이에 비하여 일반적 행동의 자유는 헌법 제10조의 행복추구권 속에 함축된 그 구체적인 표현으로서, 이른바 보충적 자유권에 해당한다. 따라서 단결하지 아니할 자유와 적극적 단결권이 충돌하게 되더라도, 근로자에게 보장되는 적극적 단결권이 단결하지 아니할 자유보다 특별한 의미를 갖고 있다고 볼 수 있고, 근로자 개인의 단결하지 않을 자유보다 중시된다고 할 것이어서 노동조합에 적극적 단결권(조직강제권)을 부여한다고 하여 이를 두고 곧바로 근로자의 단결하지 아니할 자유의 본질적인 내용을 침해하는 것으로 단정할 수는 없다.

* **검토**: 비례(침해최소)심사의 부재 — 위에서 보듯이 헌재는 근로자의 단결하지 않을 자유와의 충돌에 있어서 근로자의 단결하지 않을 자유에 대한 제한이 합헌적인 것인지를 판단함에 있어서 노동조합의 조직강제(Unionshop)권이 더 중시된다고만 하였을 뿐 이 점에 대해 피해최소성 등 비례(과잉금지)원칙에 따른 심사를 하지는 않았다. 그러나 검토하건대 사안에서 위 심판대상조문에 인용한 규정, 즉 어떠한 경우에도 가입강제되는 것이 아니라 '당해 사업장에 종사하는 근로자의 3분의 2 이상을 대표하고' 있는 노조에 한해서 가입강제되고 노조에서 제명된 경우에는 예외로 하는 규정 등이 보다 피해를 줄이려고 하는 점 등을 감안한 피해최소성 판단도 할 수 있었던 사안이었는데 그러하지 않았다[아래 (나)의 근로자의 단결선택권과의 충돌에서는 이렇게 피해최소성 판단을 하기도 하여 더욱 이해가 안된다]. 헌재의 위 입장은 Unionshiop권이 더 우위에 있으니 그것만 인정하면 된다는 서열론에서의 승자독식적 입장인데 위에서 언급한 대로 그것은 바람직하지 않고 이 사안에서 근로자의 단결하지 않을 자유가 Unionshop권을 위해 완전히 희생하지 않아도 될 상황이라면 최대한 살리려는(최소제한하려는) 자세가 필요하다.

(나) 근로자의 단결선택권과 노동조합의 집단적 단결권의 충돌 헌재는 개인적 단결권은 헌법상 단결권의 기초이자 집단적 단결권의 전제가 되기 때문에 이 두 기본권 간의 충돌에 있어서는 기본권의 서열이론이나 법익의 형량을 통하여 어느 기본권이 더 상위기본권이라고 단정할 수 없고 어느 쪽을 우선시키고 다른 쪽을 후퇴시킬 수는 없다고 보았다. 따라서 이러한 경우 헌법의 통일성을 유지하기 위하여 상충하는 기본권 모두가 최대한으로 그 기능과 효력을 발휘할 수 있도록 조화로운 방법을 모색하되(규범조화적 해석), 법익형량의 원리, 입법에 의한 선택적 재량 등을 종합적으로 참작하여 심사하여야 한다고 보았다. 그리하여 헌법재판소는 비례심사를 하였는데 그 제한목적이 정당하고 그 목적달성에 효과적이고 적절한 방법이며 근로자의 단결선택권을 필요·최소한으로 제한하고 있고 두 기본권 사이에 균형을 도모하고 있다고 하여 합헌

으로 결정하였다.

● **판례** 헌재 2005.11.24. 2002헌바95등 위 (가)에서 인용된 결정과 같은 결정

[심판대상조문] 위 (가) 부분을 참조. [결정요지] – 근로자의 단결선택권과 노동조합의 집단적 단결권의 충돌 (가) 심사의 방법: 개인적 단결권이든 집단적 단결권이든 기본권의 서열이나 법익의 형량을 통하여 어느 쪽을 우선시키고 다른 쪽을 후퇴시킬 수는 없다. 따라서 이러한 경우 헌법의 통일성을 유지하기 위하여 상충하는 기본권 모두가 최대한으로 그 기능과 효력을 발휘할 수 있도록 조화로운 방법을 모색하되(규범조화적 해석), 법익형량의 원리, 입법에 의한 선택적 재량 등을 종합적으로 참작하여 심사하여야 한다. (나) 제한목적의 정당성: 이 법률조항이 예정하고 있는 조직강제는 근로자의 단결체인 노동조합의 조직유지 및 강화에 목적이 있고, 이를 통하여 궁극적으로는 근로자 전체의 지위향상에 기여하는 만큼 그 목적의 정당성을 인정할 수 있다. (다) 제한되는 기본권 상호간에 적정한 비례의 유지: 유니언 샵 협정과 같은 단체협약상의 조직조항을 이용하는 것 외에 달리 실효성 있는 대체적 수단을 상정하는 것도 용이하지 않다. 다만 근로자 개인의 단결선택권을 무리하게 침해하지 않도록 하는 조화로운 범위 내에서 일정한 한계를 설정하는 것이 요청된다. 먼저 이 법률조항은 단체협약을 매개로 한 조직강제를 적법·유효하게 할 수 있는 노동조합을 일정한 범위로 한정하고 있다. 즉 충분한 지배적 조직, 즉 당해 사업장에 종사하는 근로자의 3분의 2 이상을 대표하고 있는 노동조합일 것을 요건으로 하고 있다. 또한 당해 노동조합에서 제명된 것을 이유로 신분상 불이익한 행위를 할 수 없도록 규정하여 근로자의 단결선택권이 제한되는 조직강제의 범위를 오직 근로자가 자발적으로 노동조합을 탈퇴하거나 이에 가입하지 않는 경우로 한정하고 있어 근로자의 단결선택권을 필요·최소한으로 제한하고 있다. 나아가 상충·제한되는 두 기본권 사이에 적정한 비례관계도 유지되고 있다. (라) 입법에 의한 선택적 재량: 달리 더 유효·적절한 수단을 상정하기도 쉽지 아니한 점 등을 감안한다면, 이는 입법자에게 부여된 입법 선택적 재량의 범위를 벗어난 것이고 할 수 없다. (마) 따라서 이 법률조항은 근로자의 단결권을 보장한 헌법 제33조 제1항 등에 위반되지 않는다.

* **검토**: ⅰ) 대등 기본권 간에만 규범조화적 해석적용? – 헌재는 충돌되는 두 기본권에 대해 "기본권의 서열이나 법익의 형량을 통하여 어느 쪽을 우선시키고 다른 쪽을 후퇴시킬 수는 없다 … 따라서 이러한 경우 … 상충하는 기본권 모두가 최대한으로 그 기능과 효력을 발휘할 수 있도록 조화로운 방법을 모색"한다고 한다. 이 입장은 조화적 해석방법은 충돌되는 기본권들이 대등한 관계에 있을 때만 적용되는 것이라고 보는 입장이고 서열이론 등은 상위 기본권을 앞세우고 조화적 해석을 하지 않아도 되는[위 (가)에서 사실 그러했다] 입장인 것으로 이해하게 한다. 그러나 우리는 위에서도 언급한 대로 서열이론, 법익형량 이론을 승자독식으로 이해하여서는 안되고 조화적 해석이론도 대등한 기본권들 간에만 적용할 법리가 아니다. 대등하지 못한 A 기본권이 30%, 상위의 B 기본권이 70% 비중이라면 상응되게 3:7의 조절보장을 하면 될 것이고 이렇게 조화를 찾아가면 될 일이다. ⅱ) 중복심사 – '(라) 입법에 의한 선택적 재량' 부분은 왜 필요한 것이었는지 이해가 되지 않는다. 헌재 자신이 앞에서 심사방법으로 '입법에 의한 선택적 재량'을 살핀다고 밝혀서 판시했는지 모르겠으나 이 재량이 적정하고 합헌적인 것인가 하는 판단이 바로 위에서 행한 비례심사 판단이다.

(다) 유니언숍 규정에 대한 법개정과 향후상황 "위 '노동조합 및 노동관계조정법' 제81조 제2호 단서는 2006년 12월 30일 다음과 같이 개정되었다. 즉 동호 단서가 이전에는 "근로자가 당해 노동조합에서 제명된 것을 이유로 신분상 불이익한 행위를 할 수 없다"라고만 규정하였으나 개정규정은 제명뿐 아니라 "탈퇴하여 새로 노동조합을 조직하거나 다른 노동조합에 가입한 경우"에도 신분상 불이익을 받지 않도록 하여 유니언샾의 구속을 받지 않도록 하였다. 따라

서 결국 특정 조합에의 가입강제를 요구하는 이른바 '제한적 조직강제'에서 자발적으로 어느 노조이든 가입하지 않은(자발적 비가입) 근로자에 대해서만 유니언숍의 단체협약을 강제하는 효력을 가지도록 바뀌었다. 즉 어느 조합이든 가입하면 되므로 일반적 조직강제로 바뀌었다. 따라서 현재는 어느 노조이든 가입을 하지 않고 있으면 해고되는 것이므로 근로자 개인의 단결선택권을 제약하는 문제는 없고(어느 노조든 가입하면 되므로) 단지 근로자 개인의 소극적 단결권(단결하지 않을 자유)만이 문제되어 하나의 충돌만, 즉 소극적 단결권과 집단적 단결권 간의 상충[위 (가)의 상충]만이 있게 되어 상황이 달라졌다. 헌재도 위 결정에서 "어느 적당한 노동조합에 가입할 것을 고용조건으로 하는 일반적 조직강제의 경우 근로자의 단결하지 아니할 자유만을 제한하나, 특정한 노동조합의 조합원이 될 것을 고용조건으로 하는 제한적 조직강제의 경우 근로자의 단결하지 아니할 자유뿐만 아니라 단결선택권마저 제한한다"라고 설시하고 있다(위 헌재 2005.11.24. 2002헌바95등).

5) 채권자취소제도에서 채권자의 재산권과 채무자·수익자의 일반적 행동자유 간 충돌, 채권자 재산권과 수익자 재산권 간 충돌

헌재는 채권자취소권제도에 대한 위헌소원심판에서 위의 기본권들 간의 충돌이 있고 쟁점이 된다고 파악하였다. 그런데 헌법재판소는 그 해결방법으로, 재산권과 일반적 행동의 자유권(계약의 자유) 중 어느 하나를 상위기본권이라고 할 수는 없기 때문에 규범조화적 해석, 법익형량의 원리, 입법에 의한 선택적 재량 등을 종합적으로 참작하여 심사하여야 한다고 보았다. 그러면서도 결국은 비례심사로 판단하여 합헌으로 결정하였다.

● **판례** 헌재 2007.10.25. 2005헌바96 민법 제406조 제1항 위헌소원
[심판대상규정] 민법 제406조 제1항 중 '이익을 받은 자'에 관한 부분(이하 '이 사건 법률조항'이라 한다). 민법 제406조(채권자취소권) ① 채무자가 채권자를 해함을 알고 재산권을 목적으로 한 법률행위를 한 때에는 채권자는 그 취소 및 원상회복을 법원에 청구할 수 있다. 그러나 그 행위로 인하여 이익을 받은 자나 전득한 자가 그 행위 또는 전득 당시에 채권자를 해함을 알지 못한 경우에는 그러하지 아니하다. [결정요지] 채권자취소권제도는 채권자 보호라는 법의 정적 안정성과 관념적 권리인 채권의 실효성을 확보하려는 것으로서 그 목적의 정당성을 인정할 수 있고, 이 사건 법률조항에서는 채권자취소의 대상이 되는 법률행위를 재산권을 목적으로 한 법률행위로 한정하고 그 중에서도 사해행위만을 그 대상으로 하고, 주관적 요건으로 채무자의 사해의사 및 수익자의 악의를 요하며, 채권자취소의 범위도 책임재산의 보전을 위하여 필요한 범위 내로 제한된다. 종합하여 보면, 전체적으로 상충되는 기본권들 사이에 합리적인 조화를 이루고 있고, 그 제한에 있어서도 적정한 비례관계를 유지하고 있다고 보여진다. 따라서 이 사건 법률조항이 채무자와 수익자의 일반적 행동의 자유권이나 수익자의 재산권을 침해하는 것으로 볼 수 없다. 그렇다면 헌법에 위반되지 아니한다.

* **검토:** 이 결정에서도 위 유니언숍 결정에서와 같이 대등한 기본권 간에만 규범조화적 해석적용을 하겠다는 문제점이 나타나고 있다.

6) '알 권리'(정보공개청구권)와의 충돌

(가) 정보공개청구권과 사생활의 비밀과 자유 간의 상충 공공기관이 보유·관리하는 개인정보를 공개하면 개인의 사생활의 비밀 또는 자유를 침해할 우려가 있다고 인정되는 경우에 이를 비공개할 수 있도록 규정하고 있는 '공공기관의 정보공개에 관한 법률' 제9조 제1항 제6호 본

문이 알권리(정보공개청구권)를 침해하는지 여부에 대해 판단하면서 두 기본권 간의 충돌이 있는바 두 기본권 중 어느 기본권이 우월하다고 할 수 없으므로 조화로운 방법을 모색하여야 한다고 하면서 결국 과잉금지(비례)원칙에 따른 심사를 하였고 알권리(정보공개청구권)와 사생활의 비밀과 자유 사이에 균형을 도모하고 있고, 상충·제한되는 두 기본권 사이에 적정한 비례관계도 유지되고 있다고 보아 합헌으로 결정하였다(● 판례 헌재 2010.12.28. 2009헌바258).

(나) 학부모의 '교원의 교원단체 및 노동조합 가입에 관련된 정보'에 대한 알 권리와 교원의 사생활의 비밀과 자유, 개인정보자기결정권과의 충돌　　교원의 개인정보 공개를 금지하고 있는 '교육관련기관의 정보공개에 관한 특례법' 제3조 제2항과 공시대상정보로서 교원의 교원단체 및 노동조합 가입현황(인원 수)만을 규정할 뿐 개별 교원의 명단은 규정하고 있지 아니한 구 '교육관련기관의 정보공개에 관한 특례법 시행령' 별표 규정이 과잉금지원칙에 반하여 학부모들의 알 권리를 침해하는지 여부가 논란되었다. 헌재는 학부모의 알 권리와 교원의 사생활의 비밀과 자유(개인정보 자기결정권)가 충돌하는 문제상황이라고 보았다. 헌재는 두 기본권을 합리적으로 조화시킨 것으로서 양 기본권의 제한에 있어 적정한 비례관계를 유지한 것이라고 보아 기각결정을 하여 합헌성을 인정하였다.

● 판례　헌재 2011.12.29. 2010헌마293
[결정요지] (1) 제한목적의 정당성: 이 사건 법률조항과 시행령조항은 알 권리를 일정 부분 보장함과 동시에 교원의 개인정보 보호를 위하여 학부모 등 국민의 알 권리를 제한하고 있으므로 그 목적의 정당성을 인정할 수 있다. (2) 기본권 제한의 비례성: (가) 이 사건 법률조항의 경우 … (나) 이 사건 시행령조항의 경우 − 개별 교원의 교원단체 및 노동조합 가입 정보는 위 '개인정보 보호법' 제23조상의 노동조합의 가입·탈퇴에 관한 정보로서 '민감정보'에 해당하므로, 그 공개에는 최대한의 신중과 자제가 요청된다. 그렇다면, 이 사건 시행령조항이 교원의 교원단체 및 노동조합 가입 현황(인원 수)은 공시대상으로 삼으면서도 개별 교원의 가입 정보는 공시대상으로 삼지 않는 것은 알 권리와 개인정보 보호 모두를 충족시키는 것이라 할 것이다. (3) 소결: 이 사건 법률조항, 시행령조항이 가입 현황(인원 수)만을 공시의 대상으로 규정한 것은 학부모 등 국민의 알 권리와 교원의 개인정보 자기결정권이라는 두 기본권을 합리적으로 조화시킨 것이며 양 기본권의 제한에 있어 적정한 비례관계를 유지한 것이라고 할 수 있다. 따라서 헌법에 위반된다고 할 수 없다.

7) 대화자의 통신의 비밀과 공개자의 표현의 자유 간 충돌

헌재는 공개되지 아니한 타인간의 대화를 녹음 또는 청취하여 지득한 대화의 내용을 공개하거나 누설한 자를 처벌하는 통신비밀보호법 규정은 헌법 제18조에 의하여 보장되는 통신의 비밀을 보호하기 위함이나 다른 한편으로는 위법하게 취득한 타인간의 대화내용을 공개하는 자를 처벌함으로써 그 대화내용을 공개하는 자의 표현의 자유를 제한하게 되어 통신의 비밀과 표현의 자유라는 두 기본권이 충돌하게 된다고 본다. 헌재는 조화로운 방법이 모색되어야 하므로, 과잉금지(비례)원칙에 따라서 심사하기로 한다고 하면서 그 심사결과 합헌이라고 결정하였다. 이 사건에서 형법상의 명예훼손죄와 같은 위법성조각사유에 관한 특별규정(진실한 사실로서 오로지 공공의 이익을 위한 때)을 두지 않아 공개자의 표현의 자유를 침해한다는 것이 위헌의 중요한 주장이유이었는데 헌재는 형법 제20조의 정당행위에 의한 위법성조각사유 규정을 적정하게 적용하면 표현의 자유가 적절히 보장된다고 보아 합헌으로 결정한 것이다.

● 판례 헌재 2011.8.30. 2009헌바42
[결정요지] (1) 이 사건의 심사 기준 - 이 사건 법률조항에 의하여 대화자의 통신의 비밀과 공개자의 표현의 자유
라는 두 기본권이 충돌하게 된다. (2) 이 사건 법률조항이 불법 취득한 타인간의 대화내용을 공개한 자를 처벌함에
있어 형법 제20조(정당행위)의 일반적 위법성조각사유에 관한 규정을 적정하게 해석 적용함으로써 공개자의 표현
의 자유도 적절히 보장될 수 있는 이상, 이 사건 법률조항에 형법상의 명예훼손죄와 같은 위법성조각사유에 관한
특별규정을 두지 아니하였다는 점만으로 기본권 제한의 비례성을 상실하였다고는 볼 수 없다.

8) 생존권과 자유권의 충돌

생존권과 자유권 간의 충동 문제로 다루어졌던 결정례들로 다음과 같은 결정들이 있었다.

**(가) 노동조합의 적극적 단결권(조직강제, Unionshop권)과 근로자의 단결하지 아니할 자유 간
충돌** 이에 대해서는 앞의 4)에서 보았다.

(나) 신체장애자에 대한 국가보호와 직업의 자유 간 충돌 헌재는 시각장애인에 대하여만 안
마사 자격인정을 받을 수 있도록 하는 이른바 비맹제외기준을 설정하고 있는 구 의료법 규정에
대한 기각(합헌성인정)결정에서 헌법 제34조 제5항에 따른 헌법적 요청(시각장애인의 국가보호라
는 헌법적 요청)과 비시각장애인의 직업(안마사업)선택의 자유가 충돌하는 상황이 문제될 수 있
다고 보았다. 그리하여 헌재는 기본권제한한계인 비례(과잉금지)원칙의 최소침해성 및 법익균형
성 심사과정에서 국가보호의 헌법적 요청, 기본권의 제약 정도 등을 형량할 필요가 있다고 하
였고 비례심사결과 비례원칙을 준수한 것으로 보아 기각결정을 하였다.

● 판례 헌재 2008.10.30. 2006헌마1098
[결정요지] 이 사건 법률조항은 시각장애인에게 삶의 보람을 얻게 하고 인간다운 생활을 할 권리를 실현시키려는
데에 그 목적이 있으므로 입법목적이 정당하고, 이러한 입법목적을 달성하는 데 적절한 수단임을 인정할 수 있다.
나아가 시각장애인에 대한 복지정책이 미흡한 현실에서 안마사가 시각장애인이 선택할 수 있는 거의 유일한 직업
이라는 점, 안마사 직역을 비시각장애인에게 허용할 경우 시각장애인의 생계를 보장하기 위한 다른 대안이 충분하
지 않다는 점, 시각장애인은 역사적으로 교육, 고용 등 일상생활에서 차별을 받아온 소수자로서 실질적인 평등을
구현하기 위해서 이들을 우대하는 조치를 취할 필요가 있는 점 등에 비추어 최소침해성원칙에 반하지 아니하고, 공
익과 사익 사이에 법익 불균형이 발생한다고 단정할 수도 없다. 따라서 이 사건 법률조항이 헌법 제37조 제2항에
서 정한 기본권제한입법의 한계를 벗어나서 비시각장애인의 직업선택의 자유를 침해하거나 평등권을 침해한다고
볼 수는 없다. * 동지: 2008헌마664등.

9) 대학의 자율권과 직업선택의 자유의 충돌

교육부장관이 학교법인에게 한 법학전문대학원 설치인가 중 여성만을 입학자격요건으로 하
는 입학전형계획을 인정한 부분이 남성의 직업선택의 자유와 사립대학의 자율성이라는 두 기
본권이 충돌하게 한다고 보면서 양 기본권의 제한에 있어 적정한 비례관계를 유지한 것이라고
하여 기각결정을 하였다(● 판례 헌재 2013.5.30. 2009헌마514).

10) 정보통신망의 사생활 침해, 명예훼손과 임시적 차단조치

'사인의 사생활의 비밀과 자유 또는 인격권'과 '사인의 표현의 자유' 간 충돌 - 정보통신망
을 통하여 일반에게 공개된 정보로 말미암아 사생활 침해나 명예훼손 등 타인의 권리가 침해된
경우 그 침해를 받은 자가 삭제요청을 하면 정보통신서비스 제공자는 권리의 침해 여부를 판단
하기 어렵거나 이해당사자 간에 다툼이 예상되는 경우에는 30일 이내에서 해당 정보에 대한

490 제 1 편 기본권 총론

접근을 임시적으로 차단하는 조치를 하여야 한다고 규정하고 있는 '정보통신망 이용촉진 및 정보보호 등에 관한 법률' 제44조의2 제2항 중 '임시조치'에 관한 부분 및 제4항이 문제된 사안이다. 헌재는 '사인의 사생활의 비밀과 자유 또는 인격권'과 '사인의 표현의 자유'라는 기본권 충돌상황에서 임시적으로나마 30일이라는 범위 내에서 전자에 우위를 두는 선택을 한 것이 과잉금지원칙에 위반하여 정보게재자의 표현의 자유를 지나치게 제약하는 것인지 하는 점이 쟁점이라고 하면서 결국 그 해결을 과잉금지원칙에 따라 판단하여 합헌성을 인정하는 기각결정을 하였다.

● **판례** 헌재 2012.5.31. 2010헌마88
[판시] 입법목적이 정당하고 수단 또한 적절하다. 정보의 공개 그 자체를 잠정적으로 차단하는 것 외에 반박내용의 게재, 링크 또는 퍼나르기 금지, 검색기능 차단 등의 방법으로는 입법목적을 효과적으로 달성할 수 없어 정보게재자의 표현의 자유를 필요최소한으로 제한하도록 설정되어 있다고 할 수 있다. 헌법 제21조 제4항의 취지 등에 비추어 볼 때, 사생활 침해, 명예훼손 등 타인의 권리를 침해할 만한 정보가 무분별하게 유통됨으로써 타인의 인격적 법익 기타 권리에 대한 침해가 돌이킬 수 없는 상황에 이르게 될 가능성을 미연에 차단하려는 공익은 매우 절실하므로 법익균형성 요건도 충족한다. * 동지: 헌재 2020.11.26. 2016헌마275.

11) 병역면제사유인 질병명의 공개

한편 헌법재판소는 4급 이상 공무원들의 병역 면제사유인 질병명을 관보와 인터넷을 통해 공개하도록 하는 '공직자 등의 병역사항 신고 및 공개에 관한 법률' 규정에 대하여 헌법불합치결정을 하였는데 기본권충돌 문제를 본안문제의 논증과정에서 부각하지 않으면서 헌법불합치결정을 하는 이유부분에서 "병역공개제도와 사생활 보호라는 자칫 충돌할 수 있는 양 법익을 보다 조화롭게 형량(衡量)하는 다른 절차나 방법이 있다면 이를 채택할 수도 있을 것이다"라고 판시한 예가 있다(● 판례 헌재 2007.5.31. 2005헌마1139). 그런데 병역공개제도가 가지는 어떤 법익과 충돌되는지 헌재가 뚜렷이 밝히진 않았는데 "공적 관심사의 충족과 공정한 병역의무 이행이라는 공익실현"이라는 언급이 나오긴 한다.

12) 헌법적 가치의 충돌 - 양심적 병역거부의 문제

헌법적 가치의 충돌도 인정하는데 양심적 병역거부에 관한 결정에서 국방의무라는 헌법적 가치와 양심의 자유가 충돌한다고 보았다. 그 해결방법은 역시 비례원칙에 의해야 한다고 보았다. 그리하여 대체복무제를 규정하지 아니한 병역종류조항은 침해최소성을 갖추지 못하고 또 법익균형성을 가지지 못하여 과잉금지원칙에 위배하여 양심적 병역거부자의 양심의 자유를 침해한다고 판단했고 결국 헌법불합치결정을 하였다.

● **판례** 헌재 2018.6.28. 2011헌바379등 병역법 제88조 제1항 등 위헌소원 등
[판시] 국가의 존립과 안전을 위한 불가결한 헌법적 가치를 담고 있는 국방의 의무와 개인의 인격과 존엄의 기초가 되는 양심의 자유가 상충하게 된다. 이처럼 헌법적 가치가 서로 충돌하는 경우, 입법자는 두 가치를 양립시킬 수 있는 조화점을 최대한 모색해야 하고, 그것이 불가능해 부득이 어느 하나의 헌법적 가치를 후퇴시킬 수밖에 없는 경우에도 그 목적에 비례하는 범위 내에 그쳐야 한다. * 대법원도 같은 취지의 충돌을 지적한다(대법원 2018.11.1. 2016도10912 전원합의체 판결 [병역법위반]〈양심적 병역거부와 병역법 제88조 제1항의 정당한 사유〉)

* 위 판시에 대한 검토: 헌재는 "양 가치를 양립시킬 수 있는 조화점을 최대한 모색해야 하고, 그것이 불가능해 부득이 어느 하나의 헌법적 가치를 후퇴시킬 수밖에 없는 경우에도 그 목적에 비례하는 범위 내에 그쳐야 한다"라고 하는데 앞서 우리는 어느 한 기본권의 후퇴도 전적으로 완전한 부정이 아닐 수 있다는 것을 인정하는 점에서는 타당한 판시이다.

13) 국가의 권한과 기본권이 충돌한다고 본 예

* 기본권간의 충돌이 아니라 국가의 권한과 기본권이 충돌한다고 헌재가 본 결정례가 있다. 바로 부모의 교육권과 국가의 규율권한의 충돌의 경우가 그러하다고 본 헌재결정례들이 그것들이다.

① **과외교습금지 위헌결정**　　헌재는 학교제도에 관한 국가의 규율권한과 부모의 교육권이 서로 충돌하는 경우 어떠한 법익이 우선하는가의 문제는 구체적인 경우마다 법익형량을 통하여 판단해야 한다고 본다(98헌가16등). 바로 과외교습금지 위헌결정에서 위 법리를 설시하기 시작하였다.

② **무시험전형**　　다음의 결정례 사안은 이른바 고교평준화지역에서 일반계 고등학교에 진학하는 학생을 교육감이 학교군별로 추첨에 의하여 배정하도록 하는 초·중등교육법시행령 조항이 학부모의 자녀 학교선택권을 침해하는지 여부가 문제된 것인바 헌재는 학교제도에 관한 국가의 규율권한과 부모의 교육권이 서로 충돌하는 경우로 보았다. 헌재는 이 경우 어떤 법익이 우선하는가는 법익형량을 통하여 판단한다는 입장을 보이면서 과잉금지원칙심사를 하여 이를 준수하였다고 판단하여 합헌성을 인정하는 기각결정을 하였다(◗ 판례 헌재 2009.4.30. 2005헌마514).

2. 대법원

(1) 대법원의 주축법리
대법원은 주로 이익형량, 실제적 조화 등을 통한 해결을 취하는 입장이다.

(2) 구체적 판례
대법원은 기본권충돌에 관한 다음과 같은 구체적인 판례들을 보여주었다.

ⅰ) <u>반론보도청구권과 언론기관의 언론의 자유 간의 충돌</u> - 대법원은 "서로 충돌하는 두 헌법적 이익 사이의 갈등은 상충하는 이익 모두가 최대한으로 그 기능과 효력을 나타낼 수 있도록 하는 조화로운 방법을 모색함으로써 두 이익이 최적으로 실현될 수 있는 경계획정을 통하여 해결하게 된다"라고 판시한 바 있다(◗ 대법원 판례 대법원 2006.11.23. 2004다50747. 동지: 대법원 2009.1.15. 2008그202).

ii) 종립 사립 고등학교(종교단체가 설립한 사립학교)가 가지는 종교교육의 자유 및 운영의 자유와 학생들이 가지는 소극적 종교행위의 자유 및 소극적 신앙고백의 자유 사이에 충돌이 문제된 사건 - 대법원은 이 사건에서 다음과 같이 판시한 바 있다. "이와 같이 하나의 법률관계를 둘러싸고 두 기본권이 충돌하는 경우에는 구체적인 사안에서의 사정을 종합적으로 고려한 이익형량과 함께 양 기본권 사이의 실제적인 조화를 꾀하는 해석 등을 통하여 이를 해결하여야 하고, 그 결과에 따라 정해지는 양 기본권 행사의 한계 등을 감안하여 그 행위의 최종적인 위법성 여부를 판단하여야 한다." 사안은 피고 종립학교가 시행한 종교교육에 위법성이 있었고 퇴학처분이 불법행위라고 보아 그 손해배상책임을 인정한 판례이다.

> ● **대법원 판례** 대법원 2010.4.22. 2008다38288
>
> [판결요지] (1) 학생과 학교법인의 기본권 충돌과 그 위법성 판단: * 위 본문에 인용한 판시내용임 … (3) 고등학교 평준화정책 및 교육 내지 사립학교의 공공성, 학교법인의 종교의 자유 및 운영의 자유가 학생들의 기본권이나 다른 헌법적 가치 앞에서 가지는 한계를 고려하고, 종립학교에서의 종교교육은 필요하고 또한 순기능을 가진다는 것을 간과하여서는 아니 되나 한편으로 종교교육으로 인하여 학생들이 입을 수 있는 피해는 그 정도가 가볍지 아니하며 그 구제수단이 별달리 없음에 반하여 학교법인은 제한된 범위 내에서 종교의 자유 및 운영의 자유를 실현할 가능성이 있다는 점을 감안하면, 비록 종립학교의 학교법인이 국·공립학교의 경우와는 달리 종교교육을 할 자유와 운영의 자유를 가진다고 하더라도, 그 종립학교가 공교육체계에 편입되어 있는 이상 원칙적으로 학생의 종교의 자유, 교육을 받을 권리를 고려한 대책을 마련하는 등의 조치를 취하는 속에서 그러한 자유를 누린다고 해석하여야 한다. (4) 종립학교가 고등학교 평준화정책에 따라 학생 자신의 신앙과 무관하게 입학하게 된 학생들을 상대로 종교적 중립성이 유지된 보편적인 교양으로서의 종교교육의 범위를 넘어서서 학교의 설립이념이 된 특정의 종교교리를 전파하는 종파교육 형태의 종교교육을 실시하는 경우에는 그 종교교육의 구체적인 내용과 정도, 종교교육이 일시적인 것인지 아니면 계속적인 것인지 여부, 학생들에게 그러한 종교교육에 관하여 사전에 충분한 설명을 하고 동의를 구하였는지 여부, 종교교육에 대한 학생들의 태도나 학생들이 불이익이 있을 것을 염려하지 아니하고 자유롭게 대체과목을 선택하거나 종교교육에 참여를 거부할 수 있었는지 여부 등의 구체적인 사정을 종합적으로 고려하여 사회공동체의 건전한 상식과 법감정에 비추어 볼 때 용인될 수 있는 한계를 초과한 종교교육이라고 보이는 경우에는 위법성을 인정할 수 있다. (5) 이 사건 종교교육의 위법 여부에 관한 판단 … (6) 종립학교가 고등학교 평준화정책에 따라 강제배정된 학생들을 상대로 특정 종교의 교리를 전파하는 종파적인 종교행사와 종교과목 수업을 실시하면서 참가 거부가 사실상 불가능한 분위기를 조성하고 대체과목을 개설하지 않는 등 신앙을 갖지 않거나 학교와 다른 신앙을 가진 학생의 기본권을 고려하지 않은 것은, 우리 사회의 건전한 상식과 법감정에 비추어 용인될 수 있는 한계를 벗어나 학생의 종교에 관한 인격적 법익을 침해하는 위법한 행위이고, 그로 인하여 인격적 법익을 침해받는 학생이 있을 것임이 충분히 예견가능하고 그 침해가 회피가능하므로 과실 역시 인정된다. (7) 갑에 대한 퇴학처분은 그 징계권의 행사가 우리의 건전한 사회통념이나 사회상규에 비추어 용인될 수 없음이 분명하여 갑에 대하여 불법행위가 된다.

iii) 기업의 경영권과 근로3권 간 상충 - 대법원은 이 상충에 있어서 조화시키는 한계를 설정함에 있어서는 기업의 경제상의 창의와 투자의욕을 훼손시키지 않고 오히려 이를 증진시키며 기업의 경쟁력을 강화하는 방향으로 해결책을 찾아야 한다고 본다(대법원 2003.11.13. 2003도687).

iv) 손해배상책임을 면하여 얻는 재산상 이익, 허위 또는 과장된 청구를 밝혀내어야 할 소송에서의 진실발견이라는 이익, 부당한 손해배상책임을 면함으로써 보험료를 낮출 수 있다는 보험가입자들의 공동이익 등과 초상권 및 사생활의 비밀과 자유 간 충돌 - 이익형량을 통한 위법성이 가려진다고 하면서 양쪽의 그 고려요소를 제시하고 있다.

○ 대법원 판례 대법원 2006.10.13. 2004다16280

[판시사항] [1] 초상권 또는 사생활의 비밀과 자유의 침해행위의 위법성 판단 기준 [2] 초상권 및 사생활의 비밀과 자유를 침해하는 불법행위에 해당한다고 본 사례 **[판결요지]** [1] 초상권이나 사생활의 비밀과 자유를 침해하는 행위를 둘러싸고 서로 다른 두 방향의 이익이 충돌하는 경우에는 구체적 사안에서의 사정을 종합적으로 고려한 이익형량을 통하여 침해행위의 최종적인 위법성이 가려지는바, 이러한 이익형량과정에서, 첫째 침해행위의 영역에 속하는 고려요소로는 침해행위로 달성하려는 이익의 내용 및 그 중대성, 침해행위의 필요성과 효과성, 침해행위의 보충성과 긴급성, 침해방법의 상당성 등이 있고, 둘째 피해이익의 영역에 속하는 고려요소로는 피해법익의 내용과 중대성 및 침해행위로 인하여 피해자가 입는 피해의 정도, 피해이익의 보호가치 등이 있다. [2] 보험회사 직원이 보험회사를 상대로 손해배상청구소송을 제기한 교통사고 피해자들의 장해 정도에 관한 증거자료를 수집할 목적으로 피해자들의 일상생활을 촬영한 행위가 초상권 및 사생활의 비밀과 자유를 침해하는 불법행위에 해당한다.

ⅴ) 교원의 인격권(개인정보자기결정권), 교원·노동조합의 단결권과 학생의 학습권, 학부모의 교육선택권, 알권리 간 충돌

○ 대법원 판례 대법원 2011.5.24. 2011마319 가처분이의.

[판시사항] [1] 하나의 법률관계를 둘러싸고 두 기본권이 충돌하는 경우, 침해행위의 위법성 여부의 판단 방법: *위 ⅳ)의 2004다16280 판결과 동지. [2] 국회의원이 '각급학교 교원의 교원단체 및 교원노조 가입현황 실명자료'를 인터넷을 통하여 공개한 사안에서, 위 정보 공개 행위가 개인정보자기결정권 및 단결권에 대한 침해를 정당화할 정도로 학생의 학습권이나 학부모의 교육권 및 교육의 선택권 내지는 알권리를 위하여 반드시 필요하거나 허용되어야 하는 행위라고 단정할 수 없고, 보전의 필요성도 소명된다는 이유로 정보공개금지 가처분신청을 인용한 원심결정을 수긍한 사례.

ⅵ) 개인정보의 무단공개시 정보주체의 인격권과 공개자의 표현의 자유 간의 충돌 — 이런 사안에서 이익형량을 한 예도 있다. 대법원은 "개인정보에 관한 인격권 보호에 의하여 얻을 수 있는 이익(비공개 이익)과 표현행위에 의하여 얻을 수 있는 이익(공개 이익)을 구체적으로 비교형량하여" 판단한다는 입장이다. 이 사안에서 변호사의 '인맥지수' 제공행위는 인격권 침해라고 인정되고 변호사들의 '승소율이나 전문성 지수 등'을 제공하는 행위는 인격권침해의 위법행위가 아니라고 판단하였다.

○ 대법원 판례 대법원 2011.9.2. 2008다42430 전원합의체, 정보게시금지등. 변호사 정보제공(변호사 인맥지수 제공행위) 사건

[판결요지] [1] 변호사 정보 제공 웹사이트 운영자가 변호사들의 개인신상정보를 기반으로 변호사들의 인맥지수를 산출하여 공개하는 서비스를 제공한 사안에서, 인맥지수의 사적·인격적 성격, 산출과정에서 왜곡 가능성, 인맥지수 이용으로 인한 변호사들의 이익 침해와 공적 폐해의 우려, 그에 반하여 이용으로 달성될 공적인 가치의 보호 필요성 정도 등을 종합적으로 고려하면, 운영자가 변호사들의 개인신상정보를 기반으로 한 인맥지수를 공개하는 표현행위에 의하여 얻을 수 있는 법적 이익이 이를 공개하지 않음으로써 보호받을 수 있는 변호사들의 인격적 법익에 비하여 우월하다고 볼 수 없어, 결국 운영자의 인맥지수 서비스 제공행위는 변호사들의 개인정보에 관한 인격권을 침해하는 위법한 것이다. * 4인 대법관의 반대의견 있음. [2] 변호사 정보 제공 웹사이트 운영자가 대법원 홈페이지에서 제공하는 '나의 사건검색' 서비스를 통해 수집한 사건정보를 이용하여 변호사들의 승소율이나 전문성 지수 등을 제공하는 서비스를 한 행위에 대한 판단: 공적 존재인 변호사들의 지위, 사건정보의 공공성 및 공익성, 사건정보를 이용한 승소율이나 전문성 지수 등 산출 방법의 합리성 정도, 승소율이나 전문성 지수 등의 이용 필요성, 이용으로 인하여 변호사들 이익이 침해될 우려의 정도 등을 종합적으로 고려하면, 웹사이트 운영자가 사건정보를 이용하여 승소율이나 전문성 지수 등을 제공하는 서비스를 하는 행위는 그에 의하여 얻을 수 있는 법적 이익이 이를 공개하지 않음으로써 얻을 수 있는 정보주체의 인격적 법익에 비하여 우월한 것으로 보여 변호사들의 개인정보에 관한 인격권을 침해하는 위법한 행위로 평가할 수 없다.

vii) 일반적 행동자유권(용모관리자유)과 영업의 자유 간 상충 – 항공사(항공운송업 등을 영위하는 사기업)의 취업규칙에서 직원들이 수염 기르는 것을 전면 금지하는 것이 소속 항공기 기장의 일반적 행동자유권과 영업의 자유 간에 상충이라고 보면서 전자에 대한 침해라고 판단하고 따라서 위 취업규칙조항이 위헌·위법인 무효이고 이를 준수하지 않았음을 전제로 항공사의 비행정지처분도 위법하다고 판결하였다.

◑ **대법원 판례** 대법원 2018.9.13. 2017두38560 부당비행정지구제재심판정취소
[판결요지] [1] 충돌해결방법 – 근로조건과 인간의 존엄성 보장 사이의 헌법적 관련성을 염두에 두고 구체적인 사안에서의 사정을 종합적으로 고려한 이익형량과 함께 기본권들 사이의 실제적인 조화를 꾀하는 해석 등을 통하여 이를 해결하여야 하고, 그 결과에 따라 정해지는 두 기본권 행사의 한계 등을 감안하여 두 기본권의 침해 여부를 살피면서 근로조건의 최종적인 효력 유무 판단과 관련한 법령 조항을 해석·적용하여야 한다. [2] 위 취업규칙 조항이 두 기본권에 대한 이익형량이나 조화로운 조정 없이 영업의 자유와 관련한 필요성과 합리성의 범위를 넘어 일률적으로 소속 직원들의 일반적 행동자유권을 전면적으로 제한하고 있는 것은 기본권 충돌에 관한 형량과 기본권의 상호조화 측면에서 문제가 있는 점, 오늘날 개인 용모의 다양성에 대한 사회 인식의 변화 등을 고려할 때 갑 회사 소속 직원들이 수염을 기른다고 하여 반드시 고객에게 부정적인 인식과 영향을 끼친다고 단정하기 어려운 점, 더욱이 기장의 업무 범위에 항공기에 탑승하는 고객들과 직접적·대면하여 서비스를 제공하는 것이 당연히 포함되어 있다고 볼 수 없으며, 을이 자신의 일반적 행동자유권을 지키기 위해서 선택할 수 있는 대안으로는 갑 회사에서 퇴사하는 것 외에는 다른 선택이 존재하지 않는데도 수염을 일률적·전면적으로 기르지 못하도록 강제하는 것은 합리적이라고 볼 수 없어, 참가인의 일반적 행동자유권을 과도하게 제한하는 점 등에 비추어 보면, 갑 회사가 헌법상 영업의 자유 등에 근거하여 제정한 위 취업규칙 조항은 을의 헌법상 일반적 행동자유권을 침해하므로 근로기준법 제96조 제1항, 민법 제103조 등에 위반되어 무효이고, 이와 같이 위헌·위법인 이 사건 조항을 준수하지 않았음을 전제로 이루어진 이 사건 비행정지 또한 위법하다. * 같은 사유로, 감급의 징계처분도 위법하다고 본 같은 날 내려진 동지의 판결도 있었다. 대법원 2018.9.13. 2017두62549, 부당감급구제재심판정취소.

viii) 대법원도 헌재처럼 "양심적 병역거부의 허용 여부는 헌법 제19조 양심의 자유 등 기본권 규범과 헌법 제39조 국방의 의무 규범 사이의 충돌·조정 문제가 된다"라고 본다(◑ 대법원 판례 대법원 2018.11.1. 2016도10912 전원합의체, 양심적 병역거부와 병역법 제88조 제1항의 정당한 사유).

◑ **대법원 판례** 대법원 2018.11.1. 2016도10912 전원합의체, 양심적 병역거부와 병역법 제88조 제1항의 정당한 사유
[판결요지] [1] 양심적 병역거부는 종교적·윤리적·도덕적·철학적 또는 이와 유사한 동기에서 형성된 양심상 결정을 이유로 집총이나 군사훈련을 수반하는 병역의무의 이행을 거부하는 행위를 말한다. 양심을 포기하지 않고서는 집총이나 군사훈련을 수반하는 병역의무를 이행할 수 없고 병역의무의 이행이 자신의 인격적 존재가치를 스스로 파멸시키는 것이기 때문에 병역의무의 이행을 거부한다는 것이다. 헌법상 국가의 안전보장과 국토방위의 신성한 의무, 그리고 국민에게 부여된 국방의 의무는 아무리 강조해도 지나치지 않다. 국가의 존립이 없으면 기본권 보장의 토대가 무너지기 때문이다. 따라서 양심적 병역거부의 허용 여부는 헌법 제19조 양심의 자유 등 기본권 규범과 헌법 제39조 국방의 의무 규범 사이의 충돌·조정 문제가 된다. [2] 피고인의 입영거부 행위는 진정한 양심에 따른 것으로서 구 병역법 제88조 제1항에서 정한 '정당한 사유'에 해당할 여지가 있는데도, 피고인이 주장하는 양심이 위 조항의 정당한 사유에 해당하는지 심리하지 아니한 채 양심적 병역거부가 정당한 사유에 해당하지 않는다고 보아 유죄를 인정한 원심판결에 법리오해의 잘못이 있다.

3. 판례에 대한 검토

(1) 헌재판례에 대한 검토

i) 먼저 헌재의 판례의 주류는 대등한 기본권들 간 충돌에만 규범조화적 방법을 적용한다

는 입장이다. 비대등(우열) 관계의 열위에 있는 기본권에 대해서도 완전 희생이 아닌 상응하는 보호가 가능하다면 보호하여 기본권의 최대한 보장에 부합하려는 적극적인 판례의 자세가 요구된다. 유니온샵결정에서 단결하지 않을 자유와의 충돌에서 보았듯이 최소침해심사가 가능함에도 하지 않은 점은 소극적이다. 비대등한 기본권들 간에 그 중요도에 비례하여 가령 70 : 30 비율로도 보장되도록 최선을 다하는 것이 바람직하다. 위에서 언급한 대로 승자독식의 서열이론, 법익형량론은 지양되어야 한다. ⅱ) 헌재가 강조하고 자주 판시하여 활용하는 실제적 조화의 원리(＝규범조화적 해석)는 해결방법에 대한 평가에서 보았듯이 상충의 해결방법이 아니라 조화롭게 해결하자는 목표라는 점에서 얼마나 의미가 있는지 의문이다. ⅲ) 위에서 본 결정례들은 사안이 대등한 기본권들 간 충돌이라고 헌재 자신이 보면 곧이어 규범조화적 방법을 적용한다고 하면서 심판대상조항이 취한 해결방안이 규범조화적인지 여부 판단을 사실 대부분 비례(과잉금지)원칙 심사에 따라 행하였다. 비례(과잉금지)원칙은 뒤의 기본권제한에 가서 한계원칙으로 보게 되는데(* 비례(과잉금지)원칙은 ① 목적의 정당성, ② 방법의 적절성, ③ 피해의 최소성, ④ 법익의 균형성, 이 4요소로 이루어진 기본권제한의 원칙인데 이에 대해서는 뒤의 기본권제한의 한계 문제에서 자세히 다루는 중요한 원칙이다. 후술 기본권의 제한과 그 한계 부분 참조), 이처럼 기본권의 제한에 적용되는 원칙인 비례원칙에 따라 판단한다는 것은 우리가 지적한 대로[101] 기본권의 상충문제를 기본권제한의 문제와 다른 특별한 성격의 것이 아니라는 것을 헌재도 실증하고 있다는 것을 의미한다고 보겠다.

(2) 대법원판례에 대한 검토

대법원의 판례도 이익형량, 실제적 조화적 방법에 의하여 최적실현의 경계획정을 한다는 것이므로 역시 기본권의 제한문제로 가게 됨을 보여준다. 이익형량을 행한 판결례들이 많았다. 이는 실제적 조화에 이르는 방법으로 이익형량을 많이 했다고 평가될 수 있겠다.

V. 근본적 검토

ⅰ) '기본권상충에서의 해결＝기본권제한' 문제로 귀결 − 기본권상충이란 기본권제한을 가져오는 원인을 이룬다. 상충되는 기본권들의 각 주체에게 기본권의 희생을 요구하고 있기 때문이다. 충돌의 문제가 있다는 것은 제한의 필요성이 있음을 의미한다. 위의 여러 충돌사안들에서 예외없이 제한문제가 나왔다. 결국 '기본권상충에서의 해결은 기본권제한 문제로 귀결된다. 위에서 행한 헌법재판소의 판례에 대한 검토에서도 그 점 파악이 되었다. 따라서 결국 기본권상충에 고유한 또는 특유한 해결방법이 있다고 볼 것이 아니라 기본권상충에 대한 해결도 기본권제한의 방법에 따라 이루어진다고 볼 것이다.[102] 그리하여 충돌되는 기본권들의 실질적인

---

101) 졸고, 기본권의 상충에 관한 연구, 성균관법학 제19권 제2호, 2007, 29면 이하 참조.

중요도(서열)를 살펴 각각의 법익의 정도를 측정, 비교하고 각 기본권의 법익의 정도에 상응하는 제한과 보호를 가져오게 하며 전체적으로 최소한의 제한과 최대한 보호가 되도록 한다. 충돌되는 기본권에 있어서 그 해결을 위한 제한에 있어서 헌재가 비례원칙이 적용될 사안이라고 판단하면 각 기본권이 제한되는 정도를 최소화하기 위한 비례(과잉금지)원칙을 적용한다. 물론 어느 정도의 강도나 밀도의 비례원칙을 요구할 것인지 그리하여 통상의 비례심사를 할 것인지 여부, 또는 그렇지 않고 어떤 내용의, 어느 정도 강도의 비례원칙심사를 할 것인지가 사안에 따라 달라질 수 있을 것이다. 중요도와 법익의 비교, 비례(과잉금지)원칙의 적용에서 어느 한 기본권을 우선하여야 하더라도 다른 기본권을 가능한 한 최소한의 범위에서 제한하도록 하여야 하고 본질적 내용을 침해하지 않아야 한다.

ii) 기본권상충의 해결에 있어서 가능한 한 어느 한 기본권을 완전히 희생시키지 않고 각각의 기본권에 대해 최소한의 희생을 요구하는 데 그치도록 하여야 한다. 그리하여 전체적으로 최대한의 기본권보장이 이루어지도록 하여야 한다. 따라서 상충되는 기본권들에 대한 최소한의 제한을 가져오는 방법을 찾는 것이 결국 중요하고 관건임을 알 수 있다. 그 점에서도 기본권제한에서와 다르지 않다. 서열이론, 법익형량론도 상충되는 기본권들 모두가 가능한 한 최대한 보장되고 최소한의 제한에 그치게 하는 방향으로 적용되어야 하고, 비례(과잉금지)원칙의 적용을 요구하는 것도 결국 그것 때문이다.

iii) 이처럼 기본권상충의 해결을 위한 과정은 각 기본권의 최소한 희생으로 최적치를 가져오게 하는 것으로 상충되는 기본권들 간의 조절을 수행하는 것이다. 103) 기본권의 조절은 각 기본권의 최대한 보장이라는 점에서 기본권의 실효성을 가져오기 위한 것이기도 하다.104)

제6절   기본권의 서열(우열)관계 문제105)

I. 문제의 제기: 서열관계의 인정여부

기본권이 상충할 때 그 기본권들 간에 조절을 하여 상충을 해결함에 있어서 어느 기본권의

---

102) "우리나라에서는 일반적 제한원리로 헌법 제37조 제2항의 일반유보에 따라 이익형량과 과잉금지, 비례의 원칙으로서 처리할 수 있기 때문에 (기본권상충은) 특별히 논란할 필요가 없다"라고 보는 견해로, 김철수, 헌법학개론, 제19 전정신판, 박영사, 2007, 416면, 418면 참조.

103) 이러한 지적에 관해서는 졸저, 기본권연구 I, 길안사, 1999, 345면 이하 참조.

104) 기본권의 조절이란 조절되는 권리들의 실효성 그 자체(effectivité même)라고 보는 견해로, V. Saint−James, *La Conciliation des Droits de l'Homme et des Libertés en Droit public français*, P.U.F., Paris, Publications de la Faculté de droit et des Sciences économiques de l'Université de Limoges, 1995, 470면 등 참조.

105) 졸고, 기본권 규범간의 우열관계 여부에 대한 논의−프랑스에서의 논의, 세계헌법연구(세계헌법학회 한국학회 회지), 제4호, 1999.8 참조.

우월성을 인정하여 보다 더 많은 보호를 할것인지 하는 선택의 문제가 있다. 이러한 선택에 있어서 기본권의 중요도에 따라 어느 기본권을 더 보호 내지 덜 희생되게 할 것인지 하는 이러한 중요도가 결국은 기본권들 간에 서열관계(hiérarchie)를 의미한다. 그러나 이러한 서열관계가 어떠한 것인지에 대해서는 아직까지 많은 연구가 이루어지지는 않았다. 문제는 서열관계가 고정되어 있어 이에 따라 결정되는 것인지 아니면 기본권들 간에 서열관계가 사안에 따라 유동적일 수 있는가 하는 것이다. 기본권규범의 서열관계에는 형식적 서열관계와 실질적 서열관계가 있다.

II. 기준과 판별 방법

1. 형식적 서열관계와 실질적 서열관계

서열관계를 보는 관점 내지 준거에 따라 형식적 서열관계를 인정하는 학설과 이를 부정하면서도 실질적 관점에서 서열관계를 인정하는 학설이 있다. 형식적 서열관계(hiérarchie for-melle)는 법규범의 형식, 즉 헌법전, 법률, 명령 등 규범형식 내지 법규범의 정립기관 등에 따른 우열관계를 말한다(물론 헌법전에 있는 헌법규범이 형식상 가장 높다). 실질적 서열관계(hiérarchie matérielle)는 헌법규범이 존재하는 형식을 묻지 않고 법규범의 내용과 그 구체적 사안에 따라 또는 그 법규범이 보장되는 정도가 강한가 약한가에 따른 우열관계를 말한다.

2. 고정적 서열관계 여부

기본권의 서열관계가 고정적이어서 어떠한 사안에서도 그러한 우열관계에 따라 해결될 것으로 볼 것인지 아니면 기본권의 서열관계는 개별적인 사안들에서 달라질 가능성이 있는 것인지에 따라 서열관계의 적용이 달라질 수 있다.

3. 우리 판례의 경향

서열관계를 인정하는 견해에 따르면 하위의 헌법규정이 상위의 헌법규정에 반해서는 안되고 하위의 헌법규정이 상위의 헌법규정에 반하는지를 심사할 수 있다고 보게 된다. 그런데 우리 헌재는 헌법규정이 위헌심사대상이 되는지가 논란된 국가배상법결정에서 헌법의 개별규정 상호간의 효력의 차이를 인정하는 전제하에서 상위의 헌법규정에 위배되는 하위의 헌법규정은 위헌으로 위헌심사의 대상이 된다는 견해가 있을 수는 있으나 각 개별 헌법규정에 "그 효력상의 차이를 인정하여야 할 형식적인 이유를 찾을 수 없다"라고 하면서 헌법규정이 위헌심사의 대상이 되지 못한다는 입장을 보여준 바 있다(95헌바3). 그러나 헌법재판소는 흡연권 판례 등

위에서 본 기본권상충에 관한 결정례들에서(전술 기본권상충 부분 참조) 사실상 서열을 인정하는 예를 보여준 바 있다. 따라서 그리고 위 국가배상법결정이 헌법규정에 대한 위헌심사가 가능한가 하는 문제를 중심에 두고 판시되었다는 점을 감안한다면 결국 우리 헌법재판소는 실질적인 서열관계를 인정하고 있다고 볼 것이다. 이런 문제는 앞의 헌법규범의 단계구조론 문제로 살펴보았다(* 이에 대해서는 전술, 헌법규범론 부분 참조).

4. 소결

법의 단계구조적인 관점에서 형식적 서열관계를 긍정할 수 있을 것이다. 즉 이는 헌법, 법률, 명령으로 내려가는 법단계구조상의 우열관계이다. 그러나 성문헌법국가일지라도 성문헌법전 외 법률 등 하위형식의 법에도 헌법적 내용이 담겨져 있을 수 있으므로(실질적 의미의 헌법) 그 구분이 쉽지 않다. 또한 성문헌법전 내에서의 헌법규정들 간에도 우열관계가 있다고 볼 것이므로 형식적 서열관계를 인정한다고 하여 문제가 해결되는 것은 아니다. 모두 형식은 성문헌법전 내의 헌법규정이기 때문이다.

형식적 서열관계를 인정하지 않는다고 하더라도 헌법재판에 있어서는 실제 문제를 해결하기 위하여 각 헌법규범, 기본권규범이 인정받는 중요성의 정도, 그리고 그로써 보장되는 정도에 차이가 있음을 인정해야 할 상황에 있어서는 실질적 서열관계(hiérarchie matérielle)를 인정하여야 할 경우가 있다. 기본권 상충 문제에서 그 경우를 보았다. 어떠한 기본권들 간에 또 어떠한 상황에서 일어나는 것인지에 따라 문제되는 기본권들 간의 우열관계가 달리 나타날 수도 있다.

결국 다음과 같이 정리된다. 먼저 상위의 가치를 가지는 우월적인 기본권들에 대해 고정적인 위치를 인정하여야 할 경우가 있다. 생명권과 같은 인간의 존엄·가치권의 핵심적 내용을 이루는 기본권의 경우가 그러하다. 상위의 가치를 가지는 기본권 외에 많은 기본권의 경우에는 실질적인 서열관계에 따라서 우열이 가려지게 된다.

5. 판별 방법

실질적인 서열관계를 가려내는 것이 쉽지 않으나 생각건대, 일반적으로, ① 인간의 존엄과 가치, 생명권과 같은 기본권들이 상위에 있으므로 그 우월성을 인정하여야 한다. 이러한 상위 기본권들과 같은 경우에는 그 우선적 보호가 시대를 초월해서 달라지지는 않는다고 볼 것이다. ② 대체적으로 신체적 자유가 기초적 기본권으로서, 그리고 정신적 영역의 기본권들이 경제적, 물질적 기본권들 보다 상위에 있다고 볼 것이다. ③ 목적적인 기본권들이 수단적 기본권들 보다 상위에 있다고 볼 것이다. ④ 보충적 기본권 보다 개별적 기본권이 더 우선해서 적용될 수 있다. ⑤ 특별조항우선의 원칙 등의 방법으로 판단할 수 있을 것이다. ⑥ 신법우선의 원칙의 적용을 고려할 수 있을 것이나 신법이 반드시 우선하는 것은 아니라는 점에서 항상 적용될 수 있는 것은 아니다.

유의할 것은 어느 기본권이 서열상 우월하다고 하여 충돌하는 다른 기본권이 전적으로 희생되어야 하는 것은 아니라는 점이다(전술, 기본권상충 검토 부분 참조).

제 5 장

기본권의 제한과 그 한계

제 1 절   서설

Ⅰ. 기본권제한이론의 의미

1. 기본권제한의 개념과 필요성

기본권의 제한이란 어떤 기본권이 가지는 내용, 보호범위 또는 그 효력을 축소하는 것을 말한다. 우리 헌법 제10조 후문은 개인이 가지는 "기본적 인권"을 "불가침"이라고 규정하고 있는데 이러한 불가침을 명시하고 있으면서도 어떻게 헌법은 그 제한의 법리를 규정할(제37조 제2항) 수 있을까 하는, 모순이 아닌가 하는 의문을 가질 수 있다. 그러나 인간들이 고립되어 살아가는 것이 아니라 사회 속에서 다른 사람들과 더불어 삶을 영위하여 가면서 여러 사람들과의 관계가 형성될 수밖에 없고 이런 관계 속에서 어느 한 사람의 기본권의 행사가 다른 사회구성원들의 기본권들과 공익에 영향을 미치는 상황이(예를 들어 어느 사람의 영업의 자유로 발생하는 소음 때문에 다른 사람의 환경권이 침해될 수 있다) 생기기도 한다. 기본권은 고립된 개인의 권리가 아니라 다른 여러 사회구성원과의 더불어 살아가는 가운데의 권리이다. 물론 절대적으로 보장되어야 할 기본권의 내용이 있기도 하지만 각자의 모든 기본권을 절대적으로 고집할 수만은 없고 다른 사람들의 기본권들과 조절이 되어야 한다. 바로 여기서 여러 사람들 간의 기본권의 조절, 공익의 달성 등을 위한 기본권제한의 필요성이 나타난다. 기본권을 행사하려는 각각의 개인의 주관적 입장에서 바라볼 때에는 제한이라는 효과로 나타나지만 다른 사람들의 기본권들과의 관계에서 볼 때에는 조절의 문제가 된다. 기본권이 불가침의 권리라고 하더라도 현실적으로 조절할 수밖에 없는 경우가 나타나므로 결국 헌법 제10조에서의 불가침이란 절대적이란 의미가 아니라 기본권의 최대한의 존중을 의미한다고 볼 수밖에 없다. 따라서 제한의 관념보다는 조절이라는 관념이 불가침이란 말에 더 충실할 수 있다고 볼 것이다. 우리 제헌헌법과 제2공화국헌법 제1장 총강 제5조는 "대한민국은 정치, 경제, 사회, 문화의 모든 영역에 있어서 각인의 자유, 평등과 창의를 존중하고 보장하며 공공복리의 향상을 위하여 이를 보호하고 조정하는 의무를 진다"라고 규정하여 국민들의 권리간의 조정의무를 국가에 지우는 명시적 규정을 두고 있었다.

* **용어의 문제:** '침해'와 '제한' – 헌재판례의 판시태도 – 일반 사람들의 대화에서는 기본권의 '침해' 여부라고 하거나 기본권의 '제한' 여부라고 하여 침해와 제한이라는 용어가 혼용되기도 한다. 그런데 헌재의 판례에서는 양자를 구분하는 판시를 한다. 즉 헌재가 어떤 기본권이 제한되는지를 먼저 보고, 제한되고 있더라도 그 제한이 바로 위헌이라고 결정하게 하는 것이 아니고 그 제한의 방법과 정도가 헌법이 인정하는 범위(한계)를 벗어난 것이면(대표적으로 기본권제한의 한계원칙인 과잉금지원칙을 위배하면) 비로소 '침해'이고 위헌이라고 결정하여 판시한다. 따라서 합헌적 제한이란 말은 성립되나 합헌적 침해라는 말은 성립되지 않는다고 보는 것이다. 물론 제한이면서 과잉금지원칙 등을 위반하지 않으면 침해하지 않고 헌법에 위반되지 않는다고 한다. 아래에 위 구분을 이해하는 데 도움이 되기 위해 그 논증하는 판시례를 옮겨본다.

▶ **예시:** 2021.1.28. 2018헌마456·2020헌마406·2018헌가16
[결정요지] … (1) 제한되는 기본권 … 익명표현의 자유 … 를 제한한다. … 이하에서는 … 과잉금지원칙에 반하여 … 익명표현의 자유를 침해하는지 여부에 관하여 판단한다. (2) 판단 … 침해의 최소성 … , 법익의 균형성을 갖추지 못하였다. (라) 소결론 … 과잉금지원칙에 반하여 익명표현의 자유 등을 침해한다. 6. 결론 – 그렇다면 심판대상조항은 모두 헌법에 위반되고 …

[헌재의 논증구조] 따라서 헌재는 먼저 제한되는 기본권에 대해 쟁점으로 정리하고 제한되는 기본권에 대해 과잉금지원칙 위반 등 헌법에 위반되지 여부를 침해 여부로 판단하는 논증구조를 보여주고 있다. 중요한 실무례이다.

> [논증구조] 제한되는 기본권 → 그 기본권의 침해 여부(과잉금지원칙 등 심사) → 결론

2. 최대 보장을 위한 최소·최적의 조절적 제한

기본권의 제한은 가능한 한 어느 기본권주체에 대한 일방적인 희생의 강요가 아닌 최소한의 희생에 그치도록 하고 어느 한 개인이 다른 개인에 비해 불리하게 작용하지 않도록 그 제한을 최소화하고 개인의 기본권이 최대한 행사될 수 있도록 조절하는 것이어야 한다. 즉 기본권의 최적치(optimum)를 찾기 위한 노력이어야 하고 사회구성원 모두의 기본권이 최적의 보호를 받을 수 있는 결과를 가져오게 하여야 한다. 기본권제한의 필요성이 있더라도 각 기본권에 최소한의 침해가 되는 것에 그치도록 함으로써 총체적으로 보다 극대화된 기본권보장이 이루어질 것을 요구한다. 따라서 기본권의 제한 문제를 기본권의 침해문제가 아니라 기본권을 최대한 보장하기 위한 문제로 파악하는 시각이 필요할 것이다. 요컨대 중요한 것은 어떻게 하면 가능한 한 각자에게는 최소한의 기본권침해가 되면서 전체적으로는 보다 최대한의 기본권보장이 되도록 하느냐 하는 제한의 범위를 찾느냐 하는 문제이다(그것은 또한 헌법이 용인하는 기본권제한의 범위를 찾는 것이다).

3. 기본권의 보호영역(보호범위)과 기본권제한

기본권제한 문제를 판단함에 있어서 기본권의 보호영역(보호범위)을 정하는 것이 먼저 요구된다. 예를 들어 직업의 자유에 대한 제한문제에 있어서 제한받는 행위가 직업의 자유가 보호하는 영역에 속하는 것인지를 먼저 파악하게 된다. 그 보호영역의 파악을 위해서는 직업의 개념이 무엇인지를 살펴보게 된다. 직업의 개념이 어떠한가에 따라 그 보호영역도 달라지기 때문이다. 헌법이 직접 많은 기본권들에 대해 그 개념과 보호범위의 확정을 명시하고 있지 않으므로, 예를 들어, 양심, 거주, 주거, 언론, 통신, 사생활, 재산권, 종교 등에 대해 그 개념들을 해석하여야 할 필요가 생긴다.

II. 기본권제한이론의 임무(기능)

1. 기본권제한의 남용방지와 기본권신장

기본권제한이론은 기본권을 최대한 보장하기 위하여 기본권의 제한을 가능한 억제하고 제한의 남용을 방지하기 위한 원칙들을 설정하여야 한다. 바로 이 점에서 오늘날 기본권의 제한론에 있어서는 제한 그 자체보다 제한의 범위나 방법 등에 대한 한계를 설정하는 법리가 그 중심적 내용이 된다. 최소제한, 제한의 한계설정, 조절을 통한 기본권신장을 가져오고자 한다.

2. 예방적 기능

기본권제한의 원칙은 미리 기본권제한의 헌법적 한계를 설정하고 그 한계를 벗어난 제한을 하지 못하게 함으로써 자의적(恣意的)인 기본권제한을 방지할 수 있게 하고 그리하여 위헌적인 기본권침해를 예방하는 기능을 수행할 수 있도록 한다. 사전적 예방이 사후적 구제 보다 더 효율적임은 물론이다.

3. 분배의 기능

기본권의 제한이 특히 공공복리를 위하여, 그리고 여러 기본권주체들 간의 조절을 위하여 필요한 것이라면 제한은 분배의 의미를 가진다. 재산권을 공공복리에 적합하게 행사하도록 하고, 독점시장을 막기 위해 경제적 자유를 제한하는 것은 다른 사회구성원들의 복지를 배려하기 위한 것이기 때문이다.

제 2 절   기본권제한의 기본법리

제 1 항   기본권제한의 방식

Ⅰ. 헌법직접적 제한

1. 헌법직접적 제한의 의의와 기능

헌법직접적 기본권제한이란 헌법이 스스로 직접 어느 기본권에 제한을 가하는 것을 말한다. 이를 '헌법유보'라고 부르는 견해도 있으나 '유보'란 그 유보받은 규범이 내용을 정하기까지는 그 내용을 알 수 없는데 헌법직접적 제한은 헌법 자체가 그 제한내용을 담고 있다는 점에서 타당하지 못하고 헌법내재적 한계라고 보는 것도 후술하는 대로 우리 헌법은 내재적 한계를 인정하지 않으므로(후술 이른바 기본권의 내재적 한계 문제 부분 참조) 역시 타당하지 못하다.

2. 현행 헌법의 직접적 기본권제한 조항

현행 헌법에서 헌법직접적 제한 규정이 어느 헌법규정들인지 학자들마다 차이가 있을 수 있으나 우리 학설들이 거론하고 있는 헌법직접적 제한 규정들은 다음과 같다. ① 정당의 목적 · 조직과 활동이 민주적이어야 하며, 정당의 목적이나 활동이 민주적 기본질서에 위배되어서 아니된다는 정당에 대한 제한규정을 두고 있다(제8조 제2항과 제4항). 헌법 제8조 제2항과 제4항은 기본권의 장이 아니라 총강규정이긴 하나 이 조항이 기본권규정인 헌법 제21조 제1항의 결사의 자유조항의 특별규정의 성격을 가지고 있고 이 조항이 정당결사활동의 자유에 대한 제한을 이루고 있으므로 기본권에 대한 명시적인 헌법직접적 제한으로 본다. ② "언론출판은 타인의 명예나 권리 또는 공중도덕이나 사회윤리를 침해하여서는 아니된다"라고 하여 언론 · 출판의 자유에 대한 제한을 직접 규정하고 있다(제21조 제4항). 이를 대부분 학설들은 헌법직접적 제한이라고 보고 우리 헌법재판소도 "헌법적 한계"라고 본다.[106] ③ "재산권의 행사는 공공복리에 적합하도록 하여야 한다"라고 하여 오늘날 재산권의 사회적 한계인 공공복리에 적합하여야 한다는 제한을 명시하고 있다(제23조 제2항). ④ "군인 · 군무원 · 경찰공무원 기타 법률이 정하는 자가 전투훈련 등 직무집행과 관련하여 받은 손해에 대하여는 법률이 정하는 보상 외에 국가 또는 공공단체에 공무원의 직무상 불법행위로 인한 배상은 청구할 수 없다"라고 규정하

---

106) 헌재 2001.8.30. 2000헌바36.

여 국가배상청구권에 있어서의 제한을 직접 두고 있다(제29조 제2항). 그러나 이 제한규정은 보다 상위의 헌법규범(제10조, 제11조)에 반하여 정당성이 없는 '헌법률'이다. ⑤ 근로3권을 가지는 공무원을 한정하고(법률이 정하는 공무원. 제33조 제2항), 법률이 정하는 주요방위산업체에 종사하는 근로자의 단체행동권은 법률이 정하는 바에 의하여 이를 제한하거나 인정하지 아니할 수 있다고 규정하고 있다(동조 제3항). ⑥ 비상계엄이 선포된 때에는 법률이 정하는 바에 의하여 영장제도, 언론·출판·집회·결사의 자유에 관하여 특별한 조치를 할 수 있다고 규정하고 있다(제77조 제3항). ⑦ 재판청구권에 대한 헌법직접적 제한 – "대한민국의 영역 안에서는 중대한 군사상 기밀·초병·초소·유독음식물공급·포로·군용물에 관한 죄" 중 법률이 정한 경우와 비상계엄이 선포된 경우를 제외하고는 군인, 군무원이 아닌 일반국민이 군사법원의 재판을 받지 아니한다고 규정하여(제27조 제2항) 일반국민이 군사법원의 재판을 받을 경우를 한정하는 문구로 규정하고 있는데 그 경우에는 일반국민이 '일반'법원의 재판을 받을 권리가 제한된다는 점에서 헌법직접적 제한이라고 볼 것이다. 또한 "군인·군무원의 범죄나 군사에 관한 간첩죄의 경우와 초병·초소·유독음식물공급·포로에 관한 죄" 중 법률이 정한 경우에 한하여(사형을 선고한 경우에는 제외) 비상계엄하의 군사재판을 단심으로 할 수 있다고 규정하고 있다(제110조 제4항).

위의 ①, ②, ③, ⑥ 제한은 내용적인 직접제한이라고 할 수 있고 ④, ⑤의 제한은 기본권주체에 대한 직접제한이라고 할 수 있다. ⑦ 제한은 주체에 대한 직접제한(일반국민에 대한 제한)과 내용적 직접제한이 함께 있다.

3. 헌법직접적 제한의 의미 내지 기능

헌법이 직접적으로 어느 기본권에 대해 제한을 가하는 것은 다음과 같은 의미와 기능을 가진다. ⅰ) 특별한 보호의도, 제한남용 방지 – 헌법직접적 제한사유를 한정하여 그 사유 외에 제한될 수 없게 함으로써 오히려 그 기본권을 특별히 보호하려는 헌법의 의도가 나타난다. 또한 헌법이 정한 제한을 넘어서서 입법자가 제한할 수 없도록 제한의 남용을 막는 방어기능을 한다. ⅱ) 헌법가치의 반영 – 헌법이 지향하는 가치나 이념을 실현하기 위한 직접적 제한도 있다. 헌법 제23조 제2항은 오늘날 공공복리의 가치가 중요하므로 재산권의 공공복리기속성이라는 중요한 법리를 헌법 자체가 확인하고 있는 것이다. ⅲ) 중요 기본권에 대한 헌법적 조절의도 – 중요한 기본권이어서 타 법익과의 충돌의 경우에도 그 기본권을 제한, 조절할 수 없는 것인가 하는 문제가 발생하는 데 이에 대해 헌법이 그 문제에 대해 명확히 하고자 헌법직접적 제한규정을 두기도 한다. 위 헌법 제23조 제2항의 재산권 공공복리조항도 그 하나이다.

입법자에 대한 방어적 기능, 기본권남용에 대한 경고적 기능, 헌법의 통일성 유지를 위한 헌법정책적 기능을 드는 견해도 있다.[107)

II. 법률유보에 의한 제한(법률에 의한 제한)

1. 필요성과 의미, 정당성과 기능 등

[필요성과 의미] 헌법직접적 제한을 원칙으로 한다면 제한이 필요할 때마다 헌법개정이 요구될 것인데 헌법개정은 쉽지 않아 현실적 한계가 있으므로 기본권제한에 있어서 일반적이고 주가 되는 방식은 국민의 대표기관이 국민의 의사에 따라 그때그때 제정하는 법률에 의한 제한이다. 여기서의 법률은 국회가 제정한 이름이 '법률'인 형식적 의미의 법률을 말한다. 대통령령 등 법률하위의 법규명령(행정입법)은 법률의 구체적 위임을 받은 경우에만 기본권제한에 관한 규정을 둘 수 있다. 조약도 국회의 동의를 받아 기본권을 제한할 수 있다.

[정당성과 기능, 문제점] 법률유보에 의한 기본권제한은 법률이 국민의 대표기관인 의회에서 국민의 의사로서 제정되므로 법률에 의한 기본권제한은 국민의 의사에 의한 제한으로 볼 수 있다는 점(자동성원리)에서 그 정당성을 찾는다. 그 외 기능, 문제점에 대해서는 제2항의 일반원칙에서 자세히 살펴본다(후술, 제2항 I 참조).

2. 기본권제한 법률유보

* **용어문제:** 법률유보에는 기본권을 제한하는 법률유보뿐 아니라 아래에서 보듯이 기본권형성적인 법률유보도 있다. 그런데 여기서는 기본권의 제한을 위한 법률유보를 살펴보기에 '기본권제한 법률유보'라는 이름으로 다룬다. 단순히 법률유보라고 하더라도 특별한 설명이 없다면 기본권제한 법률유보의 의미로 사용된 것이다.

(1) 유형 － 개별적 기본권제한 법률유보와 일반적 기본권제한 법률유보

법률유보에 의한 기본권제한의 경우에도 '개별적' 기본권제한 법률유보와 '일반적' 기본권제한 법률유보가 있다.

1) 개별적 기본권제한 법률유보

개별적 기본권제한 법률유보란 헌법이 어느 특정 개별 기본권에 대해 법률에 따라 제한된다고 규정한 경우이다. 현행 헌법에는 많지는 않지만 다음과 같은 개별적 기본권제한 법률유보들을 두고 있다. ① 신체의 자유에 관하여 헌법 제12조 제1항 후절이 "법률에 의하지 아니하고는 처벌·보안처분 또는 강제노역을 받지 아니한다"라고 규정하고 있다. 이는 죄형법정주의를 규정한 개별적 기본권제한 법률유보조항이다. 헌법 제13조 제1항은 "모든 국민은 행위시의 법률에 의하여 범죄를 구성하지 아니하는 행위로 소추되지 아니하며"라고 하여 죄형법정주의의 한 요소이기도 한 형벌불소급원칙을 정하면서 행위시 법률에 의한 처벌을 규정하고 있다. ②

---

107) 허영, 전게서, 282면 이하.

506 제1편 기본권 총론

헌법직접적 제한이면서 개별적 기본권제한 법률유보인 경우도 있다. 헌법이 어느 개별 기본권에 대해 직접적 제한을 하면서 그 제한의 구체적 내용을 법률에 맡길 수도 있다. 그러한 예로서 ㉠ 국가배상청구가 금지되는 사람으로 헌법 제29조 제2항은 군인·군무원·경찰공무원 외에 '기타 법률이 정하는 자'도 규정하고 있는데 그 사람에 대해서는 국가배상이 금지된다는 점에서 헌법직접적 제한이면서 그런 사람을 법률로 정하도록 한 점에서는 개별적 기본권제한 법률유보이다. 이 조문은 정당성이 없다고 이미 지적하였다. ㉡ 근로3권이 인정되는 공무원을 법률로 정하도록 한 헌법 제33조 제2항, "법률이 정하는 주요방위산업체에 종사하는 근로자의 단체행동권은 법률이 정하는 바에 의하여 이를 제한하거나 인정하지 아니할 수 있다"라고 규정하고 있는 헌법 제33조 제3항도 그러하다. ㉢ 비상계엄이 선포된 때에는 법률이 정하는 바에 의하여 영장제도, 언론·출판·집회·결사의 자유에 관하여 특별한 조치를 할 수 있다고 규정하고 있다(제77조 제3항). 언론자유 등에 대한 제한이라는 점에서 헌법직접적 제한이면서 법률이 정하는 바에 의하여 제한하라는 점에서는 개별적 기본권제한 법률유보이다. ㉣ 재판청구권에 대한 예로는 일반국민이 군사법원의 재판을 받을 경우로 "대한민국의 영역 안에서는 중대한 군사상 기밀·초병·초소·유독음식물공급·포로·군용물에 관한 죄" 중 법률이 정한 경우라고 규정한 것(제27조 제2항), 비상계엄하의 군사재판을 단심으로 할 수 있는 경우를 "군인·군무원의 범죄나 군사에 관한 간첩죄의 경우와 초병·초소·유독음식물공급·포로에 관한 죄" 중 법률이 정하도록(사형을 선고한 경우에는 제외) 한 것(제110조 제4항)을 들 수 있다. ⑤ 재산권에 관하여 헌법 제23조 제1항 후문이 "그 내용과 한계는 법률로 정한다"라고 규정한 부분에 대해서는 논란이 있다. 이를 기본권제한적 개별적 법률유보조항의 예로 드는 학자들이 있다(김철수, 318면; 권영성, 347면). 재산권의 내용을 형성하는 기본권형성적 법률유보라고 보고 기본권제한유보가 아니라고 보는 반론도 있다(허영, 279면). 우리 헌법재판소 판례는 기본권형성유보로 본다.[108] 생각건대 재산권의 내용과 한계를 법률로 정하라는 것은 재산권이라는 기본권의 보호영역(범위)을 법률로 정하라는 의미이다. 이는 입법자가 보호범위를 어느 정도로 할 것인가를 정할 수 있도록 하는 기본권보호범위형성유보라고 할 것이다. 그런데 내용뿐 아니라 한계도 언급하고 있다는 점에서 사실 보호범위를 축소하여 제한하는 입법이 이루어질 수도 있다. 그 점에서 헌법 제23조 제1항의 "재산권의 내용과 한계"라는 규정은 재산권의 내용에 대한 형성유보적 성격과 한계유보로서의 성격을 아울러 띤다고 할 것이다(이에 관해서 자세한 것은 후술, 재산권 부분 참조).

2) 일반적 기본권제한 법률유보

일반적 기본권제한 법률유보란 어느 기본권을 가리지 않고 모든 기본권들에 대해 제한을 법률로 할 수 있도록 하는 경우를 말한다.[109] 우리 헌법은 제37조 2항에 "국민의 모든 자유와

---

108) 헌재 1993.7.29. 92헌바20.
109) 계희열, 전게서, 138면 이하는 일반적 법률유보를 다시 일반적 단순법률유보(입법자가 특정요건의 제약 없이 법률로써 모든 기본권을 제한할 수 있는 것)와 일반적 가중법률유보(입법자가 특정요건하에서만 기

권리는 국가안전보장·질서유지 또는 공공복리를 위하여 필요한 경우에 한하여 법률로써 제한할 수 있으며"라고 규정하여 일반적 기본권제한 법률유보조항을 두고 있다. 현행 헌법 하에서는 과거 헌법에 비해 개별적 법률유보는 많이 삭제되어 별로 없고 기본권제한은 주로 일반적 기본권제한 법률유보에 의하여 이루어진다. 따라서 일반적 기본권제한 법률유보에 대한 법리가 기본권제한에서의 중심이 되고 그 법리의 이해가 중요하며 아래에서 헌법 제37조 제2항에 따른 기본권제한에 관한 이론을 주로 살펴보게 되고 이 책에서 별도의 항으로 살펴본다(제2항 참조).

(2) 다른 유형의 법률유보와의 비교

헌법이 법률로 정하도록 한 경우들 중에는 위에서 본 기본권제한 법률유보와 다른 유형의 법률유보인 기본권형성유보, 절차형성적 법률유보, 헌법제도 보장의 형성유보 등도 있다. 기본권제한 법률유보를 보는 여기서 그 대조와 구분을 위하여 살펴본다.

1) 기본권형성 법률유보

(가) 기본권형성 법률유보의 개념과 용어문제　기본권형성적 법률유보란 기본권의 실현을 위한 구체적인 내용이나 방법, 절차 등을 법률로 정하도록 헌법이 위임한 경우를 말한다. 예를 들어 헌법 제30조가 타인의 범죄행위로 인하여 생명·신체에 대한 피해를 받은 국민은 법률이 정하는 바에 의하여 국가로부터 구조를 받을 수 있다고 하여 범죄피해구조청구권의 구체적인 방법이나 기준 등을 법률로 구성해나갈 것을 법률에 위임하고 있는 것을 들 수 있다. 기본권형성 법률유보를 기본권구체화 법률유보라고도 한다.

(나) 기본권형성 법률유보의 주요영역　기본권형성 법률유보는 그 실현을 위해 국가의 구체적 작용을 요구하는 성격의 기본권에 있어서 주로 나타난다. 예를 들어 생존권적 기본권 등과 같이 국가가 적극적으로 일정한 작용을 행하거나 일정한 재화를 공급하여야(예를 들어 생활시설의 건설이나 생활보조비의 지급 등) 그 구체적인 실현이 가능한 기본권경우에 법률로 구체적 형성을 함으로써 나타날 가능성이 많다(헌법이 직접 구체적으로 적시할 수도 있겠으나 물론 용이하지 않다). 유의할 것은 생존권적 기본권의 영역에 형성유보가 많다고 하여 생존권(이른바 사회권)을 추상적 권리나 입법방침적(Programm적) 권리로 보아야 하는 것은 아니라는 점이다. 국민의 생존에 필요한 기반이 마련되어야 하고 인간답게 살아갈 수 있도록 하여야 하는 국가의 법적 의무가 있는 것은 분명하므로 헌법규정 자체로 권리로 인정되는 구체적 권리인데 다만, 어떤 내용으로 생존권을 실현할 것인가 하는 것을 법률로 구체화하는 것을 의미할 뿐이다. 위와 같은 점에서 "사회적 기본권을 구체적 권리로 파악할 경우, 기본권형성적 법률유보의 개념은 수용될 여지가 없다고 본다"라는 견해(권영성, 전게서, 346면)는 타당하지 않다. 이 견해는 헌법에 의해 직접 권리로 인정되느냐 아니면 법률이 있어야 권리로 인정되느냐 하는 문제(전술, 기본권의 분

본권을 제한할 수 있다는 것)로 나누고 우리 헌법 제37조 제2항은 공공복리 등의 요건하에서만 제한할 수 있게 하였다고 하여 일반적 가중법률유보라고 한다.

류, 후술 생존권 부분 참조)와 그 실현방법의 구체화형성 문제를 혼동하고 있다. 참정권과 청구권의 영역에서도 형성적 법률유보가 많다.

(다) 현행 헌법상의 기본권형성 법률유보조항　현행 헌법상 기본권형성 법률유보조항으로서는 ① 통신·방송의 시설기준과 신문의 기능을 보장하기 위한 사항(제21조 제3항), ② 저작자·발명가·과학기술자와 예술가의 권리의 보호(제22조 제2항), ③ 재산권의 내용(제23조 제1항 일부), 재산권을 수용·사용 또는 제한한 경우 그 제한에 대한 보상(제23조 제3항), ④ 선거권(제24조), ⑤ 공무담임권(제25조), ⑥ 청원권(제26조 제1항), ⑦ 형사보상청구권(제28조), ⑧ 국가배상청구권(제29조 제1항), ⑨ 범죄구조청구권(제30조), ⑩ 최저임금제(제32조 제1항 후절), ⑪ 근로조건의 기준(제32조 제3항), ⑫ 국가유공자 등의 우선적 근로기회 부여(제32조 제6항), ⑬ 신체장애자 등 생활능력이 없는 국민에 대한 국가의 보호(제34조 제5항), ⑭ 환경권의 내용과 행사(환경권법정주의. 제35조 제2항) 등이 있다. 위에서 보는 대로 현행 헌법상 기본권형성 법률유보도 역시 생존권, 참정권, 청구권 영역에 많이 있다. 자유권 영역에서도 찾을 수 있다(위 ①, ②, ③). 헌재는 ⑮ 재판절차진술권에 관한 법률유보도 기본권형성 법률유보로 본다(92헌마48, 2002헌마533).

(라) 효과

가) 입법재량　기본권제한적 법률유보에서의 형성은 기본권제한을 가져오므로 기본권제한이 가지는 한계를 지켜야 하므로 입법자의 선택의 폭이 좁아진다. 반면에 기본권형성적 유보의 경우에는 가능한 한 기본권향유의 최대화를 도모하도록 하면서도 입법자에게 그 내용의 설정이나 실현방법의 선택에 있어서 재량이 더 많이 인정될 수 있다. 그러나 재량에도 한계가 있다. 재량의 한계로서 보통 재량의 일탈과 재량의 남용을 들 수 있다.

나) 기본권형성 법률유보와 입법부작위　기본권형성을 위한 법률유보가 있음에도 이러한 기본권형성을 위한 법률이 없는 부작위상태인 것은 국가의 입법의무를 저버리는 것이고 기본권보장의무를 소홀히 한 것이다. 이에 대한 구제방법은 헌법재판에 의해 입법부작위가 위헌임을 확인하고 입법으로 나아가야 한다(자세한 것은 후술하는 기본권의 구제와 헌법재판 부분을 참조).

2) 절차형성적 법률유보

이 법률유보는 기본권실현을 위한 절차들을 법률로 정하도록 하는 데 주안이 있는 형성유보이다. 이 법률유보도 절차에 주안을 둔 것이지 절차의 형성이라는 점에서는 기본권형성적 법률유보에 해당된다. 현행 헌법상 절차형성적 법률유보의 사항으로는 신체의 자유의 보장에 관한 절차에 있어서 ① 국선변호인제도(제12조 제4항), ② 법률에 의한 재판을 받을 권리(제27조 제1항), ③ 형사피해자의 재판절차상 진술권(제27조 제5항) 등이 있다.

3) 헌법제도 보장(종래 '제도적 보장')에서의 형성유보

이는 종래 학설에 따른 제도적 보장들의 구체적 내용을 법률로 형성하도록 유보한 경우이다. 그 예로, ① 교육의 자주성·전문성·정치적 중립성 및 대학의 자율성(제31조 제4항), ② 교육제도·교육재정·교원지위에 관한 기본적인 사항(제31조 제6항)에 대해 법률로 정하도록 한 것을 들 수 있다. 이 법률유보에 대해서는 다음의 점들이 지적되어야 한다. ⅰ) 우리는 제도적 보장이론에 대하여 최소보장에 그칠 수 있다는 점에서 문제를 제기한 바 있고 종래의 제도적 보장이 아니라 헌법제도의 보장이라고 본다(전술 제도적 보장 부분 참조). 이는 그 헌법제도가 기본권과 관련성을 가지는 경우 더욱 중요한 의미의 지적이다. 위의 ①과 ②의 예도 제도적 보장의 형성유보라기 보다 교육의 권리를 보다 충실히 하기 위한 기본권관련 헌법제도의 보장을 형성하게 하는 법률유보라고 보면 된다. ⅱ) 대학의 자율성보장은 우리 헌재는 서울대 입시안결정에서 대학의 기본권이라고 본 바 있는 반면 종래 학설은 제도적 보장으로 보아온 것이기에 불분명한 면이 있다.

제 2 항   제한의 일반원칙(법률에 의한 제한) ― 헌법 제37조 제2항에 의한 제한

기본권제한은 원칙적으로, 그리하여 일반적으로 법률에 의하여야 하고 제한이 필요하여 이루어진다면 법률에서 출발하여야 하므로 법률에 의한 기본권제한이 중심적이며 중요한 것은 물론이다. 기본권제한이 일반적으로 법률에 의한다는 원칙을 규정하고 있는 것이 헌법 제37조 제2항이다. 즉 일반적 기본권제한 법률유보를 규정하고 있는 우리 헌법 제37조 제2항이 기본권제한의 일반원칙을 규정하고 있는 것이다. 따라서 기본권제한의 일반원칙을 헌법 제37조 제2항의 해석을 통하여 살펴보게 된다.

> 헌법 제37조 제2항[기본권제한의 일반원칙, 법치주의]: "국민의 모든 자유와 권리는 국가안전보장·질서유지 또는 공공복리를 위하여 필요한 경우에 한하여 법률로써 제한할 수 있으며, 제한하는 경우에도 자유와 권리의 본질적인 내용을 침해할 수 없다."

Ⅰ. 법률유보원칙의 의의와 기능

1. 의의

기본권제한의 법률유보원칙이란 기본권을 제한하는 국가적 작용이나 조치는 그 근거가 반드시 법률에 규정되어야 함을 의미한다. 여기서의 법률이란 물론 국회가 '법률'이라는 이름으로 제정하는 형식적 의미의 법률을 말한다. 예외적으로 형식은 법률이 아니나 헌법규정에 따라 법률의 효력을 가지는 긴급명령, 긴급재정경제명령(제76조 제2·1항)과 조약 중 국회의 동의를 얻어 성립되어 법률적 효력을 가지는 조약도 실질적인 법률로서 기본권제한을 할 수 있다.

대통령령, 총리령, 부령과 같은 명령(법률하위규범, 행정입법)은 법률에 근거를 두고 법률이 구체적 위임을 해준 경우에만 기본권제한에 관한 규정을 둘 수 있다(제75조, 제95조). 행정입법에 의한 기본권제한 문제는 뒤에 상술한다(후술, 기본권의 예외적 제한 부분 참조). 지방자치단체의 조례도 법률의 위임을 받아 기본권제한을 할 수 있는데(지방자치법 제22조), 다만 헌법재판소와 대법원의 판례는 포괄적 위임이라도 가능하다고 본다(후술 참조).

2. 법률유보의 정당성과 기능 및 문제점

(1) 정당성

법률이 국민의 대표기관인 국회에서 제정되는 것이므로 법률이 국민의 의사라고 볼 수 있고 따라서 법률에 의한 기본권의 제한은 기본권을 제한받는 국민스스로의 의사에 의한 제한이라고 볼 수 있게 한다는 점에서 그 정당성을 가진다(自同性원리). Rousseau는 법률을 국민의 일반의사(일반의지, la volonté générale)라고 하였다. 법률유보의 기초에 영향을 미친 관념이라고 볼 수 있다.

그러나 진정한 국민의 의사에 부합되지 않는 법률로 기본권제한의 남용이 올 수 있으므로 이 정당성은 충실한 입법을 전제로 한다.

(2) 법률유보의 기능
1) 실질적 법치주의의 구현

기본권의 제한은 법률에 의하여야 하므로 이는 법치주의의 구현이다. 행정이 법률에 근거를 두도록 하는 법치주의를 실현함으로써 행정권의 자의적인 기본권침해(제한)로부터 기본권을 보호하고, 사법권도 법률의 규정에 따라 국가의 기본권제한행위의 적법성을 심사하게 하므로 법률유보는 기본권을 보장하는 기능을 하는 것은 물론이다. 그러나 나치즘의 경험이 말해주듯이 법률에 의하기만 하면 제한이 가능하다는 것은 형식적 법치주의로서 이를 받아들일 수 없고 오늘날의 법치주의는 단순히 형식을 법률에 의한 것으로 충분하지 않고 그 법률의 내용이 헌법에 합치되는 것이어야 한다는 실질적 법치주의를 의미한다.[110] 즉 여기서의 법률은 헌법의 기본이념에 합치되고 특히 법률에 의한 기본권제한의 경우에도 헌법이 설정한 제한원리와 그 제한의 한계를 지켜 국민의 기본권을 최대한 보장하는 것이어야 함은 물론이다. 앞서 법치주의에서 본 대로 법치주의는 기본권의 보장, 자의의 배제, 법적 예측가능성, 법적 안정성을 위해 기능하고 (전술 제2부 제2장 제2절 참조) 법적 예측가능성, 법적 안정성은 기본권의 보장을 위한 것이다. 실질적 법치주의를 보장하기 위하여서는 헌법의 기본권규정에 위배되는 법률규정에 대한 심사제도가 중요하므로 오늘날 위헌법률심사제 등 헌법재판이 발달되고 있다.

---

110) 동지: 헌재 1992.2.25. 90헌가69·91헌가5·90헌바3(병합).

2) 기본권제한의 '한계'

유의할 것은 우리 헌법이 일반적 유보조항을 두고 있는 것은 법률에 의하기만 하면 기본권 제한이 모든 기본권들에 대해 항상 쉽사리 제한될 수 있다는 의미로 이 조항을 인식하여서는 아니되고 헌법 제37조 제2항은 기본권제한에 관한 규정이자 아울러 기본권제한의 한계를 규정하고 있기도 하다는 점이다. 물론 기본권제한을 법률에 의하도록 한 것 자체가 기본권제한의 한계를 이루는 것이다. 행정 등 국가권력이 법률에 근거가 없는 한 기본권을 제한할 수 없다는 한계가 되기 때문임은 물론이다. 헌법 제37조 제2항은 법률에 의하여야 한다는 이러한 형식상의 한계 외에 국가안전보장·질서유지·공공복리라는 목적상의 한계, 본질적 내용을 침해할 수 없다는 내용상의 한계 등을 설정하고 있기도 하다. 헌법 제37조 제2항에 비례(과잉금지)원칙이 내포되어 있다고 보는 견해에 의하면 기본권제한은 최소한에 그쳐야 한다는, 즉 비례원칙에 의한 한계도 설정한다고 본다. 법률에 의하기만 하면 제한이 가능하다는 것은 형식적 법치주의이다. 오늘날 법치주의는 기본권을 제한하는 법률의 내용이 기본권제한한계를 준수하는 법률이어야 할 것을 의미하는 실질적 법치주의여야 한다. 따라서 실질적 법치주의 하에서 기본권제한 법률유보는 기본권제한을 법률에 근거해서만 할 수 있다는 것이 강조되기도 하여야 하지만 그 내용의 준수, 즉 법률에 의한 기본권제한에서의 그 한계가 더욱 강조된다. 요컨대 헌법 제37조 제2항은 일반적 기본권제한 법률유보조항이자 기본권제한법률의 한계를 설정한 조항이다.

● **판례** 헌재도 "헌법 제37조 제2항의 규정은 기본권 제한입법의 수권(授權) 규정이지만, 그것은 동시에 기본권 제한입법의 한계(限界) 규정이기도 하기 때문에, 입법부도 수권의 범위를 넘어 자의적인 입법을 할 수 있는 것은 아니며"라고 판시하여 같은 입장이다(89헌가95).

3) 기본권조절, 분배, 소수의 보호 기능

서로 기본권이 주장, 대립될 때 기본권제한법률은 국가가 국민들 간의 기본권을 조절하는 기능을 수행하고 공익이 최대화되도록 조절하여야 한다. 각 기본권주체가 가지는 기본권을 적절하게 조절함으로써 배분의 기능이 이루어지기도 한다. 이울러 보호가 필요한 소수에 대해 그들의 기본권을 보호한다는 의미를 가지기도 한다.

(3) 현실적 문제점과 보완

1) 문제점

법률유보가 현실적으로는 충분한 기능을 하지 못하는 경우가 있다. 이러한 문제점들로, ① 불충분한 국민의사의 전달(기본권제한을 위한 입법에는 국민의 다양한 의사가 제대로 전달되어 반영되어야 하나 그렇지 못한 경우가 있다. populism의 폐해 등이 나타나기도 한다), ② 당리당략입법(오늘날 정당국가화경향의 폐해로서 국민의 의사에 유리된 당리당략적인 정치적 이해계산에 얽힌 법률이 나오고 특히 졸속입법가능성이 적지 않아 법률에 의한 기본권제한에 충분한 정당성을 주지 못할 경우도 있다), ③ 소수보호의 취약(특정집단의 이익만을 위한 기본권제한법률이 나올 수 있고 사실 소수의 보호가 잘 안될 수 있다), ④ 전문성, 의원자질의 부족(의원들이 기본권을 제한하여야 할 분야에 대해 전문적인 지식이 부족한 가운데 법률을 제정하는 등 불충실한 입법이 이루어지기도 한다), ⑤ 정보의 부족(국민이나 의원이 기본권 관련 입법에 대한 현실적 문제나 실무적 상황 등에 대한 정보를 가지지 못하기도 한다) 등을 들 수 있다. 이러한 문제점들은 후술하는 국가권력규범론 부분에서 국민대표주의의 현대적 문제점 내지 입법권의 문제점에 대해 다루면서 자세히 살펴보게 된다(후술 제4부 제1장 참조).

2) 헌법상의 한계설정과 보완책

ⅰ) 한계설정 – 우리 헌법은 법률유보가 제대로 기능하고 기본권의 최대한 보장을 위하여 기본권제한법률에 대한 한계를 설정하고 있다. 바로 비례(과잉금지)원칙이 그 한계가 되고 있고, 본질적 내용침해금지규정도 기본권제한입법의 한계이다. ⅱ) 보완책 – 법률유보의 현실적 문제점을 고치거나 보완하기 위한 대책으로는, ① 입법절차의 투명성과 충실성이 강화되어야 한다. 국회의 입법절차를 개선하고 특히 입법예고제, 공청회 등 강화로 국민의 참여를 늘려야 한다. ② 정당의 민주화를 통하여 당리당략 등을 벗어난 입법이 이루어지도록 하여야 한다. ③ 자질있는 인사들의 국회진출이 가능하도록 선거제를 개선하고 의원들의 전문성을 높여야 한다. ④ 위헌적인 기본권제한법률을 제거하기 위하여 헌법재판에 의한 통제를 강화하여야 한다.

Ⅱ. 법률유보 원칙의 내용

1. 서설 – '법률에 근거를 두어야 한다'의 의미

법률에 근거를 두어야 한다는 것은 3가지 의미를 가진다. 첫째, 기본권제한은 헌법이 직접하지 아니하는 한 법률을 떠나서는 할 수 없다는 의미이다(의미 A). 둘째, 법률에 근거가 있어야 한다는 것이 기본권제한에 관한 모든 사항들을 법률 자체에 규정하여야 한다는 것을 의미하는 것은 아니다. 바로 이는 다른 법형식에로 위임이 가능하다는 의미이다(의미 B). 그러나 어디까지나 위임을 어떤 범위에서 한다는 규정을 법률 자체에 규정하여 법률상의 근거를 두어야 한다. 헌재도 "기본권제한에 관한 법률유보원칙은 법률에 근거한 규율을 요청하는 것이므로, 그 형식이 반드시 법률일 필요는 없다 하더라도 법률상의 근거는 있어야 한다"라고 판시한다.[111] 사실 위임한다는 것을 법률 자체에 두어야 한다는 요구는 법률에 기본권제한의 근원을 두어야 함을 의미하므로 위 의미 A에 포섭된다. 그 위임은 한정적이어야 한다. 우리 헌법 제75조도 '구체적 범위'를 정한 위임을 인정하고 있다. 결국 의미 B는 법률유보원칙을 규정한 헌법 제37조 제2항과 행정입법에의 위임을 인정하고 있는 헌법 제75조가 함께 적용됨을 뜻하는 것이기도 하다. 셋째, 본질적이고도 중요한 사항은 법률 자신이 직접 규정해 두어야 한다(의미 C). 이 본질적 사항은 법률 자신이 직접 규정해야 할 사항이라는 한계가 있다(의회유보).

---

111) 헌재 2006.5.25. 2003헌마715; 2009.4.30. 2005헌마514 등.

위 3가지 의미가 법률유보원칙의 내용을 이루는 것으로서 이하 2. 3. 4에서 분설한다.

2. 법률의 근거(근원, 의미 A)

(1) 법률 내 제한근거 존재요구

기본권을 제한하는 공권력의 작용이나 조치는 반드시 법률에 그 근거가 있어야 할 것을 요구한다. 달리 표현하면 법률에 기본권을 제한할 수 있다는 아무런 규정이 없는데도 제한하는 행정조치 등 공권력작용을 하는 것은 법률유보원칙에 위반된다. 예를 들어 헌재는 경찰서장이 옥외집회신고서를 반려한 행위는 법률의 근거 없이 청구인들의 집회의 자유를 침해한 것으로서 헌법상 법률유보원칙에 위반된다고 보았다(헌재 2008.5.29. 2007헌마712. 아래 인용된 바 참조).

(2) 위반결정례

헌재가 법률에 기본권제한의 근거가 규정되어 있지 않음에도 제한하여 법률유보원칙에 반하고 결국 위헌이라고 판단한 주요 결정례를 아래에 살펴본다.

[유형과 유의점] 그 결정례들 유형에는 두 가지가 있는데 ⓐ 행정입법에 위임하는 것과 관계없이 어느 공권력작용이 법률에 근거 없이 행해지는 경우와(아래 ①), ⓑ 행정입법을 통한 위임이 있는 가운데 기본권침해가 문제될 때 그 위임근거가 없는 경우(아래 ②~⑤)가 있다. 이 ⓑ의 경우는 법률의 근거가 없다는 점에서 여기에서 다루나 아래 3. (2)에도 해당되어(이 점 앞서도 지적하였다). 그 해당결정례들인 ②~⑤는 거기서도 다룰 결정례들이다. 그럼에도 여기서 본 이유는 법률에 근거가 없는 경우들의 한 유형으로 행정입법 위임관계에서 법률위임 없는 경우의 예들을 들어보기 위한 것이다. 오히려 사실 이러한 경우들이 많기도 하다. 기본권 침해과정인 행정작용의 집행과정에서 위임관계가 개재되는 경우가 많아 이러한 경우들이 역시 많은 것이다.

① 옥외집회신고서 반려행위   헌재는 경찰서장이 동시에 접수된 두 개의 옥외집회신고서를 모두 반려한 행위는 법률의 근거가 없이 한 것이어서 집회의 자유를 침해한 것으로서 헌법상 법률유보원칙에 위반된다고 보았다.

● **판례** 헌재 2008.5.29. 2007헌마712
[결정요지] 집회의 자유에 대한 제한은 법률에 의해서만 가능하므로 법률에 정하여지지 않은 방법으로 이를 제한할 경우에는 그것이 과잉금지 원칙에 위배되었는지 여부를 판단할 필요 없이 헌법에 위반된다. 그런데 이 사건 피청구인은 청구인 ○○합섬HK지회와 ○○생명인사지원실이 제출한 옥외집회신고서를 폭력사태 발생이 우려된다는 이유로 동시에 접수하였고, 이후 상호 충돌을 피한다는 이유로 두 개의 집회신고를 모두 반려하였는바, … 만일 접수순위를 정하기 어렵다는 현실적인 이유로 중복신고된 모든 옥외집회의 개최가 법률적 근거 없이 불허되는 것이 용인된다면, 집회의 자유를 보장하고 집회의 사전허가를 금지한 헌법 제21조 제1항 및 제2항은 무의미한 규정으로 전락할 위험성이 있다. 결국 이 사건 반려행위는 법률의 근거 없이 청구인들의 집회의 자유를 침해한 것으로서 헌법상 법률유보원칙에 위반된다.

② '공고'가 위반한 예　　법률이나 그 법률의 재위임을 받은 시행령, 부령 등이 위임해 주지 않은 사항을 공고가 정하는 것이 법률유보원칙 위반이라는 예들이다.

ⓐ 교사임용시험 가산점 사건　　헌재는 대전광역시 교육감이 특정 사범계대학 출신자 및 복수·부전공 교사자격증 소지자에 대해서만 가산점을 부여하도록 공고(公告)한 '2002학년도 대전광역시 공립중등학교 교사임용후보자 선정경쟁시험 시행요강' 규정은 아무런 법률적 근거가 없는 것이라고 하여 법률유보원칙에 위배되는 것이라고 결정한 바 있다.

● 판례　헌재 2004.3.25. 2001헌마882
[결정요지] 위 가산점들에 관하여는 법률에서 적어도 그 적용대상이나 배점 등 기본적인 사항을 직접 명시적으로 규정하고 있어야 했다. 그런데 피청구인(대전광역시 교육감)이 위 가산점 항목을 공고하게 된 법률적 근거라고 주장하는 교육공무원법 제11조 제2항에서는 단지 "…공개전형의 실시에 관하여 필요한 사항은 대통령령으로 정한다."라고만 할 뿐, 이 사건 가산점 항목에 관하여는 아무런 명시적 언급도 하고 있지 않다. 그러므로 위 가산점 항목은 결국 아무런 법률적 근거가 없다고 보아야 하고, 따라서 헌법 제37조 제2항에 반하여 청구인의 공무담임권을 침해한다.

ⓑ 고졸검정고시 재응시 금지공고 사건　　고졸검정고시에 이전에 합격한 사람이 다시 응시하지 못하도록 공고한 시행계획(교육청 공고)이 법률유보원칙에 반하여 교육을 받을 권리를 침해함을 인정한 헌재결정례가 있었다. 헌재는 고졸검정고시규칙은 이미 응시자격이 제한되는 자를 특정적으로 열거하고 있으면서 특히 '검정고시에 합격한 자'에 대하여만 응시자격 제한을 공고에 위임했다고 볼 근거도 없으므로, 이 사건 공고는 기본권 제한의 법률유보원칙에 위배하여 청구인의 교육을 받을 권리 등을 침해한다고 본 것이다.

● 판례　헌재 2012.5.31. 2010헌마139
[결정요지] 고졸검정고시규칙과 고입검정고시규칙은 이미 응시자격이 제한되는 자를 특정적으로 열거하고 있으면서 달리 일반적인 제한 사유를 두지 않고 또 그 제한에 관하여 명시적으로 위임한 바가 없으며, 단지 '고시의 기일·장소·원서접수 기타 고시시행에 관한 사항' 등과 같이 고시시행에 관한 기술적·절차적인 사항만을 위임하였을 뿐, 특히 '검정고시에 합격한 자'에 대하여만 응시자격 제한을 공고에 위임했다고 볼 근거도 없으므로, 이 사건 응시제한은 위임받은 바 없는 응시자격의 제한을 새로이 설정한 것으로서 기본권 제한의 법률유보원칙에 위배하여 청구인의 교육을 받을 권리 등을 침해한다. * 분석 – 이 결정은 법률유보원칙 위반이라고 하면서 나아가 과잉금지원칙 심사도 하여 이도 위반이라고 판시하였다.

③ '권력적 사실행위'가 위반한 예　　방송사 경고 사건 – 방송사에 대한 제재로서 '경고'가 당시 방송법에 규정이 없었음에도(지금은 있음) 방송위원회가 경고(권력적 사실행위)를 한 것은 법률유보원칙에 위배된 것이라고 하여 그 경고를 취소하였다.

● 판례　헌재 2007.11.29. 2004헌마290 경고 및 관계자 경고 처분취소
[결정요지] 이 사건 경고가 피청구인(방송위원회)이 방송사업자에게 방송표현 내용에 대한 경고를 함으로써 해당 방송에 대하여 제재를 가하는 것이라고 볼 때, 그러한 제재는 방송의 자유를 제한하는 것이므로 헌법 제37조 제2항에 따라 법률적 근거를 지녀야 한다. 2006. 1. 24. 개정되기 전의 구 '선거방송심의위원회의 구성과 운영에 관한 규칙' 제11조 제2항은 "심의위원회는 심의기준을 위반한 정도가 경미하다고 판단되는 경우 주의 또는 경고를 정할 수 있다"고 하였다. 그런데 이 사건 규칙에 의한 그러한 '주의 또는 경고'는 2006. 10. 27. 개정되기 전 구 방송법 제100조 제1항에 나열된 제재조치에 포함되지 아니한 것이었으며, 법률의 위임에 따라 정할 수 있는 '제재조치'의 범위를 벗어난 것이었다. 따라서 이 사건 규칙 제11조 제2항에 근거한 이 사건 경고는 기본권 제한에서 요구되는 법률유보원칙에 위배된 것이므로 더 나아가 살펴볼 필요 없이 청구인 ○○방송의 방송의 자유를 침해하므로 이를

취소한다. * 위 사건 후 방송법에 주의, 경고의 제재를 포함하는 개정이 있었다.

④ 금치처분 기간 중 집필 전면금지 헌재는 이 금지가 법률 자체에 근거가 없고 징벌에 관한 사항을 위임하는 법률조항이 그 위임사항에도 들어가지 않아 법률의 근거나 위임 없이 제한하는 것으로서 법률유보의 원칙에 위반된다고 위헌결정을 하였다(● 판례 헌재 2005.2.24. 2003헌마289, 위헌결정. [결정요지] * 자세한 요지는 바로 아래 3. (2) 2) 위반례 부분 참조).

⑤ 집회자들에 대한 물포 발포행위의 법률유보원칙 위배성 헌재는 경찰서장이 2015.5.1. 22:13경부터 23:20경까지 사이에 최루액을 물에 혼합한 용액을 살수차를 이용하여 청구인들에게 살수한 행위(다음부터 '이 사건 혼합살수행위'라 한다)가 법률유보원칙에 위배되어 청구인들의 신체의 자유와 집회의 자유를 침해하여 위헌임을 확인한다는 결정을 하였다. 헌재는 '경찰관직무집행법'이나 이 사건 대통령령 등 법령의 구체적 위임 없이 국민의 생명과 신체에 심각한 위험을 초래할 수 있는 살수차를 이용한 혼합살수 방식(최루액을 물에 혼합한 용액을 살수차를 이용하여 청구인들에게 살수한 행위)을 규정하고 있는 '살수차 운용지침'(2014.4.3.) 해당규정 부분은 법률유보원칙에 위배되고 위 지침만을 근거로 한 이 사건 혼합살수행위 역시 법률유보원칙에 위배된다고 본 것이다.

● **판례** 헌재 2018.5.31. 2015헌마476
[결정요지] (1) 쟁점 정리 - 이 사건 혼합살수행위로 인해 직접 제한되는 기본권은 신체의 자유와 집회의 자유다. (2) 법률유보원칙 위배 여부 - (가) 살수차는 사용방법에 따라서는 경찰장구나 무기 등 다른 위해성 경찰장비 못지않게 국민의 생명이나 신체에 중대한 위해를 가할 수 있는 장비에 해당한다. 집회나 시위 해산을 위한 살수차 사용은 신체의 자유, 집회의 자유처럼 중요한 기본권에 대한 중대한 제한이므로, 살수차 사용요건이나 기준은 법률에 근거를 두어야 한다. … 살수차의 구체적 운용방법과 절차 등에 관한 기본적 사항은 법률이나 대통령령에 규정하여 살수차 운용을 엄격하게 제한함으로써 국민의 생명과 안전을 도모하여야 한다. (마) 국민의 기본권과 관련 있는 중요한 법규적 사항은 최소한 법률의 구체적 위임을 받은 법규명령에 규정되어야 한다. 그럼에도 불구하고 '경찰관 직무집행법'이나 이 사건 대통령령 등 법령의 구체적 위임 없이 국민의 생명과 신체에 심각한 위험을 초래할 수 있는 살수차를 이용한 혼합살수 방식을 규정하고 있는 이 사건 지침은 법률유보원칙에 위배된다. 따라서 이 사건 지침만을 근거로 한 이 사건 혼합살수행위 역시 법률유보원칙에 위배하여 청구인들의 신체의 자유와 집회의 자유를 침해한 공권력 행사로 헌법에 위반된다. (3) 결론 - 이 사건 혼합살수행위는 헌법에 위반되므로 위헌임을 확인한다. * 헌재는 종료된 행위에 대해서는 취소나 무효확인결정을 할 수 없다고 하여 '확인'결정을 한다(제5부 헌법재판 참조).

3. 위임(의미 B)

■ 헌법 제75조: "대통령은 법률에서 구체적으로 범위를 정하여 위임받은 사항과 법률을 집행하기 위하여 필요한 사항에 관하여 대통령령을 발할 수 있다."
헌법 제95조: "국무총리 또는 행정각부의 장은 소관사무에 관하여 법률이나 대통령령의 위임 또는 직권으로 총리령 또는 부령을 발할 수 있다."

(1) 법률유보원칙의 위임에서의 의미와 내용요소
기본권제한을 행정입법에 위임한다는 것은 법률유보원칙에 있어서 다음과 같은 의미와 내용요소를 가진다.

516 제 1 편 기본권 총론

i) 위임근거의 법률규정 존재   법률유보원칙은 법률이 스스로 정해야 할 사항(아래의 4. 의
회유보의 사항)이 아닌 사항을 대통령령 등 행정입법이 정하도록 위임하는 것을 부정하지는 않
는다. 우리 헌법 제75조는 "대통령은 법률에서 구체적으로 범위를 정하여 위임받은 사항과 법
률을 집행하기 위하여 필요한 사항에 관하여 대통령령을 발할 수 있다"라고 규정하고 헌법 제
95조는 "국무총리 또는 행정각부의 장은 소관사무에 관하여 법률이나 대통령령의 위임 또는
직권으로 총리령 또는 부령을 발할 수 있다"라고 규정하고 있기 때문이다. 행정입법에 기본권
제한사항을 위임하는 경우 그 위임도 법률에 근거를 둔 것이므로 법률유보가 이루어진다고 보
는 것이다. 따라서 법률이 직접 제한하지 않고 대통령령, 부령 등 행정입법이 제한에 관한 사
항을 두도록 위임하려면 그 위임한다는 규정을 법률에 두어야 하는데 그렇지 않거나 위임한다
는 법률규정이 없는데도 행정입법이 기본권을 제한하는 것은 법률유보원칙에 반하여 헌법에
위반된다. 행정입법에의 위임을 법률유보원칙과 별개의 문제로 보는 견해도 있으나 위임의 근
거를 법률에 규정하여야 한다는 점에서 법률유보원칙에도 포함된다. 그 위임도 법률에 근거를
둔 것이므로 법률유보가 이루어진다고 보는 것이다. 헌재판례도 그 점을 밝히고 있다.[112] 예를
들어 헌재는 행정사 자격시험을 시·도지사의 재량으로 실시하지 아니하여도 되는 것으로 규정
한 구 행정사법 시행령규정은 상위법인 행정사법 제4조에 의하여 모든 국민에게 부여된 행정
사 자격 취득의 기회를 박탈한 것으로 모법으로부터 위임받지 아니한 사항을 하위법규에서 기
본권 제한 사유로 설정하고 있는 것이므로 법률상 근거 없이 기본권을 제한하여 법률유보원칙
에 위반한다는 위헌결정을 한 바 있다[● 판례 헌재 2010.4.29. 2007헌마910). 아래 (2)의 2) ③ 참
조. 그 외 위반례들도 그 곳 참조].

ii) 구체적 위임   아래에서 보는 대로 행정입법에 기본권제한을 위임하더라도 그 위임의
근거가 있어야 한다는 점만 요구되는 것이 아니라 그 위임이 구체적이어야 한다는 점도 법률유
보원칙에서 요구된다. 포괄위임은 기본권제한사항의 규정을 거의 행정입법에 넘겨버리는 것이
므로 법률 자신이 제한한다는 의미를 탈각하는 것이기 때문이다. 구체적 위임요건은 헌법 자체
가 요구하는 것이기도 하다(제75조).

iii) 위임받은 행정입법에 대한 한계   위임받은 범위 내에 있는 내용을 담아야 하고 이를 벗
어나서는 아니된다는 한계를 가진다. 문제는 이 iii)의 요구와 위 i)의 요구는 구별되는 것인
가 하는 것이다. 헌재는 "위임명령의 내용은 수권법률이 수권한 규율대상과 목적의 범위 안에
서 정해야 하는데 이를 위배한 위임명령은 위임입법의 한계를 벗어난 것이고, 결국 법률의 근
거가 없는 것으로서 법률유보원칙에 위반된다"라고 하는 판시(2007헌마910; 2007헌마1083등)를
보여주고 있는데 이러한 판시는 동일한 문제라고 보는 입장이라고 하겠다. 생각건대 i)의 문제

---

112) "법률유보의 원칙은 '법률에 의한' 규율만을 뜻하는 것이 아니라 '법률에 근거한' 규율을 요청하는 것이므
로 기본권 제한의 형식이 반드시 법률의 형식일 필요는 없고 법률에 근거를 두면서 헌법 제75조가 요구하
는 위임의 구체성과 명확성을 구비하기만 하면 위임입법에 의하여도 기본권 제한을 할 수 있다 할 것이
다." 헌재 2005.2.24. 2003헌마289; 2007.11.29. 2004헌마290.

는 위임이 전혀 규정되지 않은 경우이고 iii)은 위임은 있는데 그 위임의 범위를 벗어난 것이라는 점에서 구별할 수 있다. 사실 X라는 사항, Y라는 사항은 위임이 되었는데 Z라는 사항은 위임범위에 안 들어가 있음에도 이를 규정했다고 할 때 X, Y, Z 모두 두고 볼 때는 위임의 범위를 벗어난 경우(iii에 해당)이지만 Z 자체를 두고 보면 위임의 근거가 없는 경우(i 에 해당)가 되므로 그 구분이 상대적이다. 결국 모두 법률유보원칙에 반하는 경우이다.

[정리와 이하의 서술 편재] 위 i)에 관해서는 아래 (2)에서, 위 ii)에 관해서는 아래 (4)에서 살펴본다. 그 이전에 기본권제한사항을 위임받는 행정입법에는 법규명령 외에 행정규칙도 들어가는가 하는 수임 행정입법의 형식이 문제된다. 아래 (3)이 그것에 관한 서술이다.

(2) 모법률에 위임근거가 있어야 함(모법률상 위임근거의 필수성)

1) 필수성

법률 자체가 기본권제한에 관한 사항을 모두 규정하지 않고 위임을 할 수는 있으나 위임한다는 사실을 법률에 명시함이 필수적이다. 이에 대해서는 위에서 이미 언급한 바 있다.

2) 위반례

모법률에 위임한다는 뜻의 근거가 없는 사항인데도 시행령이 그 사항을 규정하여 위헌이라고 본 예들을 아래에 살펴본다.

① 면회횟수 제한 — 미결수용자의 면회횟수를 매주 2회로 제한하고 있는 구 군행형법시행령(대통령령) 규정이 법률의 위임이 없어 법률유보원칙에 반한다고 결정하였다.

● **판례** 헌재 2003.11.27. 2002헌마19
[결정요지] 군행형법 제15조는 제2항에서 면회에의 참여에 관한 사항만을 대통령령으로 정하도록 위임하고 있고 면회의 횟수에 관하여는 전혀 위임한 바가 없다. 따라서 이 사건 시행령규정이 미결수용자의 면회횟수를 매주 2회로 제한하고 있는 것은 법률의 위임 없이 접견교통권을 제한하는 것으로서, 헌법 제37조 제2항 및 제75조에 위반된다.

② 금치기간 중 집필금지 — 행형법상 징벌의 일종인 금치처분을 받은 자에 대하여 금치기간 중 집필을 전면 금지한 구 행형법시행령(대통령령) 규정은 법률(구 행형법)에 근거가 없어 법률유보의 원칙에 위반된다고 결정되었다.

● **판례** 헌재 2005.2.24. 2003헌마289
[결정요지] 행형법 제46조 제2항 제5호는 징벌의 일종으로 "2월 이내의 금치"를 규정하고 있으나, 금치의 개념 자체로부터는 그 사전적 의미가 제시하는 징벌실 수용이라는 특수한 구금형태만을 추단할 수 있을 뿐이고 거기에 집필의 전면적 금지와 같은 일정한 처우의 제한 내지 박탈이라는 금치의 효과 내지 집행방법까지 포함되어 있다거나 동 조항으로부터 곧바로 제한되는 처우의 내용이 확정된다고 볼 수 없고, 행형법 제46조 제4항은 징벌을 부과함에 있어 필요한 기준을 법무부장관이 정하도록 규정하고 있으나, 그 위임사항이 "징벌의 부과 기준"이지 "징벌의 효과나 대상자의 처우"가 아님은 문언상 명백하므로, 모두 이 사건 시행령조항의 법률적 근거가 된다고 할 수 없다.

③ 행정사 자격시험 재량적 불실시 — 이에 관해서는 위에서 인용한 바 있다[위의 (1) i)]. 아래에 보다 자세한 결정요지 등을 정리한다.

● **판례** 헌재 2010.4.29. 2007헌마910

[심판대상조문] 구 행정사법 시행령 제4조(행정사의 자격시험) ①~② 생략 ③ 시·도지사는 법 제6조 제2항의 규정에 의한 시험전부면제대상자의 수 및 법 제8조의 규정에 의하여 행정사업의 신고를 한 자의 수등 관할구역내의 행정사의 수급상황을 조사하여 시험실시의 필요성을 검토한 후 시험의 실시가 필요하다고 인정하는 때에는 시험실시계획을 수립하고, 이를 행정안전부장관에게 보고하여야 한다. [결정요지] 행정사법 제4조가 행정사는 행정사의 자격시험에 합격한 자로 한다고 규정한 취지는, 헌법 제15조의 직업선택의 자유를 구현시키려는 데 있는 것이다. 그러므로 행정사법 제4조에서 행정사 자격시험에 합격한 자에게 행정사의 자격을 인정하는 것은 행정사 자격시험이 합리적인 방법으로 반드시 실시되어야 함을 전제로 하는 것이고, 따라서 행정사법 제5조 제2항이 대통령령으로 정하도록 위임한 이른바 "행정사의 자격시험의 과목·방법 기타 시험에 관하여 필요한 사항"이란 시험과목·합격기준·시험실시방법·시험실시시기·실시횟수 등 시험실시에 관한 구체적인 방법과 절차를 말하는 것이지 시험의 실시여부까지도 대통령령으로 정하라는 뜻은 아니다. 그럼에도 불구하고 이 사건 조항은 행정사 자격시험의 실시 여부를 시·도지사의 재량사항으로, 행정사를 보충할 필요가 없다고 인정하면 행정사 자격시험을 실시하지 아니하여도 된다는 것으로서 상위법인 행정사법 제4조에 의하여 모든 국민에게 부여된 행정사 자격 취득의 기회를 하위법인 시행령으로 박탈하는 것이 된다. 그렇다면 이 사건 조항은 모법으로부터 위임받지 아니한 사항을 하위법규에서 기본권 제한 사유로 설정하고 있는 것이므로 위임입법의 한계를 일탈하고, 법률상 근거 없이 기본권을 제한하여 법률유보원칙에 위반하여 직업선택의 자유를 침해한다.

④ '감사보고서에 기재하여야 할 사항을 기재하지 아니하는 행위'를 범죄의 구성요건으로 규정한 구 '주식회사의 외부감사에 관한 법률' 제20조 제1항 제2호 전단이 위임하지 않고 있는 데도 그 기준을 증권관리위원회 및 금융감독위원회의 내부규칙으로 정한 것은 법률유보원칙 위배로 판단되었다.

● **판례** 헌재 2004.1.29. 2002헌가20

[판시] 이 법률조항은 범죄구성요건에 해당하는 '감사보고서에 기재하여야 할 사항을 기재하지 아니하거나'의 의미내용에 관하여 이를 하위 법령에 전혀 위임조차 하지 아니하고 있음에도 불구하고 증권관리위원회 및 금융감독위원회가 정한 내부규칙인 회계감사기준은 특히 그 제4장의 보고기준에서 위 사항에 대하여 마치 법률의 위임을 받은 것처럼 그 내용을 직접 상세히 규정하고 있다. 그렇다면 이는 구성요건적 행위를 법률의 위임없이 사실상 하위규범에 의하여 정의하고 제한하고 있는 것이 될 것이므로 국민의 모든 자유와 권리에 대한 제한을 반드시 '법률'에 의하여만 할 수 있도록 규정한 헌법 제37조 제2항 전단을 직접 위배하는 것이 된다.

⑤ 시각장애인에 한하여 안마사 자격인정을 받을 수 있도록 하는, 이른바 비맹제외기준(非盲除外基準)을 설정하고 있는 구 '안마사에 관한 규칙'(보건복지부령) 규정에 대한 위헌결정(2003헌마715)에서는 법률유보원칙 위반이라고 명백히 밝힌 의견이 5인 다수의견이었다. 안마사자격에 관한 사안은 이후 합헌결정이 내려졌다(2006헌마1098).

⑥ 방송사에 대한 제재로서 '경고'가 당시 방송법에 규정이 없었음에도(지금은 있음) 방송위원회가 경고(권력적 사실행위)를 한 것은 법률유보원칙에 위배된 것이라고 하여 그 경고를 취소하였다(● 판례 헌재 2007.11.29. 2004헌마290. 이 결정에 대해서는 앞서 2. 법률의 근거, 위헌결정례 부분에서 인용하였다. 전술 참조).

⑦ 집회자들에 대한 물포 발포행위의 법률유보원칙 위배성 – 헌재는 '경찰관 직무집행법'이나 이 사건 대통령령 등 법령의 구체적 위임 없이 국민의 생명과 신체에 심각한 위험을 초래할 수 있는 살수차를 이용한 혼합살수 방식(최루액을 물에 혼합한 용액을 살수차를 이용하여 청구인들에게 살수한 행위)을 규정하고 있는 '살수차 운용지침'(2014.4.3) 해당규정 부분은 법률유보원

칙에 위배되고 위 지침만을 근거로 한 이 사건 혼합살수행위 역시 법률유보원칙에 위배되어 청구인들의 신체의 자유와 집회의 자유를 침해하여 위헌임을 확인한다는 결정을 하였다[● 판례 헌재 2018.5.31. 2015헌마476. * 헌재는 종료된 행위에 대해서는 취소나 무효확인결정을 할 수 없다고 하여 '확인'결정을 한다(제5부 헌법재판 참조)].

⑧ 공고'가 위반한 예 – ⓐ 교사임용시험 가산점 교육감 공고사건(2001헌마882), ⓑ 고졸검정고시 재응시 금지공고(교육청 공고) 사건 – 상위법령의 근거없이 이루어진 공고들로 법률유보원칙에 반한다고 본 결정들이다. 위 2.의 (2)에서 살펴보았다.

(3) 위임받는 행정입법의 형식 – 행정규칙(법령보충규칙)의 포함(판례)
1) 전제적 이해
(가) 헌법규정상의 위임형식   헌법이 법률이 위임해줄 수 있는 대상 내지 행정입법의 형식으로 명시적으로 규정하고 있는 것은 대통령령, 총리령, 부령이다(제75조, 제95조).

(나) 행정입법에 대한 전제적 설명   행정입법의 개념, 종류에 대해서는 뒤의 국가권력론에서 자세히 다루게 되는데 여기서 기본권사항의 위임 문제를 이해하기 위해 전제적인 설명이 필요할 것이다.

ⓐ **개념**   오늘날 행정이 복잡다단하고 변화가 빈번한데 구체적 사항을 법률 자체에 규정하게 되면 변경필요가 있을 때 탄력적으로 법률개정이 이루어지면 몰라도 그것이 어려우므로 법률을 집행하는 행정부가 법률이 위임하거나 법률시행에 필요하여 행정부가 구체적 사항을 정할 때 성립되는 규범을 행정입법이라고 한다.

ⓑ **종류**   이에는 내용적으로 다시 두 가지로 나누어진다. 국민의 권리의무에 영향을 미치는 사항(이를 '법규'라고 한다)을 정하는 법규명령과 행정기관의 사무처리나 질서유지 등을 위하여 행정기관 내부에서만 효력을 가진다고 일반적으로 보는 행정규칙으로 나누어진다. 법규명령은 다시 법률이나 상위 법규명령의 위임을 받아 제정되는 위임명령과 그러한 위임이 없이 법률이나 상위 행정입법을 시행하기 위해 필요하여 제정되는 집행명령으로 나누어진다. 현재 헌법이 명시하는 대통령, 총리령, 부령은 법규명령이고 실제 법령의 명칭으로는 대통령령은 시행령, 총리령과 부령은 시행규칙으로 불린다.

▶ **예시:** 건축 안전에 관한 법을 예로 들어 법종류와 법명칭을 예시해 본다.
건축법 → 법률
건축법시행령 → 법규명령으로서 위임명령인 대통령령
건축법시행규칙 → 법규명령으로서 국토교통부장관의 부령

▶ **유의:** 총리령도 시행규칙으로 불린다(예: 식품위생법시행규칙). 총리령인 시행규칙은 국무총리 소속 중앙행정기관인 '처'나 '위원회'에 소관 업무에 관한 사항들을 법률이 위임해주면 제정된다(예: 식품위생은 국무총리 소속 식품의약품안전처 소관업무 → 식품위생법의 시행규칙은 총리령). 처령이라는 위임형식이 존재하지 않는데 시행규칙이 필요하면 소속되어 있는 국무총리의 총리령으로 제정하게 하는 것이다.

대법원규칙, 헌법재판소규칙(제108조, 제113조 제2항), 중앙선거관리위원회규칙(제114조 제6

항)도 법규명령으로 보는 견해가 많고 그 견해에 따르면 기본권사항을 위임받을 수 있다. 국회규칙(제64조 제1항)으로서 법규성이 있는 규칙들이 있고(예: 국회방청규칙, 국회정보공개규칙, '국회입법예고에 관한 규칙', 국회청원심사규칙 등), 기본권사항을 위임받을 수 있다. 감사원규칙에 대해서는 논란이 있다.

행정규칙은 일반적으로 행정내부적 효과를 가지므로 법규성이 없다고 보고 그 명칭이 고시, 훈령, 예규, 내규 등으로 불린다.

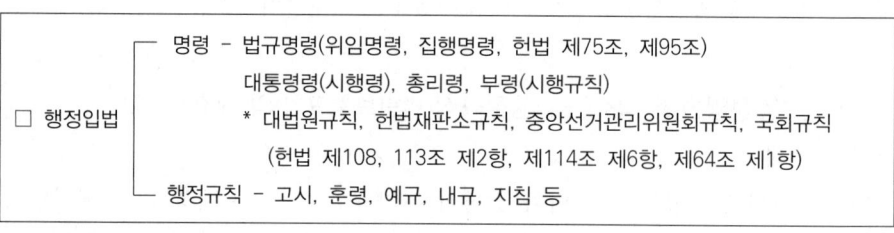

□ **행정입법의 종류**

2) 행정규칙에의 위임 문제

(가) 문제의 소재   법규성이 있는 법규명령인 대통령령, 총리령, 부령 등은 헌법 제75조, 제95조에 근거도 있듯이 위임대상이 되는데 행정규칙에도 기본권제한사항을 위임할 수 있을 것인가 하는 문제가 논의된다. 위에서 언급한 대로 행정규칙은 일반적으로 행정내부의 효력을 가지는 것이라고 보고 기본권사항은 행정외부 국민에 영향을 미치는 것으로 보는데 그렇게 본다면 행정규칙에 기본권사항을 위임할 수 없다는 결론을 가져오기 때문이다. 이 문제는 법규성을 가지는 행정입법으로서 현재 우리 헌법이 명시하는 위임입법형식으로 대통령령, 총리령, 부령(그리고 대법원규칙, 헌법재판소규칙, 중앙선거관리위원회규칙도 법규성이 있다고 보나 여하튼 현재 많이 제정되고 있고 비중이 큰 법규명령은 대통령령, 총리령, 부령이다)을 규정하고 있는 헌법 제75조, 제95조 등의 헌법규정들의 성격을 어떻게 볼 것인가 하는 점에 그 해결이 달린 것이기도 하다. 다시 말하자면 헌법이 위임형식으로 명시하고 있는 것만 법규명령인지, 즉 법규성을 가지는 것인지 아니면 그렇지 않은 입법형식(이것은 결국 형식적으로 고시, 훈령, 예규, 내규 등 행정규칙이다)도 법규성을 가질 수 있는 것으로 인정할 것인가 하는 데에 위 문제의 해결열쇠가 있다.

(나) 학설과 헌재판례

가) 학설   이에 대해서는 예시설과 열거설로 나누어진다. 예시설에 따르면 헌법이 명시하고 있는 대통령령, 총리령, 부령 등에 대한 위임은 예시적인 것이고 그 외의 법형식의 행정입법에도 위임이 가능하다고 보는 견해이다. 열거설은 그것을 부정하고 대통령령, 총리령, 부령 등 헌법이 위임대상 법형식으로 명시하고 있는 것에 한정하여 위임할 수 있다는 견해이다.

나) 헌재판례 - 예시설   헌재는 헌법 제75조, 제95조가 명시하고 있는 위임입법의 형식(즉 대통령령, 총리령, 부령)은 예시적인 것으로 보아야 할 것이고, 법률이 어떤 사항을 행정규칙에 위임하더라도 그 행정규칙은 위임된 사항만을 규율할 수 있는 것이므로, 국회입법의 원칙과 상치

되지 않는다고 한다. 헌재의 예시설 논거가 파악되게 아래에 대표적인 결정례를 하나 인용한다.

● **판례** 헌재 2008.11.27. 2005헌마161

[판시] 오늘날 의회의 입법독점주의에서 입법중심주의로 전환하여 일정한 범위 내에서 행정입법을 허용하게 된 동기가 사회적 변화에 대응한 입법수요의 급증과 종래의 형식적 권력분립주의로는 현대사회에 대응할 수 없다는 기능적 권력분립론에 있다는 점 등을 감안하여 헌법 제40조와 헌법 제75조, 제95조의 의미를 살펴보면, 국회입법에 의한 수권이 입법기관이 아닌 행정기관에게 법률 등으로 구체적인 범위를 정하여 위임한 사항에 관하여는 당해 행정기관에게 법정립의 권한을 갖게 되고, <u>입법자가 규율의 형식도 선택할 수도 있다</u> 할 것이므로, 헌법이 인정하고 있는 위임입법의 형식은 예시적인 것으로 보아야 할 것이고, 그것은 법률이 행정규칙에 위임하더라도 그 행정규칙은 <u>위임된 사항만을 규율</u>할 수 있으므로, 국회입법의 원칙과 상치되지도 않는다. 다만, 형식의 선택에 있어서 규율의 밀도와 규율영역의 특성이 개별적으로 고찰되어야 할 것이고, 그에 따라 입법자에게 상세한 규율이 불가능한 것으로 보이는 영역이라면 행정부에게 필요한 보충을 할 책임이 인정되고 극히 전문적인 식견에 좌우되는 영역에서는 행정기관에 의한 구체화의 우위가 불가피하게 있을 수 있다. 그러한 영역에서 행정규칙에 대한 위임입법이 제한적으로 인정될 수 있다. * 같은 취지: 헌재 2004.10.28. 99헌바91; 2006.12.28. 2005헌바59; 2008.7.31. 2005헌마667; 2009.4.30. 2007헌마106 등 아래의 판례 참조)

(다) 이른바 '법령보충규칙'인 행정규칙 헌재가 위와 같이 행정규칙에 위임을 실제 인정하는 그 예가 바로 이른바 '법령보충규칙'이다.

i) 헌재판례에서의 인정 헌재는 위와 같이 예시설을 취하여 대통령령, 총리령, 부령과 같은 법규명령이 아닌 훈령, 예규, 고시와 같은 행정규칙 형식의 행정입법에의 위임을 할 수도 있다고 본다. 즉 헌재는 제정형식은 비록 고시, 훈령, 예규 등과 같은 행정규칙이더라도, "그것이 상위법령의 위임한계를 벗어나지 아니하는 한, 상위법령과 결합하여 대외적인 구속력을 갖는 법규명령으로서 기능하게" 되는 행정규칙을 인정한다(● 판례 헌재 1992.6.26. 91헌마2 2004.1.29. 2001헌마894; 2008.11.27. 2005헌마161등; 2009.4.30. 2007헌마106등).

이처럼 상위법령인 법률이 위임을 하여[또는 법률의 위임을 받은 상위 법규명령(대통령령, 총리령, 부령)이 다시 위임을 하여](이를 판례는 '상위법령과 결합하여'라고 표현) 제정된 행정규칙을 학계에서는 이른바 '법령보충규칙'이라고 부른다(* 헌재판례 중에 "법령보충적 행정규칙인 이 사건 고시"라고 직접 지칭하면서 판시한 예: 2008헌마758).

ii) 법령보충규칙의 개념정의와 예시 두 가지 개념요소를 가진다. (ㄱ) 형식적인 측면의 요소 – 법령보충규칙은 시행령(대통령령), 시행규칙(부령)이라는 이름을 가지지 않고 고시, 예규, 훈령 등 행정규칙의 이름을 가진 것이다. (ㄴ) 법률(상위 법령) 위임 – 이것이 핵심요소이다. 일반적으로 행정규칙은 법률이나 그 위임을 받은 법규명령에 근거하지 않고도 제정될 수 있다. 예를 들어 행정안전부장관이 부령이 아니라 행정규칙인 고시를 법령에 근거하지 않고도 자신의 권한 내에서 정할 수 있다. 그러나 이와 달리 법령보충규칙은 법률이 위임해주거나 그 법률이 위임한 대통령령 등 상위법령이 다시 위임을 해주어서 제정되는 것이다. 법령보충규칙은 이처럼 법률이나 상위법령에 그 근거를 둔 것을 말한다(위 헌재판례가 '상위법령'이라 함은 법률에 근거를 둔 경우뿐 아니라 대통령령, 총리령, 부령에 근거를 둔 것도 포함될 것을 예정한 것으로 생각되는데 어차피 대통령령, 총리령, 부령도 법률에 근거가 있어야 제정될 수 있어서 출발이 법률이 되어야 하는 것이므로 '상위법령'을 법률로 일괄해서 지칭해도 될 것이다). 이 개념요소에 따라 부령이나 법령보충규칙이나 둘 다 법률에 근거가 있어야 한다는 점에서는 차이가 없다. 다만, 그 문구는 다르다. 전자의 경우 " … 부령으로 정한다"라고 규정되나 후자는 " … 정하여 고시할 수 있다" " … 장관이 정하여 고시한 … " 등으로 규정된다.

▶ 부령과 법령보충규칙의 법문언 예시

	부령	법령보충규칙
법률(령)의 문언	'○○부령으로 정한다' '부령으로 정하는' '부령(이)으로 정하는 바에 따라'	'○○부장관(△△처장)은 고시한다(하여야 한다)' '장관이 고시하는' '장관이 정하여 고시하는 것'

* ○○ → 행정각부, 예를 들어 교육부, 문화체육관광부 등. △△ → 예를 들어 식품의약품안전처, 법제처

* **유의:** 다시 강조하면 법령보충규칙은 다른 일반적인 행정규칙과 달리 법률 내지 법률의 위임을 받은 법규명령이 그 근거를 부여하여(즉 제정하라고 규정하여) 제정되는 점에 유의해야 한다. 따라서 위 문언에 대해 서술한 것처럼 "장관이 고시한다" 등의 문언이 법률이나 법률위임받은 법규명령 자체에 나타나 있어야 법령보충규칙이다.

iii) 한정적 내용과 성격(법규성)   법령보충규칙의 내용, 범위는 한정적이다. 아래 한계에서 보듯이 전문적·기술적 사항이나 경미한 사항에 한한다. 그런데 법령보충규칙도 이름은 행정규칙이나 그 효력은 부령과 같이 법규성을 가진다.

iv) 한계   헌재는 위와 같은 법령보충규칙을 인정하면서도 법령보충규칙의 인정에 대해서는 다음과 같은 한계를 설정하고 있다. 불가피성과 내용적인 한정성(전문적·기술적, 경미한 사항에 한정)의 한계를 가진다.

① 불가피성의 한계: 다만, 행정규칙은 법규명령과 같은 엄격한 제정 및 개정절차를 요하지 아니하므로, 기본권을 제한하는 작용을 하는 법률이 입법위임을 할 때에는 대통령령, 총리령, 부령 등 법규명령에 위임함이 바람직하다고 함(* 헌재가 불가피하다는 말은 여기서 직접 하지 않으나 필자가 그렇게 이해하고 정리함. 불가피성의 언급은 아래 ②의 ㉠에서 하고 있음).

② 내용적 한계: ㉠ 전문적·기술적 사항이나 경미한 사항에 한정 – 위 ii)와 같은 법령보충규칙에의 위임을 할 때에도 적어도 행정규제기본법 제4조 제2항 단서에서 정한 바와 같이 법령이 전문적·기술적 사항이나 경미한 사항으로서 업무의 성질상 위임이 불가피한 사항에 한정된다 할 것이고, ㉡ 구체적 위임일 것 – 그러한 사항이라 하더라도 포괄위임금지의 원칙상 법률의 위임은 반드시 구체적·개별적으로 한정된 사항에 대하여 행하여져야 할 것이라고 함[113]

* 유의: 법령보충규칙에 대해 비교적 자세히 서술하는 이유는 실무에서 많이 활용되고 공법복합형에 매우 적절한 사항이기 때문이기도 하다.

v) 헌법재판의 대상성과 그 재판형식   * 이 부분과 이하 아래 vi) 부분은 헌법재판 이론인

---

113) 헌재 2006.12.28. 2005헌바59; 2008.7.31. 2005헌마667; 2012.2.23. 2009헌마318; 2014.7.24. 2013헌바183; 2016.3.31. 2014헌바382; 2016.10.27. 2015헌바360등; 2016.2.25. 2015헌바191; 2016.2.25. 2013헌마838 등.

점, 행정입법 일반에 대한 헌법재판통제에 대한 서술이 이 뒤 부분에 나오는 점 등에서 이해가 어려울 수 있으나 법령보충규칙에 관한 설명을 모아하다가 보니 먼저 언급되었고 따라서 뒤의 행정입법에 대한 사법적 통제에 대한 이해 이후 재독시 이해가 용이해질 것이라고 본다.

기본권사항을 담을 수 있는 법령보충규칙을 인정하는 다음에야 그것에 대한 헌법재판의 통제가 중요하다. 법령보충규칙과 관련한 헌법재판의 방식, 대상 등이 정리되어야 할 것이다. 판례법리는 다음과 같이 정리된다. ① 헌법재판 중 위헌법률심판의 경우에는 법령보충규칙에 위임하는 그 법률규정만이 대상이고 그 위임이 적정하였는지를 심사하게 되고 법령보충규칙은 대상이 되지 않는다(위헌법률심판, 위헌소원심판의 대상은 어디까지나 법률이다). ② 법령보충규칙은 법령소원(법령도 공권력작용이므로 본래의미의 헌법소원으로서 공권력행사인 법령이 대상이 되는 본래의미의 헌법소원을 법령소원이라고 부른다. 후술 헌법재판 부분 참조)의 대상이 된다(91헌마25; 2001헌마894 등 참조). * 따라서 법령보충규칙 자체가 대상인 사건은 '헌가', '헌바'에는 없고 '헌마'에만 있다. ③ 법령보충규칙을 제정토록 위임해주는 법률(또는 법률의 위임을 받은 대통령령 등이 재위임을 법령보충규칙에 한 경우 그 대통령령(시행령) 등)은 법령소원의 대상이 된다. 그러나 헌재는 법률규정이 구체적 사항을 대통령령(시행령), 총리령, 부령(시행규칙) 등 행정입법에 위임하는 경우(즉 그 규범의 구체화를 위하여 하위규범의 시행을 예정하고 있는 경우)에는 그 위임받아 구체적 사항을 정하는 행정입법에 대해서는 직접성을 인정하나 위임하는 법률(령)규정 자체에 대해서는 직접성을 인정하지 않는다. 대통령령이 총리령, 부령 등에 재위임하는 경우에도 마찬가지 법리가 적용된다(예: 2015헌마853). 이런 법리를 표명한 결정례들은 많다(전형적인 것으로 2010헌마7등; 2018헌마920 등 참조). 다만, 예외적으로 위임하는 법률조항과 시행령조항이 서로 불가분의 관계에 있거나(2007헌마949) 법률 자체에 기본권제한을 가져오는 의무가 이미 규정되어 있는 경우(2001헌마894), 법률조항에 의하여 시원적으로 발생하는 문제의 판단 필요성이 있는 경우(2011헌마827) 등은 수권 법률조항에 대해서도 직접성을 예외적으로 인정한다(*이에 대한 자세한 것은, 후술, 헌법재판, 헌법소원의 청구요건 중 직접성 요건 부분 참조).

vi) 법령보충규칙의 법령소원 대상성 요건(일반·추상성요건)   법령보충규칙이 위에서 본 대로 법령소원대상이 될 수 있는데 그 대상성에는 요건이 있다. 헌재는 그 요건으로 일반·추상적 성격을 가질 것을 요구한다(2007헌마106 등). 구체적 성격을 가지는 법령보충규칙은 행정처분으로서 행정소송의 대상이 되고 보충성원칙의 적용상 바로 헌법소원대상이 아니라는 것이다(상위법령을 구체화하는 법령보충규칙이라고 할 때 그 구체화요구와 혼동이 오는 문제 등, 이 요건에 대한 검토로, 헌법재판론, 663-664면 참조).

vii) 법령보충규칙에 대한 헌법소원심판 심사의 논증구조(논증단계)   1. 적법요건 판단 단계: ① 법령보충규칙으로서 대상이 되는지 여부에 대한 판단(모법조항의 위임에 의하여 제정된 것으로서 국민의 기본권을 제한하는 내용을 담고 상위법령과 결합하여 대외적 구속력을 갖는 법규명령으로 기능하고 있는지 여부, 일반성·추상성을 가지는지 여부에 대해 판단) → ② 다른 청구요건(자기관련성,

직접성, 현재성, 권리보호이익 등)에 대해 판단, 2. 본안 판단 단계: ① 법령보충규칙의 내용이 위임범위를 벗어난 것이 아닌지 여부 ② 법령보충규칙이 정한 내용이 헌법의 기본권제한한계를 벗어난 것이 아닌지 여부(예를 들어 과잉금지원칙에 위배되는 것은 아닌지 여부). * 위 논증순서는 반드시 위와 같아야 할 것은 아니고 약간 바뀔 수 있을 것이고 어떤 논증부분은 결정문에 나타나지 않을 수도 있을 것이다. * 한편 위 논증구조를 보면서 다음을 인지하게 된다. 사실 '헌가', '헌바' 사건에서 위임해주는 법률에 대한 심사에서 법령보충규칙에의 위임이 가능한가 하는 문제를 따지면서 법령보충규칙이 논의될 수 있다. 반대로 법령보충규칙에 대한 헌법소원심판 '헌마' 사건에서도 법령보충규칙이 법률유보원칙을 지킨 것인지, 위임 범위 내에 제정된 것인지를 심사하면서(위 본안판단의 논증에 있어서 ①의 판단) 위임해준 모법(률)에 대해 실질적으로 판단이 이루어지는 결과를 가져올 수 있다. 실제 헌재가 '헌마' 법령소원에서 법령보충규칙의 법률유보 위배 여부, 위임범위를 벗어난 것인지 여부를 심사한다고 하면서 "이 사건 모법조항이 "문화관광부장관이 고시하는"이라고 한 것이 포괄위임입법금지 원칙에 위배되는지"를 판단한 예가 있다(2005헌마161등. 또 다른 그러한 예: 2005헌마667등).

	위헌법률(소원)심판('헌가', '헌바')	법령소원심판('헌마')
S법(모법률) 제9조	- 대상성 ○ 본안판단내용 – ① 위임가능성(위임불가피성, 전문적·기술적 경미한 사항인지) 여부 → ② 포괄위임성 여부 → ③ 기본권제한 한계원칙 준수 여부 (과잉금지원칙, 신뢰보호원칙 등) 위배 여부	- 대상성 ○ - 그 외 모든 청구요건 구비하면 본안판단대상 ※ 문제는 위임으로 구체적 하위 행정입법시행되는 경우 헌재가 직접성을 부정함 (단, 불가분관계 등 예외 인정 있음)
↓ 위임		
S법시행령(대통령령)	- 대상성 ×	- 대상성 ○ - 그 외 모든 청구요건 구비하면 본안판단대상 ※ 직접성 부정과 그 예외 – 위 법률의 경우와 논리적으로 같음
↓ 재위임		
장관의 고시(법령보충규칙)	- 대상성 ×	- 대상성 ○ - 직접성 ○일 수 있음. 그리고 그 외 모든 청구요건 갖추면 본안판단 본안판단 내용 – ① 위임 불가피성, 전문적·기술적 경미한 사항인지 여부 → ② 위임범위 내 것인지 여부 → ③ 기본권제한 한계원칙 준수 여부 (과잉금지원칙, 신뢰보호원칙, 평등권) 등 위배 여부

❑ 법령보충규칙에 대한 헌법재판

* 위 도해는 법률로부터 위임받은 대통령령이 법령보충규칙에 재위임하는 경우를 상정한 것이므로 중간에 대통령령에의 위임이 들어갔으나 법률이 바로 장관의 고시, 예규 등 행정규칙에 위임할 경우가 많다. 재위임의 경우도 있음을 보여주기 위해 위와 같이 도해해본 것이다.

vⅲ) 법령보충규칙을 인정한 판례　전문적·기술적 사항이나 경미한 사항, 위임 불가피성 — 이를 인정한 결정례들을 아래에 살펴본다.

① 금융감독위원회 고시 — '금융산업의 구조개선에 관한 법률' 규정이 부실금융기관을 결정할 때 '부채와 자산의 평가 및 산정'의 기준과 적기시정조치의 기준과 내용에 관하여 금융감독위원회의 고시에 위임하고 있는데 헌재는 이는 전문적·기술적 사항으로서 불가피성이 인정되어 위임가능하다고 보았다.

● **판례**　헌재 2004.10.28. 99헌바91
[결정요지] 우선, 이 법률 제2조 제3호 가목 소정의 '부채와 자산의 평가 및 산정'에 관하여 볼 때, 위와 같은 기준은 부실금융기관의 결정여부를 판단하는 중요한 기준이 되고 있다. 그렇지만, 금융감독위원회에서 정할 부채와 자산의 개념은 회계학상의 용어로서 위와 같은 개념을 실무상 적용할 때 해당분야의 기술적·전문적인 경험이 필요하다. 또한 어떠한 항목이 '자산' 또는 '부채'에 포함될 것인지에 관하여 이를 일률적으로 규정하기 곤란할 정도로 그 내용이 너무나 다양하고, 그 판단을 하려면 고도의 전문지식이 필요하며, 국가경제정책을 고려하여야 한다. 따라서, 부실금융기관의 판단근거가 되는 '부채와 자산의 평가 및 산정'이라는 사항은 전문적·기술적 사항으로 업무의 성질상 금융감독위원회의 고시로 위임함이 불가피한 사항이라고 볼 수 있다.

② 시공자 선정을 위한 경쟁입찰방법의 고시에의 위임 — 구 '도시 및 주거환경정비법'(2013.3.23. 법률 제11690호로 개정되기 전의 것) 제11조 제1항 본문 중 "조합은 제16조에 따른 조합설립인가를 받은 후 조합총회에서 국토해양부장관이 정하는 경쟁입찰의 방법으로 건설업자 또는 등록사업자를 시공자로 선정하여야 한다"라고 규정한 것

● **판례**　헌재 2016.3.31. 2014헌바382
[결정요지] 1. 심판대상조항은 정비사업의 시공자 선정과정에서 공정한 경쟁이 가능하도록 하는 절차나 그에 관한 평가 및 의사결정 방법 등의 세부적 내용에 관하여 국토해양부장관이 정하도록 위임하고 있는바, 이는 전문적·기술적 사항이자 경미한 사항으로서 업무의 성질상 위임이 불가피한 경우에 해당한다.

③ 통계청장의 조세감면 대상 업종 분류 고시(2005헌바59)
④ 한약사 임의조제가 허용되는 한약처방의 범위 확정의 보건복지부장관에의 위임(2005헌마667)
⑤ "게임제공업소의 경품취급기준" 고시 — 사행성 조장이나 청소년 유해성의 판단근거가 되는 '경품의 종류 및 경품제공방식'이라는 사항은 어느 정도 전문적·기술적인 것으로 그 규율영역의 특성상 소관부처인 문화관광부의 고시로 위임함이 요구되는 사항(2005헌마161; 2007헌마106)
⑥ 특수 유형 온라인서비스(P2P, peer to peer 등과 같은 서비스) 제공자 범위의 장관 고시에 위임 — 다른 사람들 상호간에 컴퓨터 등을 이용하여 저작물 등을 전송하도록 하는(P2P) 것을 주된 목적으로 하는 특수한 유형의 온라인서비스제공자로 하여금 권리자의 요청이 있는 경우 당해 저작물 등의 불법적인 전송을 차단하는 기술적인 조치 등 필요한 조치를 하도록 한 저작권법 규정이 그 특수한 유형의 온라인서비스제공자의 범위를 문화체육관광부장관이 정하여 고시할 수 있도록 한 규정이 직업의 자유를 침해하였다고 하여 제기된 헌법소원심판사건에서 고

시에 위임할 수 있는가가 논란되었다. 헌재는 전문지식 활용 필요성을 들어 위임가능성을 인정하였다(2009헌바13).

⑦ '표시·광고 포함 사항·방법'의 공정거래위원회 고시에 위임(2009헌마318)

⑧ 기초연금법상 '선정기준액'의 보건복지부장관 고시에 위임하는 것(2015헌바191)

⑨ 초·중등교육법 제23조 제3항의 위임에 따라 동법 시행령 제43조 제1항 제1호가 규정한 초등학교의 교과에 '외국어(영어)'가 포함되어 있음에도 불구하고, 초등학교 1, 2학년의 교과에서 영어 과목을 배제한, 동법 제23조 제2항의 위임에 따라 제정된 '초·중등학교 교육과정'(교육과학기술부 고시, 2013헌마838)

⑩ 누구든지 학교환경위생 정화구역에서는 「청소년 보호법」 제2조 제5호 가목 7)에 해당하는 업소와 같은 호 가목 8)에 따라 <u>여성가족부장관이 고시한</u> 영업에 해당하는 업소에 해당하는 행위 및 시설을 하여서는 아니 된다는 학교보건법(2011.9.15. 법률 제11048호로 개정되고, 2016.2.3. 법률 제13946호로 개정되어 시행되기 전의 것) 제6조 제1항 본문 중 위 해당부분(즉 위 조문에서 밑줄친 '<u>여성가족부장관이 고시한</u>' 부분. 2015헌바360등)

⑪ 식품의약품안전처장이 공중위생상 필요한 경우 고시하는 축산물 가공방법의 기준을 준수하도록 규정한 '축산물 위생관리법'(2016헌바140)

⑫ 식품의약품안전처장이 공중위생상 필요한 경우 고시하는 축산물 가공방법의 기준을 준수하도록 규정한 '축산물 위생관리법'(축산업 및 이와 관련된 식품공학에 관한 전문적·기술적 지식이 요구됨) 규정(2016헌바140)

⑬ 계약의 체결·이행 등과 관련한 금품 제공 등으로 부정당업자 제재 처분을 받은 자를 일정 기간 위와 같은 수의계약의 계약상대자에서 배제하도록 규정한 구 '지방자치단체 입찰 및 계약 집행기준'(2016.11.14. 행정자치부예규 제70호로 개정되고, 2017.7.26. 행정안전부예규 제1호로 개정되기 전의 것) 제5장 <별표 1> ③ 중 '지방자치단체를 당사자로 하는 계약에 관한 법률 시행령 제92조 제1항 제10호에 따라 부정당업자 제재 처분을 받고 그 종료일로부터 6개월이 지나지 아니한 자'에 관한 부분(2015헌마853)

⑭ 보건복지부장관의 식품접객업소영업제한기준고시(99헌마455)

⑮ 교육부장관의 1995학년도 대학입시기본계획 일부보완사항의 통보 ― 헌재는 이러한 통보는 고교 내신성적에 관하여 구체적 내용을 보충하는 것이어서 헌법소원심판의 대상이 된다고 보았다(94헌마119).

⑯ 공정거래위원회의 신문업에 있어서의 불공정거래행위 및 시장지배적 지위남용행위의 유형 및 기준(2001헌마605)

⑰ '요양급여의 적용기준 및 방법에 관한 세부사항(약제) 중 개정'(보복지가족부 고시)(2008헌마758)

⑱ 요양급여비용 심사청구소프트웨어의 검사 등에 관한 기준(보건복지부 고시) 제3조(2008헌

마408)

⑲ 일정한 한약서에 수재된 처방에 해당하는 품목의 한약제제를 의약품 품목허가·신고를 위한 안전성·유효성 심사대상에서 제외하고 있는 '한약(생약)제제 등의 품목허가·신고에 관한 규정'(식품의약품안전처고시) 제24조 제1항 제4호, 제5호(2015헌마1181)

⑳ 인터넷상의 청소년유해매체물 정보의 경우 18세 이용금지 표시 외에 추가로 '전자적 표시'를 하도록 하여 차단소프트웨어 설치시 동 정보를 볼 수 없게 한 정보통신부고시(2001. 10. 12. 제2001-89호. 청소년유해매체물의 표시방법)의 내용 중 '2.의 나. 전자적 표시방법'(2001헌마894)

㉑ * 고시에의 위임가능성을 직접 언급하지 않고 위헌여부의 본안판단을 한 예도 있다. 이런 언급없이도 본안판단을 한 것은 그 위임가능성은 당연히 인정함을 전제하는 것이다(예: 2015헌마1181. 사안은 '한약(생약)제제 등의 품목허가·신고에 관한 규정'(식품의약품안전처고시) 제24조 제1항 제4호, 제5호가 국가의 기본권 보호의무를 위반함으로써 청구인들의 보건권을 침해한다는 주장의 헌법소원에 대해 헌재는 기각결정을 한 것이다).

ix) 대법원   대법원도 일찍이 법령보충규칙을 인정했고 인정해 오고 있으며 이에 관한 판단례가 많다. 전형적인 판시의 예를 아래에 인용한다.

> **대법원 판례** 대법원 2019.5.30. 2018두52204
> [판시] 이 사건 고시 제18조 제1항은 금융위원회법의 위임에 따라 법령의 내용이 될 사항을 구체적으로 정한 것으로서 금융위원회 법령의 위임 한계를 벗어나지 않으므로 그와 결합하여 대외적으로 구속력이 있는 법규명령의 효력을 가진다고 보아야 한다. * 이에 관한 판례는 많다. 대법원 2017.5.31. 2017두30764; 2012.4.26. 2011도17812; 2008.4.10. 2007두4841; 2006.4.27. 2004도1078; 2004.5.28. 2002두4716; 2003.9.26. 2003두2274 등.

(라) 평가   ⅰ) 법령보충규칙은 실무상 전문성을 발휘하고 신속히 대처하기 위해 필요하다. 그러나 법제처심사를 거치지 않고 공포도 되지 않는다는 점에서 입법과정이 법규명령의 경우 보다도 완화되어 있는 점이 개선되는 것이 필요하다. 신속심사공고제도 등의 도입을 모색해 신속심사의 어려움 때문에 법령보충규칙으로 돌리는 일은 막도록 노력하여야 할 것이다. ⅱ) 한편 법령보충규칙에 범죄 구성요건까지 위임하는 예가 있는데(2005헌마161. 위 ⑤에 인용된 결정) 그 전문성이 요구된다고 하더라도 문제가 있다(뒤의 기본권각론, 죄형법정주의 부분 참조).

(마) 위임없는 재량준칙의 경우   위임한 바 없는 사항을 행정내부의 행정규칙으로 정한 것에 대해 사실상 법규성을 인정할 경우가 있는지(국민의 권리의무에 관한 규정을 법규라고 하므로 법규성 인정 문제는 국민의 권리제한가능 문제로 될 수도 있다) 하는 문제로서는 재량준칙의 문제가 있다. 헌재는 "행정규칙이 재량권행사의 준칙으로서 그 정한 바에 따라 되풀이 시행되어 행정관행을 이루게 되어 평등의 원칙이나 신뢰보호의 원칙에 따라 행정기관이 그 상대방에 대한 관계에서 그 규칙에 따라야 할 자기구속을 당하게 되는 경우에는 대외적인 구속력을 갖게 되어 헌법소원의 대상이 된다"라고 한다(90헌마13; 2004헌마670 등).

[* 재량준칙으로 보고 위헌성을 인정한 판례] 외국인 산업연수생에 대하여 근로기준법상 일

부 사항에 관하여만 보호대상으로 규정하고 퇴직금, 임금채권 우선변제, 연차유급휴가, 임산부
의 보호 등에 관하여는 보호대상으로 규정하고 있지 않고 있는 구 외국인산업기술연수생의 보
호 및 관리에 관한 지침(노동부 예규) 제4조, 제8조 제1항, 제17조에 대해 헌재는 재량준칙임을
인정하여 헌법소원심판의 대상이 되고 본안판단에 들어갔다. 주로 평등권 침해 문제로 판단하
였다. 결국 아래 결정요지와 같이 외국인 산업연수생에 대한 차별이 있고 이 차별에 합리적 이
유없어 청구인의 평등권을 침해한다고 보았고 또한 법률유보원칙에 반한다고 보았다.

● **판례** 헌재 2007.8.30. 2004헌마670 산업기술연수생 도입기준 완화결정 등 위헌, 각하
[결정요지] (1) 적법요건에 관한 판단 – 지방노동관서의 장은, 사업주가 이 사건 노동부 예규 제8조 제1항의 사항
을 준수하도록 행정지도를 하고, 만일 이러한 행정지도에 위반하는 경우에는 연수추천단체에 필요한 조치를 요구하
는 이러한 행정관행을 반복할 수밖에 없으므로, 결국 위 예규는 대외적 구속력을 가진 공권력의 행사가 된다. 그렇
다면 이 사건 노동부 예규는 대외적인 구속력을 갖는 공권력행사로서 기본권침해의 가능성도 있으므로 헌법소원의
대상이 된다. (2) 본안에 관한 판단 – 이 사건 노동부 예규조항의 위헌 여부 – 평등권 침해 여부: 살피건대, 산업
연수생이 연수라는 명목 하에 사업주의 지시·감독을 받으면서 사실상 노무를 제공하고 수당 명목의 금품을 수령하
는 등 실질적인 근로관계에 있는 경우에도, 근로기준법이 보장한 근로기준 중 주요사항을 외국인 산업연수생에 대
하여만 적용되지 않도록 하는 것은 합리적인 근거를 찾기 어렵다. 그렇다면 이 사건 노동부 예규는 청구인의 평등
권을 침해한다. 한편 근로기준법 제5조와 '국제연합(UN)의 경제적·사회적 및 문화적 권리에 관한 국제규약'(이른바
'사회권규약' 또는 'A규약) 제4조는 "이 규약의 당사자국은 … 반드시 법률에 의하여 정하여지는 제한에 의해서만,
그러한 권리를 제한할 수 있음을 인정한다"라고 규정한 데 따라 '동등한 가치의 노동에 대한 동등한 보수를 포함한
근로조건을 향유할 권리'를 제한하기 위하여는 법률에 의하여만 하는바, 이를 법률이 아닌 행정규칙에서 규정하고
있으므로 위 법률유보의 원칙에도 위배된다.

* 분석 – 재량준칙의 대외적 구속력을 강조하면서 기본권침해성을 역점적으로 논증하는
태도를 취하는 것은 역설적으로 법률의 위임없는 재량준칙으로도 기본권제한이 가능하다는 관
념을 가지게 할 수도 있다. 위 노동부예규가 평등원칙 위반이라고 하면서 판시에서도 밝힌 대
로 법률유보의 위반으로도 보았는데 아예 법률유보위반으로 하여 위헌으로 보는 것으로 그치
면 더욱 명쾌하였을 것이다.

(4) 위임의 한계 – 구체적 위임의 원칙 – 포괄위임금지원칙

기본권제한에 관한 사항을 법률이 행정입법에 위임하더라도 우리 헌법 제75조, 제95조가
규정하는 다음과 같은 한계를 가진다. 그것은 구체적 위임이어야 한다는 것이다. 이를 '포괄위
임금지원칙'이라고 표현하기도 한다.

1) 헌법규정

헌법 제75조는 아래와 같이 구체적 위임의 원칙을 명시하고 있다.

■ 헌법 제75조: "대통령은 법률에서 구체적으로 범위를 정하여 위임받은 사항과 법률을 집행하기 위하여 필요한 사
항에 관하여 대통령령을 발할 수 있다."
  헌법 제95조: "국무총리 또는 행정각부의 장은 소관사무에 관하여 법률이나 대통령령의 위임 또는 직권으로 총리
령 또는 부령을 발할 수 있다."

* 헌법 제95조는 제75조와 달리 '구체적으로 범위를 정하여'라는 구체적 위임에 관해 명시

하고 있지 않다. 그러나 판례와 학설은 헌법 제95조에 따른 총리령, 부령의 경우에도 구체적 위임원칙이 적용되는 것으로 해석한다.

2) 구체적 위임이란 한계의 의미 – 법률에 대한 한계

종래 헌법 제75조의 구체적 위임에 대해 교과서에서는 이를 '행정입법의 한계'로 설명해 왔으나 이 한계는 행정입법 자체 이전에 위임하는 법률이 가지는(모법률에 향해진) 한계이다. 헌법 제75조는 '법률에서 구체적으로 범위를 정하여 위임받은'이라고 규정하여 구체적으로 범위를 정해야 하는 주체는 '법률'이기 때문이다. 구체적 위임이라는 것의 한계는 위임받는 행정입법에 대한 것이 아니라 위임하는 법률 자체에 대한 한계를 의미한다.

위 한계의 의미와 향해지는 방향이 행정입법에 대한 사법적 통제의 방식에도 연관된다. 후술하는 행정입법의 사법적 통제에서 자세히 보고 여기서는 법률에 향해진 한계로서 포괄위임 금지원칙은 바로 그래서 법률에 대한 위헌심사에서도 그 위헌 여부가 가려지게 된다는 점, 그래서 행정입법 관련한 위헌 주장으로 위헌법률(위헌소원)심판도 제기된다는 점을 이해하여야 한다는 것을 지적해두고자 한다(후술 참조). 한편 법률이 위임한 것을 다시 위임(재위임)하는, 예를 들어 법률이 대통령령에 위임한 것을 대통령령이 다시 부령에 위임하는 경우에도 그 재위임하는 대통령령이 구체적으로 재위임하여야 한다는 제한을 받게 된다.

3) 구체적 위임의 개념과 구체성의 기준(정도)

어느 정도의 구체성이 요구되는지 하는 구체적 위임의 개념과 그 기준이 중요하다. 헌법재판에서 구체적 위임인지 여부가 중요한 쟁점이 된 사례들이 실제로 많다.

(가) 헌재 판례법리 – 예측가능성   헌재는 구체적 위임의 개념이자 구체성의 정도에 관한 기준을 주로 예측가능성에 두고 있다. 이는 그동안 많은 판례에서 설시하여 확립된 판례로서 아래와 같다(이에 대해서는 제4부 제3장 정부 대통령의 입법에 관한 권한에서도 다룬다).

■ [헌법재판소 판례의 기본법리]

> - '구체적으로 범위를 정하여'라 함은 법률에 이미 대통령령 등 하위법규에 규정될 내용 및 범위의 기본사항이 가능한 한 구체적이고도 명확하게 규정되어 있어서 당해 법률 그 자체로부터 대통령령 등에 규정될 내용의 대강을 **예측**할 수 있어야 함을 의미한다.
>
> - **예측가능성**의 유무는 당해 특정조항 하나만을 가지고 판단할 것은 아니고 관련 법조항 전체를 유기적·체계적으로 종합 판단하여야 하며, 각 대상법률의 성질에 따라 구체적·개별적으로 검토하여야 한다.
>
> - 이와 같은 위임입법의 구체성, 명확성의 요구 정도는 그 규율대상의 종류와 성격에 따라 달라진다. 처벌법규나 조세법규 등 국민의 기본권을 직접적으로 제한하거나 침해할 소지가 있는 법규에서는 구체성·명확성의 요구가 강화되어 그 위임의 요건과 범위가 일반적인 급부행정법규의 경우보다 더 엄격하게 제한적으로 규정되어야 하는 반면에, 규율대상이 지극히 다양하거나 수시로 변화하는 성질의 것일 때에는 위임의 구체성·명확성의 요건이 완화된다(결정례는 바로 아래 참조).

(나) 위임에서의 엄격성, 밀도 정도   ⅰ) 규율대상의 다양성, 수시변화성에 의한 구체성 완화 – 헌재는 위에서 언급한 대로 급부행정의 경우, 규율대상이 지극히 다양하거나 수시로 변

화하는 성질의 것일 때에는 위임의 구체성·명확성의 요건이 완화된다고 본다.

[완화례] 그 예의 하나를 아래에 본다. 사안은 외국인근로자의 사업장 이동을 3회로 제한하면서 "다만, 대통령령으로 정하는 부득이한 사유가 있는 경우에는 그러하지 아니하다"라고 규정한 구 '외국인근로자의 고용 등에 관한 법률'(2003.8.16. 법률 제6967호로 제정되고, 2009.10.9. 법률 제9798호로 개정되기 전의 것) 제25조 제4항이 직장 선택의 자유를 침해한다는 주장의 헌법소원심판사건에서 이 법률조항의 포괄위임입법금지원칙 위반인지 여부를 살피면서 다양성, 수시변화성을 이유로 완화를 인정한 예이다.

● **판례** 헌재 2011.9.29. 2007헌마1083등
[결정요지] 이 법률조항 단서는 특별한 사정이 있는 경우에는 사업장변경횟수를 원칙보다 늘려줌으로써 외국인근로자의 기본권을 본문보다 더 배려하기 위해서 만들어진 조항이고, 이러한 경우 어떠한 사유가 있을 때 본문의 예외를 인정하여 사업장 변경가능 횟수를 늘려줄 것인지 여부 등은 일률적으로 법률에 규정하기는 어렵다. 이는 내국인근로자의 고용기회와 중소기업의 인력수급 상황 등 국내 노동시장의 여러 가지 요소를 고려하여 정책적으로 결정되어야 할 사항이기 때문이다. 따라서 이는 규율하고자 하는 내용이 다양하거나 수시로 변화하는 성질의 것으로서 이를 법률에 일률적으로 규정하기는 어렵고 위임의 구체성·명확성의 요건이 완화되어야 할 경우에 해당한다고 할 것이다. 따라서 이 법률조항 단서는 포괄위임입법금지원칙에 위반되지 아니한다.

* 또 다른 예: 헌재 2002.12.18. 2001헌바52 [결정요지] 사업시행자에 의하여 개발된 토지등의 처분계획의 내용·처분방법·절차·가격기준등에 관하여 필요한 사항을 대통령령으로 정할 수 있도록 위임한 '산업입지 및 개발에 관한 법률' 제38조 제2항이 수분양자에 대한 관계에서 급부를 제공하는 것을 규율영역으로 삼고 있고, 사실관계 등이 다양하고, 수시로 변화하는 성질을 갖고 있는 점에 비추어 위임입법으로서 갖추어야 할 구체성·명확성의 정도가 완화될 수 있다.

ⅱ) 규율밀도 – 헌재는 "어느 규율대상이 기본권적 중요성을 가질수록, 그리고 그에 관한 공개적 토론의 필요성 내지 상충하는 이익 간 조정의 필요성이 클수록 그 규율대상이 국회의 법률에 의하여 직접 규율되어야 할 필요성 및 그 규율밀도의 요구 정도가 더 증대"된다고 본다.

[규율밀도상 법률에 근거가 있어야 했다고 본 결정례] 위 법리를 표명한 결정례가 교육감이 공고한 가산점 항목이 법률적 근거가 없어 법률유보원칙 위배라고 결론지은 바로 그 결정이었다(위 2.에서 본 2001헌마882 결정). 그런데 이 결정에서 헌재는 그 공무담임권 제한의 성격이 중대성, 공개적 토론과정을 통해 상충하는 이익간의 공정한 조정을 도모할 필요성이 그만큼 더 절실하므로 이 사건 가산점 항목에 관하여는 법률에서 적어도 그 적용대상이나 배점 등 기본적인 사항을 직접 명시적으로 규정하고 있어야 했다고 판시하였다. 그렇게 법률에 규정을 두어야 할 사항인데 공고가 가산점 항목을 정한 것은 "결국 아무런 법률적 근거가 없다고 보아야 한다"라고 결론을 내렸다. 이 결정은 심판대상이 위임하는 상위법령이 아닌 반대로 위임받아야 하는 공고이었다는 점에서 여기 포괄위임금지원칙이 직접 관련되는 결정례는 아니었다고 평가된다. 다만, 규율밀도를 언급한 것은 공고의 가산점이 법률에 근거를 두어야 하는데 없다는 것을 밝히기 위하여 적용된 것으로 이해된다.

[규율밀도가 약하다고 보아 위임범위를 벗어나지 않았다고 본 결정례] 이런 결정례로 계약

의 체결·이행 등과 관련한 금품 제공 등으로 부정당업자 제재 처분을 받은 자를 일정 기간 수의계약의 계약상대자에서 배제하도록 규정한 구 '지방자치단체 입찰 및 계약 집행기준'(행정자치부예규)의 '부정당업자 제재 처분을 받고 그 종료일로부터 6개월이 지나지 아니한 자'에 관한 부분에 대한 아래 합헌성 인정 결정이 이었다. 그런데 이 결정도 위임하는 상위법령의 포괄위임 여부가 아니라 수임 예규가 위임받은 범위를 벗어났는지를 판단하면서 그 위임범위를 살피기 위해 규율밀도론이 적용된 것이었다.

> 🔵 **판례** 헌재 2018.5.31. 2015헌마853
> [판시] 지방계약법상 수의계약의 경우는 보다 간이한 절차로 특정인과 계약을 체결하여 일정한 영업이익을 보장함으로써 계약상대방에게 혜택을 주는 것인 점, 수의계약은 위와 같이 제한적·보충적으로 이루어지는 것이므로 경쟁입찰계약과 달리 본질상 계약상대방의 결정에 일정한 재량이 인정될 필요가 있는 점을 고려하면, 수의계약상대자의 선정과 관련한 사항을 규율함에 있어서는 국회의 법률로써 이를 직접 규율하여야 할 필요성 또는 그 규율밀도의 요구 정도가 상대적으로 약하다. 그렇다면 이 사건 시행령조항이 이 사건 예규조항에 위임하고 있는 '견적제출자의 견적가격 및 계약이행능력 등'에는 일정한 사유에 해당하는 자를 수의계약상대자에서 배제하는 소극적 요건도 포함된다고 볼 수 있다. 그러므로 부정당업자 제재 처분을 받고 6개월이 지나지 아니한 자를 수의계약상대자의 배제사유로 규정한 것은 상위법령의 위임 범위를 벗어난 것이라고 볼 수 없다. 따라서 이 사건 예규조항이 모법의 근거 없이 제정되어 법률유보원칙에 반하여 청구인의 직업수행의 자유를 침해한다고 볼 수 없다.

[평가] 결국 위 결정례들에서는 심판대상이 위임하는 상위 법령이 아닌 위임받아야 하는 공고, 예규여서 규율밀도론이 그 위임의 근거 유무나 위임범위 일탈 여부를 판단하는 척도로 적용되었고 위임하는 법령이 포괄적으로 위임한 것인지 여부의 문제를 다루는 여기서의 포괄위임금지원칙의 위반 여부를 판단하는 척도로 적용되지는 않았다.

(다) 위반례   포괄금지원칙에 관한 결정례는 많은데 그 위반을 인정한 결정례는 뒤의 행정부의 행정입법에 대한 부분에서 정리, 소개한다(후술 참조).

4) 법률유보원칙과 위임한계원칙과의 관계

법률유보원칙이 위임한계(포괄위임금지)원칙을 포함하는 관계인가 하는 것이 논의될 수 있다. 법률이 위임의 근거를 둔다는 것은 구체적 내용으로서 규정되어야 한다는 것을 포함하는 의미라면, 그리하여 법률에 위임하는 근거는 있으나 그 위임이 구체적이지 않다는 것도 법률에 근거한 것이 아니라고 본다면 법률에 근거를 둘 것(법률의 위임을 받을 것)과 그 위임이 구체적이어야 한다는 것(위임한계)을 묶어 법률유보원칙으로 볼 수 있을 것이다. 구별하는 견해에 의하더라도 어쨌든 양원칙 모두 헌법원칙으로 준수되어야 하므로 실익이 그리 있다고 보이지는 않는다.

5) 포괄위임금지원칙과 명확성원칙의 관계

구체적 위임(포괄위임금지)은 위에서 본 대로 예측가능성을 요구하고 기본권제한법률에 일반적으로 요구되는 명확성원칙(이에 대해 후술 참조)도 예측가능성을 요하는데 양자의 관계가 논의될 수 있다. 양자를 달리 보는 견해도 있으나 헌재는 양자는 관련성을 가진다고 본다. 즉 헌법 제75조는 "위임입법의 헌법상 근거를 마련함과 동시에 위임은 구체적으로 범위를 정하여 하도록 하여 그 한계를 제시하고 있는바, 이는 행정부에 입법을 위임하는 수권법률의 명확성원칙에 관한 것으로서 법률의 명확성원칙이 행정입법에 관하여 구체화된 특별규정이라고 할 수 있으므로 수권법률조항의 명확성원칙 위배 여부는 헌법 제75조의 포괄위임금지의 원칙의 위반 여부에 대한 심사로써 충족된다"라고 판시한 바 있다(2004헌가29; 2009헌바13; 2010헌바385 등). 생각건대 법률 자체에서 앞으로 행정입법에 정해질 대강의 내용을 예측할 수 있어야 한다는 것은 예측할 정도로 알 수 있는 그 정도의 명확성은 있어야 한다는 의미이므로 행정입법에의 위임에 있어서는 명확성원칙의 적용이 예측가능성요구로 나타난다고 할 수 있다.

6) 대법원규칙, 헌법재판소규칙에 대한 포괄위임금지원칙의 적용문제

대법원, 헌법재판소도 규칙을 제정할 수 있고 이 규칙들도 법규명령이라는 견해가 지배적이며 법규명령이므로 기본권사항들을 제정할 수 있다. 문제는 이 규칙들을 명시하고 있는 헌법 제108조와 제113조 제2항은 법률이 구체적으로 범위를 정하여 주는 위임에 따라 제정된다고 규정하지 않고 "법률에 저촉되지 아니하는 범위 안에서" 제정할 수 있다고 규정하고 있어서 구체적 위임(포괄위임금지)원칙이 적용되지 않는가 하는 문제이다. 실제로 대법원규칙에 대해서는 이 문제가 헌재에서 다루어졌고 이를 긍정하는 것이 헌재판례인데 헌법재판소규칙에 대해서도 앞으로 문제될 수 있을 것이다(이에 대한 자세한 것은 뒤의 국가권력규범론 사법부, 대법원의 권한, 사법입법권 부분 참조).

(5) 조례에의 포괄적 위임 허용

1) 포괄위임의 인정

헌재는 법률이 조례에 대해 기본권제한사항을 위임할 수 있고 조례가 기본권제한사항을 정하려면 법률의 위임이 있어야(법률유보 인정) 한다고 본다. 다만, 조례에의 위임에 있어서는 시행령(대통령령), 시행규칙(부령) 등 행정입법에 대해 위임하는 경우와 달리 포괄위임도 가능하다고 본다(이에 대해서는 뒤의 제4부 지방자치 부분도 참조). 단, 죄형법정주의와 같은 경우에는 포괄위임이 허용되지 않는다고 보아야 할 것이다.

2) 포괄위임 인정의 근거

헌재는 아래와 같은 논거를 제시한다. 두 가지가 핵심논거인데 ① 지방의회의 민주적 정당성, ② 포괄적 자치권 인정이 그것이다.

▶ 조례에의 포괄위임 인정의 논거

> ▷ 1. 조례의 제정권자인 지방의회는 선거를 통해서 그 지역적인 민주적 정당성을 지니고 있는 주민의 대표기관임
> ▷ 2. 헌법이 지방자치단체에 대해 포괄적인 자치권을 보장하고 있음

3) 결정례
① 담배자동판매기설치금지조례

● **판례** 헌재 1995.4.20. 92헌마264등
[결정요지] 담배사업법(법률 제4065호)은 제16조 제4항에서 "소매인의 지정기준 기타 지정에 관하여 필요한 사항은 재무부령으로 정한다."고 규정하고 있고, 재무부령인 담배사업법시행규칙은 제11조 제1항의 별표 2 "제조담배소매인의 지정기준" 중 자동판매기란에서 "1. 자동판매기는 이를 일반소매인 또는 구내소매인으로 보아 소매인 지정기준을 적용한다. (단서 생략) 2. 청소년의 보호를 위하여 지방자치단체가 조례로 정하는 장소에는 자동판매기의 설치를 제한할 수 있다."고 규정하고 있으며, 이 사건 조례들은 위 규정들에 따라 제정된 것이다. 그렇다면 이 사건 조례들은 법률의 위임규정에 근거하여 제정된 것이라고 할 것이며, 이러한 위임에 의하여 자판기의 설치제한 및 철거에 관하여 규정하고 있는 이 사건 심판대상규정 역시 자판기의 전면적인 설치금지를 내용으로 하는 등의 특별한 사정이 없는 이상 위임의 한계를 벗어난 규정이라고 볼 수 없다. * 이하 과잉금지원칙을 준수하였고, 평등권을 침해하지 않는다고 하는 등 결국 합헌성을 인정하는 기각결정이 내려졌다.

② **서울특별시 학생인권조례의 차별받지 않을 권리 조항**   헌재는 위 포괄위임허용법리를 다시 밝히면서 이 조항(동 조례 제5조 제3항)이 교육기본법 제12조 제1항, 제2항, 초·중등교육법 제18조의4, '아동의 권리에 관한 협약', 각급 학교의 운영에 관한 사무를 지도·감독할 권한을 규정한 지방자치법 제9조 제2항 제5호 등의 법률상 근거를 가지고 있어서 법률유보원칙을 준수하고 있다고 판단하였다(● 판례 헌재 2019.11.28. 2017헌마1356 [심판대상조항] 서울특별시 학생인권조례(2017.9.21. 개정된 것) 제5조 ③ 학교의 설립자·경영자, 학교의 장과 교직원, 그리고 학생은 제1항에서 예시한 사유를 이유로 차별적 언사나 행동, 혐오적 표현 등을 통해 다른 사람의 인권을 침해하여서는 아니 된다. * 이 결정에서 헌재는 차별·혐오표현에 대한 제한이 과잉금지원칙을 준수하였다고 하여 합헌성을 인정하였다).

(6) 정관에의 자치사항 포괄위임 허용
1) 허용
헌재는 법률이 공법적 기관(공법인)의 정관에 자치법적 사항을 위임한 경우에는 헌법상의 포괄위임입법금지의 원칙이 원칙적으로 적용되지 않는다고 보아 포괄위임을 허용하는 위 조례에 대한 것과 같은 취지의 법리를 보여주고 있다(2000헌마122).
2) 한계
그러나 헌재는 한계를 두고 있다. 즉 "그러나 공법적 기관의 정관 규율사항이라도 그러한 정관의 제정주체가 사실상 행정부에 해당하거나, 기타 권력분립의 원칙에서 엄격한 위임입법의 한계가 준수될 필요가 있는 경우에는 헌법 제75조, 제95조의 포괄위임입법금지 원칙이 적용되어야 할 것이다"라고 한다. 또한 아래 4.에서 보는 의회유보원칙도 적용된다고 한다(2000헌마122).

(7) 수임 행정입법에 대한 한계
위임받은(수임, 受任) 행정입법은 법률로부터 위임받은 범위를 벗어나는 내용을 규정할 수 없다는 한계를 가진다. 이 한계에 대해서는 앞에서 지적하고 논한 바 있다. 전술, (1)의 ⅲ) 참조.

(8) 모법률의 합헌성과 수임 행정입법 합헌성의 관계 – 무관계(헌재판례)

위임을 하는 법률(母法律, 授權法律)이 포괄위임을 하여 위헌이더라도 위임받아 제정된 하위 행정입법이 적정한 범위의 내용을 담아 합헌이라면 모법도 합헌이 되는가 하는 문제가 있다. 반대로 모법은 구체적 위임을 하여 합헌인데 수임 행정입법이 그 범위를 벗어나 위헌이면(이는 모법을 위반한 점에서 위법이기도 하다. 그리고 이 문제는 바로 위 (7)에서 다룬 것이기도 하다) 모법도 따라 위헌이 되는가 하는 문제가 있다. 헌재는 별개의 문제라고 본다(판례가 많은데 몇 가지만 들면, 2017헌바43; 2016헌바287; 2010헌바205; 2009헌바192; 2009헌바38; 2019헌바73 등).

(9) 행정입법에 관한 사법적 통제

1) 헌법재판소에 의한 통제

[한계의 의미와 재판대상, 재판형식]　앞서 한계의 의미에 대해서 '구체적 위임'이란 한계는 법률에 향해진 것이고 그 범위 내에서 행정입법이 제정되어야 한다는 한계는 행정입법에 향해진 것이라고 서술하였다(전술 위임의 한계 – 구체적 위임의 원칙 부분 참조). 위 한계의 의미와 방향에 따라 헌재의 통제방식과 그 대상에도 차이가 있다(행정입법에 '대한'이 아니라 '관한'으로 표기한 것은 행정입법 자체에 대한 것뿐 아니라 위와 같이 모법률이 헌법재판대상이 되는 경우도 포함해서 일컫기 위함이다).

ⅰ) 위임하는 모법률규정: ① 모법률규정이 법률규정이므로 법률규정을 대상으로 하는 대상이므로 위헌법률심판 또는 위헌소원심판으로 심사되어진다. 그 심사에서는 주로 포괄위임금지원칙 등이 행정입법 관련 심사 내용이고 법령보충규칙이 논란될 때에는 전문성·기술성 등을 가지는 사항이라고 본 법률의 판단이 맞는지도 살펴본다. 그러면서 법률규정 자체가 과잉금지원칙, 신뢰보호원칙을 위배하거나 평등권을 침해하지는 않는지 하는 심사도 행해진다. ② 법률규정 자체를 바로 대상으로 하는 법령소원심판으로도 심사될 수 있고 그 대상이 될 수 있으나

	위헌법률(소원)심판	법령소원심판
S법(모법률) 제9조	- 대상성 ○ 본안판단내용 – ① 위임가능성, 포괄위임성 여부 → ② 기본권제한 한계원칙 준수 여부 (과잉금지원칙, 신뢰보호원칙, 평등권 등) 위배 여부	- 대상성 ○ - 그 외 모든 청구요건 구비하면 본안판단대상 ※ 문제는 위임으로 구체적 하위 행정압법 시행되는 경우 헌재가 직접성을 부정함 (단, 불가분관계 등 예외 인정 있음)
↓ 위임		
S법시행령(대통령령)	- 대상성 ×	- 대상성 ○ - 직접성 ○일 수 있음. 그 외 모든 청구요건 갖추면 본안판단 본안판단 내용 – ① 위임범위 내 인지 여부 → ② 기본권제한 한계원칙 준수 여부 (과잉금지원칙, 신뢰보호원칙, 평등권 등) 위배 여부

❑ 행정입법 관련 한계 문제 판단에 대한 헌법재판

문제는 법령(헌법)소원의 그 밖의 청구요건들인 자기관련성, 직접성, 권리보호이익 등의 청구요건들을 갖추어야 본안판단에 들어간다. 문제는 특히 헌재는 행정입법에 의한 구체화가 예정된 경우(바로 여기의 행정입법에의 위임의 경우)에는 직접성요건을 갖추지 못하였다고 하여 모법률규정에 대한 청구 부분에 대해서는 각하결정을 한다는(불가분의 관계와 같은 예외로 인정하는 경우가 있긴 하다) 점이다(이 헌재판례이론에 대해서는 앞의 법령보충규칙에서 설명한 바 있다, 전술 참조). 이상의 상황은 재위임을 하는 행정입법(예를 들어 법률의 위임을 받은 대통령령이 다시 부령에 위임하는 경우의 대통령령)에 대해서도 마찬가지이다.

ⅱ) 위임받은 행정입법 규정: 법률규정이 아니므로 위헌법률심판, 헌법소원심판의 대상은 될 수 없고 법령소원심판의 대상이 되고 실제 사건이 적지 않다. 이 법령소원심판에서는 법률유보적 문제로서 ⓐ 구체적으로 위임된 것인지 여부, ⓑ 모법(률)이 위임해준 범위 내를 벗어난 것인지 않은 것인지 여부에 대해 심사하고(ⓐ 문제를 판단하는 것은 구체적으로 범위가 정해진 것인데 그것을 벗어난 것이 아닌지 하는 ⓑ 문제와 연관된다) 나아가 행정입법 자체가 과잉금지원칙, 평등원칙 등을 위배하지는 않았는지에 대해서도 심사한다.

2) 법원에 의한 통제 – 명령·규칙심사제

(가) 헌법규정　　헌법 제107조 제2항은 "명령·규칙 또는 처분이 헌법이나 법률에 위반되는 여부가 재판의 전제가 된 경우에는 대법원은 이를 최종적으로 심사할 권한을 가진다"라고 규정하고 있다(제107조 제2항).

(나) 성격　　위와 같이 우리 헌법은 행정입법에 대한 법원의 통제로 구체적 규범통제를 행하게 규정하고 있다. 구체적 규범통제란 문제되는 법규범이 적용되는 구체적 사건이 발생하여 이를 해결하기 위한 재판이 있게 되고 이 재판에서 그 법규범의 상위 법규범에의 위반여부를 심사하는 제도를 말한다.

(다) 심사주체　　유의할 점 내지 우리나라 명령·규칙심사제의 특징으로 심사주체에 관하여는 하급법원도 심사권을 가진다는 점이다. 헌법 제107조 제2항은 대법원이 '최종적으로' 심사할 권한을 가진다고 하여 하급법원도 명령, 규칙에 대한 심사권을 가짐을 분명히 하고 있다.

(라) 위헌·위법판단시의 효과

가) 구체적 규범통제하에서의 원칙론　　명령·규칙심사에서 명령이나 규칙이 헌법이나 법률에 위반된다고 판단되는 경우 그 효과는 어떠할 것인가 문제된다. 구체적 규범통제 체제에서는 일반적으로 법원의 개별 당해사건에서 적용이 거부되는 것에 그친다. 이를 개별적 효력이라고 한다.

나) 우리나라의 경우 – 무효선언　　그러나 우리나라에서 구체적 규범통제를 행함에도 우리 대법원은 행정입법이 위헌·위법이라고 판단하면 무효라고 선언하고 있다. 이 점을 유의하여야 한다. 이 점은 우리 행정입법심사제의 특색 내지 유의할 또 다른 사항으로 이처럼 위헌·위법판단시의 효과가 사실상 일반적이라는 것이다.

◑ **대법원판례**   행정입법에 대한 무효선언이 있었던 판결례: 대법원 2006.11.16. 2003두12899 전원합의체; 2007.10.29. 2005두4649 전원합의체.

결국 사실상 일반적 효력을 부여하고 있는 것이다. 그런데도 교과서에 적용거부에 그친다고 잘못 서술된 경우를 본다. 또한 우리의 경우 "행정소송에 대한 대법원판결에 의하여 명령·규칙이 헌법 또는 법률에 위반된다는 것이 확정된 경우에는 대법원은 지체없이 그 사유를 행정안전부장관에게 통보하여야 한다"라고 규정하고 그 통보를 받은 "행정안전부장관은 지체없이 이를 관보에 게재하여야 한다"라고 규정하여 '명령·규칙의 위헌판결등 통보·공고제'를 두고 있다(행정소송법 제6조). 이러한 제도나 대법원이 무효선언을 하는 것은 법적 규율의 통일성을 가져오게 하고, 국민이 개개 사건마다 다시 위헌판단을 받기 위한 소송제기의 불편함을 덜어주는 것으로서 타당하다.

4. 의회유보의 원칙 – 본질적 사항의 법률유보원칙(의미 C)

(1) 개념

법률이 기본권제한에 관한 사항을 행정입법에 위임할 수도 있지만 어떤 사항은 위임해서는 아니 되고 법률 자신이 직접 규정하여야 할 사항이 있다. 그렇게 법률이 직접 정하여야 할 사항에 관한 법률유보원칙은 법률을 만드는 곳이 의회이므로 법률이 직접 정한다는 것은 곧 의회가 직접 정하도록 의회에 맡겨져 있는 것이란 의미이므로 이를 의회유보(Parlamentsvorbehalt)원칙이라고 한다. 우리 헌재도 의회유보원칙을 설정하고 있다.

(2) 의회유보의 범위
1) 중요사항의 의미 - 본질사항, 판단기준 - 개별설

중요한 문제는 어느 사항이 의회가 스스로 직접 법률로 규정하도록 요구되는 사항인가 하는 의회유보의 범위 내지 대상이 어떠한가 하는 점이다. ⅰ) 본질사항유보설 – 오늘날 본질사항유보설이 일반적인 설득력을 얻고 있다. 본질사항유보설은 국민의 기본권에 관련되거나 중요한 공익의 실현을 위한 중요사항은 반드시 의회 자신이 직접 정하여야 한다는 이론이다. 헌재도 "국민의 기본권실현에 관련된 영역에 있어서는 행정에 맡길 것이 아니라 국민의 대표자인 입법자 스스로 그 본질적 사항에 대하여 결정하여야 한다는 요구까지 내포하는 것으로 이해하여야 한다"라고 하여 본질사항유보설을 취하고 있다.[114] ⅱ) 판단기준: 개별설 – 나아가 본질사항인지를 판단하는 기준 문제가 있다. 헌재는 개별설을 취한다, 즉 "입법자가 형식적 법률로 스스로 규율하여야 하는 사항이 어떤 것인가는 일률적으로 획정할 수 없고 구체적인 사례에서 관련된 이익 내지 가치의 중요성 등을 고려하여 개별적으로 정할 수 있다"라고 한다(2013헌

---

114) 헌재 1999.5.27. 98헌바70. 이 결정의 요지는 본문 아래 위배 인정례로 인용함.

가6; 2017헌가25).

2) 법리 적용 및 위배 인정 결정례

우리 헌재가 본질사항유보설에 비추어 판단하여 의회유보원칙을 위배하여 위헌성을 인정한 결정례를 아래에 살펴본다.

① 텔레비전방송수신료 사건결정 – 헌재는 수신료의 금액의 결정은 국회가 스스로 결정해야 할 본질적 사항이므로 국회의 관여 없이 이를 전적으로 한국방송공사가 결정하여 부과·징수하도록 한 구 한국방송공사법 제36조 제1항이 의회유보의 원칙에 반하는 것이라고 판단하고 헌법불합치결정을 하였다.

● **판례** 헌재 1999.5.27. 98헌바70 한국방송공사법 제35조 등 위헌소원

[결정요지] (가) 오늘날 법률유보원칙은 단순히 행정작용이 법률에 근거를 두기만 하면 충분한 것이 아니라, 국가공동체와 그 구성원에게 기본적이고도 중요한 의미를 갖는 영역, 특히 국민의 기본권실현에 관련된 영역에 있어서는 행정에 맡길 것이 아니라 국민의 대표자인 입법자 스스로 그 본질적 사항에 대하여 결정하여야 한다는 요구까지 내포하는 것으로 이해하여야 한다(이른바 의회유보원칙). 입법자가 형식적 법률로 스스로 규율하여야 하는 그러한 사항이 어떤 것인가는 일률적으로 획정할 수 없고, 구체적 사례에서 관련된 이익 내지 가치의 중요성, 규제 내지 침해의 정도와 방법 등을 고려하여 개별적으로 결정할 수 있을 뿐이나, 적어도 헌법상 보장된 국민의 자유나 권리를 제한할 때에는 그 제한의 본질적인 사항에 관한 한 입법자가 법률로써 스스로 규율하여야 할 것이다. 헌법 제37조 제2항이 "법률로써"라고 한 것은 국민의 자유나 권리를 제한하는 행정작용의 경우 적어도 그 제한의 본질적인 사항에 관한 한 국회가 제정하는 법률에 근거를 두는 것만으로 충분한 것이 아니라 국회가 직접 결정함으로써 실질에 있어서도 법률에 의한 규율이 되도록 요구하고 있는 것으로 이해하여야 한다. (나) 이러한 관점에서 볼 때, 수신료는 국민의 재산권보장의 측면에서나 공사에게 보장된 방송자유의 측면에서나 국민의 기본권실현에 관련된 영역에 속하는 것이고, 수신료금액의 결정은 납부의무자의 범위, 징수절차 등과 함께 수신료에 관한 본질적이고도 중요한 사항이므로, 수신료금액의 결정은 입법자인 국회가 스스로 행하여야 할 것이다. 그런데 이 법 제36조 제1항은 국회의 결정 내지 관여를 배제한 채 공사로 하여금 수신료의 금액을 결정하도록 맡기고 있다. 이상과 같은 이유로 이 법 제36조 제1항은 법률유보원칙(의회유보원칙)에 어긋나는 것이어서, 헌법 제37조 제2항과 법치주의원리 및 민주주의원리에 위반된다.

* 한국방송공사법은 2000년에 폐지되고 현재는 방송법에 한국방송공사에 관한 규정들이 있다.

② 도시환경정비사업 시행에서의 동의정족수 – 헌재는 토지 등 소유자가 도시환경정비사업을 시행하는 경우 사업시행인가 신청 전에 얻어야 하는 토지 등 소유자의 동의의 정족수는 본질적 사항인데도 이를 법률이 아니라 토지 등 소유자의 자치규약에 정하도록 한 구 '도시 및 주거환경정비법' 규정이 법률유보 내지 의회유보원칙에 반하여 위헌이라고 결정하였다.

● **판례** 헌재 2011.8.30. 2009헌바128

[결정요지] 토지등소유자가 도시환경정비사업을 시행하는 경우 사업시행인가 신청시 필요한 토지등소유자의 동의는 개발사업의 주체 및 정비구역 내 토지등소유자를 상대로 수용권을 행사하고 각종 행정처분을 발할 수 있는 행정주체로서의 지위를 가지는 사업시행자를 지정하는 문제로서 그 동의요건을 정하는 것은 토지등소유자의 재산권에 중대한 영향을 미치고, 이해관계인 사이의 충돌을 조정하는 중요한 역할을 담당한다. 그렇다면 사업시행인가 신청시 요구되는 토지등소유자의 동의정족수를 정하는 것은 국민의 권리와 의무의 형성에 관한 기본적이고 본질적인 사항으로 법률유보 내지 의회유보의 원칙이 지켜져야 할 영역으로서 동의정족수는 자치규약에 정할 것이 아니라 입법자가 스스로 결정하여야 할 사항이라 할 것이다. 따라서 사업시행인가 신청에 필요한 동의정족수를 자치규약에 정하도록 한 이 사건 동의요건 조항은 법률유보 내지 의회유보원칙에 위배된다. * 같은 취지의 결정: 헌재 2012.4.24. 2010헌바1.

3) 의회유보 준수 인정례

전기사업법이라는 법률이 전기요금의 구체적인 산정기준 등을 직접 정하지 않고 대통령령 등에 그 결정을 위임한 동법 제16조 제1항 해당부분이 의회유보원칙에 반하는지가 논란되었다. 헌재는 전기의 보편적, 안정적 공급은 개인의 생존은 물론 기본권의 실현에 있어 기본적이고 중요한 사항이므로 그것에 관련된 규범체계의 마련을 행정에 맡길 것이 아니라 국민의 대표자인 입법자 스스로 그 본질적인 사항에 대하여 결정하여야 할 것이라고 하여 본질사항이라고 보았다. 그러나 반면 전기가 국민의 생존과 직결되어 필수불가결한 요소라 하더라도, 전기요금은 전기판매사업자가 전기사용자와 체결한 전기공급계약에 따라 전기를 공급하고 그에 대한 대가로 전기사용자에게 부과되는 것으로서, 국가가 아무런 반대급부 없이 강제적으로 징수하는 조세 내지 특정한 공익사업에 필요한 경비를 부담시키기 위하여 부과하는 부담금과는 명백히 구분된다고 보았다. 그리하여 전기의 공급 대가인 전기요금의 부과 그 자체로 전기사용자의 재산권이 직접적으로 제한된다고 볼 수 없으므로, 전기요금의 결정에 관한 내용이 전기의 보편적이고 안정적인 공급을 위하여 반드시 입법자 스스로 규율해야 할 본질적인 사항이라고 보기 어렵다고 하였다. 헌재는 결국 전기요금의 산정기준이나 요금체계 등을 의회가 직접 결정하거나 그에 관여할 수 있도록 규정하지 않았다 하더라도 그것이 의회유보원칙에 위반된다고 볼 수는 없다고 하여 그 위배를 부정하였다(2017헌가25).

(3) 의회유보원칙의 의미

의회유보원칙은 기본권제한에 관한 중요한 본질사항을 의회가 직접 규정하지 않는다면 법률유보원칙은 실질적으로 의미를 상실한다는 의미이다.

본질사항유보설이 가지는 문제점으로 무엇이 본질사항이냐 하는 것이 항상 뚜렷하지 않을 수도 있다는 점이 지적되고 있다.

(4) 적용범위 – 판례의 입장

ⅰ) 정관에의 위임시에도 적용 – 헌재는 법률이 공법적 기관의 정관(定款)에 위임하는 경우에도 기본적이고 본질적 사항은 반드시 국회가 정하여야 한다는 법률유보원칙이 적용된다는 입장이다(● 판례 헌재 2001.4.26. 2000헌마122, 농업기반공사 및 농지기금관리법 부칙 제6조 단서 위헌확인). 위 수신료 사건에서도 한국방송공사가 행정기관은 아닌 기관이었다. 헌재는 "공사는 비록 행정기관이 아니라 할지라도 그 설립목적, 조직, 업무 등에 비추어 독자적 행정주체의 하나에 해당하며"라고 판시하였다.

ⅱ) 약관으로 정하도록 한 경우 – 위 전기요금 사건 결정(2017헌가25, 바로 위에 인용)에서 헌재는 약관으로 정하도록 한 경우에 의회유보원칙이 적용된다는 말을 직접 언급은 하지 않았으나 의회유보원칙 위반 여부를 판단했는데 심판대상은 전기판매사업자가 전기요금 약관을 작

성하여 산업통상자원부장관의 인가를 받아야 한다고 한 법률(전기사업법)규정이다. 약관의 성격
도 논의되어야 할 것이다.

iii) <u>납세의무의 중요 사항</u> 내지 <u>본질적 내용</u> 관련 사항의 <u>위임가능성 인정</u> – 헌재는 납세
의무의 중요한 사항 내지 본질적인 내용에 관련된 것이라 하더라도 그 중 경제현실의 변화나
전문적 기술의 발달 등에 즉응하여야 하는 세부적인 사항에 관하여는 국회제정의 형식적 법률
보다 더 탄력성이 있는 행정입법에 이를 위임할 필요가 있다고 한다[94헌바40등; 2001헌바13;
2016헌바347등(이는 이른바 '일감 몰아주기' 관련사건이었다)](이에 관해서는 조세법률주의 부분 참조).
이는 조세영역에서의 예외라고 볼 것이다. 물론 구체적 위임원칙(예측가능성) 충족은 요구한다.

(5) 법률유보와 의회유보

법률유보는 법률에 기본권제한에 관한 근거가 있을 것을 요하는 것으로서 법률에 근거가
있으면 되므로 행정입법 등에 위임할 수도 있음을 인정하는 것이다(다만, 행정입법에의 그 위임은
구체적이어야 한다). 의회유보도 법률에 근거를 두어야 한다는 것은 법률유보를 실현하는 것임
은 물론이나 기본권제한에 본질적인 사항은 반드시 의회가 스스로 직접 정해야 하는 것을 말한
다. 그 점에서 의회유보는 더 좁은 유보가 되고 '법률유보 중의 유보'라고 할 수 있다.

(6) 의회유보원칙과 위임입법한계(포괄위임금지)원칙, 법률유보

의회유보원칙과 위임입법의 한계원칙은 다음과 같이 구분된다. 의회유보원칙은 본질사항은
의회가 직접 법률로 정하여야 한다는 원칙이고 그 외 구체적이고 기술적인 사항은 행정입법에
의 위임은 가능하되 그 위임에 있어서 준수해야 할 일정한 한계, 즉 구체적 범위를 정하여 위
임하여야 한다는 한계가 있다고 하는 원칙이 위임입법한계원칙이다. 즉 의회유보원칙은 본질
사항은 위임 자체가 될 수 없다는 원칙이고, 반면에 위임한계원칙은 위임이 가능한 사항이나
그 사항의 위임에 있어서 구체적 위임이어야 한다는 한계를 설정하는 원칙이라는 점에서 구별
된다(아래 도해도 참조). 이렇게 구분되나 위임법한계(포괄위임금지)원칙과 의회유보원칙은 법률
에 근거를 두어야 한다는 점에서는 법률유보원칙에 귀결된다.

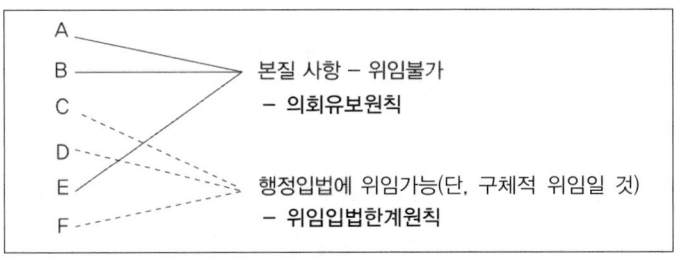

□ **의회유보와 법률유보의 구분 도해**

* 도해설명 – A, B, E는 본질사항이어서 법률이 반드시 직접 정하여야 함(의회유보원칙). C, D, F는 본질사항은 아
니어서 행정입법에의 위임이 가능하나 구체적 위임이라는 한계가 있음(위임한계원칙).

5. 법률유보원칙, 포괄위임금지원칙의 위배 여부와 개별 기본권의 과잉금지원칙 등의 위배 여부

법률유보원칙(의회유보원칙), 포괄위임금지원칙의 위배 여부 문제와 해당되는 개별 기본권이 과잉금지(비례)원칙이나 평등원칙 등과 같은 내용적 한계를 위반한 것인지 여부 문제와의 관계가 논의될 수 있다. 법률의 위임을 받고 그 위임이 구체적이라도 비례원칙 등을 위배하여 위헌일 수 있다. 아래 헌재의 판례는 별개로 검토되어야 할 문제라고 밝힌 예이다.

● **판례** 헌재 2005.7.21. 2004헌가30
[쟁점] 1. '자동차운전전문학원을 졸업하고 운전면허를 받은 사람 중 교통사고를 일으킨 비율이 대통령령이 정하는 비율을 초과하는 때'에는 학원의 등록을 취소하거나 1년 이내의 운영정지를 명할 수 있도록 한 구 도로교통법 제71조의15 제2항 제8호의 '교통사고' 부분이 포괄위임입법금지원칙에 위배되는지 여부(적극) 2. 이 사건 조항이 운전전문학원 운영자의 직업의 자유를 침해하는지 여부(적극) [판시] 이 사건 조항은 운전전문학원의 수료생이 일정 비율 이상의 교통사고를 일으킨 경우 해당 학원에 대하여 운영정지나 등록취소를 할 수 있게 한다. 이러한 행정제재를 받으면 학원 운영자는 해당 운전전문학원의 영업을 일정 기간 혹은 영구적으로 하지 못하게 되는 것이므로, 이 사건 조항이 학원 운영자의 직업의 자유 내지 영업의 자유를 부당하게 침해하는 것이 아닌지가 문제된다. 이러한 문제(*비례원칙 위배 문제 – 저자주)는 위에서 본 위임입법 문제와는 무관하며, 설령 이 조항에서 위임입법이 헌법적으로 허용되는 범위에 있다고 하더라도, 그것과 별도로 제기되는 것이다. * 두 쟁점 모두 위배로 보아 위헌결정이 된 것이다.

Ⅲ. 제한의 대상

법률로써 제한할 수 있는 기본권의 범위가 어떠하냐에 대해 학설로는, ① 자유권한정설[115] (자유권만이 제한대상이 된다고 보는 설로서, 자유권 외 생존권, 청구권 등에 대한 법률유보는 그 내용, 절차를 형성하는 것을 의미하고 제한을 의미하지는 않으므로 제한대상이 아니라고 보는 설), ② 기본권전반설(자유권뿐 아니라 모든 기본권이 제한대상이 된다고 보는 설로서 기본권전반이 제한대상이라고 하더라도 본질적 내용은 침해가 금지되므로 기본권남용이 올 수 없다고 보는 설)이 있다. 물론 후자가 일반적인 견해이다.

생각건대 헌법 제37조 제2항도 "모든 자유와 권리는… 제한할 수 있으며"라고 규정하고 있듯이 자유권뿐 아니라 모든 기본권들이 그 대상이다. 자유권한정설은 자유권에만 제한가능성을 한정한다고 하여 보다 기본권보장에 긍정적이라고 일견 보일지 몰라도 타당하지 않다. 생존권의 경우에도 형성유보만이 아니라 다른 사람들과의 생존권간의 조절 등을 위한 제한유보가 있을 수 있고 공익을 위하여 제한될 수 있다(예를 들어 중요한 공익사업인 필수공익사업의 업무 중 필수유지업무에서의 근로3권 제한. 노동조합 및 노동관계조정법 제42조의2). 그리고 청구권, 참정권

---

115) 한태연, 헌법학, 1977, 905면.

등에 대해 그 제한가능성을 부정한다면 질서유지, 공공복리 등을 위해 그 기본권들을 제한할 필요가 있는 경우에도 제한을 불가능하게 할 것이므로[예를 들어 재판청구권을 보더라도 제소기간의 제한이 필요한 경우가 있고 실제 제한되고 있다. 자유권한정설은 일정한 자격을 갖추지 못한 사람에 대하여 질서유지, 공공복리를 위하여 공무담임권(당연히 자유권 아님)을 제한할 필요가 있는 경우 어떻게 설명할 것인지도 문제이다] 타당성이 없다.

한편 헌법 제37조 2항이 제한이 가능한 대상을 모든 기본권으로 규정하고 있으나, 동항 단서가 "제한하는 경우에도 자유와 권리의 본질적인 내용을 침해할 수 없다"라고 규정하고 있듯이 그 내용이 본질적 내용만으로 이루어진 기본권의 경우(예를 내심에 머무는 양심형성의 자유, 신앙심형성의 자유 등)에는 그 기본권 전체에 대해 전혀 제한이 이루어지지 못한다. 우리 학계에서 이런 기본권이 절대적 기본권이라고 불리기도 한다.

Ⅳ. 기본권을 제한하는 법률의 요건

1. 법률의 개념

기본권을 제한하는 법률은 무엇보다 먼저 국회가 '법률'이라는 이름으로 제정하는 형식적 의미의 법률을 말한다. 예외적으로 형식은 법률이 아니나 헌법규정에 따라 법률의 효력을 가지는 긴급명령, 긴급재정경제명령(제76조 제2항·제1항) 그리고 국회의 동의를 얻어 성립되어 법률적 효력을 가지는 조약도 실질적인 법률로서 기본권을 제한할 수 있다. 대통령령, 총리령, 부령과 같은 법률하위의 법규명령은 법률이 구체적 위임을 해준 경우에만 기본권제한에 관한 규정을 둘 수 있다(제75조, 제95조). 지방자치단체의 조례도 법률의 위임을 받아야 기본권을 제한할 수 있다(지방자치법 제22조, 신법 제28조 1항).

2. 일반성, 추상성

(1) 개념과 원칙

ⅰ) 기본권을 제한하는 법률은 어느 특정 사람만이 아니라 원칙적으로 모든 사람들에게 일반적으로 적용될 가능성을 가져야 한다(일반성). ⅱ) 이미 발생한 어느 특정의 구체적 사건에 적용될 것을 의도하는 것이 아니라 장차 법률에서 정한 요건에 해당되는 사건이 나타나면 적용이 될 것을 예정하기에 추상적이어야 한다(추상성). 법률은 이처럼 일반성, 추상성을 가져야 하므로 법률 그 자체에서 어떤 특정한 사람의 권리·의무에 직접적인 영향을 미치는 구체적 법적 효과가 바로 나오지는 않는다. 구체적 효과가 나오는 작용은 처분이다. 공법에서 '처분'(행정처분)이란 용어는 구체적 효과를 발생시키는 집행작용을 말한다. 처분과 같은 집행작용이 있어야

비로소 어느 특정 국민에게 법적 효과가 나타나는 것이다(예를 들어 소득세법이란 법률로 A라는 사람에게 바로 소득세 50만원을 내야 할 의무라는 법적 효과가 나오는 것이 아니라 소득세법에서 정한 과세대상에 해당되는 소득이 A라는 사람에게 실제로 발생하여 그 법률요건에 해당하면 행정청이 예컨대 30만원을 A가 납부하라는 소득세부과처분을 하게 되고 그 처분을 할 때 비로소 구체적인 법적 효과(30만원의 소득세를 내야 할 의무라는 구체적 법적 효과)가 A에게 발생하는 것이다. 법률 → 행정처분(조세부과처분) → 국민의 기본권(재산권)에 대한 효과발생).

(2) 일반성, 추상성의 근거(이유)

법률이 일반성, 추상성을 가져야 하는 근거는 ⅰ) 법적 예측가능성, ⅱ) 법적 안정성, ⅲ) 평등원칙에 있다. 만약 법률이 언제든지 특정인에게 구체적 기본권제한(침해)효과를 가져오게 할 수 있다면 그 제한을 예측할 수 없게 하고 따라서 법적 안정성을 깨트릴 수 있기 때문이다. 또한 법률이 특정인과 특정사건만을 대상으로 기본권을 제한한다면 제한되지 않는 다른 사람들, 다른 사건들에서와 차별을 가하는 것이어서 평등원칙을 위반하는 것이기도 하기 때문이다. ⅳ) 또 다른 근거는 권력분립주의에서 찾기도 한다. 처분을 할 권한은 법을 집행하는 권력인 행정권에 속하는 것이므로 입법권이 구체적 처분을 직접 하게 되면 권력분립주의에 반한다는 것이다.

(3) 처분적 법률, 개별사건법률, 개별인대상 법률

1) 문제의 소재

오늘날 사회적 약자에 대해 또는 위기상황에 있는 사람에 대해 특별한 보호가 필요한 경우 그 특정인들, 특정 사항에 대해서만 적용되는 법률이 일반성·추상성에 대한 예외로서 허용될 수 있는가 하는 문제가 제기된다. 처분적 법률 문제가 그것이다.

2) 처분적 법률의 개념과 유형

[개념] 우리 헌법이 처분적 법률에 대해 무엇이라고 개념정의를 내리고 있지 않고 학설상 일치된 정의를 볼 수 없다. 그동안 우리나라에서 논의되어 온 처분적 법률이란 그 법률 자체가 어느 특정(개별) 사람이나 특정 사건에 대해 행정작용이나 사법재판작용 없이도(매개함이 없이) 법률 자체가 바로 권리나 의무에 관한 법적 효과를 발생시켜 처분을 발한 것과 같은 효과가 나타나는 법률을 의미한다(위 '법률'과 '처분'의 구분 설명 참조). 헌재도 "행정집행이나 사법재판을 매개로 하지 아니하고 직접 국민에게 권리나 의무를 발생하게 하는 법률, 즉 법률이 직접 자동집행력을 갖는 처분적 법률"이라고 판시한 바 있다(89헌마32). 처분적 법률은 이처럼 ① 대상의 특정성(개별성)과 ② 자동집행성을 그 요소로 한다. 따라서 처분적 법률은 그 법률 자체로 어떤 특정 국민의 기본권에 대한 효과가 바로 발생하게 한다. 법률 자체와 별도 처분이 있어야 법효과가 발생하는, 즉 처분을 매개로 하여 집행되는 법률은 처분적 법률이 아니다(아래 판례 중 ③ 참조). 처

분적 법률은 특정한 목적성을 가진다고 한다. 이 점에서 일반적인 법률도 목적성을 가지고 있으므로 처분적 법률의 개념을 특별히 인정할 필요가 없다는 견해도 있다.

● **판례** [처분적 법률인지가 논란되었으나 부정된 예]
① 보안관찰처분대상자에 대한 출소 후 신고의무 부과 – 헌재 2003.6.26. 2001헌가17 보안관찰법 제27조 제2항 위헌제청 등 [판시] 보안관찰처분대상자에게 출소 후 신고의무를 법 집행기관의 구체적 처분(예컨대 신고의무부과 처분)이 아닌 법률로 직접 부과하고 있기는 하나 위 조항은 보안관찰처분대상자 중에서 일부 특정 대상자에게만 적용되는 것이 아니라 위 대상자 모두에게 적용되는 일반적이고 추상적인 법률규정이므로 처분적 법률 내지 개인적 법률에 해당된다고 볼 수 없다. ② 문화재의 은닉 등에 대한 처벌 – 헌재 2007.7.26. 2003헌마377, 문화재보호법 제81조 제4항 등 위헌확인. [판시] 공소시효에 관한 일반이론은 이 사건 법률조항들에도 동일하게 적용되고, 그에 따라 실행행위가 종료되는 때, 즉 '은닉' 내지 '보유·보관'이 종료되는 때로부터 공소시효는 진행된다. 또한 이 사건 법률조항들은 특정인이나 특정사건을 규율하는 내용을 담고 있지 아니하며, 전 국민을 수범자로 하는 일반적 법률이라 할 것이므로 처분적 법률이 아니다. ③ 행정중심복합도시의 예정지역을 규정하고 있는 '신행정수도 후속대책을 위한 연기·공주지역 행정중심복합도시 건설을 위한 특별법' 제11조 제2항에 대한 위헌소원사건 – 헌재 2009.2.26. 2007헌바41. [판시] 우선, 이 법률조항은 이 사건 처분을 매개로 하여 집행된다는 점에서 처분적 법률이라고 할 수 없으므로, 이 부분 주장은 더 나아가 살필 것 없이 이유 없다. ④ 친일재산 국가귀속 – 헌재 2011.3.31. 2008헌바141. [판시] 이 규정들은 친일반민족행위자의 친일재산에 일반적으로 적용되는 것이므로 위 법률조항들을 처분적 법률로 보기도 어렵다. ⑤ 한정면허의 일반면허로의 전환 – 헌재 2018.2.22. 2015헌마552. [판시] 개정된 해운법에 의하여 구 해운법상의 한정면허제도가 폐지됨에 따라, 그 면허의 근거가 상실되는 기존 한정면허를 받은 사업자에 대하여 개정법에 따른 일반면허를 받은 것으로 의제하는 내용의 경과조치를 규정한 해운법 부칙 제3조의 실제 수범자가 목포지방해양수산청 산하의 노화농협을 포함한 4개 지역농협뿐이므로 '처분적 법률'로서, 그 내용이 헌법상 평등원칙에 위반된다는 취지로 주장한다. 그러나 문언이나 규정형식, 관련규정의 내용과 체계 및 구조 등을 종합해 보면, 심판대상조항이 특정인이나 개별사건을 규율하는 내용을 담고 있지 아니하고, 위와 같이 적용을 받는 대상이 한정된 것은 개정법 시행 당시의 상황에 따른 우연한 결과일 뿐, 입법자가 처음부터 그 규율의 대상이나 범위를 노화농협 등 4개 지역농협으로 특정하려는 의도를 가지고 있었다고 볼 수는 없다. 따라서 심판대상조항은 특정인에 대해서만 적용되는 개인대상법률 등 처분적 법률에 해당하지 않는다.

[유형] 위와 같은 개념정의에 따른 처분적 법률의 유형으로는 ① 개별사건법률(특정의 사건들에 대해서만 적용되는 법률), ② 개별인(개인)대상 법률(특정의 사람들에게만 적용되는 법률)이 있다. ③ 한시적 법률도 해당된다고 보는 견해들[116]이 있다.[117] 그러나 한시법이란 일정한 기간에만 효력을 가지는 법을 말하므로 그 적용대상이 특정인이나 특정대상사건을 대상으로 하지 않고 일반적인 사람과 사건에 적용되고 단지 한시적일 뿐이라면(예를 들어 2012년 1년 동안만 어떤 조세를 부과하는 한시법의 적용대상이 특정되어 있지 않는 경우) 위의 개념정의에 따르면 처분적 법률로 볼 수 없다. 한시성이 처분성을 결정짓는 것은 아니다. 한편 개별사건과 개별인대상이 혼재하는 처분적 법률도 있을 수 있다. 개별사건에 특정인들에 대해 적용되는 법률이 그런 경우로 우리 헌법재판소가 심판한 '5·18민주화운동 등에 관한 특별법'도 그 예가 된다.

3) 처분적 법률의 허용 여부, 허용기준
처분적 법률의 허용 여부를 둘러싸고 부정설과 긍정설이 대립된다. 부정설은 처분적 법률은

---

116) 권영성, 전게서, 787면; 김철수, 전게서, 1316면; 성낙인, 전게서, 731면 등.
117) 권영성, 787면은 "개별인적 법률로는 부정선거관련자처벌법·정치활동정화법·부정축재처리법·정치풍토쇄신을 위한특별조치법 등을, 개별사건적 법률로는 긴급금융조치법·긴급통화조치법 등을, 한시적 법률로는 재외국민취적·호적정정및호적정리에관한임시특별법 등을 들 수 있다"라고 한다.

개별성, 구체성을 가지므로 법률의 일반성, 추상성 요건에 반하고 평등원칙과 권력분립원칙에 반하여 허용되지 않는다고 본다.

　ⅰ) 평등원칙 위배 문제에 대하여　　처분적 법률은 위에서 본 법률의 일반성, 추상성 요건에 반하고 평등원칙에 반하여 허용되지 않는 것이 원칙이다. 그러나 오늘날 구체적 타당성과 형평성을 고려하여 처분적 법률을 제정하여야 할 필요가 있는 경우가 있다(예컨대 위난예상지역 주민에 대해 거주·이전의 자유를 그들에 대해서만 제한하여 강제퇴거하게 하여 다른 지역 주민들처럼 안전하게 생활할 수 있게 할 필요가 있어 강제퇴거를 위한 법을 제정하고자 할 경우). 오늘날의 평등의 관념은 형식적·외형적 평등이 아니라 실질적·상대적 평등의 관념으로서 차별일지라도 그 차별에 합리성이 있다면 평등하다(후술, 제3부의 평등권 부분 참조). 구체적 형평성을 고려하여 제정되는 법률은 실질적·상대적 평등의 관념에서 합리성을 가져 합헌적일 수 있으므로 오늘날에 허용될 수 있는 처분적 법률도 있다. 현대 사회복지적 민주주의와 법치주의의 이념에 따라 구체적 형평성, 실질적 정의가 강조되고 이것이 처분적 법률을 요구하기도 한다.

　ⅱ) 권력분립적 문제에 대해서　　권력분립원칙의 주안점도 권력남용을 막아 기본권을 보장하는 데 그 궁극적 목적이 있으므로 기본권보장을 위한 합리적 이유가 있어서 처분적 법률을 만드는 것이라면 권력분립원칙이 처분적 법률의 부정으로만 이르게 하는 것은 아니다.

　ⅲ) 허용기준　　따라서 처분적 법률의 허용기준은 실질적·상대적 평등의 관념에서 그 법률이 적용되는 사람·사항들과 적용대상이 아닌 다른 사람·사항들 간의 차별을 정당화하는 합리적 사유가 존재하여야 합헌일 수 있다. 헌법재판소판례도 5·18민주화운동 등에 관한 특별법 제2조 위헌제청사건 등에서 우리 헌법상 어느 곳에서도 개별사건법률에 대한 정의를 하고 있지 않음은 물론, 개별사건법률을 금지하는 명문규정도 없는바, "특정규범이 개별사건법률에 해당한다 하여 곧바로 위헌을 뜻하는 것은 아니고 비록 특정법률 또는 특정조항이 단지 하나의 사건만을 규율하려고 한다고 하더라도 이러한 차별적 규율이 합리적인 이유로 정당화될 수 있는 경우에는 합헌적일 수 있다"라고 본다.[118] 사실 뒤의 기본권각론에서 평등권에서 살펴보게 되지만 평등 여부의 기준으로 합리성 여부가 들리워지고 있다.

　4) 판례

　❶ 판례　[개별사건법률, 개인대상법률 등 처분적 법률의 합헌성이 인정된 예]　① 5·18민주화운동 등에 관한 특별법사건 – 헌재 1996.2.16. 96헌가2등. [쟁점] 1979년 12월 12일과 1980년 5월 18일을 전후하여 발생한 헌정질서파괴범죄행위에 대하여 공소시효의 진행이 정지되도록 규정한 5·18민주화운동 등에 관한 특별법 제2조는 「개인대상법률」, 「개별사건법률」로서 위헌인지 여부(합헌결정) [판시] 특별법이 오로지 위 두 사건에 관련된 헌정질서파괴범만을 그 대상으로 하고 있어 특별법 제정 당시 이미 적용의 인적(人的) 범위가 확정되거나 확정될 수 있는 내용의 것이므로 개별사건법률임을 부인할 수는 없다. 그러나 우리 헌법은 어느 곳에서도, 개별사건법률에 대한 정의(定義)를 하고 있지 않음은 물론 개별사건법률의 입법을 금하는 명문의 규정도 없다. 개별사건법률금지의 원칙은 그 기본정신은 입법자에 대하여 기본권을 침해하는 법률은 일반적 성격을 가져야 한다는 형식을 요구함으로써 평등원칙위반의 위험성을 입법과정에서 미리 제거하려는 데 있다 할 것이다. 따라서 개별사건법률의 위헌여부는, 그

---

118) 헌재 1996.2.16. 96헌가2등. 동지: 헌재 2001.2.22. 99헌마613; 2005.6.30. 2003헌마841; 2008.1.10. 2007헌마1468.

형식만으로 가려지는 것이 아니라, 나아가 평등의 원칙이 추구하는 실질적 내용이 정당한지 아닌지를 따져야 비로소 가려진다. 이른바 12·12 및 5·18 사건의 경우 그 이전에 있었던 다른 헌정질서파괴범과 비교해 보면, 공소시효의 완성여부에 관한 논의가 아직 진행 중이고, 집권과정에서의 불법적 요소나 헌정사(憲政史)의 정립을 위한 과거청산의 요청에 미루어 볼 때 비록 특별법이 개별사건법률이라고 하더라도 입법을 정당화할 수 있는 공익이 인정될 수 있다. 따라서 이 법률조항은 개별사건법률에 내재된 불평등요소를 정당화할 수 있는 합리적인 이유가 있으므로 헌법에 위반되지 아니한다. ② 세무대학폐지법률 사건 － 헌재 2001.2.22. 99헌마613. [판시] 어떤 법률이 개별사건법률 또는 처분법률의 성격을 띠고 있다고 해서 그것만으로 헌법에 위반되는 것은 아니다. 정부의 조직 및 기능 조정을 위해 세무대학을 폐지해야 할 합리적 이유가 있는 것이므로 이 사건 폐지법은 그 처분법률의 성격에도 불구하고 헌법적으로 정당하다 할 것이다. ③ 뉴스통신진흥에 관한 법률 사건 － 헌재 2005.6.30. 2003헌마841. [사건개요] 청구인 회사와 연합뉴스사는 뉴스통신진흥에관한법률이 제정·시행되자 위 법률 부칙 제3조에 따라 바로 위 법률에 의하여 등록된 뉴스통신사가 되었는데, 위 법률은 연합뉴스사를 국가기간뉴스통신사로 지정하여 이에 대해서는 재정보조 등 여러 가지 지원방안을 규정하고 있는 반면, 청구인 회사에 대해서는 일반적인 뉴스통신사에 대한 정부의 지원 외에 별도의 다른 지원방안을 규정하고 있지 않았다. 이에 자신들의 평등권, 언론·출판의 자유, 직업선택의 자유 등이 부당하게 침해되었다고 주장하면서 헌법소원심판을 청구하였다. [판시] 심판대상조항은 상법상의 주식회사에 불과한 연합뉴스사를 주무관청인 문화관광부장관의 지정절차도 거치지 아니하고 바로 법률로써 국가기간뉴스통신사로 지정하고, 법이 정하는 계약조건으로 정부와 뉴스정보 구독계약을 체결하게 하며, 정부가 위탁하는 공익업무와 관련하여 정부의 예산으로 재정지원을 할 수 있는 법적 근거를 법률로써 창설하고 있는바, 이는 특정인에 대해서만 적용되는 '개인대상법률'으로서 처분적 법률에 해당한다. 법은 구체적인 법집행행위로서 '지정행위'를 거치지 아니하고 법률에서 직접 연합뉴스사를 국가기간뉴스통신사로 지정하고 있으므로 그 자체로 법적용상의 차별취급이 야기되는 것이다. 그러나 우리 헌법은 처분적 법률로서 개인대상법률 또는 개별사건법률의 정의를 따로 두고 있지 않음은 물론, 이러한 처분적 법률의 제정을 금하는 명문의 규정도 두고 있지 않은바, 특정규범이 개인대상 또는 개별사건법률에 해당한다고 하여 그것만으로 바로 헌법에 위반되는 것은 아니라고 할 것이다. 결국 심판대상조항이 일반 국민을 그 규율의 대상으로 하지 아니하고 특정 개인만을 그 대상으로 한다고 하더라도 이러한 차별적 규율이 합리적인 이유로 정당화되는 경우에는 허용된다. ④ 이른바 BBK특검법 사건 － 헌재 2008.1.10. 2007헌마1468, 한나라당 대통령후보 이명박의 주가조작 등 범죄혐의의 진상규명을 위한 특별검사의 임명 등에 관한 법률 위헌확인. [사안] 위 법률 제2조가 처분적 법률인지 논란됨. 동법 제2조는 이른바 BBK사건 등 특정사건들을 열거하여 수사하도록 하여 처분적 법률규정이라는 논란이 제기된 것이다. [판시] 우리 재판소는, 특정한 법률이 이른바 처분적 법률에 해당한다고 하더라도 그러한 이유만으로 곧바로 헌법에 위반되는 것은 아니라는 점을 수차 밝혀 왔다. 즉 우리 헌법은 처분적 법률로서의 개인대상법률 또는 개별사건법률의 정의를 따로 두고 있지 않음은 물론, 이러한 처분적 법률의 제정을 금하는 명문의 규정도 두고 있지 않으므로 특정한 규범이 개인대상 또는 개별사건법률에 해당한다고 하여 그것만으로 바로 헌법에 위반되는 것은 아니다. 다만 이러한 법률이 일반국민을 그 규율대상으로 하지 아니하고 특정 개인이나 사건만을 대상으로 함으로써 차별이 발생하는바, 그 차별적 규율이 합리적인 이유로 정당화되는 경우에는 허용된다(헌재 2005.6.30. 2003헌마841 등 참조). 따라서 이 사건 법률 제2조가 처분적 법률에 해당한다는 청구인들의 주장은 결국 위 조항으로 인하여 청구인들의 평등권이 침해되었다는 주장으로 볼 것이다. … 특별검사제도를 인정할지 여부는 물론, 특정 사건에 대하여 특별검사에 의한 수사를 실시할 것인지 여부, 특별검사에 의한 수사대상을 어느 범위로 할 것인지는, 국민을 대표하는 국회가 검찰 기소독점주의의 적절성, 검찰권 행사의 통제 필요성, 특별검사제도의 장단점, 당해 사건에 대한 국민적 관심과 요구 등 제반 사정을 고려하여 결정할 문제로서, 그 판단에는 본질적으로 국회의 폭넓은 재량이 인정된다고 보아야 할 것이다. 따라서 특별검사제도에 관한 국회의 결정이 명백히 자의적이거나 현저히 부당한 것으로 인정되지 않는 한 존중되어야 할 것인바, 앞에서 본 입법경위에 비추어 볼 때 국회가 여러 사정을 고려하여 이 사건 법률 제2조가 규정하고 있는 사안들에 대하여 특별검사에 의한 수사를 실시하도록 한 것이 명백히 자의적이거나 현저히 부당한 것이라고 단정하기 어렵다. … 결국 청구인들의 평등권이 침해된 것으로 볼 수 없다(* 이 결정에서 동행명령규정에 대해서는 위헌결정이 있었다). ⑤ '태권도 진흥 및 태권도공원 조성 등에 관한 법률' 최초시행일이 경과한 후 사퇴 또는 임기가 종료되거나 새로 선임된 임원은 이 법에 따른 국기원의 임원으로 보지 아니한다고 규정하고 있는 동법 부칙 규정 － 헌재 2011.5.26. 2010헌마183. [판시] 위 부칙조항이 직업의 자유를 침해한다고는 볼 수 없을 뿐만 아니라, 태권도 진흥법 최초 시행일 당시의 이사와 그 이후에 선임된 이사 사이의 신뢰 보호의 필요성에는 분명한 차이가 있다고 할 것이므로, 법 최초 시행일 당시의 기존 국기원의 이사와 그 이후 선임된 기존 국기원의 이사를 달리 취급하는 것에는 합리적 이유가 있다 할 것이다. 따라서 위 법률조항들은 평등권을 침해하지 않는다.

[개인대상법률, 처분적 법률로 인정되고 그 법률규정에 대한 위헌결정이 있었던 예] 국가보위입법회의법 등의 위헌 여부에 관한 헌법소원 – 헌재 1989.12.18. 89헌마32 [관련판시] 국가보위입법회의법 부칙 제4항 후단이 규정하고 있는 "… 그 소속 공무원은 이 법에 의한 후임자가 임명될 때까지 그 직을 가진다."라는 내용은 행정집행이나 사법재판을 매개로 하지 아니하고 직접 국민에게 권리나 의무를 발생하게 하는 법률, 즉 법률이 직접 자동집행력을 갖는 처분적 법률의 예에 해당하는 것이며 … 위 후단은 조직의 변경과 관련이 없음은 물론 소속공무원의 귀책사유의 유무라던가 다른 공무원과의 관계에서 형평성이나 합리적 근거 등을 제시하지 아니한 채 임명권자의 후임자임명이라는 처분에 의하여 그 직을 상실하는 것으로 규정하였으니, 이는 결국 임기만료되거나 정년시까지는 그 신분이 보장된다는 직업공무원제도의 본질적 내용을 침해하는 것으로서 헌법에서 보장하고 있는 공무원의 신분보장 규정에 정면으로 위반된다. 그 위헌성은 명백하다.

[처분적 법률로 인정되고 그 법률규정내용에 대한 한정위헌결정이 있었던 예] 보훈기금법 부칙 제5조에 대한 한정위헌결정 – 헌재 1994.4.28. 92헌가3 [사안] "이 법(보훈기금법) 시행 전에 해산된 원호대상자직업재활법에 의한 원호대상자정착직업재활조합 서울목공분조합의 자산 및 부채는 기금에 귀속한다"라고 규정한 보훈기금법 부칙 제5조가 헌법에 위배되는지 여부 [결정요지] 신청인들이 주장하는 바와 같이 보훈기금법 시행 전에는 여전히 이 사건 분조합원이 분조합 자산에 관한 소유권을 합유하고 있었다면, 보훈기금법 부칙 제5조는 이 사건 분조합 또는 분조합원의 사유재산을 박탈하여 보훈기금에 귀속시키기 위한 개별적 처분법률이고, 사유재산권의 공용징수는 헌법 제23조 제3항의 제한 범위 내에서만 가능한 것인데 보훈기금법의 어디에도 이 사건 분조합의 자산을 수용하기 위하여 헌법이 정한 요건과 절차를 규정하고 있지 아니하다. 따라서 그러한 취지로 해석하는 한 보훈기금법 부칙 제5조는 국민의 재산권을 보장하는 헌법 제23조 제1항, 제3항에 위반된다고 아니할 수 없다(한정위헌결정. [주문] 1. 보훈기금법(1981.3.27. 법률 제3400호, 구 원호기금법) 부칙 제5조는, 이를 자산 및 부채 귀속의 근거규정으로 해석하는 한, 헌법에 위반된다).

5) 한계와 재검토

어디까지나 처분적 법률은 예외적으로 인정되어야 한다. 사회복지국가원리에 따라 상응하는 형평성 있는 국가작용이 이루어지도록 하기 위하여, 그리고 위기관리나 급변하는 사회생활에 적절히 대처하기 위하여 처분적 법률이 필요하다고 하더라도 위의 인정기준인 합리성을 지키며 기본권제한의 한계 내에서 예외적으로 인정될 수 있다. 국민의 기본권을 제한하는 사안에서는 처분적 법률의 제한을 통하여 더 중요한 기본권의 보호가 이루어질 때 인정되어야 한다. 처분적 법률이 법률의 일반성, 추상성을 요구하는 그 근본이유인 평등원칙, 권력분립원칙을 실질적으로 위배하지 않아야 한다. 결국 중요한 것은 기본권제한 한계, 합리성, 헌법의 규정과 헌법의 기본원칙을 준수하여야 한다는 것이다.

6) 처분적 법률에 대한 위헌심사

① 위헌법률심판 – 처분적 법률이 법원의 재판에서 그 위헌 여부가 재판의 전제가 된 경우에는 당사자의 신청 또는 직권에 의해 법원이 헌법재판소에 위헌법률심판 제청을 함으로써 그 위헌 여부가 심사될 수 있다(제107조 제1항). 위에서 인용된 처분적 법률 사건들에 대한 위헌제청사건들이 실제 있었다(헌재 1996.2.16. 96헌가2, 위 합헌성 인정례에 인용된 결정 등).

② 헌법소원심판(법령소원심판) – 처분적 법률은 집행작용이 없더라도 국민의 기본권이 직접 침해될 수 있으므로 헌법소원심판의 청구요건인 직접성이 인정되어 그 처분적 법률을 대상으로 바로 헌법소원심판을 청구할 수 있다. 물론 그 외 청구요건인 자기관련성, 현재성, 권리보호이익, 청구기간 준수 등의 요건을 갖추어야 적법한 청구가 된다. 그동안 헌재는 법령이 직접 기본권을 침해하는 경우에 법령소원이라고 하여(후술 헌법재판 부분 참조) 법령소원으로 처분적

법률 사건들에 대한 헌법소원사건 결정들을 한 예들을 보여주고 있다(위의 판례들 참조).

(4) 재판효적 법률

특정한 개인의 권리를 박탈하는 재판과 같은 효과의 입법을 제정할 경우 이를 사권박탈법(bill of attainder)이라고 한다. 이는 특정인에 대한 권리박탈을 재판이 없이 바로 법률로 가져오는 것이므로 물론 금지된다[미국연방헌법 제1조 제9항 (3)은 사권박탈법 제정금지를 명시하고 있다]. 사권박탈법은 입법권에 의한 사법권(司法權)의 침해이기도 하여 헌법 제101조 제1항을 위반하는 것이기도 하다.

  * 반국가행위자 궐석재판의 위헌성 – 위 법리와 관련하여 살펴볼 헌재 결정례이다.

● **판례** 헌재 1996.1.25. 95헌가5
[결정요지] 특조법 제7조 제7항이 특정 사안에 있어 법관으로 하여금 증거조사에 의한 사실판단도 하지말고, 최초의 공판기일에 공소사실과 검사의 의견만을 듣고 결심하여 형을 선고하라는 것은 입법에 의해서 사법의 본질적인 중요부분을 대체시켜 버리는 것에 다름 아니어서 우리 헌법상의 권력분립원칙에 어긋나는 것이다. 우리 헌법은 권력 상호간의 견제와 균형을 위하여 명시적으로 규정한 예외를 제외하고는 입법부에게 사법작용을 수행할 권한을 부여하지 않고 있다. 그런데도 입법자가 법원으로 하여금 증거조사도 하지 말고 형을 선고하도록 하는 법률을 제정한 것은 헌법이 정한 입법권의 한계를 유월하여 사법작용의 영역을 침범한 것이라고 할 것이다. 따라서 특조법 제7조 제7항 본문은 사법권의 법원에의 귀속을 명시한 헌법 제101조 제1항에도 위반된다.

3. 명확성 – 기본권제한법률의 명확성원칙

(1) 기본권제한법률 명확성원칙의 개념과 기능 및 근거

i) 개념   기본권제한에서 명확성원칙이란 기본권을 제한하는 법률의 규정 내용이 이해될 수 있게 가능한 한 명료할 것을 요구하는 원칙을 말한다. 기본권제한규정이 모호하거나 확대해석의 가능성이 있거나 그 적용범위가 광범위하여서는 아니된다는 원칙을 말한다. 사실 명확성원칙은 기본권제한에서만 요구되는 것이 아니고 모든 법률이나 공권력작용 등에서도 요구되는 것으로서 기본권제한의 경우에 그 명확성의 정도가 더욱 요구되어 여기서 "기본권제한법률"의 명확성원칙이라는 제목 하에 살펴본다. 기본권심사를 많이 하고 있는 헌재는 "명확성의 원칙은 법치국가원리의 한 표현으로서 기본권을 제한하는 법규범의 내용은 명확하여야 한다는 헌법상의 원칙이다"라고 정의하고 있다.[119] 헌재결정들의 사안에서 이 명확성원칙을 중요한 쟁점으로 한 경우가 많고 따라서 이에 관한 판례법리도 많이 형성되어 있다.

▶ 명확성원칙이 중요함을 일깨우는 다음과 같은 전해져 오는 이야기

#1: 때는 바야흐로 12세기경 신심이 강했던 α는 십자군원정을 떠나면서 험난한 원정에서 살아돌아올 것 같지 않은데 자신이 없는 동안 자신의 재산인 현재 우리 돈으로 치면 100억원 상당의 재산을 관리해달라고 친구 β에게 맡겼다. 그리고 다음과 같은 계약(약조)을 맺었다. "그럴 확률이 높겠지만 내가 원정을 떠난 지 10년이 넘도록 돌아오지

---

119) 헌재 2004.2.26. 2003헌바4.

않으면 자네가 그 재산을 모두 가지시게나." "신의 가호로 만약 10년 내에 내가 돌아오면" 하고는 "자네가 원하는 만큼 돌려주시게나."

#2: α는 천신만고 끝에 살아서 돌아왔다. 돌아온 후 상당 기간이 지났음에도 β는 α의 재산을 돌려주지 않고 있었는데 α가 말은 못하고 속으로 애를 태우던 차 10억을 돌려주었다. 그러나 10분의 1만 돌려주고 10분의 9를 차지한 β에 대해 α는 매우 서운했고 이 정도는 도의가 아니라는 뜻을 비추었으나 β는 더 이상 반환할 생각이 없었고 두 사람의 불화는 내심 깊어갔다. 오랜 친구라 말을 못하고 있다가 α는 β에게 Solomon왕께 재판을 맡겨 그 판결에 따르자고 제안하였고 β는 계약문언이 분명히 '원하는 만큼'이라는 점을 들어 헛수고라고 하면서도 그러자고 하여 솔로몬왕에게 재판을 청구하였다.

#3: 드디어 판결의 날이 왔다. 솔로몬왕의 판결은 다음과 같았다.

[주문] β는 α에게 90억을 돌려주라. [이유] '자네가 원하는 만큼'을 계산하면 여기서 '자네'는 β이고 전체 100억에서 10억을 α에게 돌려준 β로서는 나머지 90억을 원하는 만큼 액수이었다. 그렇다면 그 원하는 만큼 돌려주어야 하는 것이 두 사람 간의 계약이므로 결국 90억을 돌려주어야 한다. (* β가 원하는 만큼 돌려주어야 하는데 그 액수 = 100억원(재산전체) − α에게 준 10억 = 90억 ! 헉 !) (출처: 이형식, 농담, 궁리, 2004에 수록된 위와 같은 줄거리의 글을 읽고 그것에서 취의하여 필자가 법적 서술로 명확성원칙의 중요성을 각인하기 위해 윤색함)

* 의미: '원하는 만큼'에 '돌려주길'이란 단어가 누락된 것을 지적하여 명확하지 않은 계약은 달리 해석된다는 촌철살인(寸鐵殺人)의 교훈 !

ii) **명확성원칙과 과잉금지(침해최소성)원칙**   기본권을 제한하는 법률문언이 제한되는 범위를 넓게 정하고 있어서 모호하면 그것은 불명확한 것이어서 명확성원칙의 위반이 된다. 아울러 넓게 포괄적인 제한이 되면 지나친 제한으로서 과잉금지원칙, 그중에 특히 침해최소성원칙에 반하게 되는 것이기도 하다. 그러한 경우에 양자와의 관계가 논의될 수 있다. 생각건대 명확성원칙은 제한의 입법취지나 내용을 제대로 인식할 수 있게 하여야 한다는 점에 방점이 주어지고 과잉금지원칙은 그 제한의 정도가 어떠한가 하는 점에 관심이 주어진다고 할 것이다. 그러면서 양자는 연관된다.

iii) **기능**   명확성은 ① 주지성(周知性), ② 예측가능성, ③ 법적 안정성, ④ 자의의 방지를 위하여 필요하다. 명확성은 기본권을 제한하는 법률의 내용을 분명하게 규정하여 국민들이 이를 명백히 인식할 수 있게 함으로써 이를 주지하여 제한되는 기본권이 무엇이며, 그 범위는 어떠한지를 사전에 파악할 수 있도록 하고 예측이 가능하도록 하며, 이로써 국민생활의 법적 안정성을 유지하게 한다(어떠한 행위를 하면 기본권이 제한될 수 있음을 미리 알아 그 행위를 하지 않음으로써 법적 생활이 안정성을 가진다). 명확성원칙은 포괄적이고 모호한 규정을 방지함으로써 법을 집행하는 행정청의 자의를 방지하는 기능도 한다.

● **판례**   헌재 2005.6.30. 2005헌가1
[관련판시] 법치국가원리의 한 표현인 명확성원칙은 기본적으로 모든 기본권 제한입법에 대하여 요구된다. 규범의 의미내용으로부터 무엇이 금지되는 행위이고 무엇이 허용되는 행위인지를 수범자가 알 수 없다면 법적 안정성과 예측가능성은 확보될 수 없게 될 것이고, 또한 법집행 당국에 의한 자의적 집행을 가능하게 할 것이기 때문이다.

iv) **근거**   명확성원칙은 예측가능성, 법적 안정성이라는 측면에서는 법치주의에서 나온다고 할 수 있고 따라서 법치주의의 헌법상 근거인 헌법 제37조 제2항을 그 근거로 한다. 자의의 방지는 차별을 막아 평등원칙을 준수하게 하므로 헌법 제11조 평등원칙도 그 근거가 된다. 형사처벌에 관하여서는 죄형법정주의에서 명확성원칙을 그 파생요소로 하고 있기에 죄형법정주의를 규정하고 있는 헌법 제12조 제1항도 근거로 한다. 또한 권력분립원칙을 근거로 한다는 견해도 있다.[120] 명확하지 않은 법률을 집행과정이나 재판과정에서 해석을 통해 적용하게 되면 입법을 실질적으로 행정부나 사법부에 맡기는 결과를 가져올 수도 있다는 것이다. 헌재도 그런 점을 지적한 바 있다.

● **판례** 헌재 1992.4.28. 90헌바7
[판시] 법률이 규정한 용어나 기준이 불명확하여 그 적용대상자가 누구인지 어떠한 행위가 금지되는지의 여부를 보통의 지성을 갖춘 사람이 보통의 이해력과 관행에 따라 판단할 수 없는 경우에도 처벌된다면, 그 적용대상자에게 가혹하고 불공정한 것일 뿐만 아니라, 결과적으로 어떠한 행위가 범죄로 되어야 하는 가를 결정하는 입법권을 법관에게 위임하는 것으로 되기 때문에 권력분립의 원칙에도 반하는 것으로 되기 때문이다.

(2) 명확성의 정도와 판단 기준

1) 명확성의 정도

(가) 문제의 소재　　기본권제한법률이 항상 일의적으로(하나의 뜻으로) 일반인이 이해될 수 있도록 그 문언이 구체적인 것이 물론 이상적이다. 그런데 앞서 법률의 요건으로서 일반성·추상성을 요구한다고 하였기에 법률의 문언 자체가 일반적이고 추상적일 수밖에 없고 또한 인간생활이 복잡다단하기에 이를 규율하여야 하는 기본권제한법률로서는 그 규율할 대상이 넓고 다양하다. 또한 인간생활은 변화의 가능성이 있으므로 법률이 모든 사항을 미리 세세히 정하기 힘들 수도 있다. 그러므로 법률문언이 넓은 영역을 아우르며 복잡하고 다양하며 변화되는 영역에 적응하기 위해 간결하고 추상적이며 탄력적으로 작성될 필요가 있어 다의적인 경우가 나타난다. 이러한 경우에 명확성원칙의 준수여부를 어떻게 판단할 것인가가 문제된다. 우리 헌재는 처벌(형벌)법규의 경우에도 "다소 광범위하여 법관의 보충적인 해석을 필요로 하는 개념을 사용하였다고 하더라도 통상의 해석방법에 의하여 건전한 상식과 통상적인 법감정을 가진 사람이면 당해 처벌법규의 보호법익과 금지된 행위 및 처벌의 종류와 정도를 알 수 있도록 규정하였다면 헌법이 요구하는 처벌법규의 명확성에 배치되는 것이 아니다"라고 한다(아래 명확성 판단기준 참조).

(나) 불확정개념, 개괄조항의 문제　　불확정개념, 개괄조항을 사용하는 경우 명확성원칙에 반하느냐가 문제된다.

[판례법리] 헌재는 위와 같은 상황에서 "어느 정도 추상적이고 개괄적인 개념 또는 변화하는 사회현상을 수용할 수 있는 개방적인 개념을 사용하는 것이 불가피하다"라고 보아 법률의 명확성원칙은 개괄조항이나 불확정 법개념의 사용을 금지하는 것이 아니라고 하면서 "다양한 과제를 이행하고 각 개별적 경우의 특수한 상황을 고려하며 현실의 변화에 적절하게 대처할 수

---

120) 홍기태, 명확성의 원칙에 관한 연구, 헌법논총, 11집, 2000, 278면.

있도록 하기 위하여 입법자는 불확정 법개념을 사용할 수 있으나 법률이 불확정 개념을 사용하는 경우라도 법률해석을 통하여 행정청과 법원의 자의적인 적용을 배제하는 객관적인 기준을 얻는 것이 가능하다면 법률의 명확성원칙에 부합하는 것이다"라고 한다(● 판례 헌재 2004.7.15. 2003헌바35등. * 바로 아래 결정 참조).

[구체적 판례]
● 판례 ⓐ 건설업 등록을 필요적으로 말소하도록 하는 사유로 건설업자가 '부정한' 방법으로 건설업의 등록을 한 경우를 규정한 건설산업기본법 규정: 헌재 2004.7.15. 2003헌바35. [판시] 이 사건 법률조항의 의미를 전반적으로 살펴볼 때 '부정한 방법'이란, 실제로는 기술능력·자본금·시설·장비 등에 관하여 법령이 정한 건설업 등록요건을 갖추지 못하였음에도 자본금의 납입을 가장하거나 허위신고를 통하여 기술능력이나 시설, 장비 등의 보유를 가장하는 수단을 사용함으로써 등록요건을 충족시킨 것처럼 위장하여 등록하는 방법을 말하는 것으로 그 내용이 충분히 구체화되고 제한된다고 판단된다. 따라서 이 사건 법률조항에 규정된 '부정한 방법'의 개념이 약간의 모호함에도 불구하고 법률해석을 통하여 충분히 구체화될 수 있고, 이로써 행정청과 법원의 자의적인 법적용을 배제하는 객관적인 기준을 제공하고 있으므로 이 사건 조항은 법률의 명확성원칙에 위반되지 않는다. ⓑ '공공의 복리'에 대한 결정례: 자동차운송업자는 "공공의 복리를 저해하는 행위를 하여서는 아니된다"라고 규정한 구 자동차운수사업법 규정 – 헌재 2000.2.24. 98헌바37. [판시] 직접적인 처벌규정이 아닌 이 사건 조항들이 '공공복리'라는 개념을 사용하고 있더라도 동법의 목적과 자동차운수사업의 전문성, 기술성, 시의성, 그리고 동법의 적용을 받는 수범자가 사업면허를 받았거나 등록을 받은 자동차운송사업 종사자임을 감안할 때, 이는 "자동차운수사업에 관한 질서확립과 자동차운수의 발달도모를 통한 운송에 있어서의 안전과 쾌적 및 편의 등"에 관한 것으로 예측할 수 있고, 또 이 사건 조항들이 처벌규정이 아닌 일반적인 준수사항의 개괄적 내용과 이에 위반할 경우 필요한 조치를 취할 수 있다는 정도의 내용을 담고 있는 점을 함께 고려할 때, 일반적 명확성 원칙을 위반한 것이라 할 수 없다. ⓒ 고도의 전문적인 판단을 요하는 민감한 부분인 경우의 불확정개념 필요: 군인의 불온도서 소지·운반·전파·취득 금지를 규정하고 있는 군인복무규율(대통령령) 제16조의2 – 헌재 2010.10. 28. 2008헌마638. [판시] 이 조항이 알 권리를 제한하는데 과연 어떤 도서가 금지된 도서인지에 관하여 단순히 '불온'이라는 개념을 사용하고 있을 뿐 달리 구체적인 규정을 두고 있지 않으므로, 이 사건 복무규율조항의 '불온'의 개념이 과연 명확성원칙을 준수한 것인지가 문제된다. 이 사건 복무규율조항이 정하는 분야인 정신전력의 영역은 고도의 전문적인 판단을 요하는 민감한 부분이 아닐 수 없으므로, 이와 같은 사항에 대하여 사전에 일의적으로 명확하게 규율하는 것은 그다지 쉽지 않고, 오히려 현실의 변화에 유연하게 대응할 수 있도록 불확정개념으로 규율할 필요성이 있다. 군인복무규율 규정 등을 볼 때 여기에 규정한 '불온도서'는 '국가의 존립·안전이나 자유민주주의체제를 해하거나, 반국가단체를 이롭게 할 내용으로서, 군인의 정신전력을 심각하게 저해하는 도서'를 의미하는 것으로 해석할 수 있다. 그리하여 위 사안에서 헌재는 금지되는 행위가 예측가능하다고 하여 명확성원칙에 위배되지 않는다(기각결정).

생각건대 위와 같은 법률상황에 있다 하더라도 입법단계에서부터 최대한 확정개념을 취하도록 하고 불확정개념은 가능한 한 억제하며 법률을 집행하는 기관의 자의적 해석이 개입할 수 없게 최대한 객관성을 가지도록 규정하는 노력을 다하여야 한다. 헌재도 불확정개념을 둘 수밖에 없는지에 대한 심사를 적극적으로 해야 한다.

(다) 대상에 따른 명확성 요구 정도　기본권제한의 대상에 따라 요구되는 명확성의 정도가 달라진다고 본다. 즉 기본권의 침해가 중대한 영역인지에 따라 명확성의 정도가 달리 요구될 수 있다. 헌재는 "명확성의 원칙은 모든 법률에 있어서 동일한 정도로 요구되는 것은 아니고 개개의 법률이나 법조항의 성격에 따라 요구되는 정도에 차이가 있을 수 있으며 각각의 구성요건의 특수성과 그러한 법률이 제정되게 된 배경이나 상황에 따라 달라질 수 있다"라고 한다.[121] 헌재는 아래에서 보듯이 대상에 따른 명확성 요구 정도를 엄격한 명확성과 일반적 명확

성으로 나누어 판단하는 경향을 보여주고 있다.

가) 엄격한 명확성과 일반적 명확성

ⅰ) 엄격한 명확성 – 그 제한의 효과가 크고 국민의 기초적인 생활영역에 미칠 경우에는 제한의 법규정의 내용이 보다 명확하여야 한다(엄격한 명확성의 요구). 그러한 영역으로 <u>죄형법정주의, 표현의 자유</u> 등에서 더욱 강한 명확성을 요구한다. 죄형법정주의에서는 구성요건명확성원칙이 제1의 파생원칙이라는 점에서 당장 명확성의 정도가 강하게 요구됨을 볼 수 있고 이는 죄형법정주의가 국민의 기초적 자유인 신체의 자유에 관한 것이기 때문이다. 헌법재판소도 적법절차나 죄형법정주의가 적용되는 영역에서는 엄격한 의미의 명확성의 원칙이 적용된다고 한다.[122] 표현의 자유도 민주정치의 초석이고 불명확한 법률에 의한 표현의 자유 제한은 표현을 꺼리게 하는 위축효과를 가져오므로 표현의 자유를 제한하는 법률은 명확하지 않으면 그 자체로 위헌을 면할 수 없다. 영미법에서도 '모호성 때문에 무효'(void for vagueness)라는 원칙이 설정되어 있다. 우리 헌재도 표현의 자유의 제한입법에 대해 엄격한 명확성원칙이 요구된다고 한다.

● **판례** 헌재 2010.12.28. 2008헌바157
[판시] 명확성의 원칙은 표현의 자유를 규제하는 입법에 있어서는 더욱 중요한 의미를 지닌다. 현대 민주사회에서 표현의 자유가 국민주권주의 이념의 실현에 불가결한 것인 점에 비추어 볼 때, 불명확한 규범에 의한 표현의 자유의 규제는 헌법상 보호받는 표현에 대한 위축효과를 수반하고, 그렇기 때문에 표현의 자유를 규제하는 법률은 규제되는 표현의 개념을 세밀하고 명확하게 규정할 것이 헌법적으로 요구된다. 이 사건 법률조항은 표현의 자유에 대한 제한입법이며, 동시에 형벌조항에 해당하므로, 엄격한 의미의 명확성원칙이 적용된다.

표현의 자유와 관련한 규제에서의 형사처벌은 표현의 자유의 엄격성, 죄형법정주의의 엄격성이 모두 요구되는 경우이고 위의 판례도 그 예이다. * 이런 복합적 경우의 또 다른 예: ● 판례 헌재 2014.9.25. 2012헌바325.

헌재가 "직업의 자유를 직접 제한하는 내용이므로 명확성의 요구가 보다 강화된다"라고 본 결정례도 볼 수 있다(헌재 2005.4.28. 2003헌바40; 2005.6.30. 2005헌가1).

ⅱ) 일반적 명확성 – 헌재는 "일반론으로는 어떠한 규정이 부담적 성격을 가지는 경우에는 수익적 성격을 가지는 경우에 비하여 명확성의 원칙이 더욱 엄격하게 요구되고, 죄형법정주의가 지배하는 형사 관련 법률에서는 명확성의 정도가 강화되어 더 엄격한 기준이 적용되지만, 일반적인 법률에서는 명확성의 정도가 그리 강하게 요구되지 않기 때문에 상대적으로 완화된 기준이 적용된다"라고 한다.[123]

ⅲ) 검토와 의문점 – 엄격한 명확성이 요구되는 경우 외에는 전부 동일한 정도의 완화된 명확성을 요구하는 것인지 아니면 엄격한 정도와 완화된 정도 사이에 중간 정도의 명확성이 요구되는 경우로 구분되는지 또는 완화된 명확성 정도에 있어서도 완화의 정도에 차이(스펙트럼)가 있을 수 있는지 하는 의문이 있다. 헌재는 형사관련 법률이 아닌 "<u>일반적인 법률에서는</u> 명확

---

121) 헌재 2005.6.30. 2005헌가1. 동지: 헌재 2002.7.18, 2000헌바57; 2005.4.28. 2003헌바40 등.
122) 헌재 2000.2.24. 98헌바37.
123) 헌재 2005.6.30. 2005헌가1; 2002.7.18, 2000헌바57; 2005.4.28. 2003헌바40 등

성의 정도가 그리 강하게 요구되지 않기 때문에 <u>상대적으로 완화된</u> 기준이 적용된다"라고 판시하기도124) 하나 상대적이란 것이 어느 정도 완화를 의미하는지 명확하지 않다.

나) 수익적 규정 이 경우에 국민에게 부담을 주는 것이 아니므로 명확성 요구정도가 완화된다. 그런데 급부를 제공하는 등의 수익적 규정의 경우 명확성원칙 완화된다고 하나 사실 수익적 규정은 이익을 부여하는 것이므로 기본권제한의 문제가 아니다. 그러나 수익적 규정이라 하더라도 그 수익적 규정의 요건에 맞지 않는 사람에게는 불이익이 될 수 있어 제한이 오는 면이 있으므로 명확성원칙의 문제가 생긴다고 할 것이다.

[완화 결정례] ① 수익적 규정에 대한 예로 오랜 기간 사실상 공무원으로 근무하여 온 임용결격공무원에 대한 생계유지나 생활보장을 위하여 특별채용이라는 혜택을 부여함에 있어서 제외되는 사유로 "공무원으로서 요구되는 도덕성을 심히 훼손하는 범죄로 인한 경우"라고 규정한 것은 모호하다는 주장의 헌법소원사건을 들 수 있다. 헌재는 시혜적인 성격을 띠고 수익적 규정이라 완화된 기준이 적용된다고 보고 주장을 배척, 합헌으로 결정하였다.

> ● **판례** 헌재 2004.2.26. 2003헌바4
> [판시] 이 사건 법률조항은 오랜 기간 사실상 공무원으로 근무하여 온 임용결격공무원에 대하여, 그들이 법적으로는 공무원으로서의 근무경력을 전혀 인정받을 수 없음에도 불구하고, 그들의 생계유지나 생활보장을 위하여 특별채용의 기회를 부여하는 시혜적인 성격을 띠고 기본적으로 수익적 규정임을 부인하기는 어렵다. 그렇다면 이 사건 법률조항에 대하여는 명확성의 정도가 그리 강하게 요구되지 않기 때문에 상대적으로 완화된 기준이 적용된다.

② 재요양 요건에 관한 결정 - 산업재해보상보험법 제51조 제1항은 재요양 요건으로 "요양급여를 받은 자가 치유 후 요양의 대상이 되었던 업무상의 부상 또는 질병이 재발하거나 치유 당시보다 상태가 악화되어 이를 치유하기 위한 적극적인 치료가 필요하다는 의학적 소견이 있으면 다시 제40조에 따른 요양급여를 받을 수 있다"라고 규정하고 있다. 이 조항에 대해 "재요양의 요건에 관하여 별도의 예시나 정의규정을 두지 않고, "업무상의 부상 또는 질병"이라는 추상적 규정만을 두고 있어 명확성원칙에 반한다"라는 주장이 제기되었다. 헌재는 수익적 성격이라 명확성 정도가 완화된다고 보고 명확하다고 판단하여 합헌결정을 하였다.

> ● **판례** 헌재 2018.12.27. 2017헌바231
> [판시] 이 사건 재요양 요건조항은 일정한 경우 재요양의 혜택을 부여하는 수익적 성격을 갖는 규정이므로 명확성의 정도가 완화된다. * 이하 헌재는 명확하다는 논증을 하고 있다.

한편 수익과 부담이 동시에 부여되는 경우도 있어서 검토가 필요하다.

다) 입법기술상 완화요소(규율대상의 다양성, 수시변화성) 또한 헌재는 "기본권제한입법이라 하더라도 규율대상이 지극히 다양하거나 수시로 변화하는 성질의 것이어서 입법기술상 일의적으로 규정할 수 없는 경우에는 명확성의 요건이 완화되어야 할 것"이라고 한다.

> ● **판례** 헌재 1999.9.16. 97헌바73
> [쟁점] 집합건물재건축의 요건으로서 건축후 "상당한 기간"이 경과되어 건물이 훼손되거나 일부 멸실된 경우를 규

---

124) 헌재 2004.2.26. 2003헌바4.

정한 것이 명확성의 원칙에 위반되는지 여부. [결정요지] 집합건물재건축의 요건을 건축 후 "상당한 기간"이 경과되어 건물이 훼손되거나 일부 멸실된 경우로 표현한 것은 재건축 대상건물의 다양성으로 인하여 입법기술상 부득이한 것이라고 인정되며, 또 관련 조항을 종합하여 합리적으로 판단하면 구체적인 경우에 어느 정도의 기간이 "상당한 기간"에 해당하는지는 알 수 있다고 할 것이다.

(라) '예시적 입법'의 경우　　예상되는 행위들을 구체적으로 규정하고는 이어 "기타의 행위"라고 하는 입법형식인 '예시적 입법'의 형식(예를 들어 "A, B, C, D, 그 밖에 이에 유사한 행위는 금지된다"라는 법문)이 적지 않게 활용되고 있다. 예시적 입법에 대해 명확성원칙을 충족시키기 위한 요건 등이 논의된다. 헌재는 "예시적 입법형식이 법률명확성의 원칙에 위배되지 않으려면 예시한 구체적인 사례(개개 구성요건)들이 그 자체로 일반조항의 해석을 위한 판단지침을 내포하고 있어야 할 뿐 아니라, 그 일반조항 자체가 그러한 구체적인 예시들을 포괄할 수 있는 의미를 담고 있는 개념이어야 한다"라고 본다[125](구체적 판례는 기본권각론 죄형법정주의 부분 참조).[126]

2) 명확성 판단의 기준

헌재는 "당해 법률조항의 입법목적, 당해 법률의 체계 및 다른 규정들과의 상호관계를 고려하거나 이미 확립된 판례를 통한 해석방법을 통하여 그 규정의 해석 및 적용에 대한 신뢰성이 있는 원칙을 도출할 수 있어서 법률조항의 취지를 예측할 수 있는 정도의 내용이라면 그 범위 내에서 명확성의 원칙은 유지되고 있다고 보아야 할 것이고, 또한 법관의 보충적인 가치판단을 통한 법문의 해석으로 그 의미내용을 확인해낼 수 있다면 명확성의 원칙에 반한다고 할 수 없을 것이다"라고 한다.[127] 명확성 판단의 기준으로 헌재는 평균인 입장에서 법률전문가 등의 조언을 통해 이해가 되면 명확성을 인정할 수 있다는 판례도 있다.[128] 한편 헌재는 죄형법정주의, 형벌법규의 경우 "건전한 상식과 통상적인 법감정을 가진 사람이면 당해 처벌법규의 보호법익과 금지된 행위 및 처벌의 종류와 정도를 알 수 있도록 규정하였다면" 명확성원칙을 준수한 것으로 보기도 한다. 결국 헌재는 명확성 판단에 있어서 법관 등 법률전문가의 해석에 그 기준을 두는 경우도 있고 통상인(건전한 상식과 통상적인 법감정을 가진 사람, 일반인, 평균인)의 이해에 그 기준을 두는 경우도 있다고 보인다.

3) 검토사항과 사견

위에서 우리 헌재는 대상에 따라 명확성 요구정도를 엄격한 명확성과 일반적 명확성으로 구분하였는데 그러한 구분에 맞추어 명확성 판단의 기준도 달라져야 하지 않는가 하는 문제가 있다. 엄격한 정도를 요구할 때에는 어느 정도로 보다 강화된 심사를 하는지 판례에 명백한 법리가 표명되어 있지는 않다.

생각건대 법률이 명확한지 여부에 대한 판단은 가급적 통상의 사람들이 상식으로서 그 뜻이 이해가 될 정도여야 명확하고 법관이나 법률전문가에 의한 보충적 해석도 법관, 법률전문가

---

125) 98헌바95; 2001헌바70; 2007헌바72; 2007헌바24; 2009헌가2; 2008헌가21 등.
126) 조세법률주의에 있어서 예시적 입법의 명확성원칙 위배 문제를 다룬 결정례로, 헌재 2002.9.19. 2001헌바74.
127) 89헌가104; 95헌가16; 99헌바31; 2003헌바4 등.
128) 헌재 2005.3.31. 2003헌바12.

자신의 지식으로 자신이 이해되면 명확하다는 것이 아니라 법관이나 법률전문가가 통상인 입장에 서서 살펴보고 보충해석하여 명확성 여부가 판단되도록 하여야 할 것을 원칙으로 함이 필요하다. 더구나 법률전문가의 조력에 비용이 든다면 명확성 기준을 일반인 자신이 스스로 이해될 정도로 명확성을 요구하는 것이 더욱 필요하다. 법률문언을 알기 쉽게 보다 구체적으로 규정할 수 있음에도 그렇지 않을 경우에는 명확성원칙 위반이 될 수 있다.

4) 계획재량과 불확정적인 개념 사용의 필요성 및 심사기준

행정청이 도시계획 등 행정계획을 추진할 경우에도 국민의 재산권 등 기본권에 영향을 줄 경우에는 법률에 따라야 하고 그 법률은 명확성을 가져야 한다. 그런데 계획행정에 대해서는 이른바 '불확정 개념'을 사용하여 문언을 규정할 수밖에 없는 경우도 있고 계획재량을 비교적 넓게 인정해 줄 필요도 있다. 이에 따라 법률내용이 명확한지에 대해서도 완화된 심사를 할 가능성이 많다. 헌재는 "행정청이 행정계획을 수립함에 있어서는 일반 재량행위의 경우에 비하여 더욱 광범위한 판단 여지 내지는 형성의 자유, 즉 계획재량이 인정되는바, 이 경우 일반적인 행정행위의 요건을 규정하는 경우보다 추상적이고 불확정적인 개념을 사용하여야 할 필요성이 더욱 커진다"라고 한다. 그러면서 행정청에 대하여 광범위한 판단 여지 내지 형성의 자유, 즉 계획재량이 부여된 경우 명확성의 정도가 그리 강하게 요구되지 않고 상대적으로 완화된 기준이 적용된다"라고 본다. 위와 같은 판례의 입장이 뚜렷하게 나타난 예로 다음과 같은 예가 있다. "건설교통부장관은 주택법 제7조 제1항의 규정에 의한 택지수급계획이 정하는 바에 따라 택지를 집단적으로 개발하기 위하여 필요한 지역을 예정지구로 지정할 수 있다"라고 규정한 구 택지개발촉진법 제3조 제1항은 택지수급계획만으로는 구체적인 대상지역이 어떤 요건을 갖춘 경우에 택지개발예정지구로 지정될 것인지에 관하여 아무런 기준을 제시하지 않고 있으므로 주택공급을 위하여 필요하다는 정도의 추상적인 필요성만을 기초로 택지개발예정지구 지정처분이 가능하도록 규정하고 있는 것으로서 명확성원칙에 반한다는 주장이 제기되었다. 헌재는 위와 같이 완화된 심사기준을 적용하여 위반이 아니라고 판단하여 합헌결정을 하였다.

● **판례** 헌재 2007.10.4. 2006헌바91
[판시] ··· 나. 명확성원칙의 위반 여부 (1) ··· (2) 어떠한 지역을 대상으로 이 사건 예정지구를 지정할 것인지와 관련하여서도 지리적·지형적 여건, 교통여건, 주택수요 등 여러 가지 사항을 종합적으로 검토한 다음 이에 대한 고도의 전문적·기술적 판단을 필요로 한다. 바로 이와 같은 이유에서 행정청에 대하여 광범위한 판단 여지 내지 형성의 자유, 즉 계획재량이 부여된 것이다. 따라서 이 사건 지정처분조항은 그 규율대상이 지극히 다양하거나 수시로 변화하는 성질의 것이어서 입법기술상 일의적으로 법률에서 그 요건을 규정하는 것은 사실상 불가능하며 바람직한 것도 아니다. 오히려 입법부보다 많은 경험과 전문성을 가지고 구체적인 행정문제에 보다 가까이 있는 행정청으로 하여금 책임 있는 결정을 내리도록 하는 것이 요망되는 경우에 속한다 할 수 있다. 따라서 명확성의 정도가 그리 강하게 요구되지 않고 상대적으로 완화된 기준이 적용된다 할 것이다. (3) 결국 이 사건 지정처분조항이 이 사건 예정지구 지정에 관한 기준을 더 세부적이고 구체적으로 규정하고 있지 않다고 하더라도 법집행자가 예정지구 지정에 대하여 아무런 기준 없이 자의적으로 법적용을 할 수 있을 정도로 지나치게 광범위한 재량권을 부여하고 있다고 볼 수 없고, 나아가 수범자의 예견가능성을 해할 정도로 불명확하다고 할 수 없다. 따라서 이 사건 지정처분조항은 헌법상의 명확성원칙을 위반한 것이라고 할 수 없다. * 동지: 2008헌바15.

5) 행정소송의 집행정지 요건

헌재는 "'회복하기 어려운 손해'와 '긴급한 필요'라는 다소 추상적이고 광범위한 의미를 가진 것으로 보이는 용어를 사용하고 있더라도, 이 사건 집행정지 요건 조항의 입법목적 및 다른 규정들과의 상호관계 등에 비추어 법관의 법 보충작용을 통한 판례에 의하여 합리적으로 해석할 수" 있다고 보아 명확성원칙을 준수한 것으로 본다. * 헌법과 행정법의 복합적 문제.

● **판례** 헌재 2018.1.25. 2016헌바208

[판시] 이 사건 집행정지 요건 조항에서 집행정지 요건으로 규정한 '회복하기 어려운 손해'는 대법원 판례에 의하여 '특별한 사정이 없는 한 금전으로 보상할 수 없는 손해로서 이는 금전보상이 불능인 경우 내지는 금전보상으로는 사회관념상 행정처분을 받은 당사자가 참고 견딜 수 없거나 또는 참고 견디기가 현저히 곤란한 경우의 유형, 무형의 손해'를 의미한 것으로 해석할 수 있고, '긴급한 필요'란 손해의 발생이 시간상 임박하여 손해를 방지하기 위해서 본안판결까지 기다릴 여유가 없는 경우를 의미하는 것으로, 이는 집행정지가 임시적 권리구제제도로서 잠정성, 긴급성, 본안소송에의 부종성의 특징을 지니는 것이라는 점에서 그 의미를 쉽게 예측할 수 있다. 이와 같이 심판대상 조항은 법관의 법 보충작용을 통한 판례에 의하여 합리적으로 해석할 수 있고, 자의적인 법해석의 위험이 있다고 보기 어려우므로 명확성 원칙에 위배되지 않는다.

(3) 법률의 위임과 명확성원칙

이 문제를 앞서 행정입법 한계 부분에서 이미 살펴보았다. 기본권제한사항을 법률이 직접 정하지 않고 행정입법에 위임할 경우 우리 헌법 제75조는 구체적 위임을 요구하고 있다. 위임입법의 한계 문제는 앞서 법률유보원칙에서 보았다(전술 참조). 헌재는 예측가능성의 유무에 따라 판단하는 경향이다.[129] 명확성원칙도 예측가능성을 요구하여 양 원칙이 결부된다. 포괄위임인지 여부의 판단이 명확성 여부에 연관되므로(법률이 포괄적으로 위임해주었다는 것 자체가 법률이 모호하게 처벌규정을 두었다는 것이 되고 이는 법률의 합헌성요건인 명확성을 위배한 것이 된다) 포괄위임인지 여부에 대한 판단이 관건이 된다.

(4) 제한되는 기본권과 제한사유, 근거조항 등의 적시

어느 기본권이 제한되는지를 명확히 적시하여야 하고 어떠한 사유로 제한하는지(제한사유 내지 목적은 주로 기본권제한입법의 목적조항에 나타나게 될 것이다), 가능한 한 제한근거가 되는 헌법조항을 명시하여야 한다.

(5) 법용어의 문제

기본권을 제한하는 법규정의 의미에 대한 명확한 이해의 가능성은 법률용어 자체가 일반인이 사용하는 보편적인 용어로 되어 있을 경우에 높아진다. 입법자는 가능한 한 법용어를 일상

---

129) 헌재는 예를 들어 "대통령령에 규정될 내용의 대강을 <u>예측할 수 없으므로,</u> 국민들로서는 어떠한 행위가 금지되고 어떠한 행위가 허용되는지를 알 수 없다고 할 것이다. 결국, 이 사건 법률조항은 죄형법정주의에서 도출된 <u>명확성의 원칙에 위반될 뿐만 아니라 위임입법의 한계를 일탈하여 헌법에 위반된다</u>"라고 판시한다(헌재 2002.5.30. 2001헌바5).

적인 용어로 규정하는 데 노력할 의무를 진다.

(6) 명확성원칙 위반의 예

명확성원칙의 실제적 이해를 위해 이를 위반하여 위헌성이 인정된 판례들을 보면 대표적으로 죄형법정주의와 관련하여 처벌(형벌)규정에 관한 것과 표현의 자유에 관한 것들이 많았다(죄형법정주의에 있어서, 그리고 표현의 자유에 관한 명확성원칙에 관한 판례들에 대한 자세한 것은 죄형법정주의 및 표현의 자유 각 부분 참조). 그 외 명확성원칙 위반이라고 본 결정례들을 몇 가지 아래에 살펴본다.

① **필요적(당연) 면허취소**   반드시 운전면허를 취소(필요적 취소)시켜야 하는 사유들 중 '운전면허를 받은 사람이 자동차 등을 이용하여 범죄행위를 한 때'라는 구 도로교통법 규정은 범죄의 중함 정도, 고의성 여부 측면 등을 전혀 고려하지 않고 자동차 등을 범죄행위에 이용하기만 하면 반드시 운전면허를 취소하도록 하므로 그 포섭범위가 지나치게 광범위하여 명확성원칙에 위반된다.

> ● **판례** 헌재 2005.11.24. 2004헌가28
> [결정요지] 이 사건 규정의 범죄에 사소한 과실범죄가 포함된다고 볼 수는 없다. 그럼에도 불구하고 이 사건 규정이 범죄의 중함 정도나 고의성 여부 측면을 전혀 고려하지 않고 자동차 등을 범죄행위에 이용하기만 하면 운전면허를 취소하도록 하고 있는 것은 그 포섭범위가 지나치게 광범위한 것으로서 명확성원칙에 위반된다.

② **제한상영가 등급 영화의 불명확한 정의**   '제한상영가' 등급의 영화를 '상영 및 광고·선전에 있어서 일정한 제한이 필요한 영화'라고만 정의한 구 영화진흥법 규정은 제한상영가 등급의 영화가 어떤 영화인지를 말해주기보다는 제한상영가 등급을 받은 영화가 어떠한 법률적 제한을 받는지를 기술하고 있는바, 이것으로는 제한상영가 영화가 어떤 영화인지를 알 수가 없어 명확성원칙에 위배된다(● 판례 헌재 2008.7.31. 2007헌가4, 헌법불합치결정. 이 결정에 대해서는 뒤의 표현의 자유 부분 참조).

③ **입찰참가자격 제한기간 상한의 불확정**   정부투자기관이 계약을 체결함에 있어서 공정한 경쟁 또는 계약의 적정한 이행을 해칠 것이 명백하다고 판단되는 자에 대하여 일정기간 입찰참가자격을 제한할 수 있도록 한 구 정부투자기관관리기본법(현재 '공공기관의 운영에 관한 법률'이 있음) 규정은 입찰참가자격제한의 핵심적·본질적 요소라고 할 수 있는 자격제한기간을 특정하지 않은 채 단지 "일정기간"이라고만 규정하여 입찰참가자격 제한기간의 상한을 정하지 않고 있어 자의적인 집행을 가능하게 하는 것이므로 명확성의 원칙에 위반된다(● 판례 헌재 2005.4.28. 2003헌바40 헌법불합치결정, * 구 '국가를 당사자로 하는 계약에 관한 법률' 규정의 '입찰참가자격의 제한기간을 대통령령이 정하는 일정기간으로 규정하고 있는 부분'에 대한 동지의 헌법불합치결정: 2005헌가1).

④ **퇴직 후 범죄에 대한 공무원퇴직급여의 환수**   공무원 또는 공무원이었던 자가 소정의 범죄를 범하여 금고 이상의 형을 받은 경우에는 퇴직급여를 지급하지 아니하도록 한 구 공무원연

금법 제64조 제3항을 퇴직 후의 사유에도 적용하는 것이 위헌인데 동항은 그 제한사유가 '재직 중의 사유'만인지 '퇴직 후의 사유'도 해당되는지에 관하여 일체의 언급이 없어 불명확하여 명확성의 원칙에 어긋나므로 퇴직 후 사유에 대해 적용하는 것은 위헌(재직 중 사유 적용은 합헌)이라는 결정(한정위헌결정)이 있었다.

● **판례** 헌재 2002.7.18. 2000헌바57 한정위헌결정
[결정요지] 이 조항은 '재직 중의 사유'만인지 '퇴직 후의 사유'도 해당되는지에 관하여 일체의 언급이 없다. 이러한 법문상의 표현은 입법의 결함이라고 할 것이고, 명확성의 원칙에 어긋나는 조항이라 하겠다. 이 조항을 퇴직 후의 사유로 이미 발생한 급여청구권을 제한할 수 있다고 해석할 수 없다. 따라서, 이 법률조항은 같은 조 제1항, 제2항과는 독립된 항이기는 하지만 제1항과 제2항에서 "재직 중의 사유로 … "라고 규정하고 있는 것을 이어받아 제3항을 규정한 것으로 풀이함이 상당하다 할 것이고, 이렇게 본다면, 헌법에 위반되지 않는다. [주문] 공무원연금법 제64조 제3항은 퇴직 후의 사유를 적용하여 공무원연금법상의 급여를 제한하는 범위 내에서 헌법에 위반된다.

(7) 명확성원칙 준수의 예

앞에서 인용된 결정례들 중 명확성 원칙 준수의 합헌성 인정 결정례들이 있었다. 그 외 중요 합헌결정례들을 몇 가지 더 보면 ① 정보공개에 관련된 결정례들 - 공공기관이 보유·관리하는 개인정보를 공개하면 개인의 사생활의 비밀 또는 자유를 침해할 우려가 있다고 인정되는 경우에 이를 비공개할 수 있도록 규정하고 있는 '공공기관의 정보공개에 관한 법률' 제9조 제1항 제6호 본문이 명확성의 원칙을 준수하였다고 본 결정례(헌재 2010.12.28. 2009헌바258 [결정요지]는 기본권각론의 '알 권리' 부분 참조), 공공기관이 보유·관리하는 시험에 관한 정보로서 공개될 경우 업무의 공정한 수행이나 연구·개발에 현저한 지장을 초래한다고 인정할 만한 상당한 이유가 있는 경우에는 이를 공개하지 아니할 수 있도록 정하고 있는 '공공기관의 정보공개에 관한 법률' 제9조 제1항 제5호에서 정보공개를 하지 아니할 수 있는 시험정보의 범위로서 정하고 있는 "업무의 공정한 수행"이나 "현저한 지장"이라는 개념이 불명확한 개념으로서 명확성의 원칙에 위반되는지가 논란되었으나 헌재는 예측가능성이 있다고 하여 아래와 같이 합헌으로 결정한 예 등이 있었다.

● **판례** 헌재 2009.9.24. 2007헌바107
[결정요지] "업무의 공정한 수행"이나 "연구·개발에 현저한 지장"이라고 하는 개념이 다소 추상적인 개념이라고 할 것이나, 이와 같은 추상적 기준은 시험정보의 특성 및 시험정보를 공개하지 아니할 수 있도록 하고 있는 입법취지, 당해 시험의 특성, 해당 정보와 관련된 시험관리 업무의 특성 등을 감안하여 해석한다면 그 규율범위의 대강을 예측할 수 있다.

② 체계조화적 이해, 입법목적과 제정취지에 따른 해석 -헌재는 이러한 해석을 통한 명확성을 판시하기도 하였다. 그 예로 친일재산 귀속 대상자 - '친일반민족행위자 재산의 국가귀속에 관한 특별법' 제2조 제1호는 재산이 국가에 귀속되는 대상인 친일반민족행위자로 보는 자를 규정하고 있는데 그 중 가목은 "'일제강점하 반민족행위 진상규명에 관한 특별법' 제2조 제6호 내지 제9호의 행위를 한 자(제9호에 규정된 참의에는 찬의와 부찬의를 포함한다). 다만, 이에 해당하는 자라 하더라도 작위(작위)를 거부·반납하거나 후에 독립운동에 적극 참여한 자 등으

로 제4조의 규정에 따른 친일반민족행위자재산조사위원회가 결정한 자는 예외로 한다"라고 규정한 문언 중 "독립운동에 적극 참여한 자" 부분에 대한 판시를 볼 수 있다. 이 부분이 명확성원칙에 반한다는 주장에 대해 헌재는 문언으로도 '독립을 쟁취하려는 운동에 의욕적이고 능동적으로 관여한 자'라는 의미를 가지는 것으로서 조문구조 및 어의에 비추어 그 의미를 넉넉히 파악할 수 있지만, 설령 다소 애매함이 있다 하더라도 다른 규정들과의 체계조화적인 이해 내지 당해 법률의 입법목적과 제정취지에 따른 해석으로 충분히 해소될 수 있다고 하면서 그 주장을 배척하였다(◑ 판례 2008헌바141등).

V. 기본권제한의 사유(목적)

기본권을 제한함에 있어서는 그 제한을 정당화하는 사유가 존재해야 한다.

1. 새로운 시각에서의 검토필요성

기본권제한사유에 대해 검토하기에 앞서 먼저 기본권제한사유가 가지는 근본적 의미에 대해 새로이 파악하는 것이 중요하다. 기본권제한을 가져오게 하는 사유들 중에 일반적으로 빈번한 사유인 질서유지를 예를 들어 생각해보자. 무질서에 맡겨진 사회에서 국민의 자유와 권리도 위축 내지 침해되거나 없어질 수 있다는 점에서 사회구조와 공공질서를 보장하는 궁극적 목적도 역시 기본권의 보장에 있다. 기본권의 행사를 가능하게 하기 위한 질서의 유지, 사회의 유지라는 시각에서 출발하여야 한다는 것을 의미한다. 이는 그러한 의미에서 기본권행사를 가능하게 하는 사회질서유지를 위한 정도로 가능한 한 기본권제한을 최소화하여야 한다는 당연한 명제에도 부합된다. 공공복리의 경우에도 제한을 통한 보다 더 큰 공익의 산출을 가져오기 위한 것이다. 결국 기본권제한사유도 기본권의 최대보장, 기본권제한의 최소화(기본권제한한계를 지켜야 한다는)에 터잡아 설정되어야 한다는 것으로 귀결된다.

2. 현행 헌법상의 제한사유에 대한 검토

현행 헌법 제37조는 "국민의 모든 자유와 권리는 국가안전보장·질서유지 또는 공공복리를 위하여 필요한 경우에 한하여 법률로써 제한할 수 있으며, 제한하는 경우에도 자유와 권리의 본질적 내용을 침해할 수 없다"라고 규정하여 국가안전보장·질서유지 또는 공공복리 이 3가지를 명시적인 기본권제한사유로 하고 있다.

(1) 국가안전보장

1) 개념

국가의 안정보장이란 영토의 보전, 국가의 존립과 안전, 대외적으로 국가의 독립성의 보장, 국가의 존립에 관련되는 기본적인 헌법질서의 유지 등을 의미한다. 국가안전보장에 일반적인 질서유지까지 포함하는지가 논의된다. 이 사유는 제4공화국 유신헌법 때부터 헌법에 추가되었다. 이전에는 국가안전보장은 질서유지 속에 포함된다고 보았다. 국가안전보장에 관한 질서유지가 여기 국가안전보장에 해당된다. 국가는 국민의 기본권을 보장하기 위하여 존재한다. 따라서 기본권의 보장을 위해서 국가의 존립이 필요하고 이러한 국가의 보장을 위하여 기본권을 제한할 필요가 있다. 결국 국가안전보장을 위한 기본권제한도 기본권의 보장을 위한 것이라는 점이 보다 궁극적인 목적이다. 헌법재판소는 국가안전보장을 의미하는 국가의 존립·안전을 위태롭게 한다 함은 "대한민국의 독립을 위협·침해하고 영토를 침략하며 헌법과 법률의 기능 및 헌법기관을 파괴 마비시키는 것으로 외형적인 적화공작 등일 것"이라고 밝힌 바 있다(89헌가113).

2) 국가안전보장을 위한 제한의 법률

주로 국가안전보장을 위한 목적의 기본권제한 법률로 형법, 국가보안법, 군사기밀보호법, 민방위기본법 등이 있다. 국가보안법에 대해서는 논란이 있었고 국가보안법규정들에 대해 한정합헌결정, 합헌결정 등이 있었다(한정합헌결정례: 위 89헌가113; 90헌가11; 89헌가8; 92헌바6. 단순합헌결정례: 95헌가2; 92헌바6; 98헌바66 등).

(2) 질서유지

1) 개념

(가) 공공의 안녕질서   질서유지의 개념에서 질서를 공공의 안녕질서로 보는 견해가 많다. 질서유지의 개념이 물리적인 안전을 위한 질서만을 의미하는가 아니면 윤리적 질서와 같은 정신적 질서도 포함하느냐 하는 문제가 있다.

(나) 사견 – 물리적 질서와 정신적 질서

ⅰ) 질서의 개념과 범위에는 ① 물리적 질서(사회생활에서의 물리적인 기반의 유지와 안전)과 나아가 ② 정신적 질서(사회의 윤리 내지 도덕의 유지라는 정신적인 가치의 보장)까지도 포함된다. 사회질서의 유지에 사회의 윤리 내지 도덕의 준수가 포함된다고 보는 것에는 논란이 없지 않을 것이다. 도덕적 질서란 개념도 모호하고 그 기준도 명확하지 않으므로 이를 악용할 소지가 있다. 그러나 최소한 공통적인 도덕률을 보존하기 위하여 자유가 제한될 수 있다. 인간사회는 정신세계이기도 하기 때문이다. 그 악용을 막기 위해 가능한 한 질서유지의 개념과 범위를 한정하여야 한다. 또한 어느 사회나 공통된 그리고 시대를 초월하는 가치가 있다고 보는데, 특히 인간생명의 존중 등이 바로 그것이다. 요컨대 윤리나 도덕의 유지를 위한 헌법적, 법률적 개입은 윤리나 도덕의 침해가 사회의 유지나 발전을 저해하는 상황으로 불가피할 때 인정될 수 있

고 그 개입이 가능한 한 최소에 그쳐야 한다.

ⅱ) 질서의 개념 속에 헌법질서도 당연히 포함된다고 보아야 한다. 민주적 질서도 포함된다. 민주적 질서에는 자유주의적 요소의 질서뿐 아니라 사회복지적 민주적 질서도 포함된다(앞의 제2부의 기본질서 부분을 참조). 후자의 민주적 기본질서는 복지주의를 그 중요한 내용으로 하므로 이는 주로 생존권의 실현을 위한 제한사유로서의 의미를 가진다.

2) 질서유지를 위한 기본권제한의 법률

질서유지를 주목적으로 하는 기본권제한법률로는, 형법, 질서위반행위규제법, '집회 및 시위에 관한 법률', 도로교통법, 경찰법, 경찰관직무집행법, 출입국관리법, '특정강력범죄의 처벌에 관한 특례법', '폭력행위 등 처벌에 관한 법률', 경범죄처벌법, 질서위반행위규제법 등이 있다.

(3) 공공복리(公共福利)

1) 개념지표 – 사견

공공복리의 개념은 일의적으로 정의되기가 쉽지 않을 것이다. 그러나 공공복리가 가지는 다음과 같은 개념지표 내지 개념요소를 통해 그 개념을 파악할 수 있다.

① 사회구성원들 전체의 <u>공공의 이익을 추구</u>한다. ② <u>적극성</u>의 의미를 가진다. 공익을 조성해가기 위한 국가의 정책이 적극적으로 입안되고 시행되어야 공공복리가 구현될 수 있다. ③ <u>형성적 성격</u>을 가진다. 규제적이고 억제적인 방향이 아니라 사회구성원의 전체의 이익을 조성하고 발전시켜 나가는 성격을 가진다. ④ <u>분배적 성격</u>을 가진다. 사회구성원 모두의 이익을 위한 것이 공공복리이므로 특정 계층의 국민에게만 재화나 기회가 집중되어서는 아니되고 분배가 적절히 이루어져야 함을 의미한다. ⑤ 공공복리가 사회구성원들의 삶이 공동적으로 유리한 결과를 가져오는 상태를 말하므로 <u>평등의 사상</u>이 기저에 깔려있다.

우리 현행 헌법에는 제37조 제2항 외에도 공공복리의 용어가 나타나고 있다. 재산권에 대해서 우리 헌법 제23조 제2항이 그 행사가 공공복리에 적합하여야 한다고 규정한 것이 그 예이다. 사회적 공익을 의미한다. 공공복리라는 용어 대신 사회적 기속성, 사회적 필요성, 사회적 구속성, 사회적 의무 등으로도 불린다(후술 기본권각론, 재산권 부분 참조).

한편 헌법 제23조 제3항은 "공공필요에 의한 재산권의 수용·사용 또는 제한 및 그에 대한 보상은 … "라고 규정하고 있는데, 여기서의 공공필요의 개념과 헌법 제37조 제2항의 공공복리의 개념과의 정도 차이의 문제가 있다. 이 양자 간의 관계에 대해서 헌재는 '공공용지의 취득 및 손실보상에 관한 특례법' 제9조 제1항 위헌제청사건(92헌가15)에서, 헌법 제23조의 "제2항은 재산권 행사의 공공복리적합의무, 즉 그 사회적 의무성을 규정한 것이고, 제3항은 재산권 행사의 사회적 의무성의 한계를 넘는 재산권의 수용·사용·제한과 그에 대한 보상의 원칙을 규정한 것"이라고 판시하고 있다. 즉 '공공필요'가 '공공복리'보다는 더 강한 제약의 필요성을 의미한다고 보는 것이다.[130] 공공필요에는 특별한 희생을 요구한다고 보는 것이 일반적이다.

2) 공공복리 사유에 대한 검토와 유의점

ⅰ) 공공복리는 사실 다른 제한목적인 '국가안전보장', '질서유지'보다 더 종국적인 목적이다. 국가의 존립이나 질서도 결국 공익의 증진을 위한 것이다. 따라서 질서유지와 공공복리의 목적을 엄격히 분립하여 고려할 필요가 항상 있을 것인지 의문이다.

ⅱ) 생존권(사회권)의 경우 공공복리라는 사유에 의한 제한이 가능한 것일까 ? 이는 생존권이 사회구성원 모두의 인간다운 삶을 보장한다는, 오히려 공공복리를 실현하는 의미를 가지는 것으로 볼 수 있기 때문이라는 생각에서 제기되는 질문이다. 그러나 생존권을 누려야 할 사람들 간에 생존권의 조절이 필요할 수는 있다. 오히려 생존권의 실현은 분배 내지 조절의 관념에 친숙한 것이다. 이러한 조절을 위해서는 어느 정도 생존권주체들 각각에 대해 생존권의 제한이 가해질 수 있다. 이러한 점에서는 공공복리를 위한 생존권의 제한을 생각할 수 있다. 결국 공공복리가 생존권에 있어서는 목표이자 제한의 사유가 될 수도 있다.

ⅲ) 긴급명령, 긴급재정경제명령처분에 의하여 기본권을 제한하더라도 소극적인 목적의 제한만이 가능하고 공공복리를 증진하기 위한 목적으로 제한할 수는 없다(후술, 국가권력규범, 국가긴급권 부분 참조). 이는 일반적 견해이고 헌재판례(93헌마186)의 입장이다.

3) 공공복리를 위한 제한의 법률의 예

공공복리를 위한 목적으로 각종제한을 규정하고 있는 법률들로, '국토의 계획 및 이용에 관한 법률', '공익사업을 위한 토지 등의 취득 및 보상에 관한 법률', 환경정책기본법, 자연환경보전법, 대기환경보전법, 의료법, 약사법, 도로법, 건축법 등을 들 수 있다.

(4) 검토 – 3가지 사유의 성격
1) 복합성

하나의 기본권제한법률이 3가지 목적 중 예컨대 질서유지나, 공공복리 어느 하나의 목적만이 아니라 3가지 중 둘 또는 셋 모두 등 복합적일 수 있다. 따라서 위 분류는 절대적이지 않다. 여기서 그럼에도 분류를 한 것은 제한사유에 해당하는 개별 법률을 살펴봄으로써 제한사유에 따라 법률에서 실제로 어떠한 제한이 이루어지고 있는지를 보다 구체적으로 파악하기 위함이다.

2) 불확정개념성의 문제

헌법 제37조 제2항의 질서유지, 공공복리 등의 개념은 대체적으로 불확정적이다. 이는 헌법 제37조 제2항이 기본권제한에 관한 일반적 법리를 규정한 결과이다. 일반법리를 정하면서 불확정개념을 사용할 수밖에 없다. 따라서 이는 개별적인 사안에서 제한하는 법률이 구체화시켜야 할 개념이다. 그 구체화 판단이 주관적일 수 있다는 점에서 가능한 한 한정적으로 해석하여 제한의 남용을 막도록 하여야 한다.

---

130) 김남진·박상희, 토지공법론, 경세원, 1994, 7면도 "제3항은 … 재산권의 사회적 구속성의 한계를 넘는 적법한 재산권의 제한과 그에 대한 보상의 원칙을 명문화하고 있다"라고 한다.

3) 비례원칙의 한 요소인 목적정당성 준거로서의 3가지 사유

위의 기본권제한사유는 비례(과잉금지)원칙에서 목적정당성을 판단함에 있어서 준거가 된다. 즉 국가안전보장, 질서유지, 공공복리의 필요성이 있어서 그것을 위한 제한이라면 목적정당성을 갖춘 것이 된다(후술 비례원칙 참조).

Ⅵ. 기본권제한의 단계

기본권제한은 보다 그 제한정도가 적은 단계에서부터 시도하여 제한의 목적달성이 그 단계에서 가능하다면 더 강한 정도로 나아가지 않고 제한하려는 목적의 달성이 그 단계로서 어렵다면 보다 더 강한 정도의 제한단계로 나아가는 단계적 제한이 되어야 한다. 이는 물론 침해최소원칙(후술하는 비례원칙의 한 요소이다)이 요구하는 바이다. 우리 헌법재판소도 기본권행사 '방법'에 대한 제한이, 기본권행사 '여부'에 대한 제한(즉 기본권행사 자체를 금지하는 제한)보다 먼저 이루어져야 한다고 보아 단계론을 인정한다.

● **판례** 헌재 1998.5.28. 96헌가5
[설시] 기본권을 제한하는 규정은 기본권행사의 '방법'에 관한 규정과 기본권행사의 '여부'에 관한 규정으로 구분할 수 있다. 침해의 최소성의 관점에서, 입법자는 그가 의도하는 공익을 달성하기 위하여 우선 기본권을 보다 적게 제한하는 단계인 기본권행사의 '방법'에 관한 규제로써 공익을 실현할 수 있는가를 시도하고 이러한 방법으로는 공익달성이 어렵다고 판단되는 경우에 비로소 그 다음 단계인 기본권행사의 '여부'에 관한 규제를 선택해야 한다. 동지: 94헌바37.

직업의 자유에 대한 제한에서 직업수행의 자유부터 제한해 들어가야 한다는 단계론법리(후술 직업의 자유 참조)도 같은 취지로 적용되고 있다.

Ⅶ. 비례(과잉금지)원칙 - 기본권제한법률의 중요한계

* 기본권제한법률 한계의 의미와 한계원칙들 - 기본권제한법률의 한계란 기본권을 제한하더라도 일정한 요건과 절차를 준수하여야 하고 내용적으로도 기본권을 제한할 필요성에 상응한 정도에 그쳐야 하고 넘어설 수 없는 범위를 의미한다. 앞에서 본 법률유보원칙, 기본권제한법률이 갖추어야 할 요건인 일반성, 명확성의 요건, 목적(제한)사유 등도 사실 한계의 문제이다. 법률유보원칙만 보더라도 우리는 앞서 기본권제한이 법률에 의하여야 한다는 것 자체가 기본권제한의 한계를 의미한다고 밝힌 바 있다.

그 외 중요한 한계원리들로 이하에서 살펴볼 비례의 원칙, 신뢰보호원칙, 본질적 내용침해금지 등이 있다. 사실 비례원칙은 자주 적용되는 한계원칙들 중 중심에 있는 것이다. 이하에서 고찰한다.

1. 비례(=과잉금지)원칙의 개념

기본권제한사유인 국가안전보장·질서유지 또는 공공복리를 위하여 필요한 경우라고 하더라도 무조건 기본권제한이 가능한 것이 아니라 그러한 목적에 부합되고 그 목적을 달성할 수 있는 효과를 가지는 제한방법을 강구하여야 하며 그 제한의 필요성의 정도에 상응한 정도의 제한을 하여야 하고 가능한 한 필요 최소한의 기본권제한에 그치며, 기본권제한으로서 오는 공공의 이익이 제한당하는 개인의 이익보다 많아야 한다는 원칙을 비례의 원칙(과잉금지의 원칙)이라고 한다. 이 원칙은 기본권을 제한함에 있어서 가장 중요한 한계를 설정하는 주요원칙이고 가장 빈번히 적용되고 국가공권력에 대한 통제원리로서 작용한다.

실제 우리 헌법재판소가 기본권제한의 한계를 일탈했는가 여부를 판단함에 있어서 비례(과잉금지)원칙을 적용하여 그 위배 여부를 심사한 판례들이 많다.

> *** 용어의 문제:** 비례원칙이란 용어 대신에 과잉금지원칙이라는 말을 사용하기도 하는데 두 용어는 같은 의미를 가지며 우리 헌법재판소도 두 용어를 같은 의미로 사용하면서 과잉금지원칙이란 말을 더 많이 사용하고 있다. 헌재의 본격적인 활동 이전에는 비례원칙이란 용어가 사용되어 왔다. 본서에서도 병용한다.

2. 비례(과잉금지)원칙의 헌법적 근거와 적용범위

(1) 비례(과잉금지)원칙의 헌법적 근거
1) 학설
비례원칙의 근거로 기본권의 본질에서 찾으려는 설, 법의 일반원칙의 하나라고 보는 설, 법치국가원리설, 평등원칙을 근거로 한다고 보는 설 등이 있을 수 있고 우리 헌법의 경우 제37조 제2항의 '필요한 경우에 한하여'에서 찾는 견해가 있다.

2) 판례
우리 헌법재판소는 "헌법 제37조 제2항이 요구하는 과잉금지의 원칙,"[131] "헌법 제37조 제2항에서 정하고 있는 기본권 제한의 한계인 과잉금지의 원칙"[132]이라고 하여 헌법 제37조 제2항을 비례원칙의 헌법적 근거로 본다.

3) 사견
생각건대 헌법 제37조 제2항도 '필요한 경우에 한하여'라는 문언이 비례원칙을 내포하고 있긴 하나 구체적으로, 직접적으로 온전히 비례원칙을 명시하고 있지는 않고 그렇게 보기엔 모호

---

131) 헌재 2010.2.25. 2009헌바38.
132) 헌재 2009.9.24. 2009헌바28.

한 면이 있다. 헌법 제37조 제2항을 근거로 보는 견해는 '한하여'라는 말 때문에 최소한도를 의미하는 비례원칙을 떠올리는 것 같다. 그러나 어문법적으로 '한하여'란 앞의 '필요한 경우'를 한정대상으로 하고 '필요한'이란 용어가 앞의 용어인 '위하여'와 연결된다고 본다면 결국 국가안전보장, 질서유지 또는 공공복리를 위하여 필요하다면 그런 필요(사유)가 있을 때에 한해서만 제한이 가능하다고 해석된다. 그렇다면 '필요한 경우에 한하여'라는 문언 속에 최소한의 제한이 되어야 한다는 의미의 용어나 문구가 직접 나타나 있는 것은 아니다. 이와 달리 '위하여'와 '필요한' 사이에 콤마가 현재 없지만 있다고 보거나 없더라도 분리될 수 있다고 보아 이 둘을 분리시켜 '위하여'는 국가안전보장 등의 목적을 위한다는 것으로, '필요한'은 제한이 필요한 것을 말하는 것으로, 그것도 필요한 '만큼'의 제한이 필요한 것을 말하는 것으로 해석해 볼 수 있다면 판례와 같은 해석을 취할 수 있을 것이다. 그러나 그렇게 해석하게 할 정도로 현재의 문언 자체가 뚜렷하다고 보기엔 충분하진 않다. 요컨대 헌법 제37조 제2항은 우리 헌법재판소가 설정하고 있는 비례원칙의 요소들 중의 한 요소인 목적의 정당성(국가안전보장, 질서유지, 공공복리라는 목적)의 요소는 직접 표시되어 있으나 비례원칙의 다른 요소인 피해최소성이나 법익균형성 등은 뚜렷하지 않거나 간접적으로 내포되어 있다고 볼 것이다. 여하튼 사실 비례원칙은 헌법에 명시적 근거가 없더라도 헌법의 일반원칙으로서 자리잡고 있다고 볼 것이다. 특히 기본권의 최대보장의 원칙에서 최소침해성 등의 요구가 당연히 도출된다고 볼 것이다. 그런데 한편으로 비례원칙이 법치주의의 요소 내지 내포라고 본다면 우리 헌법상의 법치주의의 근거는 헌법 제37조 제2항이므로 비례원칙의 근거를 헌법 제37조 제2항이라고 할 수 있다. 여하튼 우리 헌법의 경우에도 헌법 제37조 제2항에 내재한다고 보든 헌법일반원칙으로 보든 비례원칙이 헌법적 근거를 가지는 기본권제한의 기본원칙이 되고 있다.

(2) 비례(과잉금지)원칙의 적용범위

[모든 국가작용에 적용] 비례의 원칙이 법치주의의 요소라고 본다면 법치주의가 모든 국가작용에 적용되므로 입법작용 외 모든 국가작용에 적용된다. 헌재가 비례원칙을 적용하여 심사한 예들로는 입법작용에 대해서 행한 예들이 많긴 하다. 이는 헌재가 담당하는 많은 심판들이 위헌법률심판, 헌법소원심판으로서 그 심판들 대상이 주로 규범(입법)이므로 그러하다. 그러나 헌재도 "국가가 입법, 행정 등 국가작용을 함에 있어서는 합리적인 판단에 입각하여 추구하고자 하는 사안의 목적에 적합한 조치를 취하여야 하고, 그때 선택하는 수단은 목적을 달성함에 있어서 필요하고 효과적이며 상대방에게는 최소한의 피해를 줄 때에 한해서 그 국가작용은 정당성을 가지게 되고 상대방은 그 침해를 감수하게 되는 것이다"라고 판시한 바 있다.133) 또한 헌재는 "헌법 제37조 제2항의 비례원칙은, 단순히 기본권제한의 일반원칙에 그치지 않고 모든 국가작용은 정당한 목적을 달성하기 위하여 필요한 범위 내에서만 행사되어야 한다는 국가작

---

133) 헌재 1989.12.22. 88헌가3.

용의 한계를 선언한 것"이라고 판시한 바도 있다.[134] 그리고 헌재는 입법작용만이 아니라 행정작용에 대한 위헌성 심사에서도 비례원칙을 적용하는 예들을 보여주었다. 예를 들어 지문정보를 보관·전산화하고 이를 범죄수사목적에 이용하는 행위에 대해 비례(과잉금지)원칙심사를 한 바 있다.[135] 또한 경찰조사를 받는 사람의 조사과정의 촬영을 허용한 사법경찰관의 행위에 대해 비례원칙 심사를 하여 위헌임을 확인한 결정례(2012헌마652)도 있다. 물론 행정작용도 기본권제한을 위한 작용을 한다는 점과 그 제한이 지나쳐서는 아니된다는 점에서 비례원칙이 적용된다. * 행정기본법(2021. 3. 23. 제정) 제10조도 비례의 원칙을 명시하고 있다. 재판작용에 있어서도 국민의 재판청구권을 제한함에 있어서 비례원칙이 적용되어야 한다. 재판결과 예를 들어 형벌을 부과할 때에도 과잉해서는 아니되고 범죄의 질과 정도에 상응하는 형벌이 부과되어야 한다. 요컨대 국가작용에 따라 그 적용의 구체적 모습이 다소 다르게 나타날 수도 있으나 비례원칙은 국가작용을 합헌적으로 행사하게 하는 원칙으로서 여러 국가작용들에 적용된다.

[지방자치단체 공권력작용에 적용] 지방자치단체의 공권력작용(대표적으로 조례)에 대해서도 비례원칙이 적용된다. 우리 헌재판례도 자치입법인 지방자치단체의 조례에 대해서도 비례원칙이 적용된다는 입장이고[136] 실제 심사를 한 예들이 있고 아래의 전형적인 결정례들을 볼 수 있다.

● 판례 예를 들어 학교교과교습학원 및 교습소의 교습시간을 05:00부터 22:00까지 규정한 '서울특별시(부산광역시) 학원의 설립·운영 및 과외교습에 관한 조례' 규정이 학생의 인격의 자유로운 발현권, 부모의 자녀교육권, 학원운영자 등의 직업의 자유를 침해하는지 여부에 대해 헌재는 비례심사를 하여 합헌성을 인정한 바 있다(헌재 2009.10.29. 2008헌마454). 동지: 헌재 2009.10.29. 2008헌마635; 2016.5.26. 2014헌마374.

[기본권 전반에 적용] 기본권의 유형별로 적용강도에 차이가 있긴 하나 비례원칙이 전반적으로 적용되고 일설과 달리 자유권뿐 아니라 공무담임권 등에도 적용된다(후술 공무담임권 부분 심사례들도 참조).

● 판례 공무담임권에 적용하여 비례심사를 한 예로, 헌재 2002.8.29. 2001헌마788
[결정요지] 공무원이 금고 이상의 형의 선고유예를 받은 경우에는 공무원직에서 당연히 퇴직하는 것으로 규정하고 있는 이 사건 법률조항은 금고 이상의 선고유예의 판결을 받은 모든 범죄를 포괄하여 규정하고 있을 뿐 아니라, 심지어 오늘날 누구에게나 위험이 상존하는 교통사고 관련 범죄 등 과실범의 경우마저 당연퇴직의 사유에서 제외하지 않고 있으므로 최소침해성의 원칙에 반한다.

[헌재의 구분 – 비례심사(유)='엄격'심사, 비례심사(무, 합리성심사)='완화'심사] 헌재는 비례원칙 위배 여부 심사(이하 '비례심사'라고도 함)를 하면 엄격심사라고 하고 비례심사를 하지 않으면 완화심사라고 구분한다. 후자의 완화심사는 합리성 심사에 그치는 심사라고 한다. 그런데 문제는 양자의 구분을 그렇게 간단히 잘라 할 수 있을 것인지 의문이라는 것이다. 왜냐

---

134) 헌재 2011.8.30. 2007헌가12.
135) 헌재 2005.5.26. 99헌마513.
136) 헌재 1995.4.20. 92헌마264 [관련설시] "과잉금지의 원칙은 국가가 국민의 기본권을 제한하는 내용의 입법활동을 함에 있어서 지켜야 할 기본원칙으로서 지방의회의 조례입법에 의한 기본권제한의 경우에도 준수되어야 할 것."

하면 합리성 여부를 가리기 위해서는 제한의 목적이 정당한지 그리고 방법이 그 목적달성을 가져오는지 정도는 심사를 해야 할 것이라는 점, 그런데 어디까지나 목적정당성, 방법효과성도 아래에서 살펴볼 비례원칙의 4요소 중 두 요소라는 점 때문이다.

한편 비례심사를 하는 경우에도 입법재량이 많이 인정되는 영역에서는 비례심사를 완화해서 하기도 한다.

3. 비례(과잉금지)원칙의 요소

(1) 학설

학설로는 비례원칙의 요소들을 나름대로 정립하는 견해도 있다. 예를 들어 적격성, 필요성, 기대가능성을 그 요소로 하는 견해(김철수, 전게서, 331면)가 있는데 적격성이란 제한수단이 제한목적을 달성하는 데 유용한 수단이어야 한다는 것이고 필요성이란 보다 가벼운 개입으로써 제한목적달성이 불가능한가 하는(피해가 가장 적은 방법을 택하여야 한다는 요구) 문제이고, 기대가능성이란 예측가능하여야 한다는 원칙을 의미하는 것으로 이해된다. 적합성(방법의 적절성), 필요성(피해의 최소성), 협의의 비례성(수인가능성, 상당성, 법익균형성)을 그 요소로 보는 견해(계희열, 전게서, 156면)도 있다. 아래에서 보는 우리 헌법재판소의 4요소설을 그대로 따라는 학설도 있다(권영성, 전게서, 352면 이하). 또한 과잉금지원칙을 방법상의 한계로 보고 목적정당성을 별도로 목적상 한계로 보면서 과잉금지의 원칙의 요소로 적합성원칙, 최소침해원칙, 균형의 원리 3요소를 들고 있는 견해도 있다(허영, 전게서, 276면 이하). 그러면서도 여하튼 우리 학자들은 대체적으로 헌법재판소의 입장을 소개하고 있다.

(2) 판례 – 4요소설

기본권제한의 합헌성여부를 심사함에 있어서 비례의 원칙(과잉금지의 원칙)을 적용하는 헌법재판소는 이 과잉금지원칙의 요소로서 ① 목적의 정당성, ② 방법의 적절성, ③ 피해의 최소성, ④ 법익의 균형성을 들고 있는바 그 요소들에 맞는 제한인지 여부의 심사를 통하여 문제되고 있는 기본권제한법률의 합헌성여부를 심사하고 있다. 이는 확립된 판례이론이다.

▶ 헌재판례의 확립된 법리: 아래의 설시는 헌재 1992.12.24. 92헌가8, 형사소송법 제331조 단서 규정에 대한 위헌심판결정에서 나온 것으로 이후 많은 판례에서 위와 같이 설시해왔고 근래에는 각 요소에 대한 위와 같은 설시 없이 바로 4요소에 비춘 판단을 하는 예들이 보인다.

[판례] ▷ 과잉금지원칙의 4요소 = ① 목적의 정당성, ② 방법의 적절성, ③ 피해의 최소성, ④ 법익의 균형성 〈관련 설시〉 과잉입법금지의 원칙이라 함은 "국가가 국민의 기본권을 제한하는 내용의 입법활동을 함에 있어서 준수하여야 할 기본원칙 내지 입법활동의 한계를 의미하는 것으로서, 국민의 기본권을 제한하려는 입법의 목적이 헌법 및 법률의 체제상 그 정당성이 인정되어야 하고(목적의 정당성), 그 목적의 달성을 위하여 그 방법이 효과적이고 적절하여야 하며(방법의 적절성), 입법권자가 선택한 기본권제한의 조치가 입법목적 달성을 위하여 설사 적절하다 할지라도 가능한 한 보다 완화된 형태나 방법을 모색함으로써 기본권의 제한은 필요한 최소한도에 그치도록 하여야 하며(피해의 최소

성), 그 입법에 의하여 보호하려는 공익(公益)과 침해되는 사익(私益)을 비교형량할 때 보호되는 공익이 더 커야 한다(법익의 균형성)는 법치국가의 원리에서 당연히 파생되는 헌법상의 기본원리의 하나인 비례의 원칙을 말하는 것"이다.

(3) 판례이론에서의 각 요소의 법리와 판례경향

아래에서 위 판례이론에 대한 평가가 있겠지만 여하튼 현재 우리 헌법재판소의 판례이론에 있어서는 4요소이론이 확립된 상황이므로 우선 아래에서 그 요소들의 법리와 판례경향을 각각 살펴본다.

1) 목적의 정당성

(가) 개념   기본권을 제한하는 목적이 정당하여야 한다. 헌재는 목적의 정당성을 "국민의 기본권을 제한하려는 입법의 목적이 헌법 및 법률의 체제상 그 정당성이 인정되어야 하고"라고 한다. 우리 헌법 제37조 2항은 기본권제한의 목적을 '국가안전보장', '질서유지', '공공복리'로 명시하고 있으므로 기본권제한이 국가안전보장, 질서유지, 공공복리 중에 하나를 위한다는 목적을 가져야 하고 비례심사에서 목적정당성 심사는 바로 이 3가지 사유에 해당하는지를 판단하는 것이고 그 중 적어도 하나에 해당되는 목적을 가지는 제한입법이어야 목적의 정당성이 인정된다.

(나) 심사   목적정당성을 가지는지에 대한 심사는 두 단계로 이루어지게 된다. ① 먼저 그 법률이 제한하여 달성하려는 목적이 있는지, 있다면 무슨 목적인지를 살펴보아야 한다. 법률이 명시적으로 밝히고 있는 목적, 법률의 문언, 국회의 입법과정자료 등에 나타난 입법취지 등을 비추어 보아 목적을 살피게 된다. ② 다음 단계로 그 법률이 제한하여 달성하려는 목적이 국가안전보장, 질서유지, 공공복리에 해당하는지를 보아야 한다.

(다) 판례 – 목적정당성을 갖추지 못한 것으로 본 결정례   기본권제한입법을 함에 있어서 입법자인 국회는 대개 일정한 목적을 제시하고 있고 특히 질서유지, 공공복리의 개념이 넓어 그 목적이 그것에 해당된다고 볼 가능성이 많다. 따라서 목적정당성 자체가 인정되지 않아 위헌으로 결정된 판례들이 그리 많지는 않다. 목적정당성을 갖추지 못하여 위헌이라고 본 몇 가지 결정례를 아래에서 본다.

① 동성동본혼인금지규정에 대한 헌법불합치결정

● **판례** 헌재 1997.7.16. 95헌가6 민법 제809조 제1항 위헌제청
[판시] 결국 이 사건 법률조항은 헌법 제10조, 제11조 제1항, 제36조 제1항에 위반될 뿐만 아니라 그 입법목적이 이제는 혼인에 관한 국민의 자유와 권리를 제한할 "사회질서"나 "공공복리"에 해당될 수 없다는 점에서 헌법 제37조 제2항에도 위반된다.

② 노동조합의 정치자금 기부금지 규정에 대한 위헌결정

● **판례** 헌재 1999.11.25. 95헌마154 노동조합법 제12조 등 위헌확인
[판시] 결론적으로, 이 사건 법률조항의 입법목적인 "노동단체의 정치화 방지'나 '노동단체 재정의 부실우려'는 헌

법상 보장된 정치적 자유의 의미에 비추어 입법자가 헌법상 추구할 수 있는 정당한 입법목적의 범위를 벗어난 것으로 판단된다. * 위 위헌결정 이후 노동단체의 정치자금 기부금지 조항이 삭제되어 노동단체의 정치자금 기부가 가능해졌다가 기업의 불법 정치자금제공이 사회적으로 크게 문제되어 2004. 3. 12. 법률 제7191호로 개정된 정치자금법은 기업의 정치헌금을 원천적으로 봉쇄하기 위하여 노동조합을 포함한 모든 단체의 정치자금 기부를 금지하였다. 이 개정된 금지규정에 대해서 헌법소원심판이 청구되었으나 헌재는 이번에는 합헌으로 결정하였다(헌재 2010.12.28. 2008헌바89).

③ 기초의회의원선거 후보자로 하여금 특정 정당으로부터의 지지 또는 추천 받음을 표방할 수 없도록 금지한 구 '공직선거 및 선거부정방지법' 규정에 대한 위헌결정

● **판례** 헌재 2003.1.30. 2001헌가4
[판시] 살피건대, 법 제84조의 입법목적과 관련하여 볼 때, 지방분권 및 지방의 자율성이 보장되도록 하겠다는 것 자체에 대하여는 정당성을 부인할 여지가 없으나, 그를 위해 기초의회의원선거에서 정당의 영향을 배제하고 인물 본위의 투표가 이루어지도록 하겠다는 구체적 입법의도에 대하여는 그 정당성이 의심스럽다. 선거에 당하여 정당이냐 아니면 인물이냐에 대한 선택은 궁극적으로 주권자인 국민의 몫이고, 입법자가 후견인적 시각에서 입법을 통하여 그러한 국민의 선택을 대신하거나 간섭하는 것은 민주주의 이념에 비추어 바람직하지 않기 때문이다.

④ 재외국민의 대통령·국회의원선거권(국정선거권), 국민투표권의 전면적 부정(헌법불합치결정)

● **판례** 헌재 2007.6.28. 2004헌마644
[판시] 공직선거법 제37조 제1항은 단지 주민등록이 되어 있는지 여부에 따라 선거인명부에 오를 자격을 결정하여 선거권 행사 여부가 결정되도록 함으로써, 엄연히 대한민국의 국민임에도 불구하고 주민등록법상 주민등록을 할 수 없는 재외국민의 선거권 행사를 전면적으로 부정하고 있는바, 그와 같은 전면적인 부정에 관해서는 어떠한 정당한 목적도 찾기 어렵다.

⑤ 혼인빙자간음죄에 대한 위헌결정

● **판례** 헌재 2009.11.26. 2008헌바58 형법 제304조 위헌소원
[판시] 이 법률조항 보호법익이 여성의 주체적 기본권으로서 성적자기결정권에 있다기보다는 남성우월의 고전적인 정조관념에 입각한 것임을 보여준다. 따라서 이 형벌규정을 통하여 추구하고자 하는 목적 자체가 헌법에 의하여 허용되지 않는 것으로서 그 정당성이 인정되지 않는다.

⑥ '지역경제육성'과 자도소주구입명령제도의 위헌성

● **판례** 헌재 1996.12.26, 96헌가18 주세법 제38조의 7
[판시] 입법자가 기본권침해를 정당화하는 입법목적으로서의 "지역경제"를 주장하기 위하여는 문제되는 지역의 현존하는 경제적 낙후성이라든지 아니면 특정 입법조치를 취하지 않을 경우 발생할 지역간 심한 경제적 불균형과 같은 납득할 수 있는 구체적이고 합리적인 이유가 있어야 한다. 그러나 자도소주 구입명령제도[소주판매업자가 매월 소주류 총구입액의 100분의 50 이상을 자도소주(그 도에서 생산되는 소주)로 구입하도록 하는 구입명령제도]에 의한 1도 1소주제조업체의 존속유지 그것과 지역경제의 육성 간에 상관관계를 찾아 볼 수 없으므로 "지역경제의 육성"은 기본권침해를 정당화할 수 있는 공익으로 고려하기 어렵다.

⑦ 의사 및 한의사 복수면허 의료인이라고 하더라도, 양방, 한방 중 어느 '하나의' 의료기관 이외에 다른 의료기관의 개설을 금지하는 구 의료법 — 복수면허 의료인은 양방 및 한방 의료행위 양쪽에 대해 지식이 많아 양쪽 의료행위의 내용, 인체에 미치는 영향 등에 대하여 더 유용한 정보를 취득, 적절하게 대처할 수 있는데 이를 금지한 것은 목적정당성과 수단적절성이

없다고 보았다(● 판례 헌재 2007.12.27. 2004헌마1021).

⑧ 경찰조사를 받는 사람의 조사과정의 촬영을 허용한 사법경찰관의 행위 – 사법경찰관이 보도자료 배포 직후 기자들의 취재 요청에 응하여 청구인이 경찰서 조사실에서 양손에 수갑을 찬 채 조사받는 모습을 촬영할 수 있도록 허용한 행위의 목적정당성을 부정한 아래의 결정례가 있다.

● **판례** 헌재 2014.3.27. 2012헌마652
[관련판시] 피청구인(사법경찰관)은 기자들에게 청구인이 경찰서 내에서 수갑을 차고 얼굴을 드러낸 상태에서 조사 받는 모습을 촬영할 수 있도록 허용하였는데, 청구인에 대한 이러한 수사 장면을 공개 및 촬영하게 할 어떠한 공익 목적도 인정하기 어려우므로 촬영허용행위는 목적의 정당성이 인정되지 아니한다(자세한 결정요지는 초상권 부분 참조).

⑨ 대학교원(교육공무원 아닌 대학교원)의 교원노조설립 부정

● **판례** 헌재 2018.8.30. 2015헌가38. [관련판시] 교원노조를 설립하거나 가입하여 활동할 수 있는 자격을 초·중등교원으로 한정함으로써 결과적으로 교육공무원 아닌 대학 교원에 대해서 근로기본권의 핵심인 단결권조차 전면적으로 부정한 측면에 대해서는 입법목적의 정당성을 인정할 수 없고, 수단의 적합성도 인정할 수 없다.

⑩ 혼인한 여성 등록의무자의 경우에만 종전과 동일하게 계속해서 배우자의 직계존·비속의 재산을 등록하도록 규정한 공직자윤리법 부칙 규정 – 본인만의 직계존·비속의 재산을 등록하도록 공직자윤리법이 개정되었음에도 불구하고, 개정 전의 공직자윤리법 조항에 따라 이미 배우자의 직계존·비속의 재산을 등록한 혼인한 여성 등록의무자의 경우에만은 종전과 동일하게 계속해서 배우자의 직계존·비속의 재산을 등록하도록 규정한 공직자윤리법 부칙(2009. 2. 3. 법률 제9402호) 제2조가 평등원칙에 위배된다고 결정하였다(2019헌가3. 이 결정은 평등원칙 심사를 한 것인데 후술하는 대로 평등원칙 심사에서도 엄격심사는 비례원칙 위배 여부 심사를 하는 것인데 이 결정에서 엄격한 평등원칙 심사로서 비례원칙 심사를 했다는 점에서 여기에 분류함). 헌재는 "이 사건 부칙조항은 성별에 의한 차별금지 및 혼인과 가족생활에서의 양성의 평등을 천명하고 있는 헌법에 정면으로 위배되는 것으로 그 목적의 정당성을 발견할 수 없다. 따라서 이 사건 부칙조항은 더 나아가 살필 필요 없이 평등원칙에 위배된다"라고 하여 엄격심사인 비례심사의 제1요소인 목적정당성부터 없다고 보고 더 이상 심사를 하지 않고서도 위헌으로 결정한 것이다.

2) 방법의 적절성

(가) 개념   방법의 적절성이란 기본권을 제한하는 방법(수단)이 제한의 목적을 달성하는 데 효과가 있는 방법이어야 한다는 것을 말한다. 헌재는 "그 목적의 달성을 위하여 그 방법이 효과적이고 적절하여야 하며"라고 한다. 즉 목적과 방법 간에 관련성을 가지는가, 그 방법이 그 목적을 실현할 수 있는 가능성을 가진 것인가 하는 문제이다. 예를 들어 제한목적이 공공복리를 위한 것이라면 공공복리의 효과가 날 수 있는 방법이어야 한다는 것이다. 그 방법이 목적달성가능성을 가지면 기본권제한을 가장 적게 가져오는지는 묻지 않고 이 방법의 적정성은 갖춘

것이 된다. 유효성(실효성), 효과성은 묻지만 그 방법이 가장 적은 비용의 최적의 목적실현을 가져오는지 하는 효율성은 묻지 않는다.[137] 따라서 방법의 적절성을 갖춘 방법은 유일한 것일 수도 있지만 반드시 유일하여야 하는 것이 아니고[138] 여러 가지일 수 있다(방법의 복수성 인정). 제한의 정도, 피해의 정도가 가장 큰 방법이나 가장 적은 방법이나 모두 방법의 적절성은 있다고 보게 된다.

[개념핵심] 결국 방법적절성에서는 목적과 관련된다는 점, 목적의 효과를 가져온다는 점이 가장 핵심이다. 그래서 방법적절성보다는 목적관련성, 목적효과성 등의 용어가 더 적절할 것이기도 하다[후술, (4) 평가와 사견 참조].

(나) 방법의 적절성의 전제로서의 방법의 정당성·합헌성 기본권제한을 위해 동원되는 방법 (수단)은 정당하고도 합헌적인 것이어야 한다. 이 문제는 방법의 적절성의 전제로서 요구된다. 목적을 달성하는 효과가 있는 목적관련적인 방법일지라도 정당하지 않거나 위헌적이라면 이를 받아들일 수 없다. 방법의 정당성·합헌성은 방법의 적절성을 목적과 방법의 관련성만을 의미하는 것으로 본다면 별도의 요소로 볼 수도 있다. 여하튼 방법의 정당성·합헌성은 요구된다.

헌법이 기본권제한방법으로서 채택할 수 없도록 직접 개별적으로 명시하고 있는 경우가 있다. 예를 들어 고문과 형사상 불리한 진술강요의 금지(제12조 제2항), 언론·출판에 대한 허가, 검열, 집회·결사에 대한 허가금지(제21조 제2항)를 들 수 있다. 사실 헌법이 직접 금지하고 있는 이러한 방법을 취한 경우에는 그 자체로 위헌이 된다. 이는 헌법 제37조 제2항의 비례원칙 적용의 결과가 아니라 헌법이 개별적으로 금지하고 있는 그 당해 헌법규정의 위반이다. 대표적인 경우로 언론·출판에 대한 사전검열에 해당되는 제한방법을 취한 경우에는 그것으로 벌써 위헌이 된다(헌법 제21조 제2항 위반). 헌재도 사전검열에 해당되는지 여부를 심사하여 사전검열에 해당하면 비례원칙심사로 나아가지 않는다(2000헌가9).

(다) 목적관련성의 판단 - 효과성 판단

ⅰ) 장래 효과 방법의 적절성 판단에서 방법이 정당하고 합헌적인지, 그리고 그 목적달성에 효과가 있고 그 효과가 정당하고 합헌적인 것인지를 판단하게 된다. 기본권제한 법률이 택한 방법들이 현재 구체적 효과들을 나타낼 때에는 그 효과현상을 보고 판단하면 된다. 적어도 장래 예측가능한 효과에 대해서도 헌재가 판단하게 될 것이다. 그런데 법률은 추상적인 것이므로 현재

---

137) 헌재 2006.6.29. 2002헌바80 [관련판시] 방법의 적절성에 관하여 본다. 법인으로 하여금 각 거래에 대해 계산서를 교부하게 하고 그 합계표를 제출하도록 의무지우며 이를 이행하지 아니하거나 불성실하게 이행하는 경우 가산세로써 제재를 가하는 것이, 근거과세 확립 또는 과세표준 양성화라는 목적을 달성하는 <u>유일한 방법은 아니라 할 것</u>이다. 각 법인에 대해 세무조사를 실시하여 거래내용을 확인하는 방법 등 여러 가지 방법을 생각해 볼 수 있다. 그러나, <u>우리 재판소가 방법의 적절성으로 심사하는 내용은 입법자가 선택한 방법이 최적의 것이었는가 하는 것이 아니고, 그 방법이 입법목적 달성에 유효한 수단인가 하는 점에 한정되는 것</u>이다. 그렇다면 계산서 교부, 합계표 제출의무를 부과하는 것이 과세표준의 양성화에 기여하는 바가 없다고 할 수 없으므로 이 부분에 대한 방법의 적절성은 인정된다. * 그러나 피해최소성이 없다고 하여 위헌결정되었다(그 위헌요지는 아래 피해최소성 부분에서 인용된 것 참조).
138) 헌재 1989.12.22. 88헌가13.

나타나고 있는 효과가 아닌 앞으로 계속 시행이 되어가면서 나타나는 효과도 있을 것이다.

ii) 효과의 정도   헌재는 "수단의 적합성은 입법자가 선택한 방법이 목적 달성에 최적의 것이 아니라 하더라도 그 수단이 입법목적 달성에 유효한 수단이라면 인정된다"라고 한다 (2002헌바80; 2015헌마545 등 참조). 또 "제한의 실효성이 다소 의심된다는 이유만으로 수단의 적합성을 부정할 수 없다"라고도 한다(2008헌마324; 2015헌마545 등 참조).

(라) 판례 – 방법의 적절성이 없다고 본 결정례   방법적절성이 없다는 점으로 비례원칙을 위반하였다고 본 결정례로 아래의 몇 가지를 살펴본다.

i) 생명권   '직사살수행위'(살수차를 이용하여 물줄기가 일직선 형태로 청구인에게 도달되도록 살수하는 행위)의 생명권, 집회의 자유 침해 – 헌재는 청구인이 홀로 경찰 기동버스에 매여 있는 밧줄을 잡아당기고 있어 경찰관과 몸싸움 등 물리적 충돌도 없어 당시 억제할 생명·신체의 위해, 위험 자체가 발생하였다고 보기 어려웠으므로 이 직사살수행위가 불법집회로 인한 위험 억제라는 목적에 기여할 수 있는 수단이었다고 볼 수 없다고 보아 위헌임을 확인하는 결정을 하였다(● 판례 헌재 2020.4.23. 2015헌마1149).

ii) 자기결정권, 직업의 자유 – 자도소주 구입명령제도와 중소기업의 보호

● 판례   헌재 1996.12.26. 96헌가18
[결정요지] 중소기업의 보호란 공익이 자유경쟁질서 안에서 발생하는 중소기업의 불리함을 국가의 지원으로 보완하여 경쟁을 유지하고 촉진시키려는 데 그 목적이 있으므로, 이 법률조항이 규정한 자도소주 구입명령제도는 이러한 공익을 실현하기에 적합한 수단으로 보기 어렵다. … 따라서 이 법률조항은 소주판매업자의 직업의 자유는 물론 소주제조업자의 경쟁 및 기업의 자유, 즉 직업의 자유와 소비자의 행복추구권에서 파생된 자기결정권을 지나치게 침해하는 위헌적인 규정이다.

iii) 일반적 행동자유권, 명예권   공정거래법 "법위반사실의 공표"의 위헌성 – 헌재는 구 '독점규제 및 공정거래법'은 사업자단체의 위반행위가 있을 때 "법위반으로 인한 시정명령을 받은 사실의 공표"가 아니라 "법위반사실의 공표"를 명할 수 있도록 규정하여 공정거래위원회의 행정처분에 의하여 무조건적으로 법위반을 단정, 그 피의사실을 널리 공표토록 하는 것이고 이는 적합한 수단이 아니라 위헌이라고 결정하였다(● 판례 헌재 2002.1.31. 2001헌바43).

iv) 사적 자치권   방법적절성이 없어 사적 자치권 침해로 본 예로 상속에 관한 것이 있었는데 다음의 결정들이 있었다. ① 상속인이 귀책사유 없이 상속채무가 적극재산을 초과하는 사실을 알지 못하여 상속개시 있음을 안 날로부터 3월 내에 한정승인 또는 포기를 하지 못한 경우에도 단순승인을 한 것으로 보는 구 민법 제1026조 제2호(● 판례 96헌가22 헌법불합치결정), ② 상속회복청구권의 행사기간을 상속 개시일로부터 단기인 10년으로 제한한 구 민법 제999조 제2항 규정(● 판례 99헌바9 위헌결정)에 대해 모두 방법적정성을 갖추지 못한 것으로 보았다.

(마) 자유권

i) 정치적 표현의 자유   ① 기초의회의원선거 후보자로 하여금 특정 정당으로부터의 지지 또는 추천 받음을 표방할 수 없도록 한 구 '공직선거 및 선거부정방지법' 규정에 대한 위헌결정

● **판례** 헌재 2003.1.30. 2001헌가4

[결정요지] 후보자가 정당의 지지·추천을 받았는지 여부를 유권자들이 알았다고 하여 이것이 곧 지방분권 및 지방의 자율성 저해를 가져올 것이라고 보기에는 그 인과관계가 지나치게 막연하다. 한편, 후보자가 정당에 대해 지지를 표방하거나 정당이 독자적으로 후보자에 대한 지지를 밝히는 행위 혹은 후보자가 당선 후에 소속 정당을 위해 의정활동을 벌이는 행위 등에 대해서는 이를 규제할 법적 근거가 없다. 이러한 법적 상황에서 단지 후보자가 유권자들에게 정당의 지지·추천 받은 사실을 알리지 않는다고 하여 과연 정당의 영향이 효과적으로 배제될 수 있을지도 매우 불확실하다. 따라서, 수단의 적합성을 인정하기 어렵다. * 동지: 2003헌가9등.

② 인터넷 활용, SNS활용 선거운동금지의 위헌성 인정 - 헌재는 탈법방법에 의한 문서·도화의 배부·게시를 금지하는 공직선거법 제93조 제1항의 '기타(그 밖에) 이와 유사한 것'에 인터넷 활용, 트위터 등 SNS에 의한 방법, 즉 '정보통신망을 이용하여 인터넷 홈페이지 또는 그 게시판·대화방 등에 글이나 동영상 등 정보를 게시하거나 전자우편을 전송하는 방법'이 포함되는 것으로 해석하는 한 헌법에 위반된다는 한정위헌결정을 하였다.

● **판례** 헌재 2011.12.29. 2007헌마1001

[판시요약] 정치적 표현 및 선거운동의 자유의 중요성을 고려하면, 그리고 인터넷은 누구나 손쉽게 접근 가능한 매체이고, 비용이 매우 저렴하여 선거운동비용을 획기적으로 낮출 수 있는 정치공간으로 오히려 매체의 특성 자체가 '기회의 균형성, 투명성, 저비용성의 제고'라는 공직선거법의 목적에 부합하는 것이라고도 볼 수 있어 그 제한이 후보자 간의 경제력 차이에 따른 불균형이라는 폐해를 방지한다는 입법목적의 달성을 위한 적절한 수단이라 할 수 없다.

ii) 결사의 자유

① 검찰총장의 퇴직일부터 2년간 정당활동 제한의 위헌성

● **판례** 헌재 1997.7.16. 97헌마26

[심판대상] 검찰총장은 퇴직일부터 2년 이내에는 정당의 발기인이 되거나 당원이 될 수 없다고 금지한 구 검찰청법 규정 [결정요지] 검찰의 정치적 중립은 검찰총장을 비롯한 모든 검사가 이에 대한 확고한 소신 아래 구체적 사건의 처리에 있어 공정성을 잃지 않음으로써 확보될 수 있는 성질의 것이지 검찰총장 퇴직후 일정기간 동안 정당의 발기인이나 당원이 될 수 없도록 하는 규정만으로 그 입법목적을 얼마나 달성할 수 있을지 그 효과에 있어서도 의심스럽다.

② 축산업협동조합의 복수설립금지규정에 대한 위헌결정

● **판례** 헌재 1996.4.25. 92헌바47

[심판대상] 축협조합의 구역 내에는 같은 업종의 조합을 2개 이상 설립할 수 없다고 금지한 구 축산업협동조합법 규정. [결정요지] 이 심조항은 조합구역을 같이 하는 동종의 업종별축협이 복수로 설립되는 것을 금하고 있으므로 조합공개의 원칙에 반하고 협동조합의 본질에 반하게 된다. 이 조항은 입법목적의 달성을 위하여 조합에 대한 국가의 지원과 감독권의 적절한 행사나 그 밖에 협동조합의 본질에 반하지 않는 수단들을 통하여서도 달성할 수 있을 것임에도, 앞서 살펴 본 바와 같이 결사의 자유 등 기본권의 본질적 내용을 해하는 복수조합설립금지라는 수단을 선택한 것은 현저하게 불합리하고 불공정한 것이므로 이는 위헌임이 명백하다.

iii) 재산권

① 국세의 1년간 소급우선징수 규정

● **판례** 헌재 1990.9.3. 89헌가95

[결정요지] 조세의 우선징수의 필요성은 일반적으로 긍인(肯認)되고 있는 바이므로 위 국세기본법 조항의 목적의 정당성은 일응 인정할 수 있다고 할 것이다. 그러나 과세관청이 아닌 담보물권자가 담보권설정채무자의 장래에의

조세채무의 발생 및 체납여부를 예측한다는 것은 매우 기대하기 어려운 것이라는 점 등을 종합하면 이 사건 심판 대상의 규정은 방법의 적정성의 원칙에 반하는 것은 물론, 법익의 균형성 또는 피해의 최소성의 원칙에도 문제가 있는 것이다. * 조세 발생을 예측할 수 있으면 그만큼 대출에서 제외할수 있었는데 그렇지 못하여 담보권자에 대한 불측의 재산권 침해라고 본 것이다.

② 공무원의 신분, 직무상 의무와 관련이 없는 범죄의 경우에도 퇴직급여 등을 제한하는 것의 위헌성 – 공무원 또는 공무원이었던 자가 재직 중의 사유로 금고 이상의 형을 받은 때에는 대통령령이 정하는 바에 의하여 퇴직급여 및 퇴직수당의 일부를 감액하여 지급하도록 한 구 공무원연금법 제64조 제1항 제1호가 방법의 적절성, 피해의 최소성을 갖추지 못하여 재산권을 침해하는 위헌규정이라고 결정한 바 있다.

● **판례** 헌재 2007.3.29. 2005헌바33
[결정요지] 공무원의 신분이나 직무상 의무와 관련이 없는 범죄의 경우에도 퇴직급여 등을 제한하는 것은, 공무원 범죄를 예방하고 공무원이 재직중 성실히 근무하도록 유도하는 입법목적을 달성하는 데 적합한 수단이라고 볼 수 없다. 그리고 특히 과실범의 경우에는 공무원이기 때문에 더 강한 주의의무 내지 결과발생에 대한 가중된 비난가능성이 있다고 보기 어려우므로, 퇴직급여 등의 제한이 공무원으로서의 직무상 의무를 위반하지 않도록 유도 또는 강제하는 수단으로서 작용한다고 보기 어렵다. * 군인연금법 규정에 대한 비슷한 취지의 결정: 2008헌가1.

③ 퇴직 후 범죄에 대한 공무원퇴직급여 환수 – 구 공무원연금법 제64조 제3항의 급여제한의 급여제한을 '재직 중의 사유'(이것은 합헌)가 아닌 '퇴직 후의 사유'에도 적용하는 것이 방법적절성을 결여한 것이어서 재산권을 침해하는 위헌이라고 보아 한정위헌결정을 하였다.

● **판례** 헌재 2002.7.18. 2000헌바57 한정위헌결정
[결정요지] 공무원으로서의 직무상 의무인 성실의무, 복종의무 등은 퇴직한 후에도 계속 부담하는 것으로는 볼 수 없다. 이 법률조항에 의한 급여제한의 사유가 퇴직 후에 범한 죄에도 적용되는 것으로 보는 것은, 입법목적을 달성하기 위한 방법의 적정성을 결하고, 과잉금지의 원칙에 위배하여 재산권의 본질적 내용을 침해하는 것으로 헌법에 위반된다. [주문] 공무원연금법 제64조 제3항은 퇴직 후의 사유를 적용하여 공무원연금법상의 급여를 제한하는 범위내에서 헌법에 위반된다. * 이 결정에 대해서는 앞의 명확성원칙, 뒤의 법익균형성 부분 참조.

iv) 직업의 자유 직업의 자유에는 직업을 선택할 자유와 선택된 직업에 종사(직업수행, 영업)할 자유가 있다(후술 직업의 자유 참조).

① 직업선택의 자유 – 방법적절성결여의 직업선택자유 침해 인정의 다음 결정례들이 있었다. ㉠ 세무사 자격 보유 변호사에 대한 세무사업무 금지의 직업선택자유 침해 – 헌재는 세무사 자격 보유 변호사에 대해 세무사업무를 할 수 없게 등록을 금지하는 세무사법규정이 세무사업무를 전면적으로 금지하고 있으므로 수단의 적합성조차 없다고 보았다(헌재 2018.4.26. 2015헌가19 * 뒤의 기본권각론, 직업선택의 자유 부분도 참조). ㉡ 세무사 자격 보유 변호사에 대해 (역시 등록이 안게 금지되어) 세무조정업무를 일체 할 수 없도록 하는 법인세법, 소득세법 규정이 과잉금지원칙을 위배하여 직업선택의 자유를 침해한다는 결정에서도 전면적 금지를 하고 있으므로 수단의 적합성조차 없다고 보았다(헌재 2018.4.26. 2016헌마116 * 뒤의 기본권각론, 직업선택의 자유 부분도 참조).

574 제 1 편 기본권 총론

ⓒ 비영리법인만에 의한 지적측량 업무 대행인정의 직업선택자유 침해

● **판례** 헌재 2002.05.30. 2000헌마81.
[판시사항] 지적측량 업무를 비영리법인만 대행할 수 있도록 규정한 구 지적법 제41조 제1항이 과잉금지원칙에 위배되어 지적기술자의 자격을 취득한 개인이나 그들로 구성된 영리법인 등의 직업선택의 자유를 침해한다(헌법불합치결정). [결정요지] … (2) 수단의 적합성 – 초벌측량을 주된 목적사업으로 하여 비영리법인이 설립되었다고 하는 사정은 그 자체로 초벌측량을 수행하겠다는 의미 이상이 될 수 없으므로, 그 측량성과의 정확성 확보와는 별개의 것이다. 그러므로, 이와 같은 비영리법인의 설립요건은 초벌측량으로 인한 측량성과의 정확성을 확보한다고 하는 입법목적의 달성과는 무관하므로, 그 수단의 적합성부터 인정할 수 없다.

ⓓ 국가인권위원회 위원은 퇴직 후 2년간 교육공무원이 아닌 공무원으로 임명되거나 공직선거에 후보자로 출마할 수 없도록 금지하는 규정을 두고 있었는데 헌재가 오히려 위원의 직무수행의 성실성과 공평성을 저해하는 요인이 될 수도 있다고 하여 수단적합성이 없다고 보았고, 위헌결정을 하였으며 삭제되었다(● **판례** 헌재 2004.1.29. 2002헌마788). ⓔ 의사 및 한의사 복수면허 의료인이라고 하더라도, 양방, 한방 중 어느 '하나의' 의료기관 이외에 다른 의료기관의 개설을 금지하는 구 의료법 – 위에서 목적정당성이 없다고 본 사안인데 함께 수단적정성도 없다고 본 결정이다(● **판례** 헌재 2007.12.27. 2004헌마1021).

② 그냥 직업의 자유 침해라고 한 결정례로, 졸업자의 교통사고비율에 따른 자동차운전학원 운영정지의 위헌성을 인정한 아래의 결정례가 있다.

● **판례** 헌재 2005.7.21. 2004헌가30
[쟁점] '자동차운전전문학원을 졸업하고 운전면허를 받은 사람 중 교통사고를 일으킨 비율이 대통령령이 정하는 비율을 초과하는 때'에는 학원의 등록을 취소하거나 1년 이내의 운영정지를 명할 수 있도록 한 구 도로교통법 제71조의15 제2항 제8호의 '교통사고' 부분 조항이 운전전문학원 운영자의 직업의 자유를 침해하는지 여부 [결정요지] 운전교육과 기능검정이 철저하더라도 교통사고는 우연적 사정과 운전자 개인의 부주의로 발생할 수 있다는 것을 감안하면, 교통사고를 예방하고 운전교육과 기능검정을 철저히 하도록 한다는 입법목적은 이 사건 조항으로 인하여 효과적으로 달성된다고 할 수 없다. 운전교육 및 기능검정의 내실화 및 이를 통한 교통사고 예방은 이 사건 조항이 아니더라도 운전전문학원의 지정 요건과 교육내용, 기능검정 등에 관하여 마련되어 있는 도로교통법과 동법시행령·시행규칙의 구체적이고 자세한 규정들이 제대로 집행된다면 가능하다. 이 사건 조항은 입법목적을 달성하기 위한 수단으로서 부적절하다.

(바) 생존권 – 근로3권의 단결권

대학교원(교육공무원 아닌 대학교원)의 교원노조설립 부정 – 헌재는 대학교원(교육공무원 아닌 대학교원, 즉 사립대교원)에 대한 이러한 부정은 근로기본권의 핵심인 단결권조차 전면적으로 부정한 측면에 대해서는 수단적합성도 없다고 보았다(● **판례** 헌재 2018.8.30. 2015헌가38. [관련판시] 입법목적의 정당성을 인정할 수 없고, 수단의 적합성도 인정할 수 없다).

(사) 공무담임권, 피선거권

① 제대군인 가산점 위헌결정

● **판례** 헌재 1999.12.23. 98헌마363.
[결정요지] 가) 가산점제도의 입법목적 – 제대군인이 아닌 사람에 비하여 상대적으로 불리한 처지에 놓이게 된 제대군인의 사회복귀를 지원한다는 것은 입법정책적으로 얼마든지 가능하고 또 매우 필요하다고 할 수 있으므로 이

입법목적은 정당하다. 나) 차별취급의 적합성 여부 – 여성과 장애인에 대한 차별금지와 보호는 이제 우리 법체계 내에 확고히 정립된 기본질서라고 보아야 한다. 그런데 가산점제도는 공직수행능력과는 아무런 합리적 관련성을 인정할 수 없는 성별 등을 기준으로 여성과 장애인 등의 사회진출기회를 박탈하는 것이므로 정책수단으로서의 적합성과 합리성을 상실한 것이다.

② 과도한 기탁금규정에 대한 위헌결정

● **판례** 헌재 2001.7.19. 2000헌마91
[결정요지] 구 '공직선거 및 선거부정방지법' 규정이 2천만원의 기탁금을 국회의원선거 후보자등록의 요건으로 일률적·절대적으로 요구하는 것은 후보자난립방지라는 목적을 공평하고 적절히 달성하지도 못하면서, 진실된 입후보의 의사를 가진 많은 국민들, 특히 서민층과 젊은 세대들로 하여금 오로지 고액의 기탁금으로 인한 경제적 부담으로 말미암아 입후보 등록을 포기하지 않을 수 없게 하고 있으므로 이들의 평등권과 피선거권, 유권자들의 선택의 자유를 침해하는 것이다.

3) 피해최소성(침해최소성)

* 용어의 문제: 헌재는 요즈음 '침해최소성' 이란 용어를 주로 사용하고 있다. '피해'란 용어가 심사를 거쳐 확인되지 않은 상황에서 강한 인식을 준다고 보는지 모르겠다. 헌재가 제한이 헌법이 허용하는 정도를 벗어난 것이라고 판단될 때부터 '침해'라고 쓰는 자신의 용어사용에 비추어 보면 헌법의 제한허용범위를 벗어났는지를 판단하는 과잉금지원칙심사 단계에서는 '제한'의 최초성이라는 용어가 더 적절할 것이다. 여하튼 이하에서 혼용한다.

(가) 개념 헌재는 피해최소성을 "입법권자가 선택한 기본권제한의 조치가 입법목적 달성을 위하여 설사 적절하다 할지라도 가능한 한 보다 완화된 형태나 방법을 모색함으로써 기본권의 제한은 필요한 최소한도에 그치도록 하여야 하며"라고 한다. 피해최소성이란 기본권제한에 있어서 목적달성에 필요한 최소한의 제한조치를 취하고 가장 피해가 적게 나타나는 방법으로 제한을 하여야 한다는 비례원칙의 요구를 말한다. 예를 들어 위법행위에 대한 제재를 가하여 기본권제한을 가져오는 경우에서 그 위법성이 약한 정도인가 강한 정도인가 하는 경중에 따라 제재의 정도도 상응하여 비례적으로 가해져야 한다. 즉 경미한 영업의무 위반에 대해 경고처분 정도로 충분한 제재가 됨에도 더 강한 제재인 영업의 정지처분이나 허취소가처분을 하는 것은

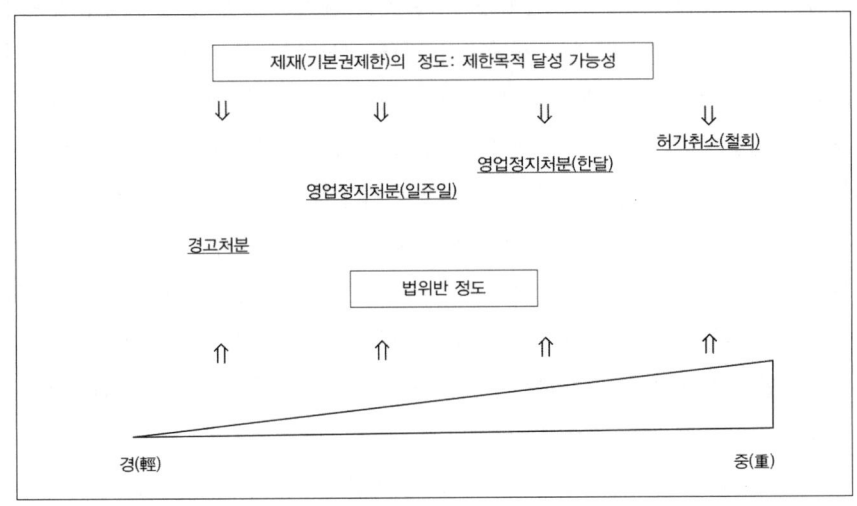

❑ 기본권제한의 피해최소성 도해: 행정(제재)처분에서의 예시적 도해

바로 피해최소성원칙에 위배되는 것이다.

목적은 대개 정당성을 가지는 경우가 많고 방법도 목적관련성을 가지는 경우가 많다. 한편 과잉하다는 것이 지나친 제한이고 최소제한이 아니라는 의미이고 비례(과잉금지)원칙은 가능한 한 기본권제한을 억제하고 최소한에 그치도록 하는 것이므로 결국 비례원칙에서 매우 핵심적인 것은 피해최소성에 있다고 할 것이다. 현실적으로도 빈번히 검토되고 유의되어야 할 점은 피해최소성을 갖추었느냐 하는 것이다. 실제 헌재가 비례원칙 위반으로 위헌이라고 결정한 사례들 중에 이 피해최소성의 위배를 이유로 한 것을 많이 볼 수 있다.

> * **유의**: 변호사시험에서 채점관을 가장 짜증나게 하는 일들 중 하나로 "목적정당성이란 목적이 정당하여야 함을 말하고 방법적절성은 방법이 적절하여야 함을 말하며, 피해를 최소로 가져오는 방법이어야 한다는 것이 피해최소성이다"라는 답안이다. 동어반복의 극대라는 것은 차치하고 '이러려고 답 쓰고 채점하는 시간을 버렸나'라는 짜증이다. "목적정당성은 헌법 제37조 제2항에 나오는 3가지 목적을, 방법의 적절성은 목적달성가능성(효과성), 피해최소성은 보다 완화된 다른 방법이 없어야 한다"라는 점을 적시해야 한다.

(나) **판단방법**   통상 피해최소성의 충족 여부는 ⅰ) 기본권제한이 목적의 달성에 필요한 범위에 그쳤는지 여부(예를 들어 어떠한 영업행위를 완전히 금지하지 않고 청소년보호라는 목적을 위해 청소년출입이 우려되어 규제가 필요한 시간대에만 영업금지를 하는 것), ⅱ) 기본권제한목적의 달성을 가능하게 하는 방법으로서 보다 피해가 적은 완화된 다른 방법, 즉 대안이 있느냐를 살펴봄으로써 판단되어진다(예를 들어 공공복리라는 제한목적의 달성을 위하여 일정한 행위를 금지하는 기본권제한규정을 위반한 경우에 징역이나 벌금 등의 형사처벌을 하기보다는 과징금을 부과하는 것으로도 그 금지효과가 있다면 과징금부과가 대안으로 채택될 수 있을 것임). ⅲ) 입법자의 장래효과 예측에 대한 헌재의 판단 정도 - 피해최소성에 대한 판단을 위해서는 방법의 적절성, 즉 목적관련성을 가지는 방법들이 가지는 법적 효과를 측정하여야 한다. 이와 관련하여 현재가 아닌 장래에 발생될 효과에 대한 논의가 있다. 즉 헌재는 "기본권을 제한하는 법률의 위헌성여부가 미래에 나타날 법률 효과에 달려 있다면, 헌법재판소가 과연 어느 정도로 이에 관한 입법자의 예측판단을 심사할 수 있으며, 입법자의 불확실한 예측판단을 자신의 예측판단으로 대체할 수 있는 것일까?"라고 문제제기를 하였다. 그리고 헌재는 "법률이 제정되면 미래에 있어서 작용하고 효과를 발생시키므로, 입법자는 법률의 형태로써 정치적 결정을 내리는 과정에서 법률과 법현실과의 관계에 관한 일정한 예측으로부터 출발한다. 그러나 이러한 예측판단에는 항상 불확실한 요소가 내재되어 있다. 따라서 헌법재판소의 규범심사과정에서 결정의 전제가 되는 중요한 사실관계가 밝혀지지 않는다든지 특히 법률의 효과가 예측되기 어렵다면, 이러한 불확실성이 공익실현을 위하여 국민의 기본권을 침해하는 입법자와 기본권을 침해당하는 국민 중에서 누구의 부담으로 돌아가야 하는가 하는 문제가 제기된다"라고 한다. 그러면서 두 가지 경우로 나누어 ㉠ "법률이 개인의 핵심적 자유영역(생명권, 신체의 자유, 직업선택의 자유 등)을 침해하는 경우 이러한 자유에 대한 보호는 더욱 강화되어야 하므로, 입법자는 입법의 동기가 된 구체적 위

험이나 공익의 존재 및 법률에 의하여 입법목적이 달성될 수 있다는 구체적 인과관계를 헌법재판소가 납득하게끔 소명·입증해야 할 책임을 진다고 할 것이다"라고 하고 ⓛ "반면에, 개인이 기본권의 행사를 통하여 일반적으로 타인과 사회적 연관관계에 놓여지는 경제적 활동을 규제하는 사회·경제정책적 법률을 제정함에 있어서는 입법자에게 보다 광범위한 형성권이 인정되므로, 이 경우 입법자의 예측판단이나 평가가 명백히 반박될 수 있는가 아니면 현저하게 잘못되었는가 하는 것만을 심사하는 것(명백성통제에 그침)이 타당하다"라고 한다.139) 위와 같은 기준을 헌재가 설정하게 된 결정례는 의료요양기관강제지정제도에 대한 위헌주장의 위헌소원사건이었는데 헌재는 강제지정제도에 대해서는 명백성통제에 그쳐야 한다고 하면서 판단결과 피해최소성 위반을 부정하여 합헌으로 결정하였다.

● **판례** 헌재 2002.10.31. 99헌바76
[결정요지] (1) 기본권을 제한하는 법률의 위헌성여부가 미래에 나타날 법률 효과에 달려 있다면, 헌법재판소가 과연 어느 정도로 이에 관한 입법자의 예측판단을 심사할 수 있는 것일까? … (위 본문에 인용한 내용). (2) '의료행위'의 사회적 기능이나 사회적 연관성의 비중은 매우 크다고 할 수 있다. 이러한 관점에서 볼 때, '국가가 강제지정제를 택한 것은 최소침해의 원칙에 반하는가'에 대한 판단은 '입법자의 판단이 현저하게 잘못되었는가'하는 명백성의 통제에 그치는 것이 타당하다고 본다. 요양기관 강제지정제가 입법목적을 달성할 수 있는 유효한 수단 중에서 가장 국민의 기본권을 적게 침해하는 수단에 해당하는가 하는 문제가 제기된다. 입법자가 강제지정제를 채택한 것은 첫째, 의료보험의 시행은 인간의 존엄성실현과 인간다운 생활의 보장을 위하여 헌법상 부여된 국가의 사회보장의무의 일환으로서 이를 위한 모든 현실적 여건이 성숙될 때까지 미루어질 수 없는 중요한 과제라는 규범적 인식, 둘째, 우리의 의료기관 중 공공의료기관이 약 10여 %에 불과하기 때문에 민간의료기관을 의료보험체계에 강제로 동원하는 것이 의료보험의 시행을 위해서는 불가피하다는 현실적 인식에 기초하고 있는 것으로 보인다. 더욱이 국가는 이미 1977년 계약지정제를 일시적으로 도입한바 부정적인 경험을 하였는바, 이러한 관점 등을 고려할 때, 입법자가 계약지정제를 취하는 경우 의료보장이란 공익을 실현할 수 없다는 현실 판단이 잘못되었다고 할 수 없으므로, 강제지정제를 택한 것은 최소침해의 원칙에 위반되지 않는다.

(다) 심사정도   헌재는 ① "입법자가 택한 수단보다 국민의 기본권을 덜 침해하는 수단이 존재하더라도 그 다른 수단이 효과 측면에서 입법자가 선택한 수단과 동등하거나 유사하다고 단정할 만한 명백한 근거가 없는 이상, 그것이 과잉금지원칙에 반한다고 할 수는 없다"라고 한다.140) ② 입법재량이 광범위한 사안에서 피해최소성심사에서 명백성심사로 완화된다고 본다. 그 일례로 주민소환제에 관한 다음의 결정례를 들 수 있다. 주민소환의 청구사유에 관하여 아무런 규정을 두지 않은 것, '주민소환에 관한 법률' 제7조 제1항 제2호 중 시장에 대한 부분이 당해 지방자치단체 주민소환투표청구권자 총수의 100분의 15 이상 주민들만의 서명으로 당해 지방자치단체의 장에 대한 주민소환투표를 청구할 수 있도록 한 것 등이 과잉금지원칙에 위반한다는 주장의 헌법소원사건이었다. 헌재는 위와 같은 심사방법을 제시하면서 판단결과 합헌성을 인정하였다.

● **판례** 헌재 2009.3.26. 2007헌마843
[판시] 나. 심사의 방법 - … 입법자는 주민소환제의 형성에 있어 광범위한 입법재량을 갖고 있다 … 과잉금지원

---

139) 헌재 2002.10.31. 99헌바76.
140) 헌재 2009.11.26. 2008헌마114; 2012.8.23. 2010헌가65.

칙을 심사하면서 피해의 최소성을 판단함에 있어서는 입법재량의 허용 범위를 고려하여 구체적으로는 '입법자의 판단이 현저하게 잘못 되었는가' 하는 명백성의 통제에 그치는 것이 타당하다.

위 (나) iii)의 ㉡에서 언급한 대로 "개인이 기본권의 행사를 통하여 일반적으로 타인과 사회적 연관관계에 놓여지는 경제적 활동을 규제하는 사회·경제정책적 법률을 제정함에 있어서는 입법자에게 보다 광범위한 형성권이 인정되므로, 이 경우 입법자의 예측판단이나 평가가 명백히 반박될 수 있는가 아니면 현저하게 잘못되었는가 하는 것만을 심사하는 것(명백성통제에 그침)이 타당하다"라고 한다.[141]

결국 입법재량(형성)이 넓게 인정될수록 명백성통제에 그치고 피해최소성심사가 완화된다.

③ 헌재는 상업광고의 규제에 대한 위헌심사에서 '피해최소성' 심사를 완화하여 한다고 판시한 바 있다(뒤의 언론의 자유 참조).

(라) 피해최소성 위반사례의 몇 가지 유형　피해최소성의 구체적 적용을 이해하기 위하여 그동안 우리 헌재의 결정례에 나타난 위반사례 유형을 살펴본다.

가) 완화된 방법의 존재　기본권제한을 완화하는 방법이 존재하는 경우에 피해최소성을 위반하는 것이 된다. 대표적인 예로 지적측량(초벌측량) 업무를 비영리법인만 대행할 수 있도록 한 구 지적법규정이 헌법불합치결정을 받은 아래와 같은 예를 볼 수 있다.

● **판례**　헌재 2002.5.30. 2000헌마81 헌법불합치결정
[결정요지] 피해의 최소성 – 대행자에 의한 초벌측량이 선행되고 지적직공무원의 검사측량이 뒤따르는 2원적 측량구조에서 그 대행자와 지적직공무원은 서로 동일한 기술자격을 취득하여(법 제40조 제1항) 엄격한 사후관리를 받고 있다(자격기본법 제5조 등). 이에 더하여 법 제41조 제2항 등 초벌측량 대행업무의 전반에 걸쳐 구체적이고 상세한 행정감독 규정을 두고 있다. 그럼에도 입법자가 그 측량성과의 정확성 확보에 미흡하다는 판단을 한다면 지적측량을 대행하는 자에게 지적직공무원에 준하는 결격사유를 설정하든지, 허위측량에 대한 제재와 아울러 측량도서를 실명화하는 방안 등을 강구할 수도 있고(동법시행령 제22조·제26조), 그 인적 구성이나 기술능력 및 장비기준 등의 등록요건을 요구할 수도 있다. 그렇다면, 이와 같이 한층 완화된 제한수단을 외면한 채 오히려 입법목적을 달성하는 효과의 면에서 적합하지도 아니한 비영리법인의 설립요건과 같이 그 제한의 강도가 높은 수단을 선택한 것은 피해의 최소성 원칙에 위반된다.

나) 의무부과 없이도 목적실현이 가능한 경우　헌재는 "아예 국민에게 의무를 부과하지 아니하고도 그 목적을 실현할 수 있음에도 불구하고 국민에게 의무를 부과하고 그 의무를 강제하기 위하여 그 불이행에 대해 제재를 가한다면 이는 "최소침해성의 원칙"에 위배된다"라고 한다. 이에 관한 결정례로 등기부에 의하여 전산으로 관리되어 계산서 교부 또는 합계표 제출을 강제하지 않더라도 손쉽게 거래내용을 확인할 수 있는 부동산의 경우까지 이를 교부, 제출하도록 하고 미교부 또는 미제출시 공급가액의 100분의 1이라는 일률적이고 과중한 세율의 가산세를 부과하는 구 법인세법 규정에 대해 헌재는 피해최소성원칙에 반한다고 하여 위헌으로 결정하였다.

● **판례**　헌재 2006.6.29. 2002헌바80
[결정요지] 과세관청은 교부, 제출에 의하지 아니하더라도 부동산등기법이나 부동산등기특별조치법에 의하여 등기소나 검인관청으로부터 거래자료를 송부받아 그 거래 내용을 파악하고 관리할 수 있는 방도를 법적으로 확보하고

있음에도 불구하고, 납세자들로 하여금 부가적으로 위와 같은 의무를 부담하게 하여 최소성원칙에 어긋나 납세자의 재산권을 침해한다.

다) 기본권행사 '여부'에 대한 제한   헌재는 우선 기본권을 보다 적게 제한하는 단계인 기본권행사의 '방법'에 관한 규제로써 공익을 실현할 수 있는가를 시도하고 이러한 방법으로는 공익달성이 어렵다고 판단되는 경우에 비로소 그 다음 단계인 기본권행사의 '여부'에 관한 규제를 선택해야 한다고 본다. 기본권행사 '방법'에 관한 규제로도 목적달성이 되는데도 불구하고 기본권을 보다 강하게 제한하는 행사 '여부'에 대한 제한까지 나아가는 것은 지나치다는 것이다. 이 판례법리는 기부금품의 모집행위를 원칙적으로 금지하면서 오로지 법에 정한 일정한 목적의 경우(동법이 정해놓은 '국제적으로 행해지는 구제금품' 등 7가지 목적의 경우)에 한하여 당시 내무부장관 등의 허가를 받아야만 모집행위를 할 수 있도록 하고 허가를 받지 아니한 모집행위를 형사처벌을 하도록 규정한 구 기부금품모집금지법 규정이 행복추구권의 과도한 제한으로 위헌이라고 판단한 결정에서 제시되고 적용된 것이다. 이 사안은 법이 정한 위 목적에 해당되지 않으면 아예 모집이 금지되었다는 점에서 기본권행사 '여부'(가부)에 대한 제한이라고 본 것이다.

● **판례** 헌재 1998.5.28. 96헌가5
[결정요지] 법 제3조에 규정된 모집목적(* 동법이 정해놓은 7가지 목적 – 저자 주)을 충족시키지 못하는 경우에는 기부금품을 모집하고자 하는 자는 기본권을 행사할 수 있는 길이 처음부터 막혀 있다. 따라서 법 제3조에서 허가의 조건으로서 기부금품의 모집목적을 제한하는 것은 기본권행사의 '방법'이 아니라 '여부'에 관한 규제에 해당한다. 그러나 규율 형태에 있어서 모집목적에 관한 제한보다는 기본권의 침해를 적게 가져오는 그 이전 단계인 모집절차 및 그 방법과 모집된 기부금품의 사용에 대한 통제를 통하여, 즉 기본권행사의 '방법'을 규제함으로써 충분히 입법목적을 달성할 수 있다고 보여진다. 따라서 모집목적의 제한을 통하여 모집행위를 원칙적으로 금지하는 법 제3조는 입법목적을 달성하기에 필요한 수단의 범위를 훨씬 넘어 기본권을 과도하게 침해하는 위헌적 규정이다.

* 위 법리를 적용한 위헌성인정 결정례들로 다음의 결정들이 있었다.
① 위에서 본 구 기부금품모집금지법 결정,
② 특별시·광역시에 있어서 택지의 소유상한을 660㎡(200평)으로 정한 구 '택지소유상한에 관한 법률'(현재는 폐지되고 없음)에 대한 헌법불합치결정,

● **판례** 헌재 1999.4.29. 94헌바37
[판시] 침해의 최소성의 관점에서, 개인이 가구별 소유상한을 초과하여 택지를 소유하거나 법인이 택지를 소유하고자 하는 경우에는 법에 정해진 사유에 해당하는 경우를 제외하고는 허가를 받을 수 없으므로, 이 경우 택지재산권을 행사할 수 있는 길이 처음부터 막혀 있다. 따라서 법이 택지소유 상한을 정한 것은 기본권 행사의 방법이 아니라 그 가부에 관한 규제에 해당한다. 어떠한 경우에도 어느 누구라도 660㎡를 초과하는 택지를 취득할 수 없게 한 것은, "적정한 택지공급"이라고 하는 입법목적을 달성하기 위하여 필요한 정도를 넘는 과도한 제한이다. (* 이 결정은 택상법 전체에 대한 헌법불합치결정이었다. 저자로서는 이 결정의 결론에 대해서는 수긍하기 힘들다).

③ 구 행형법상 징벌의 일종인 금치처분을 받은 자에 대하여 금치기간 중 집필을 전면 금지한 구 행형법시행령 규정이 과잉금지의 원칙에 위반된다고 한 위헌결정(● 판례 헌재 2005.2.24. 2003헌마289).

* 허가의 요건과 절차를 규정하지 않고 <u>허가여부를 행정청의 자유재량에 맡긴 경우</u> – 위

의 기본권행사 '여부'의 제한 문제에 결부된 문제가 위 기부금품모집금지법 사건에서와 같이 허가의 요건과 절차를 규정하지 않고 허가여부를 행정청의 자유재량에 맡긴 경우의 문제(그렇게 맡김으로써 기본권행사 '여부'에 대한 제한이 되었다)이다. 그러한 예로 위에서 살펴본 구 기부금품모집금지법 규정에 대한 위헌결정의 예를 볼 수 있다(위 96헌가5).

라) 포괄적·전면적 금지   필요한 정도의 금지를 넘어서 포괄적·전면적 금지를 하는 것은 피해최소성원칙에 반한다. 다음의 전형적인 예들을 볼 수 있다.

(a) 포괄적 겸직금지 – 행정사(行政士)에 대해서는 행정사법에 규정된 업무 외의 모든 업무에 대하여 포괄적으로 겸직을 금지한 구 행정사법 제35조 제1항 제1호에 대해 헌법재판소는 행정사의 겸직을 허용하는 경우 폐해의 발생가능성이 있다거나 업무의 공정성이 저해될 수 있는 업무범위에 한정하여 금지하지 않아 최소침해성원칙에 명백히 위배된다고 보았다(● 판례 헌재 1997.4.24. 95헌마90).

(b) 인터넷 활용, SNS활용 선거운동 일체 금지의 위헌성 인정 – 헌재는 탈법방법에 의한 문서·도화의 배부·게시를 금지하는 공직선거법 제93조 제1항의 '기타(그 밖에) 이와 유사한 것'에 인터넷 활용, 트위터 등 SNS에 의한 방법, 즉 '정보통신망을 이용하여 인터넷 홈페이지 또는 그 게시판·대화방 등에 글이나 동영상 등 정보를 게시하거나 전자우편을 전송하는 방법'이 포함되는 것으로 해석하는 한 헌법에 위반된다는 한정위헌결정을 하였다.

> ● **판례** 헌재 2011.12.29. 2007헌마1001
> [판시요약] 금지기간이 장기라는 점(선거일 전 180일부터 선거일까지), 허위사실공표나 비방 등을 처벌하는 조항을 따로 두고 있다는 점에서 피해최소성 요건을 충족시키지 못한다. 이 법률조항과 같이 일반적·포괄적 금지조항으로써 인터넷 상 정치적 표현 내지 선거운동 일체를 일정한 기간 전면적으로 금지하고 처벌하는 것은 최소침해성의 요건을 충족시키지 못한다.

(c) 국내주재 외교기관 청사의 경계지점으로부터 1백미터 이내의 장소에서의 옥외집회를 전면적으로 금지한 구 '집회 및 시위에 관한 법률' 제11조 제1호 규정의 위헌성. * 아래 결정은 단순위헌결정이었는데 이 외에도 '집회 및 시위에 관한 법률'의 금지규정들 중 국회의사당(헌재 2018.5.31. 2013헌바322등), 각급 법원청사(헌재 2018.7.26. 2018헌바137), 국무총리 공관(헌재 2018.6.28. 2015헌가28등) 경계로부터 100미터 내 집회금지규정들에 대해서도 전면적 금지로서 침해최소성원칙에 반하여 위헌성이 인정되어 헌법불합치결정이 있었다. 이 결정들에 대해 보다 자세한 것은 뒤의 집회의 자유 부분 참조.

> ● **판례** 헌재 2003.10.30. 2000헌바67.
> [결정요지] 입법자가 '외교기관 인근에서의 집회의 경우에는 일반적으로 고도의 법익충돌위험이 있다'는 예측판단을 전제로 하여 위험상황이 구체적으로 존재하지 않는 경우에도 이를 함께 예외 없이 금지하고 있는데, 이는 입법목적을 달성하기에 필요한 조치의 범위를 넘는 과도한 제한인 것이다. 그러므로 이 법률조항은 최소침해의 원칙에 위반되어 집회의 자유를 과도하게 침해하는 위헌적인 규정이다.

포괄적 금지는 위에서 본 기본권행사 '여부'에 대한 제한이라는 이유로도 최소침해원칙 위반이 될 수 있을 것이다. 사실 전면적 금지는 그것에 대한 완화나 보완조치가 수반되지 않는다면 본질적 내용의 침해라는 문제를 가져올 수도 있을 것이다.

마) 필요적 제재의 경우　　헌재는 "입법자가 임의적 규정으로도 법의 목적을 실현할 수 있는 경우에 구체적 사안의 개별성과 특수성을 고려할 수 있는 가능성을 일체 배제하는 필요적 (당연한) 제재규정을 둔다면 이는 "최소침해성의 원칙"에 위배된다"는 것을 여러 차례 확인한 바 있다.[142]

(a) 필요적 취소　　① 지입제 경영 – 여객운송사업자가 조금이라도 지입제 경영을 한 경우 구체적 사안의 개별성과 특수성을 전혀 고려하지 않고 그 사업면허를 필요적으로 취소하도록 한 구 여객자동차운송사업법 제76조 제1항 단서 중 제8호 부분이 피해최소성의 원칙에 반한다고 결정한 바 있다.

> ● **판례**　헌재 2000.6.1. 99헌가11
> [결정요지] 이 법률조항은 법 제13조에 위반하기만 하면 해당 사업체의 규모, 전체 차량 중 지입차량이 차지하는 비율, 지입의 경위 등 제반사정을 전혀 고려할 여지 없이 필요적으로 면허를 취소하도록 규정하여 지입차량의 비율이 극히 일부분에 불과한 경우에도 사업면허의 전부를 취소할 수밖에 없게 되었다. 종래의 기본권침해의 정도가 덜한 임의적 취소제도의 적절한 운용을 통하여 입법목적을 달성하려는 노력은 기울이지 아니한 채 기본권침해의 정도가 한층 큰 필요적 취소제도를 도입한 이 법률조항은 행정편의적 발상으로서 피해최소성의 원칙에 위반된다.

> * **유의:** 필요적 제재가 위험이나 사람의 생명 등에 관련된 사안일 경우에는 헌재가 합헌으로 본 결정례들도 있다. 주택관리업 허위등록행위에 대한 필요적 등록말소를 피해최소성원칙을 준수한 합헌으로 본 결정례 등이 그 예이다.

> ● **판례**　헌재 2003.6.26. 2001헌바31
> [결정요지] 허위등록업자들이 공동주택의 관리를 하게 된다면 공동주택의 안전에 커다란 위해를 초래할 가능성이 높아진다는 사실을 쉽게 예상할 수 있을 뿐만 아니라 이러한 공동주택의 안전에 대한 위험은 결국 대형사고로 이어져 국민의 생명과 재산에 돌이킬 수 없는 손해를 가져온다는 것은 그동안 우리사회가 겪은 수많은 대형사고의 경험이 입증하고 있다. 그러므로 허위등록을 한 경우 주택관리업등록을 필요적으로 말소하도록 하는 이 사건 법률조항은 국민의 생명과 재산에 미치는 위험과 그 위험방지의 긴절성을 고려할 때 반드시 필요한 것이며, 보다 완화된 입법수단인 임의적 말소나 영업정지만으로는 이러한 위험을 방지하기에 부족하다. 이 법률조항은 피해최소성의 원칙에도 부합된다.

② 필요적 운전면허취소제

㉠ 위헌성 인정례: '운전면허를 받은 사람이 자동차 등을 이용하여 범죄행위를 한 때' 반드시 운전면허를 취소하도록 한 구 도로교통법 규정이 직업의 자유 등을 침해하는 것인지 여부가 논란되었는데 헌재는 최소침해성 위반으로 위헌결정을 한 바 있다.

> ● **판례**　헌재 2005.11.24. 2004헌가28
> [결정요지] 이 규정은 자동차 등을 이용하여 범죄행위를 하기만 하면 그 범죄행위가 얼마나 중한 것인지, 그러한 범죄행위를 행함에 있어 자동차 등이 당해 범죄 행위에 어느 정도로 기여했는지 등에 대한 아무런 고려 없이 무조건 운전면허를 취소하도록 하고 있으므로 이는 구체적 사안의 개별성과 특수성을 고려할 수 있는 여지를 일체 배제하고 그 위법의 정도나 비난의 정도가 극히 미약한 경우까지도 운전면허를 취소할 수밖에 없도록 하는 것으로 최소침해성의 원칙에 위반된다.

---

142) 94헌가3; 96헌가12; 99헌바11등; 2001헌바31.

ⓛ 합헌성 인정례: 반면에 교통사고로 사람을 사상한 후 제50조 제1항 및 제2항 규정에 의한 필요한 조치 및 신고를 하지 아니한 때 반드시 운전면허를 취소하도록 한 도로교통법 규정에 대해서는 합헌으로 결정한 바 있다. 필요적 운전면허취소제에 대한 합헌결정도 있음에 유의해야 하고 그 점에서 위헌사례를 보는 여기서도 인용하는 것이다.

● **판례** 헌재 2002.4.25. 2001헌가19
[결정요지] 이 법률조항 입법취지와 관련하여 특히 이른바 "뺑소니" 사범도 계속 늘어나고 있는 우리의 교통현실과 국민의 교통질서의식, 문화 등을 감안하여 그에 상응하는 행정적 제재수단으로 입법자가 필요적 면허취소라는 수단을 선택한 것으로 볼 수 있다. 또한 대법원은 도주차량의 경우, 그 법정형이 가중처벌하고 있는 점을 감안, 사안의 개별성과 구체적인 사정을 종합적으로 고려하여, 그 구성요건을 엄격히 해석하고 있다. 따라서 운전면허정지처분 등의 가능성을 배제하였다고 하여 과도하게 침해하였다고 보기는 어렵다.

(b) **필요적 몰수** ① 무등록 음반 등의 판매업자에 대한 필수적 몰수 – 음반·비디오물 판매업의 등록을 하지 않은 판매업자가 소유 또는 점유하는 음반 또는 비디오물을 필수적으로 몰수하도록 규정하여, 심의를 받은 적법한 음반 등도 반드시 전부 몰수하게 하는 구 '음반 및 비디오물에 관한 법률' 규정이 피해최소성원칙을 위반하여 과잉입법금지원칙에 반한다는 위헌결정이 있었다.

● **판례** 헌재 1995.11.30. 94헌가3
[결정요지] 이 법률조항은, 부적법한 음반 보다 사회적 위험성이 현저히 작은 적법한 음반 등에 대하여서까지 획일적으로 필요적 몰수를 규정하고 … 무등록 음반판매업자 등이 소유 또는 점유하는 모든 음반 등을 필요적으로 몰수하도록 규정한 이 법률조항은 지나치게 가혹한 형벌을 규정함으로써 형벌체계상 균형을 잃고 형벌 본래의 기능과 목적을 달성함에 있어 필요한 정도를 현저히 일탈하여 결국 입법재량권이 자의적으로 행사된 경우에 해당한다고 볼 것이고 따라서 재산권 등 기본권의 제한은 필요한 최소한도에 그쳐야 한다는 과잉입법금지원칙에 반한다.

② 타소장치 물품 무신고 반출시 필요적 몰수·추징 – 타소장치(보세구역 아닌 장소에 장치)의 허가를 받고 물품반입신고를 하였으나 수입신고 없이 물품을 반출한 경우 당해 물품을 필요적으로 몰수·추징하도록 한 구 관세법규정이 최소침해성원칙에 위배되어 과잉금지원칙에 반한다는 위헌결정이 있었다.

● **판례** 헌재 2004.3.25. 2001헌바89
[결정요지] 타소장치의 허가를 받고 수입물품을 반입하기 위해서는 적하목록, 수량 및 가격 등 제반사항을 신고하여야 하므로 물품이 신고없이 반출된다고 하더라도 관세의 징수를 확보할 수 있다. 관세법의 입법목적은 타소장치 허가를 받고 장치한 물품을 무신고수입한 행위자의 책임에 따라서 법관의 개별적·구체적인 양형에 따라 임의적인 몰수·추징을 함으로써 얼마든지 달성될 수 있다. 그런데도 수입신고를 단순히 업무상 착오나 과실로 해태하고 반출한 경우 같이 행위자 책임이 무겁지 않은 경우에도, 일률적으로 해당 물품 전부를 필요적으로 몰수·추징하고 있으므로, "최소침해성의 원칙"에 위배되어 과잉금지원칙에 반한다.

(c) **필요적 직위해제** 형사사건으로 공소제기된 사립학교 교원은 반드시 직위해제되는 것으로 규정한 구 사립학교법 규정에 대해 피해최소성원칙에 반하여 위헌이라는 결정이 있었다.

● 판례 헌재 1994.7.29. 93헌가3

[결정요지] 형사사건으로 기소되기만 하면 유죄판결을 받을 고도의 개연성이 있는가의 여부에 무관하게 경우에 따라서는 벌금형이나 무죄가 선고될 가능성이 큰 사건인 경우에 대하여서까지도 당해 교원에게 일률적으로 직위해제 처분을 하지 않을 수 없는 불합리성이 있다. 그렇다면 목적의 정당성은 일응 인정된다고 할지라도 방법의 적정성 · 피해의 최소성 · 법익의 균형성을 갖추고 있지 못하다고 할 것이므로 비례의 원칙에 어긋나서 헌법 제15조의 직업수행의 자유를 침해하는 것이라고 할 수밖에 없다. * 비슷한 취지의 구 국가공무원법 규정에 대해서도 위헌결정이 있었다(96헌가12).

(d) 위반의 경중(輕重)에 따른 제재가 아닌 경우 위의 필요적 제재의 경우에도 나타나는 문제이긴 한데 제재가 전혀 필요없는 것이 아니라 제재가 필요하다고 하더라도 무조건 필요적으로 중한 제재를 가할 것이 아니라 그 제재의 원인이 된 위반의 정도가 가벼운지 무거운지(경중輕重)에 따라 그 제재의 경중도 달리하여야 피해최소성을 갖춘 것이 된다. 위의 자동차이용 범죄행위시의 필요적 운전면허취소의 위헌성에 대한 결정례에서도 경중에 따른 제재가 아닌 점에서 위헌성이 인정된 바 있다(● 판례 헌재 2005.11.24. 2004헌가28. [결정요지] 앞 부분 필요적 운전면허취소 부분 참조).

그런데 헌재는 형벌의 부과문제에 대해서 넓은 입법재량을 인정하고 있다.[143]

(마) 피해최소성 심사 강도의 의미 헌재는 피해최소성 심사에 있어서 그 강도를 엄격하게 하기도 하고 느슨하게 하기도 한다. 헌재가 피해최소성 심사를 완화하여 하는 것은 비례원칙에서 피해최소성이 차지하는 비중이 크다는 점에서 상당히 완화된 비례심사가 됨을 의미한다. 헌재가 피해최소성 심사를 완화한 대표적인 예가 상업광고 규제에 대한 위헌심사의 경우이다. 정치적 표현행위 보다 중요성에 차이가 있다고 보아 완화한다는 취지로 아래와 같이 판시한 바 있다.

● 판례 헌재 2005.10.27. 2003헌가3

[판시] 상업광고는 표현의 자유의 보호영역에 속하지만 사상이나 지식에 관한 정치적, 시민적 표현행위와는 차이가 있고, 한편 직업수행의 자유의 보호영역에 속하지만 인격발현과 개성신장에 미치는 효과가 중대한 것은 아니다. 그러므로 상업광고 규제에 관한 비례의 원칙 심사에 있어서 '피해의 최소성' 원칙은 같은 목적을 달성하기 위하여 달리 덜 제약적인 수단이 없을 것인지 혹은 입법목적을 달성하기 위하여 필요한 최소한의 제한인지를 심사하기 보다는 '입법목적을 달성하기 위하여 필요한 범위 내의 것인지'를 심사하는 정도로 완화되는 것이 상당하다.

(바) 피해최소성 심사례 기본권침해를 구제하기 위한 헌법소원심판에서 피해최소성 심사가 핵심이어서 이에 관한 심사례들은 많다. 앞서도 소개된 예들이 있고 뒤의 기본권각론에서 많이 접하게 된다.

4) 법익균형성

(가) 개념과 판단방법 법익 균형성이란 기본권제한으로 얻어지는 공익이 기본권주체 사인이 잃게 되는 사익보다 커야 함을 말한다. 제한으로 얻어질 공익이 크지도 않은데 기본권주체에게 사익을 희생하라고 강제할 수는 없는 것이다. 헌재도 법익균형성을 "입법에 의하여 보호하려는 공익(公益)과 침해되는 사익(私益)을 비교형량할 때 보호되는 공익이 더 커야 한다"라고 설명한다. 법익균형성을 좁은 의미(협의)의 비례성이라고도 한다. 기본권을 제한받는 개인의 관점

---

143) 헌재 1995.4.20. 91헌바11; 2004.3.25. 2001헌바895 등 이를 표명한 결정례는 많다.

에서 서면 그 제한을 개인이 감내할만한 것이어야 한다는 것이므로 수인가능성이라고도 한다. 법익균형성은 기본권제한으로 달성하려는 목표인 공익이 무엇인지를 찾아 그 크기를 살펴보고 다른 한편으로는 제한됨으로써 오는 개인의 불이익이 무엇인지를 찾아 그 크기를 살펴보아 양자의 크기를 비교한다(법익의 형량). 공익은 그 기본권을 제한하려는 목적에 결부되어 있으므로 그 목적을 헌법이 어느 정도 보호하느냐 하는 중요도에 따라 공익의 정도도 달라질 것이다. 개인의 이익은 그 개인이 제한받는 기본권의 중요도에 따라 그 크기가 달라질 것이다. 공익과 사익, 양 법익의 측정, 비교는 객관적으로 이루어져야 하고 헌법재판관, 법관, 법집행기관의 주관적 가치관에 따른 평가로 이루어져서는 아니된다.

(나) 법익균형성 위반 결정례 법익균형성에 관한 판단을 한 결정례들은 많이 있다. 법익균형성의 실제적 적용에 대한 이해를 위해 기본권유형별 몇 가지 위반 사례만 살펴본다.

i) 재산권 퇴직 후 범죄에 대한 공무원퇴직급여 환수의 법익불균형성 – 구 공무원연금법 제64조 제3항의 급여제한의 급여제한을 '재직 중의 사유'(이것은 합헌)가 아닌 '퇴직 후의 사유'에도 적용하는 것이 공무원이었던 사람에게 입법목적에 비추어 과도한 피해를 주어 법익균형성을 잃어 재산권을 침해하는 위헌이라고 보아 한정위헌결정을 하였다(2000헌바57 한정위헌결정).

ii) 정치적 표현의 자유 ① 기초의회의원선거 후보자로 하여금 특정 정당으로부터의 지지 또는 추천 받음을 표방할 수 없도록 한 구 공직선거및선거부정방지법 규정 – 헌재는 법익의 균형성을 현저히 잃고 있다고 하여 정치적 표현의 자유를 침해하는 위헌이라고 판단하였다.

> ● **판례** 헌재 2003.1.30. 2001헌가4
> **[결정요지]** 현실적으로 유권자들은 누가 누구이고 어느 후보가 어떠한 정치적 성향을 가졌는지도 모르는 상태에서 투표를 하거나 아니면 무관심하게 되어 아예 투표 자체를 포기할 수도 있다. 이러한 점들을 종합할 때, 정당표방을 금지함으로써 얻는 공익적 성과와 그로부터 초래되는 부정적인 효과 사이에 합리적인 비례관계를 인정하기 어려워, 법익의 균형성을 현저히 잃고 있다고 판단된다. * 이 결정은 합헌으로 본 선례인 1999.11.25. 99헌바28 결정을 변경한 것이다(판례변경).

② 인터넷 활용, SNS활용 선거운동금지의 위헌성 인정 – 탈법방법에 의한 문서·도화의 배부·게시를 금지하는 공직선거법 제93조 제1항의 '기타(그 밖에) 이와 유사한 것'에 인터넷 활용, 트위터 등 SNS에 의한 방법, 즉 '정보통신망을 이용하여 인터넷 홈페이지 또는 그 게시판·대화방 등에 글이나 동영상 등 정보를 게시하거나 전자우편을 전송하는 방법'이 포함되는 것으로 해석하는 한 법익균형성을 갖추지 못하여 위헌이라는 한정위헌결정이 있었다.

> ● **판례** 헌재 2011.12.29. 2007헌마1001
> **[판시]** 인터넷을 이용한 의사소통이 보편화되고 각종 선거가 빈번한 현실에서 이 법률조항이 선거일 전 180일부터 선거일까지 장기간 동안 인터넷 상 정치적 표현의 자유 내지 선거운동의 자유를 전면적으로 제한함으로써 생기는 불이익 내지 피해는 매우 크다 할 것이므로, 이 법률조항은 법익균형성의 요건을 갖추지 못하였다.

iii) 직업의 자유 자동차운전학원 졸업생 사고비율에 따른 운영정지

> ● **판례** 헌재 2005.7.21. 2004헌가30
> **[결정요지]** 이 조항이 추구하는 입법목적이 이 조항을 통하여 달성될 것인지가 불투명한 반면, 이 조항에 따른 행

정제재를 당하는 운전전문학원은 자신이 충실히 운전교육과 기능검정을 하였더라도 피할 수 없는 제재를 당할 수 있게 되고, 그러한 제재가 가져오는 영업상의 손실은 큰 것이다. 이 조항은 법익균형성 원칙에 위배된다.

iv) 선거권   부재자투표개시시각(10시)의 위헌성(헌법불합치) — 헌재는 부재자투표의 개시시각을 평일 일과시간 이내인 오전 10시로 한 구 공직선거법 제155조 제2항 규정에 대해 법익균형성을 갖추지 못한 선거권의 침해로 헌법에 합치되지 아니한다고 보고, 잠정적용하도록 하는 헌법불합치결정을 하였다.

● **판례** 헌재 2012.2.23. 2010헌마601
[결정요지] 투표관리의 효율성을 도모하고 행정부담을 줄이는 데 ··· 반해 일과시간에 학업이나 직장업무를 하여야 하는 부재자투표자는 일과시간 이전에 투표소에 가서 투표할 수 없게 되어 사실상 선거권을 행사할 수 없게 되는 중대한 제한을 받는다. 그렇다면 수단의 적정성, 법익균형성을 갖추지 못하므로 과잉금지원칙에 위배하여 청구인의 선거권을 침해하는 것이다.

v) 공무담임권   선고유예에 의한 공무원결격 — 금고 이상의 형의 선고유예를 받은 경우에는 공무원직에서 당연히 퇴직하는 것으로 규정한 구 지방공무원법 제61조 중 제31조 제5호 부분이 법익균형성을 갖추지 못하여 헌법 제25조의 공무담임권을 침해하여 위헌이라고 결정하였다.

● **판례** 헌재 2002.8.29. 2001헌마788
[결정요지] 이 법률조항은 당연퇴직사유를 적절한 제한없이 포괄적으로 규정함으로써 공익을 사익에 비해 지나치게 우선시키고 있어 법익균형성의 원칙에 반하는 것이다. * 동지: 2003헌마293.

vi) 재판청구권에 대한 법익불균형한 제한의 예   국가정보원 직원(퇴직한 자를 포함)이 "사건당사자로서 직무상의 비밀에 속한 사항을 증언 또는 진술하고자 할 때에는 미리 원장의 허가를 받아야 한다"라고 규정한 구 국가정보원직원법 규정이 법익균형성을 갖추지 못한 재판청구권의 제한이라고 하여 헌법불합치결정을 하였다.

● **판례** 헌재 2002.11.28. 2001헌가28
[결정요지] 정보가치가 희박한 보안사항까지 국가정보원장의 재량판단에 의하여 소송당사자의 사익의 가치와 중요도에 관계없이 동 사익에 우선할 수 있도록 허용하는 것은 공익과 사익 간에 합리적 비례관계를 형성하지 못하고 있다. 따라서 이 법률조항은 과잉금지원칙에 위배하여 소송당사자의 재판청구권을 침해하고 있다.

(4) 평가와 사견
1) 목적정당성
목적정당성을 비례(과잉금지)원칙의 한 요소로 포함하여 비례심사를 하는 헌법재판소의 확립된 판례에 대해 반론이 없지 않다. 즉 과잉금지원칙을 방법상의 한계로 보고 목적정당성은 별도로 목적상 한계로 보아 목적정당성을 과잉금지원칙에 포함시키지 않는 견해가 있다. 기본권을 제한하고자 하는 목적이 정당하다는 것은 헌법 제37조 제2항이 인정하는 국가안전보장, 질서유지, 공공복리라는 제한사유들 중 어느 하나에 해당되는 것을 의미하므로 목적정당성 요소는 사실 위에서 본 기본권제한사유에 해당된다는 것을 의미하는 것은 물론이고 헌재도 그렇게 본다. 분리하여 보든 비례원칙의 하나로서 보든 결국 위헌심사에서는 목적에 관한 그 심사는 여하튼 행해지게 된다는 점에서 그 논의의 실익은 없는 것으로 볼 수 있다. 다만, 방법의 적절성에 대한 더 효율적인 판단을 위하여 목적정당성이 비례원칙에 포함된다고 보는 것이 더 낫다고 본다. 기본권을 제한하는 방법이 제한의 목적을 달성하는데 효과적인가 하는가를 판단하기 위해서는 먼저 그 방법이 달성하려는 목적을 살펴보아야 하고 그런 연후에 그 방법의 목적과의 관련성이 파악되어질 수 있기 때문에 그 파악에 있어서 연결성과 집중성에서 더 나은 면을 가진다.

2) 방법의 적절성 요소의 문제점

판례이론에서 사용하고 있는 '방법의 적절성'이란 용어가 과연 적절한지 의문이다. '적절'하다는 말에 대해 국어사전은 '알맞다'라고 정의를 하고 있다. '알맞다'라고 함은 일상 대화에서 경제성, 즉 피해가 가장 적은(비용이 가장 적게 드는) 것을 고려한 결과까지도 포함하여 '적절'이란 말을 사용하고 있음을 의미하나 이는 적절성이란 결국 최소침해의 관념을 포함하는 것으로 볼 수 있을 것이기 때문이다.

> [* 예시] 신청사항 누락이란 경미한 법위반에 대하여 경고처분정도도 알맞고 앞으로의 위법을 막을 수 있음에도(피해최소성) 아예 영업허가를 철회하여 앞으로 수익 월 300만원을 2년간 벌지 못하게 한다면 일반 시민은 그것은 '적절'하지 못하고 지나치다고 말할 것이다.

따라서 헌재가 설정한 방법의 적절성이란 목적달성에 효과가 있는 방법인지 하는 데 주안점이 있으므로 '방법의 실효성', '방법의 효과성' 내지 '방법의 목적관련성'이라고 부르는 것이 보다 적확할 것이다.

4. 헌법재판에서의 비례심사의 현황

(1) 개관 – 완화심사와 엄격심사

헌재판례에서 비례심사를 행하는 경우가 많은 것은 물론이나 헌재는 기본권의 종류나 사안에 따라 합리성 심사인 완화심사에 그치고 4요소 비례원칙 심사인 엄격심사를 하지 않는다고 하는 경우도 있다. 이 구분은 헌재 자신이 한 것이다. 완화심사는 비례심사를 하지 않고 그것을 합리성심사에 그치는 것이라고 한 것도 헌재 자신이다. 비례심사를 하는 경우와 합리성심사에 그치는 경우를 헌재는 제한되는 기본권의 중요성 등에 따라 구분하는 경향을 보이기도 한다. 그러나 아직까지 그 구분에 대한 충분히 체계적인 기준을 명시적으로 밝히고 있다고 할 수는 없다. 다만, 판례에 대한 분석을 통해 윤곽을 잡을 수 있을 것이긴 하다. 전반적으로 우리 헌재는 비례심사를 상당히 넓은 영역에 걸쳐 비교적 빈번히 하고 있는 것으로 평가된다. 아래에 헌재판례가 비례심사를 행하는 영역을 살펴본다.

(2) 비례심사 기본권 영역

비례심사가 자유권 영역에서만 이루어진다는 견해도 있다. 그러나 자유권 외에도 헌재는 비례심사를 행하고 있다.

ⅰ) **인간의 존엄과 가치, 행복추구권**   인간의 존엄과 가치에서 파생되는 인격권, 자기결정권, 행복추구권에서 파생되는 일반적 행동자유권 등에 대한 제한 문제에서 비례심사를 많이 하고 있다(후술 기본권각론, 인간의 존엄과 가치, 행복추구권 부분 참조).

ⅱ) **자유권**   비례원칙심사의 예가 많다. 헌재는 신체의 자유, 표현의 자유와 같은 중요한 자유권, 재산권 등의 침해에 대해 비례원칙심사를 한다(후술 기본권각론, 자유권 부분 참조).

ⅲ) **평등권에서 엄격심사를 하는 경우**   헌재는 평등권에서 완화심사와 엄격심사로 나누어 엄격심사에 있어서는 비례심사를 행한다(후술, 기본권각론 평등권 부분 참조).

ⅳ) **선거권(참정권)에 대한 제한**   헌재는 다음과 같이 선거권에 대한 제한에 대해 특별히 비례원칙심사를 하는 이유를 밝힌 바 있다. "국민이면 누구나 그가 어디에 거주하든지 간에 주권자로서 평등한 선거권을 향유하여야 하고, 국가는 국민의 이러한 평등한 선거권의 실현을 위해 최대한의 노력을 기울여야 할 의무를 진다는 것은 국민주권과 민주주의의 원리에 따른 헌법적 요청이다. 입법자는 국민의 선거권 행사를 제한함에 있어서 주권자로서의 국민이 갖는 선거권의 의의를 최대한 존중하여야만 하고, 선거권 행사를 제한하는 법률이 헌법 제37조 제2항의 과잉금지원칙을 준수하고 있는지 여부를 심사함에 있어서는 특별히 엄격한 심사가 행해져야 한다."[144] 헌재는 비밀선거의 원칙에 대한 예외를 두는 것이 청구인의 선거권을 침해하는지 여부를 판단할 때에 헌법 제37조 제2항에 따른 엄격한 심사가 필요하다고 본다(헌재 2018.1.25. 2015헌마821등; 2020.5.27. 2017헌마867).

ⅴ) **청구권**   청구권인 청원권, 재판청구권 등을 제한하는 법률 등에 대해 비례원칙심사를 한 예들이 있다. 재판청구권의 제한에 대해 비례심사를 하여 헌법불합치결정을 내린 대표적인 예를 아래에 인용한다.

● **판례** 헌재 2013.8.29. 2011헌마122
[판시사항] 변호사와 접견하는 경우에도 수용자의 접견은 원칙적으로 접촉차단시설이 설치된 장소에서 하도록 규정하고 있는 구 '형의 집행 및 수용자의 처우에 관한 법률 시행령' 제58조 제4항이 재판청구권을 침해한다(잠정적용의 헌법불합치결정) [결정요지] 변호사 직무의 공공성, 윤리성 및 사회적 책임성은 변호사 접견권을 이용한 증거인멸, 도주 및 마약 등 금지물품 반입 시도 등의 우려를 최소화시킬 수 있으며, 교정시설의 질서 등을 해할 우려가 있는 특별한 사정이 있는 경우에는 예외를 두도록 한다면 악용될 가능성도 방지할 수 있다. 따라서 이 조항은 과잉금지원칙에 위배하여 재판청구권을 지나치게 제한하고 있으므로 헌법에 위반된다. * 또 다른 예: 2002헌가28.

ⅵ) **생존권의 경우**   생존권에 대해서는 비례원칙심사에 대해 소극적으로 보는 경향이 있다. 그러나 다음과 같은 점들에 주목하여야 할 것이다.

① 생존권에 대해서는 생존권의 하나인 사회보장수급권에 대해서는 입법형성을 이유로 비례

---

144) 헌재 2007.6.28. 2004헌마644.

원칙심사를 찾아보기 힘들긴 하다. 주로 최소한의 조치, 보장이 이루어졌는지를 심사한 판례들이 많다(후술 생존권 부분 참조). 그런데 헌재는 형성된 사회보장수급권을 제한하는 경우에는 이 권리가 재산권의 성격도 아울러 가지므로 재산권 제한 측면에서 비례원칙심사가 이루어진다고 본다. 그러한 예를 아래에 보면, 사안은 고의, 중과실이 아닌 경과실에 의한 범죄행위로 인한 보험사고에 대해서도 보험급여를 하지 않는다고 한 구 국민의료보험법 규정에 대해 헌재가 재산권을 과도하게 제한하여 비례(과잉금지)원칙에 반한다고 하여 한정위헌결정을 한 것이다.

● **판례** 헌재 2003.12.18. 2002헌바1 한정위헌결정
[결정요지] 1. 법률에 의하여 구체적으로 형성된 의료보험수급권은 공법상의 권리로서 헌법상의 사회적 기본권의 성격과 재산권의 성격을 아울러 지니고 있다. 2. 경과실에 의한 범죄행위에 기인한 보험사고에 대하여 보험급여를 하는 것이 의료보험의 공공성에 위반된다고 보기 어렵다. 경과실범에 의한 보험사고의 경우에까지 의료보험수급권을 부정하는 것은 기본권 제한에 있어서의 최소침해의 원칙에 어긋나며, 나아가 법익균형의 원칙에도 어긋나므로 이는 재산권에 대한 과도한 제한으로서 헌법에 위반된다.

그러나 인간다운 생활을 할 권리(건강보험수급권)와 더불어 재산권도 문제된다고 보면서 그 침해여부판단에서 두 기본권 모두에 대해 합리성 심사를 한 예도 있다.

● **판례** 헌재 2020.4.23. 2017헌바244
[설시] 건강보험수급권은 사회보장수급권의 일종으로서(사회보장기본법 제3조 제2호, 제9조 참조), 건강보험수급권이 재산권의 성격을 일부 지닌다고 하더라도 그것은 사회보장법리의 강한 영향을 받지 않을 수 없다(헌재 2009.5.28. 2008헌바107 참조). 따라서 입법자는 건강보험수급권의 구체적인 내용을 형성함에 있어서 국가의 재정부담 능력, 국민 전체의 소득과 전체적인 사회보장수준, 상충하는 국민 각 계층의 이해관계, 그 밖에 여러 가지 사회·경제적 여건 등 복잡 다양한 요소를 종합하여 합리적인 수준에서 결정할 수 있는 광범위한 형성의 자유를 가진다. 그러므로 심판대상조항은 그 내용이 현저히 불합리하여 입법형성권의 범위를 벗어난 경우에 한하여 헌법에 위반된다고 할 수 있다. * 심사결과 합헌결정을 했다.

② 생존권의 하나인 근로3권과 같은 경우에는 비례원칙심사를 한 다음의 예들을 볼 수 있다. ⓐ 청원경찰로서 국가공무원법 제66조 제1항의 규정에 위반하여 노동운동 기타 공무이외의 일을 위한 집단적 행위를 한 자를 형사처벌하도록 규정한 청원경찰법 제11조에 대해서도 과잉금지원칙심사를 하여 위반이 아니라고 본 결정례도 있었는데(2004헌바9) 이후 헌재는 판례를 변경하여 그 금지는 과잉금지원칙을 위반하여 위헌이라고 보고 헌법불합치결정을 하여 폐기되었다.

● **판례** 헌재 2017.9.28. 2015헌마653
[결정요지] (1) 목적정당성 및 수단적합성 – 인정될 수 있다. (2) 침해 최소성 – 국가중요시설의 경비 업무를 수행하는 특수경비원의 경우에도 쟁의행위를 금지할 뿐이다. 청원경찰은 특정 경비구역에서 근무하며 그 구역의 경비에 필요한 한정된 권한만을 행사하므로, 청원경찰의 업무가 가지는 공공성이나 사회적 파급력은 군인이나 경찰의 그것과는 비교하여 견주기 어렵다. 그럼에도 심판대상조항은 군인이나 경찰과 마찬가지로 모든 청원경찰의 근로3권을 획일적으로 제한하고 있다. 이상을 종합하여 침해의 최소성 원칙에 위배된다. (3) 법익 균형성 – 근로3권의 전면적 박탈이라는 점에서, 심판대상조항은 법익의 균형성도 인정되지 아니한다.

ⓑ 반면에 헌재는 공항·항만 등 국가중요시설의 경비업무를 담당하는 특수경비원에게 경비업무의 정상적인 운영을 저해하는 일체의 쟁의행위를 금지하는 경비업법 제15조 제3항이 과

잉금지원칙을 위반하여 특수경비원의 단체행동권을 침해하는지 여부에 대해 심사하여 위반되지 않는다고 결정한 바 있다.

● 판례　헌재 2009.10.29. 2007헌마1359
[결정요지] 이 사건 법률조항은 특수경비원들이 관리하는 국가 중요시설의 안전을 도모하고 방호혼란을 방지하려고 하는 것이므로 그 목적의 정당성을 인정할 수 있고, 수단의 적합성도 인정할 수 있다. 특수경비원에 대하여 단결권, 단체교섭권에 대한 제한은 전혀 두지 아니하면서 단체행동권 중 '경비업무의 정상적인 운영을 저해하는 일체의 쟁위행위'만을 금지하는 것은 입법목적 달성에 필불가결한 최소한의 수단이라고 할 것이어서 침해의 최소성 원칙에 위배되지 아니한다. 또 이 사건 법률조항에 의한 기본권제한은 법익의 균형성 원칙에 위배되지 아니한다.

ⓒ 또 "사업장의 안전보호시설에 대하여 정상적인 유지·운영을 정지·폐지 또는 방해하는 행위는 쟁의행위로서 이를 행할 수 없다"라고 규정한 '노동조합 및 노동관계조정법' 규정을 위반한 행위를 처벌하는 동법 제42조 제2항 및 제91조 제1호 중 '제42조 제2항' 부분에 대해 과잉금지원칙을 준수하여 합헌이라고 결정하였다.

● 판례　헌재 2005.6.30. 2002헌바83
[결정요지] 첫째, 이 법률조항들의 입법목적은 사람의 생명·신체의 안전보호에 있어 정당하다. 둘째, 그 방법의 적정성도 인정된다. 셋째, 이 사건 법률조항들은 쟁의행위가 안전보호시설의 유지·운영을 정지·폐지·방해하는 행위로 되는 경우에 한하여 그 쟁의행위를 제한하는 것은 안전보호시설의 중요성에 비추어 볼 때 더 이상 완화된 방도가 있다고 할 수 없으므로, 피해의 최소성도 갖추었다. 넷째, 이 사건 법률조항들이 추구하는 공익은 '사람의 생명·신체의 안전'이라는 법익이 이 법률조항들에 의하여 제한되는 청구인들의 단체행동권에 비하여 크다고 할 것이므로, 법익균형성도 갖추었다.

③ 근로3권의 단결권을 향유주체에 따라 비례심사, 합리성심사를 구분하여 행한 예가 있다(2015헌가38). 이에 대해서는 뒤의 '6. 기본권향유자에 따른 비례심사 여부의 구분' 참조.

vii) 국방의무에 대한 심사에서 적용　헌재는 양심적 병역거부에 관한 결정들에서 "헌법 제37조 제2항의 비례원칙은, 단순히 기본권제한의 일반원칙에 그치지 않고, 모든 국가작용은 정당한 목적을 달성하기 위하여 필요한 범위 내에서만 행사되어야 한다는 국가작용의 한계를 선언한 것이므로, 비록 이 사건 법률조항이 헌법 제39조에 규정된 국방의 의무를 형성하는 입법이라 할지라도 그에 대한 심사는 헌법상 비례원칙에 의하여야 한다"라고 판시한 바 있다(● 판례 헌재 2018.6.28. 2011헌바379등).

(3) 비례심사의 정도(강도)
1) 강도차이의 기준 – 기본권의 중요성, 제한효과의 정도 등에 따른 차이
헌재는 비례심사를 하는 경우에도 그 밀도(엄격의 강도)를 달리하기도 한다. 즉 제한되는 기본권의 중요도, 기본권이 제한되는 영역, 제한되는 법익들의 비중, 기본권제한이 가지는 효과의 정도 등에 따라 심사강도에 차이를 보여주는 경향이 있다. 헌재의 판례들에 나타난 경향을 보면 다음과 같다.

(가) 엄격심사　ⅰ) <u>표현의 자유, 신체의 자유</u>, 선거권 등의 제한에 대한 강한 비례심사 –

표현의 자유는 사상의 전파, 민주공동체의 의사결정에서의 중요성 등을 고려하여, 신체의 자유
는 인간의 기초적 자유라는 점에서, 선거권은 있어서는 강한 비례심사를 행하여야 할 것이다.
판례도 그러한 경향이다.

> ● **판례** 헌재 2011.12.29. 2007헌마1001
> [판시] 오늘날 정치적 표현의 자유는 자유민주적 기본질서의 구성요소로서 다른 기본권에 비하여 우월한 효력을 가
> 진다고 볼 수 있고, 정치적 표현의 자유가 억압당하는 경우에는 국민주권과 민주주의 정치원리는 공허한 메아리에
> 지나지 않게 될 것이므로, 이를 제한하는 입법에 대하여는 엄격한 심사기준을 적용하여야 할 것이다.

ii) **구속기간의 연장** - 헌재는 군사법경찰관의 구속기간의 연장을 허용하는 군사법원법
제242조 제1항 중 제239조 부분이 과잉금지의 원칙에 위배되는지 여부를 심사함에 있어서의
심사기준은 그 기본권의 중요성에 비추어 엄격한 기준에 의하여야 한다고 본다.

> ● **판례** 헌재 2003.11.27. 2002헌마193
> [판시] 이 법률규정은 경찰단계에서는 구속기간의 연장을 허용하지 아니하는 형사소송법의 규정과는 달리 군사법경
> 찰관의 구속기간의 연장을 허용함으로써 예외에 대하여 다시 특례를 설정하였고 이로써 기본권 중에서도 가장 기
> 본적인 것이라고 할 수 있는 신체의 자유에 대한 제한을 가중하고 있다. 그렇다면 이 법률규정이 과잉금지의 원칙
> (비례의 원칙)에 위배되는지 여부를 심사함에 있어서는 그 제한되는 기본권의 중요성이나 기본권제한 방식의 중첩
> 적·가중적 성격에 비추어 엄격한 기준에 의할 것이 요구된다.

iii) **기본권 형해화 경우의 엄격 비례심사** - 기본권을 형해화시키는 경우라고 하여 엄격심
사를 한 헌재의 판례가 있다. 직업의 자유는 두 가지로 나누어지는데 앞에서도 언급한 직업수
행의 자유에 대한 제한은 직업선택의 자유과 달리 비교적 넓게 인정되고 그 제한에 대한 위헌
심사에 있어서는 비례원칙심사를 하더라도 완화심사를 하는 경향이다(후술 직업의 자유 참조).
그런데 헌재는 직업수행의 자유에 대한 제한이지만 그 실질이 직업수행의 자유를 형해화시키
는 경우에는 그것이 직업선택이 아닌 직업수행의 자유에 대한 제한이라고 하더라도 엄격한 심
사기준이 적용된다고 본다.[145] 그런데 형해화하는 정도라면 기본권의 본질적 내용의 침해가 문
제되는 경우인데 후술하는 본질적 내용침해금지에서 비례원칙심사를 적용하는 상대설이 있는바
그것에 따르면 이러한 헌재는 입장은 상대설적 입장이라고 할 것이다. 그러나 절대설이 타당하
다고 보므로 문제가 있다.

(나) 완화된 비례심사

가) 행하는 경우   i) 경제사회적 사항에서의 제한에 대한 완화된 비례심사 - 헌재는 반
면 "개인의 본질적이고 핵심적 자유영역에 속하는 사항이라기보다는 <u>사회적 연관관계에 놓여
지는 경제적 활동을 규제하는 경제사회적인 입법사항</u>"에 해당되는 경우 "비례의 원칙의 적용
에 있어서도 보다 완화된 심사기준이 적용된다"라고 한다. 그 점을 전형적으로 보여주는 예를
아래에 본다. 사안은 임대주택의 분양전환에 관한 것이다.

---

145) 헌재 2008.11.27. 2006헌마352.

● **판례** 헌재 2020.3.26. 2018헌바205등
[사안] 임대사업자가 임대의무기간 경과 후 6개월 이상 분양전환승인을 신청하지 아니하는 경우에는 임차인이 그 총수의 3분의 2 이상의 동의를 받아 직접 분양전환승인을 신청할 수 있도록 한 구 임대주택법 규정이 과잉금지원칙을 지켜 임대사업자의 영업의 자유를 침해하지 않는다고 본 합헌결정. [판시] 이 사건은 임대주택의 분양전환방식, 절차를 어떻게 규율하고 분양전환승인신청권을 누구에게 부여할 것인지의 문제로서, 개인의 본질적이고 핵심적 자유영역에 속하는 사항이라기보다는 사회적 연관관계에 놓여지는 경제적 활동을 규제하는 경제사회적인 입법사항에 해당하므로 과잉금지원칙의 적용에 있어서도 보다 완화된 심사기준이 적용된다.

그러한 예로, 위 결정 외에 ① 일반도시가스사업자에게 가스간선시설의 설치의무를 부과하고 그 설치비용도 전부 부담하도록 하고 있는 구 주택건설촉진법 규정이 계약의 자유를 침해하는 것인지 여부가 쟁점이 된 사안(2006헌바86), ② 2년을 초과하여 기간제근로자를 사용할 수 없도록 한 '기간제 및 단시간근로자 보호 등에 관한 법률' 규정이 기간제근로자의 계약의 자유를 침해하는지 여부가 쟁점이 된 사안(2010헌마219)에 대한 결정 등이 있다(이 기준이 적용된 그 외 예들로 99헌바76; 2001헌바71; 2008헌마581등 적지 않다). 헌재는 사회적 연관성, 사회적 기능이 클수록 광범위한 제한이 정당화된다고 보는 경향이다.

● **판례** 헌재 1998.12.24. 89헌마214
[관련판시] 재산권 행사의 대상이 되는 객체가 지닌 사회적인 연관성과 사회적 기능이 크면 클수록 입법자에 의한 보다 광범위한 제한이 정당화된다. 다시 말하면, 특정 재산권의 이용이나 처분이 그 소유자 개인의 생활영역에 머무르지 아니하고 일반국민 다수의 일상생활에 큰 영향을 미치는 경우에는 입법자가 공동체의 이익을 위하여 개인의 재산권을 규제하는 권한을 더욱 폭넓게 가진다고 하겠다.

ⅱ) 입법형성권이 넓은 영역에서의 완화된 비례심사 – 헌재는 입법형성권이 넓게 인정되는 영역에서는 약화된 심사를 하여 입법형성권의 정도에 따라 심사정도의 차이를 보여주기도 한다. 사실 위 사회경제연관이 큰 경우가 입법형성이 넓게 인정된다는 점에서 같은 맥락이다.

ⅲ) 수익행위의 거부 – "수익적, 급부적 행위의 거부, 예외적 허용의 거부의 경우 침해적인 행위에 비하여는 보다 완화된 심사가 가능하다고 할 수 있다"라고 한다. 문화관광부장관이 공고한 '외국인전용 신규카지노업 허가계획' 공고에서 허가대상기관을 한국관광공사로 한정한 것이 기존 카지노업자들의 직업선택의 자유을 침해하였다는 주장의 헌법소원사건에서 헌재의 이러한 입장이 표명된 바 있다. 헌재는 카지노업 허가는 본래 유해한 것으로서 억제적으로 금지되던 행위를 공익 목적을 위하여 예외적으로 허용하는 것이므로(형법으로 금지하고 있는 행위(도박장개설행위)를 할 수 있도록 허용하는 것이므로), 그 허가가 있게 되면 본래 할 수 없던 행위를 할 수 있게 되어 권리영역의 확대를 가져오게 되는 것이고, 그러한 의미에서 수익적, 급부적 행위라고 할 수 있다고 보았다. 그리하여 사안에서의 심사는 수익적, 급부적 행위의 거부에 대한 심사로서 완화될 수 있다고 보아 과잉금지원칙의 위반이 아니라고 판단하였다.

● **판례** 헌재 2006.7.27. 2004헌마924
[결정요지] 카지노업 허가는 본래 유해한 것으로서 억제적으로 금지되던 행위를 공익 목적을 위하여 예외적으로 허용하는 침해적인 행위에 비하여는 보다 완화된 심사가 가능하다고 할 수 있다. (1) 신규허가대상기관을 한국관광공사로 한정하고 영리기업인 청구인들을 배제한 것은 공익성을 확보하기 위한 것이라는 목적의 정당성을 긍정할 수 있다. (2) 아울러, 그 예외적 허용기준을 설정하는 재량이 인정된다고 한다면, 영리기업인 청구인들에 대하여 종래

와 같이 일반적 금지를 그대로 유지하여 새로운 시장에의 진입을 계속 허용하지 않는 수단을 선택할 수도 있다고 보인다. (3) 한편, 영구적으로 제한된 것이 아니다. 이렇듯 청구인들에 대한 신규허가시장으로의 진입제한의 효과는 비교적 경미한데 비하여, 공익실현의 효과는 크다고 할 수 있다. (4) 따라서, 기본권제한의 한계 내의 것으로 과잉 금지의 원칙에 위배된다고 할 수 없다.

위의 같은 비례심사에서의 완화심사를 한다는 것은 완화심사, 엄격심사뿐 아니라 중간적 심사가 이루어지고 있다는 것을 의미하는 것이기도 하다.

여하튼 그러나 심사강도에 대한 체계적인 기준이 명확하게 설정되어 있는 것은 아니고 앞으로 판례가 더욱 형성되고 치밀해지면서 다듬어질 것이다.

나) '완화된' 비례심사에서 완화되는 요소　(a) 문제제기 – 헌재가 행하는 완화된 비례심사가 어떠한 심사인지 하는 것이 문제된다. 이 문제는 비례원칙의 어느 요소를 어느 정도 완화해서 심사하는지 하는 문제이다. 즉 비례원칙 4요소 각각을 완화해서 하는 것인지 아니면 어느한 요소를 심사하지 않는다는 것인지 명확하지 않다. 위에서 완화심사를 한다고 하면서 어느 요소를 완화하여 심사하는지 명확하지 않은 것이 대부분이었다. 이 문제 역시 앞으로 연구되어야 할 문제이다.

(b) 피해최소성심사의 완화를 언급한 결정례들(판례입장) – 그런데 헌재는 비례심사를 한다고 하면서 4요소 중 피해의 최소성심사를 완화해서 심사한다는 입장을 보여주곤 하였다.

(c) 중요 – 피해최소성 심사를 완화하여 행한 예: 아래와 같은 헌재판례들이 있다. 피해최소성 심사를 완화하는 이 경우(사유)들은 중요한 판례법리이다.

① 상업광고 – 헌재는 상업광고도 사상·지식·정보 등을 불특정다수인에게 전파하는 것이므로 언론·출판의 자유에 의한 보호를 받는 대상이 되어 비례원칙의 적용을 받으나 사상이나 지식에 관한 정치적, 시민적 표현행위와는 차이가 있으므로 '피해의 최소성' 원칙은 "입법목적을 달성하기 위하여 필요한 최소한의 제한인지를 심사하기 보다는 '입법목적을 달성하기 위하여 필요한 범위 내의 것인지'를 심사하는 정도로 완화되는 것이 상당하다"라고 한다.

● **판례**　헌재 2005.10.27. 2003헌가3
[쟁점] "특정의료기관이나 특정의료인의 기능·진료방법"에 관한 광고를 금지하는 의료법(2002. 3. 30. 법률 제6686호로 개정되기 전의 것) 제46조 제3항 및 그 위반시 300만 원 이하의 벌금에 처하도록 하는 동법 제69조가 표현의 자유 내지 직업수행의 자유를 침해하는지 여부(위헌결정). 상업광고에서의 피해최소성 완화심사를 표명한 다른 동지의 판례: 2007헌마248; 2006헌바75; 2012헌바293; 2015헌바75; 2015헌바325 등.

② 표현방법 규제인 경우 – 헌재는 표현내용에 대한 규제는 원칙적으로 중대한 공익의 실현을 위하여 불가피한 경우에 한하여 엄격한 요건 하에서 허용되는 반면, 표현내용과 무관하게 표현의 방법을 규제하는 것은 합리적인 공익상의 이유로 폭넓은 제한이 가능하여 완화된 비례심사를 한다는 입장이다. 그리하여 '피해의 최소성' 요건은 입법목적을 달성하기 위한 덜 제약적인 수단은 없는지 혹은 필요한 최소한의 제한인지를 심사하기 보다는 '입법목적을 달성하기 위하여 필요한 범위 내의 것인지'를 심사하는 정도로 완화시켜 판단하여야 할 것이라고 한다. 이 법리가 표명된 대표적인 예로 주민소환투표청구를 위한 서명요청활동을 인쇄물·시설물 등

을 이용하여서는 할 수 없고 '소환청구인서명부를 제시'하거나 '구두로 주민소환투표의 취지나 이유를 설명하는' 두 가지 경우로만 제한하고 이에 위반할 경우 형사처벌하는 주민소환에 관한 법률 제32조 제1호 중 제10조 제4항에 관한 조항이 표현의 자유를 제한함에 있어 과잉금지원칙을 지켜 합헌이라고 본 아래의 결정을 본다.

● **판례** 헌재 2011.12.29. 2010헌바368
[결정요지] 가. 서명요청 활동은 주민소환청구권 행사의 이 법률조항에 대한 과잉금지원칙 위반 여부를 심사함에 있어서는, 일반적인 표현의 자유에 대한 제한에 적용되는 엄격한 의미의 과잉금지원칙 위반 여부의 심사가 아닌 실질적으로 완화된 심사를 함이 상당하고, 특히 '피해의 최소성' 요건은 입법목적을 달성하기 위한 덜 제약적인 수단은 없는지 혹은 필요한 최소한의 제한인지를 심사하기 보다는 '입법목적을 달성하기 위하여 필요한 범위 내의 것인지'를 심사하는 정도로 완화시켜 판단하여야 할 것이다. 나. 이 사건 법률조항은 주민소환투표청구권자의 진정한 의사가 왜곡되는 것을 방지하려고 하였는바, 위 입법목적은 정당하고 수단은 적절하다. 또한, 주민소환투표청구권자의 진의가 왜곡되는 것을 막아야 할 필요성이 매우 크다는 점, 이 법률조항은 주민소환투표청구에 관한 의사표시를 요청하는 표현활동을 방법적으로 제한하고 있을 뿐 서명요청의 의사가 배제되어 있는 단순한 의견개진이나 준비활동 등 정치적·사회적 의견 표명은 제한하고 있지 않은 점 등에 비추어 볼 때, 이 법률조항이 주민소환투표청구를 위하여 요구되는 많은 수의 서명을 받는 것을 사실상 불가능하게 함으로써 청구인의 주민소환투표청구권을 형해화하는 것이라고 보기도 어렵다. 따라서 침해의 최소성 요건도 충족한다. 이 법률조항은 표현의 자유를 제한함에 있어 과잉금지원칙을 위반하지 않는다.

* **비평:** 위 헌재입장이 성립하기 위한 전제는 표현방법과 표현내용이 무관해야 한다는 것이다. 그러나 그 무관계성에 대해서는 표현의 방식에 따라 전달되는 내용에 제약이 올 수 있는 경우와 같은 경우를 생각하면 검토의 소지가 있다.

③ 사회연관성 완화된 비례심사를 한다고 하면서 이를 최소침해성 심사에서 언급한 예 — 이러한 예는 의료보험 요양기관 강제지정제를 규정한 구 의료보험법 제32조 제1항 등에 대한 위헌소원심판결정으로서 그 최소침해성 위반여부 심사에서 '명백성의 통제'를 한다고 밝힌 결정례(99헌바76등. 이 결정에 대해서는 앞서도 인용하였다)이다. 이 예는 우리 헌재가 피해최소성심사를 완화하는 것이 완화된 비례심사로 보는 것이 일반적인 입장이라고 이해하게 하는 것이다. 완화된 비례심사를 하는 대표적 사유로 사회적 연관성을 들고 있는 결정례들이 많았으나 그 결정례들이 어느 요소를 완화하는지를 언급하지 않았던 반면에 이 결정에서는 이를 피해최소성 심사에서 밝히고 있기 때문이다. 그러나 피해최소성 외의 요소들에 대해 완화 심사하는 것을 부정하는 것도 아니어서 일반화할 수 없다. 위 주민소환 관련 2010헌바368 결정에서 "실질적으로 완화된 심사를 함이 상당하고, '특히' '피해의 최소성' 요건은 … 완화시켜 판단하여야 할 것"이라고 한 것은 그 점을 보여준 것이기도 하다.

(d) * 중요: 피해최소성심사에서 완화된 정도 — 헌재 스스로 "같은 목적을 달성하기 위하여 달리 덜 제약적인 수단이 없을 것인지 혹은 입법목적을 달성하기 위하여 필요한 최소한의 제한인지를 심사하기보다는 '입법목적을 달성하기 위하여 필요한 범위 내의 것인지'를 심사하는 정도로 완화되는 것"이라고 그 정도를 밝히고 있다.

(다) 동일 범주 내 기본권 내용에 따른 차별화된 심사   헌재는 같은 범주의 기본권들 간에도 그 기본권의 내용에 따라 제한의 정도가 다르고 따라서 심사강도를 달리한다고 보기도 한다.

예를 들어 ① 직업의 '결정'(선택)의 자유에 비해 직업의 '행사'(수행)의 자유에 대하여는 더 넓은 제한이 가능하다고 한다.146) 따라서 직업결정의 자유의 제한에 대해 더 엄격한 비례심사를 하게 된다. ② 표현내용과 무관하게 표현의 '방법'을 규제하는 것은 합리적인 공익상의 이유로 폭넓은 제한이 가능하다고 본다.147) 그러나 직업의 행사, 표현의 방법에 대한 규제가 사실상 표현내용, 직업선택에도 영향을 줄 수도 있다는 점에서 이러한 법리에는 문제가 없지 않다(이에 대해서는 각 기본권각론, 표현의 자유, 직업의 자유 부분 참조). ③ 헌재는 재산권의 범주에 있어서도 그 종류에 따라 달리 다룬다. 토지재산권들 간에도 심사강도에 차이를 두어 "농지의 경우 그 사회성과 공공성은 일반적인 토지의 경우보다 더 강하다고 할 수 있으므로, 농지 재산권을 제한하는 입법에 대한 헌법심사의 강도는 다른 토지 재산권을 제한하는 입법에 대한 것보다 낮다고 봄이 상당하다"라고 한다.148)

2) 근본적 검토 – 합리성심사는 비례심사가 아닌가?

위에서 살펴본 대로 헌재는 비례심사를 하지 않고 합리성 심사에 그치는 심사는 완화심사라는 입장을 계속 보여주고 있는데 저자는 이 입장에 대해 다음의 근본적인 문제제기를 한다. ⅰ) 합리성심사도 비례성심사를 내포한다. 헌재는 비례심사를 하지 않고 합리성심사에 그친다고 하여 양자를 달리 보는데 합리적이라는 것은 무엇을 의미하는지 또 합리성 심사에서 그 심사내용과 기준은 어떠한지를 고찰해 보아야 한다. 합리적인지를 살피기 위해서는 우선 그 제한조치가 달성하려는 목적이 정당해야 하고 그 제한조치가 그 목적달성을 가져오는 것인지는 적어도 살펴보아야 한다. 그렇다면 적어도 목적정당성, 방법적절성은 심사할 수밖에 없는 것이고 그렇다면 결국 합리성심사도 부분적일 수는 있으나 결국 비례심사를 행하는 것임을 의미한다고 본다. 헌재의 결정례에서도 합리성심사를 할 사안이라고 하고 비례라는 말을 사용하지 않으면서 실제 비례성심사를 한 것으로 이해하게 하는 예를 볼 수 있다. 그러한 예를 하나 아래에 들어본다. 사안은 직장가입자가 보수월액보험료 외 소득월액보험료(이는 보수 외 고액의 종합소득이 있는 직장가입자의 경우에 그렇지 못한 근로소득이 주 소득원인 일반 직장가입자에 비해 위 고소득자들이 보험료를 적게 부담하는 '부담의 역진성(逆進性)' 문제를 해결하기 위하여 도입된 것)를 일정 기간 이상 체납한 경우 그 체납한 보험료를 완납할 때까지 국민건강보험공단이 그 가입자 및 피부양자에 대하여 보험급여를 실시하지 아니할 수 있도록 한 구 국민건강보험법 규정이 인간다운 생활을 할 권리, 재산권을 제한한다고 보고 헌재가 합리성심사를 한다고 하면서 심사한 예이다(합헌결정).

● 판례 헌재 2020.4.23. 2017헌바244
[판시] … 마. 인간다운 생활을 할 권리 및 재산권 침해 여부 (1) 건강보험수급권은 … 사회보장법리의 강한 영향을 받지 않을 수 없다. 따라서 입법자는 건강보험수급권의 구체적인 내용을 형성함에 있어서 … 다양한 요소를 종

146) 이 점을 밝히고 있는 판례는 많다. 예컨대, 92헌마264; 2000헌마642, 2001헌바12 등.
147) 헌재 2002.12.18. 2000헌마764; 2011.12.29. 2010헌바368 등.
148) 헌재 2010.2.25. 2008헌바80.

합하여 합리적인 수준에서 결정할 수 있는 광범위한 형성의 자유를 가진다. 그러므로 심판대상조항은 그 내용이 현저히 불합리하여 입법형성권의 범위를 벗어난 경우에 한하여 헌법에 위반된다고 할 수 있다. (2) 건강보험제도는 가입자인 국민이 납부하는 기여금 형태의 보험료를 주된 재원으로 하므로, … 가입자들에 대한 안정적인 보험급여 제공을 보장하기 위해서는 소득월액보험료 체납에 따른 보험재정의 악화를 방지할 <u>필요가 있다</u>. (3) … 보험급여는 건강보험의 가입자가 누릴 수 있는 가장 핵심적인 혜택이므로, 보험료를 체납한 사람에게 보험급여 자체를 제한하는 것은 보험료 납부를 보장하는 <u>실효적인 수단</u>이라고 할 수 있다. … (4) 청구인은, … 건강보험수급권 자체를 박탈할 것이 아니라, … 행정벌 등을 부과하는 방법 또는 의무이행을 민사적으로 집행하는 등의 방법을 고려하여야 한다고 주장한다. … 그러나 … 행정벌 등 부과의 경우에는 보험급여 제한에 비하여 기본권의 <u>제한 정도가 덜하다</u>고 단정하기도 어렵다. (5) … (6) … 가입자가 과도한 불이익을 입지 않도록 배려하고 있다. (7) 이상의 내용을 종합하면, 심판대상조항은 청구인의 인간다운 생활을 할 권리나 재산권을 침해하지 아니한다.

 * 분석: 위 결정에서 밑줄 친 '필요가 있다', '실효적인 수단', '제한 정도가 덜하다고' 등의 문구는 목적정당성, 수단적절성, 피해최소성을 떠올리는 것이다. 이는 합리적인지 여부가 결국은 목적이 정당한가, 수단은 효과가 나느냐 등을 살피지 않고서는 판가름하기 어렵다는 것을 의미하는 것이기도 하다. 위 사안은 이처럼 '덜하다'라고 하여 심지어 피해최소성심사까지 한 것으로 이해하게 한다.

 ⅱ) 별도 인정의 완화심사의 필요성 문제와 완화된 비례심사의 구분 모호성 – 합리성의 개념이 위와 같은 의문을 제기받는다면 완화심사를 별도로 인정하는 것의 타당성, 완화심사와 완화된 비례심사 간 구분의 모호성을 지적할 수도 있겠다. 완화심사 구분을 별도로 할 것이 아니라 비례심사의 강도차이로 다루면 해소될 수 있는 문제이기도 하다.

5. 비례(과잉금지)원칙과 입법재량

 입법자가 기본권제한에 관한 사항을 정함에 있어서 재량(형성의 자유)이 인정되기도 한다. 이러한 입법재량 사항에 있어서 비례원칙의 적용의 정도가 논의된다. 이는 헌법재판소가 입법재량의 문제에 대한 심사에 있어서 비례원칙심사를 하느냐, 또 어느 정도로 하느냐 하는 문제로서도 살펴볼 필요가 있는데 앞서 입법재량이 넓은 기본권제한사안의 경우 완화심사 내지 완화된 비례심사를 한다는 헌재의 입장을 어느 정도 살펴보았다. 비례원칙과 입법재량 문제에 대해서더 자세한 것은 뒤의 입법재량 문제로 함께 살펴본다(후술 참조).

6. 기본권향유자에 따른 비례심사 여부의 구분

 같은 종류의 기본권이라도 그것을 누릴 주체에 따라 그 침해 여부 심사를 비례심사로 하느냐, 합리성 심사에 그치느냐를 구분한 결정례가 있다. 대학 교원에 대해서는 교원노동조합설립이 인정되지 않았던 때가 있었는데 그 부정이 노조결성 자체의 부정으로 단결권조차 인정되지 않는 근로3권 중 단결권이 문제된 사안에서 나온 구분례이었다. 헌재는 국·공립대 교수들인 교육공무원에 대한 침해 여부 심사에서는 완화심사를, 교육공무원 아닌 대학 교원에 대해서는 과잉금지심사를 했다. 왜 그리 구분하는지 직접적이고 명시적인 이유설명은 없었다. 다만, 헌재는 "헌법 제33조 제2항에 의하여 입법자는 어느 범위의 공무원에게 근로3권을 인정할 것인지에 관하여 광범위한 입법형성권을 가지나, 입법재량이 무제한적인 것은 아니다"라고 한 뒤 비례심사하지 않고 입법재량 한계 내인지 완화심사한 것을 보면 입법재량이 단결권이 인정되는 공무원의 범위를 법률로 정하도록 한 헌법에 따라 교육'공무원'에 대해서는 넓다는 점에 완화심사의 근거를 헌재가 두는 것으로 이해하게 한다.

> ● **판례** 헌재 2018.8.30. 2015헌가38. [관련판시] 가. 쟁점 및 심사기준 ··· 이 사건에서는 대학 교원을 교육공무원 아닌 대학 교원과 교육공무원인 대학 교원으로 나누어, 각각의 단결권에 대한 제한이 헌법에 위배되는지 여부에 관하여 살펴보기로 하되, 교육공무원 아닌 대학 교원에 대해서는 과잉금지원칙 위배 여부를 기준으로, 교육공무원인 대학 교원에 대해서는 입법형성의 범위를 일탈하였는지 여부를 기준으로 나누어 심사하기로 한다. ··· 다. 교육공무원인 대학 교원의 단결권 침해 여부 (1) 입법형성권의 한계 – 대학 교원 가운데에는 교육공무원 신분인 교원이 있으며, 공무원은 헌법 제33조 제2항에 의하여 법률이 정하는 자에 한하여 근로3권을 가진다. 헌법 제33조 제2항에 의하여 입법자는 어느 범위의 공무원에게 근로3권을 인정할 것인지에 관하여 광범위한 입법형성권을 가지나, 입법재량이 무제한적인 것은 아니다. ··· 그러므로 교육공무원인 대학 교원의 단결권을 전면적으로 부정하는 심판대상조항이 입법형성권을 합리적으로 행사한 것인지를 살펴본다. (2) 구체적 판단 – 교육공무원의 직무수행의 특성과 헌법 제33조 제1항 및 제2항의 정신을 종합해 볼 때, 교육공무원에게 근로3권을 일체 허용하지 않고 전면적으로 부정하는 입법형성은 합리성을 상실한 과도한 것으로 허용되지 않는다. * 헌법불합치결정. 이 결정에 대해서는 앞의 제2부, 제2장, 제4절 행정질서, 제2항 공무원제도, Ⅲ. 직업공무원제, 공무원의 권리와 의무, 노동운동 제한 부분도 참조.

7. 비례원칙의 한계

비례원칙의 적용에 있어서는 다음과 같은 한계가 있다. ⅰ) 기본권제한의 목적에 대한 판단이 주관적일 수 있다. 예를 들어 '공공복리'라는 개념도 주관적일 수 있기에 과연 공공복리의 목적이 존재하는지 여부에 대한 판단이 객관적으로 항상 명확하지 않을 수 있다. ⅱ) 어느 기본권제한방법이 '최소의 침해'를 가져오는 것인지에 대한 판단도 모든 사람들의 의견의 일치를 볼 수 없는 경우가 있다. 또한 보다 피해가 적은 다른 방법이 있음에도 판단자들이 이를 인식하지 못할 수도 있다. ⅲ) 법익균형성의 평가는 객관적이어야 한다. 그럼에도 현실적으로 법익의 균형성에서 따져보아야 하는 공익의 크기는 판단하는 사람의 주관에 좌우될 수도 있다. 무엇을 중요한 사회적 가치인가에 대한 생각이 다를 수가 있다. ⅳ) 비례원칙으로 해결할 수 없는 사안들이 있다. 특히 기본권주체들 간에 기본권의 본질적 내용만으로 이루어진 기본권들이 서로 충돌할 경우에는 비례원칙을 적용하기 어렵다. 예를 들어 전투에서 상호간에 생명을 빼앗거나 빼앗기는 상황이 그러한 경우이다. 이는 법이 규율할 수 없는 상황의 영역이라고 할 것이다.

Ⅷ. 신뢰보호원칙(信賴保護原則) — 기본권제한의 한계원칙

기본권제한의 필요성이 있어서 제한하더라도 그동안 지녀온 신뢰는 보호해야 한다는 점에서 신뢰보호원칙은 기본권제한에 있어서 한계를 구성하는 헌법상의 중요한 하나의 원칙이다 (동지: 97헌바10).

1. 신뢰보호원칙의 개념과 근거

(1) 개념과 필요성

[개념] 신뢰보호원칙이라 함은 어떠한 법률 등 국가작용으로 일단 형성된 권리관계(법률관계)가 이후의 새로운 법률 등 국가작용 등으로 기존의 그 권리관계가 깨트려지지 않고 지속될 것이라는 믿음이 있고 이러한 믿음이 존중되어야 하는 것이라면 이를 보호하여야 한다는 원칙을 말한다. 우리 헌재는 신뢰보호원칙은 "특정한 법률에 의하여 발생한 법률관계는 그 법에 따라 파악되고 판단되어야 하며, 과거의 사실관계가 그 뒤에 생긴 새로운 법률의 기준에 따라 판단되지 않는다는 국민의 신뢰를 보호하기 위한 것"이라고 설명하고 있다(94헌마119; 2002헌바35 등).

[필요성] 국민의 기본권보장에 대한 신뢰는 보호되어야 하나 사회적, 경제적 여건 때문에 새로운 정책이나 규제로 신뢰를 깨트려야 할 필요가 생긴다. 그러나 신뢰가 깨트려지는 국민은 법적 안정성을 해치고 인내 범위를 벗어난 신뢰파기까지 받아들일 수 없다. 여기에 신뢰가 헌법적으로 보호되고 반대로 신뢰를 깨트리는 기본권제한에도 헌법적 한계가 설정되어야 하고 그것이 바로 신뢰보호원칙으로서 필요성이 있는 것이다.

(2) 근거 — 법치주의에서 파생

우리 현행 헌법은 신뢰보호원칙을 명시적으로 직접 언급하는 조문을 가지고 있지 않다. 신뢰보호는 기존의 법률상태의 보장, 존속을 기대하는 것이므로 신뢰를 가지는 주체에게 위에 필요성에서 언급한 대로 법적 안정성을 의미한다. 법적 안정성과 예측가능성은 법치주의의 기초라는 점에서 신뢰보호원칙은 법치주의에 근거한다고 본다. 우리 헌법재판소도 신뢰보호원칙이 헌법상의 원칙이고 법치주의에서 파생된다고 본다(94헌바39 등).

행정기본법도 신뢰보호의 원칙을 규정하고 있다. 즉 동법 제12조 제1항은 "행정청은 공익 또는 제3자의 이익을 현저히 해칠 우려가 있는 경우를 제외하고는 행정에 대한 국민의 정당하고 합리적인 신뢰를 보호하여야 한다"라고 규정하고, 동조 제2항은 "행정청은 권한 행사의 기회가 있음에도 불구하고 장기간 권한을 행사하지 아니하여 국민이 그 권한이 행사되지 아니할 것으로 믿을 만한 정당한 사유가 있는 경우에는 그 권한을 행사해서는 아니 된다. 다만, 공익 또는 제3자의 이익을 현저히 해칠 우려가 있는 경우는 예외로 한다"라고 규정하고 있다. 행정절차법 제4조 제2항도 신뢰보호원칙을 규정하고 있다.

2. 신뢰보호원칙 적용(위배여부 심사)에서의 단계

기본권을 제한하여야 할 필요가 있을 때 그 제한으로 그동안의 신뢰가 손상되는 상황이라면 신뢰보호원칙이 적용되어야 하고 사후에 이에 대한 심사도 이루어질 수 있는데 그 적용과 심사에서 단계가 있다. ⅰ) 적용여부 판단 단계 – 깨트려지는 신뢰가 있다고 하여 그 신뢰가 무조건 보호되어야 하는 것은 아니고 보호의 가치가 있는 것인지가 먼저 판단되어져야 한다. 그 보호가치 문제는 신뢰보호원칙을 적용할 신뢰인지를 판가름하는 문제이므로 이 단계는 원칙의 적용요건에 대한 판단 단계이다. ⅱ) 원칙 위배(보호 여부) 판단 – 보호가치가 있다면 다음으로 그 위배 여부를 가리는 판단을 하게 된다.

▶ 신뢰보호원칙 적용 단계

> ▷ 첫 단계(적용요건 구비여부 판단): 보호가치 있는지 판단, 있다면 →
> ▷ 둘째 단계: 원칙의 위배 여부 판단

3. 적용요건 – 헌재 판례를 중심으로

헌재는 "사회환경이나 경제여건의 변화에 따른 정책적인 필요에 의하여 공권력행사의 내용은 신축적으로 바뀔 수밖에 없고 그 바뀐 공권력행사에 의하여 발생된 새로운 법질서와 기존의 법질서와의 사이에는 어느 정도 이해관계의 상충이 불가피하므로, 국민들의 국가의 공권력행사에 관하여 가지는 모든 기대 내지 신뢰가 절대적인 권리로서 보호되는 것은 아니다"라고 한다(94헌마119; 2001헌마132). 따라서 모든 신뢰가 무조건 보호되는 것이 아니라 일정한 요건 하에서 보호된다. 그러면 어떠한 경우에 신뢰가 보호되는지 신뢰보호원칙의 적용요건이 중요하다. 신뢰보호원칙의 적용요건에 대해 그동안 헌법재판소의 결정례들을 두고 아래와 같이 정리해볼 수 있겠다.

(1) 보호될 신뢰의 요건(신뢰이익보호가치요건)
1) 개념
개인이 가지는 주관적인 신뢰가 모두 보호되는 것은 아니고 객관적으로 보호받을 가치가 있는 신뢰로 볼 수 있어야 보호된다. 헌재는 "국민이 가지는 모든 기대 내지 신뢰가 헌법상 권리로서 보호될 것은 아니고, 신뢰의 근거 및 종류, 상실된 이익의 중요성, 침해의 방법 등에 의하여 개정된 법규·제도의 존속에 대한 개인의 신뢰가 합리적이어서 권리로서 보호할 필요성이 인정되어야 한다"라고 본다(92헌마68등; 94헌바39; 99헌바4 등).

2) 기준: 2가지 - ① 예측(견)불가능성, ② 유인된 신뢰

헌재는 개인의 신뢰이익의 보호가치 여부와 그 정도를 판단함에 있어서 이 2가지 기준을 아래의 결정례에서 거시하고 있다.

● **판례** 헌재 2002.11.28. 2002헌바45 구 병역법 제71조 제1항 단서 위헌소원
[쟁점] 의무사관후보생의 병적에서 제외된 사람의 징집면제연령을 31세에서 36세로 상향조정한 구 병역법 제71조 제1항 단서가 신뢰보호원칙에 위반되는지 여부(부정, 합헌결정) [관련판시] 법률의 존속에 대한 개인의 신뢰가 어느 정도로 보호되는지 여부에 대한 주요한 판단기준으로 다음과 같은 2가지 요소를 거시할 수 있다. 1) 법령개정의 예측성: 먼저, 법적 상태의 존속에 대한 개인의 신뢰는 그가 어느 정도로 법적 상태의 변화를 예측할 수 있는지, 혹은 예측하였어야 하는지 여부에 따라 상이한 강도를 가진다. 그런데, 일반적으로 법률은 현실상황의 변화나 입법정책의 변경 등으로 언제라도 개정될 수 있는 것이기 때문에, 원칙적으로 이에 관한 법률의 개정은 예측할 수 있다고 보아야 한다. 따라서, 청구인과 같이 의과대학에 입학하여 의무사관후보생 병적에 편입된 사람이 그 당시 법률규정에 따른 징집면제연령에 대하여 가지고 있던 기대와 신뢰가 절대적인 것이라고는 볼 수 없다. 2) 유인된 신뢰의 행사여부: 다음으로, 개인의 신뢰이익에 대한 보호가치는 ① 법령에 따른 개인의 행위가 국가에 의하여 일정방향으로 유인된 신뢰의 행사인지, ② 아니면 단지 법률이 부여한 기회를 활용한 것으로서 원칙적으로 사적 위험부담의 범위에 속하는 것인지 여부에 따라 달라진다. 만일 법률에 따른 개인의 행위가 단지 <u>법률이 반사적으로 부여하는 기회의 활용</u>을 넘어서 국가에 의하여 일정 방향으로 유인된 것이라면 특별히 보호가치가 있는 신뢰이익이 인정될 수 있고, 원칙적으로 개인의 신뢰보호가 국가의 법률개정이익에 우선된다고 볼 여지가 있다. 그런데, 이 사건 법률조항의 경우 국가가 입법을 통하여 개인의 행위를 일정방향으로 유도하였다고 볼 수는 없고, 따라서 청구인의 징집면제연령에 관한 기대 또는 신뢰는 단지 법률이 부여한 기회를 활용한 것으로서 원칙적으로 사적 위험부담의 범위에 속하는 것이다.

이처럼 헌재판례 법리는 ⅰ) 예측(견)불가성과 ⅱ) 유인된 신뢰라는 2가지 요소를 들고 있다.[149] 아래에서 위 ⅰ), ⅱ) 요건에 대해 좀더 살펴본다.

---

149) * 결정례 중에는 "개인이 이러한 국가작용에 대한 신뢰에 따라 일정한 행위를 하여야 하며"라는 요건을 설정한 아래와 같은 예도 볼 수 있다.
　헌재 2018.12.27. 2017헌바215 [쟁점] 택지개발사업지구에서 시행되는 주택건설사업의 경우 종전에는 택지개발사업이 광역교통시설 부담금 부과 대상으로 결정되었는지 여부를 불문하고 그 부과 대상에서 제외하던 것을, 심판대상조항이 그런 대상으로 결정된 경우에만 부담금이 면제되도록 한 것은 광역교통법이 이전에 택지개발사업지구 내 대지를 매수한 주택건설사업자(청구인)의 부담금 면제에 대한 신뢰를 침해하여 신뢰보호원칙에 반하는지(부정, 합헌결정) [결정요지] • 신뢰보호원칙 위반 여부 (가) 신뢰보호원칙의 의의 및 심사기준 - 신뢰보호원칙의 위반 여부를 판단하기 위해서는 첫째, 국가가 법률의 제정과 같은 작용을 통해 신뢰의 기초를 형성하여야 하고, 둘째, 개인이 이러한 국가작용에 대한 신뢰에 따라 일정한 행위를 하여야 하며, 셋째, 그 개인의 신뢰와 법률의 개정으로 인한 공익을 서로 형량하여야 한다. … 신뢰이익의 보호가치는 법률에 따른 개인의 행위가 국가에 의하여 일정방향으로 유인된 신뢰의 행사인지 아니면 단지 법률이 부여한 기회를 활용한 것으로서 원칙적으로 사적 위험부담의 범위에 속하는 것인지 여부에 따라 달라질 것이고, 개인이 어느 정도로 법적 상태의 변화를 예측할 수 있었는지, 혹은 예측하였어야 하는지 여부 또한 중요한 고려요소가 될 것이다. 그리고 경과규정의 유무와 그 내용은 신뢰이익 침해의 정도를 판단하는 데 고려요소로 작용할 수 있다. (나) 판단 - 1) 청구인이 '일정한 행위'라고 주장하는 이 사건 대지 매수행위는 청구인의 행위라고 볼 수는 없고, 달리 청구인이 '일정한 행위'를 하였다고 볼 만한 아무런 자료가 없다. 즉, 개정 전 광역교통법을 신뢰하고 외부로 현실화된 청구인의 어떠한 행위가 있었다고 볼 수 없으므로 신뢰보호원칙이 문제될 여지가 없다. 3) 가사 청구인의 주장처럼 주식회사 ○○에스디의 이 사건 대지 매수행위를 청구인의 행위로 본다 하더라도, 그 부담금 면제의 혜택은 장래에 폐지되는 방향으로 개정될 수 있으리라는 것을 충분히 예측할 수 있다고 보아야 한다. 이처럼 청구인의 부담금 면제에 대한 신뢰는 그 보호가치가 크다고 볼 수 없는 반면, 심판대상조항은 위와 같은 부담금의

(가) 예측(견)불가성 [의미와 판단기준] 장차 법률의 개폐(개정·폐지)에 의해 그 신뢰가 깨
트러질 것을 예측할 수 있는 경우라면 그 신뢰는 보호받기 힘들고 보호되는 신뢰이익은 법으로
부터 통상의 일반인으로서 기존의 법률관계나 이익이 존속되기 어렵다고 예측할 수 없었던 상
태에서의 신뢰이익이어야 한다는 것이다. 헌재는 '법령개정의 예측성'이라 하였으나 그 점에서
'예측(견)불가성'이라고 하는 것이 신뢰보호요건으로서 더 적확한 것이 될 것이다. 헌재는 위
2002헌바45 결정에서 "법적 상태의 존속에 대한 개인의 신뢰는 그가 어느 정도로 법적 상태의
변화를 예측할 수 있는지, 혹은 예측하였어야 하는지 여부에 따라 상이한 강도를 가진다"라고
하여 그 예측불가성의 정도에 따라 보호의 정도가 다르다고 보는 것으로 이해된다. 그리고 헌
재는 "일반적으로 법률은 현실상황의 변화나 입법정책의 변경 등으로 언제라도 개정될 수 있
는 것이기 때문에, 원칙적으로 이에 관한 법률의 개정은 예측할 수 있다고 보아야 한다"라고
한다.150) 입법형성권이 넓을수록 법률의 변화가능성이 많으므로 예견불가능성이 약해진다고
할 것이다.151) 헌재는 "입법자의 입법형성권의 범위가 매우 넓다는 점 … 따라서 국민들은 이
러한 영역에 관한 법률이 제반 사정에 따라 언제든지 변경될 수 있다는 것을 충분히 예측할 수
있다고 보아야 한다"라고 판시한 바 있다.152)

[예측불가성에 대한 결정례]

ⅰ) 인정한 결정례 ① 국세관련 경력공무원에 대한 세무사자격 자동부여제의 폐지 - 구
세무사법은 국세에 관한 행정사무 종사경력이 10년 이상 등 경력이 있는 공무원에 대해 당연
히 세무사자격이 부여되도록 하였는데 개정된 세무사법은 이를 폐지하고 부칙에서 2000년 12
월 31일 현재 위 경력요건을 갖춘 국세관련 경력공무원에게만 구법 규정을 적용하여 세무사자
격이 부여되도록 하였는데 위 경력요건을 아직 갖추지 못하여 세무사자격 자동부여를 받지 못
하게 된 경력 공무원들이 이 개정된 세무사법 부칙조항이 신뢰이익을 침해한다고 하여 헌법소
원을 제기하였다. 헌재는 이 자동부여제가 40여년간 줄곧 시행되어 오면서 단시일 내에 폐지 또

일실이라는 문제를 해결하기 위해 이루어진 법 개정의 결과로서 그 추구하는 공익의 가치가 크다. 그렇다
면 부담금 면제에 대한 청구인의 신뢰가 법 개정의 이익에 우선하여 특별히 헌법적으로 보호할 만한 가치
나 필요성이 있다고 보기 어려우므로 심판대상조항이 신뢰보호원칙에 위반되었다고 볼 수 없다.
 * 판례평가 - 첫째, 일정한 행위를 하였을 것을 내세우는 것이 반드시 필요한지 모르겠다. 부작위상태로
있어야 그 신뢰가 보호되는 사안이 있을 수 있을 것이기 때문이다. 둘째, 이 판시의 논증은 신뢰보호가치
가 있는 이익인지 여부를 살피면서 위배 여부를 가리는 이익형량심사와 경과조치 유무 판단을 함께 하고
있어서 혼란스럽다[일단 보호가치 있는 신뢰인지부터 보고 그리하여 신뢰보호원칙이 적용될 사안이라면
다음 단계로 이익형량 심사 등으로 나아간다는(아래의 신뢰보호원칙 위반 여부의 판단기준으로서 이익형
량 등 참조) 지금까지의 주류적 판례입장이 논증에서 보다 명확하다].

150) 헌재 2002.11.28. 2002헌바45.
151) 헌재는 제도의 형성에 있어서 광범위한 입법의 자유(재량)가 인정되는 제도가 계속 유지될 것이라는 신뢰
는 입법자가 여러 사정을 고려하여 그 제도에 대한 새로운 규율을 할 수 있는 것이므로 헌법상의 보호가
치가 큰 신뢰라고 보기 어렵다고 하는데(헌재 2004.6.24. 2002헌바15) 새로운 규율을 할 수 있다는 것은
예측불가성이 없거나 적다는 것을 의미하는 것이라고도 하겠다.
152) 위 2002헌바45.

는 변경되리라고 예상할 만한 별다른 사정도 없었기에 강도 높게 보호할 필요성이 있는 합리적이고도 정당한 신뢰인데 이에 대한 침해로 위헌이라고 보아 결국 헌법불합치결정을 한 바 있다(● 판례 헌재 2001.9.27. 2000헌마152) * 특허청 경력공무원에 대한 변리사자격 자동부여제의 폐지에 대해서도 비슷한 취지의헌법불합치결정이 있었다(헌재 2001.9.27. 2000헌마208).

② 6인승 밴형화물자동차운송사업에 대한 승차정원제한, 화물제한 – 6인승 밴형화물자동차에 대해 승차정원을 3인으로 제한하고, 화물제한을 하는 구 화물자동차운수사업법시행규칙 조항은 이 승차정원제한 조항을 두기 이전에 사업등록한 6인승 밴형화물자동차운송사업자의 법적 신뢰를 <u>심각하게 예상치 못한</u> 방법으로 법적 신뢰를 제약한다고 하여 한정위헌으로 결정한 바 있다(● 판례 헌재 2004.12.16. 2003헌마226. 이 결정의 요지에 대해서는 후술 참조).

ii) 부정적 결정례

① 조세우대조치(감면)의 축소 – 헌재는 "조세우대조치는 조세공평에 배치되므로 그에 대한 기대나 신뢰가 절대적으로 보호되어야 할 가치가 있다고 할 수는 없고 오히려 경제현상의 변화에 따라 신축적인 개정이 요구되는 조세법분야에 있어서 위와 같은 조세우대조치는 잠정적인 것으로서 장래의 개정이 쉽사리 예측가능하다"라고 하여 조세우대조치의 축소(전액 면세에서 50%감면으로 축소)에 대해 신뢰보호원칙에 위배된다고 할 수 없다고 판단하였다(● 판례 헌재 1995.3.23. 93헌바18).

② 외국인 근로자 고용에 관한 업무 대행의 제한 – '고용허가제 대행기관 운영에 관한 규정'(고용노동부 고시)이 일정한 요건을 갖추어 대행기관으로 지정된 자에 한해 외국인 근로자의 고용에 관한 업무를 대행할 수 있도록 규정하여 대행기관 지정이 어렵게 되었는바 이는 기존에 이 업무를 대행하여 온 행정사들의 직업수행의 자유를 신뢰보호원칙을 위반하여 침해하는 것인지가 논란된 바 있다. 헌재는 규율 상태의 변경 가능성에 대한 예측 가능성이 충분하였다고 보아 침해를 부정하였다.

● 판례 헌재 2011.10.25. 2010헌마661
[결정요지] 이 고시 조항의 입법목적인 대행업무 수행의 공공성 확보, 외국인 근로자의 인권보호 등의 중요성 및 시급성에 비추어 보면, 부당한 금품수수 혹은 송출비리 등 우려요인은 조속히 제거하는 것이 공익에 적합한 반면에, 기존에 대행 업무를 수행하고 있던 자들은 그 신뢰의 근거가 된 법령의 순차 개정으로 인해 그 규율 상태의 변경 가능성에 대한 예측가능성이 충분하였고, 그 신뢰의 기간 또한 6년 정도로 그리 길지 않았으며, 이들이 위와 같은 대행 업무를 수행하는 것은 그들의 직업수행의 일부에 불과하여 입게 되는 불이익 내용이 이 고시 조항을 통해 달성하려는 공익적 가치에 비해 결코 우월하다고 할 수 없다. 따라서 신뢰보호원칙에 위반하지 않아 기존에 대행 업무를 수행하던 행정사 등의 직업수행의 자유를 침해하지 않는다.

③ 반복음주운전의 총포소지허가 결격사유 – 총포소지허가의 결격사유를 정한 '총포·도검·화약류 등의 안전관리에 관한 법률'(2015.7.24. 개정된 것) 제13조 제1항 제6호의3 중 '음주운전으로 벌금 이상의 형을 선고받은 날부터 5년 이내에 다시 음주운전으로 벌금 이상의 형을 선고받고 그 집행이 종료(집행이 종료된 것으로 보는 경우를 포함한다)되거나 면제된 날부터 5년이 지나지 아니한 사람'을 결격사유로 한 그 규정 부분은, 음주운전자를 결격사유로 하지 않을 것

이라는 신뢰는 보호가치 없는 것이라고 하여 신뢰보호원칙에 반하지 않는다고 결정하였다.

● **판례** 헌재 2018.4.26. 2017헌바341
[결정요지] 신뢰보호원칙 위반 여부 (1) 헌법상 보호가치 있는 신뢰이익이 존재하는지 여부 — 총포의 소지는 원칙적으로 금지되고 다만 예외적으로 허가되는 것으로서 그 결격사유 역시 사회적·정책적 판단에 따라 새로이 규정, 시행될 수 있는 것임을 고려하여야 한다. 총포화약법의 입법연혁을 살펴보아도 총포소지허가의 결격사유를 규정한 이래 점차 사유가 추가되고 허가의 기준이 강화되는 방향으로 수차례 개정되었다. 따라서 입법자가 반복하여 음주운전을 하는 자를 총포소지허가의 결격사유로 규제하지 않을 것이라는 데 대한 청구인의 신뢰가 보호가치 있는 신뢰라고 보기 어렵다. (2) … (3) 보호해야 할 신뢰의 가치는 그다지 크지 않은 반면 공공안전을 보호해야 할 공익적 가치는 중대하므로, 음주운전 전력이 있는 사람들을 위해 별도 경과규정을 두지 않았다 하여 신뢰보호원칙에 위반된다 할 수 없다.

* 판례비평: 이 결정은 신뢰보호가치가 없다고 하고서는 이익형량까지 갔다. 신뢰보호가치가 없으면 그것으로 더 이상 판단하지 않는 것이 논리적이다.

* 그 외 보호가치 있는 신뢰를 인정하기 어렵다는 결정례: 2013헌가19 등.

(나) 유인된 신뢰　국가가 법률 등 작용을 통해 신뢰나 기대를 유도, 유발, 유인 또는 부여하는 선행적 조치가 있었던 경우에 보호가치 있는 신뢰가 된다는 것이다. 헌재는 "법률에 따른 개인의 행위가 단지 법률이 반사적으로 부여하는 기회의 활용을 넘어서 국가에 의하여 일정 방향으로 유인된 것이라면 특별히 보호가치가 있는 신뢰이익이 인정될 수 있고, 원칙적으로 개인의 신뢰보호가 국가의 법률개정이익에 우선된다고 볼 여지가 있다"라고 한다.153)

가) 신뢰부여의 국가조치의 존재 — 유도된 신뢰로 보려면 당연히 그 신뢰를 가지게 한 국가조치부터 있었어야 한다. 헌재는 국가가 신뢰를 부여한 어떠한 조치를 한 경우가 아니라는 이유로 '선행하는 법적 상태에 대한 신뢰'를 부정하는 아래의 결정례를 보여주고 있다. 사안을 보면 세무당국에 사업자등록을 하고 영업행위를 해오던 사람에 대해 그 영업을 금지한 것이 신뢰보호원칙 위반이라는 주장의 헌법소원이 제기되었다. 그러나 헌재는 사업자등록이 그 영업행위의 계속에 대하여 국가가 신뢰를 부여한 어떠한 조치라고 보기도 어려우므로 신뢰보호의 전제가 되는 선행 법적 상태에 대한 신뢰 자체를 부정하여 주장을 받아들이지 않았다.

● **판례** 헌재 2003.9.25. 2001헌마447
[쟁점] 세무당국에 사업자등록을 하고 운전교습업을 영위해오던 운전교습업자의 운전교육행위를, 운전학원으로 등록하지 않은 자가 대가를 받고 운전교육을 실시하는 것을 금지하는 도로교통법 제71조의16 제1호로 일률적으로 금지하는 것이 신뢰보호의 원칙에 위배되어 재산권을 침해하는지 여부(소극) [결정요지] 이 도로교통법 조항이 신설되기 전에도 운전학원으로 등록하지 않고 운전교육을 하는 자에 대한 단속도 꾸준히 있어왔다. 나아가 청구인들이 비록 세무당국에 사업자등록을 하고, 운전교육업에 종사하였다고 하더라도, 그 사업의 적법성이 보장되는 것 또한 아니라고 할 것이므로 사업자등록여부가 운전교습업의 계속에 대하여 국가가 신뢰를 부여한 어떠한 조치라고 보기도 어렵다. 따라서 신뢰보호의 전제가 되는 선행하는 법적 상태에 대한 신뢰 자체를 인정할 수 없는 이 사건에 있어 신뢰보호원칙에 위배하여 청구인들의 재산권과 직업의 자유를 침해하였다는 청구인들의 주장 역시, 더 나아가 살필 필요도 없이 이유없다.

나) 법률개정 이전 변경 입장표명의 무영향 — 신뢰가 형성된 법률규정을 바꿀 예정의 입장

153) 위 2002헌바45.

표명만으로 그 신뢰를 소멸시킬 수 없다. 이러한 예로 헌재는 2013. 1. 1.부터 판사임용자격에 일정 기간 법조경력을 요구하는 법원조직법으로 개정되기(2011.7.18. 법률 제10861호로 개정된 것) 전에 대법원이 위와 같은 변경을 예고했지만 연수원수료 후 바로 판사임용된다는 신뢰를 소멸시키지는 못한다고 본 사례를 들 수 있다. 헌재는 그리하여 보호될 신뢰라고 보아 위 개정법 부칙 제1조 단서 중 해당규정과 동 부칙 제2조가 위 법 개정시점인 2011. 7. 18. 당시 사법연수생의 신분을 가지고 있었던 자가 사법연수원을 수료하는 해의 판사 임용에 지원하는 경우에 <u>적용되는 한 헌법에 위반된다</u>고 결정하였다(● 판례 헌재 2012.11.29. 2011헌마786등. 신뢰보호원칙의 위배로 공무담임권을 침해하여 위헌이라고 보아 헌정위헌결정을 하였다). 헌재의 이 입장은 법률은 더구나 국회가 개정을 할 것인지 여부가 예정만으로 분명하지 않다는 점에서 이해가 간다.

다) 국가에 의해 유인되거나 부여된 신뢰임을 인정한 결정례 - 해당되는 대표적인 결정례들을 아래에 본다.

① 국세관련 경력공무원에 대한 세무사자격 자동부여제의 폐지로 인한 신뢰침해 - 위 (가)에서도 나왔던 결정례이다. 구 세무사법은 국세에 관한 행정사무 종사경력과 재직경력이 동법 소정에 달하는 경력이 있는 경우에는 당연히(세무사자격시험을 거침이 없이) 세무사자격이 부여되게 규정하고 있었는데 개정된 세무사법은 이를 폐지하고 부칙에서 2000년 12월 31일 현재 위 경력요건을 갖춘 국세관련 경력공무원에게만 구법 규정을 적용하여 세무사자격이 부여되도록 하였다. 이에 위 경력요건을 아직 갖추지 못하여 세무사자격 자동부여를 받지 못하게 된 경력공무원들이 이 개정된 세무사법 부칙조항이 신뢰이익을 침해한다고 하여 헌법소원을 제기하였다. 헌재는 <u>국가가 제정한 법률의 규정에 의하여 형성된 것</u>으로서, 단순한 가능성이 아닌 확정적인 법률효과에 바탕을 둔 신뢰이고 40여 년간 줄곧 시행되어 왔다고 하고, 강도 높게 보호할 필요성이 있는 합리적이고도 정당한 신뢰라고 하면서 이 폐지는 신뢰이익을 과도하게 침해한 것으로서 위헌이라고 하여 헌법불합치결정을 한 바 있다(● 판례 헌재 2001.9.27. 2000헌마152).

* 특허청 경력공무원에 대한 변리사자격 자동부여제의 폐지로 인한 신뢰침해 - 위 세무사자격 자동부여제 폐지의 사안과 비슷한 취지의 헌법불합치결정이 있었다(헌재 2001.9.27. 2000헌마208).

② 국·공립사범대 졸업자 교원우선임용에 대한 위헌결정 이전 입학자의 임용에 대한 신뢰 - "국립사범대 졸업자의 교원우선임용 조항에 대한 헌법재판소의 위헌결정(89헌마89)이 있기 이전에 국립사범대학을 졸업하여 임용이 예정되어 있었으나, 위 위헌결정에 따라 교원으로 임용되지 아니한 자(미임용자)들을 구제하기 위한 특별법에 대한 헌법소원심판에서 헌재는 미임용자의 중등교원 우선임용에 대한 신뢰는 "<u>국가의 입법행위에 의하여 일정한 방향으로 유인된 신뢰</u>"라고 평가될 수 있으므로, 이들은 구 교육공무원법 제11조 제1항의 존속에 대한 주관적 신뢰이익을 갖는다"고 판시하였다.[154] 결국 위헌이었던 법률규정으로 인한 신뢰도 보호되어야

---

154) 헌재 2006.3.30. 2005헌마598.

한다는 것인데 이 점을 헌재는 위헌결정의 장래효로 설명한다(이에 관해 바로 아래 3)에서 후술한다). 결국 미임용자의 신뢰이익을 인정하여 미임용자들과 임용시험에 있어서 경쟁관계에 있는 청구인들의 평등권이 침해되지 않았다고 하여 기각결정을 하였다(이 결정에 대해 아래 3) 참조).

③ 사법시험 제1차시험에서의 영어대체시험제도 – 사법시험 제1차 시험의 어학과목을 영어로 한정하고 영어시험을 다른 시험기관의 시험으로 대체하도록 하며(제3항), 대체시험의 종류를 토플(TOEFL) 등으로 하여 일정 점수 이상을 영어대체시험의 합격에 필요한 점수로 정하는 '영어대체시험' 제도가 제2외국어 과목으로 시험공부를 해오던 수험생의 신뢰(제2외국어 과목으로써 사법시험을 볼 수 있으리라는 신뢰)를 훼손하여 위헌이라는 주장이 있었다. 헌재는 국가가 오래도록 제2외국어를 시험과목으로 삼아 옴으로써 제2외국어 과목을 선택하여 집중적으로 공부한 경우가 적지 아니할 것이므로 국가가 개인의 행위를 일정방향으로 유도하였다고 볼 수 있을 것이어서 그 신뢰는 이를 보호해야 할 필요가 큰 경우에 속한다고 보았다. 그러나 유예기간을 두고 있고 비교형량상 공익이 훨씬 더 크다고 보아 합헌성을 인정하였다(● 판례 헌재 2007.4.26. 2003헌마947).

④ 판사임용 경력기간 요건 설정의 신뢰침해 – 위 2011헌마786 결정.

3) 위헌결정된 법률규정에 의한 신뢰: 위헌결정시까지의 신뢰 인정

이러한 예로 위에서도 언급한 사건인 국립사범대 졸업자의 교원우선임용 조항(구 "교육공무원법 제11조 ① 교사의 신규채용에 있어서는 국립 또는 공립의 교육대학·사범대학 기타 교원양성기관의 졸업자 또는 수료자를 우선하여 채용하여야 한다")에 대한 헌법재판소의 위헌결정(89헌마89)이 있기 이전에 국립사범대학을 졸업하여 임용이 예정되어 있었으나, 위 위헌결정에 따라 교원으로 임용되지 아니한 자를 구제하기 위하여 중등교원 임용시험에 있어서 이들을 위한 별도의 특별정원을 마련하도록 하는 '국립사범대학졸업자 중 교원미임용자임용 등에 관한 특별법' 규정에 대한 헌법소원사건에서 그 예를 볼 수 있었다. 이 헌법소원심판은 이 구제대상자들과 경쟁을 해야 하는 중등교사임용시험을 준비하고 있는 사람들이 청구한 것이었고 청구인들은 이렇게 별도 특별정원을 마련하도록 한 것이 한정된 교육공무원직을 두고 경쟁관계에 있는 청구인들의 평등권, 공무담임권을 침해한다고 주장하였고 이 평등권 침해 여부에 대한 판단에 있어서 목적의 정당성 여부를 살피면서 신뢰이익 문제가 다루어졌다. 헌재는 "미임용자들은 위헌결정이 있기 이전의 구 교육공무원법 제11조 제1항이 유효한 것으로 믿고 국·공립사범대학을 졸업하면 교육공무원인 중등교원으로 무시험 우선 채용될 수 있을 것을 신뢰하여 우수한 대학입학고사 성적에도 불구하고 다른 대학에의 진학 기회를 포기하고 중등교원이 되기 위하여 국·공립 사범대학에의 진학을 선택하고 학업을 수행하여 졸업한 후 시·도 교육위원회별로 작성한 교사임용후보자명부에 등재되어 임용이 예정되어 있었던 자들이다. 이러한 미임용자들의 결정과 행위는 국가의 입법행위에 의하여 일정한 방향으로 유인된 신뢰의 행사라고 평가될 수 있으므로, 이들은 구 교육공무원법 제11조 제1항의 존속에 대한 주관적 신뢰이익을 갖는다 할 것이다"라고 판시하였다. 결국 위헌이었던 법률규정으로 인한 신뢰도 보호되어야 한다는 것인데 이 점을 헌재는 위헌결정의 장래효로 설명한다. 우리 헌법재판소법 제47조 제2항은 위헌으로 결정된 법률조항이 소급하여 효력을 상실하지 않고 위헌결정이 있는 날로부터 효력을 상실하도록 규정하여 '장래효'를 규정하고 있어 위헌이라고 결정되더라도 위헌결정이 있기까지에는 효력을 가졌던 법률조항이 된다는 것이다. 그리하여 헌재는 "비록 우리 재판소의 결정에 의하여 구 교육공무원법 제11조 제1항이 위헌으로 선언되었으나, 우리 헌법재판소법 제47조 제2항은 장래효의 원칙을 규정함으로써 위헌법률이 당연히 무효인 것이 아니라 위헌결정으로 장래 효력을 상실하도록 되어 있어 헌법재판소에 의한 위헌확인시까지는 유효한 신뢰의 근거로 작용할 수 있다"라고 한다. 결국 미임용자의 신뢰이익을 인정하였고 평등권, 공무담임권 등의 침해 여부를 심사한 결과 기각결정을 하였다. 그런데 헌재는 합헌적인 법률에 대한 신뢰 보다는 그 보호 정도가 낮다고 보아 이 법리에 한계를 두고 있다(● 판례 헌재 2006.3.30. 2005헌마598).

4) 예견가능하였고 국가에 의해 유도되지 않은 경우

신뢰보호가치요건 두 가지가 모두 결여되었다고 본 결정례를 보면, '사행성 간주 게임물'의 개념을 설정하고 이에 해당하는 경우 경품제공 등을 금지한 문화관광부고시 규정이 게임제공업자들의 직업의 자유를 침해하는지 여부가 논란된 사안에서 헌재는 과잉금지원칙 위반 심사를 하는 가운데 신뢰보호원칙 위배 여부 심사도 하였다. 헌재는 사행성이 과도하게 높은 게임물일 경우 그 유통이 금지될 수 있다는 가능성을 충분히 예견할 수 있었다고 보아 신뢰이익의 보호가치는 미약하고 그들의 영업행위는 특정 경제정책상의 목표를 달성하기 위하여 국가에 의하여 유도된 사경제의 활동에 속하는 것이 아니라, 스스로의 위험부담으로 법률이 부여한 기회를 활용한 경우에 지나지 않는다고 보아 특별히 보호되어야 하는 신뢰이익이라 볼 수 없다고 판단하였고 그 유예기간도 적절하여 과잉금지의 원칙에 위반되지 않는다고 하여 그 합헌성을 인정하였다(● 판례 헌재 2008.11.27. 2005헌마161등. * 이 결정 이후 게임의 결과로 상품권을 제공할 수 있도록 하던 것을 못하도록 한, 즉 경품용상품권제도를 폐지한 문화관광부장관의 고시가 신뢰보호원칙에 반하는가 하는 문제에 대해 비슷한 취지로 부정한 결정례: 헌재 2009.4.30. 2007헌마106).

5) 기타 보호가치 없는 경우, 특별히 보호할 필요가 없는 경우

헌재가 그 외 보호가치가 없다고 보거나 헌법이 특별히 보호할 필요가 없다고 본 경우로는 다음과 같은 경우들이 있었다.

(가) 보호가치가 부정된 예

① 소멸되었거나 가변적인 신뢰 − 헌재는 이미 소멸되었거나 가변적인 것으로 된 신뢰는 존재하지 않거나 존재한다 하더라도 매우 미약한 것에 불과하여 헌법적 보호의 대상이 될 만한 현저한 신뢰라고 보기는 어렵다고 한다(● 판례 헌재 2006.2.23. 2004헌마597. [쟁점] 숙박업자에게 매년 위생교육을 받을 의무를 부과하고 있는 공중위생관리법 규정이 신뢰보호원칙에 위배하여 직업수행의 자유를 침해하는지 여부(소극) [결정요지] 정기적인 위생교육의 계속적 폐지에 대한 청구인들의 신뢰라고 하는 것은 이 때부터 이미 소멸되었거나 가변적인 것으로 바뀌었다고 할 것이다. 따라서 청구인들이

주장하는 것과 같은 신뢰는 존재하지 않거나 존재한다 하더라도 매우 미약한 것에 불과하여 헌법적 보호의 대상이 될만한 현저한 신뢰라고 보기는 어렵다).

② 반사적 이익, 반사적 기회활용 - 여객자동차운수사업법(이하 "법"이라 한다)이 개정되어 그동안 운행이 허용되어 왔던 백화점 등의 셔틀버스운행이 개정규정 공포 후 6월이 경과한 때부터 금지되었는데 이 법규정에 대해 백화점 등이 신뢰보호원칙을 위반하는 것이라는 주장이 제기되었다. 헌재는 이전까지 셔틀버스를 규제없이 운행해 왔다 하더라도 이는 법규의 미비로 인하여 누려왔던 반사적 이익에 불과하다고 보았고, 설사 그렇지 않다 하더라도 비교·형량할 때 공익의 우월성을 인정할 수 있다고 하여 합헌성을 인정하였다.

● 판례 헌재 2001.6.28. 2001헌마132
[결정요지] 살피건대, 청구인들이 이 법률조항의 입법이 있기까지 관할관청의 묵인 하에 그동안 무상셔틀버스를 규제없이 운행해 왔다 하더라도 이는 법규의 미비로 인하여 누려왔던 반사적 이익에 불과하다고 할 것이고, 설사 그렇지 않다 하더라도 청구인들이 갖고 있는 셔틀버스운행에 대한 신뢰보호와 이 법률조항의 입법으로 새로이 달성하려는 공익목적과를 비교·형량할 때 공익의 우월성을 인정할 수 있으므로, 사회환경이나 경제여건의 변화에 따라 구법질서가 더 이상 적절하지 아니하다는 입법자의 정책적인 판단에 의한 이 법률조항의 입법으로 말미암아 청구인들이 구법질서에서 누리던 신뢰가 손상되었다 하더라도 이를 일컬어 헌법적 한계를 넘는 위헌적인 공권력행사라고는 평가할 수 없다.

* 검토: 그러나 이 결정은 기본권법리에 비추어 볼 때 받아들이기 곤란하다. 버스운행을 할 자유가 반사적 이익이라고 보면 자유권의 기본권성을 부정하는 결과를 가져오기에 타당하지 않다. 반사적 이익에 불과한 것이 아니라 셔틀버스운행을 할 영업의 자유권을 제한한 것이다. 헌재 스스로도 "청구인들의 영업의 자유에 제약을 가한 점이 있다 하더라도 그 제약은 헌법상 정당한 범위 내의 제한이라고 할 것이다"라고 하고 더구나 비례(과잉금지)원칙심사도 하였다는 것은 기본권으로 인정하는 것을 전제로 한 것인데도 반사적 이익이라고 하면 자기모순이다. 이는 헌법재판절차법상 논리성도 갖추지 못한 것이다. 반사적 이익이라고 한다면 애초에 헌법소원심판의 청구요건인 '침해되는 기본권의 존재'(기본권침해가능성)가 없어 본안에 들어가지 않고 각하하였어야 논리적이었는데(이 요건에 대해서는 뒤의 헌법재판 부분 참조) 본안판단까지 나아갔다. 결국 위 사안은 기본권의 제한으로 인하여 신뢰보호가 문제된 것이라고 보았어야 했다.

● 판례 * 반사적 이익에 대한 것이라고 보고 비슷한 논증으로 신뢰보호원칙 위반이 아니라고 본 또 다른 예: 헌재 2017.6.29. 2016헌마719. [사안] 노인장기요양보험법 중 재가장기요양기관의 장이 보건복지부령으로 정하는 재무·회계기준에 따라 재가장기요양기관을 운영하도록 한 규정 [판시] 재가장기요양기관의 설치·운영자들이 기존 법질서 하에서 누릴 수 있었던 이익은 국가가 관리·감독을 해야 함에도 초기 인프라 구축을 위해 한시적으로 그 관리·감독을 유예함으로써 누릴 수 있었던 반사적 이익에 지나지 않는다. 더욱이 개정법률의 시행을 1년간 유예하는 기간은 법 개정에 대처하는 데 지나치게 짧은 기간이 아니다. 달성하려는 장기요양보험 재정의 건전성 확보와 안정적인 양질의 장기요양급여 제공이라는 공익은 중대하다. 그렇다면, 신뢰보호원칙에 반하지 않는다. * 기각결정.

③ 보완지침 - 헌재는 종전부터 시행되어 오던 제도를 보완하기 위한 지침 변경의 경우 헌법상 보호할 가치가 있는 신뢰가 침해되었다고 볼 수 없다고 한다(● 판례 헌재 1997.7.16. 97헌마38).

(나) 특별한 보호 필요성 부정의 경우, 보호가치가 크지 않은 경우

① 불확실하고 잠정적인 기대 - '1세대 3주택 이상'에 해당하는 자에 대해서는 장기보유특

별공제를 배제하고 양도소득 과세표준에 60%의 단일 세율을 적용하도록 소득세법이 개정된 것
이 장기보유특별공제 제도와 일반 양도소득세율 제도가 변함없이 존속될 것이라는 신뢰를 침
해하여 신뢰보호원칙에 위배되는지 여부가 문제된 사안에서 헌재는 조세·재정정책의 탄력적·
합리적 운용 필요성에 따른 조세에 관한 법규·제도의 신축적 변화 가능성 등을 고려하면 그
존속에 대한 기대는 불확실하고 잠정적인 것에 불과하다고 보아 헌법이 특별히 보호할 필요가
있는 것이라 보기 어렵다고 판시하였다(● 판례 헌재 2010.10.28. 2009헌바67).

② 광범위한 입법형성의 자유 – 헌재는 사회보장법리의 영향을 받는 제도와 같이 그 형성
에 있어서 광범위한 입법형성의 자유(재량)가 인정되는 제도가 계속 유지될 것이라는 신뢰는
입법자가 여러 사정을 고려하여 그 제도에 대한 새로운 규율을 할 수 있는 것이므로 헌법상의
보호가치가 큰 신뢰라고 보기 어렵다고 한다.

> ● 판례 헌재 2004.6.24. 2002헌바15
> [판시사항] '가입자격을 상실한 후 1년이 경과한 국민연금 가입자'는 반환일시금을 받을 수 없도록 개정된 구 국
> 민연금법 조항 등이 신뢰보호의 원칙에 위반되는지 여부(소극) [결정요지] 국민연금반환일시금은 공적연금의 급여
> 중의 하나로 사회보장법리의 영향을 받으며, 반환일시금의 수급요건, 수급권자의 범위, 급여금액 등을 법률로 형성
> 함에 있어 입법자는 광범위한 형성의 자유를 누린다고 할 것이어서, 청구인과 같이 국민연금가입자자격을 상실한
> 자가 그로부터 1년이 경과하면 반환일시금을 지급받을 수 있다고 신뢰하였다고 하더라도 입법자는 여러 사정을 고
> 려하여 반환일시금에 대한 새로운 규율을 할 수 있는 것이므로, 반환일시금 제도가 계속 유지될 것이라는 신뢰는
> 헌법상의 보호가치가 큰 신뢰라고 보기 어렵다.

6) 조세법의 경우

헌재는 "조세법의 영역에 있어서는 국가가 조세·재정정책을 탄력적·합리적으로 운용할 필
요성이 매우 큰 만큼, 조세에 관한 법규·제도는 신축적으로 변할 수밖에 없다는 점에서 납세
의무자로서는 구법질서에 의거한 신뢰를 바탕으로 적극적으로 새로운 법률관계를 형성하였
든지 하는 특별한 사정이 없는 한 원칙적으로 세율 등 현재의 세법이 변함없이 유지되리라고
기대하거나 신뢰할 수는 없다"라고 하는 입장이다(● 판례 헌재 2002.2.28. 99헌바4. 동지: 2002헌
바9; 2006헌바99; 2007헌바74; 2009헌바67; 97헌바58 등).

7) 신뢰보호가치요건 판단의 의미

신뢰보호가치요건을 갖춘 것으로(신뢰가치가 있다고) 판단되더라도 그 신뢰가치가 그것으로
바로 보호되는 것은 아니다. 그 다음 단계로 아래에서 보듯이 그 신뢰를 보호할 수 있는 것인지
를 판단하기 위한 비교형량, 즉 신뢰이익과 공익을 비교형량하는 것으로 나아가게 된다. 신뢰보
호가치요건의 판단에서 아예 신뢰가치가 없다면 그것으로 그치고, 있다면 비교형량으로 나아가
는 것이다. 따라서 신뢰보호가치요건의 판단은 비교형량을 위한 전제적 판단의 의미를 가진다.

4. 신뢰보호원칙 위배 여부(신뢰가 보호될지 여부)의 판단기준(방법) – 헌재판례를 중심으로

* 중요: 위 적용요건 판단 단계에서 보호가치가 인정된 신뢰라면 다음 단계로 그 신뢰를 깨트리는 기본권제한이 위헌이 아닌지 여부, 즉 그것이 신뢰보호원칙 위배 여부인데 그 여부에 대해 판단하게 된다. 이는 신뢰를 깨트릴 수 있는 것인지 하는 문제이므로 깨트릴 수 있다, 없다라는 보호의 문제라는 말과 같다.

(1) 비교형량
1) 법리

헌재는 신뢰보호원칙의 위배 여부(신뢰보호를 인정할 지 여부)를 비교형량으로 판단한다. 이는 확립된 판례법리이다.

[헌재의 확립된 판례]

[주요사항] ▷ 신뢰보호원칙의 위배여부의 판단: 비교형량 – [헌재설시] "신뢰보호원칙의 위배 여부를 판단하기 위하여는, 한편으로는 침해받은 이익의 보호가치, 침해의 중한 정도, 신뢰가 손상된 정도, 신뢰침해의 방법 등과 다른 한편으로는 새 입법을 통해 실현하고자 하는 공익적 목적을 종합적으로 비교·형량하여야 한다."

* 위 설시가 나오는 결정례들: 94헌바12; 97헌바58; 97헌바76등; 99헌바55; 2005헌바20; 2013헌바248; 2017헌바215; 2016헌바459 등 많다.

그리하여 ① 신뢰이익(가치)의 정도를 측정하고, ② 신뢰를 침해함으로써 거둘 수 있는 공익 등을 측정한 뒤 ③ 서로 비교하는 과정을 통해 신뢰보호원칙의 위배 여부를 판단하게 된다. 비교결과 ①의 이익이 ②의 이익 보다 우위에 있는 것으로 나타남에도 신뢰를 깨트린 경우에는 신뢰보호원칙을 위배한 것이라고 본다. 헌재는 "신뢰보호원칙의 위반 여부를 판단함에 있어서는, 첫째, 보호가치 있는 신뢰이익이 존재하는가, 둘째, 과거에 발생한 생활관계를 현재의 법으로 규율함으로써 달성되는 공익이 무엇인가, 셋째, 개인의 신뢰이익과 공익상의 이익을 비교형량하여 어떠한 법익이 우위를 차지하는가를 살펴보아야 할 것이다"라고 한다.[155] 이 판시에서 헌재가 첫째로 보호가치 있는 신뢰이익이 존재하는가를 살펴본다고 한 것은 위의 신뢰보호가치요건의 충족 여부와 더불어 또는 나아가 신뢰이익(가치)의 정도를 살펴봄을 의미한다고 할 것이다. 요컨대 신뢰보호가치요건의 판단에 있어서 신뢰보호가치가 있느냐 여부에 대한 판단 뿐 아니라 신뢰가치가 있다고 판단되는데 그 신뢰이익이 어느 정도인지를 판단하는 것까지 포함할 수도 있을 것이고 그 경우에는 신뢰보호가치의 '존재 여부'에 대한 판단과 가치의 '정도'에 판단이 이루어지는 것이라고 볼 것이다.

2) 적용례

전형적인 한 가지 예를 아래에 인용한다. 사안은 헌재가 산업재해보험급여 지급의 최고보상

---

155) 헌재 2009.5.28. 2005헌바20.

한도 규정을 이 규정 시행 이전에 이미 장해사유가 발생한 자들에게까지 적용하는 것(구 산업재해보상보험법 부칙조항)은 보호가치 있는 중대한 신뢰이익보다 소득격차 해소라는 공익(이 제도의 목적)이 우선할 정도로 충분히 더 크지 않아 재산권 침해의 위헌이라고 본 것이다. 헌재는 사회보장적 급부로서의 성격은 상대적으로 약하고 재산권적인 보호의 필요성은 보다 강하다고 보는 관점을 가지고 판단한 것으로 이해된다.

● **전형적 판례** 위헌결정례: 헌재 2009.5.28. 2005헌바20
[결정요지] 신뢰보호원칙의 위반 여부는 한편으로는 침해되는 이익의 보호가치, 침해의 정도, 신뢰의 손상 정도, 신뢰 침해의 방법 등과 또 다른 한편으로는 새로운 입법을 통하여 실현하고자 하는 공익적 목적 등을 종합적으로 형량하여야 한다. (2) 만약 위 최고보상제도가 기존의 피재 근로자로서 장해보상연금 수급자들인 청구인들에게도 그대로 적용된다면 이는 평균임금 및 장해보상연금 지급수준에 대한 청구인들의 정당한 신뢰를 침해하는 것이라고 할 것이다. 심판대상조항은 기존의 장해보상연금 수급자인 청구인들에게 최고보상제도가 적용되도록 함으로써 청구인들의 산재보상연금 산정기준에 대한 정당한 법적 신뢰를 심각하고 예상치 못한 방법으로 해하는 것이라고 할 것이다. (3) 최고보상제도를 적용함으로써 달성하려는 공익은 한정된 재원으로 보다 많은 재해근로자와 그 유족들에게 적정한 사회보장적 급여를 실시하고 재해근로자 사이에 보험급여의 형평성을 제고하여 소득재분배의 기능을 수행하려는 데 있는 것으로 보인다. (4) … (5) 소결 ─ 이상에서 살펴본 바에 의하면, 청구인들의 구법에 대한 신뢰이익은 그 보호가치가 중대하고 그 침해의 정도가 극심하며 신뢰침해의 방법이 과중한 것인 반면, 피재 근로자들 간의 소득격차를 완화하고 새로운 산재보상사업을 실시하기 위한 자금을 마련한다는 공익상의 필요성은 청구인들에 대한 신뢰보호의 요청에 우선할 정도로 충분히 크다고 보기 어렵다. 따라서 심판대상조항은 신뢰보호원칙에 위배되어 재산권을 침해하는 것으로서 헌법에 위반된다.

3) 신뢰보호의 한계

한편 위 신뢰보호원칙의 적용에 있어서 행해지는 공익과 신뢰이익 간의 형량에서 공익이 더 클 때에는 신뢰이익은 보호받지 못한다는 점을 신뢰보호원칙의 한계로 보는 견해들도 있다. 그러나 공익을 우선하여야 한다는 것은 신뢰보호원칙 자체의 적용에 내포되는 것이라고 본다면 이는 신뢰보호원칙의 한계가 아니라 신뢰보호의 한계라고 할 것이다.

(2) 유예(경과)규정의 설정
1) 의미와 설정방식

(가) 의미   종래 해오던 활동을 일정기간 그대로 수행할 수 있게 유예기간을 두거나 경과규정을 둔 경우에 신뢰침해가 완화된다. 헌재도 유예기간의 설정, 경과조치 여부 등에 대해 살피는 판단을 하고 있다.

● **판례** 헌재 1995.4.20. 92헌마264,279(병합)
[관련판시] 청소년의 보호라는 공익상의 필요에 비추어서 바람직하지 않으므로 자판기를 철거하도록 하되, 3개월의 유예기간을 두어 자판기의 처분경로의 모색 등 경제적 손실을 최소화할 수 있도록 함으로써 이미 자판기를 사용하여 영업을 하고 있는 청구인들을 비롯한 담배소매인에 대하여도 어느 정도의 배려를 하고 있다고 할 것이다. 그렇다면 위 부칙조항에서 이미 설치되어 있는 자판기를 조례의 시행일로부터 3개월 이내에 철거하도록 하였다고 하여 청구인들의 신뢰보호와 법적 안정성을 외면하여 헌법상의 법치주의의 원리에 어긋난 것이라고 볼 수 없다. 청구를 기각한다.
* 유예기간에 대해 살핀 다른 결정례들은 많다. 1997.11.27. 97헌바10; 2000.7.20. 99헌마452; 2007.4.26. 2003헌마947; 2009.5.28. 2005헌바20 등.

신뢰보호원칙의 준수에 경과규정의 존치를 필수적인 것으로 판시한 판례도 있다(2001헌마 700).

(나) 설정방식　　그 설정방식으로 헌재는 "일반적으로 신뢰보호의 구체적 실현수단으로 사용되는 경과규정에는 ① 기존 법률이 적용되던 사람들에게 신법 대신 구법을 적용하도록 하는 방식과, ② 적응보조규정을 두는 방식 등이 있다"라고 한다(● 판례 헌재 2002.11.28. 2002헌바45).

2) 유예기간의 적정성 여부 판단 기준

유예기간이 적정한지 여부는 "신뢰이익의 보호가치, 변화한 법적 상황에 어느 정도로 유연하게 대처할 수 있는가 하는 침해의 정도 또는 신뢰가 손상된 정도, 개정법률을 통하여 실현하려는 공익적 목적 등을 고려하여 구체적인 사안마다 개별적으로 판단하여야 한다"라는 헌재 결정례들(99헌마574; 2009헌바28)이 있었다.

3) 적용례

유예기간에 관한 몇 가지 결정례들을 본다.

ⅰ) 유예기간을 두지 않아 위헌성이 인정된(한정위헌) 결정례

● **판례**　증자소득공제율 인하 ― 헌재 1995.10.26. 94헌바12
[쟁점] 증자(增資)소득공제율을 낮추는 조세감면규제법의 개정이 법인(法人)의 사업연도(매년 7월 1일부터 그 다음해 6월 30일까지 1년간) 중간인 12월 31일에 있었는데, 개정시점 이전에 이미 경과된 사업연도 기간(즉 7월 1일부터 12월 31일까지)에 대하여서도 위 개정 신법의 낮은 공제율을 적용하여 더 많은 세금을 부과받은 회사법인이 이처럼 법개정이 있기 이전의 사업연도 기간에 대해서도 신법을 적용하는 것은 위헌이라고 주장하여 청구된 헌법소원사건이었다(한정위헌). [결정요지] 입법자로서는 구법에 따른 국민의 신뢰를 보호하는 차원에서 상당한 기간 정도의 경과규정을 두는 것이 바람직한데도 그러한 조치를 하지 않아 결국 청구인의 신뢰가 상당한 정도로 침해되었다고 판단된다. 따라서 적어도 이 사건 규정의 발효일 이전에 도래된 사업년도분에 대해서는 이 사건 규정은 적용될 수 없다고 할 것이다. [주문] 조세감면규제법(1990.12.31. 개정 법률 제4285호) 부칙 제13조 및 제21조는 법인의 사업년도 중 이 법 시행일 이전의 당해 자본증가액의 잔존증가소득 공제기간에 대하여 적용하는 한 헌법에 위반된다.

ⅱ) 유예기간을 두어 합헌성을 인정한 결정례

① 담배자동판매기철거 조례 ― 헌재는 조례의 시행일로부터 3개월 이내에 철거하도록 3개월의 유예기간을 두어 자판기의 처분경로의 모색 등 경제적 손실을 최소화할 수 있도록 함으로써 신뢰보호원칙에 부합된다고 보았다.

● **판례**　헌재 1995.4.20. 92헌마264
[결정요지] 이 사건 경우 위 부칙조항에서는 자판기의 계속적인 존치·사용을 허용하는 것은 미성년자보호법의 취지를 무색하게 하여 청소년의 보호라는 공익상의 필요에 비추어서 바람직하지 않으므로 자판기를 철거하도록 하되, 3개월의 유예기간을 두어 자판기의 처분경로의 모색 등 경제적 손실을 최소화할 수 있도록 함으로써 이미 자판기를 사용하여 영업을 하고 있는 청구인들을 비롯한 담배소매인에 대하여도 어느 정도의 배려를 하고 있다고 할 것이다. 그렇다면 위 부칙조항에서 이미 설치되어 있는 자판기를 조례의 시행일로부터 3개월 이내에 철거하도록 하였다고 하여 청구인들의 신뢰보호와 법적 안정성을 외면하여 헌법상의 법치주의의 원리에 어긋난 것이라고 볼 수 없다.

② 법학과목이수제도의 도입 ― 사법시험 제1차 시험 응시자격으로 일정학점 이상 법학과목을 이수하도록 하는 '법학과목이수제도'의 도입이 법학학점을 취득하지 아니하고도 사법시험

에 응시할 수 있다는 기존의 신뢰를 훼손하는 것이라는 주장이 있었다. 헌재는 상당히 보호가 치 있는 신뢰임을 인정하면서도 비교형량상 공익이 보다 우월하고 대상조치, 유예기간을 두고 있다고 하여 신뢰보호원칙에 위반되지 않는다고 보았다(● 판례 헌재 2007.4.26. 2003헌마947).

③ 식품접객업소에서 배달시 합성수지 도시락 사용금지 — 시행규칙의 개정 후 시행일까지 6개월의 적응기간을 둠으로써 식품접객업으로 도시락 영업을 하는 자들의 피해를 최소화하고 그 신뢰를 보호하는 방법도 취하고 있다고 하여 신뢰보호원칙에 위배되지 않는다고 보았다(● 판례 헌재 2007.2.22. 2003헌마428).

4) 예외

그러나 사안에 따라서는 기본권제한이 시급하고 중대한 공익을 위하여 바로 기본권제한의 효과가 발생하도록 하여도 기본권의 침해가 미미한 경우 등에는 유예기간(경과)규정을 두지 않더라도 신뢰보호원칙을 위반한 것으로 볼 수 없다고 하는데, 헌재는 환경보호와 관련한 사안들에서 이러한 취지의 판시를 한 바 있다.

> ● **판례** ① 헌재 2002.8.29. 2001헌마159 [관련판시] 이 사건 규칙이 경과규정, 변화한 상태에 적응하고 대처할 수 있는 적절한 시간적 여유를 주지 아니한 점을 유의할 필요는 있다. 그러나 앞에서 본 바와 같은 환경공해의 심각성과 그 개선의 시급성에 비추어 보면 <u>환경공해유발의 요인은 가능한 한 이를 조속히 제거하는 것이 공익에 적합하고</u>, 청구인과 같은 기존의 사업자가 경과규정에 의한 혜택도 없이 바로 영업범위를 일부 축소당하더라도 그 규모가 미미하여(전체 사업장일반폐기물 중 약 7%) 그로 인하여 입는 불이익이 그다지 크지 아니하고, 또한 청구인과 같은 사업자가 생활폐기물의 수거를 위한 별도의 영업허가를 얻는 데에 무슨 규정상의 장애가 있는 것도 아니므로 오히려 경과규정을 두지 않는 것이 환경공해문제의 효과적인 개선을 위하여 보다 합리적이라고 보인다. 따라서 별도의 <u>경과규정을 두지 않은</u> 것은 청구인의 신뢰이익을 과도하게 침해하는 조치라고 볼 수는 없다. ② 자동차 연료(휘발유)용 첨가제의 첨가비율 축소 — 헌재 2005.2.3. 2003헌마544. [쟁점] 유사연료가 대기환경보전법상의 첨가제로 유통되는 것을 방지할 목적으로 대기환경보전법시행규칙(환경부령)을 개정하여 자동차 연료용 첨가제의 첨가비율을 1% 미만으로 제한한 것 및 이러한 제한규정을 신설하면서 경과규정을 두지 아니한 것이 기존의 40% 첨가제 제조 · 판매사의 신뢰에 반하여 영업의 자유를 침해하는지 여부 [결정요지] 이 사건 제품들에 함유된 알콜성분에 의해 배출되는 포름알데히드 등의 유해한 배기가스의 배출을 억제하여 국민의 <u>건강과 환경을 보호할 수 있다는</u> 것으로 이러한 공익은 매우 크고 중대한 것이라 할 것이다. 이 사건 제품들이 명목상으로는 첨가제라고 하면서 실제로는 휘발유를 대체하는 연료로 사용되는 것은 대기환경보전법상 첨가제의 성격에 부합하지 아니하는, 사실상 탈법행위의 성질을 가지는 것이므로, 이 비율조항에 대하여 <u>경과규정을 두지 않은</u> 것이 불합리하다고 할 수 없다. 그렇다면 이 비율조항은 신뢰보호의 원칙에 위반하여 청구인들의 영업의 자유를 침해하지 아니한다.

5. 신뢰보호원칙에 관한 헌법재판소 결정례

(1) 신뢰보호원칙을 위반한 것으로 판단한 결정례

위에서도 인용된 위반 인정 결정례들이 있었다. 그 외 중요한 것들을 아래에 살펴본다.

① 귀책사유의 유무를 불문하고 후임자의 임명으로 국회공무원을 면직시키도록 한 국가보위입법회의법 부칙 규정(● 판례 89헌마32).

② 법 시행 이전부터 택지를 소유하고 있는 개인에 대하여 일률적으로 소유상한을 적용하도록 한 택지소유상한에 관한 법률규정(● 판례 94헌바37).

③ 지방고등고시의 응시상한연령의 기준일이 되는 최종시험시행일을 예년보다 늦추어 연도 말로 정함으로써 응시상한연령을 5일 초과되게 하여 제2차시험에 응시할 수 있는 자격을 박탈한 공무원 임용시험(지방고등고시 2차시험) 시행계획 공고(◗ 판례 99헌마123).

④ 헌법불합치결정례: 토양오염관리대상시설의 양수자도 오염원인자로 간주되기 시작한 구 토양환경보전법 규정의 시행일인 2002.1.1. 이전에 토양오염관리대상시설을 양수한 자를 무제한적으로 모두 오염원인자로 간주한 동법의 규정은 신뢰보호원칙에 위배된다고 하면서 적정한 개선입법을 하도록 적용중지의 헌법불합치결정을 한 예가 있었다(◗ 판례 2010헌바28).

(2) 위반이 아니라고 본 결정례

① 담배자동판매기철거조례 – 기존의 담배자동판매기를 시행일로부터 3개월 이내에 철거하도록 한 조례의 부칙규정이 신뢰보호원칙에 위배되는지 하는 문제에 대해 헌재는 청소년의 보호라는 공익상의 필요로 철거하도록 한 것이므로 위배되지 않다고 보고 합헌성을 인정하였다.[156]

③ 교육공무원인 교사의 정년 단축(65세에서 62세로) – 기존의 교육공무원 교사의 신뢰이익보다 정년단축으로 얻어지는 공익이 크다고 보아 합헌성을 인정하였다.[157]

④ 법 시행전 개발착수하였으나 개발진행중인 사업에 대한 개발부담금 부과 – 개발이익환수에관한법률 시행전에 개발에 착수하였지만 아직 개발을 완료하지 아니한 사업, 즉 개발이 진행중인 사업에 개발부담금을 부과하는 것이 신뢰의 원칙에 위반되는지 여부가 논란되었다. 헌재는 개발부담금의 미부과에 대한 신뢰가 손상된다 하여도 그 손상의 정도 및 손해는 비교적 크지 않음에 반하여 이로써 달성하려고 하는 공익은 훨씬 크므로 이와 같은 신뢰의 손상은 신뢰보호원칙 위배가 아니라고 하였다.[158]

⑤ 의무사관후보생병적 제외자의 징집면제연령상향조정(31세에서 36세로) – 앞서 보호가치 요건에서 살펴보았다.[159]

⑥ 외국 치과, 의과대학 졸업자에 대한 예비시험 추가 및 경과규정 – 외국 치과, 의과대학 졸업한 우리 국민이 국내 의사면허시험을 치기 위해서는 기존의 응시요건에 추가하여 새로이 예비시험을 치도록 한 의료법 규정 및 새로운 예비시험의 실시를 일률적으로 3년 후로 한 동법 부칙의 "경과규정"이 지나치게 가혹한 것이라고 하기 어려운 반면 국민의 건강과 보건이라는 공익의 정당성이 인정되어 신뢰보호의원칙에 위배되지 않는다고 보았다.[160]

⑦ 연금액 조정방식, 퇴역연금급여액 산정기초의 변경 – 헌재는 기존의 연금수급자에 대하여도 종래의 보수연동의 방식에서 물가변동률에 따른 연금액 조정방식(물가연동제를 기초로 하면서도 보수연동제가 어느 정도 가미된 절충형)을 적용하도록 변경(개정)한 것, 퇴역연금급여액의

156) 헌재 1995.4.20. 92헌마264.
157) 헌재 2000.12.14. 99헌마112 등.
158) 헌재 2001.2.22. 98헌바19.
159) 헌재 2002.11.28. 2002헌바45.
160) 헌재 2003.4.24. 2002헌마611.

산정기초를 종전의 '퇴직 당시의 보수월액'에서 '최종 3년간 평균보수월액'으로 변경한 것이 연금수급자의 신뢰가치는 크지 않고, 신뢰의 손상(연금액의 상대적 감소) 정도가 심하지 않아서 신뢰보호의 원칙에 반하지 않는다고 보았다.[161]

⑧ 의약분업의 실효성을 위한 제한으로서 의료기관의 시설 일부를 분할·변경 또는 개수하여 약국을 개설하는 것의 금지 ─ 아래에 살펴볼 결정례(신뢰보호원칙과 비례(과잉금지)원칙 부분 참조).[162]

⑨ 국민연금반환일시금제도에 대한 개정 ─ 앞서 인용된 결정례.[163]

⑩ 자동차 연료(휘발유)용 첨가제의 첨가비율 축소 ─ 앞서 인용된 결정례.[164]

⑪ 중고자동차 성능점검부 발행주체에서의 자동차매매사업조합의 배제 ─아래에서 살펴볼 결정례(신뢰보호원칙과 비례(과잉금지)원칙 부분 참조).[165]

⑫ 식품접객업소에서 배달시 합성수지 도시락 사용금지 ─ 식품접객업소에서 배달 등의 경우에 합성수지 재질의 도시락 용기의 사용을 금지하는 내용의 '자원의 절약과 재활용촉진에 관한 법률 시행령' 규정, 위 법 시행규칙 규정이 문제되었다. 헌재는 신뢰는 존재하지 않거나 존재한다고 하더라도 매우 미약하여 헌법적 보호의 대상이 될만한 현저한 신뢰라고 보기 어렵고 신뢰이익의 침해를 환경개선이라는 공익과 비교·형량하여 보더라도 이 공익이 더욱 중요하다고 할 것이고 6개월의 적응기간을 둠으로써 신뢰보호원칙에 위배되지 않는다고 보았다.[166]

⑬ 법학과목이수제도 ─ 사법시험 제1차시험 응시자격으로 일정학점 이상 법학과목을 이수하도록 하는 '법학과목이수제도'의 도입이 법학학점을 취득하지 아니하고도 사법시험에 응시할 수 있다는 기존의 신뢰를 훼손하는 것이라는 주장이 있었다. 헌재는 상당히 보호가치 있는 신뢰임을 인정하면서도 법학교육과 연계시켜 법조인을 선발함으로써 대학교육을 정상화함과 아울러 국가인력자원의 효율적 배분을 도모하고자 하는 공익이 비교형량상 보다 우월하고 대상조치, 유예기간을 두고 있다고 하여 신뢰보호원칙에 위반되지 않는다고 보았다.[167]

⑭ 중소기업특별세액감면규정 배제 ─ 헌재는 '세무조사의 사전통지를 받고 수정신고를 하는 경우 중소기업특별세액감면 규정을 적용하지 아니하도록 한 구 조세특례제한법 제128조 제3항을 동법 시행 후 수정신고하는 분부터 적용하도록 한 동법 부칙 제30조가 신뢰보호원칙에 위배되지 않는다고 보았다. 중소기업특별세액감면혜택을 박탈당하지 않을 것'이라는 신뢰는 신축적·잠정적인 조세우대조치에 대한 것으로서 단순한 기대에 불과하여 그 보호가치가 극히 적고 성실신고, 조세형평이라는 공익이 매우 중대하다고 본것이다.[168]

---

161) 헌재 2003.9.25. 2001헌마194.
162) 헌재 2003.10.30. 2001헌마700.
163) 헌재 2004.6.24. 2002헌바15.
164) 헌재 2005.2.3. 2003헌마544.
165) 헌재 2006.1.26. 2005헌마424.
166) 헌재 2007.2.22. 2003헌마428.
167) 헌재 2007.4.26. 2003헌마947.
168) 헌재 2008.5.29. 2006헌바99.

⑮ 게임제공업에서 경품용상품권제도의 폐지 – 아래에서 볼 결정례(신뢰보호원칙과 비례(과잉금지)원칙 부분 참조).169)

⑯ 기존에 자유업종이었던 인터넷컴퓨터게임시설제공업에 대한 등록제 도입 – 앞서 인용된 결정례.170)

⑰ 6인승 밴형 화물자동차를 교체한 경우 – 위에서 본 한정위헌결정례인 6인승 밴형화물자동차운송사업에 대한 승차정원제한 결정 후, 밴형 화물자동차에 대한 승차정원 제한이 없었던 2001.11.30. 이전에 사업자등록을 하고 6인승 밴형 화물자동차를 사용하여 화물운송업을 해 온 운송업자의 영업에 대한 신뢰는 사업자등록 당시 사용하던 밴형 화물자동차에 한정되고, 위 화물자동차를 교체하는 경우 교체된 새로운 화물자동차는 위 신뢰의 대상에 포함되지 아니한다고 보았다.171)

⑱ 영업행위 금지로 인한 신뢰보호원칙 위배의 재산권 침해 주장 – 영업행위를 더 이상 할 수 없도록 금지하는 경우 신뢰보호원칙을 위배하여 재산권을 침해한다는 주장이 있곤 한다. 이에 대해 헌재는 금지되는 것은 행위의 제한일 뿐 재산권제한이 아니라고 하여 신뢰보호원칙 위배를 받아들이지 않는다.

● **판례** 예를 들어, 헌재 2003.9.25. 2001헌마447
[판시] 청구인들은 그동안 청구인들이 적법하게 영위해오던 운전교습업이 이 사건 법률조항의 신설로 인하여 소급적으로 금지되었고, 그동안 정부의 정책을 믿고 세무당국에 사업자등록을 한 후 적법하게 운전교습업을 영위해왔음에도 이 법률조항을 신설하여 더 이상 이를 할 수 없게 한 것은 신뢰보호원칙에 위배하여 청구인들의 재산권을 침해한다고 주장한다. 이 법률조항은 일정한 직업과 행위를 금지하거나 제한하는 것일 뿐, 이러한 직업활동의 수행이나 행위로 인하여 얻은 구체적인 재산에 대한 사용·수익 및 처분권한을 제한하는 것은 결코 아니라고 할 것이므로, 이러한 주장은 이유없다.

⑲ 보안처분과 신뢰보호 – 보안처분은 장래를 향한 처분이므로 소급효금지원칙이 적용되지 않는다는 것이 헌재 판례의 입장이나 그렇더라도 신뢰보호원칙은 준수하여야 한다. '특정범죄자에 대한 위치추적 전자장치 부착 등에 관한 법률'(현 '전자장치 부착 등에 관한 법률')의 이른바 '전자발찌' 착용 규정이 부칙조항이 동법 시행 당시에는 대상자에 포함되지 않았던 사람들에 대하여도 부착하도록 피부착대상자를 확대한 개정법 부칙조항이 논란된 바 있다. 헌재는 침해받은 신뢰이익의 보호가치, 침해의 중한 정도 및 방법, 위 조항을 통하여 실현하고자 하는 공익적 목적을 종합적으로 비교형량할 때, 법익 균형성원칙에 위배된다고 할 수 없다고 하여 합헌으로 결정하였다(● 판례 헌재 2012.12.27. 2010헌가82등). 이 결정은 신뢰보호원칙 위배 여부를 비례원칙 심사 가운데 행한 것이다.

169) 헌재 2009.4.30. 2006헌마1258.
170) 헌재 2009.9.24. 2009헌바28.
171) 헌재 2011.10.25. 2010헌마482.

6. 신뢰보호원칙과 비례(과잉금지)원칙

(1) 연관관계(연관고리)

ⅰ) 법익형량의 공유 – 신뢰보호원칙은 앞서 본 대로 법익형량을 통해 그 준수여부가 심사되는 원칙인데 법익형량은 비례원칙심사에서도 이루어진다. ⅱ) 피해최소성과 유예기간 – 신뢰보호원칙심사에서 유예기간(경과규정)이 존재하면 그 준수가 보다 긍정적이라고 하였는데 유예기간을 두는 것을 요하는 이유는 신뢰손상의 피해를 완화함을 요한다는 것이고 이는 보다 완화된 제한을 요하는 바로 피해최소성원칙과 맥이 닿아 있는 것이다.

사실 비례원칙이나 신뢰보호원칙은 둘다 기본권제한의 중요한 한계원칙으로서 작동한다. 그 점에서도 그리고 위와 같은 점들에서도 신뢰보호원칙과 비례(과잉금지)원칙과의 관계를 살펴볼 필요가 있다. 그리하여 비례원칙을 준수해야 할 기본권제한에 있어서 비례원칙심사를 거치면 신뢰보호원칙심사를 별도로 하지 않아도 되느냐 아니면 별도로 하여야 하느냐가 논의될 수 있다.

(2) 헌재 판단의 경향

헌재의 판례를 보면, 다음과 같은 경우들이 있었다.

1) 양 원칙을 별도로 모두 행한 결정례

헌재 판례에는 신뢰보호원칙심사와 비례원칙심사를 별도로 모두 행한 결정례들이 많다.[172] 예를 들어 1세대 3주택 이상에 해당하는 자에게 양도소득금액을 정함에 있어 장기보유특별공제를 배제하고 있는 구 소득세법규정이 과잉금지원칙에 위배되어 재산권을 침해하고, 장기보유특별공제 제도와 일반 양도소득세율 제도가 변함없이 존속될 것이라는 신뢰를 침해하여 신뢰보호원칙에 위배된다는 주장의 헌법소원심판사건에서 두 원칙 위배 여부를 각각 심사한 결정례를 볼 수 있다.[173] 헌재 결정례 중에는 "공익적 목적에 의하여 헌법적으로 보호되는 신뢰이익을 제한하는 경우에도 기본권제한의 한계인 과잉금지의 원칙은 준수되어야 하므로 신뢰이익 제한규정의 위헌 여부는 결국 신뢰이익과 공공복리의 중요성을 비교, 형량하여 결정하여야 할 것이다"라고 하는 결정[174]도 있었는데 이 결정에서는 그러면서도 비례원칙심사와 신뢰보호원칙심사를 각각 하였다.

2) 양 원칙을 모두 명시적으로 언급하면서 섞어서 한 경우

그러한 예로 아래의 결정례가 있다.

---

172) 신뢰보호원칙과 과잉금지원칙을 모두 판단한 예: 94헌바39; 2002헌마611; 2003헌마544; 2004헌마597; 2009헌바28 등.

173) 헌재 2010.10.28. 2009헌바67.

174) 헌재 2005.2.3. 2003헌마544.

● **판례** 헌재 2003.10.30. 2001헌마700 약사법 제16조 제5항 제3호 위헌소원 등

[쟁점] 의약분업의 실효성을 위해 약사법이 개정되어 의료기관의 시설 또는 부지의 일부를 분할·변경 또는 개수하여 약국을 개설하는 것을 금지하고 이미 그러한 약국을 개설하여 영업하고 있는 <u>기존 약국개설등록자</u>는 개정 약사법 시행일로부터 1년까지만 영업을 할 수 있도록 규정한 부칙조항이 신뢰보호원칙에 반하는지 여부(소극) [판시] 1) 이 법률조항들은 직업행사의 자유를 제한하는 것이다. 2) 개정 입법시 기존 직업행사권자의 신뢰보호와 그 한계 - 신뢰보호문제는 개정법률이 직업의 자유를 제한함에 있어서 직업행사권자가 이미 행사해온 직업을 제한하는 경우에 발생하는데, 직업행사권자의 신뢰보호보다 우선시해야 하는 공공복리의 사유가 존재하고 <u>비례의 원칙과 신뢰보호의 원칙이 준수되어야만</u> 개정법률은 헌법에 위반되지 아니한다. 3) 이 법률조항들에 의한 청구인들의 기존 약국 폐쇄가 <u>비례의 원칙 및 신뢰보호 원칙을 준수하는지</u> 여부: 가) 이 법률조항들에 의한 청구인들의 기존 약국 폐쇄가 입법목적의 달성에 의해서 정당화되는지 여부 - 기존 약국 개설자들인 청구인들의 <u>신뢰이익 제한을 정당화한</u>다고 판단된다. 나) 적합성 원칙 및 최소침해성 원칙 심사 - 적합성 원칙이나 최소침해성 원칙에 위반되지 아니한다. 다) 법익균형성 원칙 심사 - … 이 법률조항들이 청구인들의 기존 약국 폐쇄를 통해서 초래하는 <u>신뢰이익의 침해보다는</u> 입법목적이 추구하는 국민보건 향상이라는 <u>공적 이익이</u> 보다 더 크므로, 법익균형성 원칙이 준수되고 있다. 4) 위와 같이, 비례의 원칙이나 신뢰보호의 원칙에 위반되지 않으므로 직업행사의 자유를 침해하지 않는다.

3) 비례원칙심사에서 신뢰보호·신뢰침해심사를 한 경우

비례원칙 위배 여부를 심사함에 있어서 신뢰침해 문제를 다룬 결정례들(97헌바10; 99헌마452; 99헌마574; 2005헌마598; 2005헌마424; 2006헌마1258; 2005헌마161; 2010헌가82 등) 볼 수 있다.

4) 과잉금지원칙을 따로이 명시적으로 거론하지 않고 신뢰보호원칙 위반으로 기본권침해를 인정한 결정례

6인승 밴형화물자동차운송사업에 대해 승차정원을 제한하고(3인), 화물제한을 하는 화물자동차운수사업법시행규칙 조항은 이 승차정원제한 조항을 두기 이전에 사업등록한 6인승 밴형화물자동차운송사업자의 법적 신뢰를 심각하게 예상치 못한 방법으로 제약하여 신뢰보호원칙에 위배한다고 본 뒤 따로이 비례(과잉금지)심사를 하지 않고 "이러한 신뢰보호원칙의 위반은 기본권을 위헌적인 방법으로 제한하는 것이므로 이 사건 조항은 이들의 직업수행의 자유를 침해하는 것이다"라고 판시한 바 있다(● 판례 헌재 2004.12.16. 2003헌마226).

(3) 검토

위 헌재의 결정례들을 평가하면 결국 비례원칙심사와 신뢰보호원칙심사를 각기 하거나 후자를 전자에 녹여서 함께 할 수 있다고 할 것이다. 두 원칙 모두 기본권제한의 한계원칙이고 사실 양 원칙의 심사들 모두에서 법익형량심사를 하고 유예기간(경과규정) 설정에 대한 심사 역시 비례원칙의 피해최소성심사를 어느 정도 행하는 것이라고 볼 수 있다.

이렇게 비례원칙심사, 신뢰보호원칙심사를 함께 할 수 있다고 볼 수 있다면 신뢰보호원칙과 비례원칙 양자의 관계가 어떠한지 하는 의문이, 아니면 보다 근본적으로 신뢰보호원칙을 별도로 다룰 필요가 있는지 하는 의문이 들 수도 있다. 그러나 앞서 비례원칙에서 보았듯이 헌재의 입장은 모든 기본권제한에 있어서 헌재가 말하는 그런 비례원칙심사를 행하는 것은 아니라는 것인데 헌재가 비례심사를 할 경우가 아니라고 판단하여 하지 않을 경우에 그렇더라도 그 사안에서 신뢰보호가 문제되는 경우에는 신뢰보호원칙심사를 할 필요가 있을 것이다(그러한 결정례로, 2008헌

마271). 요컨대 신뢰보호원칙심사는 별도로 행해질 수도 있고 비례원칙심사가 필요한 경우에는 비례원칙심사로서 신뢰보호원칙심사가 이루어질 수도 있다. 비례원칙심사 속에서 신뢰보호원칙심사가 이루어질 때에는 심사의 중복성을 피하여 헌법재판의 경제성을 가져올 수 있다.

7. 행정법 이론과 판례상의 신뢰보호원칙

(1) 대법원 판례상의 신뢰보호원칙

* **중요**: 신뢰보호원칙은 사실 종래 행정법, 행정법판례에서 많이 중시하고 다루어 왔기 때문에 헌법, 행정법 복합의 공법형으로 변호사시험에서 다루어질 수 있어 잘 이해해둘 필요가 있다.

행정상의 법률관계에 있어서 신뢰보호원칙의 적용요건은 행정소송 등을 담당하는 대법원의 판례에 의하여 일찍이 설정되어 왔다.

◐ **대법원 판례**   대법원은 그 요건을 다음과 같이 설정·정립하고 있다.

"첫째 행정청이 개인에 대하여 신뢰의 대상이 되는 공적인 견해표명을 하여야 하고, 둘째 행정청의 견해표명이 정당하다고 신뢰한 데에 대하여 그 개인에게 귀책사유가 없어야 하며, 셋째 그 개인이 그 견해표명을 신뢰하고 이에 상응하는 어떠한 행위를 하였어야 하고, 넷째 행정청이 위 견해표명에 반하는 처분을 함으로써 그 견해표명을 신뢰한 개인의 이익이 침해되는 결과가 초래되어야 하며, 마지막으로 위 견해표명에 따른 행정처분을 할 경우 이로 인하여 공익 또는 제3자의 정당한 이익을 현저히 해할 우려가 있는 경우가 아니어야 한다"

* 위 법리를 표명한 대법원 판례들은 많다. 대법원 2006.2.24. 2004두13592; 2007.3.29. 2005후2168; 2001.9.28. 2000두8684; 2005.7.8. 2005두3165; 2002.11.8. 2001두1512; 2001. 9.28. 2000두8684; 2001.11.9. 2001두7251 등.
* 마지막 요건은 행정법학자들의 다수설에 따르면 요건이 아니라 한계라고 한다. 또한 신뢰와 처리 사이에 인과관계가 있을 것을 별도의 요건으로 행정법학자들은 설정하기도 한다.

(2) 헌재판례법리와 대법원판례법리의 차이점

위에서 살펴본 헌법재판소의 판례는 위 대법원의 5요건 판례이론과 같은 법리를 제시하고 있지 않다. 이는 아마도 헌법재판소는 행정청의 처분과 같은 보다 구체적인 행위 보다는 법률 등 법규범에 대한 심사에서 신뢰보호원칙 위배 여부를 따지게 되는 때문인 것으로 짐작된다. 앞으로 이에 대하여 대법원과 헌법재판소 판례의 비교검토 등 연구가 필요하다고 볼 것이다.

(3) 법령(행정입법)에 대한 대법원판례법리

한편 신뢰보호원칙을 적용한 대법원 판례들 중에는 위의 5요건에 비춘 판단을 하지 않고 "신뢰보호원칙의 위배 여부를 판단하기 위하여는 한편으로는 침해받은 이익의 보호가치, 침해의 중한 정도, 신뢰가 손상된 정도, 신뢰침해의 방법 등과 다른 한편으로는 새 법령을 통해 실현하고자 하는 공익적 목적을 종합적으로 비교·형량하여야 할 것이다"라고 하면서 판단하는 판례들도 있다(대법원 2006.11.16. 2003두12899 전원합의체; 2007.10.29. 2005두4649 전원합의체;

2007.11.16. 2005두8092; 2009.9.10. 2008두9324 등). 이와 같은 판시는 위에서 본대로 헌법재판소가 신뢰보호원칙 위반 여부를 판단함에 있어서 적용하는 법리와 동일한데 이러한 판시들이 나타난 사안들은 개정된 시행령, 조례 등 법령, 법규범의 개정 등으로 인한 신뢰침해가 문제된 사안들이었다. 대법원도 법률에 대해서는 아니나 법규명, 행정규칙 등의 법률 아래 법규범에 대해서는 위헌·위법 심사권을 가진다(제107조 제2항).

> ◑ **대법원 판례** 대법원 2006.11.16. 2003두12899 전원합의체
>
> [판시사항] 변리사 제1차 시험을 절대평가제에서 상대평가제로 환원하는 내용의 변리사법 시행령 개정조항을 즉시 시행하도록 정한 부칙 부분이 헌법에 위반되어 무효인지 여부(적극) [판결요지] 신뢰보호 원칙의 위배 여부를 판단하기 위하여는 한편으로는 침해받은 이익의 보호가치, 침해의 중한 정도, 신뢰가 손상된 정도, 신뢰침해의 방법 등과 다른 한편으로는 새 법령을 통해 실현하고자 하는 공익적 목적을 종합적으로 비교·형량하여야 한다. (나) 합리적이고 정당한 신뢰에 기하여 절대평가제가 요구하는 합격기준에 맞추어 시험준비를 한 수험생들은 제1차 시험 실시를 불과 2개월밖에 남겨놓지 않은 시점에서 개정 시행령의 즉시 시행으로 합격기준이 변경됨으로 인하여 시험준비에 막대한 차질을 입게 되어 위 신뢰가 크게 손상되었고, 특히 절대평가제에 의한 합격기준인 매 과목 40점 및 전과목 평균 60점 이상을 득점하고도 불합격처분을 받은 수험생들의 신뢰이익은 그 침해된 정도가 극심하며, 그 반면 개정 시행령에 의하여 상대평가제를 도입함으로써 거둘 수 있는 공익적 목적은 개정 시행령을 즉시 시행하여 바로 임박해 있는 2002년의 변리사 제1차 시험에 적용하면서까지 이를 실현하여야 할 합리적인 이유가 있다고 보기 어려우므로, 결국 개정 시행령의 즉시 시행으로 인한 수험생들의 신뢰이익 침해는 개정 시행령의 즉시 시행에 의하여 달성하려는 공익적 목적을 고려하더라도 정당화될 수 없을 정도로 과도하다. 따라서 변리사 제1차 시험의 상대평가제를 규정한 개정 시행령 제4조 제1항을 2002년의 제1차 시험에 시행하는 것은 헌법상 신뢰보호의 원칙에 비추어 허용될 수 없으므로, 개정 시행령 부칙 중 제4조 제1항을 즉시 2002년의 변리사 제1차 시험에 대하여 시행하도록 그 시행시기를 정한 부분은 헌법에 위반되어 무효이다.

[행정기본법의 명시] 행정기본법(2021. 3. 23. 제정) 제12조는 행정청은 "행정에 대한 국민의 정당하고 합리적인 신뢰를 보호하여야 한다"라고 명시하고 "권한 행사의 기회가 있음에도 불구하고 장기간 권한을 행사하지 아니하여 국민이 그 권한이 행사되지 아니할 것으로 믿을 만한 정당한 사유가 있는 경우에는 그 권한을 행사해서는 아니 된다"라고 규정하면서 '공익 또는 제3자의 이익을 현저히 해칠 우려가 있는 경우'는 예외로 하고 있다.

8. 신뢰보호원칙의 적용범위

(1) 법률 외 행정입법, 행정처분 등에도 적용

신뢰보호원칙이 법률에 적용되어 기본권제한법률의 한계로서 작용한다. 법률 외에 행정입법, 조례 등의 법규범의 개정·폐지에도 적용된다. 법규범뿐 아니라 행정기관의 행정처분 등의 행정작용에 의한 신뢰침해의 경우에도 적용되는 헌법상 원칙이다(바로 위의 7. 참조).

(2) 시적 적용범위 - 신뢰보호원칙과 소급효 문제

소급효에 의한 기본권제한은 기존의 법률관계를 파기하는 것이기에 신뢰를 깨트리는 결과를 가져오므로 신뢰보호원칙은 소급효입법에서 많이 문제되고 관련성이 크다. 이에 대해서는

아래의 '신뢰보호원칙과 소급효금지' 부분에서 다루고 소급효 자체의 문제는 별도로 아래에서 살펴본다(후술 참조).

9. 신뢰보호원칙과 소급효금지

소급효에 의한 기본권제한은 기존의 법률관계를 파기하는 것이기에 신뢰를 깨트리는 결과를 가져오므로 신뢰보호원칙은 소급효입법에서 많이 문제되고 관련성이 크다(바로 아래 IX. 참조).

IX. 소급효에 의한 기본권제한의 문제

1. 개념과 근거

(1) 개념

이미 완성된 법률관계나 사실관계를 사후에 국가가 새로운 법률이나 행정작용으로 거슬러 올라가 변화시키는 것을 소급이라고 한다. 소급효의 금지는 법적 안정성을 유지하기 위한 것이다. <u>소급효</u>(遡及效)에 <u>대비</u>되는 것은 <u>장래효</u>이다. 기존의 법률관계나 사실관계를 건드리지 않고 그대로 인정하되 장래의 행위 등을 규율하는 것은 소급효가 아니라 장래효의 기본권제한이다. 구분을 위한 참고로 아래에 장래효 예를 하나 본다.

> ● **판례** 헌재 1995.4.20. 92헌마264등
> [쟁점] 부천시와 강남구의 담배자동판매기설치금지조례 부칙 제2항이 이미 설치되어 있는 자판기마저 조례 시행일 로부터 3개월 이내에 철거하도록 규정한 것은 사후에 제정된 조례규정을 소급하여 적용하는 것으로 소급입법에 의한 재산권박탈을 금지하는 헌법 제13조에 반하는 것인지 여부(기각결정) [설시] 위 부칙조항은 이 조례들의 시행일 이전까지 계속되었던 자판기의 설치 사용에 대하여는 규율하는 바가 없고, 장래에 향하여 자판기의 존치·사용을 규제할 뿐이므로 그 규정의 법적 효과가 시행일 이전의 시점에까지 미친다고 할 수 없어 헌법 제13조 제2항에서 금지하고 있는 소급입법이라고 볼 수는 없다.
>
> * **해설**: 위 예에서 만약 이전의 자판기 수익에 대해 제한을 가한다면 소급효가 될 것이나 철거로 자판기 영업을 앞으로 못하게 되니 장래효인 것이다.

(2) 근거

참정권과 재산권에 관하여는 그 소급효금지의 원칙을 헌법 제13조가 명시적으로 규정하고 있다. 참정권, 재산권 외의 기본권제한에 있어서도 소급효금지원칙은 적용이 되어야 할 것인바 그 헌법적 근거는 법치주의에 있다. 소급효금지는 법적 안정성을 위한 것이고 법적 안정성은 법치주의의 중요한 한 요소이므로 결국 소급효금지는 법치주의에서 도출되는 요구라고 볼 것이기 때문이다. 우리 헌법상 법치주의는 헌법 제37조 제2항에서 나온다고 보기에 소급효금지

의 원칙은 헌법 제37조 제2항을 근거로 한다.

2. 소급효의 유형과 허용 여부

(1) 소급효의 유형 - 진정소급효와 부진정소급효의 구분

소급효에는 진정소급효(眞正遡及效)와 부진정소급효(不眞正遡及效)가 있다. ⅰ) 진정소급효는 과거에 그 형성이 시작되어 이미 완성된 사실상태나 법률관계를 후에 새롭게 제정·개정된 법률 등 새로운 국가작용으로 번복 내지 변경하는 효과의 소급효를 말한다. ⅱ) 부진정소급효는 과거에 시작된 법률관계의 형성이긴 하나 아직 완성이 되지 않은 사실상태나 법률관계를 규율하거나 완성되지 않은 법률상태를 새롭게 제정·개정된 법률 등 새로운 국가작용에 의해 번복 내지 변경하는 경우의 소급효를 말한다. 진정소급효는 완전소급효라고도 부를 수 있고, 부진정소급효는 부분적인 소급효를 말한다.

진정소급효와 부진정소급효의 구분에 대해서는 문제제기가 없지 않다. 완성 여부에 따른 구분이 항상 명확하지 않을 수 있다는 문제가 있다. 일정한 법률관계에 있어서 전체적으로는 미완성이나 일부의 법률관계는 완성된 것으로 볼 수도 있는 등 법적 판단의 관점에서 상대적으로 달리 볼 수도 있다. 예를 들어 5년의 완성기간 중 도중의 3년간도 그 3년만은 완성된 부분으로 볼 수 있는 것이다.

여하튼 우리 헌재의 판례도 출범초기부터 이의 구분을 인정하여 오늘에도 이를 구분하여 판단하고 있다.

● **헌재의 확립된 판례** 88헌마1 사법서사법시행규칙에 관한 헌법소원

> [관련설시] 과거의 사실관계 또는 법률관계를 규율하기 위한 소급입법의 태양(態樣)에는 이미 과거에 완성된 사실 또는 법률관계를 규율의 대상으로 하는 이른바 진정소급효의 입법과 이미 과거에 시작하였으나 아직 완성되지 아니하고 진행과정에 있는 사실 또는 법률관계를 규율의 대상으로 하는 이른바 부진정소급효의 입법을 상정할 수 있다고 할 것이다.

(2) 허용여부와 예외 및 한계

헌재는 원칙적으로 진정소급효입법은 허용되지 않고 부진정소급효입법은 허용된다. 다만, 진정소급효입법도 극히 예외적으로 인정된다고 보고 부진정소급효입법도 국민의 신뢰를 침해할 수 있으므로 상당한 조건하에 허용된다고 본다. 이하 각각에 대해 살펴본다.

3. 진정소급효입법

(1) 원칙 - 금지

진정소급효입법(眞正遡及效立法)의 경우 당사자가 과거에 완성된 법률관계에 대해 강한 신뢰를

가지고 있으므로 이를 입법자가 보호하여야 하므로 헌법은 원칙적으로 이를 금지한다. 헌재의 판례도 그러하고, 헌법 제13조 제2항에서 금지하는 소급입법이란 진정소급효입법이라고 보고 진정소급효입법의 경우에는 원칙적으로 금지된다는 입장이다(이러한 법리를 밝힌 결정례들은 많다. 97헌바38; 2012헌바105, 이하 인용되는 결정들 등).

(2) 예외적 허용

진정소급효도 사회적 정의의 수호나 회복, 사회구성원 전부를 위한 매우 중요한 공익의 보호 등을 위하여 극히 예외적으로 허용될 수 있다고 보기도 한다. 헌재도 진정소급입법이 원칙적으로 금지되나 예외적으로 허용될 수 있다고 보고 그 예외사유를 아래와 같이 설정하고 있다.

● **헌재판례 법리** 진정소급입법이 허용되는 예외적인 경우: 헌재 1998.9.30. 97헌바38

> [판시] 진정소급입법이 허용되는 예외적인 경우로는 일반적으로,
> ① 국민이 소급입법을 예상할 수 있었거나, 법적 상태가 불확실하고 혼란스러웠거나 하여 보호할만한 신뢰의 이익이 적은 경우와
> ② 소급입법에 의한 당사자의 손실이 없거나 아주 경미한 경우, 그리고
> ③ 신뢰보호의 요청에 우선하는 심히 중대한 공익상의 사유가 소급입법을 정당화하는 경우 등을 들 수 있다

진정소급효를 정당화하는 정의, 중요한 공익 등이 보호되어야 할 필요성이 존재하는지, 개인의 신뢰이익이 상대적으로 경미한 것인지에 대한 판단이 객관적이어야 하고 명백하여야 한다. 진정소급효는 이미 완성된 기본권관계를 변화시키는 것이어서 그 예외를 매우 엄격하게만 받아들일 수 있기 때문이다.

(3) 심사 논증구조

‖ 진정소급효 판단의 논증단계

> 1단계: 진정소급효인지 여부 판단 → 긍정 판단 → 2단계: 예외 해당 여부 판단

헌재는 먼저 사안이 소급인지 여부, 소급이라면 진정소급효인지 여부(1단계) 판단을 하고 이 판단에서 긍정으로 판단되면: 예외 해당 여부 판단을 한다(2단계). 예외 해당 여부 판단에 있어서 위 예외 사유 해당 여부, 즉 예상가능성, 신뢰이익의 경미성, 중대한 공익상 이유의 존재 등의 여부에 대해 판단한다.

(4) 결정례

진정소급효입법으로 판명되는 경우는 대부분 곧바로 위헌으로 결정될 가능성이 높다. 예외가 허용되는 것이 매우 드물기 때문이다. 그리하여 헌재 판례의 경향은 ‘진정소급효 = 위헌’이 대부분이고 ‘그 예외 = 합헌’은 극히 적다. 지금까지 실제로도 예외인정이 극히 드물었다.

ⅰ) 위헌결정례: 진정소급효이면서 예외적 허용에 해당되지 않는다고 보아 위헌으로 본 결정례 - 대표적인 몇 가지 위헌결정례를 아래에 인용한다.

① 개정전 정정보도청구에 대한 개정법의 적용 - 구 '언론중재 및 피해구제 등에 관한 법률'(2005.1.27. 법률 제7370호로 제정) 부칙 제2조 본문은 동법의 시행 전에 행하여진 언론보도에 대하여도 동법을 적용하도록 규정하고 있었는데 헌재는 이러한 적용으로 인해 정정보도청구권의 성립요건과 정정보도청구소송의 심리절차에 관하여 동법이 소급하여 적용됨으로써 언론사의 종전의 법적 지위가 새로이 변경되었고 이것은 이미 종결된 과거의 법률관계를 소급하여 새로이 규율하는 것이기 때문에 소위 진정 소급입법에 해당한다고 보았고 이러한 진정 소급입법을 예외적으로 허용할 특단의 사정도 이 부칙조항에 대해 인정되지 않는다고 판단하여 위 부칙조항에 대해 위헌으로 선언하였다(● 판례 2005헌마165등).

② 구법 하에 발생된 하자의 담보기간을 신법으로 축소한 경우 - 공동주택의 하자담보책임에 관하여 내력구조가 아닌 경우 하자담보기간이 구법(집합건물법)에 의하면 10년, 신법(주택법)에 의할 때 내력구조가 아니어서 1년 내지 4년인데 신법인 주택법 부칙 제3항은 "이 법 시행 전에 주택법 제29조의 규정에 의한 사용검사 또는 건축법 제18조의 규정에 의한 사용승인을 얻은 공동주택의 담보책임 및 하자보수에 관하여는 제46조의 개정규정을 적용한다"라고 규정하고 있다. 그런데 신법이 시행되기 전에 이미 하자가 발생하였는데 구법에 의할 때 10년의 하자담보기간 내이었지만 신법에 의할 때 1년 내지 4년의 하자담보기간이 이미 경과된 경우, 당사자로서는 위 신법 부칙 제3항에 의할 때 구법 질서 아래에서 이미 형성된 하자담보청구권이 소급적으로 박탈되는 결과가 된다. 헌재는 진정소급효로서 신뢰보호원칙에 반한다고 보아 위헌결정을 하였다(● 헌재 2008.07.31, 2005헌가16. [결정요지] 1) 진정소급입법 여부 - 진정소급입법에 해당한다. * 위 본문에서 설명함. 2) 신뢰이익의 보호가치 및 침해의 정도 - 부칙 제3항은 구법 아래에서 적법하게 발생한 하자담보청구권을 소급하여 박탈하는 것으로서, 공동주택의 소유자가 구법에 따라 적법하게 지니고 있던 신뢰를 심각하게 침해하는 것이다. 3) 입법목적의 중요성 정도 - 주택법이 시설공사에 대하여 단기의 하자담보책임을 공동주택에 적용하도록 한 것은 하자담보책임이 장기화되는 것을 방지하고 건축주와 입주자 사이의 이해관계를 조정하기 위한 공익적인 목적 이외에도 건설업체 내지 분양자의 이해관계를 고려한 측면이 없지 아니하므로, 그 공익적인 필요성이 중대한 것이라 보기는 어렵다. 따라서 구법 아래에서 발생한 하자까지 소급하여 신법을 적용하게 할 필요성이 크지 않다. 4) 소결 - 종합적으로 비교형량 하여 볼 때, 부칙 제3항이 신법 시행 전에 발생한 하자에 대하여서까지 주택법을 적용하도록 한 것은 당사자의 신뢰를 헌법에 위반된 방법으로 침해하는 것으로서, 신뢰보호원칙에 위배된다).

* **비평:** 이 결정은 진정소급효라고 하면서 나아가 신뢰보호원칙 위배 여부도 심사하여 자기모순으로 보일 수 있다. 진정소급에 해당되면 진정소급이 허용되는 예외가 아니면 바로 그 자체로 위헌이라고 보기 때문이다. 그런데 바로 그 예외에 해당되는지를 살피기 위해 신뢰보호원칙 심사를 한 것으로 추정될 수는 있겠다. 진정소급의 예외사유로 위에서 본대로 '신뢰보호의 요청에 우선하는 심히 중대한 공익상의 사유'가 있기도 하다. 그렇다면 먼저 "진정소급효이다"라고 한 뒤, 그런데 "예외적

허용사유에 해당하는지 보기 위해 신뢰보호심사를 한다"라고 하여 뚜렷하게 판시하는 것이 설득력을 더 가지게 한다.

③ 개정법 부칙에 의한 공무원 퇴직연금 환수의 위헌성 - 공무원 또는 공무원이었던 자가 재직 중의 사유로 금고 이상의 형을 받은 때에는 퇴직시 대통령령이 정하는 바에 의하여 퇴직급여 및 퇴직수당의 일부를 감액하여 지급하도록 한 구 공무원연금법 제64조 제1항 제1호 규정에 대해 헌재는 모든 재직 중의 사유로, 즉 직무와 관련된 것인지 여부 및 고의·과실에 의한 것인지 여부를 묻지 아니하고 금고 이상의 형을 받은 경우에는 필요적·획일적으로 퇴직급여 등을 제한하는 점에서 비례원칙에 어긋나 재산권을 침해하고 평등원칙에 위배되어 위헌이라고 판단하여 판례변경하고 2008.12.31.까지 개선입법을 마련하라는 헌법불합치결정을 하였다.175) 이 결정 후 2009.1.1.부터 위 개정규정은 효력을 상실하였다. 이는 헌법불합치결정이 시한을 정해준 경우에 국회가 이 시한을 넘기도록 개정을 하지 않으면 효력을 잃게 되기 때문이다. 국회는 2009.12.31.에야 법을 개정하였고 결국 2009.1.1.부터 2009.12.31. 사이에 공백이 발생하였다. 이 기간 동안에 구법조항이 실효됨으로 인하여 해당되는 사람들은 연금을 전액 지급받았다. 그러나 개정된 법은 비감액대상을 "직무와 관련이 없는 과실로 인한 경우 및 소속상관의 정당한 직무상의 명령에 따르다가 과실로 인한 경우"로 규정하면서 부칙조항이 공백기간 동안에 구법조항의 실효로 전액 지급받은 퇴직연금의 일부를 다시 환수하도록 하였다. 이 개정규정과 부칙조항에 대해서 헌법소원심판이 청구되었는데 헌재는 감액에 대한 개정규정에 대해서는 합헌결정을 하였으나 부칙조항은 소급효금지원칙에 반한다고 하여 위헌으로 결정하였다. 헌재는 소급입법임을 먼저 인정한뒤 예외적으로 허용되는 소급입법에 해당하는지 여부를 살펴보았다. 헌재는 소급을 예상하지 못하였다고 볼 수 있고, 소급적으로 환수당하지 않을 것에 대한 신뢰이익이 적지 않으며, 소급으로 보전되는 공무원연금의 재정규모도 그리 크지 않고 헌재가 잠정적용의 시한을 정하여 내린 헌법불합치결정에 대한 입법자의 입법개선의무의 준수도 중요한 공익상의 사유라고 볼 수 있으므로 신뢰보호의 요청이 공익상의 사유에 우선한다고 볼 수 있다고 하여 결국 예외적으로 소급입법이 허용되는 경우에도 해당하지 아니하여 소급입법금지원칙에 위반하여 청구인들의 재산권을 침해한다고 판단한 것이다(● 판례 2010헌바354등).

④ 법인세 환급세액 소급반환 - 중소기업 아닌 법인에 부당환급받은 세액을 징수하는 근거규정인 개정조항을 개정된 법 시행 후 최초로 환급세액을 징수하는 분부터 적용하도록 규정한 법인세법 부칙 규정은 이미 종결한 과세요건사실에 소급하여 적용할 수 있도록 하는 진정소급효입법이고 매우 중대한 공익상 이유라는 예외사유도 없어 위헌이라는 결정이 있었다(● 판례 2012헌바105).

⑤ 한정위헌결정례: 퇴직 후 범죄에 대한 공무원퇴직급여 환수 - 구 공무원연금법 제64조 제3항의 급여제한을 '재직 중의 사유'(이것은 합헌)가 아닌 '퇴직 후의 사유'에도 적용하는 것이

---

175) 헌재 2007.3.29. 2005헌바33.

진정소급이라는 이유로 한정위헌결정이 있었다(● 판례 2000헌바57. 이 결정에 대해서는 앞의 명확성원칙, 법익균형성 부분도 참조).

ⅱ) <u>합헌결정례</u>: 앞서 언급한 대로 드물다.

① 친일재산을 그 취득·증여 등 원인행위시에 국가의 소유로 하도록 규정한 '친일반민족행위자 재산의 국가귀속에 관한 특별법' 제3조 제1항 본문 – 헌재는 이 규정이 "진정소급입법에 해당하지만 소급입법을 예상할 수 있었던 예외적인 사안이고 진정소급입법을 통해 침해되는 법적 신뢰는 심각하다고 볼 수 없는 데 반해 이를 통해 달성되는 공익적 중대성은 압도적이라고 할 수 있으므로 진정소급입법이 허용되는 경우에 해당한다"라고 보아 합헌이라고 판단하였다.

● 판례 헌재 2011.3.31. 2008헌바141등
[결정요지] 1) 문제의 소재 – 친일재산이 비록 친일행위의 대가로 취득된 재산이라고 하더라도 이는 그 당시 확정적으로 취득된 재산이라 할 것이다. 따라서 현 시점에서 친일재산을 국가로 귀속시키는 행위는 진정소급입법으로서의 성격을 갖는다. 2) 이 사건 귀속조항이 소급입법금지원칙에 반하는지 여부 가) ⋯ 나) 구체적 검토 ① 현행 헌법 전문(前文)이 '대한민국이 3·1운동으로 건립된 대한민국임시정부의 법통을 계승'한다고 선언한 헌법 전문의 의미는 오늘날의 대한민국이 일제에 항거한 독립운동가의 공헌과 희생을 바탕으로 이룩된 것이라는 점을 뜻한다고 볼 수 있다. 그렇다면 일제강점기에 친일행위의 대가로 취득한 재산을 공적으로 회수하는 등 일본제국주의의 식민지로서 겪었던 잘못된 과거사를 청산함으로써 민족의 정기를 바로세우고 사회정의를 실현하며 진정한 사회통합을 추구해야 하는 것은 헌법적으로 부여된 임무라고 보아야 한다. ② 또한, 첫째, 친일재산은 항일독립운동을 탄압한 친일반민족행위의 대가로 취득한 재산이다. 따라서 친일반민족행위자측의 입장에서는 자신과 그 후손들이 대대로 부귀를 누리는 것이 가능하지 않을 것이라는 점에 대하여 충분히 예상할 수 있었다. 둘째, 친일재산을 환수함으로써 3·1운동의 헌법이념을 구현하는 일은 제헌 헌법 이래 우리의 모든 헌법 속에서 면면히 계승된 가치이자 헌법적으로 부여되었던 당위라 할 수 있다. 그렇다면, 친일재산의 환수를 포함한 일제 식민지 역사의 청산 작업은 언제든지 현실로 성립될 수 있는 이른바 '잠재적 현실'이었다. 셋째, 친일행위의 대가로 취득한 재산의 처리 문제는 오늘에까지 우리 사회의 비중있는 사회적 과제로 남아 있다. 그렇다면 본격적으로 불거져 친일재산의 사회적 환수 요청이 제기될 수 있을 것이라는 점은 충분히 예상가능한 일이었다. ③ ⋯ ④ 친일재산 환수 문제는 그 시대적 배경에 비추어 역사적으로 매우 특수하고 이례적인 공동체적 과업이라 할 것이므로, 빈번하게 발생해 그로 인한 폐해가 만연될 것이라는 일부의 우려는 충분히 불식될 수 있다. 3) 소결 – 따라서 이 사건 귀속조항은 진정소급입법에 해당하지만 소급입법을 예상할 수 있었던 예외적인 사안이고 진정소급입법을 통해 침해되는 법적 신뢰는 심각하다고 볼 수 없는 데 반해 이를 통해 달성되는 공익적 중대성은 압도적이라고 할 수 있으므로 진정소급입법이 허용되는 경우에 해당한다. 그러므로 이 사건 귀속조항이 진정소급입법이라는 이유만으로 위헌이라 할 수 없다. * 동지: 2009헌바292.

② 5·18민주화운동 등에 관한 특별법 관련 공소시효 완성에 관한 진정소급효 – 또 다른 예는 위 ① 결정 이전에도 법정의견이 소수의견이긴 하나 진정소급으로 보면서도 예외로 합헌성을 인정한 결정례가 있었다. 그것은 '1979년 12월 12일과 1980년 5월 18일을 전후하여 발생한 헌정질서파괴범죄행위'에 대하여 공소시효의 진행이 정지되도록 규정한 5·18민주화운동 등에 관한 특별법 제2조는 소급처벌을 규정한 법률규정으로서 위헌인지 여부가 논란이 된 위헌심판사건결정이었다. 이 결정에서 헌재는 "특별법 제2조 규정이 위헌인지 여부는 구체적 범죄행위에 관한 공소시효의 완성 여부 및 그 완성시점 등은 당해 사건을 재판하는 법원이 이를 판단할 성질의 것이지 헌재가 판단할 수 있는 사항이 아니므로 헌재로서는 당해 사건을 재판하는 법원에 의하여 특별법 시행당시 공소시효가 완성된 것인지의 여부가 아직 확정되지 아니한

터이므로 법원이 공소시효가 완성되지 않았다고 판단할 경우와 공소시효가 완성되었다고 판단할 두 가지 경우를 가정하여 판단할 수밖에 없다"라고 보았다. 그리하여 헌재는 공소시효가 아직 완성되지 않았다고 법원이 판단할 경우에 대해서는 이는 부진정소급효로서 중대한 공익이 있고 신뢰보호이익은 상대적으로 미약하므로 합헌이라고 보았다. 재판관 전원일치의견이었다. 반면에 공소시효가 완성된 것으로 법원이 판단할 경우에는 이는 특별법이 이미 과거에 완성된 사실 또는 법률관계를 규율대상으로 사후에 이전과 다른 법적 효과를 생기게 하는 이른바 진정소급효를 갖게 된다고 보았는데, 이 부분에 대해서는 재판관들 간에 의견의 대립이 있었다. 특별법조항을 공소시효가 이미 완성된 경우에도 적용하는 한 위헌이라고 본 한정위헌의견이 5인 재판관의 의견으로서 4인 재판관의 합헌의견보다 우세하였으나 법률의 위헌결정에 필요한 정족수 재판관 6인 이상의 위헌의견에 이르지 못하여 합헌결정이 되었다. 결국 합헌의견인 4인 소수의견이 법정의견이 된 것이다. 이 소수의견이 바로 진정소급효의 예외적 정당화사유를 적용하여 합헌으로 보아야 한다는 의견이고 이것이 법정의견이므로 이 결정도 예외적으로 진정소급효입법을 합헌으로 우리 헌재가 본 결정례에 해당된다고 할 것이다(● 판례 96헌가2등).

③ 재조선 일본인 재산의 처리 및 귀속에 관한 미군정청 법령 조항 사건

● 판례 헌재 2021.1.28. 2018헌바88
[결정요지] 진정소급효이나 1945. 8. 9. 이후 조선에 남아 있던 일본인들이, 일본의 패망과 미군정의 수립에도 불구하고 그들이 한반도 내에서 소유하거나 관리하던 재산을 자유롭게 거래하거나 처분할 수 있다고 신뢰하였다 하더라도 그러한 신뢰가 헌법적으로 보호할 만한 가치가 있는 신뢰라고 보기 어렵고, 일본인들이 불법적인 한일병합조약을 통하여 조선 내에서 축적한 재산을 1945.8.9. 상태 그대로 일괄 동결시키는 공익이 신뢰보호의 요청보다 훨씬 더 중대하다. 따라서 소급입법금지원칙에 대한 예외로서 헌법 제13조 제2항에 위반되지 아니한다.

4. 부진정소급효입법

(1) 원칙 – 허용

부진정소급효입법(不眞正遡及效立法)은 그 변경대상이 아직 완전한 법률관계를 형성한 것이 아니므로 그 보호가 강할 수는 없고 일반적으로 허용된다. 헌재판례도 금지되는 것은 진정소급효의 입법이고 부진정소급효의 입법의 경우에는 구법질서에 대하여 기대했던 당사자의 신뢰보호보다는 광범위한 입법권자의 입법형성권을 경시해서는 아니될 일이므로 특단의 사정이 없는 한 새 입법을 하면서 구법관계 내지 구법상의 기대이익을 존중하여야 할 의무가 발생하지는 않는다"라고 판시하여[176) 원칙적으로 허용되는 것이라고 한다.[177)

(2) 한계

그러나 이처럼 부진정소급효입법이 원칙적으로 허용될 수 있는 입법이더라도 헌법적 원칙

---

176) 헌재 1989.3.17. 88헌마1 사법서사법시행규칙에 관한 헌법소원.
177) 88헌마1; 89헌마32등; 94헌바12; 96헌바94 등.

들을 위반해서는 아니되는 한계가 있다. 부진정소급효의 기본권제한입법도 평등원칙을 위반하여서는 아니되고 비례(과잉금지)원칙을 준수하여야 하며 기본권의 본질적 내용을 침해할 수 없다. 특히 부진정소급효입법으로 인한 신뢰파기의 문제가 발생하는데 위에서 본 신뢰보호원칙의 적용법리인 비교형량에 의해 해결해야 할 것이고 일정한 유예(경과)기간 등을 두어야 한다. 헌재도 부진정소급효가 원칙적으로 허용되더라도 신뢰보호원칙이 적용되어야 한다는 한계가 있다고 본다. 그리고 신뢰보호원칙심사가 장래입법에 비해서 더 강화되어야 한다고 본다.

● **판례법리** 조세감면규제법 부칙 제13조 등 위헌소원, 헌재 1995.10.26. 94헌바12

> **[주요판시사항]**
> ▷ 부진정소급효입법의 원칙적 허용.
> ▷ 부진정소급효입법의 경우에도 신뢰보호의 원칙이 적용되어야 함.
> ▷ 그런데 장래입법에 비해서보다는 신뢰보호원칙심사가 더 강화되어야 함.
> ▷ 신뢰보호원칙 위반여부의 판단기준 - 비교형량

(3) 결정례

부진정소급효입법에 대해 신뢰보호원칙심사를 한 예는 많다. 참고로 전형적인 예를 아래에 하나 보면 헌재는 공익의 필요성이 긴절하지 않고, 신뢰보호를 위한 상당기간의 경과규정을 두지 않아 위헌이라고 보아 한정위헌결정을 한 것이다.

> ● **판례** 한정위헌결정례: 헌재 1995.10.26. 94헌바12
> **[쟁점]** 증자소득공제율(增資所得控除率)을 낮추는 조세감면규제법의 개정 이전에 이미 경과된 사업연도 기간에 대하여서도 위 개정 신법의 낮은 공제율을 적용하여 더 많은 세금을 부과받은 회사법인이 이처럼 법개정이 있기 이전의 사업연도 기간에 대해서도 신법을 적용하는 것은 소급적용의 재산권침해로서 위헌이라고 주장하여 청구된 헌법소원사건이었다(한정위헌). **[주문]** "조세감면규제법(1990.12.31. 개정 법률 제4285호) 부칙 제13조 및 제21조는 法人의 사업연도 중 이 법 시행일 이전의 당해 자본증가액의 잔존 증자소득 공제기간에 대하여 적용하는 한 헌법에 위반된다." **[결정요지]** 부진정소급입법에 속하는 입법에 대해서는 일반적으로 과거에 시작된 구성요건 사항에 대한 신뢰는 더 보호될 가치가 있다고 할 것이기 때문에 신뢰보호원칙에 대한 심사가 장래입법에 비해서보다는 일반적으로 더 강화되어야 할 것이다. 우리 재판소는 신뢰보호의 원칙의 판단은 신뢰보호의 필요성과 개정법률로 달성하려는 공익을 비교형량하여 종합적으로 판단하여야 한다고 하였는 바, 이러한 판시는 부진정소급입법의 경우에도 당연히 적용되어야 할 것이다. 이 사건 규정이 투자유인이라는 입법목적이라 하더라도 이로써 청구인과 같이 구법을 신뢰한 국민들의 기대권을 압도할 만큼 공익의 필요성이 긴절한 것이라고도 보여지지 아니한다. 그렇다면 적어도 입법자로서는 구법에 따른 국민의 신뢰를 보호하는 차원에서 상당한 기간 정도의 경과규정을 두는 것이 바람직한데도 그러한 조치를 하지 않아 결국 청구인의 신뢰가 상당한 정도로 침해되었다고 판단된다. 따라서 이 사건 규정과 같은 부진정소급입법의 경우 당사자의 구법에 대한 신뢰는 보호가치가 있다고 할 특단의 사정이 있다고 할 것이므로, 적어도 이 사건 규정의 발효일 이전에 도과된 사업연도분에 대해서는 이 사건 규정은 적용될 수 없다고 할 것이다.

(4) 대법원판례

대법원 판례도 "과거에 발생하였지만 완성되지 않고 진행 중인 사실 또는 법률관계 등을 새로운 법령이 규율함으로써 종전에 시행되던 법령의 존속에 대한 신뢰이익을 침해하게 되는 경우에도 신뢰보호의 원칙이 적용될 수 있다"라고 한다[대법원 전원합의체 2006.11.16. 2003두12899, 불합격처분취소(변리사법 시행령 사건)].

5. 형벌과 재산권, 참정권의 경우

한편 형벌의 경우와 재산권, 참정권의 경우 우리 헌법은 명문으로 소급효금지의 규정을 두고 있기도 하다(제13조 제1·2항). 따라서 뒤의 죄형법정주의, 소급입법에 의한 재산권박탈금지 등에서도 다루어진다(후술, 신체의 자유, 재산권, 참정권 등 관련 부분 참조).

6. 시혜적(施惠的) 소급입법의 문제

이는 혜택을 주는 것이어서 당사자에게 있어서 기본권제한의 문제는 아니다. 헌재는 새로운 법이 적용되는 사람에게 유리한 이러한 시혜적인 소급입법이 가능하다고 보면서 그렇지만 시혜적 소급입법을 할 것인가의 여부는 "그 일차적인 판단이 입법기관에 맡겨져 있으므로 입법자는 입법목적, 사회실정이나 국민의 법감정, 법률의 개정이유나 경위 등을 참작하여 시혜적 소급입법을 할 것인가 여부를 결정할 수 있고, 그 판단은 존중되어야 하며, 그 결정이 합리적 재량의 범위를 벗어나 현저하게 불합리하고 불공정한 것이 아닌 한 헌법에 위반된다고 할 수는 없다"고 한다.[178] 시혜적 소급입법이 다른 제3자에게 불이익적인 결과를 가져올 때에는 기본권제한의 법리가 적용되어야 할 것이다.

X. 입법재량과 기본권제한

기본권의 구체적 내용을 형성하거나 기본권을 제한함에 있어서 입법자에게 일정한 재량이 인정된다. 기본권의 제한을 살펴보는 여기에서는 기본권제한에 있어서의 입법재량의 문제를 주로 살피게 된다.

1. 입법재량의 개념과 주요 영역

입법재량이라 함은 입법자가 특정한 사항에 대해 입법을 함에 있어서 그 내용을 선택하고 정할 수 있는 선택권, 결정권을 말한다. 기본권을 제한하는 방법을 입법자가 선택하는 과정 등에서 입법재량이 인정되는 경우가 있다. 입법재량이 인정되는 영역으로 그동안 판례에서 주로 많이 거론되고 인정되는 기본권 영역들로 예를 들면 자격제,[179] 범죄의 설정과 법정형의 종

---

178) 95헌마196; 97헌바65; 2000헌바69 등 참조.
179) 2007헌바51.

류·범위의 선택,[180] 선거구의 획정[181] 등에서 입법재량을 인정하는 것을 들 수 있다. 그 외 토지재산권에 대한 제한,[182] 결사의 자유에 대한 제한,[183] 선거권과 공무담임권의 연령의 설정 등[184] 여러 영역과 사항들에 있어서 입법재량이 인정된 예들을 볼 수 있다.

2. 입법재량의 광협(廣狹)

기본권의 유형이나 그 효과에 따라 그 제한에 있어서 입법재량의 넓고 좁음이 달라진다. 헌법이 직접 입법내용을 지시하는 경우나 기초적인 기본권에 대한 제한에 있어서는 재량이 좁게 인정될 것이라고 보는 것이 일반적이다. 입법재량의 넓고 좁음에 따라 헌재의 위헌심사의 강도도 약하거나 강해진다.

3. 입법재량의 한계

입법재량에도 한계가 있다. 기본권의 제한에 앞서 본대로 한계가 있기에 기본권제한에서의 입법재량도 한계를 가진다. 입법재량의 한계에는 재량범위의 일탈금지와 재량의 남용금지가 있다.

(1) 재량일탈의 금지

'재량일탈의 금지'라는 한계는 헌법이 허용한 제한 범위를 벗어나서는(일탈해서는) 아니된다는 1차적 한계를 말한다. 예를 들어 헌법이 입법자에게 A, B 두 사항들 중에서 선택하여(선택재량) 제한할 수 있도록 한 것으로 해석됨에도 불구하고 나아가 C사항까지도 법률로 제한범위에 포함하였다면 재량의 일탈이 된다.

(2) 재량남용의 금지

'재량남용의 금지'라 함은 주어진 재량권의 범위 내에서의 제한조치를 입법자가 취하는 입법을 하긴 하였으나 그 제한조치가 평등의 원칙이나 신뢰보호의 원칙 등 헌법의 일반원칙을 위반한 경우를 말한다. 동일한 상황에 있는 사람들인데도 특정한 사람들에 대해서만 기본권제한조치를 강화한다면 평등원칙에 위반한 재량의 남용이 된다. 비례원칙도 입법재량에서 한계로 적용될 수 있다. 아래에 별도로 본다.

---

180) 2004헌바77; 90헌바24; 92헌바45; 96헌바16; 2001헌가16; 2006헌가9 등 참조.
181) 2000헌마92.
182) 88헌가13.
183) 92헌바47.
184) 96헌마89; 2000헌마111.

(3) 비례원칙과 입법재량

1) 적용

ⅰ) 비례(과잉금지)원칙이 앞에서 본 대로 기본권제한의 한계원리이고 위에서 본 대로 입법재량에도 한계가 있는바 입법재량이 인정되는 경우에도 그 한계원리로서 비례원칙이 적용된다. 예를 들어 자격제에 의한 직업선택의 자유와 같은 경우에 자격제 설정의 입법재량을 인정하여 합리성심사를 하는 경우도 있으나 비례심사도 행한다. 사실 헌재는 직업의 자유의 제한에 있어서 단계론을 따르면서 자격제는 주관적 제한이라 강한 제한이고 따라서 엄격한 비례심사를 한다고 하는데 이 점에서 모순을 보이기도 한다(후술 직업의 자유, 단계론 부분 참조). ⅱ) 여하튼 입법재량이 인정되는 영역별로 그 입법재량의 넓고 좁음에 따라 심사의 강도도 달라진다. 입법재량이 넓은가 좁은가에 따라 합리성심사로서 완화심사에 그치기도 하고, 엄격심사로서 비례심사를 하기도 하고 비례심사에도 입법재량의 정도에 따라 느슨한 비례심사를 할 것인지 아니면 통상의 비례심사를 할 것인지 그 강도에 차이가 있게 될 것이다. ⅲ) 한편 비례원칙 중 피해최소성원칙의 적용에 있어서는 피해가 최소인 제한방법들이 하나가 아니고 그 최소정도가 동일한 여러 가지일 경우에 입법자는 그들 방법들 중 하나를 택할 수 있는 선택재량이 있지만 피해가 최소인 방법이 하나일 경우에는 그것을 반드시 택하여야 하고 재량이 없게 된다(재량의 '0'으로의 수축).

2) 현저성원칙

(가) 의미 - 판례이론   헌재는 입법재량에 있어서 한계로서 "입법재량이라는 것도 자유재량을 말하는 것은 아니므로 입법목적을 달성하기 위한 수단으로서 반드시 가장 합리적이며 효율적인 수단을 선택하여야 하는 것은 아니라고 할지라도 적어도 현저하게 불합리하고 불공정한 수단의 선택은 피하여야 할 것"이라고 하고 있다.[185] 이러한 판례 입장을 '현저성의 원칙'이라고 부르고자 한다. 이러한 입장은 여러 판례에서 나타나고 있다.

(나) 현저성심사를 비례심사에서도 하는지 여부   우리 헌재판례 중에는 현저성의 이론을 적용하면서 비례원칙심사를 하기도 한 결정례들이 있고(대표적으로 한 가지 정도만 들면 2002헌마411), 비례원칙심사를 하지 않은 이른바 완화심사로서 합리성심사를 하면서도 현저성의 원칙을 적용한 결정례들이 있다(2004헌마262).

(다) 비례심사에서의 현저성 심사   판례이론에 대한 검토 - 현저성심사를 비례원칙심사에서 하는 경우에도 방법의 적정성 심사에서 하는 예도 있고 피해최소성 심사에서 하는 예도 있다. [평가] ⅰ) 방법의 적정성 심사가 방법이 목적달성에 효과가 있는지 없는지 하는 것에만 관심을 가지는 것이므로 "반드시 가장 합리적이며 효율적인 수단을 선택하여야 하는 것은 아니라고 할지라도"라고 하는 것을 전제하는 현저성심사를 방법적정성심사에서 행하는 것은 그야말로 적절성이 없다. ⅱ) 피해최소성 심사에서 현저성의 원칙을 적용할 때에는(2002헌마677;

---

185) 92헌바47; 94헌마213; 2002헌마411; 2004헌가30 등.

2002헌마411) 상당히 느슨한 심사를 가져오게 된다. 현저히 불합리하지 않은 방법이 최소침해
방법이 아닐 수 있는데 그렇더라도 최소침해성 심사에서 현저히 불합리하지 않으면 통과된 것
으로 보겠다는 것은 최소침해성을 느슨하게 인정하겠다는 것이 되기 때문이다. ⅲ) 문제는 이
러한 현저성이 용인되는 경우와 그렇지 않은 경우의 구별이 항상 명백하지 않고 현저성의 판단
도 주관적일 수 있다는 것이다. ⅳ) 한편 헌재는 기본권제한의 법률유보가 아니라 기본권형성
적 법률유보에서 이 이론을 적용하기도 한다(2002헌마533). 기본권제한에서의 최소침해성에서
적용하는 것에 비해서는 논리적으로 무리가 덜 하다.

(4) 입법재량의 정당성의 전제조건

입법자의 재량을 인정하고 더구나 넓게 인정하는 것이 정당성을 가지려면 입법과정이 의회
주의의 원칙에 충실할 것을 전제로 한다. 부실한 입법에 대한 입법재량을 내세워 면죄부를 주
어서는 아니된다. 이 점에서도 입법재량의 한계가 있다.

XI. 기본권의 「본질적 내용」의 침해금지

헌법 제37조 제2항은 국민의 모든 자유와 권리를 법률로써 제한하는 경우에도 자유와 권리의 본
질적인 내용을 침해할 수 없음을 명시하고 있다. 기본권의 본질적 내용이 무엇이냐가 문제된다.
본질적 내용에 관한 헌법규정은 제3차개헌인 1960.6.15. 제2공화국헌법에서 처음 명시되기
시작하였다. 제7차개헌인 1972.12.27. 제4공화국 유신헌법에서 삭제되었다가 제8차개헌인
1980.10.27. 제5공화국헌법에서 부활되었다.

1. 본질적 내용의 개념

(1) 학설 ― 독일에서의 논의

독일기본법 제19조 제2항도 "어떠한 경우에도 기본권은 그 본질적 내용에 있어서는 침해되
어서는 아니된다"라고 명시하고 있는데 이 본질적 내용이 무엇이냐가 독일에서도 논란되고 있
다. 우리 헌법상의 본질적 내용침해 금지의 의미를 파악함에 있어서 참조로 살펴본다.

1) 주관설과 객관설

본질적 내용의 규정이 보호하고자 하는 대상이 무엇이냐에 따라 ① 주관설과 ② 객관설로
나누어지고 있다. 주관설은 본질적 내용규정의 보호대상이 개인의 주관적인 권리라고 보는 학
설이다. 객관설은 본질적 내용이 하나의 객관적인 법규범, 사회적 제도를 보호하는 대상으로
보는 학설이다.

2) 절대설과 상대설, 절충설

기본권의 본질적 내용이 있다면 그것은 고정적인지 아닌지에 대해 절대설, 상대설, 절충설 등의 견해가 대립된다. ⅰ) 절대설은 기본권의 본질적 내용이 고정적이라고 보는 입장이다. 본질적 내용은 핵심적이고 근본적인 요소로서 상황에 따라 달리 나타나는 것이 아니라 고정적이고 어떠한 경우에도 이 요소는 훼손될 수 없는 영역이라고 본다. 문제는 절대설에 따를 때 그 본질적 내용이 무엇인가 하는 것이다. 그 내용이 없으면 기본권을 형해(形骸)화하거나 유명무실하게 할 것이라고 설명하는 견해, 인간의 존엄과 가치라고 보는 견해 등으로 나누어진다. ⅱ) 상대설은 본질적 내용과 범위는 기본권들마다 그리고 상황에 따라 유동적인 것으로 보고 본질적 내용침해인지 여부는 비례원칙 등의 적용(법익형량)으로 판단하고 해결하여야 한다는 입장을 취한다. 상대설은 법익형량 결과 절대설이었으면 건드릴 수 없다고 볼 핵심적 부분도 제한할 수 있다고 본다. ⅲ) 절충설은 기본권의 핵심이 절대적으로 보호되어야 한다고 보면서도 공동체 존립을 위한 침해를 인정하는 입장을 취한다.

(2) 우리 헌재 판례

우리 헌재는 위 절대설과 상대설 중 어느 설을 취하는지를 명시적으로 밝힌 바는 없다.

1) 절대설적 입장

우리 헌재가 절대설적 입장을 취한 것으로 이해하게 하는 예로 토지거래허가제에 대한 합헌결정의 예를 볼 수 있었다. 헌재는 "토지재산권의 본질적인 내용이라는 것은 토지재산권의 핵이 되는 실질적 요소 내지 근본요소를 뜻하며, 따라서 재산권의 본질적인 내용을 침해하는 경우라고 하는 것은 그 침해로 사유재산권이 유명무실해지고 사유재산제도가 형해화(形骸化)되어 헌법이 재산권을 보장하는 궁극적인 목적을 달성할 수 없게 되는 지경에 이른 경우"라고 한다. '핵이 되는 실질적 요소 내지 근본요소', '유명무실해지고 형해화되어' 등으로 본질적 내용을 나타내고 있어서 절대설적인 입장을 보여주는 것이라고 할 것이다. 헌재는 위와 같은 법리에 비추어 아래와 같은 이유로 본질적 내용침해가 아니라고 결론지었다.

● **판례** 헌재 1989.12.22. 88헌가13
[결정요지] 토지거래허가제는 그 주된 목적이 토지의 투기적 거래 억제에 있다. 그런데 국토이용관리법이 규제하고자 하는 것은 모든 사유지가 아니고 투기우심지역 또는 지가폭등지역의 토지에 한정하고 있다는 점과 규제기간이 5년 이내인 점, 설사 규제되더라도 거래목적, 거래면적, 거래가격 등에 있어서 기준에 위배되지 않는 한 당연히 당국의 거래허가를 받을 수 있어 처분권이 완전히 금지되는 것은 아닌 점 등을 종합해 볼 때, 토지거래허가제는 사유재산제도의 부정이라 보기는 어렵고 다만 그 제한의 한 형태라고 봐야 할 것이다. 생산이 자유롭지 않은 토지에 대하여 처분의 자유를 인정하지 않고 이를 제한할 수밖에 없음은 실로 부득이한 것이며, 토지거래허가제는 헌법이 명문으로 인정하고 있는(헌법 제122조) 재산권의 제한의 한 형태로서 재산권의 본질적인 침해라고는 할 수 없는 것이다. * 동지: 헌재 1990.9.3. 89헌가9.

2) 상대설적 판시가 나타난 판례

한편 헌재는 사형제도에 대한 합헌결정에서 상대설을 취한다고 명시적으로 밝히지는 않았으나 상대설을 취한 것으로 보게 하는 설시를 한 바 있다.

> ● **판례** 헌재 1996.11.28. 95헌바1
> [관련설시] 생명권에 대한 제한은 곧 생명권의 완전한 박탈을 의미한다 할 것이므로, 사형이 <u>비례의 원칙에 따라서</u> 최소한 동등한 가치가 있는 다른 생명 또는 그에 못지 아니한 공공의 이익을 보호하기 위한 불가피성이 충족되는 예외적인 경우에만 적용되는 한, 그것이 비록 생명을 빼앗는 형벌이라 하더라도 <u>헌법 제37조 제2항 단서에 위반되는 것으로 볼 수는 없다</u> 할 것이다.… 인간의 생명을 부정하는 등의 범죄행위에 대한 불법적 효과로서 지극히 한정적인 경우에만 부과되는 사형은 죽음에 대한 인간의 본능적인 공포심과 범죄에 대한 응보욕구가 서로 맞물려 고안된 "필요악"으로서 불가피하게 선택된 것이며 지금도 여전히 제 기능을 하고 있다는 점에서 정당화될 수 있다. 따라서 사형은 이러한 측면에서 헌법상의 <u>비례의 원칙에 반하지 아니한다.</u>

헌재의 판례들 중에는 본질적 내용침해 여부심사를 별도로 하지 않으면서 비례원칙심사만을 한 뒤 그 심사의 결론에 따라 본질적 내용의 침해 여부에 대해서도 언급하는 결정의 예를 보여주기도 하였다(2000헌바57).

(3) 사견

ⅰ) 주관설과 객관설의 논의에 관해서는 생각건대 기본권에 있어서의 본질적 내용이므로 그리고 기본권은 권리이므로 본질적 내용 그 자체의 성격은 권리라고 보아야 하기에 주관설이 타당하다. 그렇다고 객관적인 법규범으로서 효과를 부정하는 것은 아니고 객관적 법규범성은 본질적 내용의 효과에서 나타난다. 즉 개별 기본권이 가지는 본질적 내용을 그 누구도 어떤 경우에도 침해하지 못하는데 이러한 효과는 객관적인 것이다. ⅱ) 절대설과 상대설의 대립에 관해서는 각 개별 기본권마다 핵심적 영역이 있다고 볼 것이므로 절대설이 타당하다. 한편 인간의 존엄과 가치와 같은 기본권의 존재연원이 되는 내용은 모든 기본권에 있어서 공통적으로 본질을 이루는 내용이라고 볼 것이다. 상대설은 비례원칙에 따라 본질적 내용의 보호여부를 정한다고 하나 그리하여 비례원칙을 위배하지 않는 경우 기본권의 핵심영역도 건드릴 수 있다는 결과를 가져올 수 있으므로 타당하지 못하다. 예를 들어 생명권과 같은 기본권의 경우에는 그 자체가 본질적 내용으로 되어 있기에 비례원칙을 적용할 대상이 아니다. 그 점에서 우리 헌재의 사형제 판결은 타당하지 못하다. "과잉제한금지원칙에 위반되지 않으면서 본질적 내용을 침해하는 경우는 존재하기 어렵기 때문에 거의 모든 문제는 과잉제한금지원칙위반여부의 문제로 처리되므로, 이런 논의는 별 실익이 없다고 보인다"라는 견해[186]도 위와 같은 점에서 타당하지 못하다. 본질적 요소로서 불가훼손적 영역이 존재한다고 봄으로써 최후보루의 기본권제한의 한계를 설정하게 된다. 절대설을 취하지 않으면 헌법 제37조 제2항 단서 조항의 존재의미가 상실된다고 하면서 이를 논거로 제시하는 견해가 있다. 경청할만하나 아래에서 보듯이 본질적 내용침해금지규정이 명문으로 존재하지 않더라도 기본권의 본질적 내용침해금지를 인정하고 그 금지규정은 확인규정이라는 것이 절대설의 입장에서 취할 바이므로 결정적 논거가 되지는 못한다. 결국 상대설에 따르면 본질적 내용의 불가침원칙이 - 그것이 명시되어 있든 아니든 - 지켜지지 못하게 될 수 있다.

---

186) 정종섭, 전게서, 383면.

2. 본질적 내용침해금지규정의 성격

본질적 내용침해금지규정은 기본권의 자연권적 성격이 나타나는 규정이다. 이는 기본권제한에 있어서의 내용적 한계라는 성격을 가진다. 또한 본질적 내용침해를 금지하는 헌법상의 명시적 규정이 없더라도 기본권의 핵심적, 근본적 가치내용을 침해할 수 없다는 점에서 현행 헌법 제37조 제2항 단서의 본질적 내용침해금지규정은 확인적인 성격의 규정으로서 헌법의 근본규범으로서 헌법개정의 대상이 될 수 없다(헌법개정의 한계규정).

3. 본질적 내용의 침해로서 위헌이라고 판단한 결정례

몇 가지 위헌결정례를 영역별로 아래에서 살펴본다.

i) 자유권

① 신체의 자유 – 유신헌법 하 긴급조치 제2조

● 판례 헌재 2013.3.21. 2010헌바132등

[결정요지] 유신헌법 하 긴급조치 제2호 제11항의 단서는 "다만, 군법회의법 제132조, 제238조, 제239조 및 제241조의 규정은 준용하지 아니하며 구속기간의 제한을 받지 아니한다."라고 규정하고 있다. 이는 형사소송법의 구속기간을 준용하는 군법회의법 규정의 적용을 전면 배제하여 아무런 기간의 제한이 없이 구속할 수 있도록 하는 것으로서 신체의 자유의 본질적인 내용을 침해하는 것으로서 위헌이다.

② 재산권

㉠ 국세의 1년간 소급우선징수 규정

● 판례 헌재 1990.9.3. 89헌가95

[심판대상] 국세의 납부기한 보다 먼저 설정된 담보물권(전세권·질권 또는 저당권)이라도 그 납부기한 1년 전에 설정된 담보물권이 아니면 그 담보되는 채권 보다 국세가 우선징수되도록 한 구 국세기본법 규정 [결정요지] 먼저 성립하고 공시(公示)를 갖춘 담보물권이 후에 발생하고 공시를 전혀 갖추고 있지 않은 조세채권에 의하여 그 우선순위를 추월당함으로써, 합리적인 사유없이 저당권이 전혀 그 본래의 취지에 따른 담보기능을 발휘할 수 없게 담보물권 내지 사유재산권의 본질적인 내용의 침해가 있다.

㉡ 퇴직금 우선변제규정에 대한 헌법불합치결정

● 판례 헌재 1997.8.21. 94헌바19등

[결정요지] 질권이나 저당권의 본질적 내용을 이루는 우선변제수령권이 형해화하게 되므로 이 법률조항 중 "퇴직금" 부분은 질권이나 저당권의 본질적 내용을 침해할 소지가 생기게 되는 것이다.

㉢ 퇴직 후 범죄에 대한 공무원퇴직급여 환수 – 구 공무원연금법 제64조 제3항의 급여제한의 급여제한을 '재직 중의 사유'(이것은 합헌)가 아닌 '퇴직 후의 사유'에도 적용하는 것의 한정위헌결정

● **판례** 헌재 2002.7.18. 2000헌바57 한정위헌결정

[결정요지] 공무원으로서의 직무상 의무인 성실의무, 복종의무 등은 퇴직한 후에도 계속 부담하는 것으로는 볼 수 없다. 과잉금지의 원칙에 위배하여 재산권의 본질적 내용을 침해하는 것으로 헌법에 위반된다. * 이 결정에 대해서는 앞의 명확성원칙, 법익균형성 부분 참조.

③ **직업의 자유**

㉠ **건축사 필요적 등록취소**

● **판례** 헌재 1995.2.23. 93헌가1

[결정요지] 건축사가 업무범위를 위반하여 업무를 행한 경우 이를 필요적으로(반드시) 등록취소 사유로 규정하고 있는 구 건축사법 제28조 제1항 단서 제2호는 제한의 방법이 부적절하고 제한의 정도가 과도하여 과잉금지원칙에 위배되어 헌법 제15조에서 보장하고 있는 직업선택의 자유의 본질적 내용을 침해하였다.

㉡ **축산업협동조합의 복수설립금지규정에 대한 위헌결정**

● **판례** 헌재 1996.4.25 92헌바47

[결정요지] 조합공개의 원칙이 보장되지 아니하고, 우리 헌법의 기본원리에 배치되고 협동조합의 본질에 반하는 수단을 택하여 양축인이 자주적으로 협동조합을 설립하여 그들의 권익을 보호할 수 없게 함으로써 양축인의 결사의 자유, 직업수행의 자유의 본질적인 내용을 침해하고 있다. 따라서 과잉금지의 원칙에 반하여 청구인의 결사의 자유, 직업의 자유를 침해하는 위헌이다.

㉢ **약국개설제한규정 –** "약사 또는 한약사가 아니면 약국을 개설할 수 없다"라고 하여 약사, 한약사들로만 구성된 법인조차도 약국설립을 금지한 구 약사법 규정에 대한 헌법불합치결정례

● **판례** 헌재 2002.9.19. 2000헌바84

[결정요지] 직업수행의 방법으로 법인을 설립하여 운영할 수 있는 자유는 그 직업수행의 자유 속에 내포된 본질적 부분의 하나인데, 구성원 전원이 약사들인 법인에게까지 약국의 개설을 금지하는 것은 그러한 법인을 구성하여 약국업을 운영하려고 하는 약사 개인들의 직업선택(직업수행)의 자유를 제한함에 있어 입법형성권의 재량의 범위를 명백히 넘어 제한의 방법이 부적절하고 제한의 정도가 과도한 경우로서 과잉금지의 원칙에 위배되어 직업선택의 자유의 본질적 내용을 침해하였다고 할 것이다.

④ **표현의 자유 – 결사의 자유 – 노동조합 정치자금기부금지규정의 위헌성 인정**

● **판례** 헌재 1999.11.25. 95헌마154

[관련판시] 이 법률조항이 사회세력 누구나가 자유롭게 참여해야 할 정치의사형성과정과 정당한 이익조정과정을 근로자에게 불리하게 왜곡시키는 결과를 가져온다는 점에서 기본권 침해의 효과는 매우 중대하다. 이에 반하여, 이 법률조항을 통하여 달성하려는 공익인 '노동단체 재정의 부실 우려'의 비중은 상당히 작다. 따라서 노동단체의 기부금지를 정당화하는 중대한 공익을 인정하기 어려우므로 이 법률조항은 노동단체인 청구인의 표현의 자유 및 결사의 자유의 본질적 내용을 침해하는 위헌적인 규정이다.

⑤ **결사의 자유 – 축산업협동조합의 복수설립금지규정에 대한 위헌결정**(● 판례 92헌바47, 위 ③, ㉡에 인용한 결정)

ii) **생존권에 대한 본질적 내용 침해 인정의 예** 생존권에 관한 예로 구 의료보험법이 "범죄행위"로 인하여 발생한 보험사고에 대하여 보험급여를 하지 않는다고 규정하고 있었는데 헌재

는 이 '범죄행위'에 고의와 중과실에 의한 범죄행위 이외에 경과실에 의한 범죄행위가 포함되는 것으로 해석하는 한 생존권(사회적 기본권)으로서의 의료보험수급권의 본질을 침해하여 헌법에 위반된다고 판단한 아래의 예(한정위헌결정)를 들 수 있다.

● 판례 헌재 2003.12.18. 2002헌바1
[결정요지] 경과실의 범죄로 인한 사고는 개념상 우연한 사고의 범위를 벗어나지 않는다. 따라서 경과실의 범죄로 인하여 우연하게 발생한 사고를 보험사고에서 제외하는 것은 우연한 사고로 인한 손해를 대수의 법칙에 의하여 분산시킨다는 보험의 본질에 어긋난다. 요컨대 범죄행위로 인해 발생한 보험사고에 대해 보험급여를 하지 않는다고 규정한 계쟁조항의 '범죄행위'에 경과실에 의한 범죄까지 포함된다고 해석하는 경우에는, 경과실에 의하여 우연히 발생한 보험사고에 대한 보험급여를 부정하게 되는데, 이것은 사회적 기본권으로서의 <u>의료보험수급권의 본질을 침해</u>하여 헌법에 위반된다.

iii) 참정권, 정치적 표현의 자유 – 선거운동원 등이 아닌 사람의 선거운동의 금지

● 판례 헌재 1994.7.29. 93헌가4등
[결정요지] 구 대통령선거법 제36조 제1항 본문은 원칙적으로 전 국민에 대하여 선거운동을 금지한 다음 정당·후보자·선거사무장·선거연락소장·선거운동원 또는 연설원 등 극소수 선거관계인들만이 선거운동을 할 수 있도록 하고 있으므로 입법형성권 한계를 넘어 국민의 선거운동의 자유를 지나치게 제한함으로써 국민의 참정권과 정치적 표현의 자유의 <u>본질적 내용을 침해</u>하여 위헌이다.

iv) 청구권의 경우 – 재판청구권의 경우
① 대법원 단심제 특허소송 – 법관에 의한 사실심재판을 받을 권리 침해

● 판례 헌재 1995.9.28. 92헌가11 헌법불합치결정
[결정요지] 재판이라 함은 구체적 사건에 관하여 사실의 확정과 그에 대한 법률의 해석적용을 그 본질적인 내용으로 하는 일련의 과정이다. 따라서 법관에 의한 사실확정과 법률의 해석적용의 기회에 접근하도록 하는 보장이 제대로 이루어지지 아니한다면 헌법상 보장된 재판을 받을 권리의 본질적 내용을 침해하는 것이다. 그런데 구 특허법 제186조 제1항은 특허청의 항고심판절차에 의한 항고심결 또는 보정각하결정에 대하여 불복이 있는 경우에도 법관에 의한 사실확정 및 법률적용의 기회를 주지 아니하고 단지 그 심결이나 결정이 법령에 위반된 것을 이유로 하는 경우에 한하여 곧바로 법률심인 대법원에 상고할 수 있도록 하고 있는바, 결국 구 특허법 제186조 제1항은 법관에 의한 사실확정 및 법률적용의 기회를 박탈한 것으로서 "법관에 의한"재판을 받을 권리의 <u>본질적 내용을 침해</u>하는 위헌규정이다.

● 판례 * 변호사 징계결정에 대한 동지의 위헌결정: 헌재 2000.6.29. 99헌가9
[심판대상] 대한변호사협회징계위원회에서 징계를 받은 변호사는 법무부변호사징계위원회에서의 이의절차를 밟은 후 곧바로 대법원에 즉시항고토록 하고 있는 구 변호사법 제81조 제4항 내지 제6항. [결정요지] 대한변호사협회변호사징계위원회나 법무부변호사징계위원회의 징계에 관한 결정은 비록 그 징계위원 중 일부로 법관이 참여한다고 하더라도(변호사법 제74조 제1항, 제75조 제2항 참조) 이를 헌법과 법률이 정한 법관에 의한 재판이라고 볼 수 없다. 그렇다면 결국 이 사건 법률조항은 법관에 의한 사실확정 및 법률적용의 기회를 박탈한 것으로서 헌법상 국민에게 보장된 "법관에 의한" 재판을 받을 권리의 <u>본질적 내용을 침해</u>하는 위헌규정이다.

* 현재 법관징계법도 법관의 징계처분에 대해서 대법원 단심으로 재판하도록 하고 있어 논란이 될 수 있다(법 제27조). 그러나 우리 헌재판례는 "대법원이 법관에 대한 징계처분 취소청구소송을 단심으로 재판하는 경우에는 사실확정도 대법원의 권한에 속하여 법관에 의한 사실확정의 기회가 박탈되었다고 볼 수 없으므로" 이 법관징계법 규정을 합헌이라고 본다(● 판례 2009

헌바34).

② 유신헌법 하 긴급조치 제1호(비상군법회의에 의한 심판)

● **판례** 헌재 2013.3.21. 2010헌바132등

[결정요지] 긴급조치 제1호 제6항은 "이 조치를 위반한 자와 이 조치를 비방한 자는 비상군법회의에서 심판, 처단한다."라고 규정하고 있다. 그런데 긴급조치 제1호의 내용은 모두 유신헌법에 대한 정치적 표현행위를 광범위하게 제한하거나 유언비어 유포행위를 규제하는 것일 뿐이므로, 비상계엄에 준하여 적과의 교전상태 또는 사회질서가 극도로 교란되어 행정 및 사법기능의 수행이 현저히 곤란한 상황이어서 그 기능을 군대를 통하여 수행하여야 할 필요성이 절실한 가운데 발동된 것이라고 볼 수도 없다. 따라서 헌법과 법률이 정한 법관에 의한 재판을 받을 권리를 자의적으로 광범위하게 제한함으로써 그 본질적인 내용을 침해한 것이다.

v) 형벌체계상 정당성, 균형 상실 – 과잉처벌 – 교통사고 유기치사의 가중처벌

● **판례** 헌재 1992.4.28. 90헌바24

[결정요지] 교통사고에 있어서 사고운전자가 피해자를 사고장소로부터 옮겨 유기하고 도주한 경우로서 피해자를 치사하고 도주하거나 도주 후에 피해자가 사망한 때에는 사형·무기 또는 10년 이상의 징역에 처하도록 규정한 구 특정범죄가중처벌등에관한법률(개정 1984.8.4. 법률 제3744호) 제5조의3 제2항 제1호의 규정은 과실로 사람을 치상(致傷)하게 한 자가 구호행위를 하지 아니하고 도주하거나 고의로 유기함으로써 치사(致死)의 결과에 이르게 한 경우에 처벌을 하는 것인데 이는 고의적 살인죄와 비교하여 그 법정형을 더 무겁게 한 것으로 형벌체계상의 정당성과 균형을 상실한 것이다. 그렇다면 과잉입법금지의 원칙에도 반하는 것이어서 기본권의 <u>본질적 내용을 침해할 수 없다</u>는 헌법 제37조 제2항에 위반되는 것이다.

XII. 기타 한계원칙

1. 입법절차에서의 한계

입법이 새로이 정립될 때 그 입법과정에서의 적법절차 등의 준수는 외형적 요건으로서 그 준수 여부는 역시 입법절차과정의 사실들을 살펴봄으로써 이루어질 것이므로 그리 어렵지 않게 심사가 이루어질 수 있을 것이다.

● **판례** 이에 관한 심사의 예로서 헌재 1995.3.23. 94헌마175, 경기도 남양주시 등 33개 도농복합형태의 시 설치 등에 관한 법률 제8조 위헌확인, 합헌성을 인정하는 기각결정. * 입법절차에 관한 헌법재판에 대해서는 정재황, 헌법재판론, 박영사, 2020, 342-346면 참조.

2. 부당결부금지원칙

[개념과 성격] 부당결부금지(不當結付禁止)원칙이란 행정작용과 사인이 부담하는 급부는 부당하게 상호결부되어서는 아니된다는 원칙을 말한다.[187] 예를 들어 건축법 위반에 대한 시정명령을 이행하지 않은 사람에 대하여 전기·전화·수도 등의 공급중지를 요청할 수 있게 하는 것(현행 건

---

187) 홍정선, 전게서, 89면 이하.

축법에서는 삭제된 규정임)은 이 원칙의 위반이라고 본다. 이 원칙은 행정법학계와 대법원판례에서 인정되어 왔고[188] 헌법적 지위를 갖는다고 한다.[189]

[행정기본법] 이 법 제13조는 "행정청은 행정작용을 할 때 상대방에게 해당 행정작용과 실질적인 관련이 없는 의무를 부과해서는 아니 된다"라고 부당결부금지원칙을 명시하고 있다.

[헌재판례] 수형자의 화상접견시간제한에 관한 사안에 있어서 청구인이 부당결부금지원칙 위반이라고 주장한 것을 받아들이지 않은 아래 헌재결정례가 있었다.

● **판례** 헌재 2009.9.24. 2007헌마738
[관련판시요지] 청구인은 접견실 등 교도소 시설의 한계와 과도한 접견신청건수 등으로 인한 일반접견시간의 제한을 화상접견에까지 결부시켜 화상접견시간을 제한하는 것은 부당결부금지원칙에 위배된다고 주장하나, 피청구인(교도소장)은 교도소의 인적, 물적 접견설비의 범위 내에서 이 사건 각 화상접견시간을 부여한 것일 뿐, 이와 관련성이 없는 청구인 등 수형자의 반대급부를 결부시켜서 화상접견시간을 부여한 것이라고는 볼 수 없으므로 위 주장은 받아들일 수 없다.

XIII. 결어 — 기본권제한의 한계의 의미

앞서 본 기본권제한에 있어서의 법률유보, 비례원칙 등의 여러 법리의 진정하고도 궁극적인 의미는 사실 기본권의 제한을 최소한으로 줄임으로써 역으로 기본권의 최대한 보장을 가져오기 위한 것에 있다. 기본권제한을 최소에 그치도록 하는 것은 최적치를 찾기 위한 것이기도 하다. 기본권의 제한 자체도 기본권의 신장을 위한 조절임을 앞서 강조한 바 있다. 이러한 제한의 한계법리가 그것을 도모하기 위해 존재하는 법리들이다.

제3항 기본권의 예외적 제한

* 여기서 '예외적'이라 함은 형식적 법률에 의한 제한(일반적 제한)이 아닌 제한, 평상이 아닌 상황에서의 제한을 의미한다.

I. 긴급명령, 비상계엄 등 국가긴급권에 의한 제한

1. 제한

"대통령은 국가의 안위에 관계되는 중대한 교전상태에 있어서 국가를 보위하기 위하여 긴

---

188) 예를 들어 대법원 1997.3.11. 96다49650 등.
189) 홍정선, 전게서, 89면.

급한 조치가 필요하고 국회의 집회가 불가능한 때에 한하여 법률의 효력을 가지는 명령을 발할 수"있는데(제76조 제2항) 이를 긴급명령이라 하고 이러한 긴급명령에 의해서도 국민의 기본권이 제한될 수 있다. 또한 "대통령은 내우·외환·천재·지변 또는 중대한 재정·경제상의 위기에 있어서 국가의 안전보장 또는 공공의 안녕질서를 유지하기 위하여 긴급한 조치가 필요하고 국회의 집회를 기다릴 여유가 없을 때에 한하여 최소한으로 필요한 재정·경제상의 처분을 하거나 이에 관하여 법률의 효력을 가지는 명령을 발할 수"있는데(제76조 제1항), 이러한 긴급재정경제명령이나 처분에 의하여 경제적, 재정적 영역에서의 국민의 기본권제한이 있을 수 있다.

대통령은 전시·사변 또는 이에 준하는 국가비상사태에 있어서 병력으로써 군사상의 필요에 응하거나 공공의 안녕질서를 유지할 필요가 있을 때에는 법률이 정하는 바에 의하여 계엄을 선포할 수 있다(제77조 제1항). 계엄은 비상계엄과 경비계엄으로 하고, 비상계엄이 선포된 때에는 법률이 정하는 바에 의하여 영장제도, 언론·출판·집회·결사의 자유, 정부나 법원의 권한에 관하여 특별한 조치를 할 수 있다(동조 제2·3항). 유의할 점은 헌법이 ⅰ) 계엄 자체의 선포도 법률이 정하는 바에 의하여야 한다고 명시하고 있는 점, ⅱ) 비상계엄도 국회의 사후해제의결이 있으면 해제하여야 하는 한계가 있다는 점과, ⅲ) 비상계엄의 경우에 취할 수 있는 특별한 조치도 비상계엄 발령으로 무조건 취해질 수 있는 것이 아니라 "법률이 정하는 바에 의하여" 취할 수 있도록 하고 있다는 점인데 비상계엄이란 특별한 상황이라는 점에서는 예외적 제한이면서 다른 한편 법률의 제한(법률유보)을 요구하고 있다.

2. 제한의 한계 및 통제

(1) 제한의 한계
1) 발동요건 존재, 본질적 내용 침해금지 등
긴급명령, 긴급재정경제명령·처분은 국가보위, 국회집회 등에 관한 위 헌법 제76조 조문상의 그 발동요건이 존재하여야 발동될 수 있다는 점부터도 한계가 된다. 긴급명령 등이 국가긴급시에 제정되는 비정상적인 상황에서의 명령, 처분이라 할지라도 제한되는 기본권의 본질적 내용은 침해할 수 없다.
2) 과잉금지원칙과 발동요건 존재
긴급권행사로 기본권이 제한될 경우에도 지나친 긴급권행사는 피해최소성 위반이라는 점 등 과잉금지(비례)원칙이 적용되어야 함은 물론이다. 그런데 긴급권행사의 요건을 준수한 것으로도 기본권제한의 요건을 갖추는 것인지 아니면 헌법 제37조 제2항의 비례의 원칙(과잉금지원칙)의 준수여부도 살펴보아야 하는지 하는 문제가 있다. 헌재는 긴급재정경제명령으로 인하여 기본권이 제한되는 경우 그 한계준수여부는 헌법 제76조상의 요건을 충족한 경우 지켜진 것으로 본다. 이 헌재입장에 따르면 즉 헌법 제76조 소정의 요건들을 준수한 것인지 여부가 심사되면 기본권제한의 요건인 헌법

제37조 제2항의 비례(과잉금지)원칙 위배 여부 심사는 별도로 하지 않아도 된다고 볼 것이다.

● **판례법리** 헌재 1996.2.29. 93헌마186 긴급재정명령 등 위헌확인

[주요설시사항]

▷ 긴급재정경제명령의 요건·한계에 부합 = 과잉금지원칙의 준수

[관련설시] 긴급재정경제명령이 아래에서 보는 바와 같은 헌법 제76조 소정의 요건과 한계에 부합하는 것이라면 그 자체로 목적의 정당성, 수단의 적정성, 피해의 최소성, 법익의 균형성이라는 기본권제한의 한계로서의 과잉금지 원칙을 준수하는 것이 되는 것이다.

긴급재정경제명령·처분에 대해서는 "최소한으로 필요한"이라는 규정이 헌법조문상 명시되어 있어서(제76조 제1항) 비례원칙적인 판단을 헌법이 긴급재정경제명령의 발동요건 판단으로서 요구하고 있다고 볼 수 있다.

3) 계엄의 경우

계엄 자체의 선포, 비상계엄의 경우에 취할 수 있는 특별한 조치 모두 "법률이 정하는 바에 의하여" 할 수 있다는 법률유보의 한계가 있음은 기술하였다.

(2) 통제

이러한 긴급명령, 긴급재정경제명령 등은 국무회의의 의결을 거쳐야 발동될 수 있고(제89조 제5호), 사후적으로 국회의 통제로서 승인을 받아야 하며 국회승인을 받지 못하면 그때부터 효력을 상실한다(제76조 제3·4항). 긴급명령, 긴급재정경제명령이 국민들의 기본권을 위헌적으로 침해할 경우에 위헌법률심판, 헌법소원(법령소원)을, 긴급재정경제처분이 그러할 경우에 법원의 행정소송을 통하여, 또는 헌법소원을 통하여(법원이 통치행위라고 하여 판단을 하지 않을 경우에는 헌재의 헌법소원의 대상이 될 수 있다. 그러나 원행정처분에 대한 헌법소원을 헌재가 부정하여 문제가 있다. 후술 제5부 헌법재판 참조) 통제할 수 있다. 발동사유가 없는데도 발동된 경우에 국회에 의한 대통령 탄핵소추의 사유가 된다. 계엄을 선포한 때에는 대통령은 지체없이 국회에 통고하여야 하고, 국회가 재적의원 과반수의 찬성으로 계엄의 해제를 요구한 때에는 대통령은 이를 해제하여야 한다(제77조 제4·5항).

II. 조약에 의한 제한

국가 간의 조약에 의해 국민의 기본권이 제약될 수 있다. 예를 들어 A국과 B국 간에 특정 상품에 대한 수입제한을 하는 조약을 체결함으로써 그 상품을 생산, 수출하는 국민이 영업의 자유에 영향을 받게 되는 경우이다. 관세조약은 기본권제한을 하는 조약의 대표적인 예이다.

기본권제한을 가져오는 조약은 그 체결·비준에 국회의 동의를 요하는 통제제도가 마련되어 있다. 즉 헌법 제60조 제1항은 "국회는 … 국민에게 중대한 재정적 부담을 지우는 조약 또

는 입법사항에 관한 조약의 체결·비준에 대한 동의권을 가진다"라고 규정하고 있다.

조약에 의한 기본권제한의 경우에도 비례원칙 등에 위배되어서는 아니되고, 본질적 내용을 침해해서는 아니되는 제한의 한계를 가진다.

문제는 기본권제한을 가져오는 조약이 우리 헌법상 인정되는 제한범위를 벗어나거나 위와 같은 한계를 벗어나 우리 헌법에 위배된다고 판단될 때 그러한 판단과 기본권구제를 위한 방법, 특히 헌법재판에 의한 구제방법이 어떠한가 하는 것이다. 조약에 대한 헌법재판에 대해서는 앞서 살펴본 바 있는데 그 법리가 여기서도 마찬가지로 적용되므로 생략한다(이에 관해서는 기술한 제2부 기본질서 중 국제질서 부분 참조).

Ⅲ. 법규명령 등에 의한 제한

* 이에 대해서는 앞의 법률유보에서 살펴보기도 하였다. 여기서는 다시 정리하면서 집행명령과 같은 부분을 일부 보완한다.

1. 행정입법

행정주체가 정립한 일반적이고 추상적인 규범을 행정입법이라고 한다. 이에는 법규명령과 행정규칙이 있다. 법규명령에는 다시 위임명령과 집행명령이 있다. 행정입법에 대한 자세한 것은 대통령의 권한에 가서 살펴보고(후술 참조) 여기서는 기본권에 관련하여서만 본다.

2. 법규명령에 의한 제한

법규명령은 국민의 권리, 의무에 영향을 미치는 외부법적 효과를 가지므로 국민의 기본권에 영향을 미칠 수 있는 규범이다.

(1) 위임명령에 의한 제한

우리 헌법 제75조, 제95조는 법률로 정할 사항을 대통령령, 총리령, 부령 등 행정입법으로 정할 수 있음을 인정하고 있으므로 기본권을 제한하기 위한 사항들을 법률이 규정하지 않고 법률 하위의 대통령령, 총리령, 부령 등 하위의 법규명령에 위임할 수 있다. 그러나 우리 헌법 제75조도 내용적, 범위적 한계를 설정하고 있는바 "대통령은 법률에서 구체적으로 범위를 정하여 위임받은 사항 … 에 관하여 대통령령을 발할 수 있다"라고 규정하여 구체적 위임만 허용하고 포괄적 위임은 금지하고 있다. 이 구체적 위임의 개념, 위임의 구체성·명확성의 정도 등에 대해서는 앞의 법률유보에서 자세히 다루었다(전술 참조)

(2) 집행명령

헌법은 "대통령은 … 법률을 집행하기 위하여 필요한 사항에 관하여 대통령령을 발할 수 있다"라고 규정하고 있다(제75조). 집행명령은 법률을 집행하기 위한 것일 뿐이므로 법률을 시행하고 적용하기 위하여 필수적인, 주로 방식·절차에 관한 세칙규정을 둘 수 있을 뿐이고 따라서 새로이 기본권 관련 사항을 정할 수 없고, 기본권제한사항을 정할 수 없다. 헌재도 같은 취지로 판시한 예가 있다. 법률의 위임없이 금치기간 중 집필을 전면금지한 구 행형법시행령조항에 대해 "이 사건 시행령조항은 금치대상자의 자유와 권리에 관한 사항을 규율하고 있어 도저히 집행명령으로 볼 수 없으므로 모법의 근거 및 위임이 필요없다고 하기도 어렵다"라고[190] 판시한 바 있다. 즉 문제의 시행령조항은 자유와 권리에 관한 것이므로 집행명령조항이 아니고 만약 자유와 권리에 관한 것을 규정하려면 법률의 위임을 받아야 한다는 것, 그리하여 위임명령이 되어야 한다는 것이다. 헌재는 "결국 이 사건 시행령조항은 금치처분을 받은 수형자의 집필에 관한 권리를 법률의 근거나 위임 없이 제한하는 것으로서 헌법 제37조 제2항 및 제75조에 위반된다"라고 판시하였다.

3. 행정규칙

행정규칙은 훈령, 고시, 예규, 내규, 지침 등으로 불리는 것으로 행정규칙은 행정내부에서 그 조직과 사무를 처리하기 위한 규범으로서 원칙적으로 대국민적 효과를 가지지 않는 규범이고 따라서 행정규칙에 의한 기본권제한은 이루어질 수 없다. 그런데 헌재와 대법원의 판례는 법규명령으로서 기능하는 행정규칙(이른바 '법령보충규칙')을 인정하면 이로써 기본권에 관한 사항을 둘 수 있다는 결과가 되고 실제 헌재가 헌법소원대상으로 하여 기본권제한의 위헌 여부를 판단한다. 이에 대한 자세한 것도 법률유보 부분에서 다루었다(전술 참조).

IV. 자치입법(조례)에 의한 제한

법률이 아닌 지방자치단체의 입법(조례)에 의해 기본권에 대한 제한을 가할 수 있을 것인가, 있다고 볼 때 조례에 의한 조례의 경우에 헌법 제37조 제2항이 기본권의 제한을 법률에 의해서만 가능하도록 하고 있으므로 법률에 유보가 필요한 것인지(법률이 조례가 규정할 수 있다는 근거를 두어야 하는지) 하는 문제가 있다. 나아가 근거를 두더라도 헌법 제75조에 따라 구체적 위임이어야 하는지 하는 문제가 있다.

법률유보 문제에 대해서는 이를 찬성하는 견해와 부정하는 학설이 갈린다. 헌재와 대법원의

---

190) 헌재 2005.2.24. 2003헌마289.

판례는 주민의 권리의무에 관한 사항을 규율하는 조례를 제정함에 있어서는 법률의 위임이 필요하다고 보아 긍정설의 입장이다(92헌마264등). 다만 헌재의 판례는 법률이 위에서 본 행정입법에의 위임에 있어서는 구체적 위임일 것을 요하면서도 법률이 조례에 위임할 때에는 포괄위임이라도 가능하다고 본다(92헌마264등). 포괄위임의 인정의 근거로서 ⅰ) 조례제정권자인 지방의회는 지역적 정당성을 지닌 주민대표기관이고, ⅱ) 헌법이 지방자치단체에 대한 포괄적인 자치권을 보장하고 있다는 점을 들고 있다(후술 지방자치 부분 참조)

V. 헌법개정에 의한 제한

시대가 흐르면서 사회적, 경제적 변화에 따른 요구로 기본권에 대한 제한이 필요하여 헌법개정을 통하여 이를 직접 헌법에 규정할 수 있다. 이러한 개정은 헌법직접적 제한이 된다(전술 기본권제한 앞부분 참조). 국민 전체의 입장에서 보다 더 큰 공익과 기본권확대를 가져오게 하는 개정이어야 한다. 헌법개정에 의한 기본권제한은 그동안 그 필요성이 있어 법률규정이나 헌법해석 등에 의해 제한한 것을 보다 명확하게 하기 위하여 행해질 수 있다. 그러나 기존의 기본권상태보다 후퇴하거나 개악적인 헌법개정을 할 수 없다. 과거 군인 등에 대한 국가배상금지규정이 국가배상법이라는 법률규정에 있었는데 이 규정에 대한 대법원의 위헌결정이 1971년에 있었고 그뒤 위헌시비를 피하기 위하여 유신헌법에 그 규정을 두었다. 이는 개악적 헌법개(제)정의 대표적인 예이다. 기본권의 본질적 내용을 침해하는 헌법개정을 할 수 없는 것은 물론이다. 근본가치로서의 기본권인 인간의 존엄과 가치를 규정한 헌법 제10조, 기본권제한의 한계를 규정한 헌법 제37조 제2항 등은 개정할 수 없다. 이러한 헌법개정의 한계를 벗어나서는 안된다.

제 4 항   특수신분자에 대한 제한

이를 '법률'에 의한 기본권제한의 예외라고 보는 것은 문제이다. 왜냐하면 기술한 대로 오늘날 특수신분자에 대한 기본권제한이 강하다고 할지라도 어디까지나 헌법과 법률에 의한 제한이 되어야 하기 때문이다. 따라서 특수신분자의 기본권제한을 비법률적 제한으로서의 예외적 제한이라고 볼 수는 없기에 별도의 항에서 분류하여 서술하는 것이다. 신분의 특수성이라는 점과 그것 때문에 보다 강한 제한을 받는다는 점은 예외적 성격이 있다. 그러나 강한 제한을 할 필요가 있다 하더라도 헌법과 법률에 근거가 있어야 한다는 것이다. 특수신분자의 기본권에 대해서는 앞서 기본권의 주체 문제에서 다루었기에 여기서는 생략한다(전술 참조).

제 3 절 이른바 '기본권의 내재적 한계'

기본권은 그 자체에 한계를 가진다고 보는 내재적 한계(內在的 限界) 이론이 있다. 이 이론은 독일이론의 영향을 받은 것인데 그 개념부터가 문제되고 우리 헌법상 이를 받아들일 것인지에 대해서도 논란이 된다.[191]

Ⅰ. 개념과 판례

내재적 한계(內在的 限界)를 주장하는 견해에 따르면 기본권은 사회공동체 속에서 다른 구성원들과 더불어 살아가기 위해서는 제약을 받을 수밖에 없다는, 즉 기본권은 사회공동체 내에서 다른 사람들의 권리를 존중하고 공공복리, 건전한 사회풍속 등을 침해하지 않는 권리이어야 한다는 한계를 지니고 이 한계는 기본권 자체에 존재하는 것이라고 보아 이를 내재적 한계라고 한다. 그 견해에 따르면 내재적 한계의 내용은 타인의 권리·헌법질서·도덕률이라고 한다. 우리 헌재는 구 형법 제241조(간통죄)의 위헌 여부에 관한 헌법소원에서 "국가적·사회적·공공복리 등의 존중에 의한 내재적 한계"가 있다고 판시한 바 있다(헌재 1990.9.10. 89헌마82. 이후 간통죄규정은 성적 자기결정권 등을 침해하는 것이라고 하여 위헌결정을 받긴 하였다. 헌재 2015.2.26. 2009헌바17). 그러나 최근에는 기본권의 내재적 한계를 표명하는 판례를 찾아보기 어렵다.

Ⅱ. 현행 우리 헌법의 부정

현행 헌법 하에서 내재적 한계를 부정하는 것이 타당하다. 그 이유는 우리 헌법은 기본권의 제한을 법률로써만 하도록 규정하고 있으므로(제37조 제2항) 법률에 의하지 아니하고도 스스로 제약되게 하는 내재적 한계와 같은 기본권제한을 인정하기 어렵기 때문이다. 긍정설이 내세운 내재적 한계의 내용은 사실 일반적인 기본권의 제한사유가 될 수 있고 따라서 내재적이 아니라고 하더라도 그 사유로 기본권을 법률로 제한할 수 있으므로 그 사유에 의한 제한필요성이 있는 경우에 대응할 수 있다. 즉 타인의 권리를 위하여 타인의 권리와의 충돌시 이를 조절하기 위한 기본권의 제한이 있게 되고 이를 위하여 이익형량 등을 하게 된다. 그런데 그 제한을 법률로 하여야 한다. 바로 기본권제한의 일반적 모습이다. 특히 내재적 한계론이 그 중요한 내용

---

191) 기본권의 내재적 한계 문제에 대한 자세한 것은, 정재황, 기본권총론, 박영사, 2020, 446-451면 참조.

으로 '헌법질서'를 들고 있으나 헌법 제37조 제2항도 질서유지를 명시하고 있다. 내재적 한계설은 오히려 법률이 아닌 제한을 받아들이게 되는데 이는 우리 헌법 제37조 제2항과 배치되고 기본권제한을 확대하게 되어 받아들일 수 없다(내재적 한계론을 거론한 헌재의 89헌마82 결정에서도 결국 헌법 제37조 제2항에 비추어 판단하여 더욱 의아하게 하였다). 우리나라의 대부분의 학설도 부정한다.192)

> *** 유의:** '한계'라는 용어로 인해 기본권의 내재적 한계를 기본권제한의 한계로 오해해서는 안되고 내재적 한계도 기본권의 제한이라고 보아야 한다. 기본권제한의 한계는 기본권이 제한되더라도 그 한계가 있다는 점에서 제한이 아니라 제한이 안되어야 하는 것을 말한다. 내재적 한계는 '―'방향이고 기본권제한의 한계는 '―'(제한)의 '―'(한계)이므로 결국 '＋'방향이다.

---

192) 성낙인, 전게서, 279면은 "굳이 헌법내재적 한계를 논의할 실익이 없다"라고 하는데 이는 실익의 문제가 아니라 우리 헌법에 맞는지 여부 문제로서 부정하여야 한다.

제 6 장

기본권의 보호와 침해에 대한 구제

제 1 절 국가의 기본권보장의무

Ⅰ. 국가의 기본권보장의무의 개념·성격과 기초(근거)

1. 개념과 법적 성격

(1) 범위에서의 개념 – 사인 간 침해에 대한 보장의무만인지 여부

국가의 기본권보장의무란 국가가 국민의 기본권을 실현하고 보호하여야 할 의무를 말한다. 국가의 기본권보장의무는 앞서 본 기본권의 효력에서 대국가적 효력의 문제로 다룬 것이기도 하다.

그런데 국가의 기본권보장의무를 사인(私人)들 간의 기본권침해에 대한 국가보호의무만으로 보려는 견해가 있다. 우리 헌재는 넓게 헌법 제10조 제 2 문의 국가의 기본권보호의무 선언은 국가가 국민과의 관계에서 국민의 기본권보호를 위해 노력하여야 할 의무가 있다는 의미뿐만 아니라 "국가가 사인 상호간의 관계를 규율하는 사법(私法)질서를 형성하는 경우에도 헌법상 기본권이 존중되고 보호되도록 할 의무가 있다는 것을 천명한 것"이라고 판시하기도 하였고(헌재 2008.7.31. 2004헌바81), "기본권 보호의무란 기본권적 법익을 기본권 주체인 사인에 의한 위법한 침해 또는 침해의 위험으로부터 보호하여야 하는 국가의 의무를 말하며"라고(헌재 2009.2.26. 2005헌마764; 2011.8.30. 2008헌가22; 2018.6.28. 2011헌바379) 좁게 보는 판시를 한 예도 보여주었다.

이런 논의가 나온 것은, 종전 사인들 간에 사법(私法)이 적용되어야 하고 국가후견적 개입을 자제해야 한다고 하면서 이른바 사인간 효력(제3자효)에 대해 논란이 제기되면서(이런 문제에 대해서는 전술, 기본권 효력 부분 참조) 사인들 간 기본권침해에 대해서도 국가의 기본권보호의무가 있는가 하는 문제가 '부각'된 때문이라고 이해된다. 그러나 그렇더라도 사인들 간 기본권효력을 보장하는 국가의 의무 이전에 국가가 국민에 대해 미치는 기본권침해로부터의 국가보호의무가 당연히 포함되는 것이고 양자가 모두 포괄되고 모든 침해로부터의 기본권보장의무가 인정된다고 보는 개념이 당연하다.[193] 따라서 국가의 기본권보장의무는 국가기관에 의한 기본권 침해의 경우와 사인들 간의 침해의 경우에 있어서 모두 인정된다. 우리 헌법 제10조 후문도 국가의 기본권보장의무를 국가기관의 침해의 경우에만 한정하거나 사인에 의한 침해의 경우에 한정하는 것으로 규정하고 있지는 않다. 헌재는 과거사 국가배상청구 '소멸시효' 위헌결정에서 오랜 기간 계속된 사실상태를 그대로 유지하는 것이 법적 안정성에 부합한다는 소멸시효제도의 입법취지가, 과거사정리법이 정한 과거사정리법 제2조 제1항 제3호의 민간인 집단 희생사건과 제4호의 중대한 인권침해사건·조작의혹사건에서 국가배상청구권 제한을 정당화한다고 보기 어렵다고 한다. 나아가 헌재는 "헌법상 기본권 보호의무를 지는 국가가 소속 공무원들의 조직적 관여를 통해 불법적으로 민간인을 집단 희생시키거나 국민에 대한 장기간의 불법구금 및 고문 등에 의한 허위자백으로 유죄판결 등을 하고 사후에도 조작·은폐 등을 통해 피해자 및 유족의 진상규명을 저해하여 오랫동안 국가배상청구권을 행사하기 어려운 상황이었음에도, 그에 대한 소멸시효를 불법행위시점(민법 제766조 제2항) 내지 객관적으로 권리를 행사할 수 있는 시점(민법 제166조 제1항)으로부터 기산함으로써 국가배상청구권이 이미 시효로 소멸되었다고 선언하는 것은 헌법 제10조에 반하는 것으로 도저히 받아들일 수 없기 때문"이라고 한다(헌재 2018.8.30. 2014헌바148등). 이 판시들은 헌재가 기본권보장의무가 사인들 간 관계에 한정되지 않음을 보여주는 당연한 확인결과들이다.

(2) 한국 헌법 제10조 후문의 의무조항의 법적 성격

이 의무가 도덕적 의무인가 법적 의무인가 하는 문제에 대해서는 법적 의무로 보는 것이 타당한데 문제는 그 법적 의무가 구체적으로 헌법 제10조에서 바로 나온다고 볼 것인가 하는 점이다. 헌재는 일반적·추상적 의무를 뜻한다고 본다. 즉 "헌법 제10조에 따른 기본적 인권 보장의 의무는, 국가로 하여금 인간의 존엄성을 실현해야 하는 의무, 즉 '국가권력의 한계'로서 국가에 의한 침해로부터의 보호 및 '국가권력의 과제'로서 제3자에 의하여 인간의 존엄성을 위협받을 때 국가의 보호라는 국가의 일반적·추상적 의무를 뜻하는 것"이라고 한다. 이 판시는 독도에 대피시설이나 의무시설, 관리사무소, 방파제 등을 설치하지 아니한 피청구인의 부작위가 헌법소원 대상이 될 수 있는지 여부가 쟁점이 된 사안에서 나온 것이다. 헌재는 부작위가 헌법소원대상이 되기 위해서는 의무를 전제로 한다고 보므로 국가의무의 존재 여부가 이 사안에서 판단되어져야 했기 때문이다. 이 결정에서 헌재는 결국 헌법 제10조에서 구체적 의무가 인정되지 않는다고 하여 대상성을 부정하여 각하결정을 하였다(2014헌마1002).

그러나 생각건대 헌법 제10조 자체는 다른 헌법규정도 그러하듯이 추상적일 수밖에 없고 그렇더라도 이는 문언 자체의 문제이고 이 헌법 제10조 후문의 의무규정이 입법, 행정, 재판 등을 통하여 기본권을 구체적으로 구현하도록 강제한다고 보아야 한다. 따라서 결코 프로그램

---

193) 기본권보장의무가 사인들 간 침해에 대한 국가의 보호의무만인가 국가의 침해로부터 보호의무를 포함하는 것인가 하는 논의에 대한 자세한 것은 정재황, 기본권총론, 박영사, 2020, 453-459면 참조.

규정이 아니다. 다시 말하면 헌법 제10조 후문의 국가의무조항은 개별 기본권보장의무를 법률 등으로 구체화하라는 명령이다.

2. 국가의 기본권보장의무의 기초(근거)

(1) 공통의 기초
국가의 침해로부터나 사인의 침해로부터나 국가가 기본권보호를 할 의무의 기초는 다음과 같이 설명될 수 있다.

1) 국가·헌법의 존재이유
국가가 존재하고 국가가 헌법을 제정하며 제도를 창설하는 것은 결국 국민의 권리를 지켜 주고 복리를 증진시키는 등 국민의 기본권을 보장하는 데에 종국적 목적이 있다. 바로 이러한 국가와 헌법의 존재목적(이유)에 국가의 기본권보장의무가 기초한다.

2) 헌법 제10조
우리 헌법은 제10조 후문이 "국가는 개인이 가지는 불가침의 기본적 인권을 확인하고 이를 보장할 의무를 진다"라고 하여 국가가 국민의 기본권을 보장할 의무를 진다는 데에 대한 명시 적 헌법규정을 두고 있다. 이는 국가의 기본권보장의무에 대한 헌법적 확인규정이다. 이 규정 이 없더라도 국가는 위 1.의 (2)에서 밝히 대로 기본권규범을 준수하여 최대한 기본권을 보장 할 의무를 지게 되기 때문이다.

(2) 사인 간에서의 국가의 기본권보장의무의 기초
1) 학설
기본권의 객관적 내용(측면), 객관적 가치질서에서 찾는 견해,[194] 입헌주의헌법과 민주공화 국 규정에서 도출하고 헌법 제10조 후문과 헌법전문은 단지 이를 확인하는 것이라고 보는 견 해,[195] 헌법 제10조 후문에서 찾는 견해,[196] 기본권의 객관적 가치질서로서의 성격, 개인의 안 전보장이라는 국가목적, '안전'이라는 헌법전문 부분, 헌법 제10조 후문, 제30조를 근거로 보는 견해,[197] 헌법 제10조 후문에서 찾으면서 '안전'이라는 헌법전문 부분, 제21조 제4항, 제30조 등 타인의 권리와 관련된 헌법조문은 국가의 기본권보호의무를 간접적으로 시사하고 있는 규 정들이라고 보는 견해,[198] 헌법이 정하고 있는 기본권보장과 국가의 본질적 기능, 목적에서 찾

194) 계희열, 헌법학(중)(신정2판), 박영사, 2007, 108면; 정태호, 기본권보호의무, 인권과 정의, 제252호, 대한 변호사협회, 1997.8, 98-99면; 이부하, 헌법영역에서 기본권보호의무, 공법학연구, 제8권 제3호, 한국비교 공법학회, 2008, 131면.
195) 송기춘, 국가의 기본권보장의무에 관한 연구, 서울대학교법학박사학위논문, 1999, 108면.
196) 이승우, 국가의 기본권보호의무, 현대공법과개인의권익보호, 균재 양승두교수화갑기념논문집 I, 홍문사, 1994, 1182면; 표명환, 입법자의 기본권보호의무와 헌법적통제, 헌법학연구 제11권 제2호, 2005, 212면 주4); 정문식, 생명윤리법상 국가의 기본권보호의무, 공법학연구 제8권 제3호, 한국비교공법학회, 2008, 174면.
197) 김선택, 헌법사례연습, 제3판, 2004, 274면.

는 견해,[199] 제10조 후문과 헌법전문, 개별규정에서 찾는 견해[200] 등이 있다.

2) 헌재판례

헌재는 일반적으로 헌법 제10조 후문에서 찾는 판례를 보여주고 있다.

> ● **판례** 헌재 2008.7.31. 2004헌바81
> [판시] 우리 헌법은 제10조 제2문에서 "국가는 개인이 가지는 불가침의 기본적 인권을 확인하고 이를 보장할 의무를 진다."라고 규정함으로써 국가의 적극적인 기본권보호의무를 선언하고 있는바, 이러한 국가의 기본권보호의무 선언은 국가가 국민과의 관계에서 국민의 기본권보호를 위해 노력하여야 할 의무가 있다는 의미뿐만 아니라 국가가 사인 상호간의 관계를 규율하는 사법(私法)질서를 형성하는 경우에도 헌법상 기본권이 존중되고 보호되도록 할 의무가 있다는 것을 천명한 것이다.
> * 그 외 헌법 제10조 제시 결정례들: 2018헌마730; 190헌마110 등.

헌재는 헌법 제10조 외에도 개별 영역별로 헌법의 개별 기본권을 근거로 제시하기도 한다. 예를 들어 환경권의 국가보호의무의 근거로 헌법 제35조 제1항(환경권)을 들고 있다(2018헌마730).

> ● **판례** 헌재 2018헌마730. 공직선거 확성장치운동 소음 규제기준 부재
> [판시] 환경침해는 사인에 의해서 빈번하게 유발되므로 입법자가 그 허용 범위에 관해 정할 필요가 있다는 점, 환경피해는 생명·신체의 보호와 같은 중요한 기본권적 법익 침해로 이어질 수 있다는 점 등을 고려할 때, 일정한 경우 국가는 사인인 제3자에 의한 국민의 환경권 침해에 대해서도 적극적으로 기본권 보호조치를 취할 의무를 진다. … 공직선거 선거운동 시 확성장치 사용에 따른 소음 규제기준에 관한 규정을 두지 아니한 것은 최소한의 보호조치를 취하지 아니하여 국가의 기본권 보호의무를 과소하게 이행한 것으로서 헌법불합치결정을 한다.

3) 검토

아래에 판례나 학설에서 사인 간 기본권 침해에 대한 국가의 보호의무의 근거로 제시된 바에 대해 검토해 본다.

(가) 기본권의 이중성, 객관성? 기본권보장의 객관성   학설들 중에는 기본권 자체가 객관적 성격을 가진다고 주장하면서 그 기본권의 객관적 성격 내지는 이중성에 사인 간의 국가의 기본권보장의무가 근거한다고 보는 견해가 있다. 헌재의 다음 판시도 그러한 입장이 엿보인다.

> ● **판례** 헌재 2019.12.27. 2018헌마730
> [판시] 헌법 제10조의 규정에 의하면, 국가는 개인이 가지는 불가침의 기본적 인권을 확인하고 이를 보장할 의무를 지고 기본권은 공동체의 객관적 가치질서로서의 성격을 가지므로, 적어도 생명·신체의 보호와 같은 중요한 기본권적 법익 침해에 대해서는 그것이 국가가 아닌 제3자로서의 사인에 의해서 유발된 것이라고 하더라도 국가가 적극적인 보호의 의무를 진다

* **검토:** 객관적 성격은 권리인 기본권 그 자체의 성격이 아니라 권리의 효과로서의 성격이다(이중성에 대해서는 앞의 기본권의 성격 부분에서 검토한 바 있다. 전술 참조). 권리 자체의 성격이 객관적이 아니라 권리의 효과나 보장이 객관적이라는 것이다. 그 어느 누구도 예컨대 기본권으로서의 재산권을 다른 모든 사람들에 대해 행사하고 이의 침해에 대항할 수 있는 것은 기본권

---

198) 방승주, 헌법소송사례연구, 박영사, 2002, 464면.
199) 정종섭, 전게서, 398면.
200) 최용기, 박현조, 국가의 기본권보장의무, 헌법학연구, 제9권 제1호, 2003, 199면.

자체의 성격이 객관적인 것이 아니라 그 보장이 객관적이라는 것이다. 모든 다른 사람이 그 권리를 인정하고 국가도 이를 인정하여 객관적으로 그것을 보장하여야 한다는 사실에서 나타난다. 또한 기본권을 보장하는 규범만이 객관적이 아니라 사법(私法)도 객관적이다. 모든 법규범은 객관적이므로 기본권을 보장하는 법규범뿐 아니라 민법도 사인들 간에 적용되어 사법이라고 하나 모든 사인들 간에 공히 적용되는 규범이라는 점에서 객관적이다. 기본권 자체가 객관적 성격을 가지므로 국가가 기본권을 보장할 의무를 진다면 민법 등 사법상의 사권(私權)들에 있어서는 그 객관적 성격이 없어 국가가 보호하여야 할 의무를 지울 수 없다는 결과를 가져오는데 사법상 권리도 국가에 의해 보호되므로 이는 받아들일 수 없음은 물론이다. 따라서 객관적 성격이 종래 구분에 따른 공권만이 아니라 사권에 대해서도 그 효력상 인정된다면 기본권만이 객관적 성격을 가진다는 점을 들어 사인간 기본권의 국가보호의무가 인정된다고 주장하기보다는 사권이든 공권인 기본권이든 그 효과는 마찬가지로 객관성을 가지므로 사인 간의 기본권에 대해서도 국가의 보호의무가 있다고 하는 것이 적확한 것이다. 요컨대 기본권이 객관적 성격을 가져서 국가의 보장의무가 나오는 것이 아니라 객관적 질서는 기본권의 효력으로서 나타나므로[201] 그것에 의해 사인 간에서도 기본권의 보호의무가 국가에게 지워진다.

(나) 사인 간 기본권효력   앞서 기본권의 효력 부분에서 본대로 오늘날 그 입론에 차이가 있긴 하나 사인들 간에도 기본권이 적용되는 사인 간 효력을 긍정하는 것이 대세이다. 이 사인 간 효력에 의해 사인 간 기본권의 국가보호의무가 인정된다.

(다) 국가후견? 기본권제한으로서의 사적 자치의 제한   사인 간 국가의 기본권보호의무에 대해 소극적인 입장은 국가후견주의(paternalism)적 개입을 꺼려하고 사인들 간에 사적 자치가 구현되도록 국가가 간섭하여서는 안된다는 관념을 바탕으로 한 것이기도 하다. 그러나 다음의 점들에서 국가후견주의를 지적하는 것은 사인 간 기본권의 국가보호의무를 부정할 논거가 될 수 없게 한다. ⅰ) 비진정 사적 자치의 경우 - 사인들 간에 있어서 사적 자치가 제대로 구현되지 못할 경우에 국가가 기본권보호를 위하여 개입할 필요가 있다. 사인들 간에 어느 한 사인이 우월한 계약상 지위를 가지는 경우에 그렇지 못한 다른 사인을 국가가 보호하여 진정한 사적 자치가 구현되도록 할 필요가 있는 것이다. 근로3권의 역사도 사실 사기업과 사인 간의 관계에서 전자가 강하므로 국가가 개입하여 근로3권이 보장되도록 한 것이다. ⅱ) 기본권으로서의 사적 자치권의 한계 - 사인들 간의 사적 자치권도 우리 헌재의 판례를 따르더라도 하나의 기본권이다. 기본권은 제한될 수 있고 그 한계가 인정되기도 한다. 따라서 사적 자치권이 강한 사인에 의해 악용되거나 왜곡되어 행사될 때 당연히 제한되어야 하고 이 제한을 국가가 수행하여야 한다. ⅲ) 기본권의 상충 - 사인 간에 서로 기본권이 충돌할 경우도 있다(앞의 기본권상충 참조). 이 상충을 방치하면 무질서가 나타날 수 있다. 이러한 충돌하는 기본권들을 객관적으로 조절하는 임무를 수행할 의무가 국가에 있는 경우도 있다.

---

201) 사인 간 제약에 대한 국가의 기본권보장의무의 인정으로 기본권의 효력이 더욱 강화되어가고 있다는 견해가 개진되고 있다. 예를 들어 강경근, 헌법, 법문사, 2002, 343면.

4) 개별헌법규정

사인의 침해에 대한 기본권보호의 국가의무도 국가에 의한 침해에 대한 국가의 기본권보장의무와 마찬가지의 헌법 제10조에 그 근거를 가진다고 위에서 공통근거로 언급한 바 있다. 그외에도 개별적 헌법규정, 여러 개별 헌법상 기본권들이 사인 간 국가의무의 근거가 될 수도 있다. 예를 들어 헌법 제30조의 범죄피해구조권("타인의 범죄행위로 인하여 생명·신체에 대한 피해를 받은 국민은 법률이 정하는 바에 의하여 국가로부터 구조를 받을 수 있다") 규정을 들 수 있다. 헌법 제36조 제1항의 "혼인과 가족생활은 개인의 존엄과 양성의 평등을 기초로 성립되고 유지되어야 하며, 국가는 이를 보장한다"라는 규정도 사인들 간의 결합인 혼인생활에서의 기본권 침해 방지의 국가의무를 밝힌 것이라고 할 것이다. 또 위에서 헌재판례로 보았듯이 헌법 제35조 제1항의 환경권 조항도 들 수 있다. 헌법전문에서부터도 "우리들과 우리들의 자손의 안전과 자유와 행복을 영원히 확보할 것을 다짐하면서"라는 문구에서 찾을 수 있다. 참고로 1776년 버지니아 인권선언 제3절, 1789년 프랑스 인권선언 제2조도 안전을 명시하고 있다.

재외국민에 대해서는 "국가는 법률이 정하는 바에 의하여 재외국민을 보호할 의무를 진다"라고 규정한 헌법 제2조 제2항에서도 국가의 기본권보호의무를 확인할 수 있다.

5) 특별성 인정의 필요성에 대한 근본적 검토

위에서 본 것처럼 국가의 기본권보장의무론이 사인들 간의 기본권효력에 연관되어 많이 논의되기도 한 것이라 하지만 이 때문에 국가의 기본권보호의무를 특별히 보아야 하는지 하는 근본적인 의문이 제기될 수 있다. ⅰ) 먼저 국가의 기본권보호의무 문제를 기본권제한의 문제로 전환하여 보는 것이다. 국가가 사인 간 기본권의 보호를 하여야 할 의무가 있음에도 이를 하지 않거나 충분히 하지 않는 것은 국가에 의한 기본권의 제한의 결과를 가져온다. 예를 들어 우리 헌재가 국가의 기본권보호의무의 문제를 다루었던 교통사고처리특례법 사안의 경우 중과실의 교통사고로 중상해를 입힌 경우에도 자동차종합보험에 가입한 경우 공소제기를 못하도록 한 법률의 규정은 법률을 통해 국가가 그 보호를 하지 않아 기본권을 제한 내지 침해하는 것으로 볼 수도 있다. 처벌(형벌)권은 국가가 독점하는데 이를 하지 않는다는 것은 실질적으로는 제한(침해)자가 된다는 것이다. 이 점은 바로 검사가 기소로 나아가지 않는 불기소처분에 대해(지금은 법원의 재정신청 범위의 대폭확대로 불기소 헌법소원이 바로 제기되는 경우는 드물게 된 상황이 되었다. 여하튼 자의적 불기소가 기본권침해라고 보는 것은 헌법소원대상성 문제를 떠나 여전한 것이다) 헌재가 취소하면서 그 이유로 국가공권력을 행사하는 검사가 재판절차진술권, 평등권을 침해한 것이라고 보거나[202] 또는 기소유예처분(이에 대한 헌법소원은 여전히 빈번히 제기되어 본안판단에서 인용되는 예가 적지 않다)에 대해 헌재가 취소하면서 행복추구권, 평등권의 침해가 검사에 의해

---

202) 근간의 예를 아래에 인용한다.
　　헌재 2020.6.25. 2019헌마552. [주문] 피청구인(검사)이 2019.4.2*. 서울남부지방검찰청 2019년 형제12*** 호 사건에서 피의자 ○○○에 대하여 한 불기소처분은 청구인의 평등권과 재판절차진술권을 침해한 것이 므로 이를 취소한다. [결정요지] 결국 이 사건 불기소처분은 그 결정에 영향을 미친 중대한 수사미진 또는 증거판단의 잘못이 있는 자의적인 검찰권의 행사로 청구인의 평등권과 재판절차진술권을 침해하였다.

이루어졌다고 보는[203] 점에서 기본권침해 문제로 볼 수 있음을 의미한다.

ⅱ) 사인들 간의 국가의 기본권보호의무를 기본권제한 문제로 전환하여 본다면 그 제한의 문제는 사인들 간의 기본권의 충돌에서의 국가가 기본권을 조절해야 하는 문제가 되기도 한다. 그런 예로 헌재에서 다루어진 선거운동 확성기 사용 사건을 들 수 있다(2018헌마730. 위에 인용한 결정). 선거운동에서 확성기 음량 규제를 가하면 소음으로 인하여 피해를 입고 있는 사인에게는 기본권의 보호가 되고 소음을 유발하는 선거운동원 사인에게는 기본권의 제한이 가해지게 된다. 그런데 이는 사실 환경권과 선거운동권의 충돌이라고 볼 수 있고 이를 어떻게 조절하느냐 하는 문제로 귀착된다.

ⅲ) 한편 사인들 간의 문제에 국가가 개입하거나 후견 역할을 하면 안된다는 생각이 최소한의 조치라고 하는 기본권보호의무이론의 배경이 되고 있다. 그러나 이는 사인들 간의 문제는 고스란히 사인들 간에만 맡김으로써 국가나 사회의 공동체가 유지될 수 있다면 몰라도 사인들 간에 국가가 개입하여야 질서와 공동체의 유지가 가능할 경우에는 개입이 되어야 한다. 당장 사인에 의한 범죄로부터 보호를 생각해도 그렇다. 사인이 저지른 범죄에 대해 국가는 사인들 간 문제이므로 방치하여야 하는 것은 물론 아니다.

위와 같은 근본적 검토는 국가의 기본권보호의무라는 개념이 필요할지라도 이를 마치 특별히 달리 구성되는 법리로 해결되어야 하는 것으로 다루어져야 하고 또 그 법리가 강조되어야 할 것인지 하는 의문을 들게 한다.

한편 국가가 사인들 간의 기본권침해에 대한 구제의 보호의무를 진다고 하여 모든 경우에 동일한 정도의 의무를 진다는 것은 아니고 기본권에 따라 차이를 보일 수 있다. 위와 같은 검토는 국가의 기본권보호의무의 정도가 뒤에서 살피는 대로 헌재의 위헌심사에서 최소한의 조치를 다하였는가 하는 과소보호금지원칙 심사를 일률적으로 행하는 데에 이의를 제기하게 한다. 또 기존이론은 국가의 기본권보장의무는 주로 국민의 생명, 신체에 관한 사안에 적용된다고 하는데 이는 생명, 신체의 안전에 관해서도 필요최소한 조치의 과소보호금지원칙이 적용된다는 것인데 이는 위 검토에 따르더라도 쉽게 수긍이 될 수 없다.

Ⅱ. 국가의 기본권보장의무의 인정요건

1. 국가가 침해자인 경우

국가기관이 국민의 기본권을 제한함에 있어서 그 한계인 법률유보, 비례원칙, 신뢰보호원칙

---

203) 근간의 예를 아래에 인용한다.

　　헌재 2019.12.27. 2018헌마107. [주문] 피청구인(검사)이 2017.8.3*. 서울서부지방검찰청 2017년 형제31***호 사건에서 청구인에 대하여 한 기소유예처분은 청구인의 평등권과 행복추구권을 침해한 것이므로 이를 취소한다.

등을 준수하지 않아 한계를 벗어난 경우에 그 침해에 대해 국가가 기본권을 보호할 의무를 지게 된다.

2. 사인 간 '기본권침해'에 있어서 국가보호의무의 요건

(1) 기존이론 정리

독일의 이론에 영향을 많이 받아 그 요건을 설정하는 견해들이 있다. 그 견해들을 정리하면 다음과 같은 요소들이 요건의 골자를 이룬다. 즉 보호대상성, 위험원의 사인성, 위법성, 위험의 발생 또는 발생우려이다.

1) 보호대상성

주로 자유권적이거나 생명, 신체에 관한 사안에서 기본권보호의무를 강조할 수 있다는 견해들이 있다.

2) 위험원의 사인성

위험은 어느 사인이 다른 사인(私人)에 대해 가해지는 행위가 원인이 되어 발생된 것이어야 한다고 본다. 그리하여 인간의 힘으로 어쩔 수 없는 자연적인 재해, 불가항력의 위험은 제외된다고 본다. 그리고 다른 사인에 의한 위험이므로 어느 한 사인이 스스로 초래한 경우, 예를 들어 마약흡입, 음주, 흡연 등의 경우는 기본권보호의무가 발생하지 않는다고 본다.

3) 위법성

사인이 가하는 위법한 제약으로 피해가 발생하거나 그럴 우려(위험)가 있어야 할 것을 요건으로 한다고 본다. 가해의 위법성이 있어야 하므로 적법한 기본권의 행사로 인해 다른 사인의 기본권법익을 제약하는 경우에는 국가의 기본권보호의무가 성립되지 않는다고 한다. 예를 들어 적법한 단체행동권의 행사, 적법한 영업행위 등을 그 예로 들 수 있다고 한다.

4) 위해(침해)의 발생 또는 발생우려

사인이 행한 행위로 위해가 발생하였거나 실제로 발생하지 않더라도 발생의 우려(위험)가 있을 때에 국가의 보호의무가 발생한다고 본다.

(2) 검토

① 보호대상성 – 아래의 Ⅲ의 보호범위에서 살펴보는 대로 생명, 신체에 관련된 자유권적 영역으로 치중하려는 견해는 생존권, 참정권 등 다른 영역에서의 사인의 기본권침해가 있을 수 있으므로 타당하지 못하고 전반적인 보호범위를 인정하여야 한다. ② 위험원의 사인성 – 인간의 힘으로 어쩔 수 없는 자연적인 재해, 불가항력의 위험은 제외된다고 보나 사인성(私人性)이 없는 경우인 것은 맞으나 국가의 기본권보장의무가 없다는 면에서는 우리 헌법에 타당성이 없다. 대한민국 헌법 제34조 제6항이 "국가는 재해를 예방하고 그 위험으로부터 국민을 보호하기

위하여 노력하여야 한다"라고 규정하고 있기 때문에 이 규정과 벌써 부합되지 않는다. 마약흡입, 음주, 흡연 등 사인이 스스로 초래한 경우도 해당되지 않는다고 보나 이는 어느 사인이 다른 사인을 침해할 때의 국가의 기본권보호의무를 논하는 여기에서 다른 사인에 의한 침해가 없으므로(자초한 것이므로) 논의범위에 포함되지 않는 것을 배제하는 당연한 것이다. 그렇긴 하나 마약흡입, 음주 등 사인이 자초한 경우라고 국가의 기본권보장의무가 없는 것인지 검토할 일이다. 사인이 스스로 하는 경우에는 국가가 개입할 수 없다는 관념이 자리잡은 견해이나 사인이 자초한 경우라고 하더라도 국가의 기본권보장의무가 없는 것인지 검토할 일이다. 사인의 행위가 그 사인의 인간존엄성을 말살하는 경우에는 국가가 개입하여 그 사인의 존엄성을 보장하여야 할 의무가 있다. 실제 국가는 마약을 금지하고 있다. 우리 헌법은 제36조 제3항은 보건에 관한 국가보호의무를 명시하고 있기도 하다. ③ 위법성 – 위법성 여부는 법률이 아니라 헌법에 비추어 판단하여야 한다고 한다. 그렇다면 위법성은 제약행위가 헌법적으로 허용되지 않는다는 의미이다. 그런데 위법성, 즉 그 허용 여부는 애초에 명백한 경우도 있겠으나 문제되는 사안에서의 심사를 통해서 판명될 경우가 있다. 어떤 제약행위가 헌법적으로 허용되는지가 비례원칙심사를 통해 판단되어야 할 경우가 있는 것이다. 그 판단이 있기 전에는 위헌(말하자면 비례원칙 위반)을 단정할 수 없다. 이 점에서 위법성 요건이 반드시 요구되는지는 의문이 없지 않다.

3. 국가의 기본권보호의무 위반의 양태와 보호의무실현과정

국가가 이행하여야 할 기본권보호의무를 해태(게을리)하고 있는 경우로는 의무가 있음에도 불구하고 하지 않고 있는 양태인 경우인 것은 당연하므로 부작위(不作爲)상태가 될 것이다(적극적으로, 명시적으로 거부하는 경우도 물론 양태에 포함된다). 국가의 기본권보호의무 위반의 양태는 따라서 기본권보호를 위한 행정상 조치를 하지 않은 행정부작위, 기본권보호를 위한 법률의 제정, 개정을 하지 않고 있는 입법부작위, 법원의 재판이 이루어지지 않는 사법(司法)부작위의 경우를 들 수 있다. 부작위에는 전혀 없는 정도만이 아니라 부족한 정도인 경우도 포함된다(이른바 진정부작위와 부진정부작위). 이러한 부작위에 대해서는 헌법재판(후술 참조)으로 다툴 수 있다. 요건이 문제이다.

III. 국가의 기본권보장의무의 내용

1. 기본권 최대보장의 원칙

국가와 헌법의 존재목적이 결국 국민의 자유를 지켜주고 복리를 증진시키는 등 국민의 기본권을 보장하기 위한 것이라면 국가는 국민의 기본권을 최대한 보장하여야 한다. 헌법 제10조 후문의 취지도 그러하다. 따라서 기본권보호를 최소로 하는 것은 금지된다고 할 것이다.

국가는 입법, 행정, 사법의 영역에서 이처럼 국민의 기본권을 최대한 보장할 의무를 진다. 기본권의 효력, 기본권 최대보장의 실효성은 특히 기본권침해에 대한 구제가 충실히 될 때 제대로 나타날 수 있음은 물론이다. 오늘날 기본권의 구제수단으로는 헌법재판이 있고 또 전통적인 행정소송제도 등이 있으며 예방적 수단으로는 행정절차제도 등이 있다. 또한 국가배상제도 등도 중요한 구제제도로서의 기능을 한다. 기본권의 효력을 실질화하기 위한 이러한 구제제도들은 청구권적 기본권의 내용이기도 하다. 따라서 본서에서는 개별적 기본권의 한 부분으로서 제6장 청구권에서 기본권구제제도에 관하여 주로 살펴보게 된다.

2. 국가행위와 기본권보장의무

국가의 기본권보장의무는 국가기관이 기본권을 침해할 수 없도록 금지하고 침해가 있을 때에 이를 제거하여야 할 의무를 그 내용으로 한다. 이러한 침해금지·제거의 의무라는 소극적인 의무 외에 적극적인 기본권실현을 위한 의무도 진다. 국가의 기본권보장의무에 따라 국가의 법제도, 공권력 등을 행사하여 기본권보호가 이루어질 것을 요구할 힘이 발생하고 국가는 입법, 행정, 사법을 통해 그 의무를 이행하여야 한다. 현실적인 여건 때문에 그 실현에 어려움이 있더라도 입법, 행정이 가능한 한 보다 적극적으로 기본권을 실현하고 예방하며 신장할 의무를 진다. 기본권을 실현하기 위하여 필요한 구체적 규정이 없거나 부족한 경우에 입법부는 입법의무를 진다. 행정부도 기본권보호를 위한 적극적 조치를 취할 의무를 진다. 사법부도 기본권의 보장을 위한 재판 등에서 적극적인 법해석·적용을 하여야 한다.

* 국가보호의무와 입법부작위, 그리고 헌법소원 대상성: 국가의무의 존재가 부정될 경우에 헌법소원의 대상성도 부정되어 헌재는 각하결정을 한다. 부작위에 대해서는 의무가 존재함에도 행위(작위)를 하지 않은 경우에 헌법소원의 대상인 공권력불행사가 되기 때문이다. 따라서 의무가 없는 경우에 각하결정이 된다(이에 대해서는 후술, 헌법재판, 헌법소원 부분 참조).

3. 사인 간의 관계, 제3자 관계에서의 국가의 기본권보장의무

(1) 보호대상, 범위
1) 검토
ⅰ) 자유권 한정?   사인 간 국가의 기본권보호의무의 범위가 자유권에 한정된다는 견해가 있다. 자유권에 한정되는 것이 생존권(사회적 기본권)과 같은 권리는 타인에 의한 침해라는 것이 없이 국가의 복지작용과 같은 작용만 있으면 실현되므로 '국가-침해하는 사인-침해받는 사인'이라는 3각구도가 형성되지 않기 때문이라는 이유를 들고 있다. 일단 이는 침해로부터의 기

본권보호만을 염두에 두는 것인데 국가의 기본권보호의무는 침해배제만으로 국한할 것은 아니다. 어느 사인에 의한 침해가 없더라도 국가개입이 필요가 있는 경우가 있다. 이하에서는 사인의 침해가 있는 경우와 그렇지 않은 경우 모두를 두고 살펴본다.

ii) 생존권　　적극적인 생존권의 실현도 국가의 적극적인 활동에 의해 이루어져야 한다는 점에서, 그리고 우리 헌법 제34조 등에서의 국가의 복지의무 등을 규정하고 있기도 한데 이를 무시하고 생존권의 보호는 국가의 기본권보호의무에 포함되지 않는다고 보는 것은 타당하지 못하다.

iii) 주로 생명, 신체 보호?　　헌재의 판례로는 좁게 보아 기본권 보호의무는 "주로 사인인 제3자에 의한 개인의 생명이나 신체의 훼손에서 문제되는바"라고 판시하는 결정례[204]가 있다. 그러나 이렇게 좁게 범위를 보아야 할 이유가 없을 뿐 아니라 더욱이 생명, 신체 등에 대해서는 보다 강한 보호의무를 부여하여야 할 뿐이다. 우리 헌재도 생명신체뿐 아니라 환경권의 국가보호의무를 사인 간에서도 인정하는 결정례를 보여주고 있다. 선거운동기간 중의 확성기 사용에 관한 결정이 그 예이다.[205]

2) 정리

사인 간에서의 국가의 기본권보호의무의 대상과 범위를 기본권의 종류별로 정리하면 다음과 같다.

ⅰ) 인간의 존엄과 가치 – 무엇보다 인간의 존엄과 가치가 사인에 의해 침해되면 국가가 그 침해로부터 사인을 보호할 의무가 있다. 어느 개인의 명예훼손적 발언으로 어느 개인의 인격권이 침해되었다면 민사상의 손해배상을 국가기관인 법원 등에서 인정해 주는 것이 그 예이다. 국민의 생명, 건강의 보호의무도 국가에 주어진다. 건강, 보건은 우리 헌법의 경우 제36조 제3항이 생존권영역에서 규정하고 있으나 헌법 제10조 인간의 존엄과 가치에서도 그 보호의무가 나올 수 있다. 무면허의료행위에 대한 국가규제가 건강을 위한 국가의무의 예이다.

[판례] 헌재는 제10조의 인간의 존엄성은 '국가권력의 한계'로서 국가에 의한 침해로부터 보호받을 개인의 방어권일 뿐 아니라, '국가권력의 과제'로서 국민이 제3자에 의하여 인간존엄성을 위협받을 때 국가는 이를 보호할 의무를 부담한다고 하면서, 일본국에 대하여 가지는 일본군위안부, 원폭피해자로서의 배상청구권이 '대한민국과 일본국 간의 재산 및 청구권에 관한 문제의 해결과 경제협력에 관한 협정' 제2조 제1항에 의하여 소멸되었는지 여부에 관한 한·일 양국 간 해석상 분쟁을 위 협정 제3조가 정한 절차에 따라 해결할 의무가 헌법 제10조에 비추어 볼 때 헌법적 의무이고 이 의무를 이행하지 아니하고 있는 피청구인(외교통상부장관)의 부작위가 위헌이라고 확인하였다(헌재 2011.8.30. 2006헌마788; 헌재 2011.8.30. 2008헌마648).

ⅱ) 평등권 – 사인들 간에 차별이 여러 영역에서 금지된다. 사기업의 고용에서 외모에 의한 채용 등 차별이 그 예이다. 차별금지법 제정, 노동계약의 일방적 강요금지 등의 국가의무가 요

---

204) 헌재 2011.2.24. 2008헌바40; 2009.2.26. 2005헌마764.
205) 헌재 2019.12.27. 2018헌마730.

구된다.

　iii) 자유권 - 자유권에 국가의무를 한정하는 것이 문제라는 것이지 사인 간 자유권의 침해에 대해서 국가의 기본권보호의무가 물론 인정된다. 어느 사인의 직업수행의 자유를 침해하는 다른 사인의 시장독점적 영업의 횡포에 대해 공정거래를 위한 국가규제 등이 그 예이다.

　iv) 생존권 - 근로자 보호 어느 사인인 사용자가 근로자의 권리나 근로3권을 침해하거나 사회보장수급권의 수령을 방해하는 등의 경우에 국가의 기본권보호의무가 인정된다. 사인에 의한 환경파괴에 대해 국가가 예방하고 금지할 의무가 있다. 환경권의 경우에는 국가만이 아니라 국민도 보전의무를 진다는 점에서(제35조 제1항) 다른 기본권들의 경우에 차이가 있다. 타인 침해를 예상한 우리 헌법규정의 예도 있다. 즉 헌법 제30조의 범죄피해자구조권은 타인의 침해행위로 인한 국가의 보호의무를 명시한 한 예이다.

　v) 참정권, 청구권 - 참정권의 침해에 대해서도 국가의 보호의무가 있다(예: 투표방해죄 등의 처벌. 공직선거법 제242조). 재판청구권 등 청구권의 행사를 위한 국가의 보호의무도 있다.

(2) 보장방법

　국가는 사인들 간의 관계에서의 기본권의 침해를 제거하는 조치를 취하여야 한다. 입법의 불비로 침해되는 경우에 이를 위한 입법을 마련하여야 한다. 사인들 간의 불평등한 처우 등을 시정하는 입법과 조치가 요구된다. 다만, 사인들 간에서의 국가보호의무에 있어서는 사적 자치 등에 따른 한계가 있을 수 있기 때문에 국가의 개입이 요구되는 정도가 달라질 수는 있을 것이다. 사인이 입법불비에 대해 헌법재판을 청구할 수 있고 그 청구에 대해 헌재가 기본권보호의무가 이행되지 않았거나 불충분한 경우 그 원인이 입법불비에 있다고 확인하면 입법을 촉구하는 결정이 필요하다. 사인의 기본권침해에 대해 국가의 공권력인 법원의 힘으로 민사소송을 통한 손해배상, 침해제거명령 등의 조치가 이루어질 수 있다. 사인의 범죄행위에 대해서는 형사재판을 통한 형벌부과, 사인의 영업방해 등에 대해 행정조치 등을 취할 수 있다. 그 공권력작용들이 지나치면 안된다.

(3) 법적 효과

　이러한 보호과정에서 사인들 간에 기본권의 조절이 이루어질 수 있다. 국가가 사인들 간의 기본권침해에 있어서 그 보호가 이루어지지 않거나 불충분한 경우에 소송을 통해 의무이행을 요구할 수 있어야 한다. 또한 법원재판에서 받아들여지지 않을 때 헌법소원을 할 수 있어야 보다 실효성이 있을 것인데 현재 재판소원은 원칙적으로 금지되어 있다. 한편 사인 간 기본권침해에 대한 국가보장을 위하여 헌법재판의 심사대상이 된 경우에는 우리 헌재는 아래에서 보듯이 과소보호금지원칙심사가 이루어진다고 한다.

(4) 보호청구권

사인 간 국가의 기본권보호의무가 있다면 그 보호를 청구할 권리도 인정되느냐 하는 논의가 있다. 이를 부정하는 견해도 있지만 국가의 보호의무의 인정이 사인이 어느 사인의 기본권을 침해하는 데 대한 국가의 개입이 의무라는 것을 인정하는 것이므로 그러한 의무를 요구하는 것 또한 권리라고 보아야 한다. 긍정설이 타당하다.

4. 기본권침해 없는 상황에서의 국가의 보호의무

(1) 의의

종래의 사인 간 기본권관계에서의 국가의 보호의무는 어느 사인이 다른 사인의 기본권을 제한하는 행위가 있을 경우이다. 그러한 구도가 아니라 개인의 제한행위가 없이 어느 개인의 기본권이 보장되지 않는 경우에도 국가의 기본권보호의무는 있다. 국가의 적극적인 개입이 필요한 경우이다.

(2) 개별 헌법조항

국민의 기초적인 인간다운 생활을 할 권리가 생존권으로서 생활의 출발이 되는 권리이다. 이러한 생존권의 경우 타인의 제한이 없는 가운데 국가가 그 보장을 책임지게 된다. 생존권은 국가가 적극적으로 개입하여야 실현된다는 점에서 더욱 그러하다(후술 기본권각론, 생존권 부분 참조). 특히 생존권의 경우가 많다. 즉 헌법 제34조 제1항의 인간다운 생활을 할 권리, 동조 제2항의 사회보장·사회복지의 증진에 노력할 국가의무 등, 그리고 헌법 제35조 제1항 환경권, 제36조 제1항의 혼인과 가족생활 보장 등이다.

Ⅳ. 헌법재판과 국가보장의무(의무이행에 대한 위헌심사기준)

1. 논의점 – 사인 간 침해에 대한 국가의 보호의무의 경우

국가의 기본권보호의무에 대한 헌법재판에 있어서 사인 간 침해에 대한 국가의 보호의무 문제가 주로 많이 다루어진다. 그러나 우리는 국가의 기본권보호의무가 사인들 간에만 적용될 것이 아니라고 누누이 강조하였다. 다만, 국가의 공권력에 의한 침해 등은(특히 법률에 의한 침해 등은) 앞에서도 많이 다루었고 앞으로 기본권각론에서 많이 다루게 된다. 따라서 여기서는 사인 간 침해에 대한 국가의 기본권보장의무가 문제되는 사안의 헌법재판에서 그 심사의 범위와 정도가 어떠한가를 살펴본다.

2. 이른바 '과소보호금지원칙' — 사인간 기본권의 국가보호의무에서의 헌법재판 심사 기준

(1) 개념

과소보호금지원칙(過少保護禁止原則)이란 지나치게 적(작)은 기본권의 보호가 되어서는 아니되고 적어도 최소한 정도의 보호는 이루어져야 하는 원칙을 말한다. 이 원칙은 사실 헌법재판에서의 심사밀도 내지 강도를 의미한다. 국가가 기본권의 보장에 있어서 최소한의 보장의 정도보다 낮은 정도의 보장을 해서는 아니되고 적어도 최소한의 조치는 취해야 한다는 입장에서 이러한 최소한의 보장조치를 취하였는지 여부가 헌법재판에서의 위헌판단기준이 된다고 보는 이론이다. 이 원칙은 국가가 기본권을 '제한'하는 경우와 달리 국가가 기본권을 '보장'하여야 하는 위치에 있는 경우에는 최소보호에 머무를 수 있다는 사고가 나타나는 이론이기도 하다. 우리나라 헌재도 ① 국가가 기본권을 제한하는 경우와 ② 국가가 기본권을 보장하는 경우를 달리 보아 ②의 경우 그 의무를 다하였는지의 심사에 있어서 아래의 판시에서 보듯이 과소보호금지원칙을 적용하여 최소한의 보호조치를 취했는가를 심사한다는 입장이다.

(2) 근거

헌재는 과소보호금지원칙의 근거를 주로 권력분립원리와 입법재량에서 찾고 있다. 헌재는 국가보호의무를 "어떻게 실현하여야 할 것인가 하는 문제는 원칙적으로 권력분립과 민주주의의 원칙에 따라 국민에 의하여 직접 민주적 정당성을 부여받고 자신의 결정에 대하여 정치적 책임을 지는 입법자의 책임범위에 속하므로, 헌재는 단지 제한적으로만 … 보호의무의 이행을 심사할 수 있는 것"이라고 한다. 헌재는 "기본권보호의무의 이행은 입법자의 입법을 통하여 비로소 구체화되는 것이고, 국가가 그 보호의무를 어떻게 어느 정도로 이행할 것인지는 입법자가 제반사정을 고려하여 입법정책적으로 판단하여야 하는 입법재량의 범위에 속하는 것"이라고 한다.[206] 그리하여 이 원칙은 국가의 기본권보장의무이행여부에 관한 헌재의 위헌심사에 있어서는 권력분립의 관점에서 입법에서 재량을 가지는 입법부, 그리고 행정부의 조치를 가능한 존중하지만, 그러나 그렇더라도 통제제도로서의 헌법재판의 기능에서 보면 국가가 필요한 최소한의 조치는 취하였는지를 살피는 정도의 심사는 적어도 위헌심사에서 이루어져야 한다는 입장이다.

● **판례법리**   헌재 2008.7.31. 2004헌바81

[판시] 국가가 적극적으로 국민의 기본권을 보장하기 위한 제반조치를 취할 의무를 부담하는 경우에는 설사 그 보호의 정도가 국민이 바라는 이상적인 수준에 미치지 못한다고 하여 언제나 헌법에 위반되는 것으로 보기 어렵다. 국가의 기본권보호의무의 이행은 입법자의 입법을 통하여 비로소 구체화되는 것이고, 국가가 그 보호의무를 어떻게

---

206) 헌재 2008.7.31. 2004헌바81.

어느 정도로 이행할 것인지는 입법자가 제반사정을 고려하여 입법정책적으로 판단하여야 하는 입법재량의 범위에 속하는 것이기 때문이다. 물론 입법자가 기본권 보호의무를 최대한 실현하는 것이 이상적이지만, 그러한 이상적 기준이 헌재가 위헌 여부를 판단하는 심사기준이 될 수는 없으며, 헌재는 <u>권력분립의 관점에서</u> 소위 "과소보호금지원칙"을, 즉 국가가 국민의 기본권 보호를 위하여 적어도 적절하고 효율적인 최소한의 보호조치를 취했는가를 기준으로 심사하게 된다. 따라서 입법부작위나 불완전한 입법에 의한 기본권의 침해는 입법자의 보호의무에 대한 명백한 위반이 있는 경우에만 인정될 수 있다. 다시 말하면 국가가 국민의 법익을 보호하기 위하여 아무런 보호조치를 취하지 않았든지 아니면 취한 조치가 법익을 보호하기에 명백하게 부적합하거나 불충분한 경우에 한하여 헌재는 국가의 보호의무의 위반을 확인할 수 있을 뿐이다. * 동지: 헌재 2008.12.26. 2008헌마419; 2015.9.24. 2013헌마384 등.

과소보호금지원칙은 국가의 기본권보장의무이행여부에 관한 헌재의 위헌심사에 있어서는 권력분립의 관점에서 통제제도로서의 헌법재판의 기능에서 볼 때 헌재가 취한 심사입장이므로 따라서 유의할 것은 과소보금지원칙이 어디까지나 위헌심사를 행함에 있어서 그 기준으로서 헌재가 취하는 입장일 뿐이지 입법부나 행정부 자신은 국민의 기본권보호를 위해 최대한의 노력을 기울여야 한다는 점이다. 과소보호금지원칙은 우리 헌재가 자신의 위헌심사에서 적용하는 기준일 뿐이다.

(3) 결정례

판례의 구체적 예는 어떠한지 아래에 분류하여 살펴본다.

1) 범죄로부터 국민을 보호하여야 할 국가의 의무

헌재는 출범 초기에 검사의 불기소처분에 대한 헌법소원대상성을 인정하면서 범죄로부터 국민을 보호해야 할 국가의 의무를 인정하였다. 그러나 초기에는 과소보호금지원칙을 언급·적용하지는 않았다.

* 유의할 점은 불기소처분에 대해서는 법원의 재정신청대상이 확대된 이후로 헌법소원의 보충성원칙(법원재판의 구제절차가 있을 경우에는 법원의 재판을 거쳐야 한다는 원칙 - 뒤의 헌법소원 부분 참조)으로 현재는 법리적으로 헌법소원대상이 1차적으로 되고 있지 않은 상황이 되었다는 점이다(피해자가 고소하지 않은 경우와 같이 1차적으로 헌법소원을 할 수 있는 예외가 있긴 하다. 불기소처분 헌법소원에 대해서는 본서 헌법재판, 헌법소원 부분, 더 자세한 것은, 정재황, 헌법재판론, 박영사, 2020, 734-738면 등 참조). 여하튼 대표적인 초기판례를 아래에 인용한다.

● **판례** 헌재 1989.4.17. 88헌마3
[판시] 국가기관이 공소권을 독점하고 피해자에 의한 복수를 허용하지 아니하면서 자력구제를 아주 제한적으로만 인정하고 있는 법제도는 국가에 의한 피해자 보호가 충분히 이루어질 때 비로소 그 존재의의가 있는 것이다. 따라서 범죄로부터 국민을 보호하여야 할 국가의 의무가 이루어지지 아니할 때 국가의 의무위반을 국민에 대한 기본권 침해로 규정할 수 있다. 이 경우 개인의 법익을 직접 침해하는 것은 국가가 아닌 제3자의 범죄행위이므로 위와 같은 원초적인 행위 자체를 기본권침해 행위라고 규정할 수는 없으나, 이와 같은 침해가 있음에도 불구하고 이것을 배제하여야 할 국가의 의무가 이행되지 아니한다면 이 경우 국민은 국가를 상대로 헌법 제10조, 제11조 제1항 및 제30조(이 사건과 같이 생명·신체에 대한 피해를 받은 경우)에 규정된 보호의무 위반 또는 법 앞에서의 평등권 위반이라는 기본권 침해를 주장할 수 있는 것이다. 즉, 검사의 자의적인 수사 또는 판단에 의하여 불기소처분이 이루어진 경우에는 "같은 것은 같게, 같지 아니한 것은 같지 않게" 처리함으로써 실현되는 헌법 제11조에 정한 법 앞에서의 평등권을 침해하게 된다 할 것이다. 또한, 헌법은 제27조 제5항을 신설하여 형사피해자의 재판절차에서의 진술권을 규정하고 있다. 위 규정의 취지는 법관이 형사재판을 함에 있어서 피해자의 진술을 청취하여 적절하고 공평한 재판을 하여야 한다는 것을 뜻할 뿐만 아니라 이에 더 나아가 형사피해자에게 법관으로 하여금 적절한 형벌권을 행사하여 줄

것을 청구할 수 있는 사법절차적 기본권을 보장해 준 적극적 입장에 있는 것이라 할 것이다. 그러므로 검사의 불기소처분이 적절하게 행사되지 못하거나 자의적으로 행사된 경우에는 형사피해자는 헌법 제27조 제5항에 규정된 위와 같은 기본권의 침해와 아울러 제11조에 정한 평등권을 침해했다고 주장할 수 있다 할 것이다.

* 위 판시는 "국가의 의무가 이행되지 아니한다면 이 경우 국민은 국가를 상대로 헌법 제10조, 제11조 제1항 및 제30조에 규정된 보호의무 위반 또는 법 앞에서의 평등권 위반이라는 기본권 침해를 주장할 수 있는 것"이라고 하여 국가의 기본권보호의무 문제를 기본권침해의 문제로 환원할 수 있음을 시사하고 있다.

2) 생명·신체안전

헌재는 국민의 생명·신체의 안전에 대한 사안에서의 국가보호의무를 언급하면서 과소보호금지원칙을 적용한 예들을 적지 않게 보여주고 있다.

① **태아의 손해배상청구권 문제**   민법은 "태아는 손해배상의 청구권에 관하여는 이미 출생한 것으로 본다"라고 규정하여(민법 제762조) 태아의 손해배상청구권을 인정하고 있으나 법원은 태아가 살아서 출생한 경우에만 인정하고 살아서 출생하지 못한 태아(사산아)의 손해배상청구권을 부정하고 있다. 이는 법원이 민법 제762조를 해석함에 있어 사람은 생존한 동안에만 권리와 의무의 주체가 된다고 규정한 민법 제3조를 함께 적용하고 있기 때문이다. 바로 이러한 법원의 해석과 민법 제3조의 위헌성 여부가 이 사안에서 논란되었던 것인데 헌재는 과소보호금지원칙에 따른 심사를 행한다고 한 뒤 심사결과 국가의 생명권 보호의무를 위반한 것이 아니라는 이유로 민법 제3조와 제762조를 합헌이라고 결정하였다.

● **판례**   헌재 2008.7.31. 2004헌바81 합헌결정
[결정요지] 태아도 헌법상 생명권의 주체가 되며, 국가는 헌법 제10조에 따라 태아의 생명을 보호할 의무가 있다. 하지만 그와 같은 국가의 기본권 보호의무로부터 태아의 출생 전에, 또한 태아가 살아서 출생할 것인가와는 무관하게, 태아를 위하여 민법상 일반적 권리능력까지도 인정하여야 한다는 헌법적 요청이 도출되지는 않는다. 입법자는 형법과 모자보건법 등 관련규정들을 통하여 태아의 생명에 대한 직접적 침해위험을 규범적으로 충분히 방지하고 있으므로, 이 사건 법률조항들이 태아가 사산한 경우에 한해서 태아 자신에게 불법적인 생명침해로 인한 손해배상청구권을 인정하지 않고 있다고 하여 단지 그 이유만으로 입법자가 태아의 생명보호를 위해 국가에게 요구되는 최소한의 보호조치마저 취하지 않은 것이라 비난할 수 없다. 이 사건 법률조항들의 경우에도 '살아서 출생한 태아'와는 달리 '살아서 출생하지 못한 태아'에 대해서는 손해배상청구권을 부정함으로써 후자에게 불리한 결과를 초래하고 있으나 이러한 결과는 사법(私法)관계에서 요구되는 법적 안정성의 요청이라는 법치국가이념에 의한 것으로 헌법적으로 정당화된다 할 것이므로, 그와 같은 차별적 입법조치가 있다는 이유만으로 곧 국가가 기본권 보호를 위해 필요한 최소한의 입법적 조치를 다하지 않아 그로써 위헌적인 입법적 불비나 불완전한 입법상태가 초래된 것이라고 볼 수 없다. 그렇다면 국가의 생명권 보호의무를 위반한 것이라 볼 수 없다.

* **검토:** 이 결정에서 침해되는 기본권은 헌재 판시에 따르더라도 생명권이고 생명권이 본질로만 이루어진 기본권이라는 점에서 최대보장이 필요한데 과소보호금지원칙을 적용한 것이 과연 타당한 심사기준이었는지 의문이다.

② **쇠고기수입고시**   역시 과소보호금지원칙을 적용하여 아래와 같이 기각결정을 하였다.

● **판례** 헌재 2008.12.26. 2008헌마419

[결정요지] 이른바 '과소보호 금지원칙'의 위반 여부를 기준으로 삼아, 국민의 생명·신체의 안전을 보호하기 위한 조치가 필요한 상황인데도 국가가 아무런 보호조치를 취하지 않았든지 아니면 취한 조치가 법익을 보호하기에 전적으로 부적합하거나 매우 불충분한 것임이 명백한 경우에 한하여 국가의 보호의무의 위반을 확인하여야 한다. 이 고시가 개정 전 고시에 비하여 완화된 수입위생조건을 정한 측면이 있다 하더라도, 미국산 쇠고기의 수입과 관련한 위험상황 등과 관련하여 개정 전 고시 이후에 달라진 여러 요인들을 고려하고 지금까지의 관련 과학기술 지식과 OIE 국제기준 등에 근거하여 보호조치를 취한 것이라면, 이 고시상의 보호조치가 체감적으로 완벽한 것은 아니라 할지라도, 위 기준과 그 내용에 비추어 쇠고기 소비자인 국민의 생명·신체의 안전을 보호하기에 전적으로 부적합하거나 매우 부족하여 그 보호의무를 명백히 위반한 것이라고 단정하기는 어렵다.

③ **교통사고처리특례법규정** 중과실의 교통사고로 중상해를 입힌 경우에도 자동차종합보험에 가입하였다는 이유만으로 공소를 제기하지(결국 형벌로 처벌하지) 못하도록 규정한 이 특례법규정에 대해 판단한 결정례가 두 건 있었다. 첫 번째 결정례에서는 과소보호원칙을 위반하지 않았다는 4인재판관의 합헌의견과 국가가 최소조치를 취하지 않은 것으로 보아 이 원칙의 위반이라고 본 3인재판관의 위헌의견이 있었다. 나머지 2인재판관은 과잉금지원칙, 평등원칙위반을 이유로 위헌의견을 제시하였다. 5인재판관 위헌의견이 우세였으나 위헌결정에 6인 이상 위헌의견이라는 정족수를 충족하지 못하여 결국 기각결정이 되었다(헌재 1997.1.16. 90헌마110). 따라서 이 결정에서는 합헌의견을 낸 소수의견인 4인 재판관의 의견이 법정의견이 되었고 과소보호금지원칙에 관한 판시가 법정의견에 담겨진 것이다. 법정의견이란 주문을 이끌어낸 의견을 말한다. 이후 두 번째 결정은 2009년에 있었는데 역시 과소보호금지원칙의 위반이 아니라고 보았다. 이 두 번째 결정에서는 위 특례법조항이 위헌으로 결정되었는데(헌재 2009.2.26. 2005헌마764) 헌재는 그 위헌사유로 재판절차진술권의 위헌적 침해를 들었고 과소보호금지원칙의 위반 여부 문제에 대해서는 과소보호가 아니어서 그 위반은 없다고 보아 위 1997년 결정과 같은 입장을 취하였다. 결국 과소보호금지원칙 위반 문제에 대한 헌재의 입장은 2009년 위헌결정에서도 그대로 유지된 것이다. 헌재가 과소보호금지원칙의 위반이 아니라고 본 이유로 형벌만이 최종적, 유일의 보호수단인 것은 아니라는 점을 들었다(● 판례 헌재 2009.2.26. 2005헌마764).

④ **무면허 의료행위와 국가보호의무** 헌재는 비교적 초기 판례로서 국민보건에 관한 국가보호의무에 관한 사안으로서 무면허 의료행위에 대한 사전적·전면적 금지는 헌법 제36조 제3항이 규정하는 국민보건에 관한 국가의 보호의무를 다하고자 하는 것이라고 아래와 같이 판시한 바 있다. 그런데 이 결정에서 헌재는 비례원칙 심사도 하고 있어서 위에서 우리가 행한 근본적 검토에서의 지적이 음미되어야 함을 보여주는 판례이기도 하다.

● **판례** 헌재 1996.10.31. 94헌가7

[결정요지] (가) 사람의 신체와 생명은 인간의 존엄·가치의 근본이므로 사람의 생명이나 신체에 위해를 발생케 할 우려가 있는 의료행위에 대한 규제는, 바로 헌법 제10조의 인간의 존엄과 가치를 보장해야 하는 국가의 헌법적 의무이다. (나) 다음으로, 비례의 원칙의 위배여부를 살펴보기로 한다. 의료행위는 체계적으로 교육받고 이 점에 관한 국가의 검증을 거친 의료인에 의하여 행하여져야 하고, 과학적으로 검증되지 아니한 방법 또는 무면허 의료행위자에 의한 약간의 부작용도 존엄과 가치를 지닌 인간에게는 회복할 수 없는 치명적인 위해를 가할 수 있는 것이다. 이와 같은 사정들을 종합해 보면, 무면허 의료행위를 일률적, 전면적으로 금지하고 이를 위반한 경우에는 그 치료 결과와 관계없이 형사처벌을 받게 하는 이 법의 규제방법은, "대안이 없는 유일한 선택"으로서 실질적으로도 비례

의 원칙에 합치되는 것이다. 그렇다면 이 법률조항은 헌법 제10조가 규정하는 인간으로서의 존엄과 가치를 보장하고 헌법 제36조 제3항이 규정하는 국민보건에 관한 국가의 보호의무를 다하고자 하는 것으로서, 국민의 생명권, 건강권, 보건권 및 그 신체활동의 자유 등을 보장하는 규정이지, 이를 제한하거나 침해하는 규정이라고 할 수 없다.

⑤ 강제동원희생자 의료지원금 지급대상의 제한   구 '태평양전쟁 전후 국외 강제동원희생자 등 지원에 관한 법률' 규정이 '국외'로 강제동원되었던 사람에만 의료지원금을 지급하고 '국내'에서의 강제동원자는 의료지원금 지급 대상의 범위에서 제외하고 있는 것이 국민에 대한 국가의 기본권보호의무에 위배되는지 여부의 문제에 대해 헌재는 헌법 전문에 천명된 "대한민국임시정부의 법통"의 계승 규정을 근거로 대한민국 헌법 제정 이전에 발생한 사실에 관하여 국가에 기본권보호의무를 물을 수 있는지는 의문이라고 하면서 설령 이를 현행 헌법상 기본권보호의 문제로 볼 수 있다고 하더라도, 그동안 강제동원진상규명법을 제정하여 그들의 희생을 기리는 조치를 취한 점 등을 종합적으로 고려하여 볼 때, 국가가 아무런 보호조치를 취하지 아니하였다든지 아니면 국가가 취한 조치가 전적으로 부적합하거나 매우 불충분한 것임이 명백한 경우라고 단정하기는 어렵다고 하여 기각결정을 하였다(● 판례 헌재 2011.2.24. 2009헌마94. * 동지의 결정: 헌재 2011.12.29. 2009헌마182).

   * 대비할 결정 및 비평: 위 결정례와 대비할 결정으로서 일제강점기에 일본군위안부로 강제 동원되었던 피해자, 징병과 징용으로 일제에 의해 강제이주 당하여 전쟁수행의 도구로 활용되다가 원폭피해를 당한 피해자에 대한 훼손된 인간의 존엄과 가치를 회복시켜야 할 의무를 "대한민국임시정부의 법통"의 계승 규정을 근거로 인정하고 그 의무를 이행하지 않은 부작위가 위헌임을 확인한 예가 있다(헌재 2011.8.30. 2006헌마788; 헌재 2011.8.30. 2008헌마648). 위 2009헌마94에서의 입장보다 2006헌마788에서 더 적극적임을 볼 수 있는데 이 점에서도 과소보호금지원칙을 쉽게 적용할 것은 아니라는 문제점을 간접적으로 엿볼 수 있다. 그러나 헌재는 위 2006헌마788등 결정 이후 일제의 사할린 강제징용자 등이 청구한 같은 성격의 청구에 대해 피청구인(당시 외교통상부장관)의 작위의무 불이행이 아니라고 하여 각하결정하였다(헌재 2019. 12.27. 2012헌마939)).

⑥ 밀집사육시설인 이른바 '공장식 축산' 방식을 허용하여 국가의 기본권보호의무를 위반한 것인지 여부   축산업의 허가 및 등록 기준을 규정한 축산법 시행령 규정이 정한 가축사육시설의 기준이 지나치게 낮고 가축을 건강하게 사육하기 위한 사육환경에 대한 세부적인 기준이 없어 대규모의 집약적 축산방식인 이른바 '공장식 축산' 방식으로 가축을 사육하도록 함으로써 이러한 축산물을 섭취하는 인간도 각종 질병 등으로부터 위협받을 우려가 있어 그 규정이 국민의 생명·신체의 안전에 관한 국가의 기본권 보호의무를 위반하는 것이라는 주장의 헌법소원심판이 청구되었다. 헌재는 국가로서는 건강하고 위생적이며 쾌적한 시설에서 가축이 서식할 수 있도록 필요한 적절하고도 효율적인 조치를 취함으로써, 소비자인 국민의 생명·신체의 안전에 관한 기본권을 보호할 구체적인 헌법적 의무가 있다고 보았다. 그러나 헌재는 그 기준은 가축사육시설의 환경이 열악해지는 것을 막는 최소한의 기준이고, 이 기준뿐만 아니라 많은 관련 법령들에서 사육 및 도축, 유통에 이르는 전 단계에 걸쳐 가축사육시설을 규제함으로써 국민의 안전이 침해받지 않도록 여러 가지 조치를 취하고 있다는 이유로 과소보호금지원칙의 위반이 아니라고 보고 기각결정을 하였다(● 판례 헌재 2015.09.24. 2013헌마384).

⑦ 담배의 제조·수입·판매 보장   담배사업법이 담배를 합법적으로 제조하거나 수입하여 판

매할 수 있도록 보장해주는 것으로서 국가의 보호의무를 위반하여 청구인의 생명·신체의 안전에 관한 권리를 침해한다는 주장에 대해 헌재는 현재로서는 흡연과 폐암 등의 질병 사이에 필연적인 관계가 있다거나 흡연자 스스로 흡연 여부를 결정할 수 없을 정도로 의존성이 높아서 국가가 개입하여 담배의 제조 및 판매 자체를 금지하여야만 한다고 보기는 어렵고 담배사업법은 담배성분의 표시나 경고문구의 표시, 담배광고의 제한 등 여러 규제들을 통하여 직접흡연으로부터 국민의 생명·신체의 안전을 보호하려고 노력하고 있다고 하여 국가의 보호의무에 관한 과소보호금지원칙을 위반하여 청구인의 생명·신체의 안전에 관한 권리를 침해하였다고 볼 수 없다고 결정하였다(● 판례 헌재 2015.4.30. 2012헌마38).

⑧ **방사선 기준 문제**   a. 일반인의 방사선 피폭선량 한도를 정한 '원자력안전법 시행령' 제2조 제4호 별표 1 중 '일반인' 부분이 국가의 기본권 보호의무를 위반하였는지 여부, b. 식품의 방사능 기준을 정한 '식품의 기준 및 규격' 방사능 기준이 국가의 기본권 보호의무를 위반하였는지 여부 ─ 헌재는 그 기준이 지나치게 낮다거나 자의적이라거나 불합리하다고 볼 수 없다고 하여 기각결정을 하였다(● 판례 헌재 2015.10.21. 2012헌마89등).

⑨ **원전사고로부터의 국민의 생명·신체의 안전을 보호할 국가의 헌법상 의무**   헌재는 원자력발전소 건설허가 신청시 필요한 방사선환경영향평가서 및 그 초안을 작성하는데 있어 '중대사고'에 대한 평가를 제외하고 있는 '원자력이용시설 방사선환경영향평가서 작성 등에 관한 규정(원자력안전위원회고시) 제5조 제1항 [별표1], [별표2] 중 해당 부분이 "국가가 국민의 생명·신체의 안전을 보호하는 데 적절하고 효율적인 최소한의 조치조차 취하지 아니한 것이라고 보기는 어렵다"고 보아 헌법에 위반되지 않는다는 결정을 선고하였다(기각).

● 판례 헌재 2016.10.27. 2012헌마121
[결정요지] '중대사고'를 비롯한 원전 사고가 본격적으로 문제되는 것은 원전이 운영허가를 받고 실질적으로 운영되기 시작한 이후라는 점과 그밖에 원전의 안전 관련 조치 등을 종합적으로 고려하면, 이 사건 각 고시조항에서 평가서 초안 및 평가서 작성시 '중대사고'에 대한 평가를 제외하도록 하였다고 하여, 국가가 국민의 생명·신체의 안전을 보호하는 데 적절하고 효율적인 최소한의 조치조차 취하지 아니한 것이라고 보기는 어렵다.

⑩ **일정한 한약서에 수재된 처방에 해당하는 품목의 한약제제를 의약품 품목허가·신고를 위한 안전성·유효성 심사대상에서의 제외**   이렇게 제외하고 있는 '한약(생약)제제 등의 품목허가·신고에 관한 규정'(식품의약품안전처고시) 제24조 제1항 제4호, 제5호가 국민의 보건을 위한 정책을 수립하고 시행하여야 할 국가의 기본권보호의무를 위반하지 않았다고 보았다.

● 판례 헌재 2018.5.31. 2015헌마1181
[결정요지] 심판대상조항에 의하여 일정한 한약서에 수재된 품목으로서 품목허가·신고를 할 때 안전성·유효성 심사가 면제되는 품목은, 사용경험이 풍부하여 안전성·유효성이 확인되고, 위험성이 상대적으로 낮은 제제에 한정되어 있으며, 한약서에 수재된 품목이더라도 안전성을 저해할 우려가 있는 경우에는 안전성·유효성 심사대상에 다시 포함됨으로써 국민의 건강을 보호하기 위한 규제방안이 마련되어 있다. 그렇다면 최소한 조치를 하였고 따라서 국민의 보건권에 관한 국가의 보호의무를 위반하지 아니하였으므로, 청구인들의 보건권을 침해하지 아니한다.

* 위 결정들 중에는 '과소보호금지'라는 말을 직접 언급하지 않은 것들도 있으나 실제적으

로는 그 법리에 따라 판단한 예라고 보아 위에 정리하였다.

3) 근로자 보호의무

근로자의 보호 문제는 근로자와 국가와의 관계보다는 사용자라는 사인(私人)과 근로자라는 사인 간의 문제이고 이에 개입하는 국가는 기본권보호의무가 문제된다. 헌법은 근로자의 보호를 위한 여러 기본권을 규정하고 있기도 하다. 헌재는 근로자를 보호할 국가의 의무를 긍정한다. 사안은 한국식품위생연구원과 한국보건의료관리연구원을 통폐합하여 한국보건산업진흥원을 설립하고, 정원을 감원하는 내용의 한국보건산업진흥원법이 제정되고 통합과정에서 직원선정에서 배제된 한국식품위생연구원의 직원이 제기한 위헌소원심판 사건이었다. 이 사안에서 법률로 국가보조 연구기관을 통폐합함에 있어 재산상의 권리·의무만 승계시키고, 근로관계의 당연승계 조항을 두지 아니한 것이 국가의 의무를 저버려 위헌인지 여부가 논란이 된 것이다. 헌재는 위 진흥원은 정부출연기관으로서 그 업무에 공공성이 있고, 정부위탁사업을 수행하기도 하지만, 법적으로는 국가와는 독립된 별개의 법인이어서, 진흥원의 임·직원은 사인(私人)으로서의 지위를 갖는다고 판시하였다. 이로써 사안은 사인 간 기본권관계에서의 국가의무의 문제를 가지는 것으로 볼 수 있었는데 헌재는 이 문제를 명시적으로 언급하지는 않았다. 여하튼 헌재는 헌법 제15조의 직업의 자유 또는 헌법 제32조의 근로의 권리, 사회국가원리 등에 근거하여 실업방지 및 부당한 해고로부터 근로자를 보호하여야 할 국가의 의무를 도출할 수는 있을 것이나, 국가에 대한 직접적인 직장존속보장청구권을 근로자에게 인정할 헌법상의 근거는 없다고 판시하였다. 그리고 헌재는 위헌여부에 대해 입법자의 판단은 그것이 현저히 자의적이고 불합리한 것이 아닌 한 존중되어야 하고 근로관계의 존속을 보호하기 위한 최소한의 보호조치를 취하고 있는지의 여부로 판단한다는 입장을 취하였다. * 이 결정례는 과소보호금지원칙을 직접 언급하지 않으면서 최소한 보호의무라는 표현을 쓰고 있는 결정례이기도 하다.

● **판례** 헌재 2002.11.28. 2001헌바50
[결정요지] 국가가 근로관계의 존속을 보호하기 위한 최소한의 보호조치를 취하고 있는지의 여부는 당해 법률조항만에 의할 것이 아니라, 노사관계에 관한 법체계 전반을 통하여 판단하여야 할 것인바, 헌법 제33조에서 노동기본권을 보장하고 있는 점, 법원이 재판을 통하여 고용승계 여부에 관한 당사자의 의사와 태도를 합리적으로 해석함으로써 근로관계 존속보호의 기능을 수행할 가능성이 열려 있는 점, 고용보험제도를 비롯하여 고용안정, 취업기회의 제공, 직업능력의 개발을 위한 부수적 법제가 마련되어 있는 점 등을 고려할 때, 현행법제상 국가는 근로관계의 존속보호를 위한 최소한의 보호조치마저 제공하고 있지 않다고 보기 어렵다.

4) 환경보호

① 확성기결정 사건 – 공직선거법이 선거운동시 확성장치의 출력수 등 소음에 대한 허용기준 조항을 두지 아니하여 환경권을 침해한다는 주장의 헌법소원심판에서도 과소보호금지원칙을 적용한 심사가 있었는데 처음 결정에서는 위반의견이 5인 다수였으나 6인의견이 되지 못하여 기각결정(2006헌마711)되었다가 이후 헌재는 판례변경하여 사용시간과 사용지역에 따른 수인한도 내에서 확성장치의 최고출력 내지 소음 규제기준에 관한 규정을 두지 아니한 것은 과

소보호금지원칙 위반이라고 하고 헌법불합치결정을 하였다.

● **판례**   헌재 2019.12.27. 2018헌마730
[결정요지] 공직선거법에는 주거지역과 같이 정온한 생활환경을 유지할 필요성이 높은 지역에 대한 규제기준이 마련되어 있지 아니하다. 사용시간과 사용지역에 따른 수인한도 내에서 확성장치의 최고출력 내지 소음 규제기준에 관한 규정을 두지 아니한 것은, 국민이 건강하고 쾌적하게 생활할 수 있는 양호한 주거환경을 위하여 노력하여야 할 국가의 의무를 부과한 헌법 제35조 제3항에 비추어 보면, 적절하고 효율적인 최소한의 보호조치를 취하지 아니하여 국가의 기본권 보호의무를 과소하게 이행한 것이어서 건강하고 쾌적한 환경에서 생활할 권리를 침해한다. 종래 이와 견해를 달리하여 심판대상조항이 헌법에 위반되지 아니한다고 판시한 우리 재판소 결정(헌재 2008.7.31. 2006헌마711)은 이 결정 취지와 저촉되는 범위 안에서 변경하기로 한다.

② 구 '산업단지 인허가 절차 간소화를 위한 특례법'의 '의견청취동시진행조항', 구 환경영향평가법의 '환경기준참고조항' — 이 조항들(아래 판시사항 참조)에 대해 헌재 청구인들이 주장하는 환경권, 평등권 등 기본권의 침해 여부가 아니라 국가의 기본권 보호의무 및 적법절차원칙을 위배하는지의 관점에서 그 위헌 여부를 판단하였다. 판단결과 위배가 없다고 보고 합헌결정을 하였다.

● **판례**   헌재 2016.12.29. 2015헌바280
[판시사항] [결정요지] 주민이 환경영향평가서 초안을 열람하고 그에 대한 의견을 제출함에 있어 어떠한 방법상·내용상 제한을 가하고 있지도 않다. 또한 입법자는 산단절차간소화법 및 환경영향평가법 등에 환경영향평가서 초안에 대한 지역주민의 의견수렴이 부실해지는 것을 방지하기 위한 여러 보완장치를 마련해 두고 있다. 따라서 국가가 산업단지의 조성·운영으로 인하여 초래될 수 있는 환경상 위해로부터 지역주민을 포함한 국민의 생명·신체의 안전을 보호하기 위하여 필요한 최소한의 보호조치를 취하지 아니한 것이라고 보기는 어려우므로, 의견청취동시진행조항이 국가의 기본권 보호의무에 위배되었다고 할 수 없다.
* 위 결정에서 헌재는 '과소보호금지'라는 말을 직접 언급하지 않고 그 법리에 따라 판단한 예이다.
* 검토: 위 판시에는 나타나 있지 않으나 이 결정에서 헌재는 청구인들이 주장하는 기본권(환경권, 평등권 등)이 위 법률조항들에 의하여 직접 제한되는 것은 아니라고 단정짓고 국가의무, 적법절차 위배 문제만을 판단한다고 한다. 그러나 국가의무, 적법절차도 기본권보장원칙이고 더구나 적법절차에 대해 헌재는 실질적 적법절차(내용상 정당성 등을 갖추어야 한다는 적법절차원칙. 후술 신체의 자유, 적법절차 참조)를 인정하고 강조하는데 위와 같은 적법절차가 지켜지지 않으면 위 청구인들이 주장하는 기본권들이 침해되는 것이다.

5) 강제동원으로 인한 피해에 대한 국가의 보호의무, 타인의 범죄로부터 국가의 보호의무
위에서 본 구 '태평양전쟁 전후 국외 강제동원희생자 등 지원에 관한 법률' 규정이 '국외'로 강제동원되었던 사람에만 의료지원금을 지급하고 '국내'에서의 강제동원자는 의료지원금 지급 대상의 범위에서 제외하고 있는 것이 국가가 취한 조치가 전적으로 부적합하거나 매우 불충분한 것임이 명백한 경우라고 단정하기는 어려우므로 국민에 대한 국가의 기본권보호의무에 위배되지 않는다는 결정례가 이에 해당된다고 볼 수 있다(2009헌마94. 이 결정에 대해서는 전술 참조).

(4) 판례법리에 대한 검토
다음과 같은 점들이 고려되어야 할 것이다.
ⅰ) 과소보호금지원칙의 의미와 적용범위   위에서 이 원칙을 서술하기 시작하면서 언급하였듯이 과소보호금지원칙은 어디까지나 헌법재판에서의 심사기준이다. 헌재는 사후적 통제기관

이지 정책결정기관이 아니라는 한계를 가지므로 최소한 심사에 그치는 것이 필요하다고 해서 나온 원칙이다. 적극적인 기본권보호의무를 지게 되는 입법, 행정에 대해 이 원칙을 적용할 것은 아니다. 입법, 행정은 가능한 한 최대한 보장을 하는 것이 요구된다.

ii) 근본적 검토   ① 정당성의 검토 – 사실 헌재의 통제에 있어서도 보다 근본적으로 검토하면 기본권은 국가와 헌법의 존재목적이므로 기본권최대보장원칙에 따라 그리고 그 통제가 법적으로는 최종적이라는 점에서 과소여부기준을 너무 낮게 잡을 것이 아니라 가능한 한 통제범위를 넓히는 것이 필요하다. 전문적인 영역에서 헌재가 심사하거나 입법부, 행정부의 재량적 영역(또는 판단여지적 영역)에 개입하는 것이 적절하지 않은 경우에 최소심사를 행할 수 있겠으나 이에도 중요한 가치를 지니는 기본권의 경우에 적용하여서는 아니된다는 한계를 가진다고 보아야 할 것이다. 따라서 과소보호금지원칙에 대해서는 신중한 검토가 필요하다. 과소보호금지원칙이 헌법재판에서 적용되는 것이라곤 하지만 아무리 헌법재판이라고 하더라도 굳이 이를 고집하는 것이 정당한지 하는 의문이 있다. ② 기본권제한문제로의 파악 – 국가의무 문제로 보아 과소보호금지 여부로 판단하는 것을 근본적으로 기본권제한 문제로 판단하는 전환이 가능할 수 있고 또 필요하다고 본다. 사인에 의한 침해라고 하더라도 그 침해에 대한 구제를 국가가 해야 할 의무가 있는데 그 의무를 충분히 하지 못하면 결국 국가도 제한자가 되는 것이다. 이러한 전환은 앞서 사인 간 기본권의 국가보호의무의 기초를 논하는 부분에서 그 특별성 인정의 필요성을 다루었던 것이기도 하다. 불충분한 보호는 결국 그 보호를 필요로 하는 기본권에 대해서는 국가에 의한 제한이 될 것이다. 예를 들어 시민들의 생계유지를 위한 일상의 소득활동을 위한 이동이 차단된 경우에 교통수단을 마련해 줄 것이 단순히 국가의 보호의무라서 그렇다고 하지 않고 이동과 생계를 위한 하나의 권리로서 그것을 요구할 수 있는데 그 실현을 국가가 중간에서 하면서 충분하지 못하면 권리에 대한 제한이 된다고 볼 수 있지 않은가 한다. 국가보호의무를 다하지 못한 부작위로 인한 기본권침해로 갈 수도 있다. 비례심사에서조차도 그렇지 않아도 피해최소성 심사 등을 완화하는 경우도 있다는 점에서 심사강도를 낮추기 위하여 과소보호를 굳이 강조하여야 할지 의문이다. 기본권친화(강화)적 이론으로 나아가는 것이 필요하다.

㉠ 여하튼 헌재가 근래에 와서 자주 '국가 기본권보호의무에 대한 판단 = 기본권 제한에 대한 판단'으로 보는 것으로 이해하게 하는 판례들을 내놓고 있어서 문제의 본질에 접근하고 있는 것으로 보인다. 사회적 기본권의 입법에 필요한 최소한 조치를 다했는지를 판단할 수도 있으나 청구인의 의도, 사안의 밀접성을 들어 평등권심사로 판단한 예가 있다. 공무상 질병 또는 부상으로 '퇴직 이후에 폐질상태가 확정된 군인'에 대해서 상이연금 지급에 관한 규정을 두지 아니한 군인연금법에 대한 헌법불합치결정이 그 예이다(● 판례 헌재 2010.6.24. 2008헌바128).

㉡ 기본권 국가보호의무와 기본권제한문제를 상응되게 보고 있는 결정례 – 사실 위에서 살펴본 국가 기본권보호의무에 관한 판례들 중에는 국가의 보장의무에 상응하여 기본권제한으로

이해하게 하는 결정례들이 있어서 위 우리의 전환의 가능성을 열어주는 결정례들도 있다. 위 ⑦ (위 생명·신체안전에 관한 결정례들 중 담배사업법) 결정에서는 아예 "국가의 보호의무에 상응하는 생명·신체의 안전에 관한 권리"라는 판시를 하여 이러한 입장을 직접적으로 보여주고 있기도 하다, 또 위에서 본 ⑧ 결정(2012헌마89등)에서 "국가의 기본권 보호의무 위배 여부와 관련된 범위에서 청구인들의 기본권 침해 여부가 판단되므로 이에 대해서는 별도로 판단하지 아니한다"라는 판시를 볼 수 있다. 그리고 역시 위에서 본 ⑩ 결정(2015헌마1181)에서 "국민의 보건권에 관한 국가의 보호의무를 위반하지 아니하였으므로, 청구인들의 보건권을 침해하지 아니한다"라는 판시를 볼 수 있다.

위와 같은 헌재의 입장은 위에서 우리가 행한 근본적 검토에 비추어 적절한 방향선택이라고 보여진다. 다만, 위에서 비판하였듯이 그 심사기준이 너무 낮게 안주하는 듯한 자세를 보여주는 것이다. 국민의 생명, 신체라는 중요한 문제에 대한 것인데 그렇게 기준을 낮게 잡아도 되느냐 하는 것이다. 기존의 논의에서 여전히 벗어나지 못하고 있음을 보여주고 있다.

iii) 보호정도의 문제　① 최소심사의 문제 – 과소보호금지원칙의 심사에서 '최소한' 조치에 주의가 쏠리는데 헌법적으로 국가의 보호의무가 판명되면 기본권의 법익의 보호 효과가 제대로 발휘되는 충분한 조치를 취하여야 한다는 것이다. 그 충분한 조치보다 더 많은 것은 요구하지 않겠다는 것일 뿐 충분해야 한다. 최소기준을 어느 정도로 잡느냐에 따라 국가의무 위배 여부에 대한 판단이 달라질 수 있는데 판단기준설정에 주관성이 개입될 수도 있고 그 경우 문제가 제기될 수 있다. ② 당연한 최소심사? – 국가의 보호의무의 정도를 사안에 따라 차이가 있다는 것으로 보면 될 것이지 국가가 최소의무만 다하면 된다는 것을 인식을 강하게 심어놓는 과소보호금지라는 원칙을 굳이 설정하는 것이 필요한 것인지 의문이다. ③ 기본권제한심사로서 완화심사와의 구분 문제 – 헌재는 비례심사를 하는 경우 엄격심사, 하지 않고 합리성 여부 심사만을 하는 경우 완화심사로 구분하는데 후자의 심사와 과소보호금지심사와의 구분도 검토되어야 할 필요가 없지 않다.

(5) 과소보호금지원칙과 비례(과잉금지)원칙과의 관계

과잉금지원칙은 제한의 정도가 벗어나서는(넘어서서는) 아니되는 상한을 정하는 원칙이고, 과소보호금지원칙은 보호의 정도가 그것을 하회해서는 아니되는 하한을 정하는 원칙이다. 그런데 가해 사인과 피해를 보는 사인 간에 피해를 보는 사인에 대한 보호가 이루어지면 가해 사인의 법익에 대한 제한이 이루어지는 경우도 있다고 보고 그 경우 제한이므로 과잉금지원칙이 적용되어야 하니 결국 한 사안에서 과잉금지원칙과 과소보호금지원칙이 함께 적용되어야 하느냐 아니면 어느 한 원칙의 적용으로 해결되느냐 하는 문제가 제기된다는 것이다.

생각건대 비례원칙은 최소의 제한을 추구하는 것이고 과소보호금지는 어느 수준을 넘는 보호를 추구하는 것이므로 제약행위자의 기본권법익을 최소로 제한하는 조치라고 하여 피해자에게 필요최소보호가 되는 조치라고 볼 수 없는 경우가 있다. 따라서 양 원칙은 각각 적용될 필요가 있고 적용결과 양 당사자 간의 적정점을 찾는 것이 필요하게 된다. 앞서 국가의 기본권보호의무를 특별히 논하여야 하는가 하는 문제에서, 그리고 위에 판례법리의 검토에서 살핀 대로 기본권제한문제로 전환하면 사인 간의 그러한 기본권제한 문제는 서로간 충돌문제로 파악할 수 있고, 그 상충에 대한 조절로 해결을 볼 수 있다. 이렇게 기본권제한, 기본권조절의 문제로 본다면 결국 국가의 기본권보장의무의 문제에 있어서도 기본권제한에 적용되는 비례원칙 등 기본권의 한계원칙이 적용될 수 있고 과소보호 여부도 비례성에 따라, 특히 양 당사자의 법익을 비교형량한 결과에 따라 정당한 결론이 나온다는 것으로 볼 수 있다.

제 2 절   기본권의 침해와 구제

기본권이 실효성있게 보장되기 위해서 그 침해에 대한 구제방법이 충실하게 마련되어 있어야 한다. 여기서는 중요사항만 적시한다. * 기본권의 침해와 구제에 대한 자세한 것은, 정재황, 기본권총론, 박영사, 2020. 497-519면 참조.

Ⅰ. 기본권의 침해와 구제의 유형

여러 분류기준에 따라 그 유형이 나누어질 수 있다. ⅰ) 공권력의 행사에 의한 침해와 사인(私人)에 의한 침해로, ⅱ) 공권력의 종류별로 입법권에 의한 침해, 행정(집행)권에 의한 침해, 사법권에 의한 침해, 지방자치단체에 의한 침해 등으로, ⅲ) 침해의 성격에 따라 적극적 침해와 소극적 침해 등으로 나누어볼 수 있다.

Ⅱ. 구제방법

위 각 침해유형별로 여러 방법들이 있다. ⅰ) 사법적(司法的) 구제방법(헌재의 헌법소원, 위헌법률심판, 위헌소원심판 / 법원의 행정소송 등)과 비사법적 구제방법 내지 준사법적 구제방법으로 나눌 수도 있고 ⅱ) 또 시기적으로 사후적 구제와 사전적·예방적 구제로 나눌 수 있다.

Ⅲ. 국가기관에 의한 구제

1. 국가인권위원회의 인권침해 조사(진정)에 의한 구제

(1) 국가인권위원회의 업무

헌법재판소, 법원, 검찰 등의 국가기관들에 의한 전형적인 사법적(司法的) 기본권보장 외에 인권보장을 보완하기 위하여 국가인권위원회가 설립되어 인권보호활동을 하고 있다. 국가인권위원회가 개인의 기본권침해에 대해 그 구제를 담당하는 직접적인 경우는 기본권침해자의 진정을 받아(또는 직권으로도) 인권침해·차별행위에 대한 조사와 구제를 행하는 업무를 수행할 때이다. 따라서 기본권구제에 대해 살펴보는 여기서도 주로 그것에 대해 본다. 국가인권위원회는 그 외 인권에 관한 법령·제도의 조사와 연구, 권고 등 다른 권한들도 가진다.

(2) 인권침해 및 차별행위의 조사와 구제

1) 조사(진정)대상

① 국가기관, 지방자치단체, 「초·중등교육법」 제2조, 「고등교육법」 제2조와 그 밖의 다른 법률에 따라 설치된 각급 학교, 「공직자윤리법」 제3조의2 제1항에 따른 공직유관단체 또는 구금·보호시설의 업무수행과 관련하여 대한민국헌법 제10조부터 제22조까지의 규정에서 보장된 인권을 침해당하거나 차별행위를 당한 경우, 또는 ② 법인, 단체 또는 사인(私人)으로부터 차별행위를 당한 경우에 국가인권위원회(이하 '위원회'라 함)에 그 내용을 진정할 수 있다(국가인권위원회법 제30조 제1항). 국회의 입법, 법원·헌법재판소의 재판은 진정대상이 아니다(동법 제30조 제1항 제1호).

2) 진정인

진정은 인권침해나 차별행위를 당한 사람(피해자)은 물론이고 피해자뿐 아니라 그 사실을 알고 있는 사람이나 단체도 진정할 수 있다(동법 제30조 제1항). 시설수용자의 진정권도 보장된다(동법 제31조).

3) 직권조사

위원회는 진정이 없는 경우에도 인권침해나 차별행위가 있다고 믿을 만한 상당한 근거가 있고 그 내용이 중대하다고 인정할 때에는 직권으로 조사할 수 있다(동법 제30조 제3항).

4) 조사방법

위원회는 진정인·피해자·피진정인(당사자) 또는 관계인에 대한 출석요구 및 진술청취 또는 진술서 제출요구, 관련 자료 등의 제출요구, 조사 사항과 관련이 있다고 인정되는 장소, 시설 또는 자료 등에 대한 현장조사 또는 감정 등의 방법으로 진정에 관하여 조사할 수 있다(동법 제36조 제1항). 피진정인에 대한 출석요구도 경우에 따라 할 수 있다(동법 동조 제4항).

5) 진정에 대한 처리

위원회는 진정에 대해 각하, 수사기관에의 이송, 수사기관에의 수사개시 의뢰요청, 기각, 합의의 권고, 조정, 구제조치 등의 권고, 고발 및 징계권고, 피해자를 위한 법률구조 요청, 긴급구제조치의 권고 등의 처리를 할 수 있다(동법 제32조 이하 참조).

● **국가인권위 관련 판례:** ① 위원 퇴직 후 참정권 제한 등의 위헌결정 – 원래 위원은 퇴직 후 2년간 교육공무원이 아닌 공무원으로 임명되거나 공직선거에 후보자로 출마할 수 없도록 금지하는 규정 – 헌재가 오히려 위원의 직무수행의 성실성과 공평성을 저해하는 요인이 될 수도 있어 수단적합성이 없고, 인권보장 업무와 전혀 관련성이 없더라도 모두 그 취임을 제한하고 있어서 피해최소성이 없으며, 법익균형성도 없다고 하여 위헌결정(2002헌마788)을 하였고 삭제되었다. ② 조직에 관한 권한쟁의 – 국가인권위원회법 제18조에 의하면 국가인권위원회법에 규정된 사항 외에 국가인권위원회의 조직에 관하여 필요한 사항은 대통령령으로 정하도록 하고 있는바, 이에 관한 대통령령이 「국가인권위원회와 그 소속기관 직제」인데 이를 개정하여 조직과 정원을 감축하였는데 이 개정이 헌법 및 국가인권위원회법에 의하여 부여된 청구인의 독립적 업무수행권한을 침해하고 있다고 주장하면서, 대통령을 상대방으로 위 개정행위를 대상으로 하여 그 권한침해 확인 및 위 직제령의 무효확인을 구하는 권한쟁의심판을 청구하였다. 그러나 헌재는 국가인권위원회는 헌법에 의하여 설치된 국가기관이 아니라서 당사자능력이 인정되지 않는다고 하여(* 이 요건에 대해서는 후술 헌법재판, 권한쟁의심판 부분 참조) 심판청구를 각하하였다(2009헌라6. * 평가: 필자는 "국가인권위가 독립성을 가지는 점, 권한쟁의심판에서는 법률상 권한침해도 판단대상이 된다는 점(헌법재판의 권한쟁의심판 부분 참조)등에서 이러한 판례를 받아들이기 어렵다"라는 비판을 하였다(신헌법입문, 박영사, 제2판, 2012). 이후 "이 법에 규정된 사항 외에 위원회의 조직에 관하여 필요한 사항은 위원회의 독립성을 보장하고 업무를 효과적으로 수행할 수 있도록 최대한 고려하여 대통령령으로 정한다."라고 독립성을 강조하는 문언을 두는 법 제18조 제1항의 개정이 있었다). ③ 진정대상에서의 법원 재판의 제외 – 국회의 입법 및 법원·헌법재판소의 재판은 인권위 진정의 대상이 아니다(국가인권위원회법 제30조 1항 1호). 법원의 재판을 제외한 데 대해 헌법소원이 제기되었으나 헌재는 국가인권위원회가 국가기관들을 보충하는 방법으로 설립되었고 법원재판을 진정대상으로 삼는다면, 분쟁 또는 인권침해의 해결과정이 무한정 반복되고 지연될 가능성마저 있게 된다는 이유로 기각(합헌성 인정)결정(2002헌마302)을 하였다. ④ 진정각하에 대한 헌법소원(판례변경으로 바로 제기 불가) – 이전에 헌재는 그 헌법소원이 자신에 바로 제기될 수 있다고 보아 본안결정을 하여 왔는데(2003헌마538; 2003헌마207), 2015년에 판례를 변경하여 위원회 각하결정은 법원의 행정소송의 대상이 된다는 이유로 다른 권리구제절차가 있으면 그 절차를 거치고 헌법소원을 제기하여야 한다는 보충성원칙이 적용되어(보충성원칙에 대해서는 후술 참조) 바로 헌법소원을 제기할 수는 없다고 하여(헌2013헌마214등) 위원회 각하결정에 대해 곧바로 헌법소원이 제기되면 헌재는 결국 각하결정을 하고 있다. 법원의 행정소송을 거치고 헌법소원을 제기한다고 하더라도 이른바 원행정처분이 헌법소원 대상이 되지 않는다는 헌재 자신의 판례법리(후술 헌법재판 부분 참조)에 따라 결국 또 각하결정이 될 상황이다.

2. 국민권익위원회

기본권이나 국민의 이익을 보호하기 위한 국가기구로서 국민권익위원회는 고충민원의 처리, 부패방지, 행정심판의 3가지 기능을 수행하는 기관이다(과거 국민고충처리위원회와 국가청렴위원회, 국무총리 행정심판위원회 등의 기능을 합친 위원회이다). 국민권익위원회의 조직, 업무 등에 대해서는 '부패방지 및 국민권익위원회의 설치와 운영에 관한 법률'(이하 '법'이라고 함)이 규정을 두고 있다.

국민권익위원회(이하 '권익위' 또는 그냥 '위원회'라고도 한다)는 고충민원의 처리와 이에 관련된 불합리한 행정제도를 개선하고, 부패의 발생을 예방하며 부패행위를 효율적으로 규제함으로써 국민의 기본적 권익을 보호하고 행정의 적정성을 확보하며 청렴한 공직 및 사회풍토의 확립에 이바지함을 목적으로(법 제1조) 설치된 국가기관이다. 국민권익위원회 기능의 특색은 일종의 Ombudsman으로서의 기능을 수행하고 전형적인 기본권보장기관인 헌재, 법원, 검찰 등이 수행하는 기능 외에 국민의 권리와 이익의 공백을 메우기 위한 기능을 수행한다.

● 국민권익위 관련 판례: ① 구 국민고충처리위원회의 고충민원처리결과 회신 – 헌재는 이 회신은 "민원에 대하여 조사·심의한 결과 고충민원인의 요청에 따른 도움을 줄 수 없다는 내용의 안내에 불과하므로, 청구인의 권리나 법적 지위에 어떠한 영향을 미칠 수 없는 것"이라서 헌법소원 대상이 되는 공권력의 행사에 해당하지 아니한다고 하여 각하결정을 하였다(2008헌마449; 98헌마145). ② 국민고충처리위원회의 공람종결도 기본권을 침해할 개연성이 있다고 볼 수 없어 헌법소원의 대상인 공권력행사가 아니라고 보아 마찬가지로 각하결정을 하였다(2008헌아21)

3. 여러 위원회 – 의문사진상위원회, 민주화운동회복위원회

과거의 민주항쟁을 위한 희생의 진상을 규명하고 희생자의 명예회복과 보상을 위한 이러한 여러 위원회들(민주화운동관련자명예회복및보상금심의위원회, 5·18민주화운동관련자보상심의위원회, 진실·화해를위한과거사정리위원회, 의문사진상규명위원회, 동학농민혁명참여자명예회복심의위원회 등)이 기본권의 구제를 위한 특별한 기관의 역할을 수행하여 오기도 하였다.

Ⅳ. 비상적 구제방법(예외적 구제방법)

1. 정당방위 등 자력구제

기본권침해를 받은 사인은 원칙적으로 헌법과 법률이 정한 통상적 방법에 따라 구제를 받아야 하나 위급한 상황에서 자력으로 기본권보호조치를 취할 수 있는지가 문제된다. 형법에서는 정당방위나 긴급피난, 자구행위 등에 대해 상당한 이유가 있는 때에는 벌하지 아니한다고 규정하여(형법 제21조 내지 제23조).

2. 저항권

최후의 방법이다. 저항권 대해서는 앞서 살펴보았다(전술 제1부 제3장 참조).

Ⅴ. 법률구조제도

변호사의 도움을 받을 재력이 없는 경우에 이를 도와주는 제도가 법률구조제도라고 한다. 이를 위한 법률로서 법률구조법에 의해 대한법률구조공단이 설치되어 법률구조 활동을 수행하고 있다.

제 2 편

기본권 각론

[기본권각론의 서술체제] 기본권각론은 기본권의 유형별로 나누어 개별적으로 살펴본다. 기본권의 유형(종류)분류는 앞의 제2장 제2절에서 이미 다루었는데 그것에 따라 기본권각론에서 인간의 존엄과 가치 및 행복추구권, 평등권, 자유권, 생존권(사회권), 선거권·직접민주 참정권·공무담임권, 청구권으로 나누어 살펴본다.

[일러두기(이 책의 이용방법)] 기본권각론에서도 헌재의 판례를 인용함에 있어서 결정날짜는 넣지 않고 사건번호만 넣기도 한다. 이는 헌재의 인터넷 홈페이지 첫 화면에 있는 판례검색에 사건번호만 입력하면 쉽게 판례를 찾아볼 수 있기에 지면의 절약과 결정날짜로 판례인용이 길어져 본문을 읽는 데 시야의 방해를 줄이기 위한 것이다. 헌법서설, 헌법의 기본질서, 기본권 총론 등 지금까지 적지 않은 부분에서 결정날짜를 제외한 판례인용을 많이 접하여 이제 사건번호만 넣어도 그리 낯설지 않으리라 본다. 한편 최근의 결정이거나 그 시기적 파악이 필요하다고 보이는 경우 등에 결정날짜를 그대로 두기도 한다.

제 1 장

인간의 존엄과 가치 및 행복추구권

헌법 제10조는 인간의 존엄과 가치와 행복추구권에 대해 규정하고 있다. 먼저 ① 인간의 존엄과 가치(제1절)에 대해 살펴보고, 다음으로 ② 행복추구권(제2절)에 대해 살펴본다.

제 1 절 　 인간의 존엄과 가치

제 1 항 　 인간의 존엄과 가치의 연혁과 개념

Ⅰ. 인간의 존엄과 가치의 연혁과 헌법상 보장

과거의 노예제, 전쟁의 참화, 특히 현대에 와서 양차에 걸친 세계대전은 인간으로서의 존엄과 가치를 말살한 역사적 경험이었다. 이에 대한 반성으로 그리고 장래의 인권보장을 위하여 2차 대전 후에 인간의 존엄성이 국제조약들에 규정되었다. 국제연합헌장은 전문에서 인간의 존엄과 가치를 재확인하고 있고 1948년 12월 10일의 유엔의 세계인권선언 제1조도 "모든 사람은 태어날 때부터 자유롭고, 존엄성과 권리에 있어서 평등하다"라고 규정하였다. 그리고 Genocide금지협정(1948년)과 제네바협정(1949년) 등이 있었다. 인간의 존엄성을 명시하는 국내헌법들도 생겼다. 대표적으로 1949년의 독일 기본법을 들 수 있다.

Ⅱ. 인간의 존엄과 가치의 개념과 인간상

인간의 존엄과 가치를 한마디로 정의하긴 쉽지 않고 학자들마다 설명이 다소 다를 수 있다. 생각건대 인간으로서의 존엄과 가치를 가진다고 함은 인간이 존귀한 생명체로서 존재함이 인정되며 자율적인 정신적 활동체로서의 품격이 인정되고 존중받는 상태에 있음을 의미한다. 학자들은 인간의 존엄과 가치에서의 인간상(人間像)을 이기적이 아닌 개인의 인격과 자율성을 누리면서도 사회공동체에 구속되는 인간상(인격주의적 인간상), 즉 중용적인 인간상이라고 한다.

헌재도 "국민 스스로 선택한 인생관·사회관을 바탕으로 사회공동체 안에서 각자의 생활을 자신의 책임아래 스스로 결정하고 형성하는 성숙한 민주시민이 우리 헌법의 인간상이라는 점"이라고 한다(98헌가16; 2002헌마518). 그러나 사실 다른 기본권들에서 중용이 사회적 기속성, 기본권의 상호조절의 필요성으로서 요구된다. 예를 들어 재산권의 경우에도 사회공동체의 이익을 위하여 희생되어야 할, 즉 사회공동체에 구속적인 경우가 있다(재산권의 사회적 구속성, 후술 '재산권' 부분 참조). 인간존엄성은 기본권의 기초라는 점이 강조되어야 한다.

제 2 항 인간의 존엄과 가치의 성격

Ⅰ. 기본권성(基本權性)

인간으로서의 존엄과 가치가 기본권으로서의 성격을 가지는지에 대해 하나의 이념에 불과하다는 부정설이 없진 않으나 기본권성이 인정됨은 물론이다. 헌재도 헌법 제10조는 모든 기본권 보장의 종국적 목적(기본이념)이라 할 수 있는 인간의 본질이며 고유한 가치인 개인의 인격권과 행복추구권을 보장하고 있다고 하여 인간의 존엄과 가치를 인격권이라는 기본권으로 본다(89헌마82). 인간의 존엄과 가치를 기본권으로 인정하지 않으면 인격이 침해될 경우 국가에 권리보호를 요구할 수 없게 된다는 점에서도 기본권성을 인정해야 한다.

Ⅱ. 반전체주의적 성격

인간의 존엄과 가치는 인간이 국가전체의 이익을 위해 희생되어야 한다는 전체주의를 배격한다. 이는 위 역사에서 본 대로 인간존엄을 말살한 양차대전을 거친 인류가 경험한 바이기도 하다. 인간의 존엄과 가치는 인간이 국가를 위하여 있는 것이 아니라 국가가 인간을 위하여 존재한다는 반(反)전체주의적 성격의 권리이다. 국가와 개인의 이익이 긴장관계에 있고 대립할 경우에 개인의 이익에서 출발하여야 하며 국가권력행사의 최소화가 요구된다.

Ⅲ. 자연권성

인간으로서 존엄과 가치를 가지는 삶이 존중되지 않는다면 인간은 애초부터 그 탄생의 의미, 인간으로서의 존재의미를 가지지 못할 것은 당연하다. 인간의 존엄과 가치는 인간이기 위한 원천적인 기본·기초로서의 권리인 것이다. 따라서 인간의 존엄과 가치는 인간으로서 태어나면서부터 가지는(생래적·천부적) 전국가적(前國家的) 기본권으로서 자연권이다.

Ⅳ. 포괄성

1. 포괄성의 의미와 파생기능

인간의 존엄과 가치는 포괄적인 권리로서 여기에서 여러 기본권들이 파생될 수 있다. 실제 우리 헌재도 인간의 존엄과 가치 조항에서 헌법에 명시되지 않은 여러 기본권들을 파생시켜 왔다(후술 참조). 이러한 파생으로 우리의 기본권목록이 확장되고 기본권의 최대한 보장이라는 헌법의 이념을 구현하는 데 더욱 기여하게 된다.

2. 헌법 제37조 제1항과 인간존엄규정과의 관계

우리 헌법 제37조 제1항은 "국민의 자유와 권리는 헌법에 열거되지 아니한 이유로 경시되지 아니한다"라고 규정하고 있다. 이 규정과 헌법 제10조의 인간존엄성규정과의 관계가 인간존엄권규정의 포괄성, 자연권성과 관련하여 논란이 되고 있다.

(1) 학설

인간의 존엄가치를 기본권으로 보지 않는 입장에서는 헌법 제37조 제1항이 인간의 존엄성 보장을 위한 수단적인 기본권들을 인정하게 하는 근거로 본다.207) 반면에 자연권설을 취하면서 인간의 존엄가치의 기본권성을 인정하는 입장에서는 헌법 제10조에서 여러 파생적 기본권들을 도출하므로 헌법 제37조 제1항은 확인적, 주의적 규정이라고 본다.208)

(2) 사견

확인규정설이 타당하다. 인간의 존엄가치를 기본권으로 인정하지 않는 입장에서는 헌법 제37조 제1항이 파생적 기본권을 인정하는 헌법상 근거가 될 것이다. 그러나 이는 헌법 제37조 제1항이 없다면 인간의 존엄성을 보장하기 위한 파생적 개별 기본권들이 인정될 수 없는 것으로 해석될 수 있고 그렇다면 이는 결국 실정법이 있어야 권리가 인정된다는 실정권론적인 입장이 된다.

우리 헌법상 헌법 제10조의 인간존엄가치규정은 기본권규정이라고 보아야 하고 총론부분에서 언급한대로 헌법 제10조는 우리 헌법이 기본권을 자연권으로 보는 입장을 천명한 것이고(전

---

207) 허영, 전게서, 317면.
208) 김철수, 전게서, 380면.

술 참조) 헌법 제37조 제1항은 이처럼 우리 헌법이 기본권을 자연권으로 보는 입장을 확인하여 "경시되지 아니한다"라고 규정한 것일 뿐이다. 따라서 헌법 제37조 제1항이 존재하지 않는다면 결국 인간존엄가치가 기본권으로서 실현될 수 없다는 것은 타당하지 못하다. 한편 자연권론을 취하는 입장에서는 사실 헌법 제37조 제1항 뿐 아니라 헌법 제10조의 인간존엄규정도 확인적인 규정이라고 볼 것이다. 우리 헌법 제10조 후문도 "국가는 … 불가침의 기본적 인권을 확인하고"라고 규정하여 자연권인 기본권을 확인한다고 밝히고 있기 때문이다.

V. 근본규범성

인간의 존엄과 가치는 인간이기 위해 그리고 인간으로 살아가기 위한 근본적인 권리이고 다른 권리들의 출발점이므로 인간존엄·가치규정은 최고의 원칙적인 근본규범이다. 헌재도 "모든 기본권의 종국적 목적이자 기본이념이라 할 수 있는 인간의 존엄과 가치"라고 한다(헌재 2001.7.19. 2000헌마546). 따라서 인간존엄·가치규정은 법해석의 최고기준이 되고 헌법개정의 한계규정이며 설령 헌법개정으로 삭제되더라도 인정된다. 자연법적 규정이기 때문이다. 헌재는 헌법 제10조의 "인간의 존엄성은 최고의 헌법적 가치이자 국가목표규범으로서 모든 국가기관을 구속하며, 그리하여 국가는 인간존엄성을 실현해야 할 의무와 과제를 안게 됨을 의미한다"라고 한다(2006헌마788; 2008헌마648).

VI. 다른 기본권들과의 관계

인간의 존엄과 가치의 다른 기본권들과의 관계를 보면 ⅰ) 목적적·이념적 지위(자유권, 생존권, 청구권, 참정권 등 다른 기본권들은 종국적으로 인간의 존엄과 가치를 유지하게 하고 발현시키게 하는 수단적 내지 과정적 기본권들로서의 의미를 가지고 인간의 존엄과 가치는 보다 목적적인 기본권으로서, 다른 기본권들의 이념을 형성하는 지위에 있다), ⅱ) 보완·파생 관계(인간의 존엄과 가치가 포괄적인 기본권이므로 헌법에 명시되지 않은 여러 수단적 개별적 기본권들도 여기에서 파생될 수 있으므로 인간의 존엄과 가치는 보완적 기능을 한다), ⅲ) 다른 기본권들의 제한(한계)원리(다른 개별 기본권들과의 상충에 있어서 제한의 원리가 된다. 예: 우리 헌법 제21조 제4항 전문도 언론·출판은 타인의 명예를 침해하여서는 아니 됨을 명시하고 있다) 등이다.

제 3 항 인간의 존엄과 가치의 주체

[자연인] 헌법 제10조가 "모든 국민은 인간으로서의 존엄과 가치를 가지며"라고 그 주체를 국민으로 명시하고 있긴하나 인간의 존엄과 가치는 천부인권으로서 인간의 권리이므로 국민뿐 아니라 외국인과 무국적자에게도 인정된다.

[태아와 배아] 태아에 대해서도 생명권의 주체성을 인정할 수 있고 인간의 존엄과 가치를 가지는 주체가 될 수 있다는 견해가 일반적이다. 우리 헌재도 태아의 생명권의 주체성을 인정한다(2004헌바81). 낙태에 대한 논란이 있으나 낙태(임신중절)는 태아에 대한 생명권의 침해라고 보아야 한다(그러나 헌재는 낙태 처벌조항에 대해 헌법불합치결정을 했다. 2017헌바127 후술 참조). 그런데 임부의 생명권과의 충돌 문제가 있을 수 있다. 헌재는 아직 모체에 착상되거나 원시선이 나타나지 않은 초기배아에 대해서는 기본권주체성을 부정하였다(2005헌마346).

[사자] 죽은 사람도 인간의 존엄과 가치의 주체가 될 수 있느냐 하는 문제가 있다. 인간으로서의 존엄과 가치는 살아있는 사람이 그 주체가 되는 것이 원칙이라고 보아 사자의 존엄과 가치권에 대해서는 제한적으로 보는 견해가 많다. 그러나 사자에 대한 사후적 평판이나 명예권 등은 보호될 수 있고, 특히 유족들과의 관계에서 그 보호가 요구될 수 있으며 그 점에서는 주체가 될 수 있다. 헌재도 "사자(死者)에 대한 사회적 명예와 평가는 사자와의 관계를 통하여 스스로의 인격상을 형성하고 명예를 지켜온 그들의 후손의 인격권, 즉 유족의 명예 또는 유족의 사자에 대한 경애추모의 정에도 영향을 미친다"라고 한다(2008헌바111; 2012헌마757; 2016헌마626 등). 이에 관한 구체적 사안으로 ① 국군포로법 제15조의5 제1항은 등록포로 등에 대하여 국방부장관으로 하여금 억류기간 중의 행적이나 공헌의 정도에 상응하는 예우를 할 수 있도록 하고 있다. 등록포로 등의 억류기간 중 행적이나 공헌은 그의 억류지출신 포로가족의 삶에 직·간접적으로 영향을 미치고, 이는 또한 등록포로 등이 우리 사회에서 어떻게 평가되고 예우받는지와 밀접하게 관련되어 그 가족의 평판이나 명예에 중대한 영향을 미치므로, 그 예우에 관하여 대통령령으로 정하지 않은 이 사건 행정입법부작위는 등록포로 등의 가족인 청구인의 명예권을 침해한다고 본 결정이 있었다(2016헌마626). ② '일제강점하 반민족행위 진상규명에 관한 특별법' 규정이 조사대상자인 사자(死者)의 사회적 평가와 아울러 유족(후손)의 인격권을 제한하는 것이라고 보았다. 그러나 과잉금지원칙을 준수하여 합헌이라고 보았다(2007헌가23; 2008헌바111; 2009헌바292).

[법인] 법인과 법인격 없는 사단·재단 등의 단체는 주체가 될 수 없다. '인간'이 누리는 존엄과 가치이기 때문이다. 그러나 법인의 인격권, 명예권을 인정하는 헌재의 판례들이 있다(89헌마160; 2009헌가27; 2001헌바43). 이에 대해서는 앞서 살펴본 바 있다(전술 제 1 편의 기본권의 주체 부분 참조).

제4항 인간의 존엄과 가치의 내용과 제한, 그 국가보호

I. 인간의 존엄과 가치의 체계 — 포괄적 존엄가치권과 개별적(파생적) 존엄가치권

인간의 존엄가치권 전체는 포괄성을 가지고 그 포괄적 존엄가치권에서 여러 구체적 존엄가치권들이 개별적으로 파생되어 나온다. 포괄적 존엄가치권은 개별적인 존엄가치권을 보충하며 (보충적 기본권) 파생을 시켜 기본권의 확대를 가져오는 데 기여한다.

II. 인간의 존엄과 가치의 구체적 내용(개별적 존엄가치권)과 제한

1. 헌법에 명시된 존엄가치권

헌법 자체에 명시적으로 인간의 존엄성을 보장하도록 명령하고 있는 사항이 규정되어 있기도 하다.

ⅰ) 헌법 제32조 제3항은 "근로조건의 기준은 인간의 존엄성을 보장하도록 법률로 정한다"라고 규정하여 근로조건에서의 존엄성보장을 규정하고 있다. [판례] 근로기준법의 전면적 적용대상을 5인 이상의 근로자를 사용하는 사업장에 한정하고 있는 규정 — 4인 이하 근로자를 사용하는 영세사업장에도 적용하면 감당하기 어려운 경제적 부담만을 가중시킨다는 점에서 그러한 한정에는 합리적 이유가 있다고 보아 근로조건 존엄성보장에 위배되지 않는다고 보았다(◐ 판례 98헌마310. 그 외 근로조건 존엄성조항에 합치된다고 본 다른 예로, 95헌바36 등).

ⅱ) 헌법 제36조 제1항은 "혼인과 가족생활은 개인의 존엄과 양성의 평등을 기초로 성립되고 유지되어야 하며, 국가는 이를 보장한다"라고 규정하여 혼인과 가족생활의 영역에서의 존엄성보장을 명시하고 있다. [판례] ⅰ) 합헌성인정: 존속상해치사죄의 가중처벌 — 패륜적·반도덕적 행위의 가중처벌을 통하여 친족 내지 가족에 있어서의 자연적·보편적 윤리를 보호하여야 하므로 이 조항에 위배되지 않는다고 본 결정(2000헌바53) 등이 있었다. ⅱ) 위헌성인정: ① 민법규정의 친생부인의 소의 제소기간이 단기여서 진실한 혈연관계에 부합하지 아니하고 당사자가 원하지도 아니하는 친자관계를 부인할 기회를 충분히 주지 아니한다고 하여 헌법불합치결정된 예(◐ 판례 95헌가14), ② 호주제가 개인과 가족의 자율적 결정권을 존중하라는 헌법 제36조 1항에 위배된다는 위헌결정(2001헌가9등), ③ 부부간의 자산소득 합산과세는 혼인하였다는 이유만으로 혼인하지 않은 자산소득자보다 더 많은 조세부담을 하여 소득을 재분배하도록 강요받는 것은 헌법 제36조 제1항에 반한다고 본 위헌결정(◐ 판례 2001헌바82), ④ "자(子)는 부

(父)의 성(姓)과 본(本)을 따르고"라고 하여 부성주의를 규정한 민법규정이 가족관계의 변동 등으로 구체적인 상황 하에서는 예외를 규정하지 않아 인격권을 침해다고 본 헌법불합치결정례(● 판례 2003헌가5) 등이 있었다. ⑤ 간통죄규정에 대한 위헌결정 − 선량한 성도덕과 일부일처주의 혼인제도의 유지 등을 위하여 개인의 존엄과 양성의 평등을 기초로 한 혼인과 가족생활의 유지·보장의무 이행에 부합하는 규정이라 하여 합헌결정들을 하였었다(2000헌바60; 2007헌가17). 그러나 이후 결국 간통죄규정은 자기결정권 등의 침해로 위헌결정이 되었다(● 판례 2009헌바17. 후술 자기결정권 부분 참조).

2. 생명권(生命權)

[성격·근거] ⅰ) 성격 − 생명권의 성격은 자연권적인 권리이고, 그 자체가 본질적 내용으로 구성되어 있는 권리이다. ⅱ) 생명권의 헌법적 근거 − ① 학설: 헌법 제12조 신체의 자유조항이라는 설, 헌법 제37조 제1항이라고 보는 설, 헌법 제10조의 행복추구권조항이란 설. ② 판례 − 헌재는 생명권이 직결되는 사안인 사형제에 대한 합헌결정에서 생명권을 거론하여 헌법에 규정된 모든 기본권의 전제로서 기능하는 기본권 중의 기본권이라고 하면서도 그 근거가 되는 헌법조문을 명시하지는 않고 있다(95헌바1; 2008헌가23). ③ 사견 − 인간이 생명이 없다면 존엄과 가치도 당연히 있을 수 없는 것이고 인간의 존엄과 가치는 인간생명을 전제로 하는 것이므로 헌법 제10조를 근거로 한다. 자유권은 소극적 성격인데 소극적 성격의 자유권으로 규정한 헌법 제12조는 주로 신체활동의 자유의 근거이고 소극적 성격만이 아니라 적극적 성격도 포괄하는 헌법 제10조가 양자의 성격을 모두 가지는 생명권의 근거가 된다.

[생명권의 주체, 태아의 생명권 문제] 인간이 생명권의 주체가 되며 법인은 생명권의 주체가 될 수 없다. 자연인인 인간의 생명권 주체성에 대해서는 별다른 문제가 없으나 인간으로 태어나기 전의 태아에 대해 논의가 있으나 우리 헌재는 생명권의 주체가 될 수 있다고 본다(초기 배아는 부정한다. 태아, 배아의 기본권주체성은 앞의 기본권주체 부분 참조). 그 점을 인정한 결정례는 다음과 같은 사안이었다. 민법은 "태아는 손해배상의 청구권에 관하여는 이미 출생한 것으로 본다"라고 규정하여(민법 제762조) 태아의 손해배상청구권을 인정하고 있다. 문제는 법원은 태아가 살아서 출생한 경우에는 손해배상청구권을 인정하고 살아서 출생하지 못한 태아(사산아)의 손해배상청구권은 이를 부정하고 있는데 이는 법원이 민법 제762조를 해석함에 있어 사람은 생존한 동안에만 권리와 의무의 주체가 된다고 규정한 민법 제3조를 함께 적용하고 있기 때문이다. 이러한 법원의 해석과 민법 제3조의 위헌성 여부가 논란되었으나 헌재는 국가의 생명권 보호의무를 위반한 것이 아니라는 이유로 합헌으로 결정하였다(2004헌바81). 헌재는 (과거) 낙태죄 합헌결정에서도 태아의 생명권을 인정한 바 있으며(2010헌바402), 최근 낙태죄조항에 대한 헌법불합치결정에 있어서도 법정의견이 태아의 생명권을 인정하는 태도를 유지하였다

(2017헌바127, 후술 참조).

[제한] ⅰ) 법률유보 문제 - 헌재는 사형제결정에서 법률에 의한 제한을 긍정한다(2008헌가23), 그러나 생명권은 그 자체가 본질적 내용으로 되어 있기에 비례적 법률제한을 인정하기 곤란하다. ⅱ) 생명권제한의 구체적 문제들 - 생명권이 본질내용으로 이루어져 그 제한에 대해 어려운 문제들을 제기한다. 생명권 제한문제로, 사형제도, 낙태, 뇌사, 안락사·존엄사, 생명 공학(인간복제) 등이 논의되고 있다.

① **사형제** 헌재는 사형이 비례의 원칙에 따라 최소한 동등한 가치가 있는 다른 생명 또는 그에 못지아니한 공공의 이익을 보호하기 위한 불가피성이 충족되는 예외적인 경우에만 적용 됨으로써 생명권의 제한이 정당화될 수 있는 경우에는, 그것이 비록 생명권의 박탈을 초래하는 형벌이라 하더라도 이를 두고 곧바로 생명권이라는 기본권의 본질적인 내용을 침해하는 것이 라 볼 수는 없다고 하고 사형제도가 비례원칙을 준수하여 합헌이라고 결정하였다(95헌바1, 2008 헌가23). 2008헌가23 결정의 법정의견은 우리 헌법에 유일하게 사형이라는 단어가 나오는 제 110조 제4항 단서를 사형제도의 간접적인 헌법의 근거로 들고도 있다. 그러나 헌법규정 간에도 우열관계가 있다는 이론에 따르면 인간 존엄과 가치, 생명권의 우월성으로 인하여 합헌론의 완 전한 논거로 삼기 어렵다.

② **낙태 문제** 낙태에 대해서도 태아에 대한 기본권의 침해이자 본질적 내용으로만 구성 된 생명권의 침해로서 위헌이라는 위헌론과 임신부의 자기결정권을 강조하는 합헌론이 대립되 어 왔다. 미국에서는 연방대법원이 1973년의 유명한 판례인 Roe v. Wade 판결에서 낙태의 선 택을 할 권리가 여성의 프라이버시권에 포함된다고 보았고 임신기간의 3분의 1(석달) 내에 낙 태를 금지하는 것은 위헌이라고 보았다.209) 독일의 경우에는 12주 이내의 낙태를 허용한 개정 형법규정에 대해 위헌으로 결정한 바 있다.210) 우리 헌재는 합헌결정을 하였다가(2010헌바402) 이후 판례변경하여 결국 헌법불합치결정(2017헌바127)을 하였다. 낙태 문제에 대한 자세한 것은 뒤의 임부의 자기결정권 부분에서 다룬다(후술 참조). 생각건대 낙태는 태아의 생명권의 침해로 서 생명절대원칙에 반한다.

③ **뇌사, 안락사, 존엄사의 문제** ㉠ 뇌사 - 이의 인정 여부에 대해서 논란이 많다. 현재 '장기 등 이식에 관한 법률'이 뇌사판정위원회의 판정에 의한 뇌사를 인정하고 있다(동법 제17 조, 제18조). 뇌사로 판정되었다가 다시 소생한 사례가 있는 만큼 인간생명의 절대성원칙에 비 추어 볼 때 논란이 종식되지 않은 것은 물론이다. ㉡ 안락사, 존엄사 등 - 생명종식(연명치료 중단) 문제 - ⓐ 개념: 안락사(euthanasia), 존엄사가 논란되고 있다. 안락사, 존엄사의 개념에 대해서도 여러 주장이 있다. 여하튼 적극적 안락사와 소극적 안락사로 구분하는데 소생가능성

---

209) Roe v. Wade, 410 U.S. 113(1973). 이 판결은 임신기간 3분의 1(석달) 동안은 태아가 홀로 생존할 가능 성이 적다고 하여 임부의 낙태할 권리가 우선한다고 보았고, 그 다음 석달 동안에는 낙태에 대한 규제가 가능하고 그 다음의 석달 동안은 태아가 독자적으로 생존할 가능성이 있으므로 낙태금지가 가능하다고 보 았다.

210) BVerfGE 39, 1ff.

이 없다고 판단된 말기 환자에 전자는 고통을 완화해 주기 위해 적극적으로 치명적인 주사나 투약을 하여 숨지게 하는 경우이고 후자는 더 이상 생명을 이어가는[연명(延命)] 치료(인공호흡, 수혈 등)를 하지 않고 중단하여 죽음에 이르게 하는 경우이다. ⓑ 인정여부에 대한 학설, 판례: 적극적 안락사에 대해서는 살인죄에 해당된다고 본 대법원 판례가 있었고[211] 형법학자들의 학설상 견해가 대립되고 있다. 소극적 안락사의 경우 촉탁·승낙살인죄의 위법성이 조각된다고 보는 입장을 취하는 우리 형법학자들이 많다. 근자에 대법원 전원합의체 판결은 환자의 자기결정권에 중심을 두어 의학적으로 회복불가능한 사망 단계의 환자에게 연명치료를 강요하는 것은 오히려 인간의 존엄과 가치를 해하게 되므로 회복불가능한 사망의 단계에 이른 경우 환자의 자기결정권을 인정하여 환자의 중단의사에 따라(그 중단의사는 객관적으로 추정할 수도 있다고 함) 연명치료 중단이 예외적으로 인정될 수 있다고 그 허용기준을 아래와 같이 판시하였다.

[대법원 판례의 허용 기준]

◐ **대법원 판례** 대법원 2009.5.21. 2009다17417 전원합의체, 무의미한연명치료장치제거등

[관련판시] 연명치료 중단의 허용 기준: (가) 이미 의식의 회복가능성을 상실하여 더 이상 인격체로서의 활동을 기대할 수 없고 자연적으로는 이미 죽음의 과정이 시작되었다고 볼 수 있는 회복불가능한 사망의 단계에 이른 후에는, 의학적으로 무의미한 신체 침해 행위에 해당하는 연명치료를 환자에게 강요하는 것이 오히려 인간의 존엄과 가치를 해하게 되므로, 이와 같은 예외적인 상황에서 죽음을 맞이하려는 환자의 의사결정을 존중하여 환자의 인간으로서의 존엄과 가치 및 행복추구권을 보호하는 것이 사회상규에 부합되고 헌법정신에도 어긋나지 아니한다. 그러므로 회복불가능한 사망의 단계에 이른 후에 환자가 인간으로서의 존엄과 가치 및 행복추구권에 기초하여 자기결정권을 행사하는 것으로 인정되는 경우에는 특별한 사정이 없는 한 연명치료의 중단이 허용될 수 있다. 한편, 환자가 회복불가능한 사망의 단계에 이르렀는지 여부는 주치의의 소견뿐 아니라 사실조회, 진료기록 감정 등에 나타난 다른 전문의사의 의학적 소견을 종합하여 신중하게 판단하여야 한다.

(나) 환자가 회복불가능한 사망의 단계에 이르렀을 경우에 대비하여 미리 의료인에게 자신의 연명치료 거부 내지 중단에 관한 의사를 밝힌 경우(이하 '사전의료지시'라 한다)에는, 비록 진료 중단 시점에서 자기결정권을 행사한 것은 아니지만 사전의료지시를 한 후 환자의 의사가 바뀌었다고 볼 만한 특별한 사정이 없는 한 사전의료지시에 의하여 자기결정권을 행사한 것으로 인정할 수 있다. 다만, 이러한 사전의료지시는 진정한 자기결정권 행사로 볼 수 있을 정도의 요건을 갖추어야 하므로 의사결정능력이 있는 환자가 의료인으로부터 직접 충분한 의학적 정보를 제공받은 후 그 의학적 정보를 바탕으로 자신의 고유한 가치관에 따라 진지하게 구체적인 진료행위에 관한 의사를 결정하여야 하며, 이와 같은 의사결정 과정이 환자 자신이 직접 의료인을 상대방으로 하여 작성한 서면이나 의료인이 환자를 진료하는 과정에서 위와 같은 의사결정 내용을 기재한 진료기록 등에 의하여 진료 중단 시점에서 명확하게 입증될 수 있어야 비로소 사전의료지시로서의 효력을 인정할 수 있다.

(다) 한편, 환자의 사전의료지시가 없는 상태에서 회복불가능한 사망의 단계에 진입한 경우에는 환자에게 의식의 회복가능성이 없으므로 더 이상 환자 자신이 자기결정권을 행사하여 진료행위의 내용 변경이나 중단을 요구하는 의사를 표시할 것을 기대할 수 없다. 그러나 환자의 평소 가치관이나 신념 등에 비추어 연명치료를 중단하는 것이 객관적으로 환자의 최선의 이익에 부합한다고 인정되어 환자에게 자기결정권을 행사할 수 있는 기회가 주어지더라도 연명치료의 중단을 선택하였을 것이라고 볼 수 있는 경우에는, 그 연명치료 중단에 관한 환자의 의사를 추정할 수 있다고 인정하는 것이 합리적이고 사회상규에 부합된다. 이러한 환자의 의사 추정은 객관적으로 이루어져야 한다. 따라서 환자의 의사를 확인할 수 있는 객관적인 자료가 있는 경우에는 반드시 이를 참고하여야 하고, 환자가 평소 일상생활을 통하여 가족, 친구 등에 대하여 한 의사표현, 타인에 대한 치료를 보고 환자가 보인 반응, 환자의 종교, 평소의 생활 태도 등을 환자의 나이, 치료의 부작용, 환자가 고통을 겪을 가능성, 회복불가능한 사망의 단계에 이르기까지의 치료 과정, 질병의 정도, 현재의 환자 상태 등 객관적인 사정과 종합하여, 환자가 현재의 신체상태에서 의학적으로 충분한 정보를 제공받는 경우 연명치료 중단을 선택하였을 것이라고 인정되는 경우라야 그 의사를 추정

---

211) 대판 1957.7.26. 4290형상126.

할 수 있다.

[헌재의 각하결정] 헌재도 연명치료의 거부 또는 중단을 결정할 자기결정권이 보장된다고 본다. 다만, '연명치료의 중단에 관한 법률'을 제정할 국가의무는 없다고 보아 그 법률을 제정하지 않은 입법부작위가 위헌이라는 주장의 헌법소원심판 청구를 아래와 같이 각하하였다.

● 판례 헌재 2009.11.26. 2008헌마385

[결정요지] 진정입법부작위가 헌법소원의 대상이 되려면, 국가의 행위의무 내지 보호의무가 발생하였음이 명백함에도 불구하고 입법자가 아무런 입법조치를 취하지 않고 있는 경우라야 한다. (1) '죽음에 임박한 환자'에 대한 연명치료는 의학적인 의미에서 치료의 목적을 상실한 신체침해 행위가 계속적으로 이루어지는 것이라 할 수 있고, 죽음의 과정이 시작되는 것을 막는 것이 아니라 자연적으로는 이미 시작된 죽음의 과정에서의 종기를 인위적으로 연장시키는 것으로 볼 수 있어, 비록 연명치료 중단에 관한 결정 및 그 실행이 환자의 생명단축을 초래한다 하더라도 이를 생명에 대한 임의적 처분으로서 자살이라고 평가할 수 없고, 오히려 인위적인 신체침해 행위에서 벗어나서 자신의 생명을 자연적인 상태에 맡기고자 하는 것으로서 인간의 존엄과 가치에 부합한다 할 것이다. 그렇다면 환자가 장차 죽음에 임박한 상태에 이를 경우에 대비하여 미리 의료인 등에게 연명치료 거부 또는 중단에 관한 의사를 밝히는 등의 방법으로 죽음에 임박한 상태에서 인간으로서의 존엄과 가치를 지키기 위하여 연명치료의 거부 또는 중단을 결정할 수 있다 할 것이고, 위 결정은 헌법상 기본권인 자기결정권의 한 내용으로서 보장된다. (2) '연명치료 중단에 관한 자기결정권'을 보장하는 방법으로서 '법원의 재판을 통한 규범의 제시'와 '입법' 중 어느 것이 바람직한가는 입법정책의 문제로서 국회의 재량에 속한다 할 것이다. 그렇다면 헌법해석상 '연명치료 중단 등에 관한 법률'을 제정할 국가의 입법의무가 명백하다고 볼 수 없다. 결국 환자 본인이 제기한 '연명치료 중단 등에 관한 법률'의 입법부작위의 위헌확인에 관한 헌법소원 심판청구는 국가의 입법의무가 없는 사항을 대상으로 한 것으로서 헌재법 제68조 제1항 소정의 '공권력의 불행사'에 대한 것이 아니므로 부적법하다.

* 검토: 생각건대, 소생가능성이 없는 경우 연명치료거부도 소생가능성의 판단이 확정적인지 하는 문제와 보다 근본적으로 인간의 생명이 자기결정권의 대상이 되는지 하는 의문이 있다. 나아가 자기결정권의 대상이라고 할지라도 생명은 본질적 내용이라는 점에서 아무리 기본권인 자기결정권을 행사하고 자기 스스로의 제한이라고 하더라도 헌법이 금지하는 본질적 내용의 침해가 아니라고 할 것인지 하는 문제가 여전히 남는다.

ⓒ 호스피스·완화의료 및 임종과정에 있는 환자의 연명의료결정에 관한 법률: 현재 "호스피스·완화의료와 임종과정에 있는 환자의 연명의료와 연명의료중단등결정 및 그 이행에 필요한 사항을 규정함으로써 환자의 최선의 이익을 보장하고 자기결정을 존중하여 인간으로서의 존엄과 가치를 보호하는 것을 목적으로" '호스피스·완화의료 및 임종과정에 있는 환자의 연명의료결정에 관한 법률'(이하 '법')이 있다.

④ 혐연권 흡연을 하지 아니할 권리 내지 담배의 연기를 혐오하고 흡연으로부터 자유로울 권리인 혐연권에 대해 헌재는 생명권에 기하여서도 인정된다고 본다(2003헌마457).

⑤ '직사살수행위'의 생명권, 집회의 자유 침해 헌재는 '직사살수행위'(살수차를 이용하여 물줄기가 일직선 형태로 청구인에게 도달되도록 살수한 행위)가 청구인이 홀로 경찰 기동버스에 매여 있는 밧줄을 잡아당기고 있어 경찰 기동버스가 손상될 위험이 있었다고 보기 어렵고, 달리 위험한 물건 소지, 경찰관과 몸싸움 등 물리적 충돌도 없어 당시 억제할 필요성이 있는 생명·신체의 위해 또는 재산·공공시설의 위험 자체가 발생하였다고 보기 어려우므로, 이 직사살수행위가 불법집회로 인한 위험억제라는 목적에 기여할 수 있는 수단이 아니었다고 보았다. 또한 청구인의 행위로 인하여 타인의 법익이나 공공의 안녕질서에 대한 직접적인 위험이 명백하게 초래되었다고 볼 수 없으므로, 이 사건 직사살수행위의 필요성을 인정할 수 없고 피청구인들은

해산을 위하여 살수가 필요한 상황이었는지 여부, 특히 청구인이 시위대와 떨어져 홀로 밧줄을 끌어당기고 있는 상황에서 청구인에 대한 살수가 반드시 필요하였는지 여부 등을 제대로 확인하지 않았고 청구인의 머리와 가슴 윗부분을 향해 약 13초 동안 강한 물살세기로 직사살수가 계속되어 청구인이 넘어지면서 심한 상해를 입었고, 의식불명 상태로 치료받다가 사망하였으므로 이 직사살수행위는 침해의 최소성에 반한다고 보았다. 그리고 법익균형성도 없다고 보았다. 결국 과잉금지원칙을 위반한 위헌임을 확인하는 결정을 하였다(헌재 2020.4.23. 2015헌마1149).

⑥ **인간복제 등 생명공학의 문제**　　오늘날 과학기술의 발달과 더불어 인간복제 등 인간 생명권에 관련된 문제들이 논의되고 있다. 생명공학 문제는 생명권뿐 아니라 인간 존엄성 문제도 관련되므로 별도로 살펴본다(후술 '생명공학과 인간의 존엄가치권' 부분 참조).

⑦ **전투, 정당방위에 의한 생명권침해 문제**　　전투, 정당방위에 의한 생명권의 침해에 대해서도 비례원칙으로 설명하는 견해들이 있고, 헌재도 부득이하게 국가가 전쟁을 수행하는 경우, 정당한 이유 없이 타인의 생명을 부정하는 경우를 들어 생명권 제한이 가능하다고 한다(2008헌가23). 그러나 이는 정상적인 상황에서의 생명권침해가 아니므로 타당하다고 보기 어렵다. 전투에서 적군을 사살하는 것은 전쟁이라는 비상의 상황에서이다. 정당방위의 상황도 그 방위행위가 있는 당시 상황은 비정상적이다. 이를 정상적 상태에서의 법이론으로 설명하거나 이를 적용할 수는 없다.

[국가·대통령의 의무]　헌재는 "피청구인(대통령)은 행정부의 수반으로서 국가가 국민의 생명과 신체의 안전 보호의무를 충실하게 이행할 수 있도록 권한을 행사하고 직책을 수행하여야 하는 의무를 부담한다. 하지만 국민의 생명이 위협받는 재난상황이 발생하였다고 하여 피청구인이 직접 구조 활동에 참여하여야 하는 등 구체적이고 특정한 행위의무까지 바로 발생한다고 보기는 어렵다. 세월호 참사로 많은 국민이 사망하였고 그에 대한 피청구인의 대응조치에 미흡하고 부적절한 면이 있었다고 하여 곧바로 피청구인이 생명권 보호의무를 위반하였다고 인정하기는 어렵다"라고 판시하였다(2016헌나1). 그러나 생명의 존귀성에 비추어 그 긴급한 시간 속에서 구조조치에 최선을 다하였다고 볼 수 없다는 점에서 이 판시는 받아들일 수 없다.

3. 인격권

(1) 개념·성격·근거·주체

ⅰ) **개념**　　인격이란 인간으로서의 품격을 의미하고 개인의 자아와 정체성 및 명예가 유지되는 상태를 말한다. 인격권이란 이러한 품격, 자아, 정체성, 명예 등이 존중받을 권리를 말한다.

ⅱ) **성격**　　인격권은 침해배제라는 자유권적인 소극성뿐 아니라 청구권적 성격의 적극성도 가진다.

iii) **근거**   인간존엄가치라고 보는 설, 인간존엄가치 및 행복추구권이라는 설 등이 있고 판례는 인간존엄가치만을 근거로 하는 결정례들도 있고 인간존엄가치 및 행복추구권 전체를 근거로 하는 결정례들도 있다. 생각건대 인격이란 인간의 품격을 구성하는 자아와 정체성, 명예가 유지·존중되고 그 가치를 인정받는 상태를 말하므로 인격권의 보다 직접적인 근거는 인간으로서의 존엄과 가치에 있다.

iv) **주체**   자연인인 국민, 외국인, 무국적자에게 인정된다. 사자(死者)에게도 제한적으로 인정되고 후손의 인격권에도 영향을 미친다. 그런데 인격권의 주체로 우리 헌재는 법인도 해당된다고 본다(인격권주체에 대해서는 앞의 기본권총론, 기본권주체 부분 참조).

(2) 인격권의 내용과 제한

1) 인격유지·존중권과 인격형성·발현권

인격권은 인격의 유지·존중권뿐 아니라 인격의 창출·발현권도 그 내용으로 한다. 자유로이 적극적으로 발현되고 형성된 인격이 유지되고 존중되어야 하는 것이다. 인격권의 내용으로는 포괄적인 인격권인 일반적 인격권과 개별적 인격권이 있다. 전자에서 특정되지 않은 개별적 인격권들도 파생되어 나온다.

2) 일반적 인격권

[의미] 일반적 인격권이란 초상권, 성명권 같은 개별 인격권들도 포함하여 모든 종류의 인격권을 포괄하는 인격권으로서 특정되지 않은 인격권들도 여기에서 파생되어 나온다(마치 뒤에 보는 행복추구권에서 나오는 일반적 행동자유권에서 명시되지 않은 여러 자유권이 나오듯이).

[일반적 인격권 판례] 헌재 판례들 중에 '일반적 인격권'이란 말이 언급된 사안들은 다음과 같다. ⅰ) 헌법불합치결정례 – 태아의 성별에 대한 고지의 금지 사건이 있다. 헌재는 남아선호에 따른 낙태를 방지하기 위한 태아의 성별 정보의 고지금지 규정에 대한 사건에서, 장래 가족의 구성원이 될 '태아의 성별 정보에 대한 접근을 국가로부터 방해받지 않을 부모의 권리'는 일반적 인격권에 의하여 보호된다고 보았다. 헌재는 낙태가 사실상 불가능하게 되는 임신 후반기에 이르러서도 태아에 대한 성별 정보를 부모에게 알려 주지 못하게 하는 것은 최소침해성원칙을 위반하는 것이라고 하여 헌법불합치결정212)을 하였다.

ⅱ) 위헌확인결정례: 경찰조사 모습의 촬영 허용(경찰서 조사실에서 양손에 수갑을 찬 채 조사받는 모습을 촬영할 수 있도록 허용한 행위)에 대해 일반적 인격권의 제한 문제라고 보면서 과잉금지원칙을 위반한 침해라고 하여 위헌확인결정을 하였다213)(이 결정에 대해서는 아래 개별적 인격권, '초상권' 부분 참조).

---

212) 헌재 2008.7.31. 2004헌마1010등.
213) 헌재 2014.3.27. 2012헌마652. [판시] 사람은 자신의 의사에 반하여 얼굴을 비롯하여 일반적으로 특정인임을 식별할 수 있는 신체적 특징에 관하여 함부로 촬영당하지 아니할 권리를 가지고 있으므로, 촬영허용행위는 헌법 제10조로부터 도출되는 초상권을 포함한 일반적 인격권을 제한한다.

iii) 합헌성인정결정례: ① 정정보도청구권(합헌),[214] ② 개인정보자기결정권(지문정보, 기각합헌),[215] ③ 개인정보자기결정권(성명, 생년월일, 졸업일자를 NEIS라는 전산시스템에 보유하는 것, 기각합헌),[216] ④ 개인정보자기결정권(연말정산을 위한 의료정보, 기각합헌; 법원제출명령에 의한 금융거래정보 제공, 합헌),[217] ⑤ 청소년 성매수자에 대한 신상공개제(합헌),[218] ⑥ 신문의 사회적 책임(기각합헌),[219] ⑦ 배아생성자의 배아에 대한 결정권[220] ⑧ 경찰의 채증촬영(종로경찰서 소속 채증요원들은 집회 참가자들이 신고장소를 벗어난 다음 경찰의 경고 등의 조치가 있을 무렵부터 채증카메라 등을 이용하여 집회참가자들의 행위, 경고장면과 해산절차장면 등을 촬영한 행위). - 헌재는 "사람은 자신의 의사에 반하여 얼굴을 비롯하여 일반적으로 특정인임을 식별할 수 있는 신체적 특징에 관하여 함부로 촬영당하지 아니할 권리, 즉 헌법 제10조로부터 도출되는 초상권을 포함한 일반적 인격권을 가지고 있다. 따라서 옥외집회·시위 현장에서 참가자들을 촬영·녹화하는 경찰의 촬영행위는 집회참가자들에 대한 초상권을 포함한 일반적 인격권을 제한할 수 있다"라고 한다. 그런데 이 촬영행위에 대해 과잉금지원칙 위반으로 위헌이라는 헌재의 다수의견이 5인 의견이어서 4인 합헌의견이 법정의견이 되어 기각결정이 되었다[221](이 결정에 대해서도 뒤의 '초상권' 부분 참조). ⑨ 변호사에 대한 징계결정정보를 인터넷 홈페이지에 공개하도록 한 변호사법(2011.7.25. 법률 제10922호로 개정된 것) 제98조의5 제3항과 징계결정정보의 공개범위와 시행방법을 정한 변호사법 시행령(2012.1.25. 대통령령 제23528호로 개정된 것) 제23조의2(이하 '징계결정 공개조항')가 과잉금지원칙을 준수하여 일반적 인격권을 침해하지 않는다고 결정하였다.[222]

3) 개별적 인격권

인격을 구성하는 개인의 명예와 자아, 정체성 등 여러 요소들이 보호되어야 하고 이를 위한 여러 생활영역에서 인정되어야 할 개별 인격권들이 있다. 여기서 '개별적'이란 각 생활영역에서 인격권을 의미하기 위한 지칭이다. 가정생활, 사회생활, 학교생활 등 여러 생활영역에서의 개별적 인격권들이 보장되어야 한다. 이하 명예권부터 개별 인격권들을 본다.

(가) 명예권

가) 근거   명예권의 근거에 대해 헌재도 "인격권으로서의 개인의 명예 보호"라고 하거

---

214) 헌재 1991.9.16. 89헌마165.
215) 헌재 2005.5.26. 99헌마513.
216) 헌재 2005.7.21. 2003헌마282.
217) 헌재 2008.10.30. 2006헌마1401; 2010.9.30. 2008헌바132.
218) 헌재 2003.6.26. 2002헌가14. 이 결정은 4인 합헌의견이 소수였으나 위헌의견이 6인에 달하지 못하여 합헌결정이 되었고 결국 4인 합헌의견이 법정의견이 된 것이다. 일반적 인격권은 4인 법정의견에서 언급되고 있다.
219) 헌재 2006.6.29. 2005헌마165.
220) 헌재 2010.5.27. 2005헌마346 [판시] 배아생성자의 배아에 대한 결정권은 헌법상 명문으로 규정되어 있지는 아니하지만, 헌법 제10조로부터 도출되는 일반적 인격권의 한 유형으로서의 헌법상 권리라 할 것이다. * 헌재는 이 결정권의 제한이 비례(과잉금지)원칙을 준수하였다고 하여 그 합헌성을 인정하였다. * 이 결정에 대한 요지는 뒤의 자기결정권 부분 참조.
221) 헌재 2018.8.30. 2014헌마843.
222) 헌재 2018.7.26. 2016헌마1029.

나[223] "헌법 제10조로부터 도출되는 일반적 인격권에는 개인의 명예에 관한 권리도 포함될 수" 있다고 보아[224] 인격권에서 찾고 있다. 헌법 제21조 제4항에도 '명예'라는 용어가 나오나 피해배상뿐 아니라 명예에 관한 보다 적극적 권리들은 자유권조항인 헌법 제21조 제4항보다는 헌법 제10조에서 찾는 것이 필요하다.

나) 명예권의 개념 명예란 그 주체의 인성이나 품성, 활동, 신뢰 등에 대한 사회적 평판 내지 평가를 의미하고 이를 보호받을 권리인 명예권이 중요한 인격권을 이룬다. 명예권의 개념에 있어서 사회적 평가, 따라서 외부적 가치평가라는 요소가 중시된다. 헌재는 "'명예'는 사람이나 그 인격에 대한 '사회적 평가', 즉 객관적·외부적 가치평가를 말하는 것이지 단순히 주관적·내면적인 명예감정은 포함하지 않는다"라고 한다. 내면의 명예감정이나 내적인 자긍심에 대한 침해는 명예권의 침해가 아니라는 입장이다[2002헌마425(이 결정의 사안은 아래 ① 참조); 2012헌마757(이 결정의 사안은 아래 ③ 참조); 2016헌마626 등].

위 기준에 따라 명예에 해당되지 않는다고 헌재가 판단한 다음의 사안들이 있었다. ① ○○대 사건 - 가담자들에 대한 민주화운동관련자 명예회복 및 보상 등에 관한 법률' 제2조 제2호 소정의 민주화운동관련자 결정에 대해 순직한 경찰관들 가족들이 청구한 헌법소원심판에서 헌재는 명예권 침해가 아니어서 자기관련성이 없다고 보아 청구를 각하하였다.[225] ② '대한민국 건국60년 기념사업'의 추진 - 이 추진에 대해 이는 1948.8.15.에야 비로소 대한민국이 건국된 것으로 보므로, 대한민국의 정통성을 부정하고, 대한민국에 대한 자긍심 등을 훼손하는바, 이는 일반국민을 비롯하여 독립운동가 및 그 유족의 명예권을 침해한다는 주장의 헌법소원심판 사건이 있었다. 헌재는 이는 헌법이 보호하는 법익인 명예가 아니라 내면의 명예감정이나 내적인 자긍심에 불과하다고 하여 청구인들(역사학자, 시민단체 구성원 등)의 명예 침해가 없어 헌법소원심판 청구요건들 중의 하나인 자기관련성이 없다고 하여 각하결정을 한 바 있다.[226] ③ 국가유공자의 범위에 억류지에서 사망하여 대한민국으로 생환하지 못한 국군포로(미귀환포로)를 포함시키지 않은 '국가유공자 등 예우 및 지원에 관한 법률' 규정 - 헌재는 국가유공자로 인정하지 않는 것이 미귀환포로에 대한 사회적 평가가 저해되는 것도 아니라고 하여 명예권을 침해하지 않는다고 보아 기각결정을 하였다.[227]

대법원 판례도 "민법 제764조에서 말하는 명예라 함은 사람의 품성, 덕행, 명예, 신용 등 세상으로부터 받는 객관적인 평가를 말하는 것"이라고 하면서[228] "명예훼손이란 단순히 주관적

223) 헌재 1999.6.24. 97헌마265.
224) 헌재 2005.10.27. 2002헌마425; 2013.6.27. 2012헌바37.
225) 헌재 2005.10.27. 2002헌마425.
226) 헌재 2008.11.27. 2008헌마517.
227) 헌재 2014.6.26. 2012헌마757 [결정요지] 미귀환포로를 국가유공자로 인정하지 않는다 하여 미귀환포로나 그 자녀들의 사회적 평가에 부정적 영향을 미친다고 볼 수 없고, 미귀환포로의 유족으로서는 내면의 명예감정과 자긍심을 가지고 국가유공자로 인정되지 않는 것에 대한 내심의 동요와 혼란을 겪었을 수도 있으나 이는 헌법이 보호하는 법익인 명예라고 보기는 어려우므로, 이 사건 국가유공자법조항은 청구인들의 명예권을 침해하지 않는다.

인 명예감정을 침해하는 것만으로는 부족하고 그 사회적 평가를 저하시키는 행위를 뜻한다"라고 한다.229)

인격권에는 명예권 외에도 아래에서 보는 대로 자아나 정체성보호를 위한 그 외의 인격권들도 있는데 명예권이 특히 강조되어 왔다. 전통적으로 명예훼손법이 발달되어 왔고 명예훼손은 사회적 평판 등 외적 평가에 관한 것이라는 점, 형법으로도 보호되고 있는 점 등이 정체성보호를 위한 기타의 인격권과 차이가 있다. 그러나 정체성보호를 위한 권리가 훼손됨으로써 명예가 훼손될 수도 있어서 연관성을 가진다.

다) 효과   타인의 명예를 훼손한 경우에 민사상 손해배상책임을 지울 수 있을 뿐 아니라(민법 제750조 등) 형사상 명예훼손죄로 처벌될 수도 있고(형법 제309조 등) 그리하여 명예를 보호한다. 명예권은 표현의 자유 등 다른 기본권들과의 충돌이 있을 수 있다(보도에 의한 명예가 침해되는 경우). 이에 관해서는 뒤의 언론·출판의 자유에서 살펴본다(후술 참조). 명예권은 사생활의 비밀 등 다른 기본권들과 병존 내지 경합이 있을 수 있다(밝히고 싶지 않은 사생활비밀의 공개에 의하여 명예도 침해되는 경우). 이에 대해서는 후술하는, 사생활의 비밀·자유에서 살펴본다.

라) 위헌확인결정례   본안에 들어가 위헌으로 확인된 결정례로 다음과 같은 결정이 있었다. '국군포로의 송환 및 대우 등에 관한 법률'(2015.3.27. 법률 제13237호로 개정된 것. 이하 "국군포로법") 제15조의5 제1항은 국방부장관은 국군포로로서 등록된 포로, 등록 전 사망한 귀환포로, 귀환 전 사망한 포로에게 억류기간 중의 행적이나 공헌의 정도에 상응하는 예우를 할 수 있도록 하고 제1항에 따른 예우의 신청, 기준, 방법 등에 필요한 사항은 대통령령으로 정하도록 위임하고 있었다. 이러한 위임에도 불구하고 행정입법(대통령령)이 제정되지 않았는데 헌재는 대통령이 이러한 대통령령을 제정하지 않은 이 행정입법부작위가 등록포로 등의 가족의 명예권을 침해하여 위헌임을 확인한다고 결정하였다.

● **판례** 헌재 2018.5.31. 2016헌마626 입법부작위 위헌확인
[결정요지] 등록포로 등의 억류기간 중 행적이나 공헌은 그의 억류지출신 포로가족의 삶에 직·간접적으로 영향을 미치고, 이는 또한 등록포로 등이 우리 사회에서 어떻게 평가되고 예우받는지와 밀접하게 관련되어 그 가족의 평판이나 명예에 중대한 영향을 미치므로, 그 예우에 관하여 대통령령으로 정하지 않은 이 사건 행정입법부작위는 등록포로 등의 가족인 청구인의 명예권을 침해한다. 그렇다면 이 사건 행정입법부작위는 청구인의 명예권을 침해하는 것이므로 헌법에 위반됨을 확인하기로 결정한다. * '부작위'는 행위가 없는 것이어서 취소대상도 없으므로 위헌임을 확인하는 것이다(후술 '헌법재판' 참조).

(나) 정체성보호를 위한 인격권   얼굴 등 외모, 성명, 생년월일 등은 한 사람의 정체성(동일성, 본인성, identity)을 나타내고 이는 인격을 구성하는 요소인데 이러한 요소들을 보호하기 위하여 개인의 성명권, 초상권, 음성권 등이 보장되어야 한다.

가) 성명권

㈀ 개념과 성격   성명은 그 주체가 본인임을 표시하고 다른 사람들과 식별하게 하는 명칭

---

228) 대법원 1997.10.24. 96다17851 판결.
229) 대법원 1999.7.13. 98다43632 판결.

을 말한다. 성명권은 개인의 본인성, 동일성, 정체성을 나타내는 것이므로 인격권으로서 보호되어야 한다. 헌재도 "자유로운 성의 사용 역시 헌법상 인격권으로부터 보호된다"라고 한다.[230] 성명권(姓名權)은 언론의 자유 등과 충돌될 수 있다.

(ㄴ) **성(姓)의 사용권·존중권, 이름의 사용권·존중권**　　성명 중 성(姓)은 주체의 출신을 나타내는 것으로서 이는 가족관계에서의 정체성을 의미하는 것이기도 하고 이에 대한 존중이 필요하다.[231] 성을 아버지의 것으로 따르도록 한, 즉 부성주의(父姓主義)를 규정한 민법규정에 대해 헌법불합치결정이 있었다(헌재 2005.12.22. 2003헌가5등). 이에 대해서는 아래의 가족생활에서의 인격권 부분에서 살펴본다. 어느 가계의 성에 대한 사회적 인식을 부정적으로 이끄는 표현은 성명권, 인격권의 침해이다.

이름도 그 주체의 정체성, 동일성을 표시하는 것으로서 존중되어야 하고 성명권, 인격권으로 보호되어야 한다. 개명할 권리 등이 인정된다. 대법원은 개명의 허가기준으로 "개명을 허가할 만한 상당한 이유가 있다고 인정되고, 범죄를 기도 또는 은폐하거나 법령에 따른 각종 제한을 회피하려는 불순한 의도나 목적이 개입되어 있는 등 개명신청권의 남용으로 볼 수 있는 경우가 아니라면, 원칙적으로 개명을 허가함이 상당하다"라고 한다.[232]

나) 초상권 등

(ㄱ) **개념**　　특정인의 얼굴이나 모습 등을 왜곡되게 패러디(parody), 성대모사 등의 표현을 함으로써 초상권(肖像權), 음성권(音聲權) 등의 침해를 가져올 수 있고 이러한 초상권, 음성권은 권리주체의 품위 등에 영향을 미치므로 초상권, 음성권은 인격권을 이룬다. 초상은 개인정보이기도 하다.

(ㄴ) **내용과 제한**　　사진, 동영상뿐 아니라, 그림, 조각 등 여러 방법으로 묘사된 초상도 특정인으로 인식될 수 있는 경우라면 보호되어야 한다. 초상권, 음성권 등과 표현(보도)의 자유의 충돌, 알 권리와의 충돌이 문제되기도 한다. 사적인 지위에 있는 특정인을 허락 없이 오해를 가져올 장면으로 촬영하여 신문이나 잡지 등에 게재하거나 TV에 방영되도록 하는 것도 초상권의 침해이다. 사건보도 등의 방영에 있어서 인격권의 보호를 위한 익명, 모자이크, 마스킹, 음성변조 등의 조치가 요구된다. 이른바 '몰래카메라'의 폐해가 사회문제화 되고, 그 촬영물들이 인터넷 등에 유통되는 현상이 증가하면서, 그러한 촬영행위를 처벌하기 위한 규정을 '성폭력범죄의 처벌 및 피해자보호 등에 관한 법률'에 두고 있다(동법 제14조).

---

230) 헌재 2005.12.22. 2003헌가5.
231) 대전지법 2006.6.12. 2006브15. 호적정정 [관련판시] 성(姓)의 한자음이 "리, 류, 라…"인 "이, 류, 라…"를 호적부에 한글로 표기할 때에는 한글맞춤법(두음법칙)에 따라 "이, 유, 나…"로 표기하도록 규정하고 있는 대법원 호적예규 제520호 제2항은 성을 한글로 표기함에 있어 어떻게 결정하고 사용할 것인지에 대해 종중이나 종친회, 가(家) 또는 개인의 구체적인 상황이나 의사를 전혀 고려하지 않고 국가가 일방적으로 두음법칙의 적용을 강제한다는 점에서 개인의 자기표현에 대한 자기결정권을 핵심요소의 하나로 하는 인격권을 침해하는 규정이고, 헌법 제10조 및 제37조 제2항에 위반되어 무효라고 할 것이다. * 이후 대법원은 관련 호적예규를 바꾸어 일상생활에서 그동안 한자 성을 본래의 음가로 실제로 표기하여 온 사람들에 한하여 두음법칙의 예외를 인정하도록 하였다.
232) 대법원 2005.11.16. 2005스26; 2009.8.13. 2009스65; 2009.10.16. 2009스90.

['자신의 신체를 함부로 촬영당하지 않을 자유'] 헌재는 위 규정과 유사한 이전의 위 법 규정, 즉 '카메라 등을 이용하여 성적 욕망 또는 수치심을 유발할 수 있는 다른 사람의 신체를 그 의사에 반하여 촬영하는 행위'를 처벌하는 구 '성폭력범죄의 처벌 등에 관한 특례법' 규정의 보호법익으로 헌재는 일반적 인격권에 포함된다고 볼 수 있는 '자신의 신체를 함부로 촬영당하지 않을 자유'를 보호하기 위한 것이라고 판시하였다.

● 판례 헌재 2017.6.29. 2015헌바243
[결정요지] 헌재는 결론은 과잉금지원칙을 준수하여 일반적 행동자유권의 침해가 아닌 합헌이라고 결정하여 일반적 행동자유권 문제에 대한 판단으로 내렸다. 그래서 그 결정요지는 뒤의 일반적 행동자유권 부분 참조.

[피의자의 얼굴 등 공개] 그동안 성폭력범죄 피의자, 특정강력범죄사건(연쇄살인범 등)의 재발가능성을 고려하여 그 얼굴 등을 공개해야 한다는 요구가 강했다. 현재 '성폭력범죄의 처벌 등에 관한 특례법'(제25조)과 '특정강력범죄의 처벌에 관한 특례법'(제8조의2)이 충분한 증거가 있을 것 등의 엄격한 요건 하에 허용하고 있다.

(ㄷ) 판례

i) 헌재 판례   ① 위헌확인결정례: 경찰조사 모습의 촬영 허용 – 사법경찰관이 보도자료 배포 직후 기자들의 취재 요청에 응하여 청구인이 경찰서 조사실에서 양손에 수갑을 찬 채 조사받는 모습을 촬영할 수 있도록 허용한 행위가 과잉금지원칙을 위반하여 청구인의 인격권을 침해하였다고 판단한 헌재가 위헌임을 확인하는 결정을 한 바 있다. 공인 등이 아닌 한 원칙적으로 피의자를 널리 알려야 할 공공성을 지닌다고 할 수 없어 목적정당성 자체가 부정되고 모자이크 처리되어 방영되었다고 하더라도 침해최소성이 인정되지 않는다고 본다.

● 판례 헌재 2014.3.27. 2012헌마652
[결정요지] (1) 범죄수사와 피의자의 인격권 제한의 한계: 수사기관에 의한 피의자의 초상 공개에 따른 인격권 제한의 문제는 헌법 제27조 제4항 무죄추정에 관한 헌법적 원칙, 수사기관의 피의자에 대한 인권 존중의무(형사소송법 제198조 제2항), 수사기관에 의한 인격권 침해가 피의자 및 그 가족에게 미치게 될 영향의 중대성 및 파급효 등을 충분히 고려하여 헌법적 한계의 준수 여부를 엄격히 판단하여야 한다. (2) 인격권 침해 여부 (가) 목적의 정당성 – 원칙적으로 '범죄사실' 자체가 아닌 그 범죄를 저지른 자가 누구인지, 즉 '피의자' 개인에 관한 부분은 일반 국민에게 널리 알려야 할 공공성을 지닌다고 할 수 없다. 청구인은 공인이 아니며 보험사기를 이유로 체포된 피의자에 불과해 신원공개가 허용되는 어떠한 예외사유(특정강력범죄나 성폭력범죄를 저지른 피의자 등)에도 해당한다고 보기 어렵다. 이러한 수사 장면의 공개 및 촬영은 이를 정당화할 만한 어떠한 공익 목적도 인정하기 어려우므로 촬영허용행위는 목적의 정당성 자체가 인정되지 아니한다(* 이 부분 자세한 판시는 기본권총론, 비례원칙. 목적적당성 부분 참조). (나) 침해의 최소성 – 피의자의 얼굴은 공개 시 어떠한 개인정보보다 각인효과가 크고, 현대 정보화 사회에서 신문이나 방송에 한 번 공개된 정보는 즉각 언제나 인터넷을 통해 다시 볼 수 있다는 점에서 그 파급효가 예전보다 훨씬 강력하다. 이후 피의자가 재판을 통해 무죄의 확정판결을 받는다 하더라도 방송에 공개됨으로써 찍힌 낙인 효과를 지우는 것은 거의 불가능하다. 얼굴 공개가 가져올 피해의 심각성을 고려하여 모자, 마스크 등으로 피의자의 얼굴을 가리는 등 피의자의 신원이 노출되지 않도록 침해를 최소화하기 위한 조치를 취하여야 한다. 따라서 침해의 최소성 원칙을 충족하였다고 볼 수 없다. (다) 법익의 균형성 – 낙인 효과와 그 파급효는 매우 가혹하다. 따라서 법익의 균형성도 극단적으로 상실하였다. [결론] 그렇다면 이 사건 촬영허용행위 부분은 과잉금지원칙에 위반되어 인격권을 침해한 것으로서 위헌임을 확인하는 선언을 한다.

② 기각(합헌성 인정)결정례 – 경찰의 채증촬영행위(J경찰서 소속 채증요원들은 집회 참가자들

이 신고장소를 벗어난 다음 경찰의 경고 등의 조치가 있을 무렵부터 채증카메라 등을 이용하여 집회참가자들의 행위, 경고장면과 해산절차장면 등을 촬영한 행위)에 대해 헌재의 법정의견은 과잉금지원칙을 위배하지 않아 초상권, 개인정보자기결정권, 집회의 자유를 침해하지 않았다고 보아 아래와 같이 기각결정을 하였다. 이 결정은 침해라고 보고 위헌임을 확인하자는 인용의견이 5인 다수의견이었으나 정족수 6인에 미달하여 4인 기각결정의견이 법정의견이 된 것이다.

> ● **판례**   헌재 2018.8.30. 2014헌마843
> [결정요지] 과잉금지원칙 위배 여부 (가) 4인 재판관 기각의견(법정의견) ─ 이 사건에서 피청구인이 신고범위를 벗어난 동안에만 집회참가자들을 촬영한 행위가 과잉금지원칙을 위반하여 집회참가자인 청구인들의 일반적 인격권, 개인정보자기결정권 및 집회의 자유를 침해한다고 볼 수 없다. [5인 재판관의 반대의견] 이 사건 집회는 평화적이었으므로 미신고 집회로 변하여 집회주최자의 불법행위가 성립한 것을 제외하고는 다른 불법행위에 대한 증거자료를 확보할 필요성과 긴급성이 있었다고 할 수 없다. 이 사건 촬영행위는 공익적 필요성에만 치중한 탓에 그로 인해 제약된 사익과의 조화를 도외시함으로써 과잉금지원칙을 위반하여 청구인들의 일반적 인격권, 집회의 자유를 침해하였다.

　ⅱ) **대법원 판례**　　대법원은 "사람은 누구나 자신의 얼굴 기타 사회통념상 특정인임을 식별할 수 있는 신체적 특징에 관하여 함부로 촬영 또는 그림 묘사되거나 공표되지 아니하며 영리적으로 이용당하지 않을 권리를 가지는데, 이러한 초상권은 우리 헌법 제10조 제1문에 의하여 헌법적으로도 보장되고 있는 권리이다"라고 본다. 이러한 판례 법리를 보여준 사안은 보험회사를 상대로 제기한 손해배상청구소송에서 보험회사직원들이 원고의 후유장해 정도에 대한 증거자료를 수집할 목적으로 원고들 몰래 원고들의 일상생활 사진을 촬영한 행위가 초상권을 침해하였음을 인정한 판결이었다. 이 판결에서 대법원은 초상권이나 사생활의 비밀과 자유를 침해하는 행위를 둘러싸고 서로 다른 두 방향의 이익이 충돌하는 경우에는 구체적 사안에서의 사정을 종합적으로 고려한 이익형량을 통하여 위 침해행위의 최종적인 위법성이 가려진다고 판시하였다.[233] 외주제작사가 무단촬영한 장면에 관하여 방송사업자가 피촬영자의 방송 승낙 여부를 확인하지 않고 피촬영자의 식별을 곤란하게 하는 별도의 화면조작 없이 그대로 방송한 경우, 피촬영자의 초상권 침해에 대하여 외주제작사와 공동불법행위책임을 인정한 대법원 판례도 있다.[234]

　㉣ **'알 권리', 공익성, '공인 이론'**　　초상권도 국민의 알 권리, 공익이 우월한 경우, 공인의 경우 등에 제한될 수 있다. 보도를 위한 취재촬영도 그러하다. 위 대법원 판례는 '이익충돌 시 법익형량한다'라는 법리를 설정하고 있다.

　　＊ **퍼블리시티권과 초상권**: 얼굴, 외모 등에 관한 권리문제로서 미국에서 발달되어 온 퍼블리시티권이 오늘날 우리나라에서도 논의되고 있다. 퍼블리시티권(right of publicity)이란[235] 인기 연예인이나 저명한 인사, 유명 운동선수

---

233) 대법원 2006.10.13. 2004다16280 [판결요지] ＊ 자세한 것은 앞의 기본권총론, 기본권상충, 대법원 판례 부분 참조.
234) 대법원 2008.1.17. 2007다59912.
235) 퍼블리시티권에 대해서는, 한위수, 퍼블리시티권(성명, 초상 등의 상업적 이용에 관한 권리)의 침해와 민사책임(상), (하), 인권과 정의, 1996.10, 1996.11; 박용상, 전게서, 575면 이하 등 참조. 판례로는 서울고법 1998.3.27. 97나29686; 2000.2.2. 99나26339; 서울중앙지법 2005.9.27. 2004가단235324 등 참조.

등이 자신의 초상이나 이름, 캐릭터, 이미지 등 정체성(identity)을 가지는 표지를 상품광고 등 상업적으로 활용하여 경제적 이익을 얻을 수 있는 권리, 그리고 자신의 허락 없이 다른 사람이 상업적인 영리를 위하여 그 표지를 사용하지 못하도록 할 수 있는 권리를 말한다. 한국에서 아직 퍼블리시티권에 대해 직접 규정한 실정법이 없으나 이를 인정한 판례들이 있다. 원래 프라이버시적 권리로 보았지만 위와 같은 상품성으로 그 법적 성격, 즉 인격권으로서의 일반적인 성명권, 초상권과 같은 권리인지 아니면 인격권적 성격과 재산권적 성격을 아울러 가지는 것인지 아니면 재산권인지 등에 대해 논란되고 있긴 하나236) 일반적으로 경제적 가치를 지닌 재산권적 성격이 강조되고 있다. 그 점에서 프라이버시권과 차이가 있음을 보여준다.

다) 개인정보   개인의 정체성과 신상에 관한 정보는 개인정보로서 이에 대한 침해는 인격의 침해를 가져올 수 있다. 개인의 지문이나 홍채, 피부색 등 본인성 내지 정체성에 대한 정보, 학력 등에 관한 교육정보, 병력(病歷) 등에 대한 의료정보, 신용상태에 관한 정보 등이 인격유지를 위하여 보호되어야 한다. 개인정보자기결정권이 그리하여 중시된다. 개인정보에 대해서는 주로 후술하는 정보기본권에서 살펴본다(후술 제7장 참조).

(다) 여러 영역에서의 개별적 인격권

가) 가정생활, 신분관계에서의 인격권   가정생활이나 신분관계와 관련되는 개별적 인격권의 문제로서 그동안 헌법재판사건으로 다루어진 것들로 다음과 같은 것들이 있다.

㉠ 부의 가정생활·신분관계에서 누려야 할 인격권   친생부인의 소의 제소기간을 '그 출생을 안 날로부터 1년 내'라고 규정한 구 민법 제847조 제1항 부분은 그 제소기간이 현저히 짧아 부(父)의 가정생활과 신분관계에서 누려야 할 인격권을 침해하여 위헌이라고 보아 아래와 같이 헌법불합치결정237)을 하였다.

● **판례** 헌재 1997.3.27. 95헌가14
[결정요지] '1년'이라는 제척기간(제소기간)은 그 동안에 변화된 사회현실여건과 혈통을 중시하는 전통관습 등 여러 사정을 고려하면 현저히 짧은 것이어서, 결과적으로 위 법률조항은 입법재량의 범위를 넘어서 친자관계를 부인하고자 하는 부로부터 이를 부인할 수 있는 기회를 극단적으로 제한함으로써 자유로운 의사에 따라 친자관계를 부인하고자 하는 부의 가정생활과 신분관계에서 누려야 할 인격권, 행복추구권 및 개인의 존엄과 양성의 평등에 기초한 혼인과 가족생활에 관한 기본권을 침해하는 것이다. * 이후 개정된 친생부인소송 2년 제척기간 규정에 대해서는 합헌결정(2012헌바357)이 있었다.

㉡ 모의 가정생활·신분관계에서 누려야 할 인격권   혼인 종료 후 300일 이내에 출생한 자를

---

236) 퍼블리시티권의 성격에 대해 경제적 측면의 권리라는 점에서 "인격권으로서의 성격을 가지는 전통적 의미의 초상권과 구별된다"라고 보는 판례(서울중앙지법 2005.9.27. 2004가단235324)도 있고 "인격권, 행복추구권으로부터 파생된 것이기는 하나 재산권적 성격도 가지고 있다"라고 보는 판례(서울서부지법 2010.4.21. 2010카합245)도 있다.

237) 헌법불합치결정이란 위헌이라고 인정하면서도 그 법률규정을 개정할 때까지는 당분간 효력을 지속시키는 결정을 말한다(후술 '헌법재판' 부분을 참조). 단순히 위헌결정을 하게 되면 그 법률규정이 폐기되고 법적 공백이 발생하여 법적 안정성이 깨어지기 때문에 이를 방지할 필요가 있거나 문제의 규정이 시행하는 제도 자체는 합헌적이나 그 세부적 사항이 위헌일 경우 그 규정을 단순 위헌으로 결정하면 그 제도 자체가 폐지될 수 있으므로(여기서는 친생부인의 소라는 제도—그것의 존속은 필요함) 그 세부사항만을 개정하여 제도 자체는 계속 시행하기 위할 필요가 있거나 또는 수혜적인 법규정에 대해 그 수혜가 부족하다는 이유로 제기한, 또는 혜택을 받지 못하는 사람들이 제기한 헌법재판에 의해 위헌성이 인정될 경우 단순위헌결정을 하면 부족하긴 하나 그나마 그 혜택이, 또는 그나마 그 수혜를 받아오던 사람들의 이익마저도 박탈되므로 이를 막기 위해서 헌법불합치결정을 한다.

전남편의 친생자로 추정하는 구 민법 제844조 제2항 중 "혼인관계종료의 날로부터 300일 내에 출생한 자"에 관한 규정에 대해 헌재는 오늘날 유전자검사 기술의 발달로 부자관계를 의학적으로 확인하는 것이 쉽게 되었는데도 아무런 예외 없이 그 자를 전남편의 친생자로 추정함으로써 친생부인의 소를 거치도록 하여 입법형성의 한계를 벗어나 모가 가정생활과 신분관계에서 누려야 할 인격권 및 행복추구권, 개인의 존엄과 양성의 평등에 기초한 혼인과 가족생활에 관한 기본권을 침해하는 것이라고 보아 헌법불합치결정을 한 바 있다.

> ● 판례 헌재 2015.4.30. 2013헌마623
> [결정요지] 오늘날 이혼숙려기간 및 조정전치주의가 도입됨에 따라 혼인 파탄으로부터 법률상 이혼까지의 시간간격이 크게 늘어나게 됨에 따라, 여성이 전남편 아닌 생부의 자를 포태하여 혼인 종료일로부터 300일 이내에 그 자를 출산할 가능성이 과거에 비하여 크게 증가하게 되었으며, 유전자검사 기술의 발달로 부자관계를 의학적으로 확인하는 것이 쉽게 되었다. 그러나 전남편이 친생추정을 원하지도 않으며, 생부가 그 자를 인지하려는 경우에도 엄격한 친생부인의 소를 통해서만 친생관계가 번복될 수 있다. 이와 같이 민법 제정 이후의 사회적·법률적·의학적 사정변경을 전혀 반영하지 아니한 채, 아무런 예외 없이 그 자를 전남편의 친생자로 추정함으로써 친생부인의 소를 거치도록 하는 심판대상조항은 입법형성의 한계를 벗어나 모가 가정생활과 신분관계에서 누려야 할 인격권, 혼인과 가족생활에 관한 기본권을 침해한다.

(ㄷ) 부성주의(父姓主義) "자(子)는 부(父)의 성(姓)과 본(本)을 따르고"라고 부성주의를 취한 구 민법규정이 위헌성이 논란되었다. 헌재는 부성주의를 규정한 것 자체는 헌법에 위반된다고 할 수 없으나 가족관계의 변동 등으로 구체적인 상황 하에서는 부성의 사용을 강요하는 것이 개인의 가족생활에 대한 심각한 불이익을 초래하는 것으로 인정될 수 있는 경우에도 부성주의에 대한 예외를 규정하지 않고 있는 것은 인격권을 침해한다고 하여 헌법불합치결정을 하였다. 즉 입양이나 재혼 등과 같이 가족관계의 변동과 새로운 가족관계의 형성에 있어서 양부 또는 계부 성으로의 변경이 개인의 인격적 이익과 매우 밀접한 관계를 가짐에도 부성의 사용만을 강요하여 성의 변경을 허용하지 않는 점에 인격권의 위헌적인 침해가 있다는 판단이다(● 판례 헌재 2005.12.22. 2003헌가5등).

(ㄹ) 태아의 성별 정보에 대한 접근을 방해받지 않을 부모의 권리 전술한 대로 임신 후반기에 이르러서도 태아에 대한 성별 정보를 부모에게 알려 주지 못하게 하는 것은 최소침해성원칙을 위반하는 것이라고 하여 헌법불합치결정을 하였다(● 판례 헌재 2008.7.31.2004헌마1010등).

나) 형사적 절차, 수형자의 교정교화(수용자의 처우), 강제적 절차 등에서의 인격권 범죄수사를 위한 형사적 절차나 형사재판절차 또는 수형자의 교정과정에서의 제한, 사고예방 등을 위하여 행해지는 강제적 행정작용 등에 있어서 인격권침해 여부 문제가 나타날 경우가 있는데 아래와 같은 사건들이 있었다.

(ㄱ) 위헌성을 인정한 결정례

① 신체과잉수색행위 - 경찰서 유치장에서 신체과잉수색행위가 "헌법 제10조의 인간의 존엄과 가치로부터 유래하는 인격권"을 침해하였다고 위헌확인결정을 하였다.

● **판례** 헌재 2002.7.18. 2000헌마327
[결정요지] 경찰서 유치장에 수용되는 과정에서 흉기 등 위험물 및 반입금지물품의 소지·은닉 여부를 확인하기 위하여 여자경찰관에게 등을 보인 채 돌아서서 상의를 속옷과 함께 겨드랑이까지 올리고 하의를 속옷과 함께 무릎까지 내린 상태에서 3회에 걸쳐 앉았다 일어서게 하는 방법으로 실시한 경찰서장의 신체수색은 그 수단과 방법에 있어서 필요한 최소한도의 범위를 벗어나 이로 인하여 청구인들로 하여금 인간으로서의 기본적 품위를 유지할 수 없도록 함으로써 수인하기 어려운 정도라고 보여지므로 헌법 제10조의 인간의 존엄과 가치로부터 유래하는 인격권을 침해한 것이어서 마땅히 취소되어야 할 것이다.

② 유치장의 불충분한 차폐상태의 화장실을 사용하도록 한 행위 – 인격권을 침해한 것으로 판단하여 위헌확인결정을 하였다.

● **판례** 헌재 2001.7.19. 2000헌마546 위헌확인결정
[결정요지] 사용과정에서 신체부위가 다른 유치인들 및 경찰관들에게 관찰될 수 있고 냄새가 유출되는 실내화장실을 사용하도록 강제한 경찰서장의 행위는, 내밀한 신체부위가 노출될 수 있고 역겨운 냄새, 소리 등이 흘러나오는 가운데 용변을 보지 않을 수 없는 상황에 있었으므로 그때마다 수치심과 당혹감, 굴욕감을 느꼈을 것이고 나아가 생리적 욕구까지도 억제해야만 했을 것임을 어렵지 않게 알 수 있다. 그렇다면, 비인도적·굴욕적일 뿐만 아니라 동시에 헌법 제10조의 인간의 존엄과 가치로부터 유래하는 인격권을 침해하는 정도에 이르렀다고 판단된다.

③ 시설 밖 수사·재판 중의 미결수용자에 대한 재소자용 수의(囚衣) 착용 – 이를 강제하는 것에 대해 헌재는 경우를 나누어 재소자가 구치소 시설 안에서는 착용이 합헌적이나 시설 밖으로 나와 수사 또는 재판을 받을 경우에는 위헌이라고 보아 "인격권, 행복추구권, 공정한 재판을 받을 권리를 침해한 것으로 위헌임을 확인한다"라는 주문의 위헌확인결정을 한 바 있다.

● **판례** 헌재 1999.5.27. 97헌마137
[결정요지] 미결수용자에게 구치소 시설 안에서는 재소자용 의류를 입더라도 일반인의 눈에 띄지 않고, 필요최소한 제한으로서 정당성·합리성을 갖춘 재량의 범위 내의 조치이다. 그러나 미결수용자가 수사 또는 재판을 받기 위하여 시설 밖으로 나오면 일반인의 눈에 띄게 되어 재소자용 의류 때문에 모욕감이나 수치심을 느끼게 된다. 유죄가 확정되지 아니한 미결수용자에게 재소자용 의류를 입게 하는 것은 심리적인 위축으로 위와 같은 권리를 제대로 행사할 수 없게 하여 실체적 진실의 발견을 저해할 우려가 있다. 미결수용자의 도주 방지는 계구(戒具)의 사용이나 계호 인력을 늘리는 등의 수단에 의할 것이지 그 제한은 정당화될 수 없으므로 기본권 제한에서의 비례원칙에 위반된다. 그러므로 미결수용자에게 수사 또는 재판을 받을 때에도 재소자용 의류를 입게 한 부분은 인간으로서의 존엄과 가치에서 유래하는 인격권을 침해하는 것이다.

④ 상시적 계구착용 – 교도소 수용자에 장기간 상시적으로 계구를 착용하게 한 행위가 인간의 존엄과 가치를 침해하였다고 보아 위헌확인결정이 내려졌다.

● **판례** 헌재 2003.12.18. 2001헌마163
[결정요지] 1년이 넘는 기간 동안 일주일에 1회 내지 많으면 수회, 각 약 30분 내지 2시간 동안 일시적으로 해제된 것을 제외하고는 항상 이중금속수갑과 가죽수갑을 착용하여 두 팔이 몸에 고정된 상태에서 생활하였고 이 같은 상태에서 식사, 용변, 취침을 함으로써 일상생활을 정상적으로 수행할 수 없었으므로 그로 인하여 신체적, 정신적으로 건강에 해를 입었을 가능성이 높고 인간으로서 최소한의 품위유지조차 어려운 생활을 장기간 강요당했다. 이는 기본권제한의 한계를 넘어 필요 이상으로 장기간, 그리고 과도하고 최소한의 인간적인 생활을 불가능하도록 하여 인간의 존엄성을 침해한 것으로 판단된다.

⑤ 금치처분 받은 수형자에 대한 운동금지 – 이를 규정한 구 행형법시행령 제145조 제2항 중 운동 부분 규정이 인간의 존엄과 가치를 침해하고 신체의 자유를 침해하여 위헌이라고 결정

한 바 있다.

> **● 판례** 헌재 2004.12.16. 2002헌마478
> [결정요지] 외부세계와의 교통이 단절된 채 1평 남짓한 좁은 징벌실에 수용되는 수형자에 대하여, 최장 2개월 동안 일체의 운동이 금지될 경우 수형자는 신체적 건강뿐만 아니라 정신적 건강을 해칠 위험성이 현저히 높다. 아무리 가장 중한 징벌인 금치 처분을 받은 수형자라고 하여도 비인도적인 징벌이라 아니할 수 없다. 또한 금치 기간의 장단(長短)에 관계없이, 또한 예외의 여지없이 금치 처분을 받은 수형자의 운동을 절대적으로 금지하는 것은 지나치게 징벌 집행의 편의만을 위한 조치로서 필요한 최소한도의 범위를 벗어난 것이며, 헌법 제10조의 인간의 존엄과 가치 및 신체의 안전성이 훼손당하지 아니할 자유를 포함하는 제12조의 신체의 자유를 침해하여 위헌이다.

⑥ 사죄광고강제 - 타인의 명예를 훼손한 사람에 대해 사죄광고(謝罪廣告)를 강제하는 것은 양심의 자유의 침해라고 보면서 인격권에 큰 위해임도 인정하였다.

> **● 판례** 헌재 1991.4.1. 89헌마160, 민법 제764조의 위헌여부에 관한 헌법소원, 일부위헌선언(* 원래 헌재가 일부위헌으로 분류한 것이다. 그런데 헌재 인터넷판례검색사이트에는 이유 설명없이 현재는 한정위헌결정으로 분류를 변경해 놓고 있다) [주문] 민법 제764조(1958.2.22. 법률 제471호)의 "명예회복에 적당한 처분"에 사죄광고를 포함시키는 것은 헌법에 위반된다. [판시] 본인의 의사와는 무관한데도 본인의 이름으로 이를 대외적으로 표명되게 되는 것이 그 제도의 특질이다. 따라서 사죄광고 과정에서는 자연인이든 법인이든 인격의 자유로운 발현을 위해 보호받아야 할 인격권이 무시되고 국가에 의한 인격의 외형적 변형이 초래되어 인격형성에 분열이 필연적으로 수반되게 된다. 이러한 의미에서 사죄광고제도는 헌법에서 보장된 인격의 존엄과 가치 및 그를 바탕으로 하는 인격권에도 큰 위해가 된다.

⑦ 구치소 내 과밀수용행위 - 수형자의 인간의 존엄과 가치를 침해한 것으로 위헌확인결정을 하였다.

> **● 판례** 헌재 2016.12.29. 2013헌마142
> [결정요지] 교정시설의 1인당 수용면적이 수형자의 인간으로서의 기본 욕구에 따른 생활조차 어렵게 할 만큼 지나치게 협소하다면, 이는 그 자체로 국가형벌권 행사의 한계를 넘어 수형자의 인간의 존엄과 가치를 침해하는 것이다. 이 사건의 경우, 성인 남성인 청구인은 6인이 수용되었던 2일 16시간 동안 1인당 수평투영면적 1.49㎡(내부치수 1.21㎡), 실제 개인사용가능면적 1.06㎡인 이 사건 방실에서 생활하였고, 5인이 수용되었던 6일 5시간 동안 1인당 수평투영면적 1.79㎡(내부치수 1.45㎡), 실제 개인사용가능면적 1.27㎡인 이 사건 방실에 수용되었는데, 위와 같은 1인당 수용면적은 우리나라 성인 남성의 평균 신장인 174cm(전후의 키를 가진 사람이 팔을 마음껏 펴기도 어렵고 어느 쪽으로 발을 뻗더라도 발을 다 뻗지 못하며, 다른 수형자들과 부딪치지 않기 위하여 모로 누워 칼잠을 자야할 정도로 매우 협소한 것이다. 그렇다면 이 사건 방실에 수용된 기간이 비교적 단기라도, 청구인은 인간으로서의 기본 생활에 필요한 최소한의 공간조차 확보되지 못한 이 사건 방실에서 신체적·정신적 건강이 악화되거나 인격체로서의 기본 활동에 필요한 조건을 박탈당하는 등 극심한 고통을 경험하였을 가능성이 크다. 따라서 인간으로서의 최소한의 품위를 유지할 수 없을 정도로 과밀한 공간에서 이루어진 이 사건 수용행위는 인간으로서의 존엄과 가치를 침해하여 위헌이다.

(ㄴ) 합헌성을 인정한 결정례

① 마약류사범에 대한 정밀신체(항문)검사 - 마약류사범이 구치소에 수용되면서 교도관이 마약류사범에게 검사의 취지와 방법을 설명하고 반입금지품을 제출하도록 안내한 후 외부와 차단된 검사실에서 같은 성별의 '담당교도관 앞에서 속옷까지 탈의한 상태로 돌아서서 상체를 숙인 후 양손으로 둔부를 벌려 항문을 보이는 방법'으로 실시된 정밀신체검사에 대해서는 비례(과잉금지)원칙에 합치된다고(이 비례원칙 합치, 준수하여 합헌인 경우 '비례 ○'으로 표기하기도 함)

보았다(2004헌마826), ② 수용자의 항문 부위에 대한 전자영상 신체검사(비례 ○. 2010헌마775), ③ 교도소장 점호행위 – 헌재는 교도소장이 교도소 사동에서 인원점검을 하면서 수형자들을 정렬시킨 후 차례로 번호를 외치도록 한 행위('점호행위')(수형자가 모욕감이나 수치심을 느끼게 한다는 점에서 인격권을 제한하긴 하나 비례 ○. 2011헌마332), ④ 수형자의 타교도소 이송 중 보호장비 사용행위(교도소장이 2011.7.13. 청구인을 경북북부제1교도소로 이송함에 있어 4시간 정도에 걸쳐 포승과 수갑 2개를 채운 행위 – 과잉금지원칙을 준수하여 신체의 자유 및 인격권을 침해하지 않았다고 결정. 2011헌마426), ⑤ 호송 시 다른 수용자와 연승한 행위 – 상체승의 포승과 수갑을 채우고 별도의 포승으로 다른 수용자와 연승한 호송행위(비례 ○. 2013헌마280), ⑥ 법정 내 보호장비 착용행위 등 위헌확인 – 교도수 수용자가 자신이 제기한 행정소송의 변론기일에 출석하기 위하여 지방법원에 출정할 때 교도소장이 그에게 법정 방청석에서 청구인의 변론 순서가 될 때까지 대기하는 동안 수갑 1개를 착용하도록 한 행위(비례 ○. 2017헌마1238). ⑦ 민사법정 출석의 수형자에 대한 운동화 착용 불허행위(형사 유죄가 확정되어 수용 중인 수형자가 민사재판사건으로 법정에 출석함에 있어서 운동화를 착용하는 것의 교도소장 불허. 비례 ○. 2009헌마209), ⑧ 민사법정에서의 보호장비 사용행위 – 형벌이 확정되어 교도소에 수용 중인 사람이 민사소송을 위해 출정하였는데 교도소장이 민사법정 내에서 청구인으로 하여금 양손수갑 2개를 앞으로 사용하고 상체승을 한 상태에서 변론을 하도록 한 행위(비례 ○. 헌재 2018.6.28. 2017헌마181).

⑨ '부는' 방식의 음주운전측정 – 음주운전여부를 가리기 위하여 호흡측정기에 의한 '부는' 방식의 측정은 인간존엄권을 침해한다는 주장에 대해 헌재는 부정하고 합헌성을 인정한다.

❷ **판례** 헌재 1997.3.27. 96헌가11
[결정요지] 음주운전으로 야기될 생명·신체·재산에 대한 위험과 손해의 방지라는 절실한 공익목적을 위하여 더우기 주취운전의 상당한 개연성 있는 사람에게 부과되는 제약이라는 점을 생각하면 그 정도의 부담을 두고 인간으로서의 인격적 주체성을 박탈한다거나 인간의 존귀성을 짓밟는 것이라고는 할 수 없다.

⑩ '전자발찌' 부착제도

㉠ 성폭력범죄자에 대한 이른바 '전자발찌' 부착명령제도 – 피부착자는 옷차림이나 신체활동의 자유가 제한되고, 24시간 전자장치 부착에 의한 위치 감시 그 자체로 모욕감과 수치심을 느낄 수 있으므로 인격권을 제한하는데 헌재는 비례원칙을 준수하여 합헌으로 결정하였다(❷ 판례 2011헌바89. * 구법(부착기간이 10년 범위 내인 점이 신법과 다름)에 대한 동지의 합헌결정: 2010헌바187).

㉡ 교도소·구치소의 수용자가 교정시설 외부로 나갈 경우 도주 방지를 위하여 해당 수용자의 발목에 전자장치('전자발찌')를 부착하게 하는 행위 – 법률유보원칙, 적법절차원칙, 과잉금지원칙을 준수하여 인격권과 신체의 자유를 침해하지 않는다고 보아 그 합헌성을 인정한다(2016헌마191).

⑪ 청소년 성의 매수자의 신상공개제도, 즉 청소년의 성을 사는 행위를 한 사람에 대한 신상공개를 규정한 구 '청소년의 성보호에 관한 법률' 제20조 제2항 제1호가 논란되어 헌재에 위

헌심판이 제청된 바 있었는데 헌재는 인격권의 침해라는 5인 재판관의 위헌의견과 4인재판관의 합헌의견(법정의견)으로 갈렸고 위헌결정정족수(6인 이상의 위헌의견)규정 때문에 결국 합헌결정이 되었다.

● 판례 헌재 2003.6.26. 2002헌가14
[4인 재판관의 법정의견] 신상공개제도는 일반적 인격권을 제한하는데 과잉금지원칙 위반 여부를 보면, 청소년 대상 성범죄행위에 대하여 일반 국민에게 경각심을 주어 유사한 범죄를 예방하고, 이를 통하여 청소년을 보호하기 위한 입법목적은 공공복리를 위하여 필요한 것으로서 그 정당성이 인정된다. 또 수단의 적합성도 있다. 형벌이나 보안처분만으로는 그 입법목적을 달성하는데 충분하다고 하기 어렵고, 증가하고 있는 청소년 대상 성범죄를 예방하기 위해서는 신상공개제도와 같은 입법적 수단이 불필요하다고 단정할 수 없다. 신상공개 대상자로 선정된 당사자에 대하여 의견진술기회가 부여되는 등 당사자의 불이익을 최소화하기 위한 장치를 마련하고 있어 피해최소성 원칙에 어긋나지 아니한다. 법익균형성 원칙에 어긋나지도 않는다.

다) 학교 등에서의 인격권　　학생들에 대한 교사의 체벌이 논란되어 왔고 그 기준이 설정되어 있다. 헌재는 심한 체벌은 학생의 신체의 자유를 제한하고 인격권 내지 인격성장의 권리에 손상을 가져 올 수 있다고 보면서 사회통념상 체벌의 객관적 타당성 여부를 판단하는 기준으로 "첫째, 체벌은 "교육상 불가피한 경우"에만 행해져야 한다. 둘째, 체벌의 절차를 준수해야 한다. 셋째, 방법이 적정해야 한다. 넷째, 그 정도가 지나치지 않아야 한다. 학생의 성별·연령·개인적인 사정에 따라 수인할 수 있는 정도이어야 하고, 특히 견디기 어려운 모욕감을 주어서는 아니 된다[238]"라고 판시한다(● 판례 2005헌마1189).

라) 직업관련 인격권(예: 변호사 인맥지수 제공) – 대법원 판례　　종사하는 직업, 직역과 관련하여 인격권이 문제될 수 있다. 직업관련 인격권 문제로 직접 거론한 판례는 아니나 변호사 직업과 관련한 사안으로서 대법원은 변호사의 이른바 인맥지수 제공행위는 변호사의 개인정보에 관한 인격권을 침해하는 위법한 것이라고 보았다. 인맥지수에 의하여 표현되는 법조인 간의 친밀도는 변호사의 공적 업무에 대한 평가적 요소와는 무관한 사적인 영역에 속하는 정보로서 "공익적 가치가 있는 개인적 및 직업적 정보라고 할 수도 없다"라고 판시하였다. 반면 변호사의 승소율, 전문성 지수 제공은 인격권을 침해하는 위법한 행위가 아니라고 보았다(● 대법원 판례 대법원 2011.9.2. 2008다42430 전원합의체).

마) 통신영역 – 휴대전화번호 강제변경의 인격권 제한성 부정　　통신영역에서 논란된 문제로 개인정보가지결정권의 침해로 인한 인격권 침해 문제가 많은데 그 외 방송통신위원회가 전기통신사업자들에 대하여 이동전화 식별번호로 011 등을 한시적으로만 사용하고 2014.1.1. 이후 010으로 변경하도록 하게 한 이행명령이 010번호 이외의 식별번호를 사용하는 사람들의 인격권을 제한하는지 여부가 논란되었다. 헌재는 이동전화번호 숫자가 개인의 인격 내지 인간의 존엄성과 어떠한 관련을 가져 이러한 숫자의 변경이 개인의 인격 내지 인간의 존엄성에 영향을 미친다고 보기는 어렵다고 보았다(● 판례 2011헌마63).

---

238) 이는 대법원의 입장이기도 하다. 대법원 2004.6.10. 2001도5380.

바) 공항검색과 인격권   '국가항공보안계획'(2011.4.) 제8장 '승객·휴대물품·위탁수하물 등 보안대책' 중 8.1.19 가운데 체약국의 요구가 있는 경우 항공운송사업자의 추가 보안검색 실시에 관한 부분이 법률유보원칙에 위배되고 과잉금지원칙을 위반하여 청구인의 인격권 등을 침해된다는 주장이 제기되었다. 헌재는 국회동의를 거쳐 우리 법률과 같은 효력을 가지는 국제협약인 국제민간항공협약과 이 협약의 일부로서 협약 본문과 동등한 효력이 있는 '국제민간항공협약 부속서', 그리고 이를 실현하는 항공보안법에 근거를 두고 있어서 법률유보원칙에 반하지 않고 과잉금지원칙을 준수하여 인격권 침해가 아니라고 결정하였다(● 판례 헌재 2018.2.22. 2016헌마780. 이 결정에 대해서는 앞의 기본질서 중 국제질서 부분 참조).

4. 자기결정권

(1) 자기결정권의 개념과 개념의 기본요소
1) 개념
자기결정권이란 개인이 자신의 중요한 사적인 사안이나 사항에 대해 어떠한 행위를 할 것인지, 하지 않을 것인지 등에 대하여 자율적으로 자신의 판단으로 의사를 정할 수 있는 권리를 말한다. 사실 자기결정권 전반에 관하여 아직 뚜렷하게 개념이 정립된 것은 아니다. 헌재는 자기 운명을 스스로 결정할 수 있는 권리라고 한 바 있긴 하나[239] 일반적 정의는 하지 않고 예를 들어 성적 자기결정권, 개인정보자기결정권 등 개별적 자기결정권에 대해서 주로 정의하고 있다.

2) 자기결정권 개념의 기본요소
저자는 대체적으로 다음 요소를 제시한다.

3요소

① 개인의 사적 영역이 관련되는 사안(공적 영역 병합적 경우도 포함)
② 중대한 사안성 ③ 자율성의 강한 요구

① 개인의 사적 영역이 관련되는 사안에서의 결정권이다. 공적 영역도 함께 문제될 경우에도 자기결정권이 인정된다고 볼 것이다. 다만, 공익과 다른 사람의 자기결정권과의 상충에서 조절이 요구될 수도 있다.

② 중대한 사안이 대상이다. 운명, 중요한 인격적 요소 등과 관련되는 사적 사안에서의 결정권을 의미한다. 그렇지 않으면 자기결정권의 자유권적 부분은(후술하는 대로 자기결정권은 소극적인 자유권적 성격만 가지는 것은 아니고 적극적 청구권적 성격도 가짐) 일반적 행동자유권과 다를 바 없게 된다. 문제는 중대성에 대한 기준이 명확한지 하는 것이다.

③ 자율성이 더 강하게 요구되는 권리이다. 일반적인 행동자유권에서도 자율성이 요구되므

---

239) 헌재 2006.2.23, 2005헌마268 [관련판시] 인간은 누구나 자기 운명을 스스로 결정할 수 있는 자기결정권을 가진다.

로 자기결정권은 이보다 더 강한 자율성이 요구되는 영역에서의 권리라고 보아야 자기결정권의 의미가 있게 된다(자율성에 대해서는 아래에 성격 부분에서 좀더 살펴본다).

(2) 성격

자기결정권은 위의 개념정의에 그대로 입각한다면 다음과 같은 성격을 가진다고 볼 것이다. ⅰ) 자율적 성격 – 개념요소에서 지적한 대로 스스로 선택하고 결정하는 권리이므로 자율성을 가진다. ⅱ) 자율성의 '특별한' 보호를 요구하는 기본권 – 자기결정권이 보호대상으로 하는 사항들은 사실 사생활의 자유, 인격권, 일반적 행동자유권 등으로도 보호될 수 있는 것들이다. 그럼에도 별도로 자기결정권을 인정하여 보호하고자 하는 것은 그 자율성이 특별히 보호될 것을 요구하기 때문이다. 예를 들어 성적 자기결정권도 성행위의 자유권이라는 개별 기본권으로 입론하거나 아니면 사생활의 자유로 보호된다고 할 수도 있을 것이나 이를 자기결정권으로 인정하는 것은 성행위의 자율성이 특별한 의미를 가지고 이를 강조할 필요가 있음을 전제하는 관념의 결과라고 할 것이다. 그 점에서 자기결정권을 보충적 기본권이라고 주장하는 견해[240]는 타당하지 못하다. 자기결정권을 인정하는 다음에야 이의 독자적 존재의미를 부여하여야 한다. 따라서 자기결정권에 있어서는 보충성이 아니라 자율의 특수성 내지 특별성이 강조되어야 한다. ⅲ) 적극적 성격도 보유 – 자기결정권은 소극적 성격을 가질 뿐이라는 견해가 있으나 소극적 성격 뿐 아니라 적극적인 권리로서의 성격도 가진다. 즉 자기결정권은 자율적으로 의사를 결정하고 행동을 방해받지 않고 할 수 있으며 자신이 원하지 않는 행위를 하지 않을 권리라는 점에서는 소극적인 성격의 요소를 지니지만 나아가 자기결정권은 자신이 하고자 하는 구체적인 행위를 스스로 정하고 행할 수 있는 권리로서 적극성을 가진다. 나아가 자신이 선택한 행위를 적극적으로 할 수 있는 기회를 국가가 제공해줄 것을 요구할 수 있는 적극성을 가진 권리이기도 하다. 예를 들어 개인정보에 대한 수집, 유출에 대한 방어적인 소극적 권리로서만이 아니라 개인정보열람청구권이 주어지고 잘못된 개인정보에 대해서는 이를 정정해달라고 요구할 수 있는 적극적 권리로서의 개인정보자기결정권이 있다. 요컨대 청구권적 성격의 적극성도 가진다.

(3) 범위
1) 학설

국내에 일본의 이론이 소개되고 있다. 일본에서는 협의설로 개인의 인격에 필요한 권리의 총합이라고 보는 견해(인격적 자율권설)와 광의설로 개인의 모든 영역에서의 행위의 자유를 모두 포함한다는 견해(일반적 자유설)가 대립되고 있다. 앞의 견해는 개인의 인격과 관련되는 사항(예를 들어 성의 정체성, 자신의 중요한 신상정보 등)에 자기결정권의 인정이 한정된다는 입장이고 뒤의 견해는 인격과 관련되지 않은 사항으로서 자유가 요구되는 사항(예를 들어 복장을 자유

---

240) 성낙인, 전게서, 335면.

로이 착용할 자유, 휴가를 즐길 자유 등)도 모두 자기결정권의 대상에 포함된다는 입장이다.

2) 판례

헌재 판례 중에는 "공공정책의 결정 내지 시행에 해당하는 것으로서" "이것이 개인의 인격이나 운명에 관한 사항은 아니며 … 따라서 위와 같은 사항은 헌법상 자기결정권의 보호범위에 포함된다고 볼 수 없다"라고 판시한 예가 있다. 이 판시는 헌재가 자기결정권은 개인의 운명이나 인격에 관한 것을 보호범위로 하는 것으로 이해하게 한다. 그러나 헌재가 자기결정권의 일반적인 보호범위를 직접 명시하여 밝히지는 않았다. 다만, 주로 인격사항과 개인적으로 중요한 사항에 자기결정권의 인정을 해 온 것은 사실이다.

한편 헌재가 자기결정권으로 보면서 인간의 존엄가치가 아니라 행복추구권에서 나온다고 보는 것도 있다. 바로 소비자의 자기결정(선택)권이 그것이다[헌재는 "소비자가 자신의 의사에 따라 자유롭게 상품을 선택하는 것을 제약함으로써 소비자의 행복추구권에서 파생되는 '자기결정권'"이라고(96헌가18) 판시한 바 있다].

3) 사견

생각건대 일단은 자기결정권을 인격적 권리 또는 자유적 권리 어느 하나로 그 범위를 한정할 수는 없다. 자기의 중요한 결정을 할 대상은 그 범위가 넓고 좁음은 별개로 한다면 인격적 성격 뿐 아니라 자유적 성격의 사안도 있을 것이고 경우에 따라서는 인격과 자유가 함께 요구되는 사안도(예를 들어 혼인에 있어서 혼인이라는 개인의 삶, 운명, 인격에 관련되고 혼인의 자유도 요구될 것이다) 있을 것이기 때문이다. 자유로운 활동으로 인격의 발현을 가져오는 경우도 있다(예를 들어 복장을 자유로이 착용할 자유를 누림으로써 자신의 품격이 복장으로 표출되게 착용한다면 인격발현의 효과도 나타날 것이다). 의미있는 것은 위와 같은 범위의 문제가 아니라 앞서 개념과 성격에서 살펴본 대로 사안의 중요성과 자율의 특별성이 자기결정권을 인정하는 중심잣대가 된다는 점이 다시 확인되고 부각된다는 것이다. 개인의 인간적 정체성이나 인격에 관련되는 사항이 아무래도 중요성이 더 강하고 따라서 자기결정권이 인정될 가능성이 더 많은 영역일 수 있긴 할 것이다. 그렇더라도 자유적 성격의 사항을 배제할 수 없다.

4) 공적 영역의 제외

헌재 판례는 공공정책 결정은 자기결정권의 보호범위에 포함되지 않는다고 본다.

● **판례** 헌재 2006.2.23. 2005헌마268
[관련판시] 미군기지의 평택이전은 공공정책의 결정 내지 시행에 해당하는 것으로서 인근 지역에 거주하는 사람들의 삶을 결정함에 있어서 사회적 영향을 미치게 됨은 부인할 수 없으나, 이것이 개인의 인격이나 운명에 관한 사항은 아니며 또한 각자의 개성에 따른 개인적 선택에 직접적인 제한을 가하는 것도 아니다. 따라서 위와 같은 사항은 헌법상 자기결정권의 보호범위에 포함된다고 볼 수 없다.

그러나 개인의 정체성, 소속감, 삶의 기초 등과 관련되는 공공정책의 결정의 경우에도 그렇게 볼 수 있을지 의문이다.

5) 다른 기본권들과의 관계

(가) 일반적 행동자유권과의 관계   자기결정권의 자율은 포괄적 자유권으로서의 일반적 행동자유권에서도 찾을 수 있기에 양자의 관계가 문제된다. 일반적 행동자유권을 자기결정권과 동일시하는 견해도 있고 양자를 구별하는 견해도 있다. 자기결정권은 결정의 측면, 일반적 행동자유권은 행동의 측면을 강조한다는 점에서 양자는 구별된다는 견해241)가 있으나 행동은 의사결정을 전제로 한다는 점에서 설득력이 없다. 일반적 행동자유권 중에 사적 영역에서의 자율성의 특별한 보호를 요하는 자유권은 자기결정권을 이루게 된다. 일반적 행동자유권은 소극적 자유권이라는 점에서도 자기결정권으로 인정하면 적극성도 띠게 된다는 점에서 차이가 나타난다.

(나) 인격권과의 관계   자기결정권의 대상인 사안이 개인의 인격과도 관련이 있을 수 있다. 예를 들어 성명권과 같은 경우에는 앞서 본대로 개인의 정체성을 나타내는 것이므로 성명에 대한 자기결정권은 동시에 인격권을 이루는 것으로 되기도 한다. 예컨대 개인정보자기결정권에 대한 침해 여부를 판단함으로써 인격권의 침해 여부에 대한 판단이 함께 이루어지는 것으로 볼 수 있다고 하면서 개인정보자기결정권의 침해 문제로 살펴본 헌재 판례도 있다(99헌마513등). 양자의 구별은 결국 개인의 인격에 있어서 자율성이 특히 중요한 의미를 가지는 사안의 경우 자기결정권으로 인정하게 된다고 볼 것이다.

(다) 사생활의 자유와의 관계   사적 영역에서의 자율은 일반적으로 사생활의 자유로 보호될 수 있다. 그런데 사적 영역에서의 자율성이 특별히 중요한 사안을 대상으로 사생활에서의 자기결정권을 인정하게 될 것이다. 따라서 사생활의 자유가 더 넓은 영역을 가진다고 할 것이고 자기결정권이 사생활자유권보다 특별한 기본권이라고 할 것이다(예를 들어 혼인에 관한 사항은 사생활 중에 한 영역임이 분명한데 혼인과 관련된 사항에 있어서는 자기결정권을 내세운다는 것은 그 점을 실증한다).

(4) 자기결정권의 헌법적 근거

1) 학설

자기결정권의 헌법적 근거를 ① 헌법 제10조의 인간의 존엄가치에서 찾는 견해(김철수, 전게서, 387면), ② "국민의 자유와 권리는 헌법에 열거되지 아니한 이유로 경시되지 아니한다"라고 규정하고 있는 헌법 제37조 제1항에서 찾는 견해(권영성, 전게서, 298면) 등이 있고, 복합적 근거설로는 ③ 헌법 제10조와 헌법 제37조 제1항에서 찾는 견해(구병삭, 헌법상 자기결정권의 문제, 월간고시, 1990.2, 24면), ④ 헌법 제10조 중 행복추구권규정에서 찾는 견해(성낙인, 전게서, 321면) 등이 있다.

2) 판례

헌재는 자기운명결정권, 성적 자기결정권 등은 아래에서 보듯이 헌법 제10조 전문 전반의

---

241) 성낙인, 전게서, 335면.

인간의 존엄과 가치규정에 근거를 찾거나 헌법 제10조뿐 아니라 사생활의 비밀과 자유규정인 헌법 제17조에서도 그 근거를 찾는 판례를 보여주었다. 헌재는 개인정보자기결정권이 또한 헌법 제10조와 제17조를 함께 근거로 한다고 본다. 따라서 헌재는 각 자기결정권마다 개별적으로 근거를 찾기도 하지만 아울러 헌법 제10조를 주로 많이 근거로 보는 경향이다.

3) 사견

생각건대 자기결정의 대상이 어떠한 사항인가에 따라 인간의 존엄과 가치에 근거하는 점이 강한 성격의 자기결정일 수도 있고 행복추구권에 근거하는 성격을 가지는 자기결정일 수도 있으며 헌법에 명시된 개별 기본권과 관련되기도 하는 자기결정일 수 있다. 이에 따라 헌법 제10조의 인간의 존엄과 가치를 근거로 하는 자기결정권이 있을 수 있고 헌법 제10조의 인간의 존엄과 가치 및 행복추구권 전체를 근거로 하는 자기결정권, 헌법 제10조와 더불어 개별 기본권을 함께 근거로 하는 자기결정권이 있을 수 있다. 결국 개별적이면서도 복합적으로 보아야 한다. 그런데 행복추구권이나 헌법 제17조의 사생활의 자유와 같은 다른 개별 기본권을 근거로 하더라도 더불어 인간의 존엄과 가치도 그 근거로 찾는 것이 필요하다. 즉 자기결정권 전반적으로 인간의 존엄과 가치도 근거로 하는 것이 필요하다. 이는 자기결정권이 기본권주체의 자율적 판단을 존중해준다는 데 핵심이 있는 권리라는 점과 인간의 존엄성과 인간다움의 가치는 자율성을 그 중요한 요소로 한다는 점에서, 그리고 자기결정권에는 소극적 자유권성뿐 아니라 적극적 청구권적 성격이 함께 있다는 점을 고려하여 할 것이기 때문이다(결국 헌법 제10조 중심의 개별·복합설). 우리 헌재의 판례 중에는 행복추구권을 소극적인 자유권으로만 보는 판례들이 있는데(후술 '행복추구권' 참조) 우리는 그 이론에 반대하지만 만약 그 판례에 따른다면 행복추구권만을 자기결정권의 근거로 삼는 경우에 그 자기결정권은 자유권이라는 결과에 이르게 되어 문제이다. 요컨대 자기결정권은 그 적극적 성격은 헌법 제10조, 자유적 성격은 헌법 제17조 등을 근거로 한다. 소비자의 자기결정(선택)권은 소비를 통한 만족이 행복을 가져오는 것이라고 이해된다면 헌재 판례처럼 헌법 제10조의 행복추구권에서 나온다고 볼 것이다.

(5) 자기결정권의 주체

이에 대해서도 논의가 있다. 자연인으로서 국민은 물론이고 외국인, 무국적자에게도 인정된다. 자기결정권의 주체에 대해서는 의사능력이나 행위능력이 부족한 사람도 자기결정권의 주체가 되느냐 하는 문제를 많이 논한다. 긍정설이 타당하다. 유치원 원아, 초등학생과 같은 미성년자, 심신박약자, 의사능력, 행위능력이 부족한 사람들도 이들에 대해 자기결정권이 덜 보장될지라도 주체가 된다. 사실 이 논의의 의미가 그리 많지 않다. 의사능력, 행위능력이 부족한 사람에게는 자기결정권이 일반적인 사람에 비해 덜 보장된다는 점은 자기결정권이 제한됨을 의미하는 것이기에 이는 기본권주체가 아니라 기본권제한의 문제로 볼 일이기 때문이다.

(6) 자기결정권의 내용

우리 헌재는 자기운명결정권, 성적 자기결정권, 개인정보자기결정권, 의료소비자의 자기결정권 등을 인정한 바 있다. 아래에 살펴본다.

1) 자기운명결정권

자기운명결정권(自己運命決定權)이란 스스로 자기의 운명의 방향을 정하고 개척하며 인생을 설계할 수 있는 자율권을 말한다. 헌재가 헌법 제10조가 보장하고 있는 "개인의 인격권·행복추구권에는 개인의 자기운명결정권이 전제되는 것이고"라고 판시한 결정례들이 있다. 헌재는 자기운명결정권 속에 여러 자기결정권이 나오는 것으로 보는 입장인 것으로 이해된다. 예를 들어 "개인의 인격권·행복추구권에는 개인의 자기운명결정권이 전제되는 것이고, 이 자기운명결정권에는 성행위여부 및 그 상대방을 결정할 수 있는 성적자기결정권이 또한 포함되어 있으며"라거나[242] "헌법 제10조에 근거를 둔 자기운명결정권의 한 내용으로서 '연명치료 중단에 관한 자기결정권'"이라고[243] 하거나, 이 자기운명결정권에는 임신과 출산에 관한 결정, 즉 임신과 출산의 과정에 내재하는 특별한 희생을 강요당하지 않을 자유가 포함되어 있다"라고[244] 본다.

2) 성적 자기결정권

(가) 성적 자기결정권의 개념과 헌법적 근거   성적 자기결정권(性的 自己決定權)이란 인간의 성생활에 관한 자율권인 기본권을 말한다. 헌재는 위에서 언급한 자기운명결정권에 성적 자기결정권이 포함되어 있다고 본다.

헌재는 간통죄 규정에 대한 2015년의 위헌결정의 법정의견이 "헌법 제10조는 개인의 인격권과 행복추구권을 보장하고 있고, 인격권과 행복추구권은 개인의 자기운명결정권을 전제로 한다. 이 자기운명결정권에는 성행위 여부 및 그 상대방을 결정할 수 있는 성적 자기결정권이 포함되어 있으므로, 심판대상조항은 개인의 성적 자기결정권을 제한한다"라고 하여(헌재 2015.2.26. 2009헌바17) 자기운명결정과 성적 자기결정권의 근거를 인간존엄가치 뿐 아니라 행복추구권을 포함한 헌법 제10조 전체를 그 근거로 보는 것으로 보였다. 이는 간통죄에 대한 초기의 합헌결정(헌재 1990.9.10. 89헌마82)에서 입장과 같은 것이다.

그런데 헌재 판례 중에는 성적 자기결정권을 헌법 제10조뿐 아니라 사생활의 비밀과 자유 규정인 헌법 제17조에서도 끌어내고 있는 판례가 있었다. 혼인빙자간음죄에 대한 합헌결정[245]이 그 예이다. 그러나 혼인빙자간음죄에 대해서는 2009년에 판례를 변경하여 위헌결정이 있었는데 이 위헌결정에서는 성적 자기결정권이 헌법 제10조에서 나온다고 보고 헌법 제17조의 사

---

242) 헌재 1990.9.10. 89헌마82.

243) 헌재 2009.11.26. 2008헌마385.

244) 헌재 2012.8.23. 2010헌바402. 이는 낙태죄규정에 대한 합헌결정이었는데 이 결정은 헌재 2019.4.11. 2017헌바127 헌법불합치결정에 의해 폐기되긴 하였다.

245) 혼인빙자간음죄에 대한 구 판례(합헌결정) - 헌재 2002.10.31. 99헌바40등 [관련판시] 헌법 제10조에서 보장하는 인격권 및 행복추구권, 헌법 제17조에서 보장하는 사생활의 비밀과 자유는 타인의 간섭을 받지 아니하고 누구나 자기운명을 스스로 결정할 수 있는 권리를 전제로 하는 것이다. 이러한 권리내용 중에 성적자기결정권이 포함되는 것은 물론이다.

생활의 비밀과 자유는 별개로 제한되는 기본권으로 보고 있다.[246] 이는 2015년 간통죄 위헌결정의 법정의견도 마찬가지였다.

(나) 성적 자기결정권의 내용   성적 자기결정권은 성생활에 관한 자율적인 결정권을 그 내용으로 하는데 헌재는 "성행위 여부 및 그 상대방을 결정할 수 있는" 권리라고 한다. 성적 자기결정권 관련 헌재판례를 아래에 살펴본다.

가) 간통행위   간통행위를 처벌하는 형법규정에 대해서는 성적 자기결정권의 본질적 내용을 침해하여 위헌인지가 논란되어 왔다. 헌재는 결국 위헌결정을 하였다.

(a) 이전의 합헌성인정 결정례들   헌재는 여러 차례의 합헌성을 인정하는 결정들을 하였다.[247]

(b) 위헌결정으로의 판례변경   2015년에 헌재는 간통죄규정에 대해 과잉금지원칙에 위배하여 국민의 성적 자기결정권 및 사생활의 비밀과 자유를 침해하는 것이라고 하여 위헌이라고 결정함으로써 판례를 변경하였다.

● **판례**   헌재 2015.2.26. 2009헌바17
[결정요지] [5인 재판관 위헌의견] (1) 심판대상조항은 개인의 성적 자기결정권을 제한한다. 또한, 개인의 성생활이라는 내밀한 사적 생활영역에서의 행위를 제한하므로 헌법 제17조가 보장하는 사생활의 비밀과 자유 역시 제한한다. (2) 입법목적의 정당성 - 선량한 성풍속 및 일부일처제에 기초한 혼인제도를 보호하고 부부간 정조의무를 지키게 하기 위한 것으로 그 입법목적의 정당성은 인정된다. (3) 수단의 적절성 및 침해최소성 - 우리 사회에서 혼인한 남녀의 정조유지가 전통윤리로 확립되어 있었으나 사회 구조의 변화, 결혼과 성에 관한 국민의 의식 변화, 그리고 성적 자기결정권을 보다 중요시하는 인식의 확산에 따라, 배우자 있는 사람이 배우자 아닌 사람과 성관계를 하였다고 하여 이를 국가가 형벌로 다스리는 것이 적정한지에 대해서는 이제 더 이상 국민의 인식이 일치한다고 보기 어렵게 되었다. 정조의무는 형벌로 그 생성과 유지를 강요해 봐야 실효성이 없다. 오늘날 우리 사회의 변화는 간통죄의 위와 같은 존재이유를 상당 부분 상실하도록 하였다. 부부가 이혼을 하는 경우 재산분할청구권이 부여되는 한편, 자녀에 대한 친권도 남녀 차별 없이 평등하게 보장되었다. 혼인과 가정의 유지는 당사자의 자유로운 의지와 애정에 맡겨야지, 형벌을 통하여 타율적으로 강제될 수 없는 것이므로, 심판대상조항이 일부일처제의 혼인제도와 가정질서를 보호한다는 목적을 달성하는 데 적절하고 실효성 있는 수단이라고 할 수 없다. 오히려 간통죄가 악용되고 있기도 하다. 이와 같은 사정을 종합해 보면, 수단의 적절성과 침해최소성을 갖추지 못하였다. (4) 법익의 균형성 - 개인의 내밀한 성생활의 영역을 형벌의 대상으로 삼음으로써 국민의 성적 자기결정권과 사생활의 비밀과 자유라는 기본권을 지나치게 제한하는 것이므로, 법익균형성도 상실하였다. (5) 결론 - 결국 과잉금지원칙에 위배하여 성적 자기결정권 및 사생활의 비밀과 자유를 침해하는 것으로서 헌법에 위반된다. * 위 5인 의견 외에도 재판관 2인 각각의 별도로 위헌의견이 있었고 모두 7인 위헌의견으로 위헌결정이 되었음.

나) 혼인에 관한 성적 자기결정권   동성동본간의 혼인 금지의 <u>위헌성</u> - 혼인을 할 것인지 여부에 대한 그리고, 혼인의 상대방이나 방식, 시기 등을 자유롭게 선택할 권리인 혼인(婚姻)에 관한 자율권도 성적 자기결정권에 속하는 대표적인 권리이다. 동성동본(同姓同本) 간의 혼인을 금지한 민법규정에 대해 헌재는 바로 이 혼인에 관한 성적 자기결정권을 침해하였다고 하여 위헌성을 인정하였고 헌법불합치결정을 하였다.

---

246) 혼인빙자간음죄에 대한 신 판례(위헌결정), 헌재 2009.11.26. 2008헌바58. * 이 결정의 자세한 요지는 아래 참조.
247) 89헌마82; 90헌가70; 2000헌바60; 2007헌가17.

● **판례** 헌재 1997.7.16. 95헌가6등 민법 제809조 제1항 위헌제청

[결정요지] 동성동본금혼제가 정착할 수 있었던 시대는 신분적 계급제도 및 남존여비사상에 기초한 족벌적, 가부장적 대가족 중심이었고 현재의 우리사회는 헌법에 명시되어 있듯이 "자유와 평등"을 근본이념으로 하며 신분적 계급제도와 남존여비사상을 배척한 자유민주주의사회로 탈바꿈하였고 혼인관(婚姻觀)이 "인격 대 인격의 결합"이라는 관념으로, 가족의 형태도 분화된 핵가족으로, 봉건적, 폐쇄적인 자급자족 원칙의 농경사회가 고도로 발달된 산업사회로 바뀌었다는 것은 중대한 사회환경의 변화이고, 특히 인구의 기하급수적인 증가, 대성(大姓)의 증가로 이제는 동성동본이라는 것이 금혼의 기준으로서 그 합리성을 인정받기가 어렵게 되었고, 가(家) 내지 본관에 관한 관념이 차츰 희박해져 너무나 많은 사회환경의 변화가 있었다. 헌법 제10조는 개인의 인격권과 행복추구권을 보장하고 있고 이러한 개인의 인격권·행복추구권은 개인의 자기운명결정권을 그 전제로 하고 있으며, 이 자기운명결정권에는 성적 자기결정권 특히 혼인의 자유와 혼인에 있어서 상대방을 결정할 수 있는 자유가 포함되어 있다. 또 헌법 제36조 제1항은 "혼인과 가족생활은 개인의 존엄과 양성의 평등을 기초로 성립되고 유지되어야 하며, 국가는 이를 보장한다"고 규정하고 있는바, 이는 혼인제도와 가족제도에 관한 헌법원리를 규정한 것으로서 혼인제도와 가족제도는 인간의 존엄성 존중과 민주주의의 원리에 따라 규정되어야 함을 천명한 것이라 볼 수 있다. 따라서 혼인에 있어서도 개인의 존엄과 양성의 본질적 평등의 바탕위에서 모든 국민은 스스로 혼인을 할 것인가 하지 않을 것인가를 결정할 수 있고 혼인을 함에 있어서도 그 시기는 물론 상대방을 자유로이 선택할 수 있는 것이며, 이러한 결정에 따라 혼인과 가족생활을 유지할 수 있고, 국가는 이를 보장해야 하는 것이다. 그런데 이 법률조항은 동성동본인 혈족 사이의 혼인을 그 촌수의 원근에 관계없이 일률적으로 모두 금지하고 있어, 동성동본인 혈족은 서로가 아무리 진지하게 사랑하고 있다고 하더라도 또 촌수를 계산할 수 없을 만큼 먼 혈족이라 하더라도 혼인을 할 수 없고 따라서 혼인에 있어 상대방을 결정할 수 있는 자유를 제한하고 있는 동시에, 그 제한의 범위를 동성동본인 혈족, 즉 남계 혈족에만 한정함으로써 성별에 의한 차별을 하고 있다. 그렇다면 이 법률조항은 이미 위에서 본 바와 같이 금혼규정으로서의 사회적 타당성 내지 합리성을 상실하고 있음과 아울러 헌법 제10조, 제11조 제1항, 제36조 제1항에 위반될 뿐만 아니라 그 입법목적이 이제는 혼인에 관한 국민의 자유와 권리를 제한할 "사회질서"나 "공공복리"에 해당될 수 없다는 점에서 헌법 제37조 제2항에도 위반된다(새로운 혼인제도를 결정할 수 있도록 헌법불합치결정을 하여야 함).

다) 혼인빙자간음죄 헌재는 혼인빙자간음죄(형법 제304조) 규정에 대해서 합헌으로 결정하였다가[248] 2009년 판례를 변경하여 과잉금지원칙을 위반하여 남성의 성적자기결정권 및 사생활의 비밀과 자유를 침해하는 <u>위헌</u>이라고 결정하였다.

● **판례** 헌재 2009.11.26. 2008헌바58

[결정요지] 입법목적에 정당성이 인정되지 않는다. 첫째, 남성이 해악적 방법을 수반하지 않고서 여성을 애정행위의 상대방으로 선택하는 문제는 그 행위의 성질상 국가의 개입이 자제되어야 할 사적인 내밀한 영역인데다 또 그 속성상 과장이 수반되게 마련이어서 우리 형법이 혼전 성관계를 처벌대상으로 하지 않고 있으므로 혼전 성관계에서 통상적 유도행위 또한 처벌해야 할 이유가 없다. 다음 여성이 혼전 성관계를 요구하는 상대방 남자와 성관계를 가질 것인가의 여부를 스스로 결정한 후 자신의 결정이 착오에 의한 것이라고 주장하면서 상대방 남성의 처벌을 요구하는 것은 여성 스스로가 자신의 성적자기결정권을 부인하는 행위이다. 또한 혼인빙자간음죄가 다수의 남성과 성관계를 맺는 여성 일체를 '음행의 상습 있는 부녀'로 낙인찍어 보호의 대상에서 제외시켜 여성에 대한 남성우월적 정조관념에 기초한 가부장적·도덕주의적 성 이데올로기를 강요하는 셈이 된다. 결국 이 법률조항은 남녀 평등의 사회를 지향하고 실현해야 할 국가의 헌법적 의무(헌법 제36조 제1항)에 반하는 것이자, 여성을 유아시(幼兒視)함으로써 여성을 보호한다는 미명 아래 사실상 국가 스스로가 여성의 성적자기결정권을 부인하는 것이 되는 것이다. 성인이 어떤 종류의 성행위와 사랑을 하건, 그것은 원칙적으로 개인의 자유 영역에 속하고, 국가 형벌로서의 처단기능의 약화, 형사처벌로 인한 부작용 대두의 점 등을 고려하면 수단의 적절성과 피해의 최소성을 갖추지 못하였다. 법익의 균형성도 상실하였다. 결국 과잉금지원칙을 위반하여 남성의 성적자기결정권 및 사생활의 비밀과 자유를 과잉제한하는 것으로 헌법에 위반된다.

라) 군대에서의 동성 간 성행위 등 금지 헌재는 "계간 기타 추행한 자는 1년 이하의 징역에

---

248) 헌재 2002.10.31. 99헌바40, 2002헌바50(병합).

처한다."라고 규정한 구 군형법(2009.11.2. 법률 제9820호로 개정되기 전의 것) 제92조 중 "기타 추행"에 관한 부분이 과잉금지원칙에 위반되지 않아 성적자기결정권을 침해하지 않는 <u>합헌</u>이라고 결정하였다(● 판례 헌재 2011.3.31. 2008헌가21).

마) 부부간 성적 자기결정권 - 부부강간　　대법원은 강간죄규정인 형법 제297조가 정한 강간죄의 객체인 '부녀'에는 법률상 처가 포함되고, 혼인관계가 파탄된 경우뿐만 아니라 혼인관계가 실질적으로 유지되고 있는 경우에도 남편이 반항을 불가능하게 하거나 현저히 곤란하게 할 정도의 폭행이나 협박을 가하여 아내를 간음한 경우에는 강간죄가 성립한다고 본다. 대법원은 다만 남편의 아내에 대한 폭행 또는 협박이 피해자의 반항을 불가능하게 하거나 현저히 곤란하게 할 정도에 이른 것인지 여부는, 부부 사이의 성생활에 대한 국가의 개입은 가정의 유지라는 관점에서 최대한 자제하여야 한다는 전제에서, 그 폭행 또는 협박의 내용과 정도가 아내의 성적 자기결정권을 본질적으로 침해하는 정도에 이른 것인지 여부, 남편이 유형력을 행사하게 된 경위, 혼인생활의 형태와 부부의 평소 성행, 성교 당시와 그 후의 상황 등 모든 사정을 종합하여 신중하게 판단하여야 한다고 판시하였다(◐ 대법원 판례 대법원 2013.5.16. 2012도14788 전원합의체).

바) 성매매 처벌　　헌재는 성매매를 한 자를 형사처벌 하도록 규정한 '성매매알선 등 행위의 처벌에 관한 법률' 제21조 제1항이 성적 자기결정권, 사생활의 비밀과 자유, 성판매자의 직업선택의 자유를 제한함에 있어서 성매매 예방교육 등이 형사처벌과 유사하거나 더 높은 효과를 갖는다고 볼 수 없으므로 침해최소성원칙에 어긋나지 않아 비례(과잉금지)원칙에 반하지 않고 합리적인 이유가 있어 평등권을 침해하지 않는다고 보아 <u>합헌</u>으로 결정하였다(● 판례 헌재 2016.3.31. 2013헌가2).

사) 장애인의 성적 자기결정권 - 대법원 판례　　대법원은 장애인의 성적 자기결정권에 대해 판시하였는데 "19세 이상의 사람이 신체적인 또는 정신적인 장애로 사물을 변별하거나 의사를 결정할 능력이 미약한 13세 이상의 아동·청소년을 간음하거나 장애 아동·청소년으로 하여금 다른 사람을 간음하게 하는 경우"에 처벌하도록 규정한 '아동·청소년의 성보호에 관한 법률' 제8조 제1항이 장애인의 일반적인 성적 자기결정권을 과도하게 침해한다고 볼 수 없다고 판시하였다(◐ 대법원 판례 대법원 2015.3.20. 2014도17346).

아) 타인의 성적 자기결정권 보호를 위한 처벌의 합헌성 인정　　타인의 성적 자기결정권을 보호하기 위하여 이를 침해하는 행위를 처벌하는 것이 과잉금지원칙을 준수한 합헌이라고 결정한 예로, 형법 제298조의 강제추행죄 규정(2010헌바66; 2015헌바300; 2019헌바121. '추행'이란 객관적으로 일반인에게 성적 수치심이나 혐오감을 일으키게 하고 선량한 성적 도덕관념에 반하는 행위로서 피해자의 성적 자기결정권을 침해), 대중교통수단, 공연·집회 장소, 그 밖에 공중(公衆)이 밀집하는 장소에서 사람을 추행한 행위를 처벌하는(공중밀집장소추행죄) 구 '성폭력범죄의 처벌 등에 관한 특례법' 규정에 대한 합헌결정(2019헌바413) 등이 있었다.

3) 정체성에 대한 자기결정권 – 성명(姓名) 등에 대한 자기결정권

사람의 성과 이름은 정체성을 표시하며 각종 법률관계에서 동일성을 인식하게 하고 법주체의 명의가 된다. 따라서 성명에 대한 권리는 앞서 본 인격권의 하나이기도 한데 이에 대한 자율적인 권리(개명할 권리를 포함)는 자기결정권을 이룬다. 대법원은 "성명권은 헌법상의 행복추구권과 인격권의 한 내용을 이루는 것이어서 자기결정권의 대상이 되는 것"이라고 판시한 바 있다.249) 성명, 개명에 관한 자세한 것은 앞의 인격권 부분에서 다루었다(전술 참조). 정체성과 많은 연관을 가진 자기결정권으로는 국적의 선택에 대한 자율적 권리, 성 정체성에 대한 자기결정권 등이 있다. 아래에 따로 살펴본다(아래 4) 5) 참조).

4) 국적이탈·선택의 자기결정권

[성격과 근거(헌법 제10조)] 국적은 개인의 소속감, 정체성과 관련된다. 따라서 헌법 제10조의 인간의 존엄과 가치에서 국적선택 등 국적 관련 기본권들이 나온다. 특히 국민의 개념을 객관설이 아닌 정신적 요소가 중요한 주관설에 입각하고 있는 점(전술 제1부 헌법서설의 '국민의 개념' 참조)에서도 그러하다. 국적이탈의 자유를 거주·이전의 자유에서 끌어내는 판례가 있었고 그러한 학설도 있는데 우리는 이것이 타당하지 않다는 지적을 했었고 최근 2020년에 헌재는 2016헌마889 결정에서 "'국적이탈의 자유'의 개념에는 '국적선택에 대한 자기결정권'이 전제되어 있으므로"라는 판시를 한 바 있다.

[내용] 이에 대해서는 앞의 제1부, 국가의 요소, 국민, 국적 부분(전술 참조)과 뒤의 거주·이전의 자유 부분에서 다루는데 최근 병역의무의 기피를 막기 위한 이중(복수)국적자의 한국 국적의 이탈 제한을 정한 국적법 제12조 제2항 등의 규정에 대한 헌법불합치결정이 있었다(2016헌마889. 후술 참조).

5) 성(性) 정체성에 대한 자기결정권 – 성전환자(性轉換者)의 권리

(가) 성의 개념   근본적으로 성이 무엇인가 하는 개념부터 해결되어야 할 것이다. 보호범위를 파악하기 위해서이다. 성의 개념은 생물학적인 염색체의 구성만을 두고 정의할 것은 아니다. 심리적·정신적·사회적 요소도 포함된다. 우리 대법원도 '사람의 성은 성염색체의 구성을 기본적인 요소로 하여 내부 생식기와 외부 성기를 비롯한 신체의 외관은 물론이고 심리적·정신적인 성과 이에 대한 일반인의 평가나 태도 등 모든 요소를 종합적으로 고려하여 사회통념에 따라 결정하여야 한다.'라고 판시함으로써250) 성의 결정에 있어 생물학적 요소와 정신적·사회적 요소를 종합적으로 고려하여야 한다는 점을 명백히 하였다(◔ 대법원 판례 대법원 2006.6.22. 2004스42 전원합의체[개명·호적정정]; 2011.9.2. 자2009스117 전원합의체).

(나) 내용과 제한   성전환은 개인의 중대한 정체성에 관한 결정이므로 이에 관한 자유와 권리도 자기결정권을 이룬다. 성전환은 자신이 어떠한 성을 취할 것인지를 정하는 것을 의미하기도 한다. 성에 대한 자기결정권은 성전환의 자기결정권, 자신이 결정한 성에 따라 생활할 권

249) 대법원 2005.11.16. 2005스26.
250) 대법원 1996.6.11. 96도791.

리, 가족관계에서 자신이 원하는 성의 역할을 하며 생활할 권리, 가족관계부 등에서 자신이 원하는 성으로 기재되도록 요구할 권리 등이 포함된다. 독일의 연방헌법재판소는 인격의 자유로운 발현권과 인간의 존엄을 규정한 독일기본법 제2조 제1항과 제1조 제1항에 의거하여 성을 변경할 수 있는 자기결정권을 인정한 바 있다.[251] 우리나라에 있어서도 위에서 본 대로 대법원이 성에 대해 정신적 요소를 포함하여 보아오고 있고 성전환자가 호적 등에 자신의 성을 변경하여 줄 것을 요구할 권리를 가진다고 보아 성전환자에 대한 호적상 성별 기재의 정정을 허용하여야 한다는 것이 대법원의 판례이다(이 판례에서 대법원이 자기결정권을 언급하지는 않았다).

◑ 대법원 판례 대법원 2006.6.22. 2004스42 전원합의체, 개명·호적정정
[결정요지] 1. 성(性)의 결정과 성전환자의 성 – 성전환증(Transsexualism)을 가진 사람의 경우에도, 사회통념상 그 출생 당시에는 생물학적인 신체적 성징에 따라 법률적인 성이 평가될 것이다. 그러나 출생 후의 성장에 따라 일관되게 출생 당시의 생물학적인 성에 대한 불일치감 및 위화감·혐오감을 갖고 반대의 성에 귀속감을 느끼면서 성전환수술을 받고 …이와 같은 성전환자는 출생시와는 달리 전환된 성이 법률적으로도 그 성전환자의 성이라고 평가받을 수 있을 것이다. 2. 성전환자에 대한 호적상 성별 기재의 정정 – (가) 위와 같이 성전환자에 해당함이 명백한 사람에 대하여는 호적의 성별란 기재의 성을 전환된 성에 부합하도록 수정할 수 있도록 허용함이 상당하다. (1) 성전환자도 인간으로서의 존엄과 가치를 향유하며 행복을 추구할 권리와 인간다운 생활을 할 권리가 있고 이러한 권리들은 질서유지나 공공복리에 반하지 아니하는 한 마땅히 보호받아야 한다(헌법 제10조, 제34조 제1항, 제37조 제2항). 법률적으로 전환된 성으로 평가될 수 있는 성전환자임이 명백함에도 불구하고, 막상 호적의 성별란 기재는 물론 이에 따라 부여된 주민등록번호가 여전히 종전의 성을 따라야 한다면 사회적으로 비정상적인 사람으로 취급되고 취업이 제한됨으로써 결국, 이들의 헌법상 기본권이 침해될 우려가 있다 … (3) 이 사건 성전환자가 호적정정과 더불어 개명 허가 신청을 하여 법원이 호적정정을 허가하는 경우에는 그의 이름이 정정된 성에 부합하도록 하는 개명 역시 허가할 수 있다.

성에 대한 자기결정권도 기본권이어서 제한을 받을 수 있어 이성 간에 혼인생활 중에 있는 경우에 배우자에 대해 그의 가족생활권 보장에 따른 제한, 자녀가 있는 경우에 그들의 정체성이나 양육을 위한 제한 등이 따를 수 있다는 것이다. 대법원은 "성별정정으로 배우자나 자녀와의 신분관계에 중대한 변경을 초래하거나 사회에 미치는 부정적 영향이 현저한 경우 등 특별한 사정이 있다면, 성별정정을 허용하여서는 아니 된다"라고 한다(대법원 2011.9.2. 2009스117 전원합의체).

6) Reproduce의 자기결정권

(가) 임부의 자기결정권 아이를 임신하고 분만하여 양육할 것인지 아닌지, 또 몇 명의 자녀를 둘 것인지 등에 대한 자기결정권을 말한다. 한편 이러한 자기결정권은 미국에서는 프라이버시의 권리로서 낙태(임신중절)의 권리를 뒷받침한 것이기도 하다. 낙태문제는 태아의 생명권과 임부의 생명권의 충돌현상이 발생하고 어려운 문제가 발생된다.

(나) 우리 헌재의 판례 우리 헌재는 "자기결정권에는 여성이 그의 존엄한 인격권을 바탕으로 하여 자율적으로 자신의 생활영역을 형성해 나갈 수 있는 권리가 포함되고, 여기에는 임신한 여성이 자신의 신체를 임신상태로 유지하여 출산할 것인지 여부에 대하여 결정할 수 있는 권리가 포함되어 있다"라고 하면서[252] 형법의 자기낙태죄 조항(형법 제269조 제1항)은 모자보건

251) BVerfGE 49, 286.
252) 헌재 2012.8.23. 2010헌바402; 2019.4.11. 2017헌바127.

법이 정한 일정한 예외를 제외하고는 태아의 발달단계 혹은 독자적 생존능력과 무관하게 임신기간 전체를 통틀어 모든 낙태를 전면적·일률적으로 금지하고, 이를 위반할 경우 형벌을 부과하도록 정함으로써, 형법적 제재 및 이에 따른 형벌의 위하력(威嚇力)으로 임신한 여성에게 임신의 유지·출산을 강제하고 있으므로, 임신한 여성의 자기결정권을 제한하고 있다"라고 판시하고 있다.253) 이 자기낙태죄 조항의 합헌성 여부에 대해 헌재는 변화를 보여주었다. 이전에 헌재는 이 조항은 태아의 생명을 보호하기 위한 것으로서 그 입법목적이 정당하고, 적절한 방법이며 피해최소성을 지키고 있고 태아의 생명권 보호라는 공익이 중하다고 보아 비례원칙을 준수한 것으로 그 합헌성을 인정하였다(구 판례).254) 그러나 2019년에 헌재는 헌법불합치의견이 4인 재판관 의견, 단순위헌의견이 3인 재판관 의견, 합헌의견이 2인 재판관 의견으로 결국 헌법불합치로 결정하여 판례를 변경하였고 이로써 앞으로 위 조항과 형법 제270조 제1항 중 의사낙태죄조항에 대해 법개정이 있어야 한다. 헌재의 이 결정에서 위헌성을 인정하는 주된 이유로 헌법불합치의견은 다양하고 광범위한 사회적·경제적 사유를 이유로 낙태갈등 상황을 겪고 있는 경우까지도 예외 없이 전면적·일률적으로 임신의 유지 및 출산을 강제하고, 이를 위반한 경우 형사처벌하고 있어서 침해최소성, 법익균형성을 갖추지 못하여 과잉금지원칙을 위반하고 있다는 점을 들고 있고, 단순위헌의견은 임신 제1삼분기에 이루어지는 안전한 낙태조차 일률적·전면적으로 금지함으로써 침해최소성, 법익균형성을 갖추지 못해 결국 과잉금지원칙을 위반하여 임신한 여성의 자기결정권을 침해한다는 점을 들었다.

● **판례** 헌재 2019.4.11. 2017헌바127

* 이 결정에서는 자기낙태죄 조항(형법 제269조 제1항)뿐 아니라 의사낙태죄 조항(동법 제270조 제1항 중 '의사'에 관한 부분)에 대해서도 헌법불합치결정되었다.

* 분석: 법정의견이 태아의 생명권을 인정한 다음에야 낙태는 본질적 내용 침해가 되므로 비례원칙을 적용하여 판단하는 것은 분명한 논증은 아니다. 이는 태아에 대해서도 생명권을 인정하는 입장을 취하면 어쩔 수 없는 모순이 나타나는 결과이다. 이 점은 오히려 합헌의견이 자유로울 수 있는 측면이 있다. 법정의견이 낙태와 관련하여 "여성의 자기결정권과 태아의 생명권의 직접적인 충돌을 해결해야 하는 사안으로 보는 것은 적절하지 않다"라고 한 것은 이해가 안 된다. 법정의견은 그러면서도 판시의 뒤로 가면서 "실제적 조화의 원칙에 따라 양 기본권의 실현을 최적화할 수 있는 해법을 모색하고 마련할 것을 국가에 요청하고 있다"라고 한다. 실제적 조화, 최적화는 기본권충돌의 해소방식이다(앞의 기본권 상충 부분 참조). 낙태가 사회적 이념성이 강한 문제일 수밖에 없으면서 생명의 본질적 박탈인 낙태문제가 사법적 재단을 받은 것이 바람직한지 하는 의문이 없지 않다. 헌법불합치결정이므로 앞으로 어느 기간 동안 낙태를 허용할 것인가 하는 법개정의 과제가 남아 있다. 사회적·정치적 합의가 쉽지 않을 것이다. 외국의 예를 보더라도 논쟁은 계속되어 왔고 이제 시작이라고 할 수 있다.

7) 생명·신체의 처분에 관한 자기결정권 문제 – 환자의 자기결정권 문제

(가) 의의   생명·신체의 처분에 관한 자기결정권은 주로 안락사, 존엄사 등의 경우에 문제된다. 이 문제는 이미 앞서 생명권 부분에서 살펴본 바 있는데 안락사, 연명치료중단을 원하는 환자의 입장에서는 자신의 생명에 대한 자기결정을 의미한다고 본다. 대법원과 헌재는 회복불

---

253) 헌재 2019.4.11. 2017헌바127.
254) 구 판례: 헌재 2012.8.23. 2010헌바402.

가능한 사망의 단계에 이른 경우 연명치료의 거부를 결정한 환자의 자기결정권을 인정한다.255) 연명치료중단의 환자의 자기결정권 문제는 앞의 생명권에서 안락사, 존엄사 문제와 더불어 살펴보았다(전술 참조).

(나) 과제   생각건대 생명의 종식에 대한 자기결정권을 인정할 수 있을 것인가에 대해 그동안 논란도 많았듯이 보다 깊은 성찰을 요한다. 생명을 종식하게 하는 것은 생명권이라는 본질적 내용을 소멸하게 하고 생명존속이 기본권의 전제라는 점에서도 생명권은 절대적 기본권인데 이 생명권이라는 절대적 기본권을 다른 기본권인 자기결정권으로 소멸시킬 수 있는지 하는 데 대해, 그리하여 생명이 자기결정권의 대상이 될 수 있는지 하는 데 대해 숙고하여야 한다.

8) 의료소비자의 자기결정권

헌재는 근간에 "의료소비자는 헌법 제10조에 의해 보장되는 자기결정권의 한 내용으로 의료행위에 관하여 스스로 결정할 권리가 있다"라고 하고 "이러한 의료소비자의 자기결정권에는 의료행위를 받을 것인지 여부에 관한 것뿐만 아니라 의료행위의 구체적인 내용을 선택할 권리도 포함된다. 따라서 의료소비자는 의료급여제도에 따라 제공되는 급여를 받는 것에 그치지 않고 더 나아가 자신의 비용으로 별도의 의료행위를 선택할 수 있는 결정권을 가진다"라고 한다(2017헌마103).

9) 시체의 처분에 대한 자기결정권

헌재는 인수자가 없는 시체를 생전의 본인의 의사와는 무관하게 해부용 시체로 제공될 수 있도록 규정하는 '시체 해부 및 보존에 관한 법률' 규정이 본인이 해부용 시체로 제공되는 것에 반대하는 의사표시를 명시적으로 표시할 수 있는 절차도 마련하지 않는 점 등에서 침해최소성 원칙을 충족하지 않고 법익균형성도 없어 시체의 처분에 대한 자기결정권을 침해하는 위헌이라고 결정하였다(● 판례 헌재 2015.11.26. 2012헌마940).

10) life style, 개성에 대한 자기결정권

모든 인간은 자신이 원하는 삶의 방식대로 살고 싶어 한다. 이것이 바로 삶의 방식에 대한 자기결정권이 인정되는 이유이다. 생활방식에 대한 자기결정권은 일상과 여가, 휴가의 생활시간의 배분과 활용을 어떻게 할 것이고 그 패턴을 어떻게 할 것인가 하는 등에 대한 기본적인 결정을 스스로 하는 권리를 말한다. 또한 복장을 어떻게 할 것인가, 머리두발모양 등 외모나 차림새(패션)를 어떻게 할 것인가를 결정할 수 있는 개성에 대한 자기결정권이 있다. 개성에 대한 자기결정권은 생활방식에 대한 자기결정권과도 깊은 관련이 있다. 개성에 대한 자기결정권은 행복추구권도 그 근거가 된다.

11) 개인정보에 대한 자기결정권

개인정보란 어느 특정인의 신분, 정체성을 나타내는 정보로서 성명, 주민등록번호, 사람마다 고유하고 다른 사람들과 구별되게 하는 지문, 홍채 등의 육체적인 요소의 정보와 그 사람의

---

255) 대법원 2009.5.21. 2009다17417 전원합의체, 무의미한연명치료장치제거등; 헌재 2009. 11.26. 2008헌마385.

성격, 사상, 신념, 사회적 신분, 정치적 성향, 사회활동 등에 관한 정보를 말한다. 개인정보자기
결정권이란 이러한 개인정보에 대한 조사수집, 처리, 보관, 활용, 공개 등에 관하여 어떻게 할
것인지를 바로 그 개인정보의 주체가 스스로 결정할 수 있는 자율적 권리를 말한다.[256] 개인정
보자기결정권은 헌법 제10조 인간의 존엄과 가치, 그리고 제17조의 사생활의 비밀과 자유를 근
거로 하는 자기결정권이다. 개인정보자기결정권에 관한 자세한 것은 정보기본권에서 살펴본다
(후술 제7장 참조).

12) 생명과학기술의 적용과 자기결정권

(가) 인간대상연구에서의 자기결정권　　오늘날 생명과학기술의 발달을 위한 연구가 인간을 대
상으로 진행되기도 하는데 그 경우에 그 연구대상인 사람이 그 연구에 응할 것인지에 대한 자기
결정권을 가져야 함은 물론이다. '생명윤리 및 안전에 관한 법률'은 인간대상연구자는 인간대상
연구를 하기 전에 연구대상자로부터 인간대상연구의 목적, 연구대상자의 참여 기간, 절차 및 방
법, 연구대상자에게 예상되는 위험 및 이득, 개인정보 보호에 관한 사항 등이 포함된 서면동의
(전자문서를 포함)를 받아야 한다고(법 제16조 제1항) 규정하고 있다. 또한 인간대상연구자가 개인
정보를 제3자에게 제공하는 경우에는 익명화하여야 한다고 규정하고 있다(동법 제18조 제2항).

(나) 배아생성자의 배아에 대한 자기결정권　　헌재는 배아생성자의 배아에 대한 자기결정권
을 헌법상의 기본권이라고 한다. 이를 판시한 사건으로 구 '생명윤리 및 안전에 관한 법률' 제
16조 제1항, 제2항에 대한 기각(합헌성인정)결정이 있다. 동법 위 조항들은 배아가 생성된 후 수
정되지 아니하고 5년이 지난 후에는 배아를 연구목적으로 이용하지 않는 한 폐기하도록 규정
하고 있었다(현재도 비슷한 규정을 두고 있다. 현행 법 제25조 제1·3항). 그런데 이 조항들에 대한
헌법소원심판의 청구인은 이는 배아생성자(정자 및 난자를 제공하여 결합하게 한 사람들)의 자발적
의사와 무관하게 입법으로 배아의 보존기간을 설정한 것으로 배아의 보존기간을 5년보다 장기
간 또는 무기한으로 정하고자 하더라도 이를 허용하지 않는 조항으로서 배아생성자의 배아에
대한 자기결정권을 직접 제한한다고 주장하였다. 헌재는 "배아생성자는 배아에 대해 자신의 유
전자정보가 담긴 신체의 일부를 제공하고, 또 배아가 모체에 성공적으로 착상하여 인간으로 출
생할 경우 생물학적 부모로서의 지위를 갖게 되므로, 배아의 관리 또는 처분에 대한 결정권을
가진다"라고 배아에 대한 자기결정권을 설명하고 있다. 헌재는 배아생성자의 배아에 대한 자기
결정권의 근거에 대해 "헌법상 명문으로 규정되어 있지는 아니하지만, 헌법 제10조로부터 도출
되는 일반적 인격권의 한 유형으로서의 헌법상 권리"라고 한다. 헌재는 위 자기결정권의 제한
이 비례(과잉금지)원칙을 준수하였다고 하여 그 합헌성을 인정하였다.

● **판례**　헌재 2010.5.27. 2005헌마346
[결정요지] 의료기관의 관리 소홀로 배아가 부적절한 연구목적으로 부당하게 사용되는 것을 방지해야할 필요성이 크

---

256) 헌재는 "자신에 관한 정보가 언제 누구에게 어느 범위까지 알려지고 또 이용되도록 할 것인지를 그 정보
　　주체가 스스로 결정할 수 있는 권리이다. 즉 정보주체가 개인정보의 공개와 이용에 관하여 스스로 결정할
　　권리를 말한다"라고 정의한다(헌재 2005.5.26. 99헌마513등; 2005.7.21. 2003헌마282등).

고 보존기간을 두더라도 기간경과 후 폐기를 배아생성자의 자율에 맡길 경우 배아의 관리가 역시 부실하게 되어 그 부적절한 이용가능성 또한 높아지게 된다. 따라서 5년의 보존기간 및 보존기관 경과 후 폐기의무를 규정한 것은 그 입법목적의 정당성과 방법의 적절성이 인정된다. 이 입법목적을 실현하면서 기본권을 덜 침해하는 수단이 명백히 존재한다고 할 수 없는 점, 5년 동안의 보존기간이 임신을 원하는 사람들에게 배아를 이용할 기회를 부여하기에 명백히 불합리한 기간이라고 볼 수 없는 점, 부적절한 연구목적의 이용가능성을 방지하여야 할 공익적 필요성의 정도가 배아생성자의 자기결정권이 제한됨으로 인한 불이익의 정도에 비해 작다고 볼 수 없는 점 등을 고려하면, 이 사건 심판대상조항이 피해의 최소성에 반하거나 법익의 균형성을 잃었다고 보기 어렵다. 이유 없어 청구를 기각한다.

유의할 점은 초기배아 자체의 생명권주체성은 인정하지 않은 결정이라는 점이다(앞의 '생명권' 부분 참조).

13) 사적 자치 - 검토

사적 자치란 자신의 의사와 행위에 따라 법적 관계를 형성할 수 있다는 자율적인 원칙을 말한다. 이 사적자치권을 자본주의 3대 원칙의 하나로 개인적으로 법적 행위에 기초가 된다고 보아 자기결정권의 하나로 보는 견해가 있을 수 있다. 그런데 사적자치권이 민법 등에서의 핵심적 원리이긴 하나 일반적인 법원리라는 점에서 중요한 자기사항에 대한 결정권인 자기결정권으로 입론할 정도인지는 검토를 요한다. 헌재 판례 중에는 "사적자치의 원칙이란 인간의 자기결정 및 자기책임의 원칙에서 유래된 기본원칙으로서"이라는 설시가 나타나는 결정례[257)]가 있긴 하나 헌재의 일반적이고 주류적인 입장은 사적 자치권을 일반적 행동자유권의 하나라고 본 것도 있고 행복추구권 자체에서 나온다고 본 것도 있으며 아울러 헌법 제119조 제1항을 함께 그 근거로 들고 있는 것도 있다(후술 '행복추구권'의 '사적자치권' 부분도 참조).

(7) 자기결정권의 제한

자기결정권은 다른 사람의 자기결정권과의 충돌이 있을 수 있으므로 이의 조절을 위한 희생이 있을 수 있다는 한계를 가지고 헌법 제37조 제2항에 의한 제한이 있을 수 있어 국가안전보장, 질서유지, 공공복리를 위하여 필요한 경우에 법률로 제한할 수 있다. 그 제한은 비례원칙을 위반하여서는 아니 된다. 자기결정권이 다른 중첩되는 개별 기본권들과 별도로 인정함은 보다 강한 보장을 요구하기에 헌법재판에서도 엄격심사인 비례원칙심사를 행하여야 할 가능성이 많다. 또한 그 본질적 내용은 제한할 수 없다. 따라서 예컨대 자살을 자기운명결정권의 행사로 정당화될 수 없다. 생명권의 본질을 스스로 포기하는 것이기 때문이다.

5. 자기책임의 원리

(1) 자기책임원리의 개념

어떠한 행위로 책임을 져야 하는 결과가 발생하면 그 책임은 그 행위를 결정하고 행한 사람에게 지워져야 하고 그 결정이나 행위에 관련이 없는 사람에게 지워져서는 안 된다는 원칙을

---

257) 헌재 2001.5.31. 99헌가18.

말한다. 헌재는 "어떠한 행위를 법률로 금지하고 그 위반을 어떻게 제재할 것인가 하는 문제는 원칙적으로 위반행위의 성질, 위반이 초래하는 사회적 경제적 해악의 정도, 제재로 인한 예방 효과 기타 사회적 경제적 현실과 그 행위에 대한 국민의 일반적 인식이나 법감정 등을 종합적으로 고려하여 입법자가 결정하여야 할 분야이나, 법적 제재가 위반행위에 대한 책임의 소재와 전혀 상관없이 이루어지도록 법률이 규정하고 있다면 이는 자기책임의 범위를 벗어나는 제재로서 헌법위반의 문제를 일으킨다"라고 한다.[258] 헌재는 "자기책임의 원리는 인간의 자유와 유책성, 그리고 인간의 존엄성을 진지하게 반영한 원리로서 그것이 비단 민사법이나 형사법에 국한된 원리라기보다는 근대법의 기본이념으로서 법치주의에 당연히 내재하는 원리로 볼 것이고 헌법 제13조 제3항은 그 한 표현에 해당하는 것으로서 자기책임의 원리에 반하는 제재는 그 자체로서 헌법위반을 구성한다"라고 한다.[259]

(2) 헌법상 근거

형벌의 자기책임은 인간의 존엄가치와 죄형법정주의, 법치주의를 그 근거로 한다(후술 형벌의 자기책임 참조). 형벌 외의 제재나 불이익을 가하는 사안에서 자기책임의 원리에 대한 헌법적 근거에 대해서는 ① 인간의 존엄과 가치에서 파생되는 자기결정권에서 찾는 견해, ② 인간의 존엄과 가치 및 행복추구권 전부에서 찾는 견해, ③ 행복추구권에서 파생되는 일반적 행동자유권에서 찾는 견해 등으로 나뉘어질 수 있다. 헌재 판례의 경우 형벌에 대해서는 인간존엄가치나 죄형법정주의에서 끌어내는 경향이 강한데 형벌이 아닌 경우에 자기책임원리의 근거에 대한 입장을 뚜렷이 알 수는 없다. 어떤 판례는 "헌법 제10조가 정하고 있는 행복추구권에서 파생되는 자기결정권 내지 일반적 행동자유권은 이성적이고 책임감 있는 사람의 자기의 운명에 대한 결정·선택을 존중하되 그에 대한 책임은 스스로 부담함을 전제로 한다"라고 하면서도 "자기책임의 원리는 … 인간의 존엄성을 진지하게 반영한 원리"라고도 한 바 있다.[260]

생각건대 자신의 처신에 대해 책임을 짐으로써 스스로 품격을 유지하고자 하는 자존감은 존엄가치에서도 나온다고 본다면 자기책임의 원리가 헌법 제10조의 인간의 존엄가치를 근거로 한다고 볼 것이다. 인간의 존엄가치에서 나오는 자기결정권도 그 근거가 될 수 있다. 그렇게 보면 자기결정권이 인간존엄가치권에서도 많이 나오므로 자기책임의 헌법적 근거로는 행복추구권뿐 아니라 인간의 존엄과 가치에서도 나온다고 볼 것이다. 다만, 앞서 자기결정권은 중요한 사항에 대한 특별히 자율성이 요구되는 경우에 인정된다고 본 점에서 자기책임이 그러한 사항에 관한 것이 아닌 경우에는 그렇게 보기 힘들 것이고 인간의 존엄과 가치 자체에 근거한다고 볼 것이다. 요컨대 자기책임원리가 일반적으로 인간의 존엄과 가치에서 나온다고 보면 될

---

258) 헌재 2004.6.24. 2002헌가27, 판례집 16-1, 714-715면; 2010.3.25. 2009헌마170, 판례집 22-1상, 544.
259) 헌재 2004.6.24. 2002헌가27; 2009.6.25. 2007헌마40; 2011.9.29. 2010헌마68; 2010.3. 25. 2009헌마170.
260) 헌재 2004.6.24. 2002헌가27.

것이다.

(3) 자기책임원리의 의미, 효과 - 자기결정의 한계(판례), 그 효과

헌재는 "자기책임의 원리는 이와 같이 자기결정권의 한계논리로서 책임부담의 근거로 기능하는 동시에 자기가 결정하지 않은 것이나 결정할 수 없는 것에 대하여는 책임을 지지 않고 책임부담의 범위도 스스로 결정한 결과 내지 그와 상관관계가 있는 부분에 국한됨을 의미하는 책임의 한정원리로 기능한다"라고 본다.

[자기책임의 범위] 헌재의 위 판시는 자기결정권이 관련되는 자기책임의 문제이고 그렇지 않은 경우도 있다는 점은 위에서 지적하였다. 여하튼 자기책임이 자기결정권이나 어떤 기본권의 행사에 대한 책임을 지우는 것이므로 기본권에 대한 한계이고 기본권한계는 기본권 제한을 의미하므로 자기책임의 범위나 정도, 방법 등은 기본권제한원리규정인 헌법 제37조 제2항에 따라 법률로 비례원칙 등을 준수하면서 정해져야 한다.

(4) 판례

자기책임 원리에 관한 헌재 판례로는, 다음과 같은 결정들이 있었다.

i) 위헌결정례　① **담배소비세**가 면제된 담배를 공급받은 자가 이를 당해 용도에 사용하지 않은 경우 면세담배를 공급한 제조자에게 담배소비세와 이에 대한 가산세의 납부의무를 부담시키는 구 지방세법 규정이 자기책임의 원리에 반하여 위헌이라고 판단한 결정이 있었다.

● **판례**　헌재 2004.6.24, 2002헌가27
[결정요지] 징세절차의 편의만을 위해 무조건 원래의 납세의무자였던 제조자에게 담배소비세와 가산세를 부과하는 것은 자신의 통제권 내지 결정권이 미치지 않는 데 대하여까지 책임을 지게 하는 것이다. 제조자는 법령이 정한 일정한 자격을 갖춘 상대방에게 특수용담배임을 표시하여 특수용담배공급계약에 따라 담배를 제공함으로써 일응의 책임을 다 한 것으로 볼 것이고, 그 이후의 단계에서 이루어진 용도 외의 처분에 관하여 제조자에게 귀책사유가 있다는 등의 특별한 사정이 없는 한 그 책임을 제조자에게 묻는 것은 자기책임의 원리에 반한다.

② **비례대표지방의회의원**의 경우에 선거범죄로 인하여 당선이 무효로 된 때에는 후보자명부상의 차순위후보자가 그 의석을 승계하지 못하도록 제한하고 있는 규정한 구 공직선거법 제200조 제2항 단서 일부규정이 귀책사유 없는 차순위 후보자에게 불이익을 주는 것이어서 자기책임 원리에 위배된다고 보았다.

● **판례**　헌재 2009.6.25, 2007헌마40
[결정요지] 심판대상조항에서 정하고 있는 정당의 비례대표지방의회의원 후보자명부에 의한 승계원칙의 예외사유는, 궐원된 비례대표지방의회의원의 의석 승계가 허용되지 아니함으로써 불이익을 입게 되는 소속 정당이나 후보자명부상의 차순위 후보자의 귀책사유에서 비롯된 것이 아니라 당선이 무효가 된 비례대표지방의회의원 당선인의 선거범죄에서 비롯된 것이다. 심판대상조항은 자기책임의 범위를 벗어나는 제재라고 하지 않을 수 없다.

③ 헌재는 유신헌법 하의 **긴급조치** 제9호 제1항 다호, 제5항에서는 허가받지 않은 학생의 모든 집회·시위와 정치관여행위를 금지하고, 이를 위반한 자에 대하여는 주무부장관이 학생의

제적을 명하고 소속 학교의 휴업, 휴교, 폐쇄조치를 할 수 있도록 규정하였는데 이는 집회·시위의 자유, 학문의 자유와 대학의 자율성 내지 대학자치의 원칙을 본질적으로 침해하는 것이며, 행위자의 소속 학교나 단체 등에 대한 불이익을 규정하여, 자기가 결정하지 않은 것이나 결정할 수 없는 것에 대하여는 책임을 지지 않고 책임부담의 범위도 스스로 결정한 결과 내지 그와 상관관계가 있는 부분에 국한됨을 의미하여 책임의 한정원리로 기능하는 헌법상의 자기책임의 원리에 위반된다고 하여 위헌으로 결정하였다(● 판례 헌재 2013.3.21. 2010헌바132등).

④ 헌재는 '자동차운전전문학원을 졸업하고 운전면허를 받은 사람 중 교통사고를 일으킨 비율이 대통령령이 정하는 비율을 초과하는 때'에는 학원에 대해 제재를 가할 수 있도록 한 구 도로교통법 규정이 자기책임의 범위를 벗어나 비례원칙을 반하는 직업자유의 침해로 위헌이라고 결정한 바 있다.

● 판례 헌재 2005.7.21. 2004헌가30
[판시] 교통사고는 본질적으로 우연성을 내포하고 있고 사고의 원인도 다양하다. 학원의 수료생이 낸 교통사고는 당해 운전전문학원의 교습내용 내지 교습방법과 연관이 있는 운전자의 운전기술의 미숙함으로 인한 것일 수도 있으나, 졸음운전 또는 주취운전과 같이 운전자의 운전기술과 별다른 연관이 없는 경우도 있다. 이 사건 조항이 교통사고의 발생원인을 불문하고 졸업생이 낸 교통사고 비율에 따라 운전전문학원에게 운영정지 등을 할 수 있도록 한 것은 운전전문학원이 책임져야 할 범위를 넘어서는 것이므로, 이 사건 조항은 비례의 원칙에 어긋나 운전전문학원 운영자의 직업의 자유를 침해한다.

ii) 합헌성을 인정한 결정례 ① 제3자에 대한 사전증여재산가액의 신고의무 불이행과 관련하여 미달신고가산세를 상속인에게 부과하는 '구 상속세 및 증여세법' 규정(2003헌바79). ② 배우자로부터 증여받은 토지를 5년 이내에 양도하는 경우 증여(贈與)받은 때의 가액을 취득가액으로 삼지 않고 증여배우자의 취득가액을 수증(受贈)배우자의 취득가액으로 의제토록 규정한 소득세법규정(2005헌바98). ③ 범행의 시기는 불문하고 선고유예기간 중 자격정지 이상의 형에 처한 판결이 확정되면 선고유예가 실효되는 것으로 규정하고 있는 형법 제61조 제1항(2007헌가19). ④ 정당의 후보자추천 관련 금품수수금지 – 누구든지 정당이 특정인을 후보자로 추천하는 일과 관련하여 금품이나 그 밖의 재산상 이익을 제공하거나 제공받을 수 없도록 규정한 공직선거법 제47조의2 제1항(2008헌바146). ⑤ 선거운동 회계책임자가 300만 원 이상의 벌금을 선고받은 경우 후보자의 당선을 무효로 하는 구 공직선거법 규정(2009헌마170). ⑥ 배우자의 중대 선거범죄(기부행위 금지 위반죄)로 300만 원 이상의 벌금형을 선고받은 것을 이유로 후보자의 당선을 무효로 하는 공직선거법 규정(2010헌마68). ⑦ 다른 사람들 상호간에 컴퓨터 등을 이용하여 저작물 등을 전송하도록 하는 것을 주된 목적으로 하는 특수한 유형의 온라인서비스(P2P, peer to peer 등과 같은 서비스) 제공자로 하여금 권리자의 요청이 있는 경우 당해 저작물 등의 불법적인 전송을 차단하는 기술적인 조치 등 필요한 조치를 하도록 한 저작권법 규정(2009헌바13). ⑧ 외국항행선박에서 사용된다는 이유로 교통세를 환급 또는 공제받은 물품이 외국항행선박에 반입되지 아니한 사실이 확인된 때 반출자로부터 환급 또는 공제된 교통세를 징수하는 구 교통세법 조항 등에 대해 자기책임의 원칙에 반하지 않는다고 본 결정례가 있다(2011헌바360).

iii) **형벌의 자기책임주의**   자기책임의 원리는 형벌에서 특히 강조된다. 형벌의 자기책임주의에 대해서는 판례가 많았던 아래의 양벌규정 문제와 더불어 후술한다.

(5) 양벌규정과 자기책임원리

종업원의 범죄행위로 인해 영업주, 법인도 처벌하는 양벌의 경우 자기책임원리에 반하지 않는가 하는 논의가 있다. 법인의 경우 인간의 존엄과 가치를 논할 수 없다. 자세한 것은 후술한다.

6. 알 권리, 읽을 권리, 들을 권리

자신의 신념과 가치관을 확립하고 인격형성 및 인격도야를 위해서는 그 기초로서 여러 가지 사물과 현상에 대한 지식이 요구되고 지식을 습득하기 위해서는 정보에 접근하여 이를 취득하고 이해하는 것이 요구된다. 이러한 습득행위는 읽고 듣고 이해하여 알아가는 과정이다. 그리하여 알 권리, 읽을 권리, 들을 권리 등이 요구되고 이들 권리들이 인간의 인격권을 위한 전제적 수단이라는 점에서 인간의 존엄과 가치에서 파생되는 권리들이라고 할 수 있다. 물론 지식의 습득을 통해 깨치는 즐거움과 만족감은 행복의 상태를 가져오므로 행복추구권과도 관련된다. 읽을 능력을 갖추도록 한다는 점에서 교육을 받을 권리가 뒷받침되어야 한다. 알 권리, 읽을 권리, 들을 권리는 정보공개청구권, 자기정보에 대한 통제권(개인정보자기결정권의 한 내용) 등 정보에 대한 기본권으로도 보호된다. 현대의 정보사회에서 특히 정보의 대량적, 신속한 전달을 가능하게 하는 컴퓨터기술, 인터넷의 발달 및 그 일상적 활용으로 '알 권리'가 더욱 강조되고 있다. 알 권리 등에 대한 자세한 것은 후술한다(제7장 정보기본권 참조).

7. 인간의 존엄과 가치와 형벌, 제재

범죄자에 대한 처벌은 그 범죄에 상응하여야 하고 가혹하고 비인도적인 과잉한 처벌은 인간의 존엄과 가치를 침해하는 것이다. 시민적 및 정치적 권리에 관한 국제규약(B규약) 제7조도 "잔혹한, 비인도적인 또는 굴욕적인 처우나 형벌"은 금지된다고 규정하고 있고 동 규약 제10조도 "자유를 박탈당한 모든 사람은 인도적으로 또한 인간의 고유한 존엄성을 존중하여 취급되어야 한다"라고 규정하여 이러한 취지를 반영하고 있고 우리 헌법 제10조의 인간의 존엄과 가치규정도 그러하다.

(1) 형벌의 책임주의

일반적인 자기책임원리에 대해서는 앞서 보았고 여기서는 형벌의 책임주의에 대해 살펴본다.

1) 개념과 근거

(가) 자연인의 경우   형벌은 그 형벌이 과해져야 할 행위를 한 그 사람에게 주어져야 한다는 것이 형벌의 책임주의인데 이 책임주의는 인간에 대하여는 헌법 제10조에서 나온다고 본다. 헌재도 '책임없는 자에게 형벌을 부과할 수 없다'는 형벌에 관한 책임주의는 "형사법의 기본원리로서, 헌법상 법치국가의 원리에 내재하는 원리인 동시에, 국민 누구나 인간으로서의 존엄과 가치를 가지고 스스로의 책임에 따라 자신의 행동을 결정할 것을 보장하고 있는 헌법 제10조의 취지로부터 도출되는 원리이다"라고 하여 같은 입장이다.[261] 그리고 물론 죄형법정주의, 법치국가의 원리에서도 인간의 형벌 책임주의의 근거가 나온다. 결국 인간(자연인)에 있어서는 형벌의 책임주의는 헌법 제10조 인간의 존엄과 가치, 법치주의, 죄형법정주의에서 나온다.

(나) 법인의 경우   다음으로 법인에 대한 형벌의 책임주의가 인정될 수 있는가, 있다면 헌법상 근거가 어떠한가 하는 문제가 있다. 법인의 형벌 책임주의 성립 문제가 제기되는 이유는 형벌책임은 불법적인 행동을 하였다는 의사에 대한 윤리적 비난이라는 점에서 인간에 대한 것임을 전제로 한 것이고 또한 법인은 헌법 제10조의 인간의 존엄가치의 주체가 될 수 없으므로 인간에 대한 형벌 책임주의와 같이 볼 수 없기 때문이다. 생각건대 법인의 활동은 인간인 대표자에 의해 이루어질 수밖에 없다는 점에서 그 대표자의 행위는 인간의 행위라는 점에서 법인에게도 형사책임을 지울 수 있고 죄형법정주의가 적용되는 것으로 볼 수 있을 것이다. 또한 법인이 불법을 한 데 대해서는 법치주의의 위배에 대한 제재로서 형사처벌이 가해질 수 있다고도 볼 수 있을 것이다. 결국 법인에 대해서는 법치주의, 죄형법정주의에서 형벌 책임주의를 끌어낼 수 있다고 보면 될 것이다. 헌재도 비슷한 취지의 입장을 취하고 있다.

● **판례** 헌재 2009.7.30. 2008헌가14
[판시] 불법을 결의하고 행동하였다고 하는 '윤리적 비난'을 의미하는 전통적 책임개념은 자연인을 전제로 한 것이므로 법인에게도 그대로 적용되는지에 대하여 의문이 생길 수 있다. 그러나 형사적 책임은 순수한 윤리적 비난이 아니라 국가적 규범의 침해에 대한 법적인 책임이므로 자연인에 대한 위와 같은 책임개념을 법인의 책임에 대하여도 동일하게 적용할 필요가 없을 뿐 아니라, 법인의 행위는 이를 대표하는 자연인인 대표기관의 의사결정에 따른 행위에 의하여 실현되므로 자연인인 대표기관의 의사결정 및 행위에 따라 법인의 책임 유무를 판단하지 못할 바도 아니다. 나아가 형벌권을 중요한 사회가치를 보호하기 위한 수단으로만 사용하여야 하는바, 입법자가 일단 법인의 일정한 반사회적 활동에 대한 대응책으로 가장 강력한 제재수단인 형벌을 선택한 이상, 그 적용에 있어서는 형벌에 관한 헌법상 원칙, 즉 법치주의와 죄형법정주의로부터 도출되는 책임주의원칙이 준수되어야 한다. 결국, 법인의 경우도 책임주의원칙이 적용된다.

2) 심사기준

헌재는 "어떤 행위를 범죄로 규정하고, 이에 대하여 어떠한 형벌을 과할 것인가 하는 문제는 입법자가 우리의 역사와 문화, 입법 당시의 시대적 상황과 국민 일반의 가치관 내지 법감정, 범죄의 실태와 죄질 및 보호법익 그리고 범죄예방효과 등을 종합적으로 고려하여 결정하여야 할 입법정책에 관한 사항으로서 광범위한 입법재량 내지 형성의 자유가 인정되어야 할 부분

---

261) 2008헌가14; 2005헌가10; 2008헌가10; 2018.3.29. 2017헌가10 등.

이다"라고 하여 형벌의 책임주의에 관한 위배 여부 심사에서도 완화심사를 하는 경향이다.[262)
그러나 형벌은 개인의 운명에 중요한 영향을 가져오고 신체형과 같은 경우에 신체의 자유의 강한 제한을 가져오는 등 형벌에 관한 문제를 이렇게 마냥 완화심사로 갈 수 있는지 의문이다.

3) 형벌 책임주의 관련 판례

이하에서 살펴본다.

(2) 형벌 책임주의와 양벌규정

형벌의 책임주의에 관한 판례로 양벌규정에 대한 결정례들이 많았다. 행위자 외 처벌받는 주체가 영업주와 법인의 경우로 나누어 살펴본다.

1) 종업원 등의 행위로 인한 영업주에 대한 양벌

대리인, 사용인 기타 종업원(이하 '종업원 등'이라고도 함)의 범죄행위로 인한 영업주에 대한 양벌규정에 대한 위헌결정례가 많다. 헌재는 그 위헌이유를 다음과 같이 설시하고 있다. "영업주가 종업원 등의 위반행위와 관련하여 선임·감독상의 주의의무를 다하여 아무런 잘못이 없는 경우까지에도 영업주에게 형벌을 부과할 수밖에 없게 된다. 이처럼 이 사건 심판대상법률조항들은 종업원 등의 범죄행위에 관하여 비난할 근거가 되는 개인 영업주의 의사결정 및 행위구조, 즉 종업원 등이 저지른 행위의 결과에 대한 영업주 개인의 독자적인 책임에 관하여 전혀 규정하지 않은 채, 단순히 개인 영업주가 고용한 종업원 등이 업무에 관하여 범죄행위를 하였다는 이유만으로 영업주 개인에 대하여 형사처벌을 과하고 있는바, 이 사건 심판대상 법률조항들은 아무런 비난받을 만한 행위를 한 바 없는 자에 대해서까지, 다른 사람의 범죄행위를 이유로 처벌하는 것으로서 형벌에 관한 책임주의에 반하는 것이라 하지 않을 수 없다."[263) 헌재가 형벌 책임주의 위반의 위헌으로 결정한 영업주 양벌규정들이 많이 있었다.

대표적인 것 한 가지를 보면, 아래 사안은 영업주가 고용한 종업원 등의 업무에 관한 범법행위에 대하여 곧바로 영업주도 어떠한 잘못이 있는지를 전혀 묻지 않고 함께 처벌하는 구 청소년보호법규정 등이 심판대상이 된 것이다. 헌재는 선임감독상의 귀책사유를 요건으로 하는 해석을 합헌적 해석을 벗어나는 문리해석이라고 하여 허용되지 않는다고 본다.

● 판례 헌재 2009.7.30. 2008헌가10
[판시] 이 법률조항은 영업주가 고용한 종업원 등이 그 업무와 관련하여 위반행위를 한 경우에, 그와 같은 종업원 등의 범죄행위에 대해 영업주가 비난받을 만한 행위가 있었는지 여부와는 전혀 관계없이 종업원 등의 범죄행위가 있으면 자동적으로 영업주도 처벌하도록 규정하고 있다. 한편, 이 법률조항을 '영업주가 종업원 등에 대한 선임감독상의 주의의무를 위반한 과실 기타 영업주의 귀책사유가 있는 경우에만 처벌하도록 규정한 것'으로 해석할 수 있는지가 문제될 수 있으나, 합헌적 법률해석은 법률조항의 문언과 목적에 비추어 가능한 범위 안에서의 해석을 전제로 하는 것이므로 허용되지 않는다. 결국, 이 법률조항은 아무런 비난받을 만한 행위를 한 바 없는 자에 대해서까지, 다른 사람의 범죄행위를 이유로 처벌하는 것으로서 형벌에 관한 책임주의에 반하므로 헌법에 위반된다.[264)

---

262) 이를 밝히고 있는 판례는 많다. 대표적으로 헌재 2018.3.29. 2017헌가10 등 참조.
263) 헌재 2010.7.29. 2009헌가14 등.
264) 그 외 영업주에 대한 양벌규정을 위헌으로 내린 결정례: 헌재 2010.7.29. 2009헌가14; 2010.7.29. 2009헌

이러한 위헌결정들이 나오자 영업주가 종업원 등에 대한 '상당한 주의와 감독을 게을리하지 아니한 경우에는' 처벌을 면하게 함으로써 양벌규정에도 책임주의 원칙이 관철되도록 하는 법개정들이 이루어지고 있다(예를 들어 공중위생관리법 제21조 등이 개정됨).

2) 법인에 대한 양벌

법인에 대한 양벌에 대해서는 <u>유의할 점</u>은 헌재는 ① 법인의 대리인·사용인 기타 종업원인의 범죄행위로 인한 경우와 ② 법인의 대표자의 범죄행위로 인한 경우를 달리 보아 ①의 경우에는 선임감독상 귀책사유가 없는 한 위헌으로, ②의 경우에는 합헌으로 본다는 것이다.

(가) 행위자가 종업원 등일 경우   위에서 언급한 대로 법인에 대해서도 형벌의 책임주의가 적용되므로 법인의 양벌규정도 문제된다. 법인의 형벌 책임주의 위배가 많이 선언된 결정례들도 법인의 선임감독상 귀책사유 묻지 않고 종업원 등의 행위로 인한 범죄행위로 법인에 대한 양벌규정이 책임주의에 위배된다고 내린 결정례들이 많다. 그 위헌이유에 대한 헌재의 판시는 위 영업주 양벌규정 위헌결정에서와 거의 같다.

> ● **판례**   헌재 2011.11.24. 2011헌가30
> [판시] 이 법률조항에 의할 경우, 법인이 종업원 등의 위반행위와 관련하여 선임·감독상의 주의의무를 다하여 아무런 잘못이 없는 경우까지도 법인에게 형벌이 부과될 수밖에 없게 된다. 이처럼 종업원 등의 범죄행위에 관하여 비난할 근거가 되는 법인의 의사결정 및 행위구조, 즉 종업원 등이 저지른 행위의 결과에 대한 법인의 독자적인 책임에 관하여 전혀 규정하지 않은 채, 단순히 법인이 고용한 종업원 등이 업무에 관하여 범죄행위를 하였다는 이유만으로 법인에 대하여 형사처벌을 과하고 있는바, 이는 다른 사람의 범죄에 대하여 그 책임 유무를 묻지 않고 형벌을 부과하는 것으로서, 헌법상 법치국가의 원리 및 죄형법정주의로부터 도출되는 책임주의원칙에 반한다.

* 위헌결정례: 구 의료법(2007.4.11. 법률 제8366호로 전부 개정된 것) 제91조 제1항 중 "법인의 대리인·사용인 그 밖의 종업원이 제87조 제1항 제2호 중 제27조 제1항의 규정에 따른 위반행위를 하면 그 법인에도 해당 조문의 벌금형을 과한다"는 부분(2008헌가16. [결정요지] 이 사건 법률조항에 의할 경우 법인이 종업원 등의 위반행위와 관련하여 선임·감독상의 주의의무를 다하여 아무런 잘못이 없는 경우까지도 법인에게 형벌을 부과될 수밖에 없게 되어 법치국가의 원리 및 죄형법정주의로부터 도출되는 책임주의원칙에 반하므로 헌법에 위반된다), 구 건설산업기본법 제98조 제2항 중 "법인의 대리인·사용인 기타 종업원이 그 법인의 업무에 관하여 제96조 제4호의 위반행위(건설업 등록증 등의 대여금지)를 한 때에는 당해 법인에 대하여도 해당 조의 벌금형을 과한다"는 부분(2008헌가18), 사용인이 특정수질유해물질등을 누출·유출시킨 경우에 법인에 대해 무과실의 형사책임을 정한 구 수질환경보전법 조항(양벌규정) 규정 등(2019헌가2) 등 많다.[265]

(나) 법인의 대표자의 범죄행위로 인한 법인에 대한 양벌규정   이는 합헌이라고 본다. [논거

가14; 2011.9.29. 2011헌가17; 2011.12.29. 2011헌가41 등.

265) 법인의 대리인, 사용인, 종업원의 행위로 인한 법인에 대한 양벌규정이 위헌으로 결정된 그 외 위헌결정례들로, 헌재 2009.7.30. 2008헌가24; 2009.7.30; 2008헌가17; 2010.7.29. 2009헌가18등; 2008헌가16; 2008헌가18; 2009헌가18; 2010헌가66; 2010헌가98; 2010헌가80; 2010헌가99; 2011헌가7; 2011헌가12; 2010헌바307; 2011헌가20; 2011헌가24; 2011헌가26; 2011헌가30; 2011헌가38; 2012헌가2; 2012헌가11; 2012헌가18; 2012헌가15; 2014헌가14; 2017헌가30; 2020헌가7 등.

– 대표자행위의 법적 효과의 법인귀속] 위에서 법인에게도 형벌 책임주의가 적용되느냐 하는 문제를 살펴보면서 언급한 대로 법인은 기관을 통하여 행위하므로 헌재는 대표자의 행위로 인한 법률효과는 법인에게 귀속되어야 하고, 법인 대표자의 범죄행위에 대하여는 법인 자신이 자신의 행위에 대한 책임을 부담하여야 하는바 법인 대표자의 법규위반행위가 법인 자신의 법규위반행위로 평가될 수 있고 따라서 법인의 직접책임이므로 책임주의원칙에 반하지 아니한다고 보는 것이다.

● **판례** 헌재 2010.7.29. 2009헌가25
[결정요지] 법인은 기관을 통하여 행위하므로 법인이 대표자를 선임한 이상 그의 행위로 인한 법률효과는 법인에게 귀속되어야 하고, 법인 대표자의 범죄행위에 대하여는 법인 자신이 자신의 행위에 대한 책임을 부담하여야 하는바, 법인 대표자의 법규위반행위에 대한 법인의 책임은 법인 자신의 법규위반행위로 평가될 수 있는 행위에 대한 법인의 직접책임으로서, 대표자의 고의에 의한 위반행위에 대하여는 법인 자신의 고의에 의한 책임을, 대표자의 과실에 의한 위반행위에 대하여는 법인 자신의 과실에 의한 책임을 부담하는 것이다. 따라서, 법인의 '대표자' 관련 부분은 대표자의 책임을 요건으로 하여 법인을 처벌하므로 책임주의원칙에 반하지 아니한다.
  * 동지: 2010헌바307; 2011헌가34; 2010헌바117; 2015헌바443 등.

3) 영업주 등(자연인)과 법인의 책임주의 근거 판시의 차이

영업주에 대한 양벌규정의 위헌성은 영업주의 가담 여부나 종업원의 행위를 감독할 주의의무의 위반 여부를 영업주에 대한 처벌요건으로 규정하지 아니하고, 달리 영업주가 면책될 가능성에 대해서도 규정하지 아니하고 있어 책임주의 원칙에 반한다는 것이다. 법인에 대해서도 그러하다. 그런데 책임주의의 근거에 대해 영업주와 법인의 경우가 각각 다르게 판시되고 있다는 것이다. 영업주의 경우 헌법 제10조의 인간의 존엄과 가치도 근거규정으로 하고 있는 반면에 (예: 2013헌가15), 법인의 경우에는 헌법 제10조는 근거에서 제외하고 있다. 바로 위에서 언급한 대로 법인에 대한 책임주의원칙의 근거로 인간이 아닌 단체가 헌법 제10조 인간존엄가치규정을 내세울 수 없기 때문인 점이 잘 나타나고 있는 것이다.

4) 법개정 개정규정들에 대한 합헌결정

위 양벌규정에 대한 위헌결정들이 쏟아진 이후 "다만, 법인 또는 개인이 그 위반행위를 방지하기 위하여 해당 업무에 관하여 상당한 주의와 감독을 게을리하지 아니한 경우에는 그러하지 아니하다"라는 예외규정을 넣은 개정이 있었다. 헌재는 이러한 단서가 있는 경우에 "법인(개인)의 독자적인 책임이 인정되지 않는 경우에는 법인에 대해 형사처벌을 과하지 않는 내용의 단서를 두고 있으므로, 책임주의 원칙에 어긋나지 않는다"라고 하여 합헌으로 본다.
  * 결정례: 그 예로 위 내용의 단서조항이 있는 산업안전보건법 양벌규정에 대한 아래의 합헌결정

● **판례** 헌재 2017.10.26. 2017헌바166
[결정요지] 이 사건 양벌규정조항 단서는 "법인 또는 개인이 그 위반행위를 방지하기 위하여 해당 업무에 관하여 상당한 주의와 감독을 게을리하지 아니한 경우에는 그러하지 아니하다."라고 규정한다. 단서 중 '해당 업무에 관한 상당한 주의와 감독'은 불법의 결과 발생을 방지하기 위한 법인 자신의 의무이다. 이 사건 양벌규정조항 단서에 의해 불법의 결과 발생에 관하여 독자적인 책임이 없는 법인은 형사처벌의 대상에서 제외된다. 이 사건 양벌규정조항

은 법인의 독자적인 책임이 인정되지 않는 경우에는 법인에 대해 형사처벌을 과하지 않는 내용의 단서를 두고 있으므로, 책임주의 원칙에 어긋나지 않는다. * 동지: 헌재 2018.1.25. 2016헌바201, 2021.7.15. 2020헌바201 등.

(3) 책임주의와 기타 사안

i) 위헌성 인정 결정례 - 과도한 과태료   과태료도 형벌이 아니지만 제재로서 책임원칙이 적용되어야 한다. 헌재는 기부금지규정을 위반한 경우 제공받은 금액이나 가액의 50배에 상당하는 금액의 과태료를 부과하도록 규정한 것은 책임원칙에 부합되지 않게 획일적이며 지나치게 과중한 것으로 과잉금지원칙에 위반된다는 아래의 결정들을 한 바 있다.

● **판례** 구 공직선거법상 기부(물품·음식물·서적·관광 기타 교통편의) 제공받은 자는 그 제공받은 것의 가액의 50배에 상당하는 금액의 과태료에 처하도록 한 규정에 대한 헌법불합치결정. 헌재 2009.3.26. 2007헌가22. **[결정요지]** 그 위반의 동기 및 태양, 기부행위가 이루어진 경위와 방식, 기부행위자와 위반자와의 관계, 사후의 정황 등에 따라 위법성 정도에 큰 차이가 있을 수밖에 없음에도 이와 같은 구체적, 개별적 사정을 고려하지 않고 오로지 기부받은 물품 등의 가액만을 기준으로 하여 일률적으로 정해진 액수의 과태료를 부과한다는 것은 구체적 위반행위의 책임 정도에, 책임원칙에 상응한 제재가 되기 어렵다.

● **판례** 헌재 2011.6.30. 2010헌가86
[결정] 기부행위 금지규정에 위반하여 지역농협의 임원 선거 후보자 등으로부터 금전·물품, 그 밖의 재산상의 이익을 제공받은 자에게 일률적으로 제공받은 금액 또는 가액의 50배에 상당하는 금액을 과태료로 부과하는 구 농업협동조합법 제174조 제4항(이하 '이 사건 심판대상조항'이라 한다)이 과잉금지원칙에 위배되어 헌법불합치결정을 선고하면서 법원 기타 국가기관 및 지방자치단체에 대하여 이미 마련된 개선입법의 시행일 이전까지 이 사건 심판대상조항의 적용중지를 명한 사례

ii) 합헌성 인정 결정례   ① 독립행위가 경합하여 상해의 결과를 발생하게 한 경우 - 원인된 행위가 판명되지 아니한 때에는 공동정범의 예에 의하도록 규정한 형법 제263조가 책임주의에 반하지 않는다고 보았다(2017헌가10). ② 청탁금지법상 언론인 및 사립학교 관계자의 배우자 금품 수수 사실의 신고의무, 제재조항 - 헌재는 "배우자가 법률을 위반하였다는 이유만으로 청구인들에게 불이익을 주는 것이 아니다. 배우자가 위법한 행위를 한 사실을 알고도 공직자등이 신고의무를 이행하지 아니할 때 비로소 그 의무위반 행위를 처벌하는 것"이라고 지적하여 자기책임 원리에 위배되지 않는다고 판단하였다(2015헌마236등). ③ 도시환경정비사업조합 임원에게 조합원의 열람·등사 요청에 즉시 응할 의무를 부과하고, 이를 위반하면 조합임원을 형사처벌하도록 규정하고 있는 구 '도시 및 주거환경정비법'(2009.5.27. 법률 제9729호로 개정되기 전의 것) 규정이 요청을 받은 조합임원의 불응한 위법한 행위에 대해서이고 타인의 행위에 대해서 책임을 묻는 것이 아니므로 자기책임의 원리에 위배되지 않는다고 결정했다(2009헌바90).

(4) 형벌의 체계정당성, 균형성

헌재는 "어떤 유형의 범죄에 대하여 특별히 형을 가중할 필요가 있는 경우라 하더라도, 그 가중의 정도가 통상의 형사처벌과 비교하여 현저히 형벌체계상의 정당성과 균형을 잃은 것이 명백한 경우에는 인간의 존엄성과 가치를 보장하는 헌법의 기본원리에 위배될 뿐 아니라 법의 내용

에 있어서도 평등원칙에 반하는 위헌적 법률이 된다"라고 한다.266) 이러한 형벌의 체계정당성, 균형성을 갖추지 못하였다는 이유로 내려진 위헌결정례들로 다음과 같은 결정들이 있었다.

[위헌의 주원인 – 균형상실, 특별 지표의 결여 등] 헌재의 위헌결정들 중 많은 경우에 특별법에 의한 가중의 경우인데 ① 다른 범죄 형에 비해 그 가중이 균형을 잃은 경우이거나 ② 일반법의 구성요건 이외에 별도의 가중적 구성요건 표지 없이 가중하는 데 위헌의 주된 원인이 있다.

[위헌결정례] ① 교통 사고운전자가 피해자를 사고장소로부터 옮겨 유기하고 도주한 경우로서 피해자를 치사하고 도주하거나 도주 후에 피해자가 사망한 때에는 사형·무기 또는 10년 이상의 징역에 처하도록 규정한 구 '특정범죄가중처벌 등에 관한 법률' 규정

● **판례** 헌재 1992.4.28. 90헌바24
[결정요지] 본 법률조항에서 과실로 사람을 치상(致傷)하게 한 자가 구호행위를 하지 아니하고 도주하거나 고의로 유기함으로써 치사의 결과에 이르게 한 경우에 살인죄와 비교하여 그 법정형을 더 무겁게 한 것은 형벌체계상의 정당성과 균형을 상실한 것으로서 헌법 제10조의 인간으로서의 존엄과 가치를 보장한 국가의 의무와 헌법 제11조의 평등의 원칙 및 헌법 제37조 제2항의 과잉입법금지의 원칙에 반한다.

② 메스암페타민 등 향정신성의약품관리법위반 범죄에 대하여는 가중하지 않으면서 오히려 그 비중이 저하된 마약사범의 경우에만 단순매수 목적으로 소지한 경우에도 가중하여 처벌하는 구 '특정범죄가중처벌 등에 관한 법률' 규정 – 아무런 합리적 근거 없이 매수와 판매목적 소지의 마약사범만을 가중하고 있으므로 형벌체계상의 균형성을 현저히 상실하여 평등원칙에 위반된다고 본 위헌결정(● 판례 헌재 2003.11.27. 2002헌바24. * 이 결정은 헌재 1995.4.20. 91헌바11 합헌결정을 변경하는 판례이다)

③ 야간에 흉기 기타 위험한 물건을 휴대하여 형법 제283조 제1항(협박)의 죄를 범한 자를 5년 이상의 유기징역에 처하도록 규정한 구 '폭력행위 등 처벌에 관한 법률' 제3조 제2항 부분

● **판례** 헌재 2004.12.16. 2003헌가12
[결정요지] 폭처법 제3조 제2항에 해당하는 범죄와 유사하거나 관련있는 범죄로서 동 조항에 해당하지 아니하는 범죄를 살펴 보면, 예컨대 형법 제259조 제1항의 상해치사의 경우 사람의 사망이라는 엄청난 결과를 초래한 범죄임에도 3년 이상의 유기징역형으로 그 법정형이 규정되어 있다. 그런데, 상해치사의 범죄를 야간에 흉기 기타 물건을 휴대하여 범한 경우에도 그 법정형은 여전히 3년 이상의 유기징역형임을 고려하면, 야간에 흉기 기타 위험한 물건을 휴대하여 형법 제283조 제1항의 협박죄를 범한 자를 5년 이상의 유기징역에 처하도록 규정하고 있는 이 사건 법률조항의 법정형은 형벌의 체계정당성에 어긋난다[이전 합헌결정(헌재 1995.3.23. 94헌가4 결정)이 있었는데 이 결정이 판례를 변경하여 위헌으로 결정함].

④ 금융기관의 임·직원이 그 직무에 관하여 금품 기타 이익을 수수·요구 또는 약속한 때에는 처벌하는데 그 "수수액"이 1천만 원 이상인 때에는 가중처벌하도록 한 구 '특정경제범죄가중처벌 등에 관한 법률' 규정(● 판례 헌재 2006.4.27. 2006헌가5)

⑤ '특정강력범죄의 처벌에 관한 특례법' 제3조 중 "특정강력범죄로 형을 받아 그 집행을

---

266) 헌재 2014.11.27. 2014헌바224등.

종료하거나 면제받은 후 3년 이내에 다시 형법 제337조(강도상해·치상)의 죄 또는 그 미수죄를 범하여 '특정범죄 가중처벌 등에 관한 법률'(이하 '특가법'이라 한다) 제5조의5에 의하여 가중처벌되는 때"에 관한 부분

● **판례** 헌재 2008.12.26. 2007헌가10
[결정요지] 형법상 각 규정에 대하여 특강법 제3조가 적용되는 경우에는 전범과 후범이 강도상해·치상죄인 경우나 그보다 더 무거운 강간치사죄, 강도치사죄 및 해상강도상해·치상죄인 경우에 유기징역형은 모두 동일하게 되는바 이는 보호법익이나 죄질의 경중이 달라 그에 대한 형을 정함에 있어서도 달리 취급하여야 할 강도상해·치상죄와 강간치사죄, 강도치사죄 및 해상강도상해·치상죄 등을 자의적으로 동일하게 취급하는 결과가 되는데, 이와 같은 불합리한 결과가 발생 가능하게 되는 이 법률조항은 형벌의 체계상의 균형성을 상실하여 평등원칙에도 반한다.

⑥ 향정신성의약품 또는 그 물질을 함유하는 향정신성의약품을 수입한 행위를 처벌하는 '마약류관리에 관한 법률' 규정을 위반한 자를 가중하여 처벌하도록 규정한 구 '특정범죄가중처벌 등에 관한 법률'이 바로 그 '마약류관리에 관한 법률'의 위 규정과의 관계에서 두 규정 똑같은 내용의 구성요건을 규정하면서 특가법의 위 규정이 가중처벌하는 것

● **판례** 헌재 2014.4.24. 2011헌바2
[결정요지] 마약류취급자가 아닌 사람이 향정신성의약품을 수입하는 경우 검사는 심판대상조항을 적용하여 기소하는 것이 특별법 우선의 법리에 부합할 것이나, 이 마약법조항으로 기소할 수도 있는데, 어느 법률조항이 적용되는지에 따라 집행유예의 가능성이 달라지는 등 심각한 형의 불균형이 초래된다. 특별법은 개념적으로 일반법의 모든 구성요건을 포함하면서 그 밖의 특별한 표지까지 포함한 경우를 뜻하므로, 심판대상조항 역시 이 사건 마약법조항의 구성요건 이외에 별도의 가중적 구성요건 표지를 규정하는 것이 필요하다. 그러나 심판대상조항은 그러한 표지 없이 법적용을 오로지 검사의 기소재량에만 맡기고 있어 법집행기관 스스로 법적용에 대한 혼란을 겪을 수 있고, 이는 결과적으로 국민의 불이익으로 귀결되며 수사과정에서 악용될 소지도 있다. 결국 형사특별법으로서 갖추어야 할 형벌체계상의 정당성과 균형을 잃은 것이 명백하므로, 인간의 존엄성과 가치를 보장하는 헌법의 기본원리에 위배되고 그 내용에 있어서도 평등원칙에 위반된다.

⑦ 특정범죄 가중처벌 등에 관한 법률(2010.3.31. 법률 제10210호로 개정된 것) 제5조의4 제1항 중 별도의 가중적 구성요건표지를 규정하지 않은 채 형법의 형법 제329조(절도)에 관한 부분, 같은 법률 제5조의4 제1항 중 형법 제329조의 미수죄에 관한 부분, 같은 법률 제5조의4 제4항 중 형법 제363조(상습범) 가운데 형법 제362조(장물의 취득, 알선 등) 제1항의 '취득' 조항과 똑같은 구성요건을 규정하면서 법정형만 상향 조정하고 있는 그 특가법규정

● **판례** 헌재 2015.2.26. 2014헌가16
[결정요지] 심판대상조항은 별도의 가중적 구성요건표지를 규정하지 않은 채 형법 조항과 똑같은 구성요건을 규정하면서 법정형만 상향 조정하여 어느 조항으로 기소하는지에 따라 벌금형의 선고 여부가 결정되고, 선고형에 있어서도 심각한 형의 불균형을 초래하게 함으로써 형사특별법으로서 갖추어야 할 형벌체계상의 정당성과 균형을 잃어 인간의 존엄성과 가치를 보장하는 헌법의 기본원리에 위배될 뿐만 아니라 그 내용에 있어서도 평등원칙에 위반되어 위헌이다.

⑧ 흉기 기타 위험한 물건을 휴대하여 형법상 폭행죄, 협박죄, 재물손괴죄를 범한 사람을 가중처벌하는 구 '폭력행위 등 처벌에 관한 법률' 규정이 형법의 그 죄들의 구성요건과 차이가 없는데 가중하고 있는 그 폭처법 규정들

● **판례**   헌재 2015.9.24. 2014헌바154

[결정요지] 형법제261조(특수폭행),제284조(특수협박), 제369조(특수손괴)의 '위험한 물건'에는 '흉기'가 포함된다고 보
는 것이 일반적인 견해이며, 심판대상조항의 '흉기'도 '위험한 물건'에 포함되는 것으로 해석된다. 그렇다면 심판대상조
항의 구성요건인 '흉기 기타 위험한 물건을 휴대하여'와 형법조항들의 구성요건인 '위험한 물건을 휴대하여'는 그 의
미가 동일하다. 그런데 심판대상조항은 형법조항들과 똑같은 내용의 구성요건을 규정하면서 가중하고 있다. 흉기 기
타 위험한 물건을 휴대하여 폭행죄, 협박죄, 재물손괴죄를 범하는 경우, 검사는 심판대상조항을 적용하여 기소하는
것이 특별법 우선의 법리에 부합하나, 형법조항들을 적용하여 기소할 수도 있다. 그런데 위 두 조항 중 어느 조항이
적용되는지에 따라 심각한 형의 불균형이 발생한다. 심판대상조항은 가중적 구성요건의 표지가 전혀 없이 법적용을
오로지 검사의 기소재량에만 맡기고 있으므로, 법집행기관 스스로도 법적용에 대한 혼란을 겪을 수 있고, 이는 결과
적으로 국민의 불이익으로 돌아올 수밖에 없다. 따라서 형벌체계상의 정당성과 균형을 잃은 것이 명백하므로, 인간의
존엄성과 가치를 보장하는 헌법의 기본원리에 위배될 뿐만 아니라 그 내용에 있어서도 평등원칙에 위배된다.

⑨ 헌재는 공무원이 지위를 이용하여 선거에 영향을 미치는 행위를 금지하는 공직선거법
제85조 제1항 중 "공무원이 지위를 이용하여 선거에 영향을 미치는 행위" 부분은 죄형법정주
의의 명확성원칙에 위배되지 않아 헌법에 위반되지 않으나(합헌), 그에 관한 처벌규정인 공직
선거법 제255조 제5항 중 제85조 제1항의 "공무원이 지위를 이용하여 선거에 영향을 미치는
행위" 부분은 형벌체계상의 균형에 현저히 어긋나므로 헌법에 위반된다는 결정을 선고하였다.

● **판례**   헌재 2016.7.28. 2015헌바6

[결정요지] 이 처벌조항은 죄질이 동일하거나 유사한 조항들과 비교할 때 법정형만을 전반적으로 상향시켰다. 특히
이 처벌조항은 '선거에 영향을 미치는 행위'라는 다소 광범위한 구성요건을 규정하면서도 공직선거법 제85조 제2항
의 선거운동이나 제86조 제1항 각 호의 행위와 구별 또는 가중되는 요소를 별도로 규정하지 않고 있어, 검사로서
는 동일한 행위에 대하여 이 사건 처벌조항을 적용하여 기소할 수도 있고, 다른 조항을 적용하여 기소할 수도 있는
바, 법정형이 전반적으로 높게 규정된 이 사건 처벌조항으로 기소되는 경우에는 다른 조항으로 기소된 경우에 비해
그 형이 상향되는 결과가 초래될 수 있다. 따라서 형벌체계상의 균형을 현저히 상실하였다.
* 해설: 위 심판대상이 처벌대상행위로 규정한 당시 공직선거법(2014.2.13. 법률 제12393호로 개정된 것) 제85조
제1항은 "공무원이 지위를 이용하여 선거에 영향을 미치는 행위"라고 규정하고 있었고 동법 제85조 제2항은 "공무
원은 그 지위를 이용하여 선거운동을 할 수 없다"라고 규정하고 있어서 비슷한 행위인데도 제85조 제1항 위반에
대해 가중처벌하여 문제된 것이다.

⑩ 형법 제207조의 통화의 위조 등 죄와 동일한 구성요건으로 하면서도 법정형만 가중한
구 특가법 제10조 부분규정에 대해서도 위헌결정을 하였다.

● **판례**   헌재 2014.11.27. 2014헌바224등

[결정요지] 검사는 심판대상조항을 적용하여 기소하는 것이 특별법 우선의 법리에 부합할 것이나, 이 형법조항을
적용하여 기소할 수도 있으므로 어느 법률조항이 적용되는지에 따라 심각한 형의 불균형이 초래된다. 심판대상조항
은 이 형법조항의 구성요건 이외에 별도의 가중적 구성요건 표지 없이 법적용을 오로지 검사의 기소재량에만 맡기
고 있어 법집행기관 스스로도 혼란을 겪을 수 있고, 수사과정에서 악용될 소지도 있다. 따라서 심판대상조항은 형
벌체계상의 균형을 잃은 것이 명백하므로 평등원칙에 위반된다.

⑪ 소년범 중 형의 집행이 종료되거나 면제된 자에 한하여 자격에 관한 법령의 적용에 있어
장래에 향하여 형의 선고를 받지 아니한 것으로 본다고 규정한 구 소년법(2007.12.21. 법률 제
8722호로 개정되기 전의 것) 제67조가 평등원칙에 위반되는지 여부가 다투어진 사안에서 자의적
인 차별에 해당하여 평등원칙에 위반된다고 판단하여 헌법불합치 결정을 하였다. 집행유예는

실형보다 죄질이나 범정이 더 가벼운 범죄에 관하여 선고하는 것이 보통인데, 집행유예를 선고
받은 경우에 대해서는 이와 같은 특례조항을 두지 아니하여 불합리한 차별을 야기하고 있다는
것이 위헌이유이다(● 판례 헌재 2018.1.25. 2017헌가7등).

[합헌성인정례] '정보통신망 이용촉진 및 정보보호 등에 관한 법률' 제70조 제2항의 명예훼
손죄를 반의사불벌죄로 정하고 있는 이 법 제70조 제3항 중 제2항에 관한 부분 – 반의사불벌
죄는 친고죄보다 공소제기가능성이 크므로(피해자 의사에 반할 수는 없으나 그렇지 않으면 고소 없
이도 공소제기가 가능하므로 고소가 있어야 하는 친고죄보다 가능성이 큼) 이에 대해 가해자가 위헌
주장을 한 것이다. 헌재는 공소권 행사로 얻을 수 있는 이익과 피해자의 의사에 따라 공소권
행사를 제한함으로써 얻을 수 있는 이익의 조화, 헌법 제21조 제1항과 제4항이 정하고 있는 표
현의 자유의 보장과 한계 등을 종합적으로 형량하여 보면 형벌체계상 균형을 상실하지 않아 평
등원칙에 위반되지 아니하여 합헌이라고 보았다(2018헌바113. * 평석 – 이 결정에서 헌재는 명예
훼손 처벌 자체를 위헌이라고 주장하는 것이 아니므로 그 반의사불벌죄로 정함으로써 표현의 자유가 제
한된다고 보기 어렵다고 하면서, 다만 형벌체계상 균형을 상실하여 평등원칙에 위반되는지 여부에 대해
서 살펴본다고 판시하였다. 그러나 고소없이도 공소제기될 수 있다는 것이 표현의 자유 제한 여부에 영
향을 미친다).

[법률전반의 체계정당성] * 형벌뿐 아니라 법률 전반에서의 체계정당성원리에 대해서는 앞
의 기본질서, 법치주의 참조.

(5) 형벌의 비례성

[개념] 부과되는 형벌의 양이나 정도도 범죄의 경하고 중함에 따라야 한다는 비례성이 요구
된다. 경미한 범죄에 대해 중하고도 잔혹한 형벌을 과하는 것은 인간의 존엄가치를 부정하는
것이므로 형벌의 비례성은 인간존엄가치성의 유지를 위해 요구되는 것이다.

[위헌성 인정결정례] 이에 관한 대표적인 위헌결정례를 보면 다음과 같은 결정들이 있었다.
① 교통사고에 있어서 사고운전자가 피해자를 사고장소로부터 옮겨 유기하고 도주한 경우로서
피해자를 치사하고 도주하거나 도주 후에 피해자가 사망한 때에는 사형·무기 또는 10년 이상
의 징역에 처하도록 규정한 구 '특정범죄가중처벌 등에 관한 법률' 제5조의3 제2항 제1호의 규
정에 대해 헌재는 이 규정이 과실치상(致傷)하게 한 자가 구호행위를 하지 아니하고 도주하거
나 고의로 유기함으로써 치사(致死)의 결과에 이르게 한 경우에 처벌을 하는 것인데 살인죄와
비교하여 그 법정형을 더 무겁게 한 것으로 형벌체계상의 정당성과 균형을 상실한 것으로서 헌
법 제10조의 인간으로서의 존엄과 가치를 보장한 국가의 의무에 반하여 위헌이라고 보았다.

● **판례** 헌재 1992.4.28. 90헌바24. 이 결정은 형벌체계성에서도 보았다.

② 마약을 단순매수 목적으로 소지한 경우에도 영리매수범과 동일한 법정형인 사형·무기 또
는 10년 이상의 징역에 처하는 구 '특정범죄가중처벌 등에 관한 법률' 규정에 대해서도 죄질과

그에 따른 행위자의 책임 사이에 비례관계가 준수되지 않은 것이라고 보아 위헌결정을 하였다.

● **판례**   헌재 2003.11.27. 2002헌바24. * 이 결정은 헌재 1995.4.20. 91헌바11 합헌결정을 변경하는 판례이다.

③ 금융기관의 임·직원이 그 직무에 관하여 금품 기타 이익을 수수·요구 또는 약속한 때에는 처벌하는데 그 "수수액"이 1천만 원 이상인 때에는 가중처벌하도록 한 구 '특정경제범죄 가중처벌 등에 관한 법률' 규정에 대해 헌재는 죄질과 그에 따른 행위자의 책임 사이에 비례관계가 준수되지 않은 것이라고 보아 위헌결정을 하였다.

● **판례**   헌재 2006.4.27. 2006헌가5
[**결정요지**] 이 사건 법률조항 별도의 법률상 감경사유가 없는 한 또 작량감경을 하지 않으면 집행유예를 선고할 수 없도록 함으로써 법관의 양형선택과 판단권을 극도로 제한하고 있는 바, 이는 살인죄(사형, 무기 또는 5년 이상의 징역)의 경우에도 작량감경의 사유가 있는 경우에는 집행유예가 가능한 것과 비교할 때 매우 부당하여 지나치게 과중한 형벌을 규정함으로써 죄질과 그에 따른 행위자의 책임 사이에 비례관계가 준수되지 않아 인간의 존엄과 가치를 존중하고 보호하려는 실질적 법치국가의 이념에 어긋난다. * 이 결정은 이전의 합헌결정인 헌재 2005.6.30. 2004헌바4등 결정을 변경하여 위헌결정한 것이다.

④ 상관을 살해한 경우 사형만을 유일한 법정형으로 규정하고 있었던 구 군형법 제53조 제1항이 형벌과 책임 간의 비례원칙에 위배되어 위헌이라고 결정하였다.

● **판례**   헌재 2007.11.29. 2006헌가13
[**결정요지**] 군대 내 명령체계유지 및 국가방위라는 이유만으로 가해자와 상관 사이에 명령복종관계가 있는지 여부를 불문하고 전시와 평시를 구분하지 아니한 채 다양한 동기와 행위태양의 범죄를 동일하게 평가하여 사형만을 유일한 법정형으로 규정하고 있는 이 사건 법률조항은, 범죄의 중대성 정도에 비하여 심각하게 불균형적인 과중한 형벌을 규정함으로써 죄질과 그에 따른 행위자의 책임 사이에 비례관계가 준수되지 않아 인간의 존엄과 가치를 존중하고 보호하려는 실질적 법치국가의 이념에 어긋나고, 형벌체계상 정당성을 상실한 것이다.

⑤ 밀수입 예비행위를 본죄에 준하여 처벌하는 '특정범죄 가중처벌 등에 관한 법률' 조항 – 헌재는 이렇게 규정하고 있는 '특정범죄 가중처벌 등에 관한 법률'(2010.3.31. 법률 제10210호로 개정된 것) 제6조 제7항 중 관세법 제271조 제3항 가운데 제269조 제2항에 관한 부분이 책임과 형벌 사이의 비례성 원칙에 위반된다고 판단하여 위헌결정을 하였다.

● **판례**   헌재 2019.2.28. 2016헌가13
[**결정요지**] 예비행위를 본죄에 준하여 처벌하도록 하고 있는 심판대상조항은 지나치게 과중한 형벌을 규정하고 있는 것이다. 나아가 관세법과 '특가법'은 관세범의 특성과 위험성에 대응할 수 있도록 여러 규정을 두어 규율하고 있으므로 반드시 밀수입 예비행위를 본죄에 준하여 처벌하여야 할 필요성이 도출된다고 볼 수도 없다. 따라서 심판대상조항은 구체적 행위의 개별성과 고유성을 고려한 양형판단의 가능성을 배제하는 가혹한 형벌로서 책임과 형벌 사이의 비례성의 원칙에 위배된다.

⑥ 2회 이상 음주운전 시 가중처벌 조항 – 재범 사이 시간에 제한을 두지 않고 경미사건까지 가중처벌하며 음주치료 등 비형벌적 수단에 대한 고려없이 가중처벌하여 책임과 형벌 사이의 비례성을 인정하기 어렵다고 보았다(2019헌바446). * 죄형법정주의의 명확성원칙은 위반하지 않는다고 보았다.

[합헌성 인정결정례] 무신고 수출입행위에 대한 필요적 몰수·추징을 규정한 관세법 규정

- 헌재는 이 수출입신고는 통관절차의 핵심적인 요소로서, 수출입신고 자체를 하지 않는 밀수행위는 관세행정의 기본 토대를 해하는 범죄이므로 통관질서의 확립을 위해 엄격하게 처벌할 필요가 있어 책임과 형벌 간의 비례원칙 및 평등원칙에 위반되지 않는다고 본다(2005헌바30; 2012헌바85; 2013헌바388; 2018헌바105; 2020헌바201).

[그외 다른 부분의 참조] 형벌의 비례성은 죄형법정주의의 적용의 결과이기도 하고 평등원칙이 요구하는 것이기도 하며(2001헌가16) 기본권제한의 원칙인 비례(과잉금지)원칙의 적용이기도 하다[따라서 형벌의 비례성에 대한 자세한 것은 후술, 평등권, 죄형법정주의(신체의 자유) 부분도 참조].

(6) 연좌제

우리 헌법 제13조 제3항은 "모든 국민은 자기의 행위가 아닌 친족의 행위로 인하여 불이익한 처우를 받지 아니한다"라고 규정하여 이른바 연좌제를 규정하고 있다. 연좌제는 형벌의 자기책임원칙에 반한다. 연좌제에 대해서는 뒤의 자유권의 신체의 자유 부분에서 상술한다(후술 참조).

(7) 수형자에 대한 비인도적 징벌

형이 확정되어 교화를 위한 수형생활을 하고 있는 수형자라 할지라도 인간의 존엄과 가치를 훼손당하지 않을 권리를 가진다. 우리 헌재는 금치 처분을 받은 수형자에 대하여 금치 기간 중 운동을 금지하는 구 행형법시행령규정이 인간의 존엄과 가치를 침해하여 위헌이라고 결정한 바 있다.

● **판례**   헌재 2004.12.16. 2002헌마478.
[결정요지] 금치 처분을 받은 수형자에 대한 절대적인 운동의 금지는 징벌의 목적을 고려하더라도 그 수단과 방법에 있어서 필요한 최소한도의 범위를 벗어난 것이며, 수형자의 헌법 제10조 인간의 존엄과 가치 및 신체의 안전성이 훼손당하지 아니할 자유를 포함하는 제12조 신체의 자유를 침해하여 위헌이다. * 이 결정은 앞서 인격권에서도 인용한 것이다.

8. 사회보장수급권과 인간존엄가치권

사회보장영역에서도 인간존엄가치권이 보장되어야 한다. 헌재는 최소한의 보장을 하지 않는 경우 인간존엄권 침해라고 본다. 그 예로 국가 등의 양로시설 등에 입소하는 국가유공자에게 부가연금, 생활조정수당 등의 지급을 정지하도록 한 국가유공자등예우및지원에관한법률 규정에 대해 최소보장을 한 것으로 보아 합헌이라 결정한 예를 볼 수 있다. 헌재가 사회보장수급권 침해 여부 심사에서 최소심사를 하는 원칙을 그대로 적용하는 것이라고 이해된다.

● **판례**   헌재 2000.6.1. 98헌마216
[판시] 이 규정은 그 내용상 최소한의 기본적 보상이나 사회보장을 하지 않아 인간으로서의 인격이나 본질적 가치를 훼손할 정도에 이른다고는 볼 수 없으므로 헌법 제10조의 인간의 존엄과 가치를 침해한다고 할 수 없다.

9. 과거사 민주화보상법 '재판상 화해 간주' 사건 − 정신적 손해에 대한 재판상 화해 간주의 위헌성

헌재는 '민주화운동 관련자 명예회복 및 보상 심의 위원회'의 보상금 등 지급결정에 동의한 경우 "민주화운동과 관련하여 입은 피해"에 대해 재판상 화해가 성립된 것으로 간주하는 구 '민주화운동 관련자 명예회복 및 보상 등에 관한 법률' 제18조 제2항, 이 간주조항의 '민주화운동과 관련하여 입은 피해' 중 불법행위로 인한 정신적 손해에 관한 부분은 국가배상청구권을 침해하여 헌법에 위반된다고 결정하면서 정신적 손해에 대한 국가배상청구권 행사를 금지하는 것은 헌법 제10조 제2문의 취지에도 반한다고 판시한 바 있다.

● **판례** 헌재 2018.8.30. 2014헌바180등
[해당판시] 헌법 제10조 제2문은 "국가는 개인이 가지는 불가침의 기본적 인권을 확인하고 이를 보장할 의무를 진다."라고 규정하고 있는바, 이와 같이 헌법상 기본권 보호의무를 지는 국가가 오히려 소속 공무원의 직무상 불법행위로 인하여 유죄판결을 받게 하거나 해직되게 하는 등으로 관련자에게 정신적 고통을 입혔음에도 그로 인한 정신적 손해에 대한 국가배상청구권 행사를 금지하는 것은 헌법 제10조 제2문의 취지에도 반한다. 이상을 종합하여 보면, 심판대상조항 중 보상금 등의 성격과 중첩되지 않는 정신적 손해에 대한 국가배상청구권의 행사까지 금지하는 것은 국가배상청구권에 대한 지나치게 과도한 제한에 해당하여 침해의 최소성에 위반된다.

10. 생명공학의 발달, 인공지능(AI) 등의 제4차산업혁명과 인간의 존엄가치권

[문제의 소재] 오늘날 생명공학과 같은 과학의 발달로 인간생명체와 관련된 기술들이 개발 내지 개발시도가 되고 있다. 이로 인한 인간존엄가치의 침해가능성 문제가 제기되어 왔다. 또 오늘날 제4차산업혁명으로 인공지능, 로봇의 활용으로 인한 인격권, 개인정보의 보호 문제 등이 제기된다.

['생명윤리 및 안전에 관한 법률'] "인간과 인체유래물 등을 연구하거나, 배아나 유전자 등을 취급할 때 인간의 존엄과 가치를 침해하거나 인체에 위해를 끼치는 것을 방지함으로써 생명윤리 및 안전을 확보하고 국민의 건강과 삶의 질 향상에 이바지함을 목적으로" 하는 '생명윤리 및 안전에 관한 법률'(이하 "생명법"으로 줄임)이 제정되어 있다(동법 제1조 목적 참조).[267] 이 생명법은 기본원칙으로 생명법에서 규율하는 행위들은 인간의 존엄과 가치를 침해하는 방식으로 하여서는 아니 되며, 연구대상자등의 인권과 복지는 우선적으로 고려되어야 한다는 등을 원칙으로 설정하고 있다(생명법 제3조). 생명법은 인간대상연구 및 연구대상자 보호에 관한 규율(생명법 제15조, 제16조, 제19조 등), 인간복제의 금지, 이종 간 착상의 금지(생명법 제20조, 제21조)를 규정하고 있다. 배아의 생성에 관한 규율도 정하고 있는데 누구든지 임신 외의 목적으로 배아를

---

267) 이 법은 제정당시에는 배아 및 유전자 등에 관한 생명과학기술 분야에 한정되어 있는 생명윤리정책의 영역을 2012년 법을 개정하여 그 영역을 확대하여 인간 및 인체유래물에 관한 연구에 대해서도 생명윤리 및 안전기준을 적용하도록 하고 있다.

생성하여서는 안 되게 금지하고(생명법 제23조), 배아의 보존기간은 원칙적으로 5년이고, 배아생성의료기관은 보존기간이 끝난 배아 중 잔여배아연구의 목적으로 이용하지 아니할 배아는 폐기하도록(생명법 제25조 제1·3항)[268] 하고 있다. 그 외, 배아줄기세포주의 이용(생명법 제35조 제1항), 유전자치료 및 검사(생명법 제46조 이하) 등에 대해 규정하고 있다.

[제4차 산업혁명과 인간존엄권] 인공지능의 발달이나 로봇의 활용이 늘어나면서 인격권 침해, 개인정보 침해, 인간의 존엄권이 문제된다. 유럽연합에서는 2019년에 AI윤리가이드라인을 발표하였다. 기본권존중, 인간존엄성을 강조하고 기본원칙으로 자율성, 무해성, 공평성, 설명가능성 등의 원칙을 설정하고 있다. 앞으로 구체적인 문제들을 두고 연구되어져야 할 것이다. 제4차 산업혁명은 이미 도래하였기 때문이기도 하다(* 2018년 서울에서 개최된 세계헌법대회의 주요 주제들 중 하나가 '디지털 시대에서의 지속가능성과 정치적 자율성'이었다. 워크숍에서 세계학자들 참여로 발제, 토론이 이루어진 바 있다).

11. 그 외 인간 존엄가치 문제

[신체보전권] ⅰ) 의의 – 종래 이를 신체불훼손권이라고 부르기도 하였다. 우리는 신체가 온전할 권리라는 점에서 신체보전권이라고 부르기도 한다. 신체보전권을 헌법 제12조의 신체의 자유조항에서 끌어내는 견해도 있다. 신체의 훼손위협으로부터 안전하게 있을 자유를 포함하고 이는 헌법 제12조에 의해서 보호될 수 있으나 강제적인 장기적출과 같은 경우 그 침해로부터 적극적으로 보호되어야 한다는 요구는 헌법 제10조에 의한 보호를 필요로 한다. 따라서 여기서 살펴본다.

[장기이식의 문제] 장기(臟器)의 이식 문제는 장기를 기증하는 사람의 신체보전권의 문제이고 장기를 기증받는 사람의 입장에서는 생명권의 향유라고 할 것이다. 장기 등의 기증에 관한 사항과 사람의 장기 등을 다른 사람의 장기 등의 기능회복을 위하여 적출하고 이식하는 데에 필요한 사항을 규정하여 장기 등의 적출 및 이식을 적정하게 하고 국민보건을 향상시키는 데에 이바지하는 것을 목적으로 제정된 '장기 등 이식에 관한 법률'이 있다(동법 제1조). 동법은 장기 등의 적출 및 이식은 인도적 정신에 따라 이루어져야 하고 윤리적으로 타당하고 의학적으로 인정된 방법으로 이루어져야 한다는 기본이념을 명시하고 있다(동법 제2조). 누구든지 금전 또는 재산상의 이익, 그 밖의 반대급부를 주고받거나 주고받을 것을 약속하고 다른 사람의 장기 등을 제3자에게 주거나 제3자에게 주기 위하여 받는 행위 등을 금지하고(동법 제7조 제1항) 여러 규제를 두고 있다.

[비인도적 전범처벌과 반인륜적 범죄의 비시효성 등] 인류를 파멸로 이끄는 대전쟁, 대량살상 등 반인륜적 범죄를 저지른 행위에 대해서는 특히 유대인의 대학살(홀로코스트)라는 역사적

---

268) 이 규정과 같은 내용이었던 구 '생명윤리 및 안전에 관한 법률'(2004.1.29. 법률 제7150호로 제정된 것) 제16조 제1·2항에 대해서는 기각(합헌성인정)결정이 있었다(2005헌마346. 전술).

경험으로 이를 반드시 응징하여야 한다는 공감대가 형성되었다. 2차 세계대전이 종료된 뒤에 전시국제법상의 일반적인 전쟁범죄 외에 전쟁의 시작 전이나 도중에 사람을 학대하거나 학살하는 등의 반인륜적 범죄를 추가하여 인륜적 범죄에 대한 국제전범재판소에 의한 처단이 이루어진 것이 바로 그 예이다. 즉 1945년 뉘른베르크 국제전범재판과 동경국제전범재판에서는 비인도적 전쟁행위에 대한 처단이 이루어졌다. 반인륜적 범죄에 대해서는 항구적 처벌을 하여야 한다는 요구가 강하였다. 그러한 요구에 따라 2차 세계대전 후에 입법화된 대표적인 예로 프랑스에서 반인륜 범죄(les crimes contre l'humanité)에 대해 공소시효를 부정하는 1964년 12월 26일의 제64-1326호 법률이 제정되었다. 2002년 11월 13일에 비준된 「국제형사재판소에 관한 로마규정」은 반인도적 범죄에 대하여 시효의 적용이 배제됨을 규정하고 있고 이 로마규정을 우리나라의 국내적 이행을 위한 국내법률로 '국제형사재판소 관할 범죄의 처벌 등에 관한 법률'이 제정되었고 이 법률도 반인도적 범죄에 대하여는 공소시효, 형의 시효 등의 적용이 모두 배제되도록 규정하고 있다(제6조).

Ⅲ. 인간의 존엄과 가치를 보호하여야 할 국가의무

이에 관한 위헌성인정 결정례로, ① 헌재는 일제강점기에 일본군위안부로 강제 동원되어 인간의 존엄과 가치가 말살된 상태에서 장기간 비극적인 삶을 영위하였던 피해자들의 훼손된 인간의 존엄과 가치를 회복시켜야 할 의무, 징병과 징용으로 일제에 의해 강제이주 당하여 전쟁수행의 도구로 활용되다가 원폭피해를 당한 상태에서 장기간 방치됨으로써 심각하게 훼손된 청구인들의 인간으로서의 존엄과 가치를 회복시켜야 할 의무는 대한민국임시정부의 법통을 계승한 지금의 정부가 국민에 대하여 부담하는 가장 근본적인 보호의무에 속한다고 하고 이 의무를 이행하지 아니하고 있는 피청구인(외교통상부장관)의 부작위가 위헌이라고 확인하였다(2006헌마788, 2008헌마648. 그러나 헌재는 이 결정 이후 일제의 사할린 강제징용자 등이 청구한 같은 성격의 청구에 대해 피청구인(당시 외교통상부장관)의 의무 불이행이 아니라고 하여 각하결정하였다(2012헌마939)). 또한 ② 헌재는 최소한의 필요한 보장조차 규정하지 않음으로써 결과적으로 인간으로서의 존엄과 가치를 훼손한다면 헌법 제10조의 인간의 존엄과 가치에 위반되고 인간의 존엄과 가치는 모든 인간을 그 자체로서 목적으로 존중할 것을 요구한다고 하면서 구치소 내 과밀수용행위에 대해 위헌확인하는 결정을 한 바 있다(2013헌마142).

제 2 절   행복추구권

I. 행복추구권의 개념

행복이 무엇인지를 간단히 정의하기는 쉽지 않다. 생각건대 행복이란 인간이 가지는 욕구가 충족되어 기쁨을 느끼는 상태를 말한다. 그 욕구는 물질적인 것만이 아니라 정신적인 것도 포함하는 것이고 오히려 정신적인 것이 더 중요하다. 이러한 욕구의 충족상태에 도달하려는 의지가 행복을 추구하는 것이며 인간이 원하는 바를 성취하여 만족하려는 권리가 행복추구권이다.

II. 행복추구권의 성격

1. 포괄적 기본권성

(1) 기본권성

행복추구권이 기본권이 아니라는 견해도 있으나 학설은 대체적으로 기본권성을 인정한다. 헌재와 대법원의 판례도 이를 인정한다.

(2) 포괄적 기본권성과 기본권의 파생

일반적인 학설은 행복추구권이 포괄성을 갖는다고 본다. 헌재 판례도 행복추구권은 "포괄적인 기본권의 성격을 가지며, '일반적 행동자유권', '개성의 자유로운 발현권', '자기결정권', '계약의 자유' 등이 그 보호영역 내에 포함된다"라고 한다(2002헌마677).

행복의 상태와 그 추구의 과정은 폭넓은 영역에 다양하게 걸쳐 있다. 따라서 행복추구권도 인간생활의 여러 영역에서 인간의 욕구를 만족시키는 데 필요한 여러 기본권들을 내포하고 있다. 그리하여 각 영역의 다양한 기본권들이 행복추구권으로부터 파생될 수 있다(기본권의 파생에 대해서는, 전술 제 1 편의 기본권규범의 인식 참조).

[포괄성 인정의 의의] 행복추구권의 포괄성의 인정은 기본권보장의 충실성과 기본권의 최대한 보장에 기여한다. 헌법이 명시하고 있지 않은 기본권을 행복추구권에서 도출함으로써 기본권보장체계가 보다 치밀해질 수 있다. 지금까지 보장되고 있는 영역 외 새로운 영역에서의 확인되지 않은 기본권들을 발견하는 근원으로서 행복추구권이 기본권으로 자리 잡고 있는 것이다.

(3) 포괄적 기본권으로서의 보충적 기본권성 – 타 기본권과의 관계

행복추구권이 포괄적 기본권이다보니 여러 개별적 기본권들과 더불어 관련될 수 있다(예를 들어 직업의 자유, 표현의 자유, 공무담임권 등 개별 기본권들의 향유로 행복을 가져온다). 이 경우에 어느 기본권들을 우선해서 적용할 것인가 하는 문제가 있다. 이러한 문제는 특히 기본권침해에 대한 위헌심사를 행할 때 나타난다. 이 문제에 대해서는 ① 행복추구권우선적용설, ② 행복추구권과 개별 기본권들을 함께 적용할 수 있다는 병존적 적용설(또는 보장경합설), ③ 개별 기본권을 우선하여 적용하고 행복추구권은 보충적으로 적용된다는 보충적 적용설(개별 기본권우선적용) 등이 있으나 보충적 적용설(③설)이 타당하다. 그 이유는 ⅰ) 개별 기본권은 사안에 대하여 보다 직접적이고 구체화된 내용을 가지므로 기본권보장이 보다 명확해질 것이고, ⅱ) 포괄적 기본권인 행복추구권에 1차적으로 의존하게 되면(행복추구권우선적용설을 취한다면) 개별적 기본권들의 존재의미가 없어질 것이기 때문이다. ⅲ) 재판절차법적으로는 개별 기본권의 침해여부에 대한 심사만으로도 해결이 가능하다면 헌법재판의 경제성을 도모할 수 있기 때문이다. 우리 헌재도 보충적 적용설을 취하고 있다(99헌마112, 2000헌가5 등. 이를 밝히고 있는 결정례들은 많다).

(4) 헌법 제37조 제1항(열거되지 아니한 권리조항)과의 관계

이러한 문제는 행복추구권규정이 포괄성을 가진다고 하는데 헌법 문제에 대해서는 행복추구권조항이나 헌법 제37조 제1항 모두 포괄성을 가지고 각각 기본권들을 파생하는 역할을 한다고 보는 견해(구별설), 헌법 제37조 제1항은 행복추구권과 같은 포괄적 권리들을 다시 확인하고 이를 주의적으로 다시 선언하는 규정에 불과하다는 견해(확인설) 등이 대립한다. 생각건대 구별설에 따르면 헌법 제37조 제1항이 없이는 기본권성이 인정될 수 없는 기본권들도 있다고 보게 될 것이고 이는 결국 실정법적 입장으로 되어버리는 것이므로 받아들일 수 없다. 기본권을 자연권으로 보는 우리 헌법의 입장에서는 확인설이 타당하다.

(5) 독자적 기본권으로서의 행복추구권

행복추구권이 포괄성을 띤다고 하여 늘 보충적인 행복추구권만 있는 것은 아니다. 행복추구권의 기본권성을 부정하는 견해는 물론 독자적 기본권성을 부정하게 되지만 행복추구권은 독자적으로 하나의 기본권으로 인정될 때도 있다. 어떤 특정한 기본권으로 개별화하기 힘드나 행복 여부에 직결될 경우가 그러한 경우이다. 따라서 유의할 점은 보충적이라는 것은 행복추구권이 포괄적 기본권일 때의 성격을 의미하고 행복추구권 자체가 독자적인 지위의 의미를 가지고 당해 사안에서 더 나은 최대한의 기본권보장을 위해서 행복추구권의 보호가 필요한 경우에는 독자적 적용 또는 독자적 적용과 더불어 다른 개별 기본권들과의 병존적 적용이 된다. 헌재도 다른 개별 기본권과 함께 행복추구권의 침해를 인정하거나 행복추구권만의 침해를 인정하는 판례를 내놓아 독자적 기본권으로서의 성격도 긍정한다. ⅰ) 병존적 적용과 그 침해를 인정한 예로,

① 대표적으로 기소유예처분에 의한 기본권침해의 경우를 들 수 있다. 무죄라고 주장하는 피고인이 기소유예처분으로 평등권뿐 아니라 행복추구권도 침해당하였다고 보기 때문에 병존적용을 인정하는 것이다(89헌마56, 2010헌마642). ② 친생부인의 소 제기기간이 단기여서 아버지의 가정생활과 신분관계에서 누려야 할 인격권 및 행복추구권을 침해한다고 하여 헌법불합치로 결정된 예가 있다(95헌가14). ③ 혼인 종료 후 300일 이내에 출생한 자를 전남편의 친생자로 추정하는 민법 제844조 제2항 중 "혼인관계종료의 날로부터 300일 내에 출생한 자"에 관한 규정에 대해 모가 가정생활과 신분관계에서 누려야 할 행복추구권을 침해하는 것이라고 보아 헌법불합치결정을 한 바도 있었다(2013헌마623). ④ 학교환경위생정화구역 내에서 극장시설 및 영업행위 금지에 대한 "자유로운 문화향유에 관한 권리 등 행복추구권을 침해하고 있는"이라는 표현의 위헌·헌법불합치결정(2003헌가1).

ii) 행복추구권만의 침해 인정의 예로, 기능경기대회참가자격의 제한에 대한 헌법불합치결정의 경우(2013헌마757. [결정요지] 전국기능경기대회 입상자 중 해당 종목 '1, 2위 상위 득점자'가 아닌 나머지 입상자는 국제기능올림픽 대표선발전에도 출전할 수 없다. 그런데 구 숙련기술장려법 시행령 규정은 전국기능경기대회에 참가하여 입상한 사실이 없는 사람에게만 참가자격을 부여하고 있어 이전에 전국기능경기대회에 참가하여 이미 입상한 사실(청구인 경우 3위 입상)이 있는 사람에게는 다시 참가자격을 부여하지 않는다. 이러한 재도전 금지는 인격을 발현시키고 자아를 실현하고자 하는 청소년들에게 의미가 큰 국제기능올림픽 대표선발전에 출전할 기회까지 결국 봉쇄하는 결과가 된다. 따라서 이 규정은 입법형성권의 한계를 넘어선 것으로서 청구인들의 행복추구권을 침해한다. 헌법불합치결정을 선고한다) 등을 들 수 있다.

iii) 병존적용의 합헌성 인정 결정례들 ① 기부행위 제한의 적용을 받는 자에 '후보자가 되고자 하는 자'까지 포함하면서 기부행위의 제한기간을 폐지하여 상시 제한하도록 공직선거법 규정(선거운동의 자유, 공무담임권, 행복추구권. 2009헌바201), ② 민사법정 출석의 수형자에 대한 운동화 착용 불허행위(인격권, 행복추구권. 2009헌마209), ③ 복수국적 금지를 위한 국적상실규정 (거주·이전의 자유, 행복추구권. 2011헌마502), ④ 전투경찰에 대한 시위진압명령(양심의 자유, 행복추구권. 91헌마80).

2. 자연권성 – 국가 이전의 자연권

행복을 원하고 누리고자 하는 것은 인간으로서의 당연한 욕구이고 본능이므로 행복추구권은 국가 이전의 자연권인 천부적 인권이다. 근대의 권리선언에서는 행복추구권을 천부인권으로서 규정하고 있었다. 행복추구권을 자연권으로 인정하므로 이는 국민뿐 아니라 외국인이나 무국적자에게도 인정되는 기본권이다.

3. 자유권으로서 성격만 가지는지 여부(적극성 여부)

행복추구권을 포괄적 자유권으로 보는 헌재 판례들이 더러 있었기에(93헌가14 등) 논란이 되고 있다. 후술하는 자유권에서 언급하겠지만 자유권은 소극적 권리의 성격을 가진다는 것이 전통적 이론이다. 그렇다면 위 판례들은 행복추구권이 자유권으로서 소극적인 권리라는 것이 된다. 그러나 행복의 상태는 보다 나은 양질의 삶을 내포하기도 하므로 행복추구권은 보다 나은 삶, 복지를 요구할 수 있는 적극적 성격을 가지기도 한다.

[헌재 위 결정들의 모순점] ① 헌재는 아래에서 보듯이 행복추구권에서 일반적 행동자유권이라는 포괄적 '자유권'이 나온다는 판례를 확립하고 있다. 그렇다면 행복추구권 자체가 포괄적 자유권인데 여기서 또 포괄적 자유권인 일반적 행동자유권이 파생한다는 자기모순에 빠진다. 모순이 아니려면 행복추구권에는 자유권 외에 다른 권리들도 포함된다고 보아야 한다. ② 행복추구권이 포괄적 자유권이라면 자유권이 아닌 다른 기본권들, 예를 들어 참정권(공무담임권) 등에 대한 보충적 기본권이 될 수 없다. 그러나 헌재는 그 경우에도 보충성을 인정한다(99헌마112). 행복추구권이 포괄적 자유권이라면 공무담임권은 자유권이 아니므로 서로 간에 포괄·보충관계가 아닌 것으로 보아야 하므로 이는 논리적으로 모순이다.

4. 행복추구권의 주체

자연인이 행복추구권의 주체임은 물론이다. 법인이나 단체가 행복추구권을 누릴 수 있는지에 대해서는 긍정론, 부정론이 있으나 헌재 판례는 부정설을 취하고 있다(헌재 2010.7.29. 2009헌바40; 2006.12.28. 2004헌바67).

Ⅲ. 행복추구권의 내용 - 행복추구권에 함축된 파생적 기본권들

1. 일반적 행동자유권

[전제적 이해 - 자유권] ⅰ) 자유권이다. - 일반적 행동자유권은 자유권이므로 자유권에 대해 앞서 기본권분류에서 서술한 것을 다시 되새겨 본다. 자유권은 국가로부터 간섭, 방해를 받지 않는 상태인 것으로 구현된다. 바로 소극적 권리이다. 기본권들에는 물론 자유권만 있는 것이 아니고 국가나 공권력이 나서서 적극적으로 서비스를 제공하여야 실현되는 적극적인 생존(사회)권, 청구권, 참정권 등이 있는데 여기서는 바로 이 생존권, 청구권, 참정 등과 구별되는 이 생존권, 청구권, 참정 등과 구별되는 자유권만을 말하는 일반적 행동자유권인 것이다. ⅱ)

'일반적'이란 말 – 인간의 일상은 매 순간 자유로워야 한다. 일어나 아침에 식사하고 옷을 입는 자유부터 시작하여 매순간 자유를 요하고 따라서 그 자유의 영역은 기초적이며 자유가 요구되는 영역은 일반적이고 광범위하며 포괄적이다. 그래서 자유권은 기초성, 포괄성을 가진다. 그런데 우리 헌법전에는 제12조 신체의 자유부터 제23조 재산권까지 적지 않은 자유권조항들이 있다. 그러나 그 기초성, 포괄성으로 인해 이렇게 헌법에 명시되어 있지 않은 다른 자유권들도 있고 그것을 모두 포괄하여 품고 있고 그리하여 그것을 파생시키는 자유권이 필요하여 '일반적' 행동자유권이 설정되는 것이다.

(1) 개념과 헌법상 근거

[개념] 일반적 행동자유권(一般的 行動自由權)이란 헌법에 명시되지 않은 '자유권'들을 모두 담고 있는 포괄적인 자유권을 의미한다. 헌법에 제12조의 신체의 자유부터 여러 개별 자유권들이 명시되어 있으나 이러한 명시된 자유권들 외의 자유권들이 도출되고 보호되는 근거가 되는 자유권을 말한다. 우리 헌재도 일반적 행동자유권을 인정하고 지금까지 헌법에 명시되지 않은 자유권들을 끌어내고 보호해 온 근거가 바로 이 일반적 행동자유권이다.

[헌법상 근거] 이 일반적 행동자유권 자체는 또 더 포괄적 권리규정인 행복추구권에서 나온다. 우리 헌재도 행복추구권을 근거로 한다고 본다.

(2) 성격

1) 자유권

일반적 행동자유권은 '자유권'이다. 생존권, 청구권, 참정권 등과 구별되는 자유권인 것이고 일반적 행동자유권에서 청구권, 생존권 등이 나오지는 않고 자유권이 나오는 것이다.

2) 포괄성 · 일반조항성

일반적 행동자유권은 '포괄적' 자유권으로서 일반조항적 성격을 가진다(헌재 2003.10.30. 2002헌마518).

3) 보충성

따라서 일반적 행동자유권은 보충적으로 적용된다(99헌바76). 즉 개별적 자유권이 있으면 그것을 적용하고 일반적 행동자유권은 적용할 필요가 없어진다.

* 유의: 이 보충성은 어디까지나 개별 자유권과의 관계이다. 다른 청구권, 참정권 등과의 관계가 아니다.

[보충의 예] ① 직업의 자유와의 보충(99헌바76; 2005헌마1215. [판시] 찜질시설 목욕장(이른바 "찜질방") 영업자에 대해 22:00 이후부터 05:00까지 보호자가 동행하지 않은 청소년의 출입을 제한하여야 하고 … 이로 인하여 찜질방 영업자가 심야시간 출입자가 청소년인지 여부를 확인하여야 하지만, 이러한 불편은 심야시간 청소년 출입의 제한이라는 직업수행자유의 제한에 포함된 것이므로, 이 사건 규정이 청구인들의 직업수행의 자유를 침해하는지 여부를 판단하는 이외에, 별도로 일반적 행동의 자유를 침

해하는지 여부를 판단할 필요가 없다), ② 선거운동의 자유, 표현의 자유와의 보충(2002헌마467; 2006헌마526), ③ 신체의 자유와의 보충(2007헌마1468) 등.

4) 독자적 기본권인 경우

[의미] 일반적 행동자유권이 독자적 의미를 가질 때에는 독자적 적용 또는 다른 개별적 자유권들과의 병존적용이 된다. 자유권이 아닌 청구권 등과의 병존적용도 인정된다.

[병존의 예] ① 개별 자유권과의 병존 — 당해 선거구 안에 있는 자에 대한 후보자 등이 아닌 제삼자의 기부행위 금지와 그 위반행위에 대해 처벌하는 공직선거법 규정이 "과잉금지원칙을 위반하여 기부행위자의 선거운동의 자유 및 일반적 행동자유권을 침해하는지 살펴본다"라고 하면서 한 번의 과잉금지심사로 그 침해 여부를 함께 판단한 예가 있다(2017헌바266. 합헌결정). ② 다른 종류의 기본권(예를 들어 청구권)과의 병존 — 이해관계나 국정에 관한 의견 또는 희망을 해당 기관에 진술할 수 없게 하는 것은 일반적 행동자유권의 제한문제와 청원권의 제한문제를 함께 일으킨다고 보고 이 두 기본권의 제한문제를 함께 판단한 헌재 판례를 볼 수 있다(헌재 2005.11.24. 2003헌바108. 합헌결정).

[하나의 기본권주체에서의 기본권 경합] 하나의 기본권주체에 있어서 일반적 행동자유권이 독자적 기본권으로서 홀로 적용되는 경우가 아니라 다른 개별 기본권들과 병존하는 경우에는 경합의 문제가 나올 수 있다(전술 기본권총론 기본권경합 부분 참조).

[상이한 기본권주체에 따른 병존] 문제된 상황에 따라 어느 기본권주체에게는 명시적 개별기본권이 문제되고 또 다른 기본권주체에게는 일반적 행동자유권이 문제되어 병존하는 경우도 있다. 아래와 같은 예들이 있다.

① 의료행위를 할 자유에 대해 보면 헌재는 직업적으로 의료행위를 하려는 사람에게는 직업선택의 자유가 문제되나 취미나 봉사활동으로 하려는 사람에게는 일반적 행동자유권의 문제가 된다고 보았다(2003헌바86. * 비례원칙을 준수하여 합헌이라고 결정함. * 동지: 2001헌마370). ② 대학(원)생이 아닌 사람이 학원, 교습소 외에서 과외교습을 하는 것을 금지한 법규정은 과외교습을 직업으로 선택하려는 사람에게는 직업선택의 자유가, 무상 또는 일회적·일시적으로 가르치려는 사람에게는 일반적 행동자유권이 문제된다고 보았다(98헌가16. * 그런데 이 판결에서 헌재는 소결론에서는 일반적 행동자유권의 침해를 언급하고 있지는 않다. 전체로는 과외교습금지 및 위반 시 처벌하는 규정들에 대한 위헌결정이 있었다). ③ 총포소지허가의 음주운전관련 결격사유를 정한 '총포·도검·화약류 등의 안전관리에 관한 법률' 규정(2017헌바341). ④ 주방용오물분쇄기를 판매 금지(직업으로 판매하는 자의 직업수행의 자유를, 사용하고자 하는 사람은 일반적 행동자유권을 제한받는다(2016헌마1151. * 과잉금지원칙을 준수하여 합헌성이 인정되는 기각결정을 함). ⑤ 그 외의 예: 운전의 자유(운전을 업으로 하지 않는 사람의 일반적 행동자유권과 운전을 업으로 하는 사람의 직업의 자유. 2002헌마677, 이전에 비슷한 사안과 비슷한 취지의 위헌결정으로 2004헌가28; 2013헌가6), 레저활동의 자유(2006헌마954; 2014헌가13 등), 컴퓨터 프로그램의 개발·판매(2018헌바428. "악성프로그램" 금지조항 합헌결정. [결정요지] 정보통신시스템, 데이터 또는 프로그램 등의 '운

용을 방해할 수 있는 악성프로그램'으로 대상을 한정하고, 그 중에서도 '정당한 사유가 없는 악성프로그램의 유포행위'만을 금지·처벌하여 그 범위를 목적달성에 필요한 범위로 합리적으로 제한하고 있어, 이로 인하여 프로그램의 개발·판매를 업으로 하는 사람의 직업의 자유나 프로그램 개발을 취미로 하는 사람의 일반적 행동의 자유가 과도하게 제한된다고 볼 수 없어 침해최소성을 갖춘 것이다) 등.

5) 가치중립성

헌재는 일반적 행동자유권은 "가치 있는 행동만 그 보호영역으로 하는 것은 아닌 것"이라고 하여[269] 일반적 행동자유권이 가치중립적 기본권이라고 보고 있다. 이에 대해서는 아래 내용의 보호영역 부분에서 더 살펴본다(바로 아래 참조).

(3) 내용

1) 보호영역

일반적 행동자유권은 어떤 행위를 할 자유뿐 아니라 하지 않을 자유도 포함된다. 그 행위의 범위가 넓다.

[헌재판례 – 모든 행위] 헌재는 "일반적 행동자유권은 모든 행위를 할 자유와 행위를 하지 않을 자유"라고 한다. 그리하여 헌재는 바로 위에서 언급한대로 "가치 있는 행동만 그 보호영역으로 하는 것은 아닌 것"이라고 하면서 ① "그 보호영역에는 개인의 생활방식과 취미에 관한 사항도 포함되며, 여기에는 위험한 스포츠를 즐길 권리와 같은 위험한 생활방식으로 살아갈 권리도 포함된다"라고 보고,[270] ② 개인이 대마를 자유롭게 수수하고 흡연할 자유도 일반적 행동자유권의 보호영역에 속한다고[271] 본다.

[검토] 그러나 모든 행위라고 할 수는 없다. 살인행위와 같은 타인의 생명을 박탈하는 행위, 인간존엄성을 파괴하는 행위는 포함된다고 볼 수 없다. 위험한 활동방식도 타인에 위험을 초래하는 경우는 물론 본인에 한정되는 위험일지라도 그 위험성으로 인해 본인의 생명, 인간으로서의 존엄 등이 파멸되는 경우에는 이에 대한 제한이 가해져야 한다.

2) 일반적 행동자유권으로 보호되는(파생되는) 자유권

헌재가 일반적 행동자유권에서 파생시키거나 일반적 행동자유권으로 보호된다고 본 자유들은 많다. 아래에서 살펴보는데 위헌성이 인정된 결정례들과 한정위헌결정례·한정합헌결정례, 합헌성이 인정된 결정례들로 나누어 본다.

(가) 위헌성 인정례　　일반적 행동자유권에서 파생(보호)된다고 보면서 그것에 대한 지나친 제한이라고 하여 위헌성이 인정된 바가 있는 자유들로는 다음과 같은 것들이 있었다(단순위헌결정뿐 아니라 위헌확인결정도 포함. 한정위헌결정례와 한정합헌결정례는 별도로 살펴봄).

---

269) 헌재 2003.10.30. 2002헌마518.
270) 헌재 2003.10.30. 2002헌마518. 이 결정에 대해서는 전술, 후술 참조. * 동지: 헌재 2008.4.24. 2006헌마954.
271) 헌재 2005.11.24. 2005헌바46.

가) 계약의 자유   계약의 자유에 관해서는 합헌성 인정례들도 아래에 보는 대로 있다. 그래서 계약의 자유의 근거, 내용 등 일반론을 볼 필요가 있어 먼저 일반론을 본 다음 위헌결정례를 본다.

(a) 근거와 내용   헌재는 계약의 자유를 일반적 행동자유권에서 파생된다고 본다. 그리고 계약의 자유의 개념과 내용에 대해 "계약의 자유란 계약 체결의 여부, 계약의 상대방, 계약의 방식과 내용 등을 당사자의 자유로운 의사로 결정하는 자유를 말한다"라고 한다(2007헌마870; 2016헌바468 등).

(b) 계약의 자유, 사적 자치, 경제원칙 등과의 관계와 근거   "사적자치는 계약의 자유·소유권의 자유·결사의 자유·유언의 자유 및 영업의 자유를 그 구성요소로 하고 있으며, 그 중 계약의 자유는 사적자치가 실현되는 가장 중요한 수단"이라는 것이 헌재의 설명이다(99헌가18). 한편 헌재는 계약의 자유는 헌법 제119조 제1항의 개인의 경제상의 자유의 일종이기도 하다"라고도 한다(89헌마204; 2005헌마349). 헌재는 사적자치권이 행복추구권에서 바로 나온다고 보기도 하고 또는 거기서 파생되는 일반적 행동자유권에서 나온다고 보기도 하는데 여하튼 계약의 자유도 일반적 행동자유권에서 나온다고 보더라도 그 일반적 행동자유권이 행복추구권에서 나오는 점에서 별다른 문제가 없다. 또 헌법 제119조 제1항 경제질서조항은 그것을 확인한다고 보면 될 것이다. 유의할 점은 이는 어디까지나 자유권으로서의 계약의 자유의 근거이고 자유권을 포함한 적극적 성격의 계약관련 권리들까지 모두 포함한다면 헌법 제10조 주기본권규정이 근거가 되어야 한다는 점이다.

(c) 심사강도   계약의 자유 침해 여부에 대한 심사의 강도는 계약에 대한 규제는 사회적 연관관계에 있는 경제적 활동을 규제하는 입법사항이므로 비례원칙을 적용함에 있어서 보다 완화된 기준이 적용된다는 것이 헌재의 입장이다.

● **판례**   헌재 2017.11.30. 2016헌바38
[판시] 계약의 자유나 재산권도 공익을 이유로 제한될 수 있지만, 헌법 제37조 제2항에 따라 공익실현을 위하여 필요한 정도를 넘어 지나치게 제한되어서는 안 된다는 비례원칙은 지켜져야 한다. 다만, 제대혈에 대한 유상거래를 허용할 것인지의 문제는 개인의 본질적이고 핵심적인 자유영역에 속하는 사항이라기보다는 사회적 연관관계에 있는 경제적 활동을 규제하는 입법사항이므로 비례원칙을 적용함에 있어서 보다 완화된 기준이 적용된다(99헌바76등 참조).

(d) 위헌결정례   임대차존속기간 20년 한정의 위헌성 – 헌재는 석조건물 등 소유 목적의 일정한 토지임대차를 제외한 임대차의 존속기간을 20년으로 제한한 구 민법(1958.2.22. 법률 제471호로 제정된 것) 제651조 제1항이 비례(과잉금지)원칙을 위배하여 계약의 자유를 침해한다고 판단하였다.

● **판례**   헌재 2013.12.26. 2011헌바234
[결정요지] (1) 입법목적의 정당성 및 수단의 적절성 – 임차물 관리 소홀과 개량 태만으로 인한 사회경제적 손실을 방지하기 위한 것이라는 입법목적은 정당하다. 또한 수단적절성을 배제할 수는 없다. (2) 침해최소성 및 법익균형성 (가) 대법원의 판례는 임대인 또는 소유자를 임차물의 가장 적절한 관리자로 상정하고 있으나, 임대차계약을 통하여 합리적이고 효과적인 임차물의 관리 및 개량방식의 설정이 가능함에도 불구하고, 임대인 또는 소유자가 임

차물의 가장 적절한 관리자라는 전제하에 임대차의 존속기간을 강제함으로써 임차물 관리·개량의 목적을 이루고자 하는 것은 임차물의 관리 소홀 및 개량 미비로 인한 가치하락 방지라는 목적 달성을 위한 필요 최소한의 수단이라고 볼 수 없다. (나) 국가가 후견적으로 개입하여 사적 자치를 제한하는 것은 정당화되기 어렵다. 뿐만 아니라, 해지권, 차임증감청구권 행사 등 현재의 법체계만으로도 임대차관계를 원활하게 운영할 수 있는 장치들이 충분히 마련되어 있다. (다) 당사자의 의사가 명확할 때조차도 이를 배제하고 20년을 강제함으로써 경제사정의 변화에 따라 당사자가 이를 악용할 여지를 만들어 주는 것은 필요한 범위를 벗어나는 과도한 제한의 결과이다. (라) 제한을 통하여 얻는 공익적 성과와 제한이 초래하는 부정적 효과가 합리적인 비례관계를 현저하게 일탈하였다. (마) 그러므로 침해 최소성과 법익균형성 요건을 충족시키지 못한다. (3) 소결 ― 결국 과잉금지원칙을 위반하여 계약의 자유를 침해한다.

나) 기부금품모집행위의 자유

(a) 성격과 문제의 소재　기부금품을 자유로이 모집할 권리도 일반적 행동자유권에서 나온다고 보는 것이 판례의 입장이다.

(b) 판례

① 위헌결정 ― 구 기부금품모집금지법(1951.11.7. 법률 제224호로 제정되고 1970.8.12. 법률 제2235호로 개정된 것) 제3조 및 제11조 중 제3조에 관한 부분은 "누구든지 기부금품의 모집을 할 수 없다"라고 규정하여 기부금품모집행위를 원칙적으로 금지하고 그 단서에 예외적으로 법소정의 일정사항(좌의 각 호로서 국제적으로 행해지는 구제금품, 천재, 지변 기타 이에 준하는 재액을 구휼하는데 필요한 금품 등)에 한정하여 허가여부를 행정청(당시 내무부장관과 도지사 또는 서울특별시장)의 자유로운 재량행위에 맡긴 것("허가할 수 있다")은 (아울러 제3조의 규정에 의한 허가를 받지 아니하고 기부금품의 모집을 행한 자에 대한 처벌규정도) 아래와 같이 위헌이라고 헌재는 보았다.

● 판례　헌재 1998.5.28. 96헌가5
[결정요지] (1) 기부행위의 허가여부를 행정청의 재량행위로 한 것 ― 법 제3조는 허가를 재량행위로 형성하여 헌법상 부여된 기본권적인 권리의 행사여부를 행정청의 재량에 맡김으로써, 허가관청이 임의로 국민의 기본권적 권리를 처분할 수 있는 길을 열어 놓았다. 그러므로 국민의 기본권―행복추구권―을 침해하는 위헌인 규정이다. (2) 기부행위 모집목적을 제한한 것 ― 기본권제한규정은 기본권행사의 '방법'과 '여부'에 관한 규정으로 구분할 수 있는데(*이에 대해서 앞의 기본권총론, 기본권제한의 단계 부분 참조) 침해의 최소성의 관점에서, 입법자는 우선 기본권을 보다 적게 제한하는 단계인 기본권행사의 '방법'에 관한 규제로서 공익을 실현할 수 있는가를 시도하고 어렵다고 판단되는 경우에 비로소 그 다음 단계인 기본권행사의 '여부'에 관한 규제를 선택해야 한다. 법 제3조 제한은 '여부'에 관한 규제에 해당한다. 침해를 적게 가져오는 그 이전의 단계인 모집절차 및 그 방법과 모집된 기부금품의 사용에 대한 통제를 통하여, 즉 기본권행사의 '방법'을 규제함으로써 충분히 입법목적을 달성할 수 있다. 폐해가 가장 우려되는 모집형태인 방문모집이나 가두모집은 엄격한 요건하에서만 예외적으로 허용한다든지 모집결과의 신고의무, 모집상황 및 사용내역 장부의 비치의무 등 무분별하거나 사기적인 모집행위를 방지할 수 있다. 그러므로 법 제3조는 입법목적을 달성하기에 필요한 수단의 범위를 훨씬 넘어 기본권을 과도하게 침해하는 위헌적인 규정이다.

② 이후의 변화: (a) 개정규정에 대한 합헌성 인정 ― 위 위헌결정 이후 구 기부금품모집규제법은 개정되었는데(1999.1.18. 법률 제5631호로 개정되고, 2006.3.24. 법률 제7908호로 개정되기 전의 것) 모집허가가 필요한 경우를 한정하여 규정하였고 무허가 기부금품모집자 처벌하는 규정을 두고 있었다. 이 규정들에 대해 헌재는 기속행위로서의 허가제를 두고 있어서 피해최소성을 준수하였다는 등의 이유로 비례원칙을 준수하였다고 보아 합헌결정을 하였다(2008헌바83). (b) 등

록제로 변경 – 2006년부터 현재 '기부금품의 모집 및 사용에 관한 법률'(법률 제7908호, 2006.3.24, 일부개정) 제4조 제1항은 등록제로 규정하고 있다. 기속행위로서 등록제도이다. 무등록 등 위반시 처벌규정도 있다(동법 제16조 제1항 제1호).

(c) 농협조합장의 재임 중 기부행위 금지의 합헌성   농업협동조합 조합장의 재임 중 기부행위를 금지하고, 이를 위반하면 형사처벌하는 농업협동조합법, '공공단체등 위탁선거에 관한 법률' 규정들에 대해 이는 조합장의 일반적 행동자유권을 제한하나 과잉금지원칙을 준수하여 침해하지는 않는 합헌이라고 헌재는 결정하였다(2016헌바370. * 분석 – 이 기부행위처벌조항은 선거의 공정성을 확보하기 위한 것인데 헌재는 선거권이 아니라 일반적 행동자유권이 문제된다고 보는 것이다 (이에 농협이 사법상 결사라고 보아 선거권의 적용을 인정하지 않으려는 헌재의 입장이 배경이 되고 있는 것으로 이해된다. 이에 대해서는 뒤의 결사의 자유 부분 참조).

다) 하객(賀客)들에 대한 음식물접대행위   헌재는 "하객들에 음식물을 접대하는 행위는 인류의 오래된 보편적인 사회생활의 한 모습"으로서 하객에 대한 음식물접대의 자유는 일반적 행동자유 영역에 속한다고 보고 이에 대해 금지한 구 '가정의례에 관한 법률' 제4조 제1항 제7호, 위반시 처벌하는 제15조 제1항 제1호에 대해 죄형법정주의 명확성원칙을 위배하여 일반적 행동자유권을 침해하는 위헌이라고 보았다.

● **판례**   헌재 1998.10.15. 98헌마168

[결정요지] 결혼식 등에 온 賀客들에 음식물을 접대하는 행위는 인류의 오래된 보편적인 사회생활의 한 모습으로서 개인의 일반적인 행동의 자유 영역에 속하는 행위이고 이는 헌법 제10조가 정하고 있는 행복추구권에 포함되는 일반적 행동자유권으로서 보호되어야 할 기본권이다. 경사(慶事) 기간 중에 가정의례의 참뜻에 비추어 합리적인 범위 안에서 대통령령이 정하는 접대 외에 주류 및 음식물의 접대를 금지한 이 규정들은 "가정의례의 참뜻", "합리적인 범위안"이란 개념은 쉽게 그 대강을 예측할 수 없는 개념이어서 이를 행동의 준칙으로 삼기에는 부적절한 것이며, 법집행자의 자의를 초래할 우려가 크므로 결국 죄형법정주의에 있어서 명확성 원칙을 위배하여 일반적 행동자유권을 침해하여 위헌이다. * 위 결정 이후 '가정의례에 관한 법률'은 폐지되었고 대신 '건전가정의례의 정착 및 지원에 관한 법률'이 제정되어 있다.

라) 내키지 아니하는 일을 하지 아니할 일반적 행동자유권, 하고 싶지 않은 일을 강요당하지 않을 일반적 행동자유권

① 공정거래법 "법위반사실의 공표"의 위헌성 – 구 독점규제및공정거래법은 사업자단체의 위반행위가 있을 때 공정거래위원회가 당해 사업자단체에 대하여 "법위반으로 인한 시정명령을 받은 사실의 공표"가 아니라 "법위반사실의 공표"를 명할 수 있도록 규정하고 있었다. 헌재는 "만약 행위자가 자신의 법위반 여부에 관하여 사실인정 혹은 법률적용의 면에서 공정거래위원회와는 판단을 달리하고 있음에도 불구하고 불합리하게 법률에 의하여 이를 공표할 것을 강제당한다면 이는 행위자가 자신의 행복추구를 위하여 내키지 아니하는 일을 하지 아니할 일반적 행동자유권"에 대한 제한에 해당한다고 보았다. 그리고 당해 행위자의 일반적 행동의 자유를 비례(과잉금지)원칙을 위반하여 침해하는 것으로서 위헌이라고 결정하였다. 기본권제한의 원인과 위헌의 핵심은 시정명령을 받았다는 사실의 공표가 아니라 법위반을 확정적으로 공표

하는 것에 있다. 즉 형사재판이 개시되기도 전에 공정거래위원회의 행정처분에 의하여 무조건적으로 법위반을 단정, 그 피의사실을 널리 공표토록 하는 것은 과도한 제한이라는 것이다.

● **판례** 헌재 2002.1.31. 2001헌바43

[결정요지] 가. 일반적 행동의 자유 등 헌법에 열거되지 아니한 자유의 침해 여부 – 이 사건에서와 같이 만약 행위자가 자신의 법위반 여부에 관하여 사실인정 혹은 법률적용의 면에서 공정거래위원회와는 판단을 달리하고 있음에도 불구하고 불합리하게 법률에 의하여 이를 공표할 것을 강제당한다면 이는 행위자가 자신의 행복추구를 위하여 <u>내키지 아니하는 일을 하지 아니할 일반적 행동자유권</u>과 인격발현 혹은 사회적 신용유지를 위하여 보호되어야 할 명예권에 대한 제한에 해당한다. 나. 과잉금지원칙의 위배 여부 – 조속히 공정거래법 위반에 관한 중요 정보를 공개하는 등의 방법으로 일반공중이나 관련 사업자들에게 널리 경고함으로써 계속되는 공공의 손해를 종식시키고 위법행위가 재발하는 것을 방지하는 조치를 할 필요가 있다. 그러기 위해서는 실질적으로 필요하고 적절하다고 인정될 수 있는 구체적 정보내용을 알려주는 것이 보다 효과적일 것이다. 그런데 소비자보호를 위한 이러한 보호적, 경고적, 예방적 형태의 공표조치를 넘어서 형사재판이 개시되기도 전에 공정거래위원회의 행정처분에 의하여 무조건적으로 법위반을 단정, 그 피의사실을 널리 공표토록 한다면 이는 지나치게 광범위한 조치로서 앞서 본 입법목적에 반드시 부합하는 적합한 수단이라고 하기 어렵다. 나아가 '법위반으로 인한 시정명령을 받은 사실의 공표'에 의할 경우, 입법목적을 달성하면서도 행위자에 대한 기본권 침해의 정도를 현저히 감소시키고 재판 후 발생가능한 무죄로 인한 혼란과 같은 부정적 효과를 최소화할 수 있는 것이므로, 법위반사실을 인정케 하고 이를 공표시키는 이 사건과 같은 명령형태는 기본권을 과도하게 제한하는 것이다

* 평가: 위 판시에 인용하진 않았으나 헌재는 이 결정에서 일반적 행동자유권을 끌어내는 헌법조문으로 헌법 제10조뿐 아니라 헌법 제37조 제1항도 들고 있어서 일관성이 부족한 면을 보여준다.

② 부정청탁·금품수수의 금지, 신고 – 헌재는 '부정청탁 및 금품 등 수수의 금지에 관한 법률'상 언론인 및 사립학교 관계자를 공직자등에 포함시켜 이들에 대한 부정청탁을 금지하고, 사회상규에 위배되지 아니하는 것으로 인정되는 행위는 이 법을 적용하지 아니하는 조항(부정청탁금지조항), 대가성 여부를 불문하고 직무와 관련하여 금품 등을 수수하는 것을 금지할 뿐만 아니라, 직무관련성이나 대가성이 없더라도 동일인으로부터 일정 금액을 초과하는 금품 등의 수수를 금지하는 조항(금품수수금지조항), 배우자가 언론인 및 사립학교 관계자의 직무와 관련하여 수수 금지 금품 등을 받은 사실을 안 경우 언론인 및 사립학교 관계자에게 신고의무를 부과하고(신고조항), 미신고시 형벌 또는 과태료의 제재를 하도록 규정한 조항(제재조항)은 언론인 및 사립학교 관계자인 나머지 청구인들의 하고 싶지 않은 일을 강요당하지 않을 일반적 행동자유권, 평등권을 침해하지 아니한다는 결정을 선고하였다.

● **판례** 헌재 2016.7.28. 2015헌마236등 청탁금지법(일명 김영란법) 사건

[결정요지] 1. 쟁점 정리 … (2) 부정청탁금지조항과 금품수수금지조항은 금지명령의 형태로 청구인들에게 특정 행위를 금지하거나 법적 의무를 부과하여 청구인들이 하고 싶지 않은 일을 강요하고 있으므로, 청구인들의 일반적 행동자유권을 제한한다. (3) 1회 100만원을 초과하는 금품 등을 수수한 경우 처벌하도록 하고 있는데 이는 일정한 대가관계를 추정할 수 있다는 데 근거한 것이고(우리 사회에서 아무런 이유 없이 이러한 금품을 줄 이유가 없기 때문), 아무리 적은 금액이라도 정당한 이유 없이 금품 등을 받는 것을 금지하는 것이 부당하다고 할 수 없다. 종합하여 보면 침해의 최소성 원칙에 반한다고 보기 어렵다. 법익균형성도 충족한다. 따라서 과잉금지원칙을 위반하지 않는다.

마) 비변호인과의 접견교통권　　(a) 미결수용자 – 미결수용자와 변호인간의 접근교통권은 변호인의 조력을 받을 권리를 규정한 헌법 제12조 제4항 본문에 따라 헌법상의 기본권임은 분

명하다. 문제는 변호인 외의 변호인 아닌 '타인'(예를 들어 가족)과의 접견교통권이 헌법상의 기본권인지 아니면 형사소송법 제89조상의 권리에 불과한지가 문제된다. 우리 헌재는 "구속된 피의자 또는 피고인이 갖는 변호인 아닌 자와의 접견교통권은, 피구속자가 가족 등 외부와 연결될 수 있는 통로를 적절히 개방하고 유지함으로써 한편으로는 가족 등 타인과 교류하는 인간으로서의 기본적인 생활관계가 인신의 구속으로 인하여 완전히 단절되어 파멸에 이르는 것을 방지하고 다른 한편으로는 피의자 또는 피고인의 방어를 준비하기 위하여, 반드시 보장되지 않으면 안되는 인간으로서의 기본적인 권리에 해당하므로 이는 성질상 헌법상의 기본권에 속한다"라고 하여 기본권성을 인정한다. 이러한 미결수용자와 타인간의 접근교통권의 헌법적 근거로 헌재는 헌법 제10조의 행복추구권에 포함되는 "일반적 행동자유권으로부터 나온다고 보아야 할 것이고 다른 한편으로는 무죄추정의 원칙을 규정한 헌법 제27조 제4항도 미결수용자의 접견교통권 보장의 한 근거가 될 것"이라고 본다.[272] 이 판례는 군행형법의 적용을 받는 미결수용자에 대해 타인과의 면회횟수를 매주 2회로 제한한 구 군행형법시행령 규정이 문제된 것인데 헌재는 구체적 위임원칙을 정한 헌법 제75조와 비례(과잉금지)원칙, 평등원칙에 반하여 위헌이라고 결정하였다.

● **판례** 헌재 2003.11.27. 2002헌마193
[판시] 군행형법 제15조 제6항은 면회에의 참여에 관한 사항만을 대통령령으로 정하도록 위임하고 있고 면회의 횟수에 관하여는 전혀 위임한 바가 없다. 따라서 이 시행령규정이 미결수용자의 면회횟수를 매주 2회로 제한하고 있는 것은 법률의 위임 없이 접견교통권을 제한하는 것으로서, 헌법 제37조 제2항 및 제75조에 위반된다. 이 시행령규정은, 행형법시행령이 일반적인 미결수용자의 접견횟수를 매일 1회로 하고 있는 것과는 달리, 군행형법시행령의 적용을 받는 미결수용자의 면회횟수를 매주 2회로 제한하고 있는바, 면회에 교도관을 참여시켜 감시를 철저히 한다거나, 필요한 경우에는 면회를 일시 불허하는 것과 같이 청구인들의 기본권을 보다 적게 침해하면서도 '도주나 증거인멸 우려의 방지 및 수용시설 내의 질서유지'라는 입법목적을 달성할 수 있는 똑같이 효과적인 다른 방법이 존재하므로, 피해최소성 요건을 충족시키지 못하였다. 따라서 이 시행령규정은 접견교통권을 과도하게 제한하는 위헌적인 규정이다. 군행형법시행령의 적용을 받는 미결수용자를 행형법시행령의 적용을 받는 미결수용자에 비하여 자의적으로 다르게 취급하여 평등권을 침해하는 것이다.

대법원도 비변호인 타인과의 접견권이 형사소송법과 같은 법률로 창설되는 것이 아닌 헌법상의 기본권이라고 보는데, 그 근거를 헌법 제10조의 인간의 존엄과 가치 및 행복추구권 전체에 포함되는 헌법상의 기본권이라고 본다. 다만, 헌재와 달리 일반적 행동자유권에서 나온다고 명시하지는 않았다. 그 점에서 이 판례를 두고 대법원 판례가 만나고 싶은 사람을 만날 자유를 일반적 행동자유권으로 인정한다는 서술을 하고 있는 교과서들은 정확하지 않다(● 대법원 판례 대법원 1992.5.8. 91누7552).

(b) 형이 확정된 기결 수형자 - 기결 수형자의 변호인 아닌 가족 등과의 접견교통권도 헌재는 일반적 행동자유권에서 나온다고 본다. * 아래 결정은 합헌성 인정결정이나 대비를 위해 인용함.

---

272) 헌재 2003.11.27. 2002헌마193.

● **판례** 헌재 2009.9.24. 2007헌마738

[판시] 수형자가 갖는 접견교통권은 가족 등 외부와 연결될 수 있는 통로를 적절히 개방하고 유지함으로써 가족 등 타인과 교류하는 인간으로서의 기본적인 생활관계가 인신의 구속으로 완전히 단절되어 정신적으로 황폐하게 되는 것을 방지하기 위하여 반드시 보장되지 않으면 안되는 인간으로서의 기본적인 권리에 해당하므로 성질상 헌법상의 기본권에 속한다. 이러한 수형자의 접견교통권은 비록 헌법에 열거되지는 아니하였지만 헌법 제10조의 행복추구권에 포함되는 기본권의 하나로서의 일반적 행동자유권으로부터 나온다고 할 것이다. * 사안은 가족과의 화상접견시간을 제한한 것인데 과잉금지원칙을 준수하여 합헌이라고 본 것이다.

바) 운전의 자유   ① 자동차이용범죄행위의 필요적 운전면허취소의 위헌성 – ㉠ 자동차 등을 이용하여 범죄행위를 한 모든 경우에 운전면허를 필요적으로(반드시) 취소하도록 한 구 도로교통법 제78조 제1항 제5호(2001.12.31. 법률 제6565호로 일부 개정되고 2005.5.31. 법률 7545호로 전문 개정되기 전의 것)에 대해 헌재는 이는 너무 포괄적이고 광범위하게 운전면허 취소 사유를 정하고 있는 것으로 운전을 직업으로 하는 자에게는 직업의 자유를, 운전을 직업으로 하지 않는 일반인에게는 일반적 행동자유권을 명확성원칙과 과잉금지(비례)원칙에 위반하여 제한하고 있다는 이유로 위헌이라고 결정하였다.

● **판례** 헌재 2005.11.24. 2004헌가28

[결정요지] 1. 오늘날 자동차는 생업의 수단 또는 대중적인 교통수단으로서 일상 생활에 없어서는 안될 필수품으로 자리 잡고 있기 때문에 이 사건 규정의 범죄에 사소한 과실범죄가 포함된다고 볼 수는 없다. 그럼에도 불구하고 이 사건 규정이 범죄의 중함 정도나 고의성 여부 측면을 전혀 고려하지 않고 자동차 등을 범죄행위에 이용하기만 하면 운전면허를 취소하도록 하고 있는 것은 그 포섭범위가 지나치게 광범위한 것으로서 명확성원칙에 위반된다고 할 것이다. 2. 자동차 등을 교통이라는 그 고유의 목적에 이용하지 않고 범죄를 위한 수단으로 이용하는 경우 운전면허를 취소하도록 하는 것은 원활한 교통을 확보함과 동시에 차량을 이용한 범죄의 발생을 막기 위한 것으로 그 목적이 정당하고 수단도 적합하다고 할 것이다. 그러나 이 사건 규정은 자동차 등을 이용하여 범죄행위를 하기만 하면 그 범죄행위가 얼마나 중한 것인지, 그러한 범죄행위를 행함에 있어 자동차 등이 당해 범죄 행위에 어느 정도로 기여했는지 등에 대한 아무런 고려 없이 무조건 운전면허를 취소하도록 하고 있으므로 이는 구체적 사안의 개별성과 특수성을 고려할 수 있는 여지를 일체 배제하고 그 위법의 정도나 비난의 정도가 극히 미약한 경우까지도 운전면허를 취소할 수밖에 없도록 하는 것으로 최소침해성의 원칙에 위반된다. 법익균형성원칙에도 위반된다.

㉡ 비슷한 사안으로 위 위헌결정 이후 전부개정된 규정인 운전면허를 받은 사람이 자동차 등을 이용하여 살인 또는 강간 등 행정안전부령이 정하는 범죄행위를 한 때 반드시 운전면허를 취소하도록 하는 구 도로교통법(2008.2.29. 법률 제8852호로 개정되고, 2011.6.8. 법률 제10790호로 개정되기 전의 것) 제93조 제1항 제11호(이하 '심판대상조항'이라 한다)에 대해 헌재는 법률유보원칙, 포괄위임금지원칙에는 위배되지 않으나 과잉금지원칙을 위반하여 직업의 자유 및 일반적 행동의 자유를 침해한다고 보고 위헌결정을 하였다.

● **판례** 헌재 2015.5.28. 2013헌가6

[결정요지] 1. 법률유보원칙에 위배되지 아니한다. 2. 심판대상조항에 의하여 하위법령에 규정될 것을 충분히 예측할 수 있으므로 포괄위임금지원칙에 위배되지 아니한다. 3. 자동차등을 범죄를 위한 수단으로 이용하여 교통상의 위험과 장해를 유발하고 국민의 생명과 재산에 심각한 위협을 초래하는 것을 방지하고자 하는 입법목적이 정당하고, 운전면허를 필요적으로 취소하도록 하는 것은 입법목적을 달성하기 위한 적절한 수단이다. 그러나 이를 임의적 운전면허 취소 또는 정지사유로 규정함으로써 불법의 정도에 상응하는 제재수단을 선택할 수 있도록 하여도 충분히 그 목적을 달성하는 것이 가능함에도, 이에 그치지 아니하고 필요적으로 운전면허를 취소하도록 하여 구체적 사

안의 개별성과 특수성을 고려할 수 있는 여지를 일체 배제하고 있다. 침해최소성 원칙에 위배된다. 운전을 생업으로 하는 자에 대하여는 일상생활에 심대한 불편을 초래하여 일반적 행동의 자유를 제약하므로 법익균형성원칙에도 위배된다. 따라서 직업의 자유 및 일반적 행동의 자유를 침해한다.

② '다른 사람의 자동차등을 훔친 경우' 반드시 운전면허를 취소하도록 한 규정 ─ 구 도로교통법(2011.6.8. 법률 제10790호로 개정되고, 2016.1.27. 법률 제13829호로 개정되기 전의 것) 제93조 제1항 제12호 부분인데 이 규정에 대해 헌재는 과잉금지원칙을 위배하여 직업의 자유 내지 일반적 행동의 자유를 침해한다고 보고 위헌결정을 하였다.

● **판례** 헌재 2017.5.25. 2016헌가6
[결정요지] (입법목적의 정당성 및 수단의 적정성) 다른 사람의 자동차등을 훔친 범죄행위에 대한 행정적 제재를 강화하여 자동차등의 운행과정에서 야기될 수 있는 교통상 위험과 장해를 방지함으로써 안전하고 원활한 교통을 확보하고자 하는 것으로서 그 입법목적이 정당하다. 운전면허를 필요적으로 취소하도록 하는 것은 이러한 입법목적을 달성하는 데 기여할 수 있으므로 수단의 적정성도 인정된다. (침해의 최소성) 심판대상조항은 다른 사람의 자동차등을 훔치기만 하면 당해 범죄행위에 이르게 된 경위, 행위의 태양, 당해 범죄의 경중이나 그 위법성의 정도, 운전자의 형사처벌 여부 등 제반사정을 고려할 여지를 전혀 두지 아니한 채 필요적으로 운전면허를 취소하도록 규정하고 있다. 이에 따라 범죄행위 속에 나타난 운전자의 운전행태나 운전에의 적격성 등에 비추어 볼 때 자동차등을 훔친 행위가 교통상의 위험과 장해를 일으킬 우려가 전혀 없어 행정제재를 가할 필요가 없는 경우에도 운전면허를 취소할 수밖에 없는바, 이는 구체적 사안의 개별성과 특수성을 고려할 수 있는 여지를 일절 배제하여 그와 같은 범죄를 저지르기만 하면 그 위법의 정도나 비난의 정도가 극히 미약한 경우를 포함하여 모든 경우에 운전면허를 취소할 수밖에 없도록 하는 것이어서 지나친 제재에 해당한다. (법익의 균형성) 달성하려는 공익의 비중에도 불구하고 운전면허 소지자의 직업의 자유 내지 일반적 행동의 자유를 과도하게 제한하여 법익균형성원칙에도 위반된다.

사) 동력수상레저기구를 이용하여 범죄행위를 하는 경우에 조종면허를 필요적으로 취소하도록 하는 구 수상레저안전법 규정은 그 범죄의 유형, 경중 등 제반사정을 전혀 고려하지 않고 필요적으로 취소하도록 하여 침해 최소성원칙에 반하고 법익균형성도 없어 취미활동으로 수상레저활동을 하는 자의 일반적 행동자유권을 침해하는 위헌이라고 결정하였다(● 판례 2014헌가13. 동력수상레저기구의 조종을 생업으로 하는 자에 대해서는 직업의 자유를 침해).

아) 18세 미만자의 당구를 칠 자유   당구장 출입문에 18세 미만자의 출입을 금지하는 내용의 표시를 하도록 규정한 구 체육시설의설치·이용에관한법률시행규칙(문화체육부령) 규정은 문화체육부장관이 규칙제정권을 행사함에 있어서 위임입법권의 한계를 일탈하여 당구장 경영자의 평등권과 직업선택의 자유를 침해하고 있어 위헌이라고 결정하였다. 그런데 이 결정에서 청구인의 기본권의 직접적인 침해인 것은 아니나 헌재는 "당구자체에 청소년이 금기시해야 할 요소가 있는 것으로는 보이지 않기 때문에 당구를 통하여 자신의 소질과 취미를 살리고자 하는 소년에 대하여 당구를 금하는 것은 헌법상 보장된 행복추구권의 한 내용인 일반적인 행동자유권의 침해가 될 수 있을 것"이라고 밝힌 바 있다.[273]

자) 광장을 통행하거나 광장에서 문화활동할 자유   헌재는 경찰청장(피청구인)이 2009.6.3. 경찰버스들로 서울특별시 서울광장을 둘러싸(이른바 '차벽'으로) 통행을 제지한 행위에 대한 헌

---

273) 헌재 1993.5.13. 92헌마80.

법소원사건에서 "일반 공중에게 개방된 장소인 서울광장을 개별적으로 통행하거나 서울광장에서 여가활동이나 문화활동을 하는 것은 일반적 행동자유권의 내용으로 보장됨에도 불구하고, 피청구인이 이 사건 통행제지행위에 의하여 청구인들의 이와 같은 행위를 할 수 없게 하였으므로 청구인들의 일반적 행동자유권의 침해 여부가 문제된다"라고 하였다. 당해사안에서의 판단 결과 비례(과잉금지)원칙의 피해최소성, 법익균형성을 갖추지 못한 위반이라고 판단하여 위헌확인을 하였다.

● 판례   헌재 2011.6.30. 2009헌마406
[결정요지] (1) 당시 피청구인이 서울광장에서 대규모의 집회나 시위가 개최되고, 그 집회나 시위가 불법·폭력적인 것으로 변질될 가능성이 다분하다고 판단하여 시민들의 생명·신체와 재산을 보호하려는 목적에서 서울광장에서의 통행을 막는 조치를 취하였다면, 그 범위 내에서는 이 사건 통행제지행위를 한 목적의 정당성을 인정할 수 있고, 이 사건 통행저지행위는 그 범위 내에서 수단의 적절성도 인정될 여지가 있을 것이다. (2) 그러나 이 통행제지행위는 개별적인 집회를 금지하는 것을 넘어서서 일체의 집회를 금지할 뿐만 아니라 더 나아가서 일반시민들인 청구인들의 서울광장에서의 통행조차 금지한 것이어서 급박하고 명백하며 중대한 위험이 있는 경우에 한하여 비로소 취할 수 있는 거의 마지막 수단에 해당한다고 보아야 할 것이다. 그러므로 이 사건 통행제지행위 이전부터 서울광장 주변에 노무현 전 대통령을 추모하는 사람들이 상당히 많이 모여 있었다는 이유만으로 그들이 조건부 허용이나 개별적인 금지로는 통제될 수 없을 정도로 불법·폭력적인 집회나 시위를 할 것이라고 단정하기는 어렵다. 이 사건 통행제지행위를 그대로 유지해야 할 정도로 급박하고 명백한 불법·폭력 집회나 시위의 위험성이 남아 있었다고 보기도 어렵다. (3) 경찰버스로 완전히 둘러싸 차벽을 만드는 대신에 몇 군데라도 통로를 개설하고 경찰이 그 출입을 통제함으로써 대규모의 집회를 막으면서도 시민들의 개별적인 통행이나 여가활동은 가능하게 할 수도 있었을 것이고, 또한 서울광장 주변에 모인 추모객의 규모를 고려하여 대규모의 불법·폭력 집회가 행해질 가능성이 적은 시간대라든지 출근이나 왕래가 많은 오전 시간대에는 일부 통제를 풀어 보행자들의 통행을 허용할 수도 있었을 것이다. 그러한 고려 없이 이 통행제지행위로 모든 시민의 통행을 전면적으로 제지한 것은 침해최소성이라는 요구를 충족하였다고 할 수 없다. (4) 이 통행제지행위로 얻어질 공익의 정도가 일반 시민들이 서울광장을 가로질러 통행하지 못하고 서울광장 내에서 여가 및 문화활동을 할 수 없음으로써 입게 되는 실질적이고 현존하는 불이익에 비하여 결코 크다고 단정하기 어려우므로 법익균형성 요건을 충족하였다고 할 수도 없다.

차) 일체의 이의제기금지의무 부과의 일반적 행동자유권 침해   세월호 배상신청 사안   헌재는 배상금 등을 지급받으려는 신청인으로 하여금 '세월호 참사에 관하여 일체의 이의를 제기하지 않을 것을 서약한다'는 취지가 기재된 동의서를 제출하도록 규정하고 있는 '4·16세월호참사 피해구제 및 지원 등을 위한 특별법'시행령 제15조 중 별지 제15호 서식 가운데 일체의 이의제기를 금지한 부분이 법률유보원칙에 위반하여 청구인들의 일반적 행동의 자유를 침해하므로, 위헌이라는 결정을 하였다.

● 판례   헌재 2017.6.29. 2015헌마654 세월호피해지원법 사건
[결정요지] 세월호피해지원법은 배상금 등의 지급 이후 효과나 의무에 관한 일반규정을 두거나 이에 관하여 범위를 정하여 하위 법규에 위임한 바가 없다. 세월호피해지원법 제15조 제2항은 '동조 제1항에 규정된 사항 외에 배상금 등의 지급 절차 등에 필요한 사항'을 대통령령에 위임하고 있을 뿐이므로, 시행령으로 규정할 수 있는 사항은 지급 신청 시 동의서를 첨부해야 한다는 점과 이와 같은 수준의 사항, 즉 지급신청 시 제출해야 하는 서류·청구서 양식·신청서류 제출기관·배상금 등 지급기관·지급방법 등 지급신청이나 지급에 관한 기술적이고 절차적인 사항일 뿐이며, 여기에 지급받은 이후의 효과나 의무까지 포함되지 않음은 분명하다. 신청인이 배상금 등의 지급결정에 동의한 경우 민사소송법에 따른 재판상 화해의 성립이 의제되어 당사자 사이에 세월호참사로 발생한 피해에 관하여 기판력이 발생하므로, 신청인이 지급결정에 대하여 동의의 의사표시를 하기 전에 충분히 숙고할 수 있는 기회를 보장할 필요가 있고, 이를 위해 지급결정에 대한 동의의 법적 의미와 효력에 관하여 명확하게 안내해 줄 필요성이 인

정된다. 그러나 이 경우에도 세월호피해지원법 제16조에서 규정하는 동의의 효력 범위를 초과하여 세월호참사 전반에 관한 일체의 이의 제기를 금지시킬 수 있는 권한을 부여받았다고 볼 수는 없다. 따라서 이의제기금지조항은 기본권 제한의 법률유보원칙에 위반하여 법률의 근거 없이 대통령령으로 청구인들에게 세월호참사와 관련된 일체의 이의 제기 금지 의무를 부담시킴으로써 일반적 행동의 자유를 침해한 것이다.

카) 생활방식, 취미, 용모에 관한 자유   일반적 행동자유권의 보호 영역에는 개인의 생활방식과 취미에 관한 사항도 포함된다고 보는 것이 대법원판례이다. 이 입장이 표명된 판례는 용모관리의 일반적 행동자유권이 문제된 사안이라고 할 수 있는데 이에 관한 판례로 대법원은 항공사 취업규칙에서 소속 직원들이 수염 기르는 것을 전면 금지하는 것이 항공기 기장의 일반적 행동자유권을 침해하여 취업규칙조항이 무효이고 이를 준수하지 않았음을 전제로 항공사의 비행정지처분도 위법하다고 판결하였다(대법원 2018.9.13. 2017두38560, 부당비행정지구제재심판정취소. * 이 판결에 대해서는 앞의 기본권상충, 대법원 판례 부분 참조. * 같은 사유로, 감급의 징계처분도 위법하다고 본 같은 날 내려진 동지의 판결도 있었다. 대법원 2018.9.13. 2017두62549 부당감급구제재심판정취소).

(나) 한정위헌결정례·한정합헌결정례

가) 한정위헌결정례   화재보험강제가입(4층 이상 건물)이 이러한 계약의 자유를 비례(과잉금지)원칙에 반하여 아래에 보듯이 이 부분이 위헌으로 결정되었다. * 이 결정은 원래 헌재 자신이 공간한 종이 판례집에는 '일부위헌결정'이라고 분류하였는데 현재는 헌재 홈페이지의 판례 검색란에는 '한정위헌결정'으로 변경되어 있다(그 이유는 밝히지 않고 있다).

● **판례**   헌재 1991.6.3. 89헌마204 화재로 인한 재해보상과 보험가입에 관한 법률 제5조 제1항의 위헌여부에 관한 헌법소원
[쟁점] 4층 이상 건물의 소유자에 대한 신체손해배상특약부 화재보험에의 가입강제를 규정한 구 「화재로 인한 재해보상과 보험가입에 관한 법률」 제5조 제1항의 위헌여부(* 원래 일부위헌결정으로 분류, 현재 홈피에는 한정위헌결정으로 분류) [주문] 화재로 인한 재해보상과 보험가입에 관한 법률(1973.2.6. 법률 제2482호) 제5조의 "특수건물" 부분에 동법 제2조 제3호가 가目 소정의 "4층 이상의 건물"을 포함시키는 것은 헌법에 위반된다. [결정요지] 4층 이상의 건물을 무조건 가입강제의 「특수건물」에 포함시킨 것은 헌법 제37조 제2항에 의하여 정당화될 수 없는 위헌인 것이다. 그 이유는 보험가입강제의 주된 목적이 건물화재로 인하여 타인에 입힌 재해에 대한 대인적 배상책임이라는 공공복리에 있는 것이라면, 다수인이 출입하는 건물이 아니어서 화재가 나도 대인적 손해가 크게 문제되지 않는 4층 이상의 건물까지도 「단순히 4층 이상의 건물」이라는 이유만으로 확일적으로 보험가입강제의 대상에 포함시킨 것은 과잉금지의 원칙에 반하는 것이어서 헌법 제10조(인간의 존엄과 가치·행복추구권)에 위반된다.

나) 한정합헌결정례 – 국가보안법상의 편의제공죄   구 국가보안법 제9조 제2항은 「이 법의 죄를 범하거나 범하려는 자라는 정을 알면서 금품 기타 재산상의 이익을 제공하거나 잠복·회합·통신·연락을 위한 장소를 제공하거나 기타의 방법으로 편의를 제공한 자는 10년 이하의 징역에 처한다」라고 규정하여 그 규제대상이 되는 편의제공은 그 문언해석상 그 적용범위가 넓고 불명확하므로 헌법 제10조 소정의 행복추구권에서 파생하는 일반적 행동자유권을 위축시킬 수 있어서, 처벌대상이 되어야 할 것은 제9조 제2항 소정의 편의제공행위 중에서 국가의 존립·안전이나 자유민주적 기본질서에 실질적 해악을 미칠 구체적이고 명백한 위험성이 있는 경우로 축소제한하여야 할 것이고, 이와 같은 한정해석 하에 헌법에 위반되지 않는다고 보았다

(●) 판례 헌재 1992.4.14. 90헌바23).

(다) 합헌성 인정례(합헌결정, 기각결정)

가) 계약의 자유

i) 계약의 자유의 '제한' 자체가 아니라고 본 예   지정 문화재, 도난물품 또는 유실물인 사실이 공고된 문화재, 그 출처를 알 수 있는 중요한 부분이나 기록을 인위적으로 훼손한 문화재의 매매 등 거래행위에 관하여는 민법 제249조의 선의취득에 관한 규정을 적용하지 아니하도록 한 문화재보호법 규정 - 이 적용배제조항이 문화재매매업자의 계약의 자유를 지나치게 제한한다는 주장에 대해 헌재는 문화재의 양도인과 양수인 사이의 거래행위의 내용 등에 대하여 직접적인 제약을 가하는 것은 아니므로 그들의 계약의 자유가 제한된다고 할 수는 없다고 하여 그 주장을 배척하였다.

> **● 판례** 헌재 2009.7.30. 2007헌마870
> [결정요지] 동산의 선의취득은 법률의 규정에 의하여 일정한 요건이 충족되면 무권리자로부터 동산을 양수한 사람이 소유권을 취득하는 동시에 진정한 권리자는 이를 상실하는 제도로서 이 역시 무권리자와 양수인 사이의 양도계약의 방식이나 내용과는 무관하며 그 무효·취소 등 거래행위 자체의 효력은 민법의 일반 법리에 따라 별도로 판단된다. 따라서 이 사건 선의취득 배제 조항이 일정한 동산문화재에 대하여 무권리자로부터의 소유권 취득을 부정하는 것도 그 대상이 되는 문화재의 양도인과 양수인 사이의 거래행위의 내용, 방식, 효력에 대하여 직접적인 제약을 가하는 것은 아니므로, 이로 인해 그들의 계약의 자유가 제한된다고 할 수는 없다.

ii) '제한'의 비례원칙 준수로 '침해'가 아니라고 본 예   계약의 자유에 대한 '제한'이 있으나 그 제한이 비례(과잉금지)원칙을 준수한 것으로 판단되면 '침해'가 아니어서 합헌성이 인정된다. 아래의 결정례들이 그 예들이다.

㉠ 하도급계약상의 산재법상 사업주 - 수차(여러 차례)의 도급에 의하여 사업이 이루어지는 경우에 그 원수급인을 산업재해보상보험법상의 사업주로 보는 동법 제9조 제1항 합헌결정(2003헌바70). ㉡ 화물자동차운송주선사업자에 대한 적재물배상보험 가입의무 기각결정(2005헌마349), ㉢ 부당이득죄 - 사람의 궁박한 상태를 이용하여 현저하게 부당한 이익을 취득한 자를 처하도록 한 형법 제349조 제1항 합헌결정(2005헌바19), ㉣ 임대사업자의 특별수선충당금 적립의무 합헌결정(2005헌바81), ㉤ 등기신청인에 대한 국민주택채권매입강제 기각결정(2010헌마85), ㉥ 택시운전근로자 최저임금에 산입되는 임금 범위 - 이를 생산고에 따른 임금을 제외한 임금으로 한다는 내용의 최저임금법 규정에 따라 일반택시운송사업자들 최저임금액 이상을 지급하여야 하게 되어 자신들의 계약의 자유의 침해라는 주장이 배척되고 기각결정(2008헌마477. * 동지: 2015헌바327등), ㉦ 국민연금의 강제가입, 강제징수 합헌성 인정 기각결정(99헌마365), ㉧ 기간제근로자 사용기간 제한의 합헌성 인정 - 사용자로 하여금 2년을 초과하여 기간제근로자를 사용할 수 없도록 한 '기간제 및 단시간근로자 보호 등에 관한 법률' 규정에 대한 합헌성 인정의 기각결정(완화된 비례원칙 심사를 함. 2010헌마219), ㉨ 일반도시가스사업자에 대한 가스간선시설 설치의무 부과 및 비용 부담 합헌결정(2006헌바86), ㉩ 장애인고용의무제도규

정에 대한 합헌결정(2001헌바96), ㉮ 중과실에도 생명보험 보험자의 비면책성을 규정한 상법규정 – 생명보험에서는 보험계약자 등의 중과실에 의한 사고의 경우에도 보험자가 면책될 수 없도록 한 상법 제732조의2 등에 대한 합헌결정(98헌가12), ㉯ 고속도로 통행료 징수 – 인천국제공항고속도로를 건설한 민간사업시행자가 고속도로 사용료를 징수하는 근거인 '사회간접자본시설에 대한 민간투자법' 규정이 그렇게 통행료의 징수를 허용하는 것은 거주민들에게 통행료납부를 사실상 강요하는 것이 되어(청구인들에 대해 고속도로사용계약체결을 강요하는 것이 되어) 일반적 행동자유권을 제한하는 것인지 여부에 대해 헌재는 이용강제성이 없다고 보고 그 제한성을 부정하고 나아가 설령 제한성이 인정되더라도 비례원칙에 부합되는 것이어서 합헌이라고 결정(2004헌바64.), ㉰ 퇴직금 지급 시한과 임금의 정기지급 – 퇴직금을 퇴직일로부터 14일 이내에 지급하도록 하고 임금을 매월 1회 이상 정기에 지급하도록 하는 근로기준법 규정 합헌결정(2002헌바11), ㉱ 그 외 합헌성 인정례 ⓐ 제대혈 매매행위 금지(2016헌바38), ⓑ 일방적 해지권 – 계속거래업자와 계속거래계약을 체결한 소비자에게 일방적 해지권을 부여한 '방문판매 등에 관한 법률' 제31조 중 '계속거래'에 관한 부분(2015헌바371등), ⓒ 이동통신단말장치(휴대폰) 구매 지원금 상한제(2014헌마844) 등. * 그 외의 계약의 자유에 관한 합헌결정례: 98헌가12; 97헌바49; 2000헌바35; 2001헌바73; 2002.12.18. 2002헌바12; 2001헌바71; 2002헌바11; 2005헌바81; 2006헌바86; 2007헌바39; 2007헌바99; 2008헌마745; 2011헌바384; 2013헌바117 등 참조.

나) 사적자치 헌재는 "이른바 사적자치의 원칙이란 자신의 일을 자신의 의사로 결정하고 행하는 자유뿐만 아니라 원치 않으면 하지 않을 자유로서 우리 헌법 제10조의 행복추구권에서 파생되는 일반적 행동자유권의 하나이다"라고 판시한다.274) 이렇게 사적 자치권을 행복추구권에서 파생되는 일반적 행동자유권에서 나온다는 것도 있지만 행복추구권 자체에서 바로 나온다고 본 것도 있으며 아울러 헌법 제119조 제1항을 함께 그 근거로 들고 있는 것도 있다. 그래서 사적자치권에 대해서는 일반적 행동자유권 외에서도 행복추구권 속의 하나로서 따로 살펴보기도 한다(후술 사적자치권 참조. 이 부분이 좀더 자세히 서술됨).

다) 학교, 교육영역에서의 자유 ㉠ 사립학교 설립·운영의 자유, 사학의 자유 ① 헌법적 근거 ㉠ 판례 – 헌재는 "설립자가 사립학교를 자유롭게 운영할 자유는 비록 헌법에 명문의 규정은 없으나 헌법 제10조에서 보장되는 행복추구권의 한 내용을 이루는 일반적인 행동의 자유권과 모든 국민의 능력에 따라 균등하게 교육을 받을 권리를 규정하고 있는 헌법 제31조 제1항 그리고 교육의 자주성·전문성·정치적 중립성 및 대학의 자율성을 규정하고 있는 헌법 제31조 제4항에 의하여 인정되는 기본권의 하나"라고 본다.275) ㉡ 판례비평 – 헌법 제10조의 행복추구권이 법인에게 인정되지 않는다고 하면서도 그 행복추구권의 한 내용을 이루는 일반적 행동자유권에 의하여 인정되는 사립학교 운영의 자유가 사립학교법인에 있다고 보는 것은 모순이

274) 헌재 2003.5.15, 2001헌바98.
275) 헌재 2001.1.18. 99헌바63; 2006.4.27, 2005헌마1119; 1998.7.16. 96헌바33등; 2010.7.29. 2009헌바40; 2013.11.28. 2009헌바206; 2016.2.25. 2013헌마692; 2018.12.27. 2016헌바217 등.

다. 이해 못할 판례로, "사립학교법인인 청구인의 행복추구권 주장에 대하여 살펴보면, 행복추구권의 성질상 자연인이 아닌 법인에게 행복추구권이 있다고 보기 어려워, 법인인 청구인의 행복추구권은 인정되지 아니한다"라고 스스로 설시하고는 바로 그 결정문에서 위 설시를 한 조금 아래에 가서는 "사립학교는 헌법 제10조, 제31조 제1항, 제31조 제3항에서 도출되는 사립학교 운영의 자유라는 기본권을 가지고 있다"라고 설시하는 결정례가 있다(2009헌바40). 법인의 자유권은 헌법 제21조의 결사의 자유에서 끌어낼 수도 있으므로 그러한 헌법해석의 노력을 하고 근본적으로 법인의 기본권을 너무 문리적으로만 해석하지 않는 유연함이 필요하다(전술 '기본권총론', '기본권주체' 부분 참조). 또한 자유권의 근거를 제시함에 있어서 생존권규정인 헌법 제31조 제1항을 들고 있는 것도 논리적이지 못하다. ② 제한과 제한에 대한 위헌심사기준: 사립학교의 설립과 운영은 공교육을 위한 학교교육을 수행하는 것이므로 국·공립학교와 사실상 동일한 지위를 가져야 할 것이고 그로 인한 국가의 규제도 가해질 수 있다. 헌재는 "그 규율의 정도는 그 시대의 사정과 각급 학교의 형편에 따라 다를 수밖에 없는 것이므로, 교육의 본질을 침해하지 않는 한 궁극적으로는 입법자의 형성의 자유에 속하는 것이라고 할 수 있다"라고 본다. 그리하여 사립학교 운영의 자유를 제한하고 있는 데 대한 위헌 여부 심사는 "입법자가 기본권을 제한함에 있어 합리적인 입법한계를 벗어나 자의적으로 그 본질적인 내용을 침해하였는지 여부에 따라 판단하여야 할 것"이라고 한다.[276) 그러나 헌재의 결정례 중에는 과잉금지원칙에 반하는지 여부를 심사한 예도 있다.[277) 사립학교의 운영의 자유는 헌법 제31조 제6항이 규정하는 교원지위의 보장을 위하여 제한될 수도 있다.[278) ③ 판례 ㉠ 구 '학교원기간임용제탈락자구제를 위한 특별법'의 구제규정 − 헌재는 과거의 재임용 거부처분이 부당하였음을 확인하는 정도의 제한적인 효력만 가진다는 등의 이유로 합헌성을 인정하는 기각결정을 하였다(2005헌마1119. 단, 재임용 탈락이 부당하였다는 교원소청심사특별위원회의 결정에 대해 학교법인이 제소하는 것을 금지한 동법 제9조 제1항에 대해서는 재판청구권 침해 등을 이유로 위헌결정하였다). ㉡ 학교법인 의무부담에 대한 관할청의 허가 − 헌재는 학교법인이 의무의 부담을 하고자 할 때에는 관할청의 허가를 받아야 한다는 사립학교법 규정이 사립학교를 자유롭게 운영할 자유를 합리적인 입법한계를 일탈하지 않고 제한하여 합헌이라고 결정하였다(99헌바63). ㉢ 임시이사 선임기한의 부재 − 비례원칙을 준수하여 사립학교 운영의 자유를 침해하지 않는 합헌이라고 결정하였다(2005헌바101). ㉣ 사학분쟁조정위원회(사분위) 사전심의제 − 학교법인 정상화를 위한 이사 선임에 관하여 사분위의 사전심의를 거치도록 한 사립학교법 규정 − 입법재량 내의 제한이라고 하여 합헌결정을 하였다(2009헌바206). ㉤ 학교급식 시설 경비의 설립경영자 부담 − 학교급식의 실시에 필요한 시설·설비에 요하는 경비를 원칙적으로 학교의 설립경영자가 부담하도록 한 구 학교급식법 규정이 지나친 제한이 아니라고 보아 합헌결정을 하였다(2009헌바40).

276) 헌재 2001.1.18. 99헌바63; 2009.4.30. 2005헌바101; 2013.11.28. 2009헌바206 등.
277) 예를 들어 헌재 2018.12.27. 2016헌바217.
278) 헌재 2006.4.27. 2005헌마1119.

ⓗ 사립대학 법인의 연금 부담에 대한 승인제도(2012헌마404). ⓢ 사립대학 회계의 예·결산 절차에 등록금심의위원회의 심사·의결을 거치도록 한 사립학교법 규정(2013헌마692). ⓞ 교육과학기술부장관의 학교폐쇄나 학교법인해산 명령 — 헌재는 이를 규정한 고등교육법 규정과 사립학교법 규정에 대해 사학의 자유를 과잉금지원칙을 준수하여 제한한 것으로 침해가 아니라고 보아 합헌결정을 하였다(2016헌바217).

ㄴ) 공립학교의 <u>운영위원회</u>의 일반 행정직원대표 배제: 공립학교 학교운영위원회를 당해 학교의 교원대표·학부모대표 및 지역사회 인사로 구성하도록 하여 일반 행정직원대표 입후보를 배제하고 있는 초·중등교육법 제31조 제2항 중 공립학교에 관한 부분이 학교 행정직원들의 일반적 행동자유권을 침해하는지 여부에 대해 헌재는 이러한 배제가 현저하게 불합리하고 불공정하게 보이지는 않는다고 하여 합헌성이 인정되었다(2005헌마1144).

ㄷ) 학교환경위생정화구역 내에서의 <u>노래연습장</u>의 <u>시설·영업금지</u>: 일반적 행동자유권의 침해가 아니라고 보아 합헌성을 인정하였다(98헌마480. * 검토 — 이 사안에서는 사실 일반적 행동자유권이 보충적 기본권이므로 직업수행의 자유의 문제만으로 다룰 수 있었다).

ㄹ) 가해학생 보호자 특별교육 이수: 학교폭력 가해학생이 특별교육을 이수할 경우 그 보호자도 함께 특별교육을 이수하도록 하는 학교폭력예방법 규정이 가해학생 보호자의 일반적 행동자유권을 제한한다고 헌재는 본다. 그러나 과잉금지원칙을 준수하여 합헌성이 인정된다고 본다(2012헌마832).

라) 노동, 사회복지 영역 ㄱ) 근로자가 <u>노동조합을 결성하지 아니할</u> 자유나 노동조합에 가입을 강제당하지 아니할 자유, 그리고 가입한 노동조합을 탈퇴할 자유 — 헌재는 근로자가 노동조합을 결성하지 아니할 자유나 노동조합에 가입을 강제당하지 아니할 자유, 그리고 가입한 노동조합을 탈퇴할 자유는 근로자에게 보장된 헌법 제33조의 단결권의 내용에 포섭되는 권리로서가 아니라 "헌법 제10조의 행복추구권에서 파생되는 일반적 행동의 자유 또는 제21조 제1항의 결사의 자유에서 그 근거를 찾을 수 있다"라고 한다. 사안은 유니언숍(Union Shop) 협정 문제였다(2002헌바95. * 이 결정에 대해서는 기본권총론, 기본권상충 부분 참조). ㄴ) '<u>사회복지법인의 운영의 자유</u>' ① 사회복지법인의 기본재산을 처분함에 있어 보건복지부장관의 허가를 받도록 규정한 사회복지사업법 규정(2004헌바10), ② 입양기관이 '기본생활지원을 위한 미혼모자가족복지시설'을 함께 운영할 수 없도록 한 한부모가족지원법 규정(2011헌마363).

마) 언어선택·사용권 ㄱ) 지방언어의 선택·사용권 — 표준어 사용이 공적 영역에서는 강제되기도 한다. 그런데 고유한 지역의 전통문화를 보전할 필요가 있고 이 전통문화에 지역언어가 포함된다. 지역언어 선택·사용권은 일반적 행동자유권에 포함된다고 본다. 공공기관의 공문서를 표준어 규정에 맞추어 작성하도록 하는 구 국어기본법(2005.1.27. 법률 제7368호) 제14조 제1항 및 초·중등교육법상 교과용 도서를 편찬하거나 검정 또는 인정하는 경우 표준어 규정을 준수하도록 하고 있는 제18조 규정에 대해 위 법률조항에 의하게 되면 오로지 서울말로만 공

752   제 2 편 기본권 각론

문서를 작성해야 하고, 서울말에 의하여 편찬된 교과용 도서에 의해 교육을 받아야 하는데 지역어에 익숙한 청구인들로서는 공문서를 작성하거나 교육을 받음에 있어 의사표현의 수단에 제약을 받게 되는바, 이는 헌법 제10조의 행복추구권과 제11조의 평등권 및 제31조의 교육권 내지 자녀를 교육시킬 언어를 선택할 권리를 침해한다는 주장의 헌법소원심판이 청구되었다. 헌재는 "지역 방언을 자신의 언어로 선택하여 공적 또는 사적인 의사소통과 교육의 수단으로 사용하는 것은 행복추구권에서 파생되는 일반적 행동의 자유 내지 개성의 자유로운 발현의 한 내용이 된다 할 것이다"라고 한다. 그러나 헌재는 과잉금지원칙을 준수한 것이고 입법재량의 범위를 넘지 않는 것이라고 하여 결국 합헌성을 인정하였다. 이 결정에서는 표준어를 '교양 있는 사람들이 두루 쓰는 현대 서울말로 정함을 원칙'으로 하고 있는 표준어 규정(1988.1.19. 문교부고시 제88-2호)이 서울이 아닌 지역의 언어를 쓰고 있는 청구인들에게 지역적으로 차별대우를 함과 아울러 상대적으로 교양 없는 사람으로 멸시하고 차별하는 결과를 가져오는바, 이는 헌법 제11조의 평등권, 제10조의 행복추구권, 제31조의 교육권을 침해한다는 주장도 제기되었다. 헌재는 기본권침해의 가능성이나 위험성을 부정하여 그 부분 청구에 대해서는 각하하는 결정을 하였다((2006헌마618). 이 결정에 대한 요지는 뒤의 개성의 자유로운 발현권 부분 참조). (ㄴ) 한자 사용의 일반적 행동자유권 - 공문서 한글전용 합헌성 인정 - 공문서의 한글전용을 규정한 국어기본법 제14조 제1항 및 국어기본법 시행령 조항이 일반적 행동자유권을 침해하는지가 논란되었다. 이 사안에서 헌재는 "언어와 그 언어를 표기하는 방식인 글자는 정신생활의 필수적인 도구이며 타인과의 소통을 위한 가장 기본적인 수단인바, 한자를 의사소통의 수단으로 사용하는 것은 행복추구권에서 파생되는 일반적 행동의 자유 내지 개성의 자유로운 발현의 한 내용이다. 이 사건 공문서 조항은 공적 영역에서 한자를 의사소통의 수단으로 사용할 수 없게 하고 있으므로 청구인들의 행복추구권을 제한한다"라고 하였다. 그러나 위 제한이 공문서에 한정된다는 이유를 주로 하여 합헌성을 인정하였다(2012헌마854, * 이 결정에는 한자교육을 학교재량으로 하게 한 것이 학생의 자유로운 인격발현권이나 부모의 자녀교육권을 침해하지 않는다는 판단도 있었다 (이 부분 결정요지에 대해서는 자유로운 인격발현권 부분 참조)).

    바) 개인의 생활방식과 취미에 관한 사항, 위험한 스포츠를 즐길 권리(위험한 생활방식으로 살아갈 권리), 비가치적 행위 등   이에 관해서는 앞에서도 보았는데 여기서는 이에 관한 합헌성 인정결정례들을 본다. 이하 결정례들은 모두 제한이 비례원칙을 준수한 점을 합헌이유로 하고 있다. ① 좌석안전띠를 매지 않을 자유 - 헌재는 "위험한 생활방식으로 살아갈 권리도 포함된다"라고 하고 "따라서 좌석안전띠를 매지 않을 자유는 헌법 제10조의 행복추구권에서 나오는 일반적 행동자유권의 보호영역에 속한다"라고 보았다. 좌석안전띠를 매도록 하고, 위반시 범칙금을 납부하도록 통고하는 것이 비례원칙을 준수한 합헌이라고 보아 기각결정하였다(2002헌마518). ② 취미나 오락을 위한 행위 - 비어업인의 잠수용 스쿠버장비를 사용한 수산자원의 포획·채취 금지 - 이를 규정한 수산자원관리법 시행규칙(2013.3.24. 해양수산부령 제1호로 개정된

것) 제6조 해당 부분 합헌(2013헌마450). ③ 요트 레저활동을 즐길 자유 – 수상레저안전법 조항들이 면허제, 원거리 운행제한, 야간운행제한을 규정하고 있는데, 헌재는 이러한 제한은 수상레저활동의 안전과 질서를 확보하기 위한 정당한 목적과 방법의 적정성을 가진다고 보고 지나친 규제가 아니라고 하여 합헌성을 인정하였다(2006헌마954). ④ 도로 외 음주운전 포함 처벌 – 헌재는 음주운전에 도로 외의 곳에서 운전하는 것도 포함하도록 한 도로교통법(2011.6.8. 법률 제10790호로 개정된 것) 제2조 제26호 부분에 대해 합헌으로 결정하였다(2015헌가11). ⑤ 비가치적 행위 – 대마 흡연행위 – 헌재는 개인이 대마를 자유롭게 수수하고 흡연할 자유도 가치 있는 행동만 보호영역으로 하는 것은 아닌 일반적 행동자유권의 보호영역에 속한다고 본다. 그러나 대마 흡연행위를 마약류관리에관한법률이 향정신성의약품의 원료식물의 흡연행위와 같은 법정형으로 처벌하는 것은 지나친 제한이 아니어서 합헌이라고 보았다(2005헌바46,). ⑥ 부탄가스 등 환각물질 섭취·흡입의 금지·처벌 – 일반적 행동자유권을 제한한다고 보면서 접착제, 연료 등 용도에 맞는 사용은 허용되고 인체에 해를 끼치는 방법으로 사용하는 것을 금지할 뿐이고 그 위험성에 대한 교육이나 안내로 부족하고 재활치료 등은 사후적 조치일 뿐이어서 사전예방을 위해서 형사처벌이 불가피하여 침해최소성을 가진다고 보아 합헌이라고 본다(2018헌바367). ⑦ 헌재는 위험한 생활방식으로 살아갈 권리도 포함하고 따라서 운전 중 휴대용 전화를 사용할 자유는 일반적 행동자유권의 보호영역에 속한다고 본다. 그러나 그 제한(운전 중 원칙적 금지)은 운전 중 전화를 받거나 수신된 문자메시지 내용 확인과 같이 단순조작의 경우에도 전방주시율 등이 저하되므로 교통사고의 위험이 증가하여 그 사용을 원칙적으로 금지할 필요가 있고 긴급자동차 운전과 같은 예외가 인정된다고 하여 침해최소성을 가지고 과잉금지원칙을 준수하여 합헌이라고 본다(2019헌바5). * 검토 – 휴대용 전화를 운전 중(운전시) 사용하는 행위 자체가 일반적 행동자유로 인정되는 것이 아니라 휴대용 전화사용행위 자체가 일반적 행동자유에 들어가고 그 중 운전시 휴대전화 사용이 금지되는 제한이라고 보는 것이 타당하다. 그렇지 않으면 그 금지란 운전시 휴대전화 사용은 전면금지를 의미하게 되는 것이므로 본질내용침해금지원칙에 반하게 되는 모순이 된다.

사) 국회에서의 로비활동과 일반적 행동자유권   헌재는 공무원의 직무에 속한 사항의 알선에 관하여 금품이나 이익을 수수·요구 또는 약속한 자를 형사처벌하는 '특정범죄가중처벌 등에 관한 법률' 제3조(1990.12.31. 법률 제4291호로 개정된 것)가 "공무원의 직무에 속하는 사항의 알선에 관하여 금품 수수 등의 행위를 하지 못하게 함으로써 금품을 대가로 해서는 다른 사람을 중개하거나 대신하여 그 이해관계나 국정에 관한 의견 또는 희망을 해당 기관에 진술할 수 없게 한다는 점에서 일반적 행동자유권 제한 문제를 발생시킨다"라고 하여 국회에서의 로비활동을 일반적 행동자유권의 행사로 본다. 그러나 헌재는 로비의 긍정적 측면, 부정적 측면을 모두 인정하면서도 그 허용여부는 폭넓은 형성재량권을 가진 입법자의 결정에 달려있다고 보고 아직까지 로비제도를 인정하지 않고 알선 내용의 정당성 여부를 불문하고 알선을 명목으로 금

품을 수수하면 모두 형사 처벌하도록 하고 있다 하더라도 일반적 행동자유권에 대한 지나친 제한이라고는 할 수 없다고 보아 위 법규정을 합헌으로 결정하였다.

● **판례** 헌재 2005.11.24. 2003헌바108.

아) 청소년의 개인적 생활방식과 취미(여가와 오락 활동)에 관한 일반적 행동자유권 – 인터넷게임 '강제적 셧다운제' 합헌성   16세 미만 청소년에게 오전 0시부터 오전 6시까지 인터넷게임의 제공을 금지하는 이른바 '강제적 셧다운제'를 규정한 구 청소년보호법 금지조항이 논란되었다. 헌재는 이 사건 금지조항은 심야시간대에 인터넷게임을 즐기려는 16세 미만 청소년의 개인적 생활방식과 취미를 제한하므로 이들의 행복추구권의 한 내용인 일반적 행동자유권을 제한한다고 보았다. 그러나 헌재는 비례원칙을 준수하고 있다고 하여 그 합헌성을 인정하였다.

● **판례** 헌재 2014.4.24. 2011헌마659
[결정요지] 일반적 행동자유권의 보호영역에는 개인의 생활방식과 취미에 관한 사항도 포함된다. 이 금지조항은 심야시간대에 인터넷게임을 즐기려는 16세 미만 청소년의 개인적 생활방식과 취미를 제한하므로 이들의 행복추구권의 한 내용인 일반적 행동자유권을 제한한다. 이 금지조항은 청소년의 건강한 성장과 발달 및 인터넷게임 중독을 예방하려는 것으로, 인터넷게임 자체는 오락 내지 여가활동의 일종으로 부정적이라고 볼 수 없으나, 우리나라 청소년의 높은 인터넷게임 이용률, 인터넷게임에 과몰입되거나 중독될 경우에 나타나는 부정적 결과 및 자발적 중단이 쉽지 않은 인터넷게임의 특성 등을 고려할 때, 16세 미만의 청소년에 한하여 오전 0시부터 오전 6시까지만 인터넷게임을 금지하는 것이 과도한 규제라고 보기 어렵다. 피해를 최소화하는 장치도 마련되어 있으며, 본인 또는 법정대리인의 자발적 요청을 전제로 하는 게임산업법상 선택적 셧다운제는 그 이용률이 지극히 저조한 점 등에 비추어 대체수단이 되기에는 부족하므로 침해최소성 요건도 충족한다. 나아가 청소년의 건강 보호 및 인터넷게임 중독 예방이라는 공익의 중대성을 고려할 때 법익균형성도 유지하고 있으므로, 이 금지조항이 인터넷게임 제공자의 직업수행의 자유, 여가와 오락 활동에 관한 청소년의 일반적 행동자유권 및 부모의 자녀교육권을 침해한다고 볼 수 없다.

청소년보호법 2021.12.7. 개정으로 강제적 셧다운제는 폐지되었고 '게임시간 선택제'로 바뀌었다.

자) 소극적으로 행동하지 않을 자유(행동하지 않을 소극적 자유)   헌재는 "일반적 행동자유권에는 적극적으로 자유롭게 행동을 하는 것은 물론 소극적으로 행동을 하지 않을 자유 즉, 부작위의 자유도 포함되며"라고 판시하고 있다(2002헌마518).

* **용어 문제:** '소극적으로 행동을 하지 않을 자유'라는 용어는 국어법상 소극적으로 행동하는 것을 하지 않을 자유라고 이해될 수 있다. 여기서 의도하는 뜻에 맞추려면 사실 '소극적'이란 말이 '자유' 앞으로 가야 정확한 표현이다 (그리하여 '행동하지 않을 소극적 자유')

행동하지 않을 소극적 자유를 언급한 결정례로 ① 공원 탐방객의 일반적 행동자유권(자연공원 내 출입금지지역 출입자에 대한 과태료 부과. 2010헌바99). ② 성폭력 유죄확정자 등 신상정보 등록대상자의 변경정보 제출의무 등(2016헌마109). ③ 교도소 수용자의 동절기 취침시간 제한(규정된 21:00 이전 취침을 불허하는 것. 2015헌마36). ④ 좌석안전띠를 매도록 하는 규정(2002헌마518), ⑤ 사망사고에 대한 의료분쟁 조정절차 자동개시를 규정한 '의료사고 피해구제 및 의료분쟁 조정 등에 관한 법률' 제27조 제9항 중 '사망'에 관한 부분[헌재는 의료분쟁 조정절차에 참여할 것이 강제되므로, 심판대상조항은 청구인(의료인)의 일반적 행동의 자유를 제한한다고 본다. 의료분쟁 조정제도의 목적, 조정절차 자동개시 제도의 의의, 요건, 대상 및 효과 등을 고려할 때, 의료분쟁 조정제도의 실효성을 제고하고 사망이라는 중한 결과로 인한 피해를 신속·공정하게 구제하기 위하여 사망의 결과가 발생한 경우 조정절차가 자동적으로 개시되도록 하였다 하더라도, 필요한 한도를 넘은 제한이 아니어서 피해최소성을 갖추고 법익균형성도 있어 합헌이라고 결정했다(2019헌마321)], ⑥ 육군지시 자진신고조항(이 조항은 육군 장교로 하여금 민간법원에서 약식명령을 받아 확정된 경우 자진신고하도록 강제하고 있으므로, 그러한 행동을 하지 않고자 하는 일반적 행동의 자유를 제한하고 있다고 본다. 2020헌마12. 법률유보원칙, 과잉금지원칙 준수로 합헌성 인정) 등이 있다. [분석] 그런데 위에서 ①의 금지, ③의 불허의 대상은 적극적으로 출입하고 취침하려는 것이므로 사실상 행동하지 않을 소극적 자유가 주장될 사안은 ②, ④, ⑤, ⑥이다.

차) 하기 싫은 일을 하지 않을 자유　① 호흡측정기에 의한 "음주운전여부측정"(96헌가11. [결정요지] 음주측정을 강제하는 것이 하기 싫은 일을 하지 아니할 수 없도록 하는 속박이므로 하기 싫은 일을 강요당하지 아니할 권리, 즉 일반적 행동의 자유를 제한하는 것인데, 그 목적의 중대성, 음주측정의 불가피성, 국민에게 부과되는 부담의 정도, 처벌의 요건과 정도에 비추어 과잉금지의 원칙에 반하지 않는다), ② 마약류사범에 대한 소변강제채취 – 마약류사범인 사람에게 마약류반응검사를 위하여 소변을 받아 제출하게 한 것(2005헌마277), ③ 교도소장 점호행위 – 헌재는 교도소장이 교도소 사동에서 인원점검을 하면서 수형자들을 정렬시킨 후 차례로 번호를 외치도록 한 행위(2011헌마332. [결정요지] * 이 결정은 인격권도 문제되어 기각결정이 난 것인데 따라서 자세한 요지는 인격권 부분 참조).

카) 공무원의 직무외 품위유지의무의 합헌성　공무원에 대해 직무의 내외를 불문하고 품위손상행위를 하여서는 아니 된다고 규정하고 직무의 내외를 불문하고 체면이나 위신을 손상하는 행위를 한 때를 공무원의 징계사유로 규정한 국가공무원법(2008.3.28. 법률 제8996호로 개정된 것) 제63조 및 제78조 제1항 제3호에 대해 ⓐ 품위, 체면 또는 위신, 손상 등의 개념이 모호하여 명확성원칙에 반하고, ⓑ 공무원에게 직무 내의 영역에서뿐만 아니라 직무 외의 영역에서까지 품위유지의무를 부과하여 징계사유의 범위를 지나치게 광범위하게 규정하여 과잉금지원칙에 반한다는 주장이 제기되었다. 헌재는 명확성원칙 및 과잉금지원칙에 위반되지 않아 일반적 행동자유권을 침해하지 않는 합헌이라는 결정을 선고하였다(2013헌바435. * 이 결정은 앞의 공무원제도, 징계부분도 참조).

타) 운전할 자유와 도로통행의 자유　㈀ 운전할 자유 – 앞에 위헌결정례들이 있었는데 여기서는 합헌성 인정결정례들을 본다. ① 운전면허와 일반적 행동의 자유 – 1종면허 시력요건(2002헌마677. [결정요지] 한쪽 눈의 시력은 0.5 이상이나 다른 쪽 눈의 시력이 0.1 미만이거나 실명인 경우에는 시야, 원근감, 입체감, 깊이 감각 등의 상실이 발생하고 우발적인 상황에서의 시기능 상실 상태를 초래할 수 있음을 인정할 수 있으므로, 제한의 입법한계인 비례의 원칙을 준수하였다). ② 음주운전

위반 사상 후 구호조치·신고의무 위반 사고운전자에 대한 운전면허취득 연한 제한(5년)(2004헌바65), ③ 교통사고로 사람을 사상한 후 필요한 조치를 하지 아니한 경우 운전면허를 취소 또는 정지시킬 수 있도록 한 구 도로교통법(2016. 1. 27. 법률 제13829호로 개정되고, 2017. 7. 26. 법률 제14839호로 개정되기 전의 것) 제93조 제1항 제6호 ─ 헌재는 이 사건 취소조항은 자동차 등의 운전면허를 취소함으로써 자유롭게 자동차를 운전할 자유를 제한하게 되므로 일반적 행동의 자유 침해 여부가 문제된다고 보았다. 그러나 비례원칙을 준수한 것이라고 보아 합헌결정을 하였다(2018헌바4. * 이전에 필요적 취소조항이었는데 이에 대해서도 합헌결정이 있었다(2001헌가19 등)). (ㄴ) 도로통행의 자유 ─ ① 일반공중용 제공의 도로 통행 ─ 헌재는 일반 공중의 사용에 제공된 도로를 통행하는 것은 일반적 행동자유권의 내용으로 보장된다고 하면서, 전용차로(사안에서는 버스전용차로) 통행 금지가 필요한 경우에 예외를 두는 등 침해최소성을 갖추었다고 보아 합헌결정을 하였다(2017헌바465), ② 이륜자동차 운전자의 고속도로 통행의 금지((2005헌마1111) * 동지: 2007헌바90; 2011헌바51;2013헌바437; 2014헌바291).

하) 그 외 여러 영역들에서 비례원칙을 준수하여 합헌성이 인정된 결정례들　(ㄱ) 풍속영업장(노래연습장)의 18세 미만 자 원칙적 <u>출입금지</u>와 <u>영업시간제한</u>의 일반적 행동자유권 제한(94헌마213. * 검토 ─ 이 사안에서는 사실 일반적 행동자유권이 보충적 기본권이므로 직업수행의 자유의 문제만으로 다룰 수 있었다), (ㄴ) 부동산 양수인의 소유권이전등기 여부 결정의 자유 ─ 헌재는 "부동산을 양수한 자는 특별한 사정이 없는 이상 소유권이전등기를 할 것인지 여부를 스스로 결정할 자유가 있다 할 것이고, 이러한 자유는 헌법 제10조에 규정된 행복추구권에 함축되어 있는 일반적 행동의 자유권의 한 내용을 이루고 있는 것"이라고 한다. 이는 부동산소유권이전등기신청을 의무화하고 그 의무위반에 대하여 그 부동산에 대한 등록세액의 5배 이하의 과태료에 처할 수 있도록 규정하고 있는 부동산등기특별조치법 규정에 대한 사안에서였는데 헌재는 위 규정은 위의 자유를 과잉금지원칙을 준수하여 제한한 것이어서 합헌이라고 판단하였다(96헌바83). (ㄷ) 채권자취소권제도와 수익자의 일반적 행동자유권 ─ 채권자취소권제도(민법 제406조 제1항은 채무자가 채권자를 해함을 알고 재산권을 목적으로 한 법률행위를 한 때에는 채권자는 그 취소 및 원상회복을 법원에 청구할 수 있다고 규정)가 수익자의 일반적 행동의 자유를 않는다고 보아 합헌결정(2005헌바96). (ㄹ) 전자장치 피부착자인 성폭력범죄자에 대한 준수의무 ─ 성폭력범죄를 2회 이상 범하여 그 습벽이 인정되고 성폭력범죄 재범 위험성이 인정되는 자에 대해 법원이 전자장치(이른바 '전자발찌') 부착명령을 선고하는 경우 그 부착기간 중 야간 외출제한 및 아동시설 출입금지 등의 준수사항을 명할 수 있도록 한 구 '특정 범죄자에 대한 위치추적 전자장치 부착 등에 관한 법률'(2010.4.15. 법률 제10257호로 개정되기 전의 것) 규정 합헌(2011헌바89). (ㅁ) 카메라등이용촬영죄 처벌조항 ─ 헌재는 '카메라 등을 이용하여 성적 욕망 또는 수치심을 유발할 수 있는 다른 사람의 신체를 그 의사에 반하여 촬영하는 행위'를 처벌하는 구 '성폭력범죄의 처벌 등에 관한 특례법'(2010.4.15. 법률 제10258호로 제정되고, 2012.12.18. 법률 제11556호로 전

부개정되어 2013.6.19. 시행되기 전의 것) 제13조 제1항(현행 법 제14조 제1항) 중 '카메라나 그 밖에 이와 유사한 기능을 갖춘 기계장치를 이용하여 성적 욕망 또는 수치심을 유발할 수 있는 다른 사람의 신체를 그 의사에 반하여 촬영한 자'에 관한 부분은 죄형법정주의의 명확성원칙에 반하지 않고, 과잉금지원칙에 위배되지 않아 일반적 행동자유권을 침해하지 않으므로 합헌이라고 결정하였다(2015헌바243). (ㅂ) 공법상의 단체, 공공기관(공단) 보험(국민건강보험)에 강제로 가입당하지 아니할 자유(2000헌마801), (ㅅ) 비직업적 행위 – 직업으로 영위하지 않는 일시적이거나 봉사적 활동은 직업의 자유로 보호하기는 어렵고 일반적 행동자유권으로 보호된다. 이에 관해서는 앞서 살펴본 바 있다(앞의 일반적 행동자유권의 성격, 독자적 기본권 부분 참조). (ㅇ) 유언의 자유 – "자필증서에 의한 유언은 유언자가 그 전문과 년월일, 주소, 성명을 자서하고 날인하여야 한다"라고 규정하여 자필증서에 의한 유언의 방식을 제한한 민법 제1066조 제1항에서 위 '주소' 및 '날인' 부분(2007헌바128). * '날인' 규정에 대한 동지의 결정례: 2006헌바82. * '주소' 규정에 대한 동지의 결정례: 2010헌바250). (ㅈ) 자기 신체상태나 정보에 대하여 외부에 알리지 않을 자유 – 위 마약류사범에 대한 소변강제채취사건 결정(2005헌마277), (ㅊ) 흡연자가 원하는 장소에서 자유롭게 흡연할 자유 – 공중이용시설 전체의 금연 – 공중이용시설[국회의 청사, 정부 및 지방자치단체의 청사, 도서관, 어린이놀이시설, 체육시설, 청소년게임제공업소 등, 당해 사안에서는 인터넷컴퓨터게임시설제공업소(PC방) 등]의 소유자·점유자 또는 관리자 등은 해당시설의 전체를 금연구역으로 지정하여야 한다고 규정한 국민건강증진법(2011.6.7. 법률 제10781호로 개정된 것) 제9조 제4항(이하 '금연구역조항'이라 한다)이 흡연자의 일반적 행동자유권을 침해하는지 여부에 대해 헌재는 비례원칙을 지켜 합헌성이 인정된다고 보았다(2013헌마411). (ㅋ) 사회봉사명령제도 – 형의 집행을 유예하면서 사회봉사를 명할 수 있도록 한 형법 제62조의2 제1항 중 규정이 재범방지 및 사회복귀를 용이하게 하려는 것으로서, 오히려 자유형 집행의 대체수단으로서 자유형의 집행으로 인한 범죄인의 자유의 제한을 완화하여 주기 위한 수단인 점에서 과잉금지원칙에 위배되지 않아 합헌이라고 결정하였다(2010헌바100). (ㅌ) 금치기간 중 공동행사 참가, 신문·도서·잡지 외 자비구매물품 사용을 제한하도록 한 형집행법 제112조 제3항 중 해당규정 부분 – 헌재는 일반적 행동자유권 제한이나 비례원칙을 준수한 것이라고 하여 합헌성을 인정하였다(2014헌마45). (ㅍ) 협의이혼의사확인신청서 제출 – 헌재는 '가족관계의 등록에 관한 규칙'(2008.6.5. 대법원규칙 제2181호로 개정된 것) 제73조 제1항 전단의 '부부 두 사람이 함께 협의이혼의사확인신청서를 제출하도록 한 부분'은 다른 선택의 여지없이 쌍방의 직접 출석만을 강제하는 것은 협의이혼을 하려는 사람들의 일반적 행동의 자유에 대한 제한이나 본인의 진지하고 신중한 결정을 위한 목적정당성과 수단적합성을 가지고 예외가 인정되고 재판상 이혼도 가능하여 침해최소성을 갖추는 등 비례원칙을 준수한 것으로 보아 합헌성을 인정하였다(2015헌마894). (ㅎ) 그 외 ① LPG를 승용자동차 연료 사용 제한으로 인한 승용자동차 사용에 관한 행동자유권 제한 – 제한액화석유가스의 연료사용 자동차 또는 그 사용자의 범위를 제한하는 '액화석유가스의 안전관리 및 사업법 시행규칙' – 헌재는 이를 규정한 동 규칙 제40조는 헌재는 이러한 제한으로 LPG승용자동차 양수예정인들을 포함한 일반인들의 행동자유권이 제한된다고 본다. 그러나 과잉금지원칙 준수로 합헌이라고 결정하였다(2015헌마997). ② 저작자로 비저작자를 실명·이명으로 표시한 경우의 처벌 – 저작자 아닌 자를 저작자로 하여 실명·이명을 표시하여 저작물을 공표한 자를 처벌하는 저작권법 규정에 대해 과잉금지원칙을 준수하여 표현의 자유 내지 일반적 행동자유권을 침해하는 것이 아니라는 합헌결정이 있었다(2015헌바158). ③ 공원 탐방객의 일반적 행동자유권 – 헌재는 자연공원 내 출입금지지역에 출입한 사람들에게 과태료를 부과하도록 규정하고 있는 구 자연공원법 규정에 대한 헌법소원사건에서 이는 공원 탐방객의 일반적 행동자유권을 제한하는데 그 제한이 과잉금지원칙을 준수하였다고 보아 합헌으로 결정한 바 있다(2010헌바99). ④ 교도소 수용자의 동절기 취침시간 제한 – 헌재는 교도소 소장이 수용자의 동절기 취침시간을 21:00로 정한 행위가 21:00 이전에 모든 일과를 마치고 취침하고자 하더라도 취침할 수 없도록 하여 청구인들의 일반적 행동의 자유를 침해한다는 주장에 대해 헌재는 일반적 행동 자유권 제한이나 비례원칙을 준수하여 합헌성을 인정하였다(2015헌마36).

3) 대법원 판례

대법원 판례로 그 침해를 인정한 다음의 예들이 있다. ① 기부금품을 자유로이 모집할 수 있는 권리 – 행복추구권에서 파생되는 일반적 행동자유권에 속한다고 보고. "준조세 폐해 근절 및 경제난 극복을 이유로 북한어린이를 위한 의약품 지원을 위하여 성금 및 의약품 등을 모금하는 행위 자체를 불허한 것이 재량권의 일탈·남용 및 비례의 원칙에 위반된다고 본 판례(◑ 대법원 판례 대법원 1999.7.23. 99두3690), ② 항공사 취업규칙에서 소속 직원들이 수염 기르는 것을 전면 금지하는 것이– 일반적 행동자유권을 침해하여 취업규칙조항이 무효이고 이를 준수하지 않았음을 전제로 항공사의 비행정지처분, 감급의 징계처분이 위법하다고 본 판결(◑ 대법원 판례 대법원 2018.9.13. 2017두38560; 2017두62549, 전술 참조).

(4) 일반적 행동자유권의 제한

일반적 행동자유권도 기본권으로서의 자유권이므로 헌법 제37조 제2항에 의하여 국가안전보장, 질서유지, 공공복리의 필요가 있는 경우에 한하여 법률로써 제한할 수 있다. 그러나 비례(과잉금지)원칙을 준수하여야 하고 본질적 내용을 침해할 수 없다.

2. 개성(個性)의 창출·발현을 할 권리와 개성을 존중받을 권리, 개성의 자유로운 발현권

(1) 개념과 내용 및 파생근거

[개념과 권리·자유의 구분] 개성이란 각 개인마다 고유한 특성이나 사고방식, 생활스타일,

취향, 취미 등 그 사람을 다른 사람들과 구별하게 하는 요소를 말한다. 개성에 관한 권리는 개성을 연출하는 머리모양, 패션을 자신의 취향에 맞게 가꾸고 표현하는 권리이다. 자신의 취향대로 개성을 창조해가고 표현함으로써 만족감을 획득하고 개성을 존중받음으로써 인간은 만족감과 행복감을 가지게 된다. 개성에 관한 권리는 개성을 창출하고 발현, 표현하는 활동을 할 적극적인 권리와 이런 활동을 방해받지 않을 자유권이 있다.

[근거] 개성에 관한 권리 중 자유권이라는 소극적 권리(자유는 소극적), 개성의 발현을 함에 있어서 간섭받지 않을 자유권인 개성의 자유로운 발현권은 행복추구권에서 파생되는 포괄적 자유권인 일반적 행동자유권으로서 보장된다. 개성의 창출·발현을 할 권리, 개성을 존중받을 적극적인 권리는 행복추구권 자체에서 파생한다. 그런데 헌재는 개성의 자유로운 발현권은 행복추구권에서 파생하는 것으로 본다(89헌마204등). 이런 취지의 결정례는 적지 않다.

그런데 자유와 그것과 더불어 적극적 요소도 포함하는 권리 자체를 구분하는 전통적인 기본권분류이론에 따르면 우리의 견해가 더 적확하다. 한편 어떠한 생활방식(life-style)이나 어떠한 개성을 가지고 이를 유지할 것인가 하는 권리는 앞서 살펴본 대로 자기결정권으로서의 성격을 가진다. 그렇다면 자기결정권의 출처가 되는 인간의 존엄과 가치도 개성의 자유로운 발현권의 근거가 될 수 있다. '개성＝개인의 정체성 표현'이라는 점에서도 정체성이 인간의 존엄과 가치를 구성한다는 점에서도 그러하다.

(2) 구체적 판례 – 언어(지역언어, 한자)의 선택사용권

개성의 자유로운 발현권의 내용으로 헌재가 명시한 대표적인 예로 지역언어, 한자 등 언어의 선택사용권이 있다.

① 지역언어사용의 제약 – 공문서와 초·중등교육법상 교과용 도서에 표준어(서울말)를 사용하도록 하고 있는 구 국어기본법 규정들 – 지역어에 익숙한 사람들로서는 이로 인해 공문서를 작성하거나 교육을 받음에 있어 의사표현의 수단에 제약을 받게 되어 헌법 제10조의 행복추구권을 침해한다는 주장의 헌법소원심판청구에서 헌재는 "지역 방언을 자신의 언어로 선택하여 공적 또는 사적인 의사소통과 교육의 수단으로 사용하는 것은 행복추구권에서 파생되는 개성의 자유로운 발현의 한 내용이 된다"라고 한다. 그러나 위 제한은 국민이 신뢰할 공문서에 사용되는 국어가 표준어로 통일되어야 의사소통상 혼란을 막고 교과용 도서의 경우 각 지역의 방언을 사용하는 학생들이 표준어를 체계적으로 배울 기회를 주기 위한 등의 공익을 위하여 교과용 도서를 해당 지역의 지역어로 집필하는 경우 당해 지역의 학생들이 표준어를 체계적으로 배울 기회를 상실하게 되어 표준어를 학습하고자 하는 학생들의 교육받을 권리를 제한할 뿐만 아니라, 각기 다른 지역에서 각기 다른 지역어를 교육하게 됨으로써 장기적으로 국가 공동체의 의사소통에 적지 않은 문제가 발생하게 된다. 필요불가결한 규율이라 과잉금지원칙에 위배하지 않아 개성의 자유로운 발현권을 침해하지 않아 합헌성이 인정된다고 결정하였다

(2006헌마618).

② 한자병용식의 부인 – 또한 공문서 작성에 표준어(한글)를 사용하도록 하고 한자를 사용할 수 없게 하고 있는 규정에 대한 헌법소원심판청구에서 헌재는 "언어와 그 언어를 표기하는 방식인 글자는 정신생활의 필수적인 도구이며 타인과의 소통을 위한 가장 기본적인 수단인바, 한자를 의사소통의 수단으로 사용하는 것은 행복추구권에서 파생되는 개성의 자유로운 발현의 한 내용이다"라고 한다. 헌재는 이해와 독해력, 사고력 향상에 한자교육이 필수적이라고 보기 어렵다는 취지로 그 제한의 합헌성을 인정하였다.

● **판례** 헌재 2016.11.24. 2012헌마854
　* 이 사안에서 헌재는 또 "한자교육을 받음으로써 교육적 성장과 발전을 통해 자아를 실현하고자 하는 학생들의 자유로운 인격발현권을 제한한다"라고 한다. 따라서 이 결정의 요지는 아래의 자유로운 인격발현권 부분 참조.

3. 인격의 발현·신장권, 인격의 자유로운 발현권

(1) 의의와 헌법적 근거

인간으로서의 품격을 인정받을 수 있고 인격을 유지할 수 있는 인격권은 인간의 존엄가치에서 나온다. 그런데 그러한 인격을 발현하고 신장할 권리는 인간이 인격의 발현·신장으로 인격체로서 인정받음으로써 만족감을 획득하게 된다는 점에서 인격의 발현·신장의 권리는 행복추구권에서도 나온다고 볼 수 있다. 인격발현에 있어서 간섭받지 않을 자유권인 인격의 자유로운 발현권도 인정됨은 물론이다. 그 근거에 대해서는, 헌재는 인격의 자유로운 발현권은 행복추구권에 포함되어 있는 것으로 본다. 우리는 기본권 분류이론상 행복추구권에서 나오는 포괄적 자유권인 일반적 행동자유권에서 나온다고 본다,

● **판례** 헌재 2000.4.27. 98헌가16등
　[관련설시] 행복추구권은 일반적인 행동의 자유와 인격의 자유로운 발현권을 포함하는데, 과외교습금지에 의하여 학생의 '인격의 자유로운 발현권'이 제한된다. 학습자로서의 아동과 청소년은 되도록 국가의 방해를 받지 아니하고 자신의 인격, 특히 성향이나 능력을 자유롭게 발현할 수 있는 권리가 있다. * 동지: 2008헌마454; 2008헌마635 등.

　* **검토**: 헌재도 "국가의 방해를 받지 아니하고 자신의 인격, 특히 성향이나 능력을 자유롭게"라고 하는 데서 자유권적 성격을 인정함을 볼 수 있다.

(2) 구체적 판례

① 위헌결정례 – <u>과외교습금지</u> – 헌재는 광범위하게 과외교습을 금지한 구 '학원의 설립·운영에 관한 법률' 규정은 침해의 최소성과 법익의 균형성을 갖추지 못하여 학생의 인격의 자유로운 발현권을 과도하게 침해하여 비례의 원칙에 반하는 위헌이라고 결정하였다.

● **판례** 헌재 2000.4.27. 98헌가16등
　[결정요지] 자세한 결정요지는 아래의 부모의 자녀교육권 부분 참조.

② 합헌성 인정 결정례 – 학교교과교습학원(교습소) <u>교습시간 제한</u>(심야교습금지) – 이 교

습시간을 05:00부터 22:00까지 규정하여 심야교습을 금지한 '부산광역시 학원의 설립·운영 및 과외교습에 관한 조례'(2008.4.2. 조례 제4258호로 개정된 것) 제9조 본문이 심야에 한정된 제한이면서 다른 사교육 유형은 제한하지 않는 등 과도한 제한이 아니어서 과잉금지원칙 준수한 것이므로 수강생들의 인격의 자유로운 발현권을 침해하지 않아 합헌이라고 결정하였다.

● **판례** 헌재 2009.10.29. 2008헌마454
* 서울특별시, 경기도, 대구광역시, 인천광역시의 '학원의 설립·운영 및 과외교습에 관한 조례'의 교습학원 등의 비슷한 교습시간 제한 규정에 대해서도 비슷한 취지의 합헌성 인정의 기각결정이 있었다(헌재 2009.10.29. 2008헌마635; 2016.5.26. 2014헌마374).

③ 교육을 통한 자유로운 인격발현권 − EBS교재연계 수능출제 − 헌재는 수능시험을 준비하면서 무엇을 어떻게 공부하여야 할지에 관하여 스스로 결정할 자유는 자신의 교육에 관하여 스스로 결정할 권리, 즉 교육을 통한 자유로운 인격발현권이라고 본다. 헌재는 '2018학년도 대학수학능력시험 시행기본계획' 중 대학수학능력시험의 문항 수 기준 70%를 한국교육방송공사(이하 'EBS'라 한다) 교재와 연계하여 출제한다는 부분(이하 '심판대상계획'이라 한다)에 대해 2018학년도 대학수학능력시험을 준비하는 학생이 청구한 헌법소원심판에서 이 심판대상계획이 "헌법 제31조 제1항의 능력에 따라 균등하게 교육을 받을 권리를 직접 제한한다고 보기는 어렵다"라고 하고 "교육을 통한 자유로운 인격발현권을 제한한다"라고 보았다. 헌재는 EBS 교재 외 다른 교재로 수능시험을 준비할 수 있고 EBS 교재에 나온 문제를 그대로 출제하는 것이 아니므로, 중요 개념이나 원리를 이해하고 있으면 EBS 교재를 공부하지 않더라도 수능시험에 큰 지장을 초래한다고 보기 어렵다고 하여 침해최소성원칙을 지키는 등 과잉금지원칙을 준수하여 합헌이라고 보았다(2017헌마691).

④ 초등 영어교육 제한 − '초·중등학교 교육과정'(교육과학기술부 고시 제2012-31호)이 초등학교 1, 2학년의 정규교과에 영어를 배제하고, 3-6학년의 영어교육을 일정한 시수로 제한하는 부분 − 헌재는 "초등학교에서 영어 과목을 아예 배정하지 않거나 그 시수를 일정 기준 이하로 제한하여 영어교육을 받는 것을 금지하거나 제한하는 것은 충분히 영어교육을 받음으로써 교육적 성장과 발전을 통해 자아를 실현하고자 하는 학생들의 '인격의 자유로운 발현권'을 제한하게 된다"라고 한다. 그러나 초등학생의 전인적 성장을 위한 교육과정의 다양한 구성을 위해 영어교육이 일정 범위로 제한될 수밖에 없고 사교육 과열, 학업 양극화를 막기 위한 불가피한 조치로 침해최소성을 지키는 등 과잉금지원칙을 준수하여 인격의 자유로운 발현권을 침해하지 않는다고 보았다(2013헌마838. 이 결정에 대해서는 뒤의 교육을 받을 권리, 교육제도 법정주의 부분도 참조).

⑤ 한자교육의 선택재량적 이수와 학생의 자유로운 인격발현권 − 한자를 국어과목에서 분리하여 학교 재량에 따라 선택적으로 가르치도록 하고 있는 '초·중등학교 교육과정' 고시부분에 대해 헌재는 이 고시가 한자교육을 학교 선택재량으로 가르치도록 하고 있으므로, "국어교과의 내용으로 한자를 배우고 일정 시간 이상 필수적으로 한자교육을 받음으로써 교육적 성장과 발전을 통해 자아를 실현하고자 하는 학생들의 자유로운 인격발현권을 제한한다"라고 보았

다. 그러나 이해와 독해력, 사고력 향상에 한자교육이 필수적이라고 보기 어렵다는 취지로 그 제한의 합헌성을 인정하였다(2012헌마854).

4. 부모의 자녀교육권

(1) 근거

우리 헌법에는 부모의 자녀교육권을 명시하고 있지 않다. 우리 헌재는 이 권리는 "모든 인간이 국적과 관계없이 누리는 양도할 수 없는 불가침의 인권"으로서 "천부적인 권리"라고 하면서 헌법 제36조 제1항, 헌법 제10조의 행복추구권규정, 헌법 제37조 제1항에서 나온다고 본다(헌재 2000.4.27. 98헌가16). 그러나 생각건대 헌법 제31조 제1항도 중요한 근거가 되어야 한다. 자녀의 교육을 받을 권리를 위해 부모의 교육권도 의미를 가지기 때문이다. 오히려 행복추구권에서 끌어내면 교육을 받는 주체인 학생의 행복추구보다는 부모가 자녀교육의 성취도에 따른 만족을 의미하는 것으로 오해할 여지를 남긴다. 헌법 제37조 제1항은 확인규정이므로 별다른 의미가 없다(이 근거문제에 대해서는 정재황, 교육을 받을 권리에 대한 헌법적 고찰, 세계헌법연구, 2014.5 참조).

(2) 구체적 사안
1) 광범위한 과외교습금지의 위헌성

대학(원)생을 제외한 개인은 학원이나 교습소의 설립을 통해서만 과외교습을 할 수 있고, 배우고자 하는 학생은 학원, 교습소에 가거나 대학(원)생을 통해서만 과외교습을 받을 수 있도록 함으로써 광범위하게 과외교습을 금지한 구 '학원의 설립·운영에 관한 법률' 규정이 부모의 자녀교육권, 직업선택의 자유, 행복추구권 등을 지나치게 제한하는 위헌인지 여부가 논란되어 헌법소원심판이 청구되었다. 헌재는 침해의 최소성과 법익의 균형성을 갖추지 못하여 부모의 자녀교육권, 학생의 인격의 자유로운 발현권, 직업선택의 자유를 과도하게 침해하여 비례의 원칙에 반하는 위헌이라고 결정하였다.

● **판례** 헌재 2000.4.27. 98헌가16
[결정요지] (1) 헌법의 교육이념 (가) 자녀교육권은 부모가 자녀교육에 대한 책임을 어떠한 방법으로 이행할 것인가에 관하여 자유롭게 결정할 수 있는 권리로서 교육의 목표와 수단에 관한 결정권을 뜻한다. (나) 학교제도에 관한 국가의 규율권한과 부모의 교육권이 서로 충돌하는 경우, 어떠한 법익이 우선하는가의 문제는 구체적인 경우마다 법익형량을 통하여 판단해야 한다. (다) 학교 밖의 교육영역에서는 원칙적으로 부모의 교육권이 우위를 차지한다. (라) 헌법 제31조와 사교육과의 관계 ─ 헌법 제31조의 '능력에 따라 균등한 교육을 받을 권리' 조항은 교육의 모든 영역, 특히 학교교육 밖에서의 사적인 교육영역까지 균등한 교육이 이루어지도록 개인이 별도로 교육을 시키거나 받는 행위를 국가가 금지하거나 제한할 수 있는 근거를 부여하는 수권규범이 아니다. (2) 법 제3조의 위헌성 (가) 입법목적의 정당성과 수단의 적합성 ─ 가) 법 제3조를 통하여 달성하고자 하는 입법목적(공익)은, 지나친 고액과외교습을 봉쇄하여 과외교습경쟁의 과열을 방지함으로써 학교교육을 정상화하고, 비정상적인 과외교습경쟁으로 인한 학부모의 경제적 부담을 덜어주며, 국가적으로도 비합리적인 교육투자로 인한 인적, 물적

낭비를 줄이자는 것이다. 나) 사교육의 영역에 관한 한, 우리 사회가 불행하게도 이미 자정능력이나 자기조절능력을 현저히 상실했고, 위와 같이 사회가 자율성을 상실한 예외적인 상황에서는 법 제3조가 의도하는 입법목적도 입법자가 '잠정적으로' 추구할 수 있는 정당한 공익이라고 하겠다. 나) 법 제3조가 학원·교습소·대학(원)생에 의한 과외교습을 허용하면서 그밖에 고액과외교습의 가능성이 있는 개인적인 과외교습을 광범위하게 금지하는 규제수단을 택하였고, 이러한 수단이 위 입법목적의 달성에 어느정도 기여한다는 점은 의문의 여지가 없다. 따라서 수단으로서의 적합성도 인정된다. (나) 수단의 최소침해성과 법익의 균형성 – 가) '원칙적인 금지'가 아닌 '반사회성을 띤 예외적인 경우'에 한하여 이를 금지하는 것으로 하여야 할 것이다. 나) 입법자는 지나친 고액과외교습을 방지하기 위하여 개인의 과외교습을 전면 금지하였다. 그 결과 '고액과외교습의 방지'라는 입법목적의 달성과 아무런 관련이 없는 교습행위, 즉 고액과외교습의 위험성이 없는 교습행위까지도 광범위하게 금지당하게 되었다. 이웃집 가정주부가 저액의 비용을 받고 학생을 가르치는 행위 등과 같이 사회적 해악의 원인이 되지 않는 개인교습이 얼마든지 있을 수 있다. 따라서 입법자가 선택한 규제수단인 법 제3조는 입법목적의 달성을 위한 최소한의 불가피한 수단이라고 볼 수 없다. 다) 법익의 균형성의 관점에서 보더라도, 고액과외교습의 억제효과도 불확실하다. 이에 반하여 법 제3조에 의하여 초래되는 기본권제한의 효과 및 헌법이 지향하는 문화국가의 실현을 저해하는 효과는 매우 크다. 합리적인 비례관계를 현저하게 일탈하고 있다. (3) 결론 – 그렇다면 법 제3조는 침해의 최소성과 법익의 균형성을 갖추지 못하여 비례의 원칙에 반하여 국민의 자녀교육권, 인격의 자유로운 발현권, 직업선택의 자유를 침해하는 위헌적인 규정이다. 위헌결정을 하는 이유는 고액과외교습을 금지하는 것 자체가 위헌이라는 것이 아니라, 고액과외교습의 위험성이 없는 과외교습까지도 광범위하게 금지함으로써 국민의 기본권을 과도하게 침해한다는데 위헌성이 있다는 것이다. 따라서 중대한 사회적 폐단이 우려되는 경우에는 이를 규제할 수 있는 입법조치를 취할 수 있다.

＊평가: 이 결정에서 국가의 책임과 권한을 지나치게 넓게 인정하면서도 과외규제의 국가권한 폭을 좁게 보는 결과를 가져와 결정의 논리정연성이 약하게 보인다. 과외 등 사교육의 양극화해소가 중요한 국가현안인 점, 실질적 평등을 위해서는 자유에 대한 국가의 개입이 더 강할 수 있다는 점에서 의문이 드는 판단결과를 보여준 결정이었다.

2) 학교선택권

(가) 근거   학교선택권의 헌법적 근거로 헌재는 이전에 "부모의 학교선택권은 미성년인 자녀의 교육을 받을 권리를 실효성 있게 보장하기 위한 것이므로, 미성년인 자녀의 교육을 받을 권리의 근거규정인 헌법 제31조 제1항에서 헌법적 근거를 찾을 수 있을 것이다"라고 판시한 바가 있다.[279] 그러나 학교선택권이 부모의 자녀교육권의 구체화되는 권리로 보는 결정례들을 보여주었는데 이 결정례들에 의하면 부모의 학교선택권의 근거는 위에서 본 부모의 자녀교육권의 헌법적 근거와 마찬가지로, 즉 헌법 제36조 제1항, 행복추구권 조항, 제37조 제1항에서 찾을 수 있다고 볼 것이다.[280] 그러나 교육을 받을 권리조항인 헌법 제31조 제1항도 근거가 된다고 보는 것이 필요하다. 부모가 자녀를 교육시키는 내용으로서 학교선택권이 포함된다고 볼 것이나 교육을 받는 수동적인 입장만이 아니라 적극적으로 학습을 해나가는 주체가 있어야 교육이 되고 그 주체는 다름 아닌 학생 본인이라는 점에서 그러하다.[281]

---

279) 헌재 1995.2.23. 91헌마204 [결정요지] 거주지를 기준으로 중·고등학교의 입학을 제한하는 교육법시행령 제71조 및 제112조의6 등의 규정은 과열된 입시경쟁으로 말미암아 발생하는 부작용을 방지한다고 하는 입법목적을 달성하기 위한 방안의 하나이고, 도시와 농어촌에 있는 중·고등학교의 교육여건의 차이가 심하지 않으며, 획일적인 제도의 운용에 따른 문제점을 해소하기 위한 여러 가지 보완책이 위 시행령(施行令)에 상당히 마련되어 있어서 그 입법수단은 정당하므로, 위 규정은 학부모의 자녀를 교육시킬 학교선택권의 본질적 내용을 침해하였거나 과도하게 제한한 경우에 해당하지 아니한다.

280) 헌재 2009.4.30. 2005헌마514.

281) 학교선택권의 근거, 내용 등에 대한 것은, 정재황, 교육을 받을 권리에 대한 헌법적 고찰-헌재 판례분석

(나) **학교선택권과 평준화원칙**   평준화원칙이 학교선택권을 침해한다는 논란이 있어 왔다. 강제추첨방식에 대해 헌법소원심판이 청구되었으나 헌재는 비례원칙을 지켰다고 보아 합헌성을 인정하는 기각결정을 하였다.

> ● **판례**   헌재 2009.4.30. 2005헌마514
> [결정요지] 이 사건 조항은 고등학교 과열입시경쟁을 해소함으로써 중학교 교육을 정상화하고, 학교 간 격차 및 지역 간 격차 해소를 통하여 고등학교 교육 기회의 균등 제공을 위한 것으로서 입법목적이 정당하며, 각 학교에 의한 입학생 경쟁 선발 방법이 아닌 교육감에 의한 입학전형 및 학교군별 추첨에 의한 배정방식을 취하는 것은 수단의 적정성이 인정된다. 교육감 추첨에 의한 입학전형에서는 학교분포와 통학거리 등을 고려하여 학생들을 인근 학교에 갈 수 있도록 하는 것이 가장 합리적이고 보편적인 방법이며, 특수목적고등학교, 자립형 사립고등학교, 자율형 학교의 증가로 사립학교 선택권이 점차 보장되는 방향으로 가고 있으며, 대부분의 시·도에서 선복수지원·후추첨방식을 채택하고 있어 제한적으로 종교학교를 선택하거나 선택하지 않을 권리를 보장하고 있고, 종교과목이 정규과목인 경우 대체과목의 설치를 의무화하고 있는 점들을 고려할 때, 이 사건 조항으로 인하여 학부모의 '사립학교선택권'이나 종교교육을 위한 학교선택권이 과도하게 제한된다고 보기도 어렵다.

3) 언어와 자녀교육권

지역언어, 한자 등을 교육시킬 부모의 자녀교육권이 문제되고 있다. 아래에 결정례들을 본다.

(가) **표준어 교과서 사용 강제**   초·중등교육법상 교과용 도서를 표준어로 편찬하도록 한 구 국어기본법 규정에 대한 헌법소원심판결정에서 헌재는 "부모는 어떠한 방향으로 자녀의 인격이 형성되어야 하는가에 관하여 목표를 정하고, 자녀의 개인적 성향, 능력 등을 고려하여 교육목적을 달성하기에 적합한 수단을 선택할 권리를 가진다 할 것이며, 그러한 인격의 형성과 긴밀한 관련을 가지는 국어교육에 있어 지역 공동체의 정서와 문화가 배어있는 방언에 기초한 교육을 할 것인가, 표준어에 기초한 교육을 할 것인가를 결정할 수 있는 것으로서, 이는 자녀교육권의 한 내용이라 할 수 있다"라고 판시한 바 있다. 그런데 헌재는 국가공동체의 통합과 원활한 의사소통을 위하여 표준어로 교과서를 편찬하도록 한 것은 국가의 학교교육내용을 정할 수 있는 국가의 포괄적 권한 내의 것이라고 하여 기각결정을 하였다(헌재 2009.5.28. 2006헌마618).

(나) **한자교육의 선택재량적 이수와 자녀교육권**   한자를 국어과목에서 분리하여 학교 재량에 따라 선택적으로 가르치도록 하고 있는 '초·중등학교 교육과정' 고시부분에 대해 헌재는 "자녀의 올바른 성장과 발전을 위하여 한자교육이 반드시 필요하고 국어과목 시간에 이루어져야 한다고 생각하는 학부모의 자녀교육권도 제한할 수 있다"라고 한다. 그러나 이해와 독해력, 사고력 향상에 한자교육이 필수적이라고 보기 어렵다는 취지로 그 제한의 합헌성을 인정하였다(헌재 2016.11.24. 2012헌마854, 기각).

(다) **초등 영어교육 제한**   '초·중등학교 교육과정'(교육과학기술부 고시 제2012-31호)이 초등학교 1, 2학년의 정규교과에 영어를 배제하고, 3-6학년의 영어교육을 일정한 시수로 제한하는 부분 ─ 헌재는 이 규정이 "영어교육을 금지하거나 제한하는 것은 학부모의 자녀교육권도 제

을 중심으로-, 세계헌법연구, 제20권 제2호, 2014, 14면 이하 참조.

765 제 1 장 인간의 존엄과 가치 및 행복추구권

한한다"라고 본다. 그러나 앞서 본대로 과잉금지원칙을 준수하여 부모의 자녀교육권을 침해하지 않는다고 보았다(헌재 2016.2.25. 2013헌마838. 위의 학생의 자유로운 인격발현권 부분 참조).

4) '인터넷게임 강제적 셧다운제'

16세 미만 청소년에게 오전 0시부터 오전 6시까지 인터넷게임의 제공을 금지하는 이른바 '강제적 셧다운제'를 규정한 구 청소년보호법(2011.5.19. 법률 제10659호로 개정되고, 2011.9.15. 법률 제11048호로 전부개정되기 전의 것) 제23조의3 제1항 및 구 청소년 보호법(2011.9.15. 법률 제11048호로 전부개정된 것) 제26조 제1항이 부모의 자녀교육권을 침해하지 않는다고 보았다(과잉금지원칙준수).

> ● **판례** 헌재 2014.4.24. 2011헌마659등
> 이 결정에 대해서는 앞의 청소년의 일반적 행동자유권 부분 참조.

청소년보호법 2021.12.7. 개정으로 강제적 셧다운제는 폐지되었고 '게임시간 선택제'로 바뀌었다.

5. 양육권

헌재는 부모의 자녀 양육권도 헌법 제36조 제1항, 행복추구권을 보장하는 헌법 제10조 및 '국민의 자유와 권리는 헌법에 열거되지 아니한 이유로 경시되지 아니한다.'고 규정한 헌법 제37조 제1항에서 나오는 중요한 기본권이라고 하여 위에서 본 자녀교육권에서와 같은 헌법적 근거를 제시하고 있다. 남성 단기복무장교를 육아휴직 허용 대상에서 제외하고 있는 구 군인사법 규정에 대한 헌법소원심판에서 이 문제가 핵심이었다. 헌재는 육아휴직 대상을 확대해 예산과 인력이 추가로 소요되는 점, 다른 의무복무군인과의 형평성 등을 고려하여 대상을 정한 것이므로, 국가가 헌법상 용인될 수 있는 재량의 범위를 명백히 일탈함으로써 생존권(사회적 기본권)으로서의 양육권을 최소한 보장하여야 할 의무를 불이행한 것이 아니라고 하여 합헌성을 인정하였다(2005헌마1156).

6. 아버지(父), 어머니(母)의 가정생활과 신분관계에서 누려야 할 행복추구권

앞서 본대로 헌재는 친생부인의 소의 제소기간을 '그 출생을 안 날로부터 1년 내'라고 규정한 구 민법 제847조 제1항 부분은 그 제소기간이 현저히 짧아 부(父)의 가정생활과 신분관계에서 누려야 할 행복추구권을 침해하여 위헌이라고 보아 헌법불합치결정(95헌가14)을 하였다. 또 혼인 종료 후 300일 이내에 출생한 자를 전남편의 친생자로 추정하는 민법 제844조 제2항 관련 규정에 대해서도 모가 가정생활과 신분관계에서 누려야 할 행복추구권을 침해하는 것이라고 보아 헌법불합치결정(2013헌마623)을 한 바 있다. 이 결정들에서는 인격권 침해도 인정하였으므로

자세한 결정요지는 앞의 인격권 부분에서 인용하였다(전술 참조).

7. 깨끗한 식수에 대한 권리

깨끗한 물을 선택하고 이를 공급받을 권리는 그 권리가 인간의 행복을 가져오는 것이란 점에서 행복추구권에서 나온다. 마실 물을 선택할 권리에서의 자유권이라는 요소는 포괄적 자유권인 일반적 행동자유권에서 나온다고 볼 것이고 깨끗한 물을 공급해줄 것을 요구하는 등의 적극적인 권리들은 보다 포괄적인 권리인 행복추구권에서 나온다고 볼 것이다. 마실 물을 선택할 자유, 수돗물 대신 먹는샘물을 음용수로 이용할 자유, 즉 자유권들에 대해 우리 헌재는 헌법 제10조의 행복추구권에서 나온다고 본다(98헌가1).

대법원 판례도 음료수선택권의 근거를 행복추구권에서 찾는다(대법원 1994.3.8. 92누1728).

8. 사적자치권(私的自治權)

(1) 개념과 성격
1) 개념
사적자치의 원칙이란 그 법적 관계가 어느 일방이 타방을 지배하는 관계로서 형성되는 것이 아니라 법인격자 자신들의 의사나 행위에 따라, 그리고 쌍방의 의사합의에 따라 이루어진다는 원칙을 말한다. 사적자치권이란 본인이 자신의 일에 대해서 자율적 의사에 의해 결정하고 일정한 행위를 할 것인지 하지 않을 것인지를 선택할 자유, 개인들 서로간의 법률관계를 각자가 원하는 대로 스스로 결정하고 형성할 수 있는 행위 내지 행동의 권리를 말한다. 사적자치의 원칙은 민법의 중요한 핵심원칙으로서 계약의 자유가 그 핵심을 이룬다. 그러나 사적자치는 계약의 자유뿐 아니라 그 외 영역에서도 적용된다. 헌재는 "사적자치의 원칙이란 인간의 자기결정 및 자기책임의 원칙에서 유래된 기본원칙으로서, 법률관계의 형성은 고권적인 명령에 의해서가 아니라 법인격자 자신들의 의사나 행위를 통해서 이루어진다는 원칙이다"라고 한다.282)

2) 성격
헌재의 판례입장은 사적자치를 헌법 제10조에서 파생되는 기본권으로 인정한 예들이 주류를 이루고 있다.

(2) 근거
헌재는 사적자치권을 자기결정권으로 보는 판례를 보여주지는 않았고283) 사적자치권의 헌

---

282) 헌재 2001.5.31, 99헌가18.
283) "사적자치의 원칙이란 인간의 자기결정 및 자기책임의 원칙에서 유래된 기본원칙"이라고 언급한 판례가 있긴 하나(헌재 2001.5.31, 99헌가18) 이 결정은 그러면서도 헌법 제10조의 행복추구권에서 사적자치권을

법적 근거에 대해 헌법 제10조의 행복추구권에서 파생된 일반적 행동자유권의 하나라고 보기도 하고,284) "헌법 제10조는 국민의 행복추구권과 여기서 파생된 일반적 행동자유권 및 사적자치권을 보장하는 한편 … "이라고 하여 사적자치권이 일반적 행동자유권과 별개로 행복추구권에서 바로 파생되는 것으로 보게 하는 판시를 하기도 하였다.285)286) 한편 헌재는 사적자치 원칙의 근거를 헌법 제119조 제1항에서 찾는 판례들도 보여준 바 있다. 즉 "헌법 제119조 제1항의 자본주의적 시장경제질서 및 제10조의 행복추구권에 내재된 사적자치 원칙의 본질"이라고 하거나287) 사적자치의 원칙이 헌법 제119조 제1항이 규정하는 자유시장경제질서의 기초를 이룬다고 보는288) 판례들도 있다.

(3) 내용

사적자치의 내용은 계약의 자유로 대표되나 그 외의 재산권의 자유로운 처분권, 자유경쟁의 원리 등도 포함한다. 헌재는 "사적자치는 계약의 자유·소유권의 자유·결사의 자유·유언의 자유 및 영업의 자유를 그 구성요소로 하고 있으며, 그 중 계약의 자유는 사적자치가 실현되는 가장 중요한 수단으로서, 이는 계약체결의 자유·상대방선택의 자유·방식의 자유·계약의 변경 또는 해소의 자유를 포함"한다고 본다.289)

(4) 위헌결정례

사적자치권에 관한 헌재의 위헌(헌법불합치) 결정례로는 아래의 결정들이 있었다.

① 상속인이 귀책사유 없이 상속채무가 적극재산을 초과하는 사실을 알지 못하여 상속개시 있음을 안 날로부터 3월 내에 한정승인 또는 포기를 하지 못한 경우에도 단순승인을 한 것으로 보는 민법 제1026조 제2호는 기본권제한의 입법한계를 일탈한 것으로 재산권을 보장한 헌법 제23조 제1항, 사적자치권을 보장한 헌법 제10조에 위반된다고 하여 아래의 헌법불합치결정이 있었다.

● **판례** 헌재 1998.8.27. 96헌가22
[결정요지] (가) 제한되는 기본권 − 헌법의 기본원리인 사적자치의 원칙과 과실책임의 원칙에 대한 예외적 규정으

파생시키고 있다.

284) 헌재 2003.5.15. 2001헌바98; 2007.10.25. 2005헌바96; 2011.9.29. 2010헌마85.

285) 헌재 1998.8.27. 96헌가22, 97헌가2·3·9, 96헌바81, 98헌바24·25(병합); 2001.5.31. 99헌가18; 2001.7.19. 99헌바9.

286) 또한 헌재 판례들 중에는 그냥 "사적자치권을 보장한 헌법 제10조"라고 판시하기도 하여 헌법 제10조 전체를 근거로 들기도 한 것도 있고(2002헌바94; 2002헌가22, 2002헌바40, 2003헌바19등), "일반적 행동자유권 및 계약자유 내지 사적자치권을 제한한다고 볼 수 없다"라고 판시한 예도 있다(2003헌바88). 그러나 여하튼 헌재 판례의 대체적인 입장은 사적자치권이 행복추구권, 일반적 행동자유권에서 나온다고 보는 것이라고 정리할 수 있다.

287) 헌재 2001.5.31. 99헌가18.

288) 헌재 1999.7.22. 98헌가3; 2001.5.31. 99헌가18; 2007.10.25. 2005헌바96.

289) 헌재 2001.5.31. 99헌가18; 2018.3.29. 2016헌바468 등.

로서 헌법상 보장된 상속인의 재산권과 사적자치권 등을 제한하고 있다. (나) 이 사건 법률조항의 위헌성 (1) 상속으로 인한 법률관계를 신속히 확정하여 상속에 관한 이해관계인, 특히 상속채권자를 보호하기 위한 것으로서 그 입법목적은 이를 수긍할 수 있다. (2) 그러나 상속인이 피상속인의 사망 당시 상속채무가 적극재산을 초과하는 사실을 알지 못하여 아무런 귀책사유없이 고려기간내에 한정승인이나 포기를 하지 못한 경우도 얼마든지 있을 수 있다. 그런데 이 사건 법률조항이 상속인이 아무런 귀책사유없이 고려기간내에 한정승인이나 포기를 하지 못한 경우에 구제받을 수 있는 아무런 수단도 마련하지 아니한 채 고려기간내에 한정승인이나 포기를 하지 아니하면 그 이유여하를 묻지 않고 일률적으로 단순승인을 한 것으로 보아 그 의사와 관계없이 상속채무를 전부 부담하게 한 것은 적정한 기본권제한의 방법이라고 볼 수 없다. (3) 상속인이 귀책사유없이 상속채무가 적극재산을 초과하는 사실을 알지 못하여 고려기간 내에 한정승인이나 포기를 하지 못한 경우에도 이 사건 법률조항이 상속인으로 하여금 피상속인의 채무를 전부 부담하게 하여 상속채권자만을 보호한 것은 피해의 최소성, 공공필요와 침해되는 상속인의 기본권 사이의 균형성을 갖추었다고 볼 수 없다. (4) 그러므로 기본권제한의 입법한계를 일탈한 것으로 재산권을 보장한 헌법 제23조 제1항, 사적자치권을 보장한 헌법 제10조에 위반된다.

② 상속회복청구권의 행사기간을 상속 개시일로부터 단기인 10년으로 제한한 구 민법 제999조 제2항 규정이 기본권제한의 입법한계를 일탈하여 사적자치권을 보장한 헌법 제10조 제1항에 위반된다는 아래의 위헌결정이 있었다.

● **판례**   헌재 2001.7.19. 99헌바9
[결정요지] (가) 상속회복청구권이 진정한 상속인을 보호하기 위하여 도입된 제도임에도 불구하고 특히 단기의 제척기간을 설정하고 있는 결과 민법 제999조는 진정상속인의 보호를 위한 규정이라고 하기 보다는 오히려 참칭상속인을 보호하는 규정으로 탈바꿈된 것 같은 허다한 문제점을 안게 된다. (나) 일반적으로 참칭상속인은 악의 아니면 과실 있는 사람이다. 따라서 비교적 단기간으로 진정한 상속인의 재산권을 빼앗아 참칭상속인에게 주는 결과는 명백히 부당하다. 특히 침해행위가 상속개시일부터 10년이 경과한 이후에 발생한 경우에는 참칭상속인은 침해와 동시에 상속재산을 취득하고, 진정상속인은 권리를 잃고 구제 받을 길이 없게 되어 그 불합리성과 반윤리성은 특히 두드러진다. 10년의 제척기간으로 규정한 것은 적정한 기본권제한의 방법이라고 볼 수 없다. (다) 상속재산에 대한 침해가 있었다면 역시 반드시 위 10년의 기간 내에 회복하여야 하며 특히 침해가 상속개시일부터 10년이 경과된 이후에 발생한 경우에는 권리를 회복할 수 있는 방법이 재판상 불가능하게 된다. 그렇게 되는 결과 상속개시 후 10년이 경과되기 전에는 상속권의 침해가 없다가 그 기간 경과 후 침해가 있는 경우 상속회복청구권은 발생하기도 전에 소멸해 버리고 참칭상속인은 침해행위를 한 순간 이 법률조항에 의하여 상속개시시에 소급하여 권리를 취득하게 되는 도저히 받아들이기 어려운 기이한 결론에 이르게 된다. 따라서 피해의 최소성, 공공필요와 침해되는 상속인의 기본권 사이의 균형성을 갖추었다고 볼 수 없다. (라) 그러므로 재산권을 보장한 헌법 제23조 제1항, 사적자치권을 보장한 헌법 제10조 제1항, 재판청구권을 보장한 헌법 제27조 제1항, 기본권의 본질적 내용의 침해를 금지한 헌법 제37조 제2항에 위반된다. 평등원칙에도 위배된다.
* 현행 민법 제999조 제2항은 "상속회복청구권은 그 침해를 안 날부터 3년, 상속권의 침해행위가 있은 날부터 10년을 경과하면 소멸된다"라고 규정하고 있다.

(5) 합헌결정례

사적자치에 관한 합헌결정례를 보면, ① 원사업자가 파산 등의 사유로 하도급대금을 지급할 수 없는 경우 하도급계약의 당사자가 아닌 발주자에게 하도급대금 지급의무를 부과하는 '하도급거래공정화에 관한 법률' 규정이 발주자 및 원사업자의 사적 자치권을 과도하게 제한하여 헌법 제10조에 위반되는지 여부가 논란되었으나 헌재는 위탁물의 완성에 궁극적으로 이익을 얻는 발주자의 사적 자치권을 제한한 것이어서 침해최소성을 충족하여 비례원칙을 준수한 합헌이라고 결정하였다(2001헌바98).

② 관재담당공무원의 국유재산취득행위를 무효로 하면서 선의의 제3자 보호규정을 두지 않

은 구 국유재산법 제7조 제2항이 사유재산제도·사적 자치의 원칙에 위반되는지 여부에 대해 헌재는 거래의 안전보다 국유재산의 공정한 관리처분이라는 입법목적이 더 중요하다고 하여 합헌성을 인정하였다(96헌바55).

③ 국회의원이 보유한 직무관련성 있는 주식의 매각 또는 백지신탁을 명하고 있는 구 공직자윤리법규정은 과잉금지원칙을 준수하여 사적자치권을 침해하지 않는다고 보았다(2010헌가65).

9. 자기결정권 - 소비자의 자기결정(선택)권

(1) 헌법적 근거의 문제

1) 판례

자기결정권은 앞서 보았듯이 인간의 존엄과 가치에서 파생되는 것들이 많다. 그러나 헌재가 행복추구권에서 파생시킨 것도 있다. 헌재가 행복추구권에서 파생되는 자기결정권으로 인정한 대표적인 것으로 소비자의 자기결정권을 들 수 있다. 우리 헌재는 의료에 관한 소비자 자기결정권도 일반적인 소비자 자기결정권과 같이 행복추구권에서 끌어내고 있다.

2) 판례에 대한 평가

두 가지 점에서 검토되어야 할 것이다. ⅰ) 자기결정권으로서의 권리 문제 - 소비자의 모든 소비 문제를 자기결정권으로 보는 것이 타당한지는 다시 검토를 요한다. 자기결정권의 의미를 좁은 의미로 사용하지 않고 단순한 선택권까지도 포함하는 의미로 사용하였다면 이해가 될 수도 있으나 자기결정권은 그 대상이 중요한 개인사항으로 볼 것이다. 그렇지 않으면 일반적 행동자유권으로 보호된다고 해도 문제없을 것이기 때문이다. 우리는 '자기결정권'을 '일반적 행동자유권'과 구분해야 그 독자적인 기본권성이 인정될 것이고 그리하여 기본권주체의 인격, 신상과 같은 중요사항에 대한 자율적 결정권을 의미한다고 보았다. 그런 점에서는 소비대상이 소비자에게 그런 경우 외 다른 소비, 구매에 일률적으로 자기결정이라고 하기보다 헌재도 그렇게 부른 바 있듯이 선택권(헌재 1999.7.22. 98헌가5에서는 선택권이라 부른다) 정도로 부르는 것이 적절할 경우들도 있다.

ⅱ) 근거의 문제 - 헌재는 행복추구권에서 파생시키는 경향을 보여준다. 생각건대 소비자의 자기결정(선택)권은 소비를 통하여 각자가 원하는 수요와 욕구를 충족하여 만족스러움을 느낄 수 있게 한다는 점에서 행복추구권에서 파생한다고 볼 수도 있다. 그러나 일률적으로 그렇게 볼 수 없다. 위 ⅰ)에서 언급한 대로 중요한 대상에 대한 자기결정권적인 것이라면 인간의 존엄과 가치가 더 중요한 근거가 된다고 볼 것이다.

(2) 소비자의 자기결정(선택)권의 내용과 중요 부분으로서의 '경쟁'

헌재는 자도소주 구입명령규정에 대한 위헌결정에서 소비자가 구매결정을 통하여 경쟁과정에 영향을 미칠 수 있기 때문에 경쟁은 또한 소비자보호의 포기할 수 없는 중요 구성부분이라고 밝히고 있다(96헌가18. 이 결정의 자세한 요지는 뒤의 직업의 자유, 자유경쟁의 원리 부분 참조).

(3) 소비자의 자기결정(선택)권에 관한 결정례
1) 자도소주 사건 – 위헌결정

소비자의 자기결정(선택)권이 문제된 사건은 자도소주구입명령제도[희석식 소주의 도매업자로 하여금 그 판매장소재지와 같은 지역에 소재하는 제조장에서 생산되는 소주(이른바 '自道燒酒')를 의무적으로 총구입액의 100분의 50 이상을 구입하도록 하는 명령제도]에 대한 위헌심판사건이었다. 헌재는 이 사건에서 소비자의 자기결정(선택)권의 헌법적 근거를 행복추구권에서 찾았고, 이 제도가 소비자의 자기결정(선택)권을 지나치게 제한한다고 하여 위헌으로 결정하였다(96헌가18. 이 결정에 대해서는 뒤의 직업의 자유 부분 참조).

2) 탁주의 공급구역제한 제도 – 합헌결정

탁주의 공급구역은 주류제조장 소재지의 시·군의 행정구역으로 규정하여 공급구역제한제도를 규정하고 있었던 당시 주세법 제5조 제3항에 대해 소비자의 자기결정권이 침해되지 않아 합헌이라는 의견이 4인 의견, 위헌이라는 의견이 5인 의견이었으나 위헌결정에 6인 이상 위헌의견이 있어야 한다는 정족수규정으로 합헌결정이 되었고 법정의견도 소수 4인의 합헌의견이 되었다. 법정의견은 기존의 대형주류제조업체가 시장에 참가하여 전국적인 독과점을 형성하게 되면 소비자결정권이 형해화되는 결과가 초래될 수 있는 점 등을 고려하면 다소간 소비자선택권의 제한이 있더라도 합헌이라고 보았다(98헌가5).

3) 의료소비자의 자기결정권에 관한 결정례

(가) 결정례　이에 대한 결정례로는 의료보험요양기관 강제지정제도에 대한 합헌결정이 있다. 이 사안은 모든 의료기관을 국민건강보험체계에 강제로 편입시킴으로써 요양급여에 필요한 의료기관을 확보하고 이를 통하여 전 국민의 의료보험수급권을 보장하고자 하는 '요양기관 강제지정제'가 동일 수준의 의료서비스제공만을 하도록 하여 의료소비자의 자기결정권이 침해되었다는 주장의 헌법소원사건이었다. 헌재는 의료보험의 기능 확보라는 중대한 공익과 비급여대상 의료행위를 선택할 수 있는 가능성이 있다는 점을 들어 과도한 제한이 아니어서 합헌이라고 보았다(99헌바76등).

(나) 의료소비자 자기결권의 헌법적 근거에 대한 검토　의료소비자의 자기결정권도 그 근거를 행복추구권 이전에 인간의 존엄과 가치를 근거로 하는 것이 낫다고 보는데 건강한 삶이 행복의 내용인 것은 물론이지만 일단 건강하지 사람의 경우 건강회복을 위한 치료를 받을 것인지, 어떤 치료법을 선택할 것인지 등 자신의 인간적인 삶에 관련된 중요한 의사결정을 담을 수

있다고 보기 때문이다. 헌재는 근간에 "의료소비자는 헌법 제10조에 의해 보장되는 자기결정권의 한 내용으로 의료행위에 관하여 스스로 결정할 권리가 있다"라고 하여 그냥 헌법 제10조 전체를 근거로 드는 결정례를 보여주고 있긴 하다(2017헌마103).

4) 전동킥보드 최대속도 제한

헌재는 그 최대속도를 시속 25km 이내로 제한하여야 한다는 안전기준이 소비자의 자기결정권, 일반적 행동자유권을 제한한다고 보면서 과잉금지원칙 준수로 합헌이라고 보았는데 소비자 자기결정권이 행복추구권에서 나온다고 보았다(2017헌마1339).

(4) 소비자 자기결정(선택)권 침해여부 별도판단 하지 않은 결정례

그러한 예로, ① 소비자의 자기결정(선택)권에 대한 제한은 직업수행의 자유에 대한 제한의 효과라고 보아 직업수행의 자유 판단에서 함께 고려하는 것으로 충분하다고 보아 별도로 판단하지 않는다고 했거나(예: 2013헌마799. 사안은 전문과목을 표시한 치과의원은 그 표시한 전문과목에 해당하는 환자만을 진료하여야 한다고 규정한 의료법(2011.4.28. 법률 제10609호로 개정된 것) 제77조 제3항에 대한 것이었는데 과잉금지원칙을 위배하여 직업수행자유 침해라고 하여 위헌결정을 하였다), ② 소비자 자기결정권 제한이 없다고 보면서도 가사 있다고 보더라도 직업수행의 자유, 평등권 등에 대한 제한에 대해 판단하는 것으로 충분하다고 보아 판단을 하지 않은 결정(예: 2016헌바77. 대형마트에 대한 의무휴업, 영업시간 제한에 관한 유통산업법 규정이 비례원칙 준수하여 합헌이라고 결정) 등이 있다.

10. 휴식권

휴식권도 행복추구권에서 나온다. 헌재는 사법시험 제1차시험의 시행일자를 일요일로 한 것이 응시생의 휴식권을 침해하여 위헌이라는 주장의 헌법소원심판사건에서 "휴식권은 헌법상 명문의 규정은 없으나 포괄적 기본권인 행복추구권의 한 내용으로 볼 수 있을 것이다"라고 하면서도 "사법시험 시행일을 일요일로 정한 피청구인의 이 사건 공고는 청구인 등에게 공무담임의 기회를 제공하는 것이어서 행복추구의 한 방편이 될지언정 거꾸로 이를 침해한다고 볼 수는 없다"라고 판시하여 기각결정을 하였다(2000헌마159. * 이 결정에서는 종교의 자유, 공무담임권의 침해 주장도 있었으나 헌재는 배척하였다).

11. 평화적 생존권

[개념과 발달] 평화적 생존권이란 세계 시민들이 전쟁, 무력행위, 테러 등이 없이 또 전쟁 등에 동원되지 않을, 그리고 전쟁 등의 위험이나 위협 없이 생명을 유지하고 안전하게 더불어

살아갈 수 있는 권리를 말한다. 제3세대 인권론에서 특히 주장되어 온 기본권이다.

[인정 여부 – 판례의 변경] 우리 헌재는 처음에는 평화적 생존권을 기본권으로 인정하였다. 다만, 심판대상이 된 그 조약들이 평화적 생존권을 침해할 가능성(헌법소원 청구요건의 하나 – 후술 헌법재판 참조)이 없다고 보아 각하결정을 하였다(변경 전 구 판례: 헌재 2006.2.23, 2005헌마268. [결정요지] 오늘날 전쟁과 테러 혹은 무력행위로부터 자유로워야 하는 것은 인간의 존엄과 가치를 실현하고 행복을 추구하기 위한 기본 전제가 되는 것이므로, 달리 이를 보호하는 명시적 기본권이 없다면 헌법 제10조와 제37조 제1항으로부터 평화적 생존권이라는 이름으로 이를 보호하는 것이 필요하다. 그런데 이 사건 조약들은 미군기지의 이전을 도모하기 위한 것이고, 그 내용만으로는 장차 우리나라가 침략적 전쟁에 휩싸이게 된다는 것을 인정하기 곤란하다. 그러므로 이 사건에서 평화적 생존권의 침해가능성이 있다고 할 수 없다(각하결정을 함). 그러나 헌재는 2009년에 판례를 변경하여 평화적 생존권은 헌법상 보장된 기본권이 아니라고 그 기본권성을 부정하고 있다.

> ● 판례 헌재 2009.5.28. 2007헌마369
> [쟁점] 한미연합사령부 '2007 전시증원연습이 "북한에 대한 선제적 공격연습으로서 한반도의 전쟁발발 위험을 고조시켜 동북아 및 세계 평화를 위협하므로 평화적 생존권을 침해한다"라는 주장의 헌법소원심판 사건. [판시] 결국 청구인들이 평화적 생존권이란 이름으로 주장하고 있는 평화란 헌법의 이념 내지 목적으로서 추상적인 개념에 지나지 아니하고, 개인의 구체적 권리로서 국가에 대하여 침략전쟁에 강제되지 않고 평화적 생존을 할 수 있도록 요청할 수 있는 효력 등을 지닌 것이라고 볼 수 없다. 따라서 평화적 생존권은 헌법상 보장되는 기본권이라고 할 수는 없다 할 것이다. 다. 소결론 – 그렇다면, 기본권의 침해가 있었음을 전제로 하여 구하는 이 사건 심판청구는 더 나아가 살펴 볼 필요 없이 부적법하다. 4. 결론 – 이 사건 심판청구는 부적법하므로 이를 각하하기로 결정한다. 종전에 이 결정과 견해를 달리하여 '평화적 생존을 할 수 있도록 국가에 요청할 수 있는 권리'라고 판시한 2003.2.23. 2005헌마268 결정은 이 결정과 저촉되는 범위 내에서 이를 변경한다.

[평석과 사견] 이 사안을 떠나서 인간이 안전한 평화상태로 살아갈 권리가 왜 기본권이 아닌지 의문이다. 인간이 안전한 평화상태를 살기를 원하는 것은 자연적인 권리이다. 이 사안에서 평화적 생존권의 존재 자체는 인정하면서 사안이 기본권침해성이 있는 것은 아니라고 보는 관점으로 접근하였어야 했고 그 점에서 판례변경대상이었던 2003.2.23. 2005헌마268 결정보다 퇴보된 결정이다.

12. 문화향유에 관한 권리

우리 헌재는 "문화향유에 관한 권리 등 행복추구권"이라고 하여 문화향유에 의한 권리를 행복추구권의 하나로 보는 입장이다. 이는 학교환경위생정화구역 내에서의 극장시설 및 영업을 금지하고 있는 학교보건법규정에 대한 위헌과 헌법불합치의 결정에서 표명된 것이다.

> ● 판례 헌재 2004.5.27. 2003헌가1
> [결정요지] 이 법률조항은 대학생의 자유로운 문화향유에 관한 권리 등 행복추구권을 침해하고 있다. 인간의 존엄성 및 행복추구권은 국가의 교육권한과 부모의 교육권의 범주 내에서 아동에게도 자신의 교육환경에 관하여 스스로 결정할 권리, 그리고 자유롭게 문화를 향유할 권리를 부여한다. 이 법률조항은 아동·청소년의 문화향유에 관한

권리 등 인격의 자유로운 발현과 형성을 충분히 고려하고 있지 아니하므로 아동·청소년의 자유로운 문화향유에 관한 권리 등 행복추구권을 침해하고 있다. * 이 결정에서 대학의 경우는 위헌결정을, 초·중·고등학교의 경우 헌법불합치결정을 하였다.

13. 기타

(1) 배울 권리, 가르칠 권리

헌재의 결정례 중에는 학교교육 외의 영역에서 자유롭게 가르치고 배울 권리를 헌법 제10조 행복추구권에서 끌어내고 있는 것이 있다. 사안은 문자의 해독을 위한 교습을 위주로 하는 비영리목적의 사회교육을 위한 학원을 등록받지 않고 운영하였다고 하여 학원설립등록의무를 부과하고, 이를 어긴 경우 처벌하도록 한 '학원의 설립·운영에 관한 법률에 위배되어 처벌받게 된 사안이었다. 이 사건에서 헌재는 학원등록요건이 지나치지 않아 위 법률규정이 합헌이라고 결정하였다(헌재 2001.2.22. 99헌바93. * 평석: 이 결정에서 청구인은 학원운영자이고 교습자가 아니어서 청구인의 입장에서는 배울 권리의 침해를 주장할 사안은 아니었다. 그런데 헌법소원의 직권심리주의에 따라 판단하는 것으로 볼 수 있다).

(2) 수면권, 일조권, 조망권, 여가권, 스포츠권 등

그 외 행복추구권에서 파생되는 기본권들로 수면권(숙면권), 일조권, 조망권, 여가권, 스포츠권 등을 들 수 있다. 수면권, 일조권, 조망권 등은 환경권으로 보호되는 것이기도 하다.

* 대법원의 조망권 판례

● **대법원** 판례 대법원 2007.9.7. 2005다72485

[관련판시] 조망이익은 원칙적으로 특정의 장소가 그 장소로부터 외부를 조망함에 있어 특별한 가치를 가지고 있고, 그와 같은 조망이익의 향유를 하나의 중요한 목적으로 하여 그 장소에 건물이 건축된 경우와 같이 당해 건물의 소유자나 점유자가 그 건물로부터 향유하는 조망이익이 사회통념상 독자의 이익으로 승인되어야 할 정도로 중요성을 갖는다고 인정되는 경우에 비로소 법적인 보호의 대상이 되는 것이고, 그와 같은 정도에 이르지 못하는 조망이익의 경우에는 특별한 사정이 없는 한 법적인 보호의 대상이 될 수 없다(동지: 대법원 2004.9.13. 2003다64602; 2007.6.28. 2004다54282 등 참조).

14. 대법원 판례

대법원 판례도 행복추구권 규정에서 기본권들을 파생시키고 있다. 다음과 같은 예들이 있다.

ⅰ) 기부금품을 자유로이 모집할 수 있는 권리가 헌법상의 행복추구권에서 파생되는 일반적 행동자유권에 속한다고 판시한 예[290]가 있는데 이는 앞서 일반적 행동자유권 부분에서 살펴보았다.

ⅱ) 그 외에 일반적 행동자유권을 언급하지 않고 행복추구권을 근거로 드는 대법원 판례로,

---

290) 대법원 1999.7.23. 99두3690.

① 일시적 오락에 불과한 도박행위[291], ② 먹고 싶은 음식을 자유롭게 선택할 수 있는 권리[292] (이 권리는 앞의 '깨끗한 식수에 대한 권리'에서 인용한 음료수선택권에 관한 판결에서 함께 설시한 것임. 전술 참조), ③ 마시고 싶은 음료수를 자유롭게 선택할 수 있는 자유[293](앞의 '깨끗한 식수에 대한 권리'에서 살펴보고 인용함. 전술 참조)에 관한 판례들을 들 수 있다.

　iii) 헌법 제10조의 인간의 존엄과 가치 및 행복추구권 전체에서 나온다고 대법원 판례가 본 기본권으로는 '만나고 싶은 사람을 만날 자유'가 있다.[294]

---

291) 대법원 1983.3.22. 82도2151 [판시] 형법 제246조 도박죄를 처벌하는 이유는 정당한 근로에 의하지 아니한 재물의 취득을 처벌함으로써 경제에 관한 건전한 도덕법칙을 보호하기 위한 것인바, 그 처벌은 헌법이 보장하는 국민의 행복추구권이나 사생활의 자유를 침해할 수 없고, 동조의 입법취지가 건전한 근로의식을 배양 보호함에 있다면 일반 서민대중이 여가를 이용하여 평소의 심신의 긴장을 해소하는 오락은 이를 인정함이 국가정책적 입장에서 보더라도 허용된다 할 것으로, 일시 오락에 불과한 도박행위를 처벌하지 아니하는 이유가 여기에 있다.
292) 대법원 1994.3.8. 92누1728.
293) 대법원 1994.3.8. 92누1728.
294) 대법원 1988.11.22. 87누727. * 동지: 대법원 1992.5.8. 91누7552.

제 2 장

평 등 권

헌법 제11조 ① 모든 국민은 법 앞에 평등하다. 누구든지 성별·종교 또는 사회적 신분에 의하여 정치적·경제적·사회적·문화적 생활의 모든 영역에 있어서 차별을 받지 아니한다.
② 사회적 특수계급의 제도는 인정되지 아니하며, 어떠한 형태로도 이를 창설할 수 없다.
③ 훈장 등의 영전은 이를 받은 자에게만 효력이 있고, 어떠한 특권도 이에 따르지 아니한다.

제 1 절 평등권의 개념과 기준, 성격 및 주체

Ⅰ. 평등사상의 연혁과 우리 헌법의 평등규정들

1. 연혁

인간은 사회 속에서 여러 사람들과 더불어 살아가게 마련이므로 다른 사람들의 삶과 행동을 자신의 것과 비교하려는 습성과 관념을 지니고 있기에 다른 사람과의 동등한 대우를 원하는 것은 당연한 인간적인 욕구이다. 따라서 평등의 사상도 Aristoteles의 정의 사상에서 보듯이 오래 전부터 인간사회에 자리잡아 왔다. 그는 정의를 평균적 정의(아래 '절대적 평등' 개념과 결부)와 배분적 정의(아래 '상대적 평등' 개념과 결부)로 나누어 전자는 모든 인간에 대해 평균적인 동등한 처우를 해주어야 한다는 정의를 말하고 후자는 개별 인간 각자마다 처한 상황을 고려하여 그것에 상응하는 적절한 대우를 해주어야 함을 의미한다고 보았다. 프랑스 1789년 인권선언 등 근대시민혁명의 인권선언에 규정되었다. 미국에서는 흑인들에 대한 차별문제로 연방 수정헌법 제14조의 평등조항이 중요한 기능을 하여 왔다. 특히 국가행위(state action) 전환이론으로 사인들 간에 차별에도 이 조항이 적용되어 인종차별 등을 막는 데에 기여하였다(전술 '기본권총론' 참조). 오늘날 여러 국가들의 헌법과 개별 법률로 평등원칙이 구현되도록 규정되고 있고 판례가 축적되어가고 있다.

2. 현행 우리 헌법의 평등규정들

우리 현행 헌법은 전문이 "정치·경제·사회·문화의 모든 영역에 있어서 각인의 기회를 균등히 하고," "국민생활의 균등한 향상을 기하고"라고 규정하고 있다. 평등권에 대한 일반적 원칙규정으로서 헌법 제11조가 있는데 그 조문들은 위에 인용하였다. 그 외에 개별 영역별로 평등원칙을 별도로 규정하고 있는데 헌법 제31조 제1항은 "균등하게 교육을 받을 권리"를, 헌법 제32조 제4항은 "여자의 근로는 특별한 보호를 받으며, 고용·임금 및 근로조건에 있어서 부당한 차별을 받지 아니한다"라고 하여 여성근로자평등보호를, 제36조 제1항은 "혼인과 가족생활에서의 양성평등"을, 제41조 제1항, 제67조 제1항은 "평등선거원칙"을 규정하고 있다. 또한 헌법 제119조 제2항은 적정한 소득의 분배, 경제의 민주화규정 등에서 평등의 이념을 담고 있다고 할 수 있다.

II. 현대에서의 평등의 개념과 기준

1. 상대적(실질적) 평등

[절대적(형식적) 평등에서 상대적(실질적) 평등으로} 근대 이전에는 주로 형식적 평등, 즉 신분의 해방, 정치에의 평등한 참여를 보장하는 것이 중심적이었으나 근대말기부터 노사대립, 거대자본에 의한 시장독점, 특히 부익부 빈익빈 등의 경제적 모순과 불균형이 나타나면서 사회의 빈곤한 구성원들이 다른 구성원들과 같은 인간다운 생활을 위한 생존권, 생활배려 등의 국가의 무가 현대사회에서 요구됨으로써 평등의 사상도 실질화되어 갔다.

[상대적(실질적) 평등의 개념] 오늘날 평등의 개념은 절대적인 것이 아니라 상대적인 것이다. 사람들마다 처한 상황이나 여건을 고려하지 않고 일률적으로 같이 대우하여 외형적으로 동등하면 된다는 절대적인 형식적 평등이 아니라 사람마다 처한 상황이나 여건이 다르다면 그 차이에 따라 적절히 달리 대우해주는 상대적인 개념이다. 상대적 평등개념은 외형적으로 불평등하게 보이는 차별이 있더라도 그 차별에 합리적인 이유가 있거나 비례원칙에 맞다면 오히려 평등하다고 보는 평등개념이다. 예를 들어 부양가족이 2명인 A가정과 6명인 B가정이 있고 1명당 생활비가 동일하다고 하였을 때 A가정에 월 20만원의 생활보조비를 국가가 지급한다면 실질적 평등개념에 따르면 B가정에는 60만원의 생활보조비를 지급하여야 평등한 것이다. 외형적으로 40만원의 차별이 있더라도 두 가정 간에는 차이가 있으므로 차별을 두는 것이 오히려 평등원칙에 부합하는 것이다. 그리하여 상대적 평등은 '실질적'인 평등, 내용적 평등을 말한다. 사실 상대적 평등의 개념은 오래전부터 인류의 법의식 속에 자리 잡고 있었다. 앞서 언급한 대로 아리스토텔레스의 배분적 정의의 이론이나 "시이저

(Caesar)의 것을 시이저에게"라는 서양의 격언이나 "각자에게 각자의 것을"이라는 법언에서 이미 상대적 평등의 관념이 나타나고 있었다.

우리 헌재도 차별에 합리성이 있는지 여부, 비례적인지 여부를 판단하면서 상대적 평등의 관념에 입각하고 있다.

헌법재판소 판례 법리: 예를 들어 헌재 2011.12.29. 2010헌바385등, [판시] 평등은 일체의 차별적 대우를 부정하는 절대적 평등을 의미하는 것이 아니라 입법과 법의 적용에 있어서 합리적인 근거가 없는 차별을 배제하는 상대적 평등을 뜻하고, 따라서 합리적 근거가 있는 차별은 평등의 원칙에 반하는 것이 아니다. * 이러한 취지의 판결들은 많다.

[현대적 문제 – 정보·AI격차 등] 오늘날 경제적인 빈부격차, 교육격차 등의 문제뿐 아니라 과학기술의 발달에 따른 편차가 문제된다. 대표적으로 정보사회에서 정보격차(digital divide), 인공지능(AI)의 상용으로 인한 격차나 불평등이 문제될 수 있다. 또한 사회양극화가 문제되고 있고 난민 문제 등이 국제적인 난제가 되고 있다.

2. 상대적 평등의 기준

(1) 합리성(자의금지), 비례성

차별이 외형적으로 있더라도 합리적 또는 비례적인 차별(위 생활보조비지급의 예에서 B가정에 3배 지급이란 비례)이라면 평등하다는 것이 상대적 평등의 관념이므로 평등한지 여부를 판단함에 있어서 결국 합리성, 비례성이 있는지 여부가 그 기준이 된다. 합리적인 이유가 없는데도 차별을 한다는 것은 이유없이 자의적(恣意的)으로(독단적으로, 마음대로) 차별을 하는 것이므로 합리성이 있어야 한다는 것은 자의가 금지되어야 함을 의미한다. 그래서 우리 헌재도 합리성과 자의금지를 같이 사용한다. 합리성, 자의금지는 "같은 것은 같게, 다른 것은 다르게"라고 표현되기도 한다.

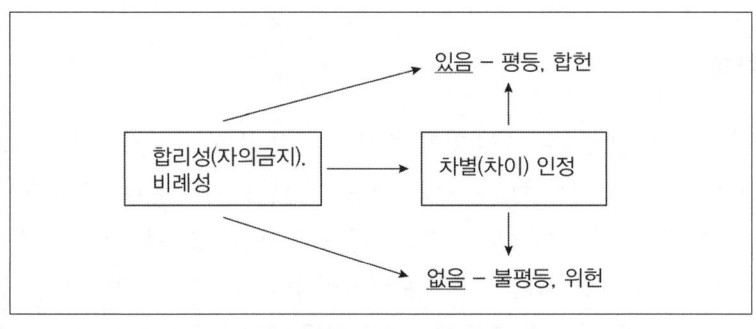

□ 상대적(실질적) 평등 도해

(2) 평등권 위배여부의 위헌심사와 상대적 평등 관념

한편 후술하는 대로 우리 헌재는 평등권심사에서 그 합헌성 여부를 차별에 합리성이 있는지 여부만 판단하는 경우와 비례성을 갖춘 것인지까지도 판단하는 경우가 있으므로 합리성 외에 비례성도 들게 된다. 이처럼 평등의 기준은 아래에서 볼 헌법재판에서의 평등심사 정도(강도)와 연관되기도 한다. 합리성심사에 그치면 완화심사이고 비례성심사까지 하면 엄격심사라고 한다(후술 제4절 평등원칙 위반 여부의 심사 참조).

Ⅲ. 평등권의 성격

1. 기본권성, 자연권성

평등권도 국가가 보호하여야 하고 그것의 침해에 대해 구제가 이루어져야 한다는 점에서 기본권임이 분명한 것이다. 평등권은 인간의 본성으로부터 우러나오는 권리라는 점에서 자연권으로서의 성격을 가진다. 근대 시민혁명에서 자유와 더불어 평등을 갈구하는 것은 바로 그 점을 보여준다.

2. 근본규범성, 타 기본권에의 적용성

예를 들어 투표수와 투표가치의 평등성을 보장하여야 하고(평등한 참정권의 인정), 생계보조비도 형평성이 있게 교부하여야(생존권의 평등) 한다는 요구에서 보듯이 평등권이 참정권, 생존권(사회권), 청구권 등 다른 기본권들에도 적용되는 기본권임을 의미한다. 그리하여 평등권에 관한 헌법규범은 근본규범으로서의 성격을 가지고 평등권은 헌법개정의 한계를 이루는 기본권이며 평등권이 헌법에 명시되지 않더라도 당연히 인정되어야 하는 원칙적 기본권이다.

3. 평등원칙성

평등권이 적용되어야 함을 흔히 '원칙'을 붙여 '평등원칙'으로 부르기도 한다. 우리 헌재판례가 특히 그러하다. 원칙규범으로도 부르는 것은 평등권규범이 권리보장규범이자 국가권력, 공권력에 대한 구속적인 원칙규범으로도 작동된다는(공권력이 행사됨에 있어서 차별을 해서는 아니 된다는 원칙) 의미이다. 사실 모든 기본권은 국가권력을 기속하는 것이므로 평등권에 대해서만 원칙성이 인정되는 것은 아니다. 그럼에도 평등권에 대해 평등원칙의 용어가 많이 사용되는 것은 평등권은 위에서 본 대로 참정권, 청구권 등 다른 기본권들의 보장에 있어서도 항시 적용되어야 할 근본규범의 기능을 하기 때문에 이를 강조하는 경향을 보여주는 것이기도 하다. 그러나 평등이 원칙의 성격을 가진다고 하여 권리로서의 성격이 부정되는 것은 결코 아니다. 원칙으로 불리면서 기본권으로서 적용되는 다른 경우로 무죄추정원칙 등의 예를 볼 수 있다.

Ⅳ. 평등권의 주체

1. 자연인

(1) 국민
평등권이 자연인에게 인정되고 국민에게 인정됨은 물론이다. 과거 특별권력관계라는 이론이 적용되었던 공무원 등 특수신분자들에 대해서도 평등권주체가 될 수 있음은 물론이다. 다만, 차별이 일반 국민들에 비해 더 강하게 나타날 수 있는데 그 차별이 헌법이나 법률로 합리성을 가진 것으로 규정되어야 한다.

(2) 외국인, 무국적자
1) 인정과 제한
평등권은 국민뿐 아니라 외국인,295) 무국적자에 대해서도 인정된다. 평등권은 18세기 근대 시민혁명시의 여러 인권선언에서 인간의 권리로서 주창되었고 위의 평등권의 성격에서 살펴본 대로 자연권으로서의 성격을 지니므로 그러하다. 그러나 외국인에 대해서는 현실적 이유, 다른 헌법원리 때문에 국민에 비해 불평등한 제한이 이루어질 수 있다. 현실적 이유에 따른 경우로, 각 국가가 자국의 국민에 대해 대우하는 정도로 그 외국의 국민에 대해서도 대우하는 이른바 상호주의의 원칙에 따라 외국인에 대해서는 실질적으로 제한이 많이 가해질 수 있다.296) 직업의 자유, 재산권에 있어서 많이 그러하다. 헌법원리에 따른 경우로는 참정권을 들 수 있다. 참정권의 경우 국민주권주의라는 헌법의 기본원리에 따른 제한이 있게 된다. 이러한 점에서도 기본권의 주체문제보다는 인적 효력의 문제로 보는 것이 실질적이고 직접적인 접근태도가 된다.
2) 판례
외국인에 대한 평등권 침해를 이유로 헌법불합치결정, 단순위헌결정이 있은 아래와 같은 예가 있다.

---

295) 헌재 2016.3.31. 2014헌마367. 동지: 헌재 2001.11.29. 99헌마494 등 적지 않은 결정들에서 밝히고 있다.
296) 헌재는 "평등권도 인간의 권리로서 참정권 등에 대한 성질상의 제한 및 상호주의에 따른 제한이 있을 수 있을 뿐이다. 이 사건에서 청구인들이 주장하는 바는 … 수혜대상에서 차별하는 것이 평등권 침해라는 것으로서 성질상 위와 같은 제한을 받는 것이 아니고 상호주의가 문제되는 것도 아니므로, 청구인들에게 기본권주체성을 인정함에 아무런 문제가 없다"라고 판시한 바 있다(헌재 2001.11.29. 99헌마494. 동지: 2007.8.30. 2004헌마670). 또 "기본권 주체성의 인정문제와 기본권 제한의 정도는 별개의 문제이므로, 외국인에게 직장 선택의 자유에 대한 기본권주체성을 인정한다는 것이 곧바로 이들에게 우리 국민과 동일한 수준의 직장 선택의 자유가 보장된다는 것을 의미하는 것은 아니라고 할 것"이라고 판시하기도 하였다(헌재 2011.9.29. 2007헌마1083 등).

① <u>외국국적을 가진 재외동포</u>들에 대해 대한민국에의 출입국과 대한민국 안에서의 법적 지위를 보장하기 위한 목적으로 제정된 구 '재외동포의 출입국과 법적지위에 관한 법률'(이하 재외동포법)이 제정 당시 그 수혜자의 범위에서 정부수립이전 국외에 이주한 외국국적 동포를 제외하였는데 헌재는 자의적 차별이라고 하여 헌법불합치결정을 한 바 있다(헌재 2001.11.29. 99헌마494).

② 구 '<u>외국인산업기술연수생의 보호 및 관리에 관한 지침</u>'(1998.2.23. 노동부 예규 제369호로 개정된 것. 이하 '이 사건 노동부 예규')은 <u>산업연수생</u>에 대하여 근로기준법상 중요한 조항(예를 들어 퇴직금제도, 임금채권의 우선변제 등)이 적용되지 않도록 하였는바, 이는 산업연수생을 내국인 근로자와 차별하고 그 차별에 합리적 사유가 없다고 하여 동 예규 제4조, 제8조 제1항 및 제17조는 평등권을 침해한 위헌이라고 결정하였다.

● **판례** 헌재 2007.8.30. 2004헌마670
[결정요지] 산업연수생이 연수라는 명목 하에 사업주의 지시·감독을 받으면서 사실상 노무를 제공하고 수당 명목의 금품을 수령하는 등 실질적인 근로관계에 있는 경우에도, 근로기준법이 보장한 근로기준 중 주요사항을 외국인 산업연수생에 대하여만 적용되지 않도록 하는 것은 합리적인 근거를 찾기 어렵다. 특히 연수업체는 이 사건 중소기업청 고시가 정한 요건(중소기업기본법 제2조 해당, 산업연수생에 대한 숙박시설 제공 능력 등)을 갖추어야 하고(제28조), 연수업체의 규모에 상응한 인원만을 배정받을 수 있어(제32조 제2항, 별표 2), 사용자의 법 준수능력이나 국가의 근로감독능력 등 사업자의 근로기준법 준수와 관련된 제반 여건이 갖추어졌다 할 것이므로, 이러한 사업장에서 실질적 근로자인 산업연수생에 대하여 일반 근로자와 달리 근로기준법의 일부 조항의 적용을 배제하는 것은 자의적인 차별이라 아니할 수 없다. 그렇다면 이 사건 노동부 예규는 청구인의 평등권을 침해한다. (* 이 결정은 법률유보원칙 위배도 위헌사유로 하고 있는데 그것에 대해서는 앞의 기본권총론, 법률유보 부분 참조).

2. 법인, 단체 등

사법상의 법인과 비법인인 사적 단체(법인격 없는 단체)도 평등권을 누릴 수 있는 주체가 된다. 정당도 평등한 대우를 받고 활동을 할 수 있는 주체가 된다.

제 2 절 평등권의 효력과 내용

제 1 항 평등권의 효력

I. 대국가적 효력

1. 범위 - 입법자구속설

과거에는 평등권이 행정과 사법만을 구속하여 행정과 사법에 있어서의 법집행과 법적용상의 차별만을 금지한다고 보고 입법자를 구속하지 못한다는 입법자비구속설(법적용평등설)이 있었으나 오늘날 행정, 사법뿐 아니라 입법도 구속함은 당연하다(3권구속설 – 통설, 판례). 따라서 행정이 자의성 없이 이루어져야 하고 재판(사법)도 당사자대등의 원칙에 따라 평등하게 진행되어야 하며 국회에서 제정되는 법률의 내용이 평등과 형평성을 갖추어야 함은 물론이다(법내용평등설, 입법자구속설).

2. 선별적 · 단계적 · 상향적 보장, 체계정합성의 문제

(1) 의미와 결정례들
1) 의의
국가로부터의 일정한 보호조치가 필요한 국민에 대해 국가의 재정 등 능력의 한계 때문에 그들 모두에게 보호조치를 할 수 없어서 주어진 재정 등이 허락하는 한에서 우선 그들 중 일부에 대해 선별적으로 보장하고 다음에 보호를 넓혀가는 단계적 · 상향적 제도개선(보장)이 평등원칙에 반하지 않는가 하는 문제가 있다.

헌재는 "국가는 합리적인 기준에 따라 능력이 허용하는 범위 내에서 법적 가치의 상향적 구현을 위한 제도의 단계적 개선을 추진할 수 있는 길을 선택할 수 있어야 한다. 이러한 점은 그 제도의 개선에 과다한 재원이 소요되거나 이 사건에서와 같이 전제되는 여러 제도적 여건을 동시에 갖추는 데에는 기술적인 어려움이 따르는 경우에 더욱 두드러진다"라고 본다.[297] 헌재는 이러한 단계적 선별적 추진이 허용되지 않는다면, "모든 사항과 계층을 대상으로 하여 동시에 제도의 개선을 추진하는 예외적 경우를 제외하고는 어떠한 개선도 평등의 원칙 때문에 그 시행이 불가능하다는 결과에 이르게 되어 불합리 할 뿐 아니라 평등의 원칙이 실현하고자 하는 가치와도 어긋나기 때문이다"라고 한다.[298] 헌재는 그리하여 제도의 단계적 개선을 추진하는 경우 언제 어디에서 어떤 계층을 대상으로 하여 제도 개선을 시작할 것인지를 선택하는 것에 대하여 입법자에게 형성의 자유를 인정하고 있다고 한다.

2) 위와 같은 단계적 보호론의 판례입장이 나타난 결정례들
(가) 합헌성 인정 결정례   ① 기준지가가 고시된 지역 내 피수용토지 소유자로부터만 개발이익을 환수하는 것의 평등원칙 합치성 인정(89헌마107). ② 중학교 교육에 대한 의무교육을 단계적으로 순차 확대실시하도록 한 구 교육법 규정에 대한 합헌결정(90헌가27). ③ 근로기준법의 전면적인 적용대상을 5인 이상의 근로자를 사용하는 사업장에 한정하고 있는 근로기준법 규정에 대한 합헌성 인정결정(98헌마310). ④ 6 · 25전몰군경자녀수당을 지급함에 있어 1998.1.1. 이

297) 헌재 1990.6.25. 89헌마107; 1991.2.11. 90헌가27; 2007.6.28. 2004헌마644; 2006.6.29. 2006헌마87; 2010.6.24. 2009헌바111.
298) 헌재 1990.6.25. 89헌마107; 1991.2.11. 90헌가27; 1998.12.24. 98헌가1, 구 먹는물관리법 제28조 제1항 위헌제청; 2006.6.29. 2006헌마8; 2010.6.24. 2009헌바111.

후 유족 중 1인이 연금을 받은 사실이 있는 전몰군경 또는 순직군경의 자녀를 제외하고 있는 '국가유공자 등 예우 및 지원에 관한 법률' 규정에 대한 합헌성 인정결정(2001헌마546). ⑤ 공상공무원을 국가유공자로 예우하되 공상군경 등과 달리 연금지급대상자에는 포함시키지 아니한 구 '국가유공자예우 등에 관한 법률' 제12조 제1항에 대한 합헌결정(99헌바32). ⑥ 소방공무원의 경우 순직군경으로서의 예우를 받을 수 있는 범위가 경찰공무원에 비해 적은 차별에 합리성이 있다고 하여 내려진 합헌결정(2004헌바53). ⑦ 징집 또는 소집되어(사안은 예비군 동원 소집) 관계공무원의 인솔 하에 집단수송 중에 전사·순직한 사람의 유족 등에게는 보상을 해주고 개별적으로 이동 중에 전사·순직한 사람의 유족 등에 대해서는 보상을 해주지 않은 병역법 규정에 대한 합헌결정(2004헌바37). ⑧ 일반 공무원의 노동조합결성권이 인정되지 않던 시절에[299] 교원은 교원노조설립이 가능하였기에 교원과의 관계에서의 평등권 침해라는 주장을 헌재가 받아들이지 않고 단계적 개선론을 들어 자의적인 차별이 아닌 합헌이라고 본 결정(2003헌바50). ⑨ 국가유공자의 자녀가 생존한 경우 국가유공자의 손자녀가 예외적으로 취업보호를 받을 수 있도록 규정하면서도 국가유공자의 자녀가 사망한 경우 그 자녀(즉 국가유공자의 손자녀)를 이러한 취업보호의 대상에 포함시키지 아니한 '국가유공자 등 예우 및 지원에 관한 법률' 규정에 대한 합헌성인정결정(2006헌마87). ⑩ 독립유공자의 등록요건으로 건국훈장 등을 수여받을 것을 요구함으로써 독립유공자를 전몰군경 등 국가유공자와 차별하는 것에는 합리적인 이유가 있다고 판시한 결정(2009헌바111).

(나) 단계적 개선이 위헌성 인정에 지장이 없다고 보거나 단계적 개선이어서 완화심사를 했음에도 위헌성을 인정한 결정례 ① 단계적 실시라도 합헌인데 전혀 실시를 하지 않아 위헌성이 있다고 본 예 – 재외국민의 투표를 가능한 지역에서 먼저 실시한다고 하여 평등원칙에 대한 침해가 문제될 여지는 없다고 보아 헌법불합치결정을 한 결정(2004헌마644), ② 단계적 개선이라 하여 완화심사를 할 사안이라고 헌재 자신이 밝히고 그리하였는데도 합리성이 없다고 판단하여 결국 위헌으로 결정된 예: ⓐ 고엽제후유의증환자 유족에 대한 교육지원과 취업지원에서의 위헌결정(2008헌마715등)과 ⓑ 1983.1.1. 이후 출생한 A형 혈우병환자에 한하여 유전자재조합제제에 대한 요양급여를 인정한 데 대한 위헌결정(2010헌마716), ⓒ 65세 미만 노인성 질병이 있는 사람의 장애인활동지원급여 신청 제한에 대한 헌법불합치결정(2017헌가22. '장애인활동 지원에 관한 법률'(2011. 1.4. 법률 제10426호로 제정된 것) 제5조 제2호 본문 중 해당규정. 일반적 생애주기에 비추어 사회활동이 활발한 때이어서 치료효과가 높아 노인성 질병이 발병하였다고 하여 곧 장기요양의 욕구·필요성이 급격히 증가한다고 평가할 것은 아님에도 불구하고 65세 미만의 장애인 가운데 치매·뇌혈관성질환 등 노인성 질병이 있는 사람의 경우 일률적으로 활동지원급여 신청자격을 제한한 것은 불합리함)이 있다.

---

299) 이 결정이 있기 전 '공무원의 노동조합설립 및 운영 등에 관한 법률'이 제정되었으나 그 시행에 아직 들어가지 않은 때였다.

(2) 합리적 기준의 요구

1) 의미

단계적 개선을 인정하여 심사기준이 완화되더라도 그 합리적 기준의 설정이 제대로 되어 있을 것은 요구된다. 헌재도 "국가가 제도의 단계적 개선을 추진하는 경우라도 수혜자 한정의 기준을 설정할 때에는 능력이 허용하는 범위 내에서 '합리적인 기준'에 따를 것이 요구되므로"라고[300] 밝히고 있듯이 그 선별이나 단계적 확대과정에 합리적(비례적) 기준이 설정되어야 하고 자의가 개입되어서는 아니 된다. 부족하더라도 주어진 재원 내에서 배분이 적절히 이루어져야 하고 그 보장에 있어서 체계적이어야 한다.

2) 단계적 개선을 인정하면서도 합리적 기준이 요구되는데 그 합리성이 없다고 하여 위헌 결정을 한 예

① 고엽제후유의증환자가 사망한 때에도 유족에게 교육지원과 취업지원을 한다는 내용의 구 '고엽제후유의증 환자지원 등에 관한 법률' 규정을 그 법률 시행일 이후 사망한 고엽제후유의증환자부터 적용한다고 규정한 부칙 규정이 시행일 이전에 사망한 고엽제후유의증환자의 유족인 청구인들의 평등권을 침해한다고 하여 내린 위헌결정(2008헌마715등). ② 1983.1.1. 이후 출생한 A형 혈우병환자에 한하여 유전자재조합제제에 대한 요양급여를 인정하는 보건복지부고시에 대한 위헌결정(2010헌마716).

II. 사인 간의 효력

평등권이 사인들 간에도 효력을 가지며 적용되어야 한다. 그 적용에 있어서 직접적 적용설, 간접적 적용설 등이 있으나 학설은 주로 간접적 적용설을 취하는 경향이다. 미국의 국가행위의 제이론이 나오게 된 배경도 주로 흑백 간의 차별문제가 있었다. 평등권은 자연권으로서의 성격을 가진다는 점에서 그리고 근본규범으로서 사인 간에도 적용된다. 국가는 사인 간에도 평등권이 적용되도록 보호할 의무를 진다. 사인 간 평등권 침해에 대한 국가기구에 의한 보호를 실정화한 예로 국가인권위원회법 제30조 제1항 제2호는 사인(私人)으로부터 차별행위를 당한 사람 또는 그 사실을 알고 있는 사람이나 단체는 위원회에 그 내용을 진정할 수 있다고 규정하고 있다.

---

300) 헌재 2012.6.27. 2010헌마716.

제 2 항   평등권의 내용

Ⅰ. 평등권의 체계

평등권의 체계에 대해 주평등권과 개별적(파생적) 평등권으로 나누는 견해, 일반적 평등권과 개별적 평등권으로 나누는 견해 등이 있다. 생각건대 헌법 제11조를 주평등권으로 보아 여러 개별적 평등권이 파생된다. 주평등권을 일반적 평등권으로 보더라도 이는 '일반적'이므로 포괄적인 것으로 보아야 하고 여러 개별 평등권들이 파생되어 나온다. 우리 헌법은 제11조 후문이 "정치적·경제적·사회적·문화적 생활의 모든 영역에 있어서 차별을 받지 아니한다"라고 규정하고 있어서 모든 영역에서의 개별 평등권이 나온다. 우리 헌법은 그 외에도 헌법 제31조 제1항이 균등하게 교육을 받을 권리, 제36조 제1항이 혼인과 가족생활에서의 양성의 평등 등 개별 평등권(아래 참조)을 규정하고 있기도 하다.

Ⅱ. 차별금지사유

1. 헌법 제11조 − 예시적 규정 − 주평등권

[예시적 사유] 우리 헌법 제11조 제1항 후문은 "누구든지 성별·종교 또는 사회적 신분에 의하여 … 차별을 받지 아니한다"라고 규정하여 차별금지 사유로 성별, 종교, 사회적 신분을 명시하고 있다. 헌법에 명시된 위 3가지 사유에 대해 ① 차별금지사유가 이에 한정된다고 보는 열거설과 ② 이 3가지 사유는 예시적인 것이고 그 외에도 어떠한 사유로도 차별되어서는 아니된다고 보는 예시설이 있을 수 있다. 예시설이 타당하고 통설이며 헌재판례의 입장이다(판례 2006헌마328, 2008헌바141 등). 따라서 위 3가지 사유 외에 연령, 학력 등 다른 사유로도 차별되어서는 아니 된다.

[제11조 사유 ≠ 엄격심사사유] 한편 평등권 침해 여부의 위헌심사에 있어서 우리 헌재는 헌법에서 특별히 평등을 요구하고 있는 경우에는 엄격심사를 한다는 원칙을 확립하고 있는데(후술, 제4절 제2항 Ⅲ 참조) 그렇다면 헌법 제11조에 명시된 성별·종교 또는 사회적 신분의 경우에는 항상 엄격심사를 하는가 하는 문제가 있다. 우리 헌재는 위에서 언급한 대로 예시설에 입각하여 부정적으로 보고 헌법 제11조 외의 다른 헌법조문에서 보호하는 경우에 엄격심사를 한다는 입장이다(이에 관해서는 후술 참조).

2. 헌법 제11조 차별금지사유에 대한 구체적 검토

(1) 성별

[개관] 성별에 의한 차별금지란 남성과 여성 간의 차별이 금지됨을 말한다. 남성이라는 이유로 여성에 비해 우대하여 여성에 불리한 조치나 입법을 하여 차별하거나 역으로의 차별이 금지된다. 다만, 각 성(性)이 가지는 신체적·생리적 차이에 따라 우대를 하는 차별을 두는 것은 오히려 합리성을 가질 수도 있을 것이다.

[실정법상 대표적 보호의 예] 현재 남녀평등을 위한 법률로 양성평등기본법이 있고 국제적으로는 우리나라도 가입한 '여성에 대한 모든 형태의 차별철폐에 관한 협약'이 있다. 구체적으로 보면 ① 직업, 채용, 근로 등에서 차별금지 − 성별에 따라 직업이나 근로의 기회에 있어서 차별을 두어서도 아니 된다. "고용에서 남녀의 평등한 기회와 대우를 보장하고 모성 보호와 여성 고용을 촉진하여 남녀고용평등을 실현함과 아울러 근로자의 일과 가정의 양립을 지원함으로써 모든 국민의 삶의 질 향상에 이바지하는 것을 목적으로" '남녀고용평등과 일·가정 양립 지원에 관한 법률'이 시행되고 있다(동법 제1조 참조). 고용정책기본법 제7조 제1항은 사업주는 근로자를 모집·채용할 때에 합리적인 이유 없이 성별 등을 이유로 차별을 하여서는 아니 된다고 규정하고 있다. ② 교육영역 − 교육기본법은 교육에서의 성별에 의한 차별을 금지하고 있다(교육기본법 제4조, 제17조의2 제1·2항).

[판례] 성별에 의한 차별로 그동안 문제가 된 것으로 다음과 같은 사안의 헌재판례들이 있었다. ① 동성동본 간 혼인금지규정에 대한 헌법불합치결정(95헌가6 − 동성동본인 혈족의 식별을 남계만을 기준으로 하는 것이어서 성별에 의한 차별임), ② 호주제와 부성주의(父姓主義)에 대한 헌법불합치결정(2001헌가9; 2003헌가5), ③ 간통죄 규정의 위헌결정(2009헌바17). 그러나 이 위헌결정은 남녀불평등이 아니라 성적 자기결정권, 사생활의 비밀과 자유의 침해(과잉금지원칙 위배)가 그 위헌이유였다. ④ 출생에 의한 국적취득에 있어서의 부계혈통주의에 대한 헌법불합치결정(97헌가12), ⑤ 공무원채용시험에서의 제대군인 가산점제도에 대한 위헌결정(98헌마363. * 이 결정에 대한 자세한 것은 뒤의 평등권, 엄격심사, 결정례 부분 참조), ⑥ 대한민국 국민인 남자에 한하여 병역의무를 부과하는 것에 대한 합헌성 인정(기각)결정(2006헌마328; 2010헌마460).

(2) 종교

[개관과 실정법상 보호예] 어느 특정 종교를 믿는다는 이유로 공무담임권, 취업이나 근로의 기회, 교육을 받을 권리 등을 제한하는 경우에는 평등권의 침해가 된다. 종교뿐 아니라 특정 신조를 가지고 있다는 점 때문에 차별조치를 받아서는 아니 된다. 반대로 어느 특정 종교를 우대하여서도 안 된다. 헌법 제20조 제2항은 "국교는 인정되지 아니하며"라고 하여 국교부인원

칙을 명시하고 있는데 이는 특정 종교를 국교로 하여 특혜를 주어 다른 종교들을 차별할 수도 있기에 이를 막기 위한 규정이므로 국교부인원칙은 헌법 제11조의 구현을 위한 것이기도 하다. 특별한 대우를 모든 종교에 대해 똑같이 하더라도 무종교의 자유가 있기에 무신자에 대한 차별로서 위헌일 수 있다. 고용정책기본법 제7조 제1항은 사업주는 근로자를 모집·채용할 때에 합리적인 이유 없이 신앙을 이유로 차별하지 못하도록 하고 있다.

[판례] 사법시험 제1차시험의 시행일자를 일요일로 정하여 공고한 것이 기독교 신자인 응시생의 종교의 자유와 평등권을 침해한다는 헌법소원이 제기되었으나 헌재는 합리성 있는 차별이라고 보아 청구를 받아들이지 않았다(2000헌마159).

(3) 사회적 신분
1) 개관, 신분개념·범위에 관한 학설
차별금지사유로서의 사회적 신분이 무엇을 의미하느냐에 대해서는 출생시 타고난 신분(아버지와 자녀간의 존속, 비속의 신분 등이 그 예)에 따른 차별만 금지된다는 ① 선천적 신분설, 출생시뿐 아니라 후천적으로 취득된 신분(예를 들어, 공무원, 근로자, 기업자, 전과자 등)에 의한 차별도 금지된다는 ② 후천적 신분포함설 등이 대립되고 양자를 모두 포괄하되 후천적 신분을 좀 제한적으로 해석하자는 ③ 절충설도 있다. 선천적 신분설은 차별금지사유가 가문이나 문벌 등에 좁게 국한되어 결국 합리성없는 차별을 가능하게 하는 사회적 신분사유가 광범위해지고 이는 차별금지사유란 앞에서 살펴본 대로 예시적이라는 점에서도 타당하지 않다. 따라서 후천적 신분포함설이 타당하다.

2) 판례
헌재판례도 후천적 신분포함설을 취한다(93헌바43). 사회적 신분에 의한 차별에 대한 대표적 판례들 몇 가지를 본다.

(가) 직계존·비속(直系尊·卑屬), 배우자

ⅰ) 위헌결정례: 배우자, 직계존·비속 간 부담부증여(負擔附贈與)에 대한 증여세 과세가액의 산정에서의 채무액 비공제 – 헌재는 이를 규정한 구 상속세법 제29조의4 제2항은 이들에 대해 일반 증여 당사자와 달리 인수채무 상당액에 관하여는 증여이익이 없는 것인데도 불구하고 증여세를 물리면서 그에 대하여 재판청구마저도 못하게 하는 것으로서 이는 평등권을 제한하는 정도가 지나치고 불합리하여 위헌이라고 보아 위헌결정을 하였다(90헌가69등).

ⅱ) 합헌성 인정례: ① 직계존속에 대한 상해치사를 가중처벌하도록 한 규정에 대해 헌재는 직계존속에 대한 존경은 우리 윤리의 본질적 구성부분을 이루는 가치질서라는 이유로 합리적 근거가 있는 차별로서 합헌이라고 결정(헌재 2002.3.28. 2000헌바53), ② 자기의 직계존속을 살해한 자를 일반 살인죄를 저지른 자에 비하여 가중처벌하는 형법(1995.12.29. 법률 제5057호로 개정된 것) 제250조 제2항 중 '자기의 직계존속을 살해한 자' 부분도 반인륜·패륜행위라는 고도의

사회적 비난성, 그 억제 필요성이라는 합리성이 있다고 하여 합헌결정(2011헌바267), ③ 직계존속 고소금지 규정(자기 또는 배우자의 직계존속을 고소하지 못하도록 규정한 형사소송법 제224조)이 '효'라는 우리 고유의 전통규범을 수호하기 위하여 비속이 존속을 고소하는 행위의 반윤리성을 억제하고자 이를 제한하는 것은 합리적인 근거가 있는 차별이라고 하여 합헌결정(2008헌바56. * 이 결정은 위헌의견이 5인 재판관의견으로 다수의견이었으나 위헌결정정족수에 1인이 부족하여 합헌결정이 된 것임) 등의 예들이 있다.

(나) 공무원 – 공무원의 신분을 이유로 설정된 차별에 관한 대표적인 몇 가지 문제를 보면 다음과 같은 것이 있다.

ⅰ) 헌법불합치결정례·한정위헌결정례: ① 공무원(또는 이었던)이 재직 중의 사유로 금고 이상의 형을 받은 때 퇴직급여 및 퇴직수당의 일부를 감액하여 지급하도록 한 구 공무원연금법 제64조 제1항 제1호 – 헌재는 범죄의 종류에 상관 않고, 공무원의 신분이나 직무상 의무와 관련이 없는 범죄의 경우에도 퇴직급여 등을 제한하는 것은 최소침해성 및 법익균형성의 요건을 충족시키지 못하여 재산권을 침해하고 공무원연금제도의 공무원의 성실한 복무에 대한 보상이라는 부수적 성격을 감안하더라도 공무원을 일반국민이나 근로자에 비해 지나친 차별을 했다고 판단되고, 그 차별에는 합리적인 근거를 인정하기 어려운 자의적인 차별이라고 보아 헌법불합치결정을 하였다(2005헌바33) [결정요지] 공무원의 성실한 복무에 대한 보상이라는 부수적 성격을 감안한다고 하더라도 일반국민이나 근로자에 대한 지나친 차별을 했다고 판단되고, 그 차별에는 합리적인 근거를 인정하기 어려워 결국 자의적인 차별에 해당한다. * 평석 – 마지막 판시 부분에서 "일반국민이나 근로자에 대한 지나친 차별을 했다고 판단되고"는 잘못된 표현이다. '대한'이 아니라 '비해'라고 하여야 헌재 판결취지에 맞다). ② 공무원퇴직 후에 법소정의 범죄를 범한 자에 대한 급여 지급금지 – 이 금지는 퇴직 후 일반범죄를 범한 경우와 달리 취급하여야 할 합리적 이유는 없는 차별로서 평등원칙 위반이라는 한정위헌결정이 있었다(2000헌바57. * 이 결정에 대해서는 앞의 기본권총론, 소급효금지 부분 등도 참조. [주문] 공무원연금법 제64조 제3항은 퇴직 후의 사유를 적용하여 공무원연금법상의 급여를 제한하는 범위 내에서 헌법에 위반된다).

ⅱ) 합헌성 인정례: ① 공무원 임용결격(퇴직)사유 – "금고(禁錮) 이상의 형을 받고 그 집행유예의 기간이 완료된 날로부터 2년을 경과하지 아니한 자"를 공무원결격사유 및 당연퇴직사유로 하고 있는 국가공무원법과 지방공무원법의 규정에 대해 헌재는 직무의 성질상 고도의 윤리성이 요구된다는 점을 들어 평등권을 침해하지 않는 합헌이라고 본다(95헌바14등). ② 공무원의 근로3권 – 헌법 제33조 제2항은 공무원인 근로자는 "법률이 정하는 자"에 한하여 근로3권을 가진다고 규정하고 있다. 그런데 이전에 헌재는 공무원에 대한 근로3권 배제는 공무원 직무의 고도의 공공성·공정성·성실성이 요구되기 때문에(국·공립학교교원인 교육공무원의 경우에는 교육이라는 직무의 특성상 고도의 전문성·자주성·중립성 및 사회적 책임성이 존중되어야 하기 때문에) 합리적 차별로서 합헌이라고 보았다(90헌바27등, 국가공무원법 제66조 제1항에 대한 헌법소원, * 이후 '공무원의 노동조합 설립 및 운영 등에 관한 법률'(제정 2005.1.27 법률 7380호, 시행일 2006.1.28)은

6급 이하의 공무원에 대한 노동조합가입권을 인정하고 있고 '교원의 노동조합 설립 및 운영 등에 관한 법률'(제정 1999.1.29 법률 5727호)은 교원의 노동조합설립권과 단체교섭권을 인정하고 있다). ③ 공무원정년제도 — 공무원들 간의 정년연령의 차이는 직무의 성격을 달리할 경우에 평등원칙에 합치될 수 있다고 본다(96헌바86, [결정요지] 국가공무원법 등이 농촌지도관의 정년을 61세, 농촌지도사의 정년을 58세로 차등을 두어 규정한 것은 일반적으로 농촌지도관의 직무내용이 정책결정 등 고도의 판단작용임에 비하여 농촌지도사의 직무내용은 단순한 업무집행이어서 그와 같은 차별은 합리적이고 정당한 것이다. 따라서 국가공무원법 제74조 제1항 제2호는 헌법 제11조 제1항에도 위반되지 아니한다).

　　(다) 국가, 지방자치단체에 대한 우대　　국가나 지방자치단체도 사법(私法)이 적용되는 국고작용(國庫作用) 등에서는 일반 국민, 주민과 대등한 지위를 지니므로 국가나 지방자치단체에 대한 우대는 합리적 사유가 없는 한 위헌이다. — 위헌결정례들: ① 가집행선고금지의 위헌성 — 국가를 상대로 하는 재산권의 청구에 관한 판결에서의 가집행의 선고를 금지한 구 '소송촉진 등에 관한 특례법'(1981.1.29. 법률 제3361호) 제6조 제1항 단서에 대해 헌재는 국고(사경제)작용의 법률관계에서의 권리구제상 불합리하게 국가를 우대하여 위헌이라고 결정한 바 있다.

> ● **판례**　헌재 1989.1.25. 88헌가7
> * 이 결정은 제6공화국 헌재가 출범한 이래 최초의 위헌결정이었다. [결정요지] 재산권 등 사권(私權)의 구제절차인 민사소송에서도 당사자가 누구인가에 따라 차별대우가 있어서는 아니되는 것이며, 국가가 민사소송의 당사자가 되었다고 해서 합리적인 이유 없이 우대받아서는 아니되는 것이다. 왜냐하면 국가라 할지라도 권력적 작용이 아닌, 민사소송의 대상이 되는 국고작용으로 인한 법률관계에 있어서는 사인(私人)과 동등하게 다루어져야 하기 때문이다. 그런데 국가를 상대로 하는 재산권의 청구에 관하여는 판결에 가집행선고를 할 수 없도록 규정한 「소송촉진 등에 관한 특례법」 제6조 제1항 단서에 따르면, 법원은 국가가 원고가 되어 얻은 승소판결에는 상당한 이유가 없는 한 반드시 가집행의 선고를 하여야 하나, 반면에 국민이 국가를 상대로 한 소송에서 얻어낸 승소판결에는 아무리 확신 있는 판결이라고 할지라도 가집행의 선고를 할 수 없게 되어 있어 결국 당사자를 차별하여 국가를 우대할 만한 합리적 이유도 찾아보기 어려우므로 헌법 제11조 제1항의 평등원칙에 위반된다.

　　② 국유(공유)잡종재산에 대한 시효취득금지의 위헌성 — 국가의 국유재산 중 잡종재산, 지방자치단체의 공유재산 중 잡종재산에 대해서 시효취득을 금지하는 것은 잡종재산은 사적 거래 대상이 되며 원칙적으로 사법의 적용을 받는데도 국가와 지방자치단체를 사경제(국고)적 법률관계에서 합리적 이유 없이 우대하는 것이라는 이유로 헌재가 위헌결정을 한 바 있다.

> ● **판례**　헌재 1991.5.13. 89헌가97 구 국유재산법 제5조 제2항에 대한 위헌심판
> [결정요지] 국유재산은 그 용도 또는 목적에 따라 행정재산·보존재산 및 잡종재산으로 나누어지고(구 국유재산법 제4조), 시효취득금지규정의 위헌여부도 국유재산의 그러한 종류에 따라 달리 판단될 수 있을 것이다. 잡종재산은 그것이 가지는 경제적 가치에 따라 매매·임대 등 사경제질서의 일반원칙이 지배되는 사적 거래의 대상이 되며, 따라서 국가도 일반권리의 주체인 법인으로서 사인과 대등한 권리관계가 형성되고 법률행위가 이루어지며 권리변동의 효과가 발생하는 것이므로 원칙적으로 사법(私法)의 적용을 받게 된다. 잡종재산의 권리관계가 사법상의 권리관계로서 일반 민사법의 적용을 받는 것이라면 국유잡종재산도 타인의 시효취득으로 그 권리가 소멸되어야 하는 것은 당연하며 그렇다면 「국유재산은 민법 제245조의 규정에 불구하고 시효취득의 대상이 되지 아니한다」라고 규정하여 국유잡종재산에 대하여까지 시효취득의 대상이 되지 아니한다고 규정한 국유재산법(1976.12.31. 법률 제2950호) 제5조 제2항은 국가만을 우대하여 국가와 일반 국민간에 합리적 근거없이 차별대우를 하는 것으로서 불평등한 과잉입법으로서 헌법 제11조 제1항에 위반된다.

* 지방자치단체의 공유(지방자치단체가 주체일 때에는 국가의 경우와 구분하여 '公'자를 붙인다. 예를 들어 국영기업 대비 공영기업이라고 함)재산 중 잡종재산에 대해서도 동지의 결정이 있었다[헌재 1992.10.1. 92헌가6등. 지방재정법 제74조 제2항에 대한 위헌심판.
* 위 결정들 이후 잡종재산이란 용어는 없어졌다. 즉 현행 국유재산법과 '공유재산 및 물품관리법'은 "국(공)유재산은 그 용도에 따라 행정재산과 일반재산으로 구분한다"라고 규정하고 있고 "행정재산의 종류는 공용재산, 공공용재산, 기업용재산, 보존용재산으로, "일반재산"이란 행정재산 외의 모든 국(공)유재산을 말한다고 규정하고 있다(국유재산법 제6조, '공유재산 및 물품관리법' 제5조).

(라) 근로자　근로자는 경제적으로 약자이기에 헌법상 기본권인 근로3권으로 사용자와 대등한 관계를 가지도록 하고 있다. 구 노동관계법들에서의 단결권, 단체교섭권, 단체행동권에의 제3자개입금지 규정들이 근로자가 조력을 받을 길을 차단하여 근로자의 평등권침해라는 논란이 있었다. 헌재는 사용자 측으로의 개입도 금지하고 있고 조종·선동·방해하는 행위가 아닌, 자주적 의사결정을 침해받지 아니하는 범위 안에서 필요한 제3자의 조력을 받는 것을 금지하는 것은 아니라서 근로자에 대한 불합리한 차별이 아니라고 하여 합헌결정을 하였다(92헌바33. 동지: 89헌가103. * 제3자개입금지조항은 이후 폐지되었다).

(마) 군인 등

ⅰ) 헌법불합치결정례: 군인(또는 이었던) 자가 복무 중의 사유로 금고 이상의 형을 받은 때에는 퇴직급여 및 퇴직수당의 일부를 감액하여 지급하도록 한 구 군인연금법 제33조 제1항 제1호 − 헌재는 이 조항에 대해 범죄의 종류에 상관 않고, 직무상 저지른 범죄인지 여부와도 관계없이 일률적·필요적으로 감액하는 것은 과도한 것으로 최소침해성 및 법익균형성의 요건을 충족시키지 못하여 재산권을 침해하고 군인연금제도의 군인의 성실한 복무에 대한 보상이라는 부수적 성격을 감안한다고 하더라도 일반국민이나 근로자에 대한 지나친 차별로 불합리한 자의적인 차별이라고 보아 헌법불합치결정을 하였다(2008헌가1등)

ⅱ) 합헌성 인정례 ① 군사재판 − 헌법 제27조 제2항은 군인 또는 군무원이 아닌 국민은 일정한 경우 외에는 군사법원의 재판을 받지 아니한다고 규정하여 군인, 군무원에 대해서는 군사법원의 재판을 받도록 하는 등의 헌법상 차별을 두고 있다. 헌재는 군사재판에 대해 헌법이 특별법원으로 설치하도록 허용하되 대법원을 군사재판의 최종심으로 하고 있고, 구 군사법원법은 재판관의 재판상의 독립과 신분을 보장하고 있다고 하여 평등권을 본질적으로 침해한 것이 아니라고 합헌성을 인정한다(93헌바25. * 이 결정에 대한 자세한 것은 뒤의 재판청구권 부분 참조). ② 군인 등에 대한 국가배상금지 − 군인·군무원·경찰공무원 기타 법률이 정하는 자가 전투·훈련 등 직무집행과 관련하여 받은 손해에 대하여는 법률이 정하는 보상 외에 국가 또는 공공단체에 공무원의 직무상 불법행위로 인한 배상은 청구할 수 없다고 헌법 자체가 규정을 두고 있다(제29조 제2항). 이 헌법규정 자체에 대해서 평등권의 위반이라는 취지로 헌법소원심판이 청구되었으나 헌법규정에 대한 위헌심판대상성을 헌재는 부정하여 군인 등에 대한 국가배상금지가 그대로 유지되고 있다(95헌바3; 94헌바20; 94헌마118 등, 이 결정들에 대해서는 앞의 서설, 헌법규범론 부분 등 참조).

iii) 군인 동성애자 — "계간 기타 추행한 자는 1년 이하의 징역에 처한다."라고 규정한 구 군형법 제92조 중 "기타 추행"에 관한 부분이 동성애자의 평등권을 침해한다는 주장에 대해 헌재는 군대에서 동성 간의 비정상적인 성적 교섭행위가 발생할 가능성이 현저히 높아 전투력보존을 위한 것이라는 합리적인 이유가 있다는 이유로 부정하고 합헌결정을 하였다(2008헌가21).

(바) 농업협동조합 등의 조합장   위헌결정례: 농업협동조합장에 대해 지방의회의원선거 입후보를 제한하고 지방의회의원을 겸직할 수 없게 금지한 구 지방의회선거법과 지방자치법의 규정은 과도한 참정권제한으로서 사회적 신분에 의한 정치적 영역에서의 합리성 없는 차별이라고 하여 위헌이라는 결정이 있었다(90헌마28).

(사) 교원: 합헌성 인정례   ① 초·중등학교의 교원의 정당가입금지, 정당발기인자격 부인의 평등권 침해 부정 — 헌재는 대학교원에게는 이를 허용한다 하더라도, 이는 양자간 직무의 본질이나 내용 그리고 근무태양이 다른 점(초·중등학교의 교원은 교육, 교수·대학교원은 교육 및 연구)을 고려할 때 합리적인 차별이라고 보았다(2001헌마710). ② 초중등교사에 대하여는 교육위원회의 겸직을 금지하면서도 조교수 이상 대학교수는 교육위원직을 겸직할 수 있도록 규정한 지방교육자치에 관한 법률 제9조 제1항 제2호는 교사는 학생의 교육에 전념하여야 하는 점에서 양자 간 직무의 본질이나 내용 그리고 근무태양이 다른 점을 고려할 때 합리적인 차별을 규정한 것이라고 하여 합헌으로 보았다(91헌마69).

(아) 기타

ⅰ) 위헌, 헌법불합치, 한정위헌의 결정례: ① 외국국적을 가진 재외동포들에 대해 대한민국에의 출입국과 대한민국 안에서의 법적 지위를 보장하기 위한 목적으로 제정된 재외동포의 출입국과 법적 지위에 관한 법률이 제정 당시 그 수혜자의 범위에서 정부수립이전 국외에 이주한 외국국적 동포를 제외하였는데 헌재는 정부수립 이후, 이전의 기준이 본질적·결정적인 것이 아니므로 자의적 차별이라고 하여 헌법불합치결정을 한 바 있다(헌재 2001.11.29. 99헌마494).

② 금융기관에 대해 경매절차 등에서 우대를 하는 규정들에 대해 위헌성을 인정하는 결정들(위헌결정, 한정위헌결정 등)이 있었다. ⓐ 금융기관의 연체대출금에 관한 경매절차에서 경락허가결정에 대한 항고를 하고자 하는 자는 공탁을 하도록 규정한 구 '금융기관의 연체대출금에 관한 특별조치법' 제5조의2 — 금융기관에 대한 불합리한 우대를 하고 특히, 자력이 없는 항고권자에게 과다한 경제적 부담을 지게 함으로써 부당하게 재판청구권을 제한하는 내용이므로 위헌이라고 결정하였다(89헌가37등). ⓑ 금융기관의 신청에 의하여 진행하는 민사소송법에 의한 경매절차에 있어서 송달은 경매신청당시 당해 부동산등기부상에 기재되어 있는 주소에 발송함으로써 송달된 것으로 보는 이른바 발송송달의 특례를 규정한 구 '금융기관의 연체대출금에 관한 특별조치법' 규정 — 비금융기관의 것 사이에 공신성의 차이가 있을 수 없어서 불합리한 우대의 차별이라고 하여 한정위헌결정을 하였다(98헌가7). ⓒ 회사정리절차 진행 중에도 금융기관은 정리계획에 따른 변제를 거부하고 경매신청을 할 수 있게 규정한 구 '금융기관의 연

체대출금에 관한 특별조치법' 제7조의3 - 요건상의 제약도 없고 사법적 통제에서도 벗어난 신청권의 부여라는 점 등에서 금융기관에 대한 과도한 특권인정의 평등권 침해라는 이유로 위헌결정을 받았다(89헌가98등)

③ 교사의 신규채용시 국·공립 사범대학 등의 출신자를 우선채용하게 규정한 구 교육공무원법 제11조 제1항은 국·공립사범대와 사립사범대의 교육상의 차이가 없음에도 우대를 한 것으로 사립사범대 출신들에 대한 불합리한 차별로 위헌이라는 결정이 있었다(89헌마89).

④ 전직자에 대한 차별 - 이러한 예로 ⓐ 검찰총장의 퇴직 후 2년 내 정당발기인·당원 금지 규정에 대한 위헌결정이 있었다. 즉 구 검찰청법 제12조 제5항 및 부칙 제2항은 검찰총장은 퇴직일부터 2년 이내에는 정당의 발기인이 되거나 당원이 될 수 없다고 금지하고 있었는데 이는 다른 공무원과 경찰청장 사이에는 차별을 정당화할만한 본질적인 차이가 존재하지 아니하므로 평등원칙을 침해하여 위헌이라고 결정하였다(97헌마26). ⓑ 경찰청장에 대해서도 마찬가지 제한이 있었는데 그 구 경찰법 제11조 제4항에 대해서 특히 직무의 독립성이 강조되는 대법원장 및 대법관, 헌법재판소장 및 헌법재판관과 감사원장 등의 경우에도 경찰청장과 마찬가지로 정치적 중립성이 요구되는데도 경찰청장의 경우에만 퇴직후 선거직을 통한 공직진출의 길을 봉쇄함으로써 재직 중 직무의 공정성을 강화해야 할 필요성이 두드러진다고 볼 수 없으므로 다른 공무원과 경찰청장 사이에는 차별을 정당화할만한 본질적인 차이가 존재하지 아니한다고 하여 평등원칙 위반의 위헌이라고 판단하였다(99헌마135). ⓒ 국가인권위원회의 인권위원은 퇴직 후 2년간 교육공무원이 아닌 공무원으로 임명되거나 구 '공직선거 및 선거부정방지법'에 의한 선거에 출마할 수 없도록 규정한 국가인권위원회법 제11조에 대해 헌재는 위 결정들과 비슷한 취지로, 즉 특히 직무의 독립성, 공정성이 강조되는 대법관, 헌법재판관, 감사원장 등의 경우에도 없는 이러한 제한을 유독 인권위원에 대해서만 규정하여 이는 합리적 이유 없이 차별대우하는 것으로 평등원칙에 위배된다고 판단하였다(2002헌마788).

⑤ 외국 영주권을 가진 국내거주 재외국민 영유아 보육료·양육수당의 지원대상 제외 - 헌재는 이렇게 제외하는 보건복지부지침이 그러한 영유아를 양육하는 부모인 청구인들을 합리성 없이 차별하여 평등권을 침해하는 위헌이라는 결정을 하였다(2015헌마1047). 보육료·양육수당은 영유아가 국내 소재 어린이집을 이용하거나 가정에서 양육되는 경우에 지원이 되는 것이지 단지 외국의 영주권을 취득한 재외국민이라는 이유로 일반 국민들과 달리 취급할 아무런 이유가 없다는 것이다.

⑥ 국가유공자와 유족 등에 대한 가산점제도 헌법불합치결정 - 헌재는 이전의 합헌결정을 변경하여 국가유공자 본인의 경우는 별론으로 하고, 그 가족의 경우는 헌법 제32조 제6항이 가산점제도의 근거라고 볼 수 없으므로 완화심사는 부적합하고 엄격심사를 한다고 하고 10%의 높은 가산점이 공무담임권에 대한 차별효과가 지나친 것으로 헌법상의 공정경쟁의 원리와 기회균등의 원칙을 훼손하는 것은 부적절하며, 국가유공자의 가족의 공직 취업기회를 위하여 매년

많은 일반 응시자들에게 불합격이라는 심각한 불이익을 입게 하는 것은 정당화될 수 없어 차별로 인한 불평등 효과는 입법목적과 그 달성수단 간의 비례성을 현저히 초과하는 것이므로 일반 공직시험 응시자들의 평등권을 침해한다고 보아 헌법불합치결정을 하면서 판례변경을 하였다 (2004헌마675. 이 결정에 대한 이해를 위해서는 평등심사에서 엄격심사, 완화심사의 구분을 알아야 하는데 비례심사까지 하는 것을 엄격심사라고 한다. 이에 대해서는 후술 엄격심사 부분 참조).

ⅱ) 합헌성 인정 결정례: ① '동학농민혁명참여자 등의 명예회복에 관한 특별법' 적용의 대상이 되는 "유족"의 범위를 "동학농민혁명참여자의 자녀 및 손자녀"로 한정하고 증손자녀, 고손자녀를 제외한 동법 규정에 대해 헌재는 동법이 사회적 신분상의 혜택을 내용으로 하지 않아 입법자가 그 범위를 한정할 수 있으므로 고손자의 평등권 침해가 아니라고 보았다(2005헌마119 기각결정). 이 결정 후 법개정을 하여 유족의 범위를 '증손자녀·고손자녀'까지로 확대하였다. ② 친일재산을 그 취득·증여 등 원인행위 시에 국가의 소유로 하도록 규정한 '친일반민족행위자 재산의 국가귀속에 관한 특별법' 규정 - 친일반민족행위자의 후손이라는 사회적 신분에 따라 합리적인 이유 없이 당해 재산의 소유자들을 차별하고 있는지 여부에 대해 헌재는 사회 정의를 실현하고 민족의 정기를 바로 세우기 위한 것이라는 점, 친일재산은 그 주체가 친일반민족행위자이든 그 후손이든 이를 보유하도록 보장하는 것 자체가 정의 관념에 반하는 점, 사안이 중대하고 범위가 명백한 네 가지 행위를 한 자의 친일재산으로 한정되어 있는 점 등을 종합적으로 고려할 때 합리적인 이유가 있으므로 평등원칙 위반이 아닌 합헌이라고 결정하였다(2008헌바141 등). ③ 전과자도 사회적 신분에 해당된다. 헌재는 누범을 가중처벌하는 것이 전과자라는 사회적 신분을 이유로 차별대우를 하는 것이 되어 헌법상의 평등의 원칙에 위배되는 것이 아닌가 하는 문제에 대해 사회방위 등을 위한 하나의 적정한 수단이기도 하여 합리적 근거 있는 차별이어서 평등원칙에 위배되지 않는다고 한다(93헌바43).

3. 헌법의 다른 규정들의 차별금지사유 - 개별적 평등권

현행 헌법은 제11조 제1항 후문 외에 평등원칙을 개별적으로 명시하는 규정들을 두고 있기도 하다. ① 모든 국민은 능력에 따라 균등하게 교육을 받을 권리를 가진다고 규정하여 교육에서의 차별금지를 명시하고 있다(제31조 제1항). ② 헌법 제32조 제4항은 "여자의 근로는 …고용·임금 및 근로조건에 있어서 부당한 차별을 받지 아니한다"라고 규정하고 있다. ③ 장애인에 대해서는 차별금지는 물론 오히려 특별한 보호가 이루어지는 것이 평등원칙에 부합되고 헌법은 국가의 보호의무를 명시하고 있다(제34조 5항). ④ 혼인과 가족생활은 개인의 존엄과 양성의 평등을 기초로 성립되고 유지되어야 하며, 국가는 이를 보장한다고 규정하고 있다(제36조 제1항). ⑤ 선거권의 평등을 헌법 제41조 제1항, 제67조 제1항이, 그리고 선거운동의 균등한 기회 보장을 헌법 제116조 제1항이 규정하고 있다. ⑥ 경제의 민주화에 경제적 평등관념이 들어가 있다고 본다면 헌법 제119조 제2항의 규정이 경제적 평등에 대해 규정하고 있다고 볼 것이다. ⑦ 우리 헌법은 지역 간의 균형있는 발전에 대해서도 언급하고 있다(제123조 제2항). 위와 같은 개별적 평등원칙에서도 차별금지사유가 나온다. ⑧ 헌법 제39조 제2항은 "누구든지 병역의무의 이행으로 인하여 불이익한 처우를 받지 아니한다"라고 규정하고 있다. 이와 관련한 결정으로 변호사시험의 응시기간과 응시횟수를 '5년 내에 5회'로 제한하면서 그 예외로 병역의무의 이행만을 인정하는 변호사시험법 제7조 제2항에 대해 헌재는 이 예외를 인정한 이유가 바로 헌법 제39조 제2항에 있으므로 이 사건 예외조항은 그 자체로 합리적인 사유가 있다고 보아야 한다고 하고 그 외 점에서도 합리적 이유가 있어서 평등권을 침해하지 않는다고 보았다(2018헌마733등).

4. 차별금지사유의 의미

차별이 금지되는 사유라고 하여 모든 차별을 금지하게 하는 것은 아니다. 합리적 이유가 있는 차별이거나 비례성을 갖춘 차별은 오히려 평등원칙에 부합되기 때문이다(실질적·상대적 평등). 따라서 여기서 차별금지사유라는 의미는 불합리하거나 불비례적인 차별이 금지되는 사유를 의미한다.

Ⅲ. 차별금지영역

헌법 제11조 제1항 후문은 "누구든지 … 정치적·경제적·사회적·문화적 생활의 모든 영역에 있어서 차별을 받지 아니한다"라고 규정하고 있다. 역시 정치적·경제적·사회적·문화적 생활이란 예시적 규정으로서 그 외 모든 생활영역에서 차별이 금지된다. 헌법전문도 "정치·경제·사회·문화의 모든 영역에 있어서 각인의 기회를 균등히 하고, … 안으로는 국민생활의 균등한 향상을 기하고"라고 규정하고 있다.

1. 헌법 제11조의 예시적 영역들

(1) 정치적 생활영역

정치적 생활영역에서의 평등권은 ⅰ) 국민이 정당활동을 하거나 선거에 참여하며 정치적 공직선거에 입후보하는 것과 같은 정치참여활동과 정치적 표현활동을 함에 있어서의 평등권이다. ⅱ) 정당의 창당에 참여하거나 정당에 가입하여 활동함에 있어서 평등한 기회가 보장되어야 한다(전술, 제2부 기본질서, 정치질서 부분 참조). ⅲ) 선거권의 평등에 있어서는 표수가 같을 것을 요구하는 것으로 부족하고 표의 가치가 동등하여야 한다. 이 문제는 선거구인구편차 문제에서 가장 심각한데 이에 대해서는 선거제도에서 다루었고, 뒤의 참정권에서도 다룰 것이다(전술 제2부, 후술 참정권 부분 참조). ⅳ) 공직선거에 입후보함에 있어서도 평등한 기회가 보장되어야 한다 (피선거권 결격 문제, 기탁금 문제 등. * 이 문제들과 그 외 선거관련 평등권 쟁점 사항 및 그 결정례에 대해서는 뒤의 '참정권', '선거권'과 '선거제도' 부분 참조). ⅴ) 정치적 표현행위에 있어서도 차별을 두어서는 아니 된다.

(2) 경제적 생활영역

국민의 일상생활에 경제적 활동이 많고 경제적 생활영역도 광범위하게 걸쳐 있으므로 평등의 문제가 많이 제기되는 영역이다. 경제적 소득을 누리기 위한 ⅰ) 직업, 취업에서의 평등과 근로활동에서의 기회와 수입의 평등(남녀고용평등, 동일노동·동일임금 등) ― 고용정책기본법 제7조 제1항은 "사업주는 근로자를 모집·채용할 때에 합리적인 이유 없이 성별, 신앙, 연령, 신체조건, 사회적 신분, 출신지역, 학력, 출신학교, 혼인·임신 또는 병력(病歷) 등(이하 "성별등"이라 한다)을 이유로 차별을 하여서는 아니 되며, 균등한 취업기회를 보장하여야 한다"라고 규정하고 있다. ⅱ) 재산권 영역에서 평등 ― 평등문제가 자주 거론된 대표적 경제영역은 재산권 영역이다. 재산권은 사실 오늘날 사회적 필요성 때문에 평등의 관념에 의한 제한을 많이 받게 된다. 재산권영역에 관한 결정례들은 많은데 뒤의 재산권 부분에서 다루게 되고 또 이미 앞에서 다루었던 것들도 있다. 여기서는 그 예로 보험에 관한 것을 한 가지 예로 살펴본다. * 이 결정을 예로 본 이유는 재산권 침해 여부를 판단할 것으로 보임에도 이에 대한 언급없이 평등권 문제만 다룬 점 때문이기도 하다.

― '우체국예금·보험에 관한 법률' 규정이 우체국보험금 및 환급금 청구채권 전액에 대하여 무조건 압류를 금지함으로써 우체국보험 가입자의 채권자를 일반 인보험 가입자의 채권자에 비하여 불합리하게 차별취급하여 평등원칙에 위반된다고 하여 헌법불합치결정을 한 예

● **판례** 헌재 2008.5.29. 2006헌바5
[결정요지] 우체국보험과 일반 인보험 모두 본질적으로 동일하고, 이제는 공적인 사회보장제도라기보다는 사적인 임의보험의 성격을 가지게 된 우체국보험 … 결국, 국가가 운영하는 우체국보험에 가입한다는 사정만으로, 일반 보험회사의 인보험에 가입한 경우와는 달리 그 수급권이 사망, 장해나 입원 등으로 인하여 발생한 것인지, 만기나 해약으로 발생한 것인지 등에 대한 구별조차 없이 그 전액에 대하여 무조건 압류를 금지하여 우체국보험 가입자를 보호함으로써 우체국보험 가입자의 채권자를 일반 인보험 가입자의 채권자에 비하여 불합리하게 차별취급하는 것이므로 평등원칙에 위반된다.

ⅲ) 사회보장수급에 관한 불평등 ― 이에 관한 한 예를 아래에 본다.

* 출퇴근 재해 사건, 헌법불합치: 근로자가 사업주가 제공한 교통수단으로 출퇴근하던 중 발생한 사고로 부상 등이 발생한 경우만 업무상 재해로 인정하고 근로자 소유 교통수단으로 출퇴근 중 그러한 경우에는 부정하는 산업재해보상보험법 규정이 평등원칙에 위배된다는 판단으로 헌법불합치결정이 되었다(2014헌바254. 이 결정은 합헌결정이었던 선례(2012헌가16)를 변경한

것이다. * 한편 헌법불합치결정된 이 규정이 2017.10.24. 개정되었으나 이 2018.1.1. 이후 최초로 발생하는 재해부터 적용하는 것으로 부칙에 규정되었고 이에 대해 다시 위헌소원심판이 청구되었는데 헌재는 신법 조항의 소급적용을 위한 경과규정을 두지 않아 불합리한 평등원칙 위반이라고 보아 다시 헌법불합치결정을 하였다(2018헌바218등).

iv) 조세평등주의, 공과금부담의 형평성 — 조새평등주의는 조세에서의 평등원칙의 구현이다(* 자세한 것은 뒤의 국가권력론의 국회, 재정에 관한 권한, 조세 부분 참조). 헌재는 공과금 부담의 형평성이 헌법 제11조 제1항이 정한 법 앞의 평등원칙에서 파생되는 것이라고 본다. 대표적인 예로 학교용지부담금 결정이 있다(2003헌가20, 후술 참조).

(3) 사회적 생활영역

사회적 생활이란 인간이 공동체를 구성하여 서로 간의 접촉, 교류, 협력을 영위해가는 활동을 말한다. 국민은 사회 속의 일상적 활동에서 다른 사람과의 불합리한 차별을 받아서는 아니된다. 각종 사회단체나 법인의 사회적 활동도 평등하게 보장되어야 한다. 사회적 생활영역은 사람들 간의 교류 속에서 이루어지는 활동영역이기에 위에서 본 정치적 영역, 경제적 영역 등 다른 영역에서의 활동과 겹쳐져 나타나는 경우가 많다.

* **사회보장영역에서의 헌법불합치결정례** — 위헌성 인정이 이 영역에서 드물어서 보기로 인용함. 헌재는 보훈보상대상자의 부모에 대한 유족보상금 지급 시 수급권자를 1인에 한정하고 나이가 많은 자를 우선하도록 규정한 구 '보훈보상대상자 지원에 관한 법률' 제11조 규정 부분은 직업이나 보유재산에 따라 연장자가 경제적으로 형편이 더 나은 경우에도 그보다 생활이 어려운 유족을 배제하면서까지 연장자라는 이유로 보상금을 지급하는 것은 보상금 수급권이 갖는 사회보장적 성격에 부합하지 아니하는 등 합리적 이유없이 나이가 적은 부모 일방을 차별하여 평등권을 침해하여 위헌이라고 판단하면서 헌법불합치결정을 하였다(2016헌가14).

(4) 문화적 생활영역

문화란 인간들의 정신적인 활동 내지는 그 활동의 소산이나 인간들이 영위하는 삶, 생활의 양식을 의미한다. 문화적 창작활동, 문화활동단체의 구성, 문화활동행사 등에서의 차별은 합리성을 가지지 않는다면 금지되어야 한다. 뿐만 아니라 그 결과로서의 물리적, 정신적 창작물·유산 등의 보호나 창작물의 표현(연극, 영화, 전시의 관람 등)과 예술향유의 기회에 있어서 불합리한 차별이 있어서는 아니 된다.

문화적 생활영역에서의 평등권 문제를 다룬 판례: ① 위헌확인결정례: 이른바 '문화예술계 블랙리스트' 사건과(야당 소속 후보를 지지하였거나 정부에 비판적 활동을 한 문화예술인이나 단체를 정부의 문화예술 지원사업에서 배제할 목적으로, 대통령의 지시로 한국문화예술위원회, 영화진흥위원회, 한국출판문화산업진흥원 소속 직원들로 하여금 청구인 □□회, △△ 네트워크 등을 문화예술인 지원사업에서 배제하도록 한 일련의 지시 행위), 헌재 2020.12.23. 2017헌마416 [결정요지] 정치적 견해를 기준으로 이들을 문화예술계 지원사업에서 배제되도록 한 것은 자의적인 차별행위로서 청구인들의 평등권을 침해한다. ② 합헌성인정 결정례: 영화상영관 입장권 부과금 제도는 재정조달목적 부담금의 헌법적 정당화 요건을 갖추었으며 영화상영관 관람객은 영화의 본래적·전형적 소비자인 점에서 이들에게 일반 국민들, 특히 다른 문화영역을 향유하는 사람들과 다른 특별한 재정책임을 지우는 것은 합리적 근거가 있다고 본 헌재의 결정례가 있다. 헌재 2008.11.27. 2007헌마860. * 이 결정은 5인 위헌의견이 다수였으나 6인 위헌결정정족수를 채우지 못하여 4인 합헌의견이 법정의견이 되고 기각결정이 된 것이다.

(5) 평가

헌법 제11조가 예시하고 있는 영역은 대체적으로 모든 영역을 아우르는 것이다. 그런데 예시된 영역들 중 어느 하나에만 관련되는 것이 아니라 여러 영역들에 관련되는 경우도 있다. 특별히 어느 한 영역에만 해당된다고 볼 수 없는 경우들도 있는 것이다. 예를 들어 경제적 영역과 사회적 영역, 문화적 영역 등 그 외 영역들이 함께 문제될 경우가 나타난다(예: 경제활동인 직업종사를 통한 사회적 기여를 할 경우인데 그 직업이 문화, 체육 등과 관련 되는 경우).

2. 그외

(1) 헌법명시적 영역

앞의 개별적 평등권으로서 교육, 근로, 혼인과 가족생활, 참정권 영역에 관한 헌법규정들이 있다는 것은 살펴보았다.

(2) 형벌체계상의 정당성과 균형성, 비례성 등

헌재 판례로 그 외 평등원칙이 중요한 의미를 가지는 주목하여야 할 영역으로는 형벌의 영역이 있다. 즉 헌재는 형벌체계상의 정당성과 균형을 잃을 경우 평등원칙의 위반이라고 본다.[301] 이에 관한 위헌결정례들은 앞의 인간의 존엄과 가치 '형벌의 체계정당성, 균형성' 부분에서 살펴보았다(전술 참조).

Ⅳ. 적극적 평등화조치와 간접차별

1. 적극적 평등화조치

[개념과 정당성 근거] 적극적 평등화조치(affirmative action)란 역사적으로 경제적·사회적으로 구조적인 차별을 받아왔던 특정집단(인종(흑인), 여성, 소수민족 등)에 대해 그동안의 불이익에 대한 보상으로서 그들에게 고용(취업)이나 고등교육(대학입학) 등에 있어서 이익을 부여하는 조치를 말한다. 적극적 평등화조치는 미국에서 발달된 이론이고 우선적 처우(preferential treat—ment) 또는 호의적 처우라고도 불린다. 우리 헌재는 제대군인가산점 판결에서 '잠정적 우대조

---

301) 헌재 1992.4.28. 90헌바24; 2004.12.16. 2003헌가12; 2003.11.27. 2002헌바24; 2008.12. 26. 2007헌가10; 2009.2.26. 2008헌바9; 2010.11.25. 2009헌바27; 2015.2.26. 2014헌가16 등.

치'라는 표현을 쓴 바 있다(98헌마363). 적극적 평등화조치는 ① 과거에 가해졌던 차별이 오늘에도 영향을 미친다고 보아 이를 시정하기 위한 보상의 사상(과거에 차별받았던 흑인에 대한 보상으로서의 적극적 평등조치)과 ② 적극적 우대조치로 흑인, 여성 등 여러 구성원들이 어울려 다양성을 증진시킬 수 있다는 사상에 그 정당성의 근거(기초)를 두고 있다. 이는 상대적·실질적 평등을 구현하기 위한 조치를 의미한다.

[특징과 한계] 잠정적 우대조치의 특징으로는 ① 개인의 자격이나 실적보다는 집단의 일원이라는 것을 근거로 하여 혜택을 준다는 점, ② 기회의 평등보다는 결과의 평등을 추구한다는 점, ③ 항구적 정책이 아니라 구제목적이 실현되면 종료하는 임시적 조치라는 점 등을 들 수 있다(98헌마363). 적극적 평등화조치에 대해서는 미국에서 찬반의 논란이 없지 않고 공공부문에서 이를 폐지하는 주들이 나타나 그 퇴조현상을 보인다는 지적도 있다. 적극적 평등화조치는 ① 역차별의 문제가 생기지 않도록 하여야 한다는 것과 ② 어디까지나 과거의 차별에 대한 보상이므로 잠정적인 우대조치여야 한다는 한계를 가진다고 한다.

[한국의 경우] 우리의 경우에도 헌법 제32조 제4항은 "여자의 근로는 특별한 보호를 받으며"라고 규정하고 있고, 헌법 제34조 제3항은 "국가는 여자의 복지와 권익의 향상을 위하여 노력하여야 한다"라고 규정하고 있기도 하다(국가인권위원회법 제2조 제3호 단서도 "현존하는 차별을 없애기 위하여 특정한 사람(특정한 사람들의 집단을 포함한다)을 잠정적으로 우대하는 행위와 이를 내용으로 하는 법령의 제정·개정 및 정책의 수립·집행은 평등권 침해의 차별행위로 보지 아니한다"라고 규정하고 있다). 현재 적극적 평등화조치로 여성의 직업능력개발·고용촉진, 적극적 고용개선조치 ('남녀고용평등과 일·가정 양립 지원에 관한 법률' 제2장 제3절, 제4절), 장애인고용할당제('장애인고용촉진 및 직업재활법' 제27조, 제28조), 공직선거에서의 여성후보추천할당제(공직선거법 제47조), 공직선거에서의 여성후보추천보조금제도, 장애인추천보조금제도(정치자금법 제26조, 제26조의2) 등을 들 수 있다(여성후보추천할당제, 추천보조금제에 대해서는, 전술 제2부 제2장 제3절 참조). 헌재는 장애인고용할당제에 대해 합헌성을 인정한 바 있고(2001헌바96), 안마사 비맹제외기준을 정한 의료법 규정에 대해 시각장애인들을 우대하는 조치를 취할 필요가 있는 점 등을 들어 그 합헌성을 인정한 바 있다(2006헌마1098; 2008헌마664; 2011헌가39; 2017헌가15).

[적극적 평등화조치에 대한 위헌심사의 강도(기준)] 적극적 평등화조치에 대한 위헌심사의 강도에 있어서도 문제가 된다. 사실 실질적 평등을 위한 것이므로 완화심사를 생각할 수 있으나 미국연방대법원은 인종의 경우 엄격심사를, 성별에 의한 경우 중간심사를 행하는 경향이다.302)

---

302) 미국에서의 적극적 평등화조치에 관한 사법심사에 대해서는, 석인선, 미국헌법판례상 성에 근거한 적극적 평등실현조치의 사법심사기준에 관한 소고, 공법연구 제26집 제2호, 1998, 153면 이하; 김지영, 적극적 평등실현조치에 대한 미국 연방대법원의 위헌심사, 비교헌법연구 2017-B-2. 헌법재판소 헌법재판연구원. 2017 등 참조.

2. 간접차별(사실상의 차별)

[개념] 간접차별이란 어떠한 조치가 외관상 바로 차별을 드러내는 것은 아니나 그 조치로 인해 상대적으로 차별이 나타나는 효과를 가져오는 경우를 말한다. 예를 들어 장애인을 직접적으로 차별하지는 않으나 장애인이 갖출 수 없는 조건을 요구하여 실질적, 간접적으로 장애인을 불리하게 차별하는 경우이다. 실제 예로 기업의 채용에 있어서 영어 듣기 능력을 청각장애인에게도 비청각장애인에 요구되는 수준과 똑같이 요구하는 경우이다.[303] 간접차별은 입법자가 어느 인적 집단을 의도적으로 차별하고자 한 것은 아니나 결과가 차별로 나타나는 경우라 할 것이어서 그 입법의도를 살펴보는 것이 필요하다. 미국에서 동성부부에 대해 이성부부에 대해서 부여하는 세금의 감면을 거부하는 것이 대표적인 예로 문제된 바 있었다. 실제로 동성부부 중 한명이 사후에 다른 한 명에게 유산을 남긴 데 대해 연방세금의 감면을 해주지 않았는데 그것은 연방혼인법(An Act to define and protect the institution of marriage, 줄여 'DOMA법')이 이를 금지한 데 따른 것이다. 연방대법원은 이 금지규정을 2013년 6월 26일 적법절차 위반으로 위헌이라고 판결하였다.[304] 이후 2년 뒤 대법원은 2015년 6월 26일 Obergefell v. Hodges 판결에서 동성결혼에 대한 주의 모든 조치를 폐기하였고 연방헌법의 적법절차 조항과 평등보호 조항에 의해 동성 부부에 대한 결혼이 보장된다고 판결했다.[305]

[실정법규정] 실정법 규정으로는 "장애인에 대하여 형식상으로는 제한·배제·분리·거부 등에 의하여 불리하게 대하지 아니하지만 정당한 사유 없이 장애를 고려하지 아니하는 기준을 적용함으로써 장애인에게 불리한 결과를 초래하는 경우"도 금지하는 '장애인차별금지 및 권리구제 등에 관한 법률' 제4조 제2호가 간접차별을 금지한 규정이다.

제 3 항 평등권보장을 위한 헌법제도

Ⅰ. 특수계급의 부인과 창설금지

현행 헌법 제11조 제2항은 "사회적 특수계급의 제도는 인정되지 아니하며, 어떠한 형태로도 이를 창설할 수 없다"라고 규정하고 있다. 사회적 특수계급제도의 인정은 특정한 사람들이나 사회집단에 대해 특별 신분과 특권을 인정하거나 사회구성원을 상하 위계를 가진 신분별로 나누어 권리 인정에 차이를 두는 것을 말한다. 이 금지는 조선시대 반상제, 노예제와 같은 악폐

303) 실제 이러한 간접차별에 대해 국가인권위원회가 회사에 대해 채용시험제도 개선을 권고한 바 있다.
304) United States v. Windsor, 570 U.S. 744 (2013).
305) Obergefell v. Hodges, 576 U.S. (2015).

를 막고 평등권을 보장하기 위한 것이다.

II. 영전일대(榮典一代)의 원칙

[목적] 헌법 제11조 제3항은 "훈장 등의 영전은 이를 받은 자에게만 효력이 있고, 어떠한 특권도 이에 따르지 아니한다"라고 규정하고 있다. 영전의 효력의 세습을 부정함으로써 특수계급의 생성을 원천적으로 방지하고 예방하려는 목적에서 명시된 규정이다.

[효력범위] '영전'의 효력 자체만의 세습이 금지될 뿐이므로 국가유공자나 그 유족에 대한 연금지급이나 특별한 보호(보훈) 등은 가능하고 국가유공자, 유족에 대한 취업의 우선권을 부여하는 것은 가능한데 헌법은 이를 명시적으로 "국가유공자·상이군경 및 전몰군경의 유가족은 법률이 정하는 바에 의하여 우선적으로 근로의 기회를 부여받는다"라고 규정하고 있다(헌법 제32조 제6항).

[관련 결정례] 헌재의 다음 사항에 대한 합헌성인정결정례들이 있었다. ① 건국훈장의 등급에 따라 독립유공자 본인이나 그 유족이 받는 부가연금에 차등을 두는 것(94헌마52), ② 일본제국주의에 현저히 협력한 행위를 친일반민족행위의 하나로 정의한 '일제강점하 반민족행위 진상규명에 관한 특별법' 규정(2008헌바111), ③ 친일재산을 그 취득·증여 등 원인행위시에 국가의 소유로 하도록 규정한 '친일반민족행위자 재산의 국가귀속에관한 특별법' 규정(2008헌바141등).

제 3 절   평등권에서의 제한 문제(합리적·비례적 차별)

* **의미**: 기본권의 제한은 합리적이고 비례적이어야 한다. 그런데 평등권은 상대적 개념으로서 이미 합리적이고 비례적이어야 함을 개념 자체에 포함하고 있다. 그렇다면 결국 평등권에서의 기본권제한의 문제는 합리적·비례적 차별 문제이다.

제 1 항   헌법상의 합리적 사유에 의한 차별 – 헌법직접적 차별

헌법직접적 차별에는 우대하는 차별과 불리하게 대우하는 차별이 있다.

Ⅰ. 우대의 차별(특권 인정)

헌법은 우대의 차별로서 ① 대통령의 불소추특권·전직대통령의 예우(제84조, 제85조), ② 국회의원의 불체포특권·면책특권(제44조 제1항, 제45조), ③ 정당의 국가보호(제8조 제3항), 정당의 해산사유·절차의 강화[정당도 결사체이나 다른 결사체와 달리 그 해산에 있어서는 "정당의 목적이나 활동이 민주적 기본질서에 위배될 때"로 한정, 해산도 헌재의 심판에 의하여서만 해산되도록 하여(제8조 4항) 그 지위를 강화], ④ 여성·소년의 근로의 보호(제32조 제4·5항), ⑤ 국가유공자·유가족의 우선적 근로기회(제32조 제6항) 등을 규정하고 있다. 헌재는 전몰군경의 유가족이 아닌 생존하는 국가유공자 자녀에 대한 가산점은 헌법 제32조 제6항이 그 근거라고 볼 수 없다고 하여 그 비율, 수혜대상자를 축소하는 법개정을 하도록 하는 헌법불합치결정을 하였다(2004헌마675).

Ⅱ. 불리한 차별

헌법은 불리한 차별로서 ① 공무원의 근로3권의 법률유보(제33조 제2항), ② 방위산업체근로자에 대한 단체행동권의 제한(제33조 제3항), ③ 군인 등의 국가배상금지와 군사법원의 재판관할(제29조 제2항, 제27조 제2항), ④ 군인에 대한 공직취임상의 제한과 문민원칙(군인은 현역을 면한 후가 아니면 국무총리·국무위원으로 임명될 수 없다)(제86조 제3항, 제87조 제4항), ⑤ 국회의원·대통령의 겸직금지(제43조, 제83조) 등을 규정하고 있다.

제 2 항 법률에 의한 차별

그동안 차별을 설정한 법률에 대해 논란이 된 것들이 많았다. 법률에 대한 위헌여부심판사건이나 헌법소원심판사건에서 차별의 합리성, 비례성 여부가 논란된 판례들이 많았다. 앞에서 대표적인 판례들을 보기도 하였다. 문제는 법률에 대한 심판을 함에 있어서 그 판단기준은 무엇이고 그 판단을 어떻게 할 것인가 하는 것이다. 판단기준은 앞서 상대적 평등의 기준이 합리성, 비례성이라고 하여 이미 보았고 심사방법(정도)은 바로 아래에서 살펴보게 된다.

제 4 절 평등원칙 위반 여부의 심사

제 1 항 의의와 논점, 외국의 예

I. 의의, 논점

헌법재판에서 평등심사를 함에 있어서 그 심사의 정도가 엄격한지 아니면 완화된 것인지 그 강약의 단계들을 두고 있는바 심사의 정도가 엄격심사, 완화심사의 어떠한 단계로 나누어지는지 그리고 각 단계의 심사에서 행해지는 심사요소가 어떠한지 하는 점이다. 평등원칙은 다른 여러 기본권의 향유에 있어서도 적용되는 것이므로(평등권의 근본규범성, 타 기본권에의 적용성) 대부분의 사안에서 평등문제가 거론될 수 있기에 평등원칙 위반여부에 관한 판례들이 적지 않고 평등권심사에서의 방법이나 척도 등이 중요한 문제로 대두된다.

II. 외국의 예

[미국] 평등권의 심사정도에 대해서는 흔히 미국의 예를 많이 든다. 미국의 경우 합리성심사, 엄격심사와 중간심사의 3가지 정도 내지 유형(3중, 3단계)의 심사들이 행해진다. ⅰ) 합리성심사(rational basis test)는 법률이 정하는 차별이 단순히 어떠한 합리적인 근거를 가진다면, 즉 주정부의[306] 정당한 이익에 합리적으로 관련되는 차별이라면 합헌이라고 보는 정도의 심사를 말한다. 주로 경제적·사회적인 규제에서의 차별에 대해 합리성심사가 이루어진다. 합리성심사에서는 주정부의 정당한 이익에 관련되지 않고 자의적이라는 사실을 입증할 책임이 평등권침해를 주장하는 청구인에게 있고 합헌성이 추정된다. ⅱ) 엄격심사(strict scrutiny)는 헌법위반으로 의심이 되는 차별('의심스러운 차별', suspect classification)이나 시민의 기본적 인권에 대한 중대한 부담을 가져오는 차별을 하는 법률에 대한 심사를 말한다. 엄격심사에서는 ㉠ 주정부의 불가피한(필요불가결, 긴절)한 이익(government's compelling interest)을 달성하기 위하여 필요한 차별임을 심사하게 되는데 그 입증책임은 주정부가 지고(주정부의 입증이 어렵다) ㉡ 그 차별한 방법보다 제한이 덜한 다른 방법이 없어야(최소제한이어야) 합헌성이 인정되며 ㉢ 엄격심사에서

---

306) 미국헌법에서 평등조항은 헌법 수정 제14조가 어느 주(州)도 그 지배권 안에 있는 어느 누구에 대하여도 법률의 평등한 보호를 거부할 수 없다고 규정하여 주정부에 대한 의무로 규정하고 있기에 주정부라고 한 것이다. 연방정부에 대해서는 평등권에 관하여 헌법 수정 제5조 적법절차조항이 적용된다. 그 어느 누구도 적법절차에 의하지 아니하고는 자유가 박탈되지 아니한다고 규정한 자유 속에 평등이 포함된 것으로 해석하여 그렇게 적용된다. 요컨대 미국에서는 주정부와 연방정부 간에 평등권의 적용조항이 다르다.

는 합리성심사에서와 달리 합헌성추정이 배제된다. 그 점에서 엄격심사라고 하는 것이다. 인종, 출신민족을 이유로 한 차별은 '의심스러운 차별'로서 엄격심사가 이루어지는 중요대상이며, 표현의 자유, 종교의 자유, 양심의 자유, 혼인의 자유, 프라이버시의 권리, 주들 간의 여행의 자유, 선거권, 형사재판권 등의 영역에서 엄격심사가 이루어진 바 있다. iii) 중간심사(intermediate review)는 합리성심사와 엄격심사의 중간정도 단계의 심사이다. 중간심사에서는 문제의 차별이 주정부의 중요한 목적을 달성하는 데에 관련되는 것인지와 그 차별이 주정부의 중요한 이익에 실질적으로 관련되는지를 심사한다. 성(性, gender), 서출(庶出, 혼외자, illegitimacy)을 사유로 하는 차별의 경우에 중간심사가 이루어진다.307) 아래에 보듯이 우리나라의 경우 성별 간 차별에 대해서 엄격심사를 하는 것과 대조된다. 우리나라 헌법은 성별에 의한 차별금지를 헌법에 명시적으로 규정하고 있다는 점에서 차이가 있다.

　[독일] 독일의 연방헌법재판소는 본질적으로 같은 것을 자의적으로 불평등하게 다루거나 본질적으로 다른 것을 자의적으로 같게 다루는 것이 금지된다고 하는 자의의 금지원칙을 적용하여 평등권 심사를 해왔다. 그러나 자의의 금지라는 심사기준이 너무 불명확하다는 비판을 많이 받아 새로운 공식을 설정하였다. 즉 단순한 자의금지로부터 비례성이 요구되는 엄격한 구속에 이르기까지 여러 단계의 다양한 한계가 입법자에게 가해진다고 보는 '새로운 정식'을 설정하였다. 입법자의 형성의 자유가 넓으냐 좁으냐에 따라 평등심사의 강도도 단계적으로 달라진다는 것이다.

　독일의 연방헌법재판소는 인적 차별이냐 물적 차별이냐에 따라 심사강도를 달리한다고 본다. 문제는 물적 차별에도 인적 차별이 개재되는 경우가 많을 것이고 인적 차별, 물적 차별의 구분이 상대적일 수 있다는 점 등에서 이러한 구분에 따른 심사의 강도 차이가 타당한지 하는 문제제기가 있어왔다.

제 2 항   우리 헌법재판소의 이론

I. 심사의 구조와 정도

1. 평등심사의 구조와 내용

(1) 기본적인 구조, 내용

　평등심사의 구조 내지 내용은 ① 차별취급이 존재하는지 여부, ② 차별취급이 존재한다면 그 차별이 헌법적으로 허용되는 것인지 하는 합헌성 여부에 대한 심사이다. ②의 심사에서 어

---

307) 미국의 평등권심사에 관한 국내문헌으로, 김현철, 미국헌법상 평등보호와 엄격심사기준에 관한 연구, 연세대학교 법학박사학위논문, 2001; 임지봉, 미국 연방대법원의 평등심사 기준, 인권과 정의, 2002.7, 135면 이하 등 참조.

느 정도로 강하게 할 것인가 하는 것이 아래 2.에서 언급할 완화심사와 엄격심사의 구분이다. ①의 심사를 아래 2.에서 살펴볼 완화심사에서 그 하나의 내용 내지 요소로 서술하고 있으나 이는 완화심사에서만이 아니라 엄격심사를 하는 경우에도 마찬가지로 ①의 심사를 하여야 하고 그 내용요소로 한다.

(2) 동질성 판단 문제
1) 동질성 판단의 의미

위헌 여부(헌법허용 범위 내 차별인지) 판단에 결부된 문제 – 위 심사 ①에서 비교집단들 간에 차별취급이 존재하는 것으로 인정되는데 그 비교집단들이 동질적인 것이면 그 차별취급은 잘못된 위헌인('같은 것을 다르게' 취급) 것이다. 반대로 동질적이지 않다면 차별취급이 비동질(이질, 다름)의 정도, 모양 등에 상응하여 허용될 수 있을 것인데(오히려 요구될 것임) 그 허용 여부를 가리는 심사가 바로 위 ②의 심사가 된다. 동질성심사도 결국 차별취급의 정도가 그 이질성(차이점)의 정도나 모양을 가려내어 그것에 상응하는 차별취급이어서 합헌인지 여부를 가리기 위한 것이다. 그 점에서 아래 완화심사에서 보듯이 헌재는 동질성 판단을 차별취급존재를 가리는 판단에서 한다는 설시를 하곤 했는데 이는 문제이다.

2) 동질성의 개념

비교집단들이 각각 있는데 서로 동일, 동질하다는 의미는 그 집단들이 모두 똑같을 수 없으므로 그런 의미는 아니고 불평등하다는 점이 지적되는 기본적(결정적)인 사항에 관한 동질적이라는 의미라고 보아야 한다. 그러므로 완전 동질은 찾기 어렵다(사실 없다)고 할 것이고 기본관계의 동질 또는 부분적 동질이라고 할 것이다. 이질적인 것도 그러하다.

3) 동질성 판단준거

동질성 문제 판단과 합리성 여부 판단 문제의 연관성은 헌재 판시에서도 나타난다. 헌재는 "동질성 여부 판단은 일반적으로 당해 법률조항의 의미와 목적에 달려 있다"라고 한다(96헌가18; 2009헌바102등; 2012헌가6등; 2013헌바82; 2019헌바71 등).

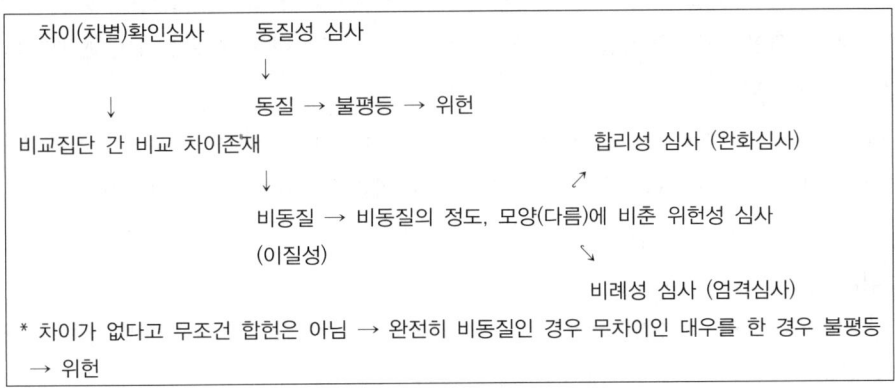

□ **평등심사 구조·내용 도해**

2. 심사정도(강도) – 엄격심사척도와 완화심사척도

우리 헌재는 헌법의 평등원칙에 위반되는지 여부를 심사함에 있어서의 정도(강도)로서의 척도를 사안에 따라 엄격한 심사척도와 완화된 심사척도로 구분하고 있다. 완화된 심사란 합리성(자의성) 여부의 심사에 그치는 심사를 말하고, 엄격한 심사란 비례성 원칙에 따른 심사를 행하는 것을 의미한다. 헌재는 이러한 완화된 심사와 엄격한 심사의 구분을 제대군인에 대한 가산점이 위헌이라고 판결한 결정에서 처음으로 명시적으로 하였고(헌재 1999.12.23. 98헌마363) 이제는 확립된 판례 법리이다.

❖ **확립된 판례 법리:**
[판례]
▷ 평등원칙위반여부 심사의 척도: 엄격한 심사척도와 완화된 심사척도
▷ 완화된 심사: 자의금지원칙에 따른 심사, 즉 합리적 이유의 유무를 심사하는 것에 그침.
▷ 엄격한 심사: 완화심사에 그치지 아니하고 비례성 원칙에 따른 심사, 즉 차별취급의 목적과 수단 간에 엄격한 비례관계가 성립하는지를 기준으로 한 심사를 행함을 의미

II. 완화된 심사(합리성＝자의금지심사)

1. 완화된 심사의 방법 – 단계적 심사

(1) 판례의 단계적 심사

헌재는 완화심사를 단계적으로 한다. 즉 ① 본질적으로 동일한 것을 다르게 취급하고 있는지(또는 본질적으로 다른 것을 동일하게 취급하고 있는지)에 관련된 차별취급의 존재 여부를 먼저 살펴본다. 다음으로 ② 이러한 차별취급이 존재한다면 이를 자의적(＝비합리적)인 것으로 볼 수 있는지 여부를 살펴본다(2001헌바64, 2003헌가8 등). 이 첫 단계 ①의 심사에서는 판례에 따른다면 다시 두 심사로 나누어진다고 할 것이다. 즉 ⓐ 비교집단이 동질성을 가진 것으로 존재하느냐 하는 것과 존재한다면 ⓑ 동질적인데도 달리 취급하느냐 하는 차별취급이 존재하느냐 하는 이 두 가지 심사이다.

정리하면 ①의 ⓐ 비교집단 간 동질성(동질한 비교집단)의 존재 여부 심사 → ①의 ⓑ 차별취급의 존재 여부 심사 → ② 차별의 자의성 여부(합리성 여부) 심사가 될 것이다.

(2) 검토

ⅰ) 완화심사에서의 차별취급 존재 판단의 의미 – 차별취급의 존재여부 심사가 완화심사에서만 문제는 아니다. 엄격심사에서도 그 심사가 이루어진다.

ⅱ) 비교집단 자체의 부재？ – 헌재는 비교집단이 아예 설정되지(존재하지) 않아 평등원칙

위반이 없다는 결정례들을 보여주기도 한다(예를 들어 2002헌마402; 2006헌마72). 그러나 비교집단의 존재를 부정하는 것은 타당하지 않다. 어떤 경우나 비교대상은 있을 수 있고 다만 차이가 있을 수 있을 뿐이다. 바로 그 차이가 있는지, 어떤 차이이고 어느 정도 차이인지를 찾아내는 것이 관건이다.

iii) 동질성 판단의 문제 – 이를 위 헌재 판시들에서는 차별취급의 존재 여부심사에 넣어 행하는데 이는 타당하지 못하다. 동질적이라고 차별이 존재하고 이질적이라고 차별이 존재하지 않는 것이 아니다. 차별은 국가공권력이 이를 대우함에 차이를 둔 그 사실에 연원하는 것이고 동질성은 그 차별이 위헌인지 여부를 가리는 문제에 관건이 된다. 동질성을 가지는데 차별취급이 있다면 그 자체로 자의적이고 불평등인 위헌인 것('같은 것을 다르게 취급')이다. 이 경우에는 자의성(합리성) 여부 심사를 한다는 것 자체가 성립될 수 없고 동질성 확인 자체로 불평등의 확인일 뿐이고 거기서 더 이상 나아갈 필요가 없다. 동질성이 없다면 차별 자체가 오히려 필요하므로 합리성심사로 이행될 것이다. 비동질적(이질적) 요소와 정도가 합리적으로 허용되는 것인가를 살피는 심사로 이행한다. 결국 동질성 심사는 합리성심사로의 이행 여부와 그 심사에서의 판단준거로서의 이질성의 정도, 모습을 가리는 심사로서의 의미를 가진다.

동질성 문제 판단과 합리성 여부 판단 문제의 연관성은 헌재 판시에서도 나타난다. 헌재는 위에서 인용한 대로 "동질성 여부 판단은 일반적으로 당해 법률조항의 의미와 목적에 달려 있다"라고 한다(헌재 2020. 3. 26. 2019헌바71 등). 또 "자의심사의 경우에는 차별을 정당화하는 합리적인 이유가 있는지 여부만을 심사하기 때문에 그에 해당하는 비교대상 간의 사실상의 차이나 입법목적(차별목적)을 발견·확인하는 데 그치는"이라고 한다(2018헌마221. 이런 판시를 하고 있는 다른 결정례들로, 2000헌마25; 2000헌바84; 2006헌가1; 2005헌마764; 2008헌바56 등 적지 않다). 위의 판시를 결합하면 입법목적이 동질성과 합리성 모두에 걸리므로 결국 동질성(차이) 여부가 합리성 여부에 연관되어 있음을 의미한다고 보겠다.

iv) 결국 완화심사에서 관건은 차별취급이 존재하는가, 존재한다면 그 차별의 정도나 모양이 이질성 정도나 모양에 상응하게 이루어진 것인지 하는 두 심사가 관건이다. 그리고 완화심사에 있어서는 후자의 심사에 엄격하게 비례적이진 않더라도 합리적성을 인정할 수 있을 상응적인 차별취급인지를 살피게 된다. 이상과 같이 정리가 된다.

* 최근의 결정례들을 보면 '평등원칙에 위반되는지 여부 (1) 심사기준'이라고 항목설정한 곳에서 그냥 "차별취급하고 있으므로 평등원칙 위반 여부가 문제된다"라고 한 뒤 "차별을 정당화하는 합리적인 이유가 있는지 여부를 심사의 기준으로 삼는 것이 타당하다"라는 식으로 설시하고 이어 합리성 여부 판단에 들어간 것들이 있다(예를 들어, 2017헌가22).

(3) 합리성심사의 정체성 문제

평등권만이 아니라 포함하여 일반적으로 기본권제한에 있어서 앞서 과잉금지원칙에서도 지적한 대로 헌재는 완화성 심사는 비례심사를 하지 않고 합리성 심사만에 그치는 심사라고 한다. 그러나 합리성 심사가 무엇인가 하는 문제가 남는다. 우리는 과잉금지원칙에서 합리성 심사도 사실 목적정당성, 방법적절성 정도는 심사해야 합리적인지를 알 수 있어서 합리성심사도 결국 비례심사가 아닌가 하는 의문을 지적하였다(전술 과잉금지원칙 참조). 평등심사에서도 마찬가지이다. 즉 차별에 있어서 그 목적의 정당성, 그 방법의 적정성 정도는 적어도 심사하여야 합리성이 판명되지 않을까 생각한다. 앞으로 연구과제이다.

2. 완화된 심사를 하는 경우 - 판례의 경향

헌재는 평등권 심사에서 일반적으로 완화심사(자의금지원칙심사)를 한다.[308] 완화심사사유를 아래에 살펴본다.

(1) 엄격심사의 경우가 아닌 경우

헌재는 엄격심사를 하는 경우가 아닌 경우에 완화심사를 한다. 바로 아래에서 보는 대로 엄격심사는 헌법에서 특별히 평등을 요구하고 있는 경우와 차별적 취급으로 인하여 관련 기본권에 대한 중대한 제한을 초래하는 경우에 엄격심사를 하는데 그러한 2가지 경우에 해당되지 않는 경우 완화심사를 한다. 아래에 이런 취지의 완화심사의 전형적인 예의 심사과정을 이해를 위해 인용한다.

> ● 판례 헌재 2020.3.26. 2019헌바71
> [쟁점] * 하나의 쟁점만 보면, '선거일 이전에 행하여진 선거범죄'는 '당해 선거일후'를 기준으로, '선거일 후에 행하여진 선거범죄' 내지 '다른 일반 범죄'는 '행위 종료 시'를 기준으로 공소시효 기산점을 각각 달리 하는 것이 평등원칙에 위배되는지 여부이다. [결정요지] … 다. 평등원칙 위반 여부 (1) 심사기준 - 심판대상조항이 '선거일 이전에 행하여진 선거범죄'에 관하여 '당해 선거일후'를 공소시효의 기산점으로 정함으로써 발생하는 차별의 문제는, 헌법에서 특별히 평등을 요구하고 있는 경우나 차별적 취급으로 인하여 관련 기본권에 중대한 제한을 초래하는 경우라고 볼 수 없으므로, 자의금지원칙에 따라 판단하면 족하다. (2) 판단 (가) … (나) '선거일 이전에 행하여진 선거범죄'와 '선거일 후에 행하여진 선거범죄' 및 '다른 일반 범죄'와의 비교 - … 공직선거와 관련된 범죄사건을 조속히 처리하여 선거로 인한 법적 불안정 상태를 신속히 해소하고, 선거로 야기된 정국의 불안을 특정한 시기에 일률적으로 종료시키고자 하는 입법자의 형사정책적인 결단에서 비롯되었다고 할 수 있다. 그렇다면 … 다르게 규정하고 있다 하더라도, 그 입법취지의 상이함을 고려할 때 이를 합리적 근거 없는 자의적인 입법권의 행사라고 보기는 어렵다. (다) 소결 - 따라서 심판대상조항은 평등원칙에 위반되지 아니한다.

(2) 광범위한 재량이 인정되는 분야
1) 판단례

헌재는 입법재량이 넓게 인정되는 경우는 기본권의 중대한 제한이라고 보지 않는 경향이다. 그리하여 완화심사를 하는 경향이다. 아래에 이런 취지의 완화심사의 전형적인 예의 심사과정

---

308) 헌재 2009.2.26. 2005헌마764 등; 2006.6.29. 2005헌마44 [판시] "일반적인 평등원칙 내지 평등권의 침해 여부에 대한 위헌심사기준은 합리적인 근거가 없는 자의적 차별인지 여부이지만 … "

을 이해를 위해 인용한다.

● **판례** 헌재 2020.12.23. 2017헌가22 등 [쟁점] 65세 미만 노인성 질병이 있는 사람에 대한 장애인활동지원
급여 신청을 인정하지 않는 구 '장애인활동 지원에 관한 법률' 규정이 평등원칙에 반하는지 여부
[결정요지] (1) 심사기준 – 심판대상조항은 65세 미만의 혼자서 생활하기 어려운 장애인 가운데 노인장기요양보
험법 시행령에서 규정한 노인성 질병을 가진 사람과 그렇지 않은 사람을 활동지원급여 신청자격에 있어 차별취급
하고 있으므로 평등원칙 위반 여부가 문제된다. 활동지원급여 수급권은 국가에 대하여 적극적으로 급부를 요구하는
사회보장수급권의 하나로서, 국가가 재정부담 능력과 전체적인 사회보장 수준 등을 고려하여 그 내용과 범위를 정
하는 것이므로 광범위한 입법형성의 자유가 인정된다. 따라서 평등원칙 위반 여부를 판단함에 있어서 자의금지의
원칙에 따라 차별을 정당화하는 합리적인 이유가 있는지 여부를 심사의 기준으로 삼는 것이 타당하다. (2) 판단 …
(3) 소결 – 심판대상조항이 65세 미만의 혼자서 일상생활과 사회생활을 하기 어려운 장애인 가운데 치매·뇌혈관
성질환 등 노인장기요양보험법 시행령에서 규정한 노인성 질병을 가진 사람을 <u>일률적으로</u> 활동지원급여 신청자격
자에서 제외하는 것은 불합리한 차별로서 평등원칙에 위배하여 헌법에 위반된다(헌법불합치결정)

2) 광범위한 재량 영역으로서 완화심사가 이루어진 대표적인 영역

몇 가지 주요 영역을 보고 해당 결정례를 몇 가지씩 본다.

(가) 수혜적(시혜적) 입법의 경우   ① 산업단지 관리비 반환 문제(준공인가 전 사용허가를 받
았는지 여부를 기준으로 하여 이미 징수한 산업단지의 관리비의 반환여부를 달리하도록 한 규정 – 합헌
결정, 98헌바14), ② 주식회사 연합뉴스를 국가기간뉴스통신사로 지정하고 이에 대한 재정지원
등을 규정한 뉴스통신진흥에관한법률 규정(헌재는 시혜적 규정임을 이유로 넓은 입법재량을 인정하
여 완화심사를 하고 합헌성을 인정, 2003헌마841) 등.

(나) 사회보장 영역   사회보장영역에서 헌재는 광범위한 입법재량(형성)을 인정하면서 완화
심사를 하는 경향이다. ⅰ) 위헌성 인정결정(헌법불합치결정) –① 퇴직 후 폐질확정 군인에 대
한 상이연금의 비지급 등에 대한 평등권 침해 여부 심사에서 완화심사를 하였고 잠정적 계속적 적
용을 명하는 헌법불합치결정을 하였다(2008헌바128). ② 보훈보상대상자의 부모에 대한 유족보
상금 지급 시 수급권자를 1인에 한정하고 나이가 많은 자를 우선하도록 규정한 구 '보훈보상대
상자 지원에 관한 법률'(2011.9.15. 법률 제11042호로 제정된 것) 제11조 규정 부분이 나이가 적은
부모 일방을 합리적 이유 없이 차별하여 평등권을 침해하여 위헌이라는 결정이 있었다(2016헌
가14). ⅱ) 합헌성 인정 결정례 – ① 단독세대주와 비단독세대주 간 국민임대주택 입주자 선
정상의 차별(2009헌마338), ② 독립유공자 선정(2009헌바111) 등.

3) 제도의 단계적 개선을 추진하는 경우

헌재는 제도의 단계적 개선 과정은 어디에서 어떤 계층을 대상으로 하여 제도 개선을 시작
할 것인지를 선택하는 것에 대하여 입법자에게 상당한 입법형성의 자유가 인정되는 영역이므
로 이 과정에서 나타나는 차별은 헌법에서 특별히 평등을 요구하고 있거나 차별적 취급으로 인
하여 관련 기본권에 대한 중대한 제한을 초래하게 되는 경우도 아니라고 본다. 그러면서도 단
계적 개선을 추진하는 경우라도 수혜자 한정의 기준을 설정할 때에는 능력이 허용하는 범위 내
에서 '합리적인 기준'에 따를 것이 요구되므로 차별에 관한 입법자의 기준설정에 합리적인 이
유가 있는지 여부를 심사하는 완화된 심사기준을 적용하여 판단한다고 한다. * 단계적 개선추

진과 평등권에 대해서는 이미 앞의 평등권의 효력 부분에서 다루었다(전술 참조).

  4) 유의

  어느 하나의 개별 기본권 영역 전체가 그 평등원칙 위배 여부 심사에 있어서 전적으로 완화
심사를 하지는 않는다. 기본권마다 아래에서 볼 엄격심사 해당 사유가 있으면 엄격심사를 하는
것이고 그렇지 않으면 완화심사를 하는 것이다. 예컨대 공무담임권의 경우 완화된 심사기준을
적용한다고 기술하고 있는 교과서가 있다(정종섭, 전게서, 446면). 그러나 당장 엄격심사와 완화
심사의 구분을 처음으로 명시적으로 한 제대군인가산점 제도에 대한 결정에서도 엄격심사를
하였는데(98헌마363) 그 결정에서 공무담임권에 중대한 제한이 있다는 점을 헌재가 엄격심사를
하는 이유로 들었다는 것을 보아도 타당하지 않다.

  (3) 완화심사의 의미와 실제

  심사기준을 완화하여 합리성 여부만을 판단하므로 위헌결정 가능성이 엄격심사에 비해 적
을 것이다. 그럼에도 불구하고 완화심사를 했음에도 평등원칙 위반이라고 결정된 예들이 적지
않다. 엄격심사의 경우가 드물고 일반적으로 완화심사를 한다는 점이 감안되어야 할 것이다.

* 완화심사를 하여 합리성 없는 차별로 평등원칙 위반이라고 한 결정례 - 위에서도 위헌성 인
  정 결정례를 보긴 하였으나 좀더 보면, ① 국세징수법 공매절차에서의 매각결정취소시 매수인
  계약보증금의 국고귀속에 대한 헌법불합치결정(2007헌가8), ② 법인의 약국개설금지(약사만이
  약국을 개설할 수 있고 설령 약사들만으로 구성된 법인일지라도 약국을 개설할 수 없도록 금지
  한 구 약사법규정)에 대한 헌법불합치결정(2000헌바84), ③ '국세징수의 예에 의하여 징수할 수
  있는 청구권'을 일률적으로 재단채권으로 한 파산법규정에 대한 위헌결정(2003헌가8), ④ 국가
  공무원 임용 결격사유에 해당하여 공중보건의사 편입이 취소된 사람을 현역병 등으로 입영하게
  함에 있어 의무복무기간에 기왕의 복무기간을 전혀 반영하지 아니하는 구 병역법 규정(헌법불
  합치, 2008헌가28), ⑤ 중혼의 취소청구권자를 규정하면서 직계비속을 제외한 민법 제818조(헌
  법불합치, 2009헌가8), ⑥ 산업기능요원 편입이 취소되어 입영하는 경우 1년 이상 종사한 사람
  으로 한정하여 복무기간을 단축할 수 있도록 규정한 구 병역법 규정에 대한 위헌결정(2010헌마
  746), ⑦ 주택재건축사업의 경우 매도나 현금청산의 대상이 되어 제3자에게 일반분양됨으로써
  기존에 비하여 가구 수가 증가하지 아니하는 개발사업분을 학교용지부담금 부과 대상에서 제외
  하지 아니한 구 '학교용지 확보 등에 관한 특례법' 규정에 대한 헌법불합치결정(2011헌가32),
  ⑧ 독립유공자의 손자녀 1명에게만 보상금을 지급하도록 하면서, 독립유공자의 선순위 자녀의
  자녀에 해당하는 손자녀가 2명 이상인 경우에는 나이가 많은 손자녀를 우선하도록 한 구 '독립
  유공자예우에 관한 법률' 규정에 대한 헌법불합치결정(2011헌마724. 생활정도에 따라 보상금
  분할지급을 하거나 경제적으로 어려운 자에게만 한정하여 지급할 수 있는 다양한 방법이 존재
  함에도 오로지 나이를 기준으로 우선순위를 정하는 것이 합리성이 없고 보상금 수급권이 갖는
  사회보장적 성격에도 배치되므로 청구인의 평등권을 침해하여 헌법에 위반된다고 보았고 법적
  공백의 우려 때문에 잠정적용의 헌법불합치결정을 함), ⑨ 예비후보자의 배우자가 그와 함께 다
  니는 사람 중에서 지정한 각 1명이 명함을 주거나 지지를 호소할 수 있도록 한 공직선거법 규정
  에 대한 위헌결정(2011헌마267), ⑩ 공중보건의사 사립학교 교직원 재직기간 불산입의 '사립학

교교직원 연금법' 규정에 대한 헌법불합치결정(2015헌가15), ⑪ '수사가 진행 중이거나 형사재
판이 계속 중이었다가 그 사유가 소멸한 경우'에는 잔여 퇴직급여 등에 대해 이자를 가산하는
규정을 두면서, '형이 확정되었다가 그 사유가 소멸한 경우'에는 이자 가산 규정을 두지 않은 군
인연금법 규정에 대한 헌법불합치결정(2015헌바20), ⑫ 대한민국 국적을 가진 재외국민인 영유
아를 보육료·양육수당 지원대상에서 제외하는 보건복지부지침이 국내에 거주하면서 재외국민
인 영유아를 양육하는 부모인 청구인들을 합리성 없이 차별하여 평등권을 침해하는 위헌이라는
결정(2015헌마1047) 등. 또한 ⑬ 소년범 중 형의 집행이 종료되거나 면제된 자에 한하여 자격
에 관한 법령의 적용에 있어 장래에 향하여 형의 선고를 받지 아니한 것으로 본다고 규정한 구
소년법 규정에 대해 평등원칙에 위반된다고 보고 헌법불합치결정을 하였다. 집행유예는 실형보
다 죄질이나 범정이 더 가벼운 범죄에 관하여 선고하는 것이 보통인데, 집행유예를 선고받은 경
우에 대해서는 이와 같은 특례조항을 두지 아니하여 불합리한 차별을 야기하고 있다는 것이 위
헌이유이다(2017헌가7등). ⑭ 65세 미만 노인성 질병이 있는 사람의 장애인활동지원급여 신청
제한에 대한 헌법불합치결정(2017헌가22. '장애인활동 지원에 관한 법률'(2011.1.4. 법률 제
10426호로 제정된 것) 제5조 제2호 본문 중 해당규정. 일반적 생애주기에 비추어 사회활동이
활발한 때이어서 치료효과가 높아 노인성 질병이 발병하였다고 하여 곧 장기요양의 욕구·필요
성이 급격히 증가한다고 평가할 것은 아님에도 불구하고 65세 미만의 장애인 가운데 치매·뇌
혈관성질환 등 노인성 질병이 있는 사람의 경우 일률적으로 활동지원급여 신청자격을 제한한
것은 불합리함).

III. 엄격한 심사(비례심사)

1. 개념

우리 헌재가 행하는 엄격심사란 "자의금지원칙에 따른 심사, 즉 합리적 이유의 유무를 심사
하는 것에 그치지 아니하고 비례성원칙에 따른 심사, 즉 차별취급의 목적과 수단 간에 엄격한
비례관계가 성립하는지를 기준으로 한 심사를 행함"을 의미한다(98헌마363).

2. 엄격심사의 방법

(1) 헌법재판소의 입장
헌재는 완화심사에서는 합리성 유무를 심사하는 선에 그쳤으나 엄격심사에서는 비례심사를
한다.

❖ **판례 법리 – 엄격심사의 개념과 내용**
헌재는 "자의심사의 경우에는 차별을 정당화하는 합리적인 이유가 있는지 만을 심사하기 때문에 그에 해당하는 비
교대상간의 사실상의 차이나 입법목적(차별목적)의 발견·확인에 그치는 반면에, 비례심사의 경우에는 단순히 합리
적인 이유의 존부 문제가 아니라 차별을 정당화하는 이유와 차별 간의 상관관계에 대한 심사, 즉 비교대상 간의 사
실상의 차이의 성질과 비중 또는 입법목적(차별목적)의 비중과 차별의 정도에 적정한 균형관계가 이루어져 있는가

를 심사한다"라고 한다.

* 위 판시가 나타나는 결정례들은 헌재 2001.2.22. 2000헌마25; 2002.9.19, 2000헌바84; 2008.11.27. 2006헌가1; 2009.2.26, 2005헌마764 등.

(2) 차별취급존재, 동질성 판단의 포함과 그 판단의 의미

ⅰ) 엄격심사라고 하더라도 논리적으로 차별취급의 존재 여부 심사와 비교집단 간 동질성(이질성) 심사를 당연히 하게 된다. ⅱ) 그리고 앞서 우리는 완화심사에서 동질성 판단이 합리성 판단과 함께 한다고 보았는데 마찬가지로 엄격심사에서도 비교집단 간의 동질성 정도에 비례하여 차별이 비례적이라면 평등원칙의 위반이 아니라고 볼 것이므로 동질성 판단이 비례심사와 결부되어 있다고 볼 것이다.

3. 엄격심사를 행하는 경우(엄격심사의 사유)

(1) 헌법재판소의 판례이론

1) 2가지 사유

① 헌법에서 특별히 평등을 요구하고 있는 경우
② 차별적 취급으로 인하여 관련 기본권에 대한 중대한 제한을 초래할 경우

▌ 엄격심사를 행하는 경우(사유)

아래에 밑줄 친 ①, ② 이 두 가지 사유는 헌재의 판례로 이제는 확립된 사유이다.

❖ 확립된 판례 법리

헌재는 ⅰ) "평등위반 여부를 심사함에 있어 엄격한 심사척도에 의할 것인지, 완화된 심사척도에 의할 것인지는 입법자에게 인정되는 입법형성권의 정도에 따라 달라지게 될 것이다"라고 한다. 그러면서 ⅱ) 엄격심사를 행하는 경우로 다음과 같이 2가지 경우로 들고 있다. ① 먼저 헌법에서 특별히 평등을 요구하고 있는 경우 엄격한 심사척도가 적용될 수 있다. 헌법이 스스로 차별의 근거로 삼아서는 아니 되는 기준을 제시하거나 차별을 특히 금지하고 있는 영역을 제시하고 있다면 그러한 기준을 근거로 한 차별이나 그러한 영역에서의 차별에 대하여 엄격하게 심사하는 것이 정당화된다. ② 다음으로 차별적 취급으로 인하여 관련 기본권에 대한 중대한 제한을 초래할 경우 입법형성권은 축소되어 보다 엄격한 심사척도가 적용되어야 할 것이다.

* 위와 같은 법리는 제대군인 가산점제도에 대한 위헌결정들에서 헌재가 밝히기 시작한 것이다(헌재 1999.12.23, 98헌마363; 1999.12.23. 98헌바33).

2) 두 사유 중 ① 헌법에서 특별히 평등을 요구하고 있는 경우로 판례에 나온 경우

판례가 헌법에서 특별히 평등을 요구하고 있는 경우로 본 헌법조문은 다음과 같다.

ⅰ) 헌법 제32조 제4항("여자의 근로는 특별한 보호를 받으며, 고용·임금 및 근로조건에 있어서 부당한 차별을 받지 아니한다." 이 조문을 적용한 결정례로, 뒤의 제대군인가산점 결정 참조).

ⅱ) 헌법 제36조 제1항("혼인과 가족생활은 개인의 존엄과 양성의 평등을 기초로 성립되고 유지되어야 하며, 국가는 이를 보장한다." 이 조문을 적용한 결정례로, 부부합산과세 위헌결정, 혼인한 여성 등록의무자의 경우에만 배우자의 직계존·비속의 재산을 등록하도록 규정한 공직자윤리법 부칙 규정 위헌

결정 등(아래 판시 참조)).

● **판례** 헌재 2008.11.27. 2006헌가1; 2021.9.30. 2019헌가3. [판시] 헌법 제11조 제1항은 "모든 국민은 법 앞에 평등하다. 누구든지 성별·종교·사회적 신분에 의하여 정치적·경제적·사회적·문화적 생활의 모든 영역에 있어서 차별을 받지 아니한다."라고 하여 성별에 의한 차별을 금지하고 있고, 나아가 헌법 제36조 제1항은 "혼인과 가족생활은 개인의 존엄과 양성의 평등을 기초로 성립되고 유지되어야 하며, 국가는 이를 보장한다."고 규정하여 혼인과 가족생활에 있어서 특별히 양성의 평등대우를 명하고 있다. 그러므로 이 사건 법률조항에 대하여는 엄격한 심사척도를 적용하여 비례성 원칙에 따른 심사를 행하여야 할 것이다.

(2) 유의 – 헌법 제11조 제1항 후문의 차별금지사유에 의한 심사의 정도

1) 문제의 소재

헌법 제11조 제1항 후문이 차별금지사유로 규정하고 있는 '성별', '종교', '사회적 신분'의 경우는 헌법이 이처럼 직접 명시하고 있는 점에서 헌법이 특별히 평등을 요구하고 있는 사유들로 보아 '성별', '종교', '사회적 신분'은 당연히 엄격심사를 하게 하는 사유인가 하는 질문이 제기된다. 이는 사실 앞서도 살펴본 바 있는 헌법 제11조의 차별금지사유의 성격이 예시적인지 열거적인지 하는 문제에 관련되기도 한다. 우리나라의 대다수 학자와 판례는 예시설을 취하고 있다.

2) 헌법재판소 판례의 입장

헌재는 아래에 보듯이 남성만의 병역의무 규정에 대한 합헌성 인정의 기각결정(아래 ● 판례 ⓐ)과 친일재산 국가귀속 규정에 대한 합헌결정(아래 ● 판례 ⓑ)에서 헌법 제11조 제1항 후문의 차별금지사유를 예시적인 것으로 보고 부정적인 입장을 취하여 완화심사를 하였다. 요컨대 헌재의 법리는 헌법 제11조 제1항 후문에 규정된 성별, 종교, 사회적 신분의 경우라고 무조건 엄격심사를 하는 것이 아니라 헌법 제11조 제1항 후문이 아닌 다른 헌법규정에 의하여 특별히 평등을 요구하고 있는 경우에 엄격심사를 하게 된다.

● **판례** ⓐ 헌재 2010.11.25. 2006헌마328; 2011.6.30. 2010헌마460
[쟁점] 대한민국 국민인 남자에 한하여 병역의무를 부과하고 있는 구 병역법 제3조 제1항 전문이 평등권 침해라는 주장의 헌법소원사건. [판시요약] 헌법 제11조 제1항은 "모든 국민은 법 앞에 평등하다"고 선언하면서, 이어서 "누구든지 성별·종교 또는 사회적 신분에 의하여 정치적·경제적·사회적·문화적 생활의 모든 영역에 있어서 차별을 받지 아니한다"고 규정하고 있다. 이 사건 법률조항은 '성별'을 기준으로 병역의무를 달리 부과하도록 한 규정이고, 이는 헌법 제11조 제1항 후문이 예시하는 사유에 기한 차별임은 분명하다. 그러나 헌법 제11조 제1항 후문의 위와 같은 규정은 불합리한 차별의 금지에 초점이 있고, 예시한 사유가 있는 경우에 절대적으로 차별을 금지할 것을 요구함으로써 입법자에게 인정되는 입법형성권을 제한하는 것은 아니다. 한편 우리 헌법은 '근로', '혼인과 가족생활' 등 인간의 활동의 주요부분을 차지하는 영역으로서 성별에 의한 불합리한 차별적 취급을 엄격하게 통제할 필요가 있는 영역에 대하여는 양성평등 보호규정(제32조 제4항, 제36조 제1항)을 별도로 두고 있으며, 헌법재판소는 위와 같이 헌법이 특별히 양성평등을 요구하는 경우에는 엄격한 심사기준을 적용하여 왔으나, 이 사건 법률조항은 그에 해당한다고 보기 어렵다. 이 사건 법률조항이 헌법이 특별히 평등을 요구하는 경우나 관련 기본권에 중대한 제한을 초래하는 경우의 차별취급을 그 내용으로 하고 있다고 보기 어려운 점, 징집대상자의 범위 결정에 관하여는 입법자의 광범위한 입법형성권이 인정되는 점에 비추어, 이 사건 법률조항이 평등권을 침해하는지 여부는 완화된 심사척도에 따라 자의금지원칙 위반 여부에 의하여 판단하기로 한다.
ⓑ 헌재 2011.3.31. 2008헌바141등
[쟁점] 친일재산을 그 취득·증여 등 원인행위시에 국가의 소유로 하도록 규정한 '친일반민족행위자 재산의 국가귀

속에 관한 특별법' 규정이 친일반민족행위자의 후손이라는 사회적 신분에 따라 합리적인 이유 없이 당해 재산의 소유자들을 차별하고 있는지 여부. **[판시요약]** 사회적 신분에 대한 차별금지는 헌법 제11조 제1항 후문에서 예시된 것인데, 헌법 제11조 제1항 후문의 규정은 불합리한 차별의 금지에 초점이 있는 것으로서, 예시한 사유가 있는 경우에 절대적으로 차별을 금지할 것을 요구함으로써 입법자에게 인정되는 입법형성권을 제한하는 것은 아니다. 그렇다면 친일반민족행위자의 후손이라는 점이 헌법 제11조 제1항 후문의 사회적 신분에 해당한다 할지라도 이것만으로는 헌법에서 특별히 평등을 요구하고 있는 경우라고 할 수 없고, 친일반민족행위자의 후손을 특별히 평등하게 취급하도록 규정한 헌법 규정이 없는 이상, 친일반민족행위자의 후손에 대한 차별은 평등권 침해 여부의 심사에서 엄격한 기준을 적용해야 하는 경우라 볼 수 없다. 그렇다면 평등권 침해 여부의 심사에서 엄격한 기준을 적용해야 하는 경우에 해당하지 않는다. 따라서 이 사건 귀속조항으로 인한 차별이 청구인들의 평등권을 침해하였는지 여부에 대한 심사는 완화된 기준이 적용되어야 한다.

사실 이전의 제대군인가산점결정에서도 헌법 제11조 제1항이 아닌 다른 조항인 제32조 제4항을 들어 엄격심사를 한 바 있다(98헌마363, 이 결정에 대한 자세한 것은 아래의 엄격심사례 등 여러 곳을 참조). 그러한 예, 즉 제11조 제1항이 아닌 다른 조항이 특별한 평등보호를 하여야 엄격심사를 한다고 보는 입장을 보여주는 또 다른 예로 아래에서 살펴볼 부의 유족연금 수급자격 차별에 관한 결정의 경우에도 혼인과 가족생활에서의 존엄과 양성의 평등조항인 헌법 제36조 제1항을 들어 엄격심사를 하여야 할 경우로 인정한 결정례가 있다(헌재 2008.11.27. 2006헌가1, 이 결정에 대해서는 아래 엄격심사례 참조).

(3) 검토

헌재가 엄격심사의 사유로 드는 "헌법에서 특별히 평등을 요구하고 있는 경우"란 헌법이 명시적으로 특별규정을 둔 경우만을 말하는지 아니면 헌법해석을 통해서도 그러한 경우를 인정할 것인지 하는 점이 명확해질 필요가 있을 것이다.[309] "관련 기본권에 대한 중대한 제한을 초래하게 되는 경우"라는 엄격심사의 사유에 대해서도 그 중대성이 인정되는 정도가 어떠한지 하는 문제, 헌법재판관의 주관적 판단에 매일 수 있다는 문제가 있다.

4. 엄격심사를 한 예

위의 사유에 따라 엄격심사를 행한 대표적인 판례를 본다.

(1) 헌법에서 특별히 평등을 요구하고 있는 경우[위 (1)의 ①의 사유]
1) 위헌결정례
i) **헌법 제32조 제4항**: 제대군인가산점제도 – 바로 엄격심사, 완화심사의 구분, 엄격심사의 비례원칙심사, 엄격심사를 행할 2가지 사유 등의 법리를 처음으로 명시하여 밝힌 결정이다. **[엄격심사 사유]** 헌재는 엄격심사를 할 사유로 헌법이 특별히 평등을 요구한다는 점은 헌법 제

---

309) 이런 취지의 지적으로, 정재황, 헌법개정과 기본권, 2012년 법률가대회 발표, 저스티스, 2013.1, 한국법학원 참조.

32조 제4항이 "근로" 내지 "고용"에서 특별히 남녀평등을 요구한다는 점을 들었고 중대한 제한 초래 사유로는 공무담임권 제한을[이에 대해서는 후술 (2) 참조]에서 들었다. 엄격심사를 한 결과 침해의 위헌으로 결정하였다(사안의 중요성으로 다소 길게 인용함).

● **판례** 헌재 1999.12.23. 98헌마363

[쟁점] 제대군인이 6급 이하의 공무원 또는 공·사기업체의 채용시험에 응시한 때에 필기시험의 각 과목별 득점에 각 과목별 만점의 5퍼센트 또는 3퍼센트를 가산하도록 규정하고 있는 제대군인지원에 관한 법률(1997.12.31. 법률 제5482호로 제정된 것) 규정들이 시험을 준비중인 여성들과 신체장애인의 평등권, 공무담임권을 위헌적으로 침해하는 것인지 여부(위헌결정) [결정요지] 1) 심사의 척도 – 평등위반 여부를 심사함에 있어 엄격한 심사척도에 의할 것인지, 완화된 심사척도에 의할 것인지는 입법자에게 인정되는 입법형성권의 정도에 따라 달라지게 될 것이다. 먼저 헌법이 스스로 차별의 근거로 삼아서는 아니되는 기준을 제시하거나 차별을 특히 금지하고 있는 영역을 제시하고 있다면 그러한 기준을 근거로 한 차별이나 그러한 영역에서의 차별에 대하여 엄격하게 심사하는 것이 정당화된다. 다음으로 차별적 취급으로 인하여 관련 기본권에 대한 중대한 제한을 초래하게 된다면 입법형성권은 축소되어 보다 엄격한 심사척도가 적용되어야 할 것이다. 그런데 가산점제도는 엄격한 심사척도를 적용하여야 하는 위 두 경우에 모두 해당한다. 헌법 제32조 제4항은 "여자의 근로는 특별한 보호를 받으며, 고용·임금 및 근로조건에 있어서 부당한 차별을 받지 아니한다"고 규정하여 "근로" 내지 "고용"의 영역에 있어서 특별히 남녀평등을 요구하고 있는데, 가산점제도는 바로 이 영역에서 남성과 여성을 달리 취급하는 제도이기 때문이고, 또한 가산점제도는 헌법 제25조에 의하여 보장된 공무담임권이라는 기본권의 행사에 중대한 제약을 초래하는 것이기 때문이다. 2) 가산점제도의 평등위반성 가) 가산점제도의 입법목적 – 가산점제도의 주된 목적은 군복무 중에는 취업할 기회와 취업을 준비하는 기회를 상실하게 되므로 이러한 불이익을 보전해 줌으로써 제대군인이 군복무를 마친 후 빠른 기간 내에 일반사회로 복귀할 수 있도록 해 주는 데에 있다. 이 입법목적은 정당하다. 나) 차별취급의 적합성 여부 – 제대군인에 대하여 여러 가지 사회정책적 지원을 강구하는 것이 필요하다 할지라도, 그것이 사회공동체의 다른 집단에게 동등하게 보장되어야 할 균등한 기회 자체를 박탈하는 것이어서는 아니되는데, 호봉산정 고려, 취업알선 등 합리적 지원책이 있으나 가산점제도는 이에 해당되지 않고 아무런 재정적 뒷받침없이 제대군인을 지원하려 한 나머지 결과적으로 여성과 장애인 등 이른바 사회적 약자들의 희생을 초래하고 있으며, 각종 국제협약, 실질적 평등 및 사회적 법치국가를 표방하고 있는 우리 헌법과 이를 구체화하고 있는 전체 법체계 등에 비추어 우리 법체계내에 확고히 정립된 기본질서라고 할 '여성과 장애인에 대한 차별금지와 보호'에도 저촉되므로 정책수단으로서의 적합성과 합리성을 상실한 것이다. 다) 차별취급의 비례성 여부 – 가산점제도는 수많은 여성들의 공직진출에의 희망에 걸림돌이 되고 있으며, 공무원채용시험의 경쟁률이 매우 치열하고 합격선도 평균 80점을 훨씬 상회하고 있으며 그 결과 불과 영점 몇 점 차이로 당락이 좌우되고 있는 현실에서 각 과목별 득점에 각 과목별 만점의 5퍼센트 또는 3퍼센트를 가산함으로써 합격여부에 결정적 영향을 미쳐 가산점을 받지 못하는 사람들을 6급이하의 공무원 채용에 있어서 실질적으로 거의 배제하는 것과 마찬가지의 결과를 초래하고 있고, 제대군인에 대한 이러한 혜택을 몇 번이고 아무런 제한없이 부여함으로써 한 사람의 제대군인을 위하여 몇 사람의 비(非)제대군인의 기회가 박탈당할 수 있게 하는 등 차별취급을 통하여 달성하려는 입법목적의 비중에 비하여 차별로 인한 불평등의 효과가 극심하므로 가산점제도는 차별취급의 비례성을 상실하고 있다. … 마) 소결 – 결론적으로 가산점제도는 제대군인에 비하여, 여성 및 제대군인이 아닌 남성을 비례성원칙에 반하여 차별하는 것으로서 헌법 제11조에 위배되며, 평등권이 침해된다.

ii) 헌법 제36조 제1항

① 헌법 제36조 제1항에 따른 엄격(비례, 과잉금지)심사를 하면서 목적정당성부터 없다고 본 결정례: 혼인한 여성 등록의무자의 경우에만 종전과 동일하게 계속해서 배우자의 직계존·비속의 재산을 등록하도록 규정한 공직자윤리법 부칙 규정 – 혼인한 등록의무자 모두 배우자가 아닌 본인의 직계존·비속의 재산을 등록하도록 공직자윤리법이 개정되었음에도 불구하고, 개정 전의 공직자윤리법 조항에 따라 이미 배우자의 직계존·비속의 재산을 등록한 혼인한 여성 등록의무자의 경우에만 종전과 동일하게 계속해서 배우자의 직계존·비속의 재산을 등록하도

록 규정한 공직자윤리법 부칙(2009. 2. 3. 법률 제9402호) 제2조가 엄격(비례성 심사) 대상이라고 하면서 심사결과 심사평등원칙에 위배된다고 결정하였다(2019헌가3). 헌재는 "이 사건 부칙조항은 성별에 의한 차별금지 및 혼인과 가족생활에서의 양성의 평등을 천명하고 있는 헌법에 정면으로 위배되는 것으로 그 목적의 정당성을 발견할 수 없다. 따라서 이 사건 부칙조항은 더 나아가 살필 필요 없이 평등원칙에 위배된다"라고 하여 엄격심사인 비례심사의 제1요소인 목적정당성부터 없다고 보고 더 이상 심사를 하지 않고서도 위헌으로 결정한 것이다.

② 국적취득에서의 부계혈통주의 – 한국 국적의 취득에 있어 아버지가 한국 국적을 가져야 한다고 하는 부계혈통주의(父系血統主義)에 대한 위헌심사에서 헌재는 헌법 제11조 평등원칙의 엄격심사를 먼저 언급하면서 "이 결정(위 제대군인가산점결정)에서 설시한 평등원칙 위반에 대한 위헌심사기준과 남녀차별이 위헌이라는 취지의 논증은 이 사건에 그대로 이끌어 쓸 수 있다. 그 결과, 부계혈통주의 원칙을 채택한 구법조항은 출생한 당시의 자녀의 국적을 부의 국적에만 맞추고 모의 국적은 단지 보충적인 의미만을 부여하는 차별을 하고 있으므로 위헌이라는 결론에 이르게 된다"라고 판시한 바 있다. 그러면서도 헌법 제36조 제1항에의 위배 여부도 따져 위배된다고 결정하였다(● 판례 헌재 2000.8.31. 97헌가12, 헌법불합치결정). 위 제대군인결정에서의 위헌심사기준의 논증을 그대로 이끌어 쓸 수 있다는 언급을 할 뿐 엄격심사를 하게 하는 사유(헌법조문)에 대해 명확히 하지 않고 있는데 다만, 이어 헌법 제36조 제1항 가족제도에서 양성평등조항에의 위반을 언급하고 있어서 그것을 사유로 하는 것이 아닌지 짐작케 한다.

③ 부부합산과세 위헌결정 – 헌재가 헌법 제36조 제1항의 위배 여부 문제로 따진 사안으로 또 부부합산과세 위헌결정이 있었다. 엄격심사라는 말을 직접 명시하지는 않았지만 '특별히 더 보호하려는 목적'이라는 말을 사용하여 엄격심사를 행한 듯하였다(헌재 2002.8.29. 2001헌바82).

* 검토평석: 위 ①과 ③ 결정의 사안에 헌법 제36조 제1항을 적용하는 것이 적절한지 하는 의문이다. 헌법 제36조 제1항이 요구하는 평등은 혼인한 사람과 혼인하지 않은 사람 간의 평등보다는 혼인한 공동체를 이루는 부부 내(즉 부인과 남편 간)라는 양성의 평등을 의미하고 혼인한 사람과 혼인하지 않은 사람 간의 평등은 일반적 평등원칙 조항인 헌법 제11조가 요구하는 것이라고 보는 것이 헌법의 문면부터에도 맞다고 보기 때문이다. 그렇다면 엄격심사의 사유로 헌법 제36조 제1항을 들어 헌법이 특별히 보호하는 경우라는 ①의 사유로 볼 것이 아니라 꼭 엄격심사 경우로 보겠다면 중대한 기본권제한을 초래한다는 사유 ②에 해당된다고 보는 것이 더 적절할 것이다. 혼인으로 인한 불평등은 중대한 기본권제한을 가져올 수 있을 것이기 때문이다.

2) 합헌결정례

엄격심사를 하였으나 비례성이 인정되어 합헌으로 결정된 예로, 처(妻)는 부(夫)의 사망으로 유족연금수급권이 발생한 날로부터 5년간은 소득 있는 업무에 종사하는지 여부와 관계없이 지급되고 연령이 50세에 달한 때에 다시 지급되는 데 반해, 부는 처의 사망 당시 60세 이상이거나 장애등급 2급 이상에 해당하지 않는 이상 유족연금수급권이 없다고 규정한 구 국민연금법 규정이 논란된 사안이었다. [엄격심사 사유] 헌재는 엄격심사를 할 사유로 헌법 제36조 제1항(혼인과 가족생활에서 양성의 평등)을 들었다. 헌재는 비례성을 인정하여 합헌으로 결정하였다.

● **판례** 헌재 2008.11.27. 2006헌가1

[결정요지] (가) 심사의 척도 … 헌법 제36조 제1항은 혼인과 가족생활에 있어서 특별히 양성의 평등대우를 명하고 있다. 그러므로 엄격한 심사척도를 적용하여 비례성 원칙에 따른 심사를 행하여야 할 것이다. (나) 평등원칙 위반 여부 — 이 법률조항은 여성이 주로 가사에만 종사하던 시기에 그 배우자가 사망하였을 때 생활을 영위하기 어려움에 따라 스스로 생활을 영위할 수 있을 때까지 또는 취업이 불가능한 기간 동안 유족연금을 지급하여 자립을 돕기 위한 것으로서, 이러한 입법목적이 이 법률조항 제정 당시에는 타당하였다. … 이 법률조항은 우리나라 취업시장의 현황, 임금 구조, 전체적인 사회보장수준, 우리 가족관계의 특성 등을 종합적으로 고려하여 유족급여의 제공 여부를 결정하고 있는 것으로서 남성 배우자에 대한 실질적 차별을 내용으로 하고 있다거나 입법목적의 비중과 차별대우의 정도가 균형을 상실하였다고 볼 수 없고, 따라서 평등원칙에 반한다고 볼 수 없다.

(2) 관련 기본권에 대한 중대한 제한을 초래하게 되는 경우[위 (1)의 ②의 사유]

1) 공무담임권에 대한 중대한 제한

ⅰ) 위헌결정례 – 제대군인가산점제도 ① 여성을 차별하는 제대군인가산점제도에 대해서 헌재는 남녀평등 뿐 아니라 공무담임권이라는 기본권의 행사에 중대한 제약을 초래하는 것이기 때문에도 엄격심사를 하였고 위헌결정이 있었다(98헌마363, [결정요지] 위 (1) 참조).

② 또한 제대군인가선점제도가 현역복무를 할 수 없는 장애자를 차별하는 것으로 공무담임권에 대한 중대한 제한이라고 하여 엄격심사를 하였고 위헌결정이 있었다(98헌바33. [결정요지] 98헌마363 결정 취지와 비슷함. 물론 이 경우에는 같은 제대군인 가산점제 사안이라도 여자의 근로의 특별한 보호 규정인 헌법 제32조 제4항은 엄격심사 사유로 해당되는 것이 아니다).

ⅱ) 합헌성 인정결정례 ① 지방교육위원선거에서의 교육경력자 우선선출 – 지방교육위원선거에서 다수득표자 중 교육경력자가 선출인원의 2분의 1 미만인 경우에는 득표율에 관계없이 경력자 중 다수득표자 순으로 선출인원의 2분의 1까지 우선당선시킨다는 구 '지방교육자치에 관한 법률' 규정이 비경력자의 공무담임권과 평등권을 침해한다는 주장의 헌법소원심판이 청구되었다. 위헌의견이 재판관 5인 의견으로 다수였으나 6인 의견이 되지 못하여 4인 소수의견이 법정의견이 되어 기각(합헌성인정)결정이 되었다. 평등권에 관한 심사에 있어서 4인 법정의견이나 5인 다수의견 모두 공무담임권에 대한 중대한 제한을 초래하게 되어 엄격심사를 해야 한다는 점에서는 공통되었으나 비례원칙을 준수하였다는 4인 법정의견에 따라 기각결정이 된 것이다(2002헌마573).

② 국·공립 교육·사범대학 졸업자 신규교사 우선채용 규정에 대한 위헌결정으로 인한 미임용자를 위한 특별정원 규정 – 이 우선 규정에 대한 헌재의 위헌결정(89헌마89)이 있기 이전에 국립사범대학을 졸업하여 임용이 예정되어 있었으나, 위 위헌결정으로 인해 교원으로 임용되지 아니한 자(미임용등록자)를 구제하기 위해 중등교원 임용시험에 있어서 미임용등록자를 위한 별도의 특별정원을 마련하고 미임용등록자에게 교원자격증의 표시과목을 변경할 수 있도록

부전공과정을 개설해주도록 하는 '국립사범대학졸업자 중 교원미임용자임용 등에 관한 특별법' 규정에 대한 헌법소원사건에서 헌재는 엄격심사를 하였다. 이 헌법소원심판에서 위와 같은 특별정원, 부전공과정개설은 한정된 교육공무원직을 두고 경쟁관계에 있는 다른 중등교사임용시험 준비자들(청구인들)의 평등권을 침해한다는 주장이 중요한 쟁점이었다. 헌재는 공무담임권에 대한 중대한 제한을 초래하게 되는 관계에 있기 때문에 비례심사를 한다고 밝혔다. 심사결과 기각결정을 하였다(2005헌마598).

③ 공립 중등교사 임용후보자 선정경쟁시험에서의 복수·부전공자에 대한 가산점 부여 – 복수·부전공 가산점을 받지 못하는 자가 입을 수 있는 불이익은 공직에 진입하는 것 자체에 대한 제약이라는 점에서 당해 기본권에 대한 중대한 제한이므로 이 사건 복수·부전공 가산점 규정의 위헌 여부에 대하여는 엄격한 심사척도를 적용함이 상당하다고 보아 엄격한 심사척도를 적용하여 심사하였다. 심사결과 합헌결정을 하였다(2005헌가13).

④ 중등교사 임용시험에서의 지역가산점제 – 중등교사 임용시험에서 동일 지역 사범대학을 졸업한 사람으로서 교원경력이 없는 자에게 가산점을 부여하고 있는 이 사건 법률조항이 제청신청인의 공무담임권이나 평등권을 침해하는지 여부에 대해 헌재는 엄격심사를 한 결과 지역교육의 균등발전 등을 들어 비례원칙을 지킨 것이고 따라서 합헌이라고 결정하였다(2005 헌가11).

2) 생명·신체의 안전, 재판절차진술권

위헌결정례: 교통사고를 일으킨 차가 종합보험 등에 가입된 경우에는 업무상 과실 또는 중대한 과실로 인한 교통사고로 말미암아 피해자로 하여금 '중상해'에 이르게 한 경우에도 공소를 제기할 수 없도록 한 구 교통사고처리특례법 규정에 대해 생명·신체의 안전을 들어, 그리고 재판절차진술권 행사에 있어서 중대한 제한을 가져온다는 이유로 엄격심사를 하였고 차별정도에 적정한 균형관계를 이루고 있다고 보가 어려워 평등권을 침해하였다고 판단하여 그 부분에 대한 일부위헌결정을 하였다.

● **판례** 헌재 2009.2.26. 2005헌마764

[결정요지] … 다. 평등권 침해 여부 (1) 업무상 과실 또는 중대한 과실로 인하여 중상해를 입은 경우 – 기본권 행사에 있어서 중대한 제한을 구성하기 때문에 엄격한 심사기준에 의하여 판단하기로 한다. 중상해 피해자 간 및 사망사고 피해자와의 차별취급은 중상해 피해자의 재판절차진술권 행사를 사고관련자들의 주의의무의 위반 정도 및 결과의 불법성의 크기 등에 관계없이, 사고유형이 단서조항에 해당하는지의 여부만으로 달리 취급하는 것이므로 신속한 피해회복이라는 이 사건 법률조항의 입법목적이라는 측면에서 보아도 그 차별의 정도에 적정한 균형관계를 이루고 있다고 보기 어렵다. 평등권을 침해하는 것이다. (2) 업무상 과실 또는 중대한 과실로 인하여 중상해가 아닌 상해를 입은 경우 – 평등의 원칙에 반하지 아니한다. * 이 결정은 선례 헌재 1997. 1. 16. 90헌마110등결정이 5인 위헌의견이 다수의견인데도 6인 위헌결정 정족수를 채우지 못하여 4인 합헌의견에 따라 기각되었던 것을 판례변경한 것인데 선례에서 4인 법정의견은 완화심사를 해야 한다고 하고 평등원칙 위반이 아니라고 보았었다. 위 결정에서는 엄격심사를 하여 그 심사척도부터 판례변경을 한 것이다.

3) 직업수행의 자유

헌법불합치결정례: 한국방송광고공사와 이로부터 출자를 받은 회사가 아니면 지상파방송사

업자에 대해 방송광고 판매대행을 할 수 없도록 규정하고 있는 구 방송법과 동법시행령의 규정이 일반 민영 방송광고판매대행업자인 청구인의 직업수행의 자유와 평등권을 침해하는지 여부가 문제된 사안에서 헌재는 직업수행의 자유에 대한 중대한 제한을 초래한다고 보아 엄격심사를 하였고 평등권 침해로서 헌법불합치결정을 하였다.

● 판례 헌재 2008.11.27. 2006헌마352
[결정요지] 엄격한 비례심사가 적용되어야 할 것이다. … 한국방송광고공사나 이로부터 출자를 받은 회사에게만 지상파 방송광고 판매대행을 맡길 이유는 없다. 방송광고가 순수한 사적 영역이 아니라 공공성과 공익성이 요구되는 특수한 분야이기는 하나, 민영 방송광고 판매대행사를 통하는 경우라 하더라도 그 요건을 허가제로 하거나 중소방송사에 대한 광고판매대행 할당제를 설정하거나 기준 위반시 허가취소하거나 하는 등의 사전 또는 사후의 철저한 관리를 하면, 지상파 방송광고 판매대행업의 제한적 경쟁체제를 유지하고, 방송의 공공성, 공익성, 다양성을 달성할 수 있기 때문이다. 그럼에도 불구하고 이 사건 규정은 민영 방송광고 판매대행사는 사적 이익만을 위해 설립된 회사라고 단정하고 한국방송광고공사와 이로부터 출자를 받은 회사에만 지상파방송사업자에 대한 방송광고 판매대행을 할 수 있도록 하고 있는바, 이는 차별목적과 수단 사이에 비례성을 상실한 것이다. 따라서 평등권을 침해하고 있다.

4) 교육을 받을 권리

위헌결정례: 자사고 지원 학생의 평준화지역 후기 학교 중복지원 금지 규정에 대한 엄격심사 — 이를 규정한 초·중등교육법시행령조항은 이 제한은 보편화된 일반교육인 고교의 진학에 대한 제한으로서 중대한 제한이라고 보았고 과잉금지원칙 위반으로 위헌결정이 되었다.

● 판례 헌재 2019.4.11. 2018헌마221
[결정요지] 가. 쟁점 및 심사기준 — 우리나라 전체 중학교 졸업자의 약 99.7%가 고등학교 과정에 진학하여 비록 고등학교 교육이 의무교육은 아니지만 매우 보편화된 일반교육임을 알 수 있다. 따라서 고등학교 진학 기회의 제한은 당사자에게 미치는 제한의 효과가 더욱 크므로 보다 더 엄격히 심사하여야 한다. 나. 판단 - 자사고를 지원하는 학생과 일반고를 지원하는 학생은 모두 후기학교 지원자라는 점에서 동일하다. 후기 입학전형 1번의 기회만 남아있다는 점에서 같다. 그러나 자사고에 지원하였다가 불합격한 평준화지역 소재 학생들은 이 사건 중복지원금지 조항으로 인하여 원칙적으로 평준화지역 일반고에 지원할 기회가 없다. 추가로 선발할 것인지 여부는 전적으로 교육감 및 학교의 장의 재량에 따라 결정된다. 결국 이 사건 중복지원금지 조항은 고등학교 진학 기회에 있어서 자사고 지원자들에 대한 차별을 정당화할 수 있을 정도로 차별 목적과 차별의 정도 간에 비례성을 갖춘 것이라고 볼 수 없다. 다. 소결 - 따라서 이 사건 중복지원금지 조항은 청구인 학생 및 학부모의 평등권을 침해하여 헌법에 위반된다.

(3) 기본권에 관련된 차별, 기본권의 행사에 있어서의 차별을 가져오는 경우

헌재 판례 중에는 헌법에서 특별히 평등을 요구하는 경우이거나 관련 기본권에 대한 중대한 제한을 가져오는 경우가 아니라도 기본권에 관련된 차별, 기본권의 행사에 있어서의 차별을 가져오는 경우 비례심사를 하여야 한다는 결정례가 있다.

1) 결정례

ⅰ) 7급 공무원 시험에서 정보관리기술사, 정보처리기사, 정보처리산업기사 자격 소지자에 대해서는 가산점을 부여하면서, 정보처리기능사의 경우에는 아무런 가산점을 부여하지 않아 제기된 헌법소원심판의 결정 — 헌재는 이 결정에서 "입법자가 설정한 차별이 국민들 간에 단순한 이해관계의 차별을 넘어서서 기본권에 관련된 차별을 가져온다면 헌재는 그러한 차별에

대해서는 자의금지 내지 합리성 심사를 넘어서 목적과 수단 간의 엄격한 비례성이 준수되었는지를 심사하여야 할 것이다. 나아가 사람이나 사항에 대한 불평등대우가 기본권으로 보호된 자유의 행사에 불리한 영향을 미칠 수 있는 정도가 크면 클수록, 입법자의 형성의 여지에 대해서는 그만큼 더 좁은 한계가 설정되므로, 헌법재판소는 보다 엄격한 심사척도를 적용함이 상당하다. 헌법재판소는 제대군인 가산점 사건에서 "차별적 취급으로 인하여 관련 기본권에 대한 중대한 제한을 초래하게 된다면 입법형성권은 축소되어 보다 엄격한 심사척도가 적용되어야 할 것이다."고 한 바 있는데, 이러한 판시는 차별적 취급으로 인하여 기본권에 중대한 제한을 초래할수록 보다 엄격한 심사척도가 적용되어야 한다는 취지이며, 기본권에 대한 제한이기는 하나 중대하지 않은 경우에는 엄격한 심사척도가 적용되지 않는다는 취지는 아니라고 볼 것이다"라고 하였다. 그리하여 당해 사안이 가산점의 비부여가 "청구인과 같은 정보처리기능사 자격을 가진 응시자가 공무담임권을 행사하는데 있어 차별을 가져오는 것이므로, 이 사건에서는 그러한 차별을 정당화할 수 있을 정도로 목적과 수단 간의 비례성이 존재하는지를 검토하여야 할 것"이라고 하여 비례심사를 한 바 있다(2003헌마30. 판단결과 기각결정이 있었다. [기각결정요지] 기능사 자격은 기술·기능 분야의 자격증 중 가장 낮은 단계의 것인데 비하여, 산업기사 이상의 자격은 복합적인 기능업무를 수행할 수 있는 능력 이상을 평가하고, 시험이 더 까다로운 등 차이점이 있는 이상, 기능사 자격증 소지자는 가산점을 주지 않는다고 하더라도 이는 공무원의 업무상 전문성을 강화하기 위한 입법목적을 달성하기 위한 것이며, 7급 공무원 시험에 있어서 임용희망자의 능력·전문성·적성·품성을 기준으로 하는 이른바 능력주의 또는 성과주의를 벗어난 것으로 보기 어렵다. 결론적으로 입법목적과 수단 간의 적정한 비례성을 벗어난 것이라 할 수 없다).

ⅱ) 위 결정례를 따라 기본권의 행사에 있어서의 차별을 가져오는 경우에 목적과 수단 간의 엄격한 비례성이 준수되었는지를 심사하여야 한다는 아래의 결정례가 있었다.

① 비슷한 가산점 제도로 합헌성 인정 결정 － 노동직류와 직업상담직류를 선발할 때 직업상담사 자격증 소지자에게 점수를 가산하도록 한 공무원임용시험령 규정들 － 위 취지와 같이 비례심사를 해야 한다고 하면서 심사결과 비례성을 갖추었다고 하여 기각결정을 한 것이다(2018헌마46).

② 국가유공자가족에 대한 가산점제도 － 헌법불합치결정 － 국가유공자 등과 그 가족에게 국가기관 등의 채용시험에서 필기·실기·면접시험마다 만점의 10%의 가산점을 주도록 한 '국가유공자 등 예우 및 지원에 관한 법률' 규정이 이 가산점의 수혜대상자가 아닌 일반 응시자의 공무담임의 기회를 제약 내지 차별하는 것이라는 주장의 헌법소원심판사건에서 헌재는 이전 결정인 2001.2.22. 2000헌마25 결정에서는 자의성심사가 아닌 비례심사를 하면서도 완화된 비례심사를 하여 기각결정을 하였다. 그러나 이후 2006.2.23. 2004헌마675 결정에서는 다시 심사를 하면서 엄격한 비례심사를 하였고 판례를 일부 변경하여 헌법불합치결정을 하였다. 이 2004헌마675 결정에서 헌재는 "만일 입법자가 설정한 차별이 <u>기본권의 행사에 있어서의 차별을</u> 가져

온다면 그러한 차별은 목적과 수단 간의 엄격한 비례성이 준수되었는지가 심사되어야 하며, 그 경우 불평등대우가 기본권으로 보호된 자유의 행사에 불리한 영향을 미칠수록, 입법자의 형성의 여지에 대해서는 그만큼 더 좁은 한계가 설정되어 보다 엄격한 심사척도가 적용된다(헌재 2003.9.25. 2003헌마301)"라고 판시하였다. 헌재는 "이 사건 조항은 일반 응시자들의 공직취임의 기회를 차별하는 것이며, 이러한 기본권 행사에 있어서의 차별은 차별목적과 수단 간에 비례성을 갖추어야만 헌법적으로 정당화될 수 있다"라고 보고, 종전 결정은 "헌법 제32조 제6항에 근거를 두고 있으므로 평등권 침해 여부에 관하여 보다 완화된 기준을 적용한 비례심사를 하였으나, 국가유공자 본인의 경우는 별론으로 하고, 그 가족의 경우는 위에서 본 바와 같이 헌법 제32조 제6항이 가산점제도의 근거라고 볼 수 없으므로 그러한 완화된 심사는 부적절한 것"이라고 보아 판례변경을 하였다(헌재 2006.2.23. 2004헌마675. 이 결정에 대해서는 아래의 비례심사의 강도 부분 참조).

③ 국가유공자가족에 대한 동점자 우선합격 제도 – 채용시험에서의 동점자처리 시 국가유공자와 그 유족·가족 응시자에 대한 우선합격제의 규정도 문제되었다. 헌재는 "만일 입법자가 설정한 차별이 기본권의 행사에 있어서의 차별을 가져온다면 그러한 차별은 목적과 수단 간의 엄격한 비례성이 준수되었는지가 심사되어야 한다"라고 하면서 "위 규정은 공직취임에서 일반 응시자들을 차별하는 것이며, 이러한 기본권 행사에 있어서의 차별은 차별목적과 수단 간에 엄격한 비례성을 갖추어야만 헌법 제37조 제2항이 정한 과잉금지의 원칙에 합치되어 정당화될 수 있을 것"이라고 하여 비례심사를 하였는데 심사결과 평등권침해가 아니라고 판단하였다(2005헌마44).

④ 정리회사 주주에 대한 주권상실제 – 위헌결정 – 정리계획에 의하여 새로이 정리회사의 주주가 된 자가 3년 내에 주권의 교부를 청구하지 아니한 때에는 주주로서의 권리를 잃도록 하여 정리회사 주주를 일반 주주와 차별취급하고 있던 구 회사정리법 규정이 위헌심판대상이 되었다. 헌재는 "입법자가 설정한 차별이 국민들 간에 단순한 이해관계의 차별을 넘어서서 기본권에 관련된 차별을 가져온다면 헌재는 그러한 차별에 대해서는 자의금지 내지 합리성 심사를 넘어서 목적과 수단 간의 엄격한 비례성이 준수되었는지를 심사하여야 할 것인바(2003헌마30), 이 사건 법률조항은 정리회사 주주를 주주권 상실이라는 방법으로 일반 주주와 차별취급하여 기본권의 존속과 관련된 차별을 하고 있으므로, 이 사건 법률조항의 평등원칙 위반 여부 판단에 있어서는 목적과 수단 간의 엄격한 비례성 준수 여부를 심사하여야 한다"라고 하였다. 심사결과 비례성을 갖추지 못하였으므로 평등원칙에 위배된다고 위헌결정이 내려졌다(2010헌가85).

ⅲ) 기본권행사상의 차별이 아니라고 하면서 엄격심사 아닌 합리적 심사를 하고 합리성이 있다고 보아 기각결정한 결정례가 있다. 공무원이었던 사람에 대한 공무원의제(擬制)기간의 퇴직금 산정기간 제외 – 공무원으로 의제되는 기간은 "근로기준법 제34조의 규정에 의한 퇴직금산정을 위한 계속근로연수에서 이를 제외한다"라고 규정하여 공무원연금법이 적용되는 20년

까지 기간 근로기준법상의 퇴직금 산정기간에서 제외하도록 한 한국철도공사법 부칙조항이 종전에 철도청에서 공무원으로 근무했고 이후 한국철도공사 직원인 사람들의 평등권을 침해하는지 여부가 문제된 사안으로 내려진 기각결정례이다(2005헌마337).

2) 검토
이에 대해서는 아래 5. (1)에서 언급한다.

5. 심사의 spectrum, 엄격심사 · 완화심사 구분의 검토

(1) 심사의 강도상 spectrum
ⅰ) 이 문제는 위 4. (3)의 결정례들을 계기로 문제제기가 더욱 필요해졌다. 그 결정례들은 드물게 보이긴 한데「엄격심사(중대 재한 초래)＝비례심사○, 완화심사＝비례심사×」라는 구도에서 '중대한 제한을 가져오는 경우가 <u>아니라도</u>' 중대 제한 초래 경우의 엄격심사와 같이 비례심사를 한다면 다음의 의문을 자아내게 한다. 즉 ① 위와 같은 경우를 엄격, 완화 중 어떤 심사로 볼 것인지 여부, ② 여하튼 그 비례심사는 엄격, 완화 양자로 종래 일반적으로 구분하여 말해온 그 엄격에서의 그 비례심사와 강도가 같은가 아니면 다른 것인가, 그 강도에 차이가 있다면 결국 엄격, 완화만이 아닌, 엄격, 중간, 완화 또는 그 이상의 여러 스펙트럼(spectrum)의 심사강도가 있는지 하는 문제가 제기된다. 그동안 헌재가 중간단계 심사를 하여 3단계(또는 그 이상 단계)심사를 할 수도 있다고 명시적으로 밝힌 바가 아직 없고 여전히 평등심사에 있어서 먼저 심사척도(정도)에 대해 판시하면서 엄격심사와 완화심사의 구분만을 원칙으로 언급한 뒤 둘 중 어느 하나로 심사를 행하는 판례들이 일반적이다.

ⅱ) 헌재는 평등심사에서의 비례심사 이전에 일반적인 비례심사에서도 강한 비례심사, 완화된 비례심사를 판시한 바 있는데 평등심사에서도 엄격심사의 강도 차이가 있고 위와 같이 spectrum이 있다면 완화된 엄격의 평등심사에서 그 완화는 비례원칙의 어느 요소를 완화한다는 의미인지(즉 완화대상로 종래 일반적으로 구분하여 말해온) 등에 대한 검토도 요구될 것이다(일반 비례심사에서는 헌재는 피해최소성 심사를 완화하여 하는 예들을 주로 보여주었다. 전술, 기본권총론, 비례원칙 부분 참조).

(2) 엄격심사 · 완화심사 구분의 검토
1) 엄격심사 기준의 문제
위 (1)에서 문제제기와 더불어 완화심사와 엄격심사의 양자만의 구분 자체에 있어서도 그 기준이 문제된다. 엄격심사의 사유로 헌재가 들고 있는 "헌법이 스스로 차별의 근거로 삼아서는 아니 되는 기준을 제시하거나 차별을 특히 금지하고 있는 영역"이 헌법 자체에 규정이 있는 경우에도 늘 뚜렷하지 않은데 명시되지 않은 경우에 특히 헌법이 금지하고 있는 것이 또 무엇인지를 가려내어야 하는 쉽지 않은 문제가 있다. 헌재가 또 다른 엄격심사 사유로 들고 있는 "기본권에 대한 중대한 제한을 초래하게 될 경우"도 그 중대성이 여하한, 어느 정도의 제한인 경우를 의미하는지 하는 문제가 있다. 선거운동의 자유와 같은 기본권에 대해 자의금지심사를 한 예들이 있는데 이는 문제가 있다고 본다.

2) 구분의 근본적 검토 - '합리성' 심사는 비례심사가 아닌가?

헌재가 완화심사라고 하는 합리성심사가 무엇인가 ? 생각건대 합리적이라는 것은 그럴만한 합당한 이유, 정당한 이유가 있고 그 이유 때문에 그러그러한 차별이 있을 수밖에 없다고 판단될 때를 말한다. 적어도 그 정도는 심사되어져야 한다. 그렇다면 합리성심사에서 그 차별의 목적이 있고 그 목적이 정당하며 그 차별이 그 목적달성에 효과가 있는가 하는 정도는 살펴야 할 것이다. 결국 이는 비례원칙에 있어 목적의 정당성, 방법의 적정성 정도는 합리성심사에서 살피게 된다는 것을 의미한다. 이는 또 합리성(자의금지, 완화)심사도 넓게 비례심사로 볼 수 있다는 것을 의미한다. ① 헌재도 자의심사의 경우에도 앞서 본 대로 "비교대상 간의 사실상의 차이나 입법목적(차별목적)의 발견·확인"이라고 하기도(예를 들어 2000헌마25; 2005헌마764 등) 한다. 나아가 ② 합리성 요소로 목적정당성, 방법적정성을 갖추어야 한다고 언급하고 있는 우리 헌재의 결정례[그 예로 다른 전문직과 달리 약사는 법인을 구성하여 약국을 개설·운영할 수 없도록 한 약사법규정에 대해 사안이 공익을 위하여 상대적으로 넓은 규제가 가능한 직업수행의 자유 제한이어서 관련 기본권에 대한 중대한 침해가 있다고 볼 수 없다는 이유로 완화심사를 한다고 하면서도 이처럼 비례원칙 요소를 갖추어야 한다고 하면서 판단결과 평등권을 침해하였다고 하여 내린 헌법불합치결정(2000헌바84)을 들 수 있다. 또 다른 예로 완화심사하면서 방법적정성까지 심사한 뒤 그 차별취급의 비례성이 유지되고 있어서 평등원칙 위배가 아니라고 결정한 예(98헌마425등, 준법서약서제에 대한 기각결정. * 준법서약서제도는 이후 폐지되었다)]도 보인다. ③ 위와 같은 결정례들은 상당히 명시적이나 목적정당성, 방법적정성이란 말을 언급하지 않고 실질적으로는 그 요소들에 대한 판단이 이루어진 예도 있다.

완화심사인 합리성심사가 비례원칙 요소 심사를 하여 그 구분이 흐려지면, 그리고 위 spectrum 인정과 결부되면 엄격심사·완화심사 양자만의 구분에 대한 검토요구는 더욱 강해질 것이다.

6. 개별 기본권의 비례심사와 평등심사, 일괄심사, 결정형식 등

(1) 개별 기본권의 비례심사와 평등심사, 일괄심사 등

1) 양 심사의 관계

개별 기본권의 기본권제한에 있어서 비례심사, 평등심사에서 비례심사의 관계, 또는 보다 근본적으로 양자의 심사의 관계 등이 논의되어지고 이는 양 심사를 별도로 하는가 일괄해서 하느냐 하는 등의 문제와도 결부된다. 개별 기본권심사(이하 'A심사'라 함)와 평등권심사(이하 'B심사'라 함) 각각이 대상으로 하는 것은 A에서는 기본권의 제한 내용 자체에 대한 것이고 B에서는 그 제한이 그 사람에게만 가해지고 (또는 더 강하게 제한이 가해지고) 다른 사람에게는 가해지지 않는(또는 덜 제한이 가해지는) 그러한 차이에 대한 것이다. 예를 들어 '가'직종에는 심야영업금지라는 영업시간상 제한이 있는데 '나'직종에는 없다고 한다면, 여기서 문제되는 개별 기본권은 직업의 자유이다. 그러면 A심사가 직업의 자유에 대한 심사이고 B심사가 평등권심사이다. 그렇게 영업시간에 대한 제한을 '가'직종에 두고 있는 것에 대해 제한 그 자체의 합리성, 비례성 심사(A심사)를 하고 또 그 차이에 대해 합리성, 비례성 심사(B심사)를 하게 된다면 그 심사의 내용이 제한 자체가 가지는 것 하고 차별에 관해서 문제되는 것하고 차이가 있을 것이다. 그러나 차별도 제한의 한 모습으로서 제한에 포함되고 특히 그 차별이 그 개별 기본권의 제한의 결과인 경우에는 양 심사가 결부된다. '가'직종에만 가해지는(또는 더 강하게 가해지는) 그 제한은 직업의 자유의 제한의 내용을 이루자 '가'만을 대상으로 하는 내용의 제한이라는 점에서 차별의 내용도 되는 경우가 그것에 해당한다. 위 예에서 심야영업금지라는 것은 제한의 내용이자 차별의 내용이기도 하다.

2) 일괄심사 등의 예

헌재는 많은 결정례들에서 개별 기본권심사와 별도로 평등권심사를 행하는 분리심사를 하여 왔던 경향이다. 그러면서도 개별 기본권심사와 평등심사가 내용상 결부된 것일 때에 양 심사를 별도로 하지 않고 일괄적으로 심사가 이루어질 수 있다. 헌재가 양 심사를 일괄심사를 한 대표적인 경우 몇 가지 본다.

① 기본권의 행사상의 차별 문제가 심사대상이 되는 경우 - 헌재는 국가공무원 7급 시험에서 기능사 자격증에는 가산점을 주지 않은 공무원임용 관련 규정에 대한 헌법소원에서 "기본권의 행사상의 차별 문제가 심사의 대상이 되는 경우, 통상 해당 기본권에 대한 심사내용은 평등원칙(평등권)의 심사내용과 혼합되게 되므로 서로 나누어 심사할 필요 없이 하나로 묶어 판단함이 상당하다"라고 하면서 두 기본권에 관한 심사를 묶어서 하고 기각결정한 바 있다(2003헌마30).

② 공무담임권과 평등권의 침해 여부가 경합적으로 문제되는 경우 - 공립 중등학교 교사 임용후보자 선정경쟁시험에서 복수·부전공자에 대한 가산점 부여가 문제된 사안에서 헌재는 "가산점의 수혜대상이 아닌 일반 응시자의 공무담임의 기회를 제약 내지 차별하는 것이므로 공무담임권과 평등권의 침해 여부가 경합적으로 문제된다"라고 하면서 공무담임권과 평등권의 제한이 위헌인지 여부를 헌재가 함께 판단한 합헌결정례도 있었다(2005헌가13. 또 다른 그러한 결정례: 2005헌가11).

③ 평등권 침해 주장의 취지가 개별 기본권 침해의 주장에 내포되어 있다고 하면서 평등권 심사를 별도로 하지 않는다는 입장이 표명된 판례가 있다(공법상 재단법인인 방송문화진흥회가 최다출자자인 M방송사에 대한 방송광고판매대행 제한 사건, 헌재 2013.9.26. 2012헌마271 기각결정. * 비슷한 입장으로 개별 기본권에 관한 심사를 하고 평등권 심사를 별도로 하지 않은 또 다른 예: 건강기능

식품판매업을 하려는 자에 대한 신고의무, 헌재 2018.8.30. 2017헌바368 합헌결정).

④ 차별이 어느 개별 기본권에 대한 제한에 따라 부수적으로 발생할 수밖에 없는 결과일 때에는 평등권 침해 여부를 별도로 판단하지 않는다는 입장이 표명된 결정례 — 인터넷게시판 본인확인제(실명제) 위헌결정이 그 예이다(헌재 2012.8.23. 2010헌마47등).

⑤ 그 외 일괄심사를 한 예가 적지 않다(헌재 2008.10.30. 2006헌마1098; 2014. 8.28. 2013헌마553; 2018.2.22. 2016헌바401; 2018.2.22. 2016헌바420; 2018.2.22. 2017헌마438; 2018.2.22. 2015헌바124; 2018.8.30. 2015헌가38 등).

3) 분리심사이면서 사실상 일괄심사로 볼 수 있는 경우

ⅰ) 개별 기본권들에 대한 심사를 한 뒤 평등권 심사를 하면서(분리심사) 개별 기본권에 대한 비례원칙 위배 여부에 대한 판단내용에 비추어 그것과 같거나 비슷하게 평등권 침해(차별) 여부도 판단한 결정례가 있다. 그 예로 ① 제1종 운전면허의 적성기준으로 양쪽 눈의 시력이 각각 0.5 이상일 것을 규정하여 한쪽 눈의 시력이 0.5 미만인 자로 하여금 제1종 운전면허를 취득할 수 없도록 함으로써 한쪽 눈의 시력이 0.5 미만인 자를 불합리하게 차별한다고 주장한 헌법소원사건의 결정을 들 수 있다. 헌재는 이 결정에서 헌재는 직업선택의 자유의 제한문제에서 비례(과잉금지)원칙을 충족하였다는 판시를 먼저 한 뒤 평등원칙의 준수 여부에 대한 판시에서 "달리 취급해야 할 합리적인 이유는 앞서 살펴본 바와 같이 충분하다"라고 판시하였는바 이는 앞서 직업의 자유 제한에 관한 심사에서 인정한 비례원칙에의 합치를 차별의 합리적 이유로 인정하는 것이어서 결국 직업의 자유 제한에 관한 판단내용을 평등권 심사에서도 그대로 받아들이는 결과를 보여주었다. ③ 개별기본권에 관한 비례심사를 한 뒤 평등권에 관한 심사도 비례심사를 하여 두 번 비례심사를 하였는데 그 양 비례심사에서 목적정당성이나 피해최소성 등에서 내용상 거의 비슷한 취지의 판시를 한 결정례도 있다(헌재 2012.5.31. 2010헌가85).

ⅱ) 반대로 평등권 침해의 위헌성심사를 한 뒤 개별 기본권에 관한 침해의 위헌성 여부를 그것에 따라 판단한 예도 있다. 그 예로 ① 제대군인가산점 위헌결정인 98헌마363; ② 국가유공자 자녀를 위한 가산점규정에 대한 헌법불합치결정인 2004헌마675등; ③ '국립사범대학졸업자 중 교원미임용자임용 등에 관한 특별법' 규정에 대한 기각결정인 2005헌마598 등이 있다.

4) 분리별도심사에서 불균형 여부 문제

위 ⅰ)와 ⅱ)의 결정례들은 분리심사를 하였으나 실질적으로 개별기본권이나 평등권에 관해 모두 비례심사를 하였고 큰 차이를 찾기 어려움을 보여준다. 한편 개별 기본권심사에서는 비례심사, 평등심사에서는 합리성심사를 하는 경우에 균형성의 문제가 제기될 여지가 없지 않다. 예를 들어 재산권의 제한 문제를 생각할 수 있다. 우리 헌재의 판례는 재산권의 제한에 대해서도 과잉금지(비례)원칙을 적용하여 심사하는 경향인데 재산권 제한으로 인한 평등권침해 문제에 대해서는 재산권이 공익을 위하여 상대적으로 넓은 규제가 가능하다고 하여 완화심사를 한다면 양 기본권의 제한 문제에 대한 심사가 과연 균형적인 심사인지 하는 의문이 생긴다. 과잉금지원칙에 위배되는 재산권제한이면서 자의적인 제한으로 평등권 침해라고 하여 위헌결

정이 낮지만 그 심사강도에 있어서 균형성에 대한 의문이 없지 않다는 것이다. 그러한 검토대
상의 결정례로 예를 들어 '국세징수의 예에 의하여 청구할 수 있는 청구권'을 일률적으로 재단
채권으로 규정하여 파산선고 후 연체료 청구권자에게 우월한 지위를 인정함으로써 다른 채권
자들의 배당률을 낮추거나 배당가능성을 아예 없애는 등 그 재산권에 실질적 제한을 가져오게
하는 파산법 규정에 대한 위헌결정을 볼 수 있다. 헌재는 재산권의 침해 여부 심사에서는 과잉
금지원칙 위배 여부의 심사를 하여 위반을, 평등원칙 위배 여부 심사에서는 완화심사를 하여
평등원칙 위반을 인정하였다(2003헌가8).

(2) 결정형식의 측면

차별을 두는 법률규정에 대해 위헌심사를 한 결과 평등권의 침해가 인정되면 위헌성을 인
정하는 결정이 내려짐은 물론이다. 헌재가 행하는 위헌성인정의 결정에는 단순위헌결정뿐 아
니라 헌법불합치결정, 한정위헌결정 등의 변형된 결정도 있다. 평등권의 침해는 다른 사람들에
비해 기본권이 제한되는 차별의 경우 뿐 아니라 이익을 부여하는 법률규정이 일정한 사람들을
그 수혜범위에서 제외하는 경우에도 나타날 수 있다. 이러한 수혜적 법률의 경우에 위헌성이
인정되면 헌재는 헌법불합치결정을 할 필요가 생긴다. 즉 수혜적 법률의 규정이 그 제외에 합
리적 사유가 없기에 평등원칙 위반이라고 인정되어 단순히 위헌으로 선언되면 그 법률규정이
효력을 상실하게 되고 그렇게 되면 기존의 수혜를 받던 사람들에게 마저도 그 수혜의 근거법률
이 소멸되어 그 이익을 더 이상 누리지 못하고 결국 오히려 이익의 박탈이 생기게 된다. 위헌
성의 원인은 수혜자에 있는 것이 아니라 일단의 사람들이 수혜범위에서 제외된 데 있기에 이러
한 결과는 부당하고 따라서 기존의 수혜자들의 이익을 계속 부여할 필요성이 있다. 여기에 위
헌임을 인정하면서도 잠정적으로(국회가 수혜자를 넓히는 입법개선을 할 때까지) 계속적용을 명하
는 헌법불합치결정을 할 필요성이 생긴다.

▶ **예시:** A, B, C에게는 월 50만원의 생활보조의 비용이 지급되나 D. E에게는 지급이 안 되는 경우 A, B, C에 지
급되는 그 비용이 위헌이라는 것이 아니라 D. E도 비슷한 요건을 갖추었는데도 지급이 안 되는 점이 평등권 침해
라고 하여 위헌이라고 할 때(단계적 개선의 관점에서 보아도 입법재량을 넘어선 경우여서 위헌이라고 할 때) 단순
위헌결정을 하면 그나마 A, B, C에게 지급되던 것 마저 박탈되므로 이를 막고 D, E에게도 지급하는 법개정을 하도
록 하기 위해 헌법불합치결정을 할 필요가 있다. 대표적 결정례: 헌재 2001.11.29. 99헌마494.

제 3 장

자 유 권

제 1 절 자유권의 일반론

I. 개념과 발달

1. 개념

'자유', 자유롭다는 것은 어느 누구로부터 아무런 구속이나 강제를 받지 않고 얽매이지 않으며, 방해를 받음이 없이 어떠한 행위를 하거나 하지 않을 수 있음을 의미한다. 따라서 기본권으로서의 자유권은 인간이 국가의 공권력에 의한 구속, 강제, 간섭이나 제지를 받지 않고 자신의 의지에 따라 어떠한 행위를 하거나 하지 않을 수 있는 권리를 의미한다.

2. 발달

원래 자유권은 자연권적인 권리로 인식되어 왔고 근대 시민혁명 당시 인간이 자유롭게 태어났음을 강조하는 인권선언들이 채택된 것도 자유권의 자연권적인 관념을 보여준다. 그러나 근대 국가에 들어서서 자유권도 실정법에 의한 보호나 인정을 요구한다는 사상이 점점 강해지면서 자연권적인 사상이 퇴색되는 경향을 보여주었고 결국 양차에 걸친 세계대전이 인간의 기초적인 자유권들마저 박탈했으며, 특히 나치즘에 의한 자유권의 유린을 경험하였다. 이에 대한 반성으로 2차대전 이후 자연권이 강조되어(자연권의 부활, 재생) 다시금 자유권의 자연권적인 성격이 고양되었다. 다른 한편으로는 경제적 자유의 향유로 부익부, 빈익빈의 경제적 불평등이 나타나 이의 시정을 위한 경제적 정의, 생존권(사회권)이 강조되어 경제적 자유권에 대한 사회적 제약이 요구되었다. 이에 비해 언론의 자유와 같은 정신적 자유권은 더욱 그 보호가 강해져 갔다.

II. 성격과 효력

1. 성격

(1) 권리성

자유는 권리가 아니라 국가의 법이 간섭이나 규제를 하지 않은 결과의 반사적인 효과 때문에 주어지는 이익이라고 보는 반사적 이익설이 있긴 하였으나 받아들일 수 없고, 자유권도 간섭배제와 침해구제를 국가에 대해 요구할 수 있는 힘을 가지므로 공권인 기본권이다(공권성). ① 헌법 제10조의 기본적 '인권'이란 용어는 천부인권으로서의 기본권을 포괄하고 자유권도 천부인권으로서 이에 포함됨은 물론이다. ② 또한 헌법 제37조 제2항은 국민의 기본권을 함부로 제한할 수 없는 한계를 설정하고 있는데 이 제한한계의 대상으로서 "모든 '자유'와 권리"라는 규정도 곧 자유권도 다른 권리들과 같이 권리성을 가진다는 것을 전제한다.

(2) 자연권성, 기초적 권리성, 개인주의적 성격

자유권은 천부인권으로 인식되어 왔으며 우리 헌법 제10조의 기본적 인권이란 용어는 천부인권으로서의 기본권을 포괄하고 자유권도 천부인권으로서 이에 포함된다. 인간이 무엇보다도 자유로이 활동할 수 있어야 기본적으로 생활을 영위할 수 있게 되는 것은 물론이다. 그 점에서 자유권은 인간이 일상의 일반적인 활동에서의 간섭을 받지 않는다는 기초적인 권리로서 자연권이다. 자유권이 자연권이긴 하나 절대적인 것이 아니고 사회공동체의 질서와 안전, 공익, 공공복리 등을 위해서는 제한될 수 있는 상대적 권리이다.

자유권은 개인주의적 성격을 띠고 있다. 이는 대표적인 근대시민혁명의 소산인 프랑스 1789년 인권선언이 개개인의 자유를 강조하였다는 점에서도 나타난다고 지적되고 있다.

(3) 소극성, 방어적 권리성

일반적으로 자유권에 대해서는 소극적 성격을 인정하는 경향이 있다. 즉 국가나 공권력의 적극적인 활동이 없이 방해하지 않는 상태인 것으로도 자유로운 상태가 되기에 소극적인 간섭배제로써 충분히 실현되는 권리라고 보는 것이다. 이 점에서 후에 볼 생존권이 국가의 개입과 활동을 요구하는 적극적인 권리로서의 성격을 가지는 것과는 차이가 있다. 국가로부터의 간섭배제는 자유에 대한 국가의 침해에 대한 방어적 효력을 인정하여야 하기에 자유권은 방어적 권리성을 가진다. 그러나 자유권도 간섭을 받을 때에 그 방해의 배제를 위해 청구권이 행사된다는 점에서(예를 들어 구속적부심청구권) 적극적 효과를 가져오는 권리로도 파악되는 것이 필요하다.

(4) 포괄성

자유권은 자연권으로서 인간생활의 전반에 걸쳐 인정되는 권리로서 포괄성을 가진다. 자유권이 포괄성을 가진다는 것은 헌법에 규정된 신체의 자유 등 여러 자유권들은 예시적인 것이고 이 외에도 인간의 여러 생활 영역에서 많은 다른 자유권들이 일반적으로 파생됨을 의미한다. 따라서 헌법에 명시된 자유권들 외에도 다른 자유권들이 많이 존재한다. 우리 헌재도 헌법 제10조의 행복추구권에서 일반적 행동자유권이라는 포괄적 자유권이 나온다고 보아 자유권의 포괄성을 인정하고 있다. 자유권의 포괄성과 관련하여 "국민의 자유와 권리는 헌법에 열거되지 아니한 이유로 경시되지 아니한다"라고 규정한 헌법 제37조 제1항에 대해 실정권설에서는 이를 자유권의 포괄성을 창설하는 규정으로 보나 자연권인 자유권의 포괄성을 주의적으로 확인하는 규정으로 보아야 한다.

2. 효력

자유권은 모든 국가권력을 구속하고 간섭배제를 요구할 수 있는 대국가적 효력을 가진다. 자유권은 사인들 간에도 적용되는 기본권이다. 자유권도 국가안전보장, 질서유지, 공공복리를 위하여 법률로써 제한될 수 있다. 그 제한에 비례(과잉금지)원칙이 준수되어야 하고 본질적 내용은 침해가 절대적으로 금지된다는 한계가 있다(제37조 제2항).

Ⅲ. 자유권의 체계

[실익] 우리 헌법에는 신체의 자유, 거주·이전의 자유, 직업선택의 자유, 주거의 자유, 사생활의 비밀과 자유, 통신의 비밀보장, 양심의 자유, 종교의 자유, 언론·출판의 자유, 학문과 예술의 자유, 재산권의 보장 등을 규정하고 있다. 그 외에도 자유권은 생활의 기초적 권리로서 여러 영역에서 자유권이 포괄적으로 요구된다. 이 포괄성으로 헌법에 명시된 자유권 외에도 촘촘한 그물망의 자유권들을 채워 자유권을 보다 치밀하고도 확장적으로 보장하게 된다. 체계화는 자유권들에 있어서 중요도를 헤아리게 하여 그 보호를 효율적으로 하기 위한 것이기도 하다. 일반적으로 정신적 자유권은 경제적 자유권들 보다 중요하다고 본다. 어떠한 자유가 어느 수준의 우선순위를 가지고 어느 정도의 보호가 주어지는지를 파악하여 기본권조절을 하기 위해서도 분류와 체계를 파악함이 필요하다.

[일반적 행동자유권 – 자유권의 파생성·포괄성] 헌재도 헌법에 명시되지 않은 자유권들을 앞서 본대로 헌법 제10조의 행복추구권에서 파생되는 '일반적 행동자유권'에서 끌어내고 있다(자세한 것은 전술 '행복추구권' 부분 참조).

[분류와 이하 서술체계] 일반적 행동자유권으로서 파생되는 자유권들에 대해서는 앞서 행복

추구권에서 살펴보았다. 이하에서는 헌법에 명시된 자유권들을 분류하여 1) 신체의 자유권, 2) 거주·이전의 자유권, 주거의 자유권, 사생활의 비밀·자유권, 통신불가침, 3) 정신활동의 자유권, 4) 경제적 자유권으로 나누어 살펴본다. 2)는 상당히 나열적인데 이를 생활기반적 자유권으로 칭할 수도 있겠다. 문제는 1), 3), 4), 5)의 자유권도 생활기반적일 수 있다는 것이다. 그래서 본서에서 일단 열거적으로 2)의 제목을 달았다. 보다 더 적절한 용어에 대해서는 계속 연구하고자 한다.[310] 이하에서 신체의 자유권부터 살펴본다.

제 2 절   신체의 자유권

제 1 항   신체의 자유권의 개념·내용과 성격, 주체, 체계

1. 신체의 자유권의 개념과 내용

(1) 개념 ─ 신체안전·활동의 자유

신체의 자유권이란 불법한 체포나 감금 등을 당하지 않는 신체안전을 보장받으며 신체활동을 간섭받지 않고 자율적으로 할 수 있는 권리를 의미한다. 신체의 자유의 개념에 대해서 이를 생명권이나 신체불훼손권까지도 포함하는 넓은 개념으로 보는 견해와 주로 신체활동의 자유로 보려는 견해가 대립된다. 생각건대 신체의 '자유'와 신체의 '권리'(신체의 자유를 포함한 더 넓게 신체에 관한 모든 권리)는 구분된다. 신체의 권리에는 자유권적인 요소 외 적극적인 요소의 권리도 포함된다.

헌법 제12조에 의해 보호되는 신체의 자유는 우선은 자유권으로서 신체활동에서의 자유를 말한다. 신체가 손상되지 않고 적극적으로 보전되게 하는 권리는 헌법 제10조를 근거로 함이 필요하다. 헌법 제10조가 주기본권으로 보완하는 역할을 할 뿐 아니라 신체가 생명과 더불어 존재하고 인간의 생명은 인간의 존엄과 가치가 인정되기 위한 전제조건이라는 점(인간이 살아있지 않는 한 존엄과 가치를 말할 수 없다), 그 보호의 적극적 권리성의 인정이 필요하다는 점에서 자유권인 신체의 자유권 규정인 헌법 제12조로는 부족하고 헌법 제10조에 의한 보호가 필요하다(전술 인간의 존엄과 가치 참조). 신체불훼손권(신체보전권)도 그러한 면이 있다. 신체가 훼손되는 간여를 받지 않는 것은 자유권적 요소이나 훼손되지 않고 적극적으로 보전될 것을 요구하는

---

310) 사생활의 비밀·자유권, 통신불가침을 사적 내지 개인적 자유권으로 분류하는 견해들이 있으나 사생활비밀이 보호되어야 한다는 것은 다른 사람들에게 노출되지 않아야 한다는 것이고 이는 다른 사람들, 즉 사회가 존재할 때라는 상황을 전제하고 사회 속에서의 보호를 요구하므로 사생활이라 하여 개인적 차원에 머무는 것이 아니라는 점에서 검토를 요한다.

것은 적극적 권리의 요소이다. 요컨대 신체의 '자유'만이 아닌 그것을 포함한 신체에 관련되는 모든 권리들은 방어권적인 소극적 자유권만으로 보호되는 것이 아니고 보다 넓고 적극적인 보장이 되어야 할 것이다. 결국 헌법 제12조에 의한 신체의 '자유'는 신체가 위협받거나 불법체포·감금되지 않을 안전권, 자율적인 신체활동을 할 자유, 신체에 대한 침해와 방해를 배제할 권리로서의 자유를 의미한다.

(2) 판례

[판례상 개념] 헌재 판례도 "신체의 자유는 모든 기본권 보장의 전제가 되는 것으로서 신체활동을 자율적으로 할 수 있는 신체거동의 자유와 함께 신체의 안전성이 외부로부터의 물리적인 힘이나 정신적인 위협으로부터 침해당하지 아니할 자유를 포함한다"라고 본다.[311] 그런데 헌재 판례 중에는 "집회·시위의 해산 또는 저지를 위해 최루액을 혼합한 용액을 살수하는 행위는 집회의 자유 뿐만 아니라 신체의 자유로부터 도출되는 신체를 훼손당하지 아니할 권리에 대한 직접적 제한을 초래한다"라고 판시한 판례도 있다(헌재 2018.5.31. 2015헌마476, 집회자들에 대한 물포 발포행위의 위헌확인결정. 이 결정은 법률유보원칙의 위반으로 위헌확인결정이 된 것이다. 앞의 기본권총론, 법률유보 부분 참조). 생각건대 신체의 '자유'뿐 아니라 헌법 제10조 인간의 존엄가치도 함께 제시되었으면 더 나았을 것이다.

[판례상 개념적용례] 위와 같은 판례입장의 기준에 비추어 헌재가 신체의 자유 제한이 있음을 인정한 예도 있고 그렇지 않은 예도 있다.

i) 신체자유 제한성 긍정례   ① 긍정 및 위헌결정례 - ㉠ 금치 처분을 받은 수형자에 대한 절대적인 운동의 금지 - 헌재는 "이는 징벌의 목적을 고려하더라도 그 수단과 방법에 있어서 필요한 최소한도의 범위를 벗어난 것이며, 수형자의 헌법 제10조의 인간의 존엄과 가치 및 신체의 안전성이 훼손당하지 아니할 자유를 포함하는 제12조의 신체의 자유를 침해하는 정도에 이르렀다고 판단된다"라고(헌재 2004.12.16. 2002헌마478) 판시하였다. ㉡ 무죄, 면소 등의 판결이 선고된 때에라도 검사로부터 사형, 무기 또는 10년 이상의 징역이나 금고의 형에 해당한다는 취지의 의견진술이 있는 사건에 대하여는 구속영장 효력이 지속된다고 규정한 구 형사소송법 제331조 단서규정 - 헌재는 과잉금지원칙을 위반하였다고 하여 위헌결정(헌재 1992.12.24. 92헌가8. 이 결정에서도 위에서 인용한 대로 "신체의 안정성이 침해당하지 아니할 자유"라고 언급되고 있다))을 하였다. ② 긍정 및 합헌성인정례 - 신체의 자유를 안전의 자유로 보면서 합헌성 인정을 한 한가지 예를 보면 헌재는 "디엔에이감식시료 채취의 구체적인 방법은 구강점막 또는 모근을 포함한 모발을 채취하는 방법으로 하고, 위 방법들에 의한 채취가 불가능하거나 현저히 곤란한 경우에는 분비물, 체액을 채취하는 방법으로 한다. 그렇다면 디엔에이감식시료의 채취행위는 신체의 안정성을 해한다고 볼 수 있으므로 이 사건 채취조항들은 신체의 자

---

311) 헌재 2003.12.18., 2001헌마163. 동지: 헌재 1992.12.24. 92헌가8, 형사소송법 제331조 단서 규정에 대한 위헌심판. 그 외 동지 판례는 많다. 아래 결정례들에서도 그러한 판시를 하고 있으므로 아래 결정례들 참조.

유를 제한한다"라고(2011헌마28. 그러나 판단결과 합헌성 인정. 동지: 2016헌마344등; 2017헌마1326)
판시하였다.

ii) **신체자유 제한성 부정례**   ① 지문날인 - "이 사건 시행령조항이 주민등록증 발급대상
자에 대하여 열 손가락의 지문을 날인할 의무를 부과하는 것만으로는 신체의 안정성을 저해한
다거나 신체활동의 자유를 제약한다고 볼 수 없으므로 신체의 자유의 침해가능성은 없다"(99헌
마513). ② 친고죄 고소취소 시기 제한 - "신체의 자유란 신체의 안정성이 외부로부터의 물리
적인 힘이나 정신적인 위험으로부터 침해당하지 아니할 자유와 신체활동을 임의적이고 자율적
으로 할 수 있는 자유를 의미하는바, 친고죄에서의 고소 취소가 제1심 판결선고 전까지로 제한
된다 하더라도 그것이 곧바로 청구인과 같은 피고소인의 신체의 자유에 대한 제한으로 연결되
는 것은 아니므로 신체의 자유는 이 사건 법률조항에 의해 제한되는 기본권이라고 할 수 없
다"(2008헌바40).

iii) 여기서 신체의 안전의 자유를 거론한 것은 신체의 자유의 개념에 있어 판례도 그렇게
보는 경향을 보여주기 위한 것인데 그 외 신체의 안전의 자유에 관한 결정례들은 뒤의 그 항목
에서도 소개한다(후술 Ⅴ. 참조).

* 생명권, 신체불훼손권(신체보전권) 등은 앞서 인간의 존엄과 가치에서 살펴보았다(전술 참조).

2. 성격과 주체

신체의 자유권도 천부인권으로서 자연권이다. 그리고 국가권력의 간섭과 구속을 배제할 수
있는 자유권으로서의 성격을 가진다.

신체의 자유의 주체는 신체의 자유가 천부인권으로서 인간의 권리이므로 국민뿐 아니라 외
국인이나 무국적자도 향유주체가 될 수 있다. 신체는 인간의 육체이므로 법인이나 단체는 신체
의 자유의 주체가 될 수 없다.

3. 현행헌법규정의 내용, 체계

(1) 형사절차상 보호에 한정되지 않은 헌법 제12조의 신체자유권

형사절차과정에서 인신구속 등 신체의 자유가 속박되는 경우가 많다고 해서 헌법 제12조
제1항의 신체의 자유를 형사절차상의 자유로만 보호된다고 보아서는 안 된다. 우리 헌법 제12
조 제1항 전문도 "모든 국민은 신체의 자유를 가진다"라고 규정하였지 형사절차상 신체의 자유를
가진다고 규정하지는 않고 있다. 즉 헌법 제12조의 위 문언이 보호하는 신체의 자유는 형사절차에
관련된 경우만 신체의 자유를 보장하려는 것이 아니고 모든 국가작용, 사인에 의한 신체활동 간섭·
침해로부터 그 배제를 하고 보호하는 기본권으로서 포괄적인 신체의 자유가 헌법상 보장됨을 확인

하는 것이다. 헌재도 "헌법 제12조 제1항 제1문은 문언상 형사절차만을 염두에 둔 것이 아님이 분명하다"라고 한다.

● **판례** 헌재 2018.5.31. 2014헌마346.
[판시] 헌법 제12조 제1항은 제1문에서 "모든 국민은 신체의 자유를 가진다."고 규정한다. 신체의 자유를 보장하는 헌법 제12조 제1항 제1문은 문언상 형사절차만을 염두에 둔 것이 아님이 분명하다. 또한 신체의 자유는 그에 대한 제한이 형사절차에서 가해졌든 행정절차에서 가해졌든 간에 보장되어야 하는 자연권적 속성의 기본권이므로, 신체의 자유가 제한된 절차가 형사절차인지 아닌지는 신체의 자유의 보장 범위와 방법을 정함에 있어 부차적인 요소에 불과하다. * 동지: 2016.3.31. 2013헌바190. 신체의 자유의 범위를 넓게 본 결정례로서는 사실 위 결정들 이전에 헌재 2004.3.25. 2002헌바104 결정이 있었다.

(2) 이하의 고찰체계

신체의 자유는 실체법적으로 보장되는 것도 중요하지만 신체의 구속을 함부로 하지 못하도록 하는 절차적 보장이 또한 중요하므로 이하에서 실체적 보장(제2항)과 절차적 보장(제3항)을 각 살펴보고 신체의 자유가 특히 강조되는 경우는 형사절차에서의 피의자, 피고인의 권리의 경우이므로 이에 대해서도 살펴본다(제4항).

제 2 항 신체의 자유권의 실체적 보장

헌법 제12조가 보장하는 신체의 자유는 형사절차만에 한정된 것이 아니고 모든 경우에 신체활동이 속박되지 않을 자유를 의미한다. 그런데 신체를 속박하는 대표적인 경우가 처벌 등이므로 먼저 신체의 자유권의 실체적 보장원리로서 죄형법정주의, 중복처벌금지원칙 등에 대해 살펴보게 된다. 신체의 자유권에 관한 우리 헌법 제12조, 제13조도 그것에 대한 규정을 두고 있다.

I. 죄형법정주의

1. 개념과 의의(기능)

[개념과 연혁] 죄형법정주의란 법률에 범죄가 되는 행위를 미리 규정해 두고 또 그 행위에 대한 형벌을 미리 법률에 규정해 두어야만 처벌을 할 수 있다는 원칙을 말한다. 따라서 법률에 의하지 않은 처벌을 받음으로써 신체의 자유가 침해되는 것을 막는다는 점에서 신체의 자유에 관한 가장 중요한 원칙들 중의 하나이다.

 * **연혁**: 죄형법정주의의 연혁은 멀리는 1215년 영국의 마그나 카르타(대헌장) 제39조에서 그 맹아를 볼 수 있고 그 후 영국에서 17세기에 적법절차원칙과 더불어 보다 확립되어져 갔다. 죄

형법정주의사상은 미국의 1776년 버지니아 권리선언 제8조에서 나타났고 1789년 프랑스의 인권선언도 그 제8조가 그 누구도 사전에 제정, 공포된 법률에 의하지 않고는 처벌될 수 없다고 규정하였다.

[헌법규정] 우리 헌법은 제12조 제1항이 "법률에 의하지 아니하고는 … 처벌 … 을 받지 아니한다"라고 규정하고, 제13조 제1항도 형벌불소급원칙을 규정하여 죄형법정주의를 명시하고 있다.

[의의, 기능] 죄형법정주의는 법률로 처벌되는 행위를 미리 알 수 있도록 하여 그 행위를 하지 않으면 처벌받지 않게 되므로 ① 법적 안정성과 ② 예측가능성을 부여하기 위한 원칙이다. 또한 형사처벌절차에 있어서 공권력의 ③ 자의를 배제, 방지하기 위한 원칙이다.

2. 내용(파생원칙)

죄형법정주의는 ① 법률주의(관습형법의 금지), ② 명확성의 원칙, ③ 형벌불소급의 원칙, ④ 유추해석의 금지, ⑤ 적정성의 원칙 등을 그 내용으로 한다.

(1) 법률주의(성문법주의, 관습형법의 금지)
1) 의미와 근거
죄형법정주의의 제 1 파생원칙은 물론 법률에 의하여 범죄구성요건(범죄행위)과 처벌을 규정하여야 한다는 법률주의의 원칙이다. 국민의 대표기관인 의회에서 제정된 법률은 국민의 의사이므로 이 법률에 의하여 처벌하는 것이 정당성을 지닌다는 관념을 기저에 두고 있다. 그리하여 이 법률은 국회에서 제정하는 법률이라는 이름을 가진 성문의 법규범, 즉 형식적 의미의 법률을 말한다. 따라서 명령으로는 범죄를 규정할 수 없다. 단 아래에서 보듯이 법률로부터 위임을 받아 규정할 수는 있으나 엄격한 요건하에 허용된다.

2) 내용적 요건
(가) 관습형법 금지   법률주의에 입각하여 관습형법이 금지된다. 역사적으로도 자의적인 관습을 내세워 형벌을 과하여 인권을 유린하였던 경험으로부터 관습형법의 금지가 죄형법정주의의 파생원칙으로서 자리 잡았다. 관습은 명확성을 결여할 수 있기에 범죄 구성요건명확성원칙(아래 참조)에도 부합되지 않으므로 금지되어야 한다.

(나) 적법절차를 준수한 법률   적법절차를 준수한 입법절차를 통해 이루어진 충실한 입법을 전제로 하는 죄형법정주의가 되어야 한다. 실질적 적법절차(이에 관해서는 뒤의 적법절차 참조)는 법률의 내용의 정당성을 요구한다.

3) 위임의 문제
법률주의의 예외가 합헌적으로 허용되는 경우가 있는가 하는 문제가 있는데 다음의 경우 긍정적이다.

(가) 행정입법　대통령령, 총리령, 부령과 같은 행정입법(법규성이 있는 법규명령)의 경우에는 헌법 제75조, 제95조가 그것을 허용하고 있다. 따라서 부득이한 경우에 법률이 구성요건 등을 직접 규정하지 못하여 위의 행정입법(법규명령) 등에 위임할 수도 있는데 그 위임은 구체적이어야 하고 엄격한 한계가 설정된다. 구체적인 것은 명확하여야 함을 의미하여 명확성의 원칙과 관련되므로 아래에서 함께 살펴본다.

(나) 조례　헌재의 명시적인 표명은 잘 보이지 않으나 이를 긍정하는 것으로 보인다. 생각건대 헌법 제117조 제1항 후문이 '자치에 관한 규정'을 제정할 수 있다고 하여 제정되는 것이 조례이므로 자치의 실현에 법적 뒷받침이 되는 조례의 실효성, 강제성을 위해 조례가 벌칙을 정할 수 있다고 볼 것이다. 조례에 벌칙을 정하도록 위임할 경우에도 일반사항과 달리 포괄위임이 금지된다고 보아야 할 것이다. 이 문제 역시 명확성원칙과 관련하여 아래에서 살펴본다.

4) 정관에 위임에 의한 처벌의 법률주의 위배의 위헌성

정관에 벌칙규정을 위임하여 처벌하는 것은 위헌적인 것으로 부정된다.

[법률주의 위반의 이유] 첫째 "불가피하게 예외적으로 하위법령에 위임하는 것이 허용되는 바, 위임입법의 형식은 원칙적으로 헌법 제75조, 제95조에서 예정하고 있는 대통령령, 총리령 또는 부령 등의 법규명령의 형식을 벗어나서는 아니된다"(헌재 2020.6.25. 2018헌바278). 정관은 법인의 조직과 활동에 관하여 "단체 내부에서 자율적으로 정한 자치규범으로서, 대내적으로만 효력을 가질 뿐 대외적으로 제3자를 구속하지는 않는 것이 원칙"이다(헌재 2020.6.25. 2018헌바278).

[위헌결정례] ① 헌재는 농업협동조합의 임원선거에 있어 정관이 정하는 행위 외의 선거운동을 한 경우 형사처벌 하도록 하는 구 농업협동조합법 규정은 정관에 구성요건을 위임하고 있는 것이어서 범죄와 형벌에 관하여는 입법부가 제정한 형식적 의미의 법률로써 정하여야 한다는 죄형법정주의원칙에 위배된다고 보았다(2008헌바106). 같은 취지로 ② 중소기업중앙회 임원선거와 관련하여 '정관으로 정하는 기간에는' 선거운동을 위하여 정회원에 대한 호별방문 등의 행위를 한 경우 이를 처벌하도록 규정한 구 중소기업협동조합법 규정, 같은 선거와 관련하여 누구든지 '정관으로 정하는' 선전 벽보의 부착, 선거 공보와 인쇄물의 배부 및 합동 연설회 또는 공개 토론회 개최 외의 행위를 한 경우 이를 처벌하도록 규정한 동법 규정(선거운동제한조항)(2015헌가29 후자의 선거운동제한조항규정에 대해서는 명확성원칙의 위반이라고도 판단하였다), ③ 자기 또는 특정인을 금고의 임원으로 당선되게 하거나 당선되지 못하게 할 목적으로, '금고의 정관으로 정하는 기간 중에' 회원의 호별방문 행위 등을 한 자를 처벌하는, 구 새마을금고법(2014.6.11. 법률 제12749호로 개정된 것) 제85조 제3항 중 제22조 제2항 제5호에 관한 부분(2018헌가12), ④ 임원의 선거운동 기간 및 선거운동에 필요한 사항을 정관에서 정할 수 있도록 규정한 구 신용협동조합법(2015.1.20. 법률 제13067호로 개정된 것) 제27조의2 제2항 내지 제4항도 죄

형법정주의에 위반된다는 위헌결정(2018헌바278)이 있었다. ⑤ 또한 위 결정들 이전에 새마을금고 또는 연합회의 임·직원이 정관에 위반하는 행위를 함으로써 금고 또는 연합회에 손해를 끼쳤을 때 처벌하도록 한 구 새마을금고법 규정에 대해 "형벌 구성요건의 실질적 내용을 법률에서 직접 규정하지 아니하고 금고의 정관에 위임하고 있어 범죄와 형벌에 관하여는 입법부가 제정한 형식적 의미의 "법률"로써 정하여야 한다는 죄형법정주의 원칙에 위배된다는 의심이 있다"라고 하면서 위헌결정을 한 예(헌재 2001.1.18. 99헌바112)도 있었다. [판례의 문제점 및 변화 조짐] 위 ②, ③ 결정 등과 같은 경우 법률주의 위반에서 나아가 명확성(예측가능성)원칙 위반까지 언급하였으나 법률주의 위반이면 더 나아가 판단할 것이 아니라서 모순이었다. 2018헌바278(위 ④) 결정에서는 법률주의 위반 언급에 멈추었다.

5) 단체협약위반에 대한 처벌 – 헌재의 긍정

노사가 쌍방에 의하여 체결된 단체협약에의 위반을 처벌하는 것이 법률주의에 반하는지가 논란되었다. 헌재는 이에 관한 결정으로 처음에는 법률 자체에 단체협약 중 어떤 내용 위반을 처벌하는지 제한없이 그냥 위반시 처벌하도록 한 구 노동조합법 규정에 대해 이는 결국 처벌법규의 내용을 형성할 권한을 노사에 넘겨준 것이 되어 법률주의에 반한다는 취지로, 그리고 단체협약의 범위는 매우 넓으므로 "단체협약에 위반한 자"라는 구성요건은 지나치게 애매하고 광범위하여 명확성의 원칙에 위배되어 죄형법정주의에 반한다고 위헌결정을 하였다(● 판례 헌재 1998.3.26. 96헌가20). 그러나 이 위헌결정 이후 '노동조합 및 노동관계조정법' 제92조 제1호는 체결된 단체협약의 내용 중 임금·복리후생비, 퇴직금에 관한 사항, … 징계 및 해고의 사유와 중요한 절차에 관한 사항 등 처벌되는 단체협약 위반행위를 6가지로 한정하였는데 바로 이 징계 부분에 대한 위헌심판에서 헌재는 그러한 처벌이 과잉금지원칙 위반이 아니라고 보았다. 그 논거를 보면, 헌재는 헌법 제33조의 근로3권 행사를 통한 최종적인 결과물이 바로 단체협약이므로 이의 준수를 담보하는 처벌이 마련되어야 근로3권의 형해화를 막을 수 있고 또 벌금형의 형벌로 그리 가혹하지 않아 형벌 비례원칙도 지켰다고 본다(헌재 2007.7.26. 2006헌가9), 이러한 헌재의 이 부분 판시는 법률주의 관련해서는 직접 언급이 없어서 분명하지 않은 면이 있다. 다만, 위헌결정인 선례 96헌가20 결정에 반하지 않는다고 본 이유로 처벌되는 단체협약 위반행위를 6가지로 한정하여 법률이 직접 정하고 있다는 점을 들고 있다는 점에서 법률에서 구체화기준을 설정한 점을 법률주의 위반 부정의 논거로 보는 것으로 이해하게 한다.

(2) 명확성의 원칙
1) 개념과 적용범위

[개념] 명확성의 원칙이란 무엇이 범죄행위인지를 국민이 뚜렷이 파악하여 자신의 행위를 결정할 수 있을 정도로 구성요건에 대한 법률의 문언이 구체적이고도 명백하여야 한다는 원칙을 말한다. 또한 형사적 제재에 있어서 그 형벌의 종류, 범위가 확정되고 명확하여야 함을 요구하는 원

칙이다. 헌법재판에서 죄형법정주의에 관한 문제로 가장 많이 따져지는 문제가 바로 명확성원칙의 위배 여부 문제로서 명확성원칙은 죄형법정주의의 중요한 파생원칙이다.

[적용범위 – 위법성 조각사유에도 적용] 정당방위와 같은 위법성 조각사유 규정에도 죄형법정주의의 명확성 원칙은 적용된다(99헌바31).

2) 명확성 여부의 판단기준, 명확성의 정도

(가) 기준

[전제적 기준] 명확성원칙에서의 명확성 여부는 ① 처벌되는 행위가 무엇인지에 대한 예측이 가능한지, ② 자의적 법해석·집행이 배제되고 있는지를 기준으로 판단하여야 한다. 헌재는 "법규범이 명확한지 여부는 그 법규범이 수범자에게 법규의 의미내용을 알 수 있도록 공정한 고지를 하여 예측가능성을 주고 있는지 여부 및 그 법규범이 법을 해석·집행하는 기관에게 충분한 의미내용을 규율하여 자의적인 법해석이나 법집행이 배제되는지 여부, 다시 말하면 예측가능성 및 자의적 법집행 배제가 확보되는지 여부에 따라 이를 판단할 수" 있다고 한다(헌재 2012.12.27. 2012헌바47).

[합리적 해석기준의 존재 – 법규범 의미내용 파악의 기준] 위와 같은 원칙적 기준의 설정에 있어서 헌재는 "법규범의 의미내용은 그 문언뿐만 아니라 입법목적이나 입법취지, 입법연혁, 그리고 법규범의 체계적 구조 등을 종합적으로 고려하는 해석방법에 의하여 구체화하게 되므로, 결국 법규범이 명확성원칙에 위반되는지 여부는 위와 같은 해석방법에 의하여 그 의미내용을 합리적으로 파악할 수 있는 해석기준을 얻을 수 있는지 여부에 달려 있다"라고 한다(2002헌바83; 2008헌가6 등).

[판례의 적용례] 위 합리적 해석기준 존재 법리를 표명한 예들은 많다. 최근 결정례들: 헌재 2019.2.28. 2017헌바486등; 헌재 2018.11.29. 2017헌바369 등. 이 중 2017헌바486등 결정을 위 판례법리가 구체적으로 어떻게 적용되어 판단되었는지를 보기 위해 예시적으로 아래 인용한다. 사안은 누구든지 자기 또는 특정인을 중소기업중앙회 임원으로 당선되거나 당선되지 아니하도록 할 목적으로 선거인에게 금전·물품·향응 및 재산상의 이익이나 공사(公私)의 직을 제공하는 행위를 금지하고 이를 위반한 경우 처벌하는 구 중소기업협동조합법 규정 중 바로 이 "선거인"에 법인뿐만 아니라 법인의 대표자 등이 포함된다고 볼 것인지가 문제된 것이다. 헌재는 위 합리적 해석기준법리를 전형적으로 적용하고 법인의 행위가 대표기관의 행위에 의하는 점, 입법목적 등에 비추어 포함된다고 보아 명확성원칙을 준수했다고 보았다.

● **판례** 헌재 2019.2.28. 2017헌바486등
[합헌결정이유] 관념상의 존재에 지나지 않는 법인이 현실적으로 행동을 하는 것은 불가능하므로 현실적으로는 일정한 자연인, 즉 대표기관의 행위에 의하여야 한다. … 심판대상조항의 입법목적이나 입법취지, 법인의 특수성, 선거인의 해석에 관한 대법원 판례, 관련 법률의 규정 등을 종합하여 보면, 심판대상조항에서의 "선거인"에 선거권자가 법인인 경우에는 선거권을 가지는 법인의 대표자 등도 선거인에 포함된다고 봄이 상당하며, … 자의적인 법해석이나 법집행의 가능성도 배제되어 있다고 볼 수 있다. 따라서 심판대상조항 가운데 각 "선거인" 부분은 죄형법정주의의 명확성원칙에 위배되지 아니한다.

(나) 정도

[문제소재] 문제는 범죄로 처벌될 모든 행위들이 조금도 모호한 점이 없이 명확하게 규정될 경우도 있겠으나 시대적으로 변화되는 범죄유형이라든지 원래 정형화하기 힘든 범죄행위 등 사안의 특성상 부득이 그렇지 못하고 그러면서도 처벌필요성은 있는 사안일 때에 다소 개괄적이거나 다의적으로 구성요건을 설정할 수밖에 없는 경우도 있을 것이다. 여기서 어느 정도의 명확성이 요구되느냐 하는 문제가 나온다.

[우리 헌재의 확립된 판례] 적용단계에서의 다의성 배제 — 헌재는 처벌법규의 구성요건이 명확하여야 한다고 하여 모든 구성요건을 단순한 서술적 개념으로 규정하여야 하는 것은 아니고, 다소 광범위하여 법관의 보충적인 해석을 필요로 하는 개념을 사용하였다고 하더라도 그 적용단계에서 다의적(多義的)으로 해석될 우려가 없는 이상, 즉 통상의 해석방법에 의하여 건전한 상식과 통상적인 법감정을 가진 사람이면 당해 처벌법규의 보호법익과 금지된 행위 및 처벌의 종류와 정도를 알 수 있도록 규정하였다면(그 적용대상자가 누구이며 구체적으로 어떠한 행위가 금지되고 있는지 충분히 알 수 있도록 규정되어 있다면) 헌법이 요구하는 처벌법규의 명확성에 배치되는 것이 아니라고 본다.

● **판례** 헌재 1989.12.22. 88헌가13; 1992.4.28. 90헌바27등; 1998.7.16. 97헌바23; 2000. 2.24. 99헌가4; 2001.12.20. 2001헌가6(아래 예시 결정); 2003.3.27. 2002헌바35; 2004.1.29. 2002헌가20등; 2005.10.27. 2003헌바50등 많음.

▶ **보기 결정:** 위와 같은 법리를 보여주는 결정례는 이처럼 적지 않지만 구체적 이해를 위해 한 가지 결정례를 보면, 석유제품에 다른 석유제품 또는 석유화학제품을 혼합하거나 석유화학제품에 다른 석유화학제품을 혼합하는 등의 방법으로 제조된 것으로서 대통령령이 정하는 제품(이하 "유사석유제품"이라 한다)의 생산, 판매를 처벌하도록 한 석유사업법 제33조 제3호, 제26조가 죄형법정주의상의 명확성 원칙에 위반되지 않는다고 보았다. 헌재 2001.12.20. 2001헌가6 등. [결정요지] 이 법률조항상의 '석유화학제품'의 경우, 통상적으로 "석유에서 화학적 공정과정을 거쳐 추출되는 제품" 내지 "석유에 일정한 화학반응이 가해져 만들어진 제품"으로 이해될 수 있고 '유사석유제품'도 비록 구체적인 범위가 대통령령에 의해 결정되고 있지만, "석유제품에 다른 석유제품 또는 석유화학제품을 혼합(석유제품의 종류간 또는 등급이 다른 석유제품간 혼합하는 것을 포함한다)하거나 석유화학제품에 다른 석유화학제품을 혼합하는 등의 방법으로 제조된 것으로서 대통령령이 정하는 제품"이라고 정의되어 있고 이 사건 규정이 처벌규정임을 감안한다면 이는 통상 "석유제품에 유사한 것" 따라서 "정품이 아닌 가짜 석유제품"으로 넉넉히 파악될 수 있다. 그동안 한정해서 해석·적용하여 온 법운용의 실태를 본다면 가령 이 사건 법률규정이 그 해석상 금지행위의 대상이 다소 광범위하다고 판단될 여지가 있다 하더라도 이 적용범위의 광범성은 이미 치유되었다고 보아야 할 것이다. 따라서, 죄형법정주의상의 명확성의 원칙을 위반하였다고 볼 수는 없다.

[판례의 주요 판단기준(요소)] * 중요 판례법리의 주요 판단기준(요소)은 아래와 같이 정리된다.

① 건전한 상식, 통상적 법감정을 가진 수범자에 의한 이해 — * 사견: 그런데 건전한 상식과 통상적인 법감정이 무엇인가 하는 문제가 남는다. 이에 대한 판단은 결국 재판에서 법관에 의해 이루어질 것인데 처벌규정의 수범자는 어디까지나 국민이므로 법관의 보충적 해석은 법관의 주관적이 아닌 국민의 입장에서 고려하는 일반적이고 객관적 해석이 되어야 한다.

② 처벌법규의 구성요건이 어느 정도 명확하여야 하는가는 일률적으로 정할 수 없고, 각 구

성요건의 특수성과 그러한 법적 규제의 원인이 된 여건이나 처벌의 정도 등을 고려하여 종합적으로 판단하여야 한다고 본다.312)

③ 또한 판례는 당해 규정이 명확한지 여부는 그 규정의 문언만으로 판단할 것이 아니라 관련 조항을 유기적·체계적으로 종합하여 판단하여야 할 것이라고 본다.313)

[결론] 요컨대 형사법을 재판에 적용하기 위하여 법관이 그 법률의 전반적인 취지나 체계 등을 살펴보고 객관적인 조리 등에 비추어 보아 보충적 해석을 통해 그 문언의 의미를 구체적으로 확정할 수 있어서 결국 구성요건을 명확히 할 수 있는 가능성이 있다면 다소 불명확하더라도 명확성원칙을 지킨 것으로 볼 것이다.

3) 추상적·불확정적 개념 사용의 구성요건

구성요건이 추상적(구성요건을 이룬다고 규정된 범죄사실관계가 애매모호한)이고 고정되지 않은 유동적인 판단을 불러일으키는 불확정한 개념을 사용한 경우 명확성원칙에 배치된다. 문제는 처벌의 필요성은 있으나 성질상 다소 추상적이거나 불확정적 용어를 사용할 수밖에 없는 경우에도 그 사용이 전적으로 명확성원칙 위반의 위헌으로서 부정되는가 하는 것이다. 헌재는 "일반 추상적 표현을 불가피하게 사용한다 하더라도 예시의 방법, 정의규정을 별도로 두는 방법, 주관적 요소를 가중하는 방법 등으로 보다 더 구체적 입법이 가능함에도 불구하고 이러한 입법적 개선을 하지 아니하고 있는지 여부가 헌법위반의 판단기준이 될 수 있는 것이다"라고 한다.314)

[추상적·불확정적 개념 사용의 구성요건의 예: "정당한 이유없이"] 합헌결정례 − 근로기준법상 금지대상이자 위반시 처벌대상인 "정당한 이유없이 해고"라고 한 근로기준법 구성요건 규정에 대해 추상적 문언으로 명확성원칙에 반한다는 위헌소원사건에서 헌재는 위와 같은 기준을 제시하고 판례 등 실무상 의미가 축적되어 있고 여러 해고 경우가 있는데 그 정당성범위를 규정해두기가 입법기술상 어렵다는 이유 등으로 명확성 위반이 아니라고 보았다.

● 판례 헌재 2005.3.31. 2003헌바12
[판시] 비록 이 사건 법률조항이 형사처벌의 대상이 되는 해고의 기준을 일반추상적 개념인 '정당한 이유'의 유무에 두고 있기는 하지만, 그 의미에 대하여 집행자의 자의가 배제될 정도로 의미가 확립되어 있으며, 입법 기술적으로도 개선가능성이 있다는 특별한 사정이 보이지 아니하므로 명확성의 원칙에 반하지 아니한다.

4) '예시적 입법'의 경우

(가) 예시적 입법의 개념, 필요성   예시적 입법이 적지 않다. [개념] 이는 예상되는 처벌될 행위들을 예시(보기로 제시)하면서 '그 밖(기타)의 행위'도 규정하여 그 외 행위도 처벌대상에 포괄하는 방식의 입법이다. 헌재는 예시적 입법을 다음과 같이 설명하고 있다. "예시적 입법에서

---

312) 88헌가13; 93헌가4등; 93헌바65; 95헌가17; 1998.5.28. 97헌바68; 98헌바10; 2002헌바35; 2002헌가20등; 2003헌바50등; 2011.3.31. 2009헌가12 등 많다.
313) 헌재 1999.9.16. 97헌바73등.
314) 헌재 2005.3.31. 2003헌바12.

는 규율대상인 대전제(=구성요건의 대전제인 일반조항)를 규정함과 동시에 구성요건의 외연(外延)에 해당되는 개별사례를 예시적으로 규정하게 된다."315)

　● **모델 판례**　그 예를 하나 보면 헌재는 변호사 아닌 자의 법률사무취급을 금지하고 처벌하는 규정에 대한 합헌결정(헌재 2000.4.27. 98헌바95등)에서, "비변호사의 금지대상사건을 "소송사건·비송사건·가사조정 또는 심판사건·행정심판 또는 심사의 청구나 이의신청 기타 행정기관에 대한 불복신청사건, 수사기관에서 취급 중인 수사사건 또는 법령에 의하여 설치된 조사기관에서 취급 중인 조사사건"을 열거하고 이와 함께 "기타 일반의 법률사건"을 규정하고 있는데, 입법자가 규율하고자 하는 대전제는 일반의 법률사건이고 그 전형적, 구체적인 사건들이 바로 앞에서 예시되고 있는 소송사건 등이라고 할 것이다"라고 하여 그 법률규정을 예시적 입법의 형식으로 보았다.

　[필요성] 헌재는 그 필요성으로 "복잡·다기하게 변화하는 사회에서 입법자가 앞으로 일어날 수 있는 다양한 정보전달매체를 일일이 구체적이고 서술적으로 열거한다는 것은 입법기술상 불가능하거나 현저히 곤란하다고 할 것이고, 법규범의 흠결을 보완하고 변화하는 사회에 대한 법규범의 적응력을 확보하기 위하여 예시적 입법형식이 요청된다"라고 한다.316)

　(나) 허용기준　예시적 입법형식에 있어서 구성요건의 일반조항(=대전제=그 밖의 …행위라고 할 때의 '…행위')이 지나치게 포괄적이어서 자의적 해석으로 그 적용범위를 확장할 가능성이 있는 경우라면, 죄형법정주의 원칙에 위배된다. 따라서 예시적 입법이 허용되기 위한 기준으로 헌재는 "예시적 입법형식이 법률명확성의 원칙에 위배되지 않으려면 예시한 구체적인 사례(개개 구성요건)들이 그 자체로 일반조항(=대전제=구성요건의 대전제인 일반조항)의 해석을 위한 판단지침을 내포하고 있어야 할 뿐 아니라, 그 일반조항 자체가 그러한 구체적인 예시들을 포괄할 수 있는 의미를 담고 있는 개념이어야 한다"라고317) 한다.

　(다) 결정례　① 비변호사에 대한 포괄적 일반 법률사무 금지 – 변호사가 아니면서 "소송사건·비송사건·가사조정 또는 심판사건·행정심판 … 기타 일반의 법률사건에 관하여 감정·대리·중재·화해·청탁·법률상담 또는 법률관계문서작성 기타 법률사무를 취급하거나 이러한 행위를 알선한 자"를 처벌하는 규정에 대해서 소송사건 등은 일반의 법률사건의 전형적인 예로서 "일반의 법률사건"이 무엇인가를 해석할 수 있는 기준을 제시하고 있다고 하여 명확성을 갖춘 예시입법이라고 보았다(98헌바95). ② 형법 제185조 중 "육로를 불통하게 하거나 기타 방법으로 교통을 방해한 자"를 형사처벌하도록 규정한 부분 – 육로 등을 손괴하거나 불통하게 하는 행위는 '기타의 방법'을 해석하는 유용한 판단지침을 이루고 있어 명확성원칙에 반하지 않는다고 보았다(2009헌가2). ③ "계간 기타 추행한 자"를 처벌하도록 한 군형법 규정 – 그 전형적인 사례인 '계간'은 '추행'이 무엇인지를 해석할 수 있는 판단지침이 되므로 합헌이라고 보았다(2008헌가21 [결정요지] "기타 추행"이란, 그 전형적인 사례인 '계간'은 '추행'이 무엇인지를 해석할 수 있는 판단지침이 되며, 대법원 판결 등에 의하여 구체적이고 종합적인 해석기준이 제시되고 있는 이상, 죄형법정주의의 명확성원칙에 위배되지 아니한다. * 동지의 이전 결정례: 2001헌바70). ④ 공직선

315) 98헌바95 등; 2001헌바70 등.
316) 헌재 2009.3.26. 2007헌바72.
317) 헌재 2000.4.27. 98헌바95 등. 동지: 헌재 2002.6.27. 2001헌바70; 2010.3.25, 2009헌가2 등.

거법의 '선전문서 기타의 방법으로 후보자에게 유리하도록 후보자의 재산에 관하여 허위의 사실을 공표하거나 공표하게 한 자' 부분 - 이 사건 법률규정에 예시되고 있는 연설·방송·신문 등은 공직선거법에서 선거운동의 방법으로 구체적으로 규율하고 있는 것들이며 '기타의 방법'은 이러한 구체적인 예시들을 포괄하는 것으로서 이에 준하여 공직후보자에 관한 정보를 불특정 또는 다수인에게 전달하는 매체를 의미하는 것으로 충분히 해석되어 명확성원칙에 반하지 않는다고 보았다(2007헌바72). ⑤ 선거일 전 180일부터 선거일까지 선거에 영향을 미치게 하기 위하여 일정한 내용의 문서 기타 이와 유사한 것의 배부를 하는 등의 행위를 금지하는 공직선거법(2005.8.4. 법률 제7681호로 개정된 것) 제93조 제1항 중 '기타 유사한 것' 부분 - 이 부분이 예시적 입법으로서 명확성원칙에 위배되는지 여부가 그동안 적지 않게 논란되어 왔다. 이 '기타 유사한 것'에 ㉠ 휴대전화 문자메시지를 포함하여 그것에 의한 선거운동을 금지하는 것이 헌재는 명확성원칙에 반하지 않는다고 보았다.[318] ㉡ UCC(User-Created Contents, 이용자제작콘텐츠)를 포함하여 UCC에 의한 선거운동을 금지하는 것이 문제된 사안에서 '기타 유사한 것'이 명확하다는 재판관 3인 소수의견에 따라(위헌의견이 재판관 5인 의견에 그쳐 위헌결정이 되지 못함) 합헌성이 인정되었다.[319] 그러나 후자 UCC에 의한 선거운동금지는 위 결정 후 헌재는 위 '기타(그 밖에) 이와 유사한 것'에 인터넷 활용, 트위터 등 SNS에 의한 방법, 즉 '정보통신망을 이용하여 인터넷 홈페이지 또는 그 게시판·대화방 등에 글이나 동영상 등 정보를 게시하거나 전자우편을 전송하는 방법'이 포함되는 것으로 해석하는 한 비례(과잉금지)원칙에 반하여 헌법에 위반된다는 '한정위헌'의 결정[320]을 함으로써 판례가 변경되었다. UCC도 인터넷활용이기 때문이다. * 이 2007헌마1001결정에서 죄형법정주의의 명확성원칙에 반한다는 판시는 사실 없었다. 그러나 '그 밖에 유사한'에 포함 여부가 구성요건을 이루므로 관련된다. ⑥ '공직선거법상 허위사실공표금지 조항' - 동법 제250조 제1항이 허위사실의 공표방법으로 예시하고 있는 연설·방송·신문·통신·잡지·벽보·선전문서는 모두 공직후보자에 관한 정보를 불특정 또는 다수인에게 전달하는 수단이라 할 수 있고 따라서 '기타의 방법'은 이러한 구체적인 예시들을 포괄하는 것으로서 위 예시에 준하여 공직선거 후보자에 관한 정보를 불특정 또는 다수인에게 전달하는 매체 내지 방법을 의미하는 것으로 충분히 해석된다고 보아 합헌이라고 결정하였다(2018헌바223).

---

318) 헌재 2009.5.28. 2007헌바24. 3인 합헌의견의 법정의견에 따른 합헌결정이었다.

319) 헌재 2009.7.30. 2007헌마718. 4인 합헌의견의 법정의견.

320) 헌재 2011.12.29. 2007헌마1001 [주문] 구 공직선거법(2005.8.4. 법률 제7681호로 개정되고 2010.1.25. 법률 제9974호로 개정되기 전의 것) 제93조 제1항 및 공직선거법(2005.8.4. 법률 제7681호로 개정된 것) 제255조 제2항 제5호 중 제93조 제1항의 각 '기타 이와 유사한 것'과 공직선거법(2010.1.25. 법률 제9974호로 개정된 것) 제93조 제1항 및 공직선거법(2005.8.4. 법률 제7681호로 개정된 것) 제255조 제2항 제5호 중 제93조 제1항의 각 '그 밖에 이와 유사한 것'에, '정보통신망을 이용하여 인터넷 홈페이지 또는 그 게시판·대화방 등에 글이나 동영상 등 정보를 게시하거나 전자우편을 전송하는 방법'이 포함되는 것으로 해석하는 한 헌법에 위반된다.

5) 입법기술과 명확성원칙

이런 문제로 논의된 경우로 다음과 같은 사안들이 있었다.

① 다른 법률조항 원용과 명확성원칙 – 처벌조항이 구성요건이 되는 행위를 같은 법률조항에서 직접 규정하지 않고 다른 법률조항에서 이미 규정한 내용을 원용한 경우에 헌재는 통상적인 입법기술의 하나로서 보편적인 방식이며, 그렇게 원용하였다고 해서 그 사실만으로 명확성 원칙에 위반된다고 할 수는 없다고 본다(2009헌바121).

② 괄호 안 규정과 명확성원칙 – 괄호 안에 규정을 둔 경우에 명확성원칙에 반하는가에 대해 헌재는 괄호규정은 입법기술상 문제라고 보아 부정한다(2009헌바121).

6) 죄명(罪名)과 구성요건내용의 차이

구성요건 문언과 죄명이 일치하여야 명확성원칙을 준수한 것인가가 하는 문제가 제기되기도 하였다. 외국학력 수학기간을 기재하도록 하고 불기재한 경우에 공직선거법상의 허위사실공표죄로 처벌하는 데 대해 수학기간 불기재는 기재하지 않은 것일 뿐 허위가 아닌데 이를 허위사실공표죄로 처벌하는 것은 명확성원칙에 반한다는 주장이 있었는데 그 주장의 취지가 위와 같은 문제제기라고 보여진다. 헌재는 죄명이 어울리지 않는다는 것은 명확성과 무관하다고 보아 주장을 배척하였다(2009헌바121).

7) 죄형법정주의 명확성원칙에 관한 결정례

위에서 살핀 것 외에도 여러 결정례들이 있었다.

(가) 명확성원칙 위반의 위헌결정례　① 뇌물죄의 적용대상(주체)을 확대하여 공무원 아닌 정부관리기업체의 간부직원에 대해서도 가중처벌하는 특정범죄가중처벌 등에 관한 법률(제정 1996.2.23. 법률 제1744호, 최종개정 1994.6.28. 법률 제4760호) 제4조는 "정부관리기업체"가 어떤 기업체를 가리키는가에 관하여 특가법 자체에는 아무런 규정이 없고 "정부," "관리" 및 "기업체"라는 세 가지 개념요소 중 "관리"라는 용어는 적어도 구성요건의 개념으로서는 그 의미가 지나치게 추상적이고 광범위하여 명확성원칙 위반이다(93헌바50). ② 건축물의 소유자 또는 관리자는 그 건축물 등을 항상 건축법 또는 건축법의 규정에 의한 명령이나 처분과 관계법령이 정하는 기준에 적합하도록 유지·관리하여야 한다는 의무규정에 위반하면 처벌되도록 한 구 건축법 규정(96헌가16, 무엇이 과연 관계법령에 해당하는지에 대하여 통상의 판단능력을 가진 일반인이 알기가 매우 어려움), ③ 가정의례의 참뜻에 비춘 합리적 범위 안에서 대통령령이 정하는 접대 외 접대의 금지(98헌마168, '가정의례에 관한 법률' 제4조 제1항 제7호, 주류 및 음식물을 어떻게 어느 만큼 접대하는 것이 합리적인 범위인지를 일반국민이 판단하기란 어려울 뿐 아니라 그 대강을 예측하기도 어려움) ④ 새마을금고 임·직원이 "새마을금고법과 동법에 의한 명령 또는 정관에 위반하는 행위를 함으로써 금고 또는 연합회에 손해를 끼쳤을 때" 처벌하는 규정(99헌바112, 처벌규정에서 범죄구성요건에 해당하는 규정을 특정하지 아니함), ⑤ 미성년자에 대한 "잔인성 조장, 범죄충동성, 덕성을 심히 해할 우려 있는" 만화, 도서를 미성년자에 반포·판매 등을 하는 행위를 처벌하는 규정(99헌가8, 법관의 보충적인 해석을 통하여도 그 규범내용이 확정될 수 없는 모호하고 막연한 개념을 사

용), ⑥ 전기통신역무를 이용한 타인 통신매개·통신용제공 행위에 대한 처벌 규정(2001헌바5, 일회적이든 반복적이든, 유상이든 무상이든 그 태양에 제한이 없음. * 동지: 2002헌가11), ⑦ 공공의 안녕질서 또는 미풍양속을 해하는 내용의 통신(불온통신)을 금하는 구 전기통신사업법 제53조 제1항(99헌마480, 불온통신의 개념은 너무나 불명확하고 애매함), ⑧ '감사보고서에 기재하여야 할 사항을 기재하지 아니하는 행위'(이를 범죄의 구성요건으로 규정한 구 '주식회사의 외부감사에 관한 법률' 제20조 제1항 제2호 전단 '감사보고서에 기재하여야 할 사항' 부분은 그 의미가 법률로서 확정되어 있지 아니하고, 법률 문언의 전체적, 유기적인 구조와 구성요건의 특수성, 규제의 여건 등을 종합하여 고려하여 보더라도 불명확함, 2002헌가20), ⑨ "공중도덕상 유해"한 업무에 취직하게 할 목적의 직업소개에 대한 처벌 규정(2004헌바29, 금지되는 직업소개의 대상을 "공중도덕상 유해"라는 기준에 맞추어 특정하거나 예측한다는 것은 매우 어려움), ⑩ "법에 의한 정부의 명령사항에 위반한 자"를 형사처벌하는 구 조세범처벌법 제13조 제1호(2006헌가10), ⑪ 의료업무 광고에 관한 처벌조항의 위헌성(2006헌가4, 금지된 행위가 무엇인지, 처벌의 범위가 어떠한지가 불분명하여 통상의 사람에게 예측가능성을 주지 못함), ⑫ 구 산업안전보건법, 동법에 의한 명령의 시행을 위한 필요사항의 보고의무 – 산업재해발생에 관한 보고를 하지 않는 경우를 처벌하는 구 산업안전보건법규정(2008헌가6), ⑬ "공익을 해할 목적으로 전기통신설비에 의하여 공연히 허위의 통신을 한 자"를 형사처벌하는 구 전기통신기본법 제47조 제1항(2008헌바157. 이른바 '미네르바' 사건, 여기서의 "공익"은 형벌조항의 구성요건으로서 구체적인 표지를 정하고 있는 것이 아니라, 헌법상 기본권 제한에 필요한 최소한의 요건 또는 헌법상 언론·출판의 자유의 한계를 그대로 법률에 옮겨 놓은 것에 불과할 정도로 그 의미가 불명확하고 추상적임), ⑭ 중요회의의 속기록·녹음 또는 영상자료 비작성에 대한 처벌 규정(2010헌가29), ⑮ '헌법을 부정·반대·왜곡 또는 비방하는 일체의 행위', '유언비어를 날조·유포하는 행위'를 금지한 유신헌법 하 긴급조치 제1호, 제9호(2010헌바132, 추상적이고 모호할 뿐만 아니라, 그 적용범위가 너무 광범위하고 포괄적이어서 위헌), ⑯ 공공수역에 다량의 토사를 유출하거나 버려 상수원 또는 하천·호소를 현저히 오염되게 한 자를 처벌하는 '수질 및 수생태계 보전에 관한 법률' 규정(2011헌가26), ⑰ '관계 중앙행정기관의 장이 소관 분야의 산업경쟁력 제고를 위하여 법령에 따라 지정 또는 고시·공고한 기술'을 범죄구성요건인 '산업기술'의 요건으로 하고 있는 구 '산업기술의 유출방지 및 보호에 관한 법률' 규정(2011헌바39. 도무지 그에 해당하는 법령이 무엇인지 그리고 지정 또는 고시·공고를 하는 관계 중앙행정기관의 장이 누구인지 통상의 판단능력을 가진 일반인이 그 해석을 통해서 구체적으로 확정할 수 없게끔 되어 있어 불명확하여 위헌), ⑱ '특정범죄 가중처벌 등에 관한 법률' 제5조의4 제6항이 동법 동조 제1항의 상습절도죄로 두 번 이상 실형을 선고받고 그 집행이 끝나거나 면제된 후 3년 이내에 다시 상습절도죄를 범한 자를 가중처벌하도록 하고 있는 규정(2013헌바343. 문제는 동조 제1항의 상습절도죄 규정에 대해서 헌재가 이전에 위헌이라고 결정하였는바(2014헌가16, 이 결정에 대해서는 위의 인간의 존엄과 가치에서 형벌의 책임주의, 비례성 등 부분 참조) 위 제6항이 처벌하고자 하는 행위에 상습절도가 포함되는지 여부에 대하여 수범자가 예견할 수 없고,

범죄의 성립 여부에 대하여 법률전문가에게조차 법해석상 혼란을 야기할 수 있을 정도로 불명확함), ⑲ '공중도덕상 유해한 업무'에 취업시킬 목적으로 근로자를 파견한 사람을 형사처벌하도록 규정한 구 '파견근로자보호 등에 관한 법률' 규정들(2015헌가23. 심판대상조항의 입법목적, 파견법의 체계, 관련조항 등을 모두 종합하여 보더라도 '공중도덕상 유해한 업무'의 내용을 예측할 수 없음), ⑳ '여러 사람의 눈에 뜨이는 곳에서 공공연하게 알몸을 지나치게 내놓거나 가려야 할 곳을 내놓아 다른 사람에게 부끄러운 느낌이나 불쾌감을 준 사람'을 처벌하는 경범죄처벌법 규정(2016헌가3. 무엇이 지나친 알몸노출행위인지를 판단하는 것은 쉽지 않고 단순히 불쾌감을 주는 정도의 행위로서 실질적으로 다른 사람의 권리나 법익에 손상을 가하지 않는 행위까지도 모두 처벌하는 결과를 야기할 수도 있어서 불명확함) 등. * 표현의 자유와 관련된 명확성원칙 위반 인정 결정례는 표현의 자유의 명확성원칙 부분도 참조. 예를 들어 99헌마480 등.

(나) 한정위헌결정례, 한정합헌결정례　　한정적으로 명확성원칙의 위반성을 인정한 예가 있다. 그 예는 구 새마을금고법이 승인받아 해야 할 행위를 승인받지 않고 한 행위를 처벌하도록 규정하고 있는데 법률이 승인받아야 할 사항으로 시행령이 정하도록 위임해준 바 없는 사항을 시행령이 정하고 그 승인사항을 승인받지 않았다고 하여 처벌하는 것은 수범자의 예견가능성을 보장하지 않아 죄형법정주의의 명확성원칙에 반한다고 본 결정례가 있다.

> ● **판례**　헌재 2003.3.27. 2001헌바39
> [주문] 구 새마을금고법(1997.12.17. 법률 제5462호로 개정되고, 2001.7.24. 법률 제6493호로 개정되기 전의 것) 제66조 제2항 제1호의 '승인'에 관한 부분은 새마을금고법시행령(1998.2.24. 대통령령 제15684호로 개정된 것) 제23조의 '승인'에 대하여 적용하는 한, 헌법에 위반된다. * 이 결정에 대한 자세한 것은 아래 처벌사항의 행정입법위임 부분의 무위임 부분 참조.

명확성원칙 위배소지가 있으나 한정적으로 법문을 해석하여 한정합헌결정을 한 예들이 헌재 출범 후 초기에 있었는데 대부분 국가보안법 규정들에 대한 것이었다.

> ● **판례**
> ⓐ 헌재 1990.4.2. 89헌가113([결정요지] 국가보안법 제7조 제1항의 찬양·고무죄는 "구성원", "활동", "동조", "기타의 방법", "이롭게 한" 등, 무려 다섯 군데의 용어가 지나치게 다의적이고 그 적용범위가 광범위하다. 국가보안법 제7조 제1항 및 제5항(1980.12.31. 법률 제3318호)은 각 그 소정행위가 국가의 존립·안전을 위태롭게 하거나 자유민주적 기본질서에 위해를 줄 경우에 적용된다고 할 것이므로 이러한 해석하에 헌법에 위반되지 아니한다), ⓑ 헌재 1992.4.14. 90헌바23(국가보안법 편의제공죄 규정에 대한 한정합헌결정), ⓒ 헌재 1997.1.16. 92헌바6등([결정요지] 구 국가보안법 제7조 제1항·제3항·제5항 및 제8조 제1항은, 각 소정의 행위가 국가의 존립·안전이나 자유민주적 기본질서에 해악을 끼칠 명백한 위험이 있는 경우에 적용된다고 할 것이므로, 그러한 해석 하에 헌법에 위반되지 아니한다), ⓓ 헌재 1998.8.27. 97헌바85(국가보안법의 잠입죄 규정에 대한 한정합헌결정), ⓔ 헌재 1992.2.25. 89헌가104(군사기밀보호법 규정에 대한 한정합헌결정), ⓕ 헌재 1997.1.16. 89헌마240(국가기밀보호에 관한 한정합헌결정) 등.

8) 처벌규정의 위임('행정입법=법규명령'에 위임)과 명확성원칙

(가) 위임대상 – 행정입법(법규명령)에 위임 허용(헌법의 허용)　　앞서 법률주의에서 법률로 벌칙규정을 정하여야 한다고 하였는데 법률에서 미리 처벌대상인 범죄의 구성요건, 형벌을 미리 정할 수 없는 경우에 위임을 하여야 할 경우가 생긴다. 그런데 앞서 법률주의에서 언급한 대

로 정관에의 위임과 같은 경우는 인정되지 않으나 대통령령, 부령 등 하위 행정입법(법규명령)
등에 위임할 수는 있다. 헌법 제75조, 제95조에 위임이 가능하도록 근거를 두고 있기 때문이다.
  (나) 행정입법(법규명령)**에 위임의 '문제상황'** — 법률유보, '포괄위임금지와 명확성의 관계'(포
함관계: 구체성＝명확성).

■ **헌법**
제12조 ① … 누구든지 … 법률과 적법한 절차에 의하지 아니하고는 처벌 … 을 받지 아니한다.
제75조 대통령은 법률에서 구체적으로 범위를 정하여 위임받은 사항과 법률을 집행하기 위하여 필요한 사항에 관
하여 대통령령을 발할 수 있다.
제95조 국무총리 또는 행정각부의 장은 소관사무에 관하여 법률이나 대통령령의 위임 또는 직권으로 총리령 또는
부령을 발할 수 있다.

  법률이 벌칙사항을 행정입법에 위임할 수 있게 하지만 이 위임에는 한계(요건)가 있다. 즉
헌법 제75조는 법률이 대통령령에 위임할 때 구체적으로 범위를 정하여 위임하도록 하고 있다
(포괄위임금지원칙). 이 구체적 위임이어야 한다는 것이 바로 그 위임의 한계이다. 따라서 벌칙
의 행정입법(법규명령) 위임문제는 헌법 제75조의 포괄위임금지 문제와 제12조의 죄형법정주의
의 명확성 문제가 함께 자리 잡고 있는 문제이다. 벌칙규정의 포괄위임은 위임하는 법률 자체
의 불명확성도 내포하는 것이어서 함께 가는 문제이다. 헌재도 '명확성원칙과 포괄위임금지원
칙의 관계'라는 제목의 항목에서 "이 사건 법률조항의 불명확성은 처벌법규의 구성요건을 대통
령령에 위임하고 있기 때문에 발생하는 것으로"라고 판시하여(헌재 2016.2.25. 2013헌바367) 같
은 입장이다. 또한 포괄위임이라고 하면 이는 법률유보의 위반이기도 하다(기본권 총론, 법률유
보 부분 참조). 결국 벌칙규정의 행정입법(법규명령) 위임에는 법률유보, 포괄위임금지, 명확성의
원칙들이 함께 자리잡고 있다.
  [판례의 일괄심사] 헌재판례도 죄형법정주의의 명확성원칙과 포괄위임금지원칙의 심사구조
로서 양 심사의 일괄심사의 입장을 밝혀 위의 취지를 구현하고 있다.

● **판례** 헌재 2017.11.30. 2016헌바245
[판시] 심판대상조항의 불명확성은 처벌법규의 구성요건을 대통령령에 위임하고 있기 때문에 발생하는 것이므로,
죄형법정주의와 포괄위임금지원칙을 병렬적으로 판단할 필요 없이, 이 사건 의무조항이 '안전상의 감독업무'를 대통
령령에 위임하고 있는 것이 위임입법의 한계를 준수하고 있는지 여부를 심사함으로써 심판대상조항 전체의 위헌
여부가 가려질 수 있다. * 또 다른 일괄심사의 예: 헌재 2016.4.28. 2015헌바123; 2016.6.30. 2013헌가1.

  (다) 위임의 요건(한계)**으로서의 구체성·명확성의 기준**(정도)   중요한 문제는 어떤 요건을
갖추고 어느 정도의 위임이어야 명확성원칙을 지킨 구체적 위임이 되느냐 하는 위임의 조건과
그 구체성의 정도와 기준이다.
  처벌규정의 위임한계 문제는 헌재의 죄형법정주의 사건들에서 빈번히 다루어진다. 확립된
판례를 보면 아래와 같이 정리할 수 있다.
  처벌규정을 법률이 행정입법(법규명령)에 위임함에 있어서 요건(한계)에는 ① 상황적 요건과
② 내용적 요건이 있다. ①의 요건은 법률로 모든 구성요건 해당 행위(처벌대상행위)를 사전에

규정할 수 없는 불가피한 경우여야 함을 말한다. ②의 한계는 위임하는 법률 자체로도 대통령령, 총리령, 부령 등으로 정해질 처벌대상행위를 미리 짐작할 수 있게 할 정도의 구체성을 법률이 부여하면서 위임을 하여야 함을 말하며 요컨대 예측가능성이 있어야 함을 의미한다.

　　오늘날 우리나라에 있어서 범죄구성요건(범죄행위)을 행정입법(법규명령)에 많이 위임하고 있고 이에 따라 위임범위의 한계를 벗어난 것인지가 헌법재판에서 빈번히 거론됨으로써 이에 관한 판례가 많고 헌재는 아래와 같은 법리를 확립하고 있다.[321]

❖ [헌재의 확립된 기본 판례법리] ▷ 처벌규정 위임의 조건·한계
- 특히 긴급한 필요가 있거나 미리 법률로써 자세히 정할 수 없는 부득이한 사정이 있는 경우에 한하여 위임이 가능하다.
- 범죄 구성요건과 형벌의 대강은 반드시 법률(母法)에 규정되어 예측가능하여야 한다. 형벌의 종류 및 그 상한과 폭을 명백히 규정하여야 한다.
- 예측가능성의 개념: 구성요건이 위임법률조문 하나만으로는 예측이 다소 어렵더라도 다른 법률조항과 법률의 입법취지를 종합적으로 고찰할 때 합리적으로 그 대강이 예측될 수 있으면 위임한계를 일탈하지 아니한 것으로 판단된다. 즉 예측가능성의 유무는 당해 특정조항 하나만을 가지고 판단할 것은 아니고 관련 법조항 전체를 유기적·체계적으로 종합판단하여야 하며, 각 대상법률의 성질에 따라 구체적·개별적으로 검토하여야 한다.

　　[핵심 – '예측가능성'] 결국 위 법리를 두고 보면 구체적 위임인지 여부의 판단에 있어서 '예측가능성'이 있는지 여부가 핵심논점이 된다.

(라) 포괄위임금지원칙에 반하여 죄형법정주의 명확성원칙 위반이라고 본 위헌결정례

가) 상황적 한계에 관한 위헌결정례 – 필요성 결여 – 긴급성, 부득이성 결여 – 형벌법규의 위임을 하기 위한 요건인 특히 긴급한 필요가 있거나 미리 법률로써 자세히 정할 수 없는 부득이한 사정이 있는 경우에 해당한다고 할 수 없다고 하여 위헌결정한 예　　① 전기통신사업자가 제공하는 전기통신역무를 이용하여 타인의 통신을 매개하거나 타인의 통신용에 제공하여서는 아니 되게 금지하면서 그 예외를 허용하는 경우를 대통령령이 정하도록 위임한 구 전기통신사업법규정(헌재 2002.5.30. 2001헌바5. [관련판시] 비록 입법자의 의사가 전면적인 금지가 아니라 부분적인 금지라고 하더라도, 이 법률조항은 형벌법규의 위임을 하기 위한 요건인 특히 긴급한 필요가 있거나 미리 법률로써 자세히 정할 수 없는 부득이한 사정이 있는 경우에 해당한다고 할 수 없다). ② 사업주가 구 산업안전보건법 또는 동법에 의한 명령의 시행을 위하여 필요한 사항으로서 노동부령이 정하는 사항을 보고하지 아니하거나 허위의 보고를 한 경우 처벌할 수 있도록 한 구 산업안전보건법 규정(헌재 2010.2.25. 2008헌가6). ③ 어업단속·위생관리·유통질서, 그 밖에 어업조정을 위하여 수산동식물의 포획·채취, 어선의 수, 조업구역 등에 관한 제한이나 금지에 필요한 사항을 정하는 대통령령에 필요한 벌칙을 둘 수 있도록 한 구 수산업법 규정(헌재 2010.9.30. 2009헌바2. [결정요지] 조업구역의 제한이나 금지를 위반한 어업을 형벌로 처벌할 것인지, 처벌한다면 어느 정

---

321) 처벌규정의 구체적 위임에 관한 이 확립된 판례 법리를 밝히고 있는 결정례들은 그것에 관한 사건이 많은 만큼 많이 있다. 대표적인 전형적 예를 하나 들면, 헌재 2010.2.25. 2008헌가6 참조.

도로 처벌할 것인지의 문제는, 전문적이고 기술적인 판단이 필요한 사항이 아니고 급변하는 상황에 연관된 문제도 아니다. 해양생태계의 변화 등에 대응한 구체적인 조업구역의 설정은 수시로 변화할 수 있다 하더라도, 조업구역을 위반한 어업에 대한 가벌성 및 처벌의 정도에 대한 판단은 사회공동체의 가치관 또는 법감정에 좌우되는 것이지 해양생태계의 변화에 좌우되는 것은 아니기 때문이다. * 이 결정은 아래에서 보듯이 예측가능성도 없다고 판단되었다. * 이 결정은 과거의 합헌결정인 93헌가15 결정을 변경한 위헌결정이다) 등이 긴급성, 부득이성이 부정되고 위헌결정이 내려한 예들이다.

나) 예측가능성 결여로 위헌으로 판단한 결정례   ① 막연히 "각령의 규정에 위반한 행위"를 처벌하도록 규정한 구 '복표발행·현상기타사행행위단속법' 제9조는 어떠한 행위를 처벌할 것인가의 선택을 전적으로 각령에서 지정하도록 위임하여 범죄구성요건의 각령에의 백지(포괄)위임이라고 판단되었고(91헌가4), ② 뇌물죄의 적용대상(주체)을 확대하여 공무원 아닌 정부관리기업체의 간부직원에 대해서도 가중처벌하는 구 특정범죄가중처벌 등에 관한 법률 제4조는 "관리"라는 용어는 그 의미가 지나치게 추상적이고 광범위하여 대통령령(특가법시행령)에 규정될 내용의 대강을 예측할 수 없어 백지위임과 다를 바 없다고 보았으며(93헌바50), ③ 대통령령이 정하는 용도변경을 할 때에 허가를 받아야 하는데 이를 위반한 경우 처벌하도록 규정한 구 건축법 제78조 제1항의 일부규정은, 일반인의 입장에서 자신의 용도변경행위가 허가를 받아야 하는 용도변경행위인지 여부를 도저히 알 수가 없고 법조항 전체를 유기적·체계적으로 종합판단하더라도 그 위임내용을 예측할 수 없어서 죄형법정주의에 위반된다고 결정되었고(94헌바22), ④ 건축법상의 유지·관리의무에 관한 위임규정에 대한 위헌결정의 예가 있었으며(96헌가16), ⑤ 약국을 관리하는 약사 또는 한약사는 보건복지부령으로 정하는 약국관리에 필요한 사항을 준수하도록 한 구 약사법 제19조 제4항을 위반한 경우에 처벌하도록 한 동법 제77조 제1호의 일부규정에 대한 위헌결정(99헌가15), ⑥ 전기통신역무의 타인사용을 대통령령이 정하는 예외적인 경우에 인정하는 구 전기통신사업법 제32조의2 단서규정과 이러한 예외 외의 타인사용을 처벌하는 동법 제74조에 대한 위헌결정(2001헌바5), ⑦ 증권관리위원회가 '대통령령이 정하는 바에 의하여' 내린 명령을 위반한 경우 형사처벌하도록 한 구 증권거래법(1998.1.8. 법률 제5498호로 개정되기 전의 것) 제209조 해당규정(2002헌가26. * 증권거래법은 위 결정 이후 '자본시장과 금융투자업에 관한 법률'에 의해 폐지되었다)이 예측가능성 없어 위헌이라고 결정, ⑧ 구 의료법 제46조 제4항은 "의료업무에 관한 광고의 범위 기타 의료광고에 필요한 사항은 보건복지부령으로 정한다"라고 규정하고 있는데 이 조항을 위반하면 벌금에 처하도록 한 구 의료법 제69조 규정이 부령에서 어떤 행위가 금지될 것인지에 대해 예측할 수 없게 하므로 포괄위임입법금지원칙에 위반된다고 보았다(2006헌가4). ⑨ 사업주가 "이 법(구 산업안전보건법) 또는 이 법에 의한 명령의 시행을 위하여 필요한 사항으로서 노동부령이 정하는 사항"을 보고하지 아니하거나 허위의 보고를 한 경우 처벌할 수 있도록 하는 구 산업안전보건법 제69조 제1호 중 제10조 제1항에 관한 부분은 처벌법규의 구성요건에 관한 기본사항인 "보고내용"에 관하여 그 대강이 확

정되지 않은 상태에서 그 규범의 실질을 모두 하위법령인 노동부령에 위임한 것은 포괄적 위임 입법으로서 헌법 제75조의 포괄위임입법금지원칙에 위반된다고 한 결정(2008헌가6), ⑩ 어업단 속·위생관리·유통질서 그 밖에 어업조정을 위하여 필요한 사항들을 규정한 대통령령에 위반 한 경우 그 처벌에 관한 사항을 대통령령에 위임한 구 수산업법 제53조 제2항 및 제3항이 위헌 이라고 본 결정(2009헌바2. 이 결정은 과거의 합헌으로 결정한 93헌가15 결정을' 변경한 위헌결정임), ⑪ 대통령령으로 정하는 언론인의 선거운동 금지의 위헌성 - 이의 금지를 규정하고 위반 시 처벌하도록 규정한 구 공직선거법 제60조 제1항 제5호 중 '제53조 제1항 제8호에 해당하는 자' 부분, 구 공직선거법 제255조 제1항 제2호 가운데 제60조 제1항 제5호 중 '제53조 제1항 제8호 에 해당하는 자' 부분이 포괄위임금지원칙에 위배되고, 선거운동의 자유를 침해하여 위헌이라 는 결정(2013헌가1), ⑫ '식품접객영업자 등 대통령령으로 정하는 영업자'는 '영업의 위생관리와 질서유지, 국민의 보건위생 증진을 위하여 총리령으로 정하는 사항'을 지켜야 한다고 규정한 구 식품위생법 제44조 제1항 및 제97조 제6호 중 "제44조 제1항" 부분이 포괄위임금지원칙에 위배된다고 본 결정(2014헌가6등) 등이 있었다.

 * 그 외 위헌성 인정 결정례는 표현의 자유 등 다른 부분도 참조.

(마) 무위임, 위임범위를 벗어난 행정입법(법규명령) **처벌규정의 위헌성 등**

가) 무위임   포괄위임인지 여부 이전에 법률에 벌칙에 관하여 행정입법(법규명령)에 위임 을 한다는 규정 자체가 없음에도 행정입법(법규명령)이 이를 정할 수 없음은 물론이다. 이러한 예로서 헌재가 내린 아래의 결정례들이 있었다.

① 당구장 출입문에 18세 미만자의 출입금지표시를 하도록 규정한 구 체육시설의 설치·이 용에 관한 법률시행규칙 제5조는 모법의 위임이 없이 규정된 것으로 이를 위헌으로 결정한 바 있다(92헌마80). ② 법률이 위임이 없는 부분을 적용하면 위헌이라는 한정위헌결정을 내린 예도 있다. 그 예로, 승인을 얻지 않은 행위를 처벌하는 법률(새마을금고법)규정이 있는데 그 법률 이 승인사항이라고 규정한 바 없는 사항을 구 새마을금고법시행령 제23조가 승인사항으로 규정하 여 승인을 얻지 아니한 행위(당해 사안에서는 일정 한도 금액 초과 대출하고자 할 때 새마을금고연합 회장(감독기관)의 승인을 얻어야 함에도 얻지 않은 행위)를 처벌하는 것은 명확성원칙의 위반이라는 것이다(2001헌바39. [주문] 구 새마을금고법(1997.12.17. 법률 제5462호로 개정되고, 2001.7.24. 법률 제 6493호로 개정되기 전의 것) 제66조 제2항 제1호의 '승인'에 관한 부분은 새마을금고법시행령 (1998.2.24. 대통령령 제15684호로 개정된 것) 제23조의 '승인'에 대하여 적용하는 한, 헌법에 위반 된다. [결정요지] 단지 '대출의 한도'를 시행령을 통하여 구체화할 것을 위임할 뿐 이를 감독기 관의 승인사항이라고 규정한 바 없음에도, 하위법규인 법시행령 제23조에서 '대출의 한도'에 관한 구체적 내용을 정하면서 비로소 당해사항을 감독기관의 승인을 얻어야 할 사항으로 규정 하고 있다. 그런데 이러한 경우, 수범자의 입장에서는 처벌조항인 이 사건 법률조항 및 관련법 률조항의 유기적·체계적 해석을 통해서도 어떠한 사항이 처벌을 수반하는 승인사항인지를 예

견하기 어렵다. 그렇다면 법시행령 제23조에 대하여 처벌조항인 이 사건 법률조항을 적용하는 한, 이 사건 법률조항은 죄형법정주의에 위배된다.

나) 위임한계를 벗어난 경우　　모법이 벌칙에 관하여 구체적 위임을 하여 그 한계를 지켰음에도 위임받은 행정입법(법규명령)이 그 위임범위를 벗어나 과잉하게 처벌규정을 정한 경우에 그 행정입법(법규명령)이 위헌이 된다. 이 경우도 행정입법(법규명령)이 법률이 위임해준 범위를 벗어난 부분에 대해서는 무위임이라고 보면 될 것이므로 위 가)와 사실 같은 성격의 문제이다.

(바) 행정규칙에의 처벌사항 위임 문제 - 이른바 법령보충규칙 문제

가) 문제제기　　기본권제한 사항은 법규성을 가지는 행정입법인 법규명령(대통령령, 총리령, 부령)에 위임할 수 있으나 원칙적으로 법규성이 없다고들 보는 고시, 예규, 지침, 훈령과 같은 이름의 행정규칙에도 벌칙사항을 위임할 수 있는가 하는 문제가 있다. 법규성(국민의 권리, 의무에 영향을 주는 내용의 법이라는 의미)을 가지지 않는 경우에는 벌칙사항을 위임할 수 없다고 보는 것이 타당하다. 문제는 우리 헌재나 대법원은 이름은 행정규칙이나 실질적으로는 법규성을 가진다는 이른바 법령보충규칙을 인정한다. 법령보충규칙은 법률이 장관의 부령(법규명령)으로 정하라고 하지 않고 장관의 지침, 고시 등 행정규칙으로 정하라고 할 때 이런 법률의 위임이 없어도 제정되는 일반적인 행정규칙과 달리 법률이 위임한 것이므로 법규성을 가지는데 전문적·기술적 사항으로 경미한 사항에 한정된다는 것이다. 이에 대한 자세한 것은 앞의 기본권총론의 기본권제한, 법률유보, 행정입법에의 위임 부분에서 자세히 다루었다. 문제는 여기서는 그런 기본권제한사항 중 벌칙에 관한 사항인데도 법령보충규칙으로 정하도록 하더라도 이를 받아들일 수 있는가 하는 질문이 제기되는 것이다.

나) 헌재의 긍정 판례　　판례는 이를 긍정하는 입장을 보여주었다. 다음과 같은 결정례들이 그것이다. ① 구 '음반·비디오물 및 게임물에 관한 법률' 제32조 제3호는 게임제공업자는 "사행성을 조장하거나 청소년에게 해로운 영향을 미칠 수 있는" 다음 각 경품제공행위를 하지 아니할 것을 명하면서, 그 다음 각 행위로 "문화관광부장관이 고시하는 종류 외의 경품을 제공하는 행위"와 "문화관광부장관이 고시하는 방법에 의하지 아니한 경품제공행위"를 규정하고 있고, 동법 제50조 제3호는 이를 위반한 자를 처벌하도록 하였다. 이처럼 벌칙규정을 두고 있으므로 죄형법정주의의 명확성 원칙에 위배되는지 여부가 논란되었다. 헌재는 사행성 조장이나 청소년 유해성의 판단근거가 되는 '경품의 종류 및 경품제공방식'이라는 사항은 어느 정도 전문적·기술적인 것으로 그 규율영역의 특성상 소관부처인 문화관광부의 고시로 위임함이 요구되는 사항이라고 볼 수 있다고 하고 나아가 예측가능성이 있으므로 포괄위임입법금지 원칙이나 죄형법정주의의 명확성 원칙에 위배된다고 볼 수 없다고 하여 합헌성을 인정하였다(2005헌마161등). ② 이후 비슷한 취지의 구 '게임산업진흥에 관한 법률' 규정과 문화관광부장관 고시에 대해서도 동지의 합헌성 인정의 결정이 있었다(2007헌마106). ③ 청소년보호위원회의 '청소년유해매체물' 고시 - 구 청소년보호법 제9조 1항은 판매할 경우 처벌되는 청소년유해매체물

을 청소년보호위원회가 정하도록 규정하여 동 위원회는 이에 따라 청소년유해매체물을 고시하였는데 이 규정에 대해 위헌심판제청이 된 사건이 있었다. 헌재는 청소년보호법이 청소년유해매채물 여부의 심의·결정기준을 정하고 있으므로 어떠한 매체물이 청소년보호위원회 등에 의하여 청소년유해매체물로 결정·확인될지 그 대강을 예측할 수 있다는 이유로 죄형법정주의 명확성원칙에 반하지 않는다고 하여 이 규정에 대해서 합헌으로 결정하였다. ④ '청소년유해매체물의 표시방법'에 관한 정보통신부 고시 – '정보통신망이용촉진 및 정보보호 등에 관한 법률' 규정은 '청소년유해매체물'을 표시하도록 하고 표시하지 아니하고 영리행위를 한 경우 처벌하도록 하면서 그 표시방법을 대통령령(시행령)이 정하도록 위임한 데 대해 헌재는 죄형법정주의, 포괄위임금지원칙에 반하지 않는다고 보았다. 그리고 헌재는 위 시행령이 그 표시방법을 다시 정보통신부장관의 고시로 하도록 한 데 대해서 재위임의 범위를 준수하였다고 하여 합헌성을 인정한 바 있다(2001헌마894).

다) 검토   생각건대 법령보충규칙에의 위임을 인정한 선례를 죄형법정주의가 적용될 사안에서도 그대로 인정하는 이러한 입장을 취하는 데 대해서는 검토가 필요하다. 특히 헌법 제37조 제2항, 죄형법정주의에서의 법률주의를, 그리고 법률이 행정입법에 위임하는 것도 일단은 예외적인 것이라는 점을 고려하면 위 입장은 이해가 어렵다.[322] 행정규칙은 법제처의 심사를 거칠 필요도 없고 공포 없이도 효력이 발생하기에 외부적 사전통제가 없다는 점[323] 등의 문제점이 지적되고 있다. 문제는 죄형법정주의 관련이라는 점에 유의해야 한다. 법률이 부령으로 규정하게 하는 것이 필요하고 적기에 대처가 필요한 사항인 경우에 대비하여 부령제정을 신속히 하는 방안을 모색해야 한다.

9) 조례에 대한 위임의 문제

벌칙을 조례로 정하기 위해서도 법률의 위임이 있어야 한다. 현행 지방자치법 제22조 단서는 조례로 주민의 권리 제한 또는 의무 부과에 관한 사항이나 벌칙을 정할 때에는 법률의 위임이 있어야 한다고 규정하고 있다. 다만 그 위임의 정도가 구체적이어야 하는지 아니면 포괄적 위임으로도 가능한지가 논란된다. 헌재의 판례는 일반적인 권리 제한에 관한 사항의 조례에의 위임의 경우 포괄위임이라도 허용된다고 보고 있기 때문이다.[324] 생각건대 보통의 권리 제한의 경우와는 달리 벌칙의 경우 죄형법정주의의 명확성의 원칙상 포괄위임이 아니라 구체적 위임이어야 한다고 본다. 다음의 결정은 헌재가 이에 관하여 구체적 위임설을 취한 것으로 이해하게 하였다. 사안을 보면 지방공무원법은 원칙적으로 공무원이 노동운동을 할 경우 형사처벌을 받도록 하면서 '사실상 노무에 종사하는 공무원'은 형사처벌에서 제외하고 사실상 노무에 종사하는 공무원의 범위를 조례에 위임하고 있다. 이 위임규정에 대해 헌재는 죄형법정주의의 위반

---

322) 헌재가 그 위임대상이 대통령령 등 헌법이 명시한 법규(위임)명령에 한정되고 범죄, 형벌에 대한 법률주의를 분명히 밝힌 결정례도 있다. 헌재 2010.7.29. 2008헌바106. * 평가: 위 헌재의 입장은 이러한 판시와 모순을 보여주고 있기도 하다.

323) 헌재 2009.4.30. 2007헌마106에서의 재판관 김종대, 재판관 목영준의 반대의견 참조.

324) 헌재 1995.4.20. 92헌마264등.

여부를 직접 언급하진 않았지만 법률이 처벌사항을 대통령령 등 행정입법에 위임할 때의 한계
(위에서 본 한계)를 언급한 뒤 이 사건법률조항에서 위임되어 "조례에 규정될 내용의 대강을 예
측할 수 있다 할 것이므로, 위임입법의 한계를 일탈하였다고 할 수 없다"라고 판시한 바 있다
(2003헌바50등).

10) 군형법상의 정당한 명령·규칙 위반의 처벌

"정당한 명령 또는 규칙을 준수할 의무가 있는 자가 이를 위반하거나 준수하지 아니한 때"
에 처벌하도록 한 군형법 제47조는 불특정 다수인을 피적용자로 하여 발하여지는 규범으로서의
효력을 가지는 명령 또는 규칙을 위반한 경우에 적용되는 규정이다. 이는 군형법의 다른 조문인
제44조가 상관의 정당한 명령에 반항하거나 복종하지 아니한 자를 항명죄로 처벌하도록 하여
특정인에게 발하여지는 개별적 명령의 불복행위에 대하여 별도로 처벌하는 점에 비추어 보면
그러하다.[325] 이러한 규범으로서의 명령, 규칙을 위한한 때 처벌하도록 하는 군형법 제47조는
그 명령 또는 규칙의 제정권자, 내용, 범위, 형식 등을 구체적으로 특정하지 않고 있어 포괄위임
으로서 죄형법정주의 위반이라고 논란되었으나 헌재는 군통수작용의 광범위한 유동성 등이 요
구되고 금지행위에 대한 예측가능성이 있다고 보아 위임입법의 한계 내에 있다고 하여 합헌이
라고 보았다(2009헌가12). * 이미 이 조항에 대해서는 이전에 합헌결정이 있었다(91헌바20).

11) 정관(定款)에 위임의 위헌성

이에 관해서는 앞의 법률주의에서 살펴보았다. 사실 법률주의 위반 그 자체로 죄형법정주
의에 위반인데 더 나아가 명확성원칙 위반이나 예측가능성이 없다고 하는 판시를 하는 결정례
들이 있었는데 이는 적절하지 않다(전술 참조). 그 점에서 여기 명확성원칙보다는 앞의 법률주의
에서 다루는 것이 적확하다.

12) 단체협약 위반에 대한 처벌 등

앞서 본대로 단체협약의 소정 행위 위반을 처벌하도록 하더라도 이는 근로3권의 행사를 통
한 최종적인 결과물인 단체협약의 실효성을 가지도록 하기 위해 처벌이 필요하다는 이유로 과
잉금지원칙에 반하지 않는다는 것이 우리 헌재의 입장이다. 처벌되는 단체협약 위반행위 중 하
나로 규정된 징계의 "중요한 절차" 부분이 명확성원칙을 준수한 합헌이라고 결정한 바 있다
(2006헌가9).

13) 형사제재상(형벌)의 명확성

명확성의 원칙은 범죄구성요건뿐 아니라 그 제재에 대해서도 요구되는 것이다.

ⅰ) **형벌종류, 상한·하한 한정 등의 확정**   형벌의 종류, 형벌의 상한과 하한이 정해져 있어
형벌의 방법과 정도가 명확하게 규정되어야 한다. 그렇지 않으면 범죄에 상응하는 적절한 형벌
이 이루어지지 않은 자의적인 처벌이 될 수 있기 때문이다.

---

325) 헌재 1995.5.25. 91헌바20; 2011.3.31. 2009헌가12.

● 판례

형벌규정의 불명확성을 이유로 위헌결정을 한 결정례: 국가보안법 제7조 제1항의 찬양·고무죄 규정은 "국가의 존립·안전이나 자유민주적 기본질서를 위태롭게 한다는 정을 알면서 반국가단체나 그 구성원 또는 그 지령을 받은 자의 활동을 찬양·고무·선전 또는 이에 동조하거나 국가변란을 선전·선동한 자는 7년 이하의 징역에 처한다"라고 규정하고 있는데 이를 반복하여 범한 사람에게는 "법정형의 최고를 사형으로 한다"고 특수가중하는 동법 제13조 규정이 문제된 사안이다. 헌재는 그 법정형을 '사형·무기 또는 1월 이상의 징역'으로 할 것인지, 아니면 그 최고형만을 사형으로 하여 '사형 또는 7년 이하의 징역'으로 할 것인지 명확하지 않다고 하여 위헌결정을 하였다(2002헌가5).

ii) 위임한계를 벗어난 형벌위임을 위헌으로 판단한 예   범죄구성요건뿐 아니라 형벌도 행정입법에의 위임에 있어서 구체적 위임이어야 하고 구체적 위임이라고 인정하기 위해서는 예측가능성이 있어야 한다. 형벌위임에 있어서 예측가능성이 없다고 본 결정례: 어업단속·위생관리·유통질서 그 밖에 어업조정을 위하여 필요한 사항들을 규정한 대통령령에 위반한 경우 그 처벌에 관한 사항을 대통령령에 위임한 구 수산업법 규정이 다양한 유형의 구성요건적 행위들에 대해 각각 어느 정도의 처벌이 가해질 것인지에 대해서는 아무런 기준을 제시하지 않고 있어 예측가능성이 없다고 보아 죄형법정주의원칙에 위배된다고 판단한 바 있다(2009헌바2).

iii) 절대적 부정기형의 금지   절대적 부정기형이란 형의 장기와 단기 모두 전혀 특정되지 않은 형벌을 말한다. 상대적 부정기형이란 예를 들어 단기 2년 장기 6년식으로 형기가 정해져 선고되는 형벌을 말한다. 형사제재상 명확성원칙에 따라 절대적 부정기형은 금지된다. 상대적 부정기형은 교정의 효과를 위한 것으로 죄형법정주의에 반하지 않는다고 본다.[326] 상대적 부정기형을 규정한 예로 소년법 제60조가 있다.

■ **법 소년법 제60조(부정기형)** ① 소년이 법정형으로 장기 2년 이상의 유기형(有期刑)에 해당하는 죄를 범한 경우에는 그 형의 범위에서 장기와 단기를 정하여 선고한다. 다만, 장기는 10년, 단기는 5년을 초과하지 못한다. ② 소년의 특성에 비추어 상당하다고 인정되는 때에는 그 형을 감경할 수 있다. ③ 형의 집행유예나 선고유예를 선고할 때에는 제1항을 적용하지 아니한다. ④ 소년에 대한 부정기형을 집행하는 기관의 장은 형의 단기가 지난 소년범의 행형(行刑) 성적이 양호하고 교정의 목적을 달성하였다고 인정되는 경우에는 관할 검찰청 검사의 지휘에 따라 그 형의 집행을 종료시킬 수 있다.

iv) 형벌이 아닌 보안처분(* 보안처분에 대해서는 뒤의 'Ⅲ. 위법적 보안처분과 강제노역의 금지' 부분 참조)의 경우에는 절대적 기간이 인정된다. 사회에 복귀할 만한 상태라고 볼 정도의 기간이 요구되는데 그 기간을 보안처분을 내릴 처음 시점에서 예측할 수 없기 때문이다. 지금은 폐지되었지만 이전의 구 사회보호법이 동법 소정 사유에 해당하면 당연히 보호감호처분을 하도록 한 제5조 제1항에 대해 위헌결정을 하면서 당연 감호처분이 아니라 재범위험성 있는 때에만 보호감호에 처하도록 한 동조 제2항은 합헌이라고 본 결정에서 헌재는 "보안처분을 선고하는 때에 미리 재범의 위험성의 소멸시기를 예측한다는 것은 거의 불가능한 것이어서 보안처분은 그 본질상 집행단계에서 기간이 확정되는 부정기임을 면할 수 없다"라고 한다. 그러면서도

---

326) 이재상, 형법총론, 제6판, 박영사, 2008, 25면. "상대적 부정기형은 형기를 수형자의 개선·갱생의 진도에 따르게 하여 교정교육의 효과를 기대하는 것으로 교육사상이 지배하고 있는 소년범과 상습범에 대하여 형벌의 개별화사상에 입각하여 널리 인정되고 있는 제도이다"라고 한다.

다) 판례: ① **5·18민주화운동 등에 관한 특별법 제2조 합헌결정** - 공소시효에 형벌불소급원칙의 적용 여부 문제가 처음으로 제기되고 다루어진 사안이 바로 1979년 12월 12일과 1980년 5월 18일을 전후하여 발생한 헌정질서파괴범죄행위에 대하여 공소시효의 진행이 정지되도록 규정한 5·18민주화운동 등에 관한 특별법 제2조는 소급처벌을 규정한 법률규정으로서 위헌인지 여부가 논란된 위헌심판이었다. 헌재는 위 나)의 판시를 하였다. 즉 과거에 이미 행한 범죄에 대하여 공소시효의 정지규정을 적용하도록 한다는 사유만으로 죄형법정주의의 파생원칙인 형벌불소급의 원칙에 언제나 위배되는 것으로 단정할 수는 없다는 취지의 판시를 하였다. 그러면서도 헌재는 특별법 제2조 규정이 위헌인지 여부는 구체적 범죄행위에 관한 공소시효의 완성 여부 및 그 완성시점 등은 당해 사건을 재판하는 법원이 이를 판단할 성질의 것이지 헌재가 판단할 수 있는 사항이 아니므로 헌재로서는 당해 사건을 재판하는 법원에 의하여 특별법 시행 당시 공소시효가 완성된 것인지의 여부가 아직 확정되지 아니한 터이므로 법원이 공소시효가 완성되지 않았다고 판단할 경우와 공소시효가 완성되었다고 판단할 두 가지 경우를 가정하여 판단할 수밖에 없다고 하였다. 그리하여 헌재는 공소시효가 아직 완성되지 않았다고 법원이 판단할 경우에 대해서는 재판관 전원일치로 이는 부진정소급효로서 중대한 공익이 있고 신뢰보호이익은 상대적으로 미약하므로 합헌이라고 보았다. 반면에 공소시효가 완성된 것으로 법원이 판단할 경우에는 특별법은 이미 과거에 완성된 사실 또는 법률관계를 규율대상으로 사후에 이전과 다른 법적 효과를 생기게 하는 이른바 진정소급효를 갖게 되고, 이 부분에 대한 재판관들 간에 의견의 대립이 있었다. 특별법조항을 공소시효가 이미 완성된 경우에도 적용하는 한 위헌이라고 본 한정위헌의견이 5인 재판관의 의견으로서 4인 재판관의 합헌의견보다 우세하였으나 법률의 위헌결정에 필요한 정족수 재판관 6인 이상의 위헌의견에 이르지 못하여 합헌결정이 되었다(96헌가2등),

② **'성폭력범죄의 처벌 등에 관한 특례법' 시행 전** 행하여진 성폭력범죄(13세 미만 미성년자 강제추행)로 아직 공소시효가 완성되지 아니한 것에 대하여도 공소시효에 관한 특례의 개정규정(성폭력범죄의 특수성을 고려하여 공소시효의 기산점을 피해자인 미성년자가 성년에 달한 날로 하는 조항과 13세 미만의 사람에 대한 강제추행 등의 성폭력범죄에 대해 공소시효를 배제한 조항)을 적용하도록 규정한 동법 부칙규정 - 이 규정이 형벌불소급원칙에 위배되는지 여부가 문제된 사안이었는데 헌재는 위 나)의 판시와 같은 판시를 하였고 합헌결정을 하였다(2018헌바457. 신뢰보호원칙의 준수도 인정함).

(나) 형식적(형법상) 형벌 한정 여부 - 부정

가) 원칙 형식적(형법상) 형벌에 국한되지 않고 제재 내용, 효과가 형벌적 성격이 강한 경우에의 적용 - 헌재는 "형벌불소급원칙에서 의미하는 '처벌'은 단지 형법에 규정되어 있는 형식적 의미의 형벌 유형에 국한되지 않는다"라고 하고 "범죄행위에 따른 제재의 내용이나 실제적 효과가 가중되거나 부수효과가 불이익하게 변경되는 경우 … 특히 범죄행위에 따른 제재의

내용이나 실제적 효과가 형벌적 성격이 강하여, 신체의 자유를 박탈하거나 이에 준하는 정도로 신체의 자유를 제한하는 경우에는 법적 안정성, 예측 가능성 및 국민의 신뢰를 보호하기 위하여 형벌불소급원칙이 적용되어야 한다"라고 본다(2015헌바239등).

나) 노역장유치   그리하여 헌재는 노역장유치는 벌금형에 부수적으로 부과되는 환형처분으로서, 그 실질은 신체의 자유를 박탈하여 징역형과 유사한 형벌적 성격을 가지고 있어서 형벌불소급원칙의 적용대상이 된다고 본다. 이른바 '황제노역'을 막기 위해 1억 원 이상의 벌금을 선고받은 자에 대하여는 노역장유치기간의 하한을 중하게 변경하는(벌금이 1억 원 이상 5억 원 미만인 경우에는 300일 이상, 5억 원 이상 50억 원 미만인 경우에는 500일 이상, 50억 원 이상인 경우에는 1,000일 이상의 유치기간) 형법 제70조 제2항의 신설이 있었다.[328) 헌재는 이 형법 제70조 제2항에 대해 합헌으로 보면서도 그 조항을 시행일 이후 최초로 공소제기되는 경우부터 적용하도록 한 형법 부칙 조항은 위헌이라고 보았다. 노역장유치에도 형벌불소급원칙이 적용되는데, 이처럼 노역장유치기간의 하한이 중하게 변경된 것인데도 위 부칙조항은 노역장유치조항의 시행 전에 행해진 범죄행위에 대해서도 공소제기의 시기가 노역장유치조항의 시행 이후이면 이를 적용하도록 하는 것은 이전의 범죄행위 당시로 보다 불이익한 법률을 소급하여 적용하도록 하는 것이므로 헌법상 형벌불소급원칙에 위반된다고 본 것이다(2015헌바239등).

다) 보안처분: 원칙적 부정, 실질적 형벌 경우 적용   형벌이 아닌 보안처분에도 불소급원칙이 적용되느냐 하는 문제가 있는데 형법학설은 부정설이 통설이다. 그러나 보안처분이 실질적으로 형벌적 성격을 가진다면(형벌 대신에 가해지는 보안처분의 경우 등) 소급효금지원칙이 적용된다고 본다.

① 대법원 판례: 대법원도 보안처분인 보호관찰에 대해 "과거의 불법에 대한 책임에 기초하고 있는 제재가 아니라 장래의 위험성으로부터 행위자를 보호하고 사회를 방위하기 위한 합목적적인 조치이므로" 형법개정 전의 행위에 대해 보안관찰을 명하는 것이 형벌불소급원칙에 위배되지 않는다고 본다(대법원 1997.6.13. 97도703). 그러면서도 대법원은 가정폭력범죄를 범한 자에 대한 사회봉사명령의 경우 보안처분의 성격을 가지는 것이긴 하나 한편으로 이는 형사처벌 대신 부과되는 것으로서, 의무적 노동을 부과하여 실질적으로는 신체적 자유를 제한하게 되므로 원칙적으로 형벌불소급원칙이 적용된다고 본다(대법원 2008.7.24. 2008어4).

② 헌재판례: 헌재는 출범초부터 "소급입법에 의한 보호감호처분은 허용될 수 없다"라고 하였다(88헌가5). 그런데 헌재는 이후에도 "보안처분이라 하더라도 형벌적 성격이 강하여 신체의

---

328) 그 신설도입이유를 보면 「형법」상 노역장유치 제도는 벌금을 납부하지 않는 경우 1일 이상 3년 이하 기간 동안 노역장에 유치하여 작업에 복무하도록 규정하고 있을 뿐 노역장유치 기간에 대해서는 법관의 재량에 의하여 구체적 사안에 따라 정하도록 하고 있으나, 고액 벌금형의 경우 피고인이 벌금을 납입하지 않더라도 일부 재판의 경우에는 단기간 동안 노역장에 유치되는 것만으로 벌금액 전액을 면제받게 되는 사례가 발생하고 있어 이에 대한 개선 필요성이 증가하고 있는바, 이에 일정 액수 이상의 벌금형을 선고할 경우에는 노역장 유치의 최소 기간을 직접 법률에 규정하여 고액 벌금형을 단기의 노역장 유치로 무력화하지 못하도록 하는"이라고 한다. 법제처 제·개정이유, http://www.law.go.kr/lsInfoP.do?lsiSeq=153923&lsId=&viewCls=lsRvsDocInfoR&chrClsCd=010102#0000 참조.

854   제 2 편 기본권 각론

자유를 박탈하거나 박탈에 준하는 정도로 신체의 자유를 제한하는 경우에는 소급효금지원칙을 적용하는 것이 법치주의 및 죄형법정주의에 부합한다"라고 한다(2010헌가82). 따라서 비형벌적 보안처분에는 소급효금지원칙이 적용되지 않는다고 본다. 다만, 소급적용이 과잉해서는 안 된다고 보아 과잉금지원칙 심사는 한다. ㉠ 전자장치 부착명령 – '특정 범죄자에 대한 위치추적 전자장치 부착 등에 관한 법률'(현 '전자장치 부착 등에 관한 법률')이 시행 당시 징역형 등의 집행이 종료된 경우 등에도 일정기간이 경과하지 아니한 성폭력범죄자에 대하여도 위치추적 전자장치를 부착할 수 있도록 규정하고 있는 것은 형벌불소급원칙에 반하지 않는가가 논란되었으나 헌재는 부착명령은 범죄행위를 한 사람에 대한 응보를 주된 목적으로 그 책임을 추궁하는 사후적 처분인 형벌과 구별되는 비형벌적 보안처분으로서 소급효금지원칙이 적용되지 아니한다고 보고 과잉금지원칙도 준수한 것이라고 보아 합헌으로 결정하였다(2010헌가82). ㉡ 디엔에이감식시료 채취 등 – 같은 취지로 그 형이 확정되어 수용 중인 사람에게 디엔에이감식시료 채취 및 디엔에이확인정보의 수집·이용 등 이 사건 법률을 적용할 수 있도록 규정한 '디엔에이신원확인정보의 이용 및 보호에 관한 법률' 부칙조항에 대해 디엔에이신원확인정보의 수집·이용이 범죄의 예방효과를 가지는 보안처분으로서의 성격을 일부 지닌다고 하더라도 이는 형벌과는 구별되는 비형벌적 보안처분으로서 소급입법금지원칙이 적용되지 아니하고, 소급적용으로 발생하는 당사자의 손실에 비하여 소급적용으로 인한 공익적 목적이 더 크다고 할 것이므로 소급입법금지원칙에 위배되는 것은 아니라고 보았다(2011헌마28). ㉢ 신상정보 공개·고지명령 – 같은 취지로 '성폭력범죄의 처벌 등에 관한 특례법'상의 신상정보 공개·고지제도가 시행되기 3년 전에 유죄판결이 확정된 사람에게까지 확대한 동법 부칙규정에 대해 이 신상정보 공개·고지명령은 형벌과는 구분되는 비형벌적 보안처분으로서 어떠한 형벌적 효과나 신체의 자유를 박탈하는 효과를 가져오지 아니하므로 소급처벌금지원칙이 적용되지 아니하고 과잉금지원칙도 준수하여 합헌이라고 한 결정도 있다(2015헌바196).

  라) 취업제한의 비해당성: 성인대상 성범죄 형 확정자에 대한 의료기관 개설·취업제한   이 제한을 둔 구 '아동·청소년의 성보호에 관한 법률' 규정에 대해 헌재는 취업제한이지 형벌이 아니라는 이유로 형벌불소급원칙이 적용되지 않는다고 판시하고 위 법 부칙규정에 대해 합헌이라고 결정하였다(2013헌마585등).

  (다) 유리한 신법의 적용 문제

  ⅰ) 형법규정과 학설, 판례   형법 제1조 제1항은 "범죄의 성립과 처벌은 행위 시의 법률에 따른다"라고 규정하면서 동조 제2항은 "범죄 후 법률이 변경되어 그 행위가 범죄를 구성하지 아니하게 되거나 형이 구법보다 가벼워진 경우에는 신법에 따른다"라고 규정하고, 동조 제3항은 "재판이 확정된 후 법률이 변경되어 그 행위가 범죄를 구성하지 아니하게 된 경우에는 형의 집행을 면제한다"라고 규정하고 있다. 형법 제1조 제2항은 신법의 소급효를 인정하는 것이 행위자에게 이익이 되는 경우이므로 죄형법정주의 특히 형벌불소급의 원칙과는 전혀 관계없는

규정이다. 죄형법정주의는 법률의 변경에 의하여 범죄로 되지 아니한 때에 반드시 신법을 적용할 것을 요구하는 것은 아니다"라고 지적되고 있다.[329] 대법원 판례는 "형법 제1조 제2항 및 제8조에 의하면 범죄 후 법률의 변경에 의하여 그 행위가 범죄를 구성하지 아니하는 경우 신법에 의한다고 규정하고 있으나 신법에 경과규정을 두어 이러한 재판시법주의의 적용을 배제하는 것도 허용된다"라고 하고[330] "형을 종전보다 가볍게 형벌법규를 개정하면서 그 부칙에서 개정된 법의 시행 전의 범죄에 대하여는 종전의 형벌법규를 적용하도록 규정한다 하여 형벌불소급의 원칙이나 신법우선의 원칙에 반한다고 할 수 없다"라고 한다.[331]

ii) 유리한 신법 적용을 규정해야 할 입법의무가 있는지 여부에 관한 헌재의 입장   법률의 변경으로 종래의 법률을 적용하는 경우보다 새로운 법률을 적용하는 것이 피적용자에게 유리한 경우에, 입법자에게 유리한 신법을 적용하도록 경과규정을 두어야 할 입법상의 의무가 있는지의 여부에 대해 헌재는 입법자의 의무라고는 할 수 없고, 그러한 소급입법을 할 것인지의 여부는 입법재량의 문제로서 그 판단은 일차적으로 입법기관에 맡겨져 있으며, 그 판단은 존중되어야 하며, 그 결정이 합리적 재량의 범위를 벗어나 현저하게 불합리하고 불공정한 것이 아닌 한 헌법에 위반되지 않는다고 본다(95헌마196).

(라) 판례변경에 따른 처벌   행위당시의 판례에 따르면 처벌되지 않던 행위가 판례변경으로 처벌될 수 있는 것인지에 대해서 견해가 갈린다. 대법원 판례는 긍정하고 형벌불소급의 원칙에 반하지 않는다고 본다. 판례변경이 법률 자체의 변경은 아니라는 것이 그 논거이다(대법원 1999.9.17. 97도3349). 헌재도 같은 입장이다(2012헌바390).

(4) 유추해석금지(類推解釋禁止)

1) 개념

죄형법정주의의 또다른 파생원칙으로 유추해석금지의 원칙이 있다. 유추해석이라 함은 어떠한 문제의 사항(A)에 대하여 법률이 규정을 두고 있지 않은데 그 사항과 유사한 다른 사항(B)에 관한 법률규정이 있을 경우에 그 어떤 사항(A)에 대하여 다른 사항(B)에 관한 그 법률규정을 적용하는 해석을 말한다. 헌재는 유추해석의 금지를 "범죄와 형벌에 대한 규정이 없음에도 해석을 통하여 유사한 성질을 가지는 사항에 대하여 범죄와 형벌을 인정하는 것"이라고 정의한다(2011헌바117). 유추해석금지는 명시적 문언을 확장적으로 유추해석하는 것을 금지한다. 유추해석금지도 유추해석에 있어서 생길 수 있는 불명확성, 자의성을 배제하겠다는 취지이므로 명확성원칙에서 요구되는 것이기도 하다.

2) 적용범위

유추해석금지원칙은 모든 범죄구성요건(형법각칙규정들), 위법성, 책임, 처벌조건(면책사유,

---

329) 이재상, 형법총론, 제7판, 박영사, 2011, 36면.
330) 대법원 1992.2.28. 91도2935.
331) 대법원 2011.7.14. 2011도1303.

인적 처벌조각사유, 객관적 처벌조건) 등 범죄와 그 처벌에 관한 모든 사항에 적용되고 형벌뿐만 아니라 보안처분을 포함한 모든 제재에 대해서도 유추해석이 금지된다. 그러나 행위자(피고인)에 유리한 유추해석은 가능하다. 따라서 위법성조각사유, 면책사유, 인적 처벌조각사유 등을 축소하는 유추해석과 객관적 처벌조건을 확대하는 유추해석은 금지되나 형벌을 조각하거나 감경하는 사유 등에 있어서는 유추해석이 가능하다.

형사실체법이 아닌 형사절차법에 있어서 유추적용할 수는 없는지가 문제된다. 소송절차법의 규정에 대해서는 원칙적으로 유추해석이 허용된다고 본다.332) 그런데 헌재는 형사절차법의 규정이라도 실질적으로 실체법적 성격을 가질 경우에는 부정하는 입장을 아래 판례에서 보여주었다.

● **판례** 재정신청 시 공소시효정지 형소법 규정 유추적용의 부정

헌재 1993.9.27. 92헌마284, 불기소처분취소. [사안설명] 검사의 불기소처분에 대해서는 과거에 몇 가지 범죄에 한해서 재정신청(裁定申請)이 가능하도록 하여 대부분의 범죄에 있어서 불기소처분에 대한 재정신청이 인정되지 않아 결국 불기소처분에 대해서는 헌법소원을 제기하여 권리구제를 받을 수 있었다. 그런데 문제는 이미 공소시효가 완성된 경우에는 헌법소원으로 그 불기소처분을 취소하더라도 공소제기로 나아갈 수 없다는 이유로 헌재는 권리보호이익이 없다고(즉 헌법소원으로 취소하더라도 피의자에 대해 공소제기를 할 수 없어 피해자로서는 권리구제에 도움이 되지 않는다고 ─ 권리보호이익에 대해서는 뒤의 헌법재판 부분 참조) 하여 헌법소원심판의 청구를 각하하였다. 한편 재정신청이 가능한 몇 가지 범죄에 있어서는 구 형사소송법 제262조의2가 불기소처분에 대해 법원에 재정신청이 있으면 공소시효의 진행이 정지되도록 규정하고 있었다(현행 형사소송법 제262조의4도 같은 규정을 하고 있음). 바로 이 구 형사소송법 제262조의2의 규정을 헌법소원에 있어서도 유추적용하여 불기소처분에 대한 헌법소원이 심판에 회부된 경우에도 심판대상인 피의사실에 대한 공소시효가 정지되는 것으로 할 수 있다는 주장이 제기되었다. 그러나 헌재는 "공소시효제도는 시간의 경과에 의한 범죄의 사회적 영향이 약화되어 가벌성(可罰性)이 소멸되었다는 주된 실체적 이유에서 일정한 기간의 경과로 국가가 형벌권을 포기함으로써, 결과적으로 국가형벌권의 소멸과 공소권의 소멸로 범죄인으로 하여금 소추와 처벌을 면하게 함으로써 형사피의자의 법적 지위의 안정을 법률로써 보장하는 형사소송조건에 관한 제도이다. 비록 절차법인 형사소송법에 규정되어 있으나 그 실질은 국가형벌권의 소멸이라는 점에서 형의 시효와 마찬가지로 실체법적 성격을 갖고 있는 것이다. 그러므로 그 예외로서 시효가 정지되는 경우는 특별히 법률로써 명문의 규정을 둔 경우에 한하여야 할 것이다"라고 하여 유추적용을 부정하였다.333) 지금은 모든 범죄에 있어서 검사의 불기소처분에 대하여 재정신청이 가능하도록 하여 헌법소원심판이 이루어질 여지가 적어졌지만 유추해석금지와 관련한 판례로서 참조가 되고 헌재의 판례 법리를 알 수 있기에 위에서 살펴본 것이다.

3) 판례

(가) 헌재의 결정례 ⅰ) 한정위헌결정례: 헌재는 "형법(1953.9.18. 법률 제293호로 제정된 것) 제129조 제1항의 '공무원'에 구 '제주특별자치도 설치 및 국제자유도시 조성을 위한 특별법' 제299조 제2항의 제주특별자치도통합영향평가심의위원회 심의위원 중 위촉위원이 포함되는 것으로 해석하는 한 헌법에 위반된다"라고 결정한 바 있다. 헌재는 "명문의 처벌규정이나 명문의 공무원 의제규정이 없는 이상 처벌의 필요성만을 강조하여 구성요건을 확대해석하거나 유추적용하는 것은 죄형법정주의에서 요구되는 '명확성의 원칙'과 '유추해석금지의 원칙'에 정면으로 반하는 것"이라고 하고, 국가공무원법이나 지방공무원법의 공무원이 아니고 다른 법률로 공무

---

332) 이재상, 전게서, 26면.
333) 동지: 헌재 1995.1.20. 94헌마246.

원으로 의제되지도 않는 제주특별자치도의 위와 같은 위촉위원을 법원이 '공무원'에 포함된다고 해석하는 것은 죄형법정주의에 위배된다고 본 것이다(헌재 2012.12.27. 2011헌바117. [주문] 형법(1953.9.18. 법률 제293호로 제정된 것) 제129조 제1항의 '공무원'에 구 '제주특별자치도 설치 및 국제자유도시 조성을 위한 특별법'(2007.7.27. 법률 제8566호로 개정되기 전의 것) 제299조 제2항의 제주특별자치도통합영향평가심의위원회 심의위원 중 위촉위원이 포함되는 것으로 해석하는 한 헌법에 위반된다). ii) 합헌결정례로 다음과 같은 예들이 있었다. ① 便宜置籍[편의치적. 우리 국민이 외국에서 선박을 매수하고도 우리나라에 등록하지 않고 등록절차, 조세, 금융면에서 유리하고 선원 노임이 저렴한 제3의 국가에 서류상의 회사(Paper Company)를 만들어 그 회사소유의 선박으로 등록하는 것]에 의한 선박수입을 구 관세법 제180조 제1항 본문이, 관세포탈로 처벌하는 "사위 기타 부정한 방법으로 수입하는 것"에 해당한다고 보는 것 — 헌재는 "편의치적이 실질과세의 원칙에 부합되는 관세부과의 대상이 되는 이상 유추해석금지원칙에 위반된다고 볼 수 없다고 판시하였다(96헌바96). ② 총회의 의결을 거치지 아니하고 예산으로 정한 사항 외에 조합원의 부담이 될 계약을 임의로 체결한 정비사업조합의 임원을 처벌하는 '도시 및 주거환경정비법' 규정에서 '조합의 임원' 부분은 청구인과 같은 임시조합장도 포함되는 의미인지 명확하지 않은데 임시조합장도 '조합의 임원'이라고 해석하는 것 — 헌재는 동법이 준용하는 민법규정을 해석하고 입법취지를 고려할 때 임시조합장이 조합의 임원에 포함된다고 충분히 해석된다고 하여 유추해석금지원칙에 반하지 않는다고 보았다(2012헌바390).

(나) 대법원판결례　　유추해석금지와 관련된 대법원의 판결례로 ① 양형에 관한 판결(대법원 1992.10.13. 92도1428 전원합의체 판결(유추해석으로 본 판결). ② 인터넷게시공간의 글을 운영자가 삭제하지 않은 데 대한 처벌의 문제를 판단한 예(대법원 2012.1.27. 2010도8336. [판결요지] 유추해석금지의 원칙은 성문의 규정은 엄격히 해석되어야 한다는 전제 아래 피고인에게 불리하게 성문규정이 표현하는 본래의 의미와 다른 내용으로 유추해석함을 금지하고 있다. 그리고 국가보안법 제1조 제2항은 "이 법을 해석적용함에 있어서는 제1항의 목적달성을 위하여 필요한 최소한도에 그쳐야 하며 … 이와 같은 법리와 규정에 비추어 볼 때, '블로그', '미니 홈페이지', '카페' 등의 이름으로 개설된 사적(私的) 인터넷 게시공간의 운영자가 그 사적 인터넷 게시공간에 게시된 타인의 글을 삭제할 권한이 있음에도 이를 삭제하지 아니하고 그대로 두었다고 하더라도, 그 사정만으로 사적 인터넷 게시공간의 운영자가 그 타인의 글을 국가보안법 제7조 제5항에서 규정하는 바와 같이 '소지'하였다고 볼 수는 없다) 등이 있다.

(5) 형벌의 책임주의

형사책임이 있는 사람에게 형벌이 부과되어야 한다. 헌재는 "형벌에 관한 책임주의는 형사법의 기본원리로서, 헌법상 법치국가의 원리에 내재하는 원리인 동시에 헌법 제10조의 취지로부터 도출되는 원리"라고 하면서도 "죄형법정주의로부터 도출되는 책임주의원칙"이라고도 한다(2011헌가30; 2011헌가20; 2011헌가41 등). 형벌의 책임주의에 관한 헌재 판례로 양벌규정에 대한 위헌결정례들이 많았다(전술 제1장 인간의 존엄과 가치 부분 참조. 유의: 헌재는 법인의 대표자의 범죄행위로 인한 법인에 대한 양벌규정은 합헌이라고 본다)(형벌의 책임주의에 대해서는 앞의 인간의 존엄과 가치 부분 참조).

(6) 적정성(비례성)의 원칙

1) 개념과 근거

죄형법정주의에서의 적정성(비례성)의 원칙이란 죄질에 상응하는, 즉 범죄행위의 경중(輕重)에 상응하는 적절한 형벌이 주어져야 한다는 원칙을 말한다. 이미 1789년 프랑스 인권선언 제8조는 법률은 엄격하고도 명백하게 필요한 형벌만을 설정해야 한다는 한계를 명시하고 있었다. 형벌의 비례성은 형벌의 자기책임주의의 표현이기도 하다.

형벌의 비례성이나 적정성에 대한 요구는 형법학상 죄형법정주의의 한 내용으로 보는데,[334] 헌재는 죄형법정주의를 명시적으로 언급하기보다는 인간의 존엄과 가치, 비례(과잉금지)원칙, 평등원칙 등의 문제로 주로 다루어 왔다[예를 들어 90헌바24; 2001헌가16; 2002헌바24; 2006헌가13(상관살해의 경우에 사형만을 유일한 법정형으로 규정하고 있는 구 군형법규정의 위헌성을 인정한 결정) 등 참조]. 생각건대 죄형법정주의가 범죄구성요건뿐 아니라 형벌의 문제에도 적용되는 원칙이라는 점에서 죄형법정주의의 한 내용으로서도 살펴볼 필요가 있다.

2) 입법형성권과 그 한계

우리 헌재는 법정형(法定刑)에 대한 입법자의 입법형성권을 인정한다. 즉 "어떤 범죄를 어떻게 처벌할 것인가 하는 문제 즉 법정형의 종류와 범위의 선택은 그 범죄의 죄질과 보호법익에 대한 고려뿐만 아니라 우리의 역사와 문화, 입법당시의 시대적 상황, 국민일반의 가치관 내지 법감정 그리고 범죄예방을 위한 형사정책적 측면 등 여러 가지 요소를 종합적으로 고려하여 입법자가 결정할 사항으로서 광범위한 입법재량 내지 형성의 자유가 인정되어야 할 분야이다"라고 한다. 그러면서도 그 한계를 인정하는데 평등원칙, 비례원칙이 그 한계를 이룬다. 즉 "따라서 어느 범죄에 대한 법정형이 그 범죄의 죄질 및 이에 따른 행위자의 책임에 비하여 지나치게 가혹한 것이어서 현저히 형벌체계상의 균형을 잃고 있다거나 그 범죄에 대한 형벌 본래의 목적과 기능을 달성함에 있어 필요한 정도를 일탈하였다는 등 헌법상의 평등의 원칙 및 비례의 원칙 등에 명백히 위배되는 경우가 아닌 한, 쉽사리 헌법에 위반된다고 단정하여서는 아니된다"라고 한다.[335]

3) 판례

형벌의 비례성 등에 관한 결정례들은 앞의 인간의 존엄과 가치, 평등권 부분 참조.

---

334) 임웅, 형법총론, 제10정판, 2018, 30면.
335) 헌재 1995.4.20. 91헌바11; 1995.4.20. 93헌바40; 97헌바68; 2003헌가15등; 2006헌가13; 2007헌가20; 2007헌가10; 2014헌바266; 2015헌바300; 2016헌바31; 2016헌바369; 2019. 4.11. 2018헌바156; 2020.3.26. 2017헌바129등; 2021.2.25. 2019헌바128 등 많다.

3. 죄형법정주의의 적용(규율)범위

[과태료 등의 제외]   죄형법정주의는 그 적용대상이 형벌이므로 국민에게 불이익한 제재라 하더라도 형벌이 아닌 경우, 즉 단순한 행정상의 제재로서의 과징금, 인·허가의 취소 등은 그 적용범위에서 물론 제외되고, 행정상의 내부에서의 질서유지를 목적으로 부과되는 행정질서벌('과태료'라고 함)도 형벌이 아니므로 죄형법정주의의 적용범위에서 제외된다(96헌바83).

[위법성 조각사유 규정에의 적용]   헌재는 정당방위와 같은 위법성 조각사유는 적극적으로 범죄 성립을 정하는 구성요건 규정은 아니라 하더라도 이 조각사유가 인정되지 않는 경우 위법한 행위로서 범죄 성립을 인정하게 하는 기능을 하므로 죄형법정주의의 명확성원칙이 적용된다고 한다(99헌바31).

II. 중복처벌금지(일사부재리)

1. 개념

중복처벌금지란 하나의 범죄행위에 대해 처벌이 있었으면 그 행위에 대해 다시 처벌을 할 수 없다는 원칙을 말한다. 헌법 제13조 제1항이 "동일한 범죄에 대하여 거듭 처벌받지 아니한다"라고 명시하고 있다. 이를 흔히 일사부재리(一事不再理, *ne bis in idem*)의 원칙으로 불러왔다. 재처벌 뿐 아니라 그 이상의 계속적인 처벌도 금지되므로 중복처벌의 금지라고 부르고자 한다. 우리 헌법 제13조의 문언이 처벌의 중복을 금지한다고 규정한 것이지 실체적 확정만을 직접 명시한 것도 아니므로 미국의 경우 헌법 증보(수정) 제5조가 이중위험(double jeopardy)금지의 원칙에 대해 규정하고 있는, 영미법의 이 이중위험금지원칙이나 일사부재리원칙과 완전히 같다고 볼 것인지는 검토를 요한다.

2. 적용기준과 구체적 예

(1) 적용기준(중복의 의미)
① 또 다른 처벌이 ② 동일한 위반행위(범죄)를 대상으로 하여 부과되는 것이어야 금지되는 이 중복처벌에 해당된다.
1) 처벌의 개념
(가) 형벌   [개념] 중복되어서는 아니 되는 대상은 '처벌'이다. 여기서의 '처벌'의 개념은 원칙적으로 국가가 질서유지, 공익 등을 수호하기 위하여 가지는 형벌권이라는 국가권력의 행

사로서 형사법에 규정된 벌을 부과하는 행위를 말한다. 헌법 제13조가 "동일한 '범죄'에 대하여"라고 명시하고 있는데 '범죄'에 대한 처벌은 원칙적으로 '형벌'이기 때문이다.

(나) 형벌 외의 제재, 특히 행정상 제재　　형벌 외의 제재도 헌법 제13조에서 금지하는 처벌에 포함되는지 하는 문제가 있다. 형벌 외 제재로는 특히 행정상 제재, 즉 영업허가를 취소한다든가 과태료를 부과하거나, 오늘날 새로운 제재로 과징금과 같은 제재가 적지 않은데 이와 같은 행정상 제재들도 처벌로 보아 중복금지대상인지 하는 문제가 있다. 행정상 제재는 행정목적달성을 위한 행정의무의 부과를 이행하지 않은 데 대한 것이라는 점, 부과주체가 행정상 제재는 행정기관이라는 차이, 행정상 제재는 이를 깨트릴 수 있는 방법이 형사소송절차가 아닌 행정쟁송절차에 의한다는 점, 형벌은 전과가 되게 하는 반면 행정상 제재는 그러하지 않다는 그 법적 효과에서의 차이가 있는 점에서 형벌과 차이가 있으므로 여기서의 형벌에 포함시킬 수는 없다. 행정상 제재를 모두 헌법 제13조에서 금지하는 처벌로 인정한다면 행정상 제재를 통한 유연하고 탄력적이며 현실상응적 행정목적구현에 지장을 초래하게 되기도 한다. 헌재는 "국가가 행하는 일체의 제재나 불이익처분을 모두 그 '처벌'에 포함시킬 수는 없다"라고 거듭 밝히고 있다.336) 판례는 행정상 제재를 함께 부과할 수 있다고 보고 그 정도가 지나치다면 과잉금지(비례)원칙 문제로 해결할 일이라는 취지의 입장을 취하고 있다(헌재 2001.5.31. 99헌가18; 2003.7.24. 2001헌가25 등).

> **[헌재 판례의 입장]** 헌재는 형벌 외에 행정상 제재가 부과되는 데에 대해 다음과 같은 입장을 설정하고 있다. 즉 행정법은 의무를 명하거나 금지를 설정함으로써 일정한 행정목적을 달성하려고 하는데, 그 실효성을 확보하기 위하여는 의무의 위반이 있을 때에 행정형벌, 과태료, 영업허가의 취소·정지, 과징금 등과 같은 불이익을 가함으로써 의무위반 당사자나 다른 의무자로 하여금 더 이상 위반을 하지 않도록 유도하는 것이 필요하다. 이와 같이 '제재를 통한 억지'는 행정규제의 본원적 기능이라 볼 수 있는 것이고, 따라서 어떤 행정제재의 기능이 오로지 제재(및 이에 결부된 억지)에 있다고 하여 이를 헌법 제13조 제1항에서 말하는 '처벌'에 해당한다고 할 수 없다.

(다) 그 외 형벌이 아닌 경우　　위 행정상 제재 외에 형벌이 아닌 구체적인 경우들에 대해서는 아래의 '구체적 문제 - 판례'에서 살펴본다. 보안처분, 신상정보 공개 등 그 예가 적지 않다(후술 참조).

2) 동일한 위반행위(범죄)일 것

(가) 동일성의 개념　　형벌이 부과되는 행위의 중복의 개념은 처벌대상행위가 동일행위임을 말한다. 동일성이 없는 별개의 행위에 대해서는 각각의 처벌이 있더라도 중복처벌이 아니다(2007헌가12등).

(나) 동일성의 기준　　동일성 여부는 두 행위 간에 기본적 사실관계로서의 행위·보호법익·목적·대상에 차이가 있는지 여부를 보고 판단한다는 것이 판례의 입장이다(92헌바38, 2001헌바

---

336) 제13조 제1항의 "처벌"의 개념: 원칙적으로 범죄에 대한 국가형벌권 실행으로서의 과벌을 의미하는 것이고, 국가가 행하는 일체의 제재나 불이익처분을 모두 그 "처벌"에 포함시킬 수는 없다(헌재 1994.6.30, 92헌바38, 구 건축법 제56조의2 제1항 위헌소원 2003.6.26. 2002헌가14; 2003.7.24. 2001헌가25; 2012.12.27. 2011헌바89 등).

80등, 2007헌바85등)

> | 기본적 사실관계로서 행위·보호법익·목적·대상에서 동일성(차이) 여부 |
> | :---: |
> | □ 동일성 판단의 기준 |

(다) 판단례　위 기준법리를 적용하여 판단한 대표적인 예와 바로 위에서 언급하기도 한 사안으로서 형벌을 부과한 뒤 과태료를 부과하는 것이 중복처벌이 아닌지 하는 문제가 있는데 이는 과태료가 형벌은 아니긴 하나 형벌과 기능이 중복되는 면이 있기(제재기능) 때문이다. 판례는 기본적 사실관계의 동일성이 없다면 중복처벌이 아니라고 본다. 즉 위법행위로 형사처벌을 받은 뒤 그 위법행위의 제거를 명령하는 행정행위에 따르지 않은 경우에 또다시 별도로 과태료(행정질서벌)가 부과되더라도 이는 또 다른 위반행위에 대한 부과이므로 중복이 아니고 따라서 중복처벌금지원칙에 반하지 않는다고 본다(92헌바38). 예를 들어 건축법 위반의 무단 용도변경에 대한 형벌부과와 시정명령의 불이행에 대한 과태료 부과는 처벌 내지 제재대상이 되는 기본적 사실관계 행위를 달리하는 것이므로(즉 무단 용도변경과 시정명령의 위반은 다른 행위라는 의미) 중복처벌이 아니라고 본다(바로 이 법리를 밝히고 있는 위 92헌바38의 사안이 이것이다).

(라) 형벌 아니고 기본적 사실관계 다르다는 두 가지 점 모두 설시한 예　헌재는 두 가지 점을 모두 거론하기도 한다(그 예로 2007헌바85 등. [판시 예] 과벌에 해당한다고 할 수 없으므로 이중처벌금지의 원칙에 위배되지 않는다. 뿐만 아니라 … 양자는 제재대상이 되는 기본적 사실관계로서의 행위를 달리하는 것이다. … 과징금부과처분이 이중처벌에 해당한다고 할 수는 없다).

(2) 구체적 문제 – 판례

같이 부과되는 것이 중복처벌인지가 검토된 구체적 문제들에 관한 헌재의 결정례들을 아래에 살펴본다. 형벌이 아니고 기본관계가 동일한 반복처분이 아니라는 결정들이다.

1) 형벌과 행정질서벌(行政秩序罰, 과태료)의 병과, 별개 부과 문제

바로 위에서 서술한 부분과 중복감이 있으나 아래에 정리한다. 행정질서벌(과태료)은 형벌이 아니라 행정내부의 질서유지를 위하여 행정내부의 사무 등에 지장을 초래하는 행위(예를 들어 행정청이 부과한 경미한 의무를 위반하거나, 신고를 지연하는 등으로 행정사무에 지장을 가져오는 경우)에 대해 제재를 가하는 것이므로 형벌이 아니다. 이처럼 성격이 다르다면 형벌을 부과하고 아울러 행정질서벌을 부과할 수 있지 않느냐 하는 문제가 제기된다. 헌재는 부과대상이 동일행위인지 여부에 따라 달리 본다. 즉 동일행위를 대상으로 형벌을 부가하면서 아울러 행정질서벌로서의 과태료까지 부과(병과)한다면 행정질서벌로서의 과태료가 형벌(특히 행정형벌)과 목적·기능이 중복되는 면이 없지 않으므로 이중처벌금지의 기본정신에 배치될 여지가 있다고 보면서 형벌부과 대상 행위와 과태료부과 대상 행위 간에 기본적 사실관계로서의 행위·보호법익·목적을 달리할 경우 형벌부과가 있은 후에 과태료를 부과하더라도 이는 이중처벌이 아니라고 본다(헌재 1994.6.30. 92헌바38).

대법원도 과태료와 형벌은 그 성질이나 목적을 달리하는 별개의 것이므로 과태료를 납부한 후에 형사처벌을 하더라도 일사부재리의 원칙에 반하는 것이 아니라고 본다. 그 예로 임시운행 허가기간을 넘어 운행한 자가 등록된 차량에 관하여 그러한 행위를 한 경우라면 과태료의 제재 만을 받게 되겠지만, 무등록 차량에 관하여 그러한 행위를 한 경우라면 과태료와 별도로 형사 처벌의 대상이 된다고 본다. 이 사안에서도 형벌과 과태료가 부과되는 대상(위반행위)이 달랐다 (대법원 1996.4.12. 96도158).

2) 징역형과 벌금형의 병과, 노역장 유치, 징역형과 자격정지형 병과

ⅰ) <u>징역형과 벌금형의 병과</u> - 헌재는 이중처벌이 아니라고 본다(2008헌바88). ⅱ) <u>노역장 유치</u> - 이는 벌금을 미납하면 노역장 유치에 처해지도록 하는(형법 제70조) 제도이므로 헌재는 단순한 형벌 집행 방법의 변경에 불과한 것이어서 이중처벌이 아니라고 본다(2003헌바98; 2008 헌바52; 2008헌바88 등). ⅲ) <u>징역형과 자격정지형의 병과</u> - 헌재는 하나의 형사재판절차에서 다루어진 사건을 대상으로 동시에 징역형과 자격정지형을 병과하는 것은 이중처벌금지원칙에 위반되지 아니한다고 본다(2016헌바361). 하나의 형사재판결과이므로 '거듭'처벌이 아니라고 보는 취지로 이해된다.

3) 형벌과 과징금의 병과

행정상 제재의 일종인 과징금은 "행정상의 제재금으로서의 기본적 성격에 <u>부당이득환수적 요소</u>도 부가되어 있는 것"이라고 헌재는 보고 형벌과 과징금의 병과는 이중처벌이 아니라고 본다. 즉 헌재 판례는 ① 부당내부거래에 대해 형사처벌과 아울러 과징금을 병과하도록 공정거 래법이 규정한 것이 그러한 의미에서 이중처벌금지원칙에 반하지 않는다고 본다(2001헌가25). ② 부당 또는 불법의 이득을 환수 내지 박탈한다는 측면과 위반행위자에 대한 제재로서의 측면을 함께 가지고 있다고 본 '부동산실권리자명의등기에 관한 법률'상의 과징금은, 이중처벌금 지원칙의 문제라기보다 과잉금지원칙의 문제로 그 위헌여부를 판단하여야 한다고 보았다(99헌 가18등).

4) 자격정지처분과 과징금 부과

이에 관한 사례로 의사면허자격정지처분을 받은 자에게 구 국민건강보험법 규정에 의한 과 징금을 부과하는 것이 이중처벌금지의 원칙에 위반되는지 여부가 논란이 되었으나 과징금부과 가 형벌도 아니고 정지처분과 과징금부과처분 각각의 제재대상행위도 다르다는 이유로 이중처 벌이 아니라고 하였고, 합헌결정이 있었다(● 판례 헌재 2008.7.31. 2007헌바85).

5) 형벌과 이행강제금의 부과

(가) 시정명령위반에 대한 (건축법상)이행강제금 제도　　당국의 허가 없이 건축행위 또는 건 축물의 용도변경행위를 한 데 대해 형벌을 부과하고 위법건축물에 대한 시정명령을 받고도 건 축주 등이 이를 시정하지 아니할 때 시정할 때까지 이행강제금을 반복부과할 수 있게 한 건축

법 제83조 제1항 규정이 이중처벌금지원칙에 반한다는 주장이 있었다. 그러나 헌재는 양자는 처벌 내지 제재대상이 되는 기본적 사실관계로서의 행위를 달리하고 그 보호법익과 목적에서 도 차이가 있으며 시정명령 위반행위를 무허가 건축행위의 불가벌적 사후행위라고 할 수도 없다고 하여 이중처벌금지원칙에 반하지 않는다고 결정하였다. * 이행강제금제도는 위 과징금제도와 더불어 행정법에서 많이 강조하므로 '헌법+행정법' 복합형 공법시험에서 출제되기 매우 적절한 문제를 담고 있는 제도이다.

● 판례 헌재 2004.2.26. 2001헌바80등
[결정요지] 건축법 제78조에 의한 형사처벌의 대상이 되는 범죄의 구성요건은 당국의 허가없이 건축행위 또는 건축물의 용도변경행위를 한 것이고, 건축법 제83조 제1항에 의한 이행강제금은 건축법령에 위반되는 위법건축물에 대한 시정명령을 받고도 건축주 등이 이를 시정하지 아니할 때 과하는 것이므로 양자는 처벌 내지 제재대상이 되는 기본적 사실관계로서의 행위를 달리하는 것이다. 그리고 전자가 무허가 건축행위를 한 건축주 등의 행위 자체를 위법한 것으로 보아 처벌하는 것인 데 대하여, 후자는 위법건축물의 방치를 막고자 행정청이 시정조치를 명하였음에도 건축주 등이 이를 이행하지 아니한 경우에 행정명령의 실효성을 확보하기 위하여 제재를 과하는 것이므로 양자는 그 보호법익과 목적에서도 차이가 있고, 또한 무허가 건축행위에 대한 형사처벌시에 위법건축물에 대한 시정명령의 위반행위까지 함께 평가된다고 할 수 없으므로 시정명령 위반행위를 무허가 건축행위의 불가벌적 사후행위라고 할 수도 없다. 이러한 점에 비추어 건축법 제78조에 의한 무허가 건축행위에 대한 형사처벌과 건축법 제83조 제1항에 의한 시정명령 위반에 대한 이행강제금 부과는 헌법 제13조 제1항이 금지하는 이중처벌에 해당한다고 할 수 없다.

동지의 결정으로 건축물의 사용승인을 받지 아니하고 사용한 데 대해 형벌을 부과하고 그 시정명령을 받고도 시정하지 아니하면 이행강제금을 반복부과할 수 있게 한 데 대해서도 마찬가지 취지의 결정이 있었다.

● 판례 헌재 2011.10.25. 2009헌바140
[결정요지] 이 사건 법률조항에서 규정하고 있는 이행강제금은 일정한 기한까지 의무를 이행하지 않을 때에는 일정한 금전적 부담을 과할 뜻을 미리 계고함으로써 의무자에게 심리적 압박을 주어 장래에 그 의무를 이행하게 하려는 행정상 간접적인 강제집행 수단의 하나로서 과거의 일정한 법률위반 행위에 대한 제재로서의 형벌이 아니라 장래의 의무이행의 확보를 위한 강제수단일 뿐이어서 범죄에 대하여 국가가 형벌권을 실행한다고 하는 과벌에 해당하지 아니하므로 헌법 제13조 제1항이 금지하는 이중처벌금지의 원칙이 적용될 여지가 없을 뿐 아니라, 건축법 제108조, 제110조에 의한 형사처벌의 대상이 되는 행위와 이 사건 법률조항에 따라 이행강제금이 부과되는 행위는 기초적 사실관계가 동일한 행위가 아니라 할 것이므로 이런 점에서도 이 사건 법률조항이 헌법 제13조 제1항의 이중처벌금지의 원칙에 위반되지 아니한다. * 이 결정의 심판대상은 위 건축법 제83조 제1항이 건축법개정으로 조문이 옮겨져 제80조 제1항이 된 것으로서 제83조 제1항과 유사한 내용이다.

[이행강제금제도의 이해: 목적 – 장래이행의 확보] 위와 같은 건축법상의 이행강제금 제도는 이전에 과태료 부과제도를 대체한 것인데 이에 관한 결정례는 위에서 과태료 부과가 중복처벌인지 여부 문제를 다루면서 이미 살펴본 바 있다. 사실 이행강제금 법리 일반을 알아둘 필요가 있는데, 과태료의 경우 위법행위에 대해 한번의 제재로 끝나므로 그 위법행위에 대해 앞으로 적법행위로의 이행을 담보할 수 없다. 그래서 이행시까지 반복부과도 하여 계속 압박하는 이행강제금이 필요하고 오늘날 대체적 방식으로 많이 채택되고 있는 것이다.

[대집행 가능성, 반복부과 등을 내세운 비례원칙 위반이라는 주장 배척] 한편 이중처벌금지

원칙 위배 여부를 떠나 이행강제금 제도 자체가 비례(과잉금지)원칙을 위반하는 것이라는 다음의 주장에 대한 헌재의 입장에 유의할 필요가 있다. 건축법 규정의 의무위반이 대체적 작위의무로서 행정대집행이라는 수단이 있음에도 불구하고 이행강제금을 부과하는 것은 중첩적인 제재이고 또 이행강제금의 반복적 부과가능으로 비례원칙에 반한다고 주장되기도 하였다. 그러나 헌재는 "종래 부작위의무나 비대체적 작위의무만이 이행강제금의 대상이 된다고 보아온 것은 이행강제금제도의 본질에서 오는 제약은 아니며, 이행강제금은 대체적 작위의무의 위반에 대하여도 부과될 수 있다"라고 하고 "개별사건에 있어서 위반내용, 위반자의 시정의지 등을 감안하여 행정청은 대집행과 이행강제금을 선택적으로 활용할 수 있다고 할 것이며, 이처럼 그 합리적인 재량에 의해 선택하여 활용하는 이상 중첩적인 제재에 해당한다고 볼 수 없다"라고 보고 또 이행강제금은 위법한 것의 원상회복을 궁극적인 목적으로 하고, 그 궁극적인 목적을 달성하기 위해서는 위법상태(예를 들어 위법건축물)가 존재하는 한 계속하여 부과할 수밖에 없다고 하여 침해최소성에 반하지 않는다고 본다(헌재 2011.10.25. 2009헌바140, 위 결정례).

(나) 근로기준법상 구제명령과 이행강제금　　확정된 구제명령을 따르지 않은 사용자에게 형벌을 부과하고 있음에도, 구제명령을 이행하지 아니한 사용자에게는 이행강제금을 부과하는 근로기준법 규정에 대해 헌재는 장래의 의무이행 확보를 위한 강제수단일 뿐이어서, 범죄에 대한 처벌이 아니고 따라서 이중처벌금지원칙 위반이 아니라고 본다(헌재 2014.5.29. 2013헌바171. [결정요지] 이행강제금은 행정상 간접적인 강제집행 수단의 하나로서, 과거의 일정한 법률위반 행위에 대한 제재인 형벌이 아니라 장래의 의무이행 확보를 위한 강제수단일 뿐이어서, 범죄에 대하여 국가가 형벌권을 실행하는 과벌에 해당하지 아니한다. 따라서 심판대상조항은 이중처벌금지원칙에 위배되지 아니한다).

(다) '부동산실권리자명의 등기에 관한 법률'상의 의무위반(명의신탁, 장기미등기)에 대하여 처벌을 함과 동시에 과징금 또는 이행강제금을 부과하는 것　　헌재는 과징금과 이행강제금은 동시에 부과되는 것은 아니고 시기에 따라 차례로 부과되는 것이므로 이중처벌 문제는 없다고 보면서, 그 한도가 헌법에 위반될 정도로 과잉적 제재에 해당하는지의 판단 문제로 귀결된다고 보았다(99헌가18등, 정도가 과도하다 하여 헌법불합치결정을 함).

6) 보안처분

(가) 보안처분의 비중복처벌성

① 구별 이유 — 본질, 목적·기능의 차이 — 보안처분은 범죄행위자가 장래에 범죄를 다시 행하는 것을 막고 그의 사회복귀를 위하여 그리고 사회방위를 위한 형사정책적 제도로서(* 보안처분에 대해서는 뒤의 'Ⅲ. 위법적 보안처분과 강제노역의 금지' 부분 참조) 형벌과는 그 본질, 추구하는 목적과 기능이 달라 구분된다고 보아 보안처분과 형벌 간의 병과는 중복처벌이 아니라고 본다.

● **판례**　헌재 1989.7.14. 88헌가5등

[관련판시] 형벌은 본질적으로 과거의 범죄행위에 대한 윤리적·도의적·규범적 비난의 체현(體現)이므로 반드시 책

임을 전제로 하며, 책임의 양을 넘을 수 없는 제약을 받게 된다. 보안처분, 특히 보호감호처분은 형벌의 이러한 책임종속성으로 인하여 책임능력이 없어서 형벌을 과함이 불가능하거나, 책임의 비례에 따른 제약 때문에 형벌만으로는 행위자의 장래의 재범에 대한 위험성을 제거하기에 충분하지 못한 경우에 사회방위와 행위자의 사회복귀의 목적을 달성하기 위하여 특별히 고안된 것으로써 20세기 전반부터 유럽 대륙의 여러 나라에서 채택하고 있는 제도이다. 사회보호법 제5조에 정한 보호감호처분은 헌법 제12조 제1항에 근거한 보안처분으로서 형벌과는 그 본질과 추구하는 목적 및 기능이 다른 별개의 독자적 의의를 가진 형사적 제재로 볼 수밖에 없다. 그렇다면, 보호감호와 형벌은 비록 다같이 신체의 자유를 박탈하는 수용처분이라는 점에서 집행상 뚜렷한 구분이 되지 않는다고 하더라도 그 <u>본질, 추구하는 목적과 기능이 전혀 다른 별개의 제도이므로 형벌과 보호감호를 서로 병과하여 선고한다 하여</u> 헌법 제13조 제1항에 정한 이중처벌금지의 원칙에 위반되는 것은 아니다. * 이 결정은 보안처분과 형벌이 별개제도로서 병과가 가능한 점을 밝히긴 했으나 감호처분을 무조건 선언하게 한 점에서는 위헌으로 선언되었다. * 보안처분이 거듭처벌금지원칙에 반하지 않는다는 동지의 결정들: 89헌가86; 1991.4.1. 89헌마17등; 95헌바20; 92헌바2; 99헌바; 2014헌바475 등.

② 특정 범죄자에 대한 위치추적 전자장치 부착 – 특정범죄를 저지른 사람의 재범방지를 위하여 위치추적 전자장치(이른바 '전자발찌')를 신체에 부착하게 하는 부가적인 조치를 취함으로써 특정범죄로부터 국민을 보호함을 목적으로 하는 이러한 부착명령(현재 '전자장치 부착 등에 관한 법률'로 개명된, 이전 법명이 '특정 범죄자에 대한 보호관찰 및 전자장치 부착 등에 관한 법률'이었던 법률에 따른 부착명령)이 이중처벌일 수 있다는 의견이 있었다. 그러나 헌재는 이 전자장치 부착명령은 재범방지와 사회방위가 그 목적이고 부착명령의 선고는 특정범죄사건의 양형에 유리하게 참작되어서는 안 되도록 명시하여 형벌의 대체수단이 아님을 밝히고 있으며 피부착자는 보안관찰을 받도록 하여 형벌이 아닌 보안처분에 해당한다고 보고 따라서 이 부착명령제도는 이중처벌이 아니라고 본다(2011헌바89. * 동지: 2015헌바35).

③ 카메라등이용촬영죄 조항 및 성폭력 치료프로그램 이수명령 – 헌재는 성범죄자에 대해 형벌과 함께 성폭력 치료프로그램을 병과하도록 한 '성폭력범죄의 처벌 등에 관한 특례법'(2012.12.18. 전부개정된 것) 제14조 제2항, 제16조 제2항 중 같은 법 제14조 제2항의 범죄를 범한 사람에 대하여 유죄판결을 선고하는 경우 성폭력 치료프로그램의 이수명령을 병과하도록 한 부분은 이수명령이 형벌과 본질적 차이가 있는 보안처분에 해당하므로, 동일한 범죄행위에 대하여 형벌과 병과되더라도 이중처벌금지원칙에 위배된다고 할 수 없고 과잉금지원칙도 준수하여 헌법에 위반되지 아니한다는 결정을 하였다(2016헌바153).

(나) 실질적 형벌인 보안처분의 경우   형식적으로 보안처분이나 실질적으로는 형벌과 같은 정도의 자유의 박탈을 가져온다면 이는 <u>중복처벌</u>로 보아야 하지 않는가 검토를 요한다. 앞서 소급효금지원칙이 형벌과 같은 정도의 보안처분에 적용된다는 취지를 감안하면 그러하다고 볼 수도 있다. 그러나 실질적 형벌인 보안처분이 형벌 대체적인 것인 경우라면 거듭처벌이 아니어서 위반이 아니라고 볼 것이다.

7) 누범, 상습범에 대한 가중처벌

형법상 누범에 대해서는 가중처벌을 하는데 이는 재범의 억제와 예방을 위한 형사정책적 고려에서 나온 것이고 재범하였다는 데에 대한 책임가중으로서 후범재판에서 다시 전범(前犯)에 대해 재판하는 것이 아니므로 중복처벌금지원칙에 반하지 않는다(93헌바43). 상습성에 대한 가중처벌의 경우도 마찬가지이다(93헌바59). * 그 외 가중처벌에 대한 합헌결정례: 2008헌바 170.

8) 명단공개, 신상공개 등

(가) 명단공개   일정한 범죄행위에 대한 형사처벌과 더불어 그 범죄자의 명단을 공개하는 것은, 예를 들어 조세포탈자에 대한 처벌에서 나아가 명단까지 공개할 경우에 이중처벌이 아닌가가 논란이 될 수 있다. 명예를 중시하는 우리의 풍토에서 명단공개로 명예형을 부과하는 것으로 보아야 한다는 견해가 있을 수 있으나 처벌이 아니므로 중복처벌의 문제라고 볼 수는 없다. 다만, 사생활의 자유나 인격권 등의 침해가 논해져야 할 것인데 비례원칙상 조세의 공공필요성, 이에 따른 세수의 확보를 위한 제재의 필요성, 다른 납세자와의 형평성 등을 위한 공익이 더 크다고 볼 것이다.

(나) 신상공개: 성범죄자의 신상공개   특수한 범죄에 대해 그 재발이나 예방의 효과를 위해 그 죄의 유죄인 사람의 신상을 공개하는 제도에 대해서도 인격권 침해의 논란이 있다.

① 청소년의 성을 사는 행위 − 이를 한 사람에 대한 신상공개를 규정한 구 '청소년의 성보호에 관한 법률' 제20조 제2항 제1호가 중복처벌금지원칙에 반하지 않는가가 논란되어 헌재에 위헌심판이 제청된 바 있었다. 제청법원은 이러한 "신상공개는 특별예방의 효과와 일반예방의 효과를 기하고 있으므로 그 실질적인 속성은 형벌"이라고 보아 이중처벌에 해당한다고 보았다. 그러나 헌재는 5인 재판관의 위헌의견과 4인재판관의 합헌의견으로 갈렸고 위헌결정정족수(6인 이상의 위헌의견)규정 때문에 결국 합헌결정이 되었다. 그리하여 법정의견이 된 4인 합헌의견은 "신상공개제도에서 공개되는 신상과 범죄사실은 헌법 제109조 본문에 의해 이미 공개된 재판에서 확정된 유죄판결의 내용의 일부이며 달리 개인의 신상 내지 사생활에 관한 새로운 내용이 아니고, … 공익적 목적을 위하여 이를 공개하는 과정에서 부수적으로 수치심 등이 발생된다고 하여 이것을 기존의 유죄판결 상의 형벌 외에 또 다른 형벌로서 '수치형'이나 '명예형'에 해당한다고 볼 수는 없다"라는 이유를 들어 "신상공개제도는 범죄에 대한 국가의 형벌권 실행으로서의 과벌에 해당한다고 단정할 수 없으므로 헌법 제13조의 이중처벌금지 원칙에 위배되지 않는다"라고 보았다(2002헌가14. 이 결정에서 5인의 위헌의견은 위헌성이 있다고 본 핵심이유로 인격권의 지나친 침해라는 점을 들었고 중복처벌금지문제에 대해서는 별도로 언급하지 않았다).

* 현행 '아동·청소년의 성보호에 관한 법률'도 아동·청소년대상 성범죄자 등에 대한 정보통신망 이용 신상공개 제도를 두고 있다(동법 제49조).

② 성폭력범죄 유죄확정자에 대한 신상정보 공개·고지명령 − 헌재는 '성폭력범죄의 처벌 등에 관한 특례법'상의 신상정보 공개·고지명령은 비형벌적 보안처분으로서 형벌이 부과된 이후 다시 신상정보 공개·고지명령이 선고 및 집행된다고 하여 이중처벌금지의 원칙에 위반된다고 할 수 없다고 하여 합헌성을 인정하는 결정을 하였다(2015헌바212; 2015헌바196).

[성범죄 관련 신상정보에 관한 개관 − 등록·공개·고지제도와 그 연혁] 이에 대해 기본규정

들을 알아두어야 관련 결정례들에 대한 이해가 나을 것이다. 먼저 줄기가 되는 제도는 등록, 등록된 신상정보 제출, 그리고 신상정보의 공개, 그리고 고지제도이다. 이에 관한 제도들이 나오기 시작한 것은 아동·청소년 대상 성범죄가 심각하여 그들에 대한 성범죄를 대상으로 먼저 '아동·청소년의 성보호에 관한 법률'에서 마련되었고 이어 성인대상 성폭력범에 대해서도 '성폭력범죄의 처벌 등에 관한 특례법'에 규정을 두었다. 신상정보 공개·고지제도에 대해 두 법 모두 '아동·청소년의 성보호에 관한 법률' 규정을 적용하도록 하여는 일원적으로 규율하고 있다.

9) 그 외

그 외 형벌부과가 아니라고 보아 이중처벌금지원칙의 위배가 아니라고 본 결정례들을 아래에 본다.

(가) 운전면허의 필요적 재취소(2009헌바83. [판시] 주취 중 운전 금지규정을 2회 이상 위반한 사람이 다시 이를 위반한 때에는 운전면허를 필요적으로 취소하도록 규정하고 있는 도로교통법 규정 － 주취 중 운전금지라는 행정상 의무의 존재를 전제하면서 그 이행을 확보하기 위해 마련된 수단이라는 점에서 형벌과는 다른 목적과 기능을 가지고 있다고 할 것이므로, "처벌"로 보기 어렵다).

(나) 추징금미납자에 대한 출국금지처분(법무부령이 정하는 금액 이상의 추징금을 납부하지 아니한 자에게 출국을 금지할 수 있도록 한 출입국관리법 규정. 2003헌가18 [판시] 부가형으로서의 추징도 일종의 형벌임을 부인할 수는 없다. 그러나 추징금을 납부하지 않은 자에게 내리는 출국금지의 행정처분은 형법 제41조상의 형벌이 아니라 형벌의 이행확보를 위하여 출국의 자유를 제한하는 행정조치의 성격을 지니고 있다).

(다) 급여제한(구 공무원연금법 제64조 제3항의 급여금지규정을 재직 중 사유만이 아니라 퇴직 후의 사유에도 적용하는 것이 이중처벌금지의 원칙에 위배된다는 주장에 대해 헌재는 급여제한은 과벌이 아니므로 이 원칙의 위배가 없다고 본다. 2000헌바57, 그러나 과잉금지의 원칙 등에 위배된다고 하여 한정위헌결정이 되었다).

(라) 조세 영역 － 사업자등록전 매입세액 불공제 문제(2009헌바319 [판시] 이 사건 법률조항에 의한 매입세액 불공제 제도 및 구 부가가치세법 제22조 제1항 제1호 소정의 가산세 제도는 모두 세법상의 의무위반에 대하여 가하는 과세상의 제재일 뿐…)

(마) 디엔에이감식시료 채취 및 디엔에이신원확인정보의 수집, 수록, 검색, 회보 행위(2011헌마28 [판시] 신체형이나 명예형에 해당한다고 볼 수는 없고, 헌법 제13조 제1항에서 말하는 '처벌'이라고 할 수 없으므로 이중처벌금지 원칙에 위반되지 않는다).

(바) 선거범 처벌과 당선무효(2012헌마581 [판시] 공직선거법의 '당선인이 당해 선거에 있어 공직선거법위반죄를 범함으로 인하여 징역형의 선고를 받은 때에는 그 당선을 무효로 하는 부분'을 준용하는 '지방교육자치에 관한 법률' 규정에 대해 당선무효가 불법당선인에 대한 부적절한 공직수행 차단을 위한 것이고 과벌이 아니다).

(사) 징계부가금(2012헌바435 [판시] 이 부가금은 행정상 제재로서 처벌이 아니다).

3. 장소적 적용범위

(1) 문제의 의미와 외국의 재판

중복처벌금지원칙의 장소적 적용범위 문제는 바로 외국의 재판이 그 국가에서의 재판과 처벌을 막는 거듭처벌의 원인이 되는가 하는 문제이다. 중복처벌금지원칙은 한 국가 내에서 적용된다고 본다. 따라서 외국에서 범죄에 대한 재판과 처벌이 있었다고 하더라도 한국에서의 재판과 처벌이 일사부재리원칙에 위배되지 않는다. 각 국가마다 형벌권은 국가주권에 속하기 때문이다. 한국의 헌재도 "헌법상 일사부재리원칙은 외국의 형사판결에 대하여는 적용되지 아니한다"라는 입장이다(2013헌바129).

(2) 외국에서의 형 집행의 필요적 산입제 부재의 일사부재리원칙 위배 부정

위 법리는 "범죄에 의하여 외국에서 형의 전부 또는 일부의 집행을 받은 자에 대하여는 형을 감경 또는 면제할 수 있다"라고 규정한 형법 제7조가 일사부재리 위반이라는 주장에 대한 결정에서 나타난 것이다. 위 주장이 제기되었던 것은 감경·면제라는 것은 외국에서 이미 형집행을 받은 사람에 대하여 한국에서 재판·처벌(거듭처벌)될 수 있음을 전제로 하는 것이기 때문이다. 그러나 헌재는 위에서 언급한 대로 그리고 형사판결은 국가주권의 일부분인 형벌권 행사에 기초한 것으로서, 외국의 형사판결은 원칙적으로 우리 법원을 기속하지 않으므로 동일한 범죄행위에 관하여 다수의 국가에서 재판 또는 처벌을 받는 것이 배제되지 않는다고(따라서 이중처벌금지원칙은 대한민국 내에서 처벌된 동일한 범죄에 대하여 대한민국 내에서 거듭 형벌권이 행사되어서는 안 된다는 뜻) 하면서 아래와 같이 주장을 배척하였다.

> ● **판례** 헌재 2015.5.28. 2013헌바129
> [판시] 형사판결은 국가주권의 일부분인 형벌권 행사에 기초한 것으로서, 외국의 형사판결은 원칙적으로 우리 법원을 기속하지 않으므로 동일한 범죄행위에 관하여 다수의 국가에서 재판 또는 처벌을 받는 것이 배제되지 않는다. 따라서 이중처벌금지원칙은 동일한 범죄에 대하여 대한민국 내에서 거듭 형벌권이 행사되어서는 안 된다는 뜻으로 새겨야 할 것이다. 따라서 헌법상 일사부재리원칙은 외국의 형사판결에 대하여는 적용되지 아니한다고 할 것이므로, 이 사건 법률조항은 헌법 제13조 제1항의 이중처벌금지원칙에 위반되지 아니한다. * 그러나 헌재는 위 사건에서 형법 제7조가 외국에서의 형집행의 감경·면제를 임의적으로만 할 수 있게 하고 필요적인 산입을 인정하지 않는 점이 과잉금지원칙을 위반하여 신체의 자유를 침해한다고 판단하면서도 법적 공백을 막기 위해서 단순위헌결정이 아닌 헌법불합치결정을 선고하였다.

대법원 판례도 "피고인이 동일한 행위에 관하여 외국에서 형사처벌을 과하는 확정판결을 받았다 하더라도 이런 외국판결은 우리나라에서는 기판력이 없으므로 여기에 일사부재리의 원칙이 적용될 수 없다"라고 판시하였다.[337]

---

337) 대법원 1983.10.25. 83도2366.

4. 효과

전술한 대로 동일한 범죄행위에 대해 거듭처벌이 금지된다. 재판이 확정된 경우에는 형사소송법 제326조 제1호에 따라 면소의 선고를 하여야 한다. 유죄의 확정판결을 받은 사람이라도 증거물이 확정판결에 의하여 위조 또는 변조인 것이 증명된 때 등 재심사유가 있는 경우에는 자신의 이익을 위하여 재심을 청구할 수 있고 이는 일사부재리원칙에 반하지 않는다.

Ⅲ. 위법적 보안처분과 강제노역의 금지

헌법 제12조 제1항 후문은 "법률과 적법한 절차에 의하지 아니하고는 처벌·보안처분 또는 강제노역을 받지 아니한다"라고 규정하고 있다.

1. 보안처분

(1) 개념과 성격
ⅰ) 개념·기능 − 좁은 의미의 보안처분이란 일정한 범죄를 행하여 처벌을 받은 사람에 대해 재범을 막고 사회복귀를 도모, 촉진하며 사회방위를 이루기 위하여 취해지는 그 치료, 개선을 위한 조치나 처분을 말한다. 보안처분은 형벌로써는 범죄의 재발이나 예방을 할 수 없거나 범죄자의 특수성으로 인하여 형벌의 효과를 거둘 수 없는 경우에 형벌을 대신하거나 형벌을 보완하기 위한 처분으로서 형사정책적 필요성 때문에 나온 제도이다.

ⅱ) 성격 − 형벌과의 구분 − 형벌과 보안처분은 그 본질이나 목적에 있어서 구별된다. 헌재는 "형벌과 보안처분은 다 같이 형사제재에 해당하지만, 형벌은 책임의 한계 안에서 과거 불법에 대한 응보를 주된 목적으로 하는 제재이고, 보안처분은 장래 재범 위험성을 전제로 범죄를 예방하기 위한 제재"라고 한다(2010헌가82; 2011헌바393).

(2) 유형과 내용
보안처분의 유형으로는 그 기준에 따라 달리 구분될 수 있다. 위에서 본 대로 그 목적에 따라 범죄예방처분, 형벌보완처분으로 나눌 수 있다. 그 대상이나 효과를 기준으로 보면 대인적 보안처분과 대물적 보안처분, 자유박탈보안처분(치료감호 등)과 자유제한보안처분(보호관찰)의 유형이 있다.[338]

---

338) 이재상, 형법총론, 제6판, 박영사, 2008, 624면.

우리나라에서 과거에 사회보호법에 보호감호, 치료감호, 보호관찰의 보안처분을 두었는데 사회보호법이 위헌소지가 있다고 하여 2005.8.4 폐지되고 보호감호도 폐지되어 없어지고[339] 치료감호는 치료감호법(이후 '치료감호 등에 관한 법률'로 됨)이 제정되어 규정되게 되었다.

현재 다음과 같은 개별법에 의한 보안처분들이 있다. ① '치료감호 등에 관한 법률'에 의한 치료감호 – 치료감호는 심신장애자, 약물중독자, 정신성적 장애자를 일정한 치료감호시설에 수용하여 치료를 위한 조치를 하는 보안처분이다. ② 소년법상의 보호처분 – 이 보호처분은 보호자 또는 보호자를 대신하여 소년을 보호할 수 있는 자에게 감호 위탁, 수강명령, 사회봉사 명령, 보호관찰 등을 행하는 것을 말한다(소년법 제32조). ③ '가정폭력범죄의 처벌 등에 관한 특례법'에 의한 가정폭력행위자에 대한 사회봉사·수강명령, 보호관찰이 있다(동법 제40조). ④ '보호관찰 등에 관한 법률'에 의한 보호관찰 – 보호관찰이란 보호관찰 대상자의 재범을 방지하고 건전한 사회 복귀를 촉진하기 위하여 필요한 지도·감독을 하는 것을 말한다(동법 제33조). 동법은 그 외 사회봉사명령, 수강명령 및 갱생보호(更生保護)에 관한 규정을 두고 있다. ⑤ '특정 범죄자에 대한 위치추적 전자장치 부착 등에 관한 법률'(구 법명이고 현재 '전자장치 부착 등에 관한 법률'로 개명되어 있음)의 이른바 '전자발찌' 착용제도는 그 목적, 요건, 보호관찰 부가 등 관련 규정의 내용에 비추어 형벌과 구별되므로, 형벌과는 목적이나 심사대상 등을 달리하는 보안처분에 해당한다는 것이 헌재 판례이다(2011헌바89; 2010헌가82; 2011헌마781). ⑥ 보안관찰법에 의한 보안관찰 – 동법이 정하는 보안관찰대상 특정범죄(형법상 내란목적의 살인, 외환유치, 군형법상 반란, 국가보안법상 목적수행, 자진지원·금품수수 등의 죄)를 범한 자에 대한 것으로 소정의 사항을 주거지 관할경찰서장에게 신고하고, 재범방지에 필요한 범위 안에서 그 지시를 받도록 하는 것을 말한다(동법 제4조). 학설로는 보안관찰은 보안처분이라고 할 수 없다고 하는 견해가 있다.[340] 그러나 헌재는 보안처분의 하나라고 한다(2001헌가17등; 2000헌바22).

(3) 기간
1) 부정기성

헌재도 보안처분은 부정기성을 가진다고 본다. 헌재는 그 논거로 "보안처분의 본질적 요소인 행위자의 재범의 위험성은 그가 장래에 다시 범죄를 범할 개연성을 의미하는 것으로서 장래의 예측에 따른 불확실성을 가지고 있음을 부정할 수 없으므로, 보안처분을 선고하는 때에 미리 재범의 위험성의 소멸시기를 예측한다는 것은 거의 불가능한 것이어서 보안처분은 그 본질

---

339) 사회보호법이 폐지된 것은 보호감호가 이중처벌적인 기능을 하였을 뿐만 아니라 그 집행실태도 구금위주의 형벌과 다름없이 시행되어 국민의 기본권을 침해하여 위헌적인 소지가 있었기 때문이다(법제처 폐지 이유 참조). 폐지 전 사회보호법의 치료감호규정에 대해서는 헌재가 과잉금지원칙, 적법절차, 재판청구권 등을 침해하지 않는다고 하여 합헌으로 결정한 바 있다(헌재 2005.2.3. 2003헌바1). 또한 이렇게 폐지된 보호감호를 그전에 이미 판결이 확정된 보호감호를 종전의 사회보호법에 따라 집행하도록 한 사회보호법 폐지법률 부칙 제2조에 대해서도 합헌결정을 하였다(헌재 2009.3.26. 2007헌바50).
340) 이재상, 전게서, 623면.

상 집행단계에서 기간이 확정되는 부정기임을 면할 수 없다"라고 한다. 그러면서도 "다만, 각국의 입법례는 보안처분이 그 대상자에게는 기본권의 제한을 의미하는 것이므로 기본적 인권을 보장한다는 뜻에서 집행기간의 상한을 규정하고 있음을 원칙으로 하고 있다"라고 한다(88헌가5). 이 결정에서 위와 같은 설시를 한 뒤 헌재는 동조 제2항의 7년의 감호기간은 상한기간을 정한 것은 단순히 집행상의 상한으로 보고(상한에 대해서는 바로 아래 참조) 그런 해석에서 적법절차에 위반되지 않는다고 보아 동조 제2항에 대해서는 제1항에 대해서와 달리 합헌결정을 하였다.

2) 상한

보안처분이 부정기성을 가진다고 하더라도 보안처분의 상한을 정하고 그 범위 내에서도 재범이나 사회에 끼칠 위험이 사라지면 보안처분을 해제하도록 하는 것이 비례원칙을 준수하는 것이다. * 알코올 중독 등의 증상이 있는 자에 대한 치료감호기간의 상한을 2년으로 정하고 있는 치료감호법 제16조 제2항 제2호가 과잉금지원칙을 준수하여 신체의 자유를 침해하지 않는다고 결정하였다(2011헌마276).

(4) 입법재량

헌재는 "헌법은 1972.12.27. 개정헌법 이래 보안처분제도를 헌법상의 제도로 수용하여 왔으므로 헌법의 규정에 따라 어떠한 형태의 보안처분제도를 마련하느냐의 문제는 헌법에 위반되지 아니하는 한 오로지 입법권자의 형성의 자유에 속한다"라고 판시한 바 있다(88헌가5; 92헌바28; 2000헌바22).

(5) 한계

ⅰ) 적법절차원칙 등 헌법원칙의 준수 – 헌법 제12조 제1항은 "법률과 적법한 절차에 의하지 아니하고는 처벌·보안처분 … 을 받지 아니한다"라고 규정하여 헌법 자체가 보안처분은 반드시 법률에 의하여야 하고, 그 보안처분의 부과에 적법절차가 준수되어야 한다는 것을 명시하고 있다. 대상범죄, 대상자, 보안처분의 기간 등이 한정적으로 법률에 명시되어야 하고 적법절차를 준수하여 보안처분이 이루어져야 한다. 또한 보안처분은 기본권의 제한을 가져오므로 기본권제한의 한계원칙인 비례의 원칙, 명확성원칙 등을 준수하여야 한다.

* 보안관찰처분대상자에게 출소 후 신고의무를 부과하고 그 의무위반행위를 형사처벌하는 보안관찰법규정에 대해서는 비례원칙을 준수하여 합헌이라는 것이 헌재의 결정이다(2000헌바22; 2001헌가17등).
* 폐지되어 지금은 없는 법이지만 폐지 전의 사회보호법이 치료감호의 종료시점을 일정한 기간의 도과시점으로 하지 않고 "감호의 필요가 없을 정도로 치유된 때"로 정한 것은 치료감호기간의 상한을 명시하지 않은 것이어서 비례원칙에 반하고 명확성원칙에도 반하며 적법절차원칙을 위반한 것이라는 주장이 있었다. 그러나 헌재는 그 원칙들을 준수하여 합헌이라고 결정하였다

(2003헌바1).

ⅱ) 재범위험성 - 특히 재범의 위험성이 중요한 요건으로서 한계를 이룬다. 헌재도 "행위자에 재범의 위험성은 보안처분의 핵심이며, 헌법 제12조 제1항이 규정한 "누구든지 … 법률과 적법한 절차에 의하지 아니하고는 처벌·보안처분 또는 강제노역을 받지 아니한다"라는 조항에서 구현된 죄형법정주의의 보안처분적 요청은 "재범의 위험성이 없으면 보안처분은 없다"는 뜻을 내포한다"라고 판시한 바 있다(헌재 1989.7.14. 88헌가5등, 바로 아래 인용).

* **재범의 위험성 판단 부재의 위헌성 결정례** - 지금은 폐지되었지만 이전의 구 사회보호법이 동법소정 사유에 해당하면 당연히 보호감호처분을 하도록 한 제5조 제1항에 대해 헌재는 "재범의 위험성은 보안처분으로 인한 신체의 자유박탈이라는 인권제한과의 비례(균형)원칙상 단순한 재범의 가능성만으로는 부족하고 상당한 개연성을 요구하며", 재범의 위험성을 이렇게 엄격히 해석하여야 할 헌법상의 요청에 비추어 볼 때 "법 제5조 제1항 각호의 1의 요건에 해당된다는 것만으로 바로 재범의 위험성이 증명된다고 볼 수 없다"라고 하여 적법절차, 비례원칙 등을 위배한다고 판단하였고 또한 "보호감호를 선고하여야 할 의무를 법관에게 부과하여 법관의 판단재량을 박탈"하고 있어 법관에 의한 정당한 재판을 받을 권리를 침해한다고 하여 헌법 제12조 제1항, 제27조 제1항, 제37조 제2항에 각 위반된다는 위헌결정을 하였다(88헌가5등).

2. 강제노역의 금지

(1) 의의와 내용

본인의 의사에 반하여 육체적 활동을 하도록 강요하는 것이 강제노역이다. 역사적으로 노예제도와 같이 강제노역은 인간의 존엄과 가치를 박탈하여 왔던 것으로 이를 금지함으로써 인간의 존엄과 가치, 신체의 자유를 보장하기 위한 것이다. 헌법 제12조 제1항 후문은 법률과 적법한 절차에 의하지 아니하는 강제노역이 금지된다고 규정하여 법률에 의해서 강제노역을 부과할 수 있게 규정되어 있으나 법률에 의하더라도 헌법 제37조 제2항의 기본권제한의 한계인 비례(과잉금지)원칙을 준수하여야 하고 기본권의 본질적 내용의 침해가 없어야 함은 물론이고 적법절차를 지켜야 한다. 인간의 존엄과 가치를 박탈하는 강제노역은 법률로 규정하더라도 금지된다. 형사처벌로서 강제노역을 부과할 수 있다(징역, 재산형에 대한 환형처분으로서의 노역장유치). 헌법이 명시하는 의무인 병역의무의 이행은 강제노역이 아니다.

시민적 및 정치적 권리에 관한 국제규약(B규약) 제8조 제1항은 "어느 누구도 노예상태에 놓여지지 아니하고 모든 형태의 노예제도 및 노예매매는 금지된다"고 규정하고 동 규약 동조 제3항 (a)는 "어느 누구도 강제노동을 하도록 요구되지 아니한다"고 규정하고 있다.

(2) 결정례

① **집단적 노무 거부행위에 대한 처벌**   폭행·협박 등 별도의 위법행위를 수반하지 않는 집

단적 노무제공 거부행위를 위력업무방해죄로 처벌하는 것은 노역을 강제하는 결과를 가져와 강제노역금지원칙에 위배된다는 주장의 헌법소원이 제기된 바 있으나 헌재는 집단적 노무제공 거부(파업)에 대하여 정당행위로서 위법성이 조각되지 않는 한 형사처벌할 수 있다고 하는 대법원의 해석이 강제노역금지원칙에 반하지 않는다고 보아 합헌결정을 하였다(97헌바23).

② **공무원 직무유기에 대한 처벌**　공무원이 정당한 이유없이 그 직무수행을 거부하거나 그 직무를 유기한 때에는 1년 이하의 징역이나 금고 또는 3년 이하의 자격정지에 처하도록 한 형법 제122조가 형벌의 위협으로 출근의무의 이행을 강제하는 법률규정으로 강제노동금지의 원칙에 반한다는 주장에 대해 헌재는 공무원에게는 스스로 공무원의 지위에서 벗어날 자유가 보장되어 있으므로 그 주장은 이유 없다고 판단하고 합헌결정하였다(2003헌바52).

IV. 친족행위로 인한 불이익한 처우의 금지

1. 개념, 의미와 성격, 그 기초(근거)

[개념과 의미] 헌법 제13조 제3항은 "모든 국민은 자기의 행위가 아닌 친족의 행위로 인하여 불이익한 처우를 받지 아니한다"라고 규정하고 있다. 이는 봉건제적 인습인 연좌제(連坐制)의 금지를 말한다. 이 조항은 1980년 제5공화국헌법에서 처음으로 규정되어 오늘에 이어지고 있다. 헌재는 "그 취지는 남북분단이라는 특수한 시대적 상황으로 말미암아 그 무렵까지 여전히 잔존하던 전근대적인 연좌(緣坐)의 사회적 병폐를 해소하겠다는 데에 있었던 것으로 보인다"라고 한다(2005헌마19). 근대형법에서는 자신이 아닌 타인의 범죄행위로 인한 형사책임을 지지 않는다는 자기책임의 원칙 내지 형벌개별화의 원칙이 확립되어 있는데 친족의 행위로 인한 형사처벌은 이러한 원칙에 위반된다.

[성격(=형벌에 국한된 것이 아님)과 기초(근거=자기책임원칙)] 아래에서도 언급하지만 우리 헌법은 형사책임만이 아니라 '불이익한 처우'라고 넓게 규정하고 있는데 이는 형사상 자기책임원칙뿐 아니라 일반적인 자기책임의 원칙에 터 잡고 있음을 의미하는 것이라고 할 것이다. 따라서 연좌제 금지의 기초적 근거는 자기책임의 원칙이라고 할 것이다('자기책임'원칙에 대해서는 앞의 인간의 존엄과 가치 부분 참조). 이는 헌법 제13조 제3항이 '자기의 행위가 아닌'이라고 규정하여 직접 명시하고 있는 것이기도 하다. 헌재도 헌법 제13조 제3항은 자기책임의 원리의 한 표현에 해당하는 것이라고 한다(2002헌가27; 2007헌마40; 2010헌마68; 2009헌마170).

2. 연좌제금지원칙의 적용요건(연좌제 구성요건)

연좌제금지원칙의 적용요건은 금지되는 연좌제의 구성요건을 의미한다. 금지되는 연좌제로 인정되는 그 구성요건은 ① 친족의 행위일 것[아래 (1)], ② 그 행위가 자신의 책임과는 무관할 것[아래 (2)]이라는 2단계요건이다.

(1) 친족의 행위일 것
1) 의미

이 요건에 있어서는 ⅰ) 자기의 행위가 아니어야 한다. 자기의 행위로 인한 것이면 자신이 책임을 지는 것이므로 연좌제가 아니다. ⅱ) 친족의 행위가 문제되는 경우 연좌가 되는 것이고 친족이 아닌 다른 사람의 행위로 인한 것은 연좌제로서 문제되는 것이 아니라 더 넓게 형벌의 자기책임의 문제로 다루어질 성질의 것이다. 역사상 조선시대 대역죄인 친족들도 벌하던 삼족 멸법을 방지하고자 하는 등의 취지에서 나온 헌법규정이라는 점에서 친족행위로 인한 경우라는 점이 핵심이다. 그러나 친족행위로 요건이 모두 성립되는 것이 아니라 2단계 요건 중 여기서 먼저 ①의 요건을 설명하는 것이다.

2) 친족의 행위가 아닌 경우의 사례

ⅰ) 헌재의 연좌제 부정의 결정례: ① 공동문서작성인의 인지대 연대 납부의무, 즉 2인 이상이 공동으로 문서를 작성한 경우에 그 작성자는 당해 문서에 대한 인지세를 연대하여 납부할 의무가 있음을 규정한 인지세법 제1조 제2항이 연좌제금지원칙에 위배된다는 주장의 헌법소원 심판청구를 기각하였다(2006헌마1169). ② 자동차손해배상보장법 제3조 단서 제2호가 승객이 사망하거나 부상한 경우에는 그것이 그 승객의 고의 또는 자살행위로 말미암은 것인 때에 한하여 운행자가 책임을 지지 아니한다고 규정하여, 그 외 경우에 운행자에게 책임을 지우는, 즉 그리하여 고의·과실이 없는 경우에도 운행자에게 무과실책임을 지우는 것(96헌가4). ③ 공직선거에서의 회계책임자가 300만 원 이상의 벌금을 선고받은 경우 후보자의 당선을 무효로 하고 있는 구 공직선거법 제265조 본문 중 "회계책임자" 부분이 헌법 제13조 제3항에 위반된다는 주장에 대해 헌재는 "이 사건 법률조항은 헌법 제13조 제3항의 규범적 구성요건에 해당하지 아니한다. 즉, 헌법 제13조 제3항은 '친족의 행위와 본인 간에 실질적으로 의미 있는 아무런 관련성을 인정할 수 없음에도 불구하고 오로지 친족이라는 사유 그 자체만으로' 불이익한 처우를 가하는 경우에만 적용되기 때문이다. 따라서 친족이 회계책임자의 신분을 갖고 있는 경우는 별론으로 하고, 원칙적으로 회계책임자가 친족이 아닌 이상, 이 사건 법률조항은 적어도 헌법 제13조 제3항의 규범적 실질내용에 위배될 수는 없는 것이다"라고 판시하였다(2009헌마170). ⅱ) 대법원의 연좌제 부정 판결: 선거사무장 등의 선거범죄로 인한 당선무효 - 대법원은 "선거사무장 또는 회계책임자가 기부행위를 한 죄로 징역형을 선고받는 경우에 그 후보자의 당선이 무효로 되는 것은 '공직선거 및 선거부정방지법'(지금의 공직선거법) 제265조의 규정에 의한 것일 뿐이고, 그들에 대하여 징역형을 선고하는 것이 연좌제를 금지한 헌법 위반이라고 할 수는 없다"라고 한다(대법원 1997.4.11. 96도3451).

* **평석**: 위 결정례들은 무엇보다도 먼저 '친족이 아니라는 점'을 지적하는 것부터 시작해야 했고 그것으로 충분했다. 친족행위가 아니면(행위자가 우연히 친족일 수는 있지만 법조문이 친척일 것을 상정한 건 아님) 아예 적용요건이 아님은 물론이다. ③ 결정은 친족이 아닌 점을 제시하긴 했다.

(2) 친족행위이나 자기와 무관할 것 – 친족행위와의 무관성

1) 의의

친족의 행위로 인정되면 다음으로 그 친족의 행위가 자기와는 관련성을 가지지 않아야 한다는 두 번째 요건이 충족되어야 연좌제가 된다. 친족의 행위와 본인 간에 관련성이 있는 경우에는 본인 자신에게도 책임이 있으므로 연좌제에 해당되지 않고 책임을 지는 것이 마땅하다. 헌재도 "헌법 제13조 제3항은 '친족의 행위와 본인 간에 실질적으로 의미 있는 아무런 관련성을 인정할 수 없음에도 불구하고 오로지 친족이라는 사유 그 자체만으로' 불이익한 처우를 가하는 경우에만 적용된다"라고 한다(2005헌마19; 2009헌마170).

2) 사례

위와 같은 법리가 적용된 결정례를 보면, 다음의 결정들이 그 예들인데 자기와의 무관성의 부정(유관성)으로 인해 연좌제금지원칙의 위배가 아니라고 본 것들이다. ① 위 법리가 처음 나타난 결정례로서, 배우자의 중대 선거범죄(매수 및 이해유도죄)로 300만 원 이상의 벌금형을 선고받은 것을 이유로 후보자의 당선을 무효로 하는 구 공직선거및선거부정방지법 제265조 본문 중 '배우자'에 관한 부분(현행 공직선거법에도 같은 규정이 있음)이 헌법 제13조 제3항에서 금지하는 연좌제에 해당하는지 여부에 대하여 행한 결정례가 있다. 헌재는, 그 사건에서 "선거에서는 후보자를 중심으로 선거사무장, 후보자의 배우자 등이 일체가 되어 후보자의 당선이라는 공동목표를 위하여 조직적·체계적으로 선거운동을 하게 되므로, … '친족인 배우자의 행위와 본인 간에 실질적으로 의미 있는 아무런 관련성을 인정할 수 없음에도 불구하고 오로지 배우자라는 사유 그 자체만으로' 불이익한 처우를 가하는 것이 아니다"라고 한다. 헌재는 결국 "배우자가 죄를 저질렀다는 이유만으로 후보자에게 불이익을 주는 것이 아니라, 후보자와 불가분의 선거운명공동체를 형성하여 활동하게 마련인 배우자의 실질적 지위와 역할을 근거로 후보자에게 연대책임을 부여한 것이므로, 이 사건 법률조항은 헌법 제13조 제3항에서 금지하고 있는 연좌제에 해당하지 아니한다"라고 판시하였다. 결국 배우자의 행위가 본인에게도 관련이 있으므로 연좌제가 아니라는 것이다(2005헌마19). ② 배우자의 중대 선거범죄(기부행위 금지 위반죄)로 300만 원 이상의 벌금형을 선고받은 것을 이유로 후보자의 당선을 무효로 하는 공직선거법 제265조 본문 해당규정에 대해서도 비슷한 취지로 연좌제 위반이 아니라고 하여 합헌성을 인정하는 결정이 있었다(2010헌마68). ③ 친일재산 관련 – 이를 그 취득·증여 등 원인행위시에 국가의 소유로 하도록 규정한 '친일반민족행위자 재산의 국가귀속에 관한 특별법' 제3조 제1항 본문에 대해 헌재는 "친일재산은 친일반민족행위자가 일본제국주의에 협력한 대가로 취득하거나 이를 상속받은 재산 또는 친일재산임을 알면서 유증·증여받은 재산"을 말하므로 친족행위와 무관한 경우가 아니라고 보아 연좌제금지원칙에 반하지 않는다고 보고 합헌결정을 하였다(2008헌바141등. * 동지: 2009헌바292. * 평석 − 이 결정에서 '불이익처우'인지부터 살펴야 하는데 불이익이 아니다. 정의롭지 못하고 불법적인 것의 결과에 대한 환수일 뿐이다). ④ 직무관련성이 인정되는 주식을 보유한 국회의원 본인뿐 아니라 그의 배우자, 직계존비속에 대하여 그 주식을 매각 또는 백지신탁하도록 강제하고 있는 구 공직자윤리법규정 − 헌재는 국회의원 본인과 그 배우자가 일상을 공유하면서 사실상 하나의 경제단위를 이루는 등 본인과 친족 사이의 실질적·경제적 관련성에 근거한 것이지, 실질적으로 의미 있는 아무런 관련성을 인정할 수 없는 것이 아니므로 관련성이 있는 경우라고 보아 헌법 제13조 제3항에 위배되지 않는다고 결정하였다(2010헌가65). ⑤ 청탁금지법상 언론인 및 사립학교 관계자의 배우자 금품 수수 사실의 신고의무, 제재조항 − 언론인 및 사립학교 관계자가 직무와 관련하여 자신의 배우자가 수수 금지 금품 등을 받은 사실을 안 경우 언론인 및 사립학교 관계자에게 신고하도록 의무를 부과하는 청탁금지법 제9조 제1항 제2호 중 사립학교 관계자와 언론인에 관한 부분('신고조항'이라 함)과 미신고시 형벌 또는 과태료의 제재를 하도록 하는 청탁금지법 제22조 제1항 제2호 본문, 제23조 제5항 제2호 본문 중 사립학교 관계자와 언론인에 관한 부분('제재조항'이라 함) − 헌재는 "배우자가 법률을 위반하였다는 이유만으로 청구인들에게 불이익을 주는 것이 아니다. 배우자가 위법한 행위를 한 사실을 알고도 공직자등이 신고의무를 이행하지 아니할 때 비로소 그 의무위반 행위를 처벌하는 것"이라고 하여 따라서 신고조항과 제재조항은 헌법 제13조 제3항에서 금지하는 연좌제에 해당하지 아니한다고 판단하였다(2015헌마236등). ⑥ 공무원연금법에 따른 퇴직연금일시금을 지급받은 사람 및 그 배우자를 기초연금 수급권자의 범위에서 제외하고 있는 기초연금법 규정이 연좌제에 반하는 것인지에 대해 헌재는 관련성이 있으므로 연좌제가 아니라고 보았다. 퇴직연금일시금을 지급받은 사람의 배우자는 퇴직연금일시금을 지급받은 사람과 혼인하여 부부관계를 맺은 관계로 서로 동거, 부양, 협조의무를 부담하고 있는 생활공동체를 형성하고 있었다고 할 것이기 때문이라고 본 것이다(2017헌바197등).

3. 보호범위(금지대상범위)

　　헌법 제13조 제3항은 '불이익한 처우'를 받지 않는다고 규정하고 있으므로 형사처벌만을 받지 않는 것이 아니라 그 외에 불리한 처우 일체를 받지 않는다. 즉 형벌뿐 아니라 친족행위로 인한 참정권, 거주·이전의 자유, 직업의 자유, 재산권 등의 제한을 받지 않는다.

　　ⅰ) 위반 인정례: 반국가행위자의 처벌에 관한 특별조치법 제8조는 검사의 소환에 2회 이상 불응한 때에는 재산을 몰수하도록 규정하고 있었는데 이러한 몰수는 몰수대상물의 명의자 또는 점유자에 대하여도 효력이 있다고 규정하고 있었다. 이에 대해 헌재는 헌법 제13조 제3항에

서 금지한 친족에 대한 연좌형이 될 소지도 크고 따라서 위 법 제8조는 헌법 제13조 제3항에도 위반된다고 판단하였다(95헌가5).

ⅱ) 불이익을 부여하는 것이 아니라고 본 부정례: ① 친일행위의 정의(定義) - 한일합병의 공으로 작위를 받거나 이를 계승한 행위 및 일본제국주의의 식민통치와 침략전쟁에 협력하여 포상 또는 훈공을 받은 자로서 일본제국주의에 현저히 협력한 행위를 친일반민족행위의 하나로 정의한 '일제강점하 반민족행위 진상규명에 관한 특별법'(이하 '반민규명법') 제2조 제7호, 제19호 (이하 '이 사건 심판대상조항')(2008헌바111 [판시] 심판대상조항은 친일반민족행위에 관한 정의규정에 불과하고, 더욱이 반민규명법의 관련조항에서 친일반민족행위자의 친족에 대하여 어떠한 불이익처우도 규정하고 있지 아니하므로, 이 사건 심판대상조항이 헌법 제13조 제3항이 정한 연좌제금지에 위반된다고 볼 수 없음도 명백하다. * 반민규명법 제2조 제7호에 대한 동지의 결정: 헌재 2011.11.24. 2009헌바292). ② 성폭력범죄의 처벌 등에 관한 특례법'상의 신상정보 공개·고지명령 - 헌재는 신상정보 공개·고지명령을 받은 성범죄자의 친족에 대하여 직접적으로 어떠한 처벌을 가하거나 불이익을 주는 제도라고 보기 어렵고 따라서 심판대상조항이 연좌제금지원칙에 위배되는 것이라고 볼 수 없다고 하여 합헌성을 인정하는 결정을 하였다(2015헌바212; 2015헌바196).

V. 신체의 안전의 자유

이는 신체에 위협을 받지 않고 안전하게 활동할 수 있는 자유를 말한다. 신체의 안전권에 속한다. 신체의 안전권은 소극적인 자유권으로서 신체의 안전의 자유와 적극적인 보호를 요구할 수 있는 권리를 포괄한다. 헌재는 신체안전의 자유에 관한 다음과 같은 결정들을 내린 바 있다.

ⅰ) 위헌성 인정례 ① 금치처분 수형자에 대한 운동금지 - 금치 처분을 받은 수형자에 대하여 금치 기간 중 일체의 운동을 금지하는 행형법시행령 규정(2002헌마478. * 이 결정의 요지는 앞의 인격권 부분 참조), 금치기간 중 실외운동을 원칙적으로 제한하는 '형의 집행 및 수용자의 처우에 관한 법률' 규정(2014헌마45)은 침해의 최소성, 법익균형성을 갖추지 못하여 신체의 (안전)의 자유를 침해한다고 하여 위헌으로 결정되었다. ② 성충동 약물치료 제도의 위헌적 부분 인정 - 성폭력범죄를 저지른 성도착증 환자로서 성폭력범죄를 다시 범할 위험성이 있다고 인정되는 19세 이상의 사람에 대하여 약물치료명령을 법원에 청구할 수 있도록 규정한 '성폭력범죄자의 성충동 약물치료에 관한 법률' 규정이 성충동 약물치료명령은 피치료자의 동의를 요건으로 하지 않으며, 약물투여가 되면, 치료대상자의 성적 충동·욕구가 억제되고, 성기능이 제한될 수 있으며, 이에 따라 범죄행위에 해당하지 아니하는 성적 욕구나 행위까지 억제될 수 있어 '신체의 안전성이 훼손당하지 아니할 자유'를 제한할 수 있다고 보았다. 그런데 헌재는 약물

치료명령청구제도 자체는 재범방지 등의 목적을 위한 것이고 침해최소성을 갖추어 과잉금지원칙을 준수하여 합헌이라고 보았다. 그러나 이 사건의 또 다른 심판대상인 동법 제8조 제1항("법원은 치료명령 청구가 이유 있다고 인정하는 때에는 15년의 범위에서 치료기간을 정하여 판결로 치료명령을 선고하여야 한다")에 대해서는 장기형이 선고되는 경우 치료명령의 선고시점과 집행시점 사이에 상당한 시간적 간극이 존재하게 되고, 장기간의 수감생활 중의 사정변경으로 인하여 집행시점에서 치료의 필요성이 없게 된 경우 불필요한 치료의 가능성이 있으며, 이를 배제할 수 있는 절차가 없음에도 선고시점에서 치료명령청구가 이유 있는 때에는 치료명령을 선고하도록 함으로써 침해의 최소성이 인정되지 않는다고 보아 헌법불합치결정을 하였다(2013헌가9. 이 사안에서 헌재는 그 밖에 사생활의 자유, 자기결정권, 인격권도 문제되는 기본권으로서 거론하였다).

③ 영창제도의 위헌성 인정 - 구 군인사법(2020. 2. 4. 법률 제16928호로 개정되기 전의 것) 제57조 제2항은 '병에 대한 징계처분'으로 강등, 휴가 제한, 근신 외 영창(營倉)을 규정하고 있는데 동항 제2호는 "영창은 부대나 함정 내의 영창, 그 밖의 구금장소(拘禁場所)에 감금하는 것을 말하며, 그 기간은 15일 이내로 한다"라고 규정하고 있었다. 헌재의 법정의견은 "신체의 자유는 신체의 안정성이 외부의 물리적인 힘이나 정신적인 위험으로부터 침해당하지 아니할 자유와 신체활동을 임의적이고 자율적으로 할 수 있는 자유"라고 설시한 뒤 "영창처분은 신체의 자유를 제한하는 구금에 해당하고, 이로 인해 헌법 제12조가 보호하려는 신체의 자유가 제한된다"라고 보아 과잉금지원칙 심사에 들어갔다. 그리고 징계처분인데 복무기간 불산입 외에도 감금까지 하는 것은 징계의 한계를 초과한 것이고 영창처분의 보충성이 담보되고 있지 않으며 그 사유가 지나치게 포괄적으로 규정되어 있어 경미한 비위행위에 대해서도 제한 없이 적용될 수 있어 침해최소성원칙에 어긋나고 법익균형성도 없어서 과잉금지원칙에 반하는 위헌이라고 결정하였다(헌재 2020.9.24. 2017헌바157등). 이 결정에서는 7인의 위헌의견이었으나 4인 보충의견은 과잉금지원칙뿐만 아니라 형사절차 외 행정절차에도 영장제도가 적용되어야 하므로 영장주의에도 위배되어 위헌이라고 보았다(행정절차에 영장제도에도 적용되는가가 문제되어 왔는데 이 영창 위헌결정에서 4인 보충의견에도 불구하고 입장의 변화는 없다고 볼 것이다. 이에 대해서는 후술 영장제도 부분 참조). 사실 영창제도는 이 결정이 있기 전인 2020.2.4. 군인사법의 개정으로 폐지되었다.

ii) **합헌성 인정례**   디엔에이감식시료 채취조항 - 헌재는 그 채취의 구체적인 방법은 구강점막 또는 모근을 포함한 모발을 채취하는 방법으로 하고, 위 방법들에 의한 채취가 불가능하거나 현저히 곤란한 경우에는 분비물, 체액을 채취하는 방법으로 하므로 그 채취행위는 신체의 안정성을 해한다고 볼 수 있으므로 이 사건 채취 조항은 신체의 자유를 제한한다고 본다. 그러나 '디엔에이신원확인정보의 이용 및 보호에 관한 법률'은 DNA감식시료를 채취하는 경우 채취를 거부할 수 있음을 사전에 고지하고 서면으로 동의를 받도록 하고 있고, 디엔에이감식시료를 채취할 때에는 대상자에게 채취 이유, 채취할 시료의 종류 및 방법을 고지하도록 하고 있으며(제8조 제8항), 디엔에이감식시료는 우선적으로 구강점막 또는 모근을 포함한 모발에서 채취하고 위의 방법이 불가능하거나 현저히 곤란한 경우에 한하여 그 밖에 디엔에이감식시료를 채취할 수 있는 신체부분, 분비물, 체액의 채취를 하게 하는 등 채취대상자의 신체나 명예에 대한 침해를 최소화하는 방법을 사용하도록 하고 있어 침해최소성도 인정되는 등 과잉금지원칙을 준수하여 신체의 자유를 침해한다고 볼 수 없다고 하여 합헌성을 인정하였다[2011헌마28 (흉기휴대 상해죄, 강간등상해죄, 강간치상죄, 방화죄 등에 적용), 2016헌마344(특수주거침입죄에 적용), 2017헌마1326(특수협박죄에 적용)].

  * 신체 불훼손권 — 집회자들에 대한 물포 발포행위 — 우리는 앞서 신체불훼손권은 헌법 제10조에서 끌어내는 것이 그 적극적인 보호성을 가질 수 있다고 했다. 여하튼 헌재는 집회자들에 대한 물포 발포행위(최루액을 혼합한 용액을 살수하는 행위)는 신체의 자유로부터 도출되는 신체를 훼손당하지 아니할 권리에 대한 직접적 제한을 초래한다고 하고 그래서 법률적 근거가 필요한데 그렇지 않아 법률유보원칙에 위배하여 청구인들의 신체의 자유를 침해한 공권력 행사로 헌법에 위반되어 위헌임을 확인하는 결정을 하였다(2015헌마476. 이 결정에 대한 자세한 요지는 앞의 기본권총론, 법률유보 부분 참조).

VI. 기타

  ⅰ) 위헌성 인정 결정례 ① 정신질환자 보호입원 — 보호의무자 2인의 동의와 정신건강의학과 전문의 1인의 진단으로 정신질환자에 대한 보호입원이 가능하도록 한 구 정신보건법 제24조 제1항 및 제2항: 입원이 필요한지 여부에 대한 판단권한을 정신과전문의 1인에게 전적으로 부여함으로써 그 판단에 있어 객관성과 공정성을 담보할 만한 장치를 두고 있지 않고, 보호입원 대상자의 의사 확인이나 부당한 강제입원에 대한 불복제도도 충분히 갖추고 있지 아니하여, 보호입원 대상자의 신체의 자유를 과도하게 제한하고 있어, 침해의 최소성, 법익균형성에 반한다고 판단하여 위헌성을 인정하되 정신질환자 보호입원의 필요성이 인정되는 경우에도 보호입원을 시킬 수 없는 법적 공백 상태를 막기 위해 헌법불합치결정을 하였다(2014헌가9). ② 외국 형집행에 대한 한국에서의 감경·면제의 임의성 — "범죄에 의하여 외국에서 형의 전부 또는 일부의 집행을 받은 자에 대하여는 형을 감경 또는 면제할 수 있다"라고 규정한 형법 제7조가 과잉금지원칙을 위반하여 신체의 자유를 침해한 것이라고 하여 헌법불합치결정을 하였다(2013헌바129). 헌재는 위 규정이 외국에서 받은 형의 집행을 단지 법정형의 임의적 감면사유로만 정하고 있어 입법자는 국가형벌권의 실현과 국민의 기본권 보장의 요구를 조화시키기 위하여 형을 필요적으로 감면하거나 외국에서 집행된 형의 전부 또는 일부를 필요적으로 산입하는 등의 방법을 선택하여 신체의 자유를 덜 침해할 수 있음에도 우리 형법에 의한 처벌 시 외국에

서 받은 형의 집행을 전혀 반영하지 아니할 수도 있도록 한 것은, 입법재량의 범위를 일탈하여 침해최소성원칙에 반하고 법익의 균형성 원칙에도 위반된다고 본 것이다.

ⅱ) 합헌성 인정 결정례 ① 노역장유치 - 1억 원 이상의 벌금형을 선고하는 경우 노역장유치기간의 하한을 정한 형법(2014. 5. 14. 법률 제12575호로 개정된 것) 제70조 제2항(이하 '노역장유치조항'이라 한다)이 헌재는 고액 벌금에 대한 유치기간의 하한을 법률로 정해두면 1일 환형유치금액 간에 발생하는 불균형을 최소화할 수 있다는 점에서 피해최소성을 갖추어 과잉금지원칙을 준수하고 있으므로 신체의 자유를 침해하지 않는다고 보았다. 그러나 노역장유치조항을 시행일 이후 최초로 공소제기되는 경우부터 적용하도록 한 형법 부칙조항은 형벌불소급원칙에 위반된다고 판단하였다(2015헌바239). ② 정신성적 장애인 치료감호시설 수용기간 - 이 기간을 15년을 초과할 수 없다고 규정한 구 치료감호법 규정에 대해 헌재는 합헌으로 보았다(2016헌바452; 2015헌마989). ③ 출입국관리 - 강제퇴거대상자에 대한 송환 시까지의 보호시설 보호의 합헌성 인정 - 헌재는 강제퇴거명령을 받은 사람을 여권 미소지 또는 교통편 미확보 등의 사유로 즉시 대한민국 밖으로 송환할 수 없으면 송환할 수 있을 때까지 그를 보호시설에 보호할 수 있도록 규정한 출입국관리법조항은 보호의 일시해제, 이의신청, 행정소송 및 집행정지 등 강제퇴거대상자가 보호에서 해제될 수 있는 다양한 제도가 마련되어 있어서 침해의 최소성도 갖추었고 일시적·잠정적 신체의 자유 제한이므로 법익의 균형성 요건도 충족되어 과잉금지원칙을 준수하여 신체의 자유를 침해하지 않고 적법절차도 준수하여 합헌이라고 결정하였다(2017헌가29. * 이 결정은 위헌의견이 5인 다수의견이었는데 다수의견은 기간의 상한 없는 보호로 인하여 피호보자의 신체의 자유가 제한되는 정도가 지나치게 크므로 침해최소성 및 법익균형성 요건을 충족하지 못하고 보호명령과 관련하여 객관적·중립적 기관에 의한 절차적 통제가 이루어진다고 보기 어려워 적법절차원칙에 반한다는 위헌의견임. 위헌의견이 6인 의견에 달하지 못하여 합헌결정이 됨).

제 3 항 신체의 자유권의 절차적 보장

Ⅰ. 법률주의

헌법 제12조 제1항 후문은 "누구든지 법률에 의하지 아니하고는 체포·구속·압수·수색 또는 심문을 받지 아니하며"라고 하여 체포·구속·압수·수색 또는 심문의 형사절차를 법률로 정하여 하도록 하고 있다. 여기서의 법률은 국회가 제정한 형식적 법률을 말하는 것은 물론인데 그 외에 형식은 법률이 아니나 법률적 효력을 가지는 긴급명령, 긴급재정경제명령, 조약 등도 포함된다. 위와 같은 형사절차는 국민의 신체의 자유 등을 제약하므로 기본권제한의 한계를 준수하여야 한다.

II. 적법절차의 원칙

1. 적법절차의 연혁, 개념과 내용

(1) 연혁
적법절차의 원칙은 영국의 1215년 마그나 카르타(대헌장)에서 유래하여, 1628년 권리청원에 규정되었고 미국의 수정헌법에 "due process of law"가 규정되어 오늘날 중요한 헌법원리의 하나로 자리매김하고 있다.

(2) 개념, 실체적 적법절차와 절차적 적법절차
1) 개념과 의의
적법절차의 원칙이란 공권력이 행사되기 전에 법이 정한 일정한 정당한 절차를 미리 거칠 것을 요구하는 헌법원칙을 말한다. 적법절차는 국가작용의 적법성과 정당성을 확보하고 국민의 기본권을 보호하기 위해 요구되는 원칙이다.

2) 실체적 적법절차와 절차적 적법절차
적법절차 개념과 관련하여 그 명칭 때문에 절차적 원칙인 것으로 이해될 수 있으나 오늘날의 일반적인 이론은 적법절차주의가 형식적 절차뿐 아니라 실체법적인(내용적인) 측면에서도 요구되는 넓은 의미의 원칙으로 본다.

[실체적 적법절차의 개념 – 내용의 적정성, 합리성 정당성] 그리하여 절차의 준수 외에도 국가권력행사나 기본권에 관한 법률의 내용이 적정하고 합리적이며 정당하여야 할 것을 요하는 원칙으로 보아 적법절차는 절차적 적법절차와 실체적 적법절차(實體的 適法節次)를 모두 포함한다고 본다(판례도 그러한 입장이다. 헌재 1992.12.24. 92헌가8).

▌실체적 적법절차의 개념 │ = 내용의 적정성, 합리성 정당성 │

* 실체법이라 함은 권리·의무의 내용에 관하여 정하는 법(예: 민법, 형법, 상법 등)을 말하고, 절차법이란 그러한 실체적 권리·의무 관계를 실현하는 과정의 법(예: 헌재법, 행정소송법, 민사소송법, 형사소송법 등)을 말한다. 예를 들어 A라는 사람이 타인의 물건을 훔친 경우 형법이라는 실체법에 의해 절도죄에 따른 형벌(의무위반의 형사책임) 지게 되는데 그 형벌을 지우기 위해 형사재판 절차가 형사소송법이라는 절차법에 따라 이루어진다.

3) 실체적 적법절차원칙을 적용한 결정례
이해도모를 위해 몇 가지 대표적인 결정례들을 본다.
ⅰ) 위헌성 인정 결정례
① 국유잡종재산에 대한 시효취득금지규정에 대한 위헌성 인정

● **판례**   헌재 1991.5.13. 89헌가97

[관련판시] 사적 거래의 대상이 되는 잡종재산이 국유재산이라고 하여 무한정 불확실한 장래에 언젠가 국가공익을 위한 행정재산으로서의 관리 전환을 할 수 있다는 이유만으로써 사전에 일방적으로 소유권의 변동이나 일반 법률 관계의 형성을 임의로 확정하고 제한하는 것은 거래(去來)질서의 기본인 사적자치(私的自治)의 원칙을 무시하고 국민의 기본권을 본질적으로 침해하는 법률규정으로서 이는 민주헌법의 기본원리인 실질적 적법절차에 위배되며 헌법적 정의에 반하는 것이다. * 결정당시 일부위헌결정으로 분류되었는데 헌재가 지금은 한정위헌결정으로 스스로 분류를 바꾸어 놓음.

② 검사구형에 따른 구속영장 효력 유지 − 무죄, 면소, 형의 면제, 형의 선고유예, 형의 집행유예, 공소기각 또는 벌금이나 과료를 과하는 판결이 선고된 때에는 구속영장은 효력을 잃도록 하면서 다만, 검사로부터 사형, 무기 또는 10년 이상의 징역이나 금고의 형에 해당한다는 취지의 의견진술이 있는 사건에 대하여는 예외로 한다고 하여 영장효력이 유지되도록 한 구 형사소송법(1954.9.23. 법률 제341호) 제331조 단서에 대한 위헌결정(위에 인용된 결정)

● **판례**   헌재 1992.12.24. 92헌가8

[결정요지] … 5. 결론: 이 법 제331조 단서규정은 첫째 헌법의 명시된 적법절차의 원칙에 위배된다. 즉 헌법 제12조 제3항 본문에서 "체포·구속·압수 또는 수색을 할 때에는 적법한 절차에 따라 검사의 신청에 의하여 법관이 발부한 영장을 제시하여야 한다."라고 하여 인신구속에 관한 영장주의의 대원칙을 규정하고 있는데, 이는 동조 제1항의 규정과 함께 영미법계에서 발달하여 미국헌법에 명문화된 적법절차원리의 일반조항에 해당하는 것으로서, 형사절차상의 영역에 한정되지 않고 입법, 행정 등 국가의 모든 공권력 작용에는 절차상의 적법성뿐만 아니라 법률의 실체적 내용도 합리성과 정당성을 갖춘 실체적인 적법성이 있어야 한다는 적법절차의 원칙을 헌법의 기본원리로 명시하고 있는 것이므로 헌법에 명문으로 규정된 영장주의는 구속의 개시시점에 한하지 않고 구속영장의 효력을 계속 유지할 것인지 아니면 취소 또는 실효시킬 것인지의 여부도 사법권 독립의 원칙에 의하여 신분이 보장되고 있는 법관의 판단에 의하여만 결정되어야 한다는 것을 의미하고 그 밖에 검사나 다른 국가기관의 의견에 의하여 좌우되도록 하는 것은 헌법상의 적법절차의 원칙에 위배된다.

* 평가 − 이 92헌가8 결정의 사안 자체는 석방이라는 형사적 '절차'에 관한 것이기에 굳이 그 사안에서 실체적 적법절차를 언급할 필요가 있었는지 하는 지적이 있을 수 있다.

③ 미확정 노동위 구제명령 위반(불이행)에 대한 형사처벌 규정 − 노동위원회가 부당노동행위가 성립한다고 판정한 때에는 사용자에게 구제명령을 발하여야 하며, 이 구제명령이 확정적이 아니더라도 이에 따르지 않은 경우에 처벌하도록 한 구 노동조합법(개정 1980.12.31. 법률 제3350호. 이후 폐지된 법률) 제46조 규정에 대한 위헌결정.

● **판례**   헌재 1995.3.23. 92헌가14

[결정요지] 노동조합법 제46조 중 "제42조의 규정에 의한 구제명령(救濟命令)에 위반하거나" 부분은, 노동위원회의 확정되지 아니한 구제명령을 그 취소 전에 이행하지 아니한 행위를 동법 제43조 제4항 위반의 확정된 구제명령을 위반한 경우와 차별함이 없이 똑같이 2년 이하의 징역과 3,000만 원 이하의 벌금이라는 형벌을 그 제재방법과 이행확보수단으로 선택함으로써, 국민의 기본권 제한방법에 있어 형평을 심히 잃어 위 법률규정의 실제적 내용에 있어 그 합리성과 정당성을 더욱 결여하였다고 할 것이므로 헌법상의 적법절차의 원리에 반하고 과잉금지의 원칙에도 저촉된다.

④ 귀속재산을 매수한 자가 정당한 사유에 의하여 분납금을 납부하지 아니하는 예외적인 경우까지도 그 재산에 대한 매매계약이 해제되도록 한 귀속재산처리법의 규정은 적법절차를 위반하여 위헌인 것으로 판단되었다.

● **판례** 헌재 2000.6.1. 98헌가13

[결정요지] 귀속재산의 매도자인 국가의 계약해제는 매수자의 권리를 박탈하는 것에 다름 아니므로, 국가로서는 위와 같은 정당한 사유가 소멸된 다음 매수자에게 분납금의 납부를 고지하는 등 계약해제절차를 밟는 것이 헌법상의 정당성과 합리성을 갖춘 적정한 조치라고 말할 수 있는 것이다. 귀속재산의 매수자가 정당한 사유에 의하여 분납금을 납부하지 아니하는 예외적인 경우까지도 매매계약이 해제되도록 하는 부분은, 헌법의 요청인 적법절차를 위반하고 과잉금지의 원칙에도 위배된다.

ii) 합헌성 인정 결정례

① 음주운전측정거부에 대한 형사처벌 규정

● **판례** 헌재 1997.3.27. 96헌가11

[결정요지] 이 법률조항은 추구하는 목적의 중대성 (음주운전 규제의 절실성), 음주측정의 불가피성 (주취운전에 대한 증거확보의 유일한 방법), 국민에게 부과되는 부담의 정도 (경미한 부담, 간편한 실시), 음주측정의 정확성문제에 대한 제도적 보완 (혈액채취 등의 방법에 의한 재측정 보장), 처벌의 요건과 처벌의 정도 (측정불응죄의 행위주체를 엄격히 제한) 등에 비추어 <u>합리성과 정당성</u>을 갖추고 있으므로 헌법 제12조 제1항의 적법절차원칙에 위배된다고 할 수 없다.

② 지문채취의 강요(경범죄처벌법 규정 – 지문채취불응에 대한 형사처벌 규정) – "범죄의 피의자로 입건된 사람에 대하여 경찰공무원이나 검사가 지문조사 외의 다른 방법으로 그 신원을 확인할 수 없어 지문을 채취하려고 할 때 정당한 이유없이 이를 거부한 사람은 10만 원 이하의 벌금, 구류 또는 과료의 형으로 벌한다"라고 규정하는 구 경범죄처벌법 제1조 제42호 (2002.1.14. 법률 제6593호로 개정되기 전의 것. 현행 경범죄처벌법 제3조 제1항 제34호가 거의 같은 규정임)가 적법절차원칙에 위반되는지 여부에 대해 헌재는 신분증을 소지하고 있어 신원을 확인할 수 있는 다른 수단이 있는 경우에 지문채취를 요구할 수 없게 하고 보충적으로만 적용하도록 하고 있으므로 피해를 최소화하기 위한 고려를 하고 있다는 점 등을 들어 부정하고 합헌결정을 하였다(● 판례 헌재 2004.9.23. 2002헌가17).

2. 적법절차의 적용범위와 내용

(1) 모든 국가작용에의 적용

현행 헌법은 제12조 제1항 후문이 적법한 절차에 의하여야 할 경우를 「처벌·보안처분 또는 강제노역」으로 명시하고 있기에 적법절차원칙이 그 3가지 경우에만 적용되는 것으로 볼 것인지(한정열거설의 입장), 아니면 그 외에도 다른 모든 불리한 국가의 조치에 적용되는지(예시설)하는 적법절차의 적용범위가 논의된다. 헌법이 적법절차원칙을 헌법 제12조에 규정하고 있고 헌법 제12조가 형사절차상에 관한 것이긴 하나 이 적법절차원칙은 형사절차에만 적용되는 것은 아니라고 보는 견해, 즉 예시설이 일반적인 견해이다. 헌재도 적법절차원칙이 행정, 입법, 사법 등 모든 국가작용에 적용되는 헌법상의 원칙이라고 본다. 이는 확립된 판례법리이다[92헌가8; 2001헌바41; 2016헌바453('일제강점하반민족행위진상규명에 관한 특별법' 부칙 제2조 본문 합헌결정); 2016헌바454('친일반민족행위자 재산의 국가귀속에 관한 특별법' 제2조 제2호 전문 등에 대한 합헌
결정)].

결국 적법절차원칙은 형사절차 외에 입법, 행정, 사법 등 모든 국가작용에 적용되는 원칙인
데 각 영역별 구체적 문제는 아래 3.이하에서 살펴본다.

> * 적법절차가 이렇게 모든 국가자용에 적용된다는 점에서 신체의 자유 부분보다 헌법총강이나 기본권총론 부분에
> 서 다루어야 하는 면이 있다. 다만, 그 발달사적으로 볼 때 신체의 절차적 보장의 제1원칙으로 자리잡기 시작한 점,
> 우리 헌법조문도 신체의 자유조항에서 규정을 두고 있는 점을 고려하여 일단은 여기서 다룬다.

(2) 불이익처분에의 적용

적법절차원칙은 형사처벌이나 신체의 자유와는 무관한 국가작용일지라도 국민에게 불리한
작용이 행해질 경우에도 적용되어야 할 원칙이라고 본다. 헌재도 불이익처분의 경우에까지 확
대하여 적용하고 있다. 즉 형사사건으로 공소가 제기된 변호사에 대하여 법무부장관이 일방적
으로 그 업무의 정지를 명할 수 있게 규정한 구 변호사법 제15조(90헌가48), 공소제기된 사립학
교교원은 반드시 직위해제되는 것으로 규정한 구 사립학교법 제58조의2 제1항 단서(93헌가3등)
는 적법절차의 위반으로 위헌이라고 결정하여 업무정지, 직위해제 등 형사처벌이 아닌 불이익
한 처분의 경우에도 적법절차원칙이 적용된다고 본다.

(3) 기본권, 대 국민 관계에만 적용되는 것인지 여부 – 국가기관 간 적용배제(탄핵소추 절차에의 비적용)된다는 판례의 문제점

[헌재 판시] 헌재는 적법절차원칙은 국가기관이 국민과의 관계에서 공권력을 행사함에 있어
서 준수해야 할 법원칙으로서 형성된 것으로 국가기관에 대하여 헌법을 수호하고자 하는 탄핵
소추절차에는 직접 적용할 수 없다는 입장을 보여준 바 있었다(2004헌나1; 2016헌나1).

[검토] 이는 타당하지 못하다. 당장 헌재 자신 스스로 위에서 언급한 대로 모든 국가작용에 적용
된다고 확립한 판례법리, 바로 "적법절차의 원칙은 헌법조항에 규정된 형사절차상의 제한된 범
위 내에서만 적용되는 것이 아니라 국가작용으로서 <u>기본권제한과 관련되든, 관련되지 않든</u> 모
든 입법작용 및 행정작용에도 광범위하게 적용된다고 해석하여야 할 것이고"라고 판시한(92헌
가8. 이후의 동지의 설시가 있었던 결정례들: 2001헌바41; 2009헌마170 등, 그리고 헌재 2018.4.26.
2016헌바453 등) 바와도 모순된다. 국가권력행사의 존재근거도 종국적으로 국민의 기본권보장
에 있다는 점을 고려하더라도 그러하고 헌법원칙 적용의 공백을 방치해서도 안된다.

(4) 적법절차의 내용

[절차적 적법절차의 내용요소와 개별적 요소절차] 절차적 적법절차의 구체적인 내용으로서
중요한 요소의 절차들로는 이해관계인에 대한 고지, 의견진술 기회 부여 등 여러 절차들이 있
다. 헌재도 "적법절차원칙에서 도출할 수 있는 가장 중요한 절차적 요청 중의 하나로, 당사자

에게 적절한 고지(告知)를 행할 것, 당사자에게 의견 및 자료 제출의 기회를 부여할 것"을 들 수 있다고 한다(93헌가3등; 95헌가5; 99헌마480; 2001헌가25; 2005헌마19; 2011.9.29. 2010헌마68; 2013헌바190; 2012헌마191 등). 다양한 사안들마다 사안의 영역이나 성격, 목적 등에 따라 여러 절차들이 요구될 것이다. 헌재도 "이 원칙이 구체적으로 어떠한 절차를 어느 정도로 요구하는지 일률적으로 말하기 어렵고, 규율되는 사항의 성질, 관련 당사자의 사익(私益), 절차의 이행으로 제고될 가치, 국가작용의 효율성, 절차에 소요되는 비용, 불복의 기회 등 다양한 요소들을 형량하여 개별적으로 판단할 수밖에 없다"라고 한다(2001헌가25; 2005헌마19; 2004헌바12; 2006헌바91; 2007헌마700; 2010헌마68; 2013헌마11; 2012헌바302; 2013헌바190; 2012헌마191 등). 이러한 다양한 절차적 적법절차의 구체적 내용은 아래에서 주요 개별 주요영역별로 살펴본다(후술 참조).

　[실체적 적법절차의 요소] 내용적으로 적정성, 공정성, 합리성, 정당성 등을 갖추어야 한다.

3. 적법절차의 영역별 내용 – 구체적 문제와 결정례

(1) 형사처벌, 형사절차 등에서의 적법절차

　적법절차원칙이 아무래도 중대한 기본권제한이 될 수 있는 신체활동억지적 절차가 많은 형사처벌, 형사절차에 적용된 예들이 많다. 이 적법절차원칙이 가장 직접적으로 구현되는 제도가 영장주의이다. 영장제도에 대해서는 별도로 본다(아래 Ⅲ 참조).

1) 처벌, 집행(구금 등)

(가) 적법절차 부재의 제재, 처벌　헌법 제12조 제1항 후문의 후반은 적법한 절차에 의하지 아니하고는 처벌받지 아니한다고 형사처벌에 관하여는 헌법이 직접 적법절차원칙을 명시하고 있는 것이기도 하다.

　[위헌결정례] 아래에 위헌성 인정 결정례를 본다.

　① 부당해고 등 부당노동행위에 대한 노동위원회의 구제명령을 사용자가 그 구제명령이 확정되지 않은 경우에라도 즉시 이를 이행하지 않거나 사후에 구제명령이 재심 또는 행정소송으로 취소된 경우까지도 구제명령이 있던 당시(즉 취소 전)에 신속히 이를 이행하지 않았다면 이를 처벌하도록 한 구 노동조합법(개정 1980.12.31. 1997.3.13. 노동조합및노동관계조정법에 의해 폐지) 제46조 중 "42조의 규정에 의한 구제명령에 위반하거나" 부분

● **판례**　헌재 1995.3.23. 92헌가14
[결정요지] 위법·부당하여 취소될 수도 있는 이러한 확정되지 않은 구제명령과, 또 구제명령이 위법·부당하여 재심 또는 행정소송으로 취소된 경우까지 이를 신속히 이행하지 않았다 하여 그 이행확보 내지 그 제재방법으로 징역형을 택하여 그 위반자인 사용자를 교도소에 장기간 수감하는 등으로 물심양면의 고통을 가하거나 형벌인 벌금형으로 처벌함은, 정의에 반하고 행정명령의 이행확보수단으로서 최후적·보충적이어야 하는 점에 비추어도 합리성과 정당성이 없다. 뿐만 아니라 이는 이 사건 규정에 의하여 달성하려는 구제명령의 이행확보 수단으로서도 적절치 못하며, 기본권 제한이 필요한 최소한도에 그쳤다고도 할 수 없고, 이 사건 규정에 의하여 보호하려는 법익과 이 사건 규정에 의하여 제한되는 사용자의 이익 사이에 균형도 갖추지 못하고 있다. 따라서 노동조합법 제46조 중 "제42조의 규정에 의한 구제명령에 위반하거나" 부분은 적법절차의 원리에 반한다.

* 현행 노동조합 및 노동관계조정법은 재심을 신청하지 아니하거나 행정소송을 제기하지 아니하여 확정된 구제명령에 위반한 경우에만 처벌되도록 규정하고 있다(동법 제85조 3항, 제90조 2호).

② 무면허수출입(예비)죄 혐의의 경우 몰수할 것으로 인정되는 물품을 <u>압수</u>한 경우에 있어서 범인이 당해 관서에 출두하지 아니하거나 또는 범인이 도주하여 그 물품을 압수한 날로부터 4월을 경과한 때에는 당해 물품은 국고에 귀속한다고 규정한 舊 관세법 제215조 중 제181조 부분 등이 적법절차의 원칙을 위반한 처벌로서 위헌결정이 내려졌다.

● 판례　헌재 1997.5.29. 96헌가17
[결정요지] 재판이나 청문의 절차도 밟지 아니하고 압수한 물건에 대한 피의자의 재산권을 박탈하여 국고귀속시킴으로써 그 실질은 몰수형을 집행한 것과 같은 효과를 발생하게 하는 내용의 법률규정이라고 볼 수밖에 없으므로 헌법 제12조 제1항 후문에 정한 적법절차의 원칙에 위배된다.

(나) 미결구금일수의 불산입　헌재는 판결선고 전 구금일수의 일부를 산입하지 않을 수 있도록 규정한 구 형법 제57조 제1항 중 "또는 일부" 부분이, 적법절차의 원칙 및 무죄추정의 원칙에 반한다고 하여 위헌으로 결정하였다. 이 결정에서 헌재는 미결구금은 피의자 또는 피고인의 입장에서 보면 실질적으로 자유형의 집행과 다를 바 없으므로, 인권보호 및 공평의 원칙상 형기에 전부 산입되어야 하므로 일부 불산입을 할 수 있게 한 위 구 형법규정은 적법절차원칙을 위반한 것이라고 본 것이다. 현행 형법 제57조 제1항은 "판결선고 전의 구금일수는 그 <u>전부</u>를 유기징역, 유기금고, 벌금이나 과료에 관한 유치 또는 구류에 산입한다"라고 규정하고 있다.

● 판례　헌재 2009.6.25. 2007헌바25
[결정요지] 미결구금일수 산입범위의 결정을 법관의 자유재량에 맡기는 이유는 피고인이 고의로 부당하게 재판을 지연시키는 것을 막아 형사재판의 효율성을 높이고, 피고인의 남상소를 방지하여 상소심 법원의 업무부담을 줄이는 데 있다. 그러나 미결구금을 허용하는 것 자체가 헌법상 무죄추정의 원칙에서 파생되는 불구속수사의 원칙에 대한 예외인데, 형법 제57조 제1항 중 "또는 일부 부분"은 그 미결구금일수 중 일부만을 본형에 산입할 수 있도록 규정하여 그 예외에 대하여 사실상 다시 특례를 설정함으로써, 기본권 중에서도 가장 본질적인 신체의 자유에 대한 침해를 가중하고 있다. 구속 피고인이 고의로 재판을 지연하거나 부당한 소송행위를 하였다고 하더라도 이를 이유로 미결구금기간 중 일부를 형기에 산입하지 않는 것은 처벌되지 않는 소송상의 태도에 대하여 형벌적 요소를 도입하여 제재를 가하는 것으로서 적법절차의 원칙 및 무죄추정의 원칙에 반한다. 따라서 형법 제57조 제1항 중 "또는 일부 부분"은 헌법상 무죄추정의 원칙 및 적법절차의 원칙 등을 위배하여 합리성과 정당성 없이 신체의 자유를 침해한다.

2) 형사절차 · 형사재판절차

체포이유고지제도, 영장제도 등에 대해서는 별도로 후술하고 아래에서는 그 외의 형사재판절차나 과정상에서의 문제들을 살펴본다.

(가) 위헌성 인정의 예

가) 궐석재판의 적법절차 위배성 – 위헌결정　① 반국가행위 혐의로 기소된 자에 대한 궐석재판 제도에 대해 피고인에게 출석할 기회조차 부여하지 않고, 피고인에게 불출석에 대한 개인적 책임을 전혀 물을 수 없는 경우까지 궐석재판을 행할 수 있다는 것은 적법절차의 원칙에도 심히 반하고, 특조법 제7조 제6항은 변호인도 출석시킬 수 없도록 규정하는데 이는 공격 ·

방어의 기회를 원천적으로 봉쇄당하는 것을 뜻하여 적법절차원칙에 반한다고 보았다(95헌가5).

② 제1심공판에서의 피고인 소재 확인이 불가능할 때 궐석재판을 허용하는 소송촉진등에 관한 특례법규정에 대해 아무런 책임없는 사유로 출석하지 못한 피고인에 대하여 별다른 증거조사도 없이 곧바로 유죄판결을 선고할 수 있도록 한 것은 그 절차의 내용이 심히 적정치 못한 경우로서 헌법 제12조 제1항 후문의 적법절차 원칙에 반한다는 위헌결정이 있었다(97헌바22).

나) 형사재판에서의 증거제도와 적법절차 위배성 인정례   i) 자유심증주의 - 형사재판은 그 결과가 인신의 자유의 제한 여부를 결정하는 중요한 과정임은 물론이므로 특히 형사재판에서의 유죄 여부를 입증하는 증거제도에 있어서 적법절차를 구현하기 위한 중요원칙들이 있다. 그 원칙들로서 먼저 자유심증주의는 증거의 증명력은 법관의 자유판단에 의한다는 원칙으로 형사소송법 제308조가 명시하고 있는 원칙으로서 형사절차의 증거판단과 사실인정에 관한 헌법상의 적법절차를 구현하기 위한 원칙이다(94헌바1).

ii) 제1회 공판기일 전 증인신문제도(형소법 제221조 제2항) 위헌결정 - 위 판시가 나온 것은 바로 이 위헌결정에서였다. 헌재는 형사소송법 제221조의2 제2항의 제1회 공판기일 전 증인신문제도가 법관의 합리적이고 공정한 자유심증을 방해하여 법관의 독립성을 침해할 우려가 있고, 결과적으로 적법절차에 위배된다고 하여 위헌결정을 한 것이다.

● **판례** 헌재 1996.12.26. 94헌바1
[결정요지] 제1회 공판기일전 증인신문제도(형사소송법 제221조의2 제2항)는 수사단계에서 임의의 진술과 다른 진술을 법정에서 할 염려가 있다는 이유만으로 검사가 다시 같은 수사단계에서 미리 판사로 하여금 증인신문을 하게 하여 증거를 확보하려는 것으로서, 공판기일에서 법관의 면전에서 자유롭게 진술하는 것을 제약함과 동시에 법관이 공판기일에 법정에서 직접 조사한 증거에 의하여 심증을 형성하는 것을 제약하여 결국 법관이 직접 조사하지 아니한 상태에서 행하여진 증인신문조서의 기재에 의하여 바로 심증을 형성하게 함으로써 증거가치판단의 진실성을 담보함에 흠을 가져오는 결과를 초래할 것이고 한편 법 제221조의2 제4항에 따라 이 사건 제2항의 증인신문을 행하는 판사와 공소제기 후 사건을 직접 재판하는 판사(법원)가 다른 경우에는 판사는 증인의 진술하는 태도(태도증거)등에 의한 진실한 심증형성을 기대하기 어려운 점이 있다. 특히 공판절차에서 수사기관에서의 진술을 번복할 우려가 있고 범죄의 증명에 없어서는 아니될 중요한 증인이라면 법원은 반드시 태도증거를 직접 목격할 필요가 있는 것이다. 결국 범인필벌의 요구만을 앞세워 과잉된 입법수단으로 증거수집과 증거조사를 허용함으로써 법관의 합리적이고 공정한 자유심증을 방해하여 법관의 독립성을 침해할 우려가 있고, 결과적으로 적법절차의 원칙 및 공정한 재판을 받을 권리에 위배된다.

iii) 제1회 공판기일전 증인신문에서의 피고인 등의 재량적 참여배제 위헌성 - 이 결정에서 사실 먼저 문제된 것은 공판기일전 증인신문제도에서 피고인 등을 반드시 참여시키지 않고 할 수 있도록 규정한 형사소송법 제221조의2 제5항의 위헌여부였는데, 즉 동 조항은 공판기일전 증인신문절차에서 "판사는 수사에 지장이 없다고 인정할 때에는 피고인·피의자 또는 변호인을 제1항 또는 제2항의 청구에 의한 증인신문에 참여하게 할 수 있다."라고 규정함으로써 피고인 등이 같은 조 제2항의 증인신문절차에 참여할 수 있는지의 여부를 판사의 재량사항으로 하여 이는 통상의 증인신문절차에서 보장되는 당사자의 참여·신문권에 비하여 그 권리의 내용을 제한적으로 규정하고 있었기에 이것의 위헌여부가 문제되었던바 헌재는 이 조항이 피고인들의 공격·방어권을 과다히 제한하는 것으로 위헌이라고 보았다.

● **판례** 위 94헌바1 결정
[결정요지] 피고인 등의 반대신문권을 제한하고 있는 법 제221조의2 제5항은 피고인들의 공격·방어권을 과다히 제한하는 것으로써 그 자체의 내용이나 대법원의 제한적 해석에 의하더라도 그 입법목적을 달성하기에 필요한 입법수단으로서의 합리성 내지 정당성이 인정될 수는 없다고 할 것이므로, 헌법상의 적법절차의 원칙 및 청구인의 공정한 재판을 받을 권리를 침해하고 있다.

* **평가** – 그러나 위 위헌결정 후 제1회 공판기일 전 증인신문제도를 피고인 등의 참여권, 반대신문권을 반드시 부여하도록 하면서 이 제도를 존치하고 있다. 헌재의 위 결정에서 공판기일 전 증인신문제도 자체의 위헌성을 지적하고 있어서 그 존치가 실제적 필요성은 별론으로 하고 헌재의 위 결정의 취지에 완전히 부합되는지는 의문이다.

다) 예기치 못한 타격 – 검사의 일방적 증인 접촉의 적법절차 위반　　재판에서 상대방에게 예기치 못한 타격을 가하는 행위는 적법절차에 반한다. 그러한 이유로 헌재는 검사가 법원의 증인으로 채택된 수감자를 그 증언에 이르기까지 거의 매일(145회) 검사실로 하루 종일 소환하여 피고인측 변호인이 접근하는 것을 차단하고, 검찰에서의 진술을 번복하는 증언을 하지 않도록 회유·압박하는 한편, 때로는 검사실에서 그에게 편의를 제공하기도 한 행위에 대해 적법절차의 위반으로 보아 위헌임을 확인하는 결정을 한 예를 보여준 바 있다.

● **판례** 헌재 2001.8.30. 99헌마496 인용(위헌확인)결정
[결정요지] 만약 증인의 증언 전에 일방당사자만이 그와의 접촉을 독점하고 상대방의 접촉을 제한함으로써, 그 증인이 어떠한 내용의 증언을 할 것인지를 알지 못하여 그에 대한 방어를 준비할 수 없도록 한다면, 결국 그 당사자로 하여금 상대방이 가하는 예기치 못한 타격에 그대로 노출될 수밖에 없는 위험을 감수하라는 것이 되어, 헌법 제12조 제1항 후문이 규정하고 있는 '적법절차의 원칙'에도 반한다.

라) 사건종결 전 무위험의 압수물 폐기의 적법절차 위반　　사법경찰관이 위험발생의 염려가 없음에도 불구하고 사건종결 전에 압수물을 폐기한 행위로 인하여 중요한 증거를 무죄의 증거로 사용하지 못하게 되었다고 청구인이 주장하는 헌법소원사건이 있었다. 헌재는 압수물은 이에 대한 증거신청을 통하여 무죄를 입증하고자 하는 피고인의 이익을 위해서도 존재하므로 형사소송법 제130조 제2항이 그 폐기사유로 규정하고 있는 '위험발생의 염려가 있는 압수물'은 엄격히 해석할 필요가 있으므로 그 사유에 해당하지 아니하는 압수물에 대하여는 설사 피압수자의 소유권포기가 있다 하더라도 폐기가 허용되지 아니한다고 하였다. 그리하여 문제의 압수물을 보관하는 것 자체가 위험하다고 볼 수 없을 뿐만 아니라 보관에 아무런 불편이 없는 물건임이 명백함에도 압수물에 대하여 소유권포기가 있다는 이유로 이를 사건종결 전에 폐기한 것은 적법절차의 원칙을 위반하여 위헌임을 확인하는 결정을 하였다(헌재 2012.12.27. 2011헌마351).

(나) 합헌성 인정의 예

가) 증거제도: 직접주의와 전문법칙의 예외 인정의 합헌성 인정　　① 예외를 인정하고 있는 형사소송법 제314조 – 적법절차에 의한 공정한 재판을 받을 권리를 보장하기 위한 증거법 원칙으로 소극적 진실주의(피고인이 적극적으로 무죄임을 증명하는 것도 필요하지만 형사재판에서의 증

거조사과정은 검사가 제시한 증거들에 대해 피고인측이 이를 깨트리기 위한 반대증거를 제시하고 방어를 하도록 하는 것), 무기대등의 원칙(검사와 피고인이 입증에 있어서 대등한 기회를 가지도록 하는 원칙), 직접주의(공판정에서 법관이 직접 조사한 증거만을 재판의 기초로 삼아야 한다는 원칙), 전문법칙(전해들은 증거와 같이 자신이 직접 경험하지 않은 증거인 전문증거는 증거로 할 수 없다는 원칙) 등이 있다. 직접주의와 전문법칙에 대한 예외로서 공판준비 또는 공판기일에 진술을 요할 자가 사망 등으로 인하여 진술을 할 수 없는 때에는 검사 작성의 조서 등을 증인신문절차를 거치지 아니하고 증거채택결정을 할 수 있도록 하여 직접주의와 전문법칙의 예외를 인정하고 있는 형사소송법 제314조가 논란되었으나 헌재는 적법절차원칙에 합치된다고 판단하였다.

● **판례** 헌재 1994.4.28. 93헌바26
[결정요지] 직접주의(直接主義)와 전문법칙(傳聞法則)의 예외를 규정한 형사소송법 제314조는 그 내용에 있어 그 예외를 인정하여야 할 필요성이 있는 사유에 관하여 정당성이 있는 사유에 한정하였고, 그 필요성이 있는 경우도 합리적인 조건하에 적용되는 것으로 한정하여 그 적용범위를 합리적인 최소한도에 그치게 하였으므로 적법절차에 합치된다.

② 검사 작성 피의자신문조서의 합헌성 인정 – 형사소송법 제312조 제1항 본문은 검사가 피의자의 진술을 기재한 조서(검사작성의 피의자신문조서)에 대하여는 공판기일에서의 원진술자(피의자였던 피고인)의 진술에 의하여 그 성립의 진정함이 인정된 때에는 증거로 할 수 있다고 규정하고 동항 단서는 그 진술이 특히 신빙할 수 있는 상태 하에서 행하여진 때에 한하여서는 비록 피고인이 법정에서 그 내용을 부인하는 경우에도 증거능력을 인정할 수 있도록 전문법칙에 예외를 규정하고 있다. 이 형사소송법 제312조 제1항 본문 중 "검사가 피의자의 진술을 기재한 조서" 부분 및 동 조항 단서에 대해 헌재는 합헌성을 인정하였다.

● **판례** 헌재 2005.5.26. 2003헌가7
[결정요지] 그것이 전문증거임에도 불구하고 검사 이외의 수사기관이 작성한 피의자신문조서와는 달리 이 사건 법률조항 단서의 특히 신빙할 수 있는 상태(이하 '특신상태'라고 한다) 하의 진술이라는 조건하에 증거능력을 인정할 수 있도록 한 것은, 검사의 소송법적 지위를 고려하고 형사소송법이 목적으로 하는 적법절차에 의한 실체적 진실의 발견과 신속한 재판을 위한 것으로서 그 목적의 정당성과 내용의 합리성이 인정된다. * 이전의 같은 조문에 대한 합헌결정: 헌재 1995.6.29. 93헌바45.
* 위 형소법 제312조 1항은 개정되었는데 그 내용과 그 외 형사재판에서의 증거제도에 대한 헌법적 문제는 여기 신체의 자유의 자백의 증거능력배제, 증명력제한 부분, 뒤의 '재판청구권' 부분에서 다룬다(후술 참조).

나) 피의자의 지문채취 불응에 대한 경범죄 처벌　　이에 대해서 헌재는 합헌으로 결정하였다 (2002헌가17, 이 결정에 대해서는 위의 실질적 적법절차에서 예로 살펴보았다. 전술 참조).

3) 특별검사의 임명 – 대법원장의 후보자 추천의 합헌성

'한나라당 대통령후보 이명박의 주가조작 등 범죄혐의의 진상규명을 위한 특별검사의 임명 등에 관한 법률'은 특별검사 임명에 있어서 대법원장으로 하여금 특별검사후보자 2인을 추천토록 하였는데, 대법원장이 추천한 특별검사가 기소한 사건을 대법원장의 인사상 감독을 받는 법관으로 하여금 재판하게 하는 것은 소추기관과 심판기관의 분리라는 근대 형사법의 대원칙에 어긋나고 "누구든지 자기 자신의 심판관이 될 수 없다"라는 자연적 정의를 근간으로 하는 헌법상 적법절차원칙에도 반하여 공정한 재판을 받을 권리를 침해한다는 주장이 있었다. 그러나 헌재는 법관의 독립성과 대법원장이 사법행정에 관한 감독에 한정되는 권한을 가지는 점을 들어 소추기관, 심판기관이 분리되어 있고 자기사건을 스스로 심판하는 구조가 아니어서 적법절차원칙에 반하지 않는다고 보아 이 쟁점에 대해 합헌성을 인정하였다(헌재 2008.1.10. 2007헌마1468).

4) 보안처분(형사정책)

(가) 헌법규정   범죄인에 대한 사회복귀와 사회방위를 위한 형사정책적 제도인 보안처분의 시행에 있어서도 적법절차가 준수되어야 한다. 헌법 제12조 제1항 후문의 후반도 적법한 절차에 의하지 아니하고는 보안처분을 받지 아니한다고 이를 명시하고 있다.

(나) 판례

i) 위헌결정   ① 사회보호법상 필요적 보호감호의 위헌성 – 지금은 폐지된 구 사회보호법에서 정한 요건에 해당되면 법관이 재범의 위험성 유무를 불문하고 반드시 소정의 보호감호를 선고하여야 할 의무를 규정한 동법 제5조 제1항에 대해서는 적법절차원칙을 위배하고 법관의 양형판단권을 침해한다고 하여 위헌으로 결정되었다(88헌가5등. 앞의 보안처분 부분 등에서 인용한 바 참조).

② 보안관찰처분 취소 등을 구하는 행정소송절차에서 집행정지, 가처분의 일률적 금지 – 보안관찰처분 취소 등을 구하는 행정소송절차에서는 가처분, 집행정지를 전적으로 할 수 없도록 일률적으로 금지한 보안관찰법조항이 적법절차 위배라고 결정되었다. 집행정지를 할 수 없도록 금지한다는 것은 보안관찰처분이 그대로 집행된다는 것을 의미한다(행정처분의 경우 집행부정지원칙이 적용되는데 이를 막기 위한 집행정지 제도가 있지만 이를 금지하므로 그렇다는 의미이다 – * 필자 주) 이러한 금지에 대해 헌재는 피보안관찰자의 사생활자유와 같은 중요한 기본권에 대한 상당범위의 제한을 수반할 수 있는 보안관찰처분의 적법여부에 대한 법원의 판단을 받을 수 있는 기회를 실질적으로 제한받게 하여 그 내용이 합리성과 정당성을 갖춘 것이라고 볼 수 없으므로 적법절차원칙에 위배된다고 위헌결정을 하였다(98헌바79).

ii) 합헌성 인정결정례   반면 ① 보안관찰법 제2조 소정의 보안관찰해당범죄(형법상의 내란목적살인죄 등과 군형법상의 반란죄 등, 국가보안법상의 목적수행죄 등)를 다시 범할 위험성이 있다고 인정할 충분한 이유가 있어 재범의 방지를 위한 관찰이 필요한 경우에 행하는 보안관찰의 제도가 적법절차원칙의 합리성, 정당성, 공평성을 갖추었다고 보고(92헌바28), ② 보안관찰처분대상자에게 출소 후 신고의무를 부과하고 그 신고의무를 이행하지 않은 위반행위를 형사처벌하는 보안관찰법규정이, 출소 후 신고는 보안관찰처분 여부의 시발점이 되는 중요한 절차를 이루는 부분이므로 적법절차의 원리에 반하지 않는다고 보았다(2001헌가17).

5) 출국금지(형사재판 계속 중인 사람에 대한 출국금지)

헌재는 출국금지 전 도피방지를 위한 신속성과 밀행성, 그리고 사후의 법무부장관의 서면통지제도(동법 제4조의4 제1항)를 두고 있고, 사후 이의신청이나 행정소송을 통하여 출국금지 대상자가 충분히 의견을 진술하거나 자료를 제출할 기회도 보장하고 있으므로 헌재는 적법절차원칙 위배가 아니라고 보고 합헌결정하였다(2012헌바302).

(2) 입법영역에서의 적법절차

1) 발의과정에서의 청문절차의 요구 문제

법률안의 제출(발의, 제안)을 위한 단계에서의 청문, 입법조사 등 적법절차도 요구된다. [지방자치단체의 폐치·분합과 적법절차로서 청문] 헌재는 적법절차로서 청문을 요한다고 보았다. 이 청문절차는 주민의 의견개진 기회를 부여함으로써 준수된다고 보았다. 다음의 결정들이 있었다. ① 시와 군 간에 지방자치단체의 폐치·분합을 가져오는 법률을 제정함에 있어서 주민투표를 실시하지 않은 것이 적법절차에 위배되는지 여부가 논란되었는데 헌재는 주민투표를 거치지 않아도 주민의견조사만으로도 청문의 적법절차가 준수된 것으로 보았다(경기도 남양주시 등 33개 도농복합형태(都農複合形態)의 시 설치 등에 관한 법률 제4조 위헌확인, 94헌마201 * 동지: 94헌마175). ② 제주도의 지방자치단체인 시·군을 폐지하는 입법을 위해 폐지되는 당해 시·군별 주민투표가 아닌 제주도 전체의 주민투표를 실시한 것이 폐지되는 지방자치단체의 주민들의 청문권을 침해하는지 여부가 문제되었다. 헌재는 제주도 전역 투표라도 투표결과 집계를 통해 개별 지역별 찬반비율을 확인할 수 있으므로 의견개진의 기회부여가 있었다고 보아 헌법상의 적법절차원칙은 준수되었다고 보았다(2005헌마1190).

2) 국회 입법절차에의 적용, 국회자율권의 한계로서의 적법절차

(가) 의미   적법절차원칙은 입법절차에도 적용되어야 한다(2007헌마451). 국회의 입법재량이나 자율권을 들어 적법절차적용의 한계를 언급하는 견해가 있을 수 있다. 헌재는 직접적으로 언급하지는 않으나 "법치주의의 원리상 모든 국가기관은 헌법과 법률에 의하여 기속을 받는 것이므로 국회의 자율권도 헌법이나 법률을 위반하지 않는 범위 내에서 허용되어야 하고 따라서 국회의 의사절차나 입법절차에 헌법이나 법률의 규정을 명백히 위반한 흠이 있는 경우에도 국회가 자율권을 가진다고는 할 수 없다"라고 한다(96헌라2 등). 이에 따르면 헌법원칙인 적법절차원칙을 명백히 위반한 경우에는 자율권을 주장할 수 없게 될 것이므로 이는 헌재가 적법절차가 자율권의 한계라고 보고 있음을 간접적으로 나타내고 있는 것이라고 할 것이다.

(나) 국회에서의 공청회, 청문회, 입법예고 등   이 절차들은 국회에서의 입법을 충실히 하기 위한 절차들로서 의미를 가지기도 한다.

가) 국회법규정   현행 국회법은 공청회와 청문회가 제정법률안과 전부개정법률안에 대해서는 필수적인 것으로 규정하면서도(동법 제64조 제1항 단서, 제58조 제6항). 제정법률안, 전부개정법률안에 대해서도 위원회의 의결로 공청회를 생략할 수 있도록 예외를 인정하고 있다(제58조 제6항 단서). 입법예고도 의무적으로 하도록 규정되어 있다(동법 제82조의2. 예외 있음).

나) 판례   그러나 판례는 국회입법과정에서의 청문절차의 강제성이나 일반 국민의 청문권에 대해서 아래와 같이 소극적인 경향을 보여주고 있다.

ⅰ) 입법과정상 적법절차로서의 청문 결여 – 이해관계인 의견수렴, 입법예고 및 국무회의심의 경유에 의한 충족 – 이에 관한 결정례로, 국회가 세무대학설치법폐지법을 제정하는 과정에서 별도의 청문절차를 거치지 않았다는 이유만으로 헌법 제12조의 적법절차를 위반한 것인지 여부에 대해 헌재는 이해관계인 의견수렴, 입법예고 및 국무회의심의를 거쳤으므로 적법절차원칙 위반이 아니라고 판단한 바 있다(99헌마613).

ⅱ) 국회입법에 대한 일반 국민의 청문권을 부정한 판례 – 행정복합도시 결정 – '신행정수도 후속대책을 위해 신행정수도 후속대책을 위한 연기·공주지역 행정중심복합도시 건설을 위한 특별법'의 제정과정에 대해 "국회가 의원입법의 형식을 취하면서 실질적으로 국민의 의견청취절차를 생략한 것은 청구인들의 적법절차의 원칙에서 파생되는 청문권을 침해한 것"이라고 하는 헌법소원심판 청구인의 주장이 있었다. 이 사안에서 헌재는 "국회입법에 대하여는 원칙적으로 일반 국민의 지위에서 적법절차에서 파생되는 청문권은 인정되지 아니하므로"라고 하여 부정한다. 헌재는 그 논거로 "국민들이 선출한 국회의원들이 의회에서 공개적인 토론과 타협을 통하여 적법한 절차를 거쳐 제정하는 법률에 대하여, … 국민들에게 사전 청문절차를 보장하지 않았다고 다투는 것은 대표를 통하여 국민의 의사를 국가정책에 반영하는 의회주의와 대의민주주의의 기본취지에 부합되지 않는다"라고 한다. 그리하여 청문권을 침해받을 가능성은 없다고 보고 각하결정을 하였다. 침해가능성은 헌법소원의 청구요건인데 청구요건인 침해가능성이 없다고 보았으나 각하로 결정한 것이다(2005헌마579. * 분석: 국회입법에 대해 청문권이 아예 인정되지 않는다고 보는 것이 타당한지는 의문이다. 이러한 헌재의 입장은 위의 지방자치단체 폐치분합결정 등에서 비록 약한 적법절차인 의견조사를 거친 것을 적법절차 준수로 봄으로써 그나마 적법절차원칙을 입법과정에서 요구함을 명백히 한 자신의 입장을 흐리게 하는 것이다. "의회주의와 대의민주주의의 기본취지에 부합되지 않는다"라고 극한적인 부정을 한 판시도 이해가 어렵다).

(다) 이른바 변칙처리   그동안 국회의 오욕이랄 수 있는 변칙처리가 문제되어 왔다. 이는 적법절차의 위배이다. 헌재는 변칙처리가 국회의원들의 권한을 침해한 것은 인정하면서도 적법절차 위배에 대해 직접 언급하지 않았고 가결선포행위에 대해서는 무효라고 보지 않았다(96헌라2, 2009헌라8 등. 자세한 것은 뒤의 국가권력규범 부분 참조).

(라) 국회의장의 본회의 위임 없는 '법률안 정리'   국회가 의결한 법률안과 문언상 차이가 있는 법률규정이 공포되었는데 이는 국회의결 이후 국회의장의 법률안 정리로 인한 것이었는데 국회의장은 국회 본회의의 위임 의결이 없이 법률안 정리를 한 것이었다(국회법 제97조는 "본회의는 의안이 의결된 후 서로 어긋나는 조항·자구·숫자나 그 밖의 사항에 대한 정리가 필요할 때에는 이를 의장 또는 위원회에 위임할 수 있다"라고 규정함). 이에 대해 적법절차를 위배한 것이라는 주장의 헌법소원심판이 청구되었다. 헌재는 국회에서 의결된 개정 법률안의 내용에 어떠한 변경

을 초래한 것이 아니라는 이유로 그 입법절차가 헌법상 적법절차의 원칙에 위배되지 않았다고 판단하였다(2007헌마451).

　(마) 본회의 의결 없었던 규정의 정부이송 후 추가　　이 문제는 위 (라)와 비슷한 성격의 문제라고 볼 수도 있으나 전혀 의결이 없는 문언을 정부이송 후에 추가되는 것이라 다르다. 이러한 경우에 후일에 그 조항이 개정되는 과정에서 국회에서 그 하자가 거론되지 않았다면 치유가 될 것으로 볼 것인가 하는 문제가 있다. 그런 문제가 논의될 수 있었던 사안이 있었다(2016헌바14 등). 검토를 요한다.

(3) 행정영역에서의 적법절차

　행정영역에서 절차적 적법절차원칙을 구현하기 위한 대표적 제도가 행정절차제도이다. 행정절차제도로서 청문, 이유부기 등의 제도가 있다.

1) 행정절차법

　[성격, 목적] 행정절차에 관한 일반법률이자 기본법으로서 현재 행정절차법이 시행되고 있다. 이 법은 "국민의 행정 참여를 도모함으로써 행정의 공정성·투명성 및 신뢰성을 확보하고 국민의 권익을 보호함을 목적으로" 한다(동법 제1조).

　[적용범위] 처분, 신고, 확약, 위반사실 등의 공표, 행정계획, 행정상 입법예고, 행정예고 및 행정지도의 절차에 관하여 다른 법률에 특별한 규정이 있는 경우를 제외하고는 이 법에서 정하는 바에 따른다(동법 제3조 제1항).

　* 비적용 － 행정절차법 적용대상이 아닌 사항을 명시하고 있는데 아래와 같다.

▼ 행정벌차법 제3조 ② 이 법은 다음 각 호의 어느 하나에 해당하는 사항에 대하여는 적용하지 아니한다. 1. 국회 또는 지방의회의 의결을 거치거나 동의 또는 승인을 받아 행하는 사항 2. 법원 또는 군사법원의 재판에 의하거나 그 집행으로 행하는 사항 3. 헌법재판소의 심판을 거쳐 행하는 사항 4. 각급 선거관리위원회의 의결을 거쳐 행하는 사항 5. 감사원이 감사위원회의의 결정을 거쳐 행하는 사항 6. 형사(刑事), 행형(行刑) 및 보안처분 관계 법령에 따라 행하는 사항 7. 국가안전보장·국방·외교 또는 통일에 관한 사항 중 행정절차를 거칠 경우 국가의 중대한 이익을 현저히 해칠 우려가 있는 사항 8. 9. 생략

[판례] 위 4호와 관련된 결정례이다. 중앙선거관리위원회가 어느 모임에서의 대통령의 발언이 공직선거법 제9조 제1항 선거중립의무를 위반하였다고 판단하여 선거관리위원회법 제14조의2(선거법위반행위에 대한 중지·경고 등)에 따라 2007.6. '대통령의 선거중립의무 준수 요청' 조치, '대통령의 선거중립의무 준수 재촉구'를 하면서 의견진술의 기회마저 부여하지 않은 것은 절차적으로 부당하다고 하여 대통령이 청구한 헌법소원심판사건이다. 헌재는 위 4호에 따라 행정절차법이 적용되지 않는다고 보고 선거운동의 특성상 신속하게 결정되어야 하고 위 조치가 종국적 법률효과를 발생시키는 것이 아니라고 보아 의견진술기회보장이 반드시 필요한 것이 아니어서 적법절차 위반이 아니라고 보았다(2007헌마700).

　[주요 내용] 행정절차법은 공통적인 구체적인 행정절차로서, 처리기간·처분기준의 설정·공표(동법 제19조, 제20조), 처분의 사전통지(동법 제21조), 의견청취(동법 제22조), 처분의 이유제시(동법 제23조), 고지(동법 제26조), 의견제출 및 청문(동법 제2장 제2절 제27조 이하, 청문에 대해서는 청문주재자, 청문주재자의 제척·기피·회피, 청문의 공개, 청문의 진행, 증거조사, 청문조서 등에 대

해 규정함, 제28조 내지 제36조), 공청회[제3절. 공청회 개최의 알림(제38조), 전자공청회(제38조의2), 공청회의 주재자 및 발표자의 선정(제38조의3), 공청회의 진행(제39조), 공청회 및 전자공청회 결과의 반영(제39조의2)] 등에 대해 규정하고 있고, 신고, 확약, 위반사실 등의 공표 등(동법 제3장), 행정상 입법예고(동법 제4장), 행정예고(동법 제5장), 행정지도(동법 제6장) 등에 대한 규정을 두고 있다.

2) 의견제출 · 청취

헌재는 특별한 규정이 없는 한 의견청취를 한 것으로 적법절차원칙을 준수한 것이고 그 의견에 구속되거나 동의를 반드시 받아야 하는 것으로 볼 수는 없다는 입장을 취하는 경향을 보여주고 있다. 그 예로, 택지개발예정지구를 지정하고자 할 경우에 주민들의 의견을 청취하도록 규정한 구 택지개발촉진법 제3조의3 제1항 본문이 의견제출 · 청취를 할 것만을 요건으로 하고 그 의견에 실질적인 구속력(실질적인 동의절차)을 주지 않는 것이어서 적법절차 위반이라는 주장의 헌법소원심판이 청구되었다. 헌재는 위와 같은 입장을 취하여 적법절차 위반이 아니라고 판단하고 합헌결정을 하였다(2006헌바91).

3) 행정상 제재 - 과징금부과

행정기관인 공정거래위원회로 하여금 과징금을 부과하여 제재할 수 있도록 한 것은 위원회의 독립성, 당사자의 절차적 참여권의 인정 등으로 보아 적법절차의 위배가 아니라는 것이 헌재 판례이다(2001헌가25).

4) 행정상 즉시강제와 적법절차 - 즉시강제(의견제출기회 비부여) - 합헌

관계행정청이 등급분류를 받지 아니하거나 등급분류를 받은 게임물과 다른 내용의 게임물을 발견한 경우 관계공무원으로 하여금 이를 수거 · 폐기하게 할 수 있도록, 즉 '행정상 즉시강제'를 하게 할 수 있도록 한 구 '음반 · 비디오물 및 게임물에 관한 법률' 규정이 의견제출기회를 부여하지 않아. 적법절차원칙에 반한다는 주장에 대해 헌재는 권한표시 증표를 제시하도록 하는 등의 절차적 요건을 규정하여 적법절차원칙을 준수한 것이라고 보고 합헌결정을 하였다(2000헌가12).

5) 통고처분

가벼운 범법행위에 대해 법원재판 없이 행정기관에 의해 벌칙이 부과되는 통고처분이 적법절차에 위배되지 않는가 하는 문제가 제기되었다. 통고처분에 응하여 벌금을 납부하면 형이 확정되고 통고처분에 이의가 있으면 벌금을 납부하지 않음으로써 고발이 되어 형사재판이 시작되며 통고처분 자체가 행정쟁송의 대상이 되지는 않는다. 통고처분은 형사절차가 아니고 행정절차라고 보며 통고처분도 하나의 행정행위에 해당한다고 보는 것이 일반적인 이론이다. 그런데 이처럼 통고처분이 행정쟁송의 대상이 되지 않고 벌금납부로 형이 확정되는 것으로 보는 것은 법관이 아닌 행정기관의 처분이 바로 형사처분으로 되어 헌법이 보장한 적법절차에 의하지 아니하고는 처벌되지 않는다는 헌법상 기본권을 침해하는 것이란 주장에 대해 통고처분에 대하여 이의가 있으면 통고내용을 이행하지 않음으로써 고발되어(관세법 제

232조) 형사재판절차에서 통고처분의 위법·부당함을 얼마든지 다툴 수 있기 때문에 적법절차의 위반이 아니라는 것이 판례의 입장이다(96헌바4).

6) 조세 부과

조세를 부과하는 처분에는 그 과세표준, 금액 등 산출근거를 알 수 있도록 알려주는 절차가 필요하다. 재산권을 제한하는 조세이므로 더욱 강하게 요구된다. 행정절차법, 국세관련법(예: 국세징수법 제6조 제1항)에서 규정을 두고 있다.[341]

7) 성매수자 신상공개의 적법절차

이를 규정한 구 '청소년의 성보호에 관한 법률' 제20조 제2항 제1호가 적법절차원칙을 위반한 것인지 여부에 대해 법원의 위헌제청이 있었다. 헌재의 4인 합헌의견인 법정의견은 부정하고 합헌으로 결정되었다(2002헌가14. 앞서 인용된 결정). [판시] 의견진술기회를 주도록 하고, 청소년보호위원회는 최소한의 독립성과 중립성을 갖춘 기관이고(동법 제29조, 제32조 등), 신상공개결정에 대해서는 행정소송을 통해 그 적법 여부를 다툴 기회가 보장되고 있으므로 법률이 정한 형식적 절차에 따라 이루어지며 그 절차의 내용도 합리성과 정당성을 갖춘 것이라고 볼 것이므로 절차적 적법절차원칙에 위반되는 것이라 할 수 없다).

8) 업무정지명령, 직위해제

헌재는 업무정지명령, 직위해제처분에 대해 "잠정적이고 가처분적인 성격"의 제도라고 본다.[342] 그리하여 일방적으로 당연히 하도록 하면 적법절차 위배가 된다.

i) 위헌성 인정 결정례 ① 공소제기된 변호사에 대한 법무부장관의 일방적 업무정지명령의 적법절차 위배성 − 헌재는 공소가 제기된 변호사에 대하여 법무부장관이 잠정적이고 가처분적인 업무의 정지명령을 일방적으로 명할 수 있게 규정한 구 변호사법 제15조가 청문의 기회를 보장하지 않는 것이어서 적법절차원칙에 위배된다고 결정하였다(● 판례 헌재 1994.7.29. 93헌가3).

② 형사기소된 교원 당연(필요)적 직위해제의 적법절차 위배성 − 헌재는 형사사건으로 기소된 교원에 대해 필요적으로(반드시) 직위해제처분을 하도록 규정하고 있는 구 사립학교법 규정은 임면권자의 일방적인 직위해제를 행하게 되어 있어서 징계절차에 있어서와 같은 청문의 기회가 보장되지 아니하여 유리한 사실의 진술이나 필요한 증거를 제출할 방법조차 없어 적법절차가 존중되고 있지 않다고 보았다. 그런데 이 결정의 결론에서는 무죄추정원칙, 직업자유 침해 등은 적시하면서도 적법절차 위반을 명시하지는 않고 있다. 적법절차위배라는 판시는 이유 부분에 나타난 것이다.

---

341) 대법원 2012.10.18. 2010두12347. 국세징수법과 개별 세법의 납세고지에 관한 규정들은 헌법상 적법절차의 원칙과 행정절차법의 기본 원리를 과세처분의 영역에도 그대로 받아들여, 자의를 배제한 신중하고도 합리적인 과세처분, 조세행정의 공정 등에 그 근본취지가 있으므로, 이 규정들은 강행규정으로 보아야 한다. 따라서 납세고지서에 해당 본세의 과세표준과 세액의 산출근거 등이 제대로 기재되지 않았다면 특별한 사정이 없는 한 그 과세처분은 위법하다는 것이 판례의 확립된 견해이다.

342) 헌재 1990.11.19. 90헌가48; 1994.7.29. 93헌가3; 1998.5.28. 96헌가12 등.

● **판례** 헌재 1994.7.29. 93헌가3

[판시] 이 사건 규정에 의한 직위해제처분은 실질상 징계처분의 일종인 정직(停職)과 비슷한 처분인데도 불구하고 징계절차 또는 기타 이와 유사한 절차에 의하여 교원의 직위해제 여부를 결정하는 것이 아니라, 형사사건으로 기소되었다는 사실만을 이유로 해서 임면권자의 일방적인 처분으로 직위해제를 행하게 되어 있다. 따라서 징계절차에 있어서와 같은 청문의 기회가 보장되지 아니하여 당해 교원은 자기에게 유리한 사실을 진술하거나 필요한 증거를 제출할 방법조차 없는 것이니 그러한 의미에서 적법절차가 존중되고 있지 않다고 할 것이다. (2) … (3) 결론 ― 따라서 직업선택의 자유, 무죄추정원칙, 비례원칙을 규정한 헌법 제15조, 제27조 제4항, 제37조 제2항에 위반된다.

ii) 합헌성 인정 결정례   반면에 약식명령이 청구된 경우를 제외하고 형사사건으로 기소된 국가공무원에 대하여 직위해제를 할 수 있도록 한("직위를 부여하지 아니할 수 있다." 임의적 직위해제 ― * 필자 주) 구 국가공무원법 제73조의2 제1항 제4호 부분 규정에 대해서 비록 청문이나 의견 및 자료제출의 기회 등을 부여하지 않더라도 공무원의 비위행위에 대한 공직질서 유지를 목적으로 행하여지는 징벌적 제재로서의 징계 등에서 요구되는 것과 같은 동일한 절차적 보장을 요구할 수는 없는 것이고 위 규정이 구체적이고도 명확한 사실의 적시가 요구되는 처분사유 고지서를 반드시 교부하도록 함으로써 임용권자의 판단에 신중함과 합리성을 담보하게 하고, 사후적으로 소청이나 행정소송을 통한 충분한 의견진술 및 자료제출의 기회 보장이 가능하다는 이유로 적법절차 위반이 아닌 합헌이라고 결정한 바 있다(헌재 2006.5.25. 2004헌바12).

* **해설:** 위 2004헌바12결정은 임의적 직위해제로 합헌이라고 본 것이다. ⅰ)의 ② 93헌가3결정이 위헌이라는 그 직위해제는 필요적인 것이라 다른 것이다. 그 점 유의할 점이다. 93헌가3결정에서도 임의적 직위해제는 합헌으로 보았다.

(4) 사법 ― 재판절차, 민사절차

1) 재판절차

재판절차에서의 적법절차의 구현은 재판이 국민의 기본권구제수단인 점에서나 또 그 기본권구제를 위한 목적을 지닌 공정한 재판의 확보를 위한 것이라는 면에서도 당연한 것이다. 헌법 제107조 제3항에 따라 사법절차가 준용되는 행정심판에서도 적법절차원칙이 구현되어야 함은 물론이다(위의 (2) 형사재판 부분 참조).

* 범죄인 인도심사의 서울고등법원 전속관할(단심제) 적법절차 준수 인정 결정 ― 범죄인인도법 제3조가 법원의 범죄인인도심사를 서울고등법원의 전속관할로 하고 그 심사결정에 대한 불복절차를 인정하지 않고 있는 것(단심제)이 적법절차원칙에 위배되는지가 논란되었다. 헌재는 입법정책적 문제라는 점, 형벌확정을 하는 전형적 사법절차가 아니라는 점, 동법의 심사절차에 관한 규정 등을 종합할 때 적법절차에서 요구되는 합리성, 정당성을 갖추었다고 판단하였다(2001헌바95. 그동안 단심제에 대한 문제점이 지적되어 왔고 상소제 도입을 위한 개정시도가 있다).

2) 민사집행절차

민사집행법상 재산명시의무를 위반한 채무자에 대하여 법원이 결정으로 20일 이내의 감치에 처하도록 규정한 민사집행법(2002.1.26. 법률 제6627호로 제정된 것) 제68조 제1항이 적법절차원칙에 위반된다는 주장이 있었다. 헌재는 고지절차를 두고 변명할 기회를 제공하고 있으며, 감치결정에 대한 불복의 절차도 마련되어 있으므로 그 절차의 내용이 합리성과 정당성을 갖추었다고 하여 합헌성을 인정하였다(2013헌마11).

(5) 조세 영역

국민의 재산권에 영향을 미치는 조세 영역에서도 적법절차의 준수가 중요하다. 헌재는 "오늘날의 법치주의는 국민의 권리·의무에 관한 사항을 법률로써 정해야 한다는 형식적 법치주의에 그치는 것이 아니라 그 법률의 목적과 내용 또한 기본권 보장의 헌법이념에 부합되어야 한다는 실질적 적법절차를 요구하는 법치주의를 의미하며, 헌법 제38조, 제59조가 선언하는 조세법률주의도 이러한 실질적 적법절차가 지배하는 법치주의를 뜻한다고 할 것이다. 그러므로 비록 과세요건이 법률로 명확히 정해진 것일지라도 그것만으로 충분한 것은 아니고 조세법의 목적이나 내용이 기본권 보장의 헌법이념과 이를 뒷받침하는 헌법상 요구되는 제 원칙에 합치되어야 한다"라고 한다(90헌가69, 93헌바9). 이러한 원칙을 설시하는 판시가 나온 결정례가 구 상속세법의 상속세과세가액 산입요건으로서 "용도가 객관적으로 명확하지 아니한 것 중 대통령령이 정하는 경우"라고 한 규정에 대해 이를 추정규정으로 보는 것은 합헌이지만 간주규정으로 해석하는 것은 쟁송에 의해 진위를 가려볼 기회마저 없게 하여 재판청구권, 재산권, 평등권 등이 침해되는 결과를 가져온다고 하여 그런 취지로 한정하여 위헌이라고 한 결정(한정위헌결정)이다(93헌바9. * 평석 – 이 결정은 실질적 적법절차원칙을 언급하면서도 정작 사안적용판단에서는 그 위배 여부에 관한 언급이 없어서 의아하게 한다).

(6) 교육영역

교육 영역에서도 적법절차 살현이 중요하다. 학생, 교원의 징계 등 신상에 대한 경우 법에 정한 절차에 따라야 한다. 위헌성이 인정된 사안 몇 가지만 본다.

① 형사기소된 교원에 대한 당연(필요)적 직위해제의 적법절차 위배성 – 청문의 기회가 보장되지 아니하여 적법절차가 존중되고 있지 않다고 본 결정으로 이에 대해서는 앞서 보았다(93헌가3, 전술).

② 대학교원의 재임용거부에 있어서 그 사유를 밝히고, 교원의 진술기회를 부여하지 않은 것은 적법절차 위배로서 위헌이라는 지적을 한 바 있는데(정재황, 교수재임용추천거부 등에 대한 헌법소원, 법률신문, 2297호(1994.3). 15), 헌재도 그 사유를 밝히고 진술기회를 부여하여야 하는 것은 적법절차의 최소한 요청이라고 하면서 이를 부여하는 규정이 없는 구 사립학교법 규정에 대해 헌법 제31조 제6항에서 정하고 있는 교원지위법정주의에 위반된다고 하여 헌법불합치결정을 한 바 있다(2000헌바26. * 동지: 2002헌바14).

(7) 개인정보자기결정권의 보호를 위한 적법절차 – 통신사실 확인자료 제공 통지 제도의 적법절차 위배

헌재는 구 통신비밀보호법(2005.5.26. 법률 제7503호로 개정된 것) 제13조의3 제1항이 동법 "제13조 규정에 의하여 통신사실 확인자료제공을 받은 사건에 관하여 공소를 제기하거나, 공소의 제기 또는 입건을 하지 아니하는 처분(기소중지결정을 제외)을 한 때에는 그 처분을 한 날부터 30일 이내에 통신사실 확인자료제공을 받은 사실과 제공요청기관 및 그 기간 등을 서면으로 통지하여야 한다"라는 규정 중 제2조 제11호 바목, 사목의 통신사실 확인자료에 관한 부분('이 사건 통지조항'이라 함)이 기소중지결정이 있거나 수사·내사가 장기간 계속되는 경우에는, 정보주체는 그 기간이 아무리 길다 하여도 자신의 위치정보가 범죄수사에 활용되었거나 활용되고 있다는 사실을 알 수 있는 방법이 없어서 정보주체의 절차적 권리 보장에 미흡하여 적법절차원칙에 위반되어 청구인들의 개인정보자기결정권을 침해한다고 하여 헌법불합치결정을 하였다

● **판례** 헌재 2018.6.28. 2012헌마191등

[결정요지] …(2) 적법절차원칙 위반 여부 (가) … (나) 사전에 정보주체인 피의자 등에게 이를 통지하는 것은 수사의 밀행성 확보를 위하여 허용될 수 없다 하더라도, 수사기관이 전기통신사업자로부터 위치정보 추적자료를 제공받은 다음에는 수사에 지장이 되지 아니하는 한 그 제공사실 등을 정보주체인 피의자 등에게 통지해야 한다. 그럼으로써, 정보주체인 피의자 등은 이를 통하여 수사기관의 불법 또는 부당한 행위가 확인되는 경우에 수사기관이나 법원에 그 시정을 요구하는 등으로 실효성 있게 권리구제를 받을 수 있게 된다. (다) 그럼에도 기소중지결정이 있거나 수사·내사가 장기간 계속되는 경우에는, 정보주체는 그 기간이 아무리 길다 하여도 자신의 위치정보가 범죄수사에 활용되었거나 활용되고 있다는 사실을 알 수 있는 방법이 없다. 따라서, 이 사건 통지조항은 정보주체의 절차적 권리와 개인정보자기결정권을 충분히 보장하기에 미흡하다고 할 수 있다. (라) 통지와 관련해서는 정보주체의 기본권을 덜 침해하는 방법이 가능하다. 예를 들면, 일정한 예외를 전제로 정보주체가 위치정보 추적자료 제공요청 사유의 통지를 신청할 수 있도록 하는 방법 등이 개선입법으로 고려될 수 있다. (마) 위치정보 추적자료 제공과 관련된 수사기관의 통지의무의 실효성을 확보하기 위해서는 그 의무위반에 대한 제재조항이 있어야 한다. 그런데 아무런 제재규정도 마련되어 있지 아니하다. 그 결과 실제로 수사기관이 이러한 통지의무를 이행하지 아니한 사례도 상당수 발견된다. (바) 이러한 점들을 종합할 때, 이 사건 통지조항이 규정하는 사후통지는 헌법 제12조에 의한 적법절차원칙에서 요청되는 적절한 고지라고 볼 수 없으므로, 이 사건 통지조항은 헌법상 적법절차원칙에 위배된다. (3) 소결 – 이 사건 통지조항은 적법절차원칙에 위배되어 청구인들의 개인정보자기결정권을 침해하므로, 헌법에 위반된다(잠정적용명령의 헌법불합치결정을 함. 이 결정에서는 통신사실 확인자료 요청의 조항에 대해서도 과잉금지원칙을 위배하여 개인정보자기결정권, 통신의 자유를 침해하였다고 판단하였다).

* 이 결정 이후 "기소중지결정·참고인중지결정 처분을 한 경우 통지기간, 유예제도를 신설하고 당사자는 그 통신사실 확인자료제공 요청 사유를 알려주도록 수사기관에 신청할 수 있게 하는 등의 통신비밀보호법 제13조의3 개정이 있었다.

(8) 지방자치 영역

지방자치단체의 폐치·분합에도 적법절차원칙이 적용되어 헌재는 청문이 필요한 절차라고 보았다(94헌마201). 이에 대해서는 앞서 입법영역 부분에서 법률안 발의 단계에서의 적법절차 문제로 살펴보았다.

4. 실체적 적법절차의 심사기준

입법내용의 정당성, 합리성, 공정성을 요구한다는 실체적 적법절차도 적법절차의 한 요소라는 헌재의 입장에 따라 그것의 위배 여부를 헌재는 어떠한 기준으로 심사하는지가 검토될 필요가 있을 것이다. 비례원칙 심사를 통해 그 위배 여부를 판단한다는 입장을 밝힌 아래와 같은 예가 있다.

● **판례** 헌재 2012.12.27. 2011헌바225.
[판시] 적법절차원칙에 위배되는지 여부는, 위와 같은 기준에 비추어서 이 사건 법률조항에 의하여 형성된 절차의 내용이 적법절차원칙에서 도출되는 절차적 요청을 무시하였는지 여부 또는 비례의 원칙을 위반하여 합리성과 정당성을 상실하였는지 여부에 달려 있다.

5. 검토할 점

(1) 비례원칙, 법치주의의 관계

실체적 적법절차가 법내용의 정당성, 공정성, 합리성을 요구하는 것이라면 비례원칙을 사실 담고 있는 것이고 따라서 양자의 차이에 대해 새로이 검토가 필요하다는 문제제기가 가능하다. 헌재의 판례 중에 "실체문제와 분리될 수 없으므로 과잉금지원칙 위반 여부에서 적법절차 문제를 포함하여 검토하기로 한다"라고 판시한 예도 있다(2014헌가9. 정신질환자 보호입원규정에 대한 헌법불합치결정이었다. 그 외에도 2016헌마344, 2002헌가17 결정례들도 있다). 그러면서도 헌재는 "현행 헌법이 명문화하고 있는 적법절차의 원칙은 단순히 입법권의 유보제한이라는 한정적인 의미에 그치는 것이 아니라 모든 국가작용을 지배하는 독자적인 헌법의 기본원리로서 해석되어야 할 원칙이라는 점에서 입법권의 유보적 한계를 선언하는 과잉입법금지의 원칙과는 구별된다고 할 것이다. 따라서 적법절차의 원칙은 헌법조항에 규정된 형사절차상의 제한된 범위 내에서만 적용되는 것이 아니라 국가작용으로서 기본권제한과 관련되든 관련되지 않든 모든 입법작용 및 행정작용에도 광범위하게 적용된다고 해석하여야 할 것"이라고 하여[343] 실체적 적법절차원칙의 독자적 기능을 인정한다.

생각건대 적법절차원칙(특히 실체적 적법절차원칙)이 비례원칙을 내포하는 것으로 볼 수 있다고 하더라도 비례원칙이 적법절차 전체를 의미하는 것이 아니라 적법절차원칙은 다른 원칙들도 포함한다. 그 점에서 적법절차원칙이 비례원칙 등이 작용할 수 없는 영역에서 그 공백을 메우는 역할은 할 수 있을 것이다. 따라서 비례원칙 등과의 중복성이 있다고 하더라도 기본권의 보장의 충실화를 위해 배척관계가 아니라 공조관계라 할 것이다.

헌재 결정례 중에 "오늘날의 법치주의는 … 그 법률의 목적과 내용 또한 기본권 보장의 헌법이념에 부합되어야 한다는 실질적 적법절차를 요구하는 법치주의를 의미하며"라고 설시한 예도 있다(93헌바9). 적법절차는 원래 영미법계에서 발달된 것인데 대륙법계에서는 법치주의의 관념이 발달되어 왔다. 오늘날 법치주의가 실질적 법치주의로 발전되어 법치주의가 적법절차 원칙을 포괄하는 헌법적 요구이다.

(2) 다른 개별 기본권과의 관계

적법절차원리는 앞서 언급한 대로 모든 국가작용에 적용되므로 개별 기본권이 국가권력에 의해 제한됨에 있어서 적법절차가 준수된 가운데 제한되는가 하는 문제가 제기된다. 그렇다면 개별 기본권의 제한의 합헌성 판단에서 적법절차원리 위반 여부에 대한 판단까지 포함될 수 있다. 또는 적법절차원칙을 위반한 제한은 그 제한되는 개별 기본권의 잘못된 제한의 원인을 제공할 수 있다. 이러한 예로 위의 기소중지자에 대한 개인정보자기결정권 침해 인정에서 그 원인으로 적법절차 위배를 들고 있는 결정(위 헌재 2018.6.28. 2012헌마191등 참조)을 볼 수 있다. 특히 형사절차나 형사재판절차에서 적법절차가 많이 요구된다. 그래서 형사재판과정에서는 재판청구권과 적법절차와의 관계가 논의된다. 헌재는 영장발부재판과정에서 적법절차 위반 여부는 공정한 재판을 받을 권리 속에 포함된다고 보는 판시를 한 예들을 보여준다(2016헌마344등. 사안은 DNA채취 영장발부과정에서 채취대상자 의견을 밝힐 수 있는 절차의 불비 등을 이유로 과잉금지원칙에 위배되어 재판청구권을 침해한다고 하여 헌법불합치결정을 한 것이다).

Ⅲ. 영장주의(令狀主義)

1. 영장제도의 의의와 법적 성격

체포·구속·압수 또는 수색을 할 때에는 적법한 절차에 따라 검사의 신청에 의하여 법관이 발부한 영장을 제시하여야 한다(제12조 제3항 본문).

(1) 영장주의의 개념과 의의 및 요체

ⅰ) 개념·의의 - 영장주의란 법관이 사전에 발부하는 영장에 의하지 아니하고는 체포, 수색 등 수사에 필요한 강제처분을 하지 못한다는 원칙을 말한다(96헌가11). 영장제도는 적법절차 원칙의 중요한 한 구현형태이다(헌재도 헌법 제12조 제3항의 영장주의는 헌법 제12조 제1항의 적법절차 원칙의 특별규정이라고 판시한 바 있다. 2011헌가36). 영장주의는 체포, 구속, 압수, 수색 등에 대한 사법적 억제, 통제(법관의 심사)에 의하여 그 남용을 방지함으로써 국민의 기본권을 보장하기 위한 것이다. 헌재는 국가보안법위반죄 등을 범한 자를 법관의 영장 없이 구속, 압수, 수색할 수 있도록 했던 구 '인신구속 등에 관한 임시 특례법'(1961. 7.3. 제정되고, 1963.9.30. 법률

제1410호로 폐지되기 전의 것) 제2조 제1항이 영장주의에 위배된다는 위헌결정을 하였다(2011헌가5).

ⅱ) 종류 - 구속의 경우만이 아니라 체포의 경우와 압수, 수색의 경우에도 영장이 필요하고 따라서 영장의 종류에는 구속영장, 체포영장, 압수영장, 수색영장이 있다.

(2) 영장주의의 요체 - 법관에 의한 발부의 의미

▋ 영장주의 요체, 본질 │ = 독립된 법관만에 의한 영장의 발부·지속·종결 여부 판단

1) 독립이 보장된 법관만에 의한 발부와 판단

영장주의란 형사절차상 체포·구속·압수 등의 강제처분은 오로지 신분상 독립이 보장되고 헌법과 법률에 의하여 양심에 따라 판단하는 법관이 발부하는 영장에 의해서만 허용된다는 원리이므로 독립된 중립적 법관에 의한 판단이 존재하여야 함이 그 요체이자 본질이다. 헌재도 다음과 같이 설시한다.

● **판례** "헌법 제12조 제3항의 영장주의란 적법절차원칙에서 도출되는 원리로서 "형사절차와 관련하여 체포·구속·압수 등의 강제처분을 함에 있어서는 사법권 독립에 의하여 그 신분이 보장되는 법관이 발부한 영장에 의하지 않으면 아니된다는 원칙이고, 따라서 영장주의의 본질은 신체의 자유를 침해하는 강제처분을 함에 있어서는 중립적인 법관이 구체적 판단을 거쳐 발부한 영장에 의하여야만 한다는 데에 있다"(헌재 1997.3.27. 96헌바28; 2012.5.31. 2010헌마672; 2018.4.26. 2015헌바370; 2018.6.28. 2012헌마191; 2018.6.28. 2012헌마538 등).

2) 지속 여부, 종결 여부 판단 모두 법관 전속 - 발부·지속·종결 여부 판단 법관 전속

법관만에 의한 발부만이 아니라, 즉 영장의 발부로 체포, 구속이 시작되는 단계는 물론이고 그 지속 여부, 그 종결 여부에 대한 판단도 법관에 전속되어야 영장주의가 관철된다. 검사나 다른 기관의 의견이 법관의 판단에 우선하게 하거나 법관의 결정을 폐기할 수 있게 하여서는 아니된다. 발부는 법관에 의해 주어졌으나 그 지속 여부에 대해서 검사에게 사실상 결정의 권한을 부여하여 위헌성이 지적된 결정례들이 아래 판례들 중에 나온다.

3) 판례

그동안 위와 같은 영장주의의 핵심적 요체를 위반하여 위헌결정된 중요한 예로 다음과 같은 결정례들이 있었다. ① 무죄 등의 판결이 선고된 때에는 구속영장의 효력을 잃되, 단 검사로부터 사형, 무기 또는 10년 이상의 징역이나 금고형에 해당한다는 취지의 의견진술이 있는 사건의 경우에는 효력을 잃지 않는다고 규정한 구 형사소송법 제331조 단서 규정 - 구속의 개시 또는 종료시점에 있어서의 구속영장의 효력을 법관이 아닌 형사소송의 당사자로서의 지위를 가지는 검사의 양형에 관한 의견진술에 따라 좌우시키는 것이 되므로 영장주의와 적법절차의 원칙에 위배된다고 결정되었다.

● **판례** 헌재 1992.12.24. 92헌가8
[심판대상] 형사소송법(1954.9.23. 법률 제341호) 제331조 단서. 법 제331조: 무죄, 면소, 형의 면제, 형의 선고유

예, 형의 집행유예, 공소기각 또는 벌금이나 과료를 과하는 판결이 선고된 때에는 구속영장은 효력을 잃는다. 단, 검사로부터 사형, 무기 또는 10년 이상의 징역이나 금고의 형에 해당한다는 취지의 의견진술이 있는 사건에 대하여는 예외로 한다. [결정요지] … 법원의 판결에서 무죄 등이 선고되면 구속영장의 효력이 실효되는 것이 원칙임에도 불구하고 검사로부터 사형, 무기 또는 10년 이상의 형의 의견진술이 있으면 예외적으로 구속영장의 효력을 그대로 유지시키는 것은, 구속의 개시 또는 종료시점에 있어서의 구속영장의 효력을 법관이 아닌 형사소송의 당사자로서의 지위를 가지는 검사의 양형에 관한 의견진술에 따라 좌우시키는 것이 되므로 위에서 본 헌법 제12조 제1항, 제3항 본문의 영장주의와 적법절차의 원칙에 위배된다.

② 검사의 즉시항고에 의한 보석집행정지의 적법절차(영장주의)원칙 위반 ― 구 형사소송법 제97조 제3항 중 법원의 보석허가결정에 대하여 검사가 보석결정 집행을 정지하는 효과를 가지는 즉시항고(卽時抗告)를 할 수 있는 것으로 규정한 부분은 피고인에 대한 보석허가결정이 부당하다는 검사의 불복을 그 피고인에 대한 구속집행을 계속할 필요가 없다는 법원의 판단보다 우선시킨 것이며, 국민의 신체의 자유를 최대한 보장하려는 헌법정신에 기하여 구속의 여부와 구속을 계속시키는 여부에 대한 판단은 헌법 제103조에 의하여 독립이 보장된 법관의 결정에만 맡기려는 영장주의에 위반된다고 판단하였다(93헌가2).

③ 검사의 즉시항고에 의한 법원의 구속집행정지결정의 정지의 영장주의 위반 ― 위 ②의 결정과 비슷한 취지라고 할 수 있다. 헌재는 심판대상규정인 이와 같은 내용의 구 형사소송법 제101조 제3항은 검사의 불복을 구속집행정지의 필요가 있다는 법원의 판단보다 우선시킬 뿐만 아니라, 사실상 법원의 그 결정을 무의미하게 할 수 있는 권한을 검사에게 부여한 것이라는 영장주의원칙에 위배된다고 판단하였고 과잉금지원칙에도 반한다고 판단하여 위헌결정을 하였다(2011헌가36).

(3) 영장의 법적 성격

영장의 성격에 대해 ① 허가장설(수사기관에 대해 일정한 강제처분을 할 수 있도록 법관이 허가하는 처분을 의미한다는 설)과 ② 명령장설(법관이 자신의 권한으로서 하는 강제처분을 수사기관으로 하여금 하도록 명령하는 것이라는 설)로 학설이 갈린다. 생각건대 경우를 나누어, 수사단계에서 검사의 신청으로 법관에 의해 발부되는 경우에는 허가장으로, 공판단계에서 검사의 신청 없이 법관에 의해 피고인에 대해 직권으로 발부되는 경우에는 명령장으로서의 성격을 가진다고 할 것이다. 전자의 경우에 수사기관에 의한 남용을 방지하기 위한 사전적 사법통제가 중요하다고 보기 때문에(96헌바28등) 그리고 법원 자신이 아닌 검사가 청구하는 것에 대해 이를 승인하는 것이므로 허가장으로 보는 것이다.

2. 영장발부의 주체와 신청권자 및 절차

[주체 ― 법관] 영장은 법관에 의한 판단이 핵심이라는 앞서 본 영장주의의 귀결로 법관이 그 주체가 되어 발부된다.

[신청권한자 - 검사] 헌법은 "검사의 신청에 의하여"라고 규정하여(제12조 제3항, 제16조 후문) 영장의 신청권한을 검사에게 부여하고 있다. 신청권자가 검찰청법상의 검사에 한정되느냐 하는 문제가 논의되어 왔다. 헌재는 "헌법에 규정된 영장신청권자로서의 검사는 검찰권을 행사하는 국가기관인 검사로서, 공익의 대표자이자 수사단계에서의 인권옹호기관으로서의 지위에서 그에 부합하는 직무를 수행하는 자를 의미하는 것이지, 검찰청법상 검사만을 지칭하는 것으로 보기 어렵다"라고 한다.

[공수처 검사 - 긍정] 그리하여 헌재는 고위공직자범죄수사처 검사도 공익의 대표자로서 "인권옹호기관으로서의 역할"을 하고 변호사자격을 일정 기간 보유한 사람 중에서 임명하도록 되어 있으므로, "법률전문가로서의 자격도 충분히 갖추었다 할 수 있다"라고 보아 수사처검사의 영장신청권 행사가 영장주의원칙에 위반되지 않고 그 영장신청권의 근거가 되는 '고위공직자범죄수사처 설치 및 운영에 관한 법률' 제8조 제4항이 영장주의에 합치된다고 보았다(헌재 2021.1.28. 2020헌마264).

[법원 직권발부의 합헌성] 공소제기 후 공판단계에서 검사신청 없이 법원이 직권으로 발부할 수 있게 한 규정(형소법 제70조 제1항)이 헌법에 반한다는 주장이 있었으나 헌재는 "검사의 신청에 의하여"라는 취지는 수사단계에서 영장신청권자를 검사로 한정한 데 있기 때문에 합헌이라고 본다(96헌바28등).

[절차] 영장의 신청과 발부는 적법절차에 따라야 한다고 헌법 자체가 명시하고 있다. 영장의 신청, 발부, 집행의 절차에 대해서는 형사소송법에 규정되어 있고 영장실질심사제도가 있다(형소법 제201조의2).

3. 영장주의의 대상적 적용범위

(1) 대상처분의 성격
1) 강제성

행하려는 처분이 강제성을 띠는 경우에 영장의 발부가 필요하다. 판례는 직접 물리적 강제력을 행사하는 처분이 영장주의의 대상이 된다고 보고 심리적·간접적 강제, 당사자의 협력이 필요한 처분은 영장주의 적용대상으로 보지 않는다. 이와 같은 판례의 사안으로 아래와 같은 결정례들이 있었다.

① 물리적 강제력의 부존재 - '형의 집행 및 수용자의 처우에 관한 법률'의 '미결수용자의 접견내용의 녹음·녹화'에 관한 규정 - 이 규정이 직접적으로 어떠한 물리적 강제력을 행사하는 강제처분을 수반하는 것이 아니므로 영장주의의 적용대상이 아니라고 보았다(2010헌마153; 2014헌바401).

② 당사자 협조 - ㉠ 음주운전 여부를 가리기 위한 측정 - 당사자의 협조가 필요하다는

점에서 영장이 필요한 강제처분이 아니라고 보았다(96헌가11). ⓒ 마약류반응검사를 위한 소변 채취 – 이 채취도 당사자의 협력이 필요하므로 영장이 없이 실시되었더라도 영장주의에 위배되지 않는다고 보았다(2005헌마277).

③ 본인의사에 따른 수용여부 결정 – 지문채취의 거부 처벌(경범죄처벌법 규정)의 비강제처분성 – "범죄의 피의자로 입건된 사람에 대하여 경찰공무원이나 검사가 지문조사 외의 다른 방법으로 그 신원을 확인할 수 없어 지문을 채취하려고 할 때 정당한 이유없이 이를 거부한 사람은 10만 원 이하의 벌금, 구류 또는 과료의 형으로 벌한다"라고 규정하는 구 경범죄처벌법 제1조 제42호(2002.1.14. 법률 제6593호로 개정되기 전의 것. 현행 경범죄처벌법 제3조 제1항 제34호가 거의 같은 규정임)가 영장주의의 원칙에 위반된다는 주장이 제기되었다. 그러나 헌재는 본인의 판단에 따라 수용여부를 결정한다는 점에서 물리력을 동원한 강제처분과 달라 영장주의가 적용될 강체처분은 아니고 정당한 이유가 없는 지문채취거부의 경우에만 처벌대상이 되므로 사후에 법관이 지문채취거부의 정당성을 판단하여 당사자를 처벌하지 않을 수도 있다고 하여 해당 경범죄처벌범 규정에 대해 합헌결정을 한 바 있다(2002헌가17). * 대조: 헌재는 위 신원확인 지문채취와 달리 수사상 필요에 의하여 수사기관이 직접강제에 의하여 지문을 채취하려 하는 경우에는 반드시 법관이 발부한 영장에 의하여야 하므로 영장주의원칙은 여전히 유지되고 있다고 한다(위 2002헌가17).

④ 응할 의무가 없는 사실조회에 응한 정보제공행위 – 임의수사의 경우 – 경찰서장이 국민건강보험공단에게 청구인들의 상병명, 요양기관명, 병원 내방 기록의 제공을 요청한 행위(사실조회행위)에 대해 국민건강보험공단이 경찰서장에게 청구인들의 급여일자, 요양기관명, 전화번호 등을 포함한 요양급여내역을 제공한 행위가 영장주의에 위배되어 청구인들의 개인정보자기결정권을 침해하는지가 문제되었다. 헌재는 공단이 이 사실조회 요청행위에 응할 의무가 있는 것이 아니어서 그 사실조회행위는 강제력이 개입되지 아니한 임의수사에 해당하므로, 이에 응하여 이루어진 이 사건 정보제공행위에도 영장주의가 적용되지 않는다고 보고 그러므로 이 사건 정보제공행위가 영장주의에 위배되어 청구인들의 개인정보자기결정권을 침해한다고 볼 수 없다고 결정하였다[2014헌마368. * 동지: 2016헌마483(장애인 활동지원급여 부정 수급 사건의 수사를 위한 정보제공행위. * 2014헌마368 결정에서는 영장주의 위배는 아니나 과잉금지원칙 위배의 개인정보자기결정권 침해로 위헌확인결정이 되었다).

⑤ 각급선거관리위원회 위원·직원의 선거범죄 조사에 있어서 피조사자에게 자료제출의무를 부과하고 허위자료를 제출하는 경우 형사처벌하는 공직선거법 규정 – 헌재는 이 규정의 자료제출요구는 행정조사에 해당하고, 선거범죄 혐의 유무를 명백히 하여 공소의 제기 여부를 결정하기 위하여 범인을 발견, 증거를 수집하기 위한 수사기관의 활동인 수사와는 근본적으로 그 성격을 달리하며 그 자료제출요구는 그 성질상 대상자의 자발적 협조를 전제로 할 뿐이고 물리적 강제력을 수반하지 아니한다고 하여 영장주의 적용대상이 아니라고 보았다(2016헌바

381).

2) 참고인, 증인 등의 강제동행 문제

특별검사법의 강제동행과 불응시 처벌하는 규정에 대해 5인 재판관은 영장주의 위반이라고 보고, 2인 재판관은 영장주의 위반은 아니나 과잉금지원칙 위반이라고 보아 위헌결정이 나긴 하였다(2007헌마1468). 한편 '국회에서의 증언·감정 등에 관한 법률'이 국정감사나 국정조사를 위한 위원회 증인에 대한 동행명령제도를 두고 있는데 동법은 동행명령을 거부할 경우 처벌하는 규정을 두고 있으나(동법 제6조 제1항, 제13조) 영장주의를 규정하고 있지는 않다.

3) 범죄수사를 위한 경찰의 촬영행위

헌재는 "범죄수사를 위한 경찰의 촬영행위는 현재 범행이 이루어지고 있거나 행하여진 직후이고, 증거보전의 필요성 및 긴급성이 있으며, 일반적으로 허용되는 상당한 방법에 의한 경우로 제한되어야 한다. 그러한 경우라면 그 촬영행위가 영장 없이 이루어졌다 하더라도 위법하다고 할 수 없다"라고 한다(헌재 2018.8.30. 2014헌마843).

(2) 형사작용에만 적용되는지, 모든 공권력작용에 적용되는지 여부 문제

1) 문제소재

영장주의가 형사(절차)작용에만 적용되는지 아니면 그 외 신체의 자유나 권리를 제약하는 다른 모든 강제적 공권력작용에 대해서도 영장주의가 적용되는지 하는 논의가 있다. 영장주의가 강제성이 있는 작용에 적용된다는 위 (1) 원리에 따르더라도 형사절차가 아닌 행정절차 등에서의 강제작용에도 적용되어야 하는지를 두고 논란이 있는 것이다. 이런 논의는 그동안 사실 물리적 강제력이 강하게 가해지는 경우에 법관의 객관적인 판단에 의하여 그 강제가 가능하도록 하여야 할 필요성, 즉 법관통제 필요성이 주로 범죄수사 등의 과정에서 많이 문제되어 왔기 때문에 형사절차상 영장주의가 주되는 관심사였으나 행정작용에 의한 강제작용도 자유나 권리에 강한 제약을 가져올 수 있다는 점에서 중요하다.

2) 헌법재판소 판례와 판례에 대한 검토

(가) 판례 – 헌재 내 의견대립　위 문제가 부각된 것은 전투경찰순경과 군의 병(兵)에 대한 징계처분으로서 '영창'(營倉)처분제도를 두고서이다. 영창제도는 징계처분으로서 행정작용이므로 형사절차가 아니나 강제적 행정작용이라서 영장이 필요한지가 논란된 것이다. 이 영창제도를 두고 재판관들 간의 의견대립이 있었고 특히 법정의견이 아닌 다수의견이 영장주의를 적용하자는 의견이면서도 6인재판관 정족수를 채우지 못한 예들이 나타났었다. 다음의 2건이 있다.

① 전투경찰순경 영창제도 합헌결정례(2013헌바190) – 5인 재판관의 다수의견은 행정작용 등 형사작용이 아닌 공권력작용에도 영장주의가 필요하다는 의견을 내었고 4인의 소수의견인 법정의견은 형사절차에만 적용된다고 보는 의견을 낸 바 있다. 결국 6인 정족수규정에 따라 4인의견이 소수의견임에도 법정의견이 되어 형사절차한정론이 헌재의 입장이 되었다. 이러한

판례의 입장은 전투경찰순경에 대한 징계처분으로 영창을 규정하고 있는 구 전투경찰대 설치법(2011.5.30. 법률 제10749호로 개정되고, 2015.7.24. 법률 제13425호 '의무경찰대 설치 및 운영에 관한 법률'로 개정되기 전의 것) 제5조 제1항, 제2항 중 각 '전투경찰순경에 대한 영창' 부분이 영장주의(적법절차원칙)에 위배되는지, 신체의 자유를 침해하는지 여부에 관한 결정에서 나타났다. 위와 같은 입장들에 따라 헌재의 법정의견은 행정상 강제작용인 '영창' 처분에 영장이 적용되지 않는다는 것이고, 반면에 다수 5인 재판관의 반대(위헌)의견은 영장주의는 그 형식과 절차를 불문하고 공권력의 행사로 국민의 신체를 체포·구속하는 모든 경우에 지켜야 할 헌법상의 원칙 내지 원리라고 보는 것이 타당하다고 하여 영창처분에도 영장주의가 적용된다고 본다. 다수의견은 영장주의 위배와 더불어 과잉금지원칙의 위반으로도 보았다.

* 사실 위 결정 직전에는 행정처분에 대한 영장주의 비적용의 입장을 보여준 헌재 판례가 있었다. 즉 헌재는 형사재판에 계속 중인 사람에 대하여 출국을 금지할 수 있다고 규정한 출입국관리법(2011.7.18. 법률 제10863호로 개정된 것) 제4조 제1항 제1호(형사재판 계속 중인 사람에 대한 출국금지)가 영장주의에 위배되는지 여부에 대해 영장주의가 적용되는 작용이 아니고 따라서 위배도 아니라고 결정하였다(2012헌바302. [판시] 심판대상조항에 따른 법무부장관의 출국금지결정은 형사재판에 계속 중인 국민의 출국의 자유를 제한하는 행정처분일 뿐이고 영장주의가 적용되는 신체에 대하여 직접적으로 물리적 강제력을 수반하는 강제처분이라고 할 수는 없다. 따라서 심판대상조항이 헌법 제12조 제3항의 영장주의에 위배된다고 볼 수 없다).

② 군의 병에 대한 <u>영창제도</u>에 대한 위헌결정(헌재 2020.9.24. 2017헌바157등) – 이 사안에서 법정의견은 <u>영장주의를 거론하지 않고</u>(*유의할 점이다) 복무기간 불산입 외에도 감금까지 하는 것은 징계의 한계를 초과한 것이고 영창처분의 보충성이 담보되고 있지 않으며 그 사유가 지나치게 포괄적으로 규정되어 있어 경미한 비위행위에 대해서도 제한 없이 적용될 수 있어 침해최소성원칙에 어긋나고 법익균형성도 없어서 과잉금지원칙에 반하는 위헌이라고 결정하였다. 이 결정에서는 7인의 위헌의견이었으나 그 7인 중 4인의 보충의견은 과잉금지원칙뿐만 아니라 형사절차 외 행정절차에도 영장제도가 적용되어야 하므로 영장주의에도 위배되어 위헌이라고 보았다. 그 보충의견도 정족수 부족으로 역시 법정의견이 되지 못하였다. 사실 영창제도는 이 결정이 있기 전인 2020.2.4. 군인사법의 개정으로 폐지되었다.

③ 소결 및 유의 – 여하튼 헌재로서는 영장주의가 형사절차 외에 적용된다고 보는 것은 헌재의 법정 입장이 아니라고 볼 것이다.

(나) 검토　　생각건대 영창은 법정의견도 언급한 대로 '인신구금을 그 내용으로 하는' 처분이어서 강제성을 띤다. 그렇다면 영장이 필요하다. 여하튼 근본적으로 검토하면, 첫째, 신체의 자유가 형사절차와 관련해서만 인정되는 것이 아니라는 우리의 입장과 같은 입장을 헌재도 취하고 있는데 이러한 자신의 입장이 영장주의에서도 관철된다면 형사사법작용만이 아니라 행정작용 등 다른 공권력작용에서도 강제성 있는 작용에 대해서는 영장주의가 적용된다고 보는 것

이 일관성을 가진다고 할 것이다. 우리 헌법 제12조 제3항은 형사절차와 관련한 영장주의를 규정한 것이고 우리 헌법 제12조 제1항이 보호하는 신체의 자유는 형사작용에 의한 경우뿐 아니라 모든 공권력작용에 의한 경우를 모두 포함한 경우에 보호되는 신체의 자유이다. 형사작용에서 인신제한이 가해질 가능성이 많고, 많았던 과거경험에서 헌법이 특히 제12조 제3항에서 "검사의 신청에 의하여"라고 하는 형사절차상의 영장주의를 특별히 규정하고 있는 것이다. 그 점은 동항 단서가 사후영장청구사유로 '현행범인', "죄를 범하고"라는 규정을 명시하는 것을 보더라도 알 수 있다. 공판단계이긴 하나 검사의 청구없이 법관이 직권으로 영장발부하는 것을 합헌으로 본 결정도 있었다(헌재 1997.3.27. 96헌바28. 위 '법관 직권발부' 부분 참조). 둘째, 헌재는 행정작용들 중의 하나인 행정상 즉시강제에 영장이 원칙적으로 적용되지 않는다고 하고 그 이유로 급박성을 들고 있는데(바로 아래 '행정상 즉시강제에 대한 영장주의의 적용여부' 참조) 그렇다면 급박성을 요하지 않는 다른 행정상 강제작용에는 적용되어야 한다는 것을 의미하는 것으로 볼 것이므로 자신의 이와 같은 입장과 모순된다.

3) 행정상 즉시강제에 대한 영장주의의 적용여부

(가) 문제소재 행정상 즉시강제(행정작용상 통상의 강제작용은 먼저 강제처분을 내리고 그것에 따르지 않으면 계고 등의 절차를 거치고 그래도 이행하지 않으면 강제집행 등에 들어가는 과정을 거치지만 가령 급속히 퍼지는 대형화재, 전염병 같은 경우에 이러한 절차를 거칠 수 없어 바로 강제작용을 하는 것을 즉시강제라고 한다)를 함에 있어서도 영장이 필요한지 행정상 즉시강제도 강제성을 가지기 때문에 논의되는 문제이다.

앞서 형사절차 외 행정작용 등 다른 국가작용에 영장주의가 적용되지 않는다는 헌재의 법정 입장을 보면 행정상 즉시강제도 행정작용이므로 당연히 부정될 것이라고 보고 이 문제를 논의하는 것이 모순이라고 볼지 모른다. 그러나 아래에 보듯이 헌재는 불요설을 취하고 그 논거로서 행정상 즉시강제의 '본질상 급박성'을 내세우고 있어서 통상적 행정작용의 경우와 문제상황이 다르다.

(나) 인정 여부에 대한 논의 ⅰ) 학설 – ① 부정설(불요설, 영장이 형사상 절차에서 발달된 것이라는 연혁, 급박하여 행정상 의무를 부과할 여유가 없는 상황에서 행해지는 것이므로 영장을 요구한다는 것은 헌법이 예정하고 있지 않는 것이라고 하여 부정), ② 긍정설(필요설, 기본권의 보장을 위해서는 강제처분에 있어서 영장이 요구되는 것은 행정작용에서도 마찬가지라고 보아야 한다는 설), ③ 절충설(원칙적으로 긍정설에 서면서도 행정상 목적의 달성을 위해 불가피하다고 인정될 만한 특별한 사유가 있는 때에는 사전에 영장을 발부받지 않아도 된다고 보는 설)로 나누어지고 있다.

ⅱ) 판례 ① 헌재 판례 – 등급분류를 받지 아니한, 또는 받은 내용과 다른 비디오물 또는 게임물의 수거·폐기 – 이 사건에서 헌재는 "행정상 즉시강제는 상대방의 임의이행을 기다릴 시간적 여유가 없을 때 하명 없이 바로 실력을 행사하는 것으로서, 그 본질상 급박성을 요건으로 하고 있어 법관의 영장을 기다려서는 그 목적을 달성할 수 없다고 할 것이므로, 원칙적으로

영장주의가 적용되지 않는다고 보아야 할 것이다"라고 한다(아래 2000헌가12 참조). 위 판시 중 "원칙적으로 영장주의가 적용되지 않는다"라는 문구를 보면 불요설로 보인다. 그러나 그러면서도 헌재는 당해 사건에서 "불가피성과 정당성이 충분히 인정되는 경우이므로, 이 사건 법률조항이 영장 없는 수거를 인정한다고 하더라도 이를 두고 헌법상 영장주의에 위배되는 것으로는 볼 수 없다"라고 하여 절충설적인 입장으로 보여지기도 하여 명확하지 않다.

> **● 판례** 헌재 2002.10.31. 2000헌가12
> [쟁점] 문화관광부장관, 시·도지사, 시장·군수·구청장은 등급분류를 받지 아니하거나 등급분류를 받은 비디오물 또는 게임물과 다른 내용의 비디오물 또는 게임물을 발견한 때에는 관계공무원으로 하여금 이를 수거하여 폐기하게 할 수 있도록 규정한 구 '음반·비디오물 및 게임물에 관한 법률' 규정이 헌법상의 영장주의에 위배되는 것인지 여부(부정, 합헌결정) [판시] 어떤 하명도 거치지 않고 행정청이 직접 대상물에 실력을 가하는 경우로서, 위 조항은 행정상 즉시강제 그 중에서도 대물적(對物的) 강제를 규정하고 있다. 영장주의가 행정상 즉시강제에도 적용되는지에 관하여는 논란이 있으나, 행정상 즉시강제는 상대방의 임의이행을 기다릴 시간적 여유가 없을 때 하명 없이 바로 실력을 행사하는 것으로서, 그 본질상 급박성을 요건으로 하고 있어 법관의 영장을 기다려서는 그 목적을 달성할 수 없다고 할 것이므로, 원칙적으로 영장주의가 적용되지 않는다고 보아야 할 것이다. 이 법률조항은 앞에서 본바와 같이 급박한 상황에 대처하기 위한 것으로서 그 불가피성과 정당성이 충분히 인정되는 경우이므로, 이 사건 법률조항이 영장 없는 수거를 인정한다고 하더라도 이를 두고 헌법상 영장주의에 위배되는 것으로는 볼 수 없다.

② 대법원 판례는 절충설적 입장을 보여준다. 구 사회안전법(이후 보안관찰법으로 개정)이 규정한 동행보호규정[344]에 대한 합헌성 인정의 판결에서이다(대법원 1997.6.13. 96다56115 [판시] 구 사회안전법(1989.6.16. 법률 제4132호에 의해 '보안관찰법'이란 명칭으로 전문 개정되기 전의 것) 제11조 소정의 동행보호규정은 재범의 위험성이 현저한 자를 상대로 긴급히 보호할 필요가 있는 경우에 한하여 단기간의 동행보호를 허용한 것으로서 그 요건을 엄격히 해석하는 한, 동 규정 자체가 사전영장주의를 규정한 헌법규정에 반한다고 볼 수는 없다).

4) 행정조사 등 비권력적 사실행위

앞의 영장주의 대상성 기준으로서 강제성에서 본 대로 강제처분을 수반하지 않는 행정작용에 대해서는 영장주의 적용대상이 아니라는 것이 헌재의 판례이다. 헌재는 각급선거관리위원회 위원·직원의 선거범죄 조사에 있어서 피조사자에 대한 자료제출요구는 "행정조사의 성격을 가지는 것으로 수사기관의 수사와 근본적으로 그 성격을 달리하며, 청구인에 대하여 직접적으로 어떠한 물리적 강제력을 행사하는 강제처분을 수반하는 것이 아니므로 영장주의의 적용대상이 아니다"라고 보았다(2016헌바381).

5) 결론(정리와 사견)

행정작용에도 영장주의가 적용되느냐 하는 문제는 영장주의 대상이 강제성을 가지는지 여부를 두고 판단된다는 그 기준이 그대로 적용된다고 보면 일관성을 가지고 타당한 해결을 가져온다. 바로 위 비권력성을 가지는 행정조사가 그 점을 보여준다. 한편 행정상 즉시강제에 대한 문

---

344) 구 사회안전법 제11조가 동법 소정의 사유에 해당하는 자 중 긴급히 보호하여야 할 필요가 있는 자에 대하여는 검사는 72시간을 초과하지 아니하는 범위 내에서, 사법경찰관리는 24시간을 초과하지 아니하는 범위 내에서 보안처분대상자를 동행보호할 수 있다고 규정하고 있었던 동행보호제도의 규정이었다.

제에서 본대로 급박성이 영장주의의 장해라고 하더라도 사후영장을 받도록 하는 조건으로 영장주의를 관철하는 것이 필요하다. 이를 명백히 하기 위해 현행 헌법 조문 개정이 바람직하다.

4. 시적 범위, 내용상 범위

(1) 시적 범위

1) 시적 범위(時的 範圍)의 의미

바로 아래에서 볼 사전영장주의도 시적 요소이기도 하다. 나아가 앞서 본 대로 영장이 신청되어 발부되는 시점뿐 아니라 영장지속여부, 종결여부에 대해서도 법관의 판단에 따라야 한다는 점도[345] 영장의 효력의 시적 범위로서 중요하다.

2) 사전영장주의(事前令狀主義)

체포·구속·압수·수색을 하기 이전에 영장을 발부받아야 한다. 다만, 헌법 제12조 제3항 단서는 사후영장을 예외적인 것으로 하여 사후영장이 인정되는 경우를 한정하여 규정하고 있다.

3) 사전영장주의(事前令狀主義)에 대한 예외

(가) 헌법규정 헌법 제12조 제3항 단서는 "현행범인인 경우와 장기 3년 이상의 형에 해당하는 죄를 범하고 도피 또는 증거인멸의 염려가 있을 때에는 사후에 영장을 청구할 수 있다"라고 규정하고 있다. 헌법규정은 어디까지나 예외적인 경우도 "사후에 영장을 청구할 수 있다"라고 규정함으로써 그 예외가 영장주의 자체를 배제하려는 것이 아니라 사전영장주의의 예외를 의미하는 것이라는 입장을 밝히고 있다. 이러한 사전영장주의에 대한 예외를 두는 이유는 중대한 범죄에서의 사전영장주의의 원칙을 무조건 요구하면 범인을 놓치는 불의가 발생할 수 있음을 방지하기 위한 데에 있다.

(나) 체포영장주의의 예외 – 현행범 체포와 긴급체포 위와 같은 헌법규정에 근거하여 사전에 체포영장 없이 체포할 수 있는 경우로 형사소송법은 ① 현행범인의 체포(형소법 제212조)와 ② 긴급체포제도(형소법 제200조의3 제1항)를 두고 그 자세한 절차규정을 두고 있다.

(다) 주거 압수·수색의 경우의 헌법상 예외규정의 부재 및 헌재판례의 인정 헌법 제16조 후문에는 헌법 제12조 제3항 단서와 같은 사전영장주의에 대한 예외를 명시하지 않고 있다. 그러나 헌재는 헌법 제16조의 영장주의에 대해서도 예외가 인정되어야 한다고 보고 이에 관한 헌법불합치결정(헌재 2018.4.26. 2015헌바370등)을 한 바 있다. 이에 대해서는 뒤의 주거의 자유, 주거압수·수색의 영장제도 부분에서 살펴본다(후술 참조).

4) 국가긴급시

(가) 비상계엄 하에서의 예외 인정 여부 – 비상계엄하 영장제 배제의 한계와 조건 현행 헌법 제77조 제2항은 "비상계엄이 선포된 때에는 법률이 정하는 바에 의하여 영장제도 … 에

---

345) 헌재 1992.12.24. 92헌가8 형사소송법 제331조 단서 규정에 대한 위헌심판 참조.

관하여 특별한 조치를 할 수 있다"라고 규정하고 있다. 문제는 이러한 특별한 조치로 영장제도를 완전히 배제할 수 있는가 하는 것이다.

[제1공화국 영장제도 배제 부정의 판례] 일찍이 제1공화국 하에서 "비상계엄 하에서도 법관에 의한 영장발부제도를 배제할 수 없다"라고 선언한 결정이 있었는데 이는 평가할만한 판례이다(제1공화국 헌법위원회 단기 4286(서기 1953)년 10월 8일 결정, 4286헌위2).

[인신구속 등에 관한 임시 특례법 위헌결정] 오늘날 우리 헌재는 국가보안법위반죄 등 일부 범죄혐의자를 법관의 영장 없이 구속, 압수, 수색할 수 있도록 규정하고 있던 '구 인신구속 등에 관한 임시 특례법(1961.8.7. 법률 제674호로 개정되고, 1963.9.30. 법률 제1410호로 폐지되기 전의 것) 규정에 대한 위헌심판에서 이 문제를 다룬 바 있다. 문제의 위 임시 특례법 규정의 시행 당시 계엄이 선포된 사실이 있었기 때문이다(당시 1960.11.29. 제4차 개정 헌법 제64조 제3항은 "계엄이 선포되었을 때에는 법률의 정하는 바에 의하여 국민의 권리와 행정기관이나 법원의 권한에 관하여 특별한 조치를 할 수 있다"라고 규정하고 있었다). 헌재는 "영장주의를 완전히 배제하는 특별한 조치는 비상계엄에 준하는 국가비상사태에 있어서도 가급적 회피하여야 할 것이고, 설사 그러한 조치가 허용된다고 하더라도 지극히 한시적으로 이루어져야 할 것이며, 영장 없이 이루어진 수사기관의 강제처분에 대하여는 사후적으로 조속한 시간 내에 법관에 의한 심사가 이루어질 수 있는 장치가 마련되어야 할 것임에는 의문의 여지가 없다"라고 하여 무려 2년 4개월이 넘는 장기간 동안 영장주의를 완전히 무시하는 입법상 조치가 허용될 수 없음은 명백하고, 따라서 위 규정은 구 헌법 제64조나 현행 헌법 제77조의 특별한 조치에 해당한다고 볼 수 없고 결국 구 헌법 제9조, 헌법 제12조 제3항에서 정한 영장주의에 위배된다고 하여 위헌으로 결정한 바 있다(2011헌가5).

생각건대 특별한 조치를 할 수 있다는 것이므로 비상적 상황에서의 위기극복을 위한 신속한 범죄처리의 필요성 등을 감안하여 영장의 발부절차 등에 대한 특별규정을 두는 등의 조치는 가능할 것이나 그렇다고 하여 비상계엄하에서도 영장제도 자체를 폐지할 수는 없다고 할 것이다.

(나) 유신헌법 하 긴급조치에 의한 영장주의배제의 위헌성 인정

가) 긴급조치 제1호, 제2호, 제9호 − 헌법재판소 판례   헌재는 긴급조치 제1호 위반자 및 비방자는 법관의 영장 없이 체포·구속·압수·수색할 수 있다고 규정한 유신헌법 하의 긴급조치 제1호 제5항은 영장주의의 본질을 침해하는 것으로 위헌이라고 결정하였다(헌재 2013.3.21. 2010 헌바132등).

마찬가지 취지의 규정인 긴급조치 제9호 제8항에 대해서도 영장주의의 본질을 침해하는 것으로 위헌으로 결정하였다(헌재 2013.3.21. 2010헌바132등) 또한 긴급조치 제2호 제12항은 "비상군법회의 관할사건에 관하여 체포·구속·압수 또는 수색을 함에 있어서 관할관의 영장이 필요한 경우에는 검찰관이 이를 발부한다"라고 규정하고 있었는데 이에 대해서도 영장주의 본질을 침해한 위헌이라고 결정하였다.

나) 긴급조치 제4호 − 대법원 판례   대통령긴급조치 제4호[시행 1974.4.3.]는 전국민주청년

학생총연맹(민청학련)과 이에 관련되는 단체를 조직 하거나 또는 이에 가입하거나, 단체나 그 구성원의 활동을 찬양, 고무 또는 이에 동조하는 등 기타 방법으로 단체나 구성원의 활동에 직접 또는 간접으로 관여하는 일체의 행위를 금하고 그 단체나 그 구성원의 활동에 관한 문서·도서·음반·기타 표현물을 출판·제작·소지·배포·전시·판매하는 일체의 행위를 금하고 이 조치를 위반하거나 비방한 자는 법관의 영장 없이 체포, 구속, 압수, 수색하며 비상군법회의에서 5년 이상의 징역 또는 최고 사형에까지 처할 수 있도록 하였다. 대법원은 이 긴급조치 제4호가 영장주의에 위배되며 법관에 의한 재판을 받을 권리를 침해한 위헌이라고 판결하였다(대법원 2013.5.16. 2011도2631. 전원합의체).

(2) 내용(목적)상의 범위
1) 체포영장, 구속영장, 압수영장, 수색영장

헌법 제12조 제3항은 체포·구속·압수 또는 수색을 할 때에는 영장을 제시하여야 한다고 규정하여 그 목적범위를 구속에 한정하고 있지 않다. 구속을 할 때뿐 아니라 체포, 압수, 수색을 위해서도 영장의 제시가 필요하고 그것에 관한 구체적인 사항은 형사소송법에 규정되어 있다.

2) 일반영장의 금지

영장에는 허가되는 행위가 체포, 구속, 압수, 수색 등 어느 행위로 한정되어야 하고 그 대상인, 압수, 수색의 대상물건, 장소 등이 특정되어 명확하여야 하며 이러한 행위, 대상인, 대상이 한정되지 아니하는 일반영장(general warrant)은 금지된다.

3) 별건구속

수사기관이 원래 수사하고자 하는 주된 사건에 대한 영장이 아니라 이미 구속요건을 구비한 다른 사건에 대해 영장을 청구하여 발부받고 구속하여 신병을 확보한 뒤 주된 사건에 대하여 수사를 진행하는 것을 별건구속이라고 한다. 별건구속은 수사의 효율성을 위해 필요하다고 보아 합헌이라는 의견도 있으나 특히 주된 중요사건에 대한 법관의 판단을 회피하기 위해 악용될 수 있는 등 영장주의의 배제를 가져오므로 위헌으로 보아야 한다.

5. 영장주의에 관한 판례

위에서 살펴본 결정례들 외에 아래에 그 외 결정례들도 살펴본다.

① 채취대상자가 동의하는 경우에 영장 없이 디엔에이감식시료를 채취할 수 있도록 규정한 '디엔에이신원확인정보의 이용 및 보호에 관한 법률' 제8조 제3항 – 동의 없으면 영장을 발부받아 채취해야 하므로, 이 조항은 영장주의 위반이 아니라고 본다(2011헌마280).

② 통신사실 확인자료 요청절차상 법원허가와 영장주의 충족 – 통신비밀보호법(2005.5.26. 법률 제7503호로 개정된 것) 제13조 제1항은 검사 또는 사법경찰관은 수사 또는 형의 집행을 위

하여 필요한 경우 전기통신사업자에게 통신사실 확인자료(정보통신망에 접속된 정보통신기기의 위치를 확인할 수 있는 발신기지국의 위치추적자료, 컴퓨터통신 또는 인터넷의 사용자가 정보통신망에 접속하기 위하여 사용하는 정보통신기기의 위치를 확인할 수 있는 접속지의 추적자료)의 열람이나 제출을 요청할 수 있다고 규정하고 있다. 그러면서 그러한 요청을 하는 경우에는 요청사유, 해당 가입자와의 연관성 및 필요한 자료의 범위를 기록한 서면으로 관할 지방법원(보통군사법원 포함) 또는 지원의 허가를 받아야 한다고 규정하고 있다(동법 제13조 제2항). 이 제2항이 영장주의에 위배된다는 주장이 있었다. 헌재는 영장주의의 적용이 있어야 하고 영장주의는 법관의 구체적 판단을 거쳐야 한다는 것을 요하는데 이 조항은 이처럼 법원의 허가를 받도록 하고 있으므로 영장주의 위배가 아니라고 결정했다(헌재 2018.6.28. 2012헌마191등. * 이 결정에서 영장주의 쟁점에 대해서는 합헌성이 인정되었으나 요청조항이 통신의 자유, 개인정보자기결정권을 침해최소성원칙을 위배하여 침해하고 통지조항이 적법절차를 위해하여 개인정보자기결정권을 침해하여 결국 헌법불합치결정이 되었다. 앞의 적법절차 부분, 뒤의 제7장 정보기본권, 개인정보자기결정권 부분 참조). * 분석: 이 결정에서 헌재는 법원의 허가가 필요한데 법원허가를 규정하고 있다는 점을 들어 영장주의 위배가 아니라고 보았다. 그런데 이 부분 판시 이전 통신사실 확인자료 요청조항에 대한 판시 부분에서는 "통신사실 확인자료 제공요청 허가신청에 대한 법원의 기각률은 약 1%에 불과한데, 이는 … 이 사건 요청조항은 침해의 최소성 요건을 충족한다고 할 수 없다"라고 하였다. 그렇다면 법원의 허가가 실질적으로 영장주의의 구현에 부족하다는 것을 헌재가 밝힌 것이어서 모순이 나타난다.

③ 비슷한 취지로 통신비밀보호법(2005.5.26. 법률 제7503호로 개정된 것) 제13조 제2항 본문 중 제2조 제11호 가목 내지 라목의 통신사실 확인자료(가. 가입자의 전기통신일시, 나. 전기통신개시·종료시간, 다. 발·착신 통신번호 등 상대방의 가입자번호, 라. 사용도수)에 관한 부분('이 사건 허가조항'이라 함)이 헌법상 영장주의에 위반되지 않는다고 결정하였다(헌재 2018.6.28. 2012헌마538. * 그러나 이 결정에서 통신사실 확인자료 제출의 요청조항에 대해서는 위 2012헌마191등 결정과 마찬가지로 과잉금지원칙을 위배하여 개인정보자기결정권과 통신의 자유를 침해한다고 하여 헌법불합치결정을 하였다. 개인정보자기결정권과 통신의 자유 부분 참조).

6. 주거의 자유에서의 영장주의

주거의 자유에 관해서도 헌법 제16조가 영장주의를 채택하고 있는데 이를 해석하는 경우에도 영장주의의 본질은 강제처분을 함에 있어서는 중립적인 법관이 구체적 판단을 거쳐 발부한 영장에 의하여야만 한다는 헌법 제12조 제3항의 영장주의에 관한 헌재 판례의 취지는 마찬가지로 고려되어야 한다는 것이 헌재의 입장이다. 그래서 사전영장주의의 예외가 제12조 제3항과 달리 제16조에 명시되어 있지 않더라도 인정되나 일정한 조건 하에 인정되어야 한다고 보고 사전에 영장을 발부받기 어려운 긴급한 사정이 있는지 여부와 무관하게 영장주의 예외를 인정하는 구 형사소송법(1995.12.29. 법률 제5054호로 개정된 것) 제216조 제1항 제1호 중 제200조의2에 관한 부분이 위헌이라고 하여 헌법불합치결정(2015헌바370. * 이에 대해서는 뒤의 주거의 자유 부분도 참조)을 하였다.

7. 체포 · 구속적부심사제도

이는 구속영장에 대한 재심사의 의미를 가지므로 영장제도에서 함께 서술하기도 하나 형사피의자 · 피고인의 권리 문제로 중요하므로 뒤의 그 부분에서 함께 살펴본다(후술 참조).

제 4 항 형사피의자 · 형사피고인의 권리

* 공소제기 전에는 형사피의자, 공소제기 후 재판 중에는 형사피고인이라 한다.
* 위에서 본 죄형법정주의 등 실체법적 보장, 적법절차·영장주의 등 절차법적 보장이 형사피의자·형사피고인에도 적용되는 것임은 물론이다. 아래에서 그 외 그들에게 중요한 권리들을 살펴본다.

I. 무죄추정의 원칙

■ 헌법 제27조 ④ 형사피고인은 유죄의 판결이 확정될 때까지는 무죄로 추정된다.

1. 개념과 연혁 및 기능

무죄추정의 원칙이란 범죄의 혐의가 있다고 하여 수사를 받거나 기소되어 재판을 받는 사람도 독립성을 갖춘 법원이 객관적인 증거조사 등을 통하여 죄가 있다고 판결하고 그 판결이 확정되기 전까지는 무죄로 추정되어야 하는 원칙을 말한다. 프랑스 1789년 인권선언 제9조가 이를 명시하였고 역사적으로 드레퓌스 사건을 겪고 1948년 세계인권선언 제11조 제1항과 1966년 시민적 · 정치적 권리에 관한 국제규약 제14조 제2호, 유럽연합의 2007년 기본권헌장 제48조도 이를 규정하고 있다. 우리나라의 경우 1980년 제5공화국헌법에서 무죄추정권이 처음으로 헌법에 명시되었다.

무죄추정원칙은 예를 들어 진범으로 잘못 알려진 경우 나중에 무죄로 확정되더라도 손상된 명예 등 권리나 불이익을 회복하기 어렵기에 이를 방지하기 위한 것이다. 우리 헌법 제27조 제4항은 "형사피고인은 유죄의 판결이 확정될 때까지는 무죄로 추정된다"라고 하여 이를 규정하고 있다.

2. 주체 – 피고인·피의자 등

헌법 제27조 제4항은 '형사피고인'이라고만 명시하고 있으나 기소가 되기 전 단계의 피의자에 대해서도 인정됨은 물론이다(2002헌마193). 형사처벌이라는 불이익이 아닌 다른 불이익처분을 받는 상대방에도 형사재판과의 관련 하에서 무죄추정원칙은 적용된다.

3. 적용범위

ⅰ) 유죄판결 불확정 – 수사단계는 물론 재판이 개시되어 중간에 유죄판결이 있었더라도 앞으로 상소재판이 남아있고 유죄판결이 확정되지 않았으므로 여전히 재판확정 전까지는 무죄추정을 받는다. 중간의 유죄판결이 실형을 선고하는 판결뿐 아니라 집행유예, 선고유예 등의 판결이라도 무죄추정을 받는다.

ⅱ) 효과상 범위 – 형사재판 관련 불이익도 포함 – 형사처벌의 경우 뿐 아니라 형사처벌은 아니나 형사재판 관련하여 불이익한 처우나 처분, 기본권 제한과 같은 경우에도 적용되는 원칙이다(판례도 동지: 90헌가48; 2002헌마699; 2010헌마418 등)

ⅲ) 형사재판 기소 외 단계에서의 적용 문제 – 형사재판 이전이더라도 형사처벌 가능성이 있는 경우에는 적용된다고 본다. 형사재판이 제기된 사안이 아니라 행정처분이 문제되어 행정소송이 제기된 사안인데도 그 처분의 명령에 따르지 않으면 형사처벌될 상황에 있게 하는 규정에 대해 무죄추정원칙 위반이라고 보게 되는 경우이다. 그러한 예로서 공정거래위원회의 법위반공표명령(따르지 않으면 처벌하는 규정이 있었음)제도에 대한 위헌결정을 들 수 있다. 공정거래위원회와는 판단을 달리하여 법위반을 인정하지 않는데도 이를 공표할 것을 강제당한다면 공소제기조차 않은 단계에서 유죄추정을 가져오는 불이익이라 무죄추정원칙 위반이라고 보는 취지인 것이다.

● **판례** 헌재 2002.1.31. 2001헌바43
[관련판시] 무죄추정원칙의 위배 여부 – 이 사건 법률조항의 법위반사실 공표명령은 행정처분의 하나로서 형사절차 내에서 행하여진 처분은 아니다. 그러나 공정거래위원회의 고발조치 등으로 장차 형사절차내에서 진술을 해야 할 행위자에게 사전에 이와 같은 법위반사실의 공표를 하게 하는 것은 형사절차 내에서 법위반사실을 부인하고자 하는 행위자의 입장을 모순에 빠뜨려 소송수행을 심리적으로 위축시키거나, 법원으로 하여금 공정거래위원회 조사 결과의 신뢰성 여부에 대한 불합리한 예단을 촉발할 소지가 있고 이는 장차 진행될 형사절차에도 영향을 미칠 수 있다. 결국 법위반사실의 공표명령은 공소제기조차 되지 아니하고 단지 고발만 이루어진 수사의 초기단계에서 아직 법원의 유무죄에 대한 판단이 가려지지 아니하였는데도 관련 행위자를 유죄로 추정하는 불이익한 처분이라고 아니할 수 없다.

ⅳ) 형사책임 가능성 – 형사책임인 '죄'가 없음을 추정받는 것이므로 형사책임과 관련이

있는 사안에서 적용되어야 하는 것이고 그 가능성이 없는 무관한 경우에는 적용될 여지가 없다. 위에서, 그리고 앞으로도 언급하는 대로 불이익은 형사책임으로서의 불이익이 아닌 다른 불이익도 들어가나 여하튼 계기는 형사처벌가능성과 연관이 있어야 한다.

4. 내용과 효과

(1) 불구속수사 · 불구속재판의 원칙
1) 무죄추정원칙의 파생원칙으로서 불구속수사 · 불구속재판 원칙

무죄추정은 범죄혐의가 있는 국민일지라도 무죄로 추정되므로 불구속수사 · 불구속재판이 원칙이고 구속수사 · 구속재판이 예외가 되어야 할 것을 요구한다. 헌재는 "헌법상 무죄추정의 원칙에서 파생되는 불구속수사의 원칙"이라고 한다(2007헌바25). 2007.6.1. 법률 제8435호로 개정된 형사소송법 제198조 제1항이 "피의자에 대한 수사는 불구속 상태에서 함을 원칙으로 한다"라고 불구속수사의 원칙을 천명함으로써 입법화되었다.

2) 구체적 문제

불구속원칙은 신체의 자유에 관한 매우 중요한 원칙임을 분명히 하면서 헌재가 위 원칙에 반한다고 본 구체적 사안들의 결정례들을 아래에 살펴본다.

(가) 구속기간의 불요한 연장

ⅰ) 위헌결정례 – ① 수사시일을 많이 요하는 복잡한 성격의 범죄가 아닌 범죄에 대해서도 구속기간을 연장하는 것은 무죄추정원칙에 위배된다는 결정을 한 바 있다.

● 판례 헌재 1992.4.14. 90헌마82
[결정요지] 신체의 자유를 최대한으로 보장하려는 헌법정신, 특히 무죄추정의 원칙으로 인하여 불구속수사 · 불구속재판을 원칙으로 하고 , 구속수사 또는 구속재판이 허용될 경우라도 인신의 구속은 신체의 자유에 대한 본질적인 제약임에 비추어 그 구속기간은 가능한 한 최소한에 그쳐야 한다. 국가보안법 제7조(찬양 · 고무 등) 및 제10조(불고지)의 죄는 구성요건이 특별히 복잡한 것도 아니고 사건의 성질상 증거수집이 더욱 어려운 것도 아니어서 굳이 수사기관에서 일반형사사건의 최장구속기간 30일보다 더 오래 피의자를 구속할 필요가 있다고 인정되지 아니한다. 그럼에도 불구하고, 국가보안법 제19조가 제7조 및 제10조의 범죄에 대하여서까지 형사소송법상의 수사기관에 의한 피의자 구속기간 30일보다 20일이나 많은 50일을 인정한 것은 국가형벌권과 국민의 기본권과의 상충관계 형량을 잘못하여 불필요한 장기구속을 허용하는 것이어서 방법의 적정성 및 피해의 최소성의 원칙 등을 무시한 것이고 결국 헌법 제37조 제2항의 과잉금지의 원칙을 현저하게 위배하여 피의자의 신체의 자유, 무죄추정의 원칙 등의 권리를 침해하는 것임이 명백하다(일부위헌결정, 현재의 애초 분류가 일부위헌이었는데 헌재 인터넷사이트는 그냥 위헌이라고 분류되어 있다. 이전에 일부위헌으로 분류했다가 이렇게 바꾼 이유의 설명은 없다).

② 군사법경찰관의 구속기간의 연장을 허용하는 구 군사법원법 제242조 제1항 중 제239조 부분에 대해서도 위헌결정이 있었다.

● 판례 헌재 2003.11.27. 2002헌마193 군사법원법 제242조 제1항 등 위헌확인
[결정요지] 국가안보와 직결되는 사건과 같이 수사를 위하여 구속기간의 연장이 정당화될 정도의 중요사건이라면 이를 군사법경찰관이 구속기간을 연장까지 하여가면서 수사하도록 하는 것보다는 더 높은 법률적 소양이 제도적으로 보장된 군검찰관이 이를 수사하고 필요한 경우 그 구속기간의 연장을 허가하는 것이 오히려 더 적절하다. 그러

므로 무죄추정의 원칙에 위반된다.

ⅱ) 합헌성 인정례 - 반면 헌재는 위 90헌마82결정의 판시 중에도 언급된 바 있지만 다른 결정례에서 국가보안법상의 반국가단체구성 등의 죄, 자진지원·금품수수죄, 회합·통신 등의 죄, 편의제공의 죄에 관한 구속기간 연장에 대해서는 합헌성을 인정하였다(96헌가8등).

(나) 미결구금일수의 불산입   헌재는 판결선고 전 구금일수의 일부를 산입하지 않을 수 있도록 규정한 구 형법 제57조 제1항 중 "또는 일부" 부분이 무죄추정의 원칙에 반한다고 하여 위헌으로 결정하였다. 이 결정에서 헌재는 미결구금은 무죄추정원칙에서 파생되는 불구속수사·재판의 예외를 이루는 것이고 피의자 또는 피고인의 입장에서 보면 실질적으로 자유형의 집행과 다를 바 없으므로, 인권보호 및 공평의 원칙상 형기에 전부 산입되어야 하므로 일부 불산입을 할 수 있게 한 위 형법규정은 무죄추정원칙을 위반한 것이라고 본 것이다(2007헌바25. 이 결정에 대해서는 앞의 적법절차에서도 살펴보았다). * 상소제기 후의 미결구금일수 산입을 규정하면서 상소제기 후 상소취하 시까지의 구금일수 통산에 관하여는 규정하지 아니함으로써 이를 본형 산입의 대상에서 제외되도록 한 구 형사소송법 제482조 제1항(2007.6.1. 개정된 것) 및 구 형사소송법 제482조 제2항(2004.10.16. 개정된 것)에 대해서도 비슷한 취지로 헌법불합치결정이 있었다(2008헌가13).

(2) 불이익으로부터의 보호(불이익의 금지)
1) 불이익의 개념

ⅰ) 형사적 사실의 전제 - 헌재는 무죄추정원칙상 금지되는 '불이익'이란 "'범죄사실의 인정 또는 유죄를 전제로' 그에 대하여 '법률적·사실적 측면에서 유형·무형의 차별취급을 가하는 유죄인정의 효과로서의 불이익'을 뜻한다"라고 한다(2002헌마699; 2004헌바12; 2010헌마418 등). 또 "유죄를 근거로 그에 대하여 사회적 비난 내지 기타 응보적 의미의 차별 취급을 가하는 유죄 인정의 효과로서의 불이익을 뜻한다"라고 한다(2012헌바302).

ⅱ) 형사책임으로서의 불이익이 아닌 불이익도 포함 - 헌재판례도 이러한 넓은 입장을 취하여 "이는 비단 형사절차 내에서의 불이익뿐만 아니라 기타 일반 법생활 영역에서의 기본권 제한과 같은 경우에도 적용된다"라고 한다((2002헌마699; 2010헌마418 등).

2) 불이익(형사처벌이 아닌 불이익)한 처우의 구체적 예

형사처벌은 물론 해당되는데 그 외 형사처벌이 아닌 불이익한 처우의 예들로 아래와 같은 경우들이 문제되었다.

(가) 위헌성이 인정된 경우

가) 기소로 인한 <u>업무정지명령의 위헌성</u> - 형사사건으로 공소가 제기된 변호사에 대하여 법무부장관이 일방적으로 그 업무의 정지를 명할 수 있게 규정한 구 변호사법 제15조에 대해 무죄추정원칙 위반으로 위헌결정이 있었다(90헌가48 [결정요지] 변호사법 제15조에서 변호사에 대해

형사사건으로 공소가 제기되었다는 사실만으로 업무정지명령을 발하게 한 것은 아직 유무죄가 가려지지 아니한 범죄의 혐의사실뿐 확증없는 상태에서 유죄로 추정하는 것이 되며 이를 전제로 한 불이익한 처분이라 할 것이다).

나) **필요적 직위해제의 위헌성** – 형사사건으로 기소되었다고 하여 기소된 모든 경우에 필요적으로(=당연히) 직위해제가 되도록 하면 무죄추정원칙에 반한다. 헌재는 형사사건으로 공소제기된 사립학교교원은 약식명령이 청구된 경우를 제외하고는 반드시 직위해제되는 것으로 규정한 구 사립학교법 제58조의2 제1항 단서는 비례(과잉금지)원칙의 피해최소성원칙에 반하고 무죄추정권의 침해로서 위헌이라고 결정한 바 있다(93헌가3등. * 해설: 본 결정에서 유의할 점은 임의적 직위해제는 위헌이라고 보지 않았다는 점이다. 또다른 유의점은 "불이익을 입힌다 하여도 필요한 최소한도에 그치도록 비례의 원칙이 존중되어야 하는 것이 헌법 제27조 제4항의 무죄추정의 원칙"이라고 하여 비례원칙 준수를 무죄추정원칙과 연관짓고 있는 점이다).

비슷한 사안으로서, 형사사건으로 기소된 공무원은 약식명령이 청구된 경우를 제외하고 필요적으로(당연히) 직위해제처분을 하도록 한 구 국가공무원법 제73조의2 제1항 단서에 대해서도 위 결정과 동일한 취지의 위헌결정을 한 바 있다(96헌가12),

다) **법위반사실의 공표명령** – 사업자단체의 '독점규제 및 공정거래에 관한 법률' 위반행위가 있을 때 공정거래위원회가 당해 사업자단체에 대하여 "법위반사실의 공표"를 명할 수 있도록 한 동법규정이 무죄추정의 원칙에 반하는지 여부가 논란되었다. 헌재는 소송수행을 심리적으로 위축시키거나, 법원으로 하여금 공정거래위원회 조사결과의 신뢰성 여부에 대한 불합리한 예단을 촉발할 소지가 있어 공소제기조차 되지 아니하고 단지 고발만 이루어진 수사의 초기단계에서 관련 행위자를 유죄로 추정하는 불이익한 처분이라고 하여 위헌으로 결정하였다(2001헌바43. * 이 결정에 대해서는 앞의 3. 적용범위, 형사재판 기소 외 단계에서의 적용 문제 부분 참조).

라) **금고 이상 형 선고, 미확정 비구금상태의 지방자치단체장 권한정지(대행)** – 지방자치단체의 장이 금고 이상의 형의 선고를 받고 그 형이 확정되지 않은 경우 장의 권한을 정지시키고 부단체장으로 하여금 그 권한을 대행하도록 한 구 지방자치법 제101조의2 제1항 제3호[* 아래 헌법불합치결정이 났던 사안에서는 지방자치법이 전부개정되어(2007.5.11. 법률 제8423호) 제111조 제1항 제3호가 되었는데 이전의 제101조의2 제1항 제3호와 같은 규정임]가 유죄의 판결이 확정되지 아니한 피고인에 대하여 유죄가 선고되었음을 이유로 불이익을 주는 것으로 헌법 제27조 제4항의 무죄추정의 원칙에 위배된다는 주장이 있었다. 헌재는 선례에서는, 그러한 권한정지는 신뢰를 상실한 단체장의 직무수행으로 인한 부작용을 방지하기 위한 권한대행제도의 부수적 산물이란 점에서 무죄추정의 원칙에서 금지하는 불이익에 해당하지 않는다고 보아 그 주장을 받아들이지 않고 합헌성을 인정하였었다.[346] 그러나 2010년에 2010헌마418 결정으로 헌재는 판결이 선고되었다는 사실만을 유일한 요건으로 하여, 형이 확정될 때까지의 불확정한 기간 동안

---

346) 헌재 2005.5.26, 2002헌마699.

구금상태가 아닌데도(사안에서는 집행유예 판결을 받음) 자치단체장으로서의 직무를 정지시키는 불이익을 가하고 있으며, 그와 같이 불이익을 가함에 있어 필요최소한에 그치도록 엄격한 요건을 설정하지도 않았으므로, 무죄추정의 원칙에 위배된다는 아래와 같은 헌법불합치결정을 하여 판례를 변경하였다 (헌재 2010.9.2. 2010헌마418. * 이 규정은 2011.5.30. 지방자치법 개정으로 삭제되었다). * 유의: 위 헌법불합치결정과 달리 직후에 나온, 아래에 인용하는, '공소 제기된 후 구금상태'의 지방자치단체장의 직무정지, 권한대행 규정에 대해서는 합헌으로 헌재가 결정한데[바로 아래 (나) 가) 참조]에 유의하여야 할 것이다. 위 헌법불합치결정의 결정문에 나타나 있지 않으나 다음의 사실이 언급되지 않고는 두 결정의 차이, 양립가능성을 이해할 수 없을 것이다. 이하는 필자가 독자들의 이해를 돕기 위해 작성한 것이다. '금고 이상의 형의 선고를 받고 그 형이 확정되지 않은 경우'가 위헌성을 가지고 '공소 제기된 후 구금상태'인 경우는 합헌이라고 보는 결정이 양립할 수 있기 위해서는 '금고 이상의 형의 선고를 받고 그 형이 확정되지 않은 경우'에서 무죄추정원칙 위배성이 나타나는 경우를 '금고 이상의 선고를 받고 그 형이 확정되지 않았으면서' '구금상태가 아닌' 경우(집행유예와 같은 경우)여야 한다. 그리하여 본 항목의 제목부터 "미확정 비구금상태의 지방자치단체장 권한정지(대행)"라고 기재하였다.

(나) 합헌성이 인정된 경우

가) 공소 제기된 후 구금상태의 지방자치단체장의 권한정지(대행) – * 유의: 공소 제기된 후 구금상태에 있는 경우 권한대행 규정은 합헌성 인정 – 지방자치단체의 장이 '공소 제기된 후 구금상태에 있는 경우'(이 사안은 구속영장 발부로 구속상태인 경우이었음) 부단체장이 그 권한을 대행하도록 규정한 지방자치법 제111조 제1항 제2호에 대해서는 무죄추정의 원칙에 위반되지 않는다고 결정되었다(2010헌마474. * 이 결정과 위 2010헌마418 결정과의 차이는 위에서 설명하였다).

나) 과징금 – 공정거래위원회로 하여금 부당내부거래를 한 사업자에 대하여 그 매출액의 2% 범위 내에서 과징금을 부과할 수 있도록 한 구 '독점규제 및 공정거래에 관한 법률' 규정에 대해 오로지 제재적 성격만이 있는 이러한 과징금에 대하여 행정소송 등에 따른 적법타당성이 확정되기 전에도 공정력과 집행력을 인정하는 것은 무죄추정원칙에 반한다는 취지로 법원이 위헌심판제청을 하였다. 헌재는 과징금 부과처분은 행정상 제재이고 이 부과처분에 대하여 공정력과 집행력을 인정한다고 하여(* 공정력, 집행력은 여기의 과징금부과처분을 포함한 행정처분 일반에 인정되는 효력이다–저자 주) 이를 확정판결 전의 형벌집행과 같은 것으로 볼 수 없다는 점을 들어 무죄추정원칙에 반하지 않는다고 보았다(2001헌가25).

* 위 결정을 사업자단체의 '독점규제 및 공정거래에 관한 법률' 위반행위가 있을 때 공정거래위원회가 당해 사업자단체에 대하여 "법위반사실의 공표"를 명할 수 있도록 한 동법규정이 무죄추정의 원칙에 반한다고 본 앞의 결정(헌재 2002.1.31. 2001헌바43, 위 인용된 바 참조)과 대비해 볼 필요가 있다. 2001헌바43 결정은 공표명령이라는 행정처분 자체 보다 그것으로 인해 앞으로 형사책임이 생길 것에 대한 효과를 감안하여 무죄추정원칙의 적용을 하고 그 위반을 인정한 것이라는 점에서 위 결정과 성격에 차이가 있다. * 이런 사안들은 헌법, 행정법 복합문제 출제를 요구하는 공법시험에 관련하여 눈여겨 둘 사안들이다.

다) 국가공무원 직위해제와 무죄추정원칙 — 헌재는 형사사건으로 기소된 국가공무원을 직위해제할 수 있도록(당연 직위해제가 아니라 임의적 직위해제) 규정한 구 국가공무원법 규정은 국민 신뢰를 저해할 구체적 위험을 사전에 방지하고자 하는 잠정적이고 가처분적 성격을 가진 제도일 뿐 범죄사실 인정이나 유죄판결을 전제로 하여 불이익을 과하는 것은 아니므로 무죄추정원칙에 위배되지 않는다고 하였다(2004헌바12, 합헌결정).

라) 출국금지(형사재판 계속 중인 사람에 대한 출국금지) — 출국을 금지할 수 있도록 하는 것일 뿐 출국금지가 유죄 인정의 효과로서 불이익 즉, 형사재판에 계속 중인 사람에게 사회적 비난 내지 응보적 의미의 제재를 가하려는 것이라고 보기 어려워 무죄추정원칙에 위배된다고 볼 수 없다고 결정하였다(2012헌바302).

3) 확정된 유죄사실로 인한 불이익의 제외 — 디엔에이감식시료 채취

무죄추정원칙 적용으로 배제되어야 할 불이익은 유죄확정 전 상황에서의 불이익을 말하므로 유죄확정된 다음의 불이익은 이에 해당되지 않는다. 이러한 예로 디엔에이감식시료 채취 대상범죄로 형이 확정된 사람으로부터 디엔에이감식시료를 채취할 수 있도록 규정한 '디엔에이신원확인정보의 이용 및 보호에 관한 법률' 규정에 대해 헌재는 "청구인들은 이미 유죄의 확정판결을 받은 사람들로서 더 이상 무죄추정의 원칙이 적용되지 않고, 유죄라는 사실에 근거하여 디엔에이감식시료를 채취하고 그 결과를 데이터베이스에 저장, 관리하는 것이므로, 무죄추정의 원칙에 반하는 것이 아니다"라고 판시한 바 있다(2011헌마28).

(3) 피의사실공표 금지, 언론보도의 자유와의 충돌 문제, 피의자 얼굴 등 신상공개

ⅰ) 형법 제126조는 피의사실공표죄를 두고 있다. 피의사실공표를 이처럼 금지하는 것도 무죄추정을 위한 것이다. ⅱ) 문제는 언론기관의 경우 국민의 알 권리를 위하여 범죄에 대한 보도를 할 자유가 있을 것인데 무죄추정의 이익과 충돌할 수 있다는 것이다. 그리고 실명으로 보도한 경우에는 명예훼손과 성명권의 침해도 문제될 수 있다. 대법원은 원고의 실명을 공개한 방송의 프로그램이 공익성이 있고 그 방영이 오로지 공공의 이익을 위한 것일 경우에 불법행위가 성립되지 아니한다고 보고 성명권에 대한 위법한 침해를 별도로 인정할 여지는 없다고 보았다(대법원 2009.9.10. 2007다71). ⅲ) 피의자의 얼굴 등 신상공개 — 현재 '성폭력범죄의 처벌 등에 관한 특례법'(제25조)과 '특정강력범죄의 처벌에 관한 특례법'(제8조의2)이 충분한 증거가 있을 것 등의 엄격한 요건 하에 피의자의 얼굴 등 피의자의 신상에 관한 정보를 공개할 수 있도록 하고 있다.

(4) 재판 없는 처벌의 금지 — 압수물품 당연 국고귀속의 위배성

형사재판을 받고 있는 중인데도 유죄나 유죄와 같이 보아 불이익을 주어서는 아니 된다는 것이 무죄추정원칙이므로 재판 없이 처벌되는 것은 당연히 무죄추정원칙에 반한다. 판례는 압수물품이 재판 없이 당연히 국고에 귀속하도록 한 것은 무죄추정원칙에 반한다고 한다.

● **판례** 헌재 1997.5.29. 96헌가17

[쟁점] 무면허수출입(예비)죄 혐의의 경우 몰수할 것으로 인정되는 물품을 압수한 경우에 있어서 범인이 당해 관서에 출두하지 아니하거나 또는 범인이 도주하여 그 물품을 압수한 날로부터 4월을 경과한 때에는 당해 물품은 국고에 귀속한다고 규정한 구 관세법(1993.12.31. 법률 제4674호로 개정되기 전의 것) 제215조 중 제181조 부분의 위헌 여부 [결정요지] 이 법률조항은 유죄판결이 확정되기도 전에 무죄의 추정을 받는 자의 소유에 속한 압수물건을 재판이나 청문의 절차도 밟지 아니하고 압수한 물건에 대한 피의자의 재산권을 박탈하여 국고에 귀속하도록 규정함으로써 실질적으로는 몰수형을 집행한 것과 같은 효과를 발생케 하는 내용의 것이므로 결국 무죄추정원칙에 위반된다.

(5) 유죄의 예단의 방지

피의자, 피고인이 불이익을 받지 않도록 유죄로 예단을 줄 가능성이나 분위기를 조성해서는 아니 되고 수사나 재판과정에서 수치심 등으로 심리적으로 위축되어 자기방어가 소홀해지지 않도록 하여야 한다.

1) 위헌성 인정 결정례

이와 관련하여 헌재의 위헌성 인정결정을 받은 예로는 다음과 같은 것들이 있었다.

① 수사·재판시 재소자용 의류착용 – 미결수용자가 수감 중에는 재소자용의류를 착용하도록 하는 것은 합헌이나 수사 또는 재판 시에 재소자용의류를 착용하게 하는 것은 이 점에서 무죄추정권의 침해로서 위헌이라고 본다.

● **판례** 헌재 1999.5.27. 97헌마137등

[결정요지] (1) 먼저, 구치소 안에서 사복을 입지 못하게 하는 것은 시설 안에서는 재소자용 의류를 입더라도 일반인의 눈에 띄지 않고, 수사 또는 재판에서 변해(辯解)·방어권을 행사하는데 지장을 주는 것도 아니다. 미결수용자에게 사복을 입도록 하면 면회객 등과 구별이 되지 아니하며, 소지금지품이 반입될 염려도 있다. 따라서 미결수용자에게 시설 안에서 재소자용 의류를 입게 하는 것은 구금 목적의 달성, 시설의 규율과 안전유지를 위한 필요최소한의 제한으로서 정당성·합리성을 갖춘 재량의 범위 내의 조치이다. (2) 그러나 미결수용자가 수사 또는 재판을 받기 위하여 시설 밖으로 나오면 일반인의 눈에 띄게 되어 재소자용 의류 때문에 모욕감이나 수치심을 느끼게 된다. 미결수용자는 수사단계부터 고지·변해·방어의 권리가 보장되어야 하고 재판단계에서는 당사자로서의 지위를 가지므로, 유죄가 확정되지 아니한 미결수용자에게 재소자용 의류를 입게 하는 것은 심리적인 위축으로 위와 같은 권리를 제대로 행사할 수 없게 하여 실체적 진실의 발견을 저해할 우려가 있다. 미결수용자의 도주 방지는 계구(戒具)의 사용이나 계호 인력을 늘리는 등의 수단에 의할 것이지 기본권 보호의 필요성이 현저한 수사 또는 재판에서 사복을 입지 못하게 하는 것은 어떠한 이유를 내세우더라도 그 제한은 정당화될 수 없으므로 헌법 제37조 제2항의 기본권 제한에서의 비례원칙에 위반된다. 그러므로 무죄추정의 원칙에 반하고 인격권과 행복추구권, 공정한 재판을 받을 권리를 침해하는 것이다

② 수형자(형확정자)의 별건 형사재판에서의 재소자용의류착용 위헌성 – 헌재는 '형의 집행 및 수용자의 처우에 관한 법률' 제88조가 별건 형사재판의 피고인으로 출석하는 수형자에 대하여 사복착용에 관한 동법 제82조를 준용하지 아니한 것은 수형자로 하여금 형사재판 출석 시 아무런 예외 없이 사복착용을 금지하고 재소자용 의류를 입도록 하여 인격적인 모욕감과 수치심 속에서 재판을 받도록 하여 이미 유죄의 확정판결을 받은 수형자와 같은 외관을 형성하게 함으로써 소송관계자들에게 유죄의 선입견을 줄 수 있는 등 무죄추정의 원칙에 위배될 소지가 크고 침해의 최소성 및 법익의 균형성에 위배되어, 공정한 재판을 받을 권리, 인격권, 행복추구

권을 침해한다고 보아 헌법불합치결정을 하였다(2013헌마712. * 반면 이 결정에서 헌재는 민사재판의 당사자로 출석하는 수형자에 대하여 사복착용에 관한 형집행법 제82조를 준용하지 아니한 것은 인격권 등을 침해하지 아니한다는 결정을 하였다).

③ 수사과정 계구사용의 위헌성 – 수사과정에서의 계구사용은 필요최소한에 그쳐야 한다. 판례는 또한 검사조사실에서 구속된 피의자를 도주 또는 증거인멸의 우려가 없고 조사실 내의 안전과 질서에 해가 되지 않는 상황에서 수갑을 채우고 포승으로 묶은 상태로 피의자신문을 받도록 한 것은 과잉금지원칙에 어긋나게 청구인의 신체의 자유를 과도하게 침해하고, 무죄추정원칙을 위반한 위헌이라고 본다.

● **판례** 헌재 2005.5.26. 2001헌마728
[결정요지] 당시 청구인은 도주·폭행·소요 또는 자해 등의 우려가 있다고 단정하기 어렵고, 수사검사도 이러한 사정 및 당시 검사조사실의 정황을 종합적으로 고려하여 청구인에 대한 계구의 해제를 요청하였던 것으로 보인다. 그럼에도 불구하고 피청구인(구치소장) 소속 계호교도관이 이를 거절하고 포승으로 청구인의 팔과 상반신을 묶고 양손에 수갑을 채운 상태에서 피의자조사를 받도록 한 조치는 계구사용이 도주 또는 증거인멸의 우려가 있거나 검사조사실 내의 안전과 질서를 유지하기 위하여 꼭 필요한 목적을 위하여만 허용될 수 있다는 점에서 볼 때 그러한 목적달성을 위하여 불가피한 조치라고는 도저히 볼 수 없으므로 이 사건 계구사용행위는 과잉금지원칙에 어긋나게 청구인의 신체의 자유를 과도하게 침해하고, 피의자가 유죄로 확정될 때까지는 무죄로 추정받고 자신에게 이익되는 사실을 자유롭게 진술하고 변명할 수 있는 기회를 충분히 보장하려는 무죄추정원칙 및 방어권행사를 보장하는 근본취지에 어긋나는 위헌적인 공권력행사이다.

* **대비 판례:** ⓐ 교도소 내 엄중격리대상자에 대한 계구사용의 합헌성 인정 – 교도소 내 엄중격리대상자에 대하여 이동 시 계구를 사용하고 교도관이 동행계호하는 행위 등에 대해서는 헌재는 목적정당성이 있고, 공익이 크다고 보아 기각결정을 하였다(2005헌마137). ⓑ 이송 중의 보호장비 사용행위에 대해서도 기각결정을 하였다(2011헌마426).

④ '독점규제 및 공정거래법' 위반사실의 공표명령제 – 법원으로 하여금 공정거래위원회 조사결과의 신뢰성 여부에 대한 불합리한 예단을 촉발할 소지가 있어 무죄추정원칙에 반한다고 결정하였다(2001헌바43, 앞에 이미 인용된 결정).

오랜 기간의 불법, 부당한 구금이나 고문, 위협적인 물리력의 행사 등은 그 자체로도 위헌이지만 무죄추정원칙에도 반한다.

2) 위반가능성 부정 결정례

일정범죄 '혐의없음' 불기소처분 등에 관한 수사경력자료의 보존 – 추후 다른 혐의로 수사를 받을 경우 수사기관이 유죄의 예단을 갖게 하여 무죄추정원칙에 위반된다는 주장이 있었다. 헌재는 다른 혐의와 내적 관련이 있지 않는 한 범죄혐의를 인정할 자료가 될 수 없는 것이므로 기본권침해가능성이 없다고 보아 주장을 배척하였다(2008헌마257, 기각결정).

(6) 유죄 입증책임과 증거에 의한 유죄판단 등

기소를 담당한 검사가 유죄임을 입증하여야 한다. 증거가 없을 경우에는 의심스러울 때에는 피고인의 이익(*in dubio pro reo*)이라는 원칙에 따라 무죄가 선고되어야 함은 물론이다. 무죄추정원칙의 효과로서 형사소송에서의 증거조사과정은 당사자 간 무기대등의 원칙, 교호신문권,

전문법칙 등이 충실히 보장되어야 한다. 이러한 증거조사의 원칙들에 대해서는 적법절차에서 살펴보았고 후술하는 재판청구권 등에서도 살펴보게 된다.

(7) 피해아동의 법정진술 없는 진술수록 영상녹화물 증거능력 인정의 무죄추정원칙 합치성

헌재는 성폭력범죄 피해아동의 진술이 수록된 영상녹화물에 관하여 피해아동의 법정진술 없이도 조사과정에 동석하였던 신뢰관계에 있는 자의 진술에 의하여 그 성립의 진정함이 인정된 때 증거능력을 인정할 수 있도록 규정한 '아동·청소년의 성보호에 관한 법률' 제18조의2 제5항(이하 '증거능력 특례조항', 현 제26조 제6항)이 유죄임을 전제로 한 규정이라고 볼 수 없어서 무죄추정원칙 위반주장을 받아들일 수 없다고 판시하고 합헌결정을 하였다.

> ● **판례**　헌재 2013.12.26. 2011헌바108
> [결정요지] 증거능력 특례조항은 피고인이 유죄라는 전제에서 전문증거의 증거능력을 인정하는 것이 아니라, 피해아동이 법정에서 피해경험을 진술함으로 인하여 입을 수 있는 2차 피해를 방지하는 데 목적이 있을 뿐이다. 또 아동진술의 특수성에 비추어, 사건이 발생한 초기에 이루어진 피해아동의 진술을 영상녹화하여 전문적이고 과학적인 방법을 통해 그 신빙성을 검증하는 것이 피고인의 무고함을 밝히는 데 보다 적합한 수단이 될 수도 있으므로, 증거능력 특례조항이 피고인이 유죄임을 전제로 한 규정이라고 볼 수 없다. 따라서 무죄추정의 원칙에 반하지 않는다.

(8) 미결수용자

1) 기결수형자와의 차이

미결수용자는 형이 확정되지 않아 무죄추정을 받으므로 기결수형자에 비해 대우를 달리하여야 한다. 헌재도 "미결수용자는 기결수형자에 비해 미결수용자의 경우 헌법 제27조 제4항에 의하여 유죄의 판결이 확정될 때까지 무죄로 추정되므로 형사절차에서 필요한 최소한의 불이익만을 입도록 할 필요성은 형이 확정된 경우에 비하여 더욱 크다고 할 수 있다"라고 한다.[347] 형의 집행 및 수용자의 처우에 관한 법률은 "미결수용자는 무죄의 추정을 받으며 그에 합당한 처우를 받는다"라고 규정하고(동법 제79조) 있다.

2) 구체적 사례 결정례

(가) 위헌성 인정 결정례　① 구치소 종교행사 참석의 불허 – 구치소의 종교행사에 수형자 및 노역장유치자에 대하여만 참석을 허용하고 미결수용자의 참석을 금지한 행위에 대해 헌재는 무죄추정의 원칙이 적용되는 미결수용자들에 대한 기본권 제한은 징역형 등의 선고를 받아 그 형이 확정된 수형자의 경우보다는 더 완화되어야 할 것임에도 미결수용자에 대하여만 일률적으로 종교행사 등에의 참석을 불허한 것은 거꾸로 더욱 엄격하게 제한한 것으로 과잉금지원칙을 위배하여 위헌임을 확인한 바 있다(2009헌마527. [결정요지] * 뒤의 '종교의 자유' 부분 참조).

② 미결수용자의 비변호인과의 접견교통권 – 미결수용자가 변호인과 가지는 접견교통권은 헌법 제12조 제4항의 변호인의 조력을 받을 권리에서 당연히 인정된다. 반면에 변호인이 아닌 타인(예를 들어 가족)과의 접견교통권은 헌법상의 기본권인지가 논의되는데 헌재판례에서도 인정하

---

347) 헌재 2003.12.18. 2001헌마163; 2011.12.29. 2009헌마527.

듯이 기본권으로 보아야 하고 그 헌법상 근거를 헌재는 헌법 제10조의 행복추구권에 포함되는 "일반적 행동자유권으로부터 나온다"라고 보고 다른 한편으로는 무죄추정의 원칙을 규정한 헌법 제27조 제4항도 미결수용자의 접견교통권 보장의 한 근거가 된다고 본다. 이 판시가 나온 결정은 미결수용자의 면회횟수를 매주 2회로 제한한 구 군행형법시행령 규정이 법률유보원칙에 반하고 과잉금지원칙을 위반하여 접견교통권 침해하는 위헌이라고 한 결정이었다(2002헌마193. * 이 결정에 대해서는 앞의 일반적 행동자유권 부분 등 참조).

(나) 합헌성 인정 결정례　① 기사삭제 후 구독(98헌마4), ② 미결수용자의 '국민기초생활보장법'상 급여의 지급중단(2009헌마617), ③ 미결수용자에 대한 국민건강보험급여 정지(2003헌마31) 등에 대한 결정들이 있었다.

Ⅱ. 체포·구속이유 등의 고지·통지를 받을 권리

1. 개념과 기능, 연혁

누구든지 체포 또는 구속의 이유와 변호인의 조력을 받을 권리가 있음을 고지받지 아니하고는 체포 또는 구속을 당하지 아니하고, 체포 또는 구속을 당한 자의 가족 등 법률이 정하는 자에게는 그 이유와 일시·장소가 지체없이 통지되어야 한다(제12조 제5항). 체포나 구속을 당하는 사람이 자신의 무죄를 주장하고 항변하거나 자신의 권리를 제대로 방어하기 위하여서는 체포나 구속의 이유를 인식하여야 하고 법적인 지식의 부족 등으로 단독으로 충분히 방어할 수 없는 상황에서 법률전문가인 변호사의 도움을 받을 수 있어야 한다. 이 고지권은 체포, 구속되는 사람의 바로 이러한 방어권을 보장하기 위한 것이다.

이 고지제도는 10명의 진범을 놓치더라도 부당한 구속을 막겠다는 목적에서 설정된 원칙이고 적법절차원칙의 구현을 위한 원칙이다. 연혁적으로도 영미법계의 적법절차의 이념에서 발달되어 온 제도로서 영국에서의 구속이유제시제도, 미국에서의 미란다 원칙(Miranda rule)이 확립되어 있다. 미란다 원칙은 1966년 Miranda v. Arizona 판결(383 US 436)에서 미국 수정헌법 제5조 제1문의 진술거부권에 근거하여 천명된 원칙으로, 피의자를 체포·구속하기 전에 미리 묵비권이 있음을, 그리고 자신의 진술이 불리한 증거로 사용될 수 있음과 변호인의 조력을 받을 권리가 있음을 알려야 하고 이를 알리지 않고 체포·구속한 상태에서 취득한 진술은 증거로 인정할 수 없다는 원칙을 말한다.

가족 등에 대한 통지제도는 가족의 일원이 체포 또는 구속되었으나 그 사실을 알 수 없거나 또는 행방을 알 수 없어 불안해하는 것을 제거하고 가족 등으로 하여금 영어(囹圄)의 상황에 있는 피의자나 피고인이 스스로 적절한 방어방법을 강구하기 힘들 경우에 이를 대신 방법을 강구하도록 하여 방어권의 실효성을 보장함으로써 신체의 자유의 보장을 강화하도록 하기 위한 것이다.

2. 주체(고지·통지의 대상인)와 적용대상행위

(1) 고지·통지받을 주체

헌법은 구속이유 등이 고지되어야 할 권리주체로 헌법은 체포 또는 구속되는 사람 본인은 물론이고 '체포 또는 구속을 당한 자의 가족 등 법률이 정하는 자'도 통지받을 주체로 명시하고 있다. 이 제도를 일반적으로 고지제도라고 하나 헌법조문 자체가 체포·구속되는 본인에 대해서는 '고지'라는 용어로, 반면에 가족 등에 대해서는 '통지'라는 용어로 규정하고 있다. 형사소송법은 변호인이 있는 경우에는 변호인에게, 변호인이 없는 경우에는 피고인 또는 피의자의 법정대리인, 배우자, 직계친족, 형제자매 중 피고인(피의자)이 지정한 자에게 알려야 한다고 규정하고 있다(형사소송법 제87조 제1항, 제30조 제2항, 제200조의6, 제213조의2).

(2) 적용대상행위

고지제도는 체포나 구속의 사법절차를 그 적용대상으로 한다. 대법원 판례는 긴급체포(형사소송법 제200조의3)의 경우에도 마찬가지로 고지제도가 적용된다고 한다(대법원 2000.7.4. 99도4341).

3. 내용 – 고지와 통지

현행 헌법은 체포와 구속, 그리고 체포, 구속되는 사람에게는 고지를, 가족 등에게는 통지를 하도록 각각 두 가지의 경우를 규정하고 있다. 자세한 규정은 형사소송법에 두고 있다.

(1) 고지

체포 또는 구속되는 사람에게 고지되어야 할 내용은 체포 또는 구속의 이유, 변호인의 조력을 받을 권리가 있음 등이다.

검사 또는 사법경찰관은 피의자를 체포하는 경우에는 피의사실의 요지, 체포의 이유와 변호인을 선임할 수 있음을 말하고 변명할 기회를 주어야 한다(형사소송법 제200조의5). 현행범인을 체포하거나 현행범인을 인도받은 경우에도 그러하다(형사소송법 제213조의2). 구속의 경우에도 피고인에 대하여 범죄사실의 요지, 구속의 이유와 변호인을 선임할 수 있음을 말하고 변명할 기회를 준 후가 아니면 구속할 수 없고 다만, 피고인이 도망한 경우에는 그러하지 아니하다고 규정하고 있다(형소법 제72조).[348]

---

348) 대법원 판례는 이는 "피고인을 구속함에 있어 법관에 의한 사전 청문절차를 규정한 것으로서, 구속영장을 집행함에 있어 집행기관이 취하여야 하는 절차가 아니라 구속영장 발부함에 있어 수소법원 등 법관이 취

(2) 가족 등에의 통지

가족 등에게 통지되어야 할 내용은 체포 또는 구속의 이유와 일시·장소이다. 형사소송법은 피고인을 구속한 때나 피의자를 체포하는 때에는 변호인이 있는 경우에는 변호인에게, 변호인이 없는 경우에는 피고인 또는 피의자의 법정대리인, 배우자, 직계친족, 형제자매 중 피고인, 피의자가 지정한 자에게 피고(피의)사건명, 구속(체포)일시·장소, 범죄사실의 요지, 구속(체포)의 이유와 변호인을 선임할 수 있는 취지를 알리도록 규정하고 있고 이 통지는 지체없이 서면으로 하도록 규정하고 있다(형사소송법 제87조, 제200조의6). 현행범인의 체포, 현행범인의 인도의 경우에도 마찬가지이다(형사소송법 제213조의2).

4. 고지·통지의 시기

고지의 시기는 체포, 구속의 이유 등을 고지받지 않고는 체포 또는 구속되지 않으므로 체포 또는 구속되는 당사자에 대해서는 체포 또는 구속되기 전에 고지되어야 한다. 고지를 받은 피체포자가 자신의 방어를 할 수 있도록 하기 위한 것이 고지제도라는 점에서 미리 인식되도록 해야 한다는 것이다. 그리하여 도주하는 현행범의 경우 체포나 제압의 과정에서 고지하는 것이 필요하나 그것이 여의치 않을 경우에 붙들거나 제압한 후 지체없이 하여야 한다. 대법원 판례도 "이와 같은 고지는 체포를 위한 실력행사에 들어가기 이전에 미리 하여야 하는 것이 원칙이나, 달아나는 피의자를 쫓아가 붙들거나 폭력으로 대항하는 피의자를 실력으로 제압하는 경우에는 붙들거나 제압하는 과정에서 하거나, 그것이 여의치 않은 경우에라도 일단 붙들거나 제압한 후에는 지체 없이 행하여야 할 것이다"라고 한다(대법원 2004.8.30. 2004도3212; 2000.7.4. 99도4341; 2004.11.26. 5894; 2008.10.9. 2008도3640 등).

가족 등에게는 체포, 구속 후 지체없이 통지되어야 한다(제12조 제5항 후문, 형사소송법 제87조 제2항, 제200조의6, 제213조의2). 가족 등에의 통지는 서면에 의하도록 하고 있다(형사소송법 동조항들).

5. 효과

고지하지 않고 체포 또는 구속한 경우에는 위법한 행위로서 불법행위로서의 책임을 지게 되고 불고지한 채 수집된 증거는 증거능력을 가지지 못한다. 위법행위로 손해가 발생한 경우에는 국가배상을 청구할 수 있다. 또한 고지를 하지 않은 불법적인 체포에 대해 거부하더라도 공무집행방해죄가 성립하지 않는다(대법원 2000.7.4. 99도4341. [판시] 경찰관이 적법절차를 준수하지 아니한 채 실력으로 현행범인을 연행하려고 하였다면 적법한 공무집행이라고 할 수 없고, 현행범인이 그

―――――――

하여야 하는 절차"라고 한다(대법원 2000.11.10. 2000모134).

경찰관에 대하여 이를 거부하는 방법으로써 폭행을 하였다고 하여 공무집행방해죄가 성립하는 것은 아니다). 경찰관의 현행범 체포행위가 적법한 공무집행을 벗어나 불법하게 체포한 것으로 볼 수밖에 없다면, 현행범이 그 체포를 면하려고 반항하는 과정에서 경찰관에게 상해를 가한 것은 불법 체포로 인한 신체에 대한 현재의 부당한 침해에서 벗어나기 위한 행위로서 정당방위에 해당하여 위법성이 조각된다는 것이 대법원 판례이다(대법원 2006.11.23. 2006도2732; 위 2000.7.4. 99도4341).

또한 수사기관이 체포이유, 변호인조력을 받을 권리, 자기부죄진술거부권 등에 대한 고지를 하지 않고('미란다 원칙'을 준수하지 않고) 피고인을 강제연행하여 체포된 상태(즉 위법한 체포상태)에서 음주측정에 자발적으로 응하고 피의자의 요구로 채혈되었다고 하더라도 그 측정결과를 유죄의 증거로 쓸 수 없다는 대법원 판결이 있다.

> ◐ **대법원 판례** 대법원 2013.3.14. 2010도2094 도로교통법위반(음주운전)
> [결정요지] 경찰관들이 피고인을 지구대로 강제연행한 행위는 위법한 체포에 해당하므로 그 상태에서 한 음주측정 요구는 위법한 수사라고 볼 수밖에 없고, 그러한 요구에 따른 음주측정결과 또한 적법한 절차에 따르지 아니하고 수집한 증거로서 그 증거능력을 인정할 수 없다. … 그 채혈이 위법한 체포상태에 의한 영향이 완전하게 배제되고 피의자의 자유로운 의사결정이 확실하게 보장된 상태에서 이루어진 것으로서 불법체포와 증거 수집 사이의 인과관계가 단절되었다고 평가할 만한 객관적 사유가 개입되어 위법수집 증거 배제의 원칙이 적용되지 않는다고 할 예외적 사유에 해당한다고 보기는 어렵다.

위법한 체포 이후 수집된 증거는 그 위법성이 차단된 상태에서 수집된 것이 아니라면 역시 위법한 증거라는 것이다.

III. 고문의 금지와 진술거부권(묵비권, 자기부죄진술거부권)

1. 고문의 금지

(1) 고문의 개념과 고문금지의 의의

고문(拷問)이란 강제적으로 자백을 받아내기 위하여 신체나 정신에 강압적인 가해행위를 하는 것을 말한다. 과거 특히 중세 때 자백이 최고의 증거라고 하여 자백을 취득하기 위한 고문이 가해져오다가 프랑스 1789년 대혁명 이후 자백에 대한 증거능력을 배제하고자 하였다. 1948년 세계인권 제5조, 1966년 시민적 및 정치적 권리에 관한 국제규약(B규약) 제7조는 고문금지를 규정하고 있다. 우리 헌법도 제12조 2항 전반이 "모든 국민은 고문을 받지 아니하며"라고 고문금지를 명시하고 있다.

(2) 내용과 금지의 효과
1) 내용

고문은 자백을 강제하기 위한 가해행위이다. 신체적으로 고통을 주는 것뿐 아니라 정신적으로 고통을 주는 가해행위도 포함된다.

2) 금지의 효과

ⅰ) 피고인의 자백이 고문에 의하여 자의로 진술된 것이 아니라고 인정될 때에는 이를 유죄의 증거로 삼거나 이를 이유로 처벌할 수 없다(제12조 제7항). 즉 증거능력이 부정된다. ⅱ) 공무원이 고문을 행한 경우 가중처벌된다. 즉 재판, 검찰, 경찰 그 밖에 인신구속에 관한 직무를 수행하는 자 또는 이를 보조하는 자가 그 직무를 수행하면서 형사피의자 또는 그 밖의 사람에 대하여 폭행 또는 가혹행위를 한 경우에는 처벌하고(형법 제125조), 치상, 치사의 경우에는 가중처벌한다('특정범죄가중처벌 등에 관한 법률' 제4조의2). ⅲ) 고문으로 인하여 발생한 손해에 대해서는 국가배상책임이 있고 그 청구가 가능하다(대법원 1995.11.7. 93다41587).

2. 자기부죄진술거부권(自己負罪陳述拒否權)

(1) 개념과 연혁 및 기능

자기부죄진술거부권이란 '자신에게 형사상 유죄의 책임을 지게 할 불리한 진술을 거부할 수 있는 권리'를 말한다. 우리 헌법은 모든 국민은 형사상 자기에게 불리한 진술을 강요당하지 아니한다고 규정하고 있다(제12조 제2항 후반). 진술거부권, 묵비권이라고도 한다. 개념과 관련하여 엄밀히 보면 용어상 형사적 죄책을 지는 문제에서이든 그렇지 않은 문제이든 자신에게 불리한 진술을 거부할 수 있는 권리를 모두 묶어 진술거부권 또는 묵비권이라 부르고 죄책을 지는 문제에서의 진술거부권은 자기부죄진술거부권으로 부를 수 있을 것이다. 그런데 진술거부권이 인권의 보장문제에 있어서 일반적으로 중요한 기능을 하는 영역은 형사책임의 영역이기에 그냥 진술거부권, 묵비권으로 부르기도 한다.

자기부죄진술거부권은 영미법상 자기부죄거부의 특권(Privilege against self-incrimination)에서 유래한, 보통법상 발달되어온 원칙으로 미국의 수정헌법 제5조가 이를 명시하였다. 이후 현대 국가 헌법들에서 이에 관한 규정들을 두고 있다. 미국에서는 1966년의 Miranda 판결에서 진술거부권을 고지하지 않은 심문은 위법이라는 이른바 Miranda원칙이 확립되었다. 국제인권규약 B규약(시민적·정치적 권리에 관한 국제규약) 제14조 제3항 (g)도 "자기에게 불리한 진술 또는 유죄의 자백을 강요받지 아니할 것"을 보장받을 권리를 명시하고 있다.

자기부죄진술거부권은 객관적인 증거에 입각하여 유·무죄 여부의 판단을 하여야 하고 상응하는 죄책을 부과하여야 하며 결코 강제적 자백진술로 유죄를 인정해서는 아니 되도록 하기 위한 거부권이다. 고문 등 강제적인 자백강요를 방지하여 인간의 존엄과 가치를 유린하지 않도록 하기 위한 거부권이다. 헌재는 "우리 헌법이 이와 같이 진술거부권을 국민의 기본적 권리로 보장하는 것은 첫째, 피고인 또는 피의자의 인권을 실체적 진실발견이나 사회정의의 실현이라는 국가이익보다 우선적으로 보호함으로써 인간의 존엄성과 가치를 보장하고, 나아가 비인간적인 자백의 강요와 고문을 근절하려는데 있고, 둘째, 피고인 또는 피의자와 검사 사이에 무기평등(武器平等)을 도모하여 공정한 재판의 이념을 실현하려는 데 있다"라고 한다. 그리고 "진술거부권은 고문 등 폭행에 의한 강요는 물론 법률로써도 진술을 강요당하지 아니함을 의미한다"라고 한다(96헌가11; 89헌가118).

(2) 주체

헌법은 모든 국민이라고 규정하고 있으나 외국인도 주체가 된다. 피고인뿐 아니라 피의자도 주체가 되고, 장차 피의자, 피고인이 될 사람도 주체가 될 수 있다. 현재 형사피의자나 피고인으로서 수사 및 공판절차에 계속 중인 자뿐만 아니라 장차 형사피의자나 피고인이 될 가능성이 있는 자도 그 진술내용이 자기의 형사책임에 관련되는 것일 때에는 그 진술을 강요받지 않을 권리가 인정된다(89헌가118).

(3) 내용

1) 대상: 형사상 불리한 진술의 거부 – 형사상 책임을 가져올 경우에 한정

헌법이 강요당하지 않는 불리한 진술의 영역을 '형사상'이라고 명시하고 있는 대로 이 기본권에 의해 거부할 수 있는 대상은 범죄의 성립이 인정되어 형사책임(유죄)을 가져올, 그리고 그 책임의 많고 적은 정도에 영향을 가져올 불리한 진술이다. 따라서 민사상 책임·불이익이나 행정상 불이익한 처분을 가져오는 것일 때에는 적용되지 아니한다. 그러나 행정상 불이익 중에는 행정상 제재가 있을 수 있고 그 행정상 제재 중에는 형벌(행정형벌)을 부과하는 것이 있는데 그 경우에는 적용된다. [신고의무 이행의 비해당성] 헌재는 과세를 위한 신고의무의 이행은 처벌을 가져오지 않으므로 불리한 진술을 강요하는 것이 아니고 따라서 진술거부권 제한이 아니라고 본다. 헌재는 '대체유류'에 대한 교통·에너지·환경세의 과세물품 및 수량을 신고하도록 한 교통·에너지·환경세법 제7조 제1항에 대해 이른바 유사석유제품을 제조·판매한 사람이 진술거부권을 침해한다는 주장에 대해 이런 취지로 판시한 바 있다(2013헌바177).

2) 진술의 개념

(가) 언어에 의한 표현행위　진술이란 어떤 사실, 생각 등에 대해 언어로 표현하는 행위를 말하는 것으로서 그 언어에는 음성에 의한 것 외에 각종 표기, 신체적 동작행위 등도 포함된다. 따라서 어떠한 생각, 사실에 대한 스스로의 인식을 표현하는 것이 아닌 경우에는 진술이라고 할 수 없다. 헌재도 "진술"이라함은 언어적 표출 즉, 생각이나 지식, 경험사실을 정신작용의 일환인 언어를 통하여 표출하는 것을 의미한다고 한다(96헌가11).

(나) 진술인지 여부가 논의된 예　헌재판례를 본다. ① 호흡측정은 신체의 물리적, 사실적 상태를 객관적으로 밝히는데 그 초점이 있을 뿐이므로 진술에 해당되지 않는다고 본다(96헌가11). ② 민사집행법상 재산명시의무를 위반한 채무자에 대하여 법원이 결정으로 일정기간 감치

에 처하도록 규정한 민사집행법 조항이 진술거부권 침해라는 주장의 헌법소원에서 그 명시가 경험사실 기재이므로 진술에 해당된다고 보았다(2013헌마11. 그러나 형사상 불이익한 진술에 해당되지 않는다고 하여 진술거부권침해성은 부정하였다). ③ 정치자금을 받고 지출하는 행위는 "당사자가 직접 경험한 사실로서 이를 문자로 기재하도록 하는 것은 당사자가 자신의 경험을 말로 표출한 것의 등가물(等價物)로 평가할 수 있으므로" 그 기재행위도 진술의 범위에 포함된다고 보는 반면 정치자금법이 의무화하고 있는 회계장부·명세서·영수증을 보존하는 행위는 진술거부권의 보호대상이 되는 "진술" 즉 언어적 표출의 등가물로 볼 수 없다고 한다(헌재 2005.12.22., 2004헌바25).

3) 자기성 – 타인 범죄에 대한 고지의무(불고지죄)의 진술성 부정

헌법 제12조 제2항 후문은 '자기'에게 불리한 진술이라고 규정하여 타인에 대한 불리한 진술은 해당되지 않는다. * 不告知罪의 경우 – 논란이 되었던 불고지죄의 경우 헌재는 타인의 범죄에 대한 진술이라는 점, 불고지죄성립 후 더 이상 진술의무가 있는 것은 아니라는 점 등을 들어 진술거부권의 침해가 아니라고 보는 입장이다(96헌바35).

4) 강요금지

자신과 관계되는 범죄혐의사실을 알리도록 강제할 수 없다. 이를 강제하는 것은 자기부죄진술거부권 침해로서 헌법에 위반된다.

(4) 적용범위
1) 형사절차에서의 적용

일반적으로 형사책임의 부과에 관한 진술거부권이 신체의 자유와 관련하여 중요하고 형사절차가 신체의 자유에 영향을 주는 절차이므로 자기부죄진술거부권의 보장은 형사절차에서 보장되는 것이, 즉 수사절차 또는 공판절차에서 피의자나 피고인에게 수사기관 또는 법원의 신문에 대하여 진술을 거부할 수 있는 권리로서[349] 보장되는 것이 중요한 것은 사실이다. 수사과정에서 피의자뿐 아니라 공판절차에서도 피고인은 진술을 거부할 수 있다(형사소송법 제244조의3 제1항, 제283조의2 제1항). 형사소송법은 부죄(負罪)증언을 자기뿐 아니라 근친자 등에까지 넓혀 인정한다. 즉 누구든지 자기나 친족이거나 친족이었던 사람, 법정대리인, 후견감독인에 해당하는 자가 형사소추 또는 공소제기를 당하거나 유죄판결을 받을 사실이 드러날 염려가 있는 증언을 거부할 수 있다(동법 제148조). 또한 변호사, 변리사 등의 업무상비밀에 관한 증언거부를 인정하고 있다(동법 제149조).

2) 형사절차 아닌 절차에서 적용

형사절차가 아닌 절차에서도 그 진술로 인하여 형사책임이 발생할 경우에는 자기부죄진술거부권이 적용된다. 판례도 넓게 행정절차이거나 국회에서의 질문 등 어디에서나 그 진술이 자

349) 헌재 2002.1.31, 2001헌바43.

제 2 편 기본권 각론

기에게 형사상 불리한 경우에도 보장된다고 본다(89헌가118; 2012헌바410). 국회의 국정감사·조사에서도 위 형사소송법 제148조, 제149조에 해당하는 경우에 선서·증언 또는 서류등의 제출을 거부할 수 있도록 하고 있다('국회에서의 증언·감정 등에 관한 법률' 제3조).

3) 형사절차에 들어가기 전 적용

앞으로 형사책임이 주어질 수도 있는 형사절차가 시작되기 이전의 절차나 조치에서도 진술거부권이 인정되어야 한다. 사업자단체의 '독점규제 및 공정거래에 관한 법률' 위반행위가 있을 때 공정거래위원회가 당해 사업자단체에 대하여 "법위반사실의 공표"를 명할 수 있도록 한 동법 제27조 규정에 대해 헌재는 "진술거부권은 형사절차 뿐만 아니라 행정절차나 법률에 의한 진술강요에서도 인정되는 것인바, 이 사건 공표명령은 '특정의 행위를 함으로써 공정거래법을 위반하였다'는 취지의 행위자의 진술을 일간지에 게재하여 공표하도록 하는 것으로서 그 내용상 행위자로 하여금 형사절차에 들어가기 전에 법위반행위를 일단 자백하게 하는 것이 되어 진술거부권도 침해하는 것"이라고 보아 위헌으로 결정한 바 있다(2001헌바43).

또한 헌재는 "현재 피의자나 피고인으로서 수사 또는 공판절차에 계속 중인 자뿐만 아니라 장차 피의자나 피고인이 될 자에게도 보장된다"라고 한다.[350]

4) 형사책임과 무관한 경우

이에 관해 판례는 명확하지 않다. 헌법이 진술거부권을 '형사상'으로 명시한 것은 처벌에서 강제적인 진술을 받아내고 그렇게 하기 위해 고문을 하던 과거의 악습을 방지하고자 하는 의미가 강하여 특히 강조하고 있는 것이다. 그 외 형사처벌을 가져오는 경우가 아닌 경우에도 불리한 진술을 거부할 수 있는 기본권이 있음은 물론이고 이는 헌법 제10조 인간의 존엄과 가치, 행복추구권에서 나온다고 볼 것이다. 형사책임이 관련되지 않는 경우에 진술거부권을 침해하고 진술을 강요할 경우에 협박이나 강요의 죄로 처벌된다(형법 제324조).

(5) 구체적 사안의 판례

1) 진술거부권의 위헌적 침해를 인정한 판례 – 공정거래법위반 사실의 공표명령제

독점규제및공정거래법 위반행위가 있을 때 공정거래위원회가 당해 사업자단체에 대하여 "법위반사실의 공표"를 하도록 강제하는 규정에 대하여 헌재는 "형사절차에 들어가기 전에 법위반행위를 일단 자백하게 하는 것이 되어" 진술거부권을 위헌적으로 침해한다고 보았다(2001헌바43. 이 결정에 대해서는 전술 무죄추정원칙 등 여러 곳 참조).

2) 진술거부권의 한정적 침해를 인정한 판례

교통사고 신고의무와 진술거부권 문제 – 교통사고를 일으킨 운전자가 사고를 경찰에 신고하도록 하고 신고하지 않은 경우에 처벌하도록 한 도로교통법 규정들에 대해 헌재는 "피해자의 구호 및 교통질서의 회복을 위한 조치가 필요한 상황에만 적용되는 것이고 형사책임과 관련

---

350) 헌재 2005.12.22. 2004헌바25; 2015.9.24. 2012헌바410.

되는 사항에는 적용되지 아니하는 것으로 해석하는 한 헌법에 위반되지 아니한다"라고 한정합헌결정을 하였다. 즉 그러한 한정해석 하에 진술거부권을 침해하지 않는다고 보았고 형사책임과 관련되는 사항에 대한 적용은 진술거부권을 침해한다고 보았다(89헌가118).

[비교] 교통사고시 구호조치의무 위반 합헌성 인정 — 교통사고를 일으킨 운전자가 도로교통법 규정에 의한 피해자 구호 등의 조치를 취하지 아니하고 도주한 때에 가중처벌하도록 규정한 '특정범죄가중처벌 등에 관한 법률' 규정이 진술거부권을 침해하는 위헌인지 여부가 논란되었으나 헌재는 구호조치를 취하기만 하면 사고신고를 하지 않아도 이 사건 범죄는 성립하지 아니하고 따라서 불리한 진술 등을 강요하는 규정이 아니라는 이유로 합헌으로 결정하였다(95헌바2등). * 유의: 이 결정은 위 89헌가118 결정과는 심판대상규정내용이 다름을 유의하여야 한다. 이 결정에서는 도로교통법 제50조 제2항의 신고의무가 아니라 동조 제1항의 구호조치의무가 문제되므로 다른 사안이다.

3) 합헌결정례

① **교통사고시 구호조치의무**　바로 위에서 합헌결정된 결정을 보았다(위 [비교] 참조)

② **정치자금의 회계장부에의 허위기재 처벌**　정치자금의 수입·지출에 관한 내역을 회계장부에 허위 기재하거나 관할 선거관리위원회에 허위 보고한 정당의 회계책임자를 형사처벌하는 구 '정치자금에 관한 법률' 규정에 대해 헌재는 모든 정당·후원회·국회의원 등의 모든 정치자금 내역을 파악한다는 것은 거의 불가능에 가까우므로 이 조항이 '정치자금의 투명성 확보'라는 정치자금법 본연의 목적을 달성하기 위한 필수불가결한 조치로 이보다 진술거부권을 덜 침해하는 방안을 현실적으로 찾을 수 없어 비례(과잉금지)원칙을 준수하여 합헌이라고 결정하였다(2004헌바25).

③ **호흡측정기에 의한 "음주운전여부측정"과 진술거부권**　앞서 언급한 대로 진술은 언어표현행위이므로 호흡측정행위는 진술이 아니어서 호흡측정식의 음주운전여부측정은 진술거부권의 침해가 아니라는 것이 헌재판례이다(96헌가11).

④ **군무이탈에 대한 복귀명령 위반의 처벌과 자기부죄진술거부권**　육군참모총장의 군무이탈자(軍務離脫者) 복귀명령은 군무이탈죄를 범한 자에게 자수를 강요하는 것으로 복귀명령 위반행위를 명령위반죄로 형사처벌하는 것은 형사상 자기에게 불리한 진술을 강요당하지 아니할 기본권을 침해하는 것이어서 위헌이라는 주장이 있었다. 헌재는 군병력 유지를 주된 목적으로 하는 복귀명령의 부수적인 효과에 불과하므로, 진술거부권의 본질적 내용을 침해하는 것이 아니라고 한다(91헌바20).

⑤ **국회에서의 허위 증언·감정 처벌**　위증을 처벌하는 '국회에서의 증언·감정 등에 관한 법률' 제14조 제1항 본문 중 증인에 관한 부분이 형사소송법과 달리 증언거부권 고지 규정이 없는 상태에서 행하여진 증인의 허위 진술을 처벌하도록 규정하고 있으므로 진술거부권을 침해한다는 주장이 있었다. 헌재는 증언거부이유를 소명하여(증감법 제3조 제3항) 적극적으로 진술

거부권을 행사할 수 있었음에도 불구하고 진술거부권을 행사하지 않았을 뿐이고 '국회에서의 증언·감정 등에 관한 법률'상의 증인의 경우 진술거부권을 고지받을 권리가 인정되지 않으므로, 진술거부권을 고지받지 않았다고 하더라도 이로 인해 청구인의 진술거부권이 제한된다고 볼 수 없으며, 더욱이 진술거부권은 소극적으로 진술을 거부할 권리를 의미하고 적극적으로 허위의 진술을 할 권리를 보장하는 것은 아니므로 당해사건에서 청구인이 허위의 진술을 하였다는 이유로 위증죄의 처벌을 받은 만큼 진술거부권이 제한된 것은 아니라고 하여 진술거부권의 침해를 부정하였다(2012헌바410).

⑥ '대체유류제조' 신고의무   '대체유류'에 대한 교통·에너지·환경세의 과세물품 및 수량을 신고하도록 한 교통·에너지·환경세법 제7조 제1항에 대해 헌재는 이른바 '대체유류'를 제조하였다고 신고하는 것이 곧 석유사업법위반죄를 시인하는 것이 아니고 신고의무 이행시 과세절차가 곧바로 석유사업법위반죄의 처벌을 위한 자료의 수집·획득 절차로 이행되는 것도 아니므로, 신고의무조항이 형사상 불리한 진술을 강요하는 것이 아니라고 보아 합헌결정을 하였다(2013헌바177).

⑦ 구 국가보안법상 불고지죄 규정   앞서 본대로 헌재는 자기 범죄가 아닌 타인 범죄에 대해 신고하도록 한다는 점에서 진술거부권 문제가 발생하지 않는다고 보고 합헌결정을 하였다(96헌바35).

⑧ 민사집행법상 재산명시의무 위반 채무자에 대한 법원의 감치결정   민사집행법상 재산명시의무를 위반(재산목록 제출 거부)한 채무자에 대하여 법원이 결정으로 20일 이내의 감치에 처하도록 규정한 민사집행법 제68조 제1항에 대해 헌재는 재산목록이 진술에 해당되긴 하나 그 거부에 가해지는 제재는 형사상 책임이 아니라 민사적 구금제도로서의 감치이므로 '형사상 불이익한 진술'에 해당하지 않는다고 하여 그 주장을 배척하고 합헌성을 인정하였다(2013헌마11).

(6) 자기부죄진술거부권의 실효성, 효과

1) 고지의무

형사소송법은 검사 또는 사법경찰관은 피의자를 신문하기 전에 진술거부권에 대해 알려주어야 하도록 의무화하고 있다(형사소송법 제244조의3 제1항). 재판장은 공판준비기일과 공판절차에서 피고인에게 진술을 거부할 수 있음을 알려주어야 한다(동법 제266조의8 제6항, 제283조의2 제2항). 이러한 고지를 받을 권리는 헌법에 직접 명시되고 있지 않다고 하여 형사소송법이라는 법률상의 권리라고 볼 것은 아니고 헌법상의 자기부죄진술거부권에 근거하는 헌법상의 기본권이다. 고지의무는 자기부죄진술거부권의 실제적 효과를 위한 것임은 물론이다. 형사소송법은 ⅰ) 진술거부권 등의 고지를 의무로 규정하고 있는데, 검사 또는 사법경찰관은 피의자를 신문하기 전에 ① 일체의 진술을 하지 아니하거나 개개의 질문에 대하여 진술을 하지 아니할 수 있다는 것, ② 진술을 하지 아니하더라도 불이익을 받지 아니한다는 것, ③ 진술을 거부할 권리를 포기하고 행한 진술은 법정에서 유죄의 증거로 사용될 수 있다는 것, ④ 신문을 받을 때에는 변호인을 참여하게 하는 등 변호인의 조력을 받을 수 있다는 것을 알려주어야 한다고 규정하고 있다(형사소송법 제244조의3 제1항). 검사 또는 사법경찰관은 위와 같이 알려 준 때에는 피의자가 진술을 거부할 권리와 변호인의 조력을 받을 권리를 행사할 것인지의 여부를 질문하고, 이에 대한 피의자의 답변을 조서에 기재하여야 하고 이 경우 피의자의 답변은 피의자로 하여금 자필로 기재하게 하거나 검사 또는 사법경찰관이 피의자의 답변을 기재한 부분에 기명날인 또는 서명하게 하여야 한다(동법 동조 제2항). ⅱ) 공판에서의 진술거부 — 또한 형사소송법은 피고인은 진술하지 아니하거나 개개의 질문에 대하여 진술을 거부할 수 있고, 재판장은 피고인에게 위와 같이 진술을 거부할 수 있음을 고지하여야 한다고 규정하고 있다(동법 제283조의2).

2) 증거능력의 배제

자기부죄진술거부권은 고문은 물론이고 폭행 등 강제적인 물리력으로 형사상 불리한 내용의 자백을 강요할 수 없다는 것을 의미한다. 자기부죄진술거부권의 침해인 강요된 자백의 경우 증거능력이 부정된다(제12조 제7항). 자기부죄진술권이 있음을 고지 받지 않은 상태에서의 피의자의 진술도 그러하다. 대법원은 형사소송법이 보장하는 피의자의 진술거부권은 헌법이 보장하는 형사상 자기에 불리한 진술을 강요당하지 않는 자기부죄거부의 권리에 터 잡은 것이므로 수사기관이 피의자를 신문함에 있어서 피의자에게 미리 진술거부권을 고지하지 않은 때에는 그 피의자의 진술은 위법하게 수집된 증거로서 진술의 임의성이 인정되는 경우라도 증거능력을 부인한다(대법원 2009.8.20. 2008도8213; 1992.6.23. 92도682).

Ⅳ. 자백의 증거능력배제, 증명력제한

1. 증거능력의 배제, 증명력의 제한

자백이 고문 등에 의하여 자의로 진술된 것이 아니라고 인정될 때에는 자백의 증거능력이 부정된다. 이는 고문 등을 통한 강제적 자백을 막기 위한 것이다. 고문 등으로 자백을 받아도 증거능력이 부정되므로 고문을 하지 않도록 이끌기 때문이다. 우리 헌법 제12조 제7항은 "피고인의 자백이 고문·폭행·협박·구속의 부당한 장기화 또는 기망 기타의 방법에 의하여 자의로 진술된 것이 아니라고 인정될 때 이를 유죄의 증거로 삼거나 이를 이유로 처벌할 수 없다"라고 규정하여 이와 같은 증거능력배제원칙을 명시하고 있다. 이러한 고문 등에 의한 자백은 위 헌법규정 자체도 명시하고 있듯이 자의로 진술된 것이 아닌 임의성이 없는 자백을 의미한다. 형사소송법 제309조도 같은 취지의 규정이다.

마취분석이나 허언(거짓말)탐지기의 합헌성이 문제된다. 마취분석은 약품을 통한 진술을 얻는 방법으로서 이에 대해서는 "인간의 의사지배능력을 배제하고 인간의 가치를 부정하는 위법한 수사방법이라고 할 것이므로" 이에 의해 취득한 자백의 증거능력이 부정된다.351) 거짓말탐지기의 경우 긍정설과 부정설의 대립이 있으나 우리 대법원은 일정한 요건(첫째로 거짓말을 하면 반드시 일정한 심리상태의 변동이 일어나고, 둘째로 그 심리상태의 변동은 반드시 일정한 생리적 반응을 일으키며, 셋째로 그 생리적 반응에 의하여 피검사자의 말이 거짓인지 아닌지가 정확히 판정될 수 있다는 세 가지 전제요건)을 충족한 경우에만 거짓말탐지기 검사에 대한 증거능력을 인정할 수 있다는 입장이다(대법원 2005.5.26. 2005도130). * 이 판결에서 대법원은 이 사건 거짓말탐지기 검사가 위와 같은 세 가지 전제요건을 모두 갖추었음을 인정하지 않고 거짓말탐지기 결과회시는 증거능력이 없다고 부정하였다).

우리 헌법 제12조 제7항은 "정식재판에 있어서 피고인의 자백이 그에게 불리한 유일한 증거일 때에는 이를 유죄의 증거로 삼거나 이를 이유로 처벌할 수 없다"라고 규정하고 있다. 형사소송법 제310조도 같은 취지를 규정하고 있다. 약식재판에서는 자백만으로도 유죄선고를 할 수 있다. 이는 간이재판, 약식재판의 결과에 대해서는 정식재판을 청구할 수 있기 때문이기도 하다.

2. 판례 사안

증거와 관련된 판례들은 많다. 판례에서 문제된 대표적인 사안을 아래에 본다.

(1) 검사의 피의자신문조서의 증거능력 인정문제
1) 구법하의 상황

구 형사소송법 제312조는 검사가 범죄수사단계에서 피의자를 신문하여 작성한 조서(피의자신문조서, 被疑者訊問調書)는 법정에서 피의자가 이를 번복하더라도 조서의 진술이 '특히 신빙할 수 있는 상태하에서 행하여 진 때에'는 증거능력을 인정하였다. 즉 조서에 대한 증거능력을 완화하고 있는데 이 규정이 위헌이 아니냐가 논란이 되어 왔었다. 또한 사법경찰관이 작성한 조서에 대해서와는 달리 검사가 작성한 조서에만 이러한 증거능력을 인정함은 불평등하다는 주장도 있었다. 헌재는 이런 취지의 구 형사소송법(1954.9.23. 제정 법률 제341호, 1961.9.1. 개정 법률 제705호) 제312조 제1항 단서에 대해 이렇게 검사가 작성한 피의자신문조서의 증거능력요건을 완화하는 것은 헌법 제27조 제1항의 재판청구권과 헌법 제11조의 평등권을 침해하지 않는다고 보고 그 합헌성을 인정하였다(93헌바45; 2003헌가7). 대법원은 판례변경을 한 바 있었다. 즉 2004년에 대법원의 전원합의체는 실질적 진정성립의 추정을 부정하는 입장을 취하여 검사가 작성한 피의자신문조서 등의 증거능력 인정을 보다 엄격히 인정하는 취지의 판례변경을 한 것이다(대법원 2004.12.16. 2002도537 전원합의체).

---

351) 이재상, 전게서, 537면.

2) 개정된 형사소송법 제312조 제1항

2020년 2월 4일에 개정된 형사소법 제312조는 "검사가 작성한 피의자신문조서는 적법한 절차와 방식에 따라 작성된 것으로서 공판준비, 공판기일에 그 피의자였던 피고인 또는 변호인이 그 내용을 인정할 때에 한정하여 증거로 할 수 있다"라고 개정되었다. 이 개정 조항은 공포 후 4년 내에 시행하되, 그 기간 내에 대통령령으로 정하는 시점부터 시행하도록 부칙이 시행을 유보하고 있었다. 이 개정규정은 2022. 1. 1.부터 시행에 들어갔다(대통령령인 '…법률 제16924호 형사소송법 일부개정법률의 시행일에 관한 규정' 제2조). 이에 따른 적용례 및 경과조치를 분명히 하는 개정이 있었다. 즉 시행 후 공소제기된 사건부터 적용하도록 하고 개정규정 시행 전에 공소제기된 사건에 관하여는 종전의 규정에 따르도록 규정하고 있다(형사소송법 2021. 12. 21. 신설된 부칙 제1조의2).

(2) 피해아동의 법정진술 없는 진술수록 영상녹화물 증거능력 인정

헌재는 이 규정에 대해 합헌결정을 하였다(2011헌바108. [결정요지] * 앞의 무죄추정 부분 참조).

V. 체포·구속적부심사청구권

1. 개념과 연혁

체포·구속적부심사청구권이란 체포나 구속을 당한 사람이 자신의 체포나 구속이 헌법이나 법률을 위반한 것이라거나 또는 범죄혐의가 없다거나 도주의 우려가 없는 상태라는 등의 주장을 하면서 자신을 석방하여 인신의 자유를 회복해 주도록 심사해 줄 것을 법원에 청구할 수 있는 권리를 말한다. 이 청구에 대해 법원에서 그 체포·구속의 사유를 검사가 밝히고 법원이 그 절차적 위반이나 체포·구속의 사유의 존재 여부(적법성 여부)나 타당성 여부 등을 다시 심사하여 불법 또는 부당한 경우에 석방시키는 제도이다. 이는 국가형벌권의 남용과 오용을 막고 신체의 자유를 보장하는 데 그 의의가 있다.

구속적부심사제도는 영국의 인신보호영장제도(writ of habeas corpus)에서 유래한 것으로서 habeas corpus는 영국의 보통법상 발전되어 1679년의 유명한 인신보호법(Habeas Corpus Act)으로 확립된 것이다. 인신보호영장제도란 신속하게 인신의 자유를 회복하게 하는 제도로서 인신보호영장을 발부하면 구금된 사람이 법관 앞에 소환되어 그 구속, 감금의 이유가 진정으로 무엇인지를 제시하여야 하고 구속, 감금의 이유가 없다면 석방되도록 하는 제도이다. 이 제도가 미국연방헌법 제1조 제9절에 규정되었고 전후에 유럽 여러 국가들에서도 채택되었다. 우리나라의 경우 1948년 미군정법령에 의해 도입되었으나 인신보호영장제도와 동일한 것은 아니었다. 이후 첫 헌법, 제1공화국헌법에서부터 구속적부심사제를 규정하였고 제3공화국헌법 제10

조 제5항 전문으로 이를 이었으며 형사소송법에도 줄곧 규정되었다. 이후 오히려 구속적부심제도가 남용되었다고 하면서 제4공화국(유신)헌법에서는 이를 폐지하였다가 비판여론으로 제5공화국헌법에서는 부활되었는데 "누구든지 체포·구금을 당한 때에는 법률이 정하는 바에 의하여 적부의 심사를 법원에 청구할 권리를 가진다"라고 하여 이 부활된 그 규정에는 '법률이 정하는 바에 의하여'라는 개별유보를 두어 제한적이었다. 그러나 현행 헌법에서는 "누구든지 체포 또는 구속을 당한 때에는 적부의 심사를 법원에 청구할 권리를 가진다"라고 규정하여(제12조 제6항) 법률유보를 삭제하여 제한을 철폐하고 그 범위를 모든 범죄에 확대되게 하였다(개별 법률유보가 있었던 제5공화국헌법에서는 형사소송법이 검사인지사건, 공안사건, 법정형이 중한 사건 등에는 적부심을 청구할 수 없도록 제외하고 있었다). 현행 형사소송법은 그 구체적 규정들을 두고 있다.

2. 성격과 헌법 제12조 제6항의 적용범위

(1) 성격
1) 청구권
자유권설이 있긴 하나 생각건대 신체의 자유를 회복하여 기본권구제를 받기 위한 권리라는 점에서 청구권설이 타당하다. 청구권으로서 사법절차적 기본권이다.

2) 제도적 보장이라는 판례의 문제점
헌재 판례는 "헌법 제12조 소정의 '신체의 자유'는 대표적인 자유권적 기본권이지만, 위와 같은 신체의 자유를 보장하기 위한 방법의 하나로 같은 조 제6항에 규정된 '체포·구속적부심사청구권'의 경우 원칙적으로 국가기관 등에 대하여 특정한 행위를 요구하거나 국가의 보호를 요구하는 절차적 기본권(청구권적 기본권)이기 때문에, 본질적으로 제도적 보장의 성격을 강하게 띠고 있다"라고 본다.[352] 생각건대 ⅰ) 기본권과 별도로 인정되는 제도적 보장인데 위 판시에서 헌재가 "기본권이기 때문에""제도적 보장의 성격을 강하게 띠고 있다"라고 판시하는 것은 기본권이자 제도적 보장이라는 것이므로 자가 모순을 보이고 기본권과 제도적 보장의 혼동을 가져오는 것이다. 제도적 보장을 수반하는 기본권이는 말은 그래도 성립되나 기본권이자 제도적 보장은 받아들일 수 없다. ⅱ) 판례는 아마도 '제도'라는 측면을 염두에 둔지도 모르나 체포·구속적부심사청구권이라는 권리 자체의 성격과 체포·구속적부심사제 자체의 성격은 구분된다. 체포·구속적부심사제는 하나의 제도임은 물론이다. 그러나 그 심사를 요구할 수 있게 하는 것은 신체의 자유가 침해된 국민이 그 구제를 위한 것이고 기본권 구제를 위한 기본권이 청구권이므로 체포·구속적부심사청구권은 청구권으로서의 성격을 가진다. 요컨대 그 권리 자체는 청구권이고 체포·구속적부심사제는 그 권리를 실현해주기 위한 하나의 제도이다.

---

352) 헌재 2004.3.25. 2002헌바104.

3) 재심(항고심사)적 성격과 사후적 권리구제성

생각건대 이 적부심제도는 법원이 허용한 구속에 대해 법원이 다시 그 적법성, 타당성을 심사하므로 법원에 의한 재심 내지 항고심사적 성격을 가진다. 영장제도는 체포나 구속을 하기 이전 사전적인 권리방어적인 예방적 권리보호제인 데 비해 적부심사제는 사후적 권리구제 제도의 성격을 가진다.

(2) 헌법 제12조 제6항의 적용범위와 의미

[논점] 헌법 제12조 제6항에서 규정하고 있는 체포 또는 구속의 적부가 형사사법절차에서의 그것만을 의미하는지 아니면 행정적 작용이나 사인의 행위에 있어서 체포 또는 구속의 경우도 포함하는 것인지 하는 적용범위에 관한 해석문제가 있다.

[헌재판례 – 모든 형태 체포·구속] 헌재는 넓게 본다. "헌법 제12조 제6항은 모든 형태의 공권력행사기관이 체포 또는 구속의 방법으로 신체의 자유를 제한하는 사안에 대해 적용된다"라고 본다(2002헌바104; 2012헌마686). 이는 "헌법 제12조에 규정된 신체의 자유가 수사기관 뿐만 아니라 일반 행정기관을 비롯한 다른 국가기관 등에 의하여도 직접 제한될 수 있음을 고려"한 결과이다.

[헌법 제12조 제6항의 의미 – 최소한 1회 이상 제공] 또한 헌재는 헌법 제12조 제6항은 "최종적인 사법적 판단절차와는 별도로 체포·구속 자체에 대한 적법 여부를 법원에 심사청구할 수 있는 절차를 헌법적 차원에서 보장하는 규정이므로, 입법자는 전반적인 법체계를 통하여 관련자에게 그 구체적인 절차적 권리를 제대로 행사할 수 있는 기회를 최소한 1회 이상 제공하여야 할 의무를 가진다"라고 한다(2002헌바104; 2012헌마686).

3. 주체(청구권자)

(1) 청구권자

특히 헌법 제12조 제6항이 "누구든지"라고 규정하여 국민뿐 아니라 외국인도 그 주체가 될 수 있는데 그 청구는 실제 체포나 구속을 당한 피의자가 하게 된다. 형사소송법은 체포 또는 구속된 피의자 외에 그 변호인, 법정대리인, 배우자, 직계친족, 형제자매나 가족, 동거인 또는 고용주도 적부심사를 청구할 수 있다고 규정하고 있다(동법 제214조의2 제1항).

(2) 전격기소의 위헌성

구 형사소송법 제214조의 2 제1항은 구속적부심사의 청구인적격을 '피의자' 등으로 한정하고 있었기에 구속된 피의자가 구속적부심사를 청구하였더라도 검사가 법원의 결정 이전에 전격적으로 기소하는 경우 피의자의 신분이 피고인으로 바뀌게 됨에 따라 법원으로서는 청구를 기각할 수밖에 없게 되어 피의자는 체포·구속의 적부심사를 받을 기회를 박탈당하는 결과가 발생한다는 이유로 헌법불합치결정이 있었다. 피고인 신분으로 구속취소 신청을 할 수는 있으나, 그 과정에서 상당한 기간이 소요될 수밖에 없고, 반면에 적부심사를 위한 수사관계서류와 증거물의 법원접수, 검찰반환까지의 기간은 구속기간 및 그 연장기간에 산입하지 않는다고 규정하고 있으므로(당시의 형사소송법 제214조의2 제12항) 구속적부심사청구가 있는 경우 검사가 구속기간의 제한 등을 이유로 신속한 기소를 하여야 할 필요성은 많지 않을 것으로 보이는 등 제한할 합리적 이유가 없다는 것이 결정이유의 핵심이다(2002헌바104). 이후 형사소송법이 "심사청구 후 공소제기된 자"를 포함하는 개정이 되었다. 즉 "심사청구 후 피의자에 대하여 공소제기가 있는 경우에도 또한 같다", "구속된 피의자(심사청구후 공소제기된 자를 포함한다)"라고 괄호를 추가하여(개정 1995.12.29. 2004.10.16. 당시의 형사소송법 제214조의2 제3항 제2문·제4항) 결정취지 대로 개정하였다. 이 개정된 규정내용은 현행법(동법 동조 제4항 제2문·제5항)에도 유지되고 있다.

4. 대상, 고지제도, 절차(내용)

(1) 대상과 고지제도
1) 대상
모든 범죄가 대상이 된다.
2) 고지제도
[의무] 피의자를 체포하거나 구속한 검사 또는 사법경찰관은 체포되거나 구속된 피의자 등에게 적부심사를 청구할 수 있음을 알려야 한다고 규정하여(형사소송법 제214조의2 제2항) 그 고지를 의무로 하고 있다.

[고지대상] 체포되거나 구속된 피의자는 물론 그 변호인, 법정대리인, 배우자 등 위 청구권자에 해당되는(즉 동법 동조 제1항에 규정된) 사람 중에서 피의자가 지정하는 사람에게 적부심사를 청구할 수 있음을 알려야 한다

(2) 심사
1) 심문과 조사
[시한] 청구를 받은 법원은 청구서가 접수된 때부터 48시간 이내에 체포되거나 구속된 피의자를 심문하고 수사 관계 서류와 증거물을 조사한다(형사소송법 제214조의2 제4항 전반). 검사·변호인·청구인은 심문기일에 출석하여 의견을 진술할 수 있다(동법 제214조의2 제9항).

[심문주체의 제한] 체포영장이나 구속영장을 발부한 법관은 심문·조사·결정에 관여하지 못한다(동법 제214조의2 제12항 본문).

2) 심사범위

체포, 구속의 절차적 적법성 여부에 대해 심사는 데 국한되지 않고, 적부심에서 구속사유 등에 대한 실질적 심사도 행해진다.

3) 결정과 그 효과

[기각결정과 석방결정] 청구를 받은 법원은 위와 같이 심문과 조사를 하여 그 청구가 이유 없다고 인정한 경우에는 결정으로 기각하고, 이유있다고 인정한 경우에는 결정으로 체포되거나 구속된 피의자의 석방을 명하여야 한다. 심사 청구 후 피의자에 대하여 공소제기가 있는 경우에도 또한 같다(동법 제214조의2 제4항). [간이결정] 법원은 청구권자 아닌 사람이 청구하거나 동일한 체포영장 또는 구속영장의 발부에 대하여 재청구한 때, 공범 또는 공동피의자의 순차청구가 수사 방해를 목적으로 하고 있음이 명백한 때에는 심문 없이 결정으로 청구를 기각할 수 있다(동법 동조 제3항). [항고금지] 위 기각과 석방의 결정에 대해서는 항고할 수 없다(동법 동조 제8항). [구속영장청구기간의 불산입 등] 법원이 수사 관계 서류와 증거물을 접수한 때부터 결정 후 검찰청에 반환된 때까지의 기간은 구속영장청구기간, 사법경찰관과 검사의 구속연장 기간에 산입하지 아니한다고 규정하고 있다(동법 제214조의2 제13항). 이에 대해 체포·구속적부심 청구가 기각된 때에는 결국 체포기간, 구속기간이 연장되는 효과를 가져오는데 이는 적부심청구가 남용되지 않게 하고 수사에 지장을 초래하지 않도록 하는 취지이긴 하나 간이결정이 있다는 점을 고려하면 문제라는 지적이 있다. [재체포, 재구속의 제한] 체포 또는 구속적부심사결정에 의하여 석방된 피의자가 도망하거나 범죄의 증거를 인멸하는 경우를 제외하고는 동일한 범죄사실로 재차 체포하거나 구속할 수 없다(동법 제214조의3 제1항).

4) 보증금납입조건부 석방 제도

법원은 구속된 피의자(심사청구 후 공소제기된 사람을 포함한다)에 대하여 피의자의 출석을 보증할 만한 보증금의 납입을 조건으로 하여 결정으로 석방을 명할 수 있다(동법 제214조의2 제5항 본문). 이러한 보증금납입조건부 석방의 제도는 구속된 피의자에 적용되고 체포된 피의자에 대하여는 인정되지 않는다는 것이 대법원의 판례이다.[353] 보증금납입조건부 석방이 불가한 사유, 그 석방의 결정에 일정한 조건을 부가할 수 있다는 점, 그 보증금납입조건부로 석방된 피의자에 대한 재체포, 재구속이 안된다는 것과 그것의 예외가 규정되어 있다(동법 동조 동항 단서, 동조 제6항, 제214조의3 제2항).

VI. 인신보호제도

* 형사피의자·피고인의 권리문제가 아니긴 하나 인신의 구속으로부터의 구제로서 형사절차상

---

353) 대법원 1997.8.27. 97모21.

신체자유침해 구제 문제에 유사한 면이 있는 인신보호 문제이므로 여기서 살펴본다. 또한 구속
적부심 등과 비교를 위해서도 여기서 살펴본다.

1. 제도의 의의와 헌법적 근거 등

[의의] 사법기관에 의해 부당히 체포 또는 구속된 상태에 있는 사람들에 대한 구제는 위의
구속적부심 등으로 보호된다. 그러한 경우가 아닌 행정청의 처분이나, 사인 등에 의한 감금 등
으로부터 구제도 필요하다. 예를 들어 정신병원에 부당하게 수용되는 경우 그 수용에서 벗어날
수 있도록 하는 구제가 바로 인신보호제도이고354) 2007년 제정된 인신보호법이 현재 시행되고
있다. 동법은 "위법한 행정처분 또는 사인(私人)에 의한 시설에의 수용으로 인하여 부당하게 인
신의 자유를 제한당하고 있는 개인의 구제절차를 마련함으로써「헌법」이 보장하고 있는 국민
의 기본권을 보호하는 것을 목적으로" 한다(동법 제1조). 신체의 자유의 사각지대(死角地帶)를
메우는 역할을 한다.

[헌법적 근거] 과거 제3공화국헌법 제10조 제5항 후문은 "사인으로부터 신체의 자유의 불법
한 침해를 받은 때에도 법률이 정하는 바에 의하여 구제를 법원에 청구할 권리를 가진다"라고
하여 인신보호법, 즉 사인(私人)에 의한 침해에 대한 인신보호제도의 헌법적 근거도 마련되어
있었다. 그러나 인신보호법이 제정되지는 않았다. 현행 헌법에서 인신보호제의 헌법적 근거로
헌법 제10조의 인간의 존엄과 가치, 국가의 기본권보장의무조항, 그리고 제12조 제6항을 들 수
있다. 헌법 제12조 제6항은 체포 또는 구속이 누구에 의해 이루어진 경우인지를 밝히고 있지
않으므로 사법당국이 아닌 일반행정기관이나 사인에 의한 구금과 같은 경우도 포함된다고 넓
게 볼 일이다. 헌재도 위 구속적부심제에서 인용한 대로 넓게 본다(2002헌바104; 2012헌마686).

2. 인신보호법의 내용

(1) 적용범위와 적용대상

인신보호법은 "피수용자"란 자유로운 의사에 반하여 국가, 지방자치단체, 공법인 또는 개
인, 민간단체 등이 운영하는 의료시설·복지시설·수용시설·보호시설(이하 "수용시설"이라 한다)
에 수용·보호 또는 감금되어 있는 자를 말한다. 다만, 형사절차에 따라 체포·구속된 자, 수형
자 및「출입국관리법」에 따라 보호된 자는 제외한다고 규정하여 그 대상을 정하고 있다(동법
제2조 제1항). * 이 제외규정에 대한 헌재결정 ─ 헌재는 "출입국관리법상 보호에 대하여 행정

---

354) 헌재 2014.8.28. 2012헌마686은 "인신보호법안은 2005.1.31. 국회의원 49인에 의해 발의되었다. 당시 인신
보호법안의 제안 취지는 형사소송법이 형사절차에 의하여 체포·구금된 경우에 대해서만 구제절차를 두고
있어 행정력이나 개인에 의하여 발생한 구금의 경우 구제절차가 흠결된 중대한 인권침해를 해결하고, 특히
정신병자나 부랑자·윤락녀로 몰려 보호시설에 수용되는 사안, 지력이 부족하여 무인도의 어부·앵벌이로 끌
려간 사안에서 인간으로서의 기본권인 신체의 자유를 보장하고자 함에 있었다"라고 서술하고 있다.

소송을 통한 구제의 길이 열려있어 체포·구속의 당부를 사법부에 의해 판단받을 수 있는 기회가 보장되어 있고"라고 하여 신체의 자유 침해가 아니라고 보아 기각결정을 하였다(2012헌마686).

동법에서 "수용자"란 수용시설의 장 또는 운영자를 말한다(동법 동조 제2항).

(2) 구제청구
1) 구제청구의 요건
① 구제청구자일 것, ② 위법성, 소멸성의 주장(이는 주장요건이라고 할 것이다. 위법성, 소멸성 여부는 법원이 심리를 통해 가릴 사항이기 때문이다). ③ 아래의 '보충성원칙'이 지켜져야 한다. ④ 서면에 의한 청구여야 한다.

2) 보충성원칙
인신보호법 외에 다른 법률에 구제절차가 있으면 그것에 따라야 하는데 지체되는 다른 권리구제여서는 아니 될 것이다. 그리하여 동법은 "다만, 다른 법률에 구제절차가 있는 경우에는 상당한 기간 내에 그 법률에 따른 구제를 받을 수 없음이 명백하여야 한다"라고(동법 제3조 단서) 한계를 설정하고 있다.

(3) 심리와 신병보호, 임시해제 등
이에 관해서는 인신보호법에 규정되어 있다(동법 제8, 9, 11조 등 참조).

(4) 결정과 그 효과
1) 결정
법원은 구제청구사건을 심리한 결과 그 청구가 이유가 있다고 인정되는 때에는 결정으로 피수용자의 수용을 즉시 해제할 것을 명하여야 한다(동법 제13조 제1항). 법원은 구제청구가 이유 없다고 인정하는 때에는 이를 기각하여야 한다(동법 동조 제2항 전문).

2) 상소
구제청구자와 수용자는 위 해제명령 또는 기각결정에 대하여 불복하면 7일 이내에 즉시항고할 수 있다. 다만, 즉시항고는 집행정지의 효력이 없다(동법 제15조).

> * **위헌결정:** ● 판례 위 동법 제15조 중 즉시항고 제기기간이 구법에서는 '3일'로 규정되어 있었는데 이에 대해 헌재는 수용시설에 수용·보호 또는 감금되어 있는 피수용자가 즉시항고를 제기하는 것을 현저히 곤란하게 하는 지나치게 짧은 기간이어서 피수용자의 재판청구권을 입법재량을 벗어나 침해한다고 위헌결정(2013헌가21)을 하였고 그래서 위와 같이 7일로 개정된 것이고 개정규정은 즉시항고에 집행정지효력을 명시적으로 부정하는 문언도 추가하였다.

3) 재수용의 금지
이 법에 따라 수용이 해제된 자는 구제청구의 전제가 된 사유와 같은 사유로 다시 수용할 수 없다(동법 제16조).

Ⅶ. 변호인의 조력을 받을 권리(헌법 제12조 제4항의 변호인조력권)

1. 의의와 논의의 범위

(1) 변호인조력권과 여기서의 논의범위

[헌법 제12조 제4항 변호인조력권 외 변호인조력권과 그 헌법적 근거] 헌법 제12조 제4항의 변호인조력권은 체포 또는 구속의 경우이고 여기서 살펴볼 대상이다. 그런데 변호인의 조력권 전체는 우리 헌법 제12조 제4항이 명시하고 있는 체포 또는 구속을 당한 때의 변호인조력권뿐만 아니라 그 외에도 민사, 행정 등에서 법적 문제가 발생한 경우에 법률전문가인 변호사 등에 도움을 받을 권리이다. 민사적인 법적 문제로 변호사와 상담하는 것도 그것의 하나이다. 그런데 헌재는 헌법 제12조 제4항이 규정한 변호인조력권 외 형사사건이 아닌 민사소송, 행정소송, 헌법재판에 있어서는 변호인의 조력을 받을 권리가 아니라 재판청구권으로 변호인 접견권 등이 인정된다고 본다(이에 관해서는 따라서 뒤의 청구권의 재판청구권 부분 참조). 그러나 민사나 행정 등의 영역에서 변호인조력을 받을 권리(예를 들어 변호인접견권 등)가 재판청구권에서 나온다고 보는 헌재의 이러한 판례법리는 재판이 진행되고 있지 않거나 재판들과는 관련 없는 상황에서 변호인의 조력을 받아야 할 경우에는 공백이 생긴다는 점에서 문제이다. 재판을 앞으로 제기할 것인지 여부를 판단하기 위한 변호인 접견이라고 한다면 재판청구권의 한 내용으로 엮어지긴 할 것이나 재판제기를 염두에 두지 않고 법률자문을 변호사로부터 구하고자 할 경우 등에는 논거가 약해진다. 가령 민사적 법문제를 두고 재판을 반드시 청구하지 않고 상담만 하는 사람의 경우 민사재판을 염두에 둔 상담이면 또 몰라도 상담으로 그치는 경우 헌법적 근거로 재판청구권으로 충분한지 하는 의문이 생기게 한다. 이는 변호인조력권 전체에 대한 헌법적 근거를 근본적으로 찾아보게 하는 것이다.

[여기서의 논의범위] 일단 여기서는 헌법 제12조 제4항이 규정하는 변호인조력권을 살펴본다.

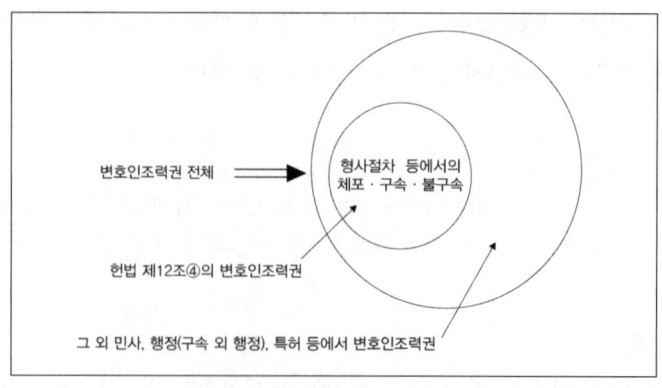

□ 변호인조력권의 구성체계

(2) 헌법 제12조 제4항 변호인조력권의 헌법규정과 의의

헌법 제12조 제4항은 "누구든지 체포 또는 구속을 당한 때에는 즉시 변호인의 조력을 받을 권리를 가진다. 다만, 형사피고인이 스스로 변호인을 구할 수 없을 때에는 법률이 정하는 바에 의하여 국가가 변호인을 붙인다"라고 규정하고 있고 제12조 제5항 전문은 "누구든지 체포 또는 구속의 이유와 변호인의 조력을 받을 권리가 있음을 고지받지 아니하고는 체포 또는 구속을 당하지 아니한다"라고 규정하여 변호인의 조력을 받을 권리가 헌법상 기본권으로 명시되어 있다. 위와 같은 헌법조문들이 체포·구속시의 변호인조력권을 특별히 명시하고 있고 형사절차에서의 변호인의 조력을 받을 권리를 강조해온 이유는 체포, 구속은 기초적 자유인 신체의 자유를 제한할 수 있는 영역이어서 변호인의 도움이 더욱 절실하고 중요하다는 점 때문임은 물론이다. 형사적인 절차에서 신체의 자유를 제한받으며 소추되고 처벌을 받게 될 상황에 있는 피의자, 피고인이 자신의 방어를 위하여 전문적인 법지식을 갖춘 자격있는 법률가인 변호인의 도움을 받을 필요가 있다. 헌재는 "변호인의 조력을 받을 권리란 국가권력의 일방적인 형벌권행사에 대항하여 자신에게 부여된 헌법상, 소송법상의 권리를 효율적이고 독립적으로 행사하기 위하여 변호인의 도움을 얻을 피의자·피고인의 권리"를 의미한다고 보았다.[355] 아예 "변호인의 조력을 받을 권리는 '형사사건'에서의 변호인의 조력을 받을 권리를 의미한다"라고 단정하는 판시의 결정도 있다(2011헌마398). 그러나 형사절차 외 민사 등에서 변호인조력권도 인정된다는 점에서 헌법 제12조 제4항의 변호인의 조력을 받을 권리라고 하고 판시하는 것이 더 정확할 것이다.

(3) 헌법 제12조 제4항의 변호인조력권의 적용범위 - 형사절차에서의 구속에만 한정되는가? - 행정절차상 구속에도 적용된다는 판례

아니다. 헌법 제12조 제4항의 본문을 엄밀히 읽어보면 "누구든지 체포 또는 구속을 당한 때"라고 규정하였고 이는 형사절차상의 체포, 구속에서만이라고 한정하고 있지 않고 그냥 '체포 또는 구속'이라고 규정하여 체포, 구속의 원인이나 계기, 과정이 형사절차만이라고 규정하고 있지는 않다. 따라서 행정과정 등에서의 체포, 구속에서도 변호인의 조력을 받을 권리를 인정하는 것으로 볼 수 있다.

[판례 - 행정절차상 구속에도 인정] 헌재도 이전에는 행정절차상 구속의 경우에 헌법 제12조 제4항이 적용되지 않는다고 보았다가(2008헌마430) 2018년에 판례를 변경하여 인정된다고 본다. 판례의 인정논거는 다음과 같고 단계론적이다(밑줄 참조). ⅰ) "헌법 제12조 제1항은 제1문에서 "모든 국민은 신체의 자유를 가진다."고 규정한다. 신체의 자유를 보장하는 헌법 제12조 제1항 제1문은 문언상 형사절차만을 염두에 둔 것이 아님이 분명하다." "따라서 형사절차를 특히 염두에 둔 것이 아닌 헌법 제12조 제1항 제1문과의 체계적 해석의 관점에서 볼 때, <u>헌법</u>

---

355) 헌재 2004.9.23. 2000헌마138.

제12조 제1항 제2문, 제2항 내지 제7항은 당해 헌법조항의 문언상 혹은 당해 헌법조항에 규정된 구체적인 신체의 자유 보장 방법의 속성상 형사절차에만 적용됨이 분명한 경우가 아니라면, 형사절차에 한정되지 않는 것으로 해석하는 것이 타당하다." ⅱ) 위와 같은 해석 원칙에 따라 헌법 제12조 제4항 본문이 형사절차에만 적용되는지에 관하여 본다. "헌법 제12조 제4항 본문에 규정된 "구속"은 사전적 의미의 구속 중에서도 특히 사람을 강제로 붙잡아 끌고 가는 구인과 사람을 강제로 일정한 장소에 가두는 구금을 가리키는데, 이는 형사절차뿐 아니라 행정절차에서도 가능하다." ⅲ) "구속을 당한 사람은 자연권적 속성을 가지는 신체의 자유가 심각하게 제한된 상황에 처하고, 구속에 따른 육체적·정신적 제약이 커서 스스로의 힘만으로는 자신의 자유와 권리를 제대로 방어하기" 어려우므로, 그에게는 법률전문가인 변호인의 조력이 즉시 제공되어야 한다. "이와 같이 행정절차에서 구속된 사람에게 부여되어야 하는 변호인의 조력을 받을 권리는 형사절차에서 구속된 사람에게 부여되어야 하는 변호인의 조력을 받을 권리와 그 속성이 동일하다. 따라서 변호인의 조력을 받을 권리는 그 성질상 형사절차에서만 인정될 수 있는 기본권이 아니다." ⅳ) "결국 헌법 제12조 제4항 본문은 형사절차뿐 아니라 행정절차에도 적용된다고 해석하는 것이 헌법 제12조 제4항 본문 자체의 문리해석의 측면에서 타당하고, 변호인 조력권의 속성에도 들어맞으며, 우리 헌법이 제12조 제1항 제1문에 명문으로 신체의 자유에 관한 규정을 두어 신체의 자유를 두텁게 보호하는 취지에도 부합할 뿐 아니라, 헌법 제12조의 체계적 해석 및 목적론적 해석의 관점에서도 정당하다."

그리하여 위 법리가 표명된 그 결정에서 헌재는 인천국제공항에서 난민인정신청을 하였으나 난민인정심사불회부결정을 받은 청구인을 인천국제공항 송환대기실에 약 5개월째 수용하고 환승구역으로의 출입을 막은 것이 헌법 제12조 제4항 본문에 규정된 "구속"에 해당되고, 피청구인(인천공항출입국·외국인청장)이 청구인의 변호인의 접견신청을 거부한 것이 아무런 법률상 근거가 없고, 국가안전보장이나 질서유지, 공공복리를 위해 필요한 기본권 제한 조치로 볼 수도 없어서 청구인에게 보장되는 헌법 제12조 제4항 본문에 의한 변호인의 조력을 받을 권리를 침해한 것임을 확인하는 아래와 같은 결정을 하였다.

> ● **판례** 헌재 2018.5.31. 2014헌마346
> [주문] 피청구인(인천공항출입국·외국인청장)이 2014.4.25. 청구인의 변호인의 접견신청을 거부한 행위는 난민인정심사불회부 결정을 받은 후 인천국제공항 송환대기실에 수용중인 청구인의 변호인의 조력을 받을 권리를 침해한 것이므로 헌법에 위반됨을 확인한다. [결정요지] * 본서의 위 본문에 서술된 바임.

2. 주체와 시간적 요소

(1) 주체
1) 피의자, 피고인, 피내사자, 외국인
여기서의 주체 문제는 헌법 제12조 제4항에서 규정하는, 형사절차상의 변호인 조력을 받을 권리의 주체 문제이다. 피고인뿐 아니라 아직 기소가 되지 않아 피고인이 아니지만 피의자인 단계에서도 권리를 행사할 수 있다. 대법원은 임의동행하여 내사 중에 있는 피의자(피내사자)에 대해서도 당연히 변호인의 조력을 받을 권리가 인정된다고 한다(대법원 1996.6.3. 96모18).

헌법 제12조 제4항이 '누구든지'라고 규정하고 있으므로 외국인의 경우에도 위와 같은 지위에서 주체가 된다.

2) 불구속 피의자·피고인의 경우도 포함

문제는 우리 헌법 제12조 4항이 "체포 또는 구속을 당한 때에는"이라고 명시하고 있기에 불구속 피의자·피고인의 경우에도 이 권리가 인정되는가가 논란될 수 있다. 구속의 경우를 헌법이 특히 강조한 것이라고 보면 불구속 피의자·피고인의 경우에도 인정된다고 볼 것이고 따라서 긍정설이 타당하다. 우리 헌재도 "법치국가원리, 적법절차원칙에서 인정되는 당연한 내용"이라고 보아 긍정한다.

● **판례** 헌재 2004.9.23. 2000헌마138 인용(위헌확인)
[관련판시] 우리 헌법은 변호인의 조력을 받을 권리가 불구속 피의자·피고인 모두에게 포괄적으로 인정되는지 여부에 관하여 명시적으로 규율하고 있지는 않지만, 불구속 피의자의 경우에도 변호인의 조력을 받을 권리는 우리 헌법에 나타난 법치국가원리, 적법절차원칙에서 인정되는 당연한 내용이다. [주문] 피청구인이 2000.2.16. 청구인들에 대한 피의자신문시 변호인들이 참여하여 조력할 수 있도록 해 달라는 청구인들의 요청을 거부한 행위는 청구인들의 변호인의 조력을 받을 권리를 침해한 것으로서 위헌임을 확인한다.

3) 기결수용자(수형자)에 대한 부정

기결수용자(수형자)에 대해서는 변호인의 조력을 받을 권리의 주체성을 부정하는 것이 우리 판례의 입장이다. 즉 변호인의 조력을 받을 권리에 대한 헌법과 법률의 규정 및 취지에 비추어 보면 형사절차가 종료되어 교정시설에 수용중인 수형자는 원칙적으로 헌법 제12조 제4항이 규정하는 변호인의 조력을 받을 권리에 대한 주체가 될 수 없다고 본다.[356] 그런데 기결수로서는 자신이 피고였던 그 형사재판이 확정되어 더 이상 그 형사재판이 존재하지 않으므로 그 형사재판을 위한 변호인조력권이란 의미가 없으므로(재심이면 몰라도) 이는 당연한 결론이기도 하다. 여하튼 그리하여 헌재는 형의 집행 중에 있는 수형자에게 변호인과의 접견교통권이 인정된다고 하더라도 그 접견의 제한은(그에 대한 새로운 형사사건을 위한 것이 아닌 한) 헌법 제12조의 변호인의 조력을 받을 권리에 대한 제한이 아니라 헌법 제27조의 재판청구권의 내용으로서 변호사의 도움을 받을 권리에 대한 제한이라고 본다. 미결수용자의 경우에도 자신이 피고인 형사재판이 아닌 민사, 행정, 헌법재판 등에서는 위 기결수용자(수형자)와 같이 변호인조력권이 인정되지 않고 재판청구권에서 나오는 변호사접견권 등이 인정된다. 결국 헌재는 변호인의 조력을 받을 권리는 '형사사건'에서의 변호인의 조력을 받을 권리를 의미한다고 보고,[357] 요컨대 수형자(형이 확정되어 수용 중인 수형자)이든 미결수용자이든 형사사건이 아닌 민사재판, 행정재판, 헌법재판의 경우에는 변호사 접견 등의 권리가 재판청구권에서 나오고 그것을 방해받으면 변

---

356) 헌재 1998.8.27. 96헌마398; 2004.12.16. 2002헌마478.
357) 헌재 1998.8.27. 96헌마398; 2013.9.26. 2011헌마398.

호인조력권의 침해가 아니라 재판청구권의 침해가 된다는 것이 헌재의 입장이다. 그리하여 민사소송 대리 변호사와의 접견을 일반접견에 포함시켜 월 4회의 횟수 제한을 받도록 한 구 '형의 집행 및 수용자의 처우에 관한 법률 시행령' 조항의 위헌여부심사에서 헌재는 수형자의 재판청구권을 침해하는지 여부가 문제된다고 보았다. 그리고 헌재는 접견 횟수에 대한 탄력적 운용, 서신 및 집필문서 발송, 전화통화에 의하여 소송준비 또는 소송수행을 할 수 있다는 점 등을 들어 접견불허처분이 헌법 제27조의 재판청구권을 침해하는 것이 아니라고 이전에 보았다가[358] 2015년에 판례를 변경하여 재판청구권을 침해하여 위헌이라고 보고 헌법불합치결정(2012헌마858)을 하였다(이상의 법리와 판례에 대해서는 뒤의 '재판청구권' 부분도 참조). 그러나 민사재판이나 행정재판 등에서 변호인의 접견권 등의 권리가 재판청구권에서 나온다고 보는 헌재의 위 입장은 재판을 염두에 두지 않은 변호인조력도 생각할 수 있어서 그 적실성이 충분한지 의문이 없지 않다. 이에 대해서는 위 1. (1)에서 지적한 바 있다.

(2) 시간적 요소 − '즉시성'

헌법 제12조 제4항은 "즉시 … 받을 권리를 가진다"라고 하여 즉시성을 명시하고 있다. 형사절차상, 체포, 구속 자체의 법적 문제도 있고 그 과정이나 앞으로의 과정에서 자신의 혐의에 대한 불리한 상황이 되지 않기 위해서는 실기(失期)하지 않는 즉각적인 법전문가의 도움이 효과적이다.

3. 적용범위

(1) 형사절차상 범위 − 불구속 포함

위에서 본대로 구속의 경우뿐 아니라 불구속의 경우에도 변호인의 조력을 받을 권리가 인정된다. 대법원 판례도 임의동행된 피의자와 피내사자에게 변호인의 접견교통권이 인정된다고 보고, 접견교통권은 수사기관의 처분은 물론 법원의 결정으로도 이를 제한할 수 없다고 본다(대법원 1996.6.3. 96모18; 1991.3.28. 91모24).

(2) 행정절차상 구속 포함

위에서도 언급한 대로 헌재는 헌법 제12조 제4항 본문에 규정된 "구속"에 행정절차상 구속도 포함된다고 보고, 헌법 제12조 제4항 본문은 형사절차뿐 아니라 행정절차에도 적용된다고 본다(2014헌마346). 이에 대해서는 위 1. (3)에서 서술하였다.

---

358) 헌재 2004.12.16. 2002헌마478.

4. 내용요소

헌법 제12조 제4항에서 말하는 "변호인의 조력"이란 "변호인의 충분한 조력"을 의미한다.[359] 변호인의 조력을 받을 권리의 내용요소로는 변호인선임권, 변호인 접견교통권, 변호인 조언·상담권, 그 외 방어권 행사에 필요한 사항들을 준비하고 행사하는 데 변호인의 도움을 받을 권리 등이 모두 포함된다.

(1) 변호인 조력을 받을 권리의 '고지'받을 권리

"누구든지 …변호인의 조력을 받을 권리가 있음을 고지받지 아니하고는 체포 또는 구속을 당하지 아니한다가 있다(제12조 제5항). 이 고지받을 권리를 변호인조력권의 하나로 포함할 것인지는 의견이 갈릴 수 있으나 여하튼 기본권이고 변호인조력권의 실효성 보장을 위한 고지제도이다.

(2) 변호인 선임권
1) 의의

변호인의 조력을 받을 권리는 무엇보다도 변호인을 선임할 권리가 보장될 것을 전제로 한다. 따라서 피고인, 피의자는 변호인의 선임을 방해받지 않고 자신이 원하는 변호인을 선택하고 선임할 수 있는 권리를 가지고 이 권리는 법률에 의하더라도 제한할 수 없다(2000헌마138).

2) 국선변호인 제도

(가) 의의와 헌법규정　　변호사를 선임할 자력이 없는 형사피고인에 대해 국가의 비용으로 법원이 선임하는 국선변호인의 조력을 받을 권리가 인정된다. 이는 사선변호사를 선임할 수 없는 사람의 실질적인 평등을 구현하고 변호인의 조력권을 실질함으로써 공정한 재판을 받을 권리를 보장하기 위한 것이다. 헌법은 "형사피고인이 스스로 변호인을 구할 수 없을 때에는 법률이 정하는 바에 의하여 국가가 변호인을 붙인다"라고 규정하여(제12조 제4항 단서) 국선변호인 제도를 헌법상 보장하고 있다.

(나) 국선변호인의 조력을 받을 권리의 주체 – 피고인 한정(판례입장)

ⅰ) 판례 – 그런데 위 헌법 제12조 제4항 단서는 국선변호인의 조력을 받을 권리의 주체로 '형사피고인'만을 명시하고 있다. 헌재는 "헌법 제12조 제4항의 "누구든지 체포 또는 구속을 당한 때에는 즉시 변호인의 조력을 받을 권리를 가진다. 다만, 형사피고인이 스스로 변호인을 구할 수 없을 때에는 법률이 정하는 바에 의하여 국가가 변호인을 붙인다."라는 규정은, 일반적으로 형사사건에 있어 변호인의 조력을 받을 권리는 피의자나 피고인을 불문하고 보장되나, 그

---

359) 헌재 1992.1.28. 91헌마111; 2003.3.27. 2000헌마474; 2017.11.30. 2016헌마503 등.

중 특히 국선변호인의 조력을 받을 권리는 <u>피고인에게만 인정</u>되는 것으로 해석함이 상당하다" 라고 보고, 형사피의자를 위한 국선변호인 제도를 입법하여야 할 국가의 의무가 있다고 볼 수 는 없다고 한다(2007헌마1126).

ⅱ) 검토 – 헌재가 국선변호인의 조력권의 주체를 피고인에 한정하는 입장의 논거가 분명 하지 않다. 헌법이 형사피고인이라고 명시하고는 있으나 헌법 제12조 제4항 전문이 변호인조 력권을 이 체포 또는 구속을 당한 때로 명시하고 있음에도 불구속의 경우에도 인정하는 자신의 헌법해석입장(위에 인용된 2000헌마138결정 참조)에 비추어 볼 때 그러하다는 것이다. 변호인조력 은 수사 등 형사절차 초기에 더욱 필요성이 크다는 점 등을 고려할 때 일률적인 부정에 대해서 는 검토를 요한다. 형사소송법은 피의자에게도 국선변호인 선정을 강제하는 경우를 규정하고 있다(동법 제214조의2 제10항, 제201조의2 제8항).

(다) 형사소송법의 선정사유 규정

가) 선정사유   형사소송법은 국선변호인을 붙여야 할 다음의 경우들을 규정하고 있다. ⅰ) 다음 각 호의 어느 하나에 해당하는 경우에 변호인이 없는 때에는 법원은 직권으로 변호인을 선정하여야 한다고 규정한다. 즉 피고인이 ① 구속된 때, ② 미성년자인 때, ③ 70세 이상인 때, ④ 듣거나 말하는 데 모두 장애가 있는 사람인 때, ⑤ 심신장애가 있는 것으로 의심되는 때, ⑥ 사형, 무기 또는 단기 3년 이상의 징역이나 금고에 해당하는 사건으로 기소된 때 중 어 느 한 경우에 해당하는 경우이다(동법 제33조 제1항). ⅱ) 또한 형사소송법은 법원은 피고인이 빈곤이나 그 밖의 사유로 변호인을 선임할 수 없는 경우에 피고인이 청구하면 변호인을 선정하 여야 한다고 규정하고 있다(동법 동조 제2항). 이 경우에는 '피고인의 청구가 있는 때'를 선정요 건으로 규정하고 있다(동법 동조 제2항). ⅲ) 법원은 피고인의 나이·지능 및 교육 정도 등을 참 작하여 권리보호를 위하여 필요하다고 인정하면 피고인의 명시적 의사에 반하지 아니하는 범 위에서 변호인을 선정하여야 한다(동법 동조 제3항).

나) 국선변호인 없는 개정금지   위의 규정에 따라 변호인이 선정된 사건에 관하여는 변호 인 없이 개정(開廷)하지 못한다(필요적 변호, 동법 제282조).

다) 피의자의 경우   형사소송법은 피의자인 경우에도 국선변호인선정을 하여야 할 경우를 규정하고 있다(동법 제214조의2 제10항, 201조의2 제8항).

(라) '국민의 형사재판 참여에 관한 법률' 규정   배심원이 참여하는 형사재판인 국민참여재 판에는 필요적 국선변호제도를 두고 있다('국민의 형사재판 참여에 관한 법률' 제7조).

(3) 접견교통권

1) 의의

변호인의 조력을 받을 권리에서 제1차적 핵심적인 요소는 접견교통권이다. 구속된 피의자, 피고인이 변호사와 자신의 방어를 위한 법적 구조활동을 위한 상의가 이루어져 실질적으로 변호인의 조력을 받을 권리가 실현되게 하기 위한 것이 일단 변호인과의 접견교통이 보장되어야 하기 때문이다. 헌재도 접견교통을 변호인의 조력을 받을 권리의 '필수적 내용', '가장 중요한 내용'이라고 하고(2000헌마138) 원래 변호인조력권 취지가 변호인 또는 변호인이 되려는 자와 사이에 충분한 접견교통이라고 한다(96헌마398). 형사소송법은 변호인 또는 변호인이 되려는 자는 신체가 구속된 피고인 또는 피의자와 접견하고 서류나 물건을 수수할 수 있으며 의사로 하여금 피고인이나 피의자를 진료하게 할 수 있다고 규정하고 있다(동법 제34조).

2) 주체

(가) 피의자·피고인　　　피의자·피고인은 물론 접견교통권의 주체가 된다.

(나) 변호인의 경우, '변호인이 되려는 자'　　　변호인 본인도 자신의 기본권으로서 접견교통권이 인정되는가 하는 문제가 논의되어 왔다. 헌재가 이를 부정한 결정례가 헌재 초창기에 있었는데(89헌마181), 이후 이 89헌마181 결정을 판례변경한다는 언급없이 헌재판례는 이를 인정한다(2015헌마1204). * 이에 대해서는 접견교통권뿐 아니라 다른 변호권도 관련되므로 뒤의 변호인의 변호권 부분에서 함께 살펴본다(후술 참조).

변호인뿐만 아니라 '변호인이 되려는 자'도 접견교통권을 가진다(2015헌마1204)(형사소송법 제34조).

(다) 유의점: 변호인 외의 사람과의 접견교통권의 인정 – 그 근거　　　미결수용자와 변호인이 아닌 '타인'(예를 들어 가족)과의 접견교통권이 헌법상의 기본권인지 아니면 형사소송법 제89조는 타인과의 접견교통권을 인정하고 있는데 이러한 형사소송법상의 권리에 불과한지가 문제된다. 헌재는 "피구속자가 가족 등 외부와 연결될 수 있는 통로를 적절히 개방하고 유지함으로써 한편으로는 가족 등 타인과 교류하는 인간으로서의 기본적인 생활관계가 인신의 구속으로 인하여 완전히 단절되어 파멸에 이르는 것을 방지하고 다른 한편으로는 피의자 또는 피고인의 방어를 준비하기 위하여, 반드시 보장되지 않으면 안 되는 인간으로서의 기본적인 권리에 해당하므로 이는 성질상 헌법상의 기본권"이라고 보고, 그 헌법적 근거로 <u>헌법 제10조의 행복추구권</u><u>에 포함되는 일반적 행동자유권</u>을 들고 있으며 다른 한편으로는 <u>무죄추정의 원칙을 규정한 헌</u><u>법 제27조 제4항</u>도 미결수용자의 접견교통권 보장의 한 근거가 된다고 본다. 이 판시가 있었던 판례는 군행형법의 적용을 받는 미결수용자에 대해 타인과의 면회횟수를 매주 2회로 제한한 군행형법시행령(1999.10.30. 대통령령 제16587호로 전문개정된 것) 제43조 제2항이 문제된 것인데 헌재는 구체적 위임원칙을 정한 헌법 제75조와 비례(과잉금지)원칙, 평등원칙에 반하여 위헌이라고 결정하였다(2002헌마193. * 이 결정에 대해서는 앞의 일반적 행동자유권 등 여러 곳에 인용된 바를 참조). 대법원도 그 헌법상 근거를 헌재와 같이 보는 입장이다(대법원 1992.5.8. 91부8).

헌재는 형이 확정된 기결 수형자의 변호인 아닌 가족 등과의 접견교통권도 일반적 행동자유권에서 나온다고 본다(2007헌마738).

3) 성격(제한의 범위)

변호인의 접견교통권의 성격과 관련하여 이는 절대적으로 제한이 불가한 것인지 하는 논의가 있다. 헌재는 어떠한 명분으로도 제한할 수 없다는 것은 "구속된 자와 변호인 간의 접견이 실제로 이루어지는 경우에 있어서의 '자유로운 접견', 즉 '대화내용에 대하여 비밀이 완전히 보장되고 어떠한 제한, 영향, 압력 또는 부당한 간섭 없이 자유롭게 대화할 수 있는 접견'을 제한할 수 없다는 것이지, 변호인과의 접견 자체에 대해 아무런 제한도 가할 수 없다는 것을 의미하는 것이 아니다"라고 한다(91헌마111; 2009헌마341). 그리하여 국가안전보장·질서유지 또는 공공복리를 위하여 필요한 경우에는 법률로써 제한할 수 있다고 한다(위 2009헌마341).

4) 내용(판례)

ⅰ) 위헌성 인정 결정례   ① 변호인접견시 수사관 참여 기록(가청거리 감시)의 위헌성 인정 ― 헌재는 변호인으로서의 의견을 말하고 지도도 하고, 진술거부권이나 서명날인거부권의 중요성을 가르치고 수사관의 부당한 조사 확인, 피의자 격려, 위문 등을 위한 일은 구속된 자와 변호인의 대화내용에 대하여 비밀이 완전히 보장되고, 압력 또는 부당한 간섭 없이 자유롭게 대화할 수 있는 접견을 통하여서만 가능하다고 하고 변호인 접견 시 가시거리의 감시는 피의자와 그의 변호인이 접견할 때 수사관이 참여하여 대화내용을 듣거나 기록한 것은 헌법 제12조 제4항이 규정한 변호인의 조력을 받을 권리를 침해한 것으로서 위헌임을 확인한다는 결정을 하였다(91헌마111).

② 구금된 피의자에 대한 피의자신문시 변호인의 참여를 요구할 권리 ― 대법원은 이 요구를 할 수 있고 이 경우 수사기관은 이를 거절할 수 없는 것으로 해석하여야 하고, "이렇게 해석하는 것은 인신구속과 처벌에 관하여 "적법절차주의"를 선언한 헌법의 정신에도 부합한다"라고 하고 이를 거부한 검사의 처분이 위법하다는 이유로 이를 취소한 원심판결이 정당하다고 판시하였다. 그러면서도 대법원은 "헌법상 보장된 다른 기본권과 사이에 조화를 이루어야 하며, 구금된 피의자에 대한 신문 시 무제한적으로 변호인의 참여를 허용하는 것 또한 헌법이 선언한 적법절차의 정신에 맞지 아니하므로 신문을 방해하거나 수사기밀을 누설하는 등의 염려가 있다고 의심할 만한 상당한 이유가 있는 특별한 사정이 있음이 객관적으로 명백하여 변호인의 참여를 제한하여야 할 필요가 있다고 인정되는 경우에는 변호인의 참여를 제한할 수 있음은 당연하다"라고 그 한계를 인정한다(대법원 2003.11.11. 2003모402).

③ 불구속 상태에서의 피의자신문에 조언·상담을 위한 변호인 참여·조력을 요구할 권리 ― 이 결정은 바로 위에서 불구속 피의자에게도 변호인조력권이 인정된다고 본 그 결정이고 이 결정에서 피의자신문시 조언과 상담을 구하기 위하여 변호인들이 참여하여 조력할 수 있도록 해 달라는 불구속 피의자들의 요청을 검사가 거부한 행위에 대해 헌재가 그 거부사유를 밝히지도 않은 거부로 위헌임을 확인하였다(2000헌마138). 이 결정에 대해서는 조언·상담권에 대해 후술하므로 거기서도 살펴보는데(후술 참조) 조언·상담권을 접견교통권에 포함하여 볼 수도

있으므로 여기에서도 인용한 것이다.

＊ 2007년 형사소송법 개정 － 개정된 동법은 제243조의2 제1항을 신설하여 "검사 또는 사법경찰관은 피의자 또는 그 변호인·법정대리인·배우자·직계친족·형제자매의 신청에 따라 변호인을 피의자와 접견하게 하거나 정당한 사유가 없는 한 피의자에 대한 신문에 참여하게 하여야 한다"라고 규정하여 이를 의무화하고 있다.

ii) 합헌성 인정 결정례 ① 구치소 내 변호인접견실 CCTV를 설치하여 미결수용자와 변호인 간의 접견을 관찰한 행위와 교도관이 미결수용자와 변호인 간에 주고받는 서류를 확인하고, 소송관계서류처리부에 그 제목을 기재하여 등재한 행위 － 헌재는 교정사고의 효과적 방지, 교정사고가 발생에 대한 신속대응을 하기 위해 CCTV 관찰 외에 더 효과적인 다른 방법을 찾기 어려운 점, 미결수용자가 지켜보는 가운데 서류확인을 하여 검열이 이루어질 수 없어 침해최소성을 갖춘 것으로 변호인의 조력을 받을 권리와 개인정보자기결정권을 침해하지 않아 합헌성을 인정하였다(2015헌마243).

② 법정 옆 대기실 변호인접견신청거부의 침해성 부인 － 헌재는 출정피고인에게도 변호인과의 면접·교섭권을 최대한 보장하여야 하지만, 계호의 필요성과 접견의 비밀성을 위하여 비례의 원칙에 따라 일반적 기준 아래에서 그 절차, 시간, 장소, 방식 등이 제한될 수 있다고 하고 계호 등 교도행정업무에 치명적 위험이 될 가능성이 있었던 당시 상황에서 침해성을 부정하였다(2007헌마992).

③ 공휴일 변호인접견 불허의 침해성 부정 － 공휴일에 접견권을 인정하지 않는 것(미결수용자 또는 변호인이 원하는 특정한 시점의 접견 불허)이 변호인의 조력을 받을 권리를 침해한다는 주장이 제기되었다. 헌재는 법률유보원칙을 지킨 것이고 재판의 진행 과정에 미결수용자가 방어권을 행사하기 위해 변호인의 조력을 받을 기회가 충분히 보장되었다고 인정될 수 있는 경우에는, 비록 미결수용자 또는 그 상대방인 변호인이 원하는 특정 시점에는 접견이 이루어지지 못하였다 하더라도 변호인의 조력을 받을 권리가 침해되었다고 할 수 없다고 하여 주장을 배척하고 기각결정을 하였다(2009헌마341).

(4) 상담, 조언을 받을 권리
1) 의의
이는 피의자, 피고인이 수사나 재판에서의 자신의 권리보호를 위한 방안 등을 변호인과 의논하고 변호인의 의견을 들을 수 있는 권리이다. 접견교통을 단순히 접촉, 만남만을 의미한다면 상담, 조언의 권리는 별개로 볼 것이고 접견교통에서 내용적으로 변호사와의 상담, 조언이 이루어지는 것으로 본다면 상담, 조언에 관한 권리를 접견교통권에 포함시켜 보면 될 것이다.
2) 성격
상담, 조언을 받을 권리는 실질적인 권리구제를 위한 내용적으로 핵심적인 조력권이다. 헌재도 "피의자·피고인이 변호인의 조언과 상담을 구할 수 없다면 위와 같은 구체적인 권리의 행사는 불가능하거나 간과될 수 있고, … 조언과 상담을 통하여 이루어지는 변호인의 조력자로서의 역할은 변호인선임권과 마찬가지로 변호인의 조력을 받을 권리의 내용 중 가장 핵심적인 것이 되고, 변호인과 상담하고 조언을 구할 권리는 변호인의 조력을 받을 권리의 내용 중 구체적인 입법형성이 필요한 다른 절차적 권리의 필수적인 전제요건으로서 변호인의 조력을 받을 권리 그 자체에서 막바로 도출되는 것이다"라고 한다(2000헌마138).

3) 한계

헌재는 상담, 조언권에도 한계가 있다고 본다. 즉 "조언과 상담과정이 피의자신문을 방해하거나 수사기밀을 누설하는 경우 등에까지 허용되는 것은 아니다. 왜냐하면, 조언과 상담을 통한 변호인의 조력을 받을 권리는 변호인의 '적법한' 조력을 받을 권리를 의미하는 것이지 위법한 조력을 받을 권리까지도 보장하는 것은 아니기 때문이다"라고 한다(2000헌마138).

4) 위헌확인례

헌재는 피의자신문시 조언과 상담을 구하기 위하여 변호인들이 참여하여 조력할 수 있도록 해 달라는 요청을 거부한 검사의 행위에 대해 '그 거부사유를 밝히지도 않았고, 그에 관한 자료도 제출하지도 않았고 따라서 아무런 이유없이 피의자신문시 청구인들의 변호인과의 조언과 상담요구를 제한하여 피의자의 변호인의 조력을 받을 권리를 침해한 것으로서 위헌'임을 확인한다는 결정을 한 바 있다(2000헌마138).

* 위 결정 이후 2007년에 개정된 형사소송법이 변호인의 피의자신문 참여를 의무화한 제243조의2 제1항을 신설하였는데 이에 대해서는 앞서 언급하였다.

(5) 통신

ⅰ) 변호인과 피의자, 피고인 간에 서신 등을 교환할 수 있도록 하여 변호인조력을 받을 권리를 보장하여야 한다.

ⅱ) 변호인과의 서신에 대한 검열 문제 − 조건의 설정

❖ 헌재 판례의 법리: 헌재는 미결수용자의 경우 변호인의 조력을 받을 권리를 근거로 변호인과의 서신에 대해서는 검열이 금지된다고 보면서 다만, 단, 아래의 두 조건을 구비할 것을 요구하는 판례이론을 설정하였다(92헌마144).

① 교도소 측에서 상대방이 변호인 또는 변호인이 되려는 자임을 확인할 수 있고, ② 서신에 마약 등 소지금지품이 포함되어 있거나 그 내용에 도주·증거인멸·수용시설의 규율과 질서의 파괴·기타 형벌법령에 저촉되는 내용이 기재되어 있다고 의심할 만한 합리적인 이유가 없는 경우라는 조건하에 검열이 금지된다.

ⅲ) 반면 형이 확정되어 수용중인 수형자(기결수형자)의 경우 위에서 본 대로 변호인 조력을 받을 권리의 주체가 아니라는 이유로 변호인과의 서신에 대해 검열이 허용된다고 한다.[360] 위 판례 이후 전부개정된 '형의 집행 및 수용자의 처우에 관한 법률'은 미결수용자든 기결수형자

---

360) 헌재 1998.8.27. 96헌마398.

이든 서신검열금지를 원칙으로 하는 것으로 바꾸었으나 예외를 인정한다.

 * 변호인 외 사람과의 서신교환은 통신의 자유만이 문제된다. 미결수용자에 대해 금치기간 중 서신수수를 금지한 것이 통신의 자유의 위헌적 제한이 아니라는 결정들이 있었다.361)
 * 형이 확정되어 수용 중인 수형자가 새로운 형사재판으로 미결수용자와 같은 지위에 있는데 그의 변호인이 보낸 형사소송관련 서신과 관련하여, 교도소장이 금지물품 동봉 여부를 확인하기 위하여 그 서신을 개봉하는 것이 변호인의 조력을 받을 권리를 침해하는 것이 아니라는 결정도 있었다(2019헌마973).

(6) 수사기록 등의 열람·등사
1) 의의
변호인이 형사피의자나 피고인의 변호를 효과적으로 하기 위해서는 사건의 경위의 파악, 그리고 앞으로의 방어를 위한 법적 검토를 하기 위한 대상으로서 법원이나 검찰이 보유하는 기록의 열람이나 등사가 필요하다. 헌재도 "변호인의 조력을 받을 권리에는 피고인이 변호인을 통하여 수사서류를 포함한 소송관계 서류를 열람·등사하고 이에 대한 검토 결과를 토대로 공격과 방어의 준비를 할 수 있는 권리도 포함된다"라고 한다(2009헌마257). 헌재는 "변호인의 수사서류 열람·등사권은 피고인의 신속·공정한 재판을 받을 권리 및 변호인의 조력을 받을 권리라는 헌법상 기본권의 중요한 내용이자 구성요소이며 이를 실현하는 구체적인 수단이 된다"라고 한다(위 2009헌마257).

2) 법원 보관 서류 등의 열람·복사
형사소송법은 피고인과 변호인은 소송계속 중의 관계 서류 또는 증거물을 열람하거나 복사할 수 있다고 규정하고 있다(동법 제35조 제1항). 재판장은 피해자, 증인 등 사건관계인의 생명 또는 신체의 안전을 현저히 해칠 우려가 있는 경우에는 열람·복사에 앞서 사건관계인의 성명 등 개인정보가 공개되지 아니하도록 보호조치를 할 수 있다(동법 동조 제3항).

3) 검찰 수사기록의 공소제기 후 열람·등사
변호인조력권이 현실적으로 작동하기 위해 검찰이 가지는 수사기록에 대해서도 열람·등사권을 인정하는 것이 필요하다.
ⅰ) 정당한 사유 제시하지 않은 거부의 위헌성 확인 – 수사기록의 열람·등사를 정당한 사유를 밝히지 않은 채 전면 거부하는 것은 피의자의 권리(변호인조력을 받을 권리)의 침해이다. 헌재는 검사가 피고인인 청구인의 변호인이 행한 변호인의 변론준비를 위한 수사기록(서울지방검찰청 기록) 일체의 열람·등사신청에 대하여 국가기밀의 누설이나 증거인멸, 증인협박, 사생활침해의 우려 등 정당한 사유를 밝히지 아니한 채 전부 거부한 것은 청구인의 신속하고 공정한 재판을 받을 권리와 변호인의 조력을 받을 권리를 침해한 것으로서 위헌임을 확인한다는 결정을 한 바 있다(● 판례 헌재 1997.1.7. 94헌마60).

---

361) 2002헌마478; 2012헌마623; 2012헌마549; 2014헌마45 등.

ⅱ) 공소제기 후 검사가 보관하고 있는 서류 등의 열람·등사권 인정과 법원에의 이의절차 – 형사소송법 개정 – 위 결정 이후 형사소송법이 2007.6.1. 법률 제8496호로 개정됨에 따라 공소제기 후 검사가 보관하고 있는 서류 등에 대하여 피고인, 변호인의 열람·등사신청권이 인정되고(형사소송법 제266조의3 제1항), 이 신청에 대한 검사의 열람·등사 거부처분에 대해 변호인, 피고인은 대항하여 그 허용하도록 할 것을 법원에 신청할 수 있는 이의절차(헌재는 아래에서 보는 결정의 판시에서 '불복절차'란 말을 쓰고 있는데 민주적 용어가 아니다)가 마련되었는데(동법 제266조의4 제1항) 법원은 위 신청이 있는 때에는 열람·등사 또는 서면의 교부를 허용하는 경우에 생길 폐해의 유형·정도, 피고인의 방어 또는 재판의 신속한 진행을 위한 필요성 및 해당 서류 등의 중요성 등을 고려하여 검사에게 열람·등사 또는 서면의 교부를 허용할 것을 명할 수 있도록 하고 있다(동법 동조 제2항 본문).

ⅲ) 법원결정에 대한 검사의 불이행에 대한 헌법소원심판 청구인용 – 위 절차에 따라 법원이 행한 열람·등사 허용의 결정을 검사가 따르지 않은 사안[용산참사(소위)사건]에서 청구인의 신속하고 공정한 재판을 받을 권리와 변호인의 조력을 받을 권리를 침해한 것이므로 헌법에 위반됨을 확인한다고 결정한 헌재의 결정이 있었다(2009헌마257). 이 결정에서 헌재는 검사의 열람·등사 거부처분에 대한 정당성 여부가 법원에 의하여 심사된 마당에 헌재가 다시 열람·등사 제한의 정당성 여부를 심사하게 된다면 이는 법원의 결정에 대한 당부의 통제가 되는 측면이 있는 점 등을 고려하여 볼 때, 이 사건과 같이 수사서류에 대한 법원의 열람·등사 허용 결정이 있음에도 검사가 열람·등사를 거부하는 경우 수사서류 각각에 대하여 검사가 열람·등사를 거부할 정당한 사유가 있는지를 심사할 필요 없이 그 거부행위 자체로써 청구인들의 기본권을 침해한다고 판시하였다.

* 한편, 법원이 열람·등사를 허용한 수사서류에 대하여 검사가 열람은 허용하고 '등사'만은 거부한 행위에 대해서도 같은 취지의 위헌확인결정이 있었다. ● 판례 헌재 2017.12.28. 2015헌마632. [주문] 서울중앙지방법원 2014고합1256 체포치상 등 사건에 관하여 2015.3.11. 위 법원이 한 열람·등사 허용 결정에 따라 청구인들의 변호인이 [별지 1] 기재 순번 1, 2, 3, 4, 6, 7, 8, 9번 수사서류에 대하여 한 열람·등사 신청 중 등사 부분에 대하여 2015.4.7. 피청구인이 이를 거부한 것은, 청구인들의 신속하고 공정한 재판을 받을 권리와 변호인의 조력을 받을 권리를 침해한 것이므로 헌법에 위반됨을 확인한다.

* 해설: 이 결정은 위 ⅰ)에서 본 위헌확인결정과 차이가 있는 것이 바로 2007년에 개정된 형사소송법 규정에 따라 법원의 허용결정이 있었는데도 이에 따르지 않은데 대한 헌재의 결정이라는 점이고 그 점에서 의의가 있었고, ⅰ)에서 본 위헌확인결정은 법원의 결정이 관여되지 않은 경우이므로 차이가 있었다.

ⅳ) 국가배상책임 – 한편 대법원은 법원이 서류에 대한 열람·등사를 허용할 것을 명하는 결정을 하였는데도 검사가 일부 서류의 열람·등사를 거부한 사안에서, 열람·등사 거부 행위 당시 검사에게 국가배상법 제2조 제1항에서 정한 과실이 인정된다고 보아 국가배상책임을 인정하기도 하였다. 이는 바로 위 ⅲ) 헌법소원의 인용결정을 받아낸 그 거부결정에 대한 국가배상책임을 확정한 판결이다(대법원 2012.11.15. 2011다48452).

5. * 유의 － 피고인·피의자 아닌 '변호인'의 기본권으로서 변호권

(1) 문제의 의미와 인정 및 인정논거 － 표리관계

이는 피고인, 피의자가 아니라 이들을 조력하는 '변호인'이 그 조력하는 권리를 자신의 권리로서(*이하 이를 '변호인의 변호권'이라고 부르기도 함) 인정되는가 하는 문제이다. 헌재는 애초에는 헌법상의 접견교통권의 주체는 구속당한 피의자·피고인에만 한정되고 변호인 자신의 헌법상 권리는 아니고 변호인의 접견교통권은 형사소송법 제34조에 의하여 비로소 보장되는 권리임에 그친다고 보아 부정하는 판례(89헌마181)를 보여 주었었다.

[변호인의 변호권의 주체성 인정] 그러나 헌재는 89헌마181 결정을 판례변경한다는 명시적 언급이 없이 이를 인정하기 시작하였다. 즉 헌재는 "피의자 및 피고인을 조력할 변호인의 권리 중 그것이 보장되지 않으면 그들이 변호인의 조력을 받는다는 것이 유명무실하게 되는 핵심적인 부분은 헌법상 기본권인 피의자 및 피고인이 가지는 변호인의 조력을 받을 권리와 <u>표리의 관계</u>에 있다 할 수 있다. 따라서 피의자 및 피고인이 가지는 변호인의 조력을 받을 권리가 실질적으로 확보되기 위해서는, 피의자 및 피고인에 대한 변호인의 조력할 권리의 <u>핵심적인 부분은 헌법상 기본권으로서 보호</u>되어야 한다"라고 한다(2016헌마503; 2000헌마474; 2015헌마1204).

(2) 변호인의 변호권의 인정범위(핵심적 내용)와 구체적 사례

1) 인정범위

부정의 경우 유명무실해질 핵심적 내용 － 헌재는 변호인의 변호권의 기본권성을 인정하는 위 결정례들에서 "피의자 및 피고인에 대한 변호인의 조력할 권리의 핵심적인 부분은 헌법상 기본권으로서 보호되어야 한다"라고 하여 핵심부분을 기본권으로서 인정한다(2000헌마474, 2016헌마503, 2015헌마1204). 문제는 무엇이 '핵심적' 부분인가라는 것이다. 헌재 자신은 일단 "그것이 보장되지 않으면 그들이 변호인의 조력을 받는다는 것이 유명무실하게 되는 부분"이라고 한다. 그 구체적 내용, 범위는 아래 구체적 사례에 나타나는데, ① 접견교통권 자체, ② 문서열람권, ③ 피의자신문에서 상담을 위한 참여 등에 대한 것이다.

2) 구체적 사례

변호인 본인의 변호권과 내용에 관련한 구체적인 사례로 다음과 같은 결정례들을 볼 수 있었다. 아래에서 그 내용이 변호인의 변호권의 핵심성을 가지는 논거를 밝히는 판시도 함께 옮겨본다.

① 변호인의 접견교통권 － 이것이 변호인조력권의 핵심이라고 보고 '변호인이 되려는 자'의 접견교통권 침해를 위헌으로 확인한 아래 결정이다. 두 가지가 핵심이었다. ⓐ 변호인이 '되려는' 자 본인의 접견교통권이 침해되었다는 점, ⓑ '피의자신문 도중' 접견신청 불허행위에 대

해 헌법이나 법률의 근거없는 불허로 위헌확인된 점이다.

● **판례** 헌재 2019.2.28. 2015헌마1204
[결정요지] <접견교통권의 '핵심성'의 논거 판시> 변호인선임권, 접견교통권은 피의자 등이 변호인을 선임하여 그로부터 조력을 받을 권리를 공고히 하기 위한 것으로서, "그것이 보장되지 않으면 피의자등이 변호인 선임을 통하여 변호인으로부터 충분한 조력을 받는다는 것이 유명무실하게 될 수밖에 없다." <핵심쟁점> <피의자신문 중 신청에 대한 불허> '변호인이 되려는 자'의 자격으로 피의자 접견신청을 피의자신문 중 하였음에도 검사가 불허한 행위. <결정의 주요이유> 변호인 접견권행사의 한계[아래 (3) 참조] 내에서 신청한 것이고, 접견시간 조항은 검사 또는 사법경찰관이 그 허가 여부를 결정하는 피의자신문 중 변호인 등의 접견신청의 경우에는 적용되지 않으므로, 접견 불허행위는 헌법이나 법률의 근거 없이 이루어졌다. 이는 변호인의 접견교통권을 침해한 위헌임을 확인한다.

② **문서열람권** − 정보비공개결정의 위헌성: 변호인이 피의자를 위하여 관련 문서를 열람하는 등의 행위를 할 수 있는 권리는 변호인의 권리로서 보장되어야 한다. 구속적부심사건 피의자의 변호인이 수사기록 중 고소장과 피의자신문조서의 열람·등사를 신청하자 해당 경찰서장이 정보비공개결정을 하였고, 이에 변호인이 이 정보비공개결정의 위헌확인을 구하는 헌법소원을 제기한 사건이 그러한 예를 보여주는 다음 사건결정이다.

● **판례** 헌재 2003.3.27. 2000헌마474
[결정요지] <문서열람권의 핵심성의 논거 판시> 변호를 맡은 청구인으로서는 피구속자에 대한 고소장과 경찰의 피의자신문조서를 열람하여 그 내용을 제대로 파악하지 못한다면 피구속자가 무슨 혐의로인지 등을 제대로 파악할 수 없게 되고 그 결과 구속적부심절차에서 피구속자를 충분히 조력할 수 없음이 사리상 명백하므로 위 서류들의 열람은 피구속자를 충분히 조력하기 위하여 변호인인 청구인에게 그 열람이 반드시 보장되지 않으면 안되는 핵심적 권리이다. <결정의 주요이유> 이러한 비공개결정은 구속사유 등을 파악할 수 없게 하여 피구속자를 충분히 조력할 수 없게 하므로 피의자가 아닌, 청구인 변호인의 피구속자를 조력할 권리 및 알 권리를 침해한 위헌임을 확인한다.

③ 피의자신문에 자유롭게 참여할 수 있는 변호인의 권리(상담권 등 옆에서 조력할 권리) − 피의자신문에 참여한 변호인에 대한 **"후방착석요구행위"**의 위헌성

● **판례** 헌재 2017.11.30. 2016헌마503
[결정요지] <피의자신문 자유로운 참여권의 핵심성 논거 판시> 피의자신문의 결과는 피의자의 기소 및 유죄 입증에 중요한 증거자료로 사용될 수 있으므로, 형사절차에서 매우 중요한 의미를 가진다. 변호인이 피의자신문에 자유롭게 참여할 수 없다면, 변호인은 피의자가 조언과 상담을 요청할 때 이를 시의적절하게 제공할 수 없게 되어 변호인의 조력을 받을 권리가 형해화될 수 있다. 따라서 변호인이 피의자신문에 자유롭게 참여할 수 있는 권리는 피의자가 가지는 변호인의 조력을 받을 권리를 실현하는 수단이라고 할 수 있으므로 헌법상 기본권인변호인의 변호권으로서 보호되어야 한다. <결정의 주요이유> 검찰수사관이 피의자신문에 참여한 변호인에게 피의자 후방에 앉으라고 요구한 행위는 피의자가 수사기관에서 조사받을 때에 변호인이 피의자의 옆에서 조력하는 것은 피의자에 대한 변호인의 충분한 조력을 위해서 보장되어야 하므로 변호인의 피의자신문참여에 관한 권리의 주요부분이 되는데 후방착석요구행위로 인하여 위축된 피의자가 변호인에게 적극적으로 조언과 상담을 요청할 것을 기대하기 어렵고, 변호인이 피의자의 상태를 즉각적으로 파악하거나 수사기관이 피의자에게 제시한 서류 등의 내용을 정확하게 파악하기 어려우므로, 변호인의 피의자신문참여권을 과도하게 제한하여 침해최소성이 없어 변호인의 변호권을 침해한 것으로서 위헌임을 확인한다.

(3) 한계

변호인의 그 접견교통권의 경우에 대법원과 헌재는 아래와 같이 한계를 설정하고 있다. "변호인 등의 접견교통권은 신체구속제도 본래의 목적을 침해하지 아니하는 한도 내에서 행사되

어야 하므로, 변호인 등이 구체적인 시간적·장소적 상황에 비추어 현실적으로 보장할 수 있는 한계를 벗어나 피의자 등을 접견하려고 하는 것은 정당한 접견교통권의 행사에 해당하지 아니하여 허용될 수 없다(2007헌마992; 대법원 2007.1.31. 2006모657; 2017.3.9. 2013도16162 참조).

(4) '변호인이 되려는 자'

1) 접견교통권의 인정

바로 위에서 언급한 대로 헌재는 정식 선임된 변호인뿐만 아니라 '변호인이 되려는 자'도 접견교통권을 가진다고 보고(2015헌마1204). 형사소송법 제34조도 피의자 등과 접견교통할 권리가 있음을 명시하고 있다.

2) 개념, 인정준거와 활동 범위

헌재는 형소법 제34조 "여기서 '변호인이 되려는 자'는 변호인 선임의뢰를 받았으나 아직 변호인선임신고를 하지 아니한 사람 외에 스스로 변호인으로 활동하려는 자도 포함된다"라고 한다(2015헌마1204). [개념, 인정준거 – 객관적 가능성] 대법원은 변호인으로 선임되지 아니한 변호사가 체포 피의자에 대한 접견교통권을 행사하겠다는 의사를 표시하였으나 피의자가 어떠한 의사를 가지고 있는지는 확인되지 아니한 사안에서, "변호인이 되려는 의사를 표시한 자가 객관적으로 변호인이 될 가능성이 있다고 인정되는데도, 형사소송법 제34조에서 정한 '변호인 또는 변호인이 되려는 자'가 아니라고 보아 신체구속을 당한 피고인 또는 피의자와 접견하지 못하도록 제한하여서는 아니 된다"라고 한다(대법원 2017. 3. 9. 2013도16162). 피의자심문 중 검사의 변호사가 되려는 자에 대한 접견불허행위에 대한 위헌확인결정이 있었다(◑ 판례 헌재 2019.2.28. 2015헌마1204. 위에서 본 결정이다).

6. 실효성 제도 – 변호인 조력 받을 권리에 대한 '고지'를 받을 권리

우리 헌법 제12조 제5항은 "누구든지 체포 또는 구속의 이유와 변호인의 조력을 받을 권리가 있음을 고지받지 아니하고는 체포 또는 구속을 당하지 아니한다"라고 규정하여 변호인의 조력을 받을 권리의 실효성을 확보하고 있다.

Ⅷ. 신속한 재판을 받을 권리, 공정한 공개재판을 받을 권리

1. 신속한 재판을 받을 권리

형사절차가 진행 중인 피의자나 피고인은 수사나 재판 등의 과정이 육체적으로나 정신적으로 부담을 주는 것이므로 가능한 한 빨리 수사와 재판이 종결되어야 한다. 특히 구속상태에 있는 피의자나 피고인은 더욱 그러하다. 우리 헌법 제27조 제3항 전문은 "모든 국민은 신속한 재판을 받을 권리를 가진다"라고 규정하여 이를 형사재판만에 한정하고 있지는 않으나 동조 동항 후문은 "형사피고인은 상당한 이유가 없는 한 지체없이 공개재판을 받을 권리를 가진다"라고 규정하여 그러한 취지를 담고 있다. 신속한 재판을 받을 권리가 상대적으로 형사재판에 있어서 더욱 중요하다. 예컨대 필요최소한이 아닌 구속기간(그 연장)은 피해최소성원칙에 반하는 신속한 재판받을 권리의 침해임은 물론이다(앞서 본 헌재 2003.11.27. 2002헌마193, 군사법원법 제242조 제1항 등 위헌확인).

2. 공정한 공개재판을 받을 권리

우리 헌법은 "형사피고인은 상당한 이유가 없는 한 지체없이 공개재판을 받을 권리를 가진다"라고 규정하여(제27조 제3항 후문) 형사재판을 공개재판으로 받을 권리를 형사피고인의 기본권으로서 헌법상 명시하고 있다. 공개재판은 공정한 형사재판을 위한 것임은 물론이다. 헌법은 "상당한 이유가 없는 한"이라고 하여 '상당한 이유가 있는 경우' 공개재판원칙의 예외를 인정할 수 있도록 하고 있다. 문제는 상당한 이유가 무엇인가 하는 것이다. 헌법 제109조는 "재판의 심리와 판결은 공개한다. 다만, 심리는 국가의 안전보장 또는 안녕질서를 방해하거나 선량한 풍속을 해할 염려가 있을 때에는 법원의 결정으로 공개하지 아니할 수 있다"라고 규정하고 있다. 따라서 재판의 심리는 위와 같은 사유로 비공개할 수 있으나 판결은 반드시 공개하여야 한다. 한편 헌법 제109조는 형사피고인에 대해서만 명시하고 있지 않다는 점에서 공개재판을 받을 권리는 형사재판에서만의 권리가 아니고 모든 재판에서 국민의 권리이다. 형사재판에서 더욱 이를 요구하는 것은 물론이다. 공개재판은 민주국가에서 정식의 국가기관으로서 자격 있는 법관들로 구성된 재판부가 재판을 담당하는 것을 의미하고 밀실재판을 부정하는 것이다. 사실 공개재판이 당연히 요구되는 것이나 그 목적이 공정한 재판에 있으므로 재판의 공개는 물론이고 공정한 형사재판을 받을 권리로서 실질적으로 더 큰 의미를 가진다(재판공개에 대해서는 후술, 국가권력규범, 사법부 참조).

Ⅸ. 그 외 피고인 · 피의자의 신체의 자유 관련 결정례

피고인 · 피의자에의 신체의 자유 관련 그 외 결정례들이 있었다. ⅰ) 위 인용된 외 위헌성 인정 결정례: 상소제기기간 등의 법정산입 대상에 제외의 신체의 자유 침해(헌법불합치성) — 헌재는 피고인의 상소제기기간 등을 법정산입(통산)(통상 법원에 의한 임의적 산입을 '재정통산', 법률의 규정에 의한 당연산입을 '법정통산'으로 부름) 대상에 포함하지 않고 있는 구 형사소송법 제482조 제

1항(검사가 상소제기를 한 때 산입하는 반면 피고인의 상소제기기간을 산입하지 않음. 검사의 상소가 피고인의 상소보다 늦게 이루어진 경우 불산입이 나타남. 사안에서도 피고인의 항소제기일인 1993.7.7.부터 검사의 항소제기일 전날인 1993.7.12.까지의 미결구금일수 6일은 산입하지 아니하였음)이 신체의 자유를 침해한다고 하여 헌법불합치결정을 하였다(99헌가7). 이후 현행법은 "판결선고 후 판결확정 전 구금일수(판결선고 당일의 구금일수를 포함한다)는 전부를 본형에 산입한다"라고 개정되어 있다. ⅱ) 위 인용된 외 주요 합헌성 인정결정례: ⓐ 징역형 수형자에 대한 정역의무 부과 ─ 정역의 작업시간 및 그 강도 등이 과중하다고 볼 수 없고, 직업 훈련을 통하여 재사회화를 위한 실질적인 교육이라는 점에서 피해최소화된 제한이라 신체의 자유를 침해하지 않는다고 본다(2011헌마318). ⓑ 벌금미납자 노역장 유치의 합헌성 ─ 헌재는 벌금미납자를 노역장에 유치하여 신체를 구금하는 형법 제69조 제2항 및 제70조 중 각 '벌금' 부분이 노역장 유치기간의 제한성 등으로 최소성을 갖추는 등 과잉금지원칙에 위반되지 않는다고 보고 합헌결정하였다(2010헌바188).

X. 형사보상청구권과 국가배상청구권 등

형사피의자 또는 형사피고인으로서 구금되었던 자가 법률이 정하는 불기소처분을 받거나 무죄판결을 받은 때에는 법률이 정하는 바에 의하여 국가에 정당한 보상을 청구할 수 있다(제28조). 이는 형사피의자, 형사피고인에 대한 사후적 기본권보장으로서 성격을 가지는 권리들이다. 그러나 이러한 보상과 배상의 청구권이 존재하므로 수사나 재판에서의 공정성을 최대한 유지하도록 국가기관에 대한 압박이 되고 형사피의자, 형사피고인에 대한 기본권침해를 방지하도록 하는 효과를 가질 수 있을 것이다. 형사보상청구권과 국가배상청구권에 대해서는 후술한다(후술 청구권 부분 참조).

제 3 절   거주 · 이전의 자유권, 주거의 자유권,
사생활의 비밀 · 자유권, 통신 비밀의 불가침권

제 1 항   거주 · 이전의 자유

Ⅰ. 거주 · 이전의 자유의 개념과 성격 및 주체

헌법 제14조는 "모든 국민은 거주 · 이전의 자유를 가진다"라고 규정하고 있다.

1. 개념과 성격

[개념] 거주란 일정한 장소(주소나 거소)를 정하여 그곳에서 머물러 생활하는 행위를 말하고 거주이전은 이러한 장소를 옮기는 것을 의미한다. 따라서 거주·이전의 자유는 머물거나 생활할 거주지를 자유로이 선택하여 정하거나 거주지를 변경하여 이동하는 데 간섭을 받지 않을 자유와 원하지 않는 거주지 선택의 강요나 거주지 변경을 강요당하지 않을 자유를 말한다. 헌재도 "권력의 간섭을 받지 아니하고 일시적으로 머물 체류지와 생활의 근거되는 거주지를 자유롭게 정하고 체류지와 거주지를 변경할 목적으로 자유롭게 이동할 수 있는 자유"라고 한다(96 헌마200).

[법적 성격, 기능, 타 기본권과의 관계] 간섭받지 않을 방해배제의 자유권으로서의 성격을 가진다. 거주·이전의 자유도 기초적인 자유의 하나로서 다른 활동의 기반조성과 활동반경의 확보를 가능하게 한다(예: 신혼부부의 새 거주 정착 – 거주·이전의 자유가 혼인·가족생활의 권리를 실현하기 위한 수단). 헌재는 거주·이전의 자유는 자유로운 생활형성권을 보장함으로써 정치·경제·사회·문화 등 모든 생활영역에서 개성신장을 촉진하게 하는 기능을 한다고 본다(2003헌가18).

2. 주체

(1) 자연인

국민은 물론 주체가 된다. 국민들 중 영내거주가 의무인 군인들의 경우는 더 많은 제약을 받기도 한다. 일반 공무원들의 경우도 공무의 특성상 제한이 따르는 공무원들이 있기도 하다.

외국인에 대해서는 상호 사증(Visa)면제협정이 체결되어 있지 않는 한 입국을 위한 사증발급을 받아야한 입국이 가능하도록 하는 등 부정적으로 보는 것이 종래의 다수설이고 국제관습법이라고 한다. 그러나 적법하게 입국사증을 받아 일단 입국하여 국내생활을 하는 외국인의 경우에 거주·이전의 자유를 누릴 수 있다.

(2) 국내법인

법인도 사무소의 이전으로 거주·이전의 자유를 누릴 수 있어 주체가 된다. 현실적으로도 예컨대 대도시 내에서의 법인설립이나 활동으로 인구밀집효과를 유발한다고 하여 대도시에 소재하는 것을 억제하면 법인의 거주·이전의 자유가 문제될 수 있는 사실에서 보듯이 법인도 거주·이전의 자유를 누릴 수 있는 주체가 된다. 실제 아래 결정례에서 보듯이 대도시 내 법인에 대한 세금이 중과세되어 법인의 거주·이전의 자유가 문제 사안이 있었는데 과잉금지원칙을 준수하여 합헌이라고 보았다.

▶ **예시:** 실제의 예를 보여 주는 헌재 1996.3.28. 94헌바42. **[쟁점]** 법인이 그 설립 이후에 대도시 내에서 하는 부동산등기에 대하여 통상세율의 5배에 해당하는 등록세를 중과할 수 있도록 규정하고 있는 구 지방세법 제138조 제1항 제3호는 법인의 부동산등기에 대한 등록세를 중과세하는 것으로 법인의 대도시내에서의 통상적인 활동과 대도시내로의 전입 등을 과도하게 제한함으로써 과잉금지원칙에 위배하여 헌법상 보장된 거주·이전의 자유의 본질적 내용을 침해하는 것인 여부 **[결정요지]** 법인의 거주·이전의 자유의 본질적 내용을 침해하지 않고 과잉금지원칙에 반하지 않아 합헌이다. * 이 결정에 대해서는 뒤의 제한 부분 참조.

II. 거주·이전의 자유의 내용(보호범위)

1. 보호범위 기준

생활형성 중심지의 선택·변경행위 – 헌재의 기준 – 헌재는 거주·이전의 자유는 "생활형성의 중심지 즉, 거주지나 체류지라고 볼 만한 정도로 생활과 밀접한 연관을 갖는 장소를 선택하고 변경하는 행위를 보호하는 기본권"으로서, 생활의 근거지에 이르지 못하는 일시적인 이동을 위한 장소의 선택과 변경까지 그 보호영역에 포함되는 것은 아니라고 본다. 그리하여 헌재는 서울광장이 청구인들의 생활형성의 중심지라고 할 수 없을 뿐만 아니라 청구인들이 서울광장에 출입하고 통행하는 행위가 그 장소를 중심으로 생활을 형성해 나가는 행위에 속한다고 볼 수도 없으므로 청구인들이 서울광장을 출입하고 통행하는 자유는 헌법상의 거주·이전의 자유의 보호영역에 속한다고 할 수 없고, 따라서 그 통행제지행위로 인하여 청구인들의 거주·이전의 자유가 제한된다고 할 수는 없다고 보았다(2009헌마406. 이 결정에서는 반면에 과잉금지원칙을 위반하여 청구인들의 일반적 행동자유권을 침해한 것이라고 보아 위헌확인결정이 있었다).

2. 국내거주·이전의 자유

국내에서 주소나 거소를 정하고 그 주소나 거소에서 머물러 생활을 영위하며 주소와 거소를 이동하는 데 방해를 받지 않을 자유를 가진다. 일시적으로 어느 장소에 머무는 체류의 자유와 체류지를 변경할 자유도 포함된다. 적극적으로 거주를 정하고 이전하는 자유뿐 아니라 어느 특정한 지역에서의 거주명령 등을 받지 않을 자유나 현재의 거주장소에서 강제퇴거되지 않을 소극적·방어적 자유도 포함된다. 대한민국의 영토는 한반도와 부속도서이긴 하나(제3조) 북한지역으로의 이전의 자유가 인정되지 않는다. 통일부장관의 승인을 얻은 방문은 인정된다('남북교류협력에 관한 법률' 제9조 제1항).

3. 국외거주·이전의 자유

[내용] 거주·이전의 자유에는 국내에서의 거주·이전의 자유뿐 아니라 국외에서의 거주·

이전의 자유도 포함된다. 국외거주·이전의 자유는 해외로의 출국의 자유, 해외에서의 여행의 자유, 귀국의 자유, 그리고 외국으로의 이주나 외국에서의 영주의 자유 등을 포함한다. 한국국민이 외국으로의 여행을 하기 위해서는 그 나라와 입국사증(visa)면제협정이 체결되어 있지 않는 한 입국사증이 필요하고, 면제협정이 체결된 국가라 할지라도 장기체류를 위해서는 사증의 발급을 받아야 한다는 제약이 따른다. 따라서 외국인의 입국의 자유를 기본권으로 인정할 수 없다고 보는 것이 일반적이다(2007헌마1083, 2011헌마502).

[판례] ① 강제해직 공무원 해외이민에 대한 비보상 – 1980년 해직공무원의 보상 등에 관한 특별조치법 규정이 해외이민의 경우 그 이전까지만 보상하도록 한 것 – 종전직장에서의 계속근무를 할 수 있었던 경우에 한하여 해직된 기간에 관한 보상만 하므로 합헌이라고 보았다(89헌마189) ② 출국의 자유 – 형사재판에 계속 중인 사람에 대하여 출국을 금지할 수 있다고 규정한 출입국관리법(2011.7.18. 법률 제10863호로 개정된 것) 규정은 출국금지기간 상한을 정하는 등 기본권 제한을 최소화하기 위한 여러 방안이 마련되어 있어(최소침해성) 합헌이라고 본다(2012헌바302). 고액인 추징금을 비납부자 출국금지 규정에 대해서도 합헌결정(2003헌가18)이 있었다.

4. 국적이탈의 자유의 문제

[성격과 근거] 국적을 버릴 자유인 국적이탈의 자유를 거주·이전의 자유에 포함된다고 보는 견해들이 많다(헌재의 2005헌마739 결정도 그러한 입장이다. 외국 국적 취득에 따른 국적 상실을 규정한 국적법 제15조 제1항이 거주·이전의 자유를 제한한다고 본 2014년의 2011헌마502 결정도 그러한 입장이라고 할 것이다[이 결정들은 그 제한이 비례원칙을 준수하였다 하여 합헌성을 인정한 결정들이었는데 2020년의 2016헌마889 결정으로 판례변경이 된 결정들이다]). 그러나 이러한 견해는 국적자인 국민만이 그 국가에 거주할 수 있다는 것을 전제할 때 성립되는 견해이다. 한 국가에서 외국인들도 거주하고 어느 국가의 국민이 외국에 거주할 수도 있다. 따라서 재검토를 요한다. 생각건대 국적문제는 개인의 국가소속이라는 점에서 개인의 정체성 문제로 보아 국적선택의 권리는 헌법 제10조에서 나오는 것이라고 볼 것이다(이 점에서 2013헌마805 결정에서의 강일원 재판관의 소수의견이 헌법 제10조를 근거로 보아야 한다고 한 것은 적확한 지적이다. 헌재 자신도 이전의 선례에서 "헌법은 인간의 존엄과 가치를 존중하므로, 개인은 자신의 운명에 지대한 영향을 미치는 정치적 공동체인 국가를 선택할 수 있는 권리, 즉 국적선택권을 기본권으로 인식하기에 이르렀다"라고 판시한 바 있다. 그러나 헌재는 이어 "그러나 개인의 국적선택에 대하여는 나라마다 그들의 국내법에서 많은 제약을 두고 있는 것이 현실이므로 국적은 아직도 자유롭게 선택할 수 있는 권리에는 이르지 못하였다"라고 한다. 97헌가12). 새로이 다른 나라 국적을 선택, 취득하는 것은 그러할지 모르나 국적이탈은 비교적 자유로울 것인데(그것도 나라마다 상황이 다르다) 그 국적이탈의 자유의 근거를 거주·이

전의 자유가 아닌 제10조 인간의 존엄가치에서 끌어내는 것이 타당하다는 것이 필자의 생각(이는 줄곧 필자가 가져온 견해이다. 예컨대 정재황, 신헌법입문, 박영사, 2017, 7판 388면)이다. 그런데 최근의 헌재 2020.9.24. 2016헌마889 결정에서 헌재는 "'국적이탈의 자유'의 개념에는 '국적선택에 대한 자기결정권'이 전제되어 있으므로"라는 판시를 하였다.

　　[제한] 복수국적의 금지 등 － 우리 국적법은 복수국적을 부정하고(예외 있음) 국적단일주의를 채택하고 있다. 이에 대해서는 앞의 헌법서설, 국가론, 국민 부분 참조.

　　[판례] ① 병역의무의 기피를 막기 위한 이중(복수)국적자의 한국 국적의 이탈 제한 － 헌재는 이에 관한 국적법 제12조 제2항 등의 규정에 대해 과잉규제가 아니라고 보아 합헌성을 인정하여 청구를 기각한 바 있었다(2005헌마739. 2013헌마805). 그러나 2020.9.24.에 판례를 변경하여 헌법불합치결정(2016헌마889. 위에서도 언급한 결정)이 있었다. 주된 생활근거를 외국에 두고 있는 복수국적자와 같은 경우에, 그가 심판대상법률조항에서 정한 기간 내에 국적이탈 신고를 하지 못하였다고 하더라도 그 사유가 정당한 경우에는 예외적으로 그 요건과 절차 등을 정하여 국적이탈 신고를 할 수 있도록 해야 하는데도 그렇지 않은 것이 피해최소성을 지키지 않은 것이고 법익균형성도 지키지 않은 국적이탈의 자유의 침해라고 본 것이다(이 2016헌마889 결정이 "'국적이탈의 자유'의 개념에는 '국적선택에 대한 자기결정권'이 전제되어 있으므로"라는 판시를 하였는데 자기결정권의 근거가 헌법 제10조인 것을 인정하는 다음에야 여기서 다룰 판례라기보다 헌법 제10조에서 다룰 판례이다). ② 외국 국적 취득에 따른 국적 상실 － 이를 규정한 국적법 제15조 제1항에 대해 헌재는 합헌성을 인정하였다(2011헌마502 [결정요지] * 전술 헌법서설, '국적' 부분 참조).

Ⅲ. 거주 · 이전의 자유의 제한과 그 한계

(1) 국가안전보장, 질서유지, 공공복리를 위한 제한

　　거주 · 이전의 자유도 헌법 제37조에 따라 국가안전보장, 질서유지, 공공복리를 위한 목적이 있을 때 법률로 제한할 수 있다. 국가안보를 위한 제한으로 계엄법, 군사시설보호법 등에 의한 제한이 있고, 질서유지를 위한 제한으로 경찰관직무집행법상의 보호조치, 피난조치 등(동법 제4, 5조), 재난발생이나 발생우려가 있는 경우의 '재난 및 안전관리기본법'의 대피명령(동법 제40조) 등을 들 수 있다. 공공복리를 위한 제한으로 감염병환자에 대한 강제적인 입원 · 격리 등('감염병의 예방 및 관리에 관한 법률' 제42조), 결핵환자에 대한 입원명령(결핵예방법 제15조 제1항), 소년법상 보호처분(소년법 제32조 제1항), 민법상 친권자의 자에 대한 거소지정권(민법 제914조) 등이 있다.

　　[영내 기거하는 현역병] 군인이나 공무원과 같은 특수신분자의 경우 영내거주, 지방근무 등의 의무에 의해 거주 · 이전의 자유를 제한받을 수 있다. * 판례 － 영내 기거 현역병의 주민등록을 그가

속한 세대의 거주지에서 하도록 한 주민등록법 규정에 대해 헌재는 누구든지 주민등록 여부와 무관하게 거주지를 자유롭게 이전할 수 있으므로 주민등록 여부가 거주·이전의 자유와 직접적인 관계가 있다고 보기 어려우며, 영내 기거하는 현역병은 병역법으로 인해 거주·이전의 자유를 제한받게 되므로 위 법률조항은 영내 기거 현역병의 거주·이전의 자유를 제한하지 않는다고 보아 합헌성을 인정하는 기각결정을 하였다(2009헌마59).

　　[인구집중억제를 위한 제한] 인구분산, 특정지역으로의 유입억제의 정책과 방법으로 거주·이전의 자유에 대한 제한이 가해질 수 있으나 기본권제한의 한계를 준수하지 않으면 위헌이 된다. * 판례 − ① 법인이 대도시 내에서 하는 부동산등기에 대해 중과세할 수 있게 한 구 지방세법 규정(94헌바42), ② 과밀억제권역 내 본점 또는 주사무소 부동산 취득에 대한 중과세를 규정한 지방세법 규정(98헌바104) 모두에 대해 과잉금지원칙을 준수하였다고 보아 합헌결정을 하였다.

(2) 국외거주·이전의 자유의 제한

　　국외거주·이전의 자유도 헌법 제37조 제2항에 따라 제한될 수 있다.

　　[여권발급의 제한] 그 제한으로 여권발급 제한이 중요한 제한이 된다. 과거 여권법 제8조 제1항 제5호가 "대한민국의 이익이나 공공의 안전을 현저히 해할 상당한 이유가 있었다고 인정되는 자"에 대해 여권의 발급 등을 제한할 수 있도록 규정하고 있었는데 이에 대해 대법원은 "여권법 제8조 제1항 제5호 소정의 제한사유는 거주·이전의 자유의 헌법적 가치와 여권발급의 법적 성격 등을 종합적으로 고려하여 합리적으로 해석하여 할 것인바"라고 하였다(대법원 2007두10846). 현재는 여권법이 개정되어 보다 구체적인 제한 사유를 명시하고 있다(여권법 제12조 참조).

　　[헌재판례] ① 외교통상부가 해외 위난지역에서의 국민을 보호하고자 특정 해외 위난지역에서의 여권사용, 방문 또는 체류를 금지한 고시에 대해 헌재는 합헌성을 인정한 바 있다(2007헌마1366). ② 여행금지국가로 고시된 사정을 알면서도 외교부장관으로부터 예외적 여권사용 등의 허가를 받지 않고 여행금지국가를 방문하는 등의 행위를 형사처벌하는 여권법 제26조 제3호에 대해 실효성보장, 예외적 여권사용허가를 받은 경우 형사처벌되지 않고 처벌수준이 비교적 경미한 점 등에서 침해최소성을 갖추어 합헌이라고 본다(2016헌마945). ③ 출국금지에 대한 합헌결정례는 앞서 국외거주·이전의 자유에서 보았다.

(3) 직접적 제한과 간접적 제한

　　거주·이전의 자유에 대한 제한에는 ⅰ) 직접적 제한(거주·이전 자체에 대한 제한)과 ⅱ) 간접적 제한(거주·이전 자체에 대한 제한은 아니나 다른 기본권의 제한으로 실질적으로는 거주·이전의 자유에 대한 제한의 효과가 나타날 수 있는)의 경우가 있다. ⅱ)의 간접적 제한에 있어서 판례의 입장은 이러한 제한이 거주·이전의 자유에 대한 제한으로 보지 않고 직접적인 제한을 받는 다른 기본권의 제한 문제로 다루려는 경향이다[① 지방자치단체장선거 입후보에서의 거주요건(居住要件)의 거주·이전의 자유의 침해여부 − 체류지와 거주지의 자유로운 결정과 선택에 사실상 제약을 받는다고 하더라도 직업의 자유 내지 공무담임권이 제한될 수는 있어도 헌법 제14조의 거주·이전의 자유가 제한되었다고 볼 수 없다고 하여 거주·이전의 자유의 침해 문제로 보지 않고 공무담임권의 침해 문제 등으로 판단하였다(96헌마200). ② 택지소유상한제 – 지금은 폐지된 법률인 과거의 '택지소유상한에 관한 법률'의 택지소유상한제 자체에 대해 위헌결정을 하면서도 거주·이전의 자유의 제한이라는 주장에 대해서는 받아들이지 않았다. 즉 헌재는 택지소유상한제한으로 인한 거주·이전에 대한 제한은 사실상의 제한으로 기본권에 대한 침해가 아니라 토지재산권에 대한 제한이 수반하는 반사적 불이익에 불과하다고 보았다(94헌바37). 그 외 ③ 이민(移民)에 의한 불이익(89헌마189), ④ 특수건강진단업무 종사의 제한(2008헌마271), ⑤ 자경농민에 대한 감면(2003헌바2), ⑥ 당해 선거구안에 있는 자에 대하여 후보자 등이 아닌 제삼자가 기부행위를 한 경우 처벌하도록 하는 공직선거법 규정(2017헌바266), ⑦ 직장 통근에 있어서 불리함(2004헌바64), ⑧ 국민기초생활보장급여 지급을 위한 소득인정액산정에서 주택의 소득환산액 포함의 문제(2009헌바47) 등].

제 2 항   주거의 자유

Ⅰ. 주거의 자유의 의미와 성격 및 주체, 효력

[헌법규정과 의미] 우리 헌법 제16조 전문은 "모든 국민은 주거의 자유를 침해받지 아니한다. 주거에 대한 압수나 수색을 할 때에는 검사의 신청에 의하여 법관이 발부한 영장을 제시하여야 한다"라고 규정하여 주거의 자유가 기본권임과 주거에 대한 압수 등에서의 영장주의를 명시하고 있다. 주거의 자유는 공권력 또는 다른 사인에 의한 침해를 받지 않고 안전과 평온한 상태에 있을 자유를 말한다. 주거의 평온이라는 법익은 중요한 법익이므로 그것의 침해에 대해 강한 제재가 가해질 수 있다고 본다.

[성격] 주거의 자유를 자유권적 성격 외에 생존권적 성격을 가진 것으로 파악하는 견해도 있을 것이나 우리 헌법상 주거의 평온과 생활이 침해받는 것을 배제한다는 자유권으로서의 성격을 가진다. 주거는 인간이 활동하는 기초공간이라는 점에서 기초적 자유의 하나이다.

[주체] 외국인도 주체가 될 수 있다. 주거를 소유하고 있는 사람인지 여부는 무관하고 당해 주거를 소유하지 않은 사람일지라도 그 주거를 점유하고 있는 사람이라면 주체가 된다. 즉 점유사실이 중심이 된다. 따라서 호텔의 숙박객도 자신이 머무는 호텔객실에 관한 한 주거의 자유의 주체가 된다. 법인의 경우에는 부정하는 견해와 긍정하는 견해가 대립되고 있다.

[효력] 주거의 자유는 국가의 공권력에 의한 침해를 배제하는 대국가적 효력을 가진다. 사인들 간에도 주거의 자유는 보장되어야 한다. 사인에 의한 침해는 형법상 주거침입죄로 처벌된다(형법 제36장).

II. 주거의 자유의 내용

1. 주거의 개념·범위

[개념] 주거란 인간이 머물면서(체류하면서) 활동하거나 생활하기 위한 물적 공간과 시설로서 개방되어 있지 않은 곳을 말한다. 이러한 주거가 침해받지 않고 안전과 평온한 상태에 있을 것을 요구하는 자유가 주거의 자유이다.

[범위] 주거는 인간이 머무르기 위하여 점유하고자 하는 목적을 지닌 시설과 공간이면 되고 현재 사람이 거주하고 있는지는 불문하여 일시 비워둔 주택 등도 주거에 포함되고 잠시 머무르는 곳도 포함된다. 즉 체류의 장기성을 요하지 않는다. 따라서 주택가옥은 물론이고 사무실, 호텔, 강의실, 그리고 이동 중인 차량, 선박 등도 해당될 수 있다. 누구든지 출입을 할 수 있도록 허용되어 있는 장소는 주거가 아니다. 따라서 상점, 음식점, 까페 등의 영업장소는 영업시간 동안은 개방되므로 영업시간 동안에는 주거라고 보기 어렵다.

[거주와 주거의 구별] 거주는 머무르는 행위, 그리고 나아가 주거를 정하고 옮길 수 있음을 전제로 하는 이동성을 염두에 둔 행위이고 주거는 그러한 행위와 활동을 하는 장소적 요소가 개념지표가 된다는 점에서 차이가 있는 개념이다. 주거를 정하는 자유는 거주·이전의 자유에 속한다.

2. 주거의 불가침 - 침해의 금지

주거의 자유에서는 '불가침'이 핵심적 요소이다. 우리 헌법 제16조 전문도 "침해받지 아니한다"라고 규정하고 있다. 주거의 침해란 주거권자(주거의 자유 주체)의 승낙이나 동의 없이 또는 그의 의사에 반하여 주거에 진입하는 것을 말한다. 의사에 반하여 들어간 경우에 주거침입죄를 구성하여 처벌된다(형법 제319조 제1항). 앞서 본 대로 주거의 자유의 주체가 반드시 소유자일 필요가 없기에 소유자가 아닌 점유자, 예를 들어 임차인의 승낙, 동의를 받지 않고 진입하여도 주거침입이 된다. 공동의 거주자는 각각 주거권을 주장할 수 있다[대법원의 과거 판례는 공동거주자 중 주거 내에 현재하는 거주자의 현실적인 승낙을 받아 통상적인 출입방법에 따라 주거에 출입하였는데도 부재중인 다른 거주자의 추정적 의사에 반한다는 사정만으로 주거침입죄가 성립한다고 보는 것이었고 그리하여 남편 부재중에 간통을 위해 처의 동의를 받고 들어간 경우에 주거침입죄를 인정하였다(대법원 1984.6.26. 83도685). [대법원 판례변경] 그러나 대법원은 2021년 9월에 판례변경을 하여 외부인이 공동거주자의 일부가 부재중에 주거 내에 현재하는 거주자의 현실적인 승낙을 받아 통상적인 출입방법에 따라(피고인이 남편 갑의 부재 중에 혼외 성관계를 목적으로 그 처인 을이 열어 준 현관 출입문을 통하여) 공동주거(갑과 을의 공동주거)에 들어간 경우라면 그것이 부재중인 다른 거주자의 추정적 의사에 반하는 경우에도 주거침입죄가 성립하지 않는다고 본다. 변경된 판례에서도 공동거주자 개개인이 각자 사실상 주거의 평온을 누릴 수 있음을 인정하면서 여러 사람이 하나의 생활공간에서 거주하는 성질에 비추어 일정 부분 제약될 수밖에 없고, 공동거주자는 공동주거관계를 형성하면서 이러한 사정을 서로 용인하였다고 보아야 한다고 판시한다(대법원 2021. 9. 9. 2020도12630 전원합의체 판결)]. 대리응시자들의 시험장의 입장에 대해 대법원 판례는 "시험관리자의 승낙 또는 그 추정된 의사에 반한 불법침입이라 아니할 수 없고 이와 같은 침입을 교사한 이상 주거침입교사죄가 성립된다"라고 본다(대법원 1967.12.19. 67도1281). 도청장치 설치의 목적으로 일반인 출입의 음식점에 들어간 경우 주거침입죄의 성립을 인정하는 것이 대법원 판례이다(대법원 1997.3.28. 95도2674).

Ⅲ. 주거의 자유를 보호하기 위한 제도 – 영장제도

1. 원칙, 대상, 요건

주거는 범죄행위의 발생, 범인과 증거물의 은닉이 이루어질 수도 있는 장소이므로 범죄의 수사와 현행범인의 체포, 증거물의 확보 등을 위하여 주거에 대한 수색과 압수가 필요한 경우가 나타난다. 그러나 이러한 필요성이 있는 경우라 하더라도 수색과 압수로 주거의 평온을 해치는 것은 엄격한 요건과 절차에 따라 매우 제한적으로 이루어져야 한다. 그리하여 우리 헌법은 그 허용 여부를 법관의 판단에 맡기는 영장주의를 채택하고 있다. 우리 헌법 제16조 후문은 "주거에 대한 압수나 수색을 할 때에는 검사의 신청에 의하여 법관이 발부한 영장을 제시하여야 한다"라고 하여 주거의 자유가 함부로 침해되는 것을 막기 위하여 영장제도를 명시하고 있다. 이는 적법절차의 원칙을 구현하는 것이기도 하다. 그 대상은 주거에 대한 압수나 수색행위이다. 수색이란 일정한 장소에서 문제의 물건(목적물)의 발견을 위한 조사행위를 말한다. 압수란 강제적으로 물건을 수거하고 그 점유를 취득하는 행위를 말한다.

영장을 발부하기 위해서는 수색, 압수의 정당한 필요성이 있어야 하고 자격 있는 검사의 신청으로 법관에 의해 발부 여부가 판단되어야 하며 수색할 장소와 압수할 물건을 명확하게 밝혀야 하며 포괄적으로 여러 장소와 물건을 기재하는 일반영장은 금지된다.

2. 예외 – 예외 사유의 비명문화와 헌법불합치결정례

헌법 제16조 후문에는 헌법 제12조 제3항 단서와 같은 사전영장주의에 대한 예외를 명시하지 않고 있다. 헌재는 그러나 헌법 제12조 제3항과 헌법 제16조의 관계, 주거 공간에 대한 긴급한 압수·수색의 필요성, 주거의 자유와 관련하여 영장주의를 선언하고 있는 헌법 제16조의 취지 등을 종합하면, 헌법 제16조의 영장주의에 대해서도 그 예외를 인정하되, 이는 ① 그 장소에 범죄혐의 등을 입증할 자료나 피의자가 존재할 개연성이 소명되고, ② 사전에 영장을 발부받기 어려운 긴급한 사정이 있는 경우에만 제한적으로 허용될 수 있다고 보는 것이 타당하다고 본다. 그리하여 헌재는 "체포영장을 집행하는 경우 필요한 때에는 타인의 주거 등에서 피의자 수사를 할 수 있도록 한 구 형사소송법(1995.12.29. 법률 제5054호로 개정된 것) 제216조 제1항 제1호 중 제200조의2에 관한 부분이 명확성원칙에 위반되지는 아니하나 헌법 제16조의 영장주의에 위반된다고 보고 단순위헌결정을 하여, 그 효력을 즉시 상실시킬 경우 발생할 법적 공백상태를 우려하여 입법시한을 정하여 잠정 적용을 명하는 헌법불합치결정을 하고, 헌법 및 형사소송법 관련 조항의 개정 필요성을 지적"하였다. 헌재는 체포영장이 발부된 피의자가 타인의 주거 등에 소재할 개연성은 소명되나, 수색에 앞서 영장을 발부받기 어려운 긴급한 사정이 인정되지 않는 경우에도 영장 없이 피의자 수색을 할 수 있다는 것이므로, 위에서 자신이 설시한 헌법 제16조의 영장주의 예외 요건을 벗어나는 것으로서 영장주의에 위반된다는 것이다(헌재 2018.4.26. 2015헌바370등. * 법개정: 위 결정 후 현재 형사소송법은 헌재의 위 결정취지에 따라 개정되었다).

Ⅳ. 주거의 자유의 제한과 그 한계

주거의 자유도 헌법 제37조 제2항에 규정된 대로 국가안전보장·질서유지 또는 공공복리를 위하여 필요한 경우에 한하여 법률로써 제한할 수 있다. 주거의 자유를 제한하는 법률로는 형사소송법(법 제109조, 제216조 등), 경찰관직무집행법(법 제7조), '감염병의 예방 및 관리에 관한 법률'(법 제42조 제1항, 제1군감염병환자 등이 있다고 인정되는 주거시설 등에서의 조사), 소방기본법(법 제25조, 제30조 등), '마약류 관리에 관한 법률'(법 제41조), '조세범 처벌절차법'(법 제2조 이하), 국세징수법(법 제26조 등), 관세법(법 제296조 등) 등이 있다.

주거의 자유를 제한할 필요가 있다고 하더라도 비례원칙 등에 따른 한계가 있다. 또한 주거의 자유의 본질적 내용을 침해할 수는 없다.

제 3 항   사생활의 비밀과 자유

Ⅰ. 사생활의 비밀·자유의 연혁

과거에도 사생활보호의 문제가 있었지만 Warren-Brandeis가 1890년에 Privacy권에 관한 논문을 발표하여 이에 대한 각성이 있었고 정보사회라고 일컬어지는 현대에 들어와 사생활의 비밀과 자유가 중요한 기본권으로 인식되었다. 오늘날 특히 컴퓨터 등의 발달로 정보의 유통이 신속하고 대량화되어 개인의 사적인 정보들이 노출되거나 전파될 가능성이 많아짐에 따라 사생활보호가 점점 더 중요한 법적 과제가 되었다. 우리나라에서는 제5공화국 헌법이 처음으로 명문화하였는데 이전에는 인간의 존엄가치 규정을 근거로 인정되고 있었다. 현행 헌법 제17조는 "모든 국민은 사생활의 비밀과 자유를 침해받지 아니한다"라고 규정하고 있다.

II. 사생활의 비밀·자유의 개념과 성격

1. 개념

우리 헌법 제17조가 명시하고 있는 것은 '사생활의 비밀과 자유'인데 이는 개인의 은밀한 사적 영역이 공개되지 않고(비밀성), 사적 영역을 형성함에 있어서 자유롭고 방해를 받지 않으며 형성된 사적 영역이 침해되지 않을(자유의 불가침성) 권리를 말한다.

['사생활의 비밀과 자유'와 '사생활의 권리'] 양자를 구별하여 보아야 한다. 사생활의 권리는 사생활의 비밀과 자유보다 넓은 개념으로서 사생활의 비밀과 자유를 포함할 뿐 아니라 그 외에도 사생활에 대한 보다 적극적인 권리들(사생활보호청구권, 사적 영역에 관한 개인정보의 열람·정정청구권 등의 적극적 권리들)을 포괄한다. 즉 「'사생활의 권리' = '사생활의 비밀과 자유' + 사생활 관련 '적극적 권리'」이다.

2. 성격

[학설] 헌법 제17조의 '사생활의 비밀과 자유'나 사생활의 권리의 성격이나 그 범위에 대해서는 학설이, ① 자유권설(사적 생활영역이 공개되지 않고 방해되지 않는 소극적인 자유권으로 보는 견해), ② '자유권 + 청구권'설(자유권적 성격뿐 아니라 개인의 사적 개인정보에 대한 통제권 등 적극적인 청구권적 성격을 내포하는 권리로 보는 견해), ③ 최광의설(자유권적 성격과 청구권적 적극적 성격을 가진 권리로서 사생활의 비밀과 자유 외에 통신의 불가침, 주거의 불가침과 같은 권리들도 널리 포함한다고 보는 견해) 등으로 나누어진다.

[판례] ⅰ) 대법원의 판례는, 헌법 제10조와 제17조를 적시한 다음 "이들 헌법 규정은 개인의 사생활 활동이 타인으로부터 침해되거나 사생활이 함부로 공개되지 아니할 소극적인 권리는 물론, 오늘날 고도로 정보화된 현대사회에서 자신에 대한 정보를 자율적으로 통제할 수 있는 적극적인 권리까지도 보장하려는 데에 그 취지가 있는 것으로 해석되는바, … "라고 한다(대법원 96다42789). 이는 판례가 직접 밝히고 있지 않으나 헌법 제10조도 함께 적시하여 적극적 권리성을 찾으려 한 것으로 보인다. ⅱ) 헌재도 소극적 권리성과 적극적 권리성을 가지는 개인정보자기결정권을 헌법 제10조와 제17조를 그 근거로 하여 끌어내고 있다(2003헌마282).

[사견] 우리 현행 헌법 제17조가 사생활에 대해 규정하고 있는 비밀과 자유라는 권리의 성격과 사생활의 권리 전체의 성격은 구별을 요한다. 즉 우리 헌법 제17조의 문언은 "모든 국민은 사생활의 비밀과 자유를 침해받지 아니한다"라고 규정되어 있으므로 헌법 제17조 자체가 규정하고 있는 사생활에 관한 권리는 비밀성과 불가침성이라는 자유권으로서의 성격을 가진 것으로 파악된다. 반면에 사생활의 권리 전체의 성격에는 적극적인 권리로서의 성격도 포함된다. 이러한 적극적 권리들은 제10조 인간의 존엄과 가치, 행복추구권에서 나온다. 결국 사생활의 권리 전체는 헌법 제17조(자유권)와 제10조(적극적 사생활권)을 그 근거로 한다.

[다른 기본권들과의 관계] 인간의 존엄과 가치, 행복추구권과의 관계를 보면 사생활의 공개로 인해 자신의 명예와 존엄, 인격이 침해될 수 있으므로 사생활이 그 구성요소가 될 수 있고 병존 내지 경합관계가 될 수 있다. 사생활비밀보호와 관련없어도 명예가 문제될 수 있다는 점에서 차이가 있다.

Ⅲ. 사생활의 비밀 · 자유의 내용(보호범위)

1. 내용 개관

사생활의 비밀과 자유는 단계적으로 ① 먼저 사생활의 형성을 함에 있어서 방해받지 않을 권리, ② 형성된 사생활의 비밀이 유지되고 침해되지 않을 권리이다(단계론). 헌재는 사생활의 비밀과 자유가 구체적으로 보호하는 것은 ① 개인의 내밀한 내용의 비밀을 유지할 권리, ② 개인이 자신의 사생활의 불가침을 보장받을 수 있는 권리, ③ 개인의 양심영역이나 성적 영역과 같은 내밀한 영역에 대한 보호, ④ 인격적인 감정세계의 존중의 권리와 정신적인 내면생활이 침해받지 아니할 권리라고 한다(2002헌마518; 2005헌마1139).

생각건대 헌법 제17조가 불가침의 대상으로 사생활의 자유와 비밀을 직접적으로 명시하고 있는 데에 따라 사생활의 자유 부분과 사생활의 비밀 부분으로 나누어 볼 수 있다. 헌법은 사생활의 비밀을 먼저 규정하고 있으나 사생활의 비밀은 우선 그 내용 자체의 형성이 있어야 한다는 점에서 사생활의 자유를 먼저 다룬다. 그리하여 ⅰ) 사생활의 자유로서 ① 사생활형성 · 활동자유권과, ② 사생활의 안온보장권, ③ 정신적(정서적 · 감정적) 내면생활을 침해받지 않을 권리 등을 들 수 있고, ⅱ) 사생활 비밀의 불가침권으로서 ① 사적인 내밀한 내용의 유지 · 불가침권, ② 내밀한 정신적 영역(정서, 감정)의 존중권 등을 들 수 있다.

2. '사생활의 자유'의 불가침

(1) 사생활형성 · 활동자유권

이는 각자가 개인적인 사적 영역을 형성하고 사적 활동을 하는 것을 방해받지 않을 자유권이다. 자신의 생활에서 공적 생활 외에서 어떠한 사적 생활을 영위할 것인지를 자유롭게 정하고 그 사적 생활을 향유함에 있어서 방해를 받지 아니할 자유권이다(예를 들어 어떠한 사람과 교유할 것인지, 어떠한 사적인 취미를 즐길 것인지 등에 대한 자유로운 선택과 그러한 교유, 향유의 활동). [중요 사생활에 관한 자기결정권] 사생활에 대한 결정에 있어서는 중요한 사항의 자율적 결정권일 경우 자기결정권적 성격을 가지기도 한다. 어느 개인이 어떤 공간, 어느 시각에서 사적 활동을 하는지를 추적(위치추적)당하지 않을 자유도 사생활의 자유로운 형성과 활동에 있어서 중요하다.

> * **일반적 행동자유권을 포괄?** – 사생활의 자유는 "일반적 행동의 자유까지를 포괄하는 것으로 이해되고 있다"라는 견해(성낙인, 전게서, 492면)가 있으나 일반적 행동자유권이 포괄적(보충적) 자유권이라는 점에서 사생활의 자유라는 개별적 자유권이 포괄적 자유권을 포괄한다는 것은 모순이며 타당하지 않다.

[공적 생활 배제] 공적 생활은 그 보호대상이 아님은 물론이다. 이에 관한 예로서 자동차의 안전띠 착용의무가 사생활 비밀·자유의 침해를 가져오는지에 대해 헌재는 많은 운전자들의 이익이 관련된 도로에서의 자동차운전행위는 개인적인 내밀한 영역이 아니라고 하여 이를 부정한다(2002헌마518).

(2) 사생활의 안온보장권

사생활을 안온하게 영위할 수 있고 이러한 평안을 침해하는 행위를 배제할 수 있는 권리이다. 불법적인 도청이나 서신검열, 감시, 수색 등은 행위적인 측면에서는 사생활을 불안하게 하므로 사생활의 안온성의 침해이다(행인을 미행하여 목적지로 향해 가는 데 불안하게 하는 행위, 옆집이나 옆방에서 도청시설을 설치하여 엿듣는 행위 등). 불법적 도청 등을 통해 수집된 개인의 사적 내용을 공표하는 것은 아래에서 볼 사생활비밀의 침해이다.

(3) 정신적(정서적·감정적) 내면생활을 침해받지 않을 권리

인간의 감정적(정서적)이고 정신적인 내면세계는 사적 영역의 핵심을 이루는 것이므로 그 침해를 받지 않을 권리가 있다. 인간의 정신을 혼란하게 하거나 불쾌하게 하는 전화, 방문 등은 이를 침해하는 것이다. 어느 개인이 어떠한 감정을 가지고 있는지를 외부에 보여주지 않을 권리는 아래의 사생활의 비밀권에 포함된다.

3. 사생활의 비밀권

(1) 사적인 내밀한 내용의 유지·불가침권

사적인 내밀한 내용이 공개되지 않고 그 내용의 탐지를 거부하고 금지할 수 있는 권리를 말한다. 자신이 공개되기를 원하지 않는 사적 내용이 텔레비전이나 신문 등 대중매체와 인터넷 등에 공표되는 것이 금지된다.

[판례] ① 병역면제사유인 질병명 공개 – 4급 이상 공무원들 모두를 대상으로 질병으로 인한 병역면제의 경우에 그 사유인 질병명을 신고에서 더 나아가 관보와 인터넷을 통해 공개하도록 하는 것에 대해 헌재는 내밀한 사적 영역에 근접하는 민감한 개인정보인 질병명을 공적 관심의 정도가 약한 4급 이상의 공무원들까지 대상으로 삼아 모든 질병명을 아무런 예외 없이 공개토록 한 것은 입법목적 실현에 치중한 나머지 사생활 보호의 헌법적 요청을 현저히 무시한 것이어서 지나치게 포괄적이고 광범위하여 헌법 제17조가 보장하는 기본권인 사생활의 비밀과 자유를 침해한다고 보아 헌법불합치결정을 하였다(2005헌마1139). ② 성기구의 판매 행위 제한 – 이로써 성기구를 이용하여 성적 만족을 얻으려는 사람의 은밀한 내적 영역에 대한 기본권인 사생활의 비밀과 자유가 제한된다고 헌재는 보면서 그러나 음란성이 인정되지 아니하는 성기구 일반의 판매 또는 소지가 금지되는 것은 아닌 점 등에 비추어 보면 침해최소성원칙에 반하지 않는 등 과잉금지원칙을 준수한 합헌이라고 보았다(2011헌바176). ③ 인터넷회선 감청 – 헌재는 오늘날 이메일, 메신저 등 통신뿐 아니라, 각종 구매, 금융서비스 이용 등 생활의 전 영역이 인터넷을 기반으로 이루어지기 때문에 이는 통신의 불가침뿐 아니라 사생활의 비밀과 자유도 제한하게 된다고 보고 헌법불합치결정을 하였다(2016헌마263).

(2) 내밀한 정신적 영역(정서, 감정)의 존중권

개인의 정서, 감정 등 내면의 은밀한 영역과 상태를 드러내지 않고 이를 존중받을 권리를 말한다. 정신적 내밀세계에 대한 침해는 인간의 육체적인 물리적 침해보다도 더 심각한 침해가 될 수 있다. 육체적 침해가 내밀한 정신적 사적 세계의 침해를 아울러 가져올 수도 있다. 양심의 영역은 우리 헌법이 별도로 규정을 두고 있는 양심의 자유로 우선적으로 보호된다.

4. 개인정보자기결정권

사생활에 관한 개인정보가 본인의 의사에 반하여 공개되거나 전파, 활용되는 경우에 이는 사생활의 비밀과 자유의 권리를 침해하는 것이기도 하므로 개인정보자기결정권이 여기서도 중요하게 다루어진다. 개인정보자기결정권에 대해서는 정보기본권에서 다룬다(후술 제7장 참조).

Ⅳ. 사생활의 비밀·자유의 제한과 그 한계

1. 제한의 구체적 문제

[언론의 자유, 알 권리와 사생활비밀·자유] 언론이 개인의 사사(私事)를 보도함으로써 사

생활의 비밀·자유가 제한될 수 있다. 그 제한의 논거로 공적 인물론, 공익론, 권리포기론 등이 제시되고 있다. 즉 공적 인물론은 공적 인물의 경우에는 여러 사람들의 관심, 알 권리의 대상이 되므로 그의 사생활이 어느 정도 공개되는 것은 받아들여야 한다는 이론이다. 공익론은 공익적 가치가 있는 사실에 대한 보도는 보장되어야 한다는 이론이고 권리포기론은 일정한 경우에 사생활의 비밀을 포기한 것으로 보아 그 공개가 가능하다는 이론이다.

공적 인물론을 적용한 헌재, 대법원의 판례들이 있다(대표적인 헌재결정례로, 97헌마265 참조. 공적 인물론에 대해서는, 후술 제 5 절 제2항 언론·출판의 자유 참조). 국민의 알 권리를 위하여 공개될 필요가 있는 사적 사항인지에 대한 판단은 이익형량에 의하고 공개가 최소한에 그쳐야 한다. 국민의 알 권리와 무관한 사항일 때에는 그 대상이 공적 인물이라 하더라도 제한이 정당화될 수 없다. 대법원은 군의 사찰행위는 국민의 알 권리와 무관하므로 그 대상이 공적 인물이라는 이유만으로 그 사찰행위가 면책될 수 없다고 보았다(대법원 96다42789).

[국정감사·조사의 한계로서의 사생활의 비밀] '국정감사 및 조사에 관한 법률' 제8조는 국정감사 또는 국정조사의 한계로서 감사 또는 조사는 개인의 사생활을 침해할 목적으로 행사되어서는 아니 된다고 규정하고 있다.

[행정조사와 사생활의 비밀] 행정적 필요에 따른 조사의 과정에서 개인의 사생활에 대한 조사가 행해질 수 있다. 행정조사기본법 제4조 제1항은 행정조사는 조사목적을 달성하는 데 필요한 최소한의 범위 안에서 실시하여야 하며, 다른 목적 등을 위하여 조사권을 남용하여서는 아니 된다고 한계를 설정하고 있다. 행정조사를 개별적으로 규정한 법으로는 경찰관직무집행법(불심검문. 동법 제3조 제1항), '감염병의 예방 및 관리에 관한 법률'(동법 제42조) 등이 있다. 행정조사에 있어서 조사목적에 필요한 최소범위에서 실시되어야 하는 등 비례원칙이 적용되어야 하고 보충성원칙이 지켜져야 한다. 위법한 행정조사에 대해서는 불법행위로 손해배상책임을 물어 제재를 가할 수 있다. 대법원은 법령에 규정된 직무범위를 벗어난, 군의 평소 민간인사찰은 기본권침해로 불법행위를 구성함을 인정한다(대법원 1998.7.24. 96다42789).

[명단공개·신상공개, 초상권, 고위공직자 재산공개 등] ⅰ) 명단공개 - 행정의무를 위반한 사람에 대한 명단의 공개가 사생활의 비밀과 자유의 침해가 아닌지가 논란이 된다. 대표적으로 국세기본법은 조세포탈자의 인적사항, 포탈세액 등을 공개할 수 있도록 규정하고 있다(동법 제85조의5 제1항). ⅱ) 신상공개 - 청소년 성매수자에 대한 신상공개가 사생활의 비밀, 자유를 침해하여 위헌이라는 주장이 있었는데 헌재는 과잉금지원칙을 위반하지 않았다는 4인 재판관의 의견에 따라 합헌으로 결정하였다(2002헌가14. 위헌의견이 5인 의견이었으나 정족수(6인)에 1인 부족으로 합헌으로 결정되었음). 성폭력범죄 유죄 확정자에 대한 신상등록·공개제도가 있고 이에 대한 합헌결정들이 많다(이에 대해서는 정보기본권의 개인정보자기결정권 부분 참조). ⅲ) 초상권, 성명권 - 개인의 얼굴이나 성명 등이 공개되지 않을 권리도 사적 영역의 침해를 받지 않겠다는 의도에서 비공개되는 것이면 사생활의 권리에 속할 수 있다(예외적 얼굴공개 등 제한은 전술

무죄추정권 부분 등 참조). ⅳ) 고위공직자의 재산공개 등 ─ 공직자윤리법은 고위공직자의 재산의 등록·공개를 강제하고 있다. 이는 고위공직자의 사생활에 관한 기본권제한이라고 할 수 있다. 이는 고위공직자의 봉사자로서 가져야 할 공직자의 윤리, 청렴의무 등을 실질화하기 위한 것이라는 목적을 가진다.

[위치추적] '위치정보의 보호 및 이용 등에 관한 법률'이 동의 없는 위치정보수집을 금지하면서 예외를 인정하고 있다. 특정 범죄의 재발을 막고자 '특정 범죄자에 대한 보호관찰 및 전자장치 부착 등에 관한 법률'(법률이름이 2020.2.4. '전자장치 부착 등에 관한 법률'로 개정되었다)이 있다. 이 법률은 성폭력범죄를 2회 이상 범하여 습벽이 인정되고 재범의 위험성이 있는 자에게 검사의 청구에 따라 법원이 일정 기간 내에서 위치추적 전자장치를 부착할 수 있도록 규정하고 있는데 그러한 부착명령제도가 피부착자의 사생활의 비밀과 자유, 개인정보자기결정권, 옷차림이나 신체활동의 자유, 인격권을 위헌적으로 제한하는 것인지 여부에 대해 헌재는 비례(과잉금지)원칙을 준수한 것이라고 하여 합헌으로 결정한 바 있다(2010헌바187; 2011헌바89). 이에 대해서는 정보기본권의 개인정보자기결정권 부분 참조(후술 제7장 참조).

[주민등록법상의 개인정보보호와 사생활 보호] 주민등록번호 등의 유출로 개인정보가 침해되고 사생활 비밀 등이 유출될 수 있다. 영리목적으로 다른 사람의 주민등록번호에 관한 정보를 알려주는 자를 처벌하도록 규정하고 있다(동법 제37조 제9호). 주민등록번호와 개인정보보호 문제는 뒤의 정보기본권에서 살펴본다(후술 참조).

[CCTV 등 영상정보처리기기] 각종 범죄예방 등을 위하여 설치된 폐쇄회로 텔레비전(CCTV) 등 영상정보처리기기의 사생활비밀·자유의 침해 문제가 논란되고 있다. 설치목적과 장소, 촬영범위 등이 명확하여야 한다. ⅰ) 법규정 ─ '개인정보 보호법'이 일반규정을 두고 있다. 동법은 법령에서 구체적으로 허용하는 경우, 범죄예방, 교통단속 등 동법이 정한 경우 외에 공개된 장소에 영상정보처리기기를 설치·운영하여서는 아니 된다고 규정하고 불특정 다수가 이용하는 목욕실, 탈의실 등 개인의 사생활을 현저히 침해할 우려가 있는 장소의 내부를 볼 수 있도록 영상정보처리기기를 설치·운영하여서는 아니 된다고 규정하고 있다(동법 제25조 제1·2항). 다만, 교도소, 정신보건 시설 등 법령에 근거하여 사람을 구금하거나 보호하는 시설로서 대통령령으로 정하는 시설에 대하여는 예외로 인정한다(동법 제25조 제2항 단서). 위 규정에 따라 영상정보처리기기를 설치·운영할 수 있는 기관이나 자는 이를 설치·운영하려면 공청회·설명회의 개최 등 절차를 거치고, 관계 전문가 및 이해관계인의 의견 수렴을 하여야 하고, 정보주체가 쉽게 인식할 수 있도록 설치 목적 및 장소, 촬영 범위 및 시간 등의 사항이 포함된 안내판을 설치하는 등 필요한 조치를 하여야 한다(예외 군사시설, 국가중요시설 등)(동법 제25조 제3·4항). ⅱ) 판례 ① 교정시설 내 CCTV 계호 ─ 교도소에서 엄중격리대상자의 수용거실에 CCTV를 설치하여 24시간 감시하는 행위에 대해 헌재는 당시 법률의 근거 없이 이루어지고 있는 것으로 보아야 하므로 법률유보원칙에 반하여 위헌이라는 의견이 5인 재판관의견으로 다수의견이었으

나 일반적 계호활동을 허용하는 법률규정에 의해 허용된다고 보고 자살·자해의 위험성 등을 고려한 제한으로 과잉금지원칙을 위반한 것이 아니라는 4인 재판관의견에 따라 합헌성을 인정하는 기각결정을 하였다(2005헌마137. 위헌의견이 5인 의견이었으나 정족수(6인)에 1인 부족으로 기각). 그뒤 개인정보보호법이 제정되면서 위에서 본 대로 교도소 등 CCTV설치근거를 두었고 '형의 집행 및 수용자의 처우에 관한 법률'이 그 근거를 두었고 다시 제기된 헌법소원사건에서 자살·자해 등의 교정사고 발생을 막는 데 CCTV를 설치하여 행동을 지속적으로 관찰하는 방법 외에 더 효과적인 다른 방법을 찾기 어려운 점 등에 비추어 보면 CCTV 계호행위는 피해최소성 요건을 갖추는 등 비례(과잉금지)원칙을 준수한다고 하여 합헌성을 인정하는 결정이 있었다 (2010헌마413; 2012헌마549). ② 어린이집에 CCTV 설치 의무화 영유아보육법 조항 – 헌재는 어린이집 설치·운영자의 직업수행의 자유, 어린이집 보육교사(원장 포함) 및 영유아의 사생활의 비밀과 자유, 부모의 자녀교육권을 제한하나 목적정당성, 수단적합성을 가지고 실시간 전송 가능한 네트워크 카메라의 설치의 원칙적 금지, 녹음기능 사용금지, 보호자 전원 반대시 CCTV를 설치하지 않을 수 있는 가능성을 보면 침해최소성에 반하지 아니한다고 결정하였고 아울러 CCTV 열람 조항은 어린이집 보육교사 등의 개인정보자기결정권 및 어린이집 원장의 직업수행의 자유를 제한하나 의심되는 안전사고, 아동학대 여부 확인 목적으로만 활용되도록 하고 있고, 원장은 정당한 이유가 없는 경우 열람요청을 거부할 수 있으며 열람시간 지정 등을 통해 어린이집 운영, 보육활동에 지장이 없도록 보호자의 CCTV 열람 요청에 대해 적절히 대응할 수 있으므로 침해최소성을 갖추어 과잉금지원칙을 위반하지 않는다고 합헌성을 인정하는 결정을 하였다(2015헌마994).

[공직자의 병역면제사유인 질병명 공개] 헌법불합치결정(2005헌마1139)이 있기도 한 이에 대해서는 앞서 살펴보았다.

[간통죄·혼인빙자간음죄] 간통죄 규정(2015년 위헌결정. 2009헌바17), 혼인빙자간음죄 규정(2008헌바58)은 내밀한 사생활의 자유와 비밀을 지나치게 제한하여 비례(과잉금지)원칙에 위반하여 위헌이라고 결정하였다(전술 성적 자기결정권 부분 참조).

[통신제한] 통신에 대한 제한이 사생활의 자유와 비밀에도 제한이 가해질 수 있다. 인터넷회선감청(이른바 '패킷감청')이 사생활의 자유와 비밀을 침해하여 위헌이라고 보아 헌법불합치결정(잠정적용)이 있었다(2016헌마263. * 이 결정에 대해서는 뒤의 '통신의 비밀' 참조).

[기타] ⅰ) 수용자의 사생활 ① CCTV 계호행위(전술 참조). ② 수용자 부재중의 검사행위 – 수형자 교화·개선에 지장을 초래할 수 있는 물품을 차단하기 위한 것으로서 달리 덜 제한적인 대체수단을 찾기 어려워(침해최소성) 기각결정(2009헌마691). ③ 미결수용자의 접견내용의 녹음·녹화 – 미결수용자와 배우자 간의 접견녹음행위(2010헌마153), 미결수용자의 화상접견 녹음·녹화행위(2014헌바401) 등에 대해 합헌성을 인정하였다. ⅱ) 보안관찰법의 신고의무 – 여기에는 보안관찰처분이 청구될 수 있는 대상자이지 아직 그 처분이 내려진 사람은 아닌 '보

안관찰처분대상자'가 해야 할 신고와 청구되어 그 처분이 내려진 '피보안관찰자'가 해야 할 신고가 있다. ㉠ '보안관찰처분대상자' - ⓐ 보안관찰처분대상자 거주예정지 등 '출소후신고조항'에 대한 합헌결정[헌재는 보안관찰처분대상자에 대한 구 보안관찰법의 '출소후신고조항(출소 후 7일 이내에 그 거주예정지 관할경찰서장에게 출소사실을 신고하도록 한 의무조항인 동법 제6조 제1항) 및 위반 시 처벌조항' 자체는 과잉금지원칙을 준수하여 청구인의 사생활의 비밀과 자유를 침해하지 아니하여 합헌이라고 본다(2000헌바22, 2017헌바479)], ⓑ 신고사항 변동시 신고조항의 위헌성 - 그러나 '변동신고조항(위 '출소후신고사항'에 이후 변동이 있을 때에는 변동이 있는 날부터 7일 이내에 그 변동된 사항을 관할경찰서장에게 신고하도록 한 의무조항. 동법 동조 제2항) 및 위반 시 처벌조항'에 대해서는 신고의무를 아무런 기간의 상한 없이 부과한 변동신고조항 및 위반 시 처벌조항은 과잉금지원칙을 위배하여 사생활의 비밀과 자유를 침해한 것이라고 보아 헌법불합치결정이 내려졌다(2017헌바479. 이 결정에서는 개인정보자기결정권 침해도 인정되었다. 따라서 후술 제7장 정보기본권, 해당 부분 참조). ㉡ '피보안관찰자'의 신고의무 조항 합헌결정 - 보안관찰처분을 받은 자(이하 "피보안관찰자"라 한다)는 보안관찰처분결정고지를 받은 날부터 7일 이내에 등록기준지, 주거, 성명 등을 주거지를 관할하는 관할경찰서장에게 신고하도록 한 동법 제18조 제1항은 재범 위험성 예방, 건전한 사회복귀 촉진이라는 목적 달성을 위한 것이고 신고사항의 내용, 그 작성의 난이도 등에 비추어 피보안관찰자에게 과도한 의무를 부과한다고 볼 수 없다는(침해최소성) 점 등에서 과잉금지원칙에 반하지 않는다고 결정하였다(2014헌바475). iii) 흡연행위 - 헌재는 흡연권은 헌법 제17조, 제10조를 그 근거로 든다. 그러나 반대로 흡연을 하지 아니할 권리 내지 담배연기를 혐오하고 흡연으로부터 자유로울 권리인 혐연권도 헌법 제17조, 제10조에서도 찾을 수 있고 나아가 건강권과 생명권에 기하여서도 인정되는바 혐연권이 더 우월하여 금연구역 지정은 합헌이라고 본다(2003헌마457). iv) 성기구의 판매 행위 제한 - 과잉금지원칙을 준수한 합헌이라고 보았다(2011헌바176). v) 군대에서 동성 간 성행위 등에 대한 금지, 처벌 - "계간 기타 추행한 자는 1년 이하의 징역에 처한다."라고 규정한 구 군형법 제92조 중 "기타 추행"에 관한 부분에 대한 합헌결정(2008헌가21)이 있었다. vi) 성매매 처벌 - 이를 규정한 '성매매알선 등 행위의 처벌에 관한 법률' 제21조 제1항에 대해 헌재는 재범방지 교육이나 성매매 예방 교육 등이 형사처벌과 유사하거나 더 높은 효과를 갖는다고 볼 수 없다는 등 침해소성을 인정하여 합헌결정하였다(2013헌가2). vii) 형사절차 등에서의 사생활비밀보호 - 범죄수사, 형사재판 과정 등에서 피해자의 사생활의 비밀이 공개되지 않도록 하여야 한다. 피의자에 대해서도 가능한 한 사생활이 보호되어야 한다. 피의사실 공표로 피의자가 명예훼손을 입은 경우에 손해배상이 인정된다. viii) 형법상 컴퓨터비밀침해죄 - 형법 제316조 제2항은 "봉함 기타 비밀장치 한 사람의 편지, 문서, 도화"뿐 아니라 전자기록 등 특수매체기록을 기술적 수단을 이용하여 그 내용을 알아낸 자도 처벌하도록 규정하여 컴퓨터를 이용한 비밀침해를 처벌하도록 하고 있다. ix) 공직선거후보자의 실효된 형의 범죄경력 공개 - 공직선거에 후보자로 등록하고자 하는 자가 제출하여야 하는 금고 이상의 형의 범죄경력에 실효된 형을 포함시키고 있는 공직선거법 제49조 제4항 제5호에 대해 헌재는 전과기록은 통상 공개재판에서 이루어진 국가의 사법작용의 결과이고, 전과기록의 범위와 공개시기 등이 한정되어 있어 달리 그 입법목적을 달성하기 위한 덜 제약적인 입법수단이 있다고 보기 어려우므로 피해최소성원칙에 반하지 않는다고 하여 기각결정을 하였다(2006헌마402등).

2. 제한의 한계

사생활비밀·자유에 대해 법률로써 제한하더라도 비례원칙을 지켜야 하고 본질적 내용을 침해해서는 아니 된다.

V. 사생활의 비밀·자유의 침해에 대한 구제

사생활의 비밀·보호를 침해하는 위헌적인 법률에 대해서는 위헌법률심판을 통하여, 침해하는 문제의 공권력에 대해서는 헌법소원심판, 행정쟁송 등을 통해 구제될 수 있다. 사생활자유의 침해, 비밀공개 등으로 인해 손해가 발생한 경우에 국가배상에 의해 구제될 수 있다.

언론의 보도, 논평 등에 의해 사생활의 비밀·자유가 침해된 경우에는 반론보도청구권, 정정보도청구권, 추후보도청구권 등으로 구제될 수 있다. 이러한 청구권들에 대해서는 '언론중재 및 피해구제 등에 관한 법률'이 그 절차 등을 규정하고 있다.

제 4 항 통신 비밀의 불가침과 통신의 자유

* **용어:** 통신과 관련하여 '통신의 권리'와 '통신의 자유', 통신'비밀의 불가침' 등은 구별된다. 통신행위를 방해받지 않을 자유인 통신의 자유는 자유권이 소극적이므로 간섭, 방해 배제의 소극적 권리이다. 통신비밀 불가침권도 통신내용의 비공개를 요구할 권리이다. 통신의 권리는 이러한 통신의 자유, 결국 '통신비밀의 불가침권을 포괄하면서 그 외 적극적인 성격의 통신 관련 권리들도 포함하는 넓은 권리이다. 통신의 권리>통신의 자유+통신비밀 불가침'이다.

I. 통신비밀 불가침권과 통신의 자유의 개념과 성격

우리 헌법 제18조는 "모든 국민은 통신의 비밀을 침해받지 아니한다"라고 규정하여 통신의 비밀의 불가침을 명시하고 있다. 그러나 통신의 자유도 인정됨은 물론이고 자유권의 장인 여기서는 통신의 자유도 함께 살펴본다.

1. 개념

(1) 통신의 개념

통신이라 함은 사람들 사이에서 소식이나 의사(뜻)를 전달하고 수령하는 행위를 말한다. 통신의 내용이 언어나 문자인 것은 물론이고 부호, 기호, 그림, 신호 등을 포함한다.

(2) 통신비밀 불가침권과 통신의 자유의 개념과 헌법적 근거

ⅰ) 통신비밀의 불가침의 권리 – 이 불가침권은 통신의 내용이 통신인의 의사에 반하여 다른 사람들에게 알려지거나 공개가 되지 않을 권리를 의미한다. 통신비밀의 불가침은 물론 통신이 자유로울 것을 전제로 하므로 통신의 자유 속에 포함된다. 그러나 통신비밀의 불가침 보다 통신의 자유가 넓은 개념이다. 통신에는 그 비밀이 요구되는 것도 있고 개방되어도 좋거나 방송통신, 뉴스통신과 같이 오히려 개방을 필요로 하는 통신도 있기 때문이다.

ⅱ) 통신의 자유 – 통신의 자유란 통신행위를 방해받지 않고 행할 수 있는 자유를 말한다. 우리 헌법은 제18조가 직접 규정하는 것은 통신 비밀의 불가침이다. 통신의 자유는 일반적 행동자유권에서 나온다고 볼 것이므로 그 헌법적 근거는 헌법 제18조와 제10조가 된다.

[헌재의 구별] 헌재도 양자를 구별한다. 즉 헌재는 통신의 비밀이란 "서신·우편·전신의 통신수단을 통하여 개인 간에 의사나 정보의 전달과 교환(의사소통)이 이루어지는 경우, 통신의 내용과 통신이용의 상황이 개인의 의사에 반하여 공개되지 아니할 자유를 의미한다"라고 본다(2014헌바401; 2017헌마1209). 통신의 비밀에 대비하여 헌재는 통신의 자유란 "통신수단을 자유로이 이용하여 의사소통할 권리"라고 본다(2007헌마890; 2017헌마1209). 이 구분을 판시한 결정의 사안은 휴대전화 가입 본인확인제 문제였다. 헌재는 "가입자의 인적사항이라는 정보는 통신의 내용·상황과 관계없는 '비 내용적 정보'이며 휴대전화 통신계약 체결 단계에서는 아직 통신수단을 통하여 어떠한 의사소통이 이루어지는 것이 아니므로 통신의 비밀에 대한 제한이 이루어진다고 보기는 어렵다"라고 한다. 대신 "'통신수단의 자유로운 이용'에는 자신의 인적사항을 누구에게도 밝히지 않는 상태로 통신수단을 이용할 자유, 즉 통신수단의 익명성 보장도 포함된다"라고 하고 이 익명성 보장의 통신의 자유가 문제된다고 한다(2017헌마1209. 과잉금지원칙의 위반이 아니라고 보고 합헌성을 인정).

[혼동을 주는 판례] 헌재는 "헌법 제18조는 '모든 국민은 통신의 비밀을 침해받지 아니한다.'라고 규정하여 통신의 비밀보호를 그 핵심내용으로 하는 통신의 자유를 기본권으로 보장하고 있다"라고 판시한다(2012헌마538). 이 판시는 통신비밀 불가침(보호)가 통신의 자유의 핵심이라고 하여 후자가 전자보다 넓게 본 것은 타당하나 더 넓은 통신의 자유를 보다 핵심을 규정한 제18

조에서 기본권으로 보장하고 있다고 판시한 것은 적절하지 않다. 통신비밀 외 통신의 자유영역이 있으므로 통신의 자유는 더 포괄적인 것으로 제18조는 일부의 근거가 되고 더 넓게는 헌법제10조에서 나오는 일반적 행동자유권을 근거로 해야 한다(전술).

2. 법적 성격

통신 비밀의 불가침권의 법적 성격에 대해서는 이를 ① 자유권이라고 보는 설, ② 사생활비밀보장권이라고 보는 설, ③ 표현의 자유의 하나라고 보는 설, ④ 통신행위와 표현행위를 포괄하는 양면적인 자유권이라고 보는 설 등이 있다. 생각건대 통신의 내용 중에 사생활에 관한 것의 비밀보장은 사생활비밀보장도 아우르나 사생활적이지 않은 영역에서의 통신이나 단순한 소식의 전달 등도 통신을 통해 이루어진다는 점에서 '통신에 관한 한' 그 비밀 보장이 사생활비밀보장보다 넓다. 통신 비밀의 불가침의 권리는 통신에 관한 비밀을 공개당하지 않을 방해(간섭)배제적인 권리로서 자유권으로서의 성격을 가진다.

3. 기능

통신의 비밀보장은 노출되지 않기를 원하는 사생활의 비밀의 보호를 수행하게 된다. 그러나 통신의 비밀은 사생활의 비밀에만 연관되는 것은 아니다. 통신의 자유가 수행하는 기능은 사건, 사항에 대한 소식을 전함으로써 정보의 취득과 전파를 가능하게 하고 의사의 소통을 가능하게 한다. [사생활 자유와의 관계에 관한 헌재판례] 헌재는 "사생활의 비밀과 자유에 포섭될 수 있는 사적 영역에 속하는 통신의 자유는 헌법이 제18조에서 별도의 기본권으로 보장하고 있으므로, 통신의 자유 침해 여부를 판단하는 이상 사생활의 비밀과 자유 침해 여부에 관하여는 별도로 판단하지 아니한다"라고 한다(2009헌가30; 2017헌마1209; 2019헌마919).

정보의 습득은 통신을 통하여 이루어질 수 있으므로 통신의 자유는 양심·사상형성의 자유나 표현의 자유를 보조하는 기능도 간접적으로 수행한다. 오늘날 인터넷의 전자우편이나 블로그, 인터넷포럼 등을 통한 서로 의견을 개진하고 의사교류를 하는 활동들이 증가하고 있으므로 통신행위가 표현행위를 위한 수단으로서 기능하여 통신의 자유와 표현의 자유가 밀접하여 이루어지는 경향이 강해져 가고 있다.

II. 통신비밀의 불가침권과 통신의 자유의 주체

자연인은 통신의 자유와 불가침의 주체가 되고 국민은 물론 외국인도 주체가 될 수 있다.

법인, 법인격 없는 단체 등도 주체가 될 수 있다. 법인인 기업의 경우에 통신의 내용이 기업의 비밀이라면 이에 대한 침해는 통신비밀의 침해이자 기업의 경영의 자유, 신용재산에 대한 침해를 가져올 수도 있다.

　　[수용자의 통신 문제] ⅰ) 판례: ① 서신 비봉함(사실상 검열가능 상태)의 위헌성 − 헌재는 수용자는 보내려는 서신을 봉함하지 않은 상태로 제출하여야 한다고 규정한 '형의 집행 및 수용자의 처우에 관한 법률 시행령' 제65조 제1항에 대해 X-ray 검색기로 확인할 수 있는 등의 방법이 있음에도 무봉함 상태의 제출을 강제함으로써 수용자의 발송 서신 모두를 사실상 검열 가능한 상태에 놓이도록 하는 점에서 최소침해성 요건을 위반하여 수용자의 통신비밀의 자유를 침해한 위헌이라고 결정한 바 있다(2009헌마333). ② 수용자에 온 서신의 개봉·열람행위 − 수용자에게 온 서신을 개봉·열람한 행위들, 즉 ⓐ 마약·독극물·흉기 등 법령상 금지되는 물품(구 형집행법 제92조 참조)을 서신에 동봉하여 반입하는 것을 방지하기 위하여, 구 형집행법 제43조 제3항 및 구 형집행법 시행령 제65조 제2항에 근거하여 소장이 수용자에게 온 서신의 봉투를 개봉하여 내용물을 확인한 행위, ⓑ 법원 등에서 온 문서를 열람한 행위에 대해 모두 합헌성을 인정하였다(2019헌마919). 헌재는 "형집행법 시행령에서 '개봉'이란 봉투를 열어 단순히 내용물을 확인하는 행위를 의미하는 반면, '열람'이란 개봉에서 더 나아가 구체적 내용의 일부 또는 전부를 지득하는 행위를 의미한다"라고 한다. ⓐ의 개봉행위에 대해서 예외적 검열 외 검열이 금지되고 X-ray 등을 통한 검색방법이 불완전하다고 보아 그 침해최소성이 인정된다고 보았다. 위 ⓑ의 문서열람행위에 대해서는 다양한 기관에서 발송되는 수많은 문서를 일일이 분류하는 것이 현실적으로 매우 어렵고 수용자의 입회하 열람하도록 하는 방법은 결과적으로 소장이 정보를 지득한다는 점에서 차이가 없는 반면, 입회를 위한 불필요한 수용업무 가중 등의 우려가 있어 덜 침해적인 수단이 있다고 보기 어려워 침해최소성을 충족한다는 것이 그 합헌이유이다. ③ 미결수용자의 화상접견시스템 이용 화상접견의 내용의 녹음·녹화행위의 합헌성 − 헌재는 과잉금지원칙을 준수한 것이라고 보아 합헌결정을 하였다(2014헌바401). ⅱ) 변호인과 수용자의 통신 비밀 문제 − 그동안 수용자의 통신의 문제로는 위 문제들 외에 변호인과의 통신 문제가 많이 있었다. 이 문제들에 대해서는 신체의 자유의 변호인의 조력을 받을 권리에서 살펴보았다(전술 제2절 참조).

Ⅲ. 통신비밀의 불가침권과 통신의 자유의 내용

1. 통신 비밀 불가침

(1) 대상과 범위

통신 비밀 불가침이 보장되는 통신은 종이나 문서, 서신 등의 우편물을 그 수단으로 할 수 있고, 전기적 방법에 의한 전화, 팩스, 전신, 이메일(e-mail)과 그 외 컴퓨터, 인터넷에 의한 통신 등을 포함한다. 통신비밀보호법은 "통신"이라 함은 우편물 및 전기통신을 말한다고 정의하고, "우편물"이라 함은 우편법에 의한 통상우편물과 소포우편물을 말하며, "전기통신"이라 함은 전화·전자우편·회원제정보서비스·모사전송·무선호출 등과 같이 유선·무선·광선 및 기타의 전자적 방식에 의하여 모든 종류의 음향·문언·부호 또는 영상을 송신하거나 수신하는 것을 말한다고 세부정의를 하고 있다(동법 제2조). 통신의 비밀 대상은 통신의 내용은 물론이고 발신인, 수신인, 발신시각, 발신장소, 발신횟수, 통신방법 등 통신에 관한 모든 정보를 포함한다. 헌재도 "자유로운 의사소통은 통신내용의 비밀을 보장하는 것만으로는 충분하지 아니하고 구체적인 통신관계의 발생으로 야기된 모든 사실관계, 특히 통신관여자의 인적 동일성·통신장소·통신횟수·통신시간 등 통신의 외형을 구성하는 통신이용의 전반적 상황의 비밀까지도 보장한다"라고 한다(2012헌마191등; 2012헌마538).

(2) 내용의 불가침
1) 통신비밀보호법 규정
통신의 내용의 비밀을 침해하는 불법적 도청(감청), 우편물(서신)의 검열·개봉 등이 금지된다. 통신비밀보호법 제3조 제1항은 "누구든지 이 법과 형사소송법 또는 군사법원법의 규정에 의하지 아니하고는 우편물의 검열·전기통신의 감청 또는 통신사실확인자료의 제공을 하거나 공개되지 아니한 타인간의 대화를 녹음 또는 청취하지 못한다"라고 하여 통신 및 대화비밀의 보호를 규정하고 있다. 그러나 동법 동조 동항 단서는 당해 법률이 정하는 바에 의한 예외를 인정하고 있다. 동법 제3조 위반에 대해서는 처벌하도록 규정하고 있다. 즉 1. 제3조의 규정에 위반하여 우편물의 검열 또는 전기통신의 감청을 하거나 공개되지 아니한 타인간의 대화를 녹음 또는 청취한 자, 2. 제1호에 따라 알게 된 통신 또는 대화의 내용을 공개하거나 누설한 자는 처벌된다고 규정하고 있다(동법 제16조 제1항).

> ● 판례
> 위 동법 제16조 제1항이 이처럼의 공개되지 아니한 타인 간 대화의 공개를 처벌하는데 이 제16조 제1항 중 대화의 내용 부분에 대해 헌재가 통신의자유와의 표현의 자유 간의 충돌 문제가 있다고 보면서도 표현의 자유 침해 여부에 대해 헌재가 판단하였다. 헌재는 이 사건 법률조항이 불법 취득한 타인간의 대화내용을 공개한 자를 처벌함에 있어 형법 제20조(정당행위)의 일반적 위법성조각사유에 관한 규정을 적정하게 해석 적용함으로써 공개자의 표현의 자유도 적절히 보장될 수 있는 이상, 이 사건 법률조항에 형법상의 명예훼손죄와 같은 위법성조각사유에 관한 특별규정을 두지 아니하였다는 점만으로 기본권 제한의 비례성을 상실하였다고는 볼 수 없다고 하여 합헌이라고 결정하였다(2009헌바42. * 이 결정에 대해서는 통신비밀보호와 표현의 자유의 충돌 문제를 헌재가 지적하였는데 앞의 기본권상충에서 다룬 것과 뒤의 표현의 자유에서 인용한 것을 참조).
>
> * 정당행위 규정 적용을 비례성 인정에 중요한 논거로 제시하고 있는데 아래에 대법원의 판례와 그 맥을 같이 한다. 문제는 대법원의 아래 정당행위 인정요건이 그 충족이 쉽지 않다는 것이다.

2) 통신내용공개에 대한 처벌과 언론의 보도 문제 - 대법원 판례
대법원은 불법 감청·녹음 등에 관여하지 아니한 언론기관이 그 통신 또는 대화의 내용이 불법 감청·녹음 등에 의하여 수집된 것이라는 사정을 알면서도 그것이 공적인 관심사항에 해당한다고 판단하여 이를 보도하여 공개하는 행위가 "지득한(현행 문언은 "알게 된") 통신 또는 대화의 내용을 공개하거나 누설한 자"를 처벌하는 위 통신비밀보호법 제16조 제1항 제2호, 제3조 제1항 규정에 따라 처벌되느냐 하는 문제에 대해 대법원은 긍정하면서 다만, 형법 제20조의 정당행위로 위법성이 조각될 수 있다고 보고 그 조각되는 요건을, 이른바 '안기부 X파일사건' 판결에서 아래의 판결요지 [1]의 다수의견이 아래와 같이 설정한 바 있다(밑줄 부분 참조).

> ◑ **대법원 판례** 대법원 2011.3.17. 2006도8839 전원합의체
> [판결요지] [1] [다수의견] 불법 감청·녹음 등에 관여하지 아니한 언론기관이, 그 통신 또는 대화의 내용이 불법 감청·녹음 등에 의하여 수집된 것이라는 사정을 알면서도 이를 보도하여 공개하는 행위가 형법 제20조의 정당행위로서 위법성이 조각된다고 하기 위해서는, <u>첫째 보도의 목적이 불법 감청·녹음 등의 범죄가 저질러졌다는 사실 자체를 고발하기 위한 것으로 그 과정에서 불가피하게 통신 또는 대화의 내용을 공개할 수밖에 없는 경우이거나, 불법 감청·녹음 등에 의하여 수집된 통신 또는 대화의 내용이 이를 공개하지 아니하면 공중의 생명·신체·재산 기타 공익에 대한 중대한 침해가 발생할 가능성이 현저한 경우 등과 같이 비상한 공적 관심의 대상이 되는 경우에 해당하여야 하고, 둘째 언론기관이 불법 감청·녹음 등의 결과물을 취득할 때 위법한 방법을 사용하거나 적극적·주도적으로 관여하여서는 아니 되며, 셋째 보도가 불법 감청·녹음 등의 사실을 고발하거나 비상한 공적 관심사항을 알리기 위한 목적을 달성하는 데 필요한 부분에 한정되는 등 통신비밀의 침해를 최소화하는 방법으로 이루어져야 하고, 넷째 언론이 그 내용을 보도함으로써 얻어지는 이익 및 가치가 통신비밀의 보호에 의하여 달성되는 이익 및 가치를 초과하여야 한다.</u> 여기서 이익의 비교·형량은, 불법 감청·녹음된 타인 간의 통신 또는 대화가 이루어진 경위와 목적, 통신 또는 대화의 내용, 통신 또는 대화 당사자의 지위 내지 공적 인물로서의 성격, 불법 감청·녹음 등의 주체와 그러한 행위의 동기 및 경위, 언론기관이 불법 감청·녹음 등의 결과물을 취득하게 된 경위와 보도의 목적, 보도의 내용 및 보도로 인하여 침해되는 이익 등 제반 사정을 종합적으로 고려하여 정하여야 한다. [2] [다수의견] 피고인의 위 공개행위가 형법 제20조의 정당행위에 해당하지 않는다고 본 원심판단을 수긍한 사례(* 즉 결국 당해 사안에서 대법원은 위법성이 조각되는 정당행위의 경우에 해당하지 아니한다고 유죄로 판결하였다).
>
> * 이 사안에 있어서는 수사촉구 발언을 한 국회의원이 자신의 홈페이지에 게재한 것이 면책특권 대상이 아니라고 하여 국회의원을 유죄로 인정한 문제도 있었던 사안이다(이에 대해서는 뒤의 국가권력규범, 국회의원 부분 참조).
> * **평가** ― 그 요건설정도 다시 검토가 되어야 할 것이지만 그렇더라도 공익 가치를 약하게 인정한 점 등 설득력이 떨어지는 판결이었다.

(3) 교신인·발신지 등의 비공개

통신의 직접적인 내용이 아니라 누구와의 교신이었는지, 발신인과 발신지, 교신시각 등에 대한 비밀도 보장되어야 한다. 이와 관련하여 당사자의 동의 없는 발신자추적 등이 논란될 수 있다. 현행 전기통신사업법은 전기통신사업자는 수신인의 요구가 있는 경우에는 송신인이 전화번호의 송출을 거부하는 의사표시를 하는 경우가 아니면 송신인의 전화번호를 알려줄 수 있다고 규정하고 있다(동법 제84조 제1항). 그러나 동법은 전기통신사업자는 이러한 거부에 불구하고 전기통신에 의한 폭언·협박·희롱 등으로부터 수신인을 보호하기 위하여 국가안보·범죄방지·재난구조 등을 위하여 송신인의 전화번호 등을 수신인에게 알려줄 수 있다고 규정하고 있다(동법 동조 제2항).

(4) 침해에 대한 제재

통신 비밀을 침해하는 경우에는 형법상 비밀침해죄로 처벌된다. 즉 "봉함 기타 비밀장치한 사람의 편지, 문서 또는 도화를 개봉한 자"는 형사처벌된다(형법 제316조 제1항). 형법은 인터넷 등 전자기록 등의 비밀을 침해한 경우에도 처벌하도록 하고 있다(형법 동조 제2항). 이 조항은 컴퓨터에 의한 해킹 등도 처벌하기 위해 신설된 것이다. 통신비밀보호법상 우편물의 검열·전기통신의 감청 또는 통신사실확인자료의 제공 금지를 위반한 경우 제재에 대해서는 위 (1) 1)에서 서술했다. 통신비밀보호법은 불법검열에 의한 우편물의 내용과 불법감청에 의한 전기통신내용은 재판 또는 징계절차에서 증거로 사용할 수 없도록 금지하여(동법 제4조) 그 효율성을 높이고 있다. 우편법 등에도 처벌규정이 있다[[서신의 비밀침해의 죄(우편법 제51조 제1항), 비밀누설의 죄(우편법 제51조의2), 우편물개봉훼손죄(우편법 제48조)].

2. 통신의 자유

헌법 제18조는 "모든 국민은 통신의 비밀을 침해받지 아니한다"라고 규정하여 통신비밀의 불가침만을 명시하고 있으나 그 이전에 통신행위를 방해받지 않을 자유가 전제되므로 일반적인 통신의 자유도 보장된다. 통신의 자유에는 통신을 방해받지 자유롭게 할 권리는 물론이고 반대로 통신을 강요당하지 않을 권리도 포함된다. 우리 헌재는 통신의 자유 속에는 "자신의 인적사항을 누구에게도 밝히지 않는 상태로 통신수단을 이용할 자유, 즉 통신수단의 익명성 보장도 포함된다"라고 한다(2017헌마1209. 이에 관해서는 전술 참조).

Ⅳ. 통신 비밀의 불가침권과 통신의 자유에 대한 제한과 그 한계

1. 제한

(1) 통신비밀보호법의 제한

통신의 자유도 절대적인 것이 아니고 국가안전보장, 질서유지, 공공복리를 위하여 제한될 수 있다. 그 대표적인 법률이 통신비밀보호법이다.

1) 통신제한조치

(가) 통신제한조치의 유형 및 그 대상범죄와 요건·절차   통신비밀보호법이 규정하는 통신제한조치에는 다음의 경우들이 있다. ⅰ) 범죄수사를 위한 통신제한조치허가 ― 형법, 군형법 등 구체적으로 열거한 처벌법들에 규정된 범죄들 중 열거된 소정의 범죄들에 대해 통신제한조치를 허가할 수 있게 하고 있다(동법 제5조 제1항). 그 요건으로 "범죄를 계획 또는 실행하고 있거나 실행하였다고 의심할만한 충분한 이유가 있고 다른 방법으로는 그 범죄의 실행을 저지하거

나 법인의 체포 또는 증거의 수집이 어려운 경우에 한하여 허가할 수 있다"라고 규정하고 있다(동항). 그 허가절차를 보면, 검사가 법원에 대하여 그 허가를 청구할 수 있고 법원은 청구가 이유 있다고 인정하는 경우에는 각 피의자별 또는 각 피내사자별로 통신제한조치를 허가한다(동법 제6조 제1·5항). 통신제한조치의 기간은 2개월을 초과하지 못하고, 그 기간 중 통신제한조치의 목적이 달성되었을 경우에는 즉시 종료하여야 한다(동법 제6조 제7항 본문).

ⅱ) 국가안보를 위한 통신제한조치도 이루어진다. "대통령령이 정하는 정보수사기관의 장(이하 "정보수사기관의 장"이라 한다)은 국가안전보장에 대한 상당한 위험이 예상되는 경우 또는 「국민보호와 공공안전을 위한 테러방지법」 제2조 제6호의 대테러활동에 필요한 경우에 한하여 그 위해를 방지하기 위하여 이에 관한 정보수집이 특히 필요한 때에는 통신제한조치를 할 수 있는데, "통신의 일방 또는 쌍방당사자가 내국인인 때에는 고등법원 수석판사의 허가를 받아야" 하고, "대한민국에 적대하는 국가, 반국가활동의 혐의가 있는 외국의 기관·단체와 외국인, 대한민국의 통치권이 사실상 미치지 아니하는 한반도내의 집단이나 외국에 소재하는 그 산하단체의 구성원의 통신인 때에는 서면으로 대통령의 승인을 얻어야 한다"(동법 제7조 제1항). 국가안보를 위한 통신제한조치의 기간은 4월을 초과하지 못하고, 그 기간 중 통신제한조치의 목적이 달성되었을 경우에는 즉시 종료하여야 하여야 한다(동법 제7조 제2항 본문).

ⅲ) 긴급통신제한조치 - 위 통신제한조치에 있어서 긴급한 사유가 있는 때에는 사전에 법원의 허가 없이, 대통령의 승인 없이(단, 소속장관의 승인으로) 통신제한조치를 할 수 있도록 하는데 긴급통신제한조치를 한 때부터 36시간 이내에 법원의 허가, 대통령의 승인을 받지 못한 때에는 즉시 이를 중지하여야 한다(동법 제8조 제1·2·8·9항).

(나) 통신제한조치의 대상　　통신비밀보호법은 "통신제한조치는 제1항의 요건에 해당하는 자가 발송·수취하거나 송·수신하는 특정한 우편물이나 전기통신 또는 그 해당자가 일정한 기간에 걸쳐 발송·수취하거나 송·수신하는 우편물이나 전기통신을 대상으로 허가될 수 있다"라고 규정하고 있다(동법 제5조 제2항). 그런데 이 중 위헌성이 인정된 부분이 있었는데 아래의 결정이 그것이다.

* 인터넷회선감청(이른바 '패킷감청')의 통신의 비밀·자유 침해 - '패킷감청'이란 인터넷 통신망에서 정보 전송을 위해 쪼개어진 단위인 전기신호 형태의 '패킷'(packet)을 수사기관이 중간에 확보하여 그 내용을 지득하는 감청을 말한다. 그 근거가 된 규정이 바로 위 통신비밀보호법(1993.12.27. 법률 제4650호로 제정된 것, 이하 '법'이라 한다) 제5조 제2항 중 '인터넷회선을 통하여 송·수신하는 전기통신'에 관한 부분이다. 위 인터넷회선감청은 이른바 '패킷감청'으로 이루어진다고 한다. 헌재는 이 규정에 대해 인터넷회선 감청은 수사기관이 실제 감청 집행을 하는 단계에서는 해당 인터넷회선을 통하여 흐르는 불특정 다수인의 모든 정보가 패킷 형태로 수집되어 일단 수사기관에 그대로 전송되므로, 다른 통신제한조치에 비하여 감청 집행을 통해 수사기관이 취득하는 자료가 비교할 수 없을 정도로 매우 방대하다는 점 등에서 침해최소성을 갖추지 않았고, 법익

균형성을 갖추지 못한 과잉금지원칙 위반으로 통신의 비밀, 사생활의 자유와 비밀을 침해하였다고
보고 헌법불합치결정(잠정적용)을 하였다.

● 판례 헌재 2018.8.30. 2016헌마263
[결정요지] Ⅰ. 범죄수사를 위한 통신제한조치 중 인터넷회선 감청 제도 - 이는 인터넷회선을 통하여 흐르는 전기
신호 형태의 '패킷'을 중간에 확보한 다음 재조합 기술을 거쳐 그 내용을 파악하는 이른바 '패킷(packet)감청'의 방
식으로 이루어진다. Ⅱ. 제한되는 기본권 및 쟁점 - 인터넷회선 감청은 타인과의 관계를 전제로 하는 개인의 사적
영역을 보호하려는 헌법 제18조의 통신의 비밀과 자유 외에 헌법 제17조의 사생활의 비밀과 자유도 제한하게 된
다. Ⅲ. 과잉금지원칙 위반 여부 (1) 목적의 정당성 및 수단의 적합성 - 입법목적의 정당성과 수단의 적합성이 인
정된다. (2) 침해의 최소성 (가) 인터넷회선 감청으로 수사기관은 타인 간 통신 및 개인의 내밀한 사생활의 영역에
해당하는 통신자료까지 취득할 수 있게 된다. '패킷감청'의 방식으로 이루어지는 인터넷회선 감청은 수사기관이 실
제 감청 집행을 하는 단계에서는 해당 인터넷회선을 통하여 흐르는 불특정 다수인의 모든 정보가 패킷 형태로 수
집되어 일단 수사기관에 그대로 전송되므로, 다른 통신제한조치에 비하여 감청 집행을 통해 수사기관이 취득하는
자료가 비교할 수 없을 정도로 매우 방대하다는 점에 주목할 필요가 있다. 불특정 다수가 하나의 인터넷회선을 공
유하여 사용하는 경우가 대부분이므로, 실제 집행 단계에서는 법원이 허가한 범위를 넘어 피의자 내지 피내사자의
통신자료뿐만 아니라 동일한 인터넷회선을 이용하는 불특정 다수인의 통신자료까지 수사기관에 모두 수집·저장된
다. 따라서 인터넷회선 감청은 집행 및 그 이후에 제3자의 정보나 범죄수사와 무관한 정보까지 수사기관에 의해 수
집·보관되고 있지는 않는지, 수사기관이 원래 허가받은 목적, 범위 내에서 자료를 이용·처리하고 있는지 등을 감
독 내지 통제할 법적 장치가 강하게 요구된다. 그런데 현행법은 법원의 허가 단계에서는 법이 정한 통신제한조치의
요건을 구비하여(법 제5조 제1항) 피의자, 피내사자별로 통신제한조치의 종류, 목적, 대상, 범위, 집행 장소, 기간 등
을 특정하여 허가하도록 정하고 있지만(법 제6조), 집행 단계부터는 앞서 본 공무원 등의 비밀준수의무 및 일정 목
적 외 취득한 자료의 사용 제한을 정한 것 외에 객관적 통제 장치를 전혀 마련하고 있지 않다. 이상을 종합하면,
침해의 최소성 요건을 충족한다고 할 수 없다. (3) 법익의 균형성 - 개인의 통신 및 사생활의 비밀과 자유에 심각
한 위협을 초래하게 된다. 따라서 법익 균형성도 인정되지 아니한다. (4) 소결 - 그렇다면 과잉금지원칙에 반하여
청구인의 통신 및 사생활의 비밀과 자유를 침해한다. Ⅳ. 헌법불합치결정 및 잠정적용명령 - 단순위헌결정을 하면
중대 범죄의 수사에 있어 법적 공백이 발생할 우려가 있으므로 헌법불합치결정을 선고하되, 2020.3.31.을 시한으
로 잠정적으로 적용할 필요가 있다.

(다) 범죄수사를 위한 통신제한조치의 연장 - 한계   범죄수사라는 정당한 목적이 있어 통
신제한조치를 연장할 수 있게 함에 있어서 총연장기간, 총신청횟수에 관한 한계, 즉 비례원칙
등 기본권제한원리에 따른 한계가 설정되어 있어야 한다. 아래의 결정이 그 점을 보여준다.

[총연장횟수·총연장기간 제한 없는 통신제한조치연장의 위헌성] 헌재는 비록 법원의 허가
를 전제로 하고 있지만 2개월 범위 내라는 기간의 제한만 있고 횟수의 제한 없이 통신제한조치
의 연장을 가능하게 하는 구 통신비밀보호법 제6조 제7항 일부규정에 대해 법운용자의 남용을
막을 수 있는 최소한의 한계(총연장횟수·총연장기간 제한)를 설정하지 않아 침해최소성원칙에 위
반되는 등 과잉금지원칙에 위반하여 통신의 비밀을 침해한다고 보아 헌법불합치결정을 하였다.

● 판례 헌재 2010.12.28. 2009헌가30
[결정요지] 통신제한조치기간의 연장을 허가함에 있어 총연장기간 또는 총연장횟수의 제한을 두고 그 최소한의 연
장기간동안 범죄혐의를 입증하지 못하는 경우 통신제한조치를 중단하게 한다고 하여도, 여전히 통신제한조치를 해
야 할 필요가 있으면 법원에 새로운 통신제한조치의 허가를 청구할 수 있으므로 이로써 수사목적을 달성하는데 충
분하다. 또한 법원이 실제 통신제한조치의 기간연장절차의 남용을 통제하는데 한계가 있는 이상 통신제한조치 기간
연장에 사법적 통제절차가 있다는 사정만으로는 그 남용으로 인하여 개인의 통신의 비밀이 과도하게 제한되는 것
을 막을 수 없다. 그럼에도 통신제한조치기간을 연장함에 있어 법운용자의 남용을 막을 수 있는 최소한의 한계를
설정하지 않은 이 사건 법률조항은 침해의 최소성원칙에 위반한다. 나아가 수사와 전혀 관계없는 개인의 내밀한 사

생활의 비밀이 침해당할 우려도 심히 크기 때문에 기본권 제한의 법익균형성 요건도 갖추지 못하였다. 따라서 위헌이다(잠정적용의 헌법불합치결정).

* 이후 법개정이 되어 통신제한조치의 연장을 청구하는 경우에 통신제한조치의 총 연장기간은 1년(일정범죄들에 대해서는 3년)을 초과할 수 없도록 규정하고 있다(동법 제6조 제8항).

2) 통신사실 확인자료(위치정보 추적자료) 요청과 통지절차

검사 또는 사법 경찰관은 수사 또는 형의 집행을 위하여 필요한 경우 전기통신사업자에게 통신사실 확인자료제공을 지방법원 또는 지원의 허가를 받아 요청할 수 있도록 하고 있다(동법 제13조). 이 경우 수사기관은 통신사실 확인자료 제공의 대상이 된 당사자에게 일정기간 내에 통신사실 확인자료제공을 받은 사실과 제공요청기관 및 그 기간 등을 서면으로 통지하여야 한다(동법 제13조의3).

[통신의 자유 침해 위헌성 인정의 헌법불합치결정례] 헌재는 통신비밀보호법(2005.5.26. 법률 제7503호로 개정된 것)의 위 제13조 제1항에서 '검사 또는 사법경찰관은 수사를 위하여 필요한 경우 전기통신사업법에 의한 전기통신사업자에게 제2조 제11호 바목, 사목의 통신사실 확인자료(정보통신망에 접속된 정보통신기기의 위치를 확인할 수 있는 발신기지국의 위치추적자료, 컴퓨터통신 또는 인터넷의 사용자가 정보통신망에 접속하기 위하여 사용하는 정보통신기기의 위치를 확인할 수 있는 접속지의 추적자료)의 열람이나 제출을 요청할 수 있다' 부분('이 사건 요청조항'이라 함)이 명확성 원칙에는 위반되지 않으나 과잉금지원칙에 위반되어 청구인들의 개인정보자기결정권과 통신의 자유를 침해한다고 결정하였다. 이 사건에서 문제되는 통신사실 확인자료는 시간의 경과와 함께 계속적으로 변화하는 동적 정보이자 전자적(디지털 형태)으로 저장된 위치정보 추적자료이다. 이 결정에서 헌재는 동법 제13조의3 제1항 중 제2조 제11호 바목, 사목의 통신사실 확인자료에 관한 부분('이 사건 통지조항')이 적법절차원칙에 위반되어 청구인들의 개인정보자기결정권을 침해한다는 결정도 하였다(잠정적용명령의 헌법불합치결정).

● **판례** 헌재 2018.6.28. 2012헌마191등
[결정요지] 개인정보자기결정권, 적법절차 부분 참조.

● **판례** 비슷한 취지로 이른바 '기지국수사' 사건 헌법불합치결정도 있었다. 즉 통신비밀보호법(2005.5.26. 법률 제7503호로 개정된 것) 제13조 제1항 중 '검사 또는 사법경찰관은 수사를 위하여 필요한 경우 전기통신사업법에 의한 전기통신사업자에게 제2조 제11호 가목 내지 라목의 통신사실 확인자료(가. 가입자의 전기통신일시, 나. 전기통신개시·종료시간, 다. 발·착신 통신번호 등 상대방의 가입자번호, 라. 사용도수)의 열람이나 제출을 요청할 수 있다' 부분('이 사건 요청조항'이라 함)이 과잉금지원칙에 위반되어 청구인의 개인정보자기결정권과 통신의 자유를 침해한다고 결정하였다. 헌재 2018.6.28. 2012헌마538. [결정요지] 개인정보자기결정권, 적법절차 부분 참조.
* 위 결정 이후 제2조 제11호 바목·사목 중 실시간 추적자료, 특정한 기지국에 대한 통신사실확인자료가 필요한 경우에는 "다른 방법으로는 범죄의 실행을 저지하기 어렵거나 범인의 발견·확보 또는 증거의 수집·보전이 어려운 경우에만"이란 한정요건을 설정하는 법개정이 2019.12.31. 있었다(법 제13조 제2항).

(2) 그 외 법률에 의한 제한

① **전파법, 국가보안법에 의한 제한**   국가안전보장을 위한 제한으로 전파법, 국가보안법에

의한 제한이 있다. 전파법은 무선설비나 전선로에 법 소정의 통신설비를 이용하여 대한민국헌법 또는 대한민국헌법에 따라 설치된 국가기관을 폭력으로 파괴할 것을 주장하는 통신을 한 자를 처벌하도록 하여 이를 금지하고 있다(동법 제80조 제1항). 국가보안법은 "국가의 존립·안전이나 자유민주적 기본질서를 위태롭게 한다는 정을 알면서 반국가단체의 구성원 또는 그 지령을 받은 자와 회합·통신 기타의 방법으로 연락을 한 자"를 처벌하도록 규정하고 있다(동법 제8조 제1항). 이 규정은 원래 "이익이 된다는 정을 알면서" 회합·통신한 자를 처벌하도록 하고 있었는데 이 구법 규정에 대해서는 그 적용범위가 광범위하다고 하여 한정합헌결정이 있었다(92헌바6등).

② **'남북교류협력에 관한 법률'**   동법은 "남한의 주민이 북한의 주민과 회합·통신, 그 밖의 방법으로 접촉하려면 통일부장관에게 미리 신고하여야 한다. 다만, 대통령령으로 정하는 부득이한 사유에 해당하는 경우에는 접촉한 후에 신고할 수 있다"라고 규정하여(동법 제9조의2 제1항) 신고를 요건으로 북한주민과의 회합·통신의 길을 열어두고 있다.

③ **전기통신사업법 등에 의한 제한**   전기통신사업법은 전기통신사업자는 법원, 검사 또는 수사관서의 장, 정보수사기관의 장이 재판, 수사, 형의 집행 또는 국가안전보장에 대한 위해를 방지하기 위한 정보수집을 위하여 이용자의 성명, 주민등록번호, 주소 등의 자료의 열람이나 제출을 요청하면 그 요청에 따를 수 있다고 규정하고 있다(동법 제83조 제3항). 형사소송법은 법원은 필요한 때에는 피고사건과 관계가 있다고 인정할 수 있는 것에 한정하여 우체물 또는 통신비밀보호법 제2조 제3호에 따른 전기통신에 관한 것으로서 체신관서, 그 밖의 관련 기관 등이 소지 또는 보관하는 물건의 제출을 명하거나 압수를 할 수 있다고 규정하고 있다(동법 제107조 제1항).

2. 판례

통신비밀 불가침권 관련 판례들을 아래에 정리한다.

ⅰ) 위헌성 인정례   이 결정들은 위 관련항목에서 이미 살펴보았다.

ⅱ) 합헌성 인정례   ① 금치기간 중 서신수발금지 – 금치처분을 받은 수형자에 대하여 금치기간 중 접견, 서신수발을 금지하고 있는 구 행형법시행령 제145조 제2항 중 접견, 서신수발 부분이 수형자의 통신의 자유 등을 침해하는지 여부에 대해 헌재는 수용시설 내의 안전과 질서유지라는 정당한 목적을 위하여 필요·최소한의 제한이라고 하여 합헌성을 인정하였다[2002헌마478; 2012헌마623. 2012헌마549(미결수용자에 대한 2002헌마478 결정과 동지의 결정들)]. ② 금치기간 중 접견금지 – 금치처분 수형자에 대하여 금치기간 중 접견을 금지하고 있는 구 행형법시행령 규정이 수용시설 내의 안전과 질서유지라는 정당한 목적을 위하여 필요·최소한의 제한이라고 보아 합헌성을 인정하였다(2002헌마478, 미결수용자에 대해 동지로 인정한 결정: 2012헌마549).

③ 금치 기간 중 전화통화제한 - 외부와의 접촉 금지, 구속감과 외로움 속에 반성에 전념하게 하는 징벌의 목적에 상응하는 제한이고 침해최소성, 법익균형성도 갖추어 합헌성을 인정하였다(2012헌마549). ④ 수용자 작성 집필문의 외부반출 금지 - 수용자가 작성한 집필문에 금지된 물품이 들어 있거나 내용이 수용자 처우 등에 관한 명백한 거짓사실 등을 포함하고 있는 때 반출을 금지하고 있는 '형의 집행 및 수용자의 처우에 관한 법률' 규정은 과잉금지원칙을 준수하여 통신의 자유를 침해하지 않는다고 결정하였다(2013헌바98. 외부반출로 인한 부작용은 예측하기 어려우므로 이를 규제할 필요가 있고 사생활의 비밀이 침해된 이후에는 이에 대해 형사처벌, 손해배상청구를 하는 것만으로는 사후적 구제에 불과하여 피해자의 권리를 충분히 구제하기 어려우며, 집필문의 외부반출이 불허되고 영치처분이 내려진 경우에도 수용자는 행정소송 등을 통해 이러한 처분의 취소를 구할 수 있는 수단도 마련되어 있어 침해의 최소성 원칙에 반하지 않는다고 본 것임). ⑤ 미결수용자의 접견내용의 녹음·녹화 - '형의 집행 및 수용자의 처우에 관한 법률'의 '미결수용자의 접견내용의 녹음·녹화'에 관한 부분은 교정시설의 장이 미리 접견내용의 녹음 사실 등을 고지하며, 접견 기록물의 엄격한 관리를 위한 제도적 장치도 마련되어 있는 점 등을 고려할 때 침해의 최소성 요건도 갖추고 있어서 과잉금지원칙을 준수하여 사생활의 비밀과 자유, 통신의 비밀을 침해하지 아니하므로 합헌성이 인정된다고 결정하였다(2014헌바401). ⑥ 수용자에 온 서신의 개봉·열람행위 - 앞서 주체 문제에서 살펴보았다. ⑦ 통신비밀보호와 표현의 자유 - 공개되지 아니한 타인간 대화의 공개를 처벌하는 통신비밀보호법 규정에 대한 합헌결정이 이에 관한 사례였다(2009헌바42). ⑧ 아동청소년보호 - 온라인서비스제공자의 아동음란물 발견·삭제·전송방지 등 조치의무 - 온라인서비스제공자가 자신이 관리하는 정보통신망에서 아동·청소년이용음란물을 발견하기 위하여 대통령령으로 정하는 조치를 취하지 아니하거나 발견된 아동·청소년이용음란물을 즉시 삭제하고, 전송을 방지 또는 중단하는 기술적인 조치를 취하지 아니한 경우 처벌하는 구 '아동·청소년의 성보호에 관한 법률' 제17조 제1항에 대해 헌재는 형벌로 대응하는 것은 강력한 제재수단을 통하여 실효성을 확보할 필요가 있다고 판단한 데 따른 것이므로 침해최소성 원칙에 위배되지 아니한다고 보아 합헌으로 결정하였다(헌재 2018.6.28. 2016헌가15. 이 결정에 대해서는 후술 '표현의 자유' 중 '인터넷규제' 부분도 참조).

3. 제한의 한계

통신의 불가침과 통신의 자유에 대한 제한을 하더라도 한계가 있다. 즉 비례원칙을 지켜야 하고 본질적 내용을 침해할 수 없다(제37조 제2항). 통신비밀보호법 제3조 제2항은 "우편물의 검열 또는 전기통신의 감청은 범죄수사 또는 국가안전보장을 위하여 보충적인 수단으로 이용되어야 하며, 국민의 통신비밀에 대한 침해가 최소한에 그치도록 노력하여야 한다"라고 규정하고 있다.

제 4 절 정신활동의 자유권

제 1 항 양심의 자유

헌법 제19조는 모든 "국민은 양심의 자유를 가진다"라고 명시하고 있다.

I. 양심의 개념과 양심의 자유의 보호대상

1. 개념

(1) 학설

양심의 개념에 대해서는 이를 좁게 보는 견해(협의설)와 보다 넓게 보는 견해(광의설)가 있다. ① 협의설(윤리설)은 윤리적 가치판단만을 양심의 내용으로 보는 학설이다. ② 광의설(사상·양심설)은 윤리적 가치판단뿐 아니라 사회적 사상도 양심에 포함하여 양심의 개념과 범위를 넓게 보는 견해이다. 결국 위 학설의 차이는 주로 양심 속에 사회적 사상이 포함되는지에 있다.

(2) 판례
1) 경향

① 광의설을 취한 판례로, 헌재는 사죄광고결정에서 "양심이란 세계관·인생관·주의·신조 등은 물론, 이에 이르지 아니하여도 보다 널리 개인의 인격형성에 관계되는 내심에 있어서의 가치적·윤리적 판단도 포함된다고 볼 것이다"라고 판시하였다(89헌마160). * 그 외 광의설을 취한 판례: 보안관찰제도에 대한 합헌결정(92헌바28), 국가보안법의 불고지죄규정에 대한 합헌결정(96헌바35), 연말정산에 있어서 의료내역 제출 합헌성 인정 결정(2006헌마1401) 등. ② 협의설을 취한 판례로, 헌재는 준법서약서 결정에서 "양심의 자유는 인간으로서의 존엄성 유지와 개인의 자유로운 인격발현을 위해 개인의 윤리적 정체성을 보장하는 기능을 담당한다"라고 판시한 예가 있다(98헌마425). 그리고 광의로 보는지 협의로 보는지에 대해 명확하게 밝히지 않은 채 윤리적 내심영역이라고 하면서도 세계관·인생관·주의·신조 등을 포함하는 설시를 한 결정들도 적지 않다. 그래서 헌재의 판례의 입장이 명확하지 않아 보인다.

2) 중요 개념지표

우리 판례의 경향이 범위의 측면에서는 명확하지 않으나 광의로 보든 협의로 보든 다음과 같은 중요한 심리적 지표를 중시하여 거의 판시에 담고 있다. 바로 진지성과 주관성이다. 이 개념지표가 실질적으로 더 중요하다.

(가) 진지성 한편 헌재는 진지성을 양심의 요소로 보아오고 있기도 하다. 즉 헌재는 여러 번의 판결들과 최근의 판결들에서 "헌법이 보호하려는 양심은 어떤 일의 옳고 그름을 판단함에 있어서 그렇게 행동하지 아니하고는 자신의 인격적인 존재가치가 허물어지고 말 것이라는 강력하고 진지한 마음의 소리이지, 막연하고 추상적인 개념으로서의 양심이 아니다"라고 보아 진지한 내면의 결정으로 한정하는 경향이 있다.

(나) 주관성, 이성, 합리성, 사회의 도덕률에서 벗어나려는 소수의 양심 헌재는 "'양심'은 민주적 다수의 사고나 가치관과 일치하는 것이 아니라, 개인적 현상으로서 지극히 주관적인 것이다. 양심은 그 대상이나 내용 또는 동기에 의하여 판단될 수 없으며, 특히 양심상의 결정이 이성적·합리적인가, 타당한가 또는 법질서나 사회규범·도덕률과 일치하는가 하는 관점은 양심의 존재를 판단하는 기준이 될 수 없다"라고 한다"이처럼 개인의 양심은 사회 다수의 정의관·도덕관과 일치하지 않을 수 있으며, 오히려 헌법상 양심의 자유가 문제되는 상황은 개인의 양심이 국가의 법질서나 사회의 도덕률에 부합하지 않는 경우이므로, 헌법에 의해 보호받는 양심은 법질서와 도덕에 부합하는 사고를 가진 다수가 아니라 이른바 '소수자'의 양심이 되기 마련이다"라고 판시한다(헌재 2018.6.28. 2011헌바379등, 양심적 병역거부사건).

(3) 타 개념, 타 기본권과의 구분 내지 관계

[사상과의 구별문제] 앞서 본 대로 양심의 개념을 넓게 보는 입장에서는 양심이 사상을 포함하는 개념이 되고 좁게 보는 입장에서는 분리되는 개념이라고 본다. 우리 헌법에 사상의 자유 규정이 없으나 헌법상 보호됨은 물론이다.

[신앙과의 구분(종교 자유와의 관계)] 양심은 종교에 의해 형성되는 경우도 있다. 연혁상으로 양심의 자유는 신앙(종교)의 자유로서 요구되어진 것이기도 하다. 우리 헌법의 경우 양자를 별도로 규정하고 있기에 헌법해석상으로는 구분되나 신앙으로 형성된 양심의 문제는 양심의 자유가 보호하는 것이기도 하다. 즉 양심의 자유가 더 포괄적이다. 헌재도 종교적 이유의 양심적 병역거부 사안에서 "양심의 자유는 종교적 신념에 기초한 양심뿐만 아니라 비종교적인 양심도 포함하는 포괄적인 기본권이므로, 이하에서는 양심의 자유를 중심으로 살펴보기로 한다"라고 판시한 바 있다(2011헌바379 등). 그러나 양심에 관하여 논란된 사안이 종교적 성격의 관점에서 해결되어야만 할 경우에는 종교의 자유의 관점에서 다루어져야 한다.

[양심의 자유와 표현의 자유] 양심은 외부로 표출되지 않는 한에서 그 보호의 문제가 실제 발생하지 않을 것이다. 그것이 외부로 표출될 때 보호를 요할 것인데 그 경우에는 표현의 자유의 문제로 나타나기도 하고 그 점에서 양심의 자유는 표현의 자유와 연관된다.

(4) 직무상 양심

헌법은 국회의원은 "양심에 따라 직무를 행한다"라고 규정하고(제46조 제2항), 법관도 "양심에 따라 독립하여 심판한다"라고 규정하고(제103조) 있는데 이는 직무상 객관적 양심이다. 즉 국회의원의 개인적 주관적 양심이 아니라 국가전체를 위한 객관적 양심이어야 하고 법관 개인의 주관적 양심이 아니라 법조인으로서의 객관적 법리적 양심이어야 함을 의미한다. 헌법 제19조의 양심은 주관적이란 점이 이 직무상 양심은 구별된다. 그런데 헌법 제19조 주관적 양심도 내부에 머무르는 한 제한이 불가하나 외부적으로 표현되면 제한될 수 있다.

2. 양심의 자유의 보호대상(보호영역) - 판례를 중심으로

(1) 양심의 보호영역 사항으로 본 경우

헌재 판례가 그동안 양심의 문제에 관한 사항, 양심의 보호대상영역에 속한다고 본 중요한 사례들로는 다음과 같은 것들이 있었다. ① 사죄광고 강제 사안 - 죄악을 자인하는 의미의 사죄의 의사표시는 양심에 관한 문제로서 이를 강제하는 것은 양심의 왜곡·굴절이다(89헌마160). ② 연말정산을 위한 의료비 내역 제출의무 사안 - 의사의 환자 비밀 유지의 윤리가 양심에 속한다(2006헌마1401). ③ 양심적 병역거부 사안 - 자신의 종교관·가치관·세계관 등에 따라 전쟁과 그에 따른 인간의 살상에 반대하는 진지한 양심이 형성되었다면, '병역의무를 이행할 수 없다'라는 결정이 양심의 자유가 보장하고자 하는 영역이다(2002헌가1; 2008헌가22; 2007헌가12; 2011헌바379등).

위 사안에서의 제한의 각 합헌성 여부에 대해 헌재는 사죄광고 강제 사안(①)과 양심적 병역거부 사안(③)에 대해서는 위헌성을, 의사의 의료비 내역 제출의무 사안(②)에 대해서는 합헌성을 인정하였다.

(2) 양심의 보호영역에 해당되지 않는다고 본 사항

[인격형성과 무관한 사사로운 사유나 의견] 헌재는 사사로운 사유나 의견 등은 개인의 인격형성과는 관계가 없다고 하여 보호대상이 아니라고 한다(2001헌바43).

[가치적·윤리적 판단·결정이 아닌 경우] 헌재는 ① 단순한 사실관계의 확인과 같이 가치적·윤리적 판단이 개입될 여지가 없는 경우(2001헌바43), ② 지문을 날인할 것인지 여부의 결정은 진지한 윤리적 결정이 아니므로 양심의 자유의 침해가능성이 없다고 보았다(99헌마513). ③ 자필증서에 의한 유언의 방식으로 '날인'과 '주소'의 자서를 형식적 요건으로 요구하더라도 가치적·윤리적 판단과는 직접적인 관계가 없어 역시 침해성이 부정되었다(2007헌바128).

[진지하지 않은 고민] 헌재는 ① 음주운전측정 사안에서 "헌법이 보호하려는 양심은 어떤 일의 옳고 그름을 판단함에 있어서 그렇게 행동하지 아니하고는 자신의 인격적인 존재가치가 허물어지고 말 것이라는 강력하고 진지한 마음의 소리이지, 막연하고 추상적인 개념으로서의 양심이 아니다"라고 한다. 그리하여 "음주측정에 응해야 할 것인지, 거부해야 할 것인지 그 상

황에서 고민에 빠질 수는 있겠으나 그러한 고민은 선(善)과 악(惡)의 범주에 관한 진지한 윤리적 결정을 위한 고민이라 할 수 없으므로 그 고민 끝에 어쩔 수 없이 음주측정에 응하였다 하여 내면적으로 구축된 인간양심이 왜곡·굴절된다고 할 수도 없다. 따라서 음주측정요구와 그 거부는 양심의 자유의 보호영역에 포괄되지 아니하므로 … 헌법 제19조에서 보장하는 양심의 자유를 침해하는 것이라고 할 수 없다"라고 보았다(96헌가11). ② 운전자의 좌석안전띠 착용 사안에서도 같은 취지로 양심의 자유의 보호영역에 속하지 않는다고 판시하였다(2002헌마518).

[설명, 해명행위, 객관적 사실고지의무, 단순사실관계의 확인] '공직선거 및 선거부정관리법'(현 공직선거법)상의 문서·도화의 배부·게시 등 금지(동법 제93조 제1항)가 자신의 태도나 입장을 외부에 설명하거나 해명하는 행위는 이를 금지하더라도 양심이 왜곡 굴절된다고는 할 수 없다는 점에서 양심의 자유의 보호영역에 포괄되지 아니한다고 보아 이 금지의 양심의 자유, 침해성을 헌재는 부정하였다(99헌바92등). 객관적 사실을 고지할 의무 부과도 부정된다(96헌바35, 불고지죄 사건). 단순한 사실관계의 확인(민사집행법상 재산명시의무를 위반한 채무자에 대하여 법원이 결정으로 20일 이내의 감치에 처하도록 규정한 민사집행법 - 재산목록을 제출하고 그 재산목록의 진실함을 법관 앞에서 선서하는 것으로서, 단순한 사실관계의 확인에 불과한 것이므로, 헌법 제19조에 의하여 보장되는 양심의 영역에 포함되지 않는다)도 부정하였다(2013헌마11).

[헌법적 의무의 확인·서약 - 준법서약 문제] 지금은 폐지된 준법서약제에 대해 헌재는 "어떤 구체적이거나 적극적인 내용을 담지 않은 채 단순한 헌법적 의무의 확인·서약에 불과하다 할 것이어서 양심의 영역을 건드리는 것이 아니다"라고 한 바 있다(98헌마425).

[그 외] 그 외 시위진압명령(91헌마80), 선거에서의 '전부 거부' 표시방법의 부재(2005헌마975) 등도 부정되었다.

II. 양심의 자유의 성격과 주체, 효력

[성격] 양심의 자유는 자연권, 정신적 기본권, 기초적 권리, 자유권 등으로서의 성격을 가진다.
[주체] 인간의 내심의 자유로서 천부인권이므로 모든 자연인이 주체가 되고 따라서 국민뿐 아니라 외국인도 주체가 된다.
[효력] 대국가적 효력뿐 아니라 대사인적 효력도 가진다. ① 일정한 경향을 기업목표나 경영이념으로 하여(이른바 경향기업) 특정 신조를 가진 근로자를 채용하는 것은 기업경영의 자유라 할 수 있겠으나 소속 근로자에 대해 일정 신조를 가지도록 강요하는 것은 양심의 자유의 침해가 된다. ② "회사 규정이 사고나 비위에 대해 시말서를 제출하도록 하고 있더라도 단순한 사고경위 보고가 아닌 잘못을 반성한다는 내용의 시말서를 요구하는 것은 헌법상 양심의 자유를 침해한 부당한 업무명령"이라고 판시한 대법원 판례가 있다(대법원 2010.1.14. 2009두6605).

Ⅲ. 양심의 자유의 내용

1. 양심형성 · 결정의 자유와 양심실현(유지)의 자유

양심의 자유에는 양심형성의 자유뿐 아니라 양심실현의 자유도 포함된다. 헌재도 "헌법 제 19조가 보호하고 있는 양심의 자유는 양심형성의 자유와 양심적 결정의 자유를 포함하는 내심적 자유(forum internum)뿐만 아니라, 양심적 결정을 외부로 표현하고 실현할 수 있는 양심실현의 자유(forum externum)를 포함한다"라고 한다. 그리하여 "내심적 자유, 즉 양심형성의 자유와 양심적 결정의 자유는 내심에 머무르는 한 절대적 자유라고 할 수 있지만, 양심실현의 자유는 타인의 기본권이나 다른 헌법적 질서와 저촉되는 경우 헌법 제37조 제2항에 따라 국가안전보장 · 질서유지 또는 공공복리를 위하여 법률에 의하여 제한될 수 있는 상대적 자유라고" 본다(96헌바35). 대법원의 판례도 양심형성의 자유와 양심실현의 자유 모두 포함한다고 본다(대법원 2018.11.1. 2016도10912. 이 판결은 양심적 병역거부를 '정당한 사유로 보지 않았던 이전 판결을 판례변경한 것이다. 후술 참조).

2. 양심의 자유의 구체적 내용

(1) 양심형성 · 결정의 자유

이는 내심적 자유이다. 국가권력이 양심의 자유로운 형성 · 결정을 방해해서는 아니 된다. 국가가 특정 세계관, 인생관, 주의를 세뇌시키거나 주입하여서는 아니 된다. 양심형성을 위한 지식의 전수를 차단하는 것도 금지된다. 이는 알 권리, 읽을 권리, 들을 권리의 침해도 된다.

(2) '양심실현(유지)'의 자유의 세부적 내용 - 판례

우리 헌재의 판례이론은 양심실현의 자유의 내용에 관하여 "① 양심을 표명하거나 또는 양심을 표명하도록 강요받지 아니할 자유(양심표명의 자유), ② 양심에 반하는 행동을 강요받지 아니할 자유(부작위에 의한 양심실현의 자유), ③ 양심에 따른 행동을 할 자유(작위에 의한 양심실현의 자유)를 모두 포함한다"고 한다(2002헌가1).

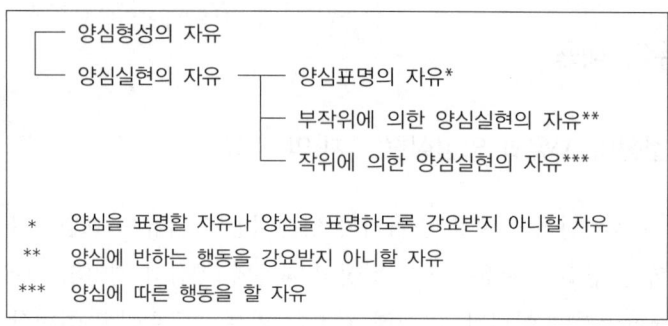

□ 판례 이론의 정리

이하에서는 위 헌재의 판례이론이 분류하는 것에 따라 나누어 살펴본다.

1) 양심표명의 자유

양심표명의 자유의 내용으로는 적극적 표명의 자유와 양심표명의 강요금지가 있다.

(가) 적극적 표명의 자유   자신의 신념 등이 무엇인지 양심에 대해 적극적으로 나타내고 이를 옹호할 수 있는 자유를 말한다.

(나) 양심표명의 강요금지   양심에 관해 아무런 표시를 하지 않을 자유, 본인이 가지는 양심이 어떠한 내용인지를 밝히지 않을 자유를 말한다. 양심표명의 강요금지의 내용으로는 ① 침묵의 자유(자신의 양심을 밝히지 않을 수 있는 자유), ② 조사금지(개인의 사상이나 신조를 조사하는 것의 금지. * 구별 - 자기부죄진술거부권(묵비권), 증언거부, 취재원진술거부권(비닉권, 秘匿權)은 사실에 대한 진술이라는 점에서 양심의 표명이 아니므로 침묵의 자유로서 보호되는 것이 아니다), ③ 추지의 금지 - 어떤 양심인지가 밝혀질 수 있는 어떤 행위를 하도록 하여 그 양심을 추지(推知)하는 것(예: 십자가 밟기)의 금지, ④ 충성서약의 금지(그러나 공무원의 헌법과 국가에의 충성서약은 합헌임) 등이 있다. ⑤ 준법서약서제 - 논란되었으나 헌재는 헌법적 의무의 서약에 불과하여 양심의 영역을 건드리는 것이 아니고 거부하면 가석방의 혜택을 받을 수 없게 될 뿐이어서 강제를 하는 것이 아니므로 양심의 자유를 침해하는 것이 아니라고 하여 합헌성을 인정한 바 있었다(98헌마425). 준법서약서제는 그 뒤 실효성이 없다는 지적에 따라 폐지되었다.

2) 부작위에 의한 양심실현(유지)의 자유 = 양심에 반하는 행위의 강요금지

양심에 반하는 행위를 하지 않을(부작위) 자유를 말한다. 넓게는 위에서 본 양심표명을 강요받지 않을 자유가 포함된다. 양심표명을 하지 않는 것도 부작위이기 때문이다. 그동안 부작위에 의한 양심실현(유지)의 자유의 문제로서 논란이 된 대표적인 것을 보면 다음과 같다.

(가) 양심적 병역거부(집총거부)

가) 거부의 의미(범위)와 성격   ⅰ) 거부의 범위 - 병역 전부를 거부하느냐 아니면 사람을 해치는 무기를 사용하는 병역만을 거부하느냐에 따라 그 의미의 범위를 달리 볼 수 있을 것이다. 헌재는 후자의 의미로 본다(2011헌바379등). ⅱ) 성격 - 병역종류조항에 대체복무제가 마련되지 아니한 상황에서, 양심상의 결정에 따라 입영을 거부하거나 소집에 불응하는 경우 형벌

을 부과받음으로써 양심에 반하는 행동을 강요받고 있으므로, 이 사건 법률조항은 '양심에 반하는 행동을 강요당하지 아니할 자유', 즉, '부작위에 의한 양심실현의 자유'를 제한하고 있다 (2008헌가22등; 2011헌바379등).

나) 판례 ⅰ) 구 판례 – 헌재는 이전에 양심적 병역거부의 처벌에 대해 합헌성을 인정하여 왔다. ① 대체복무를 인정할 것인가 하는 문제가 중요한 쟁점이었는데 헌재는 양심의 자유로부터 대체복무를 요구할 권리가 도출되지는 않는다고 보아 부정하였고, ② 양심실현의 자유에 대한 침해 여부의 심사에 일반적인 비례의 원칙이 적용되는지 여부에 대해서 부정하였으며, ③ 대체복무제도의 도입을 통하여 병역의무에 대한 예외를 허용하면 국가안보란 공익을 효율적으로 달성할 수 없다고 본 입법자의 판단이 현저히 불합리하거나 명백히 잘못된 것이 아니라고 보았다. ④ 그러면서도 헌재는 양심보호를 위한 입법보완의 숙고를 입법자에 권고하였다 (2002헌가1). 그러나 양심적 병역거부결정에서 비례원칙심사를 하지 않은 것은 잘못이었다. 그런데 헌재 2011.8.30. 2008헌가22 결정에서는 비례원칙심사를 하였는데 대체복무제를 도입하지 않은 채 형사처벌하는 규정만을 두고 있다 하더라도, 최소침해의 원칙에 반한다 할 수 없다고 하여 역시 합헌결정을 하였다. 헌재는 양심적 예비군 훈련 거부자들에 대한 형사처벌규정에 대해서도 비례(과잉금지)원칙을 위반한 것이 아니어서 양심의 자유를 침해하지 않는다고 보고 합헌결정을 하였다(2007헌가12 등).

ⅱ) 신 판례 – 헌법불합치 결정 – 그러나 2018년에 결국 헌재는 병역의 종류를 현역, 예비역, 보충역, 병역준비역, 전시근로역의 다섯 가지로 한정하여 규정하고 양심적 병역거부자에 대한 대체복무제를 규정하지 아니한 병역법 제5조 제1항('병역종류조항')이 과잉금지원칙을 위반하여 양심적 병역거부자의 양심의 자유를 침해하는 위헌이라고 보고 계속적용을 명하는 헌법불합치결정을 하였다. 그러나 이 결정에서 현역입영 또는 소집 통지서를 받은 사람이 정당한 사유 없이 입영일이나 소집일부터 3일이 지나도 입영하지 아니하거나 소집에 응하지 아니한 경우를 처벌하는 병역법 각 제88조 제1항 본문 제2호('처벌조항')는 과잉금지원칙을 준수하여 양심의 자유를 침해하지 않아 합헌이라고 결정하였다(이 처벌조항에 대해서 재판관의 의견이 여러 갈래로 나누어졌다). 아래에 헌법불합치결정이 내려진 병역종류조항에 대한 결정요지만 옮겨본다.

● **판례** 헌재 2018.6.28. 2011헌바379등
[결정요지] Ⅰ. 병역종류조항은, 병역부담의 형평을 기하고 병역자원을 효과적으로 확보하여 효율적으로 배분함으로써 국가안보를 실현하고자 하는 것이므로 정당한 입법목적을 달성하기 위한 적합한 수단이다. 병역종류조항이 규정하고 있는 병역들은 모두 군사훈련을 받는 것을 전제하고 있으므로, 양심적 병역거부자에게 그러한 병역을 부과할 경우 그들의 양심과 충돌을 일으키는데, 이에 대한 대안으로 대체복무제가 논의되어 왔다. 양심적 병역거부자의 수는 병역자원의 감소를 논할 정도가 아니고, 이들을 처벌한다고 하더라도 교도소에 수감할 수 있을 뿐 병역자원으로 활용할 수는 없으므로, 대체복무제를 도입하더라도 우리나라의 국방력에 의미 있는 수준의 영향을 미친다고 보기는 어렵다. 국가가 관리하는 객관적이고 공정한 사전심사절차와 엄격한 사후관리절차를 갖추고, 현역복무와 대체복무 사이에 복무의 난이도나 기간과 관련하여 형평성을 확보해 현역복무를 회피할 요인을 제거한다면, 심사의 곤란성과 양심을 빙자한 병역기피자의 증가 문제를 해결할 수 있으므로, 대체복무제를 도입하면서도 병역의무의 형평을 유지하는 것은 충분히 가능하다. 따라서 대체복무제라는 대안이 있음에도 불구하고 군사훈련을 수반하는 병역의무만을

규정한 병역종류조항은, 침해의 최소성 원칙에 어긋난다. 병역종류조항이 추구하는 '국가안보' 및 '병역의무의 공평한 부담'이라는 공익은 대단히 중요하나, 앞서 보았듯이 병역종류조항에 대체복무제를 도입한다고 하더라도 위와 같은 공익은 충분히 달성할 수 있다고 판단된다. 반면, 병역종류조항이 대체복무제를 규정하지 아니함으로 인하여 양심적 병역거부자들은 최소 1년 6월 이상의 징역형과 그에 따른 막대한 유·무형의 불이익을 감수하여야 한다. 양심적 병역거부자들에게 공익 관련 업무에 종사하도록 한다면, 이들을 처벌하여 교도소에 수용하고 있는 것보다는 넓은 의미의 안보와 공익실현에 더 유익한 효과를 거둘 수 있을 것이다. 따라서 병역종류조항은 법익의 균형성 요건을 충족하지 못하였다. 그렇다면 양심적 병역거부자에 대한 대체복무제를 규정하지 아니한 병역종류조항은 과잉금지원칙에 위배하여 양심적 병역거부자의 양심의 자유를 침해한다.

Ⅱ. 병역종류조항에 대해 단순위헌 결정을 할 경우 병역의 종류와 각 병역의 구체적인 범위에 관한 근거규정이 사라지게 되어 일체의 병역의무를 부과할 수 없게 되므로, 용인하기 어려운 법적 공백이 생기게 된다. 더욱이 입법자는 대체복무제를 형성함에 있어 그 신청절차, 심사주체 및 심사방법, 복무분야, 복무기간 등을 어떻게 설정할지 등에 관하여 광범위한 입법재량을 가진다. 따라서 병역종류조항에 대하여 헌법불합치 결정을 선고하되, 다만 입법자의 개선입법이 이루어질 때까지 계속적용을 명하기로 한다. 입법자는 늦어도 2019.12.31.까지는 대체복무제를 도입하는 내용의 개선입법을 이행하여야 하고, 그때까지 개선입법이 이루어지지 않으면 병역종류조항은 2020.1.1.부터 효력을 상실한다.

* 위 결정에서 처벌조항에 대해서 합헌결정을 한 것은 이해가 어렵고 분류조항에 대한 것과 마찬가지로 대체복무제가 도입되지 않는 상태에서는 처벌이 위헌이라고 보는 것이 정연한 논증이었다. 이제 대체복무제가 아래 언급하듯이 도입되어 문제해결이 되긴 했으나 논증상 의문점은 지적해둔다.

ⅲ) 대법원의 판례변경 – 대법원도 양심적 병역거부에 대한 판단을 하게 되었는데 그것은 입영·소집 기피로 처벌되지 않도록 하는 병역법 제88조 제1항의 '정당한 사유'에 양심적 병역거부가 해당되는지 여부를 결정해야 하기 때문이었다. 대법원은 이전에 정당한 사유에 해당되지 않는다고 부정하였다가(대법원 2004.7.15. 2004도2965 전원합의체) 이후 해당된다고 판례를 변경하였다(대법원 2018.11.1. 2016도10912 전원합의체). '양심적 예비군훈련 거부'에 대한 동지의 대법원 판결도 있었다(대법원 2021.1.28. 2018도4708; 2021.2.4. 2020도3439).

다) * 2019.12. 31.에 대체복무제를 도입하였다(개정 병역법 제5조 제1항에 제6호 신설, '대체역의 편입 및 복무 등에 관한 법률' 제정).

(나) 사죄광고의 '강제'   우리 헌재는 "사죄광고의 강제는 양심도 아닌 것이 양심인 것처럼 표현할 것의 강제로 인간양심의 왜곡·굴절이고 … 양심에 반하는 행위의 강제금지에 저촉되는 것"이라고 한다. 그리고 민법 제764조의 '명예회복에 적당한 처분'에 사죄광고를 포함시키는 것은 민사책임 속에 형사책임이 혼재된 전근대적인 것이며 패소한 민사손해배상판결의 신문·잡지에 게재 등 보다 덜 제한적인 방법이 있어서 과도한 제한(비례원칙 위반)의 위헌이라는 한정위헌결정을 하였다(89헌마160, 헌재가 애초에는 이 결정을 일부위헌결정으로 자기 스스로 분류하였다가 현재 한정위헌결정으로 분류를 바꾸어 자신의 판례정보 사이트에 탑재하고 있다. 이유는 시민으로서는 알 수 없다). 자발적 사죄는 합헌이다.

● 판례 헌재 1991.4.1. 89헌마160
[주문] 민법 제764조(1958.2.22. 법률 제471호)의 "명예회복에 적당한 처분"에 사죄광고를 포함시키는 것은 헌법에 위반된다. [결정요지]   (1) 사죄광고제도가 민법 제764조의 규정취지에 적합한가를 살펴보면 명예훼손죄에 의한 형사적 처단으로 만족하여야 할 보복감정을 민사책임에서까지 확장하여 충족시키려고 했다 할 것으로 민사책임 속에 형사책임이 혼재된 전근대적인 것이며 이점에서 어디까지나 민사책임을 규정한 민법 제764조의 제도적 의의와 목적

에는 적합치 않은 처분이라 볼 것이다. (2) 나아가 사죄광고제도에 의한 기본권 제한이 필요부득이한가의 여부를 살펴본다. 우리 민법 제764조의 적용에 있어서도 사죄광고를 구하는 판결이 아니고도 ① 가해자의 비용으로 그가 패소한 민사손해배상판결의 신문·잡지 등에 게재 ② 형사명예훼손죄의 유죄판결의 신문·잡지 등에 게재 ③ 명예훼손 기사의 취소광고 등의 방법을 상정할 수 있다고 할 것인데, 이렇듯 극민의 기본권을 보다 덜 제한하는 명예회복에 필요한 다른 처분도 충분히 상정할 수 있고 또 금전배상청구도 배제하지 않는 터이며 결코 사죄광고만이 명예회복에 유일무이의 수단이 아니라고 한다면 구태여 가해자에게 양심표명의 강제 내지 굴욕감수를 강요하는 사죄광고제도는 어디까지나 과도한 것이며 또한 불필요한 국민의 기본권의 제한이 된다고 할 것이다. [결론] 따라서 민법 제764조가 사죄광고제도를 포함하는 취지라면 과잉하여 비례의 원칙이 정한 한계를 벗어난 것으로 헌법 제37조 제2항에 의하여 정당화 될 수 없어 헌법 제19조에 위반되는 동시에 헌법상 보장되는 인격권의 침해에 이르게 된다.

(다) 반성문   진심으로 반성하지 않는데 반성문을 쓰게 하는 것은 양심의 자유의 침해가 된다. 관련 판례로 앞서 본 대법원 2010.1.14. 2009두6605 판결.

(라) 합헌성 인정 결정례

가) 불고지죄   헌재는 국가보안법이 규정하는 불고지죄에 대해 부작위에 의한 양심실현의 문제(소극적 양심실현의 문제)를 판단한 바 있다. 헌재는 "고지하는 것이 양심이나 사상에 어긋난다는 등의 이유로 고지하지 아니하는 것은 결국 부작위에 의한 양심실현 즉 내심의 의사를 외부에 표현하거나 실현하는 행위가 되는 것이고 이는 이미 순수한 내심의 영역을 벗어난 것이므로 이에 대하여는 필요한 경우 법률에 의한 제한이 가능하다"라고 하면서 그 법률에 의한 제한인 불고지죄가 보호하고자 하는 국가의 존립·안전이라는 법익의 중요성 등에 비추어 볼 때 비례원칙의 위반이 아니라는 취지로 합헌으로 결정하였다(96헌바35).

나) 의사의 환자에 대한 비밀유지 양심   연말정산을 위한 의료비내역 제출의무가 의사의 환자에 대한 비밀유지 윤리라는 양심을 침해한다는 주장에 대해 헌재는 의사의 환자에 대한 비밀유지가 양심의 자유의 보호범위에 포함됨을 인정하였다, 그러나 제출되는 내용은, 환자의 구체적인 병명이나 진료내역과 같은 민감한 정보가 아니고, 단지 수진자의 성명, 주민등록번호와 진료비 지급금액 및 지급일자로서 과세관청이 소득세 공제액을 산정하기 위한 필요최소한의 내용이고 국가기관도 이를 과세목적 외의 용도로 사용할 수 없다는 점에서 피해최소성 원칙도 충족하고 있는 등 비례원칙을 지킨 것이라고 보아 합헌성을 인정하였다(2006헌마1401).

3) 작위에 의한 양심실현의 자유

자신의 양심에 따른 행위를 적극적으로 함에 있어서 방해받지 않을 자유, 자신의 양심을 실천하고 이에 따라 생활하는 것을 방해받지 않을 자유가 보장되어야 한다.

Ⅳ. 양심의 자유의 제한과 그 한계

1. 제한 문제

양심의 자유도 제한될 수 있는가 하는 문제를 두고 ① 내재적 한계설(양심이 외부에 표출되지 않더라도 그 자체가 도덕, 사회질서 등에 위반해서는 아니 되는 내면적 한계가 있다고 보는 설), ② 내면적 무제약설(양심이 내심에 머무는 한 절대적 기본권으로서 제한되지 않고 그 양심이 외부에 표현되는 경우에 제한이 가능하다고 보는 설), ③ 절대적 무제약설(외부에 표현된 경우이든 아니든 제한될 수 없다고 보는 설) 등으로 나누어지고 있다. 통설은 ②이다. 우리 헌재의 판례이론도 ②설을 취한다(96헌바35).

생각건대 내면에만 머물러 있는 상태에서의 양심결정이나 양심형성의 자유에 대한 제한은 불가하다. 외부에 표출되는 양심실현의 자유는 제한될 수 있다. 그러나 헌법 제37조 제2항에 따라 국가안전보장, 질서유지, 공공복리를 위한 필요성이 있어야 한다.

2. 제한의 한계

양심실현의 자유를 제한한다고 하더라도 국가안전보장, 질서유지, 공공복리를 위해서라는 제한필요성이 있어야 하고 법률에 의하여 제한하여야 하며 비례(과잉금지)원칙을 지켜야 하고 제한하더라도 본질적 내용을 침해할 수는 없다는 한계(제37조 제2항)가 있다.

V. 사상의 자유

* 양심의 자유와의 관련성으로 여기에 함께 본다.

1. 개념과 헌법적 근거

(1) 개념

사상의 자유의 개념에 관한 논의는 주로 양심의 자유와의 포함 내지 구분 여부에 그 주안이 있다. 양심의 자유와 같다고 보는 견해, 구분된다는 견해로 나뉘어진다. 앞의 양심의 개념에 관한 헌재의 입장의 불명확성을 지적한 바 있다. 헌재의 입장은 가치적·윤리적 판단·결정을 강조하여 협의로 양심 개념을 파악하는 것으로 보이면서도 세계관·인생관·주의·신조도 포함하고 있어서 세계관 등의 개념이 무엇인지에 따라 사상도 포함될 수 있을 것이라는 점에서 불명확성이 있다고 본 것이다(전술 참조). 결국 사상의 개념을 어떻게 보느냐 하는 데 달린 문제이다.

(2) 사상의 개념

사상이란 세상의 사물과 인간에 대한 인식이나 사유의 체계를 의미한다. 사상의 대상이 되는 사물은 한정되어 있는 것이 아니다. 따라서 시비선악에 대한 윤리적 사상도 있을 수 있다.

이념과 주의도 사상을 이루는 내용이 될 수 있음은 물론이다. 사상의 개념은 그만큼 넓다고 볼 것이다.

(3) 헌법적 근거

우리 헌법은 사상의 자유에 관하여 명시하고 있지 않다. 양심의 자유를 광의로 인정하는 견해는 헌법 제19조의 양심의 자유 속에 포함시키므로 헌법 제19조가 근거가 된다. 양심의 자유에 대한 협의설(양심, 사상 구분설)에 따르면 헌법 제19조가 사상의 자유의 근거가 될 수 없고 헌법 제10조나 제21조 등이 근거가 될 수 있을 것이다(표현의 대상은 사상이라는 점에서 사상의 자유를 표현의 자유에서 끌어낼 수도 있을 것이다). 또는 종교적 사상은 종교의 자유에서 도출할 수도 있을 것이다. 생각건대 양심을 넓은 개념을 가진 것으로 보아 헌법 제19조를 근거로 할 수 있다. 다만, 사상의 자유의 내용인 사상실현의 자유는 표현의 자유 등으로 보호되어 헌법 제21조에 의한 중첩적 보호가 이루어질 수 있다. 또한 사상의 자유 뿐 아니라 사상에 대한 적극적 권리는 헌법 제10조를 근거로 하는 것이 필요하다.

2. 법적 성격과 주체

천부인권적인 자연권인 자유권이다. 따라서 자연인이 주체가 되고 국민이든 외국이든 모두 인정된다. 법인, 사회적 단체도 사상이나 이념을 가질 수 있다는 점에서 주체로 인정될 경우도 있다. 대학과 같이 사상에 관한 학문적 연구를 하는 단체는 학문의 자유로 보호된다.

3. 내용

사상의 자유에도 사상형성의 자유와 사상실현(유지)의 자유가 포함된다. 사상의 자유는 먼저 사상의 자유로운 형성을 전제로 한다. 형성된 사상을 유지할 자유, 이를 표명하도록 강제되지 않을 자유와 변경할 것을 강요받지 않을 자유를 내포한다. 사상을 외부로 표출하는 데 방해를 받지 않을 자유는 표현의 자유의 영역에 속하게 된다.

4. 제한과 그 한계

사상실현의 자유는 상대적 자유로서 국가안전보장, 질서유지, 공공복리의 필요가 있는 경우에는 제한될 수 있다(제37조 제2항). 그러나 제한하더라도 본질적 내용을 침해할 수 없고 비례원칙 등에 의한 한계가 있다.

제 2 항 종교의 자유

우리 헌법 제20조는 "① 모든 국민은 종교의 자유를 가진다. ② 국교는 인정되지 아니하며, 종교와 정치는 분리된다"라고 규정하여 종교의 자유뿐 아니라 국교부인, 정교분리원칙도 함께 명시하고 있다.

Ⅰ. 종교의 자유의 개념과 성격

종교란 세속을 초월하는 초자연적 절대자인 신의 능력을 경외(敬畏)하고(영어의 religion은 어원상 초월적 존재자에 대한 경외심과 그것을 나타내는 의식을 의미하는 라틴어 religio에서 기원한 것) 신에의 귀의를 통하여 인간이 정신적인 의지와 평온, 구원을 받고자 하는 정신적·영적인 활동을 말한다. 종교의 자유는 신에 의탁하고자 하는 인간의 내심의 의지, 인간의 정신적 세계에 관한 자유이므로 천부인권으로서 자연권적 성격의 권리이고 자유권적 성격을 가진다.

Ⅱ. 종교의 자유의 내용

종교의 자유는 신앙의 자유와 종교행위의 자유를 그 내용으로 한다(2007헌마1366).

1. 신앙의 자유

어떠한 종교를 신봉하고 귀의하는 내심의 활동을 신앙이라고 한다. 신앙의 자유에는 ① 종교선택·개종의 자유, 무신앙의 자유, ② 개인적인 신앙생활의 자유, ③ 신앙고백의 자유, ④ 신앙고백 강제의 금지, ⑤ 신앙에 반하는 행위 강제(예: 십자가 밟기)의 금지 등을 포함한다. 인구주택총조사(census)에서 '종교가 있는지 여부'와 '있다면 구체적인 종교명이 무엇인지'를 묻는 조사항목들에 응답할 것을 요구하고 있는 것이 종교의 자유 침해인지 논란된다. 헌재는 "통계의 기초자료로 활용하기 위한 조사사항 중 하나로서 특정 종교를 믿는다는 이유로 불이익을 주거나 종교적 확신에 반하는 행위를 강요하기 위한 것이 아니다. 결국 청구인의 위 주장은 종교를 포함한 개인정보의 수집·활용 등이 개인정보자기결정권을 침해하는가의 문제로 귀결되므로, 개인정보자기결정권에 대한 침해 여부에 포함시켜 판단하면 충분하다"라고 판시하고 있다

(2015헌마1094).

2. 종교행위의 자유362)

[개인적 종교행위의 자유] 개인이 신께 귀의하고 교감하고자 하는 기도, 수행 등의 자유와 신앙을 고백할 자유, 신앙고백을 강요당하지 않을 자유가 있다.

[종교결사의 자유] 종교단체를 결성하거나 결성하지 않을 자유, 이왕에 조직된 종교단체에 가입할 자유, 가입할 것을 강요당하지 않을 자유 등을 의미한다. 종교결사의 자유는 일반결사의 자유보다 더 강한 보장을 받는다는 것이 일반적인 견해이다.

[종교집회(종교행사·의식)의 자유] 종교적인 의식과 예배 등을 행하는 집회를 자유로이 개최할 수 있는 자유, 예배 등에 자유로이 참여하거나 참여를 강요당하지 않을 자유 등을 의미한다. 종교집회의 자유는 헌법 제21조의 집회의 자유보다 더 강한 보호를 받는 특별법적 자유이다. 그리하여 종교적 옥외집회의 경우 일반집회와 달리 신고제를 적용하지 않고 개최할 수 있도록 하고 있다(집시법 제15조). 예배 또는 설교를 방해하면 처벌된다(형법 제158조).

[선교의 자유] 어느 종교를 믿도록 이끄는 행위인 선교와 포교의 자유도 인정되고 선교의 자유에는 다른 종교를 비판하거나 타 종교의 신자에 대하여 개종을 권고하는 자유도 포함된다(대법원 96다19246).

[종교교육의 자유] 부모가 자녀에 대하여 종교적 교육을 하거나 종교단체가 신자들에 대한 종교교육을 할 자유를 가진다. 학교에서의 종교교육에 관해서는 사립학교에 의한 특정 종교의 교육은 허용된다고 보는 것이 일반적인 견해이다. 그러나 국·공립학교에서 여러 종교들에 대한 일반적인 종교교육은 가능하나 특정 종교를 위한 교육은 금지된다(교육기본법 제6조 제2항). 종교교육의 자유에는 종립학교를 설립할 자유도 포함된다. 특정 종교단체가 그 종교의 지도자와 교리자를 자체적으로 교육시킬 수 있는 종교교육의 자유도 포함된다(99헌바14).

III. 종교의 자유의 제한과 그 한계

1. 제한가능성

신앙심 자체가 인간의 내면, 내심에 머물러 있는 경우에는 제한이 불가능하고 외부에 표출되는 종교행위의 자유에 대해서는 다른 사람들과 사회에 영향을 주어 국가안전보장, 질서유지, 공공복리의 필요가 있을 경우에는 법률로써 제한할 수 있다.

---

362) 종교의 자유에는 신앙의 자유, 종교적 행위의 자유가 포함되며, 종교적 행위의 자유에는 신앙고백의 자유, 종교적 의식 및 집회·결사의 자유, 종교전파·교육의 자유 등이 있다(2000헌마159; 2007헌마1366, 등).

2. 종교행위의 자유에 대한 제한과 그 한계

[개인적 종교행위에 대한 제한] 그동안 집총거부, 종교적 양심적 병역거부(전술 참조)의 문제가 있었다. 순혈주의 교리를 가진 종교의 경우 수혈을 거부하는 문제도 논란된다. 각종 공무원선발시험이나 자격시험을 종교의식을 행하는 일요일 등에 행하더라도 시험관리의 이유 등 공공복리에 의한 제한으로서 합헌일 수 있다. [판례] ① 사법시험 제 1 차시험의 시행일자를 일요일로 정하여 공고한 것이 응시생의 종교의 자유를 침해한다는 주장의 헌법소원사건에서 헌재는 시험장소, 시험관리상의 이유를 들어 공공복리에 의한 제한으로서 합헌성을 인정하였다(2000헌마159). ② 법학적성시험 일요일 시행 — 위 ①과 비슷한 사안이라고 볼 수 있는 합헌성 인정 결정례이다(2009헌마399). ③ 일반현역 후 군종장교이었던 사람의 예비군 복무는 국가안보을 위한 부득이하게 필요한 최소한도 제한이라는 이유로 합헌성을 인정하였다(2002헌바35).

[종교결사·집회의 자유에 대한 제한] 폭력적·광신적 집회로 사회질서를 혼란하게 하고 혹세무민(惑世誣民)하는 사이비종교단체에 대해서는 종교결사·집회의 자유가 제한될 수 있다.

미결수용자에 대한 제한이 문제된 바 있다. ● 판례: 위헌확인결정들 ① 구치소 내에서 실시하는 종교의식 또는 행사에 수형자 및 노역장유치자에 대하여만 참석을 허용하고 미결수용자의 참석을 금지한 행위에 대해 헌재는 무죄추정의 원칙이 적용되는 미결수용자들에 대한 기본권 제한은 징역형 등의 선고를 받아 그 형이 확정된 수형자의 경우보다는 더 완화되어야 할 것임에도 미결수용자에 대하여만 일률적으로 종교행사 등에의 참석을 불허한 것은 거꾸로 더욱 엄격하게 제한한 것이고, 침해의 최소성 요건, 법익의 균형성 요건을 충족하였다고 할 수 없어 과잉금지원칙(비례원칙)을 위배하여 위헌임을 확인한 바 있다(2009헌마527). ② 구치소장이 미결수용자 및 미지정 수형자(추가 사건이 진행 중인 자 등)에 대해 교정시설 안에서 매주 화요일에 실시하는 종교집회 참석을 제한한 행위(실제 연간 1회 정도의 종교집회 참석 기회를 부여)가 과잉금지원칙(피해최소성, 법익균형성)을 위반하여 종교의 자유를 침해하였다는 위헌확인결정도 있었다(2012헌마782).

[선교행위에 대한 제한] ⅰ) 위난지역 선교제한 — 선교활동이 오히려 선교주체들의 안전이 보장되지 못한 가운데 이루어진다면 이에 대한 제한이 필요하다. 이에 관한 헌재의 판례로는 아프가니스탄 등 전쟁 또는 테러위험이 있는 해외 위난지역에서 여권사용을 제한하거나 방문 또는 체류를 금지한 외교통상부 고시가 그 지역에서 선교활동을 하고자 하는 사람들의 종교의 자유를 제한한다고 하여 청구된 헌법소원사건이 있었다. 헌재는 종교전파의 자유는 국민에게 그가 선택한 임의의 장소에서 자유롭게 행사할 수 있는 권리까지 보장한다고 할 수 없으며, 그 선교행위가 제한된 것은, 여권의 사용제한을 통하여 국외 이전의 자유를 일시적으로 제한함으로써 부수적으로 나타난 결과일 뿐이라고 하여 선교의 자유를 침해하였다고 할 수 없다고 판단

하였다(2007헌마1366). ⅱ) 사회복지사업을 통한 선교의 자유 − 헌재는 "양로시설과 같은 사회복지시설을 마련하여 선교행위를 하는 것은 오랜 전통으로 확립된 선교행위의 방법"이라고 한다. 그러면서 국가 또는 지방자치단체 외의 자가 양로시설을 설치하고자 하는 경우 신고하도록 규정하고 이를 위반한 경우 처벌하는 노인복지법 규정은 과잉금지원칙을 준수하여 종교(선교)의 자유를 침해하지 않는다고 결정하였다(2015헌바46).

[종교교육의 자유의 제한] ⅰ) 인가 문제 − 종교단체가 운영하는 학교 형태 교육기관도 예외없이 학교설립인가를 받도록 하는 것을 헌재는 합헌이라고 보았다(99헌바14). ⅱ) 예배시간, 채플 − 종립학교에서 채플(chapel, 예배) 등이 종교교육의 자유 차원에서 이루어지는데 이 경우 학교의 종교교육권과 학생의 종교의 자유 간의 충돌이 있을 수 있다. 종립학교가 고등학교 평준화정책에 따라 무시험 강제배정으로 학생 자신의 신앙과 무관하게 입학하게 된 학생들을 상대로 보편적인 교양교육으로서의 종교교육의 범위를 넘어서서 종파교육 형태의 종교교육을 실시하는 경우에 문제된다. 대체이수 등을 인정하여야 기본권보장의 법리에 합당할 것이다. 대법원은 종교교육의 구체적인 내용, 종교교육이 일시적인 것인지 여부, 학생들에게 사전에 충분한 설명을 하고 동의를 구하였는지 여부, 자유롭게 대체과목을 선택하거나 종교교육에 참여를 거부할 수 있었는지 여부 등의 구체적인 사정을 종합적으로 고려하여 사회공동체의 건전한 상식과 법감정에 비추어 볼 때 용인될 수 있는 한계를 초과한 종교교육이라고 보이는 경우에는 위법성을 인정할 수 있다는 기준을 설정하고 문제된 사안에서 학교에 대해 배상책임을 인정하였다(대법원 2008다38288. * 이 결정에 대한 보다 더 자세한 요지는 앞의 기본권총론, 기본권상충, 대법원판례 부분 참조).

[종교시설 건축행위의 자유] 구 '기반시설부담금에 관한 법률'이 종교시설의 건축행위에 대해서도 기반시설부담금을 부과하고 있는데 헌재는 과잉금지원칙을 준수한 것이어서 종교적 행위의 자유를 침해하지 않는다고 보았다(2007헌바131등). 이 결정에서 부담금의 제외, 경감이 헌법 제20조 종교의 자유에서 도출되지 않는다고 판시하였다.

[제한의 한계] 종교의 자유에 대한 제한에 있어서도 비례원칙을 준수하고 본질적 내용을 침해해서는 아니 되는(제37조 제2항) 한계가 있다.

Ⅳ. 국교부인과 정교분리원칙

[의의·성격] 헌법 제20조 제2항은 "국교(國敎)는 인정되지 아니하며, 종교와 정치는 분리된다"라고 규정하고 있다. 국교부인과 정교분리의 원칙은 종교의 자유를 적극적으로 신장하기 위한 원칙이라기보다는 종교의 자유를 침해할 소지를 막기 위한 예방적이고 종교의 자유를 보장하는 수단적 성격의 원칙들이다.

[국교부인의 원칙] 국교부인의 원칙은 공식적으로 어느 종교를 국교로 지정할 수 없음은 물론, 어느 종교를 우대하여 실질적으로 국교화해서는 아니됨을 의미한다.

[정교분리원칙] ⅰ) 개념 − 정교분리원칙은 종교에 정치나 국가권력이 개입하지 말고 반대로 종교도 정치나 국가권력행사에 개입하지 말라는 것이다. 문제는 여기서 종교와 분리되어야 하는 영역이 그야말로 정당들 활동처럼 정치의 장에서 이루어지는 활동만으로 좁게 볼 것인지 아니면 행정권, 사법권 등 공권력이 행사되는 활동도 포함하는 넓은 것으로 볼 것인지 하는 문제가 있다. 이 원칙은 그 분리를 통해 종교의 자유를 보장하는 데 그 취지가 있는바 좁게 보면 그 취지를 충분히 구현하지 못하므로 넓게 볼 필요가 있다. ⅱ) 공무원임용, 업무수행에서의 실현 − 따라서 공무원임용에서 특정 종교의 신자일 것을 요건으로 할 수 없다. 국가공무원법과 지방공무원법은 공무원은 종교에 따른 차별 없이 직무를 수행하여야 한다고 종교중립의무를 규정하고 있다(국공법 제59조의2; 지공법 제51조의2). ⅲ) 종교단체가 운영하는 학교 형태의 교육기관도 학교설립인가를 받도록 규정하고 있는 교육법 규정들은 결과적으로 감독청의 지도·감독하에서만 성직자를 양성하라는 것이 되고, 정부가 성직자양성을 직접 관장함이 되어 정교분리의 원칙에 위배된다는 주장이 있었으나 헌재는 국교금지 내지 정교분리원칙에 반하지 않는다고 보아 합헌성을 인정하였다(99헌바14).

[국교부인의 원칙과 정교분리원칙과의 관계] 어떤 종교를 국교로 인정하여 우대하는 것도 국가권력의 종교에의 개입이므로 이는 정교분리원칙의 위반이기도 하다. 따라서 정교분리원칙이 더 포괄적인 개념이고 국교부인의 원칙을 포함하는 개념이다.

[모든 종교에 대한 동등우대 − 부정] 모든 종교를 동일하게 우대하더라도 이는 종교를 가지지 않은 사람에 대한 불평등이라는 점에서 부정적으로 본다. 헌재도 "모든 종교를 동등하게 보호하거나 우대하는 조치도 무종교의 자유를 고려하면 헌법이 규정하고 있는 종교와 정치의 분리원칙에 어긋난다"라고 본다(2007헌바131등).

제 3 항   학문의 자유

Ⅰ. 학문의 자유의 개념과 성격 및 주체

학문이란 사물의 본질이나 이치, 인간의 본성과 도리에 대한 진리를 밝히려는 탐구와 사회현상의 원인에 대한 분석과 전망 등을 수행하며, 그러한 활동의 소산인 지식 등을 전달하는 지적 활동을 말한다. 그 대상은 인간, 사물 등 광범위하며 그 방법도 문헌을 조사하고 사색하는 방법, 실험, 탐사 등 자연과학적 방법의 다양한 방식과 경로로 학문 활동이 이루어질 수 있다.

학문의 자유의 성격에 대해서는 개인적인 연구를 방해받지 않고 할 수 있는 자유권이라는 기본권으로 보는 견해와 하나의 제도적 보장으로 보려는 견해, 양자의 성격을 모두 가진다고 보는 견해 등이 있다. 제도적 보장설은 대학의 자치제도를 염두에 둔 것이나 대학 외에 일반인의 학문의 자유도 있고 대학의 자치제도도 대학의 학문의 자유를 보장하기 위한 수단으로서 기본권이므로(후술 Ⅱ. 2. 참조) 학문의 자유는 자유권으로서의 성격을 가진다.

학문의 자유가 자연권이므로 이를 누릴 수 있는 사람은 자연인이고 따라서 국민이든 외국인이든 무국적자이든 주체가 될 수 있다. 법인이나 단체도 그 활동의 내용이 학문적 연구수행이라면 학문의 자유의 주체가 될 수 있다. 따라서 대학, 연구기관(연구소), 학회 등도 주체가 된다.

Ⅱ. 학문의 자유의 내용

1. 학문연구의 자유, 학문적 표현의 자유

(1) 학문연구의 자유

학문연구의 자유는 진리를 탐구하는 지적 활동의 자유이다. 어떠한 내용과 주제의 연구를 할 것인지, 그 연구를 위하여 어떠한 방법을 동원할 것인지 하는 등에 대한 자유가 보장된다. 학문연구활동에는 사실이나 현상에 대한 조사, 탐구, 관찰, 실험, 실습, 분석 등의 활동뿐 아니라 사유, 사색, 독서, 집필 등의 지적활동을 포함하고 따라서 학문의 자유도 이러한 넓은 활동을 보호범위로 한다.

(2) 학문적 표현의 자유

학문의 자유가 이러한 탐구와 연구의 자유라는 내면적 활동에 그치는지 아니면 연구결과의 발표나 이를 전달하는 자유까지 포함하느냐가 논의된다. 이를 포함하지 않는다고 보려는 입장은 학문의 자유가 아니더라도 표현의 자유 등으로 보호될 수 있다는 점을 이유로 들 것이다. 생각건대 우리 헌법이 표현의 자유와 별도로 학문의 자유를 명시하고 있다는 점에서 표현의 자유의 특별 기본권으로서 학문연구결과발표의 자유가 인정된다고 볼 것이고 학문의 자유가 내심의 자유로서 연구의 자유에 머물 수도 있으나 발표와 전달을 전제로 하는 학문연구수행을 보호하기 위해 연구결과발표의 자유도 포함된다고 본다. 헌재의 판례도 같은 입장이다(89헌마88). 학문의 자유에 연구결과발표, 전달의 자유가 포함된다고 하더라도 표현의 자유의 적용을 배제하는 것은 아니다. 언론·출판에 대한 허가제, 검열제의 금지를 규정한 헌법 제21조 제2항이 연구결과발표에도 적용된다.

1) 학문적 결사·집회의 자유

학회 내지 학술단체나 대학과 같이 학문활동을 위한 법인 또는 단체를 구성할 자유도 보장된다(학문적 결사의 자유). 이러한 학문적 결사체들이 학술연구를 공동으로 수행하거나 학술세미나, 학술대회 등 연구결과를 발표하게 하는 행사 또는 대학에서와 같이 교수를 하기 위한 모임 등을 자유롭게 가질 수 있는 것이 보장된다(학문적 집회의 자유). 학문적 집회의 자유는 일반 집회 보다 더 강한 보장을 받는다. 이에 따라 집회 및 시위에 관한 법률은 학문에 관한 옥외집회에 대해서는 신고제가 배제되고 있다(동법 제15조).

2) 연구결과 발표의 자유

학문적 연구의 성과를 연구자 외의 다른 사람들에게 발표할 자유가 보장된다. 이 자유는 그 발표장소에 따라 보호의 정도가 달라진다고 보고 대학, 학회에서의 발표가 더 강한 보호를 받는다고 보는 견해(성낙인, 전게서, 414면)가 있다. 그러나 정확히는 발표장소에 따라서 보다는 청취자, 발표회 참여자들에 따라 달라진다고 볼 것이다. 연구결과에 접하는 사람들의 판단력, 이해력 등에 따라 미칠 영향을 고려하여 자유로운 발표의 내용, 정도를 달리할 것이기 때문이다. 예를 들어 발표장소가 대학이라 할지라도 성년인 대학생들을 대상으로 하느냐 아니면 청소년을 대상으로 하느냐에 따라 보호될 발표내용이 다를 것이다. 더구나 오늘날 발표의 장소는 사이버공간(인터넷)도 있다.

(3) 연구결과 전수의 자유(교수의 자유), 수업의 자유

학문적 연구의 성과를 전달하는 교수(敎授)의 자유가 보장된다. 이 자유는 주로 대학에서 교수나 강사가 자신이 연구한 바를 수업에서 강의하고 가르치는 자유(강학의 자유)로서 강조되었다. 초·중·고교에서 교사들의 수업의 자유도 교수의 자유로서 보장되는 것인지에 대해서는 이를 긍정하는 견해와 부정하는 견해가 있다. 헌재는 교사의 수업권은 "헌법상 보장되는 기본권이라고 할 수 있느냐에 대하여서는 이를 부정적으로 보는 견해가 많으며, 설사 헌법상 보장되고 있는 학문의 자유 또는 교육을 받을 권리의 규정에서 교사의 수업권이 파생되는 것으로 해석하여 기본권에 준하는 것으로 간주하더라도 수업권을 내세워 수학권을 침해할 수는 없으며"라고 판시한 바 있다.363) 생각건대 이 문제는 전면적으로 부정할 문제가 아니고 제한의 정도의 차이 문제로 볼 것이다. 헌법 제22조는 "모든 국민은 학문과 예술의 자유를 가진다"라고 하여 대학교수만을 그 주체로 한정하지 않았다. 더욱이 대학교수만의 자유라면 헌법 제31조 제4항이 특별히 '대학의 자율성'은 보장된다고 명시할 이유가 없다. 학문은 지식의 연마와 전수도 포함하고(전술 참조) 교사들도 학습방법, 교안 등을 연구한다는 점에서 교사의 수업의 자유를 부정하기 어렵고, 다만 제한의 정도 문제로 보아야 한다고 생각한다. 즉 대학교수는 분별력이 상대적으로 많은 대학생들을 대상으로 한다는 점에서 교수의 자유가 폭넓게 보장되고 아직 인격을 형성해 가고 있는 초·중·고등학생들을 대상으로 하는 교사의 경우 많은 제한을 받게 된다.

---

363) 헌재 1992.11.12. 89헌마88.

2. 대학의 자치(자율성)

(1) 의의, 성격, 주체 등

[의의] 우리 헌법은 "대학의 자율성은 법률이 정하는 바에 의하여 보장된다"라고 규정하여 대학의 자율성에 대해 학문의 자유 규정이 아닌 헌법 제31조 제4항에서 별도로 규정하고 있다. 대학은 학문의 전당이므로 학문의 자유와 학문의 신장의 보장을 위하여 대학의 자치가 중시되어 왔다. 대학의 자치가 학문의 자유에서 다루어지고 있는 이유가 그 점에 있다.

[성격] 대학의 자치에 대해서는 이를 제도적 보장이라고 보는 견해와 학문의 자유라고 보아 기본권이라고 보는 견해, 양자를 통합적으로 보는 견해 등이 대립된다. 헌재는 "대학의 자율성은 헌법 제22조 제1항이 보장하고 있는 학문의 자유의 확실한 보장수단으로 꼭 필요한 것으로서 이는 대학에게 부여된 헌법상의 기본권이다"라고 하여 기본권으로 보고 있다(92헌마68). 이 논의는 실익은 그리 없다. 대학의 자치는 학문의 자유를 유지하기 위한 수단이라고 볼 수 있고 학문이 가지는 본질상 자율성을 바탕으로 한다면 학문의 자유의 한 속성이라고 할 수 있다(결사의 자유에서 결사가 충분한 자유를 향유하기 위해서는 자치성을 가져야 하는 것과 같은 이치이다). 요컨대 대학의 자치는 학문의 자유의 한 속성이자 수단으로서의 기본권이다.

[주체] 대학교수, 학생, 직원이 주체가 되나 그 향유의 정도에는 차이가 있다. 외국인도 대학의 구성원인 이상 그 주체가 된다. 헌재는 국립대학 교수나 교수회가 대학의 자율과 관련한 기본권 주체성을 인정하고 있다(2005헌마1047).

(2) 대학자치의 내용
1) 내용요소

대학자치의 내용은 교수들의 연구에 있어서 독립성보장, 이를 위한 교수자치회의 보장, 교과과정의 편성, 교육의 내용과 방법상의 자율성, 학생선발에서의 자율성 등이다. 헌재는 서울대 입시안 결정에서 "대학의 자율은 대학시설의 관리·운영만이 아니라 학사관리 등 전반적인 것이라야 하므로 연구와 교육의 내용, 그 방법과 그 대상, 교과과정의 편성, 학생의 선발, 학생의 전형도 자율의 범위에 속해야 하고 따라서 입학시험제도도 자주적으로 마련될 수 있어야 한다"라고 대학자치의 내용에 대해 밝힌 바 있다(92헌마68).

2) 대학 설치상 자율권

법학전문대학원 설치·운영 자율성 문제 ─ * 법학전문대학원 설치에 있어서 인가주의와 총입학정원주의를 정하고 있는 '법학전문대학원 설치·운영에 관한 법률' 제5조 제2항, 제6조 제1항 등에 대해 설치인가를 받지 못한 대학이 법학전문대학원을 설치할 수 있는 기회를 영구히 박탈당하는 것은 아니므로 피해최소성원칙에 위배되지 않아 대학의 자율성을 침해하지 않는다고 하여 기각결정이 있었다(2008헌마370등).

3) 학생선발권

대학은 학생선발, 입시전형에 있어서 자율권을 가진다. 이와 관련하여 다음의 결정례들이 있었다. ① 입시과목 선정의 합헌성 – 서울대학교가 인문계열 대학별고사의 선택과목은 한문, 불어, 독어, 중국어, 에스파냐어 등 5과목 중 1과목으로 정하고 일본어를 선택과목에서 제외한 것이 헌법에 위반되는지의 여부가 논란된 바 있었다. 헌재는 대학자치의 내용에 대해 밝히고 대학별고사를 실시키로 한 서울대학교가 대학별고사과목을 어떻게 정할 것인가, 영어 이외의 외국어를 선택과목으로 하기로 정하였다면, 그러한 외국어의 범위를 어떻게 정할 것인가는 고등학교 교과과목의 범위 내에서 서울대학교의 자율에 맡겨진 것이므로 서울대학교가 인문계열의 대학별 고사과목을 정함에 있어 일본어를 선택과목에서 제외시킨 것은 적법한 자율권행사라고 판단하고 기각결정을 하였다(헌재 1992.10.1. 92헌마68등. * 평석 – 이 결정에서 헌재는 청구인이 일본어를 선택한 학생들인데 그 일본어 선택이 불리한 것은 서울대학교가 "대학의 자율권이라고 하는 기본권의 주체로서" "적법한 자율권행사의 결과 초래된 반사적 불이익이어서 부득이하다"라고 판시하고 있다. 그러나 헌재의 이 판시대로 반사적 불이익이라면 기본권이 아니므로 기본권침해를 구제받기 위한 헌법소원을 청구할 요건을 갖추지 못한 것으로 결론나게 된다(침해되는 기본권의 존재는 헌법소원의 청구요건 중 하나이다. 뒤의 헌법재판 청구요건 부분 참조). 모순인 잘못된 판시이다.

② 법학전문대학원 신입생 모집 일부정지의 위헌성 – 헌재는 교육부장관이 ○○대학교 법학전문대학원의 2015학년도 및 2016학년도 신입생 각 1명의 모집을 정지한 행위가 과잉금지원칙에 반하여(2년간 법학전문대학원 정원의 2.5%에 해당하는 학생의 모집 정지라는 인적·물적 피해가 지나친 제한이라는 점 등에서) 헌법 제31조 제4항이 정하는 대학의 자율권을 침해하여 위헌임을 확인하고(2015학년도 정지행위), 또 취소한다는(2016학년도 정지행위) 결정을 하였다(2014헌마1149).

4) 인사상의 자치권

대학교수나 직원의 임용, 보직임명 등의 인사에 관한 자치를 가진다. [교수임용제] ① 판례변경 – 대학교원의 재임용제도가 논란이 되었다, 우리는 그 절차상 적법절차의 위배를 지적한 바 있다.[364] 헌재는 "특히 교원의 임면에 관한 사항도 자율의 범위에 속한다"라고 하고 교수재임용제도 자체에 대해 처음에 합헌결정을 하였었다(96헌바33등). 이후 헌재는 헌법불합치결정을 하여 위 합헌결정을 바꾸는 판례변경을 하였다(2000헌바26. 그런데 헌재는 이 결정에서 학문의 자유조항의 위배가 아니라 헌법 제31조 제6항에서 정하고 있는 교원지위법정주의에 위반된다고 판시하였다. * 이 결정에 대해서는 뒤의 교원지위법정주의 부분도 참조). ② 재임용 탈락 교원이 교원소청심사위원회의 재심 결정, 법원의 소송 등을 통하여 이미 재임용 탈락 결정의 적정성 여부를 다투었다 할지라도 이 법에 의한 재임용 재심사를 청구할 수 있도록 한 '대학교원기간임용제탈락자구제를 위한 특별법' 규정이 대학의 자율성을 침해하지 않는다고도 보았다(2005헌마

---

364) 졸고, 법률신문, 2297호(1994.3), 15 참조.

1119등. * 이 결정에서 이 결정은 재임용 재심사 청구제는 이처럼 합헌으로 선언하였으나 교원의 재심절차의 피청구인인 학교법인에게는 교원소청심사특별위원회 재심결정에 대하여 소송으로 다투지 못하게 한 동법 제9조 규정에 대해서는 학교법인의 재판청구권을 침해한다는 이유로 위헌결정을 하였다).

5) 학사·연구관리의 자치

학생들의 교과과정의 편성, 교육방법 등에 대한 자율권이 인정된다. 교수들의 연구지원체계도 교수의 학문의 자유를 침해하지 않는 가운데 대학에서 자율적으로 운영할 수 있다.

6) 재정상, 시설관리·운영상 자치

대학은 재정적인 자치권을 가지며 자신이 보유하고 있는 교육시설, 연구시설에 대한 관리와 운영을 자율적으로 운영할 수 있다. ① 법인전환과 이사회 등에의 외부인사 참여 – 법인으로 전환하는 서울대의 이사회와 재경위원회에 일정 비율 이상의 외부인사를 포함하는 내용 등을 담고 있는 구 '국립대학법인 서울대학교 설립·운영에 관한 법률'(2010.12.27. 법률 제10413호로 제정) 제9조 제1항, 제2항 및 제18조 제2항이 운영의 투명성보장을 위한 것이라고 하여 대학 자율의 본질을 침해하지 않는다고 보았다(2011헌마612). ② 총장선출에서의 자율성 – ㉠ 교수나 교수회가 총장의 선거에 참여할 기본권이 있는지에 대하여 헌재는 긍정한다(2005헌마1047). ㉡ 대학의장임용추천위원회에서의 선정 – 헌재는 이 방식을 규정한 교육공무원법 제24조 제4항은 간선제를 강요하여 대학의 자율을 침해하는 것이라는 주장에 대해 방식에 대한 합의가 있어야 함을 들어 대학 자율의 본질을 침해하지 않는 것이라고 보았다(2005헌마1047). ㉢ 총장의 간접선출을 규정한 구 '국립대학법인 서울대학교 설립·운영에 관한 법률' 제7조가 대학 자율의 본질을 침해하지 않는다고 보았다(2011헌마612).

Ⅲ. 학문의 자유의 제한과 그 한계

1. 기본법리

학문의 자유에 대한 제한과 그 한계의 문제는 연구자의 내면에 머무르는 것인지 아니면 외부에 다른 사람들에게도 영향을 미치는 것인지에 따라 제한의 정도가 달라진다. 전자의 경우에는 사실상 제한이 불가능한(실제 제한의 필요조차 없다)하다. 연구결과발표자유와 같은 경우에는 제한이 필요한 경우가 있다. 헌재 판례도 같은 입장이다(89헌마88).

2. 제한

(1) 학문연구의 자유에 대한 제한

학문연구의 자유와 관련하여 다음과 같은 결정례들을 볼 수 있다. ① 중학 국어 국정교과서

제도의 합헌성 인정 - 국정교과서제도가 교사의 학문연구의 자유를 침해한다는 주장에 대해 헌재는 "연구한 결과를 책자로서 자유로이 발간할 수도 있는 것이다"라고 하면서, 수학권의 존중을 위해 수업권도 어느 범위 내에서 제약을 받을 수 있고 국가가 교과서에 간여하는 것은 부득이 하다고 하여 합헌성을 인정하였다(89헌마88). ② 사법시험 '영어대체시험' 제도 - 청구인들이 학문적으로 영어 또는 다른 외국어를 연구함에 있어서 어떠한 법적 제한을 가하는 바는 없다고 하여 기각결정을 하였다(2003헌마947).

(2) 연구결과 발표의 자유에 대한 제한

위에서 본 대로 중학교 국어교과서 국정제도가 연구결과 발표의 자유를 침해하지 않는다고 헌재는 보았다. 국어교과서를 연구한 결과를 책자로 자유로이 발간할 수도 있으므로(교과서로 사용할 수는 없을지라도) 침해하지 않는다고 본 것이다(89헌마88).

(3) 수업의 자유, 연구결과의 전수(교수)의 자유에 대한 제한

중학교 국어 국정교과서 제도에 대해 헌재는 교사의 수업권(수업의 자유)은 수학권 존중을 위하여 제한될 수 있고 초·중·고교의 학생은 대학생이나 사회의 일반성인과는 달리 다양한 가치와 지식에 대하여 비판적으로 취사선택할 수 있는 독자적 능력이 부족하므로 보통교육의 단계에서 학교교재 내지 교과용 도서에 대하여 국가가 어떠한 형태로 간여하여 영향력을 행사하는 것은 부득이 한 것이며 국정 또는 검·인정제도의 제약을 가하는 등의 재량권을 갖는 것이며 전국적인 일정수준의 교육의 유지를 위해 국정제가 필요하다는 취지에서 합헌성을 인정한 바 있다(89헌마88).

대학에서의 교수의 자유는 비교적 넓게 보장되지만 그것에도 한계가 있다. 헌법의 근본적인 원칙과 가치를 부정할 수는 없다.

(4) 대학자치의 제한과 제한의 한계
1) 헌법 제37조 제2항에 의한 제한

대학의 자치권에 대한 제한도 헌법 제37조 제2항에 따라 국가안전보장·질서유지·공공복리 등을 이유로 최소한의 제한에 그쳐야 한다는 제한을 받는다(92헌마68등). 헌재는 대학의 자율성은 그 보호영역이 원칙적으로 당해 대학 자체의 계속적 존립에까지 미치는 것은 아니라고 본다. 헌재는 세무대학폐지법에 관한 기각결정(99헌마613)에서 그렇게 판시한 바 있다.

2) 대학자치의 한국적 현실

대학이 학생선발, 학사관리, 재정, 시설관리·운영 등에서 자치권을 가진다고 하지만 한국에서 많은 규제들이 가해지고 있는 것이 현실이다. 입시에 대한 규제, 대학에 대한 감독과 통제권 등이 그 예이다. 로스쿨교육에도 많은 규제가 있다. 앞으로 명실상부한 자치권의 보장에 노력하여야 한다.

3) 대학의 자치(자율성)와 국가긴급권

* 유신하 긴급조치의 학문의 자유, 대학자율성 침해 − 헌재는 허가받지 않은 학생의 모든 집회·시위와 정치관여행위를 금지하고, 이를 위반한 자에 대하여는 주무부장관이 학생의 제적을 명하고 소속 학교의 휴업, 휴교, 폐쇄조치를 할 수 있도록 규정한 긴급조치 제9호 규정에 대해 이는 학문의 자유와 대학의 자율성 내지 대학자치의 원칙을 본질적으로 침해하는 것이어서 위헌이라고 결정하였다(2010헌바132등). 대법원도 2013.4.18. 2011초기689 결정에서 위 규정이 학문의 자유와 대학자율성을 침해하여 위헌무효라고 판결하였다. 또한 대법원은 학교관계자 감독하의 수업·연구활동을 제외한 일체의 행위 등을 금지하고 문교부장관이 긴급조치에 위반한 학생 및 그 소속 학교에 대한 퇴학·폐교 등 조치를 하게 하는 유신헌법 하의 긴급조치 제4호가 학문의 자유, 대학의 자율성을 침해하여 위헌무효라고 판결하였다(대법원 2013. 5.16, 2011도2631).

3. 제한의 한계

학문의 자유를 국가안전보장, 질서유지, 공공복리를 위하여 제한할 필요가 있더라도 법률로써 제한하여야 하며 본질적 내용을 침해할 수 없다(제37조 제2항). 학문의 자유가 국민의 알 권리, 인격형성 등에 관련되는 정신적 자유권이라는 점에서 그 제한은 신중하여야 하며 비례(과잉금지)원칙의 적용이 많을 수 있는 영역이라는 한계를 가진다.

Ⅳ. 저작자·발명가·과학기술자의 권리 보호

헌법 제22조 제2항은 "저작자·발명가·과학기술자 … 의 권리는 법률로써 보호한다"라고 규정하고 있다. 이 조항을 재산권 보장 규정에 두는 것이 타당하다는 견해도 있으나 지적 활동, 연구활동의 소산이라는 점에서 우리 헌법은 여기에 규정을 두고 있다. 이 보호규정은 저작자·발명가·과학기술자의 권리를 보장함으로써 그들의 학문연구를 진작하기 위한 것이다. 헌법은 법률로써 보호하도록 하고 있는데 그러한 법률로, 저작권법, 발명진흥법, 특허법, 과학기술기본법 등이 있다.

제 4 항   과학기술연구의 자유

Ⅰ. 의의

학문의 자유 속에는 과학기술연구의 자유도 포함되고 우리 헌법 제22조 제2항은 과학기술자의 권리보호를 명시하고 있다. 4차 산업혁명으로 일컬어지는 오늘날 인공지능(AI), 정보(IT), 생명공학(BT), 나노(NT) 등에서의 과학기술이 비약적으로 발전하고 있다.

Ⅱ. 내용

과학기술연구의 자유도 연구 자체의 자유뿐 아니라 연구결과의 발표에서의 자유, 연구결과의 활용에 있어서의 자유 등을 그 내용으로 한다. 이러한 과학기술을 육성, 발전시키기 위한 여러 법률들이 제정되어 있다(과학기술기본법, 생명공학육성법, 소프트웨어 진흥법 등) 헌법 제127조 제1항은 "국가는 과학기술의 혁신과 정보 및 인력의 개발을 통하여 국민경제의 발전에 노력하여야 한다"라고 규정하고 있다. 이에 따라 교육·인재정책의 방향, 과학기술의 혁신 등에 관한 대통령의 자문에 응하기 위하여 국가교육과학기술자문회의를 두고 있다.

Ⅲ. 과학기술연구의 제한

현대에서 과학기술의 발달은 인간생활의 편리와 윤택을 가져오기도 하였고 법적 문제의 발전도 가져왔으나 폐해를 수반하기도 하고 가술이 가지는 대량성, 영향의 신속성 등으로 현대과학은 인간의 생명이나 환경, 인격 등에 중요한 영향을 미칠 수 있는 기술들을 연구하므로 과학기술연구에 있어서 제한과 규제도 이루어지고 있다. 인간의 존엄과 가치를 침해하는 연구는 제한되고 헌법 제37조 제2항에 의한 제한이 가해질 수 있다. 법에 의한 규제 이전에 연구자의 윤리, 자율적인 규율 등이 더 효과적이다.

제 5 항 예술의 자유

Ⅰ. 의의

예술은 고대에서도 있었던 인류의 오래된 활동이다. 예술이 무엇인지에 대해서는 미(美, 아름다움)를 추구하고 이를 창조하거나 표현하려는 인간의 육체적 또는 정신적 활동을 말한다고 보와 왔으나 반드시 '미의 추구'만인지에 대해서는 견해를 달리하고 있다. 예술에는 회화·조각·조형 등의 미술의 전시, 음악의 작곡, 공연연극·무용·영화 등의 무대영상예술, 건축예술, 소설·시·희곡·평론 등의 문학예술 등이 포함된다. 예술의 개념은 헌법의 개방성만큼이나 열려있는 개념이라고 볼 수 있고 매우 주관적인 것이라고 할 것이다. 예술의 자유는 그 발달이 예술을 통하여 사상이 표현된다는 점에서 표현의 자유의 발달과 밀접하였던 것이다. 그 점에서 예술의 자유는 예술창작의 자유라는 점에서도 중요한 것은 물론이고 창작된 예술의 표현의 자유도 중요한 기본권이다. 결국 예술의 표현의 자유는 표현의 자유에 포괄될 수 있다. 우리 헌법은 학문의 자유와 더불어 예술의 자유를 명시하고 있다.

Ⅱ. 예술의 자유의 성격과 주체

1. 성격

(1) 자연권, 자유권
예술의 자유에 대해서는 이를 자유권인 동시에 제도보장으로 객관적 질서로서의 성격을 인정하는 견해가 있다. 그러나 작품을 창작하고, 그 창작물을 발표하는 것을 방해받지 않을 권리라는 점에서 예술의 자유는 자유권이다. 예술은 아름다움의 추구나 진실됨, 거짓됨에 대한 고발 등을 담고자 하는 인간의 본성적인 욕구의 표현이기도 하다는 점에서 예술의 자유는 자연권으로서의 성격을 가진다. 표현의 전제가 되는 자유권이기도 하고 사상, 사물의 본성 등이 표현되는 수단으로서의 의미도 가진다.

(2) 문화국가주의의 실현을 위한 기본권
헌법은 전문, 제9조, 제69조 등에서 문화국가주의를 지향하고 있다(전술 '기본질서' 참조). 예술은 문화를 창조하고 계승하는 데 기여하여 문화국가주의를 실현하는 기본권이기도 하다.

2. 주체

예술의 자유가 자연권, 천부인권으로서의 성격을 가지므로 국민뿐 아니라 외국인, 무국적자도 그 향유의 주체가 될 수 있다. 법인이나 단체 자체도 주체가 될 수 있다고 본다. 예술단체 소속 자연인들의 활동으로 예술이 나타나는 것은 물론이나 예술단체 자체가 예술의 자유를 요구할 수 있고 구성원 총체의 표현이 중요한 예술도 있다(예를 들어 극단, 합창단, 뮤지컬, 오케스트라 등).

Ⅲ. 예술의 자유의 내용

예술의 자유에는 예술창작의 자유, 예술적 결사·집회의 자유, 예술물발표(예술표현)의 자유 등이 포함된다. 헌법재도 "예술의 자유의 내용으로서는 일반적으로 예술창작의 자유, 예술표현의 자유, 예술적 집회 및 결사의 자유 등을 들고 있다"라고 한다(91헌바17).

1. 예술창작의 자유

음악, 미술, 공연 등 예술의 장르는 매우 넓다. 더욱이 현대에서는 여러 장르를 넘나들거나 복합적인 또는 장르파괴적인 예술이 다양하게 나타나고 있다. 이러한 예술을 자유롭게 창조할 수 있는 자유가 예술창작의 자유이다. 예술창작의 자유는 창작주체를 선정하고, 그 소재를 구하며, 어떠한 형태로 그것을 구현할 것인지 등에 대한 자유로운 선택을 의미한다. 예술창작의 자유는 내심에 머무르고 타인에게 영향을 주지 않는 한 제한이 되지 않는다(제한 필요성 자체도 없다).

2. 예술적 결사·집회의 자유

예술적 결사의 자유는 예술창작과 그 활동을 집단적으로 행하기 위하여 단체를 조직하고 그 단체에 가입함에 간섭을 받지 않을 자유, 가입을 강요받지 않을 자유를 말한다. 직업적 결사도 있고 동호인적인 결사도 있다. 예술적 집회의 자유는 예술적 활동을 하기 위하여 방해받지 않고 모이거나 모이지 않을 자유, 또는 이러한 모임에 참여하거나 하지 않을 자유를 말한다. 예술적 집회의 자유는 일반적인 집회의 자유의 특별법적 성격을 가진다. 따라서 예술에 관한 옥외집회에는 신고제, 야간옥외집회제한 등의 규정을 배제하고 있다('집회 및 시위에 관한 법률' 제15조).

3. 예술물발표(예술표현)의 자유

예술활동의 결과물인 창작물이나 작품 등을 타인, 공중에게 보여주기 위해 전시하거나, 공연, 상연 등의 발표를 방해받지 않고 할 자유, 이러한 발표를 강요받지 않을 자유를 말한다. 예술표현의 자유는 일반적인 언론·출판의 자유로도 보호되는 것이나 특별법적 성격을 가진다. 사실 예술의 개념이 광범할 수 있고 예술적 표현인지의 구분이 명확하지 않아 일반적인 언론·출판의 자유 문제로 다루어지는 경향도 보인다.

[판례] 영화관영업제한의 경우 – 학교정화구역내의 극장 시설 및 극장영업행위 금지의 위헌성 – 이 금지를 정하고 있는 학교보건법 규정에 대해 헌재는 비례원칙에 반하여 극장운영자의 예술의 자유를 제한하여 위헌성을 인정하였는데 대학교의 경우 단순위헌이라고 결정하고 초·중·고등학교의 경우 교육에 나쁜 영향을 미치지 않는 극장도 있으므로 나쁜 영향을 미치는 극장만 금지하게 입법개선을 하도록 하기 위한 취지로 헌법불합치결정을 하였다(그래서 * 단순위헌과 헌법불합치가 하나의 결정에 함께 있었던 예이다. 2003헌가1).

IV. 예술의 자유의 제한과 제한의 한계

1. 제한가능성

예술창작의 자유에 있어서 내심에 머무르고 창작자만의 활동으로 타인과 사회에 영향을 미치지 않는 경우에는 제한을 할 수 없다. 외부에 표출되는 예술창작행위, 예술적 결사·집회의 자유, 예술물발표(예술표현)의 자유에 대해서는 제한이 가능하다.

2. 헌법 제37조 제2항에 의한 제한

외부에 영향을 주는 창작행위, 예술적 결사·집회, 예술표현에 대해서는 기본권제한의 일반원칙규정인 헌법 제37조 제2항에 따라 국가안전보장, 질서유지, 공공복리의 필요성이 있는 경우에는 제한될 수 있다. [판례] ① 헌재는 음반제작시설의 등록제는 합헌으로 보나 제작시설을 리스계약 등으로 갖출 수 있고 반드시 자기소유여야 하는 것은 아니라는 이유로 헌법 제37조 제2항의 과잉금지원칙을 위반한 위헌이라고 보아 한정위헌결정을 한 바 있다(91헌바17). ② 영화제작업의 등록제에 대해서도 헌재는 합헌으로 보았다(94헌바15).

3. 공중도덕·사회윤리 등에 의한 제한 – 음란성

음란성 문제에 대해서는 뒤의 언론·출판의 자유에서 살펴본다(후술 참조).

4. 제한의 한계

(1) 본질적 내용침해금지, 비례원칙 등
국가안전보장, 질서유지, 공공복리를 위한 제한이 필요하더라도 비례(과잉금지)원칙을 준수하여야 하고 예술의 자유의 본질적 내용을 침해할 수 없다는 한계가 있다.

(2) 사전허가·검열 금지
사전심의제 문제이에 대한 자세한 것은 표현의 자유에서 살펴본다(후술 참조).

V. 예술가의 권리의 보호

우리 헌법 제22조 제2항은 "예술가의 권리는 법률로써 보호한다"라고 규정하고 있다. 이 조항은 예술가의 창작의욕의 진작을 위한 목적으로 둔 것이다. 헌법은 "법률로써 보호한다"라고 규정하고 있는데 예술적 독창성 있는 작품들, 예를 들어 작곡, 시나리오, 회화 등 예술적 문학작품 등에 대한 권리는 저작권법, 공연법, 문화예술진흥법 등에 의해 보호된다.

제 5 절 표현의 자유권

표현의 자유권도 정신적 자유권이나 그 양이 많아 여기 별도의 절로 살펴본다.

제 1 항 '표현'의 자유의 개념

표현의 자유란 사상, 의견 등을 다른 사람들에게 나타내고 전달하는 행위인 표현행위를 방해받지 않고 자유로이 할 수 있는 권리를 말한다. 표현의 자유는 위에서 본 양심, 종교, 학문,

예술 등의 정신적 활동의 산물을 외부에 표출할 수 있는 권리로서 기능한다. 표현의 자유와 표현의 권리는 구별된다. 표현의 자유는 자유권이고 표현의 권리는 표현의 자유와 그 이전에 표현대상인 사상, 의견을 형성할 권리와 표현행위의 보호를 요구할 수 있는 청구권과 같은 적극적인 권리도 모두 포함하는 포괄적인 권리이다.

> 표현의 권리 = 표현의 자유 + 표현에 관한 적극적 권리
> ∴ 표현의 권리 > 표현의 자유

표현의 활동에는 언론과 출판이 있고, 집단적인 의사의 표출을 위한 집회의 개최, 특정한 목적을 수행하기 위한 단체나 조직을 구성하는 결사 등이 있으므로 표현의 자유에는 언론·출판·집회·결사의 자유가 있다. 바로 우리 헌법 제21조도 "모든 국민은 언론·출판의 자유와 집회·결사의 자유를 가진다"라고 명시하고 있다. 이하에서 언론·출판의 자유와 집회·결사의 자유를 각각 본다.

제 2 항 언론 · 출판의 자유

Ⅰ. 언론 · 출판의 자유의 연혁

사회적 동물인 인간이 사회를 형성하면서 서로의 생각을 말이나 글로 나타내고 서로 교환하고자 하는 욕구는 자연스러운 것이다. 반면 인간의 정치적 의사를 결집하여 권력에 도전하는 것을 막으려는 절대군주의 언론탄압이 있었다. 영국에서는 1695년 검열법의 폐지로 일찍이 17세기 말에 언론의 자유가 자리잡았다. 다른 국가들에서도 근대시민혁명의 결실인 1776년 버지니아 권리장전, 1789년 프랑스 인권선언, 1791년의 미국의 연방헌법 등에서 명시적으로 선언하였다. 오늘날 여러 나라 헌법에서 언론의 자유를 규정하고 있다.

> *** 사상의 자유시장(Marketplace of Ideas)원리:** 자유민주주의에서 자유롭게 다양한 의사와 사상이 표현되고 교환됨으로써 보다 나은 합리적 의사가 나타날 수 있다는 원리를 말한다. 경제적 시장의 관념에 유사하게 표현한 것이다. 영국에서 검열에 반대하여 그의 저서 '아레오파지티카'(Areopagitica)에서 자유로운 의사의 표현과 토론을 통해 진리와 건전한 의사가 승리할 것이라고 역설하였던 밀턴(John Milton, 1608-1674)도 사상의 자유시장이론의 관념을 보여준 것이었다. 미국의 홈즈 연방대법관(Justice Oliver Wendell Holmes Jr.)이 1919년에 Abrams v. United States[365] 판결의 반대의견에서 명시적으로 이 말을 사용하지는 않았지만 이러한 취지의 주장을 한 바 있다.

---

365) 250 U.S. 616(1919).

Ⅱ. 언론·출판의 자유의 개념과 보호범위

1. 언론·출판(의 자유)의 개념

(1) 언론·출판의 개념 — 넓은 개념 — 의견·사상의 표현

언론이란 말이나 글, 또는 화상을 통하여 의견이나 생각, 사상을 표현하고 전달하는 행위를 의미하며 방송, 신문, 영화, 연극, 연설, 토론, 담화, 가요 등 음악, 도서, 시가(詩歌), 도화, 사진, 조각 등 어떠한 형태의 매체이든 모든 의사표현·전달매체를 통한 의견, 사상의 표현을 말한다. 요컨대 종래 학설상 언론·출판의 개념을 넓게 보아오고 있고 우리 헌재도 "의사표현 또는 전파의 매개체는 어떠한 형태이건 가능하며 그 제한이 없다. 즉 담화·연설·토론·연극·방송·음악·영화·가요 등과 문서·소설·시가·도화·사진·조각·서화 등 모든 형상의 의사표현 또는 의사전파의 매개체를 포함한다"라고 하여 언론·출판의 자유에서의 그 매체의 범위를 넓게 잡고 있다(91헌바17). "게임물도 예술표현의 수단이 될 수도 있으므로" 게임물의 제작 및 판매·배포의 자유도 표현의 자유로서 보장된다고 본다(94헌가6; 99헌바117). 출판이란 저작물 등을 종이 등에 인쇄하거나 복제하여 책, 도화(그림) 등을 발행하고 널리 배포하는 행위를 말한다. 오늘날 전자출판물도 있다. "언론이라 함은 구두에 의한 표현을, 출판이라 함은 문자 또는 상형에 의한 표현을 말한다"라는 견해(성낙인, 전게서, 433면)가 있으나 언론에는 글도 포함되므로 잘못된 견해이고 출판이 언론에 포함된다.

인터넷게시판, 블로그 등 인터넷공간과 새로운 매체를 통한 표현도 보호된다. 헌재도 "인터넷게시판은 인터넷에서 의사를 형성·전파하는 매체로서의 역할을 담당하고 있으므로 의사의 표현·전파 형식의 하나로서 인정된다"라고 판시하여[366] 이를 확인하고 있다. 오늘날 과학기술의 발달에 힘입어 복합적이고 다양한 새로운 매체들이 발달되어 언론매체의 범위가 확대되고 있고 언론의 자유가 행사될 장소가 확대된다. 특히 인터넷의 발달로 불특정 다수를 상대로 대량의 메시지나 정보를 그것도 실시간 신속히 전달할 수 있고 쌍방향 소통, SNS를 통한 소통이나 의견표출 등 가능하므로 오늘날의 언론환경이 변화되고 있고 언론·출판의 매체 및 그 개념도 확대되고 있다.

(2) 언론·출판의 자유의 개념

언론·출판의 자유의 개념은 언론·출판을 자유로이 행할 수 있는 권리를 말한다. 일반적으로 의사표현행위뿐 아니라 의사의 전달·전파의 자유도 내포하는 개념이므로 신문의 자유 및 방송·방영의 자유 등과 신문발행, 방송 등을 수행하기 위한 언론사의 설립의 자유가 포함된다. 현대에 와서 언론의 자유를 보다 넓게 보려는 입장에서는 정보의 자유, 알 권리, 정보매체

---

366) 헌재 2010.2.25. 2008헌마324등; 2012.8.23. 2010헌마47 등.

에의 접근(access)권까지도 포함하여 언론·출판의 자유의 개념을 이해한다. 그러나 언론·출판의 자유와 언론·출판의 권리는 구별되는 개념으로서 방해배제로서의 권리는 자유권으로서, 방해받지 않는 것은 물론 이를 넘어서 보다 적극적으로 정보를 청구할 수 있는 정보접근권 등은 적극적인 권리로서 언론·출판의 권리는 양자를 모두 포괄하는 기본권이다.

2. 언론·출판의 자유의 보호범위

언론·출판의 자유의 개념이 넓으므로 그 보호범위도 넓다. 아래에 그동안 보호범위에 들어가는지가 논의되어온 것들을 살펴본다.

(1) 광고
1) 정치광고

정치적 의사를 표현하고자 하는 정치적 광고는 표현의 자유의 보호범위 내에 들어간다. 정치적 의사표현이 민주주의에 중요한 기초이자 활력요소이므로 그 보호정도가 강하다. 물론 헌법 제37조 제2항에 의하여 법률로써 제한될 수 있다. 선거에서 특정 후보에 대한 지지나 낙선을 위한 선거운동의 하나로서 하는 정치적 광고 같은 경우에는 제한이 가해질 가능성이 많아진다. 우리의 경우 공직선거법이 선거운동을 위한 신문·방송광고에 대해 규제를 하고 있다(전술 제2부 선거제도 참조).

2) 상업적 광고

(가) **보호범위 포함의 기준**　'공익성' 불요 – 상업적 광고도 표현의 자유의 보호범위에 포함된다. 헌재도 "광고물도 사상·지식·정보 등을 불특정다수인에게 전파하는 것으로서 언론·출판의 자유에 의한 보호를 받는 대상이 됨은 물론"이라고 하여(96헌바2) 긍정설을 취하고 있다. 그런데 그 보호에 공익성을 요건으로 하는지가 논의된다. 우리 헌재가 공익성을 요구한다고 서술하는 교재(성낙인, 전게서, 435면)도 있다. 그러나 그런 헌재판례도 있으나[367] 대부분의 관련 판례들에서는 공익성을 보호요건으로 명시하지 않는다.[368] '공익성'이란 개념, 판단기준이 모호하여 표현의 자유가 제일 꺼려하는 명확성원칙에 반할 수 있고 공익을 해하는 광고 문제는 제한의 문제로 해결할 일이다.

(나) **상업적 광고에 대한 보호 정도, 위헌심사 강도 – 완화된 비례심사**　상업적 광고가 판매 등 영업행위의 일환이고 정치적 영향력 면에서 중대성이 덜하기 때문에 상업적 광고에 대한 보호가 일반적 정치적 사상의 표현에 대한 보호 보다 약하고 규제가 더 이루어질 수 있다. 이는 상업광고의 규제에 대한 위헌심사에서 다소 완화된 심사를 하게 됨을 의미한다.

367) 헌재 2002.12.18. 2000헌마764.
368) 헌재 1998.2.27. 96헌바2, 124면; 2000.3.30. 97헌마108; 2000.3.30. 99헌마143; 2005.10.27. 2003헌가3; 2008.6.26. 2005헌마506 등.

[비례심사이나 완화] 헌재도 그렇게 보는데 그 이유로 상업광고가 "표현의 자유의 보호영역에 속하지만 사상이나 지식에 관한 정치적, 시민적 표현행위와는 차이가 있고, 한편 직업수행의 자유의 보호영역에 속하지만 인격발현과 개성신장에 미치는 효과가 중대한 것은 아니다"라고 한다(2003헌가3). 그리하여 헌재는 상업광고에 관한 규제에 대한 위헌심사에 있어서도 비례심사를 하되 비례심사를 완화하여 한다.

[완화되는 비례삼사의 요소와 심사내용 – 피해최소성, 목적달성 필요범위 내인지 심사] 여기서 비례심사 4개 요소 모두 완화되는가 아니면 그 중 어느 요소가 완화되는가 하는 그 완화의 대상 내지 범위가 또 논의된다, 헌재는 침해최소성 요소 심사가 완화된다고 본다. 헌재는 "상업광고 규제에 관한 비례의 원칙 심사에 있어서 '피해의 최소성' 원칙은 같은 목적을 달성하기 위하여 달리 덜 제약적인 수단이 없을 것인지 혹은 입법목적을 달성하기 위하여 필요한 최소한의 제한인지를 심사하기보다는 '입법목적을 달성하기 위하여 필요한 범위 내의 것인지'를 심사하는 정도로 완화되는 것이 상당하다"라고 한다(2003헌가3 참조).

[완화된 비례심사의 실제 결정례] i) 위헌결정례: 완화에도 불구하고 위헌으로 결정된 예 – 의료광고금지 사건 – '특정의료기관, 특정의료인의 기능·진료방법'에 관한 광고를 금지한 구 의료법(2002.3.30. 법률 제6686호로 개정되기 전의 것) 제46조 제3항 및 그 위반시 처벌하도록 한 동법 제69조에 대해 피해최소성 심사를 완화하여 하였다. 그런데도 위헌으로 결정되었다.

● 판례 헌재 2005.10.27. 2003헌가3
[결정요지] 상업광고는 입법목적을 달성하기 위하여 필요한 최소한의 제한인지를 심사하기 보다는 '입법목적을 달성하기 위하여 필요한 범위 내의 것인지'를 심사하는 정도로 완화되는 것이 상당하다. 의료인의 기능이나 진료방법에 대한 광고가 소비자들을 기만하는 것이거나, 소비자들에게 정당화되지 않은 의학적 기대를 초래 또는 오인하게 할 우려가 있거나, 공정한 경쟁을 저해하는 것이라면, 국민의 보건과 건전한 의료경쟁 질서를 위하여 규제가 필요하다. 그러나 객관적인 사실에 기인한 과장함이 없이 알려주는 의료광고라면 이는 의료행위에 관한 중요한 정보에 관한 것으로서 소비자의 합리적 선택에 도움을 주고 의료인들 간에 공정한 경쟁을 촉진하므로 오히려 공익을 증진시킬 수 있다. 비록 의료광고가 전문적이고 기술적인 영역에 관한 것이고, 일반 국민들이 그 가치를 판단하기 어려운 측면이 있다 하더라도, 소비자로 하여금 과연 특정의료인이 어떤 기술이나 기량을 지니고 있는지, 어떻게 진단하고 치료하는지를 알 수 없게 한다면, 이는 소비자를 중요한 특정 의료정보로부터 차단시킴으로써 정보의 효율적 유통을 방해하는 것이며, 표현의 자유와 영업의 자유의 대상이 된 상업광고에 대한 규제가 입법목적의 달성에 필요한 한도 내에서 섬세하게 재단(裁斷)된 것이라 할 수 없다. 또한 이 조항이 아니더라도 의료법 제46조 제1항, 표시·광고의공정화에관한법률 등에 의하여 "의료인의 기능이나 진료방법"에 관한 허위·기만·과장광고를 통제할 수 있다. 그러므로 이 조항이 입법목적을 달성하기 위하여 필요한 범위를 넘어선 것이므로, '피해의 최소성' 원칙에 위반된다. 한편 '법익의 균형성' 원칙에도 위배된다. 결국 비례의 원칙에 위배하여 표현의 자유와 직업수행의 자유를 침해하는 것이다.

ii) 합헌결정례 ① 의료인이 아닌 자의 의료광고에 대한 형사처벌 – 헌재는 의료기관 또는 의료인이 아닌 자가 의료에 관한 광고를 할 경우에 이를 형사처벌하도록 한 의료법 제89조 중 제56조 제1항에 관한 부분은 의료에 관한 광고는 고도의 전문적 지식과 기술을 요하면서 국민의 건강에 직결되는 의료행위를 그 내용으로 한다는 점 등에서 침해최소성 위반이 아니어서 과잉금지원칙을 준수하여 의료인 아닌 자의 표현의 자유를 침해하는 것이 아니라고 결정했다

(2012헌바293). ② 세무사명칭사용에 관한 사건 − 세무사의 자격이 있는 자 중 변호사 자격이 있는 자로 하여금 세무사 또는 이와 유사한 명칭을 사용하지 못하도록 한 당시 세무사법 제20조 제2항[* 설명: 세무사(또는 유사)명칭을 사용하려면 세무사등록을 하여야 한다는 것이 이 조항인데 문제는 세무사등록은 세무사시험에 합격한 사람이 해야 하는 것으로 규정되어 있어 세무사시험 출신은 아니나 세무사자격을 가진 변호사는 등록대상이 아니었기 때문에 생긴 문제였다] − 헌재는 세무사 명칭의 사용금지는 결국 세무사로서의 광고행위를 규제함으로써 표현의 자유를 제한한다고 보았다. 그러나 변호사가 자신이 취급하는 '업무'의 종류로서 '세무', '세무대리' 등을 표시하는 것까지 불허하는 것은 아니어서 세무사라는 자격명칭을 사용하지 않더라도 얼마든지 자신이 세무대리업무를 하고 있음을 일반 소비자들에게 알릴 수 있다는 점에서 제한은 입법목적을 달성하기 위하여 필요한 범위 내의 것이라고 하여 합헌이라고 보았다(2007헌마248).

(다) 광고내용에 대한 제한과 광고방법(형태)**에 대한 제한**　헌재는 광고내용이 아닌 방법에 대한 제한은 완화된 비례심사를 한다는 취지의 입장을 보여준다(2000헌마764). 이 입장을 보여준 결정으로 자가 승용차 등 교통수단을 이용하여 타인의 광고를 할 수 없도록 하고 있는(교통수단의 소유자에 관한 광고만 가능) 옥외광고물등관리법시행령 규정이 표현의 자유를 침해하는지 여부가 논란된 헌법소원심판사건 결정이었다. 헌재는 교통수단을 이용하여 "타인에 관한 광고를 금지한 것은 특정한 표현내용을 금지하거나 제한하려는 것이 아니라 광고의 매체로 이용될 수 있는 차량을 제한하고자 하는 표현방법에 따른 규제로서, 표현의 방법에 대한 제한은 <u>합리적인 공익상의 이유</u>로 비례의 원칙의 준수 하에서 가능하다"라고 판시한 바 있다. 그리하여 헌재는 도로교통의 안전과 도시미관을 해치지 않는 적정한 수준으로 제한하려고 한 것이라고 하여 청구를 기각하였다(2000헌마764).

(2) 상징적 표현, 패러디, 침묵의 자유

[상징적 표현] 구체적 언어를 사용하지 않고 상징물의 게시나 제시를 통해 의사를 표시하는(흔히 저항 내지 반대의 표시로 예를 들어 ×표시, 평화를 나타내는 그림 등 상징물을 제시하거나 완장이나 띠를 착용하는 행위 등) 이른바 상징적, 비언어적 표현도 일정한 의사를 표시하겠다는 의도가 있는 한 언론의 자유의 보호범위에 포함된다. [공무원 복무규정상 정치적 주장 상징의 복장 금지] 헌재도 "공무원이 직무를 수행할 때 정치적 주장을 표시 또는 상징하는 복장을 하거나 관련 물품을 착용해서는 아니 된다."라고 규정하고 있는 국가공무원 복무규정에 대한 헌법소원심판결정에서 그러한 "정치적 주장을 표시·상징하는 복장 등 관련 물품을 착용하는 행위는 복장 등 비언어적인 방법을 통해 정치적 의사표현을 행하는 것이라 할 수 있으므로", 위 국가공무원 복무규정 역시 공무원의 정치적 표현의 자유를 제한하는 규정이라고 하여 마찬가지로 인정하고 있다. 그러나 헌재는 위 복무규정이 명확성원칙, 비례(과잉금지)원칙 등을 준수하여 합헌이라고 판단하였다(2009헌마705 등. * 결정요지 등에 대해서는 뒤의 명확성원칙 부분 등에서 인용된

것을 참조).

* 미국에서도 연방대법원 판례는 상징적 표현행위를 언론의 자유의 보호범위에 포함된다고 보는데 상징적 표현의 규제에 대한 위헌심사에 있어서는 사안에 따라 정도를 달리하는 경향을 보여준다. 월남전에 항의하여 징병카드를 소각한 행위를 처벌하는 법률에 대해 연방대법원은 합헌으로 판결하였는데(United States v. O'Brien 사건),369) 심사기준으로서 ① 그 규제가 정부의 권한 내의 것이고 ② 중요하거나 실질적인 정부이익을 보호하고자 하는 것이며, ③ 그 정부이익이 표현의 자유를 억제하는 것과 관계없고, ④ 표현의 자유에 대한 부수적인 제한이 그 정부이익의 실현에 필요한 정도에 비하여 크지 않다면 규제가 합헌이라고 보고 문제의 규제가 위 기준(The O'Brien Test)에 맞다고 보아 합헌으로 결정하였다. 그러나 상징적 표현을 제한하여 내용에 대한 규제가 되면 엄격한 심사가 행해지는데 Tinker v. Des Moines Independent Community School District 사건370)에서 연방대법원은 월남전에 반대하는 의사표시로 검은 완장을 차고 다닌 중고등학생들을 학칙위반으로 정학처분을 한 것은 언론의 자유규정(증보 헌법 제1조)에 반한다고 판단한 바 있다. 국기(國旗, 주의 기나 연방국기)를 소각하는 행위도 언론의 자유의 보호범위에 들어간다고 보고(즉 국기를 소각하는 것도 표현의 하나라고 보고) 이를 처벌하는 규정에 대해 위헌결정들을 한 바 있다(Texas v. Johnson,371) United States v. Eichman).372) * 우리나라에서는 국기모독죄(형법 제105조)에 대한 합헌결정이 있었다(2016헌바96. 후술 언론·출판의 자유의 제한, 그 외 제한 부분 참조).

[패러디] 풍자적인 표현인 패러디(parody)도 언론으로 보호된다. 다만, 저작권이나 명예권 등의 침해문제가 있을 수 있다. [침묵의 자유] 말하지 않을 자유도 보장된다. 이는 침묵의 자유라고도 할 것이어서 양심의 자유로도 보호된다.

(3) 익명·가명의 표현

표현자가 자신을 숨기고 표현할 자유가 있는지가 논란된다. Voltaire, Eliot, M. Twain 등이 가명으로 작품을 발표하기도 하였다. 실명이 아닌 익명, 가명으로 표현하는 것이 자유로이 자신의 생각을 그대로 드러내기 좋다고 보고 이를 막는 것은 위축효과를 가져오는 것이므로 익명·가명의 표현도 언론의 자유로 보호되어야 한다. 헌재도 긍정한다. 익명의 표현은 최근 인터넷상의 실명제와 관련하여 문제가 되고 있다. 헌재는 그동안 논란이 되어온 인터넷게시판의 이른바 실명제(본인확인제)가 "표현의 자유 중 게시판 이용자가 자신의 신원을 누구에게도 밝히지 아니한 채 익명으로 자신의 사상이나 견해를 표명하고 전파할 익명표현의 자유를 제한한다"라고 하면서 그 제한이 비례(과잉금지)원칙을 위반하여 위헌이라고 결정하였다(2010헌마47). 한편 위 본인확인제 위헌결정 이전에 헌재는 인터넷선거운동에서의 실명제에 대해서는 합헌결정을 한 바 있었다(2008헌마324; 2009헌바31; 2012헌마734). 그러나 2021.1.28.에 인터넷 선거운동 실명확인제를 규정한 공직선거법 제82조의6 제1항 등에 대해 과잉금지원칙을 위반하여 익명표현자유를 침해한 것으로 보아 위헌결정을 하였다(2018헌마456등. 이 위헌결정에 대한 자세한 것은 후술, 인터넷규제 부분 참조). 익명·가명의 표현이 보호되더라도 타인의 명예 등을 훼손할 수는 없고 기본권제한사유가 있다면 제한될 수 있다.

---

369) 391 U.S. 367(1968).
370) 393 U.S. 503(1969).
371) 491 U.S. 397(1989).
372) 486 U.S. 310(1990).

(4) '음란'의 문제

음란성을 가지는 표현도 언론·출판의 자유의 보호범위에 포함되는지에 대해서 긍정설과 부정설이 대립된다. 우리 헌재는 부정하는 이전의 판례를 변경하여 현재 긍정설을 취하고 있다 (이에 대해서는, 후술 Ⅷ. '음란' 부분 참조).

(5) 모욕적, 비방적 표현

헌재는 표현이 어떤 내용에 해당한다는 이유만으로 표현의 자유의 보호영역에서 애당초 배제된다고는 볼 수 없으므로, '모욕적 표현', 비방적 표현이 일정한 경우 타인의 명예나 권리를 침해한다고 하여도 헌법 제21조가 규정하는 언론·출판의 자유의 보호영역에는 해당하되, 다만 헌법 제37조 제2항에 따라 국가안전보장·질서유지 또는 공공복리를 위하여 제한할 수 있는 것이라고 해석하여야 할 것이라고 본다(2011헌바137; 2012헌바37).

(6) 차별·혐오표현 제한

헌재는 차별·혐오표현도 표현의 자유의 보호범위에 일단 들어온다고 본다. 헌재가 그렇게 판시한 예가 서울특별시 학생인권조례의 차별받지 않을 권리 조항(동 조례 제5조 제3항: "학교의 설립자·경영자, 학교의 장과 교직원, 그리고 학생은 제1항에서 예시한 사유를 이유로 차별적 언사나 행동, 혐오적 표현 등을 통해 다른 사람의 인권을 침해하여서는 아니 된다")에 대한 헌법소원심판에서이다. 헌재는 민주주의를 위한 허용한계를 넘은 결과가 발생하는 '타인의 인권을 침해'하는 표현에 한하여 제한된다는 점에서 침해최소성을 충족하는 등 과잉금지원칙을 준수하여 합헌성이 인정된다고 판단하였다(2017헌마1356).

(7) 집필, 게임물 등

[독자 비예정의 집필] 독자를 예정한 글쓰기인 집필도 언론·출판의 자유의 보호범위에 포함되는 것은 물론이다. 독자를 예정하지 않은 집필은 보호범위에 들어가는지 하는 문제가 논의될 수 있겠는데 이는 언론·출판의 자유의 개념과도 결부되는 문제이다. 이 문제에 대해 헌재는 "일반적으로 표현의 자유는 정보의 전달 또는 전파와 관련지어 생각되므로 구체적인 전달이나 전파의 상대방이 없는 집필의 단계를 표현의 자유의 보호영역에 포함시킬 것인지 의문이 있을 수 있으나, 집필은 문자를 통한 모든 의사표현의 기본 전제가 된다는 점에서 당연히 표현의 자유의 보호영역에 속해 있다고 보아야 한다"라고 한다. 이 판시는 구 행형법상 징벌의 일종인 금치처분을 받은 자에 대하여 금치기간 중 집필을 전면 금지한 구 행형법시행령 규정에 대한 위헌결정에서 나온 것이다. [● 판례 - 위헌결정] 즉 헌재는 위 규정이 법률유보의 원칙에 위반된다는 점, 집필의 목적과 내용 등을 묻지 않고, 또 대상자에 대한 교화 또는 처우상 필요한 경우까지도 예외 없이 일체의 집필행위를 금지하고 있음은 입법목적 달성을 위한 필요최소

한의 제한이 아니라는 점에서 과잉금지의 원칙에 위반된다는 결정을 한 것이다(2003헌마289). [● 판례 - 합헌성 (미결수용자에 대한) 인정 결정례] 그런데 그 뒤 헌재는 미결수용자에 대한 사안에서, 위 위헌결정으로 인한 입법개선으로 소장이 금치기간 중 집필을 허가할 수 있도록 예외가 마련된 점, 집필금지 기간이 단축된 점, 미결수용자의 징벌집행 중 소송서류의 작성 등 수사 및 재판 과정에서의 권리행사는 제한 없이 허용되고 있는 점 등을 들어 침해의 최소성 원칙에 위반되지 아니한다고 하여 합헌성을 인정하는 결정을 하였다(2012헌마623; 2012헌마549).

게임물도 표현의 자유의 보호범위 안에 들어간다. 헌재는 "게임물은 예술표현의 수단이 될 수도 있으므로 그 제작 및 판매·배포는 표현의 자유를 보장하는 헌법 제21조 제1항에 의하여 보장을 받는다"라고 한다(94헌가6; 99헌바117).

Ⅲ. 언론 · 출판의 자유의 성격

1. 언론 · 출판의 '자유' 자체의 성격과 언론 · 출판'제도'의 성격

(1) 학설과 판례
언론·출판의 자유의 성격에 대해 학설은 ① 자유권설(언론·출판의 자유를 의견·사상을 국가나 공권력에 의해 방해받지 않고 자유로이 형성·표현할 수 있는 자유권이라고 보는 설), ② 제도보장설(언론·출판의 자유를 헌법이 언론·출판의 제도를 보장하는 제도적 보장으로 보는 설), ③ 이중설(언론·출판의 자유는 자유권의 성격을 가지면서 아울러 언론·출판의 제도적 보장으로서의 성격도 가진다고 보는 설), ④ 복합설(언론·출판의 자유는 자유권, 청구권, 제도적 보장으로서 성격을 모두 가진다고 보는 설) 등이 있으나 우리나라에서는 자유권으로서의 성격과 제도적 보장으로서의 성격을 이중적으로 가진다고 보는 견해(③)가 많다.

헌재는 언론·출판의 자유에 포함되는 방송의 자유가 "주관적 권리로서의 성격과 함께 신문의 자유와 마찬가지로 자유로운 의견형성이나 여론형성을 위해 필수적인 기능을 행하는 객관적 규범질서로서 제도적 보장의 성격을 함께 가진다"라고 판시한 바 있다(2002헌바49). 이러한 판시는 언론·출판의 자유의 성격에 대해 이중설의 입장을 취하는 결정임을 보여준다(동지의 판시: 2006헌바109).

(2) 사견
언론·출판의 자유는 자유권이고 자연권으로서 기본권이다. 생각건대 언론·출판의 자유의 성격을 자유권과 제도적 보장으로서의 이중적 성격을 인정하는 학설은 언론·출판의 자유 자체의 성격과 언론·출판제도의 성격을 혼동하고 있고 표현의 자유의 성격을 정확하게 파악하고 있지 못하다(복합설도 마찬가지이다). 언론제도 등은 언론의 자유라는 기본권을 더욱 실효성 있게 보장하기 위한 수단으로서의 제도이고(신문, 출판, 방송 등의 제도) 또 언론의 자유라는 기본권의 효력의 결과 나타나는 제도이며 언론의 자유 자체는 자유로운 의사표현을 할 권리로서의 기본권이다. 언론제도가 언론의 자유를 보다 효과적으로 보호하는 제도이지만 이를 통하지 않고도 언론행위는 이루어질 수 있다는 점을 보아도(예컨대 방송제도 등을 통하지 않고 사인들 간의 담화를 통한 언론) 그러하다.

언론제도가 오늘날 중요한 사회적 제도라는 점, 그러므로 이를 법률로써도 폐지할 수 없도록 헌법 자체에 규정을 두어 제도적 보장을 하는 것은 물론 옳은 지적이다. 그러나 그렇다고 하여 기본권이 제도로서 있는 것이 아니라 기본권이 있고 이를 보장하기 위해 제도가 있는 것으로 보는 것이 정확하다. 이러한 이론이 우리 헌법의 규정과 그 해석에 더 적확하다. 헌법 제21조 제1항은 "모든 국민은 언론·출판의 자유와 집회·결사의 자유를 가진다"라고 하여 자유권이란 권리를 규정한 것이고 동조 제3항이 "통신·방송의 시설기준과 신문의 기능을 보장하기 위하여 필요한 사항은 법률로 정한다"라고 규정한 것이 통신제도, 방송제도, 신문제도의 보장을 규정한 것이기에 표현의 자유와 제도적 보장은 이를 달리 규정한 것으로 보아야 한다. 헌재도 방송의 자유의 보호영역에는, "주관적인 자유권 영역 외에 그 자체만으로 실현될 수 없고 그 실현과 행사를 위해 실체적, 조직적, 절차적 형성 및 구체화를 필요로 하는 객관적 규범질서의 영역이 존재한다. 이에 관하여 헌법 제21조 제3항은 "통신·방송의 시설기준과 신문의 기능을 보장하기 위하여 필요한 사항은 법률로 정한다"고 규정하고 있다"라고 판시한 바 있다(2002헌바49). 이처럼 헌법 제21조 제3항을 제도적 보장(객관적 규범질서)으로 본다면 헌법 제21조 제1항의 언론의 자유는 자유권만이라고 보아야 논리적이다. 헌법 제21조 제1항에 제도적 보장까지 포함된다면 굳이 헌법 제21조 제3항의 규정을 둘 이유가 없기 때문이다.

2. 다른 기본권과의 관계상 성격

[기초적 권리로서의 다른 기본권과의 병존·경합] 표현의 자유가 인격의 발현을 가져오고 민주정치를 가능하게 하는 기초적인 권리라는 점에서 다른 기본권들의 보장에도 기여한다. 그리하여 표현의 자유와 인격권, 선거운동의 자유, 학문의 자유, 예술의 자유, 직업종사(수행, 영업)의 자유 등과의 기본권의 병존 내지 경합이 나타난다. 기본권총론에서 다룬 이론에 따른다(전술 참조).

[기본권의 상충(충돌)] 반면에 표현의 자유권과 다른 기본권들과의 충돌도 있을 수 있다. 예를 들어 사생활비밀권, 통신의 비밀 불가침권, 명예권 등과의 충돌이 있을 수 있다. 이의 해결문제는 기본권총론에서 다룬 이론에 따른다(전술 참조).

Ⅳ. 언론·출판(표현)의 자유의 기능과 중요성

1. 기능

언론·출판의 자유는 인간들 사이에 소통을 할 수 있도록 하여 ① 인격·개성을 발현하고 신장하며 자아실현을 도모한다. 그리고 언론·출판의 자유는 정치적 결정에 관련한 의사들이 자유롭게 형성되고 개진할 수 있게 하여 ② 민주정치를 가능하게 되는 초석이 된다. 또한 언론·출판의 자유는 다양한 의사를 수렴하여 ③ 다원주의를 실현하고 소수자를 존중함에 중요한 기능을 수행한다.

2. 언론·출판(표현)의 자유의 중요성(우월성) 보장을 위한 헌법이론

(1) 언론·출판의 자유의 우월성의 귀결 — 제한의 엄격성

언론·출판의 자유는 위에서 살펴본 중요한 기능들 때문에 다른 자유권들에 비하여 그 우월한 지위가 인정된다. 이러한 우월성은 결과적으로 표현의 자유에 대해서는 가능한 한 제한을 하여서는 아니 되고 이를 규제할 필요가 있을 경우라고 할지라도 다른 기본권들에 비해 보다 더 엄격한 조건과 요건 하에 그 제한을 인정할 수 있음을 의미한다. 또한 이는 곧 그 규제를 위한 입법이 합헌인지 여부를 심사함에 있어서 심사기준은 보다 엄격하여야 함을 의미한다. 이러한 요구에 부응하기 위하여 여러 원칙들이 제시되고 적용되어 왔다. 이러한 원칙들은 표현의 자유에 대한 제한을 엄격하게 한다는 점에서 표현의 자유의 제한에 대한 한계로서의 의미를 가진다.

(2) 냉한(冷寒)효과(위축효과) 방지

[의미] 냉한효과(위축효과, Chilling effect)란 의사를 표현하기를 꺼리거나 주저하도록 하는 효과를 말하며 특히 검열과 같이 사전적 제한이나 표현행위에 대한 불이익, 부담 등을 부과하여 나타나는 효과를 말한다. 위축효과는 아래에 보는 언론자유 보장원칙들과 연관된다. 사전억제금지원칙은 표현행위 이전에 이를 억제하면 표현을 꺼릴 것이기 때문에 이를 금지하는 하는 원칙이고 명확성원칙도 언론규제내용이 불명확할 경우에 표현자는 자신이 표현하고자 하는 내용이 규제를 받을지도 모른다는 생각에서 표현을 주저하게 되어 위축효과가 올 것이기 때문에 나온 원칙들이다.

[판례에 나타난 예] ⅰ) 위축효과로 인한 위헌성 인정례 ① 정정보도청구소송에서 가처분절차에 의하도록 한 것의 위축효과(2005헌마165등), ② 인터넷 본인확인제(2010헌마47등). ⅱ) 위축효과에 의한 기본권 침해가능성(헌법소원의 요건) 인정, 그러나 합헌성 인정한 결정례 − 대통령

의 공직선거법 제9조(공무원 선거중립의무) 준수요청 조치(2007헌마700. * 위축효과가 있어서 기본권 침해성이라는 헌법소원 청구요건을 갖추었다고 하여 본안판단에 들어갔다. 그러나 헌재는 위 공직선거법 제9조가 과잉금지원칙을 준수한 것이고 그것에 근거한 위 조치가 표현의 자유를 침해한 것이 아니라고 하여 기각결정을 하였다). iii) 위축효과의 정도가 공권력행사성(헌법소원청구요건)을 인정할 수 없는 것이라고 하여 각하결정한 예 — 방송통신심의위원회가 심의규정을 경미하게 위반한 방송사업자에 대하여 하는 의견제시(방송법 제100조 1항 단서) — 이는 불이행 시 행정적·형사적 제재나 불이익을 규정하고 있지 않아 표현의 자유를 제한하는 정도의 위축효과를 초래하였다고 보기는 어려우므로 헌법소원의 대상, 즉 권리와 의무에 영향을 미치는 '공권력 행사'에 해당한다고 볼 수 없다고 하여 부적법한 청구로서 각하결정하였다(2016헌마46).

(3) 제한엄격성 구현의 원칙들

1) 이중기준(二重基準)의 원칙

이중기준(double standard)의 원칙이란 표현의 자유 등 정신적 자유를 제한하는 법률에 대한 위헌심사에 적용될 기준은 경제적 자유를 제한하는 법률에 대한 위헌심사에 적용될 기준에 비해 보다 엄격하여야 한다는 원칙을 말한다. 오늘날 재산권 등 경제적 자유권에 대해서는 사회적 필요성 때문에 보다 제한이 더 많이, 강하게 가해지고 있다. 반면에 정신적 자유권은 인간의 사상을 자유로이 형성하게 하고 보다 다원화된 사회에서 다양한 의사들이 자유로이 표출되어 민주적 사회를 발달·유지하도록 하는 기초적인 중요한 기본권이므로 이에 대한 제한은 보다 덜 이루어지고 가능한 한 억제되어야 한다.

2) 사전억제금지원칙

사전억제금지원칙이란 사상이나 의견이 외부에 발표되기 이전에 사전심사로 그 발표를 저지하는 것이 금지되어야 한다는 원칙을 말한다. 사상, 의견의 사전적 제약은 사상, 의견을 개진하는 것을 주저하게 만들어 자유로운 사상, 의견의 형성을 위축시키고(chilling effect, 위축효과) 정치적인 토론을 막아 집권자의 독재를 가능하게 하며 다원주의를 파괴하여 민주주의를 말살하기에 사전억제가 금지되는 것이 표현의 자유에서 1차적으로 요구된다. 주로 언론·출판에 대한 사전검열과 집회·시위에 대한 사전허가의 금지를 요구하는 원칙이다. 사전검열금지에 대해서는 우리 헌법도 명시적으로 규정하고 있고 언론·출판의 자유의 제한 부분에서 구체적으로 살펴본다(후술 참조). 발표 후 사후에 문제되는 표현물, 예를 들어 명예훼손적 표현물에 대한 압수 등 사후억제는 가능하다.

3) 명확성의 원칙

(가) 의의　　표현의 자유를 제한하는 법률의 문언은 이의 규율을 받는 국민이 이를 분명히 이해할 수 있게 명백하게 규정되어야 합헌이 되고 그 의미가 분명하지 않으면 그 모호성 때문에 무효(void for vagueness)라는 것이 명확성의 원칙이다.　사실 명확성의 원칙은 앞서 기본권

제한법률의 요건에서 보았듯이 표현의 자유뿐 아니라 다른 기본권들을 제한함에 있어서도 마찬가지로 요구되는 원칙인데 특히 신체의 자유(죄형법정주의)와 표현의 자유에 있어서 더 강한 정도로 요구되는 원칙으로서 표현의 자유를 제약하는 법률은 보다 더 명확하지 않으면 안 된다. 이는 물론 표현의 자유의 중요성 때문이다. 표현의 자유가 민주주의의 필수적 요소이고 표현의 자유의 보장으로 다양한 의사의 발표가 이루어지므로 표현에 대한 규제를 행하는 입법은 그 규제가 어떠한 것인지 사전에 예측가능하도록 명확하게 규정을 하여야 한다. 언론규제를 내용으로 하는 법률에서 처벌하는 제재조항까지 둔다면 죄형법정주의에서의 명확성의 강한 요구와 더불어 그 명확성의 정도가 강해진다고 할 것이다. 명확성의 원칙도 위축(냉한)효과(Chilling effect)를 방지하기 위해서도 필요하다(95헌가16). 그 언론규제가 불명확하여 자신의 표현이 규제받는지 여부를 모르거나 규제받지 않을 것이라는 확신이 없는 경우에는 표현을 주저하게 될 것이기 때문이다.

> * 비례(과잉금지)원칙과의 관계: 언론·출판의 자유 등 표현의 자유를 규제하는 범위가 포괄적이면 명확하지 못하므로 명확성원칙에 위배되고 또 포괄적이어서 지나친 제한이기도 하여 비례(과잉금지)원칙의 위배이기도 하다.

(나) 판례   헌재의 판례에서도 '명확성의 원칙'의 준수 여부를 심사한 예들이 많이 있다. 대표적인 예를 보면 다음과 같다.

ⅰ) 위헌성 인정결정례로 ① 불온통신 - 구 전기통신사업법은 공공의 안녕질서 또는 미풍양속을 해하는 내용의 통신을 금지하는 규정을 두고 있었는데 헌재는 이러한 "공공의 안녕질서," "미풍양속"이라는 불온통신의 개념이 불명확하여 명확성원칙에 반한다고 보아 위헌이라고 결정한 바 있다(99헌마480). ② 공익 - 헌재는 "공익을 해할 목적으로 전기통신설비에 의하여 공연히 허위의 통신을 한 자"를 형사 처벌하는 구 전기통신기본법 제47조 제1항이 명확성원칙을 위반한다고 결정하였다(2008헌바157. 이른바 '미네르바' 사건). 헌재는 이 법률조항은 표현의 자유에 대한 제한입법이며, 동시에 형벌조항에 해당하므로, 엄격한 의미의 명확성원칙이 적용되는데 이 법률조항의 "공익"은 그 의미가 불명확하고 추상적이며 그 의미내용이 객관적으로 확정될 수 있다고 보기 어려워 결국 수범자인 국민에 대하여 어떤 목적의 통신이 금지되는 것인지 고지하여 주지 못한다고 보아 표현의 자유에서 요구하는 명확성의 요청 및 죄형법정주의의 명확성원칙을 위배하여 헌법에 위반된다고 보았다. ③ '제한상영가' 등급의 영화를 '상영 및 광고·선전에 있어서 일정한 제한이 필요한 영화'라고 정의한 구 영화진흥법 규정, 이 법이 폐지된 뒤 나온 구 '영화 및 비디오물 진흥에 관한 법률'의 똑같은 규정 - 제한상영가 영화가 어떤 영화인지를 알 수가 없으므로 명확성원칙에 위배된다고 하여 헌법불합치결정을 하였다(2007헌가4). ④ '저속한 간행물' - 저속한 간행물이나 아동에 유해한 만화 등을 출판하여 공중도덕이나 사회윤리를 침해하였다고 인정되는 경우 출판사 또는 인쇄소의 등록을 취소할 수 있게 규정한 구 '출판사 및 인쇄소의 등록에 관한 법률'(1972.12.26. 법률 제2393호로 개정된 것. 현재 폐지된 법률) 제5조의2(등록취소)의 '저속한 간행물'에 관한 부분은 그 적용범위가 매우 광범

위하여 명확성원칙에 반하는 위헌이라고 결정되었다(95헌가16). ⑤ 정당지지·추천표방 금지
— "자치구·시·군의회의원선거의 후보자와 무소속후보자는 특정 정당으로부터의 지지 또는
추천 받음을 표방할 수 없다. 다만, 정당의 당원경력의 표시는 그러하지 아니하다"라고 규정했
던 구 공직선거및선거부정방지법 규정에 대해 헌재는 기초의회의원 후보자는 선거운동 과정에
서 소속 정당에 관한 정보를 어느 만큼 표방해도 좋은지 예측하기 힘들게 하여 명확성원칙에
위배되는 측면이 있다고 보아 위헌결정을 하였다(2001헌가4).

　＊ 사실 '표현의 자유'도 문제된다고 보이나 죄형법정주의의 명확성원칙 위배만을 지적하여
위헌결정을 한 예도 있다 — 미성년자에 대한 "잔인성 조장, 범죄충동성, 덕성을 심히 해할 우
려 있는" 만화, 도서(미성년자보호법, 아동복지법 규정) 부분 위헌결정(99헌가8).

　ⅱ) 한정합헌 결정례 — '현저한 사회적 불안' — "현저히 사회적 불안을 야기시킬 우려가
있는 집회 또는 시위"를 주관하거나 개최한 자를 처벌하고 있는 구 '집회 및 시위에 관한 법률'
제3조 제1항 제4호, 제14조 제1항에 대해 헌재는 문언해석상 그 적용범위가 과도하게 광범위하
고 불명확하므로, 그 소정행위가 "공공의 안녕과 질서에 직접적인 위협을 가할 것이 명백한 경
우에 적용된다고 할 것이므로 이러한 해석하에 헌법에 위반되지 아니한다"라고 하는 '한정합
헌'결정을 내린 바 있다(89헌가8).

　ⅲ) 합헌성 인정 결정례 ① '건전한 통신윤리의 함양을 위하여 필요한 사항으로서 대통령령
이 정하는 정보의 심의 및 시정요구'를 규정하고 있는 '방송통신위원회의 설치 및 운영에 관한 법
률' 제21조 제4호 중 '건전한 통신윤리' 부분이 정보통신영역의 광범위성과 빠른 변화속도, 그
리고 다양하고 가변적인 표현형태를 문자화하기에 어려운 점을 감안할 때 명확성원칙에 반하
지 않는다고 합헌결정한 바 있다(2011헌가13, 이른바 '시멘트유독성 글' 사건). ② 일부 일간지 광
고게재중단 캠페인 사건 — '그 밖에 범죄를 목적으로 하거나 교사 또는 방조하는 내용의 정
보'의 유통을 금지하는 구 '정보통신망 이용촉진 및 정보보호 등에 관한 법률' 제44조의7 제1
항 제9호는 '범죄', '교사', '방조'라는 용어는 형법을 비롯한 법률에서 널리 사용되고 있고, 그
의미는 판례에 의해 정립되어 왔다는 점에서 명확성원칙에 위배되지 않는다고 결정하였다
(2008헌마500, 이른바 '광고게재중단 게시글' 사건). ③ 모욕죄 규정 — 공연히 사람을 모욕한 자는
처벌되도록 한 형법 제311조(모욕죄)는 명확성원칙에 반하지 않는다고 결정하였다(2012헌바37.
이 결정에 대해서는 뒤의 언론·출판의 자유의 제한으로서 내용상 책임 부분 참조). ④ '청소년이용음
란물'의 제작·배포 등 — 이에 관해서는 2건의 결정례가 있다. ㉠ 실제인물 등장 요구 — '청
소년의 성보호에 관한 법률'(2000.2.3. 법률 제6261호로 제정된 것) 제8조 제1항은 "청소년이용음
란물을 제작·수입·수출한 자는 5년 이상의 유기징역에 처하도록 규정하고 있고 동법 제2조
제3호는 "'청소년이용음란물'이라 함은 청소년이 등장하여 제2호 각목의 1에 해당하는 행위를
하거나, 청소년의 수치심을 야기시키는 신체의 전부 또는 일부 등을 노골적으로 노출하여 음란
한 내용을 표현한 것으로서, 필름·비디오물·게임물 또는 컴퓨터 기타 통신매체를 통한 영상

등의 형태로 된 것을 말한다"라고 규정하고 있다. 이 규정에 있어서 명확성원칙의 준수와 관련하여 청소년이 실제인물로 등장하여야 할 것을 요건으로 하는지가 논란되었다. 헌재는 긍정하면서 명확성원칙의 위반이 아니라고 보았다(2001헌가27). ⓛ 가상의 아동·청소년이용음란물배포(아동·청소년으로 인식될 수 있는 사람이나 표현물의 등장) — 구 '아동·청소년의 성보호에 관한 법률(2012.12.18. 법률 제11572호로 전부개정되기 전의 것) 제8조 제2항 및 제4항 중 아동·청소년이용음란물 가운데 "아동·청소년으로 인식될 수 있는 사람이나 표현물이 등장하여 그 밖의 성적 행위를 하는 내용을 표현하는 것" 부분, 즉 가상의 아동·청소년이용음란물(예를 들어, 청소년으로 보이는 교복 입은 사람의 성행위를 하는 음란물) 배포 등을 처벌하는 부분이 죄형법정주의의 명확성원칙에 위반되지 아니하고, 표현의 자유를 과도하게 제한하지 아니하므로 헌법에 위반되지 않는다고 결정하였다(2013헌가17). ⑤ 상관 모욕을 처벌하는 군형법 규정(제64조 제2항의 상관 중 "명령복종 관계에서 명령권을 가진 사람"에 관한 부분. 2013헌바111)이 명확성원칙에 반하지 않고 표현의 자유를 침해하지 않는다고 결정되었다. ⑥ 헌재는 '정보통신망 이용촉진 및 정보보호 등에 관한 법률'의 '공포심이나 불안감을 유발하는 문언을 반복적으로 상대방에게 도달하게 한 자' 규정 및 '공포심이나 불안감을 유발하는 문언을 반복적으로 상대방에게 도달하도록 하는 내용의 정보' 규정은 명확하고 일정 행위의 반복을 구성요건요소로 하여 적용범위를 제한하고 있으므로 침해의 최소성에 반하지 않아 표현의 자유를 침해하지 않는 합헌이라고 보았다(2014헌바434. 소위 '사이버스토킹' 처벌규정에 대한 위헌소원). 그 외 결정례들로, ⑦ '건전한 통신윤리의 함양'을 위한 심의 및 시정요구'(2011헌가13), ⑧ 공무원 복무규정 — 공무원은 집단·연명으로 또는 단체의 명의를 사용하여 국가의 정책을 반대하거나 국가 정책의 수립·집행을 방해해서는 아니 된다고 금지한 구 '국가공무원 복무규정' 제3조 제2항, 지방공무원 복무규정의 같은 취지 규정들(2009헌마705), ⑨ 의료법인·의료기관 또는 의료인이 '치료효과를 보장하는 등 소비자를 현혹할 우려가 있는 내용의 광고'에 대한 형사처벌(2013헌바28), ⑩ 영화제작·수입업 무등록 처벌(94헌바15), ⑪ 군형법상 상관모욕죄(2013헌바111) 등도 명확성원칙에 위배되지 않는다고 결정하였다.

4) 명백하고도 현존하는 위험의 원칙

이 원칙은 어느 표현이 그것으로 인하여 사회에 발생할 위험이 명백하고 또한 그 위험이 현재에 실제로 존재할 경우에만 그 표현을 규제하는 입법이나 공권력조치가 허용될 수 있다고 보는 원칙이다. 이 원칙은 1919년 미국연방대법원의 Schenck v. United States판결(249 U.S. 47)에서 Holmes 대법관에 의해 처음 제시되어 형성되기 시작한 것이다. 이 원칙은 문제의 말이 표현된 상황 그 말의 성질을 따져 제한의 합헌성을 판단한다는 것이고 현존성과 명백성은 '위험의 근접성과 정도'를 말한다. 우리 헌재도 ① 구 국가보안법에 대한 한정합헌결정에서 '명백하고 현존하는 위험의 원칙'을 적용한 예를 보여주었고(89헌가113), ② 유신헌법하 긴급조치 제1호는 유신헌법을 부정하거나 반대하고 폐지를 주장하는 행위 중 실제로 국가의 안전보장과 공공의 안녕질서에 대한 심각하고 중대한 위협이 명백하고 현존하는 경우 이외에도, 자신의 견해를 단순하게 표명하는 모든 행위까지 처벌하므로, 이는 표현의 자유 제한의 한계를 일탈한 것으로서 위헌이라고 결정한 바 있다(2010헌바132).

5) 이익형량원칙

표현의 자유는, 예를 들어 보도로 인하여 다른 사람의 명예가 침해되는 경우와 같이 다른 기본권들과 충돌될 수 있고 다른 사회적 이익과 충돌될 수도 있다. 이러한 충돌에서의 문제해결을 위해 표현의 자유에 의해 얻어지는 이익과 그 규제로 인해 침해되는 이익을 저울질하여 규제의 정도를 결정하는 것이 이익형량(비교형량)원칙이다. 우리 헌재도 국가보안법 결정 등에서 이익형량의 원칙을 적용하여 판단한 바 있다(89헌가113).

6) 필요최소한의 규제수단의 선택

표현의 자유에 대한 제한에 있어서 가능한 한 보다 덜 제한적인 규제수단이 있다면 그것을 택하여 표현의 자유에 대한 제한이 최소한에 그치도록 하여야 한다는 원칙을 필요최소한의 규제수단(less restrictive alternative, LRA)의 선택원칙이라고 한다.

V. 언론 · 출판의 자유의 주체 및 효력

1. 주체

(1) 자연인
1) 국민

국민이 주체가 됨은 물론이다. 기본권주체에 따라 그 제한의 정도가 강할 수 있다. 그 예로 공무원, 군인 등을 들 수 있다. [공무원, 교원, 군인 등] 공무원, 특히 직업공무원, 교원, 군인의 경우에는 정치적 중립성 등으로 표현의 자유에 대한 제약이 더 있을 수 있다. 정당가입 등 정치운동의 금지, 정치적 집단행위의 금지(국공법 제65조, 제66조 제1항; 지공법 제57조, 제58조 제1항), 복무규정 준수 등으로 언론 · 출판의 자유가 제한된다(사적 견해표명은 가능). 이에 대한 자세한 내용과 판례는 앞의 기본질서, 직업공무원 부분에서 서술하였다(전술 참조), [수용자] 수용자의 경우에도 언론 · 출판의 자유가 인정되어야 하고 전면적 집필 금지는 위헌이라는 결정이 있었다(2003헌마289. 전술 참조)

2) 외국인

외국인도 인간의 권리인 언론 · 출판의 자유의 주체로서 이를 누릴 수 있다.

(3) 법인

법인도 집단적 의사의 형성이 가능하므로 단체로서 단체 자신의(구성원 자연인의 것이 아닌)

의견표명과 전달을 자유로이 할 수 있는 언론·출판의 자유의 주체가 될 수 있다. 권리능력 없는 사단도 그렇다(92헌마177). 법인의 언론·출판자유 주체성은 특히 언론사의 설립을 자유롭게 함으로써 여러 언론사들이 존재하게 하고 이는 언론의 다원주의의 실현에 유리한 환경을 가져오게 할 수 있다.

2. 효력

[대국가적 효력] 이는 당연한 것인데 문제는 간섭배제 외에 정보청구권과 적극적인 권리로서 효과도 헌법 제21조 언론·출판의 자유에서 나오는가 하는 것이다. 우리는 언론·출판의 '자유'와 언론·출판의 '권리'를 구분하여 후자가 전자를 포괄하며 후자에 언론관련 적극적인 청구권 같은 권리들도 포함되고 당연히 인정되는데 이 언론·출판의 적극적 권리들은 헌법 제10조를 근거로 해야 한다고 본다.

[대사인적(제3자적) 효력] 언론·출판의 자유는 사인들 간에도 효력을 가진다. 언론·출판은 사회구성원들 간의 의사의 교류와 소통을 이루게 하여 사회생활을 영위하도록 하는 기반이 되는 활동이므로 사인들 간에 언론·출판의 자유가 자연적인 권리로서 존재한다. 헌법 제21조 제4항은 "언론·출판은 타인의 명예나 권리 또는 공중도덕이나 사회윤리를 침해하여서는 아니된다. 언론·출판이 타인의 명예나 권리를 침해한 때에는 피해자는 이에 대한 피해의 배상을 청구할 수 있다"라고 규정하고 있는데 이 조항을 언론·출판의 자유의 사인 간 직접적 효력의 일반근거로 보는 견해도 있다. 그러나 이는 언론·출판의 자유가 아무리 중요하다 하더라도 타인의 명예나 권리 존중을 위한 한계가 있음을 명시하여 그 부분 사인 간 효력을 인정한 것이고 또 이를 확인한 것이다. 따라서 일반적 근거는 사인들 간 소통을 위한 언론이라는 그 자체에서 찾아야 한다.

Ⅵ. 언론·출판의 자유의 내용

1. 표현의 자유의 다양한 유형

언론·출판은 방송, 신문, 영화, 도서, 가요, 도화 등 어떠한 형태의 매체이든 그 모든 매체를 통한 의견, 사상의 표현을 말하므로 여러 가지 매체를 통한 여러 표현방식들에 따라 다양한 유형과 내용이 있을 수 있다. 고전적인 표현수단인 신문, 방송, 출판뿐 아니라 오늘날 새로운 매체의 발달로 표현의 기회가 확대되고 정보에 대한 자유, 알 권리, 언론매체에 대한 접근권(알 권리, 접근권 등은 그 적극적 내용을 위해서는 헌법 제10조도 근거거 된다) 등이 중시되고 있다. 특히 인터넷에 의한 정보와 의사의 교환은 언론의 광장을 넓혀가고 있다. 방송도 지상파, 케이블방송에서 나아가 인터넷을 통한 새로운 매체수단에 의한 방송유형(IPTV 등)들이 나타나고 있다 (방송과 통신의 융합).

2. 의사표현과 의사전파 · 수령의 자유, 비표현의 자유

언론 · 출판의 자유는 표현자의 내면적 의사(意思)로 머물러서는 의미가 없고 표현자가 원한다면 그 의사를 다른 사람들에게 전달, 전파하고 상대편이 표현하는 의사를 받아들이는 데(수령) 방해받지 않을 자유가 보장되어야 한다. 소극적 자유로서 의사표현을 강제당하지 않을 자유도 포함한다.

3. 언어사용의 문제[373]

언어란 의사의 소통을 가능하게 하는 매개 역할을 한다. 따라서 본인이 구사할 수 있는 언어를 사용할 자유부터 언론 · 출판의 자유를 위해 중요하게 주어져야 한다. 한 국가의 언어를 '국어'(國語)라고 한다. 국어에 대해 헌법으로 규정한 나라도 있다. 예를 들어 프랑스 헌법 제2조 제1항은 "프랑스국의 언어는 프랑스어이다"(La langue de la République est le français)라고 명시하고 있다.

* 명확성원칙을 일깨우는 헌법개정 뒷이야기 - 위 프랑스 헌법 제2조 제1항은 1992년에 헌법개정으로 헌법전에 들어온 것인데 원래 헌법개정안에서는 "프랑스어가 프랑스국의 언어이다"라고 규정하였던 것을 바꾼 것이다. 같은 의미가 아닌가? 왜 지금 규정처럼 바꾸었을까?
답: 프랑스어가 프랑스 외에서도 공용으로 사용되는데 원안 표현은 자칫 프랑스어는 프랑스만의 언어인 의미로 나타날 것을 우려하여 위 조문과 같이 바뀌어 삽입되었다. 촌철살인!

우리의 경우 헌법에 국어에 대해 명시적 규정을 두고 있지 않으나 법률로 국어기본법이 있다. 국어기본법은 한글맞춤법, 표준어규정 등 국어사용에 필요한 규범인 어문규범 제정 등에 대해 규정하고 있고 공공기관 등의 공문서는 어문규범에 맞추어 한글로 작성하는 것을 원칙으로 하고 있다(동법 제14조). 또한 초 · 중등 교과용 도서를 편찬하거나 검정 또는 인정하는 경우에는 어문규범을 준수하여야 한다고 규정하고 있다(동법 제18조). 이에 관련한 헌재의 합헌성 인정 결정례들이 있었다. 이 결정들과 국어사용 문제는 앞에서 살펴보았다(전술, '행복추구권'의 '일반적 행동자유권' 부분 참조). 한편 지역어, 지방어는 우리 문화유산이기도 하다. 표준어사용의 강제와 지역어의 보호 문제가 있다.

373) 이에 관한 자세한 것은 졸고, 언어사용과 헌법-프랑스의 경험을 중심으로-, 공법연구, 26(3), 1998.5, 187-204면 참조.

4. 방송, 신문 등의 자유

(1) 방송의 자유의 개념 등

[방송의 개념·특성·기능·독립성] 방송법은 "방송"이라 함은 방송프로그램을 기획·편성 또는 제작하여 이를 공중에게 전기통신설비에 의하여 송신하는 것으로서 텔레비전방송, 라디오방송, 데이터방송, 이동멀티미디어방송을 말한다고 정의하고 있다(방송법 제2조 제1호). 오늘날 공중파에 의한 텔레비전방송, 라디오방송뿐 아니라 인터넷을 이용한 인터넷방송(Web cast-ing), IPTV방송과 DMB방송, 스마트폰에 의한 전송 등 다양한 유형들이 활용되고 있다. 따라서 오늘날 방송의 개념은 과거의 텔레비전, 라디오 같이 무슨 매체에 의한 전달이라는 물적 개념이라기보다는 질적 개념으로서 '내용'(contents, 일정한 프로그램으로 구성된 내용)을 전달하는 데에 그 개념의 요체가 있다. 방송은 불특정, 방송매체의 다양성, 공공재적 성격을 그 특성으로 한다. 방송은 정보전달기능, 문화적 기능, 사회교육적 기능 등을 수행한다. 방송은 그 영향력이 크므로 사회의 공기(公器)로서 올바른 여론형성 등을 위하여 독립성이 요구된다. 재정상 독립성도 중요한데 수신료 납부 문제가 있다. 국회의 결정 내지 관여를 배제한 채 공사로 하여금 수신료의 금액을 결정하도록 맡긴 것은 의회(법률)유보원칙에 반한다고 본 헌재결정이 있었다(98헌바70).

(2) 방송의 자유의 내용

[방송사설립·경영의 자유] 방송사설립에 있어서 현재 허가제로 규정되어 현행 헌법 제21조 제2항의 언론에 대한 허가제금지와 상충이 문제인데 방송재의 한정성으로 특허제로 보아 위헌의 소지가 없다고 볼 것이다.

[방송광고자유, 미디어랩] 방송경영의 자유에 방송광고의 자유도 포함된다. 이는 방송사재정의 독립 문제이기도 하다. 이와 관련, 방송광고 판매대행(미디어랩) 문제가 있었고 헌법불합치결정(2006헌마352도 있었는데 이에 대해서는 후술 방송의 자유의 제한 부분 참조).

[방송취재·보도·편성의 자유] 방송취재의 자유는 보도의 자유를 위한 것이고 취재·보도의 자유는 타인의 명예, 인격권, 통신비밀보호, 사생활 권리 등과 충돌할 수 있다. 방송편성의 자유와 독립은 보장된다(방송법 제4조 1항). 누구든지 방송편성에 관하여 방송법 또는 다른 법률에 의하지 아니하고는 어떠한 규제나 간섭도 할 수 없다(동법 동조 제2항). "방송편성의 자유야말로 방송의 자유의 핵심"이라고 한다(2019헌바439). [판례] 헌재는 바로 이 방송법 제4조 제2항의 '간섭'에 관한 부분(이하 '금지조항'이라 한다)이 죄형법정주의의 명확성원칙에 위반되지 않고(방송편성이 변경·취소될 현실적 위험이 있을 것까지 요하지도 않으며 방송편성의 독립과 자유에 대한 일반적 위험만으로 족하고 방송사 외부자가 방송편성 관계자에게 방송편성에 관해 특정한 요구를 하는 등의 방법으로 방송편성에 관한 자유롭고 독립적인 의사결정에 영향을 미칠 수 있는 행위 일체를 금

지하는 취지임을 충분히 예견할 수 있다는 이유로), 위 금지조항 및 그 위반 행위자를 처벌하는 구 방송법 제105조 제1호 중 제4조 제2항의 '간섭'에 관한 부분이 과잉금지원칙에 위반되지 않아 (방송편성에 대한 일체의 의견 개진이나 비판을 금지하는 것이 아니라 그것이 '간섭' 행위에 이르렀을 경우에 대해서만 이를 금지하며, 방송법과 기타 다른 법률에 의해 인정되는 다양한 의사표현의 방법과 통로가 있으므로, 침해의 최소성원칙을 준수한 것이라는 이유로) 표현의 자유를 침해하지 않는다고 보아 합헌이라고 결정하였다(2019헌바439. 사안은 대통령 비서실 ○○(직급생략)의 지위를 이용하여 KBS 보도국장에게 직접 전화하여 'KBS 9시 뉴스'의 세월호 사건 비판 뉴스 보도에 항의하고 향후 비판 보도를 중단 내지 대체할 것을 요구함으로써 방송편성에 간섭하였다는 범죄사실로 기소되어 진행된 형사재판에서 위 법조항에 대한 위헌심판제청신청이 기각되어 이루어진 위헌소원사건이었다).

[방송송출·방영의 자유, 시청자의 자유, 보편적 시청권] 편성된 내용대로 방송송출, 방영을 자유롭게 할 수 있고 사전에 이를 제한받지 않는다. 사후적 제재는 있을 수 있다.

[시청자의 자유, 보편적 시청권, 방송요구권 등] 시청자는 시청·수신의 자유를 가진다. "보편적 시청권"이라 함은 국민적 관심이 매우 큰 체육경기대회(올림픽 같은) 그 밖의 주요행사 등에 관한 방송을 일반 국민이 시청할 수 있는 권리를 말한다(방송법 제2조 제25호, 제76조 이하). 시청자의 권익보호를 위하여 시청자위원회를 두는데 종합편성 또는 보도전문편성, 상품소개와 판매에 관한 전문편성을 행하는 방송사업자는 시청자위원회를 반드시 두어야 하는 강제적 사항이다(방송법 제87조 제1항). 이 제도도 방송에 Access하는 권리인데 일정한 내용의 방송을 요구할 수 있는(예를 들어 종교의식 방송 방송요구권 등), 반론권 제도 등도 있다. 방송저작권도 보호되어야 한다.

(3) 신문의 자유

[개념과 성격] '신문 등의 진흥에 관한 법률'은 "신문"이란 정치·경제·사회·문화·산업·과학·종교·교육·체육 등 전체 분야 또는 특정 분야에 관한 보도·논평·여론 및 정보 등을 전파하기 위하여 같은 명칭으로 월 2회 이상 발행하는 간행물로서 일반일간신문, 특수일간신문, 일반주간신문, 특수주간신문을 말한다고 정의하고 있다(동법 제2조 제1호). 동법은 인터넷신문도 적용대상으로 하고 있다. 헌재는 "신문의 자유는 개인의 주관적 기본권으로서 보호될 뿐만 아니라, '자유 신문'이라는 객관적 제도로서도 보장되고 있다"라고 하여 이중성을 가진다고 본다(2005헌마165등). 그러나 신문의 자유를 보장하는 수단으로서 신문의 자유의 효과로서 제도가 있다고 볼 것이다.

[내용] 신문의 자유는 신문사를 설립하고 신문을 발행할 자유, 뉴스를 취재하고 보도할 자유 등을 포함한다. 신문발행의 자유와 독립을 위한 법률로 '신문 등의 진흥에 관한 법률'이 있다. 신문 및 인터넷신문의 편집의 자유와 독립은 보장된다(동법 제4조 1항). 동법 동조 제2항은 "신문사업자 및 인터넷신문사업자는 편집인의 자율적인 편집을 보장하여야 한다"라고 규정하

고 있는데 헌재는 같은 내용의 구법조항이 "편집인 또는 기자들에게 독점적으로 '편집권'이라
는 법적 권리를 부여하였다고 볼 수 없다고 한다(2005헌마165등). 신문을 발행하거나 인터넷신
문 또는 인터넷뉴스서비스를 전자적으로 발행하려는 자는 등록하여야 한다(동법 제9조 제1항).
등록요건이 너무 엄격하면 사실상 허가제가 될 정도이면 위헌이 된다.

(4) 정기간행물의 자유

신문을 제외한 잡지 등 정기간행물에 대해서는 '잡지 등 정기간행물의 진흥에 관한 법률'이
규율과 지원을 규정하고 있다. 동법은 "정기간행물"이란 동일한 제호로 연 2회 이상 계속적으
로 발행하는 간행물로서 신문을 제외한 잡지, 정보간행물, 전자간행물, 기타간행물을 말한다고
정의하고 있다. 정기간행물의 자유에는 잡지사 등의 설립의 자유, 취재의 자유, 편집의 자유,
발행의 자유 등이 포함된다.

5. 출판의 자유

출판이란 사상, 문학 등을 담은 저작물을 편집하여 종이 등에 인쇄 또는 복제하여 책 등을
발간하는 행위이다. 현재 출판에 대하여 '출판문화산업 진흥법'이 있다. 동법은 "출판"이란 저
작물 등을 종이나 전자적 매체에 실어 편집·복제하여 간행물을 발행하는 행위를 말한다고 정
의하고 전자출판물도 포함하고 있다(동법 제2조 제1·4호). 출판의 자유에는 출판사의 설립의 자
유, 서적의 편집의 자유, 서적발간의 자유 등을 포함한다.

6. 알 권리와 Access권

(1) 알 권리(정보공개청구권)

알 권리란 어떠한 사실이 존재하는지, 그 사실이 어떠한 내용인지를 인식하고 이해할 수 있
는 권리를 말한다. 정보사회인 오늘날 정보에 대한 접근·수집의 권리, 정보공개를 요구할 권
리이다. 헌재는 정보공개청구권이라고도 한다. 표현을 할 의사의 형성을 위하여 그 대상에 대
해 알 권리가 전제된다고 보고 표현의 자유와 관련이 많다고 하여 알 권리를 표현의 자유의 한
내용으로서 다루기도 한다. 표현의 자유에서 다루어도 좋겠으나 우리는 알 권리가 표현의 자유
뿐 아니라 다른 기본권에도 관련되고 소극적인 자유권만이 아니라 적극적인 권리이기도 하다
는 점에서 제7장 정보기본권에서 집중적으로 다룬다(후술 참조).

(2) 정보매체접근(access)권

[개념과 기능] 언론매체 등에 접근하여 사상, 의견을 발표할 기회를 가지는 등 이를 이용할

수 있는 권리를 말한다. 오늘날 영향력이 강해진 방송 등의 언론매체가 더욱이 독과점화되었을 경우에 국민의 다양한 의견이 전달될 수 없어 여론형성이 왜곡될 수도 있으므로 국민들로 하여금 언론매체에 접근하여 의견표명의 기회를 가지도록 하는 것이 필요하다. 이는 언론의 자유시장이 기능하도록 하고 다원주의를 실현하기 위한 것이기도 하다.

[유형] 언론매체에의 접근권은 ⅰ) 좁은 개념의 반론적(피동적) access권과 ⅱ) 넓은 개념의 적극적(능동적·開始的) access권으로 분류된다. 전자는 접근권자 자신에 관한 언론보도 등에 이의가 있는 경우에 언론매체에 반론, 해명 등을 게재할 것을 요구하는 권리이다. 이를 위해 '언론중재 및 피해구제 등에 관한 법률'이 정정보도청구권, 반론보도청구권, 추후보도청구권을 보장하고 있다. 후자의 적극적 접근권은 누구나 언론매체에 의견을 개진하기 위해 접근하여 이용할 수 있는 권리이다. 이는 언론사의 일방적 정보제공, 여론형성이 아니라 국민의 참여를 위한 것이다. 투고, 독자들의 의견제시 등이 활성화되고, 일정한 방송시간을 사회단체 등에 할애함으로써 보장된다.

[내용] ① 시청자위원회 등 참여 - 방송법은 방송사업자는 시청자가 방송프로그램의 기획·편성 또는 제작에 관한 의사결정에 참여할 수 있도록 하여야 한다고 규정하고 방송통신위원회는 방송 및 인터넷 멀티미디어 방송에 관한 시청자의 의견 수렴 등을 위하여 시청자권익보호위원회를 둔다고 규정하고 있으며 종합편성, 보도전문편성, 상품소개와 판매에 관한 전문편성을 행하는 방송사업자는 방송편성에 관한 의견제시 등을 하는 시청자위원회를 두도록 규정하고 있다(법 제3조, 제35조, 제87조, 제88조). '신문 등의 진흥에 관한 법률'은 독자권익위원회를 자문기구로 둘 수 있다고 규정하고 있다(법 제6조 제2항). ② 선거운동과 관련하여서도 언론매체에의 접근을 후보자들 간에 형평성있게 하여야 하고 선거관련보도에서의 시간상 안배도 중요하다. 공직선거법은 방송광고(동법 제70조), 후보자 등의 방송연설(동법 제71조), 경력방송(동법 제73조), 언론기관의 후보자등 초청 대담·토론회(동법 제82조), 선거방송토론위원회 주관 대담·토론회(동법 제82조의2), 선거방송토론위원회 주관 정책토론회(동법 제82조의3) 등에 관한 규정을 두고 있다. 그 외 ③ 방송이용권(외국의 예: 프랑스의 경우 종교단체의 방송이용권 등이 인정되고 있다), ④ 보편적 시청권(방송법 제76조 이하) 등을 들 수 있는데 앞서 서술한 바 있다.

7. 정치적 표현의 자유

(1) 의미(중요성, 빈번성)와 심사기준

[중요성, 빈번성] 언론·출판의 자유(표현의 자유)가 정치적 영역에서 특히 중요하고 빈번히 요구된다. 정치적 의사의 표명, 교환, 수렴이 자유로이 이루어져 정치적 결정이 민주적으로 이루어지는 것이 민주주의의 성공의 전제조건이고 그 과정에 언론·출판의 자유가 핵심적 기능을 하기 때문임은 물론이다. 표현의 자유의 발달이 민주주의의 발달을 가져오고 정치적 표현의 자

유가 표현의 자유 영역에서 중심적 영역을 차지해 오고 있다.

[엄격한 심사기준] 위 중요성에 따라 헌재는 정치적 표현의 자유를 제한하는 입법에 대하여는 엄격한 심사기준을 적용하여야 한다는 입장이다.

(2) 보호범위와 중요 영역
1) 보호범위

ⅰ) 일반적인 정치적 의사의 표현행위가 그 보호대상임은 물론이다. ⅱ) 특히 집권세력에 대한 반대의사의 표명이 방해받지 않아야 할 자유가 중요하게 보호되어야 한다. ⅲ) 이러한 반대의사가 표명되는 데 대한 방해나 제압도 금지되어야 하지만 반대의사의 표명이 강제되지 않을 자유도 인정되어야 한다. 그리고 ⅳ) 반대의사표명으로 인한 불이익도 가해져서는 정치적 표현의 자유의 침해가 된다. 헌재는 "집권세력의 정책 등에 대하여 정치적인 반대의사를 표시하는 것은 헌법이 보장하는 정치적 자유의 가장 핵심적인 부분이며, 화자의 특정 견해, 이념, 관점에 근거한 제한은 표현의 자유에 대한 제한 중에서도 가장 심각하고 해로운 제한이다"라고 한다(헌재 2020.12.23. 2017헌마416, 이른바 '문화예술계 블랙리스트' 사건, 아래 인용 참조).

2) 중요영역

정치적 표현의 자유가 많이 다루어진 영역, 대표적 판례를 인용한다.

[선거운동] 헌재의 판례들 중에 선거 등에 있어서 표현의 자유 문제를 정치적 표현의 자유 문제로 다룬 것들이 많다. 예를 들어 인터넷 활용, SNS활용 선거운동금지가 비례(과잉금지)원칙을 위배하는 것이라고 하여 심판대상 공직선거법 규정에 대해 한정위헌으로 결정한 판례를 들 수 있다(2007헌마1001).

[정당 관련 자유] ⅰ) 정당의 설립·가입 등의 자유 - 이에 관해서는 앞의 정당 부분, 그리고 특히 정당가입이 정치적 중립성을 요구하는 직업공무원의 경우 금지되므로 직업공무원제 등에서 이미 살펴보았다(전술 참조) ⅱ) 정당의 정치자금 문제 - 정치적 의사표현의 자유 제한 문제를 가져온다고 본다. 헌재는 정당에 대한 후원회 금지가 정치적 의사표현의 자유를 과잉금지를 위반하여 침해하는 것으로서 헌법불합치라고 결정하였고(2013헌바168), 정치인에게 직접 정치자금을 기부한 경우 해당 후원회가 기부받은 것으로 의제하면서도, 무상대여의 방법으로 기부한 경우는 그 의제에서 제외하도록 한 정치자금법 규정은 과잉금지원칙을 준수하여 정치활동 내지 정치적 의사표현의 자유를 침해하지 않는다고 결정했다(2016헌바45).

[공무원, 교원의 정치운동 금지] 직업공무원의 경우 정치운동이 금지되어 정치적 표현의 자유를 제한받게 된다. 이에 관한 결정례는 앞의 공무원제도에서 다루었다(전술 참조). 교원의 경우 교육의 정치적 중립성(제31조 제4항) 원칙으로 제약을 받게 된다(이에 대해서는 후술 생존권, 교육권, 교육제도 부분 참조).

[집권세력반대자에 대한 지원배제 - 이른바 '문화예술계 블랙리스트' 사건] - 야당 소속

후보를 지지하였거나 정부에 비판적 활동을 한 문화예술인이나 단체를 정부의 문화예술 지원 사업에서 배제할 목적으로, 대통령의 지시로 한국문화예술위원회, 영화진흥위원회, 한국출판문화산업진흥원 소속 직원들로 하여금 □□회, △△ 네트워크 등 청구인들을 문화예술인 지원사업에서 배제하도록 한 일련의 지시 행위에 대해 위헌임을 확인한 결정이 있었다.

🔴 **판례** 헌재 2020.12.23. 2017헌마416
[결정요지] (가) 이 사건 지원배제 지시는 특정한 정치적 견해를 표현한 자에 대하여 문화예술 지원 공모사업에서의 공정한 심사 기회를 박탈하여 사후적으로 제재를 가한 것이다. (나) 집권세력의 정책 등에 대하여 정치적인 반대 의사를 표시하는 것은 헌법이 보장하는 정치적 자유의 가장 핵심적인 부분이며, 화자의 특정 견해, 이념, 관점에 근거한 제한은 표현의 자유에 대한 제한 중에서도 가장 심각하고 해로운 제한이다. 그런데 이 사건 지원배제 지시는 법적 근거가 없으며, 그 목적 또한 정부에 대한 비판적 견해를 가진 청구인들을 제재하기 위한 것으로 헌법의 근본원리인 국민주권주의와 자유민주적 기본질서에 반하므로, 청구인들의 표현의 자유를 침해한다.

Ⅶ. 통신·방송 시설기준과 신문기능 보장의 법률주의

헌법 제21조 제3항은 "통신·방송의 시설기준과 신문의 기능을 보장하기 위하여 필요한 사항은 법률로 정한다"고 규정하여 법률주의를 취하고 있다. 통신, 방송, 신문에 대해 각각 '뉴스통신 진흥에 관한 법률', 방송법, '신문 등의 진흥에 관한 법률'이 있다(국가기간뉴스통신사를 지정하고 이에 대한 재정지원 등을 규정한 '뉴스통신진흥에 관한 법률' 규정이 헌법 제21조 제3항의 위임에 근거하여 그 입법목적의 정당성을 긍정할 수 있다고 보고 합헌성을 인정한 결정례, 2003헌마841 참조).

Ⅷ. 언론·출판의 자유의 제한

언론·출판(표현)의 자유가 중요하나 헌법 제37조 제2항에 따라 제한이 가능하다. 다만, 언론·출판의 자유의 중요성 때문에 제한의 경우에도 그 제한의 한계가 강하게 설정된다.

1. 제한의 구조

(1) 엄격한 제한의 법리

앞서 서술한 대로 표현의 자유가 중요한 만큼 함부로 제한할 수 없고 제한을 허용하더라도 그 제한은 엄격하게 허용되어야 한다. 이를 위해 제한의 합헌성을 심사함에 있어서 중요한 원칙들이 설정되어 왔다. 이중기준(二重基準)의 원칙, 사전억제금지원칙(사전허가·사전검열의 금지), 명확성의 원칙, 명백하고도 현존하는 위험의 원칙, 이익형량원칙, 필요최소한의 규제수단의 선택원칙 등이 그것이다. 이러한 법리는 제한의 법리이면서도 표현의 자유에 대한 제한에 있어서 그 한계원리이기도 하다. 위 법리들에 대해서는 앞서 살펴본 바 있다(전술 참조).

(2) '내용'에 대한 제한과 '방법'에 대한 제한

헌재는 그 제한이 표현내용에 대한 것인가 아니면 표현방법에 대한 것인가에 따라 그 위헌심사의 정도가 다르다고 보고 후자의 경우 위헌심사의 정도는 완화된다고 본다. 즉 "국가가 개인의 표현행위를 규제하는 경우, 표현내용에 대한 규제는 원칙적으로 중대한 공익의 실현을 위하여 불가피한 경우에 한하여 엄격한 요건 하에서 허용되는 반면, 표현내용과 무관하게 표현의 방법을 규제하는 것은 합리적인 공익상의 이유로 폭넓은 제한이 가능하다"라고 하여 합리적 공익이 있는지 정도를 본다(2000헌마764). 문제는 표현의 방법, 시간, 장소에 따라 표현내용의 전달과 반향도 달라질 수 있어서 표현내용에도 영향을 미칠 수 있다는 점이다. 당장 언론매체들 중에도 라디오방송, TV방송, 인터넷 등에 따라 달라질 수 있다.

(3) 다원주의를 위한 제한

언론·출판의 자유는 다양한 의견의 표출이 가능하도록 하여 다원주의의 구현을 도모해야 한다. 다원성은 외적 다원성과 내적 다원성으로 나누어진다고 본다.374) 외적 다원성은 언론사의 설립단계나 경영에서 요구되는 다원성이다. 즉 민영방송사의 설립에 있어서 복수특허를 제한하거나 언론사들 간의 겸유·겸영에 대한 제한을 두어 자본집중 내지 언론시장의 독과점을 방지함으로써 수신자인 일반국민이 다양한 정보를 접할 수 있게 다양한 언론사들이 존재하도록 하는 데 있다(후술 '겸유·겸영제한' 부분 참조). 내적인 다원주의는 언론사 접근(이용), 반론권 등을 통해, 그리고 정치적 보도에 있어서의 균형성을 갖추도록 하여 언론의 내용에 관한 다원성의 원칙의 보장을 위한 것이다.375)

2. 사전적 제한 – 사전허가제의 금지

(1) 개념과 논의점

헌법 제21조 제2항은 "언론·출판에 대한 허가 … 는 인정되지 아니한다"고 규정하여 사전허가제금지를 명시하고 있다. 방송법은 방송 중 지상파방송 등에 대해 주파수의 한정 등의 이유로 허가를 받아야 한다고 규정하고 있어 논란된다. 두 가지 점이 문제된다.

[방송허가는 헌법 제21조 제2항의 허가가 아닌가?] 방송법상의 그 허가가 행정법상 허가인지 아니면 달리 볼 것인지가 논의된다.

[헌재의 논거 – 내용규제가 아니라는 논거] 헌재는 유선방송 관련 사안에서 "내용규제 그

---

374) J. Rivero et H. Moutouh, 전게서, 204면.
375) 이상의 다원주의에 따른 제한에 대한 자세한 것은 졸고, 방송의 내용상 의무에 관한 연구, 성균관법학, 제19권 제3호, 2007, 35면 이하 참조.

자체가 아니거나 내용규제의 효과를 초래하는 것이 아니라면”“허가”에는 해당되지 않는다고 한다(2000헌바43). 일단 위에서도 언급한 대로 진입규제가 내용규제적 성격을 전혀 가지지 않을지는 의문이다. 어떤 경향을 가지는 방송사가 허가되느냐에 따라 그 방송되는 내용에도 영향을 미치게 될 것이라는 점에서 관련이 있고 그 점에서 위 결정의 논증은 문제를 가진다.

[해결의 실마리] 행정법학상 허가란 일반적으로 금지한 뒤 일정한 경우에 금지를 해제하여 자유를 회복하는 제도이다. 이와 구별되는 특허는 권리설정행위인데 과거 국가가 독점하던 사업의 허용은 특허라고 본다. 지상파방송의 경우 주파수의 한정 등의 요인으로 국가독점인 것을 특허하여 방송사가 설립될 수 있었다. 그 점에서 방송허가는 이름은 허가라도 특허로 이론구성을 하면 위헌의 여지는 벗어날 수 있다. 무엇보다도 오늘날 인터넷방송, SNS활성화 등 매체가 다양해진 상황인데도 허가제를 고집할 것인지 검토를 요한다.

(2) 등록제

신문, 정기간행물을 발행하기 위해서는 등록을 하도록 하여 등록제를 두고 있다. 등록제 자체는 합헌이라는 것이 판례의 입장이다. 등록요건이 엄격하여 사실상 허가제로 되는 것은 금지되어야 한다. ⅰ) 인쇄시설 소유 등록의 위헌성: 구 정기간행물 관련 법이 등록요건으로 갖추도록 규정한 소정의 인쇄시설이 자기소유여야 하는 것으로 해석하는 것은 위헌이라는 헌재의 한정위헌결정이 있었다(90헌가23). * 평석 – 헌재가 자기소유여야 하는 것을 위헌으로 보았으나 나아가 자기소유가 아닌 보유 자체도 필요한 요건인지 의문이었다. 오늘날 인터넷신문 등이 발달되어 있고 리스계약 등에 의한 것도 재력을 가지지 못한 발행희망자에게는 허가제와 같은 결과를 가져올 수 있으므로 전적으로 동의하기 힘든 판례이다.376) ⅱ) 음반제작시설에 대한 같은 취지의 판례 – 음반제작시설 등이 자기소유여야 하는 것으로 해석하는 것의 위헌성 – 위 인쇄시설에 관한 판례와 비슷한 취지로 음반제작시설 등이 자기소유여야 하는 것으로 해석하는 것은 위헌이라는 취지의 판결을 하였다(91헌바17). ⅲ) 외국인·미성년자에 대한 제한: 한국인이 아닌 사람은 신문·인터넷 신문의 발행인·편집인 등이 될 수 없다. 미성년자 등도 그러하다(미성년자 경우의 합헌성 인정 결정 – 2010헌마437). ⅳ) 인터넷 신문의 고용 요건의 위헌성: 인터넷 신문의 경우 취재 인력 3명 이상을 포함하여 취재 및 편집 인력 5명 이상을 상시적으로 고용할 것과 취재 담당자, 편집 담당자의 국민연금, 국민건강보험 또는 산업재해보상보험의 가입사실을 확인할 수 있는 서류를 등록서류로 첨부하도록 한 구 ‘신문 등의 진흥에 관한 법률 시행령’ 제2조 제1항 제1호 가목, 제4조 제2항 제3호 다목과 라목 등의 규정은 위헌으로 결정되었다. 헌재는 저렴한 비용으로 손쉽게 접근가능한 인터넷매체가 언론자유 확장에 기여할 수 있는데도 이러한 상시 고용 인력이 반드시 필요하다고 단정하기도 어렵고 종이신문과 달리 이런 제한을 두는 것 등을 모두 종합하여 보면 침해최소성원칙에 위배되는 등 과잉금지원칙에 반

---

376) 이 결정에 대한 이러한 취지의 평석으로, 졸고, 정기간행물의 등록 등에 관한 법률 제7조 제1항의 위헌심판결정(헌재 1992.6.26. 90헌가23)에 대한 평석, 법률신문, 1992.11.29.자 참조.

하여위헌이라고 본 것이다.

> ● **판례** 헌재 2016.10.27. 2015헌마1206 등
> [결정요지] (목적의 정당성 및 수단의 적합성) 고용조항, 확인조항은 인터넷신문의 신뢰성 및 사회적 책임을 제고한
> 다는 입법목적이 정당하고, 국민연금 등 가입사실 확인서류를 제출하게 하는 것은 그 입법목적에 효과적일 수 있는
> 방법이다. (침해 최소성) 인터넷신문의 부정확한 보도로 인한 폐해를 규제할 필요가 있다고 하더라도 다른 덜 제약
> 적인 방법들이 이미 충분히 존재하고, 고용조항과 확인조항에 따라 등록이 안되는 소규모 인터넷신문이 신문법 적
> 용대상에서 제외되면 오히려 신문법상 언론사의 의무를 전혀 부담하지 않게 될 뿐만 아니라, 언론중재법에 따른 구
> 제절차 대상에서도 제외되고 그 대표자나 임직원은 청탁금지법상 공직자등에도 포함되지 않게 되어, 소규모 인터넷
> 신문의 언론활동으로 인한 폐해를 예방하거나 이를 구제하는 법률의 테두리에서 완전히 벗어나는 결과를 초래한다.
> 언론의 신뢰성과 사회적 책임의 제고라는 측면에서 종이신문과 인터넷신문이 달리 취급되어야 할 아무런 이유가
> 없고, 인터넷신문 기사의 품질 저하 및 그로 인한 폐해는 인터넷신문의 취재 및 편집 인력이 부족하여 발생하는 문
> 제라고 단정하기 어렵다. 따라서 5인 이상 정식 고용 강제, 이에 대한 확인을 위하여 국민연금 등 가입사실을 확인
> 하는 것은 언론의 자유를 지나치게 제한하는 것이다. (법익 균형성) 소규모 인터넷신문이 언론으로서 활동할 수 있
> 는 기회 자체를 원천적으로 봉쇄할 수 있어 법익균형성도 잃고 있다.

[신고제] 이제 신고제를 채택하고 있는 경우들이 많이 도입되어 가고 있다. 위 신문 외 출판
사경영(출판문화산업 진흥법 제9조), 영화업·비디오물제작업('영화 및 비디오물의 진흥에 관한 법률'
제26조, 제57조)과 음반·음악영상물제작업('음악산업진흥에 관한 법률' 제16조) 등이 그 예들이다.

3. 사전적 제한 – 사전검열의 금지

(1) 헌법규정, 기능, 연혁

헌법 제21조 제2항은 "언론·출판에 대한 … 검열은 인정되지 아니한다"라고 규정하여 사전
검열금지를 명시하고 있다. 이는 위축효과(냉한효과, chilling effect)를 방지하기 위한 사전억제금
지원칙의 구현이다. 특히 집권세력반대의견에 대한 사전통제를 막기 위하여 전제주의, 권위주
의의 시절에 검열제가 강했다. 우리 헌법에서 검열금지를 헌법에 처음으로 명시한 것은
1960.6.15. 제2공화국헌법이었고(동 헌법 제28조 제2항 단서), 1962년 제3공화국헌법 제18조 제2
항도 검열금지를 규정하였는데 다만, 공중도덕과 사회윤리를 위하여는 영화나 연예에 대한 검
열을 할 수 있다고 규정하여 예외를 헌법에 규정하고 있었다. 제4공화국헌법(유신헌법)과 제5공
화국헌법에서는 검열금지원칙이 삭제되고 없었다. 제6공화국헌법에서 검열금지원칙이 부활되
면서 예외를 명시하지도 않았다.

(2) 사전검열의 개념
1) 헌법해석의 중요성

헌법이 검열이 무엇인지를 직접 규정하고 있지 않고 또 위와 같이 헌법이 예외를 인정하지
도 않기 때문에 검열이 무엇인지를 판례로 정립하는 것이 필요하다. 헌재는 "표현의 자유에 대
한 검열을 수단으로 한 제한은 위에서 본 바와 같이 법률로써도 허용될 수 없는 것이기 때문에

검열의 의미는 다음과 같이 제한적으로 해석하여야 함이 마땅하다"라고 한다. 그러나 법률로도 허용할 수 없다는 것이 가리키는 중요한 의미요소는 검열이 헌법 자체에 금지된 것이므로 검열이 무엇인지를 헌법해석으로 찾아야 함이 중요하다는 것이다.

  2) 판례법리

  헌재는 헌법 제21조 제2항의 검열은 "행정권이 주체가 되어 사상이나 의견 등이 발표되기 이전에 예방적 조치로서 그 내용을 심사, 선별하여 발표를 사전에 억제하는, 즉 허가받지 아니한 것의 발표를 금지하는 제도를 뜻한다"라고 한다. 헌재가 판시하고 있는 헌법 제21조 제2항의 검열의 의미를 그대로 옮겨 분설하면 다음과 같다.

  ⅰ) **법률로써도 불허**　검열제가 허용될 경우에는 국민의 예술활동의 독창성과 창의성을 침해할 위험, 이른바 관제의견이나 지배자에게 무해한 여론만이 허용되는 결과를 초래할 염려가 있기 때문에 헌법이 직접 그 금지를 규정하고 있는 것이다(따라서 사전검열은 절대적으로 금지된다). 그러므로 헌법 제21조 제2항이 언론·출판에 대한 검열금지를 규정한 것은 비록 헌법 제37조 제2항이 국민의 자유와 권리를 법률로써 제한할 수 있도록 규정하고 있다고 할지라도 언론·출판의 자유에 대하여는 검열을 수단으로 한 제한만은 법률로써도 허용되지 아니한다는 것을 밝힌 것이라고 한다.

  ⅱ) **명칭·형식 불문**　여기서 말하는 검열은 그 명칭이나 형식에 구애됨이 없이 실질적으로 위에서 밝힌 검열의 개념에 해당되는 모든 것을 그 대상으로 하는 것이라고 한다(즉 '심의'라는 명칭이라 하더라도 사전검열일 수 있다).

  ⅲ) **행정권 개입**　헌재는 검열개념의 핵심을 행정권의 개입에 두고 있다. 즉 헌재는 "검열금지의 원칙은 모든 형태의 사전적인 규제를 금지하는 것이 아니고, 단지 의사표현의 발표여부가 오로지 행정권의 허가에 달려있는 사전심사만을 금지하는 것을 뜻한다"라고 한다. 실제 검열금지원칙 위배 여부가 문제된 사안들에서 행정권 개입 여부를 살핀 결정례들이 많아 그 핵심성을 보여준다.

  ⅳ) **제한적 해석**　한편, 헌재는 검열은 위에서 본 바와 같이 법률로써도 허용될 수 없는 것이기 때문에 검열의 의미는 다음과 같이 제한적으로 해석한다.

  ① **사전성(事前性)**　헌법 제21조 제2항이 금지하는 검열은 사전검열만을 의미하므로 사후심사나 검열의 성격을 띠지 아니한 그 외의 사전심사는 검열에 해당하지 아니한다.

  ② **사후적·사법적 규제는 가능**　검열금지의 원칙은 정신작품의 발표 이후에 비로소 취해지는 사후적인 사법적(司法的) 규제를 금지하는 것이 아니므로 사법절차에 의한 영화상영의 금지조치(예컨대 명예훼손이나 저작권침해를 이유로 한 가처분 등)나 그 효과에 있어서는 실질적으로 동일한 형벌규정(음란, 명예훼손 등)의 위반으로 인한 압수는 헌법상의 검열금지의 원칙에 위반되지 아니한다.

  ③ **사전심사를 모두 금지하는 것은 아님**　검열금지의 원칙은 사전심사를 모두 금지하는 것

은 아니고 특히 청소년이 음란, 폭력 등에 접근하는 것을 미리 막아야 할 필요성 매우 크므로 청소년보호를 위하여 미리 등급을 심사하는 이른바 등급심사제도는 사전검열에 해당하지 아니한다(이상 93헌가13등).

*가처분의 경우 – 가처분은 사전심사인가가 논의될 수 있다. 그런데 가처분이 법원에 의한 결정이라는 점에서 행정청의 개입이 없다는 점이 강조될 부분이다. 사실 위의 사전성에 대해 헌재가 영화심의제 위헌결정인 93헌가13등에서는 가처분을 사후적 사법적 규제라고 보았으나 2000헌바36에서는 "이 사건 법률조항에 의한 방영금지가처분은 비록 제작 또는 방영되기 이전, 즉 사전에 그 내용을 심사하여 금지하는 것"이라고 하였다. 생각건대 '사전'의 의미를 어떻게 보느냐에 따라 달라진다. 애초 상영(방영)이 안된 상태인 경우의 가처분이나 또는 향후 상영이 안되게 한다는 점에서 미래시점에서 가처분하는 현 시점이 사전이라고 본다면 사전심사로 볼 수도 있다. 그 점에서도 여기서는 사전성 여부가 관건이 아니라 사법부의 개입, 즉 위에서 핵심요소라고 본 행정권 개입이 아니라는 데 방점이 주어지게 된다고 할 것이다.

(3) 사전검열금지원칙의 적용범위(적용대상)

1) 논의점

헌법 제21조 제1항의 언론·출판의 개념과 보호범위에 들어가는 표현은 전부 검열금지원칙이 적용되어야 하느냐 아니면 다른 헌법의 규정이나 헌법상 보호법익을 위한 적용의 제외가 있을 수 있는지에 대한 문제이다. 예외를 가져오는 그런 헌법규정이나 보호법익으로 헌법 제36조 제3항의 국민보건, 청소년 보호 등을 생각할 수 있다. 그러나 아래에 보듯이 헌재는 모든 사전검열은 예외 없이 금지된다는 입장이어서 이를 부정한다.

2) 검열금지원칙 적용대상인지 여부를 가리는 실익

여하튼 검열금지원칙의 적용대상이 아니라고 하면 해당 사전심사가 검열인지 아닌지를 따지지 않고 비례원칙 등의 심사로 나가게 된다(비례원칙 등의 심사가 이루어지는 것은 검열금지원칙의 적용대상이 아니라도 사전심사는 언론의 자유에 대한 제한이므로 기본권제한의 한계인 비례원칙 등에

```
[1단계]  표현의 자유의 보호범위 안에 들어가는가?
[2단계]  들어간다면 사전검열금지원칙의 적용대상인가?
[3단계]  2단계 판단 결과에 따라 아래 둘로 나누어짐.
 (3a단계) 적용대상이다. → 검열인지 여부 살핌 → 검열이다 → 위헌결정
                                    ↳ 검열 아니다 →
          [사실상 4단계 심사] ⇒  ↳ 비례심사 등 다른 헌법원칙 위배
               여부 심사는 행함 →   그 위배 여부 따른 위헌 여부 결정
 (3b단계) 적용대상이 아니다. → 아니라서 당연히 검열인지 여부 안 살핌. 그러나
          [사실상 3단계 심사] ⇒  ↳ 비례원칙 등 다른 헌법원칙 위배
               여부 심사는 행함 →   그 위배 여부 따른 위헌 여부 결정
```

□ 표현의 자유에 대한 헌법재판 심사의 프로세스

위배 여부는 살피게 되기 때문이다).

3) 판례의 입장

사실 사전검열금지적용 범위 문제는 건강 관련 사안들인 2015년 의료광고의 사전심의제와 2018년 건강기능식품광고의 사전심의제에 대해 사전검열이라고 하여 위헌결정이 있기 전에 후자의 건강기능식품광고의 사전심의제에 대한 2010년 구 결정(2006헌바75)에서 선명하게 부각되었다. 이전에는 헌재가 사전검열로서 위헌으로 선언한 결정례들에서는 대개 영화, 비디오 등 상당히 전형적인 언론매체물에 대한 사안을 다루고 있어서 사전검열금지원칙이 당연히 적용되는 것으로 받아들여져 이 적용대상 문제가 그리 부각되지는 않았고 그 필요성 또한 크지 않았다고 할 수 있었다.

① 구 판례 - 법정의견이 예외설을 취한 것으로 이해하게 하는 결정례: 이전의 판례로, 건강기능식품의 기능성 표시·광고의 사전심의제에 대해서 다수의견으로서 법정의견이었던 재판관 4인 의견이 사전검열에 해당한다고 보기는 어렵다는 결론을 밝히긴 했으나 그 논증과정에서 사전검열금지원칙의 적용이 아니라는 취지로 이해할 판시들이 있었다. 즉 사전검열을 금지하는 진정한 목적에 맞게 사전검열금지원칙을 운용해야 하고, "표현의 자유가 생명권, 건강권과 같은 다른 중요한 법익과 충돌하는 경우에" 조화로운 해결방법을 모색해야한다고 보고 헌법 제36조 제3항도 논거로 제시하는 등 국민보건을 이유로 한 비적용의 예외를 인정한 것으로 이해하게 하였다(2006헌바75). 그러나 헌재는 2018년에 건강기능식품광고의 사전심의제는 사전검열에 해당하여 위헌이라고 판례를 변경하였고(2016헌가8), 그 위헌결정 이전인 2015년부터도 다음과 같이 전면적 적용의 입장을 분명히 하였다.

② 신 판례 - 적용범위의 전면성: 2015년에 헌재는 의료광고 사전심의제를 사전검열로 인정한 위헌결정(아래 인용 참조)에서 사전검열은 예외 없이 금지되고 언론자유의 보호를 받는 모든 표현물의 경우에 사전검열금지원칙이 적용된다는 입장을 분명히 하고 있다. 그 이유를 아래와 같이(밑줄 부분) 밝히고 있다.

● 판례 헌재 2015.12.23. 2015헌바75
[판시] 현행 헌법이 사전검열을 금지하는 규정을 두면서 1962년 헌법과 같이 특정한 표현에 대해 예외적으로 검열을 허용하는 규정을 두고 있지 아니한 점(* 이 헌법 제18조 제2항은 "언론·출판에 대한 허가나 검열과 집회·결사에 대한 허가는 인정되지 아니한다. 다만, 공중도덕과 사회윤리를 위하여는 영화나 연예에 대한 검열을 할 수 있다"라고 규정하였음), 이러한 상황에서 표현의 특성이나 이에 대한 규제의 필요성에 따라 언론·출판의 자유의 보호를 받는 표현 중에서 사전검열금지원칙의 적용이 배제되는 영역을 따로 설정할 경우 그 기준에 대한 객관성을 담보할 수 없어 종국적으로는 집권자에게 불리한 내용의 표현을 사전에 억제할 가능성을 배제할 수 없게 된다는 점 등을 고려하면, 현행 헌법상 사전검열은 예외 없이 금지되는 것으로 보아야 한다. * 동지: 2016헌가8.

구 판례에서 법정의견이(4인 의견이긴 했으나) 사전검열금지원칙이 적용될 대상 역시 헌법이 언론·출판의 자유를 보장하고 사전검열을 금지하는 목적에 맞게 한정하여 적용하여야 한다는 입장이었는데 2015년의 위 의료광고 사전심의 위헌결정에서는 이를 사실상 변경한 것이다(헌재는 명시적으로 법리변경이 있었다고 표시하지는 않고 있다).

4) 보건(건강)관련 사전심의제에 대한 위헌결정들

위와 같은 입장에서 헌재는 보건(건강)관련 사전심사제에 관하여 사전검열금지원칙을 적용하고 실제 사전검열이라고 하여 위헌결정한 예들로 의료광고 사전심의제(2015헌바75), 건강기능식품광고 사전심의제(2016헌가8), 의료기기 광고 사전심의제(2017헌가35등) 등이 있다. 위 위헌결정들 이후 자율심의제로 개정되고 있다.

5) 검토

ⅰ) 첫째, 의료, 약품, 건강기능식품 등 국민의 건강에 관련되는 경우에 건강에 폐해 여부를 가리고 폐해가 있는 부분을 소거하도록 하기 위한 심사는 필요하다. 이 문제는 헌법적 차원에서 판단해야 한다. 생명권, 건강권은 헌법 제10조 인간의 존엄과 가치에서 나오고 국민이 광고로 오용·남용의 위험을 안지 않기 위해 알고자 하는 사항을 진실 되게 알리도록 하는 점에서 알권리의 올바른 실현이기도 하다. 행정권이 개입하여 사전검열로 보게 된 것은 언론탄압의 역사에서도 막아야 할 문제이다. 그러나 국민의 보건에 관한 국가의 보호의무를 헌법 제36조 제3항이 명시하고 있다는 점에서 국가의 개입이 요구되기도 한다. 그 점에서 건강 관련 광고에 대한 사전심의제를 검열의 문제로 가져가는 것에 대해 검토가 필요하다. 둘째, 사전검열로 보더라도 여기서 검열이고 위헌인 이유는 바로 행정권의 개입이 있다는 점인데 그 점에서 전면적 위헌으로 선언했어야 했는지 하는 의문이 있다. 그 점은 위 위헌결정들 이후에도 사전심사를 완전히 폐지하지 않고 위에서 언급한 대로 행정권 개입 차단을 위해 자율심의로 나아가고 있음을 보더라도 그러하다. 한편 생각건대 헌법 제36조 제3항의 국가의무를 고려하면 의료, 건강과 같은 사안의 경우 최소한 가처분사건처럼 의료 등에 대해 전문적 심의를 사법부의 개입 하에 이루어지게 하는 방안도 고려될 수 있다.

ⅱ) 위 헌재의 93헌가13 결정에서 청소년보호를 위한 등급심사를 검열이 아니라고 본 것은 결론은 타당하나 사전검열금지원칙의 전면적 금지를 천명한 자신의 위 판례법리와 어떻게 논리적으로 일관성을 가지게 할 것인지 검토대상이 된다.

(4) 검열 인정의 요건

1) 4요소의 확립

헌재는 위에 인용된 결정례들에서도 이미 언급되기도 하였지만 검열인정 요건으로서 위에서 언급된 검열개념에 맞추어 4요소의 기준을 확립하고 있다.

---

① 일반적으로 허가를 받기 위한 표현물의 제출의무가 존재할 것
② 행정권이 주체가 된 사전심사절차가 존재할 것
③ 허가를 받지 아니한 의사표현을 금지할 것
④ 심사절차를 관철할 수 있는 강제수단이 존재할 것

❏ 헌재의 확립된 판례법리

헌재는 헌법이 금지하는 사전검열인지 여부가 판단대상 쟁점이 된 심판사안에서 위 4가지 요소를 들고 이에 해당되는지 여부에 따라 사전검열성 여부를 판단한다(94헌가6; 2005헌마506; 2015헌바75; 2016헌가8 등). 헌재는 이 4요건을 모두 갖춘 경우에만 검열에 해당한다고 본다.

2) 핵심인 위 ②의 '행정권이 주체가 된'의 판단기준

헌재는 검열의 개념의 핵심을 행정권의 개입에 두고 있다. 행정권이 주체가 되어 표현의 사전심사를 할 경우에 검열이라고 보는 것이다. 헌재는 행정기관인지를 독립위원회와 같은 외관, 형식에 따라서가 아니라 "행정권이 주체가 되어 검열절차를 형성하고 검열기관의 구성에 지속적인 영향을 미칠 수 있는 경우"인지를 두고 판단한다(실질설). 그 이유의 설시는 아래와 같다.

● **판례** [설시] 광고의 심의기관이 행정기관인지 여부는 기관의 형식에 의하기보다는 그 실질에 따라 판단되어야 한다. 따라서 검열을 행정기관이 아닌 독립적인 위원회에서 행한다고 하더라도, 행정권이 주체가 되어 검열절차를 형성하고 검열기관 구성에 지속적인 영향을 미칠 수 있는 경우라면 실질적으로 그 검열기관은 행정기관이라고 보아야 한다. 그렇게 해석하지 않으면 검열기관의 구성은 입법기술상의 문제에 지나지 않음에도 불구하고 정부가 행정관청이 아닌 독립된 위원회의 구성을 통하여 사실상 사전검열을 하면서도 헌법상 사전검열금지원칙을 위반하였다는 비난을 면할 수 있는 길을 열어주기 때문이다. 헌재 2018.6.28. 2016헌가8. 2015.12.23. 2015헌바75; 2008.10.30. 2004헌가18 등.

(5) 검열로 인정된 예

그동안 헌재가 사전검열이라고 하여 위헌성이 인정된 예들은 다음과 같다.

1) 공연윤리위원회에 의한 사전심의제의 검열성(위헌성) 인정

① 영화의 경우

● **판례** 헌재 1996.10.4. 93헌가13등
[결정요지] 영화법("영화진흥법"으로 폐지되기 전의 것)은 영화를 상영하기 전에 공연윤리위원회(줄여서 '공륜'이라 함)의 사전심의를 받아야 한다고 규정하고 있고, 공연법과 그 시행령에 의하면 공륜의 위원은 문화체육부장관에 의하여 위촉되고(공연법 제25조의3 제3항), 위원장과 부위원장의 선출은 장관의 승인을 받아야 하며(같은 법 시행령 제20조 제1항), 위원장은 심의결과를 장관에게 보고하여야 하고(같은 법 시행령 제21조), 공륜은 국가예산의 범위 안에서 공륜의 운영에 필요한 경비의 보조를 받을 수 있도록(같은 법 제25조의3 제6항) 규정하고 있다. 그렇다면 공륜이 민간인으로 구성된 자율적인 기관이라고 할지라도 법에서 영화에 대한 사전허가제도를 채택하고, 공연법에 의하여 공륜을 설치토록 하여 행정권이 공륜의 구성에 지속적인 영향을 미칠 수 있게 하였으므로 공륜은 검열기관으로 볼 수밖에 없다. 이러한 이유로 법 제12조 1항 및 2항, 제13조 1항에 근거한 공륜에 의한 영화에 대한 사전심의에 관한 부분은 헌법 제21조 2항에 위배되는 검열제도라 할 것이므로 위헌으로 결정한다.

② 음반 – 공연윤리위원회의 사전심의를 받지 않은 음반의 제작·판매를 금지하고 이에 위반한 자를 처벌하는 구 '음반 및 비디오물에 관한 법률'(1991. 3. 8. 법률 제4351호로 제정된 것)제16조 제1항 중 해당 규정(94헌가6; 97헌가1)

③ 비디오물 ㉠ 공연윤리위원의 사전심의를 받지 않은 비디오물의 판매 등을 금지하고 이에 위반한 자를 처벌하도록 하는 구 '음반 및 비디오물에 관한 법률'(1995.12.6. 법률 제5016호로 전문개정된 것) 제17조 제1항·제3항 전단부분 및 제25조 제1항 제3호 중 그 해당 부분(96헌가23), ㉡ 비디오물의 복제에 대하여 공연윤리위원회의 사전심의를 받도록 하는 것(99헌가17).

2) 한국공연예술진흥협의회에 의한 사전심의의 경우

공륜 이후 비디오물에 대한 한국공연예술진흥협의회의 사전심의도 검열이라고 보았다(99헌가1).

3) 영상물등급위원회에 의한 사전심의의 경우

(가) 등급분류보류, 추천　　청소년보호를 위하여 영화 등에 등급제도가 있다(* 등급분류제도에 대해서는 후술 참조). 그런데 등급분류의 보류는 사전검열일 수 있다. 등급을 분류 받지 못하면 영화는 상영될 수 없고 비디오물도 유통 등을 할 수 없기 때문이다. 이러한 등급분류의 횟수제한이 설정되어 있지 않을 경우에는 무한정 등급분류가 보류될 수 있는데 이는 비록 형식적으로는 '등급분류보류'에 의하더라도, 실질적으로는 심의기관의 허가를 받지 않는 한 무한정 비디오물을 통한 의사표현이 금지될 수 있다는 것을 의미한다. 따라서 이러한 등급분류보류를 행정권이 개입된 기관에서 하게 되면 사전검열로 보게 된다. 위헌결정례로는 ① 영화의 상영등급분류보류(2000헌가9, 구 영화진흥법 제21조 제4항 위헌결정, [결정요지] 영상물등급위원회의 위원을 대통령이 위촉하고, 국가예산의 범위 안에서 영상물등급위원회의 운영에 필요한 경비의 보조를 받을 수 있도록 하고 있는 점 등에 비추어 볼 때, 행정권이 심의기관의 구성에 지속적인 영향을 미칠 수 있고, 등급분류보류는 의사표현 전에 이루어지고 등급분류보류의 횟수제한이 설정되어 있지 않아 무한정 등급분류가 보류될 수 있어서 영상물등급위원회에 의한 등급분류보류제도는 '허가를 받지 아니한 의사표현의 금지' 및 '심사절차를 관철할 수 있는 강제수단'이라는 요건도 충족시킨다. 위와 같은 이유로 이 법률조항이 규정하고 있는 등급분류보류제도는 사전검열에 해당한다), ② 비디오물 등급분류보류제도(2004헌가18, 구 '음반·비디오물 및 게임물에 관한 법률' 제20조 제4항 중 '비디오물' 부분에 대해 같은 취지의 위헌결정)

(나) 외국비디오물에 대한 필요적 수입추천제도의 검열성(위헌성)　　이를 규정한 구 '음반·비디오물 및 게임물에 관한 법률'(1999.2.8. 법률 제5925호로 제정된 것) 제16조 제1항 등(2004헌가8).

(다) 외국음반의 영리목적 국내제작에 대한 영상물등급위원회의 추천　　이를 규정한 구 '음반·비디오물및게임물에관한법률'(2001.5.24 법률 제6473호로 전문개정된 것, 이하 "음비게법". * 음비게법은 2006.4.28. 법률 제7943호로 제정된 '영화 및 비디오물의 진흥에 관한 법률' 부칙 제3조에 따라 2006.10.29.자로 폐지됨) 제35조 제1항 중 해당규정 등(2005헌가14).

4) 방송광고 사전심의의 수탁 민간기구 수행의 검열성(위헌성) 인정

구 방송법(2004. 3. 22. 법률 7213호로 개정된 것) 제32조 제2항은 방송위원회는 "대통령령이 정하는 방송광고에 대하여는 방송되기 전에 그 내용을 심의하여 방송여부를 심의·의결할 수 있다"라고 규정하였고 동조 제3항은 방송사업자는 "위원회의 심의·의결의 내용과 다르게 방송하거나 심의·의결을 받지 않은 방송광고를 방송하여서는 아니된다"라고 규정하고 있었다. 그리고 당시의 동 구법 제103조 제2항은 "방송위원회는 제32조 제2항의 규정에 의한 방송광고물의 사전심의에 관련된 업무를 대통령령이 정하는 바에 의하여 민간기구·단체에 위탁한다"라고 규정하고 있었다. 헌재는 방송광고의 사전심의 업무를 이렇게 민간기구인 한국광고자율심의기구가 하고 있으나 이 자율심의기구 구성에 행정권이 개입하고 있는 등 이 자율심의기구가 행하는 방송광고 사전심의는 행정기관에 의한 사전검열로서 헌법이 금지하는 사전검열에 해당하여 청구인의 표현의 자유를 침해한다고 하여 위 제32조 제2·3항에 대해 위헌결정을 하였다. 이 결정에서 2008.2.29. 법률 제8867호로 개정된 위 조항들도 심의·의결 주체를 방송위원회에서 방송통신심의위원회로 변경된 것뿐 같은 내용이어서 조항들도 함께 위헌결정을 받았다.

● **판례** 헌재 2008.6.26, 2005헌마506 구 방송법 제32조 제2항 등
[결정요지] 구 방송법 위탁규정에 따라 이 텔레비전 방송광고의 사전심의는 실제 방송위원회(후일의 방송통신심의위원회)로부터 위탁을 받은 자율심의기구가 행하고 있다. 광고심의위원의 선임에 관여하는 회장과 이사의 선임에 문화관광부장관의 승인을 요하도록 하는 것은 광고심의기구 구성에 행정권이 개입하고 있는 것이라 볼 수 있다. 이 자율심의기구는 행정법상 공무수탁사인에 해당되어 방송위원회로부터 관리, 감독을 받고 있는 이상, 이 기구의 성격을 방송위원회와 달리 취급할 이유는 없어 보인다. 자율심의기구의 운영비용을 방송위원회에 의존하고 있는 상황에서는 그 영향력에서 완전히 벗어나 독립적이고 자율적으로 사전심의를 하고 있다고 보기 어렵고, 결국 이 방송광고 사전심의에 있어서는 자율심의기구의 행정기관성을 부인하기는 어려울 것이다. 따라서 자율심의기구가 행하는 이 방송광고 사전심의는 행정기관에 의한 사전검열로서 헌법이 금지하는 사전검열에 해당하여 표현의 자유를 침해한다.

5) 의료광고 사전심의의 검열성(위헌성) 인정

헌재는 사전심의를 받지 아니한 의료광고를 금지하고 이를 위반한 경우 처벌하는 의료법 제56조 제2항 제9호 중 '제57조에 따른 심의를 받지 아니한 광고' 부분 및 의료법 제89조 가운데 위 금지규정 해당 부분은 헌법이 금지하는 사전검열에 해당하므로 표현의 자유를 침해하여 위헌이라고 결정하였다.

● **판례** 헌재 2015.12.23. 2015헌바75
[결정요지] (1) 이 사건 의료광고의 사전심의는 그 심의주체인 보건복지부장관이 행하지 않고 그로부터 위탁을 받은 각 의사협회가 행하고 있지만, 실질적으로 민간심의기구가 심의를 담당하는 경우에도 행정권의 개입 때문에 자율성이 보장되지 않는다면, 헌법이 금지하는 행정기관에 의한 사전검열에 해당하게 될 것이다. iii) 의료법상 사전심의의 주체는 보건복지부장관이며, 보건복지부장관은 언제든지 위탁을 철회하고 직접 의료광고 심의업무를 담당할 수 있다. 보건복지부장관은 공무수탁사인에 해당하는 각 의사협회에 대하여 위임사무 처리에 대한 지휘·감독권을 가지고 있으며, 의료법 시행령상 심의기관의 장은 심의 및 재심의 결과를 보건복지부장관에게 보고할 의무가 있다. 또한, 의료법상 보건복지부장관은 의료인 단체에 대해 재정지원을 할 수 있고, 심의기준과 절차 등에 대해 대통령령으로 정하도록 하고 있으므로, 행정권은 이를 통해 사전심의절차에 영향력을 행사할 수 있다. 그렇다면, 각 의사협회가 의료광고의 사전심의업무를 수행함에 있어서 보건복지부장관 등 행정권의 영향력에서 완전히 벗어나 독립적이고 자율적으로 사전심의를 하고 있다고 보기 어렵다. (2) 따라서 이 사건 의료광고 사전심의는 헌법이 금지하는 사전검열에 해당하므로 청구인들의 표현의 자유를 침해한다.

* 유의: 의료광고 사전심의제는 위에서 본 것처럼 사전검열이라고 하여 위헌으로 결정났는데 비해 비의료인의 의료광고금지조항 합헌결정(2015헌바325), '치료효과를 보장하는 등 소비자를 현혹할 우려가 있는 내용의 광고'를 한 경우 형사처벌하도록 규정한 의료법 규정에 대한 합헌결정(2013헌바28), '거짓이나 과장된 내용'의 의료광고 금지 및 처벌의 합헌성 인정결정(2012헌마685)과 혼동하지 말아야 한다.

* 의료광고심의제는 이후 자율심의제로 변경되었다.

6) 건강기능식품광고 사전심의제의 사전검열성 인정

ⓐ 이전에 합헌으로 결정(헌재 2010.7.29. 2006헌바75)되었던 건강기능식품광고의 사전심의제에 대해 다시 2018년에는 위헌심사가 이루어졌는데 건강기능식품광고의 경우에도 사전검열금지원칙이 적용되고 그 결과 사전검열에 해당된다고 보아 판례변경을 하여 위헌결정을 내렸다. * 이 판례변경을 가져온 위헌결정의 심판대상조항은 구 '건강기능식품에 관한 법률'(2012.10.22. 법률 제11508호로 개정되고, 2018.3.13. 법률 제15480호로 개정되기 전의 것 등)이 건강기능식품의 기능성에 대한 표시·광고 심의제도를 두고 있었는데(동법 제16조) 이 심의조항에 따라 '심의받은 내용과 다른 내용의 광고'를 할 수 없게 금지한 조항(동법 제18조 제1항 제6호는 "심의를 받지 아니하거나 심의받은 내용과 다른 내용의 표시·광고"를 금지하고 있었는데 그 문언 중 '심의받은 내용과 다른 내용의 광고' 부분), 이를 위반한 경우에 처벌하는 조항, 이를 위반한 경우에 영업정지나 영업소의 폐쇄를 할 수 있게 한 조항이었다. 그 처벌과 제재의 원인이 심의제도에 있었으므로 이를 사전검열로 본 결과 이 조항들에 대해 아래의 위헌결정이 있게 된 것이다.

● **판례** 헌재 2018.6.28. 2016헌가8
[결정요지] 건강기능식품법상 기능성 광고의 심의는 식약처장으로부터 위탁받은 한국건강기능식품협회에서 수행하고 있지만, 법상 심의주체는 행정기관인 식약처장이며, 언제든지 그 위탁을 철회할 수 있고, 심의위원회의 구성에 관하여도 법령을 통해 행정권이 개입하고 지속적으로 영향을 미칠 가능성이 존재하는 이상 그 구성에 자율성이 보장되어 있다고 볼 수 없다. 식약처장이 심의기준 등의 제정과 개정을 통해 심의 내용과 절차에 영향을 줄 수 있고, 식약처장이 재심의를 권하면 심의기관이 이를 따라야 하며, 분기별로 식약처장에게 보고가 이루어진다는 점에서도 그 심의업무의 독립성과 자율성이 있다고 어렵다. 결국 건강기능식품 기능성광고 심의는 행정권이 주체가 된 사전심사라고 할 것이다. 따라서 이 사건 건강기능식품 기능성광고 사전심의는 헌법이 금지하는 사전검열에 해당하므로 헌법에 위반된다. 종래 이와 견해를 달리하여 건강기능식품 기능성광고의 사전심의절차를 규정한 구 건강기능식품법 관련조항이 헌법상 사전검열금지원칙에 위반되지 않는다고 판단한 우리 재판소 결정(2006헌바75)은, 이 결정 취지와 저촉되는 범위 안에서 변경하기로 한다.

ⓑ '심의를 받지 아니한 광고' 부분에 대한 동지의 다음 결정도 있었다(● 판례 헌재 2019.5.30. 2019헌가4).

* 건강기능식품광고심의제는 이후 자율심의제로 변경되었다.

7) 의료기기 광고 사전심의제

의료기기와 관련하여 심의를 받지 아니하거나 심의받은 내용과 다른 내용의 광고를 하는 것을 금지하고 이를 위반한 경우 행정제재와 형벌을 부과하도록 한 의료기기법 제24조 제2항 제6호 및 구 의료기기법 제36조 제1항 제14호 중 '제24조 제2항 제6호를 위반하여 의료기기를 광고한 경우' 부분, 구 의료기기법 제52조 제1항 제1호 중 '제24조 제2항 제6호를 위반한 자' 부분이 행정권이 주체가 된 사전심사로서 사전검열금지원칙에 위반되어 위헌이라고 결정되었다.

● **판례** 헌재 2020.8.28. 2017헌가35등
[결정요지] 의료기기법상 의료기기 광고의 심의는 식약처장으로부터 위탁받은 한국의료기기산업협회가 수행하고 있지만, 법상 심의주체는 행정기관인 식약처장이고, 식약처장이 언제든지 그 위탁을 철회할 수 있으며, 심의위원회의 구성에 관하여도 식약처고시를 통해 행정권이 개입하고 지속적으로 영향을 미칠 가능성이 존재하는 이상 그 구성에 자율성이 보장되어 있다고 보기 어렵다. 식약처장이 심의기준 등의 개정을 통해 심의 내용 및 절차에 영향을 줄

수 있고, 심의기관의 장이 매 심의결과를 식약처장에게 보고하여야 하며, 식약처장이 재심의를 요청하면 심의기관은 특별한 사정이 없는 한 이에 따라야 한다는 점에서도 그 심의업무 처리에 있어 독립성 및 자율성이 보장되어 있다고 보기 어렵다. 따라서 이 사건 의료기기 광고 사전심의는 행정권이 주체가 된 사전심사로서 헌법이 금지하는 사전검열에 해당하고, 이러한 사전심의제도를 구성하는 심판대상조항은 헌법 제21조 제2항의 사전검열금지원칙에 위반된다.

(6) 검열이 아닌 제도

① 법원에 의한 상영금지가처분은 행정권이 주체가 아닌 사법부가 행하는 것이므로 검열이 아니라고 본다. 헌재는 "이 사건 법률조항에 의한 방영금지가처분은 비록 제작 또는 방영되기 이전, 즉 사전에 그 내용을 심사하여 금지하는 것이기는 하나, 이는 행정권에 의한 사전심사나 금지처분이 아니라 개별 당사자간의 분쟁에 관하여 사법부가 사법절차에 의하여 심리, 결정하는 것이므로, 헌법에서 금지하는 사전검열에 해당하지 아니한다"라고 판시하였다(2000헌바36). 위 판시는 가처분을 사전심사라고 헌재가 본 것으로 이해하게 하는데 검열이 아닌 합헌으로 보아야 할 이유의 중심이 사법부의 결정이라는, 그래서 행정권의 부존재에 있다는 것이 중요하다. 헌재는 그 외에도 가처분이 인용되더라도 그 부분에 한정되는 점, 인용요건이 엄격한 점 등에서 침해최소성을 갖추어 과잉금지원칙을 준수하고 있음도 합헌사유로 들고 있다.

그 외 ② 납본제도(90헌바26), ③ 옥외광고물설치허가제(96헌바2), ④ 국정·검인정교과서제도(89헌마88), ⑤ 음반·비디오물·게임물 유통관련업등록제(99헌바117) 등도 검열제도가 아니라고 판단되었다. ⑥ 인터넷 본인확인제(실명제)(헌재는 게시 글의 내용에 따라 규제를 하는 것이 아니고, 정보통신서비스 제공자의 삭제의무를 규정하고 있지도 않으므로 사전검열이 아니라고 보았다. 그러나 과잉금지원칙을 위반한 익명표현의 자유 침해라는 이유로 결국 위헌결정이 되었다. 2010헌마47등. 이 결정에 대한 더 자세한 것은 후술 인터넷규제 부분 참조), ⑦ 인터넷 선거운동 실명제[2008헌마324; 2012헌마734등. * 유의: 이 결정들은 합헌결정들이었는데 이후 2021.1.28.에 인터넷선거운동에 관한 실명확인제를 규정한 공직선거법 제82조의6 제1항 등이 과잉금지원칙을 위반한 개인정보자기결정권의 침해로 보고 위헌결정을 하였다(2018헌마456등. 이 위헌결정에서는 검열인지 여부에 대한 판시는 없었다. 이 위헌결정은 후술, 인터넷규제 부분 참조)], ⑧ 공무원의 국가정책 등 반대 행위 금지(2009헌마705등), ⑨ 선거여론조사 사전신고(2014헌마360)에 대해서도 사전검열이 아니라고 본다.

(7) 등급분류제와 영화의 제한상영가제도
1) 등급분류제

청소년의 보호 등을 위하여 영화나 비디오물('영화 및 비디오물의 진흥에 관한 법률' 제29조, 제50조), 음악영상물('음악산업진흥에 관한 법률' 제17조), 게임물('게임산업진흥에 관한 법률' 제21조) 등에는 연령에 따른 관람가, 이용가 등을 구분하는 등급분류제도가 시행되고 있다. 이러한 등급분류를 하기 위해서는 사전에 심의를 해야 할 것이다. 헌재는 그 분류는(* 물론 그 분류를 위한 사전심의도) 검열이 아니라고 본다[93헌가13. 등급분류를 보류하는 것과 혼동을 하지 말아야 하고 보류에 관해서는 헌법불합치결정(위에서 본 2000헌가9)이 있었다]. 비디오등급제에 대해서도 사전검열이 아니며 또한 과잉금지원칙도 준수하고 있다고 보아 합헌으로 결정한 바 있다(2004헌바36).

2) 영화의 제한상영가 제도

(가) 도입연유와 의의   2002년 이전에 폭력·음란 등의 과도한 묘사 등으로 당시 등급 18세관람가(18세 미만의 자는 관람할 수 없는 영화, 현재 '청소년 관람불가')로도 분류하기 어려운 경우를 위해 두었던 상영등급분류보류제도가 위에서 살펴본 대로 사전검열이라고 하여 위헌으로 결정되었다(2000헌가9. 이 결정에 대해서는 위의 검열로 인정된 예 부분 참조). 이에 따른 공백을 메우기 위하여 상영등급분류에 "제한상영가" 등급을 신설하고, "제한상영가" 등급의 영화를 상영할 수 있는 공간으로서 "제한상영관" 제도를 도입하여 이를 특별관리하게 된 것이다.

(나) 헌법불합치결정   제한상영가 제도를 도입한 후 헌재가 정의규정이 애초의 문구가 모호하여 위헌성이 있다고 하여 개정되었다. 즉 애초 '제한상영가' 등급의 영화를 '상영 및 광고·선전에 있어서 일정한 제한이 필요한 영화'라고 정의한 구 영화진흥법(2002.1.26. 법률 제6632호로 개정되고, 2006.4.28. 법률 제7943호로 폐지된 것, 이하 '영진법') 제21조 제3항 제5호, 동일한 규정을 두고 있었던 이후 법률규정인 '영화 및 비디오물 진흥에 관한 법률'(2006.4.28. 법률 제7943호로 개정된 것, 이하 '영비법') 제29조 제2항 제5호가 명확성원칙에 위배된다고 하면서 헌법불합치로 결정되었고, 위 영화진흥법 제21조 제7항 후문 중 '제3항 제5호' 부분이 제한상영가 상영등급분류의 구체적 기준을 영상물등급위원회의 규정에 위임하고 있는 것이 포괄위임금지원칙에 위배된다고 하여 아래와 같이 헌법불합치로 결정되었다.

● **판례** 헌재 2008.7.31. 2007헌가4
[결정요지] (1) 영진법 제21조 제3항 제5호의 명확성 원칙 위배 여부 ─ 영진법 제21조 제3항 제5호는 제한상영가 등급의 영화가 어떤 영화인지를 말해주기보다는 제한상영가 등급을 받은 영화가 사후에 어떠한 법률적 제한을 받는지를 기술하고 있는바, 이것으로는 제한상영가 영화가 어떤 영화인지를 알 수가 없다. 영진법 제21조 제3항 제5호 규정이나 관련 규정들로는 제한상영가 등급의 영화가 어떤 영화인지를 예측할 수 없으므로 영진법 제21조 제3항 제5호는 명확성원칙에 위배된다. (2) 영진법 제21조 제7항 후문 중 '제3항 제5호' 부분의 포괄위임금지원칙 위배 여부 (a) 표현의 자유의 제한과 관련되어 있다는 점에서 경미한 사항이라고도 할 수 없는데도, 이 사건 위임규정은 영상물등급위원회 규정에 위임하고 있는바, 이는 그 자체로서 포괄위임금지원칙을 위반하고 있다. (b) 무엇이 제한상영가 등급을 정하는 기준인지에 대해 전혀 알 수 없고, 다른 관련규정들을 살펴보더라도 위임되는 내용이 구체적으로 무엇인지 알 수 없으므로 이는 포괄위임금지원칙에 위반된다.

(다) 개정과 현행규정   영비법은 위 결정 이후 개정되었고 현재까지 '제한상영가' 등급은 "선정성·폭력성·사회적 행위 등의 표현이 과도하여 인간의 보편적 존엄, 사회적 가치, 선량한 풍속 또는 국민 정서를 현저하게 해할 우려가 있어 상영 및 광고·선전에 일정한 제한이 필요한 영화"라고 정의하고 있다(동법 제29조 제2항 제5호).

4. 사후적 제한

언론·출판이 발표된 후 사후적 제한은 가능하다. 그러나 사후제한도 법률에 의하여야 하는

데 그 법률은 앞서 본 명확성원칙, 명백하고 현존하는 위험의 원칙, 이익형량원칙, 필요최소한의 규제수단의 선택원칙 등을 지켜야 한다.

5. 언론사의 소유·겸유·겸영 제한 – 언론시장의 독과점 방지

(1) 제한의 헌법적 근거 – 독립성, 소수자보호, 다원주의를 위한 제한
특정 자본이나 기업에 의하여 그리고 하나의 언론사가 여러 매체를 장악하여 언론시장의 독과점이 형성되면 그 자본이나 기업들이 선호하는 성향의 의견의 영향력이 강해지므로 공중의 다양한 의사를 전달하는 기능이 약화되고 소수자의 언로가 막혀 언론의 다원주의(多元主義)가 파괴될 수 있다. 그러므로 이를 막아 언론의 독립성과 소수자의 보호와 다원주의라는 헌법적 요구를 구현하기 위하여 언론에 대한 독과점을 방지할 필요가 있다. 그리하여 언론사의 소유에 대한 제한과 겸유·겸영에 대한 제한이 이루어지고 있다. 이러한 제한으로 언론사설립부터 제약이 가해지면 사전적 제한이 되기도 한다.

(2) 내용
ⅰ) 다음의 주요 유형의 제한이 있다. ① 하나의 언론사에 있어서 <u>주식 소유의 상한</u>을 설정하고 있다. 방송법은 지상파방송사업과 종합편성 또는 보도에 관한 전문편성을 행하는 방송채널사용사업의 경우 그 사업자의 주식 또는 지분 총수의 100분의 40을 초과하여 소유할 수 없다고 규정하고 있다(방송법 제8조 제2항). '신문 등의 진흥에 관한 법률'도 대기업의 일반일간신문 소유제한을 두고 있다(동법 제18조). ② <u>다른 매체들 간의 겸유·겸영에 대한 제한</u>이 있다. 종전에는 일간신문, 방송, 통신 간의 겸유·겸영이 전면적으로 금지되었으나 2009년에 이를 철폐하고 일정 비율 내의 겸유·겸영을 인정하고 있다(방송법 제8조 제3·4·5항). ③ <u>방송매체들 간의 겸유·겸영 제한</u> – 이는 다른 유형의 방송들 간에 겸유(이른바 '교차소유')·겸영이 일정 비율을 초과할 수 없도록 하고 있다(방송법 제8조 제6·7·8·9항 규정 참조). 대기업의 지상파방송에 대한 소유상한제도 두고 있다. * 문제점 – 그동안 필자는 시장점유율 등을 반영하여야 겸영제한에 합리성이 있다는 주장을 많이 하였는데[377] 위 규정들 중에 시장점유율을 감안하도록 한 제한도 있다. 그런데 방송이면 방송, 신문이면 신문 한 종류 매체 내에서 시장점유율만 반영하는 것이라면 불완전하다. 언론시장 전체에서 차지하는 점유율 반영이 다원주의에 보다 충실해진다. ⅱ) 신문의 복수소유를 일률적으로 금지하였던 구 '신문 등의 자유와 기능보장에 관한 법률' 규정이 필요 이상으로 신문의 자유를 제약하고 있다고 하여 헌법불합치결정이 있었다(2005헌마165). 동법의 신문사업자를 일반사업자에 비하여 더 쉽게 시장지배적 사업자로 추정되도록 한 규정은 단순위헌으로 결정되었다(2005헌마165). ⅲ) 외국자본의 출자·출연 금지 내

---

377) 졸고, 방송의 다원주의보장과 방송규제기관의 권한에 관한 헌법판례 – 프랑스의 경우를 중심으로, 금랑 김철수 교수 정년기념논문집, 1998, 박영사, 447면 이하 참조.

지 제한(방송법 제14조)이 있다.

6. 방송의 자유, 신문의 자유 등에 대한 제한

여기서 중요 언론매체인 방송, 신문 등의 자유에 대한 제한을 살펴본다.

(1) 방송의 자유에 대한 제한
1) 설립상 제한, 소유 · 경영 제한

허가제, 소유, 경영에 있어서 겸유 · 겸영의 제한 문제는 위에서 살펴보았다.

2) 방송사업자와 대표자 · 방송편성책임자의 자격요건

대한민국의 국적을 가지지 아니한 자, 미성년자 또는 한정치산자는 방송법인의 대표자 또는 방송편성책임자가 될 수 없는데 그 외에 될 수 없는 자들을 방송법이 규정하고 있다(동법 동조 제13조).

3) 시청점유율의 제한

ⅰ) 제한의 의의와 내용 − 시장의 독과점을 방지함으로써 다양한 의견의 전달이 이루어지도록 하기 위하여(다원주의의 보장) 시청점유율의 제한제도를 두고 있다. 즉 방송사업자의 시청점유율(전체 텔레비전 방송에 대한 시청자의 총 시청시간 중 특정 방송채널에 대한 시청시간이 차지하는 비율을 말한다)은 100분의 30을 초과할 수 없다고 규정하고 있다(동법 제69조의2 제1항 본문). 시청점유율 산정의 구체적인 기준 · 방법 등 필요한 사항은 대통령령으로 정하는 바에 따라 미디어다양성위원회(동법 제35조의4)의 심의를 거쳐 방송통신위원회가 고시로 정한다(동법 제69조의2 제3항). ⅱ) 효과 − 방송통신위원회가 산정된 시청점유율을 허가 · 승인, 변경승인, 재허가 등의 심사에 반영하여야 하고, 방송통신위원회는 시청점유율을 초과하는 사업자에 대하여는 방송사업 소유제한, 방송광고시간 제한, 방송시간의 일부양도 등 필요한 조치를 명할 수 있다(동법 동조 제4, 5항 전문). ⅲ) 문제점 − ① 허가신청단계에서는 방송이 된 바 없으므로 시청점유율 반영이라는 의미가 문제이고. ② 초과시 기본권제한인 소유제한 등이 있게 되므로 시청점유 산정에 관한 대통령령 위임에는 법률유보원칙상 신중해야 한다.

4) 방송의 내용에 대한 규제

(가) 방송의 내용상 의무[378]   현행 방송법은 다음의 의무를 비교적 자세히 규정하고 있다. ⅰ) 기본권보장의무 − 방송은 인간의 존엄과 가치를 존중하여야 하고, 타인의 명예를 훼손하거나 권리를 침해하여서는 아니되며, 기본권 옹호에 이바지하여야 하고(동법 제5조 제1 · 3항, 제6조 제3항), 국민의 알권리와 표현의 자유를 보호 · 신장하여야 한다(방송법 제6조 제4항). 또한 방송편성에 차별을 두어서는 아니된다고 규정하고 균등 · 균형성 유지의무를 규정하고(동법 동조

---

378) 졸고, 방송의 내용상 의무에 관한 연구, 성균관법학, 19(3), 2007, 29-57면 참조.

2, 9항), 상대적으로 소수이거나 이익추구의 실현에 불리한 집단이나 계층의 이익을 충실하게 반영하도록 노력하여야 한다(동법 제6조 제5항). ⅱ) 헌법질서·사회질서 등의 존중의무(동법 제5조 제2·4·5항), ⅲ) 공정성준수의무(동법 제6조 제1·2·9항). ⅳ) 공익성보장의무 ― 방송은 사회의 公器로서 공익의 증진에 이바지하여야 한다. 방송은 국민의 윤리적·정서적 감정을 존중하여야 하며(동법 동조 3항), 사회교육기능을 신장하고, 유익한 생활정보를 확산·보급하며, 국민의 문화생활의 질적 향상에 이바지하여야 하고, 표준말의 보급에 이바지하여야 하며 언어순화에 힘써야 한다(동법 동조 제7·8항). ⅴ) 방송프로그램 편성에서의 공정성 등의 의무 ― 방송사업자는 방송프로그램을 편성할 때 공정성·공공성·다양성·균형성·사실성 등에 적합하도록 하여야 한다(동법 제69조 제1항).

(나) 방송규제기관

가) 방송통신위원회 ⅰ) 구성 ― 대통령 소속이다('방송통신위원회의 설치 및 운영에 관한 법률' 제3조 제1항). 방송통신이 표현의 자유를 실현하는 데 가지는 그 중요성을 감안하면 대통령 소속은 문제가 있다. 구성은 대통령 지명, 국회 여야의 추천에 의한 임명 등으로 이루어지고 위원장은 국회의 청문대상이자 탄핵대상이기도 하다(동법 제5조 제1·2항, 제6조 5항). 정당의 당원 등은 위원이 될 수 없다(동법 제10조 제1항). 위원은 겸직이 금지되고 정치활동에 관여할 수 없다(동법 제9조 제1·2항). ⅱ) 권한 ― 위원회는 방송통신 소관사무 중 방송·통신 기본계획에 관한 사항, 방송사업자의 허가·재허가·승인·취소, 방송사업자·전기통신사업자의 금지행위에 대한 조사·제재에 관한 사항, 방송용 주파수 관리에 관한 사항 등을 심의·의결한다(동법 제12조 제1항).

나) 방송통신심의위원회 ⅰ) 의의와 성격 ― 방송 내용의 공공성 및 공정성을 보장하고 정보통신에서의 건전한 문화를 창달하며 정보통신의 올바른 이용환경 조성을 위하여 독립적으로 사무를 수행하는 방송통신심의위원회가 있다(동법 제18조 제1항). 헌재는 방송통신심의위원회는 국가행정기관이라고 본다.

● **판례** 헌재 2012.2.23. 2008헌마500
[판시] 피청구인이 행정기관인지 여부 ― 피청구인(방송통신심의위원회)은 이 사건 방송통신위원회법조항에서 정한 정보의 심의 및 시정요구 외에 방송법 제100조에 따른 제재조치 등에 대한 심의·의결 등을 할 수 있고, 심의규정의 제정 및 공표를 하며, 심의규정에 위반되는 경우에는 그 제재조치를 결정할 수 있다(법 제21조, 제24조, 제25조). 이와 같이 피청구인의 설립, 운영, 직무에 관한 내용을 종합하면, 피청구인이 공권력 행사의 주체인 국가행정기관임을 인정할 수 있다. * 동지: 헌재 2012.2.23. 2011헌가13.

ⅱ) 구성과 직무 ― 심의위원회는 9인의 위원으로 구성한다(동법 동조 제2항). 공무원, 정당의 당원 등 심의위원이 될 수 없고(동법 제19조 제1항). 심의위원은 직무를 수행함에 있어 외부의 부당한 지시나 간섭을 받지 아니하며(동법 제20조 제1항) 청렴 및 비밀유지의무를 진다(동법 제27조). 심의위원회의 직무는 방송법 제32조(방송의 공정성 및 공공성 심의)에 규정된 사항의 심의, 방송법 제100조(제재조치등)에 따른 제재조치 등에 대한 심의·의결, '정보통신망 이용촉진

및 정보보호 등에 관한 법률' 제44조의7(불법정보의 유통금지 등)에 규정된 사항의 심의 등이다 (동법 제21조).

(다) 심의제도

가) 사후심의 방송물의 내용에 대한 규제가 필요하더라도 사후에야 가능하다. 즉 방송통 신심의위원회는 방송의 내용이 공정성과 공공성을 유지하고 있는지의 여부와 공적 책임을 준 수하고 있는지의 여부를 방송 또는 유통된 후 심의·의결한다. 이 경우 매체별·채널별 특성을 고려하여야 한다고 규정하고 있다(방송법 제32조).

나) 심의규정 ⅰ) 심의규정의 내용 등 − 방송통신심의위원회는 방송의 공정성 및 공공성 을 심의하기 위하여 방송심의에 관한 규정(審議規程)을 제정·공표하여야 하는데 이 심의규정 에는 헌법의 민주적 기본질서의 유지와 인권존중에 관한 사항, 건전한 가정생활 보호에 관한 사항, 아동 및 청소년의 보호와 건전한 인격형성에 관한 사항, 공중도덕과 사회윤리에 관한 사 항, 양성평등에 관한 사항 등의 사항이 포함되어야 한다(동법 제33조 제1·2항). ⅱ) 심의기관 − 방송통신심의위원회이다. ⅲ) 심의규정 위반에 대한 제재 (a) 제재기관 − 심의기관은 방송통 신심의위원회이나 제재기관은 주로 방송통신위원회이다. (b) 제재의 종류 − 방송통신위원회 는 방송사업자·중계유선방송사업자·전광판방송사업자 또는 외주제작사가 제33조의 심의규정 및 제74조 제2항에 의한 협찬고지 규칙을 위반한 경우에는 5천만원 이하의 과징금을 부과하거 나 위반의 사유, 정도 및 횟수 등을 고려하여 다음 각호의 제재조치를 명할 수 있다. 제35조에 따른 시청자불만처리의 결과에 따라 제재를 할 필요가 있다고 인정되는 경우에도 또한 같다(동 법 제100조 제1항 본문). 1. 삭제(* 이 규정은 원래 "시청자에 대한 사과"였는데 아래의 헌재 2012.8.23. 2009헌가27 결정(아래 참조)으로 위헌이 선언되어 삭제된 규정이다 − 저자 주) 2. 해당 방송프로그램 또는 해당 방송광고의 정정·수정 또는 중지 3. 방송편성책임자·해당 방송프로그램 또는 해당 방송광고의 관계자에 대한 징계 4. 주의 또는 경고. (c) 시청자에 대한 사과의 위헌성 − 원래 구 방송법에서는 위 제재 외에 '시청자에 대한 사과'를 하도록 명할 수 있게 하는 규정(구 동법 동조 동항 제1호)을 두고 있었는데 이 규정에 대해 헌재는 방송사업자의 인격권을 과잉금지원칙 에 반하여 침해하여 위헌이라고 결정하였다.

● **판례** 헌재 2012.8.23. 2009헌가27

[결정요지] 과잉금지원칙에 위배되는지 여부 (1) 입법목적의 정당성 및 방법의 적절성 − 공정하고 객관적인 보도 를 할 책무를 부담하는 방송사업자가 심의규정을 위반한 경우 '시청자에 대한 사과'를 명할 수 있도록 규정한 것이 므로 입법목적의 정당성이 인정되고, 방법의 적절성도 인정된다. (2) 침해의 최소성 − '주의 또는 경고'의 제재조치 를 받은 사실을 공표하게 되어 이를 다른 방송사업자나 일반 국민에게 알리게 됨으로써 여론의 왜곡 형성 등을 방 지하는 한편, 해당 방송사업자에게는 해당 프로그램의 신뢰도 하락에 따른 시청률 하락 등의 불이익을 줄 수 있다. 또한, 심의규정을 위반한 방송사업자에 대한 제재수단으로, 방송사업자로 하여금 방송통신위원회로부터 심의규정을 위반하였다는 판정을 받았다는 사실을 구체적으로 공표하도록 하는 방법을 상정해 볼 수 있고, 이러한 심의규정을 위반하였다는 판정을 받은 사실의 공표에 더하여 '시청자에 대한 사과'에 대하여는 '명령'이 아닌 '권고'의 형태를 취 할 수도 있다. 이와 같이 기본권을 보다 덜 제한하는 다른 수단에 의하더라도 이 심판대상조항이 추구하는 목적을 달성할 수 있다. 반면, 사과명령은 방송사업자 자신은 심의규정을 위반하였다고 판단하지 않음에도 불구하고, 방송

통신위원회가 방송사업자가 스스로 인정하거나 형성하지 아니한 윤리적·도의적 판단의 표시를 하도록 강제로 명하는 것이다. 그렇다면 그 실효성이 크다고 할 수 없다. 따라서 심판대상조항은 침해최소성원칙에 위배된다. (3) 법익균형성 – 방송사업자의 인격권에 대한 제한의 정도가 이 심판대상조항이 추구하는 공익에 비해 결코 작다고 할 수 없어 법익균형성원칙에도 위배된다. (4) 소결 – 따라서 과잉금지원칙에 위배되어 방송사업자의 인격권을 침해한다.

(d) 권고, 의견제시 – 다만, 방송통신심의위원회는 심의규정 등의 위반정도가 경미하여 제재조치를 명할 정도에 이르지 아니한 경우에는 해당 사업자·해당 방송프로그램 또는 해당 방송광고의 책임자나 관계자에 대하여 권고를 하거나 의견을 제시할 수 있다(동법 동조 동항 단서). 위 각 제재조치를 명할 수 있는 주체는 방송통신위원회인데 이 권고나 의견제시를 할 수 있는 주체는 방송통신심의위원회를 권한주체로 규정하고 있다. [각하결정례] 이 단서 조항에 근거하여 방송통신심의회의 의견제시를 받은 방송사가 ① 그 의견제시와 ② 위 조항 중 '제33조의 심의규정 위반을 이유로 한 방송사업자에 대한 의견제시'에 관한 부분이 방송의 자유를 침해한다는 주장의 헌법소원심판을 청구하였다. 헌재는 ① 그 의견제시는 헌법소원심판의 대상이 되지 않는 비권력적 사실행위라는 이유로, ② 위 조항 규정에 대해서는 기본권 침해의 직접성이 인정되지 아니하여 이 부분 심판청구 역시 부적법하다고 하여 전체 각하결정을 하였다(2016헌마46). (e) 위반 정도 중대성의 경우 가중된 과징금(1억원 이하) 부과, 방송출연자에 대한 경고, 출연제한(동법 동조 제2·3항) 조치가 가능하다. (f) 사전 의견진술기회, 재심제도가 있다(동법 동조 제6·7항). 이는 적법절차를 위한 것이다.

(라) 청소년보호를 위한 등급분류　　이는 사전검열이 아니라고 헌재도 보는데 가족과 공동시청 등으로 중요하다. 방송사업자는 아동과 청소년을 보호하기 위하여 방송프로그램의 폭력성 및 음란성등의 유해정도, 시청자의 연령 등을 고려하여 방송프로그램의 등급을 분류하고 이를 방송 중에 표시하여야 하는데, 방송통신심의위원회는 이렇게 방송사업자가 자율적으로 부여한 방송프로그램의 등급에 대하여 적절하지 아니하다고 판단되는 경우 해당 방송사업자에게 해당 방송프로그램의 등급분류를 조정하도록 요구할 수 있다(동법 제33조 제4·6항). 위원회는 이 등급분류와 관련하여 분류기준 등 필요한 사항을 방송통신심의위원회규칙으로 정하여 공표하여야 한다(동법 동조 제5항).

(마) 자율제한(자체심의)　　방송통신심의위원회에 의한 심의는 사후적·타율적 규제이다. 방송의 내용에 대해 국가기관이 사전에 심사하면 검열금지원칙에 반하나 방송사가 스스로 자율적인 심의(자체심의)를 하는 것은 사전에 하더라도 우리 헌재 판례에 따르더라도 행정권의 개입이 없으므로 검열에 해당되지 않는다. 방송법은 방송사업자에 방송프로그램 방송 전의 자체적 심의를 강제하고 있다(방송법 제86조 제1항. 보도 프로그램은 제외).

5) 방송광고의 자유와 방송광고에 대한 규제

(가) 방송광고의 자유와 방송광고의 유형　　"방송광고"라 함은 광고를 목적으로 하는 방송내용물을 말한다(방송법 제2조 제21호). 방송을 통한 상업광고는 직업(영업)의 자유와 표현의 자유로 보장된다. 현행 방송법은 방송광고의 종류로 방송프로그램광고, 중간광고, 토막광고, 자막광

고, 시보광고, 가상광고, 간접광고 등을 규정하고 있다(방송법 제73조 제2항).

(나) 방송광고의 규제   가) 정당화 근거 — 방송의 공공재적 성격에서 찾는다(2012헌마271). 그러나 그 규제는 기본권제한의 한계를 지키는 선에서 이루어져야 한다. 나) 방송광고대행(미디어랩, media rep): ⅰ) 의미와 결정례, 그 결정례에 대한 평가 — 미디어랩이란 방송 등 언론 매체를 의미하는 media와 대표를 의미하는 representative를 합성한 용어로서 방송사 등 언론 매체사를 대신하여 광고시간, 광고지면 등을 광고주나 광고회사에 판매해주고, 그 대가로 언론 매체사로부터 대행수수료를 받는 회사를 의미한다. 이러한 미디어랩제도가 자리 잡은 이유는 방송의 공공재적 성격, 그리하여 대자본을 가진 광고주가 광고발주를 통한 언론매체사에 대한 영향력 행사 반대로 언론매체사가 광고유치를 위하여 광고주에 압력을 가하는 것을 막기 위해 광고주, 방송사 간 직거래를 피하고 그 중간역할을 하도록 하는 데에 있다. 헌재는 "방송경영의 합리화와 수익성을 제고할 수 있고" "미디어랩이 시청률 조사 등의 분석 자료를 통해" 광고주들에게 "조건에 맞는 최적의 프로그램을 찾아 원하는 목적을 달성할 수 있게 된다"라고 하며, "이러한 이유로 대부분의 국가에서는 미디어랩을 통해 방송광고의 판매와 구매를 하도록 하고 있다"라고 한다(2006헌마352). 미디어랩과 관련한 다음의 결정이 있었다. 한국방송광고공사와 이로부터 출자를 받은 회사가 아니면 지상파방송사업자에 대해 방송광고 판매대행을 할 수 없도록 규정하고 있는 구 방송법 제73조 제5항 및 구 방송법시행령 제59조 제3항(이후 제5항)에 대해 헌법불합치결정을 하였다. 그 이유로 방송광고 판매대행 시장에 제한적으로라도 경쟁체제를 도입한다는 그 입법목적은 정당하나 출자 요건에 관하여 전혀 정하고 있지 않으며, 그 출자 여부가 오로지 한국방송광고공사의 판단에 의해 좌우되도록 함으로써 한국방송광고공사가 출자를 결정하지 않으면 결국 한국방송광고공사의 독점체제가 여전히 유지될 수 있도록 하고 있고 제한적으로라도 경쟁체제를 도입한 것이라고 말할 수 없다고 보아 수단의 적합성부터 없다고 보았다. 그리고 허가제나 프로그램 쿼터제, 보조금 지급 등의 침해최소화의 다른 방법이 있는데도 이를 외면하여 침해최소성을 지키지 않은 과잉금지원칙 위반의 직업수행의 자유 침해라고 보았으며, 평등원칙에도 위배된다고 보았다(2006헌마352). * 평가 — 이 결정에서 언론·출판의 자유가 직접 거론되지는 않았고 직업수행의 자유 중심의 판단이었으나 방송의 자유로서 경영의 자유에 포함하여 보고자 여기서 인용하였다. 헌재 자신이 광고도 표현으로 인정하고 있는 점에서 다소 의외이다. 생각건대 표현물인 광고의 다양성, 광고가 언론사의 재정적 독립을 뒷받침하는 수익을 가져온다는 점 등에서는 표현의 자유도 문제된다고 보았어야 하지 않나 한다. ⅱ) 이후 위 헌법불합치결정이 정해준 개정시한을 국회가 훨씬 넘긴 2012년 말에 '방송광고판매대행 등에 관한 법률'이 제정되어 현재 시행 중이다. 이 법률은 제5조 제1항에서는 이전의 독점제를 없애어 방송광고 판매 대행업에 허가제를 도입함으로써 복수의 방송광고 판매 대행업체가 존재할 수 있게 하였다. 그런데 동법은 방송문화진흥회가 최다출자자인 방송사업자(문화방송사) 등의 경우 이전과 같이 공영미디어랩인 한국방송광고진흥공사에 의한 방송

광고 판매만을 허용하고 있으므로 이는 위 헌법불합치결정의 기속력에 반하고 직업의 자유를 침해한다고 하여 문화방송사가 헌법소원심판을 청구하였다. 헌재는 기속력에 반하지 않고 공영방송사의 경우 그 존립근거나 운영주체의 특성상 상대적으로 더 높은 수준의 공공성을 요구받을 것이므로 시청률 위주의 지나친 상업적 방송이 되는 것을 막고, 시청률은 낮더라도 공익성이 높은 프로그램의 경우에도 적정한 가격에 방송광고를 판매할 수 있도록 그 규제가 가능한 공영미디어렙을 통해 방송광고를 판매하도록 하는 것은 지나친 직업수행의 자유 제한이라고 볼 수 없어 과잉금지원칙을 준수하였다고 하여 합헌으로 판단하였다(2012헌마271). iii) 이른바 '결합판매제도'에 대해서는 논란이 있다. 다) 방송광고의 허용범위·시간·횟수, 방법 - 이에 관하여 필요한 사항은 대통령령으로 정하도록 하고 있다(방송법 제73조 제2항). 라) 내용상 제한 - 허위, 과장 광고의 금지 - 방송사업자는 허위, 과장 등 시청자가 오인할 수 있는 내용이 담긴 방송광고를 방송하여서는 아니 된다(동법 제86조 제2항). 마) 심의제도 문제 - i) 방송광고 사전심의의 수탁 민간기구 수행의 검열성(위헌성) - 이에 대한 위헌결정(2005헌마506)은 앞서 보았다. ii) 현행 자체심의, 방송사업자에 의한 위탁 제도 - 행정권의 개입이 없는 사전심의는 합헌적이다. 방송법도 위 위헌결정 이후 해당 규정을 삭제하였고 현행 방송법은 방송사업자는 방송광고가 방송되기 전에 자체적으로 심의하거나 방송통신위원회에 신고한 방송 관련 기관 또는 단체에 위탁하여 심의할 수 있다고 규정하고 있다(동법 제86조 제3항).

(다) 협찬고지　　협찬고지는 방송제작에 필요한 도움을 받았음을 알리는 것으로(방송법 제2조 제22호). 이를 통해 광고의 효과를 가져올 수 있으므로 남발을 막기 위한 제한이 이루어지고 있기도 하다. 즉 방송사업자는 대통령령으로 정하는 범위 안에서 협찬고지를 할 수 있다고 하여(동법 제74조 제1항) 그 범위를 한정하고 있다. 이처럼 협찬고지의 범위를 대통령령으로 정하도록 위임한 것이 포괄위임이라는 주장에 대해 헌재는 협찬고지할 수 없는 대상을 충분히 예측할 수 있어 위임의 구체성·명확성의 요건이 충족되었다고 보아 합헌으로 결정하였다(2002헌바49). 협찬고지 규칙을 위반한 경우에는 과징금 부과나 법소정의 제재조치를 받을 수 있다(동법 제100조 제1항).

(2) 신문의 자유에 대한 제한
1) 등록제
신문사의 설립과 발행에 있어서 등록제로 하고 있다. 등록제를 합헌으로 보면서도 등록요건으로 갖추도록 규정한 소정의 인쇄시설이 자기소유여야 하는 것으로 해석하는 것은 위헌이라는 헌재의 한정위헌결정이 있었다(90헌가23). 이에 대해서는 앞의 언론기관의 설립과 허가제 문제에서 살펴보았다(전술 참조). 현행 '신문 등의 진흥에 관한 법률'(줄여 '신문진흥법')도 등록제를 취하고 있다(동법 제9조 제1항). 등록요건이 지나치게 까다로우면 실질적으로 허가제가 될 수 있으므로 위헌일 수 있다. 현재 인쇄시설 보유요건은 등록요건으로 하지 않고 있다. 등록제는 신문의 현황을 파악하기 위한 행정적 관리의 의미를 가지고 등록증의 교부는 그것의 증명의 의미를 가질 뿐이므로 등록제를 도입하더라도 등록 그 자체로 신문발행이 가능하도록 하여야 한다. 현행 신문진흥법은 신문·인터넷신문 또는 인터넷뉴스서비스를 등록한 때에는 시·도지사는 지체 없이 등록증을 내주어야 한다고 규정하고 있다(동법 동조 제4항).

2) 겸유·겸영 문제(일간신문·뉴스통신·방송사업 간의 상호 겸영금지 폐지), 대기업의 소유제한 등

이에 대해서는 앞서 살펴보았다.

3) 발행인·편집인 등의 자격 제한

ⅰ) 법규정 – 대한민국의 국민이 아닌 사람 등은 신문 및 인터넷신문의 발행인 또는 편집인이 되거나 인터넷뉴스서비스의 기사배열책임자가 될 수 없다고 규정하고 있다(신문진흥법 제13조 제1항). ⅱ) 미성년자 결격의 합헌성 – 위 조 제1항 제7호에 결격자로 미성년자를 규정한 부분에 대해 헌재는 판단능력 또는 결정능력이 미약한 사람들을 신문 및 인터넷신문의 발행인 또는 편집인에서 배제하기 위하여 의사능력에 관한 민법상 미성년자 제도를 차용한 것이 언론의 사회적 중요성에 비추어 과도한 제한이라고 할 수 없다고 하여 합헌성을 인정하였다(2010헌마437. * 평석 – 미성년이면 일률적으로 모두 결격으로 하여 청소년 신문인데도 결격시켜야 한다면 침해최소성원칙에 부합되지 않는다는 점에서 이 결정의 취지를 받아들이기 어렵다).

4) 일간신문의 시장지배적사업자 문제

(가) 시장지배적사업자의 추정 규정의 신문의 자유, 평등권 침해 구 '신문 등의 자유와 기능 보장에 관한 법률'(2005.1.27. 법률 제7369호로 전문 개정된 것. 이하 '신문법'이라 한다) 제17조는 1개 일간신문사의 시장점유율 30%, 3개 일간신문사의 시장점유율 60% 이상인 자를 시장지배적사업자로 추정하여 일반사업자들에 대한 공정거래법의 그 비율(1개 사업자의 시장점유율 100분의 50 이상, 3개 이하 사업자의 시장점유율 100분의 75 이상)보다 낮게 하여 시장지배적사업자 추정을 더 쉽게 함으로써 신문발전기금의 지원을 받지 못하는 불이익, 공정거래법상의 각종 규제 대상이 더 쉽게 되도록 하여 신문의 자유, 평등권이 침해된다는 논란이 있었다. 헌재는 위 제17조에 대해 신문의 시장점유율은 신문매출액, 구독자수, 광고매출액 등 다양한 요인을 함께 고려하여 평가하여야 함에도 불구하고 이 조항은 단지 발행부수 하나만을 기준으로 삼고 있고, 신문의 발행부수는 주로 독자의 선호도에 의하여 결정되는 것인 만큼 발행부수를 기준으로 불공정행위의 산물이라고 보거나 불공정행위를 초래할 위험성이 특별히 크다고 볼만한 사정은 없기 때문에 그 차별에 합리적인 이유가 없을 뿐만 아니라 신문의 다양성 보장이라는 입법목적 달성을 위한 합리적이고도 적정한 수단이 되지 못하므로 신문사업자의 평등권을 침해하고 불합리하고 부적절하게 신문의 자유를 침해하여 위헌이라고 결정하였다(2005헌마165).

(나) 시장지배적 신문사업자의 신문발전기금 지원대상 배제의 위헌성 시장지배적 신문사업자를 신문발전기금의 지원대상에서 배제한 위 구 '신문법' 제34조 제2항 제2호에 대해서도 위

취지와 같이 헌재는 독자의 선호도 반영결과인 발행부수가 많다는 점을 이유로 하는 합리적 이유 없는 차별이라고 하여 평등권 침해로 보아 위헌선언하였다(같은 위 2005헌마165).

5) 인터넷신문 고용 요건에 관한 위헌성

인터넷신문의 취재 및 편집 인력 5명 이상을 상시 고용하도록 한 규정에 대해서 위헌결정이 있었고(2015헌마1206등) 이에 대해서는 앞서 살펴보았다.

6) 신문의 책임 – 내용상 책임, 독자보호 책임 등

현행 신문 등의 진흥에 관한 법률('신문진흥법')은 ⅰ) 인간존엄가치, 민주적 기본질서의 존중(동법 제3조 제3항), 청소년보호(동법 제9조의2)의 의무, ⅱ) 독자의 권리보호 책임(동법 제6조)을 규정하고 있다. ⅲ) 인터넷뉴스서비스사업자의 책임 – 인터넷뉴스서비스사업자는 기사배열의 기본방침이 독자의 이익에 충실하도록 노력하여야 하며 그 기본방침과 기사배열의 책임자를 공개하여야 하고, 독자적으로 생산하지 아니한 기사의 제목·내용 등을 수정하려는 경우 해당 기사를 공급한 자의 동의를 받아야 한다(동법 제10조 제1·2항). 또한 제공 또는 매개하는 기사와 독자가 생산한 의견 등을 혼동되지 아니하도록 대통령령으로 정하는 바에 따라 구분하여 표시하여야 하고 제공 또는 매개하는 기사의 제목·내용 등의 변경이 발생하여 이를 재전송 받은 경우 즉시 대체하여야 한다(동법 동조 3·4항). 위 의무를 이행하지 않으면 과태료부과의 제재를 받는다(동법 제39조 제1항 제3호).

7) 발행정지 및 등록취소의 심판청구

시·도지사는 등록사항을 임의변경하여 발행한 경우 등에 발행정지(3개월 이내)를 명할 수 있고(동법 제22조 제1항), 허위등록 사실이 있는 경우, 내용이 등록된 발행목적이나 발행내용을 현저하게 반복하여 위반한 경우, 음란한 내용의 신문 등을 발행하여 공중도덕이나 사회윤리를 현저하게 침해한 경우 등에는 발행정지(6개월 이내)를 명하거나 법원에 등록취소의 심판을 청구할 수 있다(동법 동조 제2항). 등록취소는 행정적으로 아니되고 법원의 판단을 받아야 하는 것이다.

(3) 잡지 등 정기간행물의 자유에 대한 제한

현행 실정법제는 정기간행물에 대해서는 신문을 제외하고 '잡지 등 정기간행물의 진흥에 관한 법률'(이하 '정간법'이라고도 함)을 두고 있다.

1) 등록제와 신고제

정간법은 잡지에 대해서는 등록제를(동법 제15조 제1항), 그 외 정기간행물에 대해서는 신고제로(동법 제16조 제1항) 하고 있다. 등록제, 신고제에 대해서는 사전허가제가 아닌지 여부를 두고 논란이 있다. 헌재는 구 '정기간행물의 등록 등에 관한 법률'이 정기간행물의 등록제를 규정한 것에 대해 정기간행물의 발행요건에 관하여 실질적 심사가 아니라 단지 형식적 심사에 그치도록 하고 있으므로, 정기간행물의 실태에 관한 정보를 관리하기 위한 것이라는 입법목적의 달성을 위하여 필요최소한 범위의 제한이라고 보아 합헌으로 결정한 바 있다(93헌바51). 생각건대

그야말로 행정적 파악에 그치는 정도여야 하고 등록사항과 요건이 지나치면 실질적으로 허가
제가 된다.

2) 정기간행물의 책임

정기간행물은 다양한 내용, 심층적·전문적 지식과 정보, 건전한 문화창달 및 독자 권익보
호 등을 위해 정확하고 공정하게 보도하여야 한다(정간법 제4조).

3) 발행정지명령, 등록·신고취소의 심판청구

신문 등의 경우와 비슷한 사유로 발행정지 명령, 법원에 정기간행물의 등록 또는 신고의 취
소심판을 청구할 수 있도록 규정하고 있다(동법 제24조).

(4) 출판의 자유에 대한 제한

출판사의 경영에 신고제를 두고 있다(출판문화산업 진흥법 제9조). 간행물의 유해성 심의(간행물
윤리위원회가 담당)제도(동법 제19조), 간행물 정가 표시 및 판매제도(동법 제22조) 등을 두고 있다.

7. 언론의 취재·보도의 자유에 대한 제한

위 방송의 자유, 신문의 자유 등에서 살펴볼 사항이었으나 중복성이 있어서 여기서 함께 살
펴본다.

[제한의 경우] 언론의 취재·보도는 가능한 최대한 존중되어야 한다. 그러나 공정한 재판을 받
을 권리를 위하여 법정에서의 취재가 제한되기도 한다. 청소년보호를 위한 취재제한도 있다.

[취재원의 보호 여부 문제] 기자가 자신에게 취재의 단초를 제공하거나 정보를 제공한 취재
원(取材源)을 보호하여 이를 밝히지 않을 권리를 취재원비닉(秘匿)권이라고 하는데 이 비닉권이
인정되느냐 하는 것이 문제된다. 이는 주로 재판에서의 진술거부권을 인정할 것인가 하는 문제
로 다루어진다. 형사재판의 경우 이를 부정적으로 보는 경향이 많다. 취재원비닉권은 취재원보
호를 통한 제보가능성을 더 가질 수 있도록 하여 진실을 밝히기 위한 언론의 의무를 실현하기
위한 것이기도 하다. 그 점에서 보장이 되어야 하나 이익형량이 필요할 것이다. 즉 형사재판에
서 유·무죄가 취재원에 관한 진술을 통해서만 입증될 수밖에 없는 경우와 같이 실체적 진실을
밝혀야 할 공익이 있는 때 등에는 제한된다.

[통신비밀보호와 공적 관심에 대한 보도의 문제] 대법원은 공적 관심사항에 관한 언론의 자
유는 헌법상의 중요한 권리로서 최대한 보장하나 절대적인 기본권이 아니어서 헌법 제37조 제2
항에 따라 제한할 수 있고, 헌법 제21조 제4항에서 확인하고 있듯이 타인의 명예나 권리 또는
공중도덕이나 사회윤리를 침해할 수 없다고 하고 따라서 개인 간에 이루어지는 통신 또는 대화
의 내용이 공적 관심의 대상이 되는 경우에도 이에 대한 언론기관의 보도는 통신의 비밀을 침
해하지 아니하는 범위 내에서 이루어져야 한다고 본다. 대법원은 다만, 형법 제20조의 정당행위

로서 위법성이 조각될 수 있다고 보고 불법 감청·녹음 등에 관여하지 아니한 언론기관이 그 통신 또는 대화의 내용이 불법 감청·녹음 등에 의하여 수집된 것이라는 사정을 알면서도 그것이 공적인 관심사항에 해당한다고 판단하여 이를 보도하여 공개하는 행위가 형법 제20조의 정당행위로서 위법성이 조각되기 위한 요건을 설정한 바 있다(대법원 2011.3.17. 2006도8839 전원합의체). 이에 대해서는 앞의 통신 비밀의 불가침 부분에서 살펴본 바 있다(전술 참조).

   [법정취재제한 등] 법정 안에서는 재판장의 허가없이 녹화·촬영·중계방송 등의 행위를 하지 못한다(법원조직법 제59조). 청소년보호를 위한 취재제한이 있다. 소년법은 보호사건의 심리는 공개하지 아니한다(소년법 제24조 제2항).

8. 공직선거와 언론

   [선거에서의 공정한 언론의 의무] 텔레비전토론회와 같이 공직선거에서 언론이 미치는 영향은 매우 크므로 공직선거에서의 공정성과 공공성의 기능을 언론이 다하도록 하여야 한다. 공직선거법은 언론이 정당의 정강·정책이나 후보자의 정견, 후보자 등의 대담·토론을 보도·논평·방송하는 경우에는 공정하게 하여야 한다고 규정하고 있다(공직선거법 제8조). 선거일 일정 기간을 전후하여 선거방송심의위원회, 선거기사심의위원회를 두어 공정성을 보장하도록 하고 있다(동법 제8조의2, 제82조의3). 공직선거에서의 방송의 토론방송 등 언론의 공직선거에서의 임무에 관해서는 뒤의 참정권, 선거권, 선거제도, 선거운동 부분에서 살펴본다(후술 참조).

   [선거 공정성 보도 위반에 대한 제재와 사과문게재제도의 위헌성 인정] 공직선거법은 선거의 공정성에 반하는 보도에 대한 제재들을 마련하고 있다. 한편 지나친 규제는 표현의 자유를 침해한다. 인격권 침해를 인정한 예도 있다. 아래의 결정례가 그것이다.

* **언론사에 대한 사과문게재의 법인의 인격권 침해성** — 선거기사심의위원회가 불공정한 선거기사를 보도하였다고 인정한 언론사에 대하여 언론중재위원회를 통하여 사과문을 게재할 것을 명하도록 하는 구 공직선거법 제8조의3 제3항 중 '사과문 게재' 부분과, 언론사가 사과문 게재 명령을 지체 없이 이행하지 않을 경우 그 발행인 등을 형사처벌 하는 구 공직선거법 제256조 제2항 제3호 나목 중 해당 규정, 이후 개정된 동일 취지의 규정들이 과잉금지원칙을 위반하여 언론사의 인격권을 침해하는 위헌이라는 결정이다.

   ● **판례** 헌재 2015.7.30. 2013헌가8
   [결정요지] (1) 목적정당성 및 수단의 적절성 — 선거에 관한 공정하고 자유로운 여론이 형성될 수 있도록 하기 위한 그 입법목적의 정당성과 수단의 적절성은 인정된다. (2) 침해최소성 — 정정보도문의 게재 명령이나 '공정보도 의무를 위반하였다는 선거기사심의위원회의 결정을 받았다는 사실을 공표'하도록 하는 방안, 사과표시가 필요한 경우에도 사과의 명령이 아닌 '권고'를 하는 방법 등 국민의 기본권을 덜 제한하는 방법으로도 동일한 입법목적을 실현할 수 있음에도 불구하고 이 사건 법률조항들은 사과문 게재 명령이라는 더 제한적인 방법을 선택하였으므로 침해최소성 원칙에 위배된다. (3) 법익의 균형성 — 신뢰가 무엇보다 중요한 언론사에 대하여 그 사회적 신용이나 명예를 저하시키는 인격권 침해의 정도는 이 법률조항들이 달성하려는 공익에 비해 결코 작다고 할 수 없다.

9. 언론·출판의 자유의 제한으로서 내용상 책임·의무

(1) 헌법직접적(확인적) 책임

헌법 제21조 제4항은 "언론·출판은 타인의 명예나 권리 또는 공중도덕이나 사회윤리를 침해하여서는 아니 된다. 언론·출판이 타인의 명예나 권리를 침해한 때에는 피해자는 이에 대한 피해의 배상을 청구할 수 있다"라고 규정하고 있다.

1) 헌법 제21조 제4항의 성격

(가) 논의의 주제와 그 실익   이 조항이 언론·출판의 자유 보호범위를 설정한 것으로 볼 것인지 아니면 표현의 자유의 제한과 한계를 설정한 것으로 볼 것인지가 논의되었다. 후자의 입장에 서는 견해에서는 전자로 보면 어떤 표현은 그 보호에서 아예 제외되어 비례원칙, 사전검열금지원칙의 적용이 없게 되고 최소한 보호도 이루지지 않게 된다는 것이어서 보호범위설을 취하지 않아야 한다고 본다.

(나) 판례의 변경   이전에 언론·출판의 자유의 보호영역 한계를 정한 것으로 보았던 판례(95헌가16)가 있었으나 이후 변경하여 헌재는 헌법 제21조 제4항은 "언론·출판의 자유에 따르는 책임과 의무를 강조하는 동시에 언론·출판의 자유에 대한 제한의 요건을 명시한 규정으로 볼 것이고, 헌법상 표현의 자유의 보호영역 한계를 설정한 것이라고는 볼 수 없다"라고 입장을 변경하였다(2006헌바109등; 2012헌바37). 그리하여 헌재는 음란표현도 보호범위에 들어가고(2006헌바109), "표현이 어떤 내용에 해당한다는 이유만으로 표현의 자유의 보호영역에서 애당초 배제된다고는 볼 수 없으므로" '후보자비방의 표현'(2011헌바137), '모욕적 표현'(2012헌바37)이 "일정한 경우 타인의 명예나 권리를 침해한다고 하여도 헌법 제21조가 규정하는 표현의 자유의 보호영역에는 해당"한다고 본다.

(다) 헌법직접적(확인적) 책임(제한)   헌법 제21조 제4항이 설정한 타인의 명예, 권리, 공중도덕·사회윤리를 침해금지와 침해시 언론·출판의 피해배상책임은 언론·출판에 대한 제한이 되며 이는 헌법이 직접적으로 그 제한을 확인하는 규정이다. 언론·출판의 자유가 중요한 기본권이므로 그 한계가 있는지에 대해 의문이 없지 않아 있을 수 있을 것이어서 언론·출판의 자유가 아무리 중요한 기본권이더라도 타인의 명예, 권리 등을 침해할 수는 없다는 점을 헌법 자체가 이를 명시적으로 확인하고자 한 것이다.

2) 헌법 제21조 제4항과 헌법 제37조 제2항

헌법 제21조 제4항은 특별히 타인의 명예, 권리, 공중도덕, 사회윤리를 위한 언론·출판의 자유의 한계를 명시한 것이고 헌법 제37조 제2항에 의하여 그 외에도 국가안전보장, 질서유지, 공공복리를 위한 제한도 가능하다. 또한 타인의 명예, 권리 공중도덕, 사회윤리를 위한 언론·출판의 제한의 경우에도 그 제한이 법률로 구체화되므로 그 구체화된 법률에 대한 위헌성심사를 함에 있어서 헌법 제37조 제2항에 의한 제한의 경우와 같이 비례성심사, 본질내용침해 여부 심사 등을 행하게 된다. 요컨대 헌법 제37조 제2항은 일반적 조항이고 헌법 제21조 제4항은 특별 조항이라고 볼 수 있다.

(2) 명예의 존중

언론의 자유가 중요하더라도 다른 사회구성원들의 명예 등 개인적 권리의 원천이 되기도 하는 인격권도 중요하므로 이를 위해 언론의 자유가 제한될 수 있고 이를 헌법 제21조 제4항이 명시한 것이다.

1) 명예의 개념

대법원 판례는 "명예라 함은 사람의 품성, 덕행, 명예, 신용 등"이라고 한다(대법원 96다 17851). 보호되는 명예란 개인에 대한 외부적인 사회적 평가를 의미하는 외적 명예라고 보는 것이 일반적 견해이다. 헌재도 "'명예'는 사람이나 그 인격에 대한 '사회적 평가', 즉 객관적·외부적 가치평가를 말하는 것이지 단순히 주관적·내면적인 명예감정은 포함되지 않는다"라고 하여 마찬가지 입장을 취한다(2002헌마425; 2008헌마517; 2016헌마626). 대법원 판례도 그러하다 (대법원 1997.10.24. 96다17851; 1999.7.13. 98다43632).

2) 민·형사상 명예 보호

(가) 민사책임: 고의 또는 과실로 위법한 명예훼손적 표현을 하여 타인에게 손해를 가한 경우에 민사상 손해배상책임을 지게 된다(민법 제750조, 제751조).

(나) 형사책임: 명예훼손죄로 형사처벌함으로써 보호되기도 한다.

가) 형법상 처벌 유형　① 형법은 공연히 사실(또는 허위의 사실. 진실한 사실이라도 처벌될 수 있고 허위사실인 경우 가중처벌됨)을 적시하여 사람의 명예를 훼손한 행위(일반적 명예훼손, 형법 제307조), ② 사자(死者)에 대한 명예훼손 행위(사자의 경우에는 공연히 '허위'의 사실을 적시한 데 한함. 형법 제308조), 그리고 ③ 출판물 등에 의한 명예훼손 행위(사람을 비방할 목적으로 신문, 잡지 또는 라디오 기타 출판물에 의하여 명예를 훼손한 행위, 형법 제309조. 이러한 출판물 등 명예훼손행위에 대해서는 가중처벌)를 처벌하도록 규정하고 있다.

나) 쟁점: ⅰ) 형사처벌의 위헌성 여부 문제 – 명예훼손죄에 대한 헌법적 논의에서 주되는 쟁점들 중 하나가 형사처벌까지 하는 것은 위헌, 특히 피해최소성 위배가 아닌가 하는 점이다. 헌재는 다음의 판례에서 보듯이 "개인의 외적 명예에 관한 인격권 보호의 필요성, 일단 훼손되면 완전한 회복이 사실상 불가능하다는 보호법익의 특성, 사회적으로 명예가 중시되나 명예훼손으로 인한 피해는 더 커지고 있는 우리 사회의 특수성, 명예훼손죄의 비범죄화에 관한 국민적 공감대의 부족 등을 종합적으로 고려하면, 공연히 사실을 적시하여 다른 사람의 명예를 훼손하는 행위를 금지하고 위반시 형사처벌하도록 정하고 있다고 하여 바로 과도한 제한이라 단언하기 어렵다"라고 한다. 또 징벌적 손해배상이 인정되지 않는 우리나라에서 "민사적 구제방

법만으로는 형벌과 같은 예방효과를 확보하기 어렵고 민사소송비용 부담, 승소의 경우에도 실추된 명예, 손해 회복이 쉽지 않아 또 인터넷 등에 의한 광범위한 피해로 이를 일일이 삭제하기 힘들고 반론보도, 정정보도 등 언론중재제도는 언론사에 의한 행위에 대한 구제라는 점 등에서도 입법목적(인격권 보호)을 동일하게 달성하면서도 덜 침익적인 수단이 있다고 보기 어려워 피해최소성을 가진다고 본다. 이런 판시가 나온 결정이 바로 아래 2017헌바1113 결정이다 (아래 참조). 그 판시 중 쟁점 ⅰ)에 대한 판례입장이라고 볼 수 있는 그 부분 요약 내용이 아래 글이다.

● **판례**   헌재 2021.2.25. 2017헌마1113

[판시] (1) 목적의 정당성 및 수단의 적합성 – 오늘날 사실 적시의 매체가 매우 다양해짐에 따라 명예훼손적 표현의 전파속도와 파급효과는 광범위해지고 있으며, 일단 훼손되면 그 완전한 회복이 쉽지 않다는 외적 명예의 특성에 따라 명예훼손적 표현행위를 제한해야 할 필요성은 더 커지게 되었다. 심판대상조항은 공연히 사실을 적시하여 타인의 명예를 훼손하는 행위를 금지함으로써 개인의 명예, 즉 인격권을 보호하기 위한 것이므로 입법목적의 정당성이 인정된다. 또한 위반한 경우 형사처벌하는 것은 억지효과를 가질 것이므로 수단의 적합성도 인정된다. (2) 피해의 최소성 (가) 개인의 외적 명예에 관한 인격권 보호의 필요성, 일단 훼손되면 완전한 회복이 사실상 불가능하다는 보호법익의 특성, 사회적으로 명예가 중시되나 명예훼손으로 인한 피해는 더 커지고 있는 우리 사회의 특수성, 명예훼손죄의 비범죄화에 관한 국민적 공감대의 부족 등을 종합적으로 고려하면, 공연히 사실을 적시하여 다른 사람의 명예를 훼손하는 행위를 금지하고 위반시 형사처벌하도록 정하고 있다고 하여 바로 과도한 제한이라 단언하기 어렵다. (나) 공연히 사실을 적시한 명예훼손 행위의 피해자는 민사상 손해배상을 청구할 수 있고(민법 제751조 제1항), 법원은 피해자의 청구에 의하여 손해배상에 갈음하거나 손해배상과 함께 명예회복에 적당한 처분을 명할 수 있다(민법 제764조). 그러나 징벌적 손해배상(punitive damages)이 인정됨에 따라 민사상 손해배상을 통해 형벌을 대체하는 예방이나 위하효과를 달성할 수 있는 입법례와 달리, 징벌적 손해배상이 인정되지 않는 우리나라의 민사적인 구제방법만으로는 형벌과 같은 예방이나 위하효과를 확보하기 어렵다. 또한, 민사상 구제수단의 경우 소송비용의 부담이 있고, 소송기간이 장기화될 수 있어, 비록 민사소송에서 승소하더라도 그 사이 실추된 명예 및 그로 인한 손해를 회복하는 것은 쉽지 않다. 최근에는 명예훼손적 표현이 유통되는 경로가 단순히 언어, 문서, 도화나 출판물 등에 국한되지 않고 정보통신망을 통하여서도 광범위하게 이루어지고 있다. 정보통신망에서의 정보는 신속하고 광범위하게 반복·재생산되기 때문에 피해자가 명예훼손적 표현을 모두 찾아내어 반박하거나 일일이 그 삭제를 요구하는 것은 사실상 불가능하므로(헌재 2016.2.25. 2013헌바105등 참조), 가처분 등을 명예훼손에 대한 실효적 구제방법으로 보기 어렵다. 나아가 '언론중재 및 피해구제 등에 관한 법률' 제14조 내지 제17조의2가 정하고 있는 정정보도청구, 반론보도청구, 추후보도청구 등의 구제수단 역시 언론사 등이 아닌 일반 개인이 행한 명예훼손적 표현에 대하여는 적합한 구제수단이 될 수 없다. 이처럼 명예훼손적 표현행위에 대한 실효적인 구제방법이 마련되어 있지 않은 상황에서, 피해자로서는 그 행위의 즉각적인 중단, 출판물 등의 자발적 폐기, 정보통신망 게시물의 자발적 삭제 등을 유도하기 위한 수단으로 형법상 명예훼손죄에 의지할 수밖에 없는 것이 오늘날의 현실이다. 이러한 사정을 고려하면, 공연히 사실을 적시하여 타인의 명예를 훼손하는 행위를 금지하고 이를 위반할 경우 형사처벌하도록 한 심판대상조항을 대체하여, 입법목적을 동일하게 달성하면서도 덜 침익적인 다른 수단이 있다고 보기도 어려워 피해의 최소성도 인정된다.

ⅱ) 진실한 사실 적시도 처벌하는 것의 위헌성 여부 문제 – 진실한 사실인데도 처벌하는 것이 위헌이 아니냐 하는 것이 또다른 쟁점이다. 위헌이라고 보는 입장은 ① 표현의 자유를 중시하는 자유민주적 기본질서에서 진실을 말하는 것 자체는 죄가 되어서는 아니되고 ② 진실한 사실의 적시로서 손상을 입는 것은 '사실에 대한 부지를 통해 잘못 형성된 평판' 즉 '허명(虛名)'에 불과하므로 이를 보호하기 위해 표현의 자유를 제한하는 것은 목적의 정당성이 인정되지 않으며, 허명의 보호를 위하여 민사적 수단이 아닌 형사적 수단을 동원하는 등 피해최소성

및 법익균형성도 인정되지 않는다는 주장을 한다. 이 쟁점 ⅱ)에 대한 헌재판례의 입장은 아래 다), ⅰ)에서 살펴본다.

다) 판례: ⅰ) 진실한 사실 적시 명예훼손처벌 조항(형법 제307조 제1항)에 대한 합헌결정 − 헌재는 진실한 사실의 적시인데도 처벌하는 형법 제307조에 대해 합헌결정을 했다. 이 결정에서 먼저 형사처벌의 문제는 위의 ⅰ)에서 이미 인용했다. 위 (나)의 ⅱ)의 쟁점에 대한 판시는 아래와 같이 인용하는데 주로 ①형법 제310조의 '공공의 이익'이라는 위법성조각사유의 활용으로[이에 대해서는 아래의 3) 위법성의 조각 부분 참조] 피해최소성을 위반하지 않는다고 보았고 피해최소성을 갖추기 위해 '사생활의 비밀에 해당하는 사실'로 한정하는 방향으로 일부위헌 결정을 할 경우에도, '사생활의 비밀에 해당하는 사실'과 '그렇지 않은 사실' 사이의 불명확성에 따르는 위축효과가 발생할 가능성은 여전히 존재한다고 보고 덜 침해적인 다른 대체수단이 없는 점 등을 들어 피해최소성을 인정하였다.

● **판례** 헌재 2021.2.25. 2017헌마1113
[결정요지] (1) 목적의 정당성 및 수단의 적합성 − 앞의 쟁점 ⅰ)에서 인용된 판시 참조. (2) 피해의 최소성 − (가, 나) * 형사처벌의 피해최소성 인정에 관한 판시 − 앞의 쟁점 ⅰ)에서 인용된 판시 참조. (다) 형법 제310조는 '진실한 사실로서 오로지 공공의 이익에 관한 때에 처벌하지 아니'하도록 정하고 있고, 헌법재판소와 대법원은 형법 제310조의 적용범위를 넓게 해석함으로써 형법 제307조 제1항으로 인한 표현의 자유 제한을 최소화하고 있다[* 헌재는 '진실한 사실'이라는 입증이 없어도 행위자가 진실한 것으로 오인하고 행위를 한 경우, 그 오인에 정당한 이유가 있는 때 등에는 명예훼손죄는 성립하지 않는 것으로 해석하고 '오로지 공공의 이익에 관한 때'라는 요건은 언론의 자유를 보장한다는 관점에서 그 적용범위를 넓혀야 하는데 국민의 알권리 배려라는 측면에서 객관적으로 국민이 알아야 할 필요가 있는 사실에는 공공성이 인정되어야 한다고 보는 등 형법 제310조의 탄력적 적용을, 대법원도 전체의 취지를 살펴볼 때 세부에 있어 진실과 약간 차이가 나거나 다소 과장된 표현이 있더라도 무방하고, '오로지 공공의 이익에 관한 때'라 함은 행위자의 주요한 동기 내지 목적이 공공의 이익을 위한 것이라면 부수적으로 다른 사익적 목적이나 동기가 내포되어 있더라도 인정함으로써 형법 제310조의 적용범위를 넓게 해석하여 표현의 자유 제한을 최소화하고 있다는 것임. 이에 관한 자세한 것은 아래 3) 위법성의 조각 (나) 나) 참조 − 저자 주]. 또한 명예훼손죄가 공적인물과 국가기관에 대한 비판을 억압하는 수단으로 남용되지 않도록 하고 있다[* 공적 인물, 국가기관의 경우 명예훼손의 책임 인정을 완화하려는 공적 인물론 등에 의한 남용방지임. 이에 관한 자세한 것은 아래 3) 위법성의 조각 (나) 다) 참조 − 저자 주]. (라) 만약 표현의 자유에 대한 위축효과를 고려하여 형법 제307조 제1항을 전부위헌으로 결정한다면 외적 명예가 침해되는 것을 방치하게 되고, 진실에 부합하더라도 개인이 숨기고 싶은 병력·성적 지향·가정사 등 사생활의 비밀이 침해될 수 있다. 형법 제307조 제1항의 '사실'을 '사생활의 비밀에 해당하는 사실'로 한정하는 방향으로 일부위헌 결정을 할 경우에도[* 이렇게 일부위헌으로 하여 제한을 줄여야 한다는 의견으로 이는 4인 반대의견인데 이에 대해 합헌의 다수의견이 이하에 반론을 제기하는 것이다 − 저자 주], 개인의 행위를 사적 영역과 공적 영역으로 명백히 구분하기 어려운 경우가 많기 때문에, 일부위헌론에 따르더라도 처벌되어야 할 '사생활의 비밀에 해당하는 사실'의 적시와 처벌되지 않아야 할 '사생활의 비밀에 해당하지 아니하는 사실'의 적시 사이의 구분 불명확성으로 인해 또 다른 위축효과가 발생할 가능성은 여전히 존재한다. 위 점들을 종합적으로 고려하면, 피해의 최소성도 인정된다. (3) 법익의 균형성 − 헌법 제21조 제1항에서 표현의 자유를 보장하면서도 제4항에서 타인의 명예와 권리를 그 한계로 선언하는 점, 타인으로부터 부당한 피해를 받았다고 생각하는 사람이 손해배상청구 또는 형사고소와 같은 민·형사상 절차에 따르지 아니한 채 사적 제재수단으로 명예훼손을 악용하는 것을 규제할 필요성이 있는 점, 공익성이 인정되지 않음에도 불구하고 단순히 타인의 명예가 허명임을 드러내기 위해 개인의 약점과 허물을 공연히 적시하는 것은 자유로운 논쟁과 의견의 경합을 통해 민주적 의사형성에 기여한다는 표현의 자유의 목적에도 부합하지 않는 점 등을 고려하면 법익의 균형성을 상실하였다고 보기 어렵다. 따라서 과잉금지원칙에 반하여 표현의 자유를 침해하지 아니한다. (4) 소결 − 따라서 과잉금지원칙에 반하지 않아 표현의 자유를 침해하지 아니한다. (* 판결 원문은 "과잉금지원칙에 반하여 표현의 자유를 침

해하지 아니한다"인데 과잉금지원칙에 반하면 침해하는 것이니 – 이런 우리 어법에 맞지 않는 표현들이 곧잘 판례에 나타난다 – 잘못된 표현이라서 저자가 위와 같이 고쳐 넣었음).

ⅱ) 허위사실 적시 명예훼손처벌 조항(형법 제307조 제2항)에 대한 합헌결정 – 헌재는 침해 최소성을 인정하는데 그 이유로, 허위사실적시로 침해된 후 회복이 어려워 인격권의 충실한 보호, 민주사회의 자유로운 여론 형성을 위한 공론의 장의 제 기능 보장을 위해 형사처벌할 필요가 있다고 하고 허위성이 입증된 경우에만 처벌되는데 그 증명책임은 원칙적으로 검사에게 있으며 손해배상, 언론중재제도, 정보통신망법상 정보삭제제도 등으로 형사처벌과 같은 구제효과를 기대할 수 없고 법정형이 적정하다고 한다. 법익균형성도 인정하여 과잉금지원칙 준수로 보아 합헌결정을 하였다.

● 판례 헌재 2021.2.25. 2016헌바84

[결정요지] (1) 입법 목적의 정당성 및 수단의 적합성 – 헌법 제10조가 보장하는 일반적 인격권, 명예에 관한 권리를 보호하고, 민주사회의 여론 형성에 핵심적인 공론의 장이 제 기능을 다 하도록 하기 위한 것으로서 그 입법목적이 정당하다. 또한, 형사처벌함으로써 억제할 수 있으므로 수단의 적합성도 인정된다. (2) 침해의 최소성 (가) 헌법 제21조 제4항 전문은 "언론·출판은 타인의 명예나 권리 또는 공중도덕이나 사회윤리를 침해하여서는 아니 된다."고 규정하여 표현의 자유도 일정한 경우 제한될 수 있음을 구체적으로 명시하고 있다. … (나) 오늘날은 매체의 급속한 발달로 통제 불가능할 정도로 빠르게 전파될 가능성이 높고, 이미 허위사실적시로 인하여 개인의 사회적 가치 내지 평가가 부당하게 침해된 후에는 반론과 토론을 통한 자정작용이 사실상 무의미한 경우도 적지 않다. 개인의 외적 명예는 일단 훼손되면 완전한 회복이 어렵다는 특성상 때로는 피해자의 인격을 형해화하여 회복불능의 상태에 이르게 하는 경우도 발생하고 있다. 따라서 개인의 인격권을 충실히 보호하고 민주사회의 자유로운 여론 형성을 위한 공론의 장이 제 기능을 다 할 수 있도록 하기 위하여 허위사실을 적시하여 타인의 명예를 훼손하는 표현행위를 형사처벌을 통해 규제할 필요가 있다. (다) 청구인은 진실로 완전히 규명된 사항만을 발언할 수 있게 되어 표현의 자유가 위축된다고 주장한다. 그러나 '허위사실'의 표현은 증거에 의하여 허위성이 입증된 경우에만 처벌되는데, '적시된 사실이 객관적으로 허위'이고 피고인이 적시한 사실이 '허위임을 인식'하였는지에 대한 증명책임은 원칙적으로 검사에게 있다. 나아가 법원은 적시된 사실의 내용 전체의 취지를 살펴볼 때 중요한 부분이 객관적 사실과 합치되는 경우에는 세부에서 진실과 약간 차이가 나거나 다소 과장된 표현이 있다 하더라도 이를 허위의 사실이라고 볼 수는 없다는 취지의 판례를 확립하여 구성요건인 '허위의 사실'을 판단하는 기준을 제시하는 한편, 그 의미를 엄격히 해석·적용하여 표현의 자유에 대한 위축을 최소화하고 있다. (라) 한편, 허위 사실 적시로 명예를 훼손당한 피해자는 민사상 손해배상, 이에 갈음하거나 손해배상과 함께 명예회복에 적당한 처분을 구할 수 있고(민법 제751조 제1항, 제764조), 방해배제청구권을 행사할 수 있다. 또한 '언론중재 및 피해구제 등에 관한 법률'에 의하여 정정보도, 추후 보도를 청구할 수 있으며(제14조, 제17조, 제18조), '정보통신망 이용촉진 및 정보보호 등에 관한 법률'에 따라 정보통신망 서비스 제공자에게 정보의 삭제 등을 요청할 수도 있다(제44조의2 제1항, 제44조의10). 그런데 허위사실적시 명예훼손 행위로 인한 피해자의 인격권 침해, 사회적 폐해가 심각한 반면, 위와 같은 구제수단은 대부분 사후적이고 형사처벌과 같은 정도로 허위사실적시 명예훼손 행위를 억제하는 효과를 기대하기 어렵다. 게다가, 언론중재제도는 언론사 등에 의한 명예훼손 행위, '정보통신망 이용촉진 및 정보보호 등에 관한 법률'은 정보통신망을 통한 명예훼손 행위로 적용범위를 제한하고 있기 때문에 그 밖의 경우에 의한 명예훼손 피해에 대한 구제수단으로서는 기능할 수 없다. (마) 심판대상조항이 법정형의 하한을 두지 않아 징역형이나 벌금형의 집행유예 또는 선고유예를 선고할 수 있는 점이나 보호법익의 중요성 및 허위사실적시로 인한 명예훼손 행위를 규제하여야 할 필요성에 비추어 보면, 심판대상조항의 법정형의 범위가 입법자의 형성권을 벗어난 것이라고 단정할 수 없다. (바) 따라서 심판대상조항은 침해의 최소성 원칙에 위배되지 않는다. (3) 법익의 균형성 – 명예훼손적 표현이 '허위의 사실'에 해당하는 경우 피해자가 입는 명예에 대한 피해의 정도가 매우 심각하여 허위의 사실을 적시하여 타인의 명예를 훼손하는 행위를 형사처벌함으로써 얻는 공익은 적지 아니하다. 법익 균형성 원칙도 충족한다. * 이 결정에서 명확성원칙 위배 여부는 판단하지 않았다. 그 위배 주장에 대해 헌재는 "문언이 불명확하다는 점을 다투는 것이라기보다는, 처벌이 지나치게 광범위하게 이루어질 수 있으며, 형벌 외에도 명예를 보호하고 회복시킬 수 있는

다른 덜 침해적인 수단이 있다는 것이므로" 이는 결국 "과잉금지원칙에 반하여 표현의 자유를 침해한다는 주장으로 볼 수 있다"라고 하여 그것에 대해서만 심사하였다.

라) 정보통신망(인터넷)상 명예훼손에 대한 형사처벌: 정보통신망(인터넷)에 의한 명예훼손에 대해서는 그 확산용이성, 파급중대성 등을 감안하여(연혁적인 이유도 있었지만) 이에 관한 법률규정을 형법과 별도로 두고 있다. 그래도 이 경우의 제재도 형사처벌이다. 그 구성요건에 차이를 두고 처벌강도도 높이고 있다.

[규정과 판례] ⅰ) 정보통신망 **진실한 사실 적시** 명예훼손처벌 조항(법 제70조 제1항)에 대한 합헌결정 - '정보통신망 이용촉진 및 정보보호에 관한 법률' 제70조 제1항은 "사람을 비방할 목적으로 정보통신망을 통하여 공공연하게 사실을 드러내어 다른 사람의 명예를 훼손한 자"를 형법 제307조 제1항의 일반적 명예훼손에 비해 '비방할 목적'이라는 가중적 주관적 요건을 두고(출판물에 의한 명예훼손처럼) 가중처벌하고 있다. 헌재는 이 규정은 명확성원칙에 위배되지 않고 아래에 요약한 이유로 피해최소성원칙을 준수하였다고 보아 합헌으로 결정하였다.

● **판례** 헌재 2016.2.25. 2013헌바105등
[결정요지] (1) 명확성 원칙 위배 여부 - '비방'이나 '목적'이라는 용어는 다른 법령들에서도 사용되는 일반적인 용어로서, 일반인들이 그 대강의 의미를 이해할 수 있는 표현이다. 또한, '비방할 목적'과 공공의 이익을 위하여 사물의 옳고 그름에 대한 판단을 표현하는 '비판할 목적'은 서로 구별되는 개념이고, 대법원도 그 판단기준을 분명하게 제시하고 있다(아래 * 부분 참조). 따라서 명확성원칙에 위배되지 아니한다. (2) 과잉금지원칙 위반 여부 (가) 입법목적의 정당성 및 수단의 적합성 - 인터넷 등 정보통신망에서의 정보의 빠른 전파력과 광범위한 파급효로 인하여 사람의 명예는 과거와 비교할 수 없을 정도로 심각하게 훼손되고, 그 피해의 회복 또한 쉽지 않게 된다. 따라서 인터넷 등에서의 명예훼손행위를 금지할 필요가 있으므로, 입법목적의 정당성이 인정되고 비방할 목적의 명예훼손행위를 한 자를 형사처벌하는 것은 입법목적을 달성하기 위한 적절한 수단이다. (나) 침해의 최소성 1) 진실한 사실이라도 사람을 비방할 목적으로 이루어지는 명예훼손적인 표현은 인터넷 등 정보통신망이 갖는 익명성과 비대면성, 빠른 전파가능성, 신상털기 등 … 개인에 대한 정보가 무차별적으로 살포될 가능성, 이로 인하여 한 개인의 인격을 형해화시키고 회복불능의 상황으로 몰아갈 위험 또한 존재한다. 특히 우리나라는 현재 인터넷의 이용이 상당한 정도로 보편화됨에 따라 … 더욱이 명예와 체면을 중시하는 우리 사회의 전통적 가치관의 영향으로, 인터넷 등 정보통신망에서의 명예훼손, 비방 글들로 인하여 피해를 입고 개인이 자살과 같은 극단적 선택을 하는 등 사회적 피해가 이미 심각한 상황에 이르고 있다. 따라서 표현의 자유를 보장하는 경우에도 우리 사회의 특수성을 고려하여, 이러한 명예훼손적인 표현을 규제함으로써 인격권을 보호해야 할 필요성은 매우 크다. 2) 심판대상조항은 이러한 현실 속에서 '비방할 목적'이라는 초과주관적 구성요건을 추가로 요구하여 사람의 명예에 대한 가해의 의사나 목적을 가진 표현만이 금지되도록 그 규제 범위를 최소한도로 제한하고 있다. 대법원은 '비방할 목적'의 의미를 특정한 사회집단이나 그 구성원 전체의 관심과 이익에 관한 것도 포함되며, 행위자의 주요한 동기 내지 목적이 공공의 이익을 위한 것이라면 부수적으로 다른 사익적 목적이나 동기가 내포되어 있더라도 비방할 목적이 인정되기는 어렵다고 판시함으로써 '비방할 목적'의 의미를 엄격하게 해석·적용하고 있다(아래 * 비방할 목적에 관한 대법원판례 부분 참조). 또한, 헌법재판소는 공적 인물의 공적 활동에 대한 명예훼손적 표현은 그 제한이 더 완화되어야 한다는 기준을 제시하고 대법원 또한 정부 또는 국가기관의 정책결정이나 업무수행과 관련된 사항은 그 보도의 내용이 공직자 개인에 대한 악의적이거나 심히 경솔한 공격으로서 현저히 상당성을 잃은 것으로 평가되지 않는 한, 그 보도로 인하여 곧바로 공직자 개인에 대한 명예훼손이 성립되지는 않는다고 판시함으로써 엄격하게 해석·적용하고 있다[* 앞서도 나왔고 후술하는 공적 인물 이론이다. 이에 관한 자세한 것은 아래 3) 위법성의 조각 (나) 다) 참조 - 저자 주]. 3) 인터넷 등 정보통신망에서의 정보는 신속하고 광범위하게 반복·재생산되며 확대되기 때문에 명예훼손의 피해자가 명예훼손적인 정보를 모두 찾아내어 반박한다는 것이 현실적으로 가능하지 않고, 정보통신서비스제공자에게 그 침해사실을 소명하여 정보의 삭제 또는 반박내용의 게재를 요청하는 방법(정보통신망법 제44조의2 제1항)은 피해자가 인터넷 등에서의 명예훼손사실을 알지 못하거나 이미 광범위하게 유포된 이후에는 사후에 일일이

확인하여 삭제 또는 반박 내용의 게재를 요청한다는 것이 어려워 명예훼손에 대한 실효적인 구제방법이라고 보기 어렵고 민사상 손해배상소송(민법 제751조) 등과 같은 민사적 구제방법은 형벌과 같은 위하력과 예방효과를 가지기 어렵다. 정정보도, 반론보도, 추후보도 등의 구제수단(언론중재 및 피해구제 등에 관한 법률 제14조 내지 제17조의2)도 언론사 등이 아닌 일반 개인이 행한 명예훼손행위에 대하여는 적합한 구제수단이 될 수 없다. 따라서 형사처벌을 대체하여 충분한 덜 제약적인 수단이 있다고 보기 어렵다. 그러므로 침해의 최소성원칙에 위배되지 않는다. (다) 법익의 균형성 – 진실한 사실 중에서도 비방할 목적이 있는 경우에 한하여 형사처벌의 대상으로 규정하고 있다는 점 등을 고려하면 법익의 균형을 상실하였다고 보기 어렵다.

  * 비방할 목적에 관한 대법원판례 – 이 판례법리가 중요하여 아래에 옮겨본다(이 부분 위헌재 2013헌바105등 결정 판시에 나오는 것임): "대법원도 '비방할 목적'은 행위자의 주관적 의도의 방향에서 공공의 이익을 위한 것과는 상반되는 관계에 있다고 할 것이므로, 적시한 사실이 공공의 이익에 관한 것인 경우에는 특별한 사정이 없는 한 비방할 목적은 부인되고(대법원 2011.11.24. 2010도10864), 공공의 이익에 관한 것에는 널리 국가·사회 그 밖에 일반 다수인의 이익에 관한 것뿐만 아니라 특정한 사회집단이나 그 구성원 전체의 관심과 이익에 관한 것도 포함되며(대법원 2012.1.26. 2010도8143), 적시된 사실이 공공의 이익에 관한 것인지는 그 표현이 객관적으로 국민이 알아야 할 공공성·사회성을 갖춘 공적 관심 사안에 관한 것으로 사회의 여론 형성이나 공개토론에 기여하는 것인지 아니면 순수한 사적인 영역에 속하는 것인지 여부, 피해자가 그와 같은 명예훼손적 표현의 위험을 자초한 것인지 여부, 그리고 그 표현으로 훼손되는 명예의 성격과 그 침해의 정도, 그 표현의 방법과 동기 등 제반 사정을 고려하여 판단하여야 하고, 행위자의 주요한 동기나 목적이 공공의 이익을 위한 것이라면 부수적으로 다른 사익적 목적이나 동기가 내포되어 있더라도 비방할 목적이 있다고 보기는 어렵다고 판시하여, 비방할 목적과 공공의 이익에 대한 판단기준을 분명하게 제시하고 있다(대법원 2012.11.29. 2012도10392 등).

  ii) 정보통신망 **거짓 사실 적시** 명예훼손 가중처벌조항(법 제70조 제2항)에 대한 합헌결정 – 위 정보통신망법 명예훼손을 '거짓의 사실을 드러내어 한 경우에는 가중처벌하는데 그 처벌규정이 동법 동조(제70조) 제2항이다. 이에 대해서도 헌재는 합헌결정을 하였다(헌재 2021.3.25. 2015헌바438). 헌재는 다음과 같이 명확성원칙을 준수한 것이라고 본다. '사람을 비방할 목적'이란 사회를 구성하는 사람(자연인 또는 법인)의 가치에 대한 사회적 평가를 훼손하거나 저해하려는 인식 내지 인용을 넘어 사람의 명예에 대한 가해의 의사나 목적을 의미함을 알 수 있다. 이러한 '사람, 비방, 목적'이라는 용어는 정보통신망법에서만 사용되는 고유한 개념이 아니라 일반인이 일상적으로 사용되는 일반적인 용어로서 법관의 보충적 해석 작용 없이도 일반인들이 그 대강의 의미를 이해할 수 있는 표현이며 나아가 대법원은 '명예훼손죄가 성립하려면 반드시 사람의 성명을 명시하여 허위의 사실을 적시하여야만 하는 것은 아니므로 사람의 성명을 명시하지 않은 허위사실의 적시행위도 그 표현의 내용을 주위사정과 종합 판단하여 그것이 어느 특정인을 지목하는 것인가를 알아차릴 수 있는 경우에는 그 특정인에 대한 명예훼손죄를 구성한다.'라고 판시하고 있고(대법원 2014.3.27. 2011도11226 등), 이러한 법관의 보충적 해석을 통해 피해자가 특정될 것을 요하는 것으로 '사람'의 의미가 분명하게 해석되고 있다. 그렇다면 통상의 해석방법에 의하여 건전한 상식과 통상적인 법감정을 가진 사람이라면 '사람을 비방할 목적'의 의미내용을 이해할 수 있고, 이를 법 집행기관의 자의적인 해석이나 적용 가능성이 있는 불명확한 개념이라 보기 어려우므로 명확성원칙에 위배되지 아니한다. 그리고 헌재는 과잉금지원칙의 피해최소성은 갖추었다고 보고 그 이유로 "그 표현의 목적·매체·내용 등을 묻지 않고 모든 표현의 자유를 금지하고 있는 것이 아니라, '① 비방할 목적으로 ② 정보통신망을 통하여 ③ 공공연하게 ④ 거짓의 사실을 드러내어 ⑤ 다른 사람의 명예를 훼손하는 표현행위'만을 제한하고 있다"라고 판시하였다. 위 진실 적시 처벌을 합헌으로 본 2013헌바105 결정에서의 판시취지의 점들에다 다음의 점들을 보태고 있다. 즉 객관적으로 '거짓의 사실'이고, 그러한 표현을 하는 자가 그 내용이 거짓의 사실이라는 점에 대한 주관적인 인식과 의사(고의)가 있을 것을 요구한다는 점, 반의사불벌죄로 규정하여 피해자가 구체적으로 밝힌 의사에 반하여 공소를 제기할 수 없도록 함으로써 형사처벌을 통한 인격권 보호가 표현의 자유에 대한 지나친 위축효과로 이어지지 않도록 하고 있다는 점, 우리나라의 경우에는 징벌적 손해배상이 인정되지 않기 때문에 일반 민사상 손해배상이나 명예회복에 적당한 처분만으로는 형벌과 같은 위하력과 예방효과를 확보하기 어려우며 민사상 구제수단의 경우 소송비용 부담이 크고 소송기간도 장기간일 수 있어 비록 소송에서 승소하더라도 그로 인한 손해를 신속히 회복하기는 어렵다는 점 등을 그 이유로 보태고 있다. iii) 반의사불벌죄 – 형법 제307조, 제309조가 일반적 명예훼손, 출판물 등에 의한 명예훼손의 죄에 대해 규정하는 것과 같이 정보통신망법 제70조 제3항은 정보통신망 명예훼손죄에 대해서도 반의사불벌죄로 규정하고 있다. 정보통신망에 의한 명예훼손의 죄 중 허위사실 적시 명예훼손죄를 반의사불벌죄로 한 것에 대해서는 합헌결정이 있었다 (2018헌바113. 이 결정에 대해서는 앞의 인간의 존엄과 가치, 형벌체계성 부분 참조).

　* 그 외 개별 특별법 – 방송법 제5조 제3항, '언론중재 및 피해구제 등에 관한 법률' 제5조 제1항 등에도 명예권, 인격권의 보호에 대해 규정하고 있다.

　3) 위법성의 조각 – 명예보호와 언론의 자유의 조화

　(가) 조화의 필요성　　언론은 국민의 알 권리를 위해, 그리고 민주정치에서의 의견전달, 여론형성 등의 중요한 역할수행을 위해 보도를 하게 되고 그 보도로 어떤 사람의 명예, 인격권이 제한될 수 있다. 언론의 자유의 중요성을 고려하자면 어느 정도의 인격권 제한은 받아들일 필요가 있다. 그러나 인격권도 중요한 기본권이므로 보다 더 중요한 공익을 위한 제한이어야 하고 따라서 양자의 조절(조화)이 요구된다. 헌재는 표현의 자유와 명예의 보호는 모두 인간으로서의 존엄과 가치, 행복추구권에 그 뿌리를 두고 있기 때문에 그 우열을 쉽사리 단정할 수는 없으나, 헌법은 제21조 제4항에서 … 개인의 기본권인 표현의 자유가 타인의 인격권인 명예의 보호와의 관계에서 제한을 받고 있음을 분명히 하고 있다"라고 한다(2009헌마747; 97헌마265. 표현의 자유와 인격권의 우열은 쉽게 단정할 성질의 것이 아니라고 판시하는 다른 예: 2017헌마1113; 2016헌바84).

(나) 조절의 기준

가) 고려의 요소   그 조절에 있어서 어느 기본권을 어느 정도 희생할 것인가는 국가나 사회의 전통적 문화나 시대적 상황 등에 따라 다를 수 있다(89헌마165). 그런데 대체적으로 공공의 이익, 진실이라 믿는 데 정당한 사유 등이 기준으로 적용되는 경향이다. 형법 제310조도 "오로지 공공의 이익에 관한 때"를 명예훼손죄의 위법성조각사유로 하고 있다. 언론 등에 의한 피해구제의 원칙, 즉 책임조각사유로 '언론중재 및 피해구제 등에 관한 법률'(이하 '언론중재법'이라고도 함)도 인격권 침해가 사회상규(社會常規)에 반하지 아니하는 한도에서 1. 피해자의 동의를 받아 이루어진 경우, 2. 언론등의 보도가 공공의 이익에 관한 것으로서, 진실한 것이거나 진실하다고 믿는 데에 정당한 사유가 있는 경우의 어느 하나에 해당하는 경우에는 법률에 특별한 규정이 없으면 언론 등은 그 보도 내용과 관련하여 책임을 지지 아니한다고 규정하고 있다 (동법 제5조 제2항).

나) 조절로서의 위법성조각사유와 그 적용 – 형법 제310조 진실한 사실 공공의 이익 위법성조각사유 – 형법은 공연히 사실을 적시한 행위가 진실한 사실로서 오로지 공공의 이익에 관한 때에는 처벌하지 아니하도록 하여(형법 제310조) 위법성조각사유를 두고 있다. 두 가지 요건이다. ① 진실한 사실, ② 오로지 공공의 이익에 관한 때이다. 이러한 위법성조각이 바로 조절로서의 의미를 가지는데 그 적용을 위한 해석에 있어서 위와 같은 헌법적 조절원리가 담겨지게 된다. ⅰ) 헌재판례 – 헌재는 "첫째, 그 표현이 진실한 사실이라는 입증이 없어도 행위자가 진실한 것으로 오인하고 행위를 한 경우, 그 오인에 정당한 이유가 있는 때에는 명예훼손죄는 성립되지 않는 것으로 해석하여야 한다. 둘째, '오로지 공공의 이익에 관한 때에'라는 요건은 언론의 자유를 보장한다는 관점에서 그 적용범위를 넓혀야 한다. 국민의 알 권리의 배려라는 측면에서 객관적으로 국민이 알아야 할 필요가 있는 사실(알 권리)에는 공공성이 인정되어야 하고, 또 사인이라도 그가 관계하는 사회적 활동의 성질과 이로 인하여 사회에 미칠 영향을 헤아려 공공의 이익은 쉽게 수긍할 수 있도록 하여야 한다"라고 본다. 셋째, "명예훼손적 표현에서의 '비방할 목적'(형법 제309조)은 그 폭을 좁히는 제한된 해석이 필요하다. 법관은 엄격한 증거로써 입증이 되는 경우에 한하여 행위자의 비방 목적을 인정하여야 한다"라고 본다(97헌마265).

ⅱ) 대법원판례 – 대법원의 판례도 ① 형사판례로 "공공의 이익에 관한 것에는 널리 국가·사회 기타 일반 다수인의 이익에 관한 것뿐만 아니라 특정한 사회집단이나 그 구성원 전체의 관심과 이익에 관한 것도 포함하는 것"이라고 보고(대법원 2005도2049), ② 민사판례로, 그 목적이 오로지 공공의 이익을 위한 것인 때에는 진실한 사실이라는 증명이 있으면 그 행위에 위법성이 없고, 또한 그 증명이 없더라도 행위자가 그것을 진실이라고 믿을 만한 상당한 이유가 있는 경우에는 위법성이 없다고 보고(대법원 85다카29; 2004다35199 등), 행위자의 주요한 목적이나 동기가 공공의 이익을 위한 것이라면 부수적으로 다른 사익적 동기가 내포되어 있었다고 하더라도 행위자의 주요한 목적이나 동기가 공공의 이익을 위한 것으로 보아야 한다고(대법원 94

다35718; 95다36329; 2006다15922) 한다.

다) 공적 인물론, 공적 관심사론 등

공공의 이익을 고려하는 것이 관건이므로 공적 관심사나 이를 가져오는 공적 인물, 국가기관 등에 대한 명예훼손 인정을 완화하는 이론이 아래와 같이 정립되고 있다. 공적 인물론은 위에서 본 진실한 사실 적시 명예훼손 성립 여부에서 적용되는 의미가 많다.

ⅰ) 공적 인물론의 개념 – 공적 인물론이란 일반적인 사람들에 비해 공적 인사(公的 人士) 내지 인물의 활동은 국민의 알 권리의 대상이 되므로 이들의 공적 활동과 관련하여 명예훼손으로 책임을 질 가능성은 일반적인 사람들의 활동과 관련한 경우에 비해 적다는 이론이다. 공적 인물에 대한 명예훼손은 프라이버시의 공개로부터 발생할 수도 있다.

ⅱ) 공적 인물의 경우 – 공적 인물에는 좁게 ① 공직자와 같은 공적 인물일 경우, ② 배우, 운동선수 등 유명인일 경우가 있고 더 넓게는 ③ 원래 유명인은 아니나 스스로가 공적 관심사를 야기하여(뉴스의 당사자인 경우) 공공의 관심대상이 된 인물일 경우도 포함한다.

ⅲ) 심사정도 – 양쪽 모두 보통의 사인들 간에 다투어지는 명예훼손 사안에 비해 공적 인물, 공공 관심사의 성격의 지닌 사안에서는 그 심사기준은 느슨하다. 그 명예보호가 완화되기 때문이다. ㉠ 헌재판례 – 헌재는 다음과 같은 사정을 고려하여야 한다고 본다. 즉 "당해 표현으로 인한 피해자가 공적 인물인지 아니면 사인(私人)인지, 그 표현이 공적인 관심 사안에 관한 것인지 순수한 사적인 영역에 속하는 사안인지, 피해자가 당해 명예훼손적 표현의 위험을 자초한 것인지, 그 표현이 객관적으로 국민이 알아야 할 공공성·사회성을 갖춘 사실(알 권리)로서 여론형성이나 공개토론에 기여하는 것인지 등을 종합하여 구체적인 표현 내용과 방식에 따라 상반되는 두 권리를 유형적으로 형량한 비례관계를 따져 언론의 자유에 대한 한계 설정을 할 필요가 있는 것"이라고 한다. 그리하여 "공적 인물과 사인, 공적인 관심 사안과 사적인 영역에 속하는 사안 간에는 심사기준에 차이를 두어야 하고," 더욱이 "공적 인물이 그의 공적 활동과 관련된 명예훼손적 표현은 그 제한이 더 완화되어야 하는 등 개별사례에서의 이익형량에 따라 그 결론도 달라지게 된다"라고 한다(97헌마265). ㉡ 대법원판례 –「대법원도, "정부 또는 국가기관의 정책결정 또는 업무수행과 관련된 사항을 주된 내용으로 하는 언론보도로 인하여 그 정책결정이나 업무수행에 관여한 공직자에 대한 사회적 평가가 다소 저하될 수 있다고 하더라도, 그 보도의 내용이 공직자 개인에 대한 악의적이거나 심히 경솔한 공격으로서 현저히 상당성을 잃은 것으로 평가되지 않는 한, 그 보도로 인하여 곧바로 공직자 개인에 대한 명예훼손이 된다고 할 수 없다."라고 판시하고(대법원 2011.9.2. 선고 2010도17237 판결 참조), "형법이 명예훼손죄를 처벌함으로써 보호하고자 하는 사람의 가치에 대한 평가인 외부적 명예는 개인적 법익으로서, 국민의 기본권을 보호 내지 실현해야 할 책임과 의무를 지고 있는 공권력의 행사자인 국가나 지방자치단체는 기본권의 수범자일 뿐 기본권의 주체가 아니고, 그 정책결정이나 업무수행과 관련된 사항은 항상 국민의 광범위한 감시와 비판의 대상이 되어야 하며 이러한 감시와 비

판은 그에 대한 표현의 자유가 충분히 보장될 때에 비로소 정상적으로 수행될 수 있으므로, 국가나 지방자치단체는 국민에 대한 관계에서 형벌의 수단을 통해 보호되는 외부적 명예의 주체가 될 수는 없고, 따라서 명예훼손죄의 피해자가 될 수 없다."라고 판시함으로써(대법원 2016.12.27. 선고 2014도15290 판결) 사실 적시 명예훼손죄가 공적인물이나 국가기관에 대한 비판을 억압하는 수단으로 남용되지 않도록 해석하고 있다.」(* 이상 「」표시 속 문언은 헌재의 2017헌마1113 결정에서 따온 것이다).

　ⅳ) 한계 – 그러나 공인 내지 공적인 관심 사안에 관한 표현일지라도 한계가 있다고 판례는 본다. ① 헌재: "일상적인 수준으로 허용되는 과장의 범위를 넘어서는 명백한 허위사실로서 개인에 대한 악의적이거나 현저히 상당성을 잃은 공격은 명예훼손으로 처벌될 수 있다. 공적 토론의 장은 개인의 의견과 그에 대한 다른 사람의 비판을 서로 주고받음으로써 형성되는 것인데, 지나치게 개인을 비방하는 표현은 그 개인의 인격권을 침해하는 동시에 여론형성이나 공개 토론의 공정성을 해침으로써 정치적 의사형성을 저해하게 되므로, 이러한 표현에 대해서는 표현의 자유가 제한될 수 있어야 한다"라고 한다(2009헌마747). ② 대법원: 국민의 알 권리와 무관한 경우에는 공적 인물의 사생활도 공개될 수 없다. 대법원은 군의 민간인에 대한 사찰사건에서 이러한 입장을 취한 바 있다(대법원 1998.7.24. 96다42789)

　ⅴ) 구체적인 판례 – ① 인용결정례(명예훼손부정례): '쥐코' 동영상 대통령 명예훼손 사건 – 공적 인물론 등을 적용하여 인용결정을 이끌어낸 헌재 결정으로 대통령에 대한 명예훼손을 인정한 기소유예처분을 헌재가 공적 인물의 공적 활동에 대한 비판은 폭넓게 허용되어야 한다고 보면서 취소한 예가 있다. * 이 결정에서는 제3자의 표현물을 인터넷에 게시한 행위에 대한 판단도 포함되어 있는데 직접 적시한 것과 다름없는 경우에 책임이 있고 단순한 인용, 소개의 경우 책임이 없다고 보았다(아래 결정요지 3. 참조).

● 판례 헌재 2013.12.26. 2009헌마747
[판시사항] 1. 공적 인물의 공적 관심 사안에 대한 표현의 자유와 명예의 보호의 헌법적 평가기준 2. 공직자의 자질·도덕성·청렴성에 관한 사실은 순수한 사생활의 영역에 있다고 보기 어렵고, 이에 대한 문제제기 내지 비판이 허용되어야 한다고 본 사례 3. 제3자의 표현물을 인터넷에 게시한 경우 명예훼손의 책임을 인정하는 기준 4. 대통령의 전과와 토지소유에 관하여 명예훼손적 표현을 담고 있는 동영상을 개인블로그에 게시한 행위에 대하여 '구 정보통신망 이용촉진 및 정보보호 등에 관한 법률' 제70조 제2항에 규정된 명예훼손 혐의를 인정한 기소유예처분이 평등권과 행복추구권을 침해하였다고 본 사례 [결정요지] 1. 표현의 자유와 명예의 보호는 인간의 존엄과 가치, 행복을 추구하는 기초가 되고 민주주의의 근간이 되는 기본권이므로, 이 두 기본권을 비교형량하여 어느 쪽이 우위에 서는지를 가리는 것은 헌법적 평가 문제에 속한다. 명예훼손적 표현의 피해자가 공적 인물인지 아니면 사인인지, 그 표현이 공적인 관심 사안에 관한 것인지 순수한 사적인 영역에 속하는 사안인지의 여부에 따라 헌법적 심사기준에는 차이가 있어야 하고, 공적 인물의 공적 활동에 대한 명예훼손적 표현은 그 제한이 더 완화되어야 한다. 다만, 공인 내지 공적인 관심 사안에 관한 표현이라 할지라도 일상적인 수준으로 허용되는 과장의 범위를 넘어서는 명백한 허위사실로서 개인에 대한 악의적이거나 현저히 상당성을 잃은 공격은 제한될 수 있어야 한다. 2. 공직자의 공무집행과 직접적인 관련이 없는 개인적인 사생활에 관한 사실이라도 일정한 경우 공적인 관심 사안에 해당할 수 있다. 공직자의 자질·도덕성·청렴성에 관한 사실은 그 내용이 개인적인 사생활에 관한 것이라 할지라도 순수한 사생활의 영역에 있다고 보기 어렵다. 이러한 사실은 공직자 등의 사회적 활동에 대한 비판 내지 평가의 한 자료가 될 수 있고, 업무집행의 내용에 따라서는 업무와 관련이 있을 수도 있으므로, 이에 대한 문제제기

내지 비판은 허용되어야 한다. 3. 제3자의 표현물을 인터넷에 게시한 행위에 대해 명예훼손의 책임을 인정하기 위해서는 헌법상 자기책임의 원리에 따라 게시자 자신의 행위에 대한 법적 평가가 있어야 할 것이다. 인터넷에 제3자의 표현물을 게시한 행위가 전체적으로 보아 단순히 그 표현물을 인용하거나 소개하는 것에 불과한 경우에는 명예훼손의 책임이 부정되고, 제3자의 표현물을 실질적으로 이용·지배함으로써 제3자의 표현물과 동일한 내용을 직접 적시한 것과 다름없다고 평가되는 경우에는 명예훼손의 책임이 인정되어야 할 것이다. 4. 대통령인 피해자의 전과와 토지소유 현황은 공인에 관한 공적 관심 사안에 해당하는바, 청구인이 피해자의 정책비판을 주된 내용으로 하고 있는 이 사건 동영상을 게시한 행위에 피해자를 비방할 목적이 있었다고 볼 수 없다. 또한 청구인은 적시사실의 진위 여부에 대해서 별다른 관심을 가지지 아니하였고, 적시된 사실의 중요한 부분이 객관적 사실과 합치된다고 생각하였던 것으로 보이므로, 청구인에게 허위사실에 대한 인식이 있었다고 볼 수 없다. 따라서 이 기소유예처분에는 그 결정에 영향을 미친 중대한 사실오인 내지 법리오해의 잘못이 있으므로 자의적인 검찰권의 행사라 할 것이고, 이로 말미암아 평등권과 행복추구권이 침해되었다.

② 기각결정례(명예훼손 부정례) — 명예훼손을 부정하여 기각한 예이다.

● **판례** 헌재 1999.6.24. 97헌마265
[결정요지] 1. 신문보도의 명예훼손적 표현의 피해자가 공적 인물인지 아니면 사인인지, 그 표현이 공적인 관심 사안에 관한 것인지 순수한 사적인 영역에 속하는 사안인지의 여부에 따라 헌법적 심사기준에는 차이가 있어야 한다. 객관적으로 국민이 알아야 할 공공성·사회성을 갖춘 사실은 민주제의 토대인 여론형성이나 공개토론에 기여하므로 형사제재로 인하여 이러한 사안의 게재를 주저하게 만들어서는 안된다. 신속한 보도를 생명으로 하는 신문의 속성상 허위를 진실한 것으로 믿고서 한 명예훼손적 표현에 정당성을 인정할 수 있거나, 중요한 내용이 아닌 사소한 부분에 대한 허위보도는 모두 형사제재의 위협으로부터 자유로워야 한다. 시간과 싸우는 신문보도에 오류를 수반하는 표현은, 사상과 의견에 대한 아무런 제한없는 자유로운 표현을 보장하는 데 따른 불가피한 결과이고 이러한 표현도 자유토론과 진실확인에 필요한 것이므로 함께 보호되어야 하기 때문이다. 그러나 허위라는 것을 알거나 진실이라고 믿을 수 있는 정당한 이유가 없는데도 진위를 알아보지 않고 게재한 허위보도에 대하여는 면책을 주장할 수 없다. 2.. 김일성의 죽음을 "애도"한다는 표현을 사용한 바가 없음에도 "김일성애도편지"라는 제목을 계속 사용하여 편지 관련 수사상황을 수차례 보도한 신문기자 등에 대한 검사의 명예훼손죄 무혐의 불기소처분이 위법하다고 하여 청구한 헌법소원심판청구를 기각한 예.

4) 모욕

우리 형법은 명예훼손뿐 아니라 모욕행위에 대해서도 처벌하도록 규정하고 있다. 헌재는 모욕죄를 규정하고 있는 형법 제311조의 '모욕' 부분이 명확성원칙과 과잉금지원칙을 지켜 표현의 자유를 침해하지 않는다고 본다.

● **판례** 헌재 2013.6.27. 2012헌바37
[결정요지] (가) 명확성원칙 위반 여부 — 모욕죄의 구성요건으로서 '모욕'이란 사실을 적시하지 아니하고 단순히 사람의 사회적 평가를 저하시킬 만한 추상적 판단이나 경멸적 감정을 표현하는 것으로서, 건전한 상식과 통상적인 법 감정을 가진 일반인이라면 금지되는 행위가 무엇인지를 예측하는 것이 현저히 곤란하다고 보기 어렵고, 법 집행기관이 이를 자의적으로 해석할 염려도 없으므로 명확성원칙에 위배되지 아니한다. (나) 표현의 자유 침해 여부 (1) 심사기준 — 심판대상조항에 의하여 명예권과 표현의 자유라는 두 기본권이 충돌하게 된다. 이와 같이 두 기본권이 충돌하는 경우 헌법의 통일성을 유지하기 위하여 상충하는 기본권 모두 최대한으로 그 기능과 효력을 발휘할 수 있도록 조화로운 방법이 모색되어야 할 것이고, 결국은 과잉금지원칙에 따라서 표현의 자유를 제한하는 정도와 명예를 보호하는 정도 사이에 적정한 비례를 유지하고 있는가의 관점에서 심사하기로 한다. (2) 입법목적의 정당성 및 수단의 적합성 — 사람의 인격을 경멸하는 모욕적 표현은 금지시킬 필요성이 있어 그 입법목적은 정당하고, 공연히 모욕하는 행위를 처벌하는 것은 그 입법목적 달성에 기여하는 적합한 수단에 해당한다. (3) 기본권 제한의 비례성 — 모든 모욕적 표현행위를 금지하고 있는 것이 아니라, 공연히 타인을 모욕한 경우, 즉 불특정 또는 다수인이 인식할 수 있는 상태 하에서의 모욕적 표현만을 제한하고 있다. 그리고 보호법익의 중요성, 특히 인터넷 등 정보통신매체를 이용한 모욕적 표현은 그 전파에 따른 파급효과가 적지 않을 것이라는 점, 모욕죄는 피해자의 고소가

있어야만 형사처벌이 가능토록 하고 있는 점, 그 법정형 상한이 비교적 낮은 점, 특별한 사정이 있는 경우에 집행유예나 선고유예 판결이 선고될 수 있는 등 비교적 경미한 불법성을 가진 행위에 대하여는 법관의 양형으로 불법과 책임을 일치시킬 수 있는 점 등에 비추어 보면, 심판대상조항에 의한 처벌은 필요최소한의 범위 내에서 표현의 자유를 제한하고 있다고 할 것이다. 나아가, 대법원은 개별 사안에서 형법 제20조의 정당행위 규정을 적정하게 적용함으로써 표현의 자유와 명예보호 사이에 적절히 조화되도록 심판대상조항을 적용하고 있다. 심판대상조항에 의한 개인의 표현의 자유의 제한 정도가 심판대상조항에 의하여 보호되는 개인의 명예에 비하여 월등하게 크다고 단정하기 어렵다. 그렇다면 상충되는 개인의 명예보호와 표현의 자유 사이에 법익균형을 상실하고 있다고 보기는 어렵다.

모욕죄는 명예훼손죄와 달리 친고죄이다[일반적 명예훼손, 출판물 등에 의한 명예훼손, 정보통신망에 의한 명예훼손의 죄는 반의사불벌죄이다. 단, 사자에 대한 명예훼손죄는 친고죄이다. 형법 제312조, 정보통신망법 제70조 제3항].

(3) 공중도덕 · 사회윤리의 존중
1) 음란성의 문제
공중도덕이나 사회윤리의 침해와 관련해서는 음란성의 문제, 즉 음란표현이 언론 · 출판의 자유에 의해 보호되는지가 많이 문제된다.

2) 음란표현의 언론의 자유 보호 범위 내 여부
헌재는 1998.4.30.에 선고한 95헌가16 결정에서는 음란표현은 표현의 자유의 보호범위에서 아예 제외된다고 보는 입장을 취하였고, 2002.4.25.에 선고한 2001헌가27 결정에서는 보호영역 안에 있다고 판단하였다. 그러다가 헌재는 2009년에 음란표현도 표현의 자유의 보호범위 내에 있다고 하여 명시적으로 위 95헌가16 결정의 의견을 변경하는 판례변경을 하였다(2006헌바109). * 평가 – 문제는 헌재의 변경된 판례에 따르면 보호범위에 들어가면서도 전혀 보호되지 않고 처벌되는 표현물이 있다면 그것은 본질적 내용의 침해문제를 가져온다는 점이다.

3) 음란성의 개념과 판단기준
음란성이 무엇이냐 하는 개념 내지 그 판단의 기준은 사회적 · 시대적 상황에 따라 달리 나타나기도 한다. 헌재는 "음란이란 인간존엄 내지 인간성을 왜곡하는 노골적이고 적나라한 성 표현으로서 오로지 성적 흥미에만 호소할 뿐 전체적으로 보아 하등의 문학적 · 예술적 · 과학적 또는 정치적 가치를 지니지 않은 것"이라고 정의한다(95헌가16; 2006헌바109; 2014헌바397). 대법원 판례는 과거 헌재보다 음란 개념을 넓게 보아왔는데 온라인상의 음란물 사안에 관한 2008년의 판결에서 음란 개념을 좁게 보아 헌재 판례와 비슷해졌다(대법원 2006도3558).

음란성의 판단기준에 관해서는 ① 주관설(표현물 제작자가 가지는 주관적 의도에 따라 판단하여야 한다는 학설), ② 객관설(문제의 표현물 자체, 매체의 성격, 그 표현행위의 구체적인 상황 등을 고려하여 판단하여야 한다는 학설) 등이 대립되고 있다. 대법원은 "표현물의 음란 여부를 판단함에 있어서는 표현물 제작자의 주관적 의도가 아니라 그 사회의 평균인의 입장에서 그 시대의 건전한 사회통념에 따라 객관적이고 규범적으로 평가하여야 한다"고 본다(대법원 2006도3558).

4) '저속'

헌재는 '음란'의 개념과는 달리 '저속'의 개념은 명확성원칙에 반하여 위헌이라고 보았다. 그 적용범위가 매우 광범위하고, 보충적인 해석에 의한다 하더라도 그 의미내용을 확정하기 어려울 정도로 매우 추상적이며 어느 정도 상스러운 표현이 저속에 해당되는지 도무지 알 수 없다고 본 것이다(95헌가16).

(4) 개별법이 규정하고 있는 의무

방송법이 규정하는 의무(방송의 공적 책임) 등, 그 규제기관(방송통신위원회, 방송통신위원회), 심의규정 등에 대해서는 앞서 보았다.

(5) '청소년이용음란물'의 제작·배포 등에 대한 처벌

이에 관해서는 2건의 결정례가 있다. ㉠ 실제인물 등장 요구(2001헌가27), ㉡ 가상의 아동·청소년이용음란물배포(아동·청소년으로 인식될 수 있는 사람이나 표현물의 등장, 2013헌가17)가 그것인데 이에 대해서는 앞서 살펴보았다(명확성원칙 부분 참조).

10. 국가안보를 위한 제한, 국가긴급권 행사와 제한

(1) 국가안보를 위한 제한

표현의 자유는 헌법 제37조 제2항에도 제한사유로 규정된 국가안보를 위한 제한이 가해질 수 있다.

1) 국가기밀과 언론의 자유

국가기밀에 대한 취재와 보도도 제한될 수 있다. 다만, 보호되어야 할 국가기밀로서의 요건으로 헌재는 비공지성과 실질비성(요비닉성)을 요구한다. 즉 "일반적으로 국가비밀법제(國家秘密法制)에 있어서 "비밀"의 실질적 요건으로는 "비공지성(非公知性)"과 실질비성(實質秘性)을 포함하는 의미의 "요비닉성(要秘匿性)"의 두 가지를 규정하고 있는데, 비공지성이란 보통 일반인에게 알려지지 아니한 것을 말하고, 요비닉성이란 비밀로 감추고 보호해야 할 필요성과 상당성을 말하며, 실질비성이란 비밀로서 보호될 만한 실질적 가치가 있음을 말한다"라고 한다.[379] 그리하여 "구 군사기밀보호법 제2조 제1항 소정의 군사상의 기밀이 비공지의 사실로서 적법절차에 따라 군사기밀로서의 표지를 갖추고 그 누설이 국가의 안전보장에 명백한 위험을 초래한다고 볼 만큼의 실질가치를 지닌 경우에 한하여 적용된다고 할 것이므로, 그러한 해석 하에 헌법에 위반되지 아니한다"라는 한정합헌해석의 결정을 한 바 있다(89헌가104).[380] 또한 구 국가보안법

---

379) 헌재 1997.1.16, 89헌마240.
380) 국가안전보장과 표현의 자유에 대해서는, 졸고, 國家安全保障 と 表現の自由-韓國の判例の傾向を中心に, 法律時報, 1996년 2월호 참조.

규정에 대해서도 같은 취지의 한정합헌결정이 있었다(89헌마240). 또한 구 국가보안법 규정에 대해서도 같은 취지의 한정합헌결정이 있었다(89헌마240. 동지: 92헌바6등). 국가기밀, 군사기밀의 헌법적 문제는 위 표현의 자유와의 조화, 알 권리와의 조화 문제가 중요한 쟁점이었다. 따라서 위 결정들에 대한 자세한 것은 알 권리에서 소개한다(후술 제7장 정보기본권 부분 참조).

> * 국가기밀과 관련된 문서의 보도에 관한 미국판례로 미국 국방부 보고서를 New York Times가 보도하는 것을 금지해달라는 청구를 미국연방대법원이 기각한 판결인 New York Times 사건판결이 있다. 이 판결은 그 금지는 사전억제이므로 미국 수정헌법 제1조에 위배된다는 강한 추정을 받게 되고 그 필요성에 대한 강한 입증책임을 정부가 지게 됨을 보여준 판례이다.381)

2) 정보통신망법상 국가안보를 위한 제한

ⅰ) 유통금지 – 이 법은 법령에 따라 분류된 비밀 등 국가기밀을 누설하는 내용의 정보, 국가보안법에서 금지하는 행위를 수행하는 내용의 정보에 해당하는 정보를 유통하는 것을 금지하고 있다(동법 제44조의7 제1항 7·8호). ⅱ) 처리의 거부·정지·제한 명령(의무적) – 방송통신위원회는 위 정보에 대해 관계 중앙행정기관의 장의 요청으로 심의위원회의 심의를 거친 후 시정 요구를 하였는데 정보통신서비스 제공자나 게시판 관리·운영자가 시정 요구에 따르지 아니하였을 경우에는 이들에게 해당 정보의 처리를 거부·정지 또는 제한하도록 명하여야 한다. [● 판례] 위 제44조의7 제1항 제8호 및 방송통신위원회가 일정한 요건 하에 서비스제공자 등에게 그러한 불법정보의 취급거부 등을 명하도록 한 동법 동조 제3항이 언론의 자유를 침해하는지 여부에 대해 헌재는 명령을 이행하지 아니한 때 비로소 형사책임을 묻는 점, 이의신청 및 의견진술기회 등을 제공하고 있는 점, 사법적 사후심사가 보장되어 있는 점 등에서 침해최소성과 법익균형성 요건도 충족하고 있다고 보고 부정하는 합헌결정을 하였다(2012헌바325. * 동지: 2012헌바415, 웹사이트 폐쇄 사건. 이 결정에서 헌재는 2012헌바325 결정을 그대로 따르면서 덧붙여 전체 웹사이트를 위법한 정보로 평가할 수 있는 경우에 한하여 예외적으로 그 폐쇄를 명할 수 있다고 보고 있는 점 등을 합헌사유로 추가하고 있다). ⅲ) 사전의견제출기회 – 방송통신위원회는 위 ⅱ)에 따른 명령의 대상이 되는 위 제공자, 게시판 관리·운영자 또는 그 외에 해당 이용자에게도 미리 의견제출의 기회를 법소정의 예외사유에 해당되지 않는 한 주어야 한다.

3) 국가보안법상 이적행위 처벌규정

이적행위를 처벌하는 국가보안법(1991.5.31. 법률 제4373호로 개정된 것) 제7조 제1항 중 '국가의 존립·안전이나 자유민주적 기본질서를 위태롭게 한다는 정을 알면서 찬양·고무·선전 또는 이에 동조한 자'에 관한 부분(이하 '이적행위 조항')이 표현의 자유를, 이적표현물의 제작·소지·반포·취득행위를 처벌하는 동법 제7조 제5항 중 제1항 해당규정(이하 '이적표현물 조항')이 표현의 자유 및 양심의 자유를, 모두 명확성원칙을 준수하고, 위험성이 명백한 단계에서 이적행위를 규제하는 것은 결코 표현의 자유에 대한 지나친 제한이 아니어서 과잉금지원칙을 준수하

---

381) New York Times Co. v. United States, 403 U.S. 713(1971).

여 침해하지 않는다고 헌재는 본다(헌재 2015.4.30. 2012헌바95등).

(2) 국가긴급권과 언론출판의 자유의 제한

1) 비상계엄하의 제한

비상계엄이 선포된 때에는 법률이 정하는 바에 의하여 언론·출판의 자유에 관하여 특별한 조치를 할 수 있다(제77조 제3항). 비상계엄보다 정도가 약한 경비계엄에서는 특별조치가 안 된다는 점, 제한을 가하더라도 비례원칙을 지키고 본질적 내용이 침해되어서는 아니 된다는 점 등 그 한계를 지켜야 한다.

2) 긴급권

ⅰ) 헌법은 이처럼 비상계엄이 선포된 때에는 법률이 정하는 바에 의하여 언론·출판의 자유에 관하여 특별한 조치를 취할 수 있다고 규정하고 있다(제77조 제3항). 그러나 긴급명령, 긴급재정경제명령의 경우에는 그러한 규정이 명시되어 있지 않다.

ⅱ) 판례 - ① 헌재는 유신헌법 하에서 제정된 긴급조치들에 대해 위헌결정을 한 바 있다. 즉 유신헌법을 부정·반대·왜곡 또는 비방하거나, 유신헌법의 개정 또는 폐지를 주장·발의·제안 또는 청원하는 일체의 행위, 유언비어를 날조·유포하는 행위 등을 전면금지하고, 이를 위반하면 비상군법회의 등에서 재판하여 처벌하도록 하는 것을 주된 내용으로 한, 유신헌법 제53조에 근거하여 발령된 대통령긴급조치 제1호, 제2호가 입법목적의 정당성이나 방법의 적절성을 갖추지 못하고, 참정권, 표현의 자유, 영장주의 및 신체의 자유, 법관에 의한 재판을 받을 권리 등을 침해하였다고 하여 위헌결정을 하였다(아래 판시 요지 1). 또 같은 결정에서 긴급조치 제9호(그 내용은 아래 판시 요지 2 참조)가 목적정당성, 방법적절성을 갖추지 못하고, 참정권, 표현의 자유, 영장주의 및 신체의 자유, 학문의 자유 등을 침해하여 위헌선언을 하였다(아래 판시 요지 2).

● **판례** 헌재 2013.3.21. 2010헌바132등
[결정요지] 1. (가) 정부에 대한 비판 일체를 원천적으로 배제하고 이를 처벌하는 긴급조치 제1호, 제2호는 대한민국 헌법의 근본원리인 국민주권주의와 자유민주적 기본질서에 부합하지 아니하므로 기본권 제한에 있어서 준수하여야 할 목적의 정당성과 방법의 적절성이 인정되지 않는다. 긴급조치 제1호, 제2호는 국민의 유신헌법 반대운동을 통제하고 정치적 표현의 자유를 과도하게 침해하는 내용이어서 국가긴급권이 갖는 내재적 한계를 일탈한 것으로서, 이 점에서도 목적의 정당성이나 방법의 적절성을 갖추지 못하였다. (나) 긴급조치 제1호, 제2호는 국가긴급권의 발동이 필요한 상황과는 전혀 무관하게 헌법과 관련하여 자신의 견해를 단순하게 표명하는 모든 행위까지 처벌하고, 처벌의 대상이 되는 행위를 전혀 구체적으로 특정할 수 없으므로, 표현의 자유 제한의 한계를 일탈하여 국가형벌권을 자의적으로 행사하였고, 죄형법정주의의 명확성 원칙에 위배되며, 국민의 헌법개정권력의 행사와 관련한 참정권, 국민투표권, 영장주의 및 신체의 자유, 법관에 의한 재판을 받을 권리 등을 침해한다. 2. 긴급조치 제9호는 학생의 모든 집회·시위와 정치관여행위를 금지하고, 위반자에 대하여는 주무부장관이 학생의 제적을 명하고 소속 학교의 휴업, 휴교, 폐쇄조치를 할 수 있도록 규정하여, 학생의 집회·시위의 자유, 학문의 자유와 대학의 자율성 내지 대학자치의 원칙을 본질적으로 침해하고, 행위자의 소속 학교나 단체 등에 대한 불이익을 규정하여 헌법상의 자기책임의 원리에도 위반되며, 긴급조치 제1호, 제2호와 같은 이유로 죄형법정주의의 명확성 원칙에 위배되고, 헌법개정권력의 행사와 관련한 참정권, 표현의 자유, 집회·시위의 자유, 영장주의 및 신체의 자유, 학문의 자유 등을 침해한다.

② 대법원 - 대법원도 긴급조치 제1호(대법원 2010.12.16. 2010도5986 전원합의체), 제4호(대법원 2013.5.16, 2011도2631 전원합의체), 제 9 호[대법원(결정) 2013. 4.18, 2011초기689 전원합의체]에 대해 표현의 자유를 침해하여 위헌무효라고 선언한 바 있다. 아래 유신헌법 하의 대통령긴급조치 제4호[시행 1974.4.3.]에 대한 전원합의체 판결을 보면, 동 제4호는 전국민주청년학생총연맹(민청학련)과 이에 관련되는 단체를 조직하거나 또는 이에 가입하거나, 단체나 그 구성원의 활동을 찬양, 고무 또는 이에 동조하거나, 그 구성원과 회합, 또는 통신 기타 방법으로 연락하거나, 그 구성원의 잠복, 회합·연락 그 밖의 활동을 위하여 장소·물건·금품 기타의 편의를 제공하는 등의 행위를 금하며 위와 행위를 권유, 선동 또는 선전하는 일체의 행위를 금하고 이 조치에서 금한 행위를 권유·선동·선전하거나 방송·보도·출판 기타 방법으로 타인에게 알리는 일체의 행위를 금하며 문교부(지금의 교육부)장관은 위 긴급조치에 위반한 학생에 대한 퇴학 또는 정학의 처분이나 학생의 조직, 결사 기타 학생단체의 해산 또는 이 조치 위반자가 소속된 학교의 폐교처분을 할 수 있도록 하였다. 긴급조치 제4호는 '민청학련' 사건으로 촉발된 학생들의 반독재투쟁을 막기 위해 발령된 것이었다. 대법원은 이 긴급조치 제4호가 표현의 자유를 침해한 위헌이라고 판결하였다.

> ◑ **대법원 판례**   대법원 2013.5.16. 2011도2631 전원합의체
> [판결요지] 긴급조치 제4호의 위헌 여부(1) 국가긴급권은 국가가 중대한 위기에 처하였을 때 그 위기의 직접적 원인을 제거하는 데 필수불가결한 최소의 한도 내에서 행사되어야 하는 것으로서 국가긴급권을 규정한 헌법상의 발동 요건 및 한계에 부합하여야 한다. (2) 긴급조치 제4호는 그 발동 요건을 갖추지 못한 채 목적상 한계를 벗어나 민주주의의 본질적 요소인 표현의 자유를 침해하고, 영장주의에 위배되며, 법관에 의한 재판을 받을 권리와 학문의 자유 및 대학의 자율성 등 헌법상 보장된 국민의 기본권을 침해하는 것이므로, 그것이 폐지되기 이전부터 유신헌법은 물론 현행 헌법에 비추어 보더라도 위헌·무효라 할 것이다.

11. 인터넷규제

(1) 확대되는 비중, 신중성의 요구

트위터(twitter) 등 SNS의 예를 보더라도 오늘날 통신과 인터넷매체가 새로운 의사표현과 전달의 방식으로서 표현의 자유를 위하여 점점 더 중요한 비중을 차지해 가고 있음을 알 수 있다. 따라서 인터넷에 대한 규제도 언론·출판의 자유에 대한 중요한 규제이고 앞의 제한원리들이 적용되어야 하는데 인터넷이 쌍방향 의사전달기능을 가지는 등 기존의 매체와 다른 점에서 그 규제도 신중하여야 한다. 헌재도 "오늘날 가장 거대하고, 주요한 표현매체의 하나로 자리를 굳힌 인터넷상의 표현에 대하여 질서위주의 사고만으로 규제하려고 할 경우 표현의 자유의 발전에 큰 장애를 초래할 수 있다"라고 한다(99헌마480).

(2) 중요 규제

위와 같은 인터넷 활용의 특성, 비중에 비추어 사실 인터넷에 있어서는 자율규제가 강조되

고 있다(자율규제의 강조). 그러면서도 인터넷에서 음란물과 청소년유해매체물, 명예훼손 등이 인터넷이 가지는 파급력 등으로 심각하게 문제되고 있어서 이에 대한 규제가 요구되고 있다. 그동안 논의되어 온 인터넷 규제상 중요 문제들로 다음과 같은 문제들이 다루어진다.

1) 정보통신망상의 불법정보의 유통금지

(가) '정보통신망 이용촉진 및 정보보호 등에 관한 법률'(정보통신망법)상의 불법정보 동법은 오늘날 인터넷의 강한 영향력과 실제 음란정보, 명예훼손침해정보, 청소년유해매체물정보 등 불법정보가 인터넷망에서 많이 유통되므로 이에 대한 규제를 가하고 있다. 아래의 규정이 그것이다.

> ■ **법 제44조의7(불법정보의 유통금지 등)** ① 누구든지 정보통신망을 통하여 다음 각 호의 어느 하나에 해당하는 정보를 유통하여서는 아니 된다. 1. 음란한 부호·문언·음향·화상 또는 영상을 배포·판매·임대하거나 공공연하게 전시하는 내용의 정보 2. 사람을 비방할 목적으로 공공연하게 사실이나 거짓의 사실을 드러내어 타인의 명예를 훼손하는 내용의 정보 3. 공포심이나 불안감을 유발하는 부호·문언·음향·화상 또는 영상을 반복적으로 상대방에게 도달하도록 하는 내용의 정보 4. 정당한 사유 없이 정보통신시스템, 데이터 또는 프로그램 등을 훼손·멸실·변경·위조하거나 그 운용을 방해하는 내용의 정보 5. 「청소년 보호법」에 따른 청소년유해매체물로서 상대방의 연령확인, 표시의무 등 법령에 따른 의무를 이행하지 아니하고 영리를 목적으로 제공하는 내용의 정보 6. 법령에 따라 금지되는 사행행위에 해당하는 내용의 정보 6의2. 이 법 또는 개인정보 보호에 관한 법령을 위반하여 개인정보를 거래하는 내용의 정보 6의3. 총포·화약류(생명·신체에 위해를 끼칠 수 있는 폭발력을 가진 물건을 포함한다)를 제조할 수 있는 방법이나 설계도 등의 정보 7. 법령에 따라 분류된 비밀 등 국가기밀을 누설하는 내용의 정보 8. 「국가보안법」에서 금지하는 행위를 수행하는 내용의 정보 9. 그 밖에 범죄를 목적으로 하거나 교사(敎唆) 또는 방조하는 내용의 정보
> ②, ③ – 불법정보의 처리의 거부·정지 또는 제한 명령제도 규정 ④ – 사전의견제출 기회부여 규정

(나) 관련 판례 ① '국가보안법에서 금지하는 행위를 수행하는 내용의 정보' 유통금지를 규정한 동법 제44조의7 제1항 제8호와 그 유통금지요구에 따르지 아니한 서비스제공자 등에게 해당 정보의 취급거부 등의 명령 규정인 동법 동조 제3항이 과잉금지원칙을 준수하여 합헌이라고 결정하였다[2012헌바325; 2012헌바415(웹사이트 폐쇄 사건). 이 결정들에 대해서는 앞의 국가안보와 표현의 자유 부분에서 이미 다루었음]. ② '그 밖에 범죄를 목적으로 하거나 교사 또는 방조하는 내용의 정보'의 유통을 금지하는 규정(동법 동조 동항 제9호, 위에 인용)에 대해 명확성원칙에 위배되지 않고, 유통금지의무 위반시에도 형사처벌이 아니라 해당 정보의 시정요구제도, 취급거부·정지·제한을 하는데 불과하여 최소침해성을 갖춘 과잉금지원칙 준수로 표현의 자유를 침해하지 않는다고 보아 합헌성을 인정하는 결정(이른바 조중동 광고 게재 중단 요구하자는 인터넷 포털 게시글 사건 결정)을 아래와 같이 하였다.

> ● **판례** 헌재 2012.2.23. 2008헌마500
> [결정요지] 1. 이 사건 정보통신망법조항은 수범자의 예견가능성을 해하거나 행정기관이 자의적 집행을 가능하게 할 정도로 불명확하다고 할 수 없다. 2. 전기통신망 특히 인터넷 매체는 기존의 통신수단과는 차원이 다른 신속성, 확장성, 복제성을 가지고 있어 '범죄를 목적으로 하거나 교사·방조하는 내용의 정보'를 유통할 경우 실제 범죄의 발생가능성 및 피해가 급속히 확산될 우려가 크므로, 위와 같은 정보의 유통을 금지하는 것은 입법목적이 정당하고, 취급거부·정지·제한명령제도를 통하여 정보의 유통을 조기에 차단하는 것은 이러한 입법목적 달성에 적절한 수단이 된다. 또한 어떤 행위가 반사회적 행위로서 범죄에 해당하는가의 결정은 국민의 대표기관인 입법자의 판단

에 맡겨져 있는 것인바, 입법기관이 범죄로 정한 행위를 목적으로 하거나 이를 교사 또는 방조하는 내용의 정보는 '그 자체로서 불법성이 뚜렷하고 사회적 유해성이 명백한 표현물'에 해당하므로 이러한 정보의 유통을 차단하는 것을 표현의 자유에 대한 과도한 제한이라고 할 수 없는 점, 유통금지의무에 위반하는 경우에도 형사처벌하는 것이 아니라 해당 정보의 시정요구제도, 취급거부·정지·제한명령제도를 통하여 그 정보에 대한 접근을 차단하거나, 삭제, 해당 사이트의 이용제한을 하는 데 불과한 점, 시정요구에 대한 이의신청 등 이용자의 의사진술 기회를 보장하고 있는 점 등에 비추어 보면, 최소침해성과 법익균형성도 충족한다.

2) 청소년성착취물, 성폭력 촬영물 제작·배포(반포등)금지

이에 대한 규제가 특히 오늘날 중요한 과제가 되었다. 텔레그램 N번방 같은 청소년 동영상을 통한 인권의 폭압적 침탈, 그것도 대량으로 침탈되는 사건이 발생하여 '아동·청소년의 성 보호에 관한 법률' 개정이 있었다. 그것은 '아동·청소년이용음란물'을 '아동·청소년성착취물'이라는 용어로 바꾸어 아동청소년이용음란물이 '성착취·성학대'를 의미하는 것임을 분명하게 하고, 아동·청소년성착취물 관련 범죄가 갈수록 그 규모가 커지고 형태가 교묘해지고 있지만, 우리나라의 아동·청소년성착취물 관련 범죄에 대한 처벌이 지나치게 너그러워 실효성이 떨어진다는 비판이 커지고 있는바, 아동·청소년성착취물 관련 범죄에 대한 처벌을 강화하기 위한 (동법 제11조) 개정이다(이런 취지로 법제처 설명 참조). 또한 성적 수치심 유발 신체 촬영물 정보통신망 이용 반포 등(반포·판매·임대·제공 또는 공공연하게 전시·상영)에 대한 처벌이 있어 왔지만 그 처벌을 상향강화하는 '성폭력범죄의 처벌 등에 관한 특례법' 개정(동법 제14조 2·3항), 그 촬영물 또는 복제물을 소지·구입·저장 또는 시청한 자에 대한 처벌 신설(동법 동조 제4항), 그 유통방지 책임자 지정의무 신설 등이 있었다(정보통신망법 제44조의9).

3) '건전한 통신윤리' - 합헌성 인정

헌재는 '건전한 통신윤리의 함양'을 위하여 필요한 '정보의 심의 및 시정요구'(삭제 또는 접속차단)의 직무를 방송통신심의위원회가 수행하도록 한 규정('방송통신위원회의 설치 및 운영에 관한 법률' 제21조 제4호)에 대해서 명확성원칙, 포괄위임입법금지원칙 및 법률유보원칙에 위배되지 않고, 시행령에서 단계적 조치를 마련하고 있고, 시정요구의 불이행 자체에 대한 제재조치를 규정하고 있지 아니하며, 달리 표현의 자유를 덜 침해할 규제방법을 발견하기 어려우므로, 피해최소성원칙에 반하지 아니하여 과잉금지원칙을 지켜 표현의 자유를 침해하지 않아 합헌이라고 결정하였다.

● **판례** 헌재 2012.2.23. 2011헌가13
* 이른바 시멘트의 유독성 블로그 게시글 삭제요구 사건 **[결정요지]** 1. 이 사건 법률조항 중 '건전한 통신윤리'라는 개념은 다소 추상적이기는 하나, 정보통신영역의 광범위성과 빠른 변화속도, 그리고 다양하고 가변적인 표현형태를 문자화하기에 어려운 점을 감안할 때, 위와 같은 함축적인 표현은 불가피하다고 할 것이어서 명확성의 원칙에 반한다고 할 수 없다. 2. 이 법률조항은 '건전한 통신윤리의 함양을 위하여 필요한 사항'이란 요건을 추가하여 '전기통신회선을 통하여 일반에게 공개되어 유통되는 정보' 중 대통령령에 위임되는 심의 및 시정대상 정보의 범위를 한정하고 있는바, 정보통신망법의 불법정보 규정(제44조의7) 등 관련 법조항을 유기적·체계적으로 종합하면, 심의 및 시정요구의 대상으로 대통령령에 규정될 불건전정보란 위 정보통신망법조항들에 의해 금지되거나 규제되는 정보 내지 이와 유사한 정보가 될 것임을 누구나 예측할 수 있다고 할 것이므로, 포괄위임금지원칙에 위배되지 아니하고, 법률유보원칙에 반한다고 할 수도 없다. 3. 이 법률조항은 불건전정보에 대한 규제를 통하여 온라인매체의 폐해를

방지하고 전기통신사업의 건전한 발전을 도모하기 위한 것으로 입법목적의 정당성이 인정되고, 심의위원회로 하여금 불건전정보의 심의 및 시정요구를 할 수 있도록 한 것은 입법목적 달성에 적절한 방법이라 할 수 있다. 한편, 이 법률조항에 따른 시정요구는 정보게시자의 표현의 자유에 대한 제한을 최소화하고자 시행령에서 단계적 조치를 마련하고 있고, 시정요구의 불이행 자체에 대한 제재조치를 규정하고 있지 아니하며, 달리 불건전정보의 규제수단으로 표현의 자유를 덜 침해할 방법을 발견하기 어려우므로, 피해의 최소성 원칙에 반하지 아니하고, 건전한 통신윤리의 함양이라는 공익을 보호할 필요성은 매우 큰 반면, 정보게시자의 표현의 자유에 대한 제한은 해당 정보의 삭제나 해당 통신망의 이용제한에 국한되므로, 법익균형성도 충족한다 할 것이어서, 이 법률조항이 과잉금지원칙에 위배하여 제청신청인의 표현의 자유를 침해한다고 할 수 없다.

4) 인터넷 본인확인제(실명제) - 위헌결정

(가) 일반적 인터넷 본인확인제(실명제, 정보통신망법상 실명제)의 위헌결정

그동안 논란이 많았던 이른바 인터넷실명제(본인확인제: 인터넷게시판을 설치·운영하는 정보통신서비스(일일 평균 이용자 수가 10만명 이상인 경우) 제공자에게 본인확인조치의무를 부과하여 게시판 이용자로 하여금 본인확인절차를 거쳐야만 게시판을 이용할 수 있도록 하는 제도)는 위헌으로 결정되었다. 즉 헌재는 구 '정보통신망 이용촉진 및 정보보호 등에 관한 법률' 제44조의5 제1항 제2호, 동법 구 시행령 제29조, 제30조 제1항이 다른 수단에 의해서도 목적이 충분히 달성될 수 있음에도 인터넷의 특성을 고려하지 아니한 채 본인확인제의 적용범위를 광범위하게 하여 침해최소성이 인정되지 않는다는 이유 등으로 비례(과잉금지)원칙을 위반하여 인터넷게시판 이용자의 표현의 자유(익명표현의 자유), 개인정보자기결정권 및 인터넷게시판을 운영하는 정보통신서비스 제공자의 언론의 자유를 침해하여 위헌이라고 아래와 같이 결정하였다.

● **판례** 헌재 2012.8.23. 2010헌마47
[결정요지] 위 법령조항들이 표방하는 건전한 인터넷 문화의 조성 등 입법목적은, 인터넷 주소 등의 추적 및 확인, 당해 정보의 삭제·임시조치, 손해배상, 형사처벌 등 인터넷 이용자의 표현의 자유나 개인정보자기결정권을 제약하지 않는 다른 수단에 의해서도 충분히 달성할 수 있음에도, 인터넷의 특성을 고려하지 아니한 채 본인확인제의 적용범위를 광범위하게 정하여 법집행자에게 자의적인 집행의 여지를 부여하고, 목적달성에 필요한 범위를 넘는 과도한 기본권 제한을 하고 있으므로 침해의 최소성이 인정되지 아니한다. 또한 국내 인터넷 이용자들의 해외 사이트로의 도피, 국내 사업자와 해외 사업자 사이의 차별 내지 자의적 법집행의 시비로 인한 집행 곤란의 문제를 발생시키고 있고, 나아가 본인확인제 시행 이후에 명예훼손, 모욕, 비방의 정보의 게시가 표현의 자유의 사전 제한을 정당화할 정도로 의미 있게 감소하였다는 증거를 찾아볼 수 없는 반면에, 게시판 이용자의 표현의 자유를 사전에 제한하여 의사표현 자체를 위축시킴으로써 자유로운 여론의 형성을 방해하고, 본인확인제의 적용을 받지 않는 정보통신망상의 새로운 의사소통수단과 경쟁하여야 하는 게시판 운영자에게 업무상 불리한 제한을 가하며, 게시판 이용자의 개인정보가 외부로 유출되거나 부당하게 이용될 가능성이 증가하게 되었는바, 이러한 인터넷게시판 이용자 및 정보통신서비스 제공자의 불이익은 본인확인제가 달성하려는 공익보다 결코 더 작다고 할 수 없으므로, 법익의 균형성도 인정되지 않는다.

(나) 인터넷 '선거운동'에서의 실명제 - 위헌결정 반면 헌재는 인터넷 '선거운동'에서의 실명제에 대해서는 이전에 합헌결정들(2008헌마324; 2012헌마734 등)을 한 바 있었으나 바로 그 합헌결정이 있었던 공직선거법 제82조의6 제1항은 그 뒤 문언이 다소 차이가 있으나 실명인증방법으로 실명을 확인받도록 하는 기술적 조치를 하여야 한다는 부분은 계속 유지되어 왔는데 결국 2021년 1월 28일에 위헌결정이 되었다.

● **판례** 헌재 2021.01.28. 2018헌마456등

[결정요지] 1. 명확성 원칙 위배 여부 — 선례에서 판단한 바와 같이, 명확성 원칙에 반하지 않는다(헌재 2010. 2. 25. 2008헌마324등; 2015. 7. 30. 2012헌마734등 참조). 2. 과잉금지원칙 위배 여부 — 정치적 의사표현을 자유롭게 할 수 있는 핵심적 기간이라 볼 수 있는 선거운동기간 중 익명표현의 제한이 구체적 위험에 기초한 것이 아니라는 점, 적용대상인 "인터넷언론사"가 명확성원칙에 반하지는 않는다고 하더라도 그 범위가 광범위하다는 점, 실명확인제가 표방하고 있는 선거의 공정성이라는 목적은 인터넷 이용자의 표현의 자유나 개인정보자기결정권을 제약하지 않는 다른 수단(공직선거법상 다른 규제들, 정보통신망법에 의한 삭제요청 등)에 의해서도 충분히 달성할 수 있고 인터넷을 이용한 선거범죄에 대하여는 명예훼손죄나 후보자비방죄 등 여러 사후적 제재수단이 이미 마련되어 있다는 점 등에서 피해최소성을 갖추지 못하였고 법익균형성도 없어 과잉금지원칙을 위반한다. 3. 결론 — 게시판 등 이용자의 익명표현의 자유, 개인정보자기결정권과 인터넷언론사의 언론의 자유를 침해하는 위헌이다.

5) 인터넷 SNS활용 선거운동금지 — 한정위헌

헌재는 이 금지가 비례(과잉금지)원칙을 위배한 것이라고 하여 한정위헌으로 결정한 바 있다 (2007헌마1001. 이에 대해서는 후술 참정권, 선거운동 부분 참조).

6) 인터넷언론사에 대한 선거일 전 90일부터 선거일까지 후보자 명의의 칼럼등 게재하는 보도를 제한하는 조항 — 위헌결정

헌재는 이를 정한 '인터넷선거보도 심의기준 등에 관한 규정' 조항(2011.12. 23. 인터넷선거보도심의위원회 훈령 제9호, 2017.12.8. 인터넷선거보도심의위원회 훈령 제10호 제8조 제2항)이 선거의 공정성을 해치지 않는 보도까지 일률적으로 광범위하게 제한할 수 있고, 그 심의의 대상이 되는 인터넷언론사의 개념은 매우 광범위하며 공직선거법에서 언론기관이 선거에 부당한 영향을 미치는 것을 방지하기 위해 다양한 규정들을 통해서도 이 조항들의 입법목적을 충분히 달성할 수 있다는 점에서 침해의 최소성원칙에 반하고 법익의 균형성원칙에도 반한다고 하여 과잉금지원칙 위반의 위헌이라고 결정하였다(헌재 2016헌마90).

7) 온라인서비스제공자의 아동음란물 발견·삭제·전송방지 등 조치 의무의 합헌성

이 의무를 규정한 '아동·청소년의 성보호에 관한 법률' 제17조 제1항 중 발견의무에 관한 부분이 포괄위임금지원칙에 위배되지 않고, 삭제 및 전송방지 조치에 관한 부분이 죄형법정주의의 명확성원칙에 위배되지 않으며, 위 조항이 그 폐해가 특히 심각한 아동음란물만을 대상으로 하여 그 보관·유통에 관여한 온라인서비스제공자를 수범자로 하고 있으므로 침해최소성을 갖추는 등 과잉금지원칙을 준수하여 온라인서비스제공자의 영업수행의 자유, 서비스이용자의 통신의 비밀과 표현의 자유를 침해하지 않는다고 헌재가 보아 합헌성이 인정되었다(2016헌가15). * 이후 위 제17조는 삭제되고 이 조치 의무는 전기통신사업법 제22조의5 등에 규정되고 있다.

(3) 자율규제

정보통신서비스 제공자단체는 이용자를 보호하고 안전하며 신뢰할 수 있는 정보통신서비스를 제공하기 위하여 정보통신서비스 제공자 행동강령을 정하여 시행할 수 있고(동법 제44조의4 제1항), 청소년유해정보, 제44조의7에 따른 불법정보의 어느 하나에 해당하는 정보가 정보통신망에 유통되지 아니하도록 모니터링 등 자율규제 가이드라인을 정하여 시행할 수 있다(동법 동

조 제2항. 신설 2018.12.24.).

12. 그 외 제한

(1) 장소적 제한: 학교정화구역내의 극장 시설 및 영업의 금지의 위헌성

이에 대해서는 단순위헌과 헌법불합치가 함께 있었던 결정이 있기도 하였는데 예술의 자유 부분에서 살펴보았다(학교보건법 제6조 제1항 제2호 위헌제청, 학교보건법 제19조 등 위헌제청, 헌재 2004.5.27. 2003헌가1 위헌, 헌법불합치, 전술 참조).

(2) 국가(國家)모독죄 조항에 대한 위헌결정

대한민국 또는 헌법상 국가기관에 대하여 모욕, 비방, 사실 왜곡, 허위사실 유포 또는 기타 방법으로 대한민국의 안전, 이익 또는 위신을 해하거나 해할 우려가 있는 표현이나 행위에 대하여 형사처벌하도록 규정한 구 형법 제104조의2(국가모독죄 조항)은 위헌결정을 받았다. 헌재 는 국가의 안전, 이익, 위신 보전이 위 조항의 진정한 입법목적인지 의문이고, 형사처벌을 통한 일률적 표현행위 규제에 수단의 적합성을 인정할 수 없는 점, 의미내용이 불명확할 뿐만 아니라, 적용범위가 지나치게 광범위하고, 형법은 대한민국의 안전과 독립을 지키기 위하여 외환유치죄(제92조), 여적죄(제93조) 등의 처벌규정을 두고 있고, 국민들의 비판이나 부정적 판단에 대하여 국가의 "위신"을 훼손한다는 이유로 형사처벌하는 것은 국가에 대한 자유로운 비판과 참여를 보장하는 민주주의 정신에도 위배되며 표현의 자유를 과도하게 제한하는 점 등에 비추어 볼 때, 과잉금지원칙에 위반하여 표현의 자유를 침해하여 위헌이라고 결정하였다(2013헌가20). * 이 구 형법 국가모독죄 조항은 위 결정 이전 1988년에 삭제된 것이었다.

(3) 국가정체성 관련 제한

국기(國旗) 모독행위에 대한 처벌: 형법 제105조는 국기, 국장의 모독행위를 처벌하도록 규정 하고 있다. 이중 국기모독 부분에 대한 헌재판단이 있었다. 국기는 헌법적 질서와 가치, 국가정 체성을 표상하여 훼손행위를 처벌할 필요가 있고 과잉금지원칙을 준수하고 있다는 재판관 4인 합헌의견과 국민이 정치적 의사를 효과적으로 표현하기 위해서는 국기를 훼손하는 방법을 선택 할 수 있는데 그 처벌은 과도한 제한이라는 3인 재판관의 위헌의견, 그리고 국가기관이나 공무 소에서 사용되는 '공용에 공하는 국기' 훼손만 처벌하는 것으로 처벌범위를 축소하여야 한다는 2인 재판관 일부위헌의견으로 나뉘어져 정족수규정에 미달하여 합헌결정이 되었다(2016헌바96).

IX. 언론·출판의 자유의 제한의 한계

표현의 자유에 대한 제한의 법리인 이중기준의 원칙, 사전억제금지원칙, 명확성의 원칙, 명백하고도 현존하는 위험의 원칙, 이익형량원칙, 필요최소한의 규제수단의 선택원칙 등도 제한의 한계원리이다. 즉 표현의 자유를 제한함에 있어서 이들 원칙들을 위반한 경우에 위헌이 된다는 점에서 표현의 자유에 대한 제한에 있어서 제한의 법리이자 그 한계원리이기도 하다.

언론·출판의 자유를 법률로써 제한하더라도 국가안전보장, 질서유지, 공공복리라는 목적이 있어야 하고 그외 비례(과잉금지)원칙을 준수해야 하며 언론·출판의 자유의 본질적 내용을 침해할 수 없다는 한계가 있다.

위에서 본 사전허가, 사전검열의 금지도 제한의 한계이고 이는 헌법이 직접 명시하고 있는 한계이기도 하다.

X. 언론·출판에 의한 침해에 대한 구제

1. 정정보도청구 등

(1) 정정보도청구권

[개념] 오보로 인해 개인의 명예 등 기본권을 침해당한 경우 이를 고쳐 알려야 한다. "정정보도"라 함은 언론의 보도내용의 전부 또는 일부가 진실하지 아니한 경우 이를 진실에 부합되게 고쳐서 보도하는 것을 말한다('언론중재 및 피해구제 등에 관한 법률'(이하 '언중법'이라 함). 제2조 16호).

[주제와 책임대상] 법인도 청구할 수 있고 민사소송법상 당사자능력이 없는 기관 또는 단체라도 일정 조건하에 그 대표자가 청구할 수 있다(동법 동조 제4항). "인터넷뉴스서비스사업자"(이른바 인터넷포털 등), "인터넷 멀티미디어 방송사업자"에 대해서도 정정보도청구가 가능하다(언중법 제14조. 반론보도, 추후보도의 청구도 가능).

[요건] 언중법은 정정보도청구의 요건으로 사실적 주장에 관한 언론보도 등이 진실하지 아니함으로 인하여 피해를 입은 자가 청구할 수 있도록 하고 정정보도청구에는 언론사 등의 고의·과실이나 위법성을 필요로 하지 아니한다(언중법 제14조).

ⅰ) 사실적 주장 ─ "사실적 주장"이라 함은 증거에 의하여 그 존재 여부를 판단할 수 있는 사실관계에 관한 주장을 말한다(동법 제2조 제14호). 사실적 주장에 관한 것이어야 하고 단순한 의견표명인 것은 대상이 아니다.

＊ 사실적 주장과 의견의 구별에 관한 대법원 판례이론

◐ **대법원 판례** [판시] 언론중재법 제14조 제1항에 의한 정정보도를 청구하기 위해서는 그 언론보도가 사실적 주장에 관한 것으로서 진실하지 아니하여야 한다. 여기에서 사실적 주장이란 가치판단이나 평가를 내용으로 하는 의견표명에 대치되는 개념으로서 증거에 의하여 그 존재 여부를 판단할 수 있는 사실관계에 관한 주장을 말하고, 사실적 주장과 의견을 구별할 때에는 해당 언론보도의 객관적인 내용과 아울러 일반 독자가 보통의 주의로 언론보도를 접하는 방법을 전제로, 사용된 어휘의 통상적인 의미, 전체적인 흐름, 문구의 연결 방법뿐만 아니라 해당 언론보도가 게재한 문맥의 보다 넓은 의미나 배경이 되는 사회적 흐름 및 일반 독자에게 주는 전체적인 인상도 함께 고려하여야 한다(대법원 2002.12.24. 2000다14613; 2011.9.2. 2009다52649 전원합의체 판결; 2017.10.26. 2015다56413 등).

＊ 대법원 2011.9.2. 2009다52649 전원합의체 판결 [판시사항] 문화방송이 "PD수첩" 프로그램에서 "미국산 쇠고기, 광우병에서 안전한가"라는 제목으로 '우리 정부가 미국산 쇠고기 수입위생조건 협상 당시 미국의 도축시스템에 대한 실태를 파악하고 있는지 의문이다'는 취지의 보도를 한 사안에서, 위 보도는 우리 정부가 미국산 쇠고기 수입위생조건 협상에 필요한 만큼 미국 도축시스템의 실태를 제대로 알지 못하였다는 주관적 평가로서 정정보도청구의 대상이 되지 아니하는 의견표명으로 보아야 함에도, 이를 사실적 주장에 관한 보도라고 본 원심판결을 파기한 사례

ii) 진실하지 아니함으로 인하여 피해를 입은 자 – 정정보도란 잘못된 것을 시정하는 것이므로 그 보도가 진실되지 못함을 요건으로 함은 물론이다.

＊ 진실성 판단기준에 관한 대법원 판례이론

◐ **대법원 판례** [판시] 언론보도의 진실성이란 그 내용 전체의 취지를 살펴볼 때에 중요한 부분이 객관적 사실과 합치되는 사실이라는 의미로서, 세부에서 진실과 약간 차이가 나거나 다소 과장된 표현이 있더라도 무방하고, 또한 복잡한 사실관계를 알기 쉽게 단순하게 만드는 과정에서 일부 특정한 사실관계를 압축, 강조하거나 대중의 흥미를 끌기 위하여 실제 사실관계에 장식을 가하는 과정에서 다소의 수사적 과장이 있더라도 전체적인 맥락에서 보아 보도내용의 중요부분이 진실에 합치한다면 그 보도의 진실성은 인정된다고 보아야 한다(대법원 2007.9.6. 2007다2275 등 참조). 이러한 정정보도를 청구하는 경우에 그 언론보도 등이 진실하지 아니하다는 것에 대한 증명책임은 그 청구자인 피해자가 부담한다(대법원 2011.9.2. 2009다52649 전원합의체; 2017.10.26. 2015다56413 등).

＊ 구 '언론중재 및 피해구제 등에 관한 법률' 제14조에서 정한 '사실적 주장에 관한 언론보도가 진실하지 아니함으로 인하여 피해를 입은 자'의 의미 및 정정보도청구권을 행사할 수 있는 피해자로서 '보도내용과 개별적인 연관성이 있음이 명백히 인정되는 자'에 해당하는지에 관한 판단 기준에 관한 대법원 판례

◐ **대법원 판례** 대법원 2011.9.2. 2009다52649 전원합의체, 이른바 'PD수첩 광우병' 보도사건. [판결요지] 정정보도청구권이 가지는 의미에 비추어 보면, 비록 그 보도내용에서 성명이나 초상 등을 통하여 특정되지 아니하였고 또한 사전 지식을 가지고 있는 사람이 아니라면 보도내용 자체로서는 보도의 대상이 되고 있는 사람이 누구인지를 알 수 없는 경우에도, 언론기관이 당해 보도를 하기 위하여 취재한 내용 등과 당해 보도의 내용을 대조하여 객관적으로 판단할 때에 당해 보도가 그 사람에 관한 것으로 명백히 인정되는 사람 또는 당해 보도를 한 언론기관에서 보도내용이 그 사람에 관한 것임을 인정하는 사람 등은 보도내용과 개별적인 연관성이 있음이 명백히 인정되는 자에 해당된다.

iii) 정정보도청구에는 언론사 등의 고의·과실이나 위법성을 요하지 아니함(동법 제14조 제2항) – 이 조항에 대해 불법행위법상 본질적으로 요구되는 위법성요건을 배제하여 신문사에게 전혀 면책특권을 주지 않은 것으로 위축을 초래하여 신문의 자유를 침해한다는 주장의 헌법소원심판청구가 있었다. 그러나 헌재는 정정보도청구권이 민법상 불법행위에 기한 청구권과는 전혀 다른 새로운 성격의 청구권이고 필요 이상으로 신문의 자유를 제한하고 있지 않다고 하여

합헌으로 결정하였다(2005헌마165. [결정요지] 민·형사상 보호를 받을 수도 있지만, 신문사 측에 고의·과실이 없거나 위법성조각사유가 인정되는 등의 이유로 민사상 불법행위책임이나 형사책임을 추궁할 수 없는 경우에 피해자에 대한 적합한 구제책은 신문사나 신문기자 개인에 대한 책임추궁이 아니라, 문제의 보도가 허위임을 동일한 매체를 통하여 보도·전파하도록 하는 것이다. 더욱이 일정한 경우 정정보도를 거부할 수 있고, 제소기간도 단기간으로 제한하고 있는 등 정정보도청구권의 내용이나 행사방법에 있어 필요 이상으로 신문의 자유를 제한하고 있지 않다).

　ⅳ) 해당 언론보도 등이 있음을 안 날부터 3개월 이내, 있은 후 6개월이 지나지 않아야 청구할 수 있다. '안' 날(주관적 기산점), '있은'(객관적 기산점)을 달리하여 석달, 여섯달로 달리 정해져 있다.

[행사절차]　그 절차는 언중법에 자세히 규정되어 있다(언중법 제15조).

(2) 반론보도청구권

　[개념과 합헌성] "반론보도"라 함은 언론의 보도내용의 진실 여부에 관계없이 그와 대립되는 반박적 주장을 보도하는 것을 말한다(언중법 제2조 제17호). 반론권이 언론의 자유를 침해하는 위헌인지가 논란된 바 있다. 과거에 구 '정기간행물의 등록 등에 관한 법률'은 실질적으로 반론권제도이면서 명칭은 정정보도청구권이라고 하였는데 이 청구권이 위헌이라는 주장의 헌법소원심판이 청구되었으나 헌재는 그 청구권은 언론의 자유를 일부 제약하는 성질을 가지면서도 반론의 범위를 필요·최소한으로 제한함으로써 양쪽의 법익 사이의 균형을 도모하고 있다고 하여 합헌이라고 결정한 바 있었다(89헌마165, 이 결정에 대해 기본권총론의 기본권 상충 부분 등 참조).

　[요건, 절차] 반론보도의 청구요건을 보면, 사실적 주장에 관한 언론보도 등으로 인하여 피해를 입은 자가 청구할 수 있고 언론사 등의 고의·과실이나 위법성을 필요로 하지 아니하며, 보도내용의 진실 여부와 상관없이 그 청구를 할 수 있다(언중법 제16조). 진실 여부를 불문하는 점이 정정보도청구와 다르다. 반론보도청구에 관하여는 따로 규정된 것을 제외하고 동법의 정정보도에 관한 규정을 준용한다(동법 동조 제3항).

(3) 추후보도청구권

　언론 등에 의하여 범죄혐의가 있거나 형사상의 조치를 받았다고 보도 또는 공표된 자는 그에 대한 형사절차가 무죄판결 또는 이와 동등한 형태로 종결되었을 때에는 그 사실을 안 날부터 3월 이내에 언론사 등에 이 사실에 관한 추후보도의 게재를 청구할 수 있다. 추후보도에는 청구인의 명예나 권리회복에 필요한 설명 또는 해명이 포함되어야 한다(언중법 제17조).그 외 추후보도청구권에 관하여는 정정보도청구권에 관한 동법의 규정을 준용한다(동법 동조 제3항).

(4) 조정과 중재, 그 외

[조정과 중재] 정정보도청구, 반론보도청구, 추후보도청구(이하 '정정보도청구등')나 손해배상의 분쟁에 관련하여 분쟁이 있는 경우에 언론중재위원회에 조정, 중재를 신청할 수 있다(언중법 제3장 제2절·제3절. 배상을 위한 조정은 피해자만이 신청할 수 있음). 조정과 중재의 차이점은 ⊙ 조정은 당사자 한쪽이 신청하여 절차가 이루어지는데 비해 중재는 피해자와 언론사 양쪽이 중재결정에 따르기로 합의하고 신청하여 절차가 이루어지는 점, ⓛ 조정은 위원회의 중재부가 양 당사자 간에 합의를 이끌어내어 분쟁을 종식하는 절차인데 비해 중재는 중재부가 일방적으로 종국결정을 내놓으면 양 당사자가 이 결정에 따르기로 한 합의에 의해 분쟁이 마무리되는 절차라는 점에 있다.

[그 외-고충처리인, 시정권고제] ⅰ) 고충처리인 - 사내에 언론피해의 자율적 예방 및 구제를 위하여 반드시 두어야 하는데 그 의무대상은 종합편성 또는 보도에 관한 전문편성을 하는 방송사업자, 일반일간신문사업자 및 뉴스통신사업자이다(언중법 제6조 제1항). ⅱ) 시정권고 - 중재위원회는 언론의 보도 내용에 의한 국가적 법익, 사회적 법익 또는 타인의 법익 침해사항을 심의하여 필요한 경우 해당 언론사에 서면으로 그 시정을 권고할 수 있는데(권고적 효력에 그침) 이에 따르지 않는(*법조문은 '불복'이란 부적절한 용어를 사용하고 있어서 이렇게 풀어 씀) 언론사의 재심청구절차가 규정되어 있다(언중법 제32조).

(5) 정정보도청구등의 소송

피해자는 법원에 정정보도청구 등의 소를 제기할 수 있다(언중법 제26조 제1항). 이 정정보도청구등 소송은 민법 제764조에 따른 명예훼손 손해배상소송과 별개로 할 수 있고(동법 동조 제4항), 과거에는 언론중재위원회의 중재를 거쳐야만 소송을 제기할 수 있었으나 현행 언론중재법은 거치지 않고도 소송을 제기할 수 있게 하고 있다. 법원은 언론보도 등에 의하여 피해를 받았음을 이유로 하는 재판은 다른 재판에 우선하여 신속히 하여야 한다(동법 제29조).

정정보도청구의 소에 대하여는 민사소송법의 소송절차에 관한 규정에 따라 재판하고, 반론보도 청구 및 추후보도 청구의 소에 대하여는 민사집행법의 가처분절차에 관한 규정에 따라 재판한다(언중법 제26조 제6항). 이전에는 정정보도청구의 소에 대해서도 가처분절차에 의하도록 하였는데 이는 위헌으로 결정되어(● 2005헌마165 [위헌이유] 가처분절차에서는 증명 아닌 소명에 의하는데 정정보도청구의 소를 가처분절차에 의하도록 하여 소명만으로 청구를 인용하고 언론사에게 충분한 증거제출이나 방어 기회를 제공하지 않는 것은 피해자 보호만을 우선하여 언론의 자유를 합리적 이유 없이 지나치게 제한한다) 현재 이처럼 정정보도청구의 소에 대해서는 민사소송법 절차에 따르도록 한 것이다. 반론보도청구의 소를 가처분절차에 의하도록 한 데 대해서는 헌재가 신속처리의 필요성을 들어 합헌이라고 결정한 바 있다(89헌마165. 당시 심판대상이 정정보도로 규정하고 있었으나 그 실질은 반론보도였다).

2. 손해배상청구와 형사처벌

언론표현으로 손해가 발생된 경우에 손해에 대한 배상을 청구함으로써 사후적 권리구제를 받을 수 있다. 민법 제764조는 명예훼손의 경우에 법원은 피해자의 청구에 의하여 손해배상에 갈음하거나 손해배상과 함께 명예회복에 적당한 처분을 명할 수 있다고 규정하고 있는데 헌재는 여기의 적당한 처분에 사죄광고를 포함시키는 것은 헌법에 위반된다고 하였다. 즉 사죄광고의 강제는 양심의 자유와 인격권을 헌법 제37조 제2항의 비례의 원칙(과잉금지원칙)에 위반하여 과도하게 침해한다고 보아 위헌으로 선언하였다(89헌마160). 유의할 점은 그 강제가 위헌이라는 것이지 명예를 훼손한 사람이 스스로 사죄광고를 하거나 다른 방법으로 침해구제를 강구하는 것은 양심의 자유를 침해하는 것이 아니다. 헌재도 사죄광고의 강제는 위헌이지만 정정의 효과 있는 다른 방법(예: ① 가해자의 비용으로 그가 패소한 민사손해배상판결의 신문·잡지 등에 게재, ② 형사명예훼손죄의 유죄판결의 신문·잡지 등에 게재, ③ 명예훼손기사의 취소광고 등)은 허용된다고 본다(언중법 제31조도 법원이 피해자의 청구에 의한 '정정보도의 공표'를 명예훼손자에 대하여는 명할 수" 있도록 규정하고 있다).

피해자가 형사고소를 하여 침해자를 명예훼손죄 등으로 처벌되도록 할 수 있다. 헌재는 형법의 모욕죄 규정은 명확성원칙에 위배되지 않고 비례원칙을 준수하여 표현의 자유를 침해하지 않는다고 보아 합헌으로 결정하였다(2012헌바37).

3. 가처분

표현물의 배포(영화의 상영) 등을 사전에 금지해줄 것을 법원에 가처분신청할 수 있다. 헌재가 영화심의제 위헌결정인 93헌가13등에서는 가처분을 사후적 사법적 규제라고 보았으나 이후 가처분 자체에 대해 합헌으로 결정한 2000헌바36결정에서는 방영금지가처분은 "제작 또는 방영되기 이전, 즉 사전에 그 내용을 심사하여 금지하는 것"이라고 하였다. 여하튼 법원에 의한 심사라는 점이 중요하다. 헌재는 가처분제도는 행정기관이 아니라 법원에 의한 판단이므로 검열금지원칙에 반하지 않는다고 본다. 또 헌재는 가처분 청구가 허용된다 하여도 그 대상이 되는 표현행위 이외의 다른 간접적 방법에 의한 의사표현까지 금지되는 것은 아닌 점, 법원이 이를 허용하는 경우에도 일반 가처분에 있어서와 마찬가지로 피보전권리와 보전의 필요성이라는 요건이 소명되어야 하는데, 특히 금지청구권은 언론의 자유를 보장하고 검열을 금지한 헌법 제21조의 취지 등을 참작하여 충돌하는 두 법익(언론의 자유와 인격권)의 비교·형량 등 엄격하고 명백한 요건 하에서만 이를 인정하고 있는 점 등의 사정에 비추어 보면 침해최소성원칙에 반하지 아니하는 등 과잉금지원칙을 준수한 합헌이라고 본다(2000헌바36).

4. 인터넷상의 침해에 대한 구제

(1) 인터넷활용상 침해에 대한 법적 책임의 특색, 정정 · 반론 · 추후보도책임

인터넷상의 침해에 대해서는 인터넷의 특성인 신속성, 확산성, 대량성, 휘발성 때문에 그 효과성 측면에서 구제방법이 여러모로 모색되어야 한다. 또 인터넷공간에서는 정보제공자와 전달자(매개자), 이용자가 다를 수 있어서 법적인 책임이 발생하였을 때에 누구에게 그 책임을 지울 것인가 하는 것이 논란된다. 침해제공 여부에 따라 판단되어야 할 것이다. 자신이 독자적으로 생산하지 않은 기사를 내보내는, 이른바 인터넷포털이라고 불리는 인터넷뉴스서비스사업자의 책임이 문제되는데 이들에게도 앞서 본대로 정정 · 반론 · 추후보도 책임 등이 인정되고 있다. 또한 오늘날 거대한 인터넷 플랫폼상법자들이 운영하는 SNS에서의 명예훼손, 음란물, 정치적 선동, 가짜뉴스 등 문제점들과 그것에 대한 책임 문제 등에 대한 논의가 숙의를 거듭해야 할 과제를 던져주고 있다.

(2) 사생활 · 명예 등 침해 정보, 불법정보에 대한 구제 – 정보통신망법상 조치 제도

1) 삭제요청, 임시조치 등

인터넷 등 정보통신망에 사생활이나 명예 등을 침해하는 정보가 소송을 통하여 손해배상을 받는 등의 조치가 이루어진다 하더라도 그것이 계속 돌아다니는 한 피해 또한 계속된다. 이를 막기 위해 아래와 같은 제도가 정보통신망법에 규정되어 있다.

(가) 정보의 삭제요청, 임시조치 등　　침해받은 사람이 청구하는 것이다. 아래와 같이 삭제요청, 임시조치가 규정되어 있다.

> ■ **법** 정보통신망 이용촉진 및 정보보호 등에 관한 법률 제44조의2(정보의 삭제요청 등) ① 정보통신망을 통하여 일반에게 공개를 목적으로 제공된 정보로 사생활 침해나 명예훼손 등 타인의 권리가 침해된 경우 그 침해를 받은 자는 해당 정보를 처리한 정보통신서비스 제공자에게 침해사실을 소명하여 그 정보의 삭제 또는 반박내용의 게재(이하 "삭제등"이라 한다)를 요청할 수 있다. ② 정보통신서비스 제공자는 제1항에 따른 해당 정보의 삭제등을 요청받으면 지체 없이 삭제 · 임시조치 등의 필요한 조치를 하고 즉시 신청인 및 정보게재자에게 알려야 한다. 이 경우 정보통신서비스 제공자는 필요한 조치를 한 사실을 해당 게시판에 공시하는 등의 방법으로 이용자가 알 수 있도록 하여야 한다. ④ 정보통신서비스 제공자는 제1항에 따른 정보의 삭제요청에도 불구하고 권리의 침해 여부를 판단하기 어렵거나 이해당사자 간에 다툼이 예상되는 경우에는 해당 정보에 대한 접근을 임시적으로 차단하는 조치(이하 "임시조치"라 한다)를 할 수 있다. 이 경우 임시조치의 기간은 30일 이내로 한다.

[임시조치에 대한 합헌성 결정례] 위 제44조의2 제2항 중 '임시조치'에 관한 부분 및 제4항이 과잉금지원칙에 위반되어 청구인의 표현의 자유를 침해하는지 여부에 대해 헌재는 '30일 이내'라는 비교적 짧은 기간 동안의 정보 접근만을 차단할 뿐이라는 점 등 침해최소성을 갖추어 합헌이라고 결정하였다(2010헌마88. [결정요지] * 앞의 기본권 상충 부분 참조. * 동지: 헌재 2020.11.26. 2016헌마275).

(나) 정보통신서비스 제공자에 의한 임의적 임시조치   침해받은 사람이 요구하지 않아도 제공자가 취할 수 있는 조치가 동법에 아래와 같이 규정되어 있다.

■ **법** 동법 제44조의3(임의의 임시조치) ① 정보통신서비스 제공자는 자신이 운영·관리하는 정보통신망에 유통되는 정보가 사생활 침해 또는 명예훼손 등 타인의 권리를 침해한다고 인정되면 임의로 임시조치를 할 수 있다.

2) 불법정보 처리 거부·정지·제한의 방송통신위원회 명령 제도

앞서 인터넷규제에서 본대로 정보통신망상의 불법정보로 1. 음란정보, 2. 비방 명예훼손 정보 …, 7. 법령상 국가기밀을 누설하는 내용의 정보, 8. 국가보안법에서 금지하는 행위를 수행하는 내용의 정보, 9. 그 밖에 범죄를 목적으로 하거나 교사(敎唆) 또는 방조하는 내용의 정보(동법 제44조의7 제1항)가 규정되어 있다. 이 불법정보에 대해서는 침해받는 사람, 정보통신서비스 제공자 등의 요구가 없이 개입하여 방송통신심의위원회의 필수적인 심의를 거쳐 정보통신서비스 제공자 또는 게시판 관리·운영자에게 그 정보처리를 거부·정지 또는 제한하도록 명할 수 있다. 다만, 다음의 2가지가 주목을 요한다. ① 반의사 불조치 – 위 2. 비방 명예훼손 정보, 3. 공포심 등 유발 정보의 경우에는 피해자가 구체적으로 밝힌 의사에 반하여 그 처리의 거부·정지 또는 제한을 명할 수 없다(동법 동조 제2항). ② 위 7.부터 9까지의 정보가 1. 관계 중앙행정기관의 장의 요청이 있었을 것, 2. 이 요청을 받은 날부터 7일 이내에 심의위원회의 심의를 거친 후 '방송통신위원회의 설치 및 운영에 관한 법률'제21조 제4호에 따른 시정 요구를 하였을 것, 3. 정보통신서비스 제공자나 게시판 관리·운영자가 시정 요구에 따르지 아니하였을 것이라는 이 3요건에 모두 해당되는 경우에는 그 처리의 거부·정지 또는 제한을 임의적이 아니라 의무적으로 명하여야 한다(동법 동조 제3항).

(3) 예방제도

사실 인터넷에 잘못된 정보나 음란물 등 불법정보가 노출되고 이를 접할 경우에 그 피해에 대한 구제가 사후적으로 이루어지더라도 인터넷의 파급효과나 강렬한 영향력으로 효과적인 구제가 될 수 없다. 사전예방적 조치 제도가 사전허가나 검열이 아니어야 하는 것은 물론 비례원칙 등을 위배하지 않는 선에서 이루어지는 것이 필요하다. 청소년보호를 위한 사전예방제로서 필터링(filtering) 등 기술적 규제가 활용된다.

제 3 항 집회·결사의 자유

Ⅰ. 집회의 자유

1. 집회의 자유의 성격과 기능

(1) 성격
1) 학설과 판례

집회의 자유도 표현의 자유의 하나이다. 집회의 자유의 성격에 대해 ① 자유권으로서 주관적 기본권으로서의 성격을 가진다는 견해, ② 주관적 권리뿐 아니라 제도적 보장으로서 성격도 가진다는 견해, ③ 주관적 권리이자 객관적 가치질서라고 보는 견해 등이 있다. 헌재는 ③의 이중설을 취한 결정례382)를 보여주기도 하였다.

2) 사견

생각건대 집회는 집단적 활동이므로 집회의 자유는 집단적 활동을 위한 자유이면서 개개인이 집회를 구성하고 참여함에 있어서의 자유라는 점에서 개개인의 권리로서의 성격을 가진다. 객관적 가치질서성은 이를 보장하여 민주적 집회를 존중해주어야 한다는(집회가 다른 사람들에게 불편을 초래하더라도 이를 수긍하여야 한다는 객관적 질서성) 집회의 자유라는 권리성의 효과로서 나타난다. 객관적 질서로서 이를 다른 사람들이 존중하여야 집회의 자유의 효과가 난다.

(2) 기능

ⅰ) 인격발현과 사회공동체 기능 – 사회적 동물인 인간은 혼자 고립되어 살지 않고 다른 사람과 만나고 교류하는 욕구를 가진다. 집회의 자유는 모임을 통해 고립되지 않고 다른 사람들과 더불어 있고 타인과의 소통, 의견의 교환으로 사회공동체를 보다 활성화하게 하고 인격의 발현과 신장을 가져오게 한다(동지: 2000헌바67). ⅱ) 민주정치의 기능 – 집회의 자유는 집회를 통해 집단적인 정치의사의 교환과 표명을 가능하게 하여 민주정치의 기능을 가진다. 집회의 자유는 국민의 의사를 집합적으로 나타내게 하는 직접적 민주정치의 수단으로서 기능한다(2013헌바322등). 대표주의정치를 원칙으로 하는 현재 우리나라의 정치시스템에서 국민의 의사를 직접 표출하는 보완적 기능을 수행한다. 헌재도 "집회의 자유는 언론·출판의 자유와 함께 민주주의 실현을 위한 필수적 기본권"이라고 한다(2008헌가25; 2013헌바322등; 2018헌바137). ⅲ) 소수의 보호

---

382) 헌재 2009.9.24, 2008헌가25 [판시] 우리 헌법상 집회의 자유는 우선, 국가에 대한 방어권으로서 집회의 주체, 주관, 진행, 참가 등에 관하여 국가권력의 간섭이나 방해를 배제할 수 있는 주관적 권리로서의 성격을 가지며, 아울러 자유민주주의를 실현하려는 사회공동체에 있어서는 불가결한 객관적 가치질서로서의 이중적 성격을 갖는다

와 통합기능, 다원주의 구현, 정치안정 기능 - 다수의 지배와 영향력 때문에 소수의 언로가 차단될 수 있고 소수가 언론매체를 활용할 기회를 가지기 어려울 수 있다. 집회의 자유는 이러한 소수에게 자신의 의사를 표현할 수 있게 하여 소수를 보호하는 기능을 한다(2008헌가25; 2013헌바322등; 2013헌바322). 그리하여 사회통합적 기능을 수행한다(2000헌바67; 2013헌바322등). 다양한 소수들의 여러 의견이 발표될 기회가 주어져야 다원주의가 구현될 수 있다. 헌재는 집회의 자유는 "정치·사회 현상에 대한 불만과 비판을 공개적으로 표출케 함으로써 정치적 불만세력을 사회적으로 통합하여 정치적 안정에 기여하는 역할을 한다"라고 한다(2013헌바322등).

(3) 관련 현행 법률

현재 집회와 시위에 관한 일반적인 법률로서 "적법한 집회 및 시위를 최대한 보장하고 위법한 시위로부터 국민을 보호함으로써 집회 및 시위의 권리 보장과 공공의 안녕질서가 적절히 조화를 이루도록 하는 것을 목적으로" '집회 및 시위에 관한 법률'(이하 '집시법'이라고도 함)이 집회와 시위에 대한 규정을 두고 있다(동법 제1조).

2. 집회의 자유의 효력과 주체

집회의 자유는 국가의 공권력 등에 의해 침해되지 아니하고 국가에 의해 보호되어야 하는 대국가적 효력을 가진다. 집회의 자유는 사인들 간에도 효력을 가진다. 집시법 제3조는 <u>누구든지</u> 평화적인 집회 또는 시위를 방해하여서는 아니 된다고 규정하여 사인들 간에 집회의 자유의 보장을 명시하고 있다.

집회의 자유는 자연인뿐 아니라 법인에게도 인정된다. 외국인, 무국적자에 대해서도 보장되는 권리이다.

3. 집회의 자유의 개념과 종류

(1) 집회의 개념(집회자유의 보호범위)

1) 개념정의

집회란 여러 사람들이 공동의 목적을 가지고 평화적으로 일정한 장소에서 일시적으로 모이는 행위를 말한다. [판례] 헌재는 "집시법상 '옥외집회'에 대한 정의 규정은 있으나 '집회'에 대한 정의규정이 없어서 명확성원칙에 반한다"라는 주장에 대해 통상적 법감정을 가진 사람이라면 집회의 의미를 추론할 수 있다고 하여 주장을 받아들이지 않는다(2011헌바174등).

2) 개념요소

다음과 같은 개념요소를 가진다.

ⅰ) **인적 요소**　여러 사람이 모여야 집회이므로 1인 시위는 집회가 아니다.[383]

ⅱ) **목적 요소**(내적 유대관계론)　집회에서의 목적이란 내적인 유대 관계로 충분하다고 하여 가장 넓게 보는 견해, 일정한 의사표현의 목적이어야 한다는 견해, 공적인 성격을 가지는 의사표현을 한다는 목적이라고 더 좁게 보는 견해 등이 있으나 헌재는 "그 공동의 목적은 '내적인 유대 관계'로 족하다"라고 한다(2007헌바22).

ⅲ) **장소적 요소**　(ㄱ) 시위의 포함 – 집회는 일정한 장소를 전제로 모이는 것이다. 집회에는 장소이동적인 시위가 포함되는지 논의된다. 생각건대 시위는 장소이동적 집회인데 집회에서 장소의 이동성이 문제되지는 않으므로 집회의 개념과 그 집회자유의 보호범위 안에 포함된다. 헌재도 "시위의 자유 또한 집회의 자유를 규정한 헌법 제21조 제1항에 의하여 보호되는 기본권이다"라고 한다(2004헌가17). 우리 집시법은 집회와 시위를 모두 보호와 규율의 대상으로 하고 있어서 시위가 집회에 포함되는지 여부가 문제될 건 없다. 다만, 그 규율의 정도는 달라 신고대상으로 시위는 모두 해당되고 집회의 경우 옥외집회만 해당된다(동법 제6조). 집시법은 ""시위"란 여러 사람이 공동의 목적을 가지고 도로, 광장, 공원 등 일반인이 자유로이 통행할 수 있는 장소를 행진하거나 위력 또는 기세를 보여, 불특정한 여러 사람의 의견에 영향을 주거나 제압을 가하는 행위를 말한다"라고 정의하고 있다(동법 제2조 제2호). (ㄴ) 집회와 시위의 개념에 있어서 '공중이 자유로이 통행할 수 있는 장소'라는 요건의 비요구 – 집시법은 집회의 개념을 정의한 바 없고 동법상 신고대상인 '옥외'집회는 "천장이 없거나 사방이 폐쇄되지 아니한 장소에서 여는 집회"라고 정의하여(동법 동조 제1호) '공중이 자유로이 통행할 수 있는 장소'라는 장소적 요건을 명시하지 않고 있다. 이 요건이 요구되는지 논란된 것은 "일반인이 자유로이 통행할 수 있는 장소"라고 정의하고 있는 시위와 집회를 차별하는 불평등이라는 주장이 제기된 때문이다. 그러나 헌재의 다수의견은 집시법은 시위로 그 경우만이 아니라 장소적 요건이 설정되어 있지 않은 "위력 또는 기세를 보이는 행위"도 들고 있으므로(* '하거나'라고 하여 양자 분리라고 본 때문으로 이해된다) 결국 위 장소적 제한개념은 '시위' 개념의 필요불가결한 요소는 아니라고 보았다. 다수의견은 옥외집회의 경우에도 천장이 없거나 사방이 폐쇄되지 아니한 장소에서의 집회는 설사 그 곳이 공중이 자유로이 통행할 수 있는 장소가 아닐지라도 시위와 마찬가지로 공공의 안녕질서에 해를 끼칠 우려가 있어 규제의 필요가 있다고 보고 옥외집회의 정의규정에 위와 같은 장소적 제한개념을 추가하지 아니한 것은 합리적인 이유가 있다고 보아 집시법 제2조 제1호가 합헌이라고 결정하였다. 결국 헌재는 집회, 시위 모두 그 개념에 위와 같은 장소적 요건을 요하지 않는다고 보는 것이다(헌재 1994.4.28. 91헌바14. 동지: 2010헌가2).

ⅳ) **시간적·시기적 요소**　일시적이라는 점에서 지속적 모임단체인 결사와 차이가 있다.

ⅴ) **평화적**(비폭력적) **성격 요소**　폭력적 집회는 집회의 자유가 보호하는 범위에 포함되지 않는다.[384] 집시법 제5조 제1항 제2호는 "집단적인 폭행, 협박, 손괴(損壞), 방화 등으로 공공의

---

383) 대법원 판례는 "2인이 모인 집회도 위 법의 규제 대상이 된다고 보아야 한다"라고 하므로(대법원 2012.5.24. 2010도11381), 1인 시위는 집회로 보지 않는 입장이라고 할 것이다.

안녕 질서에 직접적인 위협을 끼칠 것이 명백한 집회 또는 시위"를 금지하고 있다. 헌재는 현행 집시법 제5조 제1항 제2호와 같은 취지로 규정하고 있는 구 집시법 제5조 제1항 제2호가 명확성원칙에 반하지 않고 과잉금지원칙에 반하지 않아 합헌이라고 보았는데(2008헌바118), 이 결정에서 보호범위가 논해지지는 않았다. 이전의 야간옥외집회금지규정에 대한 헌법불합치결정인 2008헌가25에서는 "집회의 자유를 빙자한 폭력행위나 불법행위 등은 헌법적 보호범위를 벗어난 것"이란 법정의견의 설시가 있었다.

(2) 언론 · 출판의 자유와 집회의 자유의 경합관계

집회에서 발표, 토론, 연설 등 언론표현이 행해지는 경우 이를 집회의 자유로 보호할 것인지 아니면 언론의 자유로 보호할 것인지 하는 논의가 있다. 사안에 따라 판단할 것이나 주로 언론의 자유로 보호된다고 볼 것이다. 헌재는 공무원이 '집단 · 연명으로 또는 단체의 명의를 사용하여' 행하는 행위를 금지함으로써 공무원의 집단적 의사표현 행위를 제한하고 정치적 주장을 표시 · 상징하는 복장 등 착용을 금지하는 국가공무원 복무규정 제3조 제2항, 제8조의2 제2항 등은 만일 공무원이 집회를 통해 위와 같은 행위를 하려고 할 경우 그 규정들에 의하여 집회의 자유에 대한 제한 역시 발생할 수 있다고 보았다. 이 사안에서 헌재는 기본권경합의 법리를 적용하여 표현(언론)의 자유 문제를 중심으로 판단하였다(2009헌마705).

(3) 집회의 종류

집회의 종류는 여러 기준으로 나누어질 수 있고 종류에 따라 그 보호의 정도가 다르다. ⅰ) 옥내집회와 옥외집회로 나누어진다. 옥외집회는 "천장이 없거나 사방이 폐쇄되지 아니한 장소에서 여는 집회"를 말한다(집시법 제2조 제1호). 옥외집회는 그 개방성 때문에 일반 시민에 미치는 영향 등을 고려하여 신고대상으로 하고 있다. ⅱ) 공개 여부에 따라 공개집회와 비밀집회가 있다. ⅲ) 사전계획적 · 조직적 집회도 있고 계획성 없는 '우발적' 집회(즉석집회)도 있다. 우발적(즉석적) 집회는 시기적으로도 그러하지만 사전계획이 없어서 신고할 사항들도 있을래야 있을 수 없는 것이어서 평화적이고 일시적인 우발적 집회는 보호되어야 한다. SNS 등을 통한 극히 일시적 flash mob 같은 회합인 경우도 있다. 이 점에서 현재의 신고제에는 문제가 있고 보다 명확히 될 필요가 있다. ⅳ) 장소이동적인 집회도 포함된다. 집시법은 시위도 규율대상으로 한다. 앞서 본대로 현행 집시법은 "시위"라 함은 "불특정 다수인의 의견에 영향을 주거나 제압을 가하는 행위"로서 ⒜ "도로광장공원 등 공중이 자유로이 통행할 수 있는 장소를 진행하거나"라고 하여 장소이동적 집회를 시위에 포함하고 있고 아울러 ⒝ "위력 또는 기세를 보여"라고 정의하여(집시법 제2조 제2호) 장소이동이 없는 위력 또는 기세를 보이는 행위도 시위의 개념에 포함하여 넓게 보는 입장이다. 헌재도 "집시법상의 시위는 반드시 '일반인이 자유로이 통행

---

384) 헌재 2003.10.30. 2000헌바67 등.

할 수 있는 장소'에서 이루어져야 한다거나 '행진' 등 장소 이동을 동반해야만 성립하는 것은 아니다"라고 한다. 그러면서 다만, "집시법상 시위에 해당하는지 여부는, 행진 등 행위의 태양 및 참가 인원, 행위 장소 등 객관적 측면과 아울러 그들 사이의 내적인 유대 관계 등 주관적 측면을 종합하여 전체적으로 그 행위를 불특정 다수인의 의견에 영향을 주거나 제압을 가하는 행위로 볼 수 있는지 여부에 따라 개별·구체적으로 판단되어야 할 것이다(대법원 2011.9.29. 2009도2821 판결 참조)"라고 한다(헌재 2014.3.27. 2010헌가2). 시위도 집시법상의 신고대상이다. 한편 오늘날 사이버공간의 모임을 집회로 볼 것인가 하는 문제가 있다(* 이 글을 코로나 19 상황도 래 이전에 작성하였는데 이른바 언택트 시기에 실제 문제가 될 수 있음을 일깨운다).

4. 집회의 자유의 내용

집회의 자유의 내용은 단순히 모임 그 행위만이 아니라 사전에 기획·준비하여 시기와 장소를 정하여 주최하고 이에 참여하며 그것을 종식시킬 자유 등이다. * 헌재 판례도 "집회의 자유에 의하여 구체적으로 보호되는 주요행위는 집회의 준비 및 조직, 지휘, 참가, 집회장소·시간의 선택"이라고 한다(2014헌가3등; 2015헌가28 등; 헌재 2018.7.26. 2018헌바137 등).

(1) 단계별 자유

이를 단계적으로 살펴보고 법리설정을 하면 집회의 자유의 보호가 보다 구체적이고 치밀해질 것이다.

ⅰ) 결정, 계획·준비의 자유 — 어떠한 목적을 위하여 집회를 하고자 결정하고 그 일시, 장소, 방법 등을 사전에 계획하여 조직하며 준비하는 행위를 자유로이 행할 수 있다. 이러한 행위를 국가공권력에 의해 방해되어서는 아니 된다.

ⅱ) 개최, 참여의 자유 — 집회를 자유로이 열 개최의 자유, 개최된 집회에 참여할 자유, 반대로 참여할 것을 강요당하지 않을 자유, 집회 주최자·진행자 등의 지휘의 자율성, 자유도 포함된다. 참가하는 사람이 어떠한 방식으로 어디까지 참여할 것인지를 정할 자유를 가진다.[385] 헌재는 "개인이 집회에 참가하는 것을 방해하거나 또는 집회에 참가할 것을 강요하는 국가행위를 금지하는 기본권이다. 따라서 집회의 자유는 집회에 참가하지 못하게 하는 국가의 강제를 금지할 뿐 아니라, 예컨대 집회장소로의 여행을 방해하거나, 집회장소로부터 귀가하는 것을 방해하거나, 집회참가자에 대한 검문의 방법으로 시간을 지연시킴으로써 집회장소에 접근하는 것을 방해하거나, 국가가 개인의 집회참가행위를 감시하고 그에 관한 정보를 수집함으로써 집회에 참가하고자 하는 자로 하여금 불이익을 두려워하여 미리 집회참가를 포기하도록 집회참가의사를 약화시키는 것 등 집회의 자유행사에 영향을 미치는 모든 조치를 금지한다"라고 한

---

385) 헌재도 "참가자는 참가의 형태와 정도, 복장을 자유로이 결정할 수 있다"라고 한 바 있다(2000헌바67등).

다(2000헌바67등). 집회에 참가하여 자유로이 발언할 수 있다. 집회에서의 발언(연설이나 토론 등)이 집회의 자유로 보호되는지 아니면 언론·출판의 자유로 보호되는지 하는 문제가 있는데 언론·출판의 자유로 보호된다고 본다.

iii) 종식(해산)의 자유 – 집회를 계속할 것인지 해산할 것인지를 결정할 자유도 포함된다. 국가가 적법하고 평화적으로 진행되고 있는 집회의 해산을 강요할 수 없다.

(2) 중요 요소로서의 장소·시간 선택의 자유

집회의 자유에는 집회자들이 집회의 목적, 방법, 장소, 시간을 자율적으로 정할 자유도 포함된다. 집회의 결집·전달의 정도가 장소나 시간에 따라 달리 나타나는 만큼 집회를 통해 거두려는 목적효과도 장소와 시간에 따라 달리 나타날 수 있다. 따라서 집회시간과 장소를 선택할 자유는 집회의 자유에서 중요한 내용을 구성한다(2004헌가17; 2013헌바322; 2015헌가28; 2018헌바137 등).

ⅰ) 장소선택의 자유 ㈀ 장소의 중요성의 이유 – 집회를 통하여 표현하고자 하는 사상이나 의사가 적절히 전달되기 위해서는 적절한 장소의 선택이 보장되어야 한다. 집회에서 표명하고자 하는 의사가 전달되어야 할 대상이 존재하는 곳에서의 집회가 효과적이기 때문이다. 헌재도 집회·시위의 자유에는 집회·시위의 장소를 스스로 결정할 장소선택의 자유가 포함된다고 하고, 집회의 목적·내용과 집회의 장소는 일반적으로 밀접한 내적인 연관관계에 있다고 본다. 그렇기 때문에 집회의 장소에 대한 선택이 집회의 성과를 결정짓는 경우가 적지 않은 것이고 그 장소가 집회와 특별한 연관성을 가지는 곳이어야 의견표명이 효과적이라고 본다(2000헌바67 등). 따라서 "집회 장소를 선택할 자유는 집회의 자유의 실질적 부분을 형성한다"라고 한다 (2004헌가17; 2015헌가28; 2018헌바137). ㈁ 항의대상분리금지원칙 – 위 필요성의 이유에 따라 결국 집회장소를 그 의견표명의 주 대상이 소재하는 곳으로부터 분리하거나 너무 멀리하는 것을 막는 것이 집회장소의 자유의 중요한 요소가 된다. 항의의 의사를 표명하기 위한 집회인 경우에 더욱 그러하다. 헌재도 "집회의 자유는 다른 법익의 보호를 위하여 정당화되지 않는 한, 집회장소를 항의대상으로부터 분리시키는 것을 금지한다"라고 판시한 바 있다(2000헌바67등).

ⅱ) 시간·시기 선택의 자유 – 집회시간이 시의에 적절한 시점이어야 하고 시기를 놓치면 그 효과가 반감될 수 있으므로 시기와 시간의 선택의 자유가 주어져야 한다. 문제는 동일한 의제를 두고 상호 반대되는 견해를 표방하는 집회들의 경우 충돌이 발생할 수 있다는 점이다. 야간에 이루어지는 옥외집회에 대해서는 제한이 있다(후술 제한 부분 참조).

(3) 방법, 목적을 스스로 결정할 자유

집회의 방법과 목적을 스스로 결정할 자유로 포함된다(2007헌마712).

(4) 비참가의 자유

집회에 적극적으로 참여하는 데 방해받지 않을 자유뿐 아니라 소극적으로 집회에 참여하지 않을 자유, 즉 집회참여를 강요받지 않을 자유도 보장되어야 한다. 헌재는 노동조합의 대표자 또는 노동조합으로부터 위임을 받은 자와의 단체협약체결 기타의 단체교섭을 사용자가 정당한 이유 없이 거부하거나 해태하는 행위는 부당노동행위로서 금지된다고 규정한 노동조합및노동관계조정법 제81조 제3호가 "집회에 참가하지 않을 자유"를 제한하는 것이라고 보았다. 그러나 헌재는 노사간에는 단체협약을 체결할 의무가 헌법에 의하여 주어져 있는 것이므로(헌법 제33조 제1항의 "단체교섭권"에는 "단체협약체결권"이 포함되어 있다), 결국 이 조항은 단지 그러한 의무를 제대로 이행하도록 하는 의미를 지닐 뿐이어서 최소침해성의 원칙에 위배되지 않아 그 제한이 비례(과잉금지)원칙을 준수하여 청구인의 계약의 자유, 기업활동의 자유, 집회의 자유를 침해하지 않는 합헌이라고 결정하였다(2002헌바12).

5. 집회의 자유의 제한과 그 한계

(1) 사전허가제의 금지
1) 헌법규정과 허가의 일반개념

헌법 제21조 제2항은 집회에 대한 허가는 인정되지 아니한다고 하여 사전허가금지를 명시하고 있다. [일반적 허가 개념] 허가란 전면적으로 금지하고 일정한 경우에 예외적으로 행정권에 의해 그 금지를 해제하여 자유를 회복시켜 허용하는 것을 말한다. 신고제는 허용된다고 보나 강한 신고요건을 요구하여 실질적인 허가제가 되어서는 아니 된다. 신고제에 대해서는 현행 신고제가 사전허가제로서 위헌인가 하는 문제를 포함하여 아래에 따로 살펴본다[후술 (5) 참조].

2) 사전허가금지원칙으로 금지되는 허가의 개념·범위

[논점] 사전허가금지원칙에서 금지되는 허가의 개념·범위에 대해 논란이 있어 왔다. 이러한 논의는 야간옥외집회금지규정에 대한 헌법불합치 결정(2008헌가25)에서 드러난 바 있다. 야간옥외집회금지규정인 집시법 제10조는 "누구든지 해가 뜨기 전이나 해가 진 후에는 옥외집회 또는 시위를 하여서는 아니 된다. 다만, … 관할경찰관서장은 … 허용할 수 있다"라고 규정하여 전통적인 허가개념, 즉 위에서 언급한 원칙적 금지, 예외적 허용이라는 '허가'제를 규정한 것이 아닌가 하는 점이 주로 쟁점이 되어 허가제가 논의되어졌던 것이다.

[헌재의 허가제 여부에 관한 결정례들] ⅰ) 위 2008헌가25에서의 법정의견의 허가제 긍정입장 - 2008헌가25 헌법불합치 결정에서 5인 재판관의 의견은 다수로서 법정의견으로서 헌법 제21조 제2항이 집회에 대해 금지하는 '허가'는 "행정권이 주체가 되어 집회 이전에 예방적 조치로서 집회의 내용·시간·장소 등을 사전심사하여 일반적인 집회금지를 특정한 경우에 해제함으로써 집회를 할 수 있게 하는 제도, 즉 허가를 받지 아니한 집회를 금지하는 제도를 의미

한다"라고 하였고 문제의 조항은 일반적 금지, 예외적 허용을 규정하여 허가제라고 보아 위헌이라고 하였다. 반면 반대(합헌)의견을 표명한 2인의 재판관은 집회의 내용 규제가 아닌 시간·장소에 관한 허가는 내용 중립적인 것이어서, 헌법에서 금지하고 있는 허가에 해당하지 않는다고 보았다. 이 결정에서 허가제라고 본 의견이 5인이긴 하였으나 허가제는 아니나 과잉금지원칙 위반이라는 나머지 2인 재판관의 헌법불합치의견에 따라 결국 이전의 헌재 1994.4.28. 91헌바14 합헌결정을 변경하여 헌법불합치결정을 하였다(● 판례 헌재 2009.9.24. 2008헌가25). ⅱ) 내용중립적 규제의 비허가성 – 그런데 그 뒤 헌재는 위 집시법 제10조가 대상은 아니었으나 현행 집시법 제5조 제1항 제2호[집단적인 폭행, 협박, 손괴(損壞), 방화 등으로 공공의 안녕 질서에 직접적인 위협을 끼칠 것이 명백한 집회 또는 시위의 금지]와 같은 취지로 규정하고 있는 구 집시법 제5조 제1항 제2호가 관할경찰서장의 집회 금지통고를 규정한 구 집시법 제8조와 결합하여 사전허가제로 기능한다는 주장에 대해 "입법자 스스로에 의한, 일정한 집회 또는 시위에 대한 금지조항으로서, 집회 또는 시위의 방법에 따른 위험성에 근거한 내용중립적인 규제라 할 것이므로, 헌법 제21조 제2항에 의해 금지되는 사전허가제에 해당한다 할 수 없다"라고 판시한 바 있다(2008헌바118). 이러한 판시는 내용중립적 규제는 사전허가제에 해당되지 않는다는 입장을 헌재가 취하는 것으로 보이게 하는 것이다. ⅲ) 헌재는 2014년 '일몰시간 후부터 같은 날 24시까지 적용은 위헌이라는 한정위헌결정에서 "헌법 제21조 제2항의 '허가'는 '행정청이 주체가 되어 집회의 허용 여부를 사전에 결정하는 것'으로서 행정청에 의한 사전허가는 헌법상 금지되지만, 입법자가 법률로써 일반적으로 집회를 제한하는 것은 헌법상 '사전허가금지'에 해당하지 않는다. 따라서 입법자는 법률로써 옥외집회에 대하여 일반적으로 시간적, 장소적 및 방법적인 제한을 할 수 있고, ⋯ 단서의 '관할경찰관서장의 허용'이 '옥외집회에 대한 일반적인 사전허가'라고는 볼 수 없는 것이다"라고(● 판례 헌재 2014.4.24. 2011헌가29) 판시하였다.

* 야간 옥외집회 전면금지는 시간적 제한문제이기도 하므로 아래에 '집회의 자유'의 '시간적 제한' 부분에 가서 다시 살펴본다.

3) 사전허가제금지원칙 심사의 의미

사전허가는 어떤 경우에도 금지되므로 사전허가제에 해당되면 그것으로 바로 위헌이 될 것이다. 사전허가제에 해당되지 않더라도 바로 합헌은 아니고 과잉금지원칙심사 등을 거쳐 위헌 여부가 가려진다.

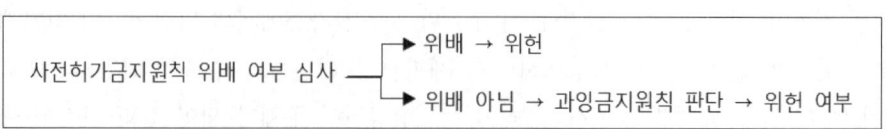

□ 결사의 자유 심사 단계 (* 보호범위 문제도 이전에 있긴 함)

(2) 금지되는 집회와 시위

1) 집시법규정

헌법 제21조가 보호하는 집회는 평화적·비폭력적 집회이다. 현행 집시법도 "집단적인 폭행·협박·손괴·방화 등으로 공공의 안녕 질서에 직접적인 위협을 끼칠 것이 명백한 집회 또는 시위"를 금지하고 있다(법 제5조 제1항 제2호). 또한 "헌재의 결정에 따라 해산된 정당의 목적을 달성하기 위한 집회 또는 시위"도 금지된다(동법 동조 동항 제1호).

2) 위헌결정례

① 재판에 영향을 미칠 염려가 있거나 미치게 하기 위한 집회 또는 시위 금지·처벌 ― 이를 규정한 구 '집회 및 시위에 관한 법률'(1989.3.29. 법률 제4095호로 전부개정되기 전의 것) 제3조 제1항 제2호 및 구 집시법(1980.12.18. 법률 제3278호로 개정되기 전의 것) 제14조 제1항 본문 중 그 해당조항이 있었는데 헌재는 이 규정이 재판에 대한 정당한 비판은 오히려 사법작용의 공정성 제고에 기여할 수도 있는 점을 고려하면 사법의 독립성을 확보하기 위한 적합한 수단인지 의문이고 사전적·전면적 금지로서 최소침해성 원칙에 반하며 법익균형성도 상실하여 과잉금지원칙에 위배되어 집회의 자유를 침해하여 위헌이라고 결정하였다(2014헌가3).

② 헌법의 민주적 기본질서에 위배되는 집회 또는 시위의 금지·처벌 ― 이를 규정한 구 집시법(1980.12.18. 법률 제3278호로 개정되기 전의 것) 제3조 제1항 제3호 및 동법 제14조 제1항 본문 중 해당조항이 있었는데 헌재는 이 규정이 규제대상인 집회·시위의 목적이나 내용을 구체적으로 적시하지 않은 채 헌법의 지배원리인 '민주적 기본질서'를 구성요건으로 규정하였을 뿐 기본권 제한의 한계를 설정할 수 있는 구체적 기준을 전혀 제시한 바 없어 이와 같은 규율의 광범성으로 인하여 우발적으로 발생한 일이 민주적 기본질서에 조금이라도 위배되는 경우 처벌이 가능할 뿐 아니라 수사기관과 법원의 법집행 과정에서 사실상 헌법 제21조 제2항이 명시적으로 금지하는 집회에 대한 허가제에 준하는 운용을 가능하게 할 여지가 있고, 사실상 사회현실이나 정부정책에 비판적인 사람들의 집단적 의견표명 일체를 봉쇄하는 결과를 초래함으로써 침해의 최소성 및 법익의 균형성을 상실하였으므로 과잉금지원칙에 위배되어 집회의 자유를 침해하여 위헌이라고 결정하였다(위 2014헌가3).

(3) 집회에 대한 시간적 제한

ⅰ) 집회에서 시간이나 시기를 제한하는 것도 사실 상당히 중요한 제한이다. 항의대상인 시간이 경과되면 이후 집회의 효과는 떨어질 것이기 때문임은 물론이다. 충분한 의견표명이 될 수 없을 정도로 시간을 제약한다면 집회의 자유의 과도한 제한 내지 나아가 본질적 침해가 될 수도 있을 것이다.

ⅱ) 야간 옥외집회 금지 문제 ― 집회의 시간적 제한에 관하여 그동안 가장 논의가 많이 되어 온 것이 야간옥외집회이다. 다음과 같은 변화의 추이가 있었다.

① 집시법규정, 합헌결정, 헌법불합치로의 판례 변경 − 집시법은 "누구든지 해가 뜨기 전이나 해가 진 후에는 옥외집회 또는 시위를 하여서는 아니 된다. 다만, 집회의 성격상 부득이하여 주최자가 질서유지인을 두고 미리 신고한 경우에는 관할경찰관서장은 질서 유지를 위한 조건을 붙여 해가 뜨기 전이나 해가 진 후에도 옥외집회를 허용할 수 있다"라고 하여 야간옥외집회를 원칙적으로 금지하고 경찰관서장에 의한 예외적 허용을 규정하여 왔고 이 금지에 위반한 경우에 형사처벌하도록 하여 왔다(집시법 제10조, 제23조 제1항). 이 금지규정에 대해 이전의 1994년 판례는 합헌으로 보았었다.[386] 그러나 2009년에 헌재는 5인 재판관이 허가제로서 위헌이라는 의견과 2인 재판관이 허가제는 아니나 과잉금지원칙 위반이어서 헌법불합치결정을 하여야 한다는 의견으로 결국 1994년 판례를 변경하여 아래와 같이 위 금지규정과 처벌규정에 대해 계속적용을 명하는 헌법불합치 결정을 하였다(단순위헌의견이 6인이 되지 않으나 헌법불합치의견이 합쳐져 6인 이상이 된다고 하여 헌법불합치결정을 내린 것이다).

● 판례 헌재 2009.9.24, 2008헌가25
[결정요지] (1) 재판관 5인 법정(위헌)의견 − 헌법 제21조 제2항은 헌법 자체에서 직접 집회의 자유에 대한 제한의 한계를 명시한 것이므로 기본권 제한에 관한 일반적 법률유보조항인 헌법 제37조 제2항에 앞서서, 우선적이고 제1차적인 위헌심사기준이 되어야 한다. 헌법 제21조 제2항에서 금지하고 있는 '허가'는 행정권이 주체가 되어 집회 이전에 예방적 조치로서 집회의 내용·시간·장소 등을 사전심사하여 일반적인 집회금지를 특정한 경우에 해제함으로써 집회를 할 수 있게 하는 제도, 즉 허가를 받지 아니한 집회를 금지하는 제도를 의미한다. 집시법 제10조 본문은 야간옥외집회를 일반적으로 금지하고, 그 단서는 행정권인 관할경찰서장이 집회의 성격 등을 포함하여 야간옥외집회의 허용 여부를 사전에 심사하여 결정한다는 것이므로, 결국 야간옥외집회에 관한 일반적 금지를 규정한 집시법 제10조 본문과 관할 경찰서장에 의한 예외적 허용을 규정한 단서는 그 전체로서 야간옥외집회에 대한 허가를 규정한 것이라고 보지 않을 수 없고, 이는 헌법 제21조 제2항에 정면으로 위반된다. 따라서 집시법 제10조 중 "옥외집회" 부분, 이에 위반한 경우에 적용되는 처벌조항인 집시법 제23조 제1호 중 "제10조 본문의 옥외집회" 부분 모두 위헌이다. (2) 재판관 2인의 헌법불합치의견 − (가) 행정청에 의한 사전허가는 헌법상 금지되지만, 입법자가 법률로써 일반적으로 집회를 제한하는 것은 헌법상 '사전허가금지'에 해당하지 않는다. 따라서 집시법 제10조는 법률에 의하여 옥외집회의 시간적 제한을 규정한 것으로서 그 단서 조항의 존재에 관계없이 헌법 제21조 제2항의 '사전허가금지'에 위반되지 않는다. (나) '해가 뜨기 전이나 해가 진 후'라는 광범위하고 가변적인 시간대의 옥외집회를 금지하고 있으므로, 이는 목적달성을 위해 필요한 정도를 넘는 지나친 제한이고 과잉금지원칙에 위배된다. (다) 헌법불합치결정의 필요성 − 단순위헌 의견에 헌법불합치 의견을 합산하면 헌재법 제23조 제2항 제1호에 규정된 법률의 위헌결정을 함에 필요한 심판정족수에 이르게 된다. 따라서 이 사건 법률조항들에 대하여 헌법에 합치되지 아니한다고 선언하되, 이 사건 법률조항들에는 위헌적인 부분과 합헌적인 부분이 공존하고 있으므로 입법자가 2010.6.30. 이전에 개선입법을 할 때까지 계속 적용되어 그 효력을 유지하도록 하고, 만일 위 일자까지 개선입법이 이루어지지 않는 경우 이 사건 법률조항들은 2010.7.1.부터 그 효력을 상실하도록 한다. 아울러 종전에 헌법재판소가 이 결정과 견해를 달리해, 구 '집회 및 시위에 관한 법률'(1989.3.29. 법률 제4095호로 전부 개정된 것) 제10조는 헌법에 위반되지 않는다고 판시한 1994.4.28. 91헌바14 결정은 이 결정과 저촉되는 범위 내에서 이를 변경하기로 한다.

* 이 결정은 형벌에 대한 잠정적용의 헌법불합치결정이라는 점에서 논란이 되긴 하였다.

* 이 헌재결정 이후 대법원 전원합의체는 소급적으로 무효가 된다고 보아 무죄판결을 한 바 있었다. 이 판결 당시 개정시한(헌재가 설정한 2010.6.30)은 도과되어 있었다.

◑ 대법원 판례 대법원 2011.6.23. 2008도7562 전원합의체 판결 [판시사항] [1] 집회 및 시위에 관한 법률 중

386) 헌재 1994.4.28. 91헌바14.

'야간옥외집회 금지규정'에 대한 헌법불합치결정은 위헌결정이다. 이로 인하여 위 규정이 소급하여 효력을 상실한다.
[2] [다수의견] 피고인이 야간옥외집회를 주최하였다는 취지의 공소사실에 대하여 원심이 집회 및 시위에 관한 법률 제23조 제1호, 제10조 본문을 적용하여 유죄를 인정하였는데, 원심판결 선고 후 헌법재판소가 위 법률조항에 대해 헌법불합치결정을 선고하면서 개정시한을 정하여 입법개선을 촉구하였는데도 위 시한까지 법률 개정이 이루어지지 않은 사안에서, 위 법률조항은 소급하여 효력을 상실하므로 이를 적용하여 공소가 제기된 위 피고사건에 대하여 무죄를 선고하여야 한다.

② '시위' 부분에 대한 한정위헌결정 - 그런데 헌재는 이후 재판부가 거의 전면 교체된 후 집시법 제10조 본문 중 '시위'에 관한 부분 및 제23조 제3호 중 그 처벌규정은 각 "'해가 진 후부터 같은 날 24시까지의 시위'에 적용하는 한 헌법에 위반된다"라는 한정위헌결정을 하였다.

● 판례 헌재 2014.3.27. 2010헌가2 등
[결정요지] 가. 집시법상 야간 시위의 금지 - 예외적으로 야간 옥외집회를 허용할 수 있도록 한 집시법 제10조 단서는 시위에 대하여 적용되지 않으며, 이 사건 법률조항은 해가 뜨기 전이나 해가 진 후의 시위를 예외 없이 절대적으로 금지하는 것이라고 볼 것이다. 나. 이 사건 법률조항의 집회의 자유 침해 여부 - 과잉금지원칙 위반 여부 - 야간의 시위는 주간의 시위보다 질서를 유지시키기가 어렵다. 이를 고려하여 사회의 안녕질서를 유지하고 시민들의 주거 및 사생활의 평온을 보호하기 위한 것으로서 정당한 목적 달성을 위한 적합한 수단이 된다. 도시화·산업화가 진행된 현대 사회에서 전통적 의미의 야간, 즉 '해가 뜨기 전이나 해가 진 후'라는 광범위하고 가변적인 시간대는 위와 같은 '야간'이 특징이나 차별성이 명백하다고 보기 어려움에도 일률적으로 야간 시위를 금지하고 있으므로, 이는 목적달성을 위해 필요한 정도를 넘는 지나친 제한이다. 게다가 이 사건 법률조항은 위와 같은 과도한 제한을 완화하기 위한 적절한 예외도 전혀 인정하고 있지 아니하다. 침해최소성원칙에 반한다. 법익균형성원칙에도 반하고 있다. 따라서 심판대상조항들은 과잉금지원칙에 위배하여 집회의 자유를 침해한다. 다. 위헌 부분 특정의 필요성 - 야간시위를 금지하는 집시법 제10조 본문에는 위헌적인 부분과 합헌적인 부분이 공존하고 있으며, 규제가 불가피하다고 보기 어려움에도 시위를 절대적으로 금지하여 위헌성이 명백한 부분에 한하여 위헌 결정을 한다. 우리 국민의 일반적인 생활형태 및 보통의 집회·시위의 소요시간이나 행위태양, 대중교통의 운행시간, 도심지의 점포·상가 등의 운영시간 등에 비추어 보면, 적어도 해가 진 후부터 같은 날 24시까지의 시위의 경우, 이미 보편화된 야간의 일상적인 생활의 범주에 속하는 것이어서 특별히 공공의 질서 내지 법적 평화를 침해할 위험성이 크다고 할 수 없으므로 그와 같은 시위를 일률적으로 금지하는 것은 과잉금지원칙에 위반됨이 명백하다.

* 유의: 예외적으로 관할경찰서장의 허용을 정한 집시법 제10조 단서에는 '옥외집회'만 규정되어 있고 '시위'는 빠져있다는 점이다.

③ '옥외집회' '시위' 양자 모두에 대한 한정위헌결정 - 위 ②결정에 곧바로 이어서 '옥외집회', '시위' 두 규정 모두에 대해 같은 취지로 같은 내용의 구 집시법(2007.5.11. 법률 제8424호로 개정되기 전의 것) 제10조, 제20조 제3호 중 '제10조 본문'에 관한 부분은 각 "'일몰시간 후부터 같은 날 24시까지의 옥외집회 또는 시위'에 적용하는 한 헌법에 위반된다"라는 한정위헌결정(헌재 2014.4.24. 2011헌가29)을 하였다. 이 결정에서는 위에서 이미 밝힌 대로 구 집시법 제10조가 사전허가제가 아니라고 보고 그 부분 위헌성은 없다고 본 뒤 위 ② 결정과 같은 취지로 과잉금지원칙 위반이라고 하여 한정위헌결정을 내린 것이다.

* 평석: 위 한정위헌결정은 2009년 헌법불합치결정이 정한 시한이 지나 옥외집회금지규정의 효력이 상실되어 "야간의 옥외집회는 주간의 옥외집회와 마찬가지로 규율되고 있다"라고 하여 그 제한의 필요성을 언급하고 있다. 그런데 헌재가 2009년 헌법불합치결정을 한 이유는 야간옥외집회를 어느 범위에서 허용할 것인지는 국회가 정하도록 한 취지였는데 이 한정위헌결정에서는 그 허용범위를 헌재 스스로 정하여 입법자 역할을 한 것이 타당한지 의문이다. 국회가 입법의무를 방기할 경우 문제인데 그 이행을 구현하기 위한 방안을 고민하기도 해야 할 것이다.

(4) 집회에 대한 장소적 제한

1) 국회의사당, 각급법원, 헌법재판소 일정 범위 내 금지

국회의사당, 각급법원, 헌법재판소의 청사의 경계지점으로부터 1백미터 이내의 장소에서는 옥외집회 또는 시위를 하여서는 아니 된다고 규정하고 있(었)다(구 집시법 제11조). 그런데 이 규정 중에 국회의사당, 각급법원에 대한 규정에 헌법불합치결정들이 내려졌고 개정이 있었다.

(가) 국회의사당   헌재는 누구든지 국회의사당의 경계지점으로부터 1백미터 이내의 장소에서 옥외집회 또는 시위를 할 경우 형사처벌한다고 규정한 구 '집회 및 시위에 관한 법률'(2007.5.11. 법률 제8424호로 전부개정된 것) 제11조 제1호 중 '국회의사당'에 관한 부분 및 제23조 중 제11조 제1호 가운데 '국회의사당'에 관한 부분에 대해 과잉금지원칙을 위반한 집회의 자유의 침해로서 헌법불합치로 결정하였다.

● **판례**   헌재 2018.5.31. 2013헌바322 등
[결정요지] (가) 입법 등 국가정책결정의 주요한 기능을 담당하는 특별한 국회의 기능상 그 안전보호를 위한 것이라는 목적정당성을 가지고, 수단적합성이 인정되나, 인근 공원 등 국회의원에 대한 물리적인 압력이나 위해를 가할 가능성이 없는 장소까지도 집회금지장소에 포함되게 한다. 집회의 금지는 원칙적으로 공공의 안녕질서에 대한 직접적인 위협이 명백하게 존재하는 경우에 한하여 허용될 수 있다. 집회의 금지는 집회의 자유를 보다 적게 제한하는 다른 수단(집회참가자 수의 제한, 집회 방법·시기·소요 시간의 제한 등과 같은 조건을 붙여 집회를 허용하는) 가능성을 모두 소진한 후에 비로소 고려될 수 있는 최종적인 수단이다. 불필요하거나 또는 예외적으로 허용하는 것이 가능한 집회(국회의 기능을 직접 저해할 가능성이 거의 없는 '소규모 집회', 국회의 업무가 없는 '공휴일이나 휴회기 등에 행하여지는 집회' 등)까지도 이를 일률적·전면적으로 금지하고, 국회의사당 인근에서 폭력적이고 불법적인 대규모 집회가 행하여지는 상황에 대처할 수 있도록 다양한 규제수단들을 규정하고 있으며, 집회 과정에서의 폭력행위나 업무방해행위 등은 형사법상의 범죄행위로서 처벌된다는 점 등에서 침해최소성이 없고 법익균형성도 없어 과잉금지원칙을 위배하여 집회의 자유를 침해하는 위헌이다. (나) 위헌인 부분과 합헌인 부분이 공존하여(* 이는 위에서 알 수 있듯이 허용될 집회가 있다는 의미) 위헌부분을 국회가 제거하도록 재량을 존중하기 위해 계속적용의 헌법불합치결정을 한다. * 위 결정은 이전의 합헌결정이었던 헌재 2009.12.29. 2006헌바20 결정을 판례변경한 것이다. 그런데 위 2013헌바322등 결정에서 헌재는 관련 선례로 위 2006헌바20 합헌결정을 명시적으로 인용하면서도 판례변경을 함을 명시적으로 언급하지 않고 있다.

(나) 각급 법원   헌재는 누구든지 각급 법원의 경계 지점으로부터 1백미터 이내의 장소에서 옥외집회 또는 시위를 할 경우 형사처벌한다고 규정한 구 '집회 및 시위에 관한 법률'(2007.5.11. 법률 제8424호로 전부개정된 것) 제11조 제1호 중 '각급 법원' 부분 및 제23조 제1호 중 제11조 제1호 가운데 '각급 법원'에 관한 부분이 집회의 자유를 침해하여 위헌이라고 보았다. 다만, 입법자가 허용되는 집회를 정하도록 재량을 존중하는 헌법불합치결정을 하였다.

● **판례**   헌재 2018.7.26. 2018헌바137
[결정요지] 법관독립, 재판공정성확보라는 목적이 정당하고 방법적절성도 있으나 법관의 독립을 위협하거나 재판에 영향을 미칠 염려가 없는 집회도 있을 것이고 집시법은 집회·시위의 성격과 양상에 따라 법원을 보호할 수 있는 다양한 규제수단을 마련하고 있는데도 일률적·전면적으로 금지한 것은 침해최소성 위배이고 법익균형성 원칙도 위배한 과잉금지원칙을 위반하여 집회의 자유를 침해한다. 심판대상조항에 대하여 헌법불합치결정을 선고하되, 입법자는 2019.12.31.까지 개선입법을 하여야 한다. * 이 결정도 역시 이전에 있었던 합헌결정(헌재 2005.11.24. 2004헌가17)을 판례변경한 것으로 볼 것이다. 이 결정에서는 이러한 합헌결정을 언급하지도 않고 판례변경을 한다는 언급을 하지도 않았다.

(다) 개정된 집시법 제11조 제1호, 제2호   위 헌법불합치결정들 이후 구 집시법 제11조 제1호를 국회의사당, 각급 법원, 헌법재판소에 관해 위 결정들 취지에 따라 일정한 예외를 두는 법개정이 있었다.

> ■ 개정 집시법 제11조 누구든지 다음 각 호의 어느 하나에 해당하는 청사 또는 저택의 경계 지점으로부터 100미터 이내의 장소에서는 옥외집회 또는 시위를 하여서는 아니 된다. <개정 2020.6.9>
> 1. 국회의사당. 다만, 다음 각 목의 어느 하나에 해당하는 경우로서 국회의 기능이나 안녕을 침해할 우려가 없다고 인정되는 때에는 그러하지 아니하다.
> 가. 국회의 활동을 방해할 우려가 없는 경우
> 나. 대규모 집회 또는 시위로 확산될 우려가 없는 경우
> 2. 각급 법원, 헌법재판소. 다만, 다음 각 목의 어느 하나에 해당하는 경우로서 각급 법원, 헌법재판소의 기능이나 안녕을 침해할 우려가 없다고 인정되는 때에는 그러하지 아니하다.
> 가. 법관이나 재판관의 직무상 독립이나 구체적 사건의 재판에 영향을 미칠 우려가 없는 경우
> 나. 대규모 집회 또는 시위로 확산될 우려가 없는 경우

2) 대통령관저, 국회의장공관, 대법원장공관, 헌법재판소장공관, 국무총리공관

위와 같은 공관 저택의 경계지점으로부터 1백 미터 이내의 장소에서는 옥외집회 또는 시위를 하여서는 아니 된다(집시법 제11조).

(가) 국무총리공관 금지 부분에 대한 헌법불합치결정   위 금지 중 국무총리공관 금지 부분에 대해서는 헌법불합치결정이 있었다. 즉 헌재는 국무총리 공관 인근에서 옥외집회·시위를 금지하고 위반 시 처벌하는 구 '집회 및 시위에 관한 법률'(2007.5.11. 법률 제8424호로 전부개정된 것) 제11조 제3호, 제23조 제1호 중 제11조 제3호에 관한 부분이 목적의 정당성, 수단의 적절성은 가지나 일률적·전면적 금지로서 침해최소성원칙에 반하고 법익균형성원칙에도 반하여 과잉금지원칙을 위배한다고 보았고, 국무총리 공관 인근에서 옥외집회·시위를 한 경우를 해산명령의 대상으로 삼아, 그 해산명령에 불응할 경우 처벌하는 집시법 제24조 제5호 중 제20조 제2항 가운데 '제11조 제3호를 위반한 집회 또는 시위'에 관한 부분도 집회의 자유를 침해한다고 하여 헌법불합치결정(계속적용명령)이 내려졌다.

> ● 판례 헌재 2018.6.28. 2015헌가28
> [결정요지] 대통령의 보좌기관 및 행정부 제2인자로서의 지위라는 국무총리의 헌법상 지위를 고려하면 그의 직무수행 장소인 공관의 기능과 안녕을 보호하기 위한 목적정당성이 있고 수단적합성이 있다. 그러나 국무총리 공관의 기능과 안녕을 직접 저해할 가능성이 거의 없는 '소규모 옥외집회·시위의 경우', '국무총리를 대상으로 하는 옥외집회·시위가 아닌 경우'와 같이 예외적으로 허용하는 것이 가능한 집회까지도 이를 일률적·전면적으로 금지하여 필요한 범위를 넘는 과도한 제한이다. 이 조항은 국무총리 공관 인근에서의 '행진'을 허용하고 있으나, 집시법상 '행진'의 개념이 모호하여 판단하는 사람에 따라 동일한 행위도 허용되는 행진 또는 금지되는 시위 어디에 포섭될 것인지 달라질 수 있다. 따라서 행진을 예외적으로 허용하고 있다 하더라도 기본권 제한을 완화하는 효과는 기대하기 어렵다. 결국 침해최소성이 없다. 법익균형성도 없어 과잉금지원칙을 위반하여 집회의 자유를 침해하는 위헌이다. 예외적으로 허용될 집회에 관해 입법자의 판단에 맡기는 것이 바람직하여 계속적용의 헌법불합치결정을 선고한다.

[집시법개정] 위 헌법불합치결정들 이후 구 집시법 제11조 국무총리공관 부분을 제4호로 규정을 하면서 위 결정취지에 따라 일정한 예외를 두고 있다.

■ **개정 집시법 제11조** 누구든지 다음 각 호의 어느 하나에 해당하는 청사 또는 저택의 경계 지점으로부터 100미터 이내의 장소에서는 옥외집회 또는 시위를 하여서는 아니 된다. <개정 2020.6.9.>

4. 국무총리 공관. 다만, 다음 각 목의 어느 하나에 해당하는 경우로서 국무총리 공관의 기능이나 안녕을 침해할 우려가 없다고 인정되는 때에는 그러하지 아니하다.

가. 국무총리를 대상으로 하지 아니하는 경우

나. 대규모 집회 또는 시위로 확산될 우려가 없는 경우

3) 국내주재 외국의 외교기관, 외교사절의 숙소

(가) 위헌결정   구 집시법은 한국 내에 주재하는 외국의 대사관 등 외교기관의 청사의 경계로부터 1백미터 이내의 장소에서는 옥외집회 또는 시위를 하여서는 아니 된다고 금지하고 있었는데(구 집시법 제11조 제1·3호) 헌재는 원칙적으로 그러한 금지는 할 수 있으나 구체적인 경우에 대한 예외를 두지 않은 것은 최소침해의 원칙에 반하여 위헌이라고 결정하였다. 이 위헌결정은 위 헌법불합치결정들보다 훨씬 이전에 내린 결정이었다.

● **판례** 헌재 2003.10.30. 2000헌바67등

[결정요지] (1) 입법목적 ─ 이 법률조항의 입법목적은 당해국가에 대한 부정적인 견해를 표명하는 집회를 금지함으로써 외국과의 선린관계를 유지하고자 하는 것이 아니라, 그 본질적인 내용은 궁극적으로 '외교기관의 기능보장'과 '외교공관의 안녕보호'에 있는 것으로 판단된다. (2) 비례의 원칙의 위반여부 (가) 최소침해성의 위반여부 ─ 입법자는 특정장소에서의 집회를 금지하는 경우, 비례의 원칙을 준수하여야 한다. 가) 1백 미터란 이 법률조항이 정한 집회금지장소의 공간적 범위는 그 자체로서 집회의 자유를 과도하게 제한한다고 볼 수 없다. 나) 그러나 특정장소에서의 집회가 이 사건 법률조항에 의하여 보호되는 법익에 대한 직접적인 위협을 초래한다는 일반적 추정이 구체적인 상황에 의하여 부인될 수 있다면, 입법자는 '최소침해의 원칙'의 관점에서 금지에 대한 예외적인 허가를 할 수 있도록 규정해야 한다. 이 법률조항에 의하여 전제된 추상적 위험성에 대한 입법자의 예측판단은 구체적으로 다음과 같은 경우에 부인될 수 있다고 할 것이다. 첫째, 이 법률조항의 문제점은, 집회금지구역 내에서 외교기관이나 당해 국가를 항의의 대상으로 삼지 않는, 다른 목적의 집회가 함께 금지된다는데 있다. 특히, 서울과 같은 대도시에서 주요건물이 밀집해 있는 경우, 그 곳에 우연히 위치한 하나의 보호대상건물이 1백 미터의 반경 내에 위치한 다수의 잠재적 시위대상에 대한 집회를 사실상 함께 금지하는 효과가 있다. 둘째, 대규모시위로 확대될 우려나 폭력시위로 변질될 위험이 없는 이상, 이러한 소규모의 평화적 집회의 금지를 정당화할 수 있는 근거를 발견하기 어렵다. 셋째, 예정된 집회가 외교기관의 업무가 없는 휴일에 행해지는 경우, 외교기관에의 자유로운 출입 및 원활한 업무의 보장 등 보호법익에 대한 침해의 위험이 일반적으로 작다고 할 수 있다. 다) 이 법률조항은 전제된 위험상황이 구체적으로 존재하지 않는 경우에도 이를 함께 예외 없이 금지하고 있는데, 이는 입법목적을 달성하기에 필요한 조치의 범위를 넘는 과도한 제한이다. 그러므로 이 법률조항은 최소침해의 원칙에 위반된다. (나) 법익균형성의 위반여부 ─ 이 법률조항에 의하여 보호되는 법익에 대하여 일방적인 우위를 부여하였다. 이로써 민주국가에서 집회의 자유가 가지는 중요성을 간과하고 있다. (3) 결론 ─ 따라서 비례원칙에 위반되어 집회의 자유를 과도하게 제한하는 위헌이다.

(나) 집시법 제11조 제1호, 제3호 개정   위 조항들은 위 위헌결정 취지대로 2004.1.29. 제4호로 통합개정되었고 2020년 이후 현재 제5호로 정리되어 규정되어 있다.

■ **개정 집시법 제11조** 누구든지 다음 각 호의 어느 하나에 해당하는 청사 또는 저택의 경계 지점으로부터 100미터 이내의 장소에서는 옥외집회 또는 시위를 하여서는 아니 된다. <개정 2020.6.9.>

5. 국내 주재 외국의 외교기관이나 외교사절의 숙소. 다만, 다음 각 목의 어느 하나에 해당하는 경우로서 외교기관 또는 외교사절 숙소의 기능이나 안녕을 침해할 우려가 없다고 인정되는 때에는 그러하지 아니하다.

가. 해당 외교기관 또는 외교사절의 숙소를 대상으로 하지 아니하는 경우

나. 대규모 집회 또는 시위로 확산될 우려가 없는 경우

다. 외교기관의 업무가 없는 휴일에 개최하는 경우

4) 주거지역 등에서의 제한·금지, 교통 소통을 위한 제한, 질서유지선

[주거지역, 학교 주변, 군사시설 주변 등에서의 제한·금지] 신고장소가 다른 사람의 주거지역이나 이와 유사한 장소로서 집회나 시위로 재산 또는 시설에 심각한 피해가 발생하거나 사생활의 평온을 뚜렷하게 해칠 우려가 있는 경우, 신고장소가 초·중등교육법에 따른 학교의 주변 지역으로서 집회 또는 시위로 학습권을 뚜렷이 침해할 우려가 있는 경우, 신고장소가 군사시설의 주변 지역으로서 집회 또는 시위로 시설이나 군 작전의 수행에 심각한 피해가 발생할 우려가 있는 경우로서 그 거주자나 관리자가 시설이나 장소의 보호를 요청하는 경우에는 집회나 시위의 금지 또는 제한을 통고할 수 있다(집시법 제8조 제5항).

[교통 소통을 위한 제한] 관할경찰관서장은 대통령령으로 정하는 주요 도시의 주요 도로에서의 집회 또는 시위에 대하여 교통 소통을 위하여 필요하다고 인정하면 이를 금지하거나 교통질서 유지를 위한 조건을 붙여 제한할 수 있다(집시법 제12조 제1항).

[질서유지선] 옥외집회·시위신고를 받은 관할경찰관서장은 집회 및 시위의 보호와 공공의 질서 유지를 위하여 필요하다고 인정하면 최소한의 범위를 정하여 질서유지선을 설정할 수 있다(집시법 제13조).

(5) 현행 집시법의 신고제

현행 집시법은 옥외집회, 시위에 대하여 사전신고제를 두어 사전신고의무를 부과하고 위반 시 형사처벌하도록 하고 있다(집시법 제6조 제1항, 제22조 제2항). 이 사전신고제를 두고 논란이 되고 있다.

1) 위헌 여부 논란

① **허가제인지 여부**　　현행 집시법의 신고제에 대해 사전허가제가 아닌지 하는 논란이 있다. 신고제를 원칙으로 하면서도 신고사항이 지나치게 상세하고, 미신고 집회에 대해 과태료 정도가 아니라 형벌로 다스리고 있으며 집시법이 금지하는 집회는 신고를 하더라도 금지통고를 할 수 있도록 하여 신고제가 사실상은 허가제로 운영되고 있다는 주장이 제기되었다. 헌재는 이러한 사전신고는 "경찰관청 등 행정관청으로 하여금 집회의 순조로운 개최와 공공의 안전보호를 위하여 필요한 준비를 할 수 있는 시간적 여유를 주기 위한 것으로서, 협력의무로서의 신고"라고 하면서 "결국, 구 집시법 전체의 규정 체제에서 보면 법은 일정한 신고절차만 밟으면 일반적·원칙적으로 옥외집회 및 시위를 할 수 있도록 보장하고 있으므로, 집회에 대한 사전신고제도는 헌법 제21조 제2항의 사전허가금지에 반하지 않는다고 하여 합헌결정을 하였다(2007헌바22).

② **비례**(과잉금지)**원칙 준수여부**　　신고제가 사전허가제가 아니라고 하더라도 집회의 자유에 대한 지나친 제한이 아닌지 하는 문제가 남는다. 헌재의 다수의견은 아래와 같이 그 신고사항이나 신고시간 등이 지나치게 과다하거나 신고불가능하다고 볼 수 없으므로, 최소침해성

의 원칙에 반한다고 보기 어렵고 법익 균형성의 요건도 충족하고 있다고 본다(2011헌바174등; 2007헌바22; 2014헌바484; 2017헌바373; 2018헌마663).

  * 대법원판례도 신고 없이 이루어진 옥외 집회 주최 행위를 처벌하는 것이 헌법상의 기본권을 침해하지 않는다고 본다(대법원 2004.4.27. 2002도315 판결).

  ③ 미신고 집회자에 대한 형사처벌이 과잉형벌인지 여부   현행 집시법 제22조 제2항(구법 제19조 제2항)은 위의 신고를 하지 않은 옥외집회자에 대해서 형벌로 처벌하도록 하고 있다. 이에 대해서는 단순한 신고의무위반에 대하여 행정질서벌인 과태료를 부과하지 아니하고 형벌을 부과함으로써 지나치게 과중한 형벌을 과하고 있거나 신고제를 사실상 허가제로 변화시켰다는 주장이 있었다. 헌재의 다수의견은 행정질서벌인 과태료를 과할 것인가, 아니면 행정형벌을 과할 것인가, 그리고 행정형벌을 과할 경우 그 법정형의 형종과 형량을 어떻게 정할 것인가는 기본적으로 입법권자의 입법재량에 속하는 문제이고 미신고 집회의 경우 공공의 안녕질서에 위험을 초래할 개연성이 높다는 점 등을 들어 과태료가 아닌 행정형벌을 부과하는 것이 과잉금지원칙에 위반하여 과도한 제재를 과하고 있다거나 신고제를 사실상 허가제로 변화시켰다고 볼 수 없다고 결정하였다(2007헌바22, 2018헌마663).

  ④ 평등원칙 문제   미신고집회자와 미신고시위자 간의 불평등 여부원칙 위반 여부 – '집회'는 '시위'에 비해 공공의 안녕질서에 미치는 위험성이 적은데 미신고 집회의 주최자를 미신고 시위 주최자와 동등하게 처벌하는 것은 평등원칙에 위반된다고 주장되기도 한다. 그러나 헌재의 다수의견은 일반적으로는 시위가 옥외집회보다 공공의 안녕질서에 미치는 영향이 크다고 할 수 있을 것이나, 반드시 그런 것만은 아니고 개별적·구체적 사안에 따라서는 그 반대의 경우도 얼마든지 있을 수 있다고 하여 합리적 이유 없이 불리한 차별이 아니어서 평등원칙에 위배되지 않는다고 보았다(위 2007헌바22).

  2) 신고 대상
  [대상 – 옥외집회와 시위] 현행 집시법의 신고의무 대상은 옥외집회와 시위이다. 시위도 대상이다.
  [대상제외] 학문, 예술, 체육, 종교, 의식, 친목, 오락, 관혼상제 및 국경행사에 관한 집회는 신고대상이 아니다(집시법 제15조).
  [긴급집회와 사전신고제] 긴급을 요하여 집시법에 규정된 48시간 전 신고를 할 수 없는 집회·시위에 대해서도 일률적으로 신고의무를 부과할 것이 아니다. 48시간 내 집회·시위가 겨냥하는 항의 대상이 나타났다가 사라질 경우와 같은 경우이다. 긴급집회의 경우 신고의무 제외대상으로 하지 않아 위헌이라는 주장이 있은 헌법소원심판에서 이 긴급집회 문제가 다루어졌다. 긴급집회의 개념부터 문제될 것인데 헌재는 이 결정에서 '긴급집회의 개념을 "미리 계획도 되었고 주최자도 있지만 집회시위법이 요구하는 시간 내에 신고를 할 수 없는 옥외집회인 이른바 '긴급집회'"라고 한다. 그리고 헌재는 신고가능한 즉시 신고해야 하고 신고조차 없으면 일응 심

판대상조항의 구성요건해당성이 충족되는 것으로 보아야 하나 다만 위법성, 책임성이 조각될 수 있는데 이는 법원이 구체적 사안에서 집회자유의 내용과 공익을 구체적으로 비교형량하여 판단하여야 할 개별사건에서의 법률 해석·적용에 관한 문제라고 본다(● 판례 2011헌바174등).

　* 검토 － 헌재는 위 판시에서 긴급집회의 개념을 "미리 계획도 되었고 주최자도 있지만" 이라고 하는데, 사전계획성 없고 주최자도 물론 없이 갑자기 즉석에서 발생하는 집회·시위는 어떻게 할 것인가 하는 문제가 있다. 이러한 집회가 '우발적' 집회라고 불리나 그 용어가 적절한지는 의문이다. 여하튼 우발적(즉석) 집회에 대해서는 앞서 '집회종류' 부분에서 언급하였지만 생각건대 즉석집회라고 하여 허용되지 않는다고 본다면 집회의 자유를 명시적으로 헌법이 선언하고 있는 것에 반한다. 평화적인 집회·시위라면 사전신고가 당연히 안 된 즉석집회라도 불법이라고 할 수 없다. 신고가 어려운 즉석집회와 같은 경우를 감안하더라도 현재의 신고제는 문제가 있다.

3) 절차

(가) 신고서제출과 접수증　옥외집회나 시위를 주최하려는 자는 그에 관한 목적, 일시, 장소, 주최자·연락책임자·질서유지인의 주소·성명·직업·연락처, 참가 예정인 단체와 인원, 시위의 경우 그 방법(진로와 약도를 포함) 모두를 적은 신고서를 옥외집회나 시위를 시작하기 720시간 전부터 48시간 전에 관할 경찰서장(관할 시·도경찰청장에 제출해야 할 경우 있음)에게 제출하여야 한다. 관할경찰관서장(관할 경찰서장 또는 시·도경찰청장을 말함)은 제1항에 따른 신고서를 접수하면 신고자에게 접수 일시를 적은 접수증을 즉시 내주어야 한다(집시법 제6조).

(나) 금지의 통고와 이의신청　[금지 통고] 관할경찰관서장은 신고된 옥외집회 또는 시위가 제5조 제1항(헌재의 결정에 따라 해산된 정당의 목적을 달성하기 위한 집회 또는 시위, 집단적인 폭행, 협박, 손괴, 방화 등으로 공공의 안녕 질서에 직접적인 위협을 끼칠 것이 명백한 집회 또는 시위의 금지), 제10조 본문(야간옥외집회 금지) 또는 제11조(국회의사당 등으로부터 일정거리에서의 금지 등 장소적으로 금지된 경우)에 위반된다고 인정될 때, 또는 신고서 기재사항을 보완하지 아니한 때, 또는 제12조(교통 소통을 위하여 금지할 집회 또는 시위)에 따라 금지할 집회 또는 시위라고 인정될 때에는 신고서를 접수한 때부터 48시간 이내에 집회 또는 시위를 금지할 것을 주최자에게 통고할 수 있다(집시법 제8조 제1항). 아래에 보는 중복신고의 경우에도(바로 아래 4) 참조) 일정 절차를 거쳐 금지를 통고할 수 있다(동법 제8조 제2·3항). 위에서 본 대로 다른 사람의 주거지역, 학교, 군사시설 주변 지역에서의 집회와 시위에 대한 금지제한통고도 할 수 있다(집시법 제8조 제5항).

[이의신청 제도] 금지통고에 대한 이의신청 제도가 있다. 즉 집회 또는 시위의 주최자는 금지 통고를 받은 날부터 10일 이내에 해당 경찰관서의 바로 위의 상급경찰관서의 장에게 이의를 신청할 수 있고, 이 이의 신청을 받은 경찰관서의 장은 접수 일시를 적은 접수증을 이의 신

청인에게 즉시 내주고 접수한 때부터 24시간 이내에 재결(裁決)을 하여야 하며(이 경우 접수한 때부터 24시간 이내에 재결서를 발송하지 아니하면 관할경찰관서장의 금지 통고는 소급하여 그 효력을 잃는다), 이의 신청인은 제2항에 따라 금지 통고가 위법하거나 부당한 것으로 재결되거나 그 효력을 잃게 된 경우 처음 신고한 대로 집회 또는 시위를 개최할 수 있다(다만, 금지 통고 등으로 시기를 놓친 경우에는 일시를 새로 정하여 집회 또는 시위를 시작하기 24시간 전에 관할경찰관서장에게 신고함으로써 집회 또는 시위를 개최할 수 있다)(집시법 제9조).

4) 중복신고의 경우

(가) 개정된 법조항   이전에는 시간, 장소가 중복되는 2개 이상의 옥외집회 또는 시위의 신고가 있는 경우 그 목적으로 보아 서로 상반되거나 방해가 된다고 인정되면 뒤에 접수된 집회 또는 시위에 대하여 금지를 통고할 수 있도록 하고 있었다(구 집시법 제8조 제2항). 이러한 구 집시법 규정으로는 후신고 옥외집회, 시위는 선(先)신고된 그것과 상반되거나 방해되는 것이면 바로 금지되게 하므로 집회 또는 시위를 할 의도가 없으면서도 시간과 장소가 중복되게 먼저 신고만 하고 실제로는 개최하지 않음으로써 다른 사람의 집회 또는 시위를 방해할 목적으로 악용될 수 있었다. 이를 막기 위해 집시법이 다음과 같이 개정되었다. 관할경찰관서장은 집회 또는 시위의 시간과 장소가 중복되는 2개 이상의 신고가 있는 경우 그 목적으로 보아 서로 상반되거나 방해가 된다고 인정되면 각 옥외집회 또는 시위 간에 시간을 나누거나 장소를 분할하여 개최하도록 권유하는 등 각 옥외집회 또는 시위가 서로 방해되지 아니하고 평화적으로 개최·진행될 수 있도록 노력하여야 한다. 관할경찰관서장은 이 권유가 받아들여지지 아니하면 뒤에 접수된 옥외집회 또는 시위에 대하여 위에서 본 금지통고절차에 준하여 그 집회 또는 시위의 금지를 통고할 수 있다. 뒤에 접수된 옥외집회 또는 시위가 이렇게 금지 통고된 경우 먼저 신고를 접수하여 옥외집회 또는 시위를 개최할 수 있는 자는 집회 시작 1시간 전에 관할경찰관서장에게 집회 개최 사실을 통지하여야 한다(동법 제8조 제2·3·4항). 그리고 선순위 옥외집회 또는 시위의 주최자가 집회 및 시위를 하지 아니하게 될 경우 집회일시 24시간 전에 철회신고서를 제출하도록 하고(동법 제6조 제3항, 정당한 사유 없이 이를 제출하지 아니한 경우 과태료를 부과하도록 하고 있다. 동법 제26조 제1·2항). 위 철회신고서를 받은 관할경찰관서장은 그 금지 통고를 받은 후순위 신고 주최자에게 그 철회사실을 즉시 알려야 하고, 이 통지를 받은 주최자는 그 금지 통고된 집회 또는 시위를 최초에 신고한 대로 개최할 수 있는데. 금지 통고 등으로 시기를 놓친 경우에는 일시를 새로 정하여 집회 또는 시위를 시작하기 24시간 전에 관할경찰관서장에게 신고서를 제출하고 집회 또는 시위를 개최할 수 있다(동법 제6항, 제4·5항). * 문제점 — 위와 같은 개정이 있었지만 권유에 따르지 않을 경우에 역시 후순위가 우선인 것으로 규정되어 있는바 선, 후 순위를 가리기 위한 기준이 마련되지 않으면 여전히 문제가 남는다. 아래 결정이 그 한계를 시사하고 있다.

(나) 복수신고 반려행위의 법률유보원칙 위배   중복신고에 대한 처리는 위에서 살펴보았는

데 그 법 개정 이전에 시간, 장소가 중복되는 두 옥외집회의 주최자가 서로 먼저 신고하기 위하여 다투어 선후를 판별할 수 없었기 때문에(피청구인 주장) 부득이 두 단체의 집회신고를 동시에 접수하고 모두 접수증을 교부한 다음, 상호 충돌을 피하기 위해 어쩔 수 없다는 이유로 양 신고서를 모두 반려한 행위에 대한 헌재의 결정이 있었다. 헌재는 이는 아무런 법률적 근거 없이 한 반려행위로 보아 법률유보원칙을 위반한 위헌이라고 확인하는 결정을 한 바 있다. 즉 집회신고의 접수가 완료된 상태에서 관할경찰관서장이 할 수 있는 법률상 조치는, ① 옥외집회신고서의 기재 사항에 미비한 점이 있다는 이유로 12시간 이내에 주최자에게 이를 보완할 것을 통고하거나(집시법 제7조 제1항), ② 공공의 안녕질서 유지를 위하여 집회를 금지 또는 제한하거나(제5조 제1항, 제10조, 제11조, 제12조), ③ 시간과 장소가 중복된 집회신고가 먼저 접수되었다는 이유로 뒤에 접수된 집회신고에 대하여 금지를 통고할 수 있을 뿐이다(당시의 집시법 제8조 제2항). 그런데 관할경찰관서장이 그 옥외집회가 다른 기관이 신고한 옥외집회와 시간과 장소에서 경합된다는 이유에서 아무런 법률상 근거도 없이 두 신고에 대해 모두 반려한 행위를 한 것이고 따라서 이러한 반려행위는 법률유보가 없는 것으로 위헌이라고 본 것이다(2007헌마712).

(6) 방법의 제한 – 확성기등 사용 등의 제한

집회 또는 시위의 주최자는 확성기, 북, 징, 꽹과리 등의 기계·기구를 사용하여 타인에게 심각한 피해를 주는 소음으로서 대통령령으로 정하는 기준을 위반하는 소음을 발생시켜서는 아니 되고, 관할경찰관서장은 위 기준을 초과하는 소음을 발생시켜 타인에게 피해를 주는 경우에는 그 기준 이하의 소음 유지 또는 확성기 등의 사용 중지를 명하거나 확성기 등의 일시보관 등 필요한 조치를 할 수 있다(집시법 제14조).

(7) 질서유지의무

① **주최자** 집회 또는 시위의 주최자는 집회 또는 시위에 있어서의 질서를 유지하여야 하고 주최자는 질서를 유지할 수 없으면 그 집회 또는 시위의 종결을 선언하여야 하며 집회 또는 시위의 주최자는 총포, 돌덩이 등 다른 사람의 생명을 위협하거나 신체에 해를 끼칠 수 있는 기구를 휴대하거나 사용하는 행위, 폭행, 협박 등으로 질서를 문란하게 하는 행위, 신고한 목적, 일시, 장소, 방법 등의 범위를 뚜렷이 벗어나는 행위를 하여서는 아니 되고, 옥내집회의 주최자는 확성기를 설치하는 등 주변에서의 옥외 참가를 유발하는 행위를 하여서는 아니 된다(동법 제16조 제1·3·4·5항).

② **질서유지인** 집회 또는 시위의 주최자는 집회 또는 시위의 질서 유지에 관하여 자신을 보좌하도록 18세 이상의 사람을 질서유지인으로 임명할 수 있다(동법 제16조 제2항). 질서유지인은 주최자의 지시에 따라 집회 또는 시위 질서가 유지되도록 하여야 하고 질서유지인도 주최

자가 해서는 아니되는 위 금지행위들을 하여서는 아니되며 참가자 등이 질서유지인임을 쉽게 알아볼 수 있도록 완장, 모자, 어깨띠, 상의 등을 착용하여야 한다(동법 제17조 제1·2·3항).

③ **참가자**   집회나 시위에 참가하는 자는 주최자 및 질서유지인의 질서 유지를 위한 지시에 따라야 하고 총포, 돌덩이 등 다른 사람의 생명을 위협하거나 신체에 해를 끼칠 수 있는 기구를 휴대하거나 사용하는 행위, 폭행, 협박 등으로 질서를 문란하게 하는 행위를 하여서는 아니된다(동법 제18조).

(8) 적용의 배제

학문, 예술, 체육, 종교, 의식, 친목, 오락, 관혼상제 및 국경행사에 관한 집회에는 제6조(옥외집회 및 시위의 신고 등)부터 제12조(교통 소통을 위한 제한)까지의 규정을 적용하지 아니한다(동법 제15조).

(9) 경찰의 집회참가자 촬영행위(채증활동)

경찰의 채증촬영행위(종로경찰서 소속 채증요원들은 집회 참가자들이 신고장소를 벗어난 다음 경찰의 경고 등의 조치가 있을 무렵부터 채증카메라 등을 이용하여 집회참가자들의 행위, 경고장면과 해산절차장면 등을 촬영한 행위)에 대해 헌재의 법정의견은 과잉금지원칙을 위배하지 않아 초상권, 개인정보자기결정권, 집회의 자유를 침해하지 않았다고 보아 기각결정을 하였다(헌재 2018.8.30. 2014헌마843. *이 결정에 대해서는 앞의 '인격권', '초상권' 부분 참조).

(10) 사후적 제한 – 해산 요청과 명령
1) 집시법규정

집회의 자유에 대한 사후적 제한으로 해산요청과 해산명령이 있다.

[해산 요청, 명령 사유] 그 사유는 아래와 같다.

① 헌법재판소의 결정에 따라 해산된 정당의 목적을 달성하기 위한 집회 또는 시위, 집단적인 폭행, 협박, 손괴, 방화 등으로 공공의 안녕 질서에 직접적인 위협을 끼칠 것이 명백한 집회 또는 시위, 야간옥외집회, 국회의사당, 각급 법원, 헌법재판소의 청사, 대통령 관저, 국회의장 공관, 대법원장 공관, 헌법재판소장 공관, 국무총리 공관의 저택, 국내 주재 외국의 외교기관 청사나 외교사절의 숙소의 경계 지점으로부터 1백미터 이내의 장소에서 옥외집회 또는 시위, ② 미신고 옥외집회나 시위, 신고된 옥외집회 또는 시위가 금지된 또는 금지될 수 있는 것이어서 금지통고된 옥외집회 또는 시위, 교통 소통을 위하여 금지된 집회, ③ 다른 사람의 주거지역으로서 집회나 시위로 재산 또는 시설에 심각한 피해가 발생하거나 사생활의 평온을 뚜렷하게 해칠 우려가 있는 경우, 신고장소가 초·중등학교법 제2조에 따른 학교의 주변 지역으로서 집회 또는 시위로 학습권을 뚜렷이 침해할 우려가 있는 경우, 신고장소가 군사시설의 주변 지

역으로서 집회 또는 시위로 시설이나 군 작전의 수행에 심각한 피해가 발생할 우려가 있어서 그 거주자나 관리자가 시설이나 장소의 보호를 요청하여 금지로 통고된 집회 또는 시위, 야간 옥외집회의 예외적 허용조건, 교통질서 유지를 위한 조건을 위반하여 교통 소통 등 질서 유지에 직접적인 위험을 명백하게 초래한 집회 또는 시위, ④ 집회 또는 시위의 주최자가 질서를 유지할 수 없어 그 종결을 선언한 집회 또는 시위, ⑤ 총포, 폭발물 등 다른 사람의 생명을 위협하거나 신체에 해를 끼칠 수 있는 기구를 휴대하거나 사용하는 행위 또는 다른 사람에게 이를 휴대하게 하거나 사용하게 하는 행위 또는 폭행, 협박, 손괴, 방화 등으로 질서를 문란하게 하는 행위, 또는 신고한 목적, 일시, 장소, 방법 등의 범위를 뚜렷이 벗어나는 행위로 질서를 유지할 수 없는 집회 또는 시위의 어느 하나에 해당하는 집회 또는 시위(동법 제20조 제1항).

[자진해산요청과 해산명령] 관할경찰관서장은 위 사유가 있는 집회 또는 시위에 대하여는 상당한 시간 이내에 자진 해산할 것을 요청하고 이에 따르지 아니하면 해산을 명할 수 있다(동법 제20조 제1항). [해산명령의 효력] 해산 명령을 받았을 때에는 모든 참가자는 지체 없이 해산하여야 한다(동법 동조 제2항). 명령에도 불구하고 해산하지 않으면 처벌하도록 하고 있다(동법 제24조 제5호).

2) 미신고 집회의 해산명령의 부가요건 – 위험의 명백성

미신고 옥외집회 또는 시위라는 이유만으로 바로 해산을 명할 수 있고 이에 불응시 바로 처벌할 수 있는지, 아니면 그 미신고 집회(시위)로 인한 위험의 명백성, 구체성이 있어야 해산명령을 할 수 있는지, 그 명백성, 구체성의 정도는 어느 정도여야 하는지 등이 문제된다. 대법원은 미신고만이 아니라 위와 같은 명백성의 부가요건이 필요하다고 본다. 대법원은 "제20조 제1항 제2호가 미신고 옥외집회 또는 시위를 해산명령 대상으로 하면서 별도의 해산 요건을 정하고 있지 않더라도, 그 옥외집회 또는 시위로 인하여 타인의 법익이나 공공의 안녕질서에 대한 직접적인 위험이 명백하게 초래된 경우에 한하여 위 조항에 기하여 해산을 명할 수 있고, 이러한 요건을 갖춘 해산명령에 불응하는 경우에만 집시법 제24조 제5호에 의하여 처벌할 수 있다"라고 하여 긍정한다. 대법원은 "신고는 행정관청에 집회에 관한 구체적인 정보를 제공함으로써 공공질서의 유지에 협력하도록 하는 데 의의가 있는 것으로 집회의 허가를 구하는 신청으로 변질되어서는 아니되므로", 신고하지 아니하였다는 이유만으로 헌법의 보호 범위를 벗어나 개최가 허용되지 않는 집회 내지 시위라고 단정할 수 없다는 점을 논거로 한(대법원 2012.4.19. 2010도6388 전원합의체 판결).

(11) 비상계엄하 제한

비상계엄이 선포된 때에는 법률이 정하는 바에 의하여 집회의 자유에 관하여 특별한 조치를 할 수 있다(제77조 제3항).

(12) 집회의 자유의 제한에 대한 한계

ⅰ) 법률유보원칙의 준수: ① 집회자들에 대한 물포 발포행위의 집회자유 침해성 인정 — 헌재는 경찰서장이 2015.5.1. 22:13경부터 23:20경까지 사이에 최루액을 물에 혼합한 용액을 살수차를 이용하여 청구인들에게 살수한 행위(이하 '이 사건 혼합살수행위'라 한다)가 법률유보원칙에 위배되어 청구인들의 신체의 자유와 집회의 자유를 침해한다는 결정을 하였다(헌재 2018.5.31. 2015헌마476. 물포 발포행위 등 위헌확인. * 이 결정에 대해서는 '법률유보' 부분 참조). ② 복수신고 반려행위의 법률유보원칙 위배 — 이 결정에 대해서는 앞서 보았다(2007헌마712).

ⅱ) 집회의 자유를 법률로 제한하더라도 명확성의 원칙, 비례(과잉금지)원칙 등 기본권제한의 한계원칙들 지켜야 하는데 집회의 자유가 국민의 표현의 자유에 속하므로 더욱 엄격히 준수되어야 한다. 집회의 자유에 대한 침해가 절대적 보장대상인 생명권에 침해를 가져오는 상태가 없어야 한다. 아래 결정례가 실제례이다.

[직사살수행위'의 생명권, 집회의 자유 침해] 헌재는 '직사살수행위'(살수차를 이용하여 물줄기가 일직선 형태로 청구인에게 도달되도록 살수한 행위)가 청구인이 홀로 경찰 기동버스에 매여 있는 밧줄을 잡아당기고 있어 공공에 위험이 있지도 않은 상태인데도 강하게 계속되어 침해최소성에 반하고 법익균형성도 없어 생명권 및 집회의 자유를 침해한 위헌임을 확인하는 결정을 하였다(헌재 2020. 4. 23. 2015헌마1149. 이 결정에 대해서는 앞의 인간의 존엄가치, 생명권 부분도 참조).

ⅲ) 직접적·명백한 위협의 존재 — ① 헌재는 "집회의 자유에 대한 제한은 다른 중요한 법익의 보호를 위하여 반드시 필요한 경우에 한하여 정당화되는 것이며, 특히 집회의 금지와 해산은 원칙적으로 공공의 안녕질서에 대한 직접적인 위협이 명백하게 존재하는 경우에 한하여 허용될 수 있다"라고 하고 그리하여 "집회의 금지와 해산은 집회의 자유를 보다 적게 제한하는 다른 수단, 즉 조건(예컨대 시위참가자수의 제한, 시위대상과의 거리제한, 시위방법, 시기, 소요시간의 제한 등)을 붙여 집회를 허용하는 가능성을 모두 소진한 후에 비로소 고려될 수 있는 최종적인 수단이다"라고 판시한 바 있다(2000헌바67등; 2013헌바322등). ② 헌재는 "현저히 사회적 불안을 야기시킬 우려가 있는 집회 또는 시위"를 주관하거나 개최한 자를 처벌하는 구 '집회 및 시위에 관한 법률'(1980.12.18. 법률 제3278호) 제3조 제1항 제4호, 제14조 제1항은 "각 그 소정행위가 공공의 안녕과 질서에 직접적인 위협을 가할 것이 명백한 경우에 적용된다고 할 것이므로 이러한 해석 하에 헌법에 위반되지 아니한다"라는 한정합헌결정을 한 바 있었다(89헌가8). 또 바로 위에 인용한 무신고 집회 해산명령에 명백성을 요구하는 대법원판례(2010도6388)도 있다.

ⅳ) 집회의 자유를 제한하더라도 집회의 자유의 본질적 내용을 침해할 수 없다. 앞서 본 사전허가제의 금지도 집회자유의 제한에 대한 한계로서 헌법직접적 한계이다.

Ⅱ. 결사의 자유

1. 개념과 성격 및 기능, 주체

[개념과 성격] 결사의 자유란 단체를 구성하고 활동하는 데 방해를 받지 않을 자유를 말한다. 결사의 자유 자체는 자유권으로서의 성격을 가진다. 인간은 모여서 교류하기를 원하고 사회조직을 구성하여 더불어 살아가고자 하는 본능이 있다. 이러한 결사의 자유를 뒷받침하기 위한 제도의 보장도 물론 중요하다. 예를 들어 조합제도, 회사제도, 법인제도 등이 그것이다. 그런데 이들 제도 자체가 자유인 것은 아니다.

[기능] ⅰ) 유대·의사표현·인격발현기능 – 결사는 인간들을 결속하여 유대를 실현하게 하고 인격을 발현시키기 위해 필요하다(동지: 2011헌바53). ⅱ) 정치적·민주적 기능 – 결사활동을 통해 정치적 의사를 형성하여 표명하는 정치적 기능을 수행한다. ⅲ) 다른 기본권의 수단적 기능 – 단체의 집단적 활동을 통한 기본권행사를 가능하게 한다. 회사법인을 통한 직업의 자유라는 기본권의 행사가 대표적인 예이다.

[주체] 결사의 자유는 자연인은 물론 법인도 가질 수 있다. 조합도 주체가 될 수 있다. 조합원이 조합원 자격이 없는 경우 당연히 탈퇴되고, 이사회가 이를 확인하여야 한다고 규정하고 있는 농업협동조합법 규정이 지역축산업협동조합의 결사의 자유 등을 침해하는지 여부가 논란된 사건에서 헌재는 위 규정이 조합이 단체의 조직 및 운영 등을 스스로 결정하고 형성할 권리를 제한하므로 위 지역축협의 결사의 자유를 제한한다고 보았다. 그러나 과잉금지원칙을 준수한 합헌이라고 결정하였다(2016헌바315).

2. 결사의 개념과 결사의 자유의 보호범위 및 결사의 종류

(1) 결사의 개념
결사란 다수의 자연인 또는 법인이 자유의사에 따라 공동목적을 위하여 결합하고 조직화된 의사형성이 가능한, 그리고 상당한 기간 존속하는 단체를 말한다.

(2) 결사의 자유의 보호범위
[보호범위] 사법상의 결사와 같이 자유로이 결성되고 가입할 수 있으며 잔류·탈퇴 모두도 강요받지 않는 결사가 보호범위에 들어간다.

[보호범위 제외] 헌재는 다음과 같은 결사, 단체는 보호범위에서 제외한다.

ⅰ) 공법상 결사의 제외 – 헌재는 헌법 제21조에서 말하는 결사에 공법상의 결사는 포함되지 아니한다고 본다. 그 논거는 결사의 자유에서의 결사란 자유의사에 기하여 결합하고 조직화

된 단체를 의미하는 것으로 보아야 하는데 공법상 결사는 법에 의해 그 설립이 강제되고 그 가입이나 탈퇴 등도 자유롭지 못하기 때문인 것으로 이해된다.

● **판례** 헌재 1996.4.25. 92헌바47
[판시] 헌법 제21조에서 말하는 결사란 자연인 또는 법인의 다수가 상당한 기간 동안 공동목적을 위하여 자유의사에 기하여 결합하고 조직화된 의사형성이 가능한 단체를 말하는 것으로 공법상의 결사는 이에 포함되지 아니한다. 동지: 2006헌마666 등.

▌ **유의** * 농협 – 헌재는 농업협동조합은 공법인으로 볼 여지가 있으나 농업인의 자주적 협동조직으로 조합의 결성이나 가입이 강제되지 아니하다는 점에서 기본적으로 사법인적 성격을 지니고 있으므로(2011헌바154; 2015헌바62), 농협의 활동도 결사의 자유 보장의 대상이 된다고 본다(2011헌마562; 2015헌바62).

ⅱ) 공법상 단체에 강제가입당하지 않을 자유의 헌법상 근거 – 위와 같이 공법상 결사를 제외함에 따라 헌재는 공법상 단체에 가입이 강제되지 않을 자유와 같은 자유는 헌법 제21조의 결사의 자유가 아니라 일반적 행동자유권의 하나라고 본다[2000헌마801. * 이에 대해서는 바로 아래의 ⅳ) 건강보험 가입 강제 참조].

ⅲ) 특수단체(특수조합) 조직활동의 제외(보호법익의 대상성 부정) – 헌재는 주택조합(지역조합과 직장조합)의 조합원 자격을 무주택자로 한정하고 있는 구 주택건설촉진법 제3조 제9호가 유택자의 헌법 제21조 제1항에서 보장하고 있는 결사의 자유를 침해하는지가 문제된 사안에서 특수조합은 헌법상의 결사의 자유가 뜻하는 헌법상 보호법익의 대상이 되는 단체가 아니라고 보아 유주택자의 결사의 자유를 침해하지 않고 그래서 합헌으로 결정한 바 있다(92헌바43).

ⅳ) 건강보험가입 강제 – 헌재는 건강보험 가입강제는 일반적 행동자유권의 문제로 본다. 즉 국민에게 건강보험에의 가입의무를 강제로 부과하고 경제적 능력에 따른 보험료를 납부하도록 하는 구 국민건강보험법 제5조, 제31조 제1, 2항, 제62조 제1·3·4항이 일반적 행동의 자유의 하나인 공법상의 단체에 강제로 가입하지 아니할 자유에 대한 제한인데 그 제한이 헌법적 정당성, 필요성, 공익의 우월성이 있는 제한이라고 보고 기각결정을 하여 그 합헌성을 인정받았다(2000헌마801).

(3) 결사의 종류
1) 여러 기준에 따른 유형
결사의 유형으로는 비밀결사와 공개결사, 정치적 결사와 비정치적 결사, 영리적 결사와 비영리적 결사 등으로 구분될 수 있다. 영리단체도 결사의 자유의 보호범위에 포함된다(2000헌바84).

2) 정당, 노동조합 등과 자유와의 관계
ⅰ) 일반조항으로서 헌법 제21조의 결사자유 조항 – 헌법 제21조는 결사 자유에 대한 일반조항으로서의 성격을 가진다. 따라서 정치적 결사인 정당도 헌법 제21조에 의해 보호되나 정

당에 대해서는 헌법 제8조가 별도로 규정되어 있으므로 헌법 제21조의 특별규정으로서 헌법 제8조가 우선적용된다. 종교단체, 학문단체(학회 등) · 예술단체의 결사의 경우에도 헌법 제21조에 대한 특별규정이라고 할 수 있는 제20조, 제22조가 우선적으로 적용된다고 볼 것이다. 노동조합도 결사의 하나인데 노동조합에 대해서는 헌법 제33조가 근로자의 단결권을 규정하고 있으므로 이 제33조가 우선 적용된다고 볼 것이다. 헌재도 그렇게 본다(2011헌바53).

ⅱ) 소극적 노동단결권의 헌법상 근거 ‒ 헌재는 그러면서도 소극적 단결권(즉 노동조합에 가입하지 않을 자유)은 헌법 제33조가 아니라 헌법 제10조의 행복추구권에서 파생되는 일반적 행동자유권 또는 헌법 제21조의 결사의 자유에 그 근거가 있다고 본다(2002헌바95). 이는 헌재가 헌법 제33조의 단결권에는 소극적 단결권이 포함되지 않는다고 보는 입장(98헌마141)이기 때문이다.

3. 결사의 자유의 내용

(1) 내용요소(사견)

필자는 다음 네모 속의 내용요소로 분류한다.

△ 적극적 내용
결사를 조직할 자유, 조직형성 준비활동의 자유, 결사의 존속의 자유, 결사에 가입할 자유, 결사활동(운영)의 자유, 결사에의 가입 · 잔류의 자유, 다른 결사조직에로의 소속을 변경할 자유 등
△ 소극적 내용
결사 가입을 강요당하지 않을 자유, 탈퇴의 자유, 결사의 해체(해산)의 자유 등

□ 결사의 자유의 구체적 내용

(2) 판례

헌재도 "적극적으로는 ① 단체결성의 자유, ② 단체존속의 자유, ③ 단체활동의 자유, ④ 결사에의 가입 · 잔류의 자유를, 소극적으로는 ① 기존의 단체로부터 탈퇴할 자유와 ② 결사에 가입하지 아니할 자유를 내용으로"한다고 본다.[387] 헌재는 노동조합의 경우 가입하지 않을 자유가 헌법 제10조에서 나오는 일반적 행동자유권에서 나온다고 본다.

이하 개별적으로 살펴본다.

(3) 단체결성, 단체존속의 자유

단체결성의 자유는 단체를 형성 · 성립시킴에 있어서 방해받지 않을 자유이다. 조직에 필요

---

387) 헌재 2017.5.25. 2015헌바260. 동지: 1996.4.25. 92헌바47, 위헌. * 이 92헌바47 결정에 대해서는 뒤의 '결사조직의 자유에 대한 제한'에 관한 결정례들 부분 참조.

한 준비의 자유도 포함된다. 이는 앞으로 출범할 단체의 구성원의 입장에서는 자연인인 각자의 결사의 자유이나 더러 단체결성을 법인으로 하도록 하는 경우에는 그 결성을 준비하는 단체 자체의 결사의 자유이기도 하다. 단체존속의 자유는 성립된 단체가 계속 존재하는 데 방해받지 않을 자유이다. 단체존속의 자유는 단체 자체의 자유라는 측면이 강하다. 단체존속의 자유는 구성원의 입장에서 단체 잔류의 자유와 연관된다. 후자는 전자를 전제로 하기 때문이다(이에 대해서 후술 '결사에의 잔류의 자유' 부분 참조).

(4) 단체활동의 자유, 단체의 의사·집행기관 구성에 관한 자유

1) 내용

'단체활동의 자유'에는 단체 외부의 활동은 물론이고 결성되어 출범한 단체 내의 조직과 지속적인 운영을 자율적으로 할 수 있는 자유도 포함한다. 헌재도 "결사의 자유에는 '단체활동의 자유'도 포함되는데, 단체활동의 자유는 단체 외부에 대한 활동뿐만 아니라 단체의 조직, 의사형성의 절차 등의 단체의 내부적 생활을 스스로 결정하고 형성할 권리인 '단체 내부 활동의 자유'를 포함한다"라고 한다.[388]

2) 사법상 단체의 선거와 단체활동, 의사·집행기관 구성에 관한 자유

i) 문제의 의미 헌재는 단체활동의 자유 문제 사안으로 사법(私法)상 단체의 선거 사안을 많이 다루었다.[389] 이는 헌재는 사법상 조합 등 사법단체에서의 선거는 선거권 보호범위 내에 들어가지 않는다고 보는데(이러한 판례입장은 후술 '선거권' 부분 참조) 이러한 입장에 따라 조합 등 사적 단체를 조직하는 선거의 문제는 사적 단체의 조합의 단체의 조직과 활동 문제로 보게 되어 결사의 자유 문제가 되기 때문이다. 이 선거운동 문제는 표현의 자유 문제이기도 하다고 본다. 이에 관한 그리고 그 외 단체활동의 자유에 관해 아래와 같은 결정례들이 있었다.

ii) 판례

(a) 심사기준 - 헌재는 "공적인 역할을 수행하는 결사 또는 그 구성원들이 기본권의 침해를 주장하는 경우에 과잉금지원칙 위배 여부를 판단할 때에는, 순수한 사적인 임의결사의 기본권이 제한되는 경우의 심사에 비해서는 완화된 기준을 적용할 수 있다"라고 한다(2011헌마562등).

(b) 위헌결정례 - 지역농협 이사 선거에서 전화(문자메시지)·컴퓨터통신 이용 지지 호소의 금지의 위헌성 - 농협의 이사는 이사회의 구성원이 되어, 업무집행의 의사결정에 참여하고 의결된 사항에 대하여 조합장이나 상임이사의 업무집행상황을 감독하므로 선거를 통한 이사 선출행위는 결사 내 의사결정기관의 구성에 관한 자율적인 활동이고, 이사 선거 후보자의 선거운동은 결사의 자유의 보호범위에 포함된다고 본다. 그리하여 농협의 이사는 이사회의 구성원이 되어, 업무집행의 의사결정에 참여하고 의결된 사항에 대하여 조합장이나 상임이사의 업무집행상황을 감독하므로 선거를 통한 이사 선출행위는 결사 내의 의사결정기관의 구성에 관한 자

---

388) 헌재 2012.12.27. 2011헌마562 등.
389) 헌재 2012.2.23. 2011헌바154; 2012.12.27. 2011헌마562 등; 2016.11.24. 2015헌바62; 2017.6.29. 2016헌가1; 2017.7.27. 2016헌바372; 2018.2.22. 2016헌바364 등.

율적인 활동이고, 이사 선거 후보자의 선거운동은 결사의 자유의 보호범위에 포함된다고 본다. 따라서 지역농협 이사 선거의 경우 전화(문자메시지)·컴퓨터통신(전자우편을 포함)을 이용한 지지 호소의 선거운동방법을 금지하고, 이를 위반한 자를 처벌하는 구 농업협동조합법 등의 규정이 이사 선거 후보자의 결사의 자유를 제한한다고 본다. 그런데 컴퓨터통신은 누구나 손쉽게 접근이 가능하고 상대적으로 매우 저렴하여 선거운동비용을 획기적으로 낮출 수 있는 매체로 평가받고 있는 전화·컴퓨터통신을 이용한 지지 호소의 선거운동방법을 허용한다고 하더라도 후보자 간의 경제력 차이에 따른 불균형 내지 불공정이 심화될 우려는 거의 없고 후보자에 대한 인신공격적 비난이나 허위사실 적시를 통한 비방 등에 관하여는 농업협동조합법에서 그 행위를 직접적으로 금지하고 처벌하는 규정을 마련하고 있어 후보자들의 경제력 차이에 따른 불균형, 무분별한 흑색선전 등으로 인하여 선거의 공정성이 저해되는 상황을 방지한다는 명목으로 전화·컴퓨터통신을 이용한 지지 호소의 선거운동방법까지 금지하는 방안이 반드시 필요하다고 보기는 어려워 침해최소성을 충족하지 않고 법익의 균형성도 없어 결사의 자유, 표현의 자유를 침해하여 위헌이라고 결정하였다(2015헌바62).

(c) 합헌결정례 ― 합헌성이 인정된 결정례로는 ① 조합장선거를 전국적으로 동시에 실시하도록 하기 위하여 현 조합장의 임기를 연장·조정하고 원래 예정된 선거를 연기한 농업협동조합법(2011.3.31. 법률 제10522호, 이하 '농협법') 부칙조항(2011헌마562등), ② 직선제 조합장선거의 경우 후보자 자신만이 조합장 선거운동을 할 수 있게 하고 후보자가 아닌 사람의 선거운동을 전면 금지하고 이를 위반하면 형사처벌하도록 하는 '공공단체등 위탁선거에 관한 법률' 규정(헌재 2017.6.29. 2016헌가1. 헌재는 이 규정이 선거권제한이 아니라 표현의 자유, 결사의 자유를 제한하는 것이라고 본다. 즉 "선거사무원 등을 통하여 자신의 선거공약 등을 표현할 자유를 제한할 뿐만 아니라 단체의 의사결정기관의 구성에 관한 결사의 자유를 제한하고" 있다고 본다. 헌재는 그런데 이 사안에서 조합장선거의 높은 관심도로 혼자만의 선거운동도 가능하여 침해최소성을 갖추는 등 과잉금지원칙 준수로 합헌이라고 결정하였다), ③ 직선제 조합장선거의 경우 선거운동기간을 후보자등록마감일의 다음 날부터 선거일 전일까지로 한정하면서 예비후보자 제도를 두지 아니하고 합동연설회 또는 공개토론회의 개최 등을 허용하지 아니하는 구 '공공단체등 위탁선거에 관한 법률' 규정들(2016헌바372. 헌재는 예비후보자 제도 도입과 같은 사전선거운동을 허용하게 되면, 현시점에서는 선거운동 장기화에 따른 선거의 과열·혼탁 등의 심각한 부작용이 초래될 우려가 있다는 점 등을 들어 침해최소성을 갖추었다고 보는 등 과잉금지원칙을 준수하여 합헌이라고 결정하였다), ④ 새마을금고의 임원선거와 관련하여 법률에서 정하고 있는 방법 외의 방법으로 선거운동을 할 수 없도록 하고 이를 위반한 경우 형사처벌하도록 정하고 있는 새마을금고법 규정[2016헌바364. 헌재는 동법이 허용하는 선거운동 방법(전화, 문자메시지, 컴퓨터통신, 전자우편 등)을 이용한 지지 호소 등을 통해서도 선거인들에게 자신을 충분히 알릴 기회를 가질 수 있어서 침해최소성을 갖추는 등 과잉금지원칙을 준수하였다고 보아 합헌결정을 하였다], ⑤ 중소기업중앙회 회장선거에서 선거운동 기간 외에는 선거운동을 제한하고, 이를 위반하면 형사처벌하는 중소기업협동조합법 규정(2020헌가9. 소규모 집단

이어서 불법 선거운동이 이루어질 가능성 배제할 수 없고, 선거운동 기간 동안의 선거운동만으로도 선거정보획득, 의사결정에 충분하다고 볼 수 있으므로, 예비후보자 제도를 두지 않은 것이 특별히 불합리하지 않아 결사의 자유나 표현의 자유를 과도하게 제한하는 것이 아니어서 침해최소성 인정됨) 등이 전부 과잉금지원칙을 준수한 것으로 판단되어 합헌성을 인정받았다.

(5) 결사에의 가입·잔류의 자유

ⅰ) 의의   어느 특정한 단체에 가입하고 그 단체에 머물러 있을 자유를 말한다. 가입에 있어서 조건을 두고 있는 사적 단체의 경우에는 그 조건을 둘러싼 기본권의 충돌과 기본권의 제3자적 효력 문제가 나오기도 한다.

> ▶ 예시: 일정한 취미생활을 누리고자 하는 사람들의 결사체인 동호회가 그 취미생활을 누리기 위한 일정한 자격을 소지한 사람들에게만 가입을 허용하면 그 사적 단체인 동호회와 그 자격이 없으나 앞으로 획득하기 위하여 그 자격에 필요한 기술을 배우기 위한 취미생활을 하려고 가입하는 사람의 기본권이 서로 충돌될 수 있고 그 경우에 私人(사인)들 간의 기본권효력인 이른바 제3자적 효력 문제가 제기된다.

ⅱ) 민법 제78조 전문의 결사잔류 자유 침해 부정: 합헌성 인정 ─ 총사원 4분의 3 이상의 동의가 있으면 사단법인을 해산할 수 있도록 규정한 민법(1958.2.22. 법률 제471호로 제정된 것) 제78조 전문은 해산결의 요건을 지나치게 완화하여 과반수에 이르지 못하는 사원의 동의만으로 해산을 가능하게 하는 것은 사단법인의 존립을 위태롭게 함으로써 단체를 둘러싼 법률관계의 간이화, 명확화 등을 위하여 사단법인제도를 만든 취지에 반할 수 있고 해산결의의 의결정족수의 구체적인 내용의 형성에 관하여는 입법자에게 광범위한 재량이 인정되어 사단법인의 자율성과 존속을 보장하고자 하는 입법목적을 달성하는데 필요한 정도를 넘어서지 않고 정관으로 달리 정할 수 있게 하여 침해최소성을 갖추고 과잉금지원칙을 준수하여 결사 잔류의 자유를 침해하지 않는 합헌이라고 결정했다(2015헌바260).

(6) 소극적 결사의 자유

이에는 결사의 가입을 강요당하지 않을 자유, 탈퇴의 자유, 결사 해체(해산)의 자유 등이 해당된다.

ⅰ) 결사의 가입을 강요당하지 않을 자유   이에 관한 사례로 변리사의 변리사회 가입의무를 규정한 변리사법(2013.7.30. 법률 제11962호로 개정된 것) 제11조 중 '제5조 제1항에 따라 등록한 변리사' 부분(이하 '가입조항')이 임의가입 제도 하에서는 변리사회의 대표성과 법적 지위가 약화되고, 변리사 단체 가입률이 낮아져 변리사 단체가 공익변리사 특허상담센터, 특허분쟁 법률구조 등 공익사업의 수행에 어려움을 겪을 수 있어 침해최소성요건을 갖춘 것으로 과잉금지원칙을 지켜 소극적 결사의 자유를 침해하지 않는다고 하여 합헌성이 인정되었다(2015헌마1000. * 5인의견이 다수의견이고 위헌의견이나 정족수에 이르지 못하여 4인 기각(합헌)의견이 법정의견이 된 사건임. 선행 동지 결정: 2006헌마666).

ii) **결사탈퇴의 자유**   결사탈퇴의 자유도 사실 탈퇴하려는 구성원의 적극적인 의사에 따른 것이라면 소극적이지 않다. 여하튼 결사에 더 이상 잔류하지 않겠다는 결정을 방해받지 않을 자유이다.

iii) **결사 해체(해산)의 자유**   결사의 목적이 달성되었거나 달성될 가능성이 더 이상 없거나 존재의의가 없어진 경우 등 결사를 해체(해산)할 자유가 주어지게 된다.

4. 제한과 그 한계

(1) 사전허가제의 금지

1) 헌법명시적 금지, 헌재의 사전허가 개념(판단기준), 신고제 폐지

[헌법직접적 금지] 헌법 제21조 제2항은 결사에 대한 허가는 인정되지 아니한다고 사전허가의 금지를 명시하고 있다.

[헌재의 판단기준] 헌재는 결사에 대하여 헌법 제21조 제2항이 금지하는 '허가제'란 "행정권이 주체가 되어 예방적 조치로서 단체의 설립 여부를 사전에 심사하여 일반적인 단체 결성의 금지를 특정한 경우에 한하여 해제함으로써 단체를 설립할 수 있게 하는 제도, 즉 사전허가를 받지 아니한 단체 결성을 금지하는 제도"라고 한다(2011헌바53). 앞서 본 검열제와 비슷한 법리이다.

[신고제의 폐지] 신고제는 그 신고요건이 지나쳐 실질적인 허가제가 되면 위헌이다. 우리 법제는 등록제, 신고제로 변천을 거듭하였으나 1997년에 '사회단체신고에 관한 법률'이 폐지되어 일반적인 신고제도 없어졌다.

2) 사전허가제인지가 논란된 사안 – 노동조합 설립신고서 반려제도의 허가제 여부

결사의 허가제금지원칙이 문제된 사안으로 노동조합을 설립할 때 행정관청에 설립신고서를 제출하게 하고 그 요건을 충족하지 못하는 경우 설립신고서를 반려하도록 하고 있는 '노동조합 및 노동관계조정법' 제12조 제3항 제1호가 헌법상 금지된 단체결성에 대한 허가제에 해당하는지 여부가 논란된 바 있다. 이 사안은 해직자와 공무원노조법상 가입할 수 없는 공무원이 포함되어 있다고 하여 설립신고서를 반려한 데 대한 취소소송에서 제기된 것이다. 문제는 먼저 ⅰ) 노동조합의 경우에도 헌법 제21조 제2항의 허가제금지원칙이 적용되는 것인가 하는 것과 적용된다면 다음으로 ⅱ) 반려제도가 그러한 허가제에 해당되는지 하는 것이다. 헌재는 "근로자의 단결권이 근로자 단결체로서 사용자와의 관계에서 특별한 보호를 받아야 할 경우에는 헌법 제33조가 우선적으로 적용되지만, 그렇지 않은 통상의 결사 일반에 대한 문제일 경우에는 헌법 제21조 제2항이 적용되므로 노동조합에도 헌법 제21조 제2항의 결사에 대한 허가제금지원칙이 적용된다"라고 하여 첫 번째 문제에 긍정적인 입장을 취하였다. 다음으로 헌재는 결사에 대한 금지되는 허가인지 여부에 대해 위에서 본 대로 판단기준을 설정한 뒤 신고제가 허가제인지 여부에 대해 노동조합의 본질적 요소를 갖춘 것인지를 심사하는 제도이고 반려 여부가 재량적이 아니라는 점 등을 들고 "노동조합의 본질적 요소인 자주성 등을 확보하도록 하기 위한 부득이 한 조치로서, 단체의 설립 여부 자체를 사전에 심사하여 특정한 경우에 한해서만 그 설립을 허용하는 '허가'와는 다르다고 할 것이므로 이 사건 규정의 노동조합 설립신고서 반려제도가 헌법 제21조 제2항 후단에서 금지하는 결사에 대한 허가제라고 볼 수 없다"라고 판단하였다. 헌재는 허가제는 아니지만 나아가 과잉금지원칙을 위반되는지 여부를 판단하였는데 과잉금지원칙을 준수하고 있다고 보아 결국 합헌결정을 하였다(2011헌바53).

(2) 개별법상의 금지

개별법률이 금지하고 있는 예로는, 형법 제114조의 범죄단체의 조직, 국가보안법 제3조의 반국가단체 구성 등의 금지 · 처벌이 있다. 그리고 정당법상 헌재의 위헌결정으로 해산된 정당의 대체조직이 금지된다(정당법 제40조). "약사 또는 한약사가 아니면 약국을 개설할 수 없다"라고 규정한 구 약사법 규정은 약사들로 구성되는 법인이 약국을 개설하는 것도 금지하여 약사들로 구성된 법인의 결사의 자유를 침해하였다고 하여 헌법불합치결정이 있었다(2000헌바84, 아래 내용별 제한 부분 참조).

(3) 내용별 제한

이에 관해서는 앞에서 살펴본 결사의 자유의 구체적 내용에 따라 각 제한을 살펴보면서 상당히 살펴보았다. 아래에서는 위에서 인용이 이루어지지 않은 결정례들도 중심적으로 정리해 본다.

1) 결사조직 · 결사활동(운영) 자유에 대한 제한

(가) 결사조직 자유의 제한에 관한 헌재 결정례　헌재가 엄격히 결사조직과 결사활동 양자를 각각 구분, 분류하여 결정을 한 것은 아니나 필자가 정리를 위해 아래에 구분하여 살펴본다 (다만, 위에 언급한 대로 양자가 결부되어 있을 수 있다는 점을 고려할 수 있다).

① 동종협동조합의 복수설립금지의 결사의 자유규정 위반(위헌결정) － 조합공개원칙에 반하는 본질적 침해로 위헌이라고 결정하였다.

● **판례** 헌재 1996.4.25. 92헌바47 구 축산업협동조합법 제99조 제2항 위헌소원
[쟁점] 한 구역 내에서 같은 업종의 축산업협동조합을 2개 이상 설립할 수 없다고 규정한 구 축산업협동조합법의 위헌 여부 [결정요지] (가) 입법목적 － 부당경쟁 폐해를 방지함으로써 양축인의 자주적인 협동조합을 육성하기 위한 입법목적은 공공복리를 위하여 기본권을 제한하는 경우로 정당하다. (나) 방법의 적절성 및 합리적 차별의 문제 － 1) 조합공개의 원칙이란 "협동조합에의 가입은 자발적이어야 하며, 조합의 서비스를 이용하는 동시에 조합원으로서의 책임을 부담하려고 하는 모든 사람에게 인위적 제한이나 차별대우가 없이 문호가 개방되어야 한다"는 원칙을 말하는 것으로, 이 원칙에 따라 조합 가입과 탈퇴의 자유가 보장되어야 함은 물론이고 구성원의 자주적 판단에 따라 자유롭게 조합이 설립될 것도 보장되어야 한다. 그런데 동종의 업종별축협이 복수로 설립되는 것을 금하고 있으므로 이와 같은 제한은 조합공개의 원칙에 반한다. 2) 이 조항 때문에 조합활동을 하기 위하여는 기존조합에 가입할 수밖에 없는바, 이에 의하여 조합운영의 목표나 이념이 다르고 조합업무에 관하여 이해관계가 대립하는 자들이

하나의 조합에서 활동할 수밖에 없어 오히려 조합원간의 갈등을 초래함으로써 사회적·경제적 이해관계를 같이하는 자들이 그들의 권익을 옹호하기 위하여 자발적으로 결합함을 특질로 하는 협동조합의 본질에 반하게 된다. 3) 그렇다면 양축인의 결사의 자유, 직업수행의 자유의 본질적인 내용을 침해하고 있으며, 신설 조합에 가해지는 위와 같은 설립제한에 합리적 이유가 없다. (다) 정책수행수단의 선택과 입법재량의 문제 − 입법목적을 달성하기 위한 수단으로서 반드시 가장 합리적이며 효율적인 수단을 선택하여야 하는 것은 아니라고 할지라도 적어도 현저하게 불합리하고 불공정한 수단의 선택은 피하여야 할 것인바, 결사의 자유 등 기본권의 본질적 내용을 해하는 복수조합설립금지라는 수단을 선택한 것은 현저하게 불합리하고 불공정한 것이므로 이는 위헌임이 명백하다. (라) 따라서 과잉금지의 원칙 및 자의금지의 원칙에 반하여 결사의 자유, 직업의 자유, 평등권을 침해하는 위헌의 법률조항이다.

② 약사들로 구성된 법인일지라도 약국개설을 할 수 없게 한 규정의 위헌성

● 판례 헌재 2002.9.19. 2000헌바84 약사법 제16조 제1항 등 위헌소원

[쟁점] "약사 또는 한약사가 아니면 약국을 개설할 수 없다"라고 규정한 약사법(2000.1.12. 법률 제6153호로 개정된 것) 제16조 제1항은 약사가 아닌 자연인 및 이들로 구성된 법인은 물론 약국설립을 할 수 없도록 하는 규정이지만, 약사들로만 구성된 법인일지라도 약국설립 및 경영을 할 수 없도록 금지하고 있는바 이는 법인의 직업수행의 자유를 위헌적으로 침해하는 위헌인지 여부(계속적용의 헌법불합치결정) [결정요지] 앞에서 살펴본 바와 같이 이 사건 법률조항은 합리적 이유없이(* 이 결정요지에 대해서는 앞의 기본권주체 부분 참조) 모든 법인에 의한 약국의 개설을 금지함으로써 법인을 설립하여 약국을 경영하려는 약사 개인들과 이러한 법인의 단체결성 및 단체활동의 자유를 제한하고 있으므로, 결국 이들의 결사의 자유를 침해하고 있다.

(나) 결사활동(운영) 자유의 제한에 관한 헌재 결정례

① 노동조합의 정치자금기부금지규정의 결사의 자유 침해(위헌성) 인정 − 헌재는 정치자금기부를 통해 정당에 영향력을 행사한다는 점에서 노동조합이 결사로서 활동의 자유를 제한받는다고 보았다. 이는 노동조합이 근로조건과 경제조건의 개선이라는 목적을 위하여 활동하는 한 헌법 제33조의 단결권의 보호를 받지만, 이를 떠나서 정치적 의사를 표명하거나 정치적으로 활동하는 경우에는 모든 개인과 단체를 똑같이 보호하는 일반적인 기본권인 의사표현의 자유 등의 보호를 받을 뿐이라는 것이기 때문이라고 한다. 헌재는 결사의 자유의 본질적 내용부터 침해되어 위헌이라고 보았다.

● 판례 헌재 1999.11.25. 95헌마154

[결정요지] (1) 이 법률조항에 의하여 침해된 기본권은 헌법 제33조의 단결권이 아니라 헌법 제21조의 노동조합의 정치활동의 자유, 즉 표현의 자유, 결사의 자유, 일반적인 행동자유권 및 개성의 자유로운 발현권을 그 보장내용으로 하는 행복추구권이라고 보아야 한다. (2) 오늘날 모든 중요한 정치적 결정은 정당에 의하여 준비되고 그에 의하여 내려진다. 따라서 정치자금의 기부는 정당에 영향력을 행사하는 중요한 방법의 하나이기 때문에, 정당과 의회·정부에 대하여 단체 구성원의 이익을 대변하고 관철하려는 모든 이익단체는 정치자금의 기부를 통하여 정당에 영향력을 행사하려고 시도하는 것은 당연하고도 자연스러운 현상이고… 다른 사회단체, 특히 사용자단체에게는 정치자금의 기부를 허용하면서 노동단체에게만 정치자금의 기부를 금지하는 것은 정당에 대한 기부를 통하여 정당에 영향력을 행사하고, 정치적 의사형성과정에 참여하고자 하는 노동단체의 영향력을 제한하는 것이며, 이는 특히 사용자나 사용자단체와의 관계에서 사회세력간의 정당한 이익조정을 크게 저해하고, 근로자에 불리하게 정치의사를 형성하는 결과를 가져올 수 있다. (3) 노동단체의 재정이 빈약하다는 것은 노사단체가 근로조건에 관한 사적 자치를 통하여 근로조건을 형성함에 있어서 사적 자치가 기능할 수 있는 조건인 '세력의 균형'이나 '무기의 대등성'이 근로자에 불리하게 깨어졌다는 것을 의미할 뿐이다. (4) 결론적으로, 이 법률조항의 입법목적인 "노동단체의 정치화 방지'나 '노동단체 재정의 부실우려'는 헌법상 보장된 정치적 자유의 의미에 비추어 입법자가 헌법상 추구할 수 있는 정당한 입법목적의 범위를 벗어난 것으로 판단된다. 사회세력 누구나가 자유롭게 참여해야 할 정치의사형성과정과 정당한 이익조정과정을 근로자에게 불리하게 왜곡시키는 결과를 가져온다는 점에서 이러한 기본권 침해의 효과는 매우 중대하다. 이에 반하여, 이 법률조항을 통하여 달성하려는 공익인 '노동단체 재정의 부실 우려'의 비중은 상

당히 작다고 판단된다. 따라서 노동단체의 기부금지를 정당화하는 중대한 공익을 인정하기 어려우므로 이 법률조항은 노동단체의 표현의 자유 및 결사의 자유의 본질적 내용을 침해하는 위헌적인 규정이다.

* 위 위헌결정 이후 노동단체의 정치자금 기부금지 조항이 삭제되었으나 기업의 불법 정치자금제공과 정경유착이 크게 문제되어 2004.3.12. 법률 제7191호로 개정된 구 정치자금법은 기업의 정치헌금을 원천적으로 봉쇄하기 위하여 노동조합을 포함한 모든 단체의 정치자금 기부를 금지하였다. 이 새 금지규정에 대해서는 반복입법으로서 명확성원칙, 과잉금지원칙 위반이라는 주장의 위헌소원심판이 청구되었으나 헌재는 반복입법이 아니라고 보았고 또한 합헌으로 결정하였다(2008헌바89).

② 상호신용금고의 임원과 과점주주에 대한 연대책임의 부분적 위헌성 – 헌재는 임원과 과점주주의 연대변제책임이란 조건 하에서만 금고를 설립할 수 있도록 규정한 구 상호신용금고법(1995.1.5. 법률 제4867호로 개정된 것) 제37조의3은 사법상의 단체를 자유롭게 결성하고 운영하는 자유를 제한하는 규정이라고 보면서 부실경영에 아무런 관련이 없는 임원이나 과점주주에 대해서도 연대변제책임을 부과하는 것은 입법목적을 달성하기 위하여 필요한 범위를 넘는 과도한 제한이라고 하여 한정위헌결정을 하였다. 이 사안은 운영의 자유뿐 아니라 결성의 자유도 문제된다고 본 것이다.

● 판례 헌재 2002.8.29. 2000헌가5등
[주문] 1. 상호신용금고법(1995.1.5. 법률 제4867호로 개정된 것) 제37조의3 제1항 중 임원에 관한 부분 및 제2항은 "상호신용금고의 부실경영에 책임이 없는 임원"에 대하여도 연대하여 변제할 책임을 부담케 하는 범위 내에서 헌법에 위반된다. 2. 위 같은 조 제1항 중 과점주주에 관한 부분은 "상호신용금고의 경영에 영향력을 행사하여 부실의 결과를 초래한 자 이외의 과점주주"에 대하여도 연대하여 변제할 책임을 부담케 하는 범위 내에서 헌법에 위반된다. [결정요지] 1. 가. 이 법률조항에 의하여 제한된 기본권 – 결사의 자유 – 이 법률조항은 임원과 과점주주의 연대변제책임이란 조건 하에서만 금고를 설립할 수 있도록 규정함으로써 사법상의 단체를 자유롭게 결성하고 운영하는 자유를 제한하는 규정이다. 2. 입법자는 결사의 자유에 의하여 단체제도를 법적으로 형성함에 있어서 비례의 원칙을 준수해야 한다. 3. 이 법조항의 입법목적은 연대변제의 형태로써 금고의 부실경영에 대한 책임을 물음으로써 책임경영을 실현하고 부실경영을 방지하여 예금주 등 금고의 채권자를 보호하고자 하는 것이고 '무조건적인 채권자의 보호'가 아니라 '부실경영의 방지를 통한 채권자의 보호'에 있다고 할 것이다. 4. 상법상의 원칙인 주주의 유한책임원칙이나 임원의 과실책임원칙은 헌법상의 원칙이 아닌 법률상의 원칙으로서, 입법자는 공익상의 이유로 이에 대한 예외를 설정할 수 있다. 단지, 이 경우 상법상 원칙에 대한 예외를 두는 것은 입법목적을 달성하기 위하여 적합하고 필요한 조치에 해당해야 한다는 것이 헌법상의 유일한 요청이다. 5. 위 상호신용금고법 제37조의3이 달성하고자 하는 바가 금고의 경영부실 및 사금고화로 인한 금고의 도산을 막고 이로써 예금주를 보호하고자 하는 데에 있다면, 이를 실현하기 위한 입법적 수단이 적용되어야 하는 인적 범위도 마찬가지로 '부실경영에 관련된 자'에 제한되어야 한다. 부실경영을 방지하는 다른 수단에 대하여 부가적으로 민사상의 책임을 강화하는 이 법률조항은 원칙적으로 '최소침해의 원칙'에 부합하나, 부실경영에 아무런 관련이 없는 임원이나 과점주주에 대해서도 연대변제책임을 부과하는 것은 입법목적을 달성하기 위하여 필요한 범위를 넘는 과도한 제한이다. 6. 따라서 이 법률조항은 '부실경영의 책임이 없는 임원'과 '금고의 경영에 영향력을 행사하여 부실의 결과를 초래한 자 이외의 과점주주'에 대해서도 연대채무를 부담하게 하는 범위 내에서 헌법에 위반된다.

③ 사법상 단체의 선거와 단체활동, 의사·집행기관 구성에 관한 자유의 제한에 관한 위헌결정례 – 이 결정례들은 앞서 결사의 자유 내용, 단체활동의 자유, 단체의 의사·집행기관 구성에 관한 자유 부분에서 살펴보았다(전술 참조).

2) 결사 가입·잔류의 자유에 대한 제한

(가) 결사 가입의 자유에 대한 제한   이적단체가입행위를 처벌하는 국가보안법(1991.5.31. 법률 제4373호로 개정된 것) 제7조 제3항 중 '제1항의 행위를 할 목적으로 하는 단체에 가입한 자'에 관한 부분(이하 '이적단체가입 조항') - 과잉금지원칙을 준수하여 표현의 자유 및 결사의 자유를 침해하지 않아 합헌이라고 본다.

● **판례** 헌재 2015.4.30. 2012헌바95 등
[결정요지] 이적단체가입 조항은 단체활동을 통한 국가전복의 위험, 민심의 교란, 국론의 분열 등을 방지하고 이를 통해 국가의 안전과 국민의 생존 및 자유를 확보하고자 하는 것으로 입법목적의 정당성이 인정되고, 이적단체에 가입하는 행위 자체를 단순한 이적활동에 비하여 가중하여 처벌하는 것은 위 입법목적을 달성함에 있어 적절한 수단이다. 이적단체가입 조항은 엄격한 요건 하에서만 적용되므로, 위 조항이 정부가 특정한 정치적 의사를 표현하는 단체의 활동을 억압하는 수단으로 남용될 위험성은 거의 없다. 조직력을 갖추고 있는 단체는 그 활동이 체계적이고 활동의 파장이나 영향력이 커 언제라도 사회 혼란을 야기하는 기폭제가 될 수 있으므로, 단체에 가입한 행위 자체를 처벌하는 것은 결코 표현의 자유나 결사의 자유에 대한 지나친 제한이 아니다. 이적단체가입 조항은 표현의 자유 및 결사의 자유를 침해하지 아니한다.

(나) 결사 잔류의 자유에 대한 제한   이에 관한 결정으로 총사원 4분의 3 이상의 동의가 있으면 사단법인을 해산할 수 있도록 규정한 민법 제78조 전문에 대한 합헌결정이 있었다(2015헌바260. 앞의 결사의 자유 내용 부분 참조).

3) 소극적 결사 자유의 제한

결사에 가입을 강제당하지 않을 자유에 대한 제한을 다룬 결정례로 다음과 같은 결정들이 있었다.

ⅰ) 결사의 가입을 강요당하지 않을 자유에 대한 제한 ① 사립학교의 설립·경영자의 교원노조와의 개별적 단체교섭 금지 - 사립학교의 설립·경영자들은 교원노조와 개별적으로 단체교섭을 할 수 없고 반드시 연합하여 단체교섭에 응하도록 규정한 '교원의 노동조합설립 및 운영 등에 관한 법률'(1999.1.29. 법률 제5727호로 제정된 것) 제6조 제1항 후문이 사립학교의 설립·경영자인 청구인들의 소극적 결사의 자유를 침해하는지 여부가 논란되었다. 교원노조와의 단체교섭을 위하여는 연합하여 하여야 한다는 것은 곧 전국단위 또는 시·도 단위의 교섭단의 구성원으로 사실상 강제로 참여해야 하는 것이고 이는 결사에 가입하지 않을 자유를 제한한 것이므로 결국 소극적 결사의 자유가 문제된 것이다. 헌재는 비례(과잉금지)원칙을 준수하였다고 보아 합헌으로 결정하였다.

● **판례** 헌재 2006.12.28. 2004헌바67
[결정요지] 이 법률조항으로 청구인들의 '소극적 의미'의 결사의 자유를 제한하고 있다. 개별 학교에서의 교원노조를 인정하지 않는 것에 대응하여 이 법률조항이 개별 학교법인은 단체교섭의 상대방이 될 수 없도록 함으로써 교원노조로 하여금 개별 학교의 운영에 관여하지 못하도록 한 것은, 교원의 지위를 통일적으로 보장할 필요가 있는 점 등을 모두 고려하여 개별 학교차원의 교섭으로 인한 혼란을 방지하고자 하는 것이라고 할 것이므로, 그 입법목적의 정당성 및 방법의 적절성을 인정할 수 있다. 개별 학교법인에게 단체교섭의 상대방이 될 수 있도록 한다면 전국 단위 또는 시·도 단위 교원노조가 모든 개별 학교법인과 단체교섭을 해야 하므로 이는 불필요한 인적·물적 낭비요인이 될 뿐만 아니라, 단체협약의 내용이 개별 학교마다 다르다면 각 학교 사이에서 적지 않은 혼란이 야기될 수도 있다. 따라서 이 법률조항은 청구인들의 결사의 자유에 대한 필요·최소한의 제한이라고 할 수 있으므로 침해의 최소성 요

건을 충족한다. 그리고 공익이 결사의 자유의 제한보다 크다고 할 것이므로 법익의 균형성도 충족한다.

② 변리사의 변리사회 가입의무를 규정한 변리사법(2013.7.30. 법률 제11962호로 개정된 것) 제11조 중 '제5조 제1항에 따라 등록한 변리사' 부분(이하 '가입조항')이 과잉금지원칙을 지켜 소극적 결사의 자유를 침해하지 않는다고 보아 합헌성을 인정하는 기각결정이 있었다(2015헌마 1000. 이 결정에 대해서도 앞서 앞의 결사의 자유의 내용 부분에서 살펴보았다. 전술 참조).

ⅱ) 결사 해체(해산)의 자유에 대한 제한 － 총사원 4분의 3 이상의 동의가 있으면 사단법인 을 해산할 수 있도록 규정한 민법 제78조 전문에 대한 합헌결정(2015헌바260, 전술 참조)은 결사 해체의 자유에 대한 제한으로도 볼 수 있다.

(4) 비상계엄하의 특별한 조치

비상계엄이 선포된 때에는 법률이 정하는 바에 의하여 결사의 자유에 관하여 특별한 조치 를 취할 수 있다(제77조 제3항). 긴급명령에 의한 제한가능성도 있다. 이를 예외적 제한이라고 부르는 교재도 있으나 특별한 조치도 어디까지나 "법률이 정하는 바에 의하여"라고 규정하고 있으므로 법률에 의한 기본권제한원칙에 대한 예외는 아니고 상황이 예외적인 비상적이라고 볼 것이다(앞의 '기본권의 제한' 부분 참조).

(5) 결사의 자유의 제한에 대한 한계

결사의 자유를 법률로 제한하더라도 비례의 원칙을 준수하여야 하고 제한하더라도 그 본질 적 내용을 침해할 수 없다. 사전허가제의 금지도 제한에서의 한계가 된다.

* 본질적 내용의 침해라고 하여 위헌결정한 예: ① 동종협동조합의 복수설립금지(92헌바47) ; ② 노동조합의 정치 자금기부금지(95헌마154). * 이 결정들에 대한 보다 자세한 요지는 앞의 결사조직 자유의 제한, 결사활동(운영) 자 유의 제한 부분 참조.

제 6 절   경제적 자유권

제 1 항   재산권

Ⅰ. 재산권관념의 변천과 재산권의 성격

1. 재산권관념의 변화 － 절대적 권리에서 상대적 권리로

재산권은 근대에서 신성불가침한 자연권적인 절대적인 권리로 인정되고 시장경제원리, 사적 자치의 원칙(계약의 자유) 등과 더불어 자본주의의 발달에 핵심적이고도 필수적인 역할을 하였다. 그러나 재산권이 독점적이고 배타적인 절대적 권리라고 보아왔던 관념은 근대 말기에 들어와 힘을 잃고 수정되어 재산권을 상대적인 권리로 보는 관념이 자리잡게 되는 변화가 있었다(절대적 권리에서 상대적 권리로의 변화). 또한 재산은 그 소유자만을 위해서가 아니라 사회구성원들의 공익을 위해 제한될 수 있고 재산권은 공익에 적합하게 행사되어야 한다는 인식이 확산되었다. 그리하여 재산권은 사회의 공공복리를 위하여 제한될 수 있다는 사회적 의무성(= 사회적 제약성 = 사회기속성)을 수반하는 권리로서 재산권에 대한 제한이 보다 폭넓게 받아들여지게 되었으며 다른 기본권들에 비해 그 제한의 가능성이 더 큰 상대적 권리로서 인식되었다.

2. 재산권의 성격과 재산권보장제도의 성격

재산권의 성격에 대해서는 ① 자유권설(재산권은 재산에 대한 지배를 할 수 있고 그 지배에 국가 공권력 등이 간섭하지 않을 것을 요구하는 개인적인 천부인권으로서 자유권이라는 입장), ② 제도적 보장설(재산권은 사유재산제도라는 제도를 법률로도 폐기하지 못하도록 헌법 자체가 그 핵심을 정하여 이를 보장하는 제도적 보장이라고 보는 입장), ③ 이중설(재산권은 소유에 대한 간섭을 받지 않을 자유권이면서 사유재산제도의 제도적 보장으로서의 성격을 아울러 가진다는 입장) 등이 있다. 헌재는 헌법 제23조의 재산권보장은 "개인이 현재 누리고 있는 재산권을 개인의 기본권으로 보장한다는 의미와 개인이 재산권을 향유할 수 있는 법제도로서의 사유재산제도를 보장한다는 이중적 의미를 가지고 있다"라고 본다(92헌바20). 재산권 자체는 기본권이고 재산권보장제도는 재산권의 실현과 그 실현을 위한 수단이며 사유재산제는 그러한 보장을 위한 수단으로서의 제도라는 성격을 가진다. 권리 자체와 제도 자체의 성격을 구분하여 보아야 한다. 재산권은 그 사용, 수익, 처분에 간섭을 받지 않을 권리라는 점에서 자유권으로서의 성격을 가진다. 따라서 자유권설이 타당하다.

II. 재산권의 내용과 한계

1. 법정주의

우리 현행 헌법은 제23조 제1항 후문에서 재산권의 "내용과 한계는 법률로 정한다"라고 규정하여 재산권의 내용에 관한 법정주의(法定主義, 법률주의)를 취하고 있다. 이 조항의 의미와 성격에 대하여는 기본권제한 법률유보로 보는 학설과 기본권 형성적 법률유보로 보는 학설이 대립되고 있다. 후자의 견해가 많고 판례도 기본권 형성적 법률유보로 본다(92헌바20). 그러나 제한유보로도 볼 것이다. 헌재도 "재산권의 내용과 한계를 법률로 정한다는 것은 헌법적으로 보장된 재산권의 내용을 구체화하면서 이를 제한하는 것으로 볼 수 있다"라고 한다(99헌바37, 2016헌바470). 재산권의 내용과 한계를 정하도록 하여 나온 대표적인 법률이 민법이다.

2. 넓은 입법형성권과 입법형성권의 한계

재산권의 내용과 한계를 법률로 형성하는 입법형성권은 넓게 인정되는 경향이다. 그러나 그 입법형성권에도 한계가 있다. 재산권들 중에 중요한 재산권을 배제함으로써 결과적으로 사유재산제도 자체를 부정하는 것과 같은 것은 입법형성권의 한계를 벗어난 것이다. 헌재는 재산권의 입법형성권의 한계로 사유재산제를 부정해서는 아니 된다는 한계(92헌바20), "재산권의 본질적 내용을 침해하여서는 아니 된다거나 사회적 기속성을 함께 고려하여 균형을 이루도록 하여야 한다는 등"의 한계(98헌마36)를 설정하고 있다.

3. 재산권의 개념과 대상

(1) 개념

재산권이란 경제적 가치를 가지는 이익을 향유할 수 있는 권리를 말한다. 소유자가 배타적인 지배와 사용을 할 수 있고, 수익을 누리며 처분을 할 수 있는 권리이다. 헌재는 "재산권은 사적유용성 및 그에 대한 원칙적 처분권을 내포하는 재산가치 있는 구체적 권리"라고 한다(95헌바36). 그러나 "구체적인 권리가 아닌 단순한 이익이나 재화의 획득에 관한 기회 등," "단순한 재산상 이익의 기대"는 재산권보장의 대상이 아니라고 한다(95헌바36; 99헌마452; 98헌마14; 2001헌바55; 2011헌바33; 2017헌마374등). 헌재는 잔여 퇴직급여에 대한 이자를 지급하지 않는 것이 재산권 제한의 문제는 아니라고 보고 다만, 차별이 있을 경우에 그 차별이 불합리한 것으로서 평등원칙에 반하는지 여부가 문제된다고 본다. 그러한 예로 '수사가 진행 중이거나 형사재판이 계속 중이었다가 그 사유가 소멸한 경우'에는 잔여 퇴직급여 등에 대해 이자를 가산하는 규정을 두면서, '형이 확정되었다가 그 사유가 소멸한 경우'에는 이자 가산 규정을 두지 않은 군인연금법 규정에 대한 사안에 있어서 헌재는 재산권 침해가 아니라 불합리한 차별로서 평등원칙의 위반이라는 이유로 헌법불합치결정을 한 바 있다(2015헌바20).

(2) 대상

재산권보장의 대상(객체)에는 다음과 같은 것들이 있다.

ⅰ) 공·사법상(公·私法上)의 권리 – 경제적 가치와 유용성이 있다면 사법상의 권리뿐만 아니라 공법상의 권리라도 헌법이 보장하는 재산권의 대상이 될 수 있다(93헌가14). 사법상 재산권에는 물권, 채권, 상속권 등이 있다.

[헌재가 인정한 공법상의 권리로서 재산권] 공적연금의 수급권(2002헌바15), 의료보험수급권 (99헌마289), 장해보상연금(2005헌바20) 등이 있다. 다만 헌재는 기초생활보장수급권, 의료급여 수급권, 기초연금수급권 등의 공공부조의 경우 개인의 노력과 금전적 기여를 인정하기 어려워 재산권의 보호대상으로 보고 있지 아니하다(2009헌바47; 2007헌마1092; 2017헌바197 등).

ⅱ) 사적 재산권보장의 객체로서의 국유잡종재산·공유잡종재산 − 헌재는 국유잡종재산을 시 효취득의 대상에 포함시키지 않는 것에 대하여 국유잡종재산은 사권 설정과 사적 거래의 대상이 되고 시효취득의 대상이 되며 시효제도의 적용에 있어서도 동일하게 보아야 한다고 하면서 국유 잡종재산을 시효취득의 대상에 포함시키지 않는 것은 평등원칙에 반한다고 보았다(89헌가97).

ⅲ) 저작권 등 무체재산권(지적 재산권) − 헌법 제22조 제2항은 "저작자·발명가·과학기술 자와 예술가의 권리는 법률로써 보호한다"라고 규정하고 있다. 헌재는 저작재산권을 헌법 제23 조 제1항의 재산권으로 보는 결정을 한 바 있다(헌재 2019.11.28; 2016헌마1115. 청중이나 관중으 로부터 당해 공연에 대한 반대급부를 받지 아니하는 경우에는 상업용 목적으로 공표된 음반 또는 상업용 목적으로 공표된 영상저작물을 재생하여 공중에게 공연할 수 있다고 규정한 저작권법 규정에 대해 과잉 금지원칙준수의 합헌이라고 봄). 그 밖에 실용신안권(2001헌마200)도 재산권의 보호대상이 된다. 업무상저작물의 저작자를 원칙적으로 법인으로 하는 저작권법 규정에 대한 합헌결정(2016헌가 12)도 있었다.

ⅳ) 일반면허로 전환하는 법규정 − 문제된 것은 해상여객운송사업의 면허권으로서 헌재는 이를 재산권이라고 보고(사적 유용성 및 그에 대한 원칙적 처분권을 내포하는 재산적 가치가 있는 구 체적 권리에 해당하므로) 이 법규정은 기존 일반면허를 받은 특허사업자의 독점적인 경영상태를 전면적인 경쟁상태로 전환시켜 독점에서 경쟁으로 나아가도록 하여 재산권의 제한이라고 본다 (2015헌마552. 과잉금지심사 결과 합헌성을 인정함). 행정법에서 이른바 경원관계 문제이기도 한데 헌재는 반사적 이익이 아닌 기본권(재산권)이 문제된다고 본다.

[부정례] 반면 헌재는 다음과 같은 경우 재산권 보장의 대상이 아니라고 보았다.

ⅰ) 단순한 이익이나 재화의 획득에 관한 기회, 단순한 재산상 이익 기대·반사적 이익, 사 실적·경제적인 기회 − ① 약사들의 한약조제권(97헌바10), ②치과전문의 자격 불비로 인한 급 료상의 불이익(96헌마246), ③ 요양기관 강제지정에 따라 의사들이 기대하는만큼의 보수를 받 지 못한 불이익(99헌바76. 의료급여 정액수가제에 대한 동지 결정으로 2016헌마431), ④ 상이군경이 상이를 입은 시점에 갖게 되는 보상금수급권에 관한 기대(2009헌마27 − 보상금수급권 자체는 재 산권으로 보호되는 공법상 권리임에 주의할 것), ⑤ 관재담당공무원이 국유재산을 취득할 수 있는 기회(96헌바55), ⑥ 문화재의 선의취득 배제규정의 경우, 그 선의취득 배제 조항으로 동산문화 재를 거래 대상으로 삼는 문화재매매업자가 담보책임을 질 위험이 높아진다는 것은 단순한 사 실상·경제상의 불이익에 해당함(2007헌마870), ⑦ 위법한 선거운동을 한 자가 가지는 선거비용 을 보전받을 수 있을 것이라는 주관적 기대(2010헌바485), ⑧ 공무원 임용시험 합격 후 임용 전

의 지위에 있는 자가 가지는 공무원연금법 개정 전 연금을 수령할 수 있을 것이라는 기대(2010
헌마197), ⑨ 현역병으로 복무 중인 자가 가지는 최저임금에 미치는 보수를 받을 수 있을 것이
라는 기대(2011헌마307), ⑩ 국내 마늘재배농가가 가지는 마늘수입제한조치가 유지될 것이라는
기대(2002헌마579) 등.

ⅱ) 영업활동의 사실적·법적 여건, 법질서가 반사적으로 부여하는 기회를 활용한 영업활
동, 영업이익 − ① 국가 또는 지방자치단체가 직접 행하는 사업은 산업재해보상보험법의 적용
대상에서 제외하여 지방자치단체 사업 근로자가 산업재해보상을 받을 수 없게 되고 따라서 보
험회사가 위 보험금을 지급할 의무를 지게 된 경우(95헌바36), ② 종전 법에 따라 폐기물중간처
리업을 영위하던 자들에게 개정법에 따른 허가를 받도록 하여, 사실상 그 기간 내 허가를 받기
어려운 자들이 폐업이 불가피하게 된 경우(99헌마452), ③ 산림법 개정으로 인해 종래 산림사업
을 대행, 위탁 받아오던 법인의 영리취득 기회가 상실된 경우(2006헌마400), ④ 사행성 간주 게
임물 경품제공 금지에 따라 게임제공업을 종전과 같이 영위할 수 없게된 경우(2005헌마161; 게
임결과물의 환전업 금지 및 형사처벌의 경우의 동지 결정으로 2007헌마451; 게임장 운영자들에게 게임
제공업 등록을 하고 게임물의 등급분류를 받게 한 경우의 동지 결정으로 99헌마574), ⑤ 사업장일반폐
기물의 수집·운반업의 업무범위에서 사업장생활계폐기물을 제외함으로써 그 업무범위가 축소
된 경우(2001헌마159), ⑥ 문화재 선의취득 배제규정에 따른 문화재 수입업자들의 영업 제한의
경우(2007헌마870), ⑦ PC방 금연구역 지정에 따라 PC방 업자들이 종전과 같이 영업을 할 수
없게 된 경우(2011헌마315), ⑧ 액화석유가스 판매사업자가 액화석유가스를 용기로 판매하는 경
우 판매지역을 제한한 경우(2004헌마540), ⑨ 최저임금의 상승에 따라 사업자의 임금부담이 늘
어난 경우(2017헌마1366),

ⅲ) 법률상 권리가 아닌 이익, 사실상의 이해관계 − ① 어업허가제에 의해 허가를 받지 아니
한 종류의 연안어업이 금지됨으로써 허가를 받은 연안어업자가 얻을 수 있는 영업상 이익(2010헌
마397), ② 설립자나 종전 이사가 사립학교 운영에 대해 가지는 재산적 이해관계(2009헌바206).

ⅳ) 시혜적 이익 − ① 준공인가전 사용허가를 받았는지 여부를 기준으로 하여 이미 징수
한 산업단지의 관리비의 반환여부를 달리하도록 한 경우(98헌바14), ② 자경농지의 양도소득세
면제대상자를 대통령령이 정하는 바에 따라 농지소재지에 거주하는 거주자로 한정한 경우
(2003헌바2), ③ 철도공사 출범으로 철도청 공무원직을 상실한 자를 위한 시혜적 입법의 대상에
서 제외된 경우(2004헌마914), ④ '학교용지'를 기부채납하는 개발사업시행자에 대해서는 학교
용지부담금을 면제하면서 기존 건물을 증축하여 기부채납한 개발사업시행자에 대해서는 이를
면제하지 않은 경우(2007헌가9. 그런데 다만 헌재는 위 사안에서 평등원칙 위반으로 헌법불합치 결정
을 하였다), ⑤ 국토계획법령에 의하여 설치되지 아니한 '사실상의 도로'와 '사실상의 공공공
지'를 무상양도의 대상으로 삼고 있지 않은 경우(2008헌바13), ⑥ 일제 강제동원자에 대한 미
수금지원금(아래 2009헌바317, 아래 *표시 문장에 언급함), ⑦ 공무원과 비공무원 사이의 명예퇴

직수당에 대한 퇴직소득공제율의 차이(2001헌바55), ⑧ 폐업 이후의 대손확정시 대손세액공제 불허(2011헌바33), ⑨ 조세감면 대상 제외(2003헌바72) 등.

> *** 시혜적인 금전 급부로서 비재산권:** 헌재는 일제에 의하여 군무원으로 강제동원되어 그 노무 제공의 대가를 지급받지 못한 미수금피해자에게 당시의 일본국 통화 1엔에 대하여 대한민국 통화 2천원으로 환산한 미수금 지원금을 지급하도록 한 구 '태평양전쟁 전후 국외 강제동원희생자 등 지원에 관한 법률' 제5조 제1항이 그 지원금이 시혜적인 금전 급부로서 헌법상 보장되는 재산권이라고 할 수 없으나 이 지원금 산정방식은 입법자가 자의적으로 결정해서는 안 되고 미수금의 가치를 합리적으로 반영하는 것이어야 한다는 입법적 한계를 가진다고 하면서 그 산법은 나름의 합리적 기준으로 화폐가치를 반영하고 있다고 판단하여 합헌이라고 결정하였다(2009헌바317. *** 비교 판례:** 헌재는 위 '태평양전쟁 … 법률'이 폐지되고 그 업무를 통합적으로 하도록 한 '대일항쟁기 강제동원 피해조사 및 국외강제동원 희생자 등 지원에 관한 특별법' 제4조 제1호는 국가는 국외강제동원 희생자 또는 그 유족에게 희생자 1명당 2천만 원의 위로금을 지급하도록 하고 있는데 이 규정에 대한 헌법소원사건에서는 "위로금을 인도적 차원의 시혜적인 금전 급부로 이해하는 이상, 그 위로금은 국외강제동원 희생자 유족의 재산권의 대상에 포함된다고 하기 어렵다. … 이 사건 심판청구는 기본권 침해 가능성의 요건을 갖추지 못하였다"라고 각하결정을 하였다(2010헌마620). 위 2009헌바317 사건은 그 실질이 위헌심판인 위헌소원심판사건이었다).

ⅴ) 그 밖에 헌재는 재심을 통해 무죄판결을 받기까지 미지급된 퇴직급여에 대해 원금만 지급하고 그에 대한 이자를 지급하지 않은 것이 헌법상 재산권을 제한하는 것이라고 보기 어렵다고 보았다(2015헌바20).

Ⅲ. 재산권의 제한의 법리와 실제

1. 기본적·총체적 이해

재산권도 기본권이므로 헌법 제37조 제2항에 따라 국가안전보장, 질서유지, 공공복리를 위하여 필요한 경우에는 제한된다. 다른 한편으로 헌법 제23조 제2항은 재산권의 행사는 공공복리에 적합하도록 하여야 한다고 규정하고 있다. 헌법 제37조 제2항에 '공공복리'에 의한 제한을 규정하고 있는데도 이처럼 헌법 제23조 제2항이 공공복리적합의무를 특별히 규정하고 있는 것은 위에서 언급한 대로 현대에서 재산권은 사회적 필요에 따라 제한될 필요가 나타나는 상대적 권리라는 점을 밝힌 것이다. 또한 헌법 제23조 제3항은 "공공필요에 의한 재산권의 수용·사용 또는 제한 및 그에 대한 보상은 법률로써 하되, 정당한 보상을 지급하여야 한다"라고 하여 '공공필요'라는 제한사유를 규정하고 있다. 이 '공공필요'는 제2항의 '공공복리'보다 더 강한 제약을 의미한다. 헌재도 "제2항은 재산권 행사의 공공복리 적합의무 즉 그 사회적 의무성을 규정한 것이고, 제3항은 재산권 행사의 사회적 의무성의 한계를 넘는 재산권의 수용·사용·제한과 그에 대한 보상의 원칙을 규정한 것이다"라고 한다(92헌가15).

2. 재산권의 공공복리적합의무

재산권의 공공복리적합의무는 재산권의 사회적 기속성, 사회적 구속성, 사회적 필요성, 사회적 의무성으로 불린다. 다 같은 의미의 말들이다. 헌재도 "재산권 행사의 공공복리 적합의무 즉 그 사회적 의무성"이라고 한다(92헌가15). '기속'이란 말은 그것에 따라야 함을 의미하기에 사회가 요구하는 바에 따라야 한다고 해서 사회적 기속성이라고 부르기도 하는 것이다. 재산권은 다른 여러 사회구성원들과 더불어 살아가야 하는 공동체생활에서의 조화와 균형을 유지하는 범위 내에서 보장된다는 것을 의미한다(같은 취지로 92헌바20). 예를 들어 자신이 소유하는 토지라고 하여 마음대로 활용할 수 있다고 하면서 그 토지에서 많은 사람의 인체에 해를 줄 수 있는 물질을 생산할 수 없고 사회적 기속성에 의하여 그 생산을 금지하는 제한이 가해져야 한다.

사회적 의무성 = 사회적 기속성 = 사회적 필요성 = 사회적 구속성 = 공공복리

재산권의 공공복리적합의무를 도덕적·윤리적 의무라고 보는 견해도 있으나 법적 의무이다.

3. 재산권제한의 범위와 정도 - 사회적 기속성에 비례하는 제한정도

재산권의 행사가 재산권의 사회적 기속성을 따라야 한다면 재산권의 제한에 있어서도 제한대상인 재산권이 가지는 사회적 기속성 정도에 따라 그 제한 정도와 입법자 재량 정도도 비례하게 된다. 헌재는 입법자는 "헌법상의 재산권보장(헌법 제23조 제1항 제1문)과 재산권의 제한을 요청하는 공익 등 재산권의 사회적 기속성(헌법 제23조 제2항)을 함께 고려하고 조정하여 양 법익이 조화와 균형을 이루도록 하여야 한다"라고 하고 "재산권 행사의 대상이 되는 객체가 지닌 사회적인 연관성과 사회적 기능이 크면 클수록 입법자에 의한 보다 광범위한 제한이 정당화된다 … 그 소유자 개인의 생활영역에 머무르지 아니하고 일반국민 다수의 일상생활에 큰 영향을 미치는 경우에는 입법자가 공동체의 이익을 위하여 개인의 재산권을 규제하는 권한을 더욱 폭넓게 가진다"라고 한다(89헌마214).

[재산권 제한 위헌심사의 강도] 재산권 제한에 대한 위헌여부심사의 관점에서 보면 재산권의 사회적 필요성의 정도에 따라 완화심사 또는 엄격한 비례심사 등으로 심사정도에 차이를 두게 된다. 강한 사회적 필요성이 있다면 보다 완화된 심사를 하게 된다. [합리성심사례] ① 2016헌바420(취득세 추징), ② 2017헌바59(상속결격사유 문제).

4. 토지재산권(土地財産權)에 대한 제한

재산권들 중에 사회적 기속성이 강하게 요구되어 자주 그 제한의 문제가 거론되는 것이 토지재산권이어서 그것의 제한에 관한 헌재 판례도 많다. 아래에 토지재산권의 제한을 다루는 이유가 거기에 있다.

(1) 토지재산권의 특성과 제한에서의 입법권의 범위

헌재는 "토지는 원칙적으로 생산이나 대체가 불가능하여 공급이 제한되어 있고, 우리나라의 가용토지면적은 인구에 비하여 절대적으로 부족한 반면에, 모든 국민이 생산 및 생활의 기반으로서 토지의 합리적인 이용에 의존하고 있으므로, 그 사회적 기능에 있어서나 국민경제의 측면에서 다른 재산권과 같게 다룰 수 있는 성질의 것이 아니므로 공동체의 이익이 보다 더 강하게 관철될 것이 요구된다"라고 본다(89헌마214). 그리하여 헌재는 "토지재산권의 강한 사회성 내지는 공공성으로 말미암아 이에 대하여는 다른 재산권에 비하여 보다 강한 제한과 의무가 부과될 수 있다. 그러나 그렇다고 하더라도 토지재산권에 대한 제한입법 역시 다른 기본권을 제한하는 입법과 마찬가지로 과잉금지의 원칙(비례의 원칙)을 준수해야 하고, 재산권의 본질적 내용인 사용·수익권과 처분권을 부인해서는 아니 된다"라고 제한의 정도와 한계에 대해서 밝히고 있다.

(2) 제한의 실제

1) 토지거래허가제 등

부동산투기 등이 심각한 사회적 문제가 되어 토지소유권의 사회적 의무를 강조하는 이른바 '토지공개념'이론이 나왔고 여러 규제제도가 입법되었다. 국토이용관리법(현재 '국토의 계획 및 이용에 관한 법률')상의 토지거래허가제, 구 토지초과이득세법, 구 '택지소유상한에 관한 법률', '개발이익환수에 관한 법률' 등이 그것이었다.

① **합헌성이 인정된 예**　토지거래허가제의 합헌성 – 헌재는 토지거래허가제는 사유재산제도의 부정이라 보기는 어렵고 다만 그 제한의 한 형태라고 봐야 할 것이므로 재산권의 본질적인 침해라고 할 수 없다고 하여 합헌성을 인정하였다(● 판례 88헌가13). 토지거래허가제의 실효성을 뒷받침하기 위해 무허가체결 토지거래계약에 대해 사법상의 효력발생을 부인하는 당시 국토이용관리법규정에 대해서도 합헌결정이 있었다(92헌바5). * 토지거래허가제는 현재 '부동산 거래신고 등에 관한 법률'에 이어져 규정되고 있다.

② **위헌성이 인정된 예**　㉠ 택지소유상한제 – 택지보유가 투기를 가져온다고 하여 지나친 택지소유를 막기 위해 제정된 '택지소유상한에 관한 법률'은 서울특별시·광역시에서 택지소유상한을 660㎡으로 하고 있었는데 헌재는 과잉금지원칙에 어긋나고 동법 시행 이전부터 택지를 소유하고 있는 사람에게도 일률적으로 택지소유상한제를 적용하는 것은 신뢰보호원칙과 평등원칙에 위반된다는 등의 이유로 동법 전체를 위헌으로 결정하였다(● 판례 94헌바37). ㉡ 토지초과이득세법 – 유휴토지에 대한 과세를 통해 토지투기를 억제하기 위한 법률이었는데 전체가 헌법불합치로 결정되었다(● 판례 92헌바49). 위 두 법률은 이후 모두 폐지되었다. ㉢ 환매권 발생기간 제한에서의 헌법불합치성 – '공익사업을 위한 토지 등의 취득 및 보상에 관한 법률'

제91조 제1항 중 '토지의 협의취득일 또는 수용의 개시일부터 10년 이내에' 부분이 발생기간을 제한하지 않거나 더 길게 규정하면서 행사기간 제한 또는 토지에 현저한 변경이 있을 때 환매거절권을 부여하는 등 보다 덜 침해적인 방법으로 입법목적을 달성할 수 있음에도 그렇지 않아 침해최소성 원칙에 어긋나 재산권을 침해한다고 하여 헌법불합치결정이 되었다(● 판례 헌재 2020.11.26. 2019헌바131).

2) 개발제한구역지정제도

개발제한구역(Greenbelt)지정제도에 대해서는 논란이 많았기에 별도 항목으로 보는데 헌법불합치결정이 있었다(● 판례 89헌마214). 헌재는 지정제도 자체는 합헌이라고 보면서 보상이 필요한지 여부에 대한 판단을 2가지 경우로 나누어 판단하였다. ⅰ) 지정 후 토지를 <u>종래의 목적으로 사용할 수 있는 경우</u>(예를 들어 농경지의 경우 - 지정 후에도 경작할 수 있다) - 종래의 용도대로 사용할 수 있는 한, "재산권의 내용과 한계를 비례의 원칙에 부합하게 합헌적으로 규율한 규정"이라고 보아야 하므로 보상이 필요없다고 보았다. 헌재는 토지를 원래 목적대로 사용 가능하다면 그린벨트지정만으로는 사회적 기속성의 범위 내에 들어가는 제한이라고 본 것으로 이해된다. ⅱ) 그러나 지정 후 토지를 <u>종래의 목적으로도 사용할 수 없거나 또는 토지를 전혀 이용할 수 있는 방법이 없는 예외적인 경우</u>(① 나대지의 경우(지정으로 원래 목적용도인 건축이 금지됨), ② 사정변경으로 인한 용도의 폐지의 경우) - "재산권의 사회적 기속성으로도 정당화될 수 없는 가혹한 부담을 토지소유자에게 부과하는 것이므로 입법자가 그 부담을 완화하는 보상규정을 두어야만 비로소 헌법상으로 허용될 수 있기 때문"에 이러한 경우에도 아무런 보상 없이 재산권의 과도한 제한을 감수해야 하는 의무를 부과하는 점에서는 위헌이라고 보았다.

> ▌도시계획시설(학교 등의 설치)결정 후 장기간 사업시행이 지연된 경우 - 위 그린벨트결정의 사안과 같아 동지의 헌법불합치결정(● 판례 97헌바26).

5. 주택재산에 대한 제한

이에 관해서는 주택분 종합부동산세 부과규정이 헌법불합치로 결정된 예가 있다. 그 이유로 헌재는 주거 목적으로 한 채의 주택만을 보유하고 있는 자에게 그 보유의 동기나 보유기간 등 주택 보유의 정황을 고려하지 아니한 채 다른 일반 주택 보유자와 동일하게 일률적 또는 무차별적으로, 그것도 재산세에 비하여 상대적으로 고율인 누진세율을 적용하는 것은 피해의 최소성 및 법익균형성의 원칙에 어긋난다고 보았다(2006헌바112).

6. 입법부작위로 인한 재산권의 침해

법률이나 행정입법이 제정되지 않아 재산권이 침해되는 경우도 있다.

[법률 부작위로 인한 침해의 예 - 보상입법부작위의 위헌성] 헌재는 <u>조선철도주식의 보상금청구사건</u>에서 "대한민국의 법률에 근거한 수용에 대하여는 그 보상에 관한 법률을 제정하여야 하는 입법자의 헌법상 명시된 입법의무가 발생하였고 대한민국은 그 의무를 이행하지 아니하고 있다 할 것이다"라고 하여 위헌성을 확인하였다(89헌마2).

[행정입법부작위로 인한 침해의 예] ⅰ) <u>평균임금</u> 입법부작위 - 산업재해보상금액 산정을 위해 필요한 평균임금을 노동부장관이 정하여 고시하지 아니하였는데 이러한 부작위로 말미암아 산업재해보상보험법에 따른 정당한 유족급여 및 장의비를 받게 될 재산권 및 인간다운 생활을 할 권리를 침해하였다고 하여 위헌임을 확인하는 결정을 한 것이 있다(2000헌마707). ⅱ) 보수 입법부작위 - <u>군법무관 보수</u>에 관한 시행령을 제정하지 않은 입법부작위에 대해서도 위헌임을 확인하는 결정이 있었다(2001헌마718).

7. 기타

ⅰ) 연금 - 연금법상의 퇴직급여·수당을 받을 권리는 생존권(사회권)인 사회보장수급권이자 재산권이기도 하다. [판례] ㉠ 헌법불합치결정례: ① 헌재는 공무원 또는 공무원이었던 자가 재직 중의 사유로 금고 이상의 형을 받은 때에는 퇴직급여 및 퇴직수당의 일부를 감액하여 지급하도록 한 구 공무원연금법 규정에 대해 직무상 범죄인지 여부와도 관계없이 필요적으로 감액하는 것은 과도한 재산권의 제한이라고 하여 헌법불합치결정을 한 바 있다(2005헌바33. 이 결정은 이전에 합헌으로 본 91헌마50, 94헌바27 결정을 변경한 것이다. 이후 개정된 법의 부칙규칙에 대해 위헌결정이 있기도 하였다. 2010헌바354 등). ② 비슷한 취지의 구 군인연금법 제22조 제1항 제1호(2008헌가1등), 구 사립학교교직원 연금법 규정(2008헌가15)에 대해서도 헌법불합치결정을 한 바 있다. ③ 배우자의 국민연금 가입기간 중의 혼인 기간이 5년 이상인 자에게 분할연금 수급권을 부여하여 법률혼 관계에 있었지만 별거·가출 등으로 실질적인 혼인관계가 존재하지 않았던 기간을 일률적으로 혼인 기간에 포함시켜 분할연금을 산정하도록 하는 국민연금법의 노령연금분할에 관한 규정이 재산권을 침해한다고 한 헌법불합치결정도 있었다(2015헌바182). ④ 헌재가 평등원칙 문제로 다루긴 하였으나 연금문제에 관한 것이라서 여기서 함께 언급하면 헌재는 "공무상 질병 또는 부상으로 퇴직 이후에 폐질상태가 확정된 군인에 대하여 상이연금 지급에 관한 규정을 두지 아니한 것은 평등원칙 위배로 헌법에 합치되지 않는다"는 취지의 헌법불합치결정(2008헌바128)을 하였는데 이후 개정된 군인연금법 규정은 위와 같이 시정되었으나, 이 신법 조항을 소급하여 적용한다는 경과규정은 두지 않았는바 이에 대해서도 헌법불합치결정(2015헌바208)이 있었다. 그 외 ⑤ 지방의회의원에 대한 퇴직연금의 지급을 정지하는 구 공무원연금법 제50조 제1항 제2호 중 '지방의회의원'에 관한 부분에 대해 퇴직연금보다 적은 액수의 월정수당을 받는 지방의회의원들이 있고 연금과 보수 중 일부를 감액하는 방식 등 기본권을 덜

제한하는 다양한 방법이 있으므로 침해의 최소성 요건을 충족하지 못하고, 법익의 균형성도 충족하지 못하여 과잉금지원칙에 위배되어 청구인들의 재산권을 침해하므로 위헌이라고 하면서 헌법불합치결정을 하였다(2019헌바161). ⓛ 한정위헌결정례: ① 구 공무원연금법 제64조 제3항의 급여제한을 퇴직 후의 사유에도 적용하는 것은 과잉금지원칙에 위배하여 재산권의 본질적 내용을 침해한다고 하여 위 조항은 "퇴직 후의 사유를 적용하여 공무원연금법상의 급여를 제한하는 범위 내에서 헌법에 위반된다"라는 한정위헌결정(2000헌바57), ② 구 군인연금법(최후 개정; 1994.1.5. 법률 제4705호) 제21조 제5항 제2호의 규정 중 지급정지되는 퇴역연금액이 퇴역연금액의 2분의 1을 초과하는 부분은 헌법에 위반된다는 한정위헌결정(92헌가9)도 있었다. ⅱ) 헌재는 토양오염의 원인이 된 토양오염관리대상시설을 소유·점유 또는 운영하고 있는 자를 토양오염 피해를 배상하고 오염된 토양을 정화하여야 하는 오염원인자로 규정한 조항은 책임 완화 수단을 마련하지 아니하여 침해의 최소성원칙에 반하고 법익균형성에도 반하는 위헌이라고 보아 헌법불합치결정을 하였다(2010헌바167). ⅲ) 헌재는 정리계획에 의하여 새로이 정리회사의 주주가 된 자가 3년 내에 주권의 교부를 청구하지 아니한 때에는 주주로서의 권리를 잃도록 한 것은 과잉금지원칙을 위반하는 재산권 제한으로써 위헌이라고 보았다(2010헌가85). ⅳ) 헌재는 소유권자 불명의 토지에 대해 협의에 갈음한 공시송달로 취득을 인정하는 구 '공공용지의 취득 및 손실보상에 관한 특별법'이 비례원칙에 위반하여 위헌이라고 보았다(94헌가2). ⅴ) 멸실한 국채(國債) 등에 대하여 공시최고절차(公示催告節次)에 의한 증서의 실효를 규정한 민법 제521조의 적용을 배제하고 있는 구 국채법(國債法) 제7조의 규정이 과잉금지원칙에 위배되어 위헌이라고 결정되었다(93헌마246). ⅵ) 과징금 부과 문제 ㉠ 부동산실명등기를 하지 않은 데 대한 과징금 부과 ① 일률적 비율의 과징금부과의 위헌성 − 부동산실명법 시행 전의 명의신탁자에 대하여 시행일로부터 1년이라는 유예기간 내에 실명등기를 하지 않은 경우 일률적으로 100분의 30에 해당하는 과징금을 부담하도록 한 것은 과잉금지원칙 위반으로 판단하여 헌재는 적용 중지 헌법불합치결정을 하였다(99헌가18). ② 부과 시점의 가액 기준의 위헌성 − 또한 헌재는 과징금을 부과하는 날 현재의 부동산가액을 기준으로 과징금을 산정하도록 규정한 구 '부동산 실권리자명의 등기에 관한 법률' 제5조 제2항 본문이 과징금을 부과할 당시에 법위반자의 명의신탁 관계가 이미 종료된 경우에 그렇게 과징금부과 시 부동산가액기준 부과를 하면 비례(과잉금지)원칙을 위반하여 재산권을 침해한다고 보아 헌법불합치결정을 하였다(2005헌가17). ㉡ 불공정거래행위 과징금 등의 우선 지위 인정의 재산권 침해 위헌결정(2008헌가9)도 있었다. ⅶ) 조세에 의한 재산권 제한과 관련하여 ① 헌재는 구 상속세법 제18조 제1항 본문 중 "상속인"의 범위에 "상속개시 전에 피상속인으로부터 상속재산가액에 가산되는 재산을 증여받고 상속을 포기한 자"를 포함하지 않는 것이 상속을 승인한 자의 헌법상 재산권을 비례원칙을 위반하여 침해하는 것이라는 이유로 한정위헌결정을 하였다(2003헌바10). ② 헌재는 상속재산 가산 증여 가액을 상속개시 당시의 현황에 의하도록 한 구 상속세법 규정은 결과적으로 피상속인의 사유재산에 관한 처분권에 대하여 중대한 제한을 하는 것으로서 재산권에 관한 입법형성권의 한계를 일탈하는 것이라고 보아 위헌결정을 하였다(96헌가19). ③ 배우자 상속공제를 배우자상속재산분할기한(상속세과세표준신고기한의 다음날부터 6월이 되는 날 또는 상속개시일로부터 1년이 되는 날)까지 배우자의 상속재산을 분할하여 신고한 경우에 한하여 인정하는 구 상속세 및 증여세법 제19조 제2항이(이 기한 내 재산분할신고를 하지 못한 경우에도 5억 원의 상속공제 최소한도가 인정되긴 함) 비례원칙을 위반하여 상속인들의 재산권을 침해하고 평등권을 침해한다고 보아 헌법재판소는 헌법불합치결정을 하였다(2009헌바190. 그외 조세 관련 재산세 결정들을 아래에 옮긴다). ④ 수증자에 대한 증여세 이중부과·징수의 위헌성(2000헌바28, 헌법불합치), ⑤ 획일적 가산세 부과의 불비례성(2003헌바16, 헌법불합치), ⑥ 법인세할 주민세의 획일적 가산세(2004헌가22, 위헌), ⑦ 소득세할의 주민세의 획일적 가산세(2004헌가21, 위헌). ⅷ) 상속제도와 관련 위헌성이 인정된 결정례를 옮긴다. ① 상속회복청구권행사에 대한 단기의 제척기간의 위헌성(99헌바9등, 위헌), ② 단순승인 간주 규정에 대한 헌법불합치(96헌가22). ⅸ) 파산절차, 회사정리절차에 관한 다음의 위헌결정들도 있었다. ① 파산절차에서 불공정거래행위 과징금 및 가산금의 우선변제의 위헌성(2008헌가9), ② 정리회사의 새로운 주주에 대한 실권제도의 위헌성(2010헌가85). ⅹ) 그 외 주목할 결정례들: ① 무과실책임과 사회국가원리 및 재산권(96헌가4, 합헌), ② 민법상 취득시효제도의 합헌성(92헌바20, 합헌), ③ 국유·공유 잡종재산의 시효취득금지규정의 위헌성(89헌가97, 92헌가6), ④ 소유권자 불명의 토지에 대한 공시송달 취득 인정(94헌가2, 위헌), ⑤ 개발부담금 관련 결정례들 ⓐ 개발부담금부과에서의 지가산정에 관한 포괄위임의 재산권 침해(95헌바35 위헌), ⓑ 표준지공시지가 및 토지가격비준표에 의한 개별 토지 가격 산정 방법, 종료시점지가조항의 합헌결정(99헌바104), ⓒ 개별공시지가 산정 및 개발부담금의 종료시점지가 산정의 합헌결정(2018헌바435) 등, ⑥ 퇴직금 우선변제의 위헌성 인정(94헌바19, 헌법불합치결정), ⑦ 구 '실화책임에 관한 법률'이 일반 불법행위에 대한 과실책임주의의 예외로서 '경과실'로 인한 실화(失火)의 경우 실화피해자의 손해배상청구권을 전면 부정한 것의 위헌성 인정(2004헌가25, 헌법불합치) 등.

Ⅳ. 재산권의 공공필요에 의한 제한 - 수용·사용·제한과 정당한 보상 - 재산권의 손실보상

1. 수용·사용·제한의 개념

(1) 손해와 손실

먼저 손해와 손실의 개념의 차이에 대한 이해가 필요하다. 법학에서 고의나 과실에 의하여 법을 위반한 행위로 인해 발생하는 희생 내지 권리침해는 '손해'라고 하고 이에 대해서는 '배상'의 책임이 생긴다. 반면에 공공필요 등에 의하여 법령에서 허용하는 행위로서 적법한 행위를 하였기 때문에 그로 인해 어느 특정인에게 발생한 희생 내지 불이익을 '손실'이라고 하고 이에 대해서는 '보상'의 책임이 생긴다. 따라서 공공의 필요에 의한 재산권의 수용·사용·제한 이 적법하게 이루어진 경우에는 손실의 보상 문제가 생긴다.

```
위법행위 (고의·과실에 의한 법령 위반행위)  →  손해  →  배상
적법행위 (공공필요에 의한 수용 등의 적법성 인정)  →  손실  →  보상
```

[판례] 위 이론에 따라 국가나 지방자치단체에 의하여 사유지가 불법으로 사용된 경우에 수용청구를 받아들일 수 없다고 판단한 예가 있다(96헌바21). 불법(위법)행위이기 때문이다.

(2) 수용·사용·제한

[개념] 수용이란 소유권의 강제적 변동 즉 소유권의 강제적 이전을 말한다. 사용이란 소유권의 변동은 없는 상태에서 당해 재산권의 효용성을 강제적으로 활용하는 것을 의미한다. 제한이란 소유자가 재산권을 사용·수익·처분하려는 행위, 즉 소유권의 권능인 사용·수익·처분의 권능을 행사하려는 행위에 제약을 가하는 것을 말한다.

[수용이 아닌 경우] 이 문제는 헌법 제23조 제3항이 수용의 경우 정당한 보상이 요구된다고 보므로 정당보상원칙 적용 여부와 연결되기도 한다. ⅰ) 강제적 박탈 아닌 소유관계 확정의 경우 - 판례의 기본입장 - 헌재는 이러한 경우 '수용'이 아니라고 보는데 대표적으로 도시정비사업, 토지구획정리사업 등의 시행으로 새로운 정비기반시설, 공공시설 부지의 소유관계를 정하는 것은 헌법 제23조 제3항의 '수용'이 아니라 동조 제1항의 재산권의 내용과 한계를 정한 것이라고 본다. 즉 그것은 '일반적이고 추상적으로' 규율하고자 한 것이고, 그 규율목적의 면에서도 사업주체의 공공시설 부지에 대한 재산권을 박탈·제한함에 그 본질이 있는 것이 아니라, 사업지구 내 공공시설 부지의 소유관계를 정함으로써 사업주체의 지위를 장래를 향하여 획일적으로 확정하고자 하는 것이므로, 재산권의 내용과 한계를 정한 것으로 이해함이 타당하다고 한다. 그리하여 그것을 정한 법률조항은 재산권의 법률적 수용이라는 법적 외관을 가지고 있으나 그 실질은 정비기반시설의 설치와 그 비용부담자 등에 관하여 규율하고 있는 것이므로, 그 것이 헌법 제23조 제3항에 따른 정당한 보상의 원칙에 위배되었는지가 아니라 이러한 정비기반시설의 설치와 관련한 부담의 부과와 그 소유권의 국가귀속이 재산권에 대한 사회적 제약의 범위 내의 제한인지 여부가 검토되어야 한다고 하면서 과잉금지원칙 위배 여부를 심사한다. ⅱ) 구체적인 예: ① 정비기반시설 무상(국가, 자자체에)귀속 - 이를 규정한 '도시 및 주거환경정비법' 제65조 제2항 전단에 대해 과잉금지원칙을 준수한 것으로 보아 합헌결정을 하였다 (2011헌마169. 결정요지: (가) 목적의 정당성 및 방법의 적절성 - 정비기반시설의 공공의 이용에 적합하도록 정비기반시설의 효율적인 유지·관리를 도모한다는 목적의 정당성이 인정되고 사업주체가 설치한 정비기반시설의 소유권을 바로 국가 등에 귀속하게 하면 이를 보다 효율적으로 유지·관리하면서 공공이익에 제공할 수 있으므로 효과적인 수단이라 할 수 있다. (나) 침해의 최소성 및 법익균형성 - 정비기반시설이라는 것은 공공의 이용에 제공되는 것이므로 그 소유권을 누구에게 귀속시키는가 하는 것이 큰 의

미가 있는 것은 아니나 사업시행자에게 정비기반시설의 소유권이 남겨져 있는 경우에는 사업시행자가 임의로 그 시설을 제3자에게 양도하거나 또는 경매 등의 사유로 소유권이 이전될 수 있어 자칫 그 이용관계를 둘러싼 법적 분쟁이 야기될 수 있고, 그로 인하여 사업시행에 막대한 차질이 생기거나 사업완료 후에도 공공의 이용에 제공되지 못하는 폐해가 있을 수 있으므로, 관리권만의 이전으로는 정비기반시설의 확보와 효율적인 유지·관리가 어려울 수 있다. 그리고 사업시행자가 설치한 정비기반시설의 하자로 이용자가 손해를 입는 경우에 시설관리자에 불과한 국가 등을 상대로 바로 배상책임을 묻기도 어려워, 피해자구제에 미흡한 측면이 있을 수 있다. 따라서 침해최소성원칙에 반하지 않고, 법익균형성도 갖추었다). ② 정비기반시설 설치비용 범위 내 무상(사업시행자에)양도 – 이를 규정한 위 '도시 및 주거환경정비법' 제65조 제2항 후단에 대해서도 헌재는 자신의 위 법리에 따라 도시정비법 제65조 제2항 전단에 따른 정비기반시설의 소유권 귀속은 헌법 제23조 제3항의 수용에 해당하지 않으므로, 위 후단이 그에 대한 보상의 의미를 가지는 것도 아니므로, 그 위헌 여부에 관하여 정당한 보상의 원칙에 위배되는지는 문제되지 않는다고 보았다(2011헌바355). ③ 토지구획정리사업에 있어 학교교지를 환지처분의 공고가 있은 다음 날에 국가 등에 귀속하게 하되, 국가 등은 그 대가를 지급하도록 한(유상취득) 구 토지구획정리사업법 제63조 중 '학교교지'에 관한 부분 – 이에 대해서도 헌재는 위와 같은 법리를 적용하여 합헌으로 결정하였다[2019헌바444. 1. 헌법 제23조 3항 적용의 배제 이유 판시부분: "공공용지의 귀속에 관한 정리사업법 제63조는 사업지구 내 공공시설 부지의 소유관계를 정함으로써 사업주체의 지위를 장래를 향하여 획일적으로 확정하고자 하는 것이므로, 재산권의 내용과 한계를 정한 것으로 이해함이 타당하다. … 이와 같이 귀속조항에 따른 학교교지의 소유권 귀속은 헌법 제23조 제3항의 수용에 해당하지 않고, 유상조항이 수용에 대한 보상의 의미를 가지는 것도 아니므로, 그 위헌 여부에 관하여 정당한 보상의 원칙에 위배되는지는 문제되지 않는다. 다만, 학교교지의 확보와 관련한 부담의 부과와 그 소유권의 국가 등 귀속이 재산권에 대한 사회적 제약의 범위 내의 제한인지 여부가 검토되어야 한다." 2. 과잉금지심사(재산권 침해 여부 심사) 부분 판시(그 중 피해최소성을 충족하는 것이라고 보는 판시): "환지처분의 공고 다음 날 학교교지의 소유권을 국가 등에게 귀속시키는 것은 교육에 관한 국가의 의무실현을 위하여 불가피하다는 점, 국가 등은 사업시행자에게 학교교지 취득의 대가로서 그 대금을 지급해야 하고, 이를 지급하지 않은 경우 사업시행자는 국가 등에게 학교교지대금 및 그 지연손해금을 청구할 수 있다는 점, 사업계획의 단계에서 학교교지의 위치 및 면적에 대하여 미리 계획되고 협의될 것이 요구된다는 점, 국가 등이 학교교지를 취득함으로써 종전 토지 소유자 등이 입은 손실(감보)은 효용이 상승된 환지로 인하여 이미 보상이 되었다는 점 등을 고려하면, 귀속조항은 피해의 최소성 원칙에 반하지 않는다]. ⅲ) 평가: 위 ③을 예로 보면 헌재가 위 과잉금지심사에서 목적정당성을 긍정함에 있어 "국민의 교육을 받을 권리를 보장하고자 적기에 적절한 학교교지를 확보하여 공공시설의 효용을 유지·증대시키기 위한 것으로서 목적의 정당성이 인정된다"라고 하였다. 그렇다면 이러한 목적은 헌법 제23조 3항이 명시하는 '공공필요'라고 본다면(교육이라는 목적의 공공필요성), 그리고 수용이 아니더라도 동항은 '제한'도 명시하고 있어서 과연 – 사안이 수용 결론은 합헌이라 보는 데 마찬가지라고 하더라도 – 그 입론을 위와 같이 하는 것에는 의문이 있다.

2. 법률주의 – 헌법 제23조 제3항의 성격

우리 헌법 제23조 제3항은 공공필요에 의한 재산권의 수용·사용 또는 제한 및 그에 대한 보상은 법률로써 하도록 하여 법률주의를 취하고 있다. 문제는 보상하는 법률규정이 없을 경우에 어떻게 할 것인가 하는 것인데 이 문제는 헌법 제23조 제3항의 성격의 문제로서 논의된다.

1) 우리의 학설

보상법률이 없는 경우에 헌법규정만으로 보상이 가능한지에 대해, 학설은 ① 방침규정설(헌법규정은 보상에 대한 방향지침만을 설정하고 있을 뿐이고 보상에 관한 구체적인 법률규정이 있어야 보상이 가능하다는 설), ② 위헌무효설(보상규정이 없다면 그것으로 위헌이 되고 위법한 침해로서 그것에 대한 국가배상을 청구하는 것으로 해결해야 한다는 설), ③ 직접효력설(보상에 관한 법률규정이 없더라도 헌법규정 자체에 근거하여 보상이 이루어질 수 있다고 보는 설), ④ 수용유사침해설(보상법률이 없다고 하더라도 법원이 수용에 유사한 침해라고 보아 적절한 보상을 인정할 수 있다고 보는 설. 유추적용설이라고도 함) 등으로 나누어지고 있다.

2) 독일의 이론

독일에서도 보상에 관한 법률규정이 없는 경우에 어떻게 할 것인지 하는 문제에 대해 경계이론과 분리이론이 있고 우리나라에 많이 소개되고 있다.

① 경계이론 – 경계(境界)이론은 공공복리, 즉 사회적 제약을 넘어서는 특별한 희생일 경우에는 수용에 관한 법률규정이 없더라도 법원이 수용과 같은 것으로(수용유사) 인정해주어야 한다는 이론이다. 이 이론은 특별한 희생으로서 보상이 되는지 하는 경계선상의 문제로 보는 것이다. 이 이론은 독일연방의 통상재판소가 취하여 왔던 전통적 이론이다.

② 분리이론 – 분리이론은 재산권내용의 한계와 공용수용은 별개의 것으로 분리된 것으로 보아야 하고 재산권의 과도한 부담을 주는 내용인 경우에 어디까지나 위헌일 뿐이라고 보는 이론이다. 분리이론은 독일의 연방헌법재판소가 자갈채취판결(1981.7.15, BVerfGE 58, 300)에서 채택한 이론이다. 분리이론에 따르면 보상법률이 없는 경우에는 위헌이 되는 것이지 법원이 수용유사의 보상을 하여야 하는 것은 아니다(입법권의 존중).

	경계이론	분리이론
불가분(결부)조항설*	×	○
보상규정 없을 경우 해결	수용유사	위헌

* 이 부분은 아래 5)의 설명을 읽으면 이해가 된다.

3) 우리 헌재의 판례

헌재는 Greenbelt 결정에서 "수인의 한계를 넘어 가혹한 부담이 발생하는 예외적인 경우에는 이를 완화하는 보상규정을 두어야 한다"라고 하면서 그 경우에 보상을 두지 않아 위헌임을 인정하였다(89헌마214). 이는 보상법률이 없더라도 수용유사로 인정하는 것이 아니라 위헌선언을 한 것이므로 분리이론의 입장을 취한 것으로 분석되고 있다(그 외에도 2002헌바84 등도 분리이론적 판례로 이해되고 있다).

● **판례** 헌재 1998.12.24. 89헌마214등

[관련판시] ① 이 사건 법률조항은 재산권의 내용과 한계를 정하는 재산권을 형성하는 규정인 동시에 공익적 요청에 따른 재산권의 사회적 제약을 구체화하는 규정이기도 하다 ② 이 사건 법률조항에 의한 재산권의 제한은 …예외적인 경우에도 아무런 보상없이 이를 감수하도록 하고 있는 한, 비례의 원칙에 위반되어 당해 토지소유자의 재산권을 과도하게 침해하는 것으로서 헌법에 위반된다. 따라서 입법자가 이 사건 법률조항을 통하여 국민의 재산권을 비례의 원칙에 부합하게 합헌적으로 제한하기 위해서는, 수인의 한계를 넘어 가혹한 부담이 발생하는 예외적인 경우에는 이를 완화하는 보상규정을 두어야 한다. 이러한 보상규정은 입법자가 헌법 제23조 제1항 및 제2항에 의하여 재산권의 내용을 구체적으로 형성하고 공공의 이익을 위하여 재산권을 제한하는 과정에서 이를 합헌적으로 규율하기 위하여 두어야 하는 규정이다. ③ 보상을 위한 입법의 형태, 보상의 대상과 방법 등도 선택의 여지가 다양하여 과연 어느 것이 가장 바람직하고 합리적인 것인가의 선택은 광범위한 입법형성권을 가진 입법자의 과제로서 입법정책적으로 해결되어야 할 문제이지 헌법재판소가 결정할 성질의 것이 아니다.

판례해설: 즉 위 결정에서 헌법재판소가 수용유사를 인정하지 않고 보상규정이 없는 위헌성을 지적하였기에(위 판시의 ② 부분), 그리고 입법자의 판단을 존중하려는 입장을 표명하였기에(위 판시의 ③ 부분) 경계(전환)이론이 아니라 분리이론을 기초로 하였다고 이해된다.

4) 검토

우리 학설 중 직접효력설과 수용유사설은 독일의 경계이론, 위헌무효설은 분리이론의 논리에 근접해 있다고 할 것이다. 방침규정설은 헌법 제23조 제1항이 재산권을 기본권으로 보장하고 있는 것에 부합되지 않고 위헌무효설은 그 구제방법이 손해배상(위헌이므로 적법한 것이 아니어서 손실이 아니라 손해이다. 위의 1. (1) 참조)이어서 고의·과실 등을 밝혀야 하고 직접 보상을 청구할 수 없다고 하므로 실효성이 문제된다. 결국 수용유사나 직접적 효력의 법리에 따라 구체적으로 판단함이 필요하다.

5) 불가분조항(결합조항)인지 여부

위 논의와 관련하여 공용침해(공공필요에 의한 수용·사용·제한을 '공용침해'라고도 한다)규정에 보상규정을 항상 같이 두어야만 합헌이라고 보는 이론이 독일에서의 불가분조항(Junktim-Klausel)이론이다. 분리이론에서는 이를 긍정한다. 보상규정 없으면 불가분적으로 위헌으로 보기 때문이다. 경계이론은 보상규정이 없어도 수용유사로 가게 되므로 불가분이 아니라고 보게 된다. 우리나라에서도 불가분조항설을 취하는 견해가 있다. 독일 기본법 제14조 제3항은 공용수용은 보상의 방법, 정도를 규정하는 법률에 의해서만 시행될 수 있다고 규정하여 우리 헌법 제23조 제3항과는 문언상 차이가 있다. 우리 헌법 제23조 제3항을 불가분조항으로 볼 이유가 없다.

6) 보상에 관한 입법부작위(立法不作爲)의 위헌성

직접효력설에 따르게 된다면 입법부작위에 대한 헌법소원은 필요하지 않다고 보아야 논리적이다. 직접적 효력설은 보상규정이 없더라도 헌법 자체에 의해 보상이 된다고 보기 때문이다. 그러나 보상규정이 없음을 이유로 보상을 거부하고 있을 경우에는 보상의무를 확인하고 그 이행을 강제한다는 의미에서 헌법소원심판을 청구할 필요가 있다고 볼 것이다. 보상에 관한 입법이 없는 입법부작위에 대해 실제 헌법소원심판이 청구된 사건이 조선철도㈜ 주식의 보상금청구에 관한 헌법소원심판사건이었다. 이 사건에서 헌법재판소는 보상청구권의 실현절차를 규정하는 법률을 제정할 의무가 있음에도 불구하고 폐지법률이 시행된 지 30년이 지나도록 입법자가 전혀 아무런 입법조치를 취하지 않고 있는 것은 입법재량의 한계를 넘는 입법의무불이행으로서 보상청구권자의 헌법상 보장된 재산권을 침해하는 것이므로 위헌이라고 결정하였다(89헌마2).

7) 행정입법에의 위임가능성

헌법 제23조 제3항에 따라 재산권의 수용·사용 또는 제한에 있어서는 법률주의가 적용되어야 하나, 하위 법령에의 위임이 불가피한 경우에는 헌법 제75조, 제95조에 따라 대통령령, 부령 등에 위임할 수 있다. 헌재는 수용·사용의 요건과 범위 및 한계 등에 관한 기본적인 사항을 구체적으로 법률로 정하여 그 법률로부터 대통령령에 규정될 내용의 대강을 예측할 수 있도록 되어 있어야 한다고 본다(98헌가18).

3. 공용수용의 주체

헌재는 헌법 제23조 제3항의 핵심은 당해 수용이 공공필요에 부합하는가, 정당한 보상이 지급되고 있는가 여부 등에 있는 것이지, 그 수용의 주체가 국가인지 민간기업인지 여부에 달려 있다고 볼 수 없기 때문에 수용 등의 주체를 국가 등의 공적 기관에 한정하여 해석할 이유가 없다고 본다(2007헌바114. 민간기업에 수용권을 부여한 '산업입지 및 개발에 관한 법률' 조항에 대한 합헌결정. 동지: 2011헌바250).

4. 공용수용의 요건으로서 공공필요

[개념과 요건] 헌재는 헌법 제23조 제3항에서 규정하고 있는 '공공필요'의 개념은 ① '공익성'과 ② '필요성'이라는 요소로 구성되어 있다고 한다. ① '공익성' 요건 ─ 오늘날 공익성은 추상적인 공익 일반 또는 국가의 이익 이상의 중대한 공익을 요구하므로 기본권 일반의 제한사유인 '공공복리'보다 좁게 보는 것이 타당하며, 공익성의 정도를 판단함에 있어서는 공용수용을 허용하고 있는 개별법의 입법목적, 사업내용, 사업이 입법목적에 이바지하는 정도는 물론, 특히 그 사업이 대중을 상대로 하는 영업인 경우에는 그 사업 시설에 대한 대중의 이용·접근가능성도 아울러 고려하여야 한다고 한다. ② '필요성' 요건 ─ 또한 헌법적 요청에 의한 수용이

라 하더라도 국민의 재산을 그 의사에 반하여 강제적으로라도 취득해야 할 정도의 필요성이 인정되어야 하고, 그 필요성이 인정되기 위해서는 공용수용을 통하여 달성하려는 공익과 그로 인하여 재산권을 침해당하는 사인의 이익 사이의 형량에서 사인의 재산권침해를 정당화할 정도의 공익의 우월성이 인정되어야 하며, 사업시행자가 사인인 경우에는 그 사업 시행으로 획득할 수 있는 공익이 현저히 해태되지 않도록 보장하는 제도적 규율도 갖추어져 있어야 한다고 한다 (2011헌바172).

[판례] ⅰ) 헌법불합치결정례: 헌재는 위와 같은 기준에 비추어 행정기관이 개발촉진지구 지역개발사업으로 실시계획을 승인하고 이를 고시하기만 하면 고급골프장 사업과 같이 공익성이 낮은 사업에 대해서까지도 시행자인 민간개발자에게 수용권한을 부여하는 구 '지역균형개발 및 지방중소기업 육성에 관한 법률' 규정은 헌법에 합치되지 아니한다는 결정을 하였다(◐ 판례 2011헌바172). ⅱ) 합헌성 인정결정례: ① 산업입지의 원활한 공급을 통하여 지속적인 산업발전을 촉진함으로써 국민경제의 건전한 발전에 이바지하게 하고, 산업입지법 규정들이 산업단지개발사업의 시행자인 민간기업이 자신의 이윤추구에 치우쳐 공익목적을 저버리는 것을 막고자 하는 규율을 하고 있다는 점에서 민간기업이 수용을 할 수 있게 한 '산업입지 및 개발에 관한 법률' 조항이 헌법 제23조 제3항의 '공공필요성'을 갖추고 있다고 본다(◐ 판례 2007헌바114. 과잉금지원칙도 준수하였다고 봄). ② 민간개발자에게 관광단지 조성계획상의 조성 대상 토지면적 중 사유지의 3분의 2 이상을 취득한 경우에 남은 사유지에 대한 토지수용권을 부여할 수 있도록 한 관광진흥법 규정이 논란된 바 있다. 헌재는 관광단지의 조성은 외국관광객 유치를 위한 기반 등 그 사회경제적 중요성이 날로 더해가고 있고, 민간개발자에게 관광단지를 개발할 수 있는 지위를 부여하더라도, 관광진흥법상 공익목적이 해태되지 않도록 제도적으로 규율하고 있다는 점을 고려할 때 헌법 제23조 제3항의 공공필요에 위반되지 않는다고 하여 합헌이라고 결정하였다 (2011헌바250. 3분의 2라는 위 비율이 지나치게 낮은 것이 아니라서 침해의 최소성을 갖추는 등 비례(과잉금지)원칙도 준수하였다고 봄). * 공공필요성 부분은 합헌이나 "체육시설" 부분은 포괄위임금지원칙에 위배되어 그 부분에 대해서는 헌법불합치결정을 한 예(2008헌바166등)도 있었다.

5. 보상 – 정당(正當)한 보상(補償)

(1) 정당한 보상의 의미 – 완전보상

[완전보상설] 헌법 제23조 제3항 후단은 공용수용 등에 있어서 '정당한 보상'을 지급하여야 한다고 규정하고 있다. 여기서의 정당한 보상의 개념 내지 기준이 무엇인지가 문제된다. ① 완전보상설(공용수용 등으로 침해된 재산적 가치를 완전하게 보상해주어야 한다는 견해)과 ② 상당보상설(공용수용 등으로 침해된 재산가치를 완전히 보상하지 않더라도 사회통념상 합리적이고 타당하다고 보여지는 적정한 정도의 보상으로 충분하다는 견해), ③ 절충설(원칙적으로는 완전한 보상을 하여야 하지만, 예외적으로 특별한 경우에는 상당한 보상도 가능하다고 보는 견해) 등으로 나누어진다. 판례는

"헌법 제23조 제3항이 규정한 '정당한 보상'이란 손실보상의 원인이 되는 재산권의 침해가 기존의 법질서 안에서 개인의 재산권에 대한 개별적인 침해인 경우에는 그 손실보상은 원칙적으로 피수용재산의 객관적인 재산가치를 완전하게 보상하는 것이어야 한다는 완전보상을 뜻하는 것"이라 결정한 바 있어, 완전보상설을 취하고 있다(89헌마107; 2011헌바162).

[완전보상의 의미] 헌재는 "재산권의 객체가 갖는 객관적 가치란 그 물건의 성질에 정통한 사람들의 자유로운 거래에 의하여 도달할 수 있는 합리적인 매매가능가격, 즉 시가에 의하여 산정되는 것이 보통이다"라고 본다(2002헌가4). 현재 '공익사업을 위한 토지 등의 취득 및 보상에 관한 법률'이 수용(취득)의 경우에 '부동산 가격공시에 관한 법률'에 의하여 정해지는 공시지가를 기준으로 보상을 하도록 하고 있다(동법 제70조 등).

(2) 판례

그동안 주요 문제들에 헌재가 내린 결정례들을 본다. [공시지가 보상의 합헌성] 토지에 대한 보상을 공시지가에 의하여 하도록 하는 것에 대하여도 합헌 결정례가 있다(93헌바20). [개발이익배제] 헌재는 "개발이익은 형평의 관념에 비추어 볼 때, 토지소유자에게 당연히 귀속되어야 할 성질의 것은 아니고, 오히려 투자자인 기업자 또는 궁극적으로는 국민 모두에게 귀속되어야 할 성질의 것"이라고 하여 합헌결정을 한 바 있다(89헌마107). [그 외] 또한 헌재는 토지수용위원회가 정한 수용개시일에 사업시행자가 권리를 취득할 수 있도록 한 '공익사업을 위한 토지 등의 취득 및 보상에 관한 법률'(2002.2.4. 법률 제6656호로 제정된 것) 제40조 제1항, 제2항 및 제45조 제1항이 헌법 제23조 제3항 규정에 대해 토지수용위원회가 정한 재결액에 피수용재산의 객관적 가치가 상당 부분 반영될 수 있도록 여러 입법적 장치가 마련되어 있고, 토지수용위원회의 구성이나 업무처리에 있어서 공정성과 전문성이 보장되고 있으며, 재결액에 대한 불복이 있는 경우 사후에 소송으로 다툴 수 있고, 수용개시일에 수용의 효과가 발생하도록 하였다 하여 반드시 피수용자의 이익에 반하는 것이라 단정할 수 없으므로 헌법 제23조 제3항의 정당보상의 원칙에 반한다고 볼 수 없다고 판시하였다(2009헌바281).

V. 재산권의 소급적 박탈금지

헌법 제13조 제2항은 모든 국민은 소급입법에 의하여 재산권을 박탈당하지 아니한다고 규정하고 있다. 재산권에 대한 소급박탈의 금지는 국민의 재산권에 관한 법적 안정성과 예측가능성을 보장하기 위한 수단으로서의 의미를 가진다. 소급효에 대해서는 앞의 기본권총론에서 살펴본 바 있다(전술 제 1 편 기본권총론 소급효 부분 참조).

제 2 항 직업의 자유

Ⅰ. 직업의 자유 및 직업의 개념, 그 보호범위

[직업의 자유의 개념] 직업을 선택하고 수행함에 있어서 간섭을 받지 않을 자유를 말한다. 헌법 제15조의 문언은 '직업선택의 자유'만을 규정하고 있으나, 위 규정은 직업선택의 자유를 포함한 직업의 자유 일체를 보장한다는 것이 통설과 판례의 입장이다.

[직업의 개념, 직업의 자유의 보호범위 – 계속성+소득활동] 직업이란 ① 생계를 위한 소득활동으로서, ② 계속적으로 어느 재화의 생산활동이나 서비스제공활동을 수행하는 것을 말한다. 계속성이 중요하고 그 종류는 포괄적이다. 즉 계속적이며 경제적 소득의 효과가 있는 활동이라면 그 성격, 유형에 관계없이 직업에 포함될 수 있다. 헌재도 "직업의 자유에 의한 보호의 대상이 되는 직업은 '생활의 기본적 수요를 충족시키기 위한 계속적 소득활동'을 의미하며 그 종류나 성질은 묻지 아니한다. 이러한 직업의 개념표지들은 개방적 성질을 지녀 엄격하게 해석할 필요는 없다. '계속성'에 관해서는 휴가기간 중에 하는 일, 수습직으로서의 활동 등도 이에 포함되고, '생활수단성'에 관해서는 단순한 여가활동이나 취미활동은 직업의 개념에 포함되지 않으나 겸업이나 부업은 삶의 수요를 충족하기에 적합하므로 직업에 해당한다고 본다"라는 입장이다(2017헌마452). 한편 입양기관이 '기본생활지원을 위한 미혼모자가족복지시설'을 함께 운영할 수 없도록 한 한부모가족지원법이 사회복지법인의 직업의 자유를 침해한다는 주장에 대해 헌법재판소는 그 운영이 소득활동이 아니므로 직업의 자유의 제한이 없다고 본 바 있다(2011헌마363).

[유해성 여부 – 보호범위 문제 ③] 또한 사회에 유해성이 있는 소득활동은 직업에서 제외되는가 여부가 보호범위 내 여부로 논란된다. [판례] ① 헌재는 '성매매알선 등 행위의 처벌에 관한 법률' 규정에 대한 합헌결정에서 "헌법 제15조에서 보장하는 '직업'이란 생활의 기본적 수요를 충족시키기 위하여 행하는 계속적인 소득활동을 의미하고, 성매매는 그것이 가지는 사회적 유해성과는 별개로 성판매자의 입장에서 생활의 기본적 수요를 충족하기 위한 소득활동에 해당함을 부인할 수 없다 할 것이므로, 심판대상조항은 성판매자의 직업선택의 자유도 제한하고 있다"라고 판시한 바 있다(2013헌가2). ② 부정경쟁행위 – 헌재는 "국내에 널리 인식된 타인의 성명, 상호, 표장(標章), 그 밖에 타인의 영업임을 표시하는 표지와 동일하거나 유사한 것을 사용하여 타인의 영업상의 시설 또는 활동과 혼동하게 하는 행위"를 "부정경쟁행위"로 정의하는 '부정경쟁방지 및 영업비밀보호에 관한 법률' 제2조 제1호 나목에 대한 합헌결정에서 긍정한다. 즉 이 "행위가 타인의 영업상의 이익을 침해하거나 일반 소비자나 공중의 이익을 해침으로써 사회적으로 유해하다고 보더라도, '영업주체 혼동행위'와 같은 부정경쟁행위는 영업

상 경쟁행위를 전제하는 것으로 생활의 기본적 수요를 충족시키기 위한 계속적 소득활동의 일환으로 이루어진다는 점을 부인할 수는 없으므로, 헌법상 직업의 자유의 보호영역에서 제외되지 않는다"라고 한다(2019헌바217).

Ⅱ. 직업의 자유의 성격

1. 경제적 자유권성

직업의 자유는 국가공권력의 간섭이나 방해 없이 자신의 소득활동을 영위할 수 있는 주관적 공권으로서의 자유권적인 성격을 가지며 경제활동에서 자유권이므로 경제적 성격을 가지는 권리이다.

2. 객관적 법질서성 여부

직업의 자유가 주관적 공권으로서의 성격 외에 객관적 법질서로서의 성격을 가진다는 이론이 있다. 헌재도 "직업의 선택 혹은 수행의 자유는 … 국민 개개인이 선택한 직업의 수행에 의하여 국가의 사회질서와 경제질서가 형성된다는 점에서 사회적 시장경제질서라고 하는 객관적 법질서의 구성요소이기도 하다"라고 판시한 바 있다(94헌마125). 이것은 기본권의 이중성이론에 입각한 것인데 이중성론에 대해서는 앞서 총론에서 살펴보았는바, 직업의 자유 자체는 권리이고 그 효과로서 질서를 이룬다고 볼 것이다.

3. 생존의 수단성, 개성발현·신장성

생존권을 실현하기 위한 재원의 획득, 즉 소득을 가능하게 하는 것이 직업활동이므로 직업의 자유는 생존권의 실현을 위한 수단으로서의 성격을 가지기도 한다. 한편 직업의 자유는 직업을 통하여 자신이 펼치고자 하는 개성의 발현·신장이 이루어진다.

Ⅲ. 직업의 자유의 주체와 내용

1. 직업의 자유의 주체

[자연인] 국민은 물론 외국인에게도 인정된다. 그러나 외국인에 대해서는 국민에 비해 제한이 많이 있다. 외국인에 대해서는 특정 직역에 종사할 자격 자체가 주어지지 않는 경우가 있는

데 예를 들어 도선법은 "대한민국 국민이 아닌 사람"은 도선사가 될 수 없도록 규정하고 있는 것을(도선법 제6조 제1호) 볼 수 있고, 체류자격(비자발급)에 제한을 두거나 취업에 제한을 두는 경우들도 있다.

[법인, 법인 아닌 사단 등 단체, 기업 등] 직업의 자유의 주체가 될 수 있다. 법인의 직업의 자유가 침해되어 위헌 결정이 내려진 사례는 다음과 같다. "약사 또는 한약사가 아니면 약국을 개설할 수 없다"라고 규정한 약사법(2000.1.12. 법률 제6153호로 개정된 것) 제16조 제1항은 약사들로만 구성된 법인일지라도 약국설립 및 경영을 할 수 없도록 금지하고 있는바 헌법재판소는 이는 법인의 직업수행의 자유의 본질적 내용의 침해로서 위헌이라고 판시하여 계속적용의 헌법불합치결정을 한 것이다(2000헌바84). 이 결정은 약사들만으로 구성된 법인에게도 약국 개설을 금지하는 것은 헌법에 위반된다는 취지였고, 이후 비약사, 비한약사의 약국개설금지는 합헌으로 결정하였다(2019헌바249). 한편 위 2000헌바84 헌법불합치결정과 대조해 볼 결정으로, 안경사들로만 구성된 법인일지라도 안경업소 개설을 못하도록 금지하고 이를 위반한 경우 이 사건 처벌조항에 의하여 형사처벌하는 조항인 '의료기사 등에 관한 법률' 제12조 제1항, 제30조 제1항에 대해서는 4인 합헌의견에 따라 합헌결정(2017헌가31)을 하였다.

또한 직업의 자유의 내용에는 영업의 자유와 기업의 자유가 포함되므로, 주식회사 등 기업들이 직업의 자유의 주체가 될 수 있다고 보는 것이 헌재의 태도이다(96헌가18; 97헌마345 등).

2. 직업의 자유의 내용

[직업선택의 자유＋직업수행의 자유, 구분실익] 현행 헌법 제15조는 직업'선택'의 자유라고 명시하고 있으나 이를 넓게 직업의 자유로 해석하여 직업선택(결정)뿐 아니라 직업의 수행인 영업의 자유, 직종전환의 자유 등도 모두 직업의 자유에 포함된다. 직업선택의 자유란 어떠한 직업을 정할 것인지에 있어서 간섭, 방해받지 않을 자유를 의미하고, 직업수행의 자유는 선택한 영업에 계속하여 종사하고 활동할 수 있는 자유를 말한다. 위 두 자유의 구별실익은 후술하는 '단계론'의 적용에 있다.

[직장선택의 자유, 직장활동의 자유] 직업의 자유의 장소적 효과로서 직장선택의 자유나 직장에서의 활동의 자유가 인정된다. 헌재는 직장선택의 자유가 직업선택의 자유에 포함된다고 본다(2001헌바50). 또한 직업선택의 자유에는 자신이 원하는 직업 내지 직종에 종사하는데 필요한 전문지식을 습득하기 위한 직업교육장을 임의로 선택할 수 있는 '직업교육장 선택의 자유'도 포함된다는 것이 헌재의 태도이다(2007헌마1262).

[기업의 자유] 직업의 자유에는 기업의 자유도 물론 포함된다(96헌가18. 자도소주결정). 기업의 자유의 내용으로는 직종선택의 자유, 영업의 자유 등이 있다.

[경쟁의 자유] 경쟁의 자유도 직업의 자유에 포함된다. ⅰ) 경쟁자유의 개념 헌재는 "경

쟁의 자유는 기본권의 주체가 직업의 자유를 실제로 행사하는 데에서 나오는 결과이므로 당연히 직업의 자유에 의하여 보장되고, 다른 기업과의 경쟁에서 국가의 간섭이나 방해를 받지 않고 기업활동을 할 수 있는 자유를 의미한다"라고 한다. ⅱ) 한계 - 헌재는 "자유시장경제에서 보장되는 경쟁의 자유란 경제를 자유방임상태에 두는 것이 아니라, 국가의 법질서에 의하여 자유로운 경쟁을 해하는 행위를 효율적으로 규제함으로써 공정한 경쟁질서를 형성하고 확보하는 가운데 누릴 수 있는 자유"라고 한계를 설정한다(2019헌바217). ⅲ) ● 판례: ㉮ 위헌결정례: 자도소주(구입명령제도)결정(96헌가18). ㉯ 합헌성 인정결정례: ① 2018년, 2019년 적용 최저임금 고시에 대해 헌재는 소상공인·자영업자 등의 사익보다 근로자들의 인간다운 생활 보장과 이를 통해 노동력의 질적 향상을 꾀하기 위한 공익이 더 커서 과잉금지원칙을 준수하여 계약의 자유와 기업의 자유를 침해하지 않아 합헌이라고 보아 기각결정을 했다(2017헌마1366). ② 대형마트 등과 중소유통업의 상생발전을 도모하기 위한 대형마트 영업시간 제한, 의무휴업일 명령제에 대해서는 합헌결정(2016헌바77등)이 있었다. ③ 부정경쟁행위 - 규제(금지청구 등)대상인 이를 "국내에 널리 인식된 타인의 성명, 상호, 표장 … 표자와 동일하거나 유사한 것을 사용하여 타인의 영업상의 시설 또는 활동과 혼동하게 하는 행위"라고 규정하고 있는 '부정경쟁방지 및 영업비밀보호에 관한 법률' 제2조 제1호 나목에 대한 합헌결정도 있었다(2019헌바217). 헌재는 명확성원칙을 준수한 것이라고 보았고, 보호되는 영업표지가 '주지성'을 획득한 것이어야 하고 '혼동가능성'이 인정되어야 하므로 그 보호범위가 한정되어 있고 영업주체 혼동행위의 해석에 있어 법원이 그 해석기준을 일관되게 제시하고 있어 기본권이 제한되는 범위가 확장될 우려가 적은 점 등에서 침해최소성을 갖추어 과잉금지원칙을 준수한 것이라고 보았다,

Ⅳ. 직업의 자유의 제한과 그 한계

1. 이른바 '단계론'에 따른 차별적 제한

(1) 단계론의 개념

직업의 자유를 제한함에 있어서 직업의 자유의 어떠한 요소를 제한하느냐에 따라 제한의 강도를 달리하여야 한다는 이론이 독일연방헌법재판소 판례에서 제시된 이른바 단계론이다. 이에 따르면 직업의 자유의 제한에 있어서 제1단계는 직업'수행'의 자유에 대한 제한이고, 제2단계와 제3단계의 제한은 직업'결정'(선택)의 자유에 대한 제한이다.

① 제1단계는 규제가능성이 넓게 인정되는 직업수행의 자유를 제한함으로써 공익목적이 달성될 수 있다면 직업수행의 자유에 대한 제한을 먼저 택하고 그것에 그쳐야 한다는 것이다(직업결정의 자유는 중요한 선택의 문제이므로 제한하기가 어려우나, 결정 이후 선택된 직업수행에 있어서는 제한이 넓게 될 수 있다는 사고). ② 제2단계는 직업수행의 자유에 대한 제한으로는 목적이 달

성될 수 없어서 직업결정(선택)의 자유를 제한하여야 할 상황이라면 먼저 주관적 사유에 의한 제한의 방법을 택하는 단계를 말한다. 이는 본인 스스로의 노력에 따라 요건을 갖출 수 있는 제한을 말하고 각종 자격제에 의한 제한이 이에 속한다. 주관적 사유에 의한 제한도 직업수행이 아니라 직업결정에 대한 제한이므로 제1단계 제한보다도 신중하여야 한다고 본다. ③ 제3단계는 객관적 사유에 의한 직업결정의 자유에 대한 제한을 말한다. 사회경제적 변화에 대응하기 위하여 일정한 영업을 금지하는 경우 등이다. 그 객관적 사유는 기본권주체 때문에 나타난 것이 아니고 기본권주체의 노력으로도 해결될 수 없는 상황의 것이라는 점에서 객관적 사유에 의한 제한은 기본권주체에게 매우 심각한 제한을 가져오는 것이므로 그 제한에 있어서 더욱 신중하여야 한다는 것이다.

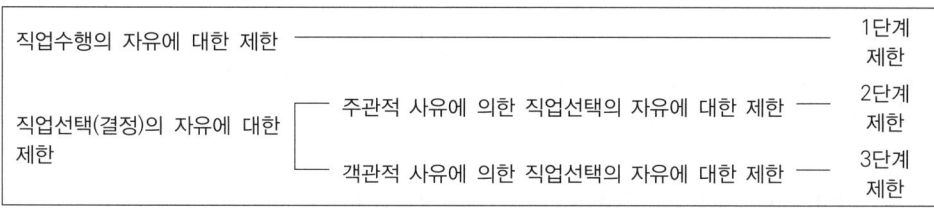

□ 단계론 도해

(2) 우리나라의 판례

[직업수행자유에 대한 더 넓은 제한] ⅰ) 헌재는 "직업수행의 자유는 직업결정의 자유에 비하여 상대적으로 그 침해의 정도가 작다고 할 것이므로 이에 대하여는 공공복리 등 공익상의 이유로 비교적 넓은 법률상의 규제가 가능"하다고 한다(92헌마264등 결정례 많음). ⅱ) 폭넓은 제한의 논거 − 직업수행자유는 직업결정자유에 비해 인격발현, 개성신장에 대한 침해가 상대적으로 적다는 점을 들고 있다(99헌바76).

[단계별 심사] 그리고 헌재가 주관적 사유에 의한 제한 문제로 심사한 판례들도 있었고, 객관적 사유에 의한 제한이라고 하여 엄격한 비례심사를 행한 판례도 있었다(아래 [결정례] 참조). 그리하여 우리 헌재도 단계론을 적용하고 있다. 3개 단계에 대해 모두 설시한 보다 뚜렷한 판시가 있었던 결정례: 2008헌바110.

*유의: 헌재는 1단계 제한인 직업수행의 자유에 대한 제한 심사에서도 과잉금지심사를 하고 있다.

[결정례]

1) 직업수행의 자유의 제한(제1단계 제한) − 이에 대한 심사례는 많다.

2) 주관적 사유(요건)에 의한 직업결정(선택)의 자유 제한"(제2단계 제한)이라고 직접 언급하면서 판단하였거나 그러한 언급 없으나 그런 취지로 이해하게 하는 몇 가지 결정례(주로 자격의 요건이나 결격 등에 관한 사안이 많았음):

ⅰ) 합헌성 인정 결정례 ― ① 외국 치과, 의과대학을 졸업한 우리 국민이 국내 의사면허시험을 치기 위해서 예비시험을 치도록 한 의료법 규정(2002헌마611, 기각합헌), ② '대학 졸업 이상의 학력 소지자일 것'을 일반학원 강사의 자격기준 중 하나로 규정한 것(2002헌마519, 기각합헌), ③ 제 1 종 운전면허의 취득요건으로 양쪽 눈의 시력이 각각 0.5 이상일 것을 요구하는 도로교통법시행령(2002헌마677, 기각합헌), ④ 건축사예비시험의 응시자격에 관한 건축사법 규정(2007헌바51, 합헌), ⑤ 건설업자가 부정한 방법으로 건설업의 등록을 한 경우 건설업 등록을 필요적으로 말소하도록 규정한 건설산업기본법 규정(2003헌바35, 합헌), ⑥ 감정평가사의 결격사유에 관한 '부동산 가격공시 및 감정평가에 관한 법률' 규정(2007헌마1037, 기각합헌), ⑦ 공인회계사 시험 응시자격의 제한(2011헌마801, 기각합헌), ⑧ 공인중개사무소의 개설결격사유, 등록취소사유(2007헌마419; 2013헌가7, 기각합헌, 합헌),

ⅱ) 위헌결정례 ― ① 학원설립·운영자가 '학원의 설립·운영 및 과외교습에 관한 법률'을 위반하여 벌금형을 선고받은 경우 일률적으로 등록의 효력을 잃도록 규정하고 있는 동법 규정(일률적 등록상실이 되도록 규정하고 있어 지나친 제재로 최소침해성원칙에 위배되고 법익균형성원칙에도 위배된다고 하여 위헌으로 결정(2011헌바252)), ② 성범죄자에 대한 취업 등 제한의 위헌성 인정: ㉠ 성인대상 성범죄 형 확정자에 대한 의료기관 개설·취업제한(2013헌마585), ㉡ 성인대상 성범죄 형 확정자에 대한 교육기관 운영·취업제한(2013헌마436), ㉢ 성인대상 성범죄 형 확정자에 대한 10년간 학원운영·취업금지(2015헌마359; 2015헌마914), ㉣ 성인대상 성범죄 형 확정자에 대한 10년간 아동복지시설운영·취업제한(2013헌바389), ㉤ '성폭력범죄의 처벌 등에 관한 특례법' 위반(카메라등이용촬영)죄 확정자에 대한 10년간 장애인복지시설 운영·취업금지(2015헌마915), ㉥ 동·청소년대상 성범죄로 치료감호 선고확정된 자에 대한 10년간 아동·청소년 관련기관 등의 운영·취업금지(2015헌마98), ㉦ 성적목적공공장소침입죄 전과자 취업제한(2014헌마709)(* 위 ㉡에서 ㉦까지 결정들에서는 '주관적 사유에 의한 제한'이란 말을 명시적으로 언급하지는 않았으나 그 취지상 여기에 분류함), ③ 아동학대관련범죄 형 확정자에 대한 일정기간(그 형이 확정된 때부터 형의 집행이 종료되거나 집행을 받지 아니하기로 확정된 후 10년) 동안 체육시설 및 '초·중등교육법' 제2조 각 호의 학교를 운영하거나 이에 취업 또는 사실상 노무를 제공할 수 없도록 한 아동복지법의 금지(2017헌마130),

ⅲ) 헌법불합치결정례 ― ① '마약류 관리에 관한 법률 위반자'의 20년 비경과의 택시운송사업의 운전업무 종사자격의 결격·취소사유(2013헌마575), ② 세무사 자격 보유 변호사로 하여금 세무사로서 세무사의 업무를 할 수 없도록 규정한 구 세무사법 규정[2015헌가19. * 구별해야 할 결정으로, 이 결정에서는 세무사의 자격을 이미 보유한 변호사로 하여금 이러한 세무대리를 일체 할 수 없게 하였던 세무사법 조항의 위헌 여부가 쟁점이었던 데 반해, 변호사에게 세무사 자격을 더 이상 자동으로 부여하지 않은 세무사법 제3조에 대해서는 직업선택의 자유 침해가 아니라는 합헌성 인정의 기각결정이 있었다(2018헌마279)] ③ 세무사 자격 보유 변호사라도 세무사 등록이 안 되게 한 결과 세무조정업무를 할 수 없도록 규정한 법인세법, 소득세법 규정이 과잉금지원칙을 위배하여 직업선택의 자유를 침해한다는 결정(2016헌마116) 등이 있었다.

* 한편 헌재는 자격제도에서 그 자격요건의 설정에 광범위한 입법재량이 인정되는 만큼 자격제에 관련된 직업의 자유를 침해하는지에 대한 심사의 기준은 완화될 수밖에 없어 다른 방법으로 직업의 자유를 제한하는 경우에 비하여 보다 유연하고 탄력적인 심사가 필요하다고 보기도 한다(2007헌바51; 2007헌마419; 2011헌마801; 2013헌가7).

3) 제3단계 제한 ― '객관적 사유'에 의한 제한이라고 언급하면서 엄격한 비례심사를 한 결정례:

경비업을 경영하고 있는 자들이나 다른 업종을 경영하면서 새로이 경비업에 진출하고자 하는 자들로 하여금, 경비업을 전문으로 하는 별개의 법인을 설립하지 않는 한 경비업과 그 밖의 업종을 겸영하지 못하도록 금지하고 있는 경비업법 규정이 직업선택의 자유에 대한 객관적 사유에 의한 침해를 가져오는 것이고 또 과잉금지원칙을 위배한 것이라고 한 위헌결정(2001헌마614).

(3) 단계론에 대한 검토

단계론은 단계구분이 상대적이라는 점에서 문제가 있다. 즉, 직업종사의 자유에 대한 제약이 결국 직업결정(선택)의 자유에 대한 제약이 되기도 한다. 앞으로 선택할 직업에 종사할 때 많은 제약이 따른다는 것을 미리 인식한다면 그 직업을 선택하고자 하는 수요가 상대적으로 줄어들 것은 당연하기 때문이다. 또한 제2단계인 주관적 사유에 의한 제한으로서 자격제를 들면서도 폭넓은 입법재량권을 이유로 보다 유연하고 탄력적인 심사가 필요하다고 판시하기도 하는데 그렇다면 자격제에 관한 심사가 제1단계(비례심사를 함)인 직업수행의 자유에 관련된 심사에 비해 그 강도에 있어서 어느 정도 차이를 가지는지도 명확하지 않다.

2. 직업의 자유의 각종 제한

(1) 겸직금지

겸직의 금지는 영업의 자유에 대한 중요한 제한들 중의 하나이다. 겸직금지의 취지는 업무의 공정성과 업무에의 전념성을 보장하기 위한 것이다. 그러나 포괄적·전면적 겸직금지는 '피해의 최소성 원칙'에 반할 수 있다.

[● 판례: 위헌결정례] 위와 같은 이유로 위헌결정된 예들로, ① 행정사에 대한 포괄적 겸업 금지 – 행정사(行政士)에 대해서는 행정사법에 규정된 업무 외의 모든 업무에 대하여 겸직을 금지한, 즉 포괄적·일반적 겸직금지를 규정한 구 행정사법(1995.1.5. 전문개정된 것) 제35조 제1항 제1호가 직업선택의 자유를 과도하게 침해하여 위헌이라고 결정되었다(95헌마90). ② 경비업자의 경비업 외 영업 포괄금지 – 헌재는 경비업자가 경비업 외의 영업을 하지 못하도록 금지하고 경비업 외의 영업을 한 경우에 경비업허가를 취소하도록 한 경비업법(2001.4.7. 전문개정된 것) 제7조 제8항, 제19조 제1항 제3호가 직업선택의 자유에 대한 객관적 사유에 의한 침해를 가져오는 것이고 노사분규 개입을 예방한다는 이유로 경비업자의 겸영을 일체 금지하는 접근은 기본권침해의 최소성 원칙에 어긋나는 과도하고 무리한 방법으로 비례원칙을 위반하여 위헌이라고 결정하였다(2001헌마614).

(2) 자격제

특별한 전문지식을 갖춘 사람이어야 안전성 있게 수행할 수 있는 업무 등의 경우에는 그 업무를 다루는 영업자에 대해 자격제를 두는 것이 필요하다.

[자격제의 입법재량성, 주관적 제한사유성에 따른 판례의 모순] 헌재는 자격제도에서 입법자에게는 그 자격요건 설정에 있어 광범위한 입법재량이 인정되는 만큼, 그 위헌여부심사를 "현저히 자의적이라거나, 재량의 범위를 넘어 명백히 불합리한지"를 심사한다는 입장을 보여주어 왔다(97헌바88; 2007헌바51 등 많음). 헌재 자신의 구분에 따르면 비례심사가 아닌 합리성심사인 완화심사를 하는 것으로 보이는 입장표명을 해온 것이다. 그런데 문제는 위에서 본 대로 자격제는 주관적 요건에 따른 직업선택의 자유에 대한 제한이므로 단계론에 따를 때 그 심사강도가 중간정도의 비례심사(엄격심사)는 해야 하는 것이므로 헌재의 위 두 법리기준(현저성심사와 중간정도의 엄격심사라는 두 기준)은 상호모순을 보여준다. 이 문제를 우리는 일찍이 거론하여 왔는데 헌재는 자격제에 관하여 엄격심사를 한 예도 있고(2002헌마677; 2007헌마419 등), 합리성심사로서 완화심사를 하기도(94헌바32; 97헌바88; 2005헌마195; 2007헌마389등) 하여 논리적인 일관성이 없기도 하다. 자격제에 관한 헌재의 위 입장 이전에 합리성심사는 완화심사, 비례심사는 엄격심사라고 구분하는 문제 자체에 대해 근본적으로 검토되어야 한다(전술, 기본권총론, 기본권의 제한의 한계, 비례원칙 부분 참조).

[● 판례] ⅰ) 자격시험 재량적 비실시의 위헌성 — ① 법무사자격시험(법원행정처장이 대법원장의 승인을 얻어 실시하도록 하여 실시여부를 재량에 맡긴 대법원규칙. 89헌마178), ② 행정사시험(시·도지사 재량에 맡김. 2007헌마910). ⅱ) 공무원경력자에 대한 전문자격 자동인정제도의 폐지 — 신뢰보호원칙을 위배한다고 하여 헌법불합치결정된 예들: ① 세무사(2000헌마152)와 ② 변리사(2000헌마208등)의 경우였다.

(3) 청소년보호를 위한 제한

청소년의 건강 등을 보호하기 위한 각종 영업에 대한 규제가 가해지고 있고 관련 판례가 많이 있다(예: 92헌마264 — 담배자판기금지, 99헌마555 — 주류판매금지, 2015헌바360 — 학교환경위생정화구역 내 금지조항, 2011헌마659 — 인터넷셧다운제, 2003헌마930 — 게임물제한).

(4) 공권력불행사로 인한 직업의 자유의 침해

직업의 자유를 실현하기 위하여 필요한 공권력이 행사되지 않아(입법부작위, 행정부작위) 직업의 자유가 침해되거나 제한될 수 있다.

[● 판례: 위헌확인결정례] *부작위는 취소대상이 없어 위헌일 경우 확인결정을 함. ① 치과전문의시험의 불실시: 치과전문의자격시험을 실시할 수 있는 절차를 마련하지 않은 입법부작위가 위헌임을 확인하는 헌재결정(96헌마246. 헌재는 "직업으로서 치과전문의를 선택하고 이를 수행할 자유를 침해당하고 있는"이라고 하여 선택자유를 양자를 다 포괄하는 듯함). ② 부작위로 인한 직업수행의 자유의 침해: 국내 치과의사면허취득자의 외국 전문의 과정 이수의 불인정(위 치과전문의시험 불실시 사안도 치과전문의 자격 취득에 관한 것인데도 이 사안에서 헌재는 "자신이 수련한 전문과목을 표시하여 그 과목에 대해 보다 전문적으로 직업을 수행할 수 있는 '치과의사'로서의 직업수

행의 자유를 제한한다"라고 하여 직업수행의 자유가 제한된다고 봄), 즉 치과전문의 자격 인정 요건으로 '외국의 의료기관에서 치과의사 전문의 과정을 이수한 사람'을 포함하지 아니한 '치과의사전문의의 수련 및 자격 인정 등에 관한 규정'에 대해서도 이미 국내에서 치과의사면허를 취득하고 외국의 의료기관에서 치과전문의 과정을 이수한 사람들에게 다시 국내에서 전문의 과정을 다시 이수할 것을 요구하는 것은 지나친 부담을 지우는 것이므로, 침해최소성원칙에 위배되고 법익의 균형성도 충족하지 못한다고 하여 헌법불합치결정을 하였다(2013헌마197).

(5) 필요적 제재의 위헌성 여부

직업수행(영업) 관련 행정적 의무를 위반한 데 대한 제재에 있어서 그 위반의 경중에 비추어 제재의 정도를 달리하여야 침해최소성원칙에 위반되지 않는다. 특히 가장 강한 강도의 제재인 필요적 취소제(위반시 반드시 취소하도록 하는 제도)에 대해서는 침해최소성원칙의 위반가능성이 있다.

[● 판례] ⅰ) 위헌결정례: (ㄱ) 건축사업무범위를 위반한 데 대해 그 경중을 가리지 않고 필요적 등록취소를 하도록 한 것은 위헌이라는 결정이 있었다(93헌가1. 이 결정에서 헌재는 직업선택의 자유의 본질적 내용을 침해하였다고까지 보았다). (ㄴ) 여객자동차운수사업에서의 지입제경영시 면허의 필요적 취소규정에 대해서도 위헌이라고 결정되었다(99헌가11등). (ㄷ) 필요적 운전면허 취소사유의 위헌성 인정 ① 자동차이용범죄행위의 필요적 운전면허취소의 위헌성 – 자동차 등을 이용하여 범죄행위를 한 모든 경우에 운전면허를 필요적으로(반드시) 취소하도록 한 구 도로교통법 제78조 제1항 제5호(2005.5.31. 전문 개정되기 전의 것)에 대해 헌법재판소는 이는 너무 포괄적이고 광범위하게 운전면허 취소 사유를 정하고 있는 것으로 운전을 직업으로 하는 자에게는 직업의 자유를, 운전을 직업으로 하지 않는 일반인에게는 일반적 행동자유권을 명확성원칙과 과잉금지(비례)원칙에 위반하여 제한하고 있다는 이유로 위헌이라고 결정하였다(2004헌가28). ② 비슷한 사안으로 위 위헌결정 이후 전부개정된 규정인 자동차이용범죄시 운전면허의 필요적 취소(운전면허자가 자동차 등을 이용하여 살인 또는 강간 등 행정안전부령이 정하는 범죄행위를 한 때 운전면허를 취소하도록 하는 구 도로교통법 규정은 임의적 취소 또는 정지제도만으로도 입법목적달성이 가능함에도 필요적 취소로 하고 있고 그 규제필요가 없는 행위까지 포함하여 침해최소성원칙에 위배되고 법익균형성도 없어 운전을 업으로 하는 사람의 직업의 자유를 과잉금지원칙을 위배하여 침해하여 위헌. 2013헌가6), ③ '다른 사람의 자동차등을 훔친 경우' 반드시 운전면허를 취소하도록 한 규정에 대해 헌재는 과잉금지원칙을 위배하여 직업의 자유 내지 일반적 행동의 자유를 침해한다고 보고 위헌결정(2016헌가6)을 하였다. ④ 거짓, 부정으로 운전면허를 받은 경우 그 사람의 모든 운전면허의 필요적 취소제의 일부위헌성 – 거짓이나 그 밖의 부정한 수단으로 운전면허를 받은 경우 그 사람이 받은 모든 범위의 운전면허를(거짓이나 그 밖의 부정한 수단으로 받은 것이 아닌 면허까지도) 필요적으로 취소하도록 한 구 도로교통법(2017.7.26. 개정되기 전의 것) 제93조 제1항 단서 등의 해당 부분이 '거짓이나 그 밖의 부정한 수단으로 받은 운전면허'가 아닌 운전

면허에 대한 것은 임의적 취소·정지 사유로 하는 등 기본권을 덜 제한하는 완화된 수단에 의해서도 입법목적을 같은 정도로 달성하기에 충분하므로 그 경우의 운전면허까지도 필요적으로 취소하도록 한 것은 피해최소성, 법익균형성을 갖추지 못하여 과잉금지원칙에 위배되어 일반적 행동의 자유 또는 직업의 자유를 침해한다고 보았다(헌재 2020.6.25. 2019헌가9등). 이후 법개정이 되었다. ㉣ 임원이 금고 이상의 형을 선고받은 경우 법인의 건설업 등록을 필요적으로 말소하도록 규정한 구 건설산업기본법 규정은 이 경우까지도 가장 강력한 수단인 필요적 등록말소라는 제재를 가하는 것은 최소침해성 원칙에도 위배된다는 위헌결정을 하였다(2013헌바25. 이 결정은 저지른 범죄의 종류가 건설업과 관련이 있는지 여부를 가리지 않고, 금고 이상의 형을 선고받은 경우 법인의 건설업 등록을 말소하도록 하고 있다는 점에서 방법적절성도 없다고 보았고, 또 법익균형성도 없다고 보았으며, 선례 2008헌가8 결정을 판례변경한 것임). ㉤ 법인의 임원이 '학원의 설립·운영 및 과외교습에 관한 법률'을 위반하여 벌금형을 선고받은 경우 법인의 등록이 효력을 잃도록 한 규정은 벌금형을 선고받으면 일률적으로 법인의 등록을 실효시켜 지나친 제재로서 침해최소성요건을 갖추지 못하여 과잉금지원칙에 위배하여 청구인 '법인'의 직업수행의 자유를 침해하여 위헌이라는 결정도 있다(2012헌마653. 이 결정은 법익균형성도 없다고 보았다). ㉥ 동력수상레저기구 조종면허의 필요적 취소(동력수상레저기구를 이용하여 범죄행위를 하는 경우에 조종면허를 필요적으로 취소하도록 하는 구 수상레저안전법 규정은 그 범죄의 유형, 경중 등 제반사정을 전혀 고려하지 않고 필요적으로 취소하도록 하여 침해 최소성원칙에 반하고 법익균형성도 없어 직업의 자유(생업으로 하는 자) 및 일반적 행동의 자유(취미활동자)를 침해하는 위헌. 2014헌가13)에 대한 위헌결정도 있었다. ⅱ) 합헌결정례: 반면 ㉠ 위험방지, 안전확보 등의 필요성이 큰 경우에 필요적 취소제가 피해의 최소성원칙 등에 반하지 않는다고 본 판례도 있었다. 그 예로, ① 건설업자가 명의대여행위를 한 경우 그 건설업 등록을 필요적으로 말소하도록 한 구 건설산업기본법 규정에 대해 필요적으로 건설업등록을 말소하도록 하는 것은 명의대여행위가 국민의 생명과 재산에 미치는 위험과 그 위험방지의 긴절성을 고려할 때 반드시 필요하다고 하여 합헌으로 결정한 것을 들 수 있다(2000헌바27). ② 헌재는 국가기술자격증을 다른 자로부터 빌려 건설업의 등록기준을 충족시킨 경우 그 건설업 등록을 필요적으로 말소하도록 한 건설산업기본법 규정에 대해 임의적 등록말소만으로 시설물의 안전에 대한 위험을 방지하기에 충분하다고 단정하기 어려운 점에서 피해최소성을 갖춘 것이라고 보아 합헌이라고 결정하였다(2015헌바429). 그 외 국민의 생명, 신체, 건강에 영향을 줄 수 있는 사안으로서, ③ 위험물탱크안전성능시험자 지정을 받은 법인의 임원 중 금고 이상의 형의 집행유예의 선고를 받고(소방법의 위반만이 아닌 다른 법의 위반에 의한 선고도 포함함) 그 집행유예 기간 중에 있는 사람이 있게 된 경우에 그 임원을 3월 이내에 개임하지 않으면 필요적으로 그 지정을 취소하도록 한 소방법 규정에 대한 합헌결정(99헌바94), ④ 사위 기타 부정한 방법으로 등록을 한 주택관리업 등록에 대한 필요적 등록말소를 규정한 구 주택건설촉진법 규정에 대한 합헌결정(2001헌바31), ⑤ 여객자동차운송사업의 운전자격을 취득한 자가 도주차량죄를 범한 경우 그 운전자격을 취소하도록 한 '여객자동차 운수사업법' 규정에 대한 합헌결정(2016헌바339), ⑥ 성범죄로 금고 이상 형 집행유예 선고자에 대한 필요적 택시운전자격 취소를 규정한 '여객자동차 운수사업법' 해당규정에 대해 합헌결정(2016헌바14등), ⑦ 의료관련 법령상의 범죄로 금고 이상의 형을 선고받고 그 형의 집행이 종료되지 아니하였거나 집행을 받지 아니하기로 확정되지 아니한 자에 대한 의료인 면허의 필요적 취소 규정(2005헌바50; 2012헌바102; 2016헌바394), ⑧ 운전자가 교통사고로 사람을 사상한 후 필요한 구호조치와 신고를 하지 아니한 경우에 운전면허를 필요적으로 취소하도록 규정한 구 도로교통법 규정(2001헌가19등), ⑨ 성범죄로 금고 이상 형 집행유예 선고자에 대한 필요적 택시운전자격 취소('여객자동차 운수사업법' 규정 – 2016헌바14. 택시 승객은 운전자와 접촉하는 빈도와 밀도가 높고 야간에도 택시를 이용하는 등 위험에 노출될 확률이 높다는 등의 이유로 침해최소성 인정), ⑩ 여객자동차운송사업 운전자격취득자 도주차량죄 경우의 운전자격 취소(위 운수사업법, 2016헌바339) 등에 대한 합헌결정도 있었다. ⑪ 의료관련 법령상 범죄(허위 진단서발급, 의료기관을 개설할 수 없는 자에게 고용되어 의료행위를 한 경우, 허위 진료비청구 등)로 금고 이상의 형을 선고받고 그 형의 집행이 종료되지 아니하였거나 집행을 받지 아니하기로 확정되지 아니한 자에 대한 의료인 면허의 필요적 취소규정을 모두 과잉금지원칙을 지켜 직업의 자유 침해가 아니라고 본 합헌결정들(2005헌바50; 2012헌바102; 2016헌바394)이 있었다. 또 헌재는 ㄴ 거래질서의 공정성을 위한 필요적 취소제의 합헌성을 인정하는데 그 예로 ① '공인중개사의 업무 및 부동산 거래신고에 관한 법률' 위반행위로 벌금형을 선고받고 3년이 경과되지 않은 경우, 중개사무소 개설등록을 필요적으로 취소하도록 정한 위 구법 규정(2013헌가7 – 과잉금지 위배되지 않아 합헌). ② 금고 이상의 실형을 선고받고 그 집행이 종료된 날부터 3년이 경과되지 아니한 자는 중개사무소 개설등록을 할 수 없도록 한 규정(2007헌마419), ③ 동물검역기관의 장의 승인을 받지 않고 지정검역물의 관리에 필요한 비용을 화주로부터 징수한 경우 보관관리인 지정을 필요적으로 취소하도록 한 가축전염병 예방법 규정(2014헌바405. 검역체계 혼란 방지, 검역시행장의 질서 시정의 목적) 등에 대해 합헌성이 인정되었다. ㄷ 전문성과 공정성을 확보하기 위한 필요적 취소제로 문화재수리 등에 관한 법률 위반으로 형의 집행유예를 선고받은 문화재수리기술자의 자격을 필요적으로 취소하는 '구 문화재수리 등에 관한 법률' 규정에 대한 합헌결정(2015헌바373)도 있었다.

(6) 그 외

[● 판례: 위헌성 인정 결정례] ㄱ 교육영역 ① 과외교습금지에 대한 위헌결정(98헌가16), ② 정화구역(학교경계선으로부터 200m를 초과하지 않는 범위에서 대통령령이 정하는 바에 따라 설정된 학교환경위생정화구역) 내에서 극장시설 및 영업행위를 금지하고 있는 학교보건법 규정(2003헌가1), ㄴ 기업과 법인 ① 약사들로만 구성되는 법인이라도 약국개설·운영을 할 수 없도록 금지한 규정(2000헌바84. 헌법불합치), ② 자도소주구입명령제도(96헌가18), ㄷ 결사단체 ① 농협·

축협 조합장이 금고 이상의 형을 선고받고 그 형이 확정되지 아니한 경우에도 이사가 그 직무를 대행하도록 한 농업협동조합법 규정(2010헌마562), ② 선거범죄로 100만원 이상의 벌금형이 선고되면 임원의 결격사유가 됨에도, 구 새마을금고법 규정(2013헌바208. 헌법불합치) 제21조가 선거범죄와 다른 죄가 병합되어 경합범으로 재판하게 되는 경우 선거범죄를 분리 심리하여 따로 선고하는 규정을 두지 않은 것 부진정 입법부작위(2013헌바208). ㄹ) 의료 ① 복수면허(의사 및 한의사의) 의료인에 대해 '하나의' 의료기관만을 개설할 수 있도록 한 의료법(2007.4.11. 전부 개정된 것) 제33조 제2항 단서 부분(2004헌마1021. 과잉한 제한이라고 하여 헌법불합치결정), ② 전문과목을 표시한 치과의원은 그 표시한 전문과목에 해당하는 환자만을 진료하여야 한다고 규정한 의료법 제77조 제3항(치과전문의가 자신의 전문과목을 표시하는 경우 그 진료범위를 제한되게 하므로 현실적으로 대부분 전문과목을 표시하지 않음에 따라 치과전문의 제도를 유명무실하게 만들 위험이 있고 표시한 전문과목 이외의 다른 모든 전문과목에 해당하는 환자를 진료할 수 없게 되므로 기본권 제한의 정도가 매우 크다고 보아 수단의 적절성과 침해의 최소성을 갖추지 못한 직업수행의 자유 제한이라고 하여 위헌으로 결정. 2013헌마799. 평등권 침해도 인정됨), ③ 특정의료기관이나 특정의료인의 기능·진료방법에 관한 광고를 금지하는 구 의료법 규정(2003헌가3. 언론의 자유 등에서 인용). ㅁ) 환경: 보존음료수의 국내판매 완전금지(*대법원 판례 1994.3.8. 92누1728), ㅂ) 자기책임원리에 반하는 직업자유 침해: '자동차운전전문학원을 졸업하고 운전면허를 받은 사람 중 교통사고를 일으킨 비율이 대통령령이 정하는 비율을 초과하는 때'에는 학원에 대해 제재를 가할 수 있도록 한 구 도로교통법 규정(2004헌가30, 앞의 인간존엄가치 등에 인용). ㅅ) 정부투자기관의 부정당업자에 대한 입찰참가자격제한제도의 위헌적 요소 인정(2003헌바40, 헌법불합치), ㅇ) '마약류 관리에 관한 법률'을 위반하여 금고 이상의 실형을 선고받고 그 집행이 끝나거나 면제된 날부터 20년이 지나지 아니한 것을 택시운송사업의 운전업무 종사자격의 결격사유 및 취소사유로 정한 '여객자동차 운수사업법' 및 동법 시행령 규정에 대해 헌재는 구체적 사안의 개별성과 특수성을 고려할 수 있는 여지를 일체 배제하고 그 위법의 정도나 비난의 정도가 미약한 경우까지도 획일적으로 20년이라는 장기간 동안 택시운송사업의 운전업무 종사자격을 제한하는 것이므로 침해최소성원칙에 위배되고 법익균성원칙에도 위배되어 직업선택의 자유를 침해하는 위헌이라고 보았다(2014헌바446). ㅈ) 선고유예 시 당연퇴직의 위헌성: 청원경찰이 금고 이상의 형의 선고유예를 받은 경우 당연 퇴직되도록 규정한 구 청원경찰법(2010.2.4. 개정된 것) 규정이 당연퇴직이 필요한 범죄의 유형, 내용 등으로 그 범위를 가급적 한정하지 않고 저지른 범죄의 종류나 내용을 불문하고 금고 이상의 형의 선고유예를 받게 되면 당연히 퇴직되도록 규정함으로써 청원경찰에게 공무원보다 더 가혹한 제재를 가하고 있어서 침해최소성 원칙에 위배되고 법익균형성도 없다는 이유로 위헌결정이 있었다(2017헌가26, 선고유예시 공무원직을 당연 상실시키는 조항들에 대해서는 위헌결정들이 많았고 이후 법개정이 많이 되었다. 이에 대해서는 앞의 공무원제도 참조).

[합헌성인정 결정례] 합헌결정들 중요 결정들을 인용한다. ㉠ 청년할당제에 대한 헌재의 합헌결정(위헌의견 : 합헌의견이 5 : 4로 결국 합헌성이 인정되었다. 2013헌마553), ㉡ 변호사시험 합격자의 6개월 실무수습 기간 중 단독 법률사무소 개설과 수임을 금지한 변호사법 제21조의2 제1항 등(과잉금지원칙을 준수하여 변호사시험 합격자들의 직업수행의 자유나 평등권 등을 침해하지 아니한다고 판다. 2013헌마424), ㉢ 이른바 의약품·의료기기 '리베이트' 처벌조항에 대한 합헌결정들(2013헌바374, 2016헌바201. 비급여대상인 의료기기와 관련된 리베이트 처벌조항에 대한 합헌결정도 있었다(2014헌바299)), ㉣ PC방 전체(2011헌마315), 일반음식점영업소(2015헌마813)를 금연구역으로 지정하여 운영하도록 한 국민건강증진법 규정, ㉤ 사법시험폐지(2012헌마1002. 2016헌마1152), ㉥ 식품·식품첨가물에 관하여 의약품과 혼동할 우려가 있는 표시·광고를 금지하는 구 식품위생법 조항(청구인의 영업의 자유, 광고표현의 자유, 학문의 자유 및 평등권을 침해하지 않는다. 97헌마108, 2003헌바6) 이후 특허사실을 광고하는 것도 금지하여 위헌이라는 주장에 대해서도 특허등록하였다고 하더라도 특허대상의 사람에 대한 안전성·유효성이 충분히 검증되었다고 보기 어렵다고 하여 역시 합헌결정을 한 바 있다(2017헌바513), ㉦ 로스쿨: ① 로스쿨 졸업자에 한정된 변호사시험 응시자격 부여의 합헌성 – 변호사시험에 응시하려는 사람은 '법학전문대학원 설치·운영에 관한 법률' 제18조 제1항에 따른 법학전문대학원의 석사학위를 취득하여야 한다고 규정한 변호사시험법 제5조 제1항 본문(헌재 2020. 10. 29. 2017헌마1128. 동지의 합헌선례들이 많음. 2009헌마754. 2016헌마550 등), ② 변호사시험의 응시기간과 응시횟수 제한과 그 예외 – 법학전문대학원의 석사학위를 취득한 달의 말일 또는 취득예정기간 내 시행된 시험일부터 5년 내에 5회로 제한한 변호사시험법 제7조 제1항(2016헌마47; 2017헌마387등; 2018헌마739등; 2018헌마733등)과 병역의무의 이행만을 응시기회제한의 예외로 인정하는 변호사시험법 제7조 제2항(2018헌마733등), ㉧ 변호사 의무 관련 조항들: ① 명의이용금지 – 변호사가 비변호사로서 유상으로 법률사무를 처리하려는 자에게 자기의 명의를 이용하게 하는 것을 금지하고, 이를 위반한 경우 형사처벌하도록 규정한, 변호사법 규정(2017헌바204등), ② '알선' 대가 '금품제공'(이른바 '사건 브로커'에 대한 변호사의 알선 대가 금품제공) 처벌하는 변호사법 규정(2012헌바62), ③ 변호사가 비변호사로부터 법률사건 등의 '수임을 알선받는 행위'를 금지하고(알선수임금지 조항) 이를 위반한 경우 처벌하는 '변호사법' 조항(2018헌바112). ㉨ 대형마트 등에 대하여 영업시간 제한을 명하거나 의무휴업을 명할 수 있도록 한 유통산업발전법 조항(2016헌바77등), ㉩ '탐정업'의 금지, 탐정 유사 명칭의 사용 금지(2016헌마473).

3. 직업의 자유의 제한의 한계

직업의 자유를 제한하더라도 그 본질적 내용을 침해할 수 없고 비례원칙, 신뢰보호원칙, 소급효금지원칙 등을 사안에 따라 준수하면서 제한하여야 한다.

제 4 장

생 존 권

제 1 절 총론

Ⅰ. 발달

19세기 근대 말기에 시장의 독과점, 부익부 빈익빈 등의 사회문제가 발생하여 생활능력과 수단을 가지지 못한 경제적·사회적 약자들에 대한 국가의 보조와 생존의 보장이 무엇보다도 절실하게 되었다. 그리하여 이들에 대해 국가가 생활에 필요한 재화와 서비스를 제공하여 인간다운 생활이 가능하도록 국가에 대해 요구할 수 있는 생존권 사상이 자리잡기 시작하였다. 1919년 독일의 바이마르헌법 제151조는 경제생활의 질서는 각자로 하여금 "인간다운 생활"을 보장하는 것을 목적으로 하는 정의의 원칙에 부합하여야 한다고 규정하여 생존권에 관한 20세기 현대적 헌법의 모형이 되었다. 그 뒤 여러 나라에서 생존권에 관한 헌법규정들을 두었다. 우리나라에서는 제헌 당시부터 생존권에 관한 규정을 두고 있었고, 현행 헌법과 생존권보장을 위한 기본법들을 두고 있다.

> * **용어의 문제:** 우리나라에서는 생존권적 기본이라는 용어 대신에 사회적 기본권이란 용어가 더 많이 사용되고 있다. 그러나 모든 기본권은 사회적이다. 표현의 자유와 같은 권리나 참정권도 사회 속에서의 권리이고 의미를 가진다. 그런 점에서 그 용어의 적실성에 의문이 있기에 우리는 생존권적 기본권이라는 용어를 사용하고자 한다(헌재 판례도 사회적 기본권의 용어를 더 빈번하게 사용하나 2002헌바95에서와 같이 생존권이란 용어를 사용한 결정례도 있다).

Ⅱ. 개념

생존권적 기본권(사회권)은 국민의 생활에 요구되는 기본적인 재화나 서비스를 국가가 제공해줄 것을 요구할 수 있는 권리이다. 이러한 생존권의 보장은 국가의 개입을 적극적으로 요구하고 헌법이 사회보장 등 복지주의를 표방하게 하였다. 국가에 의한 재화·서비스의 제공을 요구할 수 있는 권리라는 점에서 생존권은 적극적인 권리이다.

Ⅲ. 성격과 효력

1. 자연권성 문제: 종래 실정권적으로 보는 견해에 대한 검토

종래 생존권은 국가의 적극적 역할과 급부를 위한 국가의 예산, 재정이 요구된다는 점에서 입법에 의한 구체화가 되지 않으면 그 실현이 어렵다고 보아 실정권적인 권리로 보려는 경향이 강하였다. 그러나 이는 기본권 자체의 성격과 기본권을 실현하기 위한 수단이나 제도에 대한 성격(또는 실현되는 상황으로서의 규범)을 혼동하는 것이다. 실정제도의 뒷받침을 받아야 실현되는 기본권은 생존권만이 아니다. 청구권도 예를 들어 재판청구권의 경우 재판제도가 구비되어야 실현된다. 생존권이 실정제도로 실현되어야 한다는 것은 실정화의 문제이지 생존권 자체의 성격은 아니다. 오히려 실정권이라고 하여 보장되어야 할 생존권 영역을 한정할 것이 아니라 앞으로 실정화'되어야 할', '있어야 할' 생존권 영역이 있음을 인정하는 자연권으로서 파악되어야 한다. 실정권으로 보는 견해와 달리 자연권으로서 파악할 경우에는 현재는 실현되지 않은 생존권영역이나 앞으로 실현'되어야 할' 영역들이 존재하게 되고 이는 생존권의 확장효과를 가져온다.

우리 헌법 제 10조 후문이 국가의 보장의무로 규정한 대상으로서의 권리들에 생존권적 기본권이 배제되어 있지 않고 있으며, 우리 헌법규정의 해석론으로서도 생존권을 자연권적으로 인식하게 하는 가능성은 많이 열려 있다고 본다.

그러므로 실정권적으로 바라보는 종전의 이론에 대한 재검토가 필요하다.

2. 구체적 권리성, 직접적 효력성의 문제

종래 생존권에 대해서는 헌법의 생존권규정 자체에서 국민의 생존에 필요한 급부를 제공해줄 것을 요구할 수 있는 구체적인 권리가 바로 인정되는가 인정되지 않는가 하는 문제를 두고 논란이 있어 왔다.

(1) 학설

1) 입법방침(Programm)설

헌법상의 생존권규정들은 장래의 입법방침을 설정하는 강령(綱領)적 규정의 의미를 가질 뿐이고 앞으로 국가가 입법을 통하여 그 구체적인 내용을 형성하여 규정할 때 비로소 국민이 권리로 요구할 수 있고 그렇지 않고서는 헌법규정만으로는 구체적 내용의 생존권을 국민이 요구할 수는 없다고 본다.

2) 국가목표설

생존권적 기본권은 입법이나 정책의 결정에 있어서 나아갈 국가의 목표를 제시하고 있는 기본권이라고 본다. 국가목표설은 생존권이 국가목표를 설정하는 권리이기에 이를 실현하여야 할 국가의무가 인정된다고 본다.

3) 헌법위임규정설

헌법이 입법자로 하여금 생존권의 기본법제를 형성하도록 위임한 것이라고 보는 이론이다. 헌법위임은 법률이 행정의 법규명령에 위임하는 것과 다르다고 본다. 생존권은 헌법 자체의 위임이라고 보아 입법자 외에 행정, 사법도 구속한다고 보는 점에서 오히려 입법자만을 구속한다는 입법방침설보다는 진전한 이론이다.

4) 권리설

① **추상적 권리설**   헌법규정이 권리로서 규정한 이상 생존권도 단순한 입법방침이 아니라 권리로서 성격을 가진다고 보나 사법적(私法的)인 권리와 같은 정도의 구체적인 권리는 아니며 생존권에 관한 구체적 입법이 존재하지 않는다면 재판을 통한 권리실현이 어렵다고 보아 생존권은 추상적인 권리라고 본다.

② **불완전한 구체적 권리설**   생존권의 구체적 내용은 입법으로 정해지고 입법부에게 구체적 입법을 할 의무를 부과하고 있으며 입법부가 그 입법을 하지 않고 있을 경우에는 헌법재판을 통해 구제를 받을 수 있다고 본다. 이 설은 비록 입법의 형성을 요하나 헌법재판이 가능하다는 점에서 불완전하나마 구체적 권리로 보는 것으로 이해된다.

③ **구체적 권리설**   헌법의 생존권의 규정으로부터 구체적인 법적 효과의 권리가 나타난다고 보아 그 내용을 구체화하는 법률이 만들어져 있지 않더라도 헌법규정 자체만으로 생존권이 자유권과 같이 직접적 효력을 발생하며 입법, 행정, 사법을 구속한다고 본다. 그리하여 구체적 법률규정이 없더라도 생존권이 실현될 수 있도록 할 조치를 취해줄 것을 요구할 수 있는 힘이 나온다고 본다.

5) 그 외

그 외 상대적 권리설(R. Alexy의 견해로서 각 생존권별로 보호정도가 다르다고 보고 직접적 효력의 생존권, 불완전한 생존권 등으로 나누어 보는 설) 등이 있다.

(2) 판례

헌재는 "인간다운 생활을 할 권리'로부터는, 인간의 존엄에 상응하는 생활에 필요한 "최소한의 물질적인 생활"의 유지에 필요한 급부를 요구할 수 있는 구체적인 권리가 상황에 따라서는 직접 도출될 수 있다고 할 수는 있어도, 동 기본권이 직접 그 이상의 급부를 내용으로 하는 구체적인 권리를 발생케 한다고는 볼 수 없다. 이러한 구체적 권리는 국가가 재정형편 등 여러 가지 상황들을 종합적으로 감안하여 법률을 통하여 구체화할 때에 비로소 인정되는 법률적 차원의 권리라고 할 것이다"라고 판시하고 있다(93헌가14).

위와 같은 입장은 최소한의 생존권의 직접효력을 인정하고 그 이상의 생존권은 입법방침 내지 추상적 권리로 보려는 입장이다.

(3) 검토

우리 헌법 제34조 제1항이 주된 생존권인 인간다운 생활을 할 권리에 대해, 제31조 제1항이 교육을 받을 권리에 대해, 제32조 제1항이 근로의 권리에 대해, 제33조 제1항이 근로3권에 대해, 그리고 제35조 제1항이 환경권에 대해 "권리를 가진다"라고 하여 그 권리성을 명시하고 있으므로 입법방침설, 국가목표설 등은 우리 헌법에 부합되기 어렵다. 추상적 권리설도 입법방침설과 별반 차이가 없다. 우리 헌법이 현대의 복지주의적 헌법이므로 생존권을 구체적인 권리로 보아야 하며 생존권의 적극적인 성격을 인정하여야 할 것이다. 생존권적 기본권의 효력을 약하게 본 것은 그 실현에 국가재정이 필요하다는 현실적·정책적 고려의 결과이지 헌법적 논리의 결과는 아니다. 국가가 적극적으로 재정을 확보하라고 요구할 수 있는 힘을 가진 기본권으로 보는 것이 법논리적이다. 국가의 부작위로 실현되지 않는 생존권이 있을 때 헌법소원 등의 헌법재판제도에 의하여 구현을 강제할 수 있다는 점에서도 구체적 권리설이 더욱 현실성을 가지게 한다. 다만, 구체적 권리설이 타당하다고 보나 유의할 것은 그 '구체적'의 의미이다. 구체적 권리라는 것은 구체적인 실현을 요구할 힘이 헌법의 생존권규정 자체에서 직접 나타남을 의미하며, 더 중요한 것은 구체적 입법이 없더라도 유사한 경우를 유추하여 생존권적 보장을 위한 현실적인 조치가 가능하다는 점이다. 생존권은 법률로 그 내용이 형성되는 부분이 많다고 일반적으로 보는(입법형성·재량적 유보) 것은 구체적 권리설의 입지를 약하게 한다는 지적이 있을지도 모른다. 그러나 헌법이 구체화하라는 명령을 이행하기 위해 보다 구체적으로 조치를 강구하고 유추에서의 불명확성을 제거하는 입법형성이 필요하다고 본다면 논리적으로 일관성이 유지된다.

Ⅳ. 특성

1. 적극성

생존권의 실현을 위해 국가의 적극적 개입이 필요하다. 인간답게 살 환경과 여건을 국가가 조성하여야 하고 생활능력이 없는 국민에 대해 능력을 보유할 수 있는 길을 열어주며 근로의 기회를 제공하고 스스로 소득을 누릴 수 있도록 직업교육을 제공하여야 하며 신체적 제약 때문에 소득활동이 부족할 경우 등에는 생활보조금을 부여하여야 한다.

2. 실현에 있어서의 경제의존성

생존권은 아무래도 어느 국가의 재정이나 경제적 상황에 따라 그 실현의 정도가 다르다. 바이마르공화국 때에 입법방침설이 강하였던 이유도 국가재정을 고려한 것이다. 생존권이 국가재정이나 총생산이 강한 국가일수록 그 실현의 강도가 큰 것은 결국 생존권은 경제적인 현실성을 띠는 권리임을 의미한다. 그러나 경제의존적이라고 할지라도 생존권의 성격 자체가 프로그램이나 추상적 권리로서의 성격을 가지는 것은 아니고 어디까지나 생존권의 실현에 있어서 경제의존적 성격이 있다는 것이다.

3. 형성적 성격(형성유보)과 입법재량 부여적 성격

예컨대 생존권은 빈곤한 생활을 하고 있는 사람들에 대해 공공부조를 하여야 할 상황에서 어떠한 종류의, 어느 정도의 공공부조를 할 것인지를 정하는 형성적 국가작용을 요구하는 성격의 기본권이다. 그리하여 자유권의 법률유보는 침해유보, 생존권의 법률유보는 형성유보라고 하는 것이 일반적인 견해이다.

입법에 구체적 실현조치를 형성하도록 위임한 바가 넓기에 입법자는 생존권의 내용을 형성함에 있어서 재량을 넓게 가진다고 보는 견해가 많다. 그러나 넓은 입법재량이 생존권의 구체적 실현요구를 회피하고 소극적 국가작용으로 도피할 수 있는 구실로 작용해서는 안 된다. 입법재량의 인정은 적극적인 국가작용을 열어주기 위한 것이라는 의미를 가져야 한다.

4. 실질적 평등권구현을 위한 권리

사회적 약자에게 인간다운 생활에 필요한 재화와 사회기반시설, 서비스, 생활보조금 등을 국가가 제공하고 생활능력, 소득능력을 갖추게 하기 위한 교육을 제공하는 등 국가가 이끌어주고 그리하여 다른 사회 구성원들과 동등하게 인간다운 삶을 누릴 수 있게 함으로써 실질적인 평등을 구현하게 된다. 따라서 생존권은 바로 실질적 평등을 구현하기 위한 권리로서의 성격과 기능을 가진다.

5. 생존권과 자유권과의 관계

자유권의 희생을 통해 생존권이 보장되기도 하므로(부유한 사람들로부터 조세를 거두어 그것을 재원으로 빈곤한 사람의 생계를 보장하면 조세는 자유권인 재산권의 제한이고 이로써 생존권이 보장된다) 생존권은 자유권과의 상충, 대립관계를 보여준다고 한다. 그러나 생존권의 보장이 자유권의 신장을 가져오고(예술가에 대한 생활보장으로 예술의 자유가 신장될 수 있다), 자유권의 보장이 생존권의 보장을 가져올 수 있다는(직업의 자유의 보장으로 생계가 보장된다) 점에서 오늘날 상호보완 관계로 승화되어야 한다고 본다.

V. 생존권의 체계와 내용

생존권도 다양한 영역에서의 국민의 생존을 보장하여야 한다는 요구에 따라 여러 생존권들이 존재할 수 있다. 이러한 생존권들도 체계를 이룬다. 주생존권(主生存權)에서 여러 개별적 생존권들이 파생된다.

우리 헌법상의 생존권적 기본권으로서 가장 기초적이고 출발점이 되는 기본권은 제34조의 인간다운 생활을 할 권리이다. 이는 인간의 존엄성에 상응하는 생활이 보장되는 것이 더 목적적이고, 근로의 권리, 교육의 권리, 환경권 등은 이러한 인간다운 생활을 할 권리를 실현하기 위한 수단적 성격이 강하기 때문이다. 따라서 인간다운 생활을 할 권리를 주생존권으로 하여 사회보장·사회복지권, 문화적·정신적 생존권, 노동권, 건강권, 환경권 등으로 파생, 분화된다 (김철수, 헌법학신론, 884면). 이들 파생된 생존권들도 예를 들어 문화적·정신적 생존권은 교육을 받을 권리, 문화생활을 누릴 권리 등으로 파생, 세분화되어 간다.

생존권에 관한 우리 헌법의 체계는 제34조의 인간다운 생활을 할 권리를 출발점으로 하여 교육을 받을 권리(헌법 제31조), 근로자의 권리(헌법 제32조), 근로3권(헌법 제33조), 환경권(헌법 제35조), 혼인과 가족생활보장·보건권(헌법 제36조) 등으로 구성된다.

제 2 절   인간다운 생활을 할 권리

I. 인간다운 생활을 할 권리의 개념

인간다운 생활을 할 권리(이하 생활권이라고도 한다)란 인간으로서 가치와 인격을 유지하고 그 존엄성이 보장되는 수준의 육체적 건강과 정신적 생활을 영위할 수 있는 권리와 그러한 생활을 뒷받침하기 위한 물질적·정신적 서비스를 국가에 대해 요구할 수 있는 적극적인 권리를 말한다.

II. 인간다운 생활을 할 권리의 법적 성격

1. 생존권, 기본권으로서의 성격

생활권이 생존권임에는 의견의 일치를 보고 있다. 문제는 국가에 대해 어느 정도의 구속력을 가지는 권리이냐 하는 것이다. 여기서도 생존권에서 했던 것과 동일한 논의를 하게 된다. 앞서 정리한 바와 같이 학설은 입법방침(프로그램)설, 추상적 권리설, 구체적 권리설, 불완전한 구체적 권리설 등이 대립한다. 헌재는 "인간다운 생활을 할 권리로부터는 인간의 존엄에 상응하는 생활에 필요한 '최소한의 물질적인 생활'의 유지에 필요한 급부를 요구할 수 있는 구체적인 권리가 상황에 따라서는 직접 도출될 수 있다고 할 수는 있어도, 동 기본권이 직접 그 이상의 급부를 내용으로 하는 구체적인 권리를 발생케 한다고는 볼 수 없다"고 본다(93헌가14). 이처럼, 헌재는 최저한도 수준의 생활권은 헌법 제34조에서 나오는 구체적인 권리이지만, 그 수준을 넘어서는 더 높은 수준의 생활을 위한 권리는 입법이 있어야 법적 권리로 인정된다고 보아, 최저수준을 넘어서는 생활권리는 추상적인 권리 내지는 프로그램적인 권리라고 보는 단계설의 입장을 취하고 있다.

생각건대, 생활권은 구체적 권리로서 적극적 성격의 권리이다. 이는 현대적 복지주의 헌법의 핵심을 이루고 있는 기본권이고, 헌법 제34조가 "권리를 가진다"라고 명시하고 있으므로 권리성을 부정할 수 없다. 또한, 인간의 존엄성을 보장하기 위한 필수적인 권리이며, 헌법 제10조의 국가의 기본권보장의무의 대상이 되는 기본권이다.

2. 이념적 기초로서의 주생존권

생활권은 생존권의 주축으로서 다른 생존권들의 기초가 되고 있다. 우리 헌재도 "인간다운 생활을 할 권리는 여타 사회적 기본권에 관한 헌법규범들의 이념적인 목표를 제시하고 있는" 이라고 판시하고 있다(93헌가14).

3. 인간다운 생활을 할 권리의 보장수준

어느 정도까지의 삶의 질의 수준을 국가가 보장하여야 하는 문제가 있다. 이 문제에 대한 견해로는 ① 최저기준설(인간의 육체·생명이 보존되고 생존에 필요한 최소한의 수준이 보장되어야 한다는 견해), ② 문화적 기준설(인간의 육체적 생존활동은 물론이고 인간의 존엄에 상응하는 정도의 정신적·문화적 생활의 수준이 보장되어야 한다는 견해), ③ 객관설(국가의 재정능력 등을 감안하여 그 범위 내에서 객관적인 기준에 따른 수준이 보장되어야 한다는 견해), ④ 주관설(국민이 자신의 개성에 따라 추구하고 욕구하는 이상적인 삶의 수준으로 보장되어야 한다는 견해) 등이 있을 수 있다.

육체적인 건강의 상태나 물질적인 생활기반의 수준뿐만 아니라 정신적·문화적 생활의 질을 보장하는 수준도 요구되며, 적어도 국가는 최저수준을 보장하여야 할 헌법상 책임을 당연히 지게 되며, 점차적으로 더 높은 수준에 도달하기 위해 지속적으로 노력하여야 할 의무가 있다.

Ⅲ. 인간다운 생활을 할 권리 침해 여부 위헌심사 기준

헌재는 헌법의 인간다운 생활을 할 권리 "규정은 모든 국가기관을 기속하지만 그 기속의 의미는 동일하지 아니하다. 입법부나 행정부에 대하여는 국민소득, 국가의 재정능력과 정책 등을 고려하여 가능한 범위 안에서 최대한으로 모든 국민이 물질적인 최저생활을 넘어서 인간의 존엄성에 맞는 건강하고 문화적인 생활을 누릴 수 있도록 하여야 한다는 행위의 지침, 즉 행위규범으로서 작용하지만 헌법재판에 있어서는 다른 국가기관, 즉 입법부나 행정부가 국민으로 하여금 인간다운 생활을 영위하도록 하기 위하여 객관적으로 필요한 최소한의 조치를 취할 의무를 다하였는지를 기준으로 국가기관의 행위의 합헌성을 심사하여야 한다는 통제규범으로 작용하는 것"이라고 한다. 또한 "국가가 행하는 생계보호가 헌법이 요구하는 객관적인 최소한도의 내용을 실현하고 있는지 여부는 결국 국가가 국민의 '인간다운 생활'을 보장함에 필요한 최소한도의 조치를 취하였는가의 여부에 달려있다고 할 것인데 생계보호의 구체적 수준을 결정하는 것은 입법부 또는 입법에 의하여 다시 위임을 받은 행정부 등 해당 기관의 광범위한 재량에 맡겨져 있다고 보아야 할 것이므로 국가가 인간다운 생활을 보장하기 위한 헌법적 의무를 다하였는지의 여부가 사법적 심사의 대상이 된 경우에는, 국가가 생계보호에 관한 입법을 전혀 하지 아니하였다든가 그 내용이 현저히 불합리하여 헌법상 용인될 수 있는 재량의 범위를 명백히 일탈한 경우에 한하여 인간다운 생활을 할 권리를 보장한 헌법에 위반된다고 할 수 있다"라고 하여(2007헌마734; 2017헌마103 등) 소극적 최소한 심사의 입장을 취한다.

Ⅳ. 인간다운 생활을 할 권리의 내용

1. 사회보장을 받을 권리(사회보장수급권)

(1) 개념과 성격

헌법 제34조 제2항은 "국가는 사회보장·사회복지의 증진에 노력할 의무를 진다"라고 규정하고 있다.

[개념] 사회보장을 받을 권리란 국가가 적극적인 급부작용으로 사회보장을 해줄 것을 요구할수 있는 권리를 말한다. 사회보장기본법은 "사회보장"이란 출산, 양육, 실업, 노령, 장애, 질병, 빈곤 및 사망 등의 사회적 위험으로부터 모든 국민을 보호하고 국민 삶의 질을 향상시키는 데 필요한 소득·서비스를 보장하는 사회보험, 공공부조, 사회서비스를 말한다고 규정하고 있다(동법 제3조 제1호).

[성격] 사회보장수급권은 생존권으로서 구체적 권리로 보장되도록 적극적인 국가의 개입과 급부제공을 전제로 한다. 사회보장수급권은 경제적 특성과 사회구성원들 간의 유대 속에 보장되므로 연대적 성격을 가진다. 사회보험과 같이, 개인의 기여가치가 포함되어 있으므로 사회보장수급권 일부는 생존권(사회권)이자 재산권으로서 성격을 함께 가지나, 의료급여와 같은 사회부조는 개인의 기여가 없으므로 재산권에 해당되지 않는다(99헌마289). 이와 같은 이중적 성격에 따라 헌재는 법률에 의하여 구체적으로 형성된 사회보장수급권에 대한 제한이 생존권에 대한 제한이자 재산권에 대한 제한이 된다고 본다(2002헌바1). 그러나 사회보장수급권 중에 재산적 가치가 인정되는 수급권들은 대체적으로 양도가 제한되거나 압류가 금지되어 일반적인 사법상의 재산권에 비해 제약적이다.

(2) 사회보장수급권의 내용

사회보장, 사회복지의 내용으로는 사회보험, 공공부조, 사회복지서비스 등을 들 수 있다.

1) 사회보험

사회보험은 국민에게 발생하는 사회적 위험을 보험의 방식으로 대처함으로써 국민의 건강과 소득을 보장하는 제도로(사회보장기본법 제3조 제2호) 건강보험, 국민연금, 고용보험, 산업재해보상보험 등이 있다. 사회보험은 사인들 간 사적 자치에 따르는 일반적인 사적 보험과는 다르며, 헌재도 사회보험의 하나인 국민연금제도는 "사회보장에 관한 헌법규정을 구체화하는 제도라고 판시하였다(2002헌바15; 2004헌가29)

2) 공공부조

공공부조(公共扶助)란 생활유지능력이 없거나 생활이 어려운 국민의 최저생활을 보장하고 자립을 지원하는 제도를 말한다(동법 동조 제3호). [사회보험과의 차이] ⅰ) 위의 사회보험은 자기기여(갹출, 醵出)를 전제로 하나 이와 달리 공공부조는 수급자 국민의 기여를 요건으로 하지 않고 국가 등이 소요되는 비용이나 재화, 서비스 등 급부를 일방적으로 제공한다는 점에서 차이가 있다. ⅱ) 사회보험에 관해서 국가의 책임으로 하고 있는 것과 달리 공공부조는 국가와 지방자치단체의 책임으로 시행하는 것을 원칙으로 한다(동법 제25조 제5항). [공공부조의 내용] 기초생활보장제(공공부조제도의 주축으로서 국민기초생활 보장법이 시행되고 있는데 이에 대해서는 아래 3.에서도 다룸), 의료급여제, 기초연금제 등이 있다.

3) 사회서비스

사회서비스란 국가·지방자치단체 및 민간부문의 도움이 필요한 모든 국민에게 복지, 보건의료, 교육, 고용, 주거, 문화, 환경 등의 분야에서 인간다운 생활을 보장하고 상담, 재활, 돌봄, 정보의 제공, 관련 시설의 이용, 역량 개발, 사회참여 지원 등을 통하여 국민의 삶의 질이 향상되도록 지원하는 제도를 말한다(동법 동조 제4호).

4) 평생사회안전망 등

평생사회안전망은 생애주기에 걸쳐 보편적으로 충족되어야 하는 기본욕구와 특정한 사회위험에 의하여 발생하는 특수욕구를 동시에 고려하여 소득·서비스를 보장하는 맞춤형 사회보장제도를 의미한다(동법 동조 제5호).

5) 국가유공자 등에 대한 사회보상

국가와 민족을 위하여 헌신한 사람들, 유족, 또는 가족의 생활안정과 복지향상을 위한 지원이 이루어진다('국가유공자 등 예우 및 지원에 관한 법률': 이하 예우법). [판례] ① 독립유공자의 손자녀 1명에게만 보상금을 지급하도록 하면서, 손자녀가 2명 이상인 경우에는 나이가 많은 손자녀를 우선하도록 한 구 예우법 제12조 제2항 중 해당규정 – 헌재는 수급권자를 1명에 한정할 뿐 수급권자 수를 확대할 수 있는 어떠한 예외도 두지 않은 점, 그리고 직업이나 보유재산 등에 따라서 연장자의 경제적 사정이 가장 좋은 경우도 있을 수 있다는 점에서 합리성이 없어 평등권 침해라고 하여(사회보장수급권 침해 여부를 함께 판단한다고 한 뒤 평등원칙 위배 여부 판단) 헌법불합치결정을 하였다(2011헌마724). ② 6·25전몰군경자녀에게 6·25전몰군경자녀수당을 지급하면서 그 수급권자를 6·25전몰군경자녀 중 1명에 한정하고, 나이가 많은 자를 우선하도록 정한 구 '예우법' 제16조의3 제1항 본문 중 그 해당 규정 등 – 헌재는 위 ① 결정과 비슷한 취지로 합리적 이유가 없어 평등권을 침해한다고 보아 헌법불합치결정을 하였다(2018헌가6, 사회보장권 자체가 아니라 평등권의 침해로 봄).

(3) 사회보장급여의 수준, 사회보장수급권의 보호, 제한, 포기, 중복 배제 등

현행 사회보장기본법은 사회보장급여의 수준에 대한 국가와 자치단체의 책무, 최저보장수준과 최저임금의 매년 공표 의무, 사회보장급여수준 결정의무, 사회보장수급권의 보호(양도·담보제공·압류 금지), 사회보장수급권의 제한, 사회보장수급권의 포기 및 포기제한 등을 규정하고 있다(동법 제10조, 제12조, 제13조, 제14조). 또한 사회보장수급에 관한 각종 법률은 사회보장수급이 다른 사회적 배려와 중복되지 않게 하고 보충적용원칙을 규정하고 있다(예우법 제20조, 국민기초생활보장법 제3조 등. 이에 관한 헌재결정례들로, 98헌마216; 2009헌마617).

2. 여자의 복지·권익향상과 노인·청소년의 복지향상

헌법 제34조 제3항은 "국가는 여자의 복지와 권익의 향상을 위하여 노력하여야 한다"라고 규정하고 있다. 복지뿐 아니라 그동안 여성의 사회적인 불이익, 불평등을 고려하여 특히 권익보호도 헌법이 직접 명시하고 있다. 따라서 각종 직업의 기회나 직장에서의 대우 등에서 여성에 대해 특별한 권익보호를 하여야 한다. 일과 가정의 양립이 가능하게 육아지원 등이 필요하고 현재 '남녀고용평등과 일·가정 양립 지원에 관한 법률'이 규정을 두고 있다.

헌법 제34조 제4항은 "국가는 노인과 청소년의 복지향상을 위한 정책을 실시할 의무를 진다"라고 규정하고 있다. 고령화 사회에서 노인의 복지가 중요하고 노인복지법이 관련규정들을 두고 있다. 청소년의 복지를 위한 법률로는 청소년복지지원법 등이 있다.

3. 생활능력이 없는 국민에 대한 국가보호

헌법 제34조 제5항은 "신체장애자 및 질병·노령 기타의 사유로 생활능력이 없는 국민은 법률이 정하는 바에 의하여 국가의 보호를 받는다"라고 규정하고 있다. 생활능력이 없는 사람에 대한 국가보호에 관한 현행 법률이 국민기초생활보장법(이하 '법'이라고도 한다)이다.

(1) 기초생활보장의 개념과 원칙
[개념] 기초생활보장이란, 생활이 어려운 사람(가구)에게 먹고 살아가도록 하여 삶을 유지하게 지원하는 기초적인 보장이며 사회보장의 출발이다. 필요한 급여를 실시하여 이들의 최저생활을 보장하고 자활을 돕는 것을 목적으로 한다(법 제1조).

[급여의 기본원칙] 전제조건으로 본인의 자활노력인데, 법은 "급여는 수급자가 자신의 생활의 유지·향상을 위하여 그의 소득, 재산, 근로능력 등을 활용하여 최대한 노력하는 것을 전제로 이를 보충·발전시키는 것"을 기본원칙으로 한다(법 제3조). 보장기관은 근로능력이 있는 수급자에게 자활에 필요한 사업참가 조건으로 생계급여를 실시할 수 있다(동법 제9조 제5항).

(2) 급여종류와 수급권자
국민기초생활 보장법에 따른 급여의 종류는 생계급여, 주거급여, 의료급여, 교육급여, 해산급여, 장제급여, 자활급여 등이다(법 제7조 제1항). 위 급여 중 생계급여, 교육급여, 의료급여 수급권자는 부양의무자가 없거나, 부양의무자가 있어도 부양능력이 없거나 부양을 받을 수 없는 사람으로서 그 소득인정액이 중앙생활보장위원회의 심의 · 의결을 거쳐 결정하는 금액("급여 산정기준") 이하인 사람이다(법 제8조 제2항, 제12조 제3항, 제12조의3 제2항).

(3) 급여의 정도(수준, 기준)

생활능력이 없는 사람에 대해 생활에 필요한 비용 등을 어느 정도로 제공하여야 하는지에 대한 기준이 문제가 된다.

[헌재의 생계보호기준 판례] 심사의 정도 – 최소한의 심사 – 헌재는 입법부와 행정부가 생활무능력자들에 대해 행한 생활보호의 조치나 작용에 대해 사후에 심사하는 입장이므로 소극적인 입장을 보이고 있다. 헌재는 국민기초생활 보장법으로 바뀌기 전 구 생활보호법 하에서 생계보호기준에 관한 결정을 한 바 있었다. 헌재는 인간다운 생활을 할 권리규정은 입법부, 행정부에는 최대한으로 누릴 수 있도록 하여야 한다는 행위규범으로 작용하나 헌법재판에 있어서는 입법부와 행정부가 필요한 최소한의 조치를 취할 의무를 다하였는지를 기준으로 합헌성을 심사한다는 통제규범으로서 작용한다고 하여 최소심사를 하였다. 그리하여 구체적 생계보호수준을 결정하는 것은 입법부 또는 입법에 의해 위임을 받은 행정부 등의 광범위한 재량에 맡겨져 있으므로 생계보호에 관한 입법을 전혀 하지 아니하였다든가 그 내용이 현저히 불합리하여 헌법상 용인될 수 있는 재량의 범위를 명백히 일탈한 경우에 한하여 헌법에 위반된다고 보았다(94헌마33; 2002헌마328). 그리고 생계보호수준이 그 재량의 범위를 명백히 일탈하였는지의 여부는 구 생활보호법에 의한 생계보호급여만을 가지고 판단하여서는 아니 되고 그 외의 법령에 의거하여 국가가 생계보호를 위하여 지급하는 각종 급여나 각종 부담의 감면 등을 총괄한 수준을 가지고 판단하여야 한다고 하였다(2009헌바47; 2012헌바192). 당해 사안은 보건복지부장관이 구 생활보호법의 위임에 따라 정한 "생계보호기준"이 최저생계비에도 훨씬 미치지 못하여 인간다운 생활을 할 권리를 침해하는 위헌이라는 주장의 헌법소원 사건이었는데 헌재는 위와 같은 심사기준으로 판단한 결과 구 생활보호법에 의한 생계보호급여 외에도 각종 급여와 부담감면이 행하여지고 있다고 하여 비록 생계보호수준이 일반 최저생계비에 미치지 못한다고 하더라도 그 사실만으로 인간다운 생활을 할 권리를 침해한 것이라고는 볼 수 없다고 판단하였다.

[현행 국민기초생활 보장법상의 급여기준] 이 법에 따른 급여의 기준은 수급자의 연령, 가구 규모, 생활여건 등을 고려하여 급여의 종류별로 보건복지부장관이나 소관 중앙행정기관의 장이 보건복지부장관과 협의하여 정한다. 지방자치단체인 보장기관은 해당 지방자치단체의 조례로 정하는 바에 따라 이 법에 따른 급여의 범위 및 수준을 초과하여 급여를 실시할 수 있다고 규정하고 있다(법 제4조 제2 · 4항).

4. 장애인, 고령자에 대한 보호

(1) 장애인 보호

신체장애자 및 질병·노령 기타의 사유로 생활능력이 없는 국민은 법률이 정하는 바에 의하여 국가의 보호를 받는다(헌법 제34조 제5항). 헌법은 신체장애자라고 규정하고 있으나 신체적인 제약이 있는 사람뿐 아니라 정신적 장애가 있는 경우도 장애개념에 포함된다(장애인복지법 제2조).

장애인의 보호와 복지를 위하여, 국가와 지방자치단체는 장애발생 예방과 장애인의 의료·교육·직업재활·생활환경개선 등을 추진하고 장애인의 사회활동 참여를 증진하여야 한다(동법 제1조). 동법은 의료비 지급, 생업지원, 장애수당 등 각종 복지 조치, 자립생활의 지원, 장애인 복지시설·단체 등에 대한 규정을 두고 있다. 장애아동을 위한 '장애아동복지지원법'이 있으며, 장애인의 이동과 주거를 위하여, '교통약자의 이동편의 증진법'과 '장애인·고령자 등 주거약자 지원에 관한 법률'이 있다.

장애인이 소득활동, 사회생활을 영위하도록 '장애인고용촉진 및 직업재활법'에서 장애인의 고용촉진과 고용확대를 위한 장애인고용의무제 및 장애인고용부담금제도를 규정하고 있다(동법 제27조, 제28조, 제32조의2, 제33조). [고용부담금 합헌결정] 장애인 의무고용비율을 충족하지 못한 경우에 납부하게 되는 고용부담금제도가 사업주의 재산권을 침해한다는 주장에 대해 헌재는 과잉금지원칙을 준수하였고 평등권의 침해도 아니라고 하여 합헌결정을 하였다(2001헌바96).

판례 [안마사업의 비맹제외기준]
헌재는 시각장애인에 대하여만 안마사 자격인정을 받을 수 있도록 하는 이른바 비맹제외기준을 설정하고 있는 구 의료법 규정이 기본권의 충돌, 즉 헌법 제34조 제5항에 따른 헌법적 요청(시각장애인의 국가보호라는 헌법적 요청)과 비시각장애인의 직업(안마사업)선택의 자유가 충돌하는 상황이 문제될 수 있다고 보았다. 헌재는 비례(과잉금지)원칙의 최소침해성 및 법익균형성 심사과정에서 국가보호의 헌법적 요청, 기본권의 제약 정도 등을 형량할 필요가 있고 비례심사 결과 비례원칙을 준수한 것으로서 비시각장애인의 직업선택의 자유를 침해하거나 평등권을 침해한다고 볼 수는 없다고 하여 기각결정을 하였다(● 판례 2006헌마1098. 안마사 제도는 여전히 시각장애인들의 최소한의 삶을 지탱해주는 직업교육 및 취업의 틀로서 기능한다고 판시한 이후의 또 다른 기각결정: 2019헌마656).

(2) 노인을 위한 기초연금

고령으로 소득활동이 어렵고 부양받을 상황이 아닌 사람에게 안정적이고 기초적인 삶을 영위하도록 지원하기 위하여 기초연금법을 두고 있다. 기초연금은 사회보장적 성격의 급여로서 인간다운 생활을 할 권리에서 도출되며, 65세 이상인 사람으로서 소득인정액이 선정기준액 이하인 사람에게 제공되며, 공무원 퇴직연금일시금 수령자 제외 등, 중복수혜를 금지하고 있다. [결정례] 다음과 같은 기초연금 관련 결정들이 있었는데, 앞서 인간다운 생활권 심사에서 합리성 여부판단의 최소심사를 한다고 한 대로 이 결정들에서도 그 경향을 볼 수 있다. ① 공무원연금법의 퇴직연금일시금을 받은 사람과 그 배우자에게는 기초연금을 지급하지 아니하는 기초연금법 제3조 제3항 제1호 부분이 한정된 재원을 고려하면 합리성이 인정되어 인간다운 생활을 할 권리를 침해하지 않는다고 합헌결정을 헌재는 했다(2017헌바197). ② 기초연금의 수급자를 정함에 있어 '소득인정액'을 기준으로 제한하면서 주거용 주택, 자가용 승용차, 자급용 농지 등 현금소득을 창출하지 않는 이른바 무수익 자산을 소득환산의 대상이 되는 '재산'에서 제외하지 아니한 기초연금법 제2조 제4호 등이 무수익재산이 그 사용만으로도 기초적 생활에 어느 정도 기여할 수 있어 그 제외에 합리성이 있어 인간다운 생활을 할 권리를 침해하지 않는다고 보아 합헌결정을 했다(2015헌바191).

5. 재해예방과 그 위험에 대한 보호

국가는 재해를 예방하고 그 위험으로부터 국민을 보호하기 위하여 노력하여야 한다(제34조 제6항). 이 헌법규정을 구현하기 위한 기본법으로 '재난 및 안전관리 기본법'과 '자연재해대책법'이 있다.

6. 주거

헌법은 "국가는 주택개발정책등을 통하여 모든 국민이 쾌적한 주거생활을 할 수 있도록 노력하여야 한다"라고 규정하고 있다(제35조 제3항).

실정법률로는 국민의 주거안정과 주거수준의 향상에 대한 사항을 규정하는 주거기본법과 생활이 어려운 사람에게 주거급여를 위한 주거급여법이 있다. [판례] 주거문제에 관련한 헌재 판례는 헌법 제35조 제3항 위반 여부와 더불어 인간다운 생활을 할 권리 침해 여부를 함께 다루는 결정례들이 많다. 무주택단독세대주에 대한 국민임대주택 입주자격을 제한한 규정의 합헌성(2009헌마338), 주택조합조합원 자격으로 무주택자 한정 규정의 합헌성(92헌바43), 신용불량자의 전세대출자격제한 규정의 합헌성(2009헌마588) 등을 인정한 결정들이 있다.

7. 조세와 인간다운 생활을 할 권리

조세는 국민의 기본적인 의무이나, 조세의 원칙도 국민의 생활권을 침해하지 않은 수준이 되어야 한다. 헌재는 "소득에 대한 과세는 원칙적으로 최저생계비를 초과하는 소득에 대해서만

가능하다"라고 하여 최저생계비 비과세원칙을 밝히고 있다(2006헌바112). 그러나 헌재는 정당화
할 수 있는 합리적 사유가 있고 저소득층의 생활권을 침해했다고 보기 어려울 때에는 최저생계
비 비과세원칙의 예외를 인정하였다(2006헌마489).

8. 양극화 해소 · 기본(초)소득

[양극화 해소] 생존권의 논의에 있어 오늘날 새롭게 대두되는 사회적 요구에 따른 기본권에
대해서도 적극적으로 검토하고 권리보장 방안을 모색해야 한다. 양극화가 대표적인 사례이다.
양극화 현상은 사회 공동체 간의 이질감, 소외 등, 불평등과 무기력감을 야기하며 사회유대의
식을 파괴한다. 그런 점에서 양극화의 해소요구는 헌법의 공화제 원리에서 나온다고도 볼 것이
다. 양극화의 해소 등을 위하여 생존권, 사회복지권의 실효화를 가져오는 방안에 대한 논의가
오늘날 매우 중요한 과제가 된다.

[기본(초)소득] 비슷한 맥락으로 오늘날 기본(초)소득 인정 여부 등의 문제가 논의되고 있
다. 기본소득은 복지적 성격과는 차이가 있다고 한다. 기본(초)소득제도를 도입한다면 근거를
헌법 제34조의 인간다운 생활을 할 권리 및 제10조의 인간의 존엄과 가치뿐만 아니라 그간 논
의가 부재하였던, 민주공화국규정, 공화주의의 원리에서 찾을 수 있겠다. 공동체 구성원들 모
두가 인간으로서 생존에 걱정이 없고 실제 생존할 수 있는 상당히 기초적인 문제는 해결이 되
어야 비로소 진정한 공동체가 될 수 있기 때문이다.

제 3 절 교육의 권리

제 1 항 교육을 받을 권리

Ⅰ. 교육을 받을 권리의 개념

우리 헌법 제31조는 교육을 '받을' 권리라고 규정하여 학습자의 교육수급권만을 의미하는
용어로 규정하고 있다. 그러나 교육권 전체에는 교육을 받을 권리뿐 아니라 적극적으로 교육할
권리, 교육을 요구할 수 있는 권리 등이 포함된다. 여기서는 이런 기본권들을 모두 포함하여
교육의 권리라는 용어로 묶어 살펴본다. 다만, 우리 헌법 제34조의 규정을 우선적으로 고찰해
야 하므로 교육을 받을 권리를 주로 본다. 교육을 받을 권리는 지식의 습득과 인성의 발달을
돕는 교육을 요구할 수 있는 권리를 말한다.

Ⅱ. 교육을 받을 권리의 법적 성격

1. 교육적 생존권성

교육을 받을 권리를 자유권으로 파악하는 견해와 생존권으로 파악하는 견해, 양자의 성격을 모두 가지는 것으로 보는 견해, 그 외 복합적 성격의 권리라고 보는 견해 등이 있다. 교육을 받을 권리는 교육의 기회를 가지도록 국가가 보장할 것을 요구하는 권리로서 교육은 생활을 영위하기 위한 지식과 지혜를 보유하도록 하고 생존을 위한 소득활동을 가능하게 하는 지식과 경험을 갖추도록 하는 것이므로 생존권으로서의 성격을 가진다.

2. 적극성 · 향상발전추구성

교육을 받을 권리는 국가가 적극적으로 교육제도를 확충함으로써 보다 더 나은 보장을 받을 수 있는 권리이다. 교육은 지 · 덕 · 체의 성장을 요구하여 지식습득뿐 아니라 덕성과 육체적 성장을 위한 활동이므로 보다 적극적인 권리로서의 성격을 가진다. 교육은 학습자의 지식이나 품성 및 육체가 현재보다 장래에 더 나아지는 발전과 향상의 관념을 전제로 하는 것이다. 따라서 교육을 받을 권리도 향상과 발전을 추구하는 성격을 가진다.

3. 교육권과 교육제도에 관한 중요 법원칙

교육의 권리와 관련해서 명시적인 헌법적 원칙은 현행 헌법 자체에도 명시되어 있는 것들이 있다. 즉 헌법 제31조는 능력주의, 균등주의(동조 제1항), 의무교육의 무상원칙(동조 제3항), 교육의 자주성 · 전문성 · 정치적 중립성, 대학의 자율성 원칙(동조 제4항), 교육제도법률주의(동조 제6항)가 그것이다.

Ⅲ. 교육을 받을 권리의 내용

1. 능력에 따라 균등하게 교육을 받을 기회 - 교육기회접근권

(1) 능력에 따른 교육

[개념, 응능성] 여기의 능력에는 육체적인 것뿐 아니라 정신적 능력도 포함됨은 물론이다. 교육을 받는 사람의 능력에 따라 적절한 교육이 제공되어야 한다는 점에서 응능적인 성격(應能性)을 가지는 권리이다. 우리 헌법은 제31조 제1항에서 "모든 국민은 능력에 따라 균등하게 교

육을 받을 권리를 가진다"라고 규정하고 있다. 능력에 따른 적절한 교육이라는 점에서 경쟁시험에 의한 선발은 헌법에 반하지 않는다. 그러나 국민으로서 습득하여야 할 기본적인 교육과 의무교육은 수학능력이 부족하더라도 일정 연령에 달하면 받을 수 있게 보장되어야 하고 수학능력이 부족한 학생의 학력신장을 위해 수준별 수업 등 적극적인 교육이 실시되어야 한다.

[의무교육 연령주의] 의무교육에 있어서는 입학에 있어서 연령주의를 취하는 것이 일반적인데 수학능력이 있음에도 연령에 달하지 않아 조기입학을 허용하지 않으면 위헌인가 하는 문제가 있다. 헌재는 지능이나 수학능력 등이 있다고 하여 제한 없이 다른 사람과 차별하여 어떠한 내용과 종류와 기간의 교육을 받을 권리가 보장된다는 것은 아니고, 조기입학을 허용하지 않는다고 해서 헌법 제31조 제1항의 능력에 따라 균등하게 교육을 받을 권리를 본질적으로 침해한 것으로 볼 수 없다고 하였다(93헌마192). 또 취학연령을 설정해 놓은 것은 의무교육을 실시하기 위하여 불가피한 것으로 보고 있다. 이후 현재 조기입학이 인정되고 있다.

(2) 균등한 교육

균등한 교육을 받을 권리라 함은 차별의 금지라는 소극적인 내용뿐 아니라 경제적 빈곤계층이 동등하게 교육을 받을 수 있게 하기 위한 시책의 마련과 교육시설의 확충 등을 요구할 수 있는 적극적 내용도 포함하는 권리이다. 헌재도 위에서 본 정신적·육체적 능력 이외의 "성별·종교·경제력·사회적 신분 등에 의하여 교육을 받을 기회를 차별하지 않고, 즉, 합리적 차별사유 없이 교육을 받을 권리를 제한하지 아니함과 동시에 국가가 모든 국민에게 균등한 교육을 받게 하고, 특히 경제적 약자가 실질적인 평등교육을 받을 수 있도록 적극적 정책을 실현해야 한다"라고 설시한 바 있다(93헌마192).

1) 차별금지·심사기준

[심사기준] 교육을 받을 권리의 균등성은 평등권의 교육영역에서의 특별규정이므로 그 침해 여부를 심사하는 기준은 원칙적으로 앞의 헌법 제11조 평등권 심사에서와 그 기본골조, 즉 엄격심사, 완화심사의 틀은 같다고 볼 것이다(헌재의 입장에 따르면). 그런데 교육영역이라는 점에서 그 심사강도가 구체적 사안에서 달라질 것인가, 달라지면 어떻게 달라질 것인가 하는 점 등이 논의될 수 있다. 여하튼 헌재가 완화심사, 엄격심사한 실제의 예를 아래에 살펴본다.

i) 완화심사례 - '수시모집 지원' 제한에 대한 위헌확인 결정례: 11개 대학교(10개 교육대학교, 한국교원대)의 '2017학년도 신입생 수시모집 입시요강'이 검정고시로 고등학교 졸업학력을 취득한 사람들의 수시모집 지원을 부정하는 것은 교육을 받을 권리를 침해한다고 위헌확인결정을 하였다(2016헌마649). 헌재는 완화된 심사(합리성심사)를 하여 수시모집에서 검정고시 출신자에게 수학능력이 있는지 여부를 평가할 수 있는 기회를 부여하지 아니하고 이를 박탈한다는 것은 수학능력에 따른 합리적인 차별이라고 보기 어렵다고 판단하였다. 정규 고등학교의 학교생활기록부가 없어 평가할 자료가 없다는 주장에 대해 자기의견서, 추천서, 등 다른 평가방법

을 개발함으로써 평가할 수 있다고 보았고 이 제한은 공교육을 정상화하기 위한 조치라는 주장도 받아들이지 않았다.

ii) 엄격(비례)심사례 - 자사고 지원 학생의 평준화지역 후기 학교 중복지원 금지 규정의 위헌 판례: 자율형 사립고(자사고)를 지원한 학생에게 평준화지역 후기학교에 중복지원하는 것을 금지한 초·중등교육법 시행령 조항에 대해 헌재는 엄격심사를 한다고 하면서, 이 조항은 중복지원금지 원칙만을 규정하고 자사고 불합격자에 대한 고등학교 진학 대책이 없어 그들의 고등학교 진학여부는 시·도별 교육감의 재량에 의해 좌우되는 매우 불안정한 상태에 처하게 되어 차별을 정당화할 수 있는 정도로 차별 목적과 차별 정도 간에 비례성을 갖춘 것이라고 볼 수 없어 평등권을 침해한다고 보아 위헌결정을 하였다(2018헌마221).

2) 적극적인 평등을 위한 노력

균등한 교육을 받을 권리라 함은 차별의 금지라는 소극적인 내용뿐 아니라 경제적 빈곤계층이 동등하게 교육을 받을 수 있게 하기 위한 시책의 마련과 교육시설의 확충 등을 요구할 수 있는 적극적 내용도 포함하는 권리이다. 헌재도 균등한 교육권이란 정신적·육체적 능력 이외의 "성별·종교·경제력·사회적 신분 등에 의하여 교육을 받을 기회를 차별하지 않고, 즉 합리적 차별사유 없이 교육을 받을 권리를 제한하지 아니함과 동시에 국가가 모든 국민에게 균등한 교육을 받게 하고 특히 경제적 약자가 실질적인 평등교육을 받을 수 있도록 적극적 정책을 실현해야 한다"라고 설시한 바 있다(93헌마192).

2. 교육내용 등에 대한 권리

(1) 교육의 범위

교육을 받을 권리에서의 '교육'에는 학교교육이 주축이 될 것이고 그 외 가정교육, 평생교육(사회교육), 공민교육 등 여러 유형의 교육이 포함된다. 국가는 평생교육을 진흥하여야 한다(제31조 제5항). 평생교육의 진흥을 위한 법률로는 평생교육법이 있다. 직업교육도 소득활동을 가능하게 할 뿐 아니라 직업활동을 통한 자아와 개성의 실현이 가능하게 된다는 점에서 중요한 교육이자 평생교육적 의미를 가지게 된다(2003헌가1). 직업교육과 관련하여 직업교육훈련촉진법, 산업교육진흥 및 산학연협력촉진에 관한 법률, 진로교육법 등이 있다.

(2) 학교선택권

학교선택권이란 학습자가 받고자 하는 교육을 제공하는 학교를 선택할 수 있는 권리를 말한다. 부모는 자녀가 다닐 학교를 선택할 권리를 가진다. 부모의 자녀의 학교를 선택할 권리에 대해서는 그 헌법적 근거를 우리 헌재가 헌법 제31조 제1항이라고 보았던 초기의 판례도 있었으나(91헌마204), 그 후 부모의 자녀교육권에 학교선택권을 포함하여 보면서 부모의 자녀교육권을 제36조 제 1항, 제10조, 제37조 제1항에서 끌어냄으로써 부모의 학교선택권의 헌법적 근거에 헌법 제31조 제1항을 포함시키지 않고 있다(최근의 2005헌마514).

무시험전형, 평준화정책 등이 학교선택권을 제한한다고 하여 논란되고 있다. 헌재는 무시험전형 추첨배정, 지역에 따른 강제 배정 등의 헌법소원에서 과잉금지원칙에 반하지 않는다는 이유로 합헌이라고 본다(2005헌마514; 2011헌마827; 91헌마204; 2011헌마827). 강제배정으로 예를 들어 종교의 자유와 같은 다른 기본권이 제한될 수 있는데 대법원판례에서는 종교의 자유에 일부 제한이 가해지더라도 본질적 침해의 위헌은 아니라고 본다. 강제배정으로 인한 기본권 간 상충은 실제적 조화의 해석을 통해 해결해야 한다고 본다(대법원 2008다38288).

(3) 교육과정에 대한 권리

교육기본법 제12조 제2항은 "교육내용 · 교육방법 · 교재 및 교육시설은 학습자의 인격을 존중하고 개성을 중시하여 학습자의 능력이 최대한으로 발휘될 수 있도록 마련되어야 한다"라고 규정하고 있다. 초 · 중등교육법 제23조 제1항은 "학교는 교육과정을 운영하여야 한다"라고 규정하고, 동조 제2항은 "교육부장관은 제1항의 규정에 의한 교육과정의 기준과 내용에 관한 기본적인 사항을 정하며, 교육감은 교육부장관이 정한 교육과정의 범위 안에서 지역의 실정에 맞는 기준과 내용을 정할 수 있다"라고 하여 중앙집권적 교육과정 편성권을 인정하고 있다. 교육과정이 학생의 지적 · 신체적 발달을 최대로 가져오도록 구성되어야 하고 교육의 자주성에 따라 교육주체들의 다양한 의견이 반영되어야 하며 국가행정의 일방적 설정이 되어서는 아니된다. 대법원은 학기당 2시간 정도의 인권교육의 편성 · 실시가 지방자치법 제9조(신법 제13조) 제2항 제5호에서 지방자치단체의 사무로 예시한 교육에 관한 사무로서 초등학교 · 중학교 · 고등학교 등의 운영 · 지도에 관한 사무에 속한다고 판단하였다(대법원 2013추98 판결).

(4) 교과서

학생들이 배워야 할 지식을 체계화한 교과서는 교육내용의 핵심적 구성요소이다. 교과서 제도는 국가마다 다른데, 우리나라는 국정 및 검정 및 인정 교과서를 병용한다. 헌재는 우리나라에서 초 · 중등학교에서는 국가가 초 · 중등학교 교과서에 개입하는 것은 초 · 중등교육에서는 보편적인 인성과 지식, 능력의 교육이 주로 이루어지고 초 · 중 · 고교생이 아직 인격형성 단계에 있다고 보기 때문이다(89헌마88). 헌재는 전문지식을 추구하는 대학 이상의 교육과정에서는 교과서제도는 적합하지 않다고 판단하였다.

[국어교과서 국정제도의 합헌 판결] 중학교 국어교과서를 국정교과서로 규정한 규정에 대한 헌법소원심판 결정례에서 헌재는 교육의 교과서 저작에 있어 교육부로 한정하여 교육의 전문성을 침해하는지 여부에 대하여 학생들의 수학권 보장, 맞춤법 등의 통일적 기준을 위한 국어교과서의 국정제 필요성을 들어 전문성 침해가 없다고 보았다(89헌마88).

[국사교과서 논쟁] ① 2016년 국사 교과서의 국정제 논란 - 2016년 전후 논란 이전에는 헌재는 특별한 사정이 인정되는 경우를 제외하고 국정제도 보다는 검·인정제도를, 검·인정제 보다 자유발행제를 채택하는 것이 교육의 자주성·전문성·정치적 중립성을 보장하고 있는 헌법의 이념을 고양하고 아울러 교육의 질을 제고할 수도 있다고 판시하였다. 따라서 국정제도를 채택하고 있다고 하더라도 교과내용의 다양성과 학생들의 지식습득의 폭을 넓혀주기 위해서는 반드시 하나의 교과서만 고집할 필요는 없을 것이고, 국사교과서와 같이 학설의 대립이 있고, 어떤 학설이 옳다고 확정할 수 없고 다양한 견해가 나름대로 설득력을 지니고 있는 경우에는 다양한 견해를 소개하는 것이 바람직하다고 판시하였다(89헌마88).

② 정부의 국사 교과서 국정화 강행 - 2016년, 다양한 집단들로부터 극심한 반대에도 불구하고 정부가 강행한 중학교 역사 및 고등학교 한국사 과목의 교과용도서를 각 국정도서화로 정한 교육부의 이른바 '국정화 고시'에 대한 헌법소원심판이 청구되었으나 헌재는 고시의 개정으로 국정화가 폐지되었으므로 헌법소원의 권리보호이익이 없어졌고 반복 위험성이나 헌법적 해명필요성도 없어서 심판의 이익도 없다고 하여 각하결정을 하였다(2015헌마1060·1184병합).

역사교과서의 문제는 헌법 제31조 제4항에서 명시한 교육의 정치적 중립성이 요구되는 중요한 헌법적 문제이고 앞으로도 정권에서 이를 강행하는 일이 없도록 헌법적 경고를 엄중히 해야 할 필요가 있다는 점에서 본안심판이 필요했다고 본다. 헌재 자신도 "역사 및 한국사 과목은 개인의 가치관 및 역사관 형성, 다른 나라와의 관계정립에 관한 안목과 관련하여 학생들에게 큰 영향을 미치는 과목임에 틀림없다"라고 밝히면서도 심판이익을 부정하는 것은 자기모순으로 보인다.

3. 교육결과(평가)에 대한 권리

교육과정이 충실히 이루어졌더라도 교육의 결과에 대한 평가의 객관성, 충실성, 적절성이 갖추어져야 한다. 교육에 대한 권리는 이러한 평가에 대한 권리의 실현도 요구할 수 있다. 교육평가인 시험과 진급, 평가 및 인증제도, 학교생활기록, 학력인정등에 대하여 교육기본법과 초중등교육법이 규정하고 있다. 학력의 인정은 개인의 학업활동의 평가뿐만 아니라 향후 진로와 생존권 보장을 위해서도 필요하다. 헌재는 학력의 필요성이 인정되지만, 졸업 이후 노력으로 획득된 능력이나 성실성을 부정하거나 그로 인한 차별이나 학벌주의로 이어져서는 아니 된다고 설시하였다(2003헌마173). 중학교에 상응하는 교육과정인 3년제 고등공민학교 졸업자에 대하여는 중학교 학력을 인정하지 않는 것이 교육을 받을 권리를 침해하는 것이라는 주장에 대하여 고등공민학교는 일반중학교와 교육의 과정과 결과와 상당한 차이를 가지므로 학력인정 차별은 합리적인 이유가 있다고 판단했다(2003헌마173).

4. 교육환경, 교육참여권

(1) 교육환경권

교육이 이루어지는 환경이 안전하고 보다 쾌적하며 교육효과를 충분히 가져올 수 있도록 조성되어야 한다. 이를 위해 학교보건법과 같은 법률이 있다. 헌재는 아동에 대한 이 권리를 인간의 존엄성 및 행복추구권에서 끌어낸다. 즉 "헌법이 보장하는 인간의 존엄성 및 행복추구권은 국가의 교육권한과 부모의 교육권의 범주 내에서 아동에게도 자신의 교육환경에 관하여 스스로 결정할 권리를 부여한다"라고 한다(2003헌가1).

(2) 교육참여권

학부모는 교육참여권을 가진다. 교육기본법은 "학교운영의 자율성은 존중되며, 교직원·학생·학부모 및 지역주민 등은 법령으로 정하는 바에 따라 학교운영에 참여할 수 있다"라고 규정하고 있으며(동법 제5조 제2항) 학교운영위원회(초·중등교육법 제31조)가 대표적인 참여의 장이다. 관련한 판례로 국공립학교와 달리 사립학교에는 학교운영위원회를 임의설치하도록 한 구 지방교육자치법 규정에 대해 헌재는 입법자의 광범한 입법형성영역인 정책문제에 속하고, 그 재량의 한계를 크게 벗어나지 않는다고 보아 그 합헌성을 인정하였다(97헌마130). 지금은 사립학교에도 의무적으로 설치하게 하고 있다.

Ⅳ. 교육의 의무와 의무교육의 무상

헌법 제31조 제2항은 "모든 국민은 그 보호하는 자녀에게 적어도 초등교육과 법률이 정하는 교육을 받게 할 의무를 진다"라고 하여 의무교육에 대해 규정하고 있다.

1. 의무교육제도의 법적 성격

헌재는 의무교육제도의 법적 성격에 대해서 교육의 자주성·전문성·정치적 중립성 등을 지도 원리로 하여 국민의 교육을 받을 권리를 뒷받침하기 위한, 헌법상의 교육기본권에 부수되는 제도보장이라고 판시한 바 있다(90헌가27). 그러나 최소보장을 의미하는 제도적 보장으로 볼 것은 아니고 국민의 교육을 받을 권리를 위한 헌법제도로 볼 것이다. 의무 부과의 면보다는 인적·물적 교육시설을 정비하고 교육환경을 개선하여야 하는 국가에 대한 의무부과의 측면이 더 중요하다고 판시하였다(90헌가27). 의무교육이 그 '의무'라는 문언보다는 교육이 국민에게 지식과 인성을 육성하게 하여 교육을 받을 권리를 실현한다는 기본권 행사적 성격을 가진다고 보는 것이 더 중요하고 실질적이라는 점이 강조되어야 하며, 의무교육이 기본권 제한적인 것이 아니라 기본권 확장적인 방향으로 구현되어야 한다.

2. 의무교육의 범위와 의무주체

[의무인 교육의 범위] 헌법 제31조 제2항은 의무교육의 범위에 대하여 "적어도 초등교육과 '법률'이 정하는 교육"이라고 규정하고 있다. 이 조문을 두고 초등교육만 반드시 의무교육이라고 보는 견해가 많은데 '적어도'가 초등교육 외에 '법률이 정한 교육'까지에 걸린다고 보면 달리 보게 될 수도 있다(법률이 초등교육 넘어 조금이라도 더 늘려서 반드시 하라는 의미로). 교육기본법은 "의무교육은 6년의 초등교육과 3년의 중등교육으로 한다"라고 규정하고 있다(법 제8조 제1항). 지금은 이처럼 중학의무교육이 전면 실시되고 있지만 과거 구 교육법 제8조의2가 법률이 아닌 대통령령이 정하는 바에 의하여 중학의무교육을 순차적으로 실시토록 규정하고 있었는데 이 규정이 헌법 제31조 제2항에 반하는 것이 아닌지 문제되었고 헌재는 위헌 심사에서 세 가지 논거에서 합헌 결정을 내렸다(90헌가27). i) 제31조 제2항을 초등교육에 대해서는 직접적 효력으로 해석하고 초등교육 이외에 어느 범위의 교육을 의무교육으로 할 것인가에 대한 결정은 입법자에게 위임되어 있다고 보아 중학교육을 의무교육에 포함하지 않은 것은 위헌이 아니고 의무교육 무상원칙에도 반하지 않고, ii) 단계적 개선이론에 따라 평등원칙의 위반이 아니며, iii) "중학교 의무교육의 실시여부 자체라든가 그 연한은 교육제도의 수립에 있어 본질적 내용으로서, 국회입법에 유보되어 있어서 반드시 형식적 의미의 법률로 규정되어야 할 기본적 사항이라 하겠으나, 그 실시의 시기·범위 등 구체적인 실시에 필요한 세부사항에 관하여는 반드시 그런 것은 아니다"라고 보았다. 그러나 이 결정은 실시시기가 곧 실시여부를 결정짓는 것이라는 점에서 문제가 있었다고 판단된다(정재황, 평석, 법률신문, 1991 참조).

[의무주체] 의무교육을 시켜야 할 부담주체는 의무교육범위 안에 들어가는 학교에 취학할 자녀를 두고 있는 부모이며, 후견인 등 보호자도 의무주체이다. 의무교육을 받아야 할 주체는 자녀이다. 국가는 그러한 의무를 이행할 수 있도록 교육시설의 마련과 교원의 확보 등을 할 의무를 진다.

3. 의무교육의 무상성과 무상의 범위

의무교육은 무상으로 한다(제31조 제3항). 이는 교육을 의무화하는 만큼 그 비용을 국가가 지급함으로써 학부모의 부담을 완화하여야 하기 때문이다.

[비용부담주체 문제] 의무교육이 무상이므로 의무교육을 이행하는 학생이나 부모의 부담이 되어서는 아니된다. 이와 관련하여 의무교육의 무상원칙에 반한다고 하여 위헌결정이 있었던

예로 신축 아파트를 분양받은 사람들에 대해 학교용지부담금을 부과하도록 한 '학교용지확보에 관한 특례법'에 대하여 위헌결정을 한 것을 들 수 있다. 헌재는 "의무교육에 필요한 학교시설은 국가의 일반적 과제이고, 학교용지는 의무교육을 시행하기 위한 물적 기반으로서 필수조건임은 말할 필요도 없다. 따라서 이를 달성하기 위한 비용은 국가의 일반재정으로 충당하여야 한다. … 그렇다면 적어도 의무교육에 관한 한 일반재정이 아닌 부담금과 같은 별도의 재정수단을 동원하여 특정한 집단으로부터 그 비용을 추가로 징수하여 충당하는 것은 의무교육의 무상성을 선언한 헌법에 반한다"라고 하였다(2003헌가20). 이 결정에서 헌재는 부담금이 특별한 공익사업에 한하여 부과되어야 하는데 학교용지부담금은 그러하지 않고 의무자집단의 동질성, 밀접한 관련성이 없어 평등원칙 위반 및 비례원칙의 위반이라고 보았다. 위 결정이 내려지기 직전에 이번에는 분양받은 사람이 아닌 개발사업자를 부과대상으로 하는 법개정이 있었다. 이 개정규정에 대해서도 이후 위헌심판제청이 있었는데 헌재는 의무교육의 무상성 규정은 의무교육 비용을 학령아동 보호자의 부담으로부터 공동체 전체의 부담으로 이전하라는 명령일 뿐 의무교육의 모든 비용을 조세로 해결해야 함을 의미하는 것은 아니므로, 학교용지부담금의 부과대상을 수분양자가 아닌 개발사업자로 한 것은 의무교육의 무상원칙에 위배되지 아니한다고 하여 합헌성을 인정하였다(2007헌가1, 헌법불합치결정이긴 하나 무상성원칙에 반하지 않는다는 점에 관한 동지의 결정으로 2007헌가9)(학교용지부담금에 대해 평등원칙 위반을 이유로 위헌성을 인정한 결정을 한 예들이 있다. 2007헌가9; 2011헌가32; 2013헌가28). 이런 맥락에서 헌재는 의무교육 무상의 원칙이 의무교육을 위탁받은 사립학교법인이 관련 법령에 의하여 부담하도록 규정되어 있는 경비까지 종국적으로 국가나 지방자치단체의 부담으로 한다는 취지까지 규정한 것으로 볼 수는 없다는 입장이다(2016헌바374)(사안은 중학의무교육을 수탁, 수행하는 사립학교법인이 공유재산을 점유한 데 대해 변상금이 부과되자 위 법인이 의무교육무상에 따라 점유에 대한 변상금예외를 인정하지 않는 것이 위헌이라고 주장한 것임).

[지방자치단체의 부담 가능] 의무교육경비를 국가만이 아니라 지방자치단체에 부담시키는 것이 후자의 권한침해라는 서울특별시와 정부간의 권한쟁의 사건에서 헌재는 국가가 모든 무상교육비용을 부담하여야 하는 것은 아니라고 하여 받아들이지 않았다(2004헌라3).

[의무교육의 무상범위] 이에 대해서는 수업료면제설(수업료만 면제된다는 설), 취학필수비무상설(수업료뿐 아니라 교재, 학용품, 급식도 무상으로 하여야 한다는 설), 법정설(법률이 정한 범위라고 보는 설) 등이 있는데 취학필수비무상설이 다수설이다. 헌재는 "의무교육에 있어서 무상의 범위에는 의무교육이 실질적이고 균등하게 이루어지기 위한 본질적 항목으로, 수업료나 입학금의 면제, 학교와 교사 등 인적·물적 시설 및 그 시설을 유지하기 위한 인건비와 시설유지비, 신규시설투자비 등의 재원 부담으로부터의 면제가 포함된다 할 것이며, 그 외에도 의무교육을 받는 과정에 수반하는 비용으로서 의무교육의 실질적인 균등보장을 위해 필수불가결한 비용은 무상의 범위에 포함된다. 의무교육에 있어서 본질적이고 필수불가결한 비용 이외의 비용을 무상의

범위에 포함시킬 것인지는 국가의 재정상황과 국민의 소득수준, 학부모들의 경제적 수준 및 사회적 합의 등을 고려하여 입법자가 입법정책적으로 해결해야 할 문제이다"라고 한다(2010헌바164).

헌재는 위와 같은 자신의 법리에 비추어 ① 의무교육 대상인 중학생의 학부모에게 급식관련비용 일부를 부담하도록 하는 구 학교급식법 규정이 의무교육의 무상원칙을 위반한다는 주장에 대해 급식활동 자체가 의무교육에 필수불가결한 내용이라 보기 어렵고, 국가나 지방자치단체의 지원으로 부담을 경감하는 조항이 마련되어 있으며, 특히 저소득층 학생들을 위한 지원방안이 마련되어 있다는 점 등을 고려해 보면 입법형성권의 범위를 넘어 헌법상 의무교육의 무상원칙에 반하는 것으로 보기는 어렵다고 하여 합헌이라고 결정하였다(2010헌바164). ② 반면에 공립중학교 학생으로부터 학교운영지원비를 징수하도록 하는 구 초·중등교육법 규정은 의무교육의 무상원칙에 반하여 위헌이라고 결정하였다. 즉 앞서 밝힌 대로 교사 등 인적 기반을 유지하기 위한 인건비의 재원 마련은 전적으로 국가와 지방자치단체의 몫임이 분명함에도 불구하고 그 일부를 학교운영지원비로 충당하는 것, 기본적 교육수입(또는 등록금)으로 분류된 학교운영지원비를 의무교육 대상자인 중학생으로부터 징수하는 것은 헌법이 천명하고 있는 의무교육의 무상원칙에 분명히 반하는 것이라고 보았다(2010헌바220).

무상성원칙은 무상을 위한 교육재정이 충분하지 않아서 실질적인 혜택이 요구되는 계층에 대한 무상이 충분히 이루어지지 않을 경우에는 균등하게 교육을 받을 권리가 제대로 실현되지 못할 수 있다. 원래 균등한 교육의 기회를 가질 권리를 보장해주기 위한 무상성원칙이라는 점이 다시 강조되어야 할 것이다. 실질적으로 균등하게 교육을 받을 권리가 실현되도록 필요한 가정에 교육재원이 배분되어야 할 것이다. * 의무교육의 무상성원칙, 의무교육의 범위 등에 관한 자세한 것은 정재황, 의무교육에 관한 헌법적 고찰, 헌법학연구, 2014년 9월, 20권 3호, 119면 이하 참조.

V. 교육을 할 권리의 문제

[개념과 근거] 교육을 '받을' 권리에 조응하여 지식과 경험을 다른 사람에게 제공하고 전수할 권리이다. 교육을 할 권리에 대해 우리 헌법이 직접 명시하고 있지는 않다. 헌법 제31조 제1항의 균등한 교육을 받을 권리에서 끌어내는 견해, 헌법 제22조 제1항의 학문과 예술의 자유 조항에서 찾는 견해, 헌법 제10조에서 끌어내는 견해 등이 있다. 생각건대 교육할 권리의 적극적 권리성과 자유권적인 성격을 고려하고 교육을 통해 인격의 형성을 가져온다는 점에서 교육할 권리는 헌법 제31조 제1항 등뿐 아니라 헌법 제10조의 인간의 존엄·가치와 행복추구권에서도 나온다고 볼 것이다.

1. 교육실시에 관한 학부모, 국가, 학교와의 공동의무

교육을 받을 권리를 실현하기 위한 교육의 실시의 주체는 학부모, 국가, 학교이다. 교육실시의 주체는 교육할 의무를 지는 주체, 그 의무를 위하여 부여되는 권한의 주체이다. 헌재는 "부모는 헌법 제36조 제1항에 의하여 자녀교육에 대한 독점적인 권리를 부여받는 것은 아니다"라고 판시(98헌가16)하였으나 이는 마치 국가도 자녀교육의 권리를 가지는 것으로 오해될 수 있다. 국가는 권리가 아니라 국민의 교육에 대한 책임과 권한('권한'은 '권리'와 다르다)을 가지는 것이다. 교육의 의무는 아동·청소년의 학부모와 국가가 함께 지는 공동의무이다. 헌재 역시 국가와 국민의 공동의무임을 설시하고 있다(93헌마192; 98헌가16). 국가는 전인적인 국민육성 등에 효과적인 학습을 위한 교육내용을 결정한 권한을 가진다. 이러한 결정권은 국가의무를 이행하기 위한 권한이므로 교육현장에서의 자율성을 최대한 인정하면서 행사되어야 한다.

교육은 국가의 중요한 과제로서 국가에 그 책임을 부여하고 있으며, 공교육에 대한 국가의 책임은 매우 강하다. 그러나 사교육에 있어서는 상당한 차이가 있다. 사교육의 중요성이나 비중이 크고 그리하여 교육적 불평등이 문제되면 국가가 그것을 시정하기 위해 적극적으로 활동하여야 한다. 교육을 받을 권리는 생존권적 기본권이기 때문이다. 헌재는 "과외금지 위헌 결정에서 학교교육의 범주 내에서는 국가의 교육권한이 헌법적으로 독자적인 지위를 부여받음으로써 부모의 교육권과 함께 자녀의 교육을 담당하지만, 학교 밖의 교육영역에서는 원칙적으로 부모의 교육권이 우위를 차지한다"라고 보고 있다(98헌가16).

2. 부모의 자녀에 대한 교육권

[내용] 부모의 자녀교육권은 교육내용과 교육과정, 교육수단에 대한 선택·결정권, 학교선택권, 자녀의 학습여건에 관한 권리, 가정생활에서의 지도권, 진로선택지도권, 진로교육을 받게 할 권리 등을 구체적 내용으로 가진다. 헌재도 부모의 자녀교육권은 자녀의 학교교육에 관한 전반적인 계획수립에 기초하고, 자녀의 개성의 발현을 위해 교육과정 결정이나 학교선택권으로 구체화된다고 본다(2005헌마514; 2011헌마827). 또한, 자녀교육권은 자녀의 개인적 성향·능력 및 정신적·신체적 발달상황 등을 고려하여 교육목적을 달성하기에 적합한 교육수단을 선택할 권리를 포함한다(98헌가16; 2005헌마514) 종교교육권도 포함된다.

[자녀교육권의 근거 문제] 헌재는 부모의 자녀교육권은 비록 헌법에 명문으로 규정되어 있지는 아니하지만, "혼인과 가족생활을 보장하는 헌법 제36조 제1항, 행복추구권을 보장하는 헌법 제10조 및 "국민의 자유와 권리는 헌법에 열거되지 아니한 이유로 경시되지 아니한다."고 규정하는 헌법 제37조 제1항에서 나오는 중요한 기본권"이라고 한다(98헌가16). 생각건대, 헌법

제31조 제1항이 "모든 국민은 능력에 따라 균등하게 교육을 받을 권리를 가진다"라고 하여 부모의 권리를 직접적으로 규정하지는 않으나 교육을 받는 주체인 자녀의 인격발현을 돕기 위한 것이라는 점에서 부모의 교육권은 가족에 관한 규정인 헌법 제36조 제1항보다 교육권 규정인 헌법 제31조 제1항이 더 중요한 헌법적 근거가 되어야 할 것이다. 헌법 제36조 제1항에서 부모의 자녀교육권이라는 기본권이 나온다고 보는 것은 이 조문이 가족생활에서의 기본권을 규정한 것으로 보는 것이 헌재의 입장이라는 점에서는 긍정적이나 교육의 문제가 중심이므로 헌법 제31조 제1항도 그 근거가 된다고 보는 것이 그 논증이 더 강화될 것으로 본다.

[사교육] 과외교습금지[심판대상: 대학(원)생을 제외한 개인은 학원이나 교습소의 설립을 통해서만 과외교습을 할 수 있고, 배우고자 하는 학생은 학원, 교습소에 가거나 대학(원)생을 통해서만 과외교습을 받을 수 있도록 한 구 '학원의 설립·운영에 관한 법률' 제3조]에 대해 헌법소원심판이 청구되었다. 이러한 금지로 부모의 자녀교육권 외에도 제한되는 기본권이 있는데 배우고자 하는 아동과 청소년의 인격의 자유로운 발현권, 교육에 관하여 스스로 결정할 권리, 즉 자유롭게 교육을 받을 권리, 과외교습을 하고자 하는 개인의 직업선택의 자유 및 행복추구권(일반적 행동자유권) 등이 그것이다. 헌재는 과잉금지원칙을 위배하여 위헌이라고 판단하였다(98헌가16).

[부모의 종교교육권] 종교교육권에 대한 합헌결정례로, 이른바 고교평준화지역에서 일반계 고등학교에 진학하는 학생을 교육감이 학교군별로 추첨에 의하여 배정하도록 하는 초·중등교육법시행령 제84조 제2항 때문에 원하지 않는 종교교육을 실시하는 학교에 배정될 수 있도록 함으로써 학부모의 종교교육권을 침해하여 위헌이라고 주장하며 헌법소원심판을 청구한 예가 있다. 헌재는 과잉금지원칙을 준수한 것이라고 하여 합헌성을 인정하였다(헌재 2009.4.30. 2005헌마514).

[인터넷게임 강제적 셧다운제] 16세 미만 청소년에게 오전 0시부터 오전 6시까지 인터넷게임의 제공을 금지하는 이른바 '강제적 셧다운제'를 규정한 구 청소년보호법에 대해 헌재는 침해최소성을 지키고, 과잉금지원칙을 준수하여 부모의 자녀교육권을 침해하지 않아 합헌이라고 보았다(2011헌마659, 청소년보호법 2021.12.7. 개정으로 강제적 셧다운제는 폐지되었고 '게임시간 선택제'로 바뀌었다).

[지역언어(방언)에 의한 자녀교육] 공공기관의 공문서나 초중등학교 교과서를 표준어로 규정한 법규가 지역언어를 쓰는 청구인들의 행복추구권과 평등권 및 교육권내지 자녀를 교육시킬 언어를 선택할 권리를 침해한다는 헌법소원사건에서 헌재는, i) 언어선택은 자녀교육의 중요한 요소가 될 수 있으므로 부모의 교육권은 인정하나 서울말을 표준어로 삼은 것은 국가공동체의 원활한 소통을 위한 것이고, ii) 다양한 국어학 전문가들의 의견수렴과 공동노력에 의하여 성안된 점을 고려하면, 침해최소성을 갖추어 과잉금지원칙을 준수한 것이고 입법재량 범위 내로 보아 합헌성을 인정하였다(2006헌마618).

3. 교사의 교육권

초·중·고등학교 교사의 수업과 교육은 학생들이 아직 성장과 인격형성의 과정에 있다는 점에서, 그리고 학생의 수학권보장을 위하여 제약을 받는다고 보는 견해가 많다. 이 권리의 성격에 대해 신탁설과 교사의 권리설로 나누어진다. 헌재는 교과서를 검·인정제가 아닌 국정제로 한 것이 합헌이라고 판단한 사건에서 학교교육에서 교사의 가르치는 권리는 "자연법적으로는 학부모에게 속하는 자녀에 대한 교육권을 신탁받은 것이고, 실정법상으로는 공교육의 책임이 있는 국가의 위임에 의한 것이다"라고 판시한 바 있다(89헌마88). 또한, 헌재는 교사의 수업권이 헌법상 보장되는 기본권인지에 대해 부정적으로 보는 견해가 많으며 설사 학문의 자유 또는 교육을 받을 권리의 규정에서 교사의 수업권이 파생된다고 하더라도 국민의 수학권 보장을 위하여 교사의 수업권은 일정범위 내에서 제약을 받을 수밖에 없다고 판시한다(89헌마88, 동지 2007헌마359). 생각건대, 신탁설에 따르면 교사가 학생들을 교육함에 있어서 재량을 가지기 힘들게 된다. 교사의 교육할 권리는 위임과 신탁에 의한 것이긴 하나 교사의 자유와 권리로서의 성격도 가진다. 교사의 교육할 권리에는 교육과정선택에 관한 권리, 수업을 할 권리, 학생지도·훈육권 등이 포함된다.

4. 사립학교 설립·운영의 권리

초등, 중등, 고등의 사립학교를 자유로이 설립하고 설립취지에 따라 교육을 수행할 수 있는 권리를 그 내용으로 한다. 사립학교를 설립·운영할 권리에는 소극적 자유권뿐만 아니라 사립학교가 제도적 공교육을 수행하는 기관이므로 적극적인 권리로서의 성격도 가진다(2005헌마1119; 96헌바33등;, 2009헌바206;, 2009헌바40 등). 헌재는 "설립자가 사립학교를 자유롭게 운영할 자유는 비록 헌법에 명문의 규정은 없으나 헌법 제10조에서 보장되는 행복추구권의 한 내용을 이루는 일반적인 행동의 자유권과 모든 국민의 능력에 따라 균등하게 교육을 받을 권리를 규정하고 있는 헌법 제31조 제1항 그리고 교육의 자주성·전문성·정치적 중립성 및 대학의 자율성을 규정하고 있는 헌법 제31조 제4항에 의하여 인정되는 기본권의 하나"라고 본다. 사립학교의 운영에 있어서 국가공권력 등에 의한 부당한 간섭·규제가 이루어져서는 아니 된다. 사립학교의 운영의 권리의 근거와 존립이유인 교육의 자주성·전문성·정치적 중립성이 침해되기 때문이다.

제 2 항 교육의 자주성 등과 교육제도의 보장

Ⅰ. 교육의 자주성 · 전문성 · 정치적 중립성 및 대학의 자율성

헌법 제31조 제4항은 "교육의 자주성·전문성·정치적 중립성 및 대학의 자율성은 법률이 정하는 바에 의하여 보장된다"라고 규정하고 있다.

1. 교육의 자주성 · 전문성

교육의 자주성이란 교육의 내용이나 교육행정 등이 교육당사자들에 의한 자발성과 주도에 의한 민주적 의사결정으로 이루어져야 함을 의미한다. 국민의 일반적인 교육과 국가 전반의 기본적인 교육을 위하여 국가의 간여가 있을 수 있으나 가능한 한 최소한에 그쳐야 한다. 교육의 전문성은 특히 교육이 인간의 인성, 지적능력을 개발하는 것이므로 교육은 관련 전문성을 가진 사람에 의해 이루어질 것을 요구한다. 헌재는 교육의 자주성을 보장하기 위해서 교육행정기관에 의한 교육내용에 대한 부당한 권력적 개입이 배제되어야 할 이치이라고 설시한다(89헌마88).

교육의 자주성의 주체는 교육을 하는 교사(교원)와 교육기관, 그리고 교육을 받는 사람들과 학부모라고 할 것이다. 그러나 각 주체는 서로 간에 지는 책임으로 한계를 갖게 된다고 할 것이다. 교사의 자주성은 학생의 교육을 받을 권리를 위해 제약될 수도 있다. 헌재는 사립학교 교원의 직권면직사유로 사립학교법상 규정된 "근무성적이 극히 불량한 때"라는 사유는 국민의 교육받을 권리를 침해하지 않기 위한 최소한의 자질과 근무 확보를 위한 규정이라고 합헌판결을 내렸다(89헌가106; 95헌바29). 교육의 자주성·전문성·정치적 중립성과 관련한 논의는 앞서 본 교과서 제도와 관련한 판례들, 교육위원 겸직금직 조항의 합헌 판결(91헌마69), 교육행정경력 5년이상의 교육감 자격제한 법률에 대한 합헌 판결(2007헌마117), 대학입시 기본계획 관련 합헌 판결(94헌마119) 등에서도 찾아볼 수 있다.

지방교육은 자치제로 이루어지고 있다. 지방교육자치는 지방자치라는 지역과 공간적 요소와 교육에서의 자치라는 질적(내용적) 요소로 이루어진다. 헌재는 이 지방교육자치에 민주주의, 지방자치, 교육자주라고 하는 세 가지의 헌법적 가치를 부여하고 있다(99헌바113; 2000헌마283; ,2004헌라3 등). 이러한 요소를 고려하면 헌법 제31조 제4항의 교육의 자주성 규정과 제117조 지방자치 규정 양자를 지방교육자치의 헌법적 근거가 된다(99헌바113; 2000헌마283; 2004헌라3). 지방교육자치의 헌법적 가치를 구현하기 위해 지방교육자치에 관한 법률을 두고 있다. 교육감은 주민에 의해 직접 선출되고 교육위원회는 2014년 6월 30일에 폐지되어 이후 시·도의회의 상임위가 그 임무를 담당하게 되었다.

교육의 자치는 단위학교에서의 자치가 실질적으로 중요하다. 단위학교에서의 교육자치는 학교운영위원회를 통해 구현된다. 사립학교의 경우 각 학교의 특성이 보장된다. 사립학교의 특성 존중과 교원의 교육을 할 권리와의 관계가 문제된다. 교육의 자율성, 전문성은 대학에서 더 강하게 작동된다고 볼 것이다

2. 교육의 정치적 중립성

교육의 정치적 중립성은 교육이 국가권력이나 정치세력의 영향과 압력을 받아서는 아니 되고 반대로 교육이 정치에 개입하여서도 아니 됨을 의미한다. 교원도 정치적으로 중립성을 지켜야 하는데 현행 교육기본법 제6조 제1항도 교육은 "정치적·파당적 또는 개인적 편견을 전파하기 위한 방편으로 이용되어서는 아니 된다"라고 규정하고 있다. '교원의 노동조합 설립 및 운영 등에 관한 법률' 제3조는 교원노동조합의 정치활동을 금지하고 있다.

교육감선거에서 후보자의 과거 당원경력 표시를 금지하고 있는데 헌재는 이 금지는 교육의 정치적 중립성을 확보하기 위한 것으로 후보자의 정치적 표현의 자유를 제한함에 있어 과잉금지원칙을 준수한 것이라고 하여 합헌성을 인정한 바 있다(2010헌마285).

교사들이 준수해야 할 정치적 중립성은 교육의 직접적인 현장인 교실이나 학교에서만 요구되는 것인지 아니면 교외에서도 요구되는 것인지 하는 문제가 있다. 이 사안에 대하여 대법원 판례는 교내외 공히 적용되는 것으로 판단한 바 있다(2010도6388 전원합의체 판결). 헌재도 초·중등학교 교육공무원의 정당가입 및 선거운동의 자유를 제한하는 규정의 합헌성을 인정하는 결정례에서 비슷한 취지를 밝히고 있다(2001헌마710). 헌재는 국정교과서제는 교육의 중립성에 반하지 않는다고 결정하였다(89헌마88).

3. 대학의 자율성

대학의 자율성, 자치성에 대해서는 학문의 자유에서 살펴보았다(전술 참조).대학자율권 침해로 위헌이라고 결정한 예도 있다(2014헌마1149. 전술 학문의 자유 참조).

II. 교육제도의 보장

1. 교육제도법률(법정)주의

[법률] 헌법 제31조 제6항은 학교교육 및 평생교육을 포함한 교육제도와 그 운영, 교육재정 및 교원의 지위에 관한 기본적인 사항은 법률로 정한다고 하여 교육기본제도의 법률주의를 규

정하고 있다. 이에 따라 교육기본법, 초·중등교육법, 사립학교법 등이 시행되고 있다.

[행정입법에의 위임] 헌법 제31조 제6항이 교육제도에 관하여 법률로 정하라고 교육제도 법정주의를 규정하고 있긴 하지만 교육제도에 관한 모든 사항을 법률로 정할 수 없으므로 부득이 행정입법에 일정사항을 위임할 수도 있다. 이는 교육제도 법정주의를 규정한 헌법 제31조 제6항과 구체적 위임원칙을 규정한 헌법 제75조의 복합적인 문제로서 위임의 원칙과 한계를 지켜야 한다. ⅰ) 기본적인 중요사항은 위임의 대상이 될 수 없다. 바로 의회유보원칙이다. 기본(본질)사항이 아닌 사항은 행정입법에 위임할 수 있다(2011헌마827에서 의회유보원칙준수여부를 따짐). ⅱ) 위임의 필요성이 있어야 한다. ⅲ) 행정입법에 위임은 구체적 위임원칙(제75조)에 따라서 행정입법에 규정될 대강의 내용을 위임하는 법률 자체를 보고서도 예측가능할 정도로 구체화하여 위임하여야 한다(법률유보, 의회유보, 구체적 위임의 원칙에 대해서는 앞의 '기본권총론' 부분 참조).

위 법리와 관련한 결정례로는 ⅰ) 행정입법 위임에 의한 추첨 무시험전형(평준화) - 고등학교의 입학방법과 절차 등에 필요한 사항을 대통령령으로 정하도록 위임한 초·중등교육법 제47조 제2항의 합헌성인정결정(2011헌마827), ⅱ) 학교선택권의 대통령령·부령에 의한 제한, "고등학교의 입학방법 및 절차에 관하여 필요한 사항은 대통령령으로 정한 초·중등교육법 제47조 제2항, 초·중등교육법 시행령 제84조 제2항의 합헌성인정결정(위 2005헌마514), ⅲ) 교육제도에 관한 위임 문제로 헌재 초기에 내려진 중요한 결정례로 구교육법 제8조 제2항이 중학 의무교육에 행정입법에 위임하도록 한 조항의 합헌판결이 있다(90헌가27).

[교육법정주의에서의 법령보충규칙 허용] 법률이 교육에 관한 사항을 대통령령, 총리령, 부령이 아닌 장관의 고시, 지침 등 행정규칙에 교육제도에 관한 기술적·전문적 사항을 위임할 수 있는가 하는 문제가 있다. 바로 '법령보충규칙' 문제이다(이에 대해서는 앞의 기본권총론, 법률유보 참조). 아래의 예에서 보듯이 헌재는 긍정한다(2013헌마838).

● **판례** **교육제도 법정주의와 고시에의 위임:** 헌재는 초등학교 1, 2학년 정규교과에서 영어 배제, 3-6학년의 영어교육을 일정한 시수로 제한한 교육과학기술부(당시 교육과학기술부였음) 고시가 교육현장을 가장 잘 파악하고 교육과정에 대해 적절한 수요 예측을 할 수 있는 해당 부처에서 정하도록 할 필요성을 들어 교육제도법정주의에 위반되지 않는다고 보았다(2013헌마838). 이 결정에서 헌재는 초·중등교육법 규정, 동법 시행령 규정이 위임한 범위도 지켰다고 보았고 영어과목의 학습을 초등학교 저학년인 1, 2학년에게는 금지하고, 3-6학년에 대해서는 시수를 제한한 것은 사교육 폐단, 양극화 방지, 전인적 교육과 정체성 형성이라는 공적 교육의 최소한을 담보하기 위한 것으로서(침해최소성도 갖추어) 과잉금지원칙을 준수한 것이어서 인격의 자유로운 발현권, 자녀교육권을 침해하지 않는다고 보아 합헌성을 인정하였다. * 그 외 교육 관련 고시에 대해 본안판단을 한 결정례: '초·중등학교 교육과정'(교육과학기술부 고시) '한자교육 관련'에 대한 기각결정(2012헌마854) 등.

2. 교육재정법정주의

교육활동이 가능하기 위해서는 교육재정이 확보되어야 하는데 헌법 제31조 제6항은 교육재정에 관한 기본사항을 법률로 정하도록 하고 있다. 특히 지방교육재정의 확충이 중요한데 현재

지방교육재정교부금법이 있다.

헌재는 교육재정법정주의에 입각하여 입법자의 판단권을 넓게 인정하고 있다. 헌재는 "헌법에서 교육관련 제도의 형성을 입법자에게 위임한 이상 입법자는 중앙정부와 지방정부의 재정상황, 의무교육의 수준 등의 여러 가지 요소와 사정을 감안하여 교육 및 교육재정의 충실을 위한 여러 정책적 방안들을 구상하고 그 중의 하나를 선택할 수 있으며, 이에 관한 입법자의 정책적 판단·선택권은 넓게 인정된다"라고 한다(2004헌라3).

3. 교원지위법정주의

헌법 제31조 제6항은 교원의 지위에 관한 기본사항은 법률로 정하도록 하여 교원지위법정주의를 규정하고 있다. 교원지위법정주의는 교원 자신의 신분과 권리의 보장뿐 아니라 학생에 대한 수학권의 보장, 나아가 교육의 자주성, 전문성을 위한 것이기도 하다. 헌재는 교원의 지위란 존경, 사회적 대우, 근무조건과 같은 물적 급부 등 모두를 포함하는 것으로 단순히 교원의 권익을 보장하기 위함이나 교원의 지위를 행정권력에 의한 부당한 침해로부터 보호하는 것만을 목적으로 한 규정이 아니라 국민의 교육을 받을 기본권을 실효성 있게 보장하기 위한 것이라고 보고 있다. 사립학교 교원의 노동운동금지 규정에 대한 위헌논란이 있었으나 헌재는 바로 이 교원지위법정주의에 따라 법률이 교원 노동운동금지를 규정하였기에 합헌이라고 보았다(89헌가106). 이후 제정된 '교원의 노동조합 설립 및 운영 등에 관한 법률'은 교원들의 노동조합 설립 등을 허용하고 있다. 그러나 쟁의행위는 금지하고 있다(법 제8조). 교원에 대한 예우와 처우를 개선하고 신분보장과 교육활동에 대한 보호를 강화함으로써 교원의 지위를 향상시키고 교육 발전을 도모하기 위하여 '교원의 지위 향상 및 교육활동 보호를 위한 특별법'이 있다.

교수재임용제도에 대해서는 객관적인 기준의 재임용 거부사유와 재임용 탈락하게 되는 교원이 진술할 수 있는 기회 그리고 재임용거부를 사전에 통지하는 규정 등이 없으며, 재임용이 거부되었을 경우 사후에 그에 대해 다툴 수 있는 제도적 장치를 전혀 마련하지 않아 교원지위법정주의의 위반이라고 하여 헌법불합치결정이 있었고 그 뒤 법이 개정되었다(2000헌바26).

제 4 절 문화적 생존권과 정보생존권

I. 문화적 생존권

생존권에는 물질적 생존권 외에도 양질의 정신적이고 문화적인 생활을 영위할 권리도 포함한다. 이 권리는 다른 영역의 기본권의 신장과 더불어 보호가능성이 더 확대된다. 예를 들어 언론출판의 자유가 더욱 신장됨으로써 연극, 영화 등이 발달되고, 국민들의 정서가 더 풍요로워질 수 있다. 오늘날 엔터테인먼트, 여가, 힐링 등 여러 문화영역에서 질적, 정신적 풍요를 추구하기 위한 권리들을 요구하고 있다.

박근혜 정권 하에서 이른바 '블랙리스트'가 문제되었다. 문화기본법 제4조는 "모든 국민은 성별, 종교, 인종, 세대, 지역, 사회적 신분, 경제적 지위나 신체적 조건 등에 관계없이 문화 표현과 활동에서 차별을 받지 아니하고 자유롭게 문화를 창조하고 문화 활동에 참여하며 문화를 향유할 권리를 가진다"라고 규정하고 있었는데 2017년 블랙리스트 방지를 위하여 차별금지 사유로 정치적 견해를 추가하는 위 조문을 개정하였다(문화적 생존권에 대해서는 앞의 '기본질서'의 '문화적 기본질서' 부분 참조).

II. 정보생존권

20세기 말 이후, 급격한 정보화 사회에 진입하면서 사람들의 일상생활에서 정보의 보유나 활용은 생존이나 삶의 질 향상에서 필수적인 요소가 되고 있다. 이와 아울러, 계층간이나 사회적 집단간에 정보격차(digital divide)의 문제가 심화되고 있다. 정보화 기기를 보유할 수 없는 계층이나 그 기기를 활용하는 정보능력이 없는 사람들이나 경제적·지역적·신체적 또는 사회적 여건으로 인하여 생활에 필요한 정보통신서비스에 접근하거나 이용하기 어려운 사람들은 일상에 필요한 정보로부터 소외되거나 차단되어 문화적 생존권의 혜택을 누리지 못하는 결과를 가져온다. 이들에 대하여 정보통신망에 대한 접근과 정보이용을 보다 쉽게 하여 이를 확대함으로써 이들의 기초적 생활정보를 취득하게 하고 정신적 삶의 질을 향상하게 하며 계층들 간의 균형 있는 삶과 발전을 가져오도록 해야 한다. 현재 '국가정보화 기본법'에서 정보격차해소를 위한 규정들을 두고 있다.

제 5 절 근로의 권리

I. 근로의 권리의 개념과 특성

고대나 중세시대에 권리가 아니라 노역이었던 근로는 자본주의의 발달과 더불어 근대에 와서는 국가나 공권력이 개입되지 않을 것을 요구하는 자유권적 성격을 가지게 되었으나, 19세기 말부터는 약자인 근로자 보호의 필요성이 대두되면서 근로자의 권리로 보기 시작하면서 생존권으로서 근로권을 보호하기 위해 프랑스, 독일 등의 헌법에 근로권을 명문화하기 시작했다. 우리나라의 경우 1948년 제헌헌법에서부터 " 모든 국민은 근로의 권리와 의무를 가진다."라고 규정하였고(제헌헌법 제17조 제1항), 근로조건의 기준은 법률로써 정하고, 여자와 소년의 근로는 특별한 보호를 받는다고 규정하였다(제헌헌법 동조 제2·3항).

근로란 새로운 것을 창조하거나 기존의 물질을 변화시켜 생산에 기여하는 인간의 육체적·지적(정신적) 활동을 의미한다. 근로기준법도 "근로란 정신노동과 육체노동을 말한다"라고 근로를 정의하고 있다(법 제2조 제1항 제3호). 근로의 권리란 바로 이러한 근로의 기회를 제공받고 보장받을 권리를 말한다. 우리 헌법은 제32조 제1항에서 근로의 권리를 선언하면서 아울러 제2항에서 모든 국민은 근로의 의무를 진다고 규정하여 의무성을 선언하고 있기도 하다.

사실 근로가 직업을 가짐으로써 이루어지는 활동이므로 직업의 자유와 근로의 권리는 서로 밀접한 관련이 있다. 전자가 자유권적인 성격을 갖지만, 후자는 생존적인 성격을 가지므로 양자를 우리 헌법은 따로 규정하고 있다.

II. 근로의 권리의 성격과 주체

1. 근로의 권리의 성격

근로의 권리의 성격은 그 보호범위에도 관련된다. 학설로는, ① 자유권설(근로의 종류, 기회를 선택함에 있어서 그리고 근로를 함에 있어서 국가권력으로부터 침해받지 않고 할 수 있다는 방해배제의 소극적 권리로서 자유권이라고 보는 설), ② 생존권설로 ㉠ 입법 방침설(근로에 관한 구체적 사항을 규정한 법률이 없는 한 취업권이나 실업수당을 직접 요구할 수 있는 권리는 없고 헌법규정은 앞으로 근로의 권리에 관한 입법을 함에 있어서 방침을 입법자에 제시하는 것이라고 보는 설), ㉡ 추상적 권리설(근로권이 권리임에는 분명하나 앞으로 입법에 의하여 구체화되어야 할 추상적 권리라는 설), ㉢ 구체적 권리설(헌법상의 근로권규정은 직접적인 권리규정으로서 근로권에 관한 법률이 없더라도 헌법규정만으로도 실업자는 국가에 대해 직업의 마련이나 적어도 취업시까지의 실업수당 등을 요구할 수 있는 권리를 가지고 국가도 상응하는 법적 의무를 진다는 설), ㉣ 불완전한 구체적 권리설(국가나 공공단체에 대하여 근로의 기회를 제공하여 주도록 요구할 수 있는 불완전하나마 구체적 권리의 일종이라는 설) 등이 있다.

헌재의 입장은 명백하지는 않으나 적극적인 권리로 보려는 입장이 아닌 것으로 이해된다. 헌재는 "근로의 권리는 사회적 기본권으로서, 국가에 대하여 직접 일자리(직장)를 청구하거나 일자리에 갈음하는 생계비의 지급청구권을 의미하는 것이 아니라, 고용증진을 위한 사회적·경제적 정책을 요구할 수 있는 권리에 그친다"라고 판시하였다(2001헌바50).

근로능력을 가지고 있으면서도 직장을 가지지 못하여 생존이 어려운 국민은 근로의 기회를 요구할 수 있는 구체적 권리가 주어진다고 볼 수 있다. 즉 특정 직업의 특정 직장에의 배치가 아니라 일반적인 취업의 기회를 마련하여야 할 국가의 의무가 있고 근로하고자 하는 의욕에도 불구하고 실업상태에 있는 국민에게 국가가 취업의 기회를 부여할 수 없을 경우에는 실업급여를 교부할 의무를 국가가 진다. 따라서 근로의 권리가 단순한 입법방침이나 추상적 권리에 불과한 것이 아니라 구체적 권리이다.

2. 근로의 권리의 주체

헌법 제32조 제1항은 근로의 주체로 '모든 국민'이라고 규정하고 있는바, 실직중인 사람들 뿐만 아니라 취업중의 근로자도 근로권의 주체가 된다. 외국인에 대해서 헌재는 근로의 권리가 사회권적 기본권의 성격이 강하므로 기본권주체성을 전면적으로 인정하기는 어렵다고 하면서 "그러나 근로의 권리가 '일할 자리에 관한 권리'만이 아니라 '일할 환경에 관한 권리'도 함께 내포하고 있는바(후술 Ⅲ. 7. 참조), 후자는 인간의 존엄성에 대한 침해를 방어하기 위한 자유권적 기본권의 성격도 갖고 있어 건강한 작업환경, 일에 대한 정당한 보수, 합리적인 근로조건의 보장 등을 요구할 수 있는 권리 등을 포함한다고 할 것이므로 외국인 근로자라고 하여 이 부분에까지 기본권 주체성을 부인할 수는 없다. 즉 근로의 권리의 구체적인 내용에 따라, 국가에 대하여 고용증진을 위한 사회적·경제적 정책을 요구할 수 있는 권리는 사회권적 기본권으로서 국민에 대하여만 인정해야 하지만, 자본주의 경제질서 하에서 근로자가 기본적 생활수단을 확보하고 인간의 존엄성을 보장받기 위하여 최소한의 근로조건을 요구할 수 있는 권리는 자유권적 기본권의 성격도 아울러 가지므로 이러한 경우 외국인 근로자에게도 그 기본권 주체성을 인정함이 타당하다"라고 한다(2004헌마670; 2014헌마367).

Ⅲ. 근로의 권리의 내용

1. 고용의 증진을 통한 근로기회의 보장

[사회적·경제적 방법에 의한 고용증진] 헌법 제32조 제1항 제 2 문은 "국가는 사회적·경제적 방법으로 근로자의 고용의 증진 … 에 노력하여야 하며"라고 규정하고 있다. 고용증진노력의 방법으로 이처럼 헌법이 직접 명시하고 있는 '사회적·경제적 방법'이라 함은 고용증진을 위한 공공기관의 고용확대, 미취업자 등에 대한 직업능력개발훈련, 중소기업에 대한 고용지원, 정부의 행정지원체계 확보, 고용촉진이 될 수 있는 사회적·경제적 환경·여건을 조성하는 등의 방법을 말한다. 이를 위해 청년고용촉진 특별법, 장애인고용촉진 및 직업재활법, '고용상 연

령차별금지 및 고령자고용촉진에 관한 법률' 등이 있다.

[국가에 대한 직접적 일자리 청구권(생계비 지급청구권, 직장존속청구권) 비도출] 헌재는 "이러한 근로의 권리는 사회적 기본권으로서 국가에 대하여 직접 일자리를 청구하거나 일자리에 갈음하는 생계비의 지급청구권을 의미하는 것이 아니라 고용증진을 위한 사회적·경제적 정책을 요구할 수 있는 권리에 그치며, 근로의 권리로부터 국가에 대한 직접적인 직장존속청구권이 도출되는 것도 아니다"라고 한다. 그리하여 근로자가 퇴직급여를 청구할 수 있는 권리도 헌법상 바로 도출되는 것이 아니라 법률이 구체적으로 정하는 바에 따라 비로소 인정될 수 있는 것이고 따라서, 계속근로기간 1년 미만인 근로자가 퇴직급여를 청구할 수 있는 권리가 헌법 제32조 제1항에 의하여 보장된다고 보기는 어려우므로 그런 퇴직급여 미지급이 합헌이라고 본 결정에서 그렇게 판시하였다(2009헌마408).

2. 고용(근로)의 안정

(1) 고용의 안정과 해고의 제한

주어진 근로의 기회를 유지할 수 있게 고용의 안정도 필요하다. 고용의 안정을 위한 법률로 고용정책 기본법, 근로기준법 등이 있다. 고용의 안정을 위하여 먼저 해고의 제한이 요구된다. 그러나 해고의 제한이 사기업의 경영의 자유와 충돌하기 때문에 해고의 제한가능성에 대해 헌법적 논의가 있어 왔다. ① 부정설(해고의 제한을 부정하고 기업의 해고의 자유를 전적으로 인정해야 한다는 설)과 ② 긍정설(헌법의 근로권규정은 생존권규정으로서 사인들 간에도 적용되어야 하므로 해고의 자유도 제한될 수 있다고 보는 설)이 대립된다. 근로권은 자유주의경제가 보여준 폐해를 극복하기 위하여 계약의 자유, 경제의 자유를 제한하고서 생존권으로서 자리잡은 것이고 근로의 안정이 근로권 보장의 중요한 한 내용이 되어야 한다는 점에서 해고의 자유가 절대적일 수 없고 부당한 해고는 금지되어야 한다.

[해고예고제도 비적용의 위헌성] 헌재는 월급근로자로서 6개월이 되지 못한 자를 해고예고제도의 적용예외 사유로 규정하고 있는 근로기준법 규정은 근로의 권리를 침해하고 평등원칙에도 위배되어 위헌이라고 아래와 같이 결정하였다.

🌑 판례　헌재 2015.12.23. 2014헌바3
[결정이유] (가) 근로의 권리 침해 여부 - 근로의 권리를 담보하기 위하여 헌법 제32조 제3항은 "근로조건의 기준은 인간의 존엄성을 보장하도록 법률로 정한다"고 하여 근로조건 법정주의를 규정하고 있다. 근로기준법에 마련된 해고예고제도는 근로조건의 핵심적 부분인 해고와 관련된 사항일 뿐만 아니라, 근로자가 갑자기 직장을 잃어 생활이 곤란해지는 것을 막는 데 목적이 있으므로, 근로자의 인간 존엄성을 보장하기 위한 최소한의 근로조건 가운데 하나에 해당하므로, 해고예고에 관한 권리는 근로의 권리의 내용에 포함된다. 그렇더라도 구체적 내용인 적용대상 근로자의 범위를 어떻게 정할 것인지 또 예고기간을 어느 정도로 정할 것인지 여부 등에 대해서는 입법자에게 입법형성의 재량이 주어져 있다. 하지만 이러한 입법형성의 재량에도 한계가 있고, 근로조건의 기준은 인간의 존엄성을 보장하도록 법률로 정하도록 규정한 헌법 제32조 제3항에 위반되어서는 안 된다. 따라서 심판대상조항이 청구인의 근로의 권리를 침해하는지 여부는, 입법자가 해고예고제도를 형성함에 있어 해고로부터 근로자를 보호할 의무

를 전혀 이행하지 아니하거나 그 내용이 현저히 불합리하여 헌법상 용인될 수 있는 재량의 범위를 벗어난 것인지 여부에 달려 있다. 해고예고제도는 돌발적 실직의 위험으로부터 근로자를 보호하려는 데 그 취지가 있고, 사용자에게는 대체근로자를 찾는 과정에서 해당 근로자의 해고를 재고하는 일종의 숙려기간으로 작용하기도 하고, 근로자에게는 정당한 해고 사유의 유무에 대한 자기변호의 기회를 부여하기도 한다. 이런 점을 종합하여 보면, 일반적으로 해고예고의 적용배제사유로 허용할 수 있는 경우는 근로계약의 성질상 근로관계 계속에 대한 근로자의 기대가능성이 적은 경우로 한정되어야 한다. 그런데 심판대상조항은 월급근로자에 대하여 근로관계의 성질과 관계없이 근무기간이 6개월 지나기 전에는 해고예고수당을 지급하지 않고 예고 없이 해고할 수 있도록 하고 있는데, 이처럼 월급근로자로서 6개월이 되지 못한 사람을 해고예고 적용대상에서 제외하는 합리적 근거는 찾기 어렵다. 오히려 근로계약의 계속성에 대한 기대가 크다고 볼 수 있으므로, 이들에 대한 해고는 근로기준법 제35조의 다른 사유들과 달리 예상하기 어려운 돌발적 해고에 해당한다. 근무기간이 6개월 미만인 월급근로자의 경우 해고예고제도 적용대상에서 제외되면 전형적 상용근로자임에도 불구하고 단지 근무기간이 6개월이 되지 아니하였다는 이유만으로 아무런 예고 없이 직장을 상실하게 될 수 있다. 그렇다면 "월급근로자로서 6개월이 되지 못한 자"를 해고예고제도의 적용대상에서 배제하고 있는 심판대상조항은, 입법자가 근로자에 대한 보호의무에서 요구되는 최소한의 절차적 규율마저 하지 아니한 것으로 입법재량권의 행사에 있어 헌법상 용인될 수 있는 재량의 범위를 벗어난 것이라고 보아야 한다. 결론적으로 청구인의 근로의 권리를 침해하여 헌법에 위반된다. (나) 평등원칙 위반 여부 — 합리적 근거 없는 차별에 해당하므로, 헌법 제11조의 평등원칙에 위반된다. * 이 결정은 실질적으로 동일한 내용의 구법 규정에 대한 합헌성을 인정하였던 99헌마663 결정을 변경하는 것임(위헌결정 이후 근로기준법개정됨).

헌재는 일용근로자로서 3개월을 계속 근무하지 아니한 자를 해고예고제도의 적용제외사유로 규정하고 있는 근로기준법 규정에 대해서는 합헌성을 인정하였다(2016헌마640).

* 4인 이하 사업장에 대한 근로기준법상 부당해고제한조항 비적용의 합헌성 인정 — 헌재는 부당해고를 제한하는 것은 근로의 권리의 내용에 포함된다고 보면서도 4인 이하 사업장에 대해서는 근로기준법상의 부당해고제한조항 및 노동위원회 구제절차를 적용하지 않더라도 특약가능성, 해고예고제도의 적용 등 최소한의 근로자보호가 이루어져 명백히 불합리하지 않으므로 근로의 권리를 침해하지는 않는다고 보았다(2017헌마820).

근로기준법은 부당해고에 대한 구제절차로서 구제신청, 구제명령, 이행강제금 제도 등을 두고 있다.

(2) 기간제 근로자의 고용안정

우리나라에서는 IMF 이후 고용시장의 구조적 변화로, '비정규직' 근로자의 고용안정과 근로권이 중요한 문제로 제기되었다. 현재 비정규직에 관해서는 '기간제 및 단시간근로자 보호 등에 관한 법률'을 두어 차별적 처우 금지와 근로조건 보호를 규정하고 있다. [판례] 동법 제4조 제1항에서는 기간제 근로자의 사용기간을 2년 이내로 명시하고 있는데, 이에 대한 헌법소원 사건에서 헌재는 자유권의 침해 여부 문제로 판단하고 2년 기간제 고용제도 계약의 자유 제한에 있어서 비례(과잉금지)원칙을 준수하여 합헌이라고 결정하였다(2010헌마219). 그러나 생존권으로서의 근로권을 생각하고, 2년 이내의 제한이 비정규직의 신분보장에서 고용불안을 가져올 수 있다는 점에서 사용자와 기간제 근로자의 자유권으로서만 문제가 된다고 본 것은 잘못이다. 이 판시 역시 헌재가 근로권의 생존권성을 부정하는 기조를 보여주는 사례라고 할 수 있다. 헌법에서 근로권을 별도로 명시하고 생존권들 가운데에 그 위치를 두고 있음은 우리 헌법이 계약의 자유뿐만 아니라 생존권으로서의 근로권을 적극적으로 보호하고자 하는 의지라고 해석할 수 있다. 따라서 이 사안은 생존권으로서의 근로권의 문제로 우선적으로 보고 근로자의 근로권과 사용자의 계약의 자유가 충돌의 경우로 판단하여 이에 대한 조절로서 생존권인 근로권에 대한 제한 문제로 판단을 전개했어야 한다고 본다. 또한, 계약자유 침해 여부 판단에서도 문제가 있다. 헌재는 2년을 근무하면 무기계약으로 전환하도록 하여 기간제 근로자 사용을 억제하고 이들의 고용불안을 해소하고자 한 것이므로, 입법목적과 방법의 적절성이 있다고 판단하였으나, 동법의 문언해석에 비추어 보면 잘못된 판시이다. 동법은 사용자가 무기계약을 체결하고자 하는 우선 대상으로 동종이나 유사한 업무에 종사하는 기간제 근로자이지, 기간제로 근무한 동일한 그 근로자로 특정하지 않았기 때문에 비정규직으로 일한 그들의 고용안정을 반드시 촉진한다고 보기 어렵다. 사실상 무기직전환이 늘어났다는 등과 같은 현실의 문제가 아니라 동법의 문언 자체에 대한 해석부터가 정확하여야 한다. 근로자의 생존권 문제이기 때문이다(기간제근로제의 문제점에 대해서는 이정미, 조용호 재판관의 소수의견에서도 피력되고 있다).

3. 최저임금제의 '의무적' 시행과 적정임금의 보장

(1) 최저임금제

[의의, 산정방법] 우리 헌법 제32조 제1항 제2문은 국가는 법률이 정하는 바에 의하여 최저임금제를 반드시 시행하여야 함을 명시하고 있다. 이를 위하여 최저임금법이 제정되어 시행되고 있다. 최저임금이란 근로자의 기본적인 생활을 위하여 적어도 그 정도에 절대 미달되어서는 아니 될 액수의 임금을 말한다. 최저임금은 근로자의 생계비, 유사 근로자의 임금, 노동생산성 및 소득분배율 등을 고려하여 정한다(최저임금법 제4조). 최저임금은 근로자위원, 사용자위원, 공익위원으로 구성되는 최저임금위원회의 심의를 거쳐 결정된다(동법 제8조, 제14조 제1항). 최저임금액수를 두고 노·사간에 이견이 많다.

[판례] (ㄱ) 심사기준 — 헌재는 최저임금액을 정한 것은 "사용자와 근로자 사이의 상반되는 사적 이해를 조정하기 위한 것으로서, 개인의 본질적이고 핵심적인 자유 영역에 관한 것이라기보다 사회적 연관관계에 놓여 있는 경제 활동을 규제하는 사항에 해당한다고 볼 수 있으므로" 과잉금지심사에서 완화된 심사기준이 적용된다고 한다(2017헌마1366). (ㄴ) 구체적 결정례 — 아래에 살펴본다. 아래 ⅰ)의 ①, ②, ③은 근로의 권리 제한은 다루지 않고 계약의 자유, 영업(기업)의 자유 제한 문제로 판단한 것인데 그것은 근로자가 아닌 최저임금지급의무자인 사업(사용)자가 청구한 사건들이었기 때문이다. ⅱ)의 결정이 근로자의 근로의 권리 제한 문제를 판단한 것이다. ⅰ) 사업(사용)자가 청구한 사건들 ① 2018년, 2019년 적용 최저임금 고시 — 이에 대해 소상공인·자영업자 등의 반발이 강했는데 이에 대한 헌법소원심판에서 헌재는 다음의 이유로 합헌이라고 보는 기각결정을 했다(2017헌마1366). 즉 2018년 및 2019년 최저임금 심의 당시의 주요 노동·경제 지표에 대하여 조사와 검토가 이루어진 점 비혼 단신근로자의 월평균 실태생계

비, 임금총액, 시간당 노동생산성, 소비자물가 등의 추이와 통상임금 평균값 대비 최저임금 시간급의 상대적 수준 등에 비추어보더라도 2018년 및 2019년 최저임금액이 현저히 합리성을 결여하여 입법형성의 자유를 벗어나는 것이라고 하기 어렵다. 사업의 종류별, 지역별 구분 없이 전 사업장에 동일하게 적용하게 하였더라도 명백히 불합리하지 않고, 근로자들의 인간다운 생활 보장과 이를 통해 노동력의 질적 향상을 꾀하기 위한 공익이 사익보다 커서 과잉금지원칙을 준수하여 계약의 자유와 기업의 자유를 침해하지 않는다. ② 택시운전근로자들의 최저임금에 산입되는 임금의 범위 — 이는 생산고에 따른 임금을 제외한 임금으로 한다는 내용의 최저임금법 제6조 제5항이 택시운전근로자들에게 지급하는 임금총액을 증액하는 것이 아니라 그 중 최저임금액 상당을 고정급으로 확보해 주도록 강제하는 필요최소한의 제한만을 부과할 뿐이어서 최소침해성을 갖추어 일반택시운송사업자들들의 계약의 자유와 영업의 자유를 침해하지 않는다고 보아 합헌성을 인정하여 기각결정이 있었다(2008헌마477). ③ 최저임금의 적용을 위해 주(週) 단위로 정해진 근로자의 임금을 시간에 대한 임금으로 환산할 때, 해당 임금을 1주 동안의 소정근로시간 수와 법정 주휴시간 수를 합산한 시간 수로 나누도록 한 최저임금법 시행령 규정 — 과잉금지원칙을 지켜 사용자의 계약의 자유, 직업의 자유를 침해하지 않아 합헌성이 인정된다고 보았다(2019헌마15). ⅱ) 근로자쪽에서 청구한 사건: 매월 1회 이상 정기적으로 지급하는 상여금 등 및 복리후생비의 일부를 최저임금에 산입하도록 한 최저임금법 제6조 제4항 제2호 및 제3호 나목, 최저임금법 부칙 제2조가 기본급과 마찬가지로 이를 최저임금에 산입하는 것은 그 합리성이 있고 최저임금 산입수준의 제한을 통하여 저임금 근로자들의 불이익을 상당 부분 차단하고 이 조항들로 인해 영향을 받는 근로자의 규모나 그 영향의 정도가 비교적 한정적이어서 현저히 불합리하지 않아 헌법상 용인될 수 있는 입법재량 범위를 명백히 일탈하였다고 볼 수 없으므로 근로자의 근로의 권리를 침해하지 아니한다는 결정이 있었다(2018헌마629).

(2) 적정임금의 보장

[개념과 정도] 임금이 적정하여야 근로의 적정한 대가를 인정받고 그로써 근로권의 실효적인 결과가 나타난다. 헌법 제32조 제1항 제2문은 국가는 사회적·경제적 방법으로 적정임금의 보장에 노력하여야 할 것을 명시하고 있다. 적정임금의 개념 또는 수준 내지 기준이 문제되는 바, 생계비설(근로자와 가족의 생계유지를 위한 비용에 상응하는 임금이라고 보는 설), 최저임금설(최저임금 정도의 금액도 적정임금이라고 보는 설), 상회설(최저임금이나 생계비 수준은 넘어서야 한다는 설) 등이 있다. 헌법규정에 최저임금제는 반드시 실시하여야 한다고 규정하고 있는 반면에 적정임금은 보장에 '노력하여야 하며'라고 달리 규정하고 있으므로 적정임금의 수준은 최저임금을 상회하는 것이어야 한다. 또한, 임금이 단순한 노동의 대가를 넘어서 인간다운 생활을 누리는 데 소요될 비용도 포함하는 것이라는 점에서 생계유지수준이 아니라 상회설이 타당하다. 그러나 적정임금의 수준은 모든 근로에 대해 일률적으로 정해질 수는 없고 근로의 성격이나 각

근로자의 생산능력과 효율성의 정도, 노동의 질, 소득분배의 기여도 등을 고려하여 정해져야 하며 적정임금과 관련한 기업 경영의 자유가 존중되어져야 한다. 적정임금의 수준을 넘지 못하는 기업에 대해서는 국가가 적정임금을 지불할 수 있도록 여건을 마련할 수 있을 것이다.

[판례] 적정임금과 관련한 헌재판례로, 평균임금을 산정하기 어렵다고 인정된 경우에는 노동부장관이 결정·고시하도록 위임하였음에도 결정·고시를 하지 않은 행정입법부작위는 유족들의 인간다운 생활을 할 권리를 침해하는 위헌임을 확인한 판례가 있다(2000헌마707, 평균임금 결정·고시부작위 위헌확인).

4. 인간존엄성보장을 위한 근로조건기준의 법정주의

근로조건의 기준은 인간의 존엄성을 보장하도록 법률로 정한다(제32조 제3항). 강제노동과 인간학대적인 노동이 자행된 역사적 경험에 비추어 이를 방지함이 필요하기에 인간의 존엄성을 보장하는 근로조건기준을 설정하도록 하는 헌법적 명령사항이다. 근로조건기준법정주의에 따라 제정된 대표적인 법률이 근로기준법이다. 동법은 해고예고제도를 두고 있는데 이는 근로조건의 핵심적 부분인 해고와 관련된 사항이므로 근로자의 인간존엄성을 보장하기 위한 합리적 근로조건에 해당한다(2014헌바3. 해고예고제에 관한 위헌결정으로서 앞서 고용의 안정 부분에서 서술하였다).

[인간존엄성 근로조건기준 위배 여부 심사기준 – 판례] 헌재는 완화심사를 한다. 즉 그 기준을 구체적으로 정하는 것은 일차적으로 입법자의 형성의 자유에 속한다고 할 것이므로 이 위배여부는 "현저히 불합리하여 헌법상 용인될 수 있는 재량의 범위를 명백히 일탈하고 있는지 여부에 달려있다"라고 한다(2009헌마408; 2016헌마640; 2018헌마563). [구체적 판례] ⅰ) 위헌결정례: 6개월이 되지 못한 월급근로자의 해고예고제도 적용 제외의 위헌성(2014헌바3. 앞에 인용함). ⅱ) 합헌성 인정 결정례: ① 반면 근속기간 3월 미만의 일용근로자 해고예고 적용제외 규정에 대해서는 합헌성 인정(2016헌마640. 앞에 인용함) ② 5인 미만(4인) 근로자 사용 사업에 근로기준법 적용 제한의 합헌성을 인정했다. – 근로기준법은 상시 5명 이상의 근로자를 사용하는 모든 사업 또는 사업장에 적용한다. 다만, 동거하는 친족만을 사용하는 사업 또는 사업장과 가사(家事) 사용인에 대하여는 적용하지 아니하고 상시 4명 이하의 근로자를 사용하는 사업 또는 사업장에 대하여는 대통령령으로 정하는 바에 따라 이 법의 일부 규정을 적용할 수 있다(동법 제11조). 근로기준법 적용 대상 제한에 대한 위헌심사에서 헌재는 근로조건의 기준은 법률에 유보되어 있고 기준설정은 입법자의 형성의 자유에 속하므로 5인 기준이 영세사업장의 현실과 국가의 근로감독능력의 한계를 함께 고려한 합리적인 것이라고 보아 합헌성을 인정하였다(98헌마310). ③ 4인 이하 사업장에 대한 근로기준법 부당해고제한조항 적용제외의 합헌성을 인정했다(2017헌마820. 앞에 인용함), ④ 축산업에 종사하는 근로자들에게 근로기준법 제4장에서 정한 근

로시간 및 휴일에 관한 규정을 적용하지 않도록 한 근로기준법 규정 — 축산업의 계절적 특성 등을 고려하여 사용자와 근로자가 사업특성에 맞는 근로조건을 자율적으로 정하도록 한 것이므로, 입법자가 입법재량의 한계를 일탈하여 인간의 존엄을 보장하기 위한 최소한의 근로조건을 마련하지 않은 것이라고 보기 어렵다고 하여 합헌성이 인정되었다(2018헌마563). * 5인 헌법불합치의견, 3인 각하의견, 나머지 1인의 기각의견이 있어 기각결정이 되었는데 1인의 기각의견이 법정의견이 되는 특이한 결정이었다).

5. 여자·연소자의 근로에 대한 특별 보호

헌법 제32조 제4항은 여자의 근로는 특별한 보호를 받으며, 고용·임금 및 근로조건에 있어서 부당한 차별을 받지 아니한다고 규정하고 있다. 헌법의 평등이념에 따라 여성근로자 차별금지와 보호를 규정한 근로기준법과 고용에 있어서 남녀의 평등한 기회 및 대우를 보장하는 한편 모성을 보호하고 직장과 가정생활의 양립과 여성의 직업능력개발 및 고용촉진을 지원함으로써 남녀고용평등 실현을 목적으로 '남녀고용평등과 일·가정 양립 지원에 관한 법률'이 시행되고 있다.

헌법 제32조 제5항은 연소자의 근로는 특별한 보호를 받는다고 규정하고 있다. 근로기준법 제64조는 15세 미만인 사람은 근로자로 사용하지 못하도록 규정하고 있다.

6. 국가유공자 등에 대한 우선적 근로기회부여

헌법 제32조 제6항은 "국가유공자·상이군경 및 전몰군경의 유가족은 법률이 정하는 바에 의하여 우선적으로 근로의 기회를 부여받는다"라고 규정하고 있고 '국가유공자 등 예우 및 지원에 관한 법'을 두어 권리를 보장하고 있다. 근로기회의 우선적 부여의 대상이 되는 근로에는 공직도 포함된다. 국가유공자의 가족에 대한 공무원 시험 등에서의 가산점제도에 대해서 다음과 같이 헌법불합치결정한 예가 있었다. 헌재는 이전에는 전몰군경의 유가족인 아닌 국가유공자, 상이군경의 가족도 보호하는 우선대상이 된다고 해석하였으나(2000헌마25), 국가유공자와 그 가족의 수가 비약적으로 증가하고 취업경쟁이 경쟁이 치열해짐에 따라 위 헌법조항은 더욱 엄격하게 해석할 필요가 있다고 하여 가족에 대해서는 전몰군경의 유가족만 헌법상 보호대상자로 보고 판례변경하여 헌법불합치결정(2004헌마675)을 내렸고, 이후 법개정이 되었다.

7. 근로환경에 관한 권리

[근로권에 포함됨, 내용과 성격] 헌재는 "헌법이 보장하는 근로의 권리에는 '일할 자리에 관

한 권리'뿐만 아니라 '일할 환경에 관한 권리'도 포함되는데, 일할 환경에 관한 권리는 인간의 존엄성에 대한 침해를 막기 위한 권리로서 건강한 작업환경, 정당한 보수, 합리적 근로조건의 보장 등을 요구할 수 있는 권리를 포함한다"라고 한다(2004헌마670; 2014헌바3). "일할 환경에 관한 권리"는 인간의 존엄성에 대한 침해를 방어하기 위한 자유권적 기본권의 성격도 갖고 있다고 한다. 그러나 헌재 자신도 근로의 권리를 생활의 기본적인 수요를 충족시킬 수 있는 생활수단을 확보해 주는 "사회권적 기본권의 성격이 강하다"라고 하면서(89헌가106; 2001헌바50; 2004헌마670 등)도 그것에 포함되는 '일할(근로) 환경에 관한 권리는 자유권적 성격도 가진다고 하는데 모든 기본권에 자유권적 요소가 있다는 점에서 검토가 필요한 판례법리이다.

[해당 사항 – 판례에 나타난 해당 사항례] 근로조건 보장 사항 ① 해고예고제도 – 근속기간 3월 미만의 일용근로자 해고예고 적용제외 규정에 대해서는 합헌성 인정(근로관계 종료 전 해고예고를 하도록 하는 것으로서 사용자와 근로자 사이의 근로조건을 이루는 중요한 사항에 해당. 2016헌마640. 앞에 인용함), ② 부당해고제한 – 4인 이하 사업장에 대한 근로기준법 부당해고제한조항 적용제외의 합헌성 인정(사용자에 의한 일방적인 부당해고를 예방하는 역할을 하므로 근로조건을 이루는 중요한 사항. 2017헌마820. 앞에 인용함), ③ 외국인근로자의 출국만기보험금 – 고용 허가를 받아 국내에 입국한 외국인근로자의 출국만기보험금을 출국 후 14일 이내에 지급하도록 한 '외국인근로자의 고용 등에 관한 법률' 규정에 대한 합헌성 인정(출국만기보험금이 퇴직금의 성질을 가지고 있어서 그 지급시기에 관한 것은 근로조건의 문제. 2014헌마367).

Ⅳ. 근로의 의무

헌법 제32조 제2항 전문은 근로의 의무를 규정하고 있다. 근로의 의무는 근로의 권리를 실효성 있게 하기 위한 전제로서의 의무라는 성격을 가진다. 국민의 생존과 국가의 생산증대 및 생산성 향상을 위한 의무이기도 한다. 이 의무가 법적 구속력이 있는 의무인지 아니면 단순한 도덕적 의무에 불과한 것인지를 두고 견해가 갈린다.

헌법 제32조 제2항 후문은 "국가는 근로의 의무의 내용과 조건을 민주주의원칙에 따라 법률로 정한다"라고 규정하고 있다. 직업의 자유를 침해하거나 강제노역금지원칙(제12조 제1항)에 위배되는 강제근로의 부과 등은 위헌이다. 근로능력이 있음에도 근로를 하지 않는 데 대해 이익을 부여하지 않을 수 있다(국민기초생활 보장법 제30조 제2항 참조). 이익의 공평한 배분을 위한 것이다.

제 6 절 근로자의 근로3권

I. 근로3권의 의의와 법적 성격

근로3권은 근로자의 근로조건의 개선과 복지증진 등 그들의 경제적·사회적 지위를 향상시키기 위하여 약하고 불리한 지위에 있는 근로자가 사용자와 대등한 지위에서 단결하고, 교섭하며, 단체로 행동할 수 있게 하는 기본권을 말한다.

근로3권의 법적 성격에 관하여 자유권설(단결, 교섭, 단체행동을 방해받지 않을 소극적 권리로서 자유권이라는 설), 생존권(사회권)설(근로자가 사용자와 대등한 지위에서 그들의 근로조건 향상을 위해 근로3권을 행사할 수 있도록 하는 적극적 권리로서 생존권이라는 설), 혼합권설(자유권과 생존권 양자의 성격을 모두 가진다고 보는 설) 등의 견해가 대립한다. 헌재는 "근로3권은 '사회적 보호기능을 담당하는 자유권' 또는 '사회권적 성격을 띤 자유권'이라고 말할 수 있다"라고 판시하여(94헌바13) 혼합권설을 취한다.

근로3권이 사용자에 대항하여 근로자가 근로조건 향상을 위해 행사하도록 하는 기본권이었다는 그 존재이유를 생각하면 헌법 제33조의 근로3권은 결국 생존권적 성격이 주로 강한 권리라고 할 것이다. 헌재도 밝히듯이 근로3권은 강력한 사용자에 대응하여 열악한 지위에 있던 근로자들에게 생존의 힘을 부여하기 위한 것이었다는 점에서 자유권적 성격도 있겠으나 생존권적 성격이 더 강하다고 볼 것이다.

혼합설을 취한 판례에서, 헌재는 단결권에 대해 헌법상에는 단결할 권리를 보장할 뿐이지 단결하지 않을 자유, 즉, 소극적인 단결권은 포함하지 않고(98헌마141; 2002헌바95), 소극적인 권리는 근로권이 아니라 헌법 제10조 행복추구권이나 헌법 제21조 결사의 자유에서 도출되어야 한다고 본다(2002헌바95). 그러나 i) 자유는 할 자유와 하지 않을 자유를 모두 포함한다고 볼 때, 단결할 자유와 단결하지 않을 자유를 구분하여 따로 그 헌법적 근거를 인정하는 것이 타당하지 않고, ii) 혼합설을 인정한다고 하더라도 근로 3권 가운데, 단결권에만 해당된다고 볼 수 있고, iii) 모든 생존권, 청구권, 참정권도 부분적으로 자유권을 갖고 있지만, 굳이 자유권의 성격을 인정하는 혼합설을 주장하지 않는다는 점을 고려할 때, 이러한 헌재의 입장은 문제가 있다고 판단된다.

II. 근로3권의 주체와 효력

헌법은 근로3권을 누릴 수 있는 주체로 '근로자'라고 규정하고 있다. 현행 '노동조합 및 노동관계조정법'(이하 '노정법'이라고도 함)에는 「"근로자"라 함은 직업의 종류를 불문하고 임금·급료 기타 이에 준하는 수입에 의하여 생활하는 자를 말한다」라고 정의하고 있다(노정법 제2조 제1호). 근로자는 노동력을 제공하고 그 대가를 받는, 독립적이지 않고 종속적 노동을 하는 사람을 의미하며, 직업의 종류를 불문하고 육체적 근로자뿐 아니라 정신적 근로자가 포함되며, 외국국적자 또는 무국적자인 근로자도 포함된다. 자영업자, 개업의, 개인택시운전자, 자영농민 등, 노동력을 제공하는 자신이 사업주체이고 사업의 이익과 책임을 가지는 자는 근로자에 포함되지 않는다.

2021년 개정된 노정법은 사업 또는 사업장에 종사하지 아니하는 근로자에 대하여 기업별 노동조합에 가입할 수 있도록 허용하고 있다(동법 제5조, 구법 제2조 제4호 라목 단서 삭제). 이는 "국제노동기구의 핵심협약인 「결사의 자유에 관한 협약」의 비준을 추진하면서 해당 협약에 부합하는 내용으로 법률을 개정하기 위하여"라고 한다(법제처 개정이유 참조). 이 개정에서는 노동조합의 업무에만 종사하는 근로자에 대한 급여지급 금지 규정을 삭제하기도 하였다.

한편, 실업자, 구직 중인 자도 근로3권을 누리는 근로자에 포함되며(대법원 2001두8568), 불법체류 외국인 근로자도 포함된다고 볼 수 있다(2007두4995 전원합의체).

우리 헌법은 근로3권의 주체로 근로자만을 명시하고 있긴 하나 뒤에서 살펴보듯이, 헌재는 노동조합 자체의 단결권(95헌마154), 단체교섭권(94헌바13)을 인정하고 있다.

근로3권은 대국가적 효력을 가진다. 근로3권은 그 연혁을 보면 근로자(사인)와 사용자(사인)와의 관계에서 발달된 기본권이라는 점에서도 제3자적 효력이 인정된다.

III. 근로3권의 내용과 효과

1. 단결권

(1) 단결권의 개념과 내용 및 성격, 효력

[개념과 내용] 단결권이란 노동조합을 결성할 권리를 말한다. 노동조합은 "근로자가 주체가 되어 자주적으로 단결하여 근로조건의 유지·개선 기타 근로자의 경제적·사회적 지위의 향상을 도모함을 목적으로 조직하는 단체 또는 그 연합단체"를 말한다(노정법 제2조 제4호). 단결권은 ① 근로자 개인의 단결권과 ② 노동조합의 단결권으로 나눌 수 있다. ①은 다시 단결할 권리(노조를 결성하고 선택하며 가입할 권리)와 단결하지 않을 소극적 권리(노조에 가입하지 않을 자

유)로 나누어진다.

[성격] 단결권은 이를 부정하면 다음의 단체교섭권, 단체행동권이 의미를 가지기 어려우므로(노동조합 없이 단체교섭을 하거나 단체행동을 하기가 어려우므로) 근로3권의 출발이자 본질적 요소의 하나이다. 헌재도 "단결권은 헌법 제33조 제1항이 보장하고 있는 근로3권의 핵심적이고 본질적인 권리"라고 판시한다(2015헌가38). 소극적 단결권의 근거와 성격이 문제된다. 우리 헌재는 헌법 제33조 제1항의 단결권은 "단결할 자유만을 가리킬 뿐이다"라고 하여(98헌마141) 소극적 단결권은 헌법 제33조 제1항에 포함되지 않고 헌법 제10조의 행복추구권에서 파생되는 일반적 행동의 자유 또는 제21조 제1항의 결사의 자유에서 그 근거를 찾고 있다. 그리하여 생존권적 성격을 함께 가지는 노동조합의 집단적 단결권[아래 (2) 참조]이 근로자의 소극적 단결권보다 더 중시되어야 한다고 본다(2002헌바95)(생존권의 우월). 한편 이제 복수노조가 허용되고 있다.

[효력] 사용자가 단결권을 침해하는 행위를 하면 부당노동행위가 된다(동법 제81조 제1호·제2호 본문).

(2) 노동조합의 집단적 단결권 – 조직강제의 문제

노동조합원이 될 것을 고용조건으로 하여 탈퇴를 해고사유로 하는 조직강제인 이른바 유니언숍(Union Shop)은 노동조합의 집단적 단결권이다. 노정법 제81조 제2호 단서는 "노동조합이 당해 사업장에 종사하는 근로자의 3분의 2 이상을 대표하고 있을 때에는 근로자가 그 노동조합의 조합원이 될 것을 고용조건으로 하는 단체협약의 체결"은 부당노동행위가 아니라고 규정하여 조직강제를 인정한다. 이 단서규정에 대해서는 위헌이라는 주장의 헌법소원이 제기되었다. 헌재는 2가지 쟁점, 즉 ① 근로자의 단결하지 아니할 자유와 노동조합의 집단적 단결권이 충돌하는 문제와 ② 근로자의 단결선택권이 노동조합의 집단적 단결권과 역시 충돌하는 문제로 나누어 판단하였다. ①에 대해서는 노동조합의 집단적 단결권이 더 중시된다고 보았고, ②에 대해서는 근로자의 단결선택권과 노동조합의 집단적 단결권 중에서 어느 기본권을 우선시할 수 없다고 보아 규범조화적 해석을 하여야 한다고 보아 비례심사를 하였다. 심사결과 제한에 있어서 적정한 비례관계를 유지하고 있으며, 또 근로자의 단결선택권의 본질적인 내용을 침해하는 것으로도 볼 수 없다고 하여 합헌결정을 하였다(2002헌바95. 앞의 기본권상충 부분 참조). 이후 개정된 노정법은 그 노동조합을 탈퇴하여 새로 노동조합을 조직하거나 다른 노동조합에 가입한 경우에는 조직강제를 할 수 없도록 하여(동법 제81조 제2호 단서) 단결선택권과의 충돌, 즉 위 ②의 충돌은 없어졌다.

(3) 단결권행사(노동조합결성)에 대한 허가제의 금지와 설립신고서반려 문제

헌재는 "근로자의 단결권이 근로자 단결체로서 사용자와의 관계에서 특별한 보호를 받아야

1202 제2편 기본권 각론

할 경우에는 헌법 제33조가 우선적으로 적용되지만, 그렇지 않은 통상의 결사 일반에 대한 문제일 경우에는 헌법 제21조 제2항이 적용되므로 노동조합에도 헌법 제21조 제2항의 결사에 대한 허가제금지원칙이 적용된다"라고 한다(2011헌바53). 그러면서 헌재는 노동조합을 설립할 때 행정관청에 설립신고서를 제출하게 하고 근로자가 아닌 자의 가입을 허용하는 경우 등 법소정의 설립요건을 심사하여 충족하지 못하는 경우 설립신고서를 반려하도록 하고 있는 '노동조합 및 노동관계조정법' 제12조 제3항 제1호가 헌법 제21조 제1항상 금지된 단체결성에 대한 허가제에 해당하지 않는다고 보았다(2011헌바53). 헌재는 그 이유로, 설립 단계에서 노동조합이 자주성 등을 갖추고 있는지를 확인하기 위한 실질적인 심사가 필요하다는 점에서 설립신고서 반려제도는 부득이하고 설립신고서 수리 여부에 대한 결정은 재량 사항이 아니라 의무 사항으로 그 요건 충족이 확인되면 설립신고서를 수리하고 그 신고증을 교부하여야 하므로 일반허가와 다르다는 점을 들고 있다. 생각건대 단체결성의 허가제, 단결권이 결사의 자유의 특별법적인 지위를 가진다고 한다면 노동조합결성에서의 사전허가금지는 헌법 제21조의 결사에 대한 사전허가금지로서 나타나는 효과라고 볼 것이 아니고 생존권적 성격에 따라 나타나는 성격이라고 보는 것이 논리적이다. 여하튼 허가제에 해당되지 않더라도 나아가 제한이 과잉금지(비례)원칙을 준수하는 것이어야 한다. 그리하여 헌재는 위 설립신고서반려사건에서 문제의 노정법규정이 노동조합의 실체를 갖추지 못한 노동조합들이 난립하는 사태를 방지하기 위한 것으로서 최소침해성원칙을 갖추는 등 과잉금지원칙을 위반하지 않아 근로자의 단결권을 침해하지 않는다고 보았다(2011헌바53).

(4) 대학교원에 대한 단결권 부정의 위헌성

헌재는 '교원의 노동조합 설립 및 운영 등에 관한 법률' 제2조는 교원의 단결권과 단체교섭권을 인정하고 있으나 그 적용대상을 초·중등교육법상 교원으로 한정하고 대학교원은 제외함으로써 대학교원의 단결권을 인정하지 않아 대학교원의 단결권을 제한한다고 보아 헌법불합치결정을 했다(2015헌가38). 헌재는 교육공무원이 아닌 대학교원의 경우 단결권조차 전면적으로 부정되어 필요 최소한의 제한이라고 보기 어렵고 법익균형성도 없어서 과잉금지원칙을 위배하여 단결권을 침해한다고 보았다. 또한, 교육공무원인 대학 교원의 경우에도 단결권을 전면적으로 부정하여 입법형성의 범위를 벗어난 입법이라고 판단하였다.

(5) 공무원의 단결권 제한 문제

(가) 가입자격　이전에 6급 이하 공무원에 대해서 가입자격을 부여한 제한이 있었고 이에 대한 합헌성을 인정한 헌재판례(2005헌마971)도 있었지만 2021.1.5.에 가입허용기준으로서 이 6급이라는 직급 제한을 철폐하였다. 공무원, 교원 등에 대한 단결권에 대해서는 앞의 2부 기본질서의 공무원제도 부분에서 다루었다(전술 참조).

(나) 공무원 노동조합 설립 최소단위('행정부')   노동조합의 설립 최소단위를 '행정부'로 규정하여 노동부만의 노동조합 결성을 제한한 공노법 제5조 및 제6조가 단결권 및 평등권을 침해한다는 주장의 사건이 있었으나, 헌재는 합헌성을 인정하여 기각결정을 하였다(2006헌마518).

2. 단체교섭권

(1) 개념과 권한행사주체, 내용

단체교섭권이란 근로자의 단체가 근로조건에 관하여 교섭할 수 있는 권리이다. 노동조합의 대표자(또는 교섭대표노동조합 또는 수임자)는 그 노동조합 또는 조합원을 위하여 사용자나 사용자단체와 교섭하고 단체협약을 체결할 권한을 가진다(노정법 제29조 제1항·제2항·제3항). 이처럼 노동조합의 대표자(또는 수임자)에게 교섭권뿐 아니라 단체협약의 체결권까지 부여하는 것이 헌법에 위배되는 것인지가 논란되었는데 헌재는 단체협약제도의 기능확보라는 중요한 공공복리를 위한 제한으로 보아 합헌으로 결정하였다(이러한 논란은 어느 노동조합의 노동조합규약이 단체협약의 체결을 총회의 인준을 얻어 하도록 규정하였기에 일어난 것이었다. 이 규약은 대표자의 어용화를 방지하기 위한 것이라고 주장되었으나 헌재는 노사간의 합의가 도출되었더라도 다시 노동조합총회의 의결을 거쳐야만 효력이 발생할 수 있도록 하는 것은 근로자의 의사를 존중하는 것이기는 하나, 사용자가 결정권한이 없는 노동조합대표자를 상대로 하여 성실하고도 진지하게 교섭에 임하리라는 것을 기대하기는 어렵게 되고, 이로 말미암아 단체협약제도의 기능이 크게 저해된다는 이유로 노동조합의 대표자에게 단체교섭권만이 아니라 단체협약체결권도 부여한 것이므로 이는 단체협약제도의 기능확보라는 중요한 공공복리를 위하여 노동조합의 활동의 자유를 제한한 것이고, 더욱이 총회에서 사전에 의결할 수 있는 길이 열려 있으므로 합헌이라고 결정한 바 있다. 94헌바13).

(2) 단체교섭권에 대한 제한

헌재는 헌법상 보장된 단체교섭권을 제한하기 위한 요건을 언급한 바 있는데 "그 제한은 노동기본권의 보장과 공익상의 필요를 구체적인 경우마다 비교형량하여 양자가 서로 적절한 균형을 유지하는 선에서 결정된다"라고 판시한 바 있다(2003헌바58).

1) 교섭창구단일화제도의 문제

복수의 노동조합이 있을 경우에 교섭의 효율성을 고려하여 교섭대표노조만 사용자와 단체교섭을 할 수 있도록 하는 제도이다. 노정법에서는 교섭대표노동조합 결정절차와 방법을 규정하고 있다(노정법제 29조의2). 이 교섭창구단일화규정이 교섭대표노동조합 또는 공동대표단에서 배제되는 소수 노동조합이나 단일화 절차 종료 후 조직된 신설 노동조합 및 그 조합원 등의 단체교섭권을 침해한다는 주장에 대해, 헌재는 통일적인 근로조건을 형성하기 위한 불가피한 제도라는 점에서 최소침해성을 갖추는 등 과잉금지원칙을 지켰다고 보아 합헌성을 인정하는 기각결정을 하였다(2011헌마338; 2005헌마971).

2) 공무원노동조합의 단체교섭권

공무원노조도 단체교섭권을 가지는데 제한을 받는다. '공무원의 노동조합 설립 및 운영 등에 관한 법률'(이하 '공노법'이라고도 함)이 규율하고 있다. 공노법 제8조에서 단체교섭 대상 사항과 제외대상 사항을 규정하고 있는바, 국가나 지방자치단체가 그 권한으로 행하는 정책결정사항, 임용권의 행사 등 그 기관의 관리·운영에 관한 사항으로서 근무조건과 직접 관련되지 아니하는 사항은 교섭의 대상이 될 수 없다. 또한, 공노법 제10조 제1항에 따라 법령·조례·예산 등에 위배되는 공무원노조의 단체협약의 내용은 효력이 부정되는데 헌재는 이 조항이 단체협약체결권을 침해하지 않아 합헌이라고 본다(2005헌마971).

3) 노동조합운영비 지원 금지 헌법불합치 결정례

사용자가 '노동조합의 운영비를 원조하는 행위'를 부당노동행위로 금지하는 구 '노동조합 및 노동관계조정법' 제81조 제4호 부분이 운영비 원조 행위를 일률적으로 부당노동행위로 간주하여 금지하여 침해최소성원칙에 반하고 법익균형성원칙에도 반하여 노동조합의 단체교섭권을 침해한다고 보아 헌법불합치결정을 하였다(2012헌바90). 이후 노동조합의 자주적인 운영 또는 활동을 침해할 위험이 없는 범위에서의 운영비 원조행위를 부당노동행위의 예외로 추가하고, 그 판단할 때 고려할 요소를 제81조 제2항으로 신설하는 개정이 있었다.

4) 소속장관의 승인을 받도록 한 정부산하 공공기관의 인사 및 보수 규정의 단체교섭권 침해 부정

건설교통부산하 한국고속철도건설공단, 보건복지부산하 국민건강보험공단 등, 공공기관의 조직, 인사, 보수 및 회계에 관한 규정은 소속 장관의 승인 후 효력을 갖도록 한 구 한국고속철도건설공단법, 국민건강보험법 규정들이 단체교섭권을 침해한다는 주장에 대하여 헌재는 단체교섭권은 어떠한 제약도 허용되지 않는 것이 아니라 공익상의 이유로 제한이 가능하며, 노동기본권의 보장과 공익상의 필요가 서로 적절한 균형을 유지하는 선에서 결정되어야 한다고 보면서, 공단의 공익성에 비추어 타당한 범위 내의 제한이라고 판단하여 합헌으로 결정하였다(2003헌바28; 2003헌바58).

5) 최저임금 관련 취업규칙 변경에 노조 동의 필요성 부정

최저임금 산입을 위하여 임금지급 주기에 관한 취업규칙을 변경하는 경우 노동조합 또는 근로자 과반수의 동의를 받을 필요 없도록 규정한 최저임금법 제6조의2 중 '제6조 제4항 제2호 및 제3호 나목에 따라 산입되는 임금'에 관한 부분('이 사건 특례조항')이 노동조합 및 근로자의 단체교섭권을 침해하지 아니한다는 결정이 있었다. 이 사건 특례조항은 최저임금 산입을 위한 목적에서, 임금 총액의 변동 없이 상여금 등 및 복리후생비의 지급주기를 매월 지급하는 것으로 변경하는 경우에만 적용된다. 이는 그 자체로는 근로자의 근로소득 수준에 영향을 미치지 아니하므로, 근로조건의 중요한 부분을 근본적으로 변경하는 것이라 보기 어렵고 최저임금 산입범위 개편으로 인해 영향을 받는 근로자의 규모나 그 영향의 정도가 비교적 한정적이어서 사용자가 일방적으로 상여금 등 및 복리후생비의 지급주기를 변경함으로 인하여 청구인들의 단체교섭권이 제한되는 정도도 크지 않고 과잉금지원칙을 준수한 것으로 단체교섭권을 침해한다고 볼 수 없다는 것이 그 이유이다(2018헌마629).

(3) 노사협의제도 - '근로자참여 및 협력증진에 관한 법률'

노사협의제도란 단체교섭과는 별개로 사용자와 근로자가 일정한 사항에 대해 협의하고 때로는 공동으로 결정하는 제도를 말하는데 이에 대한 규정으로 '근로자참여 및 협력증진에 관한 법률'이 있다. 이는 단체교섭제도와 구분되는데 동법이 "노동조합의 단체교섭이나 그 밖의 모든 활동은 이 법에 의하여 영향을 받지 아니한다"라고 규정하고 있다(동법 제5조).

3. 단체행동권

(1) 단체행동권의 개념과 보호범위

단체행동권의 개념과 범위에 대해 학설로는 업무의 정상적인 운영을 저해하는 쟁의행위권과 단체행동권을 동일시하는 협의(좁은 의미)의 관점과 단체행동에는 쟁의행위 외에 업무의 정상적인 운영을 저해하지 않는 단체활동(리본착용, 휴식시간의 유인물 배포 등)의 행동도 포함된다고 보는 광의(넓은 의미)의 관점이 있다. 리본착용 등의 행동은 협의의 관점에서는 단결권에 의한 행동으로 파악한다. 일단은 단체행동권은 노동쟁의가 발생한 때에 업무의 정상적 수행을 거부하거나 방해하는 집단적 행동을 할 수 있는 권리를 의미하며, 쟁의행위가 주된 단체행위라고 할 수 있다(97헌바23). 현행 노정법은 노동쟁의는 노사간의 근로조건 결정에 관한 주장의 불일치로 인한 분쟁상황이며, 쟁의행위는 파업·태업·직장폐쇄 기타 노동관계 당사자가 그 주장을 관철할 목적으로 행하는 행위와 이에 대항하는 행위로서 업무의 정상적인 운영을 저해하는 행위라고 규정하고 있다(노정법 제2조 제5·6호). 동 규정은 직장폐쇄도 포함하고 있으나 이는 사용자의 행위이고 기업의 자유로 인정함은 몰라도 근로3권의 주체는 근로자이므로 직장폐쇄를 헌법상 근로자의 근로3권인 단체행동(노동쟁의행위)에 포함하는 것은 타당하지 않다. 또한, 노정법이라는 법률상 권리 내지는 기업 경영의 자유 속에 들어간다고 볼 수는 있을 것이나 근로3권의 하나인 근로자의 단체행동권에 우월할 수는 없다.

쟁의행위는 조정절차를 거쳐야 할 수 있으며, 필수공익사업의 직권중재제도가 논란되었으나(헌재의 합헌결정, 2001헌가31), 이후 폐지되었다.

필수유지업무(동법 제71조 제2항의 규정에 따른 필수공익사업의 업무 중 그 업무가 정지되거나 폐지되는 경우 공중의 생명·건강 또는 신체의 안전이나 공중의 일상생활을 현저히 위태롭게 하는 업무. 노정법 제42조의2 제1항)의 정당한 유지·운영을 정지·폐지 또는 방해하는 행위는 쟁의행위로서 이를 행할 수 없다고 규정하여 필수유지업무에 대해서는 쟁의행위가 제한되는데(동법 동조 제2항) 이 금지규정이 위헌이라는 주장이 제기되었다. 그러나 헌재는 이 금지규정이 과잉금지원칙을 준수하여 합헌이라고 결정하였다(2010헌바385). 쟁의기간 중 대체근로, 도급, 하도급이 금지된다(필수공익사업의 경우에는 허용된다. 동법 제43조).

정당한 쟁의행위여야 보호되고 폭력이나 파괴행위 등으로 행할 수 없다(노정법 제42조). 노정법은 노동조합에 의하여 주도되지 아니한 쟁의행위를 금지하고 있으며(동법 제37조 제2항). 정당한 단체행동(쟁의행위)에 대해서는 민사상 책임(손해배상책임)을 지울 수 없고 형법상 정당행위로서 형사적인 책임(처벌)도 가할 수 없다(동법 제3조, 제4조). 근로자는 쟁의행위 기간 중에는 현행범 외에는 노정법 위반을 이유로 구속되지 아니한다(노정법 제39조)(업무방해 처벌 합헌결정례 - 대법원의 90도2771판결이 정당하다고 본 헌재의 97헌바23; 2009헌바168 등에 대해서는 뒤의 '근로3권의 한계 문제로서 정당한 행위일 것' 부분 참조).

노정법은 사용자는 근로자가 정당한 단체행위에 참가한 것을 이유로 한 해고 등 불이익한 처우를 해서는 안 되며 그러한 해고, 불이익처우는 부당노동행위가 되고 부당노동행위로서 처벌됨을 규정하고 있으며(동법 제81조 제1항 제5호, 제90조), 구제신청, 구제명령 등의 제도를 두고 있다(동법 제82조, 제84조, 제85조 등).

(2) 단체행동권의 제한

단체행동권에 대한 노정법의 제한은 위에서 살펴보았다.

특수경비원(공항·항만 등 국가중요시설의 경비업무를 담당하는 특수경비원)에 대해 파업·태업 그 밖에 경비업무의 정상적인 운영을 저해하는 일체의 쟁의행위를 금지하는 경비업법(2001.4.7. 법률 제6467호로 개정된 것) 제15조 제3항이 근로3권을 규정하고 있는 헌법 제33조 제1항 위반이 아니며, 과잉금지원칙 위반도 아니라고 하여 헌재는 그 합헌성을 인정하였다(2007헌마1359).

헌재는 "사업장의 안전보호시설에 대하여 정상적인 유지·운영을 정지·폐지 또는 방해하는 행위는 쟁의행위로서 이를 행할 수 없다"라고 규정한 노정법 제42조 제2항 및 이를 위반한 행위를 처벌하는 동법 제91조 중 '제42조 제2항' 부분에 대해 과잉금지심사를 하였고 피해최소성을 갖추고 동원칙을 준수한 것이라고 보아 합헌이라고 결정하였다(2002헌바83).

4. 정당한 단체교섭·쟁의행위의 효과

정당한 단체교섭·쟁의행위(단체행동)는 정당행위(형법 제20조)로서 처벌받지 않고(노정법 제4조), 사용자는 노정법에 의한 단체교섭 또는 쟁의행위로 인하여 손해를 입은 경우에 노동조합 또는 근로자에 대하여 그 배상을 청구할 수 없도록 하여(동법 제3조) 형사상, 민사상 책임을 지지 않도록 하고 있다.

Ⅳ. 근로3권의 한계

1. 근로조건의 향상과 자주성

헌법 제33조 제1항은 "근로조건의 향상을 위하여 자주적인"이라고 명시하여 한계를 설정하고 있다. 정치적 파업은 금지되는데 근로조건향상과 불가분 관계에 있는 국가정책, 입법에 대한 사항을 쟁점으로 하는 경우는 정치적 파업이 아니라고 본다.

근로3권의 보호범위와 관련하여서 정치적 목적을 관철시키기 위한 단결, 단체교섭, 단체행동도 근로3권의 보호범위에 포함하여 인정할 것인가 하는 문제가 많이 논의되어 오고 있다. 노동조합이 정치활동, 선거운동을 할 수 있는지 하는 문제에 대해서 노조의 독립성을 강조하고 정치화를 경계하는 입장에서는 부정적으로 볼 것이나, 노동조합이 정치적 활동을 통해 근로조건의 향상에 영향을 미칠 수 있다는 입장에서는 긍정적으로 볼 수 있다.

헌재는 노동조합의 정치활동에 관한 결정례에서 다소 상이한 입장을 보였다. 노동조합에 대한 정치자금기부를 금지한 구 '정치자금에 관한 법률' 규정에 대한 위헌결정에서 헌재는 "노동단체가 단지 '근로조건의 향상'이라는 본연의 과제만을 수행해야 하고, 그 외의 모든 정치적 활동을 해서는 안된다는 사고에 바탕을 둔 이 사건 법률조항의 입법목적은 헌법상 보장된 정치적 자유의 의미 및 그 행사 가능성을 공동화시키는 것"이라고 한 바 있다(95헌마154). 그런데, 각종 단체는 금지하면서 노동조합은 선거운동을 할 수 있도록 허용한 공직선거및선거부정방지법이 평등성 침해라는 주장에 대하여 "조합원인 근로자의 권익증진을 위해 직접 관계되는 입법 또는 행정조치 등을 통해 그 목적을 달성하려면 조합의 정치활동이 허용되어야 하고, 이러한 정치활동은 노동조합의 목적 범위 내의 행위로 해석되기 때문"에 노조 선거운동을 인정한 것이어서 헌법에 근거를 둔 합리적인 차별로 평등원칙 위반이 아니라고 판시하여 기각결정을 내렸다(98헌마141).

이처럼, 앞선 판결에서는 노조의 정치적 목적의 활동은 근로3권이 아니라 일반적인 정치적 표현의 자유로서 보호되는 것이고 근로3권의 보호범위 내의 것으로 보호되는 것은 아니라는 입장이었으나 후자에서는 노조의 정치적 활동에 근로자의 권익을 위한 것으로 보았다.

2. 정당한 행위

노정법 제4조 단서는 "어떠한 경우에도 폭력이나 파괴행위는 정당한 행위로 해석되어서는 아니 된다"라고 규정하고 있다(동법 제42조도 참조). 그런데 헌재는 폭행·협박 등의 위법행위를 수반하지 않는 단순한 집단적 노무제공의 거부행위를 구 형법 제314조(위력업무방해죄)가 규정하는 '위력'에 해당한다고 보아 정당행위로서 위법성이 조각되지 않는 한 형사처벌할 수 있다는 대법원 판례(90도2771판결 등)의 해석에 대해서 합헌으로 본 바 있었다(97헌바23). 그런데 2010년 헌재는 형법 제314조를 다시 합헌으로 보면서도 위와 같은 해석보다 엄격히 하려는 입장을 보여준 바 있다. 즉 "형법상 업무방해죄는 모든 쟁의행위에 대하여 무조건 적용되는 것이 아니라, 단체행동권의 행사에 정당성이 없다고 판단되는 쟁의행위에 대하여만 적용되는 조항임이 명백하다"라고 판시하였다. 헌재는 쟁의행위는 업무에 지장을 초래하는 것을 당연한 전제로 하여 헌법상 단체행동권 행사에 본질적으로 수반되는 것으로서 헌법적으로 정당화되는 행위를 범죄행위의 구성요건에 해당하는 행위임을 인정하되 다만 위법성을 조각하도록 한 취지라는 해석은 헌법상 기본권의 보호영역을 하위 법률을 통해 지나치게 축소시키는 것이라고 보았다. 그리하여 구체적 사안에서 쟁의행위가 업무방해죄로 처벌될 수 있는지 여부는 법원이 판단하여야 할 사항이나, 헌법 제33조에 의하여 보장되는 근로자의 단체행동권의 보호영역을 지나치게 축소시켜서는 아니될 것이라고 판시하였다(2009헌바168). 대법원도 판례를 변경하였는데 "쟁의행위로서의 파업이 언제나 업무방해죄에 해당하는 것으로 볼 것은 아니고, 전후 사정과 경위 등에 비추어 사용자가 예측할 수 없는 시기에 전격적으로 이루어져 사용자의 사업운영에 심대한 혼란 내지 막대한 손해를 초래하는 등으로 사용자의 사업계속에 관한 자유의사가 제압·혼란될 수 있다고 평가할 수 있는 경우에 비로소 그 집단적 노무제공의 거부가 위력에 해당하여 업무방해죄가 성립한다고 봄이 상당하다"라고(대법원 2011.3.17. 2007도482 전원합의체) 하여 이전의 90도2771 판결 등을 변경하였다. 그런데 변경된 판례도 적용범위를 넓게 본다고 논란이 되었다.

V. 근로3권의 제한과 제한한계

근로3권에 대한 제한은 앞에서 이미 단결권, 단체교섭권, 단체행동권 각각에 대해서 살펴보면서 각각에 있어서도 그 제한을 상당히 살펴보았다. 따라서 여기서는 근로3권에 모두 관련되는 제한이나 위에서 거론되지 않은 제한들에 대해 살펴본다.

1. 헌법상 제한(제33조에 의한 제한)

(1) 공무원 등에 대한 제한

헌법 제33조 제2항은 공무원인 근로자는 "법률이 정하는 자"에 한하여 근로3권을 가진다고 규정하고 있다. '공무원의 노동조합설립 및 운영 등에 관한 법률'이 제정되어 공무원노조를 인정하고 있다. 다만, 그 가입이 6급 이하의 일반직공무원 등에 한정하여 인정되고 있었는데 이러한 한정에 대해서는 논란이 되었으나 헌재는 합헌성을 인정하였다(2005헌마971). 이제는 법개정으로 6급 기준의 제한이 철폐되었다. 공무원노조의 단체교섭권은 인정되지만 단체행동권(쟁의행위권)은 금지되고 있어(공노법 제11조) 근로3권이 완전히 인정되지 않고 있다. 국가공무원법 제66조 제1항은 "공무원은 노동운동이나 그 밖에 공무 외의 일을 위한 집단 행위를 하여서는 아니 된다. 다만, 사실상 노무에 종사하는 공무원은 예외로 한다"라고 규정하고 있다. 지방공무원법 제58조 제1항도 동일한 규정을 두고 있는데 다만, 지방공무원법 제58조 제2항은 그 예외가 되는 '사실상 노무에 종사하는 공무원'의 범위는 조례로 정하도록 하고 있는바 이 조례가 제정되지 않은 부작위에 대해서 헌재가 위헌임을 확인하는 결정을 한 바 있다(2006헌마358).

교원도 과거 근로3권을 인정받지 못하였고 그 금지에 대해 합헌결정(89헌가106)도 있었으나 이후 '교원의 노동조합 설립 및 운영 등에 관한 법률'로 단결권, 단체교섭권을 인정받고 있다. 그러나 쟁의행위는 금지된다(교원노조법 제8조).

청원경찰의 경우 공무원이 아님에도 공무원의 노동운동을 금지한 국가공무원법 제66조 제1항을 준용하는 구 청원경찰법 제5조 제4항으로 근로3권 전부가 금지되고 있어서 논란되었는데 헌재는 목적정당성, 수단적합성은 있으나 획일적 전면금지로 지나친 제한이어서 침해최소성이 없고 법익균형성도 없다고 하여 과잉금지원칙위반이라고 아래와 같이 판단하였다.

● 판례 헌재 2017.9.28. 2015헌마653
[결정이유] (1) 목적정당성 및 수단적합성 – 청원경찰이 관리하는 중요시설의 안전을 도모하려는 목적의 정당성이 인정되고 수단의 적합성도 인정될 수 있다. (2) 침해의 최소성 – 청원경찰은 일반근로자일 뿐 공무원이 아니므로 원칙적으로 헌법 제33조 제1항에 따라 근로3권이 보장되어야 한다. 청원경찰은 제한된 구역의 경비를 목적으로 필요한 범위에서 경찰관의 직무를 수행할 뿐이며, 그 신분보장은 공무원에 비해 취약하다. 또한 국가기관이나 지방자치단체 이외의 곳에서 근무하는 청원경찰은 근로조건에 관하여 공무원뿐만 아니라 국가기관이나 지방자치단체에 근무하는 청원경찰에 비해서도 낮은 수준의 법적 보장을 받고 있으므로, 이들에 대해서는 근로3권이 허용되어야 할 필요성이 크다. 헌법은 주요방위산업체 근로자들의 경우에도 단체행동권만을 제한하고 있고, 경비업법은 무기를 휴대하고 국가중요시설의 경비 업무를 수행하는 특수경비원의 경우에도 쟁의행위를 금지할 뿐이다. 청원경찰은 특정 경비구역에서 근무하며 그 구역의 경비에 필요한 한정된 권한만을 행사하므로, 청원경찰의 업무가 가지는 공공성이나 사회적 파급력은 군인이나 경찰의 그것과는 비교하여 견주기 어렵다. 그럼에도 심판대상조항은 군인이나 경찰과 마찬가지로 모든 청원경찰의 근로3권을 획일적으로 제한하고 있다. 이상을 종합하여 보면 모든 청원경찰의 근로3권을 전면적으로 제한하는 것은 입법목적 달성을 위해 필요한 범위를 넘어선 것이므로 침해의 최소성 원칙에 위배된다. (3) 법익의 균형성 - 근로3권의 전면적 박탈이라는 점에서, 심판대상조항은 법익의 균형성도 인정되지 아니한다.

위 결정은 단순위헌결정을 하여 즉시 효력을 상실시킨다면, 혼란이 발생할 우려가 있다고 하여 헌법불합치고 결정한 것이었고 이전의 합헌결정(2004헌바9)을 폐기한 것이었다(현재 법개정이 되어 단결권, 단체교섭권은 인정하고 쟁의행위는 금지되고 있다).

* 공무원, 교원 등에 대한 근로3권 제한 문제에 관한 자세한 것은, 앞의 제2부, 공무원의 기본권 제한 문제, 노동운동 제한 부분 참조.

(2) 방위산업체 근로자에 대한 제한

헌법 제33조 제3항은 "법률이 정하는 주요방위산업체에 종사하는 근로자의 단체행동권은 법률이 정하는 바에 의하여 이를 제한하거나 인정하지 아니할 수 있다"라고 규정하고 있다. 이러한 제한은 '주요'(법률로 정하는)방위산업체 근로자에 대한 것이고 또한 '단체행동권'에 한한 것으로 단결권과 단체교섭권에 대한 것은 아니며, 단체행동권의 일부제한만이 아니라 전면부인도 가능하다.

[판례] 주요방산업체는 업체단위로 지정되므로, 민수부서에 종사하는 근로자도 해당되어 그들의 단체행동권 침해라는 주장이 있었다. 헌재는 방산물자의 생산과 직접 관계되거나 그와 긴밀한 연계성이 인정되는 공장에 종사하는 근로자에 한정하는 것으로 해석상 그 범위의 제한이 가능하여 침해가 아니라고 보아 합헌결정을 한 바 있다(95헌바10).

2. 법률에 의한 제한

근로3권도 헌법 제37조 제2항에 의하여 법률로써 제한될 수 있다. 위에서 근로3권 각각의 제한 문제에서 다룬 사안들로서 법률에 의한 제한들이 많이 있었다. 법률에 의한 제한이라고 다시 언급하게 되면 중복이 되므로 앞의 제한 문제들을 살펴보는 것으로 파악하면 된다. 위에서 거론되지 않은 것을 살펴보면 금지나 제한이 지금은 폐지된 때문인 것이 있다. 예를 들어 제3자개입금지규정이 논란되었는데 헌재의 합헌결정(92헌바33)이 있었으나 폐지되었다.

[비례원칙 등에 의한 한계] 근로3권을 법률로 제한하더라도 비례원칙, 본질적 내용금지원칙 등 제한 한계를 준수하여야 한다. 근로3권의 제한에 있어서는 비례원칙이 적용되지 않는다는 견해가 있으나 우리 헌재는 그 적용례를 보여주고 있다(2014헌가21; 2001헌가31; 2011헌바53; 2014헌가21; 2013헌마671 등 참조).

> [본질적 내용침해 금지] * 초헌법적 법률(특조법)에 의한 근로3권의 본질적 내용 침해: 헌재는 근로자의 단체교섭권 또는 단체행동권의 행사는 미리 주무관청에 조정을 신청하여야 하며, 그 조정결정에 따라야 한다고 하고 위반시에 처벌하도록 하는 구 '국가보위에 관한 특별조치법' 조항은 근로3권의 본질적 내용을 초헌법적으로 침해하는 조항이라고 결정하였다. 헌재는 특별조치법 자체가 초헌법적 국가긴급권을 대통령에게 부여하고 있으나 헌법이 요구하는 국가긴급권의 실체적 발동요건, 사후통제 절차, 시간적 한계에 위반되어 위헌이고 이를 전제로 한 특별조치법상의 그 밖의 규정들도 모두 위헌이므로(이 특별조치법이 위헌이라는 결정은 이미 92헌가18에서 있었다) 문제의 위 특별조치법 조항도 위헌이며 그 조항 자체도 단체교섭권·단체행동권이 제한되는 근로자의 범위를 구체적으로 제한함이 없이, 단체교섭권·단체행동권의 행사요건 및 한계 등에 관한 기본적 사항조차 법률에서 정하지 아니한 채, 그 허용 여부를 주무관청의 조정결정에 포괄적으로 위임하고 이에 위반할 경우 형사처벌하도록 하고 있어서 근로3권의 본질적인 내용을 침해하는 위헌이라고 결정한 것이다(2014헌가5).

3. 근로3권의 개별성 여부 문제

근로3권의 본질적 내용침해 금지와 관련하여 단결권, 단체교섭권, 단체행동권 3 권리가 ① 각각 하나인 세 권리로 존재한다는 주장(개별설) ② 일체를 이루어 하나의 권리로 존재한다는 주장(합체설: 근로3권의 개별성 또는 일체성 여부 문제)으로 나누어진다. 이 논의는 근로3권 중 어느 하나를 부정하는 것이(예를 들어 단결권, 단체교섭권은 인정하나 단체행동권은 전면 부정하는 것이)

헌법위반이 아니냐 하는 문제와 관련하여 중요성을 가진다. 각각을 하나의 기본권으로 보면, 예컨대, 단체행동권이 전면부정될 경우 헌법 제37조 제2항 후문의 본질적 내용침해 금지규정에 반하여 헌법 제33조 제1항의 단체행동권의 본질적 내용을 침해하는 것이 아닌지 하는 것이 문제된다. 반면 근로3권을 하나의 권리로 보면 3권 중 어느 하나가 전면 부정되더라도 본질적 내용 침해는 아닌 것이 된다. 다만, 그렇더라도 기본권의 제한의 한계 문제는 남아 헌법 제33조 제1항의 근로3권을 제한함에 있어서 그 한계를 벗어나 헌법 제37조 제2항 본문을 위배한 것이 아닌가 하는, 비례원칙 등의 기본권제한의 한계 준수 여부가 문제된다. 위 ①과 ②의 견해대립이 있을 수 있는 가운데 어느 권리에 중심을 둘 것인지 하는 단체교섭권중심설, 단결권중심설, 단체행동권중심설 등으로 나누어질 수도 있다.

근로3권의 개별성에 대한 헌재의 공식적 입장은 뚜렷하지는 않으나, 국가중요시설의 경비업무를 담당하는 특수경비원의 단체행동권은 전면박탈하는 경비업법 규정에 대한 위헌심판에서 단체행동권이 완전 부정되어도 과잉금지원칙의 위반여부만 문제되고 위배가 아니면 합헌이라고 하여 합체설의 입장으로 이해된다(2007헌마1359). 이 결정에서 3인의 위헌의견 재판관들은 3권을 각각의 기본권이라고 보았고 다수의견은 자유권적 측면이 제한된다고 일반적인 기본권제한 유보조항인 제37조 제2항의 문제라고 보았다. 다수의견처럼 자유권으로 보더라도 단체행동권 자체의 전면박탈 여부가 문제된 사안이므로 본질적 내용의 침해가 아닌지를 살펴보아야 했고, 다수의견은 단체행동권의 전면부정에 초점을 맞추어 판단했어야 한다고 본다. 헌재는 그러면서도 단체행동권을 인정하지 않는 데 대한 대상(代償)조치가 존재하고 이로써 과잉금지원칙이 준수된 것이라고 보아 단체행동권의 전면 부정도 합헌이라고 보는 결정들[대상조치를 전제로 합헌이라고 본 전교조 결정(89헌가106)도 그러하였다]을 보여주기도 하였다.

생각건대 현행 헌법에서의 해석상 다음의 세 가지 이유에서 근로3권을 각기 개별권리로 보아야 한다. ① 헌법에서 근로3권을 부여한 이유는 근로3권이 근로조건을 위해서 각각의 기능과 존재의의를 가지고 있다고 보았기 때문이다. 근로 3권리가 상호 보완적인 관계를 이루며 어느 한 권리가 부분 제한될 수는 있겠으나 전면 박탈될 수 없다. ② 3권 중의 하나인 단체행동권에 대해 우리 헌법 제33조 제3항은 이를 제한하거나 인정하지 않을 수 있는 경우로 법률이 정하는 주요방위산업체에 종사하는 근로자로 직접 명시하고 있다는 사실은 3권 중 어느 하나를 전면 부정하려면 헌법에 규정을 두어야 하며, 이는 3권이 각각의 기본권임을 전제로 하는 것이다. ③ 어느 한 권리의 전면박탈은 3권을 모두 각기 열거적으로 규정하고 있는 헌법 제33조 제1항 자체에 위반된다. 따라서 각 권리를 부분적으로도 인정해야 본질적 내용 침해라는 점은 벗어날 수 있다. 그리고 세 권리 중 어느 한 권리를 전면 부정할 수도 있는 가능성을 가지게 하려면 주요방위산업체 종사 근로자에 대해 단체행동권의 전면부정을 법률로 정할 수 있게 한 현행 헌법 제33조 제3항 처럼 헌법 자체에 근거를 두면 가능할 것이다.

제 7 절 환경권

Ⅰ. 환경권의 특성 및 법적 성격

제2차 세계대전 이후에 공장의 증대로 경제적인 발전을 가져왔지만 다른 한편으로는 공해가 유발되어 환경파괴가 심각하게 진행되어 갔다. 이리하여 환경권의 요구가 헌법적으로도 나타났고, 여러 나라에서 헌법에 환경권 규정을 하기 시작했다. 우리나라에서도 1980년 제5공화국 헌법에서부터 환경권이 헌법에 명시적으로 규정되기 시작하였다.

환경권은 현재뿐만 아니라 미래도 함께 생각하는 지속가능한 보존의 필요성, 다른 기본권들을 보장하기 위해 필요한 기초여건적 권리성, 환경권 실현을 위해 타기본권에 대한 제약성 등의 특성을 가진다. 환경권도 생존권으로서의 성격을 가지는데 그 법적 성격에 대하여 프로그램규정으로 보는 견해, 추상적 권리로 보는 견해, 구체적 권리로 보는 견해 등이 있다. 헌재는 환경권침해에 대해 헌법재판소에 구제를 청구할 수 있다고 보면서 그 국가의 보호의무 위반 여부를 과소보호금지원칙 위반 여부를 기준으로 판단하는 예를 보여주고 있다(2018헌마730).

* **지속가능발전의 권리로서 환경권**: 지속가능발전법 제2조는 "지속가능성"이란 현재 세대의 필요를 충족시키기 위하여 미래 세대가 사용할 경제·사회·환경 등의 자원을 낭비하거나 여건을 저하시키지 아니하고 서로 조화와 균형을 이루는 것을 말한다고 하고 "지속가능발전"이란 지속가능성에 기초하여 경제의 성장, 사회의 안정과 통합 및 환경의 보전이 균형을 이루는 발전을 말한다고 규정하고 있다.

Ⅱ. 환경권의 주체

우리 헌법 제35조 제1항은 '국민'은 가진다고 하여 주체를 국민으로 규정하고 있으나 환경권은 그 환경은 인간의 생활을 둘러싸고 생활 속에 함께하는 것이라는 점에서 인간이 자연적으로 누려야 할 권리라는 점에서 외국인, 무국적에게도 인정되어 그 주체는 자연인이라고 할 것이다. 법인에 대해서는 부정하는 견해가 많으나 법인의 활동지역이 쾌적한지 여부에 따라 그 법인의 가치에 차이가 있다면 2차적이긴 하나 이익을 가진다고 볼 것이다. 또한 환경은 현시대의 사람들뿐만 아니라 미래 후손들도 포함하므로 미래세대의 인권으로 자리매김하는 것이 더욱 필요하다.

Ⅲ. 환경권의 내용과 효력

1. 자연환경과 넓은 개념의 환경(자연환경 + 생활환경)

좁은 개념으로는 환경은 자연환경을 의미하나 환경은 그 외에도 넓게 생활환경(인공환경), 사회적·문화적·교육적 환경 등 여러 환경을 포함한다. 환경정책기본법 제3조도 "환경"이라 함은 자연환경과 생활환경을 말한다고 하고 "자연환경"이라 함은 지하·지표(해양을 포함한다) 및 지상의 모든 생물과 이들을 둘러싸고 있는 비생물적인 것을 포함한 자연의 상태(생태계 및 자연경관을 포함한다)를 말하며 "생활환경"이라 함은 대기, 물, 토양, 폐기물, 소음·진동, 악취, 일조, 인공조명 등 사람의 일상생활과 관계되는 환경을 말한다고 규정하고 있다. 공직선거법이 선거운동시 확성장치의 출력수 등 소음에 대한 허용기준 조항을 두지 아니하여 환경권을 침해한다는 주장의 헌법소원심판이 청구되었는데 헌재는 과소보호금지 의무를 위반한 것이라는 의견이 6인 의견이 되지 못하여 기각결정이 된 바 있었다(2006헌마711). 그러나 이후 헌재는 판례변경하여 사용시간과 사용지역에 따른 수인한도 내에서 확성장치의 최고출력 내지 소음 규제기준에 관한 규정을 두지 아니한 것은, 국민이 건강하고 쾌적하게 생활할 수 있는 양호한 주거환경을 위하여 노력하여야 할 국가의 의무를 부과한 헌법 제35조 제3항에 비추어 보면, 적절하고 효율적인 최소한의 보호조치를 취하지 아니하여 국가의 기본권 보호의무를 과소하게 이행한 것이어서 과소보호금지원칙 위반이라고 하고 헌법불합치결정을 하였다(2018헌마730).

2. 내용

(1) 건강하고 쾌적한 환경에서 생활할 권리

이는 헌법 제35조 제1항이 직접 명시하고 있는 것이다. 육체만이 아닌 정신적으로도 안온한 정서의 환경과 깨끗한 자연환경뿐 아니라 편안한 사회적 환경에서 살 수 있는 권리를 말한다. 맑은 물과 공기를 마실 권리 등이 보장되어야 한다. 국민은 이를 위해 공해배제청구권, 생활환경조성청구권 등을 가진다. 일조권, 숙면권, 조망권 등도 보장되어야 한다. 음용에 관한 자유와 권리를 헌법 제 10조의 행복추구권에서 찾을 수 있을 것이나 환경권에서도 찾을 수 있다(대법원 92누1728). 헌재는 행복추구권에서 찾는 경향이나 환경권에 근거하여 국가의 환경정책이 이루어지는 것으로 판시한 바 있다(98헌가1).

(2) 쾌적한 주거생활의 권리

헌법 제35조 제3항은 "국가는 주택개발정책 등을 통하여 모든 국민이 쾌적한 주거생활을 할 수 있도록 노력하여야 한다"라고 규정하고 있다. 쾌적한 주거생활권은 환경권에 속하기도 하지만 인간다운 생활을 위한 권리이기도 하다. 국가는 공동주택, 임대주택 등의 공급을 확대하고 주택의 질을 개량·향상하는 등의 주택개발정책에 노력하여야 한다.

국민의 쾌적한 주거생활 확보를 위한 국가의 노력 의무를 이행하기 위해 주택소유의 집중을 막는 조세정책 등이 이루어질 수 있다. 이러한 맥락에서 헌법 제35조 제3항을 언급한 결정례로 종합부동산세 결정을 들 수 있다. 헌재는 청구인들은 예금 등 다른 재산과는 달리 '일정한 주택 및 토지'에 대하여만 과세하는 것도 헌법상 평등원칙에 위반된다고 주장하나, 토지와 주택은 모든 국민의 생산 및 생활의 기반으로서 그 합리적인 이용이 무엇보다 중요하여 개인의 법익 보다는 공동체의 이익이 보다 더 강하게 요구된다고 하면서 헌법 제35조 제3항을 들고 특히 주택은 인간의 기본적인 생존의 조건이 되는 생활공간인 점을 고려하여 볼 때, 다른 재산권과 달리 취급하여 종합부동산세를 부과하는 것은 합리성이 있으므로 평등권을 침해한다고 할 수 없다고 판시하였다(2006헌바112). 헌재는 또한, 토지거래허가제가 환경보전과 주택개발 등을 통하여 국민의 쾌적한 주거생활을 보장하도록 노력하여야 할 국가의 헌법상 의무(헌법 제35조 제1·3항)를 실현하거나 이행하기 위여 마련된 것이라고 한다(88헌가13)

(3) 문화적·교육적·종교적 환경, 근로환경 등에 대한 권리

인간다운 삶을 영위하기 위해서 다양한 측면의 환경권이 보호되어야 한다. 문화생활을 쾌적하게 향유할 수 있는 공간이나 시설이 마련되어야 하거나(95다23378), 양질의 교육이 이루어질 수 있는 환경이 조성되어야 하며(2015헌바360) 종교적 권리의 행사를 위한 종교적 환경(대법원 96다56153)도 요구된다. 앞에서 근로권에서 살펴본 바대로 근로자의 작업여건 등 근로환경도 보호되어야 하며, 환경이 좋은 일자리를 찾을 자유는 직업의 자유(직장선택의 자유, 2007헌마1083, 2001헌바5)로도 보호된다고 할 것이다.

3. 환경권법률주의

헌법 제35조 제2항은 "환경권의 내용과 행사에 관하여는 법률로 정한다"라고 규정하고 있다. 이에 근거하여 기본법인 환경정책기본법, 개별법인 자연환경보전법, 대기환경보전법, 물환경보전법, 소음·진동관리법 등이 있으며 환경분쟁 조정법이 있다.

4. 환경권의 효력

환경권도 대국가적 효력을 가진다. 사인들 간에서도 효력을 가진다. 헌법이 국민의 환경보전노력의무를 명시하고 있기도 하다. 그러나 대법원 판례는 헌법상 환경권 규정만으로는 직접 구체적인 사법(私法)상의 권리로 인정되기 어렵다고 보는 입장이다(대법원 94마2218; 2004마

1148). 우리 헌법은 국가의 환경보전의무를 명시하고 있다. 그 의무의 성격과 효력에 대해서는 헌재가 그리 적극적이지 않다.

Ⅳ. 환경권의 제한

환경권도 헌법 제37조 제2항에 의하여 피치 못할 경우에 법률로써 제한될 수 있겠으나 그 제한은 환경에 변화를 가져오면 회복이 어렵다는 점 등에서 매우 신중하여야 한다. 제한하더라도 본질적 내용을 침해할 수는 없다.

Ⅴ. 환경보전의무와 환경권의 침해 및 그 구제

헌법 제35조 제1항은 "국가와 국민은 환경보전을 위하여 노력하여야 한다"라고 규정하여 환경보전의무를 국가뿐 아니라 국민에게도 부과되는 의무로 규정하고 있다. 이 의무를 윤리적·도덕적 의무로 보는 견해도 있으나 헌법에 규정된 법적 의무이다. 이 의무에 따라 개인의 건강권, 재산권 등이 영향을 받을 수 있다. 그러나 헌재는 이는 헌법상 추상적 의무일 뿐 구체적, 특정적 작위의무가 위 헌법규정에서 도출되는 것은 아니라고 한다. 헌재는 도로주행시 배출가스 저감장치의 성능이 크게 약화되는 자동차들의 교체명령을 하여야 할 헌법에서 유래하는 구체적 작위의무가 환경부장관에게 인정되지 않아 그 행정부작위에 대한 헌법소원심판청구는 부적법하다고 각하결정한 바 있다(2016헌마795). 이 사건에서 헌재는 헌법에서 국가의 노력의무를 규정하였다고 보아 추상적으로 해석한 것으로 보인다. 그러나 환경권은 국가의 실현의무가 추상적일 수만은 없으며, 동법 동항 전문에서 명백히 "권리를 가지며"라고 규정하고 있다. 헌법이 재해위험으로부터의 국민보호의무, 보건에 관한 국민보호의무등을 규정하고 있으며 환경이 국민의 삶, 인간 존엄성보장, 건강에 직결될 수 있다는 점에서 헌재의 소극적인 해석은 문제가 있다. 특히 더욱 악화되고 있는, 건강을 해치는 환경오염을 생각하면 더욱 적극적으로 환경권을 새겨야 할 것이다.

환경보호에 관한 국가의 의무가 인정되더라도 어느 정도의 의무를 지는지 하는 문제가 있다. 헌재는 과소보호금지원칙을 기준으로 의무의 위반 여부를 판단하여 위헌 여부를 판단하여야 한다고 본다(2018헌마730). 국가의 환경보전의무에는 국민의 환경권이라는 기본권 구현을 위한 적극적인 환경침해예방, 환경보전을 위한 장기적인 정책수립 및 예산마련 등이 포함되며, 환경부담금 부과의 근거, 그 징수방법의 선택 등을 할 수 있는 국가의 권한이 여기서 나온다고 헌재는 판시하였다(2006헌바25).

환경의 침해에 있어서 공권력에 의한 침해에 대해서는 행정소송, 헌법소원 등을 통하여 구제될 수 있고 입법부작위, 행정부작위의 경우 헌법소원을 통하여 구제될 수 있다. 사인에 의한 침해의 경우 사후적으로 손해배상소송 등으로 구제될 수 있으나 환경은 침해되고 나면 복구가 어렵다는 점에서 예방적인 가처분소송 등의 방법이 효율적이다. 환경소송은 시간소요 등 한계가 있기에 환경분쟁의 알선·조정 및 재정 등 환경분쟁조정제도가 신속·공정하고 효율적인 해결을 도모하고 있다(환경분쟁 조정법 참조).

제 8 절   혼인과 가족생활·모성보호·국민보건

I. 혼인과 가족생활의 기본권

1. 헌법규정

헌법 제36조 제1항은 "혼인과 가족생활은 개인의 존엄과 양성의 평등을 기초로 성립되고 유지되어야 하며, 국가는 이를 보장한다"라고 규정하고 있다.

2. 법적 성격

혼인과 가족생활에 관한 권리 자체는 기본권인 생존권이다. 이를 보장하는 제도로서 혼인제도·가족제도가 있다.

법적 성격에 대해 자유권설, 제도보장설, 생존권설 등이 대립하고 있다. 우리 헌재는 헌법 제36조 제1항의 헌법적 성격에 대해 "인간의 존엄과 양성의 평등이 가족생활에 있어서도 보장되어야 한다는 요청에서 인간다운 생활을 보장하는 기본권 보장의 성격을 갖는 동시에 그 제도적 보장의 성격도 갖고 있는 것으로" 보고 있다(89헌마82; 95헌가14,96헌가7(병합); 95헌가6 내지 13(병합); 97헌가12; 2000헌바53; 2009헌가8). 또한, 혼인과 가족생활에 관한 권리는 소극적으로 국가권력이 사적 영역을 침해하는 것을 금지하도록 하면서도 적극적으로는 개인의 존엄과 양성의 평등을 바탕으로 유지되는 혼인·가족제도를 실현해야 할 국가의 과제가 있다고도 판단하였다(96헌가18). 또한 헌재는 혼인과 가족생활에 대하여 자유권적 성격과 제도보장적 성격을 함께 인정하는 결정례(2001헌바82)를 보여주기도 한다. 헌재도 "헌법 제36조 제1항 양성평등의 원칙과 헌법 제11조 제1항의 평등원칙과 결합하여 부당한 차별로부터 혼인과 가족생활을 특별히 더 보호하도록 하는 헌법상 국가의 의무"라는 설시한 바 있다(2004헌가19).

3. 개념과 내용

(1) 혼인과 가족생활의 개념

혼인(婚姻)은 남녀 간의 결합을 가져오는 법적 행위를 말한다. 가족이란 부부를 중심으로 한 부모, 자녀, 형제들의 공동체를 말한다. 민법은 1. 배우자, 직계혈족 및 형제자매, 2. 생계를 같이 하는 직계혈족의 배우자, 배우자의 직계혈족 및 배우자의 형제자매를 가족으로 한다고 규정하고 있다(민법 제779조). 가족생활은 인간의 사회생활의 출발이자 생존의 기초가 되는 터전이다.

(2) 내용
1) 생존권적 내용

혼인과 가족생활의 적극적 보호를 요구할 권리이다. 입법과 행정의 재량이 넓긴 하나 특히 저출산의 상황에서 국가정책의 적극적 조치가 필요하다. 혼인과 가족의 결성 그 자체뿐 아니라 혼인에 적극적이도록 신혼부부를 위한 주택의 마련, 영유아 보육 등의 지원에 복지예산을 적극적으로 배정할 필요가 있다.

2) 개인의 존엄과 양성의 평등

혼인행위, 혼인·가족생활 유지에 있어서 개인의 존엄과 양성의 평등이 보장되어야 한다. 혼인퇴직제는 금지된다('남녀고용평등과 일·가정 양립 지원에 관한 법률' 제11조 제2항). 혼인의 상대방을 선택할 수 있는 자기결정권을 인정하고 혼인할 남녀 간에 존엄이 보장되는 자율적 의사결정으로 혼인방식, 시기 등을 정할 수 있도록 하여야 하며 혼인에서의 남녀 간 평등이 보장되어야 한다.

ⅰ) 위헌성 인정 결정례: ① 혼인 상대방 결정권에 관해서는 동성동본 간의 혼인을 금지한 구 민법 제809조 제1항에 대해 헌법불합치결정이 내려진 바 있다(95헌가6). ② 호주제에 대해 헌법불합치결정(2001헌가9), ③ 친생부인의 소의 제소기간을 단기로 한 민법규정, 혼인 종료 후 300일 이내에 출생한 자를 전남편의 친생자로 추정하는 민법규정에 대한 헌법불합치결정(95헌가14, 2013헌마623), ④ 그리고 아버지의 성과 본을 따르도록 한 부성주의(父姓主義)에 관한 헌법불합치결정(2003헌가5)이 헌법 제36조 제1항을 위반하였다는 이유로 있었다. ⑤ 헌재는 간통죄 규정에 대해서는 오히려 헌법 제36조 제1항에 부합한다고 보아 왔으나(89헌마82; 2000헌바60), 2015년에 과잉금지원칙에 위배하여 국민의 성적 자기결정권 및 사생활의 비밀과 자유를 침해하는 것이라고 하여 위헌결정을 하였다(2009헌바17). ⑥ 혼인한 등록의무자 모두 배우자가 아닌 본인의 직계존·비속의 재산을 등록하도록 공직자윤리법이 개정되었음에도 불구하고, 개정 전의 공직자윤리법 조항에 따라 이미 배우자의 직계존·비속의 재산을 등록한 혼인한 여성 등록의무자의 경우에만 종전과 동일하게 계속해서 배우자의 직계존·비속의 재산을 등록하도록 규정한

공직자윤리법 부칙(2009. 2. 3. 법률 제9402호) 제2조가 엄격(비례성 심사) 대상이라고 하면서 심사
결과 평등원칙에 위배된다고 결정하였다(2019헌가3). 헌재는 가족생활에서 양성평등 조항 위배
로 목적정당성부터 없다고 보고 더 이상 심사를 하지 않고서도 위헌으로 결정한 것이다.

● 판례 헌재 2021.9.30. 2019헌가3
[결정요지] (가) 심사기준 – 헌법 제11조 제1항은 "모든 국민은 … 누구든지 성별…에 의하여 … 차별을 받지 아
니한다."라고 하여 성별에 의한 차별을 금지하고 있고, 나아가 헌법 제36조 제1항은 혼인과 가족생활에 있어서 특
별히 양성의 평등대우를 명하고 있다. 그러므로 이 사건 법률조항에 대하여는 엄격한 심사척도를 적용하여 비례성
원칙에 따른 심사를 행하여야 할 것이다. (나) 평등원칙 위배 여부 – 여성의 사회적 지위에 대한 그릇된 인식을 양
산하고, 가족관계에 있어 시가와 친정이라는 이분법적 차별구조를 정착시킬 수 있으며, 이것이 사회적 관계로 확장
될 경우에는 남성우위・여성비하의 사회적 풍토를 조성하게 될 우려가 있는 바, 혼인한 남성 등록의무자와 혼인한
여성 등록의무자의 등록대상재산의 범위를 다르게 정하는 것을 정당화할 수 있는 목적을 발견하기 어렵다. 이 사건
부칙조항은 성별에 의한 차별금지 및 혼인과 가족생활에서의 양성의 평등을 천명하고 있는 헌법에 정면으로 위배
되는 것으로 그 목적의 정당성을 발견할 수 없다. 따라서 이 사건 부칙조항은 더 나아가 살필 필요 없이 평등원칙
에 위배된다.

ⅱ) 합헌성 인정 결정례: ① 사실혼 배우자 상속권 부정 – 사실혼 배우자에게 상속권을 인
정하지 않는 민법 제1003조 제1항 규정이 헌법 제36조 제1항에 위반되지 않는다고 헌재는 보
았다(2013헌바119). ② 절가상속 문제(합헌) – "여호주가 사망하거나 출가하여 호주상속이 없이
절가된 경우, 유산은 그 절가된 가(家)의 가족이 승계하고 가족이 없을 때는 출가녀(出家女)가
승계한다"는 구 관습법에 대해 합헌결정이 있었다(그런데 다수의 합헌의견은 헌법 제36조 제1항이
아니라 그냥 평등원칙에 위배되지 않아 합헌으로, 소수의 위헌의견은 헌법 제36조 제1항을 적용하여 위
헌이라고 보았다. 2013헌바396). ③ 자녀이름을 지을 부모의 자유 – 헌재는 이 자유를 "부모가
자녀의 이름을 지어주는 것은 자녀의 양육과 가족생활을 위하여 필수적인 것 … 따라서 … '부
모의 자녀의 이름을 지을 자유'는 혼인과 가족생활을 보장하는 헌법 제36조 제1항과 행복추구
권을 보장하는 헌법 제10조에 의하여 보호받는다"라고 한다. 생각건대 이름이란 가족공동체에
서 중요하기도 하지만 근본적으로 자녀 개인의 입장에서는 본인의 정체성 보유를 위한 출발이
자 기초이므로 그 보호의 헌법적 근거로 헌법 제10조의 인간의 존엄과 가치에서 찾는 것이, 아
울러 헌법 제36조 제1항도 근거로서 인정할 수 있을 것이나, 더 중요할 것이다. 여하튼 헌재는
위 판시를 하게 된 사안에서 출생신고시 자녀의 이름에 사용할 수 있는 한자의 범위를 '통상
사용되는 한자'로 제한하고 있는 '가족관계의 등록 등에 관한 법률' 규정이 통상 사용되지 아니
하는 한자를 사용하는 경우에는 그와 사회적・법률적 관계를 맺는 데에 상당한 불편을 겪게 되
는 등 그 한자의 범위를 제한하는 것은 불가피한 측면이 있어 과잉금지원칙을 준수하고 따라서
'부모가 자녀의 이름을 지을 자유'를 침해하지 않는다고 결정하였다(2015헌마964).

ⅲ) 부부 간 합산과세: 이에 대한 결정들이 있었다. ① 위헌성 인정결정례 – ㉠ 부부 간의
소득세, 종합부동산세의 부과에 있어서 합산과세 – 이는 혼인한 사람을 불리하게 하는 차별이
라고 하여 헌법 제36조 제1항에 위반된다고 결정되었다(2001헌바82; 2006헌바112). ㉡ 헌재는 1

세대 3주택 이상 보유자에 대해 양도소득세를 중과세하도록 한 소득세법 규정 − 이는 혼인으로 인하여 1세대 3주택 보유자가 된 사람에 대한 완화규정을 두지 아니한 것은 최소침해성원칙에 반하여 헌법 제36조 제1항이 정하고 있는 혼인의 자유를 침해하고, 혼인에 따른 차별금지원칙에 위배되어 위헌이라고 하여 헌법불합치결정을 하였다(2009헌바146). ② 합헌성 인정결정례 − 반면 공동사업합산과세제도에 대해서는 헌재는 헌법 제36조 제1항에 위빈되지 않는다고 보았다(그러나 다른 이유로, 즉 가족에 의한 경제활동의 자유를 비례원칙에 반하여 제한한다는 이유로 결국 위헌이라고 결정되었다(2004헌가19)).

3) 자녀양육권과 자녀교육권

헌재는 자녀양육권과 자녀교육권은 헌법 제36조 제1항, 행복추구권을 보장하는 헌법 제10조 및 "국민의 자유와 권리는 헌법에 열거되지 아니한 이유로 경시되지 아니한다"라고 규정한 헌법 제37조 제1항에서 나오는 기본권이라고 본다(2005헌마1156; 98헌가16). ① 학교교과교습학원 및 교습소의 심야교습을 제한하고 있는 '서울특별시 학원의 설립·운영 및 과외교습에 관한 조례'가 학생의 인격의 자유로운 발현권, 청구인 학부모의 자녀교육권, 청구인 학원운영자의 직업수행의 자유를 침해하는지 여부에 대해 헌재는 이를 부정하였다(2014헌마374. 이전에도 학원 심야교습금지 헌법소원 기각(합헌성 인정) 결정들(2008헌마454; 2008헌마635)이 있었다). ② 초·중등학교에서 한자교육을 선택적으로 받도록 한 '초·중등학교 교육과정'(교육과학기술부 고시) 규정이 우리나라의 어문정책과 문자생활의 흐름에 맞추어 그에 맞는 교육목표와 방향을 설정하고, 학생들의 연령과 발달수준을 고려하여 국어 능력 향상에 도움이 될 수 있는 적절한 국어교육의 내용과 방법을 정할 필요가 있고 요즘에는 인터넷이 상용화되어 한글만 사용하더라도 지식과 정보 습득에 아무런 문제가 없다는 점 등을 종합하면 학생의 자유로운 인격발현권 및 학부모의 자녀교육권을 침해하지 않는다고 보았다(2012헌마854). ③ 헌재는 육아휴직신청권에 대해서는 사회권으로서 법률상의 권리에 불과하다고 보아(2005헌마1156) 소극적으로 보는 경향이다.

(3) 평등심사에서 엄격심사를 하는 사유로서 혼인과 가족생활에서의 양성평등

앞서 평등권 부분에서 본 대로 헌재는 헌법 제36조 제1항의 혼인과 가족생활에서의 양성평등 규정을 헌법에서 특별히 평등을 요구하고 있는 경우로 보아 엄격(비례성)심사를 하는 사유라고 하여 엄격심사한다[그 예로, 앞서 본 혼인한 여성 등록의무자의 경우에만 계속해서 배우자의 직계존·비속의 재산을 등록하도록 규정한 공직자윤리법 부칙 규정 위헌결정(2019헌가3), 부부합산과세 위헌결정(2001헌바82) 등이 있었다. 이에 대해서는 앞의 평등권, 엄격심사의 예 부분도 참조]. 문제는 헌법 제36조 제1항은 한 가족공동체 내에서 부인과 남편의 양성평등을 의미한다고 보면 혼인한 부부와 혼인하지 않은 외부의 다른 사람과 평등 문제는 헌법 제11조 평등조항으로 적용되어야 할 문제가 아닌가 하는 점에서 위 결정들에 대한 검토가 필요하다(이런 지적으로 앞의 평등권 부분 참조).

II. 모성의 보호

1. 의의와 법적 성격

인간을 잉태하고 이를 양육하는 역할의 많은 부분이 모성을 바탕으로 이루어진다. 인간의 존엄성이 생명의 탄생과 더불어 시작된다는 점에서 모성의 보호는 인간의 존엄과 가치를 구현하는 생존의 출발점을 보호한다는 의의를 가진다. 헌법 제36조 제2항은 "국가는 모성의 보호를 위하여 노력하여야 한다"라고 하여 국가의 보호의무를 규정하고 있다. 헌법이 국가의 노력의무로 규정하고 있긴 하지만 모성보호의 권리도 국가의 적극적 보호를 요구할 수 있는 생존권이라고 보아야 한다.

모성보호가 현행 우리 헌법규정이 명시한 것은 국가에 대한 의무만이나 사인들 간에도 모성에 관한 기본권의 효력이 인정되어야 할 것이다. 특히 임신, 출산을 이유로 하는 해고는 모성보호를 침해하는 것인 이런 경우와 같은 경우에는 사기업에 의한 해고, 침해일 경우일 수 있으므로 사인들 간의 기본권으로서의 효력도 인정하여야 한다. 임신·출산 퇴직제 근로계약은 금지된다(남녀고용평등과 일·가정 양립 지원에 관한 법률 제11조 제2항).

2. 모성보호의 내용

모성보호를 위한 '모자보건법'과 출산과 관련한 모성보호를 위한 '공공보건의료에 관한 법률' 등이 있다. 모성보호가 필요한 영역으로 여성들이 임신, 출산으로 자신의 직업에 단절이 생길 수 있으므로 근로영역에서의 보호가 모성보호와 연결된다. 임신, 출산을 이유로 하는 해고와 같은 경우는 모성보호를 침해하는 것이다. 출산휴가·수당이나 모성수당의 부여가 필요하다. 근로기준법 제70조, 제74조, 제98조, '경력단절여성등의 경제활동 촉진법' 제3조, '남녀고용평등과 일·가정 양립 지원에 관한 법률' 제11조 제2항, 제18조 등을 통하여 근로영역에서의 모성보호를 규정하고 있다. 지금과는 반대인 과거 산아제한정책으로 1996년까지 세 번째 이후의 자녀에 대해 의료보험 분만급여를 제한하였는데 이 제한에 대해 헌재는 모성의 보호 규정에 위배되지 않는다고 보았다(95헌마390).

III. 보건권(保健權)

1. 헌법규정과 법적 성격

헌법 제36조 제3항은 "보호를 받는다"라고 규정하고 있어서 국가의 보호의무를 명시하고 있다. 국가의 의무는 국민의 건강을 침해해서는 아니 될 소극적인 의무뿐만 아니라 적극적으로 국민의 보건을 위한 정책을 수립하고 시행해야 할 의무를 말한다(91헌바11; 2015헌마1181; 2008 헌마419; 2012헌마38). 또한 보건은 사람의 생명을 유지하게 하고 건강을 더 강화하는 기능이므로 보건권은 기초적이며 지속가능한 것이어야 한다. 보건권은 국가에 대해 건강에 대한 유지, 질병의 예방과 치료 등을 요구할 수 있는 적극적인 권리로서의 생존권이다. 건강은 감염병과 같이 타인에 의해 침해될 수 있으므로 보건권은 대국가적 효력뿐 아니라 제3자적 효력도 인정된다.

2. 내용

보건이란, 좁게는 질병을 막기 위한 위생관리, 질병 발생 시 질병에 대한 치료를 위한 행위를 말하지만 넓게는 건강의 유지뿐 아니라 인간이 건강한 삶을 누릴 수 있도록 신체 체력을 단련하게 하고 영양의 개선 등의 적극적 활동이나 나아가 물리적, 육체적 보건뿐 아니라 정신의 건강도 포함하여 건강상태를 양호하게 하고 증진시키게 하는 것을 의미한다.

보건의 개념의 범주에 따라 보건권의 내용 범위도 달라진다. 좁은 개념에 따라 보면, 보건권은 전염병예방, 위생관리와 같은 질병의 예방과 질병의 발견 및 그 치유를 위한 치료, 재활등을 요구할 수 있는 권리이다. 넓은 개념에 서게 되면, 건강검진, 개인적으로 면역성을 키우기 위한 체력단련, 평소의 건강관리, 헬스케어, 위생적인 환경을 조성해 줄 것을 적극적으로 요구할 권리도 포함될 수 있을 것이다. 정신적인 건강을 위한 권리들도 포함된다.

보건의료에 관한 국민의 권리를 보장하기 위해서 보건의료기본법, 공공보건의료에 관한 법률, 국민건강보험법 등의 법률이 있다. 보건의무의 대상자는 국민이며, 외국인의 경우에도 내국인은 아니지만, 인간의 권리로서 건강권을 생각하면 가능한 한 보호를 하는 것이 필요하다.

3. 주요 관련 판례

(1) 건강(보건)권과 무면허의료행위의 일률적·전면적 금지의 합헌성

일반적으로 생존권 분야에서는 입법재량을 넓게 보지만 국민의 생명, 건강, 안전이 문제가 되는 보건 분야에서는 시행여부에 대한 재량은 인정하기 어렵고 그 시행의 방법이나 절차에 있어서는 재량 부여의 폭이 넓게 주어질 것이다. 국민의 건강을 위한 의료자격 부여에 있어 자격자가 적으면 모르되 그렇지 않은 상황에서 자격의 부여는 신중할 필요가 있다(90헌마19). 보건과 건강의 보호에 있어서 의료행위에 대한 국가의 규제는 그 중심에 서 있다. 의료인이 아니면 누구든지 의료행위를 할 수 없도록 하는 의료법규정으로 비의료인에 의한 침구, 대체의학 치료 등을 금지하는 데에 대해 위헌논란이 있다. 헌재는 무면허의료행위를 일률적·전면적으로 금지하는 것은, "대안이 없는 유일한 선택"으로서 실질적으로도 비례의 원칙에 합치되는 것이고 헌법 제10조의 인간으로서의 존엄과 가치를 보장하고 헌법 제36조 제3항의 국민보건에 관한 국가의 보호의무를 다하고자 하는 것으로서 보건권을 보장하는 것이라고 하여 합헌성을 인정해 오고 있다(헌재 1996.10.31. 94헌가7; 2002.12.18. 2001헌마370; 2005.3.31. 2001헌바87; 2005.5.26. 2003헌바86; 2005.9.29. 2005헌바29 등. 그런데 비교적 근간인 헌재 2010.7.29. 2008헌가19 등 사건에서도 합헌결정이 있었는데 이는 위헌의견이 5인 재판관의견으로 다수의견이었으나 정족수 6인을 채우지 못하여 합헌결정으로 되었다).

(2) 한약조제에 관한 입법부작위에 대한 헌법소원심판

한약조제의 안전성과 유효성에 관한 검토방법 및 절차를 규정하지 아니한 입법부작위가 국민의 생명·신체의 안전에 관한 권리, 알권리, 자기결정권과 보건에 관한 권리를 침해하여 위헌이라는 주장의 헌법소원심판이 있었다. 헌재는 헌법 제36조 제3항에서 그러한 입법을 할 의무가 부여되었다고 볼 수 없으며, 입법의무가 없으므로 그 입법부작위는 헌법소원심판대상이 되지 못한다고 하여 그 부분 청구는 각하하였다(2015헌마1181). 그런데 이 결정에서는 또 '한약(생약)제제 등의 품목허가·신고에 관한 규정'(식품의약품안전처고시)이 국가의 기본권 보호의무를 위반함으로써 청구인들의 보건권을 침해하였다는 주장도 있었는데, 헌재는 자신은 국가의 기본권보호의무에 대하여 최소한의 보호조치를 취하였는지 제한적으로 심사한다는 입장을 취하면서 이 사안에 대하여 국가는 최소한의 조치를 취하여 의무위반이 아니라고 보고 기각하였다. 헌재의 이 결정은 문제가 있다. 헌재는 근본적으로 검토 방법 절차를 규정하지 않은 데 대해 '국가의 입법의무가 없다'고 하면서도 또 고시에 대한 판단에서 국가의 '기본권보호의무를 다하였는지를 본다'는 것은 '없는 의무'에 '그 의무를 다하였는지'를 본다는 것인지 이해하기 어렵다. 또한 설령 그런 점을 받아들인다고 하더라도 입법부작위 판단시 유효성 검토에 있어서 여러 조치들이 있으므로 검토방법을 입법할 의무까지는 없다고 하였는데 그런 정도의 조치를 다하였다면 기본권보호의무도 다 하였다고 함께 판단하면 되었을 것으로 본다. 이처럼, 헌재는 최소한 심사에 그친다는 입장이다. 그러나 과연 국민의 보건안전에 관한 문제에 대해 아무리 입법재량을 인정하더라도 소극적인 태도를 취하는 것이 타당한지는 의문이 없지 않다.

(3) 의료·건강 관련 광고에 대한 사전심의제에 대한 위헌결정

국가의 보건보호의무와 관련되어 있으나 이에 비춘 직접적 판단보다 표현의 자유에서의 사전검열금지원칙 위반으로 위헌결정이 난 의료·건강 관련 광고 사전심의제들이 있었다. 의료광고(2015헌바75), 건강기능식품 광고(2016헌가8; 2019헌가4), 의료기기 광고(2017헌가35)의 사전심의제가 그 예들이었다. 이에 대해서는 앞의 표현의 자유에서 살펴보았다.

(4) 치료감호 청구 제한

검사만 치료감호를 청구할 수 있고 법원은 검사에게 치료감호청구를 요구할 수 있다고만 규정한 '치료감호 등에 관한 법률' 제4조 제1항 및 제4조 제7항이 국민의 보건에 관한 국가의 보호의무에 반하는지 여부에 대한 판단이 있었다. 헌재는 '정신건강증진 및 정신질환자 복지서비스 지원에 관한 법률', '형의 집행 및 수용자의 처우에 관한 법률'에 있는 다른 제도들을 통하여 국민의 정신건강을 유지하는 데에 필요한 국가적 급부와 배려가 이루어지고 있으므로, 이 사건 법률조항들에서 치료감호대상자의 치료감호 청구권이나 법원의 직권에 의한 치료감호를 인정하지 않는다 하더라도 국민의 보건에 관한 국가의 보호의무에 반한다고 않는다고 보았다 (2019헌가24. 동지: 2008헌마622).

제 5 장

선거권·직접민주 참정권·공무담임권

제 1 절   총론

Ⅰ. 개념과 기능

이 권리는 국민 내지 주민의 대표자를 선출하고 국가나 지방자치단체의 공무를 수행하는 권리를 말한다. 선거 외에 국민이 직접적 의사표시를 할 수 있게 하는 직접민주제적 참정권인 국민투표의 권리도 포함된다.

민주정치가 이루어지는 사회에서 선거권이란 대표자를 선출하고 그 대표자에게 정당성을 부여하게 하는 중요한 기능을 한다는 것은 두말할 나위가 없다. 또한 피선거권이나 공무담임권은 국가의 공권력 등을 담당하는 기회를 제공하여 국민이 정치와 행정수행을 담당하게 하는 보다 적극적인 성격의 권리로서 기능을 가진다. 선거권은 국가제도의 구성을 가능하게 하고 공무담임권은 국가의 경영과 기능을 가능하게 한다는 점에서 기초적인 중요한 권리이다.

> * **용어의 문제:** 선거권, 공무담임권을 묶어 종래 참정권이란 용어를 사용하여 왔다. 문제는 공무담임권에 피선거권 외에 직업공무원이 될 권리도 포함되는데 직업공무원은 정치적 중립성을 가져야 하기에 '참정'이란 말을 쓰는 것은 적절한지 의문이다. 본서에서 이 장의 제목을 선거권, 공무담임권으로 나열한 것은 바로 그 이유 때문이다. 우리 헌법 제13조 제2항은 참정권이란 용어를 규정하고 있다. 직업공무원의 공무담임권에 대해서도 정책의 결정·집행에 참여한다는 의미로 새기면서 참정권이란 용어를 사용할 수 있겠다. 본서에서도 참정권이란 용어를 위와 같은 점을 고려하면서 사용한다.

Ⅱ. 성격과 효력

1. 실정권성 문제

선거제도의 정비와 더불어 선거권이, 그리고 공무원제도의 정비와 더불어 공무담임권이 향유될 수 있다는 점에서 종래 참정권이라 불리던 선거권과 공무담임권을 국가내적 권리 내지 실정권으로 파악하는 경향이 있다. 그러나 제도는 권리를 뒷받침하는 수단이고 제도가 마련되어 있지 않다고 하여 권리성을 부정하거나 약하게 볼 수는 없으므로 종래의 견해에 대한 재검토가 필요하다.

2. 능동성과 적극성

선거권과 공무담임권은 국민이 적극적으로 정치에 참여하게 하고 국가의 공무를 수행하는 능동성을 요구하는 권리이다.

3. 의무성 여부

선거에 참여하는 것이 국민의 의무인지 여부, 즉 참여하지 않은 경우에 제재를 가하여 강제할 수 있는가 하는 문제에 대해 ① 긍정설, ② 부정설, ③ 절충설이 대립될 수 있다. 긍정설은 너무 낮은 투표율로는 특히 단순 다수대표제일 경우에는 당선자일지라도 지지도가 약하다고 보고 정당성을 확보하도록 하기 위해서는 일정 비율 이상의 투표참여율을 그 요건으로 전제하는 것이 필요하기에 투표강제가 인정된다고 보거나 선거가 국가기관이 구성하여 국가활동을 가능하게 하는 것이므로 선거에 참여함은 국민의 권리이자 의무이므로 불참에 대한 법적 제재가 가능하다고 보는 입론이 가능하다. 부정설은 자유투표의 원칙과 조화되지 못한다는 이유로 투표강제를 부정하는 입장을 취할 수 있다. 불행사에 대한 제재규정이 없으므로 권리일 뿐이고 법적 의미에서의 의무성을 가지지 않는다고 보는 부정설도 있다(권영성, 전게서, 579면). 절충설은 투표의 강제성은 입법정책적 문제이므로 법률로 강제할 수 있다고 본다.

생각건대 참정권이 기본권이고 강제는 제한이므로 이 문제는 기본권의 제한 문제로 파악될 수 있다. 따라서 법률로써 강제를 할 수 있되 본질적 내용을 침해할 수 없고 비례(과잉금지)원칙을 지켜야 한다. 현재 강제하는 법률규정은 없다. 한편 저조한 투표율이 대표성부족을 가져오기에 최소투표율을 도입하여야 한다는 주장도 있는데 우리 헌재는 최소투표율 채택이 자유선거의 원칙에 반할 수 있다고 본다.

● **판례**　헌재 2003.11.27. 2003헌마259 등

그리고 차등 없이 투표참여의 기회를 부여했음에도 불구하고 자발적으로 투표에 참가하지 않은 선거권자들의 의사도 존중해야 할 필요가 있다. 만약 청구인들이 주장하는 바와 같은 최소투표율제도를 도입하게 되면 투표실시결과 그러한 최소투표율에 미달하는 투표율이 나왔을 때 그러한 최소투표율에 도달할 때까지 투표를 또 다시 실시하지 않을 수 없게 되는데, 그것을 막기 위해 선거권자들로 하여금 투표를 하도록 강제하는 과태료나 벌금 등의 수단을 채택하게 된다면 자발적으로 투표에 참가하지 않은 선거권자들의 의사형성의 자유 내지 결심의 자유를 부당하게 축소하고 그 결과로 투표의 자유를 침해하여 결국 자유선거의 원칙을 위반할 우려도 있게 된다(헌재 1994.7.29. 93헌가4등; 1995.4.20. 92헌바29 참조). 선거권자들의 일정 비율 이상이 반드시 투표에 참여해야만 가능하다는 최소투표율제에 의해야 한다고 하면 결과적으로 선거인의 결정의 자유 내지 결심의 자유를 침해할 수도 있게 되는 것이다. 그러므로 저조한 투표율에 의해 실시된 재·보궐선거에서 유효투표의 다수를 얻은 후보자를 당선인으로 결정하는 것이 선거의 대표성을 훼손한다고 하기는 어렵다. 결국 이 사건 공선법 제188조가 이른바 최소투표율제를

택하고 있지 않다는 이유만으로 헌법상 요구된 선거의 대표성의 본질을 침해한다거나 그로 인해 국민주권 원리를
침해하고 있다고 하기 어렵다.

제 2 절   선거권

Ⅰ. 선거권의 의의와 보호범위

선거권이란 공직자를 선출하기 위한 행위에 참여할 수 있는 기본권을 말한다. 선거와 투표
는 구별된다. 투표는 선거의 한 방법이고 연장자 순으로 선출하거나 추천에 의한 무투표 방식
으로 선출할 수도 있기 때문이다. 따라서 투표권이란 개념보다 선거권이란 개념이 더 넓은 개
념이다. 현실적으로 선거는 투표로 이루어지는 경우가 많다.

[사법(私法)적 성격 단체 선거의 배제 → 결사의 자유] 헌재는 "사법적인 성격을 지니는 농
협의 조합장선거에서 조합장을 선출하거나 조합장으로 선출될 권리, 조합장선거에서 선거운동
을 하는 것은 헌법에 의하여 보호되는 선거권의 범위에 포함되지 않는다"라고 판시하고 있다
(2011헌바154; 2011헌마562; 2015헌바62; 2016헌바372; 2016헌가1; 2016헌바364; 2020헌가9). 그리하
여 헌재는 사법상 조합에서의 선거에 관해서는 결사의 자유에서 주로 다룬다(앞의 결사의 자유,
단체활동의 자유 부분 참조).

Ⅱ. 선거권의 법적 성격 - 권리성

선거권 등이 권리성을 가지는지 여부에 관한 학설로는 ① 개인적·주관적 공권설(선거에 참
여할 수 있는 개별 국민 각자가 주관적으로 가지는 개인적 공권이라고 보는 설이다. 개인적 공권으로 보
는 설에도 ㉠ 실정권설과 ㉡ 자연권설로 나누어진다), ② 기능(공무)설(선거란 공직자를 선출하는 기능
내지 공무수행이라고 보는 설), ③ 권한설(선거인으로서 선거에 참여하는 권한, 지위, 자격을 의미한다
고 보는 설), ④ 양면설(선거권은 개인의 권리이자 공직자를 선출하는 기능을 수행하는 이중적인 성격
을 가진다고 보는 설. 우리의 다수설) 등이 있다. 주권이론 중 국민주권설에 따르면 선거라는 기능
으로 파악되고 선거권이란 권리를 인정하지는 않는 반면 인민주권설에 따르면 국민 각자의 권
리라는 관념을 인정한다(전술 제2부 제2장 제1절 제2항 Ⅳ. 참조).

선거와 선거권은 구별하여 볼 것이다. 선거는 공직자를 선출하는 제도로서 기능이고 선거권
이란 개별 국민이 선거에 참여할 수 있는 법적 권리로서 기본권이다. 모든 기본권은 그 권리의
행사의 결과 기능을 발휘하는 것이므로(예를 들어 청원권도 권리이면서 그것의 행사는 권리구제기

능, 정치참여적인 기능을 수행한다) 이러한 양면성이 선거권이라는 권리 자체의 성격은 아니다.

III. 선거권의 내용

1. 선거권법정주의

헌법 제24조는 "모든 국민은 법률이 정하는 바에 의하여 선거권을 가진다"라고 규정하고 있다. 이러한 법정주의는 선거권이 법률상의 권리라는 것이 아니라 선거권의 내용을 법률로 구체적으로 규정하라는 의미이다. 이에 따라 제정된 중심적인 법률이 공직선거법이다. 선거권의 내용으로 선거에 참여하여 투표를 할 선거권, 선거운동을 할 권리 등이 있다. 선거운동권은 별도로 살펴본다(후술 제5절 참조).

2. 선거원칙

(1) 보통·평등·직접·비밀·자유선거의 원칙

선거권에 있어서 선거의 원칙인 보통·평등·직접·비밀·자유선거의 원칙이 적용된다. 이 원칙들에 대해서는 앞에서 살펴보았다(전술 제2부 제2장 선거제도 참조). 여기에서는 앞서 여기서 다루기로 했던 평등선거원칙 관련 선거구 인구편차, 게리멘더링 등의 중요한 문제들을 아래에서 살펴본다.

(2) 평등선거를 위한 선거구의 획정 문제
1) 선거구 간 인구편차의 문제

① **인구편차와 평등선거원칙**   투표가치의 평등을 위하여 선거구의 획정부터 공정하여야 한다. 선거구들 간에 인구의 수의 차이 때문에 투표가치의 불평등이 발생된다. 예를 들어 5만명이 1명의 의원을 선출하는 S선거구와 15만명이 1명의 의원을 선출하는 Y선거구가 있다고 할때 Y선거구의 유권자의 투표가치는 S선거구에 비하여 3분의 1의 가치를 가져 불평등이 있게된다. 5만명이 1명의 대표자에 의해 대표된다면 15만명의 인구가 있는 Y선거구에서는 3명의대표자가 선출되어야 동등한 대표가치와 투표가치를 가질 것이기 때문이다(그런데 위의 예에서 투표가치의 평등성 문제를 단순하게 설명하기 위해 이처럼 Y선거구, S선거구 간의 비교를 하였지만 아래 ③에서 서술하는 대로 우리 헌재는 편차의 위헌여부를 따짐에 있어서 선거구 간의 비교가 아니라 평균인구수를 두고 판단한다). 우리나라에서도 국회의원선거, 지방의회의원선거에서 선거구인구의 편차로 인한 위헌결정, 헌법불합치결정이 실제 있었다.

② **편차의 한계**   우리 헌법 제41조 제3항은 국회의원의 선거구에 관한 사항은 법률로 정한다

고 규정하여 선거구획정을 입법형성(재량)에 맡기고 있다. 그리하여 헌법 제41조 제 3 항에 따라 제
정된 공직선거법 제25조 제 1 항은 국회의원지역구는 시·도의 관할구역 안에서 인구·행정구역·지
리적 여건·교통·생활문화권 등을 고려하여 이를 획정하도록 규정하고 있다. 이처럼 선거구획정에
있어서 인구 외에도 행정구역, 지리적 여건 등을 고려하므로 인구만을 고려할 것은 아니나 투표
는 국민주권의 행사과정으로서 주권을 행사하는 주체인 국민이 각각 평등한 가치의 투표를 할 수
있어야 하는 것이 가장 중요하므로 국민의 수(인구)의 비례성을 갖추는 것이 최우선적으로 고려되어
야 한다.

③ **편차 인정범위 – 헌법재판소 판례**   인구비례원칙에 따라 모든 선거구가 동일한 인구로
획정되는 것이, 즉 1 : 1이 되는 것이 이상적이다. 그런데 현실적으로 거주지를 강제배정하지
않는 한 편차가 있을 수 있다. 그리하여 어느 정도 범위의 편차가 입법재량을 벗어나지 않은
합헌적인 것인가 하는 그 허용범위가 논의된다. 아래에 우리 헌법재판소의 판례를 살펴본다.

[헌법재판소 판례]
ⅰ) 평균인구수: 먼저 유의할 것은 헌법재판소는 선거구의 위헌 여부 판단을 단순히 최대선거구 대
최소선거구의 대비가 아니라 평균인구수를 설정하여 한다는 점이다. 평균인구수는 전체 인구수 ÷
선거구수이다. 여기서 또 다른 유의점은 전체 유권자수가 아니라 전체 인구수를 선거구수로 나눈다
는 점이다. 한편 지방의회의원선거의 경우 광역의회(시·도의회)의원선거와 기초의회(자치구·시·군의
회)의원선거가 있는데 기초의회의원선거의 경우에는 평균인구수를 산정함에 있어서 선거구수로 나
누는 것이 아니라 의원수로 나눈다. 그 이유는 자치구·시·군의회의원선거는 하나의 선거구당 2인
내지 4인의 의원을 선출하는 중선거구제방식이기 때문이다(헌재 2009.3.26. 2006헌마67).
ⅱ) 편차범위: ㉠ 국회의원선거의 경우(33⅓, 2:1) – 우리 헌법재판소는 국회의원선거의 경우 평균
인구수를 기준으로 현재 상하 33⅓%의 편차범위를 인정한다(과거 1995년에 60%를, 2001년에 50%
를 인정한 때도 있었음). 즉 최대선거구(133⅓%): 최소선거구(66⅔%) = 2 : 1이다(헌재 2014.10.30.
2012헌마192). 헌재는 2001년에 편차범위 50%(3 : 1)를 인정하면서 앞으로 33⅓%(2 : 1)로 줄여야 한
다고 당시에 밝힌 바 있는데 헌재 2014.10.30. 2012헌마192 결정에서 그렇게 줄이면서 그 이유를 다
음과 같이 밝히고 있다. 즉 50% 편차를 인정한 이전의 선례(헌재 2001.10.25. 2000헌마92)에서 단원
제를 채택하고 있는 우리나라의 경우 국회의원이 국민의 대표이면서 현실적으로는 어느 정도의 지
역대표성도 겸하고 있는 점, 인구의 도시집중으로 인한 도시와 농어촌 간의 인구편차와 각 분야에
있어서의 개발불균형이 현저한 현실 등을 근거로 국회의원선거구 획정에 있어 인구편차를 완화할
수 있다고 판단하였으나 이는 더 이상 인구편차를 완화할 수 있는 사유가 되지 않는다고 판단된다.
a. 우리나라가 택하고 있는 단원제 및 소선거구제에서는 사표가 많이 발생할 수 있는데, 인구편차
상하 50%의 기준을 따를 경우 인구가 적은 지역구에서 당선된 국회의원이 획득한 투표수보다 인구
가 많은 지역구에서 낙선된 후보자가 획득한 투표수가 많은 경우가 발생할 가능성도 있는바, 이는
대의민주주의의 관점에서도 결코 바람직하지 아니하다. b. 국회의원이 지역구에서 선출되더라도 추
구하는 목표는 지역구의 이익이 아닌 국가 전체의 이익이어야 한다는 원리에 따라서 국회를 구성함
에 있어 국회의원의 지역대표성이 고려되어야 한다고 할지라도 이것이 국민주권주의의 출발점인 투
표가치의 평등보다 우선시 될 수는 없다. 지금은 지방자치제도가 정착되어 지역대표성을 이유로 헌
법상 원칙인 투표가치의 평등을 현저히 완화할 필요성 또한 예전에 비해 크지 않다. 국회의원의 지

역대표성은 지방자치단체의 장이나 지방의회의원이 가지는 지역대표성으로 상당부분 대체되었다고 할 수 있다. c. 인구편차의 허용기준을 완화하면 할수록 시·도별 지역구 의석수와 시·도별 인구가 비례하지 아니할 가능성이 높아져 상대적으로 과대대표되는 지역과 과소대표되는 지역이 생길 수밖에 없다. 실제로 영·호남지역이 수도권이나 충청지역에 비하여 각각 과대하게 대표됨을 확인할 수 있는데, 이러한 차이는 지역정당구조를 심화시키는 부작용을 야기할 수 있다. 특히, 이와 같은 불균형은 농·어촌 지역 사이에서도 나타난다. d. 외국의 판례와 입법 추세를 고려할 때, 우리도 인구편차의 허용기준을 엄격하게 하는 일을 더 이상 미룰 수 없다.

ⓛ 지방의회의원선거의 경우(50%, 3:1) ─ ⓐ 광역의회의 경우 헌재는 이전에는 60% 편차범위, 즉 최대선거구(160%) : 최소선거구(40%) = 4 : 1을 인정하였었다. 지방의회의원선거의 경우 이전에 50%편차를 인정한 국회의원선거에서보다 편차를 10% 더 인정하여 60%로 완화하여 인정하는 이유에 대하여 헌법재판소는 인구비례원칙이 가장 중요하고도 우선적인 일차적인 기준이긴 하나 지방의회의원이 지역대표성도 겸하고 있고, 인구의 도시집중으로 인한 도·농간의 인구편차와 개발불균형이 존재하는 우리나라의 특수성 등을 고려할 때 행정구역 등도 인구비례원칙에 못지않게 고려해야 할 필요성이 크므로 인구비례원칙을 완화하여 편차범위를 정한다고 밝히고 있었다(헌재 2007.3.29. 2005헌마985). 그러나 2018년에 다음과 같은 논거로 상하 50% 편차범위로 하여야 한다고 판례를 변경하였다. 즉 헌재는 "인구편차 상하 33⅓%의 기준이 선거권 평등의 이상에 보다 접근하는 안이지만, 위 기준을 적용할 경우 각 자치구·시·군이 가지는 역사적·문화적·경제적인 측면에서의 지역대표성과 도시와 농어촌 간의 인구격차를 비롯한 각 분야에 있어서의 지역 간 불균형 등 2차적 요소를 충분히 고려하기 어렵다. 반면 인구편차 상하 50%를 기준으로 하는 방안은 최다인구선거구와 최소인구선거구의 투표가치의 비율이 1차적 고려사항인 인구비례를 기준으로 볼 때의 등가의 한계인 2 : 1의 비율에 그 50%를 가산한 3 : 1 미만이 되어야 한다는 것으로서 인구편차 상하 33⅓%를 기준으로 하는 방안보다 2차적 요소를 폭넓게 고려할 수 있다 … 그렇다면 현재의 시점에서 시·도의원지역구 획정과 관련하여 헌법이 허용하는 인구편차의 기준을 인구편차 상하 50%(인구비례 3 : 1)로 변경하는 것이 타당하다"라고 판시하였다(헌재 2018.6.28. 2014헌마189). ⓑ 기초의회의원선거의 경우에도 이전에는 60% 편차범위를 인정하였었는데(헌재 2009.3.26. 2006헌마67) 위 광역의회의원선거에서와 마찬가지 이유를 들면서 50% 편차범위로 판례변경을 하였다(헌재 2018.6.28. 2014헌마166).
ⅲ) 선거구구역표의 불가분성: 선거구들 중 단 하나의 선거구도 이 범위를 벗어나면 선거구 전체가 모두 위헌이다(헌재 1995.12.27. 95헌마224; 2001.10.25. 2000헌마92; 2014.10.30. 2012헌마192 등 참조).
ⅳ) 위헌결정례: 헌재 1995.12.27. 95헌마224(국회의원선거의 경우, 편차범위를 60% 인정한 때의 위헌결정례였음).
ⅴ) 헌법불합치결정례: 국회의원선거의 경우 ─ 헌재 2001.10.25. 2000헌마92(편차범위를 50%로 본 결정), 헌재 2014.10.30. 2012헌마192 등(편차범위를 33⅓%로 보는 현재의 기준이 나온 결정), 광역의회의원선거의 경우 ─ 헌재 2007.3.29. 2005헌마985; 헌재 2019.2.28. 2018헌마919등(이 결정은 신 판례인 상하 50%(인구비례 3 : 1)를 적용하여 헌법불합치결정된 첫 결정례이다), 기초의회의원선거의 경우 ─ 헌재 2009.3.26. 2006헌마67; 2009.3.26. 2006헌마240등; 2021.6.24. 2018헌마405[* 이 결정은 편차허용을 50%로 낮춘(위 2014헌마166 결정) 기준에 비추어 판단하여 헌법불합치결정된 것임].

사례 1. 국회의원선거의 경우

> 현행 공직선거법에서 정하고 있는 **국회의원 지역구선거**에서의 선거구수에 관한 규정을 무시하고 현재 우리나라의 국회의원 지역구선거에서의 선거구수가 200개라고 가정하자. 또한 우리나라 현재 실제의 정확한 인구수를 무시하고 전체 인구수는 4,000만명이라고 가정하자. 몇 개의 가정적 선거구들을 보면, A선거구의 인구수는 15만명, B선거구의 인구수는 9만명, C선거구의 인구수는 23만명, D선거구의 인구수는 32만명, E선거구의 인구수는 14만명, F선거구의 인구수는 7만명이다. 우리 헌법재판소의 판례가 허용하는 편차범위를 벗어난 선거구는 어느 선거구인가?

- 평균인구수 = 전체 인구수(4,000만명) ÷ 선거구수(200개) = 20만명.
- 편차범위 = 평균인구수(100%, 20만명)의 상하 $33\frac{1}{3}$% 편차. 최대 $133\frac{1}{3}$%, 최소 $66\frac{2}{3}$% 범위.
- 평균인구수 100%에 비해 A선거구 75%, B선거구 45%, C선거구 115%, D선거구 160%, E선거구 70%, F선거구 35%이다. 우리 헌법재판소 판례에 따르면 위 최대 $133\frac{1}{3}$%에서 최소 $66\frac{2}{3}$% 범위 내에 있어야 하는데 이 범위를 벗어난 선거구는 결국 B, D, F 선거구이다(평균인구수 100%보다 $+33\frac{1}{3}$%(상)에서 $-33\frac{1}{3}$%(하) 사이에 있어야 한다고 보고 100% 기준 A선거구는 -25%, B선거구는 -55%, C선거구는 +15%, D선거구는 +60%, E선거구는 -30%, F선거구는 -65%. 따라서 B, D, F선거구가 편차범위를 벗어난 것이다).
- 불가분성: 위 3개 선거구만 위헌일지라도 전체 선거구들 모두가 위헌이 된다.

사례 2. 기초지방의회의원선거의 경우

　기초지방의회의원선거는 중선거구제여서 차이가 있어 유의할 필요가 있으므로 아래에 사례를 들어본다.

> 한국의 어느 기초지방자치단체인 S시(市)의 지방의회의원선거에 있어서 각 선거구의 현황이 아래와 같다고 가정할 때 우리 헌법재판소의 판례가 허용하는 편차범위를 벗어난 선거구는 어느 선거구인가 ?
>
> | 선거구 | 인구수 | 선거구별 의원정수 |
> |---|---|---|
> | 가 | 25,000 | 2 |
> | 나 | 34,000 | 2 |
> | 다 | 27,000 | 3 |
> | 라 | 18,000 | 3 |
> | 합 계 | 104,000 | 10 |

- 평균인구수 = 104,000 ÷ 10 = 10,400명. * 유의: 기초의회의원선거는 중선거구제를 취하여 한 선거구에 여러 명 의원이 있을 수 있으므로 인구수를 의원정수 합으로 나눈다는 점.
- 편차범위 = 평균인구수(100%, 10,400명)의 상하 50% 편차. 최대 150%, 최소 50% 범위.
  합헌범위: 최대(평균인구 10,400명 × 1.5) = 15,600명, 최소(평균인구 10,400 × 0.5) = 5,200명.
- 비교: 벗어나는 선거구는 '나' 선거구 (의원 1인당 인구는 34,000 ÷ 2 = 17,000. 위 최대, 최소 사이 범위를 벗어남. 각 선거구 편차를 위 사례 1.에서처럼 %로 계산해도 됨('나'선거구는 +63%)
  * 유의: 단, 국회의원선거의 경우와 달리 각 선거구별 의원 1인 당 인구를 계산하여 벗어난 선거구인지를 판단하여야 함)
- 불가분성: 위 '나' 선거구만 위헌일지라도 전체 선거구들 모두가 위헌이 된다.

2) 자의적 획정(Gerrymandering)의 위헌성

① **개념** 합리적인 이유없이 인접하지 않은 지역을 묶어 하나의 선거구로 획정하는 경우와 같이 자의적인 선거구획정도 평등선거의 원칙에 반한다. 자의적 획정은 위에서 본 선거구 간 인구편차의 문제와는 구별된다. 자의적 획정은 합리적 이유없이 어느 정당, 후보자에 유리하게 서로 떨어져 있는 선거구를 묶는 등 그 구획에 불합리성과 자의(恣意, 독단)성이 있는 경우를 말한다.

선거구획정을 왜곡되게 하는 위와 같은 자의적 획정을 게리맨더링(Gerrymandering)이라 하는데 이는 미국의 매사추세츠 주의 주지사였던 E. Gerry가 자의적으로 획정한 선거구의 모양이 전설의 뱀인 salamander와 유사하였기에 게리와 맨더의 합성어로 붙여진 이름이다. 게리맨더링은 특정 정당(후보)을 지지하는 서로 떨어진 지역의 유권자들을 묶어 당선에 유리하게 선거구를 정하는 것이다. 즉 게리맨더링은 자의적으로 떨어진 지역들을 묶어 선거구를 비정상적으로 획정하여 정상적인 획정이었으면 선거인들이 자신이 소속하는 지역에서 원하는 인물을 지지하여 당선시킬 수 있었을 기회를 상실하도록 한다. 따라서 이러한 기회를 박탈함으로써 평등선거 원칙의 위반의 문제가 나온다. 헌재는 "특정 지역의 선거인들이 자의적인 선거구획정으로 인하여 정치과정에 참여할 기회를 잃게 되었거나, 그들이 지지하는 후보가 당선될 가능성을 의도적으로 박탈당하고 있음이 입증되어 특정 지역의 선거인들에 대하여 차별하고자 하는 국가권력의 의도와 그 집단에 대한 실질적인 차별효과가 명백히 드러난 경우에는 그 선거구획정은 입법재량의 한계를 벗어난 것으로서 헌법에 위반된다"라고 판시하고 있다(헌재 1998.11.26. 96헌마54). 현행 공직선거법 제25조 제1항 제2호는 하나의 자치구·시·군의 일부를 분할하여 다른 국회의원지역구에 속하게 할 수 없다. 다만, 인구범위(인구비례 2：1의 범위를 말한다)에 미달하는 자치구·시·군으로서 인접한 하나 이상의 자치구·시·군의 관할구역 전부를 합하는 방법으로는 그 인구범위를 충족하는 하나의 국회의원지역구를 구성할 수 없는 경우에는 그 인접한 자치구·시·군의 일부를 분할하여 구성할 수 있다"라고 규정하고 있다.

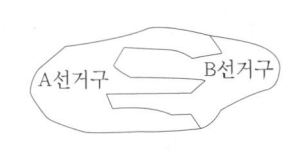

[게리맨더링의 예시]
왼쪽 A선거구나 오른쪽 B선거구의 크기는 비슷하고 인구는 비슷하나 서로 떨어진 지역들을 묶어 자의적인 획정이 된 것이다.

* 출전: 신헌법입문 11판, 박영사, 2021, 151면.

② **재량한계로서의 자의성배제와 자의성에 대한 판단기준** 선거구획정에 입법재량이 인정되나 획정에 자의성이 없어야 한다는 한계가 설정된다. 서로 떨어진 지역을 묶어 하나의 선거구를 획정하는 것에 합리적 사유(위에서 본 인구편차의 허용범위 내로 맞추어야 할 필요성이나, 경제나 생활 또는 행정상의 동일 권역성 등)가 있으면 자의적 획정이 아니나 합리적 사유가 없다면 자의적 획정으로서 위헌이 된다. 헌재도 "사회적·지리적·역사적·경제적·행정적 연관성 및 생활권 등을 고려하여 특단의 불가피한 사정이 없는 한 인접지역이 1개의 선거구를 구성하도록 함

이 상당하며, 이는 선거구 획정에 관한 국회의 재량권의 한계라고 할 것"이라고 본다(헌재 1995.12.27. 95헌마224).

> **[위헌의 결정례]** 헌재는 특단의 불가피한 사정이 있다고 볼만한 사유를 찾아볼 수 없는데도, 충북 옥천군을 사이에 두고 접경지역 없이 완전히 분리되어 있는 충북 보은군과 영동군을 "충북 보은군·영동군 선거구"라는 1개의 선거구로 획정하였던바, 이는 소위 "게리맨더링(Gerrymandering)"의 전형적인 것으로서 재량의 범위를 일탈한 자의적인 선거구획정이라고 결정한 예가 있다(헌재 1995.12.27. 95헌마224).
>
> **[입법재량 범위를 벗어난 자의적 선거구획정이 아니라고 본 예]** 헌재 1998.11.26. 96헌마74; 2001.10.25. 2000헌마92; 2014.10.30. 2012헌마192 등.

3. 선거권자

(1) 국민

ⅰ) 헌법 제24조는 "모든 국민은 법률이 정하는 바에 의하여 선거권을 가진다"라고 규정하여 국민이 선거권자임을 분명히 하고 있다. 민주국가에서 보통(보편)선거를 시행하는 것은 당연하나 앞서 보통선거원칙에서 살핀 대로 보통선거원칙이 일정한 최소사항을 선거권행사의 요건으로 설정하는 것을 배척하지는 않고 분별력 등을 고려하여 선거권자로 모든 국민이 아닌 일정 연령 이상의 최소한의 요건을 설정하고 있다.

우리나라의 경우 선거권자는 만 18세 이상의 한국 국적을 가진 국민이다(공직선거법 제15조). 이전 '공직선거 및 선거부정방지법'은 선거연령을 만 20세로 하고 있었는데, 위 규정에 대하여 20세 미만자의 참정권을 침해하여 위헌이라는 헌법소원이 있었으나 기각된 바 있었다(96헌마89). 이후 2005.8. 공직선거법의 개정으로 만 19세로 인하되었고, 위 19세 규정에 대해서도 헌법소원이 제기되었으나 헌재는 이를 합리적인 입법재량의 범위 내의 규정으로 보아 19세 미만인 사람의 선거권 및 평등권의 침해성을 부정하여 합헌성을 인정하였다(2012헌마174; 2012헌마287). 이후 2020.1. 개정을 통하여 선거연령이 만 18세로 낮춰지게 되었다.

지방선거의 경우 18세 이상 국민으로서 선거인명부작성기준일 현재 해당 지방자치단체의 관할 구역에 주민등록이 되어 있는 사람이라고 하여(동법 동조 제2항 제1호) 지방선거권에 있어서는 거주요건을 두고 있다.

그런데 공직선거법은 선거인명부에 올라 있지 아니한 자는 투표할 수 없다고 규정하고(동법 제156조 제1항) 선거인명부에 오르기 위해서는 주민등록이 되어 있는 선거권자여야 하므로(동법 제37조 제1항) 선거인명부에의 등재와 주민등록이 실제적으로 투표권행사의 요건이 되고 있다.

ⅱ) 재외국민 - ① 재외국민의 경우에도 선거권을 가진다. 이전의 공직선거법 규정들은 대통령선거, 국회의원선거의 선거권 행사에 위에서 본 대로 주민등록을 요구하여 주민등록을 할 수 없는 재외국민의 선거권을 부정하였고 공직선거법 규정이 재외국민에 대해 부재자신고를 불허하여 투표권을 행사할 수 없도록 하였는데 이러한 규정들에 대해 헌재는 헌법불합치결정

을 하였다(2004헌마644). 이후 재외선거에 관한 규정들을 두고 있다(동법 제14장의2). ② 그런데 임기만료 지역구국회의원선거권은 재외선거인(즉 주민등록이 되어 있지 않고 국내거소신고도 하지 않은 재외국민)에게 공직선거법이 인정하지 않고 있는데(대통령선거권, 비례국회의원선거권은 인정) 헌재는 지역구국회의원은 '해당 지역과의 관련성'이 인정되어야 하고 주민등록과 국내거소신고를 기준으로 지역구국회의원선거권을 인정하는 것은 해당 국민의 지역적 관련성을 확인하는 합리적인 방법이라는 점을 들어 이를 인정하지 않고 있는 공직선거법 규정들이 재외선거인의 선거권을 침해하지 않고 보통선거원칙에 위배되지 않는다고 결정하였다(2009헌마256). 그러나 지역구국회의원이라도 당선 후에는 지역에 기속되는 것이 아니라 국민전체의 대표위임이라는 점에서 재검토를 요하는 결정이다. ③ 재외선거인에게 국회의원 재·보궐선거의 선거권을 인정하지 않은 것도 재·보궐선거의 투표율이 높지 않을 것으로 예상되는 점, 재·보궐선거에 많은 비용과 시간이 소요된다는 점 등을 들어 합헌성을 인정하였고 인터넷투표방법이나 우편투표방법을 채택하지 아니하고 원칙적으로 공관에 설치된 재외투표소에 직접 방문하여 투표하는 방법을 채택한 공직선거법 규정에 대해서도 합헌성을 인정하였다(2009헌마256). ④ 국내거주 재외국민에 대해 지방선거권을 행사함에 있어서 주민등록을 요건으로 함으로써 지방선거권을 부정한 것도 헌법불합치로 결정되었다(2004헌마644). 이후 국내거주 재외국민의 경우 국내거소신고 인명부에 일정기간 계속 올라 있을 것을 요건으로 지방선거권을 인정하는 개정이 있었다가 이후 또 다시 재외국민의 국내거소신고제도가 폐지되고 재외국민용 주민등록증을 발급하도록 주민등록법이 개정됨에 따라 국내거주 재외국민에 대해서 주민등록법상 재외국민에 해당하는 사람으로서 주민등록표에 소정 기간 이상 계속 올라 있을 것을 요건으로 개정되었다. 이 개정은 지방선거권뿐 아니라 대통령 및 국회의원의 선거권에 대해서도 동일하다(공직선거법 제15조 제1항 제2호, 제2항 제2호. 이 개정은 2016년 7월 1일부터 시행에 들어갔음). ⑤ 해상에 장기 기거하는 선원들에 대한 부재자투표를 인정하지 않은 것에 대해서도 헌법불합치로 결정되었다(2005헌마772). 현재 선상투표제(동법 제38조)가 마련되어 있다.

국내 국민에 대한 주민등록요건은 여전히 있다.

▌ **재외국민 참정권 관련 헌법불합치결정례들** * 재외국민에 대한 이 결정들이 다소 복잡하여 이하에 선거권뿐 아니라 앞으로 나올 피선거권, 직접참정권 모두 정리하여 둔다. 전부 헌법불합치 결정들이었다.
ⅰ) 선거권 ① 주민등록요건에 의한 대통령선거·국회의원선거 부정(2004헌마644). ② 부재자신고 불허에 의한 선거권 부정(2004헌마644). ③ 주민등록요건에 의한 지방선거 선거권 부정(2004헌마644)
ⅱ) 피선거권 – 주민등록요건에 의한 지방선거 피선거권 부정(2004헌마644)
ⅲ) 직접민주제(국민투표권, 주민투표권) (ㄱ) 국민투표권 ① 주민등록 요건에 의한 재외국민의 국민투표권 부정(2004헌마644) ② '재외선거인'에 대한 부정 – 국내거소신고도 하지 않은 재외국민('재외선거인')에 대한 국민투표권 부정(2009헌마256). (ㄴ) 주민투표권 – 주민등록요건에

의한 주민투표권 부정(2004헌마643)

국민투표의 경우 국민투표권자가 여전히 19세 이상의 국민으로 규정되어 있다(국민투표법 제 7조).

(2) 외국인

외국인의 경우에도 일부 선거권이 인정된다. 즉 ① 지방선거에 한하여 ② 일정한 요건을 갖춘(즉 영주의 체류자격 취득일 후 3년이 경과한 18세 이상의 외국인으로서 해당 지방자치단체의 외국인 등록대장에 올라 있는 사람) 외국인은 선거권을 가진다(공직선거법 제15조 제2항 제3호).

Ⅳ. 선거권의 제한과 그 한계

1. 선거권결격사유

현행 공직선거법은 선거권이 없는 사유로, ① 금치산선고(현행 민법상 성년후견개시의 심판)를 받은 자, ② 1년 이상의 징역 또는 금고의 형의 선고를 받고 그 집행이 종료되지 아니하거나 그 집행을 받지 아니하기로 확정되지 아니한 사람. 다만, 그 형의 집행유예를 선고받고 유예기간 중에 있는 사람은 제외한다(이 규정은 원래 "금고 이상의 형의 선고를 받고 그 집행이 종료되지 아니하거나 그 집행을 받지 아니하기로 확정되지 아니한 자"이었는데 이 규정에서 '유기징역 또는 유기 금고의 선고를 받고 그 집행이 종료되지 아니한 자('수형자')', '유기징역 또는 유기금고의 선고를 받고 그 집행유예기간 중인 자('집행유예자')' 부분이 그들의 선거권을 침해하고, 보통선거원칙에 위반되며 평등원칙에도 어긋난다고 하여 위헌성을 인정하고 집행유예자에 대한 부분은 단순위헌결정, 수형자에 대한 부분은 헌법불합치결정을 하였던바(2012헌마409. 이 결정에 대해서는 앞의 기본질서의 선거제도의 보통선거원칙 부분 참조. 집행유예 경우의 동지 결정 − 2013헌마105) 이 결정에 따라 개정된 규정이다. 수형자에 대하여는 1년 이상의 징역 또는 금고형을 선고받은 경우에만 선거권을 제한하도록 개정된 것이다. 이 개정된 규정 중 "1년 이상의 징역 또는 금고의 형의 선고를 받고 그 집행이 종료되지 아니하거나" 부분에 대해 1년 이상 징역형으로 수형 중인 사람과 가석방된 사람에 의해 헌법소원심판이 청구되었으나 헌재는 합헌성을 인정하는 결정을 했다(2016헌마292)), ③ 선거범, 정치자금부정수수죄, 선거비용관련 위반행위, 대통령·국회의원·지방의회의원·지방자치단체의 장 등의 재임 중 직무관련 수뢰죄 등을 범한 자로서, 100만원 이상의 벌금형을 선고받고 그 형이 확정된 후 일정 기간을 경과하지 아니한 자 등(이 규정에 대한 합헌결정들로, 2009헌마476; 2015헌마821), ④ 법원의 판결 또는 다른 법률에 의하여 선거권이 정지 또는 상실된 자로 규정하고 있다(동법 제18조 제1항).

2. 선거연령 · 거주요건

선거연령을 만 18세로 하고 있고(이에 대해서는 앞서 서술하였다), 지방선거에서 거주요건을 설정하고 있는 것도 선거권의 제한이다.

3. 투표시간의 제한, 사전투표제, 재외투표 기간 등

(1) 투표시간의 제한

공직선거법 제155조 제1항은 "투표소는 선거일 오전 6시에 열고 오후 6시(보궐선거등에 있어서는 오후 8시)에 닫는다"라고 규정하여 투표시간을 제한하고 있다.

(2) 사전투표

과거 부재자투표제가 사전투표제로 바뀌었다. [판례 – 부재자투표시각의 위헌성] 이전 부재자투표의 경우 구 공직선거법 제155조 제2항은 부재자투표시간을 오전 10시부터 오후 4시까지로 정하고 있었는데 헌재는 이로써 일과시간에 학업이나 직장업무를 하여야 하는 부재자투표자는 일과시간 이전에 투표소에 가서 투표할 수 없게 되어 과잉금지원칙에 위배하여 선거권과 평등권을 침해하는 것이라고 보고 헌법불합치결정을 하였다[● 판례 2012.2.23. 2010헌마601. * 유의할 점은 이 결정에서 부재자투표 종료시각인 오후 4시에 대해서는 헌재가 합헌성을 인정하였다는 점이다(다만, 헌재는 합헌성을 인정하면서도 선거권의 실질적 보장에 미흡하다는 점을 지적하면서 입법 개선 모색 필요 의견을 내었다]. 이후 법이 개정되어 오전 6시가 개시시각이 되었다. 현재의 사전투표의 투표시간은 오전 6시에서 오후 6시까지로 일반 투표와 동일하다(동법 제155조 제2항).

(3) 재외투표 기간

재외투표기간은 한국에서 투표일보다 이전으로 선거일 전 14일부터 선거일 전 9일까지의 기간 중 6일 이내의 기간으로 하도록 규정하고 있다(동법 제218조의17 제1항 전문). [판례 – 재외투표기간 이후이나 한국 내 투표일 이전 귀국자의 선거권 문제] 재외투표기간 개시일 전에 귀국한 재외선거인등은 그 사실을 증명할 수 있는 서류를 첨부하여 신고한 후 선거일에 해당 선거관리위원회가 지정하는 투표소에서 투표할 수 있다(동법 제218조의16 제3항). 그런데 이 규정이 '재외투표기간 개시일에 임박하여 또는 재외투표기간 중에 재외선거사무 중지결정(코로나19의 여파로 공직선거법 제218조의29 제1항에 따른 결정)이 있었고 그에 대한 재개결정이 없었던 예외적인 상황에서 재외투표기간 개시일 이후이지만 국내에선 투표일 전일 때 귀국한 재외선거인 및 국외부재자신고인이 국내에서 선거일에 투표할 수 있도록 하는 절차를 마련하지 아니한 법 제218조의16의 부진정입법부작위'가 문제되었다. 헌재는 중복투표방지를 위한 것으로 목적정당성, 수단적합성은 있으나 재외투표기간이 종료된 후 선거일이 도래하기 전까지 적어도 8일의 기간이 있는바, 이 기간 내에 재외투표관리관이 실제로 재외투표를 한 사람들의 명단을 중앙선거관리위원회에 보내는 등 중복투표차단, 선거공정성 지킬 수 있는 대안이 존재하므로 침해최소성원칙에 위배되고 법익균형성도 없어 선거권을 침해하는 위헌이라고 보고 계속적용의 헌법불합치결정을 했다(2020헌마895).

4. 제한의 한계

법률로써 제한하더라도 본질적 내용을 침해할 수 없고 소급입법에 의한 선거권 박탈이 금지된다(제13조 제2항).

선거권제한에 관한 위헌심사사건이 많다. 선거권이 민주정치의 전제이자 초석이라는 점에서 선거권에 대한 제한을 하는 법률은 엄격한 요건을 준수해야 하고 그 제한법률에 대한 위헌여부 심사도 엄격한 잣대에 비추어 이루어져야 한다. 헌재도 엄격심사를 해야 하고, 보통선거원칙은 한층 엄격히 심사되어야 한다는 입장이다.

● 판례 헌재 2018.1.25. 2015헌마821

[판시] 오늘날의 민주정치 아래에서 국민의 참여는 기본적으로 선거를 통하여 이루어지므로 선거는 주권자인 국민이 그 주권을 행사하는 통로라고 할 수 있다. 헌법 제41조 제1항 및 제67조 제1항은 국회의원선거와 대통령선거에 있어서 보통·평등·직접·비밀선거의 원칙을 보장하고 있다. 헌법이 선거권과 선거원칙을 이같이 명문으로 보장하고 있는 것은 국민주권주의와 대의제 민주주의 하에서는 국민의 선거권 행사를 통해서만 국가와 국가권력의 구성과 창설이 비로소 가능해지고 국가와 국가권력의 민주적 정당성이 마련되기 때문이다. 민주주의 국가에서 국민주권과 대의제 민주주의의 실현수단으로서 선거권이 갖는 이 같은 중요성으로 인해 한편으로 입법자는 선거권을 최대한 보장하는 방향으로 입법을 하여야 하며, 또 다른 한편에서 선거권을 제한하는 법률의 합헌성을 심사하는 경우에는 그 심사의 강도도 엄격하게 하여야 한다. 따라서 선거권을 제한하는 입법은 헌법 제24조에 의해서 곧바로 정당화될 수는 없고, 헌법 제37조 제2항의 규정에 따라 국가안전보장·질서유지 또는 공공복리를 위하여 필요하고 불가피한 예외적인 경우에만 그 제한이 정당화될 수 있으며, 그 경우에도 선거권의 본질적인 내용을 침해할 수 없다. 더욱이 보통선거의 원칙은 선거권자의 능력, 재산, 사회적 지위 등의 실질적인 요소를 배제하고, 성년자이면 누구라도 당연히 선거권을 갖는 것을 요구하므로, 보통선거의 원칙에 반하는 선거권 제한의 입법을 하기 위해서는 헌법 제37조 제2항의 규정에 따른 한계가 한층 엄격히 지켜져야 한다(헌재 2004헌마644등; 2009헌마476 등 참조).

5. 지방자치단체의 장의 선거권

헌재는 이전에는 지방자치단체의 장의 선거권을 헌법상 기본권이라 단정하기는 어렵다고 보면서, 하지만 지방자치단체의 장의 선거권을 법률상의 권리로 본다 할지라도, 비교집단 상호간에 차별이 존재할 경우에 헌법상 기본권인 평등권 심사는 한다는 입장이었다(2004헌마644). 이후 헌재는 지방자치단체의 장 선거권 역시 다른 선거권과 마찬가지로 헌법 제24조에 의해 보호되는 헌법상의 권리로 인정하여야 할 것이라고 하여(2014헌마797) 명시적으로 밝히지 않은 판례변경을 하였다. 이 판례변경된 사안은 지방자치단체의 장 선거에서 후보자가 1인일 경우 무투표 당선을 규정한 공직선거법 조항에 대한 위헌 여부 판단 문제였는데 헌재는 선거운동, 투표관리 및 참관, 개표 등에 소요되는 선거비용을 절감하는 등의 필요성을 인정하여 과잉금지원칙을 준수하는 것으로서 선거권침해가 없는 합헌이라고 판단하였다.

제 3 절   직접민주 참정권

Ⅰ. 직접민주 참정권의 개념과 내용

직접민주 참정권은 국가의 중요한 의사나 정책의 결정 등에 국민이 직접 참여하는 참정권을 의미한다. 직접민주제적 제도로는 국민발안제, 국민표결(투표)제, 국민소환(해면)제 등이 있는데(자세한 내용은, 후술 제4부 국가권력규범론, 국민대표제 참조) 우리나라에서는 현재 국가전체 차원에서 헌법상 국민투표제만 두고 있다. 지방차원에서는 법률상 조례의 제정·개폐 청구(지방자치법 제15조), 주민투표제도(주민투표법), 주민소환제도('주민소환에 관한 법률')가 있다. 헌재는 주민투표권, 조례의 제정 및 개폐청구권, 주민소환권 등은 법률(지방자치법이라는 법률)이 보장하는 권리일 뿐이지 헌법이 보장하는 기본권으로 볼 수 없다고 한다(2000헌마735; 2004헌마643; 2007헌마843).

국민투표권에는 헌법개정을 위한 국민투표권(제130조 제2항), 국가중요정책에 대한 국민투표권(제72조)이 있다. 헌재는 후자의 정책국민투표에 신임을 묻거나 정책에 연계한 신임을 묻는 국민투표는 포함되지 않고 이를 할 수 없다고 보고(후술 제4부 제4장 제1절 제2항 Ⅳ. 참조) 대통령에 대한 탄핵소추심판에서 '신임투표를 제안한 대통령의 행위'는 위헌이라고 판단하였다 (2004헌나1). 헌재는 유신헌법의 개정 또는 폐지를 주장·발의·제안 또는 청원하는 일체의 행위 등을 전면금지한 긴급조치 제1호가 참정권적 기본권인 국민투표권 등의 권리를 지나치게 제한하는 것이라고 판시하였다(2010헌바132 위헌결정).

Ⅱ. 직접민주 참정권의 제한

19세 이상의 국민이 국민투표권을 가진다(국민투표법 제7조). 선거권이 없는 자는 투표권이 없다(동법 제9조). 국민투표에 관한 운동에 대한 국민투표법상 규제가 있다(동법 제25조 이하).

[결정례] ⅰ) 재외국민 국민투표권 제한의 헌법불합치결정들 − ① 국민투표권 부정 − 주민 등록을 요건으로 함으로써 재외국민의 국민투표권을 인정하지 않은 구 국민투표법 규정에 대한 헌법불합치결정이 있었다. 이후 국내거소신고가 되어 있는 재외국민에게 인정하는 개정이 있었

다. ② 이처럼 국내거소신고로 바뀌었지만 주민등록이 되어 있지 않고 국내거소신고도 하지 않은 재외국민('재외선거인')에 대해서는 부정되는 것이고 그래서 다시 국민투표법(2009.2.12. 법률 제9467호로 개정된 것) 제14조 제1항 중 '그 관할 구역 안에 주민등록이 되어 있는 투표권자 및 … 국내거소신고가 되어 있는 투표권자'에 관한 부분에 대해 헌법불합치결정이 있었다(2009헌마256). 헌재는 국민투표가 선거와 달리 국민이 직접 국가의 정치에 참여하는 절차이므로 국민투표권은 대한민국 국민의 자격이 있는 사람에게 반드시 인정되어야 하는 권리라는 점을 지적하였다. ⅱ) 주민투표권 부정 - 국내거주 재외국민에 대한 주민투표권을 인정하지 않은 구 주민투표법 규정에 대해서도 평등권침해라고 하여 헌법불합치결정이 내려졌다(2004헌마643). 이후 모두 국내거소신고가 되어 있는 재외국민에게 인정하는 개정이 있었다. ⅲ) 주민소환 청구사유 부재의 합헌성 인정 - 현행 '주민소환에 관한 법률'은 주민소환의 청구사유를 규정하지 않고 있다. 이에 관해서는 시장의 공무담임권의 침해로 위헌이라는 주장의 헌법소원심판이 청구된 바 있는데 헌재는 비민주적·독선적인 정책추진 등을 광범위하게 통제한다는 주민소환제의 필요성에 비추어 청구사유에 제한을 둘 필요가 없다는 등의 이유로 합헌성을 인정하는 기각결정을 하였다(2007헌마843).

제 4 절 공무담임권

Ⅰ. 공무담임권의 개념과 성격

1. 개념

공무담임권이란 국가나 공공단체의 공무를 맡을 권리를 말한다. 공무담임권은 피선거권보다도 더 넓은 포괄적인 개념의 기본권이다. 공무를 담당하게 되는 계기에는 선거뿐 아니라 시험 등을 통한 임용도 있기 때문이다. 즉 피선거권이란 선거로 공직에 선출될 수 있는 권리를 의미하는데 비해 공무담임권은 선거를 통해서이든 임용시험을 통해서이든 공무를 맡을 수 있는 권리이다.

2. 법적 성격

(1) 주관적 공권성, 참정권성, 능동적·적극적 권리성

공무담임권은 공직에 취임할 수 있는 주관적 공권으로서의 권리이다. 공무담임권에는 정치적 공무원으로 피선될 권리인 피선거권도 있으나 비정치적 직업공무원이 되는 권리도 있으므로 참정권을 정치적 참여권이라고 한다면 공무담임권 전체를 참정권이라고 볼 수는 없다. 참정권을 정치뿐 아니라 정책결정·집행에 참여하는 것이라고 보면 포괄될 수 있을 것이다. 우리 헌법 제13조 제2항은 '참정권'이란 말을 사용하고 있다.

공무담임권은 국가나 지방자치단체 등의 공무를 수행하게 하는 권리로서 능동성과 적극성을 가지는 권리이다.

(2) 공무담임권과 직업의 자유와의 관계

전자는 적극적인 권리이고 후자는 자유권이다. 공무도 직업이란 점은 분명하다. 양자와의 관계가 문제이다. 특별법적 관계로 보는 견해가 많다. 헌재도 "공무원직에 관한 한 공무담임권은 직업의 자유에 우선하여 적용되는 특별법적 규정"이라고 보고(99헌마135), 공직취임권과 관련된 사건에서는 직업선택의 자유 침해 여부에 대하여 따로 판단하지 아니한다는 입장이다.

II. 공무담임권의 내용

헌법 제25조는 모든 국민은 "법률이 정하는 바에 의하여" 공무담임권을 가진다고 규정하여 공무담임권의 구체적 내용의 형성을 법률에 맡기고 있다.

1. 공직취임권, 공무수행권

공무담임권은 공직에 취임할 권리를 포함하는 것은 물론이다. 나아가 공무를 계속 수행할 권리까지 포함하느냐에 대해서는 논란이 있다. 헌재 판례 중에는 공무담임권은 피선거권·공직취임의 균등한 기회만을 보장할 뿐, 일단 당선 또는 임명된 공직에서 그 활동이나 수행의 자유를 보장하는 것은 아니다"라고 하여 공직취임권이라고 본 판례도 있고(98헌마214) "공무담임권의 보호영역에는 공직취임 기회의 자의적인 배제뿐 아니라, 공무원 신분의 부당한 박탈이나 권한(직무)의 부당한 정지도 포함된다"라고 본 판례도 있다(2002헌마699; 2005헌마1275; 2009헌마538; 2010헌마418; 2011헌마612 등).

공무담임권은 공직에 취임할 권리뿐만 아니라 공무를 계속 수행할 권리까지 포함한다고 보아야 할 것이다. 왜냐하면 첫째, 공직선출이나 취임 단계 이후에 계속적인 공무수행의 기회가 보장되지 않는 취임이나 선출은 의미가 없다고 보며 이는 선거직 공무원이 대개 임기제를 두어 임기 내에는 신분을 유지하게 함은 물론 특히 비선거직·비정치적 공무원의 경우에는 직업공무원제의 적용으로 신분보장이 된다는 점에서도 공직취임권만을 공무담임권의 보호영역으로 보는 견해는 받아들이기 힘들다. 둘째, 직업의 자유는 직업선택뿐 아니라 직업수행의 자유를 포함하는데 위에서 살펴본 대로 헌법재판소는 공무담임권이 직업의 자유에 우선하여 적용되는 특별한 규정의 권리라고 보는바 그렇다면 공직취임권만을 공무담임권의 보호영역으로 보는 견해에 따르면 공직'수행'이 빠지게 되어 특별규정이 일반규정인 직업의 자유보다 보장의 정도가 약하다는 모순적 결과를 가져온다는 점에서도 수긍하기 힘든 것이다(* 판례문언검토 - 위 2002헌마699, 2005헌마1275, 2010헌마418, 2011헌마612 등 많은 결정들이 언급하는 "공무담임권의 보호영역에는 … 공무원 신분의 부당한 박탈이나 권한(직무)의 부당한 정지도 포함된다"라고 하나 이는 잘못된 판시문언이다. 보호영역에 들어가는 것은 부당한 박탈, 부당한 정지가 아니라 부당한 박탈, 부당한 정지의 '부정'이라고 해야 한다. 법리의 취지를 알겠고 그 취지는 타당하나 그 취지대로 살리기 위해 문언이 정확해야 한다).

한편 헌재는 "공무담임권의 보호영역에는 일반적으로 공직취임의 기회보장, 신분박탈, 직무의 정지가 포함되는 것일 뿐, 특별한 사정도 없이 여기서 더 나아가 공무원이 특정의 장소에서 근무하는 것 또는 특정의 보직을 받아 근무하는 것을 포함하는 일종의 '공무수행의 자유'까지 그 보호영역에 포함된다고 보기는 어렵다"라고 한다(헌재 2008.6.26. 2005헌마1275; 2014.4.24. 2011헌마612).

2. 승진기회 보장 문제

또 다른 문제로서 승진기회의 보장이 공무담임권에 포함되느냐 하는 문제도 있다. 헌법재판소의 결정례들 중에는 '승진시험의 응시제한'이나 이를 통한 승진기회의 보장 문제는 공직신분의 유지나 업무수행에는 영향을 주지 않는 단순한 내부 승진인사에 관한 문제에 불과하여 공무담임권의 보호영역에 포함된다고 보기는 어렵다고 하는 결정례들이 있었다(2005헌마1179; 2009헌마538). 반면에 "공무담임권은 공직취임의 기회 균등뿐만 아니라 취임한 뒤 승진할 때에도 균등한 기회 제공을 요구한다"라고 판시한 결정례(2017헌마1183)도 있다.

생각건대 '승진기회의 보장'이란 말이 명확해져야 할 것이다. 반드시 승진될 것을 보장한다는 의미는 물론 아닐 것이다. 그렇다면 승진가능성 내지 승진기회를 가질 수 있는 기회라는 것을 아예 보호영역에서 배제할 것이 아니다. 공무원으로 활동하는 사람은 누구나 능력이 인정되어 승진되길 원한다. 이를 아예 배제할 수 없고 능력, 여건 등으로 승진하기가 어려운, 즉 승진사유(기회)의 제한 등의 문제는 공무담임권의 제한 문제로 해결하면 된다. 그러한 판시를 헌재 결정례 중에 볼 수 있다(2017헌마1183).

3. 비선거공직의 취임권

비정치적인 공무원은 주로 임용시험이나, 특별채용 등으로 선발된다. 임용시험에 응시하기 위해서나 또는 특별채용에 지원하기 위해서 일정한 자격을 요하기도 한다.

4. 피선거권

선거로 선출되는 공직에 있어서 선거에 후보자가 될 수 있는 권리, 당선되어 공직자가 될 수 있는 권리를 그 내용으로 한다.

(1) 대통령선거, 국회의원선거의 피선거권

대통령선거의 경우 헌법은 "대통령으로 선거될 수 있는 자는 국회의원의 피선거권이 있고 선거일 현재 40세에 달하여야 한다"라고 직접 피선거권에 대해 규정하고 있고(제67조 제4항), 공직선거법은 선거일 현재 5년 이상 국내에 거주하고 있는 40세 이상의 국민으로 규정하고 있어 연령요건 외에 거주요건도 부과되고 있다(법 제16조 제1항 전문. 이 경우 공무로 외국에 파견된 기간과 국내에 주소를 두고 일정기간 외국에 체류한 기간은 국내거주기간으로 본다. 동법 동조 동항 후문). 국회의원선거의 경우 피선거권자를 25세 이상의 국민으로 정하고 있었는데(동법 제16조 제2항. 이에 대한 합헌성인정결정 – 2012헌마287). 2021년 12월에 선거권연령과 같이 18세로 인하하는 개정이 있었다.

(2) 지방의회의원 및 지방자치단체의 장 등의 피선거권

지방의회의원 및 지방자치단체의 장의 피선거권자도 25세 이상의 국민이었는데(이에 대한 합헌성인정결정 - 2012헌마287) 2021년 12월에 선거권연령과 같이 18세로 인하하는 개정이 있었다. 따라서 이제 18세 이상의 국민으로서 선거일 현재 계속하여 60일 이상 해당 지방자치단체의 관할 구역 안에 주민등록이 되어 있는 주민이어야 한다(동법 제16조 제3항). [국내 재외국민의 지방선거 피선거권 부정의 헌법불합치결정 및 이후 변화] 이전에 주민등록을 요구함으로써 국내거주 재외국민에 대한 지방선거 피선거권을 부인한 데 대해 헌재는 헌법불합치결정을 하였다(2004헌마644). 이후 국내거주 재외국민의 경우 당시 25세 이상으로서 국내거소신고인명부에 선거일 현재 계속하여 60일 이상 올라 있을 것을 요건으로 피선거권을 인정하는 법개정이 있었다. 그리고 재외국민 국내거소신고제도를 폐지하고 재외국민용 주민등록증을 발급하도록 하였고(2015년 1월 22일 주민등록법 개정, 재외국민 국내거소신고증은 2016년 7월 1일부로 효력 상실), 이에 따라 2015년 8월 13일 개정 공직선거법 제16조 제3항에서 '국내거소신고인명부' 부분이 삭제되었다. 따라서 현행법 하에서 국내거주 재외국민의 피선거권은 관할구역에 18세 이상의 국민으로서 주민등록이 60일 이상 올라 있을 것을 요건으로 한다.

교육감도 선출직인데 그 피선거권을 보면, 교육감후보자가 되려는 사람은 해당 시·도지사의 피선거권이 있고 후보자등록신청개시일부터 과거 1년 동안 정당의 당원이 아닌 사람으로서 일정 기간의 교육경력 또는 교육행정경력(또는 양 경력을 합한 경력)을 갖추어야 한다(지방교육자치에 관한 법률 제24조).

Ⅲ. 공무담임권의 제한

1. 구체적 제한 문제

공무담임권도 국가안전보장, 질서유지, 공공복리를 위하여 제한될 수 있다. 다음과 같은 제한의 문제들이 있다.

[자격·퇴직사유] 공무원은 일정한 자격을 갖춘 자이어야 한다. 국가공무원법, 지방공무원법에 결격사유가 규정되어 있다(국공법 제33조; 지공법 제31조). 금고 이상의 형의 선고유예를 받은 경우에 그 선고유예 기간 중에 있는 자는 공무원으로 임용될 수 없다(국가공무원법 제33조 제5호). 따라서 이러한 자는 임용부터 될 수 없다(구 국가공무원법에도 이처럼 금고 이상의 형의 선고유예를 받고 그 기간 중에 있는 자를 임용결격사유로 삼고, 위 사유에 해당하는 자가 임용되더라도 이를 당연무효로 하는 규정이 있었는데 이 구 국가공무원법 규정에 대해 헌재의 합헌결정이 있었다. 2014헌바437). 그런데 임용 후 재직 중에 위와 같은 금지에 대해서는 위헌결정들이 있었다. 즉 재직 중 금고 이상의 형의 선고유예(경미한 범죄의 경우)를 받은 때에도 범죄의 종류와 내용을 가리지 않고 모두 당연퇴직되도록 한 공무원 관련 법규정들이 많았는데 최소침해원칙 위반이라는 이유로 위헌결정되었다(2001헌마788; 2002헌마684; 2003헌마293; 2004헌가12; 2004헌마947). 그런데 후일 개정된 국가공무원법 제69조 단서(현행 법 제69조 제1호)는 <u>수뢰죄</u>(형법 제129조 제1항)를 범하여 금고 이상의 형의 선고유예를 받은 국가공무원은 당연퇴직하도록 하고 있는데 헌재는 이 규정이 선례에 반하지 않고 과잉금지원칙을 준수하여 합헌이라고 결정하였다(2012헌바409). 선례들은 무조건 모든 범죄에 대해 당연퇴직되도록 함으로써 최소침해원칙을 위반한 것이라는 뜻이므로 선별적 당연퇴직은 가능하다고 보는 입장이라고 이해된다(헌재는 "수뢰죄로 그 종류를 한정하고 있는 점"에서 "단순한 반복입법으로 볼 수 없다"라고 판시한바 그 판시에서 그러한 취지를 알 수 있다). 성폭력범죄, 아동·청소년대상 성범죄 관련 결격사유가 추가되었다(동법 제69조 제1호).

[공무원선발에서의 능력주의와 임용시험] 공무원의 선발과 임용, 인사에 있어서 능력주의가 적용되어야 하는데 제대군인에 대해 임용시험 등에서 가산점을 부여하는 규정에 대해서는 능력주의의 위반으로 위헌으로 결정되었다(98헌마363). 국가유공자가족에 대한 가산점제도에 대한 헌법불합치결정도 있었다(2004헌마675). 공무원임용시험 응시 상한연령은 이제 철폐되었다. 이전에 5급 공개경쟁채용시험의 응시연령 상한에 대해서는 헌법불합치결정이 있었다(2007헌마1105). 그리고 2012년에 헌재는 순경 공개채용시험, 소방사 등 공개경쟁채용시험 및 특별채용시험 등의 응시연령의 상한을 "30세 이하"로 규정한 경찰공무원임용령, 소방공무원임용령의 규정에 대해 과잉금지원칙을 위배하여 공무담임권을 침해한 것이라고 보고 헌법불합치결정을 한

바 있다(2010헌마278).

[겸직금지] 공직에 대해 일정한 직업과의 겸직이 금지되고 있다. 그 필요성은 권력분립, 직무의 공정성·전념성, 정치적 중립성의 확보 등에 있다. 헌재는 공무원이 아닌 농협조합장과 지방의회의원 간 겸직을 금지한 것은 위헌이라고 보았다(90헌마28).

[정년제] 정년제에 관한 사항은 입법자에게 넓은 재량이 인정되는 사항이라는 것이 헌재의 판례이다(96헌바86).

[제한의 한계] 법률로써 제한하더라도 본질적 내용을 침해할 수 없고 소급입법에 의한 참정권 박탈이 금지된다(제13조 제2항).

2. 피선거권에 대한 제한

(1) 피선거권(후보) 결격사유

현행 공직선거법은 피선거권이 없는 사유로 ① 금치산선고를 받은 자, ② 선거범, 정치자금부정수수죄, 선거비용관련 위반행위, 대통령·국회의원·지방의회의원·지방자치단체의 장 등의 재임 중 직무관련 수뢰죄 등을 범한 자로서, 100만원 이상의 벌금형을 선고받고 그 형이 확정된 후 일정 기간을 경과하지 아니한 자 등('선거범으로서 100만 원 이상의 벌금형의 선고를 받고 그 형이 확정된 후 5년을 경과하지 아니한 자' 부분에 대해서 합헌성을 인정하는 기각결정이 있었다. 2004헌마41; 2009헌마476; 2015헌마821), ③ 법원의 판결 또는 다른 법률에 의하여 선거권이 정지 또는 상실된 자, ④ 금고 이상의 형의 선고를 받고 그 형이 실효되지 아니한 자, ⑤ 법원의 판결 또는 다른 법률에 의하여 피선거권이 정지되거나 상실된 자, ⑥ 국회법 제166조(국회 회의 방해죄)의 죄를 범한 자로서 법 소정에 해당하는 자, ⑦ 공직선거법 제47조의2(정당의 후보자추천 관련 금품수수금지) 규정을 위반한 자로서 벌금형의 선고를 받고 그 형이 확정된 후 10년을 경과하지 아니한 자(형이 실효된 자도 포함한다)로 규정하고 있다(공직선거법 제19조).

(2) 입후보에 대한 제한

[연령·거주요건] 앞서 본 연령요건, 거주요건도 입후보에 대한 제한이다.

[사전 사직] 공무원 등은 후보자가 되려면 선거일 전 90일까지 그 직을 그만두어야 한다(동법 제53조 제1항. 사전 사직규정에 대한 합헌성 인정결정례들: 95헌마53; 2006헌마547; 2013헌마185. * 교육감선거에서의 사전 사직규정에 대한 합헌성 인정 결정례: 2018헌마222). 다만, 보궐선거 등에 입후보하는 경우, 또는 비례대표국회의원선거나 비례대표지방의회의원선거에 입후보하는 등의 특별한 사유가 있는 때에는 30일까지 그 직을 그만두도록 예외를 두고 있다(동법 동조 제2항). 지방자치단체의 장의 경우 제한이 더 강한데, 선거구역이 당해 지방자치단체의 관할 구역과 같거나 겹치는 지역구국회의원선거에 입후보하고자 하는 때에는 당해 선거의 선거일 전 120일까

지 그 직을 그만두어야 한다(동법 동조 제5항. 지방자치단체의 장에 대한 입후보제에 대해서는 이전에 위헌결정(98헌마214; 2003헌마106)이 있어 현재의 규정이 되었다).

[당내경선] 공직선거법 제57조의2 제2항은 정당이 당내경선을 실시하는 경우 경선후보자로서 당해 정당의 후보자로 선출되지 아니한 자는 당해 선거의 같은 선거구에서는 후보자로 등록될 수 없다고 규정하고 있다. 한편, 동항 단서에서는 그러한 경우에도 후보자로 선출된 자가 사퇴·사망·피선거권 상실 또는 당적의 이탈·변경 등으로 그 자격을 상실한 때에는 후보자 등록을 허용하는 예외 규정을 두고 있다.

[기탁금제도] 선거후보의 등록시에 일정한 금액의 금전을 맡겨야만 후보등록이 가능하고 선거에서 당선 내지 일정 비율의 득표를 한 경우에만 반환하는 제도가 기탁금제도(寄託金制度)이다(공직선거법 제56조, 예비후보자의 경우 동법 제60조의2 제2항). 기탁금제도는 입후보에 신중을 기하게 하고 입후보남발, 선거난립을 막기 위한다는 입법취지로 도입되어 있다. 그러나 지나친 고액으로 재력에 따라 선거에의 입후보를 어렵게 하는 것은 평등선거의 원칙뿐 아니라 보통(보편)선거의 원칙에도 반할 여지가 많다. ⅰ) 위헌성 인정 판례 — 헌재 출범 초기에 ① 국회의원선거에서의 무소속후보에 대한 2,000만원과 ② 광역지방의회의원선거 후보에 대한 700만원의 기탁금이 위헌이라고 본 2건의 헌법불합치결정이 있었다(88헌가6; 91헌마21). 그 뒤 합헌결정례들(91헌마44; 92헌마269; 95헌마108)도 있었으나 ③ 2001년에는 국회의원선거의 2,000만원의 기탁금규정에 대한 단순위헌결정이 있었고(2000헌마91. 이후 1,500만원으로 낮춤), ④ 2008년에 대통령선거 후보자등록 요건의 5억원의 기탁금 규정에 대해 헌법불합치결정(2007헌마1024. 이후 3억원으로 낮춤)이 있었다. ⑤ 또한 헌재는 비례대표국회의원선거에 있어서도 지역구국회의원선거에서와 같이 1,500만원 기탁금을 요구하는 것은 과도하다고 하여 헌법불합치결정을 하였다(2015헌마1160). ⑥ 지역구국회의원선거예비후보자의 기탁금 반환 사유로 예비후보자가 당의 공천심사에서 탈락하고 정당의 결정에 승복하여 후보자등록을 하지 않았을 경우를 규정하지 않은 공직선거법 규정이 청구인의 재산권을 침해하였다고 보고 헌법불합치결정을 하였다(2016헌마541). 문제의 소재는 공직선거법 제57조 제1항 제1호 다목이 예비후보자가 사망한 경우이거나 정당이 당내경선에 나가서 당해 정당의 후보자로 선출되지 아니한 자는 당해 선거의 같은 선거구에서는 후보자로 등록될 수 없다는 제57조의2 제2항 본문에 따라 후보자로 등록될 수 없는 경우에만 예비후보자 기탁금 전액을 반환하도록 규정하고 있어서 공천심사 탈락으로 아예 경선에 나서지 못한 예비후보자의 경우에는 기탁금을 반환받을 수 없게 되어 있었다는 점에 있었다. 헌재는 피해최소성 결여로 과잉금지원칙을 위반한 침해로서 위헌이라고 보았다. ⑦ 지방자치단체의 장선거의 예비후보자가 공천심사에서 탈락한 경우 기탁금 1000만원을 반환하지 않게 한 공직선거법 제57조 제1항 중 제1호 다목의 '지방자치단체의 장선거'에 관한 부분에 대해서도 위 ⑥과 동일한 취지의 헌법불합치결정을 하였다(헌재 2020.9.24. 2018헌가15등). 위 ⑥, ⑦과 같은 경우(공천심사탈락 경우) 향후 반환가능성을 열어두는 것으로 규정이 2020.3.에 개정

되었다. ⑧ 또 헌재는 국립대(전북대)총장선거에서의 1,000만 원의 기탁금에 대해 헌재는 총장
후보자 지원자들의 무분별한 난립을 방지하고자 하여 목적정당성, 수단적합성은 인정되나 총
장후보자의 자격요건 강화, 총장후보자 선정규정상 부정행위 금지 및 이에 대한 제재조항으로
선거의 과열을 방지할 수도 있고 기탁금 1,000만 원이 과다한 액수이므로 침해최소성을 갖추지
못하였고 법익균형성도 갖추지 못하여 위헌이라고 결정하였다(2014헌마274).

　ii) 합헌성 인정 결정례 – 반면 합헌성인정의 결정례들도 있었다. 헌재는 ① 시·도지사
후보자 기탁금 5천만 규정이 공무담임권이나 평등권을 침해하지 않는다고 판단하였고(95헌마
108; 2002헌마383등; 2018헌마128등), ② 대통령선거 예비후보자등록신청자에게 대통령선거 기탁
금의 100분의 20에 해당하는 금액인 6,000만원을 기탁금으로 납부하도록 정한 공직선거법 규
정은 대통령선거가 가장 중요한 국가권력담당자를 선출하는 선거로서 후보난립의 유인이 다른
선거에 비해 훨씬 더 많다는 점 등을 고려하면 기탁금 액수가 적정하여 과잉금지원칙을 준수한
것이라고 보고 기각결정을 했다(2012헌마402).

　[기탁금의 '반환'규정과 위헌성 인정례] 기탁금이 고액인 경우 더욱 그러할 것이고 그렇지
않더라도 반환기준이 너무 강할 경우(입법재량의 일탈) 위헌일 수 있다. 공직선거법 제57조 제1
항은 후보자가 당선되거나 일정 비율의 득표를 한 경우 등 그 반환기준을 설정하고 있다. 기탁
금 반환과 관련하여 위헌성이 인정된 결정례들이 다음과 같이 있었다. ① 구 국회의원선거법상
반환규정의 헌법불합치결정(위 ①의 헌법불합치결정. 득표수가 당해지역구의 유효투표총수의 3분의 1
을 초과하지 못하는 때로 반환득표기준을 규정하였는데 헌재는 기탁금 자체의 액수가 너무 고액이면서
그 반환기준이 너무 높다는 점도 지적하였다. 88헌가6). ② 지역구국회의원선거에서 후보자 득표수
가 유효투표총수를 후보자수로 나눈 수 이상이거나 유효투표총수의 100분의 20 이상인 때(2000
헌마91). ③ 지역구국회의원서거예비후보자 기탁금(본 기탁금의 100분의 20)을 내고 예비후보자로
등록한 뒤 정당 공천관리위원회의 심사에서 탈락하여 당내경선에 나아가지 못한 경우의 반환부
정(위 ⑥에서 인용한 헌법불합치결정이다). ④ 지방자치단체의 장선거의 예비후보자에 대한 동지의
헌법불합치결정(위 ⑦의 헌법불합치결정이다. 2018헌가15등). ⑤ 대학교 총장임용후보자선거에서
강한 반환기준, 반액의 발전기금 귀속의 위헌성 – 제1차 투표에서 최종 환산득표율의 100분
의 15 이상을 득표한 경우에만 기탁금의 반액을 반환하도록 하고 나머지 기탁금은 발전기금에
귀속되도록 규정한 '대구교육대학교 총장임용후보자 선정규정' 제24조 제2항은 위헌이라는 결
정(2019헌마825. [결정요지] 기탁금 반환 조건을 현재보다 완화하더라도 충분히 후보자의 난립을 방지하고 후보자의
성실성을 확보할 수 있으므로 침해최소성을 갖추지 못하였고 비록 후보자가 성실하게 선거를 완주하더라도 기탁금의
반액은 돌려받지 못하게 하여 후보자의 재산권은 크게 제한되므로 법익균형성에도 위반된다. * 1,000만 원의 기탁금
납부 규정 자체는 합헌이라고 보았는데 이 점 앞의 국립대(전북대)총장선거에서의 1,000만원 기탁금이 과다하여 위헌
이라고 본 위 ⑧ 결정과 대조가 됨. 전북대와 달리 대구교육대 경우 직선제 방식으로서 다양한 선거운동 방법이 허용
되어 선거과열 우려가 큰 편이어서 기탁금 납부제의 필요성과 적정성은 인정된다고 보는 것으로 이해됨).

(3) 기타

헌재는 비례대표지방의회의원 당선인이 선거범죄로 인하여 당선무효된 때 차순위후보자의 승계를 인정하지 않는 것은 차순위후보자의 귀책사유에서 비롯된 것이 아니라 당선인의 선거범죄로 인한 것이므로 자기책임의 범위를 벗어나고 과잉금지원칙을 위배하여 차순위후보자의 공무담임권을 침해한 것이라고 하여 위헌결정을 하였다(2007헌마40; 2009헌마350). 임기만료일 전 180일 이내에 비례대표국회의원에 궐원이 생긴 때에 승계를 부정하는 규정에 대해서도 헌재는 과잉금지원칙을 위배하여 차순위후보자의 공무담임권을 침해한 위헌이라고 보아 헌법불합치결정을 하였고(2008헌마413), 이후 현행법은 120일 이내로 축소되었다(동법 제200조 제2항 참조).

제 5 절 선거운동권

선거운동은 선거권자가 할 수도 있고 피선거권자인 입후보자에 있어서는 선거운동권이 물론 중요하므로 선거운동 문제는 선거권이나 피선거권 어디에서나 살펴볼 대상이다. 여기서 별도로 보는 이유도 거기에 있다. 선거운동권은 앞의 언론·출판 등 표현의 자유와도 밀접하다.

I. 선거운동권의 개념과 헌법적 근거

[법규정과 개념] 공직선거법 제58조 제1항은 이 법에서 "선거운동"이라 함은 당선되거나 되게 하거나 되지 못하게 하기 위한 행위를 말한다고 개념정의를 하면서, 다만, 1. 선거에 관한 단순한 의견개진 및 의사표시, 2. 입후보와 선거운동을 위한 준비행위, 3. 정당의 후보자 추천에 관한 단순한 지지·반대의 의견개진 및 의사표시, 4. 통상적인 정당활동, 5. 설날·추석 등 명절 및 석가탄신일·기독탄신일 등에 하는 의례적인 인사말을 문자메시지로 전송하는 행위는 선거운동으로 보지 아니한다.

[헌재판례, 제3자 낙선운동 등] 헌재는 공선법 제58조 제1항의 '선거운동'이란, 특정 후보자의 당선 내지 이를 위한 득표에 필요한 모든 행위 또는 특정 후보자의 낙선에 필요한 모든 행위 중 당선 또는 낙선을 위한 것이라는 목적의사가 객관적으로 인정될 수 있는 능동적·계획적 행위를 말한다고 본다(93헌가4; 2011헌바153). 시민단체가 부적격후보라고 보아 낙선운동을 전개했던 이른바 제3자편의 낙선운동(서로 경쟁하는 양후보자가 아닌 시민단체가 제3자로서 벌인 낙선운동)이 논란된 바 있다. 헌재는 제3자편의 낙선운동이 경쟁하는 후보자편의 낙선운동이 취하

는 운동방법과 실제로 다를 것이 없다고 보고 이를 규제하는 것은 불가피한 조치라고 하여 기각결정을 하였다(2000헌마121).

한편, 위 공선법 제58조 제1항 단서와 이전에 비슷한 규정이었던 구 대통령선거법 제33조 제2항의 "선거에 관한 단순한 의견의 개진, 입후보를 위한 준비행위 및 선거운동을 위한 준비행위와 정당의 통상적인 활동은 선거운동으로 보지 아니한다"라는 규정(현행법 제1·2·4호와 비슷한 규정들)에 대해 명확성원칙 위배 여부가 논란되었다. 헌법재판소는 단순한 의견개진 등과 구별되는 가벌적 행위로서의 선거운동의 표지로 당선 내지 득표(반대후보자의 낙선)에의 목적성, 그 목적성의 객관적 인식가능성, 능동성 및 계획성이 요구된다고 하면서 이러한 해석하에서 불명확하지 않다고 보는 판시를 한 바 있었다(93헌가4). 이후 현행 위 제58조 제1항 단서 중 "제1호('선거에 관한 단순한 의견개진 및 의사표시'), 제3호('정당의 후보자 추천에 관한 단순한 지지·반대의 의견개진 및 의사표시')"와 동일한 규정인 구 '공직선거 및 선거부정방지법'의 같은 번호의 조항 단서(제58조 제1항 단서), 제1, 3호에 대해 단순한 의견개진과 그렇지 아니한 선거운동을 구별할 수 있는 명확한 개념표지를 제시하지 못하고 있으므로 명확성의 원칙에 위배된다는 주장이 있었다. 헌법재판소는 위 구 대통령선거법 규정에 대한 입장을 다시 선례로 들면서 그 판례를 유지하여 합헌성을 인정하였다(2000헌마121). * 탄핵소추사유의 하나로 국회의원총선 관련 발언이 선거운동 금지조항에 위배된다고 한 데 대해 헌재는 "대통령의 발언들은 기자회견에서 기자의 질문에 대한 답변의 형식으로 수동적이고 비계획적으로 행해진 점을 감안한다면, 대통령의 발언에 선거운동을 향한 능동적 요소와 계획적 요소를 인정할 수 없고"라고 하여 부정하였다(2004헌나1).

[근거] 선거운동을 할 권리는 선거권(제24조), 피선거권(제25조)에서 나온다. 선거운동과정에서 정치적 의사의 표명이 이루어진다는 점에서는 언론·출판·집회·결사의 표현의 자유(제21조)로도 보호될 수 있다. 헌법재판소는 선거운동의 자유는 자유선거 원칙으로부터 도출된다고 하면서, 선거운동의 자유는 표현의 자유의 한 모습이기도 하며, 또한 선거운동의 자유는 선거권 행사의 전제 또는 선거권의 중요한 내용을 이룬다고 판시한 바 있다(2016헌마611)

[투표참여 권유] 선거운동과의 비교개념으로 투표참여 권유활동이 있다. 공직선거법 제58조의2는 누구든지 투표참여를 권유하는 행위를 할 수 있다고 규정하면서, 다만 특정 정당 또는 후보자를 지지·추천하거나 반대하는 내용을 포함하여 하는 투표참여 권유행위를 금지하고 있다. 위 금지조항 및 특정 정당 또는 후보자를 지지·추천하거나 반대하는 내용을 포함하여 하는 투표참여 권유행위를 한 자를 처벌하는 조항에 대하여 위헌법률심판이 제청된 바 있으나, 헌법재판소는 위 조항들이 명확성원칙에 위배되지 아니하고, 과잉금지원칙을 준수하여 정치적 표현의 자유를 침해하지 않는다고 보았다(2017헌가9).

II. 선거운동 자유의 원칙

공직선거법은 "누구든지 자유롭게 선거운동을 할 수 있다"라고 하여 선거운동의 자유주의를 명시하고 있다(법 제58조 제2항 본문). 동법은 선거의 자유를 방해하는 경우에 처벌하도록 규정하고 있다(동법 제237조 제1항). 선거의 자유는 선거의 5대원칙의 하나이기도 하다. 그러나 공직선거법은 동법 또는 다른 법률의 규정에 의하여 금지 또는 제한되는 경우에는 그러하지 아니하다고 규정하여(동법 제58조 제2항 단서) 선거의 자유에 대한 제한을 가하고 있다.

III. 선거운동방법

선거운동의 방법으로는 지지를 호소하는 집회개최 및 집회에서의 연설, 대담이나 토론회를 통한 운동, 그리고 후보 자신의 장점을 부각시키려는 선전벽보, 선거공보 등의 인쇄물에 의한 운동, 현수막 등에 의한 운동, 신문·방송에 의한 광고, 연설을 통한 운동 등이 있다. 오늘날 전기통신, 방송, 인터넷 등 여러 가지 multimedia 대중매체, SNS(Social Network Service) 등에 의한 선거운동 등 그 방식이 확대되고 있다. 공직선거법은 여러 선거운동방법에 대한 규제를 가하고 있다.

IV. 선거운동권의 제한

1. 법정주의와 선거공영제

선거공영제란 선거의 관리를 국가가 담당하게 하고 선거에 소요되는 경비를 후보자나 정당이 아닌 국가가 부담하게 하는 제도를 말한다. 우리 헌법은 "선거운동은 각급 선거관리위원회의 관리 하에 법률이 정하는 범위 안에서 하되, 균등한 기회가 보장되어야 한다"라고 규정하고 "선거에 관한 경비는 법률이 정하는 경우를 제외하고는 정당 또는 후보자에게 부담시킬 수 없다"라고 규정하여(제116조 제 1항·제2항) 선거운동에 관한 규제를 법률에 맡기는 ① 법정주의(法定主義)를 채택하고 있고, 후보자들 간의 선거운동의 기회를 동등하게 보장하도록 ② 균등주의를 그 원칙으로 하며 ③ 선거공영제를 명시하고 있다.

2. 시간적 제한

(1) 사전선거운동의 금지, 선거일 선거운동금지

[사전선거운동의 원칙적 금지] 현행 공직선거법은 "선거운동은 선거기간개시일부터 선거일 전일까지에 한하여 이를 할 수 있다"라고 하여 선거운동기간을 한정하고 사전선거운동금지원칙을 규정하고 있다(법 제59조 본문). 사전선거운동금지가 위헌인지가 논란되었으나 헌재는 합헌으로 본다(93헌가4; 94헌마97; 2005헌바32; 2011헌바153; 2014헌바253).

[선거일 운동의 원칙적 금지] 사전이라고 하나 "선거일에 투표마감시각전까지 이 법에 규정된 방법을 제외하고 선거운동을 한" 경우에도 처벌된다(동법 제254조 제1항). "이 법에 규정된 방법을 제외하고"라는 문언이 없었던 구법 하에서 선거일 당일에 문자메시지를 발송하는 방법으로 선거운동을 한 사실로 기소된 사건에서 위 동법 제254조 제1항에 대한 위헌소원심판이 청구되었는데 헌재는 합헌으로 결정했다(2018헌바152).

(2) 예외

현행 공직선거법은 위 원칙들에 대해 다음의 예외를 인정하여 시간적 제한을 다소 완화하고 있다.

[예비후보자] 선거운동기간 이전이라도 예비후보자로 등록한 사람은 선거사무소를 설치하거나 명함을 직접 주거나 지지를 호소하는 행위, 예비후보자홍보물 우편발송행위, 선거운동을 위한 어깨띠 또는 예비후보자임을 나타내는 표지물 착용행위 등의 선거운동(명함을 주거나 지지를 호소하는 일은 예비후보자의 배우자 등도 가능)을 할 수 있도록 허용하고 있다(동법 제59조 단서 제1호, 제60조의3 제1·2항).

[문자메시지 전송] 문자메시지를 전송하는 방법으로 선거운동을 하는 경우. 이 경우 자동 동보통신의 방법으로 전송할 수 있는 자는 후보자와 예비후보자에 한하되, 그 횟수는 8회를 넘을 수 없으며, 중앙선거관리위원회규칙에 따라 신고한 1개의 전화번호만을 사용하여야 한다(동법 제59조 단서 제2호). 이 문자전송 운동은 선거운동기간 이전뿐 아니라 선거일 당일에도 가능한 것으로 해석된다.

[인터넷 홈페이지에 의한 사전운동] 인터넷 홈페이지 또는 그 게시판·대화방 등에 글이나 동영상 등을 게시하거나 전자우편을 전송하는 방법의 사전선거운동을 허용하고 있다. 다만 전자우편 전송대행업체에 위탁하여 전자우편을 전송할 수 있는 사람은 후보자와 예비후보자에 한한다(동법 제59조 단서 제3호). 이 인터넷, 전자우편 운동은 선거운동기간 이전 뿐아니라 선거일 당일에도 가능한 것으로 해석된다.

[전화, 말로 하는 선거운동] 선거일이 아닌 때에 자동 송신장치가 설치되지 않은 전화로 직접

통화하거나 말(확성장치를 사용하거나 옥외집회에서 다중을 대상으로 하는 경우를 제외)로 하는 사전선 거운동을 허용하고 있다(동법 제59조 단서 제4호).

[명함을 직접 주는 선거운동] 후보자가 되려는 사람이 선거일 전 180일(대통령선거의 경우 선거일 전 240일)부터 해당 선거의 예비후보자등록신청 전까지 자신의 성명·사진·전화번호·학력·경력, 그 밖에 홍보에 필요한 사항을 게재한 법소정의 일정 크기 이내의 명함을 직접 주거나 지지를 호소하는 행위의 사전선거운동을 허용하고 있다(동법 제59조 단서 제5호. 예외있음).

3. 인적(운동주체에 대한) 제한

(1) 선거운동이 금지되는 사람, 단체

[법규정] 현행 공직선거법 제58조 제2항 본문은 "누구든지 자유롭게 선거운동을 할 수 있다"라고 규정하여 원칙적인 자유를 선언하고 있으면서도 일정한 신분자, 즉 대한민국 국민이 아닌 자(지방선거권을 가지는 외국인은 지방선거운동을 할 수 있음), 18세 미만의 미성년자(종래 19세 미만자의 선거운동 금지에 대한 합헌성인정결정 - 2012헌마287), 선거권이 없는 자(이 규정에 대한 합헌성인정결정으로 2015헌마821), 공무원(예외 있음), 각급선거관리위원회위원, 사립학교교원(다만, 사립대학의 총장·학장·교수·부교수·조교수는 선거운동을 할 수 있다) 등은 선거운동을 할 수 없다고 규정하여 선거운동을 할 수 없는 신분을 한정열거하고 있다(동법 제60조 제1항).

[결정례] ⅰ) 위헌결정례 ① 한국철도공사 상근직원 배제의 위헌성 - 한국철도공사의 상근직원에 대하여 선거운동을 금지하고 이를 위반한 경우 처벌하도록 규정한 구 공직선거법 제60조 제1항 제5호 중 해당 규정과 제255조 제1항 제2호 중 해당규정에 대해 헌재는 직급이나 직무의 성격에 대한 검토 없이 일률적으로 모든 상근직원에게 선거운동을 전면적으로 금지하고 이에 위반한 경우 처벌하는 것은 선거운동의 자유를 지나치게 제한하는 것으로 침해 최소성이 없고, 법익균형성도 없어서 위헌이라고 결정하였다(2015헌바124). 이에 따라 공직선거법은 공공기관의 운영에 관한 법률 제4조 제1항 제3호의 해당기관 중 정부가 100분의 50 이상의 지분을 가지고 있는 기관의 상근 '임원'의 선거운동만을 금지하도록 개정되었다. ② 지방공단 상근직원의 경선운동 금지에 대해서도 위헌결정이 있었다(2019헌가11. 이 결정은 바로 아래 [당내경선의 경우]의 ⅱ) 결정 참조). ③ 언론인 배제의 위헌성 - 대통령령으로 정하는 언론인의 선거운동을 금지하고 그 위반시 처벌하도록 한 구 공직선거법 규정: 다양한 언론매체 중에서 어느 범위의 언론인지 예측하기 어려워 포괄위임금지원칙을 위반하고 시민이 언론에 적극 참여하는 것이 보편화된 오늘날 심판대상조항들에 해당하는 언론인의 범위는 지나치게 광범위하므로 피해최소성, 법익균형성이 준수되지 않아 선거운동의 자유를 침해하여 위헌이라고 결정하였다(2013헌가1). 이에 따라 공직선거법 제60조 제1항 제5호가 개정되어 제53조 제1항 제8호에 해당하는 자 부분이 삭제되었다. ⅱ) 합헌결정례: 그러나 '선거에 의하여 취임하는 지방자치단체의 장'의

선거운동금지는 사인으로서의 활동과 직무상 활동이 구분되기 어려운 점 등에서 침해최소성을 가져 합헌이라고 본다(2018헌바90).

[당내경선의 경우] ⅰ) 심사기준 - 당내경선을 위한 운동을 제한하는 사안에서 헌재는 제한되는 기본권으로 역시 정치적 표현의 자유를 든다. 그리고 무엇보다도 심사기준으로 헌재는 "당내경선은 공직선거 자체와는 구별되는 정당 내부의 자발적인 의사결정에 해당하고(2007헌마1128), 경선운동은 원칙적으로 공직선거에서의 당선 또는 낙선을 위한 행위인 선거운동에 해당하지 않는다(대법원 2012.4.13. 2011도17437 판결 등 참조). 따라서 당내경선의 형평성과 공정성을 담보하기 위해서 국가가 개입하여야 하는 정도가 공직선거와 동등하다고 보기 어려우므로, 심판대상조항이 과잉금지원칙에 반하는지 여부를 판단할 때에는 엄격한 심사기준이 적용되어야 한다"라고 한다(2019헌가11). 아래 사안 위헌결정에서 헌재는 그렇게 밝혔다.

ⅱ) 지방공단 상근직원의 경선운동 금지·처벌규정에 대한 위헌결정: 헌재는 상근임원이 아닌, 공단의 경영에 관여하거나 실질적인 영향력을 미칠 수 있는 권한을 가지고 있지 아니한 상근직원에 대한 일률적 금지는 정치적 표현의 자유를 지나치게 제한하여 피해최소성을 갖추지 못하고 법익균형성도 없어 위헌이라고 결정하였다.

● 판례 헌재 2021.4.29. 2019헌가11. [판시] 이 사건 공단의 상근직원(이하 그냥 '상근직원')은 시험성적, 근무성적, 그 밖의 능력의 실증에 따라 이사장이 임면하고(지방공기업법 제76조 등 참조), 공단의 경영에 관여하거나 실질적인 영향력을 미칠 수 있는 권한을 가지고 있지 아니하다. 위와 같은 상근직원의 지위와 권한에 비추어 볼 때, 상근직원이 특정 경선후보자의 당선 또는 낙선을 위한 경선운동을 한다고 하여 그로 인한 부작용과 폐해가 일반 사기업 직원의 경우보다 크다고 보기 어렵다. 그럼에도 불구하고 이 사건 공단의 상근임원의 경선운동을 금지하는 데 더하여 상근직원에게까지 경선운동을 금지하는 것은 당내경선의 형평성과 공정성을 확보한다는 입법목적에 비추어 보았을 때 과도한 제한이다. 물론 당원만이 아니라 당원이 아닌 자를 상대로도 경선운동을 하게 된다는 점에서 그 지위를 이용하는 경우 경선의 당락에 영향을 미칠 수 있다는 의심이 있을 수 있으므로 일정 범위 내에서 공단 상근직원의 경선운동을 제한할 필요성이 있을 수 있으나, 직급에 따른 업무의 내용과 수행하는 개별 구체적인 직무의 성격에 대한 검토 없이 모든 상근직원에게 경선운동을 금지하고 이에 위반한 경우 처벌하는 것은 정치적 표현의 자유를 지나치게 제한하는 것이다. 공직선거법은 이미 공단 상근직원이 당내경선에 직·간접적으로 영향력을 행사하는 행위들을 금지·처벌하는 규정들을 마련하고 있고, 이 규정들만으로도 당내경선의 형평성과 공정성을 확보할 수 있다. … 공단의 상근직원의 경선운동을 일률적으로 금지·처벌하는 것은 정치적 표현의 자유를 과도하게 제한하는 것이다. … 그러므로 심판대상조항은 침해의 최소성원칙에 위배된다.

(2) 공무원의 선거중립의무

[법규정] 공직선거법 제9조 제1항은 공무원 기타 정치적 중립을 지켜야 하는 자는 선거에 대한 부당한 영향력의 행사 기타 선거결과에 영향을 미치는 행위를 하여서는 아니 된다고 공무원의 중립의무를 규정하고 있다.

[범위 - 헌재판례] 여기서의 공무원의 범위가 어떠한지 특히 대통령이 포함되는지 하는 문제가 논란이 되었다. 선거의 중립에 영향을 미칠 수 있는 공무원들은 모두 포함된다고 볼 것이다. 헌재 판례도 같은 입장으로 대통령도 포함된다고 본다(2004헌나1. 비슷한 취지로 2007헌마700). 다만, 헌재는 국회의원과 지방의회의원은 정당의 대표자이자 선거운동의 주체로서의 지위로 말

미암아 선거에서의 정치적 중립성이 요구될 수 없으므로 중립의무를 지지 않는다고 본다.

● **판례** 헌재 2004.5.14. 2004헌나1

[관련판시요약] 공선법 제9조의 '공무원'이란, 위 헌법적 요청을 실현하기 위하여 선거에서의 중립의무가 부과되어야 하는 모든 공무원 즉, 구체적으로 '자유선거원칙'과 '선거에서의 정당의 기회균등'을 위협할 수 있는 모든 공무원을 의미한다. 그런데 사실상 모든 공무원이 그 직무의 행사를 통하여 선거에 부당한 영향력을 행사할 수 있는 지위에 있으므로, 여기서의 공무원이란 원칙적으로 국가와 지방자치단체의 모든 공무원 즉, 좁은 의미의 직업공무원은 물론이고, 적극적인 정치활동을 통하여 국가에 봉사하는 정치적 공무원을 포함한다. 다만, 국회의원과 지방의회의원은 정당의 대표자이자 선거운동의 주체로서의 지위로 말미암아 선거에서의 정치적 중립성이 요구될 수 없으므로, 공선법 제9조의 '공무원'에 해당하지 않는다. 더욱이, 대통령은 행정부의 수반으로서 공정한 선거가 실시될 수 있도록 총괄·감독해야 할 의무가 있으므로, 당연히 선거에서의 중립의무를 지는 공직자에 해당하는 것이고, 이로써 공선법 제9조의 '공무원'에 포함된다.

[결정례] ① 공무원지위 이용금지규정에 대한 위헌결정: 형벌체계상 불균형 – 공무원 등 법령에 따라 정치적 중립을 지켜야 하는 자는 직무와 관련하여 또는 지위를 이용하여 선거에 부당한 영향력을 행사하는 등 선거에 영향을 미치는 행위를 할 수 없다(동법 제85조 제1항). 이 제85조 제1항은 2014년에 신설된 것으로 공무원이 직무와 관련하거나 그 지위를 이용하여 선거에 부당한 영향력을 행사하는 등 선거에 영향을 미치는 행위를 포괄적으로 금지·처벌하므로 공무원의 선거에 영향을 미치는 대표적인 행위유형을 나열하여 그러한 행위만을 금지해 오고 있는 공직선거법 제86조 제1항에 비하여 적용범위가 상대적으로 넓다. 헌법재판소는 위 제85조 제1항 중 "공무원이 지위를 이용하여 선거에 영향을 미치는 행위" 부분은 합헌이라고 보았으나 그 행위를 처벌하는 규정인 동법 제255조 제5항 중 제85조 제1항의 "공무원이 지위를 이용하여 선거에 영향을 미치는 행위" 부분(당시 규정: '1년 이상 10년 이하의 징역 또는 1천만 원 이상 5천만 원 이하의 벌금')은 위헌이라고 결정하였다. 공무원의 선거에 영향을 미치는 대표적인 행위유형을 구체적으로 규정한 제86조 제1항에 대해서도 처벌조항을 두고 있는데(예를 들어 제86조 제1항은 공무원 지위를 이용하여 선거운동의 기획에 참여하거나 그 기획의 실시에 관여하는 행위 등 공무원 등의 선거에 영향을 미치는 행위금지 규정을 두고 있고 동법 제255조 제1항 제10호가 위반행위를 '3년 이하의 징역 또는 600만 원 이하의 벌금'에 처벌하도록 규정하고 있음. 그리고 "공무원은 그 지위를 이용하여 선거운동을 할 수 없다"라고 금지한 동법 제86조 제2항을 위반한 경우에도 동법 제255조 제3항 제2호가 '5년 이하의 징역'에 처하도록 하고 있음) 그 처벌조항들에 비해 제255조 제5항의 처벌규정이 형벌체계상의 균형을 고려하지 않고 법정형만을 전반적으로 상향시켰고('1년 이상 10년 이하'이므로 위 3년 또는 5년 이하보다 상향) 특히 '선거에 영향을 미치는 행위'라는 다소 광범위한 구성요건을 규정하면서도 공직선거법 제85조 제2항의 선거운동이나 제86조 제1항 각 호의 행위와 구별 또는 가중되는 요소를 별도로 규정하지 않고 있어, 검사로서는 동일한 행위에 대하여 이 사건 처벌조항을 적용하여 기소할 수도 있고, 다른 조항을 적용하여 기소할 수도 있어 형벌체계상의 균형에 어긋난다는 위헌결정을 한 것이다.

② 지방의회의원의 '공무원 지위이용' 선거운동 금지의 합헌성 인정 – 앞서 선거에서의 공

무원의 정치적 중립의무 대상 범위에 지방의회의원은 제외되는 것이 헌재의 입장임을 언급하였는데 그러나 헌재는 '공무원 지위이용 선거운동죄 조항'(공직선거법 제85조 제2항과 그 위반에 대해 처벌하는 조항)이 지방의회의원에 대해서도 적용된다고 한다. 그렇게 해석되는 것이 논란되었는데 헌재는 그렇게 해석하고 명확성원칙, 과잉금지원칙에 반하지 않는다고 보았다. 헌재는 공직선거법 제85조 제2항이 확보하고자 하는 선거의 공정성은 정치적 중립성과는 별개의 보호법익으로서 누구든지 준수해야 하기 때문이라고 한다.

③ 그 외: 공무원에 대한 당내 경선운동 금지를 규정한 공직선거법 제57조의6 제1항 본문 중 제60조 제1항 제4호, 그 처벌규정에 대한 합헌결정(2018헌바149. 명확성원칙 준수) 등이 있다.

4. 방법상 제한 등

선거운동방법에 대하여는 공직선거법이 많은 규제를 하고 있다. 중요 규제들을 살펴본다.

[탈법방법에 의한 문서·도화의 배부·게시 등 금지] 누구든지 선거일 전 180일부터 선거일까지 선거에 영향을 미치게 하기 위하여 공직선거법의 규정에 의하지 아니하고는 정당 또는 후보자를 지지·추천하거나 반대하는 내용이 포함되어 있거나 정당의 명칭 또는 후보자의 성명을 나타내는 광고, 인사장, 벽보, 사진, 문서·도화, 인쇄물이나 녹음·녹화테이프 그 밖에 이와 유사한 것을 배부·첩부·살포·상영 또는 게시할 수 없다(동법 제93조 1항 본문). 탈법방법에 의한 문서 등의 게시금지를 규정한 위 공직선거법 제93조 제1항 본문에 대해서는 선거운동 자유와 표현의 자유의 지나친 침해로 위헌이라는 주장의 헌법소원이 여러 차례 제기되었으나 헌재는 비례(과잉금지)원칙을 준수한 것으로 합헌으로 본다(99헌바92; 2005헌바15; 2005헌바32; 2011헌바17; 2014헌바253 등). 또한 위 조항 본문에서 '그 밖에(기타) 이와 유사한 것'에 해당되는 경우라고 하여 규제한 데 대해 명확성원칙, 비례(과잉금지)원칙 위배 여부가 논란이 된 사안들이 있었다. 그러한 사안들에 대한 다음과 같은 중요한 결정례들이 있었다. ① 휴대전화 문자메시지 전송 금지의 합헌성 인정 – 후보자의 성명을 나타내는 일정한 내용의 휴대전화 문자메시지 전송을 위 '기타 이와 유사한 것'에 의거하여 금지하는 것은 선거운동의 자유를 침해한다는 주장의 헌법소원심판이 청구된 바 있다. 위헌의견이 재판관 5인의견으로 다수의견이었으나 위헌결정에 필요한 6인의 찬성요건을 충족하지 못하여 합헌으로 결정되었다(2007헌바24). ② 인터넷 활용, SNS활용 선거운동금지의 위헌성 인정 – 헌재는 위 '기타(그 밖에) 이와 유사한 것'에 인터넷 활용, 트위터 등 SNS에 의한 방법, 즉 '정보통신망을 이용하여 인터넷 홈페이지 또는 그 게시판·대화방 등에 글이나 동영상 등 정보를 게시하거나 전자우편을 전송하는 방법'이 포함되는 것으로 해석하는 한 헌법에 위반된다는 한정위헌결정을 하였다. 그 결정이유로서 정치적 표현 및 선거운동의 자유의 중요성을 고려하면, 그리고 인터넷은 누구나 손쉽게 접근 가능한 매체이고, 비용이 매우 저렴하여 선거운동비용을 획기적으로 낮출 수 있는 정치공간

으로 오히려 매체의 특성 자체가 '기회의 균형성, 투명성, 저비용성의 제고'라는 공직선거법의 목적에 부합하는 것이라고도 볼 수 있어 그 제한이 후보자 간의 경제력 차이에 따른 불균형이라는 폐해를 방지한다는 입법목적의 달성을 위한 적절한 수단이라 할 수 없고, 금지기간이 장기라는 점(선거일 전 180일부터 선거일까지), 허위사실공표나 비방 등을 처벌하는 조항을 따로 두고 있다는 점에서 피해최소성 요건을 충족시키지 못하며 법익균형성도 갖추지 못하여 비례(과잉금지)원칙에 위배하여 선거운동의 자유 내지 정치적 표현의 자유를 침해하는 것으로서 헌법에 위반된다고 판단하였다(헌재 2011.12.29. 2007헌마1001). ③ UCC활용 금지의 위헌성 인정 ― 정당 또는 후보자를 지지·추천하거나 반대하는 내용이 포함되어 있거나 정당의 명칭 또는 후보자의 성명을 나타내는 'UCC'(User-Created Contents, 이용자제작콘텐츠)의 제작·배포를 위 '기타 이와 유사한 것'에 의거하여 금지하는 것은 선거인의 표현의 자유를 침해한다는 주장의 헌법소원심판사건에서 위헌의견이 재판관 5인의 다수의견이었으나 기각(합헌성인정)된 바 있었다(2007헌마718). 그러나 위 ②의 2007헌마1001 결정으로 UCC활용 금지가 위헌으로 결정되었다(선례인 기각결정 2007헌마718 결정을 폐기하는 판례변경. UCC활용이 인터넷활용이기 때문에 위 ② 결정으로 판례변경 됨).

[인터넷선거운동실명제] 인터넷언론사는 선거운동기간 중 당해 인터넷홈페이지의 게시판·대화방 등에 정당·후보자에 대한 지지·반대의 문자·음성·화상 또는 동영상 등의 정보를 게시할 수 있도록 하는 경우에는 실명을 확인받도록 하는 기술적 조치를 하여야 하고 "실명인증"의 표시가 없는 정당이나 후보자에 대한 지지·반대의 정보 등이 게시된 경우에는 지체 없이 이를 삭제하여야 한다고 하여 실명제가 실시되고 있었고(동법 제82조의6), 헌재는 이 실명제가 비례(과잉금지)원칙을 준수하여 합헌이라고 보았었다(2008헌마324; 2012헌마734. 기각결정). 그러나 헌재는 2021.1.28. 선거운동에 관한 실명확인제를 규정한 공직선거법 제82조의6 제1항 등이 과잉금지원칙을 위반한 개인정보자기결정권의 침해로 보고 위헌결정을 하였다(2018헌마456).

[선거여론조사공표금지] 누구든지 선거일 전 6일부터 선거일의 투표마감시각까지 선거에 관하여 정당에 대한 지지도나 당선인을 예상하게 하는 여론조사(모의투표나 인기투표에 의한 경우를 포함)의 경위와 그 결과를 공표하거나 인용하여 보도할 수 없다(동법 제108조 제1항). 헌재는 지금의 금지기간인 6일보다 더 긴 금지기간을 두었던 이전의 공표금지규정들에 대해 합헌성을 인정하는 결정들을 한 바 있었다(92헌마177; 97헌마362; 98헌바64).

[기타] ⅰ) 사퇴대가 금전제공 처벌의 합헌성: 헌재는 교육감선거와 관련하여 후보자를 사퇴한 데 대한 대가를 목적으로 후보자이었던 자에게 금전을 제공한 사람을 형사처벌하도록 하고 있는 공직선거법 제232조 제1항 제2호 부분을 합헌으로 결정하였다(2012헌바47).

ⅱ) 선거운동에서의 명함교부: ① 헌재는 공직선거법상 예비후보자의 배우자와 직계존·비속이 예비후보자의 명함을 직접 주거나 예비후보자에 대한 지지를 호소할 수 있도록 한 규정은 선거운동의 자유나 평등권을 침해하지 아니하여 합헌이라고 판단하였으나(2010헌마259; 2010헌

마673), ② 예비후보자의 배우자가 그와 함께 다니는 사람 중에서 지정한 각 1명이 명함을 주거나 지지를 호소할 수 있도록 한 규정은 배우자 없는 예비후보자의 평등권을 침해하여 위헌이라고 결정하였다(2011헌마267). ③ 예비후보자가 아닌 본후보자의 경우에도 동지의 위헌결정이 있었다. 즉 본후보자의 배우자가 그와 함께 다니는 사람 중에서 지정한 1명도 명함교부를 할 수 있도록 한 공직선거법에 대해 배우자 없는 후보자의 평등권을 침해한다는 위헌결정이 있었다(2016헌마287).

iii) 기부행위금지조항 ― 공직선거법 제113조 기부행위금지조항 중 '후보자가 되고자 하는 자' 부분이 명확성원칙을 준수한 것(당해 선거를 기준으로 하여 기부행위 당시 후보자 의사를 인정할 수 있는 객관적 징표 등을 고려하여 판단하면 될 것이므로)이고 선거운동을 과잉금지원칙을 준수하여(구법과 달리 현행 법에 기부행위제한기간이 삭제되었다고 하더라도 객관적 징표 등을 고려하여 후보자 의사가 표출되는 시기가 도래하기 전에 이루어진 행위는 기부행위금지조항의 적용대상이 될 수 없으므로 금지되는 기부행위가 시기적으로 한정되고, '선거구 안에 있는 자 … 선거구의 밖에 있더라도 그 선거구민과 연고가 있는 자… 등 기부행위가 금지되는 '대상자의 범위'를 한정하고 있으며, '통상적인 정당활동과 관련한 행위, 의례적 행위, 구호적·자선적 행위 등은 금지행위에서 제외되고 있는 점을 고려할 때 피해최소성이 인정됨) 제한한 것이라고 하여 합헌결정을 하였다(2007헌바29; 2009헌바201; 2013헌바106; 2018헌바149; 2018헌바223).

iv) 당내경선 방법의 제한 ― 당내경선에서 '선거사무소를 설치하거나 그 선거사무소에 간판·현판 또는 현수막을 설치·게시하는 행위, 자신의 성명 등을 게재한 명함을 직접 주거나 지지를 호소하는 행위, 1종의 홍보물 1회 한정 발송, 정당 합동연설회·토론회 외 경선운동 금지(공직선거법 제57조의3 제1항)와 그 처벌규정에 대해서 명확성원칙을 준수하고 과잉금지원칙을 준수하여(허용되는 방법을 통해서도 충분히 경선후보자가 자신의 능력, 자질, 공약 등을 알릴 수 있는 기회가 보장되어 있으므로 침해최소성원칙을 갖추었다고 봄) 합헌이라고 결정했다(2016헌바458; 2018헌바149).

제 6 장

청 구 권

제 1 절 총론

I. 개념과 기능

청구권은 기본권이 침해되었을 때에 이를 구제해주고 기본권의 보호를 해줄 것을 국가에 대해 요구할 수 있는 권리를 말한다. 기본권이 실효성을 가지기 위하여서는 기본권이 침해되었을 때에 그 침해에 대한 구제가 전제되지 않으면 안 된다. 따라서 청구권은 기본권의 실효화라는 중요한 기능을 수행하는 기본권이다. 청구권은 이와 같이 사후적 구제기능이 중점적이나 사전적·예방적 구제제도로서의 기능을 할 수 있는 청구권도 있다.

II. 법적 성격

1. 권리성, 실정권성 문제

청구권은 기본권구제를 위한 국가제도가 운영됨으로써 얻는 반사적 이익이라는 견해가 있었으나 청구권은 기본권구제를 국가에 대해 요구할 수 있는 힘을 가진 것이므로 어디까지나 권리로서의 성격을 가진다. 또한 청구권이 이를 실현하는 국가의 제도(예를 들어 재판제도 등)의 정비를 필요로 한다는 현실적 이유로 실정권으로 보는 경향이 강하나 청구권이 실정제도로 실현되어야 한다는 것은 실정화의 문제이지 청구권 자체의 성격은 아니다.

2. 권리구제수단성, 적극적 권리성

청구권은 권리침해에 있어서 구제를 위한 것이라는 수단적인 성격을 가지고 과정실현적인 의미를 가지는 기본권이다. 또한 청구권은 기본권구제를 위한 제도의 마련과 확충(예를 들어 재판제도의 확충), 기본권구제활동을 국가에 요구할 수 있는 권리라는 점에서 적극성을 가지는 권리이다.

3. 직접적 권리성

청구권의 실현에 구제에 관한 법률이나 국가제도의 정비가 요구되는 것은 사실이다. 그러나 그렇다고 하여 청구권을 입법방침(Programm)적인 것에 불과하다거나 추상적 권리라고만 말할 수 없고 직접적이고 구체적 권리로서의 효력을 가진다. 왜냐하면 법률이 청구권실현을 위한 구체적 제도를 규정하지 않아 기본권의 구제를 받지 못하고 있을 경우에 그 제도를 규정할 것을 국민이 요구할 힘이 청구권 규정에서 나온다고 보아야 하기 때문이다. 더구나 청구권이 기본권구제를 위한 기본권이고 기본권의 침해시 구제가능성이 없다면 기본권이 그 존재의미를 상실한다.

4. 절차적 권리성

청구권은 기본권을 회복해가기 위한 과정상에서 권리구제를 위한 절차를 밟거나 필요한 조치를 취해줄 것을 요구할 수 있는 절차법적인 권리로서의 성격을 강하게 가진다. 대표적으로 재판제도와 소송절차가 청구권의 절차적 권리성을 잘 보여준다.

Ⅲ. 내용·분류

현행 우리 헌법상의 청구권으로는 청원권, 재판청구권, 형사보상청구권, 국가배상청구권, 범죄피해자구조청구권 등이 있다. 이 외에도 자유권의 침해에 대한 청구권으로서 신체의 자유를 침해하는 경우에 대비한 구속적부심사청구권, 재산권침해에 대한 손실보상청구권 등이 있다. 성질상으로는 사후적 구제권으로서의 청구권과 사전예방적 보호를 위한 청구권으로 나눌 수도 있을 것이다. 청원권은 사후적 구제뿐 아니라 사전예방적 보호를 위해서도 행사될 수 있고, 재판청구권에도 가처분재판의 청구권과 같이 사전예방적인 것이 있다.

제 2 절   청원권

I. 청원권의 개념과 법규정

청원이란 국민이 국가기관이나 지방자치단체의 기관에 대해 희망이나 요구사항을 들어줄 것을 바라는 내용이나 의견을 진술할 수 있는 권리를 말한다.

헌법 제26조 제1항은 "법률이 정하는 바에 의하여" 청원할 권리를 가진다고 규정함으로써 청원권의 행사절차 등을 법률로 정하도록 하고 있는데 이러한 헌법의 위임을 받아 제정된 법률이 청원법이다. 특별법규정으로는 국회법과 지방자치법 등에 청원에 관한 규정들이 있다.

> ● **판례** 헌재 2006.6.29. 2005헌마604
> [설시] 헌법은 제26조 제1항에서 "모든 국민은 법률이 정하는 바에 의하여 청원할 권리를 가진다."라고 하여 청원권을 보장하고 있는바 청원권은 공권력과의 관계에서 일어나는 여러 가지 이해관계, 의견, 희망 등에 관하여 적법한 청원을 한 모든 국민에게 국가기관이(그 주관관서가) 청원을 수리할 뿐만 아니라 이를 심사하여 청원자에게 그 처리결과를 통지할 것을 요구할 수 있는 권리를 말한다(헌재 1994.2.24. 93헌마213 등; 1999.11.25. 97헌마54).

II. 청원의 법적 성격과 유용성 및 특색

1. 법적 성격과 유용성 문제

청원권은 자신의 기본권이나 이익이 침해된 사람이 이의 구제를 받기 위하여 행정기관 등에 그 시정을 요구하는 권리로서 기본권구제적 권리로서 청구권의 성격을 가지는 것은 물론이다. 청원권은 사전적·예방적 구제권으로서의 성격도 가진다. 청원은 권리구제적 기능 외에 청원에는 정치적 의사의 표시를 담을 수도 있으므로 민주제적 기능을 하기도 한다.

오늘날 쟁송제도의 발달 등으로 청원의 유용성에 대해 회의적인 견해가 있다. 그러나 쟁송제도가 가지는 번거로움이나 시간적·경제적 비용에 비해 그 행사절차가 간편하므로 여전히 유용성이 있다.

2. 특색 – 타 권리구제제도(행정쟁송)와의 비교

행정쟁송(행정심판과 행정소송)은 자신의 법률상 이익이 침해된 경우에만 제기할 수 있는데 비해 청원은 법적 권리나 이익이 침해되지 않더라도 행사가 가능하여 자신의 권리가 침해되지 않은 제 3 자가 타인의 권리를 위해, 시민이 공익을 위하여도 그리고 장래 발생할 침해에 대해서도 청원을 할 수 있다. 행정쟁송 중에 취소쟁송 등에는 제기기간이 있는 반면에 청원은 기간의 제한이 없이 언제든지 행사가 가능하다.

Ⅲ. 청원권의 주체와 대상기관 및 청원의 내용

1. 주체와 대상기관

헌법 제26조는 '국민'이라고 명시하고 있으나 외국인에게도 인정되고 법인에게도 인정된다. 제3자를 통한 청원도 가능하다(2003헌바108). 현행 헌법 제26조 제1항은 청원대상기관으로 국가기관만 명시하고 하고 있으나 헌법규정의 국가기관은 예시규정이고 국가기관 외에 지방자치단체나 행정권을 행사하는 기관들도 그 대상기관이 된다.

2. 청원의 내용

청원법 제4조는 청원사항으로, 피해의 구제, 공무원의 위법·부당한 행위에 대한 시정이나 징계의 요구, 법률·명령·조례·규칙 등의 제정·개정 또는 폐지 등으로 규정하고 있다. 청원법 제5조 제1항은 청원이 금지되는 사항으로 감사·수사·재판·행정심판 등 다른 법령에 의한 조사·불복 또는 구제절차가 진행중인 때, 허위의 사실로 타인으로 하여금 형사처분 또는 징계처분을 받게 하거나 국가기관 등을 중상모략하는 사항인 때, 사인간의 권리관계 또는 개인의 사생활에 관한 사항인 때 등을 규정하고 있다. 청원법 제11조는 타인을 모해(謀害)할 목적으로 허위의 사실을 적시한 청원을 하여서는 아니 된다고 규정하고 있다.

Ⅳ. 청원의 요건과 방식 및 절차

1. 방식과 요건

(1) 문서주의
청원은 문서(전자문서를 포함)로 하여야 한다(제26조: 청원법 제6조).

(2) 소개요건
1) 소개요건의 합헌성 인정 판례
국회나 지방의회에 청원을 하기 위해서는 의원의 소개를 받도록 한데(국회법 제123조 제1항, 지방자치법 제85조 제1항) 대해 헌재는 의원의 소개를 얻도록 한 것은 불필요한 청원을 억제하여 청원의 효율적인 심사를 제고하기 위한 것이라고 보아 합헌으로 판단하였다[2005헌마604; 97헌마54(이 결정 당시 의원소개 요건 규정은 구 지방자치법 제65조 제1항이었음)].

2) 유의: 국회 경우의 의원 비소개(국민동의) 청원 가능

한편, 이후 국회에 청원은 국회법 제123조 제1항이 의원의 소개를 받지 않더라도 국회규칙으로 정하는 기간 동안 국회규칙으로 정하는 일정한 수 이상의 국민의 동의를 받으면 국회에 청원할 수 있도록 개정되어 있다(후술, Ⅶ. 2. 국회 부분 참조).

2. 절차

청원서는 청원사항을 관장하는 기관에 제출하여야 한다(청원법 제7조 제1항). 접수한 기관은 관장하는 사항이 아니라고 인정되는 때에는 그 청원사항을 관장하는 기관에 청원서를 이송하고 이를 청원인에게 통지하여야 한다(동법 동조 제3항).

3. 처리결과 통지의 기간

청원을 관장하는 기관이 청원을 접수한 때에는 특별한 사유가 없는 한 90일 이내에 그 처리결과를 청원인에게 통지하여야 한다(동법 제9조 제3항). 청원을 관장하는 기관은 부득이한 사유로 위 처리기간 내에 청원을 처리하기 곤란하다고 인정하는 경우에는 60일의 범위 내에서 1회에 한하여 그 처리기간을 연장할 수 있다. 이 경우 그 사유와 처리예정기한을 지체 없이 청원인에게 통지하여야 한다(동법 동조 제4항).

V. 청원권행사의 효과

[3가지 의무] 청원권의 보호범위로서 청원권행사는 대상기관에 대해 3가지의 의무를 지운다. ① 수리, ② 심사·처리, ③ 결과통지를 할 의무가 그것이다(동법 제9조 참조). 헌재는 "청원권의 보호범위에는 청원사항의 처리결과에 심판서나 재결서에 준하여 이유를 명시할 것까지를 요구하는 것은 포함되지 아니한다"라고 한다(93헌마213). 누구든지 청원을 하였다는 이유로 차별대우를 받거나 불이익을 강요당하지 아니한다(동법 제12조).

[결과 자체 대상 헌법소원, 행정쟁송 부정, 원인대상은 가능] 청원의 결과가 통지되었다면 그 결과가 청원인에게 만족스럽지 못하다고 하여 이후에 청원처리의 결과 자체를 대상으로 다른 사법적 구제, 즉 헌법소원이나 행정쟁송을 청구하거나 제기할 수는 없다(93헌마213). 청원처리결과 자체에 대한 것이 아니라 청원의 원인이 된 공권력작용 자체에 대해 본인이 헌법소원을

청구하거나 행정쟁송을 제기할 수는 있으나, 단 헌법소원의 청구요건, 행정쟁송의 제기요건을 갖추어야 가능하다.

사례

> A라는 사람이 어떤 행정작용으로 인해 기본권이 침해되고 있어 친구 B가 소관 국가기관에 전자문서로 청원을 하였는데 접수일부터 30일이 지난 날에 그 국가기관이 그 행정작용을 하게 된 사유 등을 검토한 뒤 불가하다는 처리결과를 그 이유를 밝히면서 통지하였다. 이후 A는 그 통지가 아니라 그 행정작용 자체를 대상으로 행정쟁송을 제기하려고 한다. 이 사안에 대해 청원권의 법리에 비추어 살펴보세요.

사례풀이: 기본권이 직접 침해되지 않은 친구라도 청원을 할 수 있고 전자문서도 문서이므로 그 청원은 적법하게 이루어진 것이었고 그 국가기관이 통지기간을 준수하여 청원처리절차도 적법하였다. 본인인 A가 청원처리결과가 아닌 문제의 행정작용 자체를 대상으로 행정쟁송을 제기할 수는 있는데 단 그 제기요건(예를 들어 제소기간의 준수 등)을 갖추어야 한다.

[헌법소원 보충성원칙의 다른 구제절차성 부정] 헌법소원심판 청구를 위한 요건으로 다른 권리구제절차가 있으면 이를 거쳐야 헌법소원을 청구할 수 있다는 보충성원칙요건이 있는데 (후술 헌법재판 부분 참조) 청원은 그 다른 구제절차가 아니어서 청원을 거치지 않아도 헌법소원을 제기할 수 있다고 헌재는 본다(대표적으로 2010헌마475).

VI. 청원권의 한계

청원법 제5조 소정의 불수리사항에 대한 청원은 수리하지 아니한다. 국회법도 재판에 간섭하거나 국가기관을 모독하는 내용의 청원은 접수하지 않도록 규정하고 있다(국회법 제123조 제3항). 타인을 모해할 목적으로 허위의 사실을 적시한 청원도 금지된다(청원법 제11조). 청원처리결과 자체에 대해 행정쟁송, 헌법소원을 청구할 수 없다는 앞서 본 효과상의 한계도 있다.

* **유신헌법하 긴급조치의 청원권 침해:** 유신헌법의 개정 또는 폐지를 주장, 발의, 제안 또는 청원하는 일체의 행위를 금하는 긴급조치 제1호, 제9호 등의 규정에 대해 대법원은 청원권을 심각하게 제한하는 것이라고 판시하고 무효선언 하였다(대법원 2010.12.16. 2010도5986; 대법원(결정) 2013.4.18. 2011초기689). 헌재도 같은 취지의 결정을 한 바 있다(2013.3.21. 2010헌바132).

VII. 정부, 국회에서의 청원

1. 정부

헌법은 "정부에 제출 또는 회부된 정부의 정책에 관계되는 청원의 심사"는 국무회의의 심의를 거쳐야 할 사항으로 규정하고 있다(제89조 제15호). 문재인정부에서 청와대 청원은 20만명으로 30일 동안 20만 이상 추천 청원에 대해서는 정부 및 청와대 책임자가 답하는 방식으로 이루어지고 있다(청와대 사이트 참조).

2. 국회

국회법은 상임위원회가 그 소관에 속하는 청원을 심사하도록 하고 있다(동법 제36조). 국회 청원 절차에 관해서는 국회법(제9장), 국회청원심사규칙에 규정을 두고 있다. 국회청원은 의원 소개를 받아하거나 국회규칙으로 정하는 기간 동안 국회규칙으로 정하는 일정한 수 이상의 국민의 동의를 받아 청원서를 제출하여 한다(동법 제123조 제1항). 후자가 국민동의청원인데 현재 국회규칙은 30일 이내에 100명 이상의 찬성을 얻어 공개되면 공개일부터 30일 이내에 5만 명 이상의 동의를 받은 경우 국민동의청원으로 접수된 것으로 본다(동 규칙 제2조의2). 이후 상임위원회 심사를 거쳐 본회의 부의 여부를 정하는 과정으로 이루어진다(동법 제125조).

제 3 절   재판청구권

I. 재판청구권의 개념과 법적 성격, 심사기준

1. 개념

재판청구권이란 자신의 기본권을 침해당하였거나 기본권을 보호받지 못한 사람 또는 기본권침해를 예방하고자 하는 사람이 재판절차를 통해 적절한 구제의 판결을 구할 수 있는 권리를 말한다.

2. 법적 성격

학설로는 ① 청구권설(국가에 대하여 재판을 청구하는 것을 내용으로 하는 청구권적 기본권이라는 설)과 ② 양면설(재판을 청구할 수 있는 적극적 측면의 청구권과 헌법과 법률이 정한 법관이 아닌 자에 의한 재판 및 법률에 의하지 아니한 재판을 받지 않을 소극적 측면의 자유권이라는 양면성을 가진다고 보는 설), ③ 제도적 보장설(절차적 기본권으로서 제도적 보장이라는 설) 등이 대립되고 있다. 헌재 판례는 "재판청구권과 같은 절차적 기본권은 원칙적으로 제도적 보장의 성격이 강하기 때문에, 자유권적 기본권 등 다른 기본권의 경우와 비교하여 볼 때 상대적으로 광범위한 입법형성권이 인정된다"라고 한다(2003헌가7; 2008헌바162; 2013헌바178; 2014헌가7 등). 생각건대 헌법과 법률에 의한 재판을 받지 않을 권리라는 것은, 공정한 재판을 통하여 침해된 권리를 원래 상태로 회복하는 등의 적극적 권리구제를 받을 권리로서의 기능을 한다는 점에서 적극적 성격의 청구권이다. 한편 재판청구권은 재판을 제기함에 방해를 받지 않을, 자유권에서와 같은 소극적인 방해배제효과를 포함하는데 이는 다른 청구권도 마찬가지이다.

재판청구권은 실체적인 권리의 회복에 이르는 과정으로서 절차적 공권으로서의 성격을 강하게 가진다는 점에 특색이 있다. 재판청구권의 실현을 위한 법률로는 헌법재판소법, 민사소송법, 형사소송법, 행정소송법 등 많다. 재판청구권의 행사는 절차적인 과정으로서 절차를 통하여 권리의 실현과 보장이 이루어지고 그렇게 보장되는 권리관계가 실체법적 내용을 형성하게 된다.

3. 심사기준

헌재는 재판청구권과 같은 절차적 기본권은 원칙적으로 제도적 보장의 성격이 강하기 때문에, 자유권적 기본권 등 다른 기본권의 경우와 비교하여 볼 때 상대적으로 광범위한 입법형성권이 인정되므로, 관련 법률에 대한 위헌심사기준은 합리성원칙 내지 자의금지원칙이 적용된다고 설시한 결정들을 적지 않게 하였다. 그러나 ⅰ) 위에서 이미 밝힌 대로 재판청구권 자체가 제도라고 볼 수 없다. ⅱ) 아무리 절차적 기본권이라고 하더라도 재판은 국민의 자유권들과 중요한 기본권들이 침해되는 경우에 그것으로부터 국민을 구제하기 위한 기본권이라는 점에서 합리성만 가지면 제한이 가능하다고 본다면 결국 그 침해되는 중요 기본권에 대해서도 합리성 정도의 보장으로 그치는 결과를 가져온다. ⅲ) 아무리 절차적 권리이고 그 절차를 보장하기 위한 제도를 국가가 만들어야 실현되는 기본권이라고 할지라도 모든 사항에 대해 그러한 것만이 아닐 뿐더러 국가가 제도화하여야 하는 기본권에는 재판청구권만 있는 것이 아니다. 위와 같은 점 등에서 반드시 합리성심사에 그쳐야 한다고 단정하는 것은 정당하지 못하다. 과잉금지원칙 심사를 좀 더 완화한다든지 하는 것도 가능한데 무조건 합리성심사만 한다는 것은 곤란하다(합리성심사가 과연 무엇인가 하는 근본적인 물음도 제기되는데 이러한 문제들에 대해서는 앞의 '기본권총론' 부분 참조). 더구나 헌재가 재판청구권에 있어서도 과잉금지원칙 심사를 한 예들이 있었다.

Ⅱ. 재판청구권의 구성요소(내용)

1. '법관'에 의한 재판을 받을 권리

(1) '헌법과 법률이 정한 법관' - 자격 있는 법관에 의한 재판을 받을 권리
헌법 제27조 제1항은 "헌법과 법률이 정한 법관"이라고 명시하고 있다. "헌법과 법률이 정한 법관"이란 다음과 같다. ① 헌법과 법률이 정한 자격을 갖추어야 한다(제101조 제3항). ② 헌법과 법률에 정해진 임명절차에 따라 임명된 법관이어야 한다. 대법원장은 국회의 동의를 얻어, 대법관은 대법원장의 제청으로 국회의 동의를 얻어 대통령이 임명하고 일반법관은 대법관회의의 동의를 얻어 대법원장이 임명한다(제104조). ③ 신분보장이 되는 법관이어야 한다. ④ 헌법 제103조에 따라 물적(직무상·재판상) 독립된, 즉 헌법과 법률에 의하여 그 양심에 따라 독립하여 심판하는 법관이어야 한다. ⑤ 법률상 제척(除斥)이나 기타의 사유로 당해 재판에 관여하는 것이 금지되어 있지 아니한 법관이어야 한다.

(2) 적용범위

[재판의 2요소(법률심＋사실심) 모두 적용] 모든 재판은 사실관계를 입증하고 확정하는 단계의 재판인 사실심과 밝혀진 사실관계에 법률을 해석·적용하여 결론을 내리게 되는 법률심의 재판이라는 2가지 심리로 이루어진다. 법률심뿐 아니라 사실심도 법관에 의한 판단을 받을 기회가 보장되어야 한다. 대법원은 원칙적으로 법률심만 관할하므로 법원에 소송을 제기할 수 있는 기회를 하급법원이 아니라 대법원부터 인정하는 것은 법관에 의하여 사실관계의 판단을 받을 권리를 박탈하는 결과를 가져온다.

[결정례] ① 그리하여 과거 특허소송의 경우 법률심인 대법원에의 소송제기만을 인정하는 특허법규정이 법관에 의한 재판을 받을 권리의 본질적 내용을 침해하여 위헌이라고 판단된 바 있다(92헌가11). 지금은 특허소송이 2심제로 되어 있다. ② 비슷한 취지로 과거 대한변호사협회 징계위원회에서 징계를 받은 변호사는 법무부변호사징계위원회에서의 이의절차를 밟은 후 곧바로 대법원에 즉시항고하도록 하고 있었던 구 변호사법(2000.1.28. 법률 제6207호로 개정된 것) 제100조 제4항 내지 제6항이 법관에 의한 사실확정 및 법률적용의 기회를 박탈한 것으로서 헌법상 국민에게 보장된 "법관에 의한" 재판을 받을 권리를 침해하는 위헌규정이라고 결정하여 (99헌가9; 2001헌가18) 지금은 법무부징계위원회의 결정에 대해 행정법원에 소를 제기할 수 있도록 하고 있다(변호사법 제100조 제4항). ③ 반면 법관에 대한 징계처분 취소청구소송을 대법원의 단심재판에 의하도록 한 구 법관징계법 제27조는 합헌이라고 결정하였다(2009헌바34). 헌재는 독립적으로 사법권을 행사하는 법관이라는 지위의 특수성 및 준사법절차인 법관에 대한 징계절차의 특수성을 입법자가 감안하여 재판의 신속을 도모한 것이어서 그 합리성을 인정할 수 있다고 한다. 그리고 대법원이 법관에 대한 징계처분 취소청구소송을 단심으로 재판하는 경우에는 법률심인 상고심으로서 사실확정에는 관여하지 않는 다른 재판과 달리 심리의 범위에 관하여 아무런 제한이 없어 사실확정도 대법원의 권한에 속하므로, 법관에 의한 사실확정의 기회가 박탈되었다고 볼 수도 없다고 하여 결국 헌법 제27조 제1항에 위반된다고 할 수 없다고 그 합헌이유를 밝히고 있다.

(3) 법관에 의한 재판인지가 논란되는 경우들

1) 통고처분

통고처분이란 헌재에 따르면 "법원에 의하여 자유형 또는 재산형에 처하는 과벌제도에 갈음하여 행정관청이 법규위반자에게 금전적 제재를 통고하고 이를 이행한 경우에는 당해 위반행위에 대한 소추를 면하게 하는 것"을 말한다(96헌바4). 현재 통고처분제도가 도입되어 있는 예로, 도로교통법의 범칙행위, 출입국사범, 관세범, 조세에 관한 범칙사건, 경범죄처벌법의 범칙사건 등의 경우가 있다. 모든 처벌은 법원의 형사재판을 거쳐서 부과되어야 하는 것이나 통고처분은 경미한 범죄라서 정식의 형사재판을 거쳐 처벌하기에는 그 재판의 비용이나 시간이 소모적이라는 이유로 마련된 제도이다. 통고처분에 대해서는 그 자체가 법관에 의한 판단이 아니라 행정청에 의한 처벌의 부과라는 점에서 논란이 될 수 있으나 통고처분을 이행하지 않은 경우 통고처분은 효력을 잃고 이후 법관에 의한 형사재판의 기회가 예정되어 있다는 점에서 법관에 의한 재판을 받을 권리가 침해되지 않는다는 것이 학설과 판례(2002헌마275; 96헌바4)이다.

2) 즉결심판, 약식절차

즉결심판은 판사들이 담당하고 이후 정식재판을 청구할 수 있기에('즉결심판에 관한 절차법' 제14조), 약식절차(형소법 제448조 제1항)도 법원에 의한 재판이고 이후 정식재판을 청구할 수 있기에 헌법위반의 문제가 없다.

3) 행정심판, 국가배상심의전치 문제

행정심판도 실질적으로는 행정작용을 둘러싼 사법적 판단작용임에도 법관에 의한 것이 아닌 행정청에서 행하여지는 것이다. 그러나 현행 헌법 제107조 제3항 전문은 "재판의 전심절차로서 행정심판을 할 수 있다"라고 명시적으로 그 헌법적 근거를 두고 있다. 과거 국가배상소송은 배상심의회의 배상결정을 거친 후에야 제기할 수 있도록 한 전치주의도 논란되었으나 합헌으로 결정된 바 있었고(99헌바17) 이후 임의전치주의로 바뀌었다.

4) 군사법원

군사법원의 구성에는 일반 법관이 아닌 재판관이 참여한다. 그러나 헌법 자체가 재판관의 자격은 법률로 정하도록 하여 근거를 두고 있다(제110조 제1항·제3항, 93헌바25).

5) 배심제, 참심제 문제

[배심제와 참심제의 개념] 배심제란 법률심은 법관만이 담당하되 사실심에 있어서만 직업법관이 아닌 일반 시민들이 판단자로 참여하여 그 판단(평결)에 법관이 구속되어 판결하는 제도를 말한다. 참심제란 사실심에서뿐 아니라 법률심에도 일반 시민이 직업법관과 더불어 판단자로서 참여하는 제도를 말한다.

[현행 헌법 하에서의 도입(합헌성 여부) 문제] 배심제와 참심제의 도입이 국민의 사법참여를 가져오는 민주적 의의를 가지는 것이다. 문제는 현행 헌법 하에서 배심제, 참심제가 합헌인지, 그리하여 헌법개정 없이도 도입할 수 있는지 여부이다. ① 전면긍정설, ② 제한적 긍정설

(참심제는 위헌이나 배심제는 사실문제에만 시민이 참여하므로 합헌이라고 보는 설), ③ 전면부정설 등이 있다. 문제의 주된 쟁점은 헌법 제27조의 법관은 제101조 제3항에 따라 자격이 법률로 정해지고 제105조 제3항·제4항, 제106조에 따라 임기제, 정년제, 신분상 독립이 보장되는 법관(직업법관)만을 의미하는지, 아니면 직업법관이 사실심, 법률심 모두를 재판하면서 일반 시민이 참여하는 것은 가능한지 하는 점이다. 또한 배심제에서는 사실심의 판단을 배심단에 맡기는데 사실심재판은 직업법관에 의하지 않아도 되는 것인지 하는 점도 문제되는데 이 문제에 대해서는 위에서 본 대로 우리 헌재는 사실심재판도 직업법관에 의하여 재판받을 권리가 보장되어야 한다고 보기에(위의 (2) 참조) 부정적인 결론에 이르게 된다. 이 점에서 헌법개정을 통한 헌법상 근거규정 마련 없이 배심제를 도입하는 데에 논란이 있었던 것이다.

[부분적 도입 – 국민참여 형사재판 배심제] 2007년 6월에 '국민의 형사재판 참여에 관한 법률'이 제정되어 완전한 성격의 배심제는 아니지만 국민참여재판 배심원제도가 시행되고 있다.

ⅰ) '국민참여재판을 받을 권리'의 헌법 제27조 재판청구권 보호범위 불포함 – 헌재는 "우리 헌법상 헌법과 법률이 정한 법관에 의한 재판을 받을 권리라 함은 직업법관에 의한 재판을 주된 내용으로 하는 것이므로, '국민참여재판을 받을 권리'는 헌법 제27조 제1항에서 규정한 재판을 받을 권리의 보호범위에 속한다고 볼 수 없다"라고 한다(2001헌가18; 2008헌바12; 2012헌바298; 2014헌바447 등). ⅱ) 국민참여재판 배심제의 주요내용과 판례 – 동법은 국민참여재판이 적용되는 대상사건, 배심원의 자격요건과 선정절차, 국민참여재판 배심원의 평의 및 평결절차 등에 대해 규정하고 있다. ㉠ 국민참여 형사재판의 대상사건 – 합의부 관할 사건, 합의부 관할 사건의 미수죄·교사죄·방조죄·예비죄·음모죄에 해당하는 사건, 위 사건들과 형사소송법 제11조에 따른 관련 사건으로서 병합하여 심리하는 사건으로 한정된다(법 제5조 제1항). 이에 대하여 헌재는 대상사건을 단독 관할사건까지 확대할 경우 산술적으로 합의부사건 한정의 현재 규정에 비해 12배 정도의 국민참여재판의 실시가 예상되어 현실적 운영에 어려움이 있고 합의부 관할사건이 일반적으로 단독판사 관할사건보다 사회적 파급력이 크거나 중한 범죄를 다루고 있다는 점을 들어 합리적이라고 보아 평등권을 침해하지 아니하여 합헌이라고 결정하였다(2014헌바447. 헌재는 평등권 제한 문제로 다루었다). ㉡ 배심원의 자격 – 동법 제16조는 배심원은 만 20세 이상의 대한민국 국민 중에서 이 법으로 정하는 바에 따라 선정된다고 규정하고 있다. 만 20세라는 제한이 평등권 침해인지 여부에 대해 헌재는 국민참여재판의 대상사건은 위에서 언급한 대로 합의부 관할 사건 등 중죄를 다루는 사건이고, "법적 행위능력을 갖추고 중등교육을 마칠 정도의 최소한의 지적 이해능력과 판단능력을 갖춘 연령을 기초로 하되, 중죄를 다루는 형사재판에서 평결 및 양형의견 개진 등의 책임과 의무를 이해하고 이를 합리적으로 수행하기 위하여 필요한 직접 또는 간접적인 경험을 쌓는 데 소요되는 최소한의 기간 등도 충분히 요청될 수 있다"라고 하여 만 20세로 정한 것은 입법형성권의 한계 내의 것으로 자의적인 차별이 아니라고 합헌결정을 했다(2019헌가19). ㉢ 피고인이 국민참여재판을 원하지 아니하거

나 배제결정이 있는 경우는 국민참여재판을 하지 아니한다(법 제5조 제2항). 헌재는 배심재판을 받을 권리를 헌법상 권리로 보장하고 있는 미국의 경우와 달리 우리 헌법상 재판을 받을 권리의 보호범위에는 배심재판을 받을 권리가 포함되지 아니한다고 하여 "그 밖에 국민참여재판으로 진행하는 것이 적절하지 아니하다고 인정되는 경우" 국민참여재판을 하지 아니하기로 하는 결정을 할 수 있다고 규정한 위 법률 제9조 제1항 제3호에 대해 재판청구권침해가 아니고, 그 권리가 위 법률에서 정하는 대상 사건에 해당하는 한 피고인은 원칙적으로 국민참여재판으로 재판을 받을 법률상 권리를 가진다고 하면서 적법절차 위반이 아니라고 보아 합헌결정을 하였다(2012헌바298). ㄹ 배심원이 유죄평결을 한 경우 양형에 관한 의견도 개진하도록 하고 있다. 위에서 본 대로 배심제가 위헌논란이 있기에 위헌의 소지를 없애기 위해 배심원의 평결과 양형에 관한 의견은 법원을 기속하지 아니하도록 하고 있다(동법 제46조 제5항).

6) 법관의 양형판단권과 재판청구권

형사재판에 있어서 법관은 피고인의 여러 정황을 참작하여 적절한 종류의 형벌과 양을 선택하여 부과하는 것이 정의원칙과 재판의 공정성에 부합된다. 따라서 법관은 형량을 조절할 수 있는 판단권을 가지고 이러한 양형판단(재량)권이 형사재판 피고인의 재판청구권에 관련된다. 헌재는 입법재량의 한계를 벗어나 법관의 양형판단권을 침해한 경우, 국민의 법관에 의한 정당한 재판을 받을 권리를 침해하였다고 하여 위헌으로 결정한 바 있다(88헌가5; 2001헌바89 등).

2. '헌법과 법률'에 의한 재판을 받을 권리

[헌법에 의한 재판] 헌법 제27조 제1항은 '법률에 의한 재판을 받을 권리'만을 명시하고 있지만 '헌법'에 의한 재판은 당연하다. 더구나 헌법에 위반되는 법률을 적용하여 재판을 할 수 없으므로 헌법에 의한 재판이 되어야 한다.

[법률에 의한 재판] 재판에서 법관은 형사법, 민사법 등 모든 분야의 법률들 중에 당해 재판에서 관련되는 법률들을 해석하고 적용하여 재판한다. 실체법적인 법률뿐 아니라 절차법적인 법률도 물론 재판에서 적용된다(90헌바35). 형식적 법률뿐 아니라 긴급명령이나 긴급재정경제명령과 같은 법률의 효력을 가지는(제76조 제1항·제2항) 규범과 법률의 효력을 가지는 국제조약도 실질적 의미의 법률로 재판에 적용될 수 있다. 재판에 적용되는 법률은 합헌인 법률이어야 함은 물론이다. 법률이 헌법에 위반되는 여부가 재판의 전제가 된 경우에는 법원은 헌재에 제청하여 그 심판에 의하여 재판한다(제107조 제1항).

[합헌·합법적 명령에 의한 재판] 법률의 위임을 받아 제정되는 대통령령 등도(제75조) 재판에 적용된다. 위헌·위법명령심사권이 법원에 주어져 있고 위헌·위법인 명령을 적용해서는 아니 된다. 대법원규칙(제108조), 헌법재판소규칙(제113조 제1항)도 재판에 적용된다.

[불문법 등의 경우] 법규범의 부재를 이유로 재판을 거부할 수는 없고 명시적 법규범을 찾

을 수 없을 때에는 조리(條理) 등의 불문법도 재판에 적용된다.

3. 여러 유형의 '재판'을 받을 권리

[헌법재판] 국민은 자신의 기본권이 침해되었을 때에 헌재에 헌법소원심판을, 법원재판에서 재판의 전제가 된 법률이 헌법에 위반된다고 보면 법원이 헌법재판소에 위헌심판을 제청해줄 것을 신청할 수 있다(제111조 제1항 제5호, 제107조 제2항). 법원이 제청신청을 받아들이지 않을 때(기각할 때) 국민은 헌법소원을 통하여 그 법률의 위헌 여부를 심판받을 수 있다(헌재법 제68 조 제2항).

[민사재판 · 형사재판 · 행정재판] 국민은 민사재판, 형사재판을 청구할 권리가 있고 행정청의 처분 등에 대하여 행정소송을 청구할 수 있다.

4. 대법원의 재판을 받을 권리

법원은 최고법원인 대법원과 각급법원으로 조직되므로(제101조 제2항), 국민은 최고법원인 대법원의 재판을 받을 권리를 가진다. 그렇다고 하여 모든 법원의 모든 사건에 있어서 반드시 대법원의 재판(상고심)을 인정하여야 하는 것은 아니고 개별적으로 상고이유를 제한하여, 특히 법적 문제가 쟁점이 된 경우에만 상고를 허용하는 제한은 가능하다. 상고심의 제한 문제 등에 대해서는 재판청구권 제한에서 살펴본다(후술 참조).

5. 군사법원의 재판을 받지 않을 권리

헌법은 일정한 경우에 군사법원의 재판을 받도록 하고 있는데(후술 참조) 그러한 경우에 해당되지 않는 한 일반 국민은 군사법원의 재판을 받지 않는다.

6. 재판출석 · 변론권

재판청구권은 재판에 출석하여 변론하는 권리를 포함함은 물론이다. 수용자에 대한 출정제한행위의 재판출석 · 변론권 침해를 인정한 다음의 예가 있다. '민사재판 등 소송 수용자 출정비용 징수에 관한 지침' 규정에 의하면, 교도소장은 수형자가 출정비용을 예납하지 않았거나 영치금과의 상계에 동의하지 않았다고 하더라도 우선 수형자를 출정시키고 사후에 출정비용을 받거나 영치금과의 상계를 통하여 출정비용을 회수하여야 한다. 헌재는 이러하여야 함에도 교도소장이 출정비용납부거부 또는 상계동의거부를 이유로 수용자의 행정소송 변론기일 출정을 제한한 행위는 위 지침을 위반하여 직접 재판에 출석하여 변론할 권리를 침해함으로써, 형벌의 집행을 위하여 필요한 한도를 벗어나 청구인의 재판청구권을 과도하게 침해한 것으로서 위헌임을 확인하는 결정을 한 바 있다(2010헌마475).

7. 공정한 재판, 공개재판, 신속한 재판을 받을 권리

(1) 공정한 재판을 받을 권리

[개념과 요소] 공정한 재판을 받을 권리가 현행 우리 헌법에 직접 명시되어 있지는 않으나 정의를 구현하여 권리구제를 하여야 할 재판은 당연히 공정한 재판을 의미하므로 헌법 제27조 제1항의 재판청구권의 일반적 규정에 내재되어 있다. 헌재도 "재판청구권이 국민에게 효율적인 권리보호를 제공하기 위해서는 법원에 의한 재판이 공정하여야만 할 것임은 당연하므로, '공정한 재판을 받을 권리'는 헌법 제27조의 재판청구권에 의하여 함께 보장된다고 보아야 하고 우리 재판소도 헌법 제27조 제1항의 내용을 '공정한 재판을 받을 권리'로 해석하고 있다"는 입장이다(94헌바1; 2016헌바159 등). 공정한 재판을 받을 권리란 ① 헌법과 법률이 정한 자격이 있는 법관에 의한 재판, ② 신분보장과 독립성을 갖춘 법관에 의한 양심에 따른 재판, ③ 헌법과 합헌적 법률에 따른 재판, ④ 공개된 재판, ⑤ 당사자주의와 구두변론주의, 공격과 방어권이 보장되는 재판 등의 요소를 갖춘 재판을 말한다(95헌가5 참조).

[구체적 문제] ⅰ) 위헌성인정례: 형사재판에 있어서 공정한 재판을 받을 권리를 침해하여 헌재가 위헌이라고 본 결정례들을 보면, ① 그 인정범위가 지나친 궐석재판의 인정, 중형을 선고할 사안에서의 궐석재판의 인정은 위헌이라고 보았다(97헌바22; 95헌가5). ② 특히 형사재판에서 증거조사절차 등의 공정성이 공정한 재판을 받을 권리에서 핵심적으로 중요한데 헌재는 제1회 공판기일 전 증인신문제도에서 피고인 등의 참여를 법관의 재량사항으로 하고 있었던 구 형사소송법 규정에 대해 위헌이라고 보았다(94헌바1). ③ 검사 수사기록에 대한 공판기일 전의 열람·등사신청을 정당한 사유를 밝히지 않은 채 전부 거부한 것은 위헌임을 확인한 바 있다(94헌마60). ④ 사복착용불허의 위헌성 ─ ㉠ 미결수용자에 대한 수사·재판시 재소자용 의류를 착용하게 하는 것은 모욕감, 수치감으로 방어권 등을 제대로 행사할 수 없게 하여 기본권제한의 비례원칙을 위반하여 공정한 재판을 받을 권리를 침해한 것으로 판결한 바 있다(97헌마137). ㉡ 헌재는 수형자의 경우에도, 즉 '형의 집행 및 수용자의 처우에 관한 법률'이 형사재판의 피고인으로 출석하는 수형자(기결수용자)에 대하여, 사복착용을 허용하는 동법 제82조를 준용하지 아니한 것(사복착용불허)이 공정한 재판을 받을 권리, 인격권, 행복추구권을 침해한다고 하여 헌법불합치결정을 하였다(2013헌마712). 미결인 형사재판에 출석한 상황에서만큼은 어디까지나 미결수용자와 동일한 지위에 있으므로 수형자에 대해 아무런 예외 없이 일률적으로 사복착용을 금지하는 것은 침해의 최소성 원칙을 위배하고, 법익균형성 원칙도 위배하여 위헌성이 인정된다는 것이다. * 그런데 이 결정에서 민사재판의 당사자로 출석하는 경우에 사복 불허는 그렇지 않다고

결정하였다. ⑤ 형사소송의 항소가 제기된 경우 소송기록을 검사를 경유하여 항소법원에 송부하도록 규정한 구 형사소송법 규정이 항소심에서 피고인이 방어권행사를 제대로 하지 못하게 되는 결과를 초래할 수 있다고 하여 위헌으로 결정한 바 있다(92헌마44). ⑥ 법원의 열람·등사 허용 결정에도 불구하고 검사가 이를 신속하게 이행하지 아니하는 거부행위 — 헌재는 "수사서류에 대하여 피고인이나 변호인의 접근이 허용되지 않는다면 피고인의 방어활동이 충분히 보장되기 어렵고, … 따라서 검사가 보관하는 수사서류에 대한 변호인의 열람·등사는 실질적인 당사자 대등을 확보하고, 피고인의 신속·공정한 재판을 받을 권리를 실현하기 위하여 필요불가결하다"라고 한다. 그리하여 수사서류에 대한 "법원의 열람·등사 허용 결정에도 불구하고 검사가 이를 신속하게 이행하지 아니하는 거부행위는 피고인의 신속·공정한 재판을 받을 권리"를 침해하여 위헌으로 확인하였다(2009헌마257. 수사서류에 대한 법원의 열람·등사 허용결정에도 불구하고 검사가 열람은 허용하면서 '등사'는 거부한 행위에 대한 동지의 결정: 2015헌마632). ⑦ 압수물은 공소사실의 입증뿐만 아니라 피고인에게도 유리한 자료(반증 및 양형자료 등)로 사용될 수 있는데, 위험발생의 염려가 없는 압수물임에도 사건종결 전에 임의로 이를 폐기한 행위는 공정한 재판을 받을 권리를 침해하여 위헌임을 확인한다는 결정이 선고된 바 있다(2011헌마351). ⑧ 정정보도청구의 소를 구 '언론중재 및 피해구제 등에 관한 법률' 규정이 민사집행법상의 가처분절차에 의하여 재판하도록 규정하고 있었는데 이로써 정정보도청구의 소송에서는 그 청구원인을 구성하는 사실의 인정을 '증명' 대신 '소명'으로 할 수 있게 하여 증명을 배제하고 그 대신 간이한 소명으로 이를 대체할 수 있게 함으로써 소송을 당한 언론사에게 충분한 증거제출이나 방어기회를 주지 않는 것은 피해자의 보호만을 우선하여 언론사의 방어권을 심각하게 제약하므로 공정한 재판을 받을 권리를 침해한다고 하여 위헌으로 선언되었다(2005헌마165). 그 외 ⑨ 검사가 증인으로 채택된 수감자를 그 증언에 이르기까지 145회 검사실로 소환하여 피고인 측 변호인의 접근을 차단하고 증인을 회유·압박하는 한편, 때로는 검사실에서 그에게 편의를 제공하기도 한 행위(99헌마496), ⑩ 국가정보원직원법 제17조 제2항 중 "직원(퇴직한 자를 포함한다)이 사건당사자로서 직무상의 비밀에 속한 사항을 진술하고자 할 때에는 미리 원장의 허가를 받아야 한다"라는 규정(2001헌가28), ⑪ 사건종결 전 위험하지 않은 압수물의 폐기행위(2011헌마351), ⑫ 성폭력범죄의 처벌 등에 관한 특례법(2012. 12. 18. 법률 제11556호로 전부개정된 것) 제30조 제6항 중 '제1항에 따라 촬영한 영상물에 수록된 피해자의 진술은 공판준비기일 또는 공판기일에 조사 과정에 동석하였던 신뢰관계에 있는 사람 또는 진술조력인의 진술에 의하여 그 성립의 진정함이 인정된 경우에 증거로 할 수 있다' 부분 가운데 19세 미만 성폭력범죄 피해자에 관한 부분(2018헌바524. [결정요지] '19세 미만 성폭력범죄 피해자'(이하 '미성년 피해자')가 증언과정에서 받을 수 있는 2차 피해를 막기 위한 것으로 목적정당성, 수단적합성도 인정된다. 그러나 2차 피해방지가 결코 포기할 수 없는 중요가치라 할 것이나 피고인의 공정한 재판을 받을 권리 역시 보장되어야 한다. 성폭력범죄의 특성상 영상물에 수록된 미성년 피해자 진술이 사건의 핵심 증거인 경우가 적지 않은데 그러한 주요 진술증거의 왜곡이나 오류를 탄핵할 수 있는 효과적인 방법인 피고인의 반대신문권을 보장하지 않고 있다. 피고인의 반대신문권을 보장하면서도 미성년 피해자의 2차 피해를 방지할 수 있는 다음과 같은 조화적인 방법이 있다. 우선, 성폭력범죄 수사 초기단계에서부터 증거보전절차를 적극적으로 실시함으로써 피고인에게 반대신문 기회를 부여하면서도 미성년 피해자의 반복진술로 인한 2차 피해를 적절히 방지할 수 있다. 또한 입법자는 증언과정에서 발생할 수 있는 다양한 2차 피해를 고려하여, 피고인의 반대신문권을 보장하면서도 이를 방지할 수 있는 여러 증인지원제도들을 마련하고 있다. 즉, 심리의 비공개, 피해자의 신상정보의 누설 방지 등을 위한 제도를 두고 있고, 피고인과의 대면 등으로 인한 충격 등을 방지하기 위하여 피고인의 퇴정, 비디오 등 중계장치에 의한 증인신문제도 등을 마련하고 있다. 이 제도들을 적극 활용하고 그 역량을 강화해 나가는 것이 미성년 피해자에 대한 공백 없는 보호를 위해서도 더 나은 대안이 될 수 있다. 위와 같은 조화적인 방법을 상정할 수 있음에도 피고인의 반대신문권을 실질적으로 배제, 피고인의 방어권을 과도하게 제한하여 피해최소성 요건을 갖추지 못하였다. 법익균형성 요건도 갖추지 못하였다. 따라서 과잉금지원칙을 위반하여 공정한 재판을 받을 권리를 침해하는 위헌이다) 등이 공정한 재판을 받을 권리를 침해한 것으로 위헌이라 결정된 바 있다.

ⅱ) 합헌성인정례: ① 소송구조에 대한 재판을 소송기록을 보관하고 있는 법원이 하도록 한 민사소송법 규정이 원심법원의 선입견 때문에 소송구조 신청인의 공정한 재판을 받을 권리를 침해한다는 주장에 대해 본안사건의 판단으로부터 자유로운 소송구조 전담재판부가 소송구조 여부를 판단함으로써 원심법원의 선입견을 배제할 수 있다고 보아 합헌성을 인정하였다(2015헌마105). ② 헌법재판에 있어서도 재판관에 대한 제척·기피 및 회피제도가 있는데(동법 24조) 당사자는 동일한 사건에 대하여 2명 이상의 재판관을 기피할 수 없도록 제한하고 있다(동법 동조 제4항). 이 제한에 대해 헌재는 '공정한 헌법재판을 받을 권리'도 '공정한 재판을 받을 권리'에 포함되는데 이 규정은 재판관의 결원은 곧 결원되는 수만큼 합헌 또는 기각의견이 확정되는 것과 같은 결과가 된다는 점, 기피제도 외에도 공정한 재판을 보장하기 위한 방법으로 제척과 회피제도가 마련되어 있는 점 등에서 침해최소성을 갖추는 등 과잉금지원칙을 준수하여 합헌성이 인정된다고 결정하였다(2015헌마902). ③ 피고인 또는 변호인이 공판정에서 진술을 녹취(錄取)하고자 할 때에는 미리 법원의 허가를 받아야 한다고 규정한 과거의 형사소송규칙 제40조(91헌마114), ④ 민사소송에서의 증거조사와 관련하여, 당사자가 신청한 증거로서 당사자의 주장사실에 대한 유일한 증거가 아닌 한 법원이 필요하지 아니하다고 인정한 것은 조사하지 아니할 수 있도록 규정한 구 민사소송법 제263조(2002헌바46), ⑤ 기피신청에 대한 재판을 그 신청을 받은 법관의 소속 법원 합의부에서 하도록 한 민사소송법 제46조 제1항 중 '기피신청에 대한 재판의 관할'에 관한 부분(2011헌바219), ⑥ 민사법정 출석의 수형자에 대한 운동화 착용 불허행위(2009헌마209), ⑦ 재판의 당사자가 송달장소 변경을 신고하지 아니한 경우 종전의 송달장소로 송달서류를 등기우편으로 발송하도록 한 민사소송법 제171조의2 제2항(2001헌바53), ⑧ 공시송달의 방법으로 기일통지서를 송달받은 당사자가 변론기일에 출석하지 아니한 경우 자백간주 규정을 준용하지 않는 민사소송법 제150조 제3항 단서(2012헌바128) 등에 대한 합헌결정례가 있었다.

(2) 공개재판을 받을 권리

헌법은 "형사피고인은 상당한 이유가 없는 한 지체없이 공개재판을 받을 권리를 가진다"라고 규정하여(제27조 제3항 후문) 공개재판원칙을 형사재판에 대해 명시하고 있다. 이는 국민의 신체의 자유에 대한 제약을 가져올 수 있는 중요한 문제를 다루는 형사재판에서 특히 공개재판을 강조한 것이다. 그러나 공개재판의 원칙은 형사재판만이 아니라 모든 재판에 적용된다. 즉 헌법 제109조는 "재판의 심리와 판결은 공개한다. 다만, 심리는 국가의 안전보장 또는 안녕질서를 방해하거나 선량한 풍속을 해할 염려가 있을 때에는 법원의 결정으로 공개하지 아니할 수 있다"라고 규정하고 있다. 재판의 심리가 비공개로 진행되었더라도 판결은 공개되어야 한다. 공개재판에 대해서는 사법부의 사법절차 부분에서 살펴본다(후술 제4부 법원 참조).

(3) 신속한 재판을 받을 권리

[의의·성격] 모든 국민은 신속한 재판을 받을 권리를 가진다(제27조 제3항 전문). 형사피고인은 상당한 이유가 없는 한 '지체없이' 공개재판을 받을 권리를 가진다(제27조 제3항 후문). 형사재판의 경우에 신속한 재판의 요구가 더 강하여 헌법이 이를 특별히 직접 명시하고 있다. 재판의 신속성이 요구되는 이유는 재판이 장기화되었다면 승소를 하더라도 그동안의 고통이나 비용으로 권리구제가 효과적이지 못한 것이 되고 또한 재판의 장기화로 입증의 어려움과 법관계의 불안정이 지속되기에 이를 막기 위함에 있다. 어느 특정의 재판에서 당사자가 판결을 언제까지는 내려줄 것을 요구할 구체적 권리가 신속한 재판을 받을 권리의 헌법규정으로부터 나오느냐 하는 문제가 있는데 헌재는 신속한 재판을 받을 권리로부터 재판기간을 일률적으로 규정해야 할 국가의 입법의무가 도출된다고 할 수 없다고 하여 부정적으로 본다(98헌마75).

[구체적 문제] ① 구속기간의 연장(90헌마82 – 구성요건이 특별히 복잡한 것도 아니고 사건의 성질상 증거수집이 더욱 어려운 것도 아님에도 불구하고 연장할 수 있게 한 것의 위헌성. 2002헌마193 – 군사법원법의 적용대상이 되는 모든 범죄에 대하여 수사기관의 구속기간의 연장을 허용하는 것은 그 과도한 광범성으로 인하여 과잉금지의 원칙에 어긋나 위헌임), ② 검사 수사기록에 대한 공판기일전 열람·등사신청을 정당한 사유없이 거부한 행위(94헌마60), ③ 형사소송에서 항소를 제기한 경우 원심 소송기록을 검사를 거쳐서 항소법원에 송부하도록 한 구 형사소송법 규정(92헌마44) 등이 신속한 재판을 받을 권리의 침해로 위헌이라고 판단되었다.

8. 형사피해자의 재판절차진술권

[의의·기능] 헌법 제27조 제5항은 "형사피해자는 법률이 정하는 바에 의하여 당해 사건의 재판절차에서 진술할 수 있다"라고 규정하고 있다. 이 권리는 형사피해자가 받은 기본권침해에 대해 기본권구제기관인 법원의 재판과정에서 자신의 주장을 담은 진술을 할 기회를 가짐으로

써 직접 그 구제를 도모할 수 있는 권리이다. 헌재는 이 권리의 인정이유를 "피해자 등에 의한 사인소추를 전면 배제하고 형사소추권을 검사에게 독점시키고 있는 현행 기소독점주의"를 들고 있다(2002헌마533). 검사가 기소하지 않으면 물론이고 기소하더라도 민사재판과 달리 당사자가 되지 못하는 피해자가 재판에서의 진술의 기회를 가지지 못하면 자신의 권리구제가 충분히 실현되지 못할 수 있다는 고려에서 형사피해자에게 인정되는 기본권이다. 재판절차진술권은 아울러 피해자의 진술을 법관이 청취하고 이를 살핌으로써 실체적 진실발견에 조력하고 공정한 재판을 이끌게 하는 기능도 가질 수 있다. 재판절차진술권은 특히 불기소처분에 대해 헌법소원심판을 청구할 수 있는 근거가 되었다는 점에서 의미가 컸다. 검사가 불기소처분을 하여 형사재판이 이루어지지 않으면 재판절차진술권의 침해가 되고 그리하여 불기소처분이 기본권(재판절차진술권)의 침해가 되므로 불기소처분에 대해서는 기본권구제제도인 헌법소원심판을 청구할 수 있는 것이다. 과거에 검사의 불기소처분에 대한 시정방법인 법원에 의한 재정신청제도가 한정된 범죄에 대해서만 인정되고 있었기에 헌법소원심판제도가 중요한 기능을 하였다. 개정된 형사소송법은 재정신청 대상을 모든 범죄로 확대하여 지금은 범죄피해자가 고소인인 경우에는 재정신청이 가능하므로 불기소처분에 대한 헌법소원심판청구의 가능성은 없어졌다. 그러나 범죄피해자가 고소하지 않은 경우에는 헌법소원심판을 청구할 수 있다(자세한 것은 뒤의 헌법소원심판 부분 참조).

[주체] 이 권리의 주체는 형사피해자이다. 헌법 제30조의 범죄피해자구조청구권의 주체로서의 범죄피해자보다 넓은 개념이다. 범죄피해자구조청구권의 주체는 사망, 장해 또는 중상해를 입은 사람인데 비해 재판절차진술권의 주체는 모든 범죄의 피해자이다(후술 범죄피해자구조청구권 부분 참조). 또한 헌재는 피해자가 그 범죄로부터 지키려는 보호법익의 주체가 아닐지라도 그 범죄로 인하여 법률상 불이익을 받게 될 경우에도 형사피해자에 해당된다고 본다. 그리하여 위증죄가 직접적으로는 개인적 법익에 관한 범죄가 아니고 그 보호법익은 원칙적으로 국가의 심판작용의 공정(公正)이라 하여도 위증으로 인하여 불이익한 재판을 받게 되는 사건 당사자는 재판절차진술권의 주체인 형사피해자가 된다고 하여 형사피해자의 개념을 넓게 인정한다(90헌마91).

[내용] 형사소송법이 피해자의 진술권에 관한 구체적 내용을 규정하고 있다. 법원은 범죄로 인한 피해자 또는 그 법정대리인 등의 신청이 있는 때에는 그 피해자 등을 증인으로 신문하여야 한다. 법원은 그 신문에서 피해의 정도 및 결과, 피고인의 처벌에 관한 의견, 그 밖에 당해 사건에 관한 의견을 진술할 기회를 주어야 한다(형소법 제294조의2 제1항·제2항).

[구체적 판례] ⅰ) 위헌성 인정례: 교통사고처리특례법의 불처벌특례규정(교통사고를 중과실로 발생시켜 불구, 난치의 질병등 이른바 중상해를 입힌 경우에도 그 차량이 단순히 자동차종합보험 등에 가입하였다는 이유만으로 공소제기조차 하지 못하도록 한 규정)의 재판절차진술권 침해 — 헌재는 1997년에는 합헌으로 결정하였으나(90헌마110) 2009년에 재판절차진술권 침해를 인정하고 판례

변경을 하여 위헌으로 결정하였다(2005헌마764). ⅱ) 합헌성 인정례: ① 14세 미만의 자를 형사책임이 면제되는 형사미성년자로 규정하고 있는 형법 제9조가 형사미성년자의 행위로 피해를 입은 사람의 재판절차진술권을 침해한다는 주장에 대해 헌재는 침해가 아니라고 보았다(2002헌마533). ② 형사피해자에게 약식명령을 고지하지 않고, 정식재판청구권도 인정하지 않는 형사소송법(1954.9.23. 법률 제341호로 제정된 것) 제452조 및 제453조 제1항이 재판절차진술권을 침해하지 않는다고 결정하였다(2018헌마1015).

9. 형사사건이 아닌 경우의 변호사 조력 = 재판청구권의 한 내용

(1) 수형자의 비형사사건의 변호사 접견 – 재판청구권의 한 내용

헌재는 변호인의 조력을 받을 권리는 헌법과 법률의 규정 및 취지에 비추어 보면, '형사사건'에서의 변호인의 조력을 받을 권리를 의미한다고 보므로(전술 신체의 자유, 변호인조력권 부분 참조) "따라서 수형자가 형사사건의 변호인이 아닌 민사사건, 행정사건, 헌법소원사건 등에서 변호사와 접견할 경우에는 원칙적으로 헌법상 변호인의 조력을 받을 권리의 주체가 될 수 없다"라고 하고 대신 "수형자인 청구인의 입장에서는 변호사와의 자유로운 접견을 방해받게 되고, 그로 인하여 민사소송, 행정소송, 헌법소송 등에서 충분하고도 효과적인 소송수행이 어려울 수 있다"라고 하여 "따라서 수형자의 민사사건 등에 있어서의 변호사와의 접견교통권은 헌법상 재판을 받을 권리의 한 내용 또는 그로부터 파생되는 권리로서 보장될 필요가 있다"라고 한다(2002헌마478; 2011헌마122; 2011헌마398; 2012헌마858). 요컨대 수형자(형이 확정되어 수용 중인 수형자)이든 미결수용자이든 형사사건이 아닌 민사재판, 행정재판, 헌법재판의 경우에는 변호사 접견 등을 방해받으면 변호인조력권의 침해가 아니라 재판청구권의 침해가 된다는 것이 헌재의 입장이다. 이러한 헌재의 입장은 재판이 계속 중이지 않거나 재판절차와 무관한 경우에 변호사의 조력을 받을 권리는 어떻게 하는가 하는 공백문제를 제기하게 한다(이런 문제, 도해 등 앞의 신체의 자유 참조). [판례] 여하튼 그리하여 헌재는 ① 수용 중 교도소 측 신체검사의 위헌확인을 구하는 헌법소원을 제기한 수용자가 그 헌법소원의 국선대리인 변호사와 접촉차단시설이 설치된 녹음녹화접견실에서 접견이 이루어진 데 대해 청구한 헌법소원사건에서 헌재는 그렇게 접촉차단시설에서 수용자와 변호사가 접견하도록 규정한 구 '집행 및 수용자의 처우에 관한 법률 시행령' 제58조 제4항에 대해 과잉금지원칙을 위반한 재판청구권의 침해라고 보아 헌법불합치결정을 하였다(2011헌마122). ② 수형자가 자신의 헌법소원 사건의 국선대리인인 변호사를 접견함에 있어서 그 접견내용을 녹음, 기록한 피청구인의 행위가 청구인의 재판을 받을 권리를 침해한 것으로서 위헌임을 확인한다는 헌재결정도 있었다(2011헌마398). ③ 또한 헌재는 수용자와 민사소송 대리 변호사와의 접견을, 시간은 일반 접견과 동일하게 회당 30분 이내로, 횟수는 다른 일반 접견과 합하여 월 4회로 제한하는 것은 재판청구권을 비례원칙에 반하여 침해하는 것이어서 위헌이라고 보아 헌법불합치결정을 한 바 있다(2012헌마858. 이 결정은 선례 2002헌마478 합헌결정을 변경하는 것임). 일반접견으로 필요한 시기에 변호사의 조력을 받지 못할 가능성이 있는데, 접견의 최소시간을 보장하되 예외적으로 일정한 범위 내에서 이를 단축할 수 있도록 하고 횟수 또한 적절히 제한한다면 교정시설 내 규율유지를 도모하면서도 재판청구권을 실효적으로 보장할 수 있어 수형자의 재판청구권을 덜 제한하는 방안이 있음에도, 소송대리인인 변호사와의 접견을 일반접견에 포함시켜 접견 시간 및 횟수를 제한하는 것은 과도한 제한으로 침해최소성원칙에 반하고 법익균형성도 없다고 본 것이다.

(2) 변호인의 기본권 제한 – 변호사의 직업수행의 자유의 제한

[결정] 헌재는 위와 같은 접견제한의 경우에 변호사의 입장에서는 직업수행의 자유의 제한이 있다고 본다. 이 점을 보여준 결정례가 소송사건의 대리인인 변호사가 수용자를 접견하고자 하는 경우에는 '소송계속 사실'을 소명할 수 있는 자료를 제출하도록 규정한 구 '형의 집행 및 수용자의 처우에 관한 법률 시행규칙'(2016. 6. 28. 법무부령 제870호로 개정된 것) 제29조의2 제1항 제2호 중 '수형자 접견'에 관한 부분에 대한 위헌결정이다(여기서 소송사건에는 민사·행정·헌법소송 사건 외에 형사소송법상 상소권회복 및 재심 청구사건도 포함된다). 이 결정에서 변호사인 청구인은 위 규정이 "일정 기간 내에 소송계속이 예정되어 있는 경우를 예외로 두지 않아 소를 제기하기 전에는 일반접견을 할 수밖에 없고, 사건파악, 증거수집 및 소송수행 준비를 위해 변호사접견을 하려면 일단 불필요한 소송을 제기하고 접견하는 탈법적 방법을 쓸 수밖에 없으므로, 과잉금지원칙에 위배되어 변호사의 직업수행의 자유를" 침해한다고 주장하였다. 헌재는 "변호사접견은 앞에서 본 바와 같이 접촉차단시설이 설치되지 않은 장소에서 이루어지고 일반접견 횟수에 포함되지 않는 월 4회, 회당 60분의 추가적인 접견이 가능하여 일반접견과 상당한 차이가 있다. 따라서 소송계속 사실 소명자료를 제출하지 못하는 경우 변호사접견이 아니라 일반접견만 가능하도록 규정한 심판대상조항은 변호사인 청구인의 직업수행의 자유를 제한한다"라고 본다. 그리고 "접견의 상대방인 수형자의 재판청구권이 제한되는 효과도 함께 고려되어야 하므로, 그 심사의 강도는 일반적인 경우보다 엄격하게 해야 할 것"이라고 하고 하여 과잉금지심사를 하였고 다음과 같이 그 위배라고 보았다. 즉 이른바 '집사 변호사' 등 소송사건과 무관하게 수형자를 접견하는 변호사의 접견권 남용행위를 방지하여 수형자들의 변호사접견을 원활하게 실시하기 위한 입법목적은 정당하다고 보나 집사 변호사라면 오히려 얼마든지 불필요한 소송을 제기하고 변호사접견을 이용할 수 있고 보통 이를 위한 충분한 자력이 있어 접견권 남용행위 방지에 실효적인 수단이라고 보기 어려울 뿐 아니라 수형자의 재판청구권 행사에 장애를 초래할 뿐이므로 수단의 적합성이 인정되지 아니한다고 보았다. 또 침해최소성이 다음의 이유로 없다고 보았다. 즉 접견권 남용 문제는 사후적 제재로 방지할 수 있고 그러한 금지로부터 벗어날 수 있는 예외조차 전혀 규정하지 않고 있고 특히 수형자를 위해 곧 소송을 제기하고자

하는 변호사의 접견까지도 차단하게 된다. 형사소송법상의 재심청구 사건이나 상소권회복청구 사건 등과 같이 그 요건이나 절차가 까다로운 사건에 있어서는 접견기회 부족에 따른 수형자의 재판청구권 침해 문제가 더욱 심각할 수 있다. 더욱이 소송사건의 대리인인 변호사가 일반접견을 하게 되는 경우 그 횟수와 가족, 친구 등의 일반접견 횟수가 합산되게 됨으로써, 목적과 성격이 전혀 다른 두 가지 접견이 같은 시기에 중첩될 경우 변호사와 수형자 모두 예상치 못하게 접견 기회를 놓치는 결과를 초래할 수도 있다(헌재 2021.10.28. 2018헌마60. 아래 결정요지 참조).

● 판례 헌재 2021.10.28. 2018헌마60. [결정요지] 가. 관련 선례 – 헌법재판소는 2015.11.26. 2012헌마858 결정에서, 수형자와 소송대리인인 변호사의 접견을 일반접견에 포함시켜 시간은 30분 이내로, 횟수는 월 4회로 제한한 구 형집행법 시행령 제58조 제2항 중 '수형자' 부분과 같은 조 제3항이 수형자의 재판청구권을 침해한다는 이유로 헌법불합치결정을 하였다[*위 (1)의 ③결정]. 나. 심판대상조항의 입법 경위 및 취지 – 위 헌법불합치결정의 취지에 따라 형집행법 시행령이 2016. 6. 28. 대통령령 제27262호로 개정되면서 소송사건의 대리인인 변호사와 수형자 사이의 접견을 별도로 규정한 제59조의2가 신설되었다. 그에 따르면, 수용자가 소송사건의 대리인인 변호사와 접견하는 시간은 회당 60분으로 하고(제59조의2 제1항), 접견 횟수는 월 4회로 하되, 이를 일반접견 횟수에 포함시키지 않게 되었다(제59조의2 제2항). 여기서 소송사건에는 민사·행정·헌법소송 사건 외에 형사소송법상 상소권회복 및 재심 청구사건도 포함된다. 이처럼 변호사접견을 위해 변호사 선임 소명자료 외에 소송계속 사실 소명자료까지 요구하는 것은 이른바 '집사(執事) 변호사'와 같이 소송사건과 무관하게 수형자를 접견하는 변호사의 접견권 남용행위를 방지함으로써, 한정된 교정시설 내의 수용질서 및 규율을 유지하고, 수용된 상태에서 소송수행을 해야 하는 수형자들의 원활한 변호사접견을 실시하기 위함이다. 다. 제한되는 기본권 및 심사기준 (1) 소송계속 사실 소명자료를 제출하지 못하는 경우 변호사접견이 아니라 일반접견만 가능하도록 규정한 심판대상조항은 변호사인 청구인의, 직업선택의 자유가 아닌 직업수행의 자유를 제한한다. (2) 변호사의 직업 활동은 변호사 개인의 이익을 넘어 수형자의 재판청구권 보장, 나아가 사법을 통한 권리구제라는 법치국가적 공익을 위한 것이기도 하다. 따라서 이러한 변호사의 직업수행의 자유 제한에 대한 심사에 있어서는 변호사 자신의 직업 활동에 가해진 제한의 정도를 살펴보아야 할 뿐 아니라 그로 인해 접견의 상대방인 수형자의 재판청구권이 제한되는 효과도 함께 고려되어야 하므로, 그 심사의 강도는 일반적인 경우보다 엄격하게 해야 할 것이다. 라. 직업수행의 자유 침해 여부 (1) 입법목적의 정당성 – 심판대상조항은 이른바 '집사 변호사' 등 소송사건과 무관하게 수형자를 접견하는 변호사의 접견권 남용행위를 방지함으로써, 한정된 교정시설 내 소송수행을 해야 하는 수형자들의 변호사접견을 원활하게 실시하기 위한 것으로서, 그 입법목적은 정당하다. (2) 수단의 적합성 – 그러나 집사 변호사라면 소 제기 여부를 진지하게 고민할 필요가 없으므로 얼마든지 불필요한 소송을 제기하고 변호사접견을 이용할 수 있고 보통 이를 위한 충분한 자력이 있어 손쉽게 변호사접견을 이용할 수 있다. 그에 반해 진지하게 소 제기 여부 및 변론 방향을 고민해야 하는 변호사라면 일반접견만으로는 수형자에게 충분한 조력을 제공하기가 어렵고, 심판대상조항이 변호사의 접견권 남용행위 방지에 실효적인 수단이라고 보기 어려울 뿐 아니라 수형자의 재판청구권 행사에 장애를 초래할 뿐이므로, 심판대상조항은 수단의 적합성이 인정되지 아니한다. (3) 침해의 최소성 (가) 변호사접견을 이용한 접견권 남용 문제가 발생한다 하더라도 그러한 문제는 해당 사유가 확인되었을 때 사후적으로 이를 제재함으로써 충분히 방지할 수 있다. (나) 헌법재판소 2013.8.29. 2011헌마122, 2013.9.26. 2011헌마398 결정, 2015.11.26. 2012헌마858 결정 등으로 구 형집행법 시행령 제59조의2 제1항, 제2항으로 변호사접견이 도입되면서 소송사건의 대리인인 변호사는 별도의 접견 시간 및 횟수를 이용할 수 있게 되었다. 그러나 심판대상조항은 위와 같은 헌법재판소의 결정 및 그에 따른 형집행법 시행령 개정 취지와 반대되는 결과를 낳았다. 소송계속 사실 소명자료를 제출하지 못하는 변호사는 일반접견을 이용할 수밖에 없게 되었는바, 이 경우 여타 일반접견과 동일한 시간 동안 변호인접견실이 아니라 접촉차단시설이 설치된 일반접견실에서 접견이 진행되는 등 다시금 열악한 여건 속에서 이루어지게 되었다. 형사소송법상의 재심청구 사건이나 상소권회복청구 사건 등과 같이 그 요건이나 절차가 까다로운 사건에 있어서는 접견 기회 부족에 따른 수형자의 재판청구권 침해 문제가 더욱 심각할 수 있다. 더욱이 소송사건의 대리인인 변호사가 일반접견을 하게 되는 경우 그 횟수와 가족, 친구 등의 일반접견 횟수가 합산되게 됨으로써, 목적과 성격이 전혀 다른 두 가지 접견이 같은 시기에 중첩될 경우 변호사와 수형자 모두 예상치 못하게 접견 기회를 놓치는 결과를 초래할 수도 있다. (다) … (라) 수형자가 소송사건의 대리인인 변호사와 주고받는 전화통화는 청취, 녹음이 가능하고(형집행법 제43조 제4항, 같은 법 시행규칙 제28조 제1항), 서신의 내용은 예외적으로 검열이 가능한 경우도 있

다. 따라서 수형자와 소송사건의 대리인인 변호사가 서신이나 전화통화를 통해 소송상담이나 준비를 하는 경우 그 내용이 교정시설 측에 그대로 노출될 우려가 있으므로, 이로 인해 수형자와 변호사는 상담과정에서 위축될 수 있고, 수형자가 국가, 교정시설의 장 등을 상대로 교정시설 등에서의 부당처우를 다투고자 할 때는 더욱 그러하다. 전화통화는 통화시간이 원칙적으로 3분으로 제한되어 있어(형집행법 시행규칙 제25조 제3항), 소송상담이나 준비의 주된 수단으로 사용하기에는 한계가 있다. (마) 이상의 점들에 비추어 보면, 심판대상조항은 침해의 최소성에 위배된다. (4) 법익의 균형성 – 변호사접견은 그 시간 및 횟수가 한정되어 있어 남용 가능성이 크지 않고, 형집행법은 이미 변호사의 접견권 남용행위를 방지할 수 있는 장치들을 갖추고 있으므로, 심판대상조항에서 소송계속 사실 소명자료를 요구한다고 하더라도 실제 달성되는 공익이 크다고 보기는 어렵다. 반면, 수형자의 재판청구권 역시 심각하게 제한될 수밖에 없고, 이로 인해 법치국가원리로 추구되는 정의에 반하는 결과를 낳을 수도 있다는 점에서, 위와 같은 불이익은 매우 크다고 볼 수 있다. 따라서 심판대상조항은 법익의 균형성에 위배된다. (5) 소결 – 과잉금지원칙에 위배되어 변호사인 청구인의 직업수행의 자유를 침해한다.

[위 결정의 2가지 중요사항] ① 소송대리 변호인의 입장에서는 '직업수행의 자유'의 제한이 문제된다. ② 앞의 2012헌마858 헌법불합치결정 이후 그 결정 취지 대로 소송대리 변호사와 수형자 사이 접견을 일반접견이 아닌 별도의 접견으로 하여 그 시간의 연장, 횟수의 일반접견 횟수에 불포함 등의 입법개선이 있었다. 그럼에도 과도한 제한으로 위헌결정이 된 것이다.

10. 기타

디엔에이감식시료채취영장 발부 과정에서 채취대상자에게 자신의 의견을 밝히거나 영장 발부 후 불복할 수 있는 절차 등에 관하여 규정하지 아니한 '디엔에이신원확인정보의 이용 및 보호에 관한 법률'(2010.1.25. 법률 제9944호로 제정된 것) 제8조가 위와 같은 입법상의 불비가 있어서 채취대상자들의 재판청구권을 과도하게 제한하므로 침해최소성이 없고 법익균형성도 없어 과잉금지원칙에 위배되어 재판청구권을 침해한다는 헌재결정례가 있었다(2016헌마344).

III. 재판청구권의 제한과 그 한계

1. 헌법직접적 제한

(1) 군사법원에 의한 재판
1) 평상시

군인 또는 군무원은 평상시에도 군사법원의 재판을 받는 제한이 있다. 일반 국민이 헌법규정상 평상시에 군사법원의 재판을 받는 경우는 대한민국의 영역 안에서 중대한 군사상 기밀·초병·초소·유독음식물공급·포로·군용물에 관한 죄 중 법률이 정한 경우이다(제27조 제2항 전문). [판례] 헌재는 '군사시설'에 해당하는 구 군형법 제69조 중 '전투용에 공하는 시설'을 손괴한 일반 국민이 비상계엄이 선포되지 아니한 평시에도 군사법원에서 재판받도록 규정하고 있는 구 군사법원법 규정은 위헌이라는 결정을 하였다. 평시 민간인에 대한 군사법원의 재판권 행사의 근거인 현행 헌법 제27조 제2항은 구 헌법과 달리 군사시설에 관한 죄를 삭제하였는데 이러한 헌법 개정의 취지, 군사법원의 재판권 범위에 대한 엄격해석의 필요성 등을 종합하면, 현행 헌법 제27조 제2항의 '군용물'은 '군사시설'을 포함하지 아니하는 것으로 해석함이 상당하므로 위 규정은 헌법 제27조 제2항에 위반되어, 군인 또는 군무원이 아닌 일반 국민의 헌법과 법률이 정한 법관에 의한 재판을 받을 권리를 침해하여 위헌이라고 판단한 것이다(2012헌가10).

2) 비상계엄 하

비상계엄이 선포된 경우에는 일반 국민도 군사법원의 재판을 받는다고 헌법이 직접 명시하고 있다(제27조 제2항).

> * **유신헌법 하의 비상군법회의 재판의 위헌성:** 유신헌법 하의 대통령긴급조치 제1호는 대한민국 헌법을 부정, 반대, 왜곡 행위 등을 일체금지하고 이 조치에 위반한 자는 비상군법회의에서 심판, 처단한다고 규정하였는데 헌재는 일반 국민의 헌법과 법률이 정한 법관에 의한 재판을 받을 권리를 자의적으로 광범위하게 제한함으로써 그 본질적인 내용을 침해한 것이라고 하여 위헌으로 결정하였다(2010헌바132). 대법원은 비상군법회의 규정을 두었던 긴급조치 제4호가 법관에 의한 재판을 받을 권리를 침해한 위헌무효라고 판결하였다(2011도2631).

3) 군사법원법의 개정

군사법원법에 의한 군사법원제에 있어 평상시의 군사법원의 재판, 군판사 외 심판관 재판참여, 관할관 확인제 등에 대해 논란이 있었는데 군사법원법은 "군 사법(司法)제도에 대한 국민적 신뢰를 회복하고 피해자의 인권보장과 사법정의의 실현이라는 헌법적 가치를 구현하기 위하여"(법제처 국가법령정보센터 해설) 2021. 9. 24. 개정되었다(2022. 7. 1. 시행). 이 개정으로 군사법원의 재판권에서 일정 사건들(성폭력범죄 등)을 제외하고 군사재판 항소심을 서울고등법원으로 이관하며, 관할관 확인제도 폐지와 함께 군사법원의 재판관 구성을 민간 법원의 조직구성과 유사하게 변경하는 등의 변화가 있었다(이 개정의 자세한 내용에 대해서는 후술 제4부 국가권력규범, 제4장 법원 제1절 법원의 조직과 권한, 군사법원 부분 참조).

(2) 비상계엄 하의 단심제 – 대법원 재판을 받을 권리의 헌법직접적 제한

비상계엄 하의 군사재판은 군인·군무원의 범죄나 군사에 관한 간첩죄의 경우와 초병·초소·유독음식물공급·포로에 관한 죄 중 법률이 정한 경우에 한하여 단심으로 할 수 있다. 다만, 사형을 선고한 경우에는 그러하지 아니하다(제110조 제4항).

(3) 국회의원 신분에 관한 제소금지

국회의원의 자격심사, 징계, 제명에 대해서는 법원에 제소할 수 없다(제64조 제4항). 그 대신 헌법소원심판은 청구할 수 있는지가 논의되고 있다(뒤의 국가권력규범론, 국회, 국회의원 신분 부분 참조).

2. 법률에 의한 제한

재판청구권에 대한 일반적인 제한은 법률에 의한 제한이다. 국가안전보장, 질서유지, 공공복리를 위하여 필요한 때에는 법률로써 재판청구권을 제한할 수 있다. 재판청구권을 제한하는 규정을 두고 있는 대표적인 법률들로, 헌법재판소법, 법원조직법, 민사소송법, 형사소송법, 행정소송법, 가사소송법, 군사법원법 등이 있다. 법률에 의한 제한으로서 중요한 제한문제이거나 논란이 되고 있는 문제들로 다음과 같은 것들을 들 수 있다.

(1) 제소요건에 의한 제한

어떤 재판이든 어느 국민이든 언제든지 제기할 수 있는 것은 아니고 제소요건을 갖추어야 한다는 한계가 있다. ① 당사자능력, ② 당사자적격의 요건, ③ 권리보호이익의 요건, ④ 제소기간 등의 요건을 갖추어야 한다. 제소가 사실상 불가능하게 할 정도로 제소기간이 너무 짧거나 명확하지 않으면 위헌이다. 헌법재판소는 제소기간으로 인한 재판청구권의 침해 여부를 심사함에 있어서는 "재판을 청구할 수 있는 기간 또는 재판에 불복할 수 있는 기간을 정하는 것 역시 입법자가 그 입법형성재량에 기초한 정책적 판단에 따라 결정할 문제이므로, 그것이 입법부에 주어진 합리적인 재량의 한계를 일탈하지 아니하는 한 위헌이라고 할 수 없다. 다만, 이러한 입법재량도 제소기간 또는 불복기간을 너무 짧게 정하여 재판을 제기하거나 불복하는 것을 사실상 불가능하게 하거나 합리적인 이유로 정당화될 수 없는 방법으로 이를 어렵게 할 수는 없다는 점에서 입법형성권의 한계가 있다"라고 한다.

ⅰ) 위헌결정례: ⓐ 인신보호법상 즉시항고 기간 - 헌재는 인신보호법에 의하면, 피수용자에 대한 수용이 위법하게 개시된 경우 등에 피수용자 등이 법원에 구제를 청구할 수 있고(제3조), 그 청구에 대한 법원의 결정에 대하여 구제청구자(피수용자)가 3일 이내에 즉시항고를 제기할 수 있도록 하고 있는데 이처럼 '3일'로 한정한 인신보호법 규정이 수용시설에 수용·보호 또는 감금되어 있는 피수용자가 즉시항고를 제기하는 것을 현저히 곤란하게 하는 지나치게 짧은 기간이어서 피수용자의 재판청구권을 입법재량을 벗어나 침해한다고 위헌결정을 하였다(2013헌가21). ⓑ 형사소송법상 즉시항고 제기기간 3일 제한 - 헌재는 즉시항고 제기기간을 3일로 제한한 것이 오늘날의 형사사건은 그 내용이 더욱 복잡해져 즉시항고 여부를 결정함에 있어서도 과거에 비하여 많은 시간이 소요되는 점 등에서 입법재량의 한계를 일탈하여 재판청구권을 침해한다고 하여 헌법불합치결정을 하였다(2015헌바77. 이 결정은 선례인 2010헌마499; 2011헌마789를 변경한 판례변경의 결정이다). ⅱ) 합헌결정례: 보상증감청구소송 제기기간 - 토지수용위원회의 수용재결서를 받은 날로부터 60일 이내에 보상금증감청구소송을 제기하도록 한 '공익사업을 위한 토지 등의 취득 및 보상에 관한 법률' 규정이 보상금을 둘러싼 분쟁을 조속

히 확정하여야 할 필요가 있으므로 입법재량의 한계를 벗어나지 않아 위 소송을 제기하려는 토지소유자의 재판청구권을 침해하지 않아 합헌이라고 결정하였다(2014헌바206).

(2) 헌법재판소의 헌법재판상의 제한

헌법재판소가 담당하는 기본권구제수단의 전형인 헌법소원심판에 있어서의 제한으로는 청구요건에서의 제한들이 많다. 이에 대해서는 뒤의 헌법재판에서 살펴본다(후술 제5부 헌법재판 참조).

(3) 민사재판상의 제한

불필요한 소송의 남발을 억제하고 남소로 인한 법원의 업무과중을 없앰으로써 법원업무의 질과 효율성을 높이기 위해 민사소송을 제기함에 인지(印紙)를 붙이도록 하고 있는데 이는 경제력에 의한 재판청구권의 제한이 된다. 인지액이 너무 고액인 경우에 위헌이 된다.

(4) 행정재판상의 제한

[행정심판에서의 사법절차의 필수적 준용, 무용한 강제전치의 위헌성] 과거에는 행정소송을 하기 전에 행정심판을 반드시 거쳐야 하는 강제적 전치주의가 원칙이었으나 현재는 임의적 전치주의가 원칙이 되어 행정심판이 반드시 행정재판청구권의 제한은 아니라고 할 수 있다. 그러나 예외적으로 강제전치를 법률로 정할 수도 있다(행정소송법 제18조 제1항 단서). 강제전치할 경우에도 한계를 지켜야 한다. 무엇보다도 그 행정심판에 사법절차가 준용되어야 한다(제107조 제3항 후문). 당사자 간에 대심적 구조를 이루어 상호 공격과 방어를 행하게 하고 행정심판위원회가 이에 대한 객관적이고 중립적인 판단을 수행하여야 한다. 이러한 사법절차적 원칙이 적용되지 않는 행정심판은 위헌이다. 헌재는 사법절차가 충분히 준용되지 않고 비효율적이며 행정의 자기통제적인 기능 등이 살려지지 못하면서 국민의 재판청구권행사에 제약을 가져오는 무용한 행정심판을 강제로 전치하게 하는 것은 위헌이라고 하면서 지방세 부과처분에 대하여 행정소송을 제기하기 위해서는 반드시 이의신청 및 심사청구를 거치도록 규정한 구 지방세법 규정에 대해 위헌결정한 바 있다(2000헌바30. * 이에 반해 불필요한 행정심판을 거치도록 강요하는 것이 아니라고 보아 합헌결정을 한 예: 2015헌바229(주세법상 의제주류판매업면허취소처분에 대한 행정소송에 관한 필요적 행정심판전치주의 적용)).

[제소기간에 의한 제한] 제소기간에 의한 제한이 있더라도 다음의 한계를 지켜야 한다. ① 제소기간의 적정성 – 제소기간의 설정이 필요하다고 하더라도 그 기간이 너무 단기여서는 아니 되고 적정한 기간을 부여하여야 한다. ② 기산점의 명확성 – 국민이 제소기간을 파악하여 자신의 권리구제를 위한 소송의 제기가 가능한 기간이 넘어가지 않는 동안 소송제기 여부를 결정할 수 있도록 하기 위해서는 그 기간 자체가 명확하여야 함은 물론이고 그 기간이 시작되는 기산점도 명확하여야 한다(위헌결정례: 90헌바2; 97헌가15; 92헌가12; 96헌가15; 92헌바11 등). ③

국세정보통신망에 저장하는 방법에 의한 전자송달의 효력발생시점을 송달할 서류가 국세정보통신망에 저장된 때로 정한 국세기본법 규정에 대해 전자송달의 효력발생시점은 조세'소송'의 필요적 전심절차인 심사청구기간의 기산점이 되므로, 심판대상조항은 납세자의 권리구제를 위한 재판청구권을 제한하는데 헌재는 입법자의 합리적인 재량 범위 내에 있는 제한으로서 합헌이라고 보았다(2016헌가19).

(5) 대법원의 재판(상고심 재판)을 받을 권리의 제한

[문제의 소재] 상고가 남발되고 불필요한 상고에 의한 업무과중으로 대법원의 법률심으로서의 기능을 집중적으로 수행할 수 없게 되는 것을 막고 신속한 재판·분쟁의 종결을 위하여 상고를 제한하는 규정들이 있는데 이들 규정들이 대법원의 재판을 받을 권리의 침해로 위헌인지가 논란되어 왔다.

[헌재 판례의 입장 – 입법정책적·입법형성적 문제] 헌재는 "심급제도는 사법(司法)에 의한 권리보호에 관하여 한정된 법발견자원(法發見資源)의 합리적인 분배의 문제인 동시에 재판의 적정과 신속이라는 서로 상반되는 2가지 요청을 어떻게 조화시키느냐의 문제로 돌아가므로 기본적으로 입법자의 형성의 자유에 속하는 사항이다"라고 판시하여 왔다. 그 이유로 헌재는 "심급을 여러 번 되풀이함으로 말미암은 절차의 지연은 헌법 제27조 제3항에 의한 '신속한 재판을 받을 권리'라는 재판청구권의 또 다른 측면과는 어긋나는 것이 될 수 있고, 국가가 재판에 사용할 수 있는 인적 및 물적 자원은 제한되어 있어 모든 사건에 대하여 아무런 제한 없이 상소를 허용할 경우에는 반드시 대법원에서 심리함이 마땅한 사건들에 대한 충분한 심리의 기회를 빼앗게 되는 결과를 가져올 수 있을 뿐만 아니라 필연적으로 권리확정의 지연과 절차비용 및 노력의 증대를 초래하게 되기 때문이다"라고 설명하고 있다(90헌바1).

[제한의 한계와 상고이유] 상고에 대한 제한을 인정하더라도 부분적인 제한, 즉 상고이유를 제한하는 등의 부분적 제한에 그쳐야 하고 일률적이고 포괄적인 상고금지, 사건의 유형 내지 범주별 전면적 상고금지는 위헌이 된다. 소액사건심판법의 상고이유제한 규정에 대해(90헌바25; 94헌바28), 과거의 '소송촉진 등에 관한 특례법'의 상고허가제에 대해(90헌바1) 헌재는 합헌으로 결정하였다. 상고허가제가 폐지된 뒤 현재 상고심리불속행제(上告審理不續行制)가 '상고심절차에 관한 특례법'에 근거하여 시행되고 있다. 동법 제4조 제1항은 "대법원은 상고이유에 관한 주장이 다음 각 호의 어느 하나의 사유를 포함하지 아니한다고 인정하면 더 나아가 심리를 하지 아니하고 판결로 상고를 기각한다"라고 규정하고 그 각 호의 사유로 "1. 원심판결이 헌법에 위반되거나, 헌법을 부당하게 해석한 경우, 2. 원심판결이 명령·규칙 또는 처분의 법률위반 여부에 대하여 부당하게 판단한 경우" 등 주로 법적 문제가 쟁점일 경우를 규정하고 있다. 상고기각에 이유를 적지 아니할 수 있다(동법 제5조 제1항). 상고심리불속행제에 대해서 헌재는 헌법 제27조의 재판청구권이 모든 사건에 대하여 상고심재판을 받을 권리를 의미한다고 할 수

없고, 심급제도는 원칙적으로 입법자의 형성의 자유에 속하는 사항인바, 심리불속행제도는 "상고심재판을 받을 수 있는 객관적 기준을 정함에 있어 개별적 사건에서의 권리구제보다 법령해석의 통일을 더 우위에 둔 규정으로서 합리성이 있으므로" 헌법에 위반되지 아니한다고 하고, 상고기각판결에 이유를 기재하지 않을 수 있게 한 것도 이유기재를 요구하는 것은 심리불속행제도의 입법취지에 반하는 결과를 초래할 수 있어 위헌이 아니라고 본다(97헌바37; 2001헌마781; 2006헌마466; 2006헌마551; 2010헌마344).

[재항고의 제한 문제] 검사가 혐의 없음의 불기소처분을 한 경우에 고등법원에 재정신청을 할 수 있는데 형사소송법 제262조 제4항은 이 재정신청에 대하여 행한 고등법원의 기각결정에 대해서는 '불복'을 할 수 없도록 규정하고 있다. 헌재는 이 재정신청 기각결정에 대해 형사소송법 제415조의 재항고(재판에 영향을 미친 헌법·법률·명령 또는 규칙의 위반이 있음을 이유로 대법원에 하는 즉시항고)를 할 수 없도록 하는 것은 지나친 재판청구권의 제한이라고 보아 위 제262조 제4항 전문의 '불복'에 위 제415조의 재항고가 포함되는 것으로 해석하는 한 헌법에 위반된다는 한정위헌결정을 하였다(2008헌마578).

(6) 심급제 문제

바로 위 대법원의 재판을 받을 권리 문제와도 연관되는 문제이다. 3심제가 반드시 요구되는 것인지 하는 문제가 있고 이는 뒤의 국가권력규범론의 법원의 사법절차, 재판의 심급제와 연관된다. 일반적으로 3심제가 예정되어 있으나 절대적인 것은 아니고 중요한 것은 대법원의 재판을 받을 권리를 보장해야 한다는 점과 두 가지 재판, 즉 법관에 의한 사실심, 법률심 두 가지 재판을 모두 법관에 의해 받을 권리를 보장해야 한다는 점이다(92헌가11). 이에 대한 위반으로 과거 특허소송의 대법원 단심제(92헌가11), 변호사징계에서의 대법원 단심제(2001헌가18)에 대한 위헌결정들이 있었고(대법원은 법률심으로서 대법원 단심제는 사실판단을 법관에 의해 받을 권리를 박탈한다는 점이 위헌이유), 반면에 법관징계처분에 대한 대법원 단심제는 법률심법원인 대법원이 사실문제도 판단할 수 있다고 하여 합헌으로 결정한 예(2009헌바34)가 있었다(이에 대해서는 앞의 Ⅱ. 재판청구권의 구성요소, 1, 법관에 의한 재판을 받을 권리, (2) 적용범위 부분 참조). 현재 특허소송, 선거소송, 주민소환 소송 등에서의 2심제, 단심제가 있다(후술 국가권력규범론, 법원 부분 참조). 단심제 문제로서는 대법원에서만의 단심제가 위에서 보듯이 특허소송, 변호사징계제 등에서 문제되었으나 상급법원이나 대법원에의 상소가 인정되지 않는 경우의 위헌성이 인정된 예도 있다. 바로 아래에 보는 구 형사보상법이 보상을 하는 결정에 대해 상소를 부정한 것이 위헌으로 결정난 예이다[아래 (7) 참조].

(7) 단심재판(상소금지)의 재판청구권 본질적 내용 침해

형사보상의 경우 청구가 이유 있을 때에는 보상결정을 하는데 구 형사보상법 제19조 제1항은 이 보상결정에 대해서는 불복을 신청할 수 없게 하였다(이유없어 기각하는 결정을 할 때에는 즉시항고할 수 있게 하였음). 헌재는 이 금지가 단심재판으로서 재판청구권의 본질을 침해하는 위헌이라고 결정하였다. 헌법 제28조 형사보상청구권이 충분히 보장되어야 하고 상소제도는 오판으로 인한 불이익으로부터 구제하기 위하여 없어서는 안 될 제도라는 점에서 형사보상청구권 및 그 실현을 위한 기본권인 재판청구권의 본질적 내용을 침해하는 것으로서 위헌이라고 본 것이다(● 판례 2008헌마514).

(8) 간주규정에 의한 제한의 위헌성

헌재는 ① 구 국가배상법 제16조 중 "심의회의 배상결정은 신청인이 동의한 때에는 민사소송법의 규정에 의한 재판상의 화해가 성립된 것으로 본다"라는 간주규정부분은 과잉금지원칙을 준수하지 않아 헌법과 법률이 정한 법관에 의한 재판을 받을 권리의 과도한 제한으로서 위헌이라고 결정하였고(91헌가7), ② 학교안전사고에 대한 공제급여결정에 대하여 학교안전공제중앙회 소속의 학교안전공제보상재심사위원회가 재결을 행한 경우 재심사청구인이 위 재심위원회의 재결서 정본이 재심사청구인에게 송달된 날부터 60일 이내에 공제급여와 관련된 소송을 제기하지 아니하거나 제기한 소송을 취하한 경우에는 공제회와 재심사청구인 간에 당해 재결 내용과 동일한 합의가 성립된 것으로 본다는 '학교안전사고 예방 및 보상에 관한 법률' 제64조는 합리적인 이유 없이 분쟁의 일방당사자인 공제회의 재판청구권 제한의 침해로서 위헌이라고 결정한 바 있다(2014헌가7).

(9) 소송비용 부담에 의한 재판청구권 제한

소송비용의 과도한 부담은 재판청구를 주저하게 한다. 형사소송의 경우에는 국선대리인제도가 있다. [판례] ⅰ) 민사소송의 경우의 사례로 헌재는 소취하간주의 경우 소송비용을 원칙적으로 원고가 부담하도록 하고 변호사보수를 소송비용에 산입하도록 한 민사소송법 규정에 대해 과잉금지원칙을 준수하여 재판청구권을 침해하지 않는다고 보아 합헌결정을 하였다(2015헌바1). ⅱ) 형의 선고를 하는 때에 피고인에게 소송비용의 부담을 명하는 근거가 되는 형사소송법 제186조 제1항 ─ 헌재는 형사재판절차에서 피고인의 방어권 남용을 방지하는 측면이 있고, 법원은 피고인의 방어권 행사의 적정성, 경제적 능력 등을 종합적으로 고려하여 피고인에 대한 소송비용 부담 여부 및 그 정도를 재량으로 정함으로써 사법제도의 적절한 운영을 도모할 수 있으며 소송비용의 범위도 증인·감정인·통역인 또는 번역인과 관련된 비용 등으로 제한되어 있고 소송비용 부담 재판에 대한 불복과 추후 집행면제 신청가능성을 들어 재판청구권을 침해하지 아니한다고 합헌결정을 하였다(2018헌바224).

(10) 비상계엄 하의 법원의 권한에 대한 특별조치

비상계엄이 선포된 때에는 법률이 정하는 바에 의하여 법원의 권한에 관하여 특별한 조치를 할 수 있다(제77조 제3항). 법원에 대한 특별한 조치가 국민의 재판청구권에 제한적 효과를 가져올 수 있다. 비상계엄에서만의 제한이고 경비계엄의 경우에는 이러한 제한을 가할 수 없다.

3. 제한의 한계

(1) 본질내용 침해 금지

아무리 국가안전보장, 질서유지, 공공복리를 위한 제한이 필요하더라도 재판청구권의 본질적 내용을 침해하게 되는 제한은 금지된다(제37조 제2항 단서). 재판청구권의 본질적 내용 침해라고 하여 위헌결정이 된 예가 형사보상결정에 대한 단심재판(불복금지) 규정이 있었다(2008헌마514. 전술 참조).

(2) 재판청구권과 비례원칙

재판청구권에 대한 제한에서도 비례원칙이 준수되어야 하고 그 외 기본권제한에서 지켜야 할 한계(기본권총론 부분 참조)인 명확성원칙, 신뢰보호원칙 등을 지켜야 한다. 재판청구권이 기본권을 침해당했을 때 재판을 통해 구제받아야 하므로 기본권보장의 보루라는 점에서 그 제한에 더욱 신중하여야 할 것이다. 한편 재판청구권 제한에 관한 위헌심사에 있어서는 비례(과잉금지)원칙 심사가 이루어지지 않는다는 견해도 있고 판례도 합리성심사에 그친다고 하면서 판단을 한 결정들(예를 들어 2012헌바335)이 있지만 비례원칙심사를 한 결정들(예를 들어 2012헌마858)이 적지 않다. 재판청구권이 최종적 권리구제라는 점에서도 일률적으로 "재판청구권 제한에 대한 심사 = 완화심사"라고 보는 것은 문제이다(이 문제에 대해서는 재판청구권 시작하면서 다루기도 하였다).

* 헌법재판의 권한도 국가권력에 속하므로 이 제4부에서 다루어야 하나 헌법재판이 권력행사에 대한 헌법적 통제이므로 별도로 제5부에서 다룬다.

제 4 절 국가배상청구권

I. 국가배상청구권의 개념과 성격 및 주체

1. 개념

국가배상이란 국가에 소속된 공무원이 직무를 수행함에 있어서 어느 국민에게 손해를 발생시킨 경우에 그 공무원이 아니라 국가가 손해를 물어주는 법적 책임을 지는 것을 의미한다. 지방자치단체의 소속 공무원의 불법행위에 대해서도 지방자치단체가 그 손해에 대해 배상책임을 지게 된다. 국가(지방자치단체)가 책임지는 것이 민사상 배상에 있어서 가해자가 책임지는 것과 차이가 있다(아래 그림 참조).

헌법 제29조 제1항은 "공무원의 직무상 불법행위로 손해를 받은 국민은 법률이 정하는 바에 의하여 국가 또는 공공단체에 정당한 배상을 청구할 수 있다"라고 규정하고 있다.

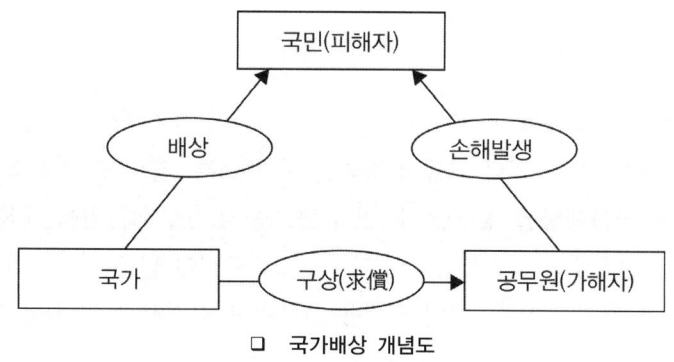

□ 국가배상 개념도

2. 성격

(1) 청구권

국가배상청구권은 재산권이라는 견해, 청구권이라는 견해, 그리고 양자의 성격을 가지는 권리라는 복합설이 있다. 국가배상청구권은 권리구제를 가져오는 효과를 가지는 권리이므로 청구권이다. 국가배상청구권의 행사로 획득되는 배상금 등은 물론 재산권으로서의 성격을 가지나 배상을 요구할 수 있는 단계에서의 권리 자체는 청구권이다. 헌재의 입장도 같다.

(2) 공권성 여부 및 국가배상법의 성격 문제

국가배상청구권은 하나의 사권인가 아니면 공권인가 하는 논란이 있어 왔다. 이와 더불어 국가배상법의 성격도 사법인가 아니면 공법인가 하는 논의가 있다. 공·사법(권)을 구별하는 전통적 분류에 따르면 국가배상청구권도 공권인 기본권이고 특히 가해자인 공무원에 대하여서가 아니라 국가에 대하여 배상을 청구할 수 있는 권리라는 점에서 공권이라고 볼 것이며 국가배상법도 공법이라고 볼 것이다. 그런데 오늘날 공·사권 구별론에 대해 검토가 가해지고 있다.

(3) 헌법 제29조의 성격

헌법 제29조 제1항은 "법률이 정하는 바에 의하여" 배상을 청구할 수 있다고 규정하고 있다. 이를 입법방침규정으로 볼 것인지 직접적 효력을 가지는 것인지 하는 논의가 있는데 직접효력설이 타당하다.

3. 현행 국가배상의 종류

헌법은 공무원의 직무상 행위로 인한 위법행위에 대한 국가배상만을 규정하고 있으나 현행 국가배상법은 그 외에도 영조물(공공시설)설치·관리의 하자로 인한 국가배상을 인정하고 있다 (법 제5조). 이하에서 공무원의 직무상 위법행위의 경우를 살펴본다.

4. 주체

공무원의 직무상 불법행위로 손해를 받은 국민과 법인이 국가배상청구권의 주체가 된다. 다만, 군인·군무원·경찰공무원 기타 법률이 정하는 자가 전투·훈련 등 직무집행과 관련하여 받은 손해에 대하여는 국가배상을 청구할 수 없다(제29조 제2항). 외국인에 대해서는 국가배상법상의 배상에 있어서 상호주의를 적용하고 있다. 즉 동법은 "이 법은 외국인이 피해자인 경우에는 해당 국가와 상호 보증이 있을 때에만 적용한다"라고 규정하고 있다(법 제7조).

Ⅱ. 국가배상책임의 성립요건 - 공무원의 직무행위로 인한 손해의 경우

1. 공무원

불법행위를 행한 사람이 공무원이어야 한다. 공무원의 개념은 가장 넓은 개념으로서 공무원법상의 공무원뿐 아니라 이른바 공무수탁사인도 국가배상책임을 발생케 하는 직무행위를 행하는 공무원에 해당된다(국가배상법 제2조 제1항).

2. 직무상 행위

공무원의 직무상 행위로 손해가 발생하여야 한다. 여기의 직무상 행위란 좁게 보는 견해는 공법상의 권력작용만이라고 보고(협의설), 보다 넓게 보는 견해는 권력작용 외에 공법상 비권력작용도 포함된다고 본다(광의설). 가장 넓게 보는 견해는 공법상의 권력작용, 비권력작용은 물론이고 사법(私法)상의 작용인 국고작용(國庫作用)도 포함된다고 본다(최광의설). 대법원의 판례는 광의설을 취하고 있다. 즉 국가배상법이 정한 손해배상청구의 요건인 '공무원의 직무'에는 국가나 지방자치단체의 권력적 작용뿐만 아니라 비권력적 작용도 포함되지만 단순한 사경제의 주체로서 하는 작용은 포함되지 않는다고 본다(대법원 2002다10691). 생각건대 헌법 제29조 제1항이 공법적 작용과 사법적 작용을 구별하여 규정하고 있지 않으므로 모든 직무행위가 포함된다고 보아야 한다. 직무상 행위의 범위는 본행위 외에 직무부수행위도 포함된다. 직무행위인지에 대한 판별기준이 문제되는데 외관을 객관적으로 보아 직무행위로 보여질 때에는 직무행위로 인정되어야 한다고 본다(외견설).

3. 불법행위

공무원의 고의·과실로 인하여 법령에 위반한 직무행위를 하였을 경우여야 한다. 국가배상법 제2조 제1항 본문의 전문은 "공무원 또는 공무를 위탁받은 사인(이하 '공무원'이라 함)이 직무를 집행하면서 고의 또는 과실로 법령을 위반하여 타인에게 손해를 입히거나"라고 하여 이 요건을 명시하고 있다.

[고의·과실] ⅰ) 고의·과실의 개념 － 고의란 손해가 발생할 것을 인식하면서도 행위를 한 경우이고 과실이란 발생을 인식하지는 못했으나 부주의로 발생에 이르게 된 것을 말한다. ⅱ) 결정례 － ① 헌재는 고의·과실을 요하는 것이 헌법 제29조 제1항 제2문이 '공무원 자신의 책임은 면제되지 아니한다'고 규정하여 헌법상 국가배상책임은 공무원의 책임을 일정 부분 전제하는 것으로 해석될 수 있고, 원활한 공무수행 위한 것이라는 점 등을 들어 합헌이라고 본다(2013헌바395). ② 헌재에 의해 위헌·무효결정이 된 긴급조치 제1호, 제9호의 발령 및 이에 따른 수사 및 재판, 그 과정에서의 불법체포·구금, 가혹행위 등의 불법행위에 대한 국가배상청구에 관련된 위헌주장의 사건에서도 헌재는 위 ①선례를 그대로 유지하면서 위와 같은 경우에도 고의·과실 요건을 두는 것은 청구인들의 헌법상 국가배상청구권을 침해하는 것이 아니라고 판단하였다(2016헌바55등).

[법령위반] 법령의 위반이란 헌법이나 법률을 위반한 것은 물론이고 법규명령의 위반도 해당된다. 행정규칙의 위반에 대해서는 논란이 될 수 있으나 해당된다고 볼 것이다.

4. 손해의 발생

실제로 손해가 발생하여야 한다.

5. 인과관계

손해가 직무행위로 인한 결과라는 인과관계(因果關係)가 인정되어야 한다.

6. 타인성

손해는 위법행위를 한 공무원이 아닌 다른 사람에게 발생한 것이어야 한다. 국가배상법 제2조 제1항은 "타인에게 손해를 입히거나"라고 타인성을 명시하고 있다.

III. 국가배상의 책임

1. 책임의 본질적 성격

국가나 지방자치단체가 지게 되는 국가배상책임의 성격을 어떻게 보느냐를 두고 견해의 대립이 있어 왔는데 ① 대위책임설(공무원의 책임을 국가나 공공단체가 대신 책임을 지게 된다고 보는 설), ② 자기책임설(위법행위 자체에 대한 책임은 아니나 공무원의 선임과 감독에 대한 책임을 국가나 공공단체가 지게 되는데 이는 국가나 공공단체 자신의 책임이라고 보는 설), ③ 양분설(절충설. 공무원의 고의나 중과실에 의한 위법행위의 경우에는 기관의 행위라고 보기 곤란하므로 공무원 자신의 책임이고 만약 이 경우에 국가가 책임을 진다면 이는 국가가 대신 책임을 지는 대위책임이라고 보고 경과실의 경우에는 국가나 공공단체 자신의 자기책임이라고 보는 설) 등으로 나누어진다.

원래의 국가배상의 취지는 공무원 개인의 책임을 국가가 대신 진다는 것이었으므로 대위책임이론이 그 바탕이었다. 그러나 국가가 자기책임을 지게 함으로써 가능한 한 피해자 국민이 받은 손해가 최대한 복구되도록 하는 것이 이상적이므로 자기책임화하는 것이 바람직스럽긴 하다. 그런데 다른 한편으로 대위책임으로 할 것인가, 자기책임으로 할 것인가 아니면 양분적으로 인정할 것인가 하는 등은 국민의 기본권보장에 긍정적인 방향으로의 검토, 국가의 공무수행상의 질서 등도 고려하게 하는 정책적인 판단사항이기도 하다.

2. 책임자

(1) 국가, 지방자치단체

손해를 발생한 가해 공무원이 소속한 국가나 지방자치단체, 공공단체가 배상의 책임을 지는 것이 원칙이다. 헌법 제29조 제1항은 '국가 또는 공공단체'라고 명시하고 있고 국가배상법 제2조 제1항은 "국가나 지방자치단체"라고 규정하고 있다.

(2) 공무원의 개인적 책임

우리 헌법 제29조 제1항 후문은 "공무원 자신의 책임은 면제되지 아니한다"라고 규정하고 있다. 여기서 면제되지 아니하는 공무원 개인의 책임에는 민사상, 형사상의 책임이나 국가 등의 기관 내부에서의 징계책임 등 모든 법률상의 책임이 원칙적으로 포함된다. 그런데 헌법 제29조 제1항 후문의 규정이 가해 공무원이 피해자 국민에 대해 책임을 지는 것을 포함하는 의미인지에 대해서 견해대립이 있다. 우리 대법원 판례는 이 헌법규정에 대해 공무원의 행위가 경과실에 의한 경우인지, 고의·중과실에 의한 것인지에 따라 달리 보아 후자의 경우에만 공무원 개인의 책임을 인정하는 취지로 해석하고 있다(대법원 95다38677전원합의체).

(3) 선택적 청구의 문제

국가의 책임을 대위책임으로 보게 되면 가해 공무원의 책임이 국가로 넘어가므로 국가만이 청구대상이 되어 피해자로서는 국가에 대해서만 청구를 하여야 한다. 자기책임으로 보면 국가와 공무원 중에 선택하여 청구할 수 있다. 위에서 본 대법원의 판례에 따른다면 고의·중과실의 경우 피해자가 가해한 공무원 자체를 대상으로도 배상책임을 물을 수 있고 국가책임도 중첩적으로 긍정하므로 피해자로서는 국가나 공무원 중 선택적 청구가 가능하나 경과실의 경우에는 국가의 책임만을 인정하고 국가에 대한 청구만 가능하게 된다.

3. 구상(求償)관계

국가배상법 제2조 제2항은 "공무원에게 고의 또는 중대한 과실이 있으면 국가나 지방자치단체는 그 공무원에게 구상(求償)할 수 있다"라고 규정하고 있다. 구상이란 국가가 배상한 것을 당해 공무원으로부터 상환받는 것을 말한다. 고의 또는 중과실일 경우에 구상관계가 되고 경과실일 경우에 구상관계가 없다. 여기서 공무원의 중과실이라 함은 공무원에게 통상 요구되는 정도의 상당한 주의를 하지 않더라도 약간의 주의를 한다면 손쉽게 위법, 유해한 결과를 예견할 수 있는 경우임에도 만연히 이를 간과함과 같은 현저한 주의를 결여한 상태를 의미한다(대법원 2002다65929).

Ⅳ. 배상의 기준, 절차 등

1. 배상기준

국가배상법 제3조가 배상기준을 설정하고 있다.

2. 배상절차

(1) 배상심의
1) 임의적 전치
국가배상법에 의한 손해배상의 소송은 배상심의회에 배상신청을 하지 아니하고도 이를 제기할 수 있다(동법 제9조).
2) 절차
국가배상법에 규정되어 있다. 과거의 국가배상법은 심의회의 배상결정은 신청인이 동의한 때에는 민사소송법의 규정에 의한 재판상의 화해(和解)가 성립된 것으로 본다고 규정하고 있었는데(구 국가배상법 제16조) 재판상 화해는 확정판결과 같은 효력을 가져 이 구법 규정은 결국 신청인의 재판청구권을 제한하는 것이었다. 헌재는 배상결정절차에 있어서 심의회의 제 3자성·독립성이 희박한 점, 심의절차의 공정성·신중성도 결여되어 있는 점, 심의회에서 결정되는 배상액이 법원의 그것보다 하회하는(밑도는) 점 등에서 이 규정이 배상결정에 재판상의 화해와 같은 강력하고 최종적인 효력까지 부여하여 재판청구권을 제한하는 것은 신청인의 재판청구권을 과도하게 제한하는 것이어서 위헌이라고 결정하였고(91헌가7) 이후 그 규정은 폐지되었다.

(2) 법원의 배상소송

피해자는 배상심의회를 거치지 않고 바로 법원에 국가배상소송을 제기할 수 있고(국가배상법 제9조) 배상심의회의 결정을 거치고도 그것에 만족하지 못하면 역시 국가배상소송을 제기할 수 있다.

V. 국가배상청구권의 제한

1. 헌법직접적 제한 – 군인 등에 대한 제한

(1) 위헌성 논란

헌법 제29조 제2항은 "군인·군무원·경찰공무원 기타 법률이 정하는 자가 전투·훈련 등 직무집행과 관련하여 받은 손해에 대하여는 법률이 정하는 보상 외에 국가 또는 공공단체에 공무원의 직무상 불법행위로 인한 배상은 청구할 수 없다"라고 규정하고 있다. 이 규정은 원래 국가배상법에 있었는데 1971년 대법원이 위헌결정을 하자(대법원 70다1010) 위헌논란을 없애려 유신헌법에 옮겨놓은 것이 그대로 이어져 온 것이다. 6공화국 들어 헌법 제29조 제2항이 헌법 제11조, 헌법 제29조 제1항에 위배된다는(이는 헌법단계구조론에 입각하여 헌법규범들 간에 우열관계가 있다는 것을 전제한다) 주장이 제기되었다. 헌재는 어느 헌법규정에 대해 다른 헌법규정에의 위반을 심판할 수 없다는 입장이고 이에 따라 헌법 제29조 제2항의 군인 등에 대한 배상금지규정의 위헌성을 심사할 수 없다고 하여 헌법 제29조 제2항이 평등원칙규정인 헌법 제11조 등에 위반된다는 주장에 대해 심사대상이 안 된다고 하여 각하결정하였고 국가배상법 제2조 제1항 단서가 이 헌법 제29조 제2항에 직접 근거하고, 실질적으로 그 내용을 같이하는 것이므로 합헌이라고 결정한 바 있다(95헌바3).

(2) 공동불법행위의 경우

헌재는 일반 국민이 직무집행중인 군인과의 공동불법행위로 직무집행중인 다른 군인에게 공상(公傷)을 입혀 그 피해군인에게 공동의 불법행위로 인한 손해를 전부 배상한 경우에, 그 일반 국민이 공동불법행위자인 군인의 부담부분에 관하여 그 군인의 사용자(使用者)인 국가에 대하여 구상권을 행사하는 것이 허용되지 아니한다고 국가배상법 제2조 제1항 단서를 해석하는 한 헌법에 위반된다고 결정한 바 있다(한정위헌결정, 93헌바21).

2. 법률상 제한

법률에 의한 제한으로는 국가배상법에 의한 제한이 주가 된다.

(1) 군인 등에 대한 제한

국가배상법 규정상 먼저 군인 등에 대한 배상금지의 제한이 있는데(법 제2조 제1항 단서). 이는 헌법직접적 제한이기도 하여 바로 위에서 살펴보았다.

(2) 민법규정 적용의 합헌성

국가배상법 제8조가 동법에 규정된 사항 외에는 민법의 규정에 의하도록 하여 국가배상청구권에도 민법의 소멸시효 규정이 적용되는데 이러한 소멸시효적용이 국가배상청구권을 침해하는 위헌이라는 주장에 대해 헌재는 합헌으로 결정하였다(96헌바24; 2010헌바116).

(3) 과거사, 민주화운동 관련 국가배상청구 제한의 위헌성
1) 과거사 국가배상청구에 대한 '소멸시효 객관적 기산점' 적용의 위헌성

헌재는 민법 제166조 제1항, 제766조, 국가재정법 제96조 제2항, 구 예산회계법 제96조 제2항이 일반적인 공무원의 직무상 불법행위로 손해를 받은 국민의 손해배상청구에 관한 소멸시효 기산점과 시효기간을 정하고 있는 것은 합헌이라고 보았다. 그러나 민법 제166조 제1항, 제766조 제2항 중 '진실·화해를 위한 과거사정리 기본법' 제2조 제1항 제3호의 '민간인 집단 희생사건', 제4호의 '중대한 인권침해사건·조작의혹사건'에 적용되는 부분은 국가배상청구권을 침해하여 위헌이라고 아래와 같이 결정하였다.

● **판례** 헌재 2018.8.30. 2014헌바148
[결정요지] (가) 국가배상법 제8조에 따라, 심판대상조항들은 국가배상청구권의 소멸시효 기산점을 피해자나 법정대리인이 그 손해 및 가해자를 안 날(주관적 기산점, 민법 제766조 제1항점) 및 불법행위를 한 날(객관적 기산점, 민법 제166조 제1항, 제766조 제2항)로 정하되, 그 시효기간을 주관적 기산점으로부터 3년(단기소멸시효기간, 민법 제766조 제1항) 및 객관적 기산점으로부터 5년(장기소멸시효기간, 국가재정법 제96조 제2항, 구 예산회계법 제96조 제2항)으로 정하고 있다. 민법상 소멸시효제도의 일반적인 존재이유는 '법적 안정성의 보호, 채무자의 이중변제 방지, 채권자의 권리불행사에 대한 제재 및 채무자의 정당한 신뢰 보호'에 있다. 이와 같은 민법상 소멸시효제도의 존재 이유는 국가배상청구권의 경우에도 일반적으로 타당하고, 특히 국가의 채무관계를 조기에 확정하여 예산수립의 불안정성을 제거하기 위해서는 국가채무에 대해 단기소멸시효를 정할 필요성도 있다. 그러므로 심판대상조항들이 일반적인 공무원의 직무상 불법행위로 손해를 받은 국민의 국가배상청구권에 관한 소멸시효 기산점과 시효기간

을 정하고 있는 것은 합리적인 이유가 있다. (나) 그러나 그렇더라도, 과거사정리법 제2조 제1 항 제3호에 규정된 '민간인 집단희생사건', 제4호에 규정된 '중대한 인권침해·조작의혹사건'의 특수성을 고려하지 아니한 채 민법 제 166조 제1항, 제766조 제2항의 '객관적 기산점'이 그대로 적용되도록 규정하는 것은 국가배상청구권에 관한 입법 형성의 한계를 일탈한 것인데, 그 이유는 다음과 같다. 민간인 집단희생사건과 중대한 인권침해·조작의혹사건은 국가기관이 국민에게 누명을 씌워 불법행위를 자행하고, 소속 공무원들이 조직적으로 관여하였으며, 사후에도 조작·은폐함으로써 오랜 기간 진실규명이 불가능한 경우가 많아 일반적인 소멸시효 법리로 타당한 결론을 도출하기 어려운 문제들이 발생하였다. 이에 2005년 여·야의 합의로 과거사정리법이 제정되었고, 이와 같은 특성으로 인하여 과거사정리법에 규정된 위 사건 유형에 대해 일반적인 소멸시효를 그대로 적용하기는 부적합하다. 위 사건 유형은 국가가 현재까지 피해자들에게 손해배상채무를 변제하지 않은 것이 명백한 사안이므로, '채무자의 이중변제 방지'라는 입법취지가 국가배상청구권 제한의 근거가 되기 어렵기 때문이다. 또한 국가가 소속 공무원을 조직적으로 동원하여 불법행위를 저지르고 그에 관한 조작·은폐를 통해 피해자의 권리를 장기간 저해한 사안이므로, '채권자의 권리불행사에 대한 제재 및 채무자의 보호가치 있는 신뢰 보호'라는 입법취지도 그 제한의 근거가 되기 어렵기 때문이다. 따라서 위와 같은 사건 유형에서는 '법적 안정성'이란 입법취지만 남게 된다. 그러나 국가배상청구권은 단순한 재산권 보장의 의미를 넘어 헌법 제29조 제1항에서 특별히 보장한 기본권으로서, 헌법 제10조 제 2 문에 따라 개인이 가지는 기본권을 보장할 의무를 지는 국가가 오히려 국민에 대해 불법행위를 저지른 경우 이를 사후적으로 회복·구제하기 위해 마련된 특별한 기본권인 점을 고려할 때, 국가배상청구권의 시효소멸을 통한 법적 안정성의 요청이 헌법 제10조의 국가의 기본권 보호의무와 헌법 제29조 제1항의 국가배상청구권 보장 필요성을 완전히 희생시킬 정도로 중요한 것이라 보기 어렵다. 국가가 소속 공무원들의 조직적 관여를 통해 불법적으로 민간인을 집단 희생시키거나 장기간의 불법구금·고문 등에 의한 허위자백으로 유죄판결을 하고 사후에도 조작·은폐를 통해 진상규명을 저해하였음에도 불구하고, 그 불법행위 시점을 소멸시효의 기산점으로 삼는 것은 피해자와 가해자 보호의 균형을 도모하는 것으로 보기 어렵고, 과거사정리법 제2조 제 1항 제3호의 '민간인 집단 희생사건'은 그 유족들이 사건 이후 국가로부터 희생자들에 관한 적절한 통지를 받지 못함으로써 집단희생의 일시·이유·경위·절차 등에 대해 구체적으로 알지 못했기에 국가에 대해 손해배상을 청구할 수 없었던 경우가 많고, 과거사정리법 제2조 제1 항 제4호의 '중대한 인권침해사건과 조작의혹사건'은 수사기관의 가혹행위 등에 의한 유죄판결의 확정으로 형의 집행을 받았기에 피해자로서는 그 유죄판결이 재심으로 취소되기 전까지는 그에 관한 국가배상을 청구할 수 없었던 경우가 많은바, 이러한 사안에 대해 그 불법행위 시점으로부터 소멸시효의 객관적 기산점을 적용하도록 하는 것은 발생한 손해의 공평·타당한 분담이라는 손해배상제도의 지도원리에도 부합하지 않기 때문이다. 그러므로 과거사정리법 제2조 제1항 제 3, 4 호에 규정된 사건에 민법 제166조 제1항, 제766조 제2항의 '객관적 기산점'이 적용되도록 하는 것은 합리적 이유가 인정되지 않는다. 결국, 민법 제166조 제1항, 제766조 제2항의 객관적 기산점을 과거사정리법 제2조 제1항 제 3, 4 호의 민간인 집단희생사건, 중대한 인권침해·조작의혹사건에 적용하도록 규정하는 것은, 소멸시효제도를 통한 법적 안정성과 가해자 보호만을 지나치게 중시한 나머지 합리적 이유 없이 위 사건 유형에 관한 국가배상청구권 보장 필요성을 외면한 것으로서 입법형성의 한계를 일탈하여 청구인들의 국가배상청구권을 침해한다. 과거사정리법 제2조 제1항 제3호의 '민간인 집단 희생사건'의 경우에 위원회로부터 진실규명결정을 받은 피해자 등은 특별한 사정이 없는 한 그 진실규명결정이 있었던 때에 손해 및 가해자를 알았다고 볼 수 있을 것이므로, 피해자 등은 진실규명결정을 안 날로부터 3년 이내에 국가배상을 청구하여야 민법 제766조 제1항의 단기소멸시효 완성을 저지할 수 있을 것이다.

2) '민주화운동' 관련 '정신적 피해' 국가배상청구권 배제의 위헌성

헌재는 '민주화운동 관련자 명예회복 및 보상 심의 위원회'의 보상금 등 지급결정에 동의한 경우 "민주화운동과 관련하여 입은 피해"에 대해 재판상 화해가 성립된 것으로 간주하는 구 '민주화운동 관련자 명예회복 및 보상 등에 관한 법률' 제18조 제 2항의 의미 내용이 명확성원칙에 반하지 않고 법관에 의한 재판을 받을 재판청구권을 침해하지는 않는다고 보았으나 이 간주조항의 '민주화운동과 관련하여 입은 피해' 중 불법행위로 인한 정신적 손해에 관한 부분은 헌법에 위반된다고 아래와 같이 결정하였다.

● **판례** 헌재 2018.8.30. 2014헌바180등

[결정요지] (가) 민주화보상법의 입법취지, 관련 규정의 내용, 신청인이 작성·제출하는 동의 및 청구서의 기재내용 등을 종합하면, 심판대상조항의 "민주화운동과 관련하여 입은 피해"란 공무원의 직무상 불법행위로 인한 정신적 손해를 포함하여 그가 보상금 등을 지급받은 민주화운동과 관련하여 입은 피해 일체를 의미하는 것으로 합리적으로 파악할 수 있다. 따라서 심판대상조항은 명확성원칙에 위반되지 아니한다. (나) 민주화보상법은 관련규정을 통하여 보상금 등을 심의·결정하는 위원회의 중립성과 독립성을 보장하고 있고, 심의절차의 전문성과 공정성을 제고하기 위한 장치를 마련하고 있으며, 신청인으로 하여금 위원회의 지급결정에 대한 동의 여부를 자유롭게 선택하도록 정하고 있다. 따라서 심판대상조항은 관련자 및 유족의 재판청구권을 침해하지 아니한다. (다) 헌법은 제23조 제1항에서 일반적 재산권을 규정하고 있으나, 제29조 제1항에서 국가배상청구권을 별도로 규정함으로써, 공무원의 직무상 불법행위로 손해를 받은 경우 국민이 국가에 대해 적극적·소극적·정신적 손해에 대한 정당한 배상을 청구할 수 있는 권리를 특별히 보장하고 있다. 민주화보상법은 1999.12.28. 여·야의 합의에 따라 만장일치의 의견으로 국회 본회의에서 심의·의결되었는바, 이는 자신의 생명·신체에 대한 위험 등을 감수하고 헌법에 보장된 국민의 기본권을 침해한 권위주의적 통치에 항거함으로써 민주헌정질서의 확립에 기여하고 현재 우리가 보장받고 있는 자유와 권리를 회복·신장시킨 사람과 유족에 대한 국가의 보상의무를 회피하는 것이 부당하다는 사회적 공감대에 근거하여 제정된 것이다. 이러한 맥락에서 심판대상조항은 민주화운동을 위해 희생을 감수한 관련자와 유족에 대한 적절한 명예회복 및 보상이 사회정의를 실현하는 첫 걸음이란 전제에서, 관련자와 유족이 위원회의 지급결정에 동의하여 적절한 보상을 받은 경우 지급절차를 신속하게 이행·종결시킴으로써 이들을 신속히 구제하고 보상금 등 지급결정에 안정성을 부여하기 위해 도입되었다. 민주화보상법상 보상금 등에는 '손실보상'의 성격뿐만 아니라 '손해배상'의 성격도 포함되어 있다. 그리고 민주화보상법 및 같은 법 시행령에 규정되어 있는 보상금 등의 지급대상과 그 유형별 지급액 산정기준 등에 의하면, 민주화보상법상 보상금, 의료지원금, 생활지원금은 적극적·소극적 손해 내지 손실에 대한 배·보상 및 사회보장적 목적으로 지급되는 금원에 해당된다. 이를 전제로 먼저 심판대상조항 중 적극적·소극적 손해에 관한 부분이 국가배상청구권을 침해하는지 여부를 본다. 앞서 본 바와 같이 민주화보상법상 보상금 등에는 적극적·소극적 손해에 대한 배상의 성격이 포함되어 있는바, 관련자와 유족이 위원회의 보상금 등 지급결정이 일응 적절한 배상에 해당된다고 판단하여 이에 동의하고 보상금 등을 수령한 경우 보상금 등의 성격과 중첩되는 적극적·소극적 손해에 대한 국가배상청구권의 추가적 행사를 제한하는 것은, 동일한 사실관계와 손해를 바탕으로 이미 적절한 배상을 받았음에도 불구하고 다시 동일한 내용의 손해배상청구를 금지하는 것이므로, 이를 지나치게 과도한 제한으로 볼 수 없다. 다음 심판대상조항 중 정신적 손해에 관한 부분이 국가배상청구권을 침해하는지 여부를 본다. 민주화보상법 및 같은 법 시행령의 관련조항을 살펴보더라도 정신적 손해 배상에 상응하는 항목은 존재하지 아니하고, 위원회가 보상금·의료지원금·생활지원금 항목을 산정함에 있어 정신적 손해를 고려할 수 있다는 내용도 발견되지 아니한다. 이처럼 정신적 손해에 대해 적절한 배상이 이루어지지 않은 상태에서 적극적·소극적 손해에 상응하는 배상이 이루어졌다는 사정만으로 정신적 손해에 대한 국가배상청구마저 금지하는 것은, 해당 손해에 대한 적절한 배상이 이루어졌음을 전제로 하여 국가배상청구권 행사를 제한하려 한 민주화보상법의 입법목적에도 부합하지 않으며, 국가의 기본권 보호의무를 규정한 헌법 제10조 제2문의 취지에도 반하는 것으로서, 국가배상청구권에 대한 지나치게 과도한 제한에 해당한다. 따라서 심판대상조항 중 정신적 손해에 관한 부분은 민주화운동 관련자와 유족의 국가배상청구권을 침해한다.

* 위 2014헌바180등 위헌결정 이전의 소 각하판결에 대해 헌법소원대상이 아니라고 한 결정이 있었다(2017헌마1056. **[판시]** 헌법재판소는 2018.8.30. 화해간주조항이 신청인의 정신적 손해에 관한 국가배상청구권을 침해한다는 이유로 화해간주조항의 '민주화운동과 관련하여 입은 피해' 중 불법행위로 인한 정신적 손해에 관한 부분은 헌법에 위반된다고 결정하였다(2014헌바180등 참조). 따라서 위 위헌결정이 있었음에도 불구하고 법원이 청구인들에게 정신적 손해에 관한 부분까지 화해간주조항을 적용하여 재판을 하였다면 이는 위헌결정된 법률을 적용한 재판으로서 취소의 대상이 된다. 그런데 청구인 이○○, 김○○의 소는 헌법재판소의 위 위헌결정이 선고되기 전에 화해간주조항에 따라 각하되었는바, 이 사건 판결이 헌법재판소가 위헌으로 결정한 화해간주조항을 적용한 재판이라고 볼 수 없다. 따라서 이 사건 판결의 취소를 구하는 이 부분 심판청구는 허용될 수 없어 부적법하다).

3) 5·18민주화운동 관련 정신적 손해에 대한 재판상 화해 간주의 재판청구권 침해

헌재는 5·18민주화운동과 관련하여 보상금 지급 결정에 동의하면 그 피해에 대해 화해가 성립된 것으로 보는 구 '5·18(광주)민주화운동 관련자 보상 등에 관한 법률' 제16조 제2항은

위 법률에서 정신적 손해에 대한 배상은 전혀 고려되고 있지 않음에도 정신적 손해에 대해서도 재판상 화해가 성립한 것으로 간주하고 있는바, 정신적 손해에 대해 적절한 배상이 이루어지지 않은 상태에서, 적극적·소극적 손해의 배상에 상응하는 보상금 등 지급결정에 동의하였다는 사정만으로 정신적 손해(불법행위로 인한 손해에는 일반적으로 적극적·소극적·정신적 손해로 분류)에 대한 국가배상청구마저 금지하는 것은 국가배상청구권에 대한 과도한 제한으로 침해최소성을 갖추지 않아 국가배상청구권을 침해하여 위헌이라고 결정하였다.

● **판례** 헌재 2021.5.27. 2019헌가17

[결정요지] (1)목적의 정당성 및 수단의 적합성 – 5·18보상법은 앞서 살핀 것과 같이 관련자와 그 유족에 대한 적절한 명예회복과 보상을 통해 국민화합과 민주발전에 이바지하기 위하여 제정되었다. 심판대상조항은 그와 같은 전제에서 관련자와 그 유족이 보상심의위원회의 지급결정에 동의하여 적절한 보상을 받은 경우 보상금 등 지급절차를 신속하게 이행·종결시킴으로써 이들을 신속히 구제하고 보상금 등 지급결정에 안정성을 부여하기 위하여 도입된 것이므로, 그 입법목적의 정당성 및 수단의 적합성은 인정된다. (2)침해의 최소성 (가) 심판대상조항에서 말하는 '피해'란 적법한 행위로 발생한 '손실'과 위법한 행위로 발생한 '손해'를 모두 포함하는 포괄적인 개념에 해당한다. (나) 불법행위로 인한 손해배상청구의 소송물은 일반적으로 적극적·소극적·정신적 손해에 대한 배상청구로 분류된다. 그런데 5·18보상법 및 같은 법 시행령의 관련조항을 살펴보면 정신적 손해 배상에 상응하는 항목은 존재하지 아니하고, 보상심의위원회가 보상금 등 항목을 산정함에 있어 정신적 손해를 고려할 수 있다는 내용도 발견되지 아니한다. 보상금 등의 산정에 있어 적극적·소극적 손해에 대한 배상은 고려되고 있음에 반하여 정신적 손해에 대한 배상은 전혀 고려되고 있지 않으므로, 그러한 내용의 보상금 등의 지급만으로 정신적 손해에 대한 적절한 배상이 이루어졌다고 보기는 어렵다. 그럼에도 불구하고 심판대상조항은 정신적 손해에 대해 재판상 화해가 성립한 것으로 간주하고 있는바, 정신적 손해에 대해 적절한 배상이 이루어지지 않은 상태에서, 적극적·소극적 손해의 배상에 상응하는 보상금 등 지급결정에 동의하였다는 사정만으로 정신적 손해에 대한 국가배상청구마저 금지하는 것은, 국가배상청구권에 대한 과도한 제한이며, 해당 손해에 대한 적절한 배상이 이루어졌음을 전제로 하여 국가배상청구권 행사를 제한하려 한 입법목적에도 부합하지 않는다(헌재 2018.8.30. 2014헌바180등 참조). (다) 헌법 제10조 제2문은 "국가는 개인이 가지는 불가침의 기본적 인권을 확인하고 이를 보장할 의무를 진다."라고 규정하고 있는바, 헌법상 기본권 보호의무를 지는 국가가 오히려 소속 공무원의 직무상 불법행위로 인하여 유죄판결을 받게 하거나 해직되게 하는 등으로 관련자에게 정신적 고통을 입혔음에도 그로 인한 정신적 손해에 대한 국가배상청구권 행사를 금지하는 것은 헌법 제10조 제2문의 취지에도 반한다(헌재 2018.8.30. 2014헌바180등 참조). 이상을 종합하여 보면, 심판대상조항이 보상금 등의 성격과 중첩되지 않는 정신적 손해에 대한 국가배상청구권의 행사까지 금지하는 것은 국가배상청구권을 지나치게 과도하게 제한하는 것으로서 침해의 최소성에 위반된다. (3) 법익의 균형성 – 정신적 고통에 대해 적절한 배상을 받지 않았음에도 불구하고 그에 대한 손해배상청구권이 박탈되는 것으로서, 그 제한의 정도가 지나치게 크다(헌재 2018.8.30. 2014헌바180등 참조). 그러므로 심판대상조항이 정신적 손해에 대한 국가배상청구권의 행사까지 금지하는 것은 법익의 균형성에도 위반된다. 라. 소결 – 이상과 같이 심판대상조항은 과잉금지원칙에 위반되어 관련자와 그 유족의 국가배상청구권을 침해한다.

제 5 절   손실보상청구권

이에 관해서는 앞의 재산권보장에서 살펴보았다(전술 제3장 제 6 절 제1항 Ⅳ. 참조).

제 6 절 형사보상청구권과 명예회복

Ⅰ. 형사보상청구권의 개념과 법규정

형사보상청구권은 국가가 무죄인 사람을 범죄피의자로 다루었거나 또는 범죄자로 판단하여 형벌을 가함으로써 그 사람에게 발생한 물질적·정신적 손실을 국가가 회복(전보)해줄 것을 요구할 수 있는 청구권이다.

우리 헌법 제28조는 "형사피의자 또는 형사피고인으로서 구금되었던 자가 법률이 정하는 불기소처분을 받거나 무죄판결을 받은 때에는 법률이 정하는 바에 의하여 국가에 정당한 보상을 청구할 수 있다"라고 규정하고 있다. 형사보상에 관한 일반 법률로는 "법률이 정하는 바에 의하여"라는 헌법의 위임에 따라 제정된 법률인 '형사보상 및 명예회복에 관한 법률'(이하 '형명법'이라 함)이 있다.

Ⅱ. 형사보상청구권의 법적 성격과 효력

형사보상의 본질에 대해 손해배상설, 손실보상설, 양분설 등이 견해를 달리하는데 우리나라에서는 손실보상설이 통설이다. 형사보상은 청구권으로서의 성격을 가진다. 형사보상청구권에 관한 헌법규정 자체가 직접적 효력을 가진다(직접효력설 - 우리나라의 통설).

Ⅲ. 형사보상청구권의 내용

1. 형사보상청구권의 성립요건

형사피고인뿐 아니라 형사피의자도 형사보상청구를 할 수 있으므로 형사피의자의 경우(피의자보상)와 형사피고인(피고인보상)의 경우로 나누어 본다(* 형사피고인은 공소가 제기되었던 사람이고 형사피의자는 공소가 제기되지 않았던 사람이다).

(1) 피의자보상의 경우
1) 구금(拘禁)되었을 것
신체의 자유가 박탈되는 구속의 상태, 즉 피의자가 구치소에 감금되는 등의 상태에서 수사를 받았어야 한다. 따라서 불구속상태에서 조사나 수사의 대상이 되었던 피의자는 형사보상을 받을 수 없다.

2) 법률이 정하는 불기소처분을 받았을 것

피의자로서 구금되었던 자 중 검사로부터 불기소처분을 받거나 사법경찰관으로부터 불송치결정을 받은 자는 국가에 대하여 그 구금에 대한 보상을 청구할 수 있다. 다만, 구금된 이후 불기소처분 또는 불송치결정의 사유가 있는 경우와 해당 불기소처분 또는 불송치결정이 종국적인 것이 아니거나 형사소송법 제247조에 따른 것일 경우에는 그러하지 아니하다(법 제27조 제1항). 사법경찰관 1차적 수사종결권 부여에 따라 2021년에 불송치결정 부분이 추가되었다.

본인이 수사 또는 재판을 그르칠 목적으로 거짓 자백을 하는 경우 등 동법이 정한 경우에 해당되면 보상의 전부 또는 일부를 지급하지 아니할 수 있다(법 동조 제2항).

3) 무과실책임

불기소처분에 이르게 된 데에 고의·과실이 있을 것을 요하지 아니한다. 다만, 고의·과실 유무는 보상금액산정에서의 고려사항이다(동법 제29조 제1항, 제5조 제2항).

(2) 피고인보상의 경우

1) 구금(拘禁)되었을 것

구금이란 피고인을 교도소에 감금하여 신체의 자유를 박탈한 상태로 두는 강제처분으로서 형사소송법상의 구금을 말한다. 이러한 구금이 되었을 것을 요하므로 불구속 상태로 기소되어 무죄판결을 받은 경우에는 보상을 받지 못한다.

2) 무죄의 판결을 받았을 것

'형명법'은 형사소송법에 따른 일반 절차 또는 재심이나 비상상고 절차에서 무죄재판을 받아 확정된 사건의 피고인이 미결구금(未決拘禁)을 당하였을 때, 상소권회복에 의한 상소, 재심 또는 비상상고의 절차에서 무죄재판을 받아 확정된 사건의 피고인이 원판결에 의하여 구금되거나 형 집행을 받았을 때를 청구사유로 규정하고 있다(동법 제2조 제1·2항). 형사미성년자, 심신장애의 사유로 무죄재판을 받은 경우나 본인이 수사 또는 심판을 그르칠 목적으로 거짓 자백을 하는 경우 등 동법이 정한 사유에 해당되면 법원은 재량으로 보상청구의 전부 또는 일부를 기각할 수 있다(동법 제4조).

3) 무과실책임

무죄재판이 나오게 된 데에 고의·과실이 있을 것을 불문한다. 다만, 고의·과실 유무는 보상금액산정에서의 고려사항이다(동법 제5조 제2항).

2. 청구기간, 청구

[청구기간, 헌법불합치결정, 연장] ⅰ) 헌법불합치 - 청구기간을 구 형사보상법 제7조가

피고인보상의 경우 무죄재판이 확정된 때로부터 1년으로 규정하고 있었는데 헌재는 법률관계의 신속확정 등의 필요성이 없으면서 신체의 자유라는 중대한 법익을 침해받은 국민의 기본권을 사법상의 권리보다도 가볍게 보호하는 것으로서 피해최소성원칙에 위배된다고 하여 헌법에 위반된다는 헌법불합치결정(2008헌가4)을 하였다. ⅱ) 연장 — 현행 '형명법'은 청구기간을 더 늘렸다(피고인보상의 경우 무죄재판이 확정된 사실을 안 날부터 3년, 무죄재판이 확정된 때부터 5년 이내(동법 제8조), 피의자 보상의 경우 불기소처분 또는 불송치결정의 고지 또는 통지를 받은 날부터 3년 이내(동법 제28조 제3항)). [청구할 법원, 청구방식] ⅰ) 관할법원 — 보상청구는 무죄재판을 한 법원에 대하여 하여야 한다(동법 제7조). ⅱ) 청구방식 — '형명법'이 규정하고 있다(동법 제9조).

3. 결정, 이의신청, 보상결정의 공시

[청구에 대한 결정] 보상의 청구가 이유 있을 때에는 보상결정을, 이유 없을 때에는 청구기각의 결정을 하여야 한다(동법 제17조). [청구결정에 대한 이의신청불가에 대한 위헌결정] 구 형사보상법 제19조 제1항은 청구가 이유 있을 때에 하는 보상의 결정에 대한 불복을 금지하고 있었는데(이유없어 기각하는 결정을 할 때에는 당시에도 현행처럼 즉시항고할 수 있게 하였음) 헌재는 형사보상청구권과 그 실현을 위한 재판청구권의 본질적 내용을 침해하는 위헌이라고 결정하였고(2008헌마514. 이 결정은 단심제에 대한 위헌결정으로서 앞의 재판청구권에서 인용되었고, 뒤의 4부 국가권력규범론, 사법부에서도 인용된다) 이후 현행 '형명법'은 보상결정, 기각결정 모두 즉시항고를 할 수 있다고 규정하고 있다(현행 동법 제20조 제1항). [보상결정의 공시] 법원은 보상의 결정이 확정되었을 때에는 보상결정의 요지를 관보에 게재하여 공시하여야 한다(동법 제25조 제1항).

4. 정당한 보상

헌법 제28조 자체도 '정당한' 보상을 직접 명시하고 있다. 정당한 보상이란 손실의 완전한 보상을 의미한다. '형명법'은 그 구금일수에 따라 1일당 보상청구의 원인이 발생한 연도의 「최저임금법」에 따른 일급(日給) 최저임금액 이상의 보상금을 지급하도록 규정하여 구 형사보상법에 비해 상향조정하였다(동법 제 5조 제1항).

Ⅳ. 명예회복

무죄재판 등이 확정되더라도 이를 널리 알리지 않으면 언론보도 등으로 훼손된 명예가 회복되기 어려우므로 이를 개선하기 위하여 무죄재판 등이 확정된 사실을 게재하도록 하는 명예회복의 제도를 두고 있다. 즉 '형명법'은 무죄재판을 받아 확정된 사건의 피고인은 확정된 무죄재판의 재판서를 법무부 인터넷 홈페이지에 게재하도록 청구할 수 있게 하고 있다(동법 제30조 이하).

제 7 절   범죄피해자구조청구권

I. 범죄피해자구조청구권의 개념과 의의 및 법규정

타인의 범죄행위로 인해 신체에 피해를 입은 국민이나 생명을 잃은 국민의 유족이 가해자(범죄자)로부터 그 피해에 대한 배상을 받지 못하거나 충분한 배상을 받지 못하여 생활에 어려움이 있을 때에 국가가 대신 그 구조를 해줄 것을 요구할 수 있는 권리가 범죄피해자구조청구권이다.

헌법 제30조는 "타인의 범죄행위로 인하여 생명·신체에 대한 피해를 받은 국민은 법률이 정하는 바에 의하여 국가로부터 구조를 받을 수 있다"라고 규정하고 있다. 이 헌법의 위임을 받아 제정된 일반적인 법률이 바로 범죄피해자 보호법이다.

II. 범죄피해자구조청구권의 법적 성격과 효력

범죄피해자구조청구권의 성격에 대해서, ① 국가배상청구권이라는 견해, ② 생존권(사회적 기본권)이라는 견해, ③ 청구권이자 생존권이기도 하다는 복합설이 대립되고 있다. 범죄피해자구조제도의 본질이 국가책임이자, 사회보장·생존의 보장을 위한 것에 있기에 범죄피해자구조청구권도 생존권적인 기본권이자 청구권으로서의 복합적인 성격을 가진다.

헌법 제30조를 입법방침규정으로 보는 견해도 있을 수 있으나 동조가 "법률이 정하는 바에 의하여"라고 규정한 것은 단순한 입법방침이 아니라 그 구조의 방법, 기준, 절차 등을 구체적으로 설정하도록 법률에 위임한 형성유보의 의미를 가지는 것일 뿐이다. 헌법 제30조 자체만으로도 구조를 요구할 국민의 권리가 나온다(직접효력설).

III. 범죄피해자구조청구권의 내용

1. 구조금수급주체

범죄피해자 보호법은 국가는 구조대상 범죄피해를 받은 사람이 다음 각 호의 어느 하나에 해당하면 구조피해자 또는 그 유족에게 범죄피해구조금을 지급한다고 규정하고 있다(법 제16조). 즉 1. 구조피해자가 피해의 전부 또는 일부를 배상받지 못하는 경우, 2. 자기 또는 타인의 형사사건의 수사 또는 재판에서 고소·고발 등 수사단서를 제공하거나 진술, 증언 또는 자료제출을 하다가 구조피해자가 된 경우이다.

외국인이 구조피해자이거나 유족인 경우에는 해당 국가의 상호보증이 있는 경우에만 적용한다(동법 제23조).

2. 수급요건

과거의 범죄피해자구조법에서는 범죄피해의 범위를 사망, 중장해로 규정하고 있었으나 현행 범죄피해자 보호법은 사망, 장해 또는 중상해까지 확대하고 있다(동법 제3조 제1항 제4호. 대한민국의 영역 밖에 있는 대한민국의 선박이나 항공기 안에서 행하여진 경우는 해당됨). 또한 과거 범죄피해자구조법과 달리 가해자의 불명 또는 무자력일 것을 수급요건에서 제외하여 범죄피해자의 구조범위를 확대하였다.

구조대상 범죄피해의 범위에 해외에서 발생한 범죄피해는 포함하고 있지 아니하다(동법 제3조 제1항 제4호). 구 범죄피해구조법의 경우에도 마찬가지였는데 이에 대해서는 합헌이라는 헌재의 결정이 있었다(2009헌마354).

범죄행위 당시 구조피해자와 가해자 사이에 부부, 직계혈족 등에 해당하는 친족관계가 있는 경우와 구조피해자가 해당 범죄행위를 교사 또는 방조하는 행위, 과도한 폭행·협박 또는 중대한 모욕 등 해당 범죄행위를 유발하는 행위 등을 한 때에는 구조금을 지급하지 아니한다(동법 제19조 제1항·제3항).

3. 피해구조금의 지급신청·결정절차

범죄피해자 보호법에 자세한 규정을 두고 있다. 구조금의 지급신청은 해당 구조대상 범죄피해의 발생을 안 날부터 3년이 지나거나 해당 구조대상 범죄피해가 발생한 날부터 10년이 지나면 할 수 없다(동법 제25조 제2항). 구 범죄피해자구조법은 범죄피해의 발생을 안 날로부터 2년 또는 당해 범죄피해가 발생한 날로부터 5년이 경과한 때에는 이를 할 수 없다고 규정하고 있었는데 이에 대해서는 합헌성을 인정하는 결정이 있었다(2009헌마354).

제 7 장

정보기본권

제 1 절 서설

I. 본 장의 의미

오늘날 컴퓨터, 인터넷, 스마트폰의 활용은 당연한 일상이 되어 정보의 집적, 활용 등이 더욱 용이해지고 빈번해졌다. 이에 더하여 제4차 산업혁명 속에 인공지능(AI)의 발달은 정보의 습득, 활용 등을 더욱 쉽게 하고 있다. 그러나 이로 인해 개인의 사적인 정보가 수집되고 유통, 확산되어 인격권 등 기본권의 침해가능성도 커지고 있다. 다른 한편으로는 정보를 검색하고 활용하여 알 권리를 넓혀가기도 한다. 정보를 둘러싼 중요한 헌법적 문제들, 특히 기본권과 관련한 문제들이 나타나고 그 중요성이 더해가고 있으며 과학기술의 발달과 더불어 그 양상도 변화무쌍하게 달리 나타나기도 한다.

정보, 정보기본권이란 용어 자체가 헌법에 규정되어 있는 것도 아니고 헌법개정 때 정보기본권의 장을 별도로 신설하자는 제안도 있어 왔지만 정보기본권에 대한 개념은 사실 확정적이지 않다. 그럼에도 정보기본권이란 이름으로 하나의 장에서 살펴보게 된 연유는 다음과 같다.

위에서 지적한 문제상황이 가져온 결과이긴 하겠으나 오늘날 정보를 둘러싼 헌법판례나 실무에서 사례들이 많이 나타나고 있다.

다른 한편으로 정보의 문제는 어느 개별 기본권 영역의 문제만을 담거나 관련성을 가지는 것이 아니다. 개인정보는 사생활을 영위할 자유뿐 아니라 인격권 등과도 연관된다. 알 권리는 교육을 받을 권리, 직업의 자유, 생존권 등과 연관된다. 그로 인해 응집적이지 않거나 분산적인 고찰이 이루어지기도 했다.

교과서로서는 다소 실험적일지는 모르나 이렇게 살펴본다고 하여 기존의 이론적 논의나 판례가 달리 정리될 것은 아니므로 앞으로 그 체계화의 시도라고 생각하면 되겠다. '정보기보권'이란 용어도 우선 잠정적으로 편의상 사용하는 것으로 하고 아래에서는 '정보 관련 기본권'이라고도 빈번히 부른다.

Ⅱ. 정보 관련 기본권의 기능, 특성, 과제

1. 기능

자신의 개인정보를 보호하고 지키게 함으로써 자아, 정체성의 보호도 이루어지게 된다. 다른 한편 공공정보에 대한 권리와 같이 생활에 필요한 지식의 전달과 습득을 가능하게 하고 지식을 토대로 판단을 행할 수 있게 하며 개인의 사상을 형성하고 인격을 형성, 발전시키는 데 기초를 제공하는 기능을 수행한다. 따라서 정보에 대한 권리는 개인의 자기결정권, 인격권 등의 향유를 위한 수단으로서 기능한다. 나아가 정보취득·교환·공유에 의한 의견·여론의 형성·표현 등을 통한 공동체 활성화 등을 가져오게 하나 그 역기능과 악용도 나타난다.

2. 특성

ⅰ) 적극적인 성격의 병존 – 개인정보가 침탈되지 않도록 막는다는 소극적인 성격뿐 아니라 자신의 정보가 수집되고 있는지 여부, 수집되었다면 어떻게 활용되고 있는지 등에 대해 알려줄 것을 요구하고 그것이 자신의 인격 등을 침해할 경우 구제해달라고 요구할 수 있는 적극적 성격도 가진다. ⅱ) 자아실현의 권리 – 특히 개인정보와 같은 경우에는 자신에 관한 정보를 관리함으로써 자아로서 자리잡고 인격체로서 활동하며 정체성을 유지할 수 있게 한다. ⅲ) 보조기능적 성격 – 그 자체로도 중요한 기본권실현이지만 정보기본권의 실현이 다른 기본권들을 행사하는 데 중요한 역할과 지원을 하는 경우도 있다. 예를 들어 개인정보에 대한 자기결정권은 인격권의 보호를 위한 역할을 한다. 알 권리는 그 행사를 통해 교육을 받을 권리, 나아가 근로기회를 찾을 권리(근로권) 등이 효과적으로 향유될 수 있게 지식을 제공하고, 각종 청구권을 행사할 수 있는 방법을 알게 되는 가능성이 열린다. ⅳ) 과학기술발전과의 연계성 – 정보의 수집과 활용에 과학기술이 접목되면서 오늘날 엄청난 정보사회가 자리잡게 되었고 정보관련 기본권들에 관한 문제들은 과학기술의 발전과 연계되어 나타난다. 정보과학기술의 발달로 인간생활에 긍정적인 편리함도 제공하지만 그 폐해도 낳게 한다.

3. 정보 관련 기본권 보장의 과제

정보를 둘러싼 다음과 같은 과제가 현대에서 중요하게 부각된다. ⅰ) 인간존엄성의 구현 – 특히 인공지능을 통한 개인정보의 수집이나 개인정보의 유출확산, 로봇활용을 통한 인간성 상실에 대한 무감각 등 점점 그 예후가 보이는 헌법적, 기본권론적 문제점들에 대한 대응이 갈수록 필요성과 중요성이 커져가고 있다. ⅱ) 정보소외·정보격차의 해소 – 발달된 정보매체를 보유하지 못하거나 이용기술을 알지 못하는 사람들은 오늘날 정보의 입수나 전달에 있어서 소외되기 마련이고(情報疎外), 정보능력을 가진 사람들과 정보격차(digital divide)와 정보차별이 있게 된다. 이에 대한 해소가 헌법의 평등원칙과 관련하여 중요해진다.

Ⅲ. 본 장의 내용과 구성

정보 관련 기본권으로서 오늘날 많이 다루어지는 대상은 개인정보에 관한 기본권과 공공정보 등에 대한 알 권리 등의 기본권이다. 전자의 개인정보는 개인의 인격, 사생활 관련 정보가 많아 그 보호에 관점을 두고 있고 후자의 알 권리는 적극적 공개에 관점을 두고 있어서 양자의 대조관계를 볼 수 있다.

이하에서는 개인정보와 개인정보자기결정권에 대해 먼저 알아보고 다음으로 알 권리(정보공개청구권)에 대해서 알아보고자 한다.

제 2 절 개인정보의 보호 및 개인정보자기결정권

Ⅰ. 개인정보와 개인정보자기결정권의 개념

1. 개인정보

[개념] 개인정보란 어느 특정인의 신분, 정체성을 나타내는 정보로서 성명, 번호(주민등록번호) 등과 그 외 그에게 고유한 여러 요소들을 참조하면 직접적, 간접적으로 그 사람의 것이라는 동일성이 확인되게 하는 정보를 말한다. 현행 개인정보보호법 제2조 제2호는 "개인정보"란 살아 있는 개인에 관한 정보로서 다음 각 목의 어느 하나에 해당하는 정보를 말한다. 가. 성명, 주민등록번호 및 영상 등을 통하여 개인을 알아볼 수 있는 정보 나. 해당 정보만으로는 특정 개인을 알아볼 수 없더라도 다른 정보와 쉽게 결합하여 알아볼 수 있는 정보. 이 경우 쉽게 결합할 수 있는지 여부는 다른 정보의 입수 가능성 등 개인을 알아보는 데 소요되는 시간, 비용, 기술 등을 합리적으로 고려하여야 한다. 다. 가목 또는 나목을 제1호의2에 따라 가명처리함으로써 원래의 상태로 복원하기 위한 추가 정보의 사용·결합 없이는 특정 개인을 알아볼 수 없는 정보(이하 "가명정보"라 한다)"라고 정의하고 있다. 성명, 주민등록번호 외에 사람마다 고유한 요소들로 지문이나 홍채, 치아 등을 들 수 있다. 또한 최근 과학의 발달로 발견이 가능해진 유전자정보 DNA 염기서열(게놈서열genomic sequence)도 중요한 개인정보이다.

[판례 – 다른 정보와 쉽에 결합하여 식별할 수 있는 정보] 그 예로 헌재도 DNA신원확인정보를 다른 정보와 쉽게 결합하여 당해 개인을 식별할 수 있는 정보로 본다(2011헌마28등. * 사안은 디엔에이신원확인정보를 데이터베이스에 수록, 관리할 수 있도록 규정하여 개인정보자기결정권을 침해한 위헌인가 하는 것이 문제되었는데 헌재는 과잉금지원칙을 준수한 것이라고 보고 합헌성을 인정하였다).

[정신적 요소, 사회활동 요소 포함 – 공적 영역 개인정보도 포함] 개인정보에는 이러한 신분에 관한 정보와 신체적, 육체적인 요소의 정보 외에 정신적 요소, 즉 그 사람의 사상, 신념, 성격 등에 관한 정신적 요소로 된 개인정보와, 사회적 활동의 상황을 보여주는 사회적 신분이나 지위, 정치적 성향, 노동조합의 가입여부 등에 관한 정보 등도 모두 포함한다.

[공적 생활에서 정보 포함] 개인의 사생활적 영역뿐 아니라 공적인 활동에서 생성되고 축적된 그 이력 등에 관한 사항들도 포함된다. 헌재도 마찬가지로 개인정보의 개념을 넓게 잡고 있다. 즉 헌재는 "개인정보자기결정권의 보호대상이 되는 개인정보는 개인의 신체, 신념, 사회적 지위, 신분 등과 같이 개인의 인격주체성을 특징짓는 사항으로서 그 개인의 동일성을 식별할 수 있게 하는 일체의 정보라고 할 수 있고, 반드시 개인의 내밀한 영역이나 사사(私事)의 영역에 속하는 정보에 국한되지 않고 공적 생활에서 형성되었거나 이미 공개된 개인정보까지 포함한다"라고 본다(2003헌마282).

2. 개인정보자기결정권

개인정보자기결정권이란 이러한 개인정보에 대한 조사수집, 처리, 보관, 활용, 공개 등에 관하여 어떻게 할 것인지의 결정과 그 통제를 개인정보를 가지는 주체가 스스로 할 수 있는 자율적 권리를 말한다.[390] 개인정보자기결정권은 사생활에 관한 개인정보의 노출 등을 막을 권리를 포함하기에 사생활의 비밀과 자유의 보장을 위한 권리이기도 하다. 그러나 사적인 은밀한 개인정보 외에도 위에서 본대로 넓게 개인정보를 인정하므로 사생활보장에만 관련되는 기본권은 아니고 개인의 인격권 등 다른 기본권들과도 관련성이 있다.

II. 개인정보자기결정권의 성격, 헌법적 근거, 법률

1. 개인정보자기결정권의 성격

소극적인 방해배제뿐 아니라 자기정보에 대한 적극적인 보호를 요구할 수 있는 기본권이라고 보아야 한다. 자신의 개인정보가 함부로 수집되거나 유출되는 것을 막는 방어적 자유권적

---

390) 헌법재판소는 "자신에 관한 정보가 언제 누구에게 어느 범위까지 알려지고 또 이용되도록 할 것인지를 그 정보주체가 스스로 결정할 수 있는 권리이다. 즉 정보주체가 개인정보의 공개와 이용에 관하여 스스로 결정할 권리를 말한다"라고 정의한다(99헌마513등; 2003헌마282등).

성격뿐 아니라 오늘날 개인정보가 잘못되었는지를 살펴보기 위해 적극적으로 접근하여 자신의 정보를 열람하고 오류가 있는 경우에 이를 시정해줄 것을 요구하는 등 통제하고 그 보호를 청구할 수 있는 적극적인 성격의 권리이기도 하다.

2. 개인정보자기결정권의 헌법상 근거

(1) 학설

개인정보자기결정권의 헌법상 근거가 ① 제10조의 인간의 존엄가치권에서 나온다고 보는 설, ② 헌법 제17조의 사생활의 비밀과 자유에서 나온다는 설, ③ 법 제10조와 제17조 등을 모두 복합적으로 그 근거로 한다고 보는 설, ④국민주권원리에서 나온다고 보는 설 등이 있다.

(2) 판례

헌재는 2005년에 개인정보자기결정권은 "독자적 기본권으로서 헌법에 명시되지 아니한 기본권"이라는 판시를 하였다가(99헌마513) 곧이어 "인간의 존엄과 가치, 행복추구권을 규정한 헌법 제10조 제1문에서 도출되는 일반적 인격권 및 헌법 제17조의 사생활의 비밀과 자유에 의하여 보장되는 개인정보자기결정권"이라고 판시하여 헌법 제10조와 제17조를 복합적으로 그 근거로 들고 있다(2003헌마282등. 동지: 2007헌마1092; 2011헌마28; 2014헌마463; 2012헌마191등; 2012헌마538; 2016헌마483 등). 헌재판례는 이제 헌법 제10조 제1문과 제17조를 함께 드는 것이 주류가 되어 있다(헌재 2020.8.28. 2018헌마927; 2019.9.26. 2017헌마1209; 2021.6.24. 2018헌가2 등). 대법원도 군의 민간사찰사건에서의 판결에서 같은 입장을 취한 바 있었다(대법원 1998.7.24. 96다42789).

(3) 사견

생각건대 개인정보자기결정권은 하나의 기본권이라는 점에서 비교적 직접적인 헌법상 근거로 헌법기초원리나 국가권력구조원칙 보다는 헌법상 기본권규정들에서 찾아야 할 것인데 기본권규정들 중 헌법 제10조 제1문의 인간의 존엄과 가치규정 및 헌법 제17조의 사생활의 비밀과 자유 규정이 근거가 된다. 복합설이 타당하다. 그 이유는 다음과 같다. ① 앞서 본대로 개인정보는 판례도 인정하듯이 사적 영역뿐 아니라 공적 사항에 관련된 사항들도 포함하고 이미 공개된 개인정보까지 포함하는데 헌법 제17조만 근거가 된다면 개인의 사생활에 관한 개인정보 외의 다른 개인정보를 보호하지 못하는 공백이 생긴다. 따라서 헌법 제10조에 의한 보호가 필요하고 헌법 제10조가 더 근본적인 근거가 된다. ② 헌법 제17조는 개인정보자기결정권의 자유권적인 측면의 근거는 될 수 있을 것이나 오늘날 개인정보자기결정권은 위 개념에서나 아래의 내용에서 보듯이 소극적인 배제권으로서의 자유권적 성격만이 아니라 적극적으로 열람하고 이

제 7 장 정보기본권 1305

를 시정할 것을 요구하는 청구권적 성격도 가지고 있으므로 이러한 청구권적 성격은 포괄적인 기본권인 헌법 제10조의 인간의 존엄과 가치권에서 나온다. ③ 개인정보에는 개인의 사생활로서 보호되어야 할 비밀사항 등도 있고 개인의 정체성 등 인격을 구성하는 요소를 이루는 것들이 있으므로 이의 침해는 명예 등 인격권의 침해를 가져오며 개인정보가 인격적 평가의 기초자료로 활용될 가능성이 크다는 점에서 헌법 제10조 제1문을 근거로 한다.

3. 보장 법률

현재 개인정보보호를 위한 법률로, 공공부문과 민간부문을 망라하여 국제 수준에 부합하는 개인정보 처리원칙 등을 규정하고, 국민의 사생활의 비밀 등을 보호하기 위하여 이전의 '공공기관의 개인정보보호에 관한 법률'을 폐지하여 공적, 사적 부문을 모두 아우르는 '개인정보보호법'이 시행되고 있다. 그 외 '정보통신망 이용촉진 및 정보보호 등에 관한 법률' '신용정보의 이용 및 보호에 관한 법률', '위치정보의 보호 및 이용 등에 관한 법률' 등이 있다.

III. 개인정보 내용과 개인정보자기결정권의 보호범위와 보호정도

1. 개인정보의 유형

개인정보는 여러 기준에 따라 분류될 수 있을 것이다. i) 그 정보가 관련되는 내용이나 영역에 따라 신분(상)(출신, 가족관계)정보, 건강·의료정보, 신용정보, 교육정보 등으로 분류될 수도 있을 것이다. ii) 중요한 분류로는 민감성의 차이에 따른 구분이다(이에 대해 아래에 살펴봄).

2. 개인정보자기결정권의 보호범위(내용)

개인정보자기결정권은 개인정보수집·이용자기결정권(개인정보주체의 동의없이 수집·이용되어서는 아니 되고 주체가 처리정지를 요구할 수 있다), 개인정보열람청구권(자신의 정보의 열람을 청구할 수 있다), 개인정보정정·삭제청구권 등을 그 내용으로 한다. 이러한 권리들의 보장에 관해서는 '개인정보보호법'등에 구체적 규정들을 두고 있다.

개인정보자기결정권의 보호범위에 있어서 중요한 것은 제3자 제공 동의 문제 등이 있다. 어느 국가기관이나 사인이 수집한 개인정보를 제3자인 다른 국가기관이나 사인에게 제공할 수 있는가 하는 문제이다(예: 학생들 급식에 제공되는 식자재의 농약검출 관련 정보를 가진 A기관이 아동보호업무를 하는 B기관에 그 정보를 제공할 수 있는지 하는 문제. 정보주체는 식자재 생산자이고 B기관이 제3자). 정보주체의 동의가 있는 경우 등에 허용되나 그 외 개인정보보호법에 규정이 있는데(동법 제17조 내지 제19조) 개인정보보호위원회의 심의의결 대상이 많이 되는 문제이다.

3. 개인정보의 보호정도

(1) 민감성에 따른 보호의 정도 차이

인종적 또는 민족적 출신, 종교신앙, 정치적 신조, 건강 또는 성적(性的) 생활에 관한 개인정보 등은 인격적 요소에 관련되거나 내밀성의 유지를 원하는 사적 영역에 속하는 성격을 가지므로 그 공개 등으로 사생활의 권리를 침해할 위험성이 더욱 강하다고 하여 이를 '민감한' 개인정보라고 한다. 개인정보는 그 정보가 민감한 것일수록 더 강한 보호를 받을 것이 요구된다. 헌재도 "민감한 개인정보의 경우에는 그 수집 내지 보유만으로 기본권 침해의 가능성이 크기 때문에 공개·활용에 있어서도 특별히 강화된 보호를 필요로 한다"라고 판시하고 있다(2010헌마293).

(2) 현행 개인정보보호법의 민감한 개인정보

현행 개인정보보호법은 민감정보를 "사상·신념, 노동조합·정당의 가입·탈퇴, 정치적 견해, 건강, 성생활 등에 관한 정보, 그 밖에 정보주체의 사생활을 현저히 침해할 우려가 있는 개인정보로서 대통령령으로 정하는 정보"라고 규정하고 이 민감정보는 그 수집 자체와 처리가 원칙적으로 금지되고, 예외적으로 정보주체의 동의가 있는 경우, 법령에서 처리를 요구하거나 허용하는 경우에는 처리가 가능하다(동법 제23조). * 교원의 교원단체 및 노동조합 가입에 관한 정보 — 이는 '개인정보 보호법'상의 민감정보로서 특별히 보호되어야 할 성질의 것이라는 판시가 있었던 결정례: 2010헌마293.

(3) 민감정보인지 여부에 관한 헌재판례
1) 민감정보로 인정한 판례

헌재가 민감정보로 인정한 예로 다음의 경우가 있다.

ⅰ) **병역면제사유로서 질병명** 헌재는 질병명은 내밀한 사적 영역에 근접하는 민감한 개인정보라고 인정하였고 이에 대한 공개의무가 지나치게 포괄적이고 광범위하여 헌법 제17조가 보장하는 기본권인 사생활의 비밀과 자유를 침해한다고 보아 헌법불합치결정을 하였다(2005헌마1139).

ⅱ) **가족관계증명서 및 기본증명서에 기재되는 정보** 여기에 기재되는 정보는 본인의 등록기준지·성명·성별·본·출생연월일 및 주민등록번호와 함께 부모·배우자·모든 자녀의 각 성명·성별·본·출생연월일 및 주민등록번호, 그리고 본인의 출생·사망·국적상실에 관한 사항과 친권·후견·개명 등과 같은 민감한 정보이다. 헌재는 가정폭력 가해자에 대한 별도의 제한

없이 직계혈족이기만 하면 사실상 자유롭게 그 자녀의 가족관계증명서와 기본증명서의 교부를 청구하여 가정폭력 가해자인 전 배우자에게 무단으로 유출될 수 있는 가능성을 열어놓고 있어 청구인의 개인정보자기결정권을 침해한다고 하여 개선입법을 위한 헌법불합치결정을 하였다 (헌재 2020.8.28. 2018헌마927. 이후 가정폭력피해자 명의의 등록사항별 증명서에 대한 교부 등 제한 등을 담은 '가족관계의 등록 등에 관한 법률'의 관련법규정들 개정이 2021. 12. 28. 이루어졌다).

iii) 요양급여내역   헌재는 요양급여내역은 건강에 관한 정보로서 '개인정보 보호법' 제23조 제1항이 규정한 민감정보에 해당한다고 본다. 사안은 혐의자 검거를 위해 경찰서장이 요청한 이 내역을 국민건강보험공단이 제공한 행위가 문제된 것이다. 헌재는 헌법 제37조 제2항의 과 잉금지원칙을 준수하여야 한다고 하면서 그 침해최소성을 판단함에 있어서 국민건강보험공단 은, 두 가지 요건, 즉 정보주체 또는 제3자의 이익을 부당하게 침해할 우려가 있을 때를 제외하고 범죄의 수사를 위하여 필요한 경우 개인정보를 제공할 수 있게 한 개인정보보호법 제18조 제2항 제7호 및 동법 제23조 제1항 제2호 등에 따라 ㉠ 범죄의 수사를 위하여 불가피한 경우 ㉡ 정보주체 또는 제3자의 이익을 부당하게 침해할 우려가 있을 때를 제외하고 민감정보를 경찰서장에게 제공할 수 있다고 보았다. 헌재는 이 요건들을 갖추지 못하여 침해최소성을 갖추지 못했고 또 법익균형성도 없어 결국 과잉금지원칙을 위배한 위헌이라고 확인한 것이다(헌재 2018.8.30. 2014헌마368). * 비교할 결정례: 헌재는 경찰서장이 활동지원급여 부정 수급 사건의 수사를 위하여 필요하다는 사유로 장애인복지관, 노인센터 등에 소속된 활동보조인들의 인적사항, 휴대전화번호 등, 수급자의 인적사항, 휴대전화번호 등을 확인할 수 있는 자료를 시장에게 요청하였고 시장이 위 정보를 제공한 행위는 과잉금지원칙을 준수하여 침해가 아니라고 판단하였다(헌재 2018.8.30. 2016헌마483).

iv) 통신사실 확인자료(가입자의 전기통신일시, 전기통신개시·종료시간 등)

헌재는 이들 확인자료는 내용적 정보는 아니지만 전자는 위치 이동상황 제공이라는 점에서 (2012헌마191등), 후자는 여러 정보의 결합과 분석을 통해 정보주체에 관한 정보를 유추해낼 수 있는 정보로서(2012헌마538) '민감한' 정보라고 한다. 전자의 제공요청, 후자의 열람·제출 요청 허용을 넓게 인정하는 구 통신비밀보호법 규정들에 대해 침해최소성 결여라고 보아 헌법불합치결정들이 내려졌다(이 결정들은 후술 참조).

v) 실효된 형의 범죄경력 공개   헌재는 "전과기록은 내밀한 사적 영역에 근접하는 민감한 개인정보에 해당한다"라고 한다.

2) 민감성 부정(엄격보호성의 부정)

헌재가 민감성을 부정한 예로는 아래의 정보들이 있다.

i) 기초정보, 전화번호   헌재는 "이름과 생년월일, 주소는 개인을 식별하기 위해서 필요한 가장 기초적인 것"으로서 그 자체로 엄격한 보호의 대상이 아니라고 하고 전화번호도 수사과정에서 연락을 하기 위해 필요하고 그 자체로 개인의 존엄과 인격권에 심대한 영향을 미칠 수

있는 민감한 정보가 아니라고 본다(2016헌마483. [결정요지] 자세한 것으로 후술 참조).

ii) **개인식별정보**   교육감 등이 졸업생의 성명, 생년월일 및 졸업일자 정보를 교육정보시스템(NEIS)에 보유하는 행위 - 헌재는 성명, 생년월일은 최소한의 개인식별정보로서 모든 행정업무 처리에 불가결한 기초정보이고, 졸업일자는 개인에 관한 의미있는 정보이기는 하지만 개인의 인격에 밀접히 연관된 민감한 정보라고 보기는 어렵다고 한다(2003헌마282등).

iii) **데이터베이스에 수록되는 DNA신원확인정보**   헌재는 개인식별을 위하여 필요한 사항만이 포함된 최소한의 정보로 민감한 정보라고 보기 힘들다고 판단했다(2011헌마28등).

Ⅳ. 여러 유형의 개인정보와 여러 영역에서의 개인정보자기결정권

그동안 헌재 판례에서 문제되었던 개인정보들을 그 성질 내지 본질에 관련한 유형화를 해보고 여러 영역에서의 개인정보자기결정권의 문제들을 살펴본다.

1. 신체적 정보

(1) 의미

대표적으로 지문이나 홍채, 초상(얼굴), 목소리, DNA 등에 관한 정보가 신체적 정보이다. 지문이나 홍채, 초상, 목소리 등에 관한 정보는 신분정보 내지, 정체성정보로도 연관된다(그래서 DNA정보와 같이 뒤의 신분(신원)정보에서 보기도 한다). 신체의 건강에 관한 정보도 포함해서 볼 수 있다.

(2) 지문정보

대표적으로 지문정보를 본다. 지문은 각 개인에 유일하고 고유한 모양으로 존재하므로 개인의 정체성, 동일성을 인식하게 하는 흔적이므로 지문의 수집, 이용은 개인정보의 수집, 이용이다. 지문날인제도가 범죄자 등 특정인만이 아닌 17세 이상 모든 국민의 지문정보를, 그것도 한 손가락만이 아니라 열 손가락 모두의 지문정보를 수집·보관·전산화·이용하는 것이 개인정보자기결정권 침해하여 위헌이라는 주장의 헌법소원심판이 청구되었다. 그러나 헌재는 지문의 손상 등으로 인하여 한 손가락만의 지문정보로는 신원확인이 불가능하게 되는 경우가 발생할 수 있고, 그 정확성 면에 있어서도 열 손가락 모두의 지문을 대조하는 것과 비교하기 어려운 점, 다른 여러 신원확인수단 중에서 정확성·간편성·효율성 등을 고려해 볼 때, 피해 최소성의 원칙에 어긋나지 않는다고 하여 비례(과잉금지)원칙을 준수한 제한이라고 보아 합헌성을 인정하였다(헌재 2005.5.26. 99헌마513등).

2. 신분(신원)정보, 정체성정보

(1) 의미

이름, 출생연월일, 주민등록번호 등 개인의 신분을 파악할 수 있게 하는 정보이다. 이는 정체성정보라고도 할 수 있다. 가족관련 정보도 이에 속한다.

(2) 주민등록번호 문제
1) 주민등록법상의 개인정보보호규정

주민등록번호 등의 유출로 개인정보가 침해될 수 있다. 이에 대한 대비로 현행 주민등록법은 주민등록업무에 종사하거나 종사하였던 자 또는 그 밖의 자로서 직무상 주민등록사항을 알게 된 자는 다른 사람에게 이를 누설하여서는 아니 되도록 하고 이를 어긴 경우에 처벌하도록 하고 있다(동법 제31조 제3항, 제37조 제7호). 또한 법률에 따르지 아니하고 영리의 목적으로 다른 사람의 주민등록번호에 관한 정보를 알려주는 자를 처벌하도록 규정하고 있다(동법 제37조 제9호).

2) 개인정보보호법규정 – 본인동의라도 수집불가, 법령에 의한 예외 등

[본인동의있어도 수집불가] 주민등록번호는 본인이 동의를 하여도 수집이 불가능하고 법령이 요구하거나 허용하는 경우, 정보주체 또는 제3자의 급박한 생명 등의 이익을 위한 경우 등 법소정의 경우에만 가능하다(개인정보보호법 제24조의2 제1항), [정보통신서비스 제공자 수집 허용] 법령이 수집을 허용하는 예외로 이를 허용하는 '정보통신망 이용촉진 및 정보보호 등에 관한 법률' 제23조의2 제1항 제1호에 대해 헌재는 본인확인기관은 본인확인업무라는 한정된 목적을 위해 이용자의 동의를 받아 그가 동의한 기간에만 주민등록번호를 수집·이용할 수 있으므로 침해최소성에 위반되지 않는 등 과잉금지원칙을 준수하여 합헌이라고 결정하였다(2014헌마463).

3) 주민등록번호 변경가능성

주민등록번호가 유출되면 그 피해가 심각하다. 주민등록번호가 우리나라에서는 만능키(연결자)로 가족관계는 물론이고 금융, 건강, 직장 등 많은 사항들이 알려질 수 있다. 그런데도 주민등록법제상 그 변경을 허용하지 않아 왔다. 그런데 헌재는 주민등록번호 변경에 관한 규정을 두고 있지 않은 구 주민등록법 제7조의 입법부작위의 위헌성을 인정하면서 헌법불합치결정을 하였다. 헌재가 위헌이라고 본 이유는 다음과 같다. 주민등록번호는 단순한 개인식별번호에서 더 나아가 표준식별번호로 기능함으로써, 결과적으로 개인정보를 통합하는 연결자(key data)로 사용되고 있는바, 개인에 대한 통합관리의 위험성을 높이고, 주민등록번호가 불법 유출 또는 오·남용되는 경우 개인의 사생활뿐만 아니라 생명·신체·재산까지 침해될 소지가 큰 등 해악이 현실화되고 있는데 이러한 현실에서 주민등록번호 유출 또는 오·남용으로 인하여 발생할 수 있는 피해 등에 대한 아무런 고려 없이 주민등록번호 변경을 일률적으로 허용하지 않은 것은 그 자체로 개인정보자기결정권에 대한 과도한 침해가 될 수 있다고 보았다. 또 주민등록번호 변경을 허용하더라도 변경 전 주민등록번호와의 연계 시스템을 구축하여 활용한다면 개인식별기능과 본인 동일성 증명기능이 충분히 이루어질 것이고, 객관성과 공정성을 갖춘 기관의 심사를 거쳐 변경할 수 있도록 한다면 주민등록번호 변경절차를 악용하려는 경우를 차단할 수 있으며, 사회적으로 큰 혼란을 불러일으키지도 않을 것이므로 주민등록번호 변경에 관한 규정을 두고 있지 않은 위 조항은 과잉금지원칙을 위반하여 개인정보자기결정권을 침해한다[(헌재 2015.12.23. 2013헌바68. 법개정: 위 헌법불합치결정 이후 주민등록법이 2016.5.29. 개정되어 제7조의4를 신설하여 변경제도를 도입하였다. 주민등록번호변경위원회의 심사·의결로 변경을 결정하도록 하고 있다(동법 제7조의5)).

(3) 신상정보 등록제도

1) 일정 성폭력범죄 유죄 확정자에 대한 신상정보등록제도의 합헌성 인정 결정례들

이 결정들은 과잉금지원칙을 준수하여 합헌성이 인정된 결정들이다. 그 결정들로 다음과 같은 결정들이 있었다. ① 성폭력범죄의처벌등에관한특례법위반(카메라등이용촬영, 카메라등이용촬영미수)죄로 유죄판결이 확정된 자에 대한 신상정보 등록 제도(2014헌마340등. * 그러나 그 보존·관리기간이 20년은 침해최소성을 갖추지 못하여 과잉금지원칙을 위반한 개인정보자기결정권의 침해로 헌법불합치결정이 내려졌다. 이에 대해서는 아래 2) 참조). ② 형법상 강제추행죄로 유죄판결이 확정된 자에 대한 신상정보 등록(2013헌마423등). ③ 위 형법상 강제추행죄로 유죄판결이 확정된 자에 대한 신상정보 등록에 관한 동지의 개정 규정에 대한 동지의 합헌성 인정결정(2014헌마637등). ④ 강간, 주거침입강간상해의 범죄로 유죄판결이 확정된 자의 신상정보 등록(2016헌마964). ⑤ 성폭력범죄의처벌등에관한특례법위반(주거침입준강제추행)죄로 유죄판결이 확정된 자를 신상정보 등록대상자가 되도록 한 부분(2016헌마786). ⑥ 공중밀집장소추행죄로 유죄판결이 확정된 자를 신상정보 등록대상자가 된다고 규정한 구 '성폭력범죄의 처벌 등에 관한 특례법' 조항(2016헌마1124; 2019헌마699). ⑦ 아동·청소년이용음란물 배포 및 소지 행위로 유죄판결이 확정된 자는 신상정보 등록대상자가 된다고 규정한 구 '성폭력범죄의 처벌 등에 관한 특례법' 조항(2016헌마656).

2) 카메라등이용촬영범죄자 신상정보 20년 보존관리의 위헌성

① 헌법불합치결정 - 구 '성폭력범죄의 처벌 등에 관한 특례법'의 '카메라등이용촬영, 동미수죄로 유죄가 확정된 자는 신상정보 등록대상자가 되도록 규정한 동법 규정은 합헌이나 등록대상자의 등록정보를 20년 동안 보존·관리하도록 규정한 동법 제45조 제1항은 형사책임의 경중, 재범위험성을 전혀 고려하지 않고 모든 대상범죄에 일률적으로 20년 등록기간을 적용하고 또한 정해지고나면 재범위험성이 줄어들었다는 점을 입증하여 등록기간단축 등을 받기 위

한 심사를 받을 수 있는 여지도 부여하지 않아 개인정보자기결정권을 과잉금지원칙(피해최소성, 법익균형성)을 위배하여 침해하고 있다고 보아 헌법불합치라고 결정하였다(헌재 2015.7.30. 2014 헌마340등). ② 개정된 규정에 대한 합헌성 인정 - 헌재의 위 헌법불합치결정 이후 위 특례법 성범죄 선고형의 종류, 경중에 따라 30년, 20년, 15년, 10년으로 변경되는 등 개정이 있었다. 이 개정된 동법 동조 동항(특례법 제45조 제1항) 제3호가 신상정보 등록의 원인이 된 성범죄로 3년 이하의 징역·금고형을 선고받은 사람에 대해 15년 동안 신상정보를 보존·관리하도록 규정한 데 대해 헌법소원심판이 또다시 청구되었다. 헌재는 재범의 위험성이 낮아진 경우 신상정보의 등록을 면할 수 있는 수단도 마련되어 있으므로 침해의 최소성이 인정된다고 하여 합헌성을 인정하였다(2017헌마396).

3) 변경내용 제출 의무조항, 대면확인조항, 배포조항의 합헌성 인정

일정 성폭력범죄 유죄 확정자에 대한 신상정보 등록제도에 있어서 변경내용 제출 의무조항, 대면확인조항, 배포조항에 대해 헌재는 모두 과잉금지원칙을 지켜 침해가 아니라고 보아 합헌성을 인정하는 결정을 하였다(2014헌마457. * 제출조항에 대한 동지 결정: 2016헌마109; 2016헌마964; 2017헌마399; 2018헌마1067. * 연락처 정도 추가되는 개정된 신 제출조항에 대한 동지의 결정: 2017헌바149).

4) 신상정보 공개·고지명령을 소급적용하는 '성폭력범죄의 처벌 등에 관한 특례법' 부칙 규정들

헌재는 위 규정들이 소급처벌금지원칙에 위배되지 않고 과잉금지원칙을 준수하여 인격권 및 개인정보자기결정권을 침해하지 않는다고 보았다(2015헌바196등).

(4) 디엔에이(DNA)신원확인정보

"범죄수사 및 범죄예방에 이바지하고 국민의 권익을 보호함을 목적으로" '디엔에이신원확인정보의 이용 및 보호에 관한 법률'(2010.1.25. 법률 제9944호로 제정된 것, 이하 '법'이라고도 함)이 시행되고 있다.

[디엔에이신원확인정보의 특성 - 개인식별정보] 헌재는 그 특성으로 디엔에이신원확인정보는 개인의 동일성을 확인할 수 있는 하나의 징표일 뿐 종교, 학력, 병력 등과 같이 정보주체의 신상에 대한 인격적·신체적·사회적·경제적 평가가 가능한 내용이 담겨 있지 아니하므로, 그 자체로는 타인의 평가로부터 단절된 중립적인 정보라고 할 수 있고, 누구나 손쉽게 정보주체를 확인할 수 있는 성명, 사진, 주민등록번호 등과는 달리, 인적관리시스템에서 인적사항 등과 식별코드를 확인해야만 정보주체의 확인이 가능하다는 점을 들고 있다(2016헌마344등).

[구체적 쟁점] 헌재는 '디엔에이신원확인정보의 이용 및 보호에 관한 법률'의 개인정보자기결정권 관련 여러 쟁점조항들[1. 디엔에이감식시료 채취 대상자가 사망할 때까지 디엔에이신원확인정보를 데이터베이스에 수록, 관리할 수 있도록 한 규정(이하 '삭제조항'), 2. 디엔에이신원확인정보담당자가 디엔에이신원확인정보를 검색하거나 그 결과를 회보할 수 있도록 한 규정(이하 '검색·회보조항'),

3. 이 법률 시행 당시 디엔에이감식시료 채취 대상범죄로 이미 징역이나 금고 이상 형이 확정되어 수용 중인 사람에게 이 법률을 적용할 수 있도록 규정한 이 법률 부칙 규정(이하 '이 사건 부칙조항'이라 한 다)이 과도하게 신체의 자유 및 개인정보자기결정권을 침해하는지 여부]을 판단한 바 있다. 헌재는 재 범방지 필요성, 민감정보가 아니고(최소한의 정보인 단순한 숫자에 불과) 사용·제공·누설 금지 및 위반시 처벌, 데이터베이스 보안장치 등을 두고 있어서 침해최소성 원칙에 위배되지 않고 소급적용하는 것은 범죄의 중대성과 형 종료 상황 등 입법형성권을 행사함에 있어서 합리적으 로 참작할 수 있는 요소로서 입법형성권의 범위 내에 있다고 할 수 있으므로 침해의 최소성 원 칙에 위배되지 않는다고 보았다(2011헌마28등).

   * 쟁점 1, 즉 삭제조항에 대한 동지의 합헌성 인정결정 헌재 2018.8.30. 2016헌마344등(* 이 결정은 위 법조문에서 본 대로 개인정보자기결권 침해성은 부정되어 이처럼 동지결정례가 되었으나 동법 제8조가 재판청구권을 침해하였다고 하여 그 조문에 대한 헌법불합치결정이 있었다); 2017헌마1326.

(5) 본인확인제(실명제)
1) 일반적 인터넷본인확인제(실명제) 위헌결정

   인터넷게시판을 설치·운영하는 정보통신서비스 제공자(일일 평균 이용자 수가 10만 명 이상이 면서 대통령령으로 정하는 기준에 해당되는 자)에게 본인확인조치의무를 부과하여 게시판 이용자 로 하여금 본인확인절차를 거쳐야만 게시판을 이용할 수 있도록 하는 본인확인제를 규정한 구 '정보통신망 이용촉진 및 정보보호 등에 관한 법률'(2008.6.13. 개정된 것) 제44조의5 제1항 제2 호, 같은 법 시행령(2009.1.28. 대통령령 제21278호로 개정된 것) 제29조, 제30조 제1항에 대해 헌 재는 과잉금지원칙에 위배하여 인터넷게시판 이용자의 표현의 자유(익명표현의 자유), 개인정보 자기결정권 및 인터넷게시판을 운영하는 정보통신서비스 제공자의 언론의 자유를 침해한다고 결정하였다. 헌재는 개인정보자기결정권을 제약하지 않는 다른 수단(인터넷주소 추적, 당해 정보 의 삭제, 손해배상, 형사처벌 등)에 의해서도 건전한 인터넷 문화조성이라는 목적달성이 가능함에 도 과도한 제한을 하여 침해최소성이 없는 등 위헌이라고 보았다(헌재 2012.8.23. 2010헌마47등. 보다 자세한 [결정요지]는 앞의 표현의 자유의 인터넷규제 부분 참조).

2) 인터넷선거운동에서의 실명제

   반면 헌재는 인터넷 게시판 등을 통한 '선거운동'에서의 공직선거법상 실명제에 대해서는 합헌성을 인정하는 결정들을 한 바 있었다(2008헌마324등; 2012헌마734등). 그러나 헌재는 결국 2021.1.28.에 선거운동에 관한 실명확인제를 규정한 공직선거법 제82조의6 제1항 등이 과잉금 지원칙을 위반한 개인정보자기결정권의 침해로 보고 위헌결정을 하였다(2018헌마456등). 선거 의 공정성이라는 목적은 인터넷 이용자의 표현의 자유나 개인정보자기결정권을 제약하지 않는 다른 수단(공직선거법상 다른 규제들, 정보통신망법에 의한 삭제요청 등)에 의해서도 충분히 달성할 수 있다는 점 등에서 피해최소성을 갖추지 못하여 위헌이라고 본 것이다[* 개인정보자기결정권 외에 인터넷게시판 이용자의 표현의 자유(익명표현의 자유)도 침해하여 위헌이라고 결정하였으므로 보다 자세한 결정요지는 앞의 언론자유 중 인터넷규제 부분 참조].

3) 합헌성 인정 결정례

(가) 청소년유해매체물 제공자에 대한 이용자 본인확인 의무 부과   정보통신망을 통해 청소년유해매체물을 제공하는 자에게 이용자의 본인확인 의무를 부과하고 있는 청소년 보호법(2011.9.15. 전부개정된 것) 제16조 제1항 및 본인확인을 위해 공인인증서, 아이핀(I-PIN), 휴대전화를 통한 인증 방법 등을 정하고 있는 청소년 보호법 시행령(2012.9.14. 전부개정된 것) 제17조가 아이핀, 휴대전화를 통한 본인인증 방법은 과거 무분별한 주민등록번호 수집에 대한 반성적 고려에서 마련된 것으로, 정확한 본인확인이 이루어질 수 있도록 하면서도 개인정보의 제공, 보유를 최소화하기 위해 고안된 방안이고 나아가 이용자가 자율적으로 개인정보 제공에 대하여 동의하지 않는 한 개인정보를 수집·보관할 수 없으므로 침해최소성을 갖추는 등 과잉금지원칙을 지켜 개인정보자기결정권을 침해하지 않는다고 보아 합헌성이 인정되었다(2013헌마354).

(나) 휴대전화 가입 본인확인제   휴대전화 통신계약 체결(가입)을 위해 전기통신사업자로 하여금 계약 상대방에게 본인임을 확인할 수 있는 증서 등을 제시하도록 요구하고, 부정가입방지시스템 등을 이용하여 본인 여부를 확인하도록 한 전기통신사업법 제32조의4 제2항, 제3항 등 – 헌재는 개인정보 수집에 따른 유출 등 부작용을 방지할 적절한 통제장치를 둠으로써 개인정보자기결정권의 제한을 최소화하고 있어서 침해최소성을 준수한 합헌이라고 본다(2017헌마1209).

(6) 개인을 알아볼 수 있는 '영상' 정보 – 어린이집 CCTV 열람 영유아보육법 조항

보호자가 자녀 또는 보호아동의 안전을 확인할 목적으로 어린이집 CCTV 영상정보 열람을 할 수 있도록 정한 영유아보육법(2015.5.18. 개정된 것) 제15조의5 제1항 제1호가 과잉금지원칙을 지켜 어린이집 보육교사(그리고 열람 요청을 한 보호자의 영유아를 제외한 다른 영유아)의 개인정보자기결정권을 침해하지 않는다고 보아 합헌성이 인정되었다. 안전사고 내지 아동학대 여부를 확인하기 위한 목적으로만 CCTV 열람 제도가 활용되도록 정하고 있고, 어린이집 원장은 정당한 이유가 없는 경우 열람 요청을 거부할 수 있으며 열람 시간 지정 등을 통해 어린이집 운영이나 보육활동에 지장이 없도록 보호자의 CCTV 열람 요청에 대해 적절히 대응할 수 있으므로 침해최소성을 갖추는 등 과잉금지원칙을 준수하여 합헌이라고 보았다(2015헌마994).

(7) 인구주택총조사(census)에서의 방문 면접조사

통계청장이 2015. 11. 1.부터 2015. 11. 15.까지 2015 인구주택총조사의 방문 면접조사를 실시하면서, 담당 조사원을 통해 청구인에게 피청구인이 작성한 2015 인구주택총조사 조사표의 조사항목들에 응답할 것을 요구한 행위(이하 '심판대상행위'라 한다)에 대해 헌법소원심판이 청구되었다. 헌재는 인구주택총조사 조사표의 조사항목들은 성명, 나이, 종교 등과 같은 '가구원에 관한 사항', 가구 구분, 거주기간 등과 같은 '가구에 관한 사항', 거처의 종류, 총 방수 등과 같은 '주택에 관한 사항'으로 구성되어 있는데, 이는 개인의 인격주체성을 특징짓는 사항들로서 독자적으로 또는 결합하여 그 개인의 동일성을 식별할 수 있게 하는 정보라고 본다. 헌재는 법률유보원칙을 위배하지 않은 개인정보자기결정권의 제한이고 또 포괄위임금지원칙을 준수한 개인정보자기결정권의 제한이며 그리고 불필요한 항목들 폐지, 조사기간대가 방문 면접조사를 실시하기에 불합리할 정도로 이르거나 늦은 시간이 아니며 표본조사 대상 가구의 개인정보 남용을 방지할 수 있는 여러 제도적 장치도 충분히 마련되어 있어서 침해최소성도 갖추어 과잉금지원칙도 준수하여 개인정보자기결정권의 침해가 아니라고 하여 결국 합헌성을 인정하였다(헌재 2017.7.27. 2015헌마1094).

(8) 명예(인격주체성) 관련된 개인 동일성 식별 정보

① 일정 범죄 '혐의없음' 불기소처분 수사경력자료 일정기간 불삭제(보존) - 법정형이 장기 2년 이상의 징역·금고에 해당하는 죄의 혐의가 있었는데 검사의 혐의없음의 불기소처분이 있는 경우 처분이 있는 날부터 5년이 경과 한 때에 전산입력된 수사경력자료의 해당 사항을 삭제한다고 규정한 구 '형의 실효 등에 관한 법률' 제8조의2(수사경력자료의 정리) 제1항 제1호, 제2항 제2호의 해당 부분이 문제된 사안이다. 여기의 수상경력자료에 대해 헌재는 "개인의 명예와 관련되어 인격주체성을 특징짓는 사항으로서 그 개인의 동일성을 식별할 수 있게 하는 정보"라고 본다. 헌재는 그러나 그 개인정보의 이용범위가 제한적이고 그 누설이 엄격히 금지되며, 이를 위반한 자는 형사처벌될 수 있는 점, 개인정보의 법정 보존기간이 합리적 범위 내에 있다고 여겨지는 점 등을 고려하면 침해최소성을 갖추어 합헌성을 인정하였다(2008헌마257).

② 채무불이행자명부, 그 부본은 누구든지 보거나 복사할 것을 신청할 수 있도록 한 민사집행법 규정 - 이렇게 규정한 민사집행법 제72조 제4항(2002.1. 26. 법률 제6627호로 제정된 것)에 대해 헌재는 채무불이행자 명부에 기재된 사항들은 채무자 개인의 명예와 관련되어 인격주체성을 특징짓는, 개인의 동일성을 식별할 수 있게 하는 개인정보이나 명부의 열람은 채무불이행자명부제도의 본질상 반드시 필요하고, 민사집행법은 그 명부를 인쇄물 등으로 공표되어서는 아니된다고 규정하는 등 복사된 명부의 남용위험은 크지 않아 최소침해성원칙에 반하지 않아 채무불이행자명부에 등재된 사람들의 개인정보자기결정권을 침해하지 않는다고 본다(2008헌마663. 이 결정은 4인 소수의견 법정의견의 기각결정).

(9) 경찰의 채증촬영행위

J경찰서 소속 채증요원들은 집회 참가자들이 신고장소를 벗어난 다음 경찰의 경고 등의 조치가 있을 무렵부터 채증카메라 등을 이용하여 집회참가자들의 행위, 경고장면과 해산절차장

면 등을 촬영한 행위에 대해 헌재의 법정의견은 과잉금지원칙을 위배하지 않아 초상권, 개인정보자기결정권, 집회의 자유를 침해하지 않았다고 보아 기각결정을 하였다(헌재 2018.8.30. 2014헌마843. 앞의 인격권, 초상권 부분 참조).

3. 관계정보: 가족관계에서의 개인정보 – 위헌성 인정례

① 형제자매의 가족관계증명서 등 교부청구 위헌결정 – 헌재는 형제자매가 가족관계증명서, 혼인관계증명서 등의 교부를 청구할 수 있게 규정한 구 '가족관계의 등록 등에 관한 법률'(2007.5.17. 법률 제8435호로 제정된 것) 제14조 제1항 본문 중 '형제자매' 부분은 민감정보를 담고 있고 형제자매도 반목하여 오남용, 유출할 수 있음에도 교부청구권자의 범위를 필요최소로 한정한 것이 아니어서 침해최소성에 위배되어 개인정보자기결정권을 침해한 것으로 위헌이라고 결정하였다(헌재 2016.6.30. 2015헌마924). 이후 형제자매 부분은 삭제되었다.

② 직계혈족에 대한 가족관계증명서 및 기본증명서 교부 청구제도에서의 가정폭력 피해자의 개인정보를 보호하기 위한 구체적 방안을 마련하지 아니한 부진정입법부작위의 개인정보자기결정권의 침해로 위헌성이 인정되어 헌법불합치결정이 내려졌다(◐ 판례 헌재 2020.8.28. 2018헌마927. 앞의 민감정보 부분 참조).

4. 사상(신념)정보, 정치적 견해 정보

개인정보보호법은 사상·신념, 정치적 견해에 관한 개인정보를 민감정보로 규정하고 있다(동법 제23조 제1항).

(1) 사상(신념)정보

개인이 가지는 세계관, 가치관, 철학 등 그의 사상과 신념, 신조에 관한 정보이다. 신앙, 종교에 관한 정보도 사상의 개념을 넓게 잡는다면 포함된다.

(2) 개인의 정치적 견해에 관한 정보 – 이른바 '문화예술계 블랙리스트' 사건

헌재는 정치적 견해는 개인의 인격주체성을 특징짓는 개인정보에 해당한다고 본다. 또한 피청구인 대통령의 지시로 피청구인 대통령 비서실장, 정무수석비서관, 교육문화수석비서관, 문화체육관광부장관이 야당 소속 후보를 지지하였거나 정부에 비판적 활동을 한 문화예술인이나 단체를 정부의 문화예술 지원사업에서 배제할 목적으로, 청구인 등의 정치적 견해에 관한 정보를 수집·보유·이용한 행위는 법령상 근거가 없는 것으로 법률유보원칙에 반하고 목적정당성도 없어 개인정보자기결정권을 침해한 것으로서 위헌임을 확인한다는 결정을 한 바 있다(◐ 헌재 2020.12.23. 2017헌마416).

5. 활동 경력 정보

개인이 활동해 온 또 하고 있는 활동에 대한 정보로서 학력, 학교에서의 받은 평가성적, 학업생활기록, 시험성적, 경력 관련 정보 등이 해당된다. 여기에는 사회활동적 경력정보, 취업·고용경력, 근무상황·경력 등도 해당이 된다. 개인정보보호법은 건강, 성생활 등에 관한 정보, 노동조합·정당의 가입·탈퇴 등에 관한 정보에 관한 개인정보는 민감정보로 규정하고 있다(동법 제23조 제1항).

6. 생명공학연구와 개인정보보호

생명공학연구에서는 DNA 등 개인정보를 다루게 되어 그 보호가 문제된다. 이에 관해서는 현재 '생명윤리 및 안전에 관한 법률'이 규정을 두고 있다. 이 법은 개인식별정보, 개인정보, 익명화 등에 대한 개념정의를 하고 있고 기본원칙으로서 "연구대상자 등의 사생활은 보호되어야 하며, 사생활을 침해할 수 있는 개인정보는 당사자가 동의하거나 법률에 특별한 규정이 있는 경우를 제외하고는 비밀로서 보호되어야 한다"라고 규정하고 있다(동법 제2조, 제3조 제1항). 이 원칙에 따라 이 법은 인간대상연구자는 인간대상연구를 하기 전에 연구대상자로부터 개인정보보호에 관한 사항, 개인정보 제공에 관한 사항이 포함된 서면동의를 받도록 하는(동법 제16조 제1항 제4·6호) 등의 보호를 규정하고 있다.

7. 인터넷활용 등에서의 개인정보

앞서 살펴본 그동안의 판례들에서 그 구체적 사례들이 나타나고도 있듯이 인터넷활용에서 개인정보의 유출 등이 문제되어 그 보호가 강화되어져야 한다. 인터넷활용으로 인한 피해의 신속한 파급성, 대량성 등으로 인해 더욱 보호가 치밀하고 사전예방적일 것을 요구한다. 인터넷활용에서의 개인정보 보호에 관해 '정보통신망 이용촉진 및 정보보호 등에 관한 법률'이 규정을 두고 있고 인터넷 관련하여서는 개인정보보호법 보다 우선적용된다. 동법은 제4장에 개인정보의 보호라는 제목으로 규정들을 두고 있는데 제1절 개인정보의 수집·이용 및 제공 등, 제2절 개인정보의 관리 및 파기 등, 제3절 이용자의 권리로 규정하여 수집, 관리 그리고 이용자에 대한 이용내역 통지, 손해배상 등에 이르기까지 비교적 상세한 규정을 두고 있다.

8. 금융(신용)정보

(1) 의미

개인의 금융거래상황이나 신용에 관한 정보는 중요한 개인정보이다. 그러나 금융거래의 안전 등을 위하여 거래당사자의 신용상태 등을 파악되어야 할 필요가 있는 경우도 있어 적절한 조화가 필요하다. 현재 '신용정보의 이용 및 보호에 관한 법률'이 시행되고 있다.

(2) 금융관련 정보에 관한 판례

① 국민기초생활보장법상의 급여를 신청하는 사람에 대한 금융거래정보의 제출을 요구할 수 있도록 한 규정 – 이를 규정한 국민기초생활보장법시행규칙 제35조 제1항 제5호가 그 신청인의 개인정보자기결정권을 침해하는지가 논란되었는데 헌재는 수집되는 정보의 범위는 금융기관과의 금융거래 정보로 제한되어 있고, 조사된 정보를 동법이 정한 목적 외에 다른 용도로 사용하는 경우 처벌되게 하므로 피해를 최소화하는 장치가 갖추어져 비례(과잉금지)원칙에 합치된다고 보아 합헌성을 인정하였다(2005헌마112).

② 법원의 제출명령이 있을 때 그 사용목적에 필요한 최소한의 범위 안에서 특정인의 금융거래의 내용에 대한 정보 또는 자료를 본인의 동의 없이 제공할 수 있도록 규정하고 있는 '금융실명거래 및 비밀보장에 관한 법률' 규정 – 헌재는 객관적인 증거에 의한 공정한 법적 분쟁해결을 위한 것으로서 '필요한 최소한의 범위'에 관한 판단을 사법기관인 법원에 맡기는 것은 불가피하고 다른 대체수단도 없으므로 피해의 최소성 원칙에도 위반되지 아니하여 비례원칙을 준수하였다고 하여 합헌성이 인정되었다(2008헌바132).

9. 교육영역에서 정보

① 교육정보시스템(NEIS) 문제 – 헌재는 교육정보시스템(NEIS)에 수록하는 개인정보가 성명, 생년월일, 졸업일자에 한정되는데 이 정도는 그 자체로 개인의 존엄과 인격권에 심대한 영향을 미칠 수 있는 민감한 개인정보들이라고 보기 어렵고, 또한 졸업증명서의 전산발급을 위해서는 증명의 대상이 될 특정 개인의 신분을 식별할 수 있는 사항과 졸업에 관련된 사항이 개인정보화일에 포함되어야 하므로 성명과 생년월일은 개인식별정보의 최소한이고, 졸업일자는 졸업관련 사항의 최소한이라 할 수 있으므로 위 정도의 개인정보를 보유하고 있는 것은 목적의 달성에 필요한 최소한의 정보만을 보유하는 것이라 할 수 있다고 하여 합헌성을 인정하였다(2003헌마282).

② 교원의 "교원단체 및 노동조합 가입 현황(인원 수)"만을 공시정보로 규정할 뿐 개별 교원

의 가입명단은 공시정보로 규정하고 있지 않은 '교육관련기관의 정보공개에 관한 특례법시행령' 조항 – 헌재는 교원의 교원단체 및 노동조합 가입에 관한 정보는 '개인정보 보호법'상의 민감정보로서 특별히 보호되어야 할 성질의 것이므로 가입 현황(인원 수)만을 공시정보로 한 것은 학부모 등의 알 권리와 교원의 개인정보 자기결정권이라는 두 기본권을 합리적으로 조화시킨 것이라고 판단하였다(2010헌마293. 앞의 기본권총론, 기본권상충 부분 참조).

10. 의료정보

① 연말정산을 위한 진료정보의 제출 – 헌재는 의료비 특별공제를 받고자 하는 근로소득자의 연말정산을 위한 소득공제증빙자료 제출의 불편을 해소(간소화)하는 데 그 목적이 있고, 그 방법의 적절성 또한 인정되며 본인의 의료비내역과 관련된 자료의 제출을 거부할 수 있도록 하고, 근로소득자 내지 부양가족 본인만이 자료를 조회하고 출력할 수 있도록 하는 등 피해최소성의 원칙을 충족하고 있으므로 비례(과잉금지)원칙에 위배되지 않아 침해가 아니라고 보아 합헌성을 인정하였다(2006헌마1401등).

② 의료급여를 받을 적법한 수급자인지 여부 및 의료급여의 범위 등을 정확하게 확인하기 위한 진료정보의 제공 – '선택의료급여기관 적용 대상자 및 이용 절차 등에 관한 규정'(보건복지부 고시) 제3조는 공단이 구축한 자격관리 프로그램 등을 통해 '수급자의 주상병명, 급여일수, 처방전교부기관기호, 처방전교부번호 등 보건복지부장관이 정하는 사항' 등을 의료급여기관으로 하여금 공단으로 전송하게 하는 규정 – 필요한 정보로 제한되어 있고, 공인인증서 이용을 통한 개인정보 보호조치 강화, 각종 법률에서의 업무상 비밀 누설 금지의무 부과 및 그 위반시 형벌규정 등을 통해 피해를 최소화하는 장치가 갖추어져 과잉금지원칙을 지켜 합헌성이 인정된다는 결정이 있었다(2007헌마1092).

11. 통신 영역

① 헌법불합치결정례 – 이에 관해서는 ㉠ 통신사실 확인자료(위치정보 추적자료) 요청(2012헌마191등), ㉡ 통신사실 확인자료(가. 가입자의 전기통신일시, 나. 전기통신개시·종료시간, 다. 발·착신 통신번호 등 상대방의 가입자번호, 라. 사용도수) 열람·제출 요청(2012헌마538) 두 결정이 있었는데 위치정보와 관련되어 아래 위치정보 부분에서 살펴본다(후술 참조).

② 송·수신 완료된 전기통신에 대한 압수·수색·검증의 경우 통지대상의 수사대상 가입자 한정(가입자 상대방 제외)의 합헌성 – 통신비밀보호법(2009. 5. 28. 개정된 것) 제9조의3 제2항은 "사법경찰관은 송·수신이 완료된 전기통신에 대하여 압수·수색·검증을 집행한 경우 그 사건에 관하여 검사로부터 공소를 제기하거나 제기하지 아니하는 처분의 통보를 받거나 내사사건

에 관하여 입건하지 아니하는 처분을 한 때에는 그 날부터 30일 이내에 수사대상이 된 가입자에게 압수·수색·검증을 집행한 사실을 서면으로 통지하여야 한다"라고 규정하고 있다. 이 중에 '통지의 대상을 수사대상이 된 가입자로만 한정한 부분'이 적법절차원칙에 위배되어 개인정보자기결정권을 침해한다는 주장이 제기되었다. 헌재는 형사소송법 조항과 영장실무가 압수·수색영장의 효력범위를 한정하고 있으므로, 수사대상이 된 가입자의 상대방에 대한 기본권 침해를 최소화하는 장치는 어느 정도 마련되어 피해최소성이 있다고 하면서 적법절차를 준수하여 개인정보자기결정권이 침해되지 않는다고 결정하였다(2014헌마1178).

③ 휴대전화 번호 강제변경의 개인정보자기결정권 제한 여부 문제 - 부정 - 방송통신위원회가 전기통신사업자들에 대하여 이동전화 식별번호로 011 등을 한시적으로만 사용하고 2014.1.1. 이후 010으로 변경하도록 하게 한 이행명령이 010 번호 이외의 식별번호를 사용하는 사람들의 개인정보자기결정권을 제한하는지 여부가 논란되었다. 헌재는 위 이행명령으로 개인정보주체가 자신의 정보이용을 스스로 결정할 권리가 제한되지는 않는다고 보아 개인정보자기결정권이 제한된다고 볼 수 없다는 판시를 하였다(2011헌마63).

12. 수용자와 개인정보보호

미결수용자와 배우자 간의 접견녹음파일 제공행위 - 헌재는 구치소장이 검사의 요청에 따라 미결수용자와 배우자의 접견녹음파일을 제공한 행위가 그의 개인정보자기결정권을 제한하긴 하나 제공된 접견내용은 수사와 공소제기 등에 필요한 범위 내에서만 사용하도록 제도적 장치가 마련되어 있어 침해의 최소성 요건도 갖추어 과잉금지원칙을 위반하지 않는다고 하여 기각결정하였다(2010헌마153).

13. 위치정보

(1) 위치정보의 개념과 관련 법률

어떤 사람이 어떤 시점에 어떤 위치에 있었던가 또 지금 어떤 지점에 있는가 하는 것을 알려주는 정보가 위치정보인데 이 위치정보는 자신이 어디에 있는지 알리지 않고자 할 경우와 같이 사생활의 비밀·자유에 속하는, 그리고 어느 특정 개인이 활동하는 상황에 관한 정보로서 개인정보이기도 하다. 이 위치정보의 보호를 위해 '위치정보의 보호 및 이용 등에 관한 법률'이 시행되고 있다. 이 법률은 위치정보 등을 정의하고 있고(동법 제2조) 주요내용으로 개인위치정보의 수집·이용 또는 제공에 대한 제한, 열람·정정청구권, 아동 등의 보호, 손해배상, 분쟁의 조정, 긴급구조를 위한 개인위치정보 이용 등에 관한 규정들을 두고 있다.

(2) 위치정보 관련 판례

(가) 통신사실 확인자료 요청 - 헌법불합치결정례들 ① 통신사실 확인자료(위치정보 추적자료) 요청과 통지절차의 개인정보자기결정권침해의 위헌성 - 헌재는 구 통신비밀보호법(2005.5.26. 개정된 것) 제13조 제1항 중 '검사 또는 사법경찰관은 수사를 위하여 필요한 경우 전기통신사업법에 의한 전기통신사업자에게 제2조 제11호 바목, 사목의 통신사실 확인자료(정보통신망에 접속된 정보통신기기의 위치를 확인할 수 있는 발신기지국의 위치추적자료, 컴퓨터통신 또는 인터넷의 사용자가 정보통신망에 접속하기 위하여 사용하는 정보통신기기의 위치를 확인할 수 있는 접속지의 추적자료)의 열람이나 제출을 요청할 수 있다' 부분(이하 '이 사건 요청조항'이라 함)이 명확성원칙에는 위반되지 않으나 민감한 정보임에도 이 사건 요청조항은 수사기관의 광범위한 위치정보 추적자료 제공요청을 허용하여 정보주체의 기본권을 과도하게 제한하는 점에서 침해최소성이 없고 또 법익균형성도 없어서 과잉금지원칙에 위반되어 청구인들의 개인정보자기결정권과 통신의 자유를 침해한다고 결정(헌법불합치결정)하였다(아래 요지 참조). 이 결정에서 '통지조항'이라 함)이 수사가 장기간 진행되거나 기소중지결정이 있는 경우에는 정보주체에게 위치정보 추적자료 제공사실을 통지할 의무를 규정하지 아니하여 정보주체로서는 위치정보 추적자료와 관련된 수사기관의 권한남용에 대해 적절한 대응을 할 수 없으므로 적법절차원칙에 위반되어 청구인들의 개인정보자기결정권을 침해한다는 결정도 같이 하였다(이에 관한 요지는 앞의 적법절차 부분 참조).

● **판례** 헌재 2018.6.28. 2012헌마191등
[결정요지] 과잉금지원칙 위반 여부 (가) 목적의 정당성 및 수단의 적정성 - 실체적 진실발견과 국가형벌권의 적정한 행사에 기여하고자 하는 것이므로 입법목적이 정당하고 수단의 적절성도 인정된다. (나) 침해의 최소성 - 수사기관은 위치정보 추적자료를 통해 특정 시간대 정보주체의 위치 및 이동상황에 대한 정보를 취득할 수 있으므로 위치정보 추적자료는 충분한 보호가 필요한 민감한 정보에 해당되는 점, 그럼에도 이 사건 요청조항은 수사기관의 광범위한 위치정보 추적자료 제공요청을 허용하여 정보주체의 기본권을 과도하게 제한하는 점, 위치정보 추적자료의 제공요청과 관련하여서는 실시간 위치추적 또는 불특정 다수에 대한 위치추적의 경우 보충성 요건을 추가하거나 대상범죄의 경중에 따라 보충성 요건(즉 다른 방법으로는 범죄 실행을 저지하거나 범인의 발견·확보 또는 증거의 수집·보전이 어려운 경우에 한하여 요청할 수 있게 하는 방법)을 차등적으로 적용함으로써 수사에 지장을 초래하지 않으면서도 정보주체의 기본권을 덜 침해하는 수단이 존재하는 점, 수사기관의 위치정보 추적자료 제공요청에 대해 법원의 허가를 거치도록 규정하고 있으나 신청에 대한 법원의 기각률은 약 1%에 불과한데 수사의 필요성만을 그 요건으로 하고 있어 절차적 통제마저도 제대로 이루어지기 어려운 현실인 점 등을 고려할 때, 이 사건 요청조항은 침해의 최소성 요건을 충족한다고 할 수 없다. (다) 법익의 균형성 - 정보주체의 통신의 자유와 개인정보자기결정권을 과도하게 제한하고 있으므로 법익의 균형성 요건을 충족한다고 할 수 없다. (라) 소결 - 과잉금지원칙을 위반하여 청구인들의 개인정보자기결정권 및 통신의 자유를 침해한다. 다. 헌법불합치결정 및 잠정적용명령 - 단순위헌결정을 하면 법적 공백 사태가 발생하게 된다. 대신 헌법불합치결정을 선고하되, 2020.3.31.을 시한으로 입법자가 이들 조항의 위헌성을 제거하고 합리적인 내용으로 법률을 개정할 때까지 이들 조항이 계속 적용되도록 할 필요가 있다.

② 통신사실 확인자료(가. 가입자의 전기통신일시, 나. 전기통신개시·종료시간, 다. 발·착신 통신번호 등 상대방의 가입자번호, 라. 사용도수. 이른바 '기지국수사' 사건) 열람·제출 요청 조항의 위헌성 - 헌재는 위 ① 결정과 비슷한 취지로 구 통신비밀보호법(2005.5.26. 개정된 것) 제13조 제1

항 중 '검사 또는 사법경찰관은 수사를 위하여 필요한 경우 전기통신사업법에 의한 전기통신사업자에게 제2조 제11호 가목 내지 라목의 이러한 통신사실 확인자료의 열람이나 제출을 요청할 수 있다' 부분이 유괴·납치·성폭력범죄 등 강력범죄나 국가안보를 위협하는 각종 범죄와 같이 피의자나 피해자의 통신사실 확인자료가 반드시 필요한 범죄로 그 대상을 한정하는 방안, 다른 방법으로는 범죄수사가 어려운 경우(보충성)를 요건으로 추가하는 방안 등 수사지장을 초래하지 않는 보다 덜 침해적 수단이 존재한다는 점에서 침해최소성이 없어 과잉금지원칙에 위반되어 청구인의 개인정보자기결정권과 통신의 자유를 침해한다고 보고 헌법불합치결정(● 판례 헌재 2018.6.28. 2012헌마538)을 하였다.

* 위 2012헌마191등과 2012헌마538 결정 이후 2019.12.31. 통신비밀보호법 제13조 제2항을 신설하여 보충성요건을 추가하는 등 개정이 있었다.

(나) 특정 범죄자에 대한 위치추적 전자장치 부착 특정 범죄의 재발을 막고자 위치추적을 위한 전자장치 부착을 규정하는 제도가 있다. 위 부착명령에 대한 헌재판례들로 다음과 같은 결정들이 있었다. ㉠ 성폭력범죄를 2회 이상 범하여 습벽이 인정되고 재범의 위험성이 있는 자에게 검사의 청구에 따라 법원이 10년의 범위 내에서 위치추적 전자장치를 부착할 수 있도록 한 구 '특정 범죄자에 대한 위치추적 전자장치 부착 등에 관한 법률' 규정 – 헌재는 범죄예방 효과의 측면에서 전자장치 부착을 통한 위치추적에 상응하면서 덜 기본권 제한적인 수단을 발견하기 어렵고, 부당한 전자장치 부착이나 위치정보 남용으로 인한 인권침해 방지 수단이 마련되어 있는 점 등에 비추어 볼 때 피해최소성에 위반되지 않는 등 비례원칙을 준수한 것이라고 하여 합헌으로 결정하였다(2010헌바187), ㉡ 위 결정 이후에 심판대상규정이 개정되어 3년 이상 20년 이하의 기간 동안 전자장치 부착을 명할 수 있도록 한 구 '특정 범죄자에 대한 위치추적 전자장치 부착 등에 관한 법률'(2010.4.15. 개정) 규정에 대해서도 비례원칙을 준수한 것이라고 하여 합헌결정이 내려졌다(2011헌바89). ㉢ 전자장치 부착명령 소급 청구의 합헌성 – 이 제도가 처음 시행될 때 부착명령 대상에서 제외되었던 특정사람들, 범죄행위 당시에 없었던 위치추적 전자장치 부착명령을 출소예정자에게 소급 적용할 수 있도록 한 동법 부칙조항들에 대해 형벌불소급원칙에 반하지 않아 합헌이라고 본 결정들이 있었다(2010헌가82 등; 2015헌바35).

14. 시험정보

변호사시험 합격자 명단 공개 – 헌재는 이에 대해 개인정보자기결정권의 제한이 과잉금지원칙을 준수한 것이어서 합헌이라고 결정하였다. 이 결정에서는 4인 소수의견이 법정의견이 된 것인데 법정의견은 개인정보 중 합격자의 성명을 공개하도록 하는 데 그쳐 제한되는 범위와 정도는 매우 제한적이고 누구나, 언제든지 이를 검색할 수 있어 변호사의 자격 소지에 대한 국민의 신뢰를 형성하는 데 기여하며, 법률서비스 수요자의 편의가 증진되며 시험 관리 업무의 공정성과 투명성이 강화될 수 있으므로 침해최소성과 법익균형성 요건도 충족하여 개인정보자기결정권을 침해하지 않는다고 보았다(2018헌마77등).

15. 그 외

(1) 법원에서 불처분결정된 소년부송치 사건에 대한 수사경력자료의 보존기간 및 삭제에 관하여 규정하지 않은 '형의 실효 등에 관한 법률' 제8조의2 제1항 및 제3항

재수사에 대비한 기초자료 또는 소년이 이후 다른 사건으로 수사나 재판을 받는 경우 기소여부의 판단자료나 양형에 필요한 자료가 되어 이 자료를 보존하는 것은 실체적 진실 발견을 도모하고 사법정의를 실현하기 위한 것으로서 목적의 정당성이 인정되고 방법의 적정성이 있다고 보았다. 그러나 범죄의 종류와 경중, 결정 이후 시간의 경과(범행 후 시간이 흐를수록 수사단서 등으로서 가치 감소) 등 일체의 사정에 대한 고려 없이 일률적으로 당사자의 사망 시까지 소년의 장래 신상에 불이익을 줄 수 있는 소년부송치 및 불처분결정(보호처분을 할 수 없거나 할 필요가 없다는 취지의 결정)이 된 사실을 보존하는 것, 불처분결정과 유사한 검사의 기소유예처분, 혐의없음처분, 법원의 무죄 확정판결 등에는 보존기한이 있는 점에서 입법목적을 달성하기 위하여 필요한 범위를 넘어선 것으로 침해의 최소성에 위배되고 법익균형성도 없어 과잉금지원칙을 위반하여 개인정보자기결정권을 침해한다고 하여 헌법불합치결정을 하였다(2018헌가2. 적용중지의 헌법불합치결정을 하면서 같은 문제점을 지니는 현행(개정된) 조항에 대해서는 계속적용의 헌법불합치결정을 하였다).

(2) 보안관찰처분대상자 거주예정지 등 '출소후신고조항'에 대한 합헌결정, 신고사항 변동시 신고조항의 위헌성

보안관찰법상 신고의무자로는 보안관찰처분이 청구될 수 있는 대상자이지 아직 그 처분이 내려진 사람은 아닌 '보안관찰처분대상자'와 보안관찰처분이 청구되어 그 처분이 내려진 '피보안관찰자'가 있다. 헌재는 '보안관찰처분대상자'에 대한 구 보안관찰법의 신고의무로서 ① '출소후신고조항(출소 후 7일 이내에 그 거주예정지 관할경찰서장에게 출소사실을 신고하도록 한 의무조항) 및 위반 시 처벌조항' 자체는 과잉금지원칙을 준수하여 청구인의 사생활의 비밀과 자유 및 개인정보자기결정권을 침해하지 아니한다고 본다(2000헌바22; 2017헌바479). 그러나 ② '변동신고조항(위 '출소후신고사항'에 이후 변동이 있을 때에는 변동이 있는 날부터 7일 이내에 그 변동된 사항을 관할경찰서장에게 신고하도록 한 의무조항) 및 위반 시 처벌조항'에 대해서는 대상자의 경우에는 재범의 위험성 판단이 이루어지지 아니하였음에도 피보안관찰자와 거의 동일한 내용의 신고의무가 부과되고 이를 위반한 경우 피보안관찰자와 동일한 법정형으로 형사처벌을 하도록 규정하고 있을 뿐만 아니라, 피보안관찰자의 경우처럼 처분기간 및 갱신결정을 위한 정기적인 재범위험성 심사도 없이 무기한(*'무기한'이란 변동 있는 날부터 7일이라는 법에 규정된 기한이 있는 것과 혼동이 올 수 있는데 그 말이 아니라 7일 이내 신고라는 이 의무의 종료시점이 규정되어 있지 않다는 의미임 — 저자 주) 신고의무를 부담하게 되어, 재범의 위험성이 인정된 피보안관찰자보다 오히려 가혹한 면이 있으므로 침해최소성을 갖추지 못하는 등 과잉금지원칙을 위배하여 사생활의 비밀과 자유 및 개인정보자기결정권을 침해한 것이라고 보아 헌법불합치결정을 하였다(2017헌바479. 이 결정은 4인 단순위헌의견과 2인 헌법불합치의견으로 헌법불합치결정이 된 것이다. 4인 단순위헌의견의 이유는 위와 같았던 반면 2인 헌법불합치의견의 이유는 "재범의 위험성을 요건으로 하지 않았다는 이유만으로 침해최소성에 위배되는 것은 아니라고" 하면서 변동사항의 신고의무를 아무런 기간의 상한 없이 부과한 점에서 침해의 최소성에 위배된다는 점을 내세웠다. 위헌성 의견이 6인에 달하여 이렇게 결정된 것이었으나 4인 다수의견의 이유와 2인 헌법불합치의견의 이유가 달랐다).

제 3 절 알 권리, 정보공개청구권

I. 알 권리의 개념과 기능, 한국에서의 연혁

[개념] 알 권리란 어떠한 사실이 존재하는지, 그 사실이 어떠한 내용인지를 인식하고 이해할 수 있는 권리를 말한다. 정보사회인 오늘날 정보에 대한 접근·수집의 권리, 정보공개를 요구할 권리이다. 헌재는 "'알 권리'란 모든 정보원(情報源)으로부터 일반적 정보를 수집하고 이를 처리할 수 있는 권리이고, 여기서 '일반적'이란 신문, 잡지, 방송 등 불특정다수인에게 개방될 수 있는 것을 말하며, '정보'란 양심, 사상, 의견, 지식 등의 형성에 관련이 있는 일체의 자료를 말한다"라고 한다(2008헌마638). 세계인권선언 제19조는 알 권리를 명시적으로 규정하고 있다.

[한국에서의 연혁] 알 권리에 대해 우리 헌법은 명시적인 규정을 두고 있지 않으나 헌재의 판례로 헌재 출범초기부터 헌법상 권리로서 정보공개청구권을 인정하였다. 바로 효시가 된 그 결정이 임야조사서 등에 대한 공개청구에 대해 헌재는 이를 구체화하는 법률이 없더라도 열람·복사의 청구에 행정청이 응해야 한다고 보고 불응한 행위에 대해 위헌성을 인정하였다(헌재 1989.9.4. 88헌마22. * 이 결정에 대한 자세한 것은 뒤의 알 권리에 관한 판례 부분 참조). 이후 지방자치단체의 조례로 규정을 두기 시작하였고391) 공공기관의 정보공개에 관한 일반법인 '공공기관의 정보공개에 관한 법률'이 1996.12.31. 제정되어 시행되고 있다.

---

391) 대표적으로 청주시 행정정보공개조례안이 1991.11.25.에 의결되어 지방자치단체에 의한 노력의 첫 결실이었고 이에 대해 기관소송이 제기되었으나 대법원은 그 적법성을 인정하는 판결을 하였다. 대법원 1992.6.23. 92추17.

[기능] 알 권리는 다음과 같은 기능을 가진다. ① 지식, 정보의 접근·취득기능, ② 표현을 위한 지식제공[헌재는 "헌법 제21조는 언론·출판의 자유, 즉 표현의 자유를 규정하고 있는데 이 자유는 전통적으로 사상 또는 의견의 자유로운 표명(발표의 자유)과 그것을 전파할 자유(전달의 자유)를 의미하는 것으로서 사상 또는 의견의 자유로운 표명은 자유로운 의사의 형성을 전제로 한다. 자유로운 의사의 형성은 정보에의 접근이 충분히 보장됨으로써 비로소 가능한 것"이라고 한다(88헌마22; 90헌마133)], ③ 생활권적 기능(90헌마133), ④ 교육적 기능, ⑤ 참정권적 기능, 국정참여 기능['공공기관의 정보공개에 관한 법률' 제1조도 "이 법은 공공기관이 보유·관리하는 정보에 대한 국민의 공개 청구 및 공공기관의 공개 의무에 관하여 필요한 사항을 정함으로써 국민의 알권리를 보장하고 국정(國政)에 대한 국민의 참여와 국정 운영의 투명성을 확보함을 목적으로 한다"라고 명시하고 있다. 헌재도 "알 권리"의 생성기반을 살펴볼 때 이 권리의 핵심은 정부가 보유하고 있는 정보에 대한 국민의 알권리 즉, 국민의 정부에 대한 일반적 정보공개를 구할 권리(청구권적 기본권)라고 할 것이며, 또한 자유민주적 기본질서를 천명하고 있는 헌법 전문과 제1조 및 제4조의 해석상 당연한 것이라고 봐야 할 것이다"라고 한다(88헌마22)], ⑥ 문화적 생존권의 향유 등이다.

[타 기본권, 헌법원리와의 관계] 알 권리는 따라서 알 권리를 통해 실현하려는 표현의 자유, 교육을 받을 권리, 참정권, 문화적 생존권 등 다른 기본권들을 실현하게 한다. 참정권의 행사는 국민주권주의(88헌마22; 90헌마133), 국민대표주의의 실현을 가져오는 것이기도 하다. 반면 알 권리가 다른 기본권과 충돌하는 경우도 나타난다.

II. 알 권리의 성격과 헌법적 근거

1. 성격

(1) 적극성과 복합성

알 권리는 어떤 사실을 알고자 하는 행위에 방해받지 않는다는 소극적인 자유로서의 성격은 물론 나아가 그 사실, 정보를 제공, 공개하고 파악할 수 있게 해줄 것을 청구할 수 있는 적극적 권리로서의 성격도 가진다. 헌재도 "알 권리는 표현의 자유와 표리일체의 관계에 있으며 자유권적 성질과 청구권적 성질을 공유하는 것이다. 자유권적 성질은 일반적으로 정보에 접근하고 수집·처리함에 있어서 국가권력의 방해를 받지 아니한다는 것을 말하며, 청구권적 성질은 의사형성이나 여론형성에 필요한 정보를 적극적으로 수집할 권리 등을 의미하는 것이다"라고 한다(90헌마133; 2008헌마638; 2018헌마1168. 양자의 성격을 모두 인정한 대법원판례로 2009.12.10. 2009두12785도 있다). 알 권리를 소극적 자유권의 하나인 언론·출판의 자유의 내용으로 파악하는 견해(헌재도 위 2008헌마638 결정 판시에서 '표현의 자유와 표리일체의 관계'라고 한다)는 표현을 하기 위해서는 의사형성이 필요하고 그 의사형성에 표현의 대상이 되는 사실, 정보를 알 것이

전제되기 때문이라고 한다.392) 그러나 알아야 할 이유가 표현을 위한 것만은 아니다(예를 들어 어느 직업이 자신의 적성에 맞는지를 찾기 위해 '알'고자 하는 직업정보를 생각하면). 알 권리가 자유권적 측면, 청구권적 측면 등을 함께 가지므로 복합적 성격의 권리라고도 할 것이다.

(2) 구체적 권리성

'알 권리'의 성격과 관련하여 '알 권리'는 그것을 보장하는 구체적 법률의 규정이 있어야 효력을 발생한다고 볼 것(추상적 권리설)인지 아니면 구체적 법률규정이 없더라도 효력을 발생하는 구체적인 권리라고 볼 것(구체적 권리설)인지 하는 문제가 있다. 어느 하나로 단정하지 않고 개별적 사안을 보아 법률이 제정되어야 인정되는 사안도 있고 그렇지 않더라도 헌법규정 자체로 직접적인 보장이 가능한 것으로 볼 수 있다는 설(개별적 직접적·구체적 권리설)도 있을 수 있다. 알 권리를 처음으로 다룬 1989년 임야조사서 사건에서 알 권리를 "본건 서류에 대한 열람·복사 민원의 처리는 법률의 제정이 없더라도 불가능한 것이 아니라 할 것이고, … '정부공문서 규정' 제36조 제2항이 미흡하나마 공문서의 공개를 규정하고 있는 터이므로 이 규정을 근거로 해서 국민의 알권리를 곧바로 실현시키는 것이 가능하다고 보아야 할 것이다"라고 하여393) 개별적 직접적·구체적 권리설에 가까운 듯한 판시를 하였다 이후 직접적 구체적 권리설을 취하기도 하고 자유권적 성격의 알 권리에 대해 직접적 구체적 효력설을 취하기도 하는 결정례들을 볼 수 있었다. 여하튼 판례는 헌법 자체가 명시하고 있지 않음에도 인정하려는 경향을 보여주는 것은 뚜렷하다. 생각건대 정보의 공개를 위하여 구체적 규정이 없더라도 일반적으로 공개가 가능하다고 보아야 할 것이다. 위 판례들 이후 현재 일반적인 정보공개청구권에 관한 법률로서 '공공기관의 정보공개에 관한 법률'이 시행되고 있으므로 이러한 논란이 많이 해소되었다.

2. 알 권리의 헌법적 근거

[학설, 판례] 헌법 제21조를 취하는 설, 헌법 제21조와 제10조를 더불어 취하는 설, 국민주권주의를 선언한 헌법 제1조를 드는 설 등이 있다. 헌재는 "정보에의 접근·수집·처리의 자유 즉 '알 권리'는 표현의 자유에 당연히 포함되는 것으로 보아야 하는 것이다"라고 하고(88헌마22), "정보공개청구권은 … 알 권리의 당연한 내용으로서 알권리의 청구권적 성질과 밀접하게 관련되어 있고 헌법 제21조에 의하여 직접 보장된다"라고 하여(2018헌마1168) 알 권리의 헌법적 근거로서 주로 헌법 제21조의 언론·출판의 자유규정을 많이 강조하는 경향을 보여주었다 (90헌마133; 2017헌마1329; 2018헌마1168 대법원판례 1999.9.21. 97누5114도 마찬가지이다). 헌재는 그 외에도 자유민주주의 국가에서 국민주권을 실현하는 핵심이 되는 기본권이라는 점에서 국민주권주의(제1조), 각 개인의 지식의 연마, 인격의 도야에는 가급적 많은 정보에 접할 수 있어

---

392) 88헌마22결정도 그러한 취지의 판시를 하고 있다. 위 기능에 인용한 판시 참조
393) 헌재 1989.9.04. 88헌마22.

야 한다는 의미에서 인간으로서의 존엄과 가치(헌법 제10조) 및 인간다운 생활을 할 권리(헌법 제34조 제1항)와 관련이 있다고 한다(88헌마22, 90헌마133).

[사견] 알 권리의 소극적 방어권적인 요소는 자유권규정인 헌법 제21조에서도 나온다고 보아도 좋으나 청구권으로서의 적극적인 성격의 권리요소는 헌법 제10조에서 나온다고 보는 것이 타당하다. 현행 헌법전의 청구권에 관한 규정들 중에 정보에 대한 청구권의 규정이 없으므로 결국 우리 헌법상 명시되지 않은 기본권들을 파생시키는 근원이 되는 포괄적 기본권 규정인 헌법 제10조에 근거하여 나오는 것으로 볼 것이다. 따라서 헌법 제21조와 더불어 제10조도 근거가 된다. 위에서 본 대로 헌재나 대법원의 판례도 적극적인 성격을 인정하고 있는데 그러면서도 알 권리를 표현의 자유에서만 그 근거를 찾는 것은 모순이다. 표현의 자유와 직접 관련되지 않는 알 권리 행사도 있을 수 있다[사실 헌재 초기판례들 중에 임야조사서의 열람을 금지하여 알 권리를 침해하였다고 하여 위헌확인을 한 판례(88헌마22)의 사안은 표현의 자유보다는 자신의 재산권을 행사하기 위하여 임야조사서 등을 열람하고자 하는 것이었고 자신이 피고인으로 재판을 받은 형사확정소송기록의 일부를 열람하고자 하였으나 거부당한 사안(90헌마133)의 경우에도 표현의 자유를 위해 알고자 하는 것과는 상당히 거리가 있는 것이었다].

오늘날 생존권에는 물질적 생존보장뿐 아니라 문화적 생활보장까지도 요구되고 문화적 활동에는 정신적인 지적 지식과 정보의 취득·교환을 필요로 한다는 점에서 헌법 제34조의 인간다운 생활을 할 권리의 규정도 간접적으로 근거가 된다. 국민주권주의는 알 권리가 국민이 국정에 대한 감시를 하기 위해 정보공개청구 등을 할 수 있도록 한다는 점에서 주권자로서 실질적인 주권을 행사하게 한다는 점을 들어 그 근거로 들어진다. 그외 직접적으로 기본권조항들이 아닌 헌법총강 내지 국정운영의 원칙에 관한 헌법조항들에서 찾아보면, 문화영역에서의 정보에 대한 권리는 문화국가주의를 천명하고 있는 헌법 제9조도 그 간접적 근거가 되고, 국회의사 공개원칙을 규정한 헌법 제50조 제1항, 재판공개를 규정한 헌법 제109조 등도 있다.

Ⅲ. 주체와 유형

[주체] 자연인이 주체가 된다. '공공기관의 정보공개에 관한 법률'(이하 '공개법' 또는 '법'이라고도 함) 제5조는 "모든 국민은 정보의 공개를 청구할 권리를 가진다"라고 하면서도 "외국인의 정보공개 청구에 관하여는 대통령령으로 정한다"라고 규정하고 있다(동법 제5조).

* 구속적부심사건 피의자의 변호인이 수사기록 중 고소장과 피의자신문조서의 내용을 알 권리 및 그 서류들을 열람·등사할 권리의 주체가 될 수 있다고 헌재는 본다(헌재 2003.3.27. 2000헌마474, * 이 결정에 대해서는 앞의 신체의 자유, 변호인의 변호권 부분 참조).

공무원, 군인 등도 주체가 될 수 있으나 공무수행 등의 공익을 위해 보다 더 강한 제한을 받을 수 있다. 헌재는 군인의 불온서적 소지 등을 금지한 군인복무규율 규정에 대해 군인은 정신전력을 이유로 보다 강한 제한을 받을 수 있다는 관점에서 헌재는 기각결정을 한 바 있다(2008헌마638). 자연인뿐 아니라 법인, 단체도 주체가 될 수 있다.

[유형] 알 권리의 유형으로는 ⅰ) 그 성격에 따라 ㉠ 소극적 알 권리(정보에의 접근·수집·수령을 방해받지 않을 자유권적 권리. 자유권적 성격의 알 권리를 제한한다고 본 사안 ― 군인의 불온도서 소지·운반·전파·취득 금지에 대해 헌재가 직접 "자유권적 성격의 알 권리를 제한하고 있는 것"이라고 판시하였다. 2008헌마638)와 ㉡ 적극적 알 권리(정보의 열람과 공개를 청구할 수 있는 권리 ― 그 예로 형사사건의 피의자에 대한 기소유예처분의 불기소이유 발급신청에 대하여 수수료를 부과하도록 한 행정안전부 고시인 민원사무처리기준표 규정이 문제된 사안인데 역시 헌재가 직접 "청구권적 성질의 알 권리를 제한받았다"라고 판시하였다. 2012헌마167)로, ⅱ) 정보의 내용에 따라 행정정보, 입법정보, 사법정보 등에 대한 알 권리로 나눌 수 있다. 공공기관이 보유하는 정보의 공개에 대해서는 원칙적 규정들을 담고 있는 중요한 일반법인 '공공기관의 정보공개에 관한 법률'이 있다. 또한 교육관련 정보에 대한 알 권리를 보장하기 위하여 '교육관련기관의 정보공개에 관한 특례법'이 있다.

Ⅳ. 내용

1. 소극적 방해배제권과 적극적 청구권

정보취득을 방해받지 않을 소극적 방해배제권과 정보제공을 요구할 적극적 청구권을 그 내용으로 한다. 문제는 적극적인 청구권의 행사에 있어서 국가기관, 공공기관이 보유하는 문서들이 무엇인지를 파악할 수 없는 경우에 그 접근과 열람이 어렵다는 점에서 한계가 있다는 것이다. 대법원은 "정보공개를 구하는 자가 공개를 구하는 정보를 행정기관이 보유·관리하고 있을 상당한 개연성이 있다는 점을 입증함으로써 족하다 할 것이지만, 공공기관이 그 정보를 보유·관리하고 있지 아니한 경우에는 특별한 사정이 없는 한 정보공개거부처분의 취소를 구할 법률상의 이익이 없다"라고 한다(대법원 2006.1.13. 2003두9459). 헌재도 "이해관계인의 문서열람청구에 대하여 당해 행정기관이 그가 보관하고 있는 현황대로 문서를 열람하게 하고 당해 문서를 보관하지 않을 경우 그 문서를 보관하고 있지 않음에 대하여 일반인이 납득할 수 있을 정도로 확인의 기회를 부여하였다면, 비록 청구인이 문서열람의 목적을 달성하지 못하게 되었다고 하더라도 이를 가지고 알 권리를 침해한 것이라고 할 수 없다"라고 한다(93헌마174).

2. 알 권리의 실효성 조건 ― '공공기록물 관리에 관한 법률'

정부기관 등이 보유한 정보를 공개청구할 수 있게 하는 알 권리가 실효적으로 보장되려면 문제의 정보들이 잘 수집, 보관되어야 함은 물론이다. 현재 '공공기록물 관리에 관한 법률'이 있다. 이 법은 공공기관이 업무와 관련하여 생산·접수한 기록물과 개인 또는 단체가 생산·취득한 기록정보 자료 중 국가적으로 보존할 가치가 있다고 인정되는 기록정보 자료 등 공공기록물에 대하여 적용하고, 적용대상기관인 공공기관에는 국가기관, 지방자치단체, 그 밖에 대통령령으로 정하는 기관이 해당된다(동법 제2조, 제3조). 이 법은 기록물관리의 원칙을 설정하고 있다(동법 제5조).

3. '공공기관의 정보공개에 관한 법률'에 의한 알 권리의 실현 — 기본법

현재 공공부문에서 '공공기관의 정보공개에 관한 법률'이 기본적인 일반법률이므로 이 법률에 대해 살펴볼 필요가 있다.

[동법에서의 정보의 의미와 의무주체] 동법은 이 법에서 사용하는 ""정보"란 공공기관이 직무상 작성 또는 취득하여 관리하고 있는 문서(전자문서를 포함한다. 이하 같다) 및 전자매체를 비롯한 모든 형태의 매체 등에 기록된 사항을 말한다"라고 규정하고 있다(동법 제2조 제1호). 동법에서 부과하는 의무, 즉 공개의무를 지는 주체는 공공기관이다(동법 제2조 제3호).

[정보공개의 원칙] 동법은 "공공기관이 보유·관리하는 정보는 국민의 알권리 보장 등을 위하여 이 법에서 정하는 바에 따라 적극적으로 공개하여야 한다"라고 하여 정보공개를 원칙으로 하고 있다(동법 제3조). [판례] 헌재는 이 규정이 공공기관이 고의 또는 과실로 문서를 보유·관리하고 있지 않게 된 경우 정보비공개를 정당화하는 법적 근거가 되는 것이 아님이 명백하여 법규의 명확성 원칙에 위배되지 아니한다고 보고 국민의 알 권리를 침해하는 하등의 내용을 가진 것이라고 할 수 없다고 판시하여 합헌결정을 하였다(2002헌바59).

[비공개 대상 정보] ⅰ) 동법의 규정 — 이 조문이 가장 빈번히 적용된다. 이에 비추어 비공개 여부가 가려지기 때문임은 물론이다. 이 조문은 공공기관이 보유·관리하는 정보는 공개 대상이 된다고 규정하면서, 공개하지 아니할 수 있는 비공개 대상 정보를 다음과 같이 규정하고 있다.

1. 다른 법률 또는 법률에서 위임한 명령(국회규칙·대법원규칙·헌법재판소규칙·중앙선거관리위원회규칙·대통령령 및 조례로 한정)에 따라 비밀이나 비공개 사항으로 규정된 정보, 2. 국가안전보장·국방·통일·외교관계 등에 관한 사항으로서 공개될 경우 국가의 중대한 이익을 현저히 해칠 우려가 있다고 인정되는 정보, 3. 공개될 경우 국민의 생명·신체 및 재산의 보호에 현저한 지장을 초래할 우려가 있다고 인정되는 정보, 4. 진행 중인 재판에 관련된 정보와 범죄의 예방, 수사, 공소의 제기 및 유지, 형의 집행, 교정(矯正), 보안처분에 관한 사항으로서 공개될 경우 그 직무수행을 현저히 곤란하게 하거나 형사피고인의 공정한 재판을 받을 권리를 침해한다고 인정할 만한 상당한 이유가 있는 정보, 5. 감사·감독·검사·시험·규제·입찰계약·기술개발·인사관리에 관한 사항이나 의사결정 과정 또는 내부검토 과정에 있는 사항 등으로서 공개될 경우 업무의 공정한 수행이나 연구·개발에 현저한 지장을 초래한다고 인정할 만한 상당한

이유가 있는 정보. 다만, 의사결정 과정 또는 내부검토 과정을 이유로 비공개할 경우에는 제13조 제5항에 따라 통지를 할 때 의사결정 과정 또는 내부검토 과정의 단계 및 종료 예정일을 함께 안내하여야 하며, 의사결정 과정 및 내부검토 과정이 종료되면 제10조에 따른 청구인에게 이를 통지하여야 한다. 6. 해당 정보에 포함되어 있는 성명·주민등록번호 등「개인정보 보호법」제2조 제1호에 따른 개인정보로서 공개될 경우 사생활의 비밀 또는 자유를 침해할 우려가 있다고 인정되는 정보. 다만, 가. 법령에서 정하는 바에 따라 열람할 수 있는 정보, 나. 공공기관이 공표를 목적으로 작성하거나 취득한 정보로서 사생활의 비밀 또는 자유를 부당하게 침해하지 아니하는 정보, 다. 공공기관이 작성하거나 취득한 정보로서 공개하는 것이 공익이나 개인의 권리 구제를 위하여 필요하다고 인정되는 정보, 라. 직무를 수행한 공무원의 성명·직위, 마. 공개하는 것이 공익을 위하여 필요한 경우로서 법령에 따라 국가 또는 지방자치단체가 업무의 일부를 위탁 또는 위촉한 개인의 성명·직업은 제외되어 공개가 가능하다. 7. 법인·단체 또는 개인 (이하 "법인등"이라 한다)의 경영상·영업상 비밀에 관한 사항으로서 공개될 경우 법인 등의 정당한 이익을 현저히 해칠 우려가 있다고 인정되는 정보. 다만, 가. 사업활동에 의하여 발생하는 위해(危害)로부터 사람의 생명·신체 또는 건강을 보호하기 위하여 공개할 필요가 있는 정보, 나. 위법·부당한 사업활동으로부터 국민의 재산 또는 생활을 보호하기 위하여 공개할 필요가 있는 정보는 제외 되어 공개가 가능하다. 8. 공개될 경우 부동산 투기, 매점매석 등으로 특정인에게 이익 또는 불이익을 줄 우려가 있다고 인정되는 정보(동법 제9조 제1항)

공공기관은 위 비공개대상 어느 하나에 해당하는 정보가 기간의 경과 등으로 인하여 비공개의 필요성이 없어진 경우에는 그 정보를 공개 대상으로 하여야 한다(동법 동조 제2항).

ii) 판례 — ① 동법 제9조 제1항 제5호 중 "시험"에 관한 부분(2007헌바107), ② 동법 제9조 제1항 제6호 본문(사생활의 비밀, 자유를 위한 비공개. 2009헌바258)이 알권리(정보공개청구권)를 비례원칙을 준수하여 제한한 것이라고 보아 합헌이라고 헌재는 결정하였다(이 결정들에 대해서는 후술 알 권리에 관한 헌재판례 부분 참조).

[정보공개의 청구와 절차] i) 정보공개의 청구방법 — 정보공개의 청구는 서면(청구서)제출뿐 아니라 말로써도 할 수 있다(우편·팩스, 정보통신망 이용 제출 가능). 청구서에는 청구인의 성명·생년월일·주소 및 연락처 등을 적고 말로써 정보의 공개를 청구할 때에는 담당 공무원 또는 담당 임직원의 앞에서 진술하여야 한다(동법 제10조 제1·2항). ii) 정보공개 여부의 결정과 통지 등 — 공공기관은 정보공개의 청구를 받으면 그 청구를 받은 날부터 10일 이내에 공개 여부를 결정하여야 하는데, 부득이한 사유가 있는 경우 일정기간 연장할 수 있다(동법 제11조 제1·2항). 공공기관은 정보의 공개를 결정한 경우에는 공개의 일시 및 장소 등을 분명히 밝혀 청구인에게 통지하여야 한다(동법 제13조 제1항). 공공기관은 정보의 비공개 결정을 한 경우에는 그 사실을 청구인에게 지체 없이 문서로 통지하여야 하는데 이 경우 제9조 제1항 각 호 중 어느 규정에 해당하는 비공개 대상 정보인지를 포함한 비공개 이유와 불복(不服)의 방법 및 절차를 구체적으로 밝혀야 한다(동법 동조 제5항). 공개 청구한 정보가 비공개 대상의 어느 하나에 해당하는 부분과 공개 가능한 부분이 혼합되어 있는 경우로서 공개 청구의 취지에 어긋나지 아니하는 범위에서 두 부분을 분리할 수 있는 경우에는 그 비공개 대상에 해당하는 부분을 제외

하고 공개하여야 한다(동법 제14조 부분공개).

[구제 절차] 동법은 이의신청(동법 제18조 제1항. 이의신청이란 해당 공공기관에 하는 것이고 이 점이 행정심판과 다르다. * 행정법 법리), 행정심판(동법 제19조 제1·2항), 행정소송(동법 제20조 제1항)을 할 수 있고 그 절차에 대해 규정하고 있다.

[정보공개위원회] 정보공개에 관한 정책 수립 및 제도 개선에 관한 사항, 정보공개에 관한 기준 수립에 관한 사항 등을 심의·조정하기 위하여 국무총리 소속으로 정보공개위원회를 둔다 (제22조).

4. 그 외

[전자정부법에 의한 구현] "행정업무의 전자적 처리를 위한 기본원칙, 절차 및 추진방법 등을 규정함으로써 전자정부를 효율적으로 구현하고, 행정의 생산성, 투명성 및 민주성을 높여 국민의 삶의 질을 향상시키는 것을 목적으로" 전자정부법이 시행되고 있다(동법 제1조). "전자정부"란 정보기술을 활용하여 행정기관 및 공공기관의 업무를 전자화하여 행정기관등의 상호 간의 행정업무 및 국민에 대한 행정업무를 효율적으로 수행하는 정부를 말한다(동법 제2조 제1호). 동법은 전자정부의 원칙(동법 제4조), 전자적 민원처리 신청(동법 제7조), 전자적 고지·통지 (동법 제11조), 행정정보의 전자적 제공(동법 제12조) 등에 대해 규정하고 있다.

[대통령기록물] 대통령기록물의 효율적 관리와 대통령기록관의 설치·운영에 관하여 필요한 사항을 정하고 있는 '대통령기록물 관리에 관한 법률'이 있다(동법 제1조 참조). 대통령기록물은 공개함을 원칙으로 한다(동법 제16조 제1항). 동법은 대통령이 지정하면 그 공개가 일정기간 금지되도록 하는 대통령지정기록물의 보호 제도를 두고 있다. 즉 법소정의 대통령기록물에 대해 열람·사본제작 등을 허용하지 아니하거나 자료제출의 요구에 응하지 아니할 수 있는 기간을 15년의 범위 이내에서 따로 정할 수 있다(동법 제17조 제1·3항). 동법은 예외적으로 보호기간 중에도 국회재적의원 3분의 2 이상의 찬성의결이 이루어진 경우 등에는 최소한의 범위 내에서 열람, 사본제작 및 자료제출을 허용한다(동법 제17조 제4항).[394]

V. 알권리에 대한 제한

알 권리도 타인의 명예나 권리의 보호를 위하여 제한될 수 있다. 다른 사람의 인격권, 사생활의 보장을 위한 제한에 있어서는 이익형량 등의 방법을 그 적정한 제한을 찾게 된다. 그런데

---

[394] 실제로 요구된 적이 있었다. 2008년 12월 2일에 가결된(국회의원 찬성 212명) '쌀소득 보전 직접지불금 관련 청와대 관계장관 대책회의 보고서·회의록 등 관련 자료 제출 요구안'이 그것이다. http://www.hani. co.kr/arti/politics/assembly/325317.html 참조.

유명인의 사사(私事)에 대해서는 일반인에 비해 국민의 알 권리의 대상이 될 가능성이 더 많다. 알 권리는 헌법 제37조 제2항에 따라 국가안전보장, 질서유지, 공공복리를 위하여 법률로써 제한될 수 있다(2003헌바81등; 2007헌바107; 2009헌바258). 알 권리를 제한하더라도 본질적 내용을 침해할 수는 없다.

Ⅵ. 알 권리에 관한 판례

알 권리에 관한 결정례들로 위에서 살펴본 것도 있지만 여기에 정리하면 다음과 같다. ①과 ②의 결정은 헌재 출범초기의 판례로서 '공공기관의 정보공개에 관한 법률'이 제정되기 전에 나온 것이다.

i) 위헌성 인정 결정　① 임야조사서, 토지조사부의 열람·복사 신청에 불응한 행정청의 부작위 − 청구인의 정당한 이해관계가 있는 정부보유의 정보의 개시(開示)에 대하여 행정청이 아무런 검토 없이 불응한 부작위가 알 권리를 침해한 것으로 보아 위헌임을 확인하는 결정을 하였다.

● **판례** 헌재 1989.9.4. 88헌마22 위헌확인결정
[쟁점] 임야조사서, 토지조사부에 대한 청구인의 열람·복사 신청에 불응한 부작위(不作爲)가 기본권('알 권리')침해인지 여부(침해인정의 인용결정 − 위헌확인결정) [주문] 피청구인이 청구인으로부터 1988.3.22.부터 동년 12.10경 까지의 간에 수차에 걸쳐 문서 또는 구두로 경기도 이천군 마장○ 표교리 산 18내지 산 21 … 소재 임야와 전에 대한 임야조사서 또는 토지조사부의 열람·복사 신청이 있었음에도 이에 불응한 부작위는 청구인의 "알 권리"를 침해한 것이므로 위헌임을 확인한다. [결정요지] 본건 서류에 대한 열람·복사 민원의 처리는 법률의 제정이 없더라도 불가능한 것이 아니라 할 것이고, '정부공문서 규정' 제36조 제2항이 미흡하나마 공문서의 공개를 규정하고 있는 터이므로 이 규정을 근거로 해서 국민의 알권리를 곧바로 실현시키는 것이 가능하다고 보아야 할 것이다. 이러한 관점에서 청구인의 자기에게 정당한 이해관계가 있는 정부 보유 정보의 개시(開示) 요구에 대하여 행정청이 아무런 검토 없이 불응하였다면 이는 청구인이 갖는 헌법 제21조에 규정된 언론 출판의 자유 또는 표현의 자유의 한 내용인 '알 권리'를 침해한 것이다. '알 권리'도 헌법유보(제21조 제4항)와 일반적 법률유보(제37조 제2항)에 의하여 제한될 수 있음은 물론이며, 제한에서 오는 이익과 '알 권리'침해라는 해악을 비교·형량하여 그 제한의 한계를 설정하여야 할 것이다. 알 권리에 대한 제한의 정도는 청구인에게 이해관계가 있고 공익에 장해가 되지 않는다면 널리 인정해야 할 것으로 생각하며, 적어도 직접의 이해관계가 있는 자에 대하여서는 의무적으로 공개하여야 한다는 점에 대하여서는 이론의 여지가 없을 것으로 사료된다. 피청구인의 본건 부작위는 헌법 제21조에 의하여 보장되고 있는 청구인의 '알 권리'를 침해한 것이므로 그 행위는 위헌임을 확인한다.

② 검찰보유의 형사소송기록의 열람·복사 거부 − 헌재는 청구인이 피고인으로서 재판을 받은 형사확정소송기록을 검토한 다음 그 부분의 공개가 관계인의 기본권과 충돌되는 소지가 있는 경우 등이 아니라면 그 열람·복사를 허용하는 조처를 취하는 것이 헌법 제10조 후문의 국가의 기본권 보장의무를 성실히 수행하는 것이라고 할 수 있을 것임에도 불구하고 현행 실정법상 청구인에게 형사확정소송기록을 열람·복사할 수 있는 권리를 인정한 명문규정이 없다는 것만을 이유로 무조건 복사신청을 접수조차 거부한 행위는 "알 권리"를 침해한 것이므로 위헌

이라 할 것이고, 그 거부행위는 취소되어야 한다고 결정하였다.

> ● **판례**   헌재 1991.5.13. 90헌마133
> [주문] 피청구인이 1990.8.13. 청구인의 청구인에 대한 무고 피고사건의 확정된 형사소송기록의 일부인 서울지방 검찰청 의정부지청 89형제5**.11**호 수사기록에 대한 복사신청에 대하여 이를 거부한 행위는 청구인의 "알 권리" 를 침해한 것이므로 이를 취소한다. [결정요지] 형사확정소송기록에 대하여 이를 국민이나 사건당사자에게 공개할 것인지에 관하여 명문의 법률규정이 없다고 하여 불가능한 것은 아니고 형사확정소송기록에 대한 열람이나 복사는 원칙적으로 정당한 이익이 있는 국민에게 인정된다고 할 것이고, 따라서 특단의 사정이 없는 한 사건 당사자에 대 하여서는 검찰청이 보관하고 있는 형사확정소송기록에 대한 접근의 자유가 보장되어야 할 것이다. 다만, 형사사건 이 가지는 특수성에 비추어 볼 때 국가안전보장, 질서유지, 공공복리의 보호이익과 충돌되는 경우가 있을 수 있고 또는 사건에 직접·간접으로 관계를 가지고 있는 피의자, 피고인, 고소인이나 참고인, 증인, 감정인 등의 명예나 인 격, 사생활의 비밀, 생명·신체의 안전과 평온 등 기본권보호에 충실하지 못하게 되는 경우가 있을 수 있기 때문에 이들 기본권이 다같이 존중될 수 있도록 상호 조화점을 구하지 않으면 안될 것이다. … 이 사건에서 청구인이 복사 하고자 하는 대상기록은 자신이 무고죄의 피고인으로 재판을 받은 형사확정소송기록의 일부이고, 그 재판은 공개로 진행되었던 것이고, 사건내용도 통상의 사문서위조, 무고 등 사건이므로 피청구인은 그 부분의 공개가 관계인의 기 본권과 충돌되는 소지가 있는지 등 위에서 본 바와 같이 요구되는 검토를 구체적으로 행함이 없이 무조건 청구인 의 복사신청을 접수조차 거부하면서 복사를 해줄 수 없다라고 한 행위는 "알 권리"를 침해한 것이므로 위헌이라 할 것이고, 취소되어야 할 것이다(취소결정).

　* 1991년의 위 결정 이후 검찰보존사무규칙(법무부령)이 재판확정기록, 검찰의 수사기록 등 에 대한 일정범위의 열람·등사를 청구할 수 있도록 규정을 두었고 헌재는 이를 거부하는 처분 은 이제 법원의 행정소송의 대상이 되어 헌법소원심판청구에서 요구되는 보충성원칙(헌법소원 아닌 다른 권리구제절차가 있으면 그 절차를 먼저 거쳐야 헌법소원심판을 청구할 수 있다는 원칙)에 따 라 바로 헌법소원심판을 청구할 수 없다고 하여 본안에 들어가지 않고 각하하는 결정을 내리는 예들을 보여주었다.395)

　③ 구속적부심 피의자의 변호인의 알 권리 - 이는 피의자 본인의 것이 아니라 그 변호인의 알 권리가 침해되었다고 본 결정이었다. 구속적부심사건 피의자의 변호인이 수사기록 중 고소 장과 피의자신문조서의 열람·등사를 신청하자 해당 경찰서장이 정보비공개결정을 하였고, 이 에 위 변호인이 위 정보비공개결정의 위헌확인을 구하는 헌법소원을 제기한 사건이다. 헌재는 이러한 비공개결정은 구속사유 등을 파악할 수 없게 하여 청구인인 변호인의 피구속자를 조력 할 권리 및 알 권리를 침해한 위헌이라고 확인하였다.

> ● **판례**   헌재 2003.3.27. 2000헌마474
> [결정요지] 가. 침해되는 기본권 - 피구속자가 수사기관에서 무엇이라고 진술하였는지 그리고 어느 점에서 수사기 관 등이 구속사유가 있다고 보았는지 등을 제대로 파악하지 않고서는 피구속자의 방어를 충분히 조력할 수 없다는 것은 사리상 너무도 명백하므로 이 사건에서 변호인인 청구인은 고소장과 피의자신문조서의 내용을 알 권리가 있 는 것이고 따라서 청구인은 정당한 이해관계를 가진 자로서 그 알 권리를 행사하여 피청구인에게 위 서류들의 공

---

395) 진정사건기록 등사신청거부처분의 취소를 구하는 헌법소원, 94헌마77, 각하결정(* 이 결정에 대한 평석으 로, 정재황, 행정처분과 헌법소원심판 - 등사신청거부처분취소, 헌법학연구, 1998, 369면 이하 참조); 법 원의 인증등본 송부촉탁에 따른 불기소사건기록 열람·등사청구에 대한 검사의 거부처분에 대한 헌법소 원, 97헌마101, 각하결정; 확정재판기록 중 피해자의 법정증언 및 탄원서에 대한 등사신청을 거부한 처분, 98헌마246, 각하결정; 고등검찰청 수사기록의 등사신청에 대한 거부처분, 99헌마96, 각하결정 등.

개를 청구할 권리가 있다. 나. 기본권의 침해 — 헌법상 변호인의 변호권 내지 알 권리로 보호되는 것이라 하더라도 기본권 제한의 일반적 법률유보조항인 국가안전보장·질서유지 또는 공공복리를 위하여, 또한 다른 사람의 기본권과의 조화를 위하여 제한될 수 있다. 그러나 이 사건에서는 고소장이나 피의자신문조서를 변호인에게 열람시켜도 이로 인하여 국가안전보장·질서유지 또는 공공복리에 위험을 가져올 우려라든지 또는 사생활침해를 초래할 우려가 있다고 인정할 아무런 자료가 없다. 또한 공공기관의정보공개에관한법률 제7조 제1항 제4호는 '수사, 공소의 제기 및 유지에 관한 사항으로서 공개될 경우 그 직무수행을 현저히 곤란하게 하거나 형사피고인의 공정한 재판을 받을 권리를 침해한다고 그런 사유가 있음을 인정할 자료를 기록상 발견하기 어렵다. 결국 변호인에게 고소장과 피의자신문조서에 대한 열람 및 등사를 거부한 경찰서장의 정보비공개결정은 변호인의 피구속자를 조력할 권리 및 알 권리를 침해하여 헌법에 위반된다.

④ 변호사시험 성적 비공개 사건 — 관련하여 두 가지 결정례가 있었다. ㉠ 비공개규정 자체에 대한 위헌결정: "시험의 성적은 시험에 응시한 사람을 포함하여 누구에게도 공개하지 아니한다"라고 규정한 구 변호사시험법(2011.7.25. 개정된 것) 제18조 제1항 본문은 성적의 비공개가 기존 대학의 서열화를 고착시키는 등의 부작용을 낳고 있으므로 수단의 적절성부터 인정되지 않는다고 보고 비공개 목적은 엄정한 학사관리 등과 같이 알 권리를 제한하지 않는 수단을 통해서 달성할 수 있다는 점에서 침해최소성이 인정되지 않고 또 법익균형성도 인정되지 않아 과잉금지원칙을 위반하여 변호사시험에 응시하여 합격하였거나 심판청구 당시 법학전문대학원에 재학 중인 사람들의 알 권리(정보공개청구권)를 침해한 것이라고 하여 위헌결정이 되었다.

● 판례 헌재 2015.6.25. 2011헌마769등
[심판대상조항] 구 변호사시험법(2011.7.25. 법률 제10923호로 개정된 것) 제18조(시험정보의 비공개) ① 시험의 성적은 시험에 응시한 사람을 포함하여 누구에게도 공개하지 아니한다. 다만, 시험에 불합격한 사람은 시험의 합격자 발표일부터 6개월 내에 법무부장관에게 본인의 성적 공개를 청구할 수 있다. [결정요지] 제한되는 기본권 — (1) 정부나 공공기관이 보유하고 있는 정보에 대하여 정당한 이해관계가 있는 자가 그 공개를 요구할 수 있는 권리는 알 권리로서 이러한 알 권리는 헌법 제21조에 의하여 직접 보장된다. 어떤 문제가 있을 때 그에 관련된 정보에 대한 공개청구권은 알 권리의 당연한 내용이 된다. 심판대상조항은 변호사시험에 합격한 사람의 '성적'이라는 정보를 공개하지 않는다는 점에서 변호사시험에 합격한 청구인들의 알 권리 중 정보공개청구권을 제한하고 있다. (2) … (3) 일반 국민의 알 권리도 침해한다고 주장하나, 이러한 주장은 위 청구인의 기본권이 침해되었다는 주장이 아니므로 별도로 판단하지 않는다. 또한 청구인 ○○○은 심판대상조항이 변호사시험에 합격한 사람의 개인정보인 성적을 공개하지 않아 개인정보자기결정권을 침해한다고 주장한다. 개인정보자기결정권의 한 내용인 자기정보공개청구권은 자신에 관한 정보가 부정확하거나 불완전한 상태로 보유되고 있는지 여부를 알기 위하여 정보를 보유하고 있는 자에게 자신에 관한 정보의 열람을 청구함으로써 개인정보를 보호하고, 개인정보의 수집, 보유, 이용에 관한 통제권을 실질적으로 보장하기 위하여 인정되는 것이다. 그런데 위 청구인의 변호사시험 성적 공개 요구는 개인정보의 보호나 개인정보의 수집, 보유, 이용에 관한 통제권을 실질적으로 보장해 달라는 것으로 보기 어렵고, 변호사시험 성적이 정보주체의 요구에 따라 수정되거나 삭제되는 등 정보주체의 통제권이 인정되는 성질을 가진 개인정보라고 보기도 어렵다. 따라서 심판대상조항이 개인정보자기결정권을 제한하고 있다고 보기 어렵다. (4) 결국 이 사건의 쟁점은 변호사시험 성적을 합격자 본인에게도 공개하지 않는 것이 청구인들의 알 권리(정보공개청구권)를 침해하는지 여부이다. Ⅱ. 알 권리(정보공개청구권) 침해 여부 (1) 과잉금지원칙 위배 여부 (입법목적의 정당성) 심판대상조항은 변호사시험 성적 비공개를 통하여 법학전문대학원 간의 과다경쟁 및 서열화를 방지하고, 법학전문대학원 교육과정이 충실하게 이행될 수 있도록 함으로써 새로운 법학전문대학원 체제를 조기에 정착시켜 궁극적으로 다양한 분야의 전문성을 갖춘 양질의 변호사를 양성하기 위한 것으로 그 입법목적은 정당하다. (수단의 적절성) 심판대상조항의 입법목적이 정당하다고 하더라도, 변호사시험 성적의 비공개가 어떻게 법학전문대학원의 서열화 및 과다경쟁을 방지할 수 있다는 것인지 이를 뒷받침할 수 있는 근거가 전혀 제시되지 않고 있을 뿐만 아니라 아래에서 보는 바와 같이 변호사시험 성적을 공개하지 아니함으로써 법학전문대학원의 서열화를 더욱 고착화하고 있는

것이 현실이다. … 변호사시험 성적의 비공개가 당초의 입법목적은 달성하지 못한 채 기존 대학의 서열화를 고착시키고 법학전문대학원 출신 변호사에 대한 객관적 평가를 방해하는 등 여러 가지 부작용을 낳고 있으므로, 변호사시험 성적의 비공개는 심판대상조항의 입법목적을 달성하는 적절한 수단이라고 볼 수 없다. (침해의 최소성) 심판대상조항의 입법목적은 법학전문대학원 내의 충실하고 다양한 교과과정의 이행이나 엄정한 학사관리 등과 같이 법학전문대학원의 도입취지에 부합하면서도 청구인들의 변호사시험 성적에 대한 알 권리를 제한하지 않는 수단을 통해서 달성할 수 있음에도, 변호사시험 성적을 합격자 본인에게도 공개하지 못하도록 하는 것은 응시자들의 알 권리를 과도하게 제한하는 것으로서 침해의 최소성 원칙에도 위배된다. (법익의 균형성) 변호사시험 응시자들은 시험 성적의 비공개로 인하여 자신의 인격을 발현하는데 중요한 기초가 되는 정보에 대한 알 권리를 제한받게 되므로, 심판대상조항으로 인하여 제한되는 사익은 현저히 중대하다.… 따라서 심판대상조항은 법익의 균형성 요건도 갖추지 못하였다.

* 평석: 1. 헌재는 개인(자기)정보결정권은 제한되는 기본권이 아니라고 보았는데 찬성할 수 없다. 헌재는 자기통제 대상이 아니라는 점을 부정의 주논거로 제시하는 것으로 이해되나 통제필요성 이전에 법무부가 처리 보유하고 있는 개인정보이고 이의 열람, 이를 알고자 하는 것도 개인(자기)정보자기결정권의 내용이다. 이 사안과 반대로 시험 성적이 남에게 공개되는 것을 반대하는 입장에서 자기정보결정권 제한이라고 주장한다면 이를 부정할 수 없을 것이라는 점을 생각해도 그러하다(이 결정 후 개정되어, 성적공개를 인정하는 현행 사법시험법 제18조 1항은 성적공개를 청구할 수 있는 주체를 어디까지나 '본인'으로 규정하고 있다). 제한되는 기본권이 아니라고 배제하는 실익도 이해되지 않는다. 2. 문제의 원인에 대한 진단이 보다 정확해야 할 것이다. 합격자 자신의 성적을 알기 원한다는(불합격자는 당시 법에 의하더라도 자신의 성적을 알 수 있었다) 것이 순수히 자신의 성적이 어느 정도인가를 알기 위한 것인지 아니면 채용자들이 성적을 제시하라고 요구하는 데도 그 이유가 있는지 하는 점이 그것이다. 후자라고 할 경우에 심판대상규정이 가지는 학교간 서열화 방지라는 목적이 좀더 정당해질 수 있지 않을까 한다. 헌재는 "일반 국민의 알 권리도 침해한다고 주장하나, 이러한 주장은 위 청구인의 기본권이 침해되었다는 주장이 아니므로 별도로 판단하지 않는다"라고 하였으나 헌법재판의 직권주의를 명백히 하는 헌재 자신의 입장에 비추어 보면, 그리고 문제의 중요성을 감안한다면 채용자의 알 권리 문제 등에 대해서도 직권판단할 수도 있었을 것인데 아쉽다

ⓒ 변호사시험 성적 공개를 규정한 개정규정 이전 합격자에 대한 6개월 청구기간의 위헌성 － 위 ㉠의 위헌결정에 따라 개정된 변호사시험법 규정이 개정법 시행 전에 시험에 합격한 사람은 시행 후 합격한 사람에 대해 합격자 발표일부터 1년 내 성적공개 청구를 할 수 있도록 한 것과 달리 시행일부터 6개월 내에 성적 공개를 청구할 수 있도록 한 부칙 규정이 성적 공개 청구기간이 지나치게 짧아 정보에 대한 접근을 과도하게 제한하여 침해의 최소성 요건에 위배되고 법익균형성도 없어 정보공개청구권을 침해하는 위헌이라고 결정하였다(● 판례 헌재 2019.7.25. 2017헌마1329).

* 현행 변호사시험법은 공개청구기간을 5년으로 늘려놓고 있다(동법 제18조 제1항).

⑤ 정치자금 회계보고에 대한 알 권리 침해 인정 － 정치자금법에 따라 회계보고된 자료의 열람기간을 3월간으로 제한한 정치자금법 제42조 제2항 본문 중 '3월간' 부분 － 헌재는 아래와 같은 이유로 열람기간이 지나치게 짧아 침해최소성을 가지지 못한다고 보았다. 즉 보고되는 영수증, 예금통장은 그 자료의 양이 많음에도 사본교부가 되지 않는 현행법령 하에서는 열람을 통해 확인할 수밖에 없는데, 열람 중 원칙적으로 필사가 허용되지 않고 열람기간마저 3월간으로 지나치게 짧아 그 내용을 정확히 파악하고 분석하기 쉽지 않고 선거관리위원회의 정치자금 회계보고에 대한 조사·확인 권한도 그 행사에 현실적 제약이 있다는 점에서 열람기간의 지나친 제한을 정당화하기에는 부족하다. 정치자금을 둘러싼 분쟁 등을 조기에 안정시킬 필요성을 인정하더라도 열람기간이 공직선거법상의 6개월의 단기 공소시효조차 완성되지 아니한, 공고

일부터 3개월 후에 만료된다는 점에서 국민들의 정보에 대한 접근을 본질적으로 침해할 정도로 지나치게 짧게 설정되어 있다. 선거관리위원회는 이미 회계보고된 자료의 상당 부분을 전자파일로 변환하여 보관하는 등 전산기술을 통하여 자료 보관, 열람 및 사본교부 등의 업무부담을 상당 부분 줄여 왔으므로, 열람기간을 늘린다 하더라도 전자파일로 변환하는 자료의 범위를 보다 넓히는 등의 조치를 취함으로써 업무부담이 과도해지지 않도록 할 수 있다. 그럼에도 막연한 업무부담 증가를 이유로 열람기간을 지나치게 제한한다면, 이는 국민의 기본권보다는 행정편의를 우선하는 셈이 된다. 헌재는 법익균형성도 없어 결국 과잉금지원칙에 위배되어 알권리를 침해하는 위헌이라고 결정하였다(2018헌마1168. 이 결정은 이전의 합헌성 인정결정인 2009헌마466 결정을 변경한 것이다(판례변경)).

⑥ 국회 정보위원회 회의 비공개를 규정한 국회법 제54조의2 제1항 본문에 대한 위헌결정 — 헌재는 일체의 비공개를 규정하여 헌법 제50조 제1항에 위배되는 것으로 청구인들의 알 권리를 침해한다고 위헌결정하였다(헌재 2022.1.27. 2018헌마1162. 이 결정에 대해서는 국회 위원회에서의 의사절차, 3. 의사의 공개 부분 참조).

ⅰ-1) 위헌결정이면서 판시 중에 언급하나 결론에서 침해되는 기본권으로 언급되지 않은 결정례   이러한 결정례로 ㉠ 기초의회의원선거에서의 정당의 지지·추천 표방금지 — 이러한 '구 공직선거 및 선거부정방지법' 금지조항은 "어느 후보가 어떠한 정치적 성향을 가졌는지도 모르는 상태에서 '장님투표'를 하거나 국민의 알 권리를 중대하게 훼손하는 것"이라고 판시하면서 소결론에서 침해된 기본권으로 알 권리는 언급하지 않고 정치적 표현의 자유를 들었다(2001헌가4; 2003헌가9등) ㉡ "특정의료기관이나 특정의료인의 기능·진료방법"에 관한 광고금지 — 헌재는 "소비자의 의료정보에 대한 알 권리를 제약하게 된다"라고 판시하면서 마무리 부분에서 따라서 "표현의 자유와 직업수행의 자유를 침해한다"라고 알 권리를 직접 명시하지는 않았다(2003헌가3).

ⅱ) 한정합헌결정   ① 군사기밀 — 군사상 기밀의 탐지·수집·누설을 처벌하는 군사기밀보호법 규정에 대해 한정합헌결정, 즉 "군사상의 기밀이 비공지의 사실로서 적법절차에 따라 군사기밀로서의 표지를 갖추고 그 누설이 국가의 안전보장에 명백한 위험을 초래한다고 볼 만큼의 실질가치를 지닌 경우에 한하여 적용된다고 할 것이므로 그러한 해석 하에 헌법에 위반되지 아니한다"라는 한정합헌결정(● 판례 헌재 1992.2.25. 89헌가104)을 한 바 있다(* 한정합헌결정은 지금은 잘 내려지지 않고 있다).

② 또한 구 국가보안법 규정에 대해서도 같은 취지의 한정합헌결정이 있었다(헌재 1997.1.16. 89헌마240. * 동지: 헌재 1997.1.16. 92헌바6등).

ⅲ) 합헌성 인정 결정례   위에서 인용된 합헌성 인정결정례 외에 살펴볼 결정들을 아래에 정리해본다.

① 선거기간 중 여론조사 결과 등 공표의 금지 — 헌재는 1995.7.21. 92헌마177 결정 이래

선거기간 중에 선거에 관한 여론조사의 결과 등의 공표를 금지하도록 한 법률규정이 여론조사가 갖는 긍정적 및 부정적 기능, 여론조사에 관한 여건 및 신뢰도, 국민의식수준, 선거문화 등을 고려할 때, 선거의 공정성을 확보하기 위하여 선거기간 중에 금지하는 것은 필요하고도 합리적인 범위 내에서의 제한이라고 하여 비례(과잉금지)원칙에 합치되어 알권리를 침해하지 않는다고 보아 왔다(92헌마177등; 97헌마362등; 98헌바64). 이후 줄곧 공직선거 여론조사공표제한규정을 두고 있는데 다만, 현행 공직선거법에서는 금지되는 기간을 축소하여 "선거일 전 6일부터 선거일의 투표마감시각까지"로 규정하고 있다(동법 제108조 제1항). 그러나 그 규제기간을 더 줄여야 한다.

② '공공기관의 정보공개에 관한 법률' 제9조 제1항 제5호 중 "시험"에 관한 부분 - 국가기관이 실시한 시험의 문제지와 그 정답지, 청구인의 답안지 사본에 대한 공개를 청구한 데 대해 바로 이 규정을 들어 거부하여 문제된 사안이었다. 헌재는 공개로 시험의 반복시행의 어려움(기출문제, 평가 필수적 영역 출제 불가해짐), 열람허용시 열람한 사람이 유리해지는 점, 이의신청, 행정심판, 행정소송으로 다툴 길이 있다는 점에서 침해최소성을 가져 알 권리를 비례원칙을 준수하여 제한한 것이라고 하여 합헌결정을 하였다(2007헌바107).

③ 공공기관이 보유·관리하는 개인정보를 공개하면 개인의 사생활의 비밀 또는 자유를 침해할 우려가 있다고 인정되는 경우에 이를 비공개할 수 있도록 규정하고 있는 '공공기관의 정보공개에 관한 법률' 제9조 제1항 제6호 본문 - 헌재는 이 사안에서 기본권의 상충이 있다고 보고[국민의 알권리(정보공개청구권)와 개인정보 주체의 사생활의 비밀과 자유가 서로 충돌] 어느 쪽 기본권이 우월하다고 할 수 없어 조화로운 방법을 모색하되(규범조화적 해석), 법익형량의 원리, 입법에 의한 선택적 재량 등을 종합적으로 참작하여 심사하여야 한다고 한다. 비례성을 갖추었다고 하여 합헌으로 결정하였다.

● **판례** 헌재 2010.12.28. 2009헌바258
[결정요지] … (나) 입법목적의 정당성 및 수단의 적절성 - 공공기관이 보유·관리하는 개인정보를 공개하면 개인의 사생활의 비밀 또는 자유를 침해할 우려가 있다고 인정되는 경우에는 이를 비공개대상으로 할 수 있도록 규정하여 그 입법목적이 정당하고, 효과적이고 적절한 수단이다. (다) 기본권제한 정도의 비례성 - 이 법률조항은 개인에 관한 사항 모두를 비공개대상정보로 규정하고 있는 것이 아니라 개인에 관한 사항 중에서 공개될 경우 개인의 사생활의 비밀 또는 자유를 침해할 우려가 있다고 인정되는 정보만을 비공개대상정보로 규율하여 그 요건을 강화하고 있으며, 그 단서에서는 공개하는 것이 공익 또는 개인의 권리구제를 위하여 필요하다고 인정되는 정보 등 일정한 개인정보는 비공개대상정보에서 제외하도록 규정함으로써 공개함으로써 얻어지는 공익이 큰 경우와의 균형도 도모하고 있다. 비공개의 필요성이 없어진 경우에는 그 정보를 공개대상으로 하여야 한다고 규정하여(정보공개법 제9조 제2항), 국민의 알권리(정보공개청구권)를 필요·최소한으로 제한하고 있다. 따라서 상충·제한되는 두 기본권 사이에 적정한 비례관계도 유지되고 있으므로 알권리를 침해하지 아니한다.

④ 행정심판위원회 위원의 발언내용 비공개 - 행정심판위원회에서 위원이 발언한 내용 기타 공개할 경우 위원회의 심리·의결의 공정성을 해할 우려가 있는 사항으로서 대통령령이 정하는 사항은 이를 공개하지 아니한다고 규정하고 있는 구 행정심판법 제26조의2에 대해 헌재는 공개하기 시작하면 장래 있게 될 행정심판에서 위원은 재결확정 후에는 공개될 것을 우려하여

공정하고 자유로운 토론 및 심리·의결이 방해받을 수 있게 되기 때문에 발언 내용은 비공개상태를 유지할 필요가 있고, 비공개제도 외에 달리 청구인의 알 권리를 덜 제한하는 입법수단이 존재하지 않아 피해최소성 원칙을 구비하고 있으므로 비례원칙을 준수한 정보공개청구권 제한을 하고 있다고 보아 합헌결정을 하였다(2003헌바81등).

⑤ **군인의 불온도서 소지·운반·전파·취득 금지** － 이를 규정하고 있는 군인복무규율(대통령령) 제16조의2가 알 권리를 제한하지만 헌재는 무엇이 금지되는 행위인지를 예측할 수 있게 하고 있으므로 명확성원칙에 위배되지 않고 군의 정신전력에 심각한 저해를 초래할 수 있는 범위의 도서로 한정함으로써 침해의 최소성 요건을 지켜 과잉금지원칙에도 위반되지 않는다고 하여 기각결정을 하였다(● 판례 헌재 2010.10.28. 2008헌마638).

⑥ **대통령선거방송토론 참석후보자의 제한** － 원내교섭단체 보유 정당의 대통령후보자와 여론조사결과 평균지지율 10% 이상인 대통령후보자를 초청하여 3회에 걸쳐 다자간 합동방송토론회를 개최하기로 정한 구 '공직선거 및 선거부정방지법' 대통령선거방송토론위원회의 결정 및 그 공표행위가 국민의 알 권리와 후보자 선택의 자유를 침해하였다는 주장으로 헌법소원심판이 청구되었다. 헌재는 방송토론회 참석 후보자를 적정 범위 내에 제한하여 토론기능을 활성화시키는 것은 유권자들에게 유용한 정보를 제공하는 길이 되고 헌법소원은 자기의 기본권을 침해받은 자만이 청구할 수 있으므로 가사, 국민의 알 권리가 침해되었다 하더라도 청구인들의 기본권이 침해되지 않은 이상 헌법소원의 이유로 삼을 수 없다고 판단하여 기각결정을 하였다 (97헌마372등). * 이 결정에서 "가사, 국민의 알 권리가 침해되었다 하더라도"라는 판시는 이해가 어렵다. 헌법소원은 주관적 권리구제 외에 객관적 헌법질서유지기능도 가지고 직권주의가 이루어지므로(이는 헌재 자신이 세운 판례이론이기도 하다) 국민의 기본권침해도 살필 일이다.

⑦ **반론보도청구소송의 가처분절차에 따른 심판** － 약식절차라고 할 수 있는 민사소송법의 가처분절차에 따라 심판하도록 규정한 데 대해 이는 법원이 보도내용이 과연 진실한 것인지 여부조차 가리지 아니하고 우선 신청인이 청구하는 반론문의 게재를 명하게 되어 국민의 진실한 사실을 알 권리를 침해한다는 주장이 제기되었다. 헌재는 반론권은 보도내용의 진실여부를 따지거나 허위보도의 정정을 청구하기 위한 것이 아니기에 행사요건이 완화되어 있고 반론제도의 본질에 맞는 신속처리를 위해 가처분절차에 의하도록 하고 있다고 보고 심판절차가 부당하게 간이하게 되어 국민의 알권리를 침해하는 것으로 볼 수 없다고 판시한 바 있다[95헌바25. * 반면 정정보도청구의 소에 대해 가처분절차에 의하도록 한 것은 위헌으로 결정되었다(2005헌마165)].

⑧ **국회위원회의 방청불허와 알 권리** － 예산결산특별위원회 계수조정소위원회가 시민단체의 방청을 불허한 것이 알 권리의 침해라는 주장에 대해 동 위원회의 성격, 국회관행 등을 이유로 제시한 동 위원회의 주장을 헌재가 받아들여 기각결정을 하였고 국정감사에 대한 위원회 방청을 불허한 사건에 있어서도 그 불허가 알 권리의 침해라는 주장에 대해 위원회가 의원들의 국정감사활동에 대한 평가 및 결과 공표가 부적절하다고 주장한 바를 받아들여 기각결정을 한

바 있다(98헌마443. * 정작 헌재는 결론에서 '알 권리' 침해에 대해 직접 언급하지 않고 그냥 위헌적 공권력의 행사가 아니라고만 하였으나 청구인의 주장이 알 권리를 침해한다는 것이었으므로 여기에서 살펴보는 것이다).

그 외에도 ⑨ 변호인이 없는 때에 한하여 피고인의 공판조서열람권을 인정한 구 형사소송법규정(92헌바31 * 위 결정의 문제점을 지적한 평석으로, 정재황(졸고), 행정처분과 헌법소원심판 − 등사신청거부처분취소, 헌법학연구 제4집 제3호, 1998년 10월 참조. 그런데 위 결정 이후 형사소송법 제55조 제1항은 개정되어 변호인이 있는 경우에도 피고인이 공판조서의 열람, 등사를 청구할 수 있도록 개정되었다). ⑩ 구치소 수용자에 대한 신문 일부기사 삭제행위(98헌마4), ⑪ 금치처분을 받은 미결수용자에게 금치기간 중 신문 및 자비구매도서 열람제한(2012헌마549), ⑫ 금치기간 중 텔레비전 시청 제한(2014헌마45), ⑬ 공시대상정보로서 교원의 교원단체 및 노동조합 가입현황(인원수)만을 규정할 뿐 개별 교원의 명단은 규정하고 있지 아니한 구 '교육관련기관의 정보공개에 관한 특례법' 시행령 별표 규정(2010헌마293). 학부모의 알 권리와 교원의 사생활의 비밀과 자유(개인정보 자기결정권)이 충돌하는 문제상황이라고 하면서 두 기본권을 합리적으로 조화시킨 것이며 양 기본권의 제한에 있어 적정한 비례관계를 유지한 것이라고 보아 기각결정), ⑭ 재판 확정 후 속기록 등 폐기(2010헌마599), ⑮ 형사사건의 피의자에 대한 기소유예처분의 불기소이유 발급신청에 대하여 수수료를 부과하도록 한 행정안전부 고시인 민원사무처리기준표 규정(2012헌마167), ⑯ 인터넷상 청소년유해매체물 이용자에 대한 본인확인제 − 정보통신망을 통해 청소년유해매체물을 제공하는 자에게 이용자의 본인확인 의무를 부과하고 있는 청소년 보호법(2011.9.15. 전부개정된 것) 제16조 제1항 및 본인확인을 위해 공인인증서, 아이핀(I-PIN), 휴대전화를 통한 인증 방법 등을 정하고 있는 청소년 보호법 시행령(2012.9.14. 전부개정된 것) 제17조(2013헌마354), ⑰ 군사법원 판결문 인터넷 열람·복사 제한(2014헌마185) 등에 대해 합헌성을 인정한 바 있다.

제 8 장

국민의 기본의무

Ⅰ. 헌법상의 기본의무

국민은 기본권을 누리지만 한편으로는 국가의 구성원으로서 기본적인 의무를 진다. 우리 헌법은 국민의 기본의무로 재산권행사의 공공복리적합의무(제23조 제2항), 의무교육을 받게 할 의무(제31조 제2항), 근로의 의무(제32조 제2항), 납세의 의무(제38조), 국방의 의무(제39조 제1항), 환경보전을 위하여 노력할 의무(제35조 제1항) 등을 규정하고 있다. 이들 의무들에 대해서는 국방의무 외에 앞서 관련 기본권들에서 언급된 바도 있기에(납세의 의무에 관련해서는, 후술 제4부 제3장 제6절 제4항 Ⅰ. 참조) 여기서는 생략하고 국방의 의무에 대해서 살펴보고자 한다.

Ⅱ. 국방의 의무

1. 개념과 범위

(1) 개념

헌재는 "헌법 제39조 제1항에 규정된 국방의 의무는 외부 적대세력의 직·간접적인 침략행위로부터 국가의 독립을 유지하고 영토를 보전하기 위한 의무"라고 개념정의하고 있다(98헌마363). 국방의 의무의 개념 속에는 징집에 응하여 군생활을 하는 병역의 의무만 포함되는 것은 아니다. 헌재는 "군복무에 임하는 등의 직접적인 병력형성의무만을 가리키는 것으로 좁게 볼 것이 아니라, 향토예비군설치법(*현재는 '예비군법'으로 바뀐 법률임 - 필자 주), 민방위기본법, 비상대비자원관리법, 병역법 등에 의한 간접적인 병력형성의무 및 병력형성 이후 군작전명령에 복종하고 협력하여야 할 의무도 포함하는 넓은 의미의 것"으로 본다(91헌마80).

(2) 국방의무 형성의 법정주의(입법형성)

헌법 제39조 제1항이 "법률이 정하는 바에 의하여 국방의 의무를 진다"라고 규정하여 그 의무의 구체적 형성은 법률에 맡기고 있다. 이에 헌재는 "입법자는 이러한 국방의무를 법률로써 구체적으로 형성할 수 있는바, 국가의 안보상황, 재정능력 등의 여러 가지 사정을 고려하여 국가의 독립을 유지하고 영토를 보전함에 필요한 범위 내에서 병역의무를 부과할 수 있다. 다만, 병역의무를 부과하게 되면 그 의무자의 기본권은 여러 가지 면에서(일반적 행동의 자유, 신체의 자유, 거주이전의 자유, 직업의 자유, 양심의 자유 등) 제약을 받으므로, 법률에 의한 병역의무의 형성에도 헌법적 한계가 없다고 할 수 없고 헌법의 일반원칙, 기본권보장의 정신에 의한 한계를 준수하여야 한다. 다만, 병역의무를 부과하는 법률의 합헌성 여부를 심사함에 있어서는 남북간에 여전히 군사적 대치상황이 상존하는 우리의 현실을 도외시하면 아니된다"라고 본다(97헌바3). [판례] '예비역' 등에 대한 군형법 적용 − 군형법 제1조 제3항 제3호가 "소집되어 실역에 복무중인 예비역"(일반적인 예비군훈련이 아니라 병력동원훈련소집으로 입영한 예비역) 등에게 현역군인에 준하여 군형법을 적용하는 것이 예비역들에게 부과된 병역의무의 이행을 실효성 있게 확보하기 위하여 필요한 것이어서 헌법 제39조 제1항에 위반되지 않는다는 합헌결정을 하였다(97헌바3).

(3) 범위

국방의 의무에는 병력의 형성과 활용상의 의무가 포함되는 것은 당연한데 국가와 사회의 방위를 위한 활동에는 병역의 사용만이 아니라 비군사적 활동도 포함된다.

1) 병력형성의무

외세의 침략으로부터 국가의 안전을 강고히 하기 위한 국방은 병력을 필요로 한다. 이러한 병력에는 인적인 병력뿐만 아니라 군사시설, 무기, 침략방어시스템 등 물리적인 것도 포함된다. 국방의 의무가 바로 병력형성에 필수적이다. 직접 징집의무에 따라야 할 의무(직접적 형성의무)와 예비적 병력으로서 예비군소집에 응할 의무, 민방위소집에 응할 의무 등 의무(간접적 형성의무)도 포함된다(97헌바3).

2) 비군사적 역무

위에서 언급한 바와 같이 군사적 활동뿐 아니라 비군사적 활동(재난 대응·극복활동, 복구활동 등)도 포함된다. 헌재도 "현대전이 고도의 과학기술과 정보를 요구하고 국민 전체의 협력을 필요로 하는 이른바 총력전인 점, 그리고 오늘날 국가안보의 개념이 군사적 위협뿐만 아니라 자연재난이나 사회재난, 테러 등으로 인한 안보 위기에 대한 대응을 포함하는 포괄적 안보 개념으로 나아가고 있는 점 등을 고려할 때, 국방의 의무의 내용은 군에 복무하는 등의 군사적 역무에만 국한되어야 한다고 볼 수 없다. 즉, 전시·사변 또는 이에 준하는 비상사태, 재난사태 발생 시의 방재(防災)·구조·복구 등 활동이나, 그러한 재난사태를 예방하기 위한 소방·보건의료·방재(防災)·구호 등 활동도 넓은 의미의 안보에 기여할 수 있으므로, 그와 같은 비군사적 역무 역시 입법자의 형성에 따라 국방의 의무 또는 그 주요한 부분을 이루는 병역의무의 내용에 포함될 수 있다. 현행 병역법에 의하면 보충역의 일종인 사회복무요원은 사회복지, 보건·의료, 교육·문화, 환경·안전 등 사회서비스업무의 지원업무 등 비군사적 역무에 종사하고(제26조 제1항), 이는 예술·체육요원(제33조의7), 공중보건의사(제34조), 공익법무관(제34조의6) 등 다른 보충역의 경우도 마찬가지이다"라고 한다(2011헌바379등).

2. 불이익처우의 금지

(1) 불이익의 개념
1) 법적 불이익
이 조항의 적용대상은 국방의무 중 '병역의무'의 이행의 경우이다. 즉 헌법은 "누구든지 병역의무의 이행으로 인하여 불이익한 처우를 받지 아니한다"라고 규정하고 있다(제39조 제2항). 이 조항에서 금지하는 '불이익한 처우'라 함은 "단순한 사실상, 경제상의 불이익을 모두 포함하는 것이 아니라 법적인 불이익을 의미하는 것으로 보아야 한다"는 것이 헌재의 판례이다(98헌마363).

[위헌결정례] 군법무관이 전역한 후 변호사로 개업함에 있어 그 개업지가 제한되게 한 변호사법규정은 병역의무의 이행으로 인한 불이익한 처우라고 하여 헌법 제39조 제2항에 위반된다고 결정되었다(89헌가102). 그런데 이후 전관예우의 방지를 위하여 퇴직 전 1년부터 퇴직한 때까지 근무한 법원, 검찰청, 군사법원 등이 처리하는 사건을 퇴직한 날부터 1년 동안 수임할 수 없도록 하는 변호사법의 개정이 있었는데 병역의무를 이행하기 위하여 군인·공익법무관 등으로 근무한 자의 경우는 이러한 제한에서 제외하고 있다(법 제31조 제3항 이하).

2) 의무이행을 이유로 한 차별적 불이익 – 이행도중 불이익 비해당
헌재는 금지되는 불이익은 병역의무의 이행에 직접적이거나 이행으로 인한, 의무이행 이후 것이어야 하고 병역의무 이행 도중의 불이익은 포함이 되지 않는다는 입장이다(97헌바3; 2006헌마627; 2017헌마374). 헌재는 이 조항의 의미는 "병역의무를 이행한 것이 결과적, 간접적으로 그렇지 아니한 경우보다 오히려 불이익을 받는 결과를 초래하여서는 아니 된다는 것이 그 일차적이고도 기본적인 의미" 때문이라고 한다. 따라서 병역의무 그 자체를 이행하느라 받는 불이익은 헌법 제39조 제1항, 기타 헌법원칙에 대한 위반여부의 문제로 될 수 있을 뿐 헌법 제39조 제2항과 무관하다. 즉 병역의무 이행의 일환으로 병역의무 이행 '중'에 입는 불이익은 '병역의무의 이행으로 인한' 불이익에 해당하지 않는다고 한다. [결정례] 이러한 판례법리가 나타난 결정례들을 보면, ① 예비역' 등에 대한 군형법 적용(97헌바3. 앞서 1.에서 보았다). ② 병역필 조건의 공무원 응시자격부여(현역에 대한 자격부정. 2006헌마627). ③ 영내기거 군인의 군부대 소재지 주민등록 금지(2009헌마59. 앞의 거주이전의 자유도 참조). ④사회복무요원에 대한 현역병 봉급 해당 보수 지급(2017헌마374. 평등원칙 위반이 아님) 등에 대한 합헌성 인정 결정례들이 있었다.

3) 국가에 대한 적극적 보상을 강제하는 것이 아님

헌재는 헌법 제39조 제2항은 병역의무 이행으로 인한 불이익한 처우를 금지할 뿐 병역의무 이행으로 인한 적극적 보상을 국가에 강제하는 것은 아니라고 본다. 그래서 병역의무 이행과 관련되는 혜택을 부여하는 것은 그 자체로 헌법 제39조 제2항에 위반되지 아니한다고 보고 그 혜택부여상의 차이를 두는 것에 대해서는 주로 평등권 문제로 다루고, 또는 관련 개별 기본권, 예를 들어 공무담임권 등의 문제로 다룬다(2017헌마1183). [결정례] 이 법리를 표명하여 판단한 다음의 결정례들이 있었다. ① 제대군인 가산점제도는 제대군인에게 일종의 적극적 보상조치를 취하는 제도이므로 헌법 제39조 제2항에 근거한 제도라고 할 수 없다고 보았다(98헌마363). 제대군인에 대한 가산점제도는 평등원칙 위반으로 위헌결정이 되었다. 그 외 ② 현역병 및 사회복무요원과 달리 공무원의 초임호봉 획정에 인정되는 경력에 산업기능요원의 경력을 제외하도록 한 공무원보수규정(2014헌마192. 평등권 침해가 아니라고 보아 기각결정함). ③ 공무원 임용 전 병역의무 이행기간의 승진소요 최저연수 및 경력평정 불포함(2017헌마1183. 평등권, 공무담임권 침해가 아니라고 보아 기각결정함). ④ 군인과 군무원의 상당계급기준표(2006헌마1192, 기각결정) 등에 대한 결정들이 있었다.

(2) 적용례

앞서 본 결정례들이 있었다. 그리고 전투경찰순경인 청구인에 대한 시위진압명령은 병역의무의 이행을 위하여 발하여지는 명령에 불과한 것이지 병역의무의 이행을 원인으로 하여 행하여진 불이익한 처우라고 볼 수 없으므로 헌법 제39조 제2항에 위반된다고 할 수 없다는 결정도 있었다(91헌마80).

제 4 부

국가권력규범론

국가는 국민의 기본권을 실현함에 있어서 필요한 활동을 수행하기 위하여 그리고 국가의 안전과 사회질서를 유지하기 위하여 권력을 행사하게 된다. 이러한 국가권력은 그 조직과 행사가 헌법에 입각하여 국민적 정당성을 지녀야 하며 국민의 기본권을 보장하여야 한다는 지침 하에 행사되어 남용이 방지되어야 한다. 이를 위하여 국가권력을 나누어 여러 국가기관에 부여하고 국가권력을 통제하는 헌법규범이 국가권력규범이다. 이하에서 먼저 국가권력의 조직·행사에 관한 기본적인 원리를 살펴보고 다음으로 입법권, 집행권(행정권), 사법권 등 각 권력별로 그 조직·행사에 관한 헌법규범을 살펴보고자 한다.

   * 통치기구라는 용어의 문제점: 3공화국 헌법 제3장의 제목이 '통치기구'(統治機構)였다. '통치'라는 용어는 군림하여 다스린다는 의미를 가진 전근대적인 용어이다. 따라서 국민이 주권자이고 국가권력을 통제하는 현대에 와서는 적절하지 못한 용어이므로 가능한 한 '국가권력 조직·행사'로 바꾸어 부르려고 한다.

제 1 장

기본원리

국가권력조직·행사의 기본원리로는 ① 국민주권주의, ② 국민대표주의, ③ 권력분립주의, ④ 정부형태원리 등이 있다. 국민주권주의에 대해서는 앞에서 다루었기에(전술 제2부 제2장 제1절 제2항 국민주권주의 참조) 여기서는 국민대표주의부터 살펴본다.

제 1 절 　국민대표주의(대의제)

Ⅰ. 국민대표주의의 개념과 발달

1. 개념

국민대표주의(國民代表主義, 대의제)란 국민이 직접 주권과 국가권력을 행사하지 않고 자신의 대표자를 선출하여 그 대표자로 하여금 이를 행사하게 하는 국가운영의 원리를 말한다. 대표자에 의하여 국정의 운영이 이루어지므로 간접민주정치의 원리라고 불리기도 한다.

> * **용어의 문제:** 국민대표주의를 흔히 '대의제(代議制)'라고 부른다. 이는 역사적으로 먼저 의회가 국민의 대표기관으로서 자리잡고 중심이 되어 왔으므로 널리 사용되어 온 것이기도 하다. 그런데 오늘날 국민을 대표하는 기관은 의회 외에도 국민에 의해 선출된 대통령 등도 있기 때문에 이를 포괄하는 국민대표주의라는 용어를 주로 사용하고자 한다.

2. 분리이론, 권력의 비인격화(제도화)

국민대표주의는 종래 이를 '분리이론'으로 설명하여 왔다. 분리이론이란 주권보유자와 주권행사자가 구분되어 존재한다는 이론이다. 즉 국민은 주권자로서 존재하지만 주권을 직접 행사하지는 않고 주권자와 구분되는 주권행사자가 주권을 행사한다는 것이다. 물론 주권행사자는 주권자인 국민이 선출한다. 고대나 중세 때 절대군주가 권력 전체를 장악하고 또 직접 행사하여 권력은 곧 군주를 의미하는 권력의 인격화가 있었으나 국민대표주의에 따라 주권보유자와 주권행사자가 분리되어 '권력의 비인격화'(非人格化), '권력의 제도화'를 가져왔다. 유의할 것은 국민대표주의에서 분리이론이 국민과 대표자 간의 무관계함을 의미하지는 않는다는 점이다(후술 국민대표주의의 법적 성격 참조).

3. 국민대표주의의 발달

국민대표주의는 고대에 부족대표 등 회의제제도가 없지는 않았으나 근대에 주권이 국민에게 있음을 인정한 국민주권주의가 자리잡고 주권자 국민을 대신하는 진정한 대표성을 지니는 의회제가 확립되면서 본격적인 발달이 이루어졌다. 의회제는 영국에서 일찍이 자리잡았고, 프랑스의 경우 삼부회 등 등족회의의 역사를 거쳐 프랑스 대혁명 이후 의회제도가 정착되었다.

국민대표주의는 선거제도의 발달에 힘입은 바 크다. 특히 보통선거제도의 확충과 비례대표제의 도입 등으로 국민의 대표성이 더욱 확보되었다. 근대에 와서 형성된 정당제도의 발달도 국민대표주의에 중요한 영향을 미쳤다.

II. 국민대표주의의 헌법적 기초근거

국민대표주의를 뒷받침하는 헌법적 기초근거는 국민에게 주권이 있다는 점이다. 국민이 주권자이므로 주권의 행사도 국민이 하여야 하는데 국민이 이를 직접 행사할 수 없기 때문에 대표자를 선출하여 대표자로 하여금 국가권력을 행사하게 된 것이므로 국민대표주의는 국민주권주의에 기초한다.

국민대표주의의 근거를 헌법 자체에서 찾는 것이 중요하다. 우리 헌법의 경우에도 통상 국민이 직접 국가권력을 행사하지 않고 헌법 제40조가 입법권을 국회에, 제66조 제4항이 행정권을 대통령을 수반으로 하는 정부에, 제101조가 사법권을 법원에 부여하여 대표기관들이 주권에서 나오는 국가권력(즉 입법권, 행정권, 사법권)을 행사하게 함으로써 주권을 대표기관들이 대신 행사하게 한다. 바로 이것이 국민대표제(간접민주제)의 헌법적인 근거이자 헌법적 확인이라고 할 수 있다.

III. 국민대표주의의 법적 성격(대표자와 국민·선거인과의 관계)

대표자는 자신을 선출한 국민과 법적으로 어떠한 관계에 있는가 하는 문제가 국민대표주의의 법적 성격의 문제이다. 이 문제는 다시 2가지 문제로 나타난다. 첫째는 대표자가 국민에 대해 법적인 의무를 지는 법적 관계가 존재하는가 하는 것이고(아래의 1.), 둘째는 법적 의무를 지는 관계라면 이는 전체국민과의 관계에서만 그러한 것인지 아니면 국민 개개인 내지 대표자를 선출한 일부 지역의 국민들과의 관계에서 그러한 것인지 하는 문제이다(아래의 2.).

1. 국민과의 법적 구속관계 유무

(1) 학설
1) 법적 무관계설

대표자와 국민 간에 법적 관계가 없다고 보는 학설로는 정치적 대표설, 정당대표설 등이 있다. 정치적 대표설은 대표자는 정치적 또는 이념적으로만 국민을 대표할 뿐이고 국민에 대해 법적 의무를 지지 않으며 대표자가 국민의 이익을 위하여 성실한 직무를 수행하여야 한다는 의무는 정치적·도의적 의무에 불과하다고 본다. 정당대표설은 오늘날 정당의 역할이 중요하고 국민의 의사가 정당에 의하여 형성되기 때문에 정당이 국민을 대표한다고 보는 이론이다. 사회적 이익의 대표관계라고 보는 사회적 대표설도 있다. 요컨대 법적 무관계설은 국민이 대표자를 법적으로 구속하는 힘을 가지는 관계가 아니며, 대표자가 국민의사에 반하는 행위를 하더라도 법적 제재를 가할 수 없다고 본다.

2) 법적 관계설

대표자와 국민 간에 법적 관계가 있다고 보는 학설로는 법정대리설, 헌법적 대표설, 법적 위임관계설 등이 있다. 법정대리설은 Jellinek에 의해 주장된 학설로 1차적 기관인 국민이 2차적 기관인 의회를 선거로 구성하고 이 의회가 국민의 의사결정을 대리하는 법적 관계가 있다고 본다. 헌법적 대표설은 법적 관계를 헌법 그 자체에서 찾으려는 견해로 "모든 권력은 국민으로부터 나온다"라고 규정한 헌법 제1조 제2항에 의하여 권력을 행사하는 대표자와 국민과의 관계가 헌법적 관계가 될 수밖에 없다는 입장이다. 법적 위임관계설은 대표자와 국민 간에는 법적인 위임관계의 책임이 있다고 보는 학설이다. 이때의 위임은 민법상의 위임과는 다르다.

(2) 검토

법적 무관계설은 우리 헌법이 탄핵제도, 국가배상제도, 재판제도 등 대표자에 대한 법적 책임을 추궁할 수 있는 제도들을 규정하고 있음을 간과한 점에서부터 타당성이 없는 이론이다. 따라서 법적 관계설이 타당하다. 국민대표제의 헌법적 기초근거가 국민주권주의에 있고 헌법은 국민주권주의를 확인하고 있으며 국민으로부터 나오는 권력을 대표자들이 행사하도록 헌법이 각 대표기관들에 부여하고 있으므로 대표자와 국민 간의 관계는 헌법적 대표관계가 된다(헌법적 대표설).

2. 구체적 성격

(1) 위임이론

대표자와 국민 간에 법적 관계가 있다고 보면 그 관계가 구체적으로 어떠한 것인지가 문제된다. 이는 대표자가 국민전체와의 관계에서만 법적 관계가 있는 것인지 아니면 자신을 선출한 지역구 국민들과의 관계에서만 법적 관계에 있는 것인지에 대한 문제이다. 이 문제에 대해서는 전통적으로 국민주권주의 이론에 결부된 위임이론에 따라 논의되어 왔고 기속위임(명령위임, le mandat impératif)이론과 대표위임(무기속위임, le mandat représentatif)이론이 대립된다. 양 이론은 주권의 보유자가 누구인가 하는 문제에서 입장을 달리한 인민주권론과 국민주권론에서 각각 나온 것으로서 앞서 국민주권주의 이론을 보면서 이미 살펴보기도 하였는데 다시 정리하면 다음과 같다. 인민주권론은 국민 개개인을 주권자라고 보고 기속위임을 주장한다. 기속위임이란 자신을 선출해준 선거인의 지시나 명령에 그대로 따라야 하는 위임을 말한다. 반면에 국민주권론은 국민전체를 주권자라고 보고 대표자는 국민전체를 대표하여야 한다고 보는 대표위임을 주장한다. 이 양 이론의 대립과 그 연유 및 기속위임, 대표위임의 이론에 대해서는 앞의 국민주권주의에서 살펴본 바 있다(전술 제2부 민주적 기본질서의 국민주권주의 부분 참조).

(2) 우리나라 헌법과 판례의 입장 - 기속위임의 금지
1) 헌법과 국회법 규정

우리 헌법 제46조 제2항은 "국회의원은 국가이익을 우선하여 양심에 따라 직무를 행한다"라고 규정하여 기속위임금지의 원칙을 채택하고 있다. 지역구나 일부 국민이 아니라 전체인 '국가'의 이익을 우선하라고 규정하고 있기 때문이다. 헌법 제7조 제1항은 "공무원은 국민전체에 대한 봉사자이며, 국민에 대하여 책임을 진다"라고 규정하여 국민 일부가 아니라 전체 국민에 대한 책임을 규정하고 있다. 국민으로부터 선출된 대표자도 공무원이므로 국민전체를 대표하여야 한다. 헌법 제45조는 "국회의원은 국회에서 직무상 행한 발언과 표결에 관하여 국회 외에서 책임을 지지 아니한다"라고 규정하여 대표자인 의원의 활동에 있어서 자신의 의사에 따른 발언·표결을 할 수 있게 함으로써 선거인이나 소속 정당 등에 대하여 기속되지 않도록 보장하고 있다. 따라서 헌법 제46조 제2항과 더불어 제7조 제1항과 제45조도 우리 헌법상 기속위임금지의 근거가 된다고 본다.

한편 국회법에도 기속위임을 금지하는 취지의 명시적인 규정을 두고 있다. 국회법 제114조의2는 "의원은 국민의 대표자로서 소속 정당의 의사에 기속되지 아니하고 양심에 따라 투표한다"라고 하여 '자유투표'의 원칙을 명백히 함으로써 기속위임을 금지하고 있다.

2) 헌법재판소의 판례

헌재도 대표위임(자유위임)이 우리 헌법상의 원칙임을 인정하고, 헌법 제7조 제1항, 제45조, 제46조 제2항의 규정들이 대표위임(자유위임)의 근거라고 본다(92헌마153). ① 전국구의원 미승계(92헌마153), ② 국회구성권(96헌마186), ③ 당론에 배치되는 활동을 한 국회의원에 대한 상임위원 강제사임(2002헌라1; 2019헌라1) 등에 대한 헌법재판에서 대표위임의 문제가 다루어졌다.

(3) 대표위임과 법적 책임

위에서 본 대로 우리 헌법은 기속위임을 금지하고 대표위임을 헌법상 원칙으로 하므로 대표자들로 구성되는 의회는 국민전체를 위해 활동하여야 하고 의회의 구성원인 의원 개개인도 자신의 출신 지역구나 소속 정당을 대표하는 것이 아니라 국민전체를 대표하여야 한다. 대표자와 지역구 간에는 기속관계가 없고 관용되는 표현에 따르면 의원은 지역구에 "의해" 선출되는 것이 아니라 지역구 "속에서" 선출될 뿐인 것이다.

유의할 점은 기속위임이 금지되고 선거인들의 의사와 무관하게 의정활동을 하여야 한다고 하여 대표자와 국민 간에 아무런 법적 책임이 없다고 보아서는 아니 된다. 왜냐하면 대표위임 관계에서도 대표자는, 비록 선거구민의 의사로부터는 자유로우나, 국민전체의 의사는 따라야 한다는 구속을 받기 때문이다. 그래서 '대표'위임이라고 하는 것이다.

3. 기속위임금지에 관한 구체적 문제들

대표위임의 원칙과 관련하여 선거구획정 문제, 의원의 탈당시, 정당해산시의 의원자격문제, 국회구성의 문제, 당론에 반하는 국회의원의 활동 문제 등이 논의된다.

(1) 선거구획정과 대표위임
1) 선거구획정 위헌성심사에 있어서 평균 '인구'

국회의원선거와 같이 전국적 선거의 경우에 전국을 단일의 선거구로 하여 선거를 실시하는 것이 국민전체의 대표성에 더 부합될 것이다. 그러나 선거사무의 편의상 지역구별로 국회의원을 선출하게 된다(선거구 획정과 인구편차에 관하여는 전술 참조). 헌재는 지역선거구 획정에서의 인구편차를 완화할 이유로 국회의원이 지역대표성을 가진다는 이유를 제시하여 왔는데 이에 대해서 저자는 기속위임금지이론에 부합되지 않는 판시라고 하여 강하게 비판을 제기하였다. 그런데 최근의 선거구획정 헌법불합치 결정에서는 아래와 같이 판시하여 판례법리의 변경을 보여주었다(헌재는 명시적으로 변경이라고 하지는 않았다).

🌑 **판례** 헌재 2014.10.30. 2012헌마192

[판시] 국회의원이 지역구에서 선출되더라도 추구하는 목표는 지역구의 이익이 아닌 국가 전체의 이익이어야 한다

는 원리는 이미 논쟁의 단계를 넘어선 확립된 원칙으로 자리 잡고 있으며, 이러한 원칙은 양원제가 아닌 단원제를 채택하고 있는 우리 헌법 하에서도 동일하게 적용된다. 따라서 국회를 구성함에 있어 국회의원의 지역대표성이 고려되어야 한다고 할지라도 이것이 국민주권주의의 출발점인 투표가치의 평등보다 우선시 될 수는 없다.

그러나 여전히 "국회를 구성함에 있어 국회의원의 지역대표성이 고려되어야 한다고 할지라도"라고 하여 미련을 버리고 있지 못한 모습을 보여주고 있다.

(2) 당적변경, 정당해산의 경우

1) 당적변경의 경우

의원들이 소속정당을 이탈하여 다른 정당에 소속하는 경우에 의원직을 상실하도록 하여야 하는가 하는 문제가 있는데 긍정설과 부정설이 있다. 원칙적으로 보면 당적이탈을 강제하는 것은 정당에의 기속을 인정하는 것이다. 현행 공직선거법 제192조 제4항에 따르면 비례대표 국회의원의 경우에만 자진탈당이 의원직의 자동상실을 가져오고 지역구 국회의원의 경우에는 자진탈당을 한 경우에도 의원직이 유지된다. 생각건대 기속위임금지이론에 따르면 자진탈당의 경우에도 의원직을 유지할 수 있다고 볼 것이다. 비례대표의원은 정당에의 기속이 강하기 때문에 자동상실을 인정하는 것으로 이해된다. 그러나 지역구의원들의 경우에도 정당에 의한 추천이 이루어지고 있고 그 추천은 정당의 결정이라는 점에서 역시 정당기속성의 문제가 있다. 따라서 비례대표의원들에게만 이러한 자동상실을 인정하는 것은 형평성의 원칙에 합치되지 않는다.

한편, 이전의 선거법은 전국구의원(현행법상 명칭은 비례대표의원)의 탈당의 경우에 의원직이 상실된다는 규정을 두고 있지 않았다. 이에 전국구의원이 소속정당에서 탈당하면 그 의석이 상실되는지 여부와 탈당한 정당의 전국구후보자가 이를 승계하는지 여부가 문제된 바 있다. 헌법재판소는 자유위임의 원칙을 들어 이를 부정하였다(92헌마153). 유의할 점은 헌재가 "헌법은 국회의원을 자유위임의 원칙하에 두었다고 할 것이고 따라서 별도의 법률규정이 있는 경우는 별론으로 하고, 전국구의원의 소속정당 탈당으로 의원직 상실이 되지 않는 것이고"라고 하여 법률이 달리 정할 수도 있음을 인정하였다는 것이다. 위 결정이 내려지기 전에 '공직선거 및 선거부정방지법'은 전국구의원의 경우에 자진탈당은 의원직 자동상실이 되도록 규정하는 개정을 이미 한 바 있었고 지금도 마찬가지 규정을 두고 있다. 이 자동상실규정에 대해서는 대표(자유)위임원칙이라는 헌법상 원칙에 부합되는지 의문이 없지 않다.

2) 정당해산의 경우

헌재의 해산결정을 받은 정당에 소속된 국회의원들, 지방의회의원들은 그 해산결정으로 당연히 의원직을 상실하게 되는지에 대해서는 국내에서 ① 긍정설과 ② 부정설이 대립되고 있다. 현행 공직선거법 제192조 제4항은 "비례대표국회의원 또는 비례대표지방의회의원이 소속정당의 합당·해산 또는 제명 외의 사유로 당적을 이탈·변경하거나 2 이상의 당적을 가지고 있는 때에는 「국회법」 제136조 또는 「지방자치법」 제90조의 규정에 불구하고 퇴직된다. 다만, 비례대표국회의원이 국회의장으로 당선되어 「국회법」 규정에 의하여 당적을 이탈한 경우에는 그러하지 아니하다"라고 규정하고 있다. 따라서 정당의 해산결정이 있더라도 지역구의원들뿐 아니라 비례대표의원도 의원직을 자동상실하지 않는다고 보아야 한다. 국회의원의 경우 헌재는 자동상실을 인정하였다(헌재 2014.12.19. 2013헌다1. 이 결정에서 지방의회의원의 경우에는 자동상실을 선언하지 않아 의아스럽게 하였다). 헌재는 의원직 자동상실로 규정하지 않은 공직선거법 제192 제4항의 '해산'을 자진해산에 한정하는 해석을 이 결정에서 했다. 현행 헌법에 명시규정이 없으므로 국회에서의 자격심사, 제명 결정 등으로 상실시키는 해결이 현재로서는 기속위임금지원칙에 반하지 않는 것이라고 볼 것이다. 헌법원칙인 기속위임금지원칙의 예외로서 자동상실을 헌법 자체에 두는 것은 가능하다.

(3) 기속위임금지(대표위임, 자유위임)원칙과 국회구성의 문제

국회의원 총선거 직후 의원들의 여당으로의 당적변경으로 선거의 본래 결과인 여소야대의 의석분포를 변경한 것에 대해 국민의 국회구성권을 침해하는 것이라는 주장의 헌법소원이 제기되었는데 헌재는 국회구성(구도결정)권을 인정하면 유권자가 설정한 국회의석분포에 국회의원들을 기속시키고자 하는 것이고 이는 자유위임원칙에 반한다고 하여 국회구성권이라는 기본권을 헌법상 인정할 수 없다고 하여 침해되는 기본권이 존재하지 않는다고 보아 각하결정을 하고 본안판단에 들어가지 않았다(헌재 1998.10.29. 96헌마186). 그러나 국민의 기본권으로서의 선거권에는 선거에 참여하여 투표하는 투표권뿐 아니라 선거결과를 존중받을 권리도 포함된다고 본다면 의정활동 중간에서의 당적변경이 아니라 선거직후 변경은 국민이 선택한 결과를 왜곡하는 것으로서 선거권의 침해라고 볼 것이다.

(4) 당론과 자유위임 - 상임위원회 강제사임
1) 판례

기속위임의 금지는 당론에 따르지 않고 반대당에 대해서도 찬성할 수 있는 이른바 교차투표(cross voting)가 가능하도록 하고 소신껏 의정활동을 할 수 있게 한다. 그러나 헌법재판소는 자유위임원칙이 의원의 정당기속이나 지시를 배제하는 것은 아니라고 보면서 소속 정당의 당론과 달리 활동한 의원을 소속 상임위원회 위원에서의 강제로 사임시킨 행위에 대해 자유위임원칙에 반하지 않는다고 아래와 같이 판단한 결정이 있었다.

● **판례** 헌재 2003.10.30. 2002헌라1
[결정요지] 현재의 제16대 국회는 4년 임기중 전반기를 이미 마쳤고, 후반기 들어 2002.7.경 새로이 각 상임위원회의 위원배정이 이루어졌으며, 이 때 청구인은 다시 보건복지위원회에 배정되어 현재까지 동 위원회에서 활동하고 있다. 그러므로 청구인이 이 사건 권한쟁의심판청구에 의하여 달성하고자 하는 목적은 이미 이루어져 청구인이 주장하는 권리보호이익은 소멸하였다. 그러나 이 사건과 같이 상임위원회 위원의 개선, 즉 사·보임행위는 법률의 근거하에 국회관행상 빈번하게 행해지고 있고 그 과정에서 당해 위원의 의사에 반하는 사·보임이 이루어지는 경우도 얼마든지 예상할 수 있으므로 청구인에게 뿐만 아니라 일반적으로도 다시 반복될 수 있는 사안이어서 헌법적 해명의 필요성이 있으므로 이 사건은 심판의 이익이 있다.

가. 정당은 국민과 국가의 중개자로서 정치적 도관(導管)의 기능을 수행하여 주체적·능동적으로 국민의 다원적 정치의사를 유도·통합함으로써 국가정책의 결정에 직접 영향을 미칠 수 있는 규모의 정치적 의사를 형성하고 있다. 이와 같은 정당의 기능을 수행하기 위해서는 무엇보다도 먼저 정당의 자유로운 지위가 전제되지 않으면 안 된다. 즉, 정당의 자유는 민주정치의 전제인 자유롭고 공개적인 정치적 의사형성을 가능하게 하는 것이므로 그 자유는 최대한 보장되지 않으면 안 되는 것이다.

나. 현대의 민주주의가 종래의 순수한 대의제 민주주의에서 정당국가적 민주주의의 경향으로 변화하고 있음은 주지하는 바와 같다. 다만, 국회의원의 국민대표성보다는 오늘날 복수정당제하에서 실제적으로 정당에 의하여 국회가 운영되고 있는 점을 강조하려는 견해와, 반대로 대의제 민주주의 원리를 중시하고 정당국가적 현실은 기본적으로 국회의원의 전체국민대표성을 침해하지 않는 범위 내에서 인정하려는 입장이 서로 맞서고 있다. 국회의원의 원내활동을 기본적으로 각자에 맡기는 자유위임은 자유로운 토론과 의사형성을 가능하게 함으로써 당내민주주의를 구현하고 정당의 독재화 또는 과두화를 막아주는 순기능을 갖는다. 그러나 자유위임은 의회 내에서의 정치의사형성에 정당의 협력을 배척하는 것이 아니며, 의원이 정당과 교섭단체의 지시에 기속되는 것을 배제하는 근거가 되는 것도 아니다. 또한 국회의원의 국민대표성을 중시하는 입장에서도 특정 정당에 소속된 국회의원이 정당기속 내지는 교섭단체의 결정(소위 '당론')에 위반하는 정치활동을 한 이유로 제재를 받는 경우, 국회의원 신분을 상실하게 할 수는 없으나 "정당내부의 사실상의 강제" 또는 소속 "정당으로부터의 제명"은 가능하다고 보고 있다. 그렇다면, 당론과 다른 견해를 가진 소속 국회의원을 당해 교섭단체의 필요에 따라 다른 상임위원회로 전임(사·보임)하는 조치는 특별한 사정이 없는 한 헌법상 용인될 수 있는 "정당내부의 사실상 강제"의 범위 내에 해당한다고 할 것이다.

다. 피청구인은 국회법 제48조 제1항에 규정된 바에 따라 청구인이 소속된 한나라당 "교섭단체대표의원의 요청"을 서면으로 받고 이 사건 사·보임행위를 한 것으로서 하등 헌법이나 법률에 위반되는 행위를 한 바가 없다.

라. 요컨대, 피청구인의 이 사건 사·보임행위는 청구인이 소속된 정당내부의 사실상 강제에 터 잡아 교섭단체대표의원이 상임위원회 사·보임 요청을 하고 이에 따라 이른바 의사정리권한의 일환으로 이를 받아들인 것으로서, 그 절차·과정에 헌법이나 법률의 규정을 명백하게 위반하여 재량권의 한계를 현저히 벗어나 청구인의 권한을 침해한 것으로는 볼 수 없다고 할 것이다.

2) 평가

ⅰ) 사안에서 헌법재판소는 강제사임이 정당 내부의 사실상 강제라는 점을 들어 기각결정을 한 바 있는데 상임위원회 활동이 오늘날 의회에서 중심이라는 점에서 강제사임이 정당 내부만의 문제가 결코 아니라는 점에서 위 판례가 제시한 논거는 벌써 타당성이 없다. ⅱ) 헌법재판절차법적 문제이기도 한 것으로서 위 사안은 권한쟁의심판사건이었는데 현행 헌법재판제도하에서 권한쟁의심판은 헌법에 의해 부여된 권한이 아니더라도 법률상 권한이더라도 이를 침해당한 경우에 청구할 수 있다. 그런데 국회법 제114조의2에 자유투표원칙을 규정하여 의원들이 정당에 대한 무기속의 소신표결의 권한이 있음을 규정하고 있어서 위 사안에서는 이에도 위배되는 권한침해가 있었는데 이를 간과한 것도 문제이다. ⅲ) 결국 위 사안에서 헌재는 대표위임 법리에 부합되지 않는다는 결정을 하였어야 했다.

* 위 2002헌라1 선례를 인용한 결정: 헌재 2020.5.27. 2019헌라1 [결정요지] 이 사건 개선행위는 사개특위의 의사를 원활하게 운영하고, 사법개혁에 관한 국가정책결정의 가능성을 높이기 위하여 국회가 자율권을 행사한 것으로서, 앞서 살펴본 제반 사정을 종합적으로 고려하면, 이 사건 개선행위로 인하여 자유위임원칙이 제한되는 정도가 위와 같은 헌법적 이익을 명백히 넘어선다고 단정하기 어렵다. 따라서 이 사건 개선행위는 자유위임원칙에 위배되지 않는다. * 이 결정에 대해서 후술 국회 특별위원회 부분도 참조. 동지: 헌재 2020.5.27. 2019헌라3등.

Ⅳ. 국민대표제의 정당성 조건

국민대표제가 정당성을 가지기 위해서는 다음과 같은 전제 요소들이 갖추어져야 할 것이다. ① 민주적 정당성의 확보를 위한 민주적 선거제도 등 — 국민대표제는 국민의 정당성을 가지는 대표자의 선출을 전제로 한다. 이를 위해 선거제도가 대표성을 충분히 가지는 공직자를 선출하는 방식으로 자리잡아야 한다. 선거제도가 국민의 의사를 왜곡없이 제대로 전달되도록 뒷받침되어야 국민대표주의의 구현을 가져오게 할 수 있다. ㉠ 헌재는 비례대표국회의원이 선거범죄로 인하여 당선이 무효로 된 때에는 후보자명부상의 차순위후보자가 그 의석을 승계하지 못하도록 제한하고 있었던 구 공직선거법 제200조 제2항 단서 일부규정은 선거권자의 의사를 무시하고 왜곡하는 결과를 초래할 수 있다는 점에서 대의제 민주주의 원리에 위배된다고 보았다(2007헌마40). ㉡ 또한 헌재는 임기만료일 전 180일 이내에 비례대표국회의원에 궐원이 생긴 때에는 승계를 인정하지 않도록 한 구 공직선거법 제200조 제2항 단서 규정이 대의제 민주주의 원리에 위배된다고 보아 헌법불합치결정을 한 바 있다(2008헌마413. 이후 120일 이내로 개정됨). ② 정치적 참여기회의 충분한 보장 — 국민들이 선거를 통한 대표자의 선출에 적극적으로 참여함은 물론 직접 정치에 참여할 기회도 충분히 보장되어야 한다. 이를 위하여 정치적 기본권의 보장이 중요하다. ③ 정치적 표현의 자유의 보장 — 국민대표제는 국민의 진정한 의사가 제대로 반영되어야 할 것을 전제로 한다. 따라서 국민의 여론이 자유로이 표출될 수 있도록 정치적 표현의 자유가 최대한 보장되어야 한다. ④ 정당의 민주화와 정당정치의 성숙성 — 정당이 민의를 충실히 반영하기 위해서는 정당의 민주화가 요구된다. 또한 당리당략이 아닌 국민전체의 이익을 제대로 반영하는 대표정치를 구현하기 위해서는 정당정치가 성숙하여야 한다. ⑤ 정권교체의 가능성이 열려 있어야 한다.

Ⅴ. 국민대표주의의 현대적 문제점과 그 치유방안

1. 문제점

오늘날 국민대표제의 현실적 문제점으로는, ① 선거제도의 불충분성으로 인한 대표성·정당성의 문제, ② 대표자가 국민의 의사에 부합되는 활동이 아니라 정당의 이해관계에 따라 당론에 기속되어 활동하는 당리당략적 정당국가의 문제, ③ 전문성을 요하는 사안이 확대됨에도 불구하고 대표자의 자질 내지 전문성이 부족한 문제, ④ 정치적 무관심 등이 거론되고 있다.

2. 치유·보완방안

(1) 치유방안

위의 문제점들에 대한 치유책으로 대표성을 충분히 반영할 수 있는 선거제도·정치제도의 확충, 정당의 민주화와 정책정당화, 의원이 자신의 소신에 따라 활동하도록 교차투표(cross voting, 소속 정당의 당론에 따르지 않고 상대 당의 당론에 찬성할 수도 있는 소신표결)가 인정되어야 할 것이며 대표자들의 전문성, 자질 향상을 도모하여야 한다. 또한 국민의 정치적 관심과 참여를 높이기 위한 방안들이 마련되어야 한다.

(2) 반(半직)접민주제에 의한 보완

대표제의 문제점을 보완하기 위하여 국민발안, 국민투표와 같은 직접민주정치제도가 가미되고 있다. 대표제를 원칙으로 하면서 이러한 직접민주제를 혼합하고 있다고 하여 프랑스에서는 이를 반직접민주제(la démocratie semi-directe)라고 부른다.

1) 직접민주제도

① 국민발안(l'initiative populaire) － 법률의 제정이나 헌법의 개정 등을 국민이 주창하고 발의할 수 있는 제도를 말한다. 스위스 헌법 제193조 내지 제194조와 이탈리아 헌법 제71조가 규정하고 있다. 우리의 경우에도 제1공화국 제2차 개정헌법(1954.11.29. 개정헌법) 제98조 제1항이 "헌법개정의 제안은 대통령, 민의원 또는 참의원의 재적의원 3분지 1 이상 또는 민의원의원 선거권자 50만인 이상의 찬성으로써 한다"라고 규정하여 처음으로 국민발안제도를 헌법개정에 도입한 바 있다. 현행 헌법은 국민발안제도를 두고 있지 않다. 현재 지방자치에서는 법률상 조례의 제정·개폐 청구를 인정하여(지방자치법 제19조) 주민발안제도를 두고 있다(조례 제정·개폐 청구의 요건, 절차 등을 따로 법률로 정하도록 한 이 지방자치법 제19조 제2항에 따라 '주민조례발안에 관한 법률'이 제정되어 시행되고 있다).

② 국민소환(la révocation populaire) － 국민해면(國民解免)이라고도 한다. 공직자를 임기가 종료되기 전에 그 직에서 해임하기 위한 국민결정제도가 국민소환제도이다. 이 제도는 주권의 위임이론에 있어 기속위임(강제위임)을 받아들이는 입장에서 인정된다. 기속위임을 금지하는 헌법에서는 이의 예외적 인정을 위해서 헌법에 근거를 두는 것이 필요하다. 오늘날 서구국가에서는 기속위임이 금지되는 것이 일반적이므로 이 제도의 도입은 예외적이다. 현행 우리 헌법은 국민소환제도를 두고 있지 않다. 지방자치에서는 주민소환제도를 두고 있다(현행 지방자치법 제20조, 신법 제25조).

③ 국민표결(국민결정, référendum) － 어떠한 중요한 정책이나 법률안, 헌법개정안에 대해 그 채택 여부를 결정하는 국민투표제도를 말한다. 국민결정은 위의 국민발안의 결과로 이루어

지기도 한다. 국민결정이 의무적인 경우도 있고 임의적인 경우도 있다. 우리 헌법은 헌법개정에 있어서 국민투표(제130조 제2항)는 필수적인 것으로, 국가안위에 관한 중요정책에 대한 국민투표(제72조)는 임의적인 것으로 규정하고 있다. 지방자치 차원에서 주민투표제도가 있다(현행 지방자치법 제14조, 신법 제18조).

2) 직접민주제의 한정성과 한계

간접민주제(대표제)의 보완을 위하여 직접민주제의 도입이 요구되기도 하지만 어디까지나 한정적일 수밖에 없다. 직접민주제는 인민주권론에 따를 때 원칙적인 것이 되고 직접민주제의 도입은 헌법에 그 근거가 특별히 없어도 된다. 그러나 현대의 대부분 국가들과 우리나라에서는 간접민주제가 원칙이므로 직접민주제적 제도는 제한적이고 보충적이며 그 사유가 한정적이다.

직접민주제의 한계도 지적되고 있다. 국민투표의 경우에 이것이냐 저것이냐 식의 일도양단적(一刀兩斷的)인 국민투표로는 다양한 국민의 의사가 제대로 반영되지 않을 수 있다. 직접민주제에서 의사결정은 대체로 국민의 다수결에 의하므로 소수의 국민의 이익을 고려하지 않을 수도 있다. 또한 populism의 폐해도 문제될 수 있다.

제 2 절　권력분립주의

제 1 항　권력분립의 이론적 고찰

Ⅰ. 고전적(古典的) 권력분립주의의 발달

1. J. Locke의 권력분립사상

근대의 국가권력분립을 본격적으로 주장한 사상가는 바로 J. Locke이다. J. Locke는 그의 시민정부이론(Two Treatises of Civil Government)에서 국가권력을 입법권, 집행권, 동맹권 등으로 나누었다. 로크의 권력분립론의 중요한 대상은 입법권과 집행권이다. 그는 법률을 집행하는 집행권이 법률을 만드는 입법권을 행사하는 자에게 함께 주어진다면 자의적인 법률의 집행이 이루어질 것이므로 입법권과 집행권의 담당자는 서로 분리되어야 한다고 보았으며 입법권이 집행권보다 우위에 있어야 한다고 보았다. 동맹권은 전쟁을 선포, 수행하거나 강화를 하고 국가 간의 협상을 할 수 있는 권력을 의미한다. 동맹권은 집행권을 담당하는 사람에게 함께 귀속되어야 한다고 보았다. 그리하여 그에게 있어서는 입법권과 집행권 간의 권력분립이 주된 과제였다고 평가된다.

2. Montesquieu의 사상

Montesquieu는 1748년에 출간된 그의 기념비적 저서인 「법의 정신」(De l'Esprit des lois)에서 권력분립이론을 전개하였다. 그의 주된 관심사는 독재적인 권력을 막아 시민의 자유를 보장하는 정부체제를 모색하는 것이었고 이를 위하여 영국의 정부제도를 고찰하고 권력의 분립을 제안하게 된다. 이처럼 그의 권력분립론은 자유의 보장을 위한 것이라는 점에서 Montesquieu는 자유주의적 성향을 가진 사상가로 평가되고 자유주의적 요소가 그의 권력분립론의 핵심이다. 그의 권력분립론의 요소와 특징은 다음과 같다. ① 권력을 단순히 나누어 놓는 것이 아니라 국가기능별로 분할하는 것이다. 그리하여 영국의 예를 들어 입법, 집행, 사법으로 나누어 설명하였다. ② 각각의 권한들은 2가지 상태, 즉 전문화되고 독립적일 것을 요한다고 보았다. 그는 국가제도들의 조화로운 운영을 원한다면 국가권력들은 동일한 기관들의 수중에 집중되어서는 아니 되고 강한 권력에 대해 경계하며 절제된 정부(gouvernement modéré)를 모색하여야 한다고 보았다.

3. 고전적 권력분립주의 개념요소

고전적 권력분립주의는 위에서 본 ① 전문화원칙과 ② 독립성원칙에 따라 다음과 같은 요소를 가진다.

(1) 국가기능, 국가권력의 분배

권력분립주의는 먼저 국가기능의 분장이 있고 이러한 국가기능의 분장에 맞추어 국가권력이 나누어져서 별개의 국가기관들에 귀속되게 하는 원리이다. 이처럼 국가기능의 분장이 먼저 출발점이 된다. 그리하여 국가기능(직무)을 일반적인 법규범을 설정하는 입법기능, 법규범의 집행기능, 분쟁을 해결하는 사법기능으로 나누고 각각의 기능(직무)의 행사에 상응하는 국가권력인 입법권, 집행권, 사법권을 별개의 국가기관에 각각 부여하여 분속시키는, 즉 입법권을 의회에, 집행권을 국가원수 또는 행정부의 수반 내지 내각에, 사법권을 재판기관에 부여한다(전문화의 원칙).

(2) 독립성과 균형·견제성

권력분립의 두 번째 개념요소는 독립성이다. 권력분립의 원리는 배분된 권력들이 상호 독립적으로 견제와 균형을 유지하면서 행사되도록 한다. 이는 균형과 견제를 통한 권력의 남용을 막기 위한 것이다.

Ⅱ. 권력분립주의의 성격

1. 자유주의적 성격

권력분립주의는 자유의 보장에 주안을 두고 있다. 권력분립의 사상이 절대왕정에 대한 저항으로 계몽철학과 관련을 맺어 근대혁명시기를 전후하여 나온 것이고 근대혁명에서 자유주의의 이데올로기가 먼저 제창된 점에서도 권력분립주의의 자유주의적 성격이 나타난다.

2. 수단성, 기술성, 실용성

권력분립주의는 권력의 분리와 상호 견제·균형을 통하여 권력의 남용가능성, 독재를 방지하여 국민의 자유와 기본권을 보장하는 '수단'으로서의 의미를 가지고 이를 위하여 국가의 기능을 어떻게 나누고 어느 기관에 각각의 기능을 부여할 것인가 하는 헌법적인 기술의 원칙이다. 또한 권력분립주의는 현실에서 어떻게 실질적으로 자유를 보장하게 할 것인가 하는 문제에 응하기 위하여 제시된 것으로서 실용성을 갖는다.

3. 소극성, 인간에 대한 회의성

권력분립주의는 직접적·적극적인 권력통제보다는 권력을 가능한 한 분리하고 상호 견제하게 함으로써 권력남용을 막겠다는, 즉 권력억지라는 소극적인 성격을 가지는 원리이다. 권력분립주의는 권력을 가진자는 그 권력을 남용하게 된다는(Montesquieu) 인간에 대한 불신 내지 회의적 인간상의 영향을 받은 것이다.

Ⅲ. 권력분립주의의 현대적 문제상황과 그 과제

1. 고전적 권력분립주의의 현대적 상황과 '현실적' 한계

고전적 권력분립주의는 다음과 같은 현대적 상황을 겪고 있으며 그에 따른 문제점을 보여주고 있다. ① 오늘날 의회가 집행부에 대하여 고전적 권력분립주의가 요구한 통제의 소임을 충분히 행하고 있다고 보기가 어렵다. 의원내각제의 경우에는 수상과 내각이 의회의 다수파에 의해 선임된다는 점에서부터 사실상 상호 의존적 협력관계를 유지하여야 국정운영이 가능하므로 의회의 통제기능이 약화될 수 있다. 또한 대통령제의 정부라고 할지라도 대통령이 속한 정당이 의회의 다수파를 형성하고 있을 때에는 사실상 대통령에 대한 의회의 견제기능은 약화될 수 있다. ② 오늘날 입법, 집행, 사법 중 집행 영역이 확대되고 있고 이는 특히 복지행정이나 전문행정의 영역이 확대된 데 기인한다. 그리하여 권력분립의 구도가 변화되고 있다. ③ 고전적 권력분립론이 형성된 당시와 달리 오늘날에는 정당이 발달하여 정당이 의회를 움직이고 있기 때문에 권력분립의 구도가 행정부 대 입법부가 아닌 행정부와 정당의 관계구도로 나타나고 있기도 하다. ④ 사법권은 국민의 기본권을 보장하는 보루라는 점에서 중요한 국가권력이며 그 독립성이 보장될 때 진정한 3권의 하나로서 자리잡게 된다. 따라서 오늘날 사법권의 독립이 권력분립에서 중요한 요소를 이루고 그것은 국민의 기본권을 보장하기 위해서도 필수적이므로 사법권의 독립성 보장이 중요한 과제이다.

2. 현대적 시도

고전적 권력분립주의가 가지는 한계를 극복하기 위하여 새로운 관점에서 방안이 제시되기도 한다. 대표적으로 K. Loewenstein의 동태적(動態的) 권력분립론을 들 수 있다. 그는 국가권력을 ① 정책결정권, ② 정책집행권, ③ 정책통제권으로 구분한다. 뢰벤슈타인은 국정통제에 관한 권력분립론으로서, ⅰ) 수평적 분할, ⅱ) 수직적 분할로 나누어 이론을 전개하였다. 수평적 분할은 국가권력들 상호간의 기능을 중심으로 분할하는(입법기능과 집행기능 간의 분할 등) 것을 의미하고 수직적 분할은 다시 ① 구조적 분할(연방정부와 지방정부간의 권력분배, 집행부내의 권한분산, 양원제, 사법부의 이원적 구성 등 구조적 측면에서의 분할)과 ② 시간적 분할(임기제에 의한 재임기간의 한정 등)에 의한 통제로 나누어 설명하고 있다.

우리나라 학자들은 기능적 분립론, 합리적 권력구조론 등을 주장하기도 한다. 현대에서 새로이 시도되고 있는 권력분립론은 복합적으로 권력통제기능을 확대하고 다각화한 점에 공헌이 있다. 그런데 새로운 권력분립론은 고전적 권력분립론이 가지는 한계를 실제로 극복하기 위한 것이어야 함에도 이 역시 한계가 지적되고 있다.

3. 현대사회에서의 권력분립주의의 과제

고전적 권력분립주의가 위와 같은 한계를 가진다고 하여 권력남용을 막기 위한 권력분립의 필요성이 현대사회에서는 사라졌다고 볼 것은 아니며 그 한계에 대응하기 위한 치유 내지 보완책을 모색하여야 한다. ① 의회의 통제력을 강화하기 위하여 국민전체의 이익을 위해 활동하는 의원들의 소신을 보호하고 의회의 소수파, 야당의 의견이 존중되도록 하여야 한다. ② 행정영역이 확대되는 것을 반대할 수는 없다. 복지국가주의를 실현하기 위한 복지행정을 포기할 수 없기 때문이다. 그러나 행정이 확대되는 데 따라 행정에 대한 통제도 확대되어야 한다. ③ 정당국가화 경향의 폐해를 없애는 데 주력하여야 한다. 정당이 민주화되어야 하고 대표위임이론에 따라 의원들의 교차투표를 인정해야 한다. ④ 의회의 입법심사기능이 강화되어야 한다. 의원들이 행정부 구성원에 비해 전문적 지식이 부족하나 적극적인 지식습득 등으로 전문성을 제고해 나가야 한다. ⑤ 사법부의 독립이 강화되어야 한다. 입법부가 만든 법률에 대한 위헌심판권과, 국가권력의 획정에 관한 권한쟁의심판을 담당하는 헌법재판소의 역할이 중요하다. ⑥ 지방분권이 확대되어 중앙권력이 지방으로 이양됨으로써 권력분립의 현장화가 이루어질 필요가 있다.

제 2 항 우리나라의 권력분립

I. 전반적 권력분립의 구도와 특색

과거에 비해 현행 제6공화국 헌법은 대통령의 권한을 약화시키고 국회의 권한을 복구함으로써 상당히 균형성을 찾았다. 헌법재판소를 별도로 설치하여 권력을 보다 분화하였고 헌법재판소의 권한쟁의심판 등의 헌법재판으로 권력분립원칙의 준수를 감시하게 한다. 사법부의 권한과 독립성도 다소 강화되었다. 전체적으로 권력 간에 상호 견제가 강화되었다.

II. 상호적(수평적) · 기능적 권력분립

1. 권력의 분리

우리 헌법도 입법권은 국회(제40조)에, 행정권은 대통령을 수반으로 하는 정부(제66조 제4항)에, 사법권은 법관으로 구성된 법원(제101조 제1항)에 속한다고 규정하고, 헌법재판권도 헌법재판소를 설치하여 부여함으로써(제111조 제1항) 입법권, 집행권(행정권), 사법권을 나누어 별개의 국가기관에 분속시켜 수평적 · 상호적 · 기능적 권력분립을 형성하고 있다.

2. 견제와 균형

중요 국가권력을 담당하는 국회, 집행부(정부), 법원, 헌법재판소를 중심으로 견제와 균형이 다음과 같이 이루어지고 있다.

1) 국회의 타 국가기관 견제

국회는 정부조직법률의 제 · 개정권(제96조), 대통령의 국무총리 · 대법원장 · 대법관 · 헌법재판소장 · 감사원장 등의 임명에 대한 동의권(제86조 제1항, 제104조 제1항 · 제2항, 제111조 제4항, 제98조 제2항), 기채동의권(제58조), 예산안심의 · 확정권(제54조), 조약의 체결 · 비준, 선전포고,

국군의 외국에의 파견 등에 대한 동의권(제60조), 국정감사·조사권(제61조) 등으로 집행부를 견제한다. 그리고 법원조직법률의 제·개정권(제102조 제3항), 대통령의 대법원장·대법관임명에 대한 동의권(제104조 제1항·제2항), 법원에 대한 국정감사·조사권(제61조) 등에 의하여 법원을 견제한다. 또한 헌법재판소 조직·운영 법률의 제·개정권(제113조 제3항), 헌법재판소장임명동의권(제111조 제4항), 3인의 헌법재판관 선출권(제111조 제3항), 헌법재판소에 대한 국정감사·조사권(제61조) 등으로 헌법재판소를 견제한다.

2) 집행부의 타 국가기관 견제

집행부는 대통령의 법률안거부권(제53조 제2항), 임시회소집요구권(제47조 제1항 후문), 긴급명령·긴급재정경제명령권(제76조), 헌법개정제안권(제128조 제1항), 정부의 예산안제출권(제54조 제2항) 등으로 국회를 견제한다. 그리고 대통령의 대법원장·대법관임명권(제104조 제1항·제2항), 사면·감형·복권권(제79조 제1항), 법원예산안편성·제출권(제54조 제2항), 긴급명령권(제76조 제2항), 계엄선포권(제77조 제3항) 등에 의하여 법원을 견제한다. 또한 대통령의 헌법재판소장임명권, 3인 헌법재판관지명권 및 9인 헌법재판관임명권(제111조 제4항·제2항), 헌법재판소예산안편성·제출권(제54조 제2항) 등으로 헌법재판소를 견제한다.

3) 법원의 타 국가기관 견제

법원은 국회에서 의결하여 시행중인 법률에 대한 위헌법률심판제청권(제107조 제1항), 국회에서 행한 행정작용에 대한 행정재판권(제101조) 등에 의하여 국회를 견제한다. 또한 행정재판(제101조 제1항), 명령·규칙에 대한 위헌·위법(헌법위반, 법률위반)여부심판(제107조 제2항), 정부제출로 성립된 법률에 대한 위헌법률심판제청(제107조 제1항) 등을 통하여 집행부를 견제한다.

4) 헌법재판소의 타 국가기관 견제

헌법재판소는 위헌법률심판, 국회가 소추한 탄핵심판, 국회와 타 국가기관 간 권한쟁의심판, 국회가 행한 공권력작용에 대한 헌법소원심판(제111조 제1항)을 통하여 국회를 견제한다. 또한 정부제출로 성립된 법률에 대한 위헌여부심판, 대통령·국무총리·국무위원·행정각부장관 등에 대한 탄핵심판, 정부가 제소한 정당해산심판, 집행부소속의 국가기관과 타 국가기관 간 권한쟁의심판, 집행부가 행한 공권력작용에 대한 헌법소원심판(제111조 제1항)을 통하여 집행부를 견제한다.

[판례 - 공수처의 경우] 헌재는 고위공직자범죄수사처에 대해 그 구성에 있어 대통령의 실질적인 인사권이 인정된다는 점 등에서 수사처는 대통령을 수반으로 하는 행정부에 소속되는 중앙행정기관으로 보고 다만, 독립성, 책임성이 확보되어야 하는데 국회, 법원, 헌재에 의한 통제가능성, 행정부 내부적 통제가 있으므로 권력분립원칙을 위반한 것이 아니어서 청구인들의 평등권, 신체의 자유 등을 침해하는 것이 아니라고 보았다(헌재 2021.1.28. 2020헌마264).

3. 상호 의존적·협력적 관계

권력분립은 견제와 균형을 이루되 권력 상호 간에 협력할 것을 요구하기도 한다. 예를 들어 어느 국가기관의 조직, 권한행사에 필요한 법률을 국회가 제정하여야 그 국가기관이 활동할 수 있다는 점에서 이는 국회의 입법권 자체가 다른 기관들에 대한 견제권이자 의존적·협력적 기능을 한다는 것을 의미한다. 국회의 각종 동의권·승인권, 예산안심의·확정권도 그러하다. 국회의 소추, 정부(집행부)의 제소가 있어야만 헌법재판소가 탄핵심판, 정당해산심판을 수행할 수 있다(제65조, 제8조 제4항)는 것도 상호 의존적·협력적 견제제도로 작용함을 의미한다.

제 3 절   정부형태론

제 1 항   정부형태의 유형

정부형태론에서 집행부만을 두고, 또는 집행부와 입법부를 두고 논할 수도 있고 더 넓게 사법부까지 포함하여 논할 수도 있다. 여기서는 정부의 개념을 넓게 보아 입법부, 집행부, 사법부의 권력구도와 그 관계가 어떠한지 하는 정부형태론을 살펴보는데 주로 입법부와 집행부 간의 관계가 고찰중심이 된다.

I. 권력분립형과 권력집중형

K. Loewenstein에 따르면 권력의 분산, 분립이 이루어진 정부인지가 형태분류에 있어서 중요한 지표가 된다고 보고 권력분립 내지 권력분산형은 입헌주의를 구현하는 정부형태이기에 입헌주의적 정부형태라고 부르고 권력집중형은 전제주의적 정부형태라고 불렀다.

입헌주의적 정부란 헌법에 의하여 국가권력이 배분, 부여되고 적절히 통제되어 국민의 기본권이 보장되는 체제로서 사상과 사조의 자유와 다양성이 보장되며 복수정당제와 집권을 위한 자유로운 경쟁이 이루어지고, 자유시장경제체제가 자리잡고 있는 정부를 말한다. 입헌주의적 정부형태로는 대통령제, 의원내각제, 혼합정부제 등이 있다.

전제주의적 정부는 국가권력이 특정한 한 개인이나 하나의 정당 내지 집단에 집중되어 국가권력의 행사가 독단적으로 이루어지는 정부를 말한다. 전제주의적 정부에는 전체주의적(全體主義的) 정부와 권위주의적 정부가 있다. 전체주의는 국가우월적 내지 민족우위적 이데올로기를 표방하면서 국민을 위한 국가가 아니라 국가를 위한 국민으로서 국민이 국가의 지배대상으로서 국가목적을 위한 도구, 수단에 불과하다고 보고 국민은 전체를 위하여 희생될 수 있다는 사상이다. 권위주의적 정부는 권력이 어느 유일한 국가기관, 특정인에 집중되어 행사되고 견제가 이루어지지 않는 독재정부이다. 전체주의적 정부로 나찌즘(Nazism)정부, 파시즘(Fascism)정부, 공산주의정부, 인민민주주의정부를, 권위주의적 정부형태로는 신대통령제(대통령에 권력이 집중되는 독재체제)를 들 수 있다.

II. 현대의 중요 정부형태와 이하의 고찰범위

현대국가들이 채택하고 있는 정부형태들로서 의원내각제, 대통령제, 혼합정부제 등이 기본적인 중요유형이므로 이러한 정부형태들에 대해 각각 항을 달리하여 살펴본다.

〈대통령제, 혼합정부제(분권정부제), 의원내각제의 비교〉

1. 대통령제

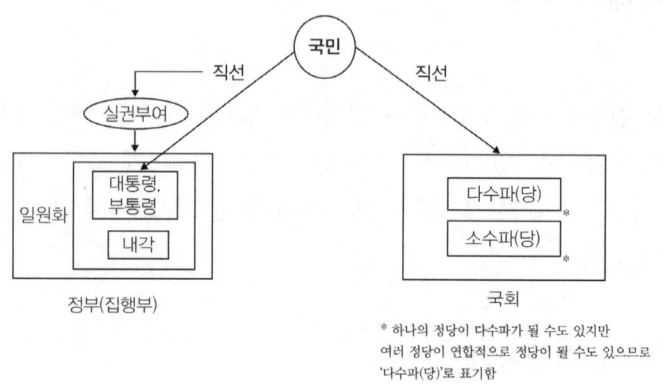

2. 의원내각제

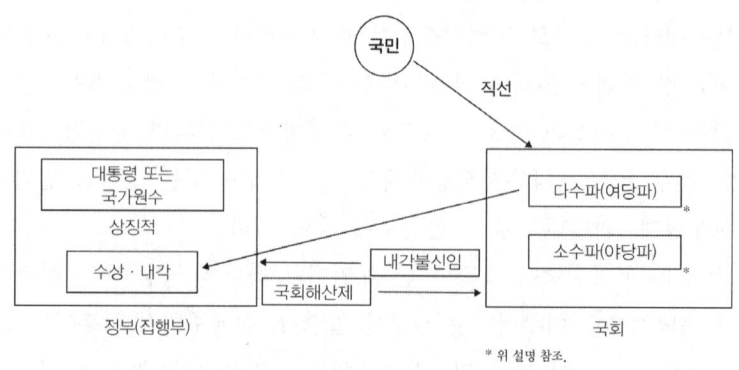

3. 혼합정부제

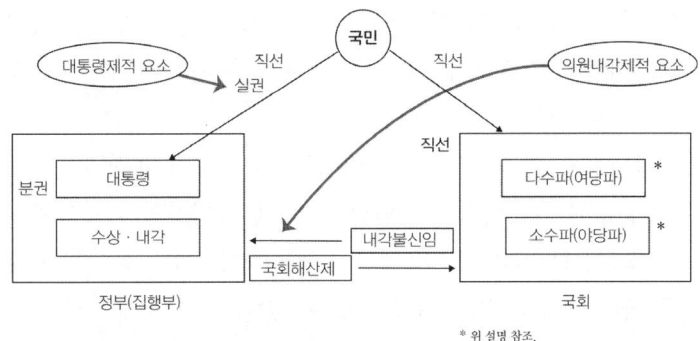

* 위 설명 참조.

  * 출전: 정재황, 국가권력규범론, 박영사, 2020, 100면

제 2 항   대통령제

Ⅰ. 대통령제의 개념과 본질적 요소·특색

1. 개념

대통령제는 입법권, 집행권, 사법권 3권이 엄격히 분리되어 상호 견제와 균형을 이루는 가운데 국민으로부터 직선된 대통령이 집행부의 수장으로서 실질적인 집행권을 의회, 사법부로부터 독립적으로 행사하여 국정을 운영하는 정부형태를 말한다. 대통령제는 엄격한 권력분립주의를 실현하려는 정부형태이고 집행부의 체제가 대통령을 정점으로 일원적(一元的)이다. 의원내각제 하의 대통령과 달리 실질적인 권력을 대통령이 보유한다. 대통령제의 전형적인 형태는 미국의 정부이다. 라틴아메리카 등에서는 변형된 대통령제가 채택되기도 하였다. 이하에서는 고전적이고 전형적인 미국식의 대통령제에 대해 살펴본다.

2. 본질적 요소와 특색

(1) 권력분립의 구도

[엄격분립] 대통령제의 권력분립유형은 엄격분립형이다. 즉 입법부와 집행부가 엄격히 분립되고 상호 독립되어 견제와 균형을 이룬다. 독립적이라는 것의 요소는 ① 입법부는 입법권을 전적으로 행사하고 집행부는 집행권을 전적으로 행사한다는 점, ② 대통령직이 임기제라는 점, ③ 의원과 장관 간의 겸직이 금지된다는 점 등에 있다. 입법부의 의원들은 임기 동안 해임되지 않고 대통령에게도 임기가 보장되어 그 기간 동안 독립적으로 행정권을 행사한다. 이러한 독립

성에서 ① 대통령은 법률안제안권을 가지지 않으며 입법기능에 간여할 수 없고 입법부도 집행작용에 개입하지 못하며, ② 입법부와 집행부는 상호 간에 압력을 가할 수 없어 의회가 내각불신임권을 가지지 않고 대통령도 의회해산권을 가지지 않는다(* 위 비교 그림에서 1. 대통령제 그림 참조).

[견제균형] 상호 독립성과 더불어 상호 견제·균형의 제도가 또한 자리 잡고 있다. 의회는 상원이 집행부의 고위공무원이나 대법관의 임명 등에 대한 인준권과 조약의 비준에 대한 동의권, 대통령에 대한 탄핵결정권 등을 가짐으로써 집행부(대통령과 행정부)를 견제한다. 반면 대통령은 법률안거부권을 행사하여 의회를 견제할 수도 있다.

(2) 집행부의 일원성과 집중성

대통령제는 집행부의 정점에 있는 대통령에게 권력이 집중되는 일원적인 정부형태이다(le monocéphalisme exécutif). 대통령은 국가원수이자 집행부의 수반이고, 내각을 구성하는 장관들을 재량으로 임명할 수 있으며, 필요에 따라 자유로이 해임할 수 있다(국무장관의 임명에는 상원의 인준이 필요하다는 의회의 간여가 있긴 하다).

국무총리나 수상이 없고 부통령이 존재한다. 대통령후보의 지명으로 동반 당선되는 부통령은 실질적인 권한을 행사하지 않고 대통령의 궐위시 승계한다.

(3) 대통령의 직선

대통령제 하에서는 대통령의 권한이 일원적이고 강한 만큼 그 민주적 정당성의 확보가 필요하기 때문에 대통령을 국민의 직접선거로 선출하는 것이 요구된다. 미국의 경우에는 간접선거제이기는 하나 선거인단에 대한 기속위임원칙이 적용되기 때문에 실질적으로는 직접선거와 같은 효과를 가져오게 한다.

Ⅱ. 대통령제의 장단점

1. 장점

첫째, 대통령을 정점으로 하는 집행부의 일원적 체제로 응집력과 신속성이 있는 집행작용이 가능하다. 또한 대통령의 리더십에 따라 강력한 추진력을 가질 수 있다.

둘째, 대통령제는 대통령의 임기 동안 집행부의 안정성을 유지한다. 그러나 집행부가 의회의 다수파의 지지를 받지 못할 경우에는 마찰과 대립으로 정국의 불안이 올 수도 있다.

셋째, 의회의 졸속과 다수파의 횡포에 대해 대통령의 법률안거부권 등으로 소수의 보호를 가져올 수 있다는 점을 장점으로 드는 견해도 있다.

2. 단점

첫째, 입법부와 집행부 간의 충돌과 마찰을 해소하고 조정할 제도가 없거나 불충분하다. 의원내각제는 내각불신임제, 의회해산제와 같은 해소장치가 있는데 비해 대통령제는 그렇지 못하다. 집행부가 어떤 정책을 추진하기 위해서는 입법이 필요함에도 법률안제안권이 없음은 물론이고 입법과정에 개입할 수도 없으므로 그 추진에 어려움이 있다.

둘째, 대통령제 하에서는 중요한 국가권력이 대통령에 집중되고 대통령이 국회에 대하여 책임을 지지 않으므로(탄핵과 같은 책임제도가 있을 수 있긴 하다) 국정비판이 이루어지는 민주적인 체제와 사법통제 등이 확립되어 있지 않은 나라에서는 독재화의 가능성이 크다.

Ⅲ. 대통령제의 유형

① 전형(고전)적 대통령제 ― 권력분립이 엄격히 이루어져 입법부와 집행부가 분리되어 있고 집행부가 입법부에 간여할 수 없는 원래 모습의 대통령제이다. 현재 미국 외에 전형적인 대통령제를 찾아보기 힘들다. ② 변형된 대통령제 ― 대통령제를 택하면서 의원내각제적 요소를 가미한 정부형태로 그 예를 남미국가에서 볼 수 있다. ③ 이른바 신대통령제(新大統領制)가 있다. 신대통령제는 형식적으로는 대통령제이면서도 집행부의 수반인 대통령에 권력을 집중시킴으로써 집행부가 입법부와 사법부에 대한 절대적 우위를 가지며 대통령의 자의적인 권력행사를 가능하게 하는 권위주의적 정부형태로서 전제적 정부형태이다. 대통령의 권력남용을 막기 위한 실질적인 통제장치가 없기 때문에 사실상 권력 통합적이다.

제 3 항 의원내각제

Ⅰ. 의원내각제의 개념과 본질적 요소·특색

1. 개념

의원내각제란 내각의 존속이 의회의 신임에 달려있고 내각이 의회 앞에서 책임을 지는 정부형태를 말한다(* 위 비교 그림에서 2. 의원내각제 그림 참조).

2. 본질적 요소

(1) 신임성(상호 의존성), 책임성

① 신임성(상호 의존성) – 내각이 의회다수파에 의해 구성되고 의회가 내각불신임권을 가진다는 점에서 신임성이 중요한 요소이다. 의회가 불신임을 하면 내각은 의회를 해산할 수 있다는 점에서 상호 의존성을 가진다. ② 책임성 – 내각불신임제를 통해 의회가 내각에 대한 책임을 물을 수 있고 의회해산제에 의해 국민 앞에서 책임을 물을 수 있다는 점에서 책임성이 중요한 요소이자 의원내각제의 중요한 특징적 장점이다.

(2) 내각불신임제와 의회해산제

결국 위 2요소를 뒷받침하는 것은 내각불신임제와 의회해산제이다. 내각불신임제는 의회 앞에서의 책임제도이다. 의회해산제에 대해서는 의회가 행하는 내각불신임에 대해 내각이 가지는 대응수단(무기)으로 의회와 내각 간의 균형을 부여하는 제도라고 인식되기도 한다. 그러나 의회해산으로 총선거가 실시되는데 총선거는 국민 앞에서의 직접적 심판을 의미하므로 의회해산제도도 양 부 간의 균형을 넘어 국민 앞에 책임을 지는 제도라는 점에 더 본질적 의미가 있다.

3. 특색

(1) 권력분립상 특색 – 연성의 권력분립(협력관계·권력의 공화)

의원내각제는 의회의 다수파가 내각을 구성하고 의회의 신임이 존재하는 한 내각이 존속될 수 있다. 바로 이 점에서 의원내각제에서는 의회와 내각 간의 협력(collaboration)과 공존 내지 공화(共和)가 자연스럽게 중요한 특징적 요소로 나타나게 된다. 공화관계는 평상시 입법부와 집행부 간에 공조가 지속되고 집행부, 내각이 법률안제안권을 가지며 법률의 제정에 적극적으로 참여한다는 점, 의회의원들과 각료 간의 겸직이 가능하고 내각의 구성원이 의회에 출석 답변·발언하는 점 등에서도 나타난다. 그리하여 의원내각제에서의 권력분립은 대통령제에서의 엄격분립과 달리 연성(軟性)의 분립관계에 있다.

(2) 집행부의 이원적(二元的) 구조

의원내각제 하에서는 집행부가 국가원수(대통령 또는 군주)와 행정부로 그 조직이 이원화되어 있고 국가원수의 직무와 행정부 수반의 직무가 분리되어 있다는 점에서 직무상에서도 이원화되어 있는 정치체제이다. 그러나 국가원수인 군주가 전통적으로 보유하였던 중요한 권한들이 행정부 수반에 이전되었고 의원내각제 국가마다 차이가 있기는 하지만 일반적으로 국가원수는 실질적인 권한을 그다지 가지지 않고 대체적으로 상징적이고 형식적인 권한을 가진다. 주로 내각과 내각 수반인 수상이 국가의 정책의 형성과 집행을 담당하므로 의회 앞에서 책임을 지는 주체도 내각과 수상이다.

Ⅱ. 의원내각제의 장단점

1. 장점

의원내각제의 장점으로 다음과 같은 점들이 지적되고 있다. ① 입법부와 집행부 간의 협력으로 국정이 신속하게 운영될 수 있다. ② 집행부가 의회의 다수파의 지지를 받음으로써 입법부와 집행부 간의 불필요한 마찰과 대립을 피하고 입법부의 협조로 적극적인 정책추진이 가능하다. ③ 집행부와 의회 간의 마찰이 발생한 경우에도 이를 해소할 수 있는 내각불신임제와 의회해산제라는 제도적 장치가 마련되어 있다.

2. 단점

의원내각제의 단점으로 다음과 같은 점들이 지적되고 있다. ① 다수의 군소정당들이 난립하는 경우에 정국의 불안정을 초래할 수 있다. 이러한 단점은 다당체제 하의 군소정당이 난립할 때의 상황에서이고 양당체제의 의원내각제에서는 그러하지 않다는 점에 유의를 요한다. 다당제라도 정국안정제도가 있으면 안정적일 수 있다. ② 의원내각제는 총선에서 승리한 정당이 의회의 다수파로서 내각을 구성하므로 의회의 견제력이 약화된다. 정당의 영향력이 강할 경우에 다수당의 정치적 독점과 정당정치의 폐해가 있을 수 있고 다수당의 지지를 받고 있는 내각의 전횡이 있을 가능성이 있다. ③ 의회중심적 운영으로 의회가 정권쟁취의 장으로 되어 정쟁이 격화될 수도 있다.

Ⅲ. 의원내각제의 유형

의원내각제의 유형으로 의회우위형, 균형형, 내각우위형 등으로 나눌 수 있다. 이 유형은 법논리적 유형이 아니라 헌정의 경험상 의회와 내각 간의 우위가 현실적으로 어떠하였느냐에 따라 분류한 것이다. 즉 의회가 불신임권을 주도하여 왔으므로 의회가 우위를 보이는 유형, 반대로 불신임권행사가 거의 이루어지지 않아 내각이 우위를 보이는 유형, 의회와 내각이 비교적 대등한 관계를 형성하고 있는 균형형 등으로 분류된다.

Ⅳ. 의원내각제의 안정화 제도

의원내각제는 정국 불안정의 가능성이 문제점으로 지적되어 왔다. 그러나 현대에 와서 정국의 불안정을 막기 위한 헌법적 제도를 마련하는 데 부심하여 오기도 하였다.

1. 합리적 의회주의

정국안정을 가져오기 위하여 불신임제출의 요건을 까다롭게 하는 등 불신임제도가 쉽게 남발되지 않게 하기 위하여 의회의 절차를 합리화하고 있다. 이런 현상을 합리화된 의회주의 (parlementarisme rationalisé)를 지향하는 것이라고 한다.

2. 안정화를 위한 제도

(1) 건설적 불신임제도

독일에서의 건설적 불신임제도란 하원이 재적의원 과반수 찬성으로 차기 수상을 선임하지 않고서는 수상에 대한 불신임 의결을 할 수 없도록 하여 불신임 의결을 어렵게 하는 제도이다. 군소 야당들이 당장은 내각불신임 의결을 위한 결속을 하기는 쉽겠지만 차기 수상을 선출할 결속을 하기는 쉽지 않을 것이므로 내각불신임의결을 어렵게 하기 때문에 건설적 불신임제라고 하는 것이다.

(2) 기타의 안정화 제도

의원내각제의 안정화를 위한 또 다른 제도로는 내각 최소존속기간의 설정을 들 수 있다. 예를 들어 새로이 내각이 구성된 지 최소한 1년 이후부터 불신임이 가능하도록 하여 적어도 1년 간의 존속을 보장함으로써 안정을 가지게 하는 것이다. 또한 군소정당의 난립을 막기 위해 비례대표제에서 일정 비율의 득표를 하지 못한 정당은 비례대표의석을 배분받지 못하도록 하는 저지(봉쇄)조항을 두기도 한다.

제 4 항 혼합정부제

Ⅰ. 혼합정부제의 개념

혼합정부제는 의원내각제적 요소와 대통령제적 요소가 혼합되어 있는 정부형태이다(의원내각제 + 대통령제). 한국에서 혼합정부제에 대해 독재화의 우려가 있다거나 바람직하지 않다고 일방적으로 폄훼하는 견해가 일부 있다. 그러나 유럽의 적지 않은 나라들이 혼합정부제를 취하고 있고, 독재화 가능성은 혼합정부제보다 대통령의 권한이 더 강한 대통령제에서 더욱 크다.

> * **용어의 문제:** 종래 한국에서는 프랑스식의 혼합정부제를 '이원정부제'(二元政府制)라고 불러왔다. 그러나 앞서 서술한 대로 의원내각제도 국가원수와 내각의 이원적 정부제이다. 따라서 혼합정부제를 이원정부제라고 부른다면 의원내각제 등과의 구별이 어렵고 혼합정부제라고 부르는 것이 제도의 본 모습을 제대로 표현한다고 본다.

> * 프랑스식 혼합정부제에 대한 자세한 것은, 정재황, "프랑스 혼합정부제의 원리와 실제에 대한 고찰," 공법연구 제27집 제3호, 1999 등 참조.

Ⅱ. 혼합정부제의 특색과 장단점

1. 특색

(1) 대통령제적 요소(대통령의 직선), 의원내각제적 요소

혼합정부제는 의원내각제에 대통령제적 요소를 혼합한 것으로서 ⅰ) '대통령제적 요소'로 대통령의 권한이 의원내각제의 대통령과는 달리 내각구성권, 조약체결권, 외교권, 국군통수권 등 실질적이고 중요한 권한들을 가진다. 대통령의 실질적 권한을 뒷받침하는 국민적 정당성을 확보하기 위해 대통령은 국민으로부터 직선된다. 이 점 때문에 혼합정부제에서 대통령직선제가 중요한 요소가 된다. ⅱ) 혼합정부제에서는 '의원내각제적 요소'도 가지므로 내각불신임제, 의회해산제가 있다(* 위 비교 그림에서 3. 혼합정부제 그림 참조).

(2) 집행부의 이원성

혼합정부제도 집행부가 대통령과 내각으로 이원화(二元化)되어 있다. 이 점 은 의원내각제와 마찬가지이나 대통령의 권한이 실질적으로 더 강하다는 점에서 차이가 있다.

(3) 동거정부

혼합정부제에서는 의회의원의 총선거 결과 대통령이 속한 정파가 의회의 소수파가 된 경우, 즉 여소야대의 경우가 되면 대통령이 수상을 의회의 다수파인 반대파에서 지명할 수밖에 없고(자파인 소수파에서 수상을 지명할 경우에 앞으로 내각불신임을 받을 가능성이 있기에 반대파에서 수상을 지명할 수밖에 없는 상황이 된다) 내각이 반대파로 구성되면 대통령이 속한 정파와 수상 및 내각이 속한 정파가 달라질 수 있다. 이러한 상황을 하나의 집행부 내에 서로 다른 정파 소속의 대통령과 내각이 공존한다고 하여 프랑스에서는 이른바 동거정부(同居政府, cohab-itation)라고 부른다. 동거정부에서는 의원내각제적 운영이 나타날 가능성이 크다(* 아래 그림 참조. 프랑스에서의 동거정부 현상에 대해서는, 정재황, "프랑스에서의 동거정부에 대한 헌법적 일고찰,"

공법연구 제27집 1호, 1998 정재황, 프랑스식 혼합정부제의 집행부 내 권한분담, 헌법학연구 23권 3호, 2017 등 참조).

〈혼합정부제(분권정부제)의 작동원리〉

1. 여대야소 = 대통령제적 운영

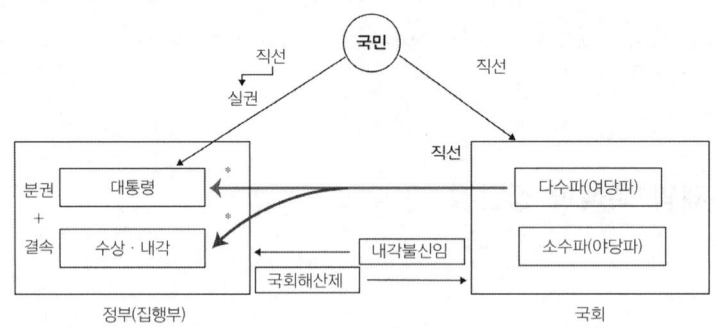

* 굵은 화살표시는 의회 다수정파의 대통령, 수상 · 내각 지지 관계

2. 여소야대 = 동거정부 = 의원내각제적 운영

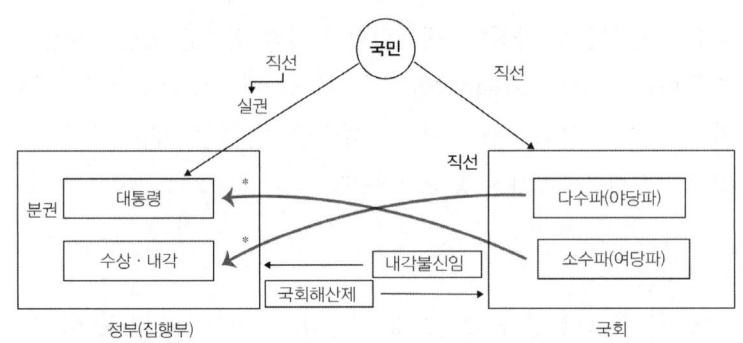

* 굵은 화살표시는 의회 다수정파와 소수정파의 대통령, 수상 · 내각 지지 관계

* 출전: 정재황, 국가권력규범론, 박영사, 2020, 101면

2. 장단점

혼합정부제는 의원내각제와 대통령제의 혼합형이므로 양 정부형태가 가지는 장단점이 아울러 나타날 수 있다. 혼합정부제에서는 대통령의 권한도 실질적이어서 대통령과 수상(내각) 간의 권한분담 문제가 논의되기도 한다(* 이에 대해서는 정재황, "프랑스식 혼합정부제의 집행부 내 권한분담 – 대통령과 수상 · 내각 간의 권한분담을 중심으로 –", 헌법학연구 제23권 제3호, 2017 참조)(* 프랑스식 혼합정부제의 적실성 문제에 대해서는, 정재황, "프랑스식 혼합정부제의 한국적 적실성", 성균관법학 제29권 제3호, 2017 참조).

Ⅲ. 혼합정부제의 유형

혼합정부제는 이론적으로는 의원내각제와 대통령제의 혼합적 운영이나 그 실제의 운영현실에 따라 서로 차이가 있는 다음과 같은 유형들을 볼 수 있다. ① 대통령제적 운영의 유형(대통령이 의회 다수파의 지지를 받고 헌법규정상의 권한을 제대로 충분히 행사하여 상당히 대통령제적으로 운영되는 국가)이 있다. 프랑스의 드골정부 등의 경우를 그 예로 들 수 있다. ② 의원내각제적 운영의 유형(대통령이 헌법규정상의 권한 이하로 그 권한행사를 자제함으로써 상당히 의원내각제적으로 운영되는 국가)도 있다. 대표적으로 오스트리아, 아일랜드, 아이슬란드 등을 들 수 있다. 또한 ③ 균형형(제 3 의 유형으로 대통령과 내각의 권한행사가 적절히 조화있게 이루어지는 국가)도 있을 수 있는데, 대표적으로 핀란드를 들 수 있다.

제 5 항 우리나라 현행 헌법상의 정부형태

Ⅰ. 대통령제적 요소와 의원내각제적 요소

1. 대통령제적 요소

① 대통령이 실질적 권한을 가진다. ② 대통령의 임기가 보장되어 있다(제70조). ③ 대통령이 국민으로부터 직접 선출된다는 점도 그 실질적 권한에 대한 정당성을 더 강하게 해준다는 점에서 대통령제적 요소가 될 수 있다. ④ 대통령은 국회 앞에서 책임을 지지 않고(탄핵소추의 경우를 제외하고), 국회해산권을 가지지도 않는다. ⑤ 대통령은 법률안거부권을 가진다.

2. 의원내각제적 요소

① 부통령제를 두지 않고 국무총리제도를 두고 있다. 그러나 의원내각제 하의 수상에 비하여 국무총리의 헌법상 권한이 약하여 그리 강한 의원내각제적 요소라고 할 수는 없다. ② 국무회의제도를 두고 있다. 그러나 국무회의의 권한이 의원내각제의 내각회의에 비하여 약하다. ③ 국무총리가 행정각부의 통할권을 가진다. 이 행정각부통할권은 대통령의 명을 받는 것이어서 약한 권한이다. ④ 국회의 국무총리·국무위원에 대한 해임건의 의결이 대통령을 구속하는 효과를 가지는 것이라면 상당한 의원내각제적 요소라고 할 수 있다. ⑤ 국무총리·국무위원의 국회출석·발언의 의무와 권한이 있다. ⑥ 대통령의 국법상 행위에 대한 국무총리와 관계 국무위

원의 부서(副署)가 필요하다. ⑦ "정부"에게 법률안제출권을 주고 있다. 이는 가장 중요하고 뚜렷한 의원내각제적 요소라고 할 것이다. 그 이유는 첫째, 대통령제 하에서는 대통령과 행정부에 법률안제출권이 없고 의원내각제 하에서는 행정부도 법률안제출권을 가진다는 점, 둘째, 나아가 그러한 법률안제출권은 의원내각제 하에서 수상 등 어느 단독기관이 아니라 합의제 연대기관으로서 행정부 전체에게 주어지는데(독일 기본법 제76조 제1항 참조) 우리 헌법 제52조가 법률안제출권의 주체를 대통령 단독이 아니라 '정부'라고 명시하고 있다는 점은 바로 이와 유사한 경우가 되기 때문이다. ⑧ 국무총리, 국무위원의 국회의원의 겸직가능성(국회법 제29조 제1항 본문)을 의원내각제적 요소로 들기도 한다.

II. 현행 우리 정부형태의 유형

위에서 본 대로 우리 헌법상의 정부형태는 대통령제를 골격으로 하면서 의원내각제적 요소를 다소 가미하고 있다. 의원내각제적 요소가 적지 않으나 실질적으로 그리 강하지 않아 다소 가미된 것으로 볼 수 있으며 전체적으로 대통령제적 성격이 강하다고 할 것이다. 우리 헌재 판례 중에는 "우리나라의 정부형태는 약간의 의원내각제적 요소도 있기는 하나 기본적으로는 대통령제(또는 대통령중심제)"라고 한 판례가 있다(89헌마86; 92헌마177). 국민대표제를 원칙으로 하면서 직접민주제도인 국민투표제도도 채택하고 있다(제72조, 제130조 제2항).

제 2 장

국 회

제 1 절   의회제도의 기본원리

Ⅰ. 의회주의

1. 개념과 표지

주권자인 국민이 선출한 대표자들로 합의체인 의회를 구성하여 그 의회가 국가의 중요한 의사를 결정하고 법률제정 등 입법을 행하며 국정을 통제하도록 하는 원리를 의회주의(議會主義)라고 한다. 의회는 입법기능을 주로 하면서 국정통제기능도 수행한다.

의회주의의 표지 내지 요소는 ① 구성적 요소로서 주로 민선의원(공선의원)들이 주축이 되도록 조직된다는 점(의사결정을 지배할 수 있을 정도의 수의 민선의원), ② 권한적 요소로서 입법권과 국정통제권을 가진다는 점, ③ 기능적 요소로 합의제의 의결기관이라는 점 등을 들 수 있다.

2. 본질적 요소(원리)

(1) 국민대표기능성

의회는 국가의 중요한 정책을 합의제로 결정하는 기관으로서 국민의 의사를 대표하는 기능을 그 본질로 하고 국민을 대표함에 있어서 정당성을 지녀야 한다. 의회의 국민대표기능성을 충실히 실현하기 위해서는 의원선거제도가 국민의 대표성을 정확히 반영하는 것이어야 하고 선거가 주기적으로 이루어져야 한다. 의원의 국민대표행위는 기속위임에 의한 것이어서는 아니 되고 국민전체의 이익과 의사를 존중하는 대표위임에 의한 것이어야 한다.

(2) 다원주의(多元主義)

의회의 구성과 활동에 있어서 다원주의가 실현되어야 한다. 구성상 의회가 다양한 계층의 국민들을 대표하는 의회가 되도록 여러 계층들에서 대표자들이 선출될 수 있는 가능성이 열려 있어야 한다. 의회는 다양한 계층의 국민의 의사를 수렴하고 반영하여야 한다. 이는 여러 의견들의 수렴과 반영을 통하여 가능한 한 보다 합리적인 국민의사를 찾고 도출하기 위한 것이다.

(3) 소수의견의 존중

다원주의의 실현은 소수의견의 존중을 전제로 한다. 다양한 의견들의 존재란 다양한 소수의견들의 존재를 전제로 함은 물론이고 소수의견이 무시된다면 다수의견이라는 단독의 의견만이 있을 것이기 때문이다. 다수의견이 항상 타당하다고 보거나 당연시 할 것이 아니라 다수의견도 소수의견에 의하여 수정될 수 있다는 것을 전제로 하여야 한다.

(4) 충실한 토론·합의기능

활발하고 충실한 토론과 의사교환, 상호이해, 양보, 타협이 이루어짐으로써 보다 합리적이고 발전적인 의견이 형성될 수 있어야 한다. 의회에서의 토론과 합의과정은 투명하게 국민들에게 알려져야 할 것이므로 공개되어야 하고 이성적인 절차를 통해 이루어져야 함은 물론이다.

(5) 질적 다수결(質的 多數決)

민주주의에서의 의사결정에 있어서 흔히 요구되는 다수결의 원칙은, 예를 들어 123 대 56으로 가결되었다는 양적(수적)인 개념의 것이 아니라 질적인 개념의 것이어야 한다. 질적 다수결이란 다수결에 회부되기 전에 다양한 의사들이 충분히 개진되고 이러한 의사들의 교환과 토론을 충분히 거쳐서, 서로 간의 타협, 양보 등 조절이 이루어진 다음에, 즉 위의 (2), (3), (4)가 구현되는 과정을 거친 다음에 표결로 마무리되어야 함을 말한다. 이 점에서 이성적인 토론이 이루어지지 않은 채 이른바 '변칙(날치기)처리'된 경우에도 가결행위가 무효가 아니라고 보는 헌재의 판례(96헌라2)는 질적 다수결원리에 부합되지 않는다.

(6) 평화적 정권교체의 가능성

소수의견의 존중은 다원주의의 실현을 위한 것이고 나아가 다수파와 소수파 간의 변경가능성, 정권교체(alternance)의 가능성을 열어준다. 다수파의 의견만을 절대적인 것으로 인정된다면 결국 일당독재를 불러오고 평화적인 정권교체의 가능성이 없는 경우에는 의회제의 부정에까지 이를 수 있다. 소수파도 언젠가 정권을 획득할 수 있다는 가능성은 평화적이고 합리적인 정치문화를 형성하게 한다.

3. 현대 의회주의의 위기와 대응방안

(1) 위기현상 및 원인

나라마다 차이가 있겠지만 현대 의회주의가 다음과 같은 위기를 맞고 있다는 지적이 많다. ① 국회의원의 불충분한 대표성 − 선거제도, 선거구획정상의 문제가 그 한 원인이다. ② 당리당략·정당국가화 − 국민전체의 이익보다 정당의 이익과 정략에 따라 국회의원이 정당에 기속되어 활동하는 경향이 있다. ③ 국가사무의 전문성, 의원의 자질 내지 능력 문제 − 국가사무는 복잡하고 전문화되어 가지만 대표자의 자질 내지 능력은 그것에 미치지 못한다. ④ 집행기능의 확대·전문화, 입법기능의 약화 현상 − 집행기능은 급부행정의 발달 등으로 확대되고 전문화되어 간다. 이에 비해 입법기능은 전문성 부족 등으로 실질적으로 충분히 수행되지 못하여 약화되고 있다. ⑤ 의사방해, 장외투쟁 − 소수파의 의견이 제대로 존중되지 않을 경우에 의사방해, 장외투쟁에 의존하는 모습을 보여줄 수 있다.

(2) 대응방안

위와 같은 문제점들을 치유하기 위하여 ① 국민의 의사를 제대로 반영할 수 있는 자질 있는 대표자들이 선출되도록 선거제도가 개선되어야 하고, ② 정당의 민주화가 이루어지고 정책정당으로서 국민의 의사에 부합하는 정책들이 개발되어야 하며 의원들도 무기속의 대표위임의 원리에 따라 자신의 소신에 따라 활동할 수 있게 교차투표(cross voting)가 인정되어야 한다. ③ 의원의 전문성을 제고하는 방안을 모색하여야 한다. ④ 집행부의 행정영역이 확대되는 데 따라 입법부의 통제도 확대되어야 한다. ⑤ 국회의사운영의 민주화(특히 소수파의 존중), 의사절차의 합리화와 효율성을 제고하는 방안이 모색되어야 한다. ⑥ 헌법재판에 의한 통제가 강화되어야 한다. 헌법재판이 여·야 간에 비이성적 물리적 투쟁을 억제하도록 이끄는 효과를 가져야 한다.

II. 의회의 구성적 원리 − 단원제와 양원제

의회의 구성형태에는 주로 단원제와 양원제, 즉 하나의 합의체기관으로 구성되는 단원제와 2개의 합의체기관(상원과 하원)으로 구성되는 양원제가 있다.

[양원제의 유형] 귀족적 상원제(신분제적 양원제)와 민선(민주적) 양원제, 연방제 상원제, 지역대표형 상원제, 경제(직능)적·사회적 상원제 등이 있다. 귀족적 상원제에서는 하원은 민선되고 상원은 귀족의 대표자들로 구성된다. 민선 양원제에서는 상원도 하원과 같이 일반 국민에 의해 선출되는 의원들로 구성된다. 양원제가 많이 요구되는 국가형태는 연방국가의 경우인데

이는 상원으로 하여금 각 주를 대표하도록 할 필요가 있기 때문이다(연방제 상원제). 지역대표형 상원제는 상원이 각 지방자치단체의 이익을 대변하는 기능을 수행하는 경우를 말한다. 일본이나 우리나라 제2공화국의 참의원을 지역대표형으로 들고 있는 한국의 교과서가 있는데 이는 잘못이다. 일본과 우리 제2공화국의 참의원은 지방자치단체 대표가 아니라 하원과 마찬가지로 국민전체의 대표라는 점에서 민선 양원제이기 때문이다. 경제(직능)적·사회적 상원제는 노동조합단체, 사용자단체, 농업인단체, 상공인단체 등의 경제적 집단이나 사회적 계층을 대변하게 하기 위하여 그 대표자들로 상원이 구성되는 의회제를 말한다.

[양원제의 장단점·비판론] 양원제의 장점으로 ① 하원의 경솔을 방지하고 심사숙고하는 의정활동을 기대할 수 있고, ② 지역구에서 선출되는 의원들로 구성되는 하원보다는 상원이 보다 전국가적인 이익을 추구하고 안정성을 유지할 수도 있으며(연방제의 경우 상원이 주를 대표하므로 다를 수 있음), ③ 하원과 행정부 간의 충돌을 상원이 완화할 수도 있고, ④ 양원 간에 견제로 의회 내에서도 견제작용이 이루어질 수 있다는 점 등이 지적되고 있다. 양원제의 단점으로 ① 국정처리의 지체, ② 양원 간의 마찰, 책임의 회피가 나타날 수 있고, ③ 하원의 대정부견제를 상원이 약화시킬 수도 있다는 점 등이 지적되고 있다. 양원제에 대해서는 국민대표의 단일성원칙에 반하고 그 구성이 민선이 아니어서 민주성이 약하다는 등의 비판이 있다. 그러나 양원을 모두 거쳐 결국 단일 의사가 결정되고 민선이 아닌 것은 귀족제 상원의 경우이므로 일반적으로는 타당하지 못한 비판이라는 반론이 있다.

[단원제의 장단점] 양원제의 장점, 단점이 단원제에서는 반대로 나타날 수 있다. 단원제의 장점으로 국정처리의 신속성, 의회경비의 절감 등이, 단점으로 국정처리의 경솔, 의원들의 지역적 이익추구의 가능성 등이 지적된다.

제 2 절   국회의 헌법상 지위

Ⅰ. 국민주권행사기관, 국민대표기관으로서의 지위

국회는 주권에서 나오는 입법권을 국민을 대신하여 행사하므로 국민주권행사기관이자 국민대표기관으로서의 지위를 가진다.

Ⅱ. 입법기관으로서의 지위

국회의 고유한 기능은 법률을 제정하는 것으로서 국회는 입법기관으로서의 지위를 가진다.

입법기능을 국회의 본질적이고도 고유한 기능으로 보는 이유는 국회가 국민의 의사를 집약하는 합의체기관이라는 점에서 국회의 입법을 통한 법률은 결국 국민의 의사로 간주될 수 있다는 관념에 있다. 우리 헌법은 "입법권은 국회에 속한다"라고 하여 입법권의 국회귀속원칙을 명시하고 있고 그 외에도 국회는 긴급명령 등에 대한 승인권을 가지며 국회의원들은 헌법개정을 제안할 수 있고 국회는 헌법개정안을 의결하는 권한을 가져 입법적 기능을 수행한다. 오늘날 집행부에서 제출한 법안을 충분히 검토하지 못하고 통과시켜 '통법부'(通法府)라고 불리기도 하는 등 입법기능의 약화가 지적되기도 하지만 국회의 입법기관으로서의 지위는 여전히 국회의 핵심적인 지위임에는 분명하다.

Ⅲ. 국정통제기관으로서의 지위

국회는 권력분립원리상 다른 국가기관들의 국정운영에 대한 통제의 기관으로서 활동한다. 우리 국회는 국정감사·조사권, 각종 동의권, 승인권, 국무총리·국무위원 국회출석·답변요구권, 국무총리·국무위원해임건의권, 탄핵소추권 등을 통해 다른 국가기관들을 통제한다.

Ⅳ. 최고기관으로서의 지위

국회는 최고기관이다. 다만, 국회만이 유일한 최고기관은 아니고 대통령, 대법원, 헌법재판소 등 다른 최고기관들과 더불어 최고기관들 중의 하나라고 본다.

Ⅴ. 국회와 타 국가기관 간의 관계

1. 기관구성상의 관계

국회는 타 국가기관의 구성에 관여한다. 대통령선거에 있어서 국민의 직접선거에서 최고득표자가 2인 이상인 때에는 국회가 간접선거함으로써(제67조 제2항), 그리고 국무총리임명동의(제86조 제1항)를 통해 집행부의 구성에 간여한다. 그리고 대법원장·대법관임명에 대한 동의권(제104조 제1·2항)과 헌법재판소장임명동의권(제111조 제4항), 3인의 헌법재판관 선출권(제111조 제3항)을 위하여 각각 법원, 헌법재판소의 구성에 간여한다.

2. 국정통제상의 관계

이에 관해서는 앞서 국정통제기관으로서의 국회에 대한 고찰을 통해 이미 살펴보았다(전술 Ⅲ. 참조).

3. 공화·협력의 관계

국회와 타 국가기관들 간의 통제관계가 배척의 관계가 아니라 공화와 협력의 관계를 의미하기도 한다. 집행부가 제출한 법률안과 예산안에 대한 국회의 검토·확정, 국제조약의 체결·비준에 대한 동의 등을 예로 보면, 국가목적을 달성하기 위해 집행부가 추진하는 정책의 법적 근거와 권한을 부여하는 법률안을 집행부가 제출한 경우, 국제협조주의에 입각하여 집행부가 대외적인 공조를 이루기 위해 가입해야 할 조약안을 국회동의를 위해 제출한 경우 등에 국회의 확정, 동의를 위한 검토과정은 견제이자 협력의 과정이라고 할 수 있다.

4. 개별 기관과의 관계

집행부, 법원, 헌법재판소와 국회와의 각각 개별적 관계에 대해서는 앞서 권력분립주의에서, 그리고 가까이 앞서 국회의 국정통제기관으로서의 지위에 관한 고찰에서 이미 살펴본 바 있다(전술, 참조). 아래에 다시 대강을 정리해 본다.

(1) 집행부와의 관계

현행 헌법은 대통령제를 골간으로 하고 있기에 집행부와 국회는 무엇보다도 대통령과 국회의원 모두 각각 국민에 의해 직선되는 등 상호독립적인 권력분립의 구도를 이루고 있다. 그러나 대통령의 법률안거부권, 긴급명령권 등 다소 강한 권한이 주어져 있다. 반면에 의원내각제적 요소를 가미하여 집행부의 법률안제출권이 주어져 있고 행정부(국무총리·국무위원)에 대한 해임건의권, 국회출석·답변의무 등 상호균형을 이루면서 국회가 국정감사·조사권 등 집행부에 대한 국정일반에 대한 통제권을 가지고 있다. 집행부와 국회 간에 집행부제출의 법률안, 조약안에 대한 확정, 동의 등 통제와 동시에 협력·공화관계가 있음은 기술한 바 있다.

(2) 법원과의 관계

법원이 국회의 입법인 법률에 대한 위헌여부결정권을 가지는 미국형의 경우에는 법원이 대국회에 대한 관계에서 상당히 강한 지위를 가진다. 그러나 우리의 경우 법원이 위헌법률심판을 헌법재판소에 제청할 권한만을 가지고 반면에 국회는 대법원장·대법관의 임명동의권, 법원 관련 조직법률 등의 제정·개정권을 가져 국회와 법원 간에 비교적 균형형에 가깝다. 그러나 국회가 행한 의원의 자격심사, 징계, 제명의 처분에 대한 법원에의 제소가 금지되어 있는 점(제64조 4항) 등에서 법원의 국회에 대한 견제권은 상대적으로 약하다.

대법원장·대법관의 임명동의나 법원 관련 조직법률의 입법 등은 통제관계이나 상호협력·공화관계이기도 하다.

(3) 헌법재판소와의 관계

헌법재판소와 국회와의 관계는 상호독립적으로, 국회는 헌법재판소장 임명동의권(제111조 제4항), 3인의 헌법재판관 선출권(제111조 제3항), 헌법재판소에 대한 국정감사·조사권(제61조), 헌법재판소의 조직·권한·사법절차에 관한 법률(헌법재판소법 등)의 제정·개정권(제52조), 헌법재판소 관련 예산안에 관한 심의·확정권(제54조), 헌법재판소 재판관에 대한 탄핵소추권(제65조 제1항) 등을 통하여 헌법재판소를 견제하고, 헌법재판소는 위헌법률심판, 국회가 소추한 탄핵의 심판, 국회와 타 국가기관 간 권한쟁의의 심판, 국회가 행한 공권력작용에 대한 헌법소원심판(제111조 제1항)을 통하여 국회를 견제하여 상호통제의 관계에 있다[1]. 헌법재판소장 임명동의권, 3인의 헌법재판관 선출권, 국회가 소추한 탄핵의 심판 등에서는 협력·공화관계도 나타난다.

제 3 절 국회의 구성과 조직

Ⅰ. 단원제

과거 제헌헌법은 단원제를 채택하였다가 제1차개헌(1952)으로 양원제가 도입된 바 있었으나 참의원선거를 하지 않아 단원제로 운영되었고 제2공화국 헌법에서는 양원제를 채택하였다가 이후 단원제로 구성되고 있다.

---

1) 권영성, 859면은 "국회의 내부적 자율권에 속하는 사항에 대해서는 헌법재판권이 미치지 아니하고" "헌법재판소는 법관의 자격을 가진 재판관으로 구성되는 정치적 사법기관이다"라고 하는데 헌법재판소 자신의 판례는 국회의 자율권에 속하는 사항일지라도 헌법재판의 대상이 될 수 있음을 인정하고 있고 법관의 자격을 갖춘 헌법재판관이므로 오늘날 헌법재판기관을 정치적 기관으로 보는 이론은 낡은 이론이다.

Ⅱ. 국회의원의 정수, 선출 등

1. 국회의원 정수

헌법은 "국회의원의 수는 법률로 정하되, 200인 이상으로 한다"라고 규정하여(제41조 제2항) 국회의원 정수의 확정을 법률에 위임하면서도 이처럼 하한선을 두고 있다. 전체 국회의원 정수는 300인으로, 지역구국회의원의 정수는 253인이고 비례대표국회의원의 정수는 47인이다.

2. 국회의원선거

이에 관해서는 앞의 대한민국의 기본질서와 기본권각론의 선거권, 피선거권 부분에서 다루었다(전술 제2부 한국헌법의 기본원리와 기본질서 제3부 기본권론 참조).

Ⅲ. 국회의 조직

1. 국회의장, 부의장(의장단)

국회는 의장 1인과 부의장 2인을 선출한다(제48조). 부의장의 수를 2인으로 하는 것은 헌법에서 직접 명시하고 있는 것이다. 의장과 부의장의 임기는 2년으로 한다(국회법 제9조).

의장이 사고가 있을 때에는 의장이 지정하는 부의장이 그 직무를 대리하고(동법 제12조), 의장과 부의장이 모두 사고가 있을 때에는 임시의장을 선출하여 의장의 직무를 대행하게 한다(동법 제13조). 우리 국회법은 의장이 당파성을 가지지 않고 중립적인 의사정리를 수행하도록 임기 중 당적을 보유할 수 없게 금지하고 있다(동법 제20조의2).

의장은 ① 국회대표권(각종 국가행사에 대표로 참석할 권한, 타 국가기관에 대한 국회권한의 행사에서의 국회를 대표할 권한 등), ② 의사정리권(임시회집회공고권, 연간 국회운영기본일정의 결정권, 유회, 회의의 중지·산회의 선포권, 의사일정의 작성·변경권, 제출된 의안의 위원회에의 회부권 등), ③ 질서유지권(국회 내에서의 경호권, 회의장의 질서문란행위에 대한 경고·제지권, 회의장출입의 허가권 등), ④ 사무감독권, ⑤ 국회의 조직에 관한 권한(사무총장 등 국회직원에 대한 임면권, 상임위원회 위원의 선임 및 개선에 관한 권한) 등을 가진다.

2. 위원회제도

(1) 의의

의회의 위원회란 본회의의 의사를 보다 효율적이고도 신속하게 이끌고 본회의의 의사절차 이전에 의안을 집중적으로 심의, 검토하기 위하여 소수의 의원들로 구성되고 영역별로 전문화된 부분적 회의체조직을 말한다. 모든 의안을 본회의에서 다룰 수 없으므로 전문적 영역별로 의안을 집중적으로 다룰 필요가 있기에 위원회의 구성과 활동이 요구된다. 오늘날 의안의 심의가 실질적으로 위원회에서 이루어지고 사실상 본회의에서는 위원회에서의 의결을 추인하는 경우가 빈번하여 '상임위원회중심주의'가 되고 있고 이에 상임위원회를 소입법부(little legis-lature)라고도 부른다.

(2) 장단점 및 보완책

위원회가 정상적으로 활동할 경우에 나타날 그 장점으로는 ① 분업화를 가져오고, ② 심의에 있어서 집약성, 효율성, 신축성을 가져올 수 있으며, ③ 의안에 대한 전문적인 검토가 이루어질 수 있다. 위원회제도가 정상적으로 가동하지 못할 경우의 그 단점 내지 문제점으로는 ① 소속 의원(위원)들의 전문성이 부족하면 충분한 심의가 이루어지지 못하고, ② 위원회를 장악하고 있는 소수의 의원들에 의한 과두적 결정이 이루어질 수 있으며, ③ 의원들에 대한 정당의 기속성이 강하면 위원회가 국민전체의 의사보다 정당의 의사를 앞세울 수 있어 정당의 대리인들의 집합체로 전락될 수 있다. 또한 ④ 이해관련 집단의 로비 등이 용이하며, ⑤ 여러 위원회들에 관련되는 사안의 경우에 그 분담이나 상호 유기적인 심의가 쉽지 않을 수 있고, ⑥ 위원회는 대응하는 행정각부의 사무를 그 소관사항으로 하는바 소관 행정각부와 위원회가 밀접되어 있으면 권력분립의 견제기능이 약화될 가능성이 있다는 점 등을 들 수 있다.

위의 문제점을 막기 위한 방안으로는, 전문적 지식과 경험을 가진 의원들로 상임위원회가 구성되어야 하며 결정과정의 투명성을 제고하고 당리당략을 떠나 국민전체의 의사를 반영하는 의원의 노력과 이를 위한 교차투표가 이루어질 수 있어야 한다. 의원의 이권개입 등에 대비하여 헌법 자체가 타인을 위하여 그 취득을 알선하는 것을 금지하고 있고(제46조 제3항) 국회법도 위원의 직무 관련 영리행위를 금지하고 있다(국회법 제40조의2). 여러 위원회들이 관련되는 의안에 대해서 현행 국회법은 관련 상임위원회에의 회부제도를 두고 있고(동법 제83조), 모든 의원들이 참여하는 '전원위원회'제도(동법 제63조의2)를 두고 있다.

(3) 위원회의 종류

국회의 위원회는 상임위원회와 특별위원회의 2종으로 한다(동법 제35조).

(4) 상임위원회

1) 의의와 종류

상임위원회란 국가사무를 영역별로 나누어 그 소관사항별로 안건을 심의·처리하기 위해 구성된 상설의 위원회를 말한다. 상임위원회는 이처럼 국가사무의 영역별로 분할, 조직되는데 행정각부나 중앙행정기관의 소관사항을 나누어 각 상임위원회별 소관으로 하여 구성된다. 상임위원회의 수는 모두 17개로, 국회운영위원회, 법제사법위원회, 정무위원회, 기획재정위원회, 교육위원회, 과학기술정보방송통신위원회, 외교통일위원회, 국방위원회, 행정안전위원회, 문화체육관광위원회, 농림축산식품해양수산위원회, 산업통상자원중소벤처기업위원회, 보건복지위원회, 환경노동위원회, 국토교통위원회, 정보위원회, 여성가족위원회가 있다(동법 제37조 제1항). 의장은 어느 상임위원회에도 속하지 아니하는 사항은 국회운영위원회와 협의하여 소관상임위원회를 정한다(동조 제2항).

2) 구성

⑤ 상임위원회의 위원정수는 국회규칙으로 정하고(동법 제38조), 상임위원회 위원(이하 '상임위원'이라 함)은 교섭단체소속의원수의 비율에 의하여 각 교섭단체대표의원의 요청으로 의장이 선임 및 개선한다(동법 제48조 제1항). 의원은 둘 이상의 상임위원회의 위원이 될 수 있고 상임위원의 임기는 2년으로 한다(동법 제39조, 제40조 제1항). 상임위원회에 위원장 1명을 두는데(동법 제41조 제1항) 상임위원장은 본회의에서 선거된다.

3) 활동

상임위원회는 그 소관에 속하는 의안과 청원 등의 심사, 그 밖에 법률에서 정하는 직무를 수행한다(동법 제36조).

4) 관련 문제

한편, 이러한 상임위원회에서 활동할 권리가 국회의원의 기본권으로 인정되는지 문제된다. 헌재는 "청구인이 국회 상임위원회에 소속하여 활동할 권리, 청구인이 무소속 국회의원으로서 교섭단체소속 국회의원과 동등하게 대우받을 권리라는 것으로서 이는 입법권을 행사하는 국가기관인 국회를 구성하는 국회의원의 지위에서 주장하는 권리일지언정 헌법이 일반국민에게 보장하고 있는 기본권이라고 할 수는 없다"라고 하면서 청구인적격을 부인하고 각하결정을 하였다(2000헌마156).

(5) 특별위원회

1) 의의와 성격 및 유형

특별위원회란 특정한 사안을 심의하기 위하여 임시적으로 활동하는 국회의 위원회를 말한다. 안건의 한정성, 존속의 한시성이 그 성격이다. 특별위원회에는 일반적인 특별위원회와 국회법상 특정한 임무가 미리 주어진 특정화된 특별위원회가 있다.

2) 일반적인 특별위원회

일반적인 특별위원회는 수개의 상임위원회소관과 관련되거나 특히 필요하다고 인정한 안건을 효율적으로 심사하기 위하여 본회의의 의결로 두는 특별위원회이다(동법 제44조 제1항). 일반적 특별위원회는 미리 정해진 특정임무를 수행하는 것이 아니라 예를 들어 규제개혁특위처럼 여러 상임위가 관련되어 어느 한 상임위에 배당하기 곤란한 사안을 다루기 위하여 또는 어떤 구체적 사건의 진상을 조사하기 위해 설치되는 특별위원회이다(예를 들어 정치자금의혹을 규명하기 위한 국정조사 특별위원회도 일반적 특별위원회 중의 하나이다). 일반적 특별위원회는 물론 한시적인 것이다.

특별위원회에 위원장 1명을 두되 위원회에서 호선하고 본회의에 보고한다(동법 제47조 제1항). 호선된다는 것이 상임위원회 위원장이 본회의에서 선임되는 것과 다르다.

특별위원회는 임시적으로 활동하는 비상설 회의체이므로 활동시한이 정해져 있다. 즉 일반적인 특별위원회는 구성할 때에 그 활동기한을 정하여야 한다(동법 제44조 제2항).

3) 특정화된 특별위원회

국회법이 이미 특정한 임무를 명시한 몇 개의 특별위원회가 있다. 예산결산특별위원회, 윤리특별위원회, 인사청문특별위원회가 그것이다. 유의할 점은 예산결산특별위원회는 특별위원회이면서도 상설기관이라는 점이다.

① **상설의 특정화된 특별위원회**   예산결산특별위원회 - 예산안, 기금운용계획안 및 결산을 심사하기 위하여 예산결산특별위원회를 둔다(동법 제45조 제1항). 예산결산특별위원회의 위원의 임기는 1년으로 한다(동법 동조 제3항).

② **윤리특별위원회**   의원의 자격심사 · 징계에 관한 사항을 심사하기 위하여 제44조 제1항에 따라 윤리특별위원회를 구성한다(동법 제46조 제1항).

③ **인사청문특별위원회**   국회는 헌법에 의하여 그 임명에 국회의 동의를 요하는 대법원장 · 헌법재판소장 · 국무총리 · 감사원장 및 대법관에 대한 임명동의안과 국회에서 선출하는 헌법재판소의 3인 재판관 및 중앙선거관리위원회의 3인 위원의 선출안 등을 심사하기 위하여 인사청문특별위원회를 둔다(동법 제46조의3 제1항 본문). 인사청문특별위원회의 구성과 운영에 관하여 필요한 사항은 따로 법률로 정한다(동법 동조 제2항). 이 법률이 인사청문회법이다.

(6) 특별위원회에서의 대표(자유)위임 문제

앞의 국민대표주의에서 '당론과 자유위임' 문제로서 위원의 강제사임의 상임위원회 경우에서 헌재결정으로 인용하고 분석했던 2003년의 2002헌라1 결정 이후 헌재는 다시 특별위원회 위원의 강제개선에 대해 위 2002헌라1 결정과 같은 비슷한 결론을 내렸는데 자유위임원칙이 국회의 기능 수행을 위해서 필요한 범위 내에서 제한될 수 있다는 입론을 제시하고 있다. 헌재는 "이 사건 개선행위의 자유위임원칙 위배 여부는 국회의 기능 수행을 위하여 필요한 정도와 자유위임원칙을 제한하는 정도를 비교형량하여 판단하여야 한다"라고 판시한 뒤 기각결정을 하였다. 사안은 피청구인(국회의장)이 2019.4.25. 사개특위의 바른미래당 소속 위원을 청구인에서 다른 국회의원 ○○○로 개선한 행위(이하 '이 사건 개선행위')가 청구인의 권한을 침해하는지 여부 및 이 사건 개선행위가 무효인지 여부(국회법 제48조 제6항 위배 여부 문제 포함) 대한 권한쟁의심판 사건이었다.

● **판례** 헌재 2020.5.27. 2019헌라1
[결정요지] 권한침해확인청구에 대한 판단 — 기각
가. 자유위임원칙 위배 여부
[이 사건 개선행위의 법적 성격과 자유위임원칙]
국회의 의사절차와 내부조직을 정할 때, 국회 내 다수형성의 가능성을 높이고 의사결정의 능률성을 보장하는 것은 국회에 관한 헌법 규정들에서 도출되는 중대한 헌법적 이익이다. 자유위임원칙은 헌법이 추구하는 가치를 보장하고 실현하기 위한 통치구조의 구성원리 중 하나이므로, 다른 헌법적 이익에 언제나 우선하는 것은 아니고, 국회의 기능 수행을 위해서 필요한 범위 내에서 제한될 수 있다.
이 사건 개선행위의 자유위임원칙 위배 여부는 국회의 기능 수행을 위하여 필요한 정도와 자유위임원칙을 제한하는 정도를 비교형량하여 판단하여야 한다.
[교섭단체 의사에 따른 위원 개선의 필요성]
이 사건 개선행위는 사개특위의 의사를 원활하게 운영하고, 각 정당의 의사를 반영한 사법개혁안을 도출함으로써 궁극적으로는 사법개혁에 관한 국가정책결정의 가능성을 높이기 위한 것으로서 그 정당성을 인정할 수 있다.
[자유위임에 기한 권한의 제한 정도]
이 사건 개선행위 전 바른미래당 의원총회의 의결이 있었던 점, 이 사건 개선행위 후 바른미래당의 교섭단체 대표의원이 그 직을 사퇴하고 후임으로 선출된 청구인의 개선 요청에 따라 사개특위 위원의 개선이 이루어진 점 등을 고려할 때, 교섭단체의 의사에 따라 위원을 개선하더라도, 곧바로 국회의원이 일방적으로 정당의 결정에 기속되는 결과를 초래하게 된다고 단정하기 어렵다.
청구인은 2018.10.18. 바른미래당의 교섭단체 대표의원의 요청으로 사개특위 위원으로 선임된 후 처음 정해진 사개특위의 활동기한인 2018.12.31.을 넘어서 이 사건 개선행위가 이루어지기 전까지 위원으로서 활동하였고, 이 사건 개선행위 후에도 의원으로서 사개특위 심사절차에 참여할 수 있었다.
그렇다면 이 사건 개선행위로 인하여 청구인의 자유위임에 기한 권한이 제한되는 정도가 크다고 볼 수 없다.
[이 사건 개선행위의 자유위임원칙 위배 여부]
이 사건 개선행위는 사개특위의 의사를 원활하게 운영하고, 사법개혁에 관한 국가정책결정의 가능성을 높이기 위하여 국회가 자율권을 행사한 것으로서, 이 사건 개선행위로 인하여 자유위임원칙이 제한되는 정도가 위와 같은 헌법적 이익을 명백히 넘어선다고 단정하기 어렵다. 따라서 이 사건 개선행위는 자유위임원칙에 위배되지 않는다.

나. 국회법 제48조 제6항 위배 여부
* 국회법 제46조 3항: "제1항부터 제4항까지에 따라 위원을 개선할 때 임시회의 경우에는 회기 중에 개선될 수 없고, 정기회의 경우에는 선임 또는 개선 후 30일 이내에는 개선될 수 없다. 다만, 위원이 질병 등 부득이한 사유로 의장의 허가를 받은 경우에는 그러하지 아니하다."
○ 국회법 제48조 제6항의 입법목적은 '위원이 일정 기간 재임하도록 함으로써 위원회의 전문성을 강화'하는 것이므로, 국회법 제48조 제6항은 '위원이 된(선임 또는 보임된) 때'로부터 일정 기간 동안 '위원이 아니게 되는(사임되는) 것'을 금지하는 형태로 규정되어야 한다. 따라서 국회법 제48조 제6항 본문 중 "위원을 개선할 때 임시회의 경우에는 회기 중에 개선될 수 없고" 부분은 개선의 대상이 되는 해당 위원이 '위원이 된(선임 또는 보임된) 임시회의 회기 중'에 개선되는 것을 금지하는 것이다.
청구인은 제364회 국회(정기회) 회기 중이었던 2018.10.18. 사개특위 위원으로 선임되었으므로, 그로부터 30일이 지난 2018.11.17. 이후에는 국회법 제48조 제6항 본문 중 '정기회의 경우에는 선임 또는 개선 후 30일 이내에는 개선될 수 없다.' 부분이 적용되지 않아 개선될 수 있었다. 제368회 국회(임시회) 회기 중인 2019.4.25. 이 사건 개선행위가 이루어졌으나, 그 이전의 정기회에서 선임된 청구인에 대하여는 국회법 제48조 제6항 본문 중 임시회 부분이 적용되지 않는다.
그렇다면 국회법 제48조 제6항 단서에 해당하는지 여부를 살펴볼 필요 없이, 이 사건 개선행위는 국회법 제48조

제6항에 위배되지 않는다.

다. 소결

이 사건 개선행위는 자유위임원칙에 위배된다고 보기 어렵고, 국회법 규정에도 위배되지 않으므로, 청구인의 법률안 심의·표결권을 침해하지 않으므로, 더 나아가 살펴볼 필요 없이 이 사건 개선행위는 무효로 볼 수 없다.

* **검토**: 헌법적 근본적인 기본원리인 대표(자유)위임원칙이 당론에 밀린다는 것은 문제일 뿐 아니라 아무리 현실적인 당론기속을 주장하더라도 현실을 언급하면 국회 입법과정에서 오늘날 위원회 중심주의가 자리잡아 있다는 점에서 이는 정당의 기속을 내세울 것이 아니라 국회가 지켜야 할 헌법원칙의 문제, 자유위임원칙 문제에서 판단되어야 한다.

(7) 전원위원회

어느 특정 상임위원회의 의견만이 아니라 국회의원 전원의 의견을 수렴하여야 할 중요한 의안에 대해 전체 국회의원이 참여하여 심사하는 회의체를 전원위원회(全院委員會)라고 한다. 전원위원회의 개회사유 내지 심의사항으로 현행 국회법은 "위원회의 심사를 거치거나 위원회가 제안한 의안 중 정부조직에 관한 법률안, 조세 또는 국민에게 부담을 주는 법률안 등 주요의안"이라고 규정하고 있다. 또 그 개회시기로 이러한 주요의안의 "본회의 상정 전이나 본회의 상정 후에" 그리고 개회요구정족수로 "재적의원 4분의 1 이상이 요구할 때"라고 규정하고 있다(동법 제63조의2 제1항). 전원위원회는 재적위원 5분의 1 이상의 출석으로 개회하고, 통상의 상임위원회에서의 의결정족수와는 달리 재적위원 4분의 1 이상의 출석과 출석위원 과반수의 찬성으로 의결한다(동법 동조 제4항). 전원위원회가 개최된 적은 드물다. 2003년 3월 28일, 29일에 국군부대의 이라크전쟁파병동의안을 두고 전원위원회가 개최된 바 있다.

(8) 소위원회, 안건조정위원회

위원회는 특정한 안건의 심사를 위하여 소위원회를 둘 수 있다. 상임위원회(정보위원회 제외)는 그 소관사항을 분담·심사하기 위하여 상설소위원회를 둘 수 있다(동법 제57조 제1항·제2항). 쟁점안건의 심의과정에서 물리적 충돌을 방지하고 대화와 타협을 통한 안건심의, 소수의견 개진 기회를 보장하기 위해 이른바 국회선진화 규정의 하나로, 이견을 조정할 필요가 있는 안건을 심사하기 위한 안건조정위원회 제도가 신설되어 있다(이 제도에 대해서는 뒤의 제 6 절 제2항 III. 2. 법률안심사절차 부분 참조).

(9) 연석회의

연석회의란 어느 소관위원회가 다른 위원회와 협의하여 합동으로 개최하고 진행하는 회의를 말한다. 연석회의는 하나의 독자적인 위원회가 아니고 국회법상의 위원회의 종류에 해당하지 않는다. 연석회의에서는 서로 의견을 교환할 수 있으나 표결은 할 수 없다(동법 제63조 제1항). 연석회의를 열고자 하는 위원회는 위원장이 부의할 안건명과 이유를 서면으로 제시하여 다른 위원회의 위원장에게 요구하여야 한다(동법 동조 제2항).

반드시 연석회의를 열어야 할 경우도 있다. 세입예산안과 관련있는 법안을 회부받은 위원회는 예산결산특별위원회위원장의 요청이 있을 때에는 연석회의를 열어야 한다(동법 제63조 제4항). 소관 상임위원회가 기획재정부소관에 속하는 재정관련 법률안을 예산결산특별위원회와 협의하여 심사함에 있어서 예산결산특별위원장의 요청이 있는 때에는 연석회의를 열어야 한다(동법 제83조의2 제3항).

3. 교섭단체

교섭단체란 동일한 정당에 소속한 의원들의 모임을 말하며 의회 내의 정당(원내정당, Fraktion)이라고 불린다. 원내교섭단체의 목적 내지 기능은 ① 동일 정당에 소속한 의원들 간의 결속을 도모하고, ② 의원들의 의견을 수렴하며 정당의 방침이나 의견을 전달하는 기능을 수행하며, ③ 정당들 간의 대화창구를 단일화하여 정당들 간의 의견조정에 있어서의 능률과 편의성, 신속성 등을 가져오게 하고 정당들 간의 교류 등을 촉진하는 데 있다. 그러나 정당수뇌부에 의해 정당운영이 좌우되는 경우, 원내교섭단체를 통해 소속 의원들의 활동을 지시하고 구속하는 경우에 의원들의 무기속 대표위임을 막는 폐해가능성이 있을 수 있다. 국회에 20인 이상의 소속의원을 가진 정당은 하나의 교섭단체가 된다. 무소속이나 교섭단체가 아닌 정당 소속의 의원들이더라도 20인 이상이 되면 따로 교섭단체를 구성할 수 있다(국회법 제33조 제1항). 각 교섭단체에는 의원총회와 대표의원이 있다. 국회법에서 상임위원회의 구성이나 의사과정에서의 발언자, 토론자 등의 선정에 있어서 교섭단체를 중심으로 정하도록 하는 경우가 많다(동법 제48조, 제104조 내지 제106조, 제122조의2 등 참조).

제 4 절   국회의 운영과 의사절차

제 1 항   국회의 활동기간과 집회

I. 의회기(입법기)

의회기(legislature)란 의회의원 전원에 대한 총선거로 새로운 의회가 구성되어 다음 총선거에 의해 새로이 의회가 구성되기까지의 활동기간을 의미한다. 흔히 제 몇 대 국회라고 할 때의 그 국회의 기간을 말한다. 입법기라고도 한다. 따라서 통상적으로는 의회의원의 임기가 곧 의회기가 된다. 그러나 임기와 의회기가 반드시 일치하지 않는 경우도 있다. 의회해산제도가 있는 국가에서 의회기가 다 채워지기 전에 중도에 의회가 해산된 경우에는 의회기가 임기보다 짧게 끝날 수 있기 때문이다.

Ⅱ. 회기

회기(session)란 하나의 의회기 내에서 의회가 한번의 집회를 개회하여 폐회할 때까지의 기간의 일수를 말한다. 현행 헌법은 국회의 회기에 있어서 "정기회의 회기는 100일을, 임시회의 회기는 30일을" 초과할 수 없게 제한하고 있다(제47조 제2항). 그러나 연간 총 회기는 제한하지 않고 있다. 임시회를 연속적으로 소집할 경우에는 연간 상설의 국회가 가능하다.

헌재는 '회기결정의 건'은 그 본질상 국회법 제106조의2에 따른 무제한 토론(이에 대해서는 후술 본회의 의사절차 부분 참조)의 대상이 되지 않는다고 본다(헌재 2020.5.27. 2019헌라6등).

Ⅲ. 집회

1. 정기회

현행 헌법은 "국회의 정기회는 법률이 정하는 바에 의하여 매년 1회 집회되며"라고 규정하고 있다(제47조 제1항). 국회가 집회시기를 법률로 정하게 한 것은 국회의 자율권을 부여하기 위한 것이다. 정기회는 매년 9월 1일에(공휴일인 때에는 그 다음날에) 집회한다(국회법 제4조). 현행 헌법은 정기회의 회기를 100일을 초과할 수 없게 하고 있다(제47조 제2항). 정기회의 주관업무는 결산·예산안의 심의, 대정부질문, 법률안의 심의 등이다.

2. 임시회

임시회이므로 일정한 집회시기가 고정되어 있지 않는 것은 물론이고 수시로 임시회 집회가 가능하다. 헌법은 "국회의 임시회는 대통령 또는 국회재적의원 4분의 1 이상의 요구에 의하여 집회된다"라고 요구권자를 규정하고 있고, "대통령이 임시회의 집회를 요구할 때에는 기간과 집회요구의 이유를 명시하여야 한다"라고 그 요건을 규정하고 있다(제47조 제1항·제3항). 또한 헌법은 임시회의 회기는 30일을 초과할 수 없다고 규정하고 있다(제47조 제2항 후문). 국회법은 국회운영기본일정은 2월·3월·4월·5월 및 6월 1일과 8월 16일에 임시회를 집회하도록 작성하고 2월, 4월 및 6월에 집회하는 임시회의 회기 중 1주는 대정부 질문을 행하도록 하고 있다(동법 제5조의2 제2항). 임시회의 주관업무는 의원과 정부가 발의·제출한 법률안에 대한 심의·표결을 하고 추가경정예산안 등을 심의하며 대정부질문 등을 하는 것이다.

[판례] * 헌재는 '임시회 회기결정의 건'은 그 본질상 국회법 제106조의2에 따른 무제한토론의 대상이 되지 않는다 본다(헌재 2020.5.27. 2019헌라6 등 [판시] * 뒤의 제2항 국회의 의사절차, Ⅳ. 본회의의 의사절차, 8. (3) 무제한 토론 부분 참조.).

제 2 항 국회의 의사절차[2]

Ⅰ. 현황과 지침

1. 현황 – 국회관련법률중심주의 및 상임위원회중심주의

우리나라 현행 헌법은 국회는 법률에 저촉되지 아니하는 범위 안에서 의사에 관한 규칙을 제정할 수 있다고 규정하고 있다(제64조 제1항). 의사절차원칙을 주로 의회의 의사규칙으로 구체적으로 정하는 나라들이 있다. 그런데 우리나라의 현실은 국회규칙보다는 법률인 국회법, 그리고 헌법과 국회법의 위임을 받아 제정된 그 외 국회 관련 법률들(예를 들어 '국정감사 및 조사에 관한 법률', 인사청문회법 등)에 의사절차 관련 규정들을 구체적으로 두고 있어 이른바 헌법·국회관련법률중심주의를 보여주고 있다.

주로 상임위원회에서 의안의 실질적인 심사가 이루어지고 국회 본회의에서는 주로 최종표결이나 대정부질문 등이 행하여져 상임위원회중심주의가 현실이다.

2. 지침

국회의 의사절차는 국민대표주의가 실질적으로 구현되도록, 즉 국민의 의사가 충분히 반영되도록 사안에 대한 심의와 토론이 충실성을 가지도록 설정되어야 한다. 특히 의회주의의 요소들인 다원주의, 소수의 존중, 충실한 토론·합의기능, 질적 다수결 등의 원칙이 준수될 수 있는 의사절차가 확립되어야 한다. 또한 의사절차가 효율성, 생산성, 합리성을 갖출 것이 요구된다.

Ⅱ. 의사의 주요 원칙

1. 회기계속의 원칙(의안계속·유지의 원칙)

회기계속의 원칙이란 어느 한 회기에 심의되었으나 의결되지 않은 의안은 회기가 종료되었

---

2) 이에 대한 보다 더 자세한 것을, 정재황, 국가권력규범론, 박영사, 2020, 163-218 참조.

다고 하여 폐기되지 않고 다음 회기에서 다시 계속하여 심의를 하고 의결대상이 될 수 있다는 원칙을 말한다. 정확하게 표현하면 회기는 시간이 지나면 종료되므로 의안이 계속되는 것이다. 회기불계속원칙을 취하는 나라도 있지만 우리 헌법은 회기계속의 원칙을 취하고 있다. 즉 "국회에 제출된 법률안 기타의 의안은 회기 중에 의결되지 못한 이유로 폐기되지 아니한다"라고 규정하고 있다(제51조 본문). 그러나 이는 어디까지나 하나의 입법기 내에서 계속이고 입법기가 바뀌면 불계속이 된다. 우리 헌법도 "다만, 국회의원의 임기가 만료된 때에는 그러하지 아니하다"라고 규정하고 있다(제51조 단서).

2. 정족수

(1) 개념과 유형

정족수(quorum)란 회의체에 있어서 의사의 개시나 진행 또는 의결을 합법적으로 성립시키기 위하여 회의에 출석하고 진행과 의결에 참여하여야 할 최소한의 구성원수를 의미하는 것이다. 정족수에는 개의(의사)정족수, 의결정족수가 있다.

1) 개의(의사)정족수

개의(의사)정족수(開議(議事)定足數)란 국회의 의사를 개회하기(열기) 위하여 참석하여야 할 최소한의 의원의 수를 말한다. 헌법은 일반적인 개의정족수에 관한 규정을 두고 있지 않고 국회법이 본회의는 재적의원 5분의 1 이상의 출석으로, 상임위원회는 재적위원 5분의 1 이상의 출석으로 개의한다고 규정하고 있다(국회법 제73조, 제54조).

2) 의결정족수

의결정족수란 일정한 의안에 대하여 가부의 결정을 하는 데 참여하여야 할 최소한의 의원수를 말한다. 헌법 제49조는 "국회는 헌법 또는 법률에 특별한 규정이 없는 한 재적의원 과반수의 출석과 출석의원 과반수의 찬성으로 의결한다"라고 일반적인 의결정족수를 규정하고 있다. ⅰ) 헌법 제49조에 대한 해석문제로 '재적의원 과반수의 출석'이 안 된 경우에는 표결성립 자체가 안 된 것으로 볼 것인지 아니면 부결된 것으로 볼 것인지 하는 문제가 제기되었다. 2009년의 이른바 미디어법 파동결정에서 헌재 4인 재판관은 전자로, 5인 재판관은 후자로 보았다. 이 사건은 첫 번째 표결에서는 '재적의원 과반수의 출석'이 안 되었는데 이후 재표결을 하였으므로 논란이 되었고, 따라서 일사부재의 원칙의 위배 문제와 결부되었다. 왜냐하면 부결된 것으로 보는 견해를 취하면 부결된 것을 재표결에 부쳤으므로 일사부재의 원칙에 반하기 때문이다. 5인 재판관은 부결로 보고 일사부재의 원칙에 위배된다고 보았고 결국 권한침해를 인정하였다(2009헌라8, 그러나 가결선포행위를 무효로 선언하지는 않았다). ⅱ) 이른바 국회선진화법이라 불리는 국회법 제85조 제1항은 안건의 심사기간을 지정할 수 있는 경우를 한정하고 그 경우의 하나로 그 조항 제3호가 '각 교섭단체 대표의원과 합의하는 경우'를 규정하고 있는데 이에 대해 이는 과반수로 지정을 요구하더라도 합의를 해야 한다는 것이어서 의안에 대하여 사실상 만장일치로 의결할 것을 규정하는 것으로 하위법인 국회법이 헌법 제49조의 규정을 배제하고 형해화하여 헌법상 다수결 원리의 본질을 침해하고 있다는 주장의 권한쟁의심판이 청구되었다. 헌재의 다수 법정의견은 일반정족수는 의결대상 사안의 중요성과 의미에 따라 헌법이나 법률에 의결의 요건을 달리 규정할 수 있고 다수결의 원리를 실현하는 국회의 의결방식 중 하나로서 국회의 의사결정시 합의에 도달하기 위한 최소한의 기준일 뿐 이를 헌법상 절대적 원칙이라고 보기는 어려워 권한침해의 가능성이 없다고 하여 각하결정을 하였다(2015헌라1. 더 자세한 결정요지는 뒤의 법률안 심사절차 부분 참조. 이 결정은 바로 아래 3. 다수결원칙에서도 인용된다. 정족수가 다수결과 연관되기 때문이다).

3) 가부동수

가부동수인 때에는 부결된 것으로 본다(제49조 후문). 따라서 의장에 대한 결선투표권 (casting vote)을 인정하지 않고 있다.

4) 특별정족수

일반정족수란 그 정족수를 달리 정한 특별한 규정이 없는 한 일반적으로 요구되는 정족수를 말하고 위에서 살펴보았다. 특별정족수란 개별적인 사안에 따라 일반정족수와 다른 수(보다 더 가중된 수 또는 완화된 수)의 의원 수를 요구하는 경우를 말한다. 예를 들어 헌법개정안의 의결은 재적의원 3분의 2 이상의 찬성을 얻어야 한다고 규정하고 있는 경우이다(제130조 제1항).

(2) 정족수규정의 효과

정족수규정을 위배하여 정족수에 이르지 못한 수의 의원들이 참여한 가운데 회의의 개의, 의결이 되면 그 회의와 의결의 법적 효력을 인정할 수 없고 무효이다.

(3) 발의정족수

발의정족수(의원수)란 법률안 등 어느 특정한 의안을 제출하기 위해 필요한 의원수로서 그 의안의 제출에 찬성하는 최소한의 의원의 수를 말한다. ⅰ) 일반발의정족수(의원수) - 국회법 제79조 제1항이 일반적인 의안의 발의는 의원 10인 이상의 찬성으로 할 수 있도록 일반적인 발의의원수에 관한 규정을 두고 있다. ⅱ) 특별발의정족수 - 특별발의정족수로는 국회법 등에서 사안에 따라 의원 20인 이상 찬성(예를 들어 의원징계요구. 국회법 제156조 제3항), 30인 이상 연서(자격심사의 청구. 국회법 제138조) 등이나 재적의원 몇 분의 1의 찬성 등으로 각각 달리 정하고 있다.

3. 다수결원칙

[개념과 본질] 다수결원칙이란 의제가 된 사항에 대하여 많은 수의 국회의원의 찬성 여부의 의사표시로 가부의 결정이 이루어져야 한다는 원칙을 말한다. 어느 정도의 많은 수를 요하는가 하는 문제는 의결정족수의 문제이고 바로 위에서 살펴보았다.

[진정한 의미 – 질적 다수결] 오늘날의 다수결은 양적인 다수결이 아니라 여·야 간의 충분한 토론과 심의가 이루어진, 다시 말해서 충실한 의안심사를 거쳐 합리적 의사결정에 이르러 그것을 확인하고 마무리하는 의미에서의 다수결이 이루어지는 질적 다수결이 진정한 다수결원칙에 부합한다(전술 의회주의의 본질적 요소 참조). 헌재도 헌법 제49조는 단순히 재적의원 과반수의 출석과 출석의원 과반수에 의한 찬성을 형식적으로 요구하는 것에 그치지 않고 "국회의

재적 2/3	헌법개정안 의결(§130①), 국회의원의 제명(§64③), 의원자격심사(국회법§142③), 대통령의 탄핵소추의결(§65②), 안건조정위조정안 의결(국회법 §57의2⑥)
재적 3/5	신속처리대상안건 지정동의의결(국회법 §85§의2①), 무제한토론의 종결의결(국회법 §106의2⑥)
재적 1/2	헌법개정안 발의(§128①) 계엄의 해제요구(§77⑤), 국무총리·국무위원 해임건의(§63②), 대통령탄핵소추 발의(§65②단서), 대통령 이외의 자에 대한 탄핵소추의결(§65②), 국회의장·부의장 선출(국회법 §15①)
재적 1/2·출석 2/3	법률안의 재의결(§53④), 의안의 번안의결(국회법 §91)
출석 1/2	회의의 비공개(§50)
재적 1/3	국무위원에 대한 해임건의 발의(§63②), 일반탄핵소추 발의(§65②), 위원회의 공청회 개회요구(국회법 §64), 위원회의 법률안심사청문회 개회요구(국회법 §65)
재적 1/4	국회임시회의 소집(§47①), 휴회중 본회의 재개요구(국회법 §8②), 국정조사 발의(국정감사및조사에관한법률 §3①), 전원위원회 개회요구(국회법 §63의2)
재적 1/4·출석 1/2	전원위원회의결정족수(국회법 §63의2④)
재적 1/5 이상	본회의에서 개의 의사정족수(국회법§ 73①), 위원회의 개회 의사정족수(국회법 §54), 표결방식의 요구(국회법 §112②), 전원위원회의사정족수(국회법 §63의2④)
10인 이상	회의의 비공개 발의(국회법 §75①), 일반의안 발의(국회법 §79①)
20인 이상	의원의 석방요구 발의(국회법 §28), 교섭단체의 성립(국회법 §33①), 의사일정 변경 발의(국회법 §77), 국무총리·국무위원·정부위원에 대한 출석요구 발의(국회법 §121①), 징계요구(국회법 §156①)
30인 이상	위원회에서 폐기된 법률안의 본회의 부의(국회법 §87①), 일반의안 수정동의(국회법 §95①), 자격심사의 청구(국회법 §138)
50인 이상	예산안에 대한 수정동의(국회법 §95①)

❑ 헌법과 국회법상의 특별정족수

의결은 통지가 가능한 국회의원 모두에게 회의에 출석할 기회가 부여된 바탕 위에 재적의원 과반수의 출석과 출석의원 과반수의 찬성으로 이루어져야 한다는 것으로 해석하여야 한다"라고 판시하였다. 그리하여 국회 외교통상통일위원회 위원장이 소수당 소속 위원들의 출입을 봉쇄한 상태에서 외통위 전체회의를 개의하여 한미 FTA 비준동의안을 상정한 행위 등에 대한 권한쟁의심판사건에서 헌재는 비록 의사정족수가 충족된 상태에서 이루어진 것이라 하더라도, 그 봉쇄는 질서유지권의 한계를 벗어난 위법한 행사로서 그 봉쇄된 상태에서 이루어진 상정행위는 헌법 제49조의 다수결의 원리에 반하는 위헌행위라고 보았고 그로 인하여 위 위원들의 비준동의안 심의권을 침해한 것이라고 결정하였다(2008헌라7). 그러나 위 상정행위를 무효라고 선언하지는 않았다.

[판례] ⅰ) 안건의 심사기간을 지정할 수 있는 경우를 한정한, 이른바 국회선진화법이라 불리는 국회법 제85조 제1항은 그 경우의 하나로 동항 제3호가 '의장이 각 교섭단체 대표의원과 합의하는 경우'를 규정하고 있는데 이에 대해 이는 과반수로 지정을 요구해도 합의되어야 한다는 점에서 법률안에 대하여 사실상 만장일치로 의결할 것을 규정하는 것으로 하위법인 국회법이 헌법 제49조의 규정을 배제하고 형해화하여 헌법상 다수결 원리의 본질을 침해하고 있다는 주장의 권한쟁의심판이 청구되었다. 헌재의 다수 법정의견은 일반정족수는 의결대상 사안의 중요성과 의미에 따라 헌법이나 법률에 의결의 요건을 달리 규정할 수 있고 다수결의 원리를 실현하는 국회의 의결방식 중 하나로서 국회의 의사결정시 합의에 도달하기 위한 최소한의 기준일 뿐 이를 헌법상 절대적 원칙이라고 보기는 어려워 권한침해의 가능성이 없다고 하여 각하 결정을 하였다(헌재 2016.5.26. 2015헌라1. 이에 대해서는 뒤의 법률안 심사절차 부분도 참조). ⅱ) 변칙처리의 다수결원칙 위반 인정례 – 국회의원의 심의·표결권 침해를 인정한 몇 건의 결정례들이 있었다. ① 본회의에서의 변칙처리에 대한 권한침해인정결정들(헌재 1997.7.16. 96헌라2). ② 상임위원회에서 권한침해가 인정된 결정례(2008헌라7등. 위에서 인용함). 위 결정들에서 권한침해는 인정하였으나 가결선포행위에 대한 무효선언은 하지 않았다(그런 헌재의 입장이 지금까지 지속되어 오고 있다). 청구취하로 심판절차종료로 선언된 예(2000헌라1)도 있었다.

4. 의사공개의 원칙

[개념·기능] 의사공개의 원칙이라 함은 의회에서의 의사활동이 의회 외부의 일반 국민들이 방청이나 보도 등을 통해 알아 볼 수 있게 개방되어야 한다는 원칙을 말한다. 우리 헌법도 "국회의 회의는 공개한다"라고 하여 의사공개의 원칙을 명시적으로 확인하고 있다(제50조 제1항 본문). 의사공개원칙은 의사과정에 대한 국민의 평가와 그것을 의식한 심의·표결의 충실성을 가져오게 하여 실질적 국민대표주의를 구현하는 기능과 국민의 알 권리라는 기본권을 보장하는 기능을 수행한다.

[공개범위] 국회의 임무를 수행하기 위한 회의이면 모두 공개대상이 된다. 따라서 본회의에서뿐 아니라 위원회의 경우에도 역시 적용된다(국회법 제75조, 제71조; 98헌마443). 회의 장소가 국회 내이든 국회 외이든 관계없이 공개대상이 된다.

[내용] 의사공개의 원칙은 국회의 의사과정에 대한 ① 일반 국민들의 방청의 자유, ② 언론 등에 의한 보도의 자유, 중계방송, ③ 회의록 등 회의의 기록의 공표를 그 내용으로 한다(98헌마443; 2008헌라7).

[예외적 비공개] 헌법은 ① 출석의원 과반수의 찬성이 있거나 ② 의장이 국가의 안전보장을 위하여 필요하다고 인정할 때에는 공개하지 아니할 수 있다고 규정하여(제50조 제1항 단서) 예외적 비공개의 경우를 인정하고 있다. 공개하지 아니한 회의내용의 공표에 관하여는 법률이 정하는 바에 의한다(동조 제2항).

위원회에서의 방청에 대해서는 국회법이 "의원이 아닌 사람이 위원회를 방청하려면 위원장의 허가를 받아야 한다"라고 하여 허가제를 두고 있는데(국회법 제55조 제1항) 헌재는 방청불허 사유는 장소적 제약으로 불가피한 경우, 회의의 원활한 진행을 위하여 필요한 경우 등 결국 회의의 질서유지를 위하여 필요한 경우로 제한된다고 한다. 그러면서도 이러한 방청불허사유가 구비되었는지에 관한 판단은 국회의 자율권 존중의 차원에서 위원장에게 폭넓은 판단재량을 인정하여야 한다고 본다. 그리하여 헌재는 국회예산결산특별위원회 계수조정소위원회와 국회 상임위원회가 방청을 불허한 행위에 대해 합헌성을 인정하는 기각결정을 한 바 있다(98헌마443 등. 이에 대한 자세한 것은 뒤의 Ⅲ. 위원회에서의 의사절차, 의사의 공개 부분 참조).

[공개원칙 위반 인정례] 위에서 본 판례로, 헌재는 국회 외교통상통일위원회 위원장이 회의가 시작되기 훨씬 전에 회의장의 출입문을 폐쇄하고 바리케이드를 설치하게 함으로써 외통위 위원인 소수당 국회의원의 출입까지 불가능하게 한 상태에서 개의하여 한미 FTA 비준동의안을 상정한 행위 등은 헌법 제50조 제1항의 의사공개의 원칙에 반하는 행위라고 보았다(2008헌라7). 그러나 무효라고 선언하지는 않았다.

5. 일사부재의(一事不再議) 원칙

일사부재의 원칙이란 어느 의안에 대해 하나의 회기에서 이미 국회가 부결을 하였다면 동일한 그 사안을 같은 회기 중에 국회가 다시 심의, 의결의 대상으로 할 수 없다는 원칙을 말한다. 우리 현행 헌법은 이 원칙을 명시적으로 규정하고 있지 않고 국회법이 "부결된 안건은 같은 회기 중에 다시 발의하거나 제출할 수 없다"라고 하여 일사부재의 원칙을 명시하고 있다(동법 제92조). 일사부재의 원칙은 의사방해 등을 막고 국회활동의 경제성, 효율성을 가져오기 위한 것이다. 일사부재의 원칙은 다음과 같은 내용을 가진다. ① 시간적으로 하나의 회기에서만 적용된다. 따라서 부결된 안건도 다음 회기에서는 다룰 수 있다. ② 부결된 안건을 다시 제출할 수 없다는 것이고 가결된 사안에 대해서는 적용되지 않는다. ③ 위원회에서 부결된 사안이라 하더라도 본회의에서 번복하여 달리 결정하는 것은 일사부재의 원칙에 반하지 않는다.

2009년 방송법 등 미디어법 파동사건에서 일사부재의 원칙에 위배되었다고 본 예가 있었음은 위의 정족수 부분에서 살펴보았다(전술 2009헌라8).

6. 심의(질의·토론)·발언·표결·질문제도

(1) 심의(질의·토론·무제한 토론 등)
1) 절차

심의가 의회의 본질적 임무이고 심의의 충실성이 입법이나 정책결정의 질에 영향을 미치므로 의원들의 질의, 토론이 이루어지는 심의가 중요한 의사과정임은 물론이다. 위원회와 본회의 각각에서의 심의절차를 살펴볼 일이나 여기서 본회의에 대해서 보면, 본회의는 안건을 심의함에 있어서 그 안건을 심사한 위원장의 심사보고를 듣고 질의·토론을 거쳐 표결한다. 다만, 위원회의 심사를 거치지 아니한 안건에 대하여는 제안자가 그 취지를 설명하여야 하고, 위원회의 심사를 거친 안건에 대하여는 의결로 질의와 토론을 모두 생략하거나 그 중 하나를 생략할 수 있다(동법 제93조). ① 의원의 심의·표결권 침해를 인정한 예 – 헌재는 이른바 미디어법결정에서 신문법안에 대한 질의·토론기회를 주지 않은 것은 의원들의 심의·표결권을 침해한 것이라고 결정한 바 있다(2009헌라8. 앞서 본 결정이다). 또 반대토론을 허가하지 않고 토론절차를 생략하기 위한 의결을 거치지도 않은 채 표결절차를 진행하여 가결을 선포한 행위는 국회법 제93조를 위배하여 국회의원의 법률안 심의·표결권을 침해한 것이라고 결정한 바 있다(2009헌라7). 그러나 위 두 결정에서 가결행위를 무효로 선언하지는 않았다. ② 상임위원회를 거치지 않은 안건에 대해 본회의에서 취지설명이 있어야 하는데 헌재 판례는 그 취지설명의 방식에는 제한이 없고, 제안자의 구두설명이 아니라도 서면이나 컴퓨터 단말기에 의한 설명 등으로 대체할 수 있다고 한다(2004헌나1; 2006헌라2; 2010헌라6). ③ 위 국회법규정에 따르면 상임위원회의 심사를 거치지 않은 안건에 대해서는 본회의에서의 질의·토론을 생략할 수 없다. 그런데 질의와 토론 절차 모두 생략된 채 표결절차에 바로 나아간 의장의 행위에 대해 헌재는 심의과정에서 서면으로든 구두로든 미리 질의·토론을 신청할 수 있는 기회가 충분하였음에도 신청이 없었다면 곧바로 표결절차로 진행하였더라도 국회법 제93조에 위반된다고 볼 수 없다고 하여 청구를 기각한 예가 있었다(2010헌라6).

2) 무제한토론제

첨예한 쟁점 안건을 심의하는 과정에서 물리적 충돌을 방지하고 대화와 타협을 통한 심의, 소수의견 개진기회를 보장하기 위해 시간의 제한을 받지 않는 무제한 토론제가 있다(이른바 국회선진화제도로서 재도입된 것이라고 하는데 이에 대해서는, 무제한 토론제가 본회의에서 이루어지므로 뒤의 본회의 의사절차 부분에서 살펴본다. 후술 참조).

(2) 발언

의원이 발언하려고 할 때에는 미리 의장에게 통지하여 허가를 받아야 하고 발언통지를 하지 아니한 의원은 통지를 한 의원의 발언이 끝난 다음 의장의 허가를 받아 발언할 수 있다(동법 제99조 제1항·제2항). 의제 외 발언이 금지되고(동법 제102조), 발언횟수의 제한(동법 제103조)이 있다. 5분자유발언제도(동법 제105조)도 있다.

(3) 표결

1) 자유표결(교차표결) 원칙

헌법 제45조는 국회의원은 국회에서 직무상 행한 표결에 관하여 국회 외에서 책임을 지지 아니한다고 규정하고 있다. 국회법은 "의원은 국민의 대표자로서 소속정당의 의사에 기속되지 아니하고 양심에 따라 투표한다"라고 하여(동법 제114조의2) 자유투표(자율투표, 교차투표(cross voting), 소신표결) 원칙을 규정하고 있다.

2) 회의장 참석 표결 원칙 및 의사변경금지의 원칙

ⅰ) 표결을 할 때 회의장에 있지 아니한 의원은 표결에 참가할 수 없다. 다만, 기명투표 또는 무기명투표로 표결할 때에는 투표함이 폐쇄될 때까지 표결에 참가할 수 있다(동법 제111조 제1항). 이 회의장 참석 표결 원칙의 예외가 원격영상회의(본회의에만, 한시적 적용)에서의 표결의 경우 인정된다(동법 제73조의2 제4항). ⅱ) 의원은 표결에 대하여 표시한 의사를 변경할 수 없다(동법 동조 제2항).

3) 표결의 방식·절차

(가) 기록표결 - 전자투표

국회에서의 표결절차는 원칙적으로 기록표결로 이루어진다. 기록표결의 방법은 전자투표에 의한다. 즉 국회법 제112조 제1항은 표결방법으로서 "표결할 때에는 전자투표에 의한 기록표결로 가부를 결정한다"라고 규정하고 있다. 이처럼 전자투표를 하는 경우 재적의원 5분의 1 이상의 요구가 있을 때에는 전자적인 방법 등을 통하여 정당한 투표권자임을 확인한 후 실시한다(동법 제112조 제8항). 이는 이른바 미디어법 파동에서 보았듯이 표결과정 중 특별한 사정 등에 의하여 표결 결과의 신뢰성에 대하여 논란이 발생하는 경우가 있었으므로 이를 막고자 신설된 것이다.

(나) 기명, 호명, 무기명 등 기타의 방법

중요한 안건으로서 의장의 제의 또는 의원의 동의로 본회의의 의결이 있거나 재적의원 5분의 1 이상의 요구가 있을 때에는 기명·호명 또는 무기명투표로 표결한다(동법 동조 제2항). 의장은 안건에 대한 이의의 유무를 물어서 이의가 없다고 인정한 때에는 가결되었음을 선포할 수 있으나 이의가 있을 때에는 전자투표, 기명·호명 또는 무기명투표의 방법으로 표결하여야 한다 (동법 동조 제3항. * 이의유무 물어 의결한 데 대한 권한침해 부정의 결정들: 99헌라1; 99헌라2).

　기명투표로 표결하는 경우로는 헌법개정안에 대한 표결이 있고(동법 동조 제4항), 무기명투표로 표결하는 경우로는 대통령으로부터 환부된 법률안과 그 밖에 인사에 관한 안건, 국회에서 실시하는 각종 선거, 국무총리·국무위원에 대한 해임건의안에 대한 표결이 있다(동법 동조 제5·6·7항). 이러한 기명, 무기명투표의 결과를 집계하는 시간이 과다하게 소요되는 것을 막기 위해 기명 또는 무기명투표를 전자장치를 이용하여 실시할 수 있도록 하되 각 교섭단체대표의원과 합의를 하는 경우에 그렇게 실시할 수 있도록 하고 있다(동법 동조 제9항).

표결방식			적용사유	
"원칙" 기록표결 (전자투표)	예외	표결할 때에는 전자투표에 의한 기록표결로 가부를 결정한다(국회법 §112① 본문).	예외	투표기기의 고장 등 특별한 사정이 있을 때에는 기립표결로, 기립표결이 어려운 의원이 있는 경우에는 의장의 허가를 받아 본인의 의사표시를 할 수 있는 방법에 의한 표결로 가부를 결정할 수 있다(국회법 §112① 단서).
				중요한 안건으로 의장의 제의 또는 의원의 동의로 본회의 의결이 있거나 재적의원 5분의 1 이상의 요구가 있을 때에는 기명·전자·호명 또는 무기명투표로 표결할 수 있다(국회법 §112②).
기명투표			① 헌법개정안의 의결(국회법 §112④) ② 중요한 안건으로서 의장의 제의 또는 의원의 동의로 본회의의 의결이 있거나 재적의원　5분의 1 이상의 요구가 있을 때(국회법 §112②)	
무기명투표			① 중요한 안건으로서 의장의 제의 또는 의원의 동의로 본회의의 의결이 있거나 재적의원　5분의 1 이상의 요구가 있을 때(국회법 §112②) ② 대통령이 환부한 법률안(국회법 §112⑤) ③ 인사에 관한 안건(국회법 §112⑤) ④ 국회에서 실시하는 각종 선거(국회법 §112⑥) ⑤ 국무총리 또는 국무위원 해임건의(국회법 §112⑦) ⑥ 탄핵소추 의결(국회법 §130②)	
호명투표			중요한 안건으로 의장의 제의 또는 의원의 동의로 본회의 의결이 있거나 재적의원 5분의 1 이상의 요구가 있을 때(국회법 §112②)	
거수투표			위원회에서도 표결방법은 본회의 규정을 준용하나, 예외적으로 거수로 표결할 수 있다(국회법 §71조).	
기립투표			투표기기의 고장 등 특별한 사정이 있을 때(국회법 §112① 단서. 기립표결이 어려운 의원이 있는 경우에는 의장의 허가를 받아 본인의 의사표시를 할 수 있는 방법에 의한 표결로 가부결정). 실무에서 상임위원회에서는 통상 기립표결로 하고 있다고 함.	

□ 국회에서의 표결방식

(4) 질문제도

　[성격·기능] 질문제도는 정부 등에 대한 추궁, 통제제도로서의 기능을 가지는 것은 물론이나 의원들의 정보수집기능을 수행하기도 한다. 또한 국민의 알 권리를 국민대표자인 국회의원이 대신 실현하는 기능을 하기도 한다.

　[구두질문·서면질문] 구두질문은 회의장에 출석하여 의문사항을 말로써 묻는 방식의 질문

이고 서면질문은 문서에 의문사항을 기재하여 답변을 요구하는 방식의 질문이다. 구두질문은 즉석에서 보충적 질문을 할 수 있다는 장점이 있다. 서면질문은 명확하고 정리된 문건에 의한 이성적이고 조리 있는 질문을 가능하게 하여 시간절약과 질문의 집약성 등의 장점이 있다.

[대정부질문] 대정부질문을 통해 국회의 국정에 대한 통제가 이루어진다. 본회의는 회기 중 기간을 정하여 국정전반 또는 국정의 특정분야를 대상으로 정부에 대하여 질문을 할 수 있다(동법 제122조의2 제1항). 이 대정부질문은 일문일답의 방식으로 한다(동법 제122조의2 제2항). 정부에 대한 서면질문제도도 있다. 의원이 정부에 서면으로 질문하려고 할 때에는 질문서를 의장에게 제출하여야 하고 의장은 지체없이 정부에 이송하며 정부는 질문서를 받은 날로부터 10일 이내에 서면으로 답변하여야 한다(동법 제122조 제1·2·3항).

[긴급현안질문] 의원이 회기 중 현안이 되고 있는 중요한 사항을 대상으로 정부에 대하여 하는 질문을 긴급현안질문이라고 한다(동법 제122조의3). 갑자기 발생한 중요한 사안에 대해 적기에 진상파악과 정부의 대책 촉구 등을 하기 위한 질문제도이다. 긴급현안질문 요구는 의원 20명 이상의 찬성으로 할 수 있다(동법 동조 제1항).

III. 위원회에서의 의사절차(議事節次)

* 유의: ⅰ) 위원회의 의사절차는 국회법 제5장에 주로 규정되어 있는데 국회법 제71조 본문은 "위원회에 관하여는 이 장에서 규정한 사항 외에 제6장과 제7장의 규정을 준용한다"라고 하여 본회의 절차를 상당히 준용하게 된다. 따라서 다음 항에서 다루는 '본회의의 의사절차'와 중복되는 면이 있고 또 위에서 살펴본 국회의 의사절차, 의사의 주요 원칙이 위원회에도 많이 적용되어 역시 중복되는 면이 있다. 그러나 우리 국회활동에서 '상임위원회중심주의'라고 일컬어지는 것처럼 상임위원회 의사활동이 중요하여 여기서 위원회의 의사절차에 대해 따로 살펴본다. ⅱ) 법률안심사절차(후술 국회의 권한, 법률제정권 부분)에서도 다소 중복감이 있어도 위와 같은 이유로 상임위 중심으로 살피게 된다.

1. 위원회의 개회

(1) 개회요건
위원회는 본회의의 의결이 있거나 의장 또는 위원장이 필요하다고 인정할 때, 재적위원 4분의 1 이상의 요구가 있을 때에 개회한다(동법 제52조).

(2) 폐회 중 상임위원회의 정례회의의 폐지
국회법은 종래 상임위원회(국회운영위원회를 제외한 상임위원회)는 폐회 중 최소한 월 2회 정례적으로 개회(다만, 정보위원회는 최소한 월 1회)하도록 의무화하고 있었다(구 동법 제53조 제1항). 그러나 2020.12.22. 위 규정을 폐지하였고, 위 개정법은 2021.3.23. 시행되었다.

(3) 개의 · 의사정족수(開議·議事定足數)

위원회는 재적위원 5분의 1 이상의 출석으로 개회한다(동법 제54조). 소수의 요구로도 개의가 가능하게 5분의 1 이상으로 하고 있다.

(4) 본회의 중 위원회 개회의 금지

위원회는 본회의의 의결이 있거나 의장이 필요하다고 인정하여 각 교섭단체대표의원과 협의한 경우를 제외하고는 본회의 중에는 개회할 수 없다. 다만, 국회운영위원회는 그러하지 아니하다(동법 제56조).

2. 의결정족수

위원회는 재적위원 과반수의 출석과 출석위원 과반수의 찬성으로 의결한다(동법 제54조). 다음의 점들을 유의하여야 한다. ① 헌법상 특별 가중정족수를 규정하여 본회의에서의 최종결정에 그 특별 가중정족수로 의결하여야 할 경우라도 위원회 단계의 의결에서는 국회법에 특별한 규정이 없는 한 위 일반정족수, 즉 재적위원 과반수의 출석과 출석위원 과반수의 찬성으로 의결한다. 국회법상 위원회에서의 특별 가중정족수로서는 위원회에 있어서의 번안동의는 재적위원 과반수의 출석과 출석위원 3분의 2 이상의 찬성으로 의결하도록 한 규정을 들 수 있다(국회법 제91조 제2항). ② 위원장도 표결권을 가진다. 가부동수인 경우에는 부결된 것으로 본다(제49조 후문). 즉 위원장은 결선표결(casting vote)권을 가지지 않는다.

3. 의사의 공개

(1) 원칙

국회의 회의는 공개한다(제50조). 위원회도 국회의 회의이므로 공개대상이다. 국회법도 본회의의 공개원칙규정(국회법 제75조)이 위원회에 준용되도록 하고 있다(국회법 제71조). 헌재도 "위 헌법조항은 단순한 행정적 회의를 제외하고 국회의 헌법적 기능과 관련된 모든 회의는 원칙적으로 국민에게 공개되어야 함을 천명한 것이다. 오늘날 국회기능의 중점이 본회의에서 위원회로 옮겨져 위원회중심주의로 운영되고 있고, 법안 등의 의안에 대한 실질적인 심의가 위원회에서 이루어지고 있음은 주지의 사실인바, 헌법 제50조 제1항이 천명하고 있는 의사공개의 원칙은 위원회의 회의에도 당연히 적용되는 것으로 보아야 한다"라고 한다.[3]

[판례] 상임위원회에서 의사공개원칙 위배를 인정하여 권한침해로 인정한 결정례가 있었다. 헌재 2010.12.28. 2008헌라7등. * 앞의 의사절차 일반의 의사공개원칙에서 인용함.

(2) 방청

의사공개원칙은 일반 국민들이 의사진행을 참관할 수 있도록 그 방청을 인정하게 한다. 현행 국회법은 허가제로 운영하도록 하고 있다. 즉 위원회에서는 의원이 아닌 자는 위원장의 허가를 받아 방청할 수 있고, 위원장은 질서를 유지하기 위하여 필요한 때에는 방청인의 퇴장을 명할 수 있다(국회법 제55조).

[판례] 위원회 방청에 있어서 위원장의 허가를 받도록 한 위 국회법규정에 대해 위헌논란이 있었으나 헌법재판소는 합헌이라고 보면서, 다만 위원장에게 아무런 사유의 제한없이 방청을 불허할 수 있는 재량권을 부여한 것으로 풀이한다면 헌법과 국회법에서 정한 위원회공개의 원칙이 공동화되어 부당하므로 불허사유를 설정하고 있다. 즉 헌법재판소는 그 불허사유란 "회의장의 장소적 제약으로 불가피한 경우, 회의의 원활한 진행을 위하여 필요한 경우 등 결국 회의의 질서유지를 위하여 필요한 경우"로 제한된다고 한다. 그러면서도 방청불허를 할 수 있는 사유 자체는 제한적이지만 그러한 사유가 구비되었는지에 관한 판단, 즉 회의의 질서유지를 위하여 방청을 금지할 필요성이 있는지에 관한 판단은 국회의 자율권 존중의 차원에서 위원장에게 폭넓은 판단재량을 인정하여야 할 것이라고 본다.

이러한 입장에 입각하여 헌법재판소는, 예산안의 내용을 결정하는 국회예산결산특별위원회 계수조정소위원회의 방청을 시민단체에 대해 불허한 것은 알 권리, 재산권의 위헌적인 침해라고 하는 주장을, 그리고 국회 상임위원회의 국정감사활동에 대한 시민단체의 방청을 불허한 행위가 헌법 제50조의 의사공개의 원칙으로부터 파생되는 방청의 자유 및 국회의원의 의정활동에 대한 국민의 감시와 비판의 자유를 침해하는 위헌적인 행위라는 주장을 "이 사건 계수조정소위원회를 비공개로 진행한 것은 헌법이 설정한 국회 의사자율권의 범위를 벗어난 것이라 할 수 없고", 국감방청불허행위 사유가 "헌법재판소가 관여하여야 할 정도로 명백히 이유없는 자의적인 것이라고는 보이지 아니한다"라고 하여 받아들이지 않았다. 헌재는 이 사안에서 계수조정위원회의 방청불허결정에 대해서는 공개로 허심탄회한 심의가 어렵고 비공개가 관행이었다는 위원회의 주장을, 그리고 국정감사 방청불허결정에 대해서는 방청한 시민단체의 의원평가가 의원의 명예에 대한 심각한 훼손의 우려가 있어 원만한 회의진행이 어렵기에 불허결정이 타당하다는 등의 위원회 주장을 타당하다고 받아들여 위와 같은 결론을 내리고 있다.[4] 그러나 공개라고 하여 허심탄회한 의원들의 토론이 어렵다는 것은 법리적으로 이해가 어렵고(예산의 경우 이해관계자가 많아서 그렇다고 하나 예산이 아닌 일반 법률의 경우도 그러할 수 있으므로 이해가

---

3) 헌재 2000.6.29. 98헌마443.

4) 국회예산결산특별위원회 계수조정소위원회 방청허가불허 위헌확인, 국회상임위원회 방청불허행위 위헌확인 등, 헌재 2000.6.29. 98헌마443 등.

어렵다) 국정감사에서의 의원활동의 평가가 의원의 명예에 대한 심각한 훼손의 우려가 있다고 하나 국정감사에서의 의원의 활동은 아닌 공적 임무수행의 영역이므로 개인의 인격권 문제인 명예 문제를 거론하기에 적합지 않아 타당한 판례라고 보기 힘들다.

(3) 예외 - 비공개

국회의 회의는 출석의원 과반수의 찬성이 있거나 의장이 국가의 안전보장을 위하여 필요하다고 인정할 때에는 공개하지 아니할 수 있다(제50조 제1항 단서). 이러한 예외로서 정보위원회에 대한 특례를 들 수 있었는데 구 국회법 제54조의2 제1항 본문은 "정보위원회의 회의는 공개하지 아니한다"라고 규정하고 있었다. [위헌결정] 그러나 헌재는 이 규정이 위헌이라고 결정하였다. 즉 "헌법 제50조 제1항 단서가 정하고 있는 회의의 비공개를 위한 절차나 사유는 그 문언이 매우 구체적이어서, 이에 대한 예외도 엄격하게 인정되어야 한다. 따라서 헌법 제50조 제1항으로부터 일체의 공개를 불허하는 절대적인 비공개가 허용된다고 볼 수는 없는바, 특정한 내용의 국회의 회의나 특정 위원회의 회의를 일률적으로 비공개한다고 정하면서 공개의 여지를 차단하는 것은 헌법 제50조 제1항에 부합하지 아니한다." "심판대상조항은 정보위원회의 회의 일체를 비공개하도록 정함으로써 정보위원회 활동에 대한 국민의 감시와 견제를 사실상 불가능하게 하고 있다. 또한 헌법 제50조 제1항 단서에서 정하고 있는 비공개사유는 각 회의마다 충족되어야 하는 요건으로 입법과정에서 재적의원 과반수의 출석과 출석의원 과반수의 찬성으로 의결되었다는 사실만으로 헌법 제50조 제1항 단서의 '출석위원 과반수의 찬성'이라는 요건이 충족되었다고 볼 수도 없다. 따라서 심판대상조항은 헌법 제50조 제1항에 위배되는 것으로 청구인들의 알 권리를 침해한다"라고 판시하였다.

다만, 정보위원회에서 공청회 또는 국가정보원장에 대한 인사청문회를 실시하는 경우에는 위원회의 의결로 이를 공개할 수 있다(동조 동항 단서). 정보위원회의 위원 및 소속공무원은 직무수행상 알게 된 국가기밀에 속하는 사항을 공개하거나 타인에게 누설하여서는 아니 된다(동법 제54조의2). 헌재는 위에서 본 대로 국회의 자율권에 따른 불허(방청금지) 여부에 대한 판단의 재량을 이유로 국회예산결산특별위원회 계수조정소위원회의 방청, 상임위원회의 국정감사활동에 대한 시민단체의 방청을 불허한 행위가 위헌적인 공권력의 행사라고 할 수는 없다고 보았다.

위원장은 의원으로부터 비공개회의록 기타 비밀참고자료의 열람의 요구가 있을 때에는 심사·감사 또는 조사에 지장이 없는 한 이를 허용하여야 한다. 그러나 국회 밖으로는 대출하지 못한다(동법 제62조).

4. 안건심사의 개시와 절차

(1) 활동의 시작 - 의원의 '발의', 정부의 '제출'

위원회의 주된 활동은 의원이 의안을 발의하거나 정부가 법률안, 예산안을 제출하여 의장이 회부할 때 시작된다. 의원의 경우 '발의'라고 하고 정부의 경우 '제출'이라고 한다. 상임위원회의 경우 '제출'이라고 한다.

[의원의 발의, 본회의 보고, 상임위 회부] 의원은 10인 이상의 찬성으로 의안을 발의할 수 있고 의안을 발의하는 의원은 그 안을 갖추고 이유를 붙여 소정의 찬성자와 연서하여 이를 의장에게 제출하여야 한다(동법 제79조 제1·2항). 의장은 의안이 발의 또는 제출된 때에는 이를 인쇄하거나 전산망에 입력하는 방법으로 의원에게 배부하고 본회의에 보고하며, 소관상임위원회에 회부한다(제81조 제1항).

[위원회 제출] 위원회도 그 소관에 속하는 사항에 관하여 법률안 기타 의안을 위원장이 제출자가 되어 제출할 수 있다(동법 제51조). 그런데 위원회에서 제출한 의안은 다시 그 위원회에 회부하지 아니한다(동법 제88조 본문). 이는 위원회에서 이미 충분히 심의한 결과물인 위원회 제출의 의안을 다시 그 위원회가 심사하도록 하는 것은 아무 의미가 없다고 보기 때문이다(본회의 심의 중에 위원회가 다시 심사하게 할 필요가 있으면 본회의 의결로 재회부가 가능함. 동법 제94조). 다만, 의장은 국회운영위원회의 의결에 따라 이를 다른 위원회에 회부할 수 있다(동법 제88조 단서).

(2) 안건심사절차 개관

안건에 대한 심사가 위원회에서의 의사과정의 핵심이다. 위원회의 심사에 있어 전반적 진행과정을 보면, 먼저 그 취지의 설명과 전문위원의 검토보고를 듣고 대체토론과 축조심사 및 찬반토론을 거쳐 표결한다(국회법 제58조 제1항).

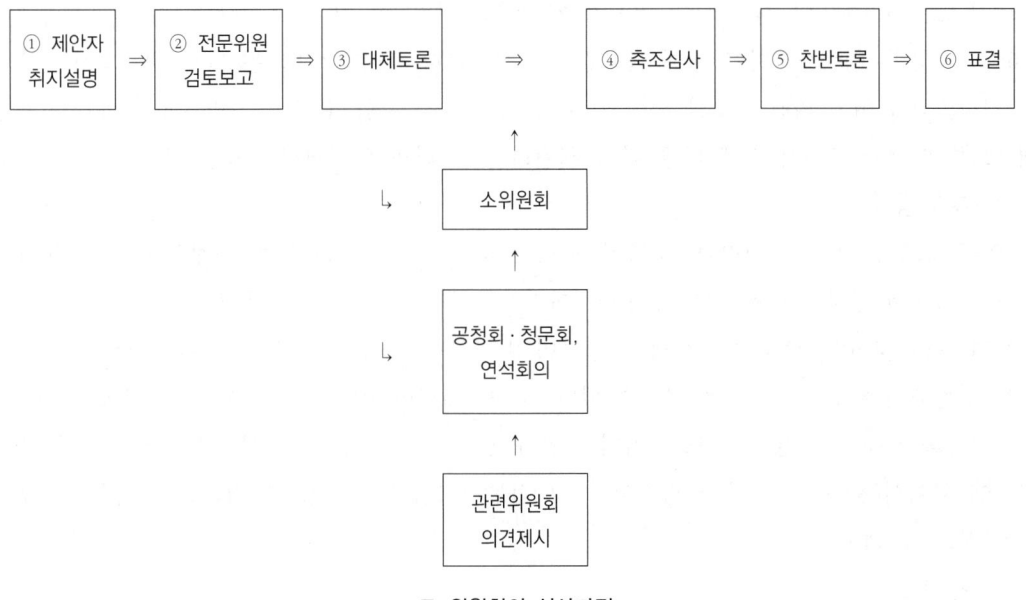

□ **위원회의 심사과정**

(3) 안건심사의 개별 절차
1) 제안자의 취지설명과 전문위원의 검토보고

의안을 발의한 의원이 그 취지를 설명함으로써 의안심사가 시작되고 그 설명을 통해 위원들의 이해를 이끌어내게 된다. 의안심사가 다음으로 전문위원의 검토보고는 제안이유, 문제점, 심의사항 등을 보고함으로써 의원들의 심사에 필요한 기초정보 등을 제공하여 심사의 효율성을 도모하고자 하는 것이다. 전문위원의 검토보고서는 특별한 사정이 없는 한 당해 안건의 위원회상정일 48시간 전까지 소속위원에게 배부되어야 한다(동법 동조 제9항). 참조시간을 부여하기 위한 것이다.

2) 대체토론

대체토론(大體討論)이란 안건 전체에 대한 문제점과 당부에 관한 일반적 토론을 말하며 제안자와의 질의·답변을 포함한다.

3) 소위원회 회부

대체토론 이후 상임위원회는 상설소위원회에 회부하여 이를 심사·보고하도록 하고, 필요한 경우 특정한 안건의 심사를 위한 비상설소위원회에 이를 회부할 수 있다(동법 동조 제2항). 위원회가 안건을 소위원회에 회부하고자 하는 때에는 대체토론이 끝난 후가 아니면 회부할 수 없다(동법 동조 제3항).

4) 공청회·청문회, 연석회의, 관련 위원회 의견제시 등

대체토론 이후 축조심사에 들어가기 전에 공청회나 청문회를 개최하기도 하여 다양한 의견을 수렴하고 정보를 제공받는다. 제정법률안 및 전부개정법률안에 대하여는 공청회 또는 청문회를 필요적으로 개최하여야 하는데 이 필요적 경우에도 위원회의 의결로 생략할 수 있다(동법 동조 제6항). 공청회·청문회절차에 대해서는 별도로 살펴본다. 관련 위원회는 다른 위원회와 협의하여 연석회의를 열고 의견을 교환할 수 있다. 그러나 표결은 할 수 없다(동법 제63조 제1항). 또한 대체토론 이후 축조심사 전에 다른 관련 위원회들로부터의 의견제시도 받을 수 있다.

5) 축조심사

이후 축조심사가 이루어진다. 축조심사(逐條審査)란 의안의 조항들을 차례로 한 조항씩 쫓아서 낭독하면서 심사를 하는 것을 말한다. 개별적인 심도있는 심사를 통해 입법의 충실도를 담보하기 위한 것이다. 축조심사 중에 수정안이 발의되면 이에 대한 심사도 이루어진다. 축조심사는 위원회의 의결로 이를 생략할 수 있다. 다만, 제정법률안 및 전부개정법률안에 대하여는 축조심사를 생략할 수 없고 반드시 거쳐야 한다(동법 동조 제5항). 법제사법위원회의 체계·자구심사에 있어서는 축조심사를 제정법률안 및 전부개정법률안의 경우일지라도 생략할 수 있다(동법 동조 제10항).

6) 찬반토론

축조심사가 완료되면 찬반토론을 실시한다. 찬반토론이란 특정한 의제에 대해 찬성과 반대의

의견을 표명하면서 의견을 교환하는 것을 말한다. 찬반토론은 찬성과 반대의 의사표시를 하여야 한다는 점에서 안건 전체에 대한 문제점이나 당부에 관한 의견표명인 대체토론과 다르다.

7) 표결

찬반토론이 종결되면 표결에 들어간다. 의결정족수에 대해서는 앞서 살펴보았다. 표결방법은 본회의에서와 같이 기록표결(전자투표)을 원칙으로 하고 예외적으로 기명, 호명, 무기명 등을 행하나 국회법은 상임위원회의 인원이 소수임으로 고려하여 거수로 표결할 수 있도록 하고 있다(동법 제71조 단서). [판례] 위원회에서의 다수결원칙을 위배하여 의원의 심의권침해를 확인한 예로는 위에서 인용한 한미 FTA 비준동의안 사건 결정이 있었다(2008헌라7).

(4) 안건조정, 신속처리를 위한 제도, 위원회의 해임 등

이에 관해서는 법률안심사절차에서 함께 자세히 살펴본다(후술 참조).

(5) 법안심사절차

상임위원회가 법안심사의 핵심역할을 수행한다. 상임위에서의 법안심사절차도 위 의안심사절차에 따른다. 법률안심사절차는 국회 입법권이 국회권한의 핵심이므로 후술하는 국회입법권부분에서 별도로 자세히 다룬다.

5. 상임위원회의 심사보고서와 보고

(1) 의의(중요성)

위원회는 안건의 심사를 마친 때에는 심사경과와 결과 기타 필요한 사항을 서면으로 의장에게 보고하여야 한다(동법 제66조 제1항). 이 심사보고서는 오늘날 상임위원회 중심주의하에서 본회의에서 안건을 충분히 다룰 수 없으므로 상임위원회에서의 심사내용을 알린다는 의미에서 의원에 대한 정보의 의미를 가질 뿐 아니라 본회의의 심의를 위한 가장 중요한 기초자료로서의 의미를 가진다. 위원회의 심사를 거치지 아니한 안건에 대하여는 제안자가 그 취지를 설명하여야 하고, 위원회의 심사를 거친 안건에 대하여는 의결로 질의와 토론 또는 그중의 하나를 생략할 수 있으므로(동법 제93조 단서) 이러한 경우에 심사보고서는 더욱 중요한 기능을 한다.

(2) 내용

심사경과를 담아야 하므로 실무상 제안취지 설명의 요지, 전문위원 검토보고, 대체토론·축조심사·찬반토론·수정안 등의 요지, 소위원회심사내용, 심사결과 등을 담아야 한다. 기타 필요한 사항으로는 연석회의, 공청회, 청문회 등을 개최한 경우에 그 결과 등을 담게 된다. 또한 국회법은 심사보고서에는 소수의견의 요지 및 관련위원회의 의견요지를 기재하여야 한다고 규정하고 있다(동법 제66조 제2항). 소수의견을 기재하도록 한 것은 상임위에서의 의결과 달리 본회의에서 다수의 지지를 받을 수도 있을 것이기 때문이다. 안건이 예산 또는 기금상의 조치를 수반하고 위원회에서 수정된 경우에는 심사보고서에 그 안건의 시행에 수반될 것으로 예상되는 비용에 대하여 국회예산정책처가 작성한 추계서를 첨부하여야 한다. 다만, 긴급한 사유가 있는 경우 위원회의 의결로 이를 생략할 수 있다(동법 동조 제3항). 전반적으로 심사보고서에 담을 내용은 해당 상임위원회에 참여하지 않은 의원이라도 보고서의 열람으로 자신의 의견을 결정할 수 있을 정도의 자료가 담겨질 것이 요구된다고 할 것이다.

(3) 배부

의장은 보고서가 제출된 때에는 본회의에서 의제가 되기 전에 인쇄하거나 전산망에 입력하는 방법으로 의원에게 배부한다. 다만, 긴급을 요할 때에는 이를 생략할 수 있다(동법 동조 제4항).

(4) 위원장의 본회의 보고

위원장은 소관위원회에서 심사를 마친 안건이 본회의에서 의제가 된 때에는 위원회의 심사경과 및 결과와 소수의견 및 관련위원회의 의견등 필요한 사항을 본회의에 보고한다(동법 제67조 제1항).

6. 위원회에서의 발언·질의제도

위원은 위원회에서 동일의제에 대하여 횟수 및 시간 등에 제한없이 발언할 수 있다. 다만, 위원장은 발언을 원하는 위원이 2명 이상일 경우에는 간사와 협의하여 15분의 범위 안에서 각 위원의 첫번째 발언시간을 균등하게 정하여야 한다(동법 제60조 제1항). 위원회는 안건에 관하여 위원 아닌 의원의 발언을 들을 수 있다(동법 제61조).

위원회에서의 질의는 일문일답의 방식으로 한다. 다만, 위원회의 의결이 있는 경우 일괄질의의 방식으로 할 수 있다(동법 제60조 제2항).

7. 동의, 의안·동의의 철회, 번안, 대안

(1) 동의

동의(動議)란 의안의 발의가 아니라 회의의 도중에 심의대상 안건과는 별도로 의제를 제안하는 것을 말한다. 예를 들어 회기나 개의시각을 변경하자는 동의와 같이 회의의 진행에 관한 동의, 소위원회를 설치하여 심의하자는 동의, 국무위원의 출석을 요구하는 동의, 공청회를 개최하자는 동의 등이다. 동의는 동의자 외 1명 이상의 찬성으로 의제가 되는데 국회법에 특별히 다수의 찬성자를 요하는 다른 규정이 있는 경우에는 다수의 찬성을 요하나(국회법 제89조) 위원회의 동의의 경우에는 이러한 때에도(즉 특별히 다수의 찬성자를 요하는 규정이 있는 때에도) 동의자 외 1명 이상의 찬성으로 의제가 될 수 있다(동법 제71조 단서).

(2) 의안·동의의 철회

의원은 그가 발의한 의안 또는 동의를 철회할 수 있다. 다만, 2인 이상의 의원이 공동으로 발의한 의안 또는 동의에 대하여는 발의의원 2분의 1 이상이 철회의사를 표시하는 때에 철회할 수 있다(동법 제90조 제1항). 그러나 의원이 위원회에서 의제가 된 의안 또는 동의를 철회할 때에는 위원회의 동의를 얻어야 하고, 정부가 본회의 또는 위원회에서 의제가 된 정부제출의 의안을 수정 또는 철회할 때에는 위원회의 동의를 얻어야 한다(동법 제90조 제2·3항).

(3) 번안동의(飜案動議)

번안동의란 이미 가결된 의안을 가결 이후 의사과정에서 명확히 착오가 있거나 사정이 변경되어 이를 다시 심의하기 위하여 가결된 의안을 무효로 하고 그 의안의 내용을 번복하여 다른 내용을 심의할 것을 요구하는 동의를 말한다. 번안동의는 이미 과반수 찬성으로 의결된 것을 다시 번복하는 것이므로 엄격한 요건하에서만 인정하여야 한다. 그러므로 국회법은 위원회에 있어서의 번안동의는 위원의 동의로 그 안을 갖춘 서면으로 제출하되, 재적위원 과반수의 출석과 출석위원 3분의 2 이상의 찬성으로 의결하도록 하고 있다. 그러나 본회의에 의제가 된 후에는 번안할 수 없다(국회법 제91조 제2항). 이는 본회의가 심의하는 도중에 위원회에서의 의결과 다른 내용을 의결할 여지가 있으므로 위원회에서의 번안이 의미가 없다고 보기 때문이다.

(4) 대안

대안이란 원안과 그 대상이나 취지에 있어서 같으나 그 내용을 대체하는 의안을 말한다. 의원, 위원회 모두 제출할 수 있다. 의안에 대한 대안은 위원회에서 그 원안을 심사하는 동안에 제출하여야 하며, 의장은 이를 그 위원회에 회부한다(동법 제95조 제4항).

8. 공청회

(1) 공청회의 개념과 기능

국회의 공청회란 많은 이해관계인들이 관심을 가지는 중요한 안건이어서 다양한 의견을 폭넓게 수렴할 필요가 있거나 안건이 전문적 지식에 대한 이해를 요구하는 사안이어서 이해관계인들 또는 관련 학식과 경험을 지닌 전문가들의 의견을 청취하고 수렴하기 위해 국회의 위원회가 개최하는 회의를 말한다. 다양한 의사의 반영과 전문적 지식의 이해를 바탕으로 한 입법이나 의안해결을 가져오게 하여 ① 의회주의의 요소인 다원주의를 실현하게 하고, ② 충실한 입법이나 의안해결을 도모할 수 있도록 한다. ③ 공청회를 통하여 국회의 의안에 대한 국민의 관심과 인식을 제고하여 국민의 알 권리를 신장하는 기능을 수행하고, ④ 이해관계인들이 대립될 때 공청회를 통해 이익충돌에 대한 조절을 시도하는 등의 기능도 기대할 수 있다.

(2) 실시주체
국회에서의 공청회는 본회의가 개최권을 가지지 않고 상임위원회와 특별위원회에서 개최하는데 소위원회도 개최할 수 있다(국회법 제64조 제1항).

(3) 개최요건
아래에 볼 필수적 공청회사항의 경우 그 개최요건이 없이 당연히 공청회가 개최되어야 한다. 임의적 공청회사항의 경우 위원회의 의결 또는 재적위원 3분의 1 이상의 요구가 있어야 한다.

(4) 공청회 사항
1) 필수적 사항
현행 국회법상 2가지이다.

① 제정법률안, 전부개정법률안에 대한 필수적 공청회 위원회는 제정법률안 및 전부개정법률안에 대하여는 공청회를 개최하여야 한다. 다만, 위원회의 의결로 이를 생략할 수 있다(동법 제58조 제6항, 제64조 제1항 단서). 새로이 제정하거나 기존의 법률을 전부 변경하는 전부개정법률안은 그 중요성이나 영향이 크다는 점에서 공개적인 의견의 수렴이 더욱 요구되기에 공청회의 필수적 대상으로 규정한 것이다.

② 예산안·기금운용계획안 및 결산에 대한 필수적 공청회 예산결산특별위원회는 예산안·기금운용계획안 및 결산에 대하여 공청회를 개최하여야 한다. 다만, 추가경정예산안·기금운용계획변경안 또는 결산의 경우에는 위원회의 의결로 이를 생략할 수 있다(국회법 제84조의3).

이처럼 위원회의 의결로 이를 생략할 수 있는 예외를 두어 예외가 남용되면 필수적 공청회의 실제성이 반감된다.

2) 임의적 사항
위 사항들 외 안건들은 임의적 공청회 대상이다. 그렇다고 하여 위 사항 외에 임의적 공청회가 무조건 열리는 것은 아니고 일정한 목적과 정족수를 갖추어야 한다. 즉 위원회 또는 소위원회는 ① 중요한 안건 또는 전문지식이 필요한안건을 심사하기 위하여 ② 그 의결 또는 재적위원 3분의 1 이상의 요구로 공청회를 열고 이해관계자 또는 학식·경험이 있는 자 등(이하 "진술인"이라 한다)으로부터 의견을 들을 수 있다(국회법 제64조 제1항 본문).

(5) 절차

위원회에서 공청회를 열 때에는 안건·일시·장소·진술인·경비 그 밖의 참고사항을 적은 문서로 의장에게 보고하여야 한다(동법 제64조 제2항). 진술인의 선정과 진술인과 위원의 발언시간은 위원회에서 정하며, 진술인의 발언은 그 의견을 듣고자 하는 안건의 범위를 벗어나는 아니 된다(동법 동조 제3항). 위원회가 주관하는 공청회는 그 위원회의 회의로 한다(동법 동조 제4항). 기타 공청회운영에 필요한 사항은 국회규칙으로 정한다(동법 동조 제5항).

(6) 효과

입법이나 의안구성 등에 필요한 자료나 정보들을 공청회를 통해 수집할 수 있고 이를 입법이나 의안에 반영할 수 있다. 위원장이 필요하다고 인정하거나 위원회의 의결이 있는 경우에는 해당 위원회의 공청회의 경과 및 결과 등을 발간하여 의원에게 배부하고 일반에 배포할 수 있다(동법 제70조 제4항).

9. 청문회

(1) 청문회의 개념과 유형

위원회가 중요한 사안에 대해 심사·의결함에 있어서 필요한, 판단의 기초가 될 자료나 정보를 수집하기 위하여, 또는 주요 국가공무원의 자질검증을 위하여, 또는 의혹이 있는 사안에 대해 그 진상을 밝히기 위하여 당사자, 증인, 참고인 등을 출석하게 하여 공개적으로 그 진술, 증언 등을 청취하는 절차가 청문회이다. 대표적인 국가로 미국에서 청문회가 많이 발달되었고 활발하다.

청문회에는 그 목적에 따라 입법청문회(법률안의 심사·의결, 입법에 필요한 자료수집을 위한 청문회), 인사청문회(고위 공직자의 선출이나 임명동의를 위한 자질 검증의 목적으로 개최되는 청문회), 조사청문회(의혹사건에 대한 조사를 위한 청문회),[5] 감독청문회 등의 유형이 있다. 국정감사와 국정조사를 위한 청문회도 개최될 수 있다(국회법 제65조 제1항).

(2) 청문회 일반

국회법은 인사청문회의 경우 그 절차 및 운영 등에 필요한 사항은 따로 법률로 정하도록 하고 있고(동법 제65조의2 제6항) 이에 따라 인사청문회법이란 법률이 별도의 절차적 규정을 두고 있다. 따라서 인사청문회의 절차에 관해서는 아래의 (4)에서 별도로 보기로 하고 여기서는 청문회 일반의 법리에 대해 살펴본다.

---

5) 우리나라에서 청문회제도가 처음 도입된 것은 1988.6.15. 국회법 개정 때였다. 이 개정 직후 1988년 11월에는 5공비리에 대한 조사로서 이른바 일해재단(日海財團) 청문회를 시작으로 여러 청문회들이 열렸다. 이러한 초기의 청문회는 조사청문회로서의 유형이었다.

1) 실시주체

청문회도 본회의는 이를 개최할 권한이 없고 위원회, 소위원회가 주체가 되어 실시한다(국회법 제65조 제1항). 국정감사·조사를 하면서 행하는 청문회의 경우에는 반(班)에서도 청문회를 실시할 수 있다(국감법 제10조 제3항).

2) 개최요건

청문회의 개최는 위원회의 의결에 의한다(동법 제65조 제1항). 그러나 입법청문회의 경우에는 아래 (3)에서 언급하지만 제정법률안과 개정법률안에 대해서는 필수적으로 개최하여야 하고 그 외 법률안의 경우 재적위원 3분의 1 이상의 요구로도 개최할 수 있다.

3) 절차

위원회는 청문회 개회 5일 전에 안건·일시·장소·증인 등 필요한 사항을 공고하여야 하고, 위와 같은 사항들을 기재한 문서로 의장에게 보고하여야 한다(동법 제65조 제3항, 제65조 제7항, 제64조 제2항). 청문회는 공개한다. 다만, 위원회의 의결로 청문회의 전부 또는 일부를 공개하지 아니할 수 있다(동법 제65조 제4항). 청문회에서의 발언·감정 등에 대하여 국회법에서 정한 것을 제외하고는 '국회에서의 증언·감정 등에 관한 법률'에 따른다(동법 제65조 제6항). 증인의 선정과 증인 및 위원의 발언시간은 위원회에서 정하며, 증인의 발언은 그 의견을 듣고자 하는 안건의 범위를 넘어서는 아니 된다(동법 제65조 제7항, 제64조 제3항). 위원회가 청문회와 관련된 서류제출요구를 하는 경우에는 그 의결로 할 수 있고 소수파를 위해 재적위원 3분의 1 이상의 요구로도 할 수 있도록 하고 있다(동법 제128조 제1항 단서).

위원회가 주관하는 청문회는 그 위원회의 회의로 한다(동법 제65조 제7항, 제64조 제4항). 그 밖에 청문회 운영에 필요한 사항은 국회규칙으로 정한다(동법 제65조 제8항).

(3) 입법청문회

1) 개념

법률안을 작성하고, 심의함에 있어서 정보를 수집하고, 국민의 의사를 반영하기 위하여 사계의 전문가, 이해관계인 등의 의견을 발표하게 하고 이를 청취하는 절차가 입법청문회이다. 지금까지 입법청문회가 활용되지 않고 있었으나 앞으로 보다 적극적인 활용이 필요하다.

2) 실시주체

입법청문회도 본회의가 개최할 권한이 없고 위원회가 주체가 되어 실시한다.

3) 필수적 입법청문회와 임의적 입법청문회 사항

제정법률안 및 전부개정법률안에 대하여는 반드시 청문회를 개최하여야 한다(필수적 입법청문회). 다만, 위원회의 의결로 이를 생략할 수 있다(국회법 제58조 제6항). 제정법률안이나 전부개정법률이 아닌 다른 법률안의 심사를 위한 청문회는 임의적 입법청문회이다. 임의적 입법청문회는 재적위원 3분의 1 이상의 요구로도 개최할 수 있다(동법 제65조 제2항).

4) 절차

개최요건을 제외하고는 위에서 본 청문회의 일반적인 절차에 따라 실시된다.

(4) 인사청문회

이에 대한 자세한 것은 뒤의 헌법기관구성에 관한 국회의 권한 부분에서 살펴본다(후술 참조).

(5) 청문회의 효과

입법청문회는 청문결과 획득된 입법자료 등을 바탕으로 입법심사에서 이를 반영하게 된다. 조사청문회는 조사결과에 따른 조치를 취하게 된다. 즉 조사결과 정부 또는 해당기관의 시정을 필요로 하는 사유가 있을 때에는 국회는 그 시정을 요구하고, 정부 또는 해당기관에서 처리함이 타당하다고 인정되는 사항은 정부 또는 해당기관에 이송한다(국정감사 및 조사에 관한 법률 제16조 제2항). 정부 또는 해당기관은 이러한 시정요구를 받거나 이송받은 사항을 지체없이 처리하고 그 결과를 국회에 보고하여야 하며 국회는 이 처리결과보고에 대하여 적절한 조치를 취할 수 있다(동법 동조 제3·4항). 인사청문 등에서의 위증이 문제되고 있다. 처벌이 가능한지에 대해 긍정설과 부정설이 대립된다. 자기부죄진술거부권을 내세우는 부정설이 있으나 그렇더라도 위증사실이 입증된 경우에 처벌하는 것이므로 긍정설이 타당하다.

인사청문특별위원회나 상임위원회의 위원장이 필요하다고 인정하거나 위원회의 의결이 있는 경우에는 해당 위원회의 청문회 등의 경과 및 결과나 보관중인 문서를 발간하여 의원에게 배부하고 일반에 배포할 수 있다(국회법 제70조 제4항).

Ⅳ. 본회의의 의사절차

1. 본회의의 개의·유회·중지·산회 등

(1) 개의

개의란 회기 내에서 본회의의 의사가 시작되는 것을 의미한다. 정기회와 임시회의 시작은 개회라고 한다.

1) 개의시각

본회의는 오후 2시(토요일은 오전 10시)에 개의한다(국회법 제72조 본문). 시각을 이처럼 고정한 것은 의원들과 정부 인사들이 국회활동에 대한 예측과 대비를 하도록 하기 위함이다. 다만, 의장은 각 교섭단체대표의원과 협의하여 그 개의시를 변경할 수 있는데(동법 동조 단서) 이 경우에 변경시각을 의원들에게 통지하여야 한다.

2) 개의(의사)정족수

본회의는 재적의원 5분의 1 이상의 출석으로 개의한다(동법 제73조 제1항).

3) 본회의 장소

본회의는 국회의사당 본회의장에서 개최된다.

[원격영상회의-한시규정] 코로나-19 팬데믹 상황에서 예외적으로 2022년 6월 30일까지 다음의 원격영상회의를 할 수 있게 한 바 있다. ⅰ) 사유 - 의장은 '감염병의 예방 및 관리에 관한 법률' 제2조 제2호에 따른 제1급감염병의 확산 또는 천재지변 등으로 본회의가 정상적으로 개의되기 어렵다고 판단하는 경우에 각 교섭단체 대표의원과 합의하여 개의할 수 있다(동법 제73조의2 제1항). ⅱ) 의사일정 - 의장은 동법 제76조 제2항 및 제77조에도 불구하고 각 교섭단체 대표의원과 합의하여 제1항에 따른 본회의의 당일 의사일정을 작성하거나 변경한다(동법 제73조의2 제2항). ⅲ) 표결 - 원격이라는 점에서 가장 신중을 기해야 할 사항들 중 하나가 표결일 것이다. 국회법은 의장이 각 교섭단체 대표의원과 합의한 경우에만 원격영상 본회의에 상정된 안건을 표결할 수 있고, 원격영상회의에 출석한 의원은 동일한 회의장에 출석한 것으로 보며, 회의장 출석 표결원칙(동법 제111조 제1항)에도 불구하고 표결에 참가할 수 있다(동법 제73조의2 제3, 4항). 원격영상회의 본회의에서의 이 표결은 원격영상회의시스템을 이용하여 하는데 이처럼 원격으로 이루어지는 이 표결도 통상의 표결방법을 정한 동법 제112조에 정한 방법(기록표결 등)에 따라 실시된다(동법 제73조의2 제5항).

(2) 유회 · 중지 · 산회

1) 유회(流會)

의장은 개의시로부터 1시간이 지날 때까지 위 개의정족수에 달하지 못할 때에는 유회를 선포할 수 있다(동법 동조 제2항). 유회는 산회와 구별된다. 유회란 애초부터 정족수미달로 개의가 되지 못하여 그날의 예정된 회의를 열지 못하게 된 것을 말한다. 반면 산회란 아래에서 보듯이 일단 개의가 되긴 되고 이후에 회의를 종료하는 것을 말한다. 유회권을 의장에 부여한 것은 오랜 시간 지체로 인한 의사의 비효율성을 막기 위한 것이다.

2) 중지

회의 중 위 개의정족수에 달하지 못할 때에는 의장은 회의의 중지 또는 산회를 선포한다. 다만, 의장은 교섭단체대표의원이 의사정족수의 충족을 요청하는 경우 외에는, 즉 의사정족수 미달이더라도 이에 대해 이의제기가 없으면 효율적인 의사진행을 위하여 회의를 계속할 수 있다(동법 동조 제3항). 중지란 회의를 일시적으로 중단하는 것을 말하고 보통 정회(停會)라고 한다. 중지는 속개를 전제로 한 것이고 산회는 종료를 가져온다는 점에서 양자에 차이가 있다. 중지(정회) 사유는 ① 위에서 언급한 대로 회의 도중의 정족수가 미달되는 경우뿐 아니라 ② 원내교섭단체들 간의 의사진행 등에 관한 협의가 필요한 경우, ③ 회의장의 소란으로 회의진행이 어려운 경우(동법 제145조 제3항)에도 중지(정회)할 수 있다.

3) 산회(散會)

의사일정에 올린 안건의 의사가 끝났을 때에는 의장은 산회를 선포한다(동법 제74조). 위에서 이미 언급한 대로 회의 중 개의정족수미달로 의장이 산회를 선포할 수도 있다. 의사일정의 안건에 대한 의사가 종료되지 않고 진행중에 있으나 회의장이 소란하여 질서를 유지하기 곤란하다고 인정할 때에는 의장은 산회를 선포할 수 있다(동법 제145조 제3항).

2. 의사일정

의사일정(議事日程)이란 개의일시, 붙여질 안건들, 안건들의 처리순서 등을 기재한 의사진행에 관한 예정계획서를 말한다(동법 제76조 제1항).

3. 발언

의원이 발언을 하려면 미리 의장에게 통지하여 허가를 받아야 하고 발언통지를 하지 아니한 의원은 통지를 한 의원의 발언이 끝난 다음 의장의 허가를 받아 발언할 수 있다(동법 제99조 제1·2항). 의사진행에 관한 발언을 하려면 발언요지를 의장에게 미리 통지하여야 하며, 의장은 의제에 직접 관계가 있거나 긴급히 처리할 필요가 있다고 인정되는 것은 즉시 허가하고, 그 외의 것은 의장이 그 허가의 시기를 정한다(동법 동조 3항). 발언은 그 도중에 다른 의원의 발언에 의하여 정지되지 아니하며, 산회 또는 회의의 중지로 발언을 마치지 못한 때에는 다시 그 의사가 개시되면 의장은 먼저 발언을 계속하게 한다(동법 제100조).

정부에 대한 질문외의 의원의 발언시간은 15분을 초과하지 아니하는 범위 안에서 의장이 정한다. 다만, 의사진행발언·신상발언 및 보충발언은 5분을, 다른 의원의 발언에 대한 반론발언은 3분을 초과할 수 없다(동법 제104조 제1항). 의장은 본회의가 개의된 경우 그 개의시부터 1시간을 초과하지 아니하는 범위에서 의원에게 국회가 심의중인 의안과 청원 기타 중요한 관심사안에 대한 의견을 발표할 수 있도록 하기 위하여 5분 이내의 발언(이하 "5분자유발언"이라 한다)을 허가할 수 있다(동법 제105조 제1항).

의사일정에 올린 안건에 대하여 토론하려는 의원은 미리 반대 또는 찬성의 뜻을 의장에게 통지하여야 한다. 의장은 제1항의 통지를 받은 순서와 그 소속교섭단체를 고려하여 반대자와 찬성자를 교대로 발언하게 하되 반대자에게 먼저 발언하게 한다(동법 제106조).

4. 질문제도

(1) 성격과 기능

① 정부나 사법부 등 국가기관에 대한 정책이나 정책집행 등에 대한 추궁제도로서의 통제기능을 가진다. ② 의원내각제적 성격의 제도라고 본다. ③ 의원들의 정보수집기능(대정부질문을 통한 정보파악)을 수행하기도 한다. ④ 국민의 알 권리를 국민대표자인 국회의원이 대신 실현하는 기능을 하기도 한다.

(2) 유형
1) 구두질문과 서면질문

(가) 개념　　방식에 따른 유형으로는 구두질문과 서면질문이 있다. 구두질문은 회의장에 출석하여 의문사항을 말로써 묻는 방식의 질문이고 서면질문은 문서에 의문사항을 기재하여 답변을 요구하는 방식의 질문이다.

(나) 구두질문과 서면질문의 특성 및 장단점　　구두질문은 즉석에서 의문사항에 대한 답변을 듣고 이에 대한 보충적 질문을 할 수 있다는 장점이 있다. 반면 한정된 시간이 경과되면 질문이 불가하다는 한계가 있다. 서면질문은 명확하고 정리된 문건에 의한 질문의 경우 보다 이성적이고 조리있는 질문을 가능하게 하여 시간절약과 질문의 집약성 등의 장점이 있다. 구두질문에서 누락되거나 놓쳐버린 질문을 서면으로 할 수 있다는 장점도 있다. 그 점에서 문서에 의한 질문제도도 활성화되는 것이 바람직하다. 반면 서면질문에서는 추가적인 보충질문이 가능하나 또다시 서면으로 하게 되면 석명이 즉시 이루어지기 어렵다는 단점이 있다.

2) 대정부질문, 긴급현안질문

현행 국회법은 대정부질문, 긴급현안질문 등의 제도를 두고 있다. 이는 구두질문이다.

(3) 서면질문
1) 의의와 시기 및 대상

서면질문의 장단점에 대해서는 위에서 언급하였다. 그 외에 서면질문은 대정부질문, 긴급현안질문인 구두질문이 회기 중에 실시되는 것과 달리 폐회 중에도 행할 수 있다는 장점이 있다. 구두질문의 경우 시간의 한계로 질문의원이 한정되고 아래에 보듯이 소속의원수의 비율에 따라 배정되므로 구두질문을 얻지 못하는 의원들(특히 소수파 소속 의원들), 구두질문에서 놓쳐버린 내용, 추가내용을 질문하고자 하는 의원들로 하여금 서면질문제도를 활용하게 하면 의미가 크다.

행정부에 대해서만 서면질문할 수 있는지 아니면 그 외 사법부, 헌법재판소 등의 국가기관에 대해서도 서면질문할 수 있는지 하는 의문이 있을 수 있다. 가능설이 타당하다. 출석·답변의무의 대상에는 들어가지 않으나 서면답변은 국민의 알 권리 구현과 의원들의 의정활동에 필요하다는 점에서 이들 행정부 외 국가기관들에 대한 서면질문도 가능하다고 보는 것이다.

2) 질문서 제출과 정부이송

의원이 정부에 서면으로 질문하려고 할 때에는 질문서를 의장에게 제출하여야 하고, 의장은 질문서를 받았을 때에는 지체없이 이를 정부에 이송한다(국회법 제122조 제1·2항).

3) 정부의 제출내용 및 답변기한

정부는 서면질문에 대하여 답변할 때 회의록에 게재할 답변서와 그 밖의 답변관계자료를 구분하여 국회에 제출하여야 한다(동법 동조 제4항). 정부는 질문서를 받은 날부터 10일 이내에 서면으로 답변하여야 한다. 그 기간 내에 답변하지 못할 때에는 그 이유와 답변할 수 있는 기한을 국회에 통지하여야 한다(동법 동조 제3항).

4) 재질문

정부의 답변에 대하여 보충하여 질문하고자 하는 의원은 서면으로 다시 질문할 수 있다(동법 동조 제5항).

(4) 대정부질문

1) 의의

대정부질문이란 의원이 국정에 대하여 정부에 대하여 행하는 구두질문을 말한다(동법 제122조의2 제1항). 이 질문은 국무총리·국무위원의 국회출석·답변의 의무(제62조 제2항)를 실현하기 위한 것이다. 대정부질문을 통해 정부의 국정에 대한 일반적인 국회통제가 이루어진다.

2) 실시의 시기와 장소 및 질문범위

대정부질문은 회기 중에 본회의에서 의원이 국정 전반 또는 국정의 특정 분야를 대상으로 정부에 대하여 행한다(동법 제122조의2 제1항).

3) 국무총리·국무위원의 출석요구

질문실시 및 그 시기, 의제 등이 결정되면 국회법 제121조 제1항의 규정에 의하여 본회의는 의결로 국무총리, 국무위원 또는 정부위원의 출석을 요구할 수 있다.

4) 질문의원의 선정

의제별 질문의원수는 의장이 각 교섭단체대표의원과 협의하여 교섭단체별로 그 소속의원수의 비율에 따라 배정한다(동법 동조 제4·5항). 의장은 의원의 질문과 정부의 답변이 교대로 균형있게 유지되도록 하여야 한다(동법 동조 제6항).

5) 사전 질문요지서 제출과 송부

질문을 하고자 하는 의원은 미리 질문의 요지를 적은 질문요지서를 구체적으로 작성하여 의장에게 제출하여야 하며, 의장은 늦어도 질문시간 48시간 전까지 질문요지서가 정부에 도달되도록 송부하여야 한다(동법 동조 제7항). 이러한 사전 질문요지서는 한정된 질문시간에 집약적이고도 충실한 답변이 되도록 하고 질문의원으로 하여금 정리된 질문을 하도록 하기 위한 것이다.

6) 질문의원과 질문순서의 사전통지

각 교섭단체대표의원은 질문의원과 질문순서를 질문일 전날까지 의장에게 통지하여야 하고 의장은 각 교섭단체대표의원의 통지내용에 따라 질문순서를 정한 후 이를 본회의 개의 전에 각 교섭단체대표의원과 정부에 통지하여야 한다(동법 동조 제8항).

7) 질문의 방식과 시간

대정부질문은 일문일답의 방식으로 하되, 의원의 질문시간은 20분을 초과할 수 없는데, 질문시간에는 답변시간이 포함되지 아니한다(동법 동조 제2항). 시각장애 등 신체장애를 가진 의원이 대정부질문을 하는 경우, 의장은 각 교섭단체 대표의원과 협의하여 별도의 추가 질문시간을 허가할 수 있다(동법 동조 제3항).

(5) 긴급현안질문

1) 의의

의원이 현안이 되고 있는 중요한 사항을 대상으로 정부에 대하여 하는 질문을 긴급현안질문이라고 한다. 갑자기 발생한 사안에 대응하여 즉시 적기에 국민의 의사를 모아 이를 반영하기 위한 질문제도이다.

2) 시기와 대상

긴급현안질문은 회기 중에 현안이 되고 있는 중요한 사항이 질문대상이다. 이전에 "대정부질문에서 제기되지 않은 사안으로서"라는 요건이 더 추가되어 긴급현안질문이 활성화되지 못하였다는 비판이 있었기에 2000년에 활성화를 위하여 그 부분을 삭제하여 대정부질문에서 제기되었던 사안도 대상이 되도록 하고 단순히 "현안이 되고 있는 중요한 사항"으로 규정하고 있는 것이다.

3) 발의요건 및 실시결정(의결)

의원은 20인 이상의 찬성으로 회기 중 현안이 되고 있는 중요한 사항을 대상으로 정부에 대하여 긴급현안질문을 할 것을 의장에게 요구할 수 있다(동법 제122조의3 제1항). 긴급현안질문을 요구하는 의원은 그 이유와 질문요지 및 출석을 요구하는 국무총리 또는 국무위원을 적은 질문요구서를 본회의 개의 24시간 전까지 의장에게 제출하여야 한다(동법 동조 제2항). 의장은 질문요구서를 접수하였을 때에는 그 실시여부와 의사일정을 국회운영위원회와 협의하여 정한다. 다만, 의장은 필요한 경우 본회의에서 실시여부를 표결에 부쳐 정할 수 있다(동법 동조 제3항).

4) 질문시간

긴급현안질문시간은 총 120분으로 하는데, 다만, 의장은 각 교섭단체대표의원과 협의하여 이를 연장할 수 있다(동법 동조 제5항). 긴급현안질문을 할 때의 의원의 질문은 10분을 초과할 수 없되, 다만, 보충질문은 5분을 초과할 수 없다(동법 동조 제6항).

5) 기타의 절차

그 외에 긴급현안질문의 절차 등에 관하여는 위에서 본 대정부질문에 관한 절차규정들(동법 제122조의2의 규정)을 준용한다(동법 제122조의3 제7항). 따라서 질문시간의 교섭단체별 배정, 질문자수와 질문자별 질문시간 결정, 질문의원과 질문배정시간 및 질문순서 통지 등에 관하여 위 대정부질문의 규정들이 준용된다.

5. 동의, 철회, 번안

동의(動議)와 번안의 의미는 Ⅲ. 위원회에서의 의사절차에서 밝힌 바와 같다.

(1) 동의

동의는 국회법에 다른 규정이 있는 경우를 제외하고 동의자 외 1명 이상의 찬성으로 의제가 된다. 물론 동의에 대해서는 표결을 통해 그 가부를 결정한다.

(2) 의안·동의의 철회

의원은 그가 발의한 의안 또는 동의를 철회할 수 있다. 공동발의된 의안의 철회에 있어서는 발의의원 2분의 1 이상이 철회의사를 표시하는 경우에 할 수 있다(동법 제90조 제1항). 그러나 본회의에서 의제가 된 후에는 본회의의 동의를 얻어야 한다(동법 제90조 제2항). 철회한 의안을 다시 제출할 수 있는가에 대해서는 이를 긍정할 것이다. 철회된 의안은 의결대상이 되기 전에 철회된 것이고 따라서 이를 부결한 바 없으므로 일사부재의가 되지 않는다고 보기 때문이다. 정부가 본회의에서 의제가 된 정부제출의 의안을 수정 또는 철회할 때에는 본회의의 동의를 얻어야 한다(동법 동조 제3항).

(3) 번안

번안동의는 이미 과반수 찬성으로 의결된 것을 다시 번복하는 것이므로 엄격한 요건하에서만 인정하여야 한다. 따라서 본회의에 있어서의 번안동의는 의안을 발의한 의원이 그 의안을 발의할 때의 발의의원 및 찬성의원 3분의 2 이상의 동의로, 정부 또는 위원회가 제출한 의안은 소관위원회의 의결로, 각각 그 안을 갖춘 서면으로 제출하되 재적의원 과반수의 출석과 출석의원 3분의 2 이상의 찬성으로 의결한다. 그러나 의안이 정부에 이송된 후에는 번안할 수 없다(동법 제91조 제1항).

6. 수정동의

수정동의도 위에서 본 동의의 일종이다. 법률안 등에 대한 수정이 가해질 수 있다는 점에서 중요하므로 아래에 별도로 본다.

(1) 수정동의의 개념·범위

수정동의란 원래의 의안의 본질을 그대로 두고 이에 대해 일부 삭제하거나 새로이 추가하거나 일부 내용을 바꾸는 등의 변경을 가하고자 하는 동의를 말한다. 본회의에서의 수정동의안의 제출은 이미 위원회의 의결을 거친 원래의 의안에 대한 수정을 하는 것이므로 무제한으로 인정될 수 없고 한계가 설정되어야 한다. 수정안은 다음과 같은 개념을 가지고 내용·범위에서의 한계를 지닌다. ① 수정안은 원래의 의안과 별개의 독립된 것이 아니라 그것에 종속되어야 하고 견련성을 가져야 한다(종속성). ② 수정안이 위원회의 의결을 거친 원래의 의안의 내용을 전면적으로 대체하는 다른 내용의 것이거나 그 본질 내지 본 취지를 변경하는 것이어서는 안 된다(본질유지성).

헌재는 수정안의 개념·범위를 폭넓게 보는 입장이다. 헌재는 "국회법상 수정안의 범위에 대한 어떠한 제한도 규정되어 있지 않은 점과 국회법 규정에 따른 문언의 의미상 수정이란 원안에 대하여 다른 의사를 가하는 것으로 새로 추가, 삭제, 또는 변경하는 것을 모두 포함하는 개념이라는 점에 비추어, 어떠한 의안으로 인하여 원안이 본래의 취지를 잃고 전혀 다른 의미로 변경되는 정도에까지 이르지 않는다면 이를 국회법상의 수정안에 해당하는 것으로 보아 의안을 처리할 수 있는 것으로 볼 수 있다. … 수정안은 원안과 동일성이 인정되는 범위 내에서만 인정될 수 있다는 청구인들의 해석도 가능하기는 하다. 그러나 원안의 목적과 성격을 보는 관점에 따라서는 동일성의 인정범위가 달라질 수 있고 또한 너무 좁게 해석하면 국회법 규정에 따른 수정의 의미를 상실할 수도 있다"라고 판시한 바 있다. 이 판시가 있었던 결정의 사안은 위원회에서 폐기된 법률안의 일부를 의원 33인이 수정안으로 본회의에 제출하였는데 의장이 이를 표결에 붙여 가결하고 원래 법률안에 대해서는 표결을 하지 않고 이 수정안에 대한 가결로 원래 법률안도 가결된 것으로 의장이 선포한 데 대해 야당의원들이 이는 자신들의 심의·표결권을 침해한 것이라고 하여 권한쟁의심판이 청구된 사건이었다(헌재 2006.2.23. 2005헌라6. * 해설 — 위 사안에서 원래 법률안에 대해 표결없이도 가결로 선포한 것은 국회법 제96조 제2항이 수정안은 전부 부결된 때에만 원안을 표결하도록 하여 수정안이 가결된 경우에는 본래의 법률안에 대한 표결이 필요없는 것으로 규정하여 수정안가결로 법률안이 가결된 것으로 보기 때문이다. * 검토 — 이 결정에서 헌법재판소는 이를 새로 추가하는 수정안으로 인정한 것으로 이해된다. 그러나 이는 위원회에서 폐기된 것이므로 법률안에 새로 추가하는 수정안이 아니다. 폐기된 법률안은 국회법 제87조에 따라 의원 30인 이상의 요구로 본회의에 부의할 수 있으나 이는 수정안으로서가 아니라 독립된 별개의 안건이 되어 가결되는 것이며 본래의 법률안이 가결되는 것은 아니다. * 수정안의 개념을 넓게 보는 또다른 결정례들: 2006헌라2; 2009헌라8등).

위원회의 심사를 거치지 아니하고 바로 본회의 표결에 부쳐지는 수정안이 무분별하게 제출되어 상임위원회 중심주의의 현행법의 근간을 저해할 우려가 있다고 하여 2010년에 국회법을 개정하여 수정동의는 원안 또는 위원회에서 심사보고한 안의 취지 및 내용과 직접 관련이 있어야 한다는 규정을 신설하였다(동법 제95조 제5항). [판례] 이 국회법 제95조 제5항을 위배한 것이 아니라고 보아 이 부분 청구를 기각한 권한쟁의심판의 예: 이른바 '준연동형 비례대표제'를 도입하는 2020년의 공직선거법 개정과정에서 나온 결정이었다(헌재 2020.5.27. 2019헌라6 등. [결정요지] 원안의 개정취지에 변화를 초래한 것이 아니고 이 사건 원안이 개정취지 달성을 위해 제시한 여러 입법수단 중 일부만 채택한 것에 불과한 것으로서, 이 사건 원안에 대한 위원회의 심사절차에서 이 사건 수정안의 내용까지 심사할 수도 있었으므로, 이 사건 원안의 취지 및 내용과 직접 관련성이 인정된다. 따라서 이 사건 수정안 가결선포행위는 국회법 제95조 제5항 본문에 위배되지 않는다).

  * 신속처리대상안건에 대한 수정동의 가능성 – 헌재는 "신속처리대상안건에 대해서 본회의에서 수정안을 제출하였다고 하더라도, 그 수정안이 곧바로 국회법 제85조의2에 위배되었다고 할 수 없고"라고 하여 긍정한다(위 2019헌라6등).

(2) 절차
1) 수정안의 제출
  의안에 대한 수정동의는 그 안을 갖추고 이유를 붙여 의원 30인 이상의 찬성의원과 연서하여 미리 의장에게 제출하여야 한다. 예산안에 대한 수정동의는 의원 50인 이상의 찬성이 있어야 한다(국회법 제95조 제1항). 위원회에서 심사보고한 수정안은 찬성없이 의제가 되는데 위원회는 소관사항 외의 안건에 대하여는 수정안을 제출할 수 없다(동법 동조 제2·3항).

2) 취지설명, 질의·토론
  수정안에 대해서도 수정안의 제출자가 그 취지를 설명하고 원래의 의안에 대한 것과 같이 의원들의 질의·토론이 있게 된다. 본회의 단계에서 제출되는 수정안은 새로운 추가, 삭제 등이 이루어지는 것이면서 한편으로는 오늘날 상임위원회중심주의에서 위원회의 의안심사가 중요한데도 수정안은 위원회의 심사를 거치지 않은 것이라는 점에서 의안심사의 충실성을 갖추지 못할 우려가 있다. 그러므로 수정안에 대해서는 충분한 질의·토론과 검토를 거친 다음에 표결을 하도록 하는 절차가 필요하다.

3) 표결순서
  같은 의제에 대하여 여러 건의 수정안이 제출된 때에는 의장은 다음 기준에 따라 표결의 순서를 정한다. ① 가장 늦게 제출된 수정안부터 먼저 표결한다. ② 의원의 수정안은 위원회의 수정안보다 먼저 표결한다. ③ 의원의 수정안이 여러 건 있을 때에는 원안과 차이가 많은 것부터 먼저 표결한다(동법 제96조 제1항). 수정안이 전부 부결되었을 때에는 원안을 표결한다(동법 제96조 제2항).

7. 공개원칙

(1) 회의공개(會議公開)의 의의

헌법 제50조 제1항 본문은 "국회의 회의는 공개한다"라고 규정하고 국회법 제75조 제1항 본문도 "본회의는 공개한다"라고 규정하여 본회의에 있어서 회의공개의 원칙을 명백히 하고 있다. 국회의 의사가 공개되어야 한다는 것은 국회가 국민의 대표기관이라는 점에서 당연한 것이다.

회의의 공개라 함은 의사의 공개 즉 방청의 자유와 보도의 자유 및 회의의 기록공표(記錄公表)를 의미하며 그 어느 것을 결하여도 완전한 공개라 하기 어렵다. 헌법은 회의공개의 원칙을 명백히 함과 동시에 예외로 인정되는 비공개회의에 대하여는 그 요건을 엄격하게 제한하고 있다(헌법 제50조 1항 단서). 방청은 의원 외의 자가 회의의 상황을 직접 견문하는 것을 말하며, 회의를 방해하는 것은 허용되지 아니한다. 회의의 공개에서 보도의 자유가 특히 중요한 의미를 가진다. 보도의 수단에 있어서는 신문 기타의 출판물외의 수단 즉 녹음·녹화·촬영·중계방송 등의 취재행위는 본회의 또는 위원회의 의결로 공개하지 않기로 한 경우를 제외하고는 의장 또는 위원장이 국회규칙에 따라 허용하도록 하고 있다(국회법 제149조의2 제1항). 기록의 공표는 회의의 기록을 누구나 볼 수 있는 상태에 두는 것을 의미한다. 따라서 회의록은 이를 의원에게 배부하고 일반에게 배포하고 있으며(동법 제118조) 국회 홈페이지에도 올려져 인터넷으로도 그 내용을 쉽게 찾아 볼 수 있게 하고 있다.

(2) 비공개회의(非公開會議)

1) 비공개회의의 요건

헌법 제50조 제1항 단서는 국회의 회의를 "출석의원 과반수의 찬성이 있거나 의장이 국가의 안전보장을 위하여 필요하다고 인정할 때에는 공개하지 아니할 수 있다"라고 규정하고 있다. 국회법 제75조 제1항 단서도 "의장의 제의 또는 의원 10명 이상의 연서에 의한 동의(動議)로 본회의 의결이 있거나 의장이 각 교섭단체 대표의원과 협의하여 국가의 안전보장을 위하여 필요하다고 인정할 때에는 공개하지 아니할 수 있다"라고 비공개요건을 설정하고 있다. 위 제의나 동의에 대해서는 토론을 하지 아니하고 표결한다(동법 동조 제2항). 의원의 징계에 관한 회의는 공개하지 아니한다(국회법 제158조). 그러나 징계를 의결한 때에는 의장은 공개회의에서 그 사실을 선포한다(국회법 제163조 제5항).

2) 비공개회의내용의 공표금지와 예외

공개하지 아니한 회의내용의 공표에 관하여는 법률이 정하는 바에 의한다(제50조 제2항). 공개하지 아니한 회의의 내용은 공표되어서는 아니 되고(동법 제118조 제4항) 의장이 비밀 유지나 국가 안전보장을 위하여 필요하다고 인정한 부분에 관하여는 발언자 또는 그 소속 교섭단체 대표의원과 협의하여 회의록에 게재하지 아니할 수 있는데 본회의 의결 또는 의장의 결정으로 제1항 단서의 사유가 소멸되었다고 판단되는 경우에는 공표할 수 있다(동법 동조 제1항 단서, 제4항 단서).

8. 심의(질의·토론·무제한 토론 등)

(1) 과정

심의가 의회의 본질적 임무이고 심의의 충실성이 입법이나 정책결정의 질에 영향을 미치므로 의원들의 질의, 토론이 이루어지는 심의가 중요한 의사과정임은 물론이다. 위원회에서 절차는 앞서 보았고 여기서는 본회의에 대해서 보면, 본회의는 안건을 심의할 때 그 안건을 심사한 위원장의 심사보고를 듣고 질의·토론을 거쳐 표결한다. 다만, 위원회의 심사를 거치지 아니한 안건에 대해서는 제안자가 그 취지를 설명하여야 하고, 위원회의 심사를 거친 안건에 대해서는 의결로 질의와 토론을 모두 생략하거나 그 중 하나를 생략할 수 있다(동법 제93조).

(2) 판례

① 의원의 심의·표결권 침해를 인정한 예 – 헌재는 이른바 미디어법결정에서 신문법안에 대한 질의·토론기회를 주지 않은 것은 청구인(의원)들의 심의·표결권을 침해한 것이라고 결정한 바 있다(● 판례 2009헌라8). 또 반대토론을 허가하지 않고 토론절차를 생략하기 위한 의결을 거치지도 않은 채 표결절차를 진행하여 가결을 선포한 행위는 국회법 제93조를 위배하여 국회의원의 법률안 심의·표결권을 침해한 것이라고 결정한 바 있다(● 판례 2009헌라7). 그러나 위 두 결정에서 가결행위를 무효로 선언하지는 않았다. ② 상임위원회를 거치지 않은 안건에 대해 본회의에서 취지설명이 있어야 하는데 헌재 판례는 그 취지설명의 방식에는 제한이 없고, 제안자의 구두설명이 아니라도 서면이나 컴퓨터 단말기에 의한 설명 등으로 대체할 수 있다고 한다 (2004헌나1; 2006헌라2; 2010헌라6). ③ 위 국회법규정에 따르면 상임위원회의 심사를 거치지 않은 안건에 대해서는 본회의에서의 질의·토론을 생략할 수 없다. 그런데 질의와 토론 절차 모두 생략된 채 표결절차에 바로 나아간 의장의 행위에 대해 헌재는 심의과정에서 서면으로든 구두로든 미리 질의·토론을 신청할 수 있는 기회가 충분함에도 신청이 없었다면 곧바로 표결절차로 진행하더라도 국회법 제93조에 위반된다고 볼 수 없다고 하여 청구를 기각한 예가 있었다(2010헌라6).

(3) 무제한 토론

1) 의사방해

의사방해(議事妨害)란 의회에서의 회의진행이나 특히 표결에 들어가는 것을 방해하는 행위를 말하며 이를 위하여 고의적으로 장시간 연설을 하거나, 수정안이나 동의(動議)를 빈번하게 제출하는 등의 방법이 동원된다. 이를 막기 위하여 발언, 질의, 토론의 시간을 제한하고 한정된 시간이 지나면 질의나 토론을 종결하는 제도, 개별 의원의 투표시간의 한정 등의 제도를 둔다. 즉 우리 국회법은 의원이 발언하려고 할 때에는 미리 의장에게 통지하여 허가를 받아야 하고 (국회법 제99조 1항), 의제 외 발언을 금지하며(동법 제102조), 의원은 동일의제에 대하여 2회에 한하여 발언할 수 있다고 규정하여 발언횟수에 제한을 하고 있고(동법 제103조) 발언시간도 제한하여 정부에 대한 질문 외의 의원의 발언시간은 15분을 초과하지 아니하는 범위 안에서 의장이 정하도록 하되, 의사진행발언·신상발언 및 보충발언은 5분을, 다른 의원의 발언에 대한 반론발언은 3분을 초과할 수 없도록 하고 있다(동법 제104조 제1항). 따라서 일반적 의사절차에서는 사실상 필리버스터가 어렵다.

그런데 그동안 여야 극단 대치 상황에서 폭력이 난무하는 사태가 일어나자 이를 막기 위해 오히려 합법적 의사방해(filibuster)를 제도적으로 인정하자고 제안되었다. 의원들의 발언시간에 제한을 없애 야당의원이 필리버스터에 의해 여당의 일방적 밀어붙이기 법안통과를 지체되게 할 수 있도록 하여 폭력사태와 같은 극단을 막아보자는 것이다. 미국의 경우 상원에서 의원들은 특정한 의안에 대해 무제한 토론을 요구함으로써 반대하는 입법의 통과를 저지할 수 있는 필리버스터를 할 수 있는 권한을 가져 합법적인 필리버스터가 인정되고 있다. 이는 다수당의 일방적인 의사운영을 막고자 인정된 제도이다. 필리버스터를 종료시키기 위해서는 100명 상원의원 중 60명 이상이 찬성하여야 하므로 필리버스터를 막기가 쉽지 않다(입법의결보다 더 어렵다. 과거에는 드물게 행사되었으나 최근에 빈번하게 행사되고 있다. 더불어 그 남용이 지적되기도 한다). 우리나라에서는 2012년에 이른바 국회선진화법으로서 국회법에 아래와 같이 무제한토론제도를 도입한 바 있다(정확히는 부활이다).

2) 우리 국회법의 무제한 토론제도

(가) 연혁　1948년 제헌 후 국회법에는 "의원의 질의, 토론 기타 발언에 대하여는 특히 국회의 결의가 있는 때 외에는 시간을 제한할 수 없다"라고 규정하여 이전에 의원의 발언시간에 제한을 두고 있지 않다가 유신시대 법률 제2496호, 1973.2.7., 전부개정된 국회법은 "의원의 발언시간은 30분을 초과할 수 없다"라는 규정을 두어 무제한 토론을 못하도록 하였다가 2012년 국회법의 개정에서 무제한 토론제를 도입하였다.

(나) 국회법 규정　무제한 토론제도는 본회의에서 이루어진다. 재적의원 3분의 1 이상 요구로 이루어지고 종결의결은 재적의원 5분의 3 이상 찬성으로 의결한다. 그 외에도 아래의 국회법 규정이 무제한 토론제에 관한 원칙들을 정하고 있다.

> **국회법 제106조의2(무제한토론의 실시 등)** ① 의원이 본회의에 부의된 안건에 대하여 이 법의 다른 규정에도 불구하고 시간의 제한을 받지 아니하는 토론(이하 이 조에서 "무제한토론"이라 한다)을 하려는 경우에는 재적의원 3분의 1 이상이 서명한 요구서를 의장에게 제출하여야 한다. 이 경우 의장은 해당 안건에 대하여 무제한토론을 실시하여야 한다.
> ② 제1항에 따른 요구서는 요구 대상 안건별로 제출하되, 그 안건이 의사일정에 기재된 본회의가 개의되기 전까지 제출하여야 한다. 다만, 본회의 개의 중 당일 의사일정에 안건이 추가된 경우에는 해당 안건의 토론 종결 선포 전

까지 요구서를 제출할 수 있다.

③ 의원은 제1항에 따른 요구서가 제출되면 해당 안건에 대하여 무제한토론을 할 수 있다. 이 경우 의원 1명당 한 차례만 토론할 수 있다.

④ 무제한토론을 실시하는 본회의는 제7항에 따른 무제한토론 종결 선포 전까지 산회하지 아니하고 회의를 계속한다. 이 경우 제73조 제3항 본문에도 불구하고 회의 중 재적의원 5분의 1 이상이 출석하지 아니하였을 때에도 회의를 계속한다.

⑤ 의원은 무제한토론을 실시하는 안건에 대하여 재적의원 3분의 1 이상의 서명으로 무제한토론의 종결동의(終結動議)를 의장에게 제출할 수 있다.

⑥ 제5항에 따른 무제한토론의 종결동의는 동의가 제출된 때부터 24시간이 지난 후에 무기명투표로 표결하되 재적의원 5분의 3 이상의 찬성으로 의결한다. 이 경우 무제한토론의 종결동의에 대해서는 토론을 하지 아니하고 표결한다.

⑦ 무제한토론을 실시하는 안건에 대하여 무제한토론을 할 의원이 더 이상 없거나 제6항에 따라 무제한토론의 종결동의가 가결되는 경우 의장은 무제한토론의 종결을 선포한 후 해당 안건을 지체 없이 표결하여야 한다.

⑧ 무제한토론을 실시하는 중에 해당 회기가 끝나는 경우에는 무제한토론의 종결이 선포된 것으로 본다. 이 경우 해당 안건은 바로 다음 회기에서 지체 없이 표결하여야 한다.

⑨ 제7항이나 제8항에 따라 무제한토론의 종결이 선포되었거나 선포된 것으로 보는 안건에 대해서는 무제한토론을 요구할 수 없다.

⑩ 예산안등과 제85조의3 제4항에 따라 지정된 세입예산안 부수 법률안에 대해서는 제1항부터 제9항까지를 매년 12월 1일까지 적용하고, 같은 항에 따라 실시 중인 무제한토론, 계속 중인 본회의, 제출된 무제한토론의 종결동의에 대한 심의절차 등은 12월 1일 밤 12시에 종료한다.

(다) 실제

이전에도 있긴 하였는데 최근에 그리고 가장 긴 시간의 무제한 토론의 예로, 2016년 2월 23일에 '국민보호와 공공안전을 위한 테러방지법안'이 본회의에 의장에 의해 직권상정되자 무제한 토론에 들어갔고 192시간 25분으로 10일 동안 계속되어 3월 3일에 종결된 예가 있었다.

(라) '회기결정의 건'의 비대상성

헌재는 '회기결정의 건'은 그 본질상 국회법 제106조의2에 따른 무제한토론의 대상이 되지 않는다고 헌재는 본다(헌재 2020.5.27. 2019헌라6등 [판시] 무제한토론제도의 입법취지는 소수 의견이 개진될 수 있는 기회를 보장하면서도 안건에 대한 효율적인 심의가 이루어지도록 하는 것인 점, 국회법 제7조가 집회 후 즉시 의결로 회기를 정하도록 한 취지와 회기제도의 의미, 헌법과 국회법이 예정하고 있는 국회의 정상적인 운영 절차, '회기결정의 건'에 대한 무제한토론을 허용할 경우 국회의 운영에 심각한 장애가 초래될 수 있는 점, 국회법 제106조의2의 규정, 국회 선례 등을 체계적·종합적으로 고려하면, '회기결정의 건'은 그 본질상 국회법 제106조의2에 따른 무제한토론의 대상이 되지 않는다).

9. 표결절차

(1) 자유표결(교차표결) 원칙, (2) 기록표결 ― 전자투표, (3) 기명, 호명, 무기명 등 기타의 표결의 경우 등으로 이루어지는데 이에 대해서는 앞의 '국회의 의사절차, Ⅱ. 의사의 주요 원칙, 6. 심의(질의·토론)·발언·표결·질문제도, (3) 표결' 부분에서 다루었다(전술 참조).

Ⅴ. 의사절차의 개선논의

위에서도 관련 부분에서 언급하긴 하였으나 국회의 의사절차를 개선하기 위한 논의가 계속되고 있다. 그동안 국회법을 개정하여 국회에서의 폭력을 방지하기 위한 규정들이 도입되었고 쟁점이 되고 있는 법안의 경우 여야 합의가 이루어지지 않을 때 안건조정제도, 신속처리제도, 무제한토론제도 등도 도입되었다. 이런 제도적 개선 이전에 무엇보다도 의원들이 스스로 품격을 유지하고 자정하며 의정활동에 충실하려는 노력이 있어야 하고 여야 간의 대화를 통한 이성적 해결을 가져오도록 하는 의회관행이 자리잡아 의회주의가 충실히 구현되어야 한다. 국민들도 차기선거 등에서 의원에 대한 평가를 제대로 하는 주권자의식을 발휘하여야 한다.

Ⅵ. 국회의 청원제도

국회가 수행하는 임무인 민의를 수렴하는 중요한 제도의 하나가 청원제도이더. 국회법은 상임위원회가 그 소관에 속하는 청원을 심사하도록 하고 있다(동법 제36조). 국회청원 절차에 관해서는 국회법(제9장), 국회청원심사규칙에 규정을 두고 있다. 이에 대해서는 앞의 기본권각론, 청원권에서 살펴보았다. 그리고 정재황, 국가권력규범론, 박영사, 219-224면 참조.

Ⅶ. 국회 회의의 보장

국회법은 국회 회의가 정상적으로 진행될 수 있게 질서를 유지하고 의회주의를 자리잡도록 하기 위하여 국회의 회의를 방해할 목적으로 회의장 또는 그 부근에서 폭력행위 등을 하는 것을 금지하고(국회법 제165조), 국회 회의를 방해할 목적으로 폭력행위 등을 한 자를 「형법」상 폭행죄·공무집행방해죄 등 보다 높은 형량으로 처벌하도록 하고 있다(동법 제166조). 이러한 국회 회의 방해죄(국회법 제166조)로 인하여 처벌받은 자로서 법소정에 해당하는 자에 대해 일정기간 피선거권을 제한하는 규정도 공직선거법에 신설되었다(공직선거법 제19조 제4호).

제 5 절 국회의원의 지위와 특권, 권한 및 의무

I. 국회의원의 지위

1. 국회구성원으로서의 지위

국회는 국회의원으로 구성한다(제41조 제1항). 국회의원은 국회를 구성하는 인적 요소이다. 국회는 합의체기관으로서 그 구성원인 개별 국회의원의 의사활동으로 국가의 정책결정 등을 수행하게 된다.

2. 국민대표자로서의 지위

국회의원은 국민의 보통·평등·직접·비밀선거에 의하여 선출된(제41조 제1항) 국민의 대표기관이다. 국민과 국회의원의 관계는 단순한 정치적·사회적·이념적 관계가 아니라 헌법에 의해 대표관계가 형성되는 법적 관계이다(헌법적 대표설). 이러한 법적 대표관계는 법적 위임의 관계이고 기속위임으로서가 아니라 국민전체의 의사를 반영하고 전달하여야 하는 위임이다(기속위임·강제위임의 금지, 대표위임).

3. 국가기관으로서의 지위

국회의원도 법률안의 심의권, 표결권 등의 권한을 행사하여 국가권력행사의 담당자로서 개별적으로 헌법상의 국가기관으로서의 지위를 가진다(96헌라2). 우리 헌재도 "국회의원은 헌법 제41조 제1항에 따라 국민의 선거에 의하여 선출된 헌법상의 국가기관으로서 헌법과 법률에 의하여 법률안제출권, 법률안 심의·표결권 등 여러 가지 독자적인 권한을 부여받고 있으며"라고 판시하여(헌재 1997.7.16. 96헌라2, 국회의원과 국회의장간의 권한쟁의) 국가기관임을 인정하고 있다. 따라서 국회의원도 헌재에서 행하는 권한쟁의심판의 당사자가 될 수 있다.

4. 정당대표자로서의 지위

사례

> A는 국회의원으로서 국회 상임위원회의 하나인 보건복지위원회의 위원이었다. A의 소속정당은 건강
> 보험재정문제와 관련하여 재정분리를 주장함에 반해 A 자신은 재정통합이 옳다고 생각하여 소속정당
> 과 갈등이 있었다. 그 일로 A의 소속 정당의 대표의원이 A를 보건복지위원회의 위원에서 강제로 사
> 임시킬 것을 국회의장에게 요청하여 국회의장이 그 요청서에 결재함으로써 A를 강제로 사임시켰다.
> A를 강제로 사임시킨 행위는 대표위임원칙에 반하는 것인가?

국회의원은 정당의 당원으로서 정당을 대표하는 지위를 가진다. 이 지위는 물론 무소속 국
회의원에 대해서는 인정되지 않는다. 원내교섭단체를 구성하는 정당의 국회의원은 원내교섭단
체의 구성원으로서의 지위도 가진다. 오늘날 정당국가화의 경향과 국민대표주의의 한계에서
지적되는 대로 정당 수뇌부에 의한 결정 내지 이른바 당론을 소속 국회의원이 그대로 전달하는
문제점이 나타나고 있다.

정당대표자로서의 지위와 국민대표자로서의 지위가 충돌할 경우에 후자가 우선한다. 즉 의
원은 무기속위임(대표위임)의 원칙에 따라 소신에 따라 당론과 다른 의견을 표명하고 국민 전체
의 이익을 위한 활동을 할 수 있다. 그런데 당론에 반하는 의견을 표명한 의원을 상임위원회
위원에서 강제로 사임시킨 행위에 대해 그 의원이 청구한 권한쟁의심판에서 헌재는 소속 국회
의원을 당해 교섭단체의 필요에 따라 다른 상임위원회로의 전임(사·보임)하는 조치는 특별한
사정이 없는 한 헌법상 용인될 수 있는 "정당내부의 사실상 강제"의 범위 내에 해당하므로 그
렇게 강제로 사임시킨 행위가 자유위임원칙(무기속위임, 대표위임)에 반하지 않는다고 판단하여
청구를 기각하는 결정을 한 바 있다(2002헌라1). 〈사례〉의 경우 판례에 따르면 A를 강제로 사임
시킨 행위는 대표위임의 원칙에 반하지 않는다고 보게 된다. 그러나 오늘날 국회의 의사활동이
상임위원회중심주의로 이루어지고 있으므로 상임위원회의 활동문제는 정당내부만의 문제가 아
니라는 점에서 대표위임원리에 반한다고 보았어야 했다.

Ⅱ. 국회의원의 신분

1. 임기

국회의원의 임기는 4년으로 한다(제42조). 국회의원이 임기 도중에 사망하거나 자격을 상실
한 경우에는 보궐선거를 행한다. 현행 헌법 자체에는 이에 관한 규정이 없고 공직선거법은 지
역구국회의원에 궐원이 생긴 때에는 보궐선거를 실시한다(공직선거법 제200조 제1항)고 규정하

고 있다. 비례대표국회의원에 궐원이 생긴 때에는 선거구선거관리위원회는 궐원통지를 받은 후 10일 이내에 그 궐원된 의원이 그 선거 당시에 소속한 정당의 비례대표국회의원후보자명부에 기재된 순위에 따라 궐원된 국회의원의 의석을 승계할 자를 결정하여야 한다. 그러나 그럼에도 불구하고 의석을 승계할 후보자를 추천한 정당이 해산되거나 임기만료일 전 120일 이내에 궐원이 생긴 때에는 의석을 승계할 사람을 결정하지 아니한다(동법 동조 제3항).

공화국			임기
제1공화국	제헌헌법		4년
	1차, 2차개헌	민의원	4년
		참의원	6년
제2공화국		민의원	4년
		참의원	6년
제3공화국			4년
제4공화국		직선의원	6년
		통일주체국민회의에 의한 간선의원	3년
제5공화국			4년
제6공화국			4년

□ 국회의원 임기의 변천

2. 자격의 발생·소멸

현행 공직선거법은 국회의원의 임기는 총선거에 의한 전임의원의 임기만료일의 다음 날부터 개시된다고 규정하고 있다(공직선거법 제14조 제2항). 임기만료, 사직, 퇴직, 제명, 자격심사에 의한 자격부인 등으로 인해 자격이 소멸한다. 사직은 스스로 의원직에서 벗어나려는 의사에 의한 것이나 국회법은 의원의 사직을 허가사항으로 하고 있다. 즉 국회는 의결로 의원의 사직을 허가할 수 있고 다만, 폐회 중에는 의장이 이를 허가할 수 있다고 규정하고 있고 본회의에서의 사직의 허가여부는 토론을 하지 아니하고 표결한다(동법 제135조 제1·3항).

Ⅲ. 국회의원의 특권

1. 불체포특권

(1) 의의

국회의원이 형사처벌을 가져올 범죄행위를 한 혐의가 비록 있다고 하더라도 국회의 동의없이는 체포 또는 구금이 되지 않고 이미 체포, 구금이 된 의원에 대해서는 국회가 요구하면 석방이 되는 특권을 의미한다.

(2) 법적 성격

학설로는 ① 의원개인의 신체적 자유의 보장설, ② 의회의 정상활동보장설, ③ 병합설(의원 개인의 특권이자 국회의 특권이기도 하다는 학설) 등이 있다. 우리나라에서는 ②가 지배적 이론이다. 이 특권은 국회의원의 체포, 구속으로 국회활동에 지장을 초래하고 그 계속성을 깨트리는 것을 막기 위한 목적으로 부여되는 것이다. 따라서 이 특권은 결과적으로는 의원에 대한 개인적 특권의 효과를 가지겠지만 근본적인 성격은 국회의 정상적인 활동과 자율성을 보장하기 위한 제도로서의 성격을 가진다. 따라서 의원 개인이 포기할 수 없는 특권이다.

불체포특권은 의원이 체포 또는 구금을 받지 않는다는 범위 내의 특권일 뿐이지 범죄행위에 대한 형사적 책임을 지지 않도록 면제하는 것은 아니다. 즉 책임의 면제가 아니다. 불체포특권으로 불구속상태에 있더라도 재판을 받아 그 결과 유죄가 확정된다면 형사책임을 지게 된다. 책임이 면제되지 않는다는 점에서 발언·표결에 대한 면책특권과 차이가 있다.

(3) 내용

국회의원은 현행범인인 경우를 제외하고는 회기 중 국회의 동의없이 체포 또는 구금되지 아니한다(제44조 제1항). 국회의원만이 누리고 정책보좌관이나 비서관에게는 인정되지 않는 특권이다. 회기에는 정기회뿐 아니라 임시회가 포함되고 그 회기의 집회일부터 폐회일까지의 기간을 말하며 정회, 휴회도 포함된다. '체포 또는 구금'이란 형사소송법에 따른 체포·구인·구금뿐만 아니라 경찰관직무집행법에 의한 보호조치, 행정상 강제적인 조치도 의원의 정상적 활동을 막는 것이라면 해당된다. 또한 국회의원이 회기 전에 체포 또는 구금된 때에도 현행범인이 아닌 한 국회의 요구가 있으면 회기 중 석방된다(동조 제2항). 석방의 효과는 회기 '중'에 한정되어 회기가 종료된 후에는 미치지는 않고 회기가 종료되면 다시 체포·구금될 수 있다. 계엄 시행 중 국회의원은 현행범인인 경우를 제외하고는 체포 또는 구금되지 아니한다(계엄법 제13조).

(4) 절차

1) 체포동의절차

의원을 체포하거나 구금하기 위하여 국회의 동의를 받으려고 할 때에는 관할 법원의 판사는 영장을 발부하기 전에 체포동의요구서를 정부에 제출하여야 하며, 정부는 이를 수리한 후 지체 없이 그 사본을 첨부하여 국회에 체포동의를 요청하여야 한다(국회법 제26조 제1항). 의장은 체포동의를 요청받은 후 처음 개의하는 본회의에 이를 보고하고, 본회의에 보고된 때부터 24시간 이후 72시간 이내에 표결한다. 다만, 체포동의안이 72시간 이내에 표결되지 아니하는 경우에는 그 이후에 최초로 개의하는 본회의에 상정하여 표결한다(동법 제26조 제2항. 이 단서는 표결

지연을 막기 위해 2016.12.16.에 도입된 것임).

2) 석방요구절차

국회의원이 회기 전에 체포 또는 구금된 때에는 현행범인이 아닌 한 국회의 요구가 있으면 회기 중 석방된다(제44조 제2항). 정부는 체포 또는 구금된 의원이 있을 때에는 지체 없이 의장에게 영장의 사본을 첨부하여 이를 통지하여야 하고, 구속기간의 연장이 있을 때에도 또한 같다(동법 제27조). 의원이 체포 또는 구금된 의원의 석방요구를 발의할 때에는 재적의원 4분의 1 이상의 연서로 그 이유를 첨부한 요구서를 의장에게 제출하여야 한다(동법 제28조).

2. 발언·표결에 대한 면책특권

헌법 제45조는 "국회의원은 국회에서 직무상 행한 발언과 표결에 관하여 국회 외에서 책임을 지지 아니한다"라고 규정하여 발언·표결에 대한 면책특권을 명시하고 있다.

(1) 제도의 의의·기능 및 법적 성격

소신 있는 의사활동을 보장하여 국민의 의사를 충분히 성실히 전달하고, 비판적 견해표명을 한 의원에 압력이 가해지지 않게 함으로써 국정통제의 임무를 제대로 소신껏 수행할 수 있게 하고 의회주의의 기능과 의회의 정상적 활동, 적극적 의사활동을 확보하기 위한 특권이다. 또한 국회의 자율성을 보장하기 위한 것이기도 하다. 발언·표결의 면책특권은 불체포특권이 체포가 되지 않을 뿐이고 책임이 면제되지 않는 것과 달리 책임 자체가 면제되는 특권이라는 성격을 가진다. 이 면책특권은 그 종국적 목적이 국회의 정상적 기능을 보장하기 위한 데 있는 것이므로 의원이 개인적으로 스스로 포기할 수는 없다.

(2) 면책의 주체

국회의원만이 면책의 주체가 된다. 국무위원, 정부위원, 증인, 참고인 등이 원내에서 발언, 답변, 증언, 진술한 것은 면책이 되지 않고 따라서 그들은 면책주체가 아니다.

(3) 면책대상행위의 범위

[직무상 발언과 표결 – 직무관련행위] 국회의원이 한 발언과 표결이 직무관련행위로서 이루어진 경우에 면책이 된다. 면책대상이 되는 직무행위는 본회의에서뿐 아니라 상임위원회 등에서의 직무행위도 포함된다. 국회 외부의 장소라 할지라도 직무행위가 이루어지는 곳이라면 그 곳에서의 직무행위도 포함된다(예를 들어 법원 청사에서 이루어지는 국정감사에서 의원의 발언·표결행위도 포함). 그러나 국회에서의 발언을 자신의 인터넷홈페이지에 게재하는 행위는 포함되지 않는다는 것이 대법원판례(2011도15315)이다.

[직무부수행위] 직무행위에는 직무에 부수하는 행위도 포함된다(대법원 91도3317; 2005다 57752; 2009도14442; 2011도15315(이른바 안기부 X파일사건. 국회에서 보도자료를 사전에 배포한 행위에 대해서는 면책특권이 인정되었으나 인터넷 홈페이지 게재에 의한 통신비밀보호법 위반의 점은 면책특권이 인정되지 않고 유죄로 인정되었음)). 우리 대법원 판례는 부수행위인지 여부의 판단기준으로, 회의의 공개성, 시간적 근접성, 장소 및 대상의 한정성과 목적의 정당성을 들고 있다(대법원 91 도3317). 그리하여 부수적 행위로서의 ① 보도자료의 사전배포행위(대법원 91도3317; 2009도 14442), ② 질문·질의 및 자료제출요구(대법원 96도1742) 등을 면책대상으로 인정한 바 있다.

[폭력행위 등] 폭력행위 등은 정상적인 직무행위가 아니므로 면책대상행위가 되지 못한다.

[모욕, 명예훼손 등의 문제] 험담, 모욕적 발언 등도 면책되는지 견해가 갈린다. 직무행위로서의 질(品格)을 가지는 것인지에 따라 판단하여야 할 것인데 중한 험담, 모욕은 직무행위범위에 넣을 수 없다고 보아 면책되지 않는다고 볼 것이다. 우리 국회법 제146조도 "의원은 본회의나 위원회에서 다른 사람을 모욕하거나 다른 사람의 사생활에 대한 발언을 하여서는 아니 된다"라고 규정하여 이를 금지하고 있고 이를 위반한 경우를 징계사유로 명시하고 있다(국회법 제155조 제9호).

명예훼손적 내용이 면책대상에 포함되는 것인지에 대해서도 견해가 갈린다. ⅰ) 학설: ① 포함설 ② 불포함설, ③ 개별설(포함 여부를 사안에 따라 개별적으로 판단하자는 견해) 등이 대립되고 있다. 역시 의원으로서의 품격을 잃고 직무행위라고 볼 수 없는 명예훼손에 대해서는 면책이 되지 않는다고 볼 것이다. 아래 판례도 그러한 입장인 것으로 이해할 수 있다. 모욕이나 명예훼손에 대해서는 엄격한 요건 하에 판단하여야 야당탄압 등의 빌미를 제공하지 않게 된다. 결국 직무수행에 관련성이 없거나 직무수행을 위한 필요성이 전혀 없는 심한 중상모략의 모욕, 명예훼손이나 명백히 허위인 사실인 줄 인식하면서 행한 명예훼손 발언은 면책에서 제외된다. ⅱ) 판례: 대법원은 "발언 내용 자체에 의하더라도 직무와는 아무런 관련이 없음이 분명하거나, 명백히 허위임을 알면서도 허위의 사실을 적시하여 타인의 명예를 훼손하는 경우 등까지 면책특권의 대상이 될 수는 없지만, 발언 내용이 허위라는 점을 인식하지 못하였다면 비록 발언 내용에 다소 근거가 부족하거나 진위 여부를 확인하기 위한 조사를 제대로 하지 않았다고 하더라도, 그것이 직무 수행의 일환으로 이루어진 것인 이상 이는 면책특권의 대상이 된다"라고 한다(대법원 2005다57752).

(4) 면책의 효과

'국회 외'에서 '형사책임·민사책임'을 지지 않는다. 형사책임이 면제되므로 어느 직무행위가 비록 범죄를 구성하는 행위라고 할지라도 그 직무행위가 면책대상이라면 검찰은 공소를 제기할 수 없고 법원도 범죄행위로 판단할 수 없으며 설령 검사의 공소제기가 있더라도 공소기각의 판결을 하게 된다. 손해배상 등 민사책임도 지울 수 없다.

위와 같은 법적 책임의 면제는 의원으로서 재임(在任)하고 있는 동안에만 주어지는 것이 아니라 영구적인 것으로 의원직을 떠난 후에도 면책된다. 그러나 국회 외에서의 정치적 책임은 질 수 있다.

Ⅳ. 국회의원의 권한

1. 의안발의권

국회의원은 법률안(제52조)과 각종 의안을 발의할 수 있는 권한을 가진다. 발의는 10명 이상의 의원의 찬성으로 한다(국회법 제79조).

* **용어**: 의원이 의안을 낼 때는 '발의'라고 하지만 정부 또는 상임위원회가 의안을 낼 때는 '제출'이라는 용어를 사용한다. '발의'와 '제출'을 포함하여 '제안'이라고 하고 국회의장이 의안을 낼 경우에는 '제의'라고 한다.

2. 심의 · 토론 · 표결권

[의의] 이는 국회의원이 의제가 된 의안 등에 대하여 검토하고 의견을 표명하는 심의 · 토론에 참여하고 의제에 대해 의원들의 찬반의 의사표시로 결정에 이르는 표결에 참여할 수 있는 권한을 말한다. 의회주의의 요소로서 토론 · 합의기능에서 당연히 인정되는 권한이다.

[헌법적 근거] 우리 현행 헌법에 의원의 심의 · 토론 · 표결권을 직접 명시하는 규정은 없으나 국회는 국민의 보통 · 평등 · 직접 · 비밀선거에 의하여 선출된 국회의원으로 구성되어(제41조 제1항), 이러한 국회구성원으로서의 의원이 헌법상 입법권(제40조) 등 국회에 부여된 권한의 행사에 심의 · 표결을 통해 참여함이 당연하므로 심의 · 토론 · 표결권은 헌법 제41조 제1항, 제40조 등에 의해서도 인정되는 헌법상의 권한이다(96헌라2; 99헌라1; 2009헌라8).

[권한쟁의심판] 국회의원의 심의 · 토론 · 표결권에 대한 침해는 권한쟁의심판으로 다툴 수 있다.

* **심의 · 토론 · 표결권 침해를 인정한 예**: ① 심의 · 표결의 권한을 침해한 것으로 인정된 예: 96헌라2, 2009헌라8. ② 반대토론권을 인정하지 않아 심의 · 표결의 권한을 침해한 것으로 인정된 예: 국회의장이 적법한 반대토론 신청이 있었음에도 반대토론을 허가하지 않고 토론절차를 생략하기 위한 의결을 거치지도 않은 채 법률안들에 대한 표결절차를 진행한 것이 국회의원의 법률안 심의 · 표결권을 침해한 것이라고 결정한 바 있다(2009헌라7). 그러나 헌재는 법률안 가결선포행위를 무효로 선언하지는 않았다. ③ 그런데 위 2009헌라8 결정은 이른바 미디어법결정으로 법률안 심의 · 표결권의 침해를 인정한 결정이었는바 이후 위 결정에서 침해확인된 법률안 심의 · 표결권을 회복할 수 있는 조치를 국회의장이 취하지 아니하는 부작위가 법률안 심의 · 표결권을 침해한다고 하는 권한쟁의심판이 청구되었는데 헌재는 기각결정을 하였다(2009헌라12).

[성격 — 포기불가] 헌재는 법률안 심의 · 표결권은 국민에 의하여 선출된 국가기관으로서 국

회의원이 그 본질적 임무인 입법에 관한 직무를 수행하기 위하여 보유하는 권한으로서의 성격을 갖고 있으므로 국회의원의 개별적인 의사에 따라 포기할 수 있는 것은 아니라고 본다(2009헌라8).

3. 질문권과 질의권

국회의원은 국무총리 · 국무위원 · 정부위원에 대해 질문을 할 권한을 가진다. 질문에는 서면질문과 구두질문이 있다(질문제도에 대해서는, 전술 참조). 질의권은 당해 의제가 되고 있는 안건에 대하여 묻는 권한을 의미하고 따라서 질의권은 질문권에 비해 그 범위가 한정된다.

V. 국회의원의 의무

1. 헌법과 법률준수의무

국회의원은 헌법을 준수하고 자신들이 제정한 법률을 준수함으로써 입헌주의와 법치주의를 확립하여야 한다.

2. 헌법직접명시적 의무 – 청렴의무 · 국익우선의무 · 지위남용금지의무 · 법적 겸직금지의무

헌법이 직접 명시하고 있는 국회의원 의무로, ① 청렴의 의무(제46조 제1항), ② 국익우선의무(제46조 제2항), ③ 지위남용금지의무(제46조 제3항: "국회의원은 그 지위를 남용하여 국가 · 공공단체 또는 기업체와의 계약이나 그 처분에 의하여 재산상의 권리 · 이익 또는 직위를 취득하거나 타인을 위하여 그 취득을 알선할 수 없다"), ④ 겸직금지의무(제43조: "국회의원은 법률이 정하는 직을 겸할 수 없다") 등의 의무가 있다. 헌법의 겸직금지의무를 구체화한 국회법은 소속 상임위원회 직무와 관련된 영리행위가 아니면 영리업무 종사에 대하여 별도의 금지 규정이 없어 의정활동의 공정성과 국회의원의 청렴 의무에 부합하지 않는다는 지적이 있어 2013년에 국회의원의 겸직과 영리업무 종사를 엄격히 제한하는 개정이 있었다. 즉 국회의원은 국무총리 또는 국무위원의 직 이외에는 원칙적으로 다른 직을 겸할 수 없도록 하되, 예외적으로 공익목적의 명예직 등은 겸할 수 있도록 하고, 의원은 그 직무 외에 영리를 목적으로 하는 업무에 종사할 수 없다고 규정하고 있다(동법 제29조 제1항, 제29조의2 제1항). 또한 겸직 금지 및 영리업무 종사 금지 위반을 징계사유로 추가하고, 징계시 출석정지를 90일로 강화하고 있다(동법 제155조 제2호 및 제3호, 제163조 제1항 제3호).

3. 국회법에 명시된 의무

국회법상 ① 선서의무(국회법 제24조), ② 품위유지의 의무(동법 제25조), ③ 본회의·위원회 출석의무(동법 제155조 제12호), ④ 의제 외 발언의 금지의무(동법 제102조), ⑤ 질서유지의무(동법 제145조), ⑥ 모욕·사생활발언금지의무(동법 제146조), ⑦ 발언방해 등의 금지의무(동법 제147조), ⑧ 회의진행 방해 물건 등의 반입 금지의무(동법 제148조), ⑨ 비공개회의의 내용공표금지의무(동법 제118조 제4항 본문). ⑩ 불게재회의록의 타인 열람·전재·복사금지의무(동법 제118조 제3항), ⑪ 윤리의무(국회의원윤리강령·국회의원윤리실천규범 준수의무. 동법 제155조 제16호), ⑫ 정보위원회 위원의 국가기밀공개·누설금지의무(동법 제54조의2 제2항), ⑬ 탄핵소추사건 조사상 주의의무(동법 제155조 제13호) 등이 규정되어 있다.

그동안 의장석점거, 몸싸움 등의 무질서가 비난을 받았고 이를 없애기 위해 국회법은 "의원은 본회의장 의장석이나 위원회 회의장 위원장석을 점거해서는 아니 된다"라는 규정을 신설하였다(동법 제148조의2), 이를 위반하여 의장석 또는 위원장석을 점거하고 점거 해제를 위한 의장 또는 위원장의 조치(경고 또는 제지, 이에 응하지 않을 때 발언금지하거나 퇴장시키는 조치)에 불응한 때 징계사유로 하고 있다(동법 제155조 제10호). 또한 "누구든지 의원이 본회의 또는 위원회에 출석하기 위하여 본회의장이나 위원회 회의장에 출입하는 것을 방해해서는 아니 된다"라는 규정을 신설하였고 이를 위반한 경우에 징계사유로 하고 있다(동법 제148조의3, 제155조 제11호). 겸직금지의무가 국회법규정의 개정으로 강화되었는데 이는 앞서 서술하였다.

4. 의무위반에 대한 제재

국회의원이 의무를 준수하지 못하면 제재를 받게 되는데 제재로 징계가 가해질 수 있는바 국회법 제155조는 그 징계사유를 열거하고 있다(1. 헌법 제46조제1항 또는 제3항을 위반하는 행위를 하였을 때, 2. 제29조의 겸직 금지 규정을 위반하였을 때, 3. 제29조의2의 영리업무 종사 금지 규정을 위반하였을 때, 4. 제54조의2 제2항을 위반하였을 때, 5. 제102조를 위반하여 의제와 관계없거나 허가받은 발언의 성질과 다른 발언을 하거나 이 법에서 정한 발언시간의 제한 규정을 위반하여 의사진행을 현저히 방해하였을 때, 6. 제118조 제3항을 위반하여 게재되지 아니한 부분을 다른 사람에게 열람하게 하거나 전재 또는 복사하게 하였을 때, 7. 제118조 제4항을 위반하여 공표 금지 내용을 공표하였을 때, 8. 제145조 제1항에 해당되는 회의장의 질서를 어지럽히는 행위를 하거나 이에 대한 의장 또는 위원장의 조치에 따르지 아니하였을 때, 9. 제146조를 위반하여 본회의 또는 위원회에서 다른 사람을 모욕하거나 다른 사람의 사생활에 대한 발언을 하였을 때, 10. 제148조의2를 위반하여 의장석 또는 위원장석을 점거하고 점거 해제를 위한 제145조에 따른 의장 또는 위원장의 조치에 따르지 아니하였을 때, 11. 제148조의3을 위반하여 의원의 본회의장 또는 위원회 회의장 출입을 방해하였을 때, 12. 정당한 이유 없이 국회 집회일부터 7일 이내에 본회의 또는 위원회에 출석하지 아니하거나 의장 또는 위원장의 출석요구서를 받은 후 5일 이내에 출석하지 아니하였을 때, 13. 탄핵소추사건을 조사할 때 「국정감사 및 조사에 관한 법률」에 따른 주의의무를 위반하는 행위를 하였을 때, 14. 「국정감사 및 조사에 관한 법률」 제17조에 따른 징계사유에 해당할 때, 15. 「공직자윤리법」 제22조에 따른 징계사유에 해당할 때, 16. 「국회의원윤리강령」이나 「국회의원윤리실천규범」을 위반하였을 때). 징계의 종류에는 ㉠ 공개회의에서의 경고, ㉡ 공개회의에서의 사과, ㉢ 30일 이내의 출석정지(겸직 금지 및 영리업무 종사 금지 위반시 90일), ㉣ 제명이 있다(동법 제163조 제1항). 회의장질서문란행위, 의장석·위원장석 점거행위, 회의장 출입 방해행위에 대한 징계는 공개회의에서의 경고 또는 사과(이 경우 2개월간 수당 등 월액의 2분의 1을 감액), 30일 이내의 출석정지(이 경우 3개월간 수당 등을 지급하지 않음)하도록 하여 징계정도를 강화하고 있다(동법 제163조 제2항). 징계절차는 윤리특별위원회의 심사를 거쳐 본회의가 의결한다(동법 제156조 - 제162조). 의장석·위원장석 점거행위에 대한 징계의 경우에는 다른 사유의 징계의 경우와 달리 윤리특별위원회의 심사를 거치지 아니하고 징계안을 바로 본회의에 부의하여 지체 없이 의결하여야 하도록 하고 있다(동법 제155조 단서, 제156조 제7항). 징계 중에서 가장 강한 징계인 제명을 하려면 국회재적의원 3분의 2 이상의 찬성이 있어야 한다(제64조 제3항). 국회의원의 징계, 제명의 처분에 대하여는 법원에 제소할 수 없다(제64조 제4항). 헌법소원은 가능한지가 논의되고 있다.

5. 의원신분에 관한 국회의 결정에 대한 위헌심사 문제

(1) 헌법규정 - 법원제소 대상 제외
국회의 자격심사와 징계, 제명의 처분에 대하여는 법원에 제소할 수 없다(제64조 제4항). 이는 국회의 자율권을 보장하기 위한 것이다.

(2) 헌법재판소의 심사 가능 문제
법원이 아닌 헌법재판소에 심사를 청구하는 것은 가능한지가 논의된다.
1) 학설
① 부정설 - 의원신분문제의 결정은 의회의 자율성 문제이고 국회의 자율성을 고려하여야 하여 부정하는 견해, 이러한 국회의 자율성으로 국회의 처분은 통치행위적 성격을 가지므로 부정되어야 한다는 견해, 법원제소의 금지의 취지를 헌법재판소에 대해서도 그대로 적용된다고 보아 부정하는 견해 등이 있다. 헌법재판소의 권한은 한정열거적이라는 점을 들어 부정하는 견해도 있을 수 있다. ② 긍정설 - 국회자율성에도 한계가 있고 의원 개인의 기본권을 보장해 주어야 한다는 점을 들어 긍정하는 견해, 헌법이 명시적으로 금지하고 있는 것은 법원제소이고 헌법재판소의 헌법재판의 청구를 금지하고 있지 않다는 점을 들어 긍정하는 견해, 헌법재판을 통한 구제를 부정할 경우에 의원의 권리구제방법은 전혀 인정 안 된다는 점에서 긍정하는 견해

등이 있을 수 있다.

2) 사견

긍정설이 다음과 같은 이유로 타당하다. ⅰ) 위의 헌법 제64조 제4항의 제외는 어디까지나 법원제소를 금지하는 것이고 헌재에 헌법재판을 청구하는 것을 금지하고 있지는 않다. ⅱ) 헌재도 스스로 인정하듯이 통치행위를 기본권이 관련되는 경우에는 인정하지 않으므로 의원의 신분에 대한 처분이 기본권 제한(공무담임권의 제한)을 가져온다는 점에서 헌법소원심판의 청구를 인정할 수 있다. ⅲ) 헌법소원심판의 최종성을 생각하면 법원의 사법구제가 불가능하다고 하더라도 국회의원의 신분에 대한 처분이 기본권구제의 최후보루로서의 헌법소원심판의 대상이 된다. ⅳ) 더구나 의원의 재판청구권도 기본권이고 이 제한은 본질적 내용을 박탈할 수 없어서 전적으로 박탈할 수 없다는 점에서 법원, 헌법재판소 전부 전적으로 헌법재판청구권을 행사할 수 없게 할 수는 없다는 점에서도 긍정하여야 한다. ⅴ) 헌재의 권한이 한정적이라고는 하나 의원신분에 대한 처분에 대해 헌법소원심판을 청구하는 것은 헌법소원심판이 헌재의 권한에 해당되므로 가능하다. 참고로 프랑스의 경우 헌법재판소에 의회의원의 피선거권 및 겸직금지 심사권이 있다.

제 6 절 국회의 권한

제 1 항 입법권

Ⅰ. 국회입법권의 개념과 범위

국회의 입법권의 개념이 어떠하냐에 따라 그 범위가 설정되므로 그 개념과 범위를 함께 살펴본다.

1. 개념

학설로는 ① 실질설, ② 형식설, ③ 헌법기준설 등이 있다. ① 실질설은 국회입법권을 법규(국민의 권리, 의무에 영향을 미치는 법규범)를 정하는 국회의 권한이라고 본다(또 다른 실질설로 일반적 · 추상적 법규범을 정립하는 국회의 권한이라는 학설도 있다). 실질설에 따를 때 국회입법권에는 법규사항을 정하는 것이라면 법률제정권뿐 아니라 헌법개정안심의 · 의결권, 중요조약체결비준동의권, 긴급명령 · 긴급재정경제명령승인권, 국회규칙제정권이 모두 포함된다. ② 형식설은 '법률'이라는 이름과 형식의 법규범을 정립하는 국회의 권한, 즉 법률제정권만을 국회입법권으로 본다. ③ 헌법기준설은 국회입법권의 개념과 범위는 바로 헌법을 기준으로 파악되어야 하며 국회입법권은 헌법에 규정된 국회의 권한들 중에 법규범의 정립에 관한 권한이라고 본다. 따라서 헌법기준설에 따르면 헌법상 국회가 제정주체인 법규범 사항과 국회가 제정주체가 아니나 그 제정에 관여할 권한을 가지는 법규범 사항들 모두가 국회입법권의 범위에 들어간다고 본다.

형식설은 '법률' 외에 헌법개정안심의·의결권 등 다른 법규범에 관한 권한은 왜 국회입법권에서 제외되는지 설명하지 못한다. 실질설은 헌법이 법규 외의 사항도 법률사항으로 위임한 경우가 있고(예를 들어 행정각부조직에 관한 사항을 법률사항으로 하고 있다. 제96조) 국회가 제정하지 않는 대통령령 등 명령(제75조)에도 법규사항이 담겨질 수 있기에 모순을 보여주는 문제가 있다. 생각건대 형식설도 자신의 기준에서 제외되는 헌법개정안의결권 등도 헌법 제128조 등 헌법규정이 국회권한으로 정했다는 이유로 국회의 권한으로 인정하게 될 것이고 실질설도 자신의 기준에서 국회입법권에 들어가야 할(대통령령 등) 권한도 헌법이 제75조를 두어 다른 국가기관에 부여했기 때문이라고 할 것이다. 그렇다면 양설이 자신의 기준에 따르면 예외가 되지만 그것은 헌법이 그렇게 정했기 때문이라고 보게 되고 이는 결국 헌법이 어떻게 정하느냐에 달린 것을 의미하고 따라서 국회입법권의 개념과 범위는 이를 헌법에 비추어 판단되고 설정되어야 한다고 보게 된다(헌법기준설).

2. 범위

헌법기준설에 따라 국회입법에는 국회가 주체가 되어 행하는 법규범정립과 대통령이 주체가 되어 행하더라도 국회가 관여하는 법규범정립이 모두 들어간다. 따라서 국회입법권에는 법률제정권뿐 아니라 헌법개정안심의·의결권, 중요조약체결비준동의권, 긴급명령·긴급재정경제명령승인권, 국회규칙제정권이 모두 포함된다. 이 점에서 실질설과 대상규범의 종류에 관한 한 차이가 없다. 그러나 실질설은 그런 권한의 행사 중 법규적 사항을 대상으로 할 경우를 국회입법이라고 보고 헌법기준설은 그러한 제한을 두지 않는다는 점에서 차이가 있다. 즉 헌법기준설에 따를 때 그 범위가 더 확대된다. 예산심의확정권에 대해서는 대한민국은 예산법률주의 국가가 아니므로 제외된다고 볼 수도 있겠으나, 예산이 법률은 아니지만 국가기관들을 법적으로 구속하는 법규범이라는 점에서 여기에 포함시켜도 될 것이다.

II. 이하의 서술 체제

위에서 헌법기준설에 따라 국회입법권에는 법률제정권, 헌법개정안심의·의결권, 중요조약체결비준동의권, 긴급명령·긴급재정경제명령승인권, 국회규칙제정권이 모두 포함된다고 보았는데 이하에서 국회입법권 중 중심이 되는 법률제정권을 제2항에서, 그 외 입법권에 대해서는 제3항에서 살펴본다.

제 2 항 법률제정권

I. 법률제정권의 의의와 범위

국회의 법률제정권은 '법률'이란 이름의 법규범, 즉 형식적 법률을 제정하는 권한을 말한다. 법률제정권은 국회입법권에 있어서 가장 많은 비중을 차지하고 있다.

헌법이 법률로 정하도록 한 사항으로는 형벌에 관한 사항(죄형법정주의, 제12조 제1항), 재산권의 내용과 한계(제23조 제1항), 각종 청구권(제26조 등), 선거권(제24조), 기본권의 제한의 일반유보(제37조 제2항), 납세의 의무 등 각종 국민의 의무(제38조) 등이 있다. 또한 헌법은 국가조직에 관한 사항으로 대통령·국회의원의 선거와 행정각부, 대법원·각급법원, 헌법재판소 등의 조직(제67조 제5항, 제41조 제3항, 제102조 제3항, 제113조 제3항 등)을 법률로 정하도록 하고 있다. 그 외에도 헌법이 법률사항으로 규정한 것으로 국토의 이용·개발, 사영기업의 국·공유화, 공무원의 신분 등에 관한 사항이 있다.

II. 법률의 요건

법률은 일반성, 추상성을 가질 것이 요구된다. 그러나 오늘날 처분적 법률도 예외적으로 인정될 수 있다. 법률의 또 다른 내용적 요건으로 기본권을 제한하는 법률과 같은 경우에는 특히 그 내용이 명확하여야 하며(명확성) 비례원칙, 신뢰보호원칙 등을 준수해야 하는 등의 요건을 갖추어야 한다(이러한 요건들과 처분적 법률 등에 대해서는, 전술 제 3 부 기본권론 제 1 편 기본권총론, 기본권의 제한 참조).

III. 법률안의 제출과 심사절차

1. 법률안의 제출

(1) 제출권자와 의원발의정족수

헌법 제52조는 국회의원과 정부에 법률안제출권을 부여하고 있다. 국회법상 국회의원이 법률안을 낼 때에는 '발의'라고 하고, 정부가 법률안을 낼 때에는 '제출'이라고 한다. 법률안의 발의정족수는 의원 10인 이상이다(국회법 제79조 제1항).

(2) 제출절차

의안을 발의하는 의원은 그 안을 갖추고 이유를 붙여 찬성자와 연서하여 이를 의장에게 제출하여야 한다(동법 동조 제2항). 법안실명제를 하고 있다(동법 동조 제3항 본문: "의원이 법률안을 발의할 때에는 발의의원과 찬성의원을 구분하되, 법률안 제명의 부제(副題)로 발의의원의 성명을 기재한다").

[판례] 전자문서에 의한 개별 국회의원의 법률안 제출 방식은 국회의 자율권의 범위 내에서 허용되고 국회규칙 및 내규에 근거를 둔 제출 방식으로 국회법 제79조 제2항에 반하지 않는다고 보고, 피청구인 사개특위 위원장이 국회 입안지원시스템을 통하여 발의된 법률안들에 대한 신속처리안건 지정동의안을 상정한 것은 국회법 제79조 제2항을 위반한 것이라고 볼 수 없다고 한다(2019헌라3등). 또 전자정보시스템으로 제출된 법률안을 접수하는 수리행위만으로는 사개특위 및 정개특위 위원인 청구인들의 법률안 심의·표결권이 침해될 가능성이나 위험성이 없다고 보았다(그 부분 청구 각하. 마찬가지로 2019헌라3등).

(3) 제출·상정시기의 분산

법안제출이 한꺼번에 어느 시기에 몰리지 않도록 분산되도록 하여 심도 있고 집중적인 입법심사를 이끌게 하기 위하여 법률안 제출계획제도를 두고 있다(동법 제5조의3).

2. 법률안 심사절차와 입법예고제

* 국회에서 법 제정, 개정절차, 법률안 심사 과정은 상임위원회가 상당히 주축이 되어 이루어지면서 본회의에서 종결된다. 이러한 일련의 흐름을 개관하여 이해하도록 국회의 '법률 제정 및 개정 절차' 도해를 아래 법률의 확정 부분 정도에서 표기해두었는데 그 부분을 먼저 일별참조하는 것이 이해에 효과적일 수 있겠다.

(1) 상임위원회의 심사
1) 개관

상임위원회에서의 법안심사의 과정을 보면, 먼저 그 취지의 설명과 전문위원의 검토보고를 듣고 대체토론과 축조심사 및 찬반토론을 거쳐 표결한다(동법 제58조 제1항. 이 상임위에서의 입법절차는 '법률 제정 및 개정 절차' 도해(아래 기재)의 네모 속 위원회 부분을 보면 전반적인 이해가 잘 된다). 축조심사를 생략할 수도 있으나 제정법률안 및 전부개정법률안에 대하여는 반드시 축조심사를 하여야 한다. 청문회, 공청회 절차도 있다. 제정법률안 및 전부개정법률안에 대하여는 공청회 또는 청문회를 개최하여야 하는데 위원회의 의결로 생략할 수 있다(동법 제58조 제6항).

2) 안건조정제도

이견을 조정할 필요가 있는 안건에 대한 안건조정위원회제도가 있다.

[법규정과 취지] 안건조정위원회제도(동법 제57조의2): 위원회는 이견을 조정할 필요가 있는 안건을 심사하기 위하여 재적위원 3분의 1 이상의 요구로 안건조정위원회를 구성하고 해당 안건을 대체토론이 끝난 후 조정위원회에 회부한다. 조정위원회의 활동기한은 그 구성일부터 90일로 한다. 조정위원회는 조정위원회의 위원장 1명을 포함한 6명의 조정위원회의 위원으로 구성하는데 소속 의원수가 가장 많은 교섭단체(이하 "제 1 교섭단체"라 한다)에 속하는 조정위원의 수와 제 1 교섭단체에 속하지 아니하는 조정위원의 수를 같게 한다. 조정위원회는 회부된 안건에 대한 조정안을 재적 조정위원 3분의 2 이상의 찬성으로 의결한다. 이렇게 의결한 안건에 대하여는 소위원회의 심사를 거친 것으로 보며, 위원회는 조정위원회의 조정안이 의결된 날부터 30일 이내에 그 안건을 표결한다. 조정위원회에서 그 활동기한 내에 안건이 조정되지 아니하거나 조정안이 부결된 경우에는 위원장은 해당 안건을 소위원회에 회부한다. 안건조정위원회는 재적위원 3분의 1 이상 요구로 구성될 수 있어 야당이 어렵지 않게 여당 독주견제를 할 수 있게 한다. 국회선진화제도의 하나로 도입된 것이다.

[판례] 국회 정치개혁특별위원회 위원장이 2019.8.29. 정개특위 전체회의에서 조정안을 정개특위 심사 법률안으로 상정하여 가결을 선포한 행위에 대한 권한침해 및 무효 확인 청구가 있었는데 헌재가 기각하였다. 활동기간을 상한이라고 보고 그 도래 전 가결도 적법하고, 조정이 있었으며, 비공개 조정, 조정위 구성 이틀 후 의결 모두 적법하다고 판단했다(헌재 2020.5.27. 2019헌라5; 헌재 2020.5.27. 2019헌라6등).

3) 숙려(심사대기)기간

위원회에서의 심도 있는 법률안 심사가 이루어지기 위해서는 위원들에게 상정될 법률안에 대하여 사전에 검토할 시간을 부여할 필요가 있다(심사대기기간 또는 숙려기간). 이를 위하여 우리 국회법 제59조도 위원회는 법률안이 그 위원회에 회부된 날부터 일부개정법률안의 경우 15일, 제정법률안, 전부개정법률안 및 폐지법률안의 경우 20일, 체계·자구심사를 위하여 법제사법위원회에 회부된 법률안의 경우 5일(법률안 외의 의안은 20일)의 기간이 지나지 아니하였을 때에는 이를 상정할 수 없고 다만, 긴급하고 불가피한 사유로 위원회의 의결이 있는 경우에는 그러하지 아니하다고 규정하고 있다.

(2) 입법예고제

국회법 제82조의2 제1항은 상임위원회 위원장은 간사와 협의하여 회부된 법률안에 대하여 그 입법 취지와 주요 내용 등을 국회공보 또는 국회 인터넷 홈페이지 등에 게재하는 방법 등으로 입법예고하여야 한다고 하여 의무화하고 있다(의무적 예고제). 다만, 입법이 긴급을 요하는 경우 등에는 위원장이 간사와 협의하여 입법예고를 하지 아니할 수 있다. 입법예고제는 국민의 '알 권리'를 보장하고 국민의 의견수렴을 충분히 거쳐 보다 타당성이 있는 법률을 제정하게 하는 중요한 입법절차제도이다. 상임위원회 단계 이후에서 입법예고제를 시행하는 것으로 되어 있고 그 이전 단계에서는 입법예고제의 시행을 예정하고 있지 않다. 입법예고기간은 10일 이상으로 한다. 다만, 특별한 사정이 있는 경우에는 단축할 수 있다(동법 제82조의2 제2항). 입법예고의 시기·방법·절차, 그 밖에 필요한 사항은 국회규칙으로 정한다(동법 동조 제3항).

(3) 심사기간의 지정

의장은 1. 천재지변의 경우, 2. 전시·사변 또는 이에 준하는 국가비상사태의 경우, 3. 의장이 각 교섭단체대표의원과 합의하는 경우의 어느 하나에 해당하는 경우에는 위원회에 회부하는 안건 또는 회부된 안건에 대하여 심사기간을 지정할 수 있다(동법 제85조 제1항).

위 규정이 이른바 국회선진화법규정으로 들어온 규정들 중의 하나이다. 이전에 직권상정을 위한 심사기간 지정사유나 대상에 아무런 제한이 없었기 때문에 직권상정 때마다 여야간 물리적 충돌이 일어나 이를 막기 위해 위와 같은 사유를 두게 되었다.

* 이 규정에 관련한 심사기간 지정 거부행위에 대한 권한쟁의심판청구의 각하결정: 2015년에 당시 여당 국회의원들이 재적의원 과반수 찬성으로 심사기간 지정을 요청하였으나 국회의장이 거부하자 위 국회법 제85조 제1항이 '천재지변'이나 '국가비상사태' 또는 '각 교섭단체대표의원과 합의'하는 경우에만 국회의장이 법안에 대해 심사기간을 지정할 수 있도록 규정하여 동항에 국회 재적의원 과반수가 의안에 대하여 심사기간 지정을 요청하는 경우 국회의장이 그 의안에 대하여 의무적으로 심사기간을 지정하도록 규정하지 아니한 입법부작위가 국회의원의 심의·표결권을 침해한다는 주장의 권한쟁의심판이 청구되었다. 헌재는 다음과 같은 이유로 권한침해가능성이 없다고 보아 각하결정을 하였다. 즉 ① 국회법 제85조 제1항 제3호가 다수결의 원리 등에 반하여 위헌이 되더라도, 법률안에 대한 심사기간 지정 여부는 여전히 국회의장의 권한이라는 점에서 피청구인 국회의장에게 위 법률안에 대한 심사기간 지정 의무가 곧바로 발생하는 것은 아니라고 할 것이다. 그렇다면 국회법 제85조 제1항 제3호의 위헌 여부는 이 사건 심사기간 지정 거부행위의 효력에 아무런 영향도 미칠 수 없다. ② 입법부작위 부분에 대한 판단: (가) 이 사건 입법부작위의 성격 및 국회법 제85조 제1항과의 관계 — 국회의장의 직권상정제도가 비상적이고 예외적인 입법절차이고 이 사건 입법부작위는 입법자가 재적의원 과반수의 요구에 의해 위원회의 심사를 배제할 수 있는 비상입법절차와 관련하여 아무런 입법을 하지 않은 '진정입법부작위'로 달라 결국 이 사건 입법부작위의 위헌 여부와 국회법 제85조 제1항은 아무런 관련이 없으므로, 그 위헌 여부가 이 사건 심사기간 지정 거부행위에 어떠한 영향도 미칠 수 없다. (나) 국회의 의사자율권 — 대화와 타협에 의한 의회정치의 정상화를 위하여 국회법 제85조 제1항 제3호에 의장이 각 교섭단체대표의원과 합의하는 경우라는 심사기간 지정사유를 두어 합의제를 강화한 것을 두고, 국회의 입법형성권이나 의사자율권을 벗어난 것이라 보기도 어렵다. (다) 헌법상 또는 헌법해석상 유래하는 입법의무의 부존재 — 1) 헌법 제49조 전문은 "국회는 헌법 또는 법률에 특별한 규정이 없는 한 재적의원 과반수의 출석과 출석의원 과반수의 찬성으로 의결한다"라고 규정하여, 의회민주의의 기본원리인 다수결의 원리를 선언하고 있다. 이러한 일반정족수는 다수결의 원리를 실현하는 국회의 의결방식 중 하나로서 국회의 의사결정시 합의에 도달하기 위한 최소한의 기준일 뿐 이를 헌법상 절대적 원칙이라고 보기는 어렵다. 헌법 제49조에 따라 일반정족수가 아닌 특별정족수에 따라 의결할 것인지 여부는 국회 스스로 판단하여 법률에 정할 사항이다. (b) 우리 국회는 의안 심의에 관한 국회운영의 원리로 '위원회 중심주의'를 채택하고 있으므로, 상임위원회의 심사는 법률을 제정하는 데 있어서 무엇보다도 중요한 과정이라 할 수 있다. 국회 재적의원 과반수가 요구하면 국회의장이 의무적으로 해당 법안을 본회의에 상정하여야 한다는 의견은, 다수파 의원들이 원하는 법안은 상임위원회의 논의 등 모든 입법절차를 생략한 채 본회의를 통과할 수 있어야 한다는 결론에 도달하는 것으로서 다수파의 독재를 허용하여야 한다는 것과 다름없고, 이는 결국 소수의 참여 및 토론과 설득의 기회를 배제하자는 것이어서 오히려 다수결의 원리의 정당성 근거를 정면으로 부인하고 있는 것이다. ③ 결국 재적의원 과반수가 의안에 대하여 심사기간 지정을 요청하면 국회의장이 의무적으로 심사기간을 지정하고 본회의에 부의하는 방법으로 비상입법절차를 마련해야 할 의무는 도출되지 않으므로 국회법 제85조 제1항에서 이러한 내용을 규정하지 않은 것이 다수결의 원리, 나아가 의회민주주의에 반한다고 볼 수 없다(헌재 2016.5.26. 2015헌라1).

위 1 또는 2에 해당하는 때(즉 천재지변의 경우, 2. 전시·사변 또는 이에 준하는 국가비상사태의 경우)에는 의장이 각 교섭단체대표의원과 협의하여 해당 호와 관련된 안건에 대해서만 심사기간을 지정할 수 있다(동법 동조 본문 후문. * 위 국회선진화법 이전의 국회법규정이긴 하나 '협의'의 의미에 대한 판례로, 헌재가, 전화를 통한 협의도 허용된다 할 것이고, 비록 교섭단체대표의원에게 한 의장의 전화통화의 내용이 확정된 심사기간 지정의 결과를 일방적으로 통보하는 식이었다 하더라도 국회법 제85조에서 요구하는 협의 절차를 거쳤다고 보고 2시간 정도의 심사기간 지정도 위법하지 않아 의원의 심의·표결권을 침해한 것이 아니라고 보아 청구를 기각한 예가 있다(2010헌라6 결정 참조).

법제사법위원회에서의 체계·자구의 심사에 있어서도 비슷한 심사기간 지정제도가 있다(동법 제86조 제2항).

(4) 법제사법위원회에서의 체계·자구심사, 본회의에서의 심의 및 의결

위원회의 심사가 끝난 법률안은 법제사법위원회에서 체계와 자구(字句)에 대한 심사를 거친 후(국회법 제86조 제1항) 본회의에 회부된다. 법제사법위원회는 이 심사에 있어서 체계와 자구의 심사 범위를 벗어나 심사하여서는 아니 된다(동법 동조 제5항. 체계·자구 심사 권한의 범위를 벗어나는 심사에 대한 비판에 따른 개정으로 2021년에 신설된 규정임).

(5) 상임위원회에서의 신속처리 제도

상임위원회에서 신속처리대상안건이 지정되는 것에 동의가 있으면 일정 기간 내에 심사를 마쳐야 하는 제도를 두고 있다. 신속처리에 관한 국회법규정은 아래와 같다.

* 제85조의2(안건의 신속 처리) ① 위원회에 회부된 안건(체계·자구 심사를 위하여 법제사법위원회에 회부된 안건을 포함한다)을 제2항에 따른 신속처리대상안건으로 지정하려는 경우 의원은 재적의원 과반수가 서명한 신속처리대상안건 지정요구 동의(動議)(이하 이 조에서 "신속처리안건 지정동의"라 한다)를 의장에게 제출하고, 안건의 소관 위원회 소속 위원은 소관 위원회 재적위원 과반수가 서명한 신속처리안건 지정동의를 소관 위원회 위원장에게 제출하여야 한다. 이 경우 의장 또는 안건의 소관 위원회 위원장은 지체 없이 신속처리안건 지정동의를 무기명투표로 표결하되, 재적의원 5분의 3 이상 또는 안건의 소관 위원회 재적위원 5분의 3 이상의 찬성으로 의결한다.
② 의장은 제1항 후단에 따라 신속처리안건 지정동의가 가결되었을 때에는 그 안건을 제3항의 기간 내에 심사를 마쳐야 하는 안건으로 지정하여야 한다. 이 경우 위원회가 전단에 따라 지정된 안건(이하 "신속처리대상안건"이라 한다)에 대한 대안을 입안한 경우 그 대안을 신속처리대상안건으로 본다.
③ 위원회는 신속처리대상안건에 대한 심사를 그 지정일부터 180일 이내에 마쳐야 한다. 다만, 법제사법위원회는 신속처리대상안건에 대한 체계·자구 심사를 그 지정일, 제4항에 따라 회부된 것으로 보는 날 또는 제86조 제1항에 따라 회부된 날부터 90일 이내에 마쳐야 한다.
④ 위원회(법제사법위원회는 제외한다)가 신속처리대상안건에 대하여 제3항 본문에 따른 기간 내에 심사를 마치지 아니하였을 때에는 그 기간이 끝난 다음 날에 소관 위원회에서 심사를 마치고 체계·자구 심사를 위하여 법제사법위원회로 회부된 것으로 본다. 다만, 법률안 및 국회규칙안이 아닌 안건은 바로 본회의에 부의된 것으로 본다.
⑤ 법제사법위원회가 신속처리대상안건(체계·자구 심사를 위하여 법제사법위원회에 회부되었거나 제4항 본문에 따라 회부된 것으로 보는 신속처리대상안건을 포함한다)에 대하여 제3항 단서에 따른 기간 내에 심사를 마치지 아니하였을 때에는 그 기간이 끝난 다음 날에 법제사법위원회에서 심사를 마치고 바로 본회의에 부의된 것으로 본다.
⑥ 제4항 단서 또는 제5항에 따른 신속처리대상안건은 본회의에 부의된 것으로 보는 날부터 60일 이내에 본회의에 상정되어야 한다.
⑦ 제6항에 따라 신속처리대상안건이 60일 이내에 본회의에 상정되지 아니하였을 때에는 그 기간이 지난 후 처음으로 개의되는 본회의에 상정된다.
⑧ 의장이 각 교섭단체 대표의원과 합의한 경우에는 신속처리대상안건에 대하여 제2항부터 제7항까지의 규정을 적용하지 아니한다.

위 신속처리규정은 이른바 <u>국회선진화법 규정</u>이라고 불리는 것이다. 역시 다수파의 일방적인 상임위원회 처리를 막고 타협을 위해 도입된 규정이다.

* **신속처리규정에 관련된 헌재판례:** ① 기획재정위원회 신속처리 요청 표결실시 거부 사건(헌재 2016.5.26. 2015헌라1) [사건개요] 기획재정위원회(이하 '기재위') 위원장이 2015.1.29. 서비스산업발전 기본법안에 대한 신속처리대상안건 지정 요청에 대해 기재위 재적위원 과반수가 서명한 신속처리안건지정동의가 아니라는 이유로 표결실시를 거부한 행위에 대해 당시 여당 국회의원이 재적과반수의 동의와 재적 5분의 3 이상의 찬성으로 의결할 것을 요구하고 있어 하위법인 국회법이 헌법 제49조의 규정을 배제하고 형해화하여 헌법상 다수결 원리의 본질을 침해하여 위헌이며, 이 조항들에 근거한 거부행위가 국회의원인 청구인들의 법률안 심의·표결권을 침해하였다고 주장하면서 권한쟁의심판을 청구하였다. [헌재의 결정과 결정이유] 헌재는 다음과 같은 이유로 청구가 부적법하다고 보아 각하결정을 하였다. 재적위원 과반수의 서명요건을 갖추지 못하였으므로, 이 사건 표결실시 거부행위로 인하여 청구인의 신속처리안건지정동의에 대한 표결권이 직접 침해당할 가능성은 없다. 가사 국회법 제85조의2 제1항 중 재적위원 5분의 3 이상의 찬성을 요하는 부분이 위헌으로 선언되더라도, 피청구인 기재위 위원장에게 신속처리대상안건 지정요건을 갖추지 못한 신속처리안건지정동의에 대하여 표결을 실시할 의무가 발생하는 것은 아니므로 그 위헌 여부는 이 사건 표결실시 거부행위의 효력에는 아무런 영향도 미칠 수 없다. 따라서 이 사건 표결실시 거부행위에 대한 심판청구는 청구인의 신속처리안건지정동의에 대한 표결권을 침해하거나 침해할 위험성이 없으므로 부적법하다.

② 사개특위, 정개특위 신속처리대상안건 지정 [이른바 패스트트랙(fast track)] 사건(헌재 2020. 5.27. 2019헌라3, 2019헌라2(병합)) [사건개요] 국회 사법개혁특별위원회(사개특위) 및 정치개혁특별위원회(정개특위) 소관 법률안에 대한 신속처리대상안건 지정과 관련된 일련의 행위들[이른바 패스트트랙(fast track) 사건]에 관하여 당시 자유한국당 소속 국회의원들이 청구한 권한쟁의심판에서 각하와 기각의 결정들이 있었다. [헌재결정] 아래 신속처리 사건에 관련되는 각 심판대상과 그 결과를 정리한다.
1. 국회의장(피청구인)의 이 사건 법률안 수리행위 부분에 관한 판단 — 각하
2. 피청구인 사개특위 위원장의 신속처리안건 지정동의안 가결선포행위 부분에 관한 판단 — 기각
3. 피청구인 국회의장의 사개특위 소관 법률안 신속처리대상안건 지정행위 부분에 관한 판단 — 기각
4. 피청구인 정개특위 위원장의 신속처리안건 지정동의안 가결선포행위 부분에 관한 판단 — 기각
5. 피청구인 국회의장의 정개특위 소관 법률안 신속처리대상안건 지정행위 부분에 관한 판단 — 기각

③ 신속처리대상안건에 대한 수정동의 가능성 — 헌재는 "신속처리대상안건에 대해서 본회의에서 수정안을 제출하였다고 하더라도, 그 수정안이 곧바로 국회법 제85조의2에 위배되었다고 할 수 없고"라고 하여 긍정한다(2019헌라6등).

(6) 상임위원회를 배제한 본회의에서의 의결

다음과 같은 경우가 있다. ⅰ) 심사시간 도과에 따른 본회의 직권상정 — 위원회가 이유없이 위 (3)으로 지정된 기간 내에 심사를 마치지 아니한 때에는 의장은 중간보고를 들은 후 다른 위원회에 회부하거나 바로 본회의에 부의할 수 있다(동법 제85조 제2항).

ⅱ) 위에서 살펴본 대로, 신속처리안건지정동의가 된 법률안이 소정의 기간 내에 심사되지 못하여 본회의에 부의되는 경우도 있다(동법 제85조의2(안건의 신속처리)).

ⅲ) 위원회의 해임(위원회에서 폐기된 의안) — 위원회에서 폐기된 의안이더라도 위원회의 결정이 본회의에 보고된 날부터 폐회 또는 휴회 중의 기간을 제외한 7일 이내에 의원 30명 이상의 요구가 있을 때에는 그 의안을 본회의에 부의하여야 한다(동법 제87조 제1항). 이를 '위원회의 해임'이라고 한다.

(7) 본회의의 심의·의결

본회의는 위원회가 법률안에 대한 심사를 마치고 의장에게 그 보고서를 제출한 후 1일이 지

나지 아니하였을 때에는 그 법률안을 의사일정으로 상정할 수 없다. 다만, 의장이 특별한 사유로 각 교섭단체대표의원과의 협의를 거쳐 이를 정한 경우에는 그러하지 아니하다(동법 제93조의 2. 헌재가 의장이 직권상정하기 전에 교섭단체대표의원에게 팩시밀리로 의사일정안을 송부한 이상 국회법 제93조의2 제1항에서 말하는 협의 절차를 거쳤다고 보아 의원의 심의·표결권을 침해한 것이 아니라고 하여 청구를 기각한 예로 2010헌라6 결정 참조). 본회의는 안건을 심의함에 있어서 그 안건을 심사한 위원장의 심사보고를 듣고 질의·토론을 거쳐 표결한다. 다만, 위원회의 심사를 거치지 아니한 안건에 대해서는 제안자가 그 취지를 설명하여야 하고, 위원회의 심사를 거친 안건에 대해서는 의결로 질의와 토론을 모두 생략하거나 그 중 하나를 생략할 수 있다(동법 제93조). 본회의에서의 심의(질의·토론·무제한 토론)에 대해서는 앞서 본 바 있다(전술, 제4절 제2항 Ⅱ. 6. 참조).

Ⅳ. 법률의 확정과 공포, 발효 등

1. 법률의 확정

ⅰ) 대통령의 공포에 의한 확정 — 국회에서 의결된 법률안은 정부에 이송되어 15일 이내에 대통령이 공포한다(제53조 제1항). 이 15일의 기간 내에 공포가 되는 경우에는 공포와 동시에 법률이 확정된다. ⅱ) 공포기한 도과에 의한 확정 — 대통령이 이 15일의 기간 내에 공포나 재의의 요구를 하지 아니한 때에도 그 법률안은 그 기간이 지난 때 법률로서 확정된다(제53조 제5항). ⅲ) 재의결에 따른 확정 — 대통령의 법률안에 대한 재의 요구가 있을 때에는 국회는 재의에 붙이고, 재적의원과반수의 출석과 출석의원 3분의 2 이상의 찬성으로 전과 같은 의결을 하면 그 법률안은 그 의결이 있는 때 법률로서 확정된다(제53조 제4항).

2. 법률의 공포와 발효

(1) 법률의 공포의 개념과 의의

법률의 공포는 널리 법률의 존재와 내용을 알리는 절차를 말한다. 공포는 법률이 효력을 발생하기 위한 요건으로서의 의의를 가진다. 국민이 알고 있어야 그 법률이 구속력을 가지는 것이 정당하기 때문에 널리 알리는 공포가 발효요건이 된다.

> * 공포가 발효요건이라는 것이지 특별한 규정이 없는 한 공포로 즉시 효력을 발생하는 것은 아니고 일정 기간(20일)이 지나야 시행에 들어가 효력이 발생한다(아래의 (4) 발효 — 시행 참조). 이는 공포가 되었다 하더라도 이후 국민이 주지하기 위해 일정 기간이 필요하기 때문이다. 요컨대 일정 기간이 지났더라도 공포가 없었다면 효력이 발생되지 않는다는 점에서 공포가 발효'요건'인 것이다.

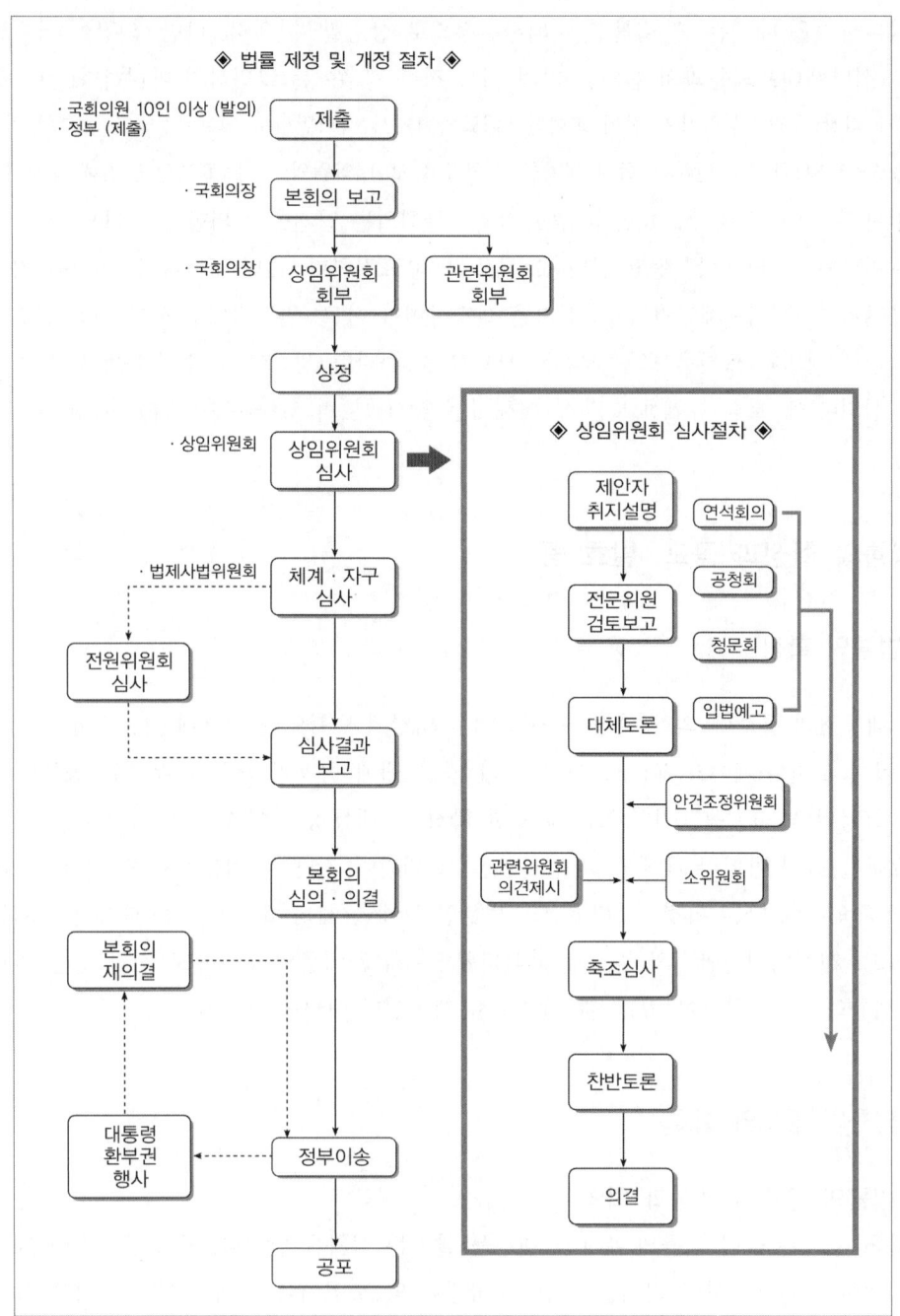

◈ 법률 제정 및 개정 절차 ◈

(2) 법률의 공포권자와 공포기간

ⅰ) 공포권자는 대통령이다. 국회에서 의결된 법률안은 정부에 이송되어 15일 이내에 대통령이 공포한다(제53조 제1항). 대통령의 재의요구로 재의에 붙여 재의결된 경우에도 공포권자는 대통령이다(제53조 제6항 전문). ⅱ) 국회의장이 공포권자가 될 경우도 있다. 즉 법률안이 정부에 이송

되어 15일이 지나도록 대통령이 공포나 재의요구를 하지 아니하여도 법률안은 법률로서 확정되는데 이 확정된 법률을 대통령이 지체 없이 공포하여야 함에도 확정 후 5일 이내에 대통령이 공포하지 않으면 국회의장이 공포한다. 또한 대통령의 재의요구로 재의에 붙인 결과 재의결되어 법률이 확정된 경우에도 대통령이 지체 없이 공포하여야 하는데 그럼에도 그 확정법률이 정부에 이송된 후 5일 이내에 대통령이 공포하지 아니할 때에는 국회의장이 공포한다(제53조 제6항 후문).

(3) 공포의 방식과 공포일

법률의 공포는 관보에 게재함으로써 한다('법령 등 공포에 관한 법률' 제11조). 공포일은 그 법률을 게재한 관보 또는 신문이 발행된 날로 한다(동법 제12조).

(4) 발효 — 시행

법률은 국민이 그것을 주지한 뒤 발효(시행)되도록 할 필요가 있어 특별한 규정이 없는 한 공포한 날로부터 20일을 경과함으로써 효력을 발생한다(제53조 제7항). 국민의 권리 제한 또는 의무 부과와 직접 관련되는 법률은 그 기간을 더 부여할 필요가 있어, 긴급히 시행하여야 할 특별한 사유가 있는 경우를 제외하고는, 공포일부터 적어도 30일이 경과한 날부터 시행되도록 하여야 한다('법령 등 공포에 관한 법률' 제13조의2).

V. 법률제정권의 한계

① 법단계구조적 한계로서 합헌적인 법률이어야 한다는 한계가 있고 헌법적 효력을 가지는 조약과 국제법규(일반적으로 승인된 국제법규)에 위반되는 법률을 제정할 수 없다는 한계가 있다. ② 시적 한계로는 소급효가 원칙적으로 금지된다는 한계가 있고, ③ 절차상 한계로는 국회입법과정을 준수한 입법이어야 한다는 한계가 있다. ④ 법률이 어떤 사항을 행정입법에 위임할 경우에 포괄적으로 위임하여서는 아니 된다(구체적 위임 원칙. 제75조)는 한계도 있다.

VI. 법률제정권에 대한 통제

국회 내부적 통제로는 국회법에 규정된 입법절차(예를 들어 축조심사, 공청회, 청문회 등을 거쳐야 하는 절차)를 준수하도록 하는 것이 통제의 기능을 한다. 국회 외부적 통제로는 헌법재판소의 위헌법률심판, 헌법소원심판, 권한쟁의심판 등 헌법재판에 의한 통제, 국민들이 헌법소원심판 등을 청구하는 것에 의한 통제, 대통령의 재의요구(법률안거부권)에 의한 통제 등이 있다.

권한쟁의심판의 경우 헌재의 판례는 다음과 같은 한계를 보여주고 있다. 즉 ① 권한쟁의심판에 있어 '제 3 자 소송담당'을 허용하는 명문의 규정이 없는 현행법 체계 하에서 국회의 구성원인 국회의원이 국회의 권한침해를 이유로 권한쟁의심판을 청구할 수 없고 ② 국회의원의 심의·표결권은 국회의 대내적인 관계에서 행사되고 침해될 수 있을 뿐 다른 국가기관과의 대외적인 관계에서는 침해될 수 없다고 한다(2015헌라5. 사안은 국민안전처 등을 세종시로 이전하는 내용의 행정자치부장관의 처분('중앙행정기관 등의 이전계획'을 변경한 행위)이 국회의 입법권을 침해하고 자신들의 심의·표결권을 침해당하였다고 주장하여 국회의원들이 권한쟁의심판을 청구한 사건이다). 시정되어야 할 판례이론이다.

> * **헌법재판소 위헌결정의 송부의무와 위원회 심사:** 헌법재판소는 종국결정이 법률의 제정 또는 개정과 관련이 있으면 그 결정서 등본을 국회로 송부하여야 하고 의장은 이에 따라 송부된 결정서 등본을 해당 법률의 소관 위원회와 관련위원회에 송부하며 위원장은 송부된 종국결정을 검토하여 소관 법률의 제정 또는 개정이 필요하다고 판단하는 경우 소위원회에 회부하여 이를 심사하도록 한다(국회법 제58조의2. 위헌결정된 법률규정을 즉시 검토하게 하여 국민의 기본권보장을 도모하기 위해 2016.12.16. 신설된 규정임).

제 3 항   그 외 국회입법권

I. 헌법개정안심의·의결권

헌법개정은 대통령의 발의뿐 아니라 국회재적의원 과반수의 발의로 제안된다(제128조 제1항). 국회는 제안된 헌법개정안에 대한 심의권, 의결권을 가진다. 즉 제안된 헌법개정안은 대통령이 20일 이상의 기간 이를 공고하여야 하고(제129조), 국회는 헌법개정안이 공고된 날로부터 60일 이내에 의결하여야 하며, 국회의 의결은 재적의원 3분의 2 이상의 찬성을 얻어야 한다(제130조 제1항). 국회가 의결한 헌법개정안은 의결 후 30일 이내에 국민투표에 부쳐 국회의원선거권자 과반수의 투표와 투표자 과반수의 찬성을 얻어야 하고 이러한 찬성을 얻은 때에는 헌법개정은 확정된다(제130조 제2항·제3항). 이처럼 '헌법개정안'의 심의·의결은 국회의 권한이나 '헌법개정'의 확정은 국민투표사항이다. 국회의 헌법개정에 관한 권한은 ① 국민에 의한 국민투표, ② 대법원에 의한 국민투표 무효소송 등에 의하여 통제될 수 있다.

II. 중요조약의 체결·비준에 대한 동의권

1. 의의와 성격

[조약의 개념] 조약에 해당되지 아니하면 물론 국회의 동의대상이 아니다. 헌재는 "조약은

'국가·국제기구 등 국제법 주체 사이에 권리의무관계를 창출하기 위하여 서면형식으로 체결되고 국제법에 의하여 규율되는 합의'라고" 한다(2006헌라4). 이런 관점을 취하여 헌재는 남북합의서는 신사협정으로서 조약이 아니라고 보고(92헌바6), 한일어업협정의 합의의사록(99헌마139), '동맹 동반자 관계를 위한 전략대화 출범에 관한 공동성명'(2006헌라4)은 조약이 아니라고 보았다. 또한 '일본군 위안부 피해자 문제 관련 2015년 합의'도 비구속적 합의라고 하여 조약이 아니라고 보아 헌법소원심판대상이 아니라고 보았다(헌재 2019. 12.27. 2016헌마253).

　　[조약체결·비준동의의 의의와 성격] 중요한 국제조약은 국익이나 국민의 권리, 의무에 관련되는 것일 수 있으므로 민주적 정당성을 갖추도록 하기 위해 국민의 대표기관이자 입법기관인 국회가 그 체결·비준에 있어서 동의를 하도록 하고 있다(제60조). 조약에 대한 체결·비준을 할 권한은 대통령에 있으므로(제73조) 국회의 동의권이 대통령에 대한 통제권의 성격을 가지는 것이기도 하다. 중요조약에 관한 한 국회의 동의는 반드시 거쳐야 하는 필요적인 동의이다(통설). 헌재는 동의를 결여하였다는 주장으로 국회의원이 권한쟁의심판을 청구하면 동의권이 의원의 권한이 아니라 국회 자체의 권한이므로 제3자소송이 되어 부적법하다고 각하결정을 하여왔다(2005헌라8; 2006헌라5; 2011헌라2; 2013헌라3 등). 그러나 국회동의는 결국 국회의원들의 표결로 이루어진다는 점에서 타당성이 없는 법리이다.

2. 동의대상조약과 동의의 시기

　　[열거설] 체결·비준에 국회의 동의를 받아야 할 대상인 조약은 헌법 제60조에 열거된 조약에 한정된다고 볼 것(열거설)이냐 아니면 헌법 제60조에 명시된 조약은 예시적인 것일 뿐이고 그 외의 조약도 대상이 된다고 볼 것(예시설)이냐 하는 문제가 있다. 우리 학설은 열거설이 통설이다. 즉 국회의 체결·비준을 거쳐야 하는 조약들은 모든 조약들이 아니라 헌법 제60조에 명시한 중요한 조약들인 "상호원조 또는 안전보장에 관한 조약, 중요한 국제조직에 관한 조약, 우호통상항해조약, 주권의 제약에 관한 조약, 강화조약, 국가나 국민에게 중대한 재정적 부담을 지우는 조약 또는 입법사항에 관한 조약"(제60조 제1항)에 한정된다.

　　[국회동의를 받은 조약이라고 헌재결정이 밝힌 예] ① 외국군대 주류, 중대한 재정적 부담 - 이른바 'SOFA협정'('대한민국과아메리카합중국간의상호방위조약제4조에의한시설과구역및대한민국에서의합중국군대의지위에관한협정') 제2조 제1의 (나)항 위헌제청사건에서 위 협정을 법률적 효력의 조약으로 보았다. 본안판단결과 합헌결정이 되었다(97헌가14), ② 국제통화기금(IMF)협정 제9조 제3항, 제8항, 전문기구협약 제4절 본문, 제19절 (a) - 국제통화기금 임직원의 '공적(公的) 행위'에 대한 재판권 면제 등을 규정한 이 사건 조항이 재판청구권의 침해라고 주장하는 헌법소원심판사건이었다(2000헌바20. * 위헌심판대상성은 그리하여 인정되었으나 한정위헌청구로서 부적법하다고 하여 결국 각하결정이 되었다), ③ 어업협정 - '대한민국과 일본국 간의 어업에 관한 협

정'(99헌마139등. 합헌성이 인정되었다. 기각결정), ④ 우호통상항해조약 - '대한민국과 미합중국 간
의 자유무역협정'(2012. 3.12. 조약 제2081호. 한미FTA)(2012헌마166. * 헌재는 그러나 기본권침해가능
성이 인정되지 않는다고 하여 결국 각하결정을 하였다. 이 결정에 대해서는 앞의 기본질서, 국제질서, 헌
법적 효력 조약 부인의 결정 부분 참조), ⑤ 국제민간항공협약(2016헌마780) 등이 있었다.

[동의시기] 중요조약의 체결·비준에 대한 국회의 동의는 사전에 이루어져야 한다. 통상조
약의 체결절차 및 이행에 관하여 필요한 사항을 규정함으로써 통상조약 체결의 절차적 투명성
을 제고하기 위해 '통상조약의 체결절차 및 이행에 관한 법률'이 제정되어 있다.

3. 수정동의의 가능성 문제

국회가 조약의 원안내용을 수정하면서 동의를 할 수 있는지에 대해 긍정설과 부정설이 대
립된다. 생각건대 수정동의는 매우 어려울 것인데 정부도 수정된 내용에 합의하고 상대국가와
의 협의를 통해서 상대국의 동의를 받는다는 조건 하에서 예외가 인정될 수 있을 것이다.

4. 동의안부결의 법적 효과

국회가 동의를 거부하면 당해 조약이 성립되지 않는다.

III. 긴급명령 · 긴급재정경제명령에 대한 승인권

대통령이 긴급명령 · 긴급재정경제명령을 한 때에는 지체 없이 국회에 보고하여 그 승인을
얻어야 한다(제76조 제3항). 이 승인제도에 대해서는 대통령의 긴급명령 · 긴급재정경제명령권에
대해서 보면서 함께 살펴본다(후술 대통령 부분 참조).

IV. 국회규칙제정권

의회의 의사절차에 관한 사항, 그리고 내부의 규율에 관한 사항을 정하는 의회의 자율적인
법규범을 의회규칙이라고 한다. 국회규칙제정권에 대해서는 국회 자율권 부분에서 살펴본다(후
술 제7항 참조).

제4항 국회의 재정(財政)에 관한 권한

I. 조세법률주의

1. 개념과 기능

조세법률주의란 조세의 종류와 범위, 세율, 절차 등을 사전에 법률로 규정해두어야만 국민에게 조세를 부과할 수 있다는 원칙을 말한다. 조세법률주의는 기본권을 보장하는 기능을 수행한다. 조세는 국민의 재산에서 징수되는 것이고 재산권이라는 기본권을 침해하는 결과를 가져오므로 국민의 기본권에 대한 침해는 국민의 의사인 법률에 의하여야 한다는 원리에 따른 것이다. 법치주의의 조세영역에서의 구현이라고 할 수 있고 조세사항에 대하여 미리 법률에 규정을 두도록 함으로써 예측가능성과 법적 안정성을 부여하고 조세징수를 담당하는 행정청의 자의를 막는 중요한 기능을 수행한다.

2. 실질적 조세법률주의

(1) 의의

조세가 법률에 의하기만 하면 그 징수가 합헌적인 것은 아님은 물론이고 그 내용이 헌법에 합치되는 것이어야 한다. 바로 실질적 조세법률주의가 요구된다. 헌재도 "실질적 조세법률주의를 규정한 헌법 제38조, 제59조"라고 하면서 이를 명시적으로 언급하고 있는데 "오늘날의 법치주의는 국민의 권리·의무에 관한 사항을 법률로써 정해야 한다는 형식적 법치주의에 그치는 것이 아니라 그 법률의 목적과 내용 또한 기본권 보장의 헌법이념에 부합되어야 한다는 실질적 적법절차를 요구하는 법치주의를 의미하며, 헌법 제38조, 제59조가 선언하는 조세법률주의도 이러한 실질적 적법절차가 지배하는 법치주의를 뜻한다고 할 것이다. 그러므로 비록 과세요건이 법률로 명확히 정해진 것일지라도 그것만으로 충분한 것은 아니고 조세법의 목적이나 내용이 기본권 보장의 헌법이념과 이를 뒷받침하는 헌법상 요구되는 제 원칙에 합치되어야 한다"라고 설시한다.[6]

(2) 판례

헌재는 ① 지금은 폐지된 법률인 토지초과이득세법 조항이 토초세액 일부만을 같은 성질의 세금인 양도소득세에서 공제하도록 규정하고 있었던바 이 조항들은 이중과세를 가져와 조세법

---

6) 헌재 1992.2.25. 90헌가69; 1994.6.30. 93헌바9; 1995.7.21. 92헌바27 등.

률주의상의 실질과세의 원칙에 반한다고 판단한 바 있다(92헌바49. 법률 전체에 대한 헌법불합치결정). ② 대통령령이 정하는 것 이외의 공과금은 손금에 산입하지 아니한다고 하여 공과금이 원칙적으로 손금불산입됨을 규정하고 있었던 구 법인세법(1995.12.29. 법률 제5033호로 개정되기 전의 것) 제16조 제5호는 공과금은 법인의 일정한 사업 등에 수반하여 강제적으로 부과되는 것이기 때문에 손금에 산입됨이 원칙이므로 실질적 조세법률주의에 위배된다고 판단하였다(96헌바36). ③ 이혼시 재산분할을 청구하여 상속세 인적공제액을 초과하는 재산을 취득한 경우 그 초과부분에 대하여 증여세를 부과하도록 규정하고 있는 구 상속세법 규정에 대해 헌재는 재산분할제도는 본질적으로 혼인 중 쌍방의 협력으로 형성된 공동재산의 청산이라는 성격을 가져 이에 대해 재산의 무상취득을 과세원인으로 하는 증여세를 부과할 여지가 없으므로 실질적 조세법률주의에 반한다고 위헌결정하였다(96헌바14).

3. 적용범위

(1) 조세의 개념 – 반대급부의 부재

조세란 국가나 지방자치단체가 상응하는 반대급부를 부담하지 않으면서 일방적으로 국민이나 주민에게 그 납부를 요구하며 부과하는 금전을 의미한다. A가 주민센터에서 주민등록등본을 발급받은 데 대해 내는 수수료는 발급업무라는 반대급부가 있으므로 조세가 아니다. 시가 소유하는 건물을 사용한 대가로 지불하는 사용료도 사용이라는 반대급부가 있으므로 조세가 아니다. 국민연금 보험료도 조세가 아니다(99헌마365). 이처럼 조세는 국민의 일방적 금전적 의무이고 국가, 지방자치단체의 반대급부의무가 없다는 점을 가장 큰 특징으로 가진다.

(2) 조세유사적 부담 – 부담금, 특별부담금

[개념] 부담금이란 특정의 공익사업과 특별한 관계를 가지는 사람에게 그 사업비용의 충당을 위해 부과되는 금전적 납부의무를 말한다(인적 공용부담). 특별부담금이란 특별한 과제를 위한 재정충당을 위해 특정집단으로부터 징수되는 공과금인데 납부의무자가 반드시 그가 받는 특별이익의 범위 안에서 납부의무를 부담하는 것이 아니어서 전통적인 수익자부담금과는 다르다고 본다(97헌바84). 부담금과 특별부담금은 이처럼 특정집단에만 부과된다는 점에서 일반국민에게 부담을 지우는 조세와 구별된다(97헌바84).

[종류] ⅰ) 전통적인 부담금 – 수익자부담금, 원인자부담금, 손괴자부담금 등을 들 수 있다. 헌재가 수익자부담금, 원인자부담금이라고 한 예로 학교용지부담금, 개발제한구역훼손부담금이 있다(2003헌가20 등). ⅱ) 부과목적과 기능에 따른 분류 – 헌재는 "부담금은 그 부과목적과 기능에 따라 ① 순수하게 재정조달 목적만 가지는 것('재정조달목적 부담금')과 ② 재정조달목적뿐 아니라 부담금의 부과 자체로 추구되는 특정한 사회·경제정책 실현 목적을 가지는 것

('정책실현목적 부담금')으로 양분해 볼 수 있다"라고 한다(2002헌바42).

[한계와 헌법적 정당화요건] 그러나 부담금, 특별부담금도 강제적으로 징수된다는 점에서 기본권제한의 정도가 강하므로 법률에 의함은 물론이고 비례(과잉금지)원칙을 준수하여야 하고 평등원칙을 위반해서는 아니 된다. 헌재는 재정조달목적 부담금의 헌법적 정당화 요건으로 다음을 들고 이의 위배 여부를 판단한다. ① 부담금은 조세에 대한 관계에서 어디까지나 예외적으로만 인정되어야 하며, 어떤 공적 과제에 관한 재정조달을 조세로 할 것인지 아니면 부담금으로 할 것인지에 관하여 입법자의 자유로운 선택권을 허용하여서는 안 된다(즉, 국가 등의 일반적 재정수입에 포함시켜 일반적 과제를 수행하는 데 사용할 목적이라면 반드시 조세의 형식으로 해야 하지, 거기에 부담금의 형식을 남용해서는 안 된다). ② 부담금 납부의무자는 재정조달 대상인 공적 과제에 대하여 일반국민에 비해 '특별히 밀접한 관련성'을 가져야 한다(당해 과제에 관하여 납부의무자 집단에게 특별한 재정책임이 인정되고 주로 그 부담금 수입이 납부의무자 집단에게 유용하게 사용될 때 위와 같은 관련성이 있다). ③ 부담금이 장기적으로 유지되는 경우에 있어서는 그 징수의 타당성이나 적정성이 입법자에 의해 지속적으로 심사될 것이 요구된다(2002헌바42; 2003헌가20; 2007헌가1).

[결정례] ⅰ) 위헌결정례: ① '회원제로 운영하는 골프장 시설의 입장료에 대한 부가금(헌재 2019.12.27. 2017헌가21. [결정요지] 헌재는 일반 국민에 비해 특별히 객관적으로 밀접한 관련성을 가진다고 볼 수 없는 골프장 부가금 징수 대상 시설 이용자들을 대상으로 하는 것으로서 합리적 이유가 없는 차별을 초래하므로, 헌법상 평등원칙에 위배된다), ② 수분양자에 대한 학교용지 부담금7) 부과의 위헌성[헌재 2005.3.31. 2003헌가20. * 개발사업자에 대한 학교용지부담금 부과는 합헌이라고 보았다(2007헌가1)], ③ 그 외 학교용지부담금에 대한 헌법불합치결정례['증축' 기부채납의 경우 학교용지부담금 비면제의 평등원칙 위반 인정(2007헌가9), '주택재건축사업'에서 매도나 현금청산 대상으로 제3자에 분양된 경우의 학교용지부담금 부과 대상 비제외의 위헌성(2011헌가32), '주택재개발사업'에서의 동지(2013헌가28)]. ④ '특별부담금'으로 부르면서 위헌으로 본 결정례[교통안전기금 분담금(97헌가8), 문화예술진흥기금(2002헌가2), 텔레비전방송 수신료(98헌바70) 등].

ⅱ) 합헌결정례: ① 수질개선부담금(98헌가1), ② 신용협동조합에 대한 예금보험기금채권상환 특별기여금(2006헌마603등), ③ 먹는샘물 수입판매업자에 대한 수질개선부담금(2002헌바42), ④ 영화상영관 입장권 부과금 제도(2007헌마860. 위헌의견 5인의 합헌성 인정결정례였다), ⑤ 기반시설부담금(2007헌바131등), ⑥ '한강수계 상수원수질개선 및 주민지원 등에 관한 법률' 제19조 제1항이 규정한 '물사용량에 비례한 부담금'(2018헌바425) 등. ⑦ '특별부담금'이라고 보면서 합헌성 인정한 예: 카지노사업자의 납부금(97헌바84), 구 관광진흥개발기금법에 의한 관광진흥개발기금 재원으로서의 내국인 국외여행자의 납부금(2002헌바5), 교통안전기금 분담금(97헌가8), 과밀부담금(2000헌바23), 장애인 고용부담금(2010헌바432) 등.

[현행 부담금관리기본법] 이 법은 "부담금의 설치·관리 및 운용에 관한 기본적인 사항"을

7) 학교용지부담금 문제와 의무교육의 무상성원칙 등에 대해서는 정재황, 의무교육에 관한 헌법적 고찰, 헌법학연구, 2014 참조.

규정하고 있다.

(3) 미실현 이득에 대한 과세

토지초과이득세, 종합부동산세에 대해서는 미실현 이득에 대한 과세라고 하여 헌법위반이라는 주장이 있었다. 그러나 헌재는 미실현 이득에 대한 과세 자체도 과세목적, 과세소득의 특성 등을 고려하여 판단할 입법정책의 문제일 뿐, 헌법상의 조세개념에 저촉되는 것이 아니라고 본다(92헌바49; 2006헌바112).

(4) 조세의 목적

조세는 국가나 지방자치단체가 자신의 행정목적을 수행하기 위한 재원에 충당되기 위한 것이다. 그러나 국가나 지방자치단체가 통상적으로 행정목적수행에 소요되는 경비를 위한 조세징수 외에도 소득재분배 등 특별한 경제적·사회적 목표를 달성하기 위하여 징수하는 조세도 있다.

4. 내용

조세법률주의는 과세요건·절차법정주의와 과세요건명확성원칙을 그 주요내용으로 한다.

(1) 과세요건·절차법정주의

과세의 대상(과세물건), 과세표준, 세율, 과세기간 등 과세요건에 관한 사항과 조세의 부과 및 징수 등에 관한 방법과 절차에 관하여 법률로 규정을 두어야 한다는 원칙을 말한다. 헌재는 조세감면특별법이 전부 개정된 경우에는 특별한 사정이 없는 한 종전의 법률 부칙의 경과규정도 실효된다고 보아야 하므로 문제의 부칙조항이 실효되지 않은 것으로 해석하여 과세의 근거로 삼는 것은 과세근거의 창설을 국회가 제정하는 법률에 맡기고 있는 헌법상의 권력분립원칙과 조세법률주의의 원칙에 위배된다고 하는 한정위헌결정을 한 바 있다(2009헌바123; 2009헌바35). 대법원의 판례는 결론이 달랐기에 이 결정을 둘러싸고 논란이 있었다.

(2) 과세요건명확성원칙

과세요건·절차법정주의만 이루면, 즉 과세의 종목과 세율을 단순히 형식적으로 법률로 규정하기만 하면 조세법률주의가 준수되는 것이 아니다. 과세요건이 분명히 인식될 수 있도록 법률이 명확하게 규정되어야 한다. 이를 과세요건명확성원칙이라고 한다. 과세요건이 불명확하면 국민이 사전에 이를 예측하기 어렵고 행정청의 자의가 개입될 소지가 있으므로 실질적인 조세법률주의를 구현하지 못하기 때문에 중요한 원칙이다. 명확성의 정도는 내용이 일의적이면 이상적이겠지만 헌재는 그 내용이 다소 다의적이더라도 해석을 통하여 당해 조세법의 일반이론이나 그 체계 및 입법취지 등에 비추어 그 의미가 분명해질 수 있다면 조세법률주의에 합치된다고 본다(94헌바40).

5. 행정입법에의 위임과 그 한계

경제적 상황이 수시로 변화할 경우 조세사항을 일일이 미리 법률로 정해두기가 쉽지 않을 수 있어 법률이 부득이 하위 행정입법에 조세에 관한 사항을 위임할 필요가 있다. 그러나 불가피하게 위임하더라도 조세가 국민의 재산권이라는 기본권을 제한하는 것이고 조세법률주의가 중요한 헌법적 원칙이므로 헌법 제75조가 규정하는 구체적 위임의 한계를 엄격히 지켜야 한다. 헌재는 다음과 같은 확립된 판례를 제시하고 있다. 즉 법률에 대통령령 등 하위법규에 규정될 내용 및 범위의 기본사항이 가능한 한 구체적이고도 명확하게 규정되어 있어서 누구라도 당해 법률 그 자체로부터 대통령령 등에 규정될 내용의 대강을 예측할 수 있어야 한다. 이 예측가능성 유무는 당해 특정조항 하나만이 아니라 관련 법조항 전체를 유기적·체계적으로 종합판단하여야 하며, 기본권의 직접적 제한·침해소지가 있는 조세법규에서는 구체성, 명확성의 요구가 강화되어 위임요건·범위가 더 엄격하게 제한적으로 규정되어야 한다.

* 조세법의 행정입법이 포괄위임이어서 위헌성이 인정된 예들: 91헌바1, 96헌바95, 97헌가13, 99헌가2, 2002헌가6, 2004헌가26 등.

II. 조세평등주의 등

1. 조세평등주의

조세평등주의는 조세합형평성원칙이라고도 하여 조세부담이 국민들 간에 공평하게 배분될 것을 요구하는 원칙으로서 헌법 제11조의 평등원칙에서 나온다. 조세의 평등한 부과는 실질과세를 요구하고(실질과세의 원칙), 조세평등주의가 국민들 간에 조세부담의 평등을 요구하는 것이므로 담세능력에 상응하여 조세가 부과될 것을 요구한다('응능과세'(應能課稅)의 원칙).

조세를 감하거나 면제하는 경우에도 국민들 간에 조세부담의 평등이 요구됨에 따라 조세평등주의가 구현되어야 한다. 헌재는 조세감면의 혜택을 부여하는 입법의 경우 조세입법자에게 넓은 입법재량을 인정하여 특정납세자에 대하여만 감면조치를 하는 것이 현저하게 비합리적이고 불공정한 조치라고 인정될 때 조세평등주의에 위반된다는 입장이다.

2. 조세의 우선징수

조세는 국가나 지방자치단체가 국가나 지방의 목표를 달성하기 위한 사업과 행정활동에 소요되는 경비를 위한 재원이므로 이의 확보가 필수적이어서 다른 일반 채권들보다 조세채권이 우선징수되게 할 수 있다. 그러나 일반 채권자의 예측가능성을 침해해서는 아니 된다는 한계가 있다(* 조세우선징수에 관한 위헌결정례: 89헌가95, 92헌가5, 91헌가6. 한정합헌결정례: 91헌가1, 97헌바8, 98헌바91. 합헌결정례: 93헌바46, 93헌마83, 94헌바18, 96헌가21).

3. 납세자의 권리의 기본권성 문제

세금과 예산이 적절하고도 타당성 있게 사용되고 그 운용과 집행이 적법하고 투명하며 효율적으로 이루어질 것을 요구할 수 있는 국민의 권리가 기본권으로서 인정되는가가 논란된다. 헌재는 이와 같은 의미의 납세자의 권리를 기본권으로 보지 않는다(2005헌마579).

Ⅲ. 예산안심의 · 확정권과 결산심사권

국회는 국가의 예산안을 심의 · 확정하고(제54조 제1항), 감사원의 결산검사에 대한 결과보고를 받는다(제99조).

1. 예산의 개념과 성격

(1) 개념
국가예산이란 한 국가에서 하나의 회계연도(1년) 동안 국가의 활동을 위하여 필요한 비용을 충당하기 위한 수입(세입)과 그 비용의 지출(세출)에 관하여 미리 정하고 편성하여 의회의 의결을 받아 설정되는 예정준칙을 말한다.

(2) 성격
예산도 하나의 법률로 정해두는(예산법률주의) 나라도 있고, 예산을 법률이 아닌 독자적 형식으로 정하는(예산비법률주의) 나라들도 있다. 우리나라는 예산비법률주의를 취하고 있다. 이 때문에 우리나라에서의 예산이 가지는 법적 성격에 대해서는 의견이 나누어질 수 있다. 훈령설(국가원수가 내리는 훈령이라는 설), 승인설(정부의 세출을 국회가 승인하는 행위라는 설), 법규범설(법률은 아니나 하나의 법규범이라는 설), 법률설(예산도 하나의 법률이라는 설) 등이 있다. 예산도 수입과 지출의 범위(금액), 예산지출의 목적 · 시기 등에 관한 준칙을 정한 것이고 이를 국가기관들이 준수하여야 하므로 법적 구속력을 가진다는 점에서 아래에서 보듯이 법률과는 차이가 있으나 하나의 법규범으로서의 성격을 가진다(법규범설).

　　한편 헌재는 "예산도 일종의 법규범이고 법률과 마찬가지로 국회의 의결을 거쳐 제정되지만 예산은 법률과 달리 국가기관만을 구속할 뿐 일반국민을 구속하지 않는"다고 하여 예산안 의결은 헌법소원의 대상이 될 수 없다고 보았다(2006헌마409)

2. 예산과 법률

(1) 예산과 법률의 차이

　　① 형식상 차이 — 형식상 예산은 법률의 형식이 아닌 독자적 형식의 법규범이다. ② 편성권·제출권자와 제출시기의 차이 — 예산안은 정부만이 편성권과 제출권을 가지는 반면 법률안은 정부뿐 아니라 국회의원도 발의권을 가진다. 예산안은 회계연도 개시 90일 전까지 국회에 제출하여야 하고, 법률안은 제출시기에 관하여 헌법상 특별한 제한이 없다. ③ 수정가능성, 재의요구권(거부권) 유무의 차이 — 예산의 삭감은 정부의 동의가 없어도 국회가 스스로 결정할 수 있으나 국회는 정부의 동의없이 정부가 제출한 지출예산 각항의 금액을 증가하거나 새 비목을 설치할 수 없다(제57조). 법률안에 대해서는 삭제와 새로운 규정의 추가도 정부의 동의 없이 할 수 있다. 예산안에 대한 국회의결에 대해서는 대통령이 재의요구권(거부권)을 가지지 않으나, 법률안에 대해서는 가진다. ④ 효력상의 차이 — 예산은 국회의 의결로 효력을 발생하나, 법률은 특별한 규정이 없는 한 국회의 의결 후 공포한 날로부터 20일을 경과함으로써 효력을 발생한다(제53조 제7항). 예산은 1년간 효력을 가지나, 법률은 한시법이 아닌 한, 그리고 개정이나 폐지가 되지 않는 한 계속적으로 적용된다. ⑤ 수범자의 차이 — 예산은 국가기관들만을 구속하는 반면에 법률은 국가기관들과 국민들 모두에 대해서 구속력을 가지는 것이 원칙이다.

		예산	법률
형식		예산의 형식(법률과 별개의 국법형식)	법률의 형식(입법의 형식)
절차	제출	회계연도 개시 90일 전까지 정부가 제출	제한없이 국회의원(10인) 발의와 정부 제출
	수정	정부동의 없는 증액·신설 불가, 정부동의 없는 삭감은 가능(수정 50인)	추가, 삭제 모두 정부동의 없이도 가능 (수정 30인 동의)
	대통령 거부권	거부권(재의요구권) 무	거부권(재의요구권) 유
	의결정족수	재적 1/2 출석, 출석 1/2 이상 찬성	
효력	요건	국회의결시 효력발생	공포시 효력발생
	시간상	당해회계연도만 유효	개폐시까지 유효
	수범자	국가기관만 구속	국가기관과 국민 모두 구속

(2) 예산과 법률의 관계 및 불일치 문제

　　예산과 법률의 관계를 보면, 예산과 법률은 각각 별개의 법규범형식이기도 하거니와 상호간에 그 변경을 가할 수 없다(상호변경금지관계). 그런데 예산이 소요되는 법률이 있더라도 예산에 그 비용이 계상되어 있지 않으면 법률시행을 할 수 없고 예산이 마련되어 있더라도 이의 지출을 명하는 법률이 없으면 지출할 수 없다(상호구속관계). 이 때문에 예산과 법률이 일치하지 않을 경우에 문제가 발생한다.

이를 막기 위한 사전적 조치로 상임위원회는 안건이 예산상의 조치를 수반하는 경우에는 정부의 의견을 들어야 하며, 필요하다고 인정하는 경우에는 의안의 시행에 수반될 것으로 예상되는 비용에 관하여 국회예산정책처의 의견을 들을 수 있으며(국회법 제58조 제7항), 법률안 제출에 있어 그 시행에 수반될 것으로 예상되는 비용 추계서 등을 함께 제출하도록 하고(동법 제79조의2), 상당한 규모의 예산을 수반하는 법률안을 심사하는 소관위원회는 미리 예산결산특별위원회와의 협의를 거치도록 하고 있다(동법 제83조의2 제1항). 사후교정적 조치로는 예비비지출, 추가경정예산에 의한 방법이 있다.

3. 예산의 종류와 원칙

예산에는 본예산과 추가경정예산(제56조), 준예산(임시예산) 등이 있다. 예산의 원칙에 관하여 국가재정법이 규정을 두고 있는데 1년예산주의, 회계연도 독립의 원칙, 예산총계주의, 단일회계원칙, 목적전용금지원칙 등이 있다.

4. 예산의 성립절차

정부는 회계연도마다 예산안을 편성하여 회계연도 개시 90일 전까지 국회에 제출하여야 한다(제54조 제2항 전반). 정부의 예산안은 국무회의의 심의를 거쳐야 한다(제89조 제4호). 헌재는 기획재정부장관의 예산편성 행위는 헌법 제54조 제2항, 제89조 제4호, 국가재정법 제32조, 제33조에 따른 것으로서, 이는 국무회의의 심의, 대통령의 승인 및 국회의 예산안 심의·확정을 위한 전 단계의 행위로서 국가기관 간의 내부적 행위에 불과하고, 국민에 대하여 직접적인 법률효과를 발생시키는 행위라고 볼 수 없으므로 헌법소원의 대상이 되는 '공권력의 행사'에 해당하지 않는다고 판시하였다(2016헌마383. 사안은 세월호 피해자들이 세월호 특조위의 활동기간이 만료되는 시점은 2017. 2. 4.인데도 2016년도 정부 예산안을 편성함에 있어 세월호진상규명법을 자의적으로 해석하여 특조위 예산을 2016. 6. 30.분까지만 편성함으로써, 청구인들의 인간으로서의 존엄과 가치, 행복추구권 및 알 권리 등을 침해하였다고 하여 제기된 헌법소원심판사건이었다). 제출된 예산안은 소관 상임위원회에 회부되고, 소관 상임위원회는 예비심사를 하여 그 결과를 의장에게 보고하는데 본회의에서 예산안에 대해 정부의 시정연설을 듣는다(국회법 제84조 제1항). 의장은 예산안과 결산을 소관 상임위원회에 회부할 때에는 심사기간을 정할 수 있으며, 상임위원회가 이유 없이 그 기간 내에 심사를 마치지 아니한 때에는 이를 바로 예산결산특별위원회에 회부할 수 있다

(동법 동조 제6항). 의장은 소관 상임위원회의 심사 이후 예산안을 예산결산특별위원회에 회부하고 예산결산특별위원회의 예산안의 심사에서는 제안설명과 전문위원의 검토보고를 듣고 종합정책질의, 부별 심사 또는 분과위원회심사 및 찬반토론을 거쳐 표결한다(동법 동조 제2항·제3항). 의장은 예산결산특별위원회의 심사가 끝난 후 본회의에 부의하여 의결로 확정한다. 국회는 이러한 과정을 거쳐 회계연도 개시 30일 전까지 예산안을 의결하여야 한다(제54조 제2항).

> * **예산안 본회의 자동부의제도:** 예산안이 자주 시한을 넘겨 의결되곤 하였는데 이를 막기 위해 국회법은 이른바 국회선진화제도의 하나로 예산안 본회의 자동부의제도 규정을 두고 있다. 즉 위원회는 예산안 등과 세입예산안 부수 법률안의 심사를 매년 11월 30일까지 마쳐야 하는데 위원회가 예산안 등과 세입예산안 부수 법률안에 대하여 이 기한 내에 심사를 마치지 아니한 때에는 그 다음 날에 위원회에서 심사를 마치고 바로 본회의에 부의된 것으로 본다(동법 제85조의3 제1항·제2항). 이 규정의 압박으로 2014년 2015년도 예산안은 시한 내 의결되었다. 그러나 이후 시한을 조금 넘긴 연도도 있었다.

5. 계속비, 예비비, 준예산(임시예산)

계속비란 여러 해에 걸쳐 계속하여 지출이 소요되어 이를 예정하여 예산에 계상하는 비용을 말한다. 계속비는 1년예산주의에 대한 예외가 된다. 이는 대규모의 국가사업이 국회의결을 받지 못하여 예산의 집행이 이루어질 수 없어 중단되는 것을 막기 위한 제도이다. 헌법은 한 회계연도를 넘어 계속하여 지출할 필요가 있을 때에는 정부는 연한을 정하여 계속비로서 국회의 의결을 얻어야 한다고 하여(제55조 제1항) 계속비에 대해 국회의 사전의결을 의무로 하고 있다.

예비비란 예산안의 편성, 제출, 의결과정에서 예측하지 못한 경비의 지출에 대비하기 위한, 예산에 포함된 비용을 말한다. 정부는 일반회계 예산총액의 100분의 1 이내의 금액을 예비비로 세입세출예산에 계상할 수 있다(국가재정법 제22조 제1항 본문). 예비비는 총액으로 국회의 의결을 얻어야 하고 예비비의 지출은 차기국회의 승인을 얻어야 한다(제55조 제2항).

국회에서 새로운 회계연도가 시작되기 전까지 예산을 확정하지 못하는 경우에 국가활동에 마비가 올 수 있고 이에 대한 대비로서 준예산(임시예산)제도가 있다. 우리 헌법 제54조 제3항은 "새로운 회계연도가 개시될 때까지 예산안이 의결되지 못한 때에는 정부는 국회에서 예산안이 의결될 때까지 다음의 목적을 위한 경비는 전년도 예산에 준하여 집행할 수 있다"라고 규정하여 준예산제도를 두고 있다. 헌법이 그 목적을 "1. 헌법이나 법률에 의하여 설치된 기관 또는 시설의 유지·운영, 2. 법률상 지출의무의 이행, 3. 이미 예산으로 승인된 사업의 계속"이라고 직접 명시하고 있다(동조 동항). 준예산은 예산의결시까지만 집행될 수 있다.

6. 결산심사권

결산이란 하나의 회계연도에서의 국가의 확정된 세입과 세출의 실적계수를 나타내는 행위를 말한다. 헌법은 "감사원은 세입·세출의 결산을 매년 검사하여 대통령과 차년도 국회에 그 결과를 보고하여야 한다"라고 규정하여(제99조) 국회는 보고된 감사원의 결산검사에 대한 심사를 행한다. 국가재정법은 정부는 감사원의 검사를 거친 국가결산보고서를 다음 연도 5월 31일까지 국회에 제출하여야 한다고 규정하고 있다(국가재정법 제61조). 국회에 제출된 결산에 대한 심사절차는 국회법에 규정되어 있다(국회법 제84조). 국회는 결산에 대한 심의·의결을 정기회 개회 전까지 완료하여야 한다(동법 제128조의2). 결산의 심사 결과 위법하거나 부당한 사항이 있는 경우에 국회는 본회의 의결 후 정부 또는 해당 기관에 변상 및 징계조치 등 그 시정을 요구하고, 정부 또는 해당 기관은 시정 요구를 받은 사항을 지체 없이 처리하여 그 결과를 국회에 보고하여야 한다(동법 제84조 제2항 후문).

Ⅳ. 그 외 재정에 관한 권한

1. 기채의결권(起債議決權)

정부가 국채를 모집하려고 할 때에는 미리 국회의 의결을 얻어야 한다(제58조). 국채는 국가재정의 세입부분이 부족하여 이를 보충하기 위한 채무이다. 국채의 모집은 국가재정의 악화를 초래할 수 있고 국민의 부담이 될 수 있으므로 국회의 통제가 필요하다. '미리'라고 규정하고 있으므로 사전의결이어야 한다.

2. 예산 외 국가부담부계약에 대한 의결권

예산 외에 국가의 부담이 될 계약을 체결하려 할 때에는 정부는 미리 국회의 의결을 얻어야 한다(제58조). 예를 들어 국가보증행위 등이 해당된다. 역시 사전의결이어야 한다.

3. 중대한 재정적 부담의 조약체결·비준동의권

국회는 국가나 국민에게 중대한 재정적 부담을 지우는 조약의 체결·비준에 대한 동의권을 가진다(제60조 제1항). 국가의 재정악화와 국민의 기본권침해가 올 수 있으므로 국회의 통제가 필요하여 인정되는 국회통제권이다. 역시 사전동의권이다.

4. 긴급재정경제명령·처분에 대한 승인권

재정·경제상의 위기에 있어서 대통령이 발하는 긴급재정경제명령·처분을 대통령이 한 때에는 지체없이 국회에 보고하여 그 승인을 얻어야 한다. 승인을 얻지 못한 때에는 그 처분 또는 명령은 그때부터 효력을 상실한다(제76조 제3항·제4항). 이는 사후승인이다.

제 5 항 헌법기관구성과 주요 공무원의 임명에 관한 권한

Ⅰ. 권한의 본질적 기능

국회는 헌법기관의 구성원을 선출하거나 임명에 동의를 함으로써 헌법기관의 구성에 관한 권한을 가진다. 이 권한은 다음의 기능과 의미를 가진다. ① 민주적 정당성 부여 - 이 권한은 국회가 국민의 대표자이므로 국회에 의한 선출·동의란 곧 국민대표자에 의한 헌법기관의 선출과 구성에 대한 국민의 승인이라고 볼 수 있다는 점에서 그에 의하여 구성되는 헌법기관의 민주적·헌법적 정당성을 부여한다는 본질적 기능과 의미를 가진다. ② 통제의 기능 - 임명동의권은 임명권자, 임명되는 기관(기관구성자)에 대한 견제적·통제적 기능을 가지는 것이기도 하다.

Ⅱ. 내용

1. 선출권

대통령은 국민의 직접선거에 의하여 선출하나 그 직접선거에 있어서 최고득표자가 2인 이상인 때에는 국회의 재적의원 과반수가 출석한 공개회의에서 다수표를 얻은 자를 당선자로 선출한다(제67조 제2항). 국회는 헌법재판소의 3인의 재판관을 선출하고(제111조 제3항), 중앙선거관리위원회의 3인 위원을 선출한다(제114조 제2항).

2. 동의권

(1) 동의 대상

국회는 헌법재판소장, 대법원장과 대법관의 임명에 대한 동의권을 가진다(제111조 제4항, 제104조 제1항·제2항). 대법관의 경우 대법원장의 제청이 요구된다(법원조직법은 대법관후보추천위원회 추천제도를 두고 있다. 후술 사법부 참조). 국회동의의 의미는 국민으로부터 직선되지 않는 헌법재판소장, 최고법원의 수장과 구성원에 대해 국민에 의해 직선된 국회의 동의를 통하여 민주적 정당성을 부여하려는 데에 있다. 대법원장, 대법관으로서의 자질을 보유하였는지에 대한 검증과 더불어 대통령의 임명에 대한 통제라는 의미도 있다.

국무총리는 국회의 동의를 얻어 대통령이 임명한다(제86조 제1항).

감사원장은 국회의 동의를 얻어 대통령이 임명한다(제98조). 감사원은 더구나 대통령에 소속되어 있어서(제97조) 국회가 감사원장의 임명에 관여함으로써 자질 있는 사람인지의 검증을 통해 감사원의 독립성과 중립성의 확보를 가져오게 하고 감사원의 민주적 정당성을 부여하는 의미를 가진다.

(2) 비동의 대상

헌법재판관 중 대통령이 임명하거나 대법원장이 지명하는 6인의 헌법재판관, 6인의 중앙선거관리위원회 위원은 그 지명, 선출, 임명에 있어서 국회의 동의대상이 아니다(국회의 청문회 대상이긴 하다). 중앙선거관리위원회의 위원장, 감사위원 등도 동의대상이 아니다.

3. 인사청문권

(1) 의의와 기능, 유형

국회의 인사청문절차는 주요 헌법기관이나 중앙기관을 구성하는 공무원 후보자에 대하여 그 권한업무를 충실히 수행할 수 있을 것인지에 대해 국민의 대표자인 국회가 ① 그 자질을 검증하는 기능을 수행한다. ② 그 검증과정은 국민의 알 권리를 보장한다는 의미도 가지고 ③ 대표자를 선출하는 과정에서 청문이 이루어지므로 자질검증이 제대로 되어 적합한 인사가 되도록 한다면 실질적 국민대표주의를 실현하는 데 기여하는 기능도 한다. ④ 국민이 자신을 대신하여 국가업무를 수행할 대표자에 대한 대통령의 임명(국민대표주의)에 있어서의 민주적 정당성도 부여한다는 의미도 가진다. ⑤ 대통령의 인사권에 대한 견제로서 국정통제기능을 한다. ⑥ 다수파의 인사권 전횡을 청문검증을 통해 막을 수 있게 함으로써 소수파를 보호하기 위한 기능도 중요하다. 인사청문의 대상은 헌법상 국회가 선출하거나 임명에 동의권을 행사하는 공무원 후보들과 법률이 대상으로 정한 공무원 후보들이다. 그것에 따라 인사청문권의 유형은 다음의 2가지로 나누어진다.

(2) 국회가 선출하거나 임명동의를 하는 대상인 공무원 후보자의 경우

이 후보자들에 대해서는 인사청문특별위원회에서 청문을 실시한다. '대통령직인수에 관한 법률' 규정에 의하여 대통령당선인이 국무총리후보자에 대한 인사청문의 실시를 요청하는 경우에도 그러하다(국회법 제46조의3 제1항).

청문실시기관	대상후보
인사청문 특별위원회	1. 국회선출대상 – 헌법재판소 재판관(3인) 및 중앙선거관리위원회 위원(3인) 2. 국회동의대상 – 헌법재판소장(상임위 청문 겸함), 대법원장, 국무총리, 감사원장, 대법관 3. 대통령당선인의 요청과 교섭단체대표와의 협의에 따른 국무총리후보자 청문 – 대통령취임 후 임명 동의대상일 때도 당연청문대상이나 미리 인사청문을 실시할 경우임.
상임위원회**	1. 대통령이 각각 임명하는 헌법재판소 재판관(3인)*, 중앙선거관리위원회 위원(3인), 국무위원, 방송 통신위원회 위원장, 국가정보원장, 공정거래위원회 위원장, 금융위원회 위원장, 국가인권위원회 위원장, 고위공직자범죄수사처장, 국세청장, 검찰총장, 경찰청장, 합동참모의장, 한국은행 총재 , 특별감찰관 또는 한국방송공사 사장의 후보자 2. 대통령당선인이 ‘대통령직 인수에 관한 법률’ 제5조 제1항에 따라 지명하는 국무위원후보자 3. 대법원장이 각각 지명하는 헌법재판소 재판관(3인) 또는 중앙선거관리위원회 위원(3인)의 후보자
특별위원회 (상임위 구성 전 임의적)	국회의원총선거 후 또는 상임위원장의 임기만료 후에 상임위원장이 선출되기 전에 실시될 경우로서 위 상임위원회 인사청문 대상인 후보자

❏ **인사청문의 실시기관별 대상**

[유의] 위 그림 표시: * 헌법재판소 재판관 후보자가 헌법재판소장 후보자를 겸하는 경우에는 제2
항 제1호에도 불구하고 제1항에 따른 인사청문특별위원회의 인사청문회를 연다. 이 경우 제2항에
따른 소관 상임위원회의 인사청문회를 겸하는 것으로 본다(동법 제65조의2 제5항).

** 소관 상임위원회 식별: 개별 후보자가 어느 상임위원회에서 청문이 실시되는지는 상임위원회의
소관을 규정한 국회법 제37조 제1항에 따라 식별된다. 예: 예를 들어 대법원장이 지명하는 헌법재판
소 재판관 후보자는 법제사법위원회, 중앙선거관리위원회 위원 중 국회의 선출대상이 아닌 6인의
후보자는 행정안전위원회, 국가정보원장의 후보자는 정보위원회, 국세청장의 후보자는 재정경제위
원회에서 인사청문을 실시하게 되는 등 그 관할을 파악할 수 있다. [질문] 그러면 대법원장이 지명
하는 중앙선거관리위원회 위원 후보자는 어느 상임위원회에서 인사청문을 담당할까요?

(3) 법률로 국회의 인사청문 대상으로 규정된 공무원 후보자의 경우

① 대상 – ㉠ 대통령이 각각 임명하는 헌법재판소 재판관, 중앙선거관리위원회 위원, 국무
위원, 방송통신위원회 위원장, 국가정보원장, 공정거래위원회 위원장, 금융위원회 위원장, 국가
인권위원회 위원장, 고위공직자범죄수사처장, 국세청장, 검찰총장, 경찰청장, 합동참모의장, 한
국은행 총재, 특별감찰관 또는 한국방송공사 사장의 후보자, ㉡ 대통령당선인이 ‘대통령직 인
수에 관한 법률’ 제5조 제1항에 따라 지명하는 국무위원후보자, ㉢ 대법원장이 각각 지명하는
헌법재판소 재판관 또는 중앙선거관리위원회 위원의 후보자이다(국회법 제65조의2 제2항). ② 담
당위원회 – 위 후보자들에 대해서는 (1)의 경우와 달리 소관 상임위원회가 인사청문을 행한다
(동법 동조 제2항). 상임위원회가 구성되기 전에는 국회법 제44조 제1항에 따라 구성되는 특별
위원회에서 실시할 수 있다(동법 동조 제3항).

(4) 인사청문절차[8)

1) 임명동의안 등의 제출

먼저 임명동의안, 선출안, 인사청문요청안(이하 "임명동의안 등"이라 함)이 제출되어야 하는데 국회에 제출하는 임명동의안 등에는 요청사유서 또는 의장의 추천서와 ① 직업·학력·경력에 관한 사항, ② 병역신고사항, ③ 재산신고사항 등에 관한 증빙서류를 첨부하여야 한다(인사청문회법(줄여 '인청법' 제5조 제1항). 의장은 임명동의안 등이 제출된 때에는 즉시 본회의에 보고하고 위원회에 회부하며, 그 심사 또는 인사청문이 끝난 후 본회의에 부의하거나(인사청문특별위원회의 청문의 경우) 위원장으로 하여금 본회의에 보고하도록(소관 상임위원회의 청문의 경우) 한다(동법 제6조 제1항 본문).

2) 청문방식 – 질의, 출석·자료제출요구, 검증, 청문의 공개 등

ⅰ) 개관 – 인사청문특별위원회, 소관상임위원회 또는 국회법 제65조의2 제3항에 따른 특별위원회(이하 "위원회"라 함)의 임명동의안등에 대한 심사 또는 인사청문은 인사청문회를 열어, 공직후보자를 출석하게 하여 질의를 행하고 답변과 의견을 청취하는 방식으로 하고, 위원회는 필요한 경우 증인·감정인 또는 참고인으로부터 증언·진술을 청취하는 등 증거조사를 할 수 있다(동법 제4조). ⅱ) 선서, 모두발언과 질의 – 선서, 모두발언을 듣고 질의는 1문1답식으로 한다(동법 제7조 등). ⅲ) 출석·자료제출요구, 검증제도가 있다(동법 제8조, 제12조, 제13조). ⅳ) 공개주의와 예외 – 인사청문회는 공개하나 다만, 군사·외교 등 국가기밀에 관한 사항으로서 국가의 안전보장을 위하여 필요한 경우 등에는 비공개할 수 있다(동법 제14조). ⅴ) 답변·자료제출의 거부 – 공직후보자는 '국회에서의 증언·감정 등에 관한 법률' 제4조 제1항 단서의 규정에 해당하는 경우에는 답변 또는 자료제출을 거부할 수 있고 형사소송법 제148조 또는 제149조의 규정에 해당하는 경우에 답변 또는 자료제출을 거부할 수 있는데 후자의 경우 그 거부 이유는 소명하여야 한다(동법 제16조).

3) 제척·참여배제·회피, 수비의무 등

인청법에 규정되어 있다. 모욕적 발언 등도 금지된다(동법 제17조, 제18조).

4) 청문의 종료와 보고서제출, 본회의 보고, 송부 등

위원회는 임명동의안 등에 대한 인사청문회를 마친 날부터 3일 이내에 심사경과보고서 또는 인사청문경과보고서를 의장에게 제출한다(동법 제9조 제2항). 위원장은 위원회에서 심사 또는 인사청문을 마친 임명동의안 등에 대한 위원회의 심사경과 또는 인사청문경과를 본회의에 보고한다(동법 제11조 제1항). 소관 상임위원회에서의 청문의 경우 의장은 공직후보자에 대한 인사청문경과가 본회의에 보고되면 지체없이 인사청문경과보고서를 대통령 또는 대법원장에게 송부하여야 한다(동법 동조 제2항).

---

8) 이하의 인사청문에 대한 설명에서 인사청문특별위원회와 소관 상임위원회를 중심으로 하고 상임위가 구성되지 않아 특별위원회를 구성하여 행하는 인사청문은 소관 상임위원회에서의 인사청문으로 함께 다룬다.

(5) 청문기간의 한정 및 도과와 그 효과

1) 인사청문특별위원회의 경우

인사청문특별위원회에서 정당한 이유없이 임명동의안등이 회부된 날부터 15일 이내인 인사청문종료일 및 그 인사청문회종료일부터 3일 이내인 경과보고서 제출기한 내에 임명동의안등에 대한 심사 또는 인사청문을 마치지 아니한 때에는 의장은 이를 바로 본회의에 부의할 수 있다(인청법 제9조 제3항).

2) 소관 상임위원회의 경우

국회가 선출권, 임명동의권을 가지지 않으나 청문대상으로 하여 소관 상임위원회별로 이루어지는 청문의 경우에는 다음과 같다. 즉 부득이한 사유로 20일 이내에 헌법재판소 재판관 등의 후보자에 대한 인사청문회를 마치지 못하여 국회가 인사청문경과보고서를 송부하지 못한 경우에 대통령·대통령당선인 또는 대법원장은 그 20일 기간의 다음날부터 10일 이내의 범위에서 기간을 정하여 인사청문경과보고서를 송부하여 줄 것을 국회에 요청할 수 있다(동법 제6조 제3항). 위 기간 이내에 헌법재판소재판관 등에 대한 인사청문경과보고서를 국회가 송부하지 아니한 경우에 대통령 또는 대법원장은 헌법재판소재판관 등으로 임명 또는 지명할 수 있다(동법 동조 제4항).

(6) 인사청문의 효과

1) 인사청문특별위원회에 의한 인사청문의 효과

인사청문특별위원회에 의한 인사청문은 국회의 선출과 임명동의를 위한 것이므로 인사청문의 결과에서 나타난 후보자의 적격, 부적격 여부에 따라 국회에서 선출과 임명동의의 가결 여부를 결정함으로써 인사청문회의 효과가 나타날 것이다.

2) 상임위원회별 인사청문의 효과

그러나 소관 상임위원회별로 이루어지는 인사청문은 국회가 선출과 임명동의권을 가지지 않는 공직의 후보자에 대해 실시되는 것이므로 인사청문회결과에 임명권자가 따르지 않을 가능성이 있다. 상임위원회별 인사청문의 결과 부적격으로 해당 상임위원회가 결정하였을 때 대통령은 그러한 결정에 따라야 하는가, 즉 상임위의 인사청문의 결과에 구속력을 인정할 것인가 하는 문제가 있다.

(가) 학설   이에 대해서는 ① 긍정설과 ② 부정설이 대립될 것이다. 긍정설은 구속력을 인정하지 않으면 인사청문의 의미가 없다는 입장이고 부정설은 그렇더라도 이에 관한 법적 구속력을 명시하고 있는 헌법규정이 없고 대통령의 인사권을 국회의 인사청문의 결과로 침해할 수 없다는 입장이다.

(나) 판례와 현실   2004년 우리 헌정사상 초유의 대통령에 대한 탄핵심판의 기각결정에서 이에 관한 헌법재판소의 입장이 명백히 나타났다. 사안은 2003.4.25. 국회 인사청문회가 국가정

보원장 후보에 대하여 부적격 판정을 하였음에도 이를 수용하지 아니한 사실을 탄핵소추사유들 중의 하나로 적시하였는데 헌재가 이에 대하여 판단하면서 이러한 부정적 입장을 표명한 것이다. 즉 헌재는 "대통령은 그의 지휘·감독을 받는 행정부 구성원을 임명하고 해임할 권한(헌법 제78조)을 가지고 있으므로, 국가정보원장의 임명행위는 헌법상 대통령의 고유권한으로서 법적으로 국회 인사청문회의 견해를 수용해야 할 의무를 지지는 않는다. 따라서 대통령은 국회 인사청문회의 판정을 수용하지 않음으로써 국회의 권한을 침해하거나 헌법상 권력분립원칙에 위배되는 등 헌법을 위반하지 않는다. 결국, 대통령이 국회인사청문회의 결정 … 을 수용할 것인지의 문제는 대의기관인 국회의 결정을 정치적으로 존중할 것인지의 문제이지 법적인 문제가 아니다. 따라서 대통령의 이러한 행위는 헌법이 규정하는 권력분립구조 내에서의 대통령의 정당한 권한행사에 해당하거나 또는 헌법규범에 부합하는 것으로서 헌법이나 법률에 위반되지 아니한다"라고 판시하였다(2004헌나1). 현실에서도 국회 인사청문경과보고서 채택이 안되더라도 대통령이 장관들을 임명하곤 했다.

(다) 사견   논의에 있어서 유의하여야 할 점은 우리 헌법 제78조는 대통령은 헌법과 "법률이 정하는 바"에 의하여 공무원을 임면한다고 규정하고 있다는 점이다. 따라서 법률에서 상임위에서의 인사청문에 대한 법적 구속력을 부여하는 규정을 둔다면 이에 따라야 한다. 현행 법률인 인사청문회법에서 법적 구속력을 규정하지 않고 있으므로 현재로서는 법적 구속력을 인정할 수 없다.

청문결과의 구속력이 약하다고 할지라도 국민이 ① 임명권자의 독단을 제어하고 ② 공직후보자의 자질에 대해 청문회를 통하여 파악하고 검증할 수 있으며 ③ 이러한 파악이 국민의 알 권리를 구현한다는 점에서 의의가 있다. 그렇다면 인사청문의 결과인 국회의 의견제시에 대해 대통령에 대한 구속력을 부여하는 규정이 없는 것은 문제이다. 인사청문에서 부정적인 검토결과가 나오더라도 대통령이 이에 따르지 않으면 인사청문의 소기의 목적을 달성하기 힘들다. 여하튼 생산성 있는 국회의 인사청문회를 전제로 후보자 자질 검증의 실효성을 강화하기 위해서도 구속력부여가 필요하다. 이에 대한 보완이 필요하다.

외국의 입법례로는 인사청문의 통과 여부를 찬성정족수로 하지 않고 거부정족수로 하는 예를 볼 수 있다. 과반수 찬성일 때 인사청문통과라고 하지 않고 거부의 의사가 가중다수일 때 대통령이 임명할 수 없게 하는 예가 바로 그러한 예로서 앞으로 논의에서 참고가 된다. 프랑스에서는 대통령이 임명하는 헌법재판관 등의 경우에 부정적 의견이 상하 양원을 합쳐 소관 상임위원회 위원들의 유효투표의 5분의 3 이상일 때에는 대통령은 임명을 할 수 없도록 하고 있다. 이러한 부정적 의견의 가중다수결제도는 대통령의 임명권을 어느 정도 보장하면서도 뚜렷이 자질이 안 되어 여야 간에 강한 부정의견이 있는 후보에 대해 임명불능으로 하여 걸러내는 역할은 할 수 있을 것이다.

제 6 항 국회의 국정통제에 관한 권한

Ⅰ. 서설

1. 통제권의 의의와 기능

국회가 집행부, 사법부 등 다른 국가기관들의 활동을 감시하고 위법적인 활동에 대하여 제재를 가하며 이를 시정하도록 이끌어가는 권한을 국정(국가활동)통제권이라고 한다. 국회의 국정통제권의 정당성의 근원은 국회가 국민에 의해 직선된 대표기관이라는 점에 있다.

국회의 국정통제권의 기능은 우선 ① 국가기관 간 상호 견제하는 권력분립원칙의 구현을 위한 것이다. ② 국회에서의 입법이나 정책결정을 위한 사전적 조사의 의미를 가질 수 있다. 각종 청문회나 국정조사와 같은 경우가 그러한 기능을 수행한다. ③ 통제권의 제도들 중에는 견제효과라는 소극적 의미뿐만 아니라 국회의 정부에 대한 협력의 효과를 가져오는 제도도 있다. 예를 들어 각종 동의·승인권은 국회의 정부활동에 대한 통제라는 기능을 가지면서도 법적 효력을 완성하는 기능을 가져 협력의 기능도 한다.

2. 고찰체계

종래 국회의 국정통제권에 관해서는 '대정부'(對政府) 견제권이라고 분류하여 살펴보고 있으나 우리 헌법조문은 '정부'를 대통령과 행정부를 지칭하고 있으므로 그 외 국가기관들에 대한 통제를 포함하지 못한다. 아래에서는 먼저 대정부 통제권을 보고(Ⅱ, Ⅲ, Ⅳ), 다음으로 모든 국가기관에 공통되는 통제권으로서 국정감사·조사권, 탄핵소추권에 대해 살펴본다(Ⅴ, Ⅵ). 앞서 해당 부분에서 살펴본 국회의 입법권, 재정에 관한 권한, 인사에 관한 권한 등도 여러 국가기관들에 대한 견제의 기능을 한다.

Ⅱ. '정부'에 대한 통제

대통령과 행정부 모두에 대한 통제권으로서, ① 정부의 입법적 활동에 대한 통제를 들 수 있다. 국회는 정부가 제출한 법안(제52조)에 대해 법률제정·개정심의·의결을 통해 정부의 입법적 행위에 대한 통제를 한다. ② 정부의 재정적 활동에 대한 통제를 들 수 있다. 정부가 편성·제출한 예산안(제54조 제2항)과 추가경정예산안에 대한 심의·확정권(제54조 제1항), 예비비의 지출에 대한 차기국회의 승인권(제55조 제2항)을 행사함으로써 정부의 재정행위를 통제한다. 앞서 본 국회의 기채의결권, 예산 외 국가부담부계약에 대한 의결권(제58조)도 재정적 통제이다. ③ 정부의 조직·운영에 관한 의원발의의 법률 제·개정, 정부 관련 예산안에 대한 심의·확정권을 통해 정부를 통제할 수 있다.

Ⅲ. 대통령에 대한 통제

1. 인사권(人事權)에 대한 통제

대통령제를 기본적인 정부형태로 하면서도 국무총리제를 두고 대통령의 국무총리임명에 대하여 국회의 동의를 거치도록 하고 있다(제86조 제1항). 이는 의원내각제적 요소라고 볼 것이다. 이 통제권은 대통령의 조각권(내각구성권)에 대한 통제권이자 내각 전체에 대한 통제권으로서의 성격을 가진다. 대통령이 내각의 구성원인 국무위원을 임명함에 있어서 국무총리의 제청이 필수적이기(제87조 제1항) 때문이다. 국무총리 외에도 헌법재판소장, 대법원장, 대법관, 감사원장에 대한 대통령의 임명에 있어서 국회의 동의를 받아야 한다(제111조 제4항 등). 위와 같은 국회의 동의에는 국회의 인사청문회를 거쳐야 한다. 이에 관한 자세한 것은 전술한 바 있다.

2. 입법과 예산에 관한 권한에 대한 통제

위의 정부에 대한 통제권에서 이미 살펴보았지만, 입법과 예산에 관한 정부의 권한행사에 대한 국회의 통제는 대통령에 대한 통제이기도 하다. 법률안제출권, 예산안편성·제출권의 권한주체는 '정부'이지만 대통령이 정부의 수반이기(제66조 제4항) 때문이다. 대통령의 법률안거부권(재의요구권)의 행사에 대해서도 국회가 재의결로 통제할 수 있다(제53조 제4항).

3. 승인·동의·요구제도

국회는 대통령이 발한 긴급명령·긴급재정경제명령·긴급재정경제처분에 대한 승인권(제76조 제3항)을 가진다.

국회는 ① 대통령의 헌법재판소장·대법원장·대법관·국무총리·감사원장 등 임명에 대한 동의권(제111조 제4항 등), ② 대통령의 일반사면권행사에 대한 동의권(제79조 제2항), ③ 대통령이 체결하는 중요조약의 체결·비준에 대한 동의권(제60조 제1항), ④ 선전포고, 국군의 외국에의 파견 또는 외국군대의 대한민국 영역 안에서의 주류에 대한 동의권(제60조 제2항) 등을 갖는다.

요구권으로서는 비상계엄에 대한 해제요구권을 들 수 있다(제77조 제5항).

4. 대통령에 대한 탄핵소추

대통령이 그 직무집행에 있어서 헌법이나 법률을 위배한 때에는 국회는 탄핵의 소추를 의결할 수 있다(제65조 제1항). 대통령에 대한 탄핵소추는 공통적인 통제제도로 후술한다.

5. 국무총리 등에 대한 해임건의권

국무총리 등에 대한 해임건의를 통해 국회는 대통령과 행정부를 견제할 수 있다. 국무총리 등에 대한 해임건의권에 관해서는 행정부에 대한 통제 부분에서 후술한다.

Ⅳ. 행정부(국무총리·국무위원)에 대한 통제

1. 국무총리·국무위원의 국회출석·답변의무

국회나 그 위원회의 요구가 있을 때에는 국무총리·국무위원 또는 정부위원은 출석·답변하여야 하며, 국무총리 또는 국무위원이 출석요구를 받은 때에는 국무위원 또는 정부위원으로 하여금 출석·답변하게 할 수 있다(제62조 제2항). 이 제도는 의원내각제적 성격의 제도로서 출석·답변은 국무총리·국무위원의 의무이자 권한이기도 하다(제62조 제1항). 그 기능은 통제기능 외에 정보수집적 기능, 국민의 알 권리를 보장하는 기능 등을 가진다. 이는 본회의뿐 아니라 위원회에 대해서도 지는 의무이고 질문유형이나 방식에 대해서는 앞서 의사절차에서 살펴본 바 있다. 출석에 응하지 않으면 탄핵소추와 해임건의의 사유가 된다.

2. 국무총리·국무위원해임건의권

(1) 의의와 성격

헌법 제63조 제1항은 국회는 국무총리 또는 국무위원의 해임을 대통령에게 건의할 수 있다고 하여 국무총리 등의 해임건의권을 규정하고 있다. 이는 국무총리나 국무위원의 직을 강제적으로 그만두게 할 것을 대통령에게 요구하는 국회의 통제권이다.

해임건의권의 성격은 ① 권력분립적 견제권한이다. 국가정책을 집행하는 행정부에 대하여 국회가 비판과 통제를 가한다. ② 해임건의권은 행정부의 책임을 추궁하는 제도이다. 이 점에서는 의원내각제적 성격을 가진 제도이다. 이는 해임건의권제도가 내각불신임제도와 동일하다는 것은 아니나 내각에 대해 책임을 물을 수 있는 제도라는 점에서 의원내각제적 성격이 있다는 의미이다. ③ 국회 앞에서의 책임을 별로 지지 않는 대통령에 대해 견제하는 기능을 하는 의미도 있다.

(2) 해임건의의 사유

헌법은 해임건의의 사유를 적시하지 않고 있으므로 해임건의사유는 넓고 포괄적이다. 헌법이나 법률에 위반한 직무행위뿐 아니라 위법행위는 아닐지라도 정책적 결정·선택과 판단상의 과오, 무능력, 대통령에 대한 보필에서의 미숙, 실정 등도 그 사유가 될 수 있다. 즉 법적 책임이 아닌 정치적 책임을 묻기 위한 해임건의의 발의도 가능하다. 이 점이 위헌·위법의 직무행위만을 그 사유로 하는 탄핵소추의 경우와 다르다.

공화국 / 내용	제3공화국	제4공화국	제5공화국	현행 제6공화국
권한	국회는 국무총리 또는 국무위원의 해임을 대통령에게 건의할 수 있다(3공헌 § 59①).	국회는 국무총리 또는 국무위원에 대하여 개별적으로 그 해임을 의결할 수 있다(4공헌 §97①).	국회는 국무총리 또는 국무위원에 대하여 개별적으로 그 해임을 의결할 수 있다(5공헌 §99 ① 본문).	국회는 국무총리 또는 국무위원의 해임을 대통령에게 건의할 수 있다(현행헌법§63①).
제한			다만, 국무총리에 대한 해임의결은 국회가 임명동의를 한 후 1년 이내에는 할 수 없다(5공헌 §99① 단서).	
정족수	건의는 재적의원 과반수의 찬성이 있어야 한다(3공헌 §59②).	해임의결은 국회재적의원 3분의 1 이상의 발의에 의하여 국회재적의원 과반수의 찬성이 있어야 한다(4공헌 §97②).	해임의결은 국회재적의원 3분의 1 이상의 발의에 의하여 국회재적의원 과반수의 찬성이 있어야 한다(5공헌 §99②).	해임건의는 국회재적의원 3분의 1 이상의 발의에 의하여 국회재적의원 과반수의 찬성이 있어야 한다(현행헌법 §63②).
효과	건의가 있을 때에는 대통령은 특별한 사유가 없는 한 이에 응하여야 한다(3공헌§59③).	의결이 있을 때에는 대통령은 국무총리 또는 당해 국무위원을 해임하여야 한다(4공헌 §97③ 본문).	의결이 있을 때에는 대통령은 국무총리 또는 당해 국무위원을 해임하여야 한다(5공헌 §99③ 본문).	
국무총리와 국무위원 간 연대책임 유무		다만, 국무총리에 대한 해임의결이 있을 때에는 대통령은 국무총리와 국무위원 전원을 해임하여야 한다(4공헌 §97③ 단서).	다만, 국무총리에 대한 해임의결이 있을 때에는 대통령은 국무총리와 국무위원 전원을 해임하여야 한다(5공헌 §99③ 단서).	

❏ 역대 해임건의(결의)제도 대조표

(3) 절차와 정족수

해임건의안이 발의되었을 때에는 의장은 그 해임건의안이 발의된 후 처음 개의하는 본회의에 이를 보고하고, 본회의에 보고된 때로부터 24시간 이후 72시간 이내에 무기명투표로 표결한다. 이 기간 내에 표결하지 아니한 해임건의안은 폐기된 것으로 본다(국회법 제112조 제7항).

해임건의는 국회재적의원 3분의 1 이상의 발의에 의하여 국회재적의원 과반수의 찬성이 있어야 한다(제63조 제2항). 신중을 기하도록 가중된 정족수로 하고 있다.

(4) 해임건의의 효과
1) 문제점

국회의 해임건의가 있으면 대통령이 반드시 이에 따라 해임을 하여야 하는가가 논란되고 있다. 제3공화국 헌법에서는 "건의가 있을 때에는 대통령은 특별한 사유가 없는 한 이에 응하여야 한다"라고 하여(제3공화국 헌법 제59조 제3항) 구속력을 명시하고 있었는데 현행 헌법에는 이러한 명시규정이 없어서 논란되고 있다.

2) 학설과 판례

이 문제에 대해 학설은 부정설(정치적 책임설 - 해임건의가 의결되더라도 정치적 책임을 질뿐이고 대통령은 이에 따르지 않아도 된다는 견해)과 긍정설(법적 구속설 - 대통령은 국회의 해임건의의 의결이 있으면 이에 반드시 따라야 한다는 견해)이 대립되고 있다.

헌재는 "국회의 해임건의는 대통령을 기속하는 해임결의권이 아니라, 아무런 법적 구속력이 없는 단순한 해임건의에 불과하다"라고 하여(2004헌나1) 부정설의 입장에 있다.

3) 사견

다음과 같은 이유로 해임건의의 의결은 대통령에 대한 구속력을 가진다. ① 우리 헌법상의 국가권력 구도 전반에서의 체계조화적 헌법해석이 필요한데 현행 헌법에서의 대통령의 권한은 전형적인 대통령제에서의 대통령의 권한에 비해 강하기에 권력균형을 잡아주는 통제권으로서 해임건의권이 자리잡고 있으므로 이에 대한 법적 구속력을 인정하여야 한다. ② 우리나라의 정부형태는 대통령제에 의원내각제적 요소가 다소 가미되었다고 보는 견해가 많고 이 해임건의제도를 그러한 의원내각제적 요소로 본다. 물론 해임건의제가 의원내각제의 내각불신임제와 동일한 것이라는 의미는 아니지만 해임건의도 행정부에 대한 책임을 묻는 제도라는 점에서 의원내각제적 요소라면 법적 구속력이 있다고 보아야 한다. 부정론 중에는 정부형태론에서 해임건의제도를 우리나라에서의 의원내각제적 요소라고 하면서도 여기서는 대통령에 대한 구속력이 없다고 보는 견해가 있는데 이는 논리적 일관성을 결여한 것이다. ③ 헌재는 "대통령에게 국회해산권을 부여하고 있지 않는 현행 헌법상의 권력분립질서와도 조화될 수 없다"라고 하는 것을 중요한 논거로 한다. 그러나 국회해산제도를 전제하지 않고도 책임정치 구현을 위하여 대통령과 행정부에 대한 통제를 하는 국회의 해임건의제도를 둘 수 있기에 설득력이 약하다. ④ 정치적 책임제도에 불과하다면, 해임건의제도가 헌법에 명시되어 있지 않더라도 국회가 일반 의결정족수인 출석의원 과반수의 찬성으로도 더 쉽게 해임건의를 할 수 있을 것인데 현행 헌법이 특별히 해임건의제도를 명시하고 그것도 가중정족수로 의결하도록 하고 있는 점을 이해할 수 없게 된다.

4) 연대책임의 문제

국무총리에 대한 해임건의가 있는 경우에 다른 내각구성원인 국무위원들도 함께 해임되어야 하는가 하는 연대책임의 문제가 있다. [학설] ⅰ) 긍정설 - 국무총리, 국무위원 "전원의 집단적·연대적·정치적 공동체경향에 비추어 국무총리해임건의는 자동적으로 전국무위원의 사표로 이어져야 한다"라는 견해(성낙인, 헌법학(제15판), 법문사(2015)(이하 '성낙인, 2015'), 503면), 국무총리에게 국무위원임명제청권이 있으므로 자신이 제청한 국무위원들도 동반 사퇴하여야 한다는 견해 등이 있다. ⅱ) 부정설 - 국무총리의 내각에 대한 권한이 강하지 않다는 점, 해임건의제가 의원내각제적 요소라고 하더라도 의원내각제하에서 연대책임을 인정하는 내각불신임과 같은 정도의 강한 권한으로 해석할 수는 없다는 점 등을 들어 연대책임을 부정한다. [사견] 현행 헌법에서 국무총리는 ① 대통령을 보좌하며, ② 국무총리가 행정각부를 통할하는 권한을 가지나 행정에 관하여 "대통령의 명을 받아" 행정각부를 통할하는 지위에 있고(제86조 제2항) ③ 의원내각제의 수상에 비해 내각구성원에 대한 권한이 약하다는 점에서 의원내각제에서의 내각불신임제가 가지는 연대책임을 인정하기는 어렵다(개별책임론).

3. 서면질문제도

위에서 본 대로 국무총리·국무위원의 국회출석·답변의무를 통한 통제가 있지만 출석 없이 서면질문을 통한 정부통제도 이루어질 수 있다(국회법 제122조).

4. 국무총리·국무위원·행정각부의 장에 대한 탄핵소추

국무총리·국무위원·행정각부의 장이 그 직무집행에 있어서 헌법이나 법률을 위배한 때에는 국회는 탄핵의 소추를 의결할 수 있다(제65조 제1항). 탄핵소추제는 공통적인 통제제도로 후술한다.

V. 국정감사권·국정조사권

헌법 제61조 제1항은 "국회는 국정을 감사하거나 특정한 국정사안에 대하여 조사할 수 있으며, 이에 필요한 서류의 제출 또는 증인의 출석과 증언이나 의견의 진술을 요구할 수 있다"라고 규정하여 국정감사·조사권을 규정하고 있다.

	제1공화국	제2공화국	제3공화국	제4공화국	제5공화국	제6공화국
국정감사권	○ 국회는 국정을 감사하기 위하여 필요한 서류를 제출케 하며 증인의 출석과 증언 또는 의견의 진술을 요구할 수 있다(1공헌 §43).	○국회는 국정을 감사하기 위하여 필요한 서류를 제출케 하며 증인의 출석과 증언 또는 의견의 진술을 요구할 수 있다(2공헌 §43).	○ 국회는 국정을 감사하며, 이에 필요한 서류의 제출, 증인의 출석과 증언이나 의견의 진술을 요구할 수 있다. 다만, 재판과 진행중인 범죄수사·소추에 간섭할 수 없다(3공헌 §57).	×	×	○ 국회는 국정을 감사하거나 특정한 국정사안에 대하여 조사할 수 있으며, 이에 필요한 서류의 제출 또는 증인의 출석과 증언이나 의견의 진술을 요구할 수 있다(현행 헌법 §61①).
국정조사권	× 조사특별위원회가 활동하였음	× 조사특별위원회가 활동하였음	× 조사특별위원회가 활동하였음	× 1975년 이후 국회법에는 규정이 있었음	○ 국회는 특정한 국정사안에 관하여 조사할 수 있으며, 그에 직접 관련된 서류의 제출, 증인의 출석과 증언이나 의견의 진술을 요구할 수 있다. 다만, 재판과 진행중인 범죄수사·소추에 간섭할 수 없다(5공헌 §97).	○ 국정감사에 관한 위의 조문에 포함되어 있음

❑ 국정감사, 국정조사권에 관한 헌법조문 연혁

○: 헌법 자체에 근거조문이 있음. ×: 헌법 자체에 근거조문이 없음.

1. 의의와 기능 및 적용법률

[의의] 국정감사제도란 국가기관 등이 국가작용 등을 적법하고도 적정하게 수행하고 있는지에 대하여, 그리고 국회의 입법, 재정통제(예산심의 등)에 필요한 자료를 수집하기 위하여 국정 전반에 걸쳐 매년 국회가 감시하고 조사하는 제도를 말한다. 국정조사제도란 국정과 관련한 특정한 사안이 발생하여 그 진상의 규명이 필요한 경우에 그리고 위와 같은 목적으로(통제와 자료 수집) 국회가 실시하는 조사를 말한다.

[기능] 국정감사·국정조사의 기능으로는 ① 국정통제기능, ② 정보기능(국회의원들이 입법, 예산심의 등을 위하여 필요한 관련 준비자료를 획득하기 위한 기회로 활용), ③ 보조기능(②의 기능은 국정감사와 조사제도가 보조기능으로서도 시행된다는 것을 의미), ④ 국민의 알 권리의 보장기능 등이 있다.

[법률] 국정감사 및 조사에 관한 절차 기타 필요한 사항은 법률로 정하는데(제61조 제2항) 그 법률이 '국정감사 및 조사에 관한 법률'(이하 '국감법'이라고 함)이다. 국회법은 국정감사나 국정조사를 위한 증언·감정 등에 관한 절차는 다른 법률에서 정하는 바에 따른다고 규정하고 있

는데(국회법 제129조 제3항) 이에 따라 제정된 법률이 '국회에서의 증언·감정 등에 관한 법률' (이하 '증감법'이라고 함)이다. 따라서 국정감사와 국정조사에 관해서 국회법, 국감법, 증감법이 주로 적용된다.

2. 국정감사·국정조사의 성격

(1) 본질
1) 독자성 여부
국정감사와 국정조사가 국회의 활동들 중에 하나의 독자적인 활동으로 독립된 기능을 가지는지 아니면 국회의 본연의 임무를 보조하는 성격을 가지는 것에 불과한지 하는 문제가 있다. ① 독립적 기능설, ② 보조적 기능설, ③ 분리설(국정감사는 독립적 기능을 가지고 국정조사는 보조적 기능을 가진다고 보는 설), ④ 복합설(국정감사와 국정조사 각각이 경우에 따라 독립적 기능 또는 보조적 기능을 수행한다고 보는 설) 등이 있을 수 있다. 생각건대 국정감사나 국정조사 모두 국정통제권으로서 기능하고 국정통제권이 국회의 본래의 권한이기에 독립적 기능을 양 제도 모두 수행한다고 볼 것이다. 다른 한편으로는 양 제도가 국회의 또 다른 본무인 입법과 예산심의 등의 활동을 위하여 필요한 자료의 수집이나 사전준비의 기능을 수행하는 경우에는 보조적 기능을 행하는 성격의 제도로 볼 수 있다. 요컨대 복합설이 타당하다.

2) 국정조사의 고유성
국정조사는 위에서도 살펴본 바 있지만 오늘날 국정통제라는 의회의 본질적 활동을 이루는 것으로서 의회주의의 불가결한 제도이다. 따라서 국정조사는 헌법에 명시적인 근거조문이 있는지와 상관없이 국회 고유의 본질적인 권한으로서의 성격을 가진다. 이 때문에 헌법조문에 규정이 없던 시절에도(제1공화국에서 제4공화국까지) 국정조사제도가 당연한 것으로 받아들여졌고 실제 국회의 특별조사 등으로 실시되었으며 국회법에 자리잡게 되기도 하였다.

(2) 국정감사와 국정조사 간의 차이
국정감사제도는 국정전반을 그 대상으로 하고 매년 실시되는 반면에 국정조사제도는 국정의 특정사안에 대해, 그리고 부정기적이고 수시로 실시될 수 있다는 점에서 양자의 차이가 있다. 요컨대 ① 대상에 있어서 국정감사는 전반성·포괄성·일반성을, 국정조사는 특정성·한정성·중점성을 가지고, ② 시기에 있어서 국정감사는 필수적으로 매년 실시되는 것인 반면에 국정조사는 수시적·부정기적이라는 점에서 차이가 있다.

구분 \ 항목		국정감사	국정조사
대상	대상 사항	국정전반(포괄성)	특정 사안(한정성)
	대상 기관	국가기관, 지방자치기관(포괄성)	해당 기관
주체		상임위원회	특별위원회 또는 상임위원회
실시시기, 기간		매년. 30일 이내	불특정(재적의원 4분의 1 이상의 요구로 실시), 조사계획서에 정한 기간

□ 국정감사와 국정조사의 차이

3. 활동주체와 그 구성

헌법 제61조 제1항은 '국회'를 국정감사·조사를 하는 주체로 규정하고 있다. 그러나 국회 전체가 활동할 수는 없고 실제의 활동주체는 위원회인데 국감법은 국정감사의 경우와 국정조사의 경우를 달리하여 규정하고 있다.

(1) 국정감사

국정감사는 소관 상임위원회별로 실시한다. 지방자치단체에 대한 감사는 둘 이상의 위원회가 합동으로 반을 구성하여 이를 행할 수 있다(국감법 제7조의2). 이는 여러 상임위들이 지방자치단체에 대한 감사를 실시하면 지방자치단체의 행정력이 낭비될 수 있고 일정의 중복이 발생할 수도 있으므로 이를 개선하기 위해 합동감사를 가능하게 하기 위한 것이다.

(2) 국정조사

국정조사는 특별위원회를 구성하여 행하거나 또는 상임위원회가 행한다(국감법 제2조 제1항, 제3조 제1항). 특별위원회는 교섭단체의원수의 비율에 따라 구성하여야 한다(국감법 제4조 제1항 본문).

(3) 공통 - 소위원회, 반

감사 또는 조사를 행하는 위원회는 의결로 필요한 경우 2명 이상의 위원으로 별도의 소위원회나 반을 구성하여 감사 또는 조사를 하게 할 수 있는데 위원회가 상임위원회인 경우에는 국회법 제57조 제1항에 따른 상설소위원회로 하여금 감사 또는 조사를 하게 할 수 있다(국감법 제5조 제1항). 소위원회나 반은 같은 교섭단체소속 의원만으로 구성할 수 없다(동법 동조 제2항).

(4) 국회의원의 주체성 부정 - 국회 자체의 권한

[판례] 헌재는 "'국정감사권'과 '국정조사권'은 국회의 권한이고, 국회의원의 권한이라 할

수 없으므로 국회의원인 청구인으로서는 국정감사권 또는 국정조사권 자체에 관한 침해를 들어 권한쟁의심판을 청구할 수 없다"라고 한다. 사안은 국회의원이 교원들의 교원단체 가입현황을 자신의 인터넷 홈페이지에 게시하여 공개하려 하였으나, 법원이 그 공개로 인한 기본권침해를 주장하는 교원들의 신청을 받아들여 그 공개의 금지를 명하는 가처분 및 그 가처분에 따른 의무이행을 위한 간접강제 결정을 한 것에 대해 국회의원이 법원을 상대로 제기한 권한쟁의심판청구사건이었다. 청구인 국회의원은 헌법 제61조에 의하여 부여받은 국회의원으로서의 권한을 침해하였다는 주장이나 헌재는 이와 같이 부정하여 권한침해가능성을 부정하고 각하결정(2010헌라1. 후술 헌법재판, 권한쟁의심판 부분 참조)을 한 것이다.

4. 국정조사의 발의·시행

국정감사는 매년 당연히 실시된다. 국정조사는 재적의원 4분의 1 이상의 요구가 있어야 시행될 수 있다(동법 제3조 제1항). 의장은 조사요구서가 제출되면 지체 없이 본회의에 보고하고 각 교섭단체 대표의원과 협의하여 조사를 할 특별위원회를 구성하거나 해당 상임위원회에 회부하여 조사를 할 위원회를 확정한다. 그 조사위원회는 조사의 목적, 조사할 사안의 범위와 조사방법, 조사에 필요한 기간 및 소요경비 등을 기재한 조사계획서를 본회의에 제출하여 승인을 받아 조사를 한다(동법 동조 제3항·제4항).

5. 국정감사·조사의 대상

국정감사는 국정전반을 그 대상으로 하고, 국정조사는 국정의 특정사안에 관하여 실시한다. 이처럼 대상의 범위나 양적 차이는 있지만 국정조사도 사안이 특정화된다는 것일 뿐 그 사안의 성격이 다양할 수 있다. 그 대상에는 입법적 사항, 재정적 사항, 행정적 사항, 사법적(司法的) 사항, 국회내부적 사항 등이 있다.

6. 대상기관

국정감사는 행정부뿐 아니라 사법부의 기관들도 대상이 될 수 있고, 지방자치단체와 소속기관들, 공공기관들에 대해서도 감사가 이루어질 수 있다. 모든 기관들이 대상인 것은 아니고 현행 국감법은 ① 정부조직법, 그 밖의 법률에 따라 설치된 국가기관, ② 지방자치단체 중 특별시·광역시·도(다만, 그 감사범위는 국가위임사무와 국가가 보조금 등 예산을 지원하는 사업으로 한다). ③ '공공기관의 운영에 관한 법률' 제4조에 따른 공공기관, 한국은행, 농업협동조합중앙회, 수산업협동조합중앙회, ④ 위 ①부터 ③까지 외의 지방행정기관, 지방자치단체, 감사원법에 따른 감사원의 감사대상기관(이 ④의 경우 본회의가 특히 필요하다고 의결한 경우로 한정한다)으로 규정하고 있다(동법 제7조).

7. 활동기간, 장소, 방법·절차

(1) 활동기간

국정감사는 매년 정기회 집회일 이전에 감사시작일부터 30일 이내의 기간을 정하여 감사를 실시한다. 다만, 본회의 의결로 정기회 기간 중에 감사를 실시할 수 있다(동법 제2조 제1항). 국정조사의 경우에는 조사계획서에 정한 기간까지 활동한다.

(2) 방법·절차

[공개의 원칙] 국정감사 및 국정조사는 공개로 하되, 다만, 위원회의 의결로 달리 정할 수 있다(국감법 제12조).

[서류제출·증인 등의 출석·증언절차·검증·청문회 등] 국정감사·조사에서는 증인 등을 출석하게 하여 그들의 증언을 듣고 진상을 밝히는 것이 핵심적인 절차가 된다. 또한 서류제출을 요구하여 검토할 수도 있고 검증이나 청문회 등을 거쳐 진실을 밝히는 감사·조사를 행하기도 한다(동법 제10조).

[선서와 증인의 보호] 증인·감정인에게 증언·감정을 요구할 때에는 선서하게 하여야 한다(증감법 제7조 제1항). 증감법에서 정한 처벌을 받는 외에 그 증언·감정·진술로 인하여 어떠한 불이익한 처분도 받지 아니한다(동법 제9조 제3항).

[동행명령] 국정감사나 국정조사를 위한 위원회는 증인이 정당한 이유없이 출석하지 아니하는 때에는 그 의결로 해당 증인에 대하여 지정한 장소까지 동행할 것을 위원장이 동행명령장을 발부하여 명령할 수 있다(동법 제6조 제1항·제2항).

[의무위반에 대한 제재와 고발] 증감법은 ① 불출석, ② 국회모욕, ③ 동행명령거부, ④ 위증의 경우 처벌하도록 규정하고 있고, 본회의 또는 위원회는 위와 같은 죄를 범하였다고 인정한 때에는 고발하여야 한다(동법 제12조 내지 제15조). 국회노동위원회 국정감사에 증인으로 출석하라는 국회노동위원회 위원장 명의의 증인출석요구서를 받고도 출석하지 아니한 사람을 검찰에 고발하였으나 검사가 범죄혐의없음의 불기소처분을 하였고 이 불기소처분에 대해 헌법소원심판이 청구되었으나 위 위원회는 국가기관으로서 기본권주체가 아니라는 이유로 청구가 각하된 예가 있다(◑ 판례 93헌마120).

8. 국정감사·조사의 한계

(1) 목적, 대상, 시기, 방법·절차에 따른 한계

국정감사·조사는 입법조사, 비리의 추궁 및 책임규명 등 그 목적에 부합되게 실시되어야 한다. 위에서 본 대상, 시기, 방법·절차에 따른 한계가 있다.

(2) 기본권보장을 위한 한계

국정감사, 국정조사는 개인의 사생활을 침해하기 위한 목적으로 실시되어서는 안 된다(국감법 제8조). 이러한 한계는 명시되지 않더라도 우리 헌법 제17조가 보장하는 사생활의 보호규정에서 당연히 인정되는 한계라고 볼 것이다.

국회에서 증언하는 증인·참고인이 중계방송 또는 사진보도 등에 응하지 아니한다는 의사를 표명할 때에는 본회의 또는 위원회의 의결로 중계방송 또는 녹음·녹화·사진보도를 금지시킬 수 있다(증감법 제9조 제2항). 초상권 등의 인격권의 보호를 위한 것이다. 또한 증인·참고인이 특별한 이유로 회의의 비공개를 요구할 때에는 본회의 또는 위원회의 의결로 회의의 일부 또는 전부를 공개하지 아니할 수 있다(동법 동조 동항).

(3) 사법권독립을 위한 한계

국정감사·조사는 계속(係屬) 중인 재판에 관여할 목적으로 실시되어서는 아니 된다(국감법 제8조). 법관은 헌법과 법률에 의하여 그 양심에 따라 독립하여 심판하여야 하므로(제103조) 이러한 법관의 심증을 깨기 위하여나 법관의 판단을 흩뜨릴 수 있는, 또는 법관에 대하여 압력을 가하여 일정한 방향으로의 판결이나 특정인에 유리한 결과를 가져오는 판결로 이끌기 위한 국정감사·조사를 할 수 없다. 따라서 계속 중인 특정재판에 관여하기 위하여 재판기록 등의 제출을 요구하거나 담당법관을 증인으로 출석할 것을 요구할 수 없다. 다만, 법원이 재판중인 사안이라 하더라도 국회가 자신의 고유업무를 수행하기 위하여 독자적인 조사를 실시할 수는 있다. 예를 들어 국무위원의 비위에 관한 재판이 진행 중인데 그 국무위원에 대한 해임건의나 탄핵소추 등을 하기 위하여 법원재판에 개입함이 없이 국회가 조사를 실시할 수는 있다.

(4) 검찰사무의 공정성보장을 위한 한계

감사 또는 조사는 수사중인 사건의 소추에 관여할 목적으로 행사되어서는 아니 된다(국감법 제8조). 이는 검찰사무의 공정성을 보장하기 위한 한계이다. 검찰의 수사활동은 국민의 기본권에 직접적으로 영향을 미칠 수 있는 것이고 검찰의 수사나 소추는 준사법적(準司法的) 성격을 가져 그 공정성이 형사재판 단계에서의 공정성과도 연결된다는 점에서 검찰수사 단계에서부터의 공정성이 확보되어야 한다. 따라서 수사검사에 대한 압력을 행사하기 위한 감사와 조사는 금지된다. 소추관여의 목적이 아닌 국회의 탄핵소추, 해임건의를 위한 조사는 할 수 있다.

(5) 국익보호를 위한 한계

공무원 또는 공무원이었던 자가 증언할 사실이나 제출할 서류 등의 내용이 군사·외교·대북관계의 국가기밀에 관한 사항으로서 그 발표로 말미암아 국가안위에 중대한 영향을 미칠 수 있음이 명백하다고 주무부장관이 소명하는 경우에는 국정감사·조사에서 증언이나 서류 등 제출이 거부될 수 있다(증감법 제4조 제1항 단서).

9. 국정감사·조사의 결과보고 및 처리

감사 또는 조사를 마친 위원회는 지체없이 보고서를 작성하여 의장에게 제출하여야 하고 의장은 이를 지체없이 본회의에 보고하여야 한다(국감법 제15조).

국회는 감사 또는 조사 결과 위법하거나 부당한 사항이 있을 때에는 그 정도에 따라 정부 또는 해당 기관에 변상, 징계조치, 제도개선, 예산조정 등 시정을 요구하고, 정부 또는 해당 기관에서 처리함이 타당하다고 인정되는 사항은 정부 또는 해당 기관에 이송한다(동법 제16조 제2항). 정부 또는 해당기관은 위와 같은 시정요구를 받거나 이송받은 사항을 지체없이 처리하고 그 결과를 국회에 보고하여야 한다(동법 동조 제3항).

10. 감사원에 대한 감사요구

국회는 의결로 감사원에 대하여 감사원법에 따른 감사원의 직무범위에 속하는 사항 중 사안을 특정하여 감사를 요구할 수 있다. 이 경우 감사원은 감사요구를 받은 날부터 3개월 이내에 감사결과를 국회에 보고하여야 한다(국회법 제127조의2 제1항).

VI. 탄핵소추권

1. 탄핵제도의 개념과 성격

(1) 개념

탄핵(impeachment)제도란 고위 공무원이 헌법이나 법률에 위반되는 직무행위를 한 경우에 일반적인 징계절차나 형사절차가 아닌 의회에서의 특별한 소추절차에 의해 파면 또는 처벌하는 제도를 말한다. 신분상의 강한 독립성을 가지는 고위 공직자에 대해서는 그의 직무상 위헌·위법의 행위가 있더라도 그 독립성 때문에 통상의 징계절차나 형사절차에 의해서는 징계 (파면) 또는 형벌 등의 제재를 가하기 어렵기에 이러한 고위직 공직자에 대하여 책임을 지워 파면하기 위해 마련된 헌법상의 특별한 제재절차이다.

(2) 우리나라 탄핵제도의 성격

① 징계책임성 – 우리 헌법 제65조 제4항은 "탄핵결정은 공직으로부터 파면함에 그친다. 그러나 이에 의하여 민사상이나 형사상의 책임이 면제되지는 아니한다"라고 규정하고 있으므로 탄핵은 형사처벌이나 민사책임이 아닌 파면이라는 징계책임의 성격을 가진다('파면'은 징계의 하나임). 그런데 특별한 징계절차이다. ② 헌법보장기능성 – 위헌·위법적 직무행위를 행한 고위공무원을 배제시켜 헌법의 침해를 막기 위한 헌법보장의 기능을 수행한다. ③ 국정통제기능도 수행한다. ④ 국회의 의무성 여부 – 헌재는 국회가 소추 여부에 대한 재량을 가진다고 본다(93헌마186).

(3) 우리나라 탄핵제도의 역사
1) 탄핵결정기관의 변천
탄핵소추를 담당하는 기관은 제1공화국 때부터 변함없이 국회였다. 탄핵결정을 하는 기관은 아래와 같이 변천되어 왔다.

> 탄핵재판소(제1공화국) ⇒ 헌법재판소(제2공화국) ⇒ 탄핵심판위원회(제3공화국) ⇒ 헌법위원회(제4공화국) ⇒ 헌법위원회(제5공화국) ⇒ 헌법재판소(제6공화국 현행헌법)

2) 실제
우리나라 초유의 탄핵소추발의는 제12대국회 1985년 10월 18일에 있었던 유태흥 대법원장에 대해 정당한 판결을 한 법관 등에 대한 좌천성인사 등 파행적 인사를 하여 법관의 신분상 독립성보장규정에 위배하였다는 것이었는데 국회에서 부결되었다. 이후 검찰총장에 대한 탄핵소추안이 몇 번 발의되었던 적이 있었다.

우리나라의 초유의 탄핵소추의결은 노무현 대통령에 대한 의결이었다. 2004.3.12.에 국회는 대통령에 대한 탄핵소추를 의결하였고 헌재는 우리나라 사상 처음으로 탄핵심판을 하였다. 두 번째 탄핵소추의결은 박근혜 대통령에 대한 의결이었다. 2016.12.9. 국회의 소추의결 이후 헌재는 2017.3.10. 청구를 인용하여 파면결정을 하였다. 우리나라 최초의 대통령에 대한 헌재의 파면결정이 내려진 것이다.

2021년 2월 4일에는 사법농단가담관련 사유로 판사에 대한 탄핵소추의결이 있었고 헌재의 심판결정이 있다(헌재 2021.10.28. 2021헌나1. 이 결정은 뒤의 제5부 헌법재판의 탄핵심판 부분 참조).

2. 탄핵 대상 공직자

탄핵소추의 대상이 되는 공직자는 대통령·국무총리·국무위원·행정각부의 장·헌법재판소 재판관·법관·중앙선거관리위원회위원·감사원장·감사위원 기타 법률이 정한 공무원이다(제 65조 제1항; 헌재법 제48조). '기타 법률이 정한 공무원'에 차관, 외교관, 검찰총장, 각군 참모총 장, 경찰청장 등이 포함될 수 있을 것이라는 견해들이 있다. 법률로 탄핵대상이 됨을 규정한 예로는 검사(검찰청법 제37조), 각급 선거관리위원회 위원(선거관리위원회법 제9조 제2호), 경찰청 장과 국가수사본부장('국가경찰과 자치경찰의 조직 및 운영에 관한 법률' 제14조 제5항, 제16조 제5 항), 방송통신위원회 위원장('방송통신위원회의 설치 및 운영에 관한 법률' 제6조 제5항), 원자력안전 위원회 위원장('원자력안전위원회의 설치 및 운영에 관한 법률' 제6조 제5항), 특별검사 및 특별검사 보('특별검사의 임명 등에 관한 법률' 제16조), 고위공직자범죄수사처의 처장, 차장, 수사처검사('고 위공직자범죄수사처 설치 및 운영에 관한 법률' 제14조) 등이 있다.

3. 탄핵소추의 사유

(1) 위헌성·위법성

현행 헌법과 헌재법은 탄핵소추의 대상이 되는 공직자가 "그 직무집행에 있어서 헌법이나 법률을 위배한" 경우를 탄핵(소추)의 사유로 포괄적으로 규정하고 있다(제65조 제1항; 헌재법 제 48조). ① 탄핵소추의 사유가 헌법위반에 한하지 않고 법률의 위반도 포함한다. ② 그러나 탄핵 소추의 사유는 헌법이나 법률을 위반한 위헌·위법행위에 한정되고 정치적 사유는 해당되지 않 는다. 정치적·정책적 결정·선택과 판단상의 과오, 무능력, 미숙, 실정 등은 탄핵소추사유가 될 수 없다(통설, 판례 - 2004헌나1). 이 점에서 국무총리·국무위원에 대한 해임건의제도와 차 이가 있다. ③ 여기에서 말하는 헌법이란 현행 성문헌법전의 규정들뿐 아니라 헌법관습법, 헌 법조리법과 이를 발견하고 확인하는 헌법판례 등 실질적 의미의 불문헌법(2004헌나1; 2016헌나 1), 헌법적 효력의 국제법규범도 포함된다. 법률도 형식적 의미의 법률뿐 아니라 법률과 같은 효력을 가지는 국제조약과 일반적으로 승인된 국제법규, 긴급명령·긴급재정경제명령 등도 포 함된다. ④ 여기에서 법률은 형사법에 한정되지 아니한다(2016헌나1).

헌재는 공무원 징계의 경우 징계사유의 특정은 그 대상이 되는 비위사실을 다른 사실과 구 별될 정도로 기재하면 충분하므로(대법원 2005.3.24. 2004두14380), 탄핵소추사유도 그 대상 사실 을 다른 사실과 명백하게 구분할 수 있을 정도의 구체적 사정이 기재되면 충분하다고 한다 (2016헌마1).

[탄핵소추사유와 탄핵(파면)사유] 위헌성·위법성이 국회에서 탄핵소추의 사유로서와 헌법

재판소 탄핵(파면)결정의 사유로서에 있어서 그 정도에 차이가 있는가 하는 문제가 검토되어야 한다. 헌재는 그동안 대통령 탄핵심판사건들의 결정들에서 중대성을 요구하고 있다(후술 제5부 헌법재판, 제4절 탄핵심판 4. (3) 탄핵(파면)결정 부분 참조).

(2) 직무집행관련성 – 직무의 개념

여기서의 직무란 탄핵대상 공무원에게 헌법상, 법률상 부여된 권한을 행사하고 의무를 이행하기 위한 모든 공무를 포괄하는 의미이다. 대통령의 경우에 있어서, 그 직무상 행위는 "법령에 근거한 행위뿐만 아니라, '대통령의 지위에서 국정수행과 관련하여 행하는 모든 행위'를 포괄하는 개념"으로서, 예컨대 준공식·공식만찬 등 각종 행사에 참석하는 행위, 방송에 출연하여 정부의 정책을 설명하는 행위, 기자회견에 응하는 행위 등을 모두 포함한다고 본다(2004헌나1; 2016헌나1).

(3) 위헌·위법행위시기의 문제 – 재직 전의 위헌·위법행위의 사유성 문제

[논점과 학설·판례] 위헌·위법행위가 재직 중에 있는 경우는 물론 탄핵사유가 된다. 그런데 ① 현직 이전의 위헌·위법행위도 탄핵소추사유가 되는지 여부, ② 대통령과 같이 선거로 선출되는 공무원의 경우에 당선 후 취임 사이 기간에 행해진 위헌·위법행위가 탄핵소추사유가 되는지 여부가 문제가 된다. 학설은 긍정설과 부정설이 있고 판례는 부정한다(2004헌나1).

[사견] ①의 논점에 대해서는 전직에서의 위헌·위법행위가 해당 공직에 결격사유가 되거나 인사청문 등 사전검증에서 걸러지게 될 것이어서 부정적으로 생각되나 취임 후 드러날 경우 그런 방법만으로는 공소시효완성 등으로 인한 공백의 문제가 있다. 대통령의 경우 취임 후 드러날 경우에 재임 중 불소추특권(제84조) 등으로 공백이 있을 것이므로 탄핵소추사유로 할 필요가 있다. ②의 논점에 대해서도 당선자의 실질적인 영향력을 고려하면 당선 후 취임 전 사이의 위헌·위법행위도 탄핵소추사유가 된다고 볼 것이다.

4. 탄핵소추기관과 탄핵결정기관

현행 우리 헌법은 탄핵의 소추는 국회의 권한으로, 탄핵의 심판과 결정은 헌법재판소의 권한으로 나누어 분장하고 있다. 즉 국회가 소추하면 헌법재판소가 심리하여 탄핵 여부를 결정한다.

5. 탄핵소추의 절차

(1) 탄핵소추발의, 보고, 조사 등

탄핵소추는 국회재적의원 3분의 1 이상의 발의가 있어야 하며, 다만, 대통령에 대한 탄핵소추는 국회재적의원 과반수의 발의가 있어야 한다(제65조 제2항).

탄핵소추의 발의가 있은 때에는 의장은 발의된 후 처음 개의하는 본회의에 보고하고, 본회의는 의결로 법제사법위원회에 회부하여 조사하게 할 수 있다(국회법 제130조 제1항). 헌법재판소는 조사가 반드시 이루어져야 하는 것은 아니고 조사 여부는 국회의 재량에 속한다고 본다(2004헌나1).

(2) 탄핵소추의결절차

헌재는 탄핵소추의 중대성에 비추어 소추의결을 하기 전에 충분한 찬반토론을 거치는 것이 바람직하나 국회법에 반드시 토론을 거쳐야 한다는 명문 규정은 없고 고의로 토론을 못하게 하거나 방해한 사실은 없어서 그러한 절차적 부적법 주장을 배척하였다(2016헌나1). 국회가 여러 개 탄핵사유 전체에 대하여 일괄하여 의결하고 각각의 탄핵사유에 대하여 별도로 의결절차를 거치지 않은 것이 위헌이라는 주장도 배척했다(2016헌나1).

탄핵소추의 의결은 국회재적의원 과반수의 찬성이 있어야 한다. 다만, 대통령에 대한 탄핵소추는 국회 재적의원 3분의 2 이상의 찬성이 있어야 한다(제65조 제2항).

본회의가 법제사법위원회에 회부하기로 의결하지 아니한 경우에는 본회의에 보고된 때부터 24시간 이후 72시간 이내에 탄핵소추 여부를 무기명투표로 표결한다. 이 기간 내에 표결하지 아니한 탄핵소추안은 폐기된 것으로 본다(국회법 제130조 제2항).

탄핵소추의 의결을 심의하는 과정에서 바로 표결에 들어갈 것이 아니고 반드시 질의·토론을 거쳐야 하는가가 논란된다. 2004년 대통령탄핵심판에서 헌재는 탄핵소추의 중대성에 비추어 국회 내의 충분한 질의와 토론을 거치는 것이 바람직하다고 하면서도 국회법 제130조 제2항을 탄핵소추에 관한 특별규정인 것으로 보아 위 규정을 탄핵소추의 경우 질의와 토론 없이 표결할 것을 규정한 것으로 해석할 여지가 있으므로 질의와 토론을 거치지 않은 것이 자의적이거나 잘못되었다고 볼 수 없다고 하였다(2004헌나1: 2016헌나1). 생각건대 고위공직자에 대한 파면을 요구하는 소추의 절차이므로 명백히 진실이 밝혀져 더 이상의 의문이 없는 경우라면 몰라도 사실규명을 위하여 그리고 그 중대성만큼이나 요구되는 이성적 결정을 국회가 하도록 질의, 토론이 필요하다고 본다.

(3) 탄핵소추의결서의 송달

탄핵소추가 의결되었을 때에는 의장은 지체없이 소추의결서의 정본을 법제사법위원장인 소추위원에게, 그 등본을 헌법재판소, 소추된 사람과 그 소속기관의 장에게 송달한다(동법 제134조 제1항).

6. 탄핵소추의결의 효과

탄핵소추의 의결을 받은 자는 헌법재판소의 심판이 있을 때까지 그 권한행사가 정지된다(제 65조 제3항; 헌재법 제50조). 국회법은 소추의결서가 송달되었을 때에는 소추된 사람의 권한행사 는 정지된다고 규정하고 있다(국회법 제134조 제2항, 국회법 동조 제1항은 송달에 관해 "탄핵소추가 의결되었을 때에는 의장은 지체 없이 소추의결서 정본(正本)을 법제사법위원장인 소추위원에게 송달하 고, 그 등본(謄本)을 헌법재판소, 소추된 사람과 그 소속 기관의 장에게 송달한다"라고 규정하고 있다). 임명권자는 소추된 사람의 사직원을 접수하거나 해임할 수 없다(국회법 제134조 제2항). 이는 파 면보다 사직이나 해임이 유리하기 때문이다.

7. 헌법재판소에서의 탄핵심판절차

헌법재판소에서의 탄핵심판절차와 그 결정 등에 대해서는 뒤의 헌법재판에서 살펴본다(후술 제 5부 헌법재판 참조).

제 7 항   국회의 자율권

I. 국회자율권의 개념

국회자율권이란 국회가 스스로 자신의 내부를 조직하고 의사절차에 관한 규정을 두어 의사 절차를 진행하며 내부를 규율하고, 국회의원의 신분에 관한 사항 등을 처리할 수 있는 자율적 권한을 말한다. 국회에 대해서 폭넓은 자율권을 부여하는데 이는 국회가 국민의 대표기관이고 국민의 의사를 집약하여 국가정책의 방향을 정하며, 특히 입법기관으로서 역할이 중요하기에 국회가 보다 독립적인 상태에서 국회의원들의 소신 있는 의정활동을 할 수 있도록 하는 것이 필요하기 때문이다. 함부로 제명 등을 할 수 없게 자율권이 소수파의 보호기능도 한다.

II. 국회자율권의 범위와 내용

1. 국회규칙제정권

(1) 국회규칙의 개념과 기능
의회의 의사절차, 내부의 규율에 관한 사항을 정하는 의회의 자율적인 법규범을 의회규칙이라고 한다. 우리 헌법도 "국회는 법률에 저촉되지 아니하는 범위 안에서 의사와 내부규율에 관한 규칙을 제정할 수 있다"라고 규정하고 있다(제64조 제1항). 국회규칙은 권력분립상 국회의 독립성확보, 입법 및 국정통제의 충실한 수행, 국회의 자율성·자주성을 위한 것이다.

(2) 국회규칙의 성격

국회규칙의 성격에 대해서는 ① 국회법의 시행을 위한 세칙규정으로 마치 법률의 시행령과 같이 명령적인 성격의 법규범으로 보는 견해(명령설), ② 의회의 자율적이고 자주적인 법규범이므로 명령이 아니라 독자적인 법형식을 가진 법규범이라는 견해(자주법설), ③ 그 형식적 효력이 명령에 준하는 것과 행정규칙에 준하는 것으로 나누어 보려는 견해 등이 있다. 생각건대 국회법의 시행세칙적 기능을 가지긴 하나 국회규칙의 본질이 국회의 자율성에 따른 법규범이라는 점에 있으므로 자주법설이 타당하다.

(3) 국회규칙의 내용(대상)

우리 헌법은 '의사와 내부규율'을 그 제정대상으로 명시하고 있다. 영국, 미국, 독일과 같은 외국에서는 국회의 조직, 의사운영에 대해 의회규칙에 많이 맡기고 있는 반면 우리나라의 경우에는 법률인 국회법과 국회관련법들에서 의사절차와 내부규율에 대한 자세한 규정들을 많이 두고 있어 국회규칙은 보다 기술적이고 절차적인 사항을 담게 되는 상황이다. 국회법은 상임위원회의 위원정수(법 제38조), 공청회, 청문회 운영사항(동법 제64조 제5항, 제65조 제7항) 등 국회규칙으로 정할 사항을 규정하고 있다. 다른 법률이 국회규칙으로 정하도록 하는 경우도 있다. 예를 들어 '국정감사 및 조사에 관한 법률'은 동법의 시행에 필요한 사항을 국회규칙으로 정하도록 하고 있다(법 제18조).

(4) 국회규칙의 제정절차

국회운영위원회가 국회규칙안을 마련하면 법제사법위원회의 체계·형식과 자구의 심사를 거쳐 본회의의 의결로 확정된다.

(5) 국회규칙의 효력과 한계

우리 헌법은 "법률에 저촉되지 아니하는 범위 안에서" 국회규칙을 제정할 수 있다고 규정하고 있으므로 헌법은 물론이고 법률보다 하위의 법규범으로서의 효력을 가진다. 따라서 헌법은 물론이고 법률에도 위반되어서는 아니 된다는 한계를 가진다.

2. 내부조직구성권

국회가 소속 기관들의 조직과 그 구성원들의 선출을 자율적으로 할 수 있는 권한을 말한다. 국회의장, 부의장, 상임위원회, 특별위원회, 국회사무처 등 국회의 내부조직을 구성할 권한이 자율권으로서 행사된다.

3. 의사절차(議事節次)에 관한 자율권

국회는 자율적으로 집회를 개회하고 폐회한다. 국회의장의 의사진행 자율권이 인정되고 의사일정의 작성, 의안의 발의, 심의, 토론, 표결 등에서 자율성이 인정된다. 물론 헌법과 법률, 국회규칙이 정한 바에 따르면서 자율권을 누리게 된다.

4. 질서유지권과 자위권

국회는 내부경찰권과 국회가택권을 가진다. 내부경찰권이란 원내에 있는 의원, 방청인에 대하여 질서유지를 위하여 명령하고 강제할 수 있는 권한을 말하고 국회가택권이란 국회의 출입을 금지하고 통제할 수 있는 권한을 말한다. 의원이 본회의 또는 위원회의 회의장에서 회의장의 질서를 문란하게 한 때에는 의장이나 위원장은 경고나 제지를 할 수 있고, 따르지 아니하는 의원에 대해서는 의장이나 위원장은 당일 회의에서 발언하는 것을 금지하거나 퇴장시킬 수 있다(국회법 제145조 제1항·제2항). 질서유지권 행사의 한계를 벗어난 위법성을 인정한 결정례가 있었다(2008헌라7. 이 결정에 대해서는 아래 Ⅲ, 2. 참조). 회기 중 국회의 질서를 유지하기 위하여 의장은 국회 안에서 경호권을 행한다(동법 제143조). 국회 회의 방해금지(동법 제165조)와 국회 회의 방해죄(동법 제166조)를 두고 있기도 하다.

5. 국회의원의 신분에 관한 자율권 - 의원자격심사, 징계 등

(1) 의원자격심사

의원자격심사란 의원의 신분을 유지하기 위한 자격요건을 갖추었는지 여부, 즉 피선거권을 보유하는지, 당선이 유효한 것이었는지 등의 여부를 심사하는 것을 말한다. 의원이 다른 의원의 자격에 대하여 이의가 있을 때에는 30인 이상의 연서로 자격심사를 의장에게 청구할 수 있고 윤리특별위원회의 심사를 거쳐 본회의는 심사대상 의원의 자격의 유무를 의결로 결정하되 그 자격이 없는 것으로 의결할 때에는 재적의원 3분의 2 이상의 찬성이 있어야 한다(동법 제138조 내지 제142조 참조). 자격심사결과에 대해서는 법원에 제소할 수 없다(제64조 제4항).

(2) 징계

국회는 의원을 징계, 제명할 수 있다(제64조 제2항·제3항). 국회의원의 징계에 관해서는 앞에서 국회의원의 의무에 관해 살펴보면서 기술하였다(전술 참조).

6. 헌법재판소판례에 나타난 자율권 사항

헌재의 판례에서 국회의 자율권의 사항으로 다루었던 경우들이 있었는데 그 예로 다음과 같은 경우들을 볼 수 있었다. ① 국회상임위원회 위원배정은 국회가 그 자율권에 근거하여 내부적으로 회의체 기관을 구성 조직하는 '기관내부의 행위'라고 본다.[9] ② 선거구획정위원회 위원의 선임행위에 대해서 선거구획정위원회는 국회내부기관이므로 위 위원회의 위원 선임행위는 국회가 그 자율권에 근거하여 내부적으로 회의체기관을 구성·조직하는 '기관내부의 행위'라고 본다.[10] ③ 국회의장의 의사진행에 대해서는 자율권으로서 재량의 한계를 현저하게 벗어난 것이 아닌 한 존중되어야 한다고 본다.[11] ④ 수정안의 범위를 국회자율권을 바탕으로 폭넓게 인정한다.[12] ⑤ 표결에서의 국회자율권을 인정하여 '이의없음'을 묻는 방식의 표결에서 야당의원들이 '이의' 있다고 하였다는 주장에 대해 국회의 자율권을 존중하여야 하는 헌재로서는 이 사건 법률안 가결·선포행위와 관련된 사실인정은 국회본회의 회의록의 기재내용에 의존할 수밖에 없는데 이에 의하면 이의제기를 하였다는 증거가 없다고 하여 기각하였다.[13] 그러나 이른바 변칙처리는 국회자율권을 벗어난 것이라고 하여 심사를 하였다(그러나 권한침해를 인정하나 법률가결행위의 무효선언은 하지 않았다[14]). ⑥ 탄핵소추절차에서의 그 조사의 결여, 질의 및 토론절차의 생략, 투표, 질의 및 토론절차가 생략된 데 대하여 피청구인이 위헌성, 위법성을 주장하였으나 헌재는 이를 받아들이지 않았다.[15]

---

9) 헌재 1999.6.24. 98헌마472·488(병합).

10) 헌재 2004.2.26. 2003헌마285 선거구획정위원회위원위촉불이행 등 위헌확인.

11) 헌재 2000.2.24. 99헌라1; 2004.5.14, 2004헌나1; 2006.2.23, 2005헌라6.

12) 헌재 2006.2.23. 2005헌라6.

13) 헌재 2000.2.24. 99헌라1. 동지: 헌재 2000.2.24. 99헌라2.

14) 헌재 1997.7.16. 96헌라2.

15) 헌재 2004.5.14. 2004헌나1.

Ⅲ. 국회자율권의 한계

1. 목적적·성격적 한계

국회자율권은 효율적인 의사활동을 통하여 국민의 기본권보장과 법치주의를 위한 양질의 입법 및 통제기능을 충실히 수행하게 하기 위한 것이다. 또한 국회자율권은 국회가 다른 국가 기관들의 간섭을 받지 않고 독립적으로 의정활동이 수행되도록 하고 의원들이 소신을 가지고 활동하게 하기 위한 것이다. 그러므로 국회자율권에도 위와 같은 목적을 벗어나지 않아야 한다는 한계가 있다.

2. 헌법·법률합치적 한계

국회의 권한도 헌법에 의해 부여된 것이고 법률은 국회가 국민의 의사를 집약하여 스스로 제정한 법규범이다. 따라서 이를 위반할 수 없다는 한계가 있음은 물론이다. 헌재도 "국회의 의사절차나 입법절차에 헌법이나 법률의 규정을 명백히 위반한 흠이 있는 경우에도 국회가 자율권을 가진다고는 할 수 없고 헌법재판소가 심사할 수 있다"라고 한다(96헌라2).

헌재는 상임위원회 위원장의 질서유지권은 상임위원회에서 위원들을 폭력으로부터 보호하고 안건이 원활하게 토의되게 하기 위한 목적으로 행사되어야 하는 한계를 지닌다고 한다. 그리하여 국회 외교통상통일위원회 위원장이 회의 개의 무렵부터 회의종료시까지 외통위 회의장 출입문의 폐쇄상태를 유지하여 소수당 소속 위원들의 외통위 회의장 출석을 원천봉쇄한 행위는 '상임위원회 회의의 원활한 진행'이라는 질서유지권의 인정목적에 정면 배치되는 것으로서 이를 정당화할 만한 불가피한 사정이 있었다고 보기 어려워 질서유지권 행사의 한계를 벗어난 행위로서 위법하다고 보았다(2008헌라7).

3. 자율권한계준수 여부에 대한 사법적 통제

(1) 법원의 제소

국회가 자율권의 한계를 벗어난 행정작용을 함으로써 국민이 권리를 침해받은 경우에 법원에 의한 행정재판을 통한 통제가 이루어질 수 있다. 국회의장이 한 처분에 대한 행정소송의 피고는 사무총장으로 한다(국회사무처법 제4조 제3항). 다만, 의원의 자격심사, 징계의 처분에 대하여는 헌법 제64조 제4항이 법원에 제소할 수 없다고 규정하여 이를 명시적으로 금지하고 있다. 법원에 제소가 이렇게 금지되어 있더라고 의원의 징계, 자격심사 결과에 대한 헌법소원은 가능할 것인가 하는 문제가 있다. 이에 대해서는 바로 아래 헌법재판소에 의한 통제에서 다룰 사항이기도 하지만 이미 앞서 검토한 바 있다(전술, 국회의원 지위, 신분 부분 참조).

(2) 헌법재판소에 의한 통제

① 위헌법률심판 – 헌법재판소는 국회가 자율권의 한계를 벗어난 의사절차(議事節次)로 가결한 법률에 대해 위헌법률심판에서 이를 통제할 수 있느냐에 대해 부정설과 긍정설이 대립된다. 그러나 적법절차원칙은 모든 국가작용에 적용되기도 하므로 입법절차가 적법하게 이루어지지 않으면 법률의 위헌성을 가져온다는 점에서 긍정하여야 한다(실제 통제례: 92헌바6 참조). ② 헌법소원심판 – 국회가 자율권의 한계를 벗어나 어느 국민의 기본권을 침해하는 공권력행사를 한 경우에 헌법소원심판을 통해 통제가 이루어질 수 있다(실제 통제례: 94헌마201 참조). ③ 권한쟁의심판 – 국회자율권을 벗어난 국회의 권한행사로 인하여 국회 외부의 기관이나 지방자치단체 또는 국회의원이 권한을 침해받았을 때에는 권한쟁의심판을 통해서 통제를 할 수 있다. 그러나 국회의 의사절차에서의 이른바 변칙처리에 대한 권한쟁의심판에서는 권한침해는 인정해도 가결행위의 무효를 선언하지 않는 것이 우리 헌재 판례이다(2009헌라8 등).

제 3 장

정부(집행부)

* **용어의 문제:** 현행 우리나라 헌법전이 '정부'라는 용어를 입법부, 사법부까지 모두 포함하는 의미로 규정하지 않고 대통령과 행정부를 묶어 지칭하는 용어로 '정부'라고 규정하고 있다(우리나라 현행 헌법전의 '제4장 정부'는 '제 1 절 대통령', '제 2 절 행정부'로 구성되어 있다). 따라서 본서에서도 정부라는 용어로 대통령, 행정부에 대해 살펴보되 집행부라는 용어도 병용한다.

제 1 절 대통령

제 1 항 대통령의 헌법상 지위와 신분 및 의무

I. 대통령의 헌법상 지위와 신분

1. 헌법상 지위

(1) 정부형태별 고찰
1) 대통령제

대통령제 하의 대통령은 그 임기가 보장되고 실질적인 중요한 권력을 가진다. 이러한 실질적 권력이 민주적 정당성을 가지기 위해서 대통령은 직선된다. 대통령은 집행권의 수반으로서 내각을 구성하고 국가의 안보에 관한 권한과 국군통수권을 가진다. 대외적으로 국가를 대표하는 국가의 원수로서의 지위를 가지고 조약체결권 등의 외교에 관한 권한을 가진다. 그러나 고전적 대통령제 하의 대통령은 엄격한 권력분립이론에 따라 입법부에 의한 견제를 받고 의회해산권을 가지지 않는다.

2) 의원내각제

의원내각제를 취하고 있는 국가에서도 국가원수로서 군주나 대통령을 두기도 한다. 그러나 의원내각제 하에서는 내각의 수반인 수상이 실질적인 권한을 가지고 군주나 대통령은 상징적 · 의례적·형식적인 권한을 가지며 설령 실질적인 권한을 가지더라도 그 범위가 제한적이고 약하다.

3) 혼합정부제

혼합정부제 하에서의 대통령은 대통령제 하에서의 대통령에 비해서는 약하나 의원내각제 하의 대통령에 비해서는 상당히 실질적인 권한을 가진다. 특히 대통령이 속한 정당이나 정파가 의회에서 다수파를 형성하여 이 다수파의 지지를 대통령이 받고 있을 때에는 강한 대통령의 권한행사가 나타나기도 한다.

(2) 현행 헌법상의 대통령의 지위

1) 국가원수로서의 지위

헌법은 "대통령은 국가의 원수이며, 외국에 대하여 국가를 대표한다"라고 규정하고 있다(제66조 제1항). 이러한 국가원수로서의 지위에서 대외적으로는 국가를 대표하는 권한과 외교에 관한 권한을 가진다. 대내적으로는 집행부 수반으로서의 권한이라고 보기 힘든 권한(헌법재판소장·대법원장 임명권, 법률공포권, 사면권, 영전수여권)은 이 지위로 설명되기도 한다.

2) 주권행사기관으로서의 지위

대통령은 집행권을 행사하는데 이 집행권은 주권으로부터 나오는 것이고 따라서 대통령은 주권행사기관의 하나이다. 국가원수로서 대외적으로 국가를 대표하는 것도 주권이 대외적 국가독립성을 의미한다는 점에서 주권행사 내지 주권대표기관으로서의 지위를 지닌다는 것을 의미하기도 한다.

3) 국가수호자로서의 지위

대통령은 국가의 독립·영토의 보전·국가의 계속성과 헌법을 수호할 책무를 진다(제66조 제2항). 국가의 단일성과 영속성은 국가의 통일을 요구하고 통일은 이 시대의 과제이다. 따라서 우리 헌법이 명시하고 있는 "조국의 평화적 통일을 위한 성실한 의무"도(동조 제3항) 이 지위에서 당연히 나오는 의무이다. 대통령은 취임시에도 "국가를 보위하며 조국의 평화적 통일"에 노력할 것을 선서하여야 한다(제69조).

4) 헌법 및 기본권보장의 의무자로서의 지위

대통령은 헌법과 법령을 준수하고 국민의 기본권과 삶의 질이 보다 나아지도록 경제와 사회의 발전에 노력할 의무를 진다. 취임시 "헌법을 준수하고 … 국민의 자유와 복리의 증진"에 노력할 것을 선서하여야 한다(제69조).

5) 정부, 행정권의 수반으로서의 지위 – 최고의 정부기관으로서의 지위

행정권은 대통령을 수반으로 하는 정부에 속한다(제66조 제4항). 이러한 최고의 정부기관으로서의 지위에서 국무총리, 국무위원 그리고 공무원들을 임명하고 국무회의를 의장으로서 주재한다. 또한 국가의 정책을 추진하는 법률들을 집행하며 법률의 위임을 받아 대통령령(행정입법)을 제정하기도 한다.

2. 대통령의 신분

(1) 선출

대통령의 임기가 만료되는 때에는 임기만료 70일 내지 40일 전에 후임자를 선거한다(제68조 제1항). 대통령이 궐위된 때 또는 대통령 당선자가 사망하거나 판결 기타의 사유로 그 자격을 상실한 때에는 60일 이내에 후임자를 선거한다(제68조 제2항). 대통령선거에 대해서는 앞서 살펴본 바 있다(전술 기본질서, 참정권 등 참조). 대통령당선인으로서의 지위와 권한을 명확히 하고 대통령직 인수를 원활하게 하는 데에 필요한 사항을 규정함으로써 국정운영의 계속성과 안정성을 도모함을 목적으로 '대통령직 인수에 관한 법률'이 제정되어 있다(법 제1조). 대통령당선인은 국무총리후보자를 미리 지명할 수 있다.

(2) 임기

현행 헌법상 대통령의 임기는 5년이다(제70조). 대통령의 임기는 전임대통령의 임기만료일의 다음날 0시부터 개시된다. 다만, 전임자의 임기가 만료된 후에 실시하는 선거와 궐위로 인한 선거에 의한 대통령의 임기는 당선이 결정된 때부터 개시된다(공직선거법 제14조 제1항). 현행 헌법은 대통령의 중임을 금지하고 단임제를 채택하고 있다(제70조). 이는 과거의 장기집권의 폐단을 경험하였기에 이를 방지하기 위한 헌법제정권자의 의사이다. 중임의 금지는 연임금지보다도 넓은 개념이다. 중임금지는 연임은 물론 금지되고 기(期)를 건너뛰어 다시 대통령이 될 수도 없다는 의미이다. 중임으로의 개헌논의가 있고 찬반이 있다.

구분 시기	선거방식		임기, 중임여부	보궐선거	정부 형태
	직선, 간선여부	간선시 선출기관			
제1공화국	제헌헌법 – 간선	국회	4년, 1차중임까지만 가능(제2차 개헌에서 부칙조항으로 초대대통령에 대해서는 3선금지해제)		
	1차개헌 후 – 직선				
제2공화국	국회에서 간선	국회의 양원합동회의	5년, 1차중임까지만 가능		
제3공화국	직선		4년 1차중임가능, 제6차개헌 후 3선까지 가능	유	
	잔임기간 2년 미만의 궐위	국회			
제4공화국	간선	통일주체국민회의	6년 중임가	유 (잔임기간이 1년 미만인 때에는 후임자를 선거하지 아니함)	
제5공화국	간선	대통령선거인단	7년, 중임불가(단임)		
제6공화국	직선		5년, 중임불가(단임)		

(3) 취임선서

헌법 제69조는 대통령은 취임에 즈음하여 "나는 헌법을 준수하고 국가를 보위하며 조국의 평화적 통일과 국민의 자유와 복리의 증진 및 민족문화의 창달에 노력하여 대통령으로서의 직책을 성실히 수행할 것을 국민 앞에 엄숙히 선서합니다"라는 선서를 하도록 하고 있다. 헌법 제69조의 선서의 법적 성격에 대해 헌재는 "단순히 대통령의 취임선서의무만을 규정한 것이 아니라, 헌법 제66조 제2항 및 제3항에 규정된 대통령의 헌법적 책무를 구체화하고 강조하는 실체적 내용을 지닌 규정이다"라고 본다(2004헌나1).

(4) 재직 중 형사상 불소추특권
1) 특권의 성격·의의

대통령은 내란 또는 외환의 죄를 범한 경우를 제외하고는 재직 중 형사상의 소추를 받지 아니한다(제84조). 이 특권은 그 성격이 직무상 특권이다. 즉 대통령직 수행에 지장을 주지 않도록 하여 국정운영의 계속성을 보장하고 국가대표자로서 외국에 대해 국가의 체신을 유지하게 하기 위한 이유 등으로 불소추특권을 인정하고 있는 것이다(비슷한 취지로 94헌마246 참조).

2) 특권의 범위

① 내란, 외환의 죄 이외의 죄 – 소추되지 않는다. 이러한 특권은 재직 중에만 적용될 뿐이고 소추가 되지 않을 특권일 뿐이다. 따라서 퇴직 후에는 소추가 될 수 있고 형사책임을 질 수도 있으며 재직 중에는 공소시효가 정지된다고 보아야 한다. 헌재 판례도 공소시효가 정지된다고 본다(헌재 1995.1.20. 94헌마246. 그러나 각하, 기각의 결정이 내려졌다). 한편 탄핵소추는 가능하다. 탄핵책임은 징계책임이므로 별개이기 때문이다. ② 내란, 외환의 죄 – 특권적용이 배제되어 재직 중에도 소추대상이 된다. 사실 내란으로 집권한 대통령에 대한 소추가 어렵기에 공소시효의 적용배제가 필요하다. 그리하여 현행 '헌정질서 파괴범죄의 공소시효 등에 관한특례법' 제2조, 제3조는 내란죄, 외환죄 등을 '헌정질서 파괴범죄'로 규정하고 공소시효를 적용하지 않도록 하고 있다. * 성공한 내란: 헌재는 5·18 불기소처분에 대한 헌법소원 사건에서 성공한 내란도 언제든, 즉 내란행위자의 집권이 종료된 후 처벌될 수 있다고 보고 그 불기소처분에 대한 취소결정을 하려고 하였으나 청구인의 취하로 심판절차종료결정을 하여 법정의견이 되지 못한 허탈감을 안겨주었다(헌재 1995.12.15. 95헌마221, 이에 대해서는 후술 헌법재판 헌법소원 결정 부분 참조).

(5) 대통령의 권한대행
1) 권한대행자, 대행순서

대통령이 궐위되거나 사고로 인하여 직무를 수행할 수 없을 때에는 국무총리, 법률이 정한 국무위원의 순서로 그 권한을 대행한다(제71조). 정부조직법은 기획재정부장관, 교육부장관, 그

다음으로 과학기술정보통신부장관, 외교부장관, 통일부장관, 법무부장관, 국방부장관 등에서
중소벤처기업부장관까지의 순으로 규정하고 있다(정부조직법 제26조 제1항).

2) 대행사유 – 궐위, 사고의 개념과 확인기관

ⅰ) 궐위란 대통령이 사망하였거나 탄핵결정으로 파면된 경우, 피선거권이 상실되었거나 스
스로 사임하여 현직 대통령이 없게 된 상태를 말한다. ⅱ) 사고란 대통령이 존재하고 있긴 하
나 신병의 악화, 해외에서의 귀국이 곤란하거나 국회의 탄핵소추의결 등으로 직무가 정지되는
경우를 말한다. ⅲ) 사고확인의 유권기관 문제 – 불명확할 수 있는 사고에 대해서 그 확인을
유권적으로 선언하는 기관을 규정해둘 필요가 있다. 현행법상 국무회의에서 이를 결정하여야
한다는 견해(성낙인(2015), 545면)가 있으나 현행 헌법 제89조에 규정된 국무회의심의사항에 포
함되어 있지 않고 대통령의 권한대행은 중대한 결정이므로 객관적 확인을 전제로 하여야 한다
는 점에서 정부 내부의 결정에는 문제가 있다. 프랑스처럼 헌법재판소가 담당함이 필요하겠으
나 헌재의 관할은 헌법에 열거적이므로(제111조 제1항) 사고의 확인권한을 헌재에 부여하기 위
해서는 헌법개정이 필요하다.

3) 대행직무의 범위

(가) 학설 권한대행의 범위는 ① 궐위나 사고 모두의 경우에 현상유지적 직무를 대행하는
것에 그쳐야 한다는 학설(김철수, 1164면)과 ② 궐위와 사고를 나누어 궐위의 경우에 장기간에
걸쳐 현상유지에 머문다는 것은 국가안전에 관계될 수도 있기에 현상유지적이어야 할 이유가
없고 사고의 경우에 사고원인 소멸로 재집무가 가능하므로 현상유지적이어야 한다는 학설(권영
성, 956면), ③ 궐위와 사고를 구분하여 보는 데 대한 비판적 견해 등으로 나누어진다. 또한 궐
위나 사고 모두 현상유지적 사무뿐 아니라 경우에 따라서는 현상유지를 넘어선 직무도 가능하
다는 학설도 있을 수 있다.

(나) 사견 생각건대 대행의 범위는 아래와 같은 원칙과 예외로 개별 사안별로 판단하여야
할 것이다.

가) 원칙 ⅰ) 권한대행의 직무범위를 현상유지적인 직무로 한정되는 것으로 볼 것인가 아
니면 현상변경적인 직무도 포함하는 것으로 볼 것인가 하는 문제는 그 대행의 기간이 길고 짧
은 것으로 결정할 일은 아니다. 궐위나 사고 모두 비정상적 상황이라는 점에서는 차이가 없고
대행자인 국무총리가 국민의 직선이 아니어서 민주적 정당성이 약하다는 점은 궐위나 사고 모
두 마찬가지이기 때문이다. 궐위의 경우에만 현상변경적 직무가 가능하다는 견해는 그 이유로
궐위는 더 장기이어서 국가안전이 문제될 경우가 나타날 수 있고 그럴 경우 현상유지에 머물
수 없다는 점을 고려하여 그런지 모르나 사고의 경우에도 아래에서 보는 대로 궐위보다 더 긴
기간일 수 있다. 결국 권한대행자인 국무총리 등은 민선이 아니라는 점과 궐위, 사고는 비정상
적인 상황이라는 점을 고려할 때, 원칙적으로 현상유지적인 직무에 국한되고 정책변경이나 새
로운 정책의 결정, 집행은 대행범위에서 제외된다고 본다. ⅱ) 권한대행자의 민주적 정당성이

약하다는 점에서는 민주적 정당성을 바탕으로 하는 대통령의 권한은 대행할 수 없다. 대표적으로 국민주권의 행사를 이끄는 국민투표회부권은 대행의 범위에 포함되지 않는다고 볼 것이다. 헌법개정제안권 등도 제외된다고 볼 것이다. 외국의 입법례로 프랑스의 경우 궐위(vacance)나 사고(empêchement)를 구별함이 없이 조직법률안 등에 대한 국민투표부의권(프랑스 헌법 제11조)과 하원해산권(동헌법 제12조)을 대행할 수 없도록 규정하고 있는 것을 볼 수 있다(동헌법 제7조 제4항). 한편 프랑스 헌법은 대통령의 궐위 동안, 또는 헌법재판소에 의하여 사고가 '확정적'이라고 선언된(la déclaration du caractère définitif de l'empêchement) 때부터 새로운 대통령의 선거 때까지 동안 내각불신임제 규정과 헌법개정규정(프랑스 헌법 제49조, 제50조, 제89조)이 적용되지 않는다고 규정하고 있다(동헌법 제7조 제11항). 이를 권한대행의 행사범위 문제로 서술하는 한국의 교과서가 있는데(성낙인(2015), 549면) 내각불신임제, 헌법개정에 대한 위와 같은 제한은 대통령뿐 아니라 수상도 그 개시 또는 개입을 할 권한을 가지는 것이므로 대통령 권한대행 범위의 문제만은 아니고 내각불신임제, 헌법개정의 한계 문제이기도 하고 사고의 '확정적' 선언이 있고 나서의 한계[16]이기도 하다.

iii) 법률안 거부권의 경우 – 헌법 제53조 제2항의 대통령의 법률안 재의요구권(법률안 거부권)도 권한대행의 업무범위에 들어가는지가 논란된 바 있다. 실제로 2004년에 노무현대통령의 탄핵소추가 국회에서 의결된 뒤 대통령 특별사면을 제약하는 법률안이 국회에서 의결되자 당시 국무총리가 권한대행으로서 이 법률안에 대해 거부권을 행사할 수 있는지가 논란된 바 있었다. 문제의 핵심은 그 법률안이 국가의 중요정책을 변화시키는 것인가 아닌가 아니면 비록 변화를 가져오지만 국가의 긴급한 사항에 대처하기 위한, 또는 국민의 중요한 기본권사항에 관한 것인가 하는 등의 점들을 검토하였어야 할 사안이었다. 위 사안에서 거부권은 행사되었고 그 법률안은 이후 국회의원 임기만료로 폐기되었지만[다음 입법기에서 재의되어야 할 것이었다는 점(이에 대해서는 후술, 법률안거부권의 (2) 유형 부분 참조)에서는 문제가 없지 않았지만 여하튼] 위 검토사유에 비추어 위 법률안에 대한 거부가 국가정책의 변화를 가져오는 것이라고 보기 어려우므로 거부권 행사 자체는 권한대행의 범위에 들어가지만 그 거부사유는 적절하지 않았다고(이에 관해서는 뒤의 사면권 부분 참조) 평가된다.

iv) 헌법기관(헌법재판소장) 임명권의 대행 여부 – 이 문제가 두 번째 탄핵심판사건에서 2017년 1월 헌법재판소장의 임기가 만료되어 퇴임하고 후임이 선출되지 않아 8인으로 탄핵심판이 진행되자 피청구인이 8인의 재판관이 결정을 하는 것은 피청구인의 '9인으로 구성된 재판부로부터 공정한 재판을 받을 권리'를 침해하는 것이라고 주장하면서 불거진 문제이기도 하다. 헌재는 헌법재판소장이 임기 만료로 퇴임하여 공석이 발생한 상황에서 대통령 권한대행인 국

---

16) 프랑스에서는 헌법재판소가 일단 먼저 대통령의 '사고'를 확인할 권한을 가진다(프랑스 헌법 제7조 제4항). 그리고 새로운 대통령의 선거를 실시하게 하는 '사고'는 대통령의 직무복귀가 불가능하다는 '확정적'인 '사고'가 되는데 이 확정적인 사고인지 여부도 헌법재판소가 판단하여 선언하고(동헌법 동조 제5항) 이 경우 새로운 선거가 실시되는 것이다.

무총리가 헌법재판소장을 임명할 수 있는지 여부에 관하여는 논란이 있다고 하고 대통령 권한대행이 헌법재판소장을 임명할 수 없다는 의견에 따라 헌법재판소장 임명절차가 전혀 진행되지 않고 있고 9인 재판부를 완성할 수 있는 방법도 없다고 설시하였다. 그러면서 결원 상태인 1인의 재판관은 사실상 탄핵에 찬성하지 않는 의견을 표명한 것과 같은 결과를 가져 오므로, 재판관 결원 상태가 오히려 피청구인에게 유리하게 작용할 것이라는 점에서 피청구인의 공정한 재판받을 권리가 침해된다고 보기도 어렵다고 하고 그 주장을 받아들이지 않았다(헌재 2017.3.10. 2016헌나1. 이에 대해서는 뒤의 헌법재판, 탄핵심판절차, 재판부 부분도 참조).

나) 예외 그러나 중요한 국민의 기본권의 침해나 헌법위반, 그리고 국가위기가 있는 경우에 이를 막기 위한 적극적 조치를 긴급히 요구할 때에는 궐위나 사고의 경우를 구분함이 없이 권한대행자의 적극적 직무수행이 가능하고 현상유지적인 정도를 벗어나더라도 허용된다고 본다. 결국 질적인 판단을 하게 될 것이다.

4) 권한대행의 기간 문제

대통령권한대행기간은 헌법 제68조 제2항을 들어 최장 60일에 한하고 이를 넘어설 수 없다고 보는 것이 통설이라고 설명하는 교과서가 있다. 그러나 헌법 제68조 제2항은 궐위에 대해서만 언급하고 있으므로 궐위와 사고의 경우를 구분하여 볼 일이다. 궐위의 경우에는 60일 이내에 후임자를 선거하여야 하므로(제68조 제2항) 그 대행기간은 60일 이내에 한정된다. 사고의 경우에는 헌법재판소의 심판이 있을 때까지 그 권한행사가 정지되는 탄핵소추의 경우를 제외하고 보면 대행기간에 관한 헌법의 명문의 규정이 없다. 따라서 사고의 경우가 오히려 더 장기일 수 있다. 사고로 직무복귀가 어려운 상태(장기의 중병인 불치병으로 치료가 사실상 어려운 경우)에는 그 어려운 상태인지가 확정적으로 판정날 때까지 상당한 시일이 걸릴 수도 있을 것이기 때문이다. 확정적으로 직무복귀불능이라 사실상 궐위라고 볼 정도의 사고의 경우에도 직무복귀불능이라고 확정되는 시점에서부터 60일의 대행이 이루어질 수 있다고 볼 것이고 그 경우에 대행기간이 너무 길어질 수 있어 문제이다. 프랑스의 경우 궐위가 시작되거나 사고가 확정적이라는 헌법재판소의 선언이 있은 후 헌법재판소가 불가항력이라고 확인한 경우가 아닌 한 20일 내지 35일 이내에 새로운 대통령을 선출하기 위한 선거가 실시되어야 하도록 규정하여 그 권한대행의 기간을 우리보다 짧게 규정하고 있다(프랑스 헌법 제7조 제5항).

마냥 민선되지 않은 권한대행자가 계속 대통령의 권한을 대행하는 것은 바람직하지 않다는 점에서 볼 때 권한대행의 기간을 어느 정도 한정하고 가능한 한 짧게 하는 것이 필요할 것이나 현행 헌법은 한정하지 않고 있다. 사고의 장기화로 결국 대통령의 직무복귀가 어려운 경우에도 궐위에 준하여 볼 것인지 여부, 그 복귀불가능의 경우가 어느 정도의 사고라고 볼 경우인지 하는 문제 등에 대해 규정을 두는 것이 장기간 국정공백을 막는 후임자 선출을 가능하게 하기 위하여 필요하다. 또한 이러한 직무복귀의 곤란성, 사고의 장기화로 인한 사실상의 대통령의 궐위 등을 판단하기 위한 기관을 정해둘 필요가 있다.

시기(공화국)		권한대행사유 및 대행자
제1공화국	제헌헌법 및 1차개헌	대통령이 사고로 인하여 직무를 수행할 수 없을 때에는 부통령이 그 권한을 대행하고 대통령, 부통령 모두 사고로 인하여 그 직무를 수행할 수 없을 때에는 국무총리가 그 권한을 대행
	2차개헌	대통령이 사고로 인하여 직무를 수행할 수 없을 때에는 부통령이 그 권한을 대행하고 대통령, 부통령 모두 사고로 인하여 그 직무를 수행할 수 없을 때에는 법률이 정하는 순위에 따라 국무위원이 그 권한을 대행 * 2차개헌시 국무총리제 폐지
제2공화국		대통령이 궐위되거나 사고로 인하여 직무를 수행할 수 없을 때에는 참의원의장, 민의원의장, 국무총리의 순위로 그 권한을 대행.
제3공화국		대통령이 궐위되거나 사고로 인하여 직무를 수행할 수 없을 때에는 국무총리, 법률에 정한 국무위원의 순위로 그 권한을 대행
제4, 5, 6공화국		제3공화국과 동일

□ 대통령 권한대행사유 및 대행자의 변천사

(6) 후임자의 선출

대통령의 후임자가 선출되어야 하는 정상적인 경우로서 대통령의 임기가 만료되는 때로서 이 경우에는 임기만료 70일 내지 40일 전에 후임자를 선거한다(제68조 제1항).

대통령이 궐위된 때 또는 대통령 당선자가 사망하거나 판결 기타의 사유로 그 자격을 상실한 때에는 60일 이내에 후임자를 선거한다(제68조 제2항).

(7) 전직대통령의 신분과 예우

전직대통령의 신분과 예우에 관하여는 법률로 정한다(제85조). 이 법률이 '전직대통령 예우에 관한 법률'이다.

(8) 대통령의 의무

이에 대해서는 아래 Ⅱ.에서 따로 살펴본다.

Ⅱ. 대통령의 의무

1. 국가수호 · 평화적 통일노력의 의무

대통령은 국가의 독립·영토의 보전·국가의 계속성을 수호할 책무를 지고(제66조 제2항) 조국의 평화적 통일을 위한 성실한 의무를 지며(제66조 제3항), 취임에 즈음하여 "국가를 보위하며 조국의 평화적 통일"에 노력할 것을 선서한다(제69조).

2. 헌법수호·준수 및 법률집행의 의무

대통령은 헌법과 법률을 준수할 의무를 진다. 대통령은 헌법을 수호할 책무를 지며(제66조 제2항), 취임에 즈음하여 헌법을 준수하고 국민의 자유·복리의 증진에 노력할 것을 선서한다 (제69조). 대통령은 자신의 권한을 헌법의 원칙과 이념에 부합되게 행사하여야 한다. 2016헌나1 대통령탄핵심판사건에서 헌재는 대통령이 사인의 국정개입을 허용하고 권한을 남용한 행위는 공익실현의무를 중대하게 위반하였고 헌법과 법률 위배행위는 국민의 신임을 배반한 행위로서 헌법수호의 관점에서 용납될 수 없는 중대한 법 위배행위라고 보아야 한다고 하면서 파면결정을 하였다.

대통령은 집행부의 수반으로서 국민의 대표기관인 의회가 제정한 법률을 충실히 집행하여야 한다. 위헌의 의심이 있는 법률이라고 판단되면 국회에 법률개정을 요구하거나 재판에서 이의 위헌성을 주장하여 헌법재판소의 판단을 받는 것이 필요하다. 그리고 그 이전 입법단계에서 위헌적이라고 판단되면 법률안거부(재의요구)권을 행사할 수 있다(제53조 제2항).

3. 기본권보장의무

대통령은 국민의 기본적인 권리들을 보호하고 국민의 복지를 향상시켜야 할 의무를 진다. 대통령은 취임에 즈음하여 "국민의 자유와 복리의 증진"에 노력할 것을 선서한다(제69조). 특히 대통령은 집행권(행정권)을 담당하고 집행작용은 국민의 기본권에 직접적이고도 일차적인 영향을 미치므로 이러한 기본권보장의무가 중요하다.

4. 겸직금지의 의무

대통령은 국무총리·국무위원·행정각부의 장 기타 법률이 정하는 공사의 직을 겸할 수 없다(제83조).

5. 직무의 성실의무

대통령은 직책을 성실히 수행할 의무를 진다. 대통령은 취임에 즈음하여 "대통령으로서의 직책을 성실히 수행할 것을" 국민 앞에 엄숙히 선서한다(제69조). 헌재는 "대통령의 '직책을 성실히 수행할 의무'는 헌법적 의무에 해당하지만, '헌법을 수호해야 할 의무'와는 달리 규범적으로 그 이행이 관철될 수 있는 성격의 의무가 아니므로 원칙적으로 사법적 판단의 대상이 되기는 어렵다"라고 하면서 다음과 같이 판시하고 있다.

● **판례** 헌재 2017.3.10. 2016헌나1

"대통령이 임기 중 성실하게 직책을 수행하였는지 여부는 다음 선거에서 국민의 심판의 대상이 될 수 있다. 그러나 대통령 단임제를 채택한 현행 헌법 하에서 대통령은 법적으로 뿐만 아니라 정치적으로도 국민에 대하여 직접적으로는 책임을 질 방법이 없고, 다만 대통령의 성실한 직책수행 여부가 간접적으로 그가 소속된 정당에 대하여 정치적 반사이익 또는 불이익을 가져다 줄 수 있을 뿐이다. 헌법 제65조 제1항은 탄핵사유를 '헌법이나 법률에 위배한 경우'로 제한하고 있고, 헌법재판소의 탄핵심판절차는 법적 관점에서 단지 탄핵사유의 존부만을 판단하는 것이므로, 이 사건에서 청구인이 주장하는 것과 같은 세월호 참사 당일 피청구인이 직책을 성실히 수행하였는지 여부는 그 자체로 소추사유가 될 수 없어, 탄핵심판절차의 판단대상이 되지 아니한다(헌재 2004.5.14. 2004헌나1 참조)"(2016헌나1).

* **검토:** 이 부분에 대한 헌재의 판시는 문제가 있다. "세월호 참사 당일 피청구인이 직책을 성실히 수행하였는지 여부는 그 자체로 소추사유가 될 수 없어"라고 하나 생명의 존귀성에 비추어 그 긴급한 시간 속에서 구조조치에 최선을 다하였다고 볼 수 없다는 점에서 이 판시는 받아들일 수 없다.

6. 선거에서의 중립의무

대통령은 정치적 기관이므로 정치적 중립성을 요구하기가 힘들다. 그러나 선거에서의 중립성은 선거의 공정성 등을 위하여 대통령에게도 부과되는 의무인지가 논란된다. 즉 공직선거법 제9조 제1항은 공무원 기타 정치적 중립을 지켜야 하는 자(기관·단체를 포함한다)는 선거에 대한 부당한 영향력의 행사 기타 선거결과에 영향을 미치는 행위를 하여서는 아니 된다고 규정하고 있는데 이 규정이 대통령에게도 적용되어 대통령도 선거중립의무를 지는지가 논란된 바 있다. 중앙선거관리위원회는 긍정하는 입장을 취한다. 그리하여 실제 대통령의 선거중립의무 위반을 이유로 몇 번의 중앙선거관리위원회의 위반결정이 있었다. 그리고 헌재도 탄핵심판결정에서 대통령이 정치적 헌법기관이긴 하나 선거에서의 중립의무는 준수하여야 한다는 입장을 취하여 2004년에 특정 정당의 지지를 당부한 발언에 대해 선거중립의무의 위반을 인정한 바 있다(이에 대해서는 앞의 기본질서, 공무원 부분, 정치적 표현의 자유 부분 등 참조).

제 2 항 대통령의 권한

Ⅰ. 국가수호·통일에 관한 권한

대통령의 국가수호·통일에 관한 권한은 위에서 본 대로 의무이자(제66조 제2항·제3항) 권한으로서의 성격을 가진다. 이러한 국가수호·통일에 관한 의무를 수행하기 위해 대통령은 국가위기시에 긴급명령, 긴급재정경제명령·처분을 발하는 권한(제76조), 계엄선포권(제77조)을 가진다. 대통령은 또한 외교·국방·통일 기타 국가안위에 관한 중요정책을 국민투표에 부칠 수 있는 권한(제72조)을 가지고 국가안전보장에 관련되는 대외정책·군사정책과 국내정책의 수립에 관하여 국가안전보장회의에 자문을 할 권한(제91조 제1항), 평화통일정책의 수립에 관하여 민주평화통일자문회의에 자문을 할 권한(제92조 제1항) 등을 가진다.

Ⅱ. 국가대표·외교에 관한 권한

1. 국가대표권

대통령은 국가의 원수이며, 외국에 대하여 국가를 대표하고(제66조 제1항), 다른 국가나 국제단체 등을 승인한다.

2. 조약체결·비준권

대통령은 조약을 체결·비준하는 권한을 가진다(제73조). 대통령이 체결·비준하는 조약의 안에 대해서는 국무회의의 심의를 거쳐야 하고(제89조 제3호), 헌법 제60조에 열거된 중요조약일 경우에는 사전에 국회의 동의를 거쳐야 한다.

3. 외교사절의 신임·접수 또는 파견의 권한

대통령은 조약을 체결·비준하고, 외교사절을 신임·접수 또는 파견하는 권한을 가진다(제73조).

4. 선전포고·강화권

대통령은 선전포고와 강화를 할 권한을 가진다(제73조). 선전포고란 외국과의 전쟁개시를 공식적으로 선언하는 것이며, 강화란 전쟁의 종식을 위한 적국과의 합의를 말한다. 대통령의 선전·강화 기타 중요한 대외정책은 국무회의의 심의를 거쳐야 하고(제89조 제2호), 선전포고에 대하여는 국회의 동의를 거쳐야 하며 강화조약에 대해서도 국회의 동의가 있어야 한다(제60조). 국가안전보장에 관한 대외정책·군사정책의 수립에 관하여는 국무회의의 심의에 앞서 대통령이 국가안전보장회의에 자문한다(제91조 제1항).

5. 국군의 외국에의 파견권

대통령은 국제평화에 이바지할 목적 등으로 국군을 외국에 파견할 수 있다. 그러나 침략전쟁을 위한 파견은 금지된다. 파견은 국무회의의 심의를 거쳐 국회의 사전동의를 거쳐야 한다(제 89조 제6호, 제60조 제2항). 국무회의심의와 국회의 사전동의는 대통령의 결정에 대한 통제로서의 의미를 가진다. 헌재는 국무회의의 의결은 국가기관의 내부적 의사결정행위에 불과하다고 보아 그 자체로 국민에 대하여 직접적인 법률효과를 발생시키는 행위가 아니므로 헌법소원의 대상이 되지 않는다고 본다(2003헌마225). 대통령의 파견결정에 대한 국회의 동의에 대해 헌재는 "국군 의 외국에의 파견에 관한 국회의 동의권은 대통령의 국군통수권 행사를 통제하기 위한 수단으로서, 국회의 파견동의는 그 대상인 대통령의 행위에 법적 효력을 부여하는 것이고 그 자체만 으로는 대국민 관계에서 법적인 효과를 발생시킬 수 있는 공권력의 행사라고 하기 어렵다"라 고 본다(2003헌마255).

6. 외국군대의 대한민국 영역 안에서의 주류허용권

대통령은 우리의 국가안보와 국제평화 등을 위하여 외국군대가 대한민국 영역 안에서 주류 하도록 할 수 있다. 그러나 이 주류에 대해서는 국무회의의 심의를 거쳐 국회의 사전동의를 받 아야 한다(제89조 제6호, 제60조 제2항).

7. 외교 · 통일에 관한 중요정책에 대한 국민투표부의권

대통령은 필요하다고 인정할 때에는 외교 · 통일에 관한 중요정책을 국민투표에 부칠 수 있 다(제72조). 이 국민투표부의권에 대해서는 별도로 살펴본다(후술 Ⅳ. 참조).

Ⅲ. 헌법개정에 관한 권한

대통령은 헌법개정제안권을 가진다(제128조 제1항). 헌법개정에 대해서는 앞서 보았다(전술 제1부 헌법서설 참조). 대통령은 헌법개정안 공고권을 가지고(제129조), 헌법개정 공포권을 가진 다(제130조 제3항).

Ⅳ. 국민투표에 관한 권한 － 헌법 제72조의 국민투표부의권

대통령의 국민투표에 관한 권한으로는 헌법개정을 위한 국민투표부의권과 헌법 제72조의 국민투표부의권으로 나누어 볼 수 있다. 헌법개정을 위한 국민투표권은 앞에서 살펴본 바 있으므로 이하에서는 헌법 제72조의 국민투표부의권을 본다.

1. 헌법 제72조의 국민투표부의권의 성격

헌법 제72조에 의한 국민투표는 "대통령은 필요하다고 인정할 때에는 … 국민투표에 붙일 수 있다"라고 하여 실시에 있어서 임의적인 성격을 가진다. 헌법 제130조 제2항의 헌법개정안에 대한 국민투표가 필수적인 것과 다르다.

2. 국민투표의 현실적 유형과 합헌적 유형

역사적으로 국민투표의 현실적 유형으로 정책결정적 국민표결(국민결정, Referendum)과 신임투표(Plebiszit), 신임·정책연계적 국민표결이 있었다. 정책결정적 국민표결은 정책의 결정을 그 대상으로 하여 국민의 의사를 직접 묻는 국민표결을 말한다. 반면 신임투표는 국가원수나 집권자가 자신의 신임을 국민에게 묻기 위하여 실시하는 국민투표를 밀한다. 신임투표는 집권자가 자신의 권력을 합리화하거나 연장하기 위하여 악용할 가능성이 있고 역사적으로 우리나라에서도 그러한 경험이 있었다. 위 둘을 결합한 신임·정책연계적 국민표결도 있을 수 있는데 이는 어느 정책을 집권자가 국민표결에 붙이면서 가결시 자신의 신임을 확인받은 것으로, 부결시에는 신임을 얻지 못한 것으로 간주하겠다는 선언을 함께 하는 국민표결이다. 사실 역사적으로 볼 때, 결합형이 적지 않았다. 이 결합형은 신임결부를 통한 압박으로 집권자의 의도에 따른 정책을 국민이 선택하도록 유도하는 효과가 있었기에 실질적으로 결국 신임투표가 가지는 위험성과 문제점을 가진다. 헌법 제72조의 국민투표로 신임·정책연계적 국민표결은 가능하다는 견해도 있으나 신임투표뿐 아니라 신임·정책연계적 국민표결도 모두 인정되지 않는다. 헌재도 같은 입장이다(2004헌나1).

3. 헌법 제72조 국민투표의 사유(대상)

(1) 국민투표의 성격과 사유의 제한성

국민투표는 직접민주제로서의 성격을 가진다. 따라서 간접민주제(국민대표제, 대의제)를 택하는 헌법 하에서 예외가 되므로 국민투표에 부칠 수 있는 사유는 헌법에 규정된 것에 한정된다.

(2) '외교·국방·통일 기타 국가안위'에 관한 '중요'정책

위에서 본 대로 국민투표사유의 제한성에 따라 헌법 제72조가 규정한 "외교·국방·통일 기타 국가안위에 관한 중요정책"에 한하여 부칠 수 있다고 보아야 한다. '기타'라고 하였다 하여 예시로 보는 설이 있으나 외교·국방·통일 영역 외 다른 영역도 어디까지나 국가안위에 관한 것이어야 하므로 '국가안위'에 한정된다고 보는 것이 중요하다. 헌재도 "대통령의 부의권을 부여하는 헌법 제72조는 가능하면 대통령에 의한 국민투표의 정치적 남용을 방지할 수 있도록 엄격하고 축소적으로 해석되어야 한다"라고 본다(2004헌나1).

헌법 제72조는 외교·국방·통일 기타 국가안위에 관한 단순한 정책이 아니라 '중요'정책을 국민투표로 부칠 수 있게 하고 있다.

(3) 신임투표, 신임·정책연계적 국민투표의 부정

따라서 신임을 묻는 것은 "외교·국방·통일 기타 국가안위에 관한 중요정책"에 포함되지 않으므로 사유(대상)가 될 수 없다. 앞서 살펴본 대로 우리 헌재도 '중요정책'에는 대통령에 대한 '국민의 신임'이 포함되지 않는다고 하여 대통령의 재신임이나 정책연계적 신임을 묻는 국민투표를 할 수 없다고 한다(2004헌나1). 헌재는 그 논거로 ① 국민의 결정행위에 부당한 압력을 가하고 국민투표를 통하여 간접적으로 자신에 대한 신임을 묻는 행위로서, 대통령의 헌법상 권한을 넘어서는 것이다. ② 헌법은 대통령에게 국민투표를 통하여 직접적이든 간접적이든 자신의 신임여부를 확인할 수 있는 권한을 부여하지 않고 국민투표는 국민에 의한 국가권력의 행사방법의 하나로서 명시적인 헌법적 근거를 필요로 한다는 점 등을 아래와 같이 들었다.

● **판례** 헌재 2004.5.14. 2004헌나1. [판시] (가) … (나) 헌법 제72조는 대통령에게 국민투표의 실시 여부, 시기, 구체적 부의사항, 설문내용 등을 결정할 수 있는 임의적인 국민투표발의권을 독점적으로 부여함으로써, 대통령이 단순히 특정 정책에 대한 국민의 의사를 확인하는 것을 넘어서 자신의 정책에 대한 추가적인 정당성을 확보하거나 정치적 입지를 강화하는 등, 국민투표를 정치적 무기화하고 정치적으로 남용할 수 있는 위험성을 안고 있다. 이러한 점을 고려할 때, 대통령의 부의권을 부여하는 헌법 제72조는 가능하면 대통령에 의한 국민투표의 정치적 남용을 방지할 수 있도록 엄격하고 축소적으로 해석되어야 한다. (다) 이러한 관점에서 볼 때, 헌법 제72조의 국민투표의 대상인 '중요정책'에는 대통령에 대한 '국민의 신임'이 포함되지 않는다. 선거는 '인물에 대한 결정' 즉, 대의제를 가능하게 하기 위한 전제조건으로서 국민의 대표자에 관한 결정이며, 이에 대하여 국민투표는 직접민주주의를 실현하기 위한 수단으로서 '사안에 대한 결정' 즉, 특정한 국가정책이나 법안을 그 대상으로 한다. 따라서 국민투표의 본질상 '대표자에 대한 신임'은 국민투표의 대상이 될 수 없으며, 우리 헌법에서 대표자의 선출과 그에 대한 신임은 단지 선거의 형태로써 이루어져야 한다. 대통령이 이미 지난 선거를 통하여 획득한 자신에 대한 신임을 국민투표의 형식으로 재확인하고자 하는 것은, 헌법 제72조의 국민투표제를 헌법이 허용하지 않는 방법으로 위헌적으로 사용하는 것이다. … "이를 신임투표로 간주하고자 한다."는 선언은 국민의 결정행위에 부당한 압력을 가하고 국민투표를 통하여 간접적으로 자신에 대한 신임을 묻는 행위로서, 대통령의 헌법상 권한을 넘어서는 것이다. 헌법은 대통령에게 국민투표를 통하여 직접적이든 간접적이든 자신의 신임여부를 확인할 수 있는 권한을 부여하지 않는다. (라) 국민은 선거와 국민투표를 통하여 국가권력을 직접 행사하게 되며, 국민투표는 국민에 의한 국가권력의 행사방법의 하나로서 명시적인 헌법적 근거를 필요로 한다. 따라서 국민투표의 가능성은 국민주권주의나 민주주의원칙과 같은 일반적인 헌법원칙에 근거하여 인정될 수 없으며, 헌법에 명문으로 규정되지 않는 한 허용되지 않는다. (마) 결론적으로, 대통령이 자신에 대한 재신임을 국민투표의 형태로 묻고자 하는 것은 헌법 제72조에 의하여 부여받은 국민투표부의권을 위헌적으로 행사하는 경우에 해당하는 것으로, 국민투표제도를 자신의 정치적 입지를 강화하기 위한 정치적 도구로 남용해서는 안 된다는 헌법적 의무를 위반한 것이다. 물론, 대통령이 위헌적인 재신임 국민투표를 단지 제안만 하였을 뿐 강행하지는 않았으나, 헌법상 허용되지 않는 재신임 국민투표를 국민들에게 제안한 것은 그 자체로서 헌법 제72조에 반하는 것으로 헌법을 실현하고 수호해야 할 대통령의 의무를 위반한 것이다.

(4) 국민투표입법 등의 인정 여부

헌법 제72조의 국민투표로 법률을 제정할 수 있는지 하는 문제에 대해 긍정하는 견해가 없진 않으나 국민투표사유는 헌법에 예외에 대한 근거가 있어야 한다는 점에서도 현행 헌법 하에서 부정설이 타당하다. 헌법 제130조 제2항이 아닌 제72조의 국민투표로 헌법개정을 확정할 수 있는가 하는 문제도 논의되나 이는 헌법에 근거가 없음은 물론이고 헌법 제130조 제2항을 위배하는 것으로 역시 부정된다.

4. 부의의 재량성 문제

헌법 제72조는 "대통령은 필요하다고 인정할 때에는 … 국민투표에 붙일 수 있다"라고 규정하고 있는데 대통령은 부의에 재량을 가지는지가 논의된다. 헌재는 헌법 제72조가 대통령에게 국민투표의 실시 여부, 시기, 구체적 부의사항, 설문내용 등을 결정할 수 있는 임의적인 국민투표발의권을 독점적으로 부여하였다고 본다(2004헌나1; 2005헌마579). 대통령이 부의하면서 내세운 실시사유가 실제로 존재하여야 한다는 점 등에서는 재량에도 한계가 있다고 볼 것이다.

5. 국민투표의 방법과 절차

대통령의 국민투표안은 국무회의의 심의를 거쳐 국무총리와 관계국무위원의 부서가 있어야 한다(제89조 제3호). 국민투표안의 게시, 국민투표 운동, 투표, 개표, 결과의 공표, 대통령·국회의장에 대한 통보 등의 절차와 국민투표소송에 관한 자세한 사항들은 국민투표법에 규정되어 있다. 문제는 가결정족수에 관한 규정이 없다는 점이다.

6. 국민투표결과의 효력과 한계

학설은 구속설과 임의설이 대립된다. 헌법 제72조가 "붙일 수 있다"라고 한 것은 국민투표를 실시할 것인지 여부에 대한 재량성을 의미하는 것일 뿐이고 일단 실시하여 나온 국민투표의 결과는 국민의 의사의 직접적 표현이므로 구속성을 가진다고 할 것이다.

국민투표사유가 한정적이라는 점, 신임투표로 활용될 수 없다는 점 등의 한계가 있다. 사실 정책결정으로서의 국민표결도 일도양단적(一刀兩斷的)인 표결로 이루어지면 다양한 국민의 의사가 반영되기 힘들고 선정(populism)적 내지 여론조작적인 분위기에 끌려갈 수 있다는 문제가 있으므로 대표제정치를 보완하는 선에서 받아들여진 직접민주제로서의 국민투표가 제대로 기능을 발휘하도록 하는 것이 필요하다.

V. 헌법기관구성에 관한 권한

1. 내용

　대통령은 헌법에서 규정하고 있는 주요 국가기관의 구성을 주도하거나 관여한다. ① 사법부의 최고기관인 대법원의 구성에 관여한다. 즉, 대통령은 대법원장을 국회의 동의를 얻어 임명하고, 대법관을 대법원장의 제청으로 국회의 동의를 얻어 임명한다(제104조 제1항·제2항. 법원조직법은 대법원장의 대법관후보자 제청에 있어 대법관후보추천위원회의 추천제도를 두고 있다. 후술 사법부 참조). ② 헌법재판소를 구성하는 데 관여하는바 대통령은 헌법재판소의 9인의 재판관을 임명한다(제111조 제2항). 9인의 재판관 중 3인은 국회에서 선출하고 3인은 대법원장이 지명하나(제111조 제3항), 그들 6인의 재판관에 대해서도 임명은 어디까지나 대통령이 하도록 하여 결국 9인의 재판관 전원에 대해 대통령이 임명권을 가진다. 헌법재판소장도 국회의 동의를 얻어 재판관 중에서 대통령이 임명한다(제111조 제4항). ③ 대통령은 중앙선거관리위원회의 9인의 위원 중 3인을 임명한다(제114조 제2항). 중앙선거관리위원회의 경우 국회에서 선출하는 3인의 위원과 대법원장이 지명하는 3인의 위원은 선출과 지명으로 위원이 되며 대통령의 임명대상이 아니고, 위원장도 위원 중에서 호선하므로 대통령의 임명대상자가 아니다. ④ 대통령은 행정부를 구성하는데, 국무총리를 국회의 동의를 얻어 임명하고, 국무총리의 제청으로 국무위원을 임명하며, 국무위원 중에서 국무총리의 제청으로 행정각부의 장을 임명한다(제86조 제1항, 제87조 제1항, 제94조). ⑤ 대통령은 감사원장을 국회의 동의를 얻어 임명하고, 원장의 제청으로 감사위원을 임명한다(제98조 제2항·제3항).

2. 통제

　헌법기관구성에 관한 대통령의 권한은 국회의 동의, 대법원장의 제청, 국무총리의 제청 등의 통제를 받도록 하고 있다. 대법원장·헌법재판소장·국무총리·감사원장·헌법재판관·대법관·중앙선거관리위원회 위원·국무위원 등에 대한 임명에 있어서는 국회의 인사청문회를 거쳐야 한다는(국회법 제46조의3 제1항; 인사청문회법 제2조 제1호) 통제도 있다.

VI. 국회에 대한 권한

1. 국회출석·발언·서한의견권

　대통령은 국회에 출석하여 발언하거나 서한으로 의견을 표시할 수 있다(제81조). 대통령이 자신의 국정방향에 대해 국회를 설득하고 협조를 구하기 위하여 국회에 출석하여 발언하고 서면으로서 의견을 제시할 수 있다. 이는 대통령의 권한이지 의무는 아니므로 국회가 대통령의 출석, 발언을 강제할 수는 없다.

2. 임시회 집회요구권

대통령은 국회의 임시회의 집회를 요구할 수 있다. 대통령이 임시회의 집회를 요구할 때에는 기간과 집회요구의 이유를 명시하여야 한다(제47조 제1항·제3항). 대통령이 국회의 임시회 집회를 요구하기 위해서는 국무회의의 심의를 거쳐야 한다(제89조 제7호).

Ⅶ. 입법에 관한 권한

대통령의 입법에 관한 권한은 ① 국회입법에 대한 권한으로서 법률안제출권, 법률안거부권, 법률공포권이 있고 ② 대통령령을 발할 수 있는 권한으로서 행정입법권이 있다. 국회입법에 대한 권한은 위 국회에 대한 권한에서 다루어도 될 권한이다.

1. 법률안제출권

헌법 제52조는 법률안을 제출할 수 있는 권한의 주체로서 국회의원 외에 '정부'라고 규정하고 있다. 따라서 법률안제출권은 대통령 단독의 권한이 아니라 정부 전체의 권한이다. 정부의 법률안제출은 국무회의의 심의를 거쳐(제89조 제3호) 국무총리와 관계 국무위원이 부서하여 행한다.

[판례] 헌재판례에 따르면 대통령의 법률안제출행위는 국가기관 내부의 행위로서 국민에 대하여 직접적인 법률효과를 발생시키는 행위가 아니고 따라서 헌법소원심판의 대상인 공권력행사가 아니라고 한다(92헌마174).

2. 법률안거부권(법률안재의요구권)

(1) 의의와 성격

국회가 의결한 법률안에 대통령이 이의가 있다고 판단할 때 그 법률안을 국회로 환부하여 국회로 하여금 재의를 해줄 것을 요구할 수 있는 권한을 말한다(제53조 제2항). 재의요구권은 적극적으로 어떠한 효력을 발생하게 하는 권한이 아니라 정지의 권한으로서 소극적 성격의 권한이다. 정지의 성격을 가지므로 대통령은 국회의 재의결이 있기 전에 이를 철회할 수도 있다. 재의요구권은 대통령의 대 국회 견제권임은 물론이다.

우리 헌법은 제헌헌법에서부터 대통령에게 재의요구권을 인정하기 시작하였고 의원내각제를 취한 제2공화국헌법에서는 대통령의 재의요구권은 없어졌다가 제3공화국헌법에 다시 부활되어 현재까지 이어지고 있다.

(2) 유형 – 보류거부의 인정문제

법률안재의요구권의 유형으로는 환부거부와 보류거부가 있다. 환부거부란 대통령이 국회에서 의결된 법률안에 대하여 지정된 기일 안에 국회에 환부하고 재의를 요구하는 것을 말한다. 우리 헌법 제53조 제2항은 환부거부를 인정하고 있다.

우리 헌법상 보류거부도 인정되는지 문제되는데 보류거부(pocket veto)란 대통령이 의회의 회기가 만료되어 폐회된 경우 그로 인하여 환부가 불가능한 때에는 그 법률안이 자동적으로 폐기되는 것을 말한다. 우리 헌법 제53조 제2항 후문은 국회의 폐회 중에도 환부거부할 수 있도록 규정하고 있으므로 보류거부는 인정되지 않는다. 일부 학설은 임기만료로 인한 폐기(제51조 단서)를 보류거부로 인정하고 있다. 그러나 이는 보류거부가 아니다. 그런데 보류거부가 아니라는 견해들은 이 경우가 입법기의 종료로 인한 회기불계속의 경우라서 아니라는 이유를 제시하고 있다. 그러나 보류거부가 인정되지 않은 것은 맞으나 그 논거로 헌법 제51조 단서를 들 수는 없다. 헌법 제51조 단서 조항을 법률안거부제도에는 적용할 수 없다고 보기 때문이다. 제51조 본문이 '의결되지 못한 이유로'라고 규정하고 있는데 법률안거부는 국회에서 법률안이 의결된 후 하는 것이기 때문이다. 따라서 대통령의 법률안 거부가 있고 나서 입법기가 종료된 경우에는 의결된 법률안은 폐기되지 않고 다음 입법기에서의 재의대상이라고 볼 것이다.

(3) 환부시기

국회에서 의결된 법률안이 정부에 이송되어 15일 이내에 환부할 수 있고 폐회 중에도 환부가 가능하다(제53조 제1항).

(4) 일부환부 · 수정환부의 금지

대통령은 법률안의 일부에 대하여 또는 법률안을 수정하여 재의를 요구할 수 없다(제53조 제3항).

(5) 재의요구(거부권행사)의 사유

이에 관해서 명시적인 헌법규정이 없지만 헌법위반, 기본권 침해의 법률안, 실현(집행)불가능한 법률안, 국익에 위배되는 법률안의 경우 등에 재의요구가 가능하다고 볼 것이다.

(6) 재의요구에 대한 국회의 처리

대통령의 재의의 요구가 있을 때에는 국회는 재의에 부치고, 재적의원과반수의 출석과 출석의원 3분의 2 이상의 찬성으로 전과 동일한 의결을 하면 그 법률안은 법률로서 확정된다(제53조 제4항).

1) 처리기간 문제

재의요구에 대하여 국회가 처리해야 할 기간에 대해 헌법이나 국회법에 규정이 없다. 국회 입법기(의원임기)의 만료로 자동폐기된 예들이 있었다. 위에서 언급한 대로 의원의 임기만료의 경우에 재의요구에 대해 헌법 제51조 단서가 적용될 것은 아니라고 했으므로 폐기될 것이 아니라 다음 입법기에서 다루어야 할 것이다.

국회에서의 재의결은 법률의 확정을 가져오는데(제53조 제4항) 이처럼 국회에서의 재의요구 처리기간, 즉 재의결 시한이 헌법상 정하여져 있지 않아 대통령의 재의요구 이후 국회의 재의결 여부가 장기간 지연될 경우에 법률의 확정이 지연될 수 있어 법적 안정성 등에 바람직하지 않다. 앞으로 헌법개정에서 이에 대한 규정을 마련하는 것이 필요할 것이다. 헌법개정이 없이도 국회법만의 규정으로도 가능할 것이다. 헌법이 '부치고'라고 하여 반드시 재의하라고 규정하고 있고 이를 국회법이라는 법률이 실현하는 것이기 때문이다. 헌법개정을 하면 명료성이 더 있을 것이다.

2) 국회의 재의와 재의결

(가) 재의 – 재의의 의무성 여부　대통령의 재의의 요구가 있을 때에는 국회는 재의에 '붙이고'라고 규정하고 있어서(재의에 '부치고'가 우리 국어문법적으로 맞다고 할 것이다. 붙이고는 벽에 무엇을 부착하는 것을 의미한다) 대통령이 법률안에 대해 거부하여 환부되어 오면 국회는 재의를 할 의무를 진다. 헌법문언도 '부치고'라고 하여 당연한 것으로 규정하여 그렇기도 하지만 대통령제하에서 나온 거부권 제도라는 점을 감안하더라도 국회에 의무를 지우는 것이 논리적이다. 그런데 아래에 보는 대로 국회가 재의를 하지 않는 경우에 대응방안이 문제된다.

(나) 의결정족수와 표결의 효과 문제　헌법은 재적의원과반수의 출석과 출석의원 3분의 2 이상의 찬성으로 전과 같은 의결을 하면 그 법률안은 법률로서 확정된다고(제53조 제4항) 그 의결정족수를 규정하고 있다. 이 의결정족수를 채운 경우에는 대통령의 거부권행사는 더 이상 법률의 확정을 중지할 수 없고 바로 법률확정의 효과를 가진다. 위 의결정족수를 채우지 못한 경우에는 법률안은 폐기된다고 볼 것이다. 이 폐기는 국회가 이전에 법률안을 가결한 것을 사실상 번복하는 효과를 가져온다고 할 것이다. 그런데 다음과 같은 이해할 수 없는 일이 있었다. 2015년 5월에 행정입법 제출명령제도에 관한 국회법 제98조의2 제3항 등에 대해 국회가 개정안을 의결하여 정부에 이송한 뒤 대통령이 재의요구를 하였으나 국회에서 여당의원들이 출석하였음에도 재의결 여부 표결에 불참하여 의장이 투표불성립을 선언하였다. 여당의원들이 출석은 하였으므로 투표를 하지 않았다는 것은 반대 내지는 기권의 의사를 표명한 것이고 이는 결국 출석의원 3분의 2 이상이라는 정족수를 채우지 못한 것이니 부결된 것이다. 이러한 부결

을 투표불성립이라고 선언하는 것은 이해가 되지 않는다.

3) 재의 내지 표결의 부재의 경우

대통령이 재의를 요구하면 국회는 재의에 부쳐야 하는데 재의를 의사일정에 올리지 않아 장기간 방치하는, 그리하여 그 종국적 처리가 이루어지지 않은 예도 있다. 2013.1.23. 대통령이 '대중교통 육성 및 이용촉진법' 개정법률안에 대해 거부권을 행사한 뒤 재의가 이루어지지 않은 것이 그 예이다. 앞으로 고쳐져야 할 문제이다.

4) 국회에서의 표결방식

이 재의결 여부에 대한 국회의 표결은 무기명투표로 하도록 하고 있는데(국회법 제112조 제5항 본문) 소신표결을 위한 기록표결이 되어야 할 것이다.

3. 법률공포권

대통령은 국회에서 의결된 법률안이 정부에 이송되면 15일 이내에 공포한다(제53조 제1항). 그 외 재의결로 법률이 확정된 경우, 정부 이송 후 15일 이내 공포나 재의요구를 하지 않아 법률로 확정된 경우에도 지체없이 공포하여야 한다(제53조 제6항).

4. 행정입법권[17]

(1) 행정입법

대통령령, 총리령, 부령 등을 행정입법이라고 한다. 먼저 행정입법 전반에 대해 개관한다.

[필요성] 행정입법은 행정의 전문성·신속성의 요구에 대처하기 위한 것이다. 오늘날 행정은 점차 전문화되어 가고 복잡다단해지면서 또 그 영역도 확대되어 가고 있다. 따라서 행정에 관련된 사항들을 법률에 일일이 미리 규정해두기는 현실적인 어려움이 있으므로 법률이 하위 행정입법에 위임하는 것을 허용하고 있다.

[종류] 행정입법에는 법규명령과 행정규칙(행정명령)이 있다. 법규명령은 국민의 권리의무에 영향을 미치는 등의 법규성을 가지는 것으로 대통령령, 총리령, 부령이 그것인데 법명으로는 시행령(대통령령), 시행규칙(총리령, 부령)이라고 불린다. 법규명령에는 법률이나 상위 법규명령의 위임을 받아 제정되는 위임명령과 그러한 위임 없이 법률이나 상위 법규명령을 집행하기 위하여 필요한 사항들을 정하기 위한 집행명령이 있다. 행정규칙은 원칙적으로 행정 외부의 국민에게는 영향을 직접 미치지 않는 행정내부의 사무처리 등을 위한 지침으로서 훈령, 내규, 예규, 고시 등의 명칭으로 불리는 것이다.

[예시설과 법령보충규칙] 헌재는 헌법이 인정하고 있는 위임입법의 형식(즉 대통령령, 총리

---

17) 이에 대한 자세한 것은, 정재황, 국가권력규범론, 박영사, 2020, 614-636면; 정재황, 기본권 총론, 박영사, 2020, 263-282면; 본서, 앞의 기본권총론, 법률유보 부분 참조.

령, 부령)은 예시적인 것으로 보아야 할 것이고, 법률이 어떤 사항을 행정규칙에 위임하더라도 그 행정규칙은 위임된 사항만을 규율할 수 있는 것이므로, 국회입법의 원칙과 상치되지 않는다고 한다(이른바 '법령보충규칙'의 인정). 다만, 행정규칙은 법규명령과 같은 엄격한 제정 및 개정 절차를 요하지 아니하므로, 기본권을 제한하는 작용을 하는 법률이 입법위임을 할 때에는 대통령령, 총리령, 부령 등 법규명령에 위임함이 바람직하고, 고시와 같은 형식으로 입법위임을 할 때에는 적어도 행정규제기본법 제4조 제2항 단서에서 정한 바와 같이 법령이 전문적·기술적 사항이나 경미한 사항으로서 업무의 성질상 위임이 불가피한 사항에 한정된다 할 것이고, 그러한 사항이라 하더라도 포괄위임금지의 원칙상 법률의 위임은 반드시 구체적·개별적으로 한정된 사항에 대하여 행하여져야 할 것이라고 한다(2005헌바59; 2005헌마667; 2009헌마318)(법령보충규칙은 실무에서 중요한데 이에 대한 자세한 것은 본서, 기본권총론, 법률유보 부분 참조).

(2) 행정입법의 한계
1) 위임의 한계

헌법 제75조는 "대통령은 법률에서 구체적으로 범위를 정하여 위임받은 사항과 법률을 집행하기 위하여 필요한 사항에 관하여 대통령령을 발할 수 있다"라고 규정하여 포괄위임(백지위임)을 금지하고 구체적 위임이어야 한다는 한계를 설정하고 있다.

2) 구체적 위임의 개념과 기준

구체적 위임의 개념과 그 기준이 중요하다. 구체적 위임인지 여부를 둘러싸고 실제로 논란되어 헌법재판에서 이를 다룬 판례들이 많다. 헌재의 확립된 판례는 아래와 같다.

> [헌법재판소 판례의 기본법리]   (* 아래 법리는 확립된 것이어서 위 법리를 판시한 결정들은 많은데 이를 판시하고 있는 전형적인 결정례의 하나로, 2009헌바244 참조).
>
> • '구체적으로 범위를 정하여'라 함은 법률에 이미 대통령령 등 하위법규에 규정될 내용 및 범위의 기본사항이 가능한 한 구체적이고도 명확하게 규정되어 있어서 당해 법률 그 자체로부터 대통령령 등에 규정될 내용의 대강을 예측할 수 있어야 함을 의미한다.
>
> • 예측가능성의 유무는 당해 특정조항 하나만을 가지고 판단할 것은 아니고 관련 법조항 전체를 유기적·체계적으로 종합 판단하여야 하며, 각 대상법률의 성질에 따라 구체적·개별적으로 검토하여야 한다.
>
> • 이와 같은 위임입법의 구체성, 명확성의 요구 정도는 그 규율대상의 종류와 성격에 따라 달라진다. 처벌법규나 조세법규 등 국민의 기본권을 직접적으로 제한하거나 침해할 소지가 있는 법규에서는 구체성·명확성의 요구가 강화되어 그 위임의 요건과 범위가 일반적인 급부행정법규의 경우보다 더 엄격하게 제한적으로 규정되어야 하는 반면에, 규율대상이 지극히 다양하거나 수시로 변화하는 성질의 것일 때에는 위임의 구체성·명확성의 요건이 완화된다(완화하여 판단한 결정례로, 2001헌바52, 2007헌마1083 참조).
>
> * 기본권침해 관련 영역에서는 급부행정 영역에서보다 위임의 구체성의 요구가 강화된다고 본 예: 2010헌마139 (고졸검정고시 응시자격제한 문제였음)
>
> * 포괄위임으로 위헌성이 인정된 예로는 범죄의 구성요건을 행정입법에 위임하여 문제된 사안들이 많았다. 이 결정례들에 대해서는 제3부 제2편 기본권각론 제3장 제2절 제2항 Ⅰ. 2. [행정입법에의 위임] 부분에 인용된 결정례들 참조. 조세법률의 포괄위임으로 위헌성이 인정된 예들도 적지 않다. 이 결정례들에 대해서는 제4부 제2장 제6절 제4항 Ⅰ. 4.에 인용된 결정례들 참조.

* 그 외 포괄위임으로 위헌성이 인정된 결정례들로, 2001헌가30, 2000헌가10, 2000헌바94, 2002헌가15, 2004헌가24, 2003헌바40, 2003헌가2, 2004헌가20, 2004헌가30, 2005헌가1, 2007헌가4, 2009헌가4, 2008헌바116, 2010헌가93, 2015헌가26 등도 참조.

* **행정입법의 위헌성과 위임해 준 법률규정의 위헌성의 무관성**: 헌재는 양자는 무관하다고 보는 입장이다(2005헌바6, 2010헌바205, 2014헌바382).

3) 집행명령의 한계

집행명령은 법률을 집행하기 위하여 필요한 사항만을 정할 수 있을 뿐이고 법률에서 정하지 않은 새로운 사항을 규정할 수는 없다는 한계가 있다.

(3) 행정입법에 대한 통제

1) 행정내부적 통제

법제처에 의한 법안심사, 공청회 제도, 국무회의의 심의(제89조 제3호), 입법예고(행정절차법 제41조 제1항), 부서제도 등의 행정내부적 통제가 있다.

2) 국회에 의한 통제

(가) 일반 국정통제권에 의한 통제   국회는 국정감사와 조사를 통해 행정입법의 개정, 폐지 등을 지적함으로써 통제할 수도 있다. 국무총리, 국무위원에 대한 해임건의나 탄핵소추 등 정부에 대한 다른 일반적 통제제도를 통해서도 통제될 수 있다.

(나) 명령 등의 제출제도   특히 행정입법이 제정·개정 또는 폐지된 때에 국회 소관상임위원회에 제출하도록 하는 제도가 중요하다.

가) 취지 및 내용, 대상, 기간   의회가 정부의 행정입법이 적법하게 정립되도록 통제하기 위한 명령제출제도를 외국에서 볼 수 있다. 우리의 경우에도 현행 국회법 제98조의2가 규정을 두고 있다.

[대상, 제출기한, 제출처(소관 상임위)] 현행 명령제출제도는 법률이 위임한 범위 내에서 명령이 제정되었는지, 집행명령이 집행에 필요한 사항을 벗어나지 않은 적법한 것인지를 사후 감독하여 그 한계 등을 준수하도록 하기 위한 것이다. <u>유의할 점은</u> ① 대통령령·총리령·부령인 <u>위임명령과 집행명령뿐 아니라 ② 훈령·예규·고시 등 행정규칙도 적용대상이라는 것이다.</u> 또 ③ 대통령령의 경우에는 입법예고안도 제출대상이다. 제출기간은 제정·개정 또는 폐지된 후 10일 이내이고 제출할 곳은 국회 소관 상임위원회이다(국회법 제98조의2 제1항). 중앙행정기관의 장은 제1항의 기간 이내에 제출하지 못한 경우에는 그 이유를 소관 상임위원회에 통지하여야 한다(동법 동조 제2항).

나) 검토·통보·보고 등 제도   국회법은 검토결과 통보, 보고 등의 제도를 두고 있다.

ⅰ) 대상 — 상임위원회는 위원회 또는 상설소위원회를 정기적으로 개회하여 그 소관 중앙행정기관이 제출한 대통령령·총리령 및 부령(이하 이 조에서 "대통령령등"이라 한다)의 법률 위반여부 등을 검토하여야 한다(동법 동조 제3항). 이처럼 검토·통보대상은 대통령령·총리령·부령

이고 위 제출제도에서는 그 대상에 포함된 훈령, 예규, 고시 등 행정규칙은 그 대상이 아니다. 전문위원은 제3항에 따른 대통령령등을 검토하여 그 결과를 해당 위원회 위원에게 제공한다(동법 동조 제9항).

ⅱ) 법률의 취지·내용에 반하는 경우의 조치 — 아래에 보듯이 대통령령·총리령에 대한 조치과정과 부령에 대한 그것에 차이가 있다.

① 대통령령·총리령: 의장에 제출, 본회의 보고·의결, 정부에 송부, 처리결과통보 — 상임위원회는 제3항에 따른 검토 결과 대통령령 또는 총리령이 법률의 취지 또는 내용에 합치되지 아니한다고 판단되는 경우에는 검토의 경과와 처리 의견 등을 기재한 검토결과보고서를 의장에게 제출하여야 한다(동법 동조 제4항). 의장은 제4항에 따라 제출된 검토결과보고서를 본회의에 보고하고, 국회는 본회의 의결로 이를 처리하고 정부에 송부한다(동법 동조 제5항). 정부는 제5항에 따라 송부받은 검토결과에 대한 처리 여부를 검토하고 그 처리결과(송부받은 검토결과에 따르지 못하는 경우 그 사유를 포함한다)를 국회에 제출하여야 한다(동법 동조 제6항). 제4항에서 제6항까지 규정은 대통령령 또는 총리령에만 적용된다.

② 부령: 소관 중앙행정기관장에 통보, 처리 계획·결과 보고 — 상임위원회는 제3항에 따른 검토 결과 부령이 법률의 취지 또는 내용에 합치되지 아니한다고 판단되는 경우에는 소관 중앙행정기관의 장에게 그 내용을 통보할 수 있다(동법 동조 제7항). 제7항에 따라 검토내용을 통보받은 중앙행정기관의 장은 통보받은 내용에 대한 처리 계획과 그 결과를 지체 없이 소관 상임위원회에 보고하여야 한다(동법 동조 8항). 제7항, 제8항은 부령에만 적용된다. 이처럼 부령에 대해서는 본회의 보고제도가 없고, 정부 송부가 아니라 소관 중앙행정기관에 통보 및 처리 계획·결과 보고로 조치가 이루어진다는 점에 위 대통령령·총리령에 대한 그것과 차이가 있다.

다) 유의점　　　유의할 점은 이 검토·통보·보고 등 제도는 <u>대통령령·총리령 및 부령에 한정</u>된 것이고 행정규칙에 대해서는 적용되지 않고, 그 통제범위도 대통령령·총리령, 부령에 따라 위에서 본 대로 차이가 있다는 점이다. 위 제4항에서 제8항까지는 2020.2.18. 신설된 조항들이다.

(다) 모법률의 개정으로 통제할 수도 있다.

3) 법원에 의한 통제

ⅰ) 구체적 규범통제 — 행정입법에 대한 법원의 통제로 우리 헌법은 구체적 규범통제를 규정하고 있다. 구체적 규범통제(具體的 規範統制)란 문제되는 법규범이 적용되는 구체적 사건이 발생하여 이를 해결하기 위한 재판이 제기되면 이 재판에서 그 법규범의 상위 법규범에의 위반 여부를 심사하는 제도를 말한다. 즉 헌법 제107조 제2항은 명령·규칙이 "헌법이나 법률에 위반되는 여부가 재판의 전제가 된 경우에는 대법원은 이를 최종적으로 심사할 권한을 가진다"라고 규정하고 있다. ⅱ) 하급법원도 심사주체 — 또한 헌법 제107조 제2항이 대법원이 '최종적으로' 심사할 권한을 가진다고 하여 하급법원도 명령, 규칙에 대한 심사권을 가진다. ⅲ) 무효선언 — 헌법·법률에 위배된다고 판단될 때에는 구체적 규범통제체제에서는 적용거부를 한다고 하는데

우리 대법원은 무효선언을 하고 있다는(예를 들어 대법원 2006두19693) 점에 유의하여야 한다.

4) 헌법재판소에 의한 통제

ⅰ) 헌법소원에 의한 통제 – 행정입법도 공권력의 하나이고 헌법소원심판은 공권력의 행사·불행사로 인한 기본권의 침해가 있을 때 제기할 수 있기 때문에(헌재법 제68조 제1항) 행정입법이 직접 어느 국민의 기본권을 침해하는 경우에 헌법소원의 대상이 되어 헌재의 위헌여부 심사를 받을 수 있다. ⅱ) 위헌법률심판에 의한 통제 – 앞서 본 대로 법률이 행정입법에 위임할 때 구체적 위임을 하여야 하는데 이를 지키지 않은 법률에 대해 위헌법률심판을 통해 통제할 수 있다(실제 이러한 위헌심판이 적지 않게 이루어지고 있다. 그런데 이는 위임을 잘못한 법률에 대한 통제이어서 행정입법 자체에 대한 직접적 통제가 아니다. 다만 법률제출권을 정부도 가진다는 점에서는 정부에 대한 통제라고 볼 수도 있다). 또 그 위임범위를 벗어난 경우에도 심사될 수 있다. ⅲ) 탄핵소추에 의한 통제 – 위헌·위법인 대통령령, 총리령, 부령을 제정한 데 대해 국회의 탄핵소추의결이 있으면 헌재가 탄핵심판을 함으로써 통제할 수 있다. ⅳ) 권한쟁의심판에 의한 통제 – 또한 어느 국가기관의 행정입법이 다른 국가기관이나 지방자치단체의 권한을 침해하는 경우에 권한쟁의심판에서 헌재의 심사를 받을 수 있다.

5) 국민에 의한 통제

국민은 행정소송, 헌법소원을 청구하거나 행정입법의 개정청원을 통하여 통제할 수 있다. 사전적으로 공청회, 입법예고 등에 참여함으로써 통제할 수 있다.

Ⅷ. 사법(司法)에 관한 권한 – 사면권

대통령의 사법에 관한 권한에는 사법의 조직에 관여할 수 있는 헌법재판소장·대법원장·헌법재판관·대법관 임명권이 있고, 법원판결 등의 효과를 변경할 수 있는 사면권이 있다. 여기서는 앞서 살펴보지 않은 사면권을 본다.

1. 사면권의 의의

사면은 좁게는 형의 선고의 효력이나 공소권을 소멸시키는, 또는 형의 집행면제를 가져오는 조치를, 넓게는 좁은 의미의 사면뿐 아니라 그 외에 감형, 복권을 하는 조치를 말한다. 우리 헌법은 "대통령은 법률이 정하는 바에 의하여 사면·감형 또는 복권을 명할 수 있다"라고 규정하여(제79조 제1항) 좁은 의미의 사면권 외에 감형, 복권의 권한을 포함하여 대통령에게 넓게 그 권한을 부여하고 있다. 사면·감형 및 복권에 관한 사항은 법률로 정하는데(제79조 제 3항) 그 법률이 사면법이다.

2. 사면의 종류와 내용

좁은 의미의 사면으로는 일반사면, 특별사면이 있다. 일반사면이란 죄의 종류를 정하여 그 죄를 범한 자에 대하여 형 선고의 효력을 상실시키거나 형을 선고받지 않은 사람에 대하여는 공소권을 상실시키는 것을 말한다(사면법 제3조 제1호, 제5조 제1항 제1호). 특별사면이란 형을 선고받은 자들 중 특정한 사람에 대해 형의 집행을 면제하는 것을 말한다(동법 제3조 제2호, 제5조 제1항 제2호).

넓은 의미의 사면에 포함되는 감형과 복권을 보면 감형에도 형을 변경하는 일반감형과 형의 집행을 경감하는 특별감형이 있다(동법 제5조 제1항 제3호·제4호). 복권은 형 선고의 효력으로 인하여 상실되거나 정지된 자격을 회복시켜 주는 것을 말한다(동법 제3조 제3호, 제5조 제1항 제5호). 복권에도 일반복권과 특정한 자에 하는 특별복권이 있다.

3. 사면권행사의 절차와 효과

일반사면, 일반감형, 일반복권의 경우에는 대통령령에 의하도록 하고 있다(동법 제8조). 대통령의 사면·감형과 복권은 국무회의심의를 거쳐야 한다(제89조 제9호). 일반사면은 국회의 동의를 얻어야 한다(제79조 제2항).

사면법은 형의 선고에 따른 기성의 효과는 사면, 감형 및 복권으로 인하여 변경되지 않는다고 규정하여(법 제5조 제2항) 사면은 소급효를 가지지 않는다.

[판례] ① 헌재는 특별사면의 대상을 "형"으로 규정할 것인지, "사람"으로 규정할 것인지는 입법재량사항에 속한다고 하면서 여러 형이 병과된 경우 일부에 대해서만 특별사면을 하더라도 위헌이 아니라고 본다(97헌바74). ② 헌재는 공무원이거나 공무원이었던 사람이 재직 중의 사유로 금고 이상의 형을 받거나 형이 확정된 경우 퇴직급여 및 퇴직수당의 일부를 감액하여 지급하는데 그 이후 형의 선고의 효력을 상실하게 하는 특별사면 및 복권을 받은 경우에도 퇴직급여 등을 여전히 감액하는 것은 재직 중 성실근무를 유도하는 효과라는 정당성, 사면이 범죄사실 그 자체까지 부정하는 것은 아닌 등에서 그 합리적인 이유가 인정되므로 재산권 및 인간다운 생활을 할 권리를 침해하지 않는다고 본다(헌재 2020.4.23. 2018헌바402).

4. 사면권의 한계와 통제 문제

(1) 사면권의 한계
1) 견해대립과 사견
대통령의 사면권행사에 한계가 있느냐 하는 문제에 대해 이를 부정하는 견해도 있고 긍정하는 견해도 있다. 부정론은 사면권이 대통령의 재량권으로서 권력분립주의를 깨트리는 권한이라는 관념에 터잡고 있다. 그러나 사면권행사도 그 헌법적 한계를 가진다.

2) 헌법적 한계

① 권력분립적 한계 － 사면권이 사법부의 판결의 효력을 변경하는 권한이니 만큼 권력분립주의가 다소 침해되는 것을 허용한 것이긴 하나 권력분립원칙의 기본적 골격의 하나이자 법치주의를 뒷받침하여야 한다는 사법권의 본질적 기능을 훼손하지 않아야 한다는 한계가 있다. ② 동일한 조건을 가진 사면대상후보자들 간에 사면 여부를 달리하여 자의적이고 형평에 맞지 않는 등 평등원칙을 위반하여서는 아니 된다. ③ 국민의 사회통합과 국익을 해치는 사면이나 국민의 법준수의식을 혼란하게 하는 등 법치주의의 근간을 흔드는 사면이어서는 아니 된다. 특히 정치적 이해관계에 따라 자파인물에 대한 구제를 위한 것이거나 정당 간 당리당략적인 타협에 따라 일반사면권을 행사하여서는 아니 된다는 한계가 있다. ④ 법률유보에 따른 한계 － 우리 헌법 제79조는 "법률이 정하는 바에 의하여" 대통령이 사면권을 행사하도록 하여 법률유보에 의한 한계를 두고 있다. 이는 입법부에 의한 사면권행사의 견제라는 의미를 가지기도 하는 한계가 된다. 법률에 의한다고 할 때의 그 법률은 위에서 본 헌법적 한계를 준수하도록 하는 내용을 담아야 할 것이다.

3) 일반사면의 한계

보다 근본적인 문제제기를 하자면 국회동의를 전제로 한 일반사면권이지만 대통령에게 비록 한정된 범죄종류나 일정 범죄의 일정 정도에 대해 전부 사면하는 권한을 부여하는 것 자체가 권력분립주의에 비추어 너무 지나치지 않은가 하는 점이다. 프랑스 헌법 제17조는 이전에 대통령의 일반적 사면을 인정하던 것을 폐지하고 개별적인 사면만을 인정하고 있다.[18]

4) 감형·복권, 특별사면의 한계 문제

국회의 동의대상으로 헌법이 명시하지 않은 특별사면이 특히 남용되어 왔다는 비판이 많다. 특별사면의 대상을 제한하는 국회의 입법이 가능한가 하는 문제가 있다. 대통령의 특별사면권은 대통령의 전적인 고유한 권한이라고 하여 부정하는 견해도 있을 것이나 권력분립주의에 있어서 사면권은 사법권에 대한 견제이고 국회도 권력분립주의상 대통령에 대한 견제를 할 수 있으므로 대통령의 특별사면권을 제한하는 법률을 국회가 제정할 수 있다.

---

18) 국내 교과서 문헌으로 프랑스는 사면권행사를 제한해 왔다는 취지로 설명하면서 "2008년 개정헌법에서는 더 나아가 "공화국 대통령은 독립적으로 사면권을 가진다. 그는 이 권한을 법률에 의해 구성되는 위원회의 의견개진에 따라 행사한다"라고 하여 대통령의 사면권 행사에 대한 헌법적 통제장치를 마련하고 있다"라고 하는 문헌이 있다(성낙인(2013), 1123면, (2015), 581면). 그러나 프랑스 헌법 제17조는 원래 조문이 대통령은 사면권을 가진다고 규정하여 집단적 사면을 하곤 하여 남용되었기에 2008년 헌법개정에서 개별적으로 행사하도록(Le Président de la République a le droit de faire grâce à titre individuel) 대통령의 사면권을 제한하게 된 것이지 '독립적'이란 말은 없다. 위원회 의견개진에 따른 행사라는 헌법규정도 없다. 이러한 규정은 2008년 헌법개정 논의시 정부제출안과 하원의 1차 개헌안에 나오나 최종 확정된 현행 헌법규정에는 없는 것이다.

(2) 통제 문제

1) 절차적 통제

(가) 공통   사면은 국무회의의 심의를 거쳐야 하며 국무총리와 관계 국무위원(법무부장관)의 부서가 있어야 한다는 통제가 일반사면이나 감형·복권·특별사면 모두에 공통적이다. 사면권행사의 남용을 막기 위해 행사 이전에 국회나 대법원에 의견을 묻는 제도를 두자는 제안도 있다(2014년 저자도 참여한 국회 헌법개정자문위원회 헌법개정안 제101조 제2항은 "특별사면을 하려면 대법원장의 동의를 받아야 한다"라는 규정을 신설하고자 제안한 바 있다).

(나) 일반사면   일반사면은 국회의 동의를 얻어야 하는 통제가 설정되어 있다(제79조 제2항).

(다) 특별사면·감형·복권

가) 현행 통제제도(사면심사과정·내용공개 등)   국회의 동의없이 이루어지는 특별사면, 감형, 복권에 대한 통제가 특히 필요하다. 이 때문에 법무부장관이 대통령에게 특별사면, 특정한 자에 대한 감형 및 복권을 상신할 때에는 민간인(공무원이 아닌 위원)이 다수로 참여하는 사면심사위원회의 심사를 거치도록 하고(사면법 제10조 제2항) 사면심사위원회의 심사과정 및 심사내용을 공개하도록 하고 있는데 그 공개범위는 위원의 명단과 경력사항, 심의서, 회의록이며 위원의 명단과 경력사항은 임명 또는 위촉한 즉시, 심의서는 해당 특별사면 등을 행한 후부터 즉시, 회의록은 해당 특별사면 등을 행한 후 5년이 경과한 때부터 공개되도록 하여(동법 제10조의2 제5항 본문) 특별사면의 남용을 막고자 하고 있다. 다만, 심의서 및 회의록의 내용 중 개인의 신상을 특정할 수 있는 부분은 삭제하고 공개하되, 국민의 알권리를 충족할 필요가 있는 등의 사유가 있는 경우에는 사면심사위원회가 달리 의결할 수 있다(동법 동조 동항 단서).

나) 국회통보·의견청취제도 도입시도   국회가 사면권행사를 제한하고자 대통령이 특별사면, 특정한 자에 대한 감형·복권을 행하는 때에는 그 대상자의 명단·죄명 및 형기 등을 1주일 전에 국회에 통보하여 그 의견을 들어야 하도록 하는 국회통보·의견청취제도를 신설하는 법률안을 의결했다. 그런데 당시 대통령 탄핵소추로 직무정지된 상태에서 대통령 권한대행자가 이를 거부할 수 있는가 하는 문제가 제기된 바 있다. 위 사안에서 임기만료로 법률안이 폐기되긴 하였으나[이렇게 폐기된 것으로 보는 것도 문제가 있는데(이에 대해서는 전술, 법률안거부권의 (2) 유형 부분 참조) 여하튼] 헌법적 문제를 제기하였고 대통령 권한대행의 범위 안에 사면권제한에 관한 판단을 할 수 있는 권한도 포함되는가 하는 것이 그 문제의 핵심 논점이었다(앞의 법률안거부권 부분에서도 다룬 문제이다). 사면권에 대한 제한을 거부하는 것은 현상유지적인 것이긴 하지만 그 사유가 법률안거부권행사사유에 해당되느냐 하는 점 등에 논란의 소지가 있었다.

2) 탄핵소추, 정보공개

한계를 벗어난 대통령의 사면권 행사에 대해서는 국회에 의한 탄핵소추가 가능하다. 사면권행사에 대해 국민의 알 권리를 위해 관련정보를 공개하는 것도 사면권 통제의 한 방편이 될 수 있다. 대법원이 사면대상자들의 사면실시건의서와 그와 관련된 국무회의 안건자료에 관한 정보를 구 공공기관의 정보공개에 관한 법률에서 규정하는 비공개정보가 아니라고 보아 공개될 수 있다고 본 판결(대법원 2006.12.7. 2005두241)이 있기도 하였다.

3) 사법적 통제의 문제

(가) 법원에 의한 통제 문제　사면권행사가 사법심사의 대상인지가 논의된다. 부정설은 사면권행사가 통치행위라고 보아 법원이 심사하기 어렵거나 회피할 대상이라고 본다. 반면 긍정설로는 먼저 통치행위 관념 자체를 부정하는 입장에서는 당연히 사법심사의 대상이 된다고 보는 입장, 사면행위도 법적 행위라는 점에서 그 통치행위성을 부정하고 한계를 벗어난 사면권의 행사로 어떤 국민의 권리가 침해된 경우에는 소송대상이 된다고 보는 입장 등이 있다. 생각건대 오늘날 통치행위론의 문제점이 지적되고 있고 통치행위를 인정하더라도 그 범주를 가능한 한정하려는 것이 대세라는 점과(통치행위에 대해서는 후술 사법부 부분 참조) 국민의 기본권이 관련되는 경우에는 적극적인 판단이 필요하다고 볼 것이라는 점에서 법원의 경우에도 한계를 벗어난 사면권행사에 대해 통치행위라는 이유를 제시하며 판단을 하지 않는 것은 타당하지 못하다.

(나) 헌법재판소에 의한 통제　① 탄핵심판 – 사면권행사를 이유로 국회에 의한 탄핵소추가 될 경우 헌법재판소는 탄핵심판에서 그 사면권행사에 대해 판단하게 된다. ② 권한쟁의심판 – 먼저 일반사면의 경우 국회의 동의를 받지 않고 대통령이 이를 행한 경우에 권한쟁의심판을 대통령을 상대로 할 수 있다는 견해가 있으나(성낙인(2013), 1122면) 문제는 이 경우에 누가 청구할 수 있느냐 하는 것이다. 국회의원이 그 권한쟁의심판을 청구한 경우 우리 헌재는 이른바 제3자소송담당이라고 하여 청구를 각하하고 있어서 문제이다. 오히려 법원이 권한쟁의심판을 할 수 있지 않는가 하는 문제가 있으나 실제로 법원이 할 가능성이 얼마나 있을지 현실적인 의문이 제기된다. ③ 헌법소원심판 – 사면권행사가 고도의 정치적 작용이라고 하면서 통치행위로서 재판의 대상이 안 된다는 부정론도 있을 것이다. 그러나 국민의 기본권이 관련되면(범죄피해자의 권리무시) 헌법소원의 대상이 되고 통치행위라고 볼 수 없다. "일반국민이 기본권침해의 자기관련성·직접성을 인정하기 어려우므로, 타인에 대한 사면권의 행사에 대하여 헌법소원을 제기할 수 없다"라는 견해(성낙인(2013), 같은 면)가 있으나 범죄피해자가 가해자에 대한 사면이 이루어짐으로써 자신의 기본권이 침해되었다고 주장할 경우에 헌법소원심판을 청구할 수 있을 것이다. 또한 사면대상에서 제외된 국민이 평등원칙을 위반한 사면이라고 주장하면서 헌법소원심판을 청구할 수 있을 것이다.

Ⅸ. 집행부(정부)의 수반으로서의 권한

1. 정부수반으로서 최고행정지휘권

헌법은 "행정권은 대통령을 수반으로 하는 정부에 속한다"라고 규정하고 있다(제66조 제4

항). 대통령은 정부에 속하는 행정권을 정부의 최고의 지위에서 집행하고 지휘하는 권한을 가진다. 대통령은 행정각부에서 법률과 국가의 정책을 집행하는 것을 지휘, 통제, 감독한다.

2. 집행부 소속 공무원의 임면권

"대통령은 헌법과 법률이 정하는 바에 의하여 공무원을 임면한다"(제78조). 현행 국가공무원법은 대통령의 업무과중과 개별 공무원의 능력 파악 등의 어려움이 있기에 행정기관 소속 5급 이상 공무원 및 고위공무원단에 속하는 일반직공무원은 소속 장관의 제청으로 인사혁신처장과 협의를 거친 후에 국무총리를 거쳐 대통령이 임용하고, 6급 이하 소속 공무원은 소속 장관이 임용하도록 규정하고 있다(국가공무원법 제32조 제1항·제2항). 국무총리 등 그 임명에 있어서 국회의 동의를 거쳐야 하는 공무원과 법이 정한 공무원의 경우에는 국회의 인사청문을 거친다. 검찰총장, 합동참모의장 등의 임명은 국무회의의 심의를 거쳐야 한다(제89조 제16호). 대통령은 소속 공무원의 면직권을 가진다.

3. 국군통수권

(1) 개념

국군통수권이란 국군을 조직하고 지휘하며 국군의 훈련, 작전과 군사행정 등을 통솔하고 넓게 군사력을 관리하는 권한을 말한다. 헌법은 "대통령은 헌법과 법률이 정하는 바에 의하여 국군을 통수"하며, "국군의 조직과 편성은 법률로 정한다"라고 하여 통수권입헌주의·통수권법정주의를 규정하고 있다. 이에 따라 국군조직법, 군인사법 등이 있다.

(2) 통수권의 범위와 통제

[군령·군정통합주의] 군사제도는 군령(軍令)과 군정(軍政)으로 이루어지는데 군령은 용병, 군사훈련, 군작전, 군통솔의 작용을 말하고 군정은 군의 조직, 편제, 행정관리 등을 말한다(헌재도 "국군통수권은 군령(軍令)과 군정(軍政)에 관한 권한을 포괄하고, 여기서 군령이란 국방목적을 위하여 군을 현실적으로 지휘·명령하고 통솔하는 용병작용(用兵作用)을, 군정이란 군을 조직·유지·관리하는 양병작용(養兵作用)을 말한다"라고 하고 있다(2013헌바111)). 과거 군국주의 하에서는 군령과 군정을 분리해서 군령을 통치자 직속의 독립된 기관에서 관장하도록 하여 군령에 대한 의회의 통제가 이루어지지 못했고 군이 통치자에 예속되었다. 오늘날 민주국가에서는 군령과 군정을 통합하여 모두 행정부에서 관장하도록 하는 통합주의를 채택하여 군령도 의회의 통제를 받도록 하고 있는데 우리 헌법도 통합주의에 따라 대통령이 군정, 군령 전체에 대한 최고의 통수권을 가진다. 대통령 모독행위에 대한 군형법상 상관모독죄 적용이 논의된 바 있는데 헌재는 군인복

무규율 제2조 제4호는 "상관이란 명령복종관계에 있는 사람 사이에서 명령권을 가진 사람으로서 국군통수권자로부터 바로 위 상급자까지를 말한다"라고 규정함으로써 국군통수권자인 대통령이 상관임을 명시하고 있다고 하여 불명확하지 않고 과잉금지원칙도 준수한 것이라고 판단하고 따라서 위 처벌규정은 군인의 표현의 자유를 침해하지 않아 합헌이라고 결정하였다(2013 헌바111).

[통제] 대통령의 국군통수권은 국군의 정치적 중립성(제5조 제2항), 선전포고와 국군의 외국에의 파견에 대한 국회의 동의권 등에 의한 통제를 받는다.

4. 행정입법권

이에 관해서는 앞서 입법에 관한 권한에서 살펴보았다.

5. 정당해산제소권

정당의 목적이나 활동이 민주적 기본질서에 위배될 때에는 정부는 헌법재판소에 그 해산을 제소할 수 있고, 정당은 헌법재판소의 심판에 의하여 해산된다(제8조 제4항). 이 권한은 대통령 단독의 권한이 아니라 정부의 권한으로 규정되어 있다. 따라서 대통령은 정부의 수반으로서 정부가 가지는 이러한 정당해산심판의 제소권을 대표하여 수행한다. 정당해산의 제소는 국무회의의 심의를 거쳐서 해야 한다(제89조 제14호. 정당해산에 대해서는 앞의 정당제도, 뒤의 헌법재판 부분 참조).

6. 재정(財政)에 관한 권한

헌법은 예산편성권, 기채(起債) 등에 관해 '정부'를 권한주체로 명시하고 있는데 대통령이 정부의 수반이므로 대표로 수행하게 되는 권한이다. 예산 등에 대해서는 앞서 국회 부분에서 살펴보았다(전술 참조).

7. 영전수여권(榮典授與權)

[개념과 법률유보와 상훈법] 영전이란 국가와 사회공동체에 중요한 기여를 한 사람에 대해 그 공적을 기리기 위하여 수여하는 훈장이나 포장 등을 말한다. 영전수여권은 이러한 영전을 수여하는 권한을 말한다. 대통령은 법률이 정하는 바에 의하여 훈장 기타의 영전을 수여한다(제80조). 이 법률유보에 의해 영전수여에 대해서는 상훈법이 규정을 두고 있다.

[영전수여권의 법적 성격] ⅰ) 국가대표적 재량적 성격 – 일반적으로 영전수여권은 대통령이 국가원수로서 국가를 대표하는 입장에서 공적이 있는 국민에게 수여하는 고도의 정치적 성격을 가지는 대통령의 재량적 성격의 권한이라고 본다. ⅱ) 권리성의 부정 – 대통령이 가지는 고유한 권한으로서 성격이 있고 따라서 국민의 입장에서 영전수여권을 기본권으로 요구할 수는 없다고 하는 견해가 많다. 그러나 영전수여권이 남용되어서 아니되고 똑같은 공적과 요건을 가진 국민들에 차이를 두면 평등권 침해 문제가 발생한다. 헌재는 이처럼 영전수여를 대통령의 국가원수로서의 권한의 지위에서 행하는 고도의 정치성을 지닌 국가작용이며, 서훈 여부는 대통령이 그 재량에 의하여 국무회의의 심의를 거쳐 독자적으로 결정하는 것이고 따라서 관련 법령에서 정한 자격기준이나 정부포상업무지침이 정한 자격요건에 해당한다는 이유로 개인 혹은 단체에게 훈장을 요구할 수 있는 법규상 또는 조리상 권리가 있는 것으로 볼 수 없으며 달리 헌법은 국민에게 영전을 수여할 것을 요구할 권리를 부여하고 있지 않다고 한다(2008헌마367). 사안은 정부포상업무지침이 심판대상이었던 사건인데 이 지침은 행정기관 내부의 업무처리지침 내지 사무처리준칙에 해당할 뿐, 국민이나 법원을 구속하는 법규적 효력을 가진 것이 아니어서 헌법소원의 대상이 되는 '공권력의 행사'에 해당하지 아니한다고 하여 각하결정을 한 것이다. 또 위에서 언급된 대로 헌재는 대통령의 영전수여권을 재량적 성격을 가지므로 대통령이 영전을 수여하거나 국가보훈처장이나 장관이 서훈추천을 반드시 해야 하는 의무가 없다고 보아 이를 하지 않은 부작위에 대한 헌법소원심판 청구는 대상성이 없다고 하여 각하결정을 한다(부작위가 헌법소원심판의 대상이 되기 위해서는 작위의무가 있음에도 하지 않는 상태이어야 함. 후술 헌법재판, 헌법소원심판, 공권력불행사 부분 참조. 이런 결론을 보여준 결정으로 2004헌마859).

[영전수여의 절차] 대통령의 영전수여는 먼저 국무회의의 심의를 거치고(제89조 제8호) 국무총리와 관계 국무위원의 부서를 받아 하여야 한다.

[영전수여의 효과와 한계] 훈장 등의 영전은 이를 받은 자에게만 효력이 있고(영전일대의 원칙), 어떠한 특권도 이에 따르지 아니하므로(영전특권불수반원칙, 제11조 제3항) 대통령은 영전수령자 외의 사람에게 영전에 따른 효과를 부여할 수는 없고, 특권을 부여할 수도 없다. 국가유공자로서의 국가의 대우는 가능하다. 그런 대우는 권리적 성격을 가지고 헌법소원에서 다루어질 수 있다고 본다. 명예감정이라는 인격권의 보호 문제도 있다.

Ⅹ. 국가긴급권

1. 개념

국가긴급권이란 전쟁, 대형 재난, 경제적 공황 등 통상의 조치로 극복하기 어려운 중대한 국가적, 헌법적 위기의 비상사태라는 긴급상황에서 국민의 안전과 국가의 존립을 보장하고 헌법질서를 수호하기 위하여 비상적인 조치를 취할 수 있는 권한을 말한다. 헌법이 예정하지 않고 있는 비상의 조치권인 초헌법적 국가긴급권은 헌법에 반하고 인정될 수 없다. 우리 헌정사에서도 제3공화국 당시 박정희 대통령이 1971년 비상사태를 선포하고 '국가보위에 관한 특별조치법'을 통과시켜 초헌법적 국가긴급권을 인정한 예가 있었는데 제6공화국 들어와 헌재도 위 특별조치법이 헌법을 부정하고 파괴하는 반입헌주의, 반법치주의의 위헌법률이라고 선언한 바 있다 (92헌가18; 2014헌가5). 유신헌법하의 긴급조치 제1호, 제2호, 제9호에 대해서도 헌재는 위헌결정을 한 바 있고(헌재 2013.3.21. 2010헌바132), 대법원도 긴급조치 제1호, 제4호, 제9호에 대해 위헌 무효라고 선언한 바 있다(대법원 2010.12.16. 2010도5986; 2013.5.16. 2011도2631; 2013.4.18. 2011초기 689. * 이들 결정, 판례에 대해 앞의 표현의 자유 부분 참조).

국가긴급권은 헌법과 국가의 보장기능을 수행한다.

현재 우리나라 헌법은 국가긴급권으로서 긴급명령, 긴급재정경제명령, 긴급재정경제처분, 계엄의 제도를 두고 있다.

사항 공화국	긴급권	국회에 관한 요건	국회통제	사법 심사
제1공화국	긴급명령, 긴급재정처분	국회의 집회를 기다릴 여유가 없는 경우에 한함	국회보고·승인	
제2공화국	긴급재정처분, 긴급재정명령	국회의 집회를 기다릴 여유가 없는 경우에 한함	국회보고·승인	
제3공화국	긴급명령, 긴급재정경제명령, 긴급재정경제처분	국회의 집회가 불가능한 때(긴급명령의 경우) 국회의 집회를 기다릴 여유가 없는 경우(긴급재정경제명령·처분의 경우)	국회보고·승인	
제4공화국	긴급조치		국회 재적의원 과반수의 찬성에 의한 긴급조치의 해제건의	불가
제5공화국	비상조치		국회통고·승인 국회 재적의원 과반수의 찬성에 의한 비상조치의 해제요구	
제6공화국	긴급명령, 긴급재정경제명령, 긴급재정경제처분	국회의 집회가 불가능한 때(긴급명령의 경우) 국회의 집회를 기다릴 여유가 없는 경우에 한함(긴급재정경제명령·처분의 경우)	국회보고·승인	

□ 역대 헌법상 대통령의 국가긴급권 연혁표

항목 \ 구분	긴급명령	긴급재정경제명령	긴급재정경제처분
헌법조문	제76조 제2항	제76조 제1항 후단	제76조 제1항 전단
국회에 관한 요건	집회불능	집회가능하나 기다릴 여유가 없을 때	
효력	법률의 효력		처분
통제 — 법원	위헌법률심판제청		행정소송(통치행위?)
통제 — 헌법재판소	위헌법률심판, 위헌소원심판, 법령소원심판, 권한쟁의심판, 탄핵심판		헌법소원?(원행정처분의 대상성 부인)

❑ 현행 헌법상 대통령의 국가긴급권 비교표

2. 긴급명령권

(1) 의의와 성격

대통령의 긴급명령권은 국가의 위기시에 이를 극복하기 위해 법률적 조치가 필요함에도 국회의 입법권행사가 불가능하기에 대통령이 명령으로써 대신하여 그 조치에 관한 규정을 제정하는 권한을 말한다. 긴급명령은 국가비상상황의 극복을 위하여 권력분립원리의 일시적 예외를 인정하는 법률대체적 명령의 성격을 가진다. 우리 헌법은 국가위기의 실제가능성이 존재한다고 보고 정상적인 법률로써는 이에 대처할 수 없는 경우에 대통령에게 예외적으로 긴급입법을 인정한 것이다. 이러한 긴급명령의 제도적 취지를 고려하면 그 발동에 있어서는 엄격한 요건이 설정되어야 하고 사후에 국회의 통제가 가해져야 함은 물론이다.

(2) 요건

긴급명령의 발동요건으로 헌법은 "국가의 안위에 관계되는 중대한 교전상태에 있어서 국가를 보위하기 위하여 긴급한 조치가 필요하고 국회의 집회가 불가능한 때에 한하여"라고 규정하고 있다(제76조 제2항).

① 상황적 요건: ㉠ 국가의 안위에 관계되는 중대한 교전상태 – 중대한 교전이란 대통령이 국회의 동의를 얻어(제73조, 제60조 제2항) 선전포고를 함으로써 개전되는 전쟁뿐 아니라 이에 준하는 것으로 볼 수 있는 사변이나 내란 등도 포함된다. 그러나 국가안위가 직접적으로 관계되는 중대한 경우여야 한다. ㉡ 긴급한 상황 – 국가를 보위하기 위하여 때를 놓치지 않고 신속히 조치를 취하여야 할 긴급한 상황이어야만 긴급명령을 발할 수 있다. ㉢ 국회의 집회가 불가능한 때 – 국회의 집회가 비상사태로 인해 물리적으로 불가능한 때, 즉 국회의 재적의원 과반수가 그 소재나 행방을 알 수 없거나 집회에 참석할 수 없어서 의결정족수를 갖추지 못하는 상황을 말한다. 이 점이 국회의 집회를 기다릴 여유가 없을 때에 발할 수 있는 긴급재정경제명령·처분의 경우와 다르다.

② 목적상 요건: 국가보위라는 소극적 목적으로만 가능하고 적극적인 공공복리를 위한 목

적으로 발령할 수 없다.

③ 법률적 효력의 조치의 필요성, 보충성의 원칙 요건: 긴급한 조치인 긴급명령이 법률의 효력을 가지는 것이므로 법률적 규정에 의해서만 국가보위라는 목적달성이 가능하고 단순한 처분이나 조치로는 그 목적달성을 할 수 없다는 필요성이 존재하여야 한다. 즉 법률적 효력의 조치가 아닌 다른 방법에 의해서는 위기극복이 불가능한 경우에 최종적으로 긴급명령을 발하여야 한다는 보충성의 원칙이 적용된다.

④ 절차적 · 형식적 요건: 긴급명령을 대통령이 발하기 위해서는 국무회의의 심의를 거쳐야 한다(제89조 제5호). 문서의 형식으로 하여야 하며, 그 문서에는 국무총리와 관계국무위원의 부서가 있어야 한다(제82조).

(3) 내용과 한계

긴급명령은 국가보위를 위한 긴급한 조치를 그 내용으로 하는 법률적 명령이다. 긴급명령으로 국회해산을 할 수는 없다. 국회의 사후승인을 받아야 하기 때문이다(제76조 제3항). 긴급명령으로 헌법을 개정할 수 없고 법원, 헌법재판소의 권한에 특별한 조치를 취할 수 없다. 위에서 살펴본 요건들도 한계를 이룸은 물론이다.

* **국가긴급권의 한계: 유신헌법하 긴급조치권의 한계일탈:** 대법원도 국가긴급권의 한계로서 "국가긴급권은 국가가 중대한 위기에 처하였을 때 그 위기의 직접적 원인을 제거하는 데 필수불가결한 최소의 한도 내에서 행사되어야 하는 것으로서, 국가긴급권을 규정한 헌법상의 발동 요건 및 한계에 부합하여야 하고, 이 점에서 유신헌법 제53조에 규정된 긴급조치권 역시 예외가 될 수는 없다"라고 판시한 바 있다(대법원 2010.12.16. 2010도5986; 대법원 2013.5.16. 2011도2631). 그리하여 문제의 긴급조치 제1호, 제4호, 제 9 호 규정들은 "이른바 유신체제에 대한 국민적 저항을 탄압하기 위한 것임이 분명하여 긴급조치권의 목적상의 한계를 벗어난 것"이고 당시 비상사태로서 국가의 중대한 위기상황 내지 국가적 안위에 직접 영향을 주는 중대한 위협을 받을 우려가 있는 상황에 해당한다고 할 수 없어 긴급조치요건을 결여한 것이라고 판시한 바 있다(대법원 2010.12.16. 2010도5986; 대법원 2013.5.16. 2011도2631; 대법원(결정) 2013.4.18. 2011초기689). 헌재도 긴급조치 제1, 2, 9호가 입법목적의 정당성이나 방법의 적절성을 갖추지 못한 것이라고 판시한 바 있다(2010헌바132). 헌재는 현재의 긴급명령권에 대한 사안은 아니었으나 긴급권의 한계에 관한 법리라는 점에서 중요하다고 볼 수 있는 판시를 제 3 공화국 말에 제정된 '국가보위에 관한 특별조치법'에 대하여 하고 있는데 그 판시에서 "국가긴급권의 행사는 헌법질서에 대한 중대한 위기상황의 극복을 위한 것이기 때문에, 본질적으로 위기상황의 직접적인 원인을 제거하는 데 필수불가결한 최소한도 내에서만 행사되어야 한다는 목적상 한계가 있다. 또한 국가긴급권은 비상적인 위기상황을 극복하고 헌법질서를 수호하기 위해 헌법질서에 대한 예외를 허용하는 것이기 때문에 그 본질상 일시적 · 잠정적으로만 행사되어야 한다는 시간적 한계가 있다"라고 하였다(2014헌가5. 이 결정에서 헌재는 이전 결정에서와 같이 다시 위 특조법이 위헌이라고 선언하였다).

(4) 효력과 국회의 사후승인

[효력] 긴급명령은 법률의 효력을 가진다.

[사후승인] 대통령은 긴급명령을 발동한 경우 지체 없이 국회에 보고하여 그 승인을 얻어야 한다(제76조 제3항). 국가긴급시에 국회가 아닌 대통령이 위기극복을 위하여 발하는 긴급명령이지만 법률의 효력을 가지는 법규범으로서 적용되는 것이고 국민의 기본권과 의무에 관련되는

사항을 정하기도 하므로 국민의 의사를 대표하는 국회가 통제하여야 한다는 데 이 승인제도의 필요성이 있다.

[승인가결표수] ① 재적의원과반수설과 ② 일반정족수(출석의원과반수)설이 대립된다. ①설은 같은 국가긴급권인 계엄의 경우에 그 해제요구의 가결표수는 재적의원과반수인데 계엄해제요구와의 균형유지를 그 이유로 들고 있다(권영성, 961면). 생각건대 신중한 결정을 하여야 한다는 점에서 재적의원 과반수설이 타당하다.

[승인, 불승인의 효과] 대통령은 긴급명령이 국회의 승인을 얻었거나 얻지 못한 경우에 그 사유를 지체없이 공포하여야 한다(제76조 제5항). 국회의 승인을 얻지 못한 때에는 그 때부터 효력을 상실한다. 이 경우 긴급명령에 의해 개정 또는 폐지되었던 법률은 그 명령이 승인을 얻지 못한 때부터 당연히 효력을 회복한다(제76조 제4항).

(5) 통제

사전적으로 국무회의 심의를 거쳐야 한다. 국회는 승인거부, 탄핵소추, 긴급명령을 폐지하는 법률제정 등을 통해 통제할 수 있다. 헌재는 긴급명령이 법률의 효력을 가지므로 위헌법률심판을 통하여, 그리고 긴급명령이 국민의 기본권을 직접 침해하는 것일 때에는 헌법소원심판을 통하여 통제할 수 있다. 법원은 위헌법률심판제청을 통하여 통제할 수 있다.

3. 긴급재정경제명령 · 긴급재정경제처분

(1) 의의

긴급재정경제명령 · 긴급재정경제처분이란 재정이나 경제의 영역에서 중대한 위기가 발생한 상황에서 통상의 재정적 · 경제적 법률이나 처분에 의해서는 국가의 안전이나 공공의 안녕질서를 유지하기 어려운 경우에 이에 대처하기 위하여 법률의 효력을 가지는 명령을 발하거나 처분을 행하는 권한을 말한다.

(2) 요건

헌법 제76조 제1항은 "내우 · 외환 · 천재 · 지변 또는 중대한 재정 · 경제상의 위기에 있어서 국가의 안전보장 또는 공공의 안녕질서를 유지하기 위하여 긴급한 조치가 필요하고 국회의 집회를 기다릴 여유가 없을 때에 한하여"라고 규정하고 있다.

① 상황적 요건: ㉠ 내우 · 외환 · 천재 · 지변 또는 중대한 재정 · 경제상의 위기 – 단순한 발생의 가능성이 있어서 사전에 예방하기 위하여 발동되어서는 아니 되고 재정상 · 경제상 위기가 실제로 현재 존재하여야 한다. ㉡ 긴급한 상황 – 국가의 안전보장 또는 공공의 안녕질서를 유지하기 위하여 때를 놓치지 않고 신속히 조치를 취하여야 할 긴급한 상황이어야만 발할 수 있

다. ⓒ 국회의 집회를 기다릴 여유가 없을 때 - 국회의 집회를 기다릴 여유가 없다는 것은 집회를 기다려서 국회에 의한 수권이 있고 난 다음 조치를 취할 경우에는 이미 위기가 고착되고 극복되기 힘든 정도의 상황을 말하고 휴회 중이든 폐회 중이든 국회집회를 소집할 여유가 없는 경우뿐 아니라 국회집회가 불가능한 경우도 포함된다.

② 목적상 요건: 국가의 안전보장 또는 공공의 안녕질서를 유지하기 위한 것일 것 - 실제로 발생한 중대한 경제상·재정상 위기를 제거하여 국가의 안전을 보장하고, 질서를 회복하기 위한 소극적 목적을 위한 것이어야 하고 새로운 정책을 시행하거나 공공복리를 증진하기 위한 적극적 목적으로는 긴급재정경제명령을 발할 수 없다(93헌마186).

③ 필요성, 보충성 요건: 일반적인 법률이나 처분에 의해서는 위기극복이 되지 않는 경우에 발할 수 있다.

④ 최소필요성 요건: 재정·경제상 위기를 극복하는 데 필요한 정도의 최소한의 명령이나 처분에 그쳐야 한다.

⑤ 절차적·형식적 요건: 긴급재정경제명령·긴급재정경제처분을 대통령이 발하기 위해서는 국무회의의 심의를 거쳐야 한다(제89조 제5호). 문서의 형식으로 하여야 하며, 그 문서에는 국무총리와 관계국무위원의 부서가 있어야 한다(제82조).

(3) 내용과 한계

재정, 경제에 관한 사항을 내용으로 하고 최소한의 명령, 처분에 그쳐야 한다.

(4) 효력과 국회의 사후승인

긴급재정경제명령은 법률의 효력을 가지고 긴급재정경제처분은 구체적 효과를 가져오는 개별적 처분이다(법률과 처분의 구분은 기본권론에서 언급한 바 있다). 국회의 사후승인제도는 긴급명령에서와 같다.

(5) 통제

사전적으로 국무회의 심의를 거쳐야 한다. 국회는 승인거부, 탄핵소추, 긴급재정경제명령·처분을 폐지하는 법률제정 등을 통해 통제할 수 있다. 긴급재정경제명령은 법률의 효력을 가지는 것이므로 법원은 위헌법률심판제청을, 헌법재판소는 위헌심판을 통하여 통제를 할 수 있다. 긴급재정경제명령이 어느 국민의 기본권을 직접 침해하는 경우에는 그 국민은 헌법소원심판을 바로 청구할 수 있는데 이러한 헌법소원심판을 통해서도 헌법재판소가 통제할 수 있다. 긴급재정경제처분은 처분이므로 법원의 행정소송을 통하여 또는 헌재의 헌법소원심판을 통하여 통제될 수 있다. 통치행위이론을 들어 위와 같은 사법적 통제를 부정하는 견해도 있으나 우리 헌재는 "비록 고도의 정치적 결단에 의하여 행해지는 국가작용이라고 할지라도 그것이 국민의 기

본권 침해와 직접 관련되는 경우에는 당연히 헌법재판소의 심판대상이 될 수 있는 것"이라고
하여 긍정한다(93헌마186). 통치행위이론에 대해서는 사법부 부분에서 살펴본다(후술 참조).

4. 긴급권행사요건과 기본권제한요건

긴급권행사로 기본권이 제한될 경우 긴급권행사의 요건을 준수한 것으로도 기본권제한의
요건을 갖추는 것인지 하는 문제가 있다. 헌재는 헌법 제76조 소정의 요건들을 준수한 긴급재
정경제명령은 기본권제한의 요건인 헌법 제37조 제2항의 비례의 원칙(과잉금지원칙)을 준수한
것으로 본다(93헌마186).

> * 유신헌법하의 긴급조치 제1호에 대한 위헌성을 인정한 대법원판결: 대법원은 과거 유신헌법하 긴급조치 제1호가
> 유신헌법 등에 대한 논의 자체를 전면금지함으로써 이른바 유신체제에 대한 국민적 저항을 탄압하기 위한 것임이
> 분명하여 긴급조치권의 목적상의 한계를 벗어난 것이고 유신헌법 제53조가 규정하고 있는 요건을 결여한 것이며
> 국민의 자유와 권리를 지나치게 제한함으로써 헌법상 보장된 국민의 기본권을 침해한 것이므로, 긴급조치 제1호가
> 해제 내지 실효되기 이전부터 유신헌법에 위배되어 위헌이고, 나아가 긴급조치 제1호에 의하여 침해된 위 각 기본
> 권의 보장 규정을 두고 있는 현행 헌법에 비추어 보더라도 위헌으로 무효라고 판시하였다(대법원 2010도5986 전
> 원합의체).

5. 계엄권

(1) 계엄의 개념
계엄이란 전시 등의 국가비상사태에 있어서 군사상의 필요나 공공의 안녕질서를 유지할 필
요가 있는 경우에 한하여 특정지역 내 행정권 또는 사법권을 군대가 관할하고 국민의 기본권의
일부에 대해 제한을 가할 수 있는 국가긴급권제도를 말한다. 병력의 사용이 특징적 요소이다.

(2) 계엄선포요건
헌법은 "대통령은 전시·사변 또는 이에 준하는 국가비상사태에 있어서 병력으로써 군사상
의 필요에 응하거나 공공의 안녕질서를 유지할 필요가 있을 때에는 법률이 정하는 바에 의하여
계엄을 선포할 수 있다"라고 요건을 규정하고 있다(제77조 제1항). ① 전시·사변 또는 이에 준
하는 국가비상사태 − 여기서 "준하는 국가비상사태"란 사회질서를 교란하는 무장폭동, 반란
등의 경우를 말한다. ② 군사상의 필요, 공공안녕질서유지 − 전시의 적군의 격퇴, 사회질서의
회복을 위하여 필요한 경우이어야 한다. ③ 병력사용의 필요성 − 통상적인 경찰력 등으로는
회복불가능하여 병력에 의존할 수밖에 없는 상황이어야 한다. ④ 국무회의의 심의를 거쳐야 한
다(제89조 제5호).

(3) 계엄의 종류와 내용

계엄에는 비상계엄과 경비계엄이 있다(제77조 제2항).

1) 비상계엄

비상계엄은 대통령이 전시·사변 또는 이에 준하는 국가비상사태시 적과 교전상태에 있거나 사회질서가 극도로 교란되어 행정 및 사법기능의 수행이 현저히 곤란한 경우에 군사상의 필요에 따르거나 공공의 안녕질서를 유지하기 위하여 선포한다(계엄법 제2조 제2항). 비상계엄의 선포와 동시에 계엄사령관은 계엄지역 안의 모든 행정사무와 사법사무를 관장한다(동법 제7조 제1항).

"비상계엄이 선포된 때에는 법률이 정하는 바에 의하여 영장제도, 언론·출판·집회·결사의 자유, 정부나 법원의 권한에 관하여 특별한 조치를 할 수 있다"(제77조 제3항). 국회에 대한 조치는 불가하다. 계엄법 제9조는 헌법 제77조 제3항이 명시하지 않은 거주·이전의 자유, 단체행동권, 재산권 등에 대하여서도 특별한 조치를 할 수 있다고 규정하여 위헌 여부의 논란이 있다. 계엄법의 개정으로 작전상 부득이 파괴하거나 소각한 국민의 재산에 대해 정당한 보상을 하도록 하는 규정이 신설되었다(법 제9조의2). 비상계엄 하의 군사재판은 군인·군무원의 범죄나 군사에 관한 간첩죄의 경우와 초병·초소·유독음식물공급·포로에 관한 죄 중 법률이 정한 경우에 한하여 단심으로 할 수 있다. 다만, 사형을 선고한 경우에는 그러하지 아니하다(제110조 제4항).

비상계엄시 영장제도에 대한 특별한 조치를 할 수 있다는 헌법 제77조 제3항의 규정이 영장제도의 완전한 배제를 인정하는 것인가 하는 데 대해 헌재는 국가보안법위반죄 등을 범한 자를 법관의 영장 없이 구속, 압수, 수색할 수 있도록 했던 구 '인신구속 등에 관한 임시 특례법'(1961.7.3. 제정되고, 1963. 9. 30. 법률 제1410호로 폐지되기 전의 것) 제2조 제1항에 대한 위헌결정에서 "영장주의를 완전히 배제하는 특별한 조치는 비상계엄에 준하는 국가비상사태에 있어서도 가급적 회피하여야 할 것이고, 설사 그러한 조치가 허용된다고 하더라도 지극히 한시적으로 이루어져야 할 것이며, 영장 없이 이루어진 수사기관의 강제처분에 대하여는 사후적으로 조속한 시간 내에 법관에 의한 심사가 이루어질 수 있는 장치가 마련되어야 할 것"이라고 판시한 바 있다(2011헌가5).

2) 경비계엄

경비계엄은 대통령이 전시·사변 또는 이에 준하는 국가비상사태시 사회질서가 교란되어 일반행정기관만으로는 치안을 확보할 수 없는 경우에 공공의 안녕질서를 유지하기 위하여 선포한다(계엄법 제2조 제3항). 경비계엄에서는 위 비상계엄 하의 조치와 같은 조치를 취할 수 없고 계엄사령관은 계엄지역 안의 군사에 관한 행정사무와 사법사무만을 관장하여(동법 제7조 제2항) 주로 치안의 회복과 유지를 위한 소극적 목적의 작용만 한다.

(4) 계엄의 해제

대통령은 평상상태로 회복되면 국무회의의 심의를 거쳐 지체없이 계엄을 해제하고 이를 공고하여야 한다(제89조 제5호; 계엄법 제11조). 국회가 재적의원 과반수의 찬성으로 계엄의 해제를 요구한 때에는 대통령은 이를 해제하여야 한다(제77조 제5항).

군사법원의 재판권을 1개월 이내에 한하여 연기할 수 있다는 계엄법 제12조 제2항 단서에 대해서 위헌론이 있는데 합헌이라고 본 대법원판례가 있었다(대법원 81도1045).

(5) 계엄권에 대한 통제

계엄을 선포한 때에는 대통령은 지체없이 국회에 통고하여야 한다(제77조 제4항). 국회는 이러한 통고제도와 계엄해제요구권에 의해, 그리고 계엄해제요구에 응하지 않을 때 탄핵소추에 의하여 통제할 수 있다. 법원은 "계엄선포의 요건 구비 여부나, 선포의 당·부당을 심사하는 것은 사법권의 내재적인 본질적 한계를 넘어서는 것"이라고 보는 소극적 판결(대법원 1979.12.7. 79초70 재정)을 하여 왔는데 1997년에 "비상계엄의 선포나 확대가 국헌문란의 목적을 달성하기 위하여 행하여진 경우에는 법원은 그 자체가 범죄행위에 해당하는지의 여부에 관하여 심사할 수 있다"라고 하여 제한적으로 심사가능성을 인정하는 판례도 있었다(대법원 1997.4.17. 96도3376). 적어도 포고령, 계엄에 따른 구체적 조치 등에 대해서는 소송대상성을 부정할 이유가 없다. 헌재는 헌법소원심판이나 탄핵심판을 통하여 통제를 할 수 있다.

6. 국가긴급권에 대한 국민의 통제

국민은 청원권행사, 행정소송, 헌법소원, 국가배상청구 등을 통한 통제를 직·간접적으로 할 수 있고 위헌적인 국가긴급권 행사에 대해 최종적으로 저항권을 행사할 수 있다(저항권에 대해서는, 전술 제1부 헌법서설 참조).

XI. 대통령의 권한행사에 대한 통제

1. 정부 내부적 통제 - 문서주의·부서·국무회의의 심의 등

대통령의 국법상 행위는 문서로써 해야 하고 군사에 관한 것도 또한 같다(제82조 전단). 문서주의는 대통령의 권한행사의 방식이지만 명확성과 책임성을 더욱 가지도록 하기 위하여 대통령의 모든 국법상 행위를 문서로 하도록 강제한 것이라는 점에서 통제의 의미를 가진다. 이 문서에는 국무총리와 관계 국무위원이 부서(副署)하여야 한다(제82조 후단). 부서는 대통령이 국법상 행위를 함에 있어서 국무총리, 국무위원이 그 보좌의 책임을 다하였음을 확인하는 의미를 가지는 것이다. 문서주의와 부서의 범위는 대통령의 모든 국법상의 행위이고 군사에 관한 것도 포함된다(제82조). 국무총리는 모든 국법상 행위에 대해, 국무위원은 관계되는 국법상 행위에 대해서만 부서한다. 부서를 결여한 경우 효력이 없다.

또한 대통령이 그 행사를 위해서는 국무회의의 심의 내지 의결을 거쳐야 하는 권한이 있고 (제89조. 우리는 국무회의가 심의기구에 그치지 않고 의결을 할 경우도 있다고 봄 - 뒤의 국무회의 부분 참조), 대통령은 국가원로자문회의, 국가안전보장회의 등에 자문할 수 있다(제90조 등).

2. 정부 외부적 통제

정부 외부적 통제로 국민에 의한 통제, 국회에서의 통제, 법원에 의한 통제 등이 있다. ① 국민은 위헌법률심판의 제청신청과, 헌법소원심판의 청구와 행정소송의 제기, 대통령이 부의한 안건에 대한 국민투표 등을 통하여 통제할 수 있다. ② 국회는 국정감사·국정조사, 각종 동의와 승인, 인사청문, 국무총리·국무위원에 대한 해임건의, 고위공무원에 대한 탄핵소추 등으로 통제할 수 있다. ③ 헌법재판소는 헌법소원심판, 위헌법률심판, 탄핵심판, 권한쟁의심판, 정부 제소의 위헌정당해산심판을 통하여 통제할 수 있다. ④ 법원은 행정소송을 통하여 또한 행정소송 도중에 위헌법률심판제청이나 명령규칙의 위헌·위법심사를 통하여, 그리고 국가배상소송 등을 통하여 통제할 수 있다.

제 2 절 국무총리·국무위원·행정각부 등

Ⅰ. 국무총리

1. 국무총리의 헌법상 지위와 신분

(1) 헌법상 지위
1) 대통령의 보좌기관으로서의 지위

국무총리는 대통령을 보좌하며, 행정에 관하여 대통령의 명을 받아 행정각부를 통할한다(제86조 제2항). 의원내각제 하의 수상이 국정을 주도적으로 이끄는 위치에 있는 것과 달리 대통령제를 주축으로 하고 있는 우리 정부형태에서는 국무총리가 대통령의 보좌기관의 지위에 있다. 판례도 같은 취지의 입장이다(89헌마221).

2) 정부의 제2위적 지위

국무총리는 정부에서 대통령 다음 서열에 위치하며 다른 국무위원들보다 상위에 위치하여 정부에서의 제2인자적인 지위를 가진다.

3) 국무회의부의장으로서의 지위

국무총리는 국무회의의 구성원이자 부의장으로서의 지위를 가진다(제88조 제3항). 그러나 심의권의 행사에 있어서 다른 국무위원과 동등하다.

4) 다른 국무위원에 우월하는 지위

국무총리는 행정에 관하여 대통령의 명을 받기는 하나 행정각부를 통할하는 권한을 가지므로(제86조 제2항) 행정에 관하여 다른 국무위원들에 우월하는 지위를 가진다.

5) 중앙행정관청으로서의 지위

국무총리도 정부조직상 중앙행정관청의 하나이다. 국무조정실(정부조직법 제20조), 국가보훈처(동법 제22조의2), 인사혁신처(동법 제22조의3), 법제처(동법 제23조), 식품의약품안전처(동법 제25조) 등 국무총리에 소속하는 행정기관들이 있다.

(2) 국무총리의 신분

1) 선임

(가) 국회동의 등　국무총리는 국회의 동의를 얻어 대통령이 임명한다(제86조 제1항). 이처럼 임명에 국회의 동의를 받도록 한 것은 약한 의원내각제적 요소라고 본다.

> * 국무총리 국회임명동의의 연혁: 제2차 개헌헌법에서는 국무총리제를 폐지하였으므로 국회동의제가 당연히 없었고, 제3공화국 헌법하에서는 국회동의 없이 대통령이 임명하도록 하였음.

시기(공화국)	당시헌법 조문
제1공화국	국무총리는 대통령이 임명하고 국회의 승인을 얻어야 한다. * 제2차개헌(1954년)에서는 국무총리제를 폐지
제2공화국	국무총리는 대통령이 지명하여 민의원의 동의를 얻어야 한다.
제3공화국	국무총리는 대통령이 임명하고 * 국회동의제도 없었음.
제4공화국	국무총리는 국회의 동의를 얻어 대통령이 임명한다.
제5, 6공화국	제4공화국 조문과 동일함

❑ **국무총리 임명 국회동의제의 변천**

(나) 서리 문제

가) 문제제기　국회의 동의를 받지 않아 정식으로 국무총리를 임명하지 못하고 임시적으로 '서리'(署理)라는 명칭으로 임명하여 국무총리로서의 권한을 행사하도록 하는 것이 헌법상 허용되는 것인지가 논란되어 왔다.

나) 견해대립　ⅰ) 합헌설 − ① 헌법 제86조 제1항은 국무총리의 임명과정에 있어서 국회의 동의를 받지 않은 상태에 나타날 국정의 공백에 대해 아무런 규정을 두고 있지 않으므로 헌법의 합리적인 해석의 범위 내에서 서리제도를 둘 수 있다고 볼 것이다. ② 제1공화국헌법하에서부터 국무총리 서리가 관행적으로 임명된 바 있었다.

ⅱ) 위헌설 − ① 서리제도에 대해서 헌법이 규정하고 있지 않다. ② 헌법 제86조 제1항이

"국무총리는 국회의 동의를 얻어 대통령이 임명한다"라고 규정한 문언은 국회의 동의를 먼저 얻어야 한다는 것을 뜻하는 것은 분명하므로 국회의 동의를 받지 않은 국무총리의 서리는 헌법적으로 인정할 수 없다. ③ 국회의 동의는 단순한 승인이 아니라 국무총리 임명에 국회도 공동으로 참여하여야 한다는 것을 의미하므로 국무총리 임명에 있어 본질적 요건이므로 국무총리 '서리'라는 이름으로 임명하였더라도 국회동의가 없었으면 위헌인 점은 그대로이다. ④ 국회의 임명동의가 권력분립원칙상 정부에 대한 국회의 통제라는 점에서 이를 피해가려는 서리제도는 위헌이다. ⑤ 국무총리가 없어 국정공백이 발생할 것을 대비하여 정부조직법 제22조는 직무대행을 인정하고 있으므로 서리를 임명할 것이 아니라 직무대행을 하도록 하면 되므로 그 논거는 이유가 없다. ⑥ 지난 시절의 국무총리 서리 임명은 위헌인 그릇된 관행이었다.

iii) 중간설 - 서리 제도가 원칙적으로는 위헌이나 다음의 경우에는 합헌이라고 보는 중간설 내지 예외적인 합헌견해도 있을 수 있다. ① 정부조직법 제22조는 직무대행의 경우를 '사고'의 경우만 명시하고 있으므로 '궐위'가 '사고' 속에 포함되지 않는다고 본다면 '궐위'의 경우에는 서리임명이 가능하다고 본다. ② 새로운 정부가 구성되기 위해서나 기존 정부라도 도중에 국무총리 및 내각이 총사퇴한 경우에 국회가 후임 국무총리에 대한 임명동의를 하지 않고 장기간 방치하거나 할 수 없는 상황인 경우 등에는 국정공백을 막는 내각구성을 위하여 후임 국무총리가 국회동의를 받아 정식 임명되기 전까지 서리제도가 필요하다.

다) 사견   생각건대 ⅰ) '서리'란 직무대행자에게 붙여지는 명칭이 아니고 새로운 사람으로 하여금 그 직을 수행하게 하고자 하나 임명과정 중에 있는 상황이어서 임시적으로 붙여지는 명칭이라고 할 것이다. 국무총리가 정부의 2인자로서 대통령 보좌기관이라고 하더라도 대통령이 모든 국정을 직접 집행할 수 없고 국무총리가 어디까지나 헌법상 그 권한이 주어진 헌법기관인 한에서는 국무총리 서리제도는 헌법이 그것을 인정하는 경우에만 가능하다고 볼 것인데 우리 헌법은 국무총리서리제를 인정하지 않고 있다. ⅱ) 국무총리 서리제도는 국무총리 임명에 대한 권력분립적 견제라는 국회의 권한을 형해화하게 된다. ⅲ) 관례라는 견해는 헌법에 명시된 경우까지 관례로 받아들일 수 없어서 타당하지 않다. ⅳ) 국무총리의 국회동의를, 그것도 사전동의를 받으라는 의미는 헌법 자신이 조각에 국무총리 역할이 필수적이도록(제청권. 제87조, 제94조) 한 것에 국회동의라는 민주적 정당성을 부여할 수밖에 없는 자체논리에 있기도 하다. 따라서 부정설이 타당하다.

라) 판례   국무총리서리제도를 둘러싼 권한쟁의심판에서 각하결정을 하고 본안판단을 하지 않은 예가 있었다(헌재 1998.7.14. 98헌라1).

2) 문민원칙, 국회의원 겸직

문민원칙이라 함은 관직에 임명될 사람은 군인이어서는 아니 되고 민간인이어야 한다는 원칙을 말한다. 현행 헌법은 국무총리에 대해서 "군인은 현역을 면한 후가 아니면 국무총리로 임명될 수 없다"라고 규정하여(제86조 제3항) 이 원칙을 적용하고 있다. 헌법 제5조 제2항이 규정하는 국군의 정치적 중립성의 보장을 위한 의미를 가진다.

국무총리는 국회의원직을 겸할 수 있는데(국회법 제29조 제1항 본문) 이는 의원내각제적 운영을 위한 것이라고 한다.

3) 국무총리의 직무대행

국무총리가 사고로 직무를 수행할 수 없는 경우에는 기획재정부장관이 겸임하는 부총리, 교육부장관이 겸임하는 부총리의 순으로 직무를 대행하고, 국무총리와 부총리가 모두 사고로 직무를 수행할 수 없는 경우에는 대통령의 지명이 있으면 그 지명을 받은 국무위원이, 지명이 없는 경우에는 정부조직법 제26조 제1항에 규정된 순서에 따른 국무위원이 그 직무를 대행한다(정부조직법 제22조). 궐위의 경우에도 사고에 해당되는지가 논란되었는데 이는 바로 위에서 살펴본 국무총리서리제를 인정할 수 있느냐 하는 문제에 결부된다. 궐위도 사고에 해당된다고 보면 직무대행으로 할 수 있으므로 서리제도를 인정할 수 없다는 결론에 이르기 때문이다. 헌재는 이 문제가 제기된 권한쟁의심판의 청구를 각하하여 결론을 내리지는 못하였다(98헌라1, 위 상술 참조).

4) 해임

임명에는 국회의 동의를 받아야 하지만 대통령은 국회의 동의 없이 해임할 수 있다. 국회는 해임건의를 할 수 있다(제63조 제1항).

2. 국무총리의 권한

(1) 대통령권한대행권

대통령이 궐위되거나 사고로 인하여 직무를 수행할 수 없을 때에는 그 권한대행을 하는 제 1순위가 국무총리이다(제71조).

(2) 국무위원·행정각부 장의 임명제청, 국무위원해임건의권

국무위원과 행정각부의 장을 대통령이 임명함에 있어서 국무총리는 제청을 한다(제87조, 제94조). 국무총리는 국무위원의 해임을 대통령에게 건의할 수 있다(제87조 제3항).

1) 제청의 필수성 여부(제청결여의 효과)

대통령의 국무위원 임명에 국무총리의 제청이 필수적인지 하는 문제가 논의되는데 이 문제는 결국 제청이 결여된 임명행위가 효력을 가지느냐 하는 문제이다. ① 위헌무효설(국무위원의 임명에 있어서 국무총리의 제청이 결여된 경우 이는 위헌인 것으로 그 효력이 부정된다고 보는 견해)와 ② 형식상 적법요건설(제청은 대통령의 임명행위에 있어서 형식적인 의미만을 가지는 적법요건에 불과하다고 보고 이를 결여하더라도 탄핵소추사유는 되지만 그 임명행위를 무효로 하지는 않는다는 견해)이 대립된다. 또 ③ 국무총리가 제청을 하지 않더라도 그를 배제하고 새로운 국무총리를 임명하여 제청을 거치면 되므로 현실적 논의가치가 없다는 견해도 있을 수 있다.

검토하면 ②설은 제청이 '적법요건'이라고 하는데 그렇다면 결여는 비적법인바 그러면서도 결여로 무효가 되지 않는다는 것은 비논리적이다. ③의 현실논거적 견해도 국무총리의 경질이 국회동의절차를 거쳐야 하는 등 그렇게 쉬운 것만은 아니라는 것을 고려하기도 하여야 하지만 현실론으로 헌법규정을 무시하여서는 아니 된다는 점에서 받아들일 수 없다. 헌법조문이 "국무 총리의 제청으로 대통령이 임명한다"라고 하여 국무총리의 제청절차가 있음을 명시하고 있는 이상 제청절차를 거치지 않을 수는 없고 제청을 결여하고 임명하면 위헌무효가 된다. ①설이 타당하다.

2) 제청의 구속력 여부

국무총리의 제청이 대통령의 의사결정을 구속하느냐 하는 데에 대해 ① 긍정설(임명제청권 이 실질적으로 의미를 가지도록 하기 위해서는 대통령이 국무총리의 제청내용에 따라야 한다는 견해), ② 부정설(헌법에 구속력이 명시되지 않았다는 점 등을 들어 대통령이 국무총리의 제청내용에 따르지 않고 거부할 수 있다는 견해) 등이 대립될 수 있다. 생각건대 우리의 정부형태가 대통령제인데 국 무총리의 권한이 실질적이라고 할지라도 제청의 구속력을 인정하면 오히려 인사권자가 대통령 이 아니라 국무총리가 되는 모순이 발생하기도 하므로 대통령은 거부할 수 있고 구속력이 없다 고 보는 것이 타당하다.

3) 해임건의의 효과

국무총리의 해임건의를 대통령이 따라야 하는지에 대해서도 구속설과 비구속설이 갈릴 것 이다. 생각건대 이는 집행부 내부의 문제라는 점과 우리 정부형태가 대통령제라는 점, 국무총 리의 행정각부 통할권도 대통령의 명을 받아 행사된다는 점(제86조 제2항)에서 비구속적임이 원 칙이라고 볼 것이다. 현실적으로 내각구성원의 유대, 협력이 필수적인 가운데 국무총리의 신임 의 정도가 대통령이 해임여부를 결정하는 데 영향을 미칠 것이다.

(3) 행정각부통할·감독권

국무총리는 "행정에 관하여 대통령의 명을 받아 행정각부를 통할한다"(제86조 제2항).

1) 권한의 범위

국무총리는 행정에 관하여 대통령의 명을 받아 행정각부를 통할한다(제86조 제2항). 이 통할 권이 미치는 범위가 헌법은 행정각부라고 규정하고 있는데 행정각부와 그 소속된 중앙행정기 관들이 모두 국무총리의 통할 대상인지 하는 문제가 논란된다.

(가) 학설　　ⅰ) 한정설 – 국무총리가 대통령의 보좌기관이고 그 소관사무에 관하여 부령 을 발할 권한이 없는 경우에는 행정각부로는 볼 수 없다는 점 등에서 정부의 권한에 속하는 사 항을 집행하는 모든 중앙행정기관이 국무총리의 통할대상인 행정각부는 아니고 입법권자가 헌 법 제96조의 위임을 받은 법률로 정하는 행정각부만이 통할 대상이라고 한정하는 견해이다(아

래 89헌마221 결정의 다수설). ii) 포괄설 — 국무총리의 통할대상은 헌법 제96조에 의하여 제정된 법률에서 행정각부로 규정된 기관만을 의미하는 것이 아니라 권력분립의 원칙에 따라 헌법과 법률의 집행을 통해 국민의 권리와 자유에 영향을 미치는 등 기능상 행정권에 속하는 사항을 집행하는 모든 중앙행정기관을 의미한다고 보는 견해이다(아래 89헌마221 결정의 변정수 재판관의 소수설).

(나) 판례

가) 판례의 중심법리 사실 위와 같은 논의는 아래와 같은 헌법소원사건에서 제기된 바 있다. 헌법재판소는 헌법 제86조 제2항에서 말하는 국무총리의 통할을 받는 행정각부는 입법권자가 헌법 제96조의 위임을 받은 정부조직법에 의하여 설치하는 행정각부만을 의미한다고 하고 법률에 의하더라도 헌법에 열거된 헌법기관 이외에는 대통령직속의 행정기관을 설치할 수 없다든가 또는 모든 행정기관은 헌법상 예외적으로 열거된 경우 등 이외에는 반드시 국무총리의 통할을 받아야 한다고는 말할 수 없다고 판시하였다. 따라서 법률로 국무총리의 통할을 받지 않는 중앙행정기관을 규정할 수도 있다고 보았다.

나) 통할대상 행정각부에 모든 중앙행정기관이 포함되지 않는다고 보는 헌재의 논거 헌재가 국무총리 통할대상에 모든 중앙행정기관이 포함되지 않고 법률로 대통령직속의 중앙행정기관을 두는 것이 합헌이라고 보는 논거의 주요취지는 ① 우리 정부형태가 대통령제로서 국무총리는 대통령의 보좌기관이라는 점, ② 헌법 제86조 제2항의 행정각부는 부령을 발령할 권한을 가진 기관이라는 점 등이다(아래 다)에 정리된 결정요지의 (1) (2) 부분 판시 참조).

다) 판례정리

* 중요판시사항
▷ 국무총리의 행정각부통할권의 범위
• 국무총리의 통할대상인 '행정각부'의 개념
• 모든 행정기관이 아님. 헌법 96조의 행정각부 법률주의에 따라 제정되는 법률로 규정될 사항

● **판례** 헌재 1994.4.28. 89헌마221 정부조직법 제14조 제1항 등의 위헌여부에 관한 헌법소원
[쟁점] 구 국가안전기획부(현 국가정보원의 전신)를 대통령직속기관으로 규정한 구 정부조직법 제14조가 국무총리의 행정각부통할권을 규정한 헌법 제86조 제2항에 위반되는 것인지 여부(합헌결정) **[심판대상규정]** 구 정부조직법 제14조(국가안전기획부) ① 국가안전보장에 관련되는 정보·보안 및 범죄수사에 관한 사무를 담당하게 하기 위하여 대통령 소속하에 국가안전기획부를 둔다. 구 국가안전기획부법 제4조(직원), 제6조(부장·차장·기획조정실장) - 생략 **[결정요지]** (1) 국무총리는 단지 대통령의 첫째 가는 보좌기관으로서 행정에 관하여 독자적인 권한을 가지지 못하고 대통령의 명을 받아 행정각부를 통할하는 기관으로서의 지위만을 가지므로 국무총리의 통할을 받는 행정각부에 모든 행정기관이 포함된다고 볼 수 없다 할 것이다. … (2) 헌법이 "행정각부"의 의의에 관하여는 아무런 규정도 두고 있지 않지만, "행정각부의 장(章)"에 관하여는 "제3관 행정각부"의 관(款)에서 행정각부의 장은 국무위원 중에서 임명되며(헌법 제94조) 그 소관사무에 관하여 법률이나 대통령령의 위임 또는 직권으로 부령을 발할 수 있다고 규정하고 있는 바, 이는 헌법이 "행정각부"의 의의에 관하여 간접적으로 그 개념범위를 제한한 것으로 볼 수 있다. 즉, 성질상 정부의 구성단위인 중앙행정기관이라 할지라도, 법률상 그 기관의 장(長)이 국무위원이 아니라든가 또는 국무위원이라 하더라도 그 소관사무에 관하여 부령을 발할 권한이 없는 경우에는, 그 기관은 우리 헌법이 규정하는 실정법적 의미의 행정각부로는 볼 수 없다는 헌법상의 간접적인 개념 제한이 있음을 알 수 있다. 따라서 정부의 구성단위로서 그 권한에 속하는 사항을 집행하는 모든 중앙행정기관이 곧 헌법 제86조 제2항 소정의 행정각부는 아니라 할 것이다. … 헌법 제86조 제2항 및 제94조에서 말하는 국무총리의 통할을 받는 행정각부는 입법

권자가 헌법 제96조의 위임을 받은 정부조직법 제29조에 의하여 설치하는 행정각부만을 의미한다고 할 것이다. … 국무총리의 통할을 받지 아니하는 대통령직속기관인 국가안전기획부의 설치근거와 그 직무범위 등을 정한 정부조직법 제14조와 국가안전기획부법 제4조 및 제6조의 규정은 헌법에 위배된다고 할 수 없다.
* 동지의 판례: 헌재 1994.4.28. 89헌마86.

2) 통할·감독권의 내용

국무총리는 대통령의 명을 받아 각 중앙행정기관의 장을 지휘·감독하고, 중앙행정기관의 장의 명령이나 처분이 위법 또는 부당하다고 인정될 경우에는 대통령의 승인을 받아 이를 중지 또는 취소할 수 있다(정부조직법 제18조).

3) 한계

ⅰ) 국무총리의 통할·감독권은 대통령의 명을 받는다는 한계가 있다(제86조 제2항). 대통령은 국무총리의 명령이나 처분이 위법 또는 부당하다고 인정하면 이를 중지 또는 취소할 수 있다(정부조직법 제11조 제2항). ⅱ) 위에서 본 우리 헌재 판례에 따르면 모든 중앙의 일반 행정기관이 통할대상은 아니라는 점이다.

4) 한계의 한계

헌재는 국무총리의 통할대상이 아니고 대통령 직속인 국가기관을 법률로 정할 수 있다고 하여 통할권에 한계를 인정하면서도 그 한계에 다시 다음과 같은 한계를 설시하고 있다.

● **판례** 헌재 1994.4.28. 89헌마221
* 위의 국가안전기획부 결정. [설시] 다만 대통령이 이러한 직속기관을 설치하는 경우에도 자유민주적 통치구조의 기본이념과 원리에 부합되어야 할 것인데 그 최소한의 기준으로서 ㄱ) 우선 그 설치·조직·직무범위 등에 관하여 법률의 형식에 의하여야 하고 ㄴ) 그 내용에 있어서도 목적·기능 등이 헌법에 적합하여야 하며 ㄷ) 모든 권한이 기본권적 가치실현을 위하여 행사되도록 제도화하는 한편 ㄹ) 권한의 남용 내지 악용이 최대 억제되도록 합리적이고 효율적인 통제장치가 있어야 할 것이다.

* 위 기준에 비추어 헌재는 위 결정사안에 대하여 판단하였던바 문제된 구 국가안전기획부가 국무총리의 통할을 받지 아니하는 대통령직속기관으로 정한 정부조직법 제14조는 헌법이 요구하는 위와 같은 최소한의 요건은 갖추었다고 보아 합헌으로 결정하였다.

(4) 부서권

국무총리는 대통령의 국법상 행위에 부서(副署)하여야 한다. 이 부서는 대통령에 대한 보좌책임을 분명히 하는 성격을 띤다. 현재 우리 헌법의 경우에 대통령의 모든 국법상 행위에 대해, 군사에 관한 것도 포함하여, 국무총리가 반드시 부서하도록 규정하고 있다(제82조). 국무위원은 부서대상행위가 자신의 권한에 관계되는 것일 경우에만 부서하도록 하고 있는 반면에 국무총리는 전반적인 대통령의 모든 국법상 행위에 관하여 부서하도록 하고 있다.

1) 부서의 성격

(가) 학설   이에 관해서는 학설이 갈릴 수 있다. ① 보필책임설(책임소재설) - 국무회의가 단순한 자문기관이 아니고 필수적인 심의기관이라는 점, 국회가 국무총리·국무위원의 해임건의를 할 수 있어 책임을 진다는 점 등을 들어 부서가 대통령의 국법상 행위를 보좌한 국무총

리·국무위원의 보필(보좌)책임을 분명히 하기 위한 것이라고 보는 견해로서 다수설이다. ② 증거설 - 국무회의가 심의기관이긴 하나 의결권을 가지지는 않고 의원내각제하의 불신임제와 같은 의회 앞에서의 국무총리·국무위원의 책임제도도 없으므로 부서를 통해 국무총리·국무위원의 책임을 지우려는 것은 아니고 단지 대통령의 국법상 행위에 관여하였다는 정도의 증거를 남기게 하려는 의미를 가진다는 견해이다. ③ 현실고려설 - 부서가 보필책임의 의미를 법리적으로는 가질 것이나 정치적 현실에서는 대통령에 의한 국무총리·국무위원의 해임권이 있는 한 그 의의가 축소된다는 현실을 고려한 견해도 있다.

(나) 사견　생각건대 앞서 본 대로 부서의 의미가 연혁적으로 시대에 따라, 정부형태별로 다르다는 점을 고려하여야 한다. 우리 헌법상으로 대통령은 국회 앞에서 탄핵소추 외에는 책임을 지지 않는 반면에 국무총리·국무위원이 참여하는 국무회의는 필수적인 심의기관이고 국무총리, 국무위원은 국회의 출석·답변요구에 따를 의무를 지며(제62조 제2항) 해임건의의 대상이 되는(제63조. 우리는 국회 부분에서 해임건의의 법적 구속력을 인정한다는 입장임을 밝힌 바 있다) 등 국회 앞에서의 책임이 적지 않다. 또한 우리 정부형태는 대통령제적이고 더구나 대통령의 모든 국법상 행위가 부서의 대상이 되고 있다. 따라서 부서는 대통령이 국법상 행위를 함에 있어서 보좌기관인 국무총리, 국무위원이 그 보좌의 책임을 다하였음을 확인하는 의미를 가지는 것이 우리나라에 있어서의 부서라고 할 것이다. 우리 헌법은 대통령의 모든 국법상 행위에 대해 부서가 필요하다고 규정하고 있지만 그렇다고 하여 대통령의 모든 권한을 내각과 공유한다고 볼 수도 없으므로 의원내각제정부하에서나 프랑스식 혼합정부제에서의 부서에 비해 우리 헌법이 예정하고 기대하는 부서의 의미는 약하다고 볼 것이다. 대통령의 모든 국법상 행위에 대해 부서하여야 한다는 점이 오히려 대통령과 국무총리와의 권한배분보다는 대통령에 대한 보좌책임을 분명히 하는 성격을 띠게 하는 것이다. 결국 우리의 경우 보필의 확인이라는 의미를 가진다고 보는 것이다.

2) 부서의 범위

국무총리가 부서하여야 할 범위는 대통령의 모든 국법상의 행위이다. 국무위원은 관계되는 국법상 행위에 대해서만 부서하는 것과 다르다. 군사에 관한 것도 국무총리의 부서가 있어야 한다(제82조).

3) 부서의 법적 효력

(가) 부서결여의 효과　부서의 효력에 대해 이를 결여한 경우에 효력이 있는지 여부를 두고 의견이 나누어진다. ① 유효설 - 부서는 대통령의 국법상 행위의 적법요건일 뿐 유효요건이 아니므로 부서가 결여된 대통령의 행위도 무효는 아니고 위법행위일 뿐이며 탄핵소추의 사유가 될 수 있을 뿐이라고 본다. 부서는 보필책임을 의미할 뿐이고 이 보필은 사실상의 정치적 책임이고 그 결여에 대한 제재가 헌법에 직접 규정되어 있지 않다고 하면서 유효설을 피력할 수도 있을 것이다. ② 무효설 - 반면에 다수의 견해는 부서제도가 헌법상 명시적으로 규정되어 있는

이상 이는 대통령의 국법상 행위에 있어서 형식적인 요건을 이루는 것이고 이를 지켜야 한다고
보아 부서가 결여된 대통령의 국법상 행위는 무효라고 본다. 생각건대 헌법 제82조가 "부서한
다"라고 하여 부서의 의무를 부과하고 있으므로 무효설이 타당하다. 대통령이 부서를 받지 않고
국법상 행위를 한 경우에는 그 행위는 효력을 가지지 못할 뿐 아니라 대통령에 대한 탄핵소추사
유가 된다.

(나) 부서한 대통령의 국법상 행위가 위법한 경우 국무총리, 관계 국무위원이 부서한 대통
령의 국법상 행위가 위법한 경우에 국무총리와 그 관계 국무위원도 법적 책임을 지는가 하는
문제가 있다. 위법성이 있는 한 책임이 있다고 본다. 대통령의 명을 받는 관계를 내세워 면책
을 주장하는 견해가 있을 것이나 불법적 행위에 대한 부서를 거부하고 사퇴할 수도 있다는 점
에서 책임설이 타당하다.

4) 부서의 거부 문제

국무총리, 관계 국무위원이 대통령의 국법상 행위에 대해 거부할 수는 있다. 자신의 보필책
임 여부를 분명히 할 수 있기 때문이다. 그러나 현실적으로 대통령이 자신의 국법상 행위를 관
철하고자 할 때 부서없이 행하기보다는 거부하는 국무총리나 국무위원을 해임하고 국무총리,
국무위원을 새로이 임명하여 부서를 받아 행할 것이다. 국무총리, 국무위원이 스스로 사퇴함으
로써 부서를 하지 않을 수도 물론 있을 것이다. 이러한 점에서 부서의 의미나 효력은 헌법적
법리의 문제이고 현실에서의 의미는 정치적 성격을 지니고 있다고 할 것이다. 그러나 헌법 법
리로서는 부서의 효력을 위와 같이 보아야 한다.

5) 부서제도에 대한 평가

ⅰ) 바로 위에서도 지적한 대로 부서의 거부가 국무총리, 국무위원의 자진사퇴 내지 해임을
가져오는 것이 현실일 수 있다는 점에서 헌법적 책임제도로서는 상당히 이론적인 차원의 것이
고 그 실효성에 의문이 제기되는 것은 사실이다. ⅱ) 그러나 우리 헌법규정에 대통령·행정부
에 대한 그나마 많지도 않은 통제제도 중의 하나인 부서제도에 대해 형식적인 것으로 치부할
수는 없다. 또한 부서가 내각에 대해 보필책임을 물음으로써 대통령에 대한 책임의 간접적 확
보를 기대하기 위한 것이라는 점에서 대통령제하에서도 부서제도가 실질적인 의의와 기능을
가져야 한다. 그러기 위해서는 내각에 대한 의회의 책임제도가 잘 마련되어 있어야 한다. 내각
불신임제가 없는 상황에서 우리의 경우에 존재하는 국무총리·국무위원에 대한 해임건의권이
구속력이 있다는 저자의 입장과 달리 구속력이 없다고 보는 견해를 취하면 우리 헌법상의 부서
는 대통령의 권한행사에 대한 충분한 통제제도로서 기능하기 어렵다.[19] 해임건의를 받아도 해
임되지 않는다면 부서를 한 데 대한 책임을 물어도 아무런 법적 책임이 없다는 결과를 가져올
것이다. 우리 헌법상의 대통령·행정부에 대한 통제제도인 부서와 해임건의권이 장식적인 것으
로 전락해버리지 않도록 국무총리, 내각에 대한 책임을 실질화하는 헌법해석이 요구된다.

---

19) 해임건의의 구속력을 부정하면 부서의 효력에 대해서도 소극적으로 보게 될 것인데 그렇게 부정설을 취하
면서 부서에 대해서는 그 결여가 무효라고 보는 학설은 일관성이 결여된 것이다.

(5) 국무회의 부의장, 심의권

국무총리는 국무회의의 부의장이 된다(제88조 제3항). 국무회의에서 다른 국무위원들과 더불어 국정현안에 대해 심의할 권한을 가진다.

(6) 국회출석 · 발언권(의무)

국회출석 · 발언은 권한이자 의무이기도 하다. 국무총리는 국회나 그 위원회에 출석하여 국정처리상황을 보고하거나 의견을 진술하고 질문에 응답할 수 있으며 국회나 그 위원회의 요구가 있을 때에는 국무총리는 출석 · 답변하여야 하고, 국무총리가 출석요구를 받은 때에는 국무위원 또는 정부위원으로 하여금 출석 · 답변하게 할 수 있다(제62조).

(7) 총리령을 발할 권한

국무총리는 "소관사무에 관하여 법률이나 대통령령의 위임 또는 직권으로 총리령을 발할 수 있다"(제95조). 총리령에는 위임명령과 직권명령이 있다. 위임명령이란 상위의 법률이나 대통령령이 특정한 사항에 대하여 총리령으로 정하도록 위임한 경우에 제정된 총리령이다. 직권명령으로서의 총리령은 소관사무에 관하여 법률이나 대통령령 등을 시행하기 위하여 필요한 사항들을 규정하고 있는 총리령이다. 총리령도 행정입법의 하나이므로 총리령의 한계, 통제문제 등에 대해서는 대통령의 권한 중 행정입법권에 대한 것을 적용하여 살펴보면 될 것이다(전술 참조. 총리령에 대한 위임이 예측가능성이 없어 포괄위임으로서 위헌결정이 된 예: '식품접객영업자 등 대통령령으로 정하는 영업자'는 '영업의 위생관리와 질서유지, 국민의 보건위생 증진을 위하여 총리령으로 정하는 사항'을 지켜야 한다고 규정한 구 식품위생법 규정에 대해 헌재는 식품 관련 영업자가 준수하여야 할 사항이 무엇인지는 시행규칙의 내용을 보지 않는 한 그 구체적 내용을 예측하기 어렵다고 하여 위헌결정하였다(2014헌가6)). 총리령과 부령의 관계에서 동등하다고 보는 견해도 있으나 총리령이 우위에 있다.

* '처', '위원회'의 시행규칙인 총리령 - 국무총리 소속에는 국민안전처, 법제처 등과 금융위원회, 공정거래위원회 등 각종 위원회가 있는데 우리 헌법은 '처령'과 같은 위임명령(시행규칙)을 인정하지 않으나 그 처들이나 위원회들도 구체적인 시행규칙을 필요로 한다. 그 경우에 총리령이 시행규칙이 되는 것이다. 예를 들어 식품의약품안전처가 관장하는 식품 및 의약품의 안전에 관한 사무를 규정하는 중요 법률은 바로 식품위생법인데 이 법률의 시행규칙은 총리령이 되는 것이다.

3. 국무총리의 의무와 책임

국무총리는 위에서 살펴본 대로 국회출석 · 답변의무, 부서와 보필의 책임, 해임건의에 따를 책임 등을 진다.

4. 부총리 제도

국무총리가 특별히 위임하는 사무를 수행하기 위하여 부총리 2명을 두고, 부총리는 국무위원으로 보하며, 부총리는 기획재정부장관과 교육부장관이 각각 겸임하고, ⅰ) 기획재정부장관은 경제정책에 관하여 국무총리의 명을 받아 관계 중앙행정기관을 총괄·조정하며, ⅱ) 교육부장관은 교육·사회 및 문화 정책에 관하여 국무총리의 명을 받아 관계 중앙행정기관을 총괄·조정한다(정부조직법 제19조).

Ⅱ. 국무위원

1. 헌법상 지위와 신분

(1) 헌법상 지위

① 대통령의 보좌기관으로서의 지위 - 국무위원은 국정에 관하여 대통령을 보좌한다(제87조 제2항). ② 국무회의의 구성원으로서의 지위 - 국무위원은 국무회의의 구성원으로서 국정을 심의한다(제87조 제2항). 국무위원들은 국무회의에서 서로 동등하게 심의에 참여한다.

(2) 신분

국무위원은 국무총리의 제청으로 대통령이 임명한다(제87조 제1항). 국무위원에 대해서도 "군인은 현역을 면한 후가 아니면 국무위원으로 임명될 수 없다"라고 규정하여(제87조 제4항) 문민원칙을 적용하고 있다. 국무위원은 국회의원직을 겸할 수 있다(국회법 제29조 제1항 본문).

2. 권한과 의무

국무위원의 권한과 의무로는 대통령의 보좌의무(제87조 제2항 전문), 대통령권한대행권, 국무총리직무대행권(제71조), 국무회의의 심의권(제87조 제2항 후문), 정책집행권(소관업무별 집행은 국무위원인 행정각부의 장, 즉 장관이 담당하고 장관이 아닌 국무위원으로서 특정 정책에 대한 임무가 부여된 국무위원인 경우 그 특정 정책의 집행권을 담당), 부서권(제82조), 국회출석·발언권(제62조, 의무이기도 하다) 등이 있다.

Ⅲ. 국무회의

1. 헌법상 지위

(1) 문제의 의미

국무회의가 헌법상 어떠한 지위를 가지느냐 하는 문제는 현실적으로 국무회의의 심의를 반드시 거쳐야 하는가 하는 문제와 국무회의에서의 결정이 의원내각제의 경우와 같이 구속력을 가져 의결기관으로서 자리잡고 있느냐 아니면 단순한 자문기관이나 심의기관에 불과한가 하는 문제와 결부된다(후술 국무회의심의의 법적 효과 참조).

(2) 현행 우리 국무회의의 성격과 헌법상 지위

국무회의는 정부의 권한에 속하는 중요한 정책을 심의한다(제88조 제1항). 현행 헌법에서의 국무회의의 법적 성격에 대해 ① 국무회의의 심의결과가 대통령과 정부를 구속하지 않는 단순한 자문의 의미만을 가진다고 보아 국무회의를 자문기관으로 보는 설(자문기관설), ② 국무회의의 심의결과가 대통령과 정부를 구속하지는 않지만 그래도 심의는 반드시 거쳐야 한다는 점에서 심의기능의 역할을 하는 것으로 보아 국무회의를 심의기관으로 보는 설(심의기관설), ③ 국무회의에서의 심의결과 내린 결정에 대통령과 정부도 따라야 한다고 보아 국무회의는 의결기관이라고 보는 설(의결기관설) 등의 견해가 나올 수 있다.

우리 학설은 대체적으로 심의기관설을 취하고 있다. 그 논거로 우리 정부형태가 의원내각제가 아니고 대통령제라는 점, 헌법조문이 '심의'라고 규정하고 있으므로 의결기관이라고 보기 힘들고 그렇다고 순수 대통령제의 자문기관에 불과하다고 보기도 어렵다는 점 등을 들고 있다.

(3) 필수기관, 최고심의기관, 대통령주재의 회의체기관

헌법 제89조 제1항은 "심의를 거쳐야 한다"라고 규정하고 있으므로 필수적 기관이다. 또한 정부 내에서 국무회의는 최고의 최종적인 심의기관이다. 국무회의의 심의의 결과에 대해 이를 번복할 수 있는 기관이 없다. 국무회의는대통령이 주재하는 회의체이다.

2. 구성

국무회의는 대통령·국무총리와 15인 이상 30인 이하의 국무위원으로 구성한다(제88조 제2항). 대통령은 국무회의의 의장이 되고, 국무총리는 부의장이 된다(동조 제3항).

3. 운영

[소집과 주재] 대통령은 국무회의 의장으로서(제88조 제3항) 회의를 소집하고 이를 주재한다(정부 조직법 제12조 제1항). 국무위원은 의장에게 의안을 제출하고 국무회의의 소집을 요구할 수 있다(동법 동조 제3항). 국무회의의 운영에 관하여 필요한 사항은 대통령령으로 정한다(동법 제12조 제4항).

[의장직무대행] 의장이 사고로 직무를 수행할 수 없는 경우에는 부의장인 국무총리가 그 직무를 대행하고, 의장과 부의장이 모두 사고로 직무를 수행할 수 없는 경우에는 기획재정부장관이 겸임하는 부총리, 교육부장관이 겸임하는 부총리 및 동법 제26조 제1항에 규정된 순서에 따라 국무위원이 그 직무를 대행한다(동법 제12조 제2항). 실제의 예가 있었다. 통합진보당의 해산심판사건에서는 대통령 해외순방 중 차관회의의 사전심의도 거치지 않고 국무총리가 대행하여 주재한 국무회의에서 정당해산심판청구서 제출안이 의결되어 부적법하다는 주장이 제기되었다. 헌재는 의안이 긴급한 의안에 해당한다고 본 정부의 판단에 재량의 일탈이나 남용의 위법이 없어서 국무총리가 대행한 국무회의에서 심의를 거쳐 제출된 제소안이 적법하다고 보았다(2013헌다1).

[출석·발언자] 국무회의에 출석·발언할 수 있는 주체는 대통령, 국무총리, 국무위원임은 물론인데 정부조직법은 범위를 넓혀 국무조정실장·국가보훈처장·인사혁신처장·법제처장·식품의약품안전처장 그 밖에 법률로 정하는 공무원은 필요한 경우 국무회의에 출석하여 발언할 수 있고 위 실장 등은 소관사무에 관하여 국무총리에게 의안의 제출을 건의할 수 있다고 규정하고 있다(동법 제13조). 국무회의규정은 위 실장, 처장들 외에 대통령비서실장, 국가안보실장, 대통령비서실 정책실장, 국무조정실장, 국가보훈처장, 인사혁신처장, 법제처장, 식품의약품안전처장, 공정거래위원회위원장, 금융위원회위원장, 과학기술혁신본부장, 통상교섭본부장 및 서울특별시장이 배석한다고 규정하고 있고, 의장이 필요하다고 인정하는 경우에는 중요 직위에 있는 공무원을 배석하게 할 수 있다고 규정하고 있다(동 규정 제8조 제1항). 방송통신위원회 위원장도 필요한 경우 국무회의에 출석하여 발언할 수 있다고 '방송통신위원회의 설치 및 운영에 관한 법률' 제6조 제2항이 규정하고 있다.

[의안의 제출] 대통령·국무총리 또는 국무위원은 헌법 제89조 및 법령에 규정된 국무회의의 심의사항을 의안으로 제출하고, 국무회의에서 중점 심의되어야 할 중요 사항에 대해서는 그 심의에 필요한 검토의견 등을 해당 의안에 분명히 밝혀 제출하여야 한다(국무회의규정 제3조 제1·2·3항). 국무회의에 상정할 의안으로서 2개 이상의 부·처에 관련되는 의안은 사전에 관계 부·처 간의 합의를 얻어서 제출하여야 한다(동 규정 제4조). 또한 국무회의에 제출된 의안은 먼저 차관회의의 심의를 거쳐야 한다. 다만, 긴급한 의안은 그러하지 아니하다(국무회의 규정 제5조 제1항). 이는 부·처 간 사전조율을 위한 것임은 물론이다.

 * 사전 차관회의 경유 없는 국무총리대행의 국무회의와 정당해산심판청구의 적법성 인정(위 2013헌다1)

4. 심의의 범위(사항)

국무회의는 정부의 권한에 속하는 중요한 정책을 심의한다(제88조 제1항). 필수적 심의사항이 헌법에 명시되어 있다. "1. 국정의 기본계획과 정부의 일반정책, 2. 선전·강화 기타 중요한 대외정책, 3. 헌법개정안·국민투표안·조약안·법률안 및 대통령령안, 4. 예산안·결산·국유재산처분의 기본계획·국가의 부담이 될 계약 기타 재정에 관한 중요사항, 5. 대통령의 긴급명령·긴급재정경제처분 및 명령 또는 계엄과 그 해제, 6. 군사에 관한 중요사항, 7. 국회의 임시회 집회의 요구, 8. 영전수여, 9. 사면·감형과 복권, 10. 행정각부 간의 권한의 획정, 11. 정부안의 권한의 위임 또는 배정에 관한 기본계획, 12. 국정처리상황의 평가·분석, 13. 행정각부의 중요한 정책의 수립과 조정, 14. 정당해산의 제소, 15. 정부에 제출 또는 회부된 정부의 정책에 관계되는 청원의 심사, 16. 검찰총장·합동참모의장·각군참모총장·국립대학교총장·대사 기타 법률이 정한 공무원과 국영기업체관리자의 임명, 17. 기타 대통령·국무총리 또는 국무위원이 제출한 사항"은 반드시 국무회의의 심의를 거쳐야 한다(제89조).

5. 심의의 법적 효과

(1) 심의의 필수성

헌법 제89조가 규정하고 있는 사항들은, 국무회의의 심의를 거치지 않더라도 유효하다는 견해가 있으나, "심의를 거쳐야 한다"라고 명시하고 있으므로 심의를 거치지 않은 경우에 그 사항에 대한 정책결정이나 집행은 효력이 없다.

(2) 심의결과의 구속력 여부

국무회의의 심의결과가 대통령이나 정부를 구속하느냐 하는 문제는 바로 앞에서 본 국무회의의 헌법적 지위에 관련되는 문제이다. 우리나라의 대체적인 학설의 입장은 국무회의심의는 반드시 거쳐야 하나 그 심의결과가 대통령을 구속하지는 않는다는 심의기관설이다. 생각건대 심의대상 사항이 대통령만의 권한으로 헌법이 규정하고 있는가, 그렇지 않고 대통령과 행정부를 포함한 '정부' 전체의 권한으로 헌법이 규정하고 있는가에 따라 달리 보아야 하고, 후자의 경우에는 어느 정도의 구속성을 가진다고 본다(개별설). 예를 들어 법률안, 예산안제출권은 국무회의의 심의를 거쳐야 하는데(제89조 제3호·제4호) 헌법이 그 주체를 대통령만이 아닌 '정부'라고 명시하고 있으므로(제52조, 제54조 제2항) 그 경우에도 국무회의를 단순히 심의기관으로 보기는 곤란하다.

(3) 사법적 통제의 문제

국무회의의 심의결과에 대해 법원이나 헌법재판소의 판단이 이루어질 것인지 하는 문제가 있다. 헌재는 이라크전쟁파견동의안에 대한 국무회의의 의결에 대한 헌법소원심판에 있어서 국무회의의 의결은 국가기관의 내부적 의사결정행위에 불과하여 헌법소원의 대상이 되지 않는다고 보아 부정적이다(2003헌마225).

● **판례** 헌재 2003.12.18. 2003헌마225 이라크전쟁파견동의안의결 위헌확인결정
[심판대상] 국무회의의 2003.3.21.자 '국군부대의 대이라크전쟁파견동의안'(이하 '이 사건 파병동의안'이라고 한다) 의결의 위헌여부. [각하결정이유의 요지] 국군을 외국에 파견하려면, 대통령이 국회의 동의를 얻어 파병 결정을 하고, 이에 따라 국방부장관 및 파견 대상 군 참모총장이 구체적, 개별적인 명령을 발함으로써 비로소 해당 국민, 즉 파견 군인 등에게 직접적인 법률효과를 발생시키는 것이고, 대통령이 국회에 파병동의안을 제출하기 전에 대통령을 보좌하기 위하여 파병 정책을 심의, 의결한 국무회의의 의결은 국가기관의 내부적 의사결정행위에 불과하여 그 자체로 국민에 대하여 직접적인 법률효과를 발생시키는 행위가 아니므로 헌법재판소법 제68조 제1항에서 말하는 공권력의 행사에 해당하지 아니한다.

Ⅳ. 자문회의

국정의 중요한 사항에 관한 대통령의 자문에 응하기 위하여 국가원로로 구성되는 국가원로자문회의(제90조), 국가안전보장에 관련되는 대외정책·군사정책과 국내정책의 수립에 관하여 국무회의의 심의에 앞서 대통령의 자문에 응하기 위한 국가안전보장회의(제91조), 평화통일정책의 수립에 관한 대통령의 자문에 응하기 위한 민주평화통일자문회의(제92조), 국민경제의 발전을 위한 중요정책의 수립에 관하여 대통령의 자문에 응하기 위한 국민경제자문회의(제93조) 등이 있다. 다른 자문회의는 모두 "둘 수 있다"라고 하여 임의기관이지만 국가안전보장회의는 "둔다"라고 하여 의무적으로 설치되어야 하는 강제적 기관이다. 이 자문회의들의 조직·직무범위 기타 필요한 사항은 법률로 정한다(제90조 제3항 등).

V. 행정각부

1. 행정각부의 개념과 범위

우리 헌법 제3관 행정각부가 규정하고 있는 행정각부의 개념이 무엇이며 그 범위는 어떠한가 하는 것이, 헌법 자체가 그 개념정의를 직접 하지 않고 있어서 논란되기도 한다.

(1) 학설과 판례

학설로는 집행기관설(대통령의 결정과 국무회의심의를 거쳐 결정된 정책을 집행하는 기관이라는 견해), 법률상 중앙행정기관설(법률이 정한 사무들을 담당하는 중앙행정기관이라는 견해) 등이 있을

수 있고, 독자적 중앙행정관청설("단순히 대통령이나 국무총리의 보좌기관이 아니라 독자적으로 행정업무를 처리하는 중앙행정관청"이라는 견해)이 있다.

헌재도 '행정각부'의 개념과 범위에 대해 헌법이 명시하고 있지 않다고 보면서도 부령제정권을 가진 기관으로 간접적 해석을 할 수 있다고 본다. 이러한 입장에서 국무총리의 통할대상이 아닌 중앙행정기관이 있을 수 있다고 보았다(89헌마221. 위에서 인용함).

(2) 검토와 정리

ⅰ) 중앙집행조직 − 행정각부란 국가의 행정적 업무를 각 분야별로 집행하는 중앙의 조직을 말한다. 그 범위는 우리 헌법 제96조가 행정각부의 설치·조직과 직무범위는 법률로 정한다고 규정하고 있으므로 헌법상 행정각부의 범위는 법률로 정해지는 것이다. 법률이 행정각부로 정해놓은 것은 행정각부에 들어가고 헌법 제86조 제2항에 따라 대통령의 명을 받을 수 있다는 제약이 있는 가운데 국무총리의 통할대상이다. 이렇게 우리 헌법이 행정각부의 개념 및 그 범위를 법률이 정하도록 하였다 하더라도 행정각부는 국가임무의 영역을 나누어 구성하되 어느 국가임무 영역을 소홀히 하거나 공백이 생기지 않도록 하는 행정각부의 설치·조직이 필수적이라고 볼 것이고 법률이 이를 빠트릴 수는 없다(예를 들어 정보통신이 중요한데 이에 관한 행정각부의 설치가 필수적인바 이를 하나의 행정각부로 하든지 아니면 이를 어느 한 행정각부가 반드시 포함하여 주관하도록 하는 구성을 법률이 하여야 한다는 것이다). ⅱ) 독자성의 문제 − 행정각부의 장이 어느 정도 독자성을 가지는지 문제된다. 위의 학설 중에는 "단순히 대통령이나 국무총리의 보좌기관이 아니라 독자적으로 행정업무를 처리하는 중앙행정관청"이라는 견해(성낙인(2013), 625면)도 있으나 우리 정부형태를 대통령제라고 하면서 '독자적으로' 행정업무를 처리하는 행정청으로 보는 것은 무리가 있다. 대통령과 국무회의의 의사결집을 통해 결정된 사항을 집행함에 있어서는 독자적일 수 있고 결정권도 독자적으로 판단하는 것이 필요한 경우라면 그렇게 볼 수 있을 것이다. 그러나 헌법 자체가 행정각부의 장이 국무위원이어야 한다고 규정하고 그 국무위원은 국정에 관하여 대통령을 보좌한다고(제87조 제2항, 제94조) 규정하고 있다. 생각건대 결국 행정각부는 결정된 사항에 대해서 집행권을 행사하는 권한을 가진 것은 분명하나 그 이상 중요 사항에 대한 결정권의 보유 정도, 그 결정에서의 독자성의 정도는 대통령제라는 헌정시스템의 운영상황에 달려있기도 하다. 대통령이 행정각부에 많은 결정권을 부여한다면 그만큼 독자성은 증대된다. 대통령제라 하더라도 오늘날 행정의 복잡다양하고 전문적인 양상을 생각하면 대통령의 만기친람(萬機親覽)은 바람직하지 않고 대통령은 외교, 국방, 통일 등의 중요 문제를 친람하는 것이 국가전반적으로 더 효율적일 수 있다.

2. 장관의 지위

행정각부의 장은 국무위원 중에서 국무총리의 제청으로 대통령이 임명한다(제94조). 행정각부의 장인 장관은 국무위원 중에서 임명되므로 장관은 반드시 국무위원이어야 한다. 반대로 국무위원 중에 장관이 아닌 국무위원도 있다. 이를 무임소 장관(minister without portfolio)이라고 한다.

3. 장관의 권한과 책임

(1) 소관사무집행감독권

행정각부장관은 소관사무를 집행하고 그 집행에 대한 감독권을 가진다. 행정각부의 소관사무는 기획재정부부터 중소벤처기업부까지 정부조직법에 명시되어 있다(동법 제27조 내지 제44조).

(2) 부령발령권

행정각부의 장은 소관사무에 관하여 법률이나 대통령령의 위임 또는 직권으로 부령을 발할 수 있다(제95조). 부령에 대한 위임에 있어서도 포괄위임금지원칙이 적용된다(위헌결정례로, 2010헌가93 참조).

(3) 지방행정의 장에 대한 지휘 · 감독권

장관은 소관사무에 관하여 지방행정의 장을 지휘 · 감독한다(정부조직법 제26조 제3항).

4. 행정각부조직법정주의

"행정각부의 설치 · 조직과 직무범위는 법률로 정한다"(제96조). 이 법률이 정부조직법이고 행정각부와 정부의 구성은 아래와 같다.

* **차관:** 행정각부에 장관 1명과 차관 1명을 두되, 기획재정부 · 과학기술정보통신부 · 외교부 · 문화체육관광부 · 산업통상자원부 · 보건복지부 · 국토교통부에는 차관 2명을 둔다(정부조직법 제26조 제2항).

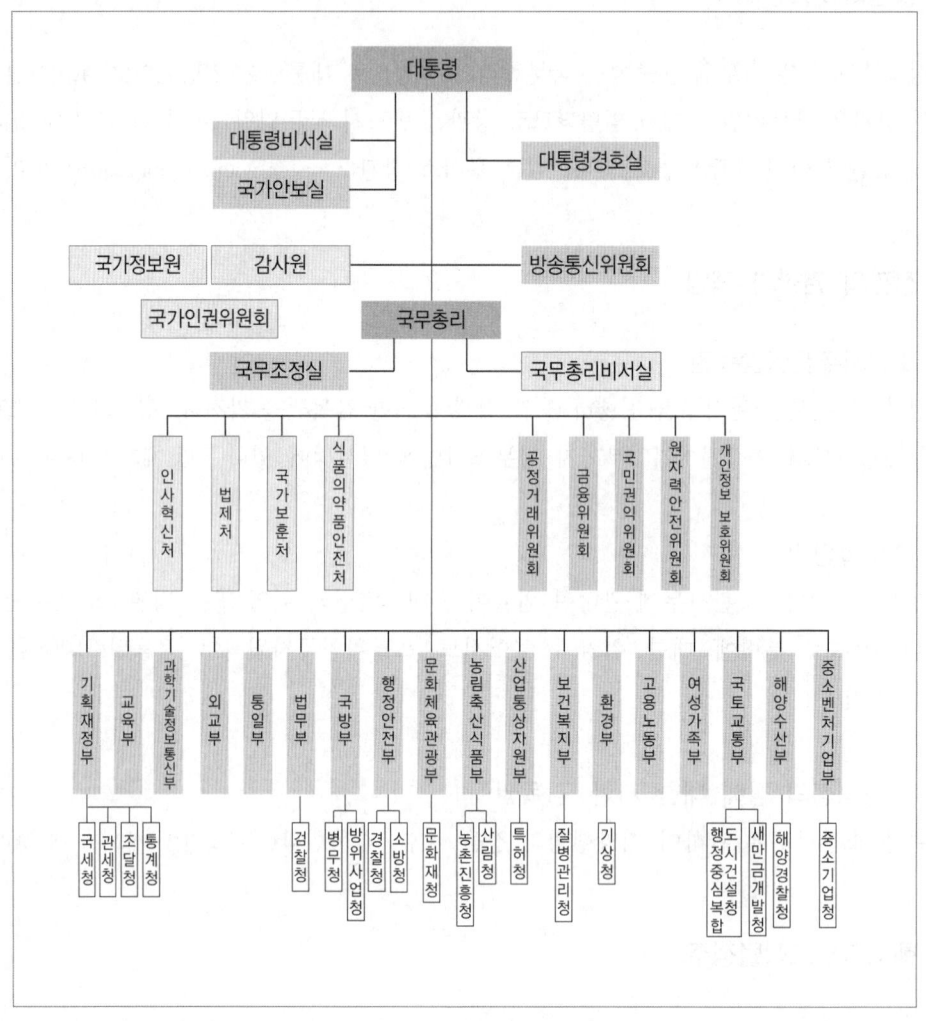

☐ **정부조직도**

* 출전: https://www1.president.go.kr/about/government−organization을 참고하고 2020년 8월 11일에 개정된 정부조직법의 기구까지 포함하여 도표를 작성한 것임.

VI. 행정권행사에 대한 통제

1. 정부 내부적 통제

정부가 행한 행정권행사에 대한 내부적 통제로는 사전적 통제와 사후적 통제로 나누어 볼 수 있다. 사전적 통제로는 자문회의 자문, 국무회의의 사전적 심의 등을 거치는 것을 들 수 있다. 또한 대통령의 국법상 행위에 대하여 국무총리와 국무위원의 부서를 받아야 하는 제도 등이 있다. 사후적 통제로는 행정조직위계상의 감독, 감사원에 의한 회계검사·직무감찰을 들 수 있다.

2. 정부 외부적 통제

(1) 국민에 의한 통제

국민은 청원권 행사, 법원에의 행정소송의 제기, 헌재에의 헌법소원심판·위헌법률심판의 제청신청을 통하여 정부에 대한 통제를 간접적으로 행할 수 있다.

(2) 국회에 의한 통제

국회는 국무총리·국무위원의 국회출석·답변요구권, 국정감사·조사권, 국무총리·국무위원에 대한 해임건의권, 탄핵소추권, 국무총리임명동의권, 정부가 편성한 예산안에 대한 심의·의결권, 정부조직에 대한 법률제정·개정권, 정부가 제안한 법률안에 대한 심의·의결권, 결산심사권, 국채의 모집(기채)·예산 외 국가부담이 될 계약의 체결에 대한 국회의 의결권 등의 행사를 통하여 행정부를 통제한다.

(3) 사법적 통제

법원은 국민이 제기해 온 행정소송을 통하여 행정부의 작용에 대해 통제를 하게 된다. 헌재는 국민이 청구해 온 헌법소원심판, 정부가 제안하여 성립되었고 시행이 되고 있는 법률에 대한 위헌법률심판, 국무총리·국무위원 등에 대한 탄핵심판, 행정부의 국가기관 간이나 국가기관과 지방자치단체 간의 권한쟁의심판, 정부가 제소한 정당해산심판 등을 통해서 통제를 할 수 있다.

Ⅶ. 감사원(監査院)

1. 지위

(1) 헌법기관성, 필수기관성

감사원은 헌법에 그 근거와 조직, 임무 등에 대해 명시되어 있는 헌법상의 기관이다. 헌법은 감사원을 '둔다'라고 규정하여(제97조) 필수적으로 설치하여야 하는 기관이다.

(2) 대통령직속의 기관

감사원은 대통령 소속 하에 있다(제97조).

(3) 직무독립기관

감사원은 대통령에 소속되어 있으나 직무에 관하여는 독립의 지위를 가진다(감사원법 제2조 제1항). 감사원 소속공무원의 임용, 조직 및 예산의 편성에 있어서는 감사원의 독립성이 최대한 존중되어야 한다(동법 제2조 제2항).

직무상 독립을 뒷받침하기 위해 감사위원의 정당가입·정치운동 관여 금지(동법 제10조), 감사위원의 재직 중 국회 또는 지방의회의 의원의 직, 행정부서의 공무원의 직, 감사원법에 따라 감사의 대상이 되는 단체의 임직원의 직, 그 밖에 보수를 받는 직의 어느 하나의 직을 겸하거나 영리를 목적으로 하는 사업의 금지(동법 제9조) 등이 규정되고 있다.

(4) 합의제기관

감사원은 감사위원으로 구성된(제98조 제1항) 합의제기관이다.

2. 조직과 구성, '감사위원회의'

"감사원은 원장을 포함한 5인 이상 11인 이하의 감사위원으로 구성한다"(제98조 제1항). 현재 감사원장을 포함한 7인의 감사위원으로 구성되어 있다(감사원법 제3조). 감사위원의 자격은 법률로 정하도록 하고 있는데(제100조) 감사원법 제7조에 규정되어 있다. 원장은 국회의 동의를 얻어 대통령이 임명하고, 감사위원은 원장의 제청으로 대통령이 임명한다(제98조 제2항·제3항).

감사원의 조직·직무범위 기타 필요한 사항은 법률로 정하는데(제100조) 바로 감사원법이 그 법률이다. 감사원은 합의제기관으로서 '감사위원회의'가 그 합의·의결기능을 수행한다. 즉 감사위원회의는 감사원의 감사정책 및 주요 감사계획에 관한 사항, 그리고 감사원의 중요 권한인 결산의 확인, 변상책임의 판정, 공무원에 대한 징계 및 문책처분의 요구, 시정 등의 요구, 개선 요구, 중요 감사 결과의 대통령에 대한 보고 등에 관한 사항을 결정한다(감사원법 제12조). 감사위원회의는 원장을 포함한 감사위원 전원으로 구성하며, 원장이 의장이 된다(동법 제11조 제1항).

3. 감사원장·감사위원의 임기 및 신분보장 등

원장의 임기는 4년으로 하며, 1차에 한하여 중임할 수 있고, 감사위원의 임기는 4년으로 하며, 1차에 한하여 중임할 수 있다(제98조 제2항·제3항). 대통령의 임기가 5년이고 대통령직속기관인 점에서 대통령 임기 초에 임명된 감사위원의 경우에 그 독립성에 문제가 제기될 수 있다. 원장인 감사원장의 정년은 70세, 감사위원의 정년은 65세이다(감사원법 제6조 제2항).

감사위원은 ① 탄핵결정이나 금고 이상의 형의 선고를 받았을 때, ② 장기의 심신쇠약으로 직무를 수행할 수 없게 된 경우가 아니면 본인의 의사에 반하여 면직되지 아니한다(감사원법 제8조 제1항). 위 ①의 경우에는 당연히 퇴직되며 위 ②의 경우에는 감사위원회의의 의결을 거쳐 원장의 제청으로 대통령이 퇴직을 명한다(동법 동조 제2항).

감사위원의 겸직금지(동법 제9조), 감사위원의 정당가입금지, 정치운동 관여금지(동법 제10조)에 대해서는 앞서 서술하였다.

4. 권한

(1) 회계검사권, 결산검사권

감사원은 국가의 세입·세출의 결산, 국가 및 법률이 정한 단체의 회계검사를 하는 권한을 가진다(제97조). 감사원은 세입·세출의 결산을 매년 검사하여 대통령과 차년도 국회에 그 결과를 보고하여야 한다(제99조).

감사원의 회계검사사항은 '필요적 검사사항'과 '선택적 검사사항'으로 나누어진다(동법 제22조, 제23조). ① 필요적 검사사항은 반드시 검사대상이 되어야 하는 것으로, 국가의 회계, 지방자치단체의 회계, 한국은행의 회계와 국가 또는 지방자치단체가 자본금의 2분의 1 이상을 출자한 법인의 회계, 다른 법률에 따라 감사원의 회계검사를 받도록 규정된 단체 등의 회계이다(동법 제22조 제1항). ② 선택적 검사사항은 감사원이 필요하다고 인정하거나 국무총리의 요구가 있는 경우에 검사할 수 있는 사항으로, 국가기관 또는 지방자치단체 외의 자가 국가 또는 지방자치단체를 위하여 취급하는 국가 또는 지방자치단체의 현금·물품 또는 유가증권의 출납, 국가 또는 지방자치단체가 직접 또는 간접으로 보조금·장려금·조성금 및 출연금 등을 교부(交付)하거나 대부금 등 재정 원조를 제공한 자의 회계 등 동법 제23조에 정해진 회계이다.

(2) 직무감찰권(비위감찰권과 행정감찰권)

직무감찰권이란 공무원이 성실하게 공무를 수행하는지를 감사하는 권한을 말한다. 감사원의 감사대상공무원의 범위는 법률로 정한다(제100조). 감사원법이 대상공무원을 규정하고 있는데 국회·법원 및 헌법재판소에 소속한 공무원은 제외된다(동법 제24조 제1항·제3항). 직무감찰에는 공무원의 비위적발을 위한 비위감찰과 법령·제도 또는 행정관리상의 모순이나 문제점의 개선 등에 관한 감찰이 있다. 감사원이 지방자치단체에 대하여 자치사무의 합법성뿐만 아니라 합목적성에 대하여도 감사할 수 있는 근거가 되는 감사원법 제24조 제1항 제2호 등 관련규정이 논란되었으나 헌재는 지방자치권의 본질적 내용을 침해하였다고는 볼 수 없다고 하여 기각결정을 하였다(2005헌라3).

● **판례** 헌재 2008.5.29. 2005헌라3 강남구청 등과 감사원 간의 권한쟁의
(전략) 감사원법 규정들의 구체적 내용을 살펴보면 감사원의 직무감찰의 범위에 인사권자에 대하여 징계 등을 요구할 권한이 포함되고, <u>위법성뿐 아니라 부당성도 감사의 기준이 되는 것은 명백하며</u>, 지방자치단체의 사무의 성격이나

<u>종류에 따른 어떠한 제한이나 감사기준의 구별도 찾아볼 수 없다.</u> 이러한 점에 비추어 보면, 위임사무나 자치사무의 구별 없이 합법성 감사뿐만 아니라 합목적성 감사도 포함한 이 사건 감사는 감사원법에 근거한 것으로서, 법률상 권한 없이 이루어진 것으로 보이지는 않는다. (중략) 이 사건 관련규정이 지방자치단체의 고유한 권한을 유명무실하게 할 정도로 지나친 제한을 함으로써 지방자치권의 본질적 내용을 침해하였다고는 볼 수 없다.

(3) 국회의 감사원에 대한 감사요구

국회법에는 국회가 감사원에 대해 감사를 요구할 수 있는 제도를 두고 있다(법 제127조의2 제1항. 전술 국회 부분 참조).

(4) 감사결과에 따른 처리권한

감사원은 감사결과에 따라 ① 변상책임유무판정 및 변상책임자에 대한 변상책임을 부과하는 권한, ② 징계·문책요구권, ③ 시정·주의요구권, ④ 법령·제도개선요구권, ⑤ 개선권고·통보권, ⑥ 적극행정에 대한 면책, ⑦ 고발권 등의 권한을 행사할 수 있다(감사원법 제31조 내지 제35조).

재심의 청구(동법 제36조 내지 제40조), 심사청구(동법 제43조 내지 제48조)의 제도를 두고 있다.

제 4 장

법 원

제1절 법원의 조직과 권한

I. 대법원의 헌법상 지위

1. 주권행사기관

사법은 법적 분쟁을 국가권력에 의해 해결하는 작용이고 그 국가권력은 사법권으로서 국가권력은 주권에서 나오므로 사법권은 주권의 한 내포이다. 흔히 재판관할권이 어느 나라에 속하는지가 주권의 문제로서 대두됨은 그 점을 보여준다. 주권에서 나오는 사법권을 최고기관의 위치에서 행사하는 대법원은 따라서 주권행사기관들 중의 하나로서의 지위를 가진다.

2. 최고 · 최종심법원

"법원은 최고법원인 대법원과 각급법원으로 조직된다"(제101조 제2항). 따라서 대법원은 최고의 사법기관이고 대법원에서 담당하는 사건들은 상고사건으로 최종심으로서 판단된다.

3. 기본권 · 헌법 보장자

대법원은 기본권을 침해당한 국민이 제기한 소송을 담당하여 국민의 기본권을 보호하기 위한 재판권을 행사함으로써 기본권보장자로서의 지위를 가진다. 또한 법률에 대한 위헌결정권을 가지지는 않지만 법률이 헌법에 위반된다고 판단되면 헌법재판소에 위헌법률심판제청을 하여 그 심판에 의하여 재판하고(제107조 제1항), 명령 · 규칙 또는 처분이 헌법에 위반되는지의 여부가 재판의 전제가 된 경우에는 대법원은 이를 최종적으로 심사함으로써(동조 제2항) 헌법을 수호하는 지위와 권한을 가진다.

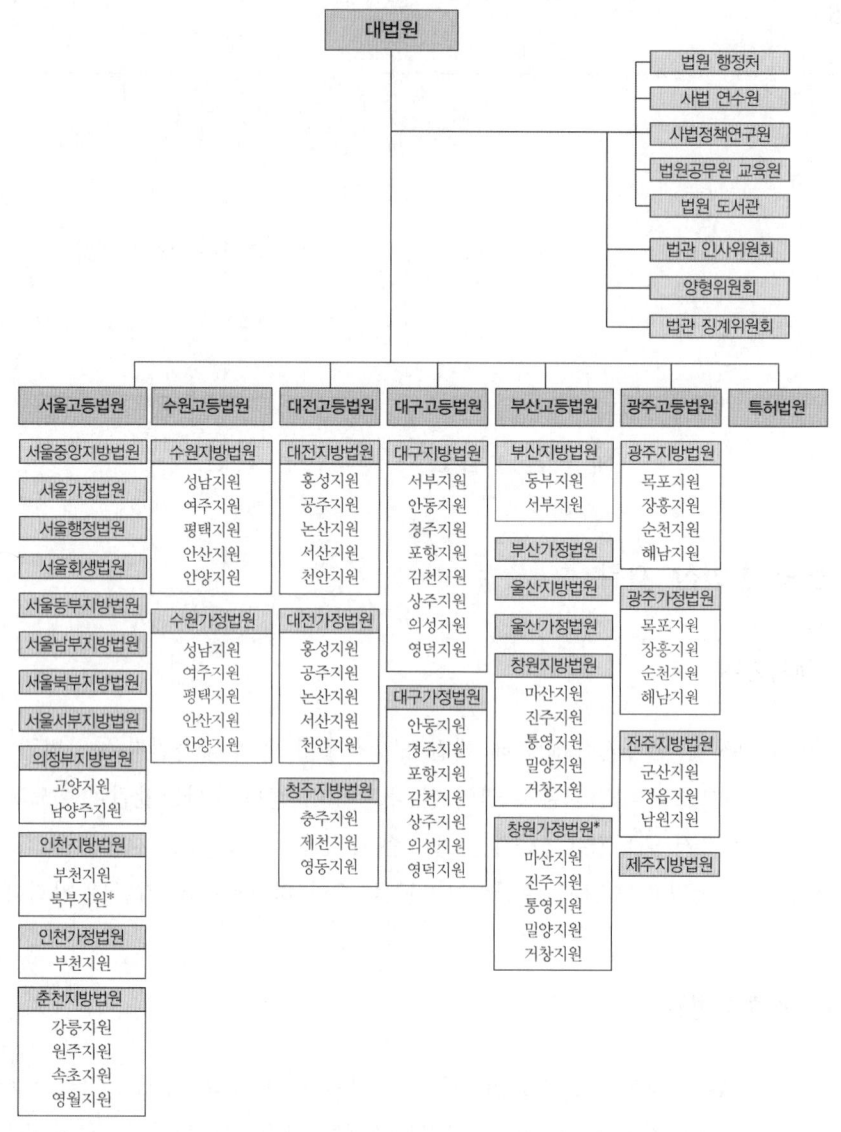

```
                              대법원
                                │
                                ├──────────── 법원 행정처
                                ├──────────── 사법 연수원
                                ├──────────── 사법정책연구원
                                ├──────────── 법원공무원 교육원
                                ├──────────── 법원 도서관
                                ├──────────── 법관 인사위원회
                                ├──────────── 양형위원회
                                └──────────── 법관 징계위원회
```

서울고등법원	수원고등법원	대전고등법원	대구고등법원	부산고등법원	광주고등법원	특허법원
서울중앙지방법원	수원지방법원	대전지방법원	대구지방법원	부산지방법원	광주지방법원	
서울가정법원	성남지원 여주지원 평택지원 안산지원 안양지원	홍성지원 공주지원 논산지원 서산지원 천안지원	서부지원 안동지원 경주지원 포항지원 김천지원 상주지원 의성지원 영덕지원	동부지원 서부지원	목포지원 장흥지원 순천지원 해남지원	
서울행정법원				부산가정법원		
서울회생법원				울산지방법원	광주가정법원	
서울동부지방법원	수원가정법원	대전가정법원		울산가정법원	목포지원 장흥지원 순천지원 해남지원	
서울남부지방법원	성남지원 여주지원 평택지원 안산지원 안양지원	홍성지원 공주지원 논산지원 서산지원 천안지원		창원지방법원		
서울북부지방법원			대구가정법원	마산지원 진주지원 통영지원 밀양지원 거창지원	전주지방법원	
서울서부지방법원			안동지원 경주지원 포항지원 김천지원 상주지원 의성지원 영덕지원		군산지원 정읍지원 남원지원	
의정부지방법원		청주지방법원		창원가정법원*		
고양지원 남양주지원		충주지원 제천지원 영동지원		마산지원 진주지원 통영지원 밀양지원 거창지원	제주지방법원	
인천지방법원						
부천지원 북부지원*						
인천가정법원						
부천지원						
춘천지방법원						
강릉지원 원주지원 속초지원 영월지원						

  - 위 조직에서 지원 외에 시·군법원과 등기소 등이 있다.
    출처 : http://www.scourt.go.kr/info/scrt_org/jud_org/index.html
  * 2025. 3. 1. 시행

4. 최고사법행정기관

　　대법원은 법원구성원의 인사, 법원예산의 집행, 시설의 관리, 재판업무를 보조하는 행정을 법원의 최고기관으로서 관장하므로 최고사법행정기관으로서의 지위를 가지기도 한다. 대법원장은 이러한 사법행정사무를 총괄하며, 사법행정사무에 관하여 관계 공무원을 지휘·감독한다(법원조직법 제9조 제1항, 제13조).

II. 법원조직법정주의

헌법 제102조 제3항은 "대법원과 각급 법원의 조직은 법률로 정한다"라고 규정하여 법원의 조직에 관한 구체적인 사항을 법률에 위임하고 있다. 그 법률이 법원조직법(이하 '법조법'이라 함)이다.

III. 대법원의 조직

1. 조직요소

대법원은 대법원장과 대법관으로 구성된다(제102조 제2항). 대법관의 수는 대법원장을 포함하여 14명으로 한다(법조법 제4조 제2항). 법원행정처장도 대법관 중에서 보하므로(동법 제68조 제1항) 14명의 대법관 속에 포함된다. 대법원에 부를 둘 수 있다(제102조). 대법원의 심판권은 대법관전원의 3분의 2 이상의 합의체나 대법관 3명 이상으로 구성된 부에서 행한다(법조법 제7조 제1항). 대법원장은 필요하다고 인정하는 경우에 특정한 부로 하여금 행정·조세·노동·군사·특허 등의 사건을 전담하여 심판하게 할 수 있다(동법 제7조 제2항). 대법원에 법률이 정하는 바에 의하여 대법관이 아닌 법관을 둘 수 있다(제102조 제2항 단서). 대법원에 대법관회의가 있다. 대법원에 법원행정처, 사법연수원, 사법정책연구원, 법원공무원교육원, 법원도서관 등을 하부기관으로 두고 있다(법조법 제19조 내지 제22조).

> *** 대법관의 수에 관한 연혁:** 대법관의 수의 상한을 헌법 자체에 명시적으로 규정한 예로 제3공화국, 제4공화국 헌법이 16인 이하로 규정하였다.

사항\n공화국	대법원장			대법관(대법원판사)			일반법관		
	임명권자	제청권자	국회동의(승인)	임명권자	제청권자	국회의동의	임명권자	의결(결의)(동의)권자	제청권자
제1공화국	대통령	법관회의	국회의승인	대통령	법관회의		대통령	대법관회의의결의	대법원장
제2공화국	선거(법관의 자격이 있는 자로써 조직되는 선거인단에 의한 선거와 대통령의 확인)						대법원장	대법관회의의결의	
제3공화국	대통령	법관추천회의	국회의동의	대통령	대법원장(법관추천회의의 동의를 얻어 제청함)		대법원장	대법원판사회의의 의결	
제4공화국	대통령		국회의동의	대통령	대법원장		대통령		대법원장
제5공화국	대통령		국회의동의	대통령	대법원장		대법원장		
제6공화국	대통령		국회의동의	대통령	대법원장	국회의동의	대법원장	대법관회의의동의	

❏ **대법원장·대법관·일반법관의 임명방식의 변천**

2. 대법원장

(1) 헌법상 지위

대법원장은 ① 대법원의 수장으로서의 지위, ② 대법관회의의 의장으로서의 지위, ③ 전원합의체 재판장으로서의 지위를 가진다.

(2) 신분상 지위

대법원장의 자격은 20년 이상 ① 판사·검사·변호사이거나, ② 변호사의 자격이 있는 자로서 국가기관, 지방자치단체, 「공공기관의 운영에 관한 법률」 제4조에 따른 공공기관, 그 밖의 법인에서 법률에 관한 사무에 종사한 자이거나, ③ 변호사의 자격이 있는 자로서 공인된 대학의 법률학 조교수 이상의 직에 있던 사람으로서 45세 이상인 사람이어야 한다(동법 제42조 제1항). "대법원장은 국회의 동의를 얻어 대통령이 임명한다"(제104조 제1항). 대법원장의 임기는 6년으로 하며, 중임할 수 없다(제105조 제1항). 대법원장이 궐위되거나 부득이한 사유로 직무를 수행할 수 없을 때에는 선임대법관이 권한을 대행한다(법조법 제13조 제3항). 대법원장의 정년은 70세이다(동법 제45조 제4항).

(3) 권한

대법원장은 ① 대법관임명제청권(제104조 제2항), ② 대법관 아닌 법관을 대법관회의의 동의를 얻어 임명할 권한(제104조 제3항), ③ 판사보직권(법조법 제44조 제1항), ④ 헌법재판관 3인 지명권(제111조 제3항), ⑤ 중앙선거관리위원회 위원 3인 지명권(제114조 제2항), ⑥ 법원을 대표할 권한, ⑦ 사법행정사무를 총괄하고 법원의 공무원을 임명하며 지휘·감독할 권한(법조법 제9조 제1항, 제53조), ⑧ 법원업무관련 법률의 제정·개정에 관한 의견제출권(동법 제9조 제3항) 등을 가진다.

3. 대법관

(1) 헌법상 지위

대법관은 대법원의 구성원, 대법관회의의 구성원, 전원합의체의 구성원으로서의 지위를 가진다.

(2) 신분상 지위

대법관의 임용자격은 대법원장과 동일하다(법조법 제42조 제1항). "대법관은 대법원장의 제

제 4 장 법원 1551

청으로 국회의 동의를 얻어 대통령이 임명한다"(제104조 제2항). 대법원장이 제청할 대법관 후보자의 추천을 위하여 대법원에 대법관후보추천위원회를 두는데 이 추천위원회는 외부인도 참여하는 10명의 위원으로 구성되며 제청할 대법관의 3배수 이상을 대법관 후보자로 추천하여야 하고 대법원장은 대법관 후보자를 제청하는 경우에는 추천위원회의 추천 내용을 존중한다(법조법 제41조의2 제1·2·3·6·7항). 대법관의 임기는 6년으로 하며, 법률이 정하는 바에 의하여 연임할 수 있다(제105조 제2항). 정년은 70세이다(법조법 제45조 제4항).

(3) 권한

대법관은 부나 전원합의체에서 심판할 권한과 대법관회의에서 심의·표결할 권한을 가진다.

4. 대법관회의

(1) 구성과 운영

대법관회의는 대법관으로 구성되며, 대법원장이 그 의장이 된다(법조법 제16조 제1항). 대법관회의는 대법관전원의 3분의 2 이상의 출석과 출석인원 과반수의 찬성으로 의결하고, 의장은 의결에서 표결권을 가지며, 가부동수인 때에는 결정권을 가진다(동법 동조 제2항·제3항).

(2) 권한

대법관회의는 판사의 임명 및 연임에 대한 동의, 대법원규칙의 제정과 개정 등에 관한 사항, 판례의 수집·간행에 관한 사항, 예산 요구, 예비금 지출과 결산에 관한 사항, 다른 법령에 따라 대법관회의의 권한에 속하는 사항, 특히 중요하다고 인정되는 사항으로서 대법원장이 회의에 부친 사항에 대한 의결을 한다(동법 제17조).

5. 법원행정처 등

사법행정사무를 관장하기 위하여 대법원에 법원행정처를 둔다(동법 제19조 제1항). 법원행정처는 법원의 인사·예산·회계·시설·통계·송무·등기·가족관계등록·공탁·집행관·법무사·법령조사 및 사법제도연구에 관한 사무를 관장한다(동법 동조 제2항). 법원행정처장은 대법관 중에서 대법원장이 보하고 처장은 대법원장의 지휘를 받아 법원행정처의 사무를 관장하고, 소속 직원을 지휘·감독하며, 법원의 사법행정사무 및 그 직원을 감독한다(동법 제68조 제1항, 제67조 제2항).

그 외 대법원에 법원공무원교육원, 법원도서관, 대법원장비서실, 재판연구관을 두고 대법원장은 필요하다고 인정할 경우에는 대법원장의 자문기관으로 사법정책자문위원회를 둘 수 있다(동법 제21조 - 제25조).

6. 법관인사위원회, 법관징계위원회, 양형위원회 등

법관의 인사에 관한 기본계획의 수립에 관한 사항, 판사의 임명·연임·퇴직에 관한 사항, 그 밖에 대법원장이 중요하다고 인정하여 회의에 부치는 사항을 심의하기 위하여 대법원에 법관인사위원회를 두는데 법관이 아닌 외부인사도 위원이 되도록 하고 있다(동법 제25조의2). 또 법관징계위원회(동법 제48조), 양형위원회(동법 제81조의2)를 대법원에 둔다.

7. 사법연수원, 사법정책연구원

판사의 연수와 사법연수생의 수습에 관한 사무를 관장하기 위하여 대법원에 사법연수원을 둔다(동법 제20조). 사법제도 및 재판제도의 개선에 관한 연구를 하기 위하여 대법원에 사법정책연구원을 둔다(동법 제20조의2). 사법정책연구원에 원장 1명, 수석연구위원 1명, 연구위원 및 연구원을 두고, 원장은 대법원장의 지휘를 받아 사법정책연구원의 사무를 관장하며, 소속 직원을 지휘·감독한다(동법 제76조의2 제1항·제2항). 사법정책연구원은 매년 다음 연도의 연구 추진계획과 해당 연도의 연구실적을 담은 연간 보고서를 발간하고, 이를 국회에 보고하여야 한다(동법 제76조의7).

Ⅳ. 대법원의 권한

1. 대법원의 재판권

(1) 대법원의 관할
대법원은 ① 상고심, ② 명령·규칙의 헌법·법률 위반 여부의 최종심사, ③ 위헌법률심판제청, ④ 선거소송(대통령선거, 국회의원선거, 시·도지사선거 및 비례대표시·도의원선거의 소송은 대법원 단심으로, 그 외 선거의 소송은 고등법원에서 시작하여 대법원이 상고심으로 관할함), ⑤ 국민투표 무효소송, ⑥ 기관소송, ⑦ 법관의 징계처분에 대한 취소청구사건(법관징계법 제27조) 등을 관할한다(그 외 대법원이 단심으로 관할하는 소송사건에 대해서는, 후술 제3절 Ⅰ. 2. 참조).

(2) 대법원의 심판권 행사구조 – 전원합의체와 부
대법원의 심판권은 대법관전원의 3분의 2 이상의 합의체에서 행사하며 대법원장이 재판장이 된다. 그러나 대법관 3명 이상으로 구성된 부에서 먼저 사건을 심리하여 의견이 일치한 경우에 한정하여 그 부에서 재판할 수 있다(동법 제7조 제1항). ① 명령 또는 규칙이 헌법에 위반된다고 인정하는 경우, ② 명령 또는 규칙이 법률에 위반된다고 인정하는 경우, ③ 종전에 대법원에서 판시한 헌법·법률·명령 또는 규칙의 해석적용에 관한 의견을 변경할 필요가 있다고 인정하는 경우, ④ 부에서 재판함이 적당하지 아니하다고 인정하는 경우에는 전원합의체에서 심판한다. 실제 부에서 많은 사건을 심판한다.

2. 사법입법권(대법원규칙제정권)

대법원은 법률에 저촉되지 아니하는 범위 안에서 소송에 관한 절차, 법원의 내부규율과 사무처리에 관한 규칙을 제정할 수 있다(제108조).

(1) 의의와 기능, 인정이유

대법원규칙을 인정하는 논거로서 그 의의와 기능은 다음과 같다. ① 전문성 – 대법원이 소송절차의 최고전문기관이라는 점에서 대법원이 소송절차에 대해 제정하도록 한 것이다. ② 사법의 독립성·자율성 – 내부규율, 사무처리를 사법부가 독립적이고 자율적으로 행하도록 하기 위해 필요하다. ③ 각급법원에 대한 통할과 통일성 – 대법원이 규칙을 통하여 각급법원에 대한 통할을 하고 소송절차를 통일성있게 할 수 있다.

(2) 성격

대법원규칙의 성격에 대해서는 법률과 같은 규범으로 보는 견해, 법률하위이면서 법규명령적인 규범이라는 견해가 있을 수 있다. 생각건대 법률에 저촉되어서는 아니 된다는 점을 고려하면, 그리고 우리 헌법 제108조는 소송에 관한 절차도 대법원규칙의 대상으로 하고 있는바 소송절차는 국민의 재판청구권의 행사에 직접적인 영향을 미칠 수 있어 법규성을 가진다는 점에서 이러한 대법원규칙은 법률하위이면서 법규명령적인 규범이다. 대법원규칙 중에 국민에 대해 영향을 미치지 않고 법원내부의 행정적 사무에 관한 것일 때에는 행정규칙적인 성격을 띠는 규정이 있을 수 있다. 그렇더라도 대법원규칙이 일반적으로 가지는 법규명령적 성격을 부정할 수 없다. 그런 규정은 우리 대법원판례에도 나오듯이 실질적 행정규칙으로 보면 될 것이다.

(3) 내용과 효력, 제정·시행절차와 발효

헌법 제108조는 대법원규칙으로 정할 사항을 "소송에 관한 절차, 법원의 내부규율과 사무처리"라고 규정하고 있다. 이 사항에 국한한다는 열거설과 예시설이 있을 수 있다. 생각건대 헌법 제108조가 규정하는 사항은 예시적인 것으로 그 외 사법부가 사법권을 행사하는 데 필요한 사항과 국민의 기본권보장을 위한 재판 외 사법활동에 관한 사항들을 정할 수 있다. 법조법에 대법원규칙으로 정할 사항들이 많이 규정되어 있다. 대법원규칙은 '법률에 저촉되지 아니하는 범위 안에서' 제정되므로(제108조) 법률하위의 효력을 가진다.

대법원규칙은 대법관회의의 의결을 거쳐 법원행정처장이 공포절차를 취하여 이후 시행에 들어간다(법조법 제17조 제2호, '대법원규칙의 공포에 관한 규칙').

(4) 한계와 통제
1) 한계
(가) 합법률성 대법원규칙은 법률에 저촉되지 아니하는 범위 안에서 제정되므로 법률하위의 효력을 가진다.

(나) 대법원규칙에의 위임에서의 포괄위임금지원칙의 적용 문제[20]

가) 문제 제기 위에서 본대로 대법원규칙은 법규명령인바 그렇다면 대법원규칙에 법률이 어떤 사항을 위임함에 있어서도 대통령령, 부령 등에 위임하는 경우와 같이 포괄위임금지원칙이 적용되는가가 논의된다. 사실 이 문제는 두 가지 세부 논점으로 나누어진다. ⅰ) 위임 자체의 요구 여부 – 소송절차, 법원 내부규율과 사무처리에 관한 사항인 한에서는 법률이 규정하고 있지 않은 사항이라면 이에 대해 법률의 위임이 없더라도(법률이 규정하지 않으니 위임도 사실 없다) 대법원규칙이 규정을 할 수 있는가 하는 문제이다. 헌법 제108조가 '법률에 저촉되지 아니하는 범위 안에서'라고 하는 의미가 법률규정이 있는 한이 아니면 이를 저촉할 리 없다는 주장이 나올 수 있기 때문에 제기되는 문제이다. ⅱ) 다음으로 법률이 위임을 하긴 하는데 그 위임이 포괄적이라도 괜찮은가 하는, 즉 포괄위임금지원칙이 적용되지 않는지, 아니면 적용되는지 하는 문제이다.

나) 헌법재판소 판례

(a) 헌법재판소 판례의 입장 – ⅰ) 적용설: 헌재가 이 문제를 판단하였는데 판단하게 된 이유는 헌재가 법률의 위헌 여부에 대한 최종적 판단권을 가지기 때문에 법원의 소송절차와 관련하여 법률이 대법원규칙에 위임하는 경우들이 있고 그 위임규정을 심사하면서 이 법리를 제시하게 된 것이다. 헌재의 법정의견은 포괄위임금지원칙이 대법원규칙에의 위임에서도 적용됨을 긍정한다. 즉 헌법 제75조는 "법률에 구체적으로 범위를 정하여"라고 규정하여 위임입법의 근거와 아울러 그 범위와 한계를 제시하고 있고 헌법 제108조는 "대법원은 '법률에 저촉되지 아니하는 범위 안에서' 소송에 관한 절차, 법원의 내부규율과 사무처리에 관한 규칙을 제정할 수 있다"라고 규정하고 있으므로, 대법원규칙도 소송절차에 관하여는 법률의 위임을 받아 일정한 사항을 규율할 수 있으며 헌법 제75조에 근거한 포괄위임금지원칙은 하위법규에 규정될 내용의 대강을 예측할 수 있어야 함을 의미하는데, 위임입법이 대법원규칙인 경우에도 수권법률에서 이 원칙을 준수하여야 하는 것은 마찬가지라고 한다. 또 예시설도 인정논거로 제시된다, 즉 "헌법이 위임입법의 형태로 제75조와 제95조에서 대통령령, 총리령 또는 부령의 행정입법만을 명시적으로 규정하고 있다 하더라도, 헌법이 인정하고 있는 위와 같은 위임입법의 형식은

20) 이하의 글은 정재황, 신헌법입문(제10판), 박영사, 2020, 808-809면의 것을 옮기면서 대폭 가필을 한 것이다.

예시적인 것으로 보아야 할 것이므로, 대법원 역시 입법권의 위임을 받아 규칙을 제정할 수 있다고 할 것(2014헌바456; 2014헌바242등)"이라고 한다. 예시설이 위임에 관한 것이므로 이처럼 예시설을 내세우는 것은 대법원규칙제정에 법률위임이 필요하다고 보는 것으로 이해되게 한다(이는 필자가 헌재의 입장을 선해하여 적은 것이다. 그러나 소수의견을 낸 김이수, 이진성, 강일원 헌법재판관은 헌법 제75조와 달리 헌법 제108조는 법률의 위임을 요구하지 않고 '법률에 저촉되지 아니하는 범위 안에서' 소송절차 등에 관하여 대법원규칙을 제정할 수 있도록 하고 있으므로, 대법원규칙에는 법률에 저촉되지 않는 한 법률에 명시적인 위임규정이 없더라도 소송절차에 관한 행위나 권리를 제한하는 규정을 둘 수 있다는 부정설을 주장한다). ⅱ) 위임의 구체성 정도의 완화 ― 다만, 대법원규칙으로 규율될 내용들은 소송에 관한 절차와 같이 법원의 전문적이고 기술적인 사무에 관한 것이 대부분일 것인바, 법원의 축적된 지식과 실제적 경험의 활용, 규칙의 현실적 적응성과 적시성의 확보라는 측면에서 수권법률에서의 위임의 구체성·명확성의 정도는 다른 규율 영역에 비해 완화될 수 있을 것이라고 한다.

🔴 **판례** 헌재 2016.6.30. 2014헌바456등
* 동지 판시의 결정례: 헌재 2016.6.30. 2013헌바27; 헌재 2016.7.28. 2014헌바242등; 헌재 2016.9.29. 2015헌바331 등.

[판례입장의 정리] 결국 헌재의 판례입장을 정리하면 위 ⅰ), ⅱ)의 문제들에 대해 모두 긍정하여, 대법원규칙의 제정에 ⅰ) 법률이 위임이 필요하고 ⅱ) 포괄위임금지원칙이 적용되는데 그 구체성은 완화될 수 있다는 것이다.

(b) 결정례: * 포괄위임이 아니라고 하여 합헌결정된 예들 ― ① 부동산 매각허가결정에 대한 즉시항고가 기각된 경우 항고인이 공탁한 항고보증금 중 반환하지 아니하는 금액의 이율을 상한의 제한 없이 대법원규칙에 위임한 민사집행법 규정(2013헌바368), ② 회생계획 불인가결정에 대한 재항고시 공탁하여야 할 금전이나 유가증권의 범위 등에 관하여 대법원규칙에 위임하고 있는 '채무자 회생 및 파산에 관한 법률' 규정(2014헌바456. * 위에서 이미 인용함), ③ 컴퓨터용디스크 등의 증거조사방식에 관하여 필요한 사항을 대법원규칙으로 정하도록 한 형사소송법 규정(2013헌바27), ④ 소송구조요건의 구체적인 내용과 소송구조절차에 관한 상세한 사항을 대법원규칙에 위임한 민사소송법 제128조 제4항(2014헌바242등), ⑤ 판사의 근무성적평정에 관한 사항을 대법원규칙으로 정하도록 위임한 구 법원조직법 규정.

🔴 **판례** 헌재 2016.9.29. 2015헌바331
[판시] 입법권이 사법권에 간섭하는 것을 최소화하여 사법의 자주성과 독립성을 보장한다는 측면과 사법권의 적절한 행사에 요구되는 판사의 근무와 관련하여 내용적·절차적 사항에 관해 전문성을 가지고 재판 실무에 정통한 사법부 스스로 근무성적평정에 관한 사항을 정하도록 할 필요성에 비추어 보면, 판사의 근무성적평정에 관한 사항을 하위법규인 대법원규칙에 위임할 필요성을 인정할 수 있다. 또한 관련조항의 해석과 판사에 대한 연임제 및 근무성적평정제도의 취지 등을 고려할 때, 이 사건 근무평정조항에서 말하는 '근무성적평정에 관한 사항'이란 판사의 연임 등 인사관리에 반영시킬 수 있는 것으로 사법기능 및 업무의 효율성을 위하여 판사의 직무수행에 요구되는 것, 즉 직무능력과 자질 등과 같은 평가사항, 평정권자 및 평가방법 등에 관한 사항임을 충분히 예측할 수 있으므로 이 사건 근무평정조항은 포괄위임금지원칙에 위배된다고 볼 수 없다.

2) 통제

(가) 헌법소원대상성 여부에 대한 논란과 헌법재판소판례　대법원규칙이 헌법소원의 대상이 되느냐 하는 문제가 논란되었다. 대법원은 헌법 제107조 제2항이 "명령·규칙 또는 처분이 헌법이나 법률에 위반되는 여부가 재판의 전제가 된 경우에는 대법원은 이를 최종적으로 심사할 권한을 가진다"라고 규정하고 있음을 들어 헌법소원의 대상이 아니라 법원의 심사대상이 된다고 보았다. 그러나 법무사법시행규칙에 대한 헌법소원사건에서 헌재는 이를 인정하고 위헌결정을 한 바 있다(89헌마178).

(나) 평가　생각건대 ① 대법원규칙을 대법원이 최종적으로 심사한다는 것은 하급법원도 심사할 수 있다는 것을 의미하는데 대법원이 제정한 규칙을 하급법원이 심사한다는 것은 법원조직상 문제가 있고, ② 그 어느 누구도 자신의 일에 심판관이 될 수 없다는 자연적 정의(natural justice)에 비추어 보면 헌법소원의 대상이 될 수 있다고 볼 것이다. 반대로 헌재의 규칙에 대한 심사주체도 논의될 수 있다.

3. 사법행정권

[의미] 사법행정권이란 법원구성원의 인사에 관한 행정, 재판을 보조하기 위한 행정적 지원, 법원의 조직구성과 운영, 법원예산의 집행, 회계, 법원시설의 관리 등 재무관리, 물적 관리에 관한 권한을 말한다. 대법원은 이러한 사법행정권을 지휘하는 최고의 기관이다.

[소관기관 및 내용] ① 대법원장 - 이러한 사법행정사무를 총괄하며, 사법행정사무에 관하여 관계공무원을 지휘·감독한다(법조법 제9조 제1항, 제13조). ② 대법관회의 - 판사의 임명 및 연임에 대한 동의, 판례의 수집·간행에 관한 사항, 예산요구, 예비금지출과 결산에 관한 사항 등 행정에 관한 사항들을 의결한다(동법 제17조). ③ 법원행정처 - 대법원에는 사법행정사무를 관장하기 위하여 법원행정처를 두고 있다(동법 제19조 제1항). ④ 법관 등의 인사: ㉠ 대법원장 - 대법관의 임명을 위한 제청을 하고 대법관회의의 동의를 얻어 법관을 임명하며(제104조 제2·3항) 판사 및 예비판사의 보직을 행한다(법조법 제44조). ㉡ 법관인사위원회 - 이 위원회는 대법원장이 임명하거나 위촉하는 법관과 외부위원들로 구성된다. 법관의 인사에 관한 기본계획의 수립, 판사의 임명, 연임, 퇴직 등에 관한 사항을 심의한다(제25조의2 제1·2항·3항·4항). ⑤ 사법정책자문위원회 - 대법원장은 필요하다고 인정할 경우에는 대법원장의 자문기관으로 이 위원회를 둘 수 있는데 사법정책에 관하여 학식과 덕망이 높은 사람 중에서 대법원장이 위촉하는 위원으로 구성된다.

V. 각급법원의 조직과 권한

* 각급법원의 도해는 앞의 'I. 대법원의 헌법상 지위' 부분 그림 참조.

1. 고등법원

현재 전국에 6개의 고등법원이 있다. 고등법원에 고등법원장이 있으며 부를 둔다(동법 제26조 제1항, 제27조 제1항). 이전에 부에 고등법원 부장판사를 두고 재판장이 되게 하였으나(구 동법 제27조 제2항) "사실상 승진 개념으로 운용되어 법관의 관료화를 심화시킨다는 비판"을 받아 왔다는 이유로 고등법원 부장판사 직위는 폐지되었고(법제처 설명 참조) 부의 구성원 중 1인이 재판장이 되도록 하였다(동법 제27조 제2·3항).

고등법원의 심판권은 판사 3명으로 구성된 합의부에서 행사한다(동법 제7조 제3항). 고등법원은 ① 지방법원합의부·가정법원합의부, 회생법원 합의부 또는 행정법원의 제 1 심 판결·심판·결정·명령에 대한 항소 또는 항고사건, ② 지방법원단독판사·가정법원단독판사의 제 1 심 판결·심판·결정·명령에 대한 항소 또는 항고사건으로서 형사사건을 제외한 사건 중 대법원규칙으로 정하는 사건, ③ 다른 법률에 따라 고등법원의 권한에 속하는 사건을 심판한다(동법 제28조). 다른 법률에 따른 관할사건으로는 지방선거소송(단, 시·도지사선거, 비례시·도의원선거의 소송은 대법원관할임), 시·군 및 자치구의 주민투표의 효력에 관한 소송 등이 있다.

재판업무 수행상의 필요한 경우 대법원규칙으로 정하는 바에 따라 고등법원의 부로 하여금 그 관할구역의 지방법원 소재지에서 사무를 처리하게 할 수 있다(동법 제27조 제4항).

2. 특허법원

특허법원에 특허법원장이 있으며 부를 둔다(동법 제28조의2 제1항, 제28조의3 제1항). 특허법원은 고등법원급이다. 특허법원 부장판사 직위도 역시 폐지되었다. 특허법원의 심판권은 판사 3명으로 구성된 합의부에서 행사한다(동법 제7조 제3항). 특허법원은 특허법 제186조 제1항, 실용신안법 제33조, 디자인보호법 제166조 제1항 및 상표법 제162조에서 정하는 제1심사건, 민사소송법」제24조 제2항 및 제3항에 따른 사건의 항소사건과 다른 법률에 따라 특허법원의 권한에 속하는 사건을 심판한다(동법 제28조의4).

3. 지방법원, 지원, 시·군법원

지방법원은 지방법원장과 판사로 구성되고 부를 둔다(동법 제29조 제1항, 제30조 제1항). "부에 부장판사를 둘 수 있다"라고 하여 이전에 필수적인 직위였던 지방법원 부장판사를 "둘 수 있다"라고 하여 임의적인 것으로 개정하였다(동법 제30조 제2항). 지방법원 및 가정법원의 사무의 일부를 처리하게 하기 위하여 그 관할구역에 지원과 가정지원, 시법원 또는 군법원 및 등기소를 둘 수 있다(동법 제3조 제2항). 지방법원과 그 지원, 시·군법원의 심판권은 단독판사가 행사하고, 합의심판을 하여야 하는 경우에는 판사 3명으로 구성된 합의부에서 심판권을 행사한다(동법 제7조 제4·5항). 지방법원과 그 지원의 합의부는 ① 합의부에서 심판할 것으로 합의부가 결정한 사건, ② 민사사건에 관하여는 대법원규칙으로 정하는 사건, ③ 사형·무기 또는 단기 1년 이상의 징역 또는 금고에 해당하는 사건(제외되는 사건들 있음) 등을 제1심으로 심판한다(동법 제32조 제1항).

4. 가정법원, 그 지원, 가정지원

가정법원은 가정법원장과 판사로 구성된다(동법 제37조 제1항). 가정법원과 그 지원, 가정지원의 심판권은 단독판사가 행사하고, 합의심판을 하여야 하는 경우에는 판사 3명으로 구성된 합의부에서 심판권을 행사한다(동법 제7조 제4·5항). 가정법원 및 가정법원 지원의 합의부는 가사소송 등의 사건을 제1심으로 심판한다(동법 제40조 제1항).

5. 행정법원

현재 행정소송은 3심제로 운영되고 따라서 그 제1심을 담당하는 행정법원은 지방법원급이다. 행정법원에 행정법원장을 두어 행정법원의 사법행정사무를 관장하며, 소속 공무원을 지휘·감독하게 하며 부를 둔다(동법 제40조의2 제1항·제3항, 제40조의3 제1항). 부장판사 직위는 "둘 수 있다"라고 하여 임의적이다(동법 제40조의3 제2항). 행정법원의 심판권은 판사 3명으로 구성된 합의부에서 행사하되, 다만, 단독판사가 심판할 것으로 행정법원 합의부가 결정한 사건의 심판권은 단독판사가 행사한다(동법 제7조 제3항). 행정법원은 행정소송법에서 정한 행정사건과 다른 법률에 따라 행정법원의 권한에 속하는 사건을 제1심으로 심판한다(동법 제40조의4). 현재 서울에 행정법원이 설치되어 있는데 행정법원이 설치되지 않은 지역에 있어서의 행정법원의 권한에 속하는 사건은 행정법원이 설치될 때까지 해당 지방법원본원 및 춘천지방법원 강릉지원이 관할한다(동법 부칙 1994.7.27. 제2조. 개정 2005.3.24. '각급 법원의 설치와 관할구역에 관한 법률' 제4조 제7호).

6. 회생법원

근래 세계적인 금융위기 이후 지속적인 경기불황으로 인한 한계기업 증가, 가계부채 증가로 어려움을 겪는 채무자에 대한 구조조정 필요성이 상시화되어 오늘날보다 공정하고 효율적인 구조조정 절차를 담당하기 위하여 도산사건을 전문적으로 처리하는 회생법원이 신설되었다 (2016.12.27. 법제처 해설 취지). 지방법원급이다. 회생법원에 회생법원장을 두어 그 법원의 사법 행정사무를 관장하며, 소속 공무원을 지휘·감독하게 하고 부를 둔다(동법 제40조의5 제1항·제3 항, 제40조의6 제1항). 회생법원의 심판권은 단독판사가 행사하되 합의심판을 하여야 하는 경우 에는 판사 3명으로 구성된 합의부에서 심판권을 행사한다(동법 제7조 제4항·제5항). 그 관할을 보면, 회생법원의 합의부는 ① '채무자 회생 및 파산에 관한 법률'에 따라 회생법원 합의부의 권한에 속하는 사건, ② 합의부에서 심판할 것으로 합의부가 결정한 사건, ③ 회생법원판사에 대한 제척·기피사건 및 '채무자 회생 및 파산에 관한 법률' 제16조에 따른 관리위원에 대한 기 피사건, ④ 다른 법률에 따라 회생법원 합의부의 권한에 속하는 사건을 제1심으로 심판한다 (동법 제40조의7 제1항). 회생법원 합의부는 회생법원단독판사의 판결·결정·명령에 대한 항소 또는 항고사건을 제2심으로 심판한다(동법 동조 제2항). 서울회생법원이 현재 설치되어 있고 회 생법원이 설치되지 아니한 지역에 있어서의 회생법원의 권한에 속하는 사건은 회생법원이 설 치될 때까지 해당 지방법원 본원(회생채무자의 보통재판적에 따른 관할이 춘천지방법원 강릉지원인 경우에는 위 지원)이 관할한다('채무자회생 및 파산에 관한 법률' 제3조, 부칙 2016. 12. 27. 제2조).

7. 군사법원

(1) 헌법규정과 성격

군사재판을 관할하기 위하여 특별법원으로서 군사법원을 둘 수 있다(제110조 제1항). 군사법 원의 상고심은 대법원에서 관할한다(동조 제2항). 군사법원의 조직·권한 및 재판관의 자격은 법률로 정한다(동조 제3항). 그 법이 군사법원법이다. 군인 또는 군무원이 아닌 국민은 대한민국 의 영역 안에서는 중대한 군사상 기밀·초병·초소·유독음식물공급·포로·군용물에 관한 죄중 법률이 정한 경우와 비상계엄이 선포된 경우 군사법원 재판의 대상이 된다(제27조 제2항). 비상 계엄하의 군사재판은 군인·군무원의 범죄나 군사에 관한 간첩죄의 경우와 초병·초소·유독음 식물공급·포로에 관한 죄 중 법률이 정한 경우에 한하여 단심으로 할 수 있다. 다만, 사형을 선고한 경우에는 그러하지 아니하다(제110조 제4항).

현행 군사법원의 성격에 대해서 이를 우리 헌법 자체가 특별법원이라고 규정짓고 있다(제 110조 제1항). 아래의 특수법원에 대해 살펴보면서 예외법원을 보는데 이는 통상의 법관자격을 지니지 않은 사람에 의한 재판이거나 대법원 상고가 허용되지 않는 재판을 담당하는 법원을 말 한다. 우리 헌법은 군사법원의 상고심은 대법원에서 관할한다고(동조 제2항) 하나 군사법원의 재판관의 자격은 법률로 정한다고(제110조 제3항) 하여 일반법관이 아닌 재판관도 있을 수 있도 록 하여(현재는 군법무관인 군판사가 재판관임, 군사법원법 제24조) 예외법원이 아닌가 하는 논의도 있을 수 있으나 헌법이 허용하는 예외로서 합헌이라고 한다. 결국 헌법 자신이 지칭하는 대로 특별법원이라고 할 것이다(특별법원, 예외법원 등에 대해서는 아래 별도 부분 참조). 비상계엄하에서의 일정한 범죄에 대한 단심제(제110조 제4항)의 경우 문제이나 헌법 자체가 인정한 예외라서 위헌이 아니라고 한다(헌재 1996.10.31. 93헌바25).

(2) 군사법원법의 개정

평상시 군사법원재판에 대해, 그리고 군판사 외 심판관 재판참여, 관할관 확인 등에 대해 논란이 있었는데 군사법원법은 "군 사법(司法)제도에 대한 국민적 신뢰를 회복하고 피해자의 인권보장과 사법정의의 실현이라는 헌법적 가치를 구현하기 위하여"(법제처 국가법령정보센터 해설) 2021. 9. 24. 개정되었다(2022. 7. 1. 시행). 이 개정된 중요내용은 다음과 같다. ① 성폭력범죄, 군인 등의 사망사건의 원인이 되는 범죄 및 군인 등이 그 신분을 취득하기 전에 저지른 범죄를 군사법원의 재판권에서 제외하여 일반 법원이 재판권을 행사하도록 함(제2조 제2항). ② 군 사법제도 개혁을 통한 사법의 독립성과 군 장병의 공정한 재판을 받을 권리를 실질적으로 보장하기 위하여 군사재판 항소심을 서울고등법원으로 이관하는 한편, 군단급 이상의 부대에 설치되어 1심 군사재판을 담당하던 보통군사법원을 폐지하고 국방부에 각 군 군사법원을 통합하여 중앙지역군사법원·제1지역군사법원·제2지역군사법원·제3지역군사법원·제4지역군사법원을 설치함(* 이전에 "군사법원은 고등군사법원, 보통군사법원 2종류로 한다"라고 규정한 구 군사법원법 제5조를 삭제, 제6조 및 제10조, 별표 1 신설). ③ 공정한 법원에서 법관에 의한 재판을 받을 권리를 보장하기 위하여, 관할관 확인제도를 폐지함과 아울러 심판관 관련 규정도 삭제함으로써 군판사 외에 심판관이 재판에 참여하던 군사법원의 재판관 구성을 민간 법원의 조직구성과 유사하게 변경하는 한편, 군사법원에서는 군판사 3명을 재판관으로 하고, 군사법원에 부(部)를 둠(제8조 및 제22조). ④ 수사의 공정성 및 군검찰의 독립성을 확보하기 위하여 이전의 보통검찰부가 아니라 국방부장관 및 각 군 참모총장 소속으로 검찰단을 설치하며, ⑤ 국방부장관 및 각 군 참모총장은 군검사를 일반적으로 지휘·감독하고, 구체적 사건에 관하여는 소속 검찰단장만을 지휘·감독하도록 하고(제36조, 제38조 및 제39조), 군검사가 구속영장을 청구할 때 부대의 장의 승인을 받는 제도를 폐지함. ⑥ 전시 군사법원의 설치근거와 관할, 재판관으로 심판관 지정·판결의 확인조치 등 관할관의 권한, 전시 군검찰부의 설치근거와 군검찰부에 대한 지휘관의 지휘권 등 전시 특례를 신설(제534조의2부터 제534조의18까지 신설. * 즉 관할관제도, 심판관 제도는 전시나 사변에 한해 가동되게 축소).

8. 예외법원과 특수법원

(1) 예외법원의 금지

예외법원이란 대법원을 최종심으로 하지 않는 법원 또는 헌법과 법률이 정한 자격을 가진

법관이 아닌 사람들이 재판을 담당하는 법원을 말한다. 우리 헌법은 대법원을 최고법원으로 규정하고 있으므로(제101조 제2항) 대법원을 최종심으로 하지 않는 예외법원을 인정할 수 없다. 또한 우리 헌법은 모든 국민은 "헌법과 법률이 정한 법관"에 의하여 법률에 의한 재판을 받을 권리를 가진다고 규정하고 있으므로(제27조 제1항) 헌법과 법률이 정한 자격을 가진 법관이 아닌 사람들에 의해 재판이 이루어지는 예외법원도 인정할 수 없다. 군사법원의 경우 현재 군법무관이 재판관인데(군사법원법 제22조, 제24조) 군사법원의 경우 헌법 자체가 재판관의 자격을 법률로 정하도록 하여(제110조 제3항) 예외법원이 아니고 헌법 자체가 특별법원이라고 지칭한다 (군사법원 재판관의 자격 등에 관한 군사법원법 규정들에 대한 합헌결정으로, 93헌바25 참조).

(2) 특수법원의 인정

특수한 영역의 사건들, 예를 들어, 노동, 복지, 조세, 환경 등의 각 영역에서만의 특수한 사건들을 전담하여 다루는 특수법원은 예외법원이 아닌 한 인정할 수 있다.

VI. 법원직원 — 법관 외 공무원, 재판연구원, 사법보좌관, 기술심리관 등

법원조직법은 제5편에 '법원직원'이라는 제목으로 법관 외의 법원공무원, 재판연구원, 사법보좌관, 기술심리관, 조사관, 집행관 등을 규정하고 있다.

① 법원직원 — 법관 이외의 법원공무원은 대법원장이 임명하며, 그 수는 대법원규칙으로 정한다(법조법 제53조). ② 재판연구원 — 각급 법원에 재판연구원을 둘 수 있다. 재판연구원은 소속 법원장의 명을 받아 사건의 심리 및 재판에 관한 조사·연구, 그 밖에 필요한 업무를 수행한다. 재판연구원은 변호사 자격이 있는 사람 중에서 대법원장이 임용한다(동법 제53조의2 제1·2·3항). ③ 사법보좌관 — 대법원과 각급 법원에 사법보좌관을 둘 수 있다. 사법보좌관은 민사소송법 및 '소송촉진 등에 관한 특례법'에 따른 소송비용액·집행비용액 확정결정절차, 독촉절차, 공시최고절차 등에서의 법원의 사무, 가사소송법에 따른 상속의 한정승인·포기 신고의 수리와 한정승인취소·포기취소 신고의 수리절차에서의 가정법원의 사무 등의 업무 중 대법원규칙으로 정하는 업무를 할 수 있다. 사법보좌관은 법관의 감독을 받아 업무를 수행하며, 사법보좌관의 처분에 대해서는 대법원규칙으로 정하는 바에 따라 법관에게 이의신청을 할 수 있다(동법 제54조 제1·2·3항). ④ 기술심리관 — 특허법원에 기술심리관을 둔다(법 제54조의2 제1항). ⑤ 조사관, 집행관 — 대법원과 각급 법원에 조사관을 둘 수 있다(법 제54조의3). 지방법원 및 그 지원에 집행관을 두며, 집행관은 법률에서 정하는 바에 따라 소속지방법원장이 임면한다(법 제55조).

제 2 절   사법권의 독립

Ⅰ. 사법권독립의 의미와 목적

사법권의 독립이란 법원과 법관들이 외부나 내부의 영향이나 압력을 받지 않고 본연의 임무수행에 전념할 수 있는 상태를 말한다. 사법권독립은 그 자체가 목적이 아니라 공정한 재판을 받을 권리라는 국민의 기본권을 보다 충실히 보장하여야 한다는 궁극적 목적을 위한 실현수단이라는 데에 그 의미가 있다. 신분이 두텁게 보장되는 법관일수록, 그리고 재판에서 다른 사회적 세력이나 상급 재판기관으로부터 독립되어 재판을 할 수 있을수록 양심과 소신에 따른 더욱 공정한 재판이 이루어질 가능성이 커지기 때문이다.

> ● **판례** 헌재 2018.7.26. 2018헌바137
> 법적 분쟁에 관하여 구속력 있는 결정을 내리는 국가기능인 사법은 법관의 독립과 재판의 공정성이 확보될 때에만 제대로 유지될 수 있다. 법관의 독립이 공정한 재판을 보장하고, 공정한 재판만이 법적 분쟁을 종식시켜 법의 지배를 실현할 수 있기 때문이다. 법치주의 원리와 법관의 직무상 독립을 보장하는 헌법 제103조와 재판청구권을 보장하는 제27조 제1항은 법관의 독립과 재판의 공정성을 요구하고 있다. 법관의 독립은 공정한 재판을 위한 필수 요소로서 다른 국가기관이나 사법부 내부의 간섭으로부터의 독립뿐만 아니라 사회적 세력으로부터의 독립도 포함한다.

Ⅱ. 사법권독립의 내용

사법권의 독립은 법원 자체의 독립, 법관의 독립을 그 내용으로 하고 법관의 독립은 다시 법관의 신분상에 관한 인적 독립과 재판상 독립인 물적 독립으로 이루어진다.

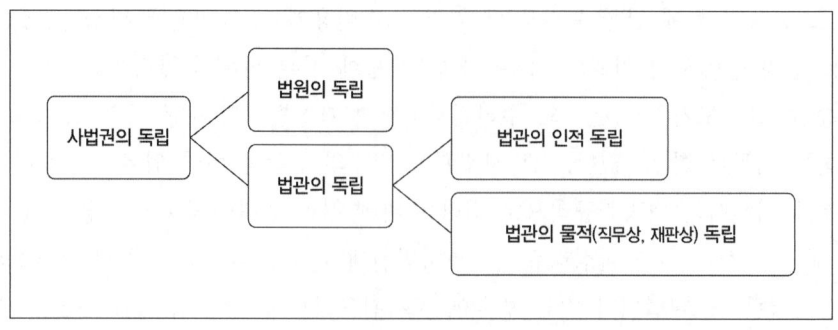

□ 사법권독립의 요소(내용)

1. 법원의 독립

[개념·요소] 법원의 독립은 법원이라는 기관의 독립을 말하며 다른 국가기관들인 입법부, 집행부의 간섭을 받지 않고 법원들이 독립된 지위를 유지하고 조직되며 운영되어야 한다는 것을 의미한다. 법원의 독립은 인사상·행정상·재정상 독립을 요한다.

[입법부로부터의 독립] 국회는 법원의 독립을 침해하는 법률을 제정할 수 없다. 대법원장은 법원 관련 법률의 제정·개정이 필요하면 국회에 서면으로 그 의견을 제출할 수 있다(법조법 제9조 제3항). 국회의 국정감사·조사는 계속 중인 재판에 관여할 목적으로 행사되어서는 아니 된다(국감법 제8조). 대법원규칙제정권도 법원의 독립성을 위한 사법입법권이다.

[집행부로부터의 독립] 대통령, 행정부는 법원의 행정, 인사 등의 독립성을 침해할 수 없다. 예산편성을 담당하는 행정부는 사법부의 예산편성도 담당하여 법원의 예산상 독립성이 약하다. 법원의 예산을 편성함에 있어서는 사법부의 독립성과 자율성을 존중하여야 한다(법조법 제82조 제2항). 대통령의 사면권도 남용되어서는 아니 된다.

[상호견제] 입법부, 집행부와 법원 간에는 상호 견제를 하기도 하나 이는 권력분립원칙상 요구되는 것으로 법원의 기관독립성이 최대한 인정되어야 한다. 대통령에 의한 대법원장·대법관임명 및 국회의 임명동의는 직선된 대통령, 국회를 통한 간접적인 민주적 정당성을 주기 위한 것이다.

2. 법관의 독립

법관의 독립에는 법관의 신분보장을 내용으로 하는 인적 보장과 법관의 직무인 재판상의 독립을 내용으로 하는 물적 독립이 요구된다. 전자는 후자를 위한 수단적인 기능을 한다. 법관이 신분을 두텁게 보장받음으로써 직무상의 양심에 입각하여 외압을 받지 않고 공평무사한 판단을 행할 수 있기 때문이다.

(1) 법관의 인적(신분상) 독립
1) 개념·요소

법관의 인적 독립은 신분상 독립을 말하는 것으로 법관의 자격이 객관적으로 규정되고, 그 임용, 보직, 인사 등에 있어서 공정성과 투명성을 가지며 퇴임의 압박을 받지 않는 신분보장이 이루어질 것을 요한다. 대법원장·대법관에 대해서는 앞서 대법원조직에서 보았기에 여기서는 주로 대법원장·대법관이 아닌 일반 법관(판사)을 중심으로 살펴본다.

2) 자격제 - 법관자격의 법정주의

헌법 제101조 제3항은 "법관의 자격은 법률로 정한다"라고 하여 법관자격의 법정주의를 규정하고 있다. ⅰ) 법원조직법은 판사는 ① 사법시험에 합격하여 사법연수원의 소정 과정을 마친 자 또는 ② 변호사의 자격이 있는 자 중에서 임용하도록 규정하고 있었다(법 제42조 제2항). 그러나 이는 2012년까지이고 개정된 법원조직법은 2013년 1월 1일부터는 10년 이상 ① 판사·검사·변호사, ② 변호사의 자격이 있는 사람으로서 국가기관, 지방자치단체, '공공기관의 운영에 관한 법률' 제4조에 따른 공공기관, 그 밖의 법인에서 법률에 관한 사무에 종사한 사람, ③ 변호사의 자격이 있는 사람으로서 공인된 대학의 법률학 조교수 이상으로 재직한 사람 중에서 임용하도록 규정하여 판사의 자격요건을 강화하고 있다[동법 제42조 제2항. 그런데 부칙은 경과규정을 두어 제42조 제2항 규정에도 불구하고 2013년 1월 1일부터 2017년 12월 31일까지 판사를 임용하는 경우에는 3년 이상 위 직에 있던 사람 중에서, 2018년 1월 1일부터 2019년 12월 31일까지 판사를 임용하는 경우에는 5년 이상 위 직에 있던 사람 중에서, 2020년 1월 1일부터 2021년 12월 31일까지 판사를 임용하는 경우에는 7년 이상 위 직에 있던 사람 중에서 임용할 수 있다고 규정하고 있었다. 판사임용에 관한 위와 같은 규정은 개정법부칙이 2013.1.1.부터 시행에 들어가도록 규정하였는데 이 부칙규정에 대해서는 "2011.7.18(개정법공포시점) 당시 사법연수생의 신분을 가지고 있었던 자가 사법연수원을 수료하는 해의 판사 임용에 지원하는 경우에 적용되는 한 헌법에 위반된다"라는 한정위헌결정이 있었다. 신뢰보호원칙에 반한다는 이유에서였다. 2011헌마786 결정 참조. 이후 부칙규정이 개정되어 판사임용소요 법조경력요건 단계별 이행기가 연장되어 다소 완화되었다(2014.1.7. 개정부칙 참조). 이후 다시 2021년.12.에 법조일원화제도에 따라 충분한 사회적 경험과 전문성 등을 갖춘 인력을 신규로 임용할 수 있도록 하기 위해 판사 임용에 필요한 최소 법조경력 '5년 이상' 적용시기를 현행 2021년에서 2024년까지로 3년 유예하고, '7년 이상' 법조경력을 적용하는 시점도 2025년부터 2028년까지로 조정하였다(제10861호 법원조직법 부칙 제2조 개정)]. ⅱ) 판사의 임용에는 성별, 연령, 법조경력의 종류 및 기간, 전문분야 등 국민의 다양한 기대와 요청에 부응하기 위한 사항을 적극 반영하여야 한다(동법 제42조 제2항 후문). ⅲ) 임용결격사유도 규정되어 있다(동법 제43조).

3) 임명제

일반 법관은 대법관회의의 동의를 얻어 대법원장이 임명하는데(제104조 제3항) 법원조직법은 법관인사위원회의 심의도 거치도록 하고 있다(법 제41조 제3항).

4) 임기제·연임제·정년제

ⅰ) 임기·연임제: 일반 법관의 임기는 10년으로 하며, 법률이 정하는 바에 의하여 연임할 수 있다(제105조 제3항). 연임은 법관인사위원회의 심의를 거치고 대법관회의의 동의를 받아 대법원장의 연임발령으로 하도록 하고 있는데 연임불가사유(1. 신체상 또는 정신상의 장해로 판사로서 정상적인 직무를 수행할 수 없는 경우, 2. 근무성적이 현저히 불량하여 판사로서 정상적인 직무를 수행할 수 없는 경우, 3. 판사로서의 품위를 유지하는 것이 현저히 곤란한 경우)가 규정되어 있다(법조법 제45조의2 제1·2항). * ❶ 판례 헌재판례: <u>연임결격사유</u>인 "근무성적이 현저히 불량하여 판사로서 정상적인 직무를 수행할 수 없는 경우"라는 위 법원조직법 제45조의2 제2항 제2호와 같은

구법규정에 대해 명확성원칙, 사법의 독립을 침해한다는 주장의 헌법소원심판이 청구되었다. 헌재는 판사의 직무수행에 관한 평가 결과가 뚜렷이 드러날 정도로 나쁜 경우로 충분히 해석할 수 있어 명확성원칙에 반하지 않고, 재판의 독립성을 해칠 우려가 있는 사항을 평정사항에서 제외하며, 연임 심사과정에서 해당 판사에게 의견진술권 및 자료제출권이 보장되고, 연임하지 않기로 한 결정에 불복하여 행정소송을 제기할 수 있는 점 등을 고려할 때, 판사의 신분보장과 관련한 예측가능성이나 절차상의 보장이 현저히 미흡하다고 볼 수도 없으므로, 이 사건 연임결격조항은 사법의 독립을 침해한다고 볼 수 없다고 판시하여 <u>합헌결정</u>을 하였다(2015헌바331).

ⅱ) 정년제: 법관의 정년제를 두느냐 아니면 종신제로 하느냐를 두고 종신제가 신분보장을 강하게 하여 독립적 판결을 이끄는 데 바람직하다는 견해와 법원의 보수화·관료화·노쇠화 방지 등을 막기 위해 정년제가 필요하다는 견해가 대립된다. 우리 헌법은 "법관의 정년은 법률로 정한다"라고 규정하여(제105조 제4항) 정년제의 헌법적 근거를 두고 있고 법원조직법이 판사의 정년을 65세로 하고 있다(법 제45조 제4항). 정년제가 위헌이라는 주장, 그리고 일반 법관의 정년연령과 대법관 등과의 그것에 차이가 있어 평등권 침해라는 주장의 헌법소원이 제기되었으나 헌재는 합헌이라고 보았다. 그리고 이 사안에서 헌법 위반이라는 주장은 곧 헌법규범 간 단계구조(여기서는 헌법 제105조 제4항보다 신분보장원칙 규정인 제106조가 우월하다는 단계구조)를 인정하자는 것이기도 한데 우리 헌재는 헌법재판에서 단계구조론을 받아들이지 않는다(아래 판시의 밑줄 친 부분 참조).

● **판례** 헌재 2002.10.31. 2001헌마557 법원조직법 제45조 제4항 헌법소원

[결정요지] 이 사건 법률조항은 법관의 정년을 직위에 따라 대법원장 70세, 대법관 65세, 그 이외의 법관 63세로 하여 법관 사이에 약간의 차이를 두고 있는 것으로, 헌법 제11조 제1항에서 금지하고 있는 차별의 요소인 '성별', '종교' 또는 '사회적 신분' 그 어디에도 해당되지 아니할 뿐만 아니라, 그로 인하여 어떠한 사회적 특수계급제도를 설정하는 것도 아니고, 그와 같이 법관의 정년을 직위에 따라 순차적으로 낮게 차등하게 설정한 것은 법관 업무의 성격과 특수성, 평균수명, 조직체 내의 질서 등을 고려하여 정한 것으로 그 차별에 합리적인 이유가 있다고 할 것이므로, 청구인의 평등권을 침해하였다고 볼 수 없다. 2. 또한, 이 사건 법률조항과 같이 법관의 정년을 설정한 것은 법관의 노령으로 인한 정신적·육체적 능력 쇠퇴로부터 사법이라는 업무를 제대로 수행함으로써 사법제도를 유지하게 하고, 한편으로는 사법인력의 신진대사를 촉진하여 사법조직에 활력을 불어넣고 업무의 효율성을 제고하고자 하는 것으로 그 입법목적이 정당하다. 그리고 일반적으로 나이가 들어감에 따라 인간의 정신적·육체적 능력이 쇠퇴해 가게 되는 것은 과학적 사실이고, 개인마다 그 노쇠화의 정도는 차이가 있음도 또한 사실이다. 그런데, 법관 스스로가 사법이라는 중요한 업무수행 감당능력을 판단하여 자연스럽게 물러나게 하는 제도로는 사법제도의 유지, 조직의 활성화 및 직무능률의 유지향상이라는 입법목적을 효과적으로 수행할 수 없고, 어차피 노령에 따른 개개인의 업무감당능력을 객관적으로 측정하기 곤란한 마당에, 입법자가 법관의 업무 특성 등 여러 가지 사정을 고려하여 일정한 나이를 정년으로 설정할 수밖에 없을 것이므로, 그 입법수단 역시 적절하다고 하지 않을 수 없다. 또한 이 사건 법률조항이 규정한 법관의 정년은 60세 내지 65세로 되어 있는 다른 국가공무원의 정년보다 오히려 다소 높고, 정년제를 두고 있는 외국의 법관 정년연령(65세 내지 70세)을 비교하여 보아도 일반법관의 정년이 지나치게 낮다고 볼 수도 없다. 그렇다면, 이 사건 법률조항은 직업선택의 자유 내지 공무담임권을 침해하고 있다고 할 수 없다. 3. 그리고, <u>헌법규정 사이의 우열관계, 헌법규정에 대한 위헌성판단은 인정되지 아니하므로</u>, 그에 따라 헌법 제106조 법관의 신분보장 규정은 헌법 제105조 제4항 법관정년제 규정과 병렬적 관계에 있는 것으로 보아 조화롭게 해석하여야 할 것이고, 따라서, 정년제를 전제로 그 재직 중인 법관은 탄핵 또는 금고 이상의 형의 선고에 의하지 아니하고는 파면되지 아니하며, 징계처분에 의하지 아니하고는 정직, 감봉 기타 불리한 처분을 받지 아니한다고 해석하여야 하고, 그러한 해석하에서는 헌법 제105조 제4항에 따라 입법자가 법관의 정년을 결정한 이 사건 법

률조항은 그것이 입법자의 입법재량을 벗어나지 않고 기본권을 침해하지 않는 한 헌법에 위반된다고 할 수 없고, 위에서 본 바와 같이 그 입법 자체가 평등권, 직업선택의 자유나 공무담임권 등 기본권을 침해하였다고 볼 수 없어, 결국 신분보장 규정에도 위배된다고 할 수 없다.

5) 평정제

법관의 근무성적에 대한 평정제가 논란되기도 한다. 대법원장은 판사에 대한 평정을 실시하고 그 결과를 연임, 보직 및 전보 등의 인사관리에 반영하도록 규정하고(동법 제44조의2 제3항) 있기 때문이다. 결국 평정기준의 공정성이 중요하다. 동법도 대법원장은 판사에 대한 근무성적과 자질을 평정(評定)하기 위하여 공정한 평정기준을 마련하여야 한다고 규정하면서 그 평정기준에는 근무성적평정인 경우에는 사건 처리율과 처리기간, 상소율, 파기율 및 파기사유 등이 포함되어야 하고, 자질평정인 경우에는 성실성, 청렴성 및 친절성 등이 포함되어야 한다고 규정하고 있다(동법 제44조의2 제1항·제2항). 동법은 이렇게 동법에 규정된 사항들 외에 근무성적과 자질의 평정에 필요한 사항은 대법원규칙으로 정한다고 규정하고 있다(동법 제44조의2 제4항).

[* 헌재판례] 바로 이러한 대법원규칙에의 위임과 관련하여, 즉 판사의 근무성적평정에 관한 사항을 대법원규칙으로 정하도록 위임한 구 법원조직법규정에 대한 헌법소원심판이 청구되었다. 헌재는 합헌결정하였는데 논점이 2가지였다. 논점 1. 대법원규칙에 위임함에 있어서도 포괄위임금지원칙이 적용되는가? 논점 2. 위 법원조직법규정이 포괄위임금지원칙에 위배되는가? 논점 1에 대해서는 법정의견이 긍정하고(이에 대해서는 앞의 대법원의 권한, 사법입법권 부분 참조), 논점 2에 대해서는 관련조항의 해석과 판사에 대한 연임제 및 근무성적평정제도의 취지 등을 고려할 때, 여기서 말하는 '근무성적평정에 관한 사항'이란 판사의 연임 등 인사관리에 반영시킬 수 있는 것으로 사법기능 및 업무의 효율성을 위하여 판사의 직무수행에 요구되는 것, 즉 직무능력과 자질 등과 같은 평가사항, 평정권자 및 평가방법 등에 관한 사항임을 충분히 예측할 수 있다고 하여 포괄위임금지원칙을 준수하였다고 보고 결국 합헌결정을 하였다(헌재 2016.9.29. 2015헌바331, 위 사법입법권 부분에서도 인용함). 위 결정의 대상이 된 구 법원조직법규정 당시에는 평정기준에 관한 아무런 예시적 규정조차 없었는데 그 뒤 2011년 법개정으로 위에서 인용한 대로 사건처리율, 기간, 상소율 등이 포함되도록 하는 기준을 제시하고 있다.

6) 법관인사위원회

법관인사의 투명성, 객관성, 공정성을 담보하기 위하여 독립된 인사위원회의 역할이 중요하다. 현재 외부인사도 참여하는 법관인사위원회가 심의기관으로서 판사의 임명, 연임, 퇴직 등에 관한 사항을 심의하도록 하고 있다(동법 제25조의2).

[법관의 신분보장 – 파면제한·징계에 의하지 않은 불리한 처분의 금지 등] 법관은 탄핵 또는 금고 이상의 형의 선고에 의하지 아니하고는 파면되지 아니하며, 징계처분에 의하지 아니하고는 정직·감봉 기타 불리한 처분을 받지 아니한다(제106조 제1항). 이는 헌법이 직접 명시하고 있는 신분보장규정이다. 징계에 관한 사항을 정한 법률로 법관징계법이 있다. 법관징계법은 "1. 법관이 직무상 의무를 위반하거나 직무를 게을리한 경우, 2. 법관이 그 품위를 손상하거나

법원의 위신을 떨어뜨린 경우"를 법관에 대한 징계 사유로 규정하고 있다(동법 제2조). 위 2.와 비슷한 문언의 구 법관징계법 규정에 대해 헌재는 명확성원칙, 과잉금지원칙에 위배되지 아니한다고 결정한 바 있다(2009헌바34). 대법원에 외부인사가 참여하는 법관징계위원회가 있다(법조법 제48조 제1항; 법관징계법 제4조). 법관이 중대한 심신상의 장해로 직무를 수행할 수 없을 때에는 법률이 정하는 바에 의하여 퇴직하게 할 수 있다(제106조 제2항). 법관이 중대한 신체상 또는 정신상의 장해로 직무를 수행할 수 없을 때에는, 대법관인 경우에는 대법원장의 제청으로 대통령이, 판사인 경우에는 법관인사위원회의 심의를 거쳐 대법원장이 퇴직을 명할 수 있다(법조법 제47조). 그 외 휴직, 파견근무, 겸임 등에 대해 법원조직법이 규정하고 있다.

7) 정치적 중립성·겸직금지·영리행위금지 등

법원조직법은 법관의 재직 중 국회 또는 지방의회의 의원이 되는 일과 정치운동에 관여하는 일을 금지하여 법관의 정치적 중립성을 보장하고 있다(법 제49조 제1호·제3호). 법관은 재직 중 행정부서의 공무원이 될 수 없고, 금전상 이익을 목적으로 하는 업무에 종사하는 일 등이 금지된다(동법 동조 제2호·제4호 - 제7호).

(2) 법관의 물적(재판상) 독립
1) 헌법과 법률에 따른 재판

헌법 제103조는 "법관은 헌법과 법률에 의하여 … 독립하여 심판한다"라고 규정하고 있다. 여기의 헌법은 헌법전뿐 아니라 불문헌법도 포함된다. 법률도 형식적 법률뿐 아니라 긴급명령, 조약 등 실질적 법률도 포함된다. 다만, 형사재판에서는 관습형법이 배제된다(죄형법정주의). 법관이 따라야 할 법률은 합헌적인 법률이어야 한다. 적용될 법률이 위헌적 법률이라는 합리적인 의심이 들 경우 직권으로 제청을 하여 동 법률에 대한 헌법재판소의 위헌심사를 받아 위헌성이 제거된 법률에 의한 재판이 되도록 하여야 한다.

2) 양심에 따른 재판 – 법조적·법리적 양심

헌법 제103조는 "법관은 … 그 양심에 따라 독립하여 심판한다"라고 규정하고 있다. 여기서의 양심은 법관 개인의 주관적 양심이 아니라 법조적·법리적 양심으로서 객관적 양심을 말한다. 따라서 법관은 재판에 있어서 개인적으로 가지는 주관적 양심과의 갈등이 있더라도 법리에 따르는, 법조인으로서의 양심에 따라 재판하여야 한다.

3) 타 국가기관으로부터의 독립

법관의 직무상의 독립을 위해서는 법관이 재판을 행함에 있어서 다른 어떠한 국가기관으로부터도 지휘·감독 기타의 간섭을 받지 않아야 한다. 법관의 타 국가기관으로부터의 독립을 규정한 예로 국감법 제8조는 감사 또는 조사는 계속 중인 재판에 관여할 목적으로 행사되어서는 안 된다고 규정하고 있다.

4) 법원 내부, 상급법원으로부터의 독립

재판상 독립은 사법부 내부에서도 보장되어야 한다. 법원의 재판은 담당 재판부나 법관이 독립적으로 수행하여야 하고 법원장이 지휘나 지시를 하여서는 아니 된다. 상급법원으로부터도 독립하여야 한다. 다만 법원조직법 제8조는 상급법원 재판에서의 판단은 해당 사건에 관하여 하급심을 기속한다고 규정하고 있는데 이는 파기환송 사건의 경우 일관성을 유지하기 위한 것일 뿐이고 심급제도상 요구될 수밖에 없는 것으로서 법관의 독립을 침해하는 것이 아니다(● 판례 2002헌마18).

5) 소송당사자로부터의 독립

법관은 공정한 재판을 하기 위하여 소송의 당사자·이해관계인으로부터 독립하여야 한다. 이를 위하여 제척·기피·회피제도가 있다. 또한 행정소송의 경우 행정기관으로부터도 독립하여야 함은 물론이다.

6) 사회적 세력, 여론으로부터의 독립

법관은 정치적 단체에 의한 압력, 사회단체의 압력을 받지 않아야 하고 여론으로부터도 영향을 받지 않고 독립하여 재판하여야 한다. 형사재판의 피고인에게 불리한 자료의 공개나 유죄라고 단정짓는 악의의 보도로 법관의 심리나 증인의 증언에 영향을 주어서는 아니 된다. 이는 무죄추정원칙에도 반한다. 학자의 평석 등 법리연구적 재판비판 등은 인정된다.

7) 법관의 양형판단권

[의의, 양형기준] 죄질에 따라, 정상의 참작 등을 함으로써 적정한 형벌이 부과되도록 하기 위하여 법관에게 양형재량이 인정된다. 그러나 이로써 형평성논란과 사법불신이 올 수 있기에 투명성을 제고하고자 대법원에 양형위원회를 두어 양형기준을 설정하게 하고 있다(동법 제81조 의2). 양형기준이 법적 구속력을 갖는 것은 아니나 법원이 양형기준을 벗어난 판결을 하는 경우에는 양형의 이유를 적어야 하도록 하고 있다(동법 제81조의7).

[한계] 법관의 양형판단권에는 한계가 있다. 헌재는 법관의 양형판단권이 입법재량권에 의해 한계를 가지는 것으로 보면서, "형사재판에서 법관의 양형결정이 법률에 기속되는 것은 법률에 따라 심판한다는 헌법 제103조에 의한 것으로 법치국가원리의 당연한 귀결이다. 헌법상 어떠한 행위가 범죄에 해당하고 이를 어떻게 처벌할 것인지 여부를 정할 권한은 국회에 부여되어 있고 그에 대하여는 광범위한 입법재량 내지 형성의 자유가 인정되고" 있기 때문이라고 본다(90헌바24; 96헌바9; 2004헌가27 등)

[양형판단권 관련 결정례] ⅰ) 위헌 결정례 - ① 법에 정한 요건에 해당되면 재범의 위험성 유무를 불문하고 반드시 소정의 보호감호를 선고하여야 할 의무를 법관에게 부과한 구 사회보호법(1980.12.18. 법률 제3286호) 제5조 제1항. 헌재는 적법절차, 과잉금지원칙에 위반되고 나아가 법원의 판단재량의 기능을 형해화(形骸化)시켜 헌법 제27조 제1항에 정한 국민의 법관에 의한 정당한 재판을 받을 권리를 침해하였다고 보았다(88헌가5). ② 경한 벌금형으로 처벌할 범

법행위의 경우에도 그 점유물품을 필요적으로 몰수·추징하도록 한 구 관세법 제198조. 헌재는 위 규정이 법관의 양형판단권을 박탈하거나 원천적으로 제한하여 헌법 제27조 제1항에 정한 국민의 법관에 의한 정당한 재판을 받을 권리를 침해하였다고 보았다(2001헌바89). ③ 여객자동 차운수사업자가 지입제 경영금지(명의이용금지 등)를 위반한 경우에 면허 또는 등록을 반드시 취소하도록 규정한 여객자동차운수사업법 제76조 제1항 단서 중 제8호 부분. 헌재는 위 규정이 법원의 재판과정에서 구체적 사안의 개별성과 특수성을 고려하여 공익침해의 정도에 상응하는 제재조치를 선택할 수 있는 재량의 여지를 부여하지 않아 위헌으로 보았다(99헌가11). ⅱ) 합헌 결정례 – ① 집행유예의 요건으로 "3년 이하의 징역 또는 금고의 형을 선고할 경우"로 한정하 고 있는 구 형법 제62조 제1항(93헌바60), ② 선고유예나 집행유예의 선고를 하지 못하도록 법 정형의 하한을 높게 규정하고 또 벌금형도 필요적으로 병과하도록 규정한 '특정범죄가중처벌 등에 관한 법률' 제8조(97헌바68, 그 외 법정형의 하한에 관한 동지 결정례로 93헌바40; 93헌바60; 96 헌바9 등), ③ 위험물탱크안전성능시험자로 지정을 받은 법인의 임원이 금고 이상의 형의 집행 유예의 선고를 받고 확정되고서도 3월 이내에 개임하지 아니하면 위험물탱크안전성능시험자 지정을 필요적으로 취소하도록 한 소방법 규정(99헌바94), ④ 주택관리사와 전기·가스분야 등 의 기술자를 확보하지 않은 채 이들을 채용한 것처럼 허위로 주택관리업등록을 한 경우 필요적 으로 주택관리업등록을 말소하도록 규정한 주택건설촉진법 규정(2001헌바31), ⑤ 약식절차에서 피고인이 정식재판을 청구한 경우 약식명령보다 더 중한 형을 선고할 수 없도록 한 구 형사소 송법 제457조의2(* 현행 형사소송법은 형종상향금지 원칙으로 개정됨)(2004헌가27), ⑥ 벌금형을 체 납액 상당액으로 정액화하고 있는 조세범처벌법 제10조(99헌가5), ⑦ 벌금형의 필요적 병과(97 헌바68; 2003헌바98; 2008헌바52) 등에 대한 합헌결정례들이 있었다.

제 3 절 사법절차

Ⅰ. 재판의 심급제

1. 삼심제

헌법 제101조 제2항은 법원은 최고법원인 대법원과 각급법원으로 구성된다고 하며 법원조 직법은 각급법원으로 고등법원과 지방법원을 규정하여 3심제를 예정하고 있다. 그러나 3심제 가 절대적인 것이 아니다. 중요한 것은 대법원의 재판을 받을 기회가 열려있어야 한다는 것과 헌재 판례에 따르면 사실심과 법률심 모두 헌법과 법률이 정한 법관에 의하여 재판되는 기회가 부여되어야 한다는 것이다(92헌가11). 심급문제는 앞서 본 기본권 중 재판을 받을 권리와 연관되는 문제이기도 하다(전술 기본권각론, 재판청구권 부분 참조).

● **판례** "심급제도의 문제는 사법에 의한 권리보호에 관하여 한정된 사법자원의 합리적 분배의 문제인 동시에 재판의 적정과 신속이라는 서로 상반되는 두 가지의 요청을 어떻게 조화시키느냐의 문제로 돌아가므로 기본적으로 입법자의 형성의 자유에 속하는 사항이라고 할 것이다"(90헌바1; 2008헌마514 등).

2. 삼심제의 예외

(1) 2심제

현재 고등법원의 1심을 거쳐 대법원에 상고할 수 있는 2심제로 되어 있는 경우로는, ① 지방선거 중에 기초지방자치단체장(자치구·시·군의 장)선거와 광역지방의회의원(시·도의회의원)선거의 지역구시·도의원선거, 기초지방의회의원(자치구·시·군의원)선거에서의 선거소송·당선소송(공직선거법 제222조, 제223조), ② 시·군 및 자치구의 주민투표의 효력에 관한 소송(주민투표법 제25조 제2항), ③ 지역구시·도의원, 지역구자치구·시·군의원 또는 시장·군수·자치구의 구청장을 대상으로 한 주민소환투표의 효력에 관한 소송('주민소환에 관한 법률' 제24조 제2항)의 경우에 관할 고등법원에 소를 제기할 수 있다고 하여 고등법원을 1심, 대법원을 상고심으로 하여 2심제로 하고 있다. ④ 특허소송도 2심제로 변경되었는데 특허법원(고등법원급)의 1심을 거쳐 대법원에 상고할 수 있다. 행정소송의 경우 과거 2심제였다가 현재 3심제이다. ⑤ '독점규제 및 공정거래에 관한 법률'에 의한 공정거래위원회의 처분에 대하여 불복의 소는 서울고등법원을 전속관할로 한다(동법 제54조 제1항, 제55조).

(2) 단심제

헌법 제110조 제4항은 "비상계엄 하의 군사재판은 군인·군무원의 범죄나 군사에 관한 간첩죄의 경우와 초병·초소·유독음식물공급·포로에 관한 죄중 법률이 정한 경우에 한하여" 단심으로 할 수 있도록 하고 다만, 사형을 선고한 경우에는 그러하지 아니하도록 하고 있다.

대법원에서의 단심제로, ① 대통령선거, 국회의원선거, 광역지방자치단체장(시·도지사)선거, 비례대표시·도의원선거에 관한 선거소송·당선소송(공직선거법 제222조, 제223조), ② 국민투표무효소송(국민투표법 제92조), ③ 특별시·광역시 및 도의 주민투표의 효력에 관한 소송(주민투표법 제25조 제2항), ④ 시·도지사를 대상으로 한 주민소환투표의 효력에 관한 소송('주민소환에 관한 법률' 제24조 제2항), ⑤ 지방자치단체장이 지방의회의 재의결에 대해 제기하는 기관소송(지방자치법 제120조 제3항, 제192조 제4항), 교육감이 제기하는 비슷한 기관소송('지방교육자치에 관한 법률' 제28조 제3항), 주무부장관 등이 지방의회 재의결에 대해 직접제소하는 경우(지방자치법 제192조, 제5·7·9항), 교육부장관이 시·도의회 재의결에 대해 직접제소하는 경우('지방교육자치에 관한 법률' 제28조 제4·6항), 자치사무에 관한 지방자치단체장의 명령·처분에 대한 시·도지사나 주무부장관의 취소·정지에 대해 지방자치단체장이 이의가 있어 제기하는 소송(동법 제188조 제6

항), 시·도지사나 주무부장관의 직무이행명령에 대해 지방자치단체장이 이의가 있어 제기하는 소송(동 제189조 제6항 등), ⑥ '공유수면 관리 및 매립에 관한 법률'에 따른 매립지의 귀속지방자치단체결정소송[매립지가 속할 지방자치단체를 행정자치부장관이 결정한 데 대해 관계 지방자치단체 장이 이의가 있는 경우에 제기하는 소송(지방자치법 제5조 제9항), 「공간정보의 구축 및 관리 등에 관한 법률」 제2조 제19호의 지적공부에 등록이 누락된 토지에 대한 결정의 경우도 마찬가지이다(동법 동조 동항). 실제의 판례: 대법원 2013.11.14. 2010추73, 새만금방조제일부구간귀속지방자치단체결정취소]. ⑦ 법관의 징계처분에 대한 취소청구사건(법관징계법 제27조) 등이 있다(이 법관징계법 제27조에 대해서는 합헌결정이 있었다. 2009헌바34).

  * 형사보상결정 단심재판(불복금지)의 재판청구권 본질적 내용 침해 위헌결정도 있었다(● 판례 2008헌마514).

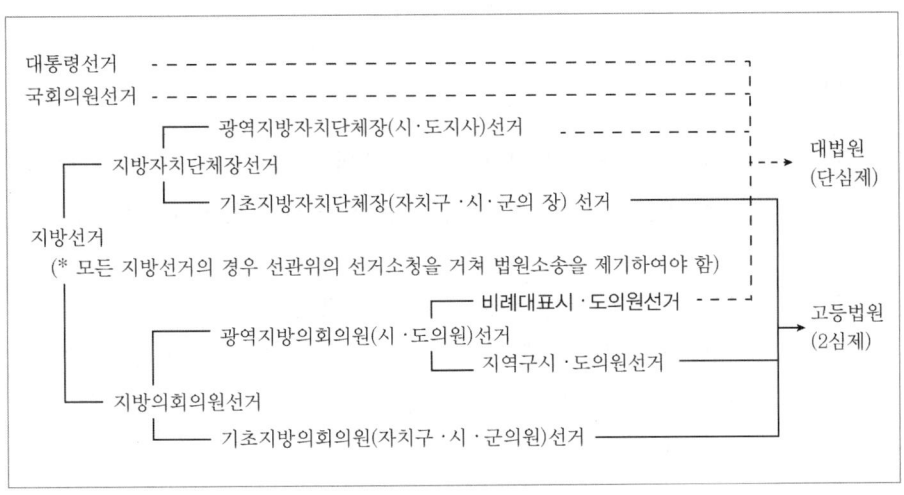

□ 선거소송의 관할

II. 재판의 공개주의

1. 공개의 원칙

재판의 공개는 공정한 재판과 재판에 대한 신뢰를 강하게 하기 위하여 필요하다. 헌법은 "재판의 심리와 판결은 공개한다"라고 하여(제109조 본문) 재판공개원칙을 명시하고 있다. 또한 "형사피고인은 상당한 이유가 없는 한 지체없이 공개재판을 받을 권리를 가진다"라고 규정하고 있다(제27조 제3항 후문).

2. 공개의 범위

형사재판뿐 아니라 민사·행정·특허·선거소송 등의 재판이 공개대상이다. 재판의 심리와 판결이 공개되어야 한다. 심리란 법정에서 법관 앞에서 당사자가 심문을 받고 변론을 행하며, 사실관계의 진실을 입증하기 위한 증거의 제출, 증언의 청취 등을 행하는 것을 말한다. 판결이란 실체에 대한 법원의 판단결과를 말한다. 따라서 소송준비절차상 등의 재판장의 명령은 판결에 포함되지 않아 비공개로 할 수 있다.

3. 공개원칙의 위반의 효과

공개되어야 할 재판이 비공개되어 헌법원칙인 공개원칙에 반한 것은 헌법위반이며, 민사소송법은 이를 절대적 상고이유로 규정하고 있고(법 제424조 제1항 제5호), 형사소송법은 항소이유로 규정하고 있다(법 제361조의5 제9호).

4. 비공개대상

판결은 어떠한 경우에도 공개되어야 하나 심리는 예외적으로 공개되지 않을 수 있다. 헌법 제109조 단서는 "다만, 심리는 … 공개하지 아니할 수 있다"라고 규정하고 있다.

(1) 헌법규정 – 국가안전보장 등을 위한 심리의 비공개

심리에 있어서 예외적인 비공개에 대해 우리 헌법은 그 사유를 규정하고 있다. 즉 "심리는 국가의 안전보장 또는 안녕질서를 방해하거나 선량한 풍속을 해할 염려가 있을 때에는 법원의 결정으로 공개하지 아니할 수 있다"(제109조 단서).

(2) 비공개의 경우

소년법은 보호사건의 심리는 공개하지 아니하고, 다만 소년부 판사는 적당하다고 인정하는 자에게 참석을 허가할 수 있도록 규정하고 있다(법 제24조 제2항). 비송사건절차법은 심문은 공개하지 아니한다고 비공개를 규정하면서 법원은 심문을 공개함이 적정하다고 인정하는 자에게는 방청을 허가할 수 있도록 하고 있다(법 제13조).

5. 재판방청과 보도

재판의 공개는 방청의 자유를 의미한다. 그러나 방청석의 부족 등으로 방청이 제한될 수도 있고, 재판장은 법정의 존엄과 질서를 해칠 우려가 있는 사람의 입정금지 또는 퇴정을 명할 수 있고 그 밖에 법정의 질서유지에 필요한 명령을 할 수 있다(법조법 제58조 제2항). 재판과정의 보도는 당사자의 인격존중 등을 이유로 제한될 수 있다. 누구든지 법정 안에서는 재판장의 허가없이 녹화·촬영·중계방송 등의 행위를 하지 못한다(동법 제59조). 이러한 방청과 보도의 제한은 아래에서 보는 법정질서유지와도 관련된다. 가정법원 사건에 관하여는 본인이 누구인지 미루어 짐작할 수 있는 정도의 사실이나 사진을 신문, 잡지, 그 밖의 출판물에 게재하거나 방송할 수 없다(가사소송법 제10조). 조사 또는 심리 중에 있는 소년보호사건에도 비슷한 제한을 두고 있다(소년법 제68조).

● **대법원 판례** 대법원 1990.6.8. 90도646
[판시] 법원이 법정의 규모·질서의 유지·심리의 원활한 진행 등을 고려하여 방청을 희망하는 피고인들의 가족·친지 기타 일반 국민에게 미리 방청권을 발행하게 하고 그 소지자에 한하여 방청을 허용하는 등의 방법으로 방청인의 수를 제한하는 조치를 취하는 것이 공개재판주의의 취지에 반하는 것은 아니다.

Ⅲ. 법정질서의 유지

법정의 질서유지는 재판장이 담당한다(법조법 제58조 제1항). 재판장은 법정의 존엄과 질서를 해칠 우려가 있는 사람의 입정(入廷) 금지 또는 퇴정(退廷)을 명할 수 있고, 그 밖에 법정의 질서유지에 필요한 명령을 할 수 있다(동법 동조 제2항). 재판장은 법정에 있어서의 질서유지를 위하여 필요하다고 인정할 때에는 국가경찰공무원의 파견을 요구할 수 있다(동법 제60조). 법원은 직권으로 법정 내외에서 법정의 질서유지에 필요한 명령 또는 녹화 등의 금지를 위반하는 행위를 하거나 폭언, 소란 등의 행위로 법원의 심리를 방해하거나 재판의 위신을 현저하게 훼손한 사람에 대하여 감치에 처하거나 과태료를 부과할 수 있고 이 경우 감치와 과태료는 병과할 수 있다(동법 제61조 제1항).

제4절 사법권의 범위와 한계

Ⅰ. 사법권의 개념

헌법 제101조 제1항은 "사법권은 법관으로 구성된 법원에 속한다"라고 규정하고 있다. 여기서 말하는 '사법권'이 무엇인지가 사법권의 범위가 어느 정도에 걸쳐있고 그 한계는 어떠한가 하는 문제와 관련된다.

학설로는 주로 실질설과 형식설이 대립된다. 실질설은 사법의 본질이 구체적인 분쟁사건(쟁송사건)을 두고 법을 해석하고 적용하여 그 분쟁을 해결하는 기능에 있다고 본다. 실질설에 따르면 헌법 제101조의 사법권은 분쟁해결을 위한 재판권만을 의미한다. 형식설은 법원이라는 국가기관이 담당하는 모든 작용을 사법이라고 본다. 입법기관과 행정기관의 권한을 제외한 사법기관으로서의 법원이 담당하는 작용이라면 모두 사법이라고 보는 것이다. 그리하여 형식설에 따르게 되면 우리 헌법 제101조의 사법권은 법원이 담당하는 재판권뿐 아니라 행정, 입법의 작용들에 관한 권한(사법행정권, 대법원규칙제정권)도 모두 포함하게 된다. 양 설의 병합적 입장을 취하는 병립설도 있다.

생각건대 사법권을 넓게 보든 좁게 분쟁해결권으로만 보든 헌법이 법원에 부여한 모든 권한의 범위와 한계 문제가 결국 논의되어진다(헌법기준설). 앞서 대법원규칙제정권, 사법행정권 등은 법원의 조직과 권한을 살펴보면서 다루었기에 여기서는 주로 분쟁해결권(재판권)으로서의 사법권의 범위와 한계를 살펴보고자 한다.

II. 사법권의 범위

1. 포괄적 권한

헌법 제101조 제1항은 단순히 '사법권'이라고 규정하여 포괄적 재판권을 법원에 부여하고 있다. 법원조직법도 "법원은 헌법에 특별한 규정이 있는 경우를 제외한 모든 법률상의 쟁송을 심판하고"라고 명시하여 포괄적 재판권을 명백히 하고 있다(법조법 제2조 제1항 전문).

> ● **판례** 헌재 2000.6.29. 99헌가9 변호사법 제81조 제4항 등 위헌제청
> [쟁점] 변호사징계결정은 대한변호사협회변호사징계위원회의 징계결정이나 그에 불복하여 열리는 법무부변호사징계위원회의 징계결정이나 모두 기본적으로 공권력적 행정처분이라 할 것임에도 불구하고, 변호사법(2000.1.28. 법률 제6207호로 개정되기 전의 것) 제81조 제4항 내지 제6항은 그 징계결정에 대하여 행정법원에의 제소를 허용하지 않고, 법무부변호사징계위원회의 결정에 대하여 그에 영향을 미친 헌법·법률·명령 또는 규칙의 위반이 있음을 이유로 하는 때에 한하여 대법원에 즉시항고할 수 있도록 규정하고 있는바 이는 헌법 제101조에 반하는 것인지 여부(위헌결정) [결정요지] 대한변호사협회변호사징계위원회나 법무부변호사징계위원회의 징계에 관한 결정은 비록 그 징계위원 중 일부로 법관이 참여한다고 하더라도(변호사법 제74조 제1항, 제75조 제2항 참조) 이를 헌법과 법률이 정한 법관에 의한 재판이라고 볼 수 없다. 재판의 전심절차로서만 기능해야 할 법무부변호사징계위원회를 사실확정에 관한 한 사실상 최종심으로 기능하게 하고 있는 것은, <u>일체의 법률적 쟁송에 대한 재판기능을 대법원을 최고법원으로 하는 법원에 속하도록 규정하고 있는 헌법 제101조 제1항에 위반된다.</u> * 동지의 위헌결정례: 2000.1.28.에 법률 제6207호로 개정된 변호사법 제100조 제4항 내지 제6항(개정 전 변호사법 제81조 제4항 내지 제6항과 동일한 규정임)에 대한 위헌결정, 헌재 2002.2.28. 2001헌가18 참조).

2. 사법권(= 재판권)의 범위

(1) 민사소송, 가사소송

민사소송은 사인 간에 권리나 의무 등을 두고 다투는 분쟁을 해결하고 조정하는 절차를 말한다. 가족관계에 관한 가사소송도 있다.

(2) 형사소송

형사소송은 범죄의 혐의가 있다고 하여 공소가 제기된 사람에 대해 변론, 증거조사 등을 통하여 유·무죄 여부를 가리는 재판절차를 말한다.

(3) 행정소송, 특허소송

1) 행정소송

행정소송은 행정청의 위법한 처분 그 밖에 공권력의 행사·불행사 등으로 인한 국민의 권리 또는 이익의 침해를 구제하고, 공법상의 권리관계 또는 법적용에 관한 다툼을 적정하게 해결함을 목적으로 하는 소송절차를 말한다(행정소송법 제1조). 행정소송을 어느 기관이 담당하느냐에 따라 행정형(일반 민·형사법원과는 구별되는 특별한 법원으로서 행정부에 속하는 행정법원이 별도로 있고 이 행정법원에서 행정소송을 담당하는 유형. 대륙국가에서 볼 수 있는 유형이라고 하여 대륙형이라고도 함)과 사법형(민·형사사건을 담당하는 일반 법원이 행정소송도 함께 담당하는 유형. 영미국가에서 볼 수 있는 유형이라고 하여 영미형이라고도 함)이 있다. 우리나라는 일반 법원이 행정소송을 담당하고 있어 사법형을 취하고 있다.

[우리나라 행정소송의 개관과 특색] ⅰ) 당사자적격: 원고적격 – 취소소송은 처분등의 취소를 구할 법률상 이익이 있는 자가 제기할 수 있다(동법 제12조). 피고적격 – 취소소송은 다른 법률에 특별한 규정이 없는 한 그 처분등을 행한 행정청을 피고로 한다(동법 제13조). 최고기관의 장의 처분에 대한 행정소송에 있어서는 장이 아닌 기관이 피고가 되기도 한다. 행정청이 원고가 될 수 있느냐 하는 문제가 있고 원고적격을 인정한 예도 희박하나 있긴 하다.

> * **최고기관의 장의 처분에 대한 행정소송에서의 피고:** ① 대통령이 행한 공무원의 징계처분 기타 본인의 의사에 반한 불리한 처분이나 부작위에 관한 행정소송의 경우 피고는 대통령이 아니라 소속장관으로 한다(국가공무원법 제16조 제1항). ② 국회의장이 행한 처분에 대한 행정소송의 피고는 사무총장으로 한다(국회사무처법 제4조 제3항). ③ 대법원장의 처분에 대한 행정소송의 피고는 법원행정처장으로 한다(법조법 제70조). ④ 헌법재판소장이 행한 처분에 대한 행정소송에서는 헌법재판소 사무처장이 피고가 된다(헌재법 제17조 제5항). ⑤ 중앙선거관리위원회위원장이 행한 공무원의 징계처분 기타 본인의 의사에 반한 불리한 처분이나 부작위에 관한 행정소송의 경우 피고는 중앙선거관리위원회사무총장으로 한다(국가공무원법 제16조 제2항).

ⅱ) 과거에는 행정심판을 반드시 거쳐야 행정소송을 제기할 수 있는, 즉 행정심판의 강제적 전치주의를 취하였으나 현재는 특별한 규정이 있지 않는 한 임의적 전치주의를 취하고 있다(동법 제18조 제1항)

ⅲ) 제소기간 – 제소기간이 항고소송 중 취소소송에는 적용되는데 취소소송은 처분등이 있음을 안 날부터 90일 이내에 제기하여야 하고 처분등이 있은 날부터 1년을 경과하면 이를 제기하지 못한다(동법 제20조). 예외가 있다.

ⅳ) 직권주의가 적용된다(동법 제26조).

ⅴ) 취소소송의 제기는 처분등의 효력이나 그 집행 또는 절차의 속행에 영향을 주지 아니하나(집행부정지원칙) 취소소송이 제기된 경우에 처분등이나 그 집행 또는 절차의 속행으로 인하

여 생길 회복하기 어려운 손해를 예방하기 위하여 긴급한 필요가 있다고 인정할 때에는 일정한 요건하에 집행정지를 인정한다(동법 제23조 제1·2항).

ⅵ) 사정판결 제도, 즉 원고의 청구가 이유있다고 인정하는 경우에도 처분등을 취소하는 것이 현저히 공공복리에 적합하지 아니하다고 인정하는 때에는 법원은 원고의 청구를 기각할 수 있는 제도를 두고 있다(동법 제28조 제1항).

ⅶ) 취소판결 등의 기속력 - 처분등을 취소하는 확정판결은 그 사건에 관하여 당사자인 행정청과 그 밖의 관계행정청을 기속한다. 기속력은 재처분금지의무와 거부처분 경우의 처분의무, 즉 판결에 의하여 취소되는 처분이 당사자의 신청을 거부하는 것을 내용으로 하는 경우에는 그 처분을 행한 행정청은 판결의 취지에 따라 다시 이전의 신청에 대한 처분을 하여야 한다(부작위의 경우도 그러하다. 동법 제30조 제1·2항).

2) 특허소송

특허법, 실용신안법, 상표법 등이 정하는 사건을 재판하는 특허소송도 있다.

(4) 헌법재판, 선거소송(재판)

헌법재판은 헌법규범을 해석하고 적용하여 헌법적 분쟁 등을 해결하고 헌법규범에 위반되는 법률이나 공권력작용 등을 무력화함으로써 헌법이 담고 있는 기본권을 보장하고 입헌주의를 수호하는 재판을 말한다. 주로 헌법재판소가 관할한다. 법원은 위헌법률심판제청권, 위헌명령규칙심사권을 가진다.

선거소송(재판)은 선거의 효력이나 당선의 효력에 다툼이 있는 경우에 이를 해결하기 위한 소송(재판)을 말한다. 선거소송(재판)을 넓게 헌법재판에 포함시키기도 한다.

Ⅲ. 사법권의 한계

1. 실정법적 한계 - 법원관할제외사항

(1) 헌법재판소 관할사항

헌법재판소의 관할사항인 위헌법률심판, 탄핵심판, 위헌정당해산심판, 권한쟁의심판, 헌법소원심판은 법원의 관할이 아니다. 법원은 위헌법률심판을 제청할 수는 있다. 대법원은 권한쟁의심판이 아닌 기관소송을 담당한다.

(2) 국회의원의 자격심사·징계·제명

국회가 소속 국회의원에 대해 행한 자격심사·징계·제명의 처분에 대하여는 법원에 제소할 수 없다고 헌법 자체가 명시하고 있다(제64조 제4항).

(3) 비상계엄 하의 군사법원재판의 단심

비상계엄 하의 일정한 범죄에 대하여 사형을 선고한 경우를 제외하고는 단심으로 할 수 있도록 규정하고 있으므로(제110조 제4항) 이러한 경우에 대법원의 관할이 제한된다.

2. 국제법적 한계

(1) 치외법권

치외법권이란 외국인이 그 국적 국가인 외국의 법의 적용을 받고 그 외국인이 거주하고 있는 국가의 국내법의 적용을 받지 않는 국내법적용면제의 특권을 말한다. 외국의 국가원수, 그 가족, 수행원, 신임장을 제정한 외교사절 및 그 직원과 가족, 그 주류가 승인된 외국군대의 군인 등이 치외법권을 향유한다. 미합중국 군대의 구성원과 군무원, 가족들에 대해서는 한미행정협정 및 그 시행법령 등의 규정에 의해 한국의 형사재판권이 미치고 있는데(동 협정 제22조) 사실상 우리 재판권행사에 한계가 있다.

(2) 조약

조약이 사법심사의 대상이 되느냐 하는 문제에 대해서는(앞의 2부, 국제질서 부분 참조) 긍정설과 부정설이 대립되나 우리나라에서는 긍정설이 우세하다. 그런데 체결·비준에 있어서 국회의 동의를 받은 조약의 경우 법률적 효력의 조약이라고 보는 견해가 많고 따라서 법률적 효력의 조약은 법원이 아니라 헌법재판소의 위헌심판의 대상이 되며 법원은 단지 위헌법률심판제청을 할 수 있다. 명령적 효력의 조약에 대해서는 법리상 법원이 사법심사를 할 수 있을 것이나 외교문제를 통치행위라고 보아 법원이 심사를 회피할 가능성이 있다고 보는 견해도 있다.

3. 재판본질적 한계

재판이란 법적 분쟁이 발생하였을 때 법을 해석하고 법을 적용하여 그 분쟁을 해결하는 작용을 말하므로 사건성, 원고적격 내지 소의 이익, 권리보호이익, 사건의 성숙성 등의 요건을 갖추었을 때 법원이 본안판단에 들어가게 되고 그 요건들을 갖추지 못한 경우에는 판단에 들어가지 않아 이들 요건들이 사법본질적 한계를 이룬다고 한다.

자신의 법적인 권리나 이익이 침해된 사람만이 법원에 소송을 제기할 수 있는데 이러한 권익침해가 있어야 한다는 요건을 원고적격(소의 이익)이라고 한다. 어떠한 행정처분으로 기본권이 침해된 사람 등은 이 원고적격을 가진다. 우리 행정소송법도 취소소송은 처분 등의 취소를 구할 법률상 이익이 있는 자가 제기할 수 있다고 규정하고 있다(행정소송법 제12조 전문). 법원의 소송은 소송을 제기한 사람의 권익을 구제하는 데 효과가 있어야 한다. 이를 권리보호이익이라고 한다. 권리를 침해하는 어떤 행정작용을 대상으로 행정소송을 제기했지만 그 행정작용이 이미 집행되어 종료된 경우에 행정소송에서 그 행정작용을 취소하는 판결이 권리구제에는 의미가 없을 수 있다. 이러한 경우에 권리보호이익이 결여되었다고 한다. 그러나 예외가 인정된다.

4. 현실·정책고려적 한계

(1) 훈시규정, 방침규정

훈시규정은 강제성을 띠지 않는 규정이고 방침규정은 현재에 구속력이 있는 규정이 아니라 하나의 지침을 설정하는 규정이다. 훈시규정과 방침규정은 결국 법원이나 당사자를 구속하지 못하는 것으로 그 규정의 위반을 이유로 재판을 제기하기 어렵다는 점에서 한계로 지적되고 있다.

(2) 자유재량행위

과거의 행정소송법이론은 행정청의 재량이 인정되는 행정작용에 대해서는 사법심사가 어렵다고 보았으나 점점 행정소송이 그 영역과 심사정도를 확대하여 오늘날 행정청의 재량에도 한계가 있다고 보고 재량행위가 그러한 한계를 벗어난 것이 아닌지 또한 재량권남용이 아닌지를 법원이 심사한다. 우리 행정소송법도 "행정청의 재량에 속하는 처분이라도 재량권의 한계를 넘거나 그 남용이 있는 때에는 법원은 이를 취소할 수 있다"라고 규정하여(행정소송법 제27조) 행정소송의 대상이 됨을 인정하고 있다.

(3) 특수신분관계(과거의 특별권력관계)

앞서 기본권주체 문제에서 본 대로(전술 제3부 기본권론 참조) 과거의 특별권력관계이론은 공무원 등 특별권력관계에 있는 사람은 기본권주체가 될 수 없으며 소송도 제기할 수 없다고 보았다. 이러한 특별권력관계론은 오늘날 받아들이기 곤란하고 특수신분에 있는 사람도 자신과 관련된 사건(예를 들어 징계처분)에 있어서 법원에 소송을 제기할 수 있다. 법원은 특수신분관계자가 받은 징계처분 등에 대해 사법심사를 할 수 있으며, 징계처분에 다소 넓은 징계권자의 재량을 인정함에 따라 법원의 판단이 좁혀질 수는 있으나 이를 사법권이 관여할 수 없는 사법권의 한계라고 볼 수는 없다.

(4) 통치행위
1) 의의

통치행위란 고도의 정치적 고려나 판단이 개재된 정부의 결정이나 행위라고 하여 사법부가 이를 심사하기에 적절하지 않다고 보고 그리하여 사법심사의 대상이 되지 않는다고 보는 행위를 말한다. 이를 인정할 것인가를 둘러싸고 논란이 있어 왔다.

2) 인정 여부 등

① **학설**　　긍정설에는 다음과 같은 학설이 있다. ㉠ 권력분립설(내재적 제약설) − 권력분립의 원리에 따라 사법권에도 그 자체에 내재하고 있는 한계가 있다고 보고 고도의 정치적 문제는 사법부의 그 내재적 한계에 속하며 이에 대한 판단은 사법부가 아닌 정치적 의사결정을 하는 행정부나 입법부 등에 위임된 사항이라고 보는 설이다. ㉡ 자유재량행위설 − 고도의 정치적 행위는 정부의 자유재량에 의해 형성되는 행위이고 자유재량행위에 대해서는 사법적 통제가 가해질 수 없다고 보아 고도의 정치적 행위는 사법통제의 대상이 아닌 통치행위가 된다고 보는 설이다. ㉢ 사법적 자기제약설(사법자제설) − 고도의 정치적 문제에 대해서는 그 결정을 행한 국가기관의 판단을 존중하는 것이 바람직하고 사법부가 정치적 성격의 문제에 대해 판단할 경우 사법부가 정치화될 우려가 있으므로 이를 막기 위해 스스로 판단을 회피, 자제하여야 한다고 보는 설이다. ㉣ 독자성설 − 통치행위로 볼 수 있는 행위는 그 자체의 본질상 입법, 행정, 사법 등의 원래의 국가작용과는 구별되는 독자성을 가지는 국가행위로서 사법의 판단에 적절하지 못한 성격의 행위이고 국민에 의한 정치적 평가 내지 비판의 대상이 되는 것이 합리적이고 현실적이라고 보는 설이다.

제한적 긍정설(정책적 고려설)은 법이론적으로는 통치행위를 인정하기 어렵지만 국가의 존속에 극심한 혼란을 가져올 수 있는 중대한 정치적 사안에 있어서는 정책적인 관점에서 통치행위를 인정할 수밖에 없다고 보는 학설이다.

부정설은 헌법이 사법적 판단에서 배제되는 통치행위를 인정하고 있지 않고 권력의 상호 통제의 원리에 따를 때 아무리 고도의 정치성을 띠는 행위일지라도 집행부에 의한 행위인 이상 집행부의 통제를 담당하는 사법부로서는 이를 심사하여야 하며 따라서 통치행위를 인정할 수 없다는 이론이다.

② **우리나라의 판례이론**　　[헌재] ㉠ 부정적 판례 − ⓐ 기본권관련 사안의 경우: 우리 헌재는 긴급재정경제명령이 국민의 기본권을 직접 침해할 경우에는 헌법소원의 대상이 됨을 인정하고 있다. 대통령의 금융실명거래 및 비밀보장에 관한 긴급재정경제명령 발포행위는 이른바 통치행위의 영역에 속하여 헌법소원의 대상이 되지 아니한다는 법무부장관의 주장을 헌재는 받아들이지 않고, "비록 고도의 정치적 결단에 의하여 행해지는 국가작용이라고 할지라도 그것이 국민의 기본권 침해와 직접 관련되는 경우에는 당연히 헌법재판소의 심판대상이 될 수 있는 것일 뿐만 아니라, 긴급재정경제명령은 법률의 효력을 갖는 것이므로 마땅히 헌법에 기속되어야 할 것이다"라고 판시함으로써 긴급재정경제명령이 헌법소원의 대상이 될 수 있음을 인정하고 있다(93헌마186). ⓑ 연례적 군사훈련결정: 헌재는 대통령이 한미연합 군사훈련의 일종인 2007년 전시증원연습을 하기로 한 결정이 연례적으로 실시되어 왔고, 특히 이 연습은 대표적인 한미연합 군사훈련으로서, 새삼 국방에 관련되는 고도의 정치적 결단, 통치행위에 해당된다고 보기 어렵다고 하여 통치행위가 아니라고 본다(2007헌마369).

ⓛ 긍정한 판례 − 대통령의 국군(자이툰 부대 이라크)파견결정에 대한 헌법소원에서 헌재는 "이 사건 파견결정은 그 성격상 국방 및 외교에 관련된 고도의 정치적 결단을 요하는 문제로 서, 헌법과 법률이 정한 절차를 지켜 이루어진 것임이 명백하므로, 대통령과 국회의 판단은 존 중되어야 하고 우리 재판소가 사법적 기준만으로 이를 심판하는 것은 자제되어야 한다"라고 하여 통치행위를 긍정한 바 있다(2003헌마814).

ⓒ 다시 국민의 기본권침해와 직접 관련되는 경우에는 헌재의 심판대상이 될 수 있다고 본 판례(부정적 판례) − '신행정수도의 건설을 위한 특별조치법'에 대한 위헌결정(2004헌마554)에 서 위 ㉠ 판례의 취지를 다시 확인한 바 있다.

ⓔ 기본권이 관련되는 외교행위 − 한편 외교행위에 대해 통치행위이론이 적용된다는 견해 들이 있는데 우리 헌재는 일본군위안부결정, 원폭피해자결정에서, 외교행위라는 영역도 사법심 사의 대상에서 완전히 배제되는 것으로는 볼 수 없다고 하고 특정 국민의 기본권이 관련되는 외교행위에 있어서, 법령에 규정된 구체적 작위의무의 불이행이 헌법상 기본권 보호의무에 대 한 명백한 위반이라고 판단되는 경우에는 기본권 침해행위로서 위헌이라고 선언되어야 한다고 판시한 바 있다(2006헌마788; 2008헌마648. '작위'란 행위를 하는 것을 말하고, '부작위'란 하여야 할 어떤 행위를 하지 않고 있는 것을 말함).

ⓜ 긴급조치에 대한 통치행위성 부정 − 유신헌법 제53조 제4항은 "긴급조치는 사법적 심 사의 대상이 되지 아니한다"라고 규정하고 있었다. 그러나 현재의 헌재는 "비록 고도의 정치적 결단에 의하여 행해지는 국가긴급권의 행사라고 할지라도 그것이 국민의 기본권침해와 직접 관련되는 경우에는 헌법재판소의 심판대상이 될 수 있다는 점(93헌마186), 이러한 사법심사 배 제조항은 근대입헌주의에 대한 중대한 예외가 될 뿐 아니라 기본권보장 규정이나 위헌법률심 판제도에 관한 규정 등 다른 헌법 조항들과 정면으로 모순·충돌되는 점, 현행헌법에서는 그 반성적 견지에서 긴급재정경제명령·긴급명령에 관한 규정(제76조)에서 사법심사 배제 규정을 삭제하여 제소금지조항을 승계하지 아니한 점 및 긴급조치의 위헌 여부는 원칙적으로 현행헌 법을 기준으로 판단하여야 하는 점에 비추어 보면, 이 사건에서 유신헌법 제53조 제4항 규정의 적용은 배제되고, 모든 국민은 현행헌법에 따라 이 사건 긴급조치들의 위헌성을 다툴 수 있다 고 보아야 한다"라고 판시하였다(2010헌바132).

ⓝ 개성공단 전면중단 조치 − 헌재는 북한의 핵무기 개발로 인한 위기에 대처하기 위한 조 치로서 국가안보와 관련된 대통령의 의사 결정을 포함하고 그러한 의사 결정이 고도의 정치적 결단을 요하는 문제이기는 하나, 그 의사 결정에 따른 조치 결과 투자기업인 청구인들의 영업 의 자유 등 기본권에 제한이 발생하였다고 보았다. 그리고 국민의 기본권 제한과 직접 관련된 공권력의 행사는 고도의 정치적 고려가 필요한 대통령의 행위라도 헌법과 법률에 따라 정책을 결정하고 집행하도록 함으로써 국민의 기본권이 침해되지 않도록 견제하는 것이 국민의 기본 권 보장을 사명으로 하는 헌법재판소 본연의 임무이므로, 그 한도에서 헌법소원심판의 대상이

될 수 있다고 보았다(헌재 2022.1.27. 2016헌마364). 나아가 헌재는 이 중단조치가 헌법 제66조, 정부조직법 제11조, 남북교류협력법, 개성공업지구지원법에 따른 것으로 헌법과 법률에 근거한 조치라고 보았고 적법절차원칙도 준수한 것이며 단계적 중단만으로는 부족하여 이 조치를 취하였고 이 조치는 임시조치의 성격을 가져 피해최소성을 가진다고 보았으며, 법익균형성도 있어 과잉금지원칙을 준수한 것으로 보았다. 또 신뢰보호원칙을 위반하지 않았으며 공용제한이 발생하지 않고 영업 손실 등은 헌법 제23조의 재산권보장의 범위에 속한다고 보기 어려워 헌법 제23조 제3항을 위반하여 투자기업인 청구인들의 재산권을 침해한 것으로 볼 수 없다고 판단하여 결국 기각결정을 하였다.

[대법원] ㉠ 과거 "법원이 계엄선포의 요건 구비 여부나, 선포의 당·부당을 심사하는 것은 사법권의 내재적인 본질적 한계를 넘어서는 것이 되어 적절한 바가 못된다"라고 판시한 바 있었고(대법원 1979.12.7. 79초70 재정), 이후 ㉡ 내란죄 사건에서 "계엄선포의 요건 구비 여부나 선포의 당·부당을 판단할 권한이 사법부에는 없다고 할 것이나, 비상계엄의 선포나 확대가 국헌문란의 목적을 달성하기 위하여 행하여진 경우에는 법원은 그 자체가 범죄행위에 해당하는지의 여부에 관하여 심사할 수 있다"라고 판시하였고(대법원 1997.4.17. 96도3376), ㉢ 남북정상회담관련 사건에서 "통치행위의 개념을 인정한다고 하더라도 과도한 사법심사의 자제가 기본권을 보장하고 법치주의 이념을 구현하여야 할 법원의 책무를 태만히 하거나 포기하는 것이 되지 않도록 그 인정을 지극히 신중하게 하여야 하며, 그 판단은 오로지 사법부만에 의하여 이루어져야 하는 것이다"라고 판시한 바 있다(대법원 2004.3.26. 2003도7878). ㉣ 대법원은 위 ㉢의 판시를 재인용하면서 유신헌법 제53조에 근거한 긴급조치 제1호는 국민의 기본권에 대한 제한과 관련된 조치로서 형벌법규와 국가형벌권의 행사에 관한 규정을 포함하고 있으므로 기본권 보장의 최후 보루인 법원으로서는 마땅히 긴급조치 제1호에 규정된 형벌법규에 대하여 사법심사권을 행사하여야 한다고 하면서 긴급조치 제1호가 헌법에 위배되어 무효라고 판시하였다(대법원 2010.12.16. 2010도5986 전원합의체). ㉤ 서훈취소의 통치행위성 부정 ─ 대법원은 "서훈취소는 서훈수여의 경우와는 달리 이미 발생된 서훈대상자 등의 권리 등에 영향을 미치는 행위로서 관련 당사자에게 미치는 불이익의 내용과 정도 등을 고려하면 사법심사의 필요성이 크다. 따라서 기본권의 보장 및 법치주의의 이념에 비추어 보면, 비록 서훈취소가 대통령이 국가원수로서 행하는 행위라고 하더라도 법원이 사법심사를 자제하여야 할 고도의 정치성을 띤 행위라고 볼 수는 없다"라고 판시하였다(대법원 2015.4.23. 2012두26920 판결). ㉥ "긴급조치 제9호가 사후적으로 법원에서 위헌·무효로 선언되었다고 하더라도, 유신헌법에 근거한 대통령의 긴급조치권 행사는 고도의 정치성을 띤 국가행위로서 대통령은 국가긴급권의 행사에 관하여 원칙적으로 국민 전체에 대한 관계에서 정치적 책임을 질 뿐 국민 개개인의 권리에 대응하여 법적 의무를 지는 것은 아니므로, 대통령의 이러한 권력행사가 국민 개개인에 대한 관계에서 민사상 불법행위를 구성한다고는 볼 수 없다"라는 대법원 판례(대법원 2015.3.26, 2012다48824)도 있어

논란된 바 있다. 이 판결의 법리를 토대로 하고 있는 대법원판결들에 대한 헌법소원이 제기되었으나 헌재는 재판소원 대상요건인 '헌재가 위헌으로 결정한 법령을 적용하여 기본권을 침해한 재판'이 아니라는 이유로 대상성을 부정하여 모두 각하결정을 하였다(2015헌마861. 이 결정에서 재판관 김이수, 재판관 안창호의 반대의견은 긴급조치가 위헌이라는 헌재의 결정(2010헌바132)의 기속력에 반하여 청구인들의 헌법상 보장된 기본권인 국가배상청구권을 침해하므로 대상성이 인정되고 또 취소되어야 한다는 의견을 냈다. 반대의견이 타당하다).

③ **국내 긍정설이 취하는 통치행위범위**   국내에 통치행위의 관념을 긍정하는 학설들이, 차이가 있으나 통치행위 범주에 넣고 있는 것을 보면, 국회의 의사, 국회의 자율사항, 대통령의 외교행위, 선전포고, 국민투표회부 등이다. 그러나 헌재는 국회의 자율사항, 조약 등에 대해서도 심사한 바 있고 국민투표의 무효소송제도도 마련되어 있다. 국내 긍정설 중에는 기본권이 관련되는 한 제외되어야 한다는 견해들도 있다.

④ **검토**   실질적 권력분립이론에서 분쟁해결기능은 사법부가 맡아야 하므로 고도의 정치적 작용일지라도 분쟁이 있다면 사법부에 의해 해결되어야 함이 권력분립론에 오히려 충실한 것이라는 점에서 권력분립론을 근거로 하는 긍정설은 타당하지 못하다. 자유재량행위설은 오늘날 재량행위도 재량의 한계를 벗어난 것인지 등을 법원이 심사하므로 타당하지 못하다. 사법자제설은 정치적인 영향력을 고려한다는 것 자체가 사법부가 정치적 판단을 하는 것이어서 역시 법논리적이지 않다. 독자성설도 오늘날 국가행위나 국가권력행사는 헌법적 근원과 정당성을 가져야 하는데 우리 헌법상 통치행위에 대해 규정을 두고 있지 않아 통치행위라는 독자적 영역이 헌법상 용인된다고 볼 수 없다. 결국 통치행위의 관념은 헌법의 법리로는 설명할 수 없고 정책적·현실적 고려에서 나온 것으로 볼 수밖에 없다. 그러나 아무리 정책적이라고 하더라도 국가의 존재목적은 국민의 기본권보장에 있는 것이므로 특히 국민의 기본권이 관련되는 사안에서 통치행위의 관념을 인정할 수 없고 헌법재판소와 법원은 적극적으로 심사를 하여야 한다.

제 5 장

선거관리위원회

"선거와 국민투표의 공정한 관리 및 정당에 관한 사무를 처리하기 위하여 선거관리위원회를 둔다"(제114조 제1항). 선거와 정당사무의 관리를 위하여 중앙선거관리위원회를 비롯하여 각급 선거관리위원회가 있다.

I. 중앙선거관리위원회의 헌법상 지위

1. 헌법상의 독립기관, 필수기관

중립적이고 독립적인 기관으로 헌법에 규정되어 있다. 이는 물론 위원회의 사무가 선거에 관한 것이고 선거에서의 공정성을 확보하기 위해서는 더욱 독립성이 중요하기 때문이다. 헌법 제114조 제1항은 "둔다"라고 하여 필수기관으로 규정하고 있다.

2. 선거 · 정당사무기관

중앙선거관리위원회(이하 "중선위"라고도 함)는 국가 및 지방자치단체의 선거에 관한 사무, 국민투표에 관한 사무, 정당에 관한 사무, '공공단체 등 위탁선거에 관한 법률'에 따른 위탁선거를 통할 · 관리한다(선거관리위원회법 제3조 제3항 전문; 공직선거법 제12조 제1항 전문).

3. 합의제기관

중앙선거관리위원회는 합의제의 위원회 형식으로 운영되는데 이는 바로 독립성을 제고하기 위한 것이기도 하다.

Ⅱ. 선거관리위원회의 조직과 구성

1. 중앙선거관리위원회의 조직과 구성

중앙선거관리위원회는 대통령이 임명하는 3인, 국회에서 선출하는 3인과 대법원장이 지명하는 3인의 위원으로 구성한다(제114조 제2항). 위원들은 국회의 인사청문회를 거쳐 임명·선출·지명하여야 한다(선거관리위원회법(이하 '선위법'이라 함) 제4조 제1항). 위원장은 위원 중에서 호선한다(제114조 제2항).

선거소송의 관할이 법원이라는 점에서 소송의 피고가 되는 선거관리위원회의 구성원을 대법원장이 지명하는 것은 문제라는 지적이 있다.

2. 각급 선거관리위원회의 조직과 구성

각급 선거관리위원회의 조직·직무범위 기타 필요한 사항은 법률로 정한다(제114조 제7항). 이 법률이 선거관리위원회법이다. 각급 선거관리위원회의 위원장은 당해 선거관리위원회위원 중에서 호선한다(선위법 제5조 제2항). 시·도선거관리위원회는 9인의 위원으로, 구·시·군선거관리위원회도 9인의 위원으로, 읍·면·동선거관리위원회는 7인의 위원으로 구성된다(동법 제2조 제1항).

헌재는 중앙선거관리위원회 외에 각급 구·시·군 선거관리위원회도 헌법에 의하여 설치된 기관으로서 헌법과 법률에 의하여 독자적인 권한을 부여받은 기관에 해당하고, 따라서 권한쟁의심판의 당사자 능력이 인정된다고 본다(2005헌라7). 헌법 제114조 제1항에 "선거관리위원회를 둔다"라고 규정한 것이 중요한 근거로 본다.

Ⅲ. 선거관리위원의 임기와 독립성 및 신분보장

중앙선거관리위원회 위원 및 각급 선거관리위원회 위원의 임기는 6년이다(제114조 제3항; 선위법 제8조). 위원은 정당에 가입하거나 정치에 관여할 수 없다(제114조 제4항). 이는 선거의 공정성보장을 위한 선거관리업무에서의 정치적 독립성을 확보하기 위한 것이다.

업무의 독립성보장을 위하여 위원에 대한 신분보장이 이루어지고 있다. 즉 위원은 탄핵 또는 금고 이상의 형의 선고에 의하지 아니하고는 파면되지 아니한다(제114조 제5항). 선거관리위원회법은 각급선거관리위원회의 위원은 ① 정당에 가입하거나 정치에 관여한 때, ② 탄핵결정으로 파면된 때, ③ 금고이상의 형의 선고를 받은 때, ④ 정당추천위원으로서 그 추천정당의 요구가 있거나 추천정당이 국회에 교섭단체를 구성할 수 없게 된 때와 국회의원선거권이 없음이 발견된 때, ⑤ 시·도선거관리위원회의 상임위원인 위원으로서 국가공무원법 제33조 각호의 1에 해당하거나 상임위원으로서의 근무상한에 달하였을 때에 해당할 때가 아니면 해임·해촉 또는 파면되지 아니한다고 규정하고 있다(동법 제9조).

Ⅳ. 선거관리위원회의 운영

각급 선거관리위원회의 회의는 당해 위원장이 소집한다. 다만, 위원 3분의 1 이상의 요구가 있을 때에는 위원장은 회의를 소집하여야 한다(선위법 제11조). 각급 선거관리위원회는 위원 과반수의 출석으로 개의하고 출석위원 과반수의 찬성으로 의결한다. 위원장은 표결권을 가지며 가부동수인 때에는 결정권을 가진다(동법 제10조).

Ⅴ. 선거관리위원회의 권한과 사무

선거관리위원회는 선거와 국민투표의 공정한 관리 및 정당에 관한 사무를 처리하는 권한을 가진다(제114조 제1항). 선거관리위원회는 선거에 관한 사무로서 국가 및 지방자치단체의 선거에 관한 사무 외에 '공공단체 등 위탁선거에 관한 법률'에 따른 위탁선거(농·수협 및 산림조합 등의 조합장 선거 등)에 관한 사무와 주민투표, 주민소환투표에 관한 사무 등을 행한다(선위법 제3조 제1항, 주민투표법 제3조 제1항, 주민소환에 관한 법률 제2조 제1항 등).

1. 중앙선거관리위원회의 권한과 사무

(1) 선거·국민투표에 관한 사무의 통할·관리

중앙선거관리위원회는 선거·국민투표에 관한 사무를 통할·관리한다(선위법 제3조 제3항). 중앙선거관리위원회는 하급선거관리위원회 및 재외선거관리위원회와 재외투표관리관의 위법·부당한 처분에 대하여 이를 취소하거나 변경할 수 있다(공직선거법 제12조 제1항).

(2) 정당에 관한 사무, 정치자금의 배분·통제

중앙선거관리위원회는 정당의 등록, 변경, 소멸 등에 관한 감독의 사무를 수행하고 정치자금의 배분, 국고보조금지급, 후원회 감독 등의 사무를 수행한다. 정당법과 정치자금법에 이에 관한 규정들이 있다.

(3) 규칙제정권

"중앙선거관리위원회는 법령의 범위 안에서 선거관리·국민투표관리 또는 정당사무에 관한 규칙을 제정할 수 있으며, 법률에 저촉되지 아니하는 범위 안에서 내부규율에 관한 규칙을 제정할 수 있다"(제114조 제6항). 중앙선거관리위원회의 규칙은 선거규제방법, 정당사무 등에 관한 것이 많은데 공직선거법과 정당법에 규칙으로 정할 사항들이 규정되어 있다.

2. 각급 선거관리위원회의 권한과 사무

각급 선거관리위원회는 선거·국민투표관리사무(선거절차사무의 관리, 공명선거 홍보활동, 선거법위반행위의 예방 및 감시·단속 업무 등), 정당에 관한 사무(정당의 등록, 등록취소, 정당의 지원에 관한 업무 등), 정치자금에 관한 사무(후원회의 등록, 변경, 소멸에 관한 업무, 후원회의 운영에 대한 감독의 업무, 정당에 대한 국고보조금의 산출과 예산에의 계상, 그 지급 등에 관한 업무, 정치자금의 기탁의 접수와 그 배분에 관한 업무, 정당·후원회의 회계보고 등 정치자금운영에 대한 감독 등의 업무) 등을 수행한다. 각급선거관리위원회는 국가 및 지방자치단체의 선거에 관한 사무, 국민투표에 관한 사무, 정당에 관한 사무, '공공단체 등 위탁선거에 관한 법률'에 따른 위탁선거의 사무를 수행함에 있어 하급선거관리위원회를 지휘·감독한다(선위법 제3조 제3항 후문).

제 6 장
지방자치

제 1 절   지방자치의 개념과 법적 성격

Ⅰ. 지방자치의 개념과 기능 및 유형

1. 지방자치의 개념

지방자치란 특정한 지방의 지역에서 그 지역에 거주하는 주민들이 자주적으로 생활을 영위하고 그들의 복지가 증진되도록 그 지역에 고유한 사무와 행정을 스스로 수행하는 활동을 의미한다. 우리 헌법 제117조도 지방자치단체가 "주민의 복리에 관한 사무를 처리하고 재산을 관리하며, 법령의 범위 안에서 자치에 관한 규정을 제정할 수 있다"라고 규정하여 지방자치권을 명시하고 있다.

지방자치는 특정한 지방의 지역이라는 ① 지리적 개념요소와 ② 고유한 사무의 자율적 처리라는 권한적 개념요소, 그리고 ③ 그 처리를 담당하는 자율기구라는 기관적 개념요소를 내포하는 개념이다.

오늘날 주민의 일상생활에 바로 접해있는 지역행정은 그 역할이 더욱 증대되고 있음은 물론이다. * '지방'이란 용어가 헌법 자체에 들어가 있는 용어이긴 하지만 그 적실성에 대한 검토가 필요하다. '중앙'에 조응하는 의미로 '지방'이라면 중앙집권의 의미를 버릴 수 없는 용어인 한계가 없지 않다. '지역'으로 바꾸어 부를 수도 있을 것이다.

2. 기능

지방분권 · 지방자치는 다음과 같은 기능을 가진다.[21]

ⅰ) 특성화기능 – 지방자치는 지리적 요소를 기초로 하므로 지역의 특성을 살리는 기능을

---

21) 이하의 글은, 정재황, 국가권력규범론, 박영사, 2020, 879면을 옮긴 것이다.

한다.

ⅱ) 자율성과 주축성(중앙정부의 보충성원칙) - 지방자치는 각 지역에서 주민들의 삶을 영위하기 위한 사무를 그 지역 스스로 수행하는 활동이므로 자율성 기능을 한다. 이는 지방에서는 자치가 우선적이고 중심적이며 주축이 되어야 한다는 것을 의미한다. 그리하여 보충성의 원칙이 중요하다. 보충성원칙은 지방에서의 행정, 사무는 지방자치단체가 스스로 먼저 그 정책의 수립, 집행을 수행하도록 하고 그 수행에 어려움이 있을 경우에 중앙정부가 나서서 지원하도록 하는 지방자치원리를 말한다.

ⅲ) 기초민주성, 시민교육, 기본권 등의 구현 - 지방자치는 단위 지역에서 주민들의 일상적이고 기초적인 삶에 관한 자결적인 활동이므로 이는 민주주의의 출발이 되는 것으로서 흔히 풀뿌리 민주주의의 기능을 수행한다. 이는 민주시민의 양성이라는 교육적 측면도 강조되게 한다. 이는 지방선거에의 참여, 지방의회의원으로서 의정참여 등으로 참정권 등을 구현하게 하는 기능도 한다. 헌재도 "지방의 공동 관심사를 자율적으로 처결함과 동시에 주민의 자치역량을 배양하여 국민주권주의와 자유민주주의의 이념구현에 이바지함을 목적으로 하는 제도"라고 한다.[22] 또한 당장 지방자치단체의 폐지 · 병합으로 인해 지방자치단체의 자치권의 침해문제와 더불어 그 주민의 헌법상 보장된 기본권의 침해문제도 발생할 수 있다.[23] 다만, 아래에 보듯이 지방자치권 자체와 주민의 기본권을 구분하여 지방자치권 자체는 기본권이 아니라 그것의 보장이 제도적 보장으로서 지방자치권의 침해를 이유로 헌법소원심판을 청구할 수는 없고 주민이 지방자치와 관련한 기본권의 침해가 있을 때 헌법소원심판을 청구할 수 있다고 본다(후술 참조).

ⅳ) 기능적 권력분립 - 오늘날 고전적 권력분립원칙의 작동이 문제가 있다는 지적 끝에 중앙정부의 권력을 지방에 이양하여 기능적인 수직적 권력분립을 이루어야 하는 점이 지적되고 있기도 하다(전술 권력분립 부분 참조).

헌재는 지방자치의 기능을 아래와 같이 판시하고 있다.

● 판례   헌재 1998.4.30. 96헌바62
[판시] 지방자치제도의 헌법적 보장은 국민주권의 기본원리에서 출발하여 주권의 지역적 주체로서의 주민에 의한 자기통치의 실현으로 요약할 수 있고, 이러한 지방자치의 본질적 내용인 핵심영역은 어떠한 경우라도 입법 기타 중앙정부의 침해로부터 보호되어야 한다는 것을 의미한다. 다시 말하면 중앙정부의 권력과 지방자치단체간의 권력의 수직적 분배는 서로 조화가 요청되고 그 조화과정에서 지방자치의 핵심영역은 침해되어서는 안 되는 것이므로, 이와 같은 권력분립적 · 지방분권적인 기능을 통하여 지역주민의 기본권 보장에도 이바지하는 것이다.

3. 유형

지방자치에는 주민의 참여를 강조하여 현실을 중점으로 하는 영미식의 '주민자치'와 독립된

---

22) 헌재 1991.3.11. 91헌마21; 1998.4.30. 96헌바62; 2009.3.26. 2007헌마843 등.
23) 헌재 1995.3.23. 94헌마175; 1994.12.29. 94헌마201; 2006.4.27. 2005헌마1190 등.

지방자치단체가 법인체로서 스스로 사무를 수행한다는 법적 관념에 중점을 두는 대륙형의 '단체자치'가 있다.

유형 / 항목	단체자치	주민자치
지역	프랑스, 독일 등 대륙국가들	영국, 미국 등 영미국가들
강조점과 의미	국가로부터 독립, 지방분권, 법적 의미	주민참여, 민주주의, 정치적 의미
자치권 성격	전래권	고유권
지방조직단체	법인격 보유, 기관대립주의	지방청, 기관통합주의
국가감독의 중심	행정적 감독	입법적 내지 사법적 감독

❑ 단체자치와 주민자치의 대비

헌재는 "전통적으로 지방자치는 주민의 의사에 따라 지방행정을 처리하는 '주민자치'와 지방분권주의를 기초로 하여 국가 내의 일정한 지역을 토대로 독립된 단체가 존재하는 것을 전제로 하여 그 단체의 의회와 기관이 그 사무를 처리하는 '단체자치'를 포함"한다고 본다(2007헌마843). 우리의 지방자치는 위 구분론에 의하면 지방자치단체를 법인으로 하는 점에서 단체자치에 입각하면서도 주민투표제, 조례개폐청구제 등 주민자치적 요소를 포함하고 있다고 볼 것이다.

Ⅱ. 지방자치권과 그 보장의 법적 성격 및 그 효과

대륙형의 단체자치의 입장에서 지방자치권과 그 보장의 성격을 살펴본다.

1. 지방자치보장의 법적 성격

(1) 지방자치권의 본질적 법적 성격 ‒ 고유권, 전래권 여부

지방자치권의 본직적인 법적 성격에 대해서는 지방자치단체의 고유한 권한으로 보는 고유권설과, 국가에서부터 나오는 권한으로 보는 전래권설(자치위임설)이 대립된다. 생각건대 여기서 먼저 이 문제를 헌법법리의 관점에서 살펴본다는 것을 전제로 한다. 그리하여 무엇보다도 모든 공권력은 국민의 의사표현인 헌법에 의해 주어진다는(헌법은 수권규범이다. 예를 들어 국회의 권한도 그러하다) 법리를 전제한다. 그 점에서 고유하다고 하더라도 그것을 국민이 헌법으로 확인하여 부여된다고 볼 것이다. 그렇게 보지 않으면 예를 들어 고유하다고 하여 국가전체의 법률을 어느 지방자치단체가 거부하면 그 효력이 미치지 못할 수 있게 된다. 국가전체 권력도 헌법에서 나온다고 한다(앞의 주권론 부분 참조). 정리하면 지방자치는 더불어 공동체를 이루겠다는 인간의 본성에서 나온다고 본다면 고유할 수 있다. 뒤에 서술하는 지방자치 본질론이 그

것을 말해준다. 그렇다면 헌법에서 전래한다거나 헌법에 근거를 둔다는(또는 부여라는) 의미는 헌법이 창설한다는 것이 아니라 그것을 확인, 인정한다는 의미이고 그것은 헌법해석상 논리정합의 의미이다. 헌법법리상 지방자치권이 고유한 권력이라는 점만 들면 그것의 확대를 위한 헌법개정이란 말도 어불성설이다. 헌법 없이 고유권을 넓히면 될 것이기 때문이다. 그러나 헌법적으로 확인, 인정되어야 하므로 확대를 위한 헌법개정을 시도하는 것이다. 여하튼 저자가 집필한 국가권력규범론 883면의 "단체자치에서는 지방자치권은 고유한 지방의 권한이 아니라 국가의 헌법이 부여하는 권력"이라고 한 부분은 '고유한', '부여하는' 등의 의미가 위와 같음에도 그 용어가 오해의 소지가 있으므로 저자의 견해를 정확히 나타낼 수 있는 표현으로 정서할 것이다. 아울러 우리 학설 판례가 지적하는 단체자치의 문제도 다시 고려할 생각이다. 우리 지방자치단체가 법인으로 인정되고 있다는 점에서 그러하고 영미식과 구분된다는 것인데 오늘날 반드시 연혁적 현실을 내세운 구분이 필요한지도 의문이고 법인격있는 단체로 인정하면서 주민의 자치가 핵심요소라고 보면 된다. 위 책에서도 우리 지방자치단체가 법인이고 그래서 단체자치를 취하여 "전래권으로서 성격이 주가 된다고 보는 것이 타당할 것"이라고 한 부분(위 책, 881, 883면)도 그 점에서 오해가 없는 선명한 서술로 정리한다.

(2) 지방자치제도 보장의 법적 성격 – 제도적 보장 이론

종래 우리나라에서는 독일의 영향을 받아 지방자치제도, 지방자치권의 보장을 제도적 보장으로 파악하려는 경향이 있었다. 헌재 판례도 "지방자치는 국민의 기본권이 아닌 헌법상의 제도적 보장으로 이해되고 있다"라고 판시하거나[24] "헌법은 제117조와 제118조에서 '지방자치단체의 자치'를 제도적으로 보장하고 있는바, 그 보장의 본질적 내용은 자치단체의 보장, 자치기능의 보장 및 자치사무의 보장이다"라고 판시하여[25] 마찬가지 입장을 취한다. 그러나 최근 이에 대한 비판의 견해들이 강하고 지방자치권은 헌법 자체에서 나오는 것일 뿐이라는 견해가 강해지고 있다. 우리는 제도적 보장이론 자체에 대해 비판적 입장을 설명한 바 있으므로 지방자치의 경우도 마찬가지의 비판이 있게 된다. 제도적 보장이 최소보장이라는 점에서 제도적 보장으로 보는 것에 대한 재검토가 필요하다(제도적 보장이론에 대해서는, 기본권론 참조).

2. 제도적 보장의 법적 효과

(1) 객관적 법규범

위와 같이 지방자치의 보장이 제도적 보장이라고 본다면 지방자치권은 하나의 기본권이 아니라는 결론에 이르게 된다. 제도적 보장으로서 주관적 공권이 아니라 객관적 법규범이라는 것이다. 따라서 지방자치권의 침해를 이유로 기본권구제제도인 헌법소원심판을 청구할 수는 없

---

24) 헌재 2009.3.26. 2007헌마843. 동지: 1994.4.28. 91헌바15; 1998.4.30. 96헌바62 등.
25) 헌재 1994.12.29. 94헌마201; 2009.5.28. 2006헌라6 등.

다는 결론에 이르게 된다. 다만, 기관소송이나 권한쟁의심판, 위헌법률심판, 위헌소원심판에서는 재판규범으로 적용될 수 있다(자세한 것은 제도적 보장 부분을 참조).[26] 그리고 비록 지방자치 자체를 이유로 한 헌법소원심판의 청구는 어려우나 어떤 기본권 침해로 인해 헌법소원심판이 청구된 뒤에는 객관적 헌법질서의 유지 기능을 위하여 헌재가 직권으로 지방자치제 위반 여부를 따질 수 있다(헌법소원의 객관적 헌법질서유지 기능). 또한 입법론적으로 지방자치단체에 행정소송제기권을 부여하는 것이 바람직하다.

(2) 넓은 입법형성

헌재판례에 의하면 제도적 보장은 기본권 보장의 경우와는 달리 그 본질적 내용을 침해하지 아니하는 범위 안에서 입법자에게 제도의 구체적인 내용과 형태의 형성권을 폭넓게 인정한다는 의미에서 '최소한 보장의 원칙'이 적용된다. 따라서 지방자치제도에 대한 입법형성권은 넓다고 보는 것이 판례 입장이라고 볼 것이다.[27]

(3) 특정 지방자치단체 존속 비보장

헌재는 자치제도의 보장은 "자치행정을 일반적으로 보장한다는 것일 뿐이고 특정 자치단체의 존속을 보장한다는 의미가 아니라고" 한다.[28] 실제로 특정 지방자치단체가 다른 지방자체단체와 합쳐져 사라지는 폐치·분합 사례가 있다.

3. 지방자치단체의 법적 성격 – 법인격 인정

지방자치단체는 법인으로 한다(동법 제3조 제1항). 따라서 지방자치단체는 공법상 법인이다. 지방자치법이 공법이기 때문이다. 그리하여 헌재는 공법인의 기본권주체성을 부정하므로 지방자치단체, 그리고 그 소속 기관들에 대해 기본권주체성을 부정하고 이들은 업무와 관련한 사안으로 기본권보장수단인 헌법소원심판을 청구할 수는 없다고 한다.[29] 이러한 판례법리에 대해서는 앞으로 검토가 필요하다.

---

26) 권한쟁의심판에서 적용의 실례-헌재 2009.5.28. 2006헌라6. 위헌소원심판에서 적용의 실례-헌재 1998.4.30. 96헌바62.
27) 헌재 2006.2.23. 2005헌마403 참조.
28) 헌재 1995.3.23. 94헌마175, '경기도남양주시 등 33개 도농복합형태의 시 설치 등에 관한 법률' 제8조 위헌 여부; 2006.4.27. 2005헌마1190 등.
29) 헌재 1997.12.24. 96헌마365; 2014.6.26. 2013헌바122 등.

Ⅲ. 지방자치의 본질

1. 지방자치의 본질적 요소 모색과 그 중요성

지방자치의 보장은 그 본질이 훼손되지 않아야 이루어질 수 있다. 지방자치의 본질이란 그
것의 박탈, 형해화는 지방자치의 부정을 의미하게 되는 것으로 개념정의할 수 있다. 그러나 무
엇의 박탈이 곧 지방자치의 부정을 의미하는지 하는 문제가 남는다. 따라서 지방자치의 본질을
무엇이라고 직접적으로 개념정의하기보다는 그 요소가 무엇인지를 찾고 그 요소가 훼손되지
않는 것이 본질을 유지하는 것이라고 보는 것이 더 현실적일 것이다.

지방자치의 본질적 요소는 그것을 침해하여서는 지방자치라고 할 수 없으므로 그것의 보장
은 지방자치에 대한 국가의 개입이 어느 정도까지 허용되는가 하는 문제와 연관되고 따라서 그
요소의 확인이 중요하다.

2. 본질적 요소

(1) 판례

헌재는 지방자치제도는 "보장의 본질적 내용은 자치단체의 보장, 자치기능의 보장 및 자치
사무의 보장이다"라고 한다.30) 또한 "헌법상 제도적으로 보장된 자치권 가운데에는 자치사무
의 수행에 있어 다른 행정주체(특히 중앙행정기관)로부터 합목적성에 관하여 명령·지시를 받지
않는 권한도 포함된다"라고 하면서 다만 불합리한 제한이 아닌 한 법령에 의해 제한될 수 있다
고 본다.31) 헌재는 "지방자치의 본질적이고 핵심적인 내용은 입법 기타 중앙정부의 침해로부
터 보호되어야 한다는 것이 헌법상의 요청이기도 하다"라고 판시하는 데 그치기도 하는데32)
'중앙정부의 침해'로부터 보호되어야 할 '본질적이고 핵심적인 내용'이 무엇인지 보다 구체적
인 설시가 필요하다.

(2) 사견

생각건대 다음과 같은 요소들이 본질적 요소들이다.

ⅰ) 복수의 자치단체들의 존재 보장   무엇보다 먼저 자치단체들이 존립하는 것을 보장하여
야 한다. 특정자치단체가 계속 존재할 것을 요하지는 않으나 한 국가가 여러 자치단체들로 나누
어져 구성되어 여러 개의 자치단체들이 존재하여야 한다. 전국이 하나의 자치단체가 되는 것과

---

30) 헌재 1994.12.29. 94헌마201; 2008.5.29. 2005헌라3.
31) 헌재 2009.5.28. 2006헌라6.
32) 헌재 2003.1.30. 2001헌가4; 2009.3.26. 2007헌마843 등.

같은 구성은 지방자치가 아니다.

ii) 지역기반성, 주민이라는 인적 요소   복수의 지방자치단체들로 나누어진다는 것도 그러하거니와 지방자치는 일정한 지역을 기반으로 이루어지게 되고 주민들이 존재한다는 점이 본질적이다. 지방자치가 다른 자치와 구별되게 하는 것은 일정한 지역이 존재하여야 하고 그 지역에서 생활하는 주민이 있어야 한다는 점이다. 지방자치단체의 지역을 구역이라고 하는데 구역에는 육지뿐 아니라 공유수면도 포함된다. 헌재판례도 공유수면에 대하여도 지방자치단체의 자치권한이 존재한다고 본다.33) 공유수면의 관할획정을 위한 해상경계선을 어떻게 정하느냐 하는 문제가 그래서 중요하다. 헌재는 이전에 국가기본도상의 해상경계선을 공유수면에 대한 불문법상 해상경계선으로 보아왔는데(헌재 2004.9.23. 2000헌라2; 2006.8.31. 2003헌라1 등) 이 법리를 폐기하는 판례변경을 하였다(헌재 2015.7.30. 2010헌라2). 한편 헌재는 공유수면을 매립한 경우 그 매립지의 관할에 대해서도 판례변경을 하였다. 즉 헌재는 이전에 이미 소멸되어 사라진 종전 공유수면의 해상경계선을 매립지의 관할경계선으로 인정하였으나(헌재 2011.9.29. 2009헌라3 등) 판례를 변경하여 매립 전 해상경계선을 당연한 매립지 관할선으로 인정하지 않는다(헌재 2019.4.11. 2015헌라2). 이러한 판례법리에 대해서는 후술하는 구역 부분, 헌법재판 부분에서 살펴본다(*! 이는 중요사항인바 후술 제2절 Ⅱ.지방자치단체의 구역, 2. (2) 부분, 특히 제5부 헌법재판, 제2절 권한쟁의심판, 제5항, Ⅱ. 결정형식, 4. 인용결정, (1) 3) 지방자치단체의 구역(공유수면, 공유수면매립지) 관할 결정 부분 필독).

iii) 자결성, 독자성   지방사무를 스스로 처결하도록 맡긴다는 자결성이 그 요소가 되어야 할 것이다. 자치라는 점에서 독자성(고유성)을 지녀야 한다. 그 자결성, 독자성은 다시 나누어진다. ① 조직상 – 지방자치단체의 조직과 기관의 설정 등에 있어서 각 지방자치단체 주민에게 그 구성자 등의 결정을 맡겨야 한다. ② 권한·사무상 – 자치적 사무와 권한을 중앙정부가 침해하여서는 아니 된다. 지방자치단체에 대해 국가가 위임한 사무만 수행할 수 있게 하고 전혀 자치사무를 부여하지 않는 것은 본질의 침해이다. ③ 재정적 자치, 사회경제적 독자성 – 재정적 자립성이 확보되지 않는 만큼 중앙정부에 예속이 강해진다. 재정자립을 위한 조세권 등을 부여하여야 한다. 각 지역의 특성과 복리를 위한 사회경제적 시책을 스스로 수립하고 추진할 수 있는 권한이 주어져야 한다.

iv) 포괄적 사무성   지방자치는 그 사무가 특정한 영역에 한정되는 것이 아니라 주민의 복리에 관하여 포괄적(전권한적)이고 일반적 사무를 수행한다는 점에서 다른 자치와 구별된다. 다만, 포괄성은 기초지방자치단체에 주로 해당이 되고 광역지방자치단체는 제한적이다.

---

33) 헌재 2015. 7. 30. 2010헌라2. [판시] 자치권이 미치는 관할구역의 범위에는 육지는 물론 바다도 포함되므로, 공유수면에 대하여도 지방자치단체의 자치권한이 존재한다고 보아야 한다는 것이 우리 재판소의 확립된 입장이다(헌재 2004.9.23. 2000헌라2; 헌재 2006.8.31. 2003헌라1 등 참조).

(3) 한계

그러나 지방자치제가 가지는 본질적 한계도 있다. 별도의 주권을 가지지 않고 국가전체에서 유리될 수는 없다. 국가의 정체성을 인정하고 전국적인 통일성과 일관성을 요하는 부분은 지방자치제에서도 준수되어야 한다.

3. 본질성의 보장

(1) 보장방법

중앙정부가 지방자치단체의 존립 자체를 긍정하는 것은 물론 그 조직구성권을 보장하며 사무영역을 침해하지 않도록 하여야 한다. 국회도 그러한 침해가 오지 않도록 보장하는 입법을 행하고 적절한 재정자립을 보장하기 위한 중앙정부재정과의 관계를 설정하도록 하되 최대한 지방자치단체의 재정을 확보하도록 하여야 한다. 지방자치제의 본질 침해 여부에 대해서 대법원의 기관소송이나 헌법재판소의 위헌법률심판, 위헌소원심판, 권한쟁의심판으로 심사할 수 있다.

(2) 지방자치권 침해여부 심사기준으로서 본질성

헌법재판소는 "법령에 의하여 이를 제한하는 것이 가능하다고 하더라도 그 제한이 불합리하여 자치권의 본질을 훼손하는 정도에 이른다면 이는 헌법에 위반된다[34]"라고 하거나, "지방자치단체의 존재 자체를 부인하거나 각종 권한을 말살하는 것과 같이 그 본질적 내용을 침해하지 않는 한" 법률에 의한 통제는 가능하다고[35] 판시하여 제한의 합리성 여부, 존재 자체의 부인 여부, 권한의 말살 여부를 그 본질적 내용을 판단기준으로 설정하고 있다.

Ⅳ. 우리 지방자치의 헌법상 연혁

우리나라 지방자치에 관한 헌법규정의 역사를 보면, ① 제1공화국 때부터 헌법에 규정을 두고 "지방자치단체의 조직과 운영에 관한 사항은 법률로써 정한다"라고 규정한 당시 헌법 제97조 제2항에 따라 지방자치법이 1949년에 제정되어 그 입법사는 오래되었으나 이승만정부가 중앙임명제를 하는 것이 유리하다는 계산으로 지방선거를 실시하지 않다가 1952년에 실시하여 지방의회가 처음으로 구성되었다. ② 제2공화국 헌법에서는 처음으로 지방자치단체의 장의 선임에 대해 명시하면서, 적어도 시, 읍, 면의 장은 직선하도록 규정하고 있었고 당시 지방자치법은 도지사, 서울특별시장도 모두 직선하도록 규정하였다. 여하튼 제대로 된 지방자치가 실시되었으나 얼마 지나지 않아 1961년 5.16 군사쿠테타로 지방의회가 해산되어 다시 암흑의 시기로

---

34) 헌재 2002.10.31. 2002헌라2; 2006.2.23. 2004헌바50 등 참조.
35) 헌재 2001.11.29. 2000헌바78; 2002.10.31. 2002헌라2; 2008.5.29. 2005헌라3 등.

공화국 \ 사항	1	2	3	4	5	6
지방자치 단체 권한, 자치규정, 종류	제96조 지방자치단체는 법령의 범위 내에서 그 자치에 관한 행정사무와 국가가 위임한 행정사무를 처리하며 재산을 관리한다. 지방자치단체는 법령의 범위 내에서 자치에 관한 규정을 제정할 수 있다.	제96조 지방자치단체는 법령의 범위 내에서 그 자치에 관한 행정사무와 국가가 위임한 행정사무를 처리하며 재산을 관리한다. 지방자치단체는 법령의 범위 내에서 자치에 관한 규정을 제정할 수 있다.	제109조 ① 지방자치단체는 주민의 복리에 관한 사무를 처리하고 재산을 관리하며 법령의 범위 안에서 자치에 관한 규정을 제정할 수 있다. ② 지방자치단체의 종류는 법률로 정한다.	제114조 ① 지방자치단체는 주민의 복리에 관한 사무를 처리하고 재산을 관리하며 법령의 범위 안에서 자치에 관한 규정을 제정할 수 있다. ② 지방자치단체의 종류는 법률로 정한다.	제118조 ① 지방자치단체는 주민의 복리에 관한 사무를 처리하고 재산을 관리하며, 법령의 범위 안에서 자치에 관한 규정을 제정할 수 있다. ② 지방자치단체의 종류는 법률로 정한다.	제117조 ① 지방자치단체는 주민의 복리에 관한 사무를 처리하고 재산을 관리하며, 법령의 범위 안에서 자치에 관한 규정을 제정할 수 있다. ② 지방자치단체의 종류는 법률로 정한다.
지방자치 단체의 조직(지방 의회, 장의 선거(임)과 권한)	제97조 지방자치단체의 조직과 운영에 관한 사항은 법률로써 정한다. 지방자치단체에는 각각 의회를 둔다. 지방의회의 조직·권한과 의원의 선거는 법률로써 정한다.	제97조 ① 지방자치단체의 조직과 운영에 관한 사항은 법률로써 정한다. ② 지방자치단체의 장의 선임방법은 법률로써 정하되 적어도 시, 읍, 면의 장은 그 주민이 직접 이를 선거한다. 〈신설 1960.6.15.〉 * 지방자치법은 도지사, 특별시장도 직선하도록 규정 ③ 지방자치단체에는 각각 의회를 둔다. ④ 지방의회의 조직·권한과 의원의 선거는 법률로써 정한다.	제110조 ① 지방자치단체에는 의회를 둔다. ② 지방의회의 조직·권한·의원선거와 지방자치단체의 장의 선임방법 기타 지방자치단체의 조직과 운영에 관한 사항은 법률로 정한다.	제115조 ① 지방자치단체에는 의회를 둔다. ② 지방의회의 조직·권한·의원선거와 지방자치단체의 장의 선임방법 기타 지방자치단체의 조직과 운영에 관한 사항은 법률로 정한다.	제119조 ① 지방자치단체에 의회를 둔다. ② 지방의회의 조직·권한·의원선거와 지방자치단체의 장의 선임방법 기타 지방자치단체의 조직과 운영에 관한 사항은 법률로 정한다.	제118조 ① 지방자치단체에 의회를 둔다. ② 지방의회의 조직·권한·의원선거와 지방자치단체의 장의 선임방법 기타 지방자치단체의 조직과 운영에 관한 사항은 법률로 정한다.
3, 4, 5공 때의 정지조항			부칙 제7조 ③ 이 헌법에 의한 최초의 지방의회의 구성시기에 관하여는 법률로 정한다.	부칙 제10조 이 헌법에 의한 지방의회는 조국통일이 이루어질 때까지 구성하지 아니한다.	부칙 제10조 이 헌법에 의한 지방의회는 지방자치단체의 재정자립도를 감안하여 순차적으로 구성하되, 그 구성시기는 법률로 정한다.	

□ 지방자치에 관한 역대 및 현행 헌법의 비교

들어갔는데 ③ 제3공화국 때. ④ 제4공화국 때에도 역시 실시되지 않았다. ⑤ 제5공화국 때에도 당시 헌법 부칙 제10조가 "이 헌법에 의한 지방의회는 지방자치단체의 재정자립도를 감안하여 순차적으로 구성하되, 그 구성시기는 법률로 정한다"라고 규정하고 있었으나 그 법률을 제정하지 않아 실시되지 않았다. 이후 ⑥ 제6공화국에 들어와 1991년에 지방의회가 구성되었고 지방자치단체의 장 선거가 대통령이 선거일공고를 하지 않은 부작위로 연기되다가[36] 1995년에 장 선거가 실시되었고 이후 지방의회의원과 지방자치단체의 장이 모두 직선되고 있다. 2021.1.12.에는 지방자치법이 전부개정되었다. 본서에서는 이를 '신법'이라고 부른다.

제 2 절   지방자치단체의 종류와 관할구역 및 조직

Ⅰ. 지방자치단체의 종류 – 법정주의

헌법은 "지방자치단체의 종류는 법률로 정한다"라고 하여(제117조 제2항) 법정주의를 취하고 있다. 이에 따라 지방자치법에 의해 현재 ① 광역지방자치단체 – 특별시, 광역시, 특별자치시, 도, 특별자치도, ② 기초지방자치단체 – 시, 군, 구 2가지 종류가 있다(지방자치법 제2조 제1항, 신법도 동일). 특별자치도로는 제주특별자치도, 특별자치시로는 세종특별자치시가 있다. 2022년 1월 12일부터 시행에 들어가는 전부개정의 지방자치법은 특별지방자치단체의 설치 근거를(제199조부터 제211조까지) 마련하고 있고 서울특별시·광역시 및 특별자치시를 제외한 인구 50만 이상 대도시의 행정, 재정 운영 및 국가의 지도·감독에 대해서는 그 특성을 고려하여 관계 법률로 정하는 바에 따라 특례를 둘 수 있고 서울특별시·광역시 및 특별자치시를 제외한 인구 100만 이상 대도시인 특례시를 둘 수 있도록 하고 있다.

Ⅱ. 지방자치단체의 구역

1. '구역'의 개념과 범위

지방자치단체의 구역이란 지방자치단체의 관할이 미치는 지역과 공간을 말하고 지방자치단체의 기본적인 구성요소임은 물론이다. 그 범위는 토지, 바다 및 공유수면을 포함한다. 헌재도 그렇게 본다(2000헌라2; 2003헌라1; 2010헌라2, 2016헌라8등).

---

36) 이 연기에 대해서는 헌법소원심판이 청구되었으나 헌재는 심판청구 이후 법개정으로 실시될 것이어서 권리보호이익이 없다는 이유를 내세워 각하결정(헌재 1994.8.31, 92헌마126)을 한 바 있었다. 이는 위법상태를 헌재가 용인하는 결과를 가져와 문제가 있는 결정이었다(이에 대해서는 정재황, 헌법재판개론(제2판), 박영사, 2003 참조).

2. 지방자치단체의 관할구역 결정의 기준

경계에 관한 명시적인 법령상의 규정이 존재한다면 그것에 따라야 하고 분쟁이 없을 것이다, 그렇지 않을 경우에 그 결정의 기준이 문제된다. 그동안 지방자치단체들 관할다툼에 관한 사건으로 헌재의 권한쟁의심판결정들이 적지 않게 나왔고 그 결정들을 통해 기준이 설정되고 있는데 아래에 살펴본다.

(1) 토지(육지)에 대한 지방자치단체의 관할구역 결정의 기준

헌재는 "원칙적으로 '지적공부상의 기재'를 기준으로 하되 지적공부상 기재에 명백한 오류가 있거나 그 기재내용을 신뢰하기 어려운 특별한 사정이 있는 경우에는 지형도, 기타 역사적, 행정적 관련 자료 등을 종합하여 판단하여야 할 것"이라고 한다(2005헌라11).

(2) 공유수면, 공유수면 매립지에 대한 지방자치단체의 관할구역 결정의 기준 - 헌재의 판례

그동안 이 기준이 많이 논의된 것은 바다 등 공유수면에 대한 지방자치단체의 관할구역을 둘러싼 권한쟁의심판사건들(사건들이 적지 않았음)에서였고 따라서 헌재판례가 설정한 기준이 중요하다. 그동안 국가기본도상 해상경계선의 불문법성 당연 인정의 폐기를 가져온 판례변경(2010헌라2), 공유수면 매립지에 대한 관할구역 경계 결정에 있어서 매립 전 공유수면의 해상경계선을 매립지의 관할구역 경계선으로 보아온 선례를 변경하여 이를 별도로 보아야 한다고 판례변경(2015헌라2)을 하였고 형평의 원칙 등이 판단기준으로 설정되어 있다. 이 기준 등 공유수면의 관할결정에 관한 자세한 판례법리는 뒤의 헌법재판의 권한쟁의심판에서 서술한다(*! 이는 중요사항이므로 반드시 후술 부분을 필독 !. 즉 후술 제5부 헌법재판, 제2절 권한쟁의심판, 제5항 권한쟁의심판의 결정 및 결정의 효력, Ⅱ. 결정형식, 4. 인용결정, (1) 권한존부(유무)·범위확인결정, 권한침해인정결정, 3) 그동안 많았던 관할권한에 관한 결정례: 지방자치단체의 구역(공유수면, 공유수면매립지) 관할 결정 부분 필히 참조).

Ⅲ. 지방자치단체의 조직

지방자치단체에는 의결기관인 지방의회와 집행기관인 지방자치단체장 등이 있다. "지방자치단체의 조직과 운영에 관한 사항"은 법률로 정한다(제118조 제2항). 이러한 법정주의에 따라 지방자치법이 있다.

1. 지방의회

(1) 구성

헌법이 "지방자치단체에 의회를 둔다"라고 규정하고 있는 대로(제118조 제1항) 지방의회는 필수적 기관이다. "지방의회의 조직·권한·의원선거"는 법률로 정한다(동조 제2항).

(2) 지위·권한

지방의회는 ① 주민대표기관, ② 의결기관, ③ 자치입법기관, ④ 통제기관 등으로서의 지위를 가진다. 지방의회는 ① 입법에 관한 권한으로 조례의 제정·개정권, ② 재정에 관한 권한으로 예산의 심의·확정권 등, ③ 통제권으로 행정사무에 대한 감사·조사권 등을 가진다. 조례제정권에 대해서는 아래에서 별도로 본다.

(3) 지방자치단체의 폐치, 분합으로 인한 새로운 의회의 구성 문제

지방자치단체의 폐치·분합으로 새로 생기는 지방자치단체의 의회구성이 문제된다. 폐치·분합되는 지방자치단체들의 의회들 간에 잔류나 폐지 등의 변화를 폐치·분합하는 법률로 정해야 할 것이다. 새로 선거를 하지 않고 이전 어느 지방자치단체 의회의 의원들을 주축으로 구성되도록 할 경우에 선거가 실시되지 않아 선거권, 공무담임권 등 주민의 기본권행사가 제한된다. [판례] 헌재는 과잉금지원칙을 준수하여야 한다고 보는데 다만 완화된 심사를 한다. 이러한 사안으로 세종특별자치시 의회를 의원선거를 하지 않고 기존 시, 군 의회의원들로 구성되게 한 특별법규정에 대한 헌법소원사건에서 헌재는 새 선거로 오는 기존 의원의 공무담임권 제한을 고려하면 그리고 2년 정도 선거가 실시되므로 그리 과도한 기본권제한이 아니라고 보아 침해최소성을 가지고 과잉금지원칙을 준수하여 합헌성을 인정하였다(헌재 2013.2.28. 2012헌마131).

(4) 지방의회의원

[선거와 임기] 지방의회의원은 주민이 보통·평등·직접·비밀선거에 따라 선출한다(지방자치법 제31조, 신법 제38조). 현재 광역지방자치단체에서는 1인 소선거구제로, 기초지방자치단체에서는 한 선거구당 2인 이상 4인 이하로 선출하는 중선거구제를 취하고 있다(공직선거법 제26조 제1항·2항, 한편 신법 제36조는 지방선거에 관하여 필요한 사항은 따로 법률로 정한다고 규정한다). 지방의회의원의 임기는 4년이다(지방자치법 제39조).

[의원체포 및 확정판결의 통지] 체포나 구금된 지방의회의원이 있으면 관계 수사기관의 장은 지체 없이 해당 의장에게 영장의 사본을 첨부하여 그 사실을 알려야 하고, 지방의회의원이 형사사건으로 공소(公訴)가 제기되어 그 판결이 확정되면 각급 법원장은 지체 없이 해당 의장

에게 이를 알려야 한다(동법 제37조; 신법 제113조).

　[권리와 의무] 지방의회의원은 의정활동비나 월정수당을 받을 권리(동법 제33조 제1항; 신법 제40조), 지방의회의원이 회기 중 직무로 인하여 신체에 상해를 입거나 사망한 경우 등의 보상 금지급을 받을 권리(동법 제34조; 신법 제42조) 등을 가진다. 반면 의원은 다음과 같은 의무를 진다. ① 공공이익우선의무 － 지방의회의원은 공공의 이익을 우선하여 양심에 따라 그 직무를 성실히 수행하여야 한다(동법 제36조 제1항; 신법 제44조 제1항). 이는 헌법의 무기속위임(기속위임금지)정신을 구현하는 것이다. ② 청렴·품위유지의무 － 지방의회의원은 청렴의 의무를 지며, 의원으로서의 품위를 유지하여야 한다(동법 동조 제2항, 신법 동조 제2항). ③ 지위남용금지의무 － 지방의회의원은 지위를 남용하여 지방자치단체·공공단체 또는 기업체와의 계약이나 그 처분에 의하여 재산상의 권리·이익 또는 직위를 취득하거나 타인을 위하여 그 취득을 알선하여서는 아니 된다(동법 동조 제3항; 신법 동조 제3항). ④ 겸직금지의무 － 지방의회의원은 국회의원, 다른 지방의회의 의원 등 법소정의 직을 겸할 수 없는 겸직 등 금지의무를 진다(동법 제35조 제1항; 신법 제43조). ⑤ 영리거래금지의무 등 － 지방의회의원은 해당 지방자치단체 또는 지방자치단체가 출자, 출연한 단체 등과 영리목적의 거래행위를 하여서는 아니되며(신법 제44조 제4항), 소관상임위원회의 직무와 관련된 영리행위를 할 수 없다(신법 제44조 제5항). 이 ⑤ 의무는 현행 지방자치법에는 명시되어 있지 아니하다. 한편 지방의회는 지방의회의원이 준수하여야 할 지방의회의원의 윤리강령과 윤리실천규범을 조례로 정하여야 한다(동법 제38조 제1항; 신법 제46조 제1항). 지방의회는 소속 의원들이 의정활동에 필요한 전문성을 확보하도록 노력하여야 한다(동법 동조 제2항; 신법 동조 제2항).

구분 \ 사항		지방의회의원	국회의원
선출방식	기초의회	중선거구(2-4인) + 비례대표	소선거구 1인
	광역의회	소선거구 1인 + 비례대표	
임기		4년	4년
기속위임금지		○	○
불체포특권		× (체포·구금·확정판결통지만)	○
발언·표결 면책특권		×	○

❑ 지방의회의원과 국회의원의 비교

(5) 지방의회 의장

　[의장·부의장의 선거와 임기] 지방의회는 의원 중에서 시·도의 경우 의장 1명과 부의장 2명을, 시·군 및 자치구의 경우 의장과 부의장 각 1명을 무기명투표로 선거하여야 한다(동법 제48조 제1항; 신법 제57조 제1항). 대법원은 지방의회의 의장선임의결이 행정처분으로서 항고소송의 대상이 된다고 본다. 의장과 부의장의 임기는 2년으로 한다(동법 동조 제3항; 신법 동조 제3항).

[의장의 직무] 지방의회의 의장은 의회를 대표하고 의사(議事)를 정리하며, 회의장 내의 질서를 유지하고 의회의 사무를 감독한다(동법 제49조; 신법 제58조).

[의장불신임의 의결] 지방의회의 의장이나 부의장이 법령을 위반하거나 정당한 사유 없이 직무를 수행하지 아니하면 지방의회는 불신임을 의결할 수 있다(동법 제55조 제1항; 신법 제62조).

2. 지방자치단체의 장

(1) 선출과 임기

정책과 조례를 집행하는 집행기관인 지방자치단체장이 있다. "지방자치단체의 장의 선임방법"은 법률로 정한다(헌법 제118조 제2항). 따라서 지방자치단체의 장을 주민직선으로 할 것인지 지방의회에서 간접선거할 것인지는 법률로 정해질 수 있다. 현재 직선제로 선출된다. 임기는 4년이고 계속 재임은 3기에 한한다(지방자치법 제95조, 신법 제108조. 이 3기 한정 규정은 그 합헌성이 인정되었다. 2005헌마403).

지방자치단체장에 대한 선거권을 헌법상 기본권으로 보지 않은 구 판례도 있었으나 신 판례는 이를 인정하고 있다(판례 헌재 2016.10.27. 2014헌마797).

한편, 신법은 지방자치단체장 선거 당선인이 지방자치단체장의 직 인수위원회를 설치할 수 있도록 법적인 근거를 마련하였다(신법 제105조).

(2) 신분의 소멸

다음과 같은 사유로 소멸된다. ⅰ) 임기만료, ⅱ) 사임 — 지방자치단체의 장은 그 직을 사임하려면 지방의회의 의장에게 미리 사임일을 적은 서면(사임통지서)으로 알려야 한다(동법 제98조 제1항; 신법 제111조 제1항). 지방자치단체의 장은 사임통지서에 적힌 사임일에 사임된다. 다만, 사임통지서에 적힌 사임일까지 지방의회의 의장에게 사임통지가 되지 아니하면 지방의회의 의장에게 사임통지가 된 날에 사임된다(동법 동조 제2항; 신법 동조 제2항). ⅲ) 퇴직 — 지방자치단체의 장이 1. 지방자치단체의 장이 겸임할 수 없는 직에 취임할 때, 2. 피선거권이 없게 될 때, 3. 지방자치단체의 폐치·분합으로 지방자치단체의 장의 직을 상실할 때에는 그 직에서 퇴직된다(동법 제99조 제1항; 신법 제112조 제1항). 지방자치단체를 폐지하거나 설치하거나 나누거나 합쳐 새로 지방자치단체의 장을 선거하여야 하는 경우에는 그 지방자치단체의 장이 선거될 때까지 시·도지사는 행정안전부장관이, 시장·군수 및 자치구의 구청장은 시·도지사가 각각 그 직무를 대행할 자를 지정하여야 한다(동법 제97조 1항 본문; 신법 제110조 제1항 본문).

(3) 지방자치단체의 장의 체포 및 확정판결의 통지

체포 또는 구금된 지방자치단체의 장이 있으면 관계 수사기관의 장은 지체 없이 영장의 사본을 첨부하여 해당 지방자치단체에 알려야 하고, 지방자치단체의 장이 형사사건으로 공소가 제기되어 그 판결이 확정되면 각급 법원장은 지체 없이 해당 지방자치단체에 알려야 한다. 위 두 경우 통지를 받은 지방자치단체는 그 사실을 즉시 행정안전부장관에게 보고하여야 한다. 시·군 및 자치구가 행정안전부장관에게 보고하는 경우에는 시·도지사를 거쳐야 한다(동법 제100조; 신법 제113조).

(4) 지방자치단체의 장의 권한대행

지방자치단체의 장이 1. 궐위된 경우, 2. 공소 제기된 후 구금상태에 있는 경우, 3. 의료법에 따른 의료기관에 60일 이상 계속하여 입원한 경우 부지사·부시장·부군수·부구청장("부단체장")이 그 권한을 대행한다(동법 제111조 제1항; 신법 제124조 제1항). 권한을 대행하거나 직무를 대리할 부단체장이 부득이한 사유로 직무를 수행할 수 없으면 그 지방자치단체의 규칙에 정하여진 직제 순서에 따른 공무원이 그 권한을 대행하거나 직무를 대리한다(동법 동조 제5항; 신법 동조 제5항).

(5) 지방자치단체장의 권한

ⅰ) 지방자치단체의 통할대표권 − 지방자치단체의 장은 지방자치단체를 대표하고, 그 사무를 총괄한다(동법 제101조; 신법 제114조). ⅱ) 사무의 관리 및 집행권 − 지방자치단체의 장은 그 지방자치단체의 사무와 법령에 따라 그 지방자치단체의 장에게 위임된 사무를 관리하고 집행한다(동법 제103조; 신법 제116조). ⅲ) 직원 임면권 − 지방자치단체의 장은 소속 직원을 지휘·감독하고 법령과 조례·규칙으로 정하는 바에 따라 그 임면·교육훈련·복무·징계 등에 관한 사항을 처리한다(동법 제105조; 신법 제118조). ⅳ) 규칙제정권 − 지방자치단체의 장은 법령이나 조례가 위임한 범위에서 그 권한에 속하는 사무에 관하여 규칙을 제정할 수 있다(동법 제23조; 신법 제29조). ⅴ) 사무의 위임 등의 권한 − 지방자치단체의 장은 조례나 규칙으로 정하는 바에 따라 그 권한에 속하는 사무의 일부를 보조기관, 소속 행정기관 또는 하부행정기관, 관할 지방자치단체나 공공단체 또는 그 기관 등에 위임할 수 있다(동법 제104조 제1항·2항; 신법 제117조). ⅵ) 지방의회에 대한 권한 − 이 권한으로 지방자치단체의 장은 ① 지방의회의 의결에 대한 재의요구와 제소(동법 제107조; 신법 제120조), ② 예산상 집행 불가능한 의결의 재의요구(동법 제108조, 신법 제121조), 선결처분(동법 제109조; 신법 제122조) 등의 권한을 가진다.

(6) 지방자치단체장의 의무

ⅰ) 겸임금지의무 − 지방자치단체의 장은 대통령, 국회의원, 헌법재판소재판관, 각급 선거관리위원회 위원, 지방의회의원, 국가공무원법 제2조에 규정된 국가공무원, 지방공무원법 제2조에 규정된 지방공무원 등 동법 소정의 직을 겸할 수 없다(동법 제96조 제1항; 신법 제109조 제1항). ⅱ) 영리거래·사업금지의무 − 지방자치단체의 장은 재임 중 그 지방자치단체와 영리를

목적으로 하는 거래를 하거나 그 지방자치단체와 관계있는 영리사업에 종사할 수 없다(동법 동조 제2항; 신법 동조 제2항). ⅲ) 중앙행정기관, 광역자치단체장과의 관계상 의무 – 주무부장관이나 시·도지사의 위법·부당한 명령·처분 시정명령, 직무이행명령 등 지시에 따를 의무가 있다(동법 제169조, 제170조; 신법 제188조, 제189조). 이러한 지시가 너무 강하면 지방자치의 정신에 부합되지 않는다. ⅳ) 퇴직시 사무인계 의무 – 지방자치단체의 장이 퇴직할 때에는 그 소관 사무의 일체를 후임자에게 인계하여야 한다(동법 제106조; 신법 제119조).

3. 교육·과학 및 체육에 관한 기관

지방자치단체의 교육·과학 및 체육에 관한 사무를 분장하기 위하여 별도의 기관을 두는데 그 기관의 조직과 운영에 관하여 필요한 사항은 따로 법률로 정한다(동법 제121조). 이 법률이 '지방교육자치에 관한 법률'(약칭: 교육자치법)이다. 현재 그 기관으로 교육위원회와 교육감이 있다. 교육위원회는 2014년 6월 30일에 폐지되었고 이후 시·도의회의 상임위가 담당하게 되었다.
시·도의 교육·학예에 관한 사무의 집행기관으로 시·도에 교육감을 둔다(교육자치법 제18조 제1항). 교육감은 주민의 보통·평등·직접·비밀선거에 따라 선출한다(동법 제43조). 교육감후보자가 되려는 사람은 해당 시·도지사의 피선거권이 있는 사람으로서 후보자등록신청개시일부터 과거 1년 동안 정당의 당원이 아닌 사람이어야 하고, 후보자등록신청개시일을 기준으로 교육경력 또는 교육행정경력이 3년 이상 있거나 양 경력을 합한 경력이 3년 이상 있는 사람이어야 한다(동법 제24조). 교육감의 임기는 4년으로 하며, 교육감의 계속 재임은 3기에 한한다(동법 제21조). 교육감은 교육·학예에 관한 사무를 관장하며, 교육규칙제정권이 인정된다(동법 제25조 제1항).

제 3 절 지방자치단체의 사무

Ⅰ. 지방자치단체 사무의 종류

1. 자치사무, 위임사무(단체위임사무, 기관위임사무)

지방자치단체는 "주민의 복리에 관한 사무를 처리하고 재산을 관리"한다(제117조 제1항). 지방자치의 사무에는 ① 자치사무(고유사무)와 ② 위임사무가 있다. 자치사무는 주민의 복리에 관한 고유한 사무를 말하고 자율성을 가지며 지방자치단체가 그 경비를 부담할 의무를 진다. 위임사무란 법령에 의해 국가나 지방자치단체가 위임한 사무로서 위임사무에는 ㉠ 지방자치단체 자체에 위임된 단체위임사무와 ㉡ 지방자치단체의 장에게 위임된 기관위임사무가 있다.

사무 사항	자치사무	단체위임사무	기관위임사무
지자체 자체 사무인지 여부	○	○	×
조례제정대상 여부	○	○	× (조례로 제정하라는 특별한 법률규정이 있으면 ○)
비용부담	○	× [위임자(국가, 광역 지자체)가 부담, 지자법 제141조]	× [위임자(국가, 광역 지자체)가 부담, 지자법 제141조]
국가배상책임	○	△ [위임자(국가, 광역 지자체)가 지되, 공공시설 등의 하자로 인한 책임, 비용부담자로서의 책임(국가배상법 제5, 6조)을 질 수는 있음]	△ [위임자(국가, 광역 지자체)가 지되, 공공시설 등의 하자로 인한 책임, 비용부담자로서의 책임(국가배상법 제5, 6조)을 질 수는 있음]
국가·광역 지자체의 통제	△적법성만	○ 적법성, 타당성(합목적성)	○ 적법성, 타당성(합목적성)
권한쟁의심판	○	○	×

❑ 자치사무, 단체위임사무, 기관위임사무의 차이 비교

2. 구분의 실익

위와 같이 지방자치단체의 사무를 분류하는 실익은 ⅰ) 그 수행에 있어서 지방자치단체의 독자성의 정도, ⅱ) 조례제정의 범위(후술 조례 참조), ⅲ) 수행을 위한 재정조달이나 수행방식 등에서 차이(비용(경비)부담의 차이 등), ⅳ) 통제에 있어서 차이[예를 들어 감사대상이나 권한쟁의심판의 대상(단체위임사무에 관해서는 권한쟁의심판을 청구할 수 있는 반면 기관위임사무에 관해서는 단체 자체의 사무가 아니기 때문에 청구할 수 없다), 국가배상책임 등의 면에서 차이가 있다. 후술 또는 전술 참조] 등에 있다.

[위 구분에 대한 근본적 검토] ⅰ) 오늘날 지방자치가 일상화되어가고 있고 실제 주민의 일상생활에서도 그러한데 이를 굳이 위임 여부를 따져서 구분지어야 하는지 하는 근본적인 고민이 있다. ⅱ) '고유'사무라는 용어보다도 '자치사무'라는 용어를 저자는 애용해 오고 있다. 이런 자세가 지방자치단체의 고유한 사무영역을 부정하겠다는 것이 아니라 고유한 사무가 위임사무와 선명히 구분되어야 한다는 것도 문제이지만 그리함으로써 지방자치권의 사무 범위를 한정지어 버리는 자기모순에 빠져버린다(폐쇄성). 지방자치가 약하던 시기에는 고유성을 강조하여 그것을 찾아오는 데 주력하게 하는 구호이었는지 모르나 오늘날 그렇게 보는 것은 자승자박이 될 수도 있다. 오히려 지방자치단체의 일상적 사무가 포괄적이고 그야말로 일반사무가 되어 고유사무가 되어야 하지 않을까 한다. ⅲ) 문제는 자치역량을 강화하는 것이 중요하다. 이하에서는 기존 법리와 판례이론을 살펴본다.

Ⅱ. 지방자치법상의 예시와 처리가 금지되는 국가사무

1. 예시

헌법에는 지방자치단체의 사무를 구체적으로 규정하지 않았고 지방자치법은 "지방자치단체는 관할 구역의 자치사무와 법령에 따라 지방자치단체에 속하는 사무를 처리한다"라고 먼저 규정한다(동법 제9조 제1항; 신법 제13조 제1항). 이는 위 (1)에서 제시한 일반적인 구분에 따르면 자치사무와 단체위임사무를 의미한다. '법령에 따라' 속하는 사무가 단체위임사무를 말한다. 이에 대해서는 별도로 본다.

2. 지방자치단체에 의한 처리가 금지되는 국가사무

지방자치단체는 법률에 이와 다른 규정이 있는 경우가 아니면 외교, 국방, 사법(司法), 국세 등 국가의 존립에 필요한 사무, 물가정책, 금융정책, 수출입정책 등 전국적으로 통일적 처리를 할 필요가 있는 사무, 농산물·임산물·축산물·수산물 및 양곡의 수급조절과 수출입 등 전국적 규모의 사무 등의 국가사무를 처리할 수 없다(동법 제11조; 신법 제15조).

Ⅲ. 자치사무

1. 자치사무의 개념과 효과

자치사무는 고유사무라고도 하고 각 지방자치단체 별로 그 여건에 따라 그 지방자치의 주민의 복리를 위해 독자적으로 수행되어야 할 사무(헌법 제117조 제1항 전단 참조)이다. 자치사무는 지방자치제의 본질적 사무이므로 자율성이 주어지고 이에 대한 국가나 광역 지방자치단체의 통제는 주로 적법성 통제에 그친다. 헌재는 자치사무는 "지방자치단체가 주민의 복리를 위하여 처리하는 사무이며 법령의 범위 안에서 그 처리 여부와 방법을 자기책임 아래 결정할 수 있는 사무로서 지방자치권의 최소한의 본질적 사항이므로 지방자치단체의 자치권을 보장한다고 한다면 최소한 이 같은 자치사무의 자율성만은 침해해서는 안 된다"라고 판시하고 있다.[37]

---

37) 헌재 2009.5.28. 2006헌라6. 동지: 헌재 2011.8.30. 2011헌라1.

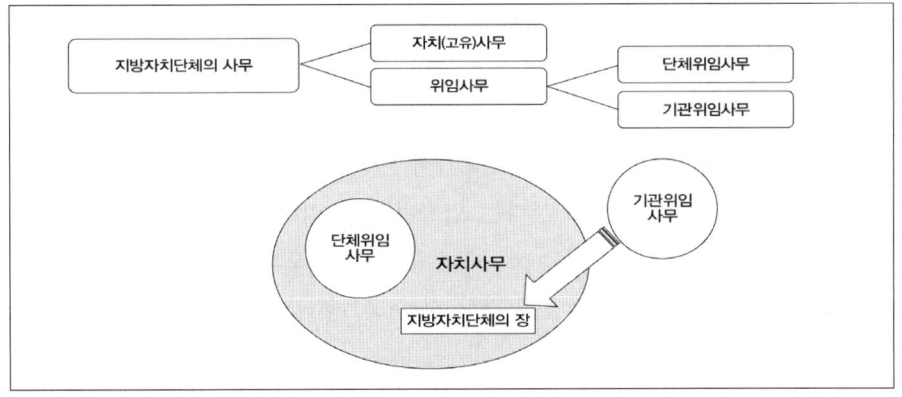

□ 지방자치단체 사무 다이어그램

출전: 정재황, 국가권력규범론, 박영사, 2020, 937면

2. 자치사무의 범위

지방자치단체의 전권한성에 따라 법령에 특별히 달리 정하는 바가 없으면 주민의 복리를 위한 모든 사무는 자치사무에 속한다(전권한성 원칙). 자치사무의 구체적인 것들은 위에서 언급한 대로 예시되어 있다(지방자치법 제9조 제2항; 신법 제13조 제2항).

1. 지방자치단체의 구역, 조직, 행정관리 등에 관한 사무
2. 주민의 복지증진에 관한 사무
3. 농림·수산·상공업 등 산업 진흥에 관한 사무
4. 지역개발과 자연환경보전 및 생활환경시설의 설치·관리 사무
5. 교육·체육·문화·예술의 진흥에 관한 사무
6. 지역민방위 및 지방소방에 관한 사무
7. 국제교류 및 협력

위 제9조 제2항(신법 제13조 제2항)에 예시된 것 외에도 자치사무는 넓게 인정되고 인정되어야 한다.

3. 국가사무와 자치사무의 구분

(1) 판례 법리

대법원은 자치사무인지 국가사무에 해당하는지를 판단할 때에는 "법령의 규정 형식과 취지를 우선 고려해야 할 것이지만, 그 밖에도 사무의 성질이 전국적으로 통일적인 처리가 요구되는 사무인지 여부나 경비부담과 최종적인 책임귀속의 주체 등도 아울러 고려하여 판단해야 한다"라는[38] 입장이다. 헌재도 비슷한 입장이다.

---

38) 대법원 2014.2.27. 2012추145.

(2) 판례사안

ⅰ) 자치사무로 인정된 예: ① 국가정책에 관한 주민투표 실시 사무(2005헌라5), ② 지방선거비용 사건(2005헌라7)

ⅱ) 국가사무로 인정된 예: 헌재는 주로 국가적 이익에 관한 것으로서 전국적인 통일을 기할 필요성이 있는 사무는 국가사무로 본다는 입장이다. 그리하여 ① 대학설립에 관한 권한 결정(2010헌라3), ② 신항만의 명칭결정(2006헌라1), ③ 고속철도의 건설이나 고속철도역의 명칭결정(2003헌라2), ④ 4대강 살리기 사업에 관한 사무(2011헌라1), ⑤ 군 공항의 예비이전후보지로 선정(2017헌라2) 등.

4. 효과 – 비용(경비)부담, 손해(국가(지자체))배상책임, 통제 등

ⅰ) 비용 – 지방자치단체는 그 자치사무의 수행에 필요한 경비를 지출할 의무를 진다(동법 제141조). 지방재정법도 "지방자치단체의 관할구역 자치사무에 필요한 경비는 그 지방자치단체가 전액을 부담한다"라고 명시하고 있다(동법 제20조). ⅱ) 손해배상책임 – 사무의 귀속도 지방자치단체 자체이므로 그 사무수행으로 손해가 발생한 경우에는 국가(지자체)배상은 지방자치단체가 지게 된다. ⅲ) 통제, 감사 – 그 통제는 자치성의 보장으로 적법성 여부에 대한 통제에 그치고 합목적성(타당성) 여부에 대한 통제는 하지 않는 것이 원칙이다. 감사원의 감사는 합목적성까지도 합헌이라는 것이 헌재의 판례이다(2005헌라3). 행정안전부장관, 시·도지사의 감사는 합법성에 그친다. ⅳ) 권한쟁의심판 – 자치사무를 둘러싼 분쟁에 대한 권한쟁의심판 제기도 가능하다.

Ⅳ. 위임사무

위임사무는 다른 기관으로부터 이전된 권한으로서 수행되는 사무이다. 위임사무에는 다시 단체위임사무와 기관위임사무로 나누어 설명된다. 엄밀하게 말한다면 지방자치단체의 사무를 지방자치단체 자체가 수행하는 사무로만 정의한다면 기관위임사무는 지방자치단체가 수임하는 것이 아니라 지방자치단체의 장이 수임하는 것이므로 지방자치단체의 사무가 아닌 것이다.

1. 단체위임사무

(1) 개념과 범위

지방자치단체 자체에 대해 국가나 다른 지방자치단체가 위임을 해주어 단체 자체에 귀속되는 사무를 말한다. 이러한 위임은 주로 법령에 의해 이루어진다. 헌재는 위에서 본 지방자치법 제9조 제1항의 "'법령에 따라 지방자치단체에 속하는 사무'란 보통 단체위임사무를 말한다"라고 한다.[39] 현재 단체위임사무는 그 예를 찾기 힘들다. 국가가 위임하는 사무는 거의 기관위임으로 하고 있기 때문이다. 이런 상황에 대해서는 "기관위임보다 단체위임이 민주주의의 원리에 보다 적합하다"라고 보아 기관위임선호는 문제가 있다고 보는 지적이 가해지고 있다.[40]

(2) 효과 – 비용(경비)부담, 손해(국가(지차체))배상책임, 통제 등

ⅰ) 비용 – 국가사무나 지방자치단체사무를 위임할 때에는 이를 위임한 국가나 지방자치단체에서 그 경비를 부담하여야 한다(동법 제141조 단서). 지방재정법도 "국가가 스스로 하여야 할 사무를 지방자치단체에 위임하여 수행하는 경우 그 경비는 국가가 전부를 그 지방자치단체에 교부하여야 한다"라고 규정하고 있다(지방재정법 제21조 제2항). ⅱ) 손해배상책임 – 단체위임사무를 수행하여 발생한 손해에 대해서는 그 사무의 귀속주체가 위임한 국가나 지자체 자체이므로 그 배상책임도 그 위임자인 국가나 지자체가 지게 되나 지자체가 공공시설 관리상 하자를 지녔거나 비용을 부담한 경우에는 지방자치단체도 책임을 질 경우가 있다(국가배상법 제5, 6조). ⅲ 통제, 감사 – 국가나 광역 지방자치단체의 통제(주무부장관과 시·도지사의 직무이행명령 (지방자치법 제170조 제1항) 등)도 받게 되며 감사원감사, 주무부장관(시·도가 시·군·자치구에 위임한 시·도 사무는 주무부장관 감사대상이 아님), 시·도지사의 감사도 이루어진다. 국가의 통제와 감사는 적법성 뿐 아니라 타당성(합목적성)에도 미친다. ⅳ) 권한쟁의심판 – 단체위임사무를 둘러싼 권한쟁의심판도 제기될 수 있다.

2. 기관위임사무

(1) 개념과 검토

지방자치단체 자체가 아니라 장이 위임받는 사무를 말한다. 엄밀한 의미로는 지방자치단체 자체의 사무가 아니다. 시·도와 시·군 및 자치구에서 시행하는 국가사무는 법령에 다른 규정이 없으면 시·도지사와 시장·군수 및 자치구의 구청장에게 위임하여 행한다(지방자치법 제102조; 신법 제115조). 기관위임사무는 앞서 본 단체위임사무와 달리 그 예가 많다.

기관위임사무에 대해서는 국가의 영향력을 유지한 채 이를 편의적으로 남용하는 경향이 있다고 하면서 그 폐지를 주장하는 견해와 그대로 유지할 필요가 있다는 견해가 대립되고 있다. 기관위임사무도 지방자치단체 공무원의 행정력으로 수행된다는 점은 분명하다.

39) 헌재 2011.8.30. 2011헌라1.
40) 홍정선, 신 지방자치법, 제3판, 박영사, 2015, 482면.

(2) 효과

현재의 기관위임사무에 대해서는 그것이 지방자치단체 자체의 사무가 아니라고 본다. 그래서 다음과 같은 결과를 가져온다.

ⅰ) 비용(경비)부담 — 자치사무와 달리 지방자치단체 자체의 사무가 아니므로 위임을 한 국가나 광역 지방자치단체가 그 사무수행에 소요되는 비용을 부담하게 된다. 지방재정법도 "국가가 스스로 하여야 할 사무를 지방자치단체 기관에 위임하여 수행하는 경우 그 경비는 국가가 전부를 그 지방자치단체에 교부하여야 한다"라고 규정하고 있다(지방재정법 제21조 제2항). ⅱ) 손해배상책임 — 국가(지자체)배상책임에 있어서 위임자인 국가나 광역 지방자치단체가 지게 되나 지자체가 공공시설 관리상 하자를 지녔거나 비용을 부담한 경우에는 지방자치단체도 책임을 질 경우[41]가 있다(국가배상법 제5, 6조). ⅲ) 조례제정대상 제외 — 대법원의 판례는 기관위임사무는 특별히 법률로 조례로 정하도록 하지 않은 한 조례제정의 범위 안에 포함되지 않는다고 본다(아래 조례 부분 참조). ⅳ) 통제, 감사 — 국가나 광역 지방자치단체의 통제가 있고 감사원감사, 주무부장관(시·도가 시·군·자치구의 장에 위임한 시·도 사무는 주무부장관 감사대상이 아님), 시·도지사의 감사도 이루어진다. 국가의 통제와 감사는 적법성뿐 아니라 타당성(합목적성)에도 미친다. ⅴ) 권한쟁의심판 제기 부정 — 헌재의 판례는 지방자치단체가 당사자가 되는 권한쟁의심판에서 기관위임사무는 지방자치단체 자체의 사무가 아니므로 지방자치단체 자체의 권한이 아니므로 권한의 침해가능성이 없다고 하여 제기가능성을 부정하고 기관위임사무수행에 관한 권한침해를 주장하면서 청구해오면 각하결정을 한다(헌법재판, 권한쟁의심판 부분 참조). 그동안 헌재는 ① 도시계획사업실시계획인가사무(98헌라4), ② 지적공부의 등록·비치·보관·보존 등 등록관련의 집행행위(2000헌라2), ③ '국가하천(4대강)의 유지·보수(2011헌라1)', ④ 국가공무원인 교육장 등에 대한 징계사무(2012헌라3등) 등에 대해 국가로부터의 기관위임사무라고 판단한 바 있다.

Ⅴ. 사무처리의 기본원칙

지방자치법에 명시된 원칙을 보면(동법 제8조, 신법 제12조), ⅰ) 주민복리원칙 — 지방자치단체는 그 사무를 처리할 때 주민의 편의와 복리증진을 위하여 노력하여야 한다. ⅱ) 적정성원칙 — 지방자치단체는 조직과 운영을 합리적으로 하고 그 규모를 적정하게 유지하여야 한다. ⅲ) 적법성 원칙 — 지방자치단체는 법령이나 광역(법조문은 '상급'이라고 규정하나 부적절하다고 보는 필자가 바꿔 적음. 신법 시·도라고 함) 지방자치단체의 조례를 위반하여 그 사무를 처리할 수 없다.

---

41) 대법원 1994.12.9. 94다3887.

제 4 절   지방자치단체의 자치권

Ⅰ. 지방자치단체의 자치권의 내용

지방자치단체는 조직자치권, 자치입법권, 행정자치권, 인사자치권, 재정자치권, 계획자치권, 주민결정권 등을 가진다. 자치사무에 대하여 실시한 정부합동감사가 지방자치권을 침해하였다고 본 헌재 판례로, 2006헌라6 결정이 있었다. 이에 비해 헌재는 감사원이 지방자치단체에 대하여 자치사무의 합법성뿐만 아니라 합목적성에 대하여도 감사할 수 있도록 한 감사원법 규정이 지방자치권의 본질을 침해하지 않는다고 판단하였다(2005헌라3). 위 자치권들 중 지방자치를 움직이는 법적 구심체인 자치입법권(조례제정권)을 이하에서 살펴본다.

Ⅱ. 조례제정권

1. 조례의 개념과 법적 성격

조례란 지방자치단체가 지방의회의 의결로 제정하는 자치적인 법을 말한다. 헌법은 지방자치단체는 "법령의 범위 안에서 자치에 관한 규정"(조례)을 제정할 수 있다고 규정하고 있다(제117조 제1항). 조례는 자주법(自主法)의 성격을 가진다.

2. 조례제정권의 범위

조례제정대상은 지방자치단체 자체가 가지는 권한과 사무이어야 한다. 따라서 지방자치단체 자체의 사무인 자치사무와 단체위임사무(위임받았지만 단체 자체에 귀속되므로 단체 자체의 사무인 것이다)이고 집행기관인 지방자치단체의 장에게 위임된 사무인 기관위임사무는 제정대상이 아니라고 본다(대법원 2001추57). 다만, 기관위임사무의 경우에도 개별 법령의 위임이 있으면 제정될 수 있다고 본다(대법원 99추30).

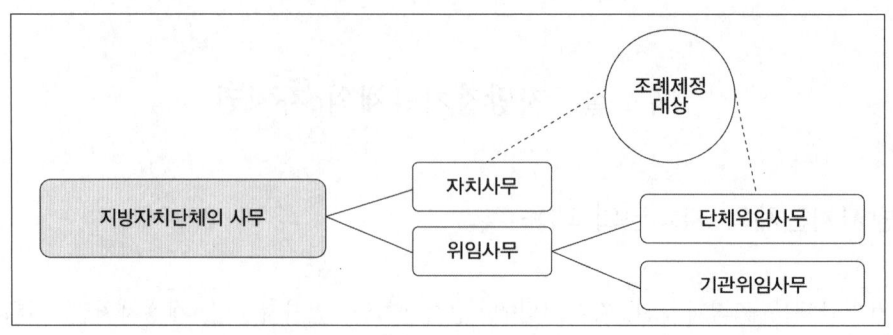

□ 조례제정 범위 도해

3. 조례제정권의 한계

(1) 법률유보(法律留保)의 문제

1) 견해 대립

지방자치법 제22조(신법 제28조 제1항) 단서는 주민의 권리 제한 또는 의무 부과에 관한 사항이나 벌칙을 정할 때에는 법률의 위임이 있어야 한다고 규정하고 있다. 이 규정이 지방자치단체의 조례제정권을 침해한 것이 아닌지를 두고 위헌설과 합헌설, 절충설의 대립이 있다. 보다 헌법적인 문제상황은 헌법 제37조 제2항이 국민의 모든 자유와 권리의 제한은 법률로써 하도록 하고 있는 데 있다고 할 것이다.

합헌설(긍정설)은 조례도 적어도 권리제한, 의무부과와 같은 불이익한 사항은 국민의 의사에 따라야 하므로 법률이 위임을 해주어야 한다고 보고 우리 헌법 제37조 제2항이 국민의 자유와 권리는 법률로써 제한할 수 있으므로 조례로는 제한할 수 없으므로 법률의 위임(근거)이 필요하다는 견해이다. 부정설(위헌설)은 조례제정권이 지방자치단체의 고유한 권한이라는 점을 들어 법률의 근거가 없더라도 조례가 제정될 수 있다고 보고 위 단서조항은 헌법 제117조가 법령의 범위 안에서 자치규정을 정하도록 한 것에 비추어 볼 때 법령의 범위 안에서를 너무 넓게 보아 법률의 위임이 있어야 하도록 하므로 자치입법권을 과도하게 제한한다는 견해이다. 절충설은 법령이 직접적인 규정을 두면 조례가 그 내용과 충돌되는 규정을 할 수 없고 법령이 없으면 법령의 위임이 없더라도 조례 스스로 규정을 할 수 있다고 해석되므로 결국 헌법합치적 해석이 가능하여 문제가 없다고 보는 입장이다.

생각건대 지방자치의 구현이 조례를 통해 이루어지는 부분이 많다는 점에서 법률유보의 제약을 완화하는 것이 바람직하다. 포괄위임을 허용하는 판례경향도 그런 방향에 서 있다고 할 것이다.

2) 판례

헌재와 대법원은 주민의 권리와 의무에 관한 사항을 규율하는 조례를 제정함에 있어서는 법률의 위임이 필요하다고 본다.

3) 포괄적 위임의 허용과 그 근거

[허용] 판례는 이렇게 법률유보를 요구하지만 다만, 판례(헌재, 대법원 모두)는 조례에 대한 법률의 위임은 반드시 구체적으로 범위를 정하여 할 필요가 없으며 포괄적인 것으로 족하다고 한다(92헌마264; 2017헌마1356).[42]

[포괄위임 인정의 논거] 헌재는 포괄위임을 인정하는 논거포괄위임의 인정의 근거로서 ① 조례제정권자인 지방의회는 지역적 정당성을 지닌 주민대표기관이고, ② 헌법이 지방자치단체에 대한 포괄적인 자치권을 보장하고 있다는 점을 들고 있다(92헌마264; 2017헌마1356).

> ① 조례제정권자인 지방의회는 지역적 정당성을 지닌 주민대표기관이고,
> ② 헌법이 지방자치단체에 대한 포괄적인 자치권을 보장하고 있다.

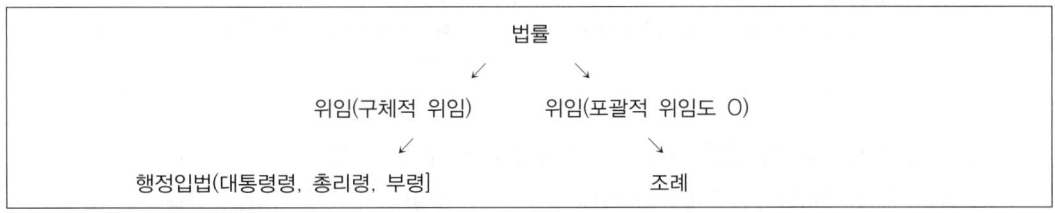

☐ **행정입법에의 위임과 조례에의 위임의 정도차이**

4) 하위 법령의 위임내용제한 금지

신 지방자치법 제28조 제2항은 "법령에서 조례로 정하도록 위임한 사항은 그 법령의 하위 법령에서 그 위임의 내용과 범위를 제한하거나 직접 규정할 수 없다"는 규정을 신설하여 위임받은 조례 제정권을 보장해 주는 제한·금지규정을 두고 있다.

(2) '법령의 범위 안에서'의 제정

1) 법단계구조상 한계

헌법 제117조 제1항 후문은 "법령의 범위 안에서" 자치에 관한 규정을 제정할 수 있다고 규정하여 자치규정제정권의 한계를 설정하고 있다. 여기서의 '법령'이란 헌법과 법률은 물론 포함이 되고 법규명령(대통령령·총리령·부령)도 포함된다.

[법령보충규칙의 포함] 훈령, 예규, 고시, 지침 등의 이름의 행정규칙도 포함이 되느냐 하는 문제가 있는데 헌재는 비록 행정규칙이더라도, 그것이 "상위법령의 위임한계를 벗어나지 아니

---

42) 대법원판례의 예: 대법원 2019.10.17. 2018두40744. [판시] 헌법 제117조 제1항은 지방자치단체에 포괄적인 자치권을 보장하고 있으므로, 자치사무와 관련한 조례에 대한 법률의 위임은 법규명령에 대한 법률의 위임과 같이 구체적으로 범위를 정하여서 할 엄격성이 반드시 요구되지는 않는다. 법률이 주민의 권리의무에 관한 사항에 관하여 구체적으로 범위를 정하지 않은 채 조례로 정하도록 포괄적으로 위임한 경우에도 지방자치단체는 법령에 위반되지 않는 범위 내에서 각 지역의 실정에 맞게 주민의 권리의무에 관한 사항을 조례로 제정할 수 있다. * 포괄위임 허용 대법원 또 다른 판례: 대법원 2006.9. 8. 2004두947 등.

하는 한, 상위법령과 결합하여 대외적인 구속력을 갖는 법규명령으로서 기능하는 행정규칙"은 포함된다고 본다(2001헌라1; 2002헌라2). 그러므로 이러한 법규명령으로서 기능하는 행정규칙(이른바 '법령보충규칙')도 조례가 따라야 한다는 것이다.

[국제조약과의 관계] 조례가 국내법에서 법령 하위에 있으므로 국제법과의 관계도 하위에 있게 된다. 현행 헌법 제6조는 "조약은 국내법적 효력을 가진다"라고 규정하고 있고 그 국내법에 대해 판례와 학설은 국회의 동의를 받은 경우에는 법률과 같은 효력, 국회동의가 없었던 국제협정은 명령과 같은 효력을 가진다. 그런데 우리 헌법 제117조는 "법령의 범위 안에서" 조례를 제정할 수 있다고 규정하므로 국회동의를 받지 않아 명령과 같은 효력을 가지는 국제협정에도 반하면 아니 되므로 결국 국제조약 전체에 대해 하위에 조례가 있게 된다(이에 대해서는 앞의 2부의 국제질서 부분 참조).

헌법 > 법률 > 법규명령(대통령령, 총리령, 부령) > 법령보충규칙 > 조례
국제조약 >   조례

2) 법령이 정하고 있지 않은 사항, 법률에 반하지 않는 사항

'법령의 범위 안에서'라는 한계의 의미에 관련하여 법령이 우위에 있다고 하더라도 법령이 정하고 있지 않은 사항, 그리고 정하고 있는 사항이라도 조례가 이에 대해 정할 수 있을 것인지 여부가 논의된다. 부정설과 긍정설로 나뉘나 법령이 정하지 않은 사항에 대해 조례가 제정될 수 없는 것은 아니고 법령이 정하고 있는 사항이라고 조례가 무조건 개입될 수 없는 것은 아니다. 아래에 보듯이 판례도 '법령의 범위 안'이라는 의미는 '법령에 위반되지 아니하는 범위 안'이라고 해석하여 법령이 정하고 있는 사항에 대해서도 조례개입의 여지를 두고 있다.

따라서 법령의 내용에 명백히 반하는 조례는 제정될 수 없으나, 법령상 규정이 없는 사항에 대하여는 조례가 정해질 수 있다고 보아야 한다(법령상 규정된 것 외의 사항을 조례가 정하는 경우, 이를 '추가조례'라 한다). 다만, 권리제한, 의무부과와 같은 기본권제한적인 내용인 경우에는 헌법 제37조 제2항이나, 지방자치법 제22조 단서에 따라 법률의 위임, 근거가 있어야 한다. 수익적인 작용도 재정적인 시행능력을 갖추어야 한다.

법령상 규정이 있는 경우 다음과 같이 정리해볼 수 있다.

① 법리 - 일단 그 추구하는 입법목적이 동일하여야 한다. 다음으로 법령이 이미 규정을 두고 있는 사항에 대해 조례가 규정을 둘 수 있는가 하는 문제에서 핵심은 일단은 조례가 법령상 요건보다 약화시킬 경우는 문제가 없다고 볼 것이나 그 요건을 보다 강화하는 조례(초과조례)가 허용될 것인가가 주 논의대상이다. ⓐ 이익적 사항 - 법령에 급부행정에 관한 사항이 이미 규정되고 있는데 이 사항에 대해 조례가 제정하려는 것은 가능하다. 그런데 이 경우도 두 가지로 나누어 볼 수 있다. 그 급부제공의 요건이 법령보다 완화되게 조례가 정하게 하는 것은 재정적 문제가 없다면 가능하다. 반대로 그 요건을 엄격히 조례가 정할 경우이다. 이익을 준다

고 해서 법령이 정한 요건보다 엄격히 해도 되는 것은 아니고 그것은 오히려 침해효과를 가져오므로 이는 인정될 수 없을 것이다. 다만, 법령이 규정한 요건이 전국적인 최소기준을 설정한 것일 뿐이고 지방자치단체별로 실정에 맞도록 보다 엄격히 하는 것은 허용된다고 본다. ⓑ 침해적 사항 ― 법령이 정하고 있는 사항이 침해적 사항인데 그 법령이 정하고 있는 내용보다 더 강한 침해를 조례가 정할 수는 없다. 다만, 전국적으로 제한의 최저기준을 정해두고 지방자치단체마다 그 실정에 맞도록 하려는 취지라면 이는 받아들일 수 있다는 것이다.

② 판례도 대체적으로 전국적 기준 설정, 지역적 실정 감안의 규율이라는 입장이다. 즉 "지방자치법 제15조에서 말하는 '법령의 범위 안'이라는 의미는 '법령에 위반되지 아니하는 범위 안'이라는 의미로 풀이되는 것으로서, 특정 사항에 관하여 국가 법령이 이미 존재할 경우에도 그 규정의 취지가 반드시 전국에 걸쳐 일률적인 규율을 하려는 것이 아니라 각 지방자치단체가 그 지방의 실정에 맞게 별도로 규율하는 것을 용인하고 있다고 해석될 때에는 조례가 국가 법령에서 정하지 아니하는 사항을 규정하고 있다고 하더라도 이를 들어 법령에 위반되는 것이라고 할 수가 없다"라고 한다.

> ◐ **대법원판례**   대법원 2000.11.24. 2000추29. 동지: 대법원 1997.4.25. 96추244
> [판결요지] 지방자치단체는 법령에 위반되지 아니하는 범위 내에서 그 사무에 관하여 조례를 제정할 수 있는 것이고, 조례가 규율하는 특정사항에 관하여 그것을 규율하는 국가의 법령이 이미 존재하는 경우에도 조례가 법령과 별도의 목적에 기하여 규율함을 의도하는 것으로서 그 적용에 의하여 법령의 규정이 의도하는 목적과 효과를 전혀 저해하는 바가 없는 때, 또는 양자가 동일한 목적에서 출발한 것이라고 할지라도 국가의 법령이 반드시 그 규정에 의하여 전국에 걸쳐 일률적으로 동일한 내용을 규율하려는 취지가 아니고 각 지방자치단체가 그 지방의 실정에 맞게 별도로 규율하는 것을 용인하는 취지라고 해석되는 때에는 그 조례가 국가의 법령에 위반되는 것은 아니다); 대법원 2006.10.12. 2006추38; 2007.12.13. 2006추52 등. 그 외 "법령에 위반되지 아니하는"으로 해석하는 또 다른 판례로, 대법원 2009.4.9. 2007추103 등 참조.

한편, 시·군 및 자치구의 조례는 시·도의 조례를 위반하여서는 아니 된다(동법 제24조, 신법 제30조).

4. 조례제정권에 대한 통제

(1) 재의요구에 의한 통제

지방자치단체의 장이나 주무부장관, 광역지방자치단체의 장의 재의요구에 의한 통제가 있다(지방자치법 제32조, 제120조, 제192조). 이 재의요구절차는 지방의회의 재의결시 기관소송으로 나아갈 수 있어서 기관소송의 제기에 선행절차이므로 거기서 또 설명을 하게 되면 중복될 수 있어 이를 피하기 위해 아래 사법적 통제의 기관소송에서 함께 서술한다.

(2) 사법적 통제

1) 법원에 의한 통제

[법원의 통제의 경우] 법원의 각종 소송(민사, 행정 등의 소송)에서 그 위헌, 위법 여부가 그 재판의 전제가 되는 경우 그 조례에 대한 심사를 하게 된다. 예를 들어 취소소송이나 무효확인 소송 등의 행정소송에서 그 대상이 된 행정처분이 근거한 조례 규정에 대해 법원이 심사를 하여 위헌, 위법인지를 가려야 그 행정처분의 유효성을 따질 수 있을 것이다(이 경우 변호사시험 공법복합형 출제대상이 될 수 있다). 민사소송에서도(예를 들어 부당이득반환 청구소송, 국가배상소송 등) 조례가 원인이 된 경우 그런 재판전제성 문제가 걸릴 수 있고 심사가능성이 있다.

[기관소송, 집행정지신청] 조례의결에 대해서는 기관소송을 통한 통제도 이루어지고 있는데 이 경우 기관소송의 관할은 대법원만이라는 점에 유의할 일이다. 다음과 같은 경우와 절차로 이루어진다. ⅰ) 재의요구 및 재의결: ㉠ "지방의회의 의결이 법령에 위반되거나 공익을 현저히 해친다고 판단되면 시·도에 대해서는 주무부장관이, 시·군 및 자치구에 대해서는 시·도지사가 해당 지방자치단체의 장에게 재의를 요구하게 할 수 있고, 재의 요구 지시를 받은 지방자치단체의 장은 의결사항을 이송받은 날부터 20일 이내에 지방의회에 이유를 붙여 재의를 요구하여야 한다"(동법 제192조 제1항). ㉡ <u>주무부장관의 시·군 및 자치구 장에 대한 직접 재의요구</u> – "시·군 및 자치구의회의 의결이 법령에 위반된다고 판단됨에도 불구하고 시·도지사가 제1항에 따라 재의를 요구하게 하지 아니한 경우 주무부장관이 직접 시장·군수 및 자치구의 구청장에게 재의를 요구하게 할 수 있고, 재의 요구 지시를 받은 시장·군수 및 자치구의 구청장은 의결사항을 이송받은 날부터 20일 이내에 지방의회에 이유를 붙여 재의를 요구하여야 한다." (동법 동조 제2항). ㉢ 지방의회의 재의결 – "제1항 또는 제2항의 요구에 대하여 재의한 결과 재적의원 과반수의 출석과 출석의원 3분의 2 이상의 찬성으로 전과 같은 의결을 하면 그 의결 사항은 확정된다"(동법 동조 제3항). ⅱ) 기관소송의 제기와 집행정지신청: ㉠ 해당 지방자치단체 장의 제소 – "지방자치단체의 장은 제3항에 따라 재의결된 사항이 법령에 위반된다고 판단되면 재의결된 날부터 20일 이내에 대법원에 소를 제기할 수 있다. 이 경우 필요하다고 인정되면 그 의결의 집행을 정지하게 하는 집행정지결정을 신청할 수 있다"(동법 동조 제4항). ㉡ 해당 지방자치단체 장의 불제소시 제소 지시 및 직접 제소 – ① "주무부장관이나 시·도지사는 재의결된 사항이 법령에 위반된다고 판단됨에도 불구하고 해당 지방자치단체의 장이 소를 제기하지 아니하면 시·도에 대해서는 주무부장관이, 시·군 및 자치구에 대해서는 시·도지사가 그 지방자치단체의 장에게 제소를 지시하거나 직접 제소 및 집행정지결정을 신청할 수 있다"(동법 동조 제5항, 괄호 제외). ② <u>주무부장관의 시·군 및 자치구 장에 대한 직접 제소요구, 직접 제소</u> – 지방자치단체의 장이 불제소한 이 경우가 위 "제2항에 따라 주무부장관이 직접 재의 요구 지시를 한 경우"[시·도지사가 제1항에 따라 재의를 요구하게 하지 않아 주무부장관이 직접 재의요구를 한 경우 – 즉 위 ⅰ)의 ㉡의 경우]인 때에는 주무부장관이 그 지방자치단체의

장에게 제소를 지시하거나 직접 제소 및 집행정지결정을 신청할 수 있다"(동법 동조 동항 괄호). ③ 제소 지시, 제소기간 – "제5항에 따른 제소의 지시는 제4항의 기간이 지난 날부터 7일 이내에 하고, 해당 지방자치단체의 장은 제소 지시를 받은 날부터 7일 이내에 제소하여야 한다." "주무부장관이나 시·도지사는 제6항의 기간이 지난 날부터 7일 이내에 제5항에 따른 직접 제소 및 집행정지결정을 신청할 수 있다"(동법 동조 제6, 7항). ④ "제1항 또는 제2항에 따른 지방의회의 의결이나 제3항에 따라 재의결된 사항이 둘 이상의 부처와 관련되거나 주무부장관이 불분명하면 행정안전부장관이 재의 요구 또는 제소를 지시하거나 직접 제소 및 집행정지 결정을 신청할 수 있다"(동법 동조 제9항). ⅲ) 재의요구 자체를 하지 않은 경우의 직접 제소 – 재의요구 지시에 따르지 않아 재의요구가 없는 경우에 직접제소 가능성도 열어두고 있다. 즉 위 "제1항 또는 제2항에 따라 지방의회의 의결이 법령에 위반된다고 판단되어 주무부장관이나 시·도지사로부터 재의 요구 지시를 받은 해당 지방자치단체의 장이 재의를 요구하지 아니하는 경우(법령에 위반되는 지방의회의 의결사항이 조례안인 경우로서 재의 요구 지시를 받기 전에 그 조례안을 공포한 경우를 포함한다)에는 주무부장관이나 시·도지사는 제1항 또는 제2항에 따른 기간이 지난 날부터 7일 이내에 대법원에 직접 제소 및 집행정지 결정을 신청할 수 있다"(동법 동조 제8항).

[유의점] 재의요구의 경우 법령위반, 공익을 현저히 해친다고 판단되는 경우 두 사유 모두 가능하지만 기관소송의 제소사유로는 법령위반만이다.

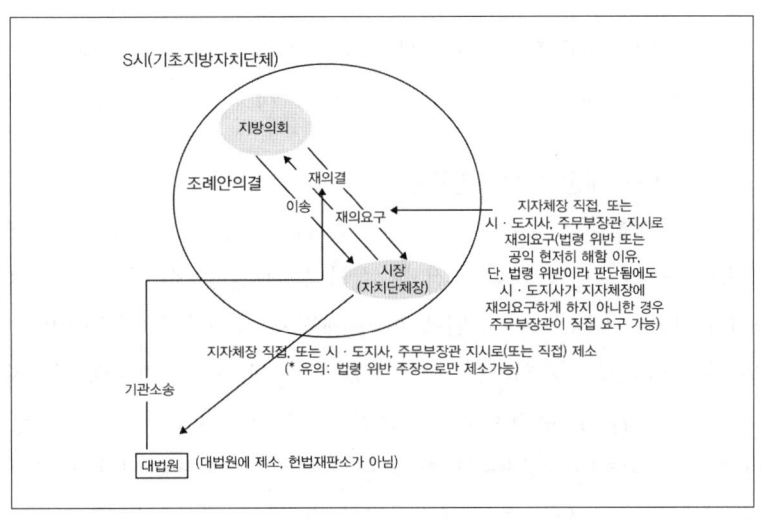

❑ 재의요구 및 기관소송 도해

2) 헌법재판소에 의한 통제

헌법재판소는 헌법소원심판과 권한쟁의심판에서 조례통제의 계기를 가진다.

[헌법소원심판] 어느 주민이 어느 지방자치단체의 조례로 인해 직접 기본권을 침해받았다고 주장하여 그 조례(규정)를 대상으로 헌법소원심판을 청구할 수 있는데(조례에 대한 헌법소원심판

은 뒤의 헌법재판 부분 참조) 헌재가 이렇게 청구된 헌법소원심판에서 조례에 대해 심사하게 된다(아래 도해 '주민 甲' 부분 참조).

[권한쟁의심판] 어느 지방자치단체의 조례의결권 행사로 자신의 자치권 등이 침해되었다고 주장하는 다른 지방자치단체에 의한 권한쟁의심판의 청구가 이루어질 수 있고 이 심판에서 헌재는 조례심사를 하게 된다(아래 도해, 'S시와 T시 간 권한쟁의심판' 부분 참조).

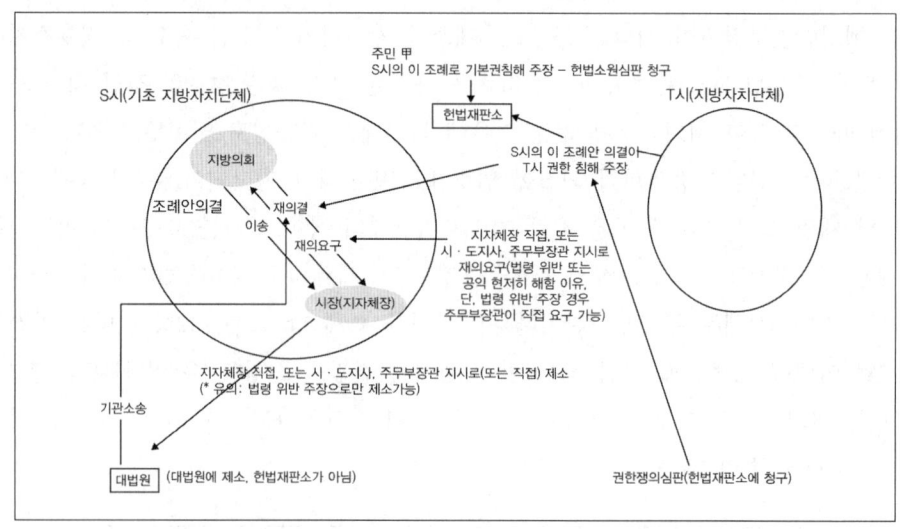

❏ 기관소송(대법원), 헌법소원심판 · 권한쟁의심판(헌법재판소)의 도해

* 출전: 정재황, 헌법재판론, 제2판, 박영사, 2020, 470면; 정재황, 헌법재판요론, 박영사, 2021, 103면

3) 주민에 의한 조례의 제정 · 개폐 청구제도

주민에 의해 직접 통제할 수 있는 방법으로 이 조례의 제정 · 개폐청구제도도 있는데(동법 제15조), 신법은 청구권자 · 청구대상 · 청구요건 및 절차 등에 관한 사항은 따로 법률로 정한다고 규정하고 있다(신법 제19조 제2항). 이 위임에 따라 제정된 법률이 '주민조례발안에 관한 법률'이다. 이 법률은 주민조례청구권자(18세 이상의 주민. 동법 제2조), 주민조례청구 제외 대상(법령을 위반하는 사항 등. 동법 제4조), 주민조례청구 요건(지자체 인구수에 따라 차이를 둔 법정 청구권자 수 이상의 연대 서명. 동법 제5조), 서명요청 절차 등(동법 제7, 8조 등), 지방의회의 주민청구조례안의 심사 · 의결 절차(동법 제13조) 등을 규정하고 있다.

제 5 절   주민의 권리(주민자치)

지방자치제도에서 주민의 권리를 보장하고 주민참여, 주민자치를 구현하는 제도로는 현재

주민투표제도(지방자치법 제14조; 신법 제18조), 조례의 제정·개폐 청구제도(동법 제15조; 신법 제19조, 또한 신법은 조례의 제정·개폐 청구제도에 관하여 따로 법률을 두도록 규정한다), 감사청구제도(동법 제16조; 신법 제21조), 주민소송제도(동법 제17조; 신법 제22조), 주민소환제도(동법 제20조; 신법 제25조) 등이 있다. '주민소환에 관한 법률'이 주민소환의 청구사유에 관하여 규정을 두지 아니한 데 대해 논란이 있었으나 헌재는 정책적으로 실패하거나 무능한 공직자까지도 그 대상으로 삼아 공직에서의 해임이 가능하도록 하여 책임행정의 실현을 기하려는 데 입법목적이 있고, 독선적인 정책추진 등을 광범위하게 통제한다는 주민소환제의 필요성 등에 비추어 과잉금지원칙을 위반하지 않았다고 보아 합헌성을 인정하였다(2007헌마843; 2008헌마355). 주민소환투표청구를 위한 서명요청 활동을 '소환청구인서명부를 제시'하거나 '구두로 주민소환투표의 취지나 이유를 설명하는' 것으로만 제한하고 위반할 경우 형사처벌하도록 하는 '주민소환에 관한 법률' 규정이 명확성원칙에 반하지 아니하고, 표현의 자유를 제한함에 있어 과잉금지원칙에 위반되지 않는다는 합헌결정을 하였다(2010헌바368).

제 5 부

———

헌법재판

제 1 장

헌법재판 서설

* 헌법재판의 권한도 국가권력에 속하므로 제4부에서 다루어야 하나 헌법재판이 권력행사에 대한 헌법적 통제이므로 여기 제5부에서 별도로 살펴본다.

* 헌법재판에 대한 자세한 법리는 정재황, 헌법재판론, 박영사 2020 참조.

* 따라서 여기의 내용들 중에는 본 저자의 위 저서에서 그 문언을 그대로 옮겨놓은 부분도 있음을 밝혀둔다.

제 1 절   헌법재판의 개념과 기능

Ⅰ. 헌법재판의 개념

헌법재판이란 헌법규범을 해석하고 적용하여 헌법적 분쟁 등을 해결하고 헌법규범에 위반되는 법률이나 공권력작용 등을 무력화함으로써 헌법이 담고 있는 기본권을 보장하고 입헌주의를 수호하는 재판을 말한다.

우리나라에서는 법원도 위헌법률심판제청, 위헌명령·규칙심사 등 넓은 의미의 헌법재판을 수행하고 있지만, 주로 헌법재판소에서 중요한 헌법재판을 중심적으로 관할하고 있으므로 여기서는 헌법재판소에서 행하는 헌법재판을 살펴보고자 한다.

Ⅱ. 헌법재판의 기능

헌법재판은 다음과 같은 기능을 수행한다. ① 기본권보장의 기능 — 헌법재판은 법률이나 공권력작용 등이 헌법에 위반하여 국민의 기본권을 침해하는 경우에 헌법위반임을 규명하여 그 침해행위를 제거함으로써 국민의 기본권을 보장하는 구제기능을 한다. ② 실질적 입헌주의의 구현 − 헌법위반에 대한 제재가 없다면 입헌주의는 형식적인 것에 그치게 된다. 헌법위반행위에 대한 제재로 뒷받침될 때 실질적인 입헌주의가 구현될 수 있다. 바로 그 제재수단으로서 헌법재판이 기능한다. ③ 헌법의 규범력 확보 − 헌법재판은 헌법을 위반하고 기본권을 침해하는 행위들을 제재함으로써 헌법이 힘을 발휘하는, 헌법의 규범력, 강제력을 강화한다. ④ 통제기능 − 헌법재판은 권력행사에 대한 합헌성통제를 통해 국가권력 간의 권한획정과 조정의 기능도 수행한다. ⑤ 다원주의·의회주의·소수의 존중 기능 − 다원주의·의회주의가 제대로 실현되지 않은 가운데 제정된 법률을 위헌선언함으로써 다원주의와 의회주의의 준수, 소수의 보호가 헌법재판을 통해 이루어질 수 있다. ⑥ 정치의 평화화 − 의회에서 여·야 간의 치열한 정치적 대립이 있는 법률의 제정에서 헌법재판에 의한 판단을 기다리도록 함으로써 정쟁을 막거나 완화하는 효과를 가져올 수도 있다.

제2절 헌법재판의 유형

헌법재판의 유형은 여러 종류의 헌법재판 중 위헌법률심판(법률이 헌법에 위반되는지 여부를 심사하는 심판)을 중심대상으로 하여 여러 기준에 따라 분류하는 경향인데 그 경향에 따라 보면 다음과 같은 중요 유형 분류들이 있다. ① 담당기관 기준: 법원형(사법심사형), 특별헌법재판기관형(헌법재판소형), 혼합형 − 이는 위헌법률심판을 어느 기관이 담당하느냐에 따른 분류이다. 사법심사형은 일반법원이 담당하는 유형이고, 특별헌법재판기관형은 법원 외에 특별한 헌법재판기관을 두어 그곳에서 담당하게 하는 유형이다. 이를 혼합한 유형도 있다. ② 규범통제의 계기 기준: 구체적 규범통제, 추상적 규범통제, 병존형 − 이는 규범통제(규범통제라 함은 법률, 명령 등 법규범이 상위 법규범에 위반되는지 여부를 판단하는 심사를 말한다. 그래서 위헌법률심사나 명령에 대한 위헌심사 등을 규범통제라고도 부르는 것이다)가 어떠한 계기로 이루어지는가에 따른 분류이다. 구체적 규범통제란 법률이 구체적 사건에 적용되어야 할 상태에서 그 법률이 헌법에 위반되는지 여부를 심사하는 방식이고, 추상적 규범통제란 구체적 사건이 없는 상태에서도 문제의 법률이 헌법에 위반되는지 여부를 바로 심사하는 방식을 말한다. 따라서 구체적 규범통제는 구체적 사건이 발생하여 그 사건의 해결을 위한 재판이 제기되고 그 재판 도중에 심사가 이루어진다. 양 규범통제를 모두 행하는 병존형의 국가(독일, 프랑스)도 있다. ③ 심사시기 기준: 사후적 규범통제, 사전적 규범통제, 병존형 − 이는 위헌법률심판이 언제 이루어지는지, 특히 법률이 공포된 이후에 심판이 이루어지는지 아니면 공포 이전에 이루어지는지에 따른 분류이다. 법률이 공포되어 시행에 들어간 뒤에 심사를 하는 것을 사후적 심사(사후적 규범통제)라고 하고, 법률의 공포 이전에 행하는 심사를 사전적 심사(사전적 규범통제)라고 한다. 양자가 모두 행해지는 병존형의 나라(프랑스)도 있다.

현재 우리나라의 헌법재판 유형은 헌법재판소형, 구체적 규범통제형, 사후적 규범통제형이다.

제 2 장

헌법재판소의 지위와 구성 및 운영

제1절 헌법재판소의 지위와 구성

I. 헌법재판소의 법적 지위와 성격

1. 기본권보장기관, 헌법보장기관 등의 지위

헌법재판소(이하 '헌재'라고도 한다)는 위헌법률심판, 헌법소원심판 등의 헌법재판을 통하여 국민의 기본권을 보장하며 헌법침해행위로부터 헌법을 보장하는 기관으로서의 지위를 가진다. 또한 헌법재판을 수행하면서 헌법을 최종적으로 해석하는 기관으로서의 지위도 가진다.

2. 사법기관으로서의 성격

헌재는 헌법적 분쟁에 대해 헌법을 해석하고 적용하여 분쟁을 해결하고 그 해결의 결과인 결정이 구속력을 가지는 사법기관(司法機關)으로서의 성격을 가진다. 헌재 자신도 스스로를 사법기관이라고 한다(92헌마126).

II. 헌법재판소의 구성과 조직

1. 헌법재판소장

헌법재판소장은 헌재를 대표하고, 헌재의 사무를 총괄하며, 소속 공무원을 지휘·감독한다 (헌법재판소법(줄여서'헌재법'이라고도 함) 제12조 제3항).

헌법재판소의 장은 재판관 중에서 대통령이 임명하는데 그 임명에 국회의 동의를 얻어야 한다(제111조 제4항). 소장의 임기나 연임 여부에 관해서는 헌법이 직접 규정을 두지 않아 논란이 있다. 지금까지 4기까지는 바로 임명되어 6년 단임하였지만 이후 재판관으로서의 임기의 잔임기간 동안 소장으로서 있었다. 소장의 정년은 70세이다(헌재법 제7조 제2항). 소장이 궐위되거나 부득이한 사유로 직무를 수행할 수 없을 때에는 다른 재판관이 헌재규칙으로 정하는 순서에 따라 그 권한을 대행한다(동법 제12조 제4항). 대통령이 탄핵소추로 직무정지가 된 가운데 헌법재판소장이 임기 만료로 퇴임하여 공석이 발생한 상황에서 대통령 권한대행인 국무총리가 후임 헌법재판소장을 임명할 수 있는지 여부에 관하여 논란이 있는데 헌재는 8인 재판부에 의한 탄핵심판으로 공정한 재판을 받을 권리가 침해되지 않는다고 보아 본안판단에 들어갔다(2016헌나1. 이 문제에 대해서는 앞의 대통령 권한대행, 뒤의 탄핵심판 부분 참조).

2. 헌법재판관

[임명, 인사청문, 임기, 후임자 선출시한] 헌법재판소는 법관의 자격을 가진 9인의 재판관으로 구성하며 9인 모두 대통령이 임명한다(제111조 제2항). 9인의 재판관 중 3인은 국회에서 선출하는 자를, 3인은 대법원장이 지명하는 자를 임명한다(제111조 제3항). 재판관은 국회의 인사청문을 거쳐 임명·선출 또는 지명하여야 한다(헌재법 제6조 제2항). 재판관의 임기는 6년이며, 법률이 정하는 바에 의하여 연임할 수 있고(제112조 제1항), 정년은 70세이다(헌재법 제7조 제2항). 재판관의 임기가 만료되거나 정년이 도래하는 경우에는 임기만료일 또는 정년도래일까지 후임자를 임명하여야 하고, 임기 중 재판관이 결원된 경우에는 결원된 날부터 30일 이내에 후임자를 임명하여야 한다(헌재법 제6조 제3·4항).

[판례] 국회가 임기만료로 퇴임한 재판관의 후임자를 선출하지 아니하고 있는 부작위에 대해 그 위헌확인을 청구하는 헌법소원심판사건이 있었다. 그 사건결정에서 헌재는 위 규정을 훈시규정을 보되 '상당한 기간' 내에 공석이 된 재판관의 후임자를 선출하여야 할 헌법상 작위의무를 부담한다고 하면서도 상당기간이 지체된 이후 국회가 후임자를 선출하였는데도 그 선출로 이행지체 상태가 해소되어 권리보호이익(이에 대해서는 뒤의 헌법소원심판 청구요건 부분 참조)이 소멸하였다고 보아 결국 각하결정을 하였다(2012헌마2 * 비평: 사안은 재판관 임기만료 퇴임이어서 예측가능한 경우이었음에도 1년 넘게 후임선출을 하지 않은 데 대해 면죄부를 준 결정이라는 점에서 비판의 소지가 있다).

[재판부 공백과 대안모색(예비재판관제의 부적실성, 순환식 재판부 도입제안)] 헌법재판관의 임기만료일, 정년도래일까지 후임자를 임명하여야 하는데(헌재법 제6조 제3항) 그 날이 지나도 임명되지 않은 경우 또는 사망, 중도 사직, 그리고 탄핵결정 등에 의한 헌법재판관의 궐원 또는 재판관의 제척, 회피, 기피 등으로 재판부 공백이 발생할 수 있다. 재판부 공백을 메우는 방안으로 예비재판관 제도의 도입이 주장되기도 하나 적실성이 부족하여 대신 재판관 정원수를 늘려 순환식 재판부를 구상하는 방안을 고려할 필요가 있다[이에 대해서는 정재황, 헌법재판론, 제2

판, 박영사, 2020(이하 그냥 '헌법재판론'이라고도 한다) 57-58면 참조].

[헌법재판관의 독립, 신분보장] ⅰ) 헌법재판관의 독립 ― 헌법재판관은 헌법과 법률에 의하여 양심에 따라 독립하여 심판한다(헌재법 제4조). 헌법재판관은 정당에 가입하거나 정치에 관여할 수 없다(제112조 제2항; 헌재법 제9조). ⅱ) 신분보장 ― 헌법재판관은 탄핵 또는 금고 이상의 형의 선고에 의하지 아니하고는 파면되지 아니하도록 하여(제112조 제3항; 헌재법 제8조) 신분을 보장하고 있다.

3. 재판관회의

재판관회의는 재판관 전원으로 구성하며, 헌재장이 의장이 된다(헌재법 제16조 제1항). 재판관회의는 재판관 전원의 3분의 2를 초과하는 인원의 출석과 출석인원 과반수의 찬성으로 의결한다(동조 제2항). 의장은 의결에서 표결권을 가진다(동조 제3항). 재판관회의의 의결을 거쳐야하는 사항은 헌재규칙의 제정과 개정 등 헌재법에 명시되어 있다(동조 제4항).

4. 사무처장·사무차장, 사무처

헌재의 행정사무를 처리하기 위하여 헌재에 사무처를 둔다(동법 제17조 제1항). 사무처장은 헌재장의 지휘를 받아 사무처의 사무를 관장하며, 소속공무원을 지휘·감독한다(동조 제3항). 사무차장은 사무처장을 보좌한다(동조 제6항).

5. 헌법연구관·헌법연구관보·헌법연구위원

헌법연구관은 헌재장의 명을 받아 사건의 심리 및 심판에 관한 조사·연구에 종사한다(동법 제19조 제3항). 헌법연구관을 신규임용하는 경우에는 3년간 헌법연구관보로 임용하여 근무하게 한 후 그 근무성적을 고려하여 헌법연구관으로 임용한다(동법 제19조의2 제1항). 헌법연구위원은 사건의 심리 및 심판에 관한 전문적인 조사·연구에 종사한다(동법 제19조의3 제1항).

6. 헌법재판연구원(憲法裁判研究院)

헌법 및 헌법재판 연구와 헌법연구관, 사무처 공무원 등의 교육을 위하여 헌재에 헌법재판연구원을 둔다(동법 제19조의4 제1항).

제 2 절 헌법재판소의 권한

I. 헌법재판소의 관장사항

헌법재판소는 위헌법률심판, 탄핵심판, 정당해산심판, 권한쟁의심판, 헌법소원심판의 5가지 심판을 담당한다(제111조 제1항).

II. 규칙제정권

1. 의의

헌법 제113조 제2항은 "헌법재판소는 법률에 저촉되지 아니하는 범위 안에서 심판에 관한 절차, 내부규율과 사무처리에 관한 규칙을 제정할 수 있다"라고 규정하여 규칙제정권을 헌재에 부여하고 있다. 이 규칙제정권은 헌법재판의 전문성을 지니는 헌재로 하여금 헌법재판의 실무에 보다 적절한 규범들을 자율적으로 정할 수 있게 하고 헌재의 독립성도 제고하게 하는 권한이다.

2. 대상

헌법은 심판에 관한 절차, 내부규율과 사무처리에 관한 사항을 규칙의 대상으로 규정하고 있다. 헌재법은 규칙으로 정할 사항을 규정하고 있다(법 제12조 제4항, 제16조 제5항, 제17조 제9항, 제36조 제5항, 제70조 제6항, 제72조 제6항 등 적지 않음). 그런데 헌재가 심판에 관한 절차, 내부규율, 사무처리에 관한 사항으로서 필요한 사항이라고 판단하는 경우에는 법률에 저촉되지 않는 한 제정대상이 되고 반드시 법률에서 제정사항을 둘 때에만 규칙을 정할 수 있는 것은 아니라고 볼 것이다.

3. 규칙의 제정절차와 공포

헌법재판소규칙은 재판관회의의 의결을 거쳐서(동법 제16조 제4항 제1호) 제정된다. 헌재규칙은 관보에 게재하여 공포한다(동법 제10조 제2항).

제 3 절 심판절차(審判節次)의 일반원칙

I. 재판부의 구성

1. 전원재판부

헌재의 심판은 헌재법에 특별한 규정이 있는 경우를 제외하고는 재판관 전원으로 구성되는 재판부에서 관장한다(동법 제22조 제1항). 재판관에 대한 제척·기피 및 회피제도가 있다(동법 제24조). 당사자는 동일한 사건에 대하여 2명 이상의 재판관을 기피할 수 없다(동법 동조 제4항). 이 제한에 대해 헌재는 합헌성을 인정한 바 있다(2015헌마902).

2. 지정재판부

헌법소원심판에 있어서는 그 청구요건을 갖춘 적법한 심판청구인지를 사전에 심사하게 하기 위하여 헌재장은 헌재에 재판관 3명으로 구성되는 지정재판부를 둘 수 있다(동법 제72조 제1항). 지정재판부가 3명 전원의 일치된 의견으로 헌법소원심판의 청구가 부적법하다고 판단한 경우 결정으로 헌법소원의 심판청구를 각하한다. 각하결정을 하지 아니하는 경우에는 결정으로 전원재판부의 심판에 회부하여야 하는데, 헌법소원심판의 청구 후 30일이 지날 때까지 각하결정이 없는 때에는 심판에 회부하는 결정이 있는 것으로 본다(동법 제72조 제3항·제4항). 각하결정 또는 전원재판부 회부결정만 할 수 있으므로 기각결정은 할 수 없다. 현재 헌재가 가처분, 국선변호인 선임신청 사건 등에서 기각결정을 하는 것은 헌법재판소법 위반이고 그 필요성이 있으면 법개정을 해야 한다.

II. 당사자, 대표자·대리인

각종 심판절차에 있어서 정부가 당사자인 경우에는 법무부장관이 이를 대표하고, 당사자인 국가기관 또는 지방자치단체는 변호사 또는 변호사의 자격이 있는 소속직원을 대리인으로 선임하여 심판을 수행하게 할 수 있다. 각종 심판절차에서 당사자인 사인(私人)은 변호사를 대리인으로 선임하지 아니하면 심판청구를 하거나 심판수행을 하지 못한다(동법 제25조). 이를 변호사대리강제주의라고 하며 사인이 당사자인 경우는 주로 헌법소원심판의 경우인데 변호사대리강제가 헌법소원심판의 청구요건이 된다(헌법소원심판의 경우 국선대리인 선임 신청제도가 있다. 동

법 제70조). 헌재법 제68조 제2항의 위헌소원의 경우에도 변호사대리강제주의가 적용된다(헌재
판례). 탄핵심판의 경우 명확하지 않은 면이 있다. 헌재의 판례 중에는 긍정한 예(89헌마120)도
있으나 헌재는 이후 "국회의 탄핵소추의결에 따라 사인으로서 대통령 개인의 기본권이 침해되
는 것이 아니다"라고 판시하기도 하여(2016헌나1) 모순을 보여주기도 했다. 그동안 탄핵심판에
서는 변호인들이 있었다.

III. 심판의 청구

헌법재판소에의 심판청구는 심판절차별로 정하여진 청구서를 헌재에 제출함으로써 한다.
다만, 위헌법률심판에서는 법원의 제청서, 탄핵심판에서는 국회의 소추의결서의 정본(正本)으
로 청구서를 갈음한다(동법 제26조 제1항).

IV. 심리

[심리의 방식] i) 구두변론에 의하는 경우 − 탄핵심판, 정당해산심판 및 권한쟁의심판은
구두변론에 의한다(동법 제30조 제1항). ii) 서면심리 − 위헌법률심판과 헌법소원에 관한 심판
은 서면심리에 의하되, 재판부는 필요하다고 인정하는 경우에는 변론을 열어 당사자, 이해관계
인, 그 밖의 참고인의 진술을 들을 수 있다(동조 제2항).

[심리정족수] 재판부는 재판관 7명 이상의 출석으로 사건을 심리한다(동법 제23조 제1항).

V. 가처분

가처분이란 종국결정이 내려지기 전에 문제의 공권력작용이 이미 집행되어 종국결정에서 청
구를 받아들이는 결정이 나더라도 권리구제가 이루어지지 못할 경우 등에 대비하여 심판도중에
종국결정 선고전까지 그 공권력작용의 효력을 정지하는 등의 조치를 말한다. 현재 헌법재판소법
은 정당해산심판과 권한쟁의심판에서 가처분제도를 명시하고 있고 판례는 헌법소원심판의 경우
에도 가처분을 인정한다. 가처분에 대해서는 뒤의 권한쟁의심판, 헌법소원심판 부분에서 다룬다
(후술 참조). 헌법소원심판에서 비교적 빈번히 활용될 것이어서 그 곳에서 중점적으로 다루고 권
한쟁의심판, 정당해산심판에서도 다루는데 헌법소원심판에서의 것을 주로 인용한다.

VI. 종국결정

재판부가 심리를 마쳤을 때에는 종국결정을 한다(동법 제36조 제1항).

[심판기간, 훈시규정설(판례)] 헌재는 심판사건을 접수한 날부터 180일 이내에 종국결정의 선고를 하여야 한다. 다만, 재판관의 궐위로 7명의 출석이 불가능한 경우에는 그 궐위된 기간은 심판기간에 산입하지 아니한다(동법 제38조). 헌재는 "180일 이내에"라는 이 규정을 강제규정으로 보고 있지 않다(2007헌마732).

[결정정족수] 재판부는 종국심리에 관여한 재판관 과반수의 찬성으로 사건에 관한 결정을 하되, 법률의 위헌결정, 탄핵의 결정, 정당해산의 결정 또는 헌법소원에 관한 인용결정을 하는 경우, 종전에 헌재가 판시한 헌법 또는 법률의 해석적용에 관한 의견을 변경하는 경우에는 재판관 6명 이상의 찬성이 있어야 한다(제113조 제1항, 헌재법 제23조 제2항).

[평결(합의제)의 방식] 평결은 쟁점별 합의가 아닌 주문합의제를 취하고 있다.

[일사부재리] 헌법재판소는 이미 심판을 거친 동일한 사건에 대하여는 다시 심판할 수 없다(동법 제39조).

[참 고]
1. 헌재 결정의 사건번호   어떠한 종류의 심판사건인지를 다음과 같은 사건부호를 통하여 알 수 있다. ① 「헌가」－위헌법률심판사건, ② 「헌나」－탄핵심판사건, ③ 「헌다」－정당해산심판사건, ④ 「헌라」－권한쟁의심판사건, ⑤ 「헌마」－헌법소원심판사건, ⑥ 「헌바」－법원이 위헌제청신청을 기각한 경우 당사자가 헌재법 제68조 제2항에 따라 헌법소원을 통하여 위헌심사를 청구한 사건(위헌소원심판사건), ⑦ 「헌사」－각종 신청사건, ⑧ 「헌아」－각종 특별사건.

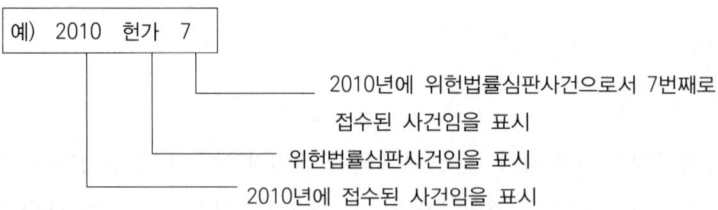

예) 2010 헌가 7
2010년에 위헌법률심판사건으로서 7번째로
접수된 사건임을 표시
위헌법률심판사건임을 표시
2010년에 접수된 사건임을 표시

2. 헌재 판례 문헌과 검색   헌재의 판례를 찾을 수 있는 문헌으로는, ① 헌재판례집(1년에 2집씩 간행. 판례가 많을 경우 하나의 집이 상·하로 나누어 간행될 때도 있다), ② 헌재 공보(매달 발행)가 있다. 헌재의 판례는 인터넷에서도 찾을 수 있다(www.ccourt.go.kr).

Ⅶ. 헌법재판소결정의 효력

현행 헌법재판소법에는 헌법재판소결정의 효력일반에 대한 체계적인 명시적 규정을 두지 않고 대체적으로 개별적인 효력을 규정하고 있다.[1] 이 점들을 고려하여 각 심판별 결정들의 효력에 대해서는 각 심판에 관하여 고찰하는 부분에서(예를 들어 위헌법률심판결정의 효력은 제3장 제1절 등으로) 살펴보기로 하고 여기서는 여러 결정들에 비교적 공통적인 효력에 대해 주로 살펴보고자 한다.

1. 확정력(일사부재리)

(1) 개념과 법적 근거

확정력이란 헌법재판소의 결정이 있은 후에는 그 결정에 대해 다투거나 그 판단된 내용을 번복, 변경할 수 없게 하는 힘을 말한다.

우리 현행 헌법재판소법은 이 확정력에 대해 직접적으로 명시하고 있지는 않다. 그러나 헌법재판소의 상위 심급이 있는 것이 물론 아니므로 헌법재판소의 결정에 대해서는 다른 심급이나 다른 재판기관에 소송을 제기하여 다툴 수 없고 현행 헌법재판소법 제39조도 "헌법재판소는 이미 심판을 거친 동일한 사건에 대하여는 다시 심판할 수 없다"라고 일사부재리(一事不再理)의 원칙을 명시하고 있으므로 헌법재판소의 결정에는 확정력이 인정된다. 또한 헌법재판소법 제40조에 따라 민사소송법이 준용되므로 민사소송에서의 기판력 등의 확정력이 헌법재판소의 결정에도 인정된다고 본다.

(2) 내용

일반적으로 확정력으로는 헌법재판소에 대한 확정력으로서의 불가변력, 당사자에 대한 확정력으로서의 형식적 확정력(불가쟁력), 소송물에 대해 발생되는 실질적 확정력(기판력)이 있다고 본다.

1) 헌법재판소에 대한 확정력(불가변력)

헌재가 행한 결정은 헌법재판소 자신도 이를 취소하거나 변경, 번복할 수 없는 효력을 가지는데(93헌마32) 이러한 효력을 불가변력(不可變力)이라고 한다. 헌재는 자기 기속력이라고 부르는 판례(89헌마141 등)를 볼 수 있다.

---

1) 우리는 일찍이 헌법재판소결정의 효력의 분류에 대하여 보다 명확히 할 필요성을 지적한 바 있다. 정재황, 헌법재판절차의 개선을 위한 입법론적 연구, 헌법재판소 의뢰 연구용역(공동연구), 헌법재판연구, 제4권, 1993, 177-178면 참조.

2) 형식적 확정력(불가쟁력)

[개념] 헌법재판을 청구하였던 당사자가 그 헌재의 결정에 대하여 다툴 수 없게 하는 효력을 말하고 이를 불가쟁력(不可爭力)이라고도 한다(90헌마78).

[내용] 헌재가 이미 행한 결정에 대하여 헌법재판소 외의 다른 재판기관이나 헌법재판소의 전원재판부는 물론 다른 지정재판부 등에 다시 심판을 해줄 것을 청구할 수 없고 심판할 수도 없다(90헌마170 등).

3) 실질적 확정력(기판력)

[개념] 일반적으로 소송법에서 기판력(既判力)이라 함은 전소에서의 판단이 후소에서의 판단을 구속하는 힘을 의미한다. 따라서 이미 헌재의 결정이 있었던 동일한 사항에 대하여 당사자는 재차 헌재의 판단을 구할 수 없고 또 헌재도 동일사항에 대해 앞선 심판에서 이미 확정적으로 이루어진 판단과 다른 내용의 판단을 후행 심판에서 할 수 없게 하는 확정력을 기판력이라 한다. 현행법상 실질적 확정력을 인정하는 근거는 역시 헌법재판소법 제39조가 일사부재리 원칙을 규정하고 있는 데서 찾을 수 있다. 불가변력은 헌법재판소에 대한 효력이고, 불가쟁력은 당사자에 대한 효력인데 비하여 기판력은 헌법재판소와 당사자 모두에 대한 구속력이라는 점에서 차이가 있다.

[효력의 범위] ⅰ) 객관적 범위 − 일반적으로 기판력은 심판이 행해진 바 있는 대상에만 미친다. 또한 주문(主文)에 포함된 것에 한하여 기판력을 가지고(법 제40조; 민사소송법 제261조 제1항) 원칙적으로 이유에는 기판력이 인정되지 않는다. ⅱ) 주관적 범위 − 헌법재판을 제기한 당사자는 기판력에 의하여 동일한 심판대상에 대한 헌법재판을 다시 청구할 수 없게 되는 구속력을 받는다. 기판력은 헌재, 제청한 법원(위헌법률심판결정의 경우)에도 기판력이 미친다고 본다.

2. 기속력

(1) 개념

기속력이란 국가기관과 지방자치단체 등이 헌법재판소의 결정의 취지를 존중하고 이에 반하는 행위를 하여서는 아니 되는 구속을 받게 하는 힘을 말한다. 예컨대 법원은 위헌으로 결정된 법률을 적용해서 재판해서는 아니 되고 행정기관들도 위헌으로 결정된 법률에 근거하여 행정작용 등을 행할 수 없다. 기속력은 법원 기타 모든 국가기관, 지방자치단체에 대한 효력이므로 원칙적으로 당사자에만 미치는 기판력과는 구별된다. 기속력이 헌법재판에 직접 참여하지 않은 국가기관, 지방자치단체를 포함하여 모든 국가기관, 지방자치단체도 헌재의 결정을 따르도록 한다는 점에서 매우 중요한 효력이다.

(2) 기속력을 가지는 결정의 범위

현행 헌재법이 헌법재판소의 모든 결정에 대해 기속력을 가진다고 명시하고 있지 않고 법률의 위헌결정, 권한쟁의심판의 결정, 헌법소원의 인용결정에 대해서만 기속력을 가진다고 명시하고 있다(헌재법 제47조 제1항, 제67조 제1항, 제75조 제1항).

이러한 문언에 그대로 따라 이들 결정들에만 기속력이 인정된다고 본다면 기속력은 한정적 효력이 될 것이다. 그런데 민사·형사재판에 있어서 그 효과가 주로 당사자에 미치는 것임에 비해 헌법재판은 최고법이자 추상적·개방적 성격을 지니는 헌법을 해석하고 그 해석의 효과가 가지는 영향력이나 그 미치는 범위가 크고 넓다는 점에서 특수성을 가지고 있는 것은 사실이다. 또한 법률의 합헌결정 등에서도 위헌결정에 비해 그 중요도가 적지 않은 결정들을 볼 수 있다. 이러한 점 등을 고려하여 위헌이 아닌 합헌의 결정 등인 경우에도 그 결정의 중요이유에 대하여서도 기속력을 인정하자는 견해가 있다.

유의할 것은 권한쟁의심판의 경우 우리 헌법재판소법 제67조 제1항은 기속력이 있는 결정을 단순히 '권한쟁의심판의 결정'이라고 규정하여 인용결정이든 기각결정이든 모든 권한쟁의심판결정들은 기속력을 가지는 것으로 규정하고 있다는 점이다.

위헌법률심판결정의 경우 이 기속력은 단순 위헌결정뿐 아니라 변형결정의 경우에도 인정된다는 것이 우리 헌법재판소의 판례이다.

(3) 기속력의 내용

법률(조항)에 대한 위헌결정의 경우 그 위헌선언된 법률(조항)과 같은 내용의 법률을 국회가 다시 제정할 수 없고 행정기관은 그 위헌선언된 법률(조항)을 적용하여 처분 등 행정작용을 해서는 아니 되며 법원도 그 법률(조항)을 적용하여 재판을 해서는 아니 되며 위헌결정된 법률조항에 대해 다시 위헌심판제청을 할 수도 없다(91헌가1).

권한쟁의심판결정의 경우 헌법재판소가 침해를 인정한 그 권한을 피청구인이 여전히 반복해서 행사해서는 아니 됨은 물론이고(반복금지효), 다른 국가기관, 지방자치단체가 그 권한을 행사해서도 아니 된다. 헌법재판소가 부작위(불행사)에 대한 권한쟁의심판청구를 인용하는 결정을 한 때에는 피청구인은 결정 취지에 따른 처분을 하여야 한다(처분의무, 법 제66조 제2항).

헌법소원심판의 인용결정이 있은 경우 대상이 된 공권력작용을 다시 행하여서는 아니 되고(반복금지효) 그 인용결정의 대상이 부작위(공권력의 불행사)인 경우에는 작위로 나아가야 하는 의무(처분의무)가 주어진다(헌재법 제75조 제4항).

(4) 기속력의 범위
1) 주관적 범위

기속력이 미치는 주관적 범위, 즉 기속력을 준수하여야 할 자는 "모든 국가기관과 지방자치단체"에만 명시되고 있다. 이 점에서 기속력은 그 어느 누구도 위헌결정된 법률의 효력을 주장할 수 없는 효력인 일반적 효력(대세적 효력, 아래의 3. 참조)에 비해 그 효력범위가 제한적이다. 기속력의 주관적 범위를 위와 같이 모든 국가기관과 지방자치단체 등 헌재 외부의 기관들에 미치는 것으로 보면 헌재 자신에 대한 구속력인 불가변력과 헌재에도 미치는 기판력과 구분된다.

2) 객관적 범위

[논의] 기속력이 결정의 주문(主文)에만 미치는가 아니면 결정의 중요한 이유에도 미치는가 하는 것이 기속력의 객관적 범위의 문제이다. 기속력이 결정의 주문에 미치는 것에는 별다른 이견이 없다. 결정의 중요이유에 헌법재판소가 표명한 헌법적 기본법리에 대해서도 기속력이 미치는지에 대해서는 긍정론과 부정론이 있다.[2] [헌재결정례] ① 헌재의 결정례 중에는 한정위헌결정에서 기속력을 가지려면 어느 범위가 위헌인지가 주문(主文)에 올려져야 한다고 판시한 예도 있다(92헌가3) ② 위헌결정의 이유의 기속력 ― 위헌결정의 주문을 뒷받침하는 결정이유에 대한 기속력을 인정하기 위해서도(위헌결정의 경우임) 위헌결정 정족수(6인 이상 찬성) 충족이 필요하다고 본 결정례도 있다(2006헌마1098등).

3. 일반적 효력·대세적 효력·법규적 효력

이 효력도 헌법재판소의 모든 결정이 가지는 효력은 아니다. 법규범에 대한 심사가 이루어진 결과 그 법규범이 헌법에 위반된다는 결정이 내려진 경우, 즉 위헌법률심판, 위헌소원, 법령소원, 부수적 규범통제에서 법률이 헌법에 위반된다는 결정이 난 경우에 발생하는 효력이다.

구체적 규범통제를 행하는 위헌심사제도 하에서는 위헌결정이 당해 재판에서의 적용거부라는 개별적인 효력을 가지는 데 그치는 것이 보통의 예인데(전술, 제1장 제2절 참조) 우리나라의 경우 구체적 규범통제를 행하면서도 헌법재판소법 제47조 제2항은 위헌으로 결정된 법률 또는 법률의 조항은 "효력을 상실한다"라고 규정하고 있다. 그리하여 위헌결정이 된 법률(조항)은 일반적으로 그 효력이 없는 것으로 되고(일반적 효력) 그 법률(조항)에 대해서는 그 어느 누구도 효력을 주장할 수 없게 되는 대세적 효력(대세적 효력)이 생긴다. 기속력이 국가기관을 구속하는 효력인 데 비해 일반적 효력은 국가기관에 대한 구속력을 넘어서 모든 사람들, 즉 일반 사인들에게도 미치는 효력이다. 그래서 일반적 효력이다.

대세적 효력을 독일 등에서처럼 법규적 효력으로 보는 견해도 있다. 위헌결정으로 법률(조항)의 효력이 '상실'된다는 것은 법률을 폐지하는 법효과를 가져오므로 이를 두고 법규적 효력이라고 하는 것이다(법률을 폐지하는 것도 그 폐지하는 법률을 제정함으로써 한다는 점을 상기). 우리 헌재법에는 법규적 효력을 직접적으로 명시하고 있지 않은데 헌재는 위헌결정의 효과에는 법률폐지의 법규적 효력이 따른다고 한다(92헌가10등). 그러나 법률규정을 폐지하는 법규를 헌법

---

2) 이에 관해서는 정재황, 헌법재판절차의 개선을 위한 입법론적 연구, 헌법재판소 의뢰 연구용역(공동연구), 헌법재판연구, 제4권, 1993, 179면 이하 참조.

재판소가 가져올 수 있다고 보는 것은 헌법재판소가 입법자가 아니라는 점에서 문제라고 보아 법규적 효력이라는 용어에 대해서는 적절하지 않다고 보기도 한다.

모든 사람에게(그 어느 누구에게) 미치는 대세적 효력이므로 그 적용의 주관적 범위에 있어서, 당사자에만 미치는 기판력, 헌법재판소에 미치는 불가변력, 모든 국가기관에 미치는 기속력과 차이가 있다.

Ⅷ. 다른 법령의 준용

헌법재판소의 심판절차에 관하여는 헌재법에 특별한 규정이 있는 경우를 제외하고는 헌법재판의 성질에 반하지 아니하는 한도에서 민사소송에 관한 법령을 준용한다. 이 경우 탄핵심판의 경우에는 형사소송에 관한 법령을 준용하고, 권한쟁의심판 및 헌법소원심판의 경우에는 행정소송법을 함께 준용하는데 형사소송에 관한 법령 또는 행정소송법이 민사소송에 관한 법령에 저촉될 때에는 민사소송에 관한 법령은 준용하지 아니한다(헌재법 제40조). 이 규정이 정당해산심판의 경우 형사소송법을 준용할 수 있도록 하지 않아 공정한 재판을 받을 권리를 침해한다는 주장을 배척하고 합헌이라고 본다(2014헌마7).

제 3 장

헌법재판소의 심판

제 1 절   위헌법률심판

제 1 항   서설

Ⅰ. 우리나라의 위헌법률심판의 개념과 특성

위헌법률심판이란 어떠한 법률규정이 헌법규범에 위반되는지를 심사하고 위헌으로 판단되는 경우 그 효력의 상실 등을 가져오게 하는 헌법재판을 말한다. 헌법은 "법률이 헌법에 위반되는 여부가 재판의 전제가 된 경우에는 법원은 헌재에 제청하여 그 심판에 의하여 재판한다"라고 규정하고 있다(제107조 제1항) 이처럼 법률이 헌법에 위반되는지의 여부가 구체적 사건해결을 위한 법원의 재판의 전제가 된 경우에 비로소 심판이 이루어지므로 사후적·구체적 규범통제로서의 성격을 가진다.

Ⅱ. 우리나라의 위헌법률심판의 개관

우리나라에서 행해지는 위헌법률심판절차를 개관하면, 어떠한 구체적 사건의 해결을 위한 재판(소송)이 법원에 제기된 후 어떠한 법률규정이 헌법에 위반되는지가 그 재판의 전제가 되어 법원이 그 위헌여부를 가리기 위한 심판을 헌재에 제청하면 헌재의 심판이 이루어지게 된다. 예를 들어 어떤 불리한 행정작용으로 자신의 권리가 침해되었다고 주장하는 A가 먼저 행정심판을 거쳐(거치지 않을 경우도 있음) 법원에 행정재판을 청구하고 그 재판에서 문제의 행정작용이 근거한 S법률 제7조가 헌법에 위반된다고 주장하면서 위헌여부심판을 제청해 줄 것을 신청하고 법원이 이를 받아들여 헌재에 제청을 하면 심판이 이루어지게 된다. 법원의 제청은 직권으로도 할 수 있다. 위헌심판제청신청을 법원이 기각한 경우에도 헌재법 제68조 제2항에 의

하여 헌법소원(이른바 '위헌소원', '헌바', '위헌소원'에 대해서는 후술 참조)을 청구함으로써 위헌심
판을 받을 수 있다. 이것은 우리나라에서의 특징적 제도이다. 위의 예를 그림으로 정리하면 아래
와 같다. * 따라서 위헌법률심판('헌가')을 다루는 여기서 실질적으로 위헌소원심판('헌바')도 위
헌법률심판이므로 함께 그 판례를 본다.

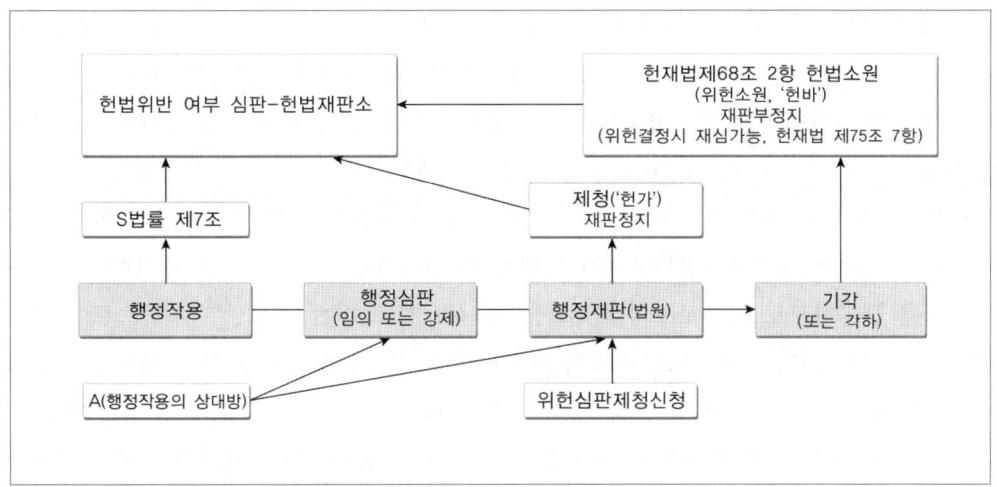

제 2 항 위헌법률심판의 적법요건

Ⅰ. 대상성

1. 형식적 법률

위헌법률심판의 대상은 물론 국회에서 제정된 형식적 의미의 법률(규정)이다.

[폐지된 법률, 처분시법주의] 폐지된 법률일지라도 그 법률에 의한 법익의 침해가 계속되는
경우 등에는 위헌법률심판의 대상이 된다(89헌마32). * 중요: 처분시법주의에 따른 인정 - 처
분시법주의란 행정처분이 위법한지를 판단할 때 처분할 당시의 근거법률에 비추어 판단하여야
한다는 것이다. 따라서 법률조항이 폐지되었다 하더라도 그 당해 처분에 관한 한은 그대로 살
아있는 것이고 그 행정처분을 취소하는 행정소송에서 폐지된 그 법률조항이 위헌인지 여부가
밝혀져야 행정소송에서 결론이 나오게 되므로 대상성을 가지는 것이다(처분시법주의가 일반적인
학설·판례이고 행정법이론이므로 이 문제는 행정소송과 헌법재판의 복합문제로 중요하다. 변호사시험
공법복합형).

[부진정입법부작위의 법률] 법률이 전혀 제정되지 않은 진정입법부작위와 법률이 있긴 하나
불완전(불충분)한 부진정입법부작위가 있는데 후자는 법률이 있긴 하므로 그 있는 부분이 위헌

법률심판의 대상이 된다(2013헌바208 등).

2. 실질적 의미의 법률

(1) 긴급명령, 긴급재정경제명령, 조약, 미군정청 법령 조항

형식적 법률뿐만 아니라 실질적으로 법률의 효력을 가지는 긴급명령, 긴급재정경제명령(93헌마186)이나 조약(97헌가14, 2007헌바35 등) 등도 포함한다. 그러나 관습법률, 제4공화국하 긴급조치에 대해서는 대법원은 위헌법률심판의 대상성을 부정하고, 헌재는 긍정하는 대립되는 논란이 있다.

[폐지된 재조선 일본인 재산의 처리 및 귀속에 관한 미군정청 법령 조항에 대한 대상성 긍정] 헌재는 재조선미국육군사령부군정청 법령은 법령(Ordinance)의 형식을 가졌지만, 재산권에 관한 사항을 규율하므로 법률로서의 효력을 가진다고 보고 대한민국 정부 수립으로 효력을 상실하였으나, 제헌 헌법 제100조로 편입되었다가 1961. '구법령 정리에 관한 특별조치법'에 따라 폐지되었다고 보았다. 그러나 계쟁 토지가 귀속재산인지 여부와 관련하여 현재까지도 여전히 유효한 재판규범으로서 적용되고 있고 그 위헌 여부가 당해사건의 재판의 전제가 되어 있으므로 헌법소원의 대상이 된다고 보았다(2018헌바88. 본안판단결과 소급입법금지원칙에 대한 예외로서 헌법 제13조 제2항에 위반되지 아니한다고 합헌결정이 내려졌다. 진정소급입법에 대한 드문 합헌결정이다). 이는 앞서 폐지된 법률도 대상이 될 수 있다는 헌재입장이 적용된 것이기도 하다.

(2) 논란이 되고 있는 실질적 법률
1) 관습법률

(가) **헌재의 인정례** ① 헌재는 딸에게 분재청구권을 인정하지 아니한 구 관습법이 위헌심판의 대상이 된다고 보았다. 즉 헌재는 "이 사건 관습법은 민법 시행 이전에 상속을 규율하는 법률이 없는 상황에서 재산상속에 관하여 적용된 규범으로서 비록 형식적 의미의 법률은 아니지만 실질적으로는 법률과 같은 효력을 갖는 것이므로 위헌법률심판의 대상이 된다"라고 판시하였다. 그러나 당해 사안에서는 재판의 전제성이 없다고 하여 결국 각하결정을 하였다(2009헌바129). ② 절가상속의 구 관습법("여호주가 사망하거나 출가하여 호주상속이 없이 절가된 경우, 유산은 그 절가된 가(家)의 가족이 승계하고 가족이 없을 때는 출가녀(出家女)가 승계한다")에 대해서도 대상성을 인정하였다(2013헌바396, 그러나 합헌결정). ③ 분묘기지권에 관한 관습법 중 "타인 소유의 토지에 소유자의 승낙 없이 분묘를 설치한 경우에는 20년간 평온·공연하게 그 분묘의 기지를 점유하면 지상권과 유사한 관습상의 물권인 분묘기지권을 시효로 취득하고, 이를 등기 없이 제3자에게 대항할 수 있다"는 부분 및 "분묘기지권의 존속기간에 관하여 당사자 사이에 약정이 있는 등 특별한 사정이 없는 경우에는 권리자가 분묘의 수호와 봉사를 계속하는 한 그 분묘

가 존속하고 있는 동안은 분묘기지권은 존속한다"는 부분에서도 동지로 대상성을 인정하였다(2017헌바208, 합헌결정).

(나) 대법원의 부정　　대법원은 헌재가 행하는 위헌심사의 대상은 국회 의결을 거친 이른바 형식적 의미의 법률을 의미하고 또한 민사에 관한 관습법은 법원에 의하여 발견되는 보충적인 법원(法源)이 되는 것에 불과하여(민법 제1조) 관습법이 헌법에 위반되는 경우 법원이 그 관습법의 효력을 부인할 수 있다고 본다. 대법원은 위와 같은 이유로 관습법은 헌재의 위헌법률심판의 대상이 아니라고 본다(대법원 2009.5.28. 2007카기134).

2) 긴급조치

유신헌법하의 긴급조치 규정에 대해 그 위헌성을 헌재나 대법원이 모두 인정하였으나 그 관할은 각자의 것이라고 의견의 대립을 보여주었다.

(가) 대법원 판례　　대법원은 헌재의 위헌심사대상이 되는 '법률'이란 '국회의 의결을 거친 이른바 형식적 의미의 법률'을 의미하고, 형식적 의미의 법률이 아닌 때에는 그와 동일한 효력을 갖는 데에 국회의 승인이나 동의를 요하는 등 국회의 입법권 행사라고 평가할 수 있는 실질을 갖춘 것이어야 헌재의 위헌심사의 대상이 되는 규범이라고 하면서 '유신헌법'(제4공화국 헌법)의 대통령 긴급조치는 국회의 동의 내지 승인 등을 얻도록 하는 규정을 두고 있지 아니하고 따라서 헌재의 위헌심판대상이 되는 '법률'에 해당한다고 할 수 없고, 긴급조치의 위헌 여부에 대한 심사권은 최종적으로 대법원에 속한다고 한다. 그리하여 대법원은 긴급조치 제1호가 위헌이라고 선언하였다(대법원 2010.12.16. 2010도5986 전원합의체).

(나) 헌재　　헌재도 긴급조치 제1, 2, 9호에 대해 위헌결정을 하였다. 헌재는 이 결정에서 긴급조치에 대해서는 헌재에 전속심사권이 있다고 다음과 같은 취지로 판시하여 대법원 입장과 반대되는 입장을 표명하였다. [판시] 헌법 제107조 제1항, 제2항은 법원의 재판에 적용되는 규범의 위헌 여부를 심사할 때, '법률'의 위헌 여부는 헌재가, 법률의 하위 규범인 '명령·규칙 또는 처분' 등의 위헌 또는 위법 여부는 대법원이 그 심사권한을 갖는 것으로 권한을 분배하고 있다. 일정한 규범이 위헌법률심판의 대상이 되는 '법률'인지 여부는 그 제정 형식이나 명칭이 아니라 그 규범의 효력을 기준으로 판단하여야 한다. 유신헌법 제53조는 긴급조치의 효력에 관하여 명시적으로 규정하고 있지 않으나 긴급조치는 유신헌법 제53조에 근거한 것으로서 그에 정해진 요건과 한계를 준수해야 한다는 점에서 이를 헌법과 동일한 효력을 갖는 것으로 보기는 어렵고, 표현의 자유 등 국민의 기본권을 직접적으로 제한하는 내용이 포함된 이 사건 긴급조치들의 효력을 법률보다 하위에 있는 것이라고 보기도 어렵다. 결국 이 사건 긴급조치들은 최소한 법률과 동일한 효력을 가지는 것으로 보아야 하고, 따라서 그 위헌 여부 심사권한도 헌재에 전속한다(2010헌바132).

3. 대상성이 부인되는 규범

헌법규정에 대해서는 대상성이 부인된다는 것이 헌재의 입장이다(95헌바3). 학설로는 헌법규범단계론에 따라 인정하는 견해들이 있다(전술 제1부 헌법규범론 부분 참조). 법률이 아닌 법규범, 즉 대통령령(96헌가6), 부령, 장관지침(92헌바7), 조례(96헌바77), 법인의 정관(96헌바33등) 등은 대상성이 부정된다. 한편 법률이라도 시행된 바 없이 폐지된 법률(공포 후 시행 전에 제청된 뒤 결정시 이미 폐지된 법률)은 심판대상이 될 수 없다는 것이 헌재판례이다(97헌가4). 진정입법부작위도 대상이 아니다(2005헌가9).

Ⅱ. 재판의 전제성

1. 헌재의 확립된 판례법리

위헌법률심판을 제기하려면 당해 법률이 헌법에 위반되는 여부가 재판의 전제가 되는 경우이어야 한다(헌재법 제41조). 헌재의 재판 전제성 개념과 인정기준은 아래와 같이 정리된다. 이는 확립된 판례이다(이를 천명하는 결정례는 많다. 초기 리딩케이스로 92헌가8 등 참조).

[헌재판례의 기본법리]
▷ 재판 전제성의 개념과 인정기준(요건)
1. 구체적 사건이 법원에 계속(係屬)중일 것
2. 위헌여부가 문제되는 법률이 당해 소송사건의 재판과 관련하여 적용되는 것일 것
3. 그 법률의 위헌여부에 따라 법원이 '다른 내용의' 재판을 하게 되는 경우 - '다른 내용의' 재판의 의미: ① 재판의 결론, 주문에 영향을 주는 경우뿐 아니라 ② 주문 자체에 영향을 주지 않더라도 재판의 결론을 이끌어내는 이유를 달리하는 데 관련되거나, ③ 재판의 내용과 효력에 관한 법률적 의미가 전혀 달라지는 경우도 포함.

---

2. 재판전제성이 인정되는 예외적(또는 특수한) 경우들

(1) 간접적용(직접적용되지 않는) 법률조항에 대한 재판전제성의 예외적 인정

간접적용되는 법률조항이라도 내적 관련성이 있으면 재판전제성이 인정되는데 내적 관련성이란 그 위헌여부에 따라 ① 당해 사건의 재판에 직접 적용되는 법률조항의 위헌여부가 결정되는 경우, ② 당해 재판의 결과가 좌우되는 경우, ③ 당해 사건의 재판에 직접적용되는 규범(예컨대, 시행령 등 하위규범)의 의미가 달라짐으로써 재판에 영향을 미치는 경우를 의미한다[2012헌바438; 2011헌바379등(양심적 병역거부 사건) 등].

(2) 불가분적 관계에 있는 조항, 동일심사척도가 적용될 조항

적용조항으로 기재되어 있지 않으나 불가분적 관계에 있는 조항에 대한 재판전제성 인정(93헌바14; 2018헌바278), 재판에서 적용되지 않은 부분이긴 하나 그 재판에서 적용되는 부분과 병렬적으로 규정된 부분으로서 동일심사척도 적용될 경우(94헌가2), 법원의 제청이 없었던 규정이나 병렬적 규정으로서 동일 심사척도가 적용될 규정(98헌가11등) 등에 대한 재판전제성을 예외적으로 인정한다.

3. 행정재판에서의 재판전제성 문제 - 행정법(행정처분의 하자) 이론과의 견련성

❖ **중요!** 행정소송과 헌법재판과의 관계 문제이고 행정법이론인 중대명백설을 적용한 변호사시험 공법 복합형(이하 '공법 복합형'이라고만 한다)의 문제이다.

* 행정행위(처분)하자 중대명백설에 따른 재판전제성 부정 - 무효확인 행정소송의 경우 [판례법리] 당해 재판이 행정소송일 경우에 다음과 같은 문제가 있다. 행정소송에는 행정처분을 취소해달라는 취소소송과 무효임을 확인해달라는 무효확인소송이 있는데 취소소송에는 제소기간이 있고 무효확인소송에는 제소기간이 없다. 그리고 취소와 무효의 구별에 관한 우리 대법원의 판례는 중대명백설을 취한다(하자가 중대하고도 명백하면 무효이고 중대하나 명백하지 않은 경우 취소사유에 그친다는 이론). 그런데 취소소송의 제소기간이 지난 뒤 제기된 무효확인소송에서 처분의 근거법률규정이 위헌이라고 주장하면서 제청신청을 하는 경우 재판의 전제성이 있는지가 논란된다. 헌재는 법률이 헌법에 위반된다는 사정은 헌재의 위헌결정이 있기 전에는 객관적으로 명백한 것이라고 할 수 없으므로 특별한 사정이 없는 한 이러한 하자는 행정처분의 취소사유에 해당할 뿐 당연무효 사유는 아니라고 하여 무효확인소송에서의 재판전제성을 부정한다(2003헌바113; 2010헌바251; 2014헌바420; 2015헌바66 등). 대법원판례도 마찬가지이다(대법원 2019.5.30. 2017다289569 등). 헌재는 위 법리를 적용하여 재판전제성이 없다는 판시를 하면서 위 재판전제성 요건 3.에 해당하지 않는, 즉 "재판의 내용과 효력에 관한 법률적 의미가 달라지는 경우로 볼 수 없는 경우"에 해당되는 것이라고 판시하곤 한다.

[판례법리 설명]

○ 무효확인소송 – 무효사유 있어야 재판전제성 인정
* 무효확인소송이 문제되는 이유 – 취소소송 제소기간 도과, 무효확인소송에는 제소기간 없음. 따라서
　 무효확인소송 제기
○ 중대명백설: 무효사유 – '중대 and 명백', 취소사유 – '중대 and 명백'이 아닌(중대 but 비명백) 경우
○ 대법원 입장 – "위헌으로 결정하였다면 결과적으로 그 처분은 법률의 근거가 없이 행하여진 것과 마찬가지가
　 되어 하자가 있는 것이 된다고 할 것이나, 특별한 사정이 없는 한 이러한 하자는 단지 행정처분의 취소사유에
　 해당할 뿐"
　 위헌주장 – 객관적으로 명백하지 않음 (헌재 위헌결정 전에는) – 따라서 무효사유가 아니어서
　 무효확인소송에서의 재판전제성이 없음.

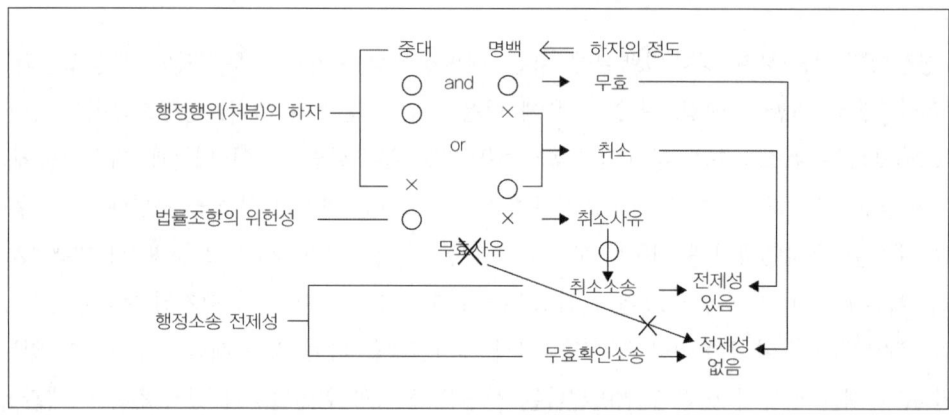

□ 행정소송에서의 재판전제성 도해

[비판] 실체법이론인 중대명백설을 절차법리인 헌법재판의 전제성에 적용하는 것 자체가 모순이고 헌재 자신이 재판전제성을 넓게 인정해오던 입장(전술 기준 참조)에 일관되지 못하다(자세한 비판은, 정재황, 헌법재판론, 박영사, 2020, 272면).

4. 민사재판에서의 중대명백설 적용의 동지 법리

예를 들어 소유권이전등기말소청구와 같은 민사재판에서도 말소대상인 소유권이전등기의 등기원인이 행정처분(수용처분)으로 인한 경우에는 그 행정처분이 유효한지 여부가 재판의 전제가 될 것이고 그럴 때 중대명백설이 마찬가지로 적용될 수 있다고 판례는 본다. 이렇게 재판전제성이 부정되는 경우로 소유권이전 관련소송(2012헌가1) 외에도 부당이득반환청구소송(2009헌바239; 2001헌바38; 2015헌바207; 2014헌바420), 국가배상청구소송(2011헌바56) 등이 있다.

5. 재심과 재판전제성

[원칙 – 부정] 헌재는 재심의 절차는 이원적 구조, 즉 "재심의 청구에 대한 심판"과 "본안사건에 대한 심판"이라는 두 단계 절차로 구별되는데 본안사건에 대한 심판의 판결(원판결)에 적용된 법률조항을 심판대상으로 한 경우에 그 법률조항은 원판결에 적용된 것일 뿐 그 원판결에 대한 재심절차 중 "재심의 청구에 대한 심판"에 적용되는 법률조항이라고 할 수는 없어서 재심청구사건에서의 그 위헌여부의 재판전제성이 부정된다고 본다(2010헌가22). 민사재판 재심의 경우에도 마찬가지라고 본다(2017헌바87). 행정재판 재심에서도 적용되는데 그 예로 상고심 불속행제도 관련 재심재판에서의 재판전제성을 부정한 결정례가 있다(2009헌바169).

[예외사유(규범적 장애)의 인정] 그러나 헌재는 "처벌조항의 위헌성을 다툴 수 없는 규범적 장애가 있는 특수한 상황"이었다면 재판의 전제성을 인정하여 예외적으로 위헌성을 다툴 수 있는 길을 열어줄 필요가 있다고 하여 위 법리에 예외를 인정한다. 바로 긴급조치에 대한 사안에서 밝힌 법리이다(2010헌바132등).

6. 고도의 공권적 행위로서, 국제관습법상 재판권이 면제되는 주권적 행위에 대한 소송에서의 재판전제성

헌재는 이러한 소송에서의 위헌제청신청은 소송 자체가 부적법하다고 하여 재판전제성을 부정한다(2016헌바388).

7. '재판의 전제성'에서의 '재판'의 개념·범위 – 넓은 개념

위헌심판에서 재판전제성에서 말하는 '재판'이라 함은 넓은 개념이다. 따라서 판결·결정·명령 등 그 형식 여하와 본안에 관한 재판이거나 소송절차에 관한 재판이거나를 불문하며(91헌가3 결정 참조), 심급을 종국적으로 종결시키는 종국재판뿐만 아니라 중간재판도 이에 포함된다(91헌가3). 넓게 인정된 예로 증거채부결정(94헌바1), 보정명령(91헌가3), 영장발부 여부에 관한 재판(90헌가70), 구속적부심사(92헌바18), 보석허가결정에 대한 검사의 즉시항고사건(93헌가2), 구속기간갱신결정(99헌가14) 등에서도 재판전제성이 인정된 바 있다.

8. 재판전제성 유무에 대한 법원판단의 존중과 헌재의 부차적 직권조사

헌재는 제청여부를 결정하는 법원이 행한 재판의 전제성 유무에 대한 법원의 판단에 대해 존중한다는 입장이고 법원의 그 전제성에 관한 법률적 견해가 명백히 유지될 수 없을 때에만 헌재는 이를 부차적으로 직권조사할 수 있다는 입장이다(92헌가10등).

9. 재판전제성의 소멸과 심판필요성의 예외적 인정

(1) 원칙 – 소멸의 경우와 의미

재판전제성은 구체적 사건이 법원에 계속 중일 것을 요구하므로 제청 당시만 아니라 심판 시에도 갖추어져야 함이 원칙이다. 따라서 법원 재판절차가 헌재의 심판계속 중 당사자의 소송 취하 등으로 인해 종료된 경우에 재판전제성이 소멸된다. [법원의 처리] 법원이 제청을 한 후 에 사정이 변화되어 재판전제성이 소멸된 경우에 법원은 자신의 제청결정을 취소하고 헌재에 그 취소결정의 정본을 송부하여 제청을 철회하게 된다['위헌법률심판제청사건의 처리에 관한 예 규'(대법원 예규) 제7조 제4항].

(2) 예외적 심판필요성 인정

그러나 심판도중에 재판전제성이 소멸한 경우에도 아래와 같이 헌재는 예외적으로 심판필요성 을 인정하는 법리를 설정하고 있다(헌재 1993.12.23. 93헌가2 등).

> [예외적 심판필요성 인정] ▷ 제청 후 헌재의 심리 중 재판사건의 종료 등으로 재판전제성이 소멸되었더라도 다음의 경우에는 심판필요성을 인정:
> - 위헌여부의 해명이 헌법적으로 중요하거나,
> - 문제의 법률조항으로 인한 기본권침해의 반복위험성이 있는 경우

* **용어에 관한 유의점**: 예외인정이 '심판필요성'의 예외인정이라는 것이고 재판전제성의 예외적 인정은 아님을 유 의. 소멸된 재판전제성은 소멸되었을 뿐이고 그럼에도 심판에 들어간다는 의미의 예외인정이기 때문에 '심판필요성 의 예외적 인정'이라고 하는 것이다.

[예외인정의 예] ① 미결구금일수의 산입에 관한 위헌심판(99헌가7. 헌법불합치), ② 보안처분 에 대한 가처분신청과 보안처분기간 만료 경우에 위 법리가 적용된 예(98헌바79 위헌), ③ 법원 의 구속집행정지결정에 대하여 검사가 즉시항고할 수 있도록 한 형사소송법(1973.1.25. 개정된 것) 제101조 제3항에 대한 위헌심판에서 위 법리가 적용된 예(2011헌가36 위헌), ④ 백지신탁제 도의 국회의원 임기 만료로 인한 적용가능성 상실 경우 위 법리 적용된 예(2010헌가65 합헌).

III. 법원의 제청

1. 주체와 의무 여부, 법원의 합헌판단권 여부

[법원직권, 당사자신청에 의한 제청] 당해 사건을 담당하는 법원이 직권 또는 당사자(보조참

가인도 가능, 2001헌바98)의 신청에 의한 결정으로 제청을 하여야 위헌법률심판이 이루어질 수 있다(동법 제41조 제1항).

[제청주체 - 법원] 제청주체가 법관이 아닌 법원임에 유의해야 한다.

[제청의 의미] 헌재는 "제청한다"라는 의미는 "법원은 문제되는 법률조항이 담당법관 스스로의 법적 견해에 의하여 단순한 양심을 넘어선 합리적인 위헌의 의심이 있으면 위헌여부심판을 제청하라는 취지"라고 본다(93헌가2). 법원의 제청신청기각결정권, 제청에 관한 결정에 대한 항고금지(헌재법 제41조 제4항), 이 규정들이 법원의 합헌판단권을 인정하는 근거라는 주장도 있었으나 헌재는 부정한다(90헌바35).

2. 제청의 방식과 효과

(1) 제청의 방식 - 제청서, 제청서 기재사항 등

법원의 위헌여부심판 제청은 헌법재판소에 제청서를 작성하여 제출함으로써 한다(헌재법 제26조 제1항). 제청서 기재사항은 1. 제청법원의 표시 2. 사건 및 당사자의 표시 3. 위헌이라고 해석되는 법률 또는 법률의 조항 4. 위헌이라고 해석되는 이유 5. 그 밖에 필요한 사항이다(헌재법 제43조).

(2) 제청의 효과 - 재판정지, 위헌소원 등

법원이 법률의 위헌 여부의 심판을 헌재에 제청한 때에는 당해 소송사건의 재판은 헌재의 위헌 여부의 결정이 있을 때까지 정지된다(동법 제42조 제1항 본문). 당사자의 제청신청이 법원에 의해 기각되면 당사자가 헌재에 헌법소원심판을 청구하여 위헌심판을 받을 수 있다(동법 제68조 제2항). 이를 '위헌소원'이라고 한다(후술 헌법소원 부분 참조). 위헌소원심판이 청구되더라도 재판이 정지되지 않는다. 따라서 법원재판이 확정되고 나서 헌재가 위헌결정을 하는 경우가 있고 이에 대비하여 재심제도가 마련되어 있다(동법 제75조 제7항).

제3항 위헌법률심판의 기준, 심리 및 결정범위

I. 위헌법률심판의 기준

법률이 헌법에 위반되는지의 심사에 있어서 물론 현행 헌법전의 규정들이 그 기준이 된다. 성문헌법의 규정뿐 아니라 성문헌법에서 파생되어 나오는 헌법규범(특히 기본권의 파생이 중요하다. 이에 대해서는 기본권총론 부분 참조), 그리고 헌법관습법 등 불문헌법규범(2004헌마554)도 기준이 된다고 본다. 헌법의 기본원리, 자연법·정의도 기준이 된다. 조약 등도 논란이 없지 않고 이를 부정하는 결정(2013헌가12), 헌법적 효력의 조약을 부정하는 결정(2012헌마166)도 있으나 헌법적 효력의 조약은 그 기준이 된다고 본다.3)

> * 유신하 긴급조치에 대한 위헌 여부 심사기준: 헌재는 유신헌법에는 권력분립의 원리에 어긋나고 기본권을 과도하게 제한하는 규정이 포함되어 있었는데 주권자인 국민이 제8차 및 제9차 개헌으로 이 규정들을 폐지하였고 헌재가 행하는 구체적 규범통제의 심사기준은 원칙적으로 헌법재판을 할 당시에 규범적 효력을 가지는 헌법이라고 하면서 유신헌법하 긴급조치들의 위헌 여부를 유신헌법이 아니라 현행헌법에 비추어 판단한다고 판시하였다(2010헌바132).

II. 위헌법률심판의 심리 및 결정범위

1. 심리의 원칙과 방식

(1) 원칙 – 직권주의와 서면심리주의

위헌법률심판은 여러 사안과 사람들에 영향을 미칠 수 있는 법규범인 법률이 헌법에 위배되는지 여부를 심사하는 것이므로 그 여부를 객관적으로 명확히 밝혀야 하므로 헌재에 의한 직권판단이 더욱 요구된다. 헌재 스스로도 헌법재판소가 제청법원이나 제청신청인이 주장하는 법적 관점에서만 아니라 심판대상규범의 법적 효과를 고려하여 모든 헌법적인 관점에서 심사하여야 한다는 점을 밝히고 있다(96헌가18).

위헌법률심판에서는 사건이 많을 것을 예상하여 서면심리주의를 택하고 있다. 서면심리는 공개하지 않도록 하고 있다(헌재법 제30조).

(2) 심리의 범위와 정도

헌재는 직권으로 심판대상을 확장하기도 하는데 직권으로 심판대상을 다른 규정으로 변경하거나(93헌바12), 직권으로 심판대상을 축소한정하는(99헌가16; 95헌바48; 2000헌바84) 예들이 있다. 직권으로 심판대상을 확대한 예는 아래의 결정범위의 확장에서 함께 본다.

2. 결정범위

> ■ 헌재법 제45조(위헌결정) 헌법재판소는 제청된 법률 또는 법률 조항의 위헌 여부만을 결정한다. 다만, 법률 조항의 위헌결정으로 인하여 해당 법률 전부를 시행할 수 없다고 인정될 때에는 그 전부에 대하여 위헌결정을 할 수 있다.

---

3) 위헌법률심판 등에서의 기준에 대해서는, 정재황, "헌법재판의 기준", 공법연구, 제25집 제4호, 한국공법학회, 1997년 6월; 헌법재판론, 319-334면 참조.

위 헌재법 제45조에도 규정되어 있지만 다른 법률(조항)(법률전부라고 되어 있으나 개별 법률조항 별로도 위헌결정 가능하다고 봄)에 대해 위헌결정을 할 수 있는데 그 사유와 예를 아래에 살펴본다.

(1) 다른 법률조항에 대한 위헌결정

판례로 다음과 같은 예들이 있다.

ⅰ) 위헌결정되는 조항과 독립하여 존속할 의미가 없는 다른 조항에 대한 위헌결정(89헌가102; 2000헌바30; 2001헌바82; 2000헌마91등), ⅱ) 위헌규정이 제도의 핵심인 경우(94헌바1), ⅲ) 법적 명확성·안정성·통일성 및 소송경제 등의 관점에서의 필요성(일거에 해결하는 것이 바람직한 경우라고 보아 위헌결정을 함께 한 예. 99헌가1; 98헌가17), ⅳ) 동일한 심사척도와 법리가 적용되는 경우 - 제청은 되지 않았으나 제청된 규정과 동일한 심사척도와 법리가 적용된다는 이유로 법원의 제청이 없었던 규정에 대하여서도 심판이 됨을 인정하여 본안판단에 들어가 그 규정에 대해 위헌으로 결정한 예가 있다(그 예에 대해서는 앞의 재판전제성, 심리 부분 등 참조). ⅴ) 선거구 불가분원칙(95헌마224등; 2000헌마92등).

(2) '부수적 위헌선언'

헌재는 위와 같이 다른 조항들, 즉 제청되지 않거나 위헌선언되는 심판대상 조항들과 관련이 있어서 위헌결정을 확장하는 경우 '부수적 위헌선언'이라고 부르면서 함께 주문에 위헌선언을 한다.

(3) 법률전부에 대한 위헌성 선언

헌재는 법률의 핵심적 규정(제도의 기본요소)에 대한 위헌결정으로 법률전체의 시행이 불가능해진 경우에는 법률전체에 대하여 위헌결정을 하는데 다음의 예들이 그것이다. ① 핵심적 규정의 위헌결정으로 법률전체의 시행이 불가능해지는 경우(95헌가5), ② 제도의 기본적 요소인 규정의 위헌결정으로 법률전부를 시행할 수 없는 경우(대표적인 예로 구 '택지소유상한에 관한 법률'(지금은 폐지된 법률)에 대한 위헌결정, 94헌바37등) 등이다. 헌법불합치결정을 법률 전부에 대하여 내린 예(92헌바49등, 토지초과이득세법 결정)도 있다.

Ⅲ. 정족수

- **헌법 제113조** ① 헌법재판소에서 법률의 위헌결정 … 을 할 때에는 재판관 6 인 이상의 찬성이 있어야 한다.
- **헌재법 제23조(심판정족수)** ① 재판부는 재판관 7명 이상의 출석으로 사건을 심리한다.
  ② 재판부는 종국심리(終局審理)에 관여한 재판관 과반수의 찬성으로 사건에 관한 결정을 한다. 다만, 다음 각 호의

어느 하나에 해당하는 경우에는 재판관 6명 이상의 찬성이 있어야 한다.
  1. 법률의 위헌결정 … 을 하는 경우
  2. 종전에 헌법재판소가 판시한 헌법 또는 법률의 해석 적용에 관한 의견을 변경하는 경우

1. 심리정족수

헌재법 제23조는 재판관 7명 이상의 출석으로 사건을 심리한다고 규정하여 심리에 필요한 정족수를 7명 이상으로 하고 있다.

2. 결정정족수

법률의 위헌결정에는 재판관 6명 이상의 찬성이 있어야 한다(제113조 제1항).

[5명 재판관 위헌의견의 합헌결정] 과거의 '위헌불선언'결정의 폐기 – 현행 단순 합헌결정: 위헌의견이 더 우세한 5명인 경우에도 위헌결정을 할 수 없다. 그래서 과거에는 '위헌이라고 선언할 수 없다'라고 주문을 기재하였다. 그러나 1996년 판례변경(96헌바7등)으로 단순합헌의 주문으로 변경되었다

[변형결정에도 적용] 헌재는 변형결정도 위헌결정의 일종이라고 하고 변형결정에도 재판관 6인 이상의 찬성이라는 정족수 규정을 적용한다.

[재판관 의견분립의 경우] 그러다 보니 재판관의 의견이 나누어졌을 때 강한 위헌의견이 작은 위헌의견을 포함한다고 보아(강도는 단순위헌, 헌법불합치, 한정위헌 … 순이다) 예를 들어 단순위헌의견이 3명, 헌법불합치의견이 1명, 한정위원의견이 5명일 경우 한정위헌결정이 된다고 본다(2000헌가5등). [헌법불합치결정들 간 강약] 뒤의 헌법불합치결정에서 보겠지만 헌법불합치결정에도 적용중지의 헌법불합치결정과 계속적용 헌법불합치결정이 있고 전자가 보다 위헌성이 강하다고(당장 중지시켜야 한다고 보므로) 볼 것이다. 예:『단순위헌(1명) + 일부위헌(1명)의견 + 적용중지 헌법불합치(2명)의견 + 계속적용 헌법불합치(5명)의견 적용 = 계속적용 헌법불합치결정』(2005헌마1139).

[각하결정과의 관계] 각하결정의 의견이 5명 이상 다수라고 하면 재판관 4인이 위헌의견이라도 각하결정을 해야 할 것이다(헌재법 제23조 제2항 본문).

[판례변경을 위한 정족수] 헌재법 제23조 제2항 제2호는 종전의 헌법재판소가 판시한 헌법 또는 법률의 해석적용에 관한 의견을 변경하는 경우에 재판관 6명 이상의 찬성이 있어야 한다고 규정하여 판례변경의 경우에도 정족수를 가중하고 있다

제 4 항   위헌법률심판 결정의 형식

위헌법률심판의 심리결과 내려지는 결정에는 여러 가지가 있다. 결정형식은 주문의 문언에 따라 판단된다.

I. 위헌심판제청각하결정

위헌법률심판의 제청이 심판의 대상성을 결여하거나(예를 들어 조례에 대한 제청), 재판전제성 등을 결여하여 적법요건을 갖추지 못한 것이면 각하결정을 한다(일반적으로 재판절차에서 재판을 제기하기 위하여 갖추어야 할 요건을 '적법요건'이라 말하고 이를 갖추지 못하면 '부적법하다'라고 하고 본안판단에 들어가지 않고 각하한다. 실체법에서의 적법, 예를 들어 어떤 행정처분이 실체법적으로 위법이 아님을 의미하는 적법과 다른 의미이다).

II. 위헌소원에서의 심판절차종료선언

실질적 위헌법률심판인 위헌소원(헌재법 제68조 2항 헌법소원, '헌바'사건)에서도 헌재는 심판절차종료선언을 한 바 있다. 즉 위헌소원의 청구인이 사망한 경우에 수계(受繼)할 당사자가 없거나 수계의사(受繼意思)가 없는 경우에는 심판절차를 종료하는 결정을 하게 된다는 것이 헌재의 판례이다. 다만, 수계의사표시가 없는 경우에도 이미 결정을 할 수 있을 정도로 사건이 성숙되어 있고 그 결정에 의하여 유죄판결의 흠이 제거될 수 있음이 명백한 경우 등 특히 유죄판결을 받은 사람의 이익을 위하여 결정의 필요성이 있는 경우에는 종국결정이 가능하다고 한다(90헌바13, 형법 제338조 등에 대한 헌법소원; 2014헌바300 참조). 심판절차종료선언결정은 본안전 요건불비의 각하결정과 다르다.

III. 본안결정

적법한 제청이어서 본안판단에 들어가 그 판단결과 내리는 본안결정은 심판대상인 법률조항이 헌법에 위반되는지 아닌지 하는 내용적인 판단을 하여 내리는 결정이다. 이에는 단순위헌, 단순합헌의 결정이 있고 나아가 변형결정도 우리 헌재는 하고 있다. 이하에서 차례로 본다.

Ⅳ. 단순위헌, 단순합헌결정

[개념, 주문의 문언]

> 단순합헌, 단순위헌결정의 주문 - 예시
> 단순합헌결정 "A법률 제9조는 헌법에 위반되지 아니한다"
>   * "합헌이다"라고 하지 않고 위와 같은 문언을 사용
> 단순위헌결정: "A법률 제9조는 헌법에 위반된다"

아무런 제한이나 조건 없이 위헌이라고 하거나 합헌이라고 하는 결정이다. 즉 단순위헌결정은 주문이 예를 들어 "A법률 제9조는 헌법에 위반된다"라고 하는 결정이고, 단순합헌결정은 주문이 "A법률 제9조는 헌법에 위반되지 아니한다"라고 하는 결정이다. 법률의 위헌결정에는 재판관 6명 이상의 찬성이 있어야 한다(제113조 제1항과 헌재법 제23조 제2항 제1호).

V. 변형결정

1. 의의와 유형 및 필요성

[의의와 유형] 변형결정이란 단순히 위헌결정 또는 합헌결정이 아니라 위헌심판의 대상이 된 법률규정에 대하여 위헌성을 인정하면서도 일정기간 효력을 지속하게 하거나 일정한 해석 하에 위헌 또는 합헌이라고 하거나 하는 형식의 결정이다. 헌재가 행하였거나 행하는 변형결정으로는 헌법불합치결정(아래 2.), 한정합헌결정(아래 3.), 한정위헌결정(아래 4.) 등이 있다.

[필요성] 헌재는 이러한 변형결정을 하는 이유로, 국회의 입법권과 권위를 존중할 필요가 있다는 점, 헌재의 유연·신축성 있는 적절한 판단을 위해 위헌 아니면 합헌이라는 양자택일에만 그치는 것이 아니라 그 성질상 사안에 따라 위 양자의 사이에 개재하는 중간영역으로서의 여러 가지 변형결정이 필수적으로 요청된다는 점, 단순위헌결정을 할 경우 법적 공백으로 인한 혼란이 생길 수 있다는 점 등을 들고 있다(88헌가6).

2. 헌법불합치결정

(1) 개념과 주문형식·유형, 결정례

[개념] 헌법불합치결정은 심판대상이 된 법률의 위헌성을 인정하면서도 단순위헌결정을 할 경우에 즉시 효력이 상실되어 법적 공백이 생기므로 이로 인한 문제점이 발생할 것을 막기 위하여 입법자가 개정할 때까지 또는 일정기간 동안은 형식적으로만 존속을 인정하고 그 적용을 중

지하게 하거나 반대로 그동안 잠정적으로 계속적용하도록 하는 변형된 결정을 말한다.

[주문형식 · 유형] 헌법불합치결정의 주문은 기본적으로 "헌법에 합치되지 아니한다"라는 문언을 담고 있다. "A법률 제9조는 헌법에 합치되지 아니한다"라는 것이다. 그러한 문언 이후 덧붙이는 문언에 따라 여러 유형의 헌법불합치결정들이 있다. ⅰ) 개정입법(존속)시한명시적 결정 ─ 효력(개정)시한을 주문에서 설정하는 헌법불합치결정도 있고[예를 들어 "2023년 12월 31일을 시한으로 입법자가 개정할 때까지 계속 적용된다(또는 적용을 중지하여야 한다)"라고 하여 효력이 다하는 날, 즉 개정시한을 주문에서 정하는 경우], 그러한 효력(개정)시한을 설정하지 않거나 "입법자가 개정할 때까지"라고 개정입법(존속)시한을 정한 결정들이 있다. ⅱ) ① '계속적용' 또는 ② '적용중지' ─ 개정입법(존속)시한 동안 "계속 적용된다"라고 하는 결정 또는 그 시한까지 "적용을 중지하여야 한다"라고 하는 결정도 있다. 후자의 적용중지의 경우 "법원 기타 국가기관 및 지방자치단체는 입법자가 개정할 때까지 위 법률조항의 적용을 중지하여야 한다"라는 문언을 부가하기도 한다. 계속적용하도록 한 결정례들이 많다. * 최근의 적용중지의 한 예: 2019헌바131.

[결정례] 헌법불합치결정의 예는 많다(그 결정례들은 정재황, 헌법재판론, 박영사 2021, 381-400면 참조).

> ▼ 계속적용의 헌법불합치결정 주문 예시
> "A법률 제9조는 … 헌법에 합치되지 아니한다. 위 법률조항은 2021.12.31.을 시한으로 입법자가 개정할 때까지 계속 적용된다."
>
> ▼ 적용중지의 헌법불합치결정 주문 예시
> "1. A법률 제9조는 … 헌법에 합치되지 아니한다. 2. 법원 기타 국가기관 및 지방자치단체는 입법자가 개정할 때까지 위 법률조항의 적용을 중지하여야 한다. 3. 입법자는 2020.12.31.까지 위 법률조항을 개정하여야 한다."

(2) 필요성과 대상

[필요성(근거 · 이유)] 법적 공백 방지, 법적 안정성(97헌바26), 평등, 형평을 위한 경우(92헌바49등), 국회의 권위존중(88헌가6), 헌법합치적 개정법이 입법 · 시행될 예정 또는 시행되고 있는 경우(92헌가11, 99헌바54) 등에 헌법불합치결정이 필요하다고 본다. 수혜적인 법률조항에 대해 단순위헌결정할 경우 그동안 누리던 사람도 그 법률조항의 전면폐기로 인하여 그나마 이익을 누릴 수 없는 상황이 온다고 헌법불합치결정을 하여야 할 필요가 있다.

[대상] 논란이 된 것은 형벌에 관한 조항에 대해서도 헌법불합치결정이 가능한지에 대한 것인데 이에 대해서는 부정하는 견해가 강하다. 그러나 헌재는 야간옥외집회금지 규정에 대해 헌법불합치결정을 함으로써(헌재 2009.9.24. 2008헌가25) 그 예를 보여주었다.

(3) 성격과 효력

[성격 ─ 위헌결정의 일종, 기속력 인정] 헌재는 "변형재판은 헌법재판소법 제47조 제1항에 정

한 위헌결정의 일종이며 타 국가기관에 대한 기속력이 있음은 당연한 것"이라고 한다(88헌가6).

[개정시한 도과의 헌법불합치 조항의 효력] 이에 대해 효력유지설도 있으나 헌재는 '주문'에서 자신이 정해준 입법시한을 넘기면 그 법률조항은 효력을 상실한다고 판시에서 명백히 밝히곤 한다(예: 2017헌바127, 낙태죄 조항에 대한 헌법불합치결정 [주문] 형법 제269조 제1항 … 은 모두 헌법에 합치되지 아니한다. 위 조항들은 2020.12.31.을 시한으로 입법자가 개정할 때까지 계속 적용된다. [판시] … 2020.12.31.까지는 개선입법을 이행하여야 하고, 그때까지 개선입법이 이루어지지 않으면 위 조항들은 2021.1.1.부터 효력을 상실한다).

3. 한정합헌결정

[개념과 주문형식] 한정합헌결정이란 법률에 대한 여러 해석의 가능성을 가지고 있을 때 그 해석들 중 합헌적인 해석을 택하여 그 해석 하에서는 합헌이라고 선언하는 결정이다. 주문은 "A법률 제9조는 … 라고 해석하는 한 헌법에 위반되지 아니한다"라고 한다.

[필요성] 여러 해석의 가능성(89헌마38), 다의적이고 적용범위가 광범한 법문(89헌가113)의 합헌(한정축소)해석을 하기 위해 필요하다고 본다.

[법적 성격 – '질적 일부위헌', 한정'위헌'결정과의 동질성] 헌재는 한정합헌결정은 질적 일부위헌의 성격을 가진 결정이고(89헌가104), 한정위헌결정과 동질성(92헌가3)을 가진다고 본다.

[기속력] 헌재는 한정합헌결정도 일부위헌결정으로 보기 때문에 기속력을 가진다고 본다.

[법률의 합헌적 해석의 허용한계] 한정합헌해석 등 법률의 합헌적 해석에도 한계가 있다. 헌재는 법문의 의미가 변질되지 않는 범위라는 한계를 그리하여 입법자의 명백한 의지, 입법목적을 상실시키는 합헌적 해석은 금지된다고 본다(88헌가5등).

[현황과 잠정적 정리] 2002.4.25. 99헌바27 결정 이후 헌재사이트에 한정합헌결정으로 분류되는 결정을 찾기가 어렵다(위 99헌바27 결정까지 한정합헌결정례는, 헌법재판론, 406~408면 참조). 즉 근래에 한정합헌결정을 찾아볼 수 없다. 반면 아래의 한정위헌결정은 내려지고 있다.

4. 한정위헌결정

(1) 개념과 주문형식

한정위헌결정이란 법률에 대한 여러 해석의 가능성을 가지고 있을 때 그 해석들 중 위헌해석을 택하여 그 해석 하에서 위헌이라고 선언하는 결정이다. 그 주문(主文)의 형식은 주로 "… 라고(으로) 해석하는 한(…인 것으로 해석하는 한, … 인 것으로 해석하는 것은, … 하는 범위 내에서) 헌법에 위반된다"라는 문언을 담고 있다. 또는 主文이 "… 적용되는(하는) 것(한)은 헌법에 위반된다"라는 문언으로 이루어지는 경우도 있다.

한정위헌결정 주문 예시
"A법률 제9조는 … 라고(으로) 해석하는 한(…인 것으로 해석하는 한, …인 것으로 해석하는 것은, …하는 범위
내에서) 헌법에 위반된다".
또는 "A법률 제9조는… 적용되는(하는) 것(한)은 헌법에 위반된다"

(2) 필요성과 법적 성격

[필요성] 헌재는 법률의 다의적인 해석가능성이나 다기적(多岐的)인 적용범위가 문제될 때 위
헌적인 것을 배제하여 합헌적인 의미 혹은 적용범위를 확정하기 위해 필요하다고 본다(92헌가3).

[법적 성격 – '질적' 부분 위헌결정] 헌재는 한정위헌결정은 '질적' 부분 위헌결정이고(92헌가
3) 한정합헌결정과 동질(표리관계)성을 가진다고 본다(96헌마172등).

(3) 결정례와 일부위헌결정에서 한정위헌결정으로 분류변경된 결정례

한정위헌결정례도 적지 않다(그 결정례들은, 헌법재판론, 411-416면 참조). 헌재가 이전에 자
신의 판례집들에서 '일부위헌결정'이라고 스스로 분류하였다가 현재는 한정위헌결정으로 그 분
류를 변경하여 www.ccourt.go.kr에 탑재한 결정례들이 있다(그 결정례들은. ① 국유재산법 제5조
제2항의 위헌심판, 헌재 1991.5.13. 89헌가97. ② 민법 제764조의 위헌여부에 관한 헌법소원, 헌재
1991.4.1. 89헌마160. ③ '화재로 인한 재해보상 및 보험가입에 관한 법률' 제5조 제1항의 위헌여부에 관
한 헌법소원, 헌재 1991.6.3. 89헌마204. ④ 국회의원선거법 제55조의3 등에 대한 헌법소원, 헌재
1992.3.13. 92헌마37등. ⑤ 1980년 해직공무원의 보상 등에 관한 특별조치법 제12조에 대한 위헌심판,
헌재 1992.11.12. 91헌가2. ⑥ 지방재정법 제74조 제2항에 대한 위헌심판, 헌재 1992.10.1. 92헌가6등.
⑦ 금융기관의 연체대출금에 관한 특별조치법 제3조 위헌제청, 금융기관의 연체대출금에 관한 특별조치
법 제3조 위헌소원, 헌재 1998.9.30. 98헌가7등이다. 그 변경이유 설명은 밝혀져 있지 않다. 위 결정례는
본래의미 헌법소원인 '헌마'사건도 포함된 것이다).

(4) 한정위헌결정을 구하는 위헌소원심판청구의 적법성

이전에 이를 부적법하다고 보아 오다가 2012년에 한정위헌청구의 적법성을 원칙적으로 인
정하는 판례변경하였다(헌재 2012.12.27. 2011헌바117).

(5) 한계

한정위헌결정은 법률문언을 그대로 둔 채 해석으로 위헌성을 지적하는 결정이므로 그 문면
의 의미를 벗어날 경우에는 할 수 없는 결정이다. 우리 헌재도 그 한계를 설정하고 있다. [실제
례: 한정위헌결정불가 → 헌법불합치결정] 위와 같은 한계를 인식한 헌재가 한정위헌결정을 하
지 못하고 헌법불합치결정을 한다고 밝힌 그 구체적 실제례가 있었다(2005헌가17).

5. 그 외

(1) 입법촉구결정

변형결정의 하나로서 위헌이라고 선언하지는 않으나 입법을 개선해줄 것을 촉구하는 결정이다. 지금까지 우리 헌재가 결정주문에 입법촉구의 문언을 담거나 순수한 좁은 의미의 '입법촉구결정'을 내린 예는 없다. 헌법불합치결정이 입법촉구의 의미를 포함하는 것이긴 하나 법률개선의무를 명령한다는 점에서 원래의 입법촉구결정과는 다르다.

(2) 일부위헌결정 부재 - 분류변경

위 한정위헌결정 부분에서 언급한 대로 헌재가 이전에 자신의 판례집들에서 스스로 일부위헌결정으로 분류한 9개의 결정들을 현재 홈사이트(www.ccourt.go.kr)에서 한정위헌결정 또는 단순위헌결정으로 변경하였다. 한정위헌결정으로 변경된 7개 결정례는 위 한정위헌결정 부분에서 인용하였고(전술 참조) 단순위헌으로 변경해 놓은 결정례는 두 개로, ① 국가보안법 제19조에 대한 헌법소원(90헌마82. 이 결정은 본래의미 헌법소원인 '헌마'사건 결정이었는데 포함하여 본다), ② 구 지방세법 제112조 제2항 위헌소원 등(96헌바52등)이다. 그리하여 이제 일부위헌결정은 헌재 자신의 분류상으로는 사라진 분류라고 보여진다.

(3) 적용위헌결정

문제의 법률조항의 적용에 있어서 위헌성이 인정될 때 내리는 결정이다. 사실 위 한정위헌결정으로 분류된 결정들 중에는 '적용하는 것(한)'이라는 주문의 문언으로 된 적용위헌의 문언이 포함된 것들도 있다(예를 들어 89헌가97. [주문] "국유재산법(1976.12.31. 법률 제2950호) 제5조 제2항을 동법의 국유재산 중 잡종재산에 대하여 적용하는 것은 헌법에 위반된다"). 그렇다면 한정위헌을 질적인 것으로 보는 입장에서는 적용위헌의 문언을 가진 결정들을 한정위헌결정들로 분류할 수 있겠다.[4] 문제는 적용위헌의 주문으로 내린 결정을 헌재가 단순위헌결정으로 분류하여 혼돈을 가져오는 예가 있다. 이는 "적용되는 부분은 헌법에 위반된다"라는 주문의 문언을 담은 결정을 헌재가 자신의 판례집에서는 '단순위헌으로 결정된 법령조항'으로 분류한 예들이다[헌재 2018.8.30. 2014헌바148등('진실·화해를 위한 과거사정리 기본법' 규정 사건); 2018.8.30. 2014헌바180등(구 '민주화운동 관련자 명예회복 및 보상 등에 관한 법률' 규정 사건)].

---

4) 적용위헌결정을 한정위헌결정에 포함되는 결정이라고 보는 견해로, 허완중, 헌법소송법, 박영사, 2019, 221면.

제5항 위헌결정의 효력

* **위헌법률심판결정의 효력일반과 본 항의 내용** – 위헌법률심판결정에도 다른 심판의 결정
들과 공통적으로는 불가변력, 불가쟁력 등의 효력을 가질 것이다. 이러한 효력들에 대해서는 앞
의 제2장에서 살펴본 바 있으므로 여기서는 생략하고(전술, 제2장 참조) 이하에서는 위헌결정이
가지는 기속력, 대세효, 소급효 문제 등을 중점적으로 다루고 변형결정도 위헌성이 인정되는 점
에서 그것에 준한 효력을 중심으로 살펴본다.

I. 기속력

1. 개념과 내용 및 범위

[기속력의 개념] 헌재법 제47조 제1항은 "법률의 위헌결정은 법원과 그 밖의 국가기관 및
지방자치단체를 기속한다"라고 규정하여 법률의 위헌결정의 기속력을 명시하고 있다. 기속력
이란 국가기관과 지방자치단체 등이 위헌결정의 취지를 존중하고 이에 위배되는 행위를 하여
서는 아니 되는 구속을 받게 하는 힘을 말한다. 기속력은 법원 기타 모든 국가기관, 지방자치
단체에 대한 효력이므로 원칙적으로 당사자에만 미치는 기판력과는 구별된다.

[기속력의 내용] 기속력이 모든 국가기관, 지방자치단체가 위헌결정을 존중하여야 한다는
효력이므로 국가기관들과 지방자치단체에 다음의 구속력을 가진다. 즉 위헌으로 결정된 법률
(조항)과 같은 내용의 법률을 국회가 다시 제정할 수 없다. 행정기관은 그 위헌선언된 법률(조
항)을 적용하여 행정처분 등 행정작용을 해서는 아니 된다. 법원도 위헌결정된 법률(조항)을
적용하여 재판을 해서는 아니 된다. 지방자치단체도 위헌으로 결정된 법률조항을 적용해서도
아니 되고 그 법률조항을 근거로 조례를 제정해서도 아니 된다.

> **[* 헌재 위헌결정의 국회 송부의무와 위원회 심사]** 헌법재판소는 종국결정이 법률의 제정 또는 개정과 관련이 있
> 으면 그 결정서 등본을 국회로 송부하여야 하도록 의무화하고 국회의 소관 위원회 위원장이 법률의 제정 또는 개
> 정이 필요하다고 판단하는 경우 소위원회에 회부하여 이를 심사하도록 하고 있다(국회법 제58조의2. 2016.12.16.
> 신설된 규정임).

[기속력의 범위] 헌재법은 위헌결정에만 명시하고 있는데 헌재는 변형결정도 위헌결정의 일
종이어서 기속력이 미친다고 본다. 주관적 범위와 객관적 범위에 대해서는 앞서 제2장에서 서
술하였다(전술 참조).

2. 위헌결정의 기속력에 반하는 반복입법인지 여부에 대한 판단기준

헌재의 위헌성인정결정(위헌결정, 변형결정) 이후 같은 내용의 입법이라고 하여 기속력 위반의 위헌이라는 주장, 즉 반복입법이어서 기속력 위반이라는 주장이 혹간 있었다. 사실 이 문제는 기속력의 범위와도 연관되어 있다. 여하튼 헌재는 위헌결정의 기속력에 반하는 반복입법인지 여부는 "단지 위헌결정된 법률조항의 내용이 일부라도 내포되어 있는지 여부에 의하여 판단할 것이 아니라, 입법목적이나 입법동기, 입법당시의 시대적 배경 및 관련조항들의 체계 등을 종합하여 실질적 동일성이 있는지 여부에 따라 판단하여야 한다"라고 한다(2012헌바409; 2008헌바89-노동조합 정치자금 규제에 관한, 이전의 위헌결정된 법규정의 반복입법이라는 주장을 배척하는 결정).

3. 한정위헌결정의 경우

(1) 기속력 – 한정해석의 존중

한정위헌결정은 위헌결정의 하나로서 기속력이 인정되므로 입법자는 한정적인 위헌이지만 그 위헌인 내용을 담은 입법을 해서는 아니 되고 행정부도 법집행에 있어서 헌재의 한정해석의 취지에 따라 당해 법률(조항)의 위헌적 요소를 배제하고 적용하여야 한다. 문제는 아래에 보듯이 대법원이 한정위헌결정의 기속력에 대해 부정적 입장을 취하고 있다는 점이다.

(2) 기속력을 둘러싼 헌재와 대법원의 입장차이

변형결정인 한정위헌결정의 경우 대법원은 자신에 대한 기속력을 다음과 같은 논거로 부정하여 논란이 되었다. 즉 한정위헌결정의 경우에는 그 결정에도 불구하고 법률조항 문언이 그냥 존속하고 있는 것이므로 한정위헌결정은 법률조항의 의미, 내용 등을 정하는 법률해석이라고 보아야 한다. 그런데 구체적 사건에 있어서 법령의 해석·적용 권한은 바로 사법권의 본질적 내용을 이루는 것으로서 법원에 전속하고 만일 법원의 이러한 권한이 훼손된다면 이는 헌법 제101조는 물론이고 사법권 독립을 보장한 헌법 제103조에도 위반되는 결과를 초래한다. 그러므로 한정위헌결정에 표현되어 있는 헌재의 법률해석에 관한 견해는 법원에 전속되어 있는 법령의 해석·적용 권한에 대하여 기속력을 가질 수 없다는 것이다(대법원 95누11405). 그러나 헌재는 한정위헌결정도 기속력을 가진다고 하면서 "헌법재판소가 위헌으로 결정한 법령을 적용함으로써 국민의 기본권을 침해한 재판은 헌법소원의 대상이 된다"라고 하여 결국 위 대법원판결을 취소하는 결정을 하였다(96헌마172).

[한정위헌결정을 둘러싼 헌재와 대법원 간 판례차이를 보여준 예들] ① 양도소득세에 있어

서 실지거래가액에 의할 경우를 둘러싼 판례차이(95헌바13; 95누11405. 앞 헌재판례, 뒤 대법 판례 이하 같음), ② 국가배상법 제2조 제1항 단서에 관한 판례차이(93헌바21, 95재다14), ③ 상속개시 전 상속포기자의 납세의무부담자 포함 여부(2003헌바10; 2004두10289), ④ 조세법(조세감면규제법) 부칙 사건(2009헌바123; 2009두3842(재심기각결정은 2012재두299), ⑤ 제주특별자치도통합영향 평가심의위원회 심의위원 공무원의제사건(2011헌바117; 2011도6347). * 그 외 헌재와 대법원 간에 판례차이로는 대상성(긴급조치, 관습법률, 법규명령(대법원규칙)) 등을 둘러싼 것도 있었는데 각 해당 부분 참조.

[검토점 – '적용위헌'인 한정위헌결정에 대한 대법원의 기속력 인정(?)] 한정위헌결정 기속 력을 둘러싼 헌재와 대법원의 갈등이 표출된 양도소득세 부과처분 사건의 한정위헌결정(헌재 1997.12.24. 96헌마172·173)은 대법원판결도 취소하고 부과처분도 취소한 사건인데 그 결말은 국세청이 헌재결정에 따르는 취지의 입장을 취함으로써 위 96헌마172의 한정위헌결정을 대법 원이 따르느냐 여부에 대한 판결은 나오지 않았다. 그러나 그뒤 다른 한정위헌결정들에 대해 대법원이 재심사건 등에서 명백히 한정위헌결정이 기속력이 없으므로 따르지 않는다는 입장을 밝히는 판례들이 나왔다. 그런데 한정위헌결정들 중에 적용위헌("…에 대하여 적용하는 것은 헌법 에 반한다"라는 등의 주문의 결정, 앞의 결정형식, 적용위헌 부분 참조)의 경우에는 사실상 따라왔다 는 분석[예를 들어 국유재산 중 잡종재산에 대해 취득시효 적용이 안 된다고 본 결정(헌재 1991.5.13. 89 헌가97), 민법 제764조의 '명예회복에 적당한 처분'에 사죄강고를 포함시키는 것은 헌법에 위반된다는 결 정(1991.4.1. 89헌마160) 등은 대법원이 따랐다는 분석]도 있다.

Ⅱ. 일반적 효력 · 대세적 효력 · 법규적 효력

[개념] 이 일반적 효력 등의 개념은 앞서 살펴보았다(전술 제2장 참조).

[실제례] 선행 결정에서 위헌으로 선언된 법률규정은 위헌결정이 가지는 대세적, 일반적 효 력으로 특별한 조치 없이 당연히 효력이 없다고 보고 그 위헌결정 이후 위헌심판이 되는 경우 헌재는 당연히 효력이 없다고 판단해주어야 한다. 그리고 그 누구도 유효함을 주장할 수 없다. 이러한 경우가 생기는 경우는 헌재의 선행 위헌결정이 이미 위헌이라고 선언한 부분이 내포되 어 있는 조문에 대해 위헌심판이 청구된 경우이다. 실제로 그러한 예가 있었다. 사안에서 당해 사건에 적용된 법률조항은 '특정범죄 가중처벌 등에 관한 법률'(2010.3.31. 법률 제10210호로 개 정된 것) 제5조의4 제6항이고, 그 중에서도 청구인의 상습절도 범행에 대하여 같은 조 제1항 중 형법 제329조에 관한 부분이 적용되었는데 바로 이 제6항이 이미 위헌결정된 동조 제1항 중 형법 제329조 부분을 포함하고 있어 문제가 된 것이었고 헌재는 그 "부분이 유효하다는 주장 을 할 수 없게 되었다"라고 판시하였다(● 판례 헌재 2015.11.26. 2013헌바343, 위헌결정).

III. 위헌결정의 장래효(일반 법률조항)와 소급효(형벌조항)

1. 일반 법률조항의 원칙적 장래효, 예외적 소급효

(1) 원칙적 장래효의 합헌성 인정과 장래효의 문제점

헌재법 제47조 제2항은 "위헌으로 결정된 법률 또는 법률의 조항은 그 결정이 있는 날부터 효력을 상실한다"라고 하여 이른바 장래효를 원칙으로 규정하고 있다. 장래효로 규정한 이유는 소급효를 인정하였을 때 법적 불안정이 초래되는 것을 막기 위한 데에 있다. 그러나 장래효만 인정하고 소급효를 부정하면 위헌결정을 얻어낸 당사자라도 기본권을 침해하는 공권력작용이 있었던 당시에는 법률이 유효했던 것으로 되어 구제가 되지 못하는 문제가 생긴다. 이 때문에 위헌결정의 장래효를 규정한 헌재법 제47조 제2항이 위헌인지 여부가 문제되었으나 헌재는 합헌으로 보았다(92헌가10; 2000헌바6; 2001헌바7등; 2006헌바108; 2010헌마535; 2010헌바347; 2020헌바401 등).

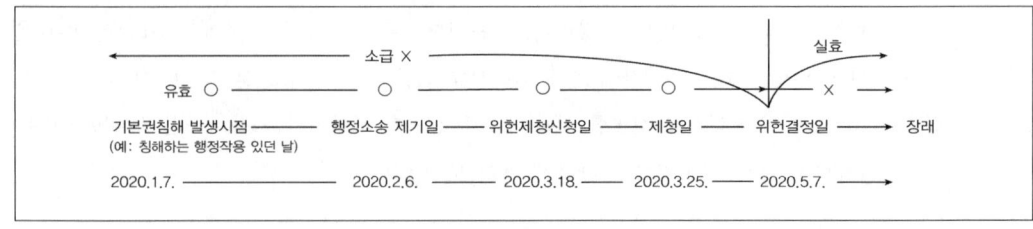

□ 장래효의 문제점

* 기본권침해 시점에는 유효한 것으로 인정되어 위헌결정에도 불구하고 구제가 안됨
출전: 정재황, 헌법재판론, 제2판, 박영사, 2021, 440면

(2) 예외적 소급효 인정

그러나 위와 같은 문제점을 인식한 헌재와 대법원의 판례는 예외적으로 소급효의 인정이 가능하다고 본다.

1) 헌재판례

[예외적 소급효 인정 기준] 헌재는 그 인정기준으로 "법원의 제청·헌법소원의 청구 등을 통하여 헌재에 법률의 위헌결정을 위한 계기를 부여한 당해 사건, 위헌결정이 있기 전에 이와 동종의 위헌 여부에 관하여 헌재에 위헌제청을 하였거나 법원에 위헌제청신청을 한 경우의 당해 사건, 그리고 따로 위헌제청신청을 아니하였지만 당해 법률 또는 법률의 조항이 재판의 전제가 되어 법원에 계속 중인 사건에 대해서는 소급효를 인정하여야 할 것"이라고 본다. 그리고 "당사자의 권리구제를 위한 구체적 타당성의 요청이 현저한 반면에 소급효를 인정하여도 법적 안정성을 침해할 우려가 없고 나아가 구법에 의하여 형성된 기득권자의 이득이 해쳐질 사안이 아닌 경우로서 소급효의 부인(否認)이 오히려 정의와 형평 등 헌법적 이념에 심히 배치되는

때"에는 소급효가 인정될 수 있다고 본다(92헌가10; 2001헌바7등; 2006헌바108; 2010헌마535 등).

[주요사항] 소급효 인정의 3가지 경우 = ① 당해사건, ② 동종사건, ③ 병행사건
그리고 구체적 타당성 요청이 현저한 반면에 소급효를 인정하여도 법적 안정성을 침해할 우려가 없고 기득권자의 이득이 해쳐질 사안이 아닌 경우로서 소급효의 부인이 오히려 정의와 형평 등 헌법적 이념에 심히 배치되는 때

□ 소급효 인정 기준

[판단권자] 헌재는 소급효인정 여부의 판단권자에 대해 헌재가 밝혀야 하나, 밝히지 않은 경우 법원이 판단한다고 본다(92헌가10).

2) 대법원의 동지 입장과 소급효인정의 한계설정

대법원도 예외적 소급효를 당해사건, 동종사건, 병행사건에 대해 인정한다. 대표적으로 최근의 예: 대법원 2019.11.14. 2018다233686 – 앞의 적용위헌 논의에서 살펴본 '진실·화해를 위한 과거사정리 기본법' 소멸시효 관련 부분위헌을 인정한 헌재 2018.8.30. 2014헌바148등 결정을 적용한 대법원판결이다.

[대법원의 소급효 한계 설정] 대법원도 소급효를 예외적으로 확대하여 인정하는 입장을 취하면서도 일정한 한계를 설정해 오기도 했다. 그러한 소급효 제한의 사유로 ① 법적 안정성, 신뢰보호를 위한 제한(대법원 2017.3.9. 2015다233982. 그 외에도 2010두11016; 93다42740; 2005두5628; 2003두14963; 2006두1296; 2008두21577 등), ② 취소소송 제기기간 경과로 확정력이 발생한 행정처분(이는 중대명백설에 입론한 것으로 보이는 다음의 법리로 그 취소소송 제기기간이 도과한 행정처분에 대한 위헌결정소급효를 부정한다. 즉 대법원은 법률에 근거한 행정처분이 당연무효인지의 여부는 위헌결정의 소급효와는 별개의 문제로서, 위헌결정의 소급효가 인정된다고 하여 위헌인 법률에 근거한 행정처분이 당연무효가 된다고는 할 수 없고 오히려 이미 취소소송의 제기기간을 경과하여 확정력이 발생한 행정처분에는 위헌결정의 소급효가 미치지 않는다고 보아야 할 것이라고 한다. 대법원 2014.3.27. 2011두24057; 2019.5.30. 2017다289569. 그 외 대법원 2000다16329; 92누9463; 2001두3181; 2012두17803 등), ③ 기판력(취소소송에 대한 청구기각의 확정판결이 가지는 기판력이 소급효를 제한한다는 것. 대법원 1993.4.27. 92누9777) 등이 판례에서 들려지고 있다.

2. 형벌에 관한 법률(조항)의 소급효

[원칙적 소급효] 위와 같은 원칙적 장래효에도 불구하고 형벌에 관한 법률 또는 법률의 조항은 소급하여 그 효력을 상실한다.

[종전 합헌결정 있었던 경우의 소급효 제한] 다만, 해당 법률 또는 법률의 조항에 대하여 종전에 합헌으로 결정한 사건이 있는 경우에는 <u>그 결정이 있는 날의 다음 날로 소급하여 효력을</u>

상실한다[헌재법 제47조 제3항 단서. 이 단서규정은 소급효제한을 위해 2014.5.20. 신설된 규정인데 평등원칙 위반이라는 주장의 위헌소원심판이 청구된 바 있다. 헌재는 신뢰와 법적 안정성을 확보하는 것이 중요하다는 입법자의 결단에 따라 위헌결정의 소급효를 제한한 것이므로, 이러한 소급효 제한이 불합리하다고 보기는 어렵다고 하여 합헌결정을 하였다(2015헌바216)].

　　[효과 – 재심청구] 위와 같은 소급효의 경우에 위헌으로 결정된 법률 또는 법률의 조항에 근거한 유죄의 확정판결에 대하여는 재심을 청구할 수 있다(헌재법 제47조 제4항).

　　[위 소급효 원칙 적용범위에서 제외되는 경우 – 불처벌 특례 조항] 불처벌의 특례를 두는 법률조항은 형벌에 관한 법률조항이긴 하나 그 위헌결정이 있더라도 소급효 원칙이 적용되지 않는다. 처벌하지 않는다는 특례규정을 위헌결정한 데 대해 소급효를 인정하면 처벌로 가게 되므로 불처벌 대상자에 대한 법적 안정과 신뢰를 침해하는 것이므로 소급효원칙이 적용되지 않는다고 보는 것이 판례의 입장이다(헌재 2009.2.26. 2005헌마764).

제 2 절　권한쟁의심판

제 1 항　권한쟁의심판의 개념과 기능, 성격 및 종류

Ⅰ. 권한쟁의심판의 개념과 기능

　　[개념] 권한쟁의심판이란 국가기관 상호 간, 국가기관과 지방자치단체 간 및 지방자치단체 상호 간에 권한의 유무 또는 범위에 관하여 다툼이 있을 때 이를 해결하는 헌법재판을 말한다.

　　[기능] ⅰ) 국가·지방자치기능의 정상작동, 권력분립, 권한분배 실현, 권력에 대한 법적 통제를 하며 이로써 헌법을 수호하는 기능, ⅱ) 소수파의 존중과 정치의 평화화 기능5)(장외투쟁 등 물리적 수단이 아닌 헌법재판에 권한쟁의심판을 청구하는 길을 택하고 다수파도 헌법재판의 결정에 승복하는 것을 전제로 이러한 평화화 기능이 작동), ⅲ) 지방분권, 지방자치 보장 수단, ⅳ) 적정한 권한행사에 의한 기본권보장 등의 기능을 가진다.

Ⅱ. 성격과 특색

　　[성격] 객관적 성격 – 권한쟁의심판을 주관적 소송이라고 하는 견해들이 있다. 어느 개인

---

5) 졸고, 헌법재판과 정치, 헌법규범과 헌법현실, 권영성 교수 정년기념논문집, 법문사, 1999, 400면 이하; 본편, 제1장 참조.

의 주관적 권리구제기능이 아닌 권력분립적 기능 등 국가기관 등의 권한과 조직상의 객관적 질서를 유지하기 위한 것이고 그 권한은 결코 어느 개인의 권리가 아니라는 점에서 이러한 견해는 받아들이기 힘들다. 헌재도 "여기에서 권한이란 주관적 권리의무가 아니라"라고 하고 권한쟁의심판은 "객관적 권한질서를 유지하기 위한 법적 수단"이라고 한다(2009헌라2).

[한국 권한쟁의심판의 특색] ⅰ) 담당기관상 특색 – 먼저 권한쟁의심판을 헌법재판소라는 독립된 재판기관에서 담당하도록 하고 있다. ⅱ) 당사자 관련 특성 – 법인격을 가지는 주체들 간의 권한쟁의심판뿐 아니라 기관이 당사자가 되는, 그리고 기관들 간(국가기관들)의 권한쟁의심판도 이루어지고 있다. 지방자치단체도 당사자가 될 수 있다. 다만, 지방자치단체는 단체 그 자체만이 권한쟁의심판을 청구할 수 있고 소속 기간인 지방의회나 지방자치단체가 청구할 수는 없다. ⅲ) 권한상 특색 – ① 법률상 권한의 분쟁도 포함 – 우리 헌재법 제61조 제2항은 헌법뿐 아니라 법률에 의하여 부여받은 청구인의 권한이 침해된 경우에도 권한쟁의심판을 청구할 수 있도록 하고 있다. ② 부작위에 의한 권한 침해 – 헌재법 제61조 제2항은 피청구인의 적극적인 처분만이 아니라 부작위(不作爲)가 헌법 또는 법률에 의하여 부여받은 청구인의 권한을 침해하였거나 침해할 현저한 위험이 있는 경우에도 권한쟁의심판을 청구할 수 있다고 인정하고 있다.

Ⅲ. 현행 헌법재판소법의 권한쟁의심판의 종류 및 각 범위

현재 권한쟁의심판의 종류(유형)과 각 유형별 범위는 다음과 같다.

1. 국가기관 상호 간

헌재법 제62조 제1항 제1호는 '국회, 정부, 법원 및 중앙선거관리위원회 상호간'이라고 규정하나 예시설에 따라 그 외 국가기관들 간의 권한쟁의도 범위에 들어갈 수 있다(후술 당사자 부분 참조).

2. 지방자치단체가 당사자가 되는 경우

(1) 유형

다시 두 가지로 나누어져 ⅰ) 국가기관과 지방자치단체 간(국가기관과 광역지방자치단체 간, 국가기관과 기초지방자치단체 간), ⅱ) 지방자치단체 상호 간(기초지방자치단체와 광역지방자치단체 간, 기초지방자치단체와 기초지방자치단체 간, 광역지방자치단체와 광역지방자치단체 간)의 권한쟁의심판이 있을 수 있다(헌재법 제62조 제1항).

(2) 각 범위
1) 위 ⅰ)의 경우

국가기관이 예시설에 따라 더 넓어질 수 있는 만큼 그것에 따라 달라질 수 있을 것이다. 지방자치단체의 입장에서는 지자체 자체가 당사자가 되지 소속 기관인 지방자치단체의 장이나 지방의회가 심판을 청구할 수는 없다.

2) 위 ⅱ)의 경우

[지방자치단체(기관) 내부적 쟁의의 비해당성] 위 ⅱ)의 경우에도 마찬가지로 지방자치단체 자체가 당사자가 되어야 하고 그 소속 기관들 간의 내부적 쟁의는 범위에 포함되지 않는다는 것이 헌재판례이다. [비해당성의 논거 – 권리주체 간 권한쟁의가 아님, 예시규정 아님] 이 ⅱ)의 지방자치단체 상호 간 권한쟁의심판의 경우에는 서로 상이한 권리주체간 권한쟁의를 의미하고 위 ⅱ)에 대해 규정하고 있는 헌재법 제62조 제1항 제3호를 예시규정으로 볼 이유가 없기 때문이라고 한다. * 검토 – '서로 상이한 권리주체 간'이라고 하나 앞서 권한쟁의심판의 성격에서 밝힌 대로 '권리'가 아니라 '권한'이란 용어가 적확하다. [내부적 쟁의로서 범위 외라고 판단된 예] 헌재는 ① 지방의회의원과 그 지방의회의 대표자인 의장 간(2009헌라11), ② 지방자치단체의 의결기관(의회)와 지방자치단체의 집행기관(장) 간(2018헌라1), ③ 교육감과 지방자치단체 간(2014헌라1) 분쟁은 내부적 분쟁으로서 권한쟁의심판 범위에 들어가지 않는다고 보고 그 청구들은 부적법하다고 보아 모두 각하결정하였다. 지방자치단체 자체만이 당사자가 될 수 있고 소속 기관들은 당사자가 될 수 없다는 점에서 이 문제는 당사자능력 문제에도 해당되므로 아래에서 다시 보게 된다. * 하나의 지방자치단체 내부에서 기관들 간, 즉 지방의회와 지방자치단체의 장 간의 분쟁은 현재 기관소송에 의해 해결할 수 있다.

3. 논의점 – 소극적 권한쟁의 인정 여부 문제

권한쟁의에는 어떤 기관이 어떠한 권한이 자신의 권한이라고 주장하는 분쟁(이것이 일반적인 모습이다)이 있는 반면, 오히려 어떠한 권한이 자신에게는 속하지 아니한다고 주장하는 분쟁도 있을 수 있다. 전자를 적극적 권한쟁의, 후자를 소극적 권한쟁의로 부른다. 우리의 경우에 현행 헌재법상 소극적 권한쟁의도 포함되는지에 대해 견해의 대립이 있다. 이를 인정할 필요가 있다(자세한 것은, 헌법재판론 473-475면 참조).

제 2 항 권한쟁의심판의 청구요건

Ⅰ. 당사자

1. 개념

권한쟁의심판의 당사자란 권한이 침해되었다고 주장하면서 권한쟁의심판을 제기하는 청구인과 그 청구의 상대방인 피청구인을 말한다. 아래에서 권한쟁의심판의 유형별로 살펴본다.

> *** 용어의 혼동**: 헌재는 당사자'능력'과 당사자'적격'이란 말을 혼용하는 예들을 보여주는데 일반적으로 재판절차법상 '적격'이란 자신의 권리의 침해가 해당 사안에 관련하여 발생할 수 있을 가능성을 의미한다면 뒤에서 보는 또 다른 요건인 권한 침해성 등이 '적격' 문제인데 이와 구별이 어려워 구분되어야 한다. 양자를 구분하여 쓰는 결정례 (2010헌라2; 2016헌라8등)도 있으나 혼란을 주는 결정례들이 적지 않다. 정리되어야 할 부분이다.

2. 국가기관 상호간 권한쟁의심판

(1) 예시설

헌재법 제62조 제1항 제1호는 국가기관 상호간의 권한쟁의심판의 당사자로 국회, 정부, 법원 및 중앙선거관리위원회를 규정하고 있다. 문제는 위 제1호의 규정이 열거규정인가 예시규정인가 하는 것이다. 헌재는 이전에는 열거규정으로 보아 국회의원·국회의장·교섭단체 등의 당사자 지위를 부인하였으나, 판례를 변경하여 예시규정으로 본다고 판례를 변경하였고 그리하여 국회의원과 국회의장도 헌법 제111조 제1항 제4호의 권한쟁의심판의 당사자가 될 수 있다고 판례를 변경을 하였다(96헌라2).

(2) 판별기준

예시설을 취함으로써 헌법 제111조 제1항 제4호 소정의 '국가기관'에 해당하는지 아닌지를 판별함에 있어서는 그 기준이 문제된다. 헌재의 판별기준은 아래와 같다(아래 기준을 설정한 결정 — 96헌라2).

---

① 국가기관이 헌법에 의하여 설치되고
② 헌법과 법률에 의하여 독자적인 권한을 부여받고 있는 국가기관인지 여부
③ 그 권한쟁의를 해결할 수 있는 적당한 기관이나 방법이 있는지 여부 등
을 종합적으로 고려하여야 한다.

❏ 권한쟁의심판 당사자능력이 있는 국가기관인 여부 판단 기준

[인정례] 그리하여 국회의원이나 국회의장 등 그 외의 국가기관의 경우에도 당사자가 될 수 있다고 보고(96헌라2), 구·시·군 선거관리위원회도 당사자가 될 수 있다고 본다(2005헌라7. 이유는 헌법 제114조 제7항 각급 선거관리위원회에 설치근거를 헌법이 규정하고 일정한 권한이 헌법상 주어져 있기 때문이라고 본다).

[부정례] 그러나 ⅰ) 국회의 소위원회 및 그 위원장은 헌법에 의하여 설치된 국가기관에 해당한다고 볼 수 없다고 하여 당사자능력을 부정한다(헌재 2020.5.27. 2019헌라4). 안건조정위원회 위원장도 부정되었다(헌재 2020.5.27. 2019헌라5). ⅱ) 정당과 원내교섭단체에 대해서도 부정한다(헌재 2020.5.27. 2019헌라6등). ⅲ) 법률상 위원회 - ① 국가인권위원회에 대한 부정 - 헌재는 국가인권위원회는 법률에 의하여 설치된 기관이어서 당사자능력이 인정되지 아니한다고 한다(2009헌라6). * 비판: 그러나 국가인권위가 독립성을 가지는 점, 권한쟁의심판에서는 법률상 권한침해도 판단대상이 된다는 점 등에서 이러한 판례를 받아들이기 어렵다. ② 원자력위원회 등 법률상 위원회도 부정되었다(2019헌사1121).

3. 지방자치단체의 경우

(1) 기반적 법리

[지방자치단체 자체] 지방자치단체와 국가기관 간이거나 지방자치단체 상호간이거나 지방자치단체가 관련되는 권한쟁의사건에서는 어디까지나 지방자치단체 자체가 당사자가 된다. 예: S시의 시장이 아니라 S시 자체가 당사자가 되어야 한다는 것이다.

(2) 지방자치단체와 국가기관 간

[실제례] 그동안 이에 해당되는 권한쟁의사건은 적지 않았다. 비교적 근간의 예로는 화성시와 국방부장관 간(2017헌라2), 성남시 등과 대통령 등 간(2016헌라7), 서울특별시와 대통령 간(2016헌라3), 충청남도 등과 행정자치부장관 등 간(2015헌라3)의 권한쟁의결정들이 있었다.

[국가기관으로서의 도지사(재결청)와 지방자치단체(시) 간의 권한쟁의사건] 지방자치단체장이 권한쟁의심판에서 국가기관으로서의 당사자의 지위를 가지는 경우를 인정하였던 판례가 있었다. 즉 기초지방자치단체의 처분에 대하여 주민(처분 상대방인 사인(私人))이 제기한 행정심판에 있어서 당시의 구 행정심판법에 따르면 광역지방자치단체장이 재결청이었는데, 이 경우의 광역지방자치단체장을 헌법재판소는 국가기관으로 보아 그 재결을 둘러싸고 제기되는 권한쟁의심판은 (기초)지방자치단체와 국가기관 간의 권한쟁의심판으로 보았다(성남시와 경기도 간의 권한쟁의, 헌재 1999.7.22. 98헌라4).

* **유의:** 2008.2.29. 행정심판법 개정 이전에는 행정심판기관이 사건을 심리, 의결을 하는 행정심판위원회와 행정심판위원회의 이 심리, 의결에 따라서 재결만을 하는 재결청으로 나누어져 있었다. 2008년 2월 29일에 개정된 행정심판법은 재결청 제도를 없애고 행정심판위원회가 심리·의결과 재결을 모두 하도록 일원화하고 있다. 아래의 판례는 행정심판위원회와 재결청을 분리하고 있었던 그 개정 이전의 구 행정심판법 당시의 판례이다. 재결업무는 국가

사무이다. 그리고 당시에는 재결청이 기초 지방자치단체에 의한 행정처분에 대한 행정심판의 경우 광역 지방자치단체의 장(그래서 사안에서 경기도의 도지사가 피청구인이 된 것임)이었다. 이처럼 당시의 상황은 현재와 달랐다. 그러나 어느 지방자치단체의 장이 어떤 국가사무를 위임받아 수행할 경우에 지방자치단체의 장으로서가 아니라 국가기관으로서 당사자가 될 수 있다는 법리를 보여주는 모델케이스로 여전히 중요한 판례이다. * 공법 복합형 문제.

[교육·학예에 관한 지방자치단체사무에 관한 권한쟁의의 경우] ⅰ) 교육감 당사자 - 국가기관과 지방자치단체 간의 권한쟁의가 '지방교육자치에 관한 법률' 제2조의 규정에 의한 교육·학예에 관한 지방자치단체의 사무에 관한 것인 때에는 교육감이 당사자가 된다(헌재법 제62조 제2항). ⅱ) 실제 예: 이에 관한 예로서 교육부장관과 서울특별시교육감 간에 학생인권조례안 의결을 둘러싼 쟁의사건이 있었다(2012헌라1).

(3) 지방자치단체 상호 간의 권한쟁의의 경우

[부정되는 경우] 지방자치단체 자체가 아닌 장은 당사자(청구인, 피청구인)가 될 수 없다(2003헌라1). 지방의회도 마찬가지이다.

[교육·학예에 관한 지방자치단체사무에 관한 권한쟁의의 경우] 지방자치단체 상호 간 권한쟁의가 위에서 본 것과 같이 교육·학예에 관한 지방자치단체의 사무에 관한 것인 때에는 교육감이 당사자가 된다(헌재법 제62조 제2항).

4. 제3자소송 담당의 부정

[개념, 부정하는 헌재] 한편 헌재는 권리주체가 아닌 제 3 자가 권리주체를 위하여 소송을 수행하는 소위 '제 3 자 소송담당'을 부정한다.

[부정하는 헌재의 논거] 헌재의 부정논거들은 정리하면 ① 입법권, 조약 체결·비준에 대한 동의권과 같은 권한은 국회 자체의 권한이고 국회의원 권한이 아니다. ② 헌재법 제61조 제2항이 청구인 자신의 권한침해만을 주장할 수 있도록 하고 있으며 헌재법 제40조 제1항에 의해 준용될 수 있는 민사소송법, 행정소송법을 해석해도 이를 인정할 수 없고 현행법상 '제3자 소송담당'을 허용하는 명문의 규정이 없다. ③ 헌법 제49조 다수결절차를 거친 결정에 반대하는 소수의 국회의원에게 권한쟁의심판을 청구할 수 있게 하는 것은 다수결의 원리와 의회주의의 본질에 어긋날 뿐만 아니라, ④ 모든 문제를 사법적 수단에 의해 해결하려는 방향으로 남용될 우려도 있다는 것이다(2013헌라3).

[구체적 판례 사례] 이러한 입장에서 헌재는 ① 입법권 침해 주장의 권한쟁의(2015헌라5, 국민안전처 등 정부기관 세종시 이전 관련 입법 사안), ② 조약 체결·비준 동의권 침해 주장의 권한쟁의[2005헌라8. WTO 쌀 협상 관련합문 비준동의안 제출거부행위 사안). 그 외 조약 체결·비준 동의에 관한 동지 결정례: 헌재 2007.10.25. 2006헌라5(한·미 FTA 협상에 대한 국회의 동의를 받지 않고 전권대표를 임명하고 협상개시선언을 한 후 진행한 일련의 협상행위, 국회 및 국회의원에 대한 한·미 FTA 협상

정보 비제공의 부작위); 2011.8.30. 2011헌라2(대한민국 국군에 대한 작전지휘권과 작전통제권을 이양하는 조약에 대한 비준동의안을 국회에 제출하지 않고 있는 행위 등; 2015.11.26. 2013헌라3('WTO 정부조달협정 개정의정서' 체결·비준에 대한 국회동의를 요구하지 않고 있는 부작위)], ③ '예산 외에 국가의 부담이 될 계약'에 대한 국회의 의결권(헌법 제58조) 침해 주장의 권한쟁의[2005헌라10. 사회간접자본시설에 대한 민간투자사업의 추진방식에 있어 민간사업자가 자본을 투자하여 건설을 담당하고 주무관청이 완공된 시설을 임차하여 운영하는 이른바 BTL(Build Transfer Lease)에 관해 국회의결을 거치지 않았다고 하여 제기된 권한쟁의사건]에서 모두 국회의원 자신의 권한침해가 아니라 국회 자체의 권한 침해라서 제3자 소송 담당이라는 이유로 청구인이 될 수 없다고 하여 각하결정을 한 예들이 있었다.

[비판 – 사견] 국회의 입법권, 동의권 등 권한의 행사는 결국 구성원인 국민대표자로서 국회의원의 권한과 활동(심의·표결)에 의해 이루어진다는 점에서 국회의 권한에 대해 국회의원이 제3자의 지위에 있다고 보는 것부터 근본적으로 잘못된 것이다. 그렇게 제3자라고 보면 오히려 국회의원은 자신의 권한이 아닌 권한을 심의·표결 등의 행위를 통해 행사한다는 위헌행위를 저지르게 된다는 이상한 어불성설의 결론에 이르게 한다. 이는 받아들일 수 없음은 물론이다. 그 외 다수결원리를 내세운 부정논거 등에 대해서는 권한쟁의심판의 소수파존중·다원주의구현, 평화화 등의 기능에서 문제가 있다(자세한 비판은, 헌법재판론, 495-497면 참조).

5. 피청구인

(1) 원칙과 판단준거

[원칙] 헌재는 피청구인은 처분 또는 부작위를 야기한 기관으로서 법적 책임을 질 수 있는 지위에 있는 기관이 된다고 본다(2008헌라7등).

[피청구인능력 보유 '국가기관'인지 판단준거] 국가기관에 대한 피청구인능력도 앞서 본 국가기관 청구인능력과 같은 3요소 기준으로 판단된다. 즉 ① 그 국가기관이 헌법에 의하여 설치되고 ② 헌법과 법률에 의하여 독자적인 권한을 부여받고 있는지 여부, ③ 헌법에 의하여 설치된 국가기관 상호 간의 권한쟁의를 해결할 수 있는 적당한 기관이나 방법이 있는지 여부 등을 종합적으로 고려하여 판단한다는 것이다(2019헌라5).

(2) 구체적 사안
1) 입법부

(가) 국회 자체의 피청구인능력 인정　　① 법률의 제·개정 행위를 다투는 권한쟁의심판의 경우 – 헌재는 법률의 제·개정 행위를 다투는 권한쟁의심판의 경우에는 국회가 피청구인적격을 가지므로, 청구인들이 국회의장 및 기획재정위원회 위원장에 대하여 제기한 이른바 국회

선진화법이라고 불리는 국회법 개정행위에 대한 심판청구는 피청구인적격이 없는 자를 상대로 한 청구로서 부적법하다고 한다(2015헌라1). ② 국가기관과 지방자치단체 간 권한쟁의심판의 당사자로서의 국회 - 사안은 국회가 공직선거법 제122조의2를 개정하여 지방선거비용을 해당 지방자치단체에게 부담시킨 행위가 지방자치단체인 청구인들의 지방자치권을 침해하는 것인지 여부에 대한 것인데 국회를 피청구인으로 인정하여 본안판단에 들어가 권한침해가 아니라는 기각결정을 하였다(2005헌라7).

(나) 국회의장   ① 본회의 의사활동 관련 권한쟁의심판에서 피청구인 지위 인정, 부의장에 대한 부인 - 국회의장은 본회의에서의 의사활동에 관련된 권한쟁의심판, 대표적으로 이른바 변칙처리사건에서의 권한쟁의심판의 피청구인으로 인정되어 왔다. 부의장에 대해서는 부정한다(2009헌라8등). ② 상임위원회 활동 관련 피청구인 지위 부정 - 그러나 헌재는 상임위 심사활동에 관한 청구에 있어서는 국회의장의 피청구인 지위를 부정한다. 그 심사권은 국회의장에 의해 위임된 것이 아니라 위원회 고유로 볼 수 있다는 논거로 한다. 헌재는 상임위 심사권은 상임위 고유권이란 이유로 주장을 배척하고 국회의장의 피청구인으로서 지위를 부정하여 그 부분 청구를 각하하였다(2008헌라7등, 한미FTA사건).

(다) 국회 위원회 위원장   ① 상임위원회 위원장 - 국회의 상임위원회 활동과 관련한 권한쟁의심판에서 상임위 위원장은 피청구인이 될 수 있다(2008헌라7등. 바로 위 외교통상통일위원회 사건결정). ② 국회 정치개혁특별위원회 위원장 - 인정된다(2019헌라5). ③ 국회 소위원회 위원장, 위원 - 헌재는 국회의 소위원회 및 그 위원장은 헌법에 의하여 설치된 국가기관에 해당한다고 볼 수 없다고 하여 당사자능력을 부정한다(2019헌라4). ④ 안건조정위원회 위원장의 피청구능력 부정 - 국회법 제57조의2에 근거한 안건조정위원회 위원장은 국회법상 소위원회의 위원장으로서 부정된다(2019헌라5).

2) 정부

정부도 그 자체로 또는 대통령, 국무총리, 행정각부, 감사원 등이 당사자능력을 가지는데 실제로 피청구인이 된 사건들이 적지 않다. 감사원도 피청구인 될 수 있다. 정부기관은 특히 지방자치단체로부터 권한쟁의심판을 청구받는 경우가 많았다. 몇 가지만 예로 인용한다[지방자치단체(서울특별시)와 대통령 간의 권한쟁의심판(2016헌라3); 지방자치단체(군산시)와 행정자치부(*현재 행정안전부)장관 간의 권한쟁의심판(2016헌라1); 강남구청 등과 감사원 간의 권한쟁의심판(2005헌라3)].

3) 법원

법원도 피청구인능력을 가진다(헌재법 제62조 제1항 제1호). 서울남부지방법원 제51민사부를 피청구인으로 한 권한쟁의심판사건이 있었으나 헌재는 피청구인능력 문제를 언급하지 않고 권한침해가능성이 없다고 하여 각하결정을 하였다. 사안은 국회의원이 교원들의 교원단체 가입현황을 자신의 인터넷 홈페이지에 게시하여 공개하려 하였으나, 법원이 그 공개로 인한 기본권침해를 주장하는 교원들의 신청을 받아들여 그 공개의 금지를 명하는 가처분 및 그 가처분에 따른 의무이행을 위한 간접강제 결정을 한 것에 대해 국회의원이 법원을 상대로 제기한 권한쟁의심판청구사건이었다(2010헌라1).

4) 각급 선거구관리위원회의 피청구인 지위 인정

이에 대해서는 살펴보았다(2005헌라7. 전술 참조).

5) 법률상 근거로 설치된 위원회에 대한 부정

헌법상 기관이 아닌 법률로 설치된 원자력위원회가 그 예이다(2019헌사1121).

Ⅱ. 피청구인의 처분 또는 부작위의 존재

1. 법규정과 의미

헌재법 제61조 제2항은 피청구인의 처분 또는 부작위('부작위'란 행위를 하지 않는 것을 말하고 '불행사'라고도 함)가 헌법 또는 법률에 의하여 부여받은 청구인의 권한을 침해하였거나 침해할 현저한 위험이 있는 경우에만 권한쟁의심판을 청구할 수 있다고 규정하고 있다. 이 요건은 피청구인이 행한 처분, 하지 않고 있는 부작위이므로 피청구인에 대한 것이다.

2. 처분

(1) 개념과 범위

[넓은 의미의 공권력처분] 여기의 처분은 행정청의 행정행위로서의 처분만 해당되는 것은 아니고 행정처분의 개념보다 넓은 개념이다. 예컨대 법률안 변칙처리사건에서 법률안의 가결 선포행위 등에 대하여 권한쟁의심판이 제기되고 본안판단이 된 바 있다(96헌라2). 헌재 판례는 "여기서의 처분은 입법행위와 같은 법률의 제정과 관련된 권한의 존부 및 행사상의 다툼, 행정처분은 물론 행정입법과 같은 모든 행정작용 그리고 법원의 재판 및 사법행정작용 등을 포함하는 넓은 의미의 공권력처분을 의미하는 것으로 보아야 할 것"이라고 한다(2005헌라4).

[청구인의 법적 지위에 구체적 영향] 또 헌재는 "여기서 '처분'이란 법적 중요성을 지닌 것에 한하므로, 청구인의 법적 지위에 구체적으로 영향을 미칠 가능성이 없는 행위는 '처분'이라 할 수 없어 이를 대상으로 하는 권한쟁의심판청구는 허용되지 않는다"고 본다. 헌재는 피청구인의 행위가 법적 구속력 있는 것이 아니어서, 그로 말미암아 청구인들의 헌법상·법률상 보장된 권한들이 박탈되거나 권한행사에 제약을 받는 것이 아니며, 청구인들의 법적 지위가 구체적으로 영향을 받는 것도 아니어서 단지 간접적, 사실적인 영향력만을 지닐 뿐이면 헌재법 제61조 제2항에 규정된 '처분'이 아니라고 한다(2005헌라1).

[법적으로 문제되는 사실행위나 내부적 행위] 그러나 헌재는 권한쟁의심판의 대상이 되는

처분에는 청구인의 권한에 부정적인 영향을 주어서 법적으로 문제되는 경우에는 사실행위나 내부적인 행위도 포함된다고 본다(2003헌라2).

(2) 처분성이 긍정된 예

긍정례들이 적지 않은데 주목할 만한 것으로 몇 가지를 보면, ① 국회의원 상임위 강제적 사보임행위(2002헌라1), ② 감사원 감사(2005헌라3) 등이 있다.

(3) 처분성이 부정된 예

① 정부의 법률안제출행위(2004헌라3), ② 국회의 '법률' 자체, 시행령 등 행정입법 자체(자체는 부정되고 제정·개정행위가 대상임)(2004헌라3; 2005헌라4; 2005헌라9등; 2015헌라1 등). * 부정하는 이유로 "법률에 대한 권한쟁의심판도 허용된다고 봄이 일반적이다. 다만 권한쟁의심판과 위헌법률심판은 원칙적으로 구분되어야 한다는 점에서, 법률에 대한 권한쟁의심판은 '법률 그 자체'가 아니라, '법률의 제정행위'를 그 심판대상으로 해야 할 것"이라고 한다(2005헌라4). 행정입법도 대상이 되나 시행령, 시행규칙과 같은 법령 자체가 아니라 이를 제정, 개정하는 행위라고 본다(2005헌라9등). ③ 국무총리 소속 사회보장위원회가 '지방자치단체 유사·중복 사회보장사업 정비 추진방안'을 의결한 행위 등 – 내부 행위, 업무협조 요청 취지의 통보행위(2015헌라4 – 헌법상·법률상 보장된 지방자치단체 권한들이 박탈되거나 권한행사에 제약을 준다고 할 수 없어 처분성이 부정된다). ④ 업무연락 또는 단순한 견해의 표명 등, 이에 해당하는 통보행위 등 ㉠ 행정안전부장관의 기초자치단체에 대한 복무조례의 표준안 제시 등(2005헌라1), ㉡ 보건복지부장관이 광역지방자치단체의 장에게 '지방자치단체 유사·중복 사회보장사업 정비지침'에 따라 정비를 추진하고 정비계획(실적) 등을 제출해주기 바란다는 취지의 통보를 한 행위(2015헌라4), ㉢ 구선거관리위원회의 지방선거 소요 예상 비용 통보행위(2005헌라7) 등. ⑤ 사실행위 – 요건을 갖춘 신고인지 여부만 확인하는 사실행위(2016헌라8등) 등에 대해 처분성을 부정하였다.

(4) 장래의 처분
1) 원칙적 부정, 예외적 인정

헌재는 장래처분을 대상으로 하는 심판청구는 원칙적으로 허용되지 아니한다고 본다. 그러나 헌재는 다음과 같은 예외적 요건이 충족되면 장래처분이라도 대상성을 인정한다. 헌재는 그 인정이유로 "왜냐하면 권한의 존부와 범위에 대한 다툼이 이미 발생한 경우에는 피청구인의 장래처분이 내려지기를 기다렸다가 권한쟁의심판을 청구하게 하는 것보다는 사전에 권한쟁의심판을 청구하여 권한쟁의심판을 통하여 권한다툼을 사전에 해결하는 것이 권한쟁의심판제도의 목적에 더 부합되기 때문이다"라고 한다(2005헌라9 등).

2) 예외인정요건

피청구인의 장래처분에 대해서도 아래 2요건을 갖춘 경우에는 청구할 수 있다고 본다(헌재 2004.9.23. 2000헌라2; 2009.7.30. 2005헌라2; 2010.6.24. 2005헌라9등; 2011.9.29. 2009헌라5 등 참조).

요건: ① 피청구인의 장래처분이 확실하게 예정되어 있고, ② 피청구인의 장래처분에 의해서 청구인의 권한이 침해될 위험성이 있어서 청구인의 권한을 사전에 보호해 주어야 할 필요성이 매우 큰 예외적인 경우

3) 인정례

장래처분의 대상성을 인정한 예를 하나 보면 사안은 계쟁지역에 대해서 피청구인이 재산세 부과 등 장래처분을 통해 관할권을 행사할 것이 확실히 예상되고, 그러한 장래처분에 의하여 이 사건 계쟁지역에 대한 청구인의 자치권한이 침해될 명백한 위험성이 존재한다고 주장하는 청구인이 심판청구를 한 사건이다(2015헌라2. * 비슷한 사안들의 장래처분 대상성 인정의 동지 결정례: 2009헌라3; 2009헌라4; 2009헌라5 등).

3. 부작위

(1) 부작위의 경우에서의 요건 − 작위의무의 전제

헌법재판소는 부작위(不作爲)의 경우에는 일정한 요건을 설정하고 있다. 즉, 아래(2)의 결정례들에서 보듯이 "피청구인의 부작위에 의하여 청구인의 권한이 침해당하였다고 주장하는 권한쟁의심판은 피청구인에게 헌법상 또는 법률상 유래하는 작위의무가 있음에도 불구하고 피청구인이 그러한 의무를 다하지 아니한 경우에 허용된다"라고 하여 그 요건에 작위의무의 존재를 전제요건으로 하고 있다.

(2) 작위의무 없어 각하된 결정례

① 국무총리 임명동의안에 대한 개표절차 진행, 표결 결과를 선포하지 아니한 부작위에 대한 청구에서 작위의무 부정(98헌라3), ② 국회 상임위 질서유지조치를 취할 국회의장의 구체적 작위의무 부인(국회 외교통상통일위원회 '한·미 FTA' 비준동의안 상정행위 등에 대한 권한쟁의심판 청구에서 국회의장도 이 사건 당일 폭력사태에 대응하여 질서유지조치를 취하지 아니한 부작위로 국회의원들의 권한을 침해하였다는 주장의 청구를 각하하였다. 2008헌라7등), ③ 침해확인된 법률안 심의·표결권을 회복할 수 있는 조치를 국회의장이 취하지 아니하는 부작위에 대한 국회의원의 권한쟁의심판 청구 − 헌재는 이른바 변칙처리가 국회의원의 법률안 심의·표결권을 침해한 것임을 확인하는 결정을 몇 건 하였다. 그런데 이 권한침해를 인정하는 경우에도 문제의 그 법률안의 가결선포행위를 무효로 선언하지 않는 입장을 줄곧 유지하여 왔다. 그리하여 침해확인된 법률안 심의·표결권을 회복할 수 있는 조치를 국회의장이 취하지 아니하는 부작위가 다시 국회의

원의 심의·표결권을 침해한다는 주장의 권한쟁의심판이 청구된 예가 있다. 그러나 헌재는 작위의무가 없다고 하여 기각결정하였다(2009헌라12. * 이 결정에 대해서는 뒤의 권한침해인정결정의 기속력 부분 참조). ④ 국가위임사무의 부작위 경우 - 부작위에 대한 권한쟁의심판을 청구한 사건에서 그 부작위상태에 있는 사무가 국가사무로서 도지사에게 위임된 기관위임사무란 이유로 각하되어 실질적으로 의무가 없는 것과 같은 효과의 결론이 난 결정례가 있었다(2009헌라5. 이 결정에 대한 자세한 요지는 뒤의 침해되는 권한의 존재 요건 중 국가사무 부분 참조).

(3) 작위의무가 없다고 보면서도 기각결정을 한 예

이러한 예로서 다음과 같은 사안이 있었다. 서울특별시의회의 학생인권 조례안 의결에 대한 교육부장관의 서울특별시교육감에 대한 재의요구 요청을 따르지 아니한 부작위에 대해 헌재는 교육부장관이 교육감이 재의요구를 할 수 있는 기간 내에만 교육감에게 재의요구 요청을 할 수 있고 이 기간이 지난 후 요청에 재의요구를 하여야 할 헌법이나 법률상의 작위의무가 교육감에게 없다고 보았다. 작위의무 없다고 판단했으면서 기각결정을 하였다(2012헌라1).

III. 권한의 존부 또는 범위에 관한 다툼의 존재

[의미] 권한의 존부 및 범위 자체에 관한 청구인과 피청구인 사이의 다툼이 있어야만 권한쟁의심판이 적법하게 제기된 것으로 본다.

[검토] 아래에 '다툼'이 없어 부정된 예들도 그 '다툼'이 '권한'에 관한 다툼이 아니어서 부정된 것이라는 이유를 내세우는데 그렇다면 그 논점은 "권한을 침해하였거나 침해할 현저한 위험이 있는" 요건(이하 '권한침해성 요건') 문제로 다루면 될 일이었고 이 점에서 과연 여기의 '다툼'의 존재라는 이 요건이 얼마나 필요한지 하는 회의가 들게 된다.

[부인되어 각하된 결정례] 이러한 결정례들은 분쟁의 본질이 권한의 존부 및 범위 자체에 관한 청구인과 피청구인 사이의 직접적인 다툼이 아니라는 이유로 각하된 결정들인데, ① 손실보상금 채무에 관한 다툼(영일군과 정부 간의 권한쟁의, 94헌라1. 어업면허 연장 불허가처분으로 인해 지급되어야 할 손실보상금 지급이라는 단순한 채권채무관계 다툼으로서 권한다툼이 아니라고 봄), ② 국유의 경사지 암반 긴급복구 및 안전시설공사 비용 예산배정 요청에 대한 기획재정부장관의 거부처분(2009헌라2. 관리비용 부담을 둘러싼 단순한 채권채무관계에 관한 다툼이라고 봄), ③ 4대강 사업의 하천 '유지·보수공사' - 4대강 살리기 사업에 관한 사안(2011헌라1. 공법상 계약을 둘러싼 다툼'이라고 봄) 등의 사안결정들이었다.

Ⅳ. 청구인의 권한을 침해하였거나 침해할 현저한 위험이 있을 것

1. 이 요건의 의미

(1) 2가지 요소 의미

"청구인의 권한을 침해하였거나 침해할 현저한 위험이 있는 때"라는 요건은 다음의 2가지 요소의 요건을 의미한다.

> 2요소 = 청구인의 권한 요소 + 침해성 요소

(2) 청구요건만인지 본안판단대상이기도 한지 여부

헌법재판소법 제61조 제2항은 피청구인의 처분 또는 부작위가 청구인의" 권한을 침해하였거나 침해할 현저한 위험이 있는 경우"를 청구사유로 규정하고 있다. 그런데 권한을 "침해한" 것이라면 뒤의 제5절에서 보듯이 권한침해의 인정이라는 인용결정, 즉 본안결정을 한다. 따라서 권한을 침해한 것인지 여부는 본안의 문제가 아닌가 하는 의문이 생길 수 있다. 그동안의 헌재 판례에서도 권한을 침해하였거나 침해할 현저한 위험이 있는 때가 아니라고 보는 경우에 각하결정을 한 예도 있고 기각결정을 한 예도 있다(기각한 예: 96헌마1; 2009헌라3; 2009헌라4; 2012헌라1 등). 이러한 판례들의 입장은 청구요건 문제로서의 권한침해의 문제는 침해의 가능성, 즉 일반적으로 피청구인의 문제되는 처분이 행해진 경우 침해의 가능성이 있는지 여부의 문제로 보고 구체적이고 특정한 사안에서 실제로 침해가 있었는지 하는 문제는 본안판단의 문제로 보려는 것으로 이해된다.

2. 침해되는 청구인의 권한의 존재(제1요소)

(1) 의미 – 청구인에 대한 요건

권한의 침해가능성 요건은 침해되는 청구인의 권한이 존재할 것을 전제로 한다는 점에서 이 요건은 먼저 청구인에 관한 요건임은 물론이다.

(2) 침해되는 권한의 범위 – 법률에 의하여 부여받은 권한도 포함

여기의 권한은 헌재법 제61조 제2항이 "헌법 또는 법률에 의하여 부여받은 청구인의 권한을 침해하였거나"라고 규정하고 있으므로 헌법뿐 아니라 법률에 의하여 부여된 권한도 포함된다.

3. 지방자치단체가 당사자인 경우(제1요소 계속)

(1) 국가사무의 제외
1) 제외

국가사무에 속하는 권한사무는 물론 제외된다. 지방자치법(2022.1.13. 전부개정법률 시행) 제15조는 법률에 이와 다른 규정이 있는 경우 외에는 '지방자치단체가 처리할 수 없는 국가사무'를 규정하고 있다.

2) 판례

헌재는 주로 국가적 이익에 관한 것으로서 전국적인 통일을 기할 필요성이 있는 사무는 국가사무로 본다는 입장이다(헌재 2017.12.28. 2017헌라2 등 참조). 대표적인 판례사안들은 다음과 같다.

① 대학설립에 관한 권한 결정(2010헌라3), ② 신항만의 명칭결정(2006헌라1) ③ 고속철도의 건설이나 고속철도역의 명칭 결정(2003헌라2), ④ 4대강 살리기 사업에 관한 사무(2011헌라1), ⑤ 군 공항의 예비이전후보지로 선정(2017헌라2)

(2) 지방사무에서의 구분기준

현행 헌법과 헌재법 규정상 지방자치단체가 관련되는 권한쟁의심판의 경우에는 지방자치단체 자체가 당사자가 되어야 하므로 지방자치단체 자신이 가지는 권한이 침해되거나 침해될 위험이 있을 때 청구가 가능하다.

(3) 구분기준에 비춘 지방자치단체의 사무구분별 해당여부
1) 지방자치단체의 사무

지방자치단체의 사무에는 자치(고유)사무, 위임사무로 크게 나누어지고 후자의 위임사무는 위임받는 주체가 누구인가에 따라 지방자치단체 자체가 위임받는 위임사무인 단체위임사무와, 지방자치단체 기관, 즉 집행기관인 특별시장·광역시장·특별자치시장, 도지사·특별자치도지사, 시장, 군수, 구청장이 위임받는 위임사무인 기관위임사무가 있다.[6] 이 사무의 구분에 따라 그리고 위 구분 기준에 비추어 보면 지방자치단체 자체의 사무가 분명한 고유사무는 물론이고 단체위임사무도 위임된 것이긴 하나 어디까지나 위임이 된 이상에는 이제 지방자치단체 자체에 귀속되어 지방자치단체 자체의 권한이 되었으므로 그 두 사무들과 관련된 권한침해가 있을 때에는 권한쟁의심판을 청구할 수 있다. 이를 도해하면 아래와 같고 이하 각각에 대해 살펴본다.

---

6) 이에 대해서는, 본서 지방자치 부분; 정재황, 국가권력규범론, 박영사, 2020, 942면 이하 참조.

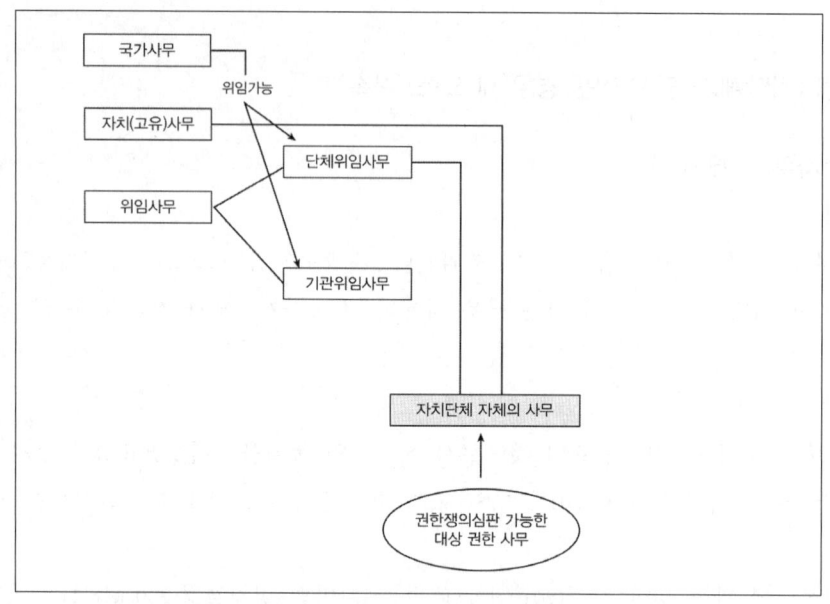

☐ **권한쟁의심판 대상이 되는 지방사무 도해.**

출전: 정재황, 헌법재판론, 박영사, 2020, 530면

2) 자치(고유)사무에 속하는 사무

(가) 긍정   관할 구역의 자치사무에 관한 권한쟁의에 대해 해당 지방자치단체는 권한쟁의 심판을 청구할 수 있다. 헌법 제117조 제1항이 '주민의 복리에 관한 사무'라고 규정하고 있고 지방자치법 제13조 제1항은 "지방자치단체는 관할 구역의 자치사무와 법령에 따라 지방자치단체에 속하는 사무를 처리한다"라고 규정하고 있다. 동조 제2항은 1. 지방자치단체의 구역, 조직, 행정관리 등, 2. 주민의 복지증진, … 7. 국제교류 및 협력에 관한 사무라고 예시하는 규정을 두고 있다.

(나) 구체적 판례   자치사무로 인정한 결정례들을 아래에 본다.

① 지방세 부과 처분권한(2003헌라1. * 이 사건은 공유수면 매립지에 대한 관할구역 경계 결정에 관한 사안이다. 헌재는 이런 사안에 있어서 매립 전 공유수면의 해상경계선을 매립지의 관할구역 경계선으로 보아온 선례를 변경하여 이를 별도로 보아야 한다고 판례변경(헌재 2019.4.11. 2015헌라2)을 하였다. 그래서 변경된 판례법리에 따라서는 달라질 수도 있을 것이나 여기서는 지방세 부과의 자치사무성을 인정한 판례로 의미를 가지므로 인용함), ② 공유수면 점용·사용료 부과처분, 어업면허처분권한 (헌재 2019.4.11. 2016헌라8), ③ 지방선거사무(2005헌라7), ④ 국가정책에 관한 주민투표 실시 사무의 성격 − 주민투표법 제8조에 따라 중앙행정기관의 장이 국가정책에 관한 주민투표 요구를 하면 지방자치단체 장이 실시하는 주민투표 사무(2005헌라5).

3) 단체위임사무의 경우

(가) 개념과 범위   단체위임사무란 지방자치단체 자체가 국가나 다른 지방자치단체로부터

위임받은 사무를 말한다. 헌재는 지방자치법 제13조 제1항의 '법령에 따라 지방자치단체에 속하는 사무'가 보통 단체위임사무를 말한다고 한다(2011헌라1).

(나) 대상성 긍정　지방자치단체 자체에 위임된 사무에 관하여 지방자치단체가 행한 권한쟁의심판청구의 적법하다고 보아야 한다. 지방자치단체 자체의 권한으로 위임되었고 이의 침해 문제도 지방자치단체의 권한의 침해 문제가 될 것이기 때문이다.

4) 기관위임사무에 관한 지방자치단체의 권한쟁의심판

기관위임사무를 둘러싼 권한쟁의심판은 그 기관위임사무권한이 침해되었다고 주장하는 경우[아래 (가)와 그 기관위임사무권한행사로 인해 지방자치단체의 권한이 침해되었다고 주장하는 경우[아래 (나)]를 구별해야 한다.

(가) 기관위임사무권한 침해 주장의 지방자치단체 청구의 부적법성　위임사무 중 지방자치단체가 아닌 그 소속기관에게 위임된 사무인 기관위임사무에 관한 권한이 침해되었다고 지방자치단체 자체가 권한쟁의심판을 청구할 수 없다. 기관위임사무는 지방자치단체 자체에 속하는 사무가 아니기 때문이다. 기관에 대한 위임이란 집행기관(특별시장·광역시장·특별자치시장, 도지사·특별자치도지사, 시장, 군수, 구청장)에 대한 위임이다.

가) 헌재의 판례법리　헌재판례의 법리는 "기관위임사무의 집행권한의 존부 및 범위에 관하여 지방자치단체가 청구한 권한쟁의심판 청구는 지방자치단체의 권한에 속하지 아니하는 사무에 관한 심판청구로서 그 청구가 부적법하다"는 것이다(2000헌라2: 2005헌라11; 2009헌라5 등). 만약 국가사무를 지방자치단체장에게 위임한 기관위임사무라면 헌재는 "국가사무로서의 성격을 가지고 있는 기관위임사무의 집행권한"이라고 한다(2002헌라2).

나) 보기 결정례　관련 결정례들 중 대표적인 결정례 사안으로 ① 도시계획관련 위임사무(도시계획인가처분권 사무는 지방자치단체의 장에게 위임된 국가위임사무. 성남시와 경기도간의 권한쟁의, 98헌라4), ② 지적공부의 등록·비치·보관·보존 등의 등록 관련 집행행위(지적공부의 등록·비치·보관·보존 등의 등록 관련 집행행위는 국가사무라고 본다. 따라서 국가로부터 위임받아 이를 수행하는 지방자치단체의 장은 국가기관이고 이 공부의 사항으로 등록해달라거나 반대로 말소해달라는 심판청구는 지방자치단체인 청구인의 권한에 속하지 아니하는 사무에 관한 권한쟁의심판청구로 부적법하다고 본다. 2005헌라11 등 이에 관한 결정례들은 적지 않다. * 이 결정례들에 대한 문제점의 지적으로, 헌법재판론, 536면 참조).

(나) 기관위임사무권한행사로 인한 지방자치단체 권한 침해 주장의 지방자치단체 청구의 경우
이 경우는 위 (가)와 구별된다. 이 경우는 기관위임사무가 침해당했다는 것이 아니라 기관위임사무로 인해 어느 지방자치단체의 권한이 침해된다고 주장하여 권한쟁의심판을 청구하는 경우이다. 위임된 그 국가사무를 어느 지방자치단체 집행기관이 수행함으로써 어떤 지방지단체의 권한이 침해된 경우에 권한쟁의는 지방자치단체 간의 권한쟁의가 아니고 국가기관과 지방자치단체 간의 권한쟁의가 되고 그 상대는 국가기관이 된다. 국가의 사무가 지방자치단체 집행기관에 위임된 경우 그 국가사무를 수행하는 수임 지방자치단체 집행기관은 국가기관으로서 이를 수행하는 것이다(헌재 2011.9.29. 2009헌라5 등).

▶ 예시: S도의 도지사가 어떤 국가위임사무를 수행하는데 그 국가위임사무로 인해 기초지방자치단체인 Y시의 권한의 침해 문제가 발생하여 Y시가 권한쟁의심판을 S도 도지사를 상대로 청구하면 그 권한쟁의심판은 기초지방자치단체와 국가기관 간의 권한쟁의심판이 된다.

▶ 실제 예: 그 실제례로 앞의 국가기관과 국가기관으로서 지방자치단체장 간의 권한쟁의부분에서 성남시와 재결청인 경기도지사와의 골프장 설립 문제를 둘러싼 다툼에 대해 살펴본 바 있다. 이 사안에서 도지사는 지방자치단체의 장이 아니라 재결사무라는 국가사무를 위임받은 국가기관이고 이 국가기관의 재결로 기초지방자치단체인 성남시의 권한을 침해하였다고 하여 인용결정까지 난 사안이다(헌재 1999.7.22. 98헌라4). 전술 참조. 이 결정에 대해서는 후술하기도 한다. 결국 이 사건은 지방자치단체와 국가기관 간의 권한쟁의사건이었던 것이다.

5) 명칭 문제

① 다른 지방자치단체의 동명(洞名)과 한글표기가 같더라도 동명을 독점적·배타적으로 사용할 권한이 있다고 볼 수 없어 행정동 명칭에 관한 권한이 침해될 가능성이 없다고 보았다(2008헌라4; 2008헌라3). ② 지정항만의 명칭 사용에 대해서도 자치권한을 침해하였다거나 침해할 현저한 위험이 있다고 볼 수 없다고 한다(2006헌라1; 2005헌라9등).

4. "권한을 침해하였거나 침해할 현저한 위험이 있는 경우" 요건(제2요소)

[의미와 판단기준(위험의 상당한 개연성, 구체성)] 현재시점에서 권한의 침해는 이미 침해의 사실이 있는 경우이고 '침해할 현저한 위험이 있는 경우'란 아직 침해발생이 없어도 발생가능성이 농후한(현저성도 요건으로 부가되고 있음을 유의) 개연성이 강하여야 한다. 이 판단은 객관적 관점에서 이루어져야 한다. 권한획정이라는 권한쟁의심판의 객관적 성격을 고려해야 한다.

[헌재 판례] 헌재가 보는 그 의미와 판단기준을 헌재는 아래와 같이 판시하고 있다.

● 판례 헌재 2019.4.11. 2016헌라3
[판시] 여기서 '권한의 침해'란 피청구인의 처분 또는 부작위로 인한 청구인의 권한침해가 과거에 발생하였거나 현재까지 지속되는 경우를 의미하고, '권한을 침해할 현저한 위험'이란 아직 침해라고는 할 수 없으나 조만간 권한침해에 이르게 될 개연성이 상당히 높은 상황, 즉 현재와 같은 상황의 발전이 중단되지 않는다면 조만간에 권한침해가 발생할 것이 거의 확실하게 예상되며, 이미 구체적인 법적 분쟁의 존재를 인정할 수 있을 정도로 권한침해가 그 내용에 있어서나 시간적으로 충분히 구체화된 경우를 말한다.

헌재의 위 판시가 있은 사안은 지방자치단체가 사회보장기본법상의 협의·조정을 거치지 아니하거나 그 결과를 따르지 아니하고 사회보장제도를 신설 또는 변경하여 경비를 지출한 경우 행정안전부장관이 교부세를 감액하거나 반환을 명할 수 있는 것으로 피청구인(대통령)이 2015.12.10. 대통령령 제26697호로 지방교부세법시행령 제12조 제1항 제9호(이하 '이 사건 시행령조항')를 개정한 행위(이하 '이 사건 개정행위')가 자치권한을 침해 또는 침해할 현저한 위험성이 있다고 하여 청구된 사안이다. 헌재는 "이 사건 시행령조항 자체로써 지방치단체의 자치권한의 침해가 확정적으로 현실화되었다거나 자치권한을 침해할 현저한 위험이 인정된다고 보기는 어렵다"라고 하여 각하결정을 한 것이다.

5. 권한침해성·권한침해가능성 결여의 몇 가지 중요 사유

(1) 대외적 관계에서의 침해성 부정 – 국회의원의 심의·표결권의 경우

1) 판례논거

헌재는 국회의원의 심의·표결권은 국회의 대내적인 관계에서 행사되고 침해될 수 있을 뿐 다른 국가기관과의 대외적인 관계에서는 침해될 수 없는 것이므로 대통령 등 국회 이외의 국가기관과 사이에서는 권한침해의 직접적인 법적 효과를 발생시키지 아니한다. 따라서 피청구인인 대통령이 국회의 동의 없이 조약을 체결·비준하였다 하더라도 국회의 체결·비준 동의권이 침해될 수는 있어도 국회의원인 청구인들의 심의·표결권이 침해될 가능성은 없다고 한다.

> ● **판례** 헌재 2007.7.26. 2005헌라8
> **[결정요지]** 심의·표결권의 행사는 국회의 의사를 형성하기 위한 국회 내부의 행위로서 구체적인 의안 처리와 관련하여 각 국회의원에게 부여되는데 비하여, 동의권의 행사는 국회가 그 의결을 통하여 다른 국가기관에 대한 의사표시로서 행해지며 대외적인 법적 효과가 발생한다는 점에서 구분된다. 따라서 국회의 동의권이 침해되었다고 하여 동시에 국회의원의 심의·표결권이 침해된다고 할 수 없고, 또 국회의원의 심의·표결권은 국회의 대내적인 관계에서 행사되고 침해될 수 있을 뿐 다른 국가기관과의 대외적인 관계에서는 침해될 수 없는 것이므로, 국회의원들 상호 간 또는 국회의원과 국회의장 사이와 같이 국회 내부적으로만 직접적인 법적 연관성을 발생시킬 수 있을 뿐이고 대통령 등 국회 이외의 국가기관과 사이에서는 권한침해의 직접적인 법적 효과를 발생시키지 아니한다. 따라서 피청구인 대통령이 국회의 동의 없이 조약을 체결·비준하였다 하더라도 국회의 체결·비준 동의권이 침해될 수는 있어도 국회의원인 청구인들의 심의·표결권이 침해될 가능성은 없다고 할 것이므로, 청구인들의 이 부분 심판청구 역시 부적법하다. * 동지: 2006헌라5; 2005헌라10; 2011헌라2; 2013헌라3; 2015헌라5 등.

2) 구체적 사안 판례

(가) 입법상 심의·표결권 침해가능성 부정   그 예로 행정자치부장관이 2015.10.16. 행정자치부고시 제2015-37호로 '중앙행정기관 등의 이전계획'을 변경하였는데, 그 내용은 국민안전처와 인사혁신처를 세종시 이전대상 기관에 포함시켜 2015년 내 이전을 시작하여 2016.3.까지 이전을 마무리하도록 하는 것이었던바 이 행정자치부장관의 변경행위가 국회의 입법권을 침해한다고 하여 행정자치부장관이 국회의원들의 국회의원의 심의·표결권을 침해하는 것이라고 주장하면서 국회의원들이 청구한 권한쟁의심판사건에서 국회의원의 심의·표결권은 국회의 대내적인 관계에서 행사되고 침해될 수 있을 뿐이라는 이유로 각하한 결정례가 있었다(2015헌라5).

(나) 조약안 심의·표결권 침해가능성 부정   이 사안은 WTO 쌀 협상 결과 채택된 '양허표 일부개정안"에 대한 비준동의안을 제출하면서 몇 나라들과의 합의문을 포함시키지 아니하자, 국회의원인 청구인들은 이 사건 합의문을 포함하여 비준동의안을 제출할 것을 요구하였고, 정부는 이를 거부하였다. 국회의원들이 이 제출거부행위로 인하여 자신들의 조약안 심의·표결권이 침해되었다고 권한쟁의심판을 청구한 사건이다. 이 사안에 대해 위 법리를 적용하여 대통령 등 국회 이외의 국가기관과 사이에서는 권한침해의 직접적인 법적 효과를 발생시키지 아니하고 따라

서 피청구인인 대통령이 국회의 동의 없이 조약을 체결·비준하였다 하더라도 국회의원인 청구인들의 심의·표결권이 침해될 가능성은 없다고 하여 각하하였다(2005헌라8). * 조약 체결·비준 동의에 관한 동지 결정례: 2006헌라5(사안은 한·미 FTA 협상에 대한 국회 동의 문제); 2011헌라2(대한민국 국군에 대한 작전지휘권과 작전통제권을 이양하는 조약에 대한 비준동의안을 국회에 제출하지 않고 있는 문제 등); 2013헌라3(WTO 정부조달협정 개정의정서의 체결·비준에 대한 국회의 동의를 요구하지 않고 있는 대통령의 부작위 문제).

(다) '예산 외에 국가의 부담이 될 계약'에 대한 심의·표결권이 침해가능 부정　　이른바 BTL(Build Transfer Lease)방식 민간투자사업을 정부가 승인하는 것은 '예산 외에 국가의 부담이 될 계약'인데 이를 추진함에 있어서 정부가 국회의 의결을 구하지 않았다고 하여 그렇다면 정부가 국회의 동의 없이 예산 외에 국가의 부담이 될 계약을 체결하였다 하더라도 국회의 동의권이 침해될 수는 있어도 국회의원인 청구인들 자신의 심의·표결권이 침해될 가능성은 없다고 마찬가지 법리를 적용하여 각하한 예가 있다(2005헌라10).

3) 비판

위 법리에 대해서는 국회의 권한인 입법권, 조약체결비준동의권 같은 권한도 국회의원의 심의·표결권에 의해 행사될 수 있다는 점에서 후자의 권한이 국회 내부에만 머무르는 효과를 가지는 것만은 아니라서 받아들이기 곤란하다. 결국 현재 국회의원의 심의·표결권의 침해 주장의 권한쟁의심판은 국회의장(또는 상임위원장)과 국회의원 간의 변칙처리 사안과 같은 국회내부 문제의 경우에만 제기가 가능하다고 할 것이다.

(2) 권한 자체 침해가 아닌 문제로 본 예 – 채무불이행

이에 관한 사안으로 어업면허의 유효기간연장의 불허가처분으로 인한 어업권자에 대한 손실보상금 채무가 처분을 행한 청구인이 부담할 것인가 하는 문제는 유효기간연장의 불허가처분으로 인한 손실보상금 지급 권한의 존부 및 범위 자체에 관한 청구인과 피청구인 사이의 직접적인 다툼이 아니라 그 손실보상금 채무를 둘러싸고 어업권자와 청구인, 어업권자와 피청구인 사이의 단순한 채권채무관계의 분쟁에 불과한 것으로 보인다고 하여 청구인의 권한을 침해하였거나 침해할 현저한 위험이 있는 경우에 해당한다고 할 수도 없어 부적법하므로 각하는 결정을 한 바 있다(94헌라1. 비슷한 취지의 결정: 2009헌라2–국유의 경사지 암반 긴급복구 및 안전시설 공사 비용 예산배정 요청에 대한 기획재정부장관의 거부처분).

* 평가 – 위 보상금지급의 채무 문제는 그냥 불거진 것이 아니라 유효기간 불허가처분으로 인한 것이고 그 불허가의 원인이 정부기간(해운항만청)의 부동의에 있다는 점에서 위의 법리의 타당성에 의문이 있다.

6. 법원 재판의 국회의원 권한 침해가능성 부정

국회의원이 교원들의 교원단체 가입현황을 자신의 인터넷 홈페이지에 게시하여 공개하려 하였으나, 법원이 그 공개로 인한 기본권침해를 주장하는 교원들의 신청을 받아들여 그 공개의 금지를 명하는 가처분 및 그 가처분에 따른 의무이행을 위한 간접강제 결정을 한 것에 대해 국회의원이 법원을 상대로 제기한 권한쟁의심판청구 사건이다. 헌재는 권한침해가능성을 부정하여 각하결정을 하였다(2010헌라1). 헌재의 논거 몇 가지만 아래에 옮긴다. ① 헌법 제40조, 제61조 등의 입법권, 국정감사·조사권은 국회의원이 아니라 국회 자체에 속하는 것이어서 그 자체의 침해를 들어 심판청구할 수 없다(* 앞의 제3자소송이론). ② 국회의원의 심의·표결권은 국회의 대내적인 관계에서 행사되고 침해될 수 있을 뿐 다른 국가기관과의 대외적인 관계에서는 침해될 수 없는 것이어서[* 위 5. (1) 참조] 법원의 가처분재판과 이 사건 간접강제재판이 법률안 심의·표결권을 침해할 수 없다.

7. 공유수면 매립지 – 새로 매립된 지역 귀속 결정에 대한 제판관할

공유수면이 새로이 매립된 지역을 둘러싼 지방자치단체들 간의 헌법재판소에 권한쟁의심판이 제기된다. 문제는 새로 매립된 지역이 속할 지방자치단체는 지방자치법 제5조 제4항부터 제7항까지의 규정에 따라 행정안전부장관이 결정하도록 하고 있는데 관계 지방자치단체의 장은 이 행정안전부장관의 결정에 이의가 있으면 대법원에 소송을 제기할 수 있다고 규정하고 있다(동법 동조 제9항). 그렇다면 새로 매립된 지역의 귀속지 결정 사안은 대법원이 담당하게 되고, 그렇지 않은 사안의 경우는 헌재가 담당하는 것인지, 아니면 다른 기준에 따라 대법원, 헌재 간의 관할결정을 하는 것인지 명확하지 않다. 그런데 헌재는 2020년에 "행정안전부장관의 결정이 확정됨으로써 비로소 관할 지방자치단체가 정해지며, 그 전까지 해당 매립지는 어느 지방자치단체에도 속하지 않는다 할 것이다. 그렇다면 이 사건 매립지의 매립 전 공유수면에 대한 관할권을 가졌을 뿐인 청구인들이, 그 후 새로이 형성된 이 사건 매립지에 대해서까지 어떠한 권한을 보유하고 있다고 볼 수 없으므로, 이 사건에서 청구인들의 자치권한이 침해되거나 침해될 현저한 위험이 있다고 보기는 어렵다"라고 하여 각하결정을 하였다(2015헌라3). 헌법 제111조 제4호가 '국가기관과 지방자치단체간 및 지방자치단체 상호간의 권한쟁의'에 관한 심판이라고 명시하고 예외도 두지 않은 점에서 새로 매립된 구역이라 할지라도 예외적으로 대법원관할로 인정할 것인가 하는 점에 대해서는 명확한 헌법적 규명이 있어야 할 것이다.

V. 권리보호이익(심판(청구)의 이익)

1. 개념과 그 요건부과의 정당성

[개념] 권한쟁의심판을 통하여 권한침해가 제거되고 권한이 회복되는 등의 효과가 있어야 한다는 요건을 말한다. 따라서 이미 권한침해상태가 종료되어 피청구인의 권한행사를 취소할 여지가 없어진 경우 등에는 설령 청구가 받아들여지는(인용되는) 결정이 있더라도 권한회복에 도움이 되지 아니하므로 권리보호이익이 없다고 한다. 헌재는 권한쟁의심판청구에 의하여 달성하고자 하는 목적이 청구 후 이루어진 경우에도 권리보호이익이 소멸한다고 본다. 권리보호이익은 심판청구시부터 결정시까지도 존속해야 한다.

[요건부과의 정당성 검토] 권리보호이익은 주로 재판이 분쟁의 해결을 가져오는 실효성이 없다면 소송의 본안으로 들어가는 것은 무익하다는 재판경제적 효율성 확보라는 관념에서 나온 것이다. 그런데 권한쟁의심판은 권한이 어느 기관이나 지방자치단체에 있느냐 하는 권한의 객관적 확인과 획정이라는 성격을 가진다는 점에서 권리보호이익을 그 청구요건의 하나로 요구하는 것이 정당한가 하는 근본적인 질문이 제기될 수 있다. 헌재가 예외적 심판이익을 아래에 보듯이 인정하여 그나마 완화시키고 있긴 하다.

2. 예외적 심판이익의 인정

(1) 예외적 심판이익 인정의 요건

헌재는 권리보호이익이 없는 경우에도 같은 유형의 침해행위가 앞으로도 반복될 위험이 있고, 헌법질서의 수호·유지를 위하여 그에 대한 헌법적 해명이 긴요한 사항에 대하여는 예외적으로 심판의 이익을 인정한다.

> 예외요건: 1. 침해행위가 앞으로도 반복될 위험성, 2. 헌법적 해명의 필요성

* **용어 문제:** 1. 예외적이라는 것은 '심판(청구)의 이익'이 예외적이라는 것이므로 '권리보호이익의 예외'란 용어는 부적절하다. 권리보호이익은 기간의 종료 등으로 이미 사라진 것이므로 예외적으로도 있을 수 없고 그렇게 권리보호이익이 사라져도 심판에 들어갈 이익은 예외적으로 있다고 하여야 하므로 예외의 인정대상은 심판인 것이다. 2. 헌재가 '심판청구'의 이익이라는 말도 사용하는데 그 예외의 이익을 인정하는 판단기관이 헌재이지 청구인이 아니므로 그냥 '심판'이익이라고 하는 것이 더 적절한 용어로 보인다.

(2) 예외 요건 판단의 객관성

이러한 예외적 요건인 반복성이나 헌법해명성은 청구인의 개인적이고 주관적인 것이 아니라 일반적으로 객관성이 인정되는 관점에서 그 인정 여부가 판단되어져야 한다(2010헌라4).

(3) 결정례

1) 예외적 심판이익 인정례

ⅰ) **국회의원 위원회 강제사임**   ㉠ 상임위원회에서의 위원 강제사임 - 국회의장(피청구인)이 국회의원인 청구인을 그 의사에 반하여 국회 보건복지위원회에서 사임시키고 환경노동위원회로 보임한 행위(이하 "이 사건 사·보임행위")가 그 국회의원의 법률안 심의·표결 권한을 침해한 것이라고 청구된 사건이다. 헌재는 그 심판청구 후 제16대 국회의 제2기 원구성이 완료되고 청구인이 보건복지위원회에 다시 배정되어 청구인이 이 권한쟁의심판청구에 의하여 달성하고자 하는 목적은 이미 이루어져 권리보호이익이 소멸된 상태이지만 반복가능성이 있고 헌법적 해명의 필요성이 있어 심판의 이익이 있다고 판시하였다(헌재 2003.10.30. 2002헌라1. * 본안판단에서 기각결정되었다. * 검토 - 심판이익을 인정하여 본안판단에 들어간 것은 타당하다. 그러나 "청구인은 다시 보건복지위원회에 배정되어 현재까지 동 위원회에서 활동하고 있다. 그러므로 청구인이 이 사건 권한쟁의심판청구에 의하여 달성하고자 하는 목적은 이미 이루어져 청구인이 주장하는 권리보호이익이 소멸하였다"라고 하는 권리보호이익 소멸의 이유는 타당하지 못하다. 청구인은 강제 사임당하여 자신이 반대하던 "건강보험재정분리법안"의 심의·표결을 하지 못하였으므로 그 심의·표결에 임하려 했던 그 목적을 이루지 못했으므로 목적달성이 된 것이 아니었기 때문이었다. 강제 사임되어 그 상임위에서 그 법안에 대해 심의·표결하지 못한 사실은 되돌이킬 수 없는 것이고 그 점에서 권리보호이익이 없다고 하여야 논증이 맞다). ㉡ 특별위원회 위원 강제사임에 대한 심판청구 후 위원회 활동기한 종료 - 당해 사개특위는 2019.8.31. 그 활동기한이 종료되었다. 따라서 그 권한쟁의심판청구가 인용되더라도 청구인이 사개특위 위원 신분을 회복할 수는 없게 되었으므로, 권한쟁의로써 해결해야 할 구체적인 보호이익은 소멸하였다고 보면서도 반복가능성, 해명필요성을 인정하여 예외적으로 심판청구의 이익을 인정하였다(헌재 2020.5.27. 2019헌라1. * 본안판단에서 기각결정되었다).

ⅱ) **지방자치단체에 대한 합동감사**   감사가 이미 끝나 침해상태가 종료되었으나 반복위험성, 중앙행정기관 장의 자치단체에 대한 자치사무 감사에 관한 헌법적 해명의 긴요성을 들어 예외를 인정하였다(2006헌라6).

2) 반복위험성, 헌법적 해명 필요성을 부인하여 각하한 예

반대로 예외사유를 부인한 예로 전라북도교육감의 자율형 사립고등학교 지정·고시 처분 취소를 취소하라는 교육과학기술부장관의 시정명령은 헌법상 자주적·전문적 교육을 실현하기 위한 교육감의 권한 등을 침해하는 것으로 무효라며 권한쟁의심판을 청구하였는데 이후 자율형 사립고등학교 법인이 전라북도교육감을 상대로 위 지정·고시 처분 취소처분의 취소를 구한 소송에서 취소처분을 취소하는 판결이 확정되었던 사안을 들 수 있다. 헌재는 이 확정으로 청구인은 더 이상 이 사건 각 시정명령에 따를 법적인 의무를 부담하지 않게 되어 권한침해의 상태가 이미 종료된 경우에 해당하여 권리보호의 이익을 인정할 수 없다고 보았다. 그리고 반복될 수 있는 것이 아니고 헌법적 해명이 필요한 경우라고 볼 수 없다고 판단하였다(2010헌라4).

3) 대법원 법령해석의 당부나 위헌성판단을 구하는 취지의 청구에 대한 헌법해명성 부정

이는 기관 상호 간의 분쟁해결을 목적으로 하는 권한쟁의 심판에서 헌법적으로 해명할 필
요가 긴요한 사항이라 할 수도 없다는 것이 헌재의 판시이다(2010헌라4. 위 각하결정의 예에서 함
께 판시된 내용이다).

> **＊ 기타:** 소수의견으로서 권리보호이익의 결여로 각하하자는 의견이 있었던 예: 국무총리 임명동의안 표결을 둘러싼
> 대통령과 국회의원 간의 권한쟁의심판에서 5인 재판관의 다수의견이 각하의견이어서 각하결정이 되었는데 그 5인
> 각하의견 중 2인 재판관의 의견이 권리보호이익의 결여를 이유로 각하하여야 한다고 주장한 예(98헌라1; 98헌라
> 2)가 있었다.

3. 피청구인 주장의 청구인 투표방해(소권남용)의 심판이익 부인 불가성(이익인정)

국회의원의 심의·표결권 침해를 이유로 한 권한쟁의심판(＊이른바 미디어법 파동사건이었다)에
서 피청구인(국회의장)은 청구인들이 다른 국회의원들의 투표를 방해하는 등 권한 침해를 유도
한 측면이 있으므로 심판을 청구한 것은 소권의 남용에 해당하여 심판청구의 이익이 없다고 주
장하였다. 그러나 헌재는 "국회의원의 법률안 심의·표결권의 침해 여부가 문제되는 권한쟁의
심판의 경우는 국회의원의 객관적 권한을 보호함으로써 헌법상의 권한질서 및 국회의 의사결
정체제와 기능을 수호·유지하기 위한 공익적 쟁송으로서의 성격이 강하므로"라고 판시하여
받아들이지 않았다(2009헌라8등).

Ⅵ. 청구기간

1. 처분에 대한 심판청구에서의 2가지 기간 요건('안' 날, '있은 날')

(1) 2가지 기간 모두 충족해야 할 요건(불변기간), 2가지 '날'의 의미

권한쟁의심판은 그 사유가 있음을 안 날로부터 60일, 그 사유가 있은 날로부터 180일 이내
에 청구하여야 한다(헌재법 제63조 제1항). 이 기간은 불변기간이어서(동법 동조 제2항) 도과되면
(넘기면) 각하된다. 기간은 '안' 날 이라는 주관적 기간뿐 아니라 '있은' 날이라는 객관적 기간도
설정하고 있는데 후자는 법적 안정성을 위한 요건이다. 문제의 처분이 집행되고 그 처분과 관련
된 여러 법률관계가 형성된 훗날 비로소 알았다고 하여 권한쟁의심판을 통하여 이를 깨트리면
법적 안정성이 무너지기 때문에 있은 날로부터 180일이 지나면 비록 '안'지가 청구시점에서 60
일 이내라고 할지라도 청구를 할 수 없게 한 것이다. 두 기간 중 어느 하나만이라도 도과하면
부적법하여 각하결정이 있게 된다(아래 도해 참조).

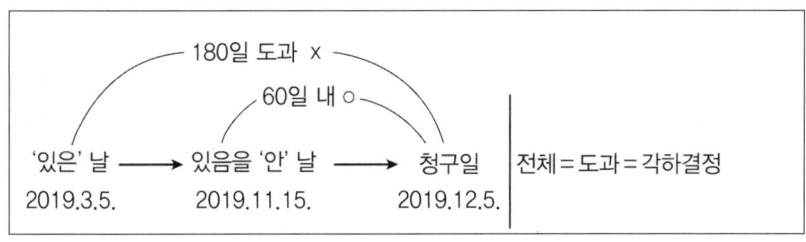

❑ 청구기간 도해

(2) 추가청구 경우의 기준점

청구를 추가하는 심판청구서 정정신청의 경우 헌재는 청구기간은 신청서의 제출일을 기준으로 도과여부를 판단한다고 한다(98헌라4).

2. 청구기간 적용이 없는 경우

ⅰ) 장래처분의 경우 – 헌재는 장래처분에 대해서도 일정한 요건 하에서 심판대상성을 인정하는데(앞의 피청구의 처분이 있을 것. 요건 부분 참조), 이 장래처분에 대한 권한쟁의심판에서는 청구기간의 제한이 없다고 본다(2005헌라9; 2015헌라7 등).

ⅱ) 부작위에 대한 청구의 경우 – 부작위로 인한 권한침해의 경우 청구기간의 제약이 없다고 보아야 하고 부작위인 상태에 있는 한 언제든지 심판청구를 할 수 있다(2004헌라2). 부작위인 상태가 계속되는 한 권한의 침해가 계속된다고 보아야 하기 때문이다. 이 점 입법으로 앞으로 보다 명확해져야 할 것이다.

Ⅶ. 청구서 기재

그 외 청구요건으로 청구서에 1. 청구인 또는 청구인이 속한 기관 및 심판수행자 또는 대리인의 표시, 2. 피청구인의 표시, 3. 심판대상이 되는 피청구인의 처분 또는 부작위, 4. 청구 이유, 5. 그 밖에 필요한 사항을 적어야 한다(동법 제64조).

제 3 항 권한쟁의심판에서의 가처분제도

■ **헌재법 제65조(가처분)** 헌법재판소가 권한쟁의심판의 청구를 받았을 때에는 직권 또는 청구인의 신청에 의하여 종국결정의 선고 시까지 심판 대상이 된 피청구인의 처분의 효력을 정지하는 결정을 할 수 있다. [전문개정

2011.4.5.]

* **중요, 주목**: 권한쟁의심판에서의 가처분 법리는 헌법소원심판에서의 가처분 법리와 거의 같아 중복을 피하기 위해서도 그것으로 대체하고 여기서는 기본법리와 권한쟁의심판에서의 실제례 등만 서술한다. 따라서 권한쟁의심판의 가처분에 대한 충분한 이해를 위해서 헌법소원심판 가처분 부분을 꼭 참조해야 할 것이다.

Ⅰ. 가처분제도의 개념과 필요성

[개념] '가처분'이라 함은 헌재가 직권 또는 청구인의 신청에 의하여 종국결정의 선고시까지 심판대상이 된 피청구인의 처분의 효력을 정지하는 결정을 하는 것을 말한다(동법 제65조).

[필요성] 권한쟁의심판의 본안결정이 내려지기까지는 상당한 시일이 요구될 것인데 그 결정이 있기 전에 권한을 침해하는 처분이 집행부정지원칙에 따라 집행이 완료되는 등의 경우에 회복하기 힘든 손해가 발생할 수 있다. 이를 막기 위해 종국결정을 선고할 때까지 피청구인의 처분의 효력을 정지할 필요가 있다.

Ⅱ. 가처분의 적법요건과 신청절차 등

1. 가처분의 적법요건

ⅰ) 본안사건의 당사자이어야 하고[부정된 예: 앞서 당사자에서 본대로 국가기관의 3요소 준거에 맞지 않는 정당(政黨), 원내교섭단체(2019헌사1121), 법률상 근거로 설치된 위원회(그 예로서 원자력안전위원회) 등], ⅱ) 본안사건의 계속 중이어야 하며(2019헌사1121), ⅲ) 본안심판 범위 내 신청이어야 하고, ⅳ) 권리보호이익이 있어야 하며, ⅴ) 소정의 신청의 형식과 절차를 거쳐야 한다.

2. 가처분신청의 방식(형식)과 절차

ⅰ) 직권, 신청에 의한 시작, ⅱ) 신청방식으로서 ① 서면주의, ② 신청서 기재사항(신청의 취지와 이유 기재, 주장을 소명하기 위한 증거나 자료를 첨부) 등을 갖추어야 한다.

3. 신청내용

ⅰ) 공권력행사의 효력·집행정지가 내용이며 ⅱ) 부작위, 거부행위에 대해서는 적극적인 작위로 나아갈 것을 내용으로 하여야 할 것이다.

Ⅲ. 권한쟁의심판에서의 가처분의 요건(실체적 요건)

* 가처분의 적법요건은 위 신청단계에서 살펴보았다. 여기서는 신청이 적법하게 이루어진 것으로 판단되어 가처분사건의 본문제, 즉 잠정적 조치를 취하는 가처분을 허용할 것인지 하는 요건 문제이다.

1. 실체적 인용요건

이는 가처분을 받아들일 수 있는(인용할 수 있는) 요건을 말한다.

[적용 법규정들] 가처분 인용관련 법규정으로 헌재법 제40조 제1항 후문에 따라 행정소송법 제23조 제2항, 민사집행법 제300조의 규정들이 준용된다.

[기본 법리] 위 법규정들과 판례법리를 통해 보면 아래와 같이 정리된다.

> [기본법리]
> ▷ 가처분 인용요건
> ◦ 본안심판이 부적법하거나 이유없음이 명백하지 않는 한 가처분 요건을 갖춘 것으로 인정
> ◦ 중대 불이익, 긴급성·필요성 요건 – '공권력 행사 또는 불행사'의 현상을 그대로 유지시킴으로 인하여 생길 회복하기 어려운 손해를 예방할 필요가 있어야 하고 그 효력을 정지시켜야 할 긴급한 필요가 있어야 함
> ◦ 비교형량 요건 – 가처분을 인용한 뒤 종국결정에서 청구가 기각되었을 때 발생하게 될 불이익과 가처분을 기각한 뒤 청구가 인용되었을 때 발생하게 될 불이익에 대한 비교형량을 하여 후자의 불이익이 전자의 불이익보다 크다면 가처분을 인용할 수 있음
> ◦ 소극적 요건 – 공공복리 관련 부재요건 – 공공복리에 중대한 영향을 미칠 우려가 없을 것

2. 개별 서술

위 요건들을 아래에서 나누어 살펴본다.

(1) 본안심판청구 부적법성·이유없음의 불명백성
본안심판의 청구가 명백히 부적법하지 않거나 이유없음이 명백하지 않아야 한다.

(2) 손해예방(중대한 불이익 방지)
회복불능의, 중대한 불이익으로서, 현저한 손해를 방지할 필요성이 있어야 한다(행정소송법 제23조 제2항).

(3) 긴급성 – 방지의 긴급한 필요성

그 예방을 긴급히 하여야 할 필요가 있는 상황에 있을 것을 요건으로 한다. 이는 집행의 임박성, 본안심판 결정시까지 기다릴 여유가 없음을 말한다.

(4) 비교형량

1) 판례이론

가처분의 이 요건으로서 헌재가 설정한(98헌사98) 비교형량요건을 정리하면 다음과 같다.

* **이익형량**: 가처분신청의 기각 · 인용에 따른 각각의 불이익간의 비교교량 – '본안사건이 부적법하거나 이유없음이 명백하지 않는 한', 가처분을 인용한 뒤 종국결정에서 청구가 기각되었을 때 발생하게 될 불이익과 가처분을 기각한 뒤 청구가 인용되었을 때 발생하게 될 불이익에 대한 비교형량의 결과 후자의 불이익이 전자의 불이익보다 큰 때에 한하여 가처분결정을 허용할 수 있음.

* 위의 판례이론의 이해를 위한 도표는 뒤의 헌법소원심판의 가처분 부분 참조.

2) 이익형량에 의한 인용결정을 한 예

아래의 예(98헌사98)는 바로 위에서 소개한 헌법재판소의 법리가 적용된 판례로서 이익형량론에 따라 인용결정이 이루어진 전형적인 예이다.

* 본안사안을 보면 행정심판의 결과 이행재결이 있었음에도 당해 행정청이 처분을 하지 아니하는 때에는 일정 절차를 거쳐 재결청(현재는 행정심판위원회)이 직접처분을 할 수 있는데, 당시 재결청인 도지사가 이러한 직접처분을 하였는데 그 직접처분 중 이행재결의 주문(主文)에서 명하는 처분의 범위를 벗어난 진입도로 도시계획사업시행자지정까지도 직접처분하여 그 지정처분 부분이 그 청구인 기초 지방자치단체 권한을 침해하는 것이라고 주장하여 제기된 권한쟁의심판이다. 이 심판청구에서 청구인은 위 직접처분이 집행되어 그 사건 위 진입도로를 개설하게 되면 회복하기 어려운 손해를 입게 된다는 이유를 들어 그 효력정지 가처분신청을 한 것이다. * 보다 자세한 사건개요는 뒤의 권한침해 인정의 결정례, 행정심판 이행재결 주문 내용을 벗어난 직접처분의 권한침해 인정례 부분 참조.

● **판례 헌재 1999.3.25. 98헌사98. 바로 위의 판례**
[당사자] 신청인 – 성남시, 피신청인 – 경기도지사(당시 재결청이자 직접처분권자) [주문] 피신청인이 1998.4.16. 경기도고시 제1998 – 142호로 행한 성남도시계획시설(서현근린공원 내 골프연습장 · 도시계획도로)에 대한 도시계획사업시행자지정 및 실시계획인가처분 중, 동 공원구역 외의 도시계획도로(등급: 소로, 류별: 3, 번호 : 200, 폭원: 6m, 기 : 골프연습장 진입도로, 연장: 21m, 면적: 149㎡, 기점 및 종점: 성남시 분당구 이매동 128의 11 일원)에 대한 도시계획사업시행자지정 및 실시계획인가처분과 그 선행절차로서 행한 도시계획입안의 효력은 헌법재판소 98헌라4 권한의심판청구사건에 대한 종국결정의 선고시까지 이를 정지한다. [결정요지] 가. 가처분의 요건에 대한 설시: 바로 위의 1)의 판례의 관련설시 부분 참조. 나. 피신청인이 직접처분을 한 ① 골프연습장 ② 공원구역 내의 진입도로 ③ 공원구역외의 이 사건 진입도로 중 쟁점이 된 진입도로는 골프연습장을 설치할 서현근린공원과 폭 50m인 왕복 10차선 도로의 경계인 공공공지(公共空地)에 해당된다(도시계획법 제2조 제1항 제1호 나목). 이러한 공공공지는 도시 내의 주요시설물 또는 환경의 보호, 경관의 유지, 재해대책 및 보행자의 통행과 시민의 일시적 휴양공간의 확보를 위하여 설치하는 것이다(도시계획시설 기준에 관한 규칙 제52조). 피신청인의 이 사건 진입도로에 관한 도시계획입안과 지정 · 인가처분의 효력을 정지시키는 가처분결정을 하였다가 피신청인의 위 입안행위와 지정 · 인가처분 등이 신청인의 권한을 침해하지 아니한 것으로 종국결정을 하였을 경우에는, 처분의 상대방인 ○○○에게는 공사지연으로 인한 손해가 발생하고 또 골프연습장의 완공이 지연되어 이를 이용하려는 잠재적 수요자의 불편

이 예상된다는 점 외에 다른 불이익은 없어 보인다. 이에 반하여 가처분신청을 기각하였다가 종국결정에서 피신청인의 위 입안행위와 지정·인가처분 등이 신청인의 권한을 침해한 것으로 인정되는 경우에는 피신청인의 직접처분에 따른 ○○○의 공사진행으로 교통불편을 초래하고 공공공지를 훼손함과 동시에 이의 원상회복을 위한 비용이 소요되는 등의 불이익이 생기게 된다. 이 사건 가처분신청을 인용한 뒤 종국결정이 기각되었을 경우의 불이익과 이 가처분신청을 기각한 뒤 결정이 인용되었을 경우의 불이익을 비교형량하고 또 처분의 상대방인 ○○○는 아직 골프연습장 공사를 착수하지 않고 있는 사정을 헤아려 보면 신청인의 이 가처분신청은 허용함이 상당하다.

* **해설:** 위 밑줄친 부분이 핵심적 판단인데 판시부분은 가처분을 기각하고 본안결정에서 인용할 때의 불이익이 더 크므로 가처분을 받아들여야 한다는 것이다(바로 아래 법리적용 참조).

[위 결정례에서 법리적용] 비교형량
A. 가처분인용 경우의 불이익: 처분 상대방에 공사지연으로 인한 손해가 발생, 골프연습장의 완공이 지연되어 이를 이용하려는 잠재적 이용수요자의 불편이 예상된다는 점 외에 다른 불이익은 없어 보임
B. 가처분기각 경우의 불이익: 직접처분에 따른 공사진행으로 교통불편 초래, 공공공지를 훼손함과 이의 원상회복을 위한 비용이 소요되는 등의 불이익이 생김
∴ 결론: B 불이익 > A불이익 → 가처분 허용

(5) 소극적 요건 – 공공복리 관련 부재요건 – 공공복리에 중대 영향 미칠 우려가 없을 것

행정소송법 제23조 제3항은 "집행정지는 공공복리에 중대한 영향을 미칠 우려가 있을 때에는 허용되지 아니한다"라고 규정하고 있고 권한쟁의의 가처분에 있어서도 이 요건이 언급되고 있다. 이 요건은 없어야 할 소극적 요건이다.

Ⅳ. 가처분의 결정

1. 심리정족수와 결정정족수

권한쟁의심판 가처분사건에서 재판관 7명 이상의 출석으로 심리한다(헌재법 제23조 제1항). 재판부는 종국심리에 관여한 재판관 과반수의 찬성으로 사건에 관한 결정을 한다(동법 동조 제2항).

2. 결정형식

ⅰ) 각하결정(가처분신청의 적법요건을 갖추지 못한 경우) – 앞서 정당, 원내교섭단체, 법률로 설치된 원자력안전위원회 등에 대한 당사자능력을 부정하여 각하결정을 한 예가 대표적이다 (2019헌사1121). ⅱ) 인용결정 – 가처분을 받아들이는(인용하는) 결정에는 ㉠ 집행정지[피청구인의 처분의 집행 또는 절차의 속행의 전부 또는 일부를 종국결정 선고시까지 정지시키는 가처분이다(행정소송법 제23조 제2항 본문)], ㉡ 효력정지결정[피청구인의 처분의 효력을 본안심판의 종국결정 선고시까지 정지시키는 가처분결정이다. 다만, 처분의 효력정지는 처분 등의 집행 또는 절차의 속행을 정지함으로써 목적을 달성할 수 있는 경우에는 허용되지 아니한다(행정소송법 제23조 2항 단서)]. 대표적인

인용결정례: 위 98헌사98. ⓒ 부작위, 거부행위에 대한 헌법소원의 경우 - '임시 지위를 정하기 위한 가처분 인용' 결정(민사집행법 제300조 제2항)을 생각할 수 있다. ⅲ) 기각결정 - 가처분의 신청이유가 없어서 이를 받아들이지 않아야 한다고 판단되면 헌재는 기각결정을 한다. ㉠ 기각이유를 명확히 밝히지 않고 그냥 "신청은 이유 없으므로 주문과 같이 결정한다"라고 기각결정을 한 예들[2019헌사327(국회의원 강제사임 사건); 98헌사31(국무총리서리 임명 사건); 98헌사43(감사원장서리 임명 사건)]을 많이 볼 수 있다. ㉡ 사실상 본안사건 되풀이의 이유없음 판시를 한 예들(2005헌사740; 2003헌사649)도 있다.

제 4 항 심리

I. 심리의 원칙과 정족수

1. 심리의 원칙

(1) 구두
1) 원칙인 구두변론
권한쟁의심판은 구두변론이 원칙이다(헌재법 제30조 제1항).
2) 구두변론 없는 각하결정 - 헌재 판례
헌재는 그러나 청구요건 결여가 보정될 수 없는 경우 헌재법 제40조에 따라 민사소송법 제219조를 준용하여 변론 없이 청구를 각하하기도 한다(실제의 각하결정례: 2012헌라4; 2011헌라1). 객관적인 권한획정이라는 기능을 수행하는 권한쟁의심판에 민소법 규정을 준용하는 것은 문제가 있다.

(2) 직권주의
권한쟁의심판은 개인의 권리구제수단이 아니라 국가기관이나 지방자치단체의 객관적 권한의 존재여부, 권한의 범위, 그 침해 여부 등을 객관적으로 규명하는 심판이므로 헌법소원심판 등에 비해 직권주의가 더 강하게 작동될 수 있다.

2. 심리정족수

권한쟁의심판의 사건에서도 다른 심판사건들에서와 같이 재판관 7명 이상의 출석으로 심리한다(헌재법 제23조 제1항).

II. 준용과 심사 기준

1. 권한쟁의심판절차에 관한 다른 법령의 준용

권한쟁의심판의 성질에 반하지 아니하는 한도에서 민사소송에 관한 법령과 행정소송법을 함께 준용하는데 행정소송법이 민사소송에 관한 법령에 저촉될 때에는 민사소송에 관한 법령은 준용하지 아니한다(헌재법 제40조).

2. 심사기준 법령 – 헌법, 법률, 행정관습법, 행정판례법

우리나라 권한쟁의심판은 헌법상 부여된 권한뿐 아니라 법률상 부여된 권한의 침해에 대해서도 청구할 수 있으므로 헌법뿐 아니라 법률도 심사기준의 법규범이 된다. 나아가 우리 헌재는 행정관습법을 적용한 예도 보여주었는데 그 대표적 예로 공유수면의 경계와 공유수면매립지의 경계 획정에 기준으로 그 경계에 관한 명시적인 법령상의 규정이 있으면 이에 따르고, 법령상의 규정이 존재하지 않는다면 그런데 그 경계에 관한 행정관습법(불문법)이 존재한다면 그것에 비추어 권한을 인정할 수도 있다고 본다. 이 불문법조차 존재하지 않으면 형평의 원칙에 따라 확정하여야 한다고 본다(2010헌라2 등).

제 5 항 권한쟁의심판의 결정 및 결정의 효력

I. 권한쟁의심판결정에서의 정족수

권한쟁의심판에서는 종국심리에 관여한 재판관 과반수의 찬성으로 사건에 관한 결정을 한다(헌재법 제23조 제2항).

[인용결정에서의 과반수 찬성의 일반정족수] 헌법 제113조와 헌법재판소법 제23조 제2항 단서 제1호는 재판관 6명 이상의 찬성해야 할 경우로 법률의 위헌결정, 탄핵의 결정, 정당해산의 결정, 헌법소원에 관한 인용결정을 규정하고 있고 권한쟁의심판의 인용결정의 경우는 제외하고 있다. 따라서 권한쟁의심판에서는 청구를 받아들이는 인용결정에 있어서도 일반정족수(과반수 결정)에 의하여 9명 재판관 중 5명(종국심리 관여 재판관이 예를 들어 7명이라면 4명 이상)이 찬성해도 이루어질 수 있다. 인용결정에 있어서 가중정족수가 요구되지 않는다는 이 점이 다른 심판들과 차이를 보여주고 있다.

[기각결정 정족수, 특수 경우(재판관 의견분립의 경우)] 단순히 인용의견, 기각의견으로만 갈

리지 않고 각하의견도 있고 각 의견들이 전부 과반수에 이르지 못하면 어떠한 결정을 내려야 할지 논의가 되어야 하는 문제가 있다. ⅰ) 문제, 경향 ― 주로 문제는 인용의견이 과반수 의견이 안되는 가운데 기각의견과 각하의견이 갈리는 경우이다. 이 경우에 헌재는 아래 결정례들에서 보면 각하의견 수를 기각의견 수에 보태어 기각결정을 하는 경향을 보여준다. ⅱ) 구체적 예 ① 3명 인용의견 + 4명 기각의견 + 2명 각하의견 = 기각결정(99헌라1), ② 3명 인용의견 + 3명 기각의견 + 3명 각하의견 = 기각결정(96헌라2), ③ 4명 인용의견 + 1명 기각의견 + 4명 각하의견 = 기각결정(2009헌라12. 헌재는 이 결정에서 각하의견을 기각의견과 견해를 같이 하여 보태어 본다는 설시를 명시적으로 하고 있다).

Ⅱ. 결정형식

권한쟁의심판에서는 다음과 같은 결정형식들이 있다.

1. 각하결정

[개념과 사유] 위에서 본 청구요건들을 결여한 경우에 각하결정을 한다. 즉 당사자능력 결여, 권한의 존부 및 범위에 관한 다툼이 아닌(없는) 경우, 청구인 권한을 침해하였거나 침해할 현저한 위험이 있는 경우가 아닌 경우, 권리보호이익이 없거나 청구기간을 도과한 경우 등에 각하결정을 한다.

[각하결정의 효력] 헌재법은 "헌법재판소의 권한쟁의심판의 '결정'은 모든 국가기관과 지방 자치단체를 기속한다"라고 규정하여(동법 제67조 제1항) 그 기속력이 미치는 결정을 인용결정에 한정하고 있지 않다. 따라서 기각결정과 각하결정에도 기속력이 인정된다.

2. 심판절차종료선언

[개념과 성격] 이는 권한쟁의심판 도중에 심판을 계속 진행할 수 없게 하는 어떠한 사유가 발생하여 그 심판절차를 중도에 종료하는 결정을 말한다. 민사소송법 규정을 준용하는 것이다. 이 결정은 청구요건에 관해서뿐 아니라 본안에 관해서도 헌법재판소의 어떠한 공식적 결정을 행하지 않고 절차를 마침을 의미하는 선언으로서의 성격을 가진다. 따라서 청구요건을 구비하였는지에 대해서나 본안문제에 대한 어떠한 결정도 담고 있지 않은 결정이므로 본안결정과 다름은 물론이고 각하결정과도 다르다.

[사유와 결정례] 헌재가 인정하는 사유와 결정례는 다음과 같다. ⅰ) 일신전속적 권한으로서 수계불능의 경우 ― 이러한 경우로는 국회의원인 청구인이 심판 계속 중에 사망하거나(2009

헌라12) 국회의원직이 상실되어(2015헌라5) 심판절차종료선언결정이 있었던 예들이었다. 침해되었다고 주장하는 권한이 국회의원으로서의 심의·표결권이라서 일신전속적 권한이라서 그 수계가 안 된다고 본 것이다. ⅱ) 청구취하로 인한 심판절차종료선언 – 청구취하는 청구인이 청구를 스스로 포기하는 것인데 이 포기를 피청구인이 동의하면 절차를 너 이상 진행하지 않고 그 시점에서 절차를 종료하는 결정을 한다(2000헌라1. 이 결정은 우리 헌재가 국회의원의 심의·표결권이 침해되었음을 인정하더라도 그 가결선포행위는 무효로 하지 않는 자신의 판례이론을 깰 수 있는 기회가 무산된 안타까운 결정이었다. 이 결정의 소수의견에 따르면 청구취하 있기 전에 종결된 평결결과 다수의견이 법률안 심의·표결권의 침해를 확인하고, 나아가 권한쟁의심판 사상 처음으로 의안에 대한 가결선포행위가 헌법상 다수결원리를 위반하였다는 이유로 그 무효를 확인하는 내용이었다. 의회주의에 관한 중요한 헌법판례이론의 정립을 가져올 수 있었던 기회가 심판절차종료를 청구인의 취하로 인정하는 이 법리로 무산된 부당하고 매우 안타까운 결정례였다. 이런 부당함은 아래 검토의견에서 권한쟁의심판에서의 절차종료결정이 가지는 문제점들을 짚어보면 더욱 그러하다).

[비판적 검토] 권한쟁의심판에서 심판절차종료결정을 인정하는 것은 ⅰ) 권한쟁의심판의 기능(권력분립 준수 등)과 성격(객관적 성격)을 생각하면 개인의 신상변화인 사망이나 청구인 개인의 주관적 의사인 취하(포기)로 객관적 헌법질서의 확립을 좌절시키는 것이 타당하지 못하다. ⅱ) 성질에 반하는 준용은 인정되지 않는데(헌재법 제40조 제1항) 심판절차종료 관련 민사소송법 규정들이 권한쟁의심판의 성질에 부합하는지 의문이라는 점에서도 문제이다(그 외 문제점에 관한 자세한 지적은 헌법재판론, 제2판, 박영사, 593-594면 참조).

3. 본안결정

청구요건을 모두 갖춘 사건은 헌법 또는 법률에 의하여 부여받은 청구인의 권한을 실제로 침해했는지 등의 여부에 대한 판단인 본안판단에 들어가서 본안결정을 하게 된다. 본안결정에는 ① 인용결정(청구인의 주장을 받아들이는 결정)과 ② 기각결정(청구인의 주장을 배척하는 결정)이 있다. 아래에 각각 살펴본다.

4. 인용결정

인용결정에는 다시 다음과 같은 결정들이 있다.

(1) 권한존부(유무)·범위확인결정, 권한침해인정결정
1) 근거와 내용
헌재법 제66조 제1항은 "헌법재판소는 심판의 대상이 된 국가기관 또는 지방자치단체의 권한의 존부 또는 범위에 관하여 판단한다"라고 규정하고 있다. 헌재는 문제된 권한이 헌법상, 법률상 존재하는지 여부, 존재한다면 어느 기관이나 단체에 속하는지 여부, 그리고 그 권한의 범위가 어느 정도인지를 확인하는 결정을 한다. 나아가 피청구인의 처분 또는 부작위로 인하여 청구인의 권한이 침해된 것으로 판단될 때에는 권한침해를 인정하는 결정을 한다.

2) 권한존부·범위확인결정(관할권한의 확인결정)

주문 – 이러한 결정들에 있어 헌재는 "관할권한은 청구인 ○○시에게 있음을 확인한다"라는 주문으로 결정한 예들(2000헌라2), "청구인의 관할구역에 속함을 확인한다"라는 주문으로 결정한 예(2004헌라2)도 있다.

3) 그동안 많았던 관할권한에 관한 결정례: 지방자치단체의 구역(공유수면, 공유수면매립지) 관할 결정

관할권한의 존부에 대한 이 유형에 속하는 결정들로서 그동안 헌재는 지방자치단체의 구역, 특히 ① 공유수면, 그리고 ② 그 매립지의 관할권한이 어느 지방자치단체에 속하는지에 대해 확인하는 결정들을 많이 한 바 있다. 헌재판례가 설정하는 그 판단기준이 따라서 중요한데 그동안 판례변경도 있어 각별히 유의를 요한다.

(가) 공유수면 – 판례변경과 결정기준

[결정기준 판례법리의 설명과 정리] 헌재는 바다 등 공유수면에 대한 행정구역 경계에 관한 명시적인 법령상의 규정이 존재한다면 그 법령에 의해야 할 것이라고 본다. 그러나 지금까지 그런 명시적인 법령상의 규정이 존재한 바 없으므로(2010헌라2; 2015헌라7), 공유수면에 대한 행정구역 경계가 불문법상으로 존재한다면 그에 따라야 한다고 하면서, 그런데 만약 해상경계에 관한 불문법도 존재하지 않으면 '형평의 원칙' 법리(아래에 서술함)에 따라 정해야 한다고 본다. 이런 판례입장을 아래와 같이 정리해본다.

> [결정기준 판례법리의 정리] 헌재판례의 결정기준에 관한 법리는 결국 단계적인데 위 서술 내용은 다음과 같이 정리된다. ① 1단계: 법령 기준 → 법령 부재시(* 현재까지 우리 법체계에서는 공유수면의 행정구역 경계에 관한 명시적인 법령상의 규정이 존재한 바가 없음) → ② 2단계: 불문법(따라서 불문법의 존재부터 살펴보는 것이 일반적일 것임) → 불문법 부재시 → ③ 3단계: 형평의 원칙(불문법조차 없으면 결국 형평의 원칙으로).

[판례변경] 이 판례변경은 2단계, 즉 위 네모 속 불문법을 기준으로 할 때에 관한 것이다. 즉 헌재는 이전에 국가기본도상의 해상경계선이 당연 공유수면에 대한 불문법상 해상경계선인 것으로 보아왔는데(헌재 2004.9.23. 2000헌라2; 헌재 2006.8.31. 2003헌라1 등) 이 법리를 폐기하는 판례변경을 하였다(헌재 2015.7.30. 2010헌라2). 유의할 점은 이 판례변경 이후에도 헌재는 국가기본도의 경계선의 기준성을 전혀 부정하는 것이 아니라 그것에 따르는 행정관습법이 형성된 경우에는 국가기본도 경계선 기준도 인정된다고 보는 결정을 보여준다(2015헌라7. 특히 "도"간의 경계는 군계 등과는 달리 조선총독부 육지측량부가 간행한 지형도와 국토지리정보원이 작성한 국가기본도에 표시된 경계선이 대체로 일관되는 경우를 드물지 않게 발견할 수 있는바, 국가기본도상 "도"간의

해상경계선 표시는 1948. 8. 15. 당시 존재하던 불문법상 해상경계선을 확인할 수 있는 유의미한 자료가 될 수 있다고 한다). [불문법 기준] 여하튼 헌재는 국가기본도에 따른 당연한 불문법상 경계선 인정이 아니라 여러 해상경계를 정하는 불문법, 행정관습법이 존재하는지를 살펴보고 존재하면 그것에 따른다. [형평의 원칙(등거리 중간선 원칙 등)] 헌재는 불문법이 존재하지 않으면 "헌법재판소로서는 그 지리상의 자연적 조건, 관련 법령의 현황, 연혁적인 상황, 행정권한 행사 내용, 사무 처리의 실상, 주민의 사회·경제적 편익 등을 종합하여 형평의 원칙에 따라 합리적이고 공평하게 이 사건 쟁송해역에서의 해상경계선을 획정할 수밖에 없다"고 한다(2010헌라2). 그리하여 이 <u>형평의 원칙 법리</u>를 적용한 결정례들을 보여주고 있다. [형평의 원칙 법리 적용기준(요소)] 헌재는 형평의 원칙 법리의 첫째 기준으로 등거리 중간선 원칙을 적용하고 그 외 다른 고려기준도 다음과 같이 설정하여 판단하고 있다. 즉 "첫째, 등거리 중간선 원칙이 고려되어야 한다. 둘째, 이 사건 공유수면의 지리적 특성상 일정한 도서들의 존재를 고려해야 한다. 셋째, 관련 행정구역의 관할 변경도 고려되어야 한다. 넷째, 이 사건 쟁송해역에 대한 행정권한의 행사 연혁이나 사무 처리의 실상, 주민들의 편익도 함께 살펴보아야 한다"라고 한다. 그리하여 다른 고려요소를 살펴본 뒤 결정요소에 넣지 않고 등거리 중간선 원칙 적용대로 한 것(2010헌라2, 홍성군과 태안군 등 간의 권한쟁의. 인용결정), 다른 요소들(도서들 존재, 관할변경, 주민편익 등)도 고려한 것(2016헌라8등, 고창군과 부안군 간의 권한쟁의. 인용결정)도 있다.

(나) 공유수면 매립지 – 판례변경과 결정기준　　[판례변경] 헌재는 공유수면 매립지에 대한 관할구역 경계 결정에 있어서 매립으로 이미 소멸되어 사라진 종전 공유수면의 해상경계선을 매립지의 관할경계선으로 인정해 온 선례(2009헌라3)를 변경(폐기)하고 이를 별도로 보아야 한다는 판례변경을 하였다(2015헌라2). [결정기준] 그리하여 헌재는 위 공유수면 경계획정의 경우와 같은 취지로, 그 기준설정은 공유수면 매립지의 경계에 관한 명시적인 법령상의 규정이 있으면 이에 따르고, 법령상의 규정이 존재하지 않는다면 그 경계를 정하는 행정관습법이 존재하는지 살펴보고 행정관습과 같은 불문법이 존재하면 그것에 따르고 존재하지 않으면 <u>형평의 원칙</u>에 의한다고 본다(2015헌라2, 경상남도 사천시와 경상남도 고성군 간의 권한쟁의. 기각결정. * 기각결정이었으나 공유수면 매립지 관할분쟁사건에서 헌재의 기준법리가 판례변경된 것이어서 그 기준의 변경을 유의하여 볼 필요가 있어서 여기서 다룬 것임).

(다) 판례변경 후 인용결정례　　헌재 2015.7.30. 2010헌라2, 홍성군과 태안군 등 간의 권한쟁의; 헌재 2019.4.11. 2016헌라8등, 고창군과 부안군 간의 권한쟁의 등.

4) 권한침해 인정의 결정례

(가) 국회의원의 권한의 침해 인정례

가) 본회의 의사절차에서의 권한침해　　① 개의일시 불통지, 비공개에 의한 표결권 침해(96헌라2), ② 이른바 '미디어법' 사건(2009헌라8등). ㉠ '신문 등의 자유와 기능보장에 관한 법률 전부 개정법률안'(줄여 '신문법안')(다시 2가지 침해사유가 인정됨. ⓐ 토론신청 불능의 질의·토론권 침해 인정, ⓑ 표결과정의 현저한 무질서와 불합리 내지 불공정(신문법안의 표결과정에서 권한 없는 자

에 의한 임의의 투표행위, 위법한 무권 또는 대리투표행위로 의심받을 만한 여러 행위, 투표방해 또는 반대 투표행위 등 그 표결 절차는 자유와 공정이 현저히 저해되어 헌법 제49조 및 국회법 제109조가 규정한 다수결 원칙에 위배된다고 보아 권한침해를 인정) ⓛ '방송법 일부개정법률안'(줄여 '방송법안')(표결 절차에서 '일사부재의의 원칙'에 위배하여 국회의원의 심의·표결권을 침해)(* 이 결정에 대한 보다 자세한 것은 * 정재황, 국가권력규범론, 박영사, 2020, 국회, 입법절차, 본회의 부분 참조), ③ 반대토론 신청에도 불구하고 이를 허가하지 않고 표결한 예(2009헌라7)가 있다.

나) 국회 상임위원회 의사절차에서의 권한침해   외교통상통일위원회 회의실 출입문을 폐쇄한 상태로 개의하여 '대한민국과 미합중국 간의 자유무역협정' 비준동의안을 상정한 행위 등이 국회의원인 청구인들의 위 비준동의안 심의권을 침해한 것이라고 보았다(2008헌라7등).

다) 국회의사절차와 관련한 권한침해인정결정에서의 가결행위 무효선언 부정 경향   국회의 의사절차 관련 위 결정례들에서 국회의원의 심의·표결권을 침해하였음을 인정하는 결정을 하면서도 그 침해로 인한 가결선포행위 무효확인에 대해서는 받아들이지 않는 것이 지금껏 헌재의 태도이다. 국회는 권한침해인정의 헌재결정이 있어도 그 취지에 상응하는 조치를 보여주지 않고 이에 대해서는 기속력 위반이라는 주장이 제기되기도 하였다. 바로 아래 라)에서 다루는 결정례가 그 예이다.

라) 침해확인된 법률안 심의·표결권을 회복할 수 있는 조치를 국회의장이 취하지 아니하는 부작위에 대한 국회의원의 권한쟁의심판 청구 - 기각   위에서 본, 이른바 '미디어법 파동' 심의·표결권 침해확인결정(헌재 2009.10.29. 2009헌라8등) 이후 이 결정의 기속력에 따라 국회의장은 가결 선포된 법안에 내재된 위헌·위법을 제거하고 바로잡을 조치를 취하여야 하는데 이를 하지 않고 있어 심의·표결권을 침해하는 것이라는 주장의 국회의원의 권한쟁의심판 청구가 재차 있었다. 이 청구에 대한 결정에서 헌재 재판관들의 의견은 4명의 각하의견, 1명의 기각의견, 4명의 인용의견으로 갈렸다. 결론은 각하의견은 기각의견의 결론에 한하여는 기각의견과 견해를 같이 하는 것으로 볼 수 있다고 하여 기각결정을 하였다. 기각의견은 법률안 가결선포행위에 내재하는 위헌·위법성을 어떤 방법으로 제거할 것인지는 전적으로 국회의 자율에 맡겨져 있는 권한침해확인결정의 기속력의 한계로 인하여 기각함이 상당하다는 의견이었다. 더 많은 수의 각하의견에 1명의 기각의견을 합쳐 기각결정을 한 독특한 예이었다(헌재 2010.11.25. 2009헌라12).

마) 무효선언하자는 평결결과가 있었던 예 - 판례법리 수정의 좌절   평결결과가 법률안 심의·표결권의 침해를 확인하고, 나아가 그 법률안의 가결선포행위가 헌법상 다수결원리를 위반하였다는 이유로 그 무효를 확인한다는 것이어서 이런 내용의 결정을 할 기회가 있었으나 청구가 취하되었고 청구취하의 경우 헌재가 심판절차종료를 인정한다는 자신의 판례법리 때문에 결국 심판이 종료되어 의회주의에 관한 헌법이론의 중요한 정립을 위한 판례형성이 좌절된 바 있다(헌재 2001.6.28. 2000헌라1).

바) 검토　　권한침해라는 것은 의사절차를 위배한 것이고 무효라고 선언되어야 한다. 백보 양보하여 헌재가 설령 무효확인까지 하지 않았다 하더라도 권한침해의 기속력으로 다시 적법 절차의 의사절차를 밟고 적정한 조치를 국회가 취할 의무를 진다.

(나) 행정심판 이행재결 주문 내용을 벗어난 직접처분의 권한침해의 인정례

직접처분 중 이행재결의 주문(主文)에서 명하는 처분의 범위를 벗어난 직접처분 부분은 그 당해 행정청(시장) 소속의 지방자치단체(기초)의 권한을 재결청(도지사)이 침해하는 것이라고 보았던 헌재의 판례가 아래의 결정례이다. 직접처분 제도가 여전히 존재하므로(현행 행정심판법 제50조. 그 권한자는 아래 사건에서는 과거 재결청이었으나 현재 행정심판위원회라는 점이 바뀌었을 뿐 현존) 이러한 결정례는 여전히 중요한 모델결정이다. * 이 판례는 공법 복합형으로 아주 적절한 사례여서 비교적 자세히 옮겨둔다.

● **판례**   헌재 1999.7.22. 98헌라4 성남시와 경기도지사 간의 권한쟁의

[사건개요] 주민 ○○○은 골프연습장을 설치·관리하기 위한 도시계획사업시행자지정신청 및 실시계획인가신청(이하 "지정·인가신청"이라 한다)을 하였으나 성남시장은 반려(불허가)처분을 하였고 이에 그 취소를 구하는 행정심판 청구를 하여 피청구인(경기도지사)는 인용재결을 하였다. 이 재결 후 다시 지정·인가신청을 하였으나, 성남시장은 불허통보를 하였고. 이에 위 불허가처분의 취소와 도시계획사업시행자지정처분 및 실시계획인가처분(이하 "지정·인가처분"이라 한다)의 이행을 구하는 행정심판을 제기하고, 피청구인은 불허가처분의 취소와 지정·인가처분의 이행을 인용하는 재결을 하였다. 그러나 성남시장이 이후에도 여전히 인가·지정처분을 하지 아니하자 ○○○은 인용재결의 이행신청을 하였다. 재결청인 피청구인은 성남시장에게 두 차례에 걸쳐 시정명령을 하였으나 이에 응하지 아니하였다. 피청구인은 1998.4.16. ① 골프연습장 ② 공원구역 내의 진입도로 ③ 공원구역 외의 이 사건 진입도로에 관한 지정·인가처분을 하였다. 청구인은 1998.5.29. 피청구인의 위와 같은 직접처분 중 이 사건 진입도로(즉 위 ③)에 관한 지정·인가처분이 청구인의 권한을 침해하였다고 주장하면서 그 권한침해의 확인과 아울러 위 처분들의 무효확인을 구하는 권한쟁의심판을 청구하였다. [심판대상] * 이 사건에서 위 ①, ②, ③의 인가처분 대상이 문제된 것이고 이 중에 결국 ③에 대한 직접처분이 심판대상이 된 것이다 － 필자 주 [결정요지] (가) 이 사건 기록에 의하여 살펴보면, 두 차례의 인용재결 모두 재결의 주문에 포함된 것은 골프연습장에 관한 것뿐이고, 이 사건 진입도로에 관한 판단은 포함되어 있지 아니함이 명백하다. 피청구인은, 이에 대하여, 인용재결에도 이 사건 진입도로에 관한 성남시장의 반려이유가 부당하다는 판단이 들어 있어 위 인용재결에는 이 사건 진입도로에 관한 판단도 포함되어 있다고 주장한다. 그러나 이 사건 기록에 의하면, ○○○의 1995.6.26.자 및 1996.4.19.자 신청은 공원구역 내의 골프연습장에 관한 것이었음이 분명하고, 기속력의 객관적 범위는 그 재결의 주문에 포함된 법률적 판단에 한정되는 것이고 재결이유에 설시된 법률적 판단에까지 미치는 것은 아니므로(대법원 1987.6.9. 86다카2756), 설사 재결이유에 이 사건 진입도로부분에 관한 판단이 포함되어 있다고 하더라도 이 부분에까지 기속력이 미치는 것은 아니다. 그렇다면 청구인은 인용재결내용에 포함되어 있지 아니한 이 사건 진입도로에 대한 지정처분을 할 의무는 없으므로, 피청구인이 이 사건 진입도로에 대하여까지 청구인의 불이행을 이유로 지정처분을 한 것은 인용재결의 범위를 넘어 청구인의 권한을 침해한 것이라고 하지 않을 수 없다. 2. 무효확인청구에 대한 판단: 이 사건 지정처분에 중대하고도 명백한 흠이 있어 무효라고 할 것이다. * 이처럼 이 결정에서는 무효확인도 하였다(아래 무효확인결정 부분 참조).

(다) 지방자치단체 자치사무에 대한 정부합동감사의 지방자치권 침해 인정

구체적으로 어떠한 자치사무가 어떤 법령에 위반되는지 여부를 밝히지 아니한 채 개시한 행정안전부장관 등의 합동감사가 구 지방자치법 제158조 단서 규정상의 감사개시요건을 전혀 충족하지 못하여 헌법 및 지방자치법에 의하여 부여된 지방자치권을 침해한 것이라고 본 것이다(2006헌라6).

(2) 무효확인결정, 취소결정

1) 대상과 근거

권한침해인정의 결정 권한존부·범위확인 결정 등을 위에서 보았는데 이러한 결정들에서 침해의 원인이 된 문제의 처분에 대해서 무효확인이나 취소를 청구할 수 있고 헌재도 직권으로 그리할 수 있다. 이는 어떻게 보면 권한침해의 열매, 결과물도 제거한다는 의미이다. 헌재법 제66조 제2항이 "헌법재판소는 권한침해의 원인이 된 피청구인의 처분을 취소하거나 그 무효를 확인할 수 있고"라고 규정하고 있기도 하다.

2) 무효확인결정과 취소결정의 구분과 양자의 사유

이는 권한침해로 이루어지거나 자신의 권한이 아닌데도 행사하여 이루어진 행정처분 등 행정작용은 흠(하자)을 가지는 것이고 그 하자의 정도에 따라 무효라고 선언될 수도 있고 그 정도 하자가 아니면 취소할 수도 있다. 이러한 구분은 행정법 실무, 이론의 통설이라고 할 수 있는 중대명백설, 즉 중대하고도 명백한 하자인 경우에는 무효사유로, 그렇지 않은 정도는 취소사유로 하고 있는 확립된 기준에 따를 수 있다.

중대 & 명백 ← 무효 ‖ 중대 or 명백 ← 취소

---

* **행정법과의 연관 영역:** 중대명백설은 행정법, 행정법판례의 중요법리인데 권한쟁의심판에서의 무효확인결정과 취소결정의 구분 문제에 적용되어 헌법과 행정법과의 연관 속에 다루어지는 문제로 나올 수 있다고 하겠다. 그래서 중요하다. 공법 복합형.

3) 무효확인결정

(가) 사유   헌재법 제66조 제2항은 피청구인의 처분이 청구인의 권한을 침해한 때('권한침해의 원인이 된')에는 그 무효를 확인할 수 있다고 규정하고 있다. 헌재는 권한의 존부 또는 범위에 대한 판단과 권한침해인정의 결정에서 나아가 피청구인의 처분이 무효임을 확인할 수 있다.

(나) 무효확인 결정례   ① 재결주문 범위를 벗어난 직접처분의 무효 − 골프연습장 외부 진입도로 사건 − 이 사안은 행정심판의 이행재결의 범위를 벗어난 직접처분으로 권한침해이고 그 부분 무효라는 결정이었다.

● **판례** 헌재 1999.7.22. 98헌라4
[사건개요] * 행정심판 이행재결 주문 내용을 벗어난 재결청의 직접처분에 의한 권한침해의 인정례 부분 참조. [결정요지] 무효확인청구에 대한 판단 − 이 사건 지정처분의 권한은 청구인에게 있음이 명백하고, 앞에서 본 바와 같이 이 이 사건 진입도로부분에 대하여는 ○○○의 신청이 없었으므로 청구인의 반려 및 거부처분이 있을 수 없으며, 나아가 피청구인의 인용재결이 있을 여지가 없다. 그러함에도 피청구인이 청구인이 인용재결의 취지에 따른 처분을 하지 않았다는 이유로 이 사건 진입도로에 대하여 지정처분을 한 것은 그 처분에 중대하고도 명백한 흠이 있어 무효라고 할 것이다.

그 외 ② 매립지 비관할 지역 내 회사에 대한 과세의 무효(2003헌라1), ③ 천수만 내 해역의

청구인 관할권한에 속하는 영역에 대한 어업면허처분 무효확인(2010헌라2), ④ 비관할 해역 공유수면 점용·사용료 부과처분에 대한 무효확인(2016헌라8등)의 예가 있었다.

4) 취소결정

(가) 사유   헌재법 제66조 제2항은 피청구인의 처분이 청구인의 권한을 침해한 때('권한침해의 원인이 된')에는 이를 취소할 수 있다고 규정하고 있다.

헌재는 위의 성남시 결정례에서 보듯이 권한을 침해하는 처분이 중대하고 명백한 흠을 가진다고 판단하는 때에 무효확인결정을 하고 있는바 취소결정은 중대·명백하지 않은 정도, 즉 중대하나 명백하지 않거나, 명백하나 중대하지 않은 등의 하자로서 취소사유가 있는 처분에 대하여 하게 될 것이다.

(나) 취소결정례   취소결정이 나왔던 사안은 지방자치단체들인 A시와 B구 간의 권한쟁의 사건이었다. '서울특별시광진구등 … 관할구역변경등에관한법률 제8조에 따라 A시 일부가 B구 관할로 변경되었는데 A시가 그 일부지역에 대한 도로점용료부과처분을 하여 B구의 자치권을 침해하였고 따라서 그 부과처분도 취소하는 결정을 한 예이다(2004헌라2).

(3) 위헌확인결정·위법확인결정

1) 개념과 이들 결정이 내려지는 경우

(가) 개념   위헌확인결정이란 "헌법에 위반됨을 확인한다"라는 주문의 결정을 말하고 위법확인결정이란 "위법함을 확인한다"라는 주문의 결정을 말한다.

(나) 이들 결정이 내려지는 경우 – 부작위, 집행종료의 경우   위헌확인결정, 위법확인결정이 내려지는 경우는 부작위나 처분의 집행이 종료된 경우에 아무런 행위(작위)가 없어 취소하거나 무효로 확인할 대상이 없거나 없어졌으므로 위헌 또는 위법이라고 확인하는 결정이다.

2) 관련 헌재법 규정 개정의 역사

구 헌법재판소법 제66조 제2항은 "피청구기관의 처분 또는 부작위가 이미 청구인의 권한을 침해한 때에는 이를 취소하거나 그 무효를 확인할 수 있다"라고 하여 아무런 행위가 없어 취소나 무효확인을 할 대상이 없는 부작위의 경우인데도 그렇게 대상인 것으로 규정하고 있었기에 문제라고 우리는 이를 지적하였다(헌법재판개론 초판, 2001, 박영사, 325면 참조). 이후 2003.3.12.에 개정된 동 조항은 "부작위"를 삭제하여 문제점을 해소하였다. 그러나 여전히 부작위나 집행종료의 경우 위헌이나 위법임을 확인한다는 규정은 두고 있지 않다.

3) '위헌'확인뿐 아니라 '위법'확인의 결정도 있는 이유

헌법재판이면서도 '위헌'확인결정뿐 아니라 '위법'확인의 결정도 있는 까닭은 우리나라의 권한쟁의심판의 특색으로 앞서 밝힌 대로 권한쟁의심판은 법률상 부여된 권한침해에도 청구할 수 있기에 부작위나 침해종료의 경우인데 법률상 권한이 침해된 것으로 판단되는 경우에는 위헌이 아니라 '위법'으로 확인하는 것이다.

헌법상 권한 침해 → '위헌'확인결정
법률상 권한 침해 → '위법'확인결정

4) 위법확인결정의 예

위법확인결정이 나왔던 사안은 '서울특별시광진구등 관할구역변경등에관한법률' 제8조에 따라 A시 일부가 B구 관할로 변경되어 B구가 A시에게 변경된 관할 내 토지들에 대한 사무와 재산을 지방자치법 제5조에 따라 자신에게 인계할 것을 요청하였으나, A시는 여전히 자신의 관할구역에 해당한다고 주장하면서 B구에게 그 사무 및 재산의 인계를 하지 아니하여 B구가 권한쟁의심판을 청구한 사건이었다. 헌재는 위 토지가 B구의 관할구역에 속함을 확인하고 위 부작위에 대해 위법확인결정을 하였다. 이는 위 사무·재산 인계는 지방자치법 제5조라는 법률 규정에서 부여한 권한이고 의무인데도 이를 이행하지 않은 부작위이므로 이 부작위는 이를 (법률규정을) 위반한 것이므로 '위법'이라고 확인한 것이다(2004헌라2).

5. 기각결정

청구인의 청구가 이유없다고 인정할 때에는 기각결정을 하게 된다. 즉 헌법재판소는 관할권한이 청구인에게 속하지 않는다고 보는 경우, 권한침해가 없다고 판단하는 경우, 무효사유나 취소사유가 없다고 보는 경우 등에 청구를 기각하는 결정을 한다. 부작위가 위헌, 위법이 아니라고 판단할 때에도 기각결정을 한다.

6. 참고 - 권한쟁의심판에서의 선결문제로서 법률의 위헌심사

우리나라의 권한쟁의심판은 헌법상 부여된 권한뿐 아니라 법률에 의해 부여된 권한의 침해에 대해서도 청구할 수 있는데 이 법률상 권한을 침해한 것인지를 판단하기 위해 그 전제로 그 권한을 부여한 법률이 헌법에 위반되는 것인지 여부가 부수적 규범통제로서 가려져야 할 경우가 있을 것이다. 바로 선결문제 판단의 필요성이다. 실제의 결정례들로는 ① 자치사무에 대한 합목적성 감사의 근거법률에 대해 합헌성을 인정한 결정(헌재 2008.5.29. 2005헌라3). ② 지방자치단체 조정교부금의 배분에 관한 근거법률인 지방재정법 제29조 제2항에 대한 합헌성을 인정한 결정례(헌재 2019.4.11. 2016헌라7) 등이 있었다.

Ⅲ. 권한쟁의심판 결정의 효력

■ **헌재법 제66조(결정의 내용)** ① 헌법재판소는 심판의 대상이 된 국가기관 또는 지방자치단체의 권한의 유무 또는 범위에 관하여 판단한다. ② 제1항의 경우에 헌법재판소는 권한침해의 원인이 된 피청구인의 처분을 취소하거나 그 무효를 확인할 수 있고, 헌법재판소가 부작위에 대한 심판청구를 인용하는 결정을 한 때에는 피청구인은 결정 취지에 따른 처분을 하여야 한다.
제67조(결정의 효력) ① 헌법재판소의 권한쟁의심판의 결정은 모든 국가기관과 지방자치단체를 기속한다.
② 국가기관 또는 지방자치단체의 처분을 취소하는 결정은 그 처분의 상대방에 대하여 이미 생긴 효력에 영향을 미치지 아니한다.

1. 기속력의 범위

1) 기속력을 가지는 결정의 범위

헌재법 제67조 제1항은 "헌법재판소의 권한쟁의심판의 결정은 모든 국가기관과 지방자치단체를 기속한다"라고 하여 권한침해의 결정이나 인용결정이라고만 명시한 것이 아니라 그냥 '권한쟁의심판의 결정'이라고만 명시하고 있으므로 권한쟁의심판의 결과 나오는 모든 결정에 기속력을 가지는 것으로 되어 있다. 따라서 권한쟁의심판에 있어서는 인용결정만이 아니라 기각결정 등 다른 모든 결정이 기속력을 가진다. 이 점 위헌법률심판의 경우 '위헌결정', 헌법소원심판의 경우 '인용결정'에 대해 기속력을 명시하고 있는 것과 차이가 있다. 이는 권한쟁의심판은 청구인의 권한이 아니라 피청구인의 권한임을 인정하는 기각결정의 경우에도 청구인과 피청구인의 각 권한을 확정하는 효과를 가지므로 권한확정에 관한 이러한 판단이 모든 기관들에 의해 존중되어져야 하기 때문이다.

2) 기속력의 주관적·객관적 범위

(가) 주관적 범위　　권한쟁의심판결정의 기속력은 "모든 국가기관과 지방자치단체"에 미친다. 당사자가 아닌 다른 국가기관이나 지방자치단체도 헌법재판소 결정의 취지에 따르고 이를 존중하여야 하며 청구인의 권한으로 확인된 권한을 행사해서는 아니 된다. 법원도 헌재 결정의 취지를 존중하여 재판을 하여야 한다.

(나) 객관적 범위　　기속력이 결정의 주문(主文)에 미치는 것은 물론이다. 결정의 중요이유 중에서 헌법재판소가 표명한 헌법적 기본법리에 대해서도 기속력이 미치는지에 대해서는 견해가 나누어지고 있다.

2. 기속력의 내용

1) 반복금지효 - 적극적 처분에 의한 침해에 대한 인용결정의 경우

처분에 의해 권한이 침해되었음을 인용하는 결정이 있으면 피청구인은 다시 그 처분을 하여서는 아니 되고 더 이상 청구인의 그 권한을 다시 행사하여서는 안 된다(반복금지효).

　　2) 처분의무 – 처분이 없는 부작위에 대한 인용결정의 경우

　　반면 부작위에 대한 위헌확인·위법확인의 인용결정을 한 때에는 기속력의 결과 피청구인은 처분으로 나아가야 한다. 헌재법 제66조 제2항 후문은 "헌법재판소가 부작위에 대한 심판청구를 인용하는 결정을 한 때에는 피청구인은 결정취지에 따른 처분을 하여야 한다"라고 규정하여 처분의무를 명시하고 있다.

IV. 취소결정에서의 소급효배제

1. 법규정

　　헌재법 제67조 제2항은 "국가기관 또는 지방자치단체의 처분을 취소하는 결정은 그 처분의 상대방에 대하여 이미 생긴 효력에 영향을 미치지 아니한다"라고 규정하고 있다.

2. 배제의 범위(취소결정, 처분상대방에 한정된 배제)와 그 취지

　　이러한 소급효배제는 물론 법적 안정성, 그리고 처분의 상대방의 권익을 보호하기 위한 것이다. 이러한 소급효배제는 취소결정에만 인정되고 무효확인결정에서는 인정되지 않는다. 무효는 중대하고도 명백한 하자이어서 그 심각성 때문에 처분의 상대방이 잘못한 것이 아니라고 할지라도 소급효를 배제하기가 정도(正道)를 벗어나 곤란하다는 점을 고려한 결과라고 이해된다.

3. 문제점과 개선방안

　　[일률적 배제의 문제점] 사실 위와 같은 입법취지가 처분이 이익행정적인 것인지 아니면 침익적인 것인지에 따라 달리 나타난다는 점을 위 규정은 간과하고 있다. 이익적 처분의 경우에는 그 처분의 효력이 유지되길 상대방은 바랄 것이기 때문에 위와 같은 소급효배제는 입법취지를 살리는 것이 된다. 그러나 불이익을 주는 침익처분의 경우에는 상대방이 오히려 그 취소를 바랄 것이다.

　　[상대방 한정의 문제점] 소급효배제는 처분의 상대방에 대해서만 인정된다는 점과 관련하여 상대방 외에도 영향을 받는 제3자가 있는 이른바 복효적(제3자효적) 행정처분 등에서는 이 규정이 전혀 대응하지 못한다는 문제점이 있다. 즉 처분의 상대방에게는 이익을 부여하는 처분이어서 그 취소의 소급효배제가 이익이 될 것이나 복효적 처분이 제3자(제3자란 처분을 한 행정청, 처분 상대방이 아닌 주체를 의미한다)에게는 불이익을 주는 것인데 처분의 상대방에 대한 처분효력

의 유지가 제3자에게는 불이익으로 그대로 남게 된다면 그것에 대한 구제책이 마련되지 않는 한 형평에 맞지 않다(예를 들어 환경에 영향을 미치는 공장설립 인가가 인가를 받은 상대방에게 생긴 건설인가의 효력이 그대로 인정되면 그 환경에 미치는 영향으로 불이익을 받는 제3자들은 보호되지 못하는 결과를 가져온다).

[개선책] 생각건대 취소결정에서의 소급효배제규정은 먼저 그 본지를 다시 새겨야 한다. 사실 국가기관이나 지방자치단체의 잘못된 권한행사로 인한 국민의 권익이 침해되지 않아야 한다는 점과 그렇더라도 국가권력이나 자치권으로 행해지는 처분은 공익을 위한 것이므로 그 공익에 대한 보장도 이루어져야 한다는 점이 함께 고려되어야 한다. 결국 취소의 효력을 배제하느냐 어느 정도로 배제하느냐 하는 것을 처분의 상대방에 한정하여 판단하도록 할 것이 아니라 제3자의 이익, 공익도 고려한 비교형량에 의한 조절이 필요할 것이다. 앞으로 법개정이 필요하다.

제 3 절   헌법소원심판

Ⅰ. 헌법소원심판의 개념과 성격

1. 개념

헌법소원심판이란 어느 공권력작용으로 인해 기본권을 침해받은 사람이 그 구제를 위해 청구하면 그 공권력작용 등이 위헌성이 있는지를 헌법재판기관이 판단하여 위헌성이 인정될 경우에 그 공권력작용 등을 취소하거나 위헌임을 인정함으로써 구제를 받을 수 있게 하는 헌법재판이다.

2. 본질적 성격

헌법소원심판은 기본권구제제도로서 개인이 가지는 기본권에 대한 침해로부터 기본권을 보호하기 위한 제도라는 본질을 가진다. 그러나 헌법소원의 본질은 개인의 주관적 권리구제뿐 아니라 객관적인 헌법질서의 보장도 겸하고 있다고 본다(91헌마111). 객관적 헌법질서유지기능이 있기에 헌법소원심판 청구요건이 완화된다. 주관적 권리구제를 위해 요구되는 청구요건이 갖추어지지 않았다 하더라도 객관적 헌법질서보장의 의미가 있으면 청구를 각하하지 않고 본안판단에 들어가기도 하기 때문이다(예를 들어 후술 Ⅲ. 4. 권리보호의 이익 요건 부분 참조).

II. 헌법소원심판의 유형

1. 본래 의미의 헌법소원(권리구제형 헌법소원)

이는 헌법소원의 원래의 기능, 즉 기본권침해에 대한 구제의 기능을 하는 본래의 헌법소원을 말한다. 헌재법 제68조 제1항이 규정하는 대로 "공권력의 행사 또는 불행사로 인하여 헌법상 보장된 기본권을 침해받은" 경우에 그 구제를 위한 헌법소원이다. 이를 권리구제형 헌법소원이라고도 한다. 사건부호는 '헌마'이다.

2. 위헌소원(헌재법 제68조 제2항의 헌법소원)

이는 위헌법률심판을 제청해 줄 것을 법원에 신청하였으나 법원이 그 신청을 기각하였을 때 위헌법률심판을 받기 위하여 당사자가 헌재에 청구하는 헌법소원심판을 말한다. 헌재법 제68조 제2항에 따른 헌법소원이다. 이를 위헌소원이라 부르고 그 사건부호는 '헌바'이다.

III. 헌법소원심판의 청구요건

1. 헌법소원심판의 대상(대상성 요건)

헌재법 제68조 제1항은 "공권력의 행사 또는 불행사로 인하여"라고 하여 공권력행사뿐 아니라 공권력의 불행사(부작위)도 대상이 된다.

(1) '공권력의 행사·불행사' 판단기준

[판례법리 – 영향성이론] ⅰ) 헌재판례는 그 판단기준을 법적 구속력이 있는 작용인가 국민의 권리·의무 내지 법적 지위에 직접 영향을 가져온 작용인가 하는 점에 두는 경향으로 이런 판시가 많다. ⅱ) 새로운 내용(확인적이 아닌 내용) – 그 공권력행사 자체가 기본권을 새로이 제한하는 내용을 담고 있는 것이어야 헌법소원의 대상이 된다고 본다(2016헌마40; 2020헌마12 등). 이는 당해 공권력행사 자체가 다른 이전의 공권력행사를 확인하는 것일 뿐이면 국민의 법적 지위에 어떠한 영향을 미친다고 할 수 없다고 보기 때문이다. 예를 들어 법률이나 그 위임으로 제정된 대통령령, 부령 등에 이미 나와 있는 내용을 다시 반복하는 훈령은 그 대상이 안된다는 것이다.

[공권력주체에 의한 작용] ⅰ) 공법인, 영조물 등에 대한 긍정 – 공권력을 보유하는 기관이 행한 공권력행사작용이 대상이 된다. 여기서 공권력보유기관이란 일반 행정조직 속의 국가

기관만이 아니라 공법상의 사단, 재단 등의 공법인, 국립대학교와 같은 영조물 등의 작용도 헌법소원의 대상이 된다(97헌마372등), ① 국립대학교(92헌마68등), ② 대통령선거방송토론위원회와 공영방송사(97헌마372등), ③ 법학적성시험의 시행기관인 법학전문대학원협의회(2009헌마399), ④ 한국산업인력공단(2018헌마1208등). ⅱ) 외국기관·국제기관의 공권력작용 — 우리 헌재 관할이 아니어서 대상성이 부인된다(96헌마159).

(2) 공권력의 행사

[통치행위] 헌재는 "고도의 정치적 결단에 의하여 행해지는 국가작용이라고 할지라도 그것이 국민의 기본권침해와 직접 관련되는 경우에는 당연히 헌재의 심판대상이 될 수 있는 것"이라고 하여 대상성을 인정하였다(93헌마186. 통치행위 대해서는, 전술 제4부 제5장 제4절 Ⅲ. 사법권의 한계 참조).

[법령소원] ⅰ) 법률·긴급명령·긴급재정경제명령·법규명령·조약 등의 법령과 조례의 규정 자체도 헌법소원심판의 대상이 될 수 있다. 법령 자체에 대한 헌법소원을 '법령소원'이라고 부르기도 한다. ㉠ 법령보충규칙 : ① 대상성 인정 — 헌재는 행정규칙(훈령·예규·고시 등)도 법규명령으로 기능하는 경우, 즉 상위법령과 결합하여 대외적 구속력을 갖는 법규명령으로 기능하고 있는 법령보충규칙('법령보충규칙' — 앞의 기본권론 부분 참조)인 경우에는 대상이 된다고 본다(2005헌마161). ② 법령보충규칙이 헌법소원대상이 되는 요건 - 헌재는 일반·추상적 성격을 가질 것을 요구한다. 구체적 성격일 경우 행정처분이어서 대상성이 없다고 보는 것이다. ㉡ 재량준칙인 행정규칙도 대상이 될 수 있다고 본다(90헌마13).

헌법규정 자체에 대해서는 헌재가 대상성을 부정한다(95헌바3).

ⅱ) [위헌소원과의 구분, 청구요건 차이점 유의] 특히 '법률'에 대한 법령소원과 위헌소원의 구별이 중요하다. 특히 청구요건이 각기 다르다. * 유의: * 변호사시험에서 양 헌법소원은 빈번히 출제(실무에서도 빈번히 제기)되는 것임에도 양자의 청구요건을 혼동하기도 하는데 잘 파악해두어야 한다.

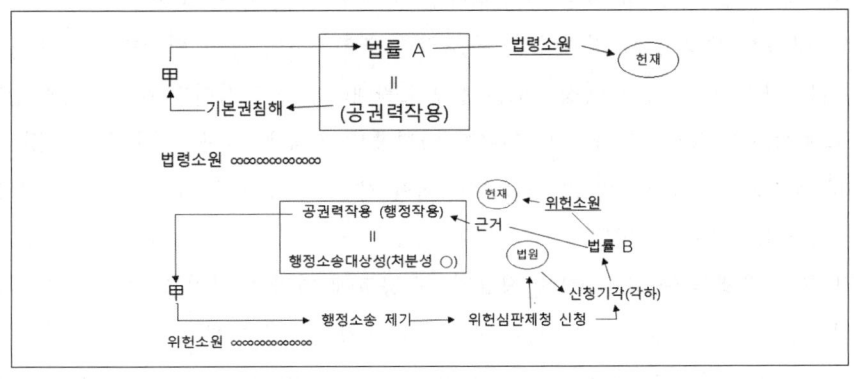

□ **법률에 대한 법령소원과 위헌소원의 비교 도해**

구분	법률에 대한 법령소원	위헌소원
사건부호, 성격	'헌마', 본래의미의 헌법소원	'헌바', 위헌법률심판
청구요건	헌법소원 청구요건 대부분 그대로 = ◦ 대상성(공권력행사 · 불행사일 것) ◦ 기본권침해가능성 ◦ 관련성(자기관련성, 직접성, 현재성) ◦ 권리보호이익 ◦ 청구기간 * 배제 – 보충성원칙	위헌법률심판 적법요건 대부분 그대로 = ◦ 대상성(법률일 것) ◦ 재판전제성 * 법령소원과의 구별지표의 제1표지: 위헌소원은 법원의 개재가 있음

❑ 법률에 대한 법령소원과 위헌소원의 비교

❑ 양자 구분의 tip: 법원의 개재가 있으면 위헌소원, 없으면 법률 법령소원

[비구속적 행정계획] 행정계획이란 행정청의 장래 행정작용의 예정계획을 말하는데 이에는 국민에게 구속력이 있는 것도 있고 비구속적인 것도 있다. 구속적 행정계획은 헌법소원의 대상이 되는데 비구속적 행정계획은 "국민의 기본권에 직접적으로 영향을 끼치고, 앞으로 법령의 뒷받침에 의하여 그대로 실시될 것이 틀림없을 것으로 예상될 수 있을 때"에 대상이 된다(대상성이 부정된 예 – 99헌마538; 2009헌마330; 2011헌마291). * 대상성이 부정된 행정계획: 2012년도 기본계획 중 총장직선제 개선을 국공립대 선진화 지표로 규정한 부분은 행정계획으로서 대상이 아니라고 보았다(2013헌마576, 총장직선제 개선 대학에 대한 재정지원 사건).

[권력적 사실행위] ⅰ) 인정기준 – 헌재는 권력적 사실행위는 헌법소원의 대상이 된다고 보면서 "일반적으로 사실행위가 권력적 사실행위에 해당하는지 여부는, **당해 행정주체(行政主體)와 상대방과의 관계, 그 사실행위에 대한 상대방의 의사·관여정도·태도, 사실행위의 목적·강제수단의 발동가부 등, 그 행위가 행하여질 당시의 구체적 사정을 종합적으로 고려하여 개별적으로 판단**하여야 할 것"이라고 한다(89헌마35). ⅱ) 부정 – 단순한 사실행위, 비권력적 사실행위는 대상성이 부정된다(예를 들어 국회의원 선거등에서 투표지분류기 등을 이용하는 행위. 2015헌마1056, 방송사업자에 대하여 한, '보도가 심의규정을 위반한 것으로 판단되며, 향후 관련 규정을 준수할 것'을 내용으로 하는 '의견제시'는 비권력적 사실행위. 2016헌마46).

[규제적·구속적 행정지도] 비권력적·유도적인 권고·조언 등의 단순한 행정지도로서의 한계를 넘어서는 규제적·구속적 행정지도는 헌법소원대상성을 인정한다[대상성 긍정 결정례 ① 학칙시정요구(2002헌마337등), ② 구 방송위원회의 방송사·제작책임자에 대한 '경고 및 관계자 경고'(2004헌마290, 취소결정), ③ 방송통신심의위원회의 시정요구(2008헌마500), ④ 문화계 블랙리스트 지원배제 지시행위(2017헌마416)].

[구체적 효과 발생의 '공고'] ⅰ) 인정요건 – 공고에 따라 확정이 되고 어떠한 구체적 효과가 발생하는 경우(공고를 통해 세부 내용들이 비로소 확정되는 경우)에는 헌법소원의 대상이 된다는 것이 헌재 판례의 입장이다(2009헌마399; 2018헌마46; 2018헌마1208등). ⅱ) 부정사유 – 법령

에 정해지거나 이미 다른 공권력 행사를 통하여 결정된 사항을 단순히 알리는 것 또는 대외적 구속력이 없는 행정관청의 내부의 해석지침에 불과한 것인 때에는 대상성을 부정한다[법무부장관의 "2014년 제3회 변호사시험 합격자는 원칙적으로 입학정원 대비 75%(1,500명) 이상 합격시키는 것으로 한다"는 공표는 행정관청 내부의 지침을 대외적으로 공표하는 것에 불과하여 대상이 아니라는 헌재결정이 있었다(2013헌마523)].

[행정청의 거부행위] 헌재는 행정청의 거부행위도 대상이 된다고 보나 "국민이 행정청에 대하여 신청에 따른 행위를 해줄 것을 요구할 수 있는 권리가 있어야" 할 것을 대상성요건으로 설정하고 있다(97헌마315).

[불기소처분, 기소유예처분, 기소중지처분 등] ⅰ) 2008년 이래 상황변화 – 2008년 형사소송법 개정으로 재정신청이 확대되어 범죄피해자가 고소인인 경우에는 재정신청이 가능하므로 (형소법 제260조; 검찰청법 제10조 등 참조) 바로 헌법소원심판을 청구할 가능성은 없어졌다. ⅱ) 불기소처분 – 비고소자인 범죄피해자 헌소 가능 – 그러나 범죄피해자가 고소하지 않은 경우에는 고소인이 아니라서 불기소처분에 대한 검찰청법상의 검찰에 대한 항고, 재항고 또는 형사소송법상의 재정신청제도에 의한 구제를 받을 길이 없기 때문에 범죄피해자는 헌법소원심판을 청구할 수 있다. ⅲ) 기소유예처분 – 유죄취지의 기소유예처분에 대해 무죄라고 주장하는 피의자는 재정신청을 할 수 없으므로 헌법소원을 청구할 수 있다. 이에 관한 헌법소원심판사건이 많다(이전에도 적지 않았는데 근간에 기소유예처분이 헌법소원으로 취소된 예들로, 헌재 2020.3.26. 2018헌마589; 2020.3.26. 2017헌마1179 등 적지 않다). ⅳ) 기소중지처분에 대해서도 마찬가지이다 (2008헌마210). ⅴ) 고발인(형법 제123조에서 제126조까지 범죄혐의 고발인은 제외)의 경우에는 고소인이 아니어서 재정신청을 할 수 없으므로 검찰청법상의 항고·재항고를 거친다면 헌법소원심판을 청구할 수 있다.

[기타] ⅰ) 국민의 권리·의무에 영향을 미치는 행정기관 상호 간 내부의사결정(91헌마190), ⅱ) 실질적 처분성이 인정되는 민원회신(2005헌마645), ⅲ) 공정거래위원회의 무혐의처분(2001헌마381, 2010헌마83)·심의절차종료결정(2010헌마539)·심사불개시결정(2011헌마100), ⅳ) 국민감사청구에 대한 감사원장의 기각결정(2004헌마414) 등이 대상이 된다. ⅴ) 헌재는 이전에 국가인권위원회의 진정각하·기각결정도 대상성이 있고 보충성 요건도 충족한 것이라고 하여 본안판단에 들어갔으나(2006헌마440) 2015년에 자신의 판례를 변경하여 행정소송의 대상이 된다는 이유로 보충성원칙이 적용되어(보충성원칙에 대해서는 후술 참조) 곧바로 헌법소원을 제기할 수는 없다고 하여(2013헌마214) 결국 각하결정을 하고 있다.

(3) 공권력의 불행사(부작위)

1) 작위의무의 존재

공권력의 불행사가 헌법소원의 대상이 되기 위해서는 헌법에서 도출되는 작위(행위)의무가 존재하여야 한다. 즉 그러한 작위의무가 있음에도 불구하고 부작위로 있어 기본권을 침해한 경우에 헌법소원의 대상이 된다.

2) 입법부작위

[유형·재판형식] 헌재는 입법부작위를 ① 진정입법부작위(입법이 전혀 없는 경우)와 ② 부진정입법부작위(입법이 있긴 하나 불완전·불충분한 경우)로 나누어 달리 다루고 있다. 진정입법부작위의 경우는 법령이 전혀 없는 경우이므로 입법부작위 그 자체를 대상으로 하는 본래 의미의 헌법소원심판을 제기할 수 있다고 한다. 부진정입법부작위의 경우 불완전하긴 하나 법령이 있는 상태이므로 입법부작위가 아니라 있는 그 불완전한 법령을 대상으로 하는 적극적인 헌법소원, 즉 법령소원을 제기하여야 한다고 한다(94헌마108. 또는 '법률'의 부진정입법부작위의 경우에는 위헌법률심판이나 위헌소원심판을 제기할 수도 있다). 요컨대 부작위소원의 대상으로는 진정입법부작위만 인정된다는 것이다.

[진정입법부작위의 대상성요건] 그러나 진정입법부작위라고 하여 모두 대상이 되는 것은 아니고 헌재는 다음과 같은 요건 하에 대상성을 인정하고 있다. 즉 "① 기본권보장을 위하여 법령에 명시적인 입법위임을 하였음에도 불구하고 입법자가 상당한 기간 내에 이를 이행하지 아니한 경우, ② 헌법의 해석상 특정인에게 구체적인 기본권이 생겨 이를 보장하기 위한 국가의 행위의무 내지 보호의무가 발생하였음이 명백함에도 불구하고 입법자가 아무런 입법조치를 취하지 않고 있는 경우"이어야 대상이 된다(대상성이 인정되어 본안에서 위헌으로 확인된 예 – 조선철도(주)주식의 보상에 관한 입법이 없었던 입법부작위에 대한 위헌확인결정 – 89헌마2. 독서실과 같이 정온을 요하는 사업장의 실내소음 규제기준을 제정하여야 할 입법의무를 부정하여 각하한 예 – 2016헌마45).

3) 행정부작위

[대상성요건] 행정이 이루어지지 않은 행정부작위의 경우에도 작위의무가 있음을 전제로 대상성이 인정된다. 즉 헌재는 행정권력의 부작위에 대한 헌법소원은 공권력의 주체에게 헌법에서 유래하는 작위의무가 특별히 구체적으로 규정되어 있음에도 공권력의 주체가 그 의무를 해태하는 경우에만 허용된다고 한다. 그리고 여기에서 말하는 "공권력의 주체에게 헌법에서 유래하는 작위의무가 특별히 구체적으로 규정되어"가 의미하는 바는, <u>첫째, 헌법상 명문으로 공권력 주체의 작위의무가 규정되어 있는 경우, 둘째, 헌법의 해석상 공권력 주체의 작위의무가 도출되는 경우, 셋째, 공권력 주체의 작위의무가 법령에 구체적으로 규정되어 있는 경우</u> 등을 포괄하고 있는 것으로 볼 수 있다고 한다(2003헌마898; 2006헌마788; 2014헌마1002 등).

4) 행정입법부작위

[행정입법부작위의무의 헌법적 근거] 권력분립주의("행정권이 법률의 시행에 필요한 행정입법을 하지 아니하는 경우에는 행정권에 의하여 입법권이 침해되는 결과가 되기 때문"(96헌마246; 2004헌마66; 2016헌마626 등)를 들고 "만일 하위 행정입법의 제정 없이 상위 법령의 규정만으로도 집행이 이루어질 수 있는 경우라면 하위 행정입법을 하여야 할 헌법적 작위의무는 인정되지 아니한

다"라고(2004헌마66) 한다.

[법적 통제 요건] 헌재는 "행정입법의 지체가 위법으로 되어 그에 대한 법적 통제가 가능하기 위해서는 우선 행정청에게 시행명령을 제정·개정할 법적 의무가 있어야 하고, 상당한 기간이 지났음에도 불구하고 명령제정·개정권이 행사되지 않아야 한다"라고 한다(96헌마246, 2011헌마198, 2016헌마626 등).

5) 조례부작위

헌재는 조례가 제정되지 않은 진정부작위에 대해서도 헌법소원 대상성을 인정한다. 조례제정을 지체함에 정당한 사유가 존재하지 않아 청구인들의 근로3권을 침해한다고 하여 위헌으로 확인하는 결정을 한 바 있다(2006헌마358).

(4) 대상성이 부정되는 경우
1) 공권력행사로 볼 수 없는 행위

ⅰ) 사법상(私法上) 행위(90헌마160; 92헌마283; 91헌마143).

ⅱ) 국민에 대한 직접적 법률효과가 없는 기관 내부적 행위(98헌마472), 내부 감독작용으로서의 통보나 지시(92헌마293; 2001헌마579), 내부 대책지시(91헌마55), 국가기관 사이의 내부적·절차적 행위(2017헌마359 — 대통령비서실 기록관장등이 각 2017.4.17.에서 2017.5.19.경 '박근혜 전대통령의 직무수행에 관련한 대통령기록물'을 중앙기록물관리기관에 이관한 행위 및 대통령 권한대행이 2017.4. 하순에서 2017.5. 초순경 위 대통령기록물 중 일부 기록물의 보호기간을 정한 행위, 헌재 2017헌마359. 이처럼 이관하고 보호기간을 지정하는 행위가 4·16세월호참사 관련 대통령기록물 등을 열람할 수 없도록 하여 알권리를 침해한다는 주장으로 헌법소원심판이 청구된 사안이다).

ⅲ) 민원 등에 대한 회신(89헌마281, 98헌마391), 안내(2000헌마37), 구문[적용법조 내지 법률해석문제에 대한 구문(90헌마47, 96헌마159)], 단순 사실고지, 결정 고지, 보고내용의 발표 등[99헌마625, 96헌마51, 97헌마70, 새로운 법적 권리의무를 부과하거나 일정한 작위 또는 부작위를 구체적으로 지시하는 내용이라고 볼 수 없는 고지행위(교도소 수용자가 외부인으로부터 연예인 사진을 교부받을 수 있는지를 문의하자 교도소장이 불허될 수 있다고 고지한 행위. 2014헌마626) 등].

ⅳ) 청원처리의 결과의 헌법소원대상성 부인 — 헌재는 처리결과통지 있으면 국가기관의 헌법·청원법상의 의무이행을 필한 것이고 비록 그 처리내용이 청원인의 기대에 미치지 않더라도 더 이상 헌법소원대상인 공권력행사·부작위로 볼 수 없다고 한다(93헌마213등; 93헌마239; 99헌마458).

ⅴ) 국가간 비구속적 합의 — '대한민국 외교부장관과 일본국 외무대신이 2015.12.28. 공동발표한 일본군 위안부 피해자 문제 관련 합의'에 대해 이렇게 보고 이 합의를 대상으로 한 헌법소원심판청구는 허용되지 않는다고 하여 각하하였다(2016헌마253. * 헌재가 "기본권을 침해할 가능성이 있다고 보기 어렵다. 따라서 이 사건 합의를 대상으로 한 헌법소원심판청구는 허용되지 않는

다"라고 판시하여 기본권침해가능성과 대상성을 함께 판시하여 이해를 흐리게 한다. 이 판시 바로 앞 부분에 "구체적 권리·의무의 창설이 인정되지 않고"라고 하기도 했다).

ⅵ) 헌장(어린이헌장)의 제정·선포행위(89헌마170), 내사종결처분(진정사건의 종결처리. 94헌마77) 등도 공권력행사로 볼 수 없어 대상성이 부정된다.

2) 법원의 재판

헌재법 제68조 제1항 본문은 공권력의 행사 또는 불행사로 인하여 헌법상 보장된 기본권을 침해받은 자는 "법원의 재판을 제외하고는" 헌재에 헌법소원심판을 청구할 수 있다고 규정하여 법원의 재판을 헌법소원의 대상에서 제외하고 있다.

(가) 제외에 대한 논란 및 헌재의 원칙적 합헌성 인정   [찬반대립] 이러한 제외가 재판청구권·평등권침해라고 보는 위헌론(비판론)과 헌법 제107조 2항(대법원의 최종적 명령·규칙·처분 심사권)을 내세운 합헌론이 대립되고 있다.[7]

[사견] 다음의 이유로 인정론이 타당하다. ⅰ) 법원과 헌재와의 위상관계의 문제로 파악되어야 할 성질의 것이 아니고 국민의 기본권을 최대한 보장하는 것이 관건이다. ⅱ) 제107조 제2항은 명령·규칙·처분의 위헌·위법여부가 재판의 전제가 된 경우에 법원의 심사권(선결판단권)을 규정한 것일 뿐이어서 이를 금지의 논거로 할 수 없다. ⅲ) 기본권의 제3자적 효력의 실효성을 위해(헌법의 기본권규범을 적용하지 않은 사인들 간 민사재판이 헌법소원으로 시정되어야 한다) 필요하다. 다만 그 인정에는 일정요건, 범위의 설정이 필요할 것이다. * 헌법개정 시도 – 2014년 국회의장 소속 헌법개정자문위원회(저자도 참여함)는 현행 헌법 제111조 제1항 제5호에서 '법률이 정하는'을 삭제한 개정안을 제안한 바 있다.[8]

[헌재의 원칙적 불인정(합헌성 인정)] ⅰ) 헌재는 재판소원금지(불인정)에 대해 예외를 인

---

7) 비판론과 합헌론의 대립 (a) 비판론(재판소원 찬성, 현행 금지 비판의 견해) 논거 – 비판론 논거들을 종합하여 보면 대체적으로 다음과 같다. 첫째, 법원의 재판도 공권력작용이므로 이를 제외함은 공권력행사 통제라는 헌법소원 본래 기능에 부합하지 않는다. 둘째, 헌법소원도 재판이므로 법원재판에 대한 헌법소원 금지는 헌법 제27조의 재판청구권 침해이다. 셋째, 법원재판에 대해서는 일부가 아닌 전면적으로 헌법소원의 대상이 될 수 없도록 금지하여 비례의 원칙에 반한다. 넷째, 법원재판에 대한 헌법소원의 금지는 법원에 대한 특권을 부여하여 평등권을 침해한다. 다섯째, 헌법의 통일적 해석은 법원의 헌법해석에 대한 통제를 요한다. 여섯째, 법원재판이 가능한 경우 법원재판을 모두 거친 후에 헌법소원을 제기하여야 한다는 보충성원칙을 요구하면서도 그렇게 경유한 법원재판이 헌법소원의 대상이 되지 못한다는 것은 체계적으로 모순이다. (b) 합헌론의 논거 – 합헌이라고 보는 견해들이 제시하는 논거들을 종합하여 보면 대체적으로 아래와 같다. 첫째, 우리 헌법은 법원과 헌재의 각 권한을 분담하고 있으므로 법원재판에 대한 헌법소원은 이러한 분담에 반한다. 둘째, 헌법 자체에 헌법소원의 대상에 관하여 규정하지 않고 있고 헌법 제111조 제1항 제5호는 "법률이 정하는 헌법소원"에 관한 심판이라고 규정하고 있으므로 법률이 헌법소원의 대상을 정하도록 위임받아 이에 관하여 입법형성권을 가지므로 법률이 헌법소원 대상에서 법원재판을 제외할 수 있다. 셋째, 헌법 제107조 제2항은 "명령·규칙 또는 처분이 헌법이나 법률에 위반되는 여부가 재판의 전제가 된 경우에는 대법원은 이를 최종적으로 심사할 권한을 가진다"라고 규정하고 있으므로 법원재판에 대하여 헌재가 다시 심사할 수 있게 한다면 이 헌법규정에 반한다. 넷째, 법원재판에 대한 헌법소원의 인정은 헌재를 제4심의 기관으로 만드는 것인데 이는 대법원을 최고법원으로 규정하고 있는 헌법 제101조 제2항에 반하고 대법원이 최종심이어야 하는 데 번한다. 다섯째, 헌재법 제68조 제2항의 위헌소원이 법원재판 헌법소원 금지에 대한 보완 내지 대상수단이 되고 있다.

8) 개정안 제143조 제6호. 위 2014년 국회 헌법개정 자문위원회, 활동결과보고서 I, 208면 참조.

정하긴 하나 원칙적으로 합헌이라고 본다(96헌마172). ⅱ) 헌재의 합헌성 인정논거 ─ 헌재는 ① '법률이 정하는 헌법소원'이라는 헌법 제111조 제1항 제5호에 따라 입법형성을 한 것이어서 법원재판을 대상으로 하여야 헌법소원 본질에 부합하는 것은 아니고, ② 평등권의 침해가 아니며(법원(사법작용)도 기본권보호자로서의 기능을 가짐), ③ 최종심급에 의한 기본권침해가능성에 대한 또 다른 안전장치는 법치국가적으로 불가피한 것이 아닐 뿐 아니라 궁극적으로 불가능하고, ④ 이 금지가 재판청구권의 침해가 아니라고(헌법소원만이 아니라 법원재판도 기본권구제절차를 의미함) 한다.

(나) 예외적 인정   헌재는 법원재판도 헌법소원의 대상이 되는 예외를 인정한다. ⅰ) 예외 인정 요건 ─ 헌재는 그 예외인정에 다음의 2가지 요건을 설정하고 있다. 즉 "① 헌재가 위헌으로 결정한 법령을 적용함으로써 ② 기본권을 침해한 재판"에 한해서 헌법소원 대상이 된다고 본다(96헌마172). 이 2가지 요건은 모두 갖추어야 한다[실제의 예: 헌재가 이전에 헌법불합치결정한 (91헌바1) 구 소득세법 제60조를 적용한 법원의 판결이 기본권을 침해하지 않았다고 하여 각하한 결정례 (96헌마61)]. 헌재가 이러한 예외를 인정하는 주된 논거는 위헌법령을 적용하는 법원재판은 헌재의 위헌결정의 기속력을 위반하는 것이라는 데에 있다(* 사견 ─ 기속력이 반드시 법령의 위헌결정에만 인정되는 것은 아니고 법령 외 일반적인 공권력작용에 대한 헌법소원인용결정에도 인정된다(헌재법 제75조 제1항)는 점에서 예외인정범위를 위와 같은 요건으로 한정하는 것의 충분한 설득력이 있는지 의문이 있다). ⅱ) 결정례 ─ ① 취소결정례: 위 요건에 해당되어 헌법소원대상이 된다고 보고 그 대법원판결을 취소하는 결정을 한 예가 바로 이 법리를 밝힌 96헌마172 결정이었다. 96헌마172 결정은 한정위헌결정이었다. 헌재는 변형결정도 기속력을 가지는 것으로 본다. ② 중대명백설에 입각한 기각결정례: 위헌결정 이전 그 법령에 근거한 행정처분인데 위헌결정 이후 무효가 아니라고 판시한 법원판결의 헌법소원 비대상성 ─ 헌재가 위헌으로 결정한 법령을 근거로 그 위헌결정 이전에 행해진 행정처분(행정행위)에 대해서는 비록 위헌인 법령에 근거한 것이라고 하더라도 무효확인소송 등에서 당연 무효가 아니라고 법원이 판단할 수 있고 당연 무효로 판단하지 않은 그러한 법원의 판결은 "헌법재판소가 위헌으로 결정한 법령을 적용함으로써 국민의 기본권을 침해한 재판"에 해당되지 않아 예외적인 헌법소원대상이 아니라고 보는 것이 헌재(95헌마93등; 99헌마605)와 대법원의 판례이다. 위헌으로 결정된 법령에 근거한 처분이 무효인지 여부는 당해 사건을 재판하는 법원이 위헌성의 정도에 따라 판단할 사항이라는 것이다. 행정처분 이후 위헌결정이 있었다면 위헌성이 중대한 사유이긴 하나 처분시에 명백하지는 않았다고 하여 이른바 중대명백설에 따라 처분이 무효로 되지 않는다고 볼 수 있다는 것이다. 위와 같은 법리는 무효여부의 문제이므로 취소소송이 아니라 '무효'확인소송에서 적용되는 것이다. 그러나 중대명백설이라는 실체법이론을 여기 절차법에 적용하는 것은 문제이다(전술 참조). * 이 문제는 헌법, 행정법 복합형이다. ③ 긴급조치 국가배상 부정 판결에 대한 헌법소원 대상성 부정: 대통령의 긴급조치 제1호 및 제9호의 발령행위 등에 대하여 국가배상책임을 인정하지 않은 대법

원 판결들(대법원 2015다212695 등)의 취소를 구하는 심판청구에 대해 헌재는 헌법소원심판의 대상이 되는 예외적인 법원의 재판에 해당하지 아니하므로 부적법하다고 하여 각하결정을 하였다 (2015헌마861등. 동지: 2018헌마827; 2016헌마56; 2014헌마1175). 그러나 김이수, 안창호 재판관의 소수의견은 2010헌바132등 결정의 기속력에 반하여 청구인들의 기본권을 침해하는 것이므로 취소되어야 한다고 보았다. 소수의견이 타당하다. iii) 현재의 주문과 상황 – 위 96헌마172결정 외에 대상성이 인정된 예가 없고 줄곧 헌재법 제68조 제1항 본문 중 "법원의 재판을 제외하고는" 부분에 대한 심판청구는 기각하고 법원판결의 취소 청구에 대해서는 각하를 하고 있다(법원재판에 대한 청구로서 각하결정된 예: 2018헌마827; 2017헌마1065; 2018헌마140).

(다) 헌법소원 비대상인 '법원의 재판'의 범위 – 넓은 개념   헌재는 헌재법 제68조 제1항이 헌법소원의 대상에서 제외하고 있는 법원의 재판의 범위를 넓게 보아 종국판결뿐 아니라 소송판결·중간판결 등과 소송절차의 파생적·부수적 사항에 관한 공권적 판단 모두 포함한다고 한다[90헌마158. 넓은 개념을 보여주는 대상성 부정 결정례 ① 법원의 회사정리계획의 인가결정(91헌마112), ② 법원재판장의 소송지휘(진행)권행사 – 변론의 제한에 대한 헌법소원(89헌마271), ③ 영장발부재판(2016헌마344등), ④ 인터넷회선을 통하여 송·수신하는 전기통신의 감청('패킷'(packet)감청)을 대상으로 하는 법원의 통신제한조치 허가(2016헌마263) 등].

3) 원행정처분

[개념과 논란] 법원재판이 대상이 되지 않는다 하더라도 행정처분과 같은 경우에는 법원의 행정재판을 모두 거친 뒤 그 행정재판의 대상이 되었던 원래의 행정처분을 대상으로 헌법소원을 제기할 수 있는지가 문제된다(후술하는 대로 헌법소원의 또 다른 청구요건인 보충성원칙 때문에 (아래 5. 참조) 법원의 행정재판을 모두 거쳐야 하는 것이고 그렇게 거친 행정처분이므로 원래의 행정처분, 즉 원행정처분이라고 부르는 것이다). 학자들 간 찬반대립이 있었다. 이 논의는 사실 법원재판에 대한 헌법소원이 금지되어 있는 데 대한 돌파구를 찾기 위한 것이기도 하였다. * 행정소송법과 헌법재판이 같이 문제되어 공법 복합형 문제.

[헌재의 원칙적 부정 입장과 그 논거] 헌재는 원행정처분에 대한 헌법소원의 청구는 법원의 확정판결의 기판력에 어긋난다는 등의 이유로 부정한다(91헌마98).

[헌재의 예외 인정, 결정례] 헌재는 예외를 인정한다. i) 예외인정 요건 – 원행정처분에 대한 법원재판이 헌재가 위헌으로 결정한 법령을 적용하여 기본권을 침해함으로써 예외적으로 헌법소원의 대상으로 되어 그 재판이 취소된 경우에는 원행정처분도 대상이 된다고 한다(91헌마98. 이러한 예외 하에 원행정처분에 대한 대상성을 인정하는 것이 이제 확립된 법리이다. 2017헌마981; 2018헌마205; 2019헌마1095 등). ii) 원행정처분을 취소한 결정례 – 최초의 결정이었던 96헌마172 결정 이후 그 예를 찾아볼 수 없다.

[법원의 재정신청 절차를 거친 불기소처분 헌법소원에서의 적용] 이는 불기소처분을 법원의 재정신청 재판을 거친 것으로 하나의 원행정처분과 같은 것으로 보는 결과이다(2010헌마243).

이로써 결국 불기소처분에 대한 헌법소원이 사실상 차단되어 버렸다.

[검토] 사실상 법원재판에 대한 헌법소원이라서 또는 기판력을 들어 부정되어야 한다는 논거는 설득력이 없다. 보충성원칙을 지켜 마지막으로 청구하는 것인데 이를 원행정처분이라서 헌법소원 대상이 아니라고 하는 것은 보충성원칙 준수를 무의미하게 한다.

4) 원처분주의에 의한 대상의 제한

[원처분주의(原處分主義)의 개념과 준용] 이 원칙은 행정처분에 대해 행정심판을 거쳐서 취소소송을 제기할 경우 그 행정처분이 취소소송의 대상이 되어야 하고 행정심판의 결과인 재결(裁決) 자체에 고유한 위법이 있음을 이유로 하는 경우가 아닌 한 그 재결을 대상으로 취소소송을 제기할 수는 없다는 원칙을 말한다. 행정소송법 제19조가 규정하고 있다. 헌재는 헌재법 제40조에 따라 위 행소법 규정을 헌법소원에 준용하여 이 원처분주의를 적용한 예들을 보여주고 있다. [결정례] ⅰ) 행정심판 재결에의 적용 - 행정심판재결에 대한 헌법소원의 경우에도 행정소송에서처럼 위 고유한 위법성 법리가 적용된다. 이는 물론 위 준용의 결과이다. 행정심판 재결에 이 고유위법성 기준에 따라 헌법소원대상성을 부정한 실제의 예: 헌재 2016.4.28. 2013헌마870. * 공법 복합형으로 사건개요 등 읽어둘 필요가 있다. ⅱ) 불기소처분에 대한 검찰의 항고기각결정, 재항고기각결정 - 원처분주의를 적용하여 헌법소원대상이 되지 않는다고 본 ⓐ 부정례(90헌마230; 91헌마 213; 94헌마65; 2007헌마29)가 있었고, ⓑ 고유한 위법사유를 인정하여 긍정한 예(2009헌마47)도 있다.

2. 청구인능력

* 기본권주체이어야 헌법소원청구능력을 가지므로 이 문제는 앞의 기본권총론의 기본권주체와 같이 볼 것이고 따라서 여기서는 개관하고 헌법소원에서 유의할 점을 본다. 자세한 것은 전술(제3부 기본권론 제3장 기본권의 주체) 참조.

헌법소원은 기본권침해에 대한 구제를 위한 헌법재판제도이므로 헌법소원의 청구인능력은 기본권을 누릴 수 있는 기본권주체가 될 수 있는 사람에게 인정됨은 물론이다. 기본권을 침해당함은 기본권주체임을 전제로 하는 것이기 때문이다. ⅰ) 자연인 - 국민뿐 아니라 외국인(2014헌마346)에게도 인정된다. ⅱ) 법인에게도 인정된다. 또 법인 아닌 사단[인정요건 - 대표자의 정함이 있고 독립된 사회적 조직체로서 활동할 것(2009헌마595)], 재단, 정당, 노동조합 등에 대해서도 청구인능력이 인정된다. ⅲ) 그러나 국가나 그 소속기관, 국가조직의 일부, 지방자치단체, 공법인이나 그 소속기관 등은 기본권주체가 아니고 오히려 국민의 기본권을 보호 내지 실현해야 할 '책임'과 '의무'를 지니고 있는 지위에 있을 뿐이므로 원칙적으로 청구인능력이 없다(전술 제3부 기본권론 제 3장 기본권의 주체 참조). ⅳ) 유의 - ① 지방자치단체 기관의 위헌법률심판제청신청, 위헌소원심판청구의 가능성 인정 - 지방자치단체장이나 지방의회도 본래의미의 헌재법 제68조 제1항의 헌법소원은 제기할 수는 없으나 위헌법률심판제청의 신청, 위헌소원심판의 청구는 할 수 있다는 점을 유의해야 한다(* 앞의 제도적 보장, 지방자치법 부분 참조). * 공법복합형(항고소송, 기관소송 등 행정법 법리와 지방자치법, 그리고 헌법재판 법리가 복합). 또 ② 특수법인(공·사법성 겸유의 법인)(99헌마553), 공사혼합기업(2001헌바71) 등의 청구인능력이 인정되고, ③ 사경제 주체로서 활동하는 등의 경우의 공법인은 청구인능력을 가진다(2012헌마271)는 점을 유의해야 한다.

3. 침해되는 기본권의 존재, 기본권의 침해가능성, 실제성

헌재법 제68조 제1항이 명시하는 대로 헌법소원심판은 '헌법상 기본권'을 침해받은 사람이 청구할 수 있으므로 침해되는 기본권이 있고 기본권침해의 가능성(실제성, 여지, 개연성)이 있어야 적법하게 청구할 수 있다(2003헌마837; 2008헌마517).

[기본권의 인정 문제] ⅰ) 기본권성이 부정된 예(납세자의 권리, 2005헌마579)도 있다. ⅱ) 헌법상 기본권이 아니라 법률상(법률이 규정하는) 권리인 경우 (ㄱ) 그 예로 헌재는 ① 지방자치법, 주민투표법에 의한 주민투표권(2004헌마643 등), ② 지방자치법에 따른 조례의 제정 및 개폐청구권(2012헌마287), ③ '주민소환에 관한 법률'이 규정하는 주민소환권(2018헌바368), ④ 국민참여재판을 받을 권리(2008헌바12), ⑤ 육아를 위한 휴직신청권(2005헌마1156), ⑥ 무죄판결을 받은 사람의 형사 소송비용 보상청구권(2011헌바19)이 그러하고 그 권리들에 대한 기본권침해성이 부정된다. (ㄴ) * 그러나 이렇게 법률상 권리라고 보면서도 헌법상 평등권의 문제는 있다고 하여 이를 판단한 경우도 있다(2004헌마643; 2008헌바12; 2011헌바19). (ㄷ) * 판례변경하여 헌법상 기본권으로 인정한 예(지방자치단체의 장 선거권. 2014헌마797)도 있다. ⅲ) 반사적 이익 상실에 대한 기본권침해성 부인 (ㄱ) 먼저 명확히 할 점은 반사적 이익 자체가 기본권이 아니라고 보아야 한다는 점이다. 행정법이론에서도 반사적인 이익을 공권과 구별하여(기본권은 '주관적 공권'이다) 전자는 보호되는 것이 아니라고 하는 것을 상기할 필요가 있을 것이다(이 점에서 * 공법 복합형). 따라서 반사적 이익으로 판명되면 침해되는 기본권의 존재 자체가 없고 물론 침해가능성(기본권존재)이 없음을 의미한다. (ㄴ) 결정례 – 영업자범위, 영업자격 확대 등으로 독점적 이익의 상실, 축소(또는 그렇게 기대되는 이익의 비실현) 등이 반사적 이익 침해로 기본권침해성이 없다고 본 다음의 예들이다. ① 사료제조업자 독점적 영업이익 상실(99헌마163), ② 자기 사육동물에 대한 진료행위 허용의 수의사 기본권 침해가능성 부정(2006헌마582), ③ 응시자격(한약사시험) 확대(99헌마660). (ㄷ) 반사적 불이익으로 보면서도 본안판단까지 들어간 모순의 결정례 – 침해되었다고 주장하는 이익이 반사적인 불이익이라고 판단된다면 기본권침해성 요건을 갖추지 못한 것이므로 부적법한 청구로 각하될 것이다. 그런데도 헌재가 본안판단까지 들어가 기각결정을 한 모순된 결정례들(92헌마68(1994학년도 신입생선발입시안에 대한 헌법소원); 92헌마200;

2012헌마770)이 있었다. (ㄹ) '반사적 이익 = 직접성 결여 등'으로 보는 결정례들의 혼동 - 반사적 이익결여는 기본권침해성의 결여인데 이를 다음에 볼 다른 청구요건들 중 하나인 직접성(또는 자기관련성)의 결여라고 보거나, 직접성과 더불어 기본권침해성 결여라고도 하여 혼동을 보여주는 결정례들(97헌마404; 2002헌마20; 2014헌마662; 2008헌마456; 2018헌마37등)이 있다. (ㅁ) 혼동 처방 - 직접성과 혼동은, 반사적 이익을 '간접적' 이익이라고 흔히 설명하여 그 반대로 직접성이 없다고 보는 데 기인한다면 직접성은 그것이 아니라 침해경로가 중간의 집행작용 없이 바로 오는 것인가 하는 것에 있다는 점을 분명히 하여(후술 직접성 참조) 혼동을 제거해야 한다. 직접성, 자기관련성은 일단 침해되는 기본권이 존재함을 전제한 다음 단계의 적격요건이므로 구분된다. ⅳ) 기본권침해 주장의 정도 - 청구인이 침해되는 기본권을 완전히 특정하지 않고 청구하였더라도 헌재가 청구인이 어느 기본권인가의 침해를 주장하고 있다는 것을 인식할 정도라면 이 기본권침해가능성 요건은 성립된 것이라고 보아야 한다(90헌마110등).

4. 기본권침해의 관련성 요건 - 자기관련성, 직접성, 현재성

기본권의 침해는 청구인 자신의 기본권을 직접, 그리고 현재 침해하고 있어야 한다. 아래에 각각 살펴본다[자기관련성(1), 직접성(2), 현재성(3)].

(1) 자기관련성

[개념] 기본권침해의 자기관련성이란 공권력의 행사·불행사로 발생한 기본권침해는 헌법소원심판을 청구한 사람 자신에게 관련되는 침해이어야 한다는 것을 의미한다. '자기성', '자기귀속성'이 핵심지표이다.

[제3자의 자기관련성 문제] 따라서 공권력작용의 상대방이 아닌 제3자는 원칙적으로 기본권침해의 자기관련성이 부정되나 그 공권력작용에 직접적·법적 이해관계가 있는 제3자에 대해서는 예외적으로 기본권침해의 자기관련성이 인정된다(89헌마123).

[제3자의 자기관련성 인정기준] 헌재는 제3자의 자기관련성 인정 여부는 "**입법의 목적, 실질적인 규율대상, 법규정에서의 제한이나 금지가 제3자에게 미치는 효과나 진지성의 정도 및 규범의 직접적인 수규자에 의한 헌법소원제기의 기대가능성 등을 종합적으로 고려하여 판단**"해야" 한다고 본다(99헌마289). *빈번히 나오므로 중요하다.

[제3자 자기관련성 인정 여부 결정례] ⅰ) 인정례 - 전형적인 몇 가지 예를 본다. ① 지상파방송사업자에 적용되는 방송광고물 제한규정에 대한 방송광고 판매대행사(제3자)의 청구에서 자기관련성 인정(2006헌마352), ② 직장의료보험조합 강제자동해산에 대한 직장의료보험조합 조합원의 청구(99헌마289), ③ 연합뉴스를 국가기간뉴스통신사로 지정하는 법률규정에 대한 다른 뉴스통신사의 청구(2003헌마841), ④ 정보통신망법의 임시조치조항에 대한 정보게재자의 청

구(2010헌마88) 등을 들 수 있다. 또, ⑤ 수규자의 헌법소원제기가능성이 없는 경우 – 이러한 예로 이동통신단말장치를 구입하고자 하는 청구인들이 '지원금 상한 조항'인 '이동통신단말장치 유통구조 개선에 관한 법률' 제4조 제1항 등에 대한 청구한 헌법소원심판에서 제3자이나 자기관련성을 인정받은 예를 대표적으로 들 수 있다(2014헌마844. [판시] 수규자인 이동통신사업자 등은 지원금 상한제로 인해 이용자들에게 지급하는 지원금 총액이 감소하여 이익을 보는 측면이 있으므로, 이들이 적극적으로 지원금 상한 조항의 위헌확인을 구할 가능성도 기대하기 어려워 보인다. 청구인들의 기본권침해의 자기관련성을 인정함이 상당하다). ⑥ 표리관계인 기본권침해인 경우 – 변호인의 조력을 받을 권리 침해에 있어서 변호인과 변호받는 사람 간(2014헌마346), ⑦ 문화계 블랙리스트 지원배제 지시 – 피청구인 대통령이 피청구인 비서실장에게, 문체부 소속 사무관이 예술위 소속 직원들에게 정부에 비판적 활동을 한 문화예술인을 지원 대상에서 배제하라고 지시한 행위 등(2017헌마416, 청구인들에 대한 지시가 아니어서 제3자에 가해진 것이나 예술위 등을 이용한 것에 불과하여 자기관련성이 인정된다고 본 것이다). ⅱ) 부인례: 전형적인 몇 가지 예를 본다. ① 규율대상의 명확성 – 자신이 주소를 둔 선거구가 아닌 선거구의 인구편차에 관한 심판청구(2018헌마405. 그는 제3자인데 선거구에 속하는 선거구역을 행정구역에 따라 구체적으로 나누어 놓아 그 규율대상이 명확하여 자기관련성 부정), ② 청구인의 법적 지위의 변화에 대한 예견불가성, 낮은 진지성 등(2001헌마122), ③ 회사의 기본권에 관한 헌법소원을 회사 대표자가 제기한 경우(2000헌마308, 2005헌마165), ④ 지방공무원의 정원 수에 관하여 지방공무원임용시험 응시하려는 자와 주민이 제기한 헌법소원에서의 자기관련성 부인(2000헌마149), ⑤ 학생인권조례 – 학생의 종교의 자유를 보장하기 위해 학교의 설립자·경영자, 학교의 장 및 교직원에 금지의무를 부과한 규정에 대한 학생 등의 청구(2017헌마1356).

[법인 등(단체)의 구성원 기본권구제를 위한 단체 자체의 헌법소원] ⅰ) 자기관련성 부정 – 법인, '법인격 없는 사단·재단' 등 단체 자체도 헌법소원심판을 청구할 능력이 있다(전술 참조). 그러나 단체 자체에 기본권침해가 있어서가 아니라 그 구성원의 기본권이 침해된다고 하여 청구한 헌법소원심판에서 헌재는 단체 자체의 기본권침해가 없다고 하여 자기관련성을 부인한다. * 유의 – 빈번히 판시되고 있어서 각별히 유의가 필요한 부분이다. ⅱ) 부정의 논거 – 헌재는 그 논거로 "단체와 그 구성원을 서로 별개의 독립된 인격체로 인정하고 있는 현행의 우리나라 법제 아래에서는 헌법상 보장된 기본권을 직접 침해당한 사람만이 원칙적으로 헌법소원심판 절차에 따라 권리구제를 청구할 수 있는 것이고, 단체의 구성원이 기본권을 침해당한 경우 단체가 구성원의 권리구제를 위하여 그를 대신하여 헌법소원심판을 청구하는 것은 원칙적으로 허용될 수 없기 때문"이라고 한다. ⅲ) 부정례 – 몇 가지 예를 보면, ① 영화 사전심의제에 대한 영화인협회의 청구(90헌마56), ② 진료정보를 국민건강보험공단에 알려줄 개별 의료급여기관 의무 고시 조항에 대한 대한의사협회의 청구(2007헌마1092), ③ 한국기자협회 – '부정청탁 및 금품등 수수의 금지에 관한 법률'의 기자 해당조항들에 대해 한국기자협회가 청구한

사건(2015헌마236), ④ '세무조정업무' 한정 규정에 대한 변호사 소속 법무법인의 청구(2016헌마
116), ⑤ '광주민주화운동 관련자보상 등에 관한 법률' 등에 대한 광주민중항쟁동지회의 구성원
을 위한 청구(93헌마33), ⑥ 선거여론조사 결과 등 공표 금지조항에 대한 신문인편집인협회의
청구(92헌마177등), ⑦ 육견사육업을 하는 회원으로 구성된 비법인 사단인 ○○연합회의 개 사
육시설 설치자를 위한 청구(2018헌마306등), ⑧ 그 외 결정례들이 많다(그 결정례들외과 그 외 자
기관련성이 부정된 다른 결정례들에 대해서는 정재황, 헌법재판론, 박영사, 2020, 헌법소원심판, 청구요
건, 자기관련성 부분 참조).

[권리귀속에 관한 소명] 자기관련성 판단에 있어서 그 권리 귀속을 어떻게 어느 정도로 밝
혀야 하는지에 대해 헌재는 소명만으로 족하다고 본다(89헌마2; 99헌마494; 2002헌마333. 소명 결
여로 인한 자기관련성이 부정된 예: 2016헌마266등; 2018헌마733).

(2) 직접성

1) 개념과 핵심표지

직접성이란 헌법소원을 제기하게 한 기본권의 침해는 그 침해를 야기한 공권력행사 그 자
체로 인해 바로 청구인에게 발생되는 침해이어야 할 것을 요구함을 의미한다. 문제되는 공권력
작용으로 바로 기본권침해가 발생하지 않고 그 공권력작용을 집행하는 행위가 있어야(매개되어
야)만 기본권의 침해가 청구인에게 발생할 수 있다면 그 공권력작용으로 인한 기본권침해의 직
접성이 없다고 본다. [핵심표지] 침해의 과정, 경로의 직접성에 있다.

2) 법령소원에서의 직접성 요건

(가) 중요성   법령소원에서 직접성이 특히 중요한 요건이 된다. 왜냐하면 법령은 원칙적으
로 추상적 규범이므로 집행작용이 있어야 그 효과가 발생되는지라 헌법소원의 직접성이 요구
하는 집행작용 없이 바로 효과가 날 수 있느냐 하는 점이 관건이 될 수밖에 없기 때문이다. 더
구나 현재 헌법소원으로 법령소원이 많고 빈번히 이루어지고 있어서 더욱 중요하다.

(나) 법령소원심판에서의 직접성요건의 의미와 판단기준

가) 의미 – '별도의 집행행위의 매개가 필요 없을 것'   법령소원의 경우에도 직접성이란 별
도의 집행행위 매개가 필요없을 것을 의미한다(이런 취지의 판시례는 많다. 예컨대, 2017헌마1299;
2018헌마18 등).

나) 법령소원에서의 직접성의 '판단기준'   헌재는 법령소원에서 집행행위가 없어도 직접성
이 나타난다고 보기 위한 판단기준으로 "법령 그 자체에 의하여 자유의 제한, 의무의 부과, 법
적 지위의 박탈이 발생하는 경우를" 말한다고 한다. 이러한 판례법리는 현재 확고하고 법령소
원에서 빈번히 적용되고 있다.

[법령소원에서 직접성의 '판단준거'] 자유의 제한, 의무의 부과, 법적 지위의 박탈

(다) 자유의 제한, 의무의 부과, 법적 지위 박탈 효과가 없는 경우   ⅰ) '정의규정'(定義規定) 내지 '선언규정'(2009헌마146; 2009헌마631; 2002헌마563), ⅱ) 새로운 내용이나 법률보충적 내용을 담고 있지 않은 시행령규정(97헌마368), ⅲ) 집행절차 규정(91헌마192), ⅲ) 소추요건 규정(공정거래위원회의 전속고발권 규정. 94헌마191).

* 이하 서술에서 계속 법령소원을 중심으로 전개된다. 직접성요건에서 많이 문제되는 헌법소원이 법령소원이기 때문이다.

3) 법령소원에서 직접성 결여의 중요 사유

법령소원에서 직접성이 결여되는 많은 경우는 '집행행위의 매개가 없을 것'을 직접성요건으로 하므로 자연히 집행작용이 예정된 법령에 대한 헌법소원의 경우들이다. 예를 들어 조세부과처분이 예정되어 있는 조세법령조항(2018헌마336), 자연공원지정고시라는 집행행위가 있어야 침해효과가 발생하는 자연공원법규정(89헌마151) 등 그 예가 많다. 주목할 경우로는 ⅰ) 재판규범(법원재판에서 해석·적용 법규범. 2005헌마165등), ⅱ) 계획, 예정 등[학교 배정계획(2005헌마98), 시험의 선발예정인원 결정, 합격자 결정방식 등(99헌마693)], ⅲ) 법원 판결(또는 검사의 청구에 의한 법원의 판결)이 필요한 경우[성폭력범죄자 신상정보 공개·고지명령 조항(2014헌마54), 채무자에 대한 면책허가결정 조항(2012헌마569)] 등이다.

4) 법령소원에서 빈번히 판시되는 중요 직접성 결여 사유

* 아래의 이 사유도 위 3)에서 다룰 사유이나 별도로 살펴본다. 그 이유는 ① 그 빈도가 높아 특별히 강조하고 알아둘 필요가 있다. ② 이 부분 행정법의 재량행위이론, 행정입법위임 등의 문제가 나와 공법 복합형을 위해 주목될 필요가 있다.

(가) 법령 집행행위가 재량행위인 경우 – 직접성 부인

가) 부인의 논거   기본권침해를 가져오는 그 집행행위가 행해질지 여부는 그 행정청의 재량에 맡겨져 있으므로 그 법령조항에서 확정적인 집행행위가 바로 나오는 것이 아니고 집행기관의 의사에 따른 집행행위, 즉 재량권의 행사에 의하여 비로소 기본권침해가 이루어지고 현실화된다. 따라서 그 법령조항이 기본권침해의 직접성을 가질 수 없다고 본다.

나) 결정례   (ㄱ) 행정청의 재량행위 – 몇 가지를 보면, ① 국세청장의 납세병마개 제조자 지정·고시제를 규정한 당시의 특별소비세법시행령 조항(97헌마141), ② 학교교과교습학원 심야교습을 제한하고 있는 조례의 근거가 되는 '학원의 설립·운영 및 과외교습에 관한 법률'(2014헌마374), ③ 방송심의규정의 경미한 위반시 의견제시할 수 있다는 조항(2016헌마46), ④ 개인정보 보호법 정보제공조항(2016헌마483), (ㄴ) 재량준칙의 경우(2011헌마331등), (ㄷ) 법원의 파산결정의 재량성(2018헌마18).

다) 행위내용은 확정적이나 그 행위 여부가 재량적인 경우(선택재량은 없으나 결정재량은 있는 경우)   이 경우에도 재량행위로서 이를 정한 법규범은 헌법소원 직접성이 부정될 것이다. 이런 문제의 실제례로 지방자치단체의 장의 대형마트에 대한 의무휴업을 명할 수 있도록 규정한

구 유통산업발전법(2013헌마269등) 제12조의2 제1항, 제2항, 제3항에 대한 헌법소원[의무휴업일을 지정할지 여부는 재량(결정재량)이나 지정한다면 매월 이틀을 해야 한다는 그 내용은 기속적(일수를 정할 선택재량은 없음)].

(나) 위임하는 법률(법령)규정 구체화 위한 하위규범시행 예정 경우의 법률규정 직접성 — 원칙적 부인과 그 예외 * 빈도 높은 사유이므로 각별히 주목.

가) 원칙 — 부정 ⅰ) 헌재는 법률규정이 그 규정의 구체화를 위하여 하위규범의 시행을 예정하고 있는 경우 당해 법률 자체는 기본권 침해의 직접성이 인정되지 아니하는 것이 원칙이라고 한다. 법률규정이 구체적 사항을 대통령령(시행령), 총리령, 부령(시행규칙) 등 행정입법에 위임하는 경우에는 그 위임을 받아 구체적 사항을 정하는 행정입법에 대해서는 직접성을 인정하나 위임하는 법률규정 자체에 직접성을 인정하지 않는다. 대통령령이 총리령, 부령 등에 위임(재위임)하는 경우에도 마찬가지 법리가 적용된다. ⅱ) 위임하는 법규정의 직접성 부정 결정례 — 이에 관한 결정례들은 많다. 몇 가지 예로 보자. ① 인터넷선거보도심의위원회에 대해 인터넷 선거보도의 공정을 보장하기 위하여 필요한 사항을 정하여 공표하도록 위임한 공직선거법 제8조의5 제6항(2016헌마90), ② '국민기초생활 보장법'(2014.12.30. 법률 제12933호로 개정된 것) 제6조의3 제3항 중 '실제소득의 산정을 위한 구체적인 범위·기준 등은 대통령령으로 정한다' 부분(2017헌마1299), ③ 의료수가기준 등에 관한 위임을 하는 의료급여법 조항(2016헌마431) 등.

나) 위임하는 법률규정에 대한 직접성의 예외적 인정 — 판례 인정 예외사유

(a) 수권 법률조항과 시행령조항이 서로 불가분의 관계 ⅰ) 의미: 위임하는 법률조항과 수임 시행령조항 모두가 직접성을 인정받는다는 의미이다. ⅱ) 불가분 기준 — 헌재판례 — 헌재의 불가분 기준에 관한 법리는 아래와 같다.

[불가분인 경우의 예외인정 기준] ▷ 수권 법률조항과 시행령조항이 서로 불가분의 관계를 이루면서 전체적으로 <u>하나의 규율 내용을 형성하고 있고, 수권 조항과 시행령조항을 서로 분리하여서는</u> 규율 내용의 전체를 파악하기 어려운 경우에는 수권 조항과 시행령조항 모두에 대해 불가분의 일체로서 기본권 침해의 직접성을 인정

ⅲ) 결정례: ① 모의총포 소지 금지(헌재 2009.9.24. 2007헌마949. [판시] 모의총포 소지에 관련한 기본권제한은 이 사건 법률조항과 이 사건 시행령조항이 함께 적용될 때 비로소 구체화될 수 있으므로, 이 사건 법률조항과 이 사건 시행령조항은 서로 불가분의 관계를 이루면서 전체적으로 하나의 규율 내용을 형성하고 있고 서로 분리하여서는 규율 내용의 전체를 파악하기 어려운 경우에 해당한다 할 것이다. 그렇다면, 이 사건 법률조항은 이 사건 시행령조항과 불가분의 일체로서 기본권침해의 직접성을 갖추었다), ② 불온통신(99헌마480. [판시] 전기통신사업법 제53조 제1항, 제2항, 같은 법 시행령 제16조에 관하여 위 조항들은 서로 불가분의 관계를 가지면서 전체적으로 이른바 불온통신의 내용을 확정하고 이를 금지하는 규정으로서, 위 조항들은 기본권침해의 직접성의 요건을 갖춘 것으로 보아야 한다), ③ 방송광고 판매대행(2006헌마352), ④ 불가분적으로 결합하여 집행행위 이전에 이미 국민의 권리

관계를 직접 확정적으로 정하고 있는 경우[그런 예로 방송광고 사전심의제 결정(2005헌마506)].

(b) 법률 자체에 기본권제한을 가져오는 의무가 이미 규정되어 있는 경우   헌재는 의무는 이미 법률규정 자체가 정하고 그 실현방법을 위임하는 경우라면 위임관계라 하더라도 법률규정에 대해서 직접성이 인정된다고 본다(2001헌마894).

(c) 법률조항에 의하여 시원적으로 발생하는 문제의 판단 필요성이 있는 경우   헌재는 헌법위반의 문제가 그 법률조항에 의해 시원적(始原的의)으로 발생하여 위임받는 시행령에 영향을 미치는 경우 그 법률조항에 대해서도 직접성을 인정한다(2011헌마827).

(다) 행위금지의무 규정과 제재(과태료·허가취소·영업정지, 형벌) 규정

가) 문제의 소재   행위금지를 정한 조항과 그것을 위반하면 제재를 가하는 조항이 있을 때 그 위반으로 제재인 과태료부과, 면허취소, 사업정지 등, 그리고 형벌 등을 받게 되면 그 제재조치를 대상으로 행정소송, 형사소송을 제기하고 그 소송에서 그 행위금지조항, 제재조항에 대해 위헌심판을 받으면 된다(법원이 제청하지 않으면 위헌소원으로). 그런데 이러한 '헌가', '헌바'가 아닌 본래의미의 헌법소원('헌마')으로 위헌 여부를 판단받으려는 경우에는 그렇지 못한 가운데 또 '헌마'사건은 직접성요건을 요하므로 이 문제가 불거져 나온다.

나) 판례의 기본법리 – 헌재 판례의 기본 입장은 행위금지조항은 직접성이 인정되고(2003헌마377 등) 제재규정 자체만으로는 직접성이 없다고 보는(2016헌마1153) 것이다. 양자가 혼합될 경우에는 행위금지의무가 있는 경우이므로 직접성을 인정한다.

다) 제재(과태료·허가취소·영업정지, 형벌) 부과 규정에 대한 예외인정   헌재가 설정한 제재조항에 대한 예외적 직접성 인정사유는 아래와 같다.

[주요사항: 별도의 제재조항의 직접성 인정 요건] 처벌조항의 법정형이 체계정당성에 어긋난다거나 과다하다는 등 그 자체의 고유한 위헌성을 다투는 경우 직접성 인정

---

5) 법령소원에서 '직접성의 예외': 집행행위 있는 경우에도 직접성 인정되는 예외의 경우
* 역시 법령소원에서의 법리이고 중요한 판례이론이다.

(가) 법령이 '일의적이고 명백한 것'이어서 재량여지 없이 일정한 집행행위를 하여야 하는 경우
ⅰ) 법리와 의미 – 집행행위가 있더라도 일의적이고 명백하다는 것은 집행행위가 재량여지 없이 일정한 행위로서 행해져야 한다는 것을 의미한다. 이는 앞서 집행행위가 재량적 성격의 것일 때 직접성이 없다고 하였는바 따라서 재량의 여지가 없으므로 직접성이 있는 것으로 인정되는 것이다. ⅱ) 긍정례 – 몇 가지 전형적 긍정 결정례를 보면, 재량여지 없는 일률적 계구사용(2004헌마49). '일의적이고 명백한' 경우 = '집행행위 이전 권리관계 확정된 상태'(2007헌마1281).

(나) 구제기대가능성 부재: 일의성·명백성 더불어 구제기대가능성 부재   ⅰ) 법리 – 헌재가 그 예외로 인정하는 빈번하고 주되는 경우들로는 바로 위에서 언급한 집행기관이 심사와 재량의 여지없이 그 법령에 따라 일정한 집행행위를 하여야 하는 경우와 다른 하나는 당해 집행

행위를 대상으로 하는 구제절차가 없거나, 구제절차가 있다고 하더라도 권리구제의 기대가능성이 없는 경우라고 하여 아래와 같이 예외적 직접성 인정의 요건을 설정하고 있고 적지 않은 결정들에서 이를 적용해 오고 있다.

> [직접성의 예외적 인정 사유] 첫째, 법령이 일의적이고 명백한 것이어서 집행기관이 심사와 재량의 여지없이 그 법령에 따라 일정한 집행행위를 하여야 하는 경우와 둘째, 당해 집행행위를 대상으로 하는 구제절차가 없거나, 구제절차가 있다고 하더라도 권리구제의 기대가능성이 없고 다만 기본권침해를 당한 청구인에게 불필요한 우회절차를 강요하는 것밖에 되지 않는 경우

ⅱ) 결정례 – ㈀ 예외성 긍정례: 집행행위를 대상으로 한 구제절차·기대가능성 부재의 경우: ① 공판정에서의 속기·녹취의 허가 규정(91헌마114), ② 특별검사 수사대상, 임명, 직무범위·권한, 벌칙 등의 규정(2007헌마1468). ㈁ 예외성 부정의 결정례:「'일의적이고 명백함'의 부정(집행행위 요구) + 구제기대가능성 존재」 – ① 전자장치부착규정(2016헌마964, 2010헌마365), ② 뇌물죄 적용대상 공무원 의제(2013헌마403), ③ 항소이유서 기간 내 비제출시 항소기각결정(2015헌마165), ④ 법원의 파산결정의 재량성, 구제절차 가능성 인정(2018헌마18). ⑤ 검사 징계위원회의 위원 구성 조항(검사징계법 제5조 제2항 제2호, 제3호) 사건(헌재 2021.6.24. 2020헌마1614. 징계처분이 항고소송의 대상이 되며, 청구인은 이를 제기하여 계속 중이고 따라서 집행행위에 대한 구제절차, 그 구제절차에서는 권리구제의 기대가능성 있음).

(다) 집행행위의 제3자에 의한 헌법소원의 경우　ⅰ) 결정례 – 헌재는 불온통신 취급의 거부·정지를 하도록 정보통신부장관이 전기통신사업자에 대해 명령할 수 있게 한 구 전기통신사업법 제53조 제3항에 대해 이용자는 제3자로서 행정소송을 통한 권리구제를 받지 못할 수 있다는 이유로 예외적 직접성을 인정하였다(99헌마480). ⅱ) 검토 – 그러나 위 논점 외에 ① 청구인이 제3자로서 자기관련성을 가지는지, ② 직접성요건 관련하여 '명할 수 있다'라고 한 문언이 재량적인 것인지 아니면 일의적이고 명백한 것인지 하는 논점도 있었다.

(라) 집행행위가 사실적 집행행위에 불과한 경우　ⅰ) 헌재는 법령을 집행하기 위해 집행행위가 있으나 기계적 내지 단순한 사실적 집행행위일 뿐인 경우에는 사실상 그 법령규정이 직접 기본권에 영향을 미치는 것이므로 이런 상태에서의 법령은 직접성을 가진다고 본다. ⅱ) 결정례 – ① 생계보호기준(94헌마33), ② 장애인 추가지출비용 반영없는 최저생계비 결정(2002헌마328).

(마) 집행행위 이전에 법규범에 의한 권리관계의 확정상태가 있는 경우　ⅰ) 헌재는 "법규범이 집행행위를 예정하고 있더라도 법규범의 내용이 집행행위 이전에 이미 국민의 권리관계를 직접 변동시키거나 국민의 법적 지위를 결정적으로 정하는 것이어서 국민의 권리관계가 집행행위의 유무나 내용에 의하여 좌우될 수 없을 정도로 확정된 상태라면 그 법규범의 권리침해의 직접성이 인정된다"라고 본다. ⅱ) 결정례 – ① 국가유공자로 인정받기 위한 상이등급 기준 중 청력 6분법 판정 규정(2013헌마128), ② '일의적이고 명백한' 경우 = 집행행위 이전 국민의

권리관계 확정된 상태(2007헌마1281), ③ 집행행위 이전의 법적 지위 결정, 집행행위를 형식적인 것에 그치게 하고 있는 경우(하나의 의료기관만 개설하도록 제한한 구 의료법 규정. 2004헌마1021, 헌법불합치결정).

6) 연관성으로 인한 예외적 본안판단 인정

헌재는 직접성이 결여된 법조항이더라도 직접성이 인정되는 다른 법과 연관되어 있는 다음의 경우 함께 본안판단에 들어가는 것이 타당하다고 본다. ⅰ) 직접성을 가지는 규정들과 내적인 연관관계에 있는 경우 - 직접성요건을 충족시키는 규정들과 직접성요건이 결여된 규정들이 그 내용상 서로 내적인 연관관계에 있으면서 하나의 통일적인 청구취지를 구성하고 있어서 후자의 규정들의 내용을 고려하지 않고서는 위헌여부를 판단할 수 없는 경우(99헌마289; 2009헌마299), ⅱ) 일부 결여가능성이 있을지라도 전체적으로 연관되어 전부를 판단할 필요성이 있는 경우(2000헌마801)이다.

(3) 현재성

[개념] 현재성이란 장래에 발생할 기본권침해가 아니라 현재(헌법소원심판청구시)에 기본권침해가 있어야 헌법소원을 청구할 수 있음을 말한다. [현재성요건의 완화, 필요성] 그러나 헌재는 **예방적·실효적 기본권구제를 위해 현재성을 완화한다.** [완화요건] 다음과 같은 요건이다(92헌마68 등). 예측가능성이 요체이다.

> [장래침해에 대한 현재성 인정의 요건] 기본권의 침해가 비록 장래에 발생한다 하더라도 그 침해가 틀림없이 발생할 것으로 현재 확실히 예측되는 경우

[완화시 청구기간의 문제 - 없음] 현재성을 완화하여 인정하더라도 도과 문제는 없다(2004헌마219; 2005헌마997). 청구기간은 기본권침해발생시 비로소 따지기 때문이다.

5. 권리보호의 이익, 심판이익

(1) 개념, 존속성요구 등

[개념] 재판절차법에서 일반적으로 "권리보호의 이익이 있다"라고 함은 당해 재판이 현실적·실제적으로 구제의 효과를 가져올 수 있는 상황을 말한다. 기본권의 침해행위가 이미 종료 내지 경과된 경우 등에는 민사상 손해배상청구를 하는 등의 다른 구제방법은 의미가 있겠지만 헌법소원을 통하여 이미 종료 내지 경과된 침해행위에 대한 취소결정을 구하는 것은 헌재가 취소할 대상도 없어져(종료되었으므로 대상이 없어짐) 청구인의 권리구제에 의미가 없다. 따라서 이러한 경우 헌법소원 청구는 권리보호이익이 없다고 본다. [존속성요구] 권리보호이익은 헌법소원 제기 당시뿐 아니라 헌재가 결정을 할 시점에서도 존재하여야 한다(92헌마273).

(2) 권리보호이익 소멸(부정)의 사유와 그 결정례

1) 소멸(부정)의 사유 - 헌재판례

헌재는 다음 2가지 소멸사유를 든다. ⅰ) 침해행위의 종료 등으로 인한 침해 배제(공권력행사를 취소하거나 새로운 공권력행사 등 사정변경으로 말미암아 기본권 침해행위가 이미 배제되어 더 이상 기본권을 침해받고 있지 아니하게 된 때. 92헌마169). ⅱ) 목적달성(헌법소원을 통하여 달성하고자 하는 주관적 목적이 이미 달성된 경우(92헌마273)).

ⅰ) 침해행위의 종료 등으로 인한 침해 배제 ⅱ) 목적달성

2) 구체적 소멸원인(사유)과 그 결정례

(가) 공권력행사 취소, 새로운 공권력행사 등으로 기본권침해행위가 배제되어 목적달성된 경우
① 해외출국금지조치의 해제(89헌마269), ② 변호인접견불허처분 이후의 접견허용(89헌마181), ③ 형사사건의 기록의 열람·복사신청에 대한 거부 이후 허용(92헌마98) 등.

(나) 침해행위의 종료, 실효, 침해대상의 소멸, 시간의 경과 등   ⅰ) 재판이 확정된, 재심불가의 경우(89헌마132), ⅱ) 공권력행사 자체의 효력 상실 - 과태료재판 제기에 따라 효력을 상실한 과태료부과처분에 대한 헌법소원(98헌마18 * 공법 복합문제), ⅲ) 대상과 시간의 경과 - 총액임금제에 대한 헌법소원과 임금교섭의 종료(92헌마108).

(다) 법제의 변경으로 인한 권리보호이익 소멸 및 심판이익 부정   ⅰ) 새 법 제정, 법개정으로 침해주장대상의 법조항 적용가능성이 소멸된 경우(2008헌마302), ⅱ) 법제변경에 의한 금지해제(2003헌마289), ⅲ) 진정입법부작위 헌법소원 - 비정당한 입법지체라 하면서도 이후 입법으로 권리보호이익 소멸되었다고 본 결정례(2015헌마1177등: 선거구획정 입법지체사건. 검토 - 목적달성을 헌재는 내세우나 지체동안 선거운동이 불가하였으므로 타당하지 못하다) 등.

(라) 재심이 허용되지 않는 경우   ① 민사집행절차(2006헌마1001. 항고이유서제출의무 규정에 대한 헌법소원, 배당종료까지 이루어지고 확정된 절차), ② 국민참여재판을 원하는 형사소송 재판의 확정(2012헌마53), ③ 대법원 심리불속행 판결로 확정된 재심불가의 경우(2013헌마574등).

(마) 불기소처분에 대한 헌법소원에서의 경우   ⅰ) 불기소처분 후 헌법소원제기 전, 헌법소원제기 후 심판 도중에 공소시효완성된 경우에 권리보호이익이 없어 각하하는 것이 우리 헌재의 확립된 판례이다(2010헌마71). 피해자가 고소하지 않은 경우에 불기소처분에 대한 헌법소원이 가능한데 그런 경우를 두고 이 법리를 이해할 필요가 있다. ⅱ) 유의 - 기소유예처분의 경우 - 헌재는 기소유예처분의 경우에는 이에 대한 피의자의 헌법소원이 제기된 후에 공소시효완성이 있더라도 권리보호이익이 있다고 보고, 기소유예처분의 대상이 된 피의사실에 대하여 일반사면(一般赦免)이 있은 경우에도 마찬가지로 권리보호이익을 인정한다(후술 참조). ⅲ) 불처벌의 특례조항을 근거로 한 불기소처분의 경우 - 불처벌특례조항을 위헌으로 결정하더라도 그 조항이 소급하여 효력을 상실하는 것으로 볼 수 없다고 보고(이에 대해서는 앞의 위헌법률심

판, 결정의 효력, 소급효, 형벌조항 부분 참조) 따라서 그 불처벌 규정을 근거로 한 불기소처분을 헌법소원에 의해 취소할 수 있는 여지가 없으므로 권리보호이익이 없다고 보아야 한다는 것이 헌재 판례이다(90헌마110등. 그러면서도 반복가능성, 헌법적 해명의 중요성 등을 들어 심판이익을 인정하여 결국 본안판단으로 나아갔다).

(바) 국회 부작위로 인한 공정한 재판을 받을 권리의 침해 문제　　이후 작위(상당한 지체 이후 이행)로 권리보호이익 결여 — 후임 헌법재판관 선출의 지체(* 참고: 이 결정례를 모델로 하여 제4회 변호사시험에 공정한 재판을 권리에 관해 묻는 사례가 출제된 바 있었다) — 임기만료로 퇴임한 재판관 후임의 국회 선출이 없는 부작위가 공정한 재판을 받을 권리를 침해한다는 주장의 헌법소원사건이 문제된 것이었다. 헌재는 국회가 후임자를 선출할 헌법상 작위의무가 존재하고 국회가 후임자를 선출함에 있어 '상당한 기간'을 정당한 사유 없이 경과하여 작위의무의 이행을 지체하였다고 하였으나 국회가 이 심판청구 이후 재판관 후임자 등 3인의 재판관을 새로이 선출하고, 청구인이 제기한 그 헌법소원심판청구에 대하여 재판관 9인의 의견으로 종국결정이 선고됨으로써 주관적 권리보호이익이 소멸하였다고 본 사례이다(2012헌마2).

(3) 권리보호이익 소멸에도 심판이익을 인정하는 경우 = 예외적 심판이익의 인정

> *** 유의:** ① 용어 유의 — 권리보호이익의 예외란 말은 잘못된 용어이다. 권리보호이익이 소멸되거나 애초 없으면 더 이상 없는 것이다. 예외는 그럼에도 본안심판을 한다는 심판이익의 인정이다. 그래서 본 항목의 제목에 '심판이익'도 넣은 것이다. ② 실무상 — 권리보호이익 요건 판단에서 사실 소멸된 상태에서 심판이익이 있느냐가 더 빈번히 따져진다. 이는 물론 권리보호이익이 없더라도 심판이익이 인정되기 때문이고 그래서 이 법리가 중요하다.

1) 의미와 인정근거

ⅰ) 의미 — 권리보호이익이 없으면 청구요건을 갖추지 않은 것이어서 각하하여 본안판단에 들어가지 않게 된다. 그러나 헌재는 예외적으로 본안판단에 들어가는 심판의 이익을 인정한다. ⅱ) 인정근거 - 헌법소원의 기능은 개인의 기본권구제만에 있는 것이 아니라 객관적 헌법질서의 유지에도 있다는 데 근거한다(91헌마111).

2) 인정기준: 침해반복의 위험성 있거나 헌법적 해명이 중요한 경우

헌재는 예외의 인정기준으로 다음 두 가지 사유를 들고 있다.

> [예외적 심판이익 인정의 기준]
> 1. 침해행위의 반복될 위험성의 존재
> 2. 헌법적 해명이 중대한 의미를 지니는 경우

이하 두 가지 요건에 대해 각각 살펴본다.

3) 침해 반복 위험성

(가) 침해 반복성의 개념　　구체적 · 실제적 위험성 — 헌재는 침해반복위험성이란 추상적 · 이론적인 것에 그치는 것이 아니라 구체적이고 실제적인 것이어야 한다고 본다. 이는 헌재 스스로 "헌법재판소의 확립된 판례"라고 한다(92헌마108).

(나) 침해 반복성의 입증책임　헌재의 판례 중에는 반복 침해 위험성에 대한 입증책임이 청구인에게 있다고 본 결정례가 있었다(89헌마181; 96헌마141). * 비판 - 헌법질서유지 기능을 위한 예외적 심판이익의 인정인데 자신의 권리구제에 도움이 안되는 상태에 있는 개인 청구인에 그 입증책임을 지라고 하는 것은 논리적으로도 타당하지 못하다.

4) 헌법적 해명 필요성

(가) 개념　판단될 사항이 헌법적 원칙이나 헌법상 기본권의 문제, 그리고 헌법적 해석 문제를 담고 있을 경우에 이제까지 헌법재판에서 규명된 바 없는 사항이라면 그 해명을 위한 판단이 필요하다는 의미이다. 헌재는 판단기준으로 "당해 분쟁의 해결이 헌법질서의 수호·유지를 위하여 긴요한 사항이어서"라고 한다(2012헌마652 등).

(나) 헌재판례의 기준: 일반적 해명필요성, 위법성 문제가 아닌 위헌성 문제일 것

[헌법적 해명 필요성의 판단기준]
- 일반적 해명필요성이 인정될 것
- 위법성 문제가 아닌 위헌성 문제일 것

가) 일반적 해명필요성　헌재는 "개별적 사안의 성격을 넘어 일반적으로 헌법적 해명의 필요성이 인정되어야 한다"라고 한다(2017헌마759).

나) 위법성 문제의 비해당성　헌재는 "단순히 법률의 해석과 적용의 문제 즉 '행정청의 행위가 법률이 정한 바에 부합하는가'라는 위법성을 문제삼고 있는 경우에는 헌법적 해명의 필요성이 인정되지 아니하며, 이와 같이 공권력 행사의 위헌성이 아니라 단지 위법성이 문제되는 경우에는 설사 유사한 침해행위가 앞으로도 반복될 위험이 있다고 하더라도, 공권력 행사의 위헌 여부를 확인할 실익이 없어 심판청구의 이익이 부인된다"라고 한다[2014헌마626: 2005헌마126(행정대집행(위법건축물 철거행위)); 2002헌마106; 2016헌마1130; 2016헌마53(지방의회 방청불허행위) 등].

5) 예외적 심판이익 인정의 구체적 중요 결정례

ⅰ) 인격권 침해 - 신체과잉수색행위 종료와 심판이익 인정(2000헌마327, 위헌확인결정).

ⅱ) 생명·신체 위험 초래할 수 있는 중대법익 침해 예견되는 공권력행사 - '물포 발포행위'['혼합살수행위'(최루액을 물에 섞은 용액을 살수한 행위). 2015헌마476].

ⅲ) 침해 반복, 법원의 확립된 해석 부재에 따른 헌법해명필요성 -복수주체 집회 신고 모두 반려한 행위(2007헌마712), 재판대기중 법정 옆 피고인 대기실에서의 변호인 접견 신청 불허(2007헌마992).

ⅳ) 제도적 방해 시정을 위한 심판이익 - 변호인접견 방해행위(91헌마111).

ⅴ) 종료된 권력적 사실행위 - 사실행위는 짧은 시간에 이루어지고 소멸될 수 있으므로 권리보호이익이 없는 경우가 많다. 그래서 헌재는 나아가 심판이익이 예외적으로 있는지 살펴본다. 권력적 사실행위에 관한 헌법소원심판 사건들이 많고 예외적 심판이익이 많이 따져지므로

실무상으로도 매우 중요하며 결정례들이 많다. 위에서도 더러 보았지만 대표적으로, ① 서울광장통행제지행위(2009헌마406, 위헌확인결정), ② 사법경찰관의 압수물 폐기행위(2011헌마351, 위헌확인결정), ③ 사법경찰관의 청구인에 관한 조사과정 '촬영허용행위'(2012헌마652, 위헌확인결정) 등.

vi) 수용자(수형자)에 대한 침해행위종료, 출소, 석방, 집행유예, 구속기간 종료 등의 경우 − ① 미결수용자 서신검열(92헌마144, 위헌확인결정), ② 포승·수갑 사용 상태에서의 피의자조사를 받게 한 행위(2001헌마728; 2004헌마49. 위헌확인결정), ③ 구치소 내 과밀수용행위(형기만료 석방, 2013헌마142, 위헌확인결정) 등.

vii) 선거종료, 선거 관련 침해행위 종료의 경우 − 선거 관련 침해행위·선거종료 후 당해 선거법규정이 존속하는 경우의 심판이익을 인정한 결정례들이 많다. ① 사전선거운동금지 등(94헌마97). ② 기탁금규정(95헌마108, 2007헌마1024). ③ 탈법방법에 의한 문서·도화의 배부·게시 등 금지, 선거운동기간 전 국회의원의 의정활동 보고를 허용 등(99헌바92등).

viii) 문화계 블랙리스트 정보수집행위, 지원배제 지시행위 − 대통령 비서실장 등이 정부에 비판적 활동을 한 문화예술인 등을 지원사업에서 배제할 목적으로 정치적 견해에 관한 정보를 수집·보유·이용한 행위, 그들에 대한 지원배제를 지시한 행위 − 지속성, 확대성 − 이미 종료되었으나 예술인들이 크게 의존하는 정부의 문화예술분야에 대한 정책적 지원이 오랜 기간 지속되고 확대되고 있어 앞으로도 정부의 개입 가능성이 있어 그 위헌 여부에 대한 해명이 중대한 의미를 가짐(2017헌마416).

6) 기소유예처분에 대한 헌법소원과 공소시효완성

ⅰ) 범죄혐의에 대한 공소시효가 완성되면 권리보호이익이 없다고 보는 불기소처분에 대한 헌법소원(확립된 판례. 전술 참조)과 달리 기소유예처분에 대해 피의자가 제기한 헌법소원심판에 있어서 헌재는 그 권리보호이익을 인정하고 있다. ⅱ) 인정논거 − 헌재는 피의사실 인정의 기소유예처분보다 헌법소원의 취소를 통한 '공소권 없음'의 형식적 판단이 유리하기 때문이라고 한다(2011헌마214 등). ⅲ) 기소유예처분의 피의사실에 대한 일반사면이 있는 경우 − 마찬가지로 본다(95헌마318).

6. 보충성의 원칙

(1) 개념

헌법소원은 기본권의 최종적, 최후의 법적 구제수단이다. 따라서 헌법소원 외에 법률상의 다른 권리구제절차가 있을 경우에 그 절차를 모두 거친 후에 헌법소원심판을 청구할 수 있고 이를 일컬어 보충성의 원칙이라고 한다. 헌재법 제68조 제1항 단서가 이를 규정하고 있다. 보충성원칙에서 말하는 다른 권리구제절차란 헌법소원의 대상인 공권력행사·불행사 그 자체를 직접 취소하거나 효력을 다투는 절차를 말한다(88헌마3).

(2) '다른 법률에 구제절차'의 의미 – 판례이론

ⅰ) 공권력행사·불행사를 직접 대상으로 하는 구제절차 – 이 점에서 손해배상, 손실보상의 절차는 해당되지 않는다(88헌마3). 그 결과에 대한 보전이지 공권력작용 자체를 사라지게 하는 것은 아니기 때문이다.

ⅱ) 절차·효력상 충분한 절차 – 이 점에서 다른 구제절차가 아닌 경우 ㈀ 청원 – 보충성원칙에서 말하는 다른 권리구제절차가 아니라고 판례에서 자주 지적되어 온 것이 청원(請願)제도이다. 청원제도도 기본권구제수단이기는 하나 헌재는 "처리기관이나 절차 및 효력 면에서 권리구제절차로서는 불충분하고 우회적인 제도여서" 헌법소원 사전구제절차라고 보기 어려우므로, 이를 거치지 않았다 하더라도 보충성원칙에 반하지 않는다고 본다(2010헌마475; 2005헌마277 등). ㈁ 진정 등 – 진정, 탄원 등도 해당되지 않는다(91헌마146; 96헌마159).

ⅲ) 적법한 구제절차일 것('다른 구제절차를 적법하게 거칠 것') – ㈀ 의미: 헌재는 그 다른 구제절차는 그 구제절차에서 요구되는 적법한 요건들(기한준수, 권리구제이익·가능성 충족 등 청구 내지 제기의 요건들)을 갖추어 거쳐야만 보충성원칙의 요건을 충족한 것으로 본다(91헌마47). 이런 취지이므로 판례가 말하는 '적법한 구제절차일 것'보다는 '다른 구제절차를 적법하게 거칠 것'이 더 적확한 표현이다. ㈁ 적법하게 거치지 않아 각하된 결정례: ① 부당해고에 대한 구제절차 신청기간 도과(93헌마13), ② 국세 과세처분 심사청구 기간 도과(90헌마107), ③ 행정심판 청구기간 도과(93헌마92), ④ 행정소송 취하(간주)된 경우(98헌마265).

(3) 보충성원칙 적용의 구체적 문제
1) 행정작용에 대한 헌법소원의 경우

ⅰ) **보충성원칙 적용의 중심대상으로서 행정작용에 대한 헌법소원** 헌법소원 대상인 공권력행사의 많은 경우는 바로 행정작용일 수밖에 없고 행정작용에 대해서는 헌법소원 외에 다른 권리구제절차로서는 법원의 행정소송이 대표적이고 빈번히 많이 활용된다. 따라서 보충성원칙 적용례들로는 행정작용에 대한 헌법소원의 경우들이 많을 것이 현실이다.

ⅱ) **행정쟁송 대상성('처분성')과 보충성원칙의 직결성** 따라서 헌법소원에서의 보충성원칙의 위배여부 문제는 행정쟁송(行政爭訟. 행정쟁송이란 '행정심판 + 행정소송'을 말한다)의 대상이 되느냐 여부에 직결되어 있다. 즉 쟁송의 대상이 되는 공권력행사·불행사인 경우에는 그 행정쟁송을 먼저 거쳐야 헌법소원의 보충성원칙을 준수한 것이 된다. 그리고 행정쟁송의 대상성은 '처분성'이라고 실무상 부르고 강학상 '행정행위'성이라고 통상 부르는바(강학상 행정행위와 행정쟁송법상 처분은 차이가 약간 있긴 하다고 보나 여기서 일단은 대체적으로 행정쟁송 대상으로서의 의미로서는 같은 용어사용이라고 보고자 한다) 결국 처분성, 행정행위성 여부가 보충성원칙의 요구 여

부에 직결된다. 행정법에서 행정행위 이론이 매우 중요하고 기초가 되는 것이다.

　　iii) '처분성', '행정행위'성　　따라서 '처분성', '행정행위'성에 대해 파악하는 것이 필요하다.
행정심판법, 행정소송법에서 아래와 같이 정의하고 있다.

> **행정심판법 제3조(행정심판의 대상)** ① 행정청의 처분 또는 부작위에 대하여는 다른 법률에 특별한 규정이 있는
> 경우 외에는 이 법에 따라 행정심판을 청구할 수 있다. ② 생략
> **제2조(정의)** 이 법에서 사용하는 용어의 뜻은 다음과 같다. 1. "처분"이란 행정청이 행하는 구체적 사실에 관한 법
> 집행으로서의 공권력의 행사 또는 그 거부, 그 밖에 이에 준하는 행정작용을 말한다. 2. "부작위"란 행정청이 당사
> 자의 신청에 대하여 상당한 기간 내에 일정한 처분을 하여야 할 법률상 의무가 있는데도 처분을 하지 아니하는 것
> 을 말한다. 3. 4. 생략
> **행정소송법 제3조(행정소송의 종류)** 행정소송은 다음의 네 가지로 구분한다. 1. 항고소송: 행정청의 처분등이나 부
> 작위에 대하여 제기하는 소송 2. 당사자소송: 행정청의 처분등을 원인으로 하는 법률관계에 관한 소송 그 밖에 공
> 법상의 법률관계에 관한 소송으로서 그 법률관계의 한쪽 당사자를 피고로 하는 소송 3. 4. 생략
> **제4조(항고소송)** 항고소송은 다음과 같이 구분한다. 1. 취소소송: 행정청의 위법한 처분등을 취소 또는 변경하는 소
> 송 2. 무효등 확인소송: 행정청의 처분등의 효력 유무 또는 존재여부를 확인하는 소송 3. 부작위위법확인소송: 행정
> 청의 부작위가 위법하다는 것을 확인하는 소송
> **제2조(정의)** ① 이 법에서 사용하는 용어의 정의는 다음과 같다. 1. "처분등"이라 함은 행정청이 행하는 구체적 사
> 실에 관한 법집행으로서의 공권력의 행사 또는 그 거부와 그 밖에 이에 준하는 행정작용(이하 "처분"이라 한다) 및
> 행정심판에 대한 재결을 말한다. 2. "부작위"라 함은 행정청이 당사자의 신청에 대하여 상당한 기간내에 일정한 처
> 분을 하여야 할 법률상 의무가 있음에도 불구하고 이를 하지 아니하는 것을 말한다. ② 생략
> **제18조(행정심판과의 관계)** ① 취소소송은 법령의 규정에 의하여 당해 처분에 대한 행정심판을 제기할 수 있는 경
> 우에도 이를 거치지 아니하고 제기할 수 있다. 다만, 다른 법률에 당해 처분에 대한 행정심판의 재결을 거치지 아
> 니하면 취소소송을 제기할 수 없다는 규정이 있는 때에는 그러하지 아니하다. ② 이하 생략

> [중요]: 공법 복합형 – 행정소송의 대상성인 '처분성'은 이는 행정법, 행정소송실무에서 중요시하는 문제이다. 따라서
> 여기서 논의는 헌법소원이라는 헌법 문제와 행정법 문제의 복합적인 성격의 것이라 출제가능성이 높은 영역이다. '처
> 분성' 여부가 행정쟁송으로 갈 수 있는지 여부, 헌법소원의 보충성원칙 준수가 필요한지 여부를 판가름짓는 문제가 헌
> 법, 행정법 복합형으로 출제될 수 있는 영역이다.

　　iv) 행정쟁송 대상이 되는(처분성 있는) 공권력에 대한 헌법소원의 보충성원칙 결여의 결정례들
　　처분성(행정행위성)이 인정되어 행정쟁송의 대상이 되는데도 불구하고 행정쟁송을 거치지 않
아 보충성원칙을 위배한 것으로 판단된 예들은 적지 않다. 대표적인 몇 가지 예를 본다. ① 정
보공개거부처분(2000헌마722 [결정요지] 청구인으로서는 위와 같은 행정쟁송절차를 이용하여 이 사건
거부처분의 취소를 구함으로써 자신의 정보공개청구권을 구제받을 길이 있었다. 그럼에도 청구인은 그러
한 구제절차를 거치지 아니하고 이 사건 헌법소원심판청구를 제기하였는바, 결국 이 부분에 대한 심판청
구는 헌법재판소법 제68조 제1항에 위반되므로 부적법하다), ② 방송통신심의위원회의 시정요구 –
헌재는 이 시정요구는 규제적·구속적 성격이 강하여 헌법소원대상이라고 보면서도 헌재는 행
정(항고)소송의 대상도 된다고 하면서 행정소송을 거치지 않아 보충성원칙의 위반이라고 보아
대상성은 인정하면서도 결국은 청구요건 결여로 이 요구에 대한 청구부분은 각하하였다(2008헌
마500). 그 외 ③ 과징금부과처분(92헌마282), ④ 대한변호사협회 징계위원회의 징계결정(2016헌
마1029), ⑤ 교육과학기술부장관이 한 법학전문대학원 설치 예비인가 거부결정(2008헌마370등)

등 예가 많다.

v) 법원판례, 헌재판례, 실정법의 변경(처분성 인정)에 따른 보충성원칙 요구의 변화　(ㄱ) 법원
판례, 헌재판례, 실정법이 이전에 처분성을 부정하거나 불확실하게 보게 하였다가 이후 처분성
을 인정하는 것으로 변경된 공권력작용에 대해서는 헌재가 보충성원칙의 적용을 요구하는 변화
를 보여주기도 한다. (ㄴ) 몇 가지 예를 본다. ① 검찰의 진정사건기록등사신청거부처분(94헌마
77), ② 확정재판기록 중 피해자의 법정증언 및 탄원서에 대한 등사신청을 거부한 처분(98헌마
246), ③ 지목변경신청반려처분(2003헌마723; 2009헌마693)]. ④ 국가인권위원회의 진정각하·기
각결정(2013헌마214등; 2014헌마191; 2013헌마134 등). ⑤ 실정법 변화에 따른 변화 – 법원의 인
증등본 송부촉탁에 따른 불기소사건기록 열람·등사청구의 거부처분 등(97헌마101; 99헌마96).

2) 입법작용에 대한 헌법소원의 경우

법작용은 주로 법령소원으로 다투게 되는데 법령소원은 후술하는 대로 다른 권리구제절차
가 없는 경우에 해당하여 보충성원칙이 적용되지 않는다(후술 '다른 권리구제절차가 없는 경우' 부
분 참조). 입법부작위에 대한 헌법소원의 경우에도 마찬가지이다.

3) 사법부의 공권력작용, 처분의 경우

법원(司法府)의 공권력작용으로 기본권이 침해되는 경우에도 보충성원칙이 적용된다(2000헌
마797).

4) 불기소처분·기소유예처분 등에 대한 헌법소원에서 보충성원칙 문제

[불기소처분] ⅰ) 고소한 고소권자(주류적 경우), 일부 고발인(형법 제123조에서 제126조까지
범죄혐의 고발자)의 경우 (ㄱ) 범죄피해자가 고소하여 불기소처분 받는 경우가 많고 주류를 이룰
것인데 이들은 2008년 1월 1일 이후 법원에 재정신청을 할 수 있다. 따라서 이러한 고소인, 고
발인은 헌법소원심판을 청구하려면 검찰의 항고를 거쳐 관할 고등법원에 재정신청을 하여야
하고(형사소송법 제260조 제1·2항) 이를 하지 않고 청구하면 보충성원칙 요건을 흠결한 것으로
보아 부적법 각하결정을 받게 된다(2010헌마71). (ㄴ) 재판소원, 원행정처분 소원 모두 금지 –
이렇게 보충성원칙을 지켜 법원의 재정신청을 거쳤으나 법원의 재정신청 재판이 인용해주지
않으면 논리적으론 헌법소원을 청구할 수도 있겠다. 그러나 법원의 재정신청 재판과 원행정처
분(즉 불기소처분, 헌재판례가 부정, 전술 원행정처분 부분 참조)은 헌법소원대상성이 없어 결국 헌
법소원을 사실상 할 수 없다(그 실제례: 2011헌마613). ⅱ) 고소하지 않은 고소권자(피해자), 고발
인(형법 제123조부터 제126조까지의 죄 외의 범죄혐의 고발자): 이들은 법원의 재정신청을 거치지
않고도 헌법소원심판을 청구할 수 있는데 나누어 본다. (ㄱ) 고소하지 않은 피해자인 경우 – 피
해자가 새로이 고소를 하지 않고도 이미 행해진 불기소처분에 대해 바로 헌법소원을 청구할 수
있다고 본다(2008헌마716). 다만, 헌법소원이 요구하는 다른 청구요건들(자기관련성, 청구기간 등)
은 구비해야 적법한 청구가 된다(2013헌마750; 2014헌마14 등). (ㄴ) 고발인(형법 제123조에서 제126
조까지 외의 범죄혐의에 대한 고발인)은 해당 불기소처분에 대해 검찰청법상의 항고·재항고를 거

칠 수 있으므로(검찰청법 제10조 제1·3항) 보충성원칙의 적용상 항고·재항고를 적법하게 거쳐
야 하고(2011헌마613), 물론 기본권침해의 자기관련성, 청구기간 등 헌법소원의 다른 청구요건
도 요구된다(2014헌마14 등. 자기관련성이 없다고 하여 각하된 예: 2011헌마2).

　　[기소유예처분, 기소중지처분] － 피의자에 의한 기소유예처분에 대한 헌법소원심판청구가
많이 이루어진다. 기소유예는 기소를 하지는 않으나 그래도 유죄라고 보므로 이러한 누명을 벗
고자 많이 제기하는 것이다. 이 기소유예처분의 경우에는 피의자가 재정신청을 할 수 있는 것
도 아니고 검찰에 항고, 재항고를 인정하는 법률규정이 없어서 바로 헌법소원을 제기할 수 있
다(94헌마254; 2008헌마716 등). 기소중지처분에 대한 피의자도 마찬가지이다(95헌마362).

(4) 보충성원칙의 '예외'와 '다른 구제절차가 없는 경우'('비적용', '배제')

　　* 보충성원칙 요건의 충족을 요구하지 않는 경우를 통상 '예외'라고 부르나 정확히는 '예외'
와 '비적용'(배제), 두 가지 경우로 나누어진다. ⅰ) 예외 － 다른 권리구제절차가 있더라도 거
치지 않고 헌법소원심판을 청구할 수 있는 경우이다. 이는 다른 구제절차가 있음에도 원칙대로
요구하지 않는다는 점에서 '예외'인 것이다. ⅱ) 비적용(배제) － 다른 구제절차가 없어 애초부
터 보충성원칙을 요구하는 것은 모순이어서 비적용(배제)의 경우이다. 아래 이 두 가지 경우를
각각 나누어 살펴본다.

1) 보충성원칙의 예외

　　(가) 예외사유　　아래 예외사유는 확립된 판례법리로서 판례에서 매우 빈번히 제시되고 있
는 중요한 법리이다. 아래에 정리한다.

> [헌재의 기본법리] 보충성원칙의 예외사유
> - 청구인이 그의 불이익으로 돌릴 수 없는 정당한 이유 있는 착오로 前審節次(다른 권리구제절차)를 밟지 않은
>   경우
> - 다른 권리구제절차에 의하더라도 구제의 기대가능성이 없는 경우
> - 다른 권리구제절차의 허용여부가 객관적으로 불확실하여 전심절차이행의 기대가능성이 없을 경우
> - 다른 구제절차가 있더라도 구제의 기대가능성이 없고 다만 기본권침해를 당한 청구인에게 불필요한 우회절차
>   를 강요하는 것밖에 되지 않는 경우

　　(나) 예외사유의 적용례(구현례)　　ⅰ) 행정소송 대상성('처분성') 여부의 불명확성에 따른
예외 － ① 임야조사서, 토지조사부 열람·복사 신청 불응 부작위 사건 － 위 예외인정 판례
법리가 나타나기 시작한 결정례가 바로 이 결정이다. 그 부작위가 "알 권리"를 침해한 것이므
로 위헌임을 확인한 결정이다(88헌마22. [판시] 대법원의 태도가 소극적인 상황에서 … 권리구제절차
가 허용되는지의 여부가 객관적으로 불확실하여 전심절차 이행의 기대가능성이 없을 때에는 그 예외를
인정하는 것 … 본건의 경우는 위의 예외의 경우에 해당하여 적법하다). ② 최저임금 고시 사건(헌재
2019.12.27. 2017헌마1366등. [판시] 최저임금 고시 부분의 처분성을 인정하여 행정소송법에 의한 행정

소송 등 다른 권리구제절차를 허용할 수 있는지 여부가 객관적으로 불확실하고, 각 최저임금 고시 부분에 대하여 법원이 항고소송의 대상으로 인정한 적도 없으므로, 청구인들에게 항고소송에 의한 권리구제절차를 거치도록 요구하거나 기대할 수 없다). ③ 국민감사청구에 대한 감사원장의 기각결정(2004헌마414), ④ 경찰서장의 옥외집회신고서 반려행위(2007헌마712), ⑤ 문화계 블랙리스트 지원배제 지시행위(2017헌마416) 등 많다.

ⅱ) 법원소송에서의 소의 이익 결여에 따른 예외 인정 − ㉠ 권리구제기대가능성 없는 경우 − 행정소송의 대상이 되는 행정작용일지라도 행정소송의 소의 이익이 없다고 하여 각하될 경우 행정소송을 거쳐서 헌법소원을 제기하라고 요구할 수는 없을 것이다. 권리구제기대가능성이 없는 경우로 예외를 인정하는 것이다. ㉡ 결정례들 − ① 현수막철거이행명령(99헌마592 등), ② 구속적부심 위한 고소장·피의자신문조서 열람·등사신청에 대한 경찰서장 비공개결정(2000헌마474), ㉢ 종료된 권력적 사실행위도 행정소송의 소의 이익 부재 등으로 예외가 인정되는 경우이다(후술 별도 항목의 권력적 사실행위 부분 참조). ㉣ * 유의 − 행정처분 제3자의 행정소송 소익과 헌법소원의 보충성원칙 요구 − 현행 행정소송법 제12조 전문에 따르면 행정처분의 상대방이 아닌 제3자도 법률상 이익이 있으면 행정소송을 제기할 수 있다. 따라서 소의 이익이 있는 제3자는 그 행정처분에 대한 헌법소원에 있어서 행정소송을 거쳐야 하는 보충성원칙의 준수가 마찬가지로 요구된다(● 판례 97헌마141. 납세병마개 사건). * 이 문제의 중요성: 복효적 행정행위, 경원(競願, 경쟁)소송, 소의 이익 등 행정법이론이 많이 들어가 공법 복합형.

ⅲ) 행정소송 당사자능력 결여에 따른 예외 인정 − 법원의 행정소송에서 당사자능력이 부정되면 각하판결을 받게 되어 권리구제가 안 된다. 따라서 그 경우에 보충성의 예외에 해당되어 적법하다고 본 헌재판례가 있다(2014헌마1149).

(다) 권력적 사실행위 ⅰ) 보충성원칙 예외의 이유 − 권력적 사실행위는 행정소송 대상성 인정도 불명확하고 인정되더라도 짧은 시간 동안의 작용으로 종료되는 경우가 많아 그 경우 행정소송에서 소의 이익 부정으로 각하될 가능성이 많다. 따라서 행정쟁송 등 다른 구제절차가 불확실한 것으로 되고 헌법소원심판을 청구하는 외에 달리 효과적인 구제방법이 없으며 불필요한 우회절차를 강요하는 것밖에 되지 않으므로 보충성원칙에 대한 예외에 해당되는 것이다. 보충성원칙의 예외가 권력적 사실행위에 빈번히 인정되는 이유가 거기에 있다. ⅱ) 결정례들 − 무척 많다. 몇 가지만 보면 ① 변호인접견방해행위(91헌마111), ② 방송위원회(구)의 방송사에 대한 '경고 및 관계자 경고', 단순한 행정지도의 범위를 넘어서는 것으로서 규제적·구속적 성격의 행정지도로서 권력적 사실행위라고 보았다(2004헌마290, 취소결정이 있었다), ③ 서울특별시 서울광장을 경찰버스들로 둘러싸(차벽) 통행을 제지한 경찰청장 행위(2009헌마406), ④ 수사서류 열람·등사에 대한 법원의 허용결정에도 불구한 검사의 거부행위(2015헌마632; 2009헌마257).

2) '다른 권리구제절차'가 없는 경우 − 비적용

(가) 법령소원의 경우 ⅰ) 법률, 명령, 법령보충규칙 등에 대한 헌법소원에서는 보충성원

칙이 적용되지 않는다.

ⅱ) 보충성원칙 배제의 논거 ― 헌재는 "법률 자체에 의한 기본권침해가 문제될 때에는 일반법원에 법령 자체의 효력을 직접 다투는 것을 소송물로 하여 제소하는 길은 없어 구제절차가 있는 경우가 아니므로" 법령에 대하여 곧바로 헌법소원을 제기할 수 있다고 한다(88헌마1; 2011헌마241 등).

ⅲ) 법령보충규칙 헌법소원 ― 보충성원칙 배제대상으로서 법령보충규칙의 인정요건 (ㄱ) 일반·추상적 성격의 행정규칙: 헌재는 **일반·추상적 성격을 지닐 것을 요구**한다. 특정성·구체성을 가진 고시는 법령보충규칙이 아니라 행정처분이며 보충성원칙의 적용을 받아 바로 헌법소원심판을 청구할 수는 없다(2008헌마758; 97헌마141; 2001헌마894; 2005헌마161등; 2007헌마106 등)는 것이다. (ㄴ) 일반·추상성(보충성원칙 배제) 인정례: ① 중복처방시 요양급여의 인정기준(2008헌마758), ② 게임제공업소의 경품취급기준(문화관광부고시, 2005헌마161등), ③ 생계보호기준(94헌마33), ④ 방문요양 및 방문목욕 급여를 제공하는 재가장기요양기관에 적용되는 고시(2017헌마791). (ㄷ) 일반·추상성 부정(처분성 인정)되어 보충성원칙 배제가 부정된 결정례도 있다(2007헌마862).

(나) 조례에 대한 헌법소원 조례도 다른 법령과 같이 보충성원칙의 비적용을 생각하면 될 것이나 대법원의 입장에 따른 다음의 논의가 있다. ⅰ) 논의점 ― 대법원의 처분적 조례에 대한 항고소송대상성 인정 문제: 대법원은 1996. 9. 20.의 두밀분교 사건 판결에서 "조례가 집행행위의 개입 없이도 그 자체로서 직접 국민의 구체적인 권리의무나 법적 이익에 영향을 미치는 등의 법률상의 효과를 발생하는 경우 그 조례는 항고소송의 대상이 되는 행정처분에 해당하고 … "라고 판시하여 처분적 조례의 경우 그 자체에 대해 직접 항고소송이 이루어질 수 있다고 본다(대법원 1996.9.20. 95누8003). 이 사건에서 청구가 각하되고 상고기각의 확정이 된 이유는 피고적격이 없다는 점 때문이었으므로 대법원의 위 판결에서 행정처분에 해당된다는 판시 부분은 대부분 방론이라고 보긴 하나, 그 논의를 떠나 만약 이와 같은 대법원의 판례가 정립된다면 앞으로 처분적인 효과를 가지는 조례에 대하여 곧바로 헌법소원심판이 이루어지기는 어렵다고 할 것이다. ⅱ) 헌재의 처분적 조례의 관념을 인정하는 판례 ― 헌재도 처분적 조례의 관념을 인정하고 만약 처분적 조례인 경우 행정소송 대상으로 보충성원칙이 적용된다고 보는 입장인 것으로 이해되게 하는 결정들을 내놓았다. 다만, 그 결정들의 사안의 조례가 처분적 조례인지 불확실하다고 하여 보충성원칙 적용을 하지 않고 본안판단에 들어갔다[① 학원의 심야교습제한 조례(2008헌마454; 2008헌마635), ② 옥외광고물 표시제한 특정구역 지정고시(2014헌마794)] ⅲ) 앞으로의 동향 ― 결국 조례에 대한 헌법소원에서 보충성원칙이 적용되는지 여부는 처분적 조례인지 여부에 달려 있다. 그리고 보충성원칙이 적용되지 않는 조례는 특정되지 않은 일반적·추상적인 효과의 조례여야 할 것이다. ⅳ) 조례에 대한 헌법소원 위헌성 인정 결정례 ― 위헌결정의 예(2006헌마67). 헌법불합치결정례(2006헌마240등).

(다) 기소유예처분, 기소중지처분에 대한 피의자의 헌법소원, 고소하지 않은 피해자의 불기소처분 헌법소원의 경우　이 경우들도 다른 권리구제절차가 없는 경우에 해당된다. 이에 대해서는 앞서 살펴보았다(전술 참조).

(라) 대법원 판례가 행정소송 대상이 아니라고 한 행정작용에 대한 헌법소원

이에 해당되어 보충성원칙이 배제된다고 헌재가 본 다음과 같은 경우들이 있다. ⅰ) 내부적 의사결정 과정(91헌마190), ⅱ) 행정입법부작위(96헌마246), ⅲ) 공정거래위원회의 무혐의처분 (2010헌마83).

(마) 당사자신청을 전제로(요건으로) 하지 않는 행정부작위에 대한 헌법소원

행정부작위가 행정심판(의무이행심판)이나 행정소송(부작위위법확인소송)의 대상이 되기 위해서는 당사자의 신청이 있는 경우의 부작위여야 하므로(행정심판법 제2조 제2호; 행정소송법 제2조 제1항 제2호 참조) 당사자 신청이 전제되지 않는 행정부작위는 행정쟁송 대상이 되지 않아 보충성원칙의 적용 없이(즉 행정쟁송을 거침이 없이) 곧바로 헌법소원을 제기할 수 있다는 것이 헌재 판례이다(94헌마136). 사안은 공정거래위원회가 고발을 하지 않은 행정부작위에 대한 헌법소원 사건이었는데 공정거래위원회의 전속고발권으로 신청이나 동의 등의 협력을 요건으로 하지 않는 것이라고 보아 위 법리에 따라 보충성원칙이 배제되어 적법한 청구라고 본 것이었다.

7. 청구기간

(1) 청구기간의 취지, 계산원칙

[기간 계산의 원칙] 민법, 민사소송법 준용 – 헌재법 제40조 제1항에 따라 준용되는 민사소송법 제170조에 따라 민법 규정들을 준용한다.

[유의할 점] 만료일 익일의 감안 – 특히 만료점이 토요일, 공휴일인 때 다음 날로 넘어가는데[민법 제161조(공휴일 등과 기간의 만료점) 기간의 말일이 토요일 또는 공휴일에 해당한 때에는 기간은 그 익일로 만료한다] 토요일, 공휴일이 여러 날 연속될 경우 여러 날 이후로 만료일이 미루어지는 점에 유의하여야 한다(출제가능성).

(2) 다른 구제절차를 거치지 않는 본래의미의 헌법소원의 청구기간

1) 청구기간

다른 구제절차를 거치지 않고 바로 청구될 수 있는 본래의미의 헌법소원의 청구기간은 "그 사유가 있음을 안 날부터 90일 이내에, 그 사유가 있는 날부터 1년 이내"이다(헌재법 제69조 제1항 본문. 이전에 각 60일, 180일이었던 것이 2003년 헌재법 개정으로 연장된 것). '있는 날'이란 객관적 청구기간을 둔 이유는 법적 안정성 때문이다.

2) 청구기간의 법적 효과와 두 기간의 관계

[불변기간] 법정의 불변기간으로 제척기간이라고 본다.

[두 기간 모두 충족할 것을 요구] 헌재는 '안' 날부터 90일, '있는' 날부터 1년 두 기간은 모두 지켜져야 한다고 요구한다(2005헌마138).

3) 기산점

[주관적 기산점 – 사유가 있음을 '안 날'] 의미 – 인식의 정도 – 헌재는 사유가 있음을 안 날이란 "적어도 공권력의 행사에 의한 기본권침해의 사실관계를 특정할 수 있을 정도로 현실적으로 인식하여 심판청구가 가능해진 경우를 뜻하는 것"이라고 하여 그 인식의 정도를 특정성, 현실성에 두고 있다(89헌마31). [청구인에 유리한 해석] 안 날이 기록상 명백하지 않을 경우에는 권리구제 및 헌법질서의 유지라는 헌법소원의 기능에 비추어 가능한 청구인에게 유리한 해석을 하려는 것이 헌재의 입장이다(2000헌마111; 2010헌마716; 2010헌마361; 2018헌마563 등).

[객관적 기산점 – 사유가 '있은 날'의 의미] 이는 공권력의 행사로 인하여 기본권이 침해되는 사실이 발생한 객관적 시점을 의미한다.

4) '정당한 사유'가 있는 도과의 헌법소원 적법성 인정

헌재는 청구기간이 도과된 경우라도 정당한 사유가 있으면 적법한 헌법소원 청구임을 인정한다. 행정소송법 제20조 2항 단서를 준용한 결과이기도 하다. 인정례: 89헌마31(국제그룹 해체지시 위헌확인, 사회통념상 상당성, 민사소송 추후보완 보다 넓게 정당사유 인정); 2001헌마39(기소유예처분 사안, 행정심판법의 객관적 불능사유 보다 넓게 정당사유 인정해야 한다고 봄); 2017헌마416(문화계 블랙리스트 정보수집행위, 지원배제 지시 행위, 1년이 도과하였으나 정당성 인정).

(3) 법령소원

법령소원도 다른 권리구제절차 없는 경우의 본래의미 헌법소원으로 위 (2)에 포함하여 볼 것이지만 기산점에 차이가 있어 여기에 별도 항목으로 살펴본다.

[법리] 법령소원의 청구기간도 위와 같으나 판례는 그 기산점을 '시행'을 중심으로 아래와 같이 설정하고 있다(이 법리는 확립된 것이고 결정례들이 많다. 예로 2019헌마7 등). 이전의 상황성숙론(89헌마89)은 폐기되었다(93헌마198). 법령소원사건이 많아 이 법리는 빈번히 적용되고 있어 중요하다.

[판례원칙]

▷ 법령의 시행과 동시에 기본권의 침해를 받은 자는 그 법령이 시행된 사실을 '안' 날부터 90일 이내에, 그 법령이 시행'된' 날부터 1년 이내에 청구하여야 하고,

▷ 법령이 시행된 후에 비로소 그 법령에 해당하는 사유가 발생하여 기본권의 침해를 받게된 경우에는 그 사유가 발생하였음을 '안' 날부터 90일 이내에, 그 사유가 발생한' 날부터 1년 이내에 청구하여야 한다.

[유예기간이 있는 경우 – 판례변경] 이전에 헌재는 줄곧 유예기간이 있는 경우라도 마찬가

지로 법령의 시행을 기산점으로 하는 위 법리에 따른다고 하였는데(2011헌마372 등) 2020년에 유예기간 경과일을 청구기간의 기산점으로 한다고 판례를 변경하였다(헌재 2020.4.23. 2017헌마479).

(4) 부작위에 대한 헌법소원심판에서의 청구기간 문제

진정입법부작위에 대한 헌법소원의 경우 그 불행사(부작위)가 계속되는 한 기본권침해도 계속되므로 청구기간의 제약이 없다(89헌마2, 96헌마246). 불완전하나 대상이 부분 존재하는 부진정입법부작위에 대한 법령소원의 경우 헌재는 청구기간 준수를 요구한다(2016헌마626).

(5) 다른 구제절차를 거친 본래의미의 헌법소원의 청구기간

다른 법률에 따른 구제절차를 거친 헌법소원의 심판은 그 최종결정을 통지받은 날부터 30일 이내에 청구하여야 한다(헌재법 제69조 제1항 단서). '통지받은 날'이란 그 다른 구제절차의 최종결정을 '송달'받은 날을 말한다(90헌마149).

(6) 위헌소원의 청구기간

이에 대해서는 뒤의 위헌소원의 청구요건에서 서술한다.

(7) 기준일

[개념과 적용원칙 및 그 범위] 헌법소원에서의 청구기간 도과 여부를 판단하는 시점이 기준일이다. 도과 여부 판단기준이므로 매우 중요하다. 기준일은 이를수록 청구기간 비도과의 가능성이 높아진다. 헌법소원에서 기준일은 청구일이다. 모든 헌법소원에서 그러하다.

[법상 예외 – 국선대리인선임신청이 있는 경우] 신청이 있는 날을 기준으로 한다(아래의 국선대리인 선임과 청구기간 부분 참조).

[도달주의] 청구기간이 도과하였는지는 헌법재판소에 헌법소원심판의 청구서가 접수된 날을 기준으로 하여 판단하여야 하고 심판청구서의 발송일을 기준으로 판단할 것은 아니라는 것이 헌재의 판례이다(2001헌마94).

[청구의 변경·보충과 청구기간의 도과(준수) 여부를 가리는 기준일] 이 경우에는 그 변경서, 보충서를 제출한 때를 기준으로 청구기간의 도과여부를 가리는 것이 판례의 입장이다(91헌마134; 2011헌마398). 그만큼 기준일이 늦어져 청구기간을 도과할 가능성이 커진다.

(8) 국선대리인 선임과 청구기간

[기준일] 국선대리인 선임신청이 있는 날이다(헌재법 제70조 제1항 후문). 이 신청일을 기준으로 하면 청구기간 비도과의 가능성이 높아진다. 신청일 기준으로 비도과여서 적법하다고 본 예: 2008헌마715등.

[국선대리인 비선정결정 경우의 청구기간 비산입] 헌재가 국선대리인을 선정하지 아니한다는 결정을 경우 '선임신청을 한 날부터 그 통지를 받은 날'까지의 기간은 제69조의 청구기간에 산입하지 아니한다(헌재법 제70조 제4항 후문).

8. 변호사대리강제주의

헌재법 제25조 제3항은 헌법소원심판에서의 변호사대리강제주의를 취하고 있으므로 변호사에 의한 대리가 청구요건이고 변호사 대리가 이루어지지 않으면 청구가 각하된다. 이러한 변호사강제주의에 대하여 헌재는 합헌으로 보고 있다(89헌마120). 헌법소원심판을 청구하려는 자가 변호사를 대리인으로 선임할 자력이 없는 경우에는 헌재에 국선대리인을 선임하여 줄 것을 신청할 수 있다. 이 경우 제69조에 따른 청구기간은 국선대리인의 선임신청이 있는 날을 기준으로 정한다(법 제70조 제1항, 전술). 헌재는 그 심판청구가 명백히 부적법하거나 이유 없는 경우 또는 권리의 남용이라고 인정되는 경우에는 국선대리인을 선정하지 아니할 수 있다(동조 제3항).

9. 피청구인

[원칙] 헌재는 행정소송법 제13조 제1항을 준용하여 처분행정청이 피청구인이 되며 대한민국이 아니라고 보고(90헌마182) 명령권자가 아닌 대통령은 피청구인적격이 없다고 본다(92헌마204).

[피청구인에 대한 직권조사·확정] 헌재는 청구서에서 청구인이 피청구인(처분청)을 잘못 지정한 경우에도 직권으로 정정할 수도 있다고 한다(91헌마190).

[피청구인추가(임의적 당사자변경) 불허] 헌재는 피청구인추가는 임의적 당사자변경인데 이를 허용하는 관련 법규정이 없고 당사자의 동일성을 해치므로 원칙상 허용되지 않는다고 본다(2001헌마163).

[법령소원의 경우] 헌재는 법령소원의 경우 "피청구인의 개념은 존재하지 않는다"라고 한다(2007헌마992).

[국회 자체가 피청구인으로 기재되었던 예] ① 선거구 획정 지체 사건(2015헌마1177등), ② 후임 헌법재판관 선출 지체 사건(2012헌마2)이 있었다.

[조례부작위] 조례가 제정되지 않은 부작위에 대한 헌법소원심판에서 피청구인이 조례가 지방의회의 의결로 제정되나 헌법 제117조가 자치규정제정주체로 명시하고 있는 '지방자치단체' 자체가 피청구인이 된다(헌재판례이기도 하다. 2006헌마358. 사안은 사실상 노무에 종사하는 시·도 교육청 소속 지방공무원을 조례로 정하여야 함에도 정하지 않아 위헌으로 확인된 것이다. 사안의 피청구인 대표자는 시·도 교육감임. 일반행정 사안이라면 지방자치단체장일 것임).

[청구서 필수적 기재사항 여부] 헌재법 제71조 제1항은 피청구인 기재를 청구서의 필수적 기재사항으로 명시하고 있지 않다. 그런데 헌재는 법령소원의 경우 외에는 피청구인의 기재를 요구한다.

10. 청구서 기재

또다른 청구요건으로 헌법소원의 심판청구서에는 1. 청구인 및 대리인의 표시, 2. 침해된 권리, 3. 침해의 원인이 되는 공권력의 행사 또는 불행사, 4. 청구 이유, 5. 그 밖에 필요한 사항을 적어야 한다(법 제71조).

11. 그 외

[청구인 변경신청 (임의적 당사자변경) 불허] 당사자의 동일성을 해치는 임의적 당사자변경 (특히 청구인변경)은 허용되지 않는다(2007헌마106).

[공동심판참가] 헌법소원심판에서 그 목적이 청구인과 제3자에게 합일적으로 확정되어야 할 경우, 그 제3자는 공동청구인으로서 심판에 참가할 수 있다(헌재법 제40조 1항, 민사소송법 제 83조 1항). 헌재도 이를 인정한다(2006헌마1098등). 그 청구요건으로 헌재는 ① 청구인의 당사자 적격과 같은 참가적격을 가져야 하고(89헌마163), 헌법소원 청구기간과 같은 청구기간을 지켜야 한다고 요구한다(2007헌마106).

Ⅳ. '위헌소원'심판의 청구요건

유의할 점은 '위헌소원'의 경우 위에서 본 권리구제형 헌법소원에서 요구하는 기본권침해의 자기관련성 · 직접성 · 현재성요건이라든지 보충성원칙 등은 요구되지 않는다는 것이다.

[대상] 헌재법 제68조 제2항의 위헌소원도 실질적으로 위헌법률심판이므로 그 대상은 원칙적으로 법률이다. 실질적 의미의 법률도 포함한다. 제청신청에 대한 기각결정이 있었던 법률규정들만이 원칙적으로 대상이 된다(89헌마221).

[청구인] 헌재법 제68조 제2항은 위헌여부심판제청의 "신청을 한 당사자"를 청구인으로 보고 있다.

[재판의 전제성] 위헌소원도 실질적으로 위헌법률심판이고 따라서 법률의 위헌 여부가 재판의 전제가 되어야 한다는 재판전제성 요건이 매우 중요한 청구요건이다. 재판전제성 여부가 실제 심판에서 많이 따져진다.

[제청신청의 기각] 헌재법 제68조 제2항은 법원이 당사자의 제청신청을 기각한 경우에 위헌소원심판을 청구할 수 있다고 규정한다(각하의 경우에도 가능하다는 것이 판례의 입장이다). 이 경우 그 당사자는 당해 사건의 소송절차에서 동일한 사유를 이유로 다시 위헌여부심판의 제청을 신청할 수 없다(헌재법 제68조 제2항 후문).

[권리보호이익] 헌재의 결정례 중에는 헌재법 제68조 제2항의 위헌소원의 경우에도 권리보호의 이익이 있을 것을 그 요건의 하나로 보는 결정례 등이 있다. 법률의 위헌 여부를 객관적으로 밝히는 기능을 지닌 위헌소원에서 권리보호이익을 요구하는 데 대해서는 검토를 요한다. 다만, 헌재는 "위헌 여부의 해명이 헌법적으로 중요하거나 기본권 침해행위의 반복 위험성이 있는 경우에는 예외적으로 심판청구의 이익이 있다"라고 한다(97헌바4. 1980년 많은 해직자들을 대상으로 한 법률규정으로 헌법해명이 중요하여 본안판단필요성이 있다고 본 결정으로 92헌바21 결정도 있다). 위헌결정된 법규정 적용의 확정판결에 대한 위헌소원사건에서 재심이 가능하므로 심판의 이익이 없다고 본 다음의 결정례가 있다. 사안은 노역장유치기간의 하한을 중하게 변경한 형법 부칙조항에 대한 위헌결정(2015헌바239)으로 인하여 소급하여 그 효력을 상실하였고, 형법 부칙조항에 근거한 유죄의 확정판결에 대하여는 재심을 청구할 수 있다고 헌재는 보아 결국 청구인은 자신의 벌금형에 대한 노역장유치를 선고한 확정판결에 대하여 재심을 청구할 수 있으므로, 청구인의 위 형법 부칙조항에 대한 심판청구는 심판의 이익이 없어 부적법하다고 본 것이다(2016헌바202).

[한정위헌결정을 구하는 위헌소원심판청구의 적법성요건] ⅰ) 헌재의 원칙적 긍정 – (ㄱ) 판례변경(부정→긍정) – 헌재는 이전에는 한정위헌결정을 구하는 청구는 헌재법 제68조 제2항의 청구로 원칙적으로 부적합하다고 하면서도 단순히 법률조항의 해석을 다투는 것이 아니라, 그러한 해석의 여지를 주는 법률조항 자체의 불명확성을 다투는 경우로 이해되는 경우에는 적법한 청구로 받아들일 수 있다고 하여 왔다(98헌바2. 헌재가 한정위헌 청구를 받아들여 판단한 경우들의 분류에 대해서는, 2000헌바20 참조). 그러나 2012년에 판례를 변경하여 한정위헌청구의 적법성을 원칙적으로 인정하는 결정을 하였다(2011헌바117). (ㄴ) 헌재의 긍정논거는 ① '법률'과 '법률의 해석'은 서로 분리될 수 없는 것이다. ② 구체적 규범통제절차에서의 법률조항에 대한 해석과 적용권한은 (대)법원이 아니라 헌법재판소의 고유권한이다. ③ 당해 법률조항의 의미가 다의적이거나 넓은 적용영역을 가지는 경우에는 헌재가 헌법합치적 법률해석을 하는 것이 헌법재판 본질에서 당연한 것이다. ⅱ) 대법원의 부정적 입장 – 헌재의 한정위헌결정이 문언은 그대로 존속시키면서 하는 법률해석이고 이는 법률해석권이 법원에 전속적 권한인 점에 반하여 한정위헌청구를 받아들일 수 없다고 한다(대법원 2018.3.20. 2017즈기10). ⅲ) 유의: 헌재의 한계설정 – 그런데 헌재는 한정위헌청구의 형식을 취하고 있으면서도 실제로는 당해 사건 재판의 기초가 되는 사실관계의 인정이나 평가 또는 개별적·구체적 사건에서의 법률조항의 단순한 포섭·적용에 관한 문제를 다투거나, 의미 있는 헌법문제를 주장하지 않으면서 법원의 법률해석이나 재

판결과를 다투는 경우 등은 모두 현행의 규범통제제도에 어긋나는 것으로서 허용될 수 없다고 하여(2011헌바117, 이 법리에 따라 부정된 예: 2013헌바194; 2015헌바223; 2016헌바357) 한계를 설정하고 있다. 이는 재판소원을 금지하고 있는 헌재법 제68조 제1항의 취지 때문이라고 한다.

[청구기간] 헌재법 제68조 제2항의 규정에 의한 헌법소원심판은 위헌여부심판의 제청신청을 기각하는 결정을 통지받은 날부터 30일 이내에 청구하여야 한다(헌재법 제69조 제2항).

[변호사대리강제주의] 헌재는 위헌소원사건에서도 변호사대리강제주의가 적용된다고 한다. 이는 재검토할 필요가 있다.

V. 가처분

1. 가처분의 개념과 헌법소원에서 허용, 관련 규정

[개념] 헌법소원심판의 결정이 있기 전에 기본권구제가능성을 보존하기 위해 일정한 조치를 취하는 것이 가처분이다.

[필요성] 헌법소원심판에는 일반적으로 시간이 소요되고 그 결정에 이르기 전에 시간이 흐르면서 그 침해의 집행이 끝나버리는 경우 등에는 인용결정을 받더라도 기본권구제는 불가능해진다. 이를 미리 막기 위해서 예방책으로서 가처분제도가 필요하다.

[헌법소원심판절차에서의 가처분의 허용과 사건부호, 준용규정 등] 가처분(假處分)에 관하여 헌재법이 권한쟁의심판이나 정당해산심판에서는 명시하고 있으나(제57조, 제65조) 헌법소원심판에서의 명시적 규정을 두고 있지 않아 헌재 출범초기부터 그 불비가 지적되었고 인정주장이 있었다.9) 헌재도 판례로 이를 인정하기 시작하였고(2000헌사471) 헌법소원사건에서 가처분사건이 많아서 판례도 많이 축적되고 있다. 가처분신청사건의 부호는 '헌사'이다. [관련 법규정] 헌재법 제40조의 준용규정에 따라 헌법소원에서 가처분에 대해 행정소송법의 집행정지규정(행정소송법 제23조), 민사집행법 규정(동법 제300조 이하)이 적용(준용)될 수 있다. 헌법재판소에 가처분을 신청하는 절차, 통지절차 등에 관한 구체적인 사항은 '헌법재판소 심판 규칙'(이하 '심판규칙'이라고도 함)이 규정하고 있다.

2. 헌법소원심판에서 가처분 신청상 적법요건과 신청절차 및 신청내용

(1) 적법요건

[당사자] 신청인 – 가처분 신청권자, 신청인, 피신청인은 본안사건의 청구인, 피청구인이 될 것이고 신청인, 피신청인은 당사자 능력을 가져야 한다.

---

9) 이시윤, 헌법재판개관(하), 판례월보, 225호, 1989. 6, 19면; 김철용·김문현·정 재황, 헌법재판절차의 개선을 위한 입법론적 연구, 헌법재판소 용역연구, 헌법재판연구, 제4권, 1993, 327-330면.

[신청기간, 본안사건의 계속] 가처분을 신청할 수 있는 기간상의 제한은 없으나 가처분신청은 본안심판이 적법하게 계속(繫屬) 중임을 전제로 한다(2020헌사468).

[본안심판 범위 내, 권리보호이익 등] 본안사건의 범위 내에서 이루어져야 하고 그것을 초과하는 가처분신청은 가처분 성격상 받아들일 수 없다. 가처분을 통해 긴급한 예방조치가 가능하지 않거나 본안사건에 대한 판단이 권리침해의 집행행위가 있기 전에 이루어지거나 다른 방법에 따라 권리침해 예방이 이루어질 수 있다면 가처분신청의 권리보호이익은 없다(2017헌사107; 2016헌사857).

[변호사대리] 헌재는 요건으로 한다(2019헌사357).

[서면주의, 소명 등] 아래 신청방식, 절차에 나오는 형식들을 준수하지 않으면 역시 부적법 각하되므로 가처분신청의 적법요건을 이룬다.

(2) 가처분신청의 방식과 절차

[신청, 직권에 의한 시작] 청구인의 신청에 의하고 신청이 없더라도 헌재가 직권에 의해서도 가처분이 이루어질 수 있다(행소법 제23조 제2항).

[신청방식] 가처분의 신청의 방식과 절차는 헌재의 심판 규칙에 구체적으로 규정되어 있는데 다음과 같다. ⅰ) 서면주의 – 신청은 서면으로 하여야 한다(심판규칙 제50조 제1항 본문). ⅱ) 신청서 기재사항 – 가처분신청서에는 신청의 취지와 이유를 기재해야 하며, 주장을 소명하기 위한 증거나 자료를 첨부해야 한다(심판규칙 제50조 제2항).

(3) 신청내용

[공권력행사의 효력·집행정지] 가처분신청에서 다음과 같은 내용을 청구할 수 있다. ⅰ) 효력정지(공권력행사의 효력을 정지시키는 가처분), ⅱ) 집행정지(그 집행 또는 절차의 속행의 전부 또는 일부를 정지시키는 가처분).

[검토 – 부작위, 거부행위에 대한 헌법소원의 경우] 공권력의 불행사(부작위), 또는 거부행위로 인한 기본권침해의 경우에는 정지가 아니라 오히려 임시적으로 어떤 조치를 취하거나 지위를 인정하는 것이 가처분으로서 필요하다. 현재 명문의 규정이 없으나 민사집행법 제300조 제2항을 준용하는 방안 등 대책을 강구하는 것이 필요하다(자세한 것은, 헌법재판론, 1461면 참조). 헌재의 결정례: 입국불허결정을 받은 외국인의 인신보호, 난민인정 관련 소송수행을 위한 변호인접견불허 사건에서 헌재의 가처분 인용결정이 있었던 예(2014헌사592).

3. 헌법소원심판에서 가처분 인용요건(실체적 요건)

* [의미] 여기서는 위 신청요건을 갖추어 적법하게 이루어진 가처분사건의 본문제, 즉 잠정적 조치를 취하는 가처분을 허용할 것인지 하는 가처분 자체의 허용요건을 아래에 살펴보는 것이다.

(1) 법규정과 판례법리

가처분 인용관련 법규정은 아래와 같다. 헌재법 제40조 제1항 후문에 따라 행정소송법, 민사소송법의 규정들이 준용된다.

1) 법규정

헌재법 제40조(준용규정) 생략

행정소송법 제23조(집행정지) ② 취소소송이 제기된 경우에 처분등이나 그 집행 또는 절차의 속행으로 인하여 생길 회복하기 어려운 손해를 예방하기 위하여 긴급한 필요가 있다고 인정할 때에는 본안이 계속되고 있는 법원은 당사자의 신청 또는 직권에 의하여 처분등의 효력이나 그 집행 또는 절차의 속행의 전부 또는 일부의 정지(이하 "집행정지"라 한다)를 결정할 수 있다. 다만, 처분의 효력정지는 처분등의 집행 또는 절차의 속행을 정지함으로써 목적을 달성할 수 있는 경우에는 허용되지 아니한다. ③ 집행정지는 공공복리에 중대한 영향을 미칠 우려가 있을 때에는 허용되지 아니한다.

민사집행법 제300조(가처분의 목적) ① 다툼의 대상에 관한 가처분은 현상이 바뀌면 당사자가 권리를 실행하지 못하거나 이를 실행하는 것이 매우 곤란할 염려가 있을 경우에 한다. ② 가처분은 다툼이 있는 권리관계에 대하여 임시의 지위를 정하기 위하여도 할 수 있다. 이 경우 가처분은 특히 계속하는 권리관계에 끼칠 현저한 손해를 피하거나 급박한 위험을 막기 위하여, 또는 그 밖의 필요한 이유가 있을 경우에 하여야 한다.

2) 판례법리

판례는 아래 정리한 기본법리를 중심으로 하고 있다(2018헌사242).

> - '공권력 행사 또는 불행사'의 현상을 그대로 유지시킴으로 인하여 생길 회복하기 어려운 손해를 예방할 필요가 있어야 하고 그 효력을 정지시켜야 할 긴급한 필요가 있어야 함 - '본안심판이 부적법하거나 이유 없음이 명백하지 않는 한', 위와 같은 가처분의 요건을 갖춘 것으로 인정됨
> - 가처분을 인용한 뒤 종국결정에서 청구가 기각되었을 때 발생하게 될 불이익과 가처분을 기각한 뒤 청구가 인용되었을 때 발생하게 될 불이익에 대한 비교형량을 하여 후자의 불이익이 전자의 불이익보다 크다면 가처분을 인용할 수 있음

❏ **판례법리상 가처분 요건**

(2) 개별 서술

1) '본안심판이 부적법하거나 이유없음이 명백하지 않을 것' - 불명백성

[본안사건에서의 적법성, 인용가능성이 가처분 인용요건인지 여부] 헌법소원의 가처분은 본안에서 인용 여부가 불확실한 상황에서 하는 것이므로 인용가능성 여부를 요건으로 할 수 없다.

[소극적 요건으로서의 의미 - 불명백성의 요구] 위에서 요건으로 보지 않는다는 의미는 인용여부가 불명확한 경우일 때를 말하고, 다만, 본안심판의 청구가 부적법하여 각하될 경우나 그 청구에 이유가 없어서 기각될 경우가 명백한 때에는 가처분 결정을 할 수 없다고 보는 것이 타당하다. 이 경우에 가처분 인용결정을 통한 긴급한 예방조치라는 것도 본안심판의 각하결정, 기각결정으로 의미가 없는 것이기 때문이다. 헌재도 "본안심판이 부적법하거나 이유없음이 명백하지 않는 한, 위와 같은 가처분의 요건을 갖춘 것으로 인정되고 … 가처분을 인용할 수 있는 것"이라고 한다(2000헌사471). 요컨대 본안심판의 명백한 부적법성, 이유없음이 없어야 한다는 것이 가처분 인용결정을 함에 있어서 소극적 요건(없어야 할 요건)으로는 작용된다고 본다.

2) 손해예방(중대한 불이익 방지)

헌법소원심판의 결정이 공권력행사를 취소하는 인용결정으로서 내려질 것일지라도 그 결정이 있기 전에 문제의 공권력행사가 집행 내지 속행되면 돌이킬 수(회복할 수) 없는 손해가 발생할 수 있어서 이를 예방할 필요가 있을 것을 그 요건으로 한다(행소법 제23조 제2항; 민사집행법 제300조). 이 필요성이 부정되어 기각된 예: 2002헌사129.

3) 긴급성(방지의 긴급한 필요성)

예방을 긴급히 하여야 할 필요가 있는 상황에 있을 것을 요건으로 한다. 이는 본안심판의 결정이 내려질 때를 기다려서는 회복불능의 손해가 발생할 수 있고, 권리실행의 곤란성, 급박한 위험을 막을 수 없는 상황을 의미하고 필요한 예방조치를 본안심판 결정이 내려질 때까지 더 이상 미룰 수 없음을 의미한다.

4) 비교형량

(가) 판례　　헌재는 가처분의 인용 및 기각에 따른 종국결정에서의 불이익을 비교형량하여 가처분의 인용여부를 가린다는 법리를 설정하여 줄곧 적용하여 왔다(2000헌사471, 사법시험 응시 횟수 제한 가처분사건).

(나) 판례이론에 대한 이해와 예시　　판례이론의 이해를 도해를 통해 살펴보자.

옆의 도표에서 ①과 ②의 경우는 가처분결정과 본안결정이 일치하여 문제가 없다. ③과 ④의 경우가 문제인데 ④의 경우가 가져올 불이익이 ③의 경우가 가져올 불이익보다 더 클 때 가처분을 받아들여야 한다는 것이 판례의 입장이다. 그것은 그 기본권침해행위가 그대로 집행된 뒤 본안결정에서 청구인의 기본권을 침해한 것으로 결론이 나면 청구인이 그 기본권한행사를 못하게 되는 중대한 불이익이 오므로 ④의 경우가 더 심각하기 때문이다.

	가처분결정	본안결정
①	○	○
②	×	×
③	○	×
④	×	○

○: 인용　×: 기각

* 예시: 아래 인신보호청구의 소 및 난민인정심사불회부결정취소의 소 수행을 위한 변호인 접견신청 거부 가처분 사건을 법리적용의 이해를 위한 예로 들어 살펴본다.

● 판례　헌재 2014.6.5. 2014헌사592

[결정요지] 신청인의 변호인접견을 즉시 허용한다 하더라도 피신청인의 출입국관리, 환승구역 질서유지 업무에 특별한 지장을 초래할 것이라고 보기 어려운 반면, 이 사건 가처분신청을 기각할 경우 신청인은 위에서 살펴본 바와 같이 돌이킬 수 없는 중대한 불이익(*변호인을 접견하지 못하여 공정한 재판을 받을 권리 역시 심각한 제한을 받고 있는)을 입을 수 있다. 따라서 이 사건 가처분신청을 인용한 뒤 종국결정에서 청구가 기각되었을 때 발생하게 될 불이익보다 이 사건 가처분신청을 기각한 뒤 청구가 인용되었을 때 발생하게 될 불이익이 더 크다. * 아래 비교표 참조

> [법리적용] ▷ 비교형량
> ③ 경우의 불이익: 출입국관리, 환승구역 질서유지 업무에 특별한 지장을 초래하지 않음
> ④ 경우의 불이익: 난민 관련 소송 등에서 변호인조력 받지 못하여 돌이킬 수 없는 중대한 불이익 입을 수 있음
> ▷ 결론: ④의 불이익 > ③의 불이익 → 가처분 허용

(다) 강도　　법령소원의 경우에는 신청인만이 아니라 그 법규정이 적용되는 많은 다른 사람들이 있어서 가처분이 미치는 영향력이 더 크고 더욱이 입법작용이라는 점에서나 권력분립구도상 헌재는 상당히 신중히 심사하게 될 것이다.

5) 소극적 요건 - 공공복리에 중대 영향 미칠 우려가 없을 것

(가) 행소법 규정과 적용판례   행정소송법 제23조 제3항은 "집행정지는 공공복리에 중대한 영향을 미칠 우려가 있을 때에는 허용되지 아니한다"라고 규정하고 있고 헌법소원의 가처분에 있어서도 이 요건이 언급되고 있다. 이 요건은 없어야 할 소극적 요건이다. 법령의 경우 그 파급 효과가 널리 일반적일 수 있어서 더욱 그러하다고 본다(2002헌사129).

(나) 검토   헌재가 설정한 비교형량 요건에서 공공복리에 미치는 영향을 측량하여 이를 비교한다는 점에서 이를 별도의 요건으로 설정할 필요가 있을지 그 실익이 의문이다. 아니면 역으로 이 공공복리 요건에 입각해서도 비교형량 요건이 요구된다고 하는 비교형량 요건의 근거로서 제시될 수 있겠다.

6) 피보전권리의 소명 및 권리보전의 필요성

헌재의 이전의 판례로 가처분신청이 인용되기 위해서는 "피보전권리에 대한 소명이 있어야 하고, 권리보전의 필요성이 인정되어야 한다"라고 요건을 설정하여 그 요건에 비추어 인용여부를 판단하고 있는 결정례가 있었다(2002헌사129). 그런데 이러한 요건으로 부르더라도 그 실질적 내용상으로는 위 1), 2), 3) 4) 요건을 내포하여 차이가 없다고 할 것이다. 근간에 이러한 용어들로 요건을 부르는 결정례를 찾기 어렵다.

4. 가처분의 결정

(1) 관할 문제 - 지정재판부 관할 문제

헌법소원심판에서는 9인 전원재판부 외에 3인 지정재판부에 의한 사전심사제도도 두고 있는데 이 3인 지정재판부도 가처분사건을 담당하여 결정을 할 수 있는가 하는 문제를 논의할 필요가 있다. 지정재판부는 헌법소원심판의 사전심사를 담당하여 청구의 적법 여부를 판단하는 권한을 가지므로 가처분 신청의 적법 여부에 대해 판단할 수 있다. 그러나 지정재판부 3명 중 한 명이라도 각하할 것이 아니라는 의견을 제시하면 전원재판부에 회부되므로(헌재법 제72조 제3·4항) 결국 3명 지정재판부는 전원일치의 각하결정 또는 전원재판부 심판회부결정만을 할 수 있다. 그런데 지정재판부에 의한 가처분 기각결정을 하는 예들(예를 들어 2020헌사416)를 적지 않게 보여주고 있어서 문제이다. 헌재법개정이 필요한 부분이다.

(2) 결정형식

[각하결정] 신청의 적법요건을 갖추지 못한 경우에는 각하결정을 한다.

[인용결정] 가처분을 받아들이는 인용하는 결정에는 ⅰ) 효력·집행정지의 결정이 있다. ⅱ) 부작위, 거부행위에 대한 헌법소원의 경우 - '임시 지위 정하기 위한 가처분 인용'이 있을 수 있다(이에 대해서는 전술 참조).

[기각결정] 가처분의 신청이유가 없어서 이를 받아들이지 않아야 한다고 판단되면 헌재는

기각결정을 한다. 그런데 그동안 헌재가 가처분에 대한 기각결정을 한 예를 보면 각하의 경우
와 별로 구별없이 행한 경우도 볼 수 있다. 그리고 기각이유를 명확히 밝히지 않고 그냥 "신청
은 이유 없으므로 주문과 같이 결정한다"라고 기각결정을 한 예들을 많이 볼 수 있다.

5. 가처분 결정례

각하결정례가 많았다. 이하에서는 인용결정례, 기각결정례를 살펴본다.

[인용결정례] ① 사법시험 응시횟수제한 규정에 대한 가처분신청의 인용(2000헌사471), ②
군사법원 재판 받는 미결수용자의 면회횟수 제한 규정의 효력정지 가처분(2002헌사129), ③ 대
학교원 기간임용제 탈락자 구제를 위한 특별법 제9조 제1항의 효력을 가처분으로 정지시켜야
할 필요성 인정(2005헌사754), ④ 외국인 난민 관련 소송의 수행을 위한 변호인접견 허가 가처
분(2014헌사592), ⑤ 변호사시험 합격자명단 공고 규정의 효력정지 가처분(2018헌사242등), ⑥
자사고 사건(2018헌사213).

[가처분신청이 기각된 예] ⅰ) 가처분에 대한 기각결정은 신청이유가 없을 때, 즉 회복하기
어려운 손해를 입을 우려가 없거나 긴급성이 없거나 비교형량 결과 가처분을 기각하고 본안결
정이 인용하여 생기는 불이익이 반대의 경우보다 크지 않을 때 등에 내려진다(기각결정의 예:
2002헌사129). ⅱ) 기각사유를 밝히지 않는 결정례: 2019헌사795.

6. 가처분 결정의 효력

가처분결정에 대해서도 ① 기속력, ② 형성력 ③ 확정력이 인정된다.

Ⅵ. 헌법소원심판의 심리

1. 심리의 원칙

[직권심리주의] ⅰ) 의미, 근거 − 헌법소원심판에서는 청구인의 주장에만 얽매이지 않고
직권으로 심리한다. 헌법소원 주관적 권리구제수단이자 아울러 객관적 헌법질서보장기능을 가
진다는 헌법소원의 본질·기능에서도 직권심리주의의 타당성근거를 찾을 수 있다. ⅱ) 그리하
여 헌재는 ① '헌바' 사건에서 '헌마' 사건으로 직권변경하거나(2005헌바12), ② 피청구인·심판
대상에 대한 직권조사·확정(2000헌마546), ③ 심판대상의 직권에 의한 확대(99헌마494)·축소
(2000헌마66)·변경, ④ 침해된 기본권 및 침해유무(88헌마22)와 침해원인인 공권력행사(90헌마
110등)에 대한 직권판단을 한다.

[서면심리주의] 헌재법 제30조 제2항은 헌법소원심판은 서면심리에 의하되 다만, 재판부는 필요하다고 인정하는 경우에는 변론을 열어 당사자, 이해관계인, 그 밖의 참고인의 진술을 들을 수 있다고 규정하고 있다. 서면심리를 원칙으로 정한 것은 사건과중을 고려한 것이지 논리적인 결과는 아니다.

[심리정족수] 지정재판부에 의한 사전심사가 아닌 전원재판부에 의한 심판에 있어서 헌법재판관 7명 이상의 출석으로 헌법소원심판사건을 심리한다(헌재법 제23조 제1항).

2. 심리의 기준

헌법의 기본권규정과 파생되는 기본권규범, 기본권제한 원칙을 기준으로 심리한다.

Ⅶ. 헌법소원심판의 결정과 결정형식

1. 결정정족수

[인용결정, 판례변경을 위한 가중정족수 – 6명 이상 찬성] 헌법소원심판에서 인용결정에 재판관 6명 이상 찬성이 필요한 것으로 하여 정족수요건을 가중하고 있다. 판례변경을 위한 정족수도 그러하다(2017헌마479 등).

[5명 위헌의견의 기각결정] 따라서 이 경우에도 기각결정이 된다.

[5명 인용의견＋4명 각하의견] 헌재는 각하가 아니라 기각결정을 한다(97헌마13등).

[4명 위헌의견 + 4인 각하의견인데 각하결정한 예] 이 경우는 본안판단에 대해서는 위헌의견이 4인 의견, 각하의견이 4인 의견이었으나 4인 위헌의견 재판관들 중 1인이 "4인의 재판관이 각하의견, 4인의 재판관이 위헌의견인 경우 주문은 각하로 표시되어야 한다"라는 의견을 내어 결국 각하의견: 기각의견이 5:3으로서 각하결정한 것이었다(헌재 2021.9.30. 2016헌마1034).

[위헌성 인정시 결정형식에 관한 재판관 의견분립의 경우] 앞서 위헌법률심판에서 본대로 (전술 참조) 위헌성을 가장 강하게 인정하는 의견부터 그 다음 약한 의견으로 점차 6명 정족수를 채울 때까지 계산하여 결정한다. * 예: '단순위헌(1명) 의견' + '일부위헌'(1명) 의견 + '적용중지 헌법불합치'(2명) 의견 + '계속적용 헌법불합치'(5명) 의견 적용 = 계속적용 헌법불합치 결정(2005헌마1139).

2. 지정재판부의 사전심사와 각하결정

업무부담 완화, 소송경제 도모를 위하여 재판관 3명으로 구성되는 지정재판부를 두어 청구요건을 구비 여부를 사전심사로 가려 각하결정 또는 전원재판부 회부결정 중 하나를 한다(헌재법 제72조).

[유의할 점] ⅰ) 각하결정은 반드시 지정재판부 3명 재판관 전원일치 의견으로만 해야 함(법 제72조 제3항) → 전원일치 아니면 전원재판부 심판에 회부해야 함(법 제72조 제4항 전문) ⅱ) 헌법소원심판 청구 후 30일이 지날 때까지 각하결정이 없는 때에는 전원재판부 심판회부결정 있는 것으로 간주(법 제72조 제4항 후문) ⅲ) 지정재판부 사전심사제는 위헌소원에도 적용됨.

3. 본래 의미의 헌법소원심판의 결정

(1) 각하결정

청구요건을 결여한 경우에 한다. 위에서 본 대로 3인 재판관 지정재판부에 의한 사전심사에서의 각하결정도 있다. 3명 지정재판부가 각하하지 않고 회부한 전원재판부에서 각하결정이 내려질 수 있다.

(2) 심판절차종료선언
1) 개념과 성격

[개념] 심판도중에 사망 등으로 더 이상 심판을 계속하지 않고 거기서 종료하는 결정이다.

[성격] 본안 이전이든 중이든 심판절차를 마치고 아무런 공식적 결정도 하지 않는 선언으로서 성격을 가진다는 점에서 본안결정은 물론 각하결정과 다르다.

[사유] ① 청구인의 사망, 또는 청구인 스스로 청구를 포기하는 ② 청구취하, ③ 당사자능력상실 등의 사유가 있을 때인데 아래 각각 살펴본다.

2) 심판절차 계속 중 청구인 사망에 따른 심판절차종료선언

(가) 원칙 [원칙 - 수계여부에 따른 결정] 헌재는 바로 심판절차종료선언을 하는 것이 아니라 수계(受繼)할 당사자가 없거나 있더라도 수계할 의사가 없는 경우에 하게 된다(민소법 제233조 제1항)(수계신청, 수계의사 없어 종료한 결정례 - 90헌바13, 2014헌바300, 2016헌마253 등. * '헌바' 결정도 그 적용 법리는 같아서 여기에 같이 인용한 것임).

[수계 없어도 종국결정할 수 있는 예외] 헌재는 다만, 수계의사표시가 없는 경우에도 이미 결정을 할 수 있을 정도로 사건이 성숙되어 있고 그 결정에 의하여 유죄판결의 흠이 제거될 수 있음이 명백한 경우 등 특히 유죄판결받은 자의 이익을 위하여 결정의 필요성이 있는 경우에는 종국결정이 가능하다고 본다(90헌바13).

(나) 일신전속적 권리의 구제를 위한 헌법소원 [원칙] 일신전속적(一身專屬的)인 권리의 경우 그 권리가 수계될 성질이 못 된다는 이유로 청구인의 사망과 동시에 심판절차가 당연히 종료된다는 것이 원칙이라는 것이 헌재 판례이다[① 인격권이나 인간으로서의 존엄성(헌재 2021.9.30. 2016헌마1034. '진실·화해를 위한 과거사정리 기본법'의 과거사정리위원회가 경찰의 가혹행위, 증거조

작, 그 위법을 제대로 살필지 못해 무고한 무기징역 복역을 하도록 한 검찰, 법원에 대한 책임이 있다는 진실규명을 했음에도 명예회복을 위한 조치를 하지 않은 부작위. [판시] 이 부작위와 관련하여 침해받았다고 주장하는 기본권인 인격권이나 인간으로서의 존엄성은 그 성질상 일신전속적인 것으로서 당사자가 사망한 경우 승계되거나 상속될 수 있는 것이 아니므로, 이 부분 심판청구는 상속인들의 수계의사에도 불구하고 청구인 정○○의 사망으로 그 심판절차가 종료되었다), ② 고용관계(90헌마33), ③ 보건권, 생명권(2012헌마38), ④ 장기요양급여 수급권(2018헌마337), ⑤ 평등권, 행복추구권, 범칙금 부과처분의 말소(2014헌마341), ⑥ 통신의 비밀과 자유, 사생활의 비밀과 자유(2011헌마165. 패킷감청 사건)].

[예외] 헌재는 일신전속적 기본권의 주체가 사망한 경우라고 당연히 모든 경우에 심판절차가 종료되는 것이 아니라 **"기본권 침해행위가 장차 반복될 위험이 있거나 그 심판대상에 대한 위헌 여부의 해명이 헌법적으로 중요한 의미를 가지고** 있고, 헌법소원심판청구인이 심판대상인 기본권 침해행위로 인하여 사망한 경우에는 예외적으로 심판의 이익이 인정되어 심판절차가 종료되지 않는다"라고 한다(헌재 2020.4.23. 2015헌마1149. 직사살수행위로 인한 사망이 생명권, 집회의 자유를 침해한 것으로서 위헌임을 확인한 결정).

3) 청구인의 헌법소원심판청구취하로 인한 심판절차종료선언결정

[법리와 적용조문] 이 경우 절차종료가 되는지에 대해 논란이 있으나 헌재는 긍정한다.

[적용조건] 헌재법 제40조에 따라 준용되는 민사소송법 제266조, 제267조에 따라 취하의 가능성, 취하에 상대방 동의가 있어야 한다는 점, 2주 이내 이의가 없는 경우 간주동의로 하는 점 등을 조건으로 한다.

[결정례] ① 5·18 불기소처분에 대한 헌법소원심판(95헌마221등. 이 결정은 평의결과 인용의견인 다수의견이 헌재가 성공한 내란도 언제든, 즉 내란행위자의 집권이 종료된 후 처벌될 수 있다고 보고 그 불기소처분에 대한 취소결정을 하자는 것이었으나 청구인의 취하로 심판절차종료결정을 하여 법정의견이 되지 못한, 허탈하고 무기력하게 만든 결정이었다), ② 한정위헌결정의 재심사유성 부정하는 대법원 판례를 폐기하는 헌재결정을 불발하게 한 청구취하의 심판절차종료(최종 평결 결과, 대법원이 부정하는 것과 달리 한정위헌결정도 재심사유가 된다는 헌법재판관 전원일치의 의견을 모았으나 청구인이 청구를 취하하였고 헌재가 심판절차를 종료함으로써 공식적인 입장의 결정이 되지 못하였던 결정이다. 2001헌마386. * 이 결정에 대해서는 뒤의 재심부분에서도 다룬다).

[검토] ⅰ) 헌법소원의 객관적 헌법질서의 수호기능을 고려하면, 그리고 헌재법 제40조 제1항 전문이 "헌법재판의 성질에 반하지 아니하는 한도 내에서" 민사소송에 관한 법령의 규정을 준용한다고 규정하고 있으므로 기본권의 객관적이고 모든 국민에의 공통적인 보장에 필요한 경우에는 준용을 부정하여 종료되지 않는다고 하여야 한다.

4) 당사자능력상실을 이유로 한 심판절차종료결정

이러한 예의 사안은 이른바 '문화예술계 블랙리스트' 사건에서 청구인 단체가 청구 이후 폐업신고를 하여 당사자능력이 상실되었다고 하여 심판절차종료선언을 한 결정례이다(2017헌마416).

(3) 본안결정

[본안결정과 그 유형] 청구요건을 갖추어 각하되지 않고 본안판단에 들어가 본안결정을 하게 되는데 본안결정에는 인용결정과 기각결정이 있다.

1) 인용결정

인용결정은 청구를 받아들여 위헌인 기본권침해가 있음을 인정하는 결정이다. 인용결정에는 다음과 같은 유형들이 있다.

(가) 취소결정　ⅰ) 침해의 원인이 된 공권력행사를 취소하는 결정이다(동법 제75조 제3항). ⅱ) 결정례: (ㄱ) 행정작용에 대한 취소결정례 ― ① 조세부과처분(96헌마172등), ② 지목변경신청서반려처분(97헌마315), ③ 공무원 임용시험 시행계획 공고(99헌마123), ④ 방송에 대한 방송위원회(구)의 경고 및 관계자 경고(2004헌마290), ⑤ 수사기록등사신청거부행위(90헌마133), ⑥ 법학전문대학원 신입생 1명 모집을 정지하도록 한 교육부장관의 행위(2014헌마1149), ⑦ 불기소처분에 대한 취소(인용)결정의 주문형식 ― 헌재는 그 침해되는 기본권으로 '평등권'과 '재판절차진술권'을 든다(주문례: 2017헌마595 "[주문] 피청구인이 2017.2.28. ○○지방검찰청 2016년 형제****호 사건에서 피의자 정△△에 대하여 한 불기소처분은 청구인의 평등권과 재판절차진술권을 침해한 것이므로 이를 취소한다"), ⑧ 기소유예처분에 대한 인용결정이 난 경우의 주문 ― 행복추구권과 평등권의 침해를 꼭 든다. 기소유예에 대한 취소결정이 많다(주문례: 2019헌마466 "[주문] 피청구인(검사)이 2019.2.8. ○○지방검찰청 ○○지청 2019년 형제***호 사건에서 청구인에 대하여 한 기소유예처분은 청구인의 평등권과 행복추구권을 침해한 것이므로 이를 취소한다"). (ㄴ) 사법작용(법원판결)에 대한 취소결정례 ― 헌재법 제68조 제1항이 법원재판을 헌법소원대상에서 제외하고 있기 때문에 드물다(예외 인정, 앞의 대상성, 법원재판의 헌법소원 부분 참조. 취소례: 96헌마172등).

(나) 위헌확인결정　이는 취소대상이 있을 수 없기 때문에 확인결정을 하는 것이다. 부작위, 침해행위종료의 두 가지 경우이다. 가) 부작위의 경우: ⅰ) 근거 ― 헌재법 제75조 제3항은 "그 불행사가 위헌임을 확인할 수 있다"라고 규정하고 있다. ⅱ) 결정례: (ㄱ) '입법부작위'에 대한 위헌확인결정례 ― ⓐ 법률의 부작위에 대한 위헌확인결정례(89헌마2, 조선철도(주) 주식의 보상금청구에 관한 헌법소원), ⓑ 행정입법의 부작위에 대한 위헌확인결정례 ― ① 전문의 자격시험 불실시 위헌확인 등(96헌마246), ② 평균임금결정ㆍ고시부작위 위헌확인(2000헌마707), ③ 군법무관의 봉급, 그 밖의 보수의 법관, 검사의 예에 준한 지급에 관한 행정입법부작위(2001헌마718), ④ 국군포로 예우의 신청, 기준 등에 관한 대통령령 부재의 위헌성(2016헌마626). (ㄴ) 조례를 제정하지 않은 부작위 ― 지방자치단체들(서울특별시 등)이 지방공무원법 제58조 제2항의 위임에 따라 '사실상 노무에 종사하는 공무원의 범위'를 정해야 하는 조례를 제정하지 아니한 부작위(2006헌마358) (ㄷ) '행정부작위'에 대한 위헌확인결정례 ― ① 임야조사서 등에 대한 열람ㆍ복사를 허용하지 않은 행정부작위(88헌마22), ② 원폭피해자로서의 배상청구권에 관한 분쟁해결 불이행하고 있는 외교통상부 장관의 부작위(2008헌마648), ③ 일본군 위안부배상청구권에 관

한 분쟁해결 불이행하고 있는 외교통상부 장관의 부작위(2006헌마788). 나) 침해행위가 이미 종료된 경우: ⅰ) 근거 – 이 경우에는 권리보호이익이 없으나 앞서 본 대로 그 예외적 심판이익이 인정될 때 본안에 들어가 위헌이 인정되면 위헌확인결정을 하게 된다. ⅱ) 결정례 – 결정례들이 많았고 권력적 사실행위에 대한 결정례들이 많았다. ① 변호인의 조력을 받을 권리에 대한 헌법소원(91헌마111), ② 공권력행사로 인한 재산권침해에 대한 헌법소원(국제그룹해체 지시 결정89헌마31), ③ 등사신청거부처분취소(94헌마60) … 이러한 결정례들은 적지 않았고 앞의 기본권 부분에서 많이 다루었다(전술 기본권각론 참조). 비교적 최근의 예로, ④ 피의자신문 참여 변호인에 대한 검찰수사관의 피의자 후방착석요구(2016헌마503), ⑤ 물포 발포행위(2015헌마476), ⑥ 직사살수행위(2015헌마1149) 등.

(다) 부진정입법부작위의 위헌판단시 결정형식 이에 대해서는 바로 위 진정입법부작위에 대한 위헌확인결정의 경우와의 대조를 위해서 서술한다. ⅰ) 결정형식 – 부진정입법부작위 상태가 위헌이라고 판단되더라도 불완전한 법령규정이긴 하나 있긴 한 부분이 있으므로 전체를 단순위헌으로 결정하면 있는 부분도 무효로 없어져 공백이 발생할 수 있어서 이 공백을 메우기 위하여 헌법불합치결정 가능성이 있다. 아래 부진정입법부작위의 헌법불합치결정례를 보아도 그러함을 파악할 수 있다. ⅱ) 결정례 – '부'진정입법부작위라고 본 뒤 헌법불합치로 결정한 예 (ㄱ) 법령소원심판에서 예: ① 구 '재외동포의 출입국과 법적 지위에 관한 법률'의 적용대상에서 대한민국 정부수립 이전의 해외이주동포 제외(99헌마494), ② '주민등록번호 변경'에 대한 규정을 두고 있지 않은 것(2014헌마449등), ③ 구 '디엔에이신원확인정보의 이용 및 보호에 관한 법률' 제8조(2016헌마344등. 디엔에이감식시료채취영장 발부 과정에서 채취대상자의 불복절차 등을 규정하지 아니한 부진정입법부작위), ④ 특허청 경력공무원 변리사자격 자동부여의 폐지(2000헌마208등), ⑤ 국세관련 경력공무원 세무사자격 자동부여 폐지(2000헌마152), ⑥ 직계혈족에 대한 가족관계증명서 및 기본증명서 교부 청구제도에서의 가정폭력 피해자의 개인정보를 보호하기 위한 구체적 방안을 마련하지 아니한 것(2018헌마927), ⑦ 구 '형의 집행 및 수용자의 처우에 관한 법률 시행령' 제58조 4항(2011헌마122, 수용자가 변호사와 접견하는 경우에도 원칙적으로 접촉차단시설이 설치된 장소에서 하도록 규정하고 있어서 부진정입법부작위로 재판청구권을 침해), ⑧ '재외투표기간 개시일에 임박하여 또는 재외투표기간 중에 재외선거사무 중지결정(코로나19의 여파로 공직선거법 제218조의29 제1항에 따른 결정)이 있었고 그에 대한 재개결정이 없었던 예외적인 상황에서 재외투표기간 개시일 이후이지만 국내에선 투표일 전일 때 귀국한 재외선거인 및 국외부재자신고인이 국내에서 선거일에 투표할 수 있도록 하는 절차를 마련하지 아니한 공직선거법 제218조의16의 부진정입법부작위'(헌재 2022.1.27. 2020헌마895, 이 결정에 대해서는 선거권 부분 참조) 등. (ㄴ) 위헌소원심판에서의 예: ① 선거범죄 '분리 심리·선고 규정의 부재(2013헌바208), ② 양심적 병역거부자에 대한 대체복무제를 규정하지 아니한 병역종류조항(2011헌바379등), ③ '재심으로 무죄판결을 선고받아 그 사유가 소멸한 경우' 잔여 퇴직급여 등에 대한 이자

가산 규정을 두지 않은 구 군인연금법 제33조 2항(2015헌바20).

(라) 거부행위   거부행위도 작위로 보면 될 것이고 따라서 거부행위에 대해서도 취소결정 [위 (가), ⅱ), ㉠의 ②와 ⑤], 위헌확인결정[위의 (나), ⅱ)의 ③]이 있을 수 있다.

(마) 부수적 위헌결정   ⅰ) 헌재는 "공권력의 행사 또는 불행사가 위헌인 법률 또는 법률의 조항에 기인한 것이라고 인정될 때에는 인용결정에서 해당 법률 또는 법률의 조항이 위헌임을 선고할 수 있다"(동법 제75조 제5항). ⅱ) 결정례 − ㉠ 단순위헌결정례: 91헌마111; 2013헌마789, ㉡ 한정위헌결정례: 92헌마144.

(바) 인용결정의 '주문'에서 침해된 기본권의 명시 문제   [법규정] − 헌재법 제75조 제2항은 "헌법소원을 인용할 때에는 인용결정서의 주문에 침해된 기본권과 침해의 원인이 된 공권력의 행사 또는 불행사를 특정하여야 한다"라고 규정하고 있다. 이를 밝히 주문례도 있고 그렇지 않은 경우도 있다. * 이에 대해서는, 헌법재판론, 1527−1529면 참조.

2) 기각결정

기각결정은 청구인의 주장을 배척하는 결정이다.

4. '위헌소원'심판의 결정형식

[결정형식들] 위헌소원심판의 결정에는 각하결정, 심판절차종료선언(90헌바13; 2014헌바300), 본안결정 등이 있다. 본안결정에는 합헌결정, 위헌결정, 변형결정 등이 있다. 유의할 점은 3명 지정재판부가 위헌소원심판에도 적용되어 3명 일치의 각하결정이 내려질 수도 있다는 점이다.

[위헌소원의 결정과 법률에 대한 법령소원 결정의 비교] 이를 비교하는 이유는 법률이 위헌 이라고 판명될 경우 위헌소원의 인용결정(즉 위헌결정)은 법률 법령소원의 그것과 같으나 합헌 이라고 판명될 때 양자의 주문에서 차이가 있다는 점에 유의해야 하기 때문이다. 위헌소원의 경우에는 "헌법에 위반되지 아니한다"라는 주문을 내고, 법률에 대한 법령소원의 경우에는 "청구를 기각한다"라는 주문을 내어 차이가 있다.

Ⅷ. 헌법소원심판결정의 효력

1. 헌법소원심판결정으로서의 효력 일반

헌법소원심판의 결과 나오는 결정은 불가변력, 형식적 확정력, 실질적 확정력 등을 가진다. 이에 관해서는 앞서 제2장에서 살펴본 바 있어 여기서는 생략한다(앞의 제2장 헌법재판소결정의 효력 부분 참조). 아래에서는 헌법소원심판에서의 인용결정에 관한 효력을 살펴본다.

2. 헌법소원의 인용결정의 효력

(1) 기속력

헌법소원의 인용결정은 모든 국가기관과 지방자치단체를 기속한다(헌재법 제75조). 헌법소원 심판의 인용결정은 다음과 같은 소극적인 내용(반복금지효)과 적극적인 내용(처분의무)의 기속력(羈束力)을 가진다.

(가) 반복금지효 – 소극적 효력   헌재가 헌법소원의 인용결정으로 취소한 공권력작용을 다시 반복해서는 아니 되는 효력이 기속력으로부터 나온다.

(나) 처분의무 – 적극적 효력   헌재법 제75조 제4항은 "헌법재판소가 공권력의 불행사에 대한 헌법소원을 인용하는 결정을 한 때에는 피청구인은 결정취지에 따라 새로운 처분을 하여야 한다"라고 규정하고 있다. 따라서 부작위가 위헌임을 확인하는 인용결정의 경우에 처분 등 작위로 나아가야 하는 의무가 주어진다. 거부행위도 처분의무 강제가 필요하다.

(다) 법령소원에서의 위헌결정의 기속력의 객관적 범위   결정주문을 뒷받침하는 결정이유에 대한 기속력 요건 – 기속력이 주문에만 미치는지 아니면 그 이유나 중요한 이유에도 미치는지 하는 문제(객관적 범위 문제)가 논의되고 있는데 헌재는 결정주문을 뒷받침하는 결정이유에 대한 기속력 요건으로 위헌(인용)결정 정족수(6인 이상 찬성) 충족이 필요하다는 결정례(2006헌마1098 등)를 보여주었다.

(2) 집행력

[개념] 인용결정의 취지, 내용이 제대로 실제로 구현되도록 하는 힘이다.

[문제소재, 실제의 예, 방안] 특히 위 기속력에서 언급한 대로 부작위, 거부행위 등에 대한 인용결정의 경우 적극적인 처분, 입법 등으로 나아가야 할 의무가 있는데 그 의무의 불이행시 이행을 강제하는 것이 집행력에 있어서 부각되는 문제이다. 실제로 우리 헌재의 최초의 입법부작위 위헌확인결정이었던 조선철도(주) 주식의 보상금청구에 관한 위헌확인결정(89헌마2) 이후 오랜 동안 입법이 안 된 예가 있었다.

[방안 – 행정소송법 간접강제 제도 준용 고려] 헌재법 제40조 제1항에 따라 행정소송법의 간접강제제도를 준용할 수 있다고 본다. '처분'에 입법이 포함되느냐를 두고 논란이 있을 수도 있어 준용보다는 헌재법에 강제제도를 직접 명시하는 것이 보다 바람직하다.

(3) 장래효(예외적 소급효)

위헌소원(헌재법 제68조 제2항)과 부수적 규범통제(헌재법 제75조 제5항)의 경우에는 법률의 위헌결정시 가지는 장래효와 소급효에 대한 헌재법 제47조의 규정을 준용하도록 명시규정이 있다(헌재법 제75조 제6항). 따라서 앞서 위헌법률심판에서 다루어졌던 대로 원칙적으로 장래효에다 예외적으로 소급효가 인정된다고 볼 것이다. 그런데 그 외 법령소원의 경우에 이에 관한 명시적인 규정이 없다. 위에 준해서 판단하여야 할 것이다. 명시적 보완입법이 요구된다.

3. 헌법소원심판결정에 대한 재심

(1) 문제 소재

헌법소원심판결정에 대하여 재심(再審)이 허용될 것인가에 대한 헌재법규정은 없다. 이 문제에 관하여 헌재는 개별론의 입장을 취하고 있다(93헌아1; 2002헌아5; 2006헌아37 등).

(2) 개별적 고찰 – 판례법리
1) 법규범에 대한 헌재결정재심의 부정

개별론을 취하는 헌재의 입장의 기본골조로 중요한 점은 헌재가 법령에 대한 심판, 즉 위헌법률심판, 위헌소원심판, 법령에 대한 헌법소원심판에서의 자신의 결정에 대해서는 재심을 인정하지 않는다는 것이다. 그 논거를 보면 헌재는 위헌법률심판의 경우 제청신청인은 당사자가아니라 재심청구능력을 가지지 못하고(2003헌아61), 위헌소원심판, 법령소원의 경우 인용결정의 일반효, 대세효, 그리고 법적 안정성을 위한 때문에(90헌아1; 2002헌아5) 부정된다고 한다(2002헌아5). * 검토 – 법률이 미칠 영향(일반효)을 고려한다면 오히려 바로 잡을 기회를 주는 것이 필요하므로 위 부정논거가 적절한지 의문이다(자세한 검토는 헌법재판론, 1549-1550면).
2) 비법령 공권력작용 대상 권리구제형(헌재법 제68조 제1항) 헌법소원 – 허용

[판례변경 → 허용] 이에 대해서도 헌재는 애초에는 "재판부의 구성이 위법한 경우 등 절차상 중대하고도 명백한 위법이 있어서 재심을 허용하지 아니하면 현저히 정의에 반하는 경우"와 같은 극히 제한된 재심사유만 인정하고 있었다(93헌아1; 99헌아18). 헌재는 이후 판례를 변경하여 이 비법령 공권력작용 대상으로 하는 제68조 1항 본래의미 헌법소원의 결정에 대해서는 민사소송법의 재심 규정을 준용하는 재심을 허용하고 민사소송법 제422조(* 현행 제451조) 제1항 제9호 소정의 판단유탈이 재심사유가 된다고 본다(2001헌아3). 그 인정논거로 헌재는 '판단유탈'이 재심사유로 허용되지 않는다면 중대한 사항에 대한 판단을 유탈함으로써 결정에 영향을 미쳤다고 하더라도 시정할 길이 없게 되므로 이를 재심사유로 허용하는 것이 헌법재판의 성질에 반한다고 볼 수 없다고 한다. * 인용(재심대상결정의 취소)결정의 예들이 있었다(2006헌아53; 2008헌아23; 2008헌아4).

4. 법원의 확정판결에 대한 재심(위헌소원 인용결정시 헌재법 제75조 제7항 재심)

* 앞에서 본 재심 문제는 헌재결정에 대한 것이고 여기서 문제는 법원의 확정된 판결에 대한 재심

(헌재법 제75조 제7항의 재심)의 문제로서 그 대상이 다르다.

(1) 위헌소원 인용결정시 법원에 대한 재심청구의 필요성과 쟁점

[필요성] 위헌소원('헌바')의 경우 '헌가'사건의 경우와 달리 법원재판이 정지되지 않으므로 위헌소원심판의 결과 법률에 대한 인용결정(위헌결정)이 있기 전에 이미 법원의 당해 소송사건이 확정될 수도 있다. 그래서 이러한 경우에 권리구제를 위하여 헌재법 제75조 제7항은 재심을 허용하고 있다.

[쟁점] 이 재심제도에는 논쟁이 있는데 그 쟁점으로 ⅰ) 재심청구권자의 범위, ⅱ) 한정위헌결정도 재심사유가 되느냐 하는 등이 있다. 아래에 나누어 살펴본다.

(2) 재심청구권자의 범위

이 재심(再審)은 당해 위헌소원의 전제가 된 당해 법원소송사건에서의 당사자만이, 즉 그 인용(위헌)결정이 나게 한 위헌소원을 제기한 당사자만이 재심을 청구할 수 있는가가 문제된다. 헌재는 대법원의 판례(대법원 1993.7.27. 92누13400)입장과 같이 당해 소송사건에서의 당사자만이 재심을 청구할 수 있다고 한정하고 있다. 헌재는 그 한정의 논거로 ① 헌재법 제75조 제7항의 '해당 헌법소원과 관련된 소송사건'이란, 문면상 당해 헌법소원의 전제가 된 당해 소송사건만을 가리키는 것이라고 볼 수밖에 없다고 본다. 또 ② 재심청구권도 "입법형성권의 행사에 의하여 비로소 창설되는 법률상의 권리일 뿐", "헌법 제27조 제1항, 제37조 제1항에 의하여 직접 발생되는 기본적 인권은 아니다"라고 보아 헌재법 제75조 제7항이 위헌소원 인용결정을 받지 않은 사람에게는 재심의 기회를 부여하지 않는다고 하여 재판청구권이나 평등권 등을 침해하였다고는 볼 수 없다고 한다(99헌바66; 2020헌바401).

(3) 재심사유: 한정위헌결정의 경우의 해당 여부

재심의 사유로 헌재법 제75조 제7항은 '헌법소원이 인용된 경우'라고 규정하고 있다. 쟁점이 된 것은 한정위헌결정도 재심사유에 해당되는지 하는 문제이다. 대법원은 부정의 입장이고 헌재는 긍정적 입장을 간접적으로 표명한 바 있다.

(가) 대법원의 부정적 입장   ⅰ) 대법원은 여기의 '헌법소원이 인용된 경우'라 함은 법원에 대하여 기속력이 있는 위헌결정이 선고된 경우를 말한다고 보고 헌재의 한정위헌결정이 있는 경우는 이러한 재심사유에 해당하지 않는다고 본다. ⅱ) 논거 ─ 대법원은 헌재의 한정위헌결정이 법원의 법령 해석·적용의 권한에 대하여 기속력을 가지지 않는다고 보기 때문이다(대법원 2001.4.27. 95재다14; 2013.3.28. 2012재두299).

(나) 헌법재판소의 입장   헌재는 한정위헌결정과 같은 변형결정에도 기속력이 인정된다고 본다(96헌마172등). 한편 위 대법원 95재다14 판결의 재심원고가 제기한 헌법소원에서 헌법재판소는 한정위헌결정의 경우에도 재심사유가 된다는 입장을 간접적으로 표명한 바 있다. 즉 그

헌법소원심판의 최종 평결 결과 위 대법원의 입장과 달리 한정위헌결정도 재심사유가 된다는 헌법재판관 전원일치의 의견을 보여주었다. 그러나 청구인이 청구를 취하하였고 헌재가 심판절차를 종료함으로써 불발로 끝나 공식적인 입장의 결정이 되지 못하였다(2001헌마386, 이 결정에 대해서는 앞의 결정형식 중 심판절차종료선언, 청구인취하로 인한 선언 부분도 참조).

제 4 절 탄핵심판과 정당해산심판

Ⅰ. 탄핵심판

1. 개념과 성격

[개념] 탄핵심판이란 고위 공직자 또는 신분상 강한 독립성을 가지는 공직자 등에 대해서는 그의 직무상 위헌, 위법의 행위가 있더라도 그 독립성 때문에 통상의 절차에 의해서는 징계(파면)나 형사처벌 등의 제재를 가하기 어렵기에 이러한 고위직 공직자에 대하여 책임을 지우기 위하여 마련된 특별한 헌법재판제도이다.

[성격] ⅰ) 징계책임성 – 우리나라에서는 탄핵결정으로 '파면'에 그치기 때문에(제65조 제4항) 탄핵이 징계책임의 성격을 가진다. 다만, 특별한 징계제도이다. ⅱ) 헌법보장기능성 – 헌법 위반에 대한 제재 제도이므로 헌법을 보호하는 기능을 가진다. ⅲ) 비정치적·재판(司法)적 성격 – 헌재도 "헌법재판소가 탄핵심판을 관장하게 함으로써 탄핵절차를 정치적 심판절차가 아닌 규범적 심판절차로 규정하고 있다"라고 한다(2016헌나1).

2. 탄핵소추의 대상 공직자, 사유, 소추절차

이에 관해서는 앞서 국회의 탄핵소추권에서 살펴보았다(전술 제4부 제2장 제 6절 제6항 Ⅵ. 탄핵소추권 참조).

3. 탄핵심판절차

(1) 재판부, 소추위원

[전원재판부에 의한 심판] 탄핵심판도 9명의 재판관으로 구성되는 전원재판부에서 담당한다.

[8인 재판부에 의한 심판] 이 문제가 두 번째 탄핵심판사건에서 헌법재판소장의 임기가 만료되어 퇴임하고 후임이 선출되지 않아 8인으로 탄핵심판이 진행되자 피청구인은, 공정한 재판

을 받을 권리의 침해라고 주장하였으나 헌재는 이를 받아들이지 않았다(2016헌나1. 이 문제는 대통령권한대행에 의한 헌재소장 임명이 가능한지 하는 문제와 결부되어 있었다. 따라서 앞서 서술하였다. 전술 대통령, 권한대행 부분 참조).

[소추위원] 소추위원은 국회법제사법위원회의 위원장이 된다(헌재법 제49조 제1항). 소추위원은 헌법재판소에 탄핵심판을 청구하며, 심판의 변론에서 피청구인을 신문할 수 있는 권한 등을 가진다(헌재법 제49조 제2항).

(2) 심판청구

[청구] 소추위원은 헌법재판소에 소추의결서의 정본을 제출하여 탄핵심판을 청구한다(헌재법 제49조 제2항).

[청구서] 탄핵심판에서는 국회의 소추의결서(訴追議決書)의 정본(正本)으로 청구서를 갈음한다(헌재법 제26조 제1항 단서). 청구서에는 필요한 증거서류 또는 참고자료를 첨부할 수 있다(헌재법 동조 제2항).

(3) 심판절차의 정지

피청구인에 대한 탄핵심판 청구와 동일한 사유로 형사소송이 진행되고 있는 경우에는 재판부는 심판절차를 정지할 수 있다(헌재법 제51조).

(4) 탄핵심판의 이익

초유의 법관에 대한 탄핵심판사건 결정에서 헌재의 4인 다수의견(이것이 결국 법정의견이 되었다)은 '탄핵심판의 이익'을 탄핵심판의 적법요건으로 설정하여 판단한 바 있다. 이 4인 다수의견은 "탄핵심판의 이익은 헌법 제65조 제4항 전문 및 헌법재판소법 제53조 제1항에서 규정한 바와 같이 '탄핵심판청구가 이유 있는 경우에 피청구인을 해당 공직에서 파면하는 결정을 선고'할 수 있는 가능성을 상정하여 탄핵심판의 본안심리에 들어가서 그 심리를 계속할 이익이다. 이것은 본안판단에 나아가는 것이 탄핵심판절차의 제도적 목적에 기여할 수 있는지 여부에 관한 문제로서 본안판단에서 상정할 수 있는 결정의 내용과 효력을 고려하여 판단되는 탄핵심판의 적법요건이다"라고 한다. 그리고 이 4인 다수의견은 탄핵심판이익은 …, 탄핵심판청구 당시는 물론이고 탄핵심판에 따른 결정 선고 시까지 계속하여 존재하여야 한다"라고 하고, 헌법 제65조 제1항 및 헌법재판소법 제48조에 규정된 탄핵대상 공직들은 탄핵심판에 따른 파면결정을 받을 수 있는 현직을 의미한다고 한다고 보고 그리하여 탄핵소추의결이 국회에 있은 후인 2021. 2. 28. 임기만료로 피청구인이 2021. 3. 1. 법관직에서 퇴직함에 따라 더 이상 해당 공직을 보유하지 않게 된 사실이 인정되므로, 탄핵심판의 이익을 인정할 수 없다고 하여 탄핵심판청구를 각하해야 한다고 한다(2021헌나1 * 이 결정에는 모두 5인의 각하의견, 즉 이 다수의견인 4인 의견 외 1인 각하의견이 있었는데 이 1인 의견을 합해 결국 5인 각하의견으로 각하결정이 되었다. * 3인

인용의 반대의견: 헌법질서의 수호·유지를 목적으로 하는 탄핵심판은 객관소송으로서의 성격이 강하고, 법관직에서 퇴직하였다고 하여 그 사유만으로 심판의 이익이 바로 소멸된다고 볼 수 없으며 특히 우리 헌법이 재판의 독립 보장을 위하여 강한 신분보장을 하고 있는 법관에 대해 그 헌법적 책임을 규명함으로써 법관들의 위헌·위법 행위에 대해 경고할 필요성이 있는 점 등을 종합적으로 고려하면 비록 피청구인이 탄핵심판 계속 중 임기만료로 퇴직하였더라도 심판의 이익이 인정된다. 형사수석부장판사의 지위에서 판결의 진행방향이나 내용 등에 관하여 재판에 개입하였는바, 이는 헌법 제103조에 위반된다. 다만 피청구인이 2021. 2. 28. 임기만료로 퇴직하여 파면할 수는 없으므로 피청구인의 행위가 중대한 헌법위반에 해당함을 확인함에 그친다. *이 결정에는 심판절차종료 1인 의견도 있었다),

(5) 심리
1) 심리의 범위

[위헌·위법 여부 및 파면결정선고 여부] 헌재는 두 번의 대통령에 대한 탄핵심판사건에서 "이 사건 심판의 대상은 대통령이 직무집행에 있어서 헌법이나 법률에 위반했는지의 여부 및 대통령에 대한 파면결정을 선고할 것인지의 여부이다"라고 밝힌 바 있다(2004헌나1; 2016헌나1).

[소추의결서 기재 소추사유에 구속] 헌재는 "헌법재판소는 사법기관으로서 원칙적으로 탄핵소추기관인 국회의 탄핵소추의결서에 기재된 소추사유에 의하여 구속을 받는다. 따라서 헌법재판소는 탄핵소추의결서에 기재되지 아니한 소추사유를 판단의 대상으로 삼을 수 없다"라고 한다(2004헌나1;, 2016헌나1).

[위반된 법규정에 대한 직권판단] 그러나 헌재는 "탄핵소추의결서에서 그 위반을 주장하는 '법규정의 판단'에 관하여 헌법재판소는 원칙적으로 구속을 받지 않으므로, 청구인이 그 위반을 주장한 법규정 외에 다른 관련 법규정에 근거하여 탄핵의 원인이 된 사실관계를 판단할 수 있다고 한다(2004헌나1; 2016헌나1).

[소추사유 사실의 특정] 특정인지 여부의 판단 기준 – 이에 대해 헌재는 "헌법은 물론 형사법이 아닌 법률의 규정이 형사법과 같은 구체성과 명확성을 가지지 않은 경우가 많으므로 탄핵소추사유를 형사소송법상 공소사실과 같이 특정하도록 요구할 수는 없고, 소추의결서에는 피청구인이 방어권을 행사할 수 있고 헌법재판소가 심판대상을 확정할 수 있을 정도로 사실관계를 구체적으로 기재하면 된다고 보아야 한다"라고 한다(2016헌나1).

[소추사실 추가의 불허] 소추위원이 소추의결서에 기재되지 아니한 새로운 사실을 탄핵심판절차에서 임의로 추가하는 것은 허용되지 아니한다(2004헌나1; 2016헌나1).

2) 심리정족수

정족수 재판부는 재판관 7명 이상의 출석으로 탄핵심판사건을 심리한다(심판정족수, 동법 제23조 제1항).

3) 심리의 절차와 방식

[원칙 – 구두변론] 탄핵심판은 구두변론(口頭辯論)에 의한다(헌재법 제30조 제1항). 재판부가 변론을 열 때에는 기일을 정하여 당사자와 관계인을 소환하여야 한다(헌재법 제30조 제3항).

[변론] 변론기일은 사건과 당사자의 이름을 부름으로써 시작하여 소추위원은 먼저 소추의결서를 낭독하여야 한다(심판 규칙 제59조, 제60조). 변론절차에 대해서는 헌재의 심판규칙에 구체적으로 규정되어 있다.

[당사자의 불출석] 당사자가 변론기일에 출석하지 아니하면 다시 기일을 정하여야 하고, 다시 정한 기일에도 당사자가 출석하지 아니하면 그의 출석 없이 심리할 수 있다(헌재법 제52조). 당사자가 출석하지 아니한 경우에도 종국결정을 선고할 수 있다(심판 규칙 제64조).

4) 증거조사 등

재판부는 사건의 심리를 위하여 필요하다고 인정하는 경우에는 직권 또는 당사자의 신청에 의하여 당사자 또는 증인을 신문(訊問)하는 일 등 증거조사를 할 수 있다(헌재법 동조 제2항). 재판부는 결정으로 다른 국가기관 또는 공공단체의 기관에 심판에 필요한 사실을 조회하거나, 기록의 송부나 자료의 제출을 요구할 수 있다. 다만, 재판·소추 또는 범죄수사가 진행 중인 사건의 기록에 대하여는 송부를 요구할 수 없다(헌재법 제32조).

(6) 다른 법령의 준용

[준용대상 법령] 민사소송에 관한 법령과 형사소송에 관한 법령을 준용한다(헌재법 제40조 제1항). 이 경우에 형사소송에 관한 법령이 민사소송에 관한 법령에 저촉될 때에는 민사소송에 관한 법령은 준용하지 아니한다(헌재법 제40조 제2항).

[준용의 조건] 준용의 조건은 헌재법에 탄핵심판절차에 관한 특별한 규정이 없는 경우여야 하고 탄핵심판의 성질에 반하지 않아야 한다.

4. 탄핵심판의 결정

(1) 탄핵심판결정의 정족수, 탄핵(파면)결정의 정족수

재판부는 재판관 7명 이상의 출석으로 탄핵심판사건을 심리하므로(심판정족수, 동법 제23조 제1항). 탄핵심판사건의 결정에는 재판관 7명 이상이 참여하면 된다. 대통령 탄핵심판 두 번째 사건에서 8인의 재판관에 종국결정에 대한 문제제기가 있었고 이에 대해서는 앞서 살펴보았다. 탄핵(파면)결정, 즉 탄핵심판청구가 이유 있다는 결정에는 가중정족수, 즉 재판관 6인 이상의 찬성이 있어야 한다(헌법 제113조 제1항; 헌재법 제23조 제2항 제1호).

(2) 탄핵심판결정의 유형

탄핵심판의 결정유형(형식)에는 ⅰ) 각하결정[탄핵소추의 요건을 갖추지 못한 경우에 각하결정을 한다. 탄핵심판의 이익이 없을 때에도 각하결정을 한다. 탄핵심판의 이익에 대해서는 앞의 3. 탄핵심판절차에서 살펴보았다(전술 참조). 탄핵소추 이전에 심판의 이익이 있었더라도 이후에 사라지면 예외에 해당되지 않을 경우 각하결정을 할 것이다. 헌재가 탄핵심판의 이익이 없다고 하여 각하한 예가 바로 탄핵소추의결이 국회에서 있은 후 피청구인의 법관의 임기 만료로 퇴임하였다고 하여 각하결정을 한 예이다(2021헌나1)]), ⅱ) 본안결정 - 탄핵소추의 요건을 갖추어 본안판단(직무집행위에 위헌·위법의 사유가 있는지 여부에 대한 본안 문제를 판단)하여 내리는 결정으로 이 결정에는 ㉠ 청구가 이유가 있는 경우, 즉 직무집행행위가 위헌·위법이고 파면할 사유가 있어서 피청구인을 해당 공직에서 파면하는 결정(헌재법 제53조 제1항), ㉡ 기각결정(파면의 사유가 없을 경우와 결정선고 전에 해당 공직에서 파면되었을 때(동법 동조 제2항) 등이 있다. 이하에서 탄핵(파면)결정과 기각결정에 대해 살펴본다.

(3) 탄핵(파면)결정

1) 탄핵(파면)사유 - 판례의 입장을 중심으로

[문제제기] 두 번의 대통령 탄핵심판에서 헌재는 위헌·위법사유가 있다고 하여 바로 파면사유가 인정되는 것이 아니라 법위반의 중대성을 탄핵사유의 기준으로 잡고 있다.

[법위반의 중대성] 헌재는 헌재법 제53조 제1항을 "헌법 제65조 제1항의 탄핵사유가 인정되는 모든 경우에 자동적으로 파면결정을 하도록 규정하고 있는 것으로 문리적으로 해석할 수 있으나, 직무행위로 인한 모든 사소한 법위반을 이유로 파면을 해야 한다면, 이는 피청구인의 책임에 상응하는 헌법적 징벌의 요청, 즉 법익형량의 원칙에 위반된다. 따라서 헌법재판소법 제53조 제1항의 '탄핵심판청구가 이유 있는 때'란, 모든 법위반의 경우가 아니라, 단지 공직자의 파면을 정당화할 정도로 '중대한' 법위반의 경우를 말한다"라고 하여(2004헌나1; 2016헌나1) 파면사유로서 중대성이 있어야 한다고 본다. 그런데 이어진 판시에서 헌재는 "대통령을 제외한 다른 공직자의 경우에는 파면결정으로 인한 효과가 일반적으로 적기 때문에 상대적으로 경미한 법위반행위에 의해서도 파면이 정당화될 가능성이 큰 반면,"이라고 하여 대통령 외 대상자의 경우 중대성 요건을 요구하지 않는다고 보는 것인지 혼란을 주고 헌재의 입장을 충분히 명확하게 알 수 없게 한다. 그렇지만 여하튼 대통령에게는 중대성이 요구되고 더 많이 요구된다는 것이 헌재의 입장인 것은 이해가 된다(2016헌나1 결정에서 대통령 파면사유로 중대성을 다시 분명히 하고 있다).

['법위반의 중대성'에 관한 판단 기준 - 형량] 탄핵사유로서의 중대성 여부에 대한 판단 기준은 어떠한지가 문제된다. 헌법재판소는 법익형량을 통하여 판별된다는 입장이다. 즉 "'법위반이 중대한지' 또는 '파면이 정당화되는지'의 여부는 그 자체로서 인식될 수 없는 것이므로, 결국 파면결정을 할 것인지의 여부는 공직자의 '법위반 행위의 중대성'과 '파면결정으로 인한

효과' 사이의 법익형량을 통하여 결정된다고 할 것이다. 그런데 탄핵심판절차가 헌법의 수호와 유지를 그 본질로 하고 있다는 점에서, '법위반의 중대성'이란 '헌법질서의 수호의 관점에서의 중대성'을 의미하는 것이다. 따라서 한편으로는 '법위반이 어느 정도로 헌법질서에 부정적 영향이나 해악을 미치는지의 관점'과 다른 한편으로는 '피청구인을 파면하는 경우 초래되는 효과'를 서로 형량하여 탄핵심판청구가 이유 있는지의 여부, 즉 파면여부를 결정해야 한다"라고 한다(2004헌나1).

[탄핵대상자에 따른 중대성의 차이 문제 – 대통령의 경우] 헌재판례는 대통령의 경우 다른 탄핵대상 공직자에 비해 보다 더 중대한 사유가 있어야 한다고 본다. 즉 "대통령은 국가의 원수이자 행정부의 수반이라는 막중한 지위에 있고(헌법 제66조), 국민의 선거에 의하여 선출되어 직접적인 민주적 정당성을 부여받은 대의기관이라는 점에서(헌법 제67조) 다른 탄핵대상 공무원과는 그 정치적 기능과 비중에 있어서 본질적인 차이가 있으며, 이러한 차이는 '파면의 효과'에 있어서도 근본적인 차이로 나타난다"라고 보고 "대통령에 대한 파면효과가 이와 같이 중대하다면, 파면결정을 정당화하는 사유도 이에 상응하는 중대성을 가져야 한다"라고 본다(2004헌나1; 2016헌나1).

[대통령에 대한 중대성 기준] 위 기준에 따라 대통령에 대한 파면을 정당화할 정도의 중대성의 기준은 보다 구체적으로 어떠한가가 나아가 문제된다. 헌재는 그 기준으로 ① 헌법을 수호하고 손상된 헌법질서를 다시 회복하는 것이 요청될 정도로 대통령의 법위반행위가 헌법수호의 관점에서 중대한 의미를 가지는지, ② 법위반행위를 통하여 국민의 신임을 저버린 경우인지를 두고 판단하였다(2004헌나1; 2016헌나1).

2) 실제례

헌재는 2004헌나1 결정에서 대통령이 일부 직무집행에 있어서 헌법이나 법률을 위반했음을 (헌재는 대통령의 법위반 사실로 기자회견에서 특정 정당을 지지하는 발언을 함으로써 선거에서의 '공무원의 중립의무'에 위반한 사실과, 중앙선거관리위원회의 선거법 위반결정에 대하여 유감을 표명하고 현행 선거법을 폄하하는 발언을 하고 재신임 국민투표를 제안함으로써 법치국가이념 및 헌법 제72조에 반하여 대통령의 헌법수호의무를 위반한 사실이라고 판단하였다) 인정하였음에도 그 위헌·위법이 중대사유가 아니어서 파면을 하지 않는다고 하여 기각결정을 한 바 있다. 2016헌나1 결정에서는 그 중대성이 인정되어 파면결정이 내려졌다. 헌재는 (1) 사인의 국정개입 허용과 대통령 권한 남용 여부, (2) 공무원 임면권 남용 여부, (3) 언론의 자유 침해 여부, (4) 생명권 보호의무 등 위반 여부로 나누어 판단하였는데 (1)에 대해서는 위법행위로서 받아들일 수 있는 소추사유로 보았고 (2)와 (3)은 받아들일 수 없는 소추사유이고 (4)는 소추사유가 될 수 없다고 보았다. (1)에 대한 평가로 1) 공익실현의무 위반(헌법 제7조 제1항 등 위반), 2) 기업의 자유와 재산권 침해(헌법 제15조, 제23조 제1항 등 위반), 3) 비밀엄수의무 위배를 인정하였다. 결국 헌재는 피청구인을 파면할 것인지 여부에 대해 이 위법행위는 국민의 신임을 배반한 행위로서 법 위배행위가 헌법질서에 미치게 된 부정적 영향과 파급 효과가 중대하므로, 파면함으로써 얻는 헌법수호의 이익이 대통령 파면에 따르는 국가적 손실을 압도할 정도로 크다고 인정된다고 보아 다음과 같이 판시하여(요약함) 파면결정을 하였다.

피청구인은 최○원에게 공무상 비밀이 포함된 국정에 관한 문건을 전달했고, 공직자가 아닌 최○원의 의견을 비밀리에 국정 운영에 반영하였다. 피청구인의 이러한 위법행위는 피청구인이 대통령으로 취임한 때부터 3년 이상 지속되었다. 피청구인은 국민으로부터 위임받은 권한을 사적 용도로 남용하여 적극적·반복적으로 최○원의 사익 추구를 도와주었고, 그 과정에서 대통령의 지위를 이용하거나 국가의 기관과 조직을 동원하였다는 점에서 법 위반의 정도가 매우 중하다. 대통령은 공무 수행을 투명하게 공개하여 국민의 평가를 받아야 한다. 그런데 피청구인은 최○원의 국정 개입을 허용하면서 이 사실을 철저히 비밀에 부쳤고, 그에 관한 의혹이 제기될 때마다 이를 부인하며 의혹 제기 행위만을 비난하였다. 따라서 권력분립원리에 따른 국회 등 헌법기관에 의한 견제나 언론 등 민간에 의한 감시 장치가 제대로 작동될 수 없었다. 이와 같은 피청구인의 일련의 행위는 대의민주제의 원리와 법치주의의 정신을 훼손한 것으로서 대통령으로서의 공익실현의무를 중대하게 위반한 것이다.

결국 피청구인의 이 사건 헌법과 법률 위배행위는 국민의 신임을 배반한 행위로서 헌법수호의 관점에서 용납될 수 없는 중대한 법 위배행위라고 보아야 한다. 그렇다면 피청구인의 법 위배행위가 헌법질서에 미치게 된 부정적 영향과 파급 효과가 중대하므로, 피청구인을 파면함으로써 얻는 헌법수호의 이익이 대통령 파면에 따르는 국가적 손실을 압도할 정도로 크다고 인정된다.

5. 탄핵심판결정의 효력

(1) 탄핵(파면)결정의 효력

[파면] 파면하는 결정인 탄핵결정은 공직파면으로 그친다.

[민사상·형사상 책임의 비면제] 그러나 피청구인의 민사상 또는 형사상의 책임을 면제하지 아니한다(제65조 제4항; 헌재법 제54조 제1항).

[공무 복귀 제한, 자격의 제한·박탈] 탄핵결정에 의하여 파면된 사람은 결정선고가 있은 날부터 5년을 지나지 아니하면 공무원이 될 수 없다(헌재법 제54조 제2항). 공무원자격 외에도 전문자격이 개별법률로 자격이 제한, 또는 박탈되기도 한다(변호사법 제5조 제4호; 공인회계사법 제4조 제6호; 외국법자문사법 제5조 제4호; 세무사법 제4조 제4호).

[사면의 금지] 탄핵결정 이후 사면이 가능한가에 대하여 부정하는 견해가 일반적이다.

[대통령의 경우 – 예우 박탈] 전직대통령이 재직 중 탄핵결정을 받아 퇴임한 경우에는 필요한 기간의 경호 및 경비를 제외하고는 '전직대통령 예우에 관한 법률'에 따른 전직대통령으로서의 예우를 하지 아니한다(동법 제7조 제2항).

[연금의 제한] 탄핵에 의하여 파면된 경우에 퇴직급여 및 퇴직수당의 일부를 줄여 지급한다(공무원연금법 제64조 제1항 제2호).

(2) 기각결정의 효력

기각결정은 직무정지를 종료시킨다. 직무정지에서 직무로 복귀되는 시점은 헌재의 결정이 있는 때고 헌재결정이 송달된 시점이 아니라고 볼 것이다.

II. 정당해산심판

1. 의의

우리 헌법은 정당의 목적이나 활동이 민주적 기본질서에 위배될 때에는 정부는 헌재에 그 해산을 제소할 수 있고, 정당은 헌재의 심판에 의하여 해산되도록 하여(제8조 제4항) 이른바 방어적 민주주의의 입장에서 위헌적인 활동을 행한 정당을 해산시킬 수 있는 제도를 마련하고 있다. 정당해산심판제도는 조직화된 정당의 헌법위반행위로부터 헌법을 보호하기 위한 것이다.

2. 정당해산의 사유

정당의 목적이나 활동이 민주적 기본질서에 위배될 때이다(제8조 제4항). 견해대립이 있으나 자유민주적 기본질서만이 아니라 사회복지적 민주적 기본질서도 포함된다(전술 제2부 제2장 제1절 제1항 민주적 기본질서 참조)(정당해산사유에 대한 자세한 것은 앞의 제2부 제2장 정치질서, 정당, 정당의 소멸, 강제해산 부분 참조).

3. 정당해산심판절차

(1) 제소권자(정부), 청구절차

ⅰ) 제소권자(정부) — 현행 헌법과 헌재법은 정당에 대한 해산심판을 제소(청구)할 수 있는 자를 '정부'로 규정하고 있고(제8조 제4항; 헌재법 제55조) ⅱ) 제소(청구)절차 — 정부는 국무회의의 심의를 거쳐야 제소(청구)할 수 있다(제89조 제14호; 헌재법 제55조). ⅲ) 대통령 대행 주제의 국무회의를 거친 경우 — 헌재는 대통령이 직무상 해외 순방 중인데 국무총리가 대행하여 주재한 국무회의에서 정당해산심판 청구서 제출안이 의결되었다고 하여 그 의결이 위법하다고 볼 수 없고 국무회의에 제출되는 의안은 긴급한 의안이 아닌 한 차관회의의 심의를 거쳐야 하나, 의안의 긴급성에 관한 판단은 정부의 재량이므로, 피청구인 소속 국회의원 등이 관련된 내란 관련 사건이 발생한 상황에서 제출된 이 사건 정당해산심판청구에 대한 의안이 긴급한 의안에 해당한다고 본 정부의 판단에 재량의 일탈이나 남용이 있다고 단정하기 어렵다고 한다(2013헌다1). ⅳ) 청구서 — 정당해산심판의 청구서에는 1. 해산을 요구하는 정당의 표시, 2. 청구의 이유를 적어야 한다(헌재법 제56조). ⅴ) 청구 등의 통지 — 정당해산심판의 청구가 있는 때에는 헌법재판소장은

그 사실을 국회와 중앙선거관리위원회에 통지하여야 한다(헌재법 제58조 제1항).

(2) 가처분

ⅰ) 가처분의 개념과 내용(활동정지) — 헌재는 정당해산심판의 청구를 받은 때에는 직권 또는 청구인의 신청에 의하여 종국결정의 선고 시까지 피청구인의 활동을 정지하는 결정을 할 수 있다(동법 제57조). ⅱ) 헌재의 가처분 제도에 대한 합헌성 인정 — 이 정당해산심판에서의 가처분제도에 대해서는 과잉금지원칙을 준수하여한 것이라고 하여 그 합헌성을 인정하는 헌재결정이 있었다(2014헌마7). ⅲ) 가처분 허용사유, 판단기준 — 앞서 헌법소원심판 등에서 살펴본 허용요건인 긴급성 등의 요건과 그 판단기준인 비교형량원칙 등을 적용할 수 있을 것이다. 헌재는 "정당의 활동을 정지하는 결정을 하기 위해서는 정당해산심판제도의 취지에 비추어 헌법이 규정하고 있는 정당해산의 요건이 소명되었는지 여부 등에 관하여 신중하고 엄격한 심사가 이루어져야 한다"라고 한다(2014헌마7). ⅳ) 가처분인용시 통지 의무 — 가처분결정을 한 때에는 헌법재판소장은 그 사실을 국회와 중앙선거관리위원회에 통지하여야 한다(동법 제58조 제1항). ⅴ) 실제례 — 정부는 통합진보당에 대한 정당활동정지가처분신청도 하였는데 헌재는 해산심판청구에 대한 종국결정을 한 날에 가처분신청에 대해서도 기각결정(2013헌사907)을 한 바 있다.

(3) 정당해산심판의 심리

정당해산심판은 구두변론에 의한다(동법 제30조 제1항). 재판관 7명 이상의 출석으로 정당해산심판사건을 심리한다(동법 제23조 제1항). 재판부는 사건의 심리를 위하여 필요하다고 인정하는 경우에는 직권 또는 당사자의 신청에 의하여 증거조사를 할 수 있다(동법 제31조 제1항).

(4) 준용

헌재의 정당해산심판절차에 관하여는 헌재법에 특별한 규정이 있는 경우를 제외하고는 헌법재판의 성질에 반하지 아니하는 한도에서 민사소송에 관한 법령을 준용한다(동법 제40조 제1항). 헌재법은 탄핵심판, 권한쟁의심판, 헌법소원심판의 경우와 달리 정당해산심판의 경우 민사소송 법령 외에 함께 준용할 다른 법을 규정하고 있지 않다. 이 준용규정이 논란되었으나 합헌성을 인정하는 헌재결정이 있었다(2014헌마7).

4. 정당해산심판의 결정과 정당해산결정의 효력

(1) 정당해산심판결정의 유형

ⅰ) 각하결정 — 정부가 제소한 정당해산심판이 제소요건을 결여한 경우에는 각하결정을

한다. ⅱ) 본안결정 – 제소요건을 갖추어 본안판단으로 들어간 뒤에는 본안결정을 한다. (ㄱ) 정당해산(인용)결정 – 본안결정으로 정부가 해산을 요구하는 정당의 목적이나 활동이 민주적 기본질서에 위배된다고 헌법재판소가 판단한 때에는 인용결정으로서 정당해산결정을 한다. (ㄴ) 기각결정 – 본안판단에서 해산사유가 존재하지 않는 등 청구가 이유가 없을 경우에는 기각결정을 한다. 이하 정당해산(인용)결정을 중심으로 살펴본다.

(2) 정당해산결정
1) 정족수
정당해산의 결정에는 재판관 6명 이상의 찬성이 있어야 한다(제113조 제1항; 헌재법 제23조 제2항). 통합진보당에 대한 해산심판청구사건에서 8:1로 해산결정이 내려졌다(2013헌다1).
2) 해산결정례
헌재는 우리나라 최초의 정당해산심판의 청구이자 그 본안결정인 통합진보당에 대한 심판 사건에서 헌재는 먼저 정당해산심판에서의 심사기준(위에서 살펴봄)을 적용하면서 통합진보당 사건에서 구체적 위험성을 초래하였다고 판단하고 해산결정은 비례의 원칙에 어긋나지 않는다고 보아 해산결정을 하였다(헌재 2014.12.19. 2013헌다1).

(3) 정당해산결정의 집행과 효력
정당의 해산을 명하는 헌재의 결정은 중앙선거관리위원회가 '정당법'에 따라 집행한다(헌재법 제60조). 정당해산결정의 창설적 효력, 등록말소, 소속 국회의원의 국회의원 자격 자동상실 여부 등은 앞의 정당제도에서 살펴보았다(전술 제2부 제2장 제3절 참조). 헌재는 국회의원직의 자동상실을 인정하였다(2013헌다1). 반면 소속 지방의회의원들은 의원자격 자동상실을 선언하지 않았는데 논란이 되었다(앞의 정치질서, 정당제도 부분 참조).

(4) 재심
헌재는 정당해산결정에 대한 재심이 허용된다고 본다. 그런데 통합진보당 해산(재심) 사건에서는 재심사유 해당성이 부정되어 각하결정이 있었다(2015헌아20).

대한민국 헌법

[시행 1988.2.25.] [헌법 제10호, 1987.10.29., 전부개정]

유구한 역사와 전통에 빛나는 우리 대한국민은 3·1운동으로 건립된 대한민국임시정부의 법통과 불의에 항거한 4·19민주이념을 계승하고, 조국의 민주개혁과 평화적 통일의 사명에 입각하여 정의·인도와 동포애로써 민족의 단결을 공고히 하고, 모든 사회적 폐습과 불의를 타파하며, 자율과 조화를 바탕으로 자유민주적 기본질서를 더욱 확고히 하여 정치·경제·사회·문화의 모든 영역에 있어서 각인의 기회를 균등히 하고, 능력을 최고도로 발휘하게 하며, 자유와 권리에 따르는 책임과 의무를 완수하게 하여, 안으로는 국민생활의 균등한 향상을 기하고 밖으로는 항구적인 세계평화와 인류공영에 이바지함으로써 우리들과 우리들의 자손의 안전과 자유와 행복을 영원히 확보할 것을 다짐하면서 1948년 7월 12일에 제정되고 8차에 걸쳐 개정된 헌법을 이제 국회의 의결을 거쳐 국민투표에 의하여 개정한다.

제1장 총강

제1조 ① 대한민국은 민주공화국이다.

② 대한민국의 주권은 국민에게 있고, 모든 권력은 국민으로부터 나온다.

제2조 ① 대한민국의 국민이 되는 요건은 법률로 정한다.

② 국가는 법률이 정하는 바에 의하여 재외국민을 보호할 의무를 진다.

제3조 대한민국의 영토는 한반도와 그 부속도서로 한다.

제4조 대한민국은 통일을 지향하며, 자유민주적 기본질서에 입각한 평화적 통일 정책을 수립하고 이를 추진한다.

제5조 ① 대한민국은 국제평화의 유지에 노력하고 침략적 전쟁을 부인한다.

② 국군은 국가의 안전보장과 국토방위의 신성한 의무를 수행함을 사명으로 하며, 그 정치적 중립성은 준수된다.

제6조 ① 헌법에 의하여 체결·공포된 조약과 일반적으로 승인된 국제법규는 국내법과 같은 효력을 가진다.

② 외국인은 국제법과 조약이 정하는 바에 의하여 그 지위가 보장된다.

제7조 ① 공무원은 국민전체에 대한 봉사자이며, 국민에 대하여 책임을 진다.

② 공무원의 신분과 정치적 중립성은 법률이 정하는 바에 의하여 보장된다.

제8조 ① 정당의 설립은 자유이며, 복수정당제는 보장된다.

② 정당은 그 목적·조직과 활동이 민주적이어야 하며, 국민의 정치적 의사형성에 참여하는데 필요한 조직을 가져야 한다.

③ 정당은 법률이 정하는 바에 의하여 국가의 보호를 받으며, 국가는 법률이 정하는 바에 의하여 정당 운영에 필요한 자금을 보조할 수 있다.

④ 정당의 목적이나 활동이 민주적 기본질서에 위배될 때에는 정부는 헌법재판소에 그 해산을 제소할 수 있고, 정당은 헌법재판소의 심판에 의하여 해산된다.

제9조 국가는 전통문화의 계승·발전과 민족문화의 창달에 노력하여야 한다.

제2장 국민의 권리와 의무

제10조 모든 국민은 인간으로서의 존엄과 가치를 가지며, 행복을 추구할 권리를 가진다. 국가는 개인이 가지는 불가침의 기본적 인권을 확인하고 이를 보장할 의무를 진다.

제11조 ① 모든 국민은 법 앞에 평등하다. 누구든지 성별·종교 또는 사회적 신분에 의하여 정치적·경제적·사회적·문화적 생활의 모든 영역에 있어서 차별을 받지 아니한다.

② 사회적 특수계급의 제도는 인정되지 아니하며, 어떠한 형태로도 이를 창설할 수 없다.

③ 훈장등의 영전은 이를 받은 자에게만 효력이 있고, 어떠한 특권도 이에 따르지 아니한다.

제12조 ① 모든 국민은 신체의 자유를 가진다. 누구든지 법률에 의하지 아니하고는 체포·구속·압수·수색 또는 심문을 받지 아니하며, 법률과 적법한 절차에 의하지 아니하고는 처벌·보안처분 또는 강제노역을 받지 아니한다.

② 모든 국민은 고문을 받지 아니하며, 형사상 자기에게 불리한 진술을 강요당하지 아니한다.

③ 체포·구속·압수 또는 수색을 할 때에는 적법한 절차에 따라 검사의 신청에 의하여 법관이 발부한 영장을 제시하여야 한다. 다만, 현행범인인 경우와 장기 3년 이상의 형에 해당하는 죄를 범하고 도피 또는 증거인멸의 염려가 있을 때에는 사후에 영장을 청구할 수 있다.

④ 누구든지 체포 또는 구속을 당한 때에는 즉시 변호인의 조력을 받을 권리를 가진다. 다만, 형사피고인이 스스로 변호인을 구할 수 없을 때에는 법률이 정하는 바에 의하여 국가가 변호인을 붙인다.

⑤ 누구든지 체포 또는 구속의 이유와 변호인의 조력을 받을 권리가 있음을 고지받지 아니하고는 체포 또는 구속을 당하지 아니한다. 체포 또는 구속을 당한 자의 가족등 법률이 정하는 자에게는 그 이유와 일시·장소가 지체없이 통지되어야 한다.

⑥ 누구든지 체포 또는 구속을 당한 때에는 적부의 심사를 법원에 청구할 권리를 가진다.

⑦ 피고인의 자백이 고문·폭행·협박·구속의 부당한 장기화 또는 기망 기타의 방법에 의하여 자의로 진술된 것이 아니라고 인정될 때 또는 정식재판에 있어서 피고인의 자백이 그에게 불리한 유일한 증거일 때에는 이를 유죄의 증거로 삼거나 이를 이유로 처벌할 수 없다.

제13조 ① 모든 국민은 행위시의 법률에 의하여 범죄를 구성하지 아니하는 행위로 소추되지 아니하며, 동일한 범죄에 대하여 거듭 처벌받지 아니한다.

② 모든 국민은 소급입법에 의하여 참정권의 제한을 받거나 재산권을 박탈당하지 아니한다.

③ 모든 국민은 자기의 행위가 아닌 친족의 행위로 인하여 불이익한 처우를 받지 아니한다.

제14조 모든 국민은 거주·이전의 자유를 가진다.

제15조 모든 국민은 직업선택의 자유를 가진다.

제16조 모든 국민은 주거의 자유를 침해받지 아니한다. 주거에 대한 압수나 수색을 할 때에는 검사의 신청에 의하여 법관이 발부한 영장을 제시하여야 한다.

제17조 모든 국민은 사생활의 비밀과 자유를 침해받지 아니한다.

제18조 모든 국민은 통신의 비밀을 침해받지 아니한다.

제19조 모든 국민은 양심의 자유를 가진다.

제20조 ① 모든 국민은 종교의 자유를 가진다.

② 국교는 인정되지 아니하며, 종교와 정치는 분리된다.

제21조 ① 모든 국민은 언론·출판의 자유와 집회·결사의 자유를 가진다.

② 언론·출판에 대한 허가나 검열과 집회·결사에 대한 허가는 인정되지 아니한다.

③ 통신·방송의 시설기준과 신문의 기능을 보장하기 위하여 필요한 사항은 법률로 정한다.

④ 언론·출판은 타인의 명예나 권리 또는 공중도덕이나 사회윤리를 침해하여서는 아니된다. 언론·출판이 타인의 명예나 권리를 침해한 때에는 피해자는 이에 대한 피해의 배상을 청구할 수 있다.

제22조 ① 모든 국민은 학문과 예술의 자유를 가진다.

② 저작자·발명가·과학기술자와 예술가의 권리는 법률로써 보호한다.

제23조 ① 모든 국민의 재산권은 보장된다. 그 내용과 한계는 법률로 정한다.

② 재산권의 행사는 공공복리에 적합하도록 하여야 한다.

③ 공공필요에 의한 재산권의 수용·사용 또는 제한 및 그에 대한 보상은 법률로써 하되, 정당한 보상을 지급하여야 한다.

제24조 모든 국민은 법률이 정하는 바에 의하여 선거권을 가진다.

제25조 모든 국민은 법률이 정하는 바에 의하여 공무담임권을 가진다.

제26조 ① 모든 국민은 법률이 정하는 바에 의하여 국가기관에 문서로 청원할 권리를 가진다.

② 국가는 청원에 대하여 심사할 의무를 진다.

제27조 ① 모든 국민은 헌법과 법률이 정한 법관에 의하여 법률에 의한 재판을 받을 권리를 가진다.

② 군인 또는 군무원이 아닌 국민은 대한민국의 영역안에서는 중대한 군사상 기밀·초병·초소·유독음식물공급·포로·군용물에 관한 죄중 법률이 정한 경우와 비상계엄이 선포된 경우를 제외하고는 군사법원의 재판을 받지 아니한다.

③ 모든 국민은 신속한 재판을 받을 권리를 가진다. 형사피고인은 상당한 이유가 없는 한 지체없이 공개재판을 받을 권리를 가진다.

④ 형사피고인은 유죄의 판결이 확정될 때까지는 무죄로 추정된다.

⑤ 형사피해자는 법률이 정하는 바에 의하여 당해 사건의 재판절차에서 진술할 수 있다.

제28조 형사피의자 또는 형사피고인으로서 구금되었던 자가 법률이 정하는 불기소처분을 받거나 무죄판결을 받은 때에는 법률이 정하는 바에 의하여 국가에 정당한 보상을 청구할 수 있다.

제29조 ① 공무원의 직무상 불법행위로 손해를 받은 국민은 법률이 정하는 바에 의하여 국가 또는 공공단체에 정당한 배상을 청구할 수 있다. 이 경우 공무원 자신의 책임은 면제되지 아니한다.

② 군인·군무원·경찰공무원 기타 법률이 정하는 자가 전투·훈련등 직무집행과 관련하여 받은 손해에 대하여는 법률이 정하는 보상외에 국가 또는 공공단체에 공무원의 직무상 불법행위로 인한 배상은 청구할 수 없다.

제30조 타인의 범죄행위로 인하여 생명·신체에 대한 피해를 받은 국민은 법률이 정하는 바에 의하여 국가로부터 구조를 받을 수 있다.

제31조 ① 모든 국민은 능력에 따라 균등하게 교육을 받을 권리를 가진다.

② 모든 국민은 그 보호하는 자녀에게 적어도 초등교육과 법률이 정하는 교육을 받게 할 의무를 진다.

③ 의무교육은 무상으로 한다.

④ 교육의 자주성·전문성·정치적 중립성 및 대학의 자율성은 법률이 정하는 바에 의하여 보장된다.

⑤ 국가는 평생교육을 진흥하여야 한다.

⑥ 학교교육 및 평생교육을 포함한 교육제도와 그 운영, 교육재정 및 교원의 지위에 관한 기본적인 사항은 법률로 정한다.

제32조 ① 모든 국민은 근로의 권리를 가진다. 국가는 사회적·경제적 방법으로 근로자의 고용의 증진과 적정임금의 보장에 노력하여야 하며, 법률이 정하는 바에 의하여 최저임금제를 시행하여야 한다.

② 모든 국민은 근로의 의무를 진다. 국가는 근로의 의무의 내용과 조건을 민주주의원칙에 따라 법률로 정한다.

③ 근로조건의 기준은 인간의 존엄성을 보장하도록 법률로 정한다.

④ 여자의 근로는 특별한 보호를 받으며, 고용·임금 및 근로조건에 있어서 부당한 차별을 받지 아니한다.

⑤ 연소자의 근로는 특별한 보호를 받는다.

⑥ 국가유공자·상이군경 및 전몰군경의 유가족은 법률이 정하는 바에 의하여 우선적으로 근로의 기회를 부여받는다.

제33조 ① 근로자는 근로조건의 향상을 위하여 자주적인 단결권·단체교섭권 및 단체행동권을 가진다.

② 공무원인 근로자는 법률이 정하는 자에 한하여 단결권·단체교섭권 및 단체행동권을 가진다.

③ 법률이 정하는 주요방위산업체에 종사하는 근로자의 단체행동권은 법률이 정하는 바에 의하여 이를 제한하거나 인정하지 아니할 수 있다.

제34조 ① 모든 국민은 인간다운 생활을 할 권리를 가진다.

② 국가는 사회보장·사회복지의 증진에 노력할 의무를 진다.

③ 국가는 여자의 복지와 권익의 향상을 위하여 노력하여야 한다.

④ 국가는 노인과 청소년의 복지향상을 위한 정책을 실시할 의무를 진다.

⑤ 신체장애자 및 질병·노령 기타의 사유로 생활능력이 없는 국민은 법률이 정하는 바에 의하여 국가의 보호를 받는다.

⑥ 국가는 재해를 예방하고 그 위험으로부터 국민을 보호하기 위하여 노력하여야 한다.

제35조 ① 모든 국민은 건강하고 쾌적한 환경에서 생활할 권리를 가지며, 국가와 국민은 환경보전을 위하여 노력하여야 한다.

② 환경권의 내용과 행사에 관하여는 법률로 정한다.

③ 국가는 주택개발정책등을 통하여 모든 국민이 쾌적한 주거생활을 할 수 있도록 노력하여야 한다.

제36조 ① 혼인과 가족생활은 개인의 존엄과 양성의 평등을 기초로 성립되고 유지되어야 하며, 국가는 이를 보장한다.

② 국가는 모성의 보호를 위하여 노력하여야 한다.

③ 모든 국민은 보건에 관하여 국가의 보호를 받는다.

제37조 ① 국민의 자유와 권리는 헌법에 열거되지 아니한 이유로 경시되지 아니한다.

② 국민의 모든 자유와 권리는 국가안전보장·질서유지 또는 공공복리를 위하여 필요한 경우에 한하여 법률로써 제한할 수 있으며, 제한하는 경우에도 자유와 권리의 본질적인 내용을 침해할 수 없다.

제38조 모든 국민은 법률이 정하는 바에 의하여 납세의 의무를 진다.

제39조 ① 모든 국민은 법률이 정하는 바에 의하여 국방의 의무를 진다.

② 누구든지 병역의무의 이행으로 인하여 불이익한 처우를 받지 아니한다.

제3장 국회

제40조 입법권은 국회에 속한다.

제41조 ① 국회는 국민의 보통·평등·직접·비밀선거에 의하여 선출된 국회의원으로 구성한다.

② 국회의원의 수는 법률로 정하되, 200인 이상으로 한다.

③ 국회의원의 선거구와 비례대표제 기타 선거에 관한 사항은 법률로 정한다.

제42조 국회의원의 임기는 4년으로 한다.

제43조 국회의원은 법률이 정하는 직을 겸할 수 없다.

제44조 ① 국회의원은 현행범인인 경우를 제외하고는 회기중 국회의 동의없이 체포 또는 구금되지 아니한다.

② 국회의원이 회기전에 체포 또는 구금된 때에는 현행범인이 아닌 한 국회의 요구가 있으면 회기중 석방된다.

제45조 국회의원은 국회에서 직무상 행한 발언과 표결에 관하여 국회외에서 책임을 지지 아니한다.

제46조 ① 국회의원은 청렴의 의무가 있다.

② 국회의원은 국가이익을 우선하여 양심에 따라 직무를 행한다.

③ 국회의원은 그 지위를 남용하여 국가·공공단체 또는 기업체와의 계약이나 그 처분에 의하여 재산상의 권리·이익 또는 직위를 취득하거나 타인을 위하여 그 취득을 알선할 수 없다.

제47조 ① 국회의 정기회는 법률이 정하는 바에 의하여 매년 1회 집회되며, 국회의 임시회는 대통령 또는 국회재적의원 4분의 1 이상의 요구에 의하여 집회된다.

② 정기회의 회기는 100일을, 임시회의 회기는 30일을 초과할 수 없다.

③ 대통령이 임시회의 집회를 요구할 때에는 기간과 집회요구의 이유를 명시하여야 한다.

제48조 국회는 의장 1인과 부의장 2인을 선출한다.

제49조 국회는 헌법 또는 법률에 특별한 규정이 없는 한 재적의원 과반수의 출석과 출석의원 과반수의 찬성으로 의결한다. 가부동수인 때에는 부결된 것으로 본다.

제50조 ① 국회의 회의는 공개한다. 다만, 출석의원 과반수의 찬성이 있거나 의장이 국가의 안전보장을 위하여 필요하다고 인정할 때에는 공개하지 아니할 수 있다.

② 공개하지 아니한 회의내용의 공표에 관하여는 법률이 정하는 바에 의한다.

제51조 국회에 제출된 법률안 기타의 의안은 회기중에 의결되지 못한 이유로 폐기되지 아니한다. 다만, 국회의원의 임기가 만료된 때에는 그러하지 아니하다.

제52조 국회의원과 정부는 법률안을 제출할 수 있다.

제53조 ① 국회에서 의결된 법률안은 정부에 이송되어 15일 이내에 대통령이 공포한다.

② 법률안에 이의가 있을 때에는 대통령은 제1항의 기간내에 이의서를 붙여 국회로 환부하고, 그 재의를 요구할 수 있다. 국회의 폐회중에도 또한 같다.

③ 대통령은 법률안의 일부에 대하여 또는 법률안을 수정하여 재의를 요구할 수 없다.

④ 재의의 요구가 있을 때에는 국회는 재의에 붙이고, 재적의원과반수의 출석과 출석의원 3분의 2 이상의 찬성으로 전과 같은 의결을 하면 그 법률안은 법률로서 확정된다.

⑤ 대통령이 제1항의 기간내에 공포나 재의의 요구를 하지 아니한 때에도 그 법률안은 법률로서 확정된다.

⑥ 대통령은 제4항과 제5항의 규정에 의하여 확정된 법률을 지체없이 공포하여야 한다. 제5항에 의하

여 법률이 확정된 후 또는 제4항에 의한 확정법률이 정부에 이송된 후 5일 이내에 대통령이 공포하지 아니할 때에는 국회의장이 이를 공포한다.

⑦ 법률은 특별한 규정이 없는 한 공포한 날로부터 20일을 경과함으로써 효력을 발생한다.

제54조 ① 국회는 국가의 예산안을 심의·확정한다.

② 정부는 회계연도마다 예산안을 편성하여 회계연도 개시 90일전까지 국회에 제출하고, 국회는 회계연도 개시 30일전까지 이를 의결하여야 한다.

③ 새로운 회계연도가 개시될 때까지 예산안이 의결되지 못한 때에는 정부는 국회에서 예산안이 의결될 때까지 다음의 목적을 위한 경비는 전년도 예산에 준하여 집행할 수 있다.

 1. 헌법이나 법률에 의하여 설치된 기관 또는 시설의 유지·운영

 2. 법률상 지출의무의 이행

 3. 이미 예산으로 승인된 사업의 계속

제55조 ① 한 회계연도를 넘어 계속하여 지출할 필요가 있을 때에는 정부는 연한을 정하여 계속비로서 국회의 의결을 얻어야 한다.

② 예비비는 총액으로 국회의 의결을 얻어야 한다. 예비비의 지출은 차기국회의 승인을 얻어야 한다.

제56조 정부는 예산에 변경을 가할 필요가 있을 때에는 추가경정예산안을 편성하여 국회에 제출할 수 있다.

제57조 국회는 정부의 동의없이 정부가 제출한 지출예산 각항의 금액을 증가하거나 새 비목을 설치할 수 없다.

제58조 국채를 모집하거나 예산외에 국가의 부담이 될 계약을 체결하려 할 때에는 정부는 미리 국회의 의결을 얻어야 한다.

제59조 조세의 종목과 세율은 법률로 정한다.

제60조 ① 국회는 상호원조 또는 안전보장에 관한 조약, 중요한 국제조직에 관한 조약, 우호통상항해조약, 주권의 제약에 관한 조약, 강화조약, 국가나 국민에게 중대한 재정적 부담을 지우는 조약 또는 입법사항에 관한 조약의 체결·비준에 대한 동의권을 가진다.

② 국회는 선전포고, 국군의 외국에의 파견 또는 외국군대의 대한민국 영역안에서의 주류에 대한 동의권을 가진다.

제61조 ① 국회는 국정을 감사하거나 특정한 국정사안에 대하여 조사할 수 있으며, 이에 필요한 서류의 제출 또는 증인의 출석과 증언이나 의견의 진술을 요구할 수 있다.

② 국정감사 및 조사에 관한 절차 기타 필요한 사항은 법률로 정한다.

제62조 ① 국무총리·국무위원 또는 정부위원은 국회나 그 위원회에 출석하여 국정처리상황을 보고하거나 의견을 진술하고 질문에 응답할 수 있다.

② 국회나 그 위원회의 요구가 있을 때에는 국무총리·국무위원 또는 정부위원은 출석·답변하여야 하며, 국무총리 또는 국무위원이 출석요구를 받은 때에는 국무위원 또는 정부위원으로 하여금 출석·답변하게 할 수 있다.

제63조 ① 국회는 국무총리 또는 국무위원의 해임을 대통령에게 건의할 수 있다.

② 제1항의 해임건의는 국회재적의원 3분의 1 이상의 발의에 의하여 국회재적의원 과반수의 찬성이 있어야 한다.

제64조 ① 국회는 법률에 저촉되지 아니하는 범위안에서 의사와 내부규율에 관한 규칙을 제정할 수 있다.

② 국회는 의원의 자격을 심사하며, 의원을 징계할 수 있다.

③ 의원을 제명하려면 국회재적의원 3분의 2 이상의 찬성이 있어야 한다.

④ 제2항과 제3항의 처분에 대하여는 법원에 제소할 수 없다.

제65조 ① 대통령·국무총리·국무위원·행정각부의 장·헌법재판소 재판관·법관·중앙선거관리위원회 위원·감사원장·감사위원 기타 법률이 정한 공무원이 그 직무집행에 있어서 헌법이나 법률을 위배한 때에는 국회는 탄핵의 소추를 의결할 수 있다.

② 제1항의 탄핵소추는 국회재적의원 3분의 1 이상의 발의가 있어야 하며, 그 의결은 국회재적의원 과반수의 찬성이 있어야 한다. 다만, 대통령에 대한 탄핵소추는 국회재적의원 과반수의 발의와 국회재적의원 3분의 2 이상의 찬성이 있어야 한다.

③ 탄핵소추의 의결을 받은 자는 탄핵심판이 있을 때까지 그 권한행사가 정지된다.

④ 탄핵결정은 공직으로부터 파면함에 그친다. 그러나, 이에 의하여 민사상이나 형사상의 책임이 면제되지는 아니한다.

제4장 정부
제1절 대통령
제66조 ① 대통령은 국가의 원수이며, 외국에 대하여 국가를 대표한다.

② 대통령은 국가의 독립·영토의 보전·국가의 계속성과 헌법을 수호할 책무를 진다.

③ 대통령은 조국의 평화적 통일을 위한 성실한 의무를 진다.

④ 행정권은 대통령을 수반으로 하는 정부에 속한다.

제67조 ① 대통령은 국민의 보통·평등·직접·비밀선거에 의하여 선출한다.

② 제1항의 선거에 있어서 최고득표자가 2인 이상인 때에는 국회의 재적의원 과반수가 출석한 공개회의에서 다수표를 얻은 자를 당선자로 한다.

③ 대통령후보자가 1인일 때에는 그 득표수가 선거권자 총수의 3분의 1 이상이 아니면 대통령으로 당선될 수 없다.

④ 대통령으로 선거될 수 있는 자는 국회의원의 피선거권이 있고 선거일 현재 40세에 달하여야 한다.

⑤ 대통령의 선거에 관한 사항은 법률로 정한다.

제68조 ① 대통령의 임기가 만료되는 때에는 임기만료 70일 내지 40일전에 후임자를 선거한다.

② 대통령이 궐위된 때 또는 대통령 당선자가 사망하거나 판결 기타의 사유로 그 자격을 상실한 때에는 60일 이내에 후임자를 선거한다.

제69조 대통령은 취임에 즈음하여 다음의 선서를 한다.

"나는 헌법을 준수하고 국가를 보위하며 조국의 평화적 통일과 국민의 자유와 복리의 증진 및 민족문화의 창달에 노력하여 대통령으로서의 직책을 성실히 수행할 것을 국민 앞에 엄숙히 선서합니다."

제70조 대통령의 임기는 5년으로 하며, 중임할 수 없다.

제71조 대통령이 궐위되거나 사고로 인하여 직무를 수행할 수 없을 때에는 국무총리, 법률이 정한 국무위원의 순서로 그 권한을 대행한다.

제72조 대통령은 필요하다고 인정할 때에는 외교·국방·통일 기타 국가안위에 관한 중요정책을 국민투표에 붙일 수 있다.

제73조 대통령은 조약을 체결·비준하고, 외교사절을 신임·접수 또는 파견하며, 선전포고와 강화를 한다.

제74조 ① 대통령은 헌법과 법률이 정하는 바에 의하여 국군을 통수한다.

② 국군의 조직과 편성은 법률로 정한다.

제75조 대통령은 법률에서 구체적으로 범위를 정하여 위임받은 사항과 법률을 집행하기 위하여 필요한 사항에 관하여 대통령령을 발할 수 있다.

제76조 ① 대통령은 내우·외환·천재·지변 또는 중대한 재정·경제상의 위기에 있어서 국가의 안전보장 또는 공공의 안녕질서를 유지하기 위하여 긴급한 조치가 필요하고 국회의 집회를 기다릴 여유가 없을 때에 한하여 최소한으로 필요한 재정·경제상의 처분을 하거나 이에 관하여 법률의 효력을 가지는 명령을 발할 수 있다.

② 대통령은 국가의 안위에 관계되는 중대한 교전상태에 있어서 국가를 보위하기 위하여 긴급한 조치가 필요하고 국회의 집회가 불가능한 때에 한하여 법률의 효력을 가지는 명령을 발할 수 있다.

③ 대통령은 제1항과 제2항의 처분 또는 명령을 한 때에는 지체없이 국회에 보고하여 그 승인을 얻어야 한다.

④ 제3항의 승인을 얻지 못한 때에는 그 처분 또는 명령은 그때부터 효력을 상실한다. 이 경우 그 명령에 의하여 개정 또는 폐지되었던 법률은 그 명령이 승인을 얻지 못한 때부터 당연히 효력을 회복한다.

⑤ 대통령은 제3항과 제4항의 사유를 지체없이 공포하여야 한다.

제77조 ① 대통령은 전시·사변 또는 이에 준하는 국가비상사태에 있어서 병력으로써 군사상의 필요에 응하거나 공공의 안녕질서를 유지할 필요가 있을 때에는 법률이 정하는 바에 의하여 계엄을 선포할 수 있다.

② 계엄은 비상계엄과 경비계엄으로 한다.

③ 비상계엄이 선포된 때에는 법률이 정하는 바에 의하여 영장제도, 언론·출판·집회·결사의 자유, 정부나 법원의 권한에 관하여 특별한 조치를 할 수 있다.

④ 계엄을 선포한 때에는 대통령은 지체없이 국회에 통고하여야 한다.

⑤ 국회가 재적의원 과반수의 찬성으로 계엄의 해제를 요구한 때에는 대통령은 이를 해제하여야 한다.

제78조 대통령은 헌법과 법률이 정하는 바에 의하여 공무원을 임면한다.

제79조 ① 대통령은 법률이 정하는 바에 의하여 사면·감형 또는 복권을 명할 수 있다.

② 일반사면을 명하려면 국회의 동의를 얻어야 한다.

③ 사면·감형 및 복권에 관한 사항은 법률로 정한다.

제80조 대통령은 법률이 정하는 바에 의하여 훈장 기타의 영전을 수여한다.

제81조 대통령은 국회에 출석하여 발언하거나 서한으로 의견을 표시할 수 있다.

제82조 대통령의 국법상 행위는 문서로써 하며, 이 문서에는 국무총리와 관계 국무위원이 부서한다. 군사에 관한 것도 또한 같다.

제83조 대통령은 국무총리·국무위원·행정각부의 장 기타 법률이 정하는 공사의 직을 겸할 수 없다.

제84조 대통령은 내란 또는 외환의 죄를 범한 경우를 제외하고는 재직중 형사상의 소추를 받지 아니한다.

제85조 전직대통령의 신분과 예우에 관하여는 법률로 정한다.

제2절 행정부

제1관 국무총리와 국무위원

제86조 ① 국무총리는 국회의 동의를 얻어 대통령이 임명한다.

② 국무총리는 대통령을 보좌하며, 행정에 관하여 대통령의 명을 받아 행정각부를 통할한다.

③ 군인은 현역을 면한 후가 아니면 국무총리로 임명될 수 없다.

제87조 ① 국무위원은 국무총리의 제청으로 대통령이 임명한다.

② 국무위원은 국정에 관하여 대통령을 보좌하며, 국무회의의 구성원으로서 국정을 심의한다.

③ 국무총리는 국무위원의 해임을 대통령에게 건의할 수 있다.

④ 군인은 현역을 면한 후가 아니면 국무위원으로 임명될 수 없다.

제2관 국무회의

제88조 ① 국무회의는 정부의 권한에 속하는 중요한 정책을 심의한다.

② 국무회의는 대통령·국무총리와 15인 이상 30인 이하의 국무위원으로 구성한다.

③ 대통령은 국무회의의 의장이 되고, 국무총리는 부의장이 된다.

제89조 다음 사항은 국무회의의 심의를 거쳐야 한다.

1. 국정의 기본계획과 정부의 일반정책

2. 선전·강화 기타 중요한 대외정책

3. 헌법개정안·국민투표안·조약안·법률안 및 대통령령안

4. 예산안·결산·국유재산처분의 기본계획·국가의 부담이 될 계약 기타 재정에 관한 중요사항

5. 대통령의 긴급명령·긴급재정경제처분 및 명령 또는 계엄과 그 해제

6. 군사에 관한 중요사항

7. 국회의 임시회 집회의 요구

8. 영전수여

9. 사면·감형과 복권

10. 행정각부간의 권한의 획정

11. 정부안의 권한의 위임 또는 배정에 관한 기본계획

12. 국정처리상황의 평가·분석

13. 행정각부의 중요한 정책의 수립과 조정

14. 정당해산의 제소

15. 정부에 제출 또는 회부된 정부의 정책에 관계되는 청원의 심사

16. 검찰총장·합동참모의장·각군참모총장·국립대학교총장·대사 기타 법률이 정한 공무원과 국영 기업체관리자의 임명

17. 기타 대통령·국무총리 또는 국무위원이 제출한 사항

제90조 ① 국정의 중요한 사항에 관한 대통령의 자문에 응하기 위하여 국가원로로 구성되는 국가원로자 문회의를 둘 수 있다.

② 국가원로자문회의의 의장은 직전대통령이 된다. 다만, 직전대통령이 없을 때에는 대통령이 지명한다.

③ 국가원로자문회의의 조직·직무범위 기타 필요한 사항은 법률로 정한다.

제91조 ① 국가안전보장에 관련되는 대외정책·군사정책과 국내정책의 수립에 관하여 국무회의의 심의 에 앞서 대통령의 자문에 응하기 위하여 국가안전보장회의를 둔다.

② 국가안전보장회의는 대통령이 주재한다.

③ 국가안전보장회의의 조직·직무범위 기타 필요한 사항은 법률로 정한다.

제92조 ① 평화통일정책의 수립에 관한 대통령의 자문에 응하기 위하여 민주평화통일자문회의를 둘 수

있다.

② 민주평화통일자문회의의 조직·직무범위 기타 필요한 사항은 법률로 정한다.

제93조 ① 국민경제의 발전을 위한 중요정책의 수립에 관하여 대통령의 자문에 응하기 위하여 국민경제
자문회의를 둘 수 있다.

② 국민경제자문회의의 조직·직무범위 기타 필요한 사항은 법률로 정한다.

제3관 행정각부

제94조 행정각부의 장은 국무위원 중에서 국무총리의 제청으로 대통령이 임명한다.

제95조 국무총리 또는 행정각부의 장은 소관사무에 관하여 법률이나 대통령령의 위임 또는 직권으로 총
리령 또는 부령을 발할 수 있다.

제96조 행정각부의 설치·조직과 직무범위는 법률로 정한다.

제4관 감사원

제97조 국가의 세입·세출의 결산, 국가 및 법률이 정한 단체의 회계검사와 행정기관 및 공무원의 직무
에 관한 감찰을 하기 위하여 대통령 소속하에 감사원을 둔다.

제98조 ① 감사원은 원장을 포함한 5인 이상 11인 이하의 감사위원으로 구성한다.

② 원장은 국회의 동의를 얻어 대통령이 임명하고, 그 임기는 4년으로 하며, 1차에 한하여 중임할 수
있다.

③ 감사위원은 원장의 제청으로 대통령이 임명하고, 그 임기는 4년으로 하며, 1차에 한하여 중임할 수
있다.

제99조 감사원은 세입·세출의 결산을 매년 검사하여 대통령과 차년도국회에 그 결과를 보고하여야 한다.

제100조 감사원의 조직·직무범위·감사위원의 자격·감사대상공무원의 범위 기타 필요한 사항은 법률로
정한다.

제5장 법원

제101조 ① 사법권은 법관으로 구성된 법원에 속한다.

② 법원은 최고법원인 대법원과 각급법원으로 조직된다.

③ 법관의 자격은 법률로 정한다.

제102조 ① 대법원에 부를 둘 수 있다.

② 대법원에 대법관을 둔다. 다만, 법률이 정하는 바에 의하여 대법관이 아닌 법관을 둘 수 있다.

③ 대법원과 각급법원의 조직은 법률로 정한다.

제103조 법관은 헌법과 법률에 의하여 그 양심에 따라 독립하여 심판한다.

제104조 ① 대법원장은 국회의 동의를 얻어 대통령이 임명한다.

② 대법관은 대법원장의 제청으로 국회의 동의를 얻어 대통령이 임명한다.

③ 대법원장과 대법관이 아닌 법관은 대법관회의의 동의를 얻어 대법원장이 임명한다.

제105조 ① 대법원장의 임기는 6년으로 하며, 중임할 수 없다.

② 대법관의 임기는 6년으로 하며, 법률이 정하는 바에 의하여 연임할 수 있다.

③ 대법원장과 대법관이 아닌 법관의 임기는 10년으로 하며, 법률이 정하는 바에 의하여 연임할 수 있다.

④ 법관의 정년은 법률로 정한다.

제106조 ① 법관은 탄핵 또는 금고 이상의 형의 선고에 의하지 아니하고는 파면되지 아니하며, 징계처분에 의하지 아니하고는 정직·감봉 기타 불리한 처분을 받지 아니한다.

② 법관이 중대한 심신상의 장해로 직무를 수행할 수 없을 때에는 법률이 정하는 바에 의하여 퇴직하게 할 수 있다.

제107조 ① 법률이 헌법에 위반되는 여부가 재판의 전제가 된 경우에는 법원은 헌법재판소에 제청하여 그 심판에 의하여 재판한다.

② 명령·규칙 또는 처분이 헌법이나 법률에 위반되는 여부가 재판의 전제가 된 경우에는 대법원은 이를 최종적으로 심사할 권한을 가진다.

③ 재판의 전심절차로서 행정심판을 할 수 있다. 행정심판의 절차는 법률로 정하되, 사법절차가 준용되어야 한다.

제108조 대법원은 법률에 저촉되지 아니하는 범위안에서 소송에 관한 절차, 법원의 내부규율과 사무처리에 관한 규칙을 제정할 수 있다.

제109조 재판의 심리와 판결은 공개한다. 다만, 심리는 국가의 안전보장 또는 안녕질서를 방해하거나 선량한 풍속을 해할 염려가 있을 때에는 법원의 결정으로 공개하지 아니할 수 있다.

제110조 ① 군사재판을 관할하기 위하여 특별법원으로서 군사법원을 둘 수 있다.

② 군사법원의 상고심은 대법원에서 관할한다.

③ 군사법원의 조직·권한 및 재판관의 자격은 법률로 정한다.

④ 비상계엄하의 군사재판은 군인·군무원의 범죄나 군사에 관한 간첩죄의 경우와 초병·초소·유독음식물공급·포로에 관한 죄중 법률이 정한 경우에 한하여 단심으로 할 수 있다. 다만, 사형을 선고한 경우에는 그러하지 아니하다.

제6장 헌법재판소

제111조 ① 헌법재판소는 다음 사항을 관장한다.

  1. 법원의 제청에 의한 법률의 위헌여부 심판

  2. 탄핵의 심판

  3. 정당의 해산 심판

  4. 국가기관 상호간, 국가기관과 지방자치단체간 및 지방자치단체 상호간의 권한쟁의에 관한 심판

  5. 법률이 정하는 헌법소원에 관한 심판

② 헌법재판소는 법관의 자격을 가진 9인의 재판관으로 구성하며, 재판관은 대통령이 임명한다.

③ 제2항의 재판관중 3인은 국회에서 선출하는 자를, 3인은 대법원장이 지명하는 자를 임명한다.

④ 헌법재판소의 장은 국회의 동의를 얻어 재판관중에서 대통령이 임명한다.

제112조 ① 헌법재판소 재판관의 임기는 6년으로 하며, 법률이 정하는 바에 의하여 연임할 수 있다.

② 헌법재판소 재판관은 정당에 가입하거나 정치에 관여할 수 없다.

③ 헌법재판소 재판관은 탄핵 또는 금고 이상의 형의 선고에 의하지 아니하고는 파면되지 아니한다.

제113조 ① 헌법재판소에서 법률의 위헌결정, 탄핵의 결정, 정당해산의 결정 또는 헌법소원에 관한 인용결정을 할 때에는 재판관 6인 이상의 찬성이 있어야 한다.

② 헌법재판소는 법률에 저촉되지 아니하는 범위안에서 심판에 관한 절차, 내부규율과 사무처리에 관

한 규칙을 제정할 수 있다.

③ 헌법재판소의 조직과 운영 기타 필요한 사항은 법률로 정한다.

제7장 선거관리

제114조 ① 선거와 국민투표의 공정한 관리 및 정당에 관한 사무를 처리하기 위하여 선거관리위원회를 둔다.

② 중앙선거관리위원회는 대통령이 임명하는 3인, 국회에서 선출하는 3인과 대법원장이 지명하는 3인의 위원으로 구성한다. 위원장은 위원중에서 호선한다.

③ 위원의 임기는 6년으로 한다.

④ 위원은 정당에 가입하거나 정치에 관여할 수 없다.

⑤ 위원은 탄핵 또는 금고 이상의 형의 선고에 의하지 아니하고는 파면되지 아니한다.

⑥ 중앙선거관리위원회는 법령의 범위안에서 선거관리·국민투표관리 또는 정당사무에 관한 규칙을 제정할 수 있으며, 법률에 저촉되지 아니하는 범위안에서 내부규율에 관한 규칙을 제정할 수 있다.

⑦ 각급 선거관리위원회의 조직·직무범위 기타 필요한 사항은 법률로 정한다.

제115조 ① 각급 선거관리위원회는 선거인명부의 작성등 선거사무와 국민투표사무에 관하여 관계 행정기관에 필요한 지시를 할 수 있다.

② 제1항의 지시를 받은 당해 행정기관은 이에 응하여야 한다.

제116조 ① 선거운동은 각급 선거관리위원회의 관리하에 법률이 정하는 범위안에서 하되, 균등한 기회가 보장되어야 한다.

② 선거에 관한 경비는 법률이 정하는 경우를 제외하고는 정당 또는 후보자에게 부담시킬 수 없다.

제8장 지방자치

제117조 ① 지방자치단체는 주민의 복리에 관한 사무를 처리하고 재산을 관리하며, 법령의 범위안에서 자치에 관한 규정을 제정할 수 있다.

② 지방자치단체의 종류는 법률로 정한다.

제118조 ① 지방자치단체에 의회를 둔다.

② 지방의회의 조직·권한·의원선거와 지방자치단체의 장의 선임방법 기타 지방자치단체의 조직과 운영에 관한 사항은 법률로 정한다.

제9장 경제

제119조 ① 대한민국의 경제질서는 개인과 기업의 경제상의 자유와 창의를 존중함을 기본으로 한다.

② 국가는 균형있는 국민경제의 성장 및 안정과 적정한 소득의 분배를 유지하고, 시장의 지배와 경제력의 남용을 방지하며, 경제주체간의 조화를 통한 경제의 민주화를 위하여 경제에 관한 규제와 조정을 할 수 있다.

제120조 ① 광물 기타 중요한 지하자원·수산자원·수력과 경제상 이용할 수 있는 자연력은 법률이 정하는 바에 의하여 일정한 기간 그 채취·개발 또는 이용을 특허할 수 있다.

② 국토와 자원은 국가의 보호를 받으며, 국가는 그 균형있는 개발과 이용을 위하여 필요한 계획을 수립한다.

제121조 ① 국가는 농지에 관하여 경자유전의 원칙이 달성될 수 있도록 노력하여야 하며, 농지의 소작제도는 금지된다.

② 농업생산성의 제고와 농지의 합리적인 이용을 위하거나 불가피한 사정으로 발생하는 농지의 임대차와 위탁경영은 법률이 정하는 바에 의하여 인정된다.

제122조 국가는 국민 모두의 생산 및 생활의 기반이 되는 국토의 효율적이고 균형있는 이용·개발과 보전을 위하여 법률이 정하는 바에 의하여 그에 관한 필요한 제한과 의무를 과할 수 있다.

제123조 ① 국가는 농업 및 어업을 보호·육성하기 위하여 농·어촌종합개발과 그 지원등 필요한 계획을 수립·시행하여야 한다.

② 국가는 지역간의 균형있는 발전을 위하여 지역경제를 육성할 의무를 진다.

③ 국가는 중소기업을 보호·육성하여야 한다.

④ 국가는 농수산물의 수급균형과 유통구조의 개선에 노력하여 가격안정을 도모함으로써 농·어민의 이익을 보호한다.

⑤ 국가는 농·어민과 중소기업의 자조조직을 육성하여야 하며, 그 자율적 활동과 발전을 보장한다.

제124조 국가는 건전한 소비행위를 계도하고 생산품의 품질향상을 촉구하기 위한 소비자보호운동을 법률이 정하는 바에 의하여 보장한다.

제125조 국가는 대외무역을 육성하며, 이를 규제·조정할 수 있다.

제126조 국방상 또는 국민경제상 긴절한 필요로 인하여 법률이 정하는 경우를 제외하고는, 사영기업을 국유 또는 공유로 이전하거나 그 경영을 통제 또는 관리할 수 없다.

제127조 ① 국가는 과학기술의 혁신과 정보 및 인력의 개발을 통하여 국민경제의 발전에 노력하여야 한다.

② 국가는 국가표준제도를 확립한다.

③ 대통령은 제1항의 목적을 달성하기 위하여 필요한 자문기구를 둘 수 있다.

제10장 헌법개정

제128조 ① 헌법개정은 국회재적의원 과반수 또는 대통령의 발의로 제안된다.

② 대통령의 임기연장 또는 중임변경을 위한 헌법개정은 그 헌법개정 제안 당시의 대통령에 대하여는 효력이 없다.

제129조 제안된 헌법개정안은 대통령이 20일 이상의 기간 이를 공고하여야 한다.

제130조 ① 국회는 헌법개정안이 공고된 날로부터 60일 이내에 의결하여야 하며, 국회의 의결은 재적의원 3분의 2 이상의 찬성을 얻어야 한다.

② 헌법개정안은 국회가 의결한 후 30일 이내에 국민투표에 붙여 국회의원선거권자 과반수의 투표와 투표자 과반수의 찬성을 얻어야 한다.

③ 헌법개정안이 제2항의 찬성을 얻은 때에는 헌법개정은 확정되며, 대통령은 즉시 이를 공포하여야 한다.

부칙 〈제10호, 1987.10.29.〉

제1조 이 헌법은 1988년 2월 25일부터 시행한다. 다만, 이 헌법을 시행하기 위하여 필요한 법률의 제정·개정과 이 헌법에 의한 대통령 및 국회의원의 선거 기타 이 헌법시행에 관한 준비는 이 헌법시행 전에 할 수 있다.

제2조 ① 이 헌법에 의한 최초의 대통령선거는 이 헌법시행일 40일 전까지 실시한다.

② 이 헌법에 의한 최초의 대통령의 임기는 이 헌법시행일로부터 개시한다.

제3조 ① 이 헌법에 의한 최초의 국회의원선거는 이 헌법공포일로부터 6월 이내에 실시하며, 이 헌법에 의하여 선출된 최초의 국회의원의 임기는 국회의원선거후 이 헌법에 의한 국회의 최초의 집회일로부터 개시한다.

② 이 헌법공포 당시의 국회의원의 임기는 제1항에 의한 국회의 최초의 집회일 전일까지로 한다.

제4조 ① 이 헌법시행 당시의 공무원과 정부가 임명한 기업체의 임원은 이 헌법에 의하여 임명된 것으로 본다. 다만, 이 헌법에 의하여 선임방법이나 임명권자가 변경된 공무원과 대법원장 및 감사원장은 이 헌법에 의하여 후임자가 선임될 때까지 그 직무를 행하며, 이 경우 전임자인 공무원의 임기는 후임자가 선임되는 전일까지로 한다.

② 이 헌법시행 당시의 대법원장과 대법원판사가 아닌 법관은 제1항 단서의 규정에 불구하고 이 헌법에 의하여 임명된 것으로 본다.

③ 이 헌법중 공무원의 임기 또는 중임제한에 관한 규정은 이 헌법에 의하여 그 공무원이 최초로 선출 또는 임명된 때로부터 적용한다.

제5조 이 헌법시행 당시의 법령과 조약은 이 헌법에 위배되지 아니하는 한 그 효력을 지속한다.

제6조 이 헌법시행 당시에 이 헌법에 의하여 새로 설치될 기관의 권한에 속하는 직무를 행하고 있는 기관은 이 헌법에 의하여 새로운 기관이 설치될 때까지 존속하며 그 직무를 행한다.

색인

저자약력

서울대학교 법과대학 법학과, 동 대학원 졸업
법학박사(프랑스 국립 파리(Paris) 제2 대학교)
프랑스 국립 파리(Paris) 제2 대학교 초청교수
미국 University of California at Berkeley의 Visiting Scholar
한국헌법학회·한국비교공법학회 부회장
헌법재판소 헌법연구위원
경제인문사회연구회 평가위원
인터넷 정보보호 협의회 운영위원
한국공법학회 회장·한국언론법학회 회장·유럽헌법학회장
사법시험·행정고시·입법고시, 9급 공무원 공채시험, 서울시 공무원 승진시험 등 시험위원
홍익대학교 법학과 교수
대법원 국민사법참여위원회 위원
방송통신심의위원회 규제심사위원회 위원장
헌법재판소 제도개선위원회 위원
국회 헌법개정자문위원회 간사위원
헌법재판소 세계헌법재판회의 자문위원회 부위원장
교육부 국가교육과정정책자문위원회 위원
한국법제연구원 자문위원
헌법재판소·한국공법학회 주최 제1회 공법모의재판경연대회 대회장
법학전문대학원협의회 변호사시험 모의시험 출제위원회 공법영역 위원장
중앙행정심판위원회 위원
감사원 감사혁신위원회 위원
법무부 '헌법교육 강화 추진단' 단장
개인정보보호위원회 위원
대법원 법관징계위원회 위원
2018년 세계헌법대회 조직위원장(대회장)
한국법학교수회 수석부회장
한국법학원 부원장
세계헌법학회 부회장
헌법재판소 도서 및 판례심의위원회 위원
국립외교원 강사
법교육위원회 위원장
국회 입법조사처 자문위원회 위원장

현재 지방자치인재개발원 강사
      국가공무원인재개발원 강사
      변호사시험 출제위원
      세계헌법학회 집행이사
      한국공법학회 고문
      한국헌법학회 고문
      세계헌법학회 한국학회 회장
      한국교육법학회 회장
      공법이론과 판례연구회 회장
      감사원 정책자문위원회 위원장
      개인정보보호위원회 정책자문위원회 위원
      성균관대학교 법학전문대학원 교수